BIOGRAPHIE

NATIONALE

DES CONTEMPORAINS

BIOGRAPHIE

NATIONALE

DES CONTEMPORAINS

RÉDIGÉE PAR

UNE SOCIÉTÉ DE GENS DE LETTRES

SOUS LA DIRECTION

De M. Ernest GLAESER

PARIS

GLAESER ET Cᴵᴱ, ÉDITEURS

3, PLACE VINTIMILLE, 3

1878

PRÉFACE

Lorsque je commençai à recueillir les matériaux de la *Biographie nationale des Contemporains*, je ne me dissimulai pas les difficultés que pourrait rencontrer une semblable entreprise, dont l'exécution exige un si grand nombre de renseignements.

Parmi les hommes dont les noms doivent nécessairement y être compris, quelques-uns, par modestie, se refusent à donner sur leur carrière des notes exactes ; d'autres ne fournissent que de vagues indications. Heureusement, le nombre de ces personnes n'est pas grand. Le plus souvent, grâce à la bienveillance des mieux intentionnés et aux notes déjà en ma possession, je suis arrivé à mon but. C'est ainsi que j'ai réuni, dans ce volume, environ trois mille notices dont l'exactitude a été scrupuleusement vérifiée, et cette œuvre a pu éviter la plupart des inconvénients qui s'attachent à des publications de ce genre.

Cependant je n'ai pas la prétention d'offrir ici au public un ouvrage complet. Il renferme, je le reconnais, beaucoup de lacunes ; car outre les personnes qui n'ont pas répondu à mon appel, il en est d'autres qui m'ont envoyé trop tard les renseignements les concernant, de sorte que leur notice n'a pu être insérée dans le présent volume, à son ordre alphabétique.

Mais désireux de rendre ma publication aussi complète que possible, j'ai résolu de commencer, dès à présent, un volume supplémentaire dans lequel seront insérées les notices biographiques des personnes sur lesquelles je possède encore des renseignements, ainsi que celles des hommes qui se sont mis en évidence dans les derniers temps et sur lesquels je pourrai me procurer des indications exactes. Dans ce nouveau travail, les notices contenues dans le présent volume seront mises à jour et je rectifierai avec le plus grand soin les inexactitudes que mes lecteurs voudront bien me signaler.

La *Biographie nationale des Contemporains* n'est pas une œuvre de parti; elle se distingue par une rédaction sobre, impartiale et consciencieuse. Elle ne contient ni appréciations, ni jugements. Elle est appelée à prendre place dans toutes les bibliothèques et à rendre, par son exactitude, de grands services à tous ceux qui s'occupent de l'histoire contemporaine.

J'ose donc espérer que le public lui fera un bon accueil.

Il me reste à remercier les personnes qui ont bien voulu m'aider dans ce grand travail. Je compte qu'elles me conserveront leur précieux concours pour la continuation qui commence aujourd'hui même.

ERNEST GLAESER.

BIOGRAPHIE
NATIONALE
DES CONTEMPORAINS

ABBADIE (Antoine - Thompson et Michel-Arnaud D'), nés à Dublin (Irlande), de parents français originaires du département des Basses-Pyrénées, le premier en 1810, le second en 1815. Les deux frères firent de sérieuses études en France, et accompagnèrent, en 1833, le maréchal Clausel en Algérie. M. Antoine d'Abbadie fut chargé, en 1836, par l'Académie des sciences, d'une mission pour le Brésil. M. Arnaud voulait faire partie de l'expédition de Constantine, mais le sort en décida autrement. En 1837, il se rencontra avec son frère Antoine à Alexandrie, et tous deux entreprirent alors l'exploration de l'Éthiopie. Le bruit de leur mort s'étant répandu en Europe, en 1846, M. Charles d'Abbadie, leur frère, alla à leur recherche et réussit à les ramener en France, en 1849. M. Arnaud entreprit, en 1853, un second voyage en Éthiopie. L'exactitude des renseignements recueillis par son frère, dans ses explorations sur les sources du Nil, a été plusieurs fois contestée; néanmoins les extraits de ses relations de voyage, communiqués à la Société de géographie, présentent un grand intérêt pour l'ethnographie et la linguistique. M. Antoine d'Abbadie est membre de l'Académie des sciences depuis 1867. Il a publié des *Observations sur le tonnerre en Éthiopie* (1859, in-4°); — *Catalogue de manuscrits éthiopiens* (1859, in-4°); et a commencé en 1860 la publication de la *Géodésie d'une partie de la Haute-Éthiopie*, revue et corrigée par M. Radau (1863, 3 fascicules in-4° avec planches); — *Hermæ pastor*, texte éthiopien d'un des pères apostoliques, dont on avait seulement deux versions latines imparfaites et discordantes (1860), avec traduction latine; — *Monnaies des rois d'Éthiopie* (1868), en collaboration avec M. de Longpérier. M. Arnaud d'Abbadie a publié, en 1868, le premier volume de *Douze ans dans la Haute-Éthiopie* (Abyssinie). Ils ont été décorés tous deux de la Légion d'Honneur le 27 septembre 1850.

ABBADIE DE BARRAU (Jean-François D'), *comte* DE CARRION DE CALATRAVA, né à Bayonne, le 22 février 1788. Fils d'un officier supérieur de la maison militaire de Louis XVI, chevalier de Saint-Louis, il appartenait à l'une des plus anciennes familles du Béarn. Lors du retour de l'île d'Elbe, M. d'Abbadie de Barrau partit comme volontaire royal. A Helette, sur la frontière d'Espagne, il fut blessé et fait prisonnier; le retour des Bourbons lui rendit la liberté. Rentré dans ses foyers, il se consacra tout entier dès-lors au développement de l'agriculture, et rendit des services réels comme président de la Société départementale d'agriculture et d'horticulture du Gers. Chevalier de la Légion d'Honneur le 4 avril 1830, il est décédé le 12 novembre 1863.

ABBADIE DE BARRAU (Bernard-Gabriel-Xavier, *comte* D'), né à Dax (Landes), le 12 mars 1820; fils du précédent. Il s'est consacré à l'étude des améliorations agricoles sur ses belles propriétés du Bas-Armagnac et a réalisé de grands progrès dans l'exploitation de son domaine de Castex. Vice-président de la Société d'agriculture du Gers depuis 1864, membre du Conseil général en 1864, il a été nommé représentant de son département à l'Assemblée nationale le 8 février 1871. M. le comte d'Abbadie de Barrau s'est rangé parmi les membres de la droite, avec lesquels il a généralement voté. Il s'est prononcé pour la conclusion de la paix et contre la translation du siége de l'Assemblée de Bordeaux à Versailles.

ABOUT (Edmond-François-Valentin), né à Dieuze (Meurthe), le 14 février 1828. Ancien élève du lycée Charlemagne, il a remporté en 1848 le prix d'honneur de philosophie au concours général. Sorti de l'École normale, il entra en 1851 à l'école d'Athènes; trois ans après, il revint à Paris et débuta dans les lettres par un véritable succès. *La Grèce contemporaine* est un pamphlet sanglant contre la société au milieu de laquelle il avait vécu, mais un pamphlet étincelant de verve et d'esprit. C'est un véritable vaudeville, écrit au courant de la plume et tout pétillant de feu. *Tolla*, qui parut en 1855 dans la *Revue des Deux-Mondes*, lui suscita dans le public une violente opposition. M. About débuta aux Français, comme auteur dramatique, le 2 février 1856, par une comédie en 3 actes, *Guillery*, qui souleva une vive opposition. Depuis, il a fait jouer au Gymnase : *Risette ou les millions de la Mansarde* (1859) ; — *le Capitaine Bitterlin* (1860) ; — *Nos gens*, en collaboration avec M. Najac (1866) ; — au Vaudeville : *Un mariage de Paris*, avec M. Najac (1861) ; — à l'Odéon, *Gaëtana*, qui a été l'occasion d'une violente polémique tant en province qu'à Paris (1862) ; — *Une vente au profit des pauvres*, avec M. Najac ; — aux Français : *Histoire ancienne*, avec M. Najac (1868) ; — au théâtre de l'Union-Artistique : *l'Éducation du Prince*, proverbe (1869). En 1855, il a publié un *Voyage à travers l'Exposition des beaux-arts* ; en 1856, *les Mariages de Paris* ; et, en 1857, *Nos artistes à travers le Salon*. Ses principaux romans sont : *le Roi des montagnes* (1856) ; — *Germaine* (1857) ; — *les Échasses de maître Pierre* (1857) ; — *Trente et quarante* (1858) ; — *Madelon* (1863) ; — *Lettres d'un bon jeune homme à sa cousine Madeleine* (1861), suivies des *Dernières lettres d'un bon jeune homme*, etc. (1863) ; — *le Progrès* (1864) ; — *la Vieille Roche* (1865, 3 vol.), publiée dans le *Moniteur du soir*, et comprenant, comme suite, *le Marquis imprévu* et *le Marquis de Landrose*. Il a écrit dans *l'Opinion nationale*, dans le *Figaro* sous le pseudonyme de Valentin de Quevilly, dans le *Moniteur universel* et dans le *Gaulois*. Depuis 1868, il est un des principaux rédacteurs du journal *le Soir*. Nous citerons encore de lui : *la Question romaine* (1859), qui eut un succès de curiosité ; — *les Lettres d'un bon jeune homme* ; — *la Nouvelle carte d'Europe* ; — *la Prusse en* 1860 ; — *Rome contemporaine* (1860) ; — *l'Homme à l'oreille cassée* (1861) ; — *le Nez d'un notaire* (1862) ; — *le Cas de M. Guérin* ; — *Causeries* (1865) ; *le Turco* (1866) ; — *L'Infâme* ; — *les Mariages de province* (1868) ; — *l'A, B, C du Travailleur*, etc. M. About a été nommé chevalier de la Légion d'Honneur le 15 août 1858, et promu officier le 15 août 1867.

ABOVILLE (Auguste-Ernest, vicomte D'), né à Paris, le 4 décembre 1819. Il est le second fils du général d'artillerie et pair de France du même nom, et petit-fils, par sa mère, de M. de Drouin, comte de Rocheplatte, qui fut maire d'Orléans et député du Loiret. Après de brillantes études au collège Rollin, il fut reçu à l'École polytechnique en 1839, passa à l'École d'application de Metz en 1840, et entra dans le corps de l'artillerie, en 1842, le premier de sa promotion. Il donna sa démission en 1844, à la suite de son mariage, et se consacra à l'agriculture, sur son domaine de Rouville, dans le Loiret. M. le vicomte d'Aboville, nommé maire de Glux (Nièvre) en 1858, résigna ces fonctions en 1861 pour protester contre la politique du gouvernement impérial en Italie, politique qu'il jugeait aussi contraire à l'honneur qu'aux intérêts de la France. Secrétaire de la Société forestière de France, choisi en 1869 comme président par le Comice agricole de Pithiviers, mais non maintenu, à cause d'une formalité omise, il a été, le 8 février 1871, élu député du Loiret à l'Assemblée nationale. Il y fait partie de la Commission de réorganisation de l'armée.

ABZAC LE LIMEYRAC (Raymond DE VANDIÈRE DE VITRAC, comte D'), né à Londonie (Dordogne), le 1er janvier 1800. Après ses études au collège de Périgueux, il fut attaché à la maison du roi en qualité d'élève, puis comme écuyer du manège. A la révolution de 1830, il rentra dans la vie privée et se retira dans sa propriété de Milon-la-Chapelle (Seine-et-Oise). Il s'y livra à l'agriculture ainsi qu'au perfectionnement de la race chevaline, et dirigea gratuitement le service des étalons du département de Seine-et-Oise. On lui doit d'importants défrichements, d'utiles irrigations, des progrès dans les instruments d'agriculture. Il avait devancé le système anglais du drainage par l'emploi des pierrées dans ses prés. M. le comte d'Abzac, maire de Milon-la-Chapelle depuis quarante ans, a donné sa démission en mai 1871. Il a présidé la Société d'agriculture de Versailles en 1849. On lui doit plusieurs rapports sur l'amélioration de l'espèce chevaline insérés dans les *Archives de la Société d'agriculture*. Il a reçu la croix de la Légion d'Honneur le 14 mars 1868.

ACHARD (Amédée-Louis-Eugène), né à Marseille, le 23 avril 1814. Destiné d'abord au commerce, il y renonça après quelques mois, et se rendit en 1834 en Algérie, où des amis de sa famille allaient fonder un établissement agricole. Il quitta l'Afrique, en 1835, pour devenir chef du cabinet du préfet de l'Hérault. En 1838, il vint à Paris. Ses premiers articles avaient été publiés dans les journaux des départements ; ce ne fut qu'à cette époque qu'il aborda la scène sur laquelle son talent devait lui faire une place. Il se fit bientôt remarquer dans *le Vert-Vert*, *le Charivari*, *l'Entracte* et *le Corsaire*. Le feuilleton dramatique du *Courrier français* lui fut confié en 1843, et il entra ensuite à *l'Epoque*, où il publia un courrier de Paris. C'est comme historiographe de ce journal qu'il partit, en 1846, pour l'Espagne, afin de rendre compte des fêtes données à l'occasion du mariage du duc de Montpensier. En 1848, il aborda la politique dans *le Courrier français* et dans *l'Assemblée nationale*, où il écrivit sous le pseudonyme d'Alceste. Il fonda *le Pamphlet*, journal satirique illustré, qui combattait avec ardeur la révolution ; suspendu par le général Cavaignac après les journées de Juin, *le Pamphlet* cessa de paraître. M. Achard a combattu comme garde national dans les rues de Paris. Il se trouvait dans le haut du faubourg Saint-Denis avec une partie de la deuxième légion, lorsque son frère ayant été atteint d'un coup de feu à côté de lui, il resta cinq ou six heures aux mains des insurgés, dans une maison du faubourg où l'on avait porté les blessés. Il a été ensuite capitaine dans l'État-major du général Changarnier. A la suite d'un duel qu'il eut avec Fiorentino, il alla passer quelque temps en Italie pour se guérir d'une blessure reçue dans cette rencontre. En 1859, il a suivi l'armée en Italie et a rendu compte des événements de la guerre dans une série de lettres adressées au *Journal des Débats*. Il appartient aujourd'hui à la rédaction littéraire de cette feuille, où il a publié un certain nombre de nouvelles et de romans. M. Achard a aussi publié plusieurs itinéraires illustrés de chemins de fer. Nous citerons encore de lui: *Une saison à Aix-les-Bains* et plusieurs pièces de théâtre, notamment : *le Socialisme en province*; — *Par les fenêtres*; — *Donnant donnant*; — *Souvent femme varie*; — *les Souvenirs de voyage*, représentées aux Français, au Gymnase et à l'Odéon. Ses principaux romans sont : *Belle-Rose*; — *la Chasse royale*; — *les Petits-Fils de Lovelace*; — *le Château en Espagne*; — *la Robe de Nessus*; — *l'Ombre de Ludovic*; — *la Famille Guillemot*; — *Maurice de Treuil*; — *les Coups d'épée de Mme de la Guerlde* — *l'Histoire d'un Homme*; — *les Filles de Jephté*; — *Noir et blanc*; — *le Roman du Mari*; — *le Traité des Blondes*; — *le Duc de Carlepont*; — *les Fourches Caudines*; — *la Chasse à l'idéal*; — *les Chaînes de fer*; — *Marcelle*; — *le Journal d'une héritière*; — *la Vie errante*, etc. — Un assez grand nombre de ses œuvres littéraires ont été publiées dans la *Revue des Deux-Mondes*. Chevalier de la Légion d'Honneur depuis le 11 octobre 1847, il a été promu officier le 13 août 1866.

ACHARD (Léon), né à Lyon, le 15 mars 1831, est le fils de Pierre-Frédéric Achard, acteur et chanteur, qui s'était fait un nom à Grenoble, Saint-Etienne, Lyon, Bordeaux et notamment à Paris, où il joua avec beaucoup de succès au Palais-Royal et au Gymnase. M. Léon Achard a reçu dans sa jeunesse une bonne éducation musicale. Il a fait ses études classiques au collège Henri IV, où il était le condisciple de Victorien Sardou, et son droit à la Faculté de Paris, où il a été reçu licencié en 1852. Tout en travaillant dans une étude d'avoué, il suivait une classe de chant au Conservatoire, et y remportait le premier prix de l'opéra-comique, en 1854. Le 9 octobre de la même année, il débutait au Théâtre-Lyrique, dans le rôle de Tobias du *Billet de Marguerite*. Il y chantait ensuite dans *les Charmeurs*, *le Muletier de Tolède*, *les Compagnons de la Marjolaine* et *le Barbier de Séville*. A la mort de son père (13 août 1856), il quitta la scène pour s'occuper d'affaires; mais, en 1857, il contractait un engagement pour Lyon, où il était très-acclamé. Cependant, quand M. Perrin reprit la direction de l'Opéra-Comique, M. Achard revint à Paris et y débuta, le 4 octobre 1862, dans le rôle de *la Dame Blanche*. Depuis, il a chanté dans *Haydée*, *le Songe d'une nuit d'été*, *l'Eclair*, *le Domino noir*, *les Mousquetaires*, *le Pré-aux-Clercs*, *la Part du Diable*, *Zampa*, *le Postillon de Lonjumeau*, et a créé *le capitaine Henriot*, *Fior d'Aliza*, *Mignon*, etc.

ACLOCQUE (Paul-Léon), né à Montdidier, le 19 janvier 1834. Entré à l'École Saint-Cyr en 1853, et à l'Ecole d'application d'état-major deux ans plus tard, il fut attaché, comme lieutenant d'état-major, en 1857, au 88e régiment de ligne, et donna sa démission en 1858. Alors, se consacrant à l'industrie, il participa à la fondation, à Pamiers (Ariége), d'un important établissement métallurgique. Il était lieutenant-colonel d'état-major de la garde nationale de la Seine en 1869, et les événements de 1870 l'appelèrent à un rôle plus actif et plus important. D'abord chargé d'organiser un bataillon de mobiles de l'Ariége, puis nommé colonel du 69e régiment de cette arme, il fit brillamment les campagnes de la Loire et des Vosges, et se distingua à la bataille de Coulmiers où il gagna la décoration. M. Aclocque, élu représentant de l'Ariége à l'Assemblée nationale, le 8 février 1871, s'est rangé au programme de la réunion Feray et a adopté le loyal essai de la forme républicaine à l'aide d'institutions progressivement libérales, tout en réservant la question grave de la constitution définitive du gouvernement à donner au pays.

ACOLLAS (Emile), né à la Châtre, le 25 juin 1826. Il fit ses études classiques à Bourges, son droit à Paris, et se consacra à l'enseignement. A partir de 1850, il donna des leçons comme professeur libre, et se jeta dans le grand mouvement démocratique dont le vieux monde est agité depuis un siècle. En 1867, il prit part, avec éclat, aux discussions du congrès de Genève, où devait se préparer une fédération démocratique européenne; et le rôle important qu'il joua dans cette Assemblée le fit traduire devant les tribunaux français qui le condamnèrent à un an de prison (novembre 1867). Quand éclata la révolution du 4 Septembre, M. Emile Acollas fut bien vite attristé de la direction que prenaient les hommes et les choses, et il accepta une chaire de droit français que lui offrait le gouvernement de Berne. Quelque temps auparavant, il avait sollicité, mais sans succès, les fonctions de commissaire civil près de l'armée du général républicain Garibaldi. On doit à M. Emile Acollas une série d'ouvrages de droit et politique dont la devise est : « Droit et Liberté. » On cite entre autres : *Réponse à M. Thiers*, la question italienne et la question religieuse au Corps législatif (1865);—*l'Enfant né hors mariage, et recherche de la paternité* (1865, 2e édit, 1870); — *Nécessité de refondre l'ensemble de nos codes, et notamment le Code Napoléon, au point de vue de l'idée démocratique* (2e édit., 1866); — *la Question de conscience* (1866). Etant en prison, il avait annoncé la publication d'un *Cours élémentaire de droit*, en sept parties ; le *Manuel de droit civil*, véritable commentaire philosophique et critique du Code Napoléon, a seul paru .1871 , 3 vol.). Dans le cours de 1871, M. Emile Acollas a successivement publié : *L'idée du Droit* ; *Trois leçons sur les principes philosophiques et juridiques du mariage* ; — *La République et la Contre-Révolution*, réponse au *Journal de Genève*; — *Pages d'histoire contemporaine*, M. Gambetta;—*L'Autonomie de la personne humaine*, controverse sur le principe et l'idéal de la science politique; cet opuscule contient un résumé des doctrines philosophiques et politiques de l'auteur; — *Cours de droit politique*, professé à l'Université de Berne (1re partie, *Commentaire de la Déclaration des droits de l'homme, de 1793*). Rentré en France, M. Emile Acollas a repris l'enseignement du droit comme professeur libre.

ADAM (Gilbert-Joseph), né à Fontainebleau, le 7 avril 1795. Après avoir pris ses grades devant la Faculté de droit de Paris, il s'engagea volontairement dans l'armée et fit les campagnes de 1813 et de 1814. Sous-préfet de Châteaulin en 1821, inspecteur des finances en 1825, inspecteur-général en 1838, il réorganisa le service des paquebots de l'Etat. Le 5 mars 1848, M. Adam fut nommé commissaire liquidateur de la liste civile du roi Louis-Philippe, et, le 20 du même mois, il était appelé au poste de directeur-général des contributions indirectes et des tabacs. Entré à la Cour des comptes, le 15 janvier 1852, comme conseiller maître, il a été admis à la retraite et nommé conseiller honoraire le 9 mai 1870. M. Adam est membre de la Société géologique de France depuis son origine et auteur du *Tableau minéralogique* (1869), ouvrage présentant un système nouveau de classification. Il a été nommé commandeur de la Légion d'Honneur le 15 septembre 1857.

AGNEL (Emile), né à Paris, le 7 janvier 1810. M. Agnel, après avoir terminé son droit à la Faculté de Paris, et pris place au barreau de de cette ville, s'est consacré également à la jurisprudence et à la littérature. On lui doit un grand nombre de publications sur des sujets très-divers : *Codes-Manuels spéciaux à l'usage des propriétaires et des locataires* (1839, 5e édition, 1863) ; *Des propriétaires de biens ruraux et des fermiers* (1848) ; *Des artistes* (1850) ; *Des assurés et des assureurs* (1861), etc. ; — une traduction en vers des *Métamorphoses d'Ovide* (1852-1854) ; — *Observations sur le langage rustique des environs de Paris* (1855) ; — *Curiosités judiciaires et historiques du Moyen-Age ; procès contre les animaux* (1858) ; — *Tableau synoptique des modifications subies par les primitifs latins qui ont servi d'éléments à la formation de la langue française* (1864) ; — *De l'influence du langage populaire sur la forme de certains mots de la langue française* (1870), ouvrage qui a obtenu à l'Institut une mention honorable. M. Agnel a collaboré à divers journaux et publications périodiques, notamment à l'*Echo agricole* et au *Journal général de l'Instruction publique*. Il cultive aussi les arts : il a composé divers morceaux de musique, et a publié, en 1866, un *trio pastoral* pour piano, cor anglais et violoncele.

AIMARD (Gustave), né à Paris, le 13 septembre 1818. Embarqué, comme mousse, pour l'Amérique, il vécut pendant près de dix ans, au milieu des tribus sauvages du Nouveau-Monde ; puis il parcourut, en partisan, l'Espagne, la Turquie, et le Caucase. Revenu à Paris en 1848, il fut quelque temps officier dans la garde mobile ; mais bientôt il repartit en Amérique et partagea avec le comte de Raousset-Boulbon les périls et les fatigues de l'expédition de Sonora. M. Gustave Aimard revint ensuite en France et se consacra à la littérature. Il publia, sous la forme romanesque, ses impressions de voyage et le résultat de ses observations, genre dans lequel il s'est fait une grande réputation. On a de lui : *un Coin du rideau*, son premier ouvrage (1847) ; — *les Trappeurs de l'Arkansas* (1858) ; — *le Grand chef des Incas* (2 vol., 1858) ; — *le Chercheur de pistes* (1858) ; — *le Cœur loyal* (1861) ; — *les Francs-Tireurs* (1861) ; — *les Rôdeurs de frontières* (1861) ; — *la Main-Ferme* (1862) ; — *Valentin Guillois* (1862) ; — *les Nuits mexicaines* (1863) ; — *les Aventuriers* (1863) ; — *les Chasseurs d'abeilles* (1864) ; — *les Fils de la Tortue* ; — *Surson Tête-de-Fer* ; — *Zeno Cabial* ; — *le Guaranis*, etc. L'œuvre de M. Gustave Aimard dépasse aujourd'hui 60 volumes ; et ses ouvrages, toujours instructifs et moraux, sont fort goûtés dans toutes les familles. Il a fait jouer au théâtre de la Porte-Saint-Martin, en 1864, un drame en 5 actes, *les Flibustiers de la Sonora*, en collaboration avec M. Amédée Rolland. Lors de la déclaration de guerre, en 1870, il forma et commanda le bataillon des Francs-Tireurs de la Presse ; mais, après deux mois de fatigues, vaincu par la maladie, il fut obligé de déposer son épée. M. Gustave Aimard, membre de la Société des Gens de Lettres, a fait partie du Comité en 1870. Il est aussi membre de la Société de Géographie et de la Société des auteurs dramatiques.

ALARD (Jean-Delphin), né à Bayonne, le 8 mars 1815. A débuté dans l'orchestre du théâtre de Bayonne. Admis en 1826 au concours du Conservatoire de musique, il entra, le 5 juillet 1827, dans la classe d'Habeneck. En 1830, il remportait un premier prix. En 1838, il fit partie de la Société des concerts. En 1843, il fut nommé professeur de violon au Conservatoire, et, deux ans après, violon-solo de la Société des concerts. Il a fondé avec Franchomme, en 1847, des séances de musique de chambre où l'on exécute presque exclusivement de la musique classique. On a de lui une école de violon, des études et des fantaisies. M. Alard a été nommé chevalier de la Légion d'Honneur le 10 décembre 1850.

ALAUZET (François-Isidore), né à Alexandrie (Italie), de parents français, le 10 avril 1807. M. Alauzet est un jurisconsulte distingué qui, après avoir fait son droit, est entré, en 1832, au ministère de la Justice, où il est parvenu, en 1866, au grade de chef de division. Le 19 mars 1870, il a échangé sa position administrative contre un siége au tribunal de la Seine. On lui doit de nombreux ouvrages de droit et de jurisprudence, tels que : *Essai sur les peines et le système pénitentiaire* (1842), couronné par l'Académie des sciences morales et politiques ; — *Traité général des assurances* (1843-1844, 2 vol. ; — *Histoire de la possession et des actions possessoires en droit français*, précédée d'une *Introduction sur le droit de propriété*, ouvrage imprimé à l'imprimerie nationale et couronné par l'Institut (1849) ; — *De la qualité de Français et de la naturalisation* (1851) ; — *Commentaire du Code de commerce et de législation commerciale* (1856-1857, 4 vol., 2e édit., 1868-1871, 6 tom. en 7 vol.). M. Alauzet a fourni des articles à divers journaux de jurisprudence. Il est chevalier de la Légion d'Honneur depuis le 11 août 1859.

ALBUFÉRA (Louis-Napoléon Suchet, duc d'), né à Paris, le 23 mai 1813 ; fils de l'illustre maréchal de l'Empire. Entré à l'Ecole polytechnique en 1831, élève sous-lieutenant d'artillerie à l'Ecole d'application de Metz en 1833, il fut nommé lieutenant en 1835, capitaine en 1841, et donna sa démission en 1848. Il a été pair de France, à titre héréditaire, de 1838 à 1848. A cette époque, il fut envoyé à l'Assemblée législative comme représentant de l'Eure. Il a siégé au Corps législatif pendant les législatures de 1851, de 1857, de 1863 et de 1869. M. le duc d'Albuféra est membre du Conseil général de l'Eure et maire de Vernon. En 1870, il a présidé le Comité de Paris pour le plébiscite. Chevalier de la Légion d'Honneur le 4 décembre 1857, officier le 29 mai 1864, commandeur le 30 juin 1867, il a été promu grand-officier le 18 mai 1870.

ALCAN (Michel), né à Donnelay (Meurthe), le 21 mai 1811. Fils d'un agriculteur de la Meurthe, il fut placé comme apprenti chez un relieur de Nancy. Il suivit avec ardeur les cours publics, fit en quelque sorte lui-même son éducation, et se mit en mesure de subir les examens de l'Ecole centrale, où il obtint le brevet d'ingénieur civil. En 1845, il a été nommé professeur de filature et de tissage à cette Ecole. Le département de l'Eure l'envoya en 1848 à l'Assemblée constituante comme son représentant. Il a apporté divers perfectionnements dans les procédés de tissage, et a publié un *Essai sur l'industrie des matières textiles* (1847, avec un atlas de 32 planches, 2e édit., 1859);—*Traité complet de la filature du coton* (1864, in-8°, avec atlas, in-4°). M. Alcan est un des collaborateurs du *Dictionnaire des arts et manufactures*. Il a été nommé chevalier de la Légion d'Honneur le 15 août 1855.

ALDEBERT (Emile-Hippolyte-Antoine), né à Milhau (Aveyron) le 28 août 1827. M. Aldebert s'est consacré à la sculpture et a suivi l'atelier de Loubon. Il a été chargé de l'exécution de diverses œuvres décoratives sur les monuments qui ont été construits à Marseille, et a produit des bustes très-estimés. Parmi ses envois aux expositions de Paris on distingue : *Ariane, Mercure,* (1868); un *Faune* (1869); un *jeune adolescent caressant un oiseau* (1870).

ALEXANDRE (Edouard), né à Paris, le 4 décembre 1824. A étudié la fabrication des orgues dans l'atelier de son père qui avait fondé, en 1829, l'importante maison qui porte leur nom, et dont d'heureuses découvertes avaient déjà établi la réputation. En effet, d'un instrument primitif, nommé l'*harmonica*, M. Alexandre père avait fait un *Sonore accordéon* qui, dans ses mains habiles, réalisa encore de nombreux progrès. En 1834, il exposait un instrument à deux jeux. En 1844, il associa à ses travaux son fils, que des études opiniâtres y avaient préparé. Ensemble, le père et le fils, créèrent le *Piano-orgue*, puis le *Piano Listz*, dont le compositeur Adam disait que c'était la plus heureuse tentative qui eût été faite pour arriver à prolonger les sons du piano. La maison Alexandre a obtenu une mention honorable en 1839, une médaille de bronze en 1844, une médaille d'argent en 1849 et la médaille d'honneur, unique pour cette industrie, à l'Exposition universelle de 1855. A cette dernière exposition, elle a remporté sept récompenses, si l'on tient compte de celles qui ont été décernées à son personnel et de la médaille de 1re classe donnée par le jury à MM. Alexandre père et fils, pour approuver et encourager la vulgarisation de leur *Orgue mélodium*, qu'ils venaient de construire à l'usage des maires, des chapelles et des églises de campagne. M. Alexandre fils a reçu la croix de la Légion d'Honneur le 16 janvier 1860. Aujourd'hui, les derniers perfectionnements apportés à l'orgue expressif, font que les instruments de cette maison ne peuvent être égalés.

ALLARD (Nelzir), né à Parthenay (Deux-Sèvres), le 27 octobre 1798. Elève à l'Ecole polytechnique en 1815, sous-lieutenant élève du génie à l'Ecole de Metz en 1817, il fut nommé lieutenant en 1820 et capitaine en 1825. En 1830, il fit l'expédition d'Alger. Député en 1837, maître des requêtes au Conseil d'Etat en 1839, chef de bataillon en 1840, lieutenant-colonel en 1844 et colonel en 1847, il s'est occupé d'une manière toute spéciale des travaux des fortifications de Paris. En 1852, il fut promu au grade de général de brigade, et le 10 juin 1857 à celui de général de division. Le général Allard a été président de la section de la guerre, de la marine, des colonies et de l'Algérie au Conseil d'Etat. En cette qualité, il a été appelé à soutenir pendant plusieurs années, devant le Corps législatif, la discussion des projets de lois élaborés par la section de la guerre, et il s'en est acquitté avec un talent remarquable. On lui doit plusieurs rapports très-appréciés sur des questions militaires, et notamment sur l'enceinte continue. Il a été également rapporteur d'une commission chargée de l'enquête relative au Muséum d'histoire naturelle. M. le général Allard a été élevé au grade de grand officier de la Légion d'Honneur le 6 août 1860.

ALLAUX (Bernard-Alcide), né à Nègrepelisse (Tarn-et-Garonne), le 8 août 1832. Ancien interne des hôpitaux de Paris, il fut reçu docteur en médecine en 1860, et s'établit à Pamiers (Ariége), où il devint successivement médecin de l'hôpital de Pamiers, professeur du cours départemental d'accouchements, en 1868 ; il était médecin des épidémies de l'arrondissement depuis 1867, et membre du Conseil d'hygiène, inspecteur des pharmacies depuis 1863. M. Allaux, trois fois élu membre du Conseil municipal, à partir de 1865, a été nommé adjoint et a rempli les fonctions de maire pendant près d'une année. Il a publié : *Considérations hygiéniques sur la ville de Pamiers* (1866), qui lui ont valu une médaille d'argent du ministère de l'Agriculture, du Commerce et des Travaux publics; — *Mémoire sur l'opération césarienne*, pratiquée avec succès par l'auteur (1867).

ALLOU (Edouard), né à Limoges, le 6 mars 1820; fils d'un ingénieur des mines. Il fit de brillantes études à Paris, au collège Bourbon, prit ses inscriptions à la Faculté de droit et fut admis au barreau de la capitale le 4 novembre 1841. Nommé secrétaire de la Conférence des avocats dès sa première année de stage, il était chargé, l'année suivante, du discours de rentrée, l'*Éloge de Ferey*, qui obtint les suffrages de ses confrères et de ses maîtres. De beaux débuts à la Cour d'assises attirèrent les regards sur lui ; mais l'entraînement des affaires criminelles l'effraya ; il s'enferma, durant deux années, dans une étude d'avoué, fut secrétaire de Liouville, et se voua ensuite tout entier à la pratique des affaires civiles, dans laquelle il devait bientôt exceller. Membre de la commission de réforme du Code d'instruction criminelle en 1849, il fut appelé, en 1852, au Conseil de l'ordre, et devint avocat de l'Administration des hospices et de la Direction générale des douanes. Nous ne pouvons mentionner ici toutes les causes dans lesquelles M. Allou se signala : citons seulement, parmi les plus importantes, le grand procès Mérentié, qui se prolongea vingt-trois jours ; l'affaire Poulmann, l'assassin de Nangis ; le duel de Saint-Cyr ; le procès de la maison Didot contre Thoisnier-Desplaces, au sujet de la propriété de la *Biographie universelle* ; le procès Proudhon (poursuites dirigées contre le livre *l'Eglise et la Révolution*) ; l'affaire Dubouchage en nullité de mariage ; celle de Patterson, où il défendit le prince Napoléon ; un des nombreux procès Mirès, où il plaida pour le comte Siméon à Paris et à Douai ; celui du duc de Brunswick contre Mme de Civry ; le complot des quatre Italiens, où il fut chargé de la défense de Grecco ; les procès d'Erlanger, du Crédit mobilier, de Charles Laffitte, des usiniers contre la ville de Paris, du testament d'Auguste Comte, celui de Bauffremont ; les défenses de *la Liberté*, de *l'Epoque*, du *Courrier français*, etc. A peine âgé de quarante-six ans, il a été nommé bâtonnier de l'ordre des avocats en 1866 et 1867. Aux élections générales de 1869, il s'est présenté à la députation, à Paris, comme candidat de l'opposition libérale ; mais n'ayant pas été élu au premier tour de scrutin, il s'est désisté, au second tour, en faveur de M. Glais-Bizoin.

ALPHAND (Jean-Charles-Adolphe), né à Grenoble, le 26 octobre 1817. Elève de l'Ecole polytechnique en 1835, admis à l'Ecole des ponts et chaussées le 20 novembre 1837, M. Alphand devint ingénieur ordinaire le 22 août 1843, ingénieur en chef le 30 mai 1857, et inspecteur général le 25 décembre 1869 ; il est aujourd'hui directeur de la voie publique et des promenades de Paris. En 1839, M. Alphand a été chargé, à Bordeaux, de constructions de ports, de chemins de fer, de canaux et de routes. Pendant sa résidence dans cette ville, il y a été conseiller municipal, et, depuis 1856, il fait partie du Conseil général de la Gironde. Quand l'édilité parisienne conçut la pensée de modifier de fond en comble la vieille capitale, c'est à lui qu'elle confia l'exécution de ce magnifique projet. Appelé à Paris, en 1854, comme ingénieur en chef des embellissements, M. Alphand y a dirigé les services les plus variés, ceux des plantations, des promenades, des parcs, des concessions sur la voie publique, des voitures, de l'éclairage, enfin tout ce qui pouvait avoir un point de vue commode, panoramique, sanitaire et tout en même temps artistique. Où cet ingénieur a le mieux marqué le cachet particulier de son talent, c'est dans la transformation, en petites oasis, d'espaces arides ou sauvages ; dans la création de magnifiques jardins ou parcs tels que les Champs-Elysées, le bois de Boulogne, le bois de Vincennes, les Buttes-Chaumont — son chef-d'œuvre — et le fameux parc de l'Exposition universelle de 1867. Il vient de commencer la publication d'un superbe ouvrage illustré de gravures sur bois et sur acier, et de chromo-lithographies, reproduisant les plans et profils des nouvelles voies magistrales, les bois, les parcs, les squares, les places, les cimetières, les fontaines et aussi les plantations des fleurs exotiques qui, suffisamment acclimatées, grâce à des soins intelligents, font le charme des nouveaux jardins publics. Cet ouvrage est intitulé : *les Promenades de Paris*. M. Alphand est commandeur de la Légion d'Honneur (1er juillet 1867), grand-croix de l'ordre du Christ de Portugal, commandeur des ordres de François-Joseph d'Autriche, de la couronne de Prusse, de Léopold de Belgique, du Medjidié de Turquie, du Nichan Iftikar de Tunis.

AMAURY-DUVAL (Eugène-Emmanuel), né à Paris le 8 février 1808 ; fils de Pineu Duval, membre de l'Institut, et neveu d'Alexandre Duval de l'Académie française. Son véritable nom est *Eugène-Emmanuel-Amaury du Val*. Il a débuté à l'exposition de 1833, en sortant de l'atelier de M. Ingres, par des portraits qui lui acquirent une certaine réputation dans ce genre ; mais il ne tarda pas à abandonner cette voie pour en adopter une plus vaste en se consacrant à la peinture historique. On lui doit des toiles et des fresques importantes, exécutées dans plusieurs monuments publics, notamment dans la chapelle de la Vierge à Saint-Germain-l'Auxerrois, sur les murs de l'église de Saint-Germain en Laye et à Saint-Méry. Vers 1855, M. Amaury-Duval fit un voyage en Italie ; déjà, en 1829, il avait visité la Morée. Ses principaux ouvrages sont, outre les travaux que nous venons de citer : *un Pâtre découvrant un bas-relief antique* ; — *la Tragédie* (1855) ; — un grand nombre de *portraits* ; — *le Sommeil de l'Enfant Jésus* ; — *la Naissance de Vénus* (1863) ; — *la jeune Fille à la Poupée* (1864) ; — *Daphnis et Chloé* (1865) etc. ; Il a obtenu une médaille de 2e classe (histoire) en 1838, et une médaille de 1re classe (portrait) en 1839. Chevalier de la Légion d'Honneur le 26 avril 1845, il a été promu officier le 14 août 1865.

AMIGUES (Jules), né à Perpignan, le 10 août 1829. Il se consacra de bonne heure à l'étude des lettres et au journalisme, et fit, à l'étranger, des voyages profitables à son instruction politique. Après la campagne de 1859, il commença au journal *le Temps* une correspondance fort remarquée, ses *Lettres d'Italie*. Devenu correspondant politique du *Moniteur universel* en 1860, sur l'invitation de M. Drouyn de Lhuys, il n'en demeura pas moins collaborateur du *Temps*, condition à laquelle il avait subordonné son entrée à la feuille officielle. Deux ans plus tard, il prit la rédaction principale de *la Presse*, sous la direction politique de M. Emile Ollivier ; et le ministre des Affaires étrangères, par un louable esprit de libéralisme, eut la délicatesse de ne pas lui demander, à cette occasion, sa démission de rédacteur au *Moniteur universel*. Lors de la création du *Journal officiel*, en 1869, il resta attaché au *Moniteur ;* mais il se sépara de ce journal un peu plus tard, au sujet du projet de sénatus-consulte du mois de juillet suivant, s'étant formellement et publiquement prononcé contre la tentative de restauration parlementariste qui avait lieu par l'initiative et sous l'impulsion de ses amis. C'est alors qu'il tenta vainement de fonder le journal *la République* dont le titre seul fut tout d'abord repoussé par la préfecture de police. Pendant la guerre entre le gouvernement de Versailles et la Commune de Paris, M. Jules Amigues fut l'un des délégués des chambres syndicales industrielles et ouvrières de Paris auprès des deux pouvoirs en lutte, et il a publié le compte-rendu des négociations auxquelles il eut alors une part active. On lui doit des œuvres nombreuses et variées : l'*Histoire d'Italie* du comte Cesare-Belbo (2 vol.), continuée par le traducteur jusqu'en 1860 ; — *l'Eglise et les Nationalités*, brochure anonyme (1860) ; — *l'Etat romain depuis 1815 jusqu'à nos jours*, ouvrage enrichi de notes et documents colligés par M. Farini (1862) ; — *Politique et finances en Italie*, travail relatif à l'emprunt de 700 millions de lires et à la création du crédit foncier italien (1863) ; — *les Amours stériles*, recueil de nouvelles (1865) ; — *les Fêtes romaines illustrées* (1867) ; — *la Politique d'un honnête homme* (1869) ; — *Jean de l'Aiguille*, roman historique (1869), etc. Comme production dramatique, on doit à M. Jules Amigues, *Maurice de Saxe*, en collaboration avec M. Marcellin Desboutin (drame en 5 actes et en vers, Théâtre-Français 1870.) Il est chevalier de la Légion d'Honneur (15 février 1868) et officier de l'ordre des Saints-Maurice et Lazare.

AMUSSAT (Auguste-Alphonse), né à Paris, le 25 septembre 1820 ; fils du célèbre docteur de ce nom. Élève de l'École centrale des arts et manufactures de 1840 à 1842, il embrassa ensuite la carrière si brillamment parcourue par son père, et fut reçu docteur en médecine de la Faculté de Paris en 1850 avec une thèse très-étendue et très-complète *Sur l'emploi de l'eau en chirurgie*. Il se livra alors à des études particulières sur l'application de la galvano-caustique au traitement des affections chirurgicales. Longtemps associé à la publication des travaux de son père, il a fait paraître personnellement : deux *Notes* adressées à l'Académie des sciences en juillet 1853 et en octobre 1854 ; — *Mémoire sur la cautérisation circulaire de la base des tumeurs hémorrhoïdales, compliquées de procidence de la muqueuse rectale* (1854). En 1855, M. le docteur Amussat adressa à l'Académie de médecine de Barcelone un travail sur l'extraction de deux corps étrangers de l'urèthre, et, en 1861, il publia dans l'*Union médicale*, une *Observation d'hypospadias*, traité avec succès malgré l'arrêt de développement des parties.

ANCEL (Jules-Édouard-Daniel), né au Havre, le 16 avril 1812. Lauréat du collége Stanislas, il utilisa ses fortes études et sa brillante intelligence dans le haut commerce, et devint rapidement un de nos principaux armateurs. Président de la Chambre de commerce du Havre, maire de cette ville, conseiller général de la Seine-Inférieure, il fut élu, en 1849, représentant de ce département à l'Assemblée législative. Il s'y fit bientôt remarquer par l'autorité de son expérience dans les questions de marine, d'industrie et de commerce, et fut notamment un des secrétaires de la commission chargée d'examiner le projet de loi sur les sucres. Après avoir été réélu député au Corps législatif, par ses anciens commettants, en 1852, 1857 et 1863, il succomba dans la lutte électorale de 1869 ; mais, aux élections du 8 février 1871, il fut nommé représentant à l'Assemblée nationale. M. Ancel préside une des sous-commissions de la grande commission d'enquête sur les marchés passés à l'occasion de la guerre contre l'Allemagne. Il a été élu président du Conseil général de la Seine-Inférieure en 1871. Il est chevalier de la Légion d'Honneur.

ANCELET (Gabriel-Auguste), né à Paris, le 21 décembre 1829. Elève de Baltard, il suivit les cours de l'Ecole des beaux-arts de 1846 à 1851, et y remporta, en 1851, le grand prix d'architecture sur ce sujet : *Un hospice dans les Alpes*. M. Ancelet a envoyé de Rome un remarquable travail sur la restauration de la voie Appienne, qui fut admiré au Salon de 1856 et à l'Exposition universelle de 1867. Nommé, le 8 janvier 1858, architecte du château de Pau, depuis le 18 juillet 1864, il est architecte du palais de Compiègne, où il a exécuté la salle de spectacle. M. Ancelet a reçu la croix de la Légion d'Honneur le 29 juin 1866 et obtenu à l'Exposition universelle de 1867 la grande médaille d'honneur.

ANDELARRE (Jules-François, *marquis* d'), né à Dijon, le 25 octobre 1803. Premier substitut du procureur du roi en 1829, il devint maire d'Andelarre (Haute-Saône) en 1831, et membre du Conseil général de la Haute-Saône pour le canton de Vesoul en 1837. M. le marquis d'Andelarre a représenté la circonscription de Vesoul au Corps législatif, depuis le 29 février 1852 jusqu'au 4 septembre 1870, et a été élu membre de l'Assemblée nationale le 8 février 1871. Il a publié : *Du vingtième des produits forestiers* (1853) ; —*Forme et réforme du budget de l'État ;—la Démocratie en Franche-Comté* (1868), ouvrage qui a beaucoup éveillé l'attention publique et occupé les journaux. Chevalier de la Légion d'Honneur le 19 mai 1842, il a été promu officier le 14 août 1869.

ANDUZE-FARIS, né à Chalabre (Aude), le 14 août 1790. M. Anduze-Faris suivit la carrière paternelle, se consacra à la fabrication des draps, et se fit, comme manufacturier, une grande position. Ses idées libérales lui valurent d'être nommé, après 1830, maire de Chalabre et membre du Conseil général de l'Aude, et, en 1848, représentant à l'Assemblée constituante, où il se rangea dans le parti Cavaignac modéré. Quand vinrent les élections pour l'Assemblée législative, il déclina toute candidature et reprit la direction de son établissement. M. Anduze-Faris a conservé ses fonctions de maire, et est devenu, par ses longs services, le doyen du Conseil général de l'Aude. Il poursuit opiniâtrement, depuis 1816, la réalisation de deux projets d'un intérêt général et considérable. Le premier, qui n'est pas encore en voie d'exécution, bien qu'il ait été approuvé par le Conseil général des ponts-et-chaussées et le ministère des Travaux publics, consisterait dans la création d'un canal de navigation et d'irrigation latéral à la rivière de l'Hers, et qui, par l'Ariége et la Garonne, ferait jonction, à Toulouse, avec le canal du Midi. Le second projet consisterait dans l'établissement, à l'anse de la Franque (cap Leucate), d'un port de refuge et de commerce, qui permettrait aux départements de l'Aude et de l'Ariége de profiter directement de l'ouverture du canal de Suez, et d'exploiter, en même temps que les fers et aciers, les bois supérieurs de construction navale que renferment les belles forêts domaniales et particulières du pays, et ouvrirait un vaste débouché aux produits agricoles en vins et céréales de l'Aude, ainsi qu'à ceux des nombreuses fabriques de draperie, chapellerie, de peignes, de tannerie, etc., situées dans les deux départements précités. M. Anduze-Faris a reçu la croix de la Légion d'Honneur le 13 août 1861.

ARAGO (Étienne), né à Perpignan (Pyrénées-Orientales), le 9 février 1802 ; frère du célèbre astronome François Arago. Après avoir terminé ses études au collège de sa ville natale et à l'École de Sorèze, il vint à Paris et entra, comme préparateur de chimie, à l'École polytechnique. Mais il ne tarda pas à quitter les sciences pour la littérature et le théâtre. Collaborateur de Balzac, il publia avec lui *l'Héritière de Birague* (1822, 4 vol.). Après ce premier essai, il devint vaudevilliste. En collaboration avec Ancelot, Anicet-Bourgeois, Antier, Bayard, Desvergers, Varin, Duvert, etc., il a fourni aux différents théâtres de genre de Paris une centaine de pièces, dont beaucoup sont restées au répertoire. Mais son œuvre capitale, qu'il composa seul et qui fut jouée en 1847, au Théâtre-Français, est une pièce en cinq actes et en vers : *les Aristocraties*. Sous la Restauration, M. Étienne Arago avait été mêlé aux luttes de la petite presse ; il fut rédacteur de *la Lorgnette*, de *la Nouveauté*, et l'un des fondateurs du premier *Figaro*. En 1829, il acheta de M. de Guerchy le droit d'exploitation du théâtre du Vaudeville, qui existait en dehors de tout privilége du gouvernement. L'incendie de cet établissement causa sa ruine ; et le pouvoir, faisant rentrer le Vaudeville dans la loi générale des théâtres, en donna le privilége, en 1840, à un autre directeur. Depuis, il publia dans *le Siècle* des nouvelles signées Jules Ferney et autres pseudonymes, contribua, en 1844, à la fondation de *la Réforme*, concourut jusqu'en 1848 à sa rédaction politique et y publia *les Bleus et les Blancs*, roman historique, qui parut en 1852, en cinq volumes. Mêlé, dès l'âge de dix-huit ans, aux agitations de la Charbonnerie, il ferma les portes de son théâtre le 27 juillet 1830, distribua sur les barricades les armes qui s'y trouvaient, combattit bravement durant les trois jours, rejoignit M. Baude à l'Hôtel-de-Ville, y installa le général Dubourg, et y conduisit ensuite le général La Fayette, dont il fut un des aides-de-camp. Il figura parmi les délégués de la jeunesse républicaine près du roi Louis-Philippe. Lieutenant d'artillerie dans la garde nationale, il se trouva compromis avec Godefroy Cavaignac et beaucoup de ses amis dans les journées de juin et d'avril (1832 et 1834). Mais il échappa à la police en se cachant près d'Armand Carrel chez M. de Pouilly, à Puteaux. Il reparut pour prendre part à l'évasion des détenus de Sainte-Pélagie, que la Cour de Paris se préparait à juger. Aux journées de Février 1848, il se montrait en armes dans les positions où les engagements étaient le plus meurtriers. Dans l'après-midi du 24, s'étant emparé de l'Hôtel des Postes, il s'y installa comme directeur-général, et en remplit les fonctions jusqu'à ce que le général Cavaignac eut cessé d'être président de la République. C'est à l'administration de M. Étienne Arago que remontent les premiers essais de réforme postale et l'innovation des timbres-poste à vingt centimes. A l'Assemblée constituante, où les Pyrénées-Orientales l'avaient envoyé, il vota toujours avec la gauche, fit après l'élection du 10 décembre une ardente opposition aux projets du prince Louis-Napoléon, et signa sa mise en accusation et celle des ministres, à propos du siége de Rome. Il ne se présenta pas comme candidat aux élections pour la Législative. Le 19 juin 1849, revêtu de son uniforme de chef de bataillon de la 3e légion, il se plaça à la tête des gardes nationaux qui répondirent à l'appel de la Montagne. La Haute-Cour de Versailles le condamna, par contumace, à la déportation. Il avait eu déjà le temps de se réfugier en Belgique. Le 2 Décembre 1851, il n'eut pas plus tôt appris le coup d'État, qu'il résolut de pénétrer en France et poussa, sans succès, jusqu'à Valenciennes. Ayant organisé et présidé à Bruxelles un comité de secours pour les proscrits, le gouvernement impérial obtint son extradition, à la suite d'articles insérés dans *la Nation* sur les vainqueurs et les vaincus des guerres civiles. Après avoir traversé l'Angleterre, la Hollande et Genève, sans y trouver une hospitalité suffisante, il alla se fixer à Turin, où il reprit ses travaux interrompus. Parmi les œuvres qu'il a publiées dans son exil, on cite : *Spa, son origine, son histoire, ses eaux, ses environs et ses jeux*, poëme en sept chants (1851, 2e édition) ; — *le Deux-Décembre*, poëme en cinq chants ; — *la Voix de l'Exil* (vol. de vers). Depuis la création du journal *l'Avenir national*, il y est chargé du feuilleton des théâtres ; tout en terminant des comédies de caractère, il met en ordre ses souvenirs politiques, scientifiques, littéraires et artistiques qui embrassent une période de cinquante années. Dans la dernière révolution, M. Étienne Arago a exercé les fonctions de maire de Paris, depuis le 4 septembre jusqu'au 31 octobre 1870.

ARAGO (Emmanuel), né à Paris, le 6 août 1812. Fils aîné du célèbre astronome François Arago, il s'est fait connaître, de bonne heure, par des productions littéraires, quelques pièces de théâtre et un volume de poésie. En même temps, il suivait les cours de la Faculté de droit de Paris, où il fut reçu licencié, en 1836. Comme avocat, il plaida avec succès des procès de contrefaçon, de chemins de fer, et défendit les causes de Barbès, Martin-Bernard et autres champions de la démocratie. En 1848, il joua un rôle très-énergique à la Chambre des députés, pour empêcher la proclamation de la régence. Après la révolution, la République l'envoyait, comme commissaire extraordinaire, a Lyon, où il put maintenir l'ordre, en décrétant un emprunt de quatre-vingt-dix centimes et en ordonnant de prendre, sur un fonds de cinq cent mille francs, originairement destiné au comptoir national de la ville, la somme indispensable à la solde des ateliers nationaux, mesure qui sauva Lyon d'un danger imminent. Elu représentant par le département des Pyrénées-Orientales, M. E. Arago fut envoyé à Berlin, le 25 mai, par la Commission exécutive, en qualité de ministre plénipotentiaire de la République. Là, il intervint en faveur des Polonais du Grand-Duché de Posen, et obtint la mise en liberté du général Mieroslawski. Après le 10 décembre, il donna sa démission, rentra en France, et protesta contre l'expédition de Rome. A l'Assemblée législative, il vota toujours avec la gauche; mais, après le coup d'Etat, il s'éloigna pour un temps de la vie politique, et reprit sa place au barreau de Paris, où, entre diverses causes qui fixèrent l'attention, il plaida celle de Berezowski (1867). M. E. Arago, nommé aux élections partielles de novembre 1869, membre du Corps législatif, s'est élevé, le premier, contre la guerre déclarée à la Prusse. La révolution du 4 septembre 1870 l'a porté au pouvoir en qualité de membre de la Défense nationale, délégué au ministère de la Justice. Les élections qui ont suivi les préliminaires de la paix, en 1871, l'ont envoyé à l'Assemblée nationale, où il représente les Pyrénées-Orientales. Il a été nommé, après la retraite de M. Gambetta, ministre de l'Intérieur et ministre de la Guerre.

ARAGO (Alfred). né à Paris, le 10 mai 1820; frère du précédent. Il a débuté dans la carrière artistique sous les auspices de Paul Delaroche, dont il a été l'élève. On lui doit un *Charles-Quint au couvent de Saint-Just*, la *Récréation de Louis XI*, l'*Aveugle*, *Abraham*, etc. En 1846, il a obtenu une troisième médaille; en 1852, il est entré dans l'administration, en qualité d'inspecteur général des beaux-arts, et a été nommé chef de division au ministère des Beaux-Arts en 1870. M. Alfred Arago est chevalier de la Légion d'Honneur depuis le 14 août 1854.

ARGIS (Jules, *comte* D'), né à Caen, le 11 novembre 1814. Il s'est consacré d'abord à l'état militaire, qu'il a quitté comme officier supérieur de cavalerie. En même temps il cultivait les lettres, et l'on a de lui : *Etude sur la guerre de la succession d'Espagne* ; — *les Six mariages de Henri VIII* ; — *Sainte-Marguerite d'Ecosse*. A Verdun, il fit des conférences fort remarquées, qui lui valurent la palme d'officier d'Académie, distinction très-rare dans l'armée. M. le comte d'Argis, écrivain militaire et romancier, a publié, en outre, dans plusieurs recueils périodiques et dans des journaux spéciaux, tels que la *Sentinelle de l'armée* et le *Spectateur militaire*, des articles empreints d'un grand esprit d'indépendance. Il a reçu, très-jeune, en Afrique, la croix d'officier de la Légion d'Honneur.

ARMAN (Jean-Lucien), né à Bordeaux le 22 novembre 1811. Constructeur maritime, il a reçu la grande médaille d'honneur de 3º classe (*Marine et arts militaires*) à l'Exposition universelle de 1855, pour le nouveau système des constructions en bois et en fer. M. Arman est membre du Conseil général de la Gironde, de la Chambre de commerce de Bordeaux, du Conseil municipal, de l'Académie des belles-lettres, arts et sciences, et de la Chambre consultative d'agriculture. Elu député par la 5º circonscription de la Gironde, le 21 juin 1857, il a été de nouveau envoyé au Corps législatif par les mêmes électeurs, le 1ᵉʳ juin 1863. M. Armand est commandeur de la Légion d'Honneur (20 avril 1864) et du Nichan Iftikar de Tunis.

ARMAND (Alfred), né à Paris, le 3 octobre 1805. Elève de Provost et d'Achille Leclère, M. Armand a été architecte des chemins de fer de Versailles, de Saint-Germain et de l'Ouest, puis du chemin de fer du Nord. Il a construit la gare de la rue Saint-Lazare, celles de Versailles et celles des principales villes du Nord. Depuis 1843, il a cessé de travailler pour les chemins de fer et a élevé à Paris le grand hôtel du Louvre (1855), l'hôtel de MM. Péreire (1857), et le grand hôtel du boulevard des Capucines (1862). Ces trois édifices, construits dans des proportions colossales, font le plus grand honneur au talent de M. Armand. Chevalier de la Légion d'Honneur le 29 avril 1847, il a été nommé officier le 14 août 1862.

ARMAND (Ernest, *comte*), né à Paris, le 6 mars 1829; fils de M. Armand (de l'Aube), qui, après avoir représenté ce département pendant quatre législatures, s'éloigna des affaires publiques en 1848; arrière-petit-fils de l'illustre Monge, comte de Péluze. Entré dans la carrière diplomatique en 1850, après avoir achevé ses études de droit, M. le comte Armand fut successivement envoyé à La Haye et à Londres, attaché au congrès de Paris en 1856 et rédacteur au cabinet du ministre des Affaires étrangères sous l'administration de MM. le comte Walewski, Thouvenel et Drouyn de Lhuys. Il a rempli les fonctions de secrétaire aux conférences de Zurich, et a été envoyé comme chargé d'affaires près des cours de Hanovre et de Brunswick. En 1864, les électeurs du canton d'Arcis-sur-Aube l'ont nommé à l'unanimité membre du Conseil général de l'Aube. M. Armand après avoir été plusieurs fois chargé d'affaires à Rome dans des circonstances délicates, se trouvait encore à la tête de notre ambassade, lorsque Garibaldi et ses bandes, secrètement soutenus par les autorités italiennes, envahirent les États du Saint-Siége. Dans ces graves conjonctures, privé des instructions de son gouvernement par suite de la rupture des lignes télégraphiques, M. Armand prit sur lui de recommander au gouvernement romain une résistance énergique. L'attitude du chargé d'affaires de France fut si loyale et si judicieuse que les deux gouvernements s'en montrèrent également satisfaits. Aussi, pour lui en donner un témoignage durable, Pie IX, par une bulle du 26 novembre 1867, accorda à M. Armand le titre héréditaire de comte qu'un décret du 4 juillet 1868 l'autorisa à accepter et à porter. Le comte Armand, chef du cabinet du ministre des Affaires étrangères le 2 janvier 1870, a été nommé envoyé extraordinaire et ministre plénipotentiaire en Portugal le 12 avril de la même année. Chevalier de la Légion d'Honneur, le 16 mars 1859, il a été promu officier le 18 août 1866.

ARMENGAUD aîné (Jacques-Eugène), né à Ostende, de parents français, le 26 octobre 1810. M. Armengaud aîné a fait ses études à l'École des Arts-et-Métiers de Châlons. Sorti de cette école en 1830, il devint l'élève et le collaborateur de M. Leblanc. A la mort de son maître, il fut appelé à le remplacer comme professeur de dessin de machines au Conservatoire des Arts-et-Métiers de Paris, où il a formé, pendant un grand nombre d'années, une pépinière d'artistes industriels qui lui doivent, les uns une position, d'autres un nom. Dès 1835, il entreprit une suite d'ouvrages destinés à faire connaître, par des figures et un texte explicatif, d'abord l'état de l'industrie des chemins de fer à cette époque, puis les machines et appareils de tous genres, dont l'emploi consacre le succès. Membre de plusieurs sociétés savantes de la France et de l'étranger, il a figuré, avec un nombre toujours croissant de travaux, à toutes les Expositions industrielles depuis 1834, a obtenu successivement des médailles de différentes classes et a été nommé chevalier de la Légion d'Honneur le 16 août 1863. On a de M. Armengaud aîné seul: *Traité théorique et pratique des moteurs hydrauliques* (in-4°, avec atlas); — *Traité théorique et pratique des moteurs à vapeur* (2 vol. in-4°, avec atlas); — *le Vignole des mécaniciens* (in-4°, avec atlas); — *Publication industrielle des machines, outils et appareils les plus perfectionnés et les plus récents, employés dans les différentes branches de l'industrie française et étrangère* (19 vol. in-8° avec planches in-folio, 1840 à 1870). Il a publié en collaboration : *le Génie industriel*, journal scientifique mensuel qui paraît depuis 1854 et qui est arrivé à son 38° volume (Armengaud frères); *Cours de dessin appliqué aux machines et à l'architecture* (Armengaud frères et Amouroux); — *le Progrès de l'industrie* (Armengaud aîné père et fils); — *Instructions pratiques à l'usage des inventeurs*, 2° édition (Armengaud aîné et J. Mathieu). M. Armengaud aîné a créé un cabinet d'ingénieur-conseil pour toutes les questions relatives aux brevets d'invention. Depuis 1869 il y a attaché son fils, ancien élève de l'École centrale ; son élève et collaborateur, M. J. Mathieu, ingénieur civil, en a la direction.

ARMENGAUD jeune (Charles), né à Ostende, le 27 juillet 1813; frère du précédent. Il est élève, comme son frère, de l'École des Arts-et-Métiers de Châlons. Il y remporta la première médaille d'argent et en sortit le premier de sa promotion, en 1833. Il se livra ensuite à la propagation du dessin industriel, qu'il professa dans ses ateliers et dans des écoles spéciales. Puis il fit des études approfondies sur les questions particulières de législation et de jurisprudence industrielles, et ouvrit, sous le titre d'*Ingénieur-Conseil*, un cabinet de consultations sur les brevets d'invention, dont il considère, à bon droit, l'institution comme la source de tout progrès civilisateur. Pénétré de l'importance de la vulgarisation des connaissances techniques, il a publié, soit seul, soit en collaboration avec son frère aîné (voir ci-dessus), divers ouvrages très-estimés, qui ont eu de nombreuses éditions en France et à l'étranger et ont largement contribué à y populariser les arts et les sciences applicables à l'industrie. Seul, il a fait paraître : *l'Ouvrier mécanicien*; — *le Formulaire de l'Ingénieur*; — *le Guide de l'Inventeur et du Fabricant*; — un *Cours de dessin linéaire appliqué au dessin des machines*; et, avec son frère aîné : *l'Industrie des chemins de fer*; — *le Nouveau Cours raisonné de dessin industriel* et *le Génie industriel*, qui est une revue permanente des progrès contemporains. Par tous ces ouvrages se justifie sa devise : *Sois utile!* M. Armengaud jeune est membre de la Société des ingénieurs civils, de celle des anciens élèves des Écoles d'arts et métiers et des Sociétés d'encouragement de Paris et de Mulhouse. Outre la première médaille d'argent de l'École de Châlons, il en a obtenu plusieurs aux Expositions nationales et a été décoré de l'ordre de Saint-Stanislas de Russie.

ARMET DE LISLE (Jules), né à Paris, le 9 juin 1815. M. Armet de Lisle est propriétaire et directeur de l'usine de Nogent-sur-Marne, si renommée pour ses produits de sulfate de quinine, et dont l'importance est devenue sans égale, depuis la fusion, en une seule, des deux usines rivales de Clichy et de Ménilmontant. A partir de 1820, date de la découverte de ce sulfate par Lepeletier et Caventon, la France eut pour longtemps le monopole de sa fabrication. L'usine de Nogent, la plus ancienne et toujours la plus importante en ce genre, met annuellement en œuvre cinq cent mille kilogrammes de quinquina, représentant en sulfate une valeur d'environ quatre millions de francs. En 1830, M. Armet de Lisle adjoignit à son établissement une fabrique de bleu connu dans le commerce sous le nom d'*Outremer-Armet*, par opposition à l'outremer de Gmelin et Guimet. La fabrication de M. Armet de Lisle fit baisser rapidement des deux tiers le prix de ce produit. Aussi plusieurs récompenses honorables furent-elles accordées à ce savant industriel, entre autres une médaille de 1re classe à l'Exposition universelle de 1855, et, en 1862, deux médailles, une pour chacun de ses produits, décernées par le jury de l'Exposition de Londres. Il a reçu la croix de la Légion d'Honneur le 24 janvier 1869.

ARNAL (Jean-Louis), né à Terrasson (Dordogne), le 23 octobre 1806. Ancien interne des hôpitaux de Paris, il fit de brillantes études scientifiques, et se signala tout particulièrement dans le service chirurgical des blessés de Juillet, qui furent transportés à la maison de convalescence de Saint-Cloud; il mérita, à cette occasion, un éloge public de l'illustre Dupuytren. Reçu docteur en médecine en 1833, il a été médecin ordinaire de l'Empereur depuis 1853 jusqu'en 1870. On lui doit plusieurs mémoires remarquables lus à l'Académie de médecine ou insérés dans le *Journal hebdomadaire de médecine*, dont il fut toujours un des principaux rédacteurs. Chevalier de la Légion d'Honneur le 26 décembre 1849, officier le 3 janvier 1858, il est en outre commandeur des ordres d'Isabelle-la-Catholique d'Espagne, du Christ et de la Conception de Portugal.

ARNAULT (Nazaire), né à Paris, le 2 décembre 1801. M. l'abbé Arnault a débuté dans la carrière ecclésiastique, le 14 décembre 1814, en qualité de clerc de la chapelle royale. Ordonné prêtre au séminaire Saint-Sulpice le 9 juin 1827, il fut nommé la même année vicaire à la Madeleine. De 1834 à 1852, il a rempli successivement les fonctions de second et de premier vicaire de Saint-Louis-d'Antin. Chargé, en 1852, par Mgr Sibour, archevêque de Paris, de fonder une nouvelle paroisse au faubourg du Temple, sous l'invocation de Saint-Joseph, il y créa plusieurs associations de piété et de charité, et une Société de secours mutuels pour les hommes et pour les femmes. Ces deux sociétés, comptant plus de douze cents membres, ont été, sur la demande de leur fondateur, approuvées par le gouvernement. L'abbé Arnault est auteur de plusieurs ouvrages : *Vie de Notre-Seigneur Jésus-Christ, ou Concordance des quatre Évangélistes* ; — *Visites au Saint-Sacrement et à la Sainte-Vierge* ; — *l'Eglise catholique, image de Dieu* ; — *Nouvelles morales des faubourgs de Paris*. M. l'abbé Arnault a reçu la croix de la Légion d'Honneur le 7 décembre 1863. Il a été nommé, le 25 avril 1864, à la cure de Sainte-Marguerite, et chanoine honoraire de Paris le 23 avril 1867.

ARNOULD-PLESSY (Jeanne-Sylvanie), née à Metz, le 17 septembre 1819. Fille d'une comédienne de talent, Mlle Plessy se destina au théâtre, entra au Conservatoire le 12 décembre 1830, reçut les leçons de Michelet et de Samson, et s'exerça sur le Théâtre de Société de la rue de Lancry, où elle mérita la pension d'encouragement. Son apparition aux Français, où elle débuta le 10 mars 1834, dans le rôle d'Emma de *la Fille d'honneur*, produisit une grande sensation, à laquelle sa jeunesse, sa grâce et sa beauté ne furent pas étrangères. Elle joua dans *l'Hôtel garni*. Scribe écrivit pour elle *une Passion secrète*. Elle créa les personnages de son emploi dans *Mademoiselle de Montmorency*, — *le Verre d'eau*, - *une Chaine*, — *le Guerrero*, — *le Mariage raisonnable*, — *Julie*, etc. Familière avec le théâtre comme avec le nouveau répertoire, Mlle Plessy a brillé dans presque toutes les œuvres importantes qui ont été représentées de son temps au Théâtre-Français : *le Misanthrope*, — *Tartufe*, — *les Fausses confidences*, — *Valérie*, — *les Suites d'un bal masqué*, — *les Fâcheux*, — *le Philosophe sans le savoir*, — *un Jeune ménage*, — *les Comédiens*, — *les Deux gendres*, — *le Portrait vivant*, — *la Jeune femme en colère*, — *la Marquise de Sennetterre*, — *les Indépendants*, — *Faute de s'entendre*, — *l'Ambitieux*, — *une Famille au temps de Luther*, — *le Comte de Saint-Germain*, — *la Calomnie*, — *Lady Tartufe*, — *Chatterton*, — *les Serments*, — *un Mariage sous Louis XV*, — *Mademoiselle de Belle-Isle*, — *les Demoiselles de Saint-Cyr*, — *Chacun de son côté*, — *la Tutrice*, — *l'Héritière*, — *la Course au clocher*, — *le Fils de Giboyer*, — *Maitre Guérin*, — *l'Aventurière*, — *Henriette Maréchal*, — *un Cas de conscience*, etc. Mlle Plessy épousa, en juillet 1845, un auteur dramatique en renom, M. J.-F. Arnould. A la fin de la même année, elle contracta pour Saint-Pétersbourg un engagement magnifique, mais qui lui fit perdre son titre et ses droits de sociétaire de la Comédie-Française. La brillante artiste a fait sa rentrée au Théâtre-Français en 1855, en qualité de pensionnaire, dans le rôle d'Elvire, de *Tartufe*, et, depuis lors, elle n'a plus quitté cette scène, où elle a remporté ses succès les plus beaux et les plus légitimes.

AUBERT (Bienvenu-François-Hippolyte-Claude), né à Aix (Bouches-du-Rhône), le 15 décembre 1806. M. Aubert, président du tribunal de Commerce d'Aix, est un honorable négociant en céréales, qui s'est acquis l'estime et la considération de ses concitoyens par le zèle qu'il a déployé dans l'exercice de nombreuses fonctions publiques et gratuites. Élu juge-suppléant au tribunal de Commerce en 1838, il n'a pas cessé d'y siéger depuis lors, soit comme membre, soit comme président. Indépendamment de ces fonctions purement honorifiques, M. Aubert remplit depuis longtemps celles de conseiller d'arrondissement d'Aix (canton nord), de conseiller municipal de la ville d'Aix, d'administrateur du Bureau de bienfaisance et du Mont-de-piété, de membre de la Commission de surveillance des prisons, de la Commission de l'hospice des aliénés et de la Commission de statistique. Propagateur intelligent et dévoué des institutions de bienfaisance, il a fondé, à Aix, la Société de secours mutuels et la Société du Prince-Impérial. Mais ces fonctions multipliés ne suffisaient pas à son activité ; protecteur éclairé des arts autant qu'utile citoyen, il a été choisi comme président de la Chambre consultative des arts et manufactures et de la commission du Conservatoire de musique d'Aix. A l'Exposition de Londres, en 1862, ses froments ont obtenu une médaille d'honneur ; une nouvelle médaille lui a été décernée en 1867, à Paris, à l'exposition universelle, pour la supériorité de ses blés et farines. Au concours régional agricole d'Aix (1869), ses produits ont également obtenu une médaille d'argent. M. Aubert a été nommé chevalier de la Légion d'Honneur le 10 septembre 1864.

AUCLERC (Constant-Laurian), né à Saint-Amand (Cher), le 29 juillet 1796. Après avoir fait ses études au lycée de Bourges, il a commencé en 1820 sa carrière agricole. Prenant pour guides Mathieu de Dombasle et les meilleurs agriculteurs, il a mis en pratique les conseils des maîtres, et c'est lui qui, le premier, a introduit dans le Berri les charrues à la Dombasle, et importé la race charollaise et celle de Durham. Il a été, dans le Cher, le promoteur des prairies artificielles, des légumes fourragers, du marnage, du chaulage, du plâtrage. Ses efforts ont été récompensés par de nombreux succès. Il a remporté des prix dans les concours généraux et régionaux de Paris,

Versailles, Orléans, Blois, Tours, Poitiers, Nevers, Bourges et Auxerre, et dans les comices de Saint-Amand et de Bourges. Successivement membre de plusieurs conseils municipaux, secrétaire du comice agricole de Saint-Amand et son président actuel, il est encore membre et vice-président de la Chambre consultative d'agriculture, membre de la Société d'agriculture du Cher, et membre, depuis trente ans, de deux bureaux de charité. Il a été pendant treize ans maire de la commune de Celle-Bruère. On lui doit plusieurs mémoires couronnés sur diverses questions d'agriculture. A la suite de l'exposition générale de 1849, il a reçu une grande médaille d'or et la croix de la Légion d'Honneur.

AUGIER (Guillaume-Victor-Emile), né à Valence (Drôme), le 17 septembre 1820; petit-fils de Pigault-Lebrun. M. Augier s'était d'abord destiné au barreau; mais il abandonna bientôt les études juridiques pour la littérature, et son premier pas dans la carrière des lettres fut un véritable et légitime succès. Il présenta la *Ciguë* à la Comédie-Française (1844). Refusée rue de Richelieu, sa pièce réussit au delà de toute espérance à l'Odéon; et, à partir de ce moment, le public accueillit l'auteur avec une faveur marquée. Ses principales œuvres sont : *Un homme de bien* (comédie en 3 actes, 1845); — *l'Aventurière* (comédie en 5 actes, 1848) remaniée par l'auteur en 1860; *Gabrielle* (comédie en 5 actes, 1849); cette pièce lui a valu le prix Montyon. En 1850, il donna aux Français *le Joueur de flûte* et *Diane*, pièce écrite exprès pour Rachel, en 1852. *La Pierre de touche*, en collaboration avec Jules Sandeau, paraît en 1853; et, la même année, le Gymnase joue *Philiberte*. Nous citerons encore : *le Mariage d'Olympe, le Gendre de M. Poirier*, avec M. J. Sandeau, *la Ceinture dorée* avec Edouard Foussier, *la Jeunesse, les Lionnes pauvres* avec Edouard Foussier, *Un beau Mariage, le Fils de Giboyer, Maître Guérin, la Contagion, Paul Forestier, Les Méprises de l'amour*, pièce inédite, *la Chasse au roman, l'Habit vert*, et enfin un *Recueil de poésies*, publié en 1856. M. Augier est auteur des paroles de l'opéra de *Sapho*, composé par M. Gounod. Talent sérieux, l'auteur de la *Ciguë* et de *Gabrielle* est un écrivain châtié de l'école dite du *bon sens*. Dans ces dernières années, il a semblé se préoccuper des tendances nouvelles qui se sont révélées au théâtre, et vouloir entrer, lui aussi, dans cette voie. On lui doit encore : *la Langue*, satire à l'adresse des avocats qui s'occupent de politique. Elu membre de l'Académie française en 1857, en remplacement de M. le comte de Salvandy, il a été reçu le 28 janvier 1858. M. Emile Augier, a été nommé commandeur de la Légion d'Honneur, le 15 août 1868.

AUGU (Henri), né à Landau (Bavière), de parents français, le 25 décembre 1818. Il fit ses études classiques et prit le grade de bachelier ès lettres à Strasbourg, commença son droit dans la même ville, et se consacra à la littérature et au journalisme. En 1848, il fut nommé commissaire de la République à Cherbourg, où il sut allier la modération à la fermeté dans des moments difficiles. M. Henri Augu a collaboré à de nombreuses publications périodiques et journaux, tels que : la *Revue germanique*, le *Monde illustré*, les *Veillées parisiennes*, le *Journal de Cherbourg*, la première *Réforme*, l'*Illustrateur des Dames*, le *Siècle*, dont il a été rédacteur de 1849 à 1870, le *National*, la *Chronique illustrée*. Au commencement de 1870, il a pris part aux conférences données par la Société des gens de lettres au Théâtre de Cluny, et y a obtenu un grand succès avec son *Etude sur les libres-penseurs du XVIe siècle*. Il a publié un grand nombre de romans-feuilletons, nouvelles et légendes, dans les journaux et les recueils illustrés. Parmi les romans seulement, nous citerons : *les Zouaves de la mort*, épisode de l'insurrection de Pologne (1863); *les Faucheurs polonais*, épisode de l'insurrection de 1830 (1863); — *les Français sur le Rhin*, (illustré, 1864); — *Montgommery, ou les Anglais en Normandie* (1866); *le Tribunal de sang* (1866); — *les Oubliettes du vieux Louvre*, roman historique d'un type nouveau, divisé pour ainsi dire en scènes et tableaux (1867); — *les Assassins du Cardinal*; *le Mousquetaire du Cardinal* (1869); — *l'Abbesse de Montmartre* (1870); — *le Martyr du Devoir* (1871). Dans presque tous les romans de M. Henri Augu, quelque grand événement historique sert de cadre à un drame intime émouvant, ou bien une idée philosophique s'y développe sans que le drame en perde le moindre intérêt. Dans d'autres les scènes d'une bonne gaieté gauloise alternent, d'une façon piquante, avec les situations dramatiques. Parmi ses *Nouvelles*, quelques-unes sont des études de mœurs pleines d'observation et de critique de bon aloi. On doit encore au même auteur : *les Femmes sans nom*, comédie (3 actes, 1867); — et trois drames : *les Rôdeurs de Barrières* (1868), *les Oubliettes du vieux Louvre* (1869), et *les Drames de la mansarde* (1869), tous trois représentés au théâtre Beaumarchais.

AUMALE (Henri-Eugène-Philippe-Louis d'Orléans, duc d'), né à Paris, le 16 janvier 1822. Le duc d'Aumale est le quatrième fils du roi Louis-Philippe. Il a fait ses études au collége Henri IV. Sous-lieutenant en 1839, il se rendit en Algérie en 1840, et prit part aux combats de l'Afroun, du col de Mouzaïa et du bois des Oliviers. En 1841, il quitta l'Afrique, où il avait contracté les fièvres, et revint en France avec le grade de lieutenant-colonel du 17e léger. Il retourna en Algérie en 1842, comme maréchal de camp. C'est pendant ce second séjour qu'il s'empara de la smala d'Abd-el-Kader, le 16 mai 1843, et qu'il mérita ses épaulettes de lieutenant-général. L'année suivante, il fit l'expédition de Biskra. Nommé gouverneur-général de l'Algérie le 21 septembre 1847, le duc d'Aumale a conservé ces hautes fonctions jusqu'au 3 mars 1848, époque où il les remit noblement au général Cavaignac, et se retira ensuite en Angleterre. Il a épousé, le 25 novembre 1844, la princesse Marie-Caroline de Bourbon, fille du prince Léopold de Salerne. Héritier du dernier prince de la maison de Condé, le sentiment de la reconnaissance l'avait porté à donner le titre de prince de Condé à son fils Louis-Philippe-Marie-Léopold d'Orléans, mort prématurément en 1866. Le duc d'Aumale n'est pas seulement un brillant soldat, il est aussi un de nos écrivains les plus distingués. Après avoir publié ses recherches sur la *Captivité du roi Jean* et sur le *Siége d'Alesia*, il fit paraître, dans la *Revue des Deux-Mondes*, en 1855, deux remarquables travaux sur *les Zouaves* et *les Chasseurs à pied*; et plus tard une étude sur *l'Autriche*. Sa *Lettre sur l'Histoire de France*, critique sévère du gouvernement impérial, fut violemment poursuivie en 1861, et son *Histoire des princes de Condé* ne put voir le jour qu'en 1869, la police en ayant retardé pendant quatre ans l'apparition. On lui attribue une brochure anonyme intitulée : *Qu'a-t-on fait de la France?* (1868). Le duc d'Aumale a été élu en 1871 représentant du département de l'Oise à l'Assemblée nationale, puis membre et président du conseil général de ce département.

AUTELLET (Pierre-Médard), né à Civray (Vienne), le 5 octobre 1814. Docteur en médecine de la Faculté de Paris le 22 juin 1842, il exerça dans son pays l'art de guérir et fut agréé comme médecin de la Société philanthropique. Le 3 septembre 1850, il a été nommé médecin des épidémies pour l'arrondissement de Civray. Il est, en outre, médecin des prisons et de la Compagnie du chemin de fer d'Orléans, chirurgien aide-major dans la garde nationale, et fait partie du Comité de salubrité. M. le docteur Autellet a obtenu une médaille d'honneur en or, comme récompense du dévouement dont il a fait preuve toutes les fois que des épidémies ont désolé sa circonscription, notamment lors du choléra de 1855, du typhus de 1858 et des diphthéries de 1859. Il est membre du Conseil municipal de Civray depuis 1848, et président de la Société de secours mutuels depuis le 21 juillet 1856. Il a été élu, en 1859, membre du conseil d'arrondissement. M. Autellet a publié plusieurs ouvrages qui lui ont valu une médaille d'or et deux médailles d'argent, décernées par l'Académie de médecine. Parmi ses ouvrages, nous citerons : *Mémoire sur la nature et le traitement du choléra*; — *Nouvelles considérations sur le traitement de la fièvre typhoïde épidémique*; — *Histoire d'une épidémie de diphthérie dans l'arrondissement de Civray*. Il a été nommé chevalier de la Légion d'Honneur le 13 août 1864.

AUTRAN (Joseph), né à Marseille, le 20 juin 1813. Il fit d'excellentes études littéraires, et débuta par une ode à M. de Lamartine : *le Départ pour l'Orient*. Ensuite il publia un recueil de poésies : *la Mer*, complété vingt ans plus tard par : *les Poëmes de la mer*. Un des épisodes les plus curieux et les plus émouvants de notre armée d'Afrique lui inspira le poëme héroïque intitulé *Milianah*. Il fit jouer en 1848, *la Fille d'Eschyle*, tragédie en 5 actes en vers, qui, de l'Odéon, passa bientôt au Théâtre-Français, La grande Rachel étudiait le rôle de Méganire quand elle fut atteinte de la maladie qui devait l'emporter. On a de M. Autran plusieurs recueils de poëmes : *Laboureurs et Soldats* (1854), *La Vie rurale* (1856). Nommons enfin, comme ouvrages plus récents : *les Epîtres rustiques* (1861); — *le Poëme des beaux jours* (1862); — *le Cyclope*, sorte de restitution d'un chef-d'œuvre d'Euripide; — *Les paroles de Salomon* (1869). M. Autran, dont l'élection à l'Académie française n'avait manqué, en 1866, que faute d'une voix, a pris sa place dans l'illustre assemblée, en 1868, à la faveur d'une grande majorité. Il a été nommé chevalier de la Légion d'Honneur en 1854, après la publication du poëme des *Laboureurs*. M. Autran prépare une édition complète de ses œuvres.

AUVRAY (Louis), né à Valenciennes, le 7 avril 1810. Élève de David d'Angers, statuaire et littérateur, il a exposé aux divers salons de 1834 à 1870, et publié, comme critique d'art et littérateur, des œuvres très-variées. On lui doit : *Délassements poétiques d'un artiste* (1849); — *Concours des grands prix et envois de Rome* (1858); — *Projet de tombeau pour Napoléon I*^{er} (1861, in-4, avec pl. et photogr.); — *Exposition des beaux-arts : salons de* 1834, 1835, 1837, etc. (1834-1869, 18 vol.); —*un Recueil d'allocutions maçoniques* (1840), etc. Collaborateur de la *Revue des beaux-arts* et de plusieurs autres journaux artistiques à Paris et en province, il est le directeur de la *Revue artistique et littéraire* depuis 1860 (18 vol.). M. Louis Auvray a exécuté en marbre, pour les galeries historiques de Versailles : les bustes de l'historien *Froissart*, du sculpteur *Saly*, de *Lesueur*; pour le musée du Louvre : ceux de *Watteau*, de *Gentil Bellin* et de *Sauvageot*; pour le palais de l'Institut : ceux de *Condillac* et du *compositeur Lesueur*; pour l'Institut des sourds-muets : ceux des abbés *de l'Epée* et *Sicard*. Le musée de Valenciennes possède, de cet artiste, les bustes du général *Saudeur*, du sculpteur *Milhomme*, du peintre *Félix Auvray* et une *Tête de vieillard*, étude en marbre (1866). On doit encore au ciseau de M. L. Auvray une statue de *Henri IV*, commandée par le ministère de l'Intérieur; la statue de *Jean de la Vacquerie*, pour l'Hôtel-de-Ville de Paris; le *Génie de l'astronomie*, pour le nouveau Louvre; *Vénus sortant des eaux* et *Cérès*, pour le vieux Louvre. A Valenciennes, il a été chargé de refaire les *Cariatides de la façade de l'Hôtel-de-Ville*, de l'exécution du petit *fronton du théâtre*, d'un groupe du *Commerce s'appuyant sur l'Abondance*, pour la place du marché; d'une statue de *Sainte-Cécile*, pour l'église Saint-Nicolas, et d'un *Christ* en marbre pour la cathédrale. En 1865, on a inauguré, à Nogent, son *monument de Watteau*. On cite encore de ce statuaire : *Victor Ducange*, buste; le *chroniqueur Froissart*, statue (1839); *Lesueur*, buste en marbre au foyer de l'Opéra (1857); *Jeune femme*, buste en marbre (1859); *Bacchante* et *Jeune fille couronnée de fleurs*, bustes en marbre pour le palais de Saint-Cloud (1863-1865); *Condillac*, pour la ville de Grenoble; *Alexandre Dubois*, buste en marbre (1868); *Lesueur*, buste en marbre pour le Conservatoire de musique (1869); *un Philosophe*, étude en marbre (1870); et une collection de médailles et de médaillons historiques, ainsi que de nombreuses compositions de monuments restées à l'état de projets. Actuellement, il exécute le monument du graveur *Brévière*, pour Forges-les-Eaux. M. Louis Auvray a été nommé président du Comité central des artistes et vice-président de la Société libre des Beaux-Arts. Il est membre honoraire de plusieurs sociétés savantes et artistiques.

AUVRAY (Louis-Jean-Baptiste), né à Saint-Lô, le 14 novembre 1808. M. Auvray avait été destiné à la carrière militaire. Reçu à l'École polytechnique en 1827, il en sortit sous-lieutenant d'artillerie en 1829, et donna sa démission en 1830. C'est alors que, de retour à Saint-Lô, il y entreprit en grand le commerce des bois. La notoriété et l'influence qu'il ne tarda pas à acquérir dans son pays lui valurent d'être choisi par ses concitoyens comme conseiller d'arrondissement et conseiller général. Il est également devenu membre du tribunal de commerce, dont il a occupé la présidence, ainsi que celle de la Chambre consultative des arts et manufactures. Maire de Saint-Lô, en 1868, il a remplacé M. Havin au Corps législatif, pour le département de la Manche, en janvier 1869, et a été réélu aux élections générales de la même année, par une imposante majorité. M. Auvray a reçu la croix de la Légion d'Honneur le 14 août 1869.

AUZOUX (Louis-Thomas-Jérôme), né à Saint-Aubin-d'Ecroville (Eure), le 7 avril 1797. M. le docteur Auzoux a consacré sa vie à vulgariser les notions d'anatomie, de physiologie et d'hygiène. Dans ce but, et pour éviter les dégoûts qui semblent inséparables de ces études, il a exécuté, au moyen d'une pâte très-consistante, des préparations imitatives connues sous le nom d'*Anatomie clastique*, dont toutes les parties se détachent une à une, comme par une véritable dissection. Le docteur Auzoux a modelé ainsi, et jusque dans ses plus minutieux détails, un type de chaque grande famille du règne animal, depuis l'homme jusqu'au zoophyte. Il a reproduit aussi les principaux types du règne végétal, tiges, fleurs, fruits, etc. Ces préparations, qui sont aujourd'hui en usage dans toutes les écoles du monde, signalent hautement leur auteur à l'admiration du pays. La reproduction par couches superposées des corps organisés, regardée longtemps comme impraticable, valut à M. Auzoux, dès 1822, les plus honorables encouragements de l'Institut, de l'Académie de médecine et des autres sociétés savantes. De plus l'Anatomie clastique a mérité à son auteur, dans les grands concours et dans les expositions internationales, six médailles d'or, et, enfin, en 1855, la grande médaille d'honneur. Les premiers essais du docteur Auzoux datent de 1819, et, depuis cette époque, chaque année a été marquée par de nouvelles et importantes productions anatomiques. En ces derniers temps, la reproduction du plus grand de tous les singes (le gorille) a mis à nu la différence qui existe entre l'organisation de l'homme et celle de l'animal. Depuis, il a exécuté le *cerveau de tenture*, grandeur naturelle, qui passe pour son chef-d'œuvre. Homme de bien autant que savant, M. Auzoux a su s'entourer d'ouvriers aussi remarquables par leurs connaissances positives en anatomie et par leur habileté manuelle, que par le bon esprit de dignité, d'ordre et d'économie qui les caractérise. Avec des salaires médiocres, tous vivent dans une modeste aisance, à Saint-Aubin-d'Ecroville. On pourrait donc croire résolu le difficile problème de l'amélioration et du bien-être de la classe ouvrière, par le sage emploi du salaire, et ce glorieux résultat, obtenu par une direction à la fois ferme et paternelle, sera considéré comme le plus beau titre du docteur Auzoux aux hommages de la postérité. Chevalier de la Légion d'Honneur en 1833, il a été promu officier le 12 mars 1862.

AVENEL (Paul), né à Chaumont (Oise), le 9 octobre 1823. M. Avenel est lauréat de l'École supérieure du commerce, d'où il sortit le cinquième aux concours de 1840. Il commença ses études en médecine en 1845 et suivit avec ardeur les cours de Roux, Orfila et Velpeau. La révolution de 1848 le jeta dans le journalisme. Il aborda également la poésie, le théâtre et le roman, et a publié : Poésies : *Alcove et Boudoir*, scènes de la comédie humaine (1855) ; — *l'Antichambre en amour*, comédie en vers ; — *les Chansons* (1867) ; — *les Chansons politiques* (1870). — Théâtre : *un Homme sur le gril* (Variétés) ; — *les Jarretières d'un huissier* (Palais-Royal) ; — *le Gendre de M. Caboche* (Variétés); — *les Calicots*, comédie-vaudeville en trois actes (Folies-Dramatiques) ; — *la Paysanne des Abruzzes*, drame en cinq actes (Beaumarchais) ; — *les Plaisirs du Dimanche*, comédie-vaudeville en quatre actes (Folies-Dramatiques); — *les Amoureux pris par les pieds* ; — *Soyez donc concierge* ; — *un Oncle du Midi* ; — *le Beau Maréchal* ; — *la Revanche de Candaule*, opéra-comique (Bouffes-Parisiens); — *les Chasseurs de Pigeons*, vaudeville en trois actes (Folies-Dramatiques); — *les Deux Apprentis*, drame en quatre actes ; — *les Amoureux de Lucette*, etc. — Romans : *le Coin du feu* ; — *les Tablettes d'un fou* ou *le Voyage entre deux mondes* (2 vol., 1852) ; — *les Etudiants de Paris* ; — *les Calicots* ; — *le Roi de Paris*, roman historique (1860) ; — *le Duc des Moines*, roman historique (1864); — *les Lipans* ou *les Brigands normands*, etc. — M. Paul Avenel est membre de la Société des auteurs dramatiques, de la Société des gens de lettres, et de la Société des auteurs, compositeurs et éditeurs de musique. Il collabore à beaucoup de journaux littéraires et politiques.

AXENFELD (Auguste), né à Odessa (Russie méridionale), le 25 octobre 1825. Venu à Paris pour y étudier la médecine, il se fit naturaliser Français. Il obtint deux médailles pour son courage et son dévouement dans les hôpitaux pendant les grandes épidémies de choléra de 1849 et 1854, et remporta la grande médaille d'or de l'Assistance publique dans sa quatrième année d'internat. Reçu docteur le 31 août 1855, puis agrégé et médecin des hôpitaux, il a fait à l'Ecole pratique des cours très-suivis. Successivement chargé de suppléer le docteur Rostan à l'Hôtel-Dieu et le docteur Andral à l'École de médecine, il professa ensuite la pathologie interne à l'École pratique. Entre autres travaux, il a publié une édition annotée du *Traité des névroses* de Requin, qui a obtenu un grand et légitime succès. M. le docteur Axenfeld est actuellement professeur titulaire à la Faculté de médecine de Paris et médecin de l'hôpital Beaujon.

AYGUEVIVES (Jacques-Auguste, *comte* D'), né à Toulouse, le 25 mai 1829. Issu d'une famille de magistrats, M. le comte d'Ayguevives, grand propriétaire de la Haute-Garonne, a commencé ses études dans sa ville natale et les a terminées à Paris. Ses qualités personnelles et sa grande position de fortune le désignaient pour occuper une charge à la Cour. L'empereur, en effet, l'appela auprès de lui comme chambellan, le 6 février 1854, et, par décret du 30 octobre de la même année le nomma son écuyer. Les électeurs du canton de Montgiscard, berceau de sa famille, l'ont élu conseiller général en 1860, et la première circonscription de la Haute-Garonne l'a envoyé au Corps législatif, en 1863 et 1869. Chevalier de la Légion d'Honneur depuis 1859, M. le comte d'Ayguevives a été promu officier de l'Ordre le 25 mai 1869.

BABAUD-LARIBIÈRE (François-Saturnin-Léonide), né à Confolens (Charente), le 5 avril 1819. Ses études de droit terminées à la Faculté de Poitiers, il prit place au barreau de Limoges, en 1840, puis collabora à la rédaction de l'*Echo du Peuple* dans la Vienne, du *Progressif* dans la Haute-Vienne, de l'*Echo de la Charente*, de l'*Indépendant*, et, enfin, de la *Liberté de penser*. Conseiller général de la Charente, en 1848, il contribua à la manifestation dite des Banquets réformistes, et fut nommé commissaire de la République après les événements de Février 1848. Les électeurs de la Charente envoyèrent M. Babaud-Laribière à l'Assemblée constituante où il se fit une belle place comme orateur de la gauche et comme membre du Comité de l'intérieur. Il combattit l'élection de Louis Bonaparte à la présidence, lutta contre la politique de l'Elysée, protesta contre l'expédition de Rome, et vota la mise en accusation du président et de ses ministres. Sous l'empire, il vécut dans la retraite et se consacra à des études historiques et économiques; mais, au lendemain de la révolution du 4 septembre 1870, il accepta les fonctions de préfet de la Charente. Il avait été élu Grand-Maître de la Franc-Maçonnerie (Grand-Orient de France), au mois de mai de la même année. On doit à M. Babaud-Laribière : *Histoire de l'Assemblée nationale constituante* (2 vol., 1850); — *Etudes historiques et administratives* (2 vol., 1853); — *Notes d'histoire Charentaise* (1862); — *Lettres Charentaises* (2 séries, en 2 vol., 1865-1866); — *Questions de chemins de fer* (1867), etc.

BACQUÈS (Henri), né à Monein-de-Béarn (Basses-Pyrénées), le 10 juillet 1823. M. Bacquès fit ses études au lycée de Pau et débuta, de très-bonne heure, dans les feuilles du département, le *Mémorial* et l'*Observateur des Basses-Pyrénées*. Plus tard, il écrivit dans l'*Akhbar* d'Alger, dans l'*Illustration*, etc. En 1857, il a été, dès sa fondation, un des jeunes rédacteurs du *Courrier de Paris*, qui, le premier, depuis le rétablissement de l'Empire, eut le mérite de revendiquer hautement les libertés publiques. Dans cette feuille, il a pris courageusement en mains la cause des administrations. Il a publié, en 1852, un essai historique sur les douanes : *Des douanes françaises* (2e édition, 1862). En 1855, lors de la première Exposition universelle, il avait fait paraître une intéressante *Étude sur les Arts industriels et les Expositions*. En 1859, il a écrit un charmant ouvrage qui a eu deux éditions : *le Génie de la femme*. Il a publié, en 1868, *La Reine du cœur*, dont le sujet est emprunté aux chroniques du règne de François Ier. M. Henri Bacquès a collaboré à deux publications importantes : le *Dictionnaire politique* et le *Dictionnaire universel du commerce et de la navigation*. Depuis plusieurs années, il est sous-chef au ministère des Finances.

BADIN (Pierre), né à Auxerre, le 10 janvier 1805. Il commença la peinture en amateur; mais ses dispositions se manifestèrent au point qu'il entra, en 1829, dans l'atelier d'Ary Scheffer, où il fit de sérieuses études. De 1835 à 1847, il n'a pas cessé de figurer au Salon, où il a remporté une médaille de 3e classe, en 1838. Nommé directeur de la Manufacture des Gobelins, en 1848, et de la Manufacture de Beauvais, en 1850, il sut imprimer à l'industrie artistique du second de ces établissements une remarquable impulsion. Les produits présentés par la Manufacture de Beauvais, à l'Exposition universelle de 1855, ont mérité à M. Badin la rosette d'officier de la Légion d'Honneur. Quand, en 1860, la Manufacture de Beauvais a été réunie à celle des Gobelins, il a été chargé de leur commune direction. Ses hautes capacités l'ont appelé à faire partie des jurys internationaux aux Expositions universelles de 1862 et 1867.

BADION DE LA TRONCHÈRE (Émile), né au Monastier (Haute-Loire), le 16 novembre 1826. Appartient par sa mère à une noble et ancienne famille du Vivarais. Pris, de bonne heure, d'un goût très-vif pour les arts, il se consacra à la sculpture, et vint à Paris, en 1846, pour y suivre les cours de Jouffroy et de l'École des Beaux-Arts. Il exposa, en 1852, *les deux Captives*, groupe en plâtre qui commença sa réputation. Entré dans l'administration en 1854, comme directeur-adjoint de l'institution des Jeunes Aveugles, il n'en poursuivit pas moins ses travaux artistiques et produisit, à l'Exposition universelle de 1855, le modèle en plâtre de la belle statue de *Valentin Haüy, fondateur de l'institution des Jeunes Aveugles*. Exécutée en marbre, exposée au Salon de 1859, puis inaugurée dans la grande cour de l'institution, en août 1861, cette statue valut à son auteur la croix de la Légion d'Honneur. M. Badion de la Tronchère a été nommé inspecteur de l'hospice des Quinze-Vingts en 1856 et inspecteur-général des prisons en 1860. Dans son œuvre artistique, on distingue encore la statue de *la Prodigalité* (marbre), et celle de *Praxitèle* pour la cour du Louvre; une vingtaine de bustes, dont plusieurs en marbre; de nombreux portraits-médaillons des célébrités contemporaines; pour la ville de Tarbes, la statue colossale, en bronze, du *baron Larrey*, le célèbre chirurgien en chef de la Grande Armée; la statue en marbre de *Marguerite de Valois*, pour la ville d'Angoulême; le monument en marbre élevé au musée du Puy, au *marquis de Machico*; le buste colossal en marbre de *l'abbé Rollin*, pour l'École normale de Paris. Le groupe de Haüy, la statue du baron Larrey, celle de Marguerite de Valois et le monument du marquis de Machico, ont été exécutés gratuitement.

BAGUENAULT DE PUCHESSE (Fernand), né en 1814. Issu d'une ancienne famille d'Orléans qui a donné plusieurs maires à la cité dans les xviie et xviiie siècles, il s'est consacré à la littérature et aux affaires publiques et a pris une large part à la direction politique du *Moniteur du Loiret*, supprimé en 1858, ainsi qu'à la fondation de l'*Impartial du Loiret*, en 1868. L'un des promoteurs de l'union libérale à Orléans, et des principaux fondateurs de la Société générale de secours mutuels, il est membre du Conseil municipal depuis 1848. M. Baguenault de Puchesse a été le premier président de l'Académie de Sainte-Croix, fondée en 1863 par Mgr Dupanloup, évêque d'Orléans. Il a publié divers ouvrages d'histoire et de philosophie, ainsi qu'un certain nombre d'articles du même genre insérés particulièrement dans le *Correspondant*. Citons : *Le catholicisme présenté dans l'ensemble de ses preuves* (1859, 2 vol.) ; — *L'immortalité, la mort et la vie*, étude sur la destinée de l'homme (1868) ; — *Histoire du concile de Trente* (1870) ; — *Etude historique sur Châteaubriand*, publiée par l'Académie de Sainte-Croix (1865) ; — *Un projet de réforme constitutionnelle*, brochure (1871), etc.

BAGUENAULT DE PUCHESSE (Gustave), né à Orléans, le 21 avril 1843 ; fils du précédent. Après de brillantes études classiques, qu'il poussa jusqu'au doctorat ès lettres et mena de front avec l'étude du droit, il se trouva mêlé, pendant quelques années, au monde politique et littéraire de Paris. M. Gustave Baguenault de Puchesse a publié, dans les revues et journaux, diverses études historiques, particulièrement sur le xvie siècle. Les deux thèses de doctorat qu'il a soutenues devant la Faculté des lettres de Paris : *De venatione apud Romanos*, et *Jean de Morvillier, évêque d'Orléans*, constituent deux importants ouvrages. Le second de ces deux travaux a eu l'avantage d'une 2e édition (1870).

BAILLARGER (Jules-Gabriel-François), né à Montbazon (Indre-et-Loire), le 10 novembre 1809. Interne à l'hospice de Charenton, dans le service d'Esquirol, il fut reçu docteur en médecine, en 1837, avec une thèse intitulée : *Du siège de quelques hémorrhagies méningées*. Attaché, comme médecin de division des hôpitaux de Paris, à l'hospice de la Salpêtrière, depuis 1840, il y fait, ainsi qu'à l'École pratique, des cours théoriques et cliniques sur les affections cérébrales qui ont un grand succès. Devenu co-propriétaire et directeur de la maison de santé créée à Ivry par le savant Esquirol, il fonda, en 1843, avec MM. Cerise et Longet, les *Annales médico-psychologiques du système nerveux*, où il publia un grand nombre de mémoires sur la *Folie*, l'*Hallucination*, le *Crétinisme* et autres maladies mentales. Son mémoire sur la question : *Des hallucinations, des causes qui les produisent, et des maladies qu'elles caractérisent*, mise au concours par l'Académie, remporta le prix. M. le docteur Baillarger a été élu membre de l'Académie de médecine en 1847. Le dévouement dont il fit preuve pendant le choléra de 1849, à l'hospice de la Salpêtrière, lui valut la croix de la Légion d'Honneur. Il est membre fondateur de la Société médico-psychologique.

BAILLIÈRE (Jean-Baptiste-Marie), né à Beauvais (Oise), le 20 novembre 1797. Il n'avait que vingt-un ans quand il fonda sa librairie scientifique et médicale ; mais il était actif, intelligent et entreprenant. En 1826, il ouvrit à Londres une librairie scientifique française qui, sous la direction de son frère, fut bientôt adoptée par de grands établissements, tels que le British Museum ; puis il aida ses neveux dans la création de librairies scientifiques à Madrid, en 1848, et à New-York, en 1849. Sa maison de Paris obtint, en 1828, la clientèle de l'Académie de médecine. Il a édité avec un grand luxe beaucoup d'ouvrages scientifiques des plus importants : *l'Anatomie pathologique* de M. Cruveilhier, qui contient 233 planches coloriées ; *l'Anatomie pathologique* de M. Lebert, qui en contient 200 gravées ; *l'Iconographie ophthalmologique* du docteur Sichel, avec 80 planches ; les *Œuvres d'Hippocrate*, les *Mémoires de l'Académie de médecine*, le *Nouveau Dictionnaire de médecine et de chirurgie pratiques*, etc. Plusieurs de ses publications ont figuré aux expositions de Londres et de Paris, en 1851, 1855 et 1867. M. J.-B. Baillière s'est associé son fils aîné, M. Émile Baillière, en 1857, et son second fils, M. Henri Baillière, en 1863. De 1852 à 1863, M. Baillière a fait partie du Conseil d'escompte de la Banque de France, où son fils aîné l'a remplacé. Il a été longtemps le vice-président du Cercle de la librairie et a fait partie de diverses commissions chargées de traiter des questions touchant la propriété littéraire et les intérêts de la librairie. Il a reçu la croix de la Légion d'Honneur le 24 janvier 1852.

BAILLON (Ernest-Henri), né à Calais, le 30 novembre 1827. Élève de la Faculté de médecine de Paris, grand prix de l'École pratique de la Faculté, prix de l'externat et de l'internat des hôpitaux, il se consacra spécialement à l'étude de la botanique dès 1853, fut reçu docteur ès sciences et en médecine en 1855, et passa ensuite le concours d'agrégation, où il obtint le premier rang. Après la mort de Moquin-Tandon, en 1864, il le remplaça comme professeur d'histoire naturelle médicale à la Faculté de médecine de Paris. Vers la même époque, il prit possession, à l'École centrale des arts et manufactures, de la chaire d'hygiène et d'histoire naturelle appliquées à l'industrie. Les cours du docteur Baillon sont très-suivis. Son enseignement se distingue par la clarté de l'exposition, l'élégance du style et l'excellence de la méthode. Il fait tous les ans des promenades scientifiques qui réunissent un grand nombre d'élèves et d'amateurs. On lui doit : *Monographie des Aurantiacées* (1855) ; — *Étude générale du groupe des Euphorbiacées* (avec atlas de 27 planches, 1858) ; un très-grand nombre de recherches sur les Buxacées, les Conifères, les Caprifoliacées, les Marantées, l'absorption par les feuilles des plantes, les Bruniacées, les Saxifragacées, la flore du Gabon, le développement et l'organisation des tiges et des racines, le développement de la fleur et du fruit, la parthénogenèse, les Loranthacées, les Renonculacées, les Anonacées, les Monimiacées, etc., etc., la continuation des *Leçons* de Payer *sur les familles naturelles* et une édition nouvelle de la

Botanique cryptogamique de ce savant, plus une foule de mémoires d'organographie, d'anatomie, d'organogénie et de physiologie végétales. Enfin M. Baillon a commencé en 1866 la publication d'un ouvrage intitulé *Histoire des plantes* et qui, conçu avec de vastes proportions, sur le plan du *Règne animal* de Cuvier, est destiné à faire connaître l'état complet de la science botanique à notre époque. Cet ouvrage grandiose, publié avec un luxe extrême d'illustrations, est actuellement à son 4e volume et en comprendra une dizaine ; il en paraît un chaque année. Il dirige, depuis 1860, le recueil périodique d'observations botaniques intitulé : *Adansonia*, actuellement parvenu à son dixième volume, et qui renferme un nombre considérable de mémoires inédits de Botanique pure et appliquée. M. le docteur Baillon a reçu la croix de la Légion d'Honneur le 15 août 1867.

BAILLY *(Antoine-Nicolas)*, né à Paris, le 6 juin 1810 ; fils d'un employé de l'administration des postes. Entraîné par sa vocation pour l'architecture, M. Bailly entra de bonne heure dans l'atelier de Debret et suivit les cours de l'Ecole des beaux-arts. En 1829, il devint élève de Duban. Dès 1834, M. Bailly fut attaché aux travaux de la ville de Paris en qualité d'architecte-inspecteur. Il prit part, notamment, à l'achèvement de l'Hôtel-de-Ville et à la construction de la fontaine Molière. Dix ans après il était nommé architecte du gouvernement. Chargé des diocèses de Bourges, de Valence et de Digne, il exécuta de grands travaux, parmi lesquels il y a lieu de citer la reconstruction de la cathédrale de Digne et de la tour de la cathédrale de Valence, ainsi que la restauration de la cathédrale de Bourges et de la maison de Jacques Cœur. Ces travaux font le plus grand honneur au sentiment artistique et à la science archéologique de M. Bailly et lui ont mérité la croix de la Légion d'Honneur (12 août 1853). Au mois de mai 1854, M. Bailly a été nommé architecte en chef de la 6e section des travaux d'entretien de la ville de Paris. En 1860, il est devenu architecte en chef de la 3e division. On lui doit la reconstruction du lycée Saint-Louis, l'édification du nouveau tribunal de commerce et de la nouvelle mairie du 4e arrondissement de Paris. Il a participé en outre, avec les architectes placés sous sa direction, à la construction de divers édifices municipaux, comme mairies, postes-casernes d'octroi, cimetières, etc. Il a fait édifier un grand nombre de constructions particulières, telles que les hôtels de M. Schneider, de M. le prince de Montmorency-Luxembourg, de M. le marquis de Gonay, le château de M. Lagoutte, à Choisy-le-Roi, etc. M. Bailly a restauré aussi, avec un goût parfait, les beaux châteaux de Cany et de Theuville, en Normandie. On lui doit également des travaux importants dans d'autres parties de la France. Il a exécuté aussi, pour le compte du *Crédit foncier de France*, dans ses hôtels à Paris, des ouvrages où il a prouvé son savoir comme artiste et comme constructeur. Il est membre du conseil général des bâtiments civils et a été chargé de travaux pour les monuments historiques. Membre de la société centrale des architectes dont il a été l'un des vice-présidents, de l'Institut des architectes britanniques, du jury d'architecture de l'École des Beaux-Arts, inspecteur général honoraire des travaux de Paris, membre du conseil d'architecture de la préfecture de la Seine, de la commission des beaux-arts, des musées municipaux et des travaux historiques, il est officier de la Légion d'Honneur depuis le 15 août 1868.

BALARD *(Antoine-Jérôme)*, né à Montpellier, le 30 septembre 1802. D'abord pharmacien, et successivement préparateur à la Faculté des sciences de Montpellier, professeur à l'Ecole de pharmacie et au Collège, professeur de chimie à la Faculté des sciences de cette ville, M. Balard s'est fait surtout un nom dans le monde savant par la découverte qu'il a faite, en 1826, d'un nouveau corps simple : le *brôme*. Appelé à Paris pour remplacer M. Thénard à la chaire de chimie de la Faculté des sciences, il devint maître de conférences à l'Ecole normale et un peu plus tard professeur titulaire de chimie au Collége de France (1851). En 1844, il fut nommé membre de l'Académie des sciences, où il occupe le fauteuil laissé vacant par M. Darcet. M. Balard, qui a peu écrit, a cependant publié, dans les *Annales de chimie et de physique* et dans les *Mémoires de l'Académie des sciences*, d'intéressants travaux, parmi lesquels on remarque ceux qui ont trait à la création du brôme. Vingt ans de travaux de chimie industrielle ont enfin amené ce savant à extraire directement de l'eau de mer le sulfate de soude, ainsi que des sels de potasse propres à être convertis en carbonate de potasse artificiel, analogue à la soude artificielle, et à produire ainsi, abondamment et à bas prix, une matière première qu'on n'avait obtenue jusqu'ici que par l'incinération des végétaux. M. Balard a fait figurer des produits chimiques à l'Exposition de Londres (1851) ; il a été membre des jurys de l'Exposition universelle de Paris en 1855 et de celle de Londres en 1862. Inspecteur général de l'enseignement supérieur et professeur honoraire à la Faculté des sciences de Paris, il a été promu au grade de commandeur dans la Légion d'Honneur le 24 janvier 1863.

BALLU *(Théodore)*, né à Paris, le 8 juin 1817. Elève de Lebas, il suivit les cours de l'Ecole des beaux-arts, de 1835 à 1860, époque où il remporta le grand prix d'architecture pour son projet de construction d'une chambre des pairs (1840). Il fit ensuite un voyage en Grèce et fut nommé, en 1846, inspecteur des travaux de Sainte-Clotilde. En 1850, l'architecte de cette église, M. Gau, étant mort, M. Ballu fut chargé de terminer l'édifice d'après les plans de son devancier, mais ces plans ont été remaniés par lui en ce sens qu'il a substitué les flèches de la façade aux tours indiquées dans le projet primitif. C'est à lui qu'on doit la restauration de la tour Saint-Jacques-la-Boucherie, exécutée en 1852, la tour Saint-Germain-l'Auxerrois et l'église de la Trinité, rue de la Chaussée-d'Antin, et celle de Saint-Ambroise. M. Ballu a remporté une médaille de 3e classe au salon de peinture de 1846. Il est architecte en chef de la 4e division de la ville de Paris et membre du conseil de l'École des Beaux-Arts. La croix de la Légion d'Honneur lui a été donnée le 12 août 1857.

BALTARD (Victor), né à Paris, le 19 juin 1805; fils de l'architecte de ce nom et son élève, il remporta, en 1833, le premier grand prix d'architecture. Le sujet du concours était une *École militaire*. Il partit pour l'Italie, d'où il fit chaque année d'intéressants envois. Le principal fut la restauration du *Théâtre de Pompée* à Rome. Devenu architecte de la ville de Paris et du gouvernement, M. Baltard a exécuté un grand nombre de travaux, parmi lesquels on peut citer la restauration ou la décoration de Saint-Germain-des-Prés, de Saint-Eustache, de Saint-Roch, de Saint-Merry, de Saint-Gervais, de Saint-Paul, de Saint-Séverin, de Saint-Etienne-du-Mont, de Saint-Sulpice, de Saint-Thomas d'Aquin, de Saint-Philippe-du-Roule, etc.; la construction de l'hôtel du timbre, des halles centrales de Paris, de l'église Saint-Augustin. Les magnifiques établissements du grand marché aux bestiaux et des abattoirs de la Villette ont été construits sur ses plans et sous sa direction supérieure, par M. Janvier, architecte. En dehors des travaux de la ville de Paris, M. Baltard a exécuté : un temple protestant à Nérac, le château de M. Hausmann, à Castar, et plus de vingt tombeaux dans les cimetières de Paris, notamment ceux du capitaine Barbier, du banquier Bernheim, du vice-recteur d'académie Artaud, de Victor Cousin, d'Ingres et d'Hippolyte Flandrin, ainsi que le monument commémoratif de ce dernier à l'église Saint-Germain-des-Prés. Nommé directeur des travaux d'architecture en 1863, il a conservé la direction des travaux de l'Hôtel de Ville, des Beaux-Arts et des fêtes qu'il exerçait depuis 1848. C'est ainsi qu'il a dirigé les fêtes données à l'occasion du mariage de l'Empereur, de la naissance du Prince Impérial, du retour des troupes de Crimée et d'Italie, etc. Il a donné les dessins du berceau du Prince Impérial et ceux du grand surtout des banquets de l'Hôtel de Ville, dont l'exécution en orfèvrerie est due, sous sa direction, à la maison Christofle et C⁰. Il a publié une monographie de la *villa Médicis* (in-fol., 1847-1848), dont il a composé le texte et les dessins, et une monographie des halles centrales (in-fol. 1863). M. Baltard est membre de l'Institut depuis le 9 février 1863, membre de l'Institut des architectes, de l'Académie d'Amsterdam, etc. Officier de l'Aigle-Rouge de Prusse, de l'ordre de Pie IX, du Christ de Portugal, etc., il a été promu officier de la Légion d'Honneur le 13 août 1863.

BANVILLE (Jacques-Auguste FAULLAIN DE), né à Ygrande (Allier), le 25 janvier 1823. Il commença ses études à Moulins, les termina à Paris, et se consacra à l'architecture. Après avoir remporté les premiers grands-prix de dessin architectural et de construction dans des écoles spéciales, il entra dans l'atelier d'un architecte en renom. Architecte-inspecteur du palais de l'Industrie aux Champs-Élysées, en 1848, il fut appelé un peu plus tard, dans le département de l'Allier, pour y remplir les fonctions d'architecte; mais il n'y resta que quelques mois. En 1852, il se rendit en Egypte, et de là en Syrie. De retour à Paris, en 1854, il se livra tout entier à son art, et nos principales rues, comme nos plus grands boulevards, sont ornés de ses constructions.

Conseiller municipal de Montesson (Seine-et-Oise) en 1864, il a été nommé maire en 1866. Administrateur intelligent et laborieux, il a consacré une grande partie de son temps à la régénération de cette commune et, en moins de cinq ans, il l'a dotée d'une mairie, de deux écoles, d'une salle d'asile, d'un presbytère, de routes, de travaux d'assainissement, etc. Ses fonctions administratives ne l'ont pas empêché de poursuivre, à Paris, l'achèvement de ses œuvres architecturales, telles que le charmant hôtel Binder, aux Champs-Elysées.

BANVILLE (Théodore, DE), né à Moulins, le 14 mars 1823. Il se consacra à la littérature et notamment à la poésie. Feuilletoniste au journal *le Pouvoir*, de 1850 à 1852, et auteur de plusieurs notices ou préfaces biographiques, il a publié des volumes de vers : *Les Cariatides* (1842); — *les Stalactites* (1846); — *les Odelettes* (1856); — *Odes funambulesques* (1857); — *Poésies complètes* (1857); — *les Exilés* (1866); — *Nouvelles odes funambulesques* (1869); — *Idylles prussiennes* (1870). Au théâtre, il a donné plusieurs ouvrages en vers : *La Muse des chansons*, prologue (1851); — *les Nations*, opéra-ballet (1 acte, au grand Opéra, 1851; — *le Feuilleton d'Aristophane* (2 actes, 1852), et *le Courrier du roi* (1857), en collaboration avec Philoxène Boyer; — *les Folies-Nouvelles*, prologue (1854); — *le Beau Léandre*, en collaboration avec M. Siraudin (au Vaudeville, 1856); — *Diane au bois* (2 actes, à l'Odéon, 1863); — *les Fourberies de Nérine* (au Vaudeville, 1864); — *la Pomme* (Théâtre-Français, 1865). M. Théodore de Banville a fait jouer aussi *Gringoire*, comédie en prose, au Théâtre-Français. Collaborateur d'un grand nombre de journaux, et des *Poëtes français*, de M. Crepet, il a, de plus, fait paraître diverses œuvres, telles que : *Les Pauvres saltimbanques* (1850); — *la Vie d'une comédienne* (1855); — *Esquisses parisiennes, scènes de la vie* (1859); — *la Mer de Nice, lettres à un ami* (1860); — *les Camées parisiens* (1866); — *les Parisiennes de Paris* (1866); — *Florise*, comédie en 4 actes, en vers, non représentée (1869); — *Eudore Cléry*, nouvelle (1870); — *Petit Traité de poésie française* 1871, etc. M. Th. de Banville a rédigé le feuilleton dramatique du *National* (actuel), depuis sa création jusqu'à ce jour. Il a reçu la croix de la Légion d'Honneur en 1858.

BARADÈRE (Jean-Marie-Raimond), né à Luz (Hautes-Pyrénées), le 27 juillet 1793. Il fit ses études au lycée de Pau, entra dans l'administration militaire en 1813, comme adjoint aux commissaires des guerres, fit en cette qualité les campagnes de France et de Belgique, et assista à la bataille de Waterloo. Mis en demi-solde à la Restauration, il se destina au barreau, et fit son droit à Paris. Inscrit au tableau des stagiaires, il en fut rayé en 1822, malgré son acquittement, à la suite de l'affaire de La Rochelle, où il y avait figuré comme principal accusé. Entré dans la carrière diplomatique en 1831, M. Baradère fut nommé consul de France à Montévideo, et conclut avec cette république un traité de commerce et de navigation. Pendant sa gestion, il a été chargé de l'administration de l'escadre de blocus de Buenos-Ayres. Nommé consul général, chargé d'affaires de France à Guatemala, en 1842, et chargé de conclure des traités de paix, de commerce et de navigation avec cette république et celle de Costa-Rica, il devint, en 1848, consul général à Anvers, puis à Barcelone, en 1849. Il s'y fit remarquer par son courage et sa fermeté pendant les révolutions de 1854 et 1856, et surtout à l'époque du choléra, en 1854; il fut le seul consul, avec le vice-consul d'Angleterre, qui resta à son poste pendant la durée de cette épidémie. M. Baradère, mis à la retraite en 1859, est membre du Conseil général des Hautes-Pyrénées. Il est commandeur de la Légion d'Honneur (10 août 1854), de Charles III et d'Isabelle la Catholique d'Espagne et officier de l'ordre de Léopold de Belgique.

BARADUC (Hippolyte), né à Clermont-Ferrand (Puy-de-Dôme), le 3 mars 1814. D'abord interne et préparateur du Cours d'anatomie à l'Ecole de médecine de Clermont, puis interne des hôpitaux de Paris, au concours de 1838, il fut longtemps attaché au service de chirurgie de Bérard aîné, professeur de physiologie, qui l'associa souvent à ses travaux microscopiques sur le pus; c'est pendant cette période de son internat qu'au milieu de ses travaux anatomiques, il fit la découverte des causes de la mort à la suite des brûlures superficielles. A partir de 1840, il publia divers travaux d'anatomie pathologique dans le *Bulletin de la Société anatomique*; il démontra, en 1841, sur une série de pièces déposées au Musée de l'Ecole : les quatre conduits excréteurs de la glande lacrymale proprement dite, et les trois conduits excréteurs de la glande lacrymale palpébrale; et, contre l'opinion admise, les communications directes des veines superficielles avec les corps caverneux, chez l'homme et chez le cheval. M. le docteur Baraduc a publié d'importants travaux de chirurgie et de physiologie : Un Mémoire sur le traitement des plaies pénétrantes des articulations (avec planches); — un Mémoire, également avec planches, sur les luxations de la clavicule; — un travail sur la staphyloraphie; — un procédé sur l'amputation dans la région sus-malléolaire; — un travail sur le farcin chronique chez l'homme, travail inséré dans le *Bulletin de l'Académie de médecine*; — divers articles sur le spina-bifida et sur l'opération de l'anus artificiel dans le cas d'imperforation En 1850, M. le Dr Baraduc publie sa *Théorie électro-vitale*, dans laquelle il démontre que le poumon, en dehors de ses fonctions d'organe de l'hématose, est un appareil ventilateur et non le foyer spécial de la calorification animale. Le premier, il démontre aussi le rôle de la substance grise dans le système cérébro-rachidien et dans le grand sympathique. A la même époque, il publie son *Traitement des maladies nerveuses et des maladies de la moelle épinière*, ayant pour base l'action énergique des ventouses que, le premier, il décrit sous le nom de *ventouses vésicantes*. En 1862, sa belle découverte des causes de la mort à la suite des brûlures superficielles, et des moyens d'y remédier. Contraint par une déchirure du poumon à quitter Paris, le docteur Baraduc est allé vivre pendant plusieurs années dans le Cantal, où il a puisé, dans l'air pur des montagnes, les éléments d'une santé nouvelle. De retour à Paris, il s'occupe de la publication d'un travail renfermant plusieurs séries d'observations de guérison de maladie de la moelle épinière et du grand sympathique, ainsi que d'un travail sur la luxation en arrière de la phalangette du pouce. Il a été nommé chevalier de la Légion d'Honneur le 15 août 1854.

BARAGNON (Numa), né à Nîmes, le 20 octobre 1797. Issu d'une famille ancienne et honorable du département du Gard, il fit ses études classiques dans sa ville natale et remporta, en 1814, comme élève de rhétorique, tous les premiers prix. Après avoir obtenu le grade de licencié en droit à la Faculté de Paris, il se fit inscrire, en 1821, au tableau des avocats de Nîmes. M. Baragnon s'est distingué de bonne heure dans l'exercice de sa profession, a été le premier bâtonnier de son ordre élu après la révolution de 1830, et a fait partie, pendant plus de 25 ans, du conseil de discipline. Conseiller de préfecture du mois d'août 1830 au mois de février 1854, il a rempli, à diverses reprises, par intérim, les fonctions de préfet du département du Gard. Il occupait cette position quand éclata le coup d'Etat de 1851, et sut prévenir, par sa conduite prudente et son énergie, de sanglantes collisions. En 1854, ses concitoyens l'élurent, à la presque unanimité des suffrages, député au Corps législatif, où il prit place dans les rangs des conservateurs libéraux. M. Baragnon a longtemps cumulé un grand nombre de fonctions honorifiques. Il a été membre de l'intendance sanitaire instituée à Nîmes en 1841, du conseil municipal, du conseil d'arrondissement, du comité de l'instruction publique, du conseil académique, vice-président de la commission de statistique, membre du conseil général du Gard et président de cette assemblée, en 1854 et 1855. En juillet 1855, il a présidé au Corps législatif la commission des impôts nouveaux. M. Baragnon est décédé au mois de septembre 1871. Chevalier de la Légion d'Honneur depuis 1854, il avait été promu officier le 4 octobre 1852.

BARAGNON (Pierre-Paul), né le 18 décembre 1830, au château de Servanes, près Mouriès (Bouches-du-Rhône). Sa famille était ancienne au parlement de Toulouse, et une aventure tragique, arrivée à l'un de ses ancêtres, a laissé à une place de cette ville le nom de *place Croix-Baragnon*. Un de ces Baragnon remportait durant plusieurs années les plus belles fleurs d'argent des Jeux Floraux. Le père de Pierre était membre du tribunal de Nîmes. P. Baragnon, à 18 ans, finissait son droit et rédigeait *les Tablettes de Toulouse*, où il eut pour amis et collaborateurs C. Debans, A. Hébrard, de Lescure. En 1851, il publiait en Italie un livre traduit aujourd'hui en plusieurs langues : *Etude physiologique et psychologique sur le mesmérisme*, et il collaborait avec l'illustre Matteucci, qui publiait ses grands travaux sur l'électricité et les torpilles. De 1853 à 1857 il fut successivement, à Montauban, Toulouse, Rouen, rédacteur en chef de divers journaux, puis représentant à Paris de la *Presse belge*, un instant correspondant de la *Gazette d'Augsbourg* à la mort d'Henri Heine, enfin fondateur du journal *le Levant* de Bruxelles. Nommé en 1858 chef de la chancellerie princière de Moldavie, il publia à Paris, au moment des conférences sur la Moldavie, une brochure: *La Turquie devant l'Europe*, qui fut un succès de librairie. Ce travail désigna P. Baragnon à l'attention de la Porte, qui le choisit pour directeur de l'imprimerie ottomane et rédacteur en chef du *Journal officiel* ottoman de Constantinople. Pensionné par le Sultan, décoré de dix-sept ordres divers et d'une médaille de sauvetage frappée pour lui, par ordre du Sultan, pour avoir sauvé un vieux scheik qui se noyait dans le Bosphore, il revient à Paris en 1865. Dans la *Presse*, de M. Mirès, il traite des questions maritimes et coloniales, raconte jour par jour la campagne austro-prussienne de 1866, se transporte sur le champ de bataille de Sadowa, et donne à prévoir la guerre de 1870 et ses résultats, en indiquant les remèdes. Directeur du *Mémorial diplomatique* en 1867, il en fut expulsé sur les instances de M. de La Valette, auquel il adressa sa fameuse *Lettre de Pierre Baragnon au marquis de La Vallette, ministre de l'intérieur* Il fonda alors le *Bulletin international*, journal *imprimé* à la fois et sous forme d'*éditions différentes* à Bruxelles, à Nimes, à Dresde (Saxe), à Florence et à Bucharest. Cette feuille multiple produit des résultats inattendus : à Nimes elle fait en partie les élections de 1869 et mêle Baragnon à l'*affaire Sagnier*. A Dresde, au cœur de l'Allemagne, le *Bulletin*, seule feuille publiée en français, combat à outrance, jusqu'en 1870, l'hégémonie prussienne, qui nous a conduits où nous savons, et s'attire plusieurs poursuites et condamnations. Dès les premiers mois de 1870, M. Baragnon fonde à Paris le *Centre gauche*, qui fut des premiers à provoquer la déchéance de l'Empire; ce journal fut suspendu le 17 août par le ministère Palikao, tandis que son directeur était obligé de se cacher pour éviter d'être arrêté. Le 4 septembre, Baragnon est envoyé à Nice, comme préfet commissaire-général de la République; durant la campagne et le terrible hiver de 1870-71, il accepte les fonctions gratuites et laborieuses d'inspecteur des gardes nationales mobilisées de la région du sud-est, et il prend une part active à l'armement général. Depuis ce moment Baragnon n'a point repris la plume, bien qu'on annonce pour une époque prochaine la publication d'un journal rédigé par lui, ni rempli de fonctions publiques quelconques. Aux élections départementales de 1871, il a été nommé, par le canton de la Ciotat, membre du Conseil général des Bouches-du-Rhône.

BARANTE (Prosper-Claude, BRUGIÈRE, baron DE), né à Paris, le 27 août 1816 ; fils de l'auteur de l'*Histoire des ducs de Bourgogne*, qui fut académicien, ambassadeur et pair de France sous le règne de Louis-Philippe. Il suivit son père à Saint-Pétersbourg, comme attaché d'ambassade en 1837, et fit ensuite partie du cabinet du vicomte de Salvandy, ministre de l'instruction publique. Sous-préfet de Boussac, puis d'Autun en 1842, chevalier de la Légion d'Honneur en 1844, préfet de l'Ardèche en 1845, il donna sa démission en février 1848, et se consacra tout entier à l'étude des questions agricoles et sociales. En 1863, il accepta le mandat de conseiller général ; et, en 1869, il fut candidat de l'opposition au Corps législatif. Elu malgré les efforts de l'administration, il prit place à la Chambre dans le Centre Gauche. L'un des premiers auteurs de l'interpellation dite des 116, il fit aussi partie, en 1870, de la grande commission extra-parlementaire de décentralisation. M. le baron de Barante a été élu membre de l'Assemblée nationale, pour le département du Puy-de-Dôme, le 8 février 1871. Il est président de la Société de secours mutuels de Thiers, fondée par son père.

BARASCUD (Hippolyte), né à Saint-Affrique (Aveyron), le 19 juin 1820 ; petit-fils de Molinier de la Mouline, membre de la Législative en 1791. Il a fait ses études de droit à la Faculté de Paris. Inscrit au tableau des avocats de Montpellier en 1844, il a quitté le barreau en 1848 et a été nommé maire de Saint-Affrique le 3 mars 1866. Son administration a constamment été marquée par d'importantes améliorations ; et son arrondissement lui doit la création de grands canaux d'arrosage, qui ont favorisé les progrès de l'agriculture et procuré une plus-value d'au moins six millions aux terrains de plusieurs communes. Elu conseiller général en 1866, il se porta candidat de l'opposition, en 1869, contre M. Calvet-Rogniat, et tint en échec cette candidature officielle encore pendant la vérification des pouvoirs. Les grands services qu'il a rendus à son pays, et la juste influence qu'il s'est acquise auprès de ses concitoyens, qui savent apprécier son zèle et ses capacités, l'ont fait nommer le premier sur la liste, le 8 février 1871, représentant à l'Assemblée nationale, par 62,321 suffrages sur 65,000 votants. Il siège sur les bancs du Centre Gauche, a fait partie de plusieurs commissions importantes, et a été chargé du rapport sur l'élection des princes d'Orléans. M. Barascud a été proposé pour la croix de la Légion d'Honneur par le jury du Concours régional de 1868.

BARBAT (Louis), né à Châlons-sur-Marne, le 3 juillet 1795. S'est occupé de littérature dans sa jeunesse ; puis, successivement, a été négociant, employé du cadastre, lithographe et imprimeur-lithographe. Dès 1833, il faisait des reports lithographiques et livrait au commerce des lithographies en or, argent et couleurs, notamment le beau Christ qui figure en tête du *Livre des Évangiles des dimanches et fêtes*, de la même époque. « Cet ouvrage, dit le rapport officiel du jury central de l'Exposition de 1844, est un véritable chef-d'œuvre de goût et d'exécution ; c'est de lui-même et de son fils, que M. Barbat tire toutes ses ressources ; les dessins de ses vignettes sont composés par eux et sont charmants. » Ces beaux résultats, qui sont le produit de reports fort difficiles à opérer en raison de la finesse des ornements, ne laissent rien à désirer. » M. Barbat est auteur d'une *Histoire de la ville de Châlons et de ses monuments* (grand in-4° de plus de 700 pages) et d'un album (in-fol.) renfermant plus de cent plans et dessins, tous exécutés par lui et son fils, et lithographiés et imprimés dans ses ateliers. Ce magnifique travail lui a valu une mention honorable de l'Académie des inscriptions et belles-lettres. Il a reçu à l'exposition de Reims (1836) une médaille de 2e classe; à celle de Paris (1839) une mention honorable; à celle de Châlons (1842) une médaille d'argent; à celle de Londres (1851) une mention honorable; à celle de Châlons (1852) une médaille d'or de 1re classe ; à l'Exposition universelle de New-York (1853) une médaille de 2e classe; à l'Exposition universelle de Paris (1855) une médaille de 1re classe, et à celle de 1867 une médaille de bronze. Il a été nommé chevalier de la Légion d'Honneur le 10 septembre 1864. Le Pape lui adressa, le 8 avril 1865, une lettre de congratulation pour son *Livre d'Heures*, et une médaille à son effigie et à celle de la sainte Vierge. M. Barbat est membre, depuis plus de trente-trois ans, du Conseil municipal de Châlons et, depuis 1850, de la Commission des hospices et hôpitaux de cette ville. Il a fait partie du Tribunal de commerce durant quatre années et du Conseil des bâtiments civils de la Marne pendant deux ans. Membre ou associé de plusieurs autres sociétés, il a cherché les moyens de détruire les émanations fétides qui s'échappent des égouts; et son appareil, adopté après expérimentation, par plus de cent villes, est le plus efficace qui soit connu jusqu'à ce jour. M. Barbat est décédé le 5 novembre 1870. Son fils, M. Pierre-Michel Barbat, qui dirige depuis longtemps leur importante maison, a été signalé, comme son père, par les différents jurys qui ont rendu compte de leurs communs travaux et a recueilli sa juste part d'éloges.

BARBEDIENNE (Ferdinand), né à Saint-Martin-de-Fremoy (Calvados), le 10 janvier 1810. Entraîné par sa vocation vers l'industrie, il fonda, en 1834, une fabrique de papiers peints qu'il a conservée jusqu'en 1856. Mais son goût pour l'ornementation artistique le conduisit bientôt dans des voies plus larges et plus élevées. Associé avec M. Achille Collas, l'inventeur de la réduction mathématique des œuvres d'art, il créa, en 1838, des ateliers qui occupent aujourd'hui plus de trois cents personnes, et qui répandent dans le monde entier les reproductions et réductions en bronze de la plupart des chefs-d'œuvre de la statuaire antique et moderne. De 1850 à 1854, M. Barbedienne a été chargé de l'ameublement des salons de la préfecture de la Seine. Il faut avoir vu ses magasins pour se faire une idée de ce qu'ils renferment de richesses artistiques ; il faut avoir visité ses ateliers pour se rendre compte des merveilles que peut enfanter l'association de l'art et de l'industrie. Bronzes, statues et bustes en marbre, émaux cloisonnés, coupes élégantes, vases gracieux, chinoiseries artistiques, on voit chez lui, en un mot, tout ce qui, en matière d'ameublement, peut parler à l'esprit charmer les yeux, et répondre aux exigences du goût le plus sévère et le plus délicat. M. Barbedienne a obtenu une médaille de bronze à l'Exposition de 1844, deux *councils medals* pour ses ameublements et ses bronzes d'art à l'Exposition universelle de Londres en 1851, la grande médaille d'honneur, quatre médailles d'argent, quatre médailles de bronze et quatre mentions honorables à l'Exposition universelle de Paris en 1855, et trois médailles *pour excellence* à l'Exposition universelle anglaise de 1862. A cette dernière exposition, M. Constant Sevin, sculpteur ornemaniste attaché à sa maison, a également remporté une médaille *pour excellence*, ce qui indique suffisamment le mérite des artistes qui collaborent à son œuvre. A l'Exposition universelle de Paris, en 1867, M. Barbedienne était hors concours. Chevalier de la Légion d'Honneur le 29 août 1863, il a été nommé officier de l'Ordre le 30 juin 1867.

BARBENTANE (Louis-Antoine DE ROBIN, comte DE), né à Tarascon (Bouches-du-Rhône), le 3 août 1812, appartient à l'une des plus illustres familles de la Provence. M. le comte de Barbentane, après avoir achevé ses études à Sorèze et à Toulouse, vint s'établir dans son domaine de Saint-Jean-le-Priche, près Mâcon. Possesseur d'une grande fortune, il consacra son intelligence et son activité à la propagation des bonnes méthodes agricoles. Les services qu'il rendit aux habitants de cette contrée lui méritèrent une légitime popularité. En 1848, il usa de son influence pour le maintien de l'ordre. Cependant, il se décida à entrer à cette époque dans la vie publique, et fut élu maire de Saint-Jean-le-Priche. En 1852, il était nommé député au Corps législatif par les électeurs de Mâcon, qui lui ont renouvelé ce mandat aux élections générales de 1857 et de 1863. M. de Barbentane, depuis 1853, fait également partie du Conseil général de Saône-et-Loire. Au Corps législatif, comme au Conseil général, il fut le défenseur éclairé des intérêts de l'agriculture et de l'industrie. Il est décédé le 16 janvier 1869 chevalier de la Légion d'Honneur, du 13 août 1855.

BARBET (Henri), né à Rouen, le 23 juin 1789. M. Barbet s'est créé une haute position dans l'industrie. Sous la Restauration, il a fait partie de l'opposition libérale à Rouen ; et, en 1830, il fut élu membre du Conseil général et maire de la ville. En 1831, il entra à la Chambre des députés et s'y prononça contre l'hérédité de la pairie. Constamment réélu jusqu'en 1846, sauf un intervalle de quelques mois, M. Barbet fut alors nommé pair de France et siégea au Luxembourg jusqu'en 1848. Il a été, en outre, président du Conseil général, membre du Tribunal de commerce, de la Chambre de commerce et président du Conseil d'administration de la Banque. Il est entré au Corps législatif en 1863. Commandeur de la Légion d'Honneur depuis 1844, il a été promu grand officier le 30 août 1865.

BARBIER (Henri-Auguste), né à Paris, le 28 avril 1805. Licencié en droit de la Faculté de Paris en 1828, il se consacra à la littérature, et fit paraître, avec M. Alphonse Royer, *les Mauvais garçons* (roman historique, 2 vol., 1830). A la même époque il commença la publication de ses *Iambes*, et fournit à la *Revue de Paris* et à la *Revue des Deux-Mondes* une série de pièces satiriques, telles que *la Curée, le Lion, Quatre-vingt-treize, Varsovie, la Popu-*

larité, l'Idole, etc., etc. Ses poésies, d'une forme sévère, presque brutale, mais profondément empreintes d'un haut sentiment de moralité politique et sociale, eurent un éclatant succès. En 1832 et 1833, il fit paraître *Il Pianto* et *Lazare* dans la *Revue des Deux-Mondes*. Parmi les nombreuses productions du poëte populaire on cite encore : *Erostrate* et *Pot-de-Vin* (1837) ; — *Benvenuto Cellini*, en collaboration avec M. Léon de Wailly (Grand-Opéra, 1837, musique de Berlioz) ; — *Chants civils et religieux* (1841) ; — *Rimes héroïques*, suite de sonnets avec notes historiques (1843) ; — ces deux derniers ouvrages furent réunis, en 1853, avec *Erostrate* et *Pot-de-Vin*, en un même volume, sous le titre de *Satires et Chants* ; — une traduction en vers du *Jules César*, de Shakspeare (1848) ; — *Chansons et Odelettes*, recueil anonyme tiré à peu d'exemplaires (1851) ; — un volume formé de la réunion des *Iambes d'Il Pianto* et de *Lazare* (1837), et arrivé aujourd'hui à sa 23e édition ; — *Les Silves*, poésies diverses contenant des pièces de toutes les époques de la vie de l'auteur (1864) ; — *Satires*, ouvrage renfermant douze morceaux d'un ton comique et un drame en vers blancs intitulé, *César Borgia* (1865) ; — *Trois Pandours*, recueil de nouvelles en prose (1868). On a publié en Allemagne une traduction des *Iambes* par L. G. Forster (1832). M. A. Barbier a été élu membre de l'Académie française en remplacement de M. Empis, en 1869.

BARBIER (Paul-Jules), né à Paris, le 8 mars 1825 ; fils de Nicolas-Alexandre Barbier, artiste-peintre, et cousin du précédent. M. Jules Barbier a fait ses études au collége Henri IV et a été président de l'Association des élèves de ce collége, devenu lycée Corneille. Plusieurs fois élu membre de la Commission des auteurs dramatiques, il en est aujourd'hui le vice-président. Son premier ouvrage fut *l'Ombre de Molière*, jouée au Théâtre-Français le 15 janvier 1847. Au mois d'avril suivant, il y faisait représenter *Un Poëte*, drame en cinq actes, en vers, qui méritait à son auteur un prix de l'Académie française. Depuis il a particulièrement traité le genre de l'Opéra et de l'Opéra-Comique, sans renoncer toutefois à faire de fréquentes excursions sur les scènes consacrées au drame et à la comédie. Ses principaux ouvrages sont, au Théâtre-Français: *l'Ombre de Molière, Un Poëte, Bon gré mal gré, le Berceau, les Derniers adieux, les Amoureux sans le savoir*. — A l'Odéon : *Amour et bergerie, les Contes d'Hoffmann, les Marionnettes du Docteur, le Maître de la Maison, la Loterie du Mariage*. — Au Gymnase dramatique: *Graziella*. — Au Vaudeville : *Une Distraction*. — Aux Variétés : *Les premières Coquetteries, Oscar XXVIII, le Roi de la mode, une Epreuve avant la lettre*. — A la Porte-Saint-Martin : *André Chénier, Henriette Deschamps, Jenny l'ouvrière*. — A l'Ambigu-Comique : *Un drame de famille, Cora ou l'esclavage, la Sorcière, Princesse et Favorite, la Fille du maudit, Maxwel*, etc. Parmi ses poëmes lyriques nous citerons : *Faust, Roméo et Juliette, la Reine de Saba, Hamlet, Mignon, le Pardon de Ploërmel, Psyché, les Saisons, Valentine d'Aubigny, la Statue, Gil-Blas, Philémon et Baucis, les Noces de Figaro, Peines d'Amour, Don Quichotte, les Joyeuses commères de Windsor, Galathée, la Colombe, les Noces de Jeannette, Deucalion et Pyrrha, les Sabots de la marquise, les Papillotes de M. Benoît, le Roman de la Rose, Miss Fauvette*, etc. M. Jules Barbier a eu pour principaux collaborateurs MM. Michel Carré, Ed. Foussier, Decourcelle, Labiche, Barrière, Anicet-Bourgeois, Cordellier-Delanoue ; et, parmi les compositeurs, Meyerbeer, Halévy, Gonnod, Ambroise Thomas, V. Massé, Reber, Boulanger, Reyer, Montfort, Pascal, Semet, etc. Sa dernière œuvre dramatique est une *Jeanne d'Arc*, drame en cinq actes, en vers, publié en 1869. Ce drame n'a pas été représenté. En dehors du théâtre, il a écrit, sous le coup des événements de 1870-1871, un volume de vers publié sous le titre du *Franc-Tireur*. Il est chevalier de la Légion d'Honneur (12 août 1865) et de l'ordre de Charles III d'Espagne.

BARDOUX (Agénor), né à Clermont-Ferrand, le 15 janvier 1830. M. Bardoux, licencié en droit de la Faculté de Paris, prit place en 1856 au barreau de Clermont-Ferrand, s'acquit une avantageuse notoriété, et fut nommé bâtonnier de l'ordre des avocats en 1869. Premier conseiller municipal depuis 1869, il a rempli les fonctions de maire, dans sa ville natale, après la révolution du 4 septembre. Sous l'Empire il n'avait pas craint d'affirmer ses opinions et de prendre la défense de la liberté de la presse à propos de la souscription Baudin. Le 8 février 1871, ses concitoyens l'ont envoyé à l'Assemblée nationale où il a pris place dans les rangs de la gauche républicaine. M. Bardoux, orateur distingué, cultive également les lettres et fournit des travaux à plusieurs recueils périodiques, tels que la *Revue du droit français et étranger*, la *Recueil de l'Académie des sciences, arts et belles-lettres* de Clermont.

BARET (Eugène), né à Bergerac (Dordogne), le 16 décembre 1816. Il se consacra à l'enseignement, entra à l'Ecole normale, fut reçu agrégé pour les classes supérieures des lettres au concours de 1849, et prit, à Paris, le grade de docteur ès lettres le 16 juillet 1853. Nommé bientôt professeur de littérature étrangère à la Faculté de Clermont-Ferrand, il devint plus tard le doyen de cette Faculté. M. Baret a fait plusieurs voyages en Espagne, et s'est livré à une étude particulière de la littérature de ce pays. Il est membre de l'Académie d'histoire de Madrid depuis 1858. On lui doit : *Etude sur la rédaction espagnole de l'Amadis de Gaule, de Garcia Ordonez de Montalvo* (thèse) ; — *De Themistio sophista et apud imperatores oratore* (thèse) ; — *De l'Amadis de Gaule et de son influence sur les mœurs et sur la littérature au* xvie *et au* xviie *siècles* (1853) ; — *Espagne et Provence*, études sur la littérature du midi de l'Europe (1857) ; — *Du poëme du Cid dans ses analogies avec la Chanson de Roland* (1858) ; — *Ménage, sa vie et ses écrits*, extrait de la *Revue centrale des arts en Province* (1859) ; — *Histoire de la littérature espagnole depuis ses origines les plus reculées jusqu'à nos jours* (1863) ; — *Mémoire sur l'originalité de Gil Blas de Lesage* (1864) ; — *les Troubadours et leur influence sur la littérature du midi de l'Europe* (1867) ; —

Œuvres dramatiques de Lope de Vega, traduction (1869); etc. — M. Baret a fourni des articles à la *Biographie générale* et au *Dictionnaire général des lettres, sciences et arts*. Il est chevalier de la Légion d'Honneur depuis 1869.

BARKER (Charles-Spackman), né à Bath (Angleterre), le 19 octobre 1806. Resté orphelin fort jeune, il étudia la médecine pendant trois ans; mais, poussé par une sorte de vocation, il abandonna cette carrière pour apprendre la théorie et la pratique de la construction des orgues. Son stage terminé, il s'établit dans sa ville natale comme facteur d'orgues, et inventa le *levier pneumatique*, destiné à éviter la dureté des claviers dans les instruments construits dans de grandes proportions. N'ayant pas trouvé en Angleterre l'appui sur lequel il comptait, M. Barker vint en France et vit sa méthode appliquée au grand orgue de Saint-Denis. Il résolut alors de se fixer à Paris, et construisit, pour le compte de la maison Ducroquet, l'orgue de Saint-Eustache. Il fut décoré à la suite de l'Exposition universelle de 1855, pour son levier pneumatique; et, en 1860, il s'associa avec M. Verschneider. Deux années plus tard, M. Barker, à la suite de longues études faites en collaboration avec M. Péchard, organiste de Caen, prit un brevet pour son système de *clavier électrique*, qui fut appliqué en 1864, avec le plus grand succès, à un grand orgue commandé par l'administration de la ville de Paris pour la nouvelle église de Saint-Augustin, ainsi qu'à celle de Saint-Pierre, à Montrouge, inaugurée le 15 février 1870. Il est Chevalier de la Légion d'Honneur depuis le 10 novembre 1855.

BARRAL (Jean-Augustin), né à Metz, le 31 janvier 1819. Élève de l'École polytechnique en 1838, il fut placé dans l'administration des tabacs en 1840. Il a été, de 1842 à 1866, professeur de chimie et de physique au collège Sainte-Barbe, et de 1844 à 1849 répétiteur de chimie à l'École polytechnique. De 1849 à 1866, il a dirigé le *Journal d'Agriculture pratique*, fondé par son ami Bixio, en 1837. Pour les améliorations introduites par lui dans ce recueil, l'Académie des sciences lui a décerné en 1863 le prix Morogues, fondé pour l'ouvrage ayant, pendant la période décennale précédente, fait faire le plus de progrès à l'agriculture. Après la mort de M. Bixio (1866), il a fondé le *Journal de l'Agriculture*, qu'il continue à diriger. Il a été membre du Conseil général de la Moselle, et a fait partie des jurys internationaux des Expositions universelles de 1855, 1862 et 1867. Le 29 juin 1850, il fit une première ascension aérostatique avec Bixio; et, le 27 juillet de la même année, il en fit une seconde, dans laquelle il parvint à une hauteur de 7,049 mètres. Le journal du second voyage a été publié dans le tome XXXI des *Comptes rendus* de l'Académie des sciences, ainsi que le résumé des observations météorologiques qui s'y rapportent. Ami et collaborateur de François Arago, il fut choisi par l'illustre astronome pour éditer, après sa mort, ses œuvres complètes (17 vol. in-8, 1854-1862). L'un des promoteurs des conférences publiques, en 1856, il en a fait un grand nombre à Paris et dans les départements, sur l'agriculture, la chimie et la physique. Il est, depuis 1856, membre de la Société impériale et centrale d'agriculture de France, et appartient à plus de soixante associations scientifiques ou agricoles de l'Europe et de l'Amérique. M. Barral a été nommé officier de la Légion d'Honneur, le 24 janvier 1863. Ses principaux ouvrages sont: *Recherches sur le tabac et sur la nicotine* que, le premier, il a isolée à l'état de pureté et analysée; —*Notes sur la dorure galvanique et sur les procédés de MM. de Ruolz et Elkington*; — *Composition chimique de l'eau de pluie aux différentes époques de l'année*; — *Statique chimique des animaux*; — *le Bon Fermier* (4ᵉ édition, 1866); —*Drainage, irrigation et engrais liquides* (4 vol. 1860); — *le Blé et le Pain* (2ᵉ édition, 1867); — *Trilogie agricole* (1868); — *l'Agriculture du nord de la France* (2 vol., 1867 à 1870); — *l'Almanach de l'Agriculture* (4 vol. 1867 à 1870); — *la Revue de l'horticulture* (1867, 2 vol.); — *Bulletin hebdomadaire de l'agriculture* (4 vol. 1867 à 1870); — *Mémoires sur le blé, la farine et le pain; sur le rôle du sel en agriculture; sur les crues de la Seine; sur les causes des bonnes et mauvaises récoltes; sur la statique chimique du corps humain; sur la végétation*, etc. M. Barral a publié en outre un grand nombre d'articles dans la *Démocratie pacifique*, la *Revue des Deux-Mondes*, l'*Encyclopédie du XIXᵉ siècle*, l'*Opinion nationale*, le *Bulletin de la Société d'encouragement pour l'Industrie nationale*, l'*Annuaire météorologique de France*, les *Mémoires* et le *Bulletin de la Société centrale d'Agriculture*, etc.

BARRAL (Octave-Philippe-Anne-Amédée, vicomte DE), né à Voiron (Isère), le 1ᵉʳ juillet 1791. M. de Barral appartient à une famille d'ancienne noblesse dauphinoise. Il est petit-fils de la comtesse Fanny de Beauharnais, tante de l'impératrice Joséphine, et fut page de l'Empereur, de 1807 à 1809. Il entra ensuite au service, fut blessé au combat de Torquemada, en octobre 1812, et tomba aux mains des Anglais. En 1815, il était commandant d'un escadron de chasseurs à Nîmes; et, après le licenciement de l'armée de la Loire, il quitta le service. De 1830 à 1848, il commanda la garde nationale de Voiron. M. de Barral fut élu membre du Conseil général de l'Isère en 1848, et fut nommé préfet du département du Cher au 2 décembre. Il représenta ce département au Corps législatif en 1854, et fut élevé à la dignité de sénateur par décret du 24 juin 1856. Il a publié une *Notice sur les murs d'enceinte de la ville de Bourges*, d'après les manuscrits du général vicomte de Barral. Il est commandeur de la Légion d'Honneur depuis le 14 août 1862.

BARRALLIER (Auguste-Marie), né à Toulon, le 1ᵉʳ septembre 1814. Après avoir fait de bonnes études au lycée de sa ville natale, il fut admis, en 1831, à l'École de médecine navale, et, entré au service le 1ᵉʳ janvier 1834, acquit tous ses grades par suite de concours, et prit part à plusieurs expéditions maritimes. M. Barrallier a assisté au bombardement de Tanger et de Mogador, sur le brick *le Cassard*, et aux affaires de la Plata, sur la frégate *la Constitution*. Après dix-huit ans de service, dont treize à la mer, il a été reçu professeur de matière médicale à l'Ecole de médecine de la marine de Toulon, en 1853, et promu médecin en chef des armées navales en 1855. Il est actuellement professeur de clinique médicale à l'École de médecine navale de Toulon, M. Barrallier a pris le grade de docteur en médecine en 1847. On lui doit des travaux importants sur les diverses branches des sciences médicales. Nous citerons le *Traité du typhus épidémique*, couronné par l'Institut, section de l'Académie des sciences (1861). Il est un des rédacteurs du *Nouveau dictionnaire de médecine et de chirurgie pratiques*. Nommé chevalier de la Légion d'Honneur le 15 août 1852, à la suite de l'expédition de Rio de la Plata, il a été élevé au grade d'officier de l'Ordre, le 12 juin 1856, en récompense de sa belle conduite pendant les épidémies de typhus qui sévirent sur le bagne de Toulon en 1855 et 1856.

BARRIAS (Félix-Joseph), né à Paris, le 13 septembre 1822. M. Barrias a d'abord étudié la peinture sous la direction de son père ; puis, à treize ans, il est entré dans l'atelier de Léon Coignet. En 1844, il remporta le premier grand prix de Rome, et une 3e médaille au Salon de 1847, pour son tableau de *Sapho*. A l'Exposition de 1851, les *Exilés de Tibère*, placés depuis au musée du Luxembourg, lui ont valu une 1re médaille ; et, à l'Exposition universelle de 1855, ses *Pèlerins se rendant à Rome* pour le jubilé de l'an 1300, ont reçu une médaille de 2e classe. Cette dernière toile est au musée de Laval. Nous citerons encore de lui : *Gaulois insultés par des Romains* (musée d'Autun) ; — *Débarquement des troupes françaises en Crimée* (musée de Versailles) ; — *Cincinnatus recevant les députés du Sénat* ; — *Jeune fille portant des fleurs* ; — *Fileuse romaine* ; — *Dante Alighieri* (musée de Tarbes) ; — *Michel-Ange à la chapelle Sixtine* ; — *la Communion* ; — *Conjuration chez les courtisanes* ; — *Malvina* ; — *Madeleine aux pieds du Christ en croix* ; — *Danseuse du Tricilium* ; — *le Repos*, Titien peignant la Vénus du duc d'Urbino, en 1543, et divers travaux, tels que la chapelle Saint-Louis, à Saint-Eustache ; — la chapelle de la maison Eugène-Napoléon, au faubourg Saint-Antoine ; la décoration du Grand-Hôtel du Louvre et du Cirque Napoléon ; — un plafond chez M. Péreire ; — le plafond du musée Napoléon III, à Amiens. M. Barrias a illustré un *Virgile* et un *Horace*, publiés par Didot, et un *Shakspeare*, publié dans les éditions populaires, et devenu rare aujourd'hui à cause de ses dessins. Il est chevalier de la Légion d'Honneur depuis le 15 juillet 1859.

BARRILLON (François-Sophie-Alexandre), né à Paris, le 5 avril 1801. Il fit ses études classiques et son droit à Paris. Reçu licencié en 1821, il se fit inscrire au barreau de Paris et prit bientôt part à la vie publique. Conseiller d'arrondissement d'abord, ensuite conseiller général de l'Oise depuis 1833, il fut, en 1837, envoyé par les électeurs de Compiègne à la Chambre des députés, où il prit place dans les rangs de la gauche dynastique. Écarté de la Chambre en 1839, il y rentra en 1842, fit une opposition soutenue au ministère Guizot et présida le banquet réformiste qui eut lieu à Compiègne, en novembre 1847. Après les journées de Février 1848, il fut nommé commissaire du gouvernement à Beauvais. Révoqué au commencement d'avril, il fut presque aussitôt nommé, le premier sur dix représentants de l'Oise, à l'Assemblée constituante. Dans cette Assemblée, il s'occupa surtout de finances et d'agriculture, et vota généralement avec le Centre-Droit. De concert avec ses dix collègues de l'Oise, il appuya la candidature du général Cavaignac à la Présidence. Réélu à l'Assemblée législative, il fit partie de la réunion du 10e arrondissement au 2 décembre 1851 et fut incarcéré à Mazas. Il quitta alors la scène politique ; mais, en 1863, il accepta de nouveau le mandat de ses anciens commettants, et entra au Corps législatif à la suite d'une élection où l'administration avait gardé la neutralité. M. Barrillon est maire d'Elincourt-Sainte-Marguerite depuis 1838. Chevalier de la Légion d'Honneur le 5 juillet 1851, il a été promu officier le 14 août 1868.

BARROT (Victorien-Ferdinand), né à Paris, le 10 janvier 1806 ; fils du député de la Lozère à l'Assemblée constituante et à la Convention, qui vota contre la mort de Louis XVI, il est aussi le frère de M. Odilon Barrot. Avocat sous la Restauration, il entra dans la magistrature après 1830, comme substitut du procureur du roi près le tribunal de la Seine ; mais il donna bientôt sa démission pour rentrer au barreau. Il défendit à Strasbourg le colonel Vaudrey, et plaida en 1839 dans l'affaire Barbès. Nommé ensuite avocat du Trésor public, puis député de Loches en 1842, il siégea au Centre Gauche. M. Barrot a obtenu de vastes concessions de terre en Algérie, et a étudié d'une manière toute spéciale les questions qui intéressent la colonie. Le 18 juin 1848, il fut nommé représentant de l'Algérie à l'Assemblée constituante et en juillet 1849 il entra à l'Assemblée législative comme représentant de la Seine. Secrétaire général de la Présidence en juin 1849, puis ministre de l'Intérieur du 31 octobre 1849 au 14 mars 1850, il quitta le ministère pour les fonctions d'envoyé extraordinaire et ministre plénipotentiaire de France à Turin. Après le 2 décembre 1861, il a été membre de la Commission consultative, et conseiller d'État (section des travaux publics, de l'agriculture et du commerce). Appelé au Sénat, le 4 mars 1853, il a rempli, dans cette assemblée, les fonctions de grand référendaire. Il a été aussi vice-président du Conseil municipal de Paris et membre du Conseil de l'assistance publique. M. Ferdinand Barrot est Grand officier de la Légion d'Honneur depuis le 12 août 1857 et Grand-croix des Saints-Maurice et Lazare.

BARTH (Jean-Baptiste-Philippe), né à Sarreguemines (Moselle), en 1812. Interne des hôpitaux en 1831, il remporta la médaille d'or au concours de 1835, et fut reçu docteur le 6 juillet 1837. En novembre de la même année, il fut attaché, en qualité de chef de clinique, à l'Hôtel-Dieu, dans le service de M. Chomel. Il concourut avec succès, pour l'agrégation, en 1839, pour le bureau central, en 1840, et devint médecin à l'Hôtel-Dieu. M. le docteur Barth est membre de l'Académie de médecine depuis 1854. Il est aussi membre de la Société médicale d'observation et de la Société anatomique. Auteur d'un grand nombre de mémoires insérés dans différents recueils, il a publié, en 1849, une *Histoire médicale du choléra*, et, en 1841, en collaboration avec M. Henri Roger : *Traité pratique de l'auscultation, ou Exposé méthodique des diverses applications de ce mode d'examen à l'état physiologique et morbide de l'économie*. Cet ouvrage a été traduit en plusieurs langues et a eu de nombreuses éditions. M. le docteur Barth, chevalier de la Légion d'Honneur depuis le 25 avril 1847, a été promu officier le 14 août 1865.

BARTHE (Marcel), né à Pau, le 15 janvier 1813. Issu d'une famille arrivée à l'aisance par le travail, il fit son droit à la Faculté de Paris, se mêla aux querelles littéraires qui divisaient les écrivains de son époque, et collabora à l'*Artiste* et au *Temps*. Ensuite il prit place au barreau de Pau et consacra les loisirs que lui laissait l'exercice de sa profession à l'étude approfondie des questions d'économie politique et sociale, et notamment des doctrines communistes et phalanstériennes. Nommé conseiller municipal par les républicains, il participa à la révolution de 1848, fut élu membre de l'Assemblée constituante le 4 juin de la même année, fit partie du Comité de l'instruction publique, lutta contre l'invasion des théories socialistes et soutint généralement la politique de Cavaignac. M. Marcel Barthe, qui avait abandonné la vie publique depuis l'avénement de Louis-Napoléon à la présidence, a été élu membre de l'Assemblée nationale, par les électeurs des Basses-Pyrénées, le 8 février 1871. Républicain libéral, il a voté la paix, le transfert de l'Assemblée à Versailles et la loi municipale. On lui doit une brochure sur un sujet économique : *du Crédit foncier* (1859).

BARTHÉLEMY-SAINT-HILAIRE (Jules), né à Paris, le 19 août 1805. A débuté dans l'administration, qu'il quitta bientôt pour s'adonner entièrement à ses études de prédilection. Rédacteur du *Globe* et fondateur du *Bon Sens*, il signa, en 1830, la protestation des journalistes contre les ordonnances de juillet. Il prit part à la rédaction du *Constitutionnel*, du *Courrier français* et du *National*, où il devint le collaborateur assidu d'Armand Carrel. En 1834, il fut nommé répétiteur à l'Ecole polytechnique. Ses travaux philosophiques le firent présenter en première ligne par le Collége de France et par l'Institut pour remplacer Jouffroy; par ordonnance royale du 8 janvier 1838, il fut nommé professeur de philosophie grecque et latine. Elu membre de l'Académie des sciences morales et politiques, le 23 mars 1839, il devint, en 1840, chef du cabinet du ministre de l'Instruction publique, M. Cousin. En 1848, M. Barthélemy-Saint-Hilaire fut nommé chef du secrétariat du Gouvernement provisoire, et envoyé à la Constituante par les électeurs du département de Seine-et-Oise. Nommé administrateur du Collége de France le 20 janvier 1849, sur la présentation de l'assemblée des professeurs; réélu à l'Assemblée législative, il se démit à la fois, en 1852, de ses fonctions de professeur et d'administrateur. Rentré dès lors dans la vie privée, il a continué la publication de sa traduction d'Aristote, commencée en 1832. Dix-huit volumes de cet important ouvrage ont paru. On a encore de lui : *De l'Ecole d'Alexandrie* (1845) ; — *Les Védas* (1854) ; — *Lettres sur l'Egypte* (1856) ; — *le Boudha et sa religion* (1859) ; — *Mahomet et le Coran* (1865); — *Philosophie des deux Ampère* (1866). M. Barthélemy-Saint-Hilaire a été envoyé, par les électeurs de Seine-et-Oise, à l'Assemblée nationale, le 8 février 1871. Il est chevalier de la Légion d'Honneur depuis 1840.

BARTHOLONI (César-Alexandre-Anatole), né à Versailles, le 22 avril 1822. Appartient à une ancienne famille de Florence, dont l'origine remonte à l'an 1306; ses ancêtres émigrèrent à Genève à l'époque de la réformation, et son père vint s'établir en France en 1814. M. Bartholoni a embrassé la carrière d'ingénieur civil. Elu député de la Haute-Savoie pour l'arrondissement de Thonon, en avril 1861, il a été réélu en 1863. Aux élections générales de 1869, il a échoué, au scrutin de ballotage, avec 13,079 voix. Il est membre du Conseil général, pour le canton d'Abondance, maire de Sciez et président du Comice agricole de Bonneville. M. Bartholoni est chevalier de la Légion d'Honneur (15 août 1863), et de l'ordre de Charles III d'Espagne.

BARTHOLONY (J.-François), né à Genève, le 2 mars 1796. M. Bartholony est l'un des fondateurs de la Compagnie du chemin de fer d'Orléans. Il a été nommé président du Conseil d'administration de cette ligne et de celle de Lyon à Genève. Il est l'auteur et le promoteur du système de la garantie d'intérêt, devenu européen depuis son application à la compagnie d'Orléans, et du système des grands réseaux qui ont fait la fortune des chemins de fer français. Il est un des fondateurs du Crédit foncier de France et de plusieurs autres entreprises d'utilité publique. Ses principales publications sont : *Quelques idées sur les encouragements à accorder aux compagnies concessionnaires des grandes lignes de chemins de fer* (1835) ; — *Du meilleur système à adopter pour l'exécution des travaux publics en France* (1837) ; — *Résultats économiques des chemins de fer* (1845) ; — *Diverses lettres à un député* (1842-1843) ; — *Simple exposé de quelques idées financières et industrielles* (1860), etc. M. Bartholony a été nommé chevalier de la Légion d'Honneur le 2 mai 1843, et promu officier le 15 août 1861.

BARTOLI (Pierre-Thomas-César), né à Calvi, le 23 septembre 1820. Issu d'une ancienne famille corse, M. Bartoli termina ses études classiques au collége d'Avignon et prit, à la Faculté de Paris, en avril 1842, le diplôme de licencié en droit. Pendant son séjour à Paris, il publia divers travaux littéraires dans la *Revue de Paris*, l'*Artiste* et la *Revue Francomtoise*. Après l'élévation du président de la République, et sous le ministère de M. Léon Faucher, il fut nommé sous-préfet de Saint-Claude en avril 1849, et de Wissembourg en 1854. M. Bartoli a été, depuis, secrétaire général de la préfecture du Doubs, en mai 1858, sous-préfet de Savenay en janvier 1860, et sous-préfet de Morlaix en avril 1862. Il était, depuis le mois de juillet 1868, secrétaire-général de la préfecture de la Gironde, et a donné sa démission lors des événements du 4 septembre 1870. Aux dernières élections, il a été nommé membre du Conseil général de la Corse. M. Bartoli est chevalier de la Légion d'Honneur (15 août 1857), officier de l'Instruction publique, commandeur de l'Ordre de Charles III d'Espagne, et chevalier de 1re classe de l'Ordre royal de Bavière et de l'Ordre de la Conception de Portugal.

BARYE (Antoine-Louis), né à Paris, le 24 septembre 1795. Entré fort jeune dans l'atelier de Fourier, graveur, il servit, de 1812 à 1814, dans la brigade topographique du génie et dans un b taillon de sapeurs du même corps. A la paix, il reprit ses travaux et étudia le dessin et le modelé dans les ateliers du sculpteur Bosio et du baron Gros. Aussi habile, dès lors, à manier l'ébauchoir et le ciseau que le burin ou le pinceau, M. Barye se fit une réputation hors ligne comme interprète des animaux; et son talent atteignit vite à des effets de vigueur, de nature sauvage et de vérité naïve, auxquels nul autre artiste n'était encore parvenu. Dans son rapport sur l'Exposition des bronzes d'art, M. Devéria déclara les œuvres de Barye dignes d'être mises hors de concours par leur supériorité; le jury ratifia ce rapport en lui décernant la seule grande médaille d'honneur de la dix-septième classe. Cet artiste est professeur de dessin d'histoire naturelle au Muséum. Il a fait partie du jury d'admission des œuvres d'art à l'Exposition universelle de Londres (1861); a été nommé membre de l'Académie des beaux-arts en 1868, et promu officier de la Légion d'Honneur, le 15 novembre 1855. On remarque dans son œuvre : *La Malédiction de Caïn*, qui lui valut, en 1820, le second grand prix de sculpture; — le groupe du *Tigre et du Crocodile;* — celui de *Charles VI;* — ceux : *le Lion et le Serpent* (jardin des Tuileries); — *Jeunes Ours;* — *Centaure et Lapithe;* — et enfin le *Jaguar dévorant un Lièvre*.

BATAILLARD (Anne-Charles-Thomas), né à Paris, le 2 décembre 1801. M. Charles Bataillard a fait, à Paris, de 1812 à 1826, ses études classiques, de droit et de pratique. Avoué à Troyes (Aube), de 1827 à 1831, avocat à la Cour d'appel de Paris de 1832 à 1858, il remplit, de 1847 à 1857, les fonctions de juge de paix suppléant du IIe et du XIIe arrondissement. En 1848, son goût pour l'indépendance lui fit décliner l'avantage d'entrer dans la magistrature de la capitale dans les mêmes conditions que plusieurs de ses confrères du Palais, qui tous sont devenus conseillers ou présidents de la Cour de Paris; il continua l'exercice de sa profession d'avocat et ses fonctions gratuites. Une profonde altération de sa santé le contraignit, en 1858, à quitter tout à la fois la Justice de paix et le Barreau. Depuis cette époque, M. Charles Bataillard s'est exclusivement consacré à ses travaux favoris sur les *Anciennes mœurs judiciaires de la France*, étude dont il avait publié, dès 1840, de nombreux fragments dans la *Gazette des tribunaux*. Voici les titres de ses principaux ouvrages : *Du duel considéré sous les différents rapports de la morale,* *de l'histoire, de la législation et de l'opportunité d'une loi répressive* (1829); — *Du droit de propriété et de transmission des offices ministériels, de ses précédents historiques, de son principe actuel et de ses conséquences* (1840); — *Les origines de l'histoire des procureurs et des avoués, depuis le Ve siècle jusqu'au XVe* (422 [?] -1483), suivies de *Notices* sur quelques procureurs célèbres et de textes justificatifs (1868). M. Charles Bataillard est membre la Société des antiquaires de France et de la Société philotechnique de Paris, dont il a été deux fois président, correspondant des Académies de Caen, de Troyes, etc.

BATAILLARD (Paul-Théodore), né à Paris, le 23 mars 1816; frère du précédent. Après avoir fait son droit à la Faculté de Paris et suivi les cours de l'École des chartes, de 1838 à 1841, il se consacra aux études littéraires, aux recherches historiques, et embrassa la cause du parti démocratique. M. Bataillard a pris part, avant 1848, à la rédaction de plusieurs journaux. Il a été, en 1846 et 1847, vice-président du Comité du journal *Les Écoles*, président du Comité polonais des Écoles, et de la Commission du Banquet des Écoles. Il a fait paraître : *Gustave Millot Reliquiæ* (1838) ; — *L'œuvre philosophique et sociale de M. Edgar Quinet* (1846); — deux mémoires sur *l'Apparition et la dispersion des Bohémiens en Europe*, extraits de la *bibliothèque de l'Ecole des chartes* (1844-1849); — *Les Principautés devant le Congrès* (1856), et d'autres brochures sur les Principautés-Danubiennes, extraites de la *Revue de Paris* et de la *Libre Recherche* (1856-1857), etc. Comme collaborateur du *Paris-Guide*, il y a donné l'article intitulé : *Les Bohémiens ou Tsiganes à Paris*. Il vient de publier : *Les derniers travaux relatifs aux Bohémiens dans l'Europe orientale* (extraits de la *Revue critique*, oct. et déc. 1871). — Il est membre de la Société de l'École des chartes et de la Société d'anthropologie de Paris.

BATAILLE (Eugène), né à Kingston (Jamaïque), le 16 novembre 1815. Son père, originaire de Normandie, avait exercé la médecine à Rouen, et c'est dans le collège de cette ville qu'il fit son éducation. Sorti de l'Ecole polytechnique en 1836, il publia dans le journal *le Capitole*, sur la question d'Orient, une série d'articles qui fixèrent l'attention du prince Louis, alors en exil. Présenté à l'illustre proscrit dans un voyage qu'il fit en Angleterre, il prit part à l'affaire de Boulogne en 1840, et fut amnistié en 1844. En 1849, il a publié un ouvrage sur les machines à vapeur, question dont le prince Louis s'occupait au moment où il fit sa connaissance. Nommé représentant du peuple à l'Assemblée législative en 1851, il devint membre de la Commission consultative, lors de la dissolution de l'Assemblée, puis maître des requêtes en 1852. M. Bataille est conseiller d'État depuis 1857 et officier de la Légion d'Honneur depuis le 12 août 1864.

BATBIE (Anselme), né à Seisson (Gers), 31 mai 1828. Après avoir fait ses études à Auch, M. Batbie étudia le droit à Toulouse, fut reçu licencié en 1847, et se fit nommer au concours, en août 1849, auditeur au Conseil d'État. Il obtint, en 1850, le diplôme de docteur en droit, à la Faculté de Paris. Ayant perdu sa position d'auditeur, par suite du Coup-d'État, il concourut avec succès pour une place de professeur suppléant dans une Faculté de droit, et fut attaché, le 1er juin 1852, à la Faculté de Dijon. Six mois plus tard, il était envoyé à Toulouse où, de 1844 à 1856, il faisait un cours de droit public et administratif comparé. En 1853, l'Académie de législation de cette ville l'avait accueilli dans son sein. Attaché à la Faculté de Paris en janvier 1857, il fut chargé, à la fin de 1862, d'un cours de droit administratif. M. Rouland, alors ministre de l'Instruction publique (1860), le chargea d'une délicate mission, celle d'étudier l'organisation de l'enseignement du droit public et administratif dans les Universités d'Allemagne, de Belgique et de Hollande. M. Batbie a été nommé membre de la Société d'économie politique en 1862. Le 8 février 1871, les électeurs du Gers l'ont envoyé à l'Assemblée nationale où il a pris place parmi les monarchistes libéraux. Ses aptitudes spéciales l'ont désigné au choix de ses collègues pour faire partie de la Commission des quinze membres chargés d'accompagner, à Versailles, MM. Thiers et Jules Favre lors des négociations relatives au traité de paix. Il a voté la conclusion de la paix et le transfert de l'Assemblée de Versailles. On cite de M. Batbie : *l'Appel comme d'abus* (1862); —*Mémoire sur le forum judicum des Visigoths* (1866) ; — *Turgot philosophe, économiste et administrateur* (1861), qui a mérité le prix Faucher de l'Académie des sciences morales et politiques; *Traité théorique et pratique du droit public et administratif* (1861-1867); — le *Crédit populaire* (1862), honoré du grand prix Baujour de l'Académie des sciences morales et politiques; — *le Prêt à intérêt* (1866), qui a valu à son auteur un autre prix de la même Académie. Il est chevalier de la Légion d'Honneur depuis le 14 août 1867.

BAUCARNE-LEROUX (Louis), né à Roubaix, le 17 janvier 1817. M. Baucarne-Leroux a profité de l'indépendance que lui assurait la possession d'une belle fortune pour se consacrer à l'étude des questions agricoles, dans ses propriétés de Croix, près de sa ville natale. Conseiller municipal et maire de sa commune depuis 1853, il fut bientôt nommé membre du Comice agricole de l'arrondissement de Lille, qu'il a présidé en 1863, 1864, et à partir de 1869. Il est également secrétaire de la Chambre d'agriculture. On lui doit plusieurs ouvrages concernant les questions agricoles : *La Flandre française ; — L'abattage des arbres nuisibles à l'agriculture; — Notice sur les engrais; — Notice sur la culture du tabac*, etc. Il a reçu la croix de la Légion d'Honneur.

BAUCHART (Alexandre-Quentin), né à Villers-le-Sec (Aisne), le 7 février 1809. M. Bauchart s'était acquis une réputation méritée au barreau lorsque éclata la révolution de Février. Il était membre du Conseil général de l'Aisne, secrétaire du Comité agricole des sept départements du Nord et président de la Société d'agriculture de Saint-Quentin. En 1846, il s'était déjà présenté à la députation en concurrence avec M. Debrotonne, mais il avait échoué. En 1848, il fut élu à l'Assemblée constituante par le département de l'Aisne. Nommé membre de la Commission d'enquête, organisée après les journées de Juin, il fit alors un rapport remarquable qui fixa sur lui l'attention publique. Il fut réélu à l'Assemblée législative en 1849 ; et, nommé conseiller d'État le 25 janvier 1852, il eut la mission de réviser le procès des personnes compromises dans les événements de Décembre. Président de la section du contentieux depuis 1861, M. Quentin Bauchart a été nommé sénateur le 22 janvier 1867 et promu commandeur de la Légion d'Honneur le 14 août 1866.

BAUCHART (Célestin-Romain), né à la Ferté-Chevresis (Aisne), le 22 septembre 1802. Il fit d'abord son droit, puis se tourna vers l'industrie. Successivement membre du Conseil des prud'hommes et du tribunal de Commerce de Saint-Quentin, qu'il a présidé de 1851 à 1854, membre de la Chambre consultative des arts et manufactures et de la Chambre de commerce, il fut délégué au Conseil des manufactures, par le premier de ces corps, de 1836 à 1846, et contribua alors à la formation du Comité protecteur de l'industrie nationale. Nommé officier de la garde nationale en 1830, il en eut le commandement de 1841 à 1846. Membre du Conseil municipal de Saint-Quentin pendant vingt ans, membre du Bureau de bienfaisance, administrateur du mont-de-piété, des hospices, vice-président de la Société de secours mutuels de Saint-François-Xavier, M. Bauchart a été, de 1846 à 1865, directeur de la succursale de la Banque de France à Saint-Quentin. Il est chevalier de la Légion d'Honneur depuis le 14 août 1853.

BAUDRILLART (Henri-Joseph-Léon), né à Paris, le 28 novembre 1821, fils du savant forestier mort en 1832. M. Baudrillart a fait ses études au collége Bourbon, où il a remporté le prix d'honneur de philosophie en 1841. Il obtint de l'Académie française, en 1846, pour l'*Eloge de Turgot*, et, en 1850, pour l'*Eloge de Mme de Staël*, deux prix d'éloquence. Il fut, en 1852, appelé à la suppléance du cours d'économie politique au Collége de France. M. Baudrillart prenait, en 1855, la direction du *Journal des Économistes*, et, vers la même époque, commençait à donner au *Journal des Débats* sa remarquable série d'articles sur l'économie politique. En 1856, il épousait la fille de M. Silvestre de Sacy, alors rédacteur en chef du *Journal des Débats*, membre de l'Académie française et qui a occupé un siége au Sénat de 1865 à la révolution de 1870. L'Académie française l'a encore honoré du premier prix Montyon pour son *Manuel de l'économie politique*. Enfin, son ouvrage intitulé : *Rapports de l'économie politique et de la morale* a été couronné, tout à la fois, par l'Académie des sciences morales et par l'Académie française. Chargé, au Collége de France, du cours d'histoire de l'économie politique, il est entré à l'Institut de France le 3 mai 1863. M. Henri Baudrillart a été, du mois d'avril 1868 au mois d'avril 1869, rédacteur en chef du *Constitutionnel*. Il est chevalier de la Légion d'Honneur depuis le 12 août 1860. Outre les ouvrages cités plus haut, on lui doit : *Etude de philosophie morale et d'économie politique* (1858, 2 vol.); — *les Publicistes modernes* (1862); — *la Liberté du travail, l'Association et la Démocratie* (1864), et une foule d'autres écrits.

BAUDRIMONT (Alexandre-Edouard), né à Compiègne (Oise), le 7 mai 1806. Il manifesta de bonne heure d'heureuses dispositions pour les travaux scientifiques. Reçu docteur en médecine de la Faculté de Paris en 1831, il alla, pendant quelque temps, exercer sa profession à Valenciennes, où il se signala par son zèle et son dévouement pendant le choléra de 1832; un travail qu'il publia sur cette maladie lui valut un encouragement de l'Institut. Mais le goût des sciences le ramena à Paris. Nommé, en 1834, préparateur de chimie au Collège de France, à la suite d'un concours, il obtint le titre de professeur agrégé près la Faculté de médecine de Paris. En 1845 il remporta le grand prix des sciences physiques de l'Institut, pour un travail fait en commun avec le Dr Martin-St-Ange, sur l'*Evolution embryonnaire des oiseaux et des batraciens*. C'est par ce travail qu'il a été démontré que la respiration commence avec la vie et qu'elle s'accomplit dans toutes les parties du corps des animaux. En 1848 il fut nommé professeur de chimie à la Faculté des sciences de Bordeaux. Indépendamment d'un grand nombre de travaux scientifiques sur des sujets très-variés qui ont été résumés dans une notice publiée en 1869, on a de lui plusieurs ouvrages : — *Introduction à l'étude de la chimie*, dans laquelle est développée la théorie unitaire (1834); — *Traité élémentaire de minéralogie et de géologie*, contenant un aperçu de la géogénie (1835); — *Traité de chimie générale et expérimentale* 1844-1846); *De l'existence de courants interstitiels dans le sol arable* (1852); — *Dynamique des êtres vivants* (1857); — *La vigne, l'oïdium et le vin* 1861); — *De la préparation et de l'amélioration des fumiers* (1866);—*Théorie de la formation du globe terrestre* (1867); — *Théorie de la musique* (1870); — *Enseignement, instruction et éducation* (1871). On a aussi de lui des travaux de linguistique : *Histoire des Basques ou Escualdunais primitifs*, restaurée d'après la langue, les caractères ethnologiques et les mœurs des Basques actuels 1854); — *Vocabulaire de la langue des bohémiens habitant les pays basques français* (1862). Ses mémoires scientifiques ont été publiés principalement dans les *Comptes rendus* de l'Académie des sciences, les *Annales de chimie et de physique*, le *Moniteur scientifique*, les *Actes de l'Académie de Bordeaux* et ceux de la Société des sciences physiques et naturelles. M. Baudrimont a été nommé chevalier de la Légion d'Honneur le 11 août 1859.

BAUDRY (Frédéric), né à Rouen, le 25 juillet 1818. M. Baudry a épousé une fille de M. Sénard, l'illustre avocat, ancien président de l'Assemblée constituante en 1848. Elève de l'École normale en 1837, il la quitta bientôt pour faire son droit à la Faculté de Paris et suivre les cours de l'orientaliste Burnouf. Avocat en 1841, et secrétaire de Duvergier, il prit place au barreau de Rouen en 1844, et fut nommé bibliothécaire de l'Institut agronomique de Versailles en 1849, bibliothécaire de l'Arsenal en 1859, et conservateur-adjoint à la même bibliothèque le 1er août 1871. Il est membre de la Société de linguistique de Paris, qu'il a présidée pendant l'année 1869. M. Baudry a publié: *Résumé élémentaire de la théorie des formes grammaticales du sanscrit* (1852);—une traduction des *Contes choisis des frères Grimm* (1853); — *Catéchisme d'agriculture*, en collaboration avec M. Jourdier (1853); — *Les frères Grimm, leur vie et leurs travaux* (1864); — *De la science du langage et de son état actuel* (1864); — *Grammaire comparée des langues classiques* (t. Ier 1868). On lui doit une édition des *Mémoires de Nicolas-Joseph Foucault*, dans la collection des *Documents inédits* de l'imprimerie nationale (in-4°, 1862), et une traduction annotée, en collaboration avec M. Délerot, des *Contes mythologiques* de John Cox, *les Dieux et les Héros* (1867). M. Baudry a fourni des articles et communiqué une partie de ses travaux à plusieurs publications périodiques telles que la *Revue germanique*, la *Revue de Paris*, la *Revue de l'Instruction publique*, etc. Il est chevalier de la Légion d'Honneur depuis 1864.

BAUDRY (Paul-Jacques-Aimé), né à Bourbon-Vendée, le 7 novembre 1828. Il étudia la peinture dans les ateliers de Dr Jling et de Sartoris, entra à l'Ecole des beaux-arts, et remporta, en 1850, le grand prix de Rome. M. Baudry a exposé des œuvres de divers genres accueillies du public avec beaucoup de faveur, telles que : *Saint Jean-Baptiste*; *Léda*: *le Supplice d'une Vestale*, vulgarisé par la lithographie; *la Fortune et le Jeune enfant*; *la Madeleine pénitente*; *la Toilette de Vénus*; *Guillemette*; *Charlotte Corday*; *Amphitrite*; *la Perle et la Vague*; *Diane*, etc. Il a fait aussi de nombreux et superbes portraits parmi lesquels on distingue ceux de MM. Beulé, Guizot, Charles Dupin, du jeune Swieytowski, de Mme Madeleine Brohan, etc. M. Baudry a remporté la médaille de 1re classe en 1857 et en 1861, et a reçu la croix de la Légion d'Honneur le 3 juillet 1861.

BAUNARD (Louis), né à Bellegarde (Loiret), le 25 août 1828. Après de bonnes études littéraires et théologiques, il fut ordonné prêtre dans la cathédrale d'Orléans, le 5 juin 1851. Il débuta dans le ministère par l'enseignement de la classe de seconde, puis de rhétorique au petit séminaire de la Chapelle-Saint-Mesmin, et y professa la littérature dans le cours supérieur institué par Mgr Dupanloup. En 1860, il soutint, devant la Faculté de Paris, des thèses pour le doctorat ès lettres. Le sujet de sa thèse française était : *Théodulfe, évêque d'Orléans*; celui de sa thèse latine : *Education suivant Platon*. Nommé chanoine honoraire, il fut appelé au mois d'août 1860 aux fonctions de vicaire de la cathédrale d'Orléans, où il fut employé à l'œuvre des catéchismes et de la prédication. En 1862 il prit, à Rome, le grade de docteur en théologie, et commença à publier divers ouvrages d'apologétique et d'histoire religieuse : *le Doute et ses Victimes dans le siècle présent*; *l'Apôtre Saint-Jean*; — *l'Histoire de saint Ambroise*, sont ses principaux écrits Il est également l'auteur du *Livre de la première Communion* et de plusieurs opuscules et discours. En 1868, M. l'abbé Baunard a été nommé aumônier de l'Ecole normale primaire d'Orléans.

BAUNY DE RÉCY (Albert-Pierre-Marie), né à Châlons-sur-Marne, le 2 septembre 1804. Après avoir passé par les différents grades de l'administration de l'enregistrement et des domaines, il a été nommé, le 31 mai 1850, directeur de cette administration dans le département du Morbihan, puis dans ceux d'Ille-et-Vilaine et de l'Orne, et enfin, par décret du 17 décembre 1862, directeur des domaines du département de la Seine et chef de l'atelier général du timbre. Sa famille appartient depuis longtemps à cette administration : son grand-père est décédé directeur de l'enregistrement et des domaines à Châlons-sur-Marne, et son père, M. Marie-Louis-Benoît Bauny de Récy, décédé en 1856, avait rempli les mêmes fonctions dans plusieurs départements et en dernier lieu dans celui du Calvados, où il s'était acquis les sympathies les plus honorables, par la distinction de son esprit, l'élévation de son caractère et ses qualités éminentes comme administrateur. M. Bauny de Récy, membre des Sociétés des sciences et lettres de Blois et de Tours, est chevalier de la Légion d'Honneur depuis le 8 août 1862.

BAUTIER (Alexandre), né à Rouen, le 13 mai 1801. Associé, en 1821, à un établissement industriel de Louviers, il éprouva des pertes qui l'obligèrent à changer de carrière. Il prit ses inscriptions de médecine à la Faculté de Paris ; mais une affection maligne, contractée dans les amphithéâtres de dissection le contraignit à se rendre en Italie pour y rétablir sa santé. Il parcourut ensuite la Suisse, la Belgique et le sud de l'Angleterre, et revint, en 1830, à Paris où il fut reçu docteur. M. Bautier s'est particulièrement voué à l'étude de l'histoire naturelle, et a publié : *Tableau analytique de la Flore parisienne* (1827, 12e édit. 1868) ; — *les Flores partielles de la France comparées* (1827). Il a exercé la médecine depuis 1831, d'abord à Rouen, puis à Dieppe, où il s'est fixé définitivement. Conseiller municipal, adjoint au maire, maire provisoire en 1848, il fut élu alors représentant de la Seine-Inférieure à l'Assemblée constituante, où il se plaça dans les rangs des républicains modérés et fit partie du Comité de l'instruction publique.

BAUX (Jean-Martin-Jules), né à Lyon, le 22 mai 1806 Élève du grammairien François David Aynès, il s'est adonné à l'étude des langues anciennes et modernes. Nommé archiviste du département de l'Ain en 1839, il a publié successivement des ouvrages nombreux et étendus sur l'archéologie et l'histoire. On lui doit notamment : *Recherches historiques et archéologiques sur l'église de Brou* (1845), réimprimées sous ce titre : *Histoire de l'église de Brou* (1856, 4e édition 1865) ; — Chronique de Jean Fustailler : *De urbe et antiquitatibus matisconensibus liber*, texte latin avec traduction française faite sur le manuscrit original retrouvé par l'auteur (1846) ; — *Notice descriptive et historique sur l'église collégiale et paroissiale de Notre-Dame de Bourg* (1849) ; — *Histoire de la réunion à la France des provinces de Bresse, Bugey et Gex, sous Charles Emmanuel Ier* (1852) ; — *Procès-verbal de l'ouverture du caveau funèbre contenant les restes mortels du Très-Haut et Très-Excellent prince Philibert II, duc de Savoie, et de Très-Hautes et Très-Augustes princesses Marguerite de Bourbon, sa mère et Marguerite d'Autriche, son épouse*, (1857, in-4º) ; — *Ruines d'Izernore* ; — *Rapport sur une fouille opérée par les soins d'une commission départementale* (1866) ; — *Nobiliaire du département de l'Ain* (2 vol. petit in-4º) ; le premier volume comprenant Bresse et Dombes, le second Bugey et pays de Gex ; — *Mémoires historiques de la ville de Bourg, extraits des registres consulaires de l'Hôtel-de-Ville, de 1536 à 1789*, publiés sous les auspices du Conseil général de l'Ain, du Conseil municipal et de la Société d'émulation (trois volumes parus, 1868-1869-1870). M. Baux va faire paraître deux forts volumes sous le titre de *Correspondance inédite de l'historien Guichenon avec les érudits de son temps*. Correspondant du ministre de l'Instruction publique et membre de plusieurs académies, il a été nommé chevalier de la Légion d'Honneur en janvier 1853 et officier de l'ordre des Saints Maurice et Lazare en 1858.

BAZE (Jean-Didier), né à Agen (Lot-et-Garonne), le 8 janvier 1800. Il fit ses études classiques à Agen, son droit à Paris, et prit place, en 1821, au barreau de sa ville natale, où il s'acquit bientôt une grande réputation, et fut élu deux fois bâtonnier de l'ordre des avocats. Adjoint au maire en 1830, et démissionnaire peu de temps après ; il fut sept fois élu commandant de la garde nationale. Les événements de 1848 lui donnèrent l'occasion d'agrandir le cercle de son action politique. C'est à ses efforts que l'on doit le triomphe, dans son département, des candidats libéraux représentant le parti de l'ordre. Elu représentant, le quatrième sur neuf, il joua un rôle important à l'Assemblée constituante, et fit partie du Comité de la justice. Ses commettants du Lot-et-Garonne lui conservèrent son mandat à la Législative où il fut nommé questeur. Arrêté et conduit à Mazas, dans la nuit du 2 décembre 1851, il fut ensuite détenu dans la citadelle de Ham, en compagnie des généraux arrêtés dans la même nuit, et, un mois après, exilé en même temps qu'eux hors du territoire français. Il a passé en Belgique le temps de son exil, qu'il prolongea volontairement jusqu'à ce que les portes de la France fussent ouvertes à tous les proscrits. Rentré en 1859, il a été, en 1864, élu membre du Conseil général de Lot-et-Garonne, qu'il avait déjà présidé avant le 2 Décembre. M. Baze, représentant de son département à l'Assemblée nationale de 1871, a repris ses anciennes fonctions de questeur à la satisfaction générale.

BAZILLE (Gustave-Jean-Pierre-Barthélemy), né à Figeac (Lot), le 11 septembre 1836. M. Gustave Bazille a fait ses études classiques au collège de Figeac, et son droit à Toulouse, où il s'est fait recevoir licencié en 1861. Inscrit au barreau de sa ville natale, il débuta d'une façon assez heureuse pour que le journal de la localité, l'*Echo du Quercy*, lui consacrât les lignes suivantes : « Nous ne doutons pas que, si M. Gustave Bazille se livre à l'exercice de la profession qu'il vient d'embrasser, il ne prenne rang parmi les avocats qui se distinguent par la lucidité de leur plaidoirie, la vigueur de leur dialectique et leur profonde connaissance du droit. » Longtemps attaché à la préfecture de la Haute-Garonne, il s'est livré à une étude spéciale du droit administratif. On lui doit une *Étude sur la juridiction administrative* (1867), dont M. Chauveau, doyen de la Faculté de droit de Toulouse, a rendu un compte très-favorable, en disant notamment qu'elle est « le dernier état de la science sur la jurisprudence administrative, » et qui a été l'objet d'un rapport avantageux de la part de l'*Académie de législation*, qui a voté, en 1869, des encouragements et des remerciments à l'auteur. M. Gustave Bazille a publié, dans le *Journal du droit administratif*, plusieurs *Dissertations* sur des questions de procédure administrative. En ce moment (1872), il travaille à de nouvelles *Dissertations* sur les mêmes matières. M. Gustave Bazille se propose de passer ainsi successivement en revue les plus délicates questions de la procédure administrative. La collection de ces diverses *Dissertations* formera, en quelque sorte, la deuxième partie de son ouvrage sur la *Juridiction administrative*.

BAZIN (François-Emmanuel-Joseph), né à Marseille le 4 septembre 1819, a commencé ses études musicales dans sa ville natale. Il entra au Conservatoire de Paris, en 1834; il obtint, en 1836, le premier prix d'harmonie et d'accompagnement pratique, et fut nommé, en 1837, professeur adjoint de cette classe. Lauréat du Conservatoire et de l'Académie des beaux-arts, il remporta le grand prix de Rome, en 1840. Pendant son séjour à Rome, il fit exécuter, entre autres compositions, une *Messe solennelle* et la *Pentecôte* (oratorio). Depuis son retour, il a fait représenter à l'Opéra-Comique : le *Trompette de M. le Prince* (1846); — la *Saint-Sylvestre* (1849); — *Madelon* (1850); — *Maitre Patelin* (1856); — les *Désespérés* (1857). M. Bazin est professeur d'harmonie et d'accompagnement au Conservatoire, depuis 1848, et a été professeur au Gymnase musical. Il a composé un grand nombre de chœurs, de mélodies, de morceaux pour le piano, et des œuvres instrumentales pour l'orchestre du Conservatoire. M. Bazin est Chevalier de la Légion d'Honneur depuis 1857.

BÉARN (Louis-Hector DE GALARD, *comte* DE BRASSAC, *comte et prince* DE), né à Paris, le 12 avril 1802. Descendant en ligne masculine directe d'Eudes, roi d'Aquitaine et duc de Gascogne en 688, il était dernièrement le chef de l'ancienne maison souveraine de Béarn, fondée en 819, sous Louis-le-Débonnaire, par Loup Centuple, fils du duc de Gascogne et frère d'Inigo d'Arriscat Ier, roi de Navarre. Son père, Alexandre de Béarn, avait épousé Mlle Pauline de Tourgel, amie d'enfance de Mme la Dauphine, et qui, ayant partagé, au Temple, la captivité de la famille royale, n'échappa que par miracle à la mort. N'ayant voulu rien devoir à la juste faveur dont sa famille était l'objet sous la Restauration, M. Hector de Béarn se destina à l'état militaire. Ancien élève de l'École polytechnique et de l'École d'État-major, où il était entré en suite de brillants examens, M. le comte de Béarn a suivi Mme la Dauphine dans son voyage en Vendée, puis M. le duc de Maillefert, son cousin, en Russie, et a débuté comme attaché militaire à l'État-major de l'armée russe, pour suivre les opérations de la guerre contre les Turcs, en 1828. Il s'est signalé à l'assaut de Varna, où il reçut, des mains de l'empereur Nicolas, la croix militaire de Saint-Wladimir, sur le champ de bataille. A son retour en France, il entra dans la diplomatie et fut successivement chargé d'affaires à Naples, envoyé extraordinaire, ministre plénipotentiaire et enfin ambassadeur auprès des différentes cours de l'Allemagne. M. de Béarn appelé au Sénat le 4 décembre 1854, y a toujours défendu les véritables intérêts de la France. Opposé à l'unité italienne, qui devait amener celle de l'Allemagne, il a constamment soutenu les droits séculaires du Saint-Siège, et défendu l'enseignement religieux, attaqué par l'École matérialiste. De même, il a combattu la liberté de la presse, comme n'étant capable d'engendrer que des excès. Doué, d'ailleurs, d'une grande modération, de beaucoup d'élévation dans les idées et d'une rare distinction de manières, il était le vrai type du grand seigneur et du gentilhomme d'autrefois. Chevalier de la Légion d'Honneur depuis le 14 décembre 1828, il avait été promu Grand-Officier le 28 août 1846. Il était en outre Grand'Croix de l'ordre des Guelfes de Hanovre et de l'ordre de Frédéric de Wurtemberg. M. le comte Hector de Béarn est décédé, à Bruxelles, le 18 avril 1871.

BEAU (Alexis-Emilien) né à Paris le 15 juin 1789. Après avoir fait de brillantes études au collége Charlemagne, il embrassa la carrière commerciale. Appelé en 1834, par les électeurs du 4e arrondissement, à les représenter au Conseil général de la Seine, il a siégé, comme membre de cette assemblée, de 1834 à 1848. Nommé membre de la Commission des logements insalubres dès sa formation (1852), il a rédigé de nombreux et savants rapports dans lesquels sont examinées les questions les plus importantes sur les améliorations à apporter aux habitations des classes ouvrières. M. Beau a été nommé chevalier de la Légion d'honneur le 9 août 1837. Membre du Bureau de bienfaisance et de diverses associations protectrices des Écoles, il s'est consacré aux œuvres de charité et à la propagation de l'instruction primaire. M. Beau est un de ces hommes de cœur et de dévouement qui, dans l'exercice de fonctions gratuites et laborieuses, savent, avec autant de désintéressement que d'infatigable activité, mettre leur haut mérite et leur longue expérience au service de la patrie et de l'humanité.

BEAU (François-Pierre-Marie), né à Morlaix (Finistère), le 19 octobre 1815. Ancien élève de l'Ecole polytechnique, il devint successivement directeur des mines de Rochebelles (Gard), de 1838 à 1849 ; directeur de l'exploitation des mines de La Grand'Combe de 1849 à 1863, et directeur général de cette compagnie à la fin de 1863. Maire de La Grand'-Combe depuis 1850 jusqu'à la fin de 1863, membre du Conseil d'arrondissement de 1850 à 1858, M. Beau a été élu membre du Conseil général du Gard en 1858, 1861 et 1870. Chevalier de la Légion d'Honneur le 29 septembre 1852, il a été promu officier le 11 août 1869.

BEAUCHAMPS (Louis-Évariste-Robert DE), né à Lhommaizé, le 1er avril 1820. Nommé maire de Lhommaizé, il entra au Conseil général pour y représenter le canton de Lussac, en 1846, et fut successivement vice-secrétaire, secrétaire et vice-président de cette assemblée. M. de Beauchamp a été envoyé au Corps législatif, par les électeurs de la première circonscription de la Vienne, en 1854, 1857, 1863 et 1869. Officier de la Légion d'honneur depuis le 14 août 1862, il a été promu commandeur de l'Ordre le 14 août 1869.

BEAUCHESNE (Alcide-Hyacinthe Du Bois DE), né à Lorient, le 31 mars 1804. Issu d'une ancienne famille de Bretagne, il fit ses études classiques à Noyon et à Douai, devint chef de cabinet aux beaux-arts en 1825 et fut nommé, en 1827, gentilhomme ordinaire de la chambre de Charles X. Lancé dans le grand mouvement intellectuel de cette époque, il se lia avec les célébrités littéraires et artistiques du temps, se prit lui-même d'enthousiasme pour la littérature romantique, et fit paraître *Souvenirs poétiques* (1830, 3e édit. 1834). Au bois de Boulogne, près de Madrid, il fit construire un château gothique dont l'érection fut un véritable événement. En 1853, il fut nommé chef de section aux Archives. M. de Beauchesne a publié, outre l'ouvrage cité plus haut : *Louis XVII, sa vie, son agonie, sa mort*, ouvrage couronné par l'Académie française (2 vol., 1852, 4e édit. 1866); — *le Livre des jeunes Mères*, également couronné par l'Académie française (1858, 2e édit. 1860); — *la Vie et la Légende de saint Notburg, établissement de la foi chrétienne dans la vallée de Necker* (1867). Il a collaboré aux *Souvenirs du vieux Paris* et au *Livre des Saints*. Chevalier de la Légion d'Honneur depuis 1828, il a été élevé au grade d'officier en 1865.

BEAUJOUR (David-Jules), né à Caen, le 16 janvier 1815. Pendant un quart de siècle, M. Beaujour a été à la tête d'une des plus importantes maisons de Caen pour le commerce en gros des dentelles. Membre du tribunal de commerce dès 1847, il a été cinq fois président de ce tribunal; il exerce encore cette magistrature. Il est membre du Conseil général du Calvados, du Conseil municipal et de la Chambre de commerce, administrateur de la Banque de France et de la Caisse d'épargne. M. Beaujour a été nommé chevalier de la Légion d'Honneur le 16 août 1863.

BEAUMETZ (George, DUJARDIN-), né à Barcelone (Espagne), de parents français, le 27 novembre 1833. Il fit ses études médicales à la Faculté de Paris. Reçu interne des hôpitaux en 1858, il obtint le grade de docteur en 1862, et fut nommé, au concours, chef de clinique de la Faculté de Paris en 1865, et médecin des hôpitaux en 1870. Lauréat des hôpitaux (prix de l'internat) en 1861, il le fut deux fois de la Faculté de Paris, en remportant le prix de l'Ecole pratique en 1861 et le prix des thèses en 1862. Désigné comme médecin de l'Exposition universelle, en 1867, il est actuellement médecin du ministère des Travaux publics, de l'Ecole des ponts et chaussées et de l'Ecole normale supérieure des jeunes filles de la ville de Paris. M. Dujardin-Beaumetz s'est brillamment conduit pendant le siège de Paris, comme chirurgien-major du 84e bataillon de marche, et a été cité à l'ordre du jour de l'armée pour soins donnés aux blessés au combat de Montretout. Il a fait paraître des travaux sur l'*Ataxie locomotrice*, *les Troubles de l'appareil oculaire dans les maladies de la moelle*, *l'Emploi du phosphore en médecine*, *le Choléra*, etc. M. Dujardin-Beaumetz a reçu la croix de la Légion d'Honneur en 1871.

BEAUMONT (Charles-Édouard, DE), né à Paris, le 10 août 1822. Élève d'Antoine Boisselier, M. Edouard de Beaumont fit d'abord, et jusqu'en 1848, de la sculpture de genre; puis il s'adonna presque exclusivement à l'exécution de dessins, la plupart rehaussés par l'aquarelle. Depuis 1865, il a, comme peintre, exposé au salon : *Circé* (1866); — *Andromède* (1867); — *La part du capitaine*, au palais du Luxembourg (1868); —*Pourquoi pas?* (1869); — *Quærens quem devoret*, et *Les femmes sont chères* (1870). Son exposition, en 1870, lui a valu une médaille d'honneur.

BEAUMONT-VASSY (Édouard-Ferdinand DE LA BONNINIÈRE, vicomte DE), né au château de La Mothe-Souzay (Indre-et-Loire), le 10 septembre 1816. M. le vicomte de Beaumont-Vassy s'est consacré presque exclusivement aux études historiques. En 1849, il fut, comme conseiller général d'Indre-et-Loire, juré à la haute Cour de Bourges. Il a été préfet de l'Aisne de 1851 à 1853. Nommé maître des requêtes de première classe au conseil d'État, en 1852, il donna sa démission en 1855. On lui doit, outre plusieurs romans et diverses brochures politiques, des ouvrages historiques estimés, notamment : *Les Suédois depuis Charles XII jusqu'à Oscar Ier*; — *Swedenborg, ou Stockholm en 1756*; — *Histoire des Etats européens depuis le congrès de Vienne*; — *Histoire de mon temps*. M. le vicomte de Beaumont-Vassy a été promu officier dans la Légion d'Honneur le 28 décembre 1859.

BEAUVAIS (Achille-Gustave DE), né à Paris, le 27 septembre 1821; fils d'un médecin et pharmacien distingué. Après avoir fait ses premières études à Senlis, M. de Beauvais revint à Paris en 1835 pour terminer ses humanités au collège Bonaparte. Reçu bachelier ès lettres et bachelier ès sciences en 1838, il commença dès lors, sous la direction de son père, l'étude de la médecine, pour laquelle il s'était toujours senti une vocation décidée. En 1839, il suivit les cours de l'Hôtel-Dieu; puis il étudia spécialement à l'hôpital Saint-Louis les maladies scrofuleuses; enfin, admis comme interne à l'Hôtel-Dieu, il remporta en 1846 la médaille d'argent du concours de l'internat. Il était, en

1848, interne à la prison Saint-Lazare, où il étudiait spécialement le traitement des maladies des femmes, lorsqu'une ambulance de blessés y fut établie pendant les événements de Juin. Quand il pratiqua sa première amputation, un jet de sang impur lui couvrit le visage et détermina quelques jours après une maladie qui mit ses jours dans le plus grand danger. Son dévouement fut récompensé alors par une médaille d'honneur. L'année suivante, à peine rétabli, l'œil gauche couvert d'un bandeau, il prodigue ses soins aux cholériques et mérite par son abnégation la croix de la Légion d'Honneur. M. le docteur de Beauvais, nommé médecin-adjoint de la prison Mazas en 1852, fut élu à l'unanimité, en 1853, par le Conseil de la Faculté de médecine, chef de clinique médicale à l'Hôtel-Dieu, et eut l'honneur de suppléer pendant huit mois le célèbre Rostan, dans la direction du service de clinique. M. le docteur de Beauvais s'est entièrement voué depuis à la pratique civile. On lui doit divers mémoires : *Sur l'influence des lotions aqueuses sur les plaies;* — *Sur le traitement chirurgical des tumeurs hémorroïdales par le cautère actuel;* — *Sur la valeur de la céphalalgie comme signe diagnostique dans les affections cérébrales insidieuses de la femme;* — *Sur les propriétés obstétriques de l'uva ursi;* — *Sur le défaut d'élimination par les urines des substances odorantes;* — *Sur le chlorate de potasse comme spécifique de la bouche;* — *Étude sur le traitement topique du cancer de l'utérus.* M. le docteur de Beauvais a été élevé au grade d'officier dans l'ordre de la Légion d'Honneur, pour services rendus, pendant l'insurrection de 1871, comme médecin-adjoint de Mazas, notamment appliqué à adoucir, par tous les moyens en son pouvoir, la position des malheureux otages renfermés dans cette prison.

BEAUVAU (Marc-René-Antoine-Victurnien, *prince* DE), né à Paris, le 29 mars 1816. Il est fils du prince de Craon et de Beauvau, mort sénateur en 1864. Dans le grand monde où sa naissance l'avait placé, M. le prince Marc de Beauvau s'est fait une brillante réputation de gentilhommerie. Il a consacré ses loisirs à l'étude de tout ce qui concerne l'espèce chevaline et sa grande fortune à l'amélioration des chevaux de luxe en France. Membre actif du Jockey-Club et favorisé par ses dispositions naturelles, il est devenu l'un de nos meilleurs cavaliers, l'un de nos plus habiles chasseurs, et a remporté de nombreuses victoires dans les luttes hippiques du Champ-de-Mars, de la Marche, de Chantilly, de la Croix de Berny, etc. Sa haute position ne lui permettait pas de rester à l'écart de la vie politique de son pays. Aussi s'est-il présenté avec succès aux élections législatives, en 1852. Réélu dans le département de la Sarthe en 1857, 1863 et 1869, il a fait plusieurs fois de l'opposition dynastique; et, se rapprochant du centre gauche, il a signé, sur la fin de l'Empire, l'interpellation dite des 116. M. le prince Marc de Beauvau est officier de la Légion d'Honneur depuis 1866.

BEAUVERGER (Edmond, *baron* DE), né à Paris, en 1825. Après avoir fait ses études classiques au collège Louis-le-Grand, et son droit à la Faculté de Paris, il se consacra à des travaux littéraires, économiques et politiques. Nommé maire de Chevry-Corsigny (Seine-et-Marne), il fut élu membre du Conseil général pour le canton de Tournan. Le remarquable ouvrage qu'il fit paraître sous ce titre: *Études politiques sur les constitutions de la France et sur le système politique de Napoléon* (1852), éveilla l'attention du président de la République et lui assura les sympathies du régime qui se préparait. Député au Corps législatif en 1852, il a conservé son mandat aux élections de 1857 et de 1863. Outre la publication citée plus haut, le baron de Beauverger a fait paraître : *Institutions civiles de la France, considérées dans leurs principes, leur histoire et leurs analogies* (1854); — *Tableau historique des progrès de la philosophie politique,* suivi d'études sur Sieyès (1858). Il est commandeur de la Légion d'Honneur depuis le 14 août 1868.

BÉCEL (Mgr. Jean-Marie), né à Beignon (Morbihan), le 1er août 1825. Après avoir terminé ses études classiques au petit-séminaire de Sainte-Anne, il entra au grand séminaire de Vannes, d'où il sortit sous-diacre, en 1846. N'ayant pas l'âge requis pour être promu au sacerdoce, il accepta, dans une honorable famille de Touraine, une charge de précepteur et ne fut ordonné prêtre que le 5 avril 1851. De 1847 à 1859, en faisant l'éducation de plusieurs jeunes gens, il publia quelques ouvrages qu'il avait composés pour eux: *Souvenirs de première communion et de confirmation;* — *Souvenirs de catéchisme;* — *l'Âge de raison,* etc. Le cardinal Morlot, qui l'avait connu à Tours, lui proposa de l'attacher au diocèse de Paris, en 1859, et le nomma vicaire de la Trinité. M. l'abbé Bécel déploya dans cette importante paroisse, où il laissa les meilleurs souvenirs, un zèle et une charité qui lui concilièrent l'estime et la confiance des riches et des pauvres. En 1864, Mgr. Gazailhan le rappela dans son diocèse d'origine, le nomma chanoine curé-archiprêtre de la cathédrale de Vannes. M. l'abbé Bécel était déjà chanoine honoraire de Bordeaux, d'Avignon et de Vannes. Quelques mois plus tard, il obtenait le titre de vicaire général. Le 30 décembre 1865, un décret impérial nommait M. l'abbé Bécel évêque de Vannes en remplacement de Mgr Gazailhan, démissionnaire. Préconisé le 22 juin suivant, Mgr. Bécel fut sacré à Paris, dans l'église de Notre-Dame-des-Victoires, le 25 juillet 1866, et prit possession de son siège trois jours après. Nommé membre de l'Académie de la religion catholique, de Rome, en 1867, et chevalier de la Légion d'Honneur, le 13 août de la même année, il prêcha le carême dans la chapelle des Tuileries, devant l'Empereur, l'Impératrice, et le Prince-Impérial, en 1868. Mgr. Bécel a assisté au concile du Vatican, où il a fait preuve de prudence et d'humilité.

DÉCHAMP (Pierre-Jacques-Antoine), né à Bassing, près Dieuze (Meurthe), le 16 octobre 1816. Il fut emmené, dès son jeune âge, en Valachie, par son oncle maternel qu'il y perdit, et revint en France, neuf ans après, à l'âge de 17 ans. Successivement élève en pharmacie et préparateur de chimie à la Faculté des sciences de Strasbourg, il s'établit pharmacien dans cette dernière ville en 1843. Après quelques années de pratique et d'études, il se consacra spécialement à la carrière des sciences. Bachelier ès lettres et ès sciences mathématiques, il concourut bientôt après pour l'agrégation à l'École supérieure de pharmacie de Strasbourg (section de chimie, physique et toxicologique), où il fut aussitôt chargé d'un cours (1851-1852). Devenu licencié et docteur ès sciences (1852-1853), il fut nommé professeur de toxicologie et de physique dans cette même École, et chargé de cours à la Faculté des sciences. Enfin, ayant conquis le diplôme de docteur en médecine en 1856, il fut, peu de temps après, nommé à la chaire de chimie médicale et de pharmacie de la Faculté de médecine de Montpellier. M. Béchamp est membre correspondant de l'Académie de médecine de France et de la Société de pharmacie de Paris, etc., et l'un des rédacteurs du *Montpellier médical*, journal où il a fait paraître une série de lettres sur la chimie. Ses publications sont relatives à toutes les branches de la chimie : chimie minérale, physiologique, organique, industrielle et agricole, médicale et toxicologique, etc. On lui doit plusieurs ouvrages : *Leçons sur la fermentation vineuse; — Circulation du carbone dans la nature, essai d'une théorie de la fonction de la cellule organisée; — Éloge de Chaptal*, etc. M. Béchamp a été nommé chevalier de la Légion d'Honneur le 14 août 1870.

BÉCHARD (Frédéric), à Nîmes, né le 28 novembre 1824. Il appartient à une vieille famille de robe ; et son père, ancien député et représentant du peuple, mort en 1870, a laissé de grands souvenirs comme avocat, publiciste et homme politique. Élève du collège Henri IV, il remporta, en 1843, *ex æquo* avec M. de Laboulaye, le prix proposé par l'Académie du Gard sur ce sujet : *De la famille*, et fit son droit à Paris où il prit la robe d'avocat en 1846. Bientôt après, il entra dans le monde des lettres avec une comédie en 3 actes : *les Tribulations d'un grand homme* (Odéon, 1847). Nommé sous-préfet à Lectoure en 1849, puis à Montargis, il abandonna l'administration en 1850. M. Frédéric Béchard a été le collaborateur de plusieurs journaux : *l'Artiste, la Mode nouvelle, la Patrie, la Revue de Paris, le Correspondant, la Gazette de France* dont il rédige, depuis 1862, le feuilleton du lundi. Au théâtre, il a donné : *les Déclassés* (4 actes au Vaudeville, 1856); — *le Passé d'une femme* (4 actes à l'Odéon, 1859). On lui doit encore les publications suivantes : *les Existences déclassées* (1859); — *l'Échappé de Paris* (1861); — *Jambe d'argent* (1865) ; — *les Corbeaux du Gévaudan* (1867) et *les Traqueurs de dot* (1869), en collaboration avec M. de Pontmartin ; — *Souvenirs d'un page du czar Nicolas*, avec le prince J. Labomirski (1869); — *les États du Languedoc* (1871), etc.

BÉCLARD (Jules), né à Paris le 17 décembre 1818; fils de l'illustre anatomiste, mort prématurément en 1825. Après avoir été interne à la maison de Charenton, il fut reçu docteur en médecine en 1842 et nommé agrégé de la Faculté (section d'anatomie) à la suite du concours de 1844. A partir de 1852, M. Béclard se consacra tout entier à des travaux scientifiques. Il collabora à la *Gazette hebdomadaire de médecine et de chirurgie* et publia, en 1853, une nouvelle édition des *Éléments d'anatomie générale* de son père, enrichies de nombreuses additions et de notes. En 1862, il fit paraître son *Traité de physiologie humaine*, qui a eu cinq éditions et a été traduit en plusieurs langues. Élu à cette époque membre de l'Académie de médecine, il en est le secrétaire annuel depuis 1862. On a encore de lui : *Hygiène de la première enfance* (1852) ; — *le Système cartilagineux* (1864). M. le docteur Béclard a été nommé chevalier de la Légion d'Honneur en 1858, et officier du même ordre le 14 août 1867.

BÉDARRIDE (Jassuda), né à Aix, le 2 avril 1804. Il fit ses études classiques et son droit à Aix, prit place au barreau de cette ville en 1825 ; et, s'étant bientôt acquis une avantageuse réputation, il fut appelé au Conseil de l'ordre. Élu bâtonnier, en 1847, il fut, en 1848, nommé maire d'Aix, et membre du Conseil général des Bouches-du-Rhône, fonctions dont il se démit pour se consacrer à son œuvre sur le *Droit commercial*. Il a publié depuis : *Commentaires des titres I et II du Code de commerce; — Titre III, des Sociétés* (2 vol.); — *Titre IV, des Agents de change; — Titre V, des Commissionnaires; — Titre VI, des achats et des ventes; — Titre VII, des Lettres de change* (2 vol.); — *Livre II, du Droit maritime* (5 vol.); — *Livre III, des faillites*; (4e édition, 3 vol.); — *Livre IV, de la Juridiction commerciale; — Brevets d'invention, marques de fabrique* (3 vol.); — *Des Sociétés en commandite, anonymes et coopératives; — Traité du dol et de la fraude* (2e édit., 4 vol.).

BÉGIN (Emile-Auguste), né à Metz, le 23 avril 1805. Fils d'un magistrat distingué, il fit d'excellentes études sur une large échelle, choisit pour profession la médecine, devint médecin militaire, demeura neuf années sous les drapeaux et quitta l'armée pour être publiciste. Il écrivit alors dans le *National* que dirigeait son ami Armand Carrel ; puis il fonda l'*Indicateur de l'Est*, journal d'abord littéraire, mais devenu politique et radical sous les événements de 1830. En 1832, il abandonna le journalisme pour ne s'occuper que de science, d'histoire et de littérature. Plus tard, il fut attaché à la Commission chargée de publier la *Correspondance de Napoléon Ier*. Il remplit en outre des fonctions importantes et délicates au ministère de l'Intérieur (division de la presse) et fut nommé bibliothécaire au Louvre en 1870. M. Emile Bégin a fait paraître beaucoup de livres et de brochures : *De l'influence des travaux intellectuels sur le système physique et moral de l'homme* (1828); — *Histoire des sciences, des lettres, des arts et de la civilisation dans le pays messin* (1829); — *Histoire des duchés de Lorraine et de Bar* (2 vol., 1831); — *Histoire de la cathédrale de Metz* (2 vol., 1837); — *Le Buchan français* (2 vol. 1836); — *Lettres sur l'histoire médicale du nord-est de la France*; *Mélanges d'archéologie et d'histoire* (1840); — *Histoire des rues de Metz* (2 vol., 1845); — *Voyages pittoresques en Espagne et en Portugal*; — *En Suisse, en Savoie et sur les Alpes* (2 vol. 1850-1852); — *Histoire de Napoléon, de sa famille et de son époque, au point de vue de l'influence des idées*

Biogr. nat.

napoléoniennes sur le monde (5 vol., 1849-1853). M. Bégin a publié en outre des *Discours*, des *Eloges*, des *Dissertations académiques* et une traduction de *La Moselle* d'Ausone (1840). Il est membre d'un grand nombre d'Académies et Sociétés littéraires ou savantes, de diverses Commissions scientifiques et se trouve aujourd'hui chargé de reconstituer la bibliothèque du Louvre. Décoré de plusieurs ordres étrangers, M. Bégin a rempli, pendant le siége de Paris, les fonctions de médecin divisionnaire. Il a été mis à l'ordre du jour de l'armée et nommé, le 22 février 1871, chevalier de la Légion d'Honneur.

BÉHAGUE (Amédée, DE), né à Strasbourg, le 14 octobre 1804. M. de Béhague est un de nos agronomes les plus distingués. Il s'est livré, dans son domaine de Dampierre, près Ouzouer-sur-Loire, à des expériences et à des travaux dont il a publié les résultats dans une *Note sur quelques travaux agricoles exécutés sur la terre de Dampierre (Loiret)*, qui compte 1100 hectares, de 1826 à 1841. M. de Béhague a fait partie du Conseil général du Loiret. Il est depuis longtemps associé de la Société d'agriculture, membre du Conseil général d'agriculture, vice-président de la Commission consultative d'agriculture de Gien; et il a obtenu la prime d'honneur au Concours régional de 1861. Entre autres publications, on doit à M. de Béhague : *Bêtes ovines; troupeau mérinos, dishley-mérinos et dishley-solognot;* — *Notes sur l'engraissement précoce des bêtes à cornes;* — et, en collaboration avec M. Baudement, *Expériences sur l'emploi du sel dans l'alimentation du bétail*. Il est officier de la Légion d'Honneur depuis le 12 janvier 1847.

BÉHIC (Louis-Henri-Armand), né à Paris, le 15 janvier 1809. Après avoir terminé ses études et obtenu le grade de licencié en droit, M. Béhic entra dans l'administration des finances en 1826. Il assista en 1830, comme payeur de l'armée, aux opérations militaires qui accompagnèrent la prise d'Alger. Inspecteur-général des finances en 1845, il fut chargé de plusieurs missions, notamment en Corse et aux Antilles; et le talent avec lequel il s'en acquitta lui valut d'être attaché au ministère de la Marine en qualité de directeur du contrôle et de la comptabilité générale. L'année suivante, M. Béhic était élu, par le département du Nord, membre de la Chambre des députés. Il se démit de ses fonctions après la révolution de Février, et prit la direction des forges de Vierzon. En 1849, il fut élu conseiller d'Etat, au premier tour de scrutin, par l'Assemblée législative, et fit partie de la section de législation. Admis à la retraite lors de la dissolution du Conseil d'Etat, en décembre 1851, M. Béhic consacra de nouveau sa haute intelligence aux affaires industrielles. Comme inspecteur-général du service maritime de la Compagnie des Messageries impériales, il s'occupa spécialement de l'organisation des lignes postales, et devint successivement administrateur et président du Conseil d'administration de cette puissante compagnie. Les succès de M. Béhic dans cette gestion ayant attiré sur lui l'attention du gouvernement, un décret du 23 juin 1863 lui confia le portefeuille de ministre de l'Agriculture, du Commerce et des Travaux Publics. Sorti du ministère le 19 janvier 1867, il fut appelé à la double dignité de sénateur et de Grand'Croix de la Légion d'Honneur. M. Béhic est président du Conseil général des Bouches-du-Rhône, commandeur (décoration en diamants) de l'ordre de Sainte-Anne de Russie, Grand'Croix de la Rose du Brésil, d'Isabelle-la-Catholique d'Espagne, de la Conception du Portugal, de l'Etoile polaire de Suède, et décoré du Medjidié de Turquie (2e classe).

BÉHIER (Louis-Jules), né à Paris, en 1813. Interne des hôpitaux de Paris, lauréat de l'assistance publique, M. Béhier prit le grade de docteur en 1838, et se fit recevoir au concours d'agrégation, en 1844, avec cette thèse : *de l'Influence épidémique sur les maladies*. Reçu médecin des hôpitaux quelques mois après, il fit plusieurs cours à l'Ecole pratique ainsi que des conférences cliniques à l'hôpital ; ces enseignements ont été réunis dans les deux publications suivantes : *Traité élémentaire de pathologie interne*, avec la collaboration du docteur Hardy, ouvrage devenu classique 1854-1858, 2e édit. 1858-1864); — *Conférences cliniques de la Pitié*, dédiées au professeur Andral (1864). On doit aussi au docteur Béhier des *Etudes sur la maladie dite fièvre puerpérale*, lettres adressées au docteur Trousseau (1858). Enfin il a publié une foule de mémoires et d'articles originaux dans les divers recueils de médecine, tels que l'*Union médicale*, le *Bulletin de la Société anatomique*, les *Archives générales de médecine*, etc. L'éminent professeur de clinique médicale à l'Hôtel-Dieu est très en vogue parmi les élèves qui suivent ses leçons en grand nombre. Ancien médecin du roi, membre de l'Académie de médecine, il a été promu officier de la Légion d'Honneur le 14 août 1867

BÉLAVAL (Mgr Jean-Antoine-Auguste), né à Toulouse, le 9 avril 1802. Mgr Bélaval a été successivement professeur de belles-lettres au petit séminaire de Toulouse, puis professeur de philosophie au grand séminaire. Après avoir exercé ces fonctions pendant douze ans, il fut nommé chanoine honoraire de la métropole par le cardinal d'Astros, et pourvu ensuite d'un canonicat titulaire. Mgr Mioland, successeur du cardinal d'Astros au siége de Toulouse, confia à l'abbé Bélaval les fonctions de vicaire-général, que celui-ci remplissait encore au moment où, par un décret du mois d'août 1858, l'empereur l'éleva à l'évêché de Pamiers. Mgr Bélaval, préconisé par le pape Pie IX, le 27 septembre 1858, a été sacré, le 30 novembre suivant, par l'archevêque de Toulouse, assisté des évêques de Montauban et de Carcassonne, ses suffragants. Le vénérable évêque de Pamiers porte le titre de prélat assistant au trône pontifical. Il a été promu officier de la Légion d'Honneur le 14 août 1869.

BELCASTEL (Gabriel DE), né à Toulouse, le 26 octobre 1821. Il fit ses études classiques à l'institution de Vaugirard et son droit à Paris, où il prit sa licence en 1841. Couronné à l'Académie des Jeux Floraux de Toulouse, en 1850, pour un *Discours sur le Progrès*, il fut élu membre de cette Académie en 1853, et, peu de temps après, membre de la Société d'agriculture de la Haute-Garonne, ensuite d'un travail sur les *Céréales* inséré dans les journaux de la localité. M. de Belcastel a passé, pour des raisons de famille, un certain nombre d'années dans le midi de l'Europe et les îles africaines espagnoles. Nommé représentant de la Haute-Garonne, le 8 février 1871, il a débuté, à Bordeaux, par un discours contre le retour de l'Assemblée nationale à Paris, et par une proposition de concessions de terres en Algérie, en faveur des Alsaciens et des Lorrains, proposition adoptée au mois de juin suivant. Il a fait partie de plusieurs Commissions, entre autres de celle chargée de la révision des décrets du Gouvernement de la défense nationale ayant un caractère définitif. Partisan sincère d'une large et vraie liberté compatible avec les principes de l'ordre monarchique et chrétien, ennemi déclaré du despotisme et de l'anarchie, il a pris quelquefois la parole pour défendre les intérêts religieux et conservateurs, et vote ordinairement avec la majorité. Du reste, il a pris soin d'affirmer ses convictions dans une lettre qu'il adressait à *l'Univers*, et où il disait : « Je suis le seul, si je ne me trompe, qui ait voté contre le décret de l'Assemblée nationale du 17 février, déclarant M. Thiers chef du pouvoir exécutif de la République française ; je ne voulais pas, même pour un jour, de l'étiquette républicaine, et je voulais, dans le ministère, au point de vue catholique, de plus complètes garanties. » Fidèle à cette manière de voir, il n'a pas voté, le 11 mai, l'ordre du jour par lequel l'Assemblée manifestait sa pleine confiance dans la ligne de conduite de M. Thiers. De même, le 22 juillet, il essaya de protester contre le renvoi de la pétition des évêques au ministre ; mais la parole lui fut retirée par un vote de la majorité. Enfin, il est l'auteur et le promoteur de l'adresse au Saint-Père, signée le 16 septembre par 46 de ses collègues, et dans laquelle sont nettement affirmés les principes du *Syllabus* sur les rapports de l'Eglise et de la société civile. On doit à M. de Belcastel, outre les travaux cités plus haut : divers *Opuscules*; une traduction du *Combat spirituel*; la *Citadelle de la liberté*, ou *Question romaine* au point de vue de la liberté; une *Etude sur les Canaries, leur culture et leur climat*; une brochure sur *l'Irrigation*; et un ouvrage, *Ce que garde le Vatican*, qui est tout entier imbu de ses convictions, et lui a valu une lettre très-approbative du Saint-Père.

BELLIN (Antoine-Gaspard), né à Lyon, le 4 juin 1815. Il a pris le grade de docteur à la Faculté de droit de Dijon, et est entré dans la magistrature. Juge suppléant au tribunal civil de Lyon, depuis 1843, il est également devenu bibliothécaire de ce tribunal. M. Gaspard Bellin a consacré ses loisirs à des travaux littéraires sur des sujets variés, et fait partie de beaucoup d'Académies et de Sociétés savantes. Il a été membre secrétaire de la Société littéraire de Lyon. On lui doit: *De la nécessité d'organiser en France l'enseignement du droit public* (1841); — *Exposition critique des principes de l'École sociétaire* (1842); — *Principes de Platon et d'Aristote en matière de rhétorique* (1841); — *Question du langage* (1842); — *Tableaux judiciaires et administratifs* (1852); — *Notice sur l'édification du Grand-Théâtre et du Palais de Justice de Lyon* (1855); — *Les souhaits d'un bonhomme à ses concitoyens*, par Dvitiya Durmanas, Vasiya de Bénarès, ou *la Silhouette du jour, abus, vices, travers* (2 vol., 1857-1860); — *Exposition universelle*, poëme didactique en quinze chants (1867). Cet ouvrage a fourni matière à des conférences littéraires, à Lyon. Enfin M. Gaspard Bellin a écrit un assez grand nombre de comptes rendus et de notices pour des Sociétés littéraires et savantes et fait insérer des articles dans les journaux sur l'histoire locale et judiciaire.

BELLOY (Auguste, *marquis* DE), né à Toulon, le 10 février 1812, d'une noble et ancienne famille. Il débuta dans la littérature, en 1843, par une traduction poétique du *Livre de Ruth* et fit ensuite représenter à l'Odéon *Karel Dujardin* (1844) et *Pythias et Damon* (1847). Cette dernière pièce a été reprise, en 1854, au Théâtre-Français, où il avait donné, en 1853, le drame de *la Mal'aria*, qui fut suspendu par ordre et obtint un grand succès de lecture. Le *Tasse à Sorrente* (1857) a été non moins favorablement accueilli. On cite parmi les œuvres de M. de Belloy : *le Chevalier d'Aï, ses aventures et ses poésies* (1854); — un recueil de *Légendes fleuries* (1855); — *Physionomies contemporaines*; — *Portraits et souvenirs*; — *les Toqués*; — *Christophe Colomb*; — *Théâtre complet de Térence*, traduit en vers (1863), ouvrage couronné par l'Académie française; — *Comédies de Plaute*, traduites en vers (1870), etc. M. de Belloy a été critique dramatique et critique d'art à *l'Assemblée nationale* (1853-1857), au *Journal de Paris* (1857), à *l'Illustration* (1859-1863), à *l'Époque* (1865), etc. Il est membre de la Société des gens de lettres et des auteurs dramatiques.

BELMONTET (Louis), né à Montauban, le 26 mars 1798; fils d'un ancien militaire de la République, qui, blessé pendant la campagne d'Italie, se retira à Toulouse. M. Belmontet commença ses études dans le lycée de cette ville; mais il en fut expulsé en 1815, pour avoir exprimé l'indignation qu'il éprouvait en voyant la France envahie par l'étranger. C'est vers cette époque qu'il eut son premier duel politique. Il étudia le droit et entra dans une étude d'avoué. Les attaques qu'il publia contre la restauration royaliste en 1818, notamment sa *Mission* et son *Apologie*, le firent renvoyer de Toulouse par le préfet. De 1818 à 1827, il ne cessa pas un seul instant de harceler la Restauration. En 1829, il donna, avec Soumet, une tragédie intitulée : *Une fête de Néron*, qui eut cent cinq représentations. M. de Monthel lui offrit à cette occasion une pension qu'il refusa. Lors des événements de 1830, il était auprès de la reine Hortense, et l'engagea vivement, mais sans succès, à publier un manifeste. Il combattit l'avénement de la branche d'Orléans dans la *Tribune*, et fut arrêté, sous le ministère Casimir Périer, pour avoir soutenu les droits de Napoléon II. C'est alors qu'il publia sa *Réponse à Chateaubriand*, qui eut un réel succès. Bientôt après, il se battit encore avec le général Jacqueminot, à l'occasion d'un article sur la garde nationale, publié dans la *Tribune*, pour l'idée napoléonienne. En 1842, il a été nommé membre de la Commission de surveillance des tontines, et il a exercé ces fonctions jusque dans ces derniers temps. M. Belmontet a été l'un des promoteurs de la Caisse des retraites pour la vieillesse. Il adressa aux députés une protestation contre la loi de bannissement qui frappait de nouveau les Bonaparte (1831). Sur sa réputation, le roi Joseph le fit venir à Londres, et il demeura deux mois auprès du prince Louis-Napoléon. Leurs relations n'ont pas cessé depuis, et c'est lui qui écrivit la *Biographie* du prince, qui lors de l'affaire de Strasbourg fut distribuée dans les casernes. Il fut même inquiété à ce sujet par la police. M. Belmontet a voué toute sa vie à la cause napoléonienne, et n'a jamais varié. La reine Hortense l'appelait *notre Blondet*. En 1852 et 1857, il a été élu député par la circonscription de Castel-Sarrazin, et il a été réélu en 1863 et 1869. Il a été rapporteur de la loi relative aux secours viagers accordés aux anciens militaires de l'Empire. C'est à son incessante intervention législative que les officiers décorés doivent le traitement de la Croix d'Honneur. A ce sujet 7,000 officiers lui ont décerné un grand médaillon d'honneur comme témoignage de reconnaissance. C'est M. Belmontet qui, dans le Corps législatif, a prononcé l'éloge des maréchaux Saint-Arnaud et Bosquet, aux applaudissements de la Chambre. A partir de 1861, il n'a pas cessé de poursuivre, tant auprès du gouvernement que devant le Corps législatif, avec une patriotique persistance, la restitution à la France d'une somme qui s'élève aujourd'hui avec les intérêts, à plus de 500 millions et que l'Angleterre s'était engagée à rembourser aux termes des traités de 1815. Si ce payement se réalise, tout l'honneur en reviendra à M. Belmontet. Nous mentionnerons seulement quelques-uns de ses ouvrages : *La Fête de Néron*, tragédie (1829) ; — *Aux mânes de Waterloo* ; — *Les Missionnaires et Mon Apologie* ; — *Les Funérailles de Napoléon*, à l'époque de la mort de l'Empereur ; — *Les Tristes* ; — *Don Miguel* ; — *Le Batelier du Tage* ; — *Le Duc de Reichstad* ; — *Ode aux Belges* ; — *La Soupe du soldat* ; — *Les Amnisties d'un roi*, comédie ; — *Le Souper d'Auguste* ; — *Adieux à Duchênois* ; — *Les Napoléoniennes* ; — *Les Braves de l'Empire* ; — *Les Poésies de l'Empire français* ; — *La Saint-Napoléon* ; — *L'Honneur de l'Empire* ; — *Sébastopol* ; *A l'armée d'Orient* ; — *Le Fils de Napoléon III* ; — *La campagne de Crimée* ; — *La campagne d'Italie* ; — *Les Nombres d'or* ; — *Les Lumières de la vie, pensées et maximes* ; — *Les Revenants* ; — *Les Femmes sont folles* ; — *La Poésie de l'Empire* ; — *Strophes guerrières* ; — *Le Luxe des femmes et la Jeunesse de l'époque* ; — *les quarante mortels de l'Académie*, satires nouvelles. M. Belmontet a été plusieurs fois lauréat de l'Académie des jeux floraux. Il est officier de la Légion d'Honneur depuis le 16 janvier 1862.

BELOT (Adolphe), né à la Pointe-à-Pitre, le 6 novembre 1829, fut élevé en France, au collège Sainte-Barbe, prit sa licence à la Faculté de droit de Paris, et se fit inscrire, en 1854, au tableau des avocats de Nancy. Après plusieurs voyages dans les deux Amériques, il s'adonna aux lettres, publia, en 1855, le *Châtiment*, et aborda le théâtre avec une comédie: *A la campagne* (1857). En collaboration avec M. Villetard, il donna, en 1859, *Le testament de César Girodot*, une des bonnes pièces du répertoire de l'Odéon, et qui compte maintenant plus de 500 représentations. Depuis, M. Adolphe Belot a fait jouer : *Un Secret de famille* (5 actes à l'Ambigu, 1859) ; — *La Vengeance du mari* (3 actes à l'Odéon, 1860) ; — *les Parents terribles*, en collaboration avec M. L. Journault (3 actes à l'Odéon, 1861) ; — *Les maris à système* (3 actes au Gymnase, 1862) ; — *Le vrai courage* (2 actes au Vaudeville, 1862) ; — *Les Indifférents* (4 actes à l'Odéon, 1863) ; — *Le passé de M. Jouanne*, en collaboration avec M. Crisafulli (4 actes au Gymnase, 1865) ; — *Les Souvenirs* (4 actes au Vaudeville, 1867) ; — *Le drame de la rue de la Paix* (5 actes à l'Odéon, 1868) ; — *Miss Multon*, avec M. Nus (3 actes au Vaudeville, 1868, 150 représentations) ; — *La fièvre du jour*, avec M. Nus (4 actes au Vaudeville, 1869) ; — *L'Article 47* (5 actes à l'Ambigu, 1871, 100 représentations). On doit aussi à M. Adolphe Belot des nouvelles et des romans: *Marthe* ; *Un cas de conscience* ; *Nouvelles* (1857) ; *Trois nouvelles* (1863) ; — *L'Habitude et le souvenir* (4 actes au Vaudeville, 1865) ; — *La Vénus de Gordes*, avec M. Ernest Daudet (1867) ; — *Le drame de la rue de la Paix* (1868) ; — *Mademoiselle Giraud, ma femme*, œuvre originale, bizarre, immorale disent les uns, morale disent les autres, qui obtint une immense succès de curiosité et un tirage de 33 éditions, soit 66,000 exemplaires (1870) ; — et, enfin, *l'Article 47*, qui est aujourd'hui à sa sixième édition et d'où a été tirée la pièce de l'Ambigu citée plus haut. M. Adolphe Belot est chevalier de la Légion d'Honneur depuis 1867.

BELOT (Émile-Joseph), né à Montoire (Loir-et-Cher), le 24 septembre 1829. Il fit ses études classiques à Louis-le-Grand, et remporta d'abord le prix de l'association des anciens élèves, puis comme nouveau et comme vétéran, les prix d'honneur de rhétorique en 1846 et 1847. En 1848 il entra à l'École d'administration ; et, l'année suivante, il fut reçu à l'École normale avec le n° 1 dans la section des lettres. M. Belot a été successivement régent du collège de Blois (1852), professeur de quatrième au lycée d'Orléans (1853), et professeur d'histoire à Vendôme (1854), Strasbourg (1859) et Versailles (1863). Imbu des idées de Niebuhr, peu connues en France, il a tenté de les faire prévaloir dans l'enseignement historique et a publié l'*Histoire des chevaliers romains*, qui a remporté le prix Montyon à l'Académie française (1867-1868, 2 vol.).

BENOIST (Ferdinand-Louis Clément), né à Lavaisseau (Vienne), le 5 août 1824. Il fit ses études médicales à la Faculté de Paris. Reçu docteur le 15 juillet 1851, il s'établit à Neuville-en-Poitou, et se consacra, tout en exerçant sa délicate et pénible profession, à des expérimentations sur différents traitements, et notamment sur la médication isolante, préconisée par le docteur Robert de Latour. A ce sujet, il a étudié les qualités physiques que doivent avoir les enduits imperméables, le mode d'application du collodion, les indications de la médication isolante, etc. M. Benoist a résumé ses travaux et ses observations cliniques dans une brochure dont l'apparition a produit un assez grand effet dans le monde médical : *Essai sur la médication isolante, ou traitement des inflammations en général par les enduits imperméables*, etc., suivi de *Quelques considérations sur la nature et le traitement de la fièvre dite puerpérale*. Cet ouvrage lui a valu, avec la vive adhésion de M. Robert de Latour, un article très-favorable de la *France médicale*. M. le docteur Ferdinand Benoist est lauréat de l'Ecole de médecine de Poitiers.

BENOIST (François), né à Nantes, le 10 septembre 1794. M. Benoist fit ses premières études musicales dans sa ville natale. En 1811, il entra au Conservatoire de musique de Paris, suivit les leçons d'Adam pour le piano, celles de Catel pour l'harmonie, et remporta le premier prix d'harmonie. En 1814, il eut le premier prix de piano. En 1815, sa cantate d'*OEnone* lui mérita le grand prix de composition décerné par l'Institut, et il partit pour l'Italie, où il séjourna jusqu'en 1819. Revenu à Paris, il obtint au concours la place de premier organiste de la chapelle royale, et fut nommé peu de temps après professeur d'orgue et d'improvisation au Conservatoire, où il a formé un grand nombre d'artistes distingués. M. Benoist a composé une quantité de messes, de motets et de morceaux. Il a donné à l'Opéra-Comique, en 1821, *Léonore et Félix*; à l'Opéra, en 1839, le premier acte de la *Gypsy*; en 1840, le premier et le troisième acte du *Diable amoureux*; en 1848, l'*Apparition*, deux actes; en 1851, *Paquerette*, trois actes, etc. Il est chevalier de la Légion d'Honneur depuis le 16 novembre 1851.

BENOIST (Louis-Victor, *baron* DE), né à Dugny (Meuse), le 29 octobre 1813. M. le baron de Benoist est un agronome passionné et le principal initiateur des progrès agricoles dans la Lorraine. Il possède une exploitation importante qu'il dirige lui-même avec un succès qui lui a mérité la prime d'honneur au concours régional de Bar-le-Duc, en 1864. Il est président de la Société d'agriculture de Verdun et correspondant de la Société centrale d'agriculture. Maire de Waly et membre du Conseil général de la Meuse depuis 1848, il a été élu député du département en 1858, et ses réélections, en 1863 et en 1869, se firent à la presque unanimité des suffrages. Cet accord témoigne en faveur des services de tout genre que, suivant les généreuses traditions de sa famille, M. de Benoist rend à ses compatriotes. Comme député, il s'est fait remarquer par son activité dans les travaux des commissions, et l'on se rappelle encore la part qu'il a prise à la discussion du projet de loi sur le budget de 1864. Membre de la grande Commission d'enquête agricole en 1866, il fut de nouveau membre de la Commission du budget en 1869 et chargé de l'étude du Code rural en 1870. M. le baron de Benoist est officier de la Légion d'Honneur depuis 1866. La croix de commandeur de Saint-Grégoire-le-Grand lui a été conférée en 1861.

BENOIST D'AZY (Denis, *comte*), né à Paris, le 3 janvier 1796 ; fils du comte Benoist, député sous la Restauration, puis conseiller d'Etat et enfin ministre. Après avoir été secrétaire de légation en Allemagne et attaché, sous la direction de son père, à l'administration des contributions indirectes, il fut nommé inspecteur-général des finances, et, plus tard, directeur de la Dette inscrite. Il quitta volontairement cette position à la révolution de 1830 et passa plusieurs années dans le Nivernais avant de prendre la direction des grandes usines d'Alais. M. Benoist d'Azy s'est occupé l'un des premiers de la création des chemins de fer, et a concouru à la formation des principales lignes, et plus tard à celle du Crédit foncier. En 1839, il fut nommé député de Château-Chinon, et siégea jusqu'en 1848. Nommé représentant du peuple à l'Assemblée législative par les électeurs du Gard, il y fut élu vice-président et conserva ces fonctions jusqu'au 2 décembre. Il présida la séance qui eut lieu à cette époque à la mairie du Xe arrondissement. Depuis lors il s'était consacré tout entier à des travaux industriels quand il fut choisi, en février 1871, par les électeurs du Gard et de la Nièvre, pour les représenter à l'Assemblée nationale. Ayant opté pour ce dernier département, il a occupé provisoirement le fauteuil de la présidence comme doyen d'âge de l'Assemblée ; et, aux élections constitutives du bureau, il a été élu vice-président. M. Benoist d'Azy est chevalier de la Légion d'Honneur depuis le 26 octobre 1826.

BENOIST DE LA GRANDIÈRE (Auguste-Étienne), né à La Tremblade (Charente-Inférieure), le 14 juillet 1833. M. Benoist de la Grandière a fait ses études classiques au lycée de La Rochelle, et ses études médicales à la Faculté de Paris, où il a pris le grade de docteur, le 30 juin 1862. Médecin de la marine, de 1854 à 1862, il a fait les campagnes de la Baltique (1854), et de Chine et de Cochinchine (1858-1862). De retour de ses voyages, il s'est établi à Paris, où il a publié des travaux importants. Il a fourni des articles scientifiques et de voyages à la *Revue française* en 1864, et collaboré à plusieurs journaux de médecine et à la *Liberté*. On lui doit : *Relation médicale d'une traversée de Cochinchine en France, à bord du navire hôpital la Saône*, thèse de doctorat ; — *Les ports de l'extrême Orient*, (1869) ; — *Compte-rendu médico-chirurgical de l'ambulance des sœurs de Saint-Joseph de Cluny, pendant le siège de Paris et la Commune* (1870, 5 vol.). M. Benoist de la Grandière est membre de plusieurs sociétés savantes. Chevalier de la Légion d'Honneur le 23 juillet 1859, et promu officier le 15 octobre 1871, il est aussi chevalier de l'Ordre des Saints-Maurice et Lazare d'Italie.

BENOÎT (Charles), né à Nancy, le 25 août 1815. Il se fit recevoir à l'École normale en 1835, prit le grade de docteur ès-lettres en 1846, et fut, après la fondation de l'École française d'Athènes, l'un des premiers élèves qu'y envoya le gouvernement. M. Charles Benoît a été nommé professeur de littérature française à la Faculté des lettres de Nancy il est doyen de la même Faculté depuis 1854. On lui doit les ouvrages suivants: *Essai historique sur les premiers manuels d'invention oratoire*, et *Historica de M. T. Ciceronis officiis commentatio*, thèses pour le doctorat; — *Essai historique et littéraire sur la Comédie de Ménandre*, avec le texte de la plupart des fragments (1854); — *Des chants populaires dans la Grèce antique*, extrait des *Mémoires* de l'Académie de Stanislas (1857); — *Châteaubriand, sa vie et ses œuvres* (1865). M. Charles Benoît a reçu la croix de la Légion d'Honneur en 1858.

BENOIT-CHAMPY (Adrien-Théodore), né à Provins, le 24 mai 1805. Inscrit au tableau des avocats de Paris en 1828, il ne tarda pas à s'y distinguer. En 1848, le gouvernement provisoire le nomma procureur-général, position qu'il déclina; mais il accepta les fonctions de ministre plénipotentiaire à Florence. Il s'y montra très-favorable à la politique de Montanelli. Lors de son retour en France, il se rallia au gouvernement du président de la République, et fut élu, par le département de la Côte-d'Or, représentant à l'Assemblée législative. Il y fit d'abord partie de la majorité, puis il embrassa la cause du président dans ses conflits avec l'Assemblée. Après le Coup-d'État de Décembre, M. Benoit-Champy, refusa le portefeuille de la Justice et un siége à la Commission consultative; il reprit sa robe d'avocat et fut nommé membre du Conseil de l'ordre. Élu député au Corps législatif par le département de l'Ain, il est devenu, en 1856, président du tribunal de première instance de la Seine, en remplacement de M. de Belleyme. Il a été promu Grand-Officier de la Légion d'Honneur le 12 août 1865.

BENOIT-CHAMPY (Bernard-Gabriel), né à Paris, le 31 décembre 1835; fils du précédent. M. Gabriel Benoit-Champy est licencié ès lettres et docteur en droit. Il a été lauréat de l'École de droit en 1854. Après un stage dans la diplomatie, il s'est fait inscrire au barreau de Paris et a été professeur de droit industriel au lycée Charlemagne, et conseiller général de la Côte-d'Or. En 1866, il a quitté le barreau pour entrer dans l'industrie. Il fut un des promoteurs du sport nautique de France, qu'il a cherché à régénérer, en fondant, à l'imitation des institutions anglaises, le *Yacht-Club de France*, Société d'encouragement pour la navigation de plaisance en mer, présidée par M. l'amiral La Roncière Le Noury, et dont M. Benoit-Champy est le vice-président. A l'Exposition de 1867, il a présidé la classe 66 *bis*, et le jury des expériences de sauvetage. En 1868, les exposants du Havre l'ont nommé, au suffrage universel, président du jury de la classe de sauvetage. La même année, il est devenu administrateur de la Société centrale de sauvetage. M. Gabriel Benoit-Champy remplit en outre les fonctions de conseiller au ministère de la Marine et d'administrateur du Crédit industriel. Il s'est fait connaître comme écrivain maritime et juridique par divers articles insérés dans le *Journal des Débats*. Chevalier de la Légion d'Honneur, le 5 janvier 1868, chevalier de l'ordre de l'Épée de Wasa, il est décoré du Medjidié de Turquie (4e classe). Il a servi avec distinction, pendant le siége de Paris, comme capitaine au corps des éclaireurs de la Seine, qu'il a même commandé après la mort du brave Franchetti, et a mérité d'être promu au grade d'officier de la Légion d'Honneur le 9 février 1871.

BENOUVILLE (Jean-Achille), né à Paris, le 15 juillet 1815; frère de François-Léon Benouville, premier grand prix de Rome pour la peinture d'histoire, et décédé en 1859. Il étudia la peinture dans l'atelier de Picot, et remporta, en 1845, le premier grand prix de paysage, sur ce sujet: *Ulysse et Nausicaa*. Parmi les œuvres exposées par cet artiste, on cite: *l'Étang de Fausse-Repose* (1834); — *les Bords de la Seine à Bougival* (1837); — *la Forêt de Compiègne* (1839); — *Effet du soir* (1844); — deux *Paysages* (1848); — *Langezza* (1850); — *Latium*, *bois de chênes verts*, ou *Vue de la Villa Doria* (1855); — *Saint-Pierre de Rome*, vu de la villa Borghèse; *le Colisée*, vu des jardins Farnèse; — *l'Anio*, près Tivoli (1863); — *Tivoli*; *Luorghezza* (1864); — *le Colysée*, vu des jardins du Palatin (1865); — *Le Tibre*, vue prise à Agna-Acctosa; *Saint-Pierre de Rome*, vu de la villa Pamphili Doria (1867); — *Le ravin*, panneau décoratif pour le nouvel Opéra (1870). M. Achille Benouville a fait figurer, à l'Exposition universelle de 1867, une *Vue de Torre Schiavi*. Il a remporté une médaille de 3e classse en 1844, une mention honorable en 1855, et une médaille de 1re classe, ainsi que la croix de la Légion d'Honneur en 1863.

BERCHÈRE (Narcisse), né à Etampes (Seine-et-Oise), en 1822. Il se consacra à la peinture et spécialement au paysage. Élève de Renoux et de Charles Rémond, il débuta au salon, par un *Paysage* tiré de *Gil Blas*, en 1844. De 1845 à 1853, il exposa: *Environs d'Avignon*; *Vue prise à Marlotte*; *Couvent de Santa Margarida, à Mayorque*; *Vue d'Elche, en Murcie*; *le Puits de Jacob, en Syrie*; *Vue du Nil*; *Mosquée au Caire*. La plupart des œuvres de M. Berchère sont des souvenirs de voyage; en effet, il a visité l'Espagne en 1847, et parcouru le Levant, en 1850. On lui doit encore: *Malarieh, ou environs du Caire* (1855); — *Campement des Ouled-Saïd* (1857); — *le Simoun*; *Tombeau de la vallée des Califes* (1859) — *Passage d'une caravane au gué de la mer Rouge* (à Suez); *Temple d'Hermonthis*; *Ruines du temple de Rhamsès-le-Grand*; *Basse-Egypte*; *Environs de Damiette* (1861); — *Dahobieh* (barque du Nil); *Enfants gardant les moissons des Douarahs*; *Bassin du lac Thimsah* (1863); — *Crépuscule après le simoun* (1864); — *Sakhieh sur les bords du Nil*; *Ancienne piscine et temple de Rhamsès, à Thèbes* (1865); — *Ralliement des caravanes à la halte de nuit*; *Murailles de Jérusalem près de l'ancien camp des Croisés* (1866); — *Funérailles au désert* (Egypte); *Basses eaux du Nil*, *Retour du marché en Egypte*; — *Nomades en marche dans la presqu'île de Sinaï* (1868); — *Halage sur une digue du lac Menzaleh* (Basse-Egypte; *Port du vieux Caire sur le Nil* (1869); — *Embouchure du Nil à Lesbeh* (Basse-Egypte), *Le matin* (1870). M. Berchère a remporté une médaille de 2e classe en 1859, le rappel de cette médaille en 1864 et la croix de la Légion d'Honneur en 1870.

BÉRENGER (René), né à Valence, le 22 avril 1830, fils de l'illustre criminaliste de ce nom qui fut président à la Cour de cassation, député, pair de France, membre de l'Institut et grand-officier de la Légion d'Honneur. M. René Bérenger, a été reçu licencié en 1850, et docteur en 1853, à la Faculté de droit de Paris. Substitut à Évreux en 1853, procureur impérial à Bernay, puis à Neufchâtel en 1855, substitut du procureur-général près la Cour de Dijon en 1859, il fut nommé avocat-général près la Cour de Grenoble en 1862. Passé, en la même qualité, à Lyon, en 1867, il prononça, pour la rentrée de la Cour, un discours qui fut applaudi par toute la presse indépendante. Lors de la révolution du 4 septembre, M. Bérenger fut appréhendé, sur l'ordre de la Commune de Lyon, pour avoir voulu s'opposer à l'arrestation du procureur-général, et resta douze jours en prison. Mis en liberté par les soins du nouveau procureur-général, il prit place au barreau de Lyon, se fit inscrire sur les contrôles de la garde nationale, et obtint, pour les bataillons disposés à défendre l'ordre contre les agitateurs de la rue, une distribution de cartouches. Appelé à cause de cette courageuse démarche devant le juge d'instruction, il ne dut encore une fois sa liberté qu'à l'énergique intervention du procureur-général et du maire, MM. Leroyer et Hénon. Quoique père de famille, M. Bérenger n'hésita pas à s'engager comme volontaire dans la garde nationale mobilisée du Rhône; il fut blessé le 18 décembre 1870 à la bataille de Nuits. Dans les diverses fonctions qu'il a remplies, il n'a jamais compromis l'indépendance de son caractère, ni déguisé le libéralisme de ses opinions. Élu représentant à l'Assemblée nationale, dans le Rhône et dans la Drôme, le 8 février 1871, il a opté pour ce dernier département.

BERNARD (Charles-Gabriel, THALÈS), né à Paris, le 16 mai 1821. Fils d'un avocat à la Cour royale, et neveu du baron Vincent de Camuccini, célèbre peintre italien et fondateur de l'École néo-romaine, il étudia les mathématiques et les langues, et passa par diverses carrières, sans se fixer dans aucune, jusqu'à ce que sa vocation pour la littérature l'eût définitivement emporté. Un long séjour dans le Midi lui rendit familières les langues provençale et espagnole, dont il sut heureusement s'inspirer; ses relations avec des hommes tels que Béranger, Auguste Comte, Lamennais, de Ravignan firent le reste. M. Thalès Bernard est tout à la fois un érudit et un penseur. Le premier, il a fait connaître, en France, les chants populaires de l'Estonie, de l'Albanie, de la Moravie, de la Bohême, de la Hongrie, etc. L'Académie française, en lui décernant deux prix, en 1858 et 1860, a implicitement reconnu que l'auteur des œuvres qu'elle couronnait considérait avec raison la poésie populaire comme une des sources les plus fécondes de rénovation poétique; et la Société des gens de lettres a confirmé ce jugement en lui accordant, à son tour, un prix de 1,000 francs (1869). M. Thalès Bernard a fait paraître les ouvrages d'érudition suivants : *Dictionnaire mythologique*, de l'allemand Jacobi (1846); — *Étude sur les variations du polythéisme* (1853); — une première livraison d'un ouvrage sur l'*Histoire du polythéisme grec*, qui doit avoir des dimensions considérables. Mêlant la littérature à l'érudition, il a publié : *Les Rêves du Commandeur*, contes fantastiques (1854); — *La Couronne de Saint-Étienne*, scènes de la vie hongroise (1854). Comme œuvres poétiques, on a de lui : *Adorations* (1855); — *Mélodies pastorales* (9 livrais., 1855-1871); — *Poésies nouvelles* (1857); — *Lettre sur la poésie* (1858); — *Le mouvement intellectuel au* XIXe *siècle* (1858); — *Histoire de la poésie* (1864); — *La Lisette de Béranger* (1865); — *Orphée aux Enfers* (1868); — *Le portrait improvisé*, comédie (1 acte en vers), un *Hommage funèbre à Lamartine*, et *Le progrès*, poëme didactique (1869). On lui doit encore : *Notice sur Rodolphe Turecki*, chimiste polonais (1865); — *L'esclavage en Amérique*, signé « Fanny Level » (1865); et plusieurs traductions telles que le *Voyage dans la vieille France*, traduit du latin, de Joducus Sincerus. Parmi ses traductions du hongrois, qui n'ont pas été réunies en volume, il faut mentionner le *Cercle de Famille*, d'Arany (*Histoire de la poésie*), le *Toldi*, du même auteur (*Réveil*), le *Rêve magique*, le *Royaume de l'amour*, le *Fou*, de Pétoefi (*Revue de la Neustrie*), etc. M. Thalès Bernard a collaboré à l'*Athenæum*, à la *Revue contemporaine*, à la *Revue européenne*, au *Nord*, à la *Revue des races latines*, à l'*Europe littéraire*, au *Réveil*, etc. Il a fondé, en 1861, la *Revue de la Province*. Ajoutons, enfin, à ces divers travaux, une collaboration de sept années au savant *Cours de littérature* du colonel Staaff.

BERNARD (Claude), né à Saint-Julien (Rhône), le 12 juillet 1813. Il sacrifia d'abord aux Muses et fit une tragédie; puis il étudia la médecine à la Faculté de Paris. Interne des hôpitaux en 1839, préparateur de Magendie au Collège de France en 1841, il fut reçu docteur en médecine en 1843 et docteur ès sciences en 1853. Lors de la création de la chaire de physiologie générale à la Faculté des sciences, en 1854, il fut appelé à l'occuper; et, presque en même temps, il remplaça Roux à l'Académie des sciences. Suppléant de Magendie, depuis 1847, dans la chaire de physiologie expérimentale au Collège de France, il lui succéda en 1855; et, trois mois plus tard, il fut nommé professeur de physiologie générale au Muséum d'histoire naturelle. M. Claude Bernard est sans contredit l'un des physiologistes les plus éminents de son époque. Après avoir publié, dans la *Gazette médicale* et les *Comptes rendus de la Société de biologie*, des études sur les diverses sécrétions, alimentaires et le rôle qu'elles jouent dans la digestion, ainsi que sur l'influence exercée par les différentes paires de nerfs sur les organes de la digestion, de la respiration et de la circulation, il a remporté, trois fois successivement, le grand prix de physiologie expérimentale proposé par l'Académie des sciences, pour les travaux suivants : *Recherches sur les usages du pancréas* (1849); — *Fonction glycogénique du foie* (1851); — *Recherches expérimentales sur le grand sympathique et sur l'influence que la section de ce nerf exerce sur la chaleur animale* (1853). En 1861, il a été reçu, à la presque unanimité, membre de l'Académie de médecine, pour la section d'anatomie et de physiologie ; et, en 1868, l'Académie française lui a ouvert ses portes. Reçu le 27 mai 1869, le successeur de Flourens avait choisi, pour sujet de son discours, qui eut un grand retentissement, les rapports de subordination existant entre la science expérimentale et les doctrines philosophiques. C'est également en 1869 que M. Claude Bernard a été nommé sénateur. On lui doit, outre les ouvrages cités plus haut et de nombreuses communications de nouvelles découvertes à l'Institut : *Leçons de physiologie expérimentale appliquée à la médecine* (2 vol., avec fig., 1855-1856) ; — *Leçons sur les effets des substances toxiques et médicamenteuses* (1857) ; — *Leçons sur la physiologie et la pathologie du système nerveux* (2 vol., 1858) ; — *Leçons sur les propriétés physiologiques et les altérations pathologiques des différents liquides de l'organisme* (2 vol., 1859) ; — *Leçons et expériences physiologiques sur la nutrition et le développement* (1860) ; — *Introduction à l'étude de la médecine expérimentale* (1865) ; — *Leçons sur les propriétés des tissus vivants* (1865), etc. M. Claude Bernard est commandeur de la Légion d'Honneur depuis 1867.

BERNARD (Martin), né à Montbrison (Loire), le 17 septembre 1808. Second fils de Charles-Laurent Bernard, maître imprimeur, il embrassa la profession de son père, et se rendit à Paris en 1826, pour y compléter son éducation. Après 1830, obéissant à ses convictions républicaines, il entra dans la Société des droits de l'homme ; et, en 1835, il fut un des défenseurs choisis par les accusés du procès d'avril. Avec MM. Blanqui et Barbès, il fonda les Sociétés des Familles et des Saisons. Traduit devant la Cour des pairs pour sa participation à l'affaire du 12 mai 1839, il refusa de s'expliquer, disant : « Vous êtes mes ennemis, vous n'êtes pas mes juges. » Il fut alors condamné à la déportation et enfermé, d'abord, au Mont-Saint-Michel, puis, vers la fin de 1844, dans la citadelle de Doullens. Délivré par la Révolution de Février, il fut nommé commissaire-général dans les départements du Rhône, de la Loire, de la Haute-Loire et de l'Ardèche. A Lyon, où se termina sa mission, ses efforts contribuèrent certainement à empêcher la guerre civile. Représentant de la Loire à la Constituante, il vota toujours avec la Montagne, sur toutes les questions politiques et sociales. M. Martin Bernard s'est opposé de tous ses efforts à l'élection du prince Louis-Napoléon, et, plus tard, a constamment lutté contre la politique présidentielle. Il a présidé la Solidarité républicaine, et signé toutes les demandes en accusation du prince et de ses ministres. Réélu à la Législative, il prit part à l'affaire du 13 juin 1849 ; mais il réussit à se soustraire aux recherches de la police et se rendit d'abord en Belgique, puis en Angleterre. Vivement sollicité, en 1869, de poser sa candidature dans la 1re circonscription de la Loire, le vieux proscrit déclina l'honneur que lui faisaient ses concitoyens pour n'avoir pas à prêter serment à l'Empire. Porté encore dans le même département et dans celui de la Seine, aux élections du 8 février 1871, sa candidature ne réunit que 38,000 voix dans son propre département, où l'on savait fort bien quelle devait être son opinion sur la question de paix et de guerre, qui primait alors toutes les autres, mais il fut nommé, dans le département de la Seine, par 102,000 suffrages. M. Martin Bernard a publié : *Dix ans de prison au Mont-Saint-Michel et à la citadelle de Doullens* (Paris, 1851, avec grav., Bruxelles, 1854, nouv. édit., Paris, 1861).

BERNARD (Pierre), né à Paris, à la fin de 1809. Il étudiait la médecine lorsque, sous le patronage de M. Sainte-Beuve et de Pierre Leroux, il entra au journal *le Globe*, qui obtint, après 1830, une place si importante dans la presse politique et sociale. M. Pierre Bernard fut plusieurs fois élu syndic de la tribune des journalistes au Corps législatif, avec MM. Wollis, Horace Raisson, Roche, Roqueplan et Flocon. Devenu secrétaire d'Armand Carrel, il publia *l'Avenir au coin du feu*, livre dans lequel se trouvent l'idée et le plan des *Asiles de Convalescence* ; — *le Droit Chemin* ; — *la Bourse et la vie* ; — *l'A B C de l'esprit et du cœur* ; — *la Physiologie du Député* ; — *Mes Cocottes*, mémoires d'un député sortant (1839) ; — *Aperçus parlementaires*. — Attaché à la partie humoristique de *l'Union médicale*, il fit paraître : *le Médecin de campagne* ; — *la Physiologie du malade* ; — *la Santé mise à la portée de tout le monde* ; — un *Nouveau Tædium vitæ*. Devenu, avant la révolution de 1848, un des rédacteurs actifs du *Siècle*, il passa à *l'Avénement du Peuple*, journal dont presque tous les rédacteurs étaient en prison. *L'Avénement*, qui avait prédit le 2 décembre à jour fixe, mourut, ce jour-là au *champ d'honneur*, selon l'expression de Paul Meurice et de Vacquerie. Au dernier mouvement électoral, M. Pierre Bernard prit une part active à la polémique du temps ; il eut le bonheur et l'honneur de voir l'opinion libérale triompher dans un arrondissement considérable et de n'être pas absolument étranger à ce succès.

BERNARD-DUTREIL (Jules), né à Laval, le 8 mai 1804, appartenait à une riche famille de la Mayenne. Élève de l'Ecole polytechnique en 1824, et de l'Ecole d'application de Metz en 1826, il en sortit comme officier du génie en 1828, donna sa démission en 1830, et fut nommé, peu de temps après, conseiller de préfecture dans son département. Il se démit de ses fonctions en 1846. Ayant échoué, à cette époque, comme candidat d'opposition à la Chambre des députés, il fut élu représentant de la Mayenne à l'Assemblée constituante, où il fit partie du Comité de l'instruction publique. Pendant l'empire, M. Bernard-Dutreil n'a pas joué de rôle politique ; mais, le 8 février 1871, les électeurs de la Sarthe, où il possède de grandes propriétés foncières, l'ont envoyé à l'Assemblée nationale. Il est maire de Saint-Denis-d'Arques et conseiller général de la Sarthe.

BERRIAT-SAINT-PRIX (Aimé-Félix-Julien), né à Grenoble, le 26 sept. 1810. Il fit ses études de droit à la Faculté de Paris, prit sa licence en 1830, le grade de docteur le 17 mars 1832, et se consacra à des travaux de jurisprudence. En 1861, il fut nommé juge de paix suppléant du Xᵉ arrondissement de Paris ; et, en 1870, juge de paix de Charenton-le-Pont. On doit à M. Berriat-Saint-Prix : *Commentaire sur la Charte constitutionnelle* (1836) ; — diverses *Thèses de concours*, de 1839 à 1846 (une seule voix lui a manqué pour réussir, en 1844, contre M. Colmet-Daage, doyen actuel de la Faculté de droit de Paris); — *Guide pour l'étude du droit* (1840, 4ᵉ édit. 1856) ; — *Notes élémentaires sur le Code civil*, travail rédigé d'après une méthode nouvelle (3 vol., 1846-1848, avec un supplém. en 1856); — *Plan de constitution* (1848); — *Théorie du droit constitutionnel français* (1850, avec 2 supplém., 1852-1853); — *Méthode de lecture* (1852); — *Analyse du Code pénal*, ou *Table synoptique des délits et des peines* (1853); — *Manuel de logique juridique* ou *Guide pour les thèses* (1855); — *Loi sur la transcription, annotée* (1855); — Supplément considérable au *Cours de procédure et de droit criminel* de Jacques Berriat-Saint-Prix (1855). Il possède en portefeuille des travaux importants, entre autres une *Application de la théorie du droit à la pratique des affaires*. Enfin, il a fourni des articles à plusieurs publications spéciales ou périodiques, notamment à la *Revue critique de législation*. Il est membre correspondant des Sociétés de Grenoble et de Luxembourg.

BERSIER (Eugène-Arthur-François), né à Morges (Suisse), de parents français, le 5 février 1831. M. Bersier s'est consacré à l'état ecclésiastique. Il a fait ses études tour à tour à Genève, à Paris, en Allemagne, et a été appelé, dès son entrée dans le ministère, en 1854, aux fonctions de pasteur, à Paris. On lui doit, outre un grand nombre d'articles publiés dans les journaux, quatre volumes de *Sermons*, parvenus maintenant (1872) à leur sixième édition et traduits dans les principales langues de l'Europe. Il est aussi l'auteur d'un essai sur *la Solidarité*, étude de philosophie religieuse, qui a eu trois éditions. M. le pasteur Bersier a reçu la croix de la Légion d'Honneur, pour sa belle conduite et son dévouement pendant le siège de Paris, le 17 octobre 1871.

BERSOT (Pierre-Ernest), né à Surgères (Charente-Inférieure), le 22 août 1816, d'un père suisse et d'une mère française, et naturalisé français en 1848. Élève du collége de Bordeaux, il y remplit les fonctions de maître d'études, de 1833 à 1836, entra à l'École normale à cette dernière date, obtint l'agrégation de philosophie en 1839, fut nommé professeur à Rennes, échangea cette place contre une suppléance à Paris, de mars à octobre 1840, et occupa, près de M. Cousin, ministre de l'Instruction publique, la position de secrétaire particulier. Professeur de philosophie à Bordeaux, l'année suivante, il se trouva engagé avec lui à propos des prédications du P. Lacordaire, dans un conflit qui entraîna la mise à la retraite du proviseur et du recteur qui avaient demandé sa destitution, et fut obligé de prendre un congé, qu'il utilisa dans l'intérêt de ses études, puisqu'en 1843 il passa brillamment son doctorat, avec cette thèse : *La liberté et la Providence d'après saint Augustin* De 1843 à 1844, il occupa la suppléance de philosophie à la Faculté de Dijon; en 1845, il fut nommé professeur de philosophie à Versailles ; en 1852, il quitta l'Université pour ne pas prêter serment à l'Empire. Après s'être livré quelque temps à l'enseignement particulier, il est entré dans le journalisme, et appartient à la rédaction des *Débats* depuis 1859. Il été élu membre de l'Académie des sciences morales et politiques en juin 1866, en remplacement de M. G. de Beaumont. Tous ses écrits anciens, remaniés et refondus, ainsi que tous ses écrits nouveaux, la plupart extraits du *Journal des Débats* ou des *Mémoires* de l'Académie, sont compris dans la liste suivante : *Philosophie de Voltaire* (1848); — *Etude générale sur le XVIIIᵉ siècle* (1855); — *Mesmer et le magnétisme animal* (3ᵉ édit., 1864) ; — *Essai de philosophie et de morale* (1864, 2 vol.); — *Morale et politique* (1868) ; — *Libre philosophie* (1868). M. Bersot est directeur de l'École normale supérieure, depuis le 1ᵉʳ octobre 1871.

BERTALL (Charles-Albert D'ARNOUX *dit*), né à Paris le 18 décembre 1820 ; fils de Urbain *d'Arnoux*, commissaire des guerres et ancien receveur-général à Trieste, petit-fils par sa mère du vicomte de Limoges Saint-Saëns, qui fut avec MM. de Rivarol, de Champcenets, etc., collaborateur du journal satirique les *Actes des Apôtres*, à Paris, et qui fonda et dirigea dans le même esprit à Rouen, sa ville natale, le journal l'*Abeille* (1790-1793) lequel fut supprimé en 1793 par l'arrestation et l'emprisonnement de son auteur. La famille de Bertall le destinait à l'École polytechnique ; mais son goût pour le dessin l'écarta de cette voie; il étudia quelques années la peinture à l'atelier de Drolling, et se consacra presque exclusivement à l'illustration et à la caricature. Balzac qui s'était intéressé à ses débuts, lui inspira l'idée de son pseudonyme, *Bertall*, qui sauf un détail d'orthographe, n'est que son nom de baptême retourné. Dessinateur et écrivain doué d'une verve originale, il a collaboré de la plume et du crayon à la plupart des publications de son temps. Dans le grand nombre de ses œuvres on distingue : une *Revue comique*, les *Omnibus* (texte et dessins, 1843) ; — le *Diable à Paris*, en collaboration avec Gavarni ; — les *Petites misères de la vie conjugale*, avec Balzac ; — le *Cahier des charges des chemins de fer*, pamphlet écrit et dessiné ; — les *Guêpes illustrées*, avec Alphonse Karr ; — la *Physiologie du goût* ; — *Paris en l'an 3,000* (avec Souvestre); — les *Types de la Comédie humaine* ; — la *Bibliothèque des enfants*, collection Hetzel (1848, et suiv.). Bertall a collaboré, comme écrivain et comme dessinateur, au *Journal pour rire*, à la *Semaine*, à l'*Illustration*, au *Magasin pittoresque*, à la *Bibliothèque des chemins de fer*, au *Musée des familles*, à la *Semaine des enfants*, au *Journal pour tous*, au *Journal amusant*, à la *Gazette de Paris*, à la *Vie parisienne*, au *Monde illustré*, au *Soir*, etc.; et il a donné plus de 3,600 dessins à la collection des *Romans populaires illustrés*. En avril 1871, il a fondé et publié, en opposition aux hommes de la Commune, le *Grelot*, petit journal satirique à caricatures, le seul des journaux de ce genre qui parût alors à Paris.

BERTAUDEAU (Pierre), né à Juliac-le-Coq (Charente), le 8 avril 1795, descendant d'une ancienne famille de viticulteurs, est considéré comme un des producteurs d'eau-de-vie les plus expérimentés de sa contrée, dite *grande Champagne de Cognac*. M. Bertaudeau fut nommé maire de sa commune en octobre 1831, et ne résigna ses fonctions qu'en juillet 1863. Pendant les trente-deux ans de son administration, il rendit les plus grands services à son pays, et porta l'amour du bien public à ce point qu'il fit réparer, à ses frais, diverses voies de communication qui étaient impraticables. Sa vieille réputation d'homme bienfaisant s'étend au loin, et les infortunés qui traversent sa commune n'y connaissent pas d'autre hôtellerie que la maison du *père des pauvres*. M. Bertaudeau est membre du Conseil d'arrondissement de Cognac, pour le canton de Segonzac, et membre de la Chambre consultative d'agriculture de Cognac. Il a obtenu, à la première exposition universelle de Londres, la grande médaille d'or, pour ses eaux-de-vie de Cognac, et a été nommé chevalier de la Légion d'Honneur, le 12 mars 1862.

BERTAULD (Charles-Alfred), né à Verson (Calvados), le 9 juin 1812. A passé les examens de licence en droit le 22 août 1834, et ceux du doctorat en novembre 1841. Le Conseil de l'ordre des avocats de Caen le compte parmi ses membres depuis 1844. Deux ans plus tard, le 5 janvier 1846, il obtenait, au concours, le titre de professeur-suppléant à la Faculté de droit de cette ville. Il fut nommé professeur de procédure civile le 12 septembre 1853, et professeur de Code Napoléon le 27 octobre 1858. L'intégrité de son caractère, non moins que la solidité de ses connaissances en matière de jurisprudence, lui conservèrent, au barreau, la considération et les sympathies qu'il avait également su conquérir à l'Ecole. Aussi a-t-il été élu quatre fois bâtonnier de son ordre. Citoyen zélé autant qu'habile jurisconsulte, il fait partie du Conseil municipal depuis 1849. Aux élections du 8 février 1871, 52,000 suffrages l'ont appelé à l'honneur de représenter le département du Calvados à l'Assemblée nationale. M. Bertauld a publié les ouvrages suivants : *De l'hypothèque légale des femmes mariées sur les conquets de la communauté légale;—De la subrogation à l'hypothèque légale des femmes mariées* (1853, 2ᵉ édition 1864); — *Cours de Code pénal et leçons de législation criminelle* (1853, 3ᵉ édition 1864). — *Questions et exceptions préjudicielles en matière criminelle;—Questions controversées sur la loi abolitive de la mort civile ; — Introduction à l'histoire des sources du droit français ; — Philosophie politique de l'histoire de France ; — la Liberté civile, nouvelle étude critique sur les publicistes contemporains ;—Questions pratiques et doctrinales du Code Napoléon*, (2 vol. 1868-1869). M. Bertauld est membre du Comité de direction de la *Revue critique de législation et de jurisprudence*. Il a reçu la croix de la Légion d'Honneur le 11 août 1859.

BERTHELEMY (Pierre-Émile), né à Rouen, le 3 avril 1818. Ses parents, qui répugnaient à lui voir embrasser la carrière artistique, cédèrent tardivement devant l'expression constante et manifeste de sa vocation, et ne lui permirent qu'en 1838 de suivre les cours de l'École municipale de dessin et de peinture de la ville de Rouen. Cependant, trois ans plus tard, il obtenait, au concours, une pension de la Ville pour aller continuer ses études à Paris. Elève d'abord de Léon Cogniet, pour l'étude de la figure, il quitta cet atelier pour se livrer, sans maître et d'après nature, à de nouvelles études vers lesquelles l'entraînait sa préférence pour le genre marine ; et c'est dans ce genre qu'il a débuté au salon, où ses œuvres ont presque constamment figuré. Voici les principaux tableaux dus au pinceau de M. Berthelemy : *Evasion de Jean-Bart*, acquis par M. Levavasseur (1849); — *Après la tempête* (1859), et *Un incendie en mer* (1861), acquis pour le Musée de Rouen ; *Le Vauban, vaisseau transport de l'Etat, désemparé de son grand mât*, donné par le ministère des Beaux-Arts au Musée du Puy (1864); — *Le Maréchal de Villars, paquebot du Havre à Dunkerque, entré en relâche forcée à Fécamp*, tableau qui a remporté une médaille de 2ᵉ classe à l'Exposition internationale de Porto (Portugal), et a été vendu en Angleterre (1865) ; — *Naufrage du Borysthène*, donné par le ministère des Beaux-Arts au Musée de Lille, et qui a été classé dans le petit nombre des marines admises à l'Exposition universelle de 1867 (1866); — *Vue de Barfleur* (1868) ; — *Naufrage du transport de l'Etat l'Europe, échoué sur un banc de corail près l'îlot le Triton* (1869); ce tableau, reçu à l'Exposition d'Anvers, a été acheté par le consul anglais ; — *La prise de Canton* (1869), œuvre commandée par le ministère de la Marine, et dont une reproduction a été exécutée sur la demande personnelle du ministre de la Marine, M. Rigault de Genouilly ; — *Vue de Dieppe*, et *Vue de Rouen*, commandées par M. Ch. Levavasseur, ancien député, etc. M. Berthelemy a remporté, outre la médaille citée plus haut, des diplômes d'honneur à Amiens et Montpellier, diverses médailles à Rouen, Montpellier, Alençon, Boulogne-sur-Mer, une médaille de 2ᵉ classe à l'Exposition internationale maritime du Havre, et une médaille de l'Académie des sciences, arts et belles-lettres de Rouen, au concours des artistes normands (Salon de Paris, 1859). Il a, comme graveur, illustré quelques planches de la collection de l'*Illustration nouvelle*, de la Société des Aqua-fortistes.

BERTET (Bernard), né à Cercoux, (Charente-Inférieure), le 1ᵉʳ août 1815. La vie du docteur Bertet peut être proposée comme exemple aux jeunes gens dont la foi dans le travail pourrait un jour défaillir. Fils de parents peu fortunés et illettrés, il fréquenta, jusqu'à l'âge de 15 ans, l'école de son village, tout en se livrant aux travaux des champs et aux soins des animaux domestiques. Puis il passa six mois dans une petite pension et six mois au collège de Libourne, après quoi il retourna à ses travaux agricoles. Un rhumatisme aigu des plus graves et qui mit sa vie en danger, fut cause de cette détermination. En janvier 1833, il se rendit à Bordeaux, où, en 1835, il se fit recevoir officier de santé ; et, tout en faisant de petits cours qui l'aidaient à vivre, il devint successivement, au concours, premier aide d'anatomie et interne à l'hôpital. Son ambition grandissant avec ses succès, il prit les grades de bachelier ès lettres en 1839, de bachelier ès sciences en 1840, et de docteur en médecine en 1841. Six jours après avoir passé brillamment son doctorat, il se présenta au concours pour la place de chef-interne, mais, pour la première fois, éprouva un échec. Alors il rentra dans sa localité et s'y livra au laborieux exercice de sa profession. Sa clientèle, surtout comme médecin-consultant, rayonne sur quatre départements et il a visité des malades dans plus de 120 communes. Il a remporté le grand prix en 1865 et une mention honorable en 1866 à la Société de médecine de Bordeaux, sur les questions suivantes : *Pathologie et chirurgie du col utérin; — De l'expectation dans le traitement de la pneumonie aiguë.* On lui doit encore : *Les parasites de l'homme, etc.*, mémoire lu au Congrès médical de Bordeaux (1865) ; — *La pellagre sporadique*, travail inséré dans les *Actes* du Congrès international de Paris (1867). M. le docteur Bertet a fourni des articles à plusieurs journaux de médecine, principalement à l'*Union médicale*. Membre correspondant de la Société de médecine de Bordeaux, de celle des Hospices et Hôpitaux de la même ville, de celles de Toulouse et Périgueux, il a été nommé, en 1871, conseiller de l'arrondissement de Jonzac.

BERTHELOT (Pierre-Eugène-Marcellin), né à Paris, le 27 octobre 1827. Prix d'honneur de philosophie au concours général de 1846, M. Berthelot s'est spécialement consacré à l'étude des sciences et a été reçu docteur ès sciences en 1854. Nommé préparateur au Collège de France en 1851, il est devenu professeur de chimie organique à l'Ecole de pharmacie en 1859, et membre de l'Académie de médecine en 1863. Une chaire de chimie organique au Collége de France a été créée pour lui en 1865. On lui doit un grand nombre de découvertes importantes dans le domaine de la chimie organique, notamment sur la synthèse des matières organiques : *Synthèse des Alcools, des Carbures d'hydrogène, des Corps gras neutres* ; de nombreux mémoires sur les *Combinaisons de la glycérine avec les acides*, sur les *Carbures pyrogénés*, sur une *Méthode universelle d'hydrogénation*, sur l'*Isomérie*, sur la *Thermochimie*, sur la *Statique chimique*, etc., ainsi qu'une lettre à M. Renan sur la méthode scientifique : *Science idéale et Science positive* (*Revue des Deux Mondes*, 1863) ; il a exposé ses méthodes dans un grand ouvrage intitulé : *Chimie organique fondée sur la synthèse*, et dans des *Leçons sur les méthodes générales de synthèse*, etc. Chevalier de la Légion d'Honneur le 13 août 1863, il a été promu officier le 14 août 1867.

BERTHET (Élie-Bertrand), né à Limoges (Haute-Vienne), le 9 juin 1815. M. Élie Berthet, après avoir fait d'excellentes études au collége de sa ville natale, vint à Paris, vers la fin de 1834, avec l'intention d'étudier le droit ; mais il y renonça bientôt pour s'occuper exclusivement de littérature. En 1837, il débuta dans la partie littéraire du *Siècle*, dont il a été, depuis cette époque, un des rédacteurs les plus assidus et les plus aimés. Il a publié en outre un très-grand nombre de romans dans le *Constitutionnel*, la *Patrie*, le *Journal pour tous*, etc. Ses principaux ouvrages sont : *la Mine d'Or ; — le Nid de Cigognes ; — les Mystères de la famille ; — le Spectre de Châtillon ; — les Chauffeurs ; — les Catacombes de Paris ; — la Bête du Gévaudan ; — l'Homme des bois ; — le Gentilhomme verrier ; — le Juré ; — le Douanier de mer ; — la Directrice des postes ; — les Houillers politiques ; — les Crimes inconnus ; — la Peine de mort ; — les Drames de Cayenne ; — le Garde-chasse ;* — etc. En outre, il a donné au théâtre deux drames tirés de ses œuvres : *le Pacte de famine*, avec M P. Foucher, et *les Garçons de recette*, avec M. Dennery. M. Élie Berthet est chevalier de la Légion d'Honneur, depuis 1863.

BERTHIER (Jean-Ferdinand), né à Louhans (Saône-et-Loire), le 30 septembre 1803, d'une des familles les plus estimables du pays. Atteint, à l'âge de deux ans, d'une congestion cérébrale, il resta sourd-muet. Sa famille le fit entrer, en 1811, à l'Institution impériale de Paris, qui jouissait alors d'un grand renom dans l'univers entier, sous la direction de l'abbé Sicard, successeur de l'abbé de l'Epée, créateur de l'art d'instruire ces malheureux. Les progrès du jeune Berthier furent rapides. Après avoir suivi les cours des premiers professeurs de l'Ecole, entre autres du sourd-muet Massieu, l'élève de prédilection du maître, et du futur censeur des études Bébian, le plus habile *parlant* qui se soit voué à cette spécialité, M. Berthier fut appelé, en 1820, à prendre une part active à l'enseignement de ses frères d'infortune. Depuis, il n'a laissé échapper aucune occasion de fêter la mémoire de ses bienfaiteurs, comme le prouvent ses adieux *mimés*, dès le 11 mai 1823, sur la tombe de l'abbé Sicard. Toute sa vie n'a été, du reste, qu'un long dévouement à l'amélioration intellectuelle et morale des sourds-muets, dont le nombre, en France seulement, ne s'élève pas aujourd'hui à moins de trente mille. Fondateur d'un Comité pris dans leur sein, il a provoqué, en 1834, la création d'une fête en l'honneur de l'abbé de l'Epée, dans laquelle un banquet de famille réunit autour de son buste, le jour anniversaire de sa naissance, ses enfants d'adoption et les *parlants*, leurs amis. Nommé, en 1829, professeur en titre de l'Institution, décoré, en 1849, de la Légion d'Honneur, membre de la Société des gens de lettres et de l'Institut historique, il est, depuis 1865, doyen en retraite des professeurs de l'Ecole. L'un des vice-présidents de la Société d'éducation et d'assistance des sourds-muets de France, il a réorganisé, en 1867, sur de plus larges bases, l'ancienne Société centrale, qui a reçu le titre de *Société universelle des sourds-muets*, réalisant la pensée depuis longtemps éclose dans son esprit, d'une association générale, littéraire, scientifique, artistique, industrielle et agricole de tous ces déshérités du globe, communiquant à l'aide de la mimique, langue, non des mots, mais des idées. En novembre 1869, protégée par l'autorité municipale, elle créait, pour ses adultes, des cours publics et gratuits de droit civil, d'arithmétique, de tenue des livres, de dessin linéaire, de géographie, d'histoire, de géométrie, d'hygiène, de mécanique, d'agriculture, etc., etc., professés par des sourds-muets ou des *parlants*. La Société publie, depuis janvier

1870, un *Bulletin* fort curieux, rédigé par des sourds-muets. Entre les nombreux ouvrages de M. Berthier, on cite : *Histoire et statistique de l'éducation des sourds-muets* (1839) ; — *De la Mimique chez les peuples anciens et modernes*, et *De la Pantomime appliquée à l'enseignement des sourds-muets*, deux mémoires lus au Congrès historique de Paris (1839 et 1848) ; — *les Sourds-Muets avant et depuis l'abbé de l'Epée*, ouvrage ayant obtenu la médaille d'or proposée par la Société des sciences morales de Seine-et-Oise (1840) ; — *Examen critique de l'opinion du docteur Itard, médecin en chef de l'Institution des sourds-muets*, réfutation présentée aux Académies de médecine et des sciences morales et politiques (1858) ; — *Observations sur la mimique considérée dans ses rapports avec l'enseignement des sourds-muets : la surdi-mutité, l'articulation, la lecture sur les lettres*, mémoire présenté à l'Académie de médecine (1853) ; — *l'Abbé de l'Epée, sa vie, son apostolat*, monuments élevés à sa mémoire à Paris et à Versailles, autographe, portrait, dessins, etc. (1853); — *le Code Napoléon* (Code civil de l'Empire français) *mis à la portée des sourds-muets lettrés et illettrés, de leurs familles et des parlants en rapport journalier avec eux* (1868).

BERTHIER (Pierre), né à Sennecy-le-Grand (Côte-d'Or), en 1830. M. le docteur Berthier s'est consacré à la médecine mentaliste, et, à peine sur les bancs de l'Ecole, a remporté le premier le prix fondé par Esquirol en faveur des élèves d'asiles d'aliénés. Successivement interne, chef interne de l'Asile d'Auxerre, puis médecin en chef des Asiles d'aliénés de Bourg, lauréat et membre de plusieurs Académies savantes, il occupe actuellement (1872) la place de médecin-chef résidant de l'hospice de Bicêtre où les spécialistes Pinel, Ferrus et Leuret ont marqué leur passage. On lui doit de nombreux ouvrages, notamment : *Médecine mentale*: 1re étude, de l'*Isolement*; 2me étude, des *Causes* ; — *Excursions scientifiques dans les Asiles d'aliénés* (4 brochures accompagnées d'une carte itinéraire des hospices d'aliénés de la France) ; — *Erreurs et préjugés relatifs à la folie*; — *De la folie diathésique*; — *de la dépopulation des campagnes* ; — *Dégénérescence, Régénération*. Tous ces ouvrages sont marqués d'un cachet essentiellement pratique et moral. M. le docteur Berthier a fait paraître aussi des articles dans plusieurs journaux de médecine, notamment dans les *Annales médico-psychologiques* et le *Journal de médecine mentale*. Il a reçu la croix de la Légion d'Honneur en récompense de sa belle conduite, pendant l'hiver de 1870-1871, comme médecin de l'hôpital des varioleux militaires établi à Bicêtre, et où sont morts plus de mille mobiles ou soldats de ligne.

BERTHOLON (César), né à Lyon le 18 janvier 1808. Fils de négociant, il fit avec succès le commerce de soieries, et se retira des affaires avec une belle fortune. Il fut, après 1830, un des organisateurs de la Société des droits de l'homme, puis l'un des témoins cités dans le procès d'avril ; et, dans cette dernière circonstance, il ne craignit pas de prononcer ces paroles : « Ma place n'est pas ici, elle est au banc des accusés. » Rédacteur d'une feuille républicaine, le *Censeur*, dont il était aussi propriétaire, il fut désigné, en 1840, comme président d'un banquet patriotique auquel assistaient plus de 6,000 personnes; et, plus tard, il prit une part active à l'agitation des banquets réformistes. D'abord commissaire de la République à Vienne, puis représentant de l'Isère à la Constituante, en 1849, il fut réélu à l'Assemblée législative, fit une violente opposition au gouvernement de Louis-Napoléon, signa la demande de mise en accusation du Président et de ses ministres à propos de l'expédition de Rome, fut au nombre des représentants qui tentèrent un appel au peuple en 1849, et ne quitta pas les rangs du parti démocratique jusqu'au moment du Coup d'Etat. Après le 2 décembre, il fut interné en Algérie, d'où il se rendit en Angleterre. De retour en France, il se présenta pour la députation, en 1869, dans la première circonscription de Lyon, et faillit l'emporter, au scrutin de ballottage, sur le candidat de l'administration. M. César Bertholon, nommé préfet de la Loire après le 4 septembre, sur la demande du Conseil municipal de Saint-Etienne, s'est montré administrateur habile et conciliant, et a su maintenir l'ordre et faire respecter le gouvernement républicain. Partisan de la guerre à outrance, il a donné sa démission quand M. Gambetta a quitté la direction des affaires. Maintenant (1872), M. César Bertholon rédige un petit journal : *La République des paysans*, appelé à rendre d'utiles services dans les campagnes.

BERTHON (Nicolas), né à Paris, le 4 août 1831. M. Nicolas Berthon s'est consacré à la peinture, et spécialement à la peinture de genre. Il a eu trois maîtres : Julien de la Rochenoire, sous la direction duquel il a été reçu à l'École des Beaux-Arts (pour la figure dessinée), le 10 octobre 1850; puis Yvon, qui venait d'ouvrir son atelier, et chez qui il est resté peu de temps; et enfin Léon Cogniet, auprès duquel il a complété ses études. Parmi ses œuvres exposées au Salon et les plus connues on cite: *le Goûter des moissonneurs, nature morte* (1857); — *le Goûter des moissonneurs* (1863); — *Moissonneurs*; *Retour du bétail* (1864); — *Jeu de quilles en Beauce*; *Paysan montagnard* (1865); — *Pendant la messe*, *Souvenir d'Auvergne*, au Musée d'Arras, réexposé au Champ-de-Mars en 1867 (1866); — *la Bourrée d'Auvergne*, *Un paysan* (1867); — *Une prière, Souvenir d'Auvergne*; *une Fileuse* (1868); — *la Barbière de Châtel-Guyon, en Auvergne* (1869); — *la Leçon de Biniou, en Auvergne*, *Type d'Auvergnat* (1870). On doit aussi à M. Nicolas Berthon le *portrait de M*mes *F. B.*, et différents dessins. Il a remporté une médaille en 1866 (Paris).

BERTILLON (Louis-Adolphe), né à Paris, le 1er avril 1821. M. Bertillon a fait ses études médicales à la Faculté de Paris. Reçu docteur en 1852, lauréat de l'Académie de médecine en 1856 et de l'Institut en 1858, il a été, de 1854 à 1860, médecin de l'hôpital de Montmorency. Il est membre de l'Association générale des médecins de France, correspondant de la Commission centrale de statistique de Belgique, membre fondateur, et, cette année (1872), vice-président de la Société d'anthropologie, membre de la Société de statistique de Paris, de la Société de Sociologie, etc. Pendant le siège de Paris, le gouvernement de la défense nationale l'a nommé maire du V° arrondissement, puis inspecteur-général des établissements de bienfaisance. On lui doit: *Conclusions statistiques contre les détracteurs de la vaccine* (1857). M. le docteur Bertillon a fourni des articles à beaucoup de publications importantes. Dans l'*Union médicale*, il a traité: de la *Statistique*, de la *Mortalité des nouveau-nés*, de l'*Hygiène des mineurs*, de la *Prostitution*, de la *Villégiature sur les bords de la mer*, de l'*Influence du tabac sur les travaux de l'esprit*, des *Champignons comestibles et vénéneux*, etc. A la *Gazette hebdomadaire* et au *Moniteur universel*, il a fourni des travaux touchant : la *Philosophie*, l'*Anthropologie*, la *Mycologie*, etc. Outre des mémoires spéciaux sur la statistique et sur l'anthropologie, insérés dans les publications des Sociétés savantes ci-dessus désignées, et dans le *Journal d'Anthropologie* du Dr Broca, il a écrit dans le *Dictionnaire de médecine* (12° édit.), de MM. Robin et Littré, les articles concernant la *Démographie*, le *Mariage*, la *Mésologie*, la *Natalité*, la *Population*, la *Statistique*, la *Vie moyenne et probable*, *Table de mortalité* etc. Enfin, il collabore très-activement à l'*Encyclopédie générale* et au *Dictionnaire encyclopédique des sciences médicales*, où, entre autres, tous les articles concernant la *Démographie* ou statistique sociale et médicale et la *Mycologie* lui sont confiés. Ses principaux articles, déjà parus dans ce *Dictionnaire* encore en cours de publication, sont : 1° pour la *Démographie* : *Acclimatation*, *Autriche*, *Bavière*, *Belgique*, *Grande-Bretagne*, *Mariage*, *Mortalité*, etc. ; 2° pour l'*Anthropologie* : *Angles céphaliques*, *Australiens*, *Lapons* ; *Mésologie* ou influence des milieux sur les êtres vivants, etc. ; 3° pour la *Mycologie* : *Agaric et Agaricinées*, *Amanite*, *Bolet*, *Champignons*, *Chanterelles*..., *Lactaire*, *Lépiotes*, *Marasme*, *Mérule*, etc. Ces articles, notamment en ce qui concerne la statistique appliquée à l'étude des nations, sont des monographies étendues et très-détaillées, et ceux concernant la statistique jettent les fondements d'une science nouvelle, la DÉMOGRAPHIE ou statistique appliquée à l'étude des collectivités humaines. Cet auteur a aujourd'hui en cours de publication un grand ouvrage sur la *Démographie figurée de la France*, consistant principalement en une série de cartes de France dont les départements sont teintés selon le rang qu'ils occupent par leur mortalité à chaque âge et chaque sexe, leur matrimonialité, leur natalité, leur criminalité, leur productivité, etc., etc. Les XI premières cartes sont déjà parues et ont été soumises à l'Académie de médecine (4 janvier 1870). Enfin M. le docteur Bertillon a lu à l'Académie de médecine, sur les sciences dont il a fait une étude spéciale, plusieurs travaux originaux qui ont été reproduits par la plupart des journaux de médecine.

BERTIN (Édouard-François), né à Paris, le 7 octobre 1797. M. Édouard Bertin est le fils du fondateur du *Journal des Débats*. Il étudia la peinture d'histoire dans l'atelier de Girodet, et celle de paysage dans l'atelier de Bidault. Il s'était acquis une réputation avantageuse dans les arts, quand il fut, en 1830, nommé inspecteur des Beaux-Arts, fonction qui lui donna l'occasion de remplir, en Italie, plusieurs missions du gouvernement. M. Bertin a également parcouru la France et le Levant. En 1854, il a pris la direction du *Journal des Débats*, vacante par suite de la mort de son frère, qui lui-même avait succédé à son père dans cette position. Parmi les œuvres artistiques de M. Bertin, on cite : *Vue de la forêt de Fontainebleau* (musée du Luxembourg) ; — *la Tentation du Christ* ; — *les Sources de l'Alphée* (acheté par l'État) ; — des paysages rassemblés sous le titre de : *Souvenirs de voyages*, etc. M. Bertin est décédé en septembre 1871. Il avait obtenu une médaille d'or en 1828, et était chevalier de la Légion d'Honneur (1er mai 1833), et commandeur de l'ordre des Saints Maurice et Lazare d'Italie.

BERTIN (Louise-Angélique), née aux Roches, près Bièvres (Seine-et-Oise), le 15 janvier 1805; sœur du précédent. Mlle Bertin eut d'abord le goût de la peinture ; puis elle cultiva la littérature ; et, finalement, donna ses préférences à la musique. Comme écrivain, elle a publié un volume de poésies, *Les glanes*, couronné par l'Académie française (1842). Élève de Fétis et de Reicha pour la composition musicale, elle a donné *Gui Mannering* et *La Esméralda* (paroles de Victor Hugo, 1836), à l'Opéra ; — *Le Loup-Garou* à l'Opéra-Comique (1827) ; — et *Fausto* aux Italiens (1831).

BERTIN (Jean-Louis-Henri), né à Paris, le 25 mars 1806. Après avoir terminé ses études de droit à la Faculté de Paris, M. Bertin se fit inscrire (1829) au barreau des avocats de la capitale, où il occupa bientôt une place distinguée, et devint membre du Conseil de l'Ordre en 1860. Il s'est consacré spécialement à des études de droit et de jurisprudence, et a participé, à dater de 1835, à la rédaction du journal *Le Droit* dont il a été le rédacteur en chef de 1848 à 1870. Il a publié : *De la révision des procès criminels* (1851) ; — *Historique et révision du procès Lesurques* (1851) ; — *Code des irrigations* (1852) ; — *Chambre du Conseil en matière civile et disciplinaire* (2 vol., 1853, 2° édit. 1856), etc. Il est chevalier de la Légion d'Honneur, depuis le 14 août 1864.

BERTRAND (François-Gabriel), né à Valognes (Manche), le 15 décembre 1797. M. Bertrand a fait ses études dans sa ville natale et y a débuté dans la carrière de l'enseignement, en 1825, comme régent de rhétorique. Professeur de troisième au collège de Caen le 13 décembre 1826, professeur de rhétorique le 25 septembre 1827, il obtint le premier rang au concours d'agrégation le 10 octobre 1828, et fut reçu docteur ès lettres le 5 juillet 1829. C'est alors qu'il soutint, aux applaudissements d'Ampère et de Kératry, une remarquable thèse sur ce sujet : *Du Goût et de la Beauté*. Une chaire de littérature grecque ayant été créée à la Faculté de Caen, M. Bertrand, nommé d'abord professeur-adjoint le 16 janvier 1830, puis professeur titulaire le 7 mars 1831, a occupé cette chaire avec une véritable distinction pendant plus de trente ans. Il entra au Conseil académique le

28 janvier 1832. Au mois de septembre 1834, il se démit de sa chaire de rhétorique au collège de Caen, pour se consacrer entièrement à l'enseignement de la littérature grecque, et devint doyen de la Faculté des lettres le 6 juillet 1840. C'est à cette époque que M. Bertrand commença à prendre une part active aux affaires publiques. Membre du Conseil municipal de Caen le 1er juillet 1840, réélu à la presque unanimité des suffrages aux élections de 1848, il fut nommé maire le 19 août suivant ; et il n'a pas cessé d'exercer ces fonctions jusqu'en 1870. Grâce à ses talents administratifs, des améliorations considérables ont été exécutées dans cette ville et l'ont en quelque sorte transformée. Aussi les témoignages de la gratitude de ses concitoyens ne lui ont-ils pas manqué. Il a été élu membre du Conseil général du Calvados en 1852, et constamment réélu jusqu'en 1870. Député au Corps législatif en 1863, il donna alors sa démission de doyen de la Faculté des lettres ; mais il reçut, en récompense de ses services universitaires, les titres de professeur et de doyen honoraire. Pendant la législature de 1863 à 1869, M. Bertrand vota fréquemment avec le groupe qu'on nommait le Tiers-Parti. Il a refusé de se présenter aux élections de 1869, pour se consacrer exclusivement à ses fonctions municipales. Il concourut activement aux travaux des sociétés savantes de Caen, qu'il a souvent présidées ; et les *Mémoires* de l'Académie de Caen publièrent, de lui, quelques *Etudes sur Aristophane*, qui, dans la pensée de l'auteur, devaient originairement faire partie d'un grand travail sur les poëtes dramatiques de l'antiquité. M. Bertrand a été élu membre de l'Institut des provinces en 1850. Il est officier de la Légion d'Honneur depuis le 4 août 1858.

BERTRAND (François-Marie), né à Fontainebleau, le 26 octobre 1807. M. l'abbé Bertrand a fait sa théologie au séminaire de Versailles. Nommé à la cure d'Herblay en 1837, il consacra ses loisirs à poursuivre ses études orientalistes, et fut nommé chanoine du Chapitre de Versailles en 1856. Il a publié des ouvrages qui font preuve d'une profonde érudition ; on lui doit : *Histoire du règne des Pandavas dans l'Hindoustan*, éditée par la Société asiatique (1844) ;— *Les séances de Haïdari*, *Récits historiques sur la vie et la mort des principaux martyrs musulmans* (1846) ;—*Etude sur le dix-huitième chapitre du livre de Job* (1847) ;—une *Chrestomathie hindoustanie*, en collaboration avec M. Théodore Pavie, sous la direction de M. Garcin de Tassy (1847) ;—*Dictionnaire universel, historique et comparatif de toutes les religions du monde*, édité par l'abbé Migne (4 vol. in-4°, 1848-1851) ;— *Les Psaumes disposés suivant le parallélisme*, traduits de l'hébreu (1857). M. l'abbé Bertrand a fourni de nombreux articles de littérature et de critique au *Journal asiatique*, aux *Annales de philosophie chrétienne*, et autres revues et journaux tant en France qu'en Angleterre. En 1864, il publia, sous le titre de *Lettres de Sophronius*, une série de brochures ou pamphlets sur la question liturgique. Ces lettres, écrites sous une inspiration gallicane, valurent à leur auteur un interdit momentané, et furent mises à l'*Index*. Sa participation à la Société nationale, pour une traduction nouvelle des livres saints, et le discours qu'il prononça à la Sorbonne sur ce sujet, le 21 mars 1866, attirèrent de nouveaux désagréments à M. l'abbé Bertrand, qui s'est aujourd'hui retiré des débats, et poursuit, dans le silence du cabinet, ses travaux philologiques et bibliques.

BERTRAND (Joseph-Louis-François), né à Paris, le 10 janvier 1822. Il fit ses études au collège Saint-Louis et s'y montra doué de dispositions exceptionnelles pour les mathématiques. Appelé à concourir, à titre d'essai, en 1833, à l'âge de 11 ans, avec les aspirants d'âge réglementaire, il eut la gloire d'être déclaré admissible à l'École polytechnique, où il fut reçu le premier en 1839. M. Bertrand entra dans le service des mines en 1842 et puis donna sa démission pour professer les mathématiques au collège Saint-Louis. Il fut successivement examinateur d'admission à l'École polytechnique, maître de conférences à l'Ecole normale, répétiteur d'analyse à l'Ecole polytechnique, professeur suppléant de physique mathématique au Collège de France, et professeur de mathématiques spéciales au lycée Napoléon. M. Bertrand est professeur titulaire de la chaire de physique générale et mathématique au Collège de France depuis 1862. Il a été élu membre de l'Académie des sciences en 1856, en remplacement de Stourm. On lui doit, outre deux ouvrages classiques : *Traité d'arithmétique* (1849, 2e édit. 1851) ; — *Traité d'algèbre* (1850), un grand nombre de mémoires insérés dans le *Journal des mathématiques* de M. Liouville, dans le *Journal de l'École polytechnique* et dans les *Mémoires de l'Académie des sciences*. M. Bertrand a été nommé chevalier de la Légion d'Honneur en 1857 et officier le 14 août 1867.

BERTRAND (Léon), né à Nantes (Loire-Inférieure), en 1807. Il fit ses études classiques à Louis-le-Grand (Descartes), et débuta dans les lettres par une tragédie : *Laurent de Médicis* (3 actes, au Théâtre-Français, 1839), et un drame historique, en vers : *Olivier Cromwell* (5 actes, 1841). Il a donné à l'Odéon : *Le Comité de lecture*, comédie en vers (1869). Longtemps directeur du *Journal des chasseurs* (1840-1861), et grand chasseur lui-même, il a écrit, en fait d'ouvrages cynégétiques : *Le Vade mecum du chasseur*, en collaboration avec J. Lavallée (1841) ; — *Du faisan, considéré dans l'état de nature et de domesticité* (1851) ; — *Au fond de mon carnier* (1860) ; — *La chasse et les chasseurs*, avec une préface de J. Janin (1861) ; — *Tonton, tontaine, tonton*, avec un avant-propos d'Alex. Dumas père (1864), etc. Attaché, depuis plusieurs années, à la rédaction du *Journal des Débats*, comme chroniqueur du *Sport*, il est aussi propriétaire-directeur du *Derby*, journal universel des courses, qu'il a fondé en 1866. M. Léon Bertrand est chevalier de la Légion d'Honneur depuis 1844, et membre de l'ordre de Gustave Wasa, de Suède.

BESCHERELLE (Louis-Nicolas), né à Paris, le 10 juin 1802. Elève du collège Bourbon, il fut employé, en 1825, aux archives du Conseil d'État, et nommé, en 1828, bibliothécaire du Louvre. Entraîné par une vocation irrésistible vers les études grammaticales, il avait débuté, dès 1820, par un intéressant travail : *le Participe passé ramené à sa véritable origine*. En 1829, il publia sa *Revue grammaticale* ou *Réfutation des principales erreurs des grammairiens*, dans laquelle, comme dans un autre ouvrage, qui vit le jour en 1838, sous le titre de : *Réfutation complète de la grammaire de MM. Noël et Chapsal*, il signale magistralement l'opposition incessante qui existe entre les règles arbitraires des théoriciens modernes et l'usage général, ainsi que l'autorité des grands écrivains. Nous ne pouvons mentionner tous les livres élémentaires qu'il a consacrés à l'amélioration, dans les écoles, de l'enseignement de la grammaire. Qu'il nous suffise de citer, parmi ses œuvres principales, sa *Grammaire nationale* (1834-1838, 2 vol., gr. in-8°; 5° édition, 1852, in-8°); — son *Dictionnaire usuel de tous les verbes français* (1842-1843, 2 vol.); — son *Dictionnaire national* ou *Grand Dictionnaire critique de la langue française* (1843-1846, 2 vol., gr. in-4°); — son *Petit Dictionnaire national* (1857). M Bescherelle a donné, avec M. Devars, un *Grand Dictionnaire de géographie universelle* (1856-1858, 4 vol. in-4°).

BESNARD (Henri), né à Pontchartrain (Seine-et-Oise, le 12 septembre 1833. A fait des études spéciales à l'Institut agronomique de Versailles et à l'école de Grignon, et s'est exclusivement consacré à l'agriculture. Il a été chargé de faire des *Rapports* sur les primes d'honneur de la Sarthe en 1865, de la Manche en 1866, du Morbihan en 1867, de l'Eure-et-Loir en 1869. Ces rapports qui ont été publiés, jouissent d'une légitime autorité. Il en est de même de son rapport sur la propriété de Karnel-Houët, qui a paru en 1867. M. Besnard a remporté la prime d'honneur du département de l'Eure, en 1870. Les électeurs de ce département l'ont élu à l'Assemblée nationale le 8 février 1871. Il est chevalier de la Légion d'Honneur depuis 1869.

BESSIÈRES (Lucien-Dieudonné), né à Paris, le 30 juin 1829. Élève des architectes Mortier et Callet, il suivit les cours de l'École des beaux-arts, de 1847 à 1850, et dirigea en 1853, comme inspecteur, les travaux du marché de la Porte-Saint-Martin. Il a élevé, tant dans la capitale qu'aux environs, un grand nombre de constructions qui se distinguent par une originalité de bon aloi. M. Bessières a collaboré, pour les dessins, à *l'Encyclopédie d'architecture*, et a publié quelques articles critiques dans le journal *le Bâtiment*. Il a pris part à plusieurs concours publics et exposé aux Salons : *Projet de décoration de la place de la Bastille*; — *Ex-voto du XVI° siècle de l'église collégiale de Saint-Quentin* (Aisne); — *Projet de tombeau israélite*; —*Projet de Palais-de-Justice pour la ville d'Anvers*; — *Croquis d'un voyage en Corse*, etc. Il est architecte-expert et membre de la Société centrale des architectes.

BESSON (Paul), né à Lons-le-Saulnier, le 5 juin 1831. M. Paul Besson prit le grade de docteur en droit à la Faculté de Paris en 1860. Inscrit, la même année, au tableau des avocats de la capitale, il prit, en 1867, une charge d'avocat au Conseil d'État et à la Cour de cassation. Bientôt son talent, sa réputation d'honnêteté professionnelle lui valurent d'être appelé à défendre des causes importantes, parmi lesquelles on peut citer celle des Dominicains de France plaidant contre un des frères du Père Lacordaire, à propos de la succession de ce dernier, cause qu'il soutint et gagna de la façon la plus brillante et la plus heureuse. M. Besson appartient au parti religieux. La grande position qu'il s'est faite, et celle qu'occupe sa famille en province, l'ont engagé à se présenter, le 8 février 1871, aux élections pour l'Assemblée nationale, dans le département du Jura, et il a été élu le second, immédiatement après M. Jules Grévy.

BETHMONT (Paul), né à Paris, le 15 octobre 1833. Fils de l'avocat du même nom, ministre sous la seconde République, et décédé en 1860, il étudia le droit à Paris, se fit inscrire au tableau des avocats de la capitale, s'adonna ensuite à la politique et prit place dans les rangs de l'opposition. Elu député au Corps législatif en 1865 et en 1869, par la 2° circonscription de la Charente-Inférieure, où il possède des propriétés, il apporta au parti de la Gauche le concours d'une expérience des affaires et d'un talent oratoire aussi brillants que précoces. Économiste distingué, il s'attacha particulièrement, en sa qualité de représentant d'une circonscription maritime, aux intérêts de la navigation. Il était aussi conseiller général de son département depuis 1865. Pendant le siège de Paris, M. Paul Bethmont a bravement et simplement fait son devoir de soldat dans la garde nationale de marche. Envoyé à l'Assemblée nationale par les électeurs de la Charente-Inférieure, le 8 février 1871, et nommé premier secrétaire, il a voté la paix, la translation de l'Assemblée à Versailles et la loi municipale.

BÉTHUNE (Gaston-Maximilien-Louis-Eugène, *comte de*), né à Compiègne, le 15 septembre 1813. M. le comte de Béthune s'est d'abord consacré à l'état militaire. Entré à l'École Saint-Cyr en 1831, il a servi dans la cavalerie de 1833 à 1842; puis il a donné sa démission, et a pris la gestion des grands biens qu'il possède dans son département. En 1848, il a été élu commandant de la garde nationale de Mézières. Créateur des courses de Nice, il en a été nommé président en 1868. Quand le fléau de la guerre étrangère s'est abattu sur sa ville natale, il n'a pas reculé devant les périls de la situation, et a accepté les fonctions de maire dans une cité qui, peu de temps après, le 18 septembre 1870, était bombardée et brûlée. Nommé député à l'Assemblée nationale le 9 février 1871, M. le comte de Béthune a suivi les traditions conservatrices de sa famille, et a voté, avec la majorité, le traité de paix, le transfert de l'Assemblée, la loi municipale, etc.

BEULÉ (Charles-Ernest), né à Saumur (Maine-et-Loire), le 29 juin 1826. Élève à l'École normale en 1845, M. Beulé en sortit en 1848 avec le titre d'agrégé des classes supérieures et fut nommé professeur de rhétorique au lycée de Moulins. Envoyé peu de temps après à l'Ecole française d'Athènes, il entreprit des fouilles devant les propylées de l'Acropole. Ses découvertes furent très-importantes et firent grand bruit dans le monde savant; elles plaidèrent victorieusement en faveur de l'utilité de l'Ecole, qui était alors contestée. A son retour en France, en 1853, M. Beulé passa ses thèses pour le doctorat ès lettres et obtint d'emblée son diplôme. En 1854, la mort de Raoul Rochette ayant laissé vacante la chaire d'archéologie de la Bibliothèque impériale, cette chaire fut donnée à M. Beulé, qui venait de publier, par ordre du ministre de l'Instruction publique, son remarquable ouvrage sur l'*Acropole d'Athènes*. M. Beulé a été élu membre de l'Académie des inscriptions et belles-lettres en 1860 et secrétaire perpétuel de l'Académie des beaux-arts en 1862. Il a fait exécuter à ses frais, sur l'emplacement de Carthage, des fouilles considérables dont il a publié le résultat. On lui doit : *An vulgaris lingua apud veteres Græcos exstiterit?* et *les Arts et la poésie à Sparte sous la législation de Lycurgue* (thèses); — *les Frontons du Parthénon; — l'Acropole d'Athènes; — Etudes sur le Péloponèse; — les Temples de Syracuse; — les Monnaies d'Athènes; — l'Architecture au siècle de Pisistrate; — la Sculpture avant Phidias; — le Procès des Césars* (4 vol.); — *Fouilles à Carthage; — Phidias*, drame antique. M. Beulé a publié, en outre, de nombreux articles dans la *Revue des Deux-Mondes* et le *Journal des Savants*, ainsi que les *Eloges* d'Halévy, d'Horace Vernet, d'Hippolyte Flandrin, de Meyerbeer, qu'il a prononcés en séance publique à l'Académie des beaux-arts. On se rappelle le procès que M. Beulé intenta à un décret impérial devant le Conseil d'État, et sa défense des statues des Plantagenets que le gouvernement avait promises à l'Angleterre. Pendant la guerre, M. Beulé s'est dévoué à l'organisation des ambulances, comme délégué de la Société internationale de secours aux blessés pour la région de l'Ouest. En février 1871, représentant du Maine-et-Loire à l'Assemblée, il a pris place dans les rangs de la majorité, présenté le rapport de la proposition relative au transfert de la représentation nationale à Versailles et voté la loi relative aux élections municipales. M. Beulé a reçu la croix de la Légion d'Honneur en 1853.

BEZAULT (Joseph-Frédéric), né au Villiers (Loir-et-Cher), en 1827. Entré, jeune encore, dans les ateliers de M. Genoux, l'un des plus importants fabricants de papiers peints de Paris, et dont il devint le gendre, il en sortit, en 1858, pour s'associer avec M. Polge, auquel il succéda, en 1864, comme seul propriétaire de la fabrique. Resté seul à la tête des affaires, il put donner libre carrière à son génie inventif, qui, uni à beaucoup d'expérience et de goût, lui permit d'élever son industrie à la hauteur d'un art. Il est un des fabricants de papiers peints qui ont réalisé le plus de progrès, tout à la fois comme excellence et comme économie, dans l'exécution de leurs produits. M. Bezault a obtenu une mention honorable à l'Exposition de Londres, en 1862, et la médaille d'or à l'Exposition universelle de Paris (1867). Tout le monde a admiré le magnifique panneau qu'il a fait figurer dans cette dernière Exposition.

BIANCHI (Barthélemy-Urbain), né à Montpellier, le 25 décembre 1821. M. Bianchi fit ses études au collège de Toulouse, et vint à Paris étudier la mécanique et la physique dans l'atelier de Gambey et aux cours publics des sciences. Dès 1840, âgé seulement de dix-neuf ans, il s'établit et construisit des instruments de physique. Chercheur infatigable, il a beaucoup innové et beaucoup amélioré. On cite parmi ses productions les plus intéressantes sa *Machine pneumatique rotative,* un *Appareil pour déterminer la densité des poudres de guerre*, utilisé par les gouvernements de France, de Suède et de Belgique, un *Liquéfacteur du protoxyde d'azote*, un *Appareil pour étudier les phénomènes de la polarisation* rotatoire, un *Anémomètre*, etc. M. Bianchi a obtenu plusieurs médailles, et, entre autres, une médaille de première classe à l'Exposition universelle de 1855. Il est chevalier de la Légion d'Honneur (4 octobre 1862), et de l'ordre de Gustave Wasa de Suède.

BIDARD (Théophile), né à Rennes, le 11 mars 1804; descend des deux familles qui donnèrent à la Bretagne, dans le dernier siècle, le savant jurisconsulte Poullain-Duparc, l'émule de Pothier, et le célèbre avocat Gerbier, surnommé *l'Aigle du barreau.* Il fit ses études dans sa ville natale, et obtint en 1824 le diplôme de docteur en droit. Nommé, le 23 août 1830, substitut à Rennes, il dirigea le parquet pendant l'hiver de 1830 à 1831, au milieu d'ardentes passions politiques, sans avoir à exercer aucune poursuite pour délit ou crime politique. Appelé, le 1er février 1831, en qualité de substitut, au parquet du procureur-général, il le quitta le 3 novembre 1832 pour aller occuper la chaire de droit qu'il venait d'obtenir au concours ouvert à Rennes. En 1835, il joignit au professorat la plaidoirie, et fut bientôt au premier rang. En 1847, M. de Salvandy, alors ministre de l'Instruction publique, ayant ouvert, en violation de la loi, un concours à Paris pour une chaire vacante à Rennes, M. Bidard défendit courageusement, contre le ministre, les attributions des Ecoles de province. Nommé représentant du peuple à la Constituante, en avril 1848, démissionnaire au 10 février suivant, il refusa toute candidature à la Législative; et, rentré dans son cabinet d'avocat et sa chaire de professeur, il partageait son existence entre les travaux du barreau et d'heureuses expérimentations agricoles, quand il fut nommé doyen de la Faculté de Rennes, en janvier 1860. En 1864, un changement de personnel dans la magistrature détermina M. Bidard à suspendre le cours de ses travaux comme avocat; et, un peu plus tard, l'entrée en fonctions d'un nouveau recteur de l'Académie le détermina, à propos d'une question de personnes, à présenter sa démission de doyen, avec une demande d'admission à la retraite comme professeur. Remplacé comme doyen, il ne put d'abord obtenir et verbalement de l'administration, au sujet de sa retraite, qu'une réponse évasive et bien discutable, celle-ci : que les fonctionnaires civils n'ont droit à la retraite que quand cela convient au ministre. Bien résolu de déférer au Conseil d'État ce déni de justice, il demanda, mais inutilement, l'ampliation de sa dépêche à M. Duruy, qui finit par lui promettre sa mise à la retraite pour le 1er novembre 1867. En juillet de la même année, il fut porté, par ses amis, candidat au Conseil général, et la circulaire qu'il publia contre les candidatures officielles lui valut sa mise à la retraite dans les vingt-quatre heures. Conseiller municipal en août 1870, et élu maire à la presque unanimité par la Commission municipale, il administra la ville de Rennes jusqu'au 12 janvier 1871, époque où il crut devoir s'effacer devant les personnes et la politique de la délégation de Bordeaux. Il se tenait à l'écart des ennuis politiques, quand ses concitoyens l'ont nommé membre de l'Assemblée nationale, le 8 février 1871. M. Bidard est chevalier de la Légion d'Honneur depuis le 14 août 1863.

BIENNOURRY (Victor-François-Eloi), né à Bar-sur-Aube, le 10 janvier 1823. Il entra, en 1839, à l'atelier de Drölling en même temps qu'à l'Ecole des beaux-arts. Après avoir obtenu successivement à l'Ecole deux médailles de figure dessinée, le prix de composition peinte, le prix de la tête d'expression et le prix de la demi-figure peinte, il remporta le grand prix de peinture au concours de 1842, sur ce sujet : *Samuel sacrant David*. De Rome, il envoya trois études : un *Pâtre*, *Salmacis* et *Erigone*; *L'amour sacré* et *L'amour profane*, d'après le Titien ; *Super flumina Babylonis*, esquisse peinte; le *Combat de Castor et de Lyncée*, esquisse dessinée, et, enfin, *Le mauvais riche*, acheté par le ministère de l'Intérieur (1849). De 1850 à 1860, il fit, pour le chapelle Saint-Joseph, à Saint-Roch, *La mort de Saint-Joseph* ; *La mort de Messaline* (au musée de Bordeaux); la *Chapelle Saint-Pierre et Saint-Paul*, à l'Eglise Saint-Séverin ; la *Chapelle de la miséricorde*, à Saint-Eustache ; le plafond de la *Chapelle des catéchismes*, à Saint-Etienne-du-Mont ; le portrait d'*Eustache Lesueur*, pour la galerie d'Apollon au Louvre ; *Saint-Genêt*, pour l'église de Proverville (Aube); le portrait en pied de M. le sénateur *de Maupas*. — Depuis 1860, M. Biennourry a exécuté 97 compositions décoratives dans les salons du palais des Tuileries, 18 compositions décoratives dans la bibliothèque du Louvre, 8 compositions décoratives dans la voussure du grand salon des fêtes au ministère d'Etat, le plafond de la grande antichambre du même ministère, une répétition de ce plafond pour le pavillon de Flore aux Tuileries, et 42 compositions pour l'illustration des *Evangiles* (imprimerie nationale), ouvrage envoyé à l'Exposition de Londres en 1862. Enfin, il a exécuté 9 compositions décoratives dans la galerie des Antiques, au Louvre ; sujets : l'*Empire français*; l'*Empire romain*; l'*Histoire sacrée*; l'*Histoire profane*; l'*Etude* ; la *Science*; la *Sculpture grecque*; la *Sculpture romaine* ; la *Sculpture française*. Aux Salons, où il avait figuré une première fois, en 1842, avec un *Portrait de jeune fille*, il a envoyé successivement le *Portrait de Drölling*, et bon nombre d'autres portraits dessinés ; *L'Homme qui court après la fortune et l'homme qui l'attend dans son lit* (1857);

Le Baptême de Jésus-Christ (1859); *Jésus-Christ au Jardin des Oliviers* (1864); *L'amitié*; *Parthénope*; *Le camée impérial* (dessin, 1865); *La Maison du Peintre, à Pompeï* (1867) ; *Socrate s'exerçant à la patience* (1868) ; *Esope composant une fable* (1869). *La Maison du Peintre à Pompeï* et *Esope composant une fable* sont au Musée de Troyes. M. Biennourry a obtenu une médaille d'or à l'Exposition de Paris, la médaille de bronze à l'Exposition de Lyon, un diplôme d'honneur à l'Exposition d'Amiens, et une médaille d'argent en commémoration de l'achèvement de la décoration de l'église Saint-Eustache.

BIENVENU (Charles-Léon), né à Paris le 25 mars 1835. M. Bienvenu s'est consacré de bonne heure à la littérature et s'est fait spécialement une réputation dans le journalisme fantaisiste, dit de la *petite presse*. Il a collaboré au *Diogène*, au *Nain-Jaune*, au *Corsaire*, au *Soleil*, à la *Lune*, à l'*Éclipse*, au *Journal amusant*, au *Mot d'ordre*, et est devenu propriétaire de la moitié du *Tintamarre*, où il a fait paraître une énorme quantité d'articles signés « Touchatout » et « Robert Buquet », entre autres l'*Histoire de France tintamarresque*, publiée en volume (1869). L'un des principaux rédacteurs du *Charivari* depuis 1866, il a fondé en 1868, une revue drôlatique : *Touchatout-Revue*, et en 1871, une autre feuille comique : *la Carmagnole*. Une série de biographies du même auteur, le *Trombinoscope*, obtient beaucoup de succès (1871). M. Bienvenu a fait jouer au théâtre Déjazet : *Un monsieur qui veut se faire un nom* (1866). Enfin son *Testament fantaisiste de Napoléon III* s'est vendu à un nombre considérable d'exemplaires.

BIÉVILLE (Charles-Henry-Étienne-Edmond, DESNOYERS DE), né à Paris, le 30 mai 1814. M. Desnoyers a débuté dans la littérature sous le nom de sa mère, et, l'ayant rendu populaire, a obtenu de le conserver et de l'ajouter au sien propre. D'abord collaborateur de Théaulon et de N. Fournier, il prit ensuite une part importante aux productions de Bayard, dont il était devenu l'ami. Il a fait, avec différents collaborateurs : *l'Homœopathie* (1836) ; — *Sans nom!* (1837) ; — *le Rêve d'un savant* (1837) ; — *le Saute-ruisseau* et *la Vie de garçon* (1838) ; — *Une vision* (1838) ; — *Geneviève la blonde* (1839) ; — *Phœbus ou l'Écrivain public* et *Juliette* (1840) ; — *les Enfants de troupe* (1840) ; — *le Flagrant délit* (1841) ; — *Mérovée* (1842) ; — *le Héros du marquis de quinze sous* (1843) ; — *la Gardeuse de dindons* et *les Couleurs de Marguerite* (1845); — *Jérôme le maçon* (1847) ; — *les Nuits blanches* (1847) ; — *Eric le fantôme* (drame en 3 actes, 1848) ; — *Horace et Caroline* (1848) ; — *le Camp de Saint-Maur* (1848) ; — *le Berger de Souvigny* (1849); — *Gardée à vue* (1849) ; — *Les deux Aigles* et *Phénomène* (1850) ; — *Si Dieu le veut* (1851) ; — *les Enfants de la balle* et *Un Fils de famille* (1852) ; — *Une poule mouillée* (1852) ; — *las Dansores espagnolas* (1852) ; — *l'Ombre d'Argentine* (1853) ; — *Sur la terre et l'onde* (1854) ; — *Préparation au baccalauréat* (1854) ; — *le Dessous des cartes* (1855) ; — *les Fanfarons du vice* (1856) ; — *Rêves d'amour* (1859). M. Desnoyers de Biéville a

Biogr. nat.

— 50 —

produit seul : *L'Huissier amoureux* (1842) ; — *les Dévorants* (1843) ; — *la Contrebasse* (1845) ; — *le Phare du Bréhat* (1847), et *le Meunier*, son *Fils et Jeanne* (1854) ;— *la Bégueule* (1855) ; — *les Deux Rats* (1861). Il est chargé de la critique dramatique du journal *Le Siècle*, depuis le mois de mai 1856.

BIGOT (Julien-Armand), né à Couptain (Mayenne), le 18 janvier 1831. Il fit ses études classiques au lycée de Laval, puis au lycée Louis-le-Grand, de 1845 à 1849, fit son droit à la Faculté de Paris, obtint, en 1852, une mention honorable au concours ouvert entre les licenciés, et prit le grade de docteur en 1854. Secrétaire de la conférence des avocats de Paris en 1855, sous le bâtonnat de Me Bethmont, il débuta dans la magistrature comme substitut à Mayenne, le 5 avril 1856. Substitut à Laval en décembre 1858, à Angers en 1861, et substitut du procureur-général, à Angers, en mars 1863, il fut nommé avocat-général près la même Cour en juillet 1868 et donna sa démission avec treize de ses collègues, le 9 septembre 1870, lors de l'installation du procureur-général nommé par M. Crémieux, ministre de la Justice. Il se fit inscrire alors au barreau d'Angers, où il appela sur lui l'attention par une plaidoirie mordante contre M. Engelhard, préfet envoyé par M. Gambetta. Aux élections de février 1871, M. Bigot a été élu dans la Mayenne par 60,000 voix, représentant à l'Assemblée nationale, et a pris place sur les bancs du Centre Droit, avec lequel il vote généralement. Il fait partie de plusieurs Commissions importantes, notamment de celle chargée d'exercer le droit de grâce, et de celle chargée de réorganiser la magistrature. Comme œuvres littéraires, on a, de M. Bigot deux remarquables discours de rentrée à la Cour d'Angers, l'un consacré à *l'Éloge de Prévot*, professeur de droit et avocat-général au présidial d'Angers, et l'autre ayant pour titre : *Essai sur l'histoire du droit, en Anjou*.

BILLAUDEL (Ernest), né à Lille, le 13 février 1836. Entré à Saint-Cyr en 1855, sorti de l'Ecole pour entrer au 8e régiment de lanciers, démissionnaire en 1864, il produisit, étant encore militaire, diverses nouvelles dans les publications littéraires. Puis il entra, comme rédacteur militaire, à la rédaction du *Pays* et commença en même temps, dans le *Constitutionnel* et le *Journal pour tous*, une série de romans dont plusieurs obtinrent un grand succès. Il contribua à la rédaction éphémère du *Grand Journal* par une suite d'articles humoristiques, réunis en volume sous ce titre : *Les Hommes d'épée* (1864). Depuis cette époque M. Ernest Billaudel a publié dans les principaux journaux de Paris, *Français*, *Opinion nationale*, *Gaulois*, *France*, etc., et dans les revues, des romans et des études littéraires qui lui ont créé un public sympathique et nombreux. On a de cet auteur, en librairie : *Par dessus le mur ;* — *La tête coupée ;* — *L'Histoire d'un trésor ;* — *Un mariage légendaire ;* — *Miral ;* — *Les partisans ;* — *Ma tante Lys ;* — *Un coquin de province ;* — *Une femme fatale*, etc. M. Ernest Billaudel a fondé, en outre, plusieurs journaux, parmi lesquels : le *Journal de la Garde-mobile*, pour le développement des idées du maréchal Niel, qui cessa de paraître quelques jours après la mort du ministre qui l'avait inspiré. M. Ernest Billaudel est chevalier de la Légion d'Honneur depuis 1870.

BILLAULT DE GÉRAINVILLE (Alexandre-Ernest), né à Châteaudun (Eure-et-Loir), le 19 avril 1825, d'un père magistrat et maire de cette ville. Après de brillantes études au collège de Louis-le-Grand où, à l'occasion, il suppléait ses maîtres, il professa la rhétorique et l'histoire. Atteint d'une affection dangereuse, fruit des fatigues de l'enseignement et de veilles prolongées, il dut descendre de l'une et l'autre chaire. Ce fut alors qu'il prêta une collaboration active à Durozoir, son maître, et à Michaud (junior) pour le supplément de la *Biographie universelle*. Comme auteur, il a traduit du grec les *Vies des Philosophes*, de Diogène-Laërce, et donné la première version en vers français du *Câble* de Plaute, suivie d'une édition entièrement refondue de *l'Éloge des perruques*, savant badinage de de Guerle. M. Billault de Gérainville a produit encore nombre de mémoires et brochures sur les questions politiques et économiques du jour, entre autres les *Résultats fantastiques de l'application de la loi sur les loyers*, et la *Fantastique circulaire*, deux pamphlets incisifs et piquants, qui ont obtenu un débit extraordinaire. Mais son œuvre capitale est *l'Histoire de Louis-Philippe*, en dix volumes, dont les deux premiers seulement ont paru, et desquels la critique a dit « qu'ils suffiraient à faire la réputation d'un écrivain. » Indépendant et désintéressé, il a, durant dix-huit-ans, combattu sans trêve ni merci l'Empire, la plume à la main, avec une rare puissance d'ironie, trait caractéristique de son talent et de sa polémique. A l'investissement de Paris, enrôlé volontaire dans la garde nationale, M. Billault de Gérainville a pris part, le 19 janvier, à l'affaire de Buzenval.

BILLIET (Alexis), né aux Chapelles, en Tarentaise (Savoie), le 28 février 1783. Son Em. le cardinal Billiet, entré au séminaire de Chambéry en 1805, y fut nommé professeur de philosophie en 1806, et professeur de théologie en 1807. En 1818, il devint vicaire-général du diocèse; en 1822, chanoine titulaire et supérieur du séminaire; en 1824, vicaire-général de Mgr de Bigex. Préconisé évêque de Maurienne le 19 décembre 1825, consacré le 19 mars 1826, il obtint la décoration de commandeur des Saints-Maurice-et-Lazare en 1834, et la Grand'-Croix, en 1840. Après quatorze ans d'épiscopat à Saint-Jean-de-Maurienne, Mgr Billiet a été transféré à l'archevêché de Chambéry le 27 avril 1840. Depuis plus d'un quart de siècle qu'il occupe ce siège, il a donné l'exemple de toutes les vertus chrétiennes. Aussi sa promotion au cardinalat, le 27 septembre 1861, a-t-elle rempli d'allégresse le cœur des Savoisiens. Il a été recevoir le chapeau à Rome, le 25 septembre 1862, des mains du Souverain Pontife. Ce vénérable prélat a pris une part active au mouvement scientifique et littéraire de son pays. Membre de la Société académique de Savoie dès sa fondation, en 1818, il a enrichi les *Mémoires* de cette Société savante de travaux remarquables. S. Em. le cardinal Billiet est également membre de l'Académie de Turin, de l'Académie des sciences, belles-lettres et arts de Lyon, ainsi que des Académies de Rouen et de Dijon. Commandeur de la Légion d'Honneur depuis le 29 août 1860, il a été promu Grand-Officier le 11 août 1869.

BILLOD (Eugène-Louis-Antoine), né à Briançon, le 23 décembre 1818; fils d'un officier du génie qui prit une part glorieuse aux guerres de la première République et du premier Empire. Il fit ses études médicales à la Faculté de Paris, se voua de bonne heure à la spécialité des maladies mentales, débuta sous les auspices de Ferrus, dont il était un des élèves de prédilection, eut successivement pour maîtres Falret, Voisin et Moreau (de Tours) à la Salpêtrière, à Bicêtre et à Vanves, et prit le grade de docteur en 1846. Médecin-adjoint de l'asile de Sainte-Gemmes (près Angers) en 1848, puis médecin en chef et directeur des asiles de Blois, Rennes et Sainte-Gemmes, il fut appelé, le 4 septembre 1868, à la direction médicale et administrative de l'asile de Vaucluse à Epinay-sur-Orge (Seine-et-Oise), établissement appartenant au département de la Seine. Il venait de terminer l'organisation de cet asile, de création récente, et de procéder à son ouverture, quand éclata la guerre. Le personnel de Ville-Évrard ayant été évacué sur Vaucluse, il se trouva dans l'obligation de pourvoir à la sécurité et à l'entretien d'une population de 1,200 individus. Sa conduite fut à la hauteur des circonstances. Non content de pourvoir aux besoins de ses nombreux malades, il préserva de la ruine les habitants des localités voisines; accepta en dépôt plus de 1,500,000 fr. de valeurs; sauva des réquisitions allemandes chevaux, voitures, grains, fourrages, etc.; donna asile à plus de 300 femmes, enfants et vieillards qui fuyaient les exactions et les violences de l'ennemi; recueillit, cacha, déguisa et fit évader un certain nombre de soldats français faits prisonniers de guerre et en fuite; et réussit à conserver flottantes, sur son établissement, les couleurs nationales. En raison de sa belle conduite, M. le docteur Billod a reçu de ses concitoyens, le 23 octobre 1871, une médaille d'or, fruit d'une souscription publique, et qui lui a été présentée par les autorités locales accompagnées de toute la population. Par arrêté du 20 mai précédent, le préfet de la Seine lui avait déjà décerné un témoignage public de satisfaction. Malgré les exigences de ses fonctions médicales et administratives, il a publié de nombreux et importants travaux dont le plus grand nombre a paru dans les *Annales médico psychologiques* et les *Archives générales de médecine*. Citons: *Considérations psychologiques sur le traitement de la folie*, thèse de doctorat; — *Mémoires* traitant de l'*Epilepsie*, des *Maladies de la volonté*, de la *Paralysie générale*, de la *Lypémanie*, des *Lésions de l'association des idées*, de la *Dépense des aliénés assistés*, des *Intervalles lucides*, des *Aliénés dangereux*, des *Aliénés ayant conscience de leur état*; —*Rapports médico-légaux* sur des cas de simulation de folie, et autres; — *Note sur une Bouche artificielle*, construite, sur les indications de l'auteur, par M. Charrière, pour l'alimentation forcée des aliénés, instrument adopté généralement et connu sous le nom de *Bouche d'argent*; — et, enfin, un *Traité de la pellagre*, dans lequel il a résumé plus de dix ans de recherches sur une des questions les plus controversées de la médecine, et qui a été honoré d'une récompense de l'Académie des sciences (1865, 2ᵉ tirage augm., 1870). On trouve les lignes suivantes dans le *Rapport* lu à l'Académie le 6 février 1865 : « Lui aussi (M. Billod) a signalé des faits qui étaient restés inaperçus, et a ouvert un chapitre aux investigations pathologiques; son enquête et ses observations resteront. » M. le docteur Billod, ancien président de la Société de médecine d'Angers, est membre titulaire de la Société médico-psychologique, correspondant de la Société de médecine légale, de la Société de médecine de Lyon, etc. Outre les distinctions citées plus haut, il a reçu du ministère de l'Agriculture et du Commerce, en 1849, une médaille en récompense du dévouement dont il a fait preuve pendant l'épidémie cholérique à l'asile de Blois, et a été nommé chevalier de la Légion d'Honneur, en 1868, pour services rendus aux asiles de Blois et de Sainte-Gemmes, dont il a réussi à faire, avec des ressources très-limitées, des établissements de première importance.

BIN (Jean-Baptiste-Philippe-Emile), né à Paris, le 10 février 1825. A étudié les premiers éléments de la peinture sous la direction de son père, peintre décorateur et celle de son oncle, M. Gosse, peintre d'histoire. Il entra ensuite dans l'atelier de M. Léon Coignet, où il fit de tels progrès qu'il pouvait déjà débuter, à l'âge de vingt ans, par un portrait, au salon de 1845. Depuis cette époque, il a pris part à presque toutes les expositions, et y a présenté de nombreux portraits, ainsi que des tableaux d'histoire. En 1850, il obtenait déjà une mention honorable pour le portrait en pied du général Castellan. Au concours du prix de Rome de la même année, il remporta le deuxième grand prix, qu'il obtint encore l'année suivante. En 1857, 1861 et 1863, il eut trois mentions honorables pour le *Baptême de Clovis* (à l'église de Saint-Remy-en-Auvergne); *Arrias et Pœtus*; *Orphée tué par les Bacchantes*; une médaille au Salon de 1865 pour *Jésus et sainte Madeleine*, qui lui avait été commandé pour l'église de Gennevilliers; deux médailles d'or, en 1865 et 1869, pour *Persée délivrant Andromède* (au musée de Tours); et *Prométhée enchaîné* (au musée de Marseille). Nous citerons encore de lui : *Ecce homo*; — *Jésus enfant sur les genoux de la sainte Vierge*, pour l'église de Marly; — *la Charité*; — *Hippomène et Attalante*; — *Hercule furieux* (au musée de Nantes); — *le Bûcheron et l'Hamadryade*; — *Naissance d'Ève* (au musée du Puy); — les portraits en pied de l'Empereur *Napoléon III*, pour la mairie de Montmartre; des maréchaux *Vaillant et de Castellan*, pour le musée de Versailles; et les portraits-bustes du général *Sauboul*, du consul *Fourcade*, de M. *Savoy*, de M. *Lagondeix*, etc. M. Bin a exposé en même temps une partie des dessins des décorations originales qu'il a exécutées au Musée des Souverains du Louvre, à la chapelle de Saint-Nicolas-du-Chardonnet, à la grande salle de l'hôtel du Louvre, aux salons de M. Disdéri et dans les hôtels de MM. d'Erlanger, Grellon, Lesoufache, Millaud, d'Osmond, Péreire, Pillet-Will, etc. Il a aussi exécuté les peintures décoratives de la grande salle de l'Ecole polytechnique de Zurich, dont plusieurs fragments importants ont été exposés.

BISCHOFFSHEIM (Louis-Raphaël), né en 1800, à Mayence, alors chef-lieu de département du Mont-Tonnerre. Il fit ses études au lycée impérial de cette ville ; mais, par suite des événements de 1814 et de la mort de son père pendant le siège, il quitta la carrière scientifique pour entrer dans le commerce ; après quatre ans de séjour dans une maison de banque à Francfort-sur-Mein, il s'établit à Amsterdam, et fonda des succursales à Anvers (1827), à Londres (1836) et à Paris (1846). En 1850, il quitta la Hollande, se fixa à Paris pour y prendre la gestion de sa maison, et se trouva bientôt appelé à participer aux grandes opérations financières de cette place. Il fut fondateur-administrateur de la Compagnie des chemins de fer du Midi, de la Société générale, du Crédit foncier colonial, de la Banque des Pays-Bas, de la Banque Franco-Egyptienne. Guidé par une pensée philanthropique, il construisit la salle de l'Athénée et en abandonna le produit en faveur des Ecoles professionnelles ; mais les concerts et conférences n'eurent pas la vogue espérée, il fallut y renoncer. — Sans se décourager par cet insuccès, M. Bischoffsheim voulut contribuer plus sûrement à l'éducation des jeunes gens, et fit, à cet effet, une donation de 15,000 francs de rente en faveur des jeunes garçons et une autre de 25,000 francs de rente pour les jeunes filles. Il succéda à M. de La Riboisière, comme président de l'Association philotechnique (Enseignement des ouvriers), et fut remplacé par M. Jules Simon ; il fit aussi partie du Conseil supérieur de la Société du prince impérial (prêts de l'enfance au travail). M. Bischoffsheim a rempli le premier les fonctions de consul de Belgique à Amsterdam et n'a donné sa démission qu'à l'époque de son départ pour Paris.

BLACHE (Jean-Gaston-Marie), né à Senlis (Oise), le 15 janvier 1799. Reçu docteur à la Faculté de Paris en 1824, il épousa une fille du célèbre Guersant et se consacra exclusivement à l'étude des maladies des enfants. Après avoir été pendant longtemps médecin à l'hôpital Cochin, il entra, en 1845, à l'hôpital des Enfants, et fut élu membre de l'Académie de médecine en 1855. M. le docteur Blache a publié de nombreux et importants travaux dans les *Mémoires* et les *Bulletins* de l'Académie de médecine, dans les *Archives générales de médecine*, dans le *Répertoire général des sciences médicales*, etc. Il a été nommé, en 1865, médecin honoraire des hôpitaux de Paris, lorsqu'il a quitté l'hôpital des Enfants ; mais il a conservé sa position de médecin consultant de la Maison de la Légion d'Honneur de Saint-Denis. M. le docteur Blache a obtenu une médaille d'or de la Société de médecine de Lyon, pour un mémoire sur *la Coqueluche*. Chevalier de la Légion d'Honneur depuis le 16 avril 1837, il a été promu officier le 6 mai 1846.

BLAIN (Jean-Claude), né à Quincié (Rhône), le 6 avril 1818, ancien géomètre, ancien adjoint à Beaujeu, a su conquérir, par sa vie droite et laborieuse, l'affection de ses concitoyens. Sans perdre de vue les exigences de sa profession, il étudia, de bonne heure, et avec persévérance, la mécanique céleste, et publia, en 1870, un opuscule intitulé : *Du principe générateur des forces attractives*. Contrairement à l'opinion de Newton, qui suppose une force de projection unique à l'origine des choses, et en vertu de laquelle les planètes se meuvent indéfiniment dans le vide, il a émis un système suivant lequel la continuité du mouvement de projection des planètes autour du soleil a lieu en vertu d'une cause régénératrice, produite par la loi de variation des forces attractives des astres de notre système planétaire dont l'intensité s'accroît ou diminue en raison inverse des distances qui les séparent du soleil, et déterminent ainsi les planètes à décrire, autour de cet astre, une courbe elliptique plus ou moins allongée ; ce qui permet à chacune d'elles de récupérer complètement la force de projection qu'elle a perdue pendant une moitié de sa course (de l'ophélie au périhélie). Enfin M. Blain considère que les révolutions planétaires, soumises à une loi d'isochronisme identique à celle du pendule, assure ainsi, et à toujours, la stabilité du système du monde. On lui doit une très-importante brochure : *Exposé du principe générateur des forces attractives, suivi de la description d'un système mécanique, et d'une machine mise en jeu par des forces attractives* (avec fig., 1870).

BLAIN (Claudius), né à Lyon, le 1er juin 1823, cousin du précédent. Ses études terminées à l'Ecole normale primaire du Rhône, il resta dans cet établissement en qualité de professeur-adjoint. Les services qu'il y rendit lui valurent, en 1847, une mention honorable ; et, en 1850, il obtint la direction d'une école primaire à Lyon. M. Claudius Blain, pendant 25 ans d'exercice, n'a pas cessé de rechercher les meilleurs moyens de vulgariser l'éducation et l'instruction dans les classes populaires. Avec M. Grandperret, inspecteur d'académie, il a travaillé à la rédaction du premier *Programme de l'instruction primaire*, et de la méthode lyonnaise, qui a remplacé la méthode mutuelle. Collaborateur de la *Muse des familles*, il a composé les *Chants de l'enfance* destinés aux écoles de Lyon. M. Blain fut l'un des fondateurs de la Société de secours mutuels des instituteurs et institutrices du Rhône. Vice-président de cette Société, il a publié des rapports et des mémoires sur les *Bienfaits de l'association mutuelle*, les *Classes d'adultes*, l'*Utilité des conférences d'instituteurs*, etc. Aimé et estimé de tous ses collègues, il a été choisi par eux dans toutes les circonstances, pour les représenter ou exprimer leurs vœux. La plupart des anciens élèves lui ont spontanément adressé des attestations de leur gratitude et de leur affection. Il a été honoré de plusieurs médailles ministérielles, et, en 1868, d'une médaille d'argent de la Société pour l'instruction élémentaire, de Paris. M. Blain est membre de la Société nationale d'éducation de Lyon, et officier d'académie.

BLANC (Auguste-Alexandre-Philippe-Charles), né à Castres, le 15 novembre 1813, fils d'un inspecteur-général des finances attaché au gouvernement de Joseph Bonaparte en Espagne. Il se consacra, de bonne heure, aux arts et à la littérature, étudia la gravure dans l'atelier de Calamatta, et fit paraître, de 1835 à 1844 dans le *Bon sens* et la *Revue du Progrès*, journaux dirigés par M. Louis Blanc, son frère, des articles de critique artistique et des comptes rendus de Salons. Il collabora ensuite au *Courrier Français*, à l'*Artiste*, et au *Journal de Rouen*. Il fut rédacteur en chef du *Propagateur de l'Aube*, en 1840, et du *Journal de l'Eure* en 1842. Plus tard, il devint le collaborateur assidu de l'*Avenir National* et ensuite du *Temps*, où il a publié de nombreux articles *Variétés*, de 1866 à 1872. En 1859, il a fondé la *Gazette des Beaux-Arts*, recueil mensuel dont le succès n'a cessé de grandir. Après les événements de février 1848, il avait occupé la direction des Beaux-Arts jusqu'en 1851; en 1868, il fut nommé membre de l'Institut, en remplacement de M. Wolowski. M. Charles Blanc a repris ses fonctions de directeur des Beaux-Arts depuis le mois de novembre 1870. Il a publié : *Histoire des peintres français du XIXe siècle* (1845, 1er vol.); — *Les peintres des fêtes galantes, Watteau, Lancret, Patu, Boucher* (1853); — *L'œuvre de Rembrandt*, reproduit par la photographie ; — *L'œuvre complet de Rembrandt* (1853, 3 vol., 1859-1864); — *La biographie de Granville* (1855); — *Les trésors de l'art à Manchester* (1857); — *De Paris à Venise*, notes au crayon (1857); — *Le trésor de la curiosité* (2 vol., 1857); — *Grammaire des arts du dessin* (1867, avec fig., ouvrage qui a été sur le point de remporter le prix biennal de l'Institut, en concurrence avec les opéras de Félicien David; — *Le cabinet de M. Thiers* (1871). M. Charles Blanc a été le principal auteur de l'*Histoire des peintres de toutes les écoles*, (516 livr. in-4° illust., 1849-1872). Il a fait seul dans ce vaste ouvrage, l'histoire de l'*Ecole française* (3 vol.), l'histoire de l'*Ecole hollandaise* (2 vol.), l'*Ecole vénitienne*, l'*Ecole ombrienne et romaine*, et l'*Ecole bolonaise*. Les autres parties de l'histoire ont été faites par M. Charles Blanc en collaboration avec divers écrivains qui ont signé leurs notices. M. Charles Blanc a fait, en 1869, à Lausanne et à Genève, des conférences sur les matières de l'esthétique et de l'art qui ont eu du retentissement.

BLANC (Jean-Joseph-Louis), né en 1814, à Madrid (Espagne), où son père occupait une fonction sous le roi Joseph ; frère du précédent. Venu en France avec ses parents, après les désastres qui avaient signalé la guerre d'Espagne, il commença ses études classiques au collége de Rodez et les compléta à Paris, grâce au concours de son oncle maternel, Ferri-Pisani, et aux ressources qu'il se procurait en donnant des leçons de mathématiques. Clerc d'un avoué d'appel en 1831, il devint, en 1832, professeur du fils d'un industriel d'Arras, et profita de son séjour en province pour fournir des articles au *Progrès du Pas-de-Calais* et produire les poëmes de *Mirabeau*, de l'*Hôtel des Invalides*, et l'*Eloge de Manuel*, ouvrages couronnés par l'Académie. De retour à Paris, en 1834, il collabora à la rédaction du *National*, à la *Revue républicaine* et à la *Nouvelle Minerve*. De 1836 à 1838, il dirigea le *Bon-sens*; et, à cette dernière époque, il fonda la *Revue du progrès politique, social et littéraire*, où, le 15 août 1839, jour anniversaire fêté par les bonapartistes, il inséra un *Compte rendu des idées napoléoniennes*, article auquel il dut probablement l'agression nocturne dont il fut victime peu de temps après et dont il faillit mourir. M. Louis Blanc, tout en poursuivant ses travaux économiques, dans le journalisme, se livrait à des études historiques approfondies. Ses remarquables aptitudes l'avaient fait l'âme, non-seulement de l'opposition dynastique, mais de tout le parti révolutionnaire ; et il jouissait d'une immense popularité quand éclatèrent les événements de 1848. Membre du gouvernement provisoire, il offrit sa démission parce que ses collègues s'opposaient à la création d'un « ministère du Progrès, » et ne la retira que pour éviter des manifestations populaires de nature à compromettre l'ordre dans la rue ; mais il obtint l'installation, au Luxembourg, d'une Commission du gouvernement pour les travailleurs, dont il occupa la présidence, et dont les travaux, objet d'une sollicitude inquiète dans tout le pays, amenèrent, le 17 mars, une manifestation faite par plus de 200,000 citoyens. Le 15 mai, les fluctuations de l'opinion publique le compromirent d'abord aux yeux des émeutiers, puis à ceux des conservateurs ; et sa vie fut plus d'une fois en péril. M. Louis Blanc demeura étranger à la création des ateliers nationaux, et ce fut lui qui proposa l'abolition de la peine de mort en matière politique. Il fut élu représentant de Paris à la Constituante. Après la journée du 15 mai, et bien qu'il se fût opposé de toutes ses forces à l'envahissement de l'Assemblée, il fut soupçonné de l'avoir provoqué, ses efforts n'ayant pu empêcher les envahisseurs de le porter en triomphe. L'autorisation de le poursuivre fut donc demandée à l'Assemblée, et refusée. Mais, après les sanglantes journées de juin, et sous l'influence de la réaction qui les suivit, la demande de poursuites pour les événements du 15 mai fut reprise, et, cette fois, accordée par la même Assemblée, qui de la sorte se déjugea. Alors M. Louis Blanc se réfugia en Belgique, d'où il se rendit en Angleterre. La révolution de septembre 1870 lui rouvrit l'accès du territoire français. Il vint s'enfermer dans Paris assiégé ; et, le 8 février 1871, il fut élu par 216,600 voix représentant de la Seine à l'Assemblée nationale, où il prit place à la Gauche Radicale. A Bordeaux, il parla très-vivement contre la conclusion de la paix imposée à la France par la Prusse, et en faveur du retour de l'Assemblée à Paris. A Versailles, il combattit, comme ayant un caractère oligarchique, la loi sur la réorganisation des Conseils généraux ; dénonça, comme attentatoire à la liberté de la presse, la loi sur le cautionnement ; plaida de nouveau et avec force la cause de Paris, et prit la parole contre la loi relative à l'Internationale, en invoquant le respect dû au principe du libre examen. Pendant son séjour à l'étranger, il avait fondé une feuille mensuelle: *Le Nouveau-Monde* (1849-1851), et envoyé des travaux à plusieurs journaux français, notamment au *Temps.* M. Louis Blanc a épousé, à Brighton, en 1865, Mlle Christiana Groh. Voici la liste de ses plus importants ouvrages: *De l'organisation du travail* (1841, 2º édit. 1842); — *Histoire de dix ans* (1842); — *Histoire de la Révolution française,* œuvre considérable qui place son auteur au premier rang parmi les historiens contemporains (1852-1862, 2º édit., 1868); — *Historical revelations,* réfutation en anglais d'un livre du lord Normanby sur la révolution de Février (1859); — *Histoire de la révolution de Février;— Lettres sur l'Angleterre;* —et des brochures politiques, telles que: *Appel aux honnêtes gens,* et *Catéchisme des socialistes* (1849); *Pages d'histoire de la révolution de Février* (1850), *Plus de Girondins,* et *La République une et indivisible* (1851), etc.

BLANCHARD (Auguste-Thomas-Marie), né à Paris, le 18 mai 1819. Elève de son père graveur de mérite, M. Blanchard remporta, en 1840, le second prix de gravure au concours de l'Institut. Artiste aussi consciencieux qu'habile, il consacra son talent à la reproduction des œuvres les plus recommandables de la peinture moderne. Il a gravé et exposé, depuis 1843 : *L'Ange Gabriel,* de Paul Delaroche; — la *Tête du Christ,* du même artiste; — *Le repos en Egypte,* de Bouchot ; — *Faust et Marguerite* et *Le Christ rémunérateur* d'Ary Scheffer; — les *Fumeurs* et les *Joueurs d'échecs,* de Meissonnier ; — un portrait de *Napoléon III,* de Dubufe; — *Le jour du Derby à Epsom,* de Froth; — *le Congrès de Paris,* de Dubufe, etc. On doit aussi à M. Blanchard des gravures de chef-d'œuvres anciens, tels que *Jupiter et Antiope,* du Corrège. Il a remporté une médaille de 3º classe en 1843, une médaille de 2º classe en 1847, une médaille de 1re classe en 1857, le rappel de cette médaille en 1859, une médaille de 3º classe à l'Exposition universelle de 1867, et a reçu la croix de la Légion d'Honneur le 13 août 1861.

BLANCHE (Antoine-Émile), né à Paris, le 1er octobre 1820. Il est fils du célèbre médecin-aliéniste Esprit Blanche, qui fonda à Montmartre une importante maison de santé transférée plus tard à Passy, et qui est décédé en 1852. Elève de la Faculté de Paris, M. Emile Blanche fut reçu docteur en médecine, en 1848; sa thèse traite : *Du cathétérisme œsophagique chez les aliénés.* Après la mort de son père, il prit la direction de l'établissement, un des premiers de l'Europe dans la spécialité; et, depuis ce temps, absorbé par la pénible et délicate mission qu'il s'est imposée, il consacre tous ses soins aux malades qui lui sont confiés. Pendant le siége de 1870-1871, il a installé dans sa maison une ambulance. On lui doit l'invention d'un *Mandrin articulé* spécialement destiné aux aliénés qui se refusent à prendre aucune nourriture. Il est souvent appelé par les tribunaux pour juger de l'état mental des prévenus ou des accusés. M. le docteur Blanche, aux dernières élections, avait été élu membre du Conseil municipal, pour le XVIe arrondissement, mais son beau-frère, l'architecte Ohnet, étant également entré au Conseil, comme représentant du IXe arrondissement, et leurs liens de famille leur interdisant de siéger en même temps dans cette Réunion, il fut procédé, par le Conseil de préfecture, à un tirage d'élimination dans lequel le sort favorisa M. Ohnet. En conséquence M. Blanche dut se retirer. Il a été nommé chevalier de la Légion d'Honneur en 1854, et promu officier en 1780.

BLANCHE (Antoine-Georges), né à Rouen, le 29 septembre 1808. Il prit le grade de docteur en droit à la Faculté de Paris, en 1832, et entra dans la magistrature. Substitut à Bernay le 27 juillet 1833, à Evreux le 10 décembre de la même année, à Rouen le 17 février 1835, il fut nommé, dans le même ressort, substitut du procureur-général le 31 août 1840, avocat-général le 1er juin 1843, et premier avocat-général le 2 juin 1848. Le 31 mai 1849, il fut nommé président de chambre à la Cour de Rouen; mais il n'accepta pas cette nouvelle position. Le décret qui le concernait fut donc rapporté le 12 juin suivant, et il reprit ses fonctions précédentes. Procureur-général à Riom le 23 octobre 1852, avocat-général à la Cour de cassation le 31 décembre 1855, il a été nommé premier avocat-général près la même Cour le 25 juillet 1871. M. Blanche a publié : *Etudes pratiques sur le code pénal* (1861-1867). Deux de ses discours de rentrée des Cours font autorité dans la matière : *Réformes à introduire dans la législation commerciale* (1861), et *Etude comparée de la législation criminelle en France, avec la loi criminelle en Angleterre.* M. Blanche a été élevé au grade d'officier dans la Légion d'Honneur en 1860.

BLANCHE (Alfred-Pierre), né à Rouen, le 3 novembre 1816; frère du précédent. Il prit place au barreau de Paris, et fut, en 1848, nommé directeur de l'Ecole d'administration. Secrétaire-général du ministère de l'Intérieur, du mois d'avril au mois de novembre 1851, du ministère d'Etat de 1852 à 1858, et du ministère de l'Algérie et des Colonies de 1858 à 1860, il était entré au Conseil d'Etat, comme conseiller en service ordinaire hors sections en mois de janvier 1857. Conseiller d'Etat en service ordinaire en janvier 1861, il fut, en novembre 1865, replacé hors sections, et chargé des fonctions de secrétaire-général à la préfecture de la Seine, fonctions qu'il a gardées jusqu'à la révolution de Septembre 1870, et qui lui ont plusieurs fois donné l'occasion de paraître à la tribune du Corps législatif comme représentant de l'Etat et de l'administration municipale de Paris. M. Alfred Blanche a publié : *Répertoire d'administration départementale et communale,* ou *Table duodécennale de l'Ecole des communes* (1846). Il a dirigé, à partir de 1847, la publication du *Dictionnaire général de l'administration* (2e édit. avec suppl., 1860). Avec M. Boulatignier, il a achevé les *Instituts du droit administratif,* de Gérando (t. IV et V, 1846). M. Alfred Blanche est commandeur de la Légion d'Honneur depuis 1866.

BLANCHET (Marie-Parfait-Alphonse), né à Braisne (Aisne), le 15 février 1813. Après avoir fait de brillantes études aux collèges d'Amiens et de Versailles, M. Blanchet entra à l'Ecole polytechnique en 1832 et à l'Ecole d'application de Metz en 1834 ; mais, en 1835, il prit un congé d'un an pour venir à Paris s'essayer dans la carrière de l'enseignement, pour laquelle il se sentait de la vocation. Reçu comme répétiteur à l'Ecole préparatoire des mathématiques de Sainte-Barbe, il quitta définitivement l'état militaire. Nommé directeur des études mathématiques en 1840, il éleva le niveau des études de l'école préparatoire à un point jusqu'alors inconnu. Les brillants élèves formés par ses soins font, dans toutes les carrières qu'ils embrassent, le plus grand honneur à l'établissement d'enseignement libre dont ils sont sortis. M. Blanchet a publié une édition rectifiée et augmentée des *éléments de géométrie de Legendre*, maintenant répandue dans toute la France. Il est chevalier de la Légion d'Honneur depuis le 17 août 1857.

BLANCHET (Pierre-Armand-Charles), né à Paris, en 1819. Arrière-petit-fils de Pascal Taskin, garde des instruments de la musique de Louis XV et fondateur, en 1750, de la maison actuelle; petit-fils de Nicolas Blanchet, attaché au Conservatoire de musique et à la maison de Napoléon 1er, et qui apporta dans la fabrication des pianos des améliorations importantes; fils de Blanchet, facteur breveté de la duchesse de Berry et plus tard de la reine Marie-Amélie, et qui en 1826 s'associa avec Roller, l'inventeur des pianos droits, M. Charles Blanchet fut admis une première fois, en 1838, à l'Ecole polytechnique où il n'est resté que quelques mois et une seconde fois en 1840; il en sortit sous-lieutenant élève du génie en 1842 et donna sa démission à la fin de 1843. Il prit alors la place de son père ; et, M. Roller s'étant, à son tour, retiré de l'association, en 1852, il resta seul maître de l'établissement, aujourd'hui connu sous le nom de *Blanchet fils*. Les études scientifiques auxquelles il s'est livré dans sa jeunesse lui ont été d'un grand secours dans sa carrière industrielle; et les perfectionnements qu'il a introduits dans la fabrication des pianos sont aussi nombreux qu'importants. Ses produits, qui avaient remporté la médaille d'or en 1844, ont été mis hors concours en 1849; ils lui ont valu la *prize medal* à l'Exposition universelle de 1851, une médaille de 1re classe et la croix de la Légion d'Honneur à celle de 1855. M. Blanchet a été membre du tribunal de Commerce de 1858 à 1860.

BLAVIER (Édouard), né à Paris, le 22 février 1802; fils d'un ingénieur en chef des mines, qui traduisit le grand travail de Cancrin sur la *Jurisprudence des mines en Allemagne*. Elève à l'Ecole polytechnique en 1819, puis à l'Ecole des mines en 1821, il a été nommé successivement ingénieur ordinaire le 20 août 1826, ingénieur en chef le 7 mai 1840 et inspecteur-général des mines le 14 novembre 1858. De 1847 à 1849, il a rempli une mission spéciale en qualité de directeur-général des mines de la compagnie d'Anzin. En 1856, comme inspecteur-général des carrières du département de la Seine, il a pris part à l'exécution du grand *Atlas souterrain de la ville de Paris*, terminé en 1863. On doit à M. Blavier : *Notice statistique et géologique sur les mines et le territoire à an-*

thracite du Maine ; — Essai de statistique minéralogique et géologique du département de la Mayenne ; — Études géologiques du département de l'Orne, et plusieurs mémoires relatifs à l'exploitation des mines. Il est officier de la Légion d'Honneur depuis le 16 août 1860.

BLAVOYER (Joseph-Arsène), né à Troyes, le 28 janvier 1815. Il fit ses études classiques au collége de Troyes, son droit à Paris, et se consacra à l'agriculture sur son domaine de Bourguignon-Faulx. Elu représentant de l'Aube à la Constituante et à la Législative, il prit place à la droite de l'Assemblée, sans faire toutefois, par ses votes, opposition à la forme républicaine ; et c'est par suite de cette droiture d'esprit qu'il crut devoir soutenir, avec la politique de l'Élysée, l'état de choses créé par la volonté du pays. Mais quand il vit le régime parlementaire menacé par les agissements présidentiels, il entra en lutte avec le gouvernement; et, après le coup d'État, il se renferma dans la vie privée. M. Blavoyer a été envoyé à l'Assemblée nationale, le 3 février 1871, par ses anciens commettants de l'Aube, et a pris place dans les rangs de la Droite, avec laquelle il vote ordinairement.

BLIN (Louis-Alexandre), né à Saint-Quentin (Aisne), le 8 mai 1828. Il fit ses études médicales à la Faculté de Paris. Interne des hôpitaux en 1850, il remporta, en 1851, le premier prix de l'Ecole pratique, et, en 1853 et 1854, les médailles d'argent de l'internat. En 1854, il fut reçu membre titulaire de la Société anatomique; et, en 1855, il prit le grade de docteur Il s'établit alors dans sa ville natale, où il fut bientôt nommé membre du Conseil d'hygiène et chargé des expertises médico-légales. M. Blin a été quatre fois nommé président de la Société académique de Saint-Quentin, et remplit les fonctions de secrétaire-général de l'Association des médecins de l'arrondissement. Enfin, il a été élu membre du Conseil municipal de Saint-Quentin en 1870 et 1871. On doit à M. le docteur Blin: *Diphtérite des organes génito-urinaires*, thèse de doctorat ; — *Mémoire sur les calculs salivaires du canal de Warthon* (1858); — *Mémoire sur la contagion de l'érysipèle*, présenté à l'Académie de médecine (1865); — *Recherches sur les eaux ferrugineuses de Saint-Quentin* (1860). En outre, il a communiqué diverses observations aux journaux de médecine, et rédigé plusieurs rapports sur des questions d'économie politique et sociale.

BLONDEL D'AUBERS (Emile-Louis-Marie DE), né à Lille, le 15 mars 1791. A débuté dans la carrière administrative comme surnuméraire au ministère des finances, le 1er avril 1812. Nommé receveur de l'enregistrement et des domaines le 25 février 1831, il quitta l'administration financière au retour des Bourbons, et se fit inscrire, le 6 août 1814, au nombre des avocats stagiaires près la Cour royale de Paris. Le 1er janvier 1815, il fut attaché au Conseil de Monsieur, frère du roi, avec le titre d'avocat-général, que Charles X confirma, le 20 septembre 1824, lors de son avénement au trône. M. de Blondel d'Aubers remplit des fonctions administratives sous la Restauration.

Successivement sous-préfet de Douai (2 août 1815), de Mortagne (7 août 1817), préfet de l'Ardèche (mars 1827), puis du Gers (novembre 1829), il donna sa démission le 10 août 1830. Il avait été revêtu du titre de maître des requêtes au Conseil d'Etat au mois de novembre 1828. Rentré dans la vie civile, il se consacra entièrement à ses devoirs de citoyen, et mit sa haute expérience au service de la commune de Vendin-le-Vieil et du département du Pas-de-Calais. Membre du conseil municipal (1er octobre 1831), puis maire de cette commune (6 août 1836), il a été élu constamment, depuis 1837, membre du Conseil général. Il était en même temps directeur de la Commission syndicale pour le desséchement des marais de Wingles et de Vendin. M. de Blondel d'Aubers a donné, en 1866, pour cause de santé, sa démission de toutes ses fonctions gratuites et administratives. Chevalier de la Légion d'Honneur depuis le 21 août 1822, il a été promu officier le 14 août 1863, et est en outre chevalier de l'ordre pontifical de l'Eperon d'Or.

BLONDIN (Jean-Marie-Esprit-Théodose), né à Frontignan (Hérault), le 29 mai 1819 : fils de J. A. Blondin, ancien chef d'institution, professeur de philosophie, officier de l'Université. Elève de son père, qui donna des soins tout spéciaux à son éducation et imprima à son esprit une direction particulière, il termina, très-jeune, ses études classiques, professa, de l'âge de 15 ans à l'âge de 17 ans, le grec et les mathématiques, prit en 1838 le grade de bachelier ès-lettres, en 1839 celui de bachelier ès sciences, et fit ses études médicales à Montpellier, où brillaient alors les Lordat, les d'Amador, les Caizergues, les Boussonnet. En 1840, il fut nommé au concours, premier élève de l'Ecole pratique. Aide-anatomiste en 1841, il fut chargé d'un cours d'anatomie par le professeur Dubreuil. En 1842, il devint préparateur du cours de M. Estor, et obtint du ministre de l'Instruction publique l'autorisation d'ouvrir un cours public d'épidésiologie, etc., et de remplacer le professeur de pathologie externe, souvent malade. Dans l'exercice de ses fonctions, il se fit toujours remarquer, tant dans le service des aliénés, qu'à l'Hôpital-général et à l'Hôtel-Dieu-Saint-Eloi, par son ardeur à soulager les malades qui lui étaient confiés. En même temps il se livrait à des travaux philosophiques et médicaux, les écrits des grands auteurs, surtout de G. E. Stahl, le restaurateur de la médecine spiritualiste. Reçu docteur le 30 août 1845, il se consacra sans relâche à la traduction des principales œuvres du savant professeur de Halle, entreprise gigantesque qui lui coûta 15 ans de travail et de veilles. Dès 1859, M. le docteur Blondin était en mesure de publier sa traduction, avec commentaires, des *OEuvres médico-philosophiques* de G. E. Stahl, qui fut très-favorablement accueillie et lui ouvrit les portes de presque toutes les Académies et Sociétés savantes de l'Europe. Cette publication à laquelle le docteur Blondin a consacré une fortune considérable, acquise par un labeur incessant et 25 ans d'une pratique des plus heureuses, compte déjà cinq volumes parus, et en comprendra 8 quand ce qui concerne la thérapeutique et la clinique aura été imprimé. Elle comprend : la *Theoria medica vera*, l'*Ars sanandi*, le *Negotium otiosum*, le *Collegium casuale* et plus de 50 *Opuscules*, où le créateur de l'*Animisme* expose sa doctrine. On doit encore au docteur Blondin, d'autres importantes publications, telles que : *Histoire de la Médecine* (1860-1867) ; — *Philosophie médicale* (1861-1869) ; — *Etudes médicales sur les eaux minérales d'Ussat* (1865), dont il était inspecteur ; — *Corps étrangers des articulations* (1845) ; — *Vitalisme animique* (1863), ainsi que d'importants travaux sur l'*Hygiène*, etc. Il est aussi l'auteur de deux manuscrits devant former chacun 2 volumes, savoir : 1° *Etudes historiques, critiques, et épigraphiques sur le siècle de Jules César* ; 2° *Etudes historiques et scientifiques sur l'Espagne*. Enfin le docteur Blondin a fait des études spéciales sur les *Affections utérines*, l'*Epilepsie*, et le *Rhumatisme articulaire* contre lequel il a trouvé un précieux spécifique. Ces derniers travaux (1871), ont valu à leur auteur deux médailles d'or et le titre de membre de l'Académie des sciences, lettres et arts de Naples. Désigné en 1868 par M. Duruy pour ouvrir un cours public d'hygiène à Toulouse, M. le docteur Blondin, après avoir fait dans cette ville des conférences très-suivies pendant trois ans, s'y est définitivement établi et y occupe un rang distingué comme praticien.

BOCHER (Henri-Edouard), né à Paris, le 16 février 1811. M. Bocher après de brillantes études au collège Henri IV, de nombreux succès au concours de l'Université, fit son droit à Paris, fut nommé au Conseil d'Etat en 1833, et en 1834 sous-préfet de l'arrondissement d'Etampes, alors représenté à la Chambre par le comte de La Borde, son beau-père. Préfet du Gers en 1839, envoyé en mission à Toulouse en 1841, il fit preuve, dans cette dernière ville, de fermeté et d'habileté, en rétablissant l'ordre violemment troublé par une émeute qu'avaient provoquée les travaux du recensement et qui avait déterminé l'expulsion du préfet et du procureur-général. Préfet du Calvados en janvier 1843, il sut s'attirer de si précieuses sympathies que, dépossédé de ses fonctions préfectorales par les événements de 1848, il fut élu en 1849, lui quatrième sur dix députés, à l'Assemblée législative. Dans cette Assemblée, où il s'occupa surtout des questions de finances et d'administration, il révéla, dès le début, de rares qualités oratoires, vota avec la droite, se tint constamment éloigné du parti et des menées bonapartistes, quoiqu'il n'eût alors aucuns liens qui l'attachassent aux princes d'Orléans, et protesta contre le Coup-d'Etat de 1851. Un des principaux titres de M. Bocher à la considération publique, abstraction faite de toute opinion politique, c'est l'énergie avec laquelle il a lutté pour la défense des intérêts et des droits de la famille d'Orléans, dont il était devenu le mandataire-général peu de temps avant le 2 décembre, et que les décrets présidentiels dépouillèrent violemment de ses biens le 22 janvier 1852. Il a été élu, le 8 février 1871, représentant du Calvados à l'Assemblée nationale. M. Bocher est officier de la Légion d'Honneur depuis le 29 avril 1846.

BODUIN (Charles-Louis-Narcisse), né à Pecquencourt (Nord), le 1er février 1808. M. Boduin fit ses études classiques à Valenciennes, celles de droit à Paris, et prit place au barreau de Douai en 1833. Son stage terminé, il revint exercer de 1836 à 1859, le notariat à Valenciennes, où il a occupé la présidence de la Chambre des notaires. Nommé notaire honoraire, il devint administrateur de la Société anonyme des hauts-fourneaux de Maubeuge et de la Compagnie des mines d'Anzin. M. Boduin a été élu député en 1869, comme candidat indépendant, par la 6e circonscription du Nord. Le 8 février 1871, les électeurs de son département lui ont renouvelé son mandat et l'ont envoyé à l'Assemblée nationale où il a pris place dans les rangs de la Droite.

BOESWILLWALD (Emile), né à Strasbourg, le 2 mars 1815. A commencé ses études dans sa ville natale et les a continuées à Munich (Bavière). Ensuite, il vint à Paris, entra à l'Ecole des Beaux-Arts, et suivit les leçons d'architecture de M. H. Labrouste. Artiste érudit M. Boeswillwald s'est adonné spécialement à l'architecture gothique et de la Renaissance. En 1843 il fut attaché à la Commission des monuments historiques. Nommé inspecteur des travaux de Notre-Dame de Paris en 1845, architecte de la cathédrale de Luçon en 1847, architecte diocésain en 1849, il exécuta, de 1852 à 1855, des travaux à Soissons, Luçon, Bayonne et Orléans. M. Boeswillwald a restauré des monuments historiques dans la Meuse, la Haute-Marne, l'Alsace, reconstruit l'Ecole centrale rabbinique de Metz, restauré Notre-Dame de Laon, etc. Il a plusieurs fois exposé des dessins et des aquarelles parmi lesquels on a distingué : *La chapelle d'Elbrach* (Bavière) ; — *Monuments religieux de Picardie ;* — *L'abbaye de Saint-Germer ;* — *Projet de restauration de la cathédrale de Laon ;* — *Eglise de Guebwiller ;* — *Eglise de Neuviller ;* — *Eglise de Nierderhasbach ;* — *Eglise de Montierender ;* — *Palais des ducs de Lorraine, à Nancy ;* etc.. M. Boeswillwald a remporté en 1845 la médaille des monuments historiques, décernée par le ministre de l'Intérieur. Il a obtenu une médaille de 2e classe en 1849, une médaille de 1re classe en 1855, la croix de chevalier de la Légion d'Honneur le 14 août 1853 et celle d'officier le 12 août 1863.

BOIELDIEU (Louis-Victor-Adrien), né à Paris, le 3 novembre 1815. A commencé ses études musicales au Conservatoire dans la classe de Dourlen pour l'harmonie et dans celle d'Halévy pour le contre-point. Après la mort de son père, en 1834, Rossini, qui portait une vive affection au jeune Boieldieu, lui donna des conseils. Son début fut un opéra en trois actes, *Marguerite*, joué en 1838. On peut citer parmi ses principaux ouvrages : l'*Aïeule* (un acte, à l'Opéra-Comique) ; — le *Bouquet de l'Infante* (trois actes, à l'Opéra-Comique) ; — la *Butte des Moulins* et la *Fille invisible* (3 actes, au Théâtre-Lyrique) ; — le *Moulin du Roi* (deux actes joués à Bade) ; — le *Chevalier Lubin* (aux Fantaisies-parisiennes). — M. Boieldieu a, en outre, composé un grand nombre de morceaux détachés : mélodies, messes, chants orphéoniques, etc. Il est chevalier de la Légion d'Honneur depuis le 1er janvier 1853, et chevalier des ordres d'Isabelle-la-Catholique et de Charles III d'Espagne.

BOILEAU (Pierre-Prosper), né à Metz, le 19 février 1811. En 1827, il contribuait, comme répétiteur de géométrie, à l'enseignement public et gratuit dont sa ville natale, après Paris, a donné le premier exemple. Elève à l'Ecole polytechnique en 1831, lieutenant d'artillerie en 1835, il composa, au sortir de l'Ecole d'application, en 1833, sur les effets des divers systèmes de forces, un mémoire qui appela sur lui l'attention et le fit désigner pour prendre part aux travaux de la Commission des principes du tir. Adjoint aux professeurs d'artillerie et de mécanique à l'Ecole d'application de Metz en 1839, il imagina, en 1840, un nouveau procédé pour la mesure des surfaces planes, devint professeur titulaire du cours de mécanique en 1841, et, dans le but de faciliter les travaux des élèves et des officiers employés dans les établissements d'artillerie, rédigea des *Instructions pratiques* sur les projets d'amélioration et les levers d'usines, sur les machines à vapeur, ainsi que sur la construction et le perfectionnement des scieries, des marteaux-pilons, etc. Nommé capitaine le 3 août 1841, il entreprit en 1845 des recherches expérimentales sur plusieurs questions d'hydraulique, importantes pour le service des usines, l'art militaire et les travaux publics ; il a publié le résultat de ces recherches dans son *Traité de la mesure des eaux courantes*, ouvrage fort estimé et qui a mérité à son auteur un prix de l'Académie des sciences. En 1856, M. Boileau fut nommé professeur à l'Ecole d'artillerie de Versailles, récemment créée pour la garde impériale, et il y organisa trois cours différents. Promu chef d'escadron le 24 décembre 1858, il prépara l'armement de défense de Thionville, puis fut envoyé à Douai, où, comme sous-directeur et comme directeur d'artillerie, il introduisit dans les travaux de l'arsenal de construction des améliorations qui en ont accru l'activité, la précision et l'économie. Commandant de l'artillerie de l'arrondissement nord de la direction de Paris le 20 août 1863, puis adjoint au Dépôt central de l'artillerie où il contribua à la rédaction du *Mémorial*, M. le commandant Boileau a été délégué plusieurs fois depuis lors pour remplir des fonctions d'examinateur militaire. Atteint en 1867 par la limite d'âge assignée à l'activité de son grade, M. Boileau put reprendre ses recherches d'Hydraulique, et il présenta successivement à l'Académie des sciences plusieurs *Mémoires* remarquables dont le premier établit, sur un principe exact et fécond, la théorie, jusqu'alors imparfaite, du régime uniforme des eaux courantes. Cette partie des nouvelles études de l'auteur a été publiée dans le *Journal de mathématiques pures et appliquées* de M. Liouville (1869). Il est officier de la Légion d'Honneur depuis le 12 mars 1866.

BOISSARIE (Gustave), né à Sarlat, le 1er août 1836. Il fit ses études médicales à la Faculté de Paris, fut reçu interne des hôpitaux en 1859 et prit le grade de docteur en 1862. Après avoir exercé quelque temps comme médecin consultant à Cauterets, il s'est fixé à Sarlat, où il a succédé à son père. On doit à M. Boissarie des travaux insérés dans la *Gazette des Hôpitaux*, ou lus à la Société de chirurgie de Paris, et à la Société de médecine de Bordeaux : *Le Rhumatisme cérébral* (1858); — *le Rétrécissement de l'urèthre* (1862); — *le Pied-bot hystérique* (1864); — *l'Opération césarienne suivie de succès* (1864); — *le Choléra infantile*, mémoire couronné par la Société de médecine de Bordeaux (médaille d'argent, 1866); — *l'Embolie, son étude critique*; — *les Injections intra-utérines* (1867); — *l'Uréthrotomie externe* (1869). M. le docteur Boissarie est président du Comité médical de son arrondissement. Nommé conseiller d'arrondissement en juin 1870, il fut désigné pour remplir les fonctions de sous-préfet pendant les jours difficiles de la Commune, et ne crut pas devoir refuser son concours au parti de l'ordre ; mais, aussitôt que le calme fut revenu, il se démit de ses fonctions administratives pour se consacrer tout entier à la pratique médicale. M. le docteur Boissarie est membre de la Société médicale d'observation, correspondant et lauréat de la Société de médecine de Bordeaux, etc.

BOISSE (Adolphe), né à Rodez, le 16 septembre 1810. Son bisaïeul, son aïeul et son père avaient successivement rempli les fonctions de procureur du roi ; cependant il préféra l'étude des sciences à celle de la jurisprudence, et entra à l'Ecole des mines en 1832. Breveté comme ingénieur civil en 1835, il a pris de 1836 à 1853, la direction de l'établissement des mines de Carmaux. Nommé directeur-général des chemins de fer de Carmaux à Alby en 1853, il a résigné ses fonctions en 1857 pour se consacrer à des travaux scientifiques, et remplir des missions du gouvernement à l'intérieur et à l'étranger. M. Boisse est membre fondateur et président de la Société des lettres, sciences et arts de l'Aveyron, vice-secrétaire de la Société centrale d'agriculture de ce département, membre de l'Institut des provinces, de la Société géologique de France et de la Société d'histoire et d'archéologie. Les électeurs de l'Aveyron l'ont envoyé à l'Assemblée nationale le 8 février 1871.

BOISSONADE (Gustave-Emile), né à Vincennes (Seine), le 7 Juin 1825; fils de l'illustre helléniste Boissonade, membre de l'Institut, décédé en 1857. Il a fait son droit à la Faculté de Paris où il a pris le grade de docteur en 1852. Professeur-agrégé à la Faculté de Grenoble en 1864, il est venu, en 1867, remplir les mêmes fonctions à celle de Paris, où il est en ce moment chargé du cours d'économie politique, suppléant M. Balbie. M. Boissonade a publié, outre de nombreux articles dans les *Revues* de législation : *Essai sur l'histoire des donations entre époux et leur état d'après le code Napoléon* (1852) ; — *Tableau synoptique du droit romain* (1854) (ces deux premiers ouvrages sous le nom de G. Boutry) ; — *Lafontaine économiste* (1872). Il prépare la publication, retardée par les événements, d'une *Histoire de la réserve héréditaire et de son influence morale et économique*, mémoire couronné par l'Académie des sciences morales et politiques, en 1867.

BOITEAU (Dieudonné-Alexandre-Paul), né à Paris, le 25 novembre 1830. Elève du collège Charlemagne, il se fit recevoir à l'Ecole normale, et la quitta volontairement, en 1852, pour se consacrer à des travaux littéraires et surtout à l'étude de l'économie politique. On lui doit des publications nombreuses, variées, et quelques-unes très-importantes : *Aventures du baron de Trenck* (1853) ; — *Lettres choisies de lady Montagne* (1853) ; — *Les cartes à jouer et la cartomancie* (1854) ; — *Album de l'Exposition universelle* (in-4°, 1855, ouvrage inachevé); — *Légendes recueillies ou composées pour les enfants* (1856) ; — édition des *OEuvres posthumes de Béranger* dont il a été l'exécuteur testamentaire littéraire (1858, 2 vol.); — *Erreurs des critiques de Béranger* (1858) ; — *Philosophie et politique de Béranger* (1858) ; — *En avant !* brochure politique aussitôt saisie que parue, en février 1859 ; — *Lettre à M. Renan sur Béranger* (1859) ; — *Correspondance de Béranger* (t. I-IV, 1859-1860) ; — *L'équité de M. Pelletan*, à propos de Béranger (1860) ; — *La situation*, sans nom d'auteur (1861) ; — *Etat de la France en 1789* (1860) ; — *Les traités de commerce* (1863) ; — *Les finances de la ville de Paris* (1865) ; — *Fortune publique et finances de la France* (1866, 2 vol.). M. Boiteau a fait paraître, de 1861 à 1865, un *Almanach de Béranger*, contenant des vers inédits de ce poète. On lui doit également une *Histoire amoureuse des Gaules*, avec commentaire historique (Bibliothèque elzévirienne), et les *Mémoires de madame d'Epinay*. Il a collaboré à l'*Artiste*, à la *Revue de Paris*, à l'*Athénæum*, au *Bulletin du Bibliophile*, au *Moniteur*, au *Journal de l'Instruction publique*, à la *Revue de l'Instruction publique*, au *Journal pour tous*, à la *Propriété littéraire*. Ancien rédacteur en chef du *Courrier de la librairie*, il appartient à la rédaction du *Journal des économistes*, où il traite spécialement les questions de finances d'Etat. Membre du jury à l'Exposition universelle de 1867, il a été chargé du *Rapport* sur l'imprimerie et la librairie. Aux élections législatives de 1863, il s'était porté candidat dans la Charente, et avait obtenu à Angoulême même, une forte minorité. Lors du vote plébiscitaire de 1870, il a publié : *Opinion d'un patriote*. Dans la même année, il est entré au journal *le Temps*, pour y remplacer M. A. Cochut, et il a, durant la guerre, publié dans ce journal des articles quotidiens sur *le Siège*, qui ont eu du succès. M. Paul Boiteau est actuellement (1872) sous-préfet de Neufchâtel (Seine-Inférieure).

BOITTELLE (Symphorien-Casimir-Joseph), né à Fontaine-Notre-Dame (Nord), le 23 février 1813. M. Boittelle a servi comme officier avant de devenir homme politique. Elève de l'Ecole militaire de Saint-Cyr en 1833, sous-lieutenant au 55e régiment d'infanterie de ligne en 1835, il fut incorporé au 5e de lanciers en 1837, devint lieutenant en 1840 et donna sa démission en 1845, après trois années passées dans la position de non-activité pour raison de santé. Sept ans plus tard, il rentrait au service de son pays comme sous-préfet de Saint-Quentin. Préfet de l'Aisne en 1853, préfet de l'Yonne en 1856, appelé à la préfecture de police à la suite de l'attentat du 14 janvier 1858, il a quitté cette magistrature le 20 février 1866, lors de son élévation à la dignité de sénateur. M. Boittelle est Grand-Officier de la Légion d'Honneur depuis le 14 août 1862.

BONDY (François-Marie-Taillepied, comte DE), né à Paris, le 23 avril 1802). Il est le fils du comte de Bondy, mort en 1847, après avoir été député, préfet de la Seine et pair de France. Sa famille est originaire de Normandie, et ses armoiries sont dans la salle des Croisades, à Versailles. Élève de l'Ecole polytechnique, de 1822 à 1824, il en sortit sous-lieutenant d'artillerie, donna sa démission, se fit recevoir avocat en 1827, et fut nommé, en 1828, auditeur au Conseil d'Etat. Préfet de la Corrèze le 12 août 1830, il passa, en 1833, à la préfecture de l'Yonne, et administra ce département jusqu'en 1841, avec le titre de maître des requêtes. Le 25 décembre 1841, il fut élevé à la pairie, et siégea jusqu'à la révolution de Février qui le rendit à la vie privée; il avait été nommé conseiller d'Etat honoraire en 1846. M. le comte de Bondy a publié quelques brochures sur la question des enfants trouvés et sur le recrutement. Elu, en 1867, au Conseil général du département de l'Indre qu'il habite, et président de la Société d'agriculture, il a été élu député à l'Assemblée nationale, le 8 février 1871, par 45,000 suffrages, et le second sur la liste libérale. Il siége au Centre-Gauche. M. le comte de Bondy est officier de la Légion d'Honneur depuis le 5 juin 1838.

BONHEUR (Rosalie), née à Bordeaux, le 22 mars 1822. Mlle Rosa Bonheur appartient à une famille d'artistes distingués. Son père, Raymond Bonheur, était un peintre de mérite. Cette grande artiste est une des rares femmes qui, dans l'ordre civil, aient reçu la croix de la Légion d'Honneur (8 juin 1865); elle a dû cette récompense à l'heureuse initiative de l'impératrice Eugénie. Mlle Rosa Bonheur a débuté au salon de 1844, et depuis lors ses succès ont toujours suivi la marche ascensionnelle de son talent. Parmi ses tableaux les plus célèbres nous citerons : *Animaux dans un pâturage* ; — *Cheval à vendre* ; — *Chevaux sortant de l'abreuvoir* ; — *Chevaux dans une prairie* ; — *Vaches au pâturage* ; — *les Trois Mousquetaires* ; — *le Labourage* ; — *Troupeau cheminant* ; — *le Repos* ; — *Etude d'étalons* ; — *Etude de chien courant* ; — *Meunier cheminant* ; — *le Labourage nivernais*, acheté par l'Etat pour le musée du Luxembourg, etc. A l'Exposition universelle de 1855 on a admiré *la Fenaison en Auvergne*, et, à celle de 1867, *Bœufs et vaches* (Ecosse) ; — *Moutons au bord de la mer*, acquis par l'Impératrice ; — *Berger Béarnais* ; — *Une barque* (Ecosse) ; — *Cerfs traversant un espace découvert* ; — *Bourriquaires aragonais* ; — *Chevreuils au repos* ; — *Berger écossais* ; — *Razzia* (Ecosse) ; — *Poneys de l'île de Skye* (Ecosse). Mlle Rosa Bonheur a fondé en 1849, avec sa sœur Juliette, aujourd'hui madame Peyrol, une école gratuite de dessin pour les jeunes filles.

BONHEUR (François-Auguste), né à Bordeaux, le 24 novembre 1824; frère de la précédente. Elève de son père, M. Auguste Bonheur parcourut les pays montagneux du midi de la France et les Pyrénées, et s'adonna particulièrement à la reproduction des types champêtres et des bestiaux et au paysage, genres dans lesquels il s'est fait, comme sa sœur, une grande réputation. Il a peint aussi quelques remarquables portraits, tels que ceux de M. *Bonheur père* et de Mlle *Rosa Bonheur*. Il a exposé : *Matin d'automne* ; *les Ruines d'Apchon* ; *Dessous de bois* ; *les Côtes de Brageac* ; *le Vieux chêne* ; *les Gorges du Puy-Grion* ; *le Col de Cabre* ; *le Printemps* ; *Souvenir de la Bretagne* ; *le Passage du gué* ; *Troupeau de vaches* ; *l'Abreuvoir* ; *l'Arrivée à la foire en Auvergne* ; *la Sortie du pâturage* ; *Rencontre de deux troupeaux dans les Pyrénées* ; *la Mer* ; *le Combat* ; *le Ruisseau* ; *le Retour de la foire* ; *le Dormoir* ; *le Plomb du Cantal* ; *Souvenir des Pyrénées* ; *le Berger et la mer* ; *Environs de Jalleyrac* (Auvergne) ; *le Chemin perdu* (souvenir des Pyrénées), etc. M. Auguste Bonheur a obtenu une médaille de 3e classe en 1852 et 1857, une de 2e classe en 1859, une de 1re classe en 1861 et 1863, et la croix de la Légion d'Honneur le 29 juin 1867.

BONHOMME (Pierre-Jules-Marie), né à Bayonne, le 4 septembre 1829. Après avoir terminé ses études à Aire-sur-l'Adour, qui était un des meilleurs centres d'instruction de la région du Sud-Ouest, dans la première partie de ce siècle, M. l'abbé Bonhomme professa les lettres au petit séminaire d'Aire et fut ordonné prêtre le 17 décembre 1853. En 1855, il passa comme professeur au collège de Dax. En 1856, il exerça le ministère sacerdotal en qualité de vicaire de la paroisse de Saint-Esprit à Bayonne. A la fin de la même année, il vint à Paris pour continuer des travaux entrepris sur la liturgie et en particulier sur le chant ecclésiastique. Bientôt, poursuivant le même but, il partit pour Rome, où il fit un assez long séjour, et parcourut en 1857 les bibliothèques de la France et de l'étranger. Fixé à Paris, par sa nomination de vicaire à Sainte-Elisabeth, il reçut en même temps la charge d'aumônier de l'École Turgot. En 1870, il fit partie de l'armée comme aumônier militaire du fort de l'Est, près Saint-Denis, et prit à diverses affaires sous les murs de Paris. M. l'abbé Jules Bonhomme est auteur de plusieurs ouvrages parmi lesquels nous mentionnons : *Simple réponse au P. Lambillotte sur le chant grégorien* (1855) ; — *Observations présentées au Souverain-Pontife sur le chant grégorien* (1856) ; — *Principes d'une véritable restauration du chant grégorien* (1857) ; — *Lettre à un curé de la province d'Auch sur le chant* (1858) ; — *Biographie de Mgr Hiraboure, évêque d'Aire* (1860) ; — *Le culte de la Sainte-Vierge dans la province d'Auch*, inséré dans *N.-D. de France* (1867) ; — *Supplementum pro diocese aturensi et aquensi* dans le *Gallia christiana* (1869) ; — *Le collège d'Aire-sur-l'Adour* (1869) ; — *Souvenirs du fort de l'Est* (1872) ; et de nombreux articles dans les journaux et revues du Midi. M. l'abbé Bonhomme a été fait chevalier de la Légion d'Honneur à la suite du siège de Paris, le 22 février 1871, et officier d'Académie le 10 janvier 1872.

BONNASSIEUX (Jean-Marie), né à Panissières (Loire), le 19 septembre 1812. Après avoir étudié la sculpture à Lyon et s'être fait connaître au Salon de 1834 par une statue d'*Hyacinthe blessé*, M. Bonnassieux vint à Paris, suivit pendant quelque temps les leçons de Dumont, entra ensuite à l'Ecole des beaux-arts, et remporta le premier grand prix de sculpture en 1836, avec une composition de *Socrate buvant la ciguë*. Durant son séjour en Italie, il envoya au Salon de 1842 l'*Amour se coupant les ailes*, et au Salon de 1844 une statue de *David*; ces deux marbres furent acquis par l'Etat. De retour en France, il exposa successivement : le buste de *M. Terme*, maire de Lyon ; — le buste du *père Lacordaire*; — une statue de *Jeanne Hachette*, destinée au jardin du Luxembourg et qui est maintenant dans le palais ; — la *Vierge mère*, pour l'église de Feurs (Loire) ; — les bustes d'*Ampère* et de *Ballanche*, pour le musée de Lyon ; — une *Tête d'étude*; — la *Méditation*, statue en marbre achetée par l'Empereur. Outre plusieurs autres bustes en marbre ou en bronze, on a encore de cet artiste éminent une statue en bronze d'*Henri IV*, à La Flèche (Sarthe) ; — un groupe en bronze représentant le *Baptême du Christ*, sur la place Saint-Jean, à Lyon ; — la statue colossale de *Notre-Dame de France*, au Puy ; — le groupe en marbre des *Heures*, à la Bourse de Lyon ; — la statue de *Mgr Morlhon*, au Puy ; — la statue en bronze du *comte de Las-Cases*, à Lavaur (Tarn). Les travaux de M. Bonnassieux lui ont mérité deux secondes médailles en 1842 et en 1848, deux premières médailles en 1844 et en 1855, et la croix de la Légion d'Honneur à la suite de l'Exposition universelle de 1855. Il a été nommé membre de l'Institut en 1866.

BONNECHOSE (Mgr Henri-Marie-Gaston, *cardinal, comte* DE), né à Paris, le 30 mai 1800. Entré dans la magistrature comme substitut du procureur du roi, d'abord aux Andelys (1822), puis à Rouen (1823), il fut placé à la tête du parquet de Neufchâtel en 1826, et nommé substitut du procureur-général, à Bourges, en 1827. Ses connaissances juridiques et ses talents oratoires lui firent franchir rapidement les degrés de la hiérarchie, et il fut nommé avocat-général à Riom, à la fin de 1827 et à Besançon en 1829. Depuis quelque temps le jeune magistrat songeait à quitter le monde, lorsqu'il donna, malgré les plus vives instances de ses chefs et de ses amis, sa démission en septembre 1830. Dès lors il songea sérieusement à entrer dans l'état ecclésiastique, auquel l'avait préparé une vie toujours austère et pieuse, et fit ses études théologiques à Strasbourg. Le cardinal de Rohan, archevêque de Besançon, dont il avait l'estime et l'affection, lui confia la chaire d'éloquence sacrée dans sa maison des Hautes-Etudes. Après la mort prématurée de ce prélat, il revint à Strasbourg. Ordonné prêtre en 1834, l'abbé de Bonnechose se livra à l'enseignement supérieur dans l'institution ecclésiastique dite de la *Toussaint* jusqu'en 1840, époque où il prit part à la direction du Collége de Juilly. Bientôt recherché comme prédicateur à Paris, il fut chargé, en 1843, de prêcher le carême à Cambrai, où il fut nommé chanoine honoraire par Mgr Giraud, et l'Avent à Rome, où il devint supérieur de la Communauté des prêtres de Saint-Louis-des-Français. Il ne tarda pas à s'attirer l'estime du pape Grégoire XVI et l'affection de la société et du clergé romains, et reçut le titre de missionnaire apostolique. On lui doit la reconstitution de la maison nationale de Saint-Louis dont les statuts, rédigés par lui et encore en vigueur, ont été sanctionnés par le pape et le roi de France. Evêque de Carcassonne le 18 novembre 1847 et d'Evreux le 1er novembre 1854, il fit preuves de grandes capacités administratives dans des circonstances difficiles, accomplit à Evreux un ministère de pacification des plus heureux et des plus appréciés, et fut appelé au siége archiépiscopal de Rouen le 21 février 1858. Mgr de Bonnechose a mérité, par ses hautes qualités, son zèle et son dévouement constants à l'Église et à la patrie, d'être créé cardinal le 21 décembre 1863. Ainsi devenu sénateur de droit, il prit part à des discussions importantes. Sa haute expérience, la modération de son caractère, et son talent d'orateur lui acquirent une grande influence dans le premier Corps de l'État. Ses discours les plus importants sont relatifs : aux doctrines athées colportées par les mauvais livres (1864), à la convention de Septembre et aux rapports de l'Eglise et de l'Etat (1865), à l'adresse au souverain (1866), aux affaires de Rome et à la loi sur l'enseignement (1867), à des pétitions concernant l'enseignement supérieur (1868), etc. Le cardinal de Bonnechose, au Concile du Vatican, fut un des plus fermes et des plus prudents soutiens du Saint-Siége. Membre de la principale Commission, celle des *Postulata*, il a groupé autour de lui et réuni à Saint-Louis-des-Français, où il habitait, les évêques français de la majorité, et pris la parole avec succès dans la séance solennelle du 18 juin. En août 1870, il se hâta de rentrer en France et de venir partager les périls et les douleurs de ses diocésains. Animé d'un grand esprit de charité, lui qui avait, pendant la crise cotonnière de 1862, distribué aux ouvriers sans travail plus de 400,000 fr. en dehors de la souscription nationale, il réussit, en 1870-1871, par ses démarches auprès du roi de Prusse et de ses généraux, et par ses dons personnels, à alléger notablement les maux de l'occupation dans la Seine-Inférieure. Il a publié, outre ses mandements et ses discours au Sénat : *Philosophie du christianisme* (1835, 2 vol.); — deux *Discours*, l'un à la Société des antiquaires de Normandie (1860), l'autre au Congrès scientifique (1865), etc. Chevalier de la Légion d'Honneur le 14 août 1852, officier le 14 août 1863, S. Em. le cardinal de Bonnechose a été promu commandeur de l'Ordre le 14 août 1869.

BONNECHOSE (François-Paul-Émile DE), né à Leyendorp, près Leyde (Hollande), le 18 août 1801 ; frère du précédent. Il a quitté l'épée pour la plume. Elève à l'Ecole de Saint-Cyr en 1818, sous-lieutenant de cavalerie en 1820, admis à l'Ecole d'application d'Etat-major en 1822, il en sortit deux ans après, obtint l'épaulette de lieutenant en 1825, fit le service d'officier d'Etat-major dans divers régiments, et donna sa démission au mois de septembre 1830. M. E. de Bonnechose avait été nommé par Charles X, depuis dix-huit mois, bibliothécaire du palais de Saint-Cloud. Louis-Philippe le maintint dans ses fonctions, qu'il exerça jusqu'à la révolution de Février. Il a été ensuite conservateur de plusieurs bibliothèques de la liste civile, notamment de celles des palais de Versailles et de Trianon. M. E. de Bonnechose s'était révélé comme poëte, dès 1826, par sa tragédie de *Rosemonde*, représentée au Théâtre-Français ; il se fit connaître comme historien, en 1834, par son *Histoire de France*, qui compte déjà quatorze éditions. On lui doit en outre : *la mort de Bailly*, poëme couronné par l'Académie française en 1833 ; — *Christophe Sauval, ou la société en France sous la Restauration;* — *les Réformateurs avant la Réforme: Gerson, Jean Hus et le Concile de Constance;* — *Chances de salut et conditions d'existence de la Société actuelle* (1850) ; — *les quatre Constitutions de l'Angleterre* (2 vol.) ; — une *Histoire d'Angleterre*, en quatre volumes, jusqu'à l'époque de la Révolution française ; — les *Biographies* de Bertrand Duguesclin, du général Hoche, etc. M. de Bonnechose a été l'un des collaborateurs du *Complément du Dictionnaire de l'Académie* et de la *Revue contemporaine*. Il est chevalier de la Légion d'Honneur depuis le 9 mai 1838.

BONNEMÈRE (Joseph-Eugène), né à Saumur (Maine-et-Loire), le 20 février 1813. Petit-fils de Bonnemère de Chavigny, député à l'Assemblée législative, il débuta en 1841, comme auteur dramatique, au petit théâtre du Panthéon de Paris, par un vaudeville en deux actes : *les Premiers Fiacres*, et une féerie en cinq actes : *Micromégas*. Pendant son séjour à Angers (1843 à 1849), il publia dans le *Précurseur de l'Ouest*, des causeries hebdomadaires et des études historiques, et fit jouer quelques pièces sur le théâtre de cette ville. Depuis son retour à Paris, il a publié des travaux estimés d'histoire et de littérature. On a de M. Bonnemère : *les Paysans au dix-neuvième siècle* (1847) ; — *Histoire de l'Association agricole et solution pratique* (1849) ; — *le Morcellement agricole et l'association*, mémoires couronnés par diverses académies ; — *Histoire des paysans* (1857, 2 vol.) ; — *la France sous Louis XIV* (1846, 2 vol.) ; — *la Vendée en 1793* (1866) ; — *La guerre des Camisards*, qui portait pour sous-titre : *Histoire des dragonades sous Louis XIV* (1868) ; ce sous-titre est devenu le titre principal de la 2ᵉ édition (1869 ; *le Roman de l'Avenir* (1867) ; — *Louis Hubert*, 1868 ; — *Études historiques saumuroises*, comprenant : *la Conspiration Berton; le Héros de juillet 1789; — Madame Darcier; — les Déclassés*, roman (1860). M. Bonnemère a collaboré à la *Revue de Paris*, à la *Démocratie pacifique*, à la *Libre recherche*, etc., et a fourni depuis 1858 au *Messager russe* (Rowski Westnick) de Moscou, une série de lettres sur la situation actuelle des paysans et de l'agriculture en France. A la mort d'Allan Kardec, il est devenu président de la Société des études spirites.

BONNEMÈRE (Lionel), né à Angers, le 3 octobre 1843; fils du précédent. Avocat à la Cour impériale de Paris, il se fit connaître, pendant qu'il suivait son cours de droit, par quelques opérettes agréables qu'il faisait exécuter dans les salons, et dont il avait écrit les paroles et la musique. Plusieurs journaux ont parlé avec éloges de son ode-symphonie intitulée : *la Loire*. M. Lionel Bonnemère cultive aussi la sculpture avec succès. En 1869, il a exposé, au Salon, un bas-relief : *le Printemps*, et, à l'exposition de Metz, un modèle de coffret. Il a envoyé au Salon de 1870 une allégorie : *la Nuit*, groupe en plâtre bronzé.

BONNET (Armand-Benjamin), né à Ayron (Vienne), le 27 mars 1810. M. le président Bonnet a fait toutes ses études à Poitiers, d'abord au lycée, puis à la Faculté de droit. Après avoir obtenu son diplôme de licencié en 1831, il fit son stage d'avocat dans cette ville, passa sa thèse de docteur en 1834, et concourut pour une chaire de Code civil. Substitut à Parthenay en 1835, à Napoléon-Vendée en 1836, il fut successivement chef des parquets de Loudun (1ᵉʳ juillet 1841), de La Rochelle (1ᵉʳ mai 1848) et de Poitiers (21 janvier 1850). Il a été nommé conseiller à la Cour de Poitiers le 23 octobre 1853, président du tribunal civil le 2 avril 1862, et président de chambre à la Cour en septembre 1865 ; il en est aujourd'hui le doyen. La confiance de ses concitoyens l'a porté au Conseil général du département de la Vienne, et ses travaux l'ont fait admettre dans plusieurs Sociétés savantes, et lui ont mérité des distinctions honorifiques. Il a publié, en 1860, en trois volumes, une remarquable monographie intitulée : *Des dispositions par contrat de mariage et des dispositions entre époux, envisagées des points de vue du droit romain, de l'ancienne jurisprudence de la France et du Code Napoléon*. M. le président Bonnet est chevalier de la Légion d'Honneur (4 février 1868) et de l'ordre de l'Aigle-Rouge de Prusse.

BONNET (Jacques-Victor), né à Maintenon (Eure-et-Loir), le 22 avril 1814. Après avoir fait de fortes études à Rambouillet et à Paris, il prit le grade de docteur en droit pour suivre la carrière de la magistrature. Mais, la Révolution de février 1848 étant survenue, il se consacra à des travaux économiques et financiers, et publia de nombreux articles dans le *Pays*, l'*Assemblée nationale* et la *Revue des Deux-Mondes*. Il contribua beaucoup, par des écrits qui ont eu du retentissement, à la défense des principes sur lesquels repose la Banque de France, lorsque cette institution fut attaquée, en 1863 et 1864, à l'occasion d'une rivale qu'on voulait lui susciter dans la Banque de Savoie. Il a résumé ses études économiques et financières dans plusieurs ouvrages, qui ont pour titre : *Le Crédit et les finances* (1865) ; — *Études d'économie politique et financière* (1867) ; — *Études sur la monnaie* (1870) ; — *Les impôts après la guerre* (1871). M. Bonnet est attaché, comme secrétaire, depuis 1857, à la réunion des délégués des grandes Compagnies de chemins de fer, dite « Conférence des chemins de fer. » Il a été nommé chevalier de la Légion d'Honneur le 20 janvier 1866.

BONNET (Jean-Baptiste-Alexandre-Jules), né à Jujurieux (Ain), le 28 décembre 1811. M. Bonnet a su trouver, dans les ressources de son intelligence et de son activité, les moyens de parvenir. Arrivé à Lyon, en 1828, obscur et sans fortune, il fit d'abord son apprentissage dans la fabrication des étoffes de soie, puis il consacra plusieurs années à étudier, dans les principales maisons, les meilleurs procédés. En 1838, il fonda lui-même une fabrique d'étoffes de soie qu'il dirigea avec succès jusqu'en 1855, époque où il abandonna les affaires commerciales. Depuis ce temps, M. Bonnet s'est consacré aux affaires publiques. Il a été administrateur de la Caisse d'épargne de Lyon pendant huit ans, membre du Conseil des prud'hommes en 1851, vice-président du même Conseil le 1er janvier 1860, président de la 28e Société de secours mutuels de Lyon depuis 1852, président de la Société du prince-impérial (Comité des Terreaux), et enfin membre du Conseil municipal de la Chambre de commerce de Lyon. Il a reçu la croix de la Légion d'Honneur en 1864.

BONNETTY (Augustin), né à Entrevaux (Basses-Alpes), le 9 mai 1798. Il fonda, en 1830, un recueil mensuel, les *Annales de philosophie chrétienne*, recueil destiné à faire connaître tout ce que les sciences humaines renferment de précieux et de découvertes favorables au christianisme. Ce recueil n'a pas cessé de paraître, et maintenant (1872) il ne compte pas moins de 81 volumes. Cet ouvrage souleva, dans une de ces dernières années, une polémique assez vive au sujet de l'enseignement de la philosophie dans les séminaires, en s'appuyant sur cette opinion « qu'il n'appartient pas à la raison d'arriver, seule, à la connaissance de la vérité. » Il paraît que cette polémique n'a pas encore pris fin. De 1818 à 1855, M. Bonnetty dirigea l'*Université catholique*, fondée en 1836, par MM. les abbés Gerbet, de Salinis, de Soubise, et M. de Montalembert, publication qui comporte 40 volumes. Ses autres écrits sont : *Morceaux choisis de l'histoire de l'Église* (1828, 2 vol.); — *Continuation de l'histoire de l'Église gallicane*, sous la forme de *tableau chronologique*, depuis 1560 jusqu'en 1825, sans nom d'auteur (24e vol. de la réimpression, 1828) ; — *Table alphabétique, analytique et raisonnée* de tous les auteurs sacrés et profanes qui ont été découverts et édités dans les 33 volumes du *cardinal Mai* (1850) ; — Nouvelle édition du *Dictionnaire diplomatique* de Dom de Vaines (aug. de 23 pl. nouv. et de plus de 400 art., 1869-1865, 2 vol.) ; — *Documents historiques sur la religion des Romains, et sur la connaissance qu'ils ont pu avoir des traditions bibliques, par leurs rapports avec les Juifs* (1867-1871, 2 vol.); — *Chant de la Sybille hébraïque*, texte grec d'après l'édition de M. Alexandre, avec traduction française et notes (1869) ; etc.

BONNIER (Edouard-Louis-Joseph), né à Lille, le 27 septembre 1808. Après avoir fait ses études au collége Rollin, M. Bonnier suivit les cours de la Faculté de droit de Paris, où il ne devait pas tarder à prendre rang parmi les professeurs les plus distingués. Licencié en 1830, docteur en 1832, professeur-suppléant en 1839, il obtint au concours, en 1844, la chaire de législation pénale et de procédure civile et criminelle; il avait suppléé à plusieurs reprises le savant Oudot dans son cours philosophique de Code civil. M. Bonnier est chevalier de la Légion d'Honneur depuis le 13 août 1858. Il a publié les ouvrages suivants : *Traité des preuves en droit civil et criminel*, qui a été traduit en italien ;—*Eléments d'organisation judiciaire ;—Eléments de procédure civile ;—Commentaire théorique et pratique du Code civil*, en collaboration avec MM. Ducaurroy et Roustaing. Il a donné en outre de nombreux articles à la *Revue de droit français et étranger*, à la *Revue de législation*, au *Correspondant* et à d'autres recueils périodiques. Il est gendre de M. Ortolan.

BOREL D'HAUTERIVE (André-François-Joseph), né à Lyon, le 6 juillet 1812. Appartient à une famille d'origine dauphinoise. Ses études de droit terminées, il se fit inscrire, en 1838, au tableau de l'ordre des avocats de la Cour de Paris (1838-1865). Mais, son goût pour les études archéologiques et paléographiques l'engagea à entrer à l'École des Chartes. Reçu archiviste paléographe, il fut attaché aux travaux historiques entrepris par le gouvernement, et collabora à dix volumes de la collection des *Documents inédits de l'histoire de France*. La République supprima ses fonctions. Après avoir appartenu pendant trois mois aux bureaux de la présidence comme chef de bureau des pétitions et des secours, il fut, sur sa demande, rendu à ses travaux favoris, en mai 1849, comme secrétaire de l'École des Chartes. Depuis 1864, il est bibliothécaire à Sainte-Geneviève. M. Borel d'Hauterive a publié : *la Saône et ses bords* (1835); — l'*Histoire du Crédit public* (1842) ; — *Précis sur la maison royale de Saxe* (1843, in-4º) ; — *les Grands corps de l'État*, biographies des sénateurs, députés et membres du Conseil d'État (1852) ; — les *Armoriaux de Flandre* (1856, in-4º) et de *Picardie et d'Artois* (1866); — *Les siéges de Paris*, annales militaires de la capitale depuis Jules César jusqu'à nos jours (1871). Il a fondé la *Revue historique de la noblesse de France* (3 vol., 1840 à 1843), et l'*Album historique du Dauphiné* (1847). Il fait paraître depuis 1842 un *Annuaire de la Noblesse*. Il a fourni beaucoup d'articles sur la noblesse, le blason et les sciences historiques à la *Liberté des arts* (1833), au *Dictionnaire de la conversation* (1833-1839), au *Corsaire*, au *Satan* (1844-1847), au *Cabinet de lecture* (1842-1853), au *Journal illustré* (1866), à la *Revue bibliographique*, au *Sport*, etc. Depuis 1840, il a été attaché à la rédaction de plusieurs journaux littéraires et chargé de la chronique théâtrale, notamment dans la *Revue et Gazette*. Il a écrit des articles biographiques, des nouvelles et des voyages dans divers recueils périodiques, entre autres dans le journal *le Dauphiné*. Il a signé souvent A. B. d'H. ou s'est servi des pseudonymes : Ernest de Valery; Adrien Moreau; Karl Egger; Hippolyte Reyneval et Mathéphile Lerob.

BORÉLY DE LA SAPIE (Pierre-Martin), né à Seyne (Basses-Alpes), le 5 mars 1814. M. Borély de la Sapie est un des hommes qui ont consacré leur haute intelligence à l'œuvre de la colonisation algérienne. A sa sortie du collége, dès l'âge de dix-huit ans, il obtint une médaille d'argent en récompense de son dévouement pendant l'épidémie cholérique de 1832. On ne pouvait commencer plus dignement une carrière toute de dévouement. En 1844, il se rendit en Afrique, et créa bientôt à Bouffarick une des belles fermes de la province d'Alger. Depuis cette époque, il n'a cessé d'être compté dans le pays au nombre des colons les plus laborieux, les plus dévoués et les plus distingués. Nommé président du Comice agricole de la province d'Alger, lors de sa création, en 1849, il a rempli pendant huit ans les fonctions de secrétaire de la Chambre consultative d'agriculture. Il a été maire de Bouffarick de 1852 à 1862, et c'est à ses efforts que cette ville doit sa prospérité naissante en Algérie. En 1863, lorsque les trois provinces de la colonie envoyèrent des délégués à Paris, M. Borély de la Sapie fut élu président de cette délégation. Comme membre du Conseil général de la province d'Alger, il a été désigné par ce Conseil, de 1864 à 1869, pour prendre part aux travaux et aux délibérations du Conseil supérieur du gouvernement, dans lequel il a été, chaque année, rapporteur du budget colonial. Il est aujourd'hui maire de la ville de Blidah, et a reçu la croix de la Légion d'Honneur le 20 octobre 1855.

BOSC (Ernest), né à Nimes, le 19 décembre 1837. Voué de bonne heure à l'étude de l'architecture et de l'archéologie, M. E. Bosc est élève de M. Charles Questel et de l'Ecole des beaux-arts de Nîmes, où il a remporté le grand prix d'architecture en 1855. Comme collaborateur de différentes publications, il a traité des sujets très-variés. Depuis 1861 il a fait paraître, dans divers journaux spéciaux, la *Revue horticole*, le *Journal de l'agriculture*, dont il est un des fondateurs, la *Municipalité*, la *Revue et Gazette des théâtres*, la *Chronique des arts*, le *Moniteur des architectes*, dont il est rédacteur en chef, des articles de sciences, d'économie sociale et politique, de critique sur les beaux-arts, l'architecture, l'archéologie, etc., qu'il a signés de son nom ou des pseudonymes suivants : *Gardener, J. Marcus de Vèze, Zacharie Bibliophile*. Parmi ses œuvres qui ont figuré aux divers Salons de Paris, on a remarqué, en 1867, la *Restauration de l'enceinte romaine de l'antique Nemausus*. Il a fait des dessins pour beaucoup d'ouvrages d'art, entre autres pour le *Dictionnaire* de l'Académie des beaux-arts. M. Bosc a été attaché, de 1866 à 1871, à la direction des travaux d'architecture de la ville de Paris ; il est aujourd'hui inspecteur de travaux publics, membre de la Société centrale des architectes de France, membre-fondateur de la Société de l'histoire de l'art français et de plusieurs Académies et Sociétés savantes. On lui doit un bon ouvrage sur un sujet nouveau : *Traité complet de la tourbe* (1870). Il a publié, en outre, des ouvrages d'économie politique, etc.

BOSSANGE (Hector), né à Paris, en 1795. Fils de Martin Bossange qui ouvrit à Paris, en 1787, un vaste établissement de librairie, fonda des maisons sur les principales places de l'Europe et des deux Amériques, et mourut centenaire, en 1865, et chevalier de la Légion d'Honneur, M. Hector Bossange a suivi la carrière paternelle ; il a ouvert de nouveaux débouchés à la librairie française par de fréquents voyages en Europe et en Amérique, et a établi des maisons au Canada, aux États-Unis, au Brésil et en Russie. En 1836, il publiait une étude fort remarquée : *Opinion nouvelle sur la propriété littéraire*; en 1845, il faisait imprimer, sous ce titre modeste : *Catalogue*, une nomenclature de 30,839 titres de livres, appareils scientifiques et autres, en 3 volumes, grand in-8°, qu'il distribuait ensuite gratuitement aux libraires et aux bibliothèques publiques à l'étranger. Enfin, M. Hector Bossange a édité, en 1855, *Ma bibliothèque française*, choix d'ouvrages recommandés, avec tables des matières et notices biographiques sur les auteurs, 1 volume in-18, véritable bijou de typographie dû aux presses de M. Claye.

BOSSELET (Hippolyte), né à Paris, le 19 juillet 1824. Il se consacra de bonne heure aux lettres et au journalisme. Dès 1847, il fondait la *Conférence Montesquieu*, qui fut une pépinière d'hommes distingués. Rédacteur en chef de l'*Avant-garde*, journal des Écoles, il prit une part importante à la révolution de Février. Rédacteur de la *Réforme* en 1848, il passa à la rédaction du *Temps* en 1850, et prit, en 1867, la rédaction en chef du *Glaneur d'Eure-et-Loir*. M. Bosselet s'est présenté, comme candidat de l'opposition libérale, à plusieurs élections, dans Eure-et-Loir, et a chaque fois obtenu des minorités importantes. Candidat à l'Assemblée nationale, en 1871, il a réuni 16,000 suffrages. On a de lui *le Cardinal Richelieu*, étude dramatique en vers (1846) ; — *la Crise* (1852) ; — *De la liberté et du gouvernement* (1858), traduit en espagnol par M. Juan Belgrano ; — *Lettres de M. Journal* (1861) ; — *Les élections générales de 1863 et l'opinion* (1863) ; — *La liberté ajournée* (1865).

BOSSIS (Prosper-François), né à Roche-Servière (Vendée), le 7 avril 1799. Il fit ses études classiques à Nantes, et son droit à la Faculté de Rennes. Reçu licencié le 11 janvier 1822, il prêta le serment d'avocat devant la 1re chambre de la Cour de Rennes le 6 mars suivant, se fit inscrire au tableau des avocats près le tribunal civil de Nantes, et exerça sa profession jusqu'au mois d'octobre 1830. A cette époque il fut nommé juge de paix du canton de Roche-Servière. Voici donc quarante-deux ans que M. Bossis exerce ses fonctions laborieuses et délicates, en dépit de toutes les vicissitudes politiques de la France, à l'abri de l'estime et de l'affection qu'il a su inspirer à tous ses justiciables.

BOTTINI (J.-Dominique), né à San-Remo, petite ville de la Ligurie, le 4 mars 1813. Il fit ses études classiques et médicales à Gênes. Reçu docteur en chirurgie, il se rendit à Turin, et y prit les grades de docteur en philosophie et en médecine (1839). M. Bottini est auteur de plusieurs brochures publiées dans la *Gazetta medica italiana*, dont il fut longtemps collaborateur. Devenu français, après l'annexion du comté de Nice à la France, il a fait paraître à Paris : *Menton et son climat*. M. le docteur Bottini, médecin de l'hôpital de Menton, est membre de plusieurs Académies de la France et de l'étranger, chirurgien-major honoraire de l'armée sarde et décoré de la médaille *Dei bene meriti della salute publica* et de celle du Vaccin. Chevalier de l'ordre des Saints-Maurice et Lazare d'Italie, il a reçu la croix de la Légion d'Honneur le 26 décembre 1868.

BOUCAU (Albert), né à Dax, le 26 décembre 1826. Possesseur d'une belle fortune, dont il fait un utile et généreux emploi, M. Albert Boucau a succédé à son père dans la charge de notaire à Levignacq-des-Landes. Son étude, qui est une des plus anciennes de la contrée, appartient à sa famille depuis de longues années ; et il jouit, dans sa localité, d'une notoriété, pour ainsi dire héréditaire. Ancien conseiller général du département des Landes, et maire de Lévignacq, il a été élu membre de l'Assemblée nationale, aux élections complémentaires du 2 juillet 1871, le premier sur la liste républicaine, par plus de 37,000 suffrages.

BOUCAUMONT (Marie-Louis-Auguste), né à Montmarault (Allier), le 13 septembre 1803. M. Boucaumont entra à l'École polytechnique en 1820, et fut admis deux ans après dans le corps des ponts et chaussées. Comme ingénieur ordinaire, il dirigea la construction du pont de Nevers, sur la Loire, de 1827 à 1832. Ingénieur en chef du département des Ardennes en 1840, il fit exécuter de grands travaux sur les routes et au canal des Ardennes. En 1843, il passa, comme ingénieur en chef, dans le département de la Nièvre, où il eut à diriger des travaux importants, notamment lors de la construction du chemin de fer du Centre. Il demanda sa retraite en 1863 et fut nommé inspecteur général honoraire. M. Boucaumont, qui, depuis plus de vingt ans, était membre du Conseil municipal de Nevers, administrateur des hospices et du lycée, devint alors maire de cette ville ; mais, non contents de l'avoir pour premier magistrat, ses administrés voulurent encore qu'il les représentât au Corps législatif, et ils l'élurent pour leur député à la presque unanimité des suffrages. Nommé en 1859 au Conseil général de l'Allier, pour le canton de Montmarault, il représenta ensuite le canton de Nevers au Conseil général de la Nièvre. M. Boucaumont, qui avait été réélu député à la presque unanimité, par la 1re circonscription de la Nièvre, en 1863 et 1869, est décédé le 10 août 1870. Il était commandeur de la Légion d'Honneur depuis le 14 août 1866.

BOUCAUMONT (Marie-Christophe-Adolphe), né à Montmarault (Allier), le 20 juillet 1805 ; frère du précédent. Élève de l'École polytechnique en 1824, admis dans le corps des ponts et chaussées le 20 novembre 1826, il a été attaché successivement au service des départements de l'Allier et du Cher, comme ingénieur ordinaire de 2e classe (7 mai 1831) et comme ingénieur de 1re classe (5 mai 1840). M. Boucaumont est devenu ingénieur en chef de 2e classe le 11 mars 1847 et ingénieur de 1re classe le 17 août 1853. Il a dirigé en cette qualité les travaux du chemin de fer entre Vierzon et Clermont, ainsi qu'entre Saint-Germain-des-Fossés et Roanne ; ces travaux ont été considérables. M. Boucaumont est actuellement ingénieur en chef du département de la Nièvre. Il a été promu au grade d'officier dans la Légion d'Honneur en 1861.

BOUCHUT (Eugène), né à Paris, le 18 mai 1818. M. Bouchut, ayant terminé ses études classiques à Paris, y commença la médecine en 1835, fut successivement externe et interne, obtint la grande médaille d'or des hôpitaux en 1842, et reçut le diplôme de docteur le 12 avril 1843. A la suite de deux brillants concours, il fut, en 1849, reçu agrégé de la Faculté de médecine et médecin des hôpitaux. D'abord chef de clinique à l'Hôtel-Dieu, il y fit ensuite partie du Bureau central d'admission. Il faisait officieusement le service d'un de ses collègues malade, au lendemain de la proclamation du second Empire, du 2 décembre 1852, quand le chef de l'État, qui sortait de Notre-Dame, et venait visiter l'hôpital, fixa sur sa poitrine, pour le récompenser de ses travaux et surtout de son dévouement pendant la récente épidémie cholérique, la première Croix de la Légion d'Honneur qui ait été décernée par le pouvoir nouveau. M. le docteur Bouchut, attaché, en 1852, à l'hôpital du Bon-Secours, passa, en 1856, aux hôpitaux de Sainte-Eugénie et des Enfants-Malades. Il a été nommé à deux reprises professeur-suppléant à la Faculté de médecine. C'est un des plus zélés et des plus éminents apôtres de l'enseignement libre. Depuis 1859, il n'a pas cessé de professer à l'École pratique et à l'hôpital des Enfants-Malades, et ses cours, avidement suivis, lui ont valu de constants succès. M. le docteur Bouchut a été trois fois lauréat de l'Institut (Académie des sciences). Il a publié : *Mémoire sur la plegmatia alba dolens* (1844) ; — *Mémoire sur la fièvre puerpérale* (1844) ; — *Traité des maladies des nouveau-nés et des enfants à la mamelle*, couronné par l'Institut (5 édit. françaises et 4 édit. étrangères) ; — *Hygiène de la première enfance et de l'allaitement* (5e édit. 1867) ; — *Traité des signes de la mort et des moyens de prévenir les enterrements prématurés*, couronné par l'Institut (1859) ; — *Des méthodes de classification en nosologie*, thèse d'agrégation (1853) ; — *Traité de pathologie générale et de séméiologie* (2e édit. 1868) ; — *De la vie et de ses attributs* (1865) ; — *Histoire de la médecine et des doctrines médicales* (1re partie 1866) ; — *De l'état nerveux ou nervosisme et diathèse nerveuse* (1860 ; — *Nouvelle méthode de traitement de l'angine couenneuse par l'amputation des amygdales* (1858) ; — *Traité de diagnostic des maladies du système nerveux par l'ophthalmoscope*, avec atlas colorié, couronné par l'Institut (1863) ; — *Dictionnaire de thérapeutique médicale et chirurgicale*, en collaboration avec le Dr Després pour la partie chirurgicale (1866) ; et un grand nombre d'articles de pathologie et de philosophie médicale dans l'*Union médicale*, les *Annales d'Hygiène publique*, la *Gazette médicale*, la *Gazette des hôpitaux*, etc.

BOUDET (Paul), né à Laval (Mayenne), le 13 novembre 1800. M. Boudet fut inscrit dès 1821 sur le tableau des avocats au barreau de Paris, et se montra, sous la Restauration, animé des idées les plus libérales. Après 1830, il représenta pendant quatorze ans (1834-1848) le collège de Laval à la Chambre des députés. En 1839, il fut nommé secrétaire-général du ministère de la Justice et conseiller d'État, et remplit ces doubles fonctions avec un rare mérite. Quand M. Thiers eut perdu son portefeuille, M. Boudet prit rang dans l'opposition. En 1848, il fut élu, par ses concitoyens de la Mayenne, représentant à l'Assemblée constituante. En 1849, l'Assemblée constituante le désigna pour faire partie du Conseil d'État, et il y fut maintenu après le 2 décembre 1851. Il était président de la section du contentieux quand il a été nommé, le 23 juin 1863, ministre de l'Intérieur. M. Boudet a exercé ces hautes fonctions jusqu'au 28 mars 1865, date de son élévation à la dignité de sénateur. Il a remplacé alors le baron de Lacrosse dans les fonctions de secrétaire, et a été nommé vice-président du Sénat en 1867. Il est depuis longtemps membre et président du Conseil général de la Mayenne. Chevalier de la Légion d'Honneur le 5 mai 1840, il a été promu Grand'Croix le 6 novembre 1864.

BOUGARD (Nicolas-Émile), né à Danrémont (Haute-Marne) le 27 avril 1832. M. Bougard a pris le grade de docteur en médecine de la Faculté de Paris le 5 décembre 1857, et s'est spécialement occupé d'études sur la médication par les eaux thermales. Il est membre de la Société d'hydrologie médicale de Paris, de la Société de médecine de Strasbourg, de la Société historique et archéologique de Langres. Il a consacré ses soins à l'examen particulier de la composition et de l'emploi des eaux de Bourbonne-les-Bains, où il s'est fait une réputation comme médecin, et surtout comme chirurgien. M. Emile Bougard, médecin de l'Hôtel-Dieu de Bourbonne-les-Bains, et attaché au service du grand hôpital militaire-thermal pendant la saison des eaux, est aussi secrétaire de la Commission cantonale d'hygiène, et conseiller d'arrondissement (1872). Voici les titres de ses principaux ouvrages : *Les eaux chlorurées sodiques thermales de Bourbonne-les-Bains*, thèse de doctorat ; — *Relation du grand incendie arrivé à Bourbonne-les-Bains, en Champagne, le premier mai de cette année 1717*, d'après l'édition originale, avec introduction et notes (1862) ; — *Les eaux salées chaudes de Bourbonne-les-Bains: Eaux chlorurées sodiques et bromo-iodurées* (1863) ; — *Bibliotheca borvoniensis*, essai de bibliographie et d'histoire, contenant la reproduction de plaquettes rares et curieuses et le catalogue raisonné des ouvrages et mémoires relatifs à l'histoire de Bourbonne et de ses thermes (1865), etc.

BOUILLAUD (Charles-Marie-Alexandre), né à Monzeuil (Vendée), le 4 février 1790. M. le docteur Bouillaud, ayant perdu de bonne heure son père, fut élevé par son grand-oncle, le docteur J.-B. Bouillaud, conseiller du roi et receveur des eaux et forêts de la maîtrise de Fontenay-le-Comte. Il fit ses études médicales à Paris. Reçu docteur le 16 août 1815, il vint exercer la médecine à la Châtaigneraie (Vendée). Son humanité, son dévouement, ses opinions sagement libérales lui concilièrent l'estime de ses concitoyens. Membre du Conseil d'arrondissement de Fontenay-le-Comte et commandant de la garde nationale du canton de la Châtaigneraie en 1830, maire de la Châtaigneraie et membre du Conseil général de la Vendée en 1833, M. le docteur Bouillaud a rempli ces fonctions, sans interruption, pendant plus de trente-sept ans. Ces faits donnent la mesure de l'honorabilité de son caractère, des bienfaits de son administration et de la considération qui l'entoure. Comme médecin du bureau de bienfaisance, il a toujours donné gratuitement ses soins aux pauvres des communes du canton de la Châtaigneraie. Les services qu'il a rendus au pays lui ont mérité la Croix d'Honneur, le 14 août 1865.

BOUILLAUD (Jean-Baptiste), né à Angoulême, le 16 septembre 1796. Il est le neveu de Jean Bouillaud, ancien chirurgien-major de l'armée, qui fit son éducation et dirigea ses études médicales. Élève de la Faculté de Paris et disciple fervent de Broussais, il fut reçu docteur en 1823, et devint professeur de clinique médicale à la Charité en 1831. En 1848, il remplaça Orfila comme doyen de la Faculté ; mais il crut devoir bientôt résigner ses fonctions. M. Bouillaud est entré à l'Académie des sciences en 1868. Il a publié : *Traité des maladies du cœur*, en collaboration avec B.-J. Bertin (1824) ; — *Traité de l'encéphalite* (1825) ; — *Traité clinique et statistique du choléra* (1832) ; — *Traité clinique des maladies du cœur* (1835) ; — *Essai sur la philosophie médicale* (1836) ; — *Clinique médicale de l'hôpital de la Charité* (1837, 3 vol.) ; — *Sur l'introduction de l'air dans les veines* (1838) ; — *Sur le siège du sens du langage articulé* (1839-1848) ; — *Traité clinique du rhumatisme articulaire* (1840) ; — *Traité de Nosographie médicale* (1846, 5 vol.) ; — *Leçons cliniques sur les maladies du cœur et des gros vaisseaux* (1853) ; — *Du diagnostic et de la curabilité du cancer* (1854) ; — *De l'influence des doctrines ou des systèmes pathologiques de la thérapeutique* (1859) ; — *Discours sur le vitalisme et l'organisme et sur les rapports des sciences physiques en général avec la médecine* (1860) ; — *De la congestion cérébrale apoplectiforme dans ses rapports avec l'épilepsie* (1861) ; — *Discussion sur l'organisme phrénologique en général, et sur la localisation de la faculté du langage articulé en particulier* (1865). M. Bouillaud a collaboré longtemps au *Bulletin* de l'Académie de médecine. Il est commandeur de la Légion d'Honneur depuis 1864.

BOUINAIS (Aristide-Marie), né à Rennes, le 9 août 1826. Reçu avocat à Rennes en 1849, il a plaidé et donné, dans cette ville, des leçons de droit très-suivies jusqu'en 1857, époque à laquelle il est entré dans les affaires. En 1859, il est venu à Paris, et s'y est exclusivement occupé d'études financières. Fondateur du *Progrès de Paris* en 1864, il y a publié des articles très-remarqués du public, et qui ont attiré sur lui l'attention de plusieurs gouvernements. M. Boüinais a collaboré au recueil : *La Jurisprudence des tribunaux du ressort de la Cour de Rennes*. Il a publié un ouvrage intitulé : *Des Travaux publics, de l'Agriculture et du Commerce en France (Législation, histoire et réforme)*, en collaboration avec feu M. Fresquet, professeur à la Faculté de droit d'Aix. Il vient de donner (1872), une nouvelle édition de son utile opuscule : *Du remploi et des avantages des placements en rentes sur l'Etat*, dont la reproduction fut ordonnée par M. Fould, alors ministre des finances, au *Moniteur des Communes*. M. Aristide Boñinais a reçu la croix de la Légion d'Honneur le 14 août 1868. Il est, de plus, officier d'académie depuis 1864, officier du Medjidié de Turquie, chevalier de Charles III d'Espagne et de Notre-Dame-de-la-Conception de Villavicosa de Portugal, etc.

BOUINAIS (Théodore), né à Rennes, le 7 juin 1830 ; cousin du précédent. Il fit ses classes dans son pays natal, remplit les fonctions de chef de bureau à la préfecture d'Ille-et-Vilaine, de 1848 à 1854, vint à Paris en 1856, et se consacra aux lettres et à l'étude des questions financières. Pendant le siège de Paris (1870-1871), il s'occupa activement de la création des compagnies de guerre de la garde nationale. Elu officier dans son bataillon, il prit part à toutes les sorties, et fut chargé d'une mission qu'il remplit heureusement au fort d'Issy, sous un feu des plus violents. Mis à l'ordre du jour de l'armée et pr posé pour la croix, il reçut la médaille militaire. M. Théodore Boñinais est actuellement (1872) rédacteur d'un des plus vieux journaux financiers de France, le *Conseiller*, et caissier de la maison de banque de M. Soulaine, qui édite cette importante publication.

BOUISSON (Étienne-Frédéric), né à Mauguio (Hérault), le 14 juin 1813. M. le docteur Bouisson a fait avec distinction ses études littéraires à Bordeaux, et ses études médicales à Montpellier. Reçu le premier au concours d'agrégation de chirurgie en 1836, il fut nommé professeur de physiologie à la Faculté de Strasbourg en 1837, et revint à Montpellier en 1840 pour occuper la chaire de pathologie chirurgicale. Chirurgien en chef de l'hôpital civil et militaire de Saint-Eloi en 1845, il succéda au docteur Lallemand dans la chaire de clinique chirurgicale à la Faculté de Montpellier, et disputa avec éclat au docteur Nélaton, en 1851, une chaire semblable près la Faculté de Paris. M. Bouisson est un des plus éminents représentants de l'Ecole chirurgicale de Montpellier. Les soins éclairés qu'il a donnés à un grand nombre de blessés de l'armée d'Orient ont popularisé dans l'armée et son nom et son talent supérieur. Il est correspondant de l'Institut (Académie des sciences), associé de l'Académie impériale de médecine, membre correspondant de l'Académie de médecine de Belgique, de la Société de chirurgie de Paris, etc. Praticien répandu dans le midi de la France, M. Bouisson s'est fait en outre apprécier par des succès dans l'enseignement de la chirurgie et par l'impulsion qu'il a donnée à plusieurs entreprises scientifiques ou médicales. C'est en grande partie à son initiative qu'a été due la reconstitution de l'Académie des sciences et lettres de Montpellier, l'une des sociétés savantes qui représentent honorablement le mouvement scientifique de la province ; c'est sur sa proposition et par sa persévérante énergie qu'ont été élevées les statues en bronze de Lapeyronie et de Barthez. Il a aussi reconstitué l'association médicale de l'Hérault, dont il est le président actuel. On doit à M. Bouisson : *Parallèle de Delpech et de Dupuytren* (1841) ; — *De la bile, de ses variétés physiologiques, de ses altérations morbides* (1843) ; cet ouvrage a été traduit en allemand ; — *Traité théorique et pratique de la méthode anesthésique* (1850), couronné par l'Académie des sciences et traduit en italien ; — *Des vices de conformation de l'anus et du rectum* (1851) ; — *Eloges académiques* (1848-1857), etc. En 1858, il a fondé le journal le *Montpellier médical*, et a commencé sous le titre de *Tribut à la chirurgie*, la publication d'un grand ouvrage sur cette science, dont il a paru deux volumes. M. Bouisson a publié en outre un grand nombre de mémoires, d'observations cliniques, de rapports, de discours dans la *Gazette médicale de Paris*, les *Annales de chirurgie*, le *Journal de la Société de médecine de Montpellier*, etc. Il a été élu membre du Conseil municipal de Montpellier en 1860, 1865 et 1870, et représentant de l'Hérault à l'Assemblée nationale, le 8 février 1871. Il est officier de la Légion d'Honneur depuis 1864 et chevalier de l'ordre de Charles III d'Espagne.

BOULANGER (Gustave-Rodolphe), né à Paris, le 25 avril 1824, a étudié la peinture dans les ateliers de Paul Delaroche et de Jollivet, et remporté le grand prix de Rome en 1849. M. Boulanger a exposé des œuvres nombreuses et remarquables, parmi lesquelles on distingue : *Jules César arrivé au Rubicon* ; *les Choassa*, éclaireurs arabes ; *Une répétition dans la maison du poëte tragique, à Pompéi* ; *Maestro Palestrina* (1857) ; — *les Rahia*, pâtres arabes ; *Lucrèce* ; *Lesbie* (1859) ; — *Hercule aux pieds d'Omphale* ; *Répétition du Joueur de flûte et de la Femme de Diomède dans le palais pompéien du prince Napoléon* ; *Un Arabe* (1861) ; — *Jules César à la tête de la deuxième légion* ; *Kbails* ; *la Déroute* (1863) ; — *la Celta Frigidaria : Cavaliers sahariens* (1864) ; *Djeid et Rahia* (1865) ; — *Catherine 1re chez Mehemet Baltadji, discutant le traité du Pruth en 1711* ; *Marchande de couronnes à Pompéi* (1866) ; — *le Mamillare* (1867) ; — *El Hiasseub*, conteur arabe ; *la Promenade sur la voie des tombeaux, à Pompéi* (1869) ; — *C'est un Emir* ; *les Chaouches du Hakem*, souvenir du vieux Blidah (1870) ; — *Attendant le seigneur et maître* (1872), etc. M. Boulanger a remporté, en 1857, une médaille de 2e classe, dont il a obtenu le rappel en 1859 et en 1863. Il est chevalier de la Légion d'Honneur depuis le 12 août 1865.

BOULANGER (Henri-Alexandre-Ernest), né à Paris, le 16 décembre 1815 ; fils de la cantatrice du même nom qui fut une des illustrations de l'Opéra-comique. M. Boulanger, destiné à la musique, suivit, au Conservatoire, les cours de Lesueur et d'Halévy. Grand prix de Rome en 1845, il débuta, à l'Opéra-Comique, avec *le Diable à l'école* (1842). Depuis, il a donné au même théâtre : *les deux Bergères* (1843) ; — *Une voix* (1845) ; — *la Cachette* (3 actes, 1847) ; — *les Sabots de la Marquise* (1854) ; — *l'Eventail*

(1860). On lui doit encore: *le docteur Magnus* (Opéra, 1864); — *Don Quichotte*, opéra en 3 actes et quatre tableaux (Théâtre-Lyrique, 1869). M. Ernest Boulanger est chevalier de la Légion d'Honneur depuis le 14 août 1869.

BOULLIER (Auguste), né à Roanne, le 22 février 1833. Issu d'une famille fortunée, dont le chef a rempli pendant longtemps les fonctions de maire de Roanne et de conseiller général de la Loire, il consacra ses loisirs aux belles-lettres, et fit des voyages nombreux et de longs séjours en Italie, en Allemagne, en Angleterre, en Afrique et en Asie. M. Auguste Boullier a publié beaucoup de brochures concernant les questions économiques et financières qui intéressent son département. Il a collaboré à l'*Histoire des ducs de Bourbon*, qui a obtenu le prix Gobert à l'Académie, aux concours de 1870 et de 1871, et fait insérer des travaux historiques et politiques dans plusieurs journaux et recueils périodiques, notamment dans le *Correspondant*. Ses principaux ouvrages sont: *Histoire de la civilisation en Italie* (2 vol.); *Origine et formation de l'État de l'Église*; *l'Ile de Sardaigne, dialecte et chants populaires et description, histoire statistique* (2 vol.); *Histoire et politique étrangères: Allemagne, Turquie, Italie*; *l'Art vénitien*. Choisi en 1869 par le parti libéral comme candidat de l'opposition au Corps législatif dans l'arrondissement de Roanne, M. Boullier, alors très-loin de France, ne put faire parvenir assez tôt le serment exigé par la constitution. Il a été élu représentant du département de la Loire, à l'Assemblée nationale, le 8 février 1871.

BOUQUET (François-Valentin), né à Rouen, le 26 août 1815. A fait de brillantes études au collége de sa ville natale. Entré dans la carrière universitaire, il a passé successivement par les emplois de répétiteur, de maître d'études et de maître élémentaire au collége Louis-le-Grand (1835-1842). Licencié ès lettres de la Faculté de Paris (1840), il fut reçu le premier à l'agrégation de grammaire, au concours de 1842, et envoyé aussitôt au collége de Rouen, où, jusqu'en 1856, il a occupé les chaires de cinquième et de quatrième. Admis, en 1850, à l'agrégation des classes supérieures, il a été promu, en 1856, à la chaire de seconde. M. Bouquet est, en outre, officier de l'Université, membre de la Commission des antiquités pour le département de la Seine-Inférieure, et professeur de littérature française à l'Ecole préparatoire à l'enseignement supérieur des sciences et des lettres de Rouen. Il a publié plusieurs articles littéraires dans le *Dictionnaire de biographie et d'histoire* de MM. Dezobry et Bachelet, et dans le *Dictionnaire des lettres et des arts* de M. Bachelet, ainsi que quelques travaux historiques et archéologiques dans la *Revue des Sociétés savantes* et autres recueils. En 1865, il a publié une étude historique: *Jeanne D'Arc au château de Rouen*, et, de 1865 à 1870, les *Fastes de Rouen*. poème latin, par Hercule Grisel prêtre du XVIIe siècle, avec une étude littéraire sur cet auteur (petit in-4°). Il est chevalier de la Légion d'Honneur depuis le 12 août 1864.

BOURBEAU (Louis-Olivier), né à Poitiers, le 2 mars 1811. Ses études de droit terminées, il se fit inscrire au barreau de Poitiers, où il acquit une belle clientèle et une réputation avantageuse. Professeur à la Faculté de droit de Poitiers, en 1841, il fut nommé maire de la ville en 1847, rendit de grands services au pays pendant les événements de 1848, et alla représenter le département de la Vienne à l'Assemblée constituante, où il se rangea dans le parti modéré. On sait qu'il se distingua, dans la discussion et dans la rédaction de plusieurs rapports, par la hauteur de ses vues en matière universitaire. L'Ecole d'administration, qui ne dura que deux années, mais donna de beaux résultats, était en partie son œuvre. De retour à Poitiers, en 1849, il y reprit sa position professionnelle et devint doyen de la Faculté de droit en 1866. M. Bourbeau, élu membre du Corps législatif par la 3e circonscription de la Vienne, en 1869, a été appelé, en juillet de la même année, au ministère de l'Instruction publique. Comme député, il appartenait à la fraction dite des 116. Il a continué et complété la *Théorie de la procédure civile*, l'œuvre capitale de Boncenne dont il avait été l'élève, et y a ajouté deux volumes (1844-1847). Chevalier dans l'ordre de la Légion d'Honneur depuis 1862, il a été promu officier le 14 août 1868.

BOURDIN (Claude-Etienne), né à Pesmes (Haute-Saône), le 13 juin 1815. M. Bourdin fit ses études médicales à la Faculté de Paris et fut reçu docteur le 28 décembre 1838. Praticien avant tout, il s'est néanmoins livré à de consciencieux travaux qui lui ont valu l'estime de ses confrères. Il est membre honoraire de la Société médico-psychologique et membre fondateur de la Société de statistique de Paris, membre correspondant de diverses Académies nationales et étrangères, professeur d'hygiène de l'Association philotechnique, membre de la Société pour l'instruction élémentaire, président de la Délégation cantonale pour l'instruction primaire, président de la Commission cantonale de statistique et membre à vie de la Société protectrice des animaux. M. Bourdin a obtenu diverses médailles pour services rendus dans les épidémies de choléra (1849 et 1854), de rougeole (1861), et dans les commissions d'hygiène et de statistique. Deux mémoires sur l'*Enseignement primaire dans l'armée française* lui méritèrent le titre d'officier de l'Instruction publique. Par cette distinction, le ministre récompensait, en même temps, 25 ans de services désintéressés, consacrés au développement de l'instruction primaire. Parmi les publications de M. Bourdin, on cite particulièrement: *Traité de la catalepsie*; — *Essai sur la Phrénologie*; — diverses publications sur le *Suicide*, dans lesquelles on prouve que le meurtre volontaire de soi-même est incompatible avec l'état sain du corps et de l'esprit; — *Mémoire* sur la propriété que possède le coton d'arrêter les *hémorrhagies*, propriété découverte par l'auteur; — *Observations* sur l'usage du chloroforme, mémoire où se trouve indiqué, pour la première fois, le signe propre à faire reconnaître le degré d'action suffisante du *chloroforme*. Il a, en outre, publié des articles dans divers journaux ou encyclopédies. Partisan de l'Hippocratisme, M. Bourdin n'a cessé de combattre l'introduction du Matérialisme dans le domaine de la médecine.

BOUREUILLE (Louis-Gabriel DE), né à Pontoise le 25 décembre 1807. Elève à l'Ecole polytechnique en 1826, sorti le deuxième de sa promotion en 1828, il fut admis dans le corps des ingénieurs des mines. Il entra dans l'administration centrale du ministère des Travaux publics en 1832, en qualité de chef du cabinet du directeur général des ponts et chaussées et des mines. L'année suivante, il fut chargé du service des chemins de fer, qu'il dirigea pendant seize ans, d'abord comme chef de bureau, puis, en 1838, comme chef de section, et, en 1842, comme chef de division. Il a contribué pour une large part, durant cette période, à l'organisation de ce service, ainsi qu'à la préparation, à la rédaction et à l'exécution de la totalité des lois, des règlements et des actes de concession relatifs aux chemins de fer. Chef de la division des mines en 1849, directeur en 1853, il fut choisi en 1855 pour remplir les fonctions de secrétaire général du ministère de l'Agriculture, du Commerce et des Travaux-Publics, et nommé, en 1857, conseiller d'Etat en service ordinaire hors sections. M. de Boureuille a été chargé chaque année, depuis lors, de soutenir devant le Sénat et le Corps législatif, en qualité de commissaire du Gouvernement, la discussion des budgets et des projets de loi préparés par le ministère de l'Agriculture, du Commerce et des Travaux-Publics. Depuis l'établissement du ministère spécial des Travaux-Publics, il y remplit les fonctions de secrétaire général. Cet éminent administrateur n'a pas cessé d'appartenir au corps des ingénieurs des mines, dans lequel il a obtenu successivement les grades d'ingénieur ordinaire en 1833, d'ingénieur en chef de 2° classe en 1845, d'ingénieur en chef de 1re classe en 1849 et d'inspecteur général en 1854. M. de Boureuille est Grand Officier de la Légion d'Honneur depuis 1869.

BOURGUET (Eugène), né à Brusque (Aveyron), le 8 décembre 1816. M. Bourguet a commencé ses études médicales à Montpellier, en 1834, et a été nommé interne des hôpitaux de Marseille, en 1837. A la suite d'un nouveau concours, en 1840, il a été appelé au poste de chirurgien-chef interne de l'Hôtel-Dieu d'Aix, poste qu'il a occupé jusqu'en 1846. A cette époque, la place de chirurgien en chef de l'hôpital lui a été confiée, et il n'a pas cessé de l'occuper jusqu'à ce jour. M. Bourguet est, en outre, médecin des épidémies, membre et secrétaire du Conseil d'hygiène et de salubrité de l'arrondissement d'Aix depuis 1849, et membre correspondant de la Société de chirurgie de Paris, depuis 1863, vice-président de l'Académie des sciences, arts, agriculture et belles-lettres d'Aix, et inspecteur des eaux minérales de cette ville. Il a remporté, en 1864, le prix de 6,000 francs, de l'Académie de médecine (prix d'Argenteuil). Parmi les travaux qu'il a publiés, nous citerons : *Sur la luxation des os propres du nez par cause traumatique;* — plusieurs mémoires sur : *les Luxations de l'extrémité supérieure du radius; l'Anévrysme de l'artère ophthalmique, guéri par les injections du perchlorure de fer; Pseudarthrose de la cuisse, guérie par des injections irritantes; Mémoire sur une variété de hernie inguinale rare et peu connue; De l'uréthrotomie externe par voie collatérale,* etc., *dans les rétrécissements infranchissables* (mémoire couronné par l'Académie de médecine); *Nouveau procédé d'amputation du pénis; Des chemins de fer dans leurs rapports avec l'hygiène publique; Des divers modes d'assainissement des marais et des pays marécageux et insalubres,* etc.

BOURLON (Pierre-Henri-Dieudonné), né à Port-au-Prince (Antilles), le 22 juin 1801. Neveu du maréchal Clauzel, dont il devint plus tard le gendre, il fut, de très-bonne heure, amené en France. Destiné à la haute industrie, il fit des études financières et économiques. Administrateur des Messageries générales depuis 1830, il se montra, à la création des chemins de fer, un de leurs plus ardents propagateurs. Après avoir été administrateur de la ligne d'Orléans à Bordeaux, et de celle de Tours à Nantes, M. Bourlon est devenu administrateur délégué de la Compagnie des chemins de fer d'Orléans, à la création desquels il avait pris une part très-active. Conseiller général de la Vienne dès 1852, il a été nommé, par les électeurs de Poitiers et de Civray, député au Corps législatif en 1852, et a été réélu en 1857 et en 1863. M. Bourlon a été nommé chevalier de la Légion d'Honneur le 28 juillet 1849, et promu officier le 14 août 1862.

BOURNEVILLE (Désir-Magloire), né à Garencières (Eure), le 20 octobre 1840. Elève de la Faculté de médecine de Paris, externe, puis interne des hôpitaux de Paris, a obtenu une médaille d'argent pour le zèle et le dévouement dont il fit preuve pendant l'épidémie cholérique d'Amiens, en 1866. En qualité d'externe, il fut successivement attaché aux services de la Salpêtrière, des Enfants-Malades, de Saint-Louis, de la Pitié, et il passa sa thèse pour le doctorat, le 2 août 1870, sur ce sujet: *Etudes de thermométrie clinique dans l'hémorrhagie cérébrale, et dans quelques autres maladies de l'encéphale.* Lauréat de la Société de médecine du Nord de la France, dont il est membre correspondant, secrétaire de la Société anatomique, correspondant de la Société médico-chirurgicale de Liége, il remplit, pendant les épreuves de la dernière guerre, en 1870 et 1871, les fonctions de chirurgien-major au 160e bataillon de la garde nationale, et de chirurgien aide-major de 1re classe à l'ambulance militaire du Jardin des Plantes. M. Bourneville, ancien collaborateur du *Réveil*, rédacteur en chef de la *Revue photographique des hôpitaux de Paris*, fondateur et rédacteur du *Mouvement médical*, a contribué largement à la création des bibliothèques médicales qui existent dans plusieurs hôpitaux. On lui doit : *De l'inégalité de poids entre les hémisphères cérébraux chez les épileptiques* (1861); — *De la condition de la bouche chez les idiots* (1864); — *Socrate était-il fou ?* (1864); — *G. V. Townley,* ou *Du diagnostic de la folie au point de vue médico-légal,* en collaboration avec M. E. Teinturier (1865); — *Cours de M. Claude Bernard en* 1865, en collaboration avec M. E. Teinturier; — *Le choléra à l'hôpital Cochin* (1866); — *De l'emploi de la fève de Calabar dans le traitement du tétanos* (1867); — *Leçons cliniques sur les maladies chirurgicales des enfants, de M. J. Giraldès* (1867-1868); — *De l'antagonisme de la fève de Calabar et de l'atropine* (1870); — *Leçons de M. Charcot sur les maladies du système nerveux* (1872); — *Etudes cliniques et thermométriques sur les maladies du système nerveux* (1872).

BOUTEILLER (Gustave-Isidore-Frédéric), né à Beaufai-sur-Rille (Orne), le 8 novembre 1840. Bachelier ès lettres et bachelier ès sciences, il étudia la médecine à la Faculté de Paris, se fit recevoir externe aux hôpitaux de Beaujon et de Saint-Antoine, obtint la médaille de bronze des hôpitaux en 1865, et prit le grade de docteur le 28 août 1866, sur une thèse intitulée : *Des oreillons et de leur métastase chez la femme.* M. le docteur Bouteiller, établi à la Ferté Fresnel (Orne), est rédacteur du *Mouvement médical* et de la *Santé publique*. Il est conseiller général de l'Orne depuis le mois d'octobre 1871.

BOUYER (Achille), né à Avignon, le 4 juillet 1838. Il commença ses études médicales à Montpellier en 1856, et les termina à la Faculté de Paris, où il fut reçu interne des hôpitaux en 1859. Docteur le 30 août 1862, il s'établit à Amélie-les-Bains (Pyrénées-Orientales), où il ne tarda pas à jouir d'une grande considération. M. Bouyer, ancien président de la Société de secours mutuels d'Amélie-les-Bains, a aussi été maire de cette ville du 10 octobre 1867 au 4 septembre 1870. Le 20 février 1872, il a été nommé suppléant du juge de paix du canton d'Arles. Il est membre correspondant de la Société d'hydrologie de Paris et de la Société des sciences médicales de Lyon. On lui doit : *Etude sur l'asthme et son traitement par les eaux d'Amélie-les-Bains ; Etude sur les eaux d'Amélie-les-Bains; Notice sur le climat d'Amélie-les-Bains,* et différents articles dans la *Gazette des hôpitaux* et le *Bulletin de thérapeutique*.

BOYER (Étienne-Jules), né à Clermont-Ferrand, le 18 mars 1822. Il commença ses études médicales, sous le professeur Breschet, à l'Hôtel-Dieu de Paris. Interne à l'Hôtel-Dieu de Clermont-Ferrand, prosecteur d'anatomie, chef des travaux anatomiques, professeur de physiologie à l'Ecole de médecine de cette ville, il prit le grade de docteur, à la Faculté de Montpellier, le 18 mai 1851, sur cette thèse : *De la métrorrhagie pendant l'état puerpéral.* M. le docteur Boyer, établi à Paris, s'occupe spécialement de la phthisie pulmonaire, et son traitement est adopté aujourd'hui par les médecins les plus célèbres de la France et de l'étranger. Pendant le siège de Paris (1870-1871), il était chirurgien-major d'un bataillon de marche de la garde nationale et sa conduite à la tranchée du Bourget le fit porter pour la croix de la Légion d'Honneur. On lui doit un important ouvrage : *Guérison de la phthisie pulmonaire et de la bronchite chronique à l'aide d'un traitement nouveau* (1863, 9° édit., 1870). M. le docteur Boyer est membre de la Société de médecine et de chirurgie pratique de Montpellier, commandeur de l'ordre du Nicham de Tunis, et chevalier des ordres de Charles III d'Espagne et du Christ de Portugal.

BOYER (Lucien), né à Turin (ex-département du Pô), de parents français, le 24 novembre 1808. Beau-frère de M. Amussat, il embrassa la carrière médicale et suivit les cours de la Faculté de Paris Interne des hôpitaux et chef de clinique à la Faculté, il fut reçu docteur en 1836. M. Boyer a obtenu un encouragement de l'Académie des sciences, au concours pour le prix Montyon, avec ses *Recherches sur l'opération du strabisme* (1844, in 4°, avec pl.). Parmi ses autres publications, on cite un important *Mémoire sur les polypes fibreux de l'utérus,* une thèse sur les *Diathèses au point de vue chirurgical,* etc. Il a été médecin du Sénat de 1852 à 1870 et porte la croix de la Légion d'Honneur depuis le 15 août 1861.

BOYER DE SAINTE-SUZANNE (Charles-Victor-Émile), *baron* DE), né à Paris, le 4 novembre 1825, d'une famille ancienne et qui a paru avec honneur dans l'administration, la magistrature et l'armée. Petit-fils du baron de Sainte-Suzanne, préfet pendant toute la durée du premier Empire, et beau-fils du baron de Bry, préfet de la Côte-d'Or, M. de Sainte-Suzanne était, en quelque sorte, voué par sa naissance à la carrière administrative. Il a débuté comme secrétaire particulier du préfet de Vaucluse, et a été successivement conseiller de préfecture dans l'Orne, sous-préfet de Mortagne (6 décembre 1851), secrétaire général de la préfecture de la Somme (3 mai 1858), sous-préfet de Boulogne-sur-Mer (26 mai 1862), de Cambrai (30 décembre 1863), de Sceaux (27 octobre 1865), et préfet de l'Aube (23 octobre 1869). Il fait partie de plusieurs sociétés littéraires et artistiques, et a publié, entre autres ouvrages administratifs et historiques, un *Traité sur le Recrutement de l'armée,* dont il a paru six éditions, *le Personnel administratif sous l'ancien régime,* et l'*Histoire des intendants de la généralité d'Amiens*. Il a été nommé chevalier de la Légion d'Honneur le 14 août 1862 et promu officier le 15 août 1868.

BOYSSET (Charles), né à Chalon-sur-Saône, en 1817. Il fit son droit à la Faculté de Paris, se fit inscrire ensuite au tableau des avocats de cette cour, et devint bientôt un des chefs du parti républicain. En 1848, il fut nommé procureur de la République à Chalon-sur-Saône; et, en 1849, ses concitoyens l'envoyèrent à l'Assemblée législative où il siégea sur les bancs de gauche et fit une énergique opposition à la politique de l'Elysée. Emprisonné après le Coup-d'Etat, puis exilé, il résida successivement en Italie et en Espagne, et ne rentra en France qu'en 1857. Longtemps à l'écart des affaires publiques, il fut, après la révolution du 4 septembre 1870, nommé maire de Chalon-sur-Saône et commissaire de la République chargé d'organiser la défense dans la Saône-et-Loire et la Côte-d'Or, et mit sur pied, à Chagny, une armée qui, après la prise de Dijon par les Prussiens (29 octobre), arrêta la marche de l'ennemi et couvrit non-seulement le département de Saône-et-Loire, mais encore Lyon et tout le Midi de la France. M. Charles Boysset, élu, le 8 février 1871, représentant à l'Assemblée nationale, siége sur les bancs de la Gauche. Il préside le Conseil général de Saône-et-Loire. En 1850, il a collaboré à la rédaction du *Peuple*, avec Proudhon, Michel de Bourges, Eugène Sue, de Flotte, etc. On lui doit *Le Catéchisme du XIX*e *siècle*, synthèse politique et philosophique (2e édition, 1870) ; *Sursum corda*, manifeste électoral. Enfin M. Charles Boysset a fourni des articles à la *Revue positive*, à la *Revue de Paris*, etc.

BOZÉRIAN (Jules-François-Jeannotte), né à Paris, le 28 octobre 1825. Il fit son droit à la Faculté de Paris, prit place, en 1851, au barreau de la capitale, se fit une réputation aussi honorable que brillante, et devint, en 1860, avocat à la Cour de cassation et au Conseil d'Etat. M. Bozérian a été chargé de soutenir les pourvois auxquels ont donné lieu une bonne partie des causes célèbres ; il a été chargé de la défense de la famille de Lesurques lors de la fameuse demande en révision du procès qui avait été soulevée par le gouvernement lui-même. Enfin, on l'a vu s'intéresser au dénouement de la plupart des affaires retentissantes, telles que celles de Lapommeraye et de Tropmann. M. Bozérian s'est, en outre, consacré à des travaux approfondis sur la jurisprudence industrielle et commerciale. A l'époque du procès intenté par la corporation des agents de change aux coulissiers, il a publié un ouvrage qui a fait sensation : *La Bourse, ses opérations et ses opérateurs* (1860). Conseiller général du Loir-et-Cher, à titre de candidat indépendant, de 1861 à 1870, il a été élu représentant de ce département à l'Assemblée nationale, le 8 février 1871, et réélu conseiller général aux élections d'octobre suivant, après une lutte des plus acharnées.

BRACQUEMONT (Jacques-Louis-Adrien AUBÉ DE), né à Reims, le 11 octobre 1815. Est sorti de l'Ecole des mines de Saint-Etienne, en 1837, avec un brevet de 1re classe. Il a été successivement sous-ingénieur des mines de Decazeville (Aveyron), directeur des mines l'Escouffiaux (Belgique), et enfin directeur des mines de Vicoigne (Nord). On lui doit la découverte des ramifications du grand bassin houiller du Nord dans le Pas-de-Calais. C'est ainsi qu'il provoqua la concession de l'Escarpelle, et contribua, soit comme directeur, soit comme ingénieur du Conseil, à l'établissement des mines de Nœux, Dourges, Ferfay et Vendin. Ambitieux de donner à son œuvre tout le développement dont elle était susceptible, M. de Bracquement s'est appliqué à perfectionner ou à modifier les moyens connus d'installation et d'exploitation. Ces perfectionnements ou procédés nouveaux, utilisés aujourd'hui par toutes les compagnies, s'appliquent spécialement à l'ouverture des puits d'extraction à grande section, à l'emploi de machines d'épuisement à traction directe, pour le fonçage des puits à travers les nappes aquifères de la craie, et à l'installation de machines d'extraction à deux cylindriques conjugués sans engrenages. M. de Bracquemont est chevalier de la Légion d'Honneur depuis 1864.

BRAME (Jules-Louis-Joseph), né à Lille, le 9 janvier 1808. Il fit ses études de droit à Paris ; et il prit place au barreau de la capitale en 1833. Auditeur au Conseil d'Etat en 1836, et maître des requêtes en 1840, il abandonna la vie publique en 1848, et, pendant un certain temps, se consacra à l'agriculture et à l'étude des questions qu'elle soulève. Chargé par le gouvernement, au sujet de la famine qui sévissait alors, d'un travail sur la distillation des grains, il se prononça dans un sens protectionniste, c'est-à-dire conforme aux vrais intérêts du travail national, et se fit, de la sorte, une grande réputation dans le nord de la France. Elu député de la 4e circonscription du Nord, en 1857, 1863 et 1869, il joua un rôle marquant parmi les membres de l'opposition dynastique, et fit une guerre sans relâche aux théories libre-échangistes. Il fut, en février 1869, chargé, par quatorze mille pétitionnaires de Roubaix et de Tourcoing, de présenter à l'Empereur une protestation contre le traité de commerce. En mai 1869, il fut un des signataires de l'interpellation dite « des 116 ». M. Jules Brame a fait partie du Conseil général du Nord de 1837 à 1848. On lui doit un ouvrage sur *l'Emigration des campagnes* (1869). Après la déclaration de la guerre, en 1870, il a fait partie du ministère constitué sous la Régence de l'impératrice. Le 8 février 1871, ses anciens électeurs lui ont de nouveau confié le mandat de les représenter à l'Assemblée nationale.

BRAME (Edouard-Auguste-Joseph), né à Lille (Nord), le 6 juin 1818 ; frère du précédent. Admis à l'Ecole polytechnique en 1837 et à l'Ecole des ponts et chaussées le 20 novembre 1839, il a été nommé ingénieur ordinaire de 2e classe le 28 mars 1846, ingénieur de 1re classe le 29 janvier 1856 et ingénieur en chef de 2e classe le 12 août 1868. M. Brame a fait exécuter une des sections du chemin de fer de ceinture ; et, de concert avec M. Flachat (voir ce nom), il a conçu le projet ingénieux et savant du chemin de fer souterrain des halles. Il est actuellement chargé du service du contrôle au chemin de fer du Nord. M. Brame est chevalier de la Légion d'Honneur depuis le 16 janvier 1854.

BRARD (Pierre-Lucien), né à Soubran (Charente-Inférieure), le 8 janvier 1804. Docteur en médecine de la Faculté de Paris en 1826, il s'établit à Jonzac, où il se signala parmi les partisans les plus actifs de la cause libérale. Il employa son influence à lutter contre la candidature du comte Duchâtel, prit part au banquet réformiste de Saintes en 1847, et fut élu, l'année suivante, représentant de la Charente-Inférieure, le sixième sur douze, à l'Assemblée constituante où il fit partie du Comité de la guerre. Energique champion de la République, il vota l'amendement Grévy, l'abolition de la peine de mort et du remplacement militaire, proposa un impôt sur le *revenu*, signala à l'Assemblée dix-huit préfets de Louis-Philippe indûment admis à la retraite, combattit de toutes ses forces la politique présidentielle, et signa la mise en accusation de Louis Napoléon et de ses ministres. M. Brard, depuis cette époque, est rentré dans la vie privée.

BRASSEUR WIRTGEN (Alexandre), né à Valence (Drôme), le 11 février 1806. Il étudia la peinture, de 1828 à 1832, dans les ateliers de Léon Caguiet, et exposa au Salon des tableaux de genre, des têtes d'étude et des études de chevaux. Puis il s'adonna à la critique d'art; et, à partir de 1847, il publia, dans le *Nouveau Journal des Connaissances utiles*, des revues d'art et des articles sur les moyens d'apprendre le dessin sans maître, en commençant par exercer son crayon sur les choses qu'on a sous la main, meubles, vases, draperies, etc. Collaborateur du *Siècle* à partir de 1860, il y fit insérer des revues d'art et des articles concernant la connaissance de la peinture des maîtres anciens, et la restauration de leurs œuvres. Dans ce même journal il publia, en variétés, des articles reproduits par beaucoup d'autres feuilles, et qui lui valurent une médaille d'or de la Société protectrice des animaux : et l'on voudrait voir réunis en volume les travaux qu'il a faits en faveur de cette œuvre recommandable. M. Brasseur Wirtgen est un des publicistes les plus dévoués à la cause défendue par la société protectrice des animaux. Il est membre de la Société des gens de lettres.

BRÉAL (Michel), né à Landau (Bavière rhénane), de parents français, le 26 mars 1832. Il fit ses études aux collèges de Wissembourg et de Metz, puis au lycée Louis-le-Grand, à Paris, se fit recevoir à l'Ecole normale en 1852, en sortit en 1855, et fut professeur d'abord au lycée de Strasbourg, puis au lycée Louis-le Grand. En 1857, il se rendit à Berlin, où il étudia les langues indo-européennes, près de MM. Bopp et Weber, et compléta son instruction philologique. Entré à la bibliothèque nationale en 1860, en qualité d'employé aux manuscrits orientaux, il remporta un prix à l'Académie des inscriptions et belles-lettres, en 1862, sur ce sujet : *Etude sur l'affinité de la religion zoroastrienne et des croyances védiques*. D'abord chargé du cours de grammaire comparée, quand, après la mort de M. Hase, cette chaire fut transportée de la Sorbonne au Collége de France, en 1864, il en devint titulaire en 1866. Il est, en outre, l'un des directeurs de l'Ecole pratique des hautes études, secrétaire de la Société de linguistique de Paris, et l'un des directeurs de la *Revue critique d'histoire et de littérature*. M. Bréal a fait paraître : *Hercule et Cacus, étude de mythologie comparée*, et *Des noms perses chez les écrivains grecs*, thèses française et latine de doctorat (1863); — *Le mythe d'Œdipe*; — une traduction de la *Grammaire comparée des langues indo européennes*, de Bopp, avec préfaces historiques et critiques (t. I à III, 1867-1870); — *Quelques mots sur l'instruction publique en France* (1872). — Il a encore publié des opuscules et des fragments se rattachant à ses leçons : *De la méthode comparative appliquée à l'étude des langues*; — *La forme et la fonction des mots*; — *Les progrès de la grammaire comparée*; — *Les idées latentes du langage*, et des mémoires dans différentes publications spéciales. Il est chevalier de la Légion d'Honneur depuis le 11 août 1869.

BRÉBANT (Jean-Louis-Nicolas), né à Balham (Ardennes), le 13 janvier 1827. Il fit ses humanités au séminaire de Reims, prit le brevet d'instituteur primaire, et se consacra à l'enseignement de décembre 1847 à septembre 1849. Le mois suivant, il commença ses études médicales à Reims, où il fut reçu premier interne des hôpitaux. Puis il prit le brevet d'officier de santé à Chalons, pour les Ardennes, en septembre 1853, mena de front la pratique professionnelle et les études médicales complémentaires, et se fit recevoir docteur de la Faculté de Paris, le 7 février 1868. M. le docteur Brébant s'est fixé à Reims. Il est membre fondateur des Sociétés médicales de Reims et de Réthel et Vouziers, et membre de l'Association des médecins de France. Ancien conseiller municipal de Voncq (Ardennes), et membre du Conseil municipal et du Conseil d'arrondissement de Reims, il a été considéré comme un patriote dangereux par les Prussiens, conduit en Allemagne, et retenu prisonnier dans la citadelle de Magdebourg, du 16 novembre 1870 au 14 février 1871. On doit au docteur Brébant : *Principes de physiologie pathologique appliquée*, thèse de doctorat ; — *Epidémie cholérique à Voncq (Ardennes)* (1854) ; — *Choléra épidémique, considéré comme affection morbide personnelle* ; *Physiologie pathologique et thérapeutique rationnelle* (1868), ouvrage qui a remporté le prix Bréant à l'Institut en 1869 et une mention honorable à l'Académie de médecine en 1872 ; — *le Charbon ou fermentation bactéridienne chez l'homme* (1870); — *la Vérité sur la situation* (1870) ; — *La liberté et l'autorité, humble réponse à Mgr Landriot sur l'autorité et la liberté* (1872) ; — et des articles sur *l'Hygiène des facultés cérébrales*, les *Egouts de la ville de Reims*, la politique, etc., publiés dans des revues ou des journaux de la localité. Actuellement (1872), M. Brébant a sous presse un *Catéchisme de la justice, loisirs forcés de Magdebourg*.

BRÉBISSON (Louis-Alphonse DE), né à Falaise, le 25 septembre 1798. Son père, entomologiste distingué, lui inspira le goût des sciences naturelles et notamment de la botanique. Ses études terminées dans sa ville natale, il parcourut successivement l'ouest de la France et les contrées alpestres du Dauphiné et de la Savoie ; et, grâce à de précieuses découvertes, il parvint à se constituer un herbier d'une rare valeur. Ses recherches sur les algues, en particulier, lui permirent d'enrichir la science de beaucoup d'espèces nouvelles, surtout parmi les microzoopiques ; et ses études sur la cryptogamie et la micrographie le mirent en relations avec un grand nombre de savants, tels que MM. Smith, Gréville, Walker-Arnott, Ehrenberg, Crünow, de Notaris, Kützing, etc. M. de Brébisson a fait beaucoup pour le développement de l'instruction dans son pays natal. Il a été, pendant plus de quarante ans, conservateur du Musée et de la Bibliothèque de Falaise. Il possédait de riches et curieuses collections botaniques, géologiques et entomologiques. En dehors de ses travaux spéciaux, il a suivi, avec un vif intérêt, au point de vue de la science, toutes les découvertes qui se sont succédé dans l'application de la lumière à la reproduction des objets extérieurs, depuis le daguerréotype jusqu'à la photographie moderne. On doit à M. Brébisson : *Mousses de la Normandie* (1826-1833) ; — *Notions agricoles et industrielles sur le sol et les terrains des environs de Falaise* (1835) ; — *Flore de la Normandie ; phanérogamie* (1836, 4ᵉ édit., 1869) ; — *Notes sur quelques giatomées marines du littoral de Cherbourg* (1854) ; — *Traité complet de photographie sur collodion* (dernière édit., 1855) ; — *Collodion sec instantané, détails complets sur ce procédé* (1863). M. de Brébisson est décédé le 26 avril 1872.

BRÉGUET (Louis), né à Paris, le 22 décembre 1804; petit-fils d'Abraham Bréguet, qui fut membre de l'Académie des sciences. Après avoir terminé ses études, M. Bréguet partit pour la Suisse en 1823, afin d'y travailler comme ouvrier et d'y étudier en même temps la fabrication. Revenu à Paris en 1826, son père lui donna la direction de son horlogerie de marine. En 1833, il le mit à la tête de l'établissement, lui confiant dès lors le soin de maintenir la renommée que les travaux de ses ascendants lui avaient conquise en Europe. M. Bréguet n'a pas failli à sa tâche; ses travaux d'horlogerie ont souvent mérité le rappel des médailles d'or obtenues par son père. Ses idées se tournèrent aussi vers la construction des appareils nécessaires à l'application des sciences physiques, et plusieurs inventions ingénieuses lui donnèrent place, à côté du célèbre Gambey, dans le Bureau des longitudes. M. Bréguet s'occupa, le premier, d'une manière sérieuse et pratique, des appareils de télégraphie électrique. Membre d'une Commission nommée par le ministre de l'Intérieur, M. de Salvandy, il fut chargé, par cette Commission, de l'installation du télégraphe de Paris à Rouen, et de faire toutes les expériences nécessaires, entre autres celles qui devaient prouver complétement la possibilité d'employer le sol comme réservoir commun, ce qui permettait de former un circuit d'une longueur quelconque composé d'un fil seulement. Il imagina, à cet effet, un télégraphe à signaux semblables à ceux de la télégraphie aérienne, qui fut employé pendant assez longtemps par l'administration des lignes télégraphiques et qui est certainement un des plus ingénieux appareils qu'on ait jamais construits. Il a résumé ses idées à ce sujet dans son *Manuel de Télégraphie*, publié en 1845, et dont la 4ᵉ édition a paru en 1862. M. Bréguet est membre de plusieurs Sociétés savantes de la France, de la Belgique et de la Russie ; il a reçu la croix de la Légion d'Honneur, en 1845.

BRÉMOND (Félix), né à Flagosc (Var), le 7 février 1843. Il commença ses études médicales à la Faculté de Paris. Interne à l'hôpital Saint-Pierre de Marseille, pendant l'épidémie cholérique de 1865, interne à la maison impériale de Charenton, requis comme chirurgien à l'hôpital militaire de Toulon, il passa son doctorat, à la Faculté de Montpellier, le 8 juin 1867. M Félix Brémond, secrétaire général de la préfecture du Var, après la révolution du 4 septembre 1871, puis sous-préfet de Blaye (Gironde), a été mis en disponibilité par le ministère Picard. Il est maintenant (1872) médecin de campagne dans son pays natal. On lui doit quelques écrits scientifiques : *Essai sur les hallucinations*, thèse de doctorat ; — *Préservatifs du choléra* (1865) ; — *De l'uréthrite* (1867). Fondateur à Draguignan, du journal républicain l'*Avenir du Var et de la Provence*, il est aussi le collaborateur de l'*Egalité*, de la *Démocratie*, du *Peuple*, etc. M Félix Brémond est membre de la Société médicale de Montpellier et de la Société agricole et scientifique du Var.

BRENIER (Anatole, *baron*), né à Paris le 22 août 1807. M. le baron Brenier est entré dans la carrière diplomatique en 1826, et a été nommé second secrétaire de l'ambassade de France à Londres en 1831, consul général à Varsovie en 1827, puis à Livourne en 1840. En 1847, il fut rappelé au ministère pour y prendre la direction des fonds et de la comptabilité, vacante par la retraite de son père. Le baron Brenier fut chargé du portefeuille des Affaires étrangères, du 24 janvier au 10 avril 1851. Nommé, en 1852, conseiller d'Etat en service ordinaire hors sections, il devint secrétaire général des Affaires étrangères. Envoyé extraordinaire et ministre plénipotentiaire à Naples, il quitta cette résidence par suite de la rupture des relations diplomatiques, reprit ses fonctions lors de l'avénement du roi François II, le 22 mai 1859, et les continua jusqu'au moment où ce souverain quitta sa capitale (1860). M. le baron Brenier a été élevé à la dignité de sénateur le 24 mai 1861. Il est grand-officier de la Légion d'Honneur depuis 1855, grand-croix de Saint-Grégoire-le-Grand, du Sauveur de Grèce, de Saint-Joseph de Toscane et du Christ de Portugal, commandeur du Nombre extraordinaire de Charles III d'Espagne et des Saints-Maurice-et-Lazare d'Italie, etc.

BRESSANT (Jean-Baptiste-Prosper), né à Chalon-sur-Saône, le 24 octobre 1815. D'abord clerc d'avoué à Paris, il débuta au théâtre Montmartre en 1835, suivit les leçons de Casimir Bonjour et de Michelot, et entra aux Variétés. Il épousa une artiste attachée à ce théâtre, Mˡˡᵉ Dupont qu'il a perdue en 1869. Il accepta un brillant engagement pour la Russie, ce qui le fit condamner à 20,000 fr. de dommages et intérêts envers l'administration des Variétés. Jusqu'en 1846 il joua, avec le plus grand succès, à Saint-Pétersbourg ; mais, à cette époque, il quitta brusquement la Russie, ce qui lui coûta encore un dédit de 16,000 fr., et entra au Gymnase où il se fit une réputation sans égale dans les rôles de jeune premier. En 1854, il gagnait 25,000 fr. par an au Gymnase ; on lui proposait 70,000 fr. en Russie, et la Comédie-Française lui conférait d'office le titre de Sociétaire. Il opta pour cette dernière et illustre Compagnie, et trouva devant le public des Français les succès qui l'avaient accompagné sur les autres scènes. Dans le nombre considérable des rôles créés ou savamment repris par M. Bressant, nous citerons ceux des spirituels proverbes d'Alfred de Musset, tels que : *Qui femme a, guerre a* ; *La pluie et le beau temps* ; *Une loge d'opéra* ; *Un baiser anonyme*, etc. ; le Lovelace de *Clarisse Harlowe*, le Paul Aubry de *Diane de Lys*, le Bolingbroke du *Verre d'eau*, l'Ancenis de *Mon étoile*, le Richelieu de *Mademoiselle de Belle-Isle*, le Gaston du *Gendre de M. Poirier*, le Fabrice de l'*Aventurière*, le Clitandre des *Femmes savantes*, l'Alceste du *Misanthrope*, le Comte dans *Figaro*, le Maurice de Verdières d'*Un jeune homme qui ne fait rien*, le comte d'Orémond de *La loi du cœur*, Humbert du *Lion amoureux*, Armand dans *Le fils*, le Marquis dans *Le fils de Giboyer*, le don Carlos d'*Hernani*, etc.

BRESSE (Jacques-Antoine-Charles), né à Vienne (Isère), le 9 octobre 1822. Admis à l'Ecole polytechnique en 1841, puis à l'Ecole des ponts-et-chaussées en 1843, il a été nommé ingénieur ordinaire de 2e classe le 29 mai 1850, ingénieur de 1re classe le 18 novembre 1860 et ingénieur en chef de 2e classe le 22 décembre 1869. M. Bresse est un des hommes les plus distingués du corps des ponts-et-chaussées. Il est professeur à l'Ecole des ponts-et-chaussées, examinateur des élèves de l'Ecole polytechnique, membre de la Commission des *Annales des Ponts-et-Chaussées* et membre de la Société philomathique. Outre plusieurs mémoires, il a publié : *Recherches analytiques sur la flexion et la résistance des pièces courbes* ; — *Cours de mécanique appliquée*, professé à l'Ecole des ponts-et-chaussées. Il est chevalier de la Légion d'Honneur depuis le 28 juin 1856.

BRETIGNÈRE (Louis-François), né à Bois-le-Roy (Eure), le 27 mai 1824. Les brillants succès obtenus par M. Bretignère aux concours généraux ont décidé sa vocation. Elève de l'Ecole normale supérieure, il prit dans cet établissement les grades de licencié ès lettres et d'agrégé pour les classes supérieures. A vingt-trois ans (octobre 1847), il était nommé professeur de rhétorique au lycée de la Rochelle. Depuis lors, il a successivement occupé la même chaire aux lycées de Pau, de Nimes et de Bordeaux. Actuellement il est inspecteur d'Académie dans le département du Var. M. Bretignère a publié plusieurs études littéraires sur les comédies d'Aristophane et sur les lettres de Cicéron à Atticus, dans les *Mémoires de l'Académie du Gard*. Il est chevalier de la Légion d'Honneur depuis 1864.

BRETON (François-Pierre-Hippolyte-Ernest), né à Paris, le 21 octobre 1812. Après de bonnes études classiques au collége Saint-Louis, il suivit les ateliers de Régnier, Champin et Watelet, et exposa plusieurs paysages. Dès 1836, il renonça à la peinture pour se livrer exclusivement à l'étude de l'archéologie, et consacra son crayon au dessin des monuments et à l'exécution des planches de ses ouvrages. Il parcourut à plusieurs reprises l'Italie, presque toute l'Europe et une partie de l'Asie, enrichit de nombreux articles d'art, d'archéologie et de voyages le *Temps*, le *Siècle*, le *Monde*, l'*Europe monarchique*, le *Droit*, le *Journal général de France*, le *Moniteur*, le *Magasin pittoresque*, le *Magasin universel*, le *Musée des Familles*, etc. M. Breton a publié : *Introduction à l'histoire de France ou description physique, politique et monumentale de la Gaule*, en collaboration avec le marquis Achille de Jouffroy (in-fol. avec planches, Paris, 1838); ouvrage couronné par l'Académie des inscriptions et belles-lettres ; — *Monuments de tous les peuples* (1843, 2 vol. grand in-8° avec 300 gravures sur bois), ouvrage traduit en espagnol, russe, allemand et italien ; — *Pompéia, décrite et dessinée* (1855, grand in-8° avec planches et plans, 3e édition, 1870); — *Athènes décrite et dessinée* (1862, grand in-8° avec planches ; 2e édition, 1869) ; — plus, un grand nombre de brochures dont les principales sont : *Histoire de la gravure et de ses divers procédés*; *Essai sur l'histoire de l'Architecture*; *Études sur l'art chez les Indiens*; *Causes de la décadence de l'art chez les Romains*, etc.; des notices sur la vie et les ouvrages de Michel-Ange, Raphaël, Titien, Paul Veronèse, A. del Sarto, Masaccio, le Dominiquin, Salvator Rosa, etc. Il a été l'un des principaux collaborateurs des *Monuments anciens et modernes* de Jules Gailhabaud et de la *Biographie générale* de Didot, dans laquelle il a écrit presque toutes les notices des peintres, sculpteurs et architectes italiens ; il a coopéré à l'*Encyclopédie du XIXe siècle*, au *Moyen âge et la Renaissance*, de Ferdinand Séré, à la *Revue universelle des Arts* de Paul Lacroix, au *Manuel* et à la *Revue de l'Art chrétien*, de J. Corblet, etc. M. Ernest Breton est membre de la Société des antiquaires de France depuis 1838; membre de l'Institut historique, dont il a été président en 1863 et 1869; correspondant de la plupart des Sociétés archéologiques de France, de Suisse, de Belgique et d'Italie. Il a reçu une médaille de l'Académie des inscriptions et belles-lettres, pour ses travaux sur les antiquités nationales (1839); une médaille d'or au concours ouvert par l'Institut historique sur l'*Histoire de la peinture à fresque en Italie jusqu'au XVIe siècle* (1842), et quatre médailles de la même société, pour les mémoires suivants : *Fouilles de la voie Appienne* (1856), *Antiquités de Syracuse* (1864), *Découverte des restes de Dante à Ravenne* (1867), et *Pompeia en 1869* (1870). M. Breton a été nommé chevalier de la Légion d'Honneur en 1861. Il est, en outre, décoré des ordres de Saint-Sylvestre de Rome, des Saints-Maurice-et-Lazare d'Italie et du Sauveur de Grèce.

BRETON (Paul), né à Grenoble, le 30 septembre 1806. Tout progrès industriel, qu'il se manifeste par une augmentation, ou par une amélioration des produits, ou par la création de débouchés nouveaux, se traduit en bien-être pour les ouvriers. C'est ce qu'a parfaitement compris M. Breton. Directeur de la fabrique de papier de Pont-de-Claix (Isère) depuis 1823, il s'est appliqué constamment à découvrir des procédés nouveaux, qu'il a laissés dans le domaine public et qui sont aujourd'hui passés dans la pratique industrielle générale. Sa fabrique, agrandie successivement, occupe quatre cents ouvriers. Non content d'assurer l'existence de cette population ouvrière, M. Breton a un asile, une crèche, et a ouvert des écoles du soir et des écoles d'enfants. La papeterie de Claix a reçu, aux expositions, tous les degrés de récompenses honorifiques; et son directeur fut le premier des quatre candidats présentés par le jury de l'Exposition universelle de 1862 pour la croix unique attribuée à la papeterie française. Elu représentant de l'Isère à l'Assemblée nationale, le 8 février 1871, il siège sur les bancs des Républicains-Modérés, et fait partie de la réunion extra-parlementaire dite « du Jeu de Paume. » M. Breton a été nommé chevalier de la Légion d'Honneur, le 17 août 1863.

BRETON DE CHAMP (Paul-Emile), né à Champ (Isère), le 21 avril 1814. Elève de l'Ecole polytechnique en 1834, admis à l'Ecole des ponts-et-chaussées en 1836, il devint ingénieur ordinaire de 2e classe le 20 décembre 1841, ingénieur de 1re classe le 29 mai 1850, et ingénieur de 2e classe le 9 mai 1863. M. Breton est directeur adjoint des cartes et plans au ministère des Travaux-Publics. Il a publié : *Traité de nivellement* 1848, 3e édit., 1861) ; — *Tracé de la courbe d'intrados des voûtes de pont en anse de panier*, d'après le procédé de Perronnet (in-4°, avec pl., 2° édit., 1858) ; — *Recherches nouvelles sur les porismes d'Euclide* (1855, in-4) ; — *Traité du lever des plans et de l'arpentage* (1864, avec 9 pl.) ; — *Question des porismes* (1865), etc. M. Breton est chevalier de la Légion d'Honneur.

BREUIL (Guislain-Joseph-Auguste), né à Amiens, le 2 mars 1811. Après avoir obtenu le diplôme de licencié en droit, il se fit inscrire au tableau des avocats de sa ville natale, où il figura honorablement, jusqu'en 1844, époque de sa nomination aux fonctions de juge de paix. Membre de l'Académie de la Somme et de la Société des antiquaires de Picardie, il a été directeur de la première, en 1851, et président de la seconde en 1847 et 1858. Il a publié, entre autres ouvrages, qui ont été remarqués : *Lettres inédites de Mlle Philippon (Mme Roland), adressées aux demoiselles Canet* (1840, 2 vol.) ; — *Du culte de saint Jean-Baptiste et des usages profanes qui s'y rattachent* (1846) ; — *Napoléon Bonaparte jugé par les poëtes étrangers* (1851) ; — *l'Éclair*, comédie en un acte et en vers, imitée de Müllner (1852) ; — *La confrérie de Notre-Dame du Puy* (1854). Il composa aussi des vers à la louange de Ducange, Galland, Gresset, Pierre l'Ermite, etc., pour l'inauguration des bustes ou statues de ces hommes célèbres (1849 à 1855), et donna beaucoup d'articles dans les *Recueils* et *Mémoires* de l'Académie de la Somme et de la Société des antiquaires de Picardie. Il est décédé à Amiens, le 6 août 1865.

BREULIER (Adolphe), né à Evreux, le 28 mai 1815. Il fit son droit à la Faculté de Paris, de 1831 à 1834, se consacra à des études littéraires et juridiques, et prit place au barreau de la capitale en 1851. Tout à la fois poëte, juriste, antiquaire et philologue, M. Adolphe Breulier a composé des œuvres variées et très-estimées à l'étranger comme en France. On lui doit : *Le serment*, poëme composé en 1831-1832 et publié en 1839, sous le pseudonyme de A. de la Madelaine ; — *Du droit de perpétuité de la propriété intellectuelle* ; — *Théorie de la propriété des écrivains, des artistes, des inventeurs et des fabricants* (1855) ; — *De la formation et de l'étude des langues* ; *Éléments de linguistique et de philologie* (1857) ; — *Du régime de l'invention*, examen des améliorations proposées à la législation relative aux inventions à propos du nouveau projet de loi sur les brevets (1862). M. Adolphe Breulier a collaboré à divers recueils périodiques, notamment aux suivants : *Revue du Droit pratique*, *Revue critique de Législation*, *Revue archéologique*, *Revue asiatique*, etc. Il a été délégué de la Société des artistes et de celle des inventeurs au Congrès de Bruxelles, pour la propriété littéraire et artistique, en 1858. C'est l'un des collaborateurs du journal *Le Soir* à la fois pour la partie juridique et pour la partie littéraire.

BRIAN (Jean-Charles), né à Saint-Denis (Seine), le 7 octobre 1799. Fils d'un de nos célèbres architectes, auquel on doit notamment la construction du pont d'Austerlitz, il fut d'abord avocat et notaire à Paris, entra dans l'administration après la Révolution de 1830, et fut nommé successivement auditeur (de 2e et de 1re classe) au Conseil d'État, maître des requêtes en service extraordinaire, secrétaire général de la Seine Inférieure, et préfet de l'Aude et de la Vienne (1831 à 1848). M. Brian a rempli les fonctions de préfet de la Charente-Inférieure du 2 décembre 1849 au 2 décembre 1856. Elevé de classe sur place après l'inspection générale des préfectures en 1854, il a laissé dans toutes ses fonctions les plus dignes souvenirs comme expérience des affaires, amour du travail, activité, droiture et dévouement. Il coopéra au Coup-d'État du 2 décembre 1851, résolûment, avec énergie, mais sans recourir ensuite à aucun acte de rigueur personnel, le considérant, au milieu de l'éparpillement des opinions politiques d'alors, comme le seul moyen de revenir, sous les principes et le drapeau de 89, à la vraie liberté, par la reconstitution populaire d'un gouvernement national et fort, pouvant rallier et pacifier les esprits. M. Brian est resté fidèle à ce programme. Déjà retraité en 1857, il a été nommé préfet honoraire à la création de ce titre (mai 1863). Il est commandeur de la Légion d'Honneur depuis le 1er janvier 1853, et de l'ordre d'Isabelle-la-Catholique.

BRIAU (René-Marie), né au Louroux-Béconnais (Maine-et-Loire), le 23 novembre 1810. M. le docteur Briau, élève du collège de Beaupréau, a commencé, à l'Ecole préparatoire d'Angers, ses études de médecine, qu'il a achevées à la Faculté de Paris. Il a obtenu, en 1846, le diplôme de docteur, et a été nommé, le 18 octobre 1855, bibliothécaire de l'Académie impériale de médecine. M. le docteur Briau a publié de nombreux mémoires de médecine, de philosophie et d'histoire médicales, de critique et d'érudition. On lui doit une traduction de *la Chirurgie* de Paul d'Egine, qu'il a éditée avec le texte original. Chevalier de la Légion d'Honneur depuis le 15 juillet 1856, il a été promu au grade d'officier le 13 août 1866.

BRICE (René), né à Rennes, le 23 juin 1839. Il prit le grade de docteur en droit et se fit inscrire au tableau des avocats de sa ville natale en 1859. Candidat d'opposition pour le canton sud-ouest de Rennes, au Conseil général, en 1867, membre du Conseil municipal, puis de la Commission municipale après la révolution du 4 septembre, il remplit les fonctions d'adjoint au maire du 25 septembre 1870 au 5 janvier 1871. Nommé sous préfet de Redon le 6 septembre 1870, il donna sa démission le lendemain de la promulgation du premier décret convoquant les électeurs pour la nomination d'une Assemblée nationale ; et, le 8 février 1871, cent deux mille suffrages l'envoyèrent représenter le département d'Ille-et-Vilaine à l'Assemblée, où il prit place dans le Centre-Gauche, parmi les républicains modérés. M. Brice est un des signataires de la proposition Rivet, qui a porté M Thiers à la présidence de la République. Il a obtenu, en 1863, une médaille d'or à la Faculté de droit de Rennes pour un *Mémoire sur le compte-courant*.

BRICOGNE (Charles-Urbain), né à Paris, le 17 mars 1816. Élève de l'Ecole centrale des Arts et Manufactures, M. Bricogne en sortit, en 1837, avec le brevet d'ingénieur civil, et s'adonna spécialement à la construction des roues hydrauliques. De 1842 à 1844, il fut admis, comme ingénieur du matériel, dans l'administration de la Compagnie du chemin de fer rive gauche, de Versailles. En 1846, il a été appelé à remplir les mêmes fonctions au chemin de fer du Nord. M. Bricogne a inventé divers appareils et a apporté de grandes améliorations dans le service du matériel des chemins de fer. Il a fait d'intéressants efforts pour réaliser le désir de l'administration des postes et parvenir sur les chemins de fer, à l'échange des dépêches avec les stations de second ordre sans arrêter les trains. Parmi ses inventions, on cite le puissant *Frein* qui porte son nom. C'est à l'Exposition universelle de 1855 que M. Bricogne a obtenu la croix de la Légion d'Honneur. Pendant le siège de Paris, il a été chargé de diriger la construction de toute la carrosserie de guerre, affûts, caissons, forges, etc., commandés par la Commission du génie civil, et de l'étude des voitures-cuisines destinées à l'armée.

BRIDOUX (François-Augustin), né à Abbeville, le 26 juillet 1813. Il se consacra à la gravure, entra à l'atelier de M. Forster, membre de l'Institut, et obtint le grand prix de Rome en 1834. Après cinq ans d'études en Italie, il revint à Paris et se fit une grande réputation. Parmi les gravures les plus remarquables exécutées par M. Augustin Bridoux, on cite : *La Vierge au candélabre* et *la Vierge aldobrandine*, de Raphaël ; — *La Sainte-Famille* et *la Conception*, de Murillo ; — *La belle Ferronnière* et *la Joconde*, de Léonard de Vinci ; — *Le Portrait de Louis-Philippe*, de Winterhalter ; — *Laure*, de Simon Memmi ; — *Agar et Ismaël*, d'Eastlake ; — une *Vierge*, de lady Alford ; — *Jésus au milieu des docteurs* et *la Théologie*, d'après Signol (église Saint-Eustache), etc. M. Bridoux a remporté des médailles de 2e classe en 1841 et 1859.

BRIERRE DE BOISMONT (Alexandre-Jacques-François), né à Rouen, le 18 octobre 1797. Reçu docteur en médecine à la Faculté de Paris en 1825, il se fit connaître comme écrivain scientifique, dès la même année, par la publication des *Éléments de botanique*, qu'il rédigea en collaboration avec André Potier, et par son *Traité de la pellagre et de la folie pellagreuse en Italie*. Envoyé en Pologne en 1831 par le Comité franco-polonais, avec des instructions de l'Académie des sciences, il fut attaché à l'hôpital des Gardes, à Varsovie, et le dévouement avec lequel il prodigua ses soins aux blessés de l'armée polonaise ainsi qu'aux cholériques, lui mérita la croix de chevalier de la Légion d'Honneur et celle d'officier du Mérite militaire de Pologne. A son retour en France, il publia : *Relation historique et médicale du choléra-morbus de Pologne*, qui obtint une médaille d'or de l'Institut ; — l'*Anthropotomie ou Traité élémentaire d'anatomie*, et une brochure sur les *Établissements d'aliénés en Italie*. En 1833, il fit paraître, avec la collaboration du docteur Marx, les *Leçons orales de clinique chirurgicale faites à l'Hôtel-Dieu de Paris par le baron Dupuytren*. Depuis lors, indépendamment d'un grand nombre d'articles donnés dans les *Annales médico-psychologiques* et dans les *Annales d'hygiène*, et parmi lesquels nous citerons l'*Emploi des bains prolongés et des irrigations continues dans la manie aiguë* et le *Traitement de la vie de famille*, travaux communiqués à l'Institut, M. le docteur Brierre de Boismont a publié successivement : *Mémoire pour l'établissement d'un hospice d'aliénés*, couronné par la Société des sciences médicales et naturelles de Bruxelles (1834) ; — *Influence de la civilisation sur le développement de la folie* (1839) ; — *De la Menstruation considérée dans ses rapports physiologiques et pathologiques*, ouvrage couronné par l'Académie de médecine (1842) ; — *Du délire aigu* ; mémoire qui a obtenu une médaille d'or de l'Institut (1845) ; *des Hallucinations, ou Histoire raisonnée des apparitions, des visions, des songes, de l'extase, du somnambulisme et du magnétisme* (1845, 3e édition, 1863) ; — *De l'Ennui* (1852) ; *De l'Interdiction des aliénés et de l'état de la jurisprudence en matière de testaments dans l'imputation de démence* (1852) ; *Du suicide et de la folie-suicide* (1854, 2e édition, 1865) ; — *Programme pour la formation du plan d'un asile modèle destiné à la ville de Madrid*, mémoire récompensé par la décoration de l'ordre de Charles III ; — *Responsabilité légale des médecins en Espagne : Rapport sur le procès en détention arbitraire de dona Juana Sagrera* (1865) ; ce rapport, qui a déterminé l'absolution des six accusés, a valu à M. Brierre de Boismont la croix de commandeur d'Isabelle-la-Catholique. La plupart de ces ouvrages ont été réimprimés plusieurs fois. Depuis cette époque, M. de Boismont a publié, dans les deux recueils précités, les mémoires suivants : *Charles Mittermaier, ses études sur la peine de mort, la responsabilité et l'expertise médico-légale des aliénés dans les prisons et devant les tribunaux* (1868) ; — *De la Folie raisonnante* (1867) ; *Les fous criminels de l'Angleterre* (1869) ; *Shakespeare, ses connaissances en aliénation mentale, Hamlet et Lear* (1869).

BRILLIER [de l'Isère] (Marc-Antoine), né à Heyrieu (Isère), le 2 août 1809. Reçu licencié en droit de la Faculté de Paris en 1832, il se fit inscrire au tableau des avocats de Vienne, embrassa les idées démocratiques, et fut élu représentant à la Constituante et à la Législative après la révolution de 1848. A l'Assemblée, il fit partie du Comité de législation, siégea à la Gauche, combattit les tendances de l'Elysée, et se prononça contre l'expédition de Rome. Quand fut accompli le Coup-d'Etat de 1841, il était un des sept représentants qui accompagnèrent, aux barricades, leur collègue Baudin qui y trouva la mort. Rentré dans la vie privée, sous l'Empire, il se porta cependant candidat aux élections législatives de 1863 et 1869, et obtint des minorités considérables. M. Brillier (de l'Isère) a été élu représentant de son département à l'Assemblée nationale, dans une élection partielle, le 7 janvier 1872. Il siège à la Gauche, et a voté pour le retour de l'Assemblée à Paris.

BRINDEAU (Louis-Paul-Edouard), né à Paris, le 20 décembre 1814. Il fit une partie de ses études classiques au collége Bourbon, et se consacra au théâtre. Des débuts heureux au théâtre de Belleville lui ouvrirent les portes du Vaudeville d'abord, et ensuite des Variétés, où il remplit les rôles d'amoureux dans *Mathias l'invalide*, le *Chevalier de Saint-Georges*, le *Chevalier du Guet* et autres pièces en vogue. Admis, en 1842, à débuter sur la première scène française, il y parut dans le *Verre d'eau*, le *Joueur*, le *Jeune mari*, etc., obtint, dans le courant de la même année, son engagement et sa nomination de sociétaire, et prit successivement les rôles de Menjaud, de Fleury et de Firmin, dans *le Menteur*, *le Barbier de Séville*, *Turcaret*, *le Misanthrope*, *le Chevalier à la mode*, *le Dissipateur*, etc. On lui doit également d'importantes créations dans *le Mari à la campagne*, *Sullivan*, *la Comédie à Ferney*, *la Fin du roman*, etc. Il interpréta de la façon la plus heureuse les charmantes comédies de Musset: *Un caprice*, *Il faut qu'une porte soit ouverte ou fermée*, *Il ne faut jurer de rien*, *Louison*, *le Chandelier* (qu'il créa), etc. En 1854, quand M. Bressant quitta le Gymnase pour les Français, M. Brindeau, dépouillé par autorité ministérielle des rôles qui lui avaient appartenu jusque-là, crut devoir donner sa démission et se retira. Tout en gardant sa liberté, il fit liquider sa pension et donna sa représentation de retraite, le 26 février 1859. A partir de ce moment, il a paru, à diverses reprises, sur un grand nombre de scènes françaises ou étrangères : à la Porte-Saint-Martin, à l'Odéon, à l'Ambigu-Comique, où il a créé des rôles importants, notamment dans le *Bossu*, le *Crime de Saverne*, etc., dans les principales villes de province, à Londres, en Allemagne et en Italie. M. Brindeau est actuellement (1872) attaché au théâtre du Vaudeville.

BRIVE (Jean-Noël-Albert, BEAUD DE) né au Puy, le 23 janvier 1803. Il se livra à l'étude du droit et fut nommé juge-auditeur dans la Haute-Loire, le 27 octobre 1824. Il était en 1830 procureur du roi à Issoire, après avoir suivi tous les degrés de la hiérarchie. Obligé par les circonstances politiques de se créer une position indépendante, il tourna son activité et son intelligence vers l'Agriculture. En 1833, M. de Brive fut nommé membre de la Société d'Agriculture du Puy; en 1844 vice-président, et en 1846 président de cette même Société, qu'il a dirigée pendant près de quinze années. En 1850 il siégea au Conseil général de l'Agriculture, des Manufactures et du Commerce qui fut réuni pendant un mois au palais du Luxembourg et il y prononça un discours sur *l'organisation de la représentation agricole*. En 1855, il fut chargé, en qualité de secrétaire-général, de préparer les travaux de la 22e session du Congrès scientifique de France, qui tint sa session au Puy, au mois de septembre de la même année. M. de Brive était en même temps ou fut successivement : membre du Conseil général de la Haute-Loire, du Conseil municipal du Puy, du Conseil départemental de l'Instruction publique, du Conseil d'hygiène, du Conseil des bâtiments civils, etc. Il appartient à un grand nombre de Sociétés savantes de France et de l'étranger au titre de membre correspondant. Les *Annales* de la Société d'Agriculture, Sciences, Arts et Commerce du Puy contiennent de lui plusieurs discours et un grand nombre d'articles sur diverses questions économiques. M. de Brive est chevalier de la Légion d'Honneur depuis 1853.

BROCA (Nicolas-Elie), né à Larochechalais (Dordogne), le 6 novembre 1814. M. Broca est un ancien élève de l'Ecole polytechnique, d'où il sortit sous-lieutenant d'artillerie. Il donna sa démission pour occuper, en 1834, une chaire de mathématiques au collége de Rodez, et fut nommé, en novembre 1839, censeur des études au collége de Metz. En octobre 1848, lors de la création du lycée d'Alger, il fut chargé, comme proviseur, de l'installation du nouvel établissement. M. Broca exerce les fonctions de censeur des études au lycée Charlemagne depuis le 14 août 1852. Il est chevalier de la Légion d'Honneur depuis le 16 juin 1856.

BROCA (Pierre-Paul), né à Sainte-Foy-la-Grande (Gironde), le 28 juin 1824. Fils d'un médecin, M. Broca vint faire, à Paris, avec un succès éclatant, ses études médicales. Déjà interne en 1844, successivement aide d'anatomie, lauréat des hôpitaux et prosecteur à la Faculté, il fut reçu docteur en 1849. Après avoir fait pendant plusieurs années des cours de chirurgie à l'Ecole pratique, il fut nommé, en 1853, agrégé de la Faculté de médecine et chirurgien des hôpitaux. Il a été successivement chirurgien de l'hospice de Bicêtre, de la Salpêtrière, de l'hôpital Saint-Antoine et de la Pitié, où il occupe actuellement la chaire de clinique chirurgicale. Il a été élu membre de l'Académie de médecine en 1866, et nommé professeur à la Faculté de médecine en 1867. Professeur disert et fort aimé de ses élèves, il ne s'est pas contenté de l'enseignement oral; on lui doit un grand nombre de publications sur l'anatomie, la physiologie, la chirurgie et l'anthropologie. Nous citerons : *Mémoire sur l'anatomie pathologique du cancer*, qui remporta le prix Portal à l'Académie de médecine (1850, ; — *Atlas d'anatomie descriptive*, en collaboration avec MM. Bonamy et Beau (1850-

1866) ; — *Traité des anévrysmes*, couronné par l'Académie des sciences (1856) ; — *Traité des tumeurs* (1 vol. 1863, 2e vol. 1869). M. Broca a été le principal fondateur de la Société d'anthropologie, dont il est le secrétaire-général. Ses principaux ouvrages d'anthropologie sont : *Recherches sur l'hybridité* (1860) ; — *Le volume et la forme du cerveau suivant les individus et suivant les races* (1861) ; — *l'Ethnologie de la France* (1859) ; — *l'Anthropologie de la Basse-Bretagne* (1869) ; — *les Crânes basques* (1863 en 1868) ; — *Caractères physiques de l'homme préhistorique* (1868) ; — *l'Anatomie comparée de l'homme et des primates* (1869), etc. M. Broca est le directeur du laboratoire d'anthropologie de l'Ecole des Hautes-Etudes. Il est membre des Sociétés chirurgicale, biologique, anatomique et philomatique, et membre correspondant de presque toutes les sociétés savantes de l'Europe. Il est chevalier de la Légion d'honneur depuis le 14 août 1868.

BROCHANT DE VILLIERS (André-Louis-Gustave), né à Epluches (Seine-et-Oise), le 23 mai 1811. Après avoir fait son droit à Paris, il y fut inscrit au tableau des avocats, en 1833. Substitut du procureur du roi à Meaux le 27 octobre 1836, à Versailles le 19 avril 1840, à Paris le 9 novembre 1842, il perdit son emploi à la révolution de 1848. Le 27 décembre 1858, ensuite d'une élection partielle, M. Brochant de Villiers a été élu député au Corps législatif par la 4e circonscription de Seine-et-Oise. Il est décédé le 28 mai 1864. Il avait été nommé chevalier de la Légion d'Honneur en 1857.

BROCHIN (Robert-Hippolyte), né à Carcassonne, en 1808. M. Brochin commença ses études médicales à Montpellier en 1830, et se fit recevoir interne des hôpitaux de Marseille. Là, sa belle conduite comme médecin de l'un des bureaux de secours, pendant le choléra de 1835, lui valut une médaille décernée par le Conseil municipal, une autre médaille accordée par le roi, sur la proposition du ministre du commerce, et enfin une exemption de frais d'examen délivrée par le ministre de l'instruction publique. Reçu docteur de la Faculté de Paris en 1837, M. Brochin a préféré les études et la littérature médicales à la pratique exclusive de son art. Ecrivain critique et consciencieux, il a participé successivement à la rédaction de plusieurs journaux de médecine et particulièrement de la *Gazette médicale* et de la *Gazette des hôpitaux*. M. le docteur Brochin est chevalier de la Légion d'Honneur depuis le 13 août 1865.

BROGLIE (Albert, *duc* DE), né à Paris, le 13 juin 1821 ; petit-fils du vainqueur de Berghem, et fils de l'illustre homme d'Etat et académicien de ce nom. M. le duc Albert de Broglie a débuté de bonne heure dans la littérature militante, et s'est bientôt fait une réputation. Ses premiers travaux, concernant la politique étrangère de la République, furent publiés, en 1848, dans la *Revue des Deux-Mondes*. Puis il devint un des principaux rédacteurs du *Correspondant*, où il se montra tout à la fois partisan sincère des principes du libéralisme constitutionnel modéré, et défenseur éclairé des intérêts catholiques ; après la chute de l'Empire et l'élévation de M. Thiers au poste de chef du pouvoir exécutif, il a été nommé ambassadeur de France à Londres. Le 20 février 1862, il a été élu membre de l'Académie française, en remplacement du père Lacordaire, et sa réception a eu lieu en février de l'année suivante. On doit à M. Albert de Broglie : une traduction du *Système religieux* de Leibnitz (1846) ; — *Etudes morales et littéraires*, recueil de ses premiers écrits (1853) ; — *l'Eglise et l'Empire romain au IVe siècle* (6 vol., 1856, 3e édit. 1868) ; — *Une réforme administrative en Algérie* (1860) ; — *Questions de religion et d'histoire* (2 vol., 1860) ; — *la Souveraineté pontificale et la liberté* (1861) ; — *la Liberté divine et liberté humaine* (1865) ; — *la Diplomatie et le Droit nouveau* (1869). Il a été élu représentant du département de l'Eure, le 8 février 1871, à l'Assemblée nationale, où il a voté la loi municipale. M. le prince Albert de Broglie a épousé, en 1845, Mlle de Galard de Béarn, et l'un de ses quatre fils, M. François de Broglie, s'est distingué, sous les murs de Paris, parmi les défenseurs de la société contre le pouvoir insurrectionnel de la Commune.

BROHAN (Augustine-Suzanne), née à Paris, le 29 janvier 1807. Elle entra au Conservatoire en 1818, reçut les leçons de Saint-Prix et de Lafont, remporta le 1er prix de comédie en 1821 et débuta avec succès sur le théâtre d'Orléans. Engagée à Tours en 1822, à Angers en 1823, elle parut, en mai 1824, sur la scène de l'Odéon, et s'y fit applaudir dans le rôle de Dorine de *Tartufe*. Puis, elle alla jouer à Rouen où elle fut appréciée, revint à l'Odéon où elle resta du mois d'avril 1827 au mois de juillet 1828, et le quitta pour le Vaudeville. Sur ce dernier théâtre, pendant sept ans, elle fut l'idole du public et interpréta surtout, avec sa verve et sa grâce naturelles, les rôles du *Frontin mari garçon* et de *Marie Mignot*. Elle débuta aux Français, en 1835, dans le rôle de *Tartufe* et celui de Madelon des *Précieuses ridicules* ; mais elle regretta bientôt la scène qu'elle avait quittée et elle retourna au Vaudeville où elle joua, pendant onze ans, avec un succès qui ne se démentit pas. En 1847, la brillante artiste a prématurément quitté le théâtre pour rentrer dans la vie privée.

BROHAN (Joséphine-Félicité-Augustine), née à Paris, le 2 décembre 1825 ; fille de la précédente. Elevée d'abord par l'abbé Paravey, et destinée par sa famille au théâtre, elle entra au conservatoire à l'âge de dix ans, y reçut les leçons du célèbre Samson, et remporta le second prix de la comédie en 1837, et le premier prix du même emploi en 1838. Puis, ses tendances à la dévotion la poussèrent à se retirer momentanément dans un couvent de la rue du Bac. Mais bientôt ses parents la retrouvèrent et la firent rentrer dans la carrière qu'elle avait voulu quitter et où elle devait se faire une si grande réputation. Mlle Augustine Brohan a débuté, au Théâtre-Français, avec un succès retentissant, dans *Tartufe* et les *Rivaux d'Eux-mêmes*, en 1840 ; et, dès son début elle a été engagée aux appointements de 3,000 fr., chiffre très-considérable si l'on se reporte à cette époque, et si l'on tient compte de l'âge de la nouvelle pensionnaire. Il est rare qu'une fortune théâtrale ait été aussi bien commencée et aussi bien poursuivie que celle de la brillante comédienne dont il est question ici. Les chroniqueurs de théâtre n'ont jamais eu que des éloges, et le public que des applaudissements pour l'artiste qui s'est fait une si remarquable spécialité dans l'interprétation des rôles de soubrette de l'ancien répertoire, et qui, dans le répertoire nouveau, comme grande coquette ou soubrette, s'est maintenue à la hauteur de sa réputation. Mlle Augustine Brohan a rempli, aux Français, des emplois dans la plupart des pièces à sensation. De l'ancien répertoire, qu'il faudrait inscrire tout entier, nous ne citerons que les rôles de Dorine dans *Tartufe*, de Toinette dans *le Malade imaginaire*, de Cléanthis dans *le Mariage de Figaro*, de Nicole dans *le Bourgeois gentilhomme*. Du nouveau, nous citerons: *Oscar ou le mari qui trompe sa femme*; *l'Homme de bien*; *le Dernier marquis*; *la Marinette*; *la Tutrice*; *Pascariel et Scaramouche*; *les Amoureux sans le savoir*; *les Burgraves*; *la Vieillesse de Richelieu*; *le Roi s'amuse*; *la Famille Poisson*; *les Lundis de Madame*; *le Songe d'une nuit d'hiver*; *Don Guzman*; *la Marquise de Senneterre*; *le Caprice*; *Mademoiselle de Belle-Isle*; *les Demoiselles de Saint-Cyr*; *les Deux veuves*; *le Cœur et la dot*; *la Papillonne*, etc. Mlle Augustine Brohan a fait, avec succès, quelques tournées artistiques en province et à l'étranger; à Bordeaux et à Turin, elle a été l'objet de véritables ovations. Tout le monde a, pour le moins, ouï parler de son esprit d'à propos et de répartie; elle en est assez riche, en effet, pour que souvent on lui en prête encore. Elle a écrit, pour le public et pour des théâtres de société, de petits drames et des comédies: *Compter sans son hôte*; *les Métamorphoses de l'amour*; *Quitte ou double*; *Il faut toujours en venir là*; *Qui femme a, guerre a*, etc. Enfin, elle a collaboré à quelques journaux, notamment au *Figaro* sous le pseudonyme de Suzanne; et elle prépare, dit-on, des *Mémoires* qui seront sans doute fort intéressants, surtout en ce qui concerne les hommes et les choses de son époque. Mlle Augustine Brohan a succédé à Mlle Rachel, comme professeur au Conservatoire, en 1857. Ensuite d'un désaccord survenu entre elle et la direction, elle a quitté le Théâtre-Français, en février 1868, malgré les supplications de tous ses amis. Elle n'a consenti à reparaître devant le public que dans une des représentations organisées par M. Ballande à la Gaîté: et les rappels enthousiastes, et les applaudissements prodigués par une foule en délire à la Toinette de Molière n'ont que trop montré toute l'étendue de la perte prématurée que l'art a faite dans la personne de l'inimitable soubrette.

BROHAN (Emilie-Madeleine), née à Paris, le 21 octobre 1833; sœur de la précédente. Fille et sœur d'illustres comédiennes, elle fut aussi destinée à suivre la carrière théâtrale, et remporta, en 1850, au Conservatoire, le 1er prix de comédie. Le 15 septembre de la même année, elle parut sur la première scène française, dans le rôle de Marguerite des *Contes de la Reine de Navarre*, pièce montée exprès pour ses débuts. Son éclatante beauté non moins que le charme de sa voix favorisèrent ses premiers pas au théâtre et lui rendirent plus faciles des succès que, d'ailleurs, ses études et ses dons naturels avaient déjà fait prévoir. Mlle Brohan, reçue comme sociétaire au Théâtre-Français, en juillet 1852, y a brillamment interprété l'ancien répertoire, notamment le rôle de Célimène du *Misanthrope*, celui de Silvia dans le *Jeu de l'amour et du hasard*; et celui de la Comtesse dans le *Mariage de Figaro*. Mais c'est dans le répertoire moderne qu'elle a trouvé le meilleur emploi de son talent, elle eut à représenter des personnages comiques ou des personnages dramatiques. Parmi les pièces où elle a le plus brillé, nous choisirons: Mlle *de la Seiglière*; *Par droit de conquête*; *les Caprices de Marianne*; *Rêves d'amour*; *Deux veuves*; *Une amie*; *les Doigts de fée*; *le Lion amoureux*; *la Gageure*; *la Pluie et le beau temps*; *le Verre d'eau*; *Une loge d'opéra*, etc. Elle a épousé, en 1853, un littérateur très-connu, M. Mario Uchard; mais au théâtre, elle a toujours conservé son nom de demoiselle. C'est ce qui explique le drame auquel elle s'est trouvée indirectement mêlée, et dont le dénouement est si honorable pour elle. Un officier anglais qui, la supposant libre de sa personne, s'était épris pour elle d'une passion violente et ambitionnait de l'épouser, se brûla la cervelle, le 4 avril 1863, après avoir appris qu'elle était mariée; en même temps il lui léguait, sur sa fortune, une valeur de 300,000 fr. environ. Mais la belle artiste fit immédiatement savoir à la famille de cet infortuné qu'elle n'acceptait pas ce legs. Mme Madeleine Brohan a fait un voyage en Russie, en 1856, et a remporté à l'étranger des succès aussi grands que sur la scène parisienne.

BRONGNIART (Adolphe-Théodore), né à Paris, le 14 janvier 1801. M. Brongniart s'adonna de bonne heure aux sciences naturelles, mais plus particulièrement à la botanique. Ses études se portèrent d'abord sur l'histoire des cryptogames, et il publia, en 1825, une *Classification des champignons*. Il s'occupa ensuite d'un travail aussi important, pour la paléontologie végétale, que les travaux de Cuvier pour la paléontologie animale: l'*Histoire des végétaux fossiles, ou Recherches botaniques et géologiques sur les végétaux renfermés dans les diverses couches du globe*; malheureusement, cet ouvrage, dont il a présenté les deux premières livraisons à l'Institut dès 1828, n'a pas été terminé. L'année précédente, M. Brongniart avait remporté le prix de physiologie expérimentale à l'Académie des sciences, pour un *Mémoire sur la génération des plantes*. Il a rédigé, en 1831, la partie botanique du *Voyage de la Coquille*. Reçu docteur en médecine, puis agrégé, il obtint, en 1833, la chaire de botanique et de physiologie végétale au Muséum d'histoire naturelle, et fut élu membre de l'Académie des sciences en 1834, en remplacement de Desfontaines. M. Brongniart a publié, en 1843, sous le titre d'*Énumération des genres de plantes cultivées au Muséum d'histoire naturelle*, un ouvrage fort utile, qui a été réimprimé en 1850. Ce savant botaniste est, depuis 1852, inspecteur-général de l'Université pour les sciences. On lui doit un grand nombre de mémoires sur des sujets de botanique et de physiologie, insérés dans divers recueils scientifiques, notamment dans les *Annales des sciences naturelles*, dont il a été l'un des fondateurs. Chevalier de la Légion d'Honneur depuis le 30 avril 1835, il a été promu officier le 8 mai 1845 et commandeur le 12 août 1864.

BROSSAYS SAINT-MARC (Godefroy), né à Rennes, le 5 février 1803. Mgr l'archevêque de Rennes entra au seminaire de Saint-Sulpice, à Paris, en 1828 ; et, après de savantes études en théologie, fut ordonné prêtre en 1831. Successivement chanoine et vicaire-général de Rennes, où l'on appréciait ses vertus sacerdotales et ses hautes qualités administratives, il a été nommé évêque de cette ville par ordonnance royale du 25 janvier 1841, préconisé le 12 juillet suivant et sacré le 10 août. Mgr Brossays Saint Marc, nommé archevêque de Rennes le 5 mai 1859, a été intronisé, comme premier archevêque de cette antique cité bretonne, le 5 juin de la même année. C est sous l'épiscopat de ce respectable prélat, par sa protection et par ses soins, qu'a pris naissance à Saint-Servan l'œuvre bienfaisante des Petites-Sœurs des pauvres. Mgr Brossays Saint-Marc est officier de la Légion d'Honneur depuis 1857.

BROUILHONY (Jean-Baptiste-Ovide-Léon), né à Paris, le 11 mai 1819 ; petit-neveu de l'abbé J.-B. Brouilhony, missionnaire en Asie, professeur d'éloquence au collège de Mende et instituteur d'un ancien ministre, le duc de Blacas. M. O. Brouilhony n'a jamais quitté Paris. Il a étudié l'architecture chez MM. Ed. Lussy, Allard et César Daly. Attaché en 1842, à la Commission des monuments historiques, sous les ordres de M. Albert Lenoir, il a été, en 1852, porté au tableau des experts près les tribunaux civils. Depuis lors, il a fait édifier de nombreuses constructions particulières à Paris et dans les environs. Chargé, en 1867, par la Commission impériale, de l'installation des classes 16, 17 et 43 (cristaux, porcelaines et produits agricoles, à l'Exposition universelle, il a construit, comme architecte, en 1869, le marché municipal du XIe arrondissement, dit *Marché du Prince-Eugène*.

BROUILLET (Pierre-Amédée), né à Châtain (Vienne), le 6 septembre 1826. Élève du lycée de Poitiers, il le quitta pour se consacrer aux arts, et entra dans l'atelier de Picot en 1843. Soldat au 4e lanciers de 1847 à 1848, il reprit ses études en 1849, en même temps qu'il commençait à s'occuper des recherches archéologiques qu'il a, depuis, continues avec succès. M. Brouillet est, tout à la fois, littérateur, artiste peintre et sculpteur. Le monde scientifique s'est beaucoup occupé de ses *Epoques antéhistoriques du Poitou* (1865, avec pl. et Appendice). On lui doit en outre : *Promenade pittoresque et archéologique dans l'Angoumois et le Poitou* (1854, avec pl.); — *Description des reliquaires trouvés dans l'ancienne abbaye de Charroux* (1856); — *Notes sur la tombelle de Brioux* (1862, avec pl.); — *Indicateur archéologique de l'arrondissement de Civray*, etc. (1865, avec cartes et pl.), etc. M. Brouillet a fait paraître une partie de ses travaux dans les *Bulletins* et les *Mémoires* de la Société des antiquaires de l'Ouest, et a fourni des articles à différents journaux. Collaborateur du *Répertoire archéologique du département de la Vienne*, il a dirigé, en 1867, une revue artistique, scientifique et littéraire : *le Glaneur poitevin*. Ses diverses publications ont été l'objet de comptes rendus très-favorables dans beaucoup de feuilles parisiennes et départementales. Comme travaux d'art, on lui doit : des sculptures religieuses et des peintures archéologiques dans un grand nombre d'églises du Poitou ; — *les Arts et l'Industrie*, statues en pierre pour la façade du Cercle industriel, et douze *Cariatides* pour la façade du Grand-Hôtel du Palais, à Poitiers ; — un certain nombre de bustes en marbre : *Boncenne, Allard, Bourbeau* pour l'Ecole de droit, et l'*abbé Gibault* pour la Bibliothèque de Poitiers ; *Dalayrac*, commande de l'Etat, pour le Conservatoire de musique de Paris (1868) ; *Odysse Barrot*, etc. ; — des statues en plâtre exposées au salon de Paris : *Jeune fille endormie* (1866) ; *Erigone* (1867) ; *Baigneuse* (1868); *Regrets* (1869); *Sapho* (1870), etc. Il est chargé maintenant (1872) d'exécuter une fontaine monumentale en granit, avec bas-reliefs et statue en fonte, pour la ville du Dorat (Haute-Vienne), et prépare la prochaine publication de nouveaux et importants travaux archéologiques. Directeur-adjoint de l'Ecole municipale gratuite de dessin, d'architecture et de sculpture, membre de la Société des antiquaires de l'Ouest, de la Société des travaux littéraires et artistiques de Paris, de la Société parisienne d'histoire et d'archéologie, etc. M. Brouillet a reçu une médaille d'argent à l'Ecole de Poitiers en 1842, une médaille de vermeil à l'Exposition de Niort en 1865, la médaille d'or à l'Exposition de Poitiers en 1869, et une médaille de 200 francs décernée par la Société des Antiquaires de l'Ouest, à la suite d'un concours pour découvertes scientifiques (1864). Les musées de Saint-Germain-en-Laye et de Poitiers possèdent de remarquables séries d'objets préhistoriques offerts par M. Brouillet et trouvés par lui dans les différentes stations du Poitou.

BROUTY (Charles), né à Chevreuse (Seine-et-Oise), le 9 juin 1823. Il entra, dès l'âge de douze ans, à l'école de dessin industriel de l'ingénieur Tissier, et y devint, en 1839, dessinateur-professeur. Admis en 1842, comme élève, chez l'architecte Veugny, il commença en 1843 à suivre les cours d'architecture de l'Ecole des beaux-arts, et y mérita des mentions honorables. Bientôt il fut en mesure d'aider et suppléer M. Veugny dans ses travaux. En 1854, il se mit à travailler pour son compte; et depuis ce temps, il a construit un grand nombre d'habitations particulières et d'édifices, parmi lesquels : l'*Église de Gérocourt* (Seine-et-Oise); la *Chapelle et le Pensionnat des Dames de la Providence*, à Chevreuse (Seine-et-Oise); la *Chapelle des Dames diaconesses*; les châteaux de *Coyolles*, près de Villers-Cotterets, de *La Martinière* (Seine-et-Oise), du *Ramet*, près de Saintes; les hôtels *Caruel de Saint-Martin, Davillers, André Monnier, De Komar, Martin, l'Ambassade de Russie, l'Asile*

Mathilde (Seine), etc. M. Brouty a reçu, en 1855, une médaille d'or de l'Empereur pour son *Plan d'ensemble de Paris*, qui signale les embellissements de la capitale, en grande partie exécutés, et dont les extraits ont paru dans la *Revue municipale* de M. Lazare. La construction de divers établissements agricoles lui a valu, en 1860, une médaille d'or de l'Académie nationale d'agriculture. Honoré de deux médailles, une de bronze et une d'argent à l'Exposition universelle de 1867, président du jury des récompenses de la classe XIII à l'Exposition du Havre en 1868, il est membre du Comité de patronage de l'Union centrale des beaux-arts appliqués à l'industrie, et de plusieurs autres Sociétés savantes et artistiques. M. Brouty est chevalier de la Légion d'Honneur (25 janvier 1865) et de l'ordre pontifical de Saint Grégoire-le-Grand.

BRUN (Charles), né à Trie (Hautes-Pyrénées), le 15 avril 1840. Abandonnant ses études médicales, qu'il avait commencées fort jeune, il travailla successivement, comme journaliste et sténographe, dans plusieurs feuilles du Midi, et parcourut ainsi la plupart des villes de cette région et du nord de l'Espagne. En 1858, il fit jouer sur le théâtre d'Agen : *Sur le Carré* (vaudeville, 1 acte). Attaché vers la même époque à une administration financière, il donna sa démission qui fit un certain bruit, plutôt que de servir d'agent électoral au gouvernement. Il vint à Paris en 1860, y collabora à une foule de journaux de la petite presse, tels que le *Tintamarre*, la *Science pittoresque*, le *Journal pour tous*, etc., ainsi qu'à des publications d'éducation élémentaire, histoire et sciences, et publia un volume de poésies : *les Nuages*, et un autre de nouvelles : *les Amours variés*. En 1862, M. Brun va faire des conférences en français dans l'Allemagne du Sud, la Suisse et l'Italie, avec une société de jeunes gens; en 1864, il part pour le Levant qu'il parcourt durant quatre années, et participe successivement à la rédaction du *Courrier d'Odessa*, de l'*Etoile d'Orient*, de la *Gazette du Levant*, du *Corriere Italiano* de Constantinople, de l'*Impartial de Smyrne*, de l'*Egypte* du Caire, de l'*Indépendance hellénique* d'Athènes. Il a publié une brochure sur l'*Insurrection crétoise*, qui a fait sensation en Turquie, et pris une part très-active à la fondation de la *Société académique de Constantinople*. De retour à Paris, en 1868, il a été l'un des créateurs et rédacteurs de la *Question d'Orient*, feuille destinée à représenter les intérêts du Levant en Europe, et à faire prévaloir ceux de la France en Orient; en outre, il a fourni de nombreux travaux à des publications telles que le *Journal des Economistes*, la *Démocratie*, la *Revue moderne*, et enfin il est devenu, dans le *Bulletin international* et dans le *Centre gauche*, l'un des principaux collaborateurs de M. Pierre Baragnon, dont il ne s'est plus séparé depuis. Fondateur à Nîmes, en 1870, du *Gard républicain*, il a énergiquement soutenu la cause de la défense nationale et de la République. Disons, pour terminer, que M. Brun passe pour un des bons secrétaires de rédaction du journalisme parisien, et qu'il a écrit d'innombrables correspondances politiques dans les journaux de province et les feuilles du Levant, de l'Italie et des deux Amériques; qu'en 1871, enfin, il a été attaché quelque temps au cabinet politique de M. Gambetta.

BRUN (Lucien), né à Gex, le 2 juin 1822. Il suivit les cours de la Faculté de droit de Paris, prit les grades de licencié en 1843, de docteur en 1845, et se fit inscrire au tableau des avocats de Lyon. M. Brun occupe une place distinguée au barreau de cette ville, et a été bâtonnier de son ordre. Elu représentant de l'Ain en février 1870, il fait preuve à l'Assemblée d'un grand esprit de modération et d'une sérieuse expérience des affaires. Aussi a-t-il été appelé à faire partie, jusqu'à présent, de la plupart des Commissions les plus importantes, telles que celles relatives à la décentralisation, à l'abrogation des lois d'exil, à la translation du siège du gouvernement et de l'Assemblée, etc. Doué d'une parole facile, il a pris part, à la tribune, à un grand nombre de discussions. M. Brun est un des membres de la Réunion des Réservoirs.

BRUNET (Henri), né à Bordeaux, le 4 avril 1818. M. Brunet dirige une des maisons les plus importantes et les plus honorables du commerce bordelais. Elu membre du tribunal de Commerce de Bordeaux en 1852 et membre de la Chambre de commerce en 1859, il a été réélu au tribunal en 1861 et à la Chambre en 1865. Membre du Conseil municipal en 1860, M. Brunet fut nommé adjoint au maire de cette belle cité par décret impérial du 31 décembre 1863. En 1865, le vote de ses concitoyens l'a maintenu au Conseil municipal. Il est chevalier de la Légion d'Honneur depuis le 14 août 1865.

BRUNET DE PRESLE (Charles-Marie-Wladimir), né à Paris, le 10 novembre 1809. M. Brunet de Presle profita de sa position fortunée pour étudier les langues mortes. Riche de ses connaissances en grec ancien, il apprit le grec moderne et publia, dans cette langue, les maximes de La Rochefoucaud (1828). Il gagna, en 1842, le prix proposé par l'Académie des inscriptions et belles-lettres sur ce sujet : *Recherches sur les établissements des Grecs en Sicile*, et son ouvrage fut publié par l'imprimerie royale en 1845. En 1846, il obtint, à la même Académie, une mention honorable pour son *Examen critique de la succession des dynasties égyptiennes*. M. Brunet de Presle a continué la publication des précieux papyrus grecs récoltés par Letronne qui mourut en 1848. Membre de l'Académie des inscriptions et belles-lettres en 1855, il a été nommé professeur de grec moderne à l'Ecole impériale et spéciale des langues vivantes le 21 septembre 1864. Parmi celles de ses œuvres que nous n'avons pas citées, on signale encore une curieuse *Monographie du Serapeon de Memphis*. Chevalier de la Légion d'Honneur du 28 décembre 1854, il est aussi chevalier de l'Ordre du Sauveur de Grèce.

BRUNET-LECOMTE (Victor-René), né à Caudebec (Seine-Inférieure), le 1er mai 1822. Il a fondé, dès 1844, une fabrique de soieries qui, grâce à son activité, a été bientôt placée au premier rang de son industrie. La vigoureuse impulsion qu'il a donnée au genre dit *nouveauté*, les résultats remarquables qu'il a obtenus, lui ont mérité, à toutes les grandes expositions, des médailles d'honneur de 1re classe, et enfin la croix de chevalier de la Légion d'Honneur, le 26 août 1868. M. Brunet-Lecomte est membre du Conseil des prud'hommes, et fait partie du Conseil central de l'œuvre de la propagation de la foi.

BUFFET (Louis-Joseph), né à Mirecourt (Vosges), le 26 octobre 1818. Il fit ses études classiques et son droit à Paris. Inscrit comme avocat au barreau de Nancy, il fut élu, le 2e sur 11, représentant des Vosges à la Constituante, en 1848, et prit place à la droite de l'Assemblée. A cette époque, il soutint une lutte brillante contre l'invasion des théories socialistes, accepta la constitution républicaine, prêta à Cavaignac, défenseur de l'ordre, l'appui de son talent, et s'inclina devant les volontés du pays après l'élection présidentielle du 10 décembre. Il fut renvoyé, le premier, par ses électeurs, à la Législative, où il fit partie de la Commission de révision de la loi électorale, en 1850. Ministre du Commerce et de l'Agriculture le 29 décembre 1848, il abandonna la politique de l'Elysée en décembre 1849, et résigna ses fonctions ; mais il les reprit du 10 avril au 14 octobre 1851. M. Buffet se tenait à l'écart de la vie politique depuis le Coup-d'Etat, lorsqu'il fut élu, en 1864 et 1869, comme candidat d'opposition, député des Vosges au Corps législatif, et devint, dans cette Assemblée, par l'autorité de son expérience et de ses capacités, le noyau autour duquel se forma le Tiers-Parti. Ennemi de la balance factice des budgets à coups d'emprunt, il combattit aussi la nouvelle loi militaire en 1868, et fut l'un des plus actifs promoteurs de l'interpellation des 116. Quand l'Empire eut manifesté l'intention de revenir franchement au régime parlementaire, il accepta, le 2 janvier 1870, le portefeuille des Finances, qu'il résigna lors de la proposition du plébiscite. M. Buffet, élu représentant des Vosges, le 8 février 1871, a voté la paix, la loi municipale et la translation de l'Assemblée de Bordeaux à Versailles. Il est chevalier de la Légion d'Honneur depuis le 28 octobre 1851.

BUIS (Antoine-Urbain), né à Die (Drôme), le 3 mars 1791. M. Buis a servi l'Etat dans l'administration de l'enregistrement et des domaines, depuis le mois de mai 1809 jusqu'à la fin de février 1848, époque à laquelle il a obtenu sa retraite comme conservateur des hypothèques. Il put alors se consacrer tout entier aux intérêts de son pays natal et de ses concitoyens. Il avait été élu conseiller municipal à Die dès 1822, et l'objet d'une double élection, en 1831, dans cette ville et dans la commune d'Aubenasson, où il possède une grande propriété ; il opta pour cette dernière, dont les habitants le considèrent comme leur arbitre naturel et l'entourent de leur affection. En 1833, M. Buis organisa à Die la compagnie des sapeurs-pompiers, qu'il commanda jusqu'en 1867, époque où il se retira à cause de son âge et fut nommé capitaine honoraire. Depuis 1852, il a représenté le canton de Die au Conseil général de la Drôme jusqu'en 1871, c'est-à-dire jusqu'au moment où le poids des années l'ayant empêché de poser directement sa candidature, il s'est fait remplacer, près de ses électeurs, par un de ses proches parents, M. Deschamps. Homme de progrès et d'initiative, il s'est associé à toutes les entreprises utiles dans sa ville natale ; homme bienfaisant, il accorde une part de sa fortune aux œuvres qui intéressent les pauvres. M. Buis, nommé chevalier de la Légion d'Honneur le 12 août 1860, a reçu la croix de l'Ordre des mains de l'Empereur, à Valence, le 7 septembre suivant.

BUQUET (Henri-Alfred-Léopold, *baron*), né à Paris, le 15 juillet 1809 ; fils du général Léopold Buquet, baron de l'Empire, commandeur de la Légion d'Honneur, ancien député des Vosges, et neveu du général Charles Buquet. M. le baron Buquet a acquis de précieuses connaissances en agriculture et en administration, par un séjour prolongé à la campagne, ainsi que par une longue pratique des fonctions de maire de la commune de Houdemont et de la ville de Nancy. Il se présenta, dès 1849, aux suffrages des électeurs de la Meurthe, mais il n'obtint alors qu'une imposante minorité. Mieux inspirés en 1851, ceux-ci le choisirent pour les représenter au Corps législatif, et ils lui ont continué ce mandat aux élections générales de 1857, de 1863 et de 1869. Les questions financières sont celles sur lesquelles l'honorable député de la Meurthe fixe plus particulièrement son attention ; aussi la Chambre lui a-t-elle confié pendant plusieurs sessions les fonctions de membre et même celles de secrétaire de la Commission du budget. M. le baron Buquet a fait partie du Conseil général de la Meurthe. Il a été promu commandeur de la Légion d'Honneur le 14 juillet 1866.

BURDET (Louis-Amédée), né à Grenoble, le 5 octobre 1806. Fils et petit-fils de magistrats, il entra lui-même dans la magistrature, en 1829 comme juge-auditeur près le tribunal de Valence, parcourut tous les degrés de la hiérarchie judiciaire, et devint conseiller à la Cour de Grenoble, où, pendant vingt ans, il a présidé les Cours d'assises de son ressort. M. Burdet est maintenant le doyen de sa compagnie. Ami du comte de Cavour, il fut chargé par lui, avec l'agrément du gouvernement français, de diverses missions auprès du Saint-Père, et présenta notamment, au cabinet du Vatican, un projet de concordat dont le but principal était d'aplanir les difficultés soulevées par la nouvelle législation sarde, au sujet du mariage civil. Pendant son séjour à Rome, le gouvernement espagnol le chargea d'agir, de concert avec son ambassadeur, auprès du gouvernement pontifical, pour obtenir des concessions à propos des institutions canoniques, juridictions ecclésiastiques, aliénations de biens immeubles, etc. En 1850, son concours éclairé aida le gouvernement sarde, qui faisait poursuivre des recherches sur les origines de la maison de Savoie, à combler quelques lacunes dans l'historique des longues guerres entre les comtes de Savoie et de Maurienne et les

Biog. nat.

Dauphins de Viennois. C'est à ses instances auprès du cabinet de Turin que l'on dut, en 1852, l'établissement, à Grenoble, d'un consul sarde dont le besoin était rendu chaque jour plus grand par le développement des relations internationales et privées entre les deux peuples voisins. M. le conseiller Burdet est chevalier de la Légion d'Honneur, commandeur des ordres de Saint-Grégoire le Grand et de Saint-Sylvestre, officier des Saints-Maurice et Lazare, et chevalier de Charles III d'Espagne.

BURDY (Henri-Hippolyte), né à Grenoble, le 29 juillet 1833. Issu d'une famille de militaires, il ne suivit pourtant pas, comme ses aînés, la carrière des armes. Sur les instances de sa mère, il fut placé, à 17 ans, chez un graveur qui, lui voyant d'heureuses dispositions, le poussa aux études sérieuses. En 1855, il exposa les *Funérailles de Phocion*, camée coquille d'après Le Poussin, qui fit une certaine révolution dans cet art industriel en créant un genre nouveau que les anciens n'avaient pas exploité, le genre perspective, qui porte encore son nom chez les marchands, ou du moins son surnom « de Vincennes », tiré du lieu de sa résidence. Entré, à cette époque, dans l'atelier du statuaire Caillouette, il s'adonna passionnément à la glyptique, alors qu'il n'y avait peut-être pas, en France, un seul graveur sérieux sur pierres fines. M. Burdy étudia la médaille dans l'atelier d'Oudiné, qui est son véritable maître, et obtint, en 1863, un des grands prix de Rome pour son *Bacchus faisant boire une panthère*. De retour à Paris, il grava, sur une émeraude de 6 centimètres, son fameux *Jules César*, qui fut une des merveilles de l'Exposition de 1867. Les véritables et continuelles expositions de ses œuvres, ce sont les vitrines des grands joailliers de Paris, tels que Boucheron, Deschamps, Jemper, Malerio, etc. Aux Salons de ces dernières années, M. Burdy n'a exposé que de la sculpture et de la médaille.

BURTY (Philippe), né à Paris, le 11 février 1830. M. Burty travailla, de 1851 à 1854, dans l'atelier de M. Chabel-Dussurgey, peintre de fleurs et d'ornements attaché à la manufacture des Gobelins. C'est à cette époque qu'il étudia les musées, collectionna des estampes, et se consacra à des travaux de critique d'art. D'abord collaborateur de *l'Art au XIXᵉ siècle*, il fut ensuite attaché à la rédaction de la *Gazette des Beaux-Arts*, lors de la fondation de cette revue par M. Charles Blanc, en 1859. Il introduisit dans ce journal les *Comptes rendus de ventes d'art*, création qui lui a été empruntée, depuis, par tous les journaux. Il a collaboré, pour la partie artistique, à la *Presse* et à la *Liberté*, et plus récemment au *Rappel* et au *Siècle*, et rédigé les catalogues de la plupart des ventes d'artistes célèbres. Eugène Delacroix le chargea, par disposition testamentaire, du classement de ses dessins, et il exécuta avec autant de succès que de scrupule les dernières volontés du maître. Il fit partie, comme membre de la section de l'Histoire du travail, d'un des jurys à l'Exposition universelle de 1867. Il est un des membres fondateurs de l'Union centrale des beaux-arts appliqués à l'industrie. On doit à M. Burty un grand nombre d'articles de critique sur les arts en France et à l'étranger, le recueil des *Eaux-fortes de F.-Seymour staden* (in-f°, 1862), les *Émaux cloisonnés anciens et modernes* (in-12, 1869, avec planches chromolithographiques), et les *Chefs-d'œuvres des arts industriels* (1866, gr. in-8 avec grav. sur bois). Ce dernier ouvrage renferme des renseignements de toute nature sur l'orfévrerie, les métaux, les émaux, la verrerie, la céramique, la tapisserie, et sur les artistes ou les savants qui ont le plus marqué dans l'étude et la pratique de ces arts industriels. M. P. Burty a recueilli, en outre, une vaste collection de dessins, d'eaux-fortes et de lithographies des maîtres de notre époque, collection très-précieuse au point de vue de l'histoire de l'art au XIXᵉ siècle, de curieuses séries d'albums et de bronzes japonais, ainsi que de curiosités orientales.

BUSSIERRE (Jules RENOUARD DE), né à Moloy (Côte-d'Or), le 29 août 1801, d'une ancienne famille originaire de Bretagne, et venue en Berry où elle a possédé le fief de Bussière jusqu'au milieu du siècle dernier, et qui, alors transportée en Franche-Comté, y est devenue propriétaire du château et de la seigneurie de Roche, commune d'Arc-et-Senans. M. de Bussierre est entré dans la magistrature en 1824, comme juge-auditeur à Baume-les-Dames. Substitut du procureur du roi à Lure, en 1825, il a été nommé l'année suivante conseiller-auditeur à la Cour de Besançon, où il est devenu conseiller en 1843. Dès son arrivée à cette Cour, en 1826, il s'occupa des intérêts du département du Doubs, et plus particulièrement de ceux du canton de Boussières. M. de Bussierre, élu membre du Conseil général de ce canton, en 1844, à la presque unanimité des suffrages, n'a pas cessé, jusqu'à présent, de remplir ces fonctions avec le plus entier dévouement aux intérêts du pays. C'est également par l'unanimité des suffrages qu'en 1847 il a été élu président du Comité agricole de Busy, et que, de 1857 jusqu'à ce jour, il a obtenu la présidence de la Société d'agriculture, sciences et arts du Doubs. M. Jules de Bussierre a été nommé chevalier de la Légion d'Honneur, le 12 août 1862.

BUSSON-BILLAULT (Julien-Henri), né à Joigny (Yonne), le 24 juillet 1823. M. Busson-Billault a fait ses études de droit à la Faculté de Paris. Reçu avocat en 1845, docteur en droit en 1848, il fut remarqué de M. Billault et devint le gendre de cet illustre homme d'État. D'abord avocat de la liste civile, il aborda la carrière politique en 1854 comme député du département de l'Ariége, qui l'a réélu en 1857, 1863 et 1869. M. Busson-Billault a constamment pris une part des plus actives aux travaux du Corps législatif ; il a été rapporteur d'un grand nombre de lois, a obtenu surtout de brillants succès dans les questions soulevées par la discussion des budgets, et a même été rapporteur du budget de 1861, et secrétaire du bureau de la Chambre. Enfin, il a fait partie du Conseil général de l'Ariége, et occupé la présidence du Conseil d'État du 9 août au 4 septembre 1870. On lui doit un *Discours sur Pothier*, prononcé en 1849 à l'ouverture des conférences de l'ordre des avocats, et qui a été fort apprécié. Il est commandeur de la Légion d'Honneur depuis 14 août 1866.

BUSSON-DUVIVIERS (Jacques-Jean-Ernest), né à Courdemanche (Sarthe), le 28 juin 1832. Il termina ses études classiques au lycée Louis-le-Grand, obtint sa licence, à la Faculté de droit de Paris, en 1854, fit son stage d'avocat au barreau de la capitale, et retourna dans son pays, où il se consacra au soin de ses propriétés et à des études d'agriculture et d'administration. Élu conseiller de la Sarthe, comme candidat indépendant, en 1864 et en 1867, il jouit d'une grande notoriété dans son département; et ses concitoyens l'ont envoyé, le 8 février 1871, à l'Assemblée nationale, où il siége sur les bancs de la Gauche. Sincèrement libéral et ami de l'ordre, il vote sans parti pris. Il a voté la paix, le transfert et le maintien de l'Assemblée à Versailles, la loi sur les Conseils généraux. Actuellement (1872), il fait partie de la Commission des indemnités à accorder aux départements envahis et de la Commission des marchés.

BUTTURA (Charles-Antonin), né à Paris, le 18 juin 1816. Il est issu d'une bonne famille d'origine italienne. Son père, poëte et savant critique italien, décédé à Paris en 1832, prit, à l'époque de la première révolution, la tête du parti français, remplit les fonctions de secrétaire-général au Congrès de Venise, professa la littérature italienne au prytanée de Saint-Cyr, occupa une chaire au lycée de Mantoue, représenta la France, comme consul en Illyrie (1812), fut professeur à l'athénée de 1817 à 1827, et laissa beaucoup d'ouvrages importants. Son frère, mort à Paris, le 23 mars 1852, à l'âge de quarante ans, fut un des plus brillants élèves de Paul Delaroche, remporta le premier grand prix de paysage, au concours de l'Institut, en 1837, sur ce sujet: *Apollon berger, inventant la lyre à sept cordes*, et obtint la médaille d'or au salon de 1848, pour son tableau de *Daphnis et Chloé à la fontaine des nymphes*. M. Charles Buttura commença ses études médicales à la Faculté de Paris en 1834, et prit le grade de docteur, le 22 juillet 1839, avec une thèse sur *Diverses questions de médecine*. Établi à Cannes, (Alpes-Maritimes), il s'y fit bientôt une belle position, et fut appelé à remplir d'importantes fonctions médicales et administratives. Comme médecin de l'hôpital de Cannes, médecin des épidémies, membre du Conseil d'hygiène de l'arrondissement de Grasse, premier adjoint en 1866, maire en 1871, en qualité de premier conseiller municipal élu, il se trouva, par le fait même de sa position, appelé à présider aux élections; mais il refusa de se laisser porter sur aucune liste, et rentra, peu après, dans la vie privée et l'exercice de sa profession. On doit à M. le docteur Buttura: *De la scarlatine sans exanthème* (1857); — *Des médecins dans les armées romaines* (1857); — *L'hiver dans le Midi* (1867); — *L'hiver à Cannes* (1869).

CABANEL (Alexandre), né à Montpellier, le 28 septembre 1823. Élève de M. Picot, M. Cabanel figura au Salon dès 1843. Prix de Rome en 1845, il devint rapidement l'un de nos peintres les plus en réputation. Il traite des sujets très-divers et fait aussi le portrait. Parmi ses œuvres on distingue: *Agonie du Christ au jardin des Oliviers*; — *Jésus dans le prétoire*, qui lui mérita son second grand prix; — *Saint Jean*; — *la Mort de Moïse*; — *Velléda*; — *les Douze mois de l'année*, médaillons exécutés pour l'Hôtel-de-Ville de Paris, avec le concours de M. Denonville; — *Plantation d'un Calvaire*, au Musée de Lille; — *Philoctète abandonné dans l'île de Lemnos*; — *Héro retrouvant le corps de Léandre* (4061); — *Mort de Francesca de Rimini et de Paolo Malatesta*; — *Giacomina*, portrait en costume florentin du XVe siècle, etc. On lui doit beaucoup de remarquables portraits, tels que ceux de MM. Rouher et Delangle, et de *Napoléon III*. A l'Exposition universelle de 1867, il a envoyé: *le Paradis perdu*, acquis par le roi de Bavière; — *la Becque*; — *Une source au bord de la mer*; — *la Moisson*. M. Cabanel a remporté une médaille de 2e classe en 1852. Son exposition de 1855 lui a valu une médaille de 1re classe et la croix de la Légion d'honneur, et il a obtenu la médaille d'honneur en 1865 et 1867. L'Académie des beaux-arts lui a donné, le 26 septembre 1863, le fauteuil laissé vacant par la mort d'Horace Vernet; et, à la fin de cette même année, il a été nommé professeur à l'École des beaux-arts. M. Cabanel est officier de la Légion d'Honneur depuis le 29 août 1864.

CABAT (Nicolas-Louis), né à Paris, le 24 décembre 1812. M. Cabat a étudié la peinture dans l'atelier de Camille Flers, et s'est épris d'un goût particulier pour les grands tableaux de la nature. Touriste infatigable, il visita les contrées les plus pittoresques de la France et de l'Italie, et se consacra spécialement à la peinture du paysage. Sa première manière, qui fut jugée très-réaliste, fit école parmi ses jeunes émules. Mais, plus tard, il modifia quelque peu son genre; et dès lors ses paysages commencèrent à jouir d'une réputation universelle. Parmi les œuvres nombreuses et remarquables qu'il a exposées, on cite: *Vue des bords de la Bouzanne*; — *le Moulin de Dampierre*; — *le Cabaret de Montsouris*; — *Intérieur d'une métairie*; — *le Hameau de Sarasin*; — *Hôtellerie dans l'Indre*; — *l'Oiseleur à l'affût*; — *la Fête de la Vierge de l'Eau*; — *les Plaisirs d'Arques*; — *le Bois de Fontenay-aux-Roses*; — *la Gorge aux loups*; — *l'Hiver*; — *le Samaritain*; — *le Jeune Tobie présenté par l'ange à Raguel*; — *le Lac Némi*, et *Genzano*, près Rome, achetés par le duc d'Orléans; — *les Bords de la rivière d'Arques*; — *les Disciples d'Emmaüs*; — *la Chasse au sanglier*; — *Chèvres dans un bois*; — *Vue de la Néva*; — *Vue du lac Bolsena*; — *le Ravin de Villeray*; — *le Matin, le Crépuscule, le Soir au lever de la lune* (1855); — *l'Ile du Croissy*; *les Bords de la Seine à Croissy* (1857); *l'Étang au bois* (1859); — *Souvenirs du lac Némi*, acquis par le ministère de la Maison de l'empereur, et *Une source dans les bois* (1864), deux tableaux qui ont figuré à l'Exposition universelle de 1867; — *Solitude* (1865); — *Chasseresses*, et *Bois de Chantecloube, en Berry* (1867); — *Après l'ondée, site du Berry*, et *Solitude, site du Tyrol* (1868); — *Temps* *orageux*, et *Fontaine druidique* (1872). M. Cabat a remplacé M. Brascassat à l'Académie des beaux-arts en novembre 1867. Il a obtenu une médaille de 2ᵉ classe en 1834, une de 3ᵉ classe à l'Exposition universelle de 1867, la croix de la Légion d'Honneur en 1843, et sa promotion au grade d'officier de l'ordre en 1855.

CACCIA (Joseph, comte), né à Paris, le 6 janvier 1842. Il fit ses études à Turin, vint à Paris en 1861, et fonda, en 1864, le *Corriere italiano*, journal dans lequel il défendit, comme rédacteur en chef, les intérêts de la France en Italie, et la cause de l'ordre et de la liberté. Attaché au cabinet du ministre de l'Intérieur en 1865, il exerçait les fonctions de secrétaire du directeur de la presse, quand éclata la révolution du 4 septembre 1870. Alors, il donna sa démission et rentra dans la vie privée. M. le comte Caccia a collaboré au *Journal de Charleroi*, au journal *Il conte Cavour* (de Turin), à la *Sentinelle du Jura*, à la *Comédie*, à l'*Illustration militaire*, au *Soleil*, à l'*Echo de la Dordogne*, à la *Revue et gazette des théâtres*, au *Journal du Jura*, aux journaux milanais l'*Illustrazione universale*, *il Palcoscenico*, *il Secolo*, à l'*Italia militare*, (de Florence), à l'*Esprit Follet* et à l'*Union méridionale*. En janvier 1870, il fut chargé du feuilleton musical dans le *Soir*. On a de cet auteur: *Le passé de l'armée française* (1867); — *Dictionnaire italien-espagnol* (1869); — *Grammaire française-italienne* (1870); — *Le Serment, son origine dans l'antiquité* (1870). En 1865 il fit représenter, en collaboration avec M. A. Belle, au Théâtre-Cluny, une comédie: *les 500 francs de Joseph*, et un vaudeville: *Une chambre et un cabinet*. Il termine actuellement (1872) un *Grand dictionnaire italien et français*, et un ouvrage en plusieurs volumes, relatif aux derniers événements, qui portera ce titre: *Quatre mois de dictature*. M. le comte Caccia est officier d'Académie, et chevalier de Notre-Dame de Guadalupe du Mexique et de Charles III d'Espagne.

CAFFARELLI (Eugène-Auguste, *comte*), né à Milan (Italie), le 31 décembre 1806. M. le comte Caffarelli a fait partie du Conseil d'Etat de 1832 à 1848, d'abord comme auditeur, puis, à partir de 1837, comme maître des requêtes. Nommé préfet d'Ille-et-Vilaine le 27 janvier 1849, il donna sa démission le 9 mars 1851. Mais, bien qu'elle eût été d'assez courte durée, son administration pleine de sollicitude, de modération et d'équité, avait laissé dans le cœur des habitants de ce département un souvenir reconnaissant qui s'est manifesté d'une manière éclatante aux élections générales de 1852, 1857, 1863 et 1869. Quatre fois il a été élu député d'Ille-et-Vilaine à la presque unanimité des suffrages. M. le comte Caffarelli est depuis longtemps membre du Conseil général du département de l'Aisne, où il a son domicile légal au château de Leschelle, et où la bienfaisance de sa famille est bénie depuis longues années par tous les malheureux. Chevalier de la Légion d'Honneur le 10 décembre 1849, il a été promu officier le 30 août 1865.

CAILLEMER (Exupère), né à Saint-Lô (Manche), le 23 novembre 1837. Elève-lauréat de la Faculté de droit de Caen, licencié en 1858, docteur le 22 août 1861, il prit part, avec dispense d'âge, au troisième concours pour l'agrégation des Facultés de droit et y obtint le premier rang (9 janvier 1862). Attaché à la Faculté de Grenoble, il fut bientôt chargé de l'enseignement du droit civil (5 août 1862), deux ans après nommé professeur titulaire (12 octobre 1864) et désigné en 1867 comme juge du concours pour l'agrégation. M. Caillemer a publié un assez grand nombre d'opuscules juridiques, la plupart relatifs à l'histoire du droit: *Des Intérêts* (1861); — *Etudes sur Michel de Marillac* (1862); — *Antoine de Goréa* (1864); — *M. Frédéric Taulier* (1864); — *Etudes sur les antiquités juridiques d'Athènes* (1865 et suiv.), etc. Il est correspondant du ministère de l'Instruction publique, de l'Académie de législation, de l'Ἑλληνικὸς Σύλλογος, etc.

CAIN (Auguste), né à Paris, le 4 novembre 1822. M. Cain étudia d'abord la sculpture sur bois dans les ateliers de Guillonnet, puis devint l'élève de Rude. Il a débuté au salon de 1846 par un groupe: *Fauvettes défendant leur nid contre un loir*, et n'a pas cessé depuis d'exposer les plus beaux types et groupes d'animaux, parmi lesquels on a surtout remarqué: *les Grenouilles voulant un roi*; — *l'Aigle défendant sa proie*; — *Aigle chassant un vautour*; — *Faucon chassant les lapins*; — *Faisans surpris par une fouine*; — *Perdreaux et canards*; — *Renard chassant des canards*; — *Combat de coqs*; — *Lionne du Sahara*; — *Vautour fauve*; — *Buse chassant aux perdreaux*; — *Lion du Sahara*; — *Faucon et héron*, trophée de chasse; — *un Renard*, trophée de chasse; — *Lionne*, pour la décoration des guichets de l'empereur et du prince impérial dans la cour des Tuileries; — *Tigre terrassant un crocodile*; — *Lion de Nubie et sa proie*; — *Paons*; — *Tête de Tigre*, etc. M. Cain a édité en bronze la plupart de ses œuvres. Il a remporté une médaille de troisième classe, en 1851, et a obtenu deux rappels de cette médaille, en 1863 et en 1867. Il a reçu en outre une médaille en 1864, un second prix en 1868, et la croix de la Légion d'Honneur le 13 août 1869.

CAISE (Louis-Albert), né à Oyonnax (Ain), le 15 septembre 1840. Sorti de l'institution Jauffret (lycée Charlemagne), en juillet 1858, et reçu dans l'administration des finances, il occupe maintenant un poste honorable à la direction des douanes de Paris. Pendant le siège de cette ville, il était capitaine de la 3ᵉ compagnie du 46ᵉ bataillon des mobiles de la Seine. Menant de front l'étude des lettres avec ses travaux administratifs, il fit d'abord du journalisme non militant, et collabora longtemps, comme correspondant parisien, aux journaux du nord de la France; ainsi, à Lille, il fut chargé par plusieurs journaux des comptes rendus de l'Exposition universelle de 1867. M. Albert Caise, membre de la Société des gens de lettres, de la Société d'archéologie et de statistique de la Drôme, ancien vice-président de la *Société de l'Essai* (littéraire, scientifique et dramatique, fondée à Paris en 1864), est secrétaire de la Société de prévoyance et de secours des employés des douanes françaises. Il fut un des plus ardents instigateurs des journaux spécialement destinés aux femmes. C'est le *Journal des femmes*, créé par lui, qui a donné naissance au *Droit des femmes*. On doit à M. Albert Caise les publications suivantes : *la Tirelire de Ninette* (nouvelle, 1865); — *l'Art héraldique* (glaneur littéraire, 1866); — *Fouilles dans la vallée de Barcelonnette* (les antiquités gallo-romaines découvertes par M. Caise sont déposées au musée de Cluny); — *Histoire de Saint-Vallier, de son abbaye, de ses seigneurs et de ses habitants* (1867); — *la Jeunesse d'une femme* (roman, 1869); — *les Employés littérateurs* (notices biographiques, 1869); — *Cartulaire de Saint-Vallier* (1870); — *Les victimes du mariage* (roman, 1870); — *Les Prussiens dans Paris* (1871). Il va publier un *Dictionnaire complet des curiosités historiques des années 1870-71*.

CALÈS (Godefroi), né à Saint-Denis (Seine), le 21 mars 1799. Son oncle paternel siégea à la Convention et aux Cinq-Cents, et mourut en exil. Son père, administrateur de la Haute-Garonne, en 1793 et 1794, fut nommé, en 1799, médecin en chef de l'hôpital militaire de Saint-Denis, et remplit, de 1800 à 1804, les fonctions d'inspecteur-général des hôpitaux militaires. Fidèle aux traditions de sa famille, Godefroi Calès suivit, à Montpellier, les cours de la Faculté de médecine, fut reçu docteur en 1822, et publia sur une maladie encore peu connue, *la pellagre*, un important travail qui eut du retentissement. Etabli à Villefranche (Haute-Garonne), où il avait acquis de bonne heure une certaine influence politique, il fut nommé, après la révolution de 1830, commandant de la garde nationale ; mais voyant que le gouvernement s'engageait dans une voie qui n'était pas la sienne, il donna sa démission. Resté membre du Conseil municipal, il proclama la République en 1848, prit en main l'administration de la ville, et fut élu le sixième des douze représentants de la Haute-Garonne, à l'Assemblée Contituante. Il y fit partie du Comité des cultes et vota presque toujours avec l'Extrême-Gauche. Après l'élection du 10 Décembre, il combattit énergiquement la politique de l'Elysée et signa, à l'occasion de l'expédition de Rome, la demande de mise en accusation du président et des ministres. Lors de la dissolution de la Constituante, il reprit l'exercice de sa profession. Il est décédé le 28 juillet 1868, fidèle à sa foi politique et à ses convictions de libre-penseur. Son fils M. Jules-Godefroi Calès, comme médecin et homme politique, a su acquérir, à son tour, la considération dévolue à son père. Aux élections générales de 1869, il a été le candidat des Comités démocratiques de la Haute-Garonne.

CALLON (Charles), né à Rouen, le 24 juin 1813 ; fils et petit-fils d'ingénieurs civils qui se sont distingués dans cette carrière si utile à une époque où elle était à peu près inconnue en France. M. Ch. Callon a suivi la même carrière dès sa sortie de l'Ecole centrale des arts et manufactures, en 1833, avec le premier diplôme d'ingénieur mécanicien. Vingt ans plus tard, en 1854, il revint dans cet établissement comme professeur du cours de construction des machines, et l'année suivante il fut nommé membre du Conseil de l'Ecole. Il a été l'un des fondateurs de la Société des ingénieurs civils (1848), de l'Association amicale des anciens élèves de l'Ecole centrale des arts et manufactures (1862), du Cercle des ingénieurs de cette Ecole (1864), et a eu l'honneur de présider tour à tour ces différentes associations. En 1865, M. Ch. Callon a contribué, comme membre de la classe 52, aux travaux du Jury d'admission de l'Exposition universelle, et, en 1867, il a été vice-président et rapporteur, pour la classe 60, du Jury international des récompenses. En novembre 1870, il fut nommé, au 1er tour de scrutin, adjoint au maire du IVe arrondissement de Paris ; et, après le 18 mars 1871, il ne se retira que devant la violence et resta à Paris ; il a repris ses fonctions le 26 mai, et les a conservées jusqu'à l'époque de la nomination du Conseil municipal de Paris. M. Ch. Callon a publié en 1846, avec la collaboration de M. Ferdinand Mathias, des *Etudes sur la navigation fluviale par la vapeur* ; en 1848, en collaboration de M. C. Laurens, une brochure intitulée : *De l'organisation de l'industrie; application à un projet de Société générale des papeteries françaises*. On lui doit, en outre, plusieurs notices sur des questions de mécanique et d'hydraulique, insérées dans le *Journal des Usines*, dans les *Mémoires de la Société des ingénieurs civils*, dans le *Journal des fabricants de papier*, dans le *Bulletin de l'Association des anciens élèves de l'Ecole centrale*, etc. Il est chevalier de la Légion d'Honneur depuis le 15 août 1857.

CALMELS (Antoine-Edouard), né à Voiteur (Jura), le 6 octobre 1818. Elève de la Faculté de droit de Paris, il fut reçu docteur en 1843 et prit place au barreau de la capitale, où, comme avocat plaidant, il ne tarda pas à se faire une avantageuse position. En 1848, il avait présenté sa candidature, à l'Assemblée constituante, dans le département du Jura. N'ayant pas été élu, il se consacra dès lors exclusivement à l'étude du droit, à la publication de divers ouvrages, et à ses travaux professionnels. M. Calmels a pris une part active aux Congrès qui se sont tenus à Bruxelles sur la propriété littéraire et l'adoption des principes qui devaient la régir. Il a publié : *De la propriété et de la contrefaçon des œuvres de l'intelligence* ; traité dont plusieurs parties ont été traduites à l'étranger (1855) ; — *Des marques de fabrique et de commerce et de la concurrence déloyale* (1857); des brochures sur le nouveau projet de loi des *Brevets d'invention* et sur les *Secrets de fabrique* ; — une étude complète sur les *Dessins et modèles de fabrique*, au sujet de l'examen du projet de loi faite sur ces matières; projet soumis à la chambre des représentants de Belgique le 17 novembre 1864 ; et, enfin, un *Rapport* sur un projet de loi relatif aux droits des auteurs, artistes, inventeurs, etc., pour le Portugal, projet entré, depuis, dans la législation qui régit ce pays. M. Calmels est membre de la Société d'économie politique de Paris et de l'Académie des sciences, lettres et arts de Macon. Il est chevalier de l'ordre de Charles III d'Espagne, chevalier de l'ordre de Saint-Jacques de l'Epée.

commandeur de l'ordre du Christ de Portugal, et a reçu, de l'empereur d'Autriche, la médaille d'or des sciences et arts.

CALVET-ROGNIAT (Pierre-Hercule-Ferdinand), né à Salles-Curan (Aveyron), le 11 août 1813. Grand propriétaire dans les départements de l'Aveyron et de l'Isère, et grand manufacturier dans celui de l'Eure, il est maire de la commune de Chamagneux (Isère), depuis 1842, et conseiller de l'arrondissement de la Tour-du-Pin, dans le même département, depuis 1843. En 1851, les électeurs de l'Aveyron l'ont nommé membre du Conseil général, dont il a présidé huit sessions. L'année suivante, il les a représentés au Corps législatif, et son mandat lui a été renouvelé en 1857, en 1863 et en 1869. M. Calvet-Rogniat est le neveu du baron Capelle, qui fut ministre des travaux publics en 1830. Fils adoptif d'une tante par alliance, Mme Marie Rogniat, veuve Capelle et sœur du vicomte Rogniat, général de division du génie, M. Calvet a dû, aux termes de la loi, ajouter à son nom patronymique celui de sa mère adoptive : de là son nom de Calvet-Rogniat. Il possède parfaitement les questions administratives, économiques, financières et industrielles, et s'est montré député laborieux, actif et dévoué aux intérêts de ses commettants. Il a fait souvent partie de Commissions importantes, telles que celle qui, en 1856, fut chargée d'étudier le projet de loi sur la suppression des prohibitions en matière de douanes et la révision de nos tarifs. En 1868, M. Calvet-Rogniat était membre de la Commission de la loi sur le traité intervenu entre la ville de Paris et le Crédit foncier, qui a donné lieu à une discussion si animée en 1869. Parmi les discours prononcés par l'honorable député de l'Aveyron, nous devons signaler celui dans lequel il fit si énergiquement ressortir (27 juin 1852) l'abandon où avaient été laissés les départements du Midi, comparativement à ceux du Nord, au point de vue de la viabilité publique et notamment des chemins de fer. Dans la discussion de l'adresse de 1862, il prononça, sur le blocus américain, un discours qui fut très-remarqué. En 1863, son élection fut violemment attaquée par M. le marquis d'Andelarre ; mais la Chambre se prononça en sa faveur à une grande majorité. M. Calvet-Rogniat a été l'ami intime de M. le duc de Morny et de M. Billault. Chevalier de la Légion d'Honneur le 12 août 1853, il a été promu officier le 14 août 1868.

CAMPAIGNO (Jean-Marie-Anne-Benoît-Joseph-François de Paule PATRAS, *marquis* DE), né à Barcelone (Espagne), le 2 juillet 1805, de parents français. M. le marquis de Campaigno, issu d'une ancienne et noble famille de la Guyenne, a servi militairement pendant sa jeunesse. Elève de l'Ecole de Saint-Cyr en 1823, sous-lieutenant au 35e régiment d'infanterie de ligne le 1er octobre 1825, il passa au 9e de cuirassiers le 9 juin 1826, devint lieutenant le 11 septembre 1830 et capitaine le 4 septembre 1837. Il fit avec ce corps la campagne de 1832 en Belgique, et donna sa démission en 1838. M. de Campaigno se retira à Toulouse et consacra ses loisirs à se rendre utile à ses concitoyens d'adoption. Conseiller général de la Haute-Garonne, conseiller municipal et successivement adjoint au maire, puis maire de cette ville, il a donné une vive impulsion aux travaux qui ont fait de Toulouse l'une des plus belles et des plus agréables cités du midi de la France. Aussi ses administrés lui ont-ils donné un éclatant témoignage de leur estime et de leur reconnaissance en l'envoyant siéger au Corps législatif lors des élections de 1863 et 1869. Chevalier de la Légion d'Honneur depuis 1850, il a été promu officier le 14 août 1862. Il est en outre commandeur du Nombre extraordinaire de Charles III et chevalier de l'ordre militaire de Saint-Ferdinand d'Espagne, avec plaque.

CAMPIONNET (Pierre-Joseph), né à Pérouse (Haute-Saône), le 24 août 1808. M. Campionnet entra, à l'âge de dix-huit ans, dans un établissement métallurgique de la Comté comme simple employé. Son intelligence ne tarda pas à attirer sur lui l'attention de ses chefs, et ses connaissances industrielles lui valurent bientôt la direction de l'usine du Verdrat, qu'il a conservée pendant dix ans. En 1848, il devint chef de la Société des usines de Gueugnon, établissement qui lui doit aujourd'hui une transformation complète par la création successive de machines ingénieuses pour la fabrication des fers, des tôles, des fers-blancs, des fils de fer et des pointes. Mais, et bien qu'il eût nécessairement l'esprit tendu vers les incessants progrès et les améliorations que réclament chaque jours les besoins nouveaux et les efforts de la concurrence, M. Campionnet ne s'est pas absorbé dans ses travaux et ses préoccupations industrielles. Il place le bien-être et le développement intellectuel et moral de son personnel qu'il occupe au-dessus de ses propres entreprises et de leur réussite. Plein d'une paternelle sollicitude pour ses ouvriers, dès son entrée en fonctions, il les organise en société mutuelle de secours pour les malades, les pauvres, les blessés, les veuves et les orphelins de ceux qui sont morts au service de l'usine. Il fait installer, à proximité des ateliers, des logements confortables et salubres. En 1846, il combattit la cherté des céréales en faisant, à l'étranger, au prix des plus lours sacrifices, des achats considérables de grains qu'il livrait ensuite, au-dessous du cours, non-seulement à ses ouvriers, mais encore aux nécessiteux de la localité et des communes avoisinantes. Membre du Conseil d'arrondissement pour le canton de Palinges, de 1844 à 1848, il fut élu, à la presque unanimité des suffrages, membre du Conseil général pour le canton de Gueugnon, en 1848, et toujours réélu depuis cette époque. Enfin, cédant aux sollicitations de ses concitoyens et de l'administration supérieure, il accepta, en 1852, les fonctions de maire, qu'il remplit encore. Malgré ses nombreuses occupations, M. Campionnet s'est dévoué à cette nouvelle tâche avec une sollicitude et une activité dont les heureux effets n'ont pas tardé à se faire sentir. Le développement constant de l'usine avait, en effet, amené un accroissement considérable de la population aujourd'hui doublée. La valeur de la propriété immobilière avait triplé dans le pays et la prospérité générale tendait chaque jour à s'accroître. Il devenait donc urgent de satisfaire aux exigences de cette nouvelle situation. M. Campionnet organisa des souscriptions, qui furent couvertes grâce à sa large participation, et obtint en même temps que le gouvernement vint en aide à la commune qui est maintenant dotée de routes, chemins vicinaux, ponts et aqueducs, etc. La petite ville s'est transformée. Grâce à l'initiative de son maire, elle a pu s'enrichir d'un hôtel-de-ville spacieux et de belles salles d'école pour les jeunes garçons et les jeunes filles. Maintenant un monument digne du culte remplace l'ancienne église. Enfin M. Campionnet a fait décréter d'utilité publique l'établissement d'une rigole navigable réunissant toutes les conditions possibles de facilité et d'économie, et qui, construite avec l'appui de la forte souscription de la Société des usines, reliera Gueugnon au canal du Centre. Il est chevalier de la Légion d'Honneur depuis le 18 mars 1868.

CAMPOUSSY (Emile-Auguste DE), né à Mijanès, canton de Quérigut (Ariége), le 24 décembre 1818. Bachelier ès lettres le 14 septembre 1838, il commença ses études médicales à Toulouse en novembre suivant, prit le grade de bachelier ès sciences physiques, le 27 septembre 1839, et se fit inscrire à la Faculté de médecine de Montpellier. Après avoir été reçu externe à l'hôpital Saint-Eloi, et premier élève de l'Ecole pratique, au concours, il obtint, le 11 décembre 1843, le certificat d'aptitude délivré au chef-lieu et sous le sceau de l'Université apposé à Paris, le 20 janvier 1844. Sa thèse avait pour titre : Considérations générales sur l'érysipèle. M. Campoussy est médecin-inspecteur des établissements thermaux de Carcanières (Ariége) et d'Escouloubre (Aude) depuis 1856. Conseiller d'arrondissement pour le canton de Quérigut, pendant 14 ans, maire de Mijanès, de 1852 à 1865, il a été élu conseiller général de son département en 1869 et réélu en 1871.

CAMPS (Joseph), né à Millas (Pyrénées-Orientales), le 21 juin 1821. Il fit ses études au petit séminaire de Prades et au collége de Perpignan, travailla quatre ans dans une étude de notaire, vint à Paris en 1845, et s'y familiarisa avec le droit et la connaissance des affaires, dans plusieurs études d'avoué. Admis, en 1846, dans l'administration du chemin de fer de l'Est, comme collaborateur à la fondation du contentieux, M. Camps, se décida à compléter son instruction, prit le grade de bachelier ès lettres, et fit son droit à la Faculté de Paris. Reçu licencié en 1851, il prit place au barreau de la capitale et se consacra spécialement à des travaux de jurisprudence en matière d'enregistrement de notariat. M. Camps fut pendant plusieurs années l'un des rédacteurs du Contrôleur de l'enregistrement, recueil du notariat, où il succéda à M. Championnière. Il fonda ensuite le Recueil de jurisprudence bi-hebdomadaire, et le Moniteur des tribunaux, dont il fut le rédacteur jusqu'en 1865, époque où il entra, d'abord comme conseil, à l'Union nationale des Chambres syndicales du commerce et de l'industrie dont il fut nommé, en 1869, chef du contentieux général, fonctions qu'il exerce encore aujourd'hui. Pendant que la Commune était maîtresse de Paris, il fit partie de la Commission de conciliation désignée par l'Assemblée générale des membres des soixante-neuf Chambres syndicales de l'Union nationale, Commission qui avait pour but l'apaisement de la lutte et l'accord des parties en présence. Il a pris, dans les Chambres syndicales, une part active à d'importants travaux de réformes législatives, notamment en ce qui concerne la loi sur les faillites. Membre de la Société pour l'instruction élémentaire, M. Camps a créé, dans les cours normaux de cette Société, un Cours de droit usuel à l'usage des dames et des jeunes personnes. Il a publié le Code-dictionnaire des droits de Timbre et d'Enregistrement, qui lui a valu l'honneur de faire partie de l'Académie de législation.

CANEL (Alfred), né à Pont-Audemer (Eure), le 30 novembre 1803. Il fit de sérieuses études à Rouen, puis au collége de Caen, où il suivit en dernier lieu les cours de la Faculté des lettres. C'est là que se déclara son goût pour la littérature et l'histoire; mais, pour ne pas déplaire à sa famille, il dut, en 1823, s'attacher spécialement à l'étude du droit. Reçu avocat en 1826, le discours de réception qu'il prononça devant le tribunal de Pont-Audemer parut entaché de libéralisme, et lui attira des remontrances. Dès lors, il résolut de se tenir éloigné du barreau, et n'accepta plus d'autres clients que ceux qui avaient besoin de conseils gratuits. En 1830, ses amis arrivaient au pouvoir: il resta avec ses livres et ne voulut accepter que les fonctions d'adjoint au maire. Plus tard, seul administrateur de la ville, par suite de l'envoi du maire à la Chambre des députés et de la démission de l'autre adjoint, il se trouva en désaccord avec le gouvernement et fut révoqué de ses fonctions. Quand la révolution de 1848 éclata, il fut nommé commissaire provisoire de l'arrondissement, et bientôt après, élu représentant de l'Eure à l'Assemblée constituante. Il siégea près de son vieil ami Dupont (de l'Eure) et vota ordinairement avec le parti démocratique modéré. Après l'élection du 10 Décembre, il combattit la politique de l'Elysée. En 1849, il refusa de figurer sur les listes de candidats pour l'Assemblée législative. Il donna même, à la fin de 1851, sa démission de conseiller municipal. Parmi les nombreux services qu'il a rendus à sa ville natale, il faut citer la fondation de la bibliothèque publique, où il s'imposa la charge non rétribuée de bibliothécaire depuis 1834 jusqu'en 1852, époque de sa révocation à cause de ses opinions, ce qui ne l'a pas empêché, dit-on, de lui léguer, pour en jouir après sa mort, sa collection curieuse de livres concernant la Normandie. M. Canel a écrit plusieurs ouvrages intéressants, entre autres : Essai historique, archéologique et statistique sur l'arrondissement de Pont-Audemer (1833-1834, 2 vol. avec atlas); — Revue historique des cinq départements de l'ancienne province de Normandie (1835 à 1837, 3 vol.); — Mémoire sur les Etats de la province de Normandie (1837); — Armorial de la province, des villes, des évêchés, des chapitres et abbayes de Normandie (1849, 2e édition, ornée de blasons, 1863); — le Combat judiciaire en Normandie

(1858); — *Le blason populaire de la Normandie, ou Recueil des proverbes, sobriquets et dictons appliqués à cette province ou à ses habitants* (1859, 2 vol.); — *Histoire de la barbe et des cheveux en Normandie* (1859); — *Notice sur la vie et les écrits de l'abbé Baston* (1861); — *Recherches sur les jeux d'esprit, les singularités et bizarreries littéraires, principalement en France* (1867, 2 vol.); — *La voie ferrée de Glos-Montfort à Pont-Audemer* (1869); — *Voyage de Louis XIII en Normandie et réduction du château de Caen* (1869, in 4°), etc. Il doit ajouter prochainement à ces ouvrages : *Histoire des Fous des rois de France ;* — *Curiosités biographiques de la Normandie* (3 vol.) ; — *Histoire du Coup-d'Etat dans l'Eure*, etc. Il a fait insérer un grand nombres d'articles dans la *Revue normande,* la *Revue anglo-française,* le *Bulletin monumental,* le *Journal des savants de la Normandie,* le *Recueil de la Société académique de l'Eure,* le *Journal de Pont-Audemer,* la *Revue de Rouen,* les *Mémoires de la Société des antiquaires de Normandie,* etc. Il est membre des Académies de Rouen, Caen, Cherbourg et d'un grand nombre d'autres Sociétés savantes.

CANROBERT (François-CERTAIN), né à Saint-Céré (Lot), le 27 juin 1809; issu d'une famille de noblesse d'épée qui lui devra son illustration. Admis à l'Ecole militaire de Saint-Cyr en 1826, nommé sous-lieutenant au 47° régiment d'infanterie de ligne en 1828, lieutenant en 1832, il suivit ce corps en Algérie en 1835, et prit part à l'expédition de Mascara, à la prise de Tlemcen, aux expéditions du Chélif, d'Archgoun, de la Mina, aux quatre combats de Sidi-Yacoub, de la Tafna et de la Sickak. Capitaine en 1837, il servit au siège de Constantine comme officier d'ordonnance du brave Combes, et fut blessé d'un coup de feu à la jambe, sur la brèche de la place. Rentré en France en 1839, il était compris l'année suivante dans l'organisation du 6° bataillon de chasseurs à pied, avec lequel il retourna en Afrique en 1841. Il se signala aux combats des cols de Mouzaïa et de Gontas, obtint le grade de chef de bataillon en 1842, eut le commandement du 5° bataillon de chasseurs et se distingua pendant les campagnes de 1842 à 1845 sur les rives du Chélif et du Riou, dans l'Ouarensénis et dans la petite Kabylie, notamment aux affaires du Bahl, de l'Oued-Metmour, de l'Oued-Gri et de l'Oued-Senzig, contre Bou-Maza. Lieutenant-colonel du 22° de ligne en 1845, du 64° en 1846, du 2° en 1847, il défendit Tenez avec un succès tel, que le grade de colonel lui fut conféré le 2 novembre 1847. Il commanda successivement le 2° de ligne, le 2° de la légion étrangère et le régiment de zouaves, et soumit les montagnards de l'Aurès et du Djurjura. Sa conduite au siège de Zaatcha, en 1849, fut admirable, la croix de commandeur et les étoiles de général de brigade (13 janvier 1850) l'en récompensèrent. Appelé alors au commandement d'une brigade d'infanterie à Paris, il fut attaché en qualité d'aide de camp au prince Louis-Napoléon, et nommé général de division le 14 janvier 1853. En 1854, il eut le commandement de la 1re division d'infanterie de l'armée d'Orient, contribua puissamment au succès de la bataille de l'Alma, où il fut blessé au bras par un éclat d'obus, et reçut des mains mourantes de l'illustre maréchal de Saint-Arnaud le commandement en chef de l'armée (26 septembre). Il se montra à la hauteur des difficultés que présentait le siège de Sébastopol, et son noble caractère se révéla au milieu des obstacles de tout genre qu'il eut à vaincre pour arriver à l'investissement complet de la place. C'est sous son commandement qu'eurent lieu les batailles d'Inkermann et de Balaklava et l'enlèvement des redoutes du Carénage. Il fut encore blessé dans cette dernière bataille. Mais par suite d'un désaccord avec lord Raglan, il remit le commandement en chef au général Pélissier (16 mai 1855); et, avec une grandeur d'âme qui a été universellement admirée, il servit pendant deux mois, comme simple divisionnaire, sous les ordres de cet officier général. Il reprit ensuite ses fonctions d'aide de camp de l'Empereur qui lui conféra la dignité de sénateur (17 août 1855, un bâton de maréchal de France (18 mars 1856). M. le maréchal Canrobert a exercé en 1858 le commandement supérieur des divisions de l'Est à Nancy (13 février), et celui du camps de Châlons. En 1859, il a commandé le 3° corps de l'armée d'Italie. Il participa aux premières opérations de l'armée sarde, combattit à Magenta, où il courut personnellement de grands dangers, et se couvrit de gloire à Solférino. A la fin de la campagne, il revint à Nancy, qu'il quitta en 1862 pour commander le camp de Châlons et pour succéder au maréchal de Castellane dans le commandement du 4° corps d'armée, à Lyon (14 octobre). En 1865, il prit le commandement du 4° corps d'armée, à Paris. Lors de la guerre de 1870-1871, il a été appelé au commandement du 6° corps de l'armée du Rhin. M. le maréchal Canrobert a été membre du Conseil général du département Lot. Il est Grand-Croix de la Légion d'Honneur depuis le 20 mai 1865, et décoré d'un grand nombre d'Ordres étrangers.

CARCENAC DE BOURRAN (Sylvestre), né à Toulouse, le 25 juin 1823. Issu d'une des plus nobles maisons du Rouergue, il fit de brillantes études au lycée de Rodez, où il obtint le grand prix d'honneur au concours ouvert entre tous les lycées de France, et prit le grade de licencié en droit à la Faculté de sa ville natale en 1845. S'étant activement mêlé aux événements du 24 février 1848, il fut acclamé, par tous les étudiants, commandant des bataillons des Ecoles de Toulouse. Le succès du Coup-d'Etat de 1851 lui valut son internement à Montauban. Après sa mise en liberté, il prit place au barreau d'Albi, où il s'acquit, dès les premiers jours, une belle position. Bientôt devenu l'un des chefs du parti démocratique, adversaire déclaré du régime impérial, en possession d'une immense popularité, il fut, quand éclata la révolution du 4 septembre 1870, nommé membre de la Commission municipale, commandant des gardes nationales d'Albi, juge-suppléant et membre du Conseil municipal. Comme membre du Comité de défense du Tarn, il prit une part active à la défense nationale et fut souvent délégué près du Gouvernement de Tours et de Bordeaux. Lors des affaires de la Commune, il fut appelé à plaider à Pau au sujets des événements accomplis à Toulouse, et à Rodez relativement à ceux dont Narbonne avait été le théâtre. M. Carcenac de Bourran est décédé prématurément, le 21 avril 1872, inébranlable dans ses convictions politiques, et entouré de la vénération de tous ceux qui l'avaient connu. Le Conseil municipal, par une délibération du 27 avril 1872, a concédé à sa famille le terrain pour son inhumation, et regardant sa mort comme un deuil public, a rendu un hommage éclatant à une vie si bien remplie.

CARNANDET (Jean-Baptiste), né à Baigneux-les-Juifs (Côte-d'Or), le 20 janvier 1820. Il a fait ses études en province et à Paris, et s'est consacré à la littérature et à l'histoire. Ancien bibliothécaire de la ville de Chaumont (Haute-Marne), membre de la Société des gens de lettres, de l'Académie de la religion catholique de Rome, correspondant du ministère de l'Instruction publique, etc., il a publié des travaux très-estimés sur l'histoire et l'archéologie, dont quelques-uns ont une grande importance. On lui doit d'abord une *Géographie historique, industrielle et statistique de la Haute-Marne* (1860), dont il a été tiré un abrégé à l'usage des écoles primaires ; puis des *Notes*, des *Notices* et des dissertations sur des sujets divers, tels que : *Les Périodiques de la Haute-Marne* (1862) ; — *Saint-Huro, apôtre de Langres et d'Autun au premier siècle* (1863) ; — *Notice sur le bréviaire d'Abailard*, conservé à la bibliothèque de Chaumont (1865) ; — *Notice sur Edme Bouchardon*, avec des lettres de ce statuaire ; notes et documents pour servir à l'histoire de Châteauvillain (1865). M. Carnandet a fait paraître : une *Vie et passion de monsieur Saint-Didier*, IIIe évêque de Langres, par Guillaume Flamand, qui lui a valu une récompense de l'Institut ; — *Le Trésor des pièces rares et curieuses de la Champagne et de la Brie*, curieuse collection de documents propres à l'histoire de ces provinces (2 vol., 1863-1867) ; — une nouvelle édition des *Acta sanctorum* par les Bollandistes (54 vol. in-folio), de la *Vita Jesu-Christi*, par Ludolphe-le-Chartreux (in-folio), et du *Martyrologium Usuardi* (in-folio) ; — la traduction, dirigée par Mgr Fèvre et lui, des *Actes des saints, depuis l'origine de l'Eglise jusqu'à nos jours*, d'après les Bollandistes et autres hagiographes (10 vol., 1865-1868). M. Carnandet a créé ou dirigé plusieurs journaux religieux ou d'intérêt local. Nous citerons plus particulièrement l'*Union de la Haute-Marne*, la *Revue du mouvement catholique* (feuille parisienne), l'*Ecole de Nazareth* (feuille lyonnaise), la *Haute-Marne*, la *Semaine religieuse du diocèse de Langres*, l'*Indépendant de l'Est*, le *Bulletin des Comices agricoles de la Haute-Marne*, etc. On a du même auteur des notices sur Mgr *Morlot*, Mgr *Darboy*, l'abbé *Godard* et les *Annuaires de la Haute-Marne*. M. Carnandet a aussi collaboré, sous des pseudonymes, à un grand nombre de revues et journaux, soit à Paris, soit en province. Il est chevalier de l'Ordre de Pie IX.

CARNÉ (Jules, comte DE), né à Mériel (Seine-et-Oise), le 2 juillet 1835. Fils du marquis de Carné-Trécesson, et cousin de M. le comte Louis de Carné, l'académicien, il a profité de sa belle et indépendante position pour se consacrer à la littérature. Romancier, journaliste, il a collaboré à différents journaux de Paris et de la province, et publié, tant sous les pseudonymes de Minor, d'Henri Karl, de J. de Cénar, que sous son propre nom, des vers, des nouvelles et des romans. On cite : *Pêcheurs et pêcheresses* (1862) ; — *Un Homme chauve* (1863) ; — *Cœur et sens*, nouvelles (1868), etc.

CARNOT (Lazare-Hippolyte), né à Saint-Omer, le 6 avril 1801 ; fils du célèbre conventionnel, ingénieur, général, membre du Directoire, qui « organisa la victoire » sous la première République, fut banni par les Bourbons après 1815, et mourut à Magdebourg en 1823 ; frère cadet de Sadi Carnot, ancien capitaine du génie, ingénieur-mécanicien distingué, auquel on doit un précieux ouvrage intitulé : *Réflexions sur la puissance motrice du feu*, décédé en 1832. M. Hippolyte Carnot accompagna son père en Belgique, en Bavière, en Pologne, séjourna sept ans à Magdebourg, et ne rentra en France qu'en 1823. Reçu licencié de la Faculté de droit de Paris, et inscrit au barreau de la capitale, il fit des études approfondies d'histoire, de philosophie, d'économie politique, embrassa les doctrines Saint-Simoniennes, et ne tarda pas à jouer un rôle marquant dans le parti libéral. Il rédigea l'*Exposition générale de la doctrine Saint-Simonienne* (1830-1831), et soutint de sa plume et de son bien personnel des publications comme le *Producteur*, le *Globe*, l'*Organisateur*. Quand éclatèrent les événements de 1830, il fit son devoir de citoyen, prit part à la lutte, et n'accepta ensuite d'autre fonction que celle de membre de la municipalité improvisée de son arrondissement. Les doctrines Saint-Simoniennes s'étant dévoyées, sous l'influence matérialiste d'Enfantin, il rompit publiquement avec ses anciens coréligionnaires, d'accord avec les hommes les plus distingués de cette association, tels que MM. Bayard, Charton, Jean Reynaud, etc. Rédacteur en chef de la *Revue encyclopédique*, il participa à la fondation ainsi qu'à la rédaction de l'*Encyclopédie nouvelle*. A cette époque, il devint secrétaire-général, puis président de la Société pour l'instruction élémentaire, et fut aussi le fondateur du Comité polonais. Pendant les ravages du choléra, en 1832, il contribua à l'organisation des bureaux de secours. L'épidémie lui ayant enlevé son frère Sadi, il délaissa momentanément ses travaux et parcourut l'Angleterre, la Hollande et la Suisse. En 1835, il figura parmi les défenseurs des « accusés d'avril. » Président du Comité central des électeurs de Paris, et député du 6e arrondissements (1839-1848), il siégea constamment à l'Extrême-Gauche. Le 24 février 1848, il fut nommé ministre de l'Instruction publique par le gouvernement provisoire, fit décréter la gratuité de l'Ecole normale, et donna aux salles d'asile le nom d'Ecoles maternelles. On lui dut également la fondation trop éphémère de l'Ecole d'administration, l'institution de lectures du soir pour les ouvriers et d'un concours pour les chants nationaux, l'introduction de l'enseignement de l'agriculture dans les écoles primaires, et un projet de loi sur l'instruction gratuite et obligatoire. Il donna sa démission le 8 juillet de la même année. Elu représentant de Paris à la Constituante, par plus de 200,000 suffrages, il siégea sur les bancs de la Gauche-Républicaine et vota l'amendement Grévy. A l'élection partielle de mai 1850, il reçut le mandat de représentant de la Seine à la Législative ; et, après le Coup-d'Etat, il abandonna la vie publique. Elu député au Corps législatif par le département de la Seine, en 1851 et 1857, il refusa le serment et fut considéré comme démissionnaire. En 1863, il se décida pourtant à prêter serment, siégea à la Gauche, et prit plusieurs fois la parole avec une grande autorité. Aux élections de mai 1869, ses anciens commettants lui préférèrent M. Gambetta. M. Hippolyte Carnot a été nommé, le 4 septembre 1870, maire du VIIIe arrondissement, qu'il a administré pendant toute la durée du siège de Paris ; et, le 8 février 1871, il a été élu représentant du département de Seine-et-Oise à l'Assemblée nationale, où il siège sur les bancs de la Gauche. Il est président de l'Association philotechnique pour l'enseignement des ouvriers. On lui doit : *Gumina*, traduction de Van der Welde (1824) ; — *Chants helléniens*, traduction de Wilhem Müller (1828) ; — *Exposé de la doctrine Saint-Simonienne* (1830) ; — *Mémoires de Henri Grégoire, ancien évêque de Blois* (1837, 2 vol.) ; — *Quelques réflexions sur la domesticité* (1838) ; — *Des devoirs civiques des militaires* (1838 ; — *Sur les prisons et le système pénitentiaire* (1840) ; — *Mémoires de Bertrand Barrère*, en collaboration avec David d'Angers (1842-1843, 4 vol.) ; — *De l'esclavage colonial* (1845) ; — *Mémoires sur Carnot, par son fils* (1861-1864, 2 vol.) ; — *La Révolution française* (1869-1872, 2 vol.), etc. M. Hippolyte Carnot a été rédacteur de la *Revue indépendante*, de la *Liberté de penser*, et autres publications périodiques.

CARNOT (Marie-François-Sadi), né à Limoges, le 11 août 1837 ; fils du précédent. Reçu le cinquième à l'Ecole polytechnique en 1857, il entra dans les ponts-et-chaussées, le premier de sa promotion, en 1860, et en sortit, encore avec le n° 1, en 1863. D'abord secrétaire-adjoint au Conseil des ponts-et-chaussées, il fut, en 1864, envoyé comme ingénieur à Annecy. Le gouvernement de la Défense nationale, voulant utiliser ses connaissances et ses capacités administratives, le nomma, le 10 janvier 1871, préfet de la Seine-Inférieure et commissaire extraordinaire chargé d'organiser les forces militaires au Havre, dans l'Eure et dans le Calvados. Il ne quitta le Havre qu'après l'armistice qui mit fin à la guerre. Aux élections du 8 février 1871, M. Sadi Carnot a été élu représentant à l'Assemblée nationale par le département de la Côte-d'Or. Comme ingénieur, il s'est fait connaître avantageusement par des études et des travaux de routes, ponts, navigation et chemins de fer dans le département de la Haute-Savoie. A l'Assemblée, il siège sur les bancs de la Gauche ; et, depuis la fin de mai 1871, il est secrétaire de la réunion parlementaire de la Gauche-Républicaine.

CARO (Elme-Marie), né à Poitiers, le 4 mars 1826. Son père, auteur et professeur distingué, occupait alors la chaire de philosophie du lycée de cette ville. M. Caro a fait ses études au collége Stanislas, à Paris. Il remporta de nombreux succès au concours général, notamment, en 1845, le prix d'honneur de philosophie. Admis à cette époque à l'Ecole normale supérieure, il fut nommé agrégé de philosophie en 1848, à la suite d'un concours où parurent avec honneur MM. Renan, Fréderic Morin et Beaussire. Après avoir professé successivement, pendant six années, aux lycées d'Alger, d'Angers, de Rennes et de Rouen, il obtint, en 1854, la chaire de philosophie de la Faculté des lettres de Douai. En 1856, le ministre de l'Instruction publique lui confia la mission d'exposer, devant la Société littéraire d'Anvers, les doctrines spiritualistes de la philosophie française. Cette mission, dont le succès fut complet, lui valut la croix de la Légion d'Honneur, et, durant plusieurs années, l'invitation à traiter en présence de cette Société, des sujets tirés de son enseignement. En 1857, il remplaça M. Saisset à l'Ecole normale comme maître des conférences de philosophie. En 1864, lors de la mort de M. Adolphe Garnier, M. Caro a été désigné au choix du ministre de l'Instruction publique, par les suffrages des professeurs de la Sorbonne, pour occuper la chaire de philosophie de la Faculté des lettres de Paris. Collaborateur littéraire de plusieurs recueils périodiques, principalement de la *Revue des Deux-Mondes*, M. Caro a publié, entre autres ouvrages : *Essai sur le mysticisme au dix-huitième siècle : Saint-Martin, le philosophe inconnu* (1852) ; — *Etudes morales sur le temps présent* (1855) ; — *L'Idée de Dieu et ses nouveaux critiques* (1864), ouvrage important qui a eu trois éditions dès la première année ; — *Le matérialisme et la science* (1858), et *La philosophie de Goëthe*, à laquelle l'Académie française a décerné une des plus brillantes couronnes dont elle dispose. M. Caro avait été, plusieurs fois déjà, lauréat de cette Académie. Il est membre de l'Académie des sciences morales et politiques depuis février 1869. Son dernier ouvrage est intitulé : *Les jours d'épreuve* (1870-1871). Il est chevalier de la Légion d'Honneur depuis le 16 juin 1856.

CARPEAUX (Jean-Baptiste), né à Valenciennes, le 11 mai 1827. Dès son enfance, il fut envoyé à Paris pour faire des études qui ne le destinaient point à la carrière des arts. Il suivit l'Ecole de dessin de la ville de Paris, et c'est là que se révéla sa vocation. Alors, quittant tout pour se livrer avec passion à la sculpture, il remporta des prix qui décidèrent de son avenir. Elève d'Abel de Pujol et de Rude, il fut admis, à l'âge de 16 ans, à un essai de concours pour le grand prix de Rome. Mais, des malheurs d'intérieur l'ayant obligé à suspendre ses études, il dut consacrer sept années de son talent et de son travail au soutien et à l'établissement des siens. Quand ces derniers furent tous assurés contre le besoin, il reprit ses chères études sous les auspices de Francisque, remporta à l'Ecole 14 médailles, la mention honorable du grand prix en 1850, le second prix en 1852, et le premier grand prix de Rome en 1854. Puis, rompant avec les traditions classiques et les conventions scolaire pour ne suivre que ses aspirations, il sut imprimer à ses œuvres, pleines de vie et de mouvement, un cachet tout particulier d'originalité et souvent de grandeur. Parmi les œuvres principales qu'il exécuta à Rome, on distingue : *Enfant à la coquille*, statue en bronze (1854) ; — *Napolitain*, statue en bronze (1859) ; — *Ugolin et ses enfants*, groupe acheté par l'Etat, et dont une reproduction en bronze a été placée au Jardin des Tuileries, en face de Laocoon (1863). On lui doit encore : *Jeune fille à la coquille*, au duc de Mouchy (1864) ; — un buste de *Négresse* ; — deux bustes de *Rieur* et de *Rieuse* napolitains ; — *Le Prince impérial et son chien Néro*, et deux autres statues du jeune Bonaparte ; — puis : l'*Espérance*, la *Candeur*, le *Printemps*, l'*Espiègle*, la *Palombella*, une *Mater dolorosa*, et les bustes de la *Duchesse de Mouchy*, de la *Marquise de La Valette*, de M. *Ch. Garnier*, de la *Princesse Mathilde*, etc. Son groupe de la *France impériale portant la lumière dans le monde et protégeant l'Agriculture et la Science* produit un effet saisissant au fronton sud du pavillon de Flore (Nouvelles-Tuileries), dont la façade lui était confiée. Il a été chargé aussi, en 1869, d'exécuter le groupe de *La Danse* pour la façade du nouvel Opéra ; ce groupe, qui représente une ronde de danseuses nues autour d'un joueur de tambourin, a été l'objet, tant par son ampleur et la richesse de ses détails que par sa conception hardie et réaliste, d'une lutte passionnée entre les critiques d'art ; il s'est même trouvé un malfaiteur obscur pour briser que le marbre animé sa bouteille d'encre et y faire des éclaboussures que l'on a pu fort heureusement faire disparaître sans altérer le monument. Citons encore, du même artiste, le groupe principal de la Fontaine du Luxembourg (avenue de l'Observatoire) ; cette fontaine se compose de quatre figures monumentales supportant la Sphère, et qui représentent l'*Europe*, l'*Asie*, l'*Afrique* et l'*Amérique* dans leur type le plus exact. Ces quatre figures semblent animées de mouvement ; on sent que leur créateur a voulu rendre saisissante cette exclamation de Galilée, parlant de la Terre : « et cependant elle tourne. » Parmi les dernières œuvres de M. Carpeaux on cite : *Après la guerre*, terre cuite représentant une petite fille qui mendie avec un enfant dans ses bras ; — *La Frileuse*, statuette en terre cuite ; — *Fille d'Eve* ; — *Suzanne* ; — *La Toilette*, etc. M. Carpeaux, qui a obtenu des médailles de 2e classe en 1859, et de 1re classe au Salon de 1861 et à l'Exposition universelle de 1867, a aussi reçu des médailles d'honneur aux Expositions de Bruxelles et de Munich. Il est chevalier de la Légion d'Honneur depuis 1856, et commandeur du Medjidié de Turquie depuis 1867.

CARRA DE VAUX (Alexandre, *baron*), né à Saint-Vulbas (Ain), le 20 octobre 1802. Il fit son droit à la Faculté de Paris, où il prit le grade de licencié, en 1826. Entré dans la magistrature, en mars 1830, en qualité de substitut à Rambouillet, il fut successivement substitut à Chartres, procureur du roi à Etampes, procureur du roi à Meaux et juge à Paris. Actuellement (1872), il est le doyen du tribunal civil de la Seine. M. le baron Carra de Vaux est membre correspondant des Académies de Lyon et de Metz, et membre de la Société philotechnique et de celle des Etudes historiques. On lui doit différents ouvrages, et notamment un livre intitulé : *Raison des devoirs, ou motifs déterminants de nos obligations dans le droit, la morale et la religion*. Il est chevalier de la Légion d'Honneur depuis 1866.

CARRAU (Victor-Marie-Joseph-Ludovic), né à Paris, le 6 septembre 1842. M. Carrau fit de brillantes études au collège Rollin, remporta plusieurs prix au concours général, se consacra à l'enseignement, et conquit rapidement tous les grades universitaires. Entré à l'Ecole normale en 1861, et reçu à l'agrégation de philosophie en 1864, il professa successivement la philosophie aux lycées d'Alençon, de Caen et de Strasbourg, et fut reçu docteur, avec éloges, par la Faculté de Paris, en 1870, sur cette thèse française : *Exposition critique de la théorie des passions dans le Cartésianisme*. M. Carrau a été nommé, en 1871, professeur chargé du cours de philosophie à la Faculté des lettres de Besançon.

CARRÉ (Ferdinand-Philippe-Edouard), né à Moislains (Somme), le 11 mars 1824. M. Carré, ingénieur civil, est connu surtout pour ses travaux sur la production du froid. Dès 1855, il proposait (brevet du 19 novembre) l'emploi de *Machines à vapeur à plusieurs cylindres détendant l'un dans l'autre, et à mouvements croisés*. Cette combinaison ne paraît pas avoir été appliquée immédiatement ; mais la même idée, reprise plus tard par les ingénieurs de la marine, donna d'excellents résultats. En 1857, il produisait le premier *Appareil de réfrigération*, au moyen de la vaporisation mécanique de l'éther, qui ait donné des résultats pratiques. La Société d'encouragement lui décerna une médaille d'or en 1860 ; mais déjà M. Carré avait conçu la possibilité du remplacement de l'action mécanique par celle de l'affinité mise en jeu par la chaleur seule ; et, en 1859 (brevet du 24 août), il avait posé les principes de l'*Appareil de réfrigération* qui, au moyen de l'action directe du feu sur une solution aqueuse de gaz ammoniaque, produit indéfiniment un froid puissant et plus économique de moitié que celui des machines à éther ; cet appareil fut l'événement scientifique de l'Exposition universelle de Londres de 1862 ; le rapport du Jury met cette invention en parallèle avec celle de la machine à vapeur ; et elle s'est rapidement répandue dans le monde entier. Depuis, on doit à M. Carré un nouveau *Régulateur de lumière électrique* plus simple que les précédents, une *Machine diélectrique* qui, par la combinaison du frottement et de l'induction, décuple l'effet des machines ordinaires, etc. M. Carré a été nommé chevalier de la Légion d'Honneur à la suite de l'Exposition de 1862. M. Edmond Carré, son frère, est l'auteur des *Appareils de réfrigération* par l'absorption dans le vide de la vapeur d'eau au moyen de l'acide sulfurique.

CARRO (Antoine-Etienne), né à Châteaubriant (Loire-Intérieure), le 31 juillet 1797. Amené à Paris par des relations de famille, et après avoir été employé à la partie topographique du cadastre dans le département de Seine-et-Oise, puis comme chef de bureau et vérificateur dans celui de Seine-et-Marne, il acquit une imprimerie à Meaux en 1838. En même temps il cultivait les belles-lettres, l'histoire et l'archéologie. M. Carro est bibliothécaire et il a été, pendant 27 ans, secrétaire de la Société d'agriculture, sciences et arts de la même ville ; il l'est encore de celle d'horticulture, et ces deux Sociétés lui ont décerné chacune une médaille d'or pour ses services. Il est en outre correspondant du ministère de l'Instruction publique pour les travaux historiques, et de la Société nationale des Antiquaires de France ; vice-président honoraire de la Société d'archéologie, sciences, lettres et arts du département de Seine-et-Marne ; membre de la Société des gens de lettres et de diverses autres Sociétés savantes de France, ainsi que de celle de Palerme. On a de lui : *Contes au coin du feu*, récits, esquisses et nouvelles (1841) ; — *Santerre, général de la République française*, sa vie politique et privée, d'après des documents inédits (avec un portrait du général, 1847) ; — *Voyages chez les Celtes*, ou *de Paris au mont Saint-Michel, par Carnac*, suivis d'une notice sur les monuments celtiques des environs de Paris (avec 27 lithogr., 1857) ; — *La Correctionnelle en province* (1861) ; — *Mémoire sur les monuments primitifs* dits celtiques et antécéltiques (1863) ; — *Histoire de Meaux et du pays meldois depuis les premières traces de l'origine de la ville jusqu'à ce siècle* (avec pl. et lithogr., 1865) ; — *Les voyages lointains d'un bourgeois désœuvré*, 1re série : *Au delà des monts* ; *de Paris à Venise; de Venise à Naples ; de Naples à Paris* (1863) ; 2e série : *Le Havre ; Les Trois châteaux de Barbe-Bleue ; Les Bords du Rhin; En Écosse ; Lettres de Provence* (1869) ; — *Episodes vendéens*, souvenirs de la Révolution recueillis dans l'Ouest de la France : *La déesse de la Liberté ; Les os du Vendéen ; Le trappiste ; La colonne infernale* (1837, 2e édit. 1868).

CARRON (Émile-Eloi-Marie), né à la Guadeloupe, le 20 juillet 1832. Issu d'une honorable famille de Picardie venue en Bretagne sous Henri IV, petit-neveu du saint abbé Carron qui s'illustra par ses vertus charitables et les services rendus aux émigrés français en Angleterre, M. Carron entra dans l'armée en 1850, devint capitaine au 8e hussards, le 17 janvier 1863, y remplit les fonctions de capitaine instructeur, et donna sa démission en 1867. En 1870, il sollicita et obtint le commandement du bataillon des gardes mobiles de Rennes et, peu après, fut nommé lieutenant-colonel de plusieurs bataillons enrégimentés. En cette qualité, M. Carron prit part à la défense de Paris et fut fait chevalier de la Légion d'Honneur. Pendant les années qui précédèrent son retour momentané dans l'armée, M. Carron s'occupa de politique et d'économie sociale. Nommé député d'Ille-et-Vilaine le 8 février 1870, il prit son siège à droite. Il a fait partie de plusieurs Commissions importantes, notamment de la Commission de réorganisation de l'armée.

CARVALLO (Jules), né à Talence (près Bordeaux), le 6 février 1820. Ancien ingénieur de l'État, sorti le premier de l'École des ponts-et-chaussées en 1844, M. Jules Carvallo devint successivement ingénieur en chef des chemins de fer du Midi, directeur des travaux de la canalisation de l'Èbre (Espagne), des chemins de fer Romains et du chemin de fer de Pampelune-Saragosse. La France lui doit le magnifique viaduc de la Bouzanne, les travaux du Tech à Rivesaltes et de la Tet à Perpignan ; l'Espagne, ses belles irrigations du delta de l'Èbre et la mise en culture de 40,000 hectares de terrains perdus ; l'Italie, l'achèvement du réseau romain et l'exploitation de ce réseau. Il est actuellement (1872) ingénieur en chef et directeur de la Société des eaux potables d'Espagne. Auteur d'un grand nombre de mémoires scientifiques publiés dans les *Comptes-rendus* de l'Académie des sciences, de l'Académie nationale, de la Société d'acclimatation, de la Société des agriculteurs de France, de l'Institut agricole de Barcelone, il a fait aussi paraître : *Théorie de la stabilité des voûtes* ; — *Lois des oscillations des ponts suspendus* ; — *Lois de l'écoulement de la vapeur dans un milieu pondérable et dans le vide* ; — des travaux sur le *Tassement des remblais*, les *Formules du maximum de stabilité et du minimum de dépense dans les travaux publics* ; et d'autres écrits connus du monde savant. M. Carvallo est chevalier de l'ordre du Sauveur de Grèce.

CASSAGNE (Armand-Théophile), né au Landin (Eure), le 3 mai 1823. Ses débuts furent pénibles, et un travail opiniâtre lui permit seul de faire quelques études dans un pensionnat de province, études qu'il dut même discontinuer pour chercher un emploi suffisamment rémunérateur. Adonné à la calligraphie, il fut admis comme professeur, dès 1842, dans un grand nombre de pensionnats laïques et religieux de Rouen, et nommé expert près les tribunaux de cette ville en 1847. Alors il put étudier le côté artistique de la calligraphie, notamment dans les manuscrits du Moyen-Age. En 1850 et 1851, il fit paraître les *Archives de la famille*, ouvrage destiné à rénover et à vulgariser l'art des Bénédictins. Encouragé par ses succès, il abandonna définitivement la plume pour le crayon, se rendit à Paris en 1852, et ne s'occupa plus que de travaux d'art. C'est ainsi que M. Cassagne, de simple professeur d'écriture, a su, d'échelon en échelon, et par la force de sa volonté, parvenir à suivre sa vocation qui le poussait vers le dessin et la peinture. Comme dessinateur et lithographe, il a fait paraître : *La Normandie* (1853) ; — *Les bords du Rhin* (1854) ; — *Le duché de Luxembourg* (1855) ; — *L'Auvergne* (1856). Ses aquarelles ont avantageusement figuré aux Salons de Paris, et lui ont acquis une sérieuse réputation d'aquarelliste. Depuis 1868, il expose des peintures de paysages qui sont favorablement appréciées. Citons : *Le dormoir ; les hauteurs du mont Ussy, à Fontainebleau* (1869) ; — *La route sous la Tillaie* ; — *Les centenaires de la forêt*, et *Le printemps en forêt* (1872). Enfin M. Cassagne a publié : *La perspective du paysagiste* (1858) ; — *Traité pratique de perspective* (1866) ; — *Le dessin pour tous* (1867) ; — *Le village et les bois* (1872).

CASSAGNE (Pierre), né à Saint-Ybars (Ariége), le 26 août 1806. M. le président Cassagne a obtenu le diplôme de licencié en droit en 1828 et a été inscrit au tableau des avocats en 1832. Substitut à Saint-Girons le 2 août 1834, puis à Albi le 19 octobre 1836, il fut nommé procureur du roi à Saint-Gaudens le 23 août 1839. Trois ans après, il passa au parquet de Toulouse comme substitut du procureur du roi (20 octobre 1842), fonctions qu'il cessa d'exercer en 1848, par suite des événements politiques. M. Cassagne rentra dans la magistrature en qualité de substitut du procureur général près la Cour de Toulouse, le 11 février 1850, et devint avocat général le 10 mars 1852. Il a été nommé premier avocat général à la Cour impériale de Riom le 18 mars 1857 et président de Chambre à la même Cour le 28 juillet 1860. Il est chevalier de la Légion d'Honneur depuis le 11 août 1858.

CASSAGNES (Blaise-Marie-Louis), né à Livernon (Lot), le 11 février 1830, entra jeune au grand séminaire de Cahors après avoir terminé ses études classiques au petit séminaire de Montfaucon-du-Lot, établissement très-renommé dans le Midi, auquel on doit de brillants sujets, et consacra quelques années au professorat dans la maison même où il avait été élevé. Au mois d'octobre 1854, M. Cassagnes entrait au séminaire de Saint-Sulpice, à Paris, pour y terminer ses études théologiques. Il prit part aux célèbres catéchismes de cette paroisse, comme catéchiste de la persévérance des jeunes gens. Le 17 mai 1856 il était ordonné prêtre et ensuite attaché en qualité de vicaire à la paroisse des Missions étrangères, et, en septembre 1863, à celle de Saint-Germain-l'Auxerrois. Nommé deuxième aumônier du lycée Louis-le-Grand le 7 octobre 1868, sa santé l'a contraint de quitter, au mois d'octobre 1871, des fonctions qu'il aimait et dans l'accomplissement desquelles il avait su se concilier l'affection et l'estime d'une jeunesse à laquelle il était tout dévoué. Il s'était déjà fait remarquer comme prédicateur sympathique et distingué. Le carême de 1869 qu'il prêcha à Notre-Dame de Paris, lui fit le plus grand honneur. M. l'abbé Cassagnes s'est momentanément retiré en Italie pour y rétablir sa santé et y terminer une *Histoire des Concordats* conclus entre le Saint-Siége et les nations catholiques. Depuis 1859, il fait partie comme chanoine-prélat *ad honores* de l'insigne chapitre de Fiesole de Florence.

CASTAN (Emile-Ferdinand-Xavier), né à Belmont (Aveyron), le 27 février 1824. Il fit ses études classiques au petit séminaire de sa ville natale, ses études philosophiques et théologiques au grand séminaire de Saint-Sulpice, à Paris, de 1840 à 1844, et se rendit à Rome où il reçut la prêtrise et prit le grade de docteur (1845-1846). Pendant son séjour à Rome, il crut devoir quitter, avec l'autorisation de Mgr Affre, son oncle, Saint-Louis-des-Français, à cause du contre-coup que la mission de M. Rossi, défavorable au fond à la cause des jésuites, avait eu nécessairement dans cet établissement dont les attaches avec l'ambassade française étaient naturellement forts étroites. Secrétaire particulier de l'archevêque de Paris, de 1846 à 1848, vicaire de la paroisse de Saint-Sulpice, de 1848 à 1855, il fut, à cette dernière époque, appelé, comme chanoine titulaire, dans le diocèse de Moulins, par Mgr de Dreux-Brézé, qu'il ne connaissait que de réputation, mais avec lequel il se trouvait en concordance d'idées au sujet de la liberté de discussion en ce qui concerne les questions religieuses. M. l'abbé Castan a fait partie du Conseil privé de l'évêque comme l'un des pouvoirs de vicaire général. Il a prêché plusieurs stations, soit à Paris, soit en province. Un travail qui exigeait toutes ses forces l'a mis dans la nécessité de renoncer à d'autres occupations. Se trouvant à Rome en 1858, il a dû décliner, pour ce seul motif, l'offre que Mgr de Mérode lui faisait, de la part de Pie IX lui-même, d'accompagner sa Sainteté dans son voyage à Bologne. De même, il n'a pu se rendre à l'invitation que lui avait faite l'évêque de Moulins d'aller le retrouver à Rome, pendant la tenue du dernier Concile. M. l'abbé Castan a fait paraître de nombreux ouvrages sur la religion, la philosophie et l'histoire. On lui a dû d'abord la première traduction qui ait été faite de la *Chaîne d'or de saint Thomas d'Aquin*, œuvre qui n'est qu'un assemblage de textes divers; — une *Vie de Mgr Affre*; — des *Méditations sur le mois de Marie*; — une *Exposition du mystère de la souffrance*. De 1868 à 1872, il a publié : *Origines du Christianisme d'après la tradition catholique*; — *Origines du Christianisme d'après la critique rationaliste contemporaine*; — *Du progrès dans ses rapports avec l'Eglise catholique*; — *De l'union de la morale et de la religion*; — *De l'idée de Dieu d'après la tradition chrétienne* (2 vol.); — *Méditations sur la passion de N. S. Jésus-Christ*. Le premier volume d'une *Histoire de la papauté*, complément des travaux plus haut cités, est en cours de publication. M. l'abbé Castan est chanoine honoraire de Paris.

CASTEL (Eugène), né à Verzeille (Aude), le 15 août 1809. Licencié en droit en 1834, il se fit inscrire au barreau de Carcassonne. Bientôt il quitta le barreau pour les finances ; et, en 1841, il prit la suite de la maison de banque Castel frères. En 1848, il fut nommé membre du Conseil général de l'Aude, où il siége depuis 25 ans. Président du tribunal de Commerce en 1863, 1867, 1869, et de la Société centrale d'agriculture en 1864, il a été aussi élevé à la présidence de la Chambre de commerce en 1855. M Castel est chevalier de la Légion d'Honneur depuis le 14 août 1865.

CATEL (Alphonse-François), né à Sainte-Marie-du-Mont (Manche), le 11 août 1816. Il débuta dans la carrière médicale, à Brest, en 1838, fut embarqué, le 19 février 1840, comme second chirurgien, sur la corvette l'*Aube*, pour faire le tour du monde, et participa, avec son chirurgien-major, M. Raoul, professeur à l'Ecole de chirurgie de Brest, d'abord à la collection, puis à la rédaction de la *Flore de la Nouvelle-Zélande*, pour le Muséum d'histoire naturelle de Paris. Reçu docteur à la Faculté de Paris quelque temps avant les événements de Février, il s'établit dans son pays natal et y devint chirurgien d'un bataillon de la garde nationale, inspecteur des écoles primaires pour dix communes de son canton, conseiller municipal, vaccinateur cantonal et médecin vérificateur des morts. Mais M. le docteur Câtel qui, bien qu'issu de la souche des Câtel de Saint-Pierre, professait des opinions démocratiques très-avancées, ne réussit pas à se faire, parmi ses concitoyens, la position à laquelle lui donnaient droit ses capacités et son dévouement désintéressé à la chose publique. Après le Coup-d'Etat de 1851, il prit l'énergique parti de s'expatrier, et s'établit à la Bobeline (île de Jersey), où il débuta heureusement par quelques articles insérés dans la *Chronique de Jersey*. Ces articles, traitant de questions critiques, comme : *Sur, pour et contre le charlatanisme*, ou de questions d'hygiène, comme : *Climat et pathologie de Jersey*, attirèrent l'attention publique sur leur auteur qui ne tarda pas à conquérir une belle clientèle. M. le docteur Câtel, à qui ses opinions politiques font un devoir de repousser toute distinction honorifique, a refusé la croix de la Légion d'Honneur en 1841.

CATRICE (Edouard-Charles-Eugène), né à Oze (Pas-de-Calais), le 30 juillet 1824. Il fit, de 1841 à 1844, ses premières études médicales à Arras, où il fut interne des hôpitaux, les compléta à la Faculté de Paris, et prit le grade de docteur, le 1er juin 1849, en soutenant avec succès une thèse sur *la Fièvre intermittente*, maladie fréquente dans le pays où il exerce ses fonctions professionnelles. En cette même année 1849, il fut requis à l'hôpital militaire de Versailles, alors en proie à l'épidémie cholérique, et mérita les éloges du médecin en chef, le docteur Artigues, par le zèle et le dévouement dont il fit preuve en soignant les malades le plus gravement atteints. Lauréat de l'Ecole de médecine d'Arras, il inséra, dans le *Journal de médecine et de chirurgie pratiques*, en 1854 et 1859, des notes sur l'*Angine scarlatineuse guérie par l'emploi externe de l'huile de croton tiglium*, ou sur un *Cas de dystocie produite par l'ascite du fœtus*. M. le docteur Catrice, établi à Aire, et médecin de l'hôpital civil et militaire de cette ville, depuis le mois d'avril 1850, a été chargé du service de santé des détenus du fort Saint-François et des militaires de la garnison. Il n'a jamais laissé échapper l'occasion de se signaler par son courage civique et son abnégation. Lors des funestes journées de juin 1848, il avait obtenu une entrée de faveur au Val-de-Grâce, pour le traitement des blessés, sous la direction du professeur Baudeur, directeur de cet hôpital. Pendant la guerre de 1870-1871, il a prodigué ses soins à 300 militaires blessés ou fiévreux, évacués sur l'hôpital d'Aire, et a obtenu de bons résultats dans le traitement de la variole coïncidente.

CAUMONT (Aldrick-Isidore-Ferdinand), né à Saint-Vincent-Cramesnil (Seine-Inférieure), le 15 mai 1825. Issu de parents pauvres, il passa ses premières années dans les durs travaux des champs; mais, fortifié dans son extrême nécessité par la lecture constante de la Bible, il parvint par l'épargne et un labeur opiniâtre à faire seul toutes ses études. Il prit le grade de licencié à la Faculté de droit de Paris, et se fit inscrire, en 1847, au tableau des avocats du Havre, où il ne tarda pas à jouir d'une grande réputation. Adonné spécialement à l'étude des questions maritimes, il a été chargé d'un cours de droit commercial et maritime et de droit économique à l'Hôtel-de-Ville du Havre. Chaque année ajouta à son renom de travailleur, de penseur, de jurisconsulte et d'orateur. On peut dire qu'il a consacré ses facultés à la propagation du droit maritime et à toutes les questions soulevées par les besoins de la civilisation et le développement des rapports internationaux. Son activité intellectuelle, qui est extrême, se rapporte presque tout entière à ce but. M. Caumont appartient, en droit pur, à l'Ecole de Dupin, en philosophie religieuse, à celle de Lamennais, en économie politique, à celle de Bastiat. Au point de vue moral, l'ensemble de ses travaux tend à l'union de la théologie avec le droit et l'économie politique. Sa *Philosophie du travail* (1871) est sur ce point le résumé de dix années de son enseignement social public et libre à l'Hôtel-de-Ville du Havre. M. Caumont est membre du Conseil de son ordre, avocat du département de la Marine, membre correspondant de l'Institut historique de France, de l'Académie de législation de Toulouse et de plusieurs autres Sociétés savantes, membre honoraire de la Commission internationale pour l'unité monétaire. L'objectif de sa vie est le travail. Le 12 janvier 1869, il disait à ses nombreux auditeurs : « *Le Travail* a pour base d'opération *la Justice*, et pour force motrice *la Liberté.* » Ses œuvres juridiques sont : *Institution du crédit sur marchandises* (1859); — *Assurance du fret à faire et du profit espéré* (1859); — *De l'extinction des procès* (1860); — *Des gens de mer* (1863); — *Application des Warrants à la propriété maritime* (1863); — *Abordage maritime* (1865); — *Amendement des lois nautiques* (1866); — *Dictionnaire universel du droit commercial et maritime*, ouvrage publié sous le patronage du ministère de la Marine (2e édit. 1867-1869). Il a également fait paraître des œuvres philosophiques importantes : *Visions sur l'humanité* (1853-1854); — *Plan de Dieu* (1861); — *Etude sur la vie et les travaux de Grotius*, ouvrage couronné par l'Académie de législation (1862); — *Moralité dans le droit* (1863); — *Direction de la Liberté ou la Loi*, discours de clôture d'un cours public (1867); — *La balance économique* (1869); — *Langue universelle de l'humanité* (1867). Ce dernier ouvrage, qui a pour sous-titre : *Télégraphie parlée par le nombre agissant*, est le résultat d'un travail considérable. M. Caumont est chevalier de la Légion d'Honneur (11 août 1869), chevalier d'Isabelle la Catholique d'Espagne, de la Couronne d'Italie, de Sainte-Anne de Russie, de François-Joseph d'Autriche.

CAUMONT (Arcisse DE), né à Bayeux (Calvados), le 28 août 1802. M. A. de Caumont s'est adonné dès sa jeunesse aux sciences naturelles et à l'archéologie. Sous le titre de *Cours d'antiquités monumentales*, professé à Caen en 1830, il a publié la première classification chronologique des monuments qui ait paru en France. Cet ouvrage, qui forme six volumes, a été résumé plus tard dans les trois volumes de l'*Abécédaire ou rudiment d'archéologie*, tiré à dix mille exemplaires. On doit à M. de Caumont une

Histoire sommaire de l'architecture religieuse, militaire et civile au Moyen-Age, une *Statistique monumentale du Calvados* (5 volumes), et un nombre considérable de mémoires insérés dans divers recueils scientifiques. Il a publié également plusieurs ouvrages sur la géologie et l'agriculture. La somme des livres édités ou composés par lui ne s'élève pas aujourd'hui à moins de quatre-vingts volumes, avec planches, atlas, etc. Mais les principaux titres d'honneur de M. de Caumont sont d'avoir été le fondateur de la Société linnéenne de Normandie, de la Société des Antiquaires de Normandie, de la Société pour la conservation des monuments, et l'initiateur des Congrès scientifiques, institution féconde, dont la première session eut lieu à Caen en 1833. Personne plus que M. de Caumont n'a contribué à propager en France le goût des antiquités. Il est membre correspondant de l'Académie des inscriptions et belles-lettres, membre du Conseil général de l'agriculture, président de l'Institut des provinces et de la Société pour la conservation des monuments, et directeur du *Bulletin commercial*. Il a présidé plusieurs fois les Congrès scientifiques. Officier de la Légion d'Honneur depuis le 14 août 1867, il est aussi commandeur de l'Aigle rouge de Prusse et de la Couronne de chêne des Pays-Bas, officier de l'ordre de Léopold de Belgique et chevalier des ordres de l'Etoile polaire de Suède, de Saint-Michel de Bavière, des Saints-Maurice et Lazare d'Italie et de l'ordre pontifical de Pie IX.

CAUSSETTE (Jean), né à Plaisance (Haute-Garonne), le 6 juillet 1819. Il fit la plus grande partie de ses études au petit séminaire de Toulouse, où ses succès le désignèrent, bien jeune encore, au choix de ses supérieurs pour la chaire de littérature. Ordonné prêtre en 1844, il entra dans la Société des prêtres du Sacré-Cœur, fondée par Monseigneur d'Astros, fit preuve d'éminentes qualités et d'un rare talent oratoire, et se distingua de manière à être élu supérieur de la Communauté le 14 juin 1848. Les principales chaires de Paris ont été brillamment occupées par le P. Caussette. Le clergé surtout s'est montré avide de sa parole, et presque tous les diocèses de France l'ont appelé pour des retraites ecclésiastiques. A la suite des exercices d'une de ces retraites, il a été nommé vicaire-général honoraire de Reims par le cardinal Gousset. En 1859, Mgr Desprès, appelé à l'archevêché de Toulouse, le mit au nombre de ses vicaires généraux titulaires. Indépendamment des travaux apostoliques, le P. Caussette a publié plusieurs ouvrages : *Vie du cardinal d'Astros*, et *Oraison funèbre de cet éminent prélat* (1853); — *Oraison funèbre du cardinal de Bonald* (1870); — *Le bon sens de la Foi* (1870, 2 vol.), travail de longue haleine sur la religion et qui a déjà deux éditions; — *Dieu et les malheurs de la France* (1871); — *Remerciment à l'Académie des Jeux-Floraux* (1871).

CAVAILLÉ-COLL (Aristide), né à Montpellier, le 4 février 1811. Issu d'une ancienne famille qui compte plusieurs générations de facteurs d'orgues, il vint à Paris, en 1833, et obtint au concours, ayant l'Institut pour juge, la construction du grand orgue de la basilique de Saint-denis. Fixé dès lors à Paris, il dut à cette première œuvre une réputation qu'une suite de travaux importants a soutenue jusqu'ici. Il suffit de citer : les orgues de Saint-Roch, de la Madeleine, de Saint-Vincent-de-Paul, de Saint-Louis-d'Antin, de Sainte-Clotilde et de la Trinité, à Paris ; celles des cathédrales d'Ajaccio, de Belley, de Carcassonne, de Luçon, de Nancy, de Toulouse, de Saint-Brieuc, de Laval, de Bayeux, de Saint-Omer, de Perpignan, de Saint-Nicolas de Gand (Belgique), etc. ; enfin, la reconstruction des grandes orgues aux proportions monumentales de Saint-Sulpice et de Notre-Dame de Paris. Ces instruments renferment les plus heureuses applications de la science à l'art musical, et offrent un résumé complet des perfectionnements importants dont M. Aristide Cavaillé-Coll a doté la facture moderne. M. Cavaillé-Coll a figuré à toutes les expositions industrielles depuis 1834, et y a constamment obtenu de hautes récompenses. Il remporta la médaille d'or en 1849, et fut nommé chevalier de la Légion d'Honneur à la suite de cette exposition. A l'Exposition universelle de 1855, il reçut la grande médaille d'honneur; et, à l'Exposition universelle de 1867, il fut mis *hors concours* et associé au jury de la classe X. Indépendamment de ses travaux industriels, on doit à M. Cavaillé-Coll quelques travaux scientifiques, notamment plusieurs *Notes* et *Mémoires sur l'acoustique*, présentés à l'Académie des sciences.

CAVANIOL (Charles-Henri), né à Chaumont (Haute-Marne), le 27 juin 1845. Licencié en droit de la Faculté de Paris en 1866, il s'est consacré à la littérature et au journalisme ; et, devenu, en 1869, rédacteur en chef de l'*Union de la Haute-Marne*, il a favorisé de tous ses moyens l'élection de M. Steenækers à la députation. En dehors de ses travaux quotidiens, et bien que jeune encore, M. Henri Cavaniol a déjà fait paraître plusieurs ouvrages très-sérieux et très-appréciés : *Teutberg*, étude sur la civilisation romaine (1863) ; — *Daniel*, étude assyrienne (1864) ; — *Une légende*, Chaumont au XVIe siècle (1865) ; — *Nidiutabel* (1869), « ouvrage fort remarquable, dit M. Nève dans la *Revue de Louvain*, composé tout exprès pour mettre en parallèle les mœurs du dernier empire chaldéen qui s'éteignait et de la monarchie des Achéménides qui se fondait ; » — Et enfin *Les monuments en Chaldée, en Assyrie et à Babylone* (1870). *The Saturday Review*, le *Temps* et autres journaux ont rendu un compte très-favorable de cette œuvre savante qui a obtenu la haute approbation de MM. Egger, Oppert et Place. M. Cavaniol est membre de la Société des gens de lettres depuis 1870.

CAVARÉ (Guillaume-Frédéric), né à l'Isle-en-Jourdain (Gers), le 24 mars 1812. Il commença ses études médicales, en 1831, à l'Ecole de médecine de Toulouse, sous le célèbre professeur Viguerie. Inscrit à la Faculté de Paris, en 1833, il fut admis, comme externe bénévole, dans les salles de Dupuytren. En 1834, il obtint, au concours, d'entrer dans le service de M. Honoré, à l'Hôtel-Dieu. Aide de clinique, auprès de M. Fouquier, à l'hôpital de la Charité, en 1835, il soutint heureusement, le 11 décembre 1837, la thèse de doctorat suivante : *De la menstruation envisagée aux trois périodes de la vie utérine*. M. le docteur Cavaré a publié des articles scientifiques dans la *Gazette médicale de Toulouse*. Successeur de son père, ancien médecin des armées impériales, en qualité de médecin de l'hôpital civil et militaire de l'Isle-en-Jourdain, et médecin assermenté de son canton, il a été décoré de plusieurs médailles d'argent pour ses travaux sur la vaccine.

CAZIN (Achille-Auguste), né à Perpignan, le 10 avril 1832. Fils d'un capitaine d'artillerie, orphelin à l'âge de six mois, élève du lycée de Bourges, et poussé par sa mère sur le chemin des fortes études, il fut invité d'abord, par ses professeurs, à se consacrer à des travaux littéraires, et, finalement, préféra la carrière scientifique. Après avoir été préparateur de physique aux lycées de Bourges et de Dijon, puis au collége Rollin, il fut nommé professeur de physique au lycée de Poitiers en 1857. En 1859, il obtint, au concours, le titre de premier agrégé des sciences physiques et fut envoyé au lycée de Versailles. M. Cazin, reçu docteur en 1862, est, depuis 1869, professeur au lycée Condorcet, ancien lycée Bonaparte. On lui doit de nombreuses recherches expérimentales sur les *Propriétés thermiques des gaz et des vapeurs*, l'*Electricité*, le *Magnétisme*. Il a contribué à répandre les idées nouvelles qui constituent la *Thermo-dynamique* par ses publications et les leçons qu'il a faites à Versailles, à la Sorbonne et à l'Association scientifique de France. Il a publié dans les *Annales de chimie et de physique*, et les *Annales du Conservatoire des arts-et-métiers*, des mémoires importants ; — des notices et des extraits de ses travaux dans les *Comptes-rendus* de l'Académie des sciences, les *Mémoires* de la Société des sciences de Seine-et-Oise, la *Revue des cours scientifiques*, le journal *Les Mondes*, etc. ; — une traduction de la *Théorie mécanique de la chaleur*, par Zeuner ; — deux volumes de la *Bibliothèque des merveilles* : la *Chaleur* et les *Forces physiques*. M. Cazin est membre de la Société philomathique de Paris, de la Société des sciences naturelles de Seine-et-Oise, de la Société de secours des Amis des sciences, et conseiller de l'Association scientifique de France.

CÉZANNE (Ernest), né à Embrun (Hautes-Alpes), le 25 mars 1830. Élève de l'Ecole polytechnique en 1849, de l'Ecole des ponts-et-chaussées en 1851, ingénieur ordinaire le 30 octobre 1854. Depuis 1856, il a été successivement ingénieur en chef de chemins de fer en Autriche, en Russie, à la Compagnie du midi, à Bordeaux, et en dernier lieu, directeur général des Chemins de fer ottomans à Paris. Pendant l'investissement de la capitale par les armées allemandes en 1870, il a été attaché aux fortifications de Paris, puis il est parti en ballon, chargé par le Gouvernement d'une mission dont le général Trochu a rendu compte à l'Assemblée dans son discours sur le siége de Paris. M. Cézanne, élu représentant des Hautes-Alpes, le 2 juillet 1871, a pris place dans les rangs des Conservateurs Libéraux. Il est chevalier de la Légion d'Honneur depuis 1867, et décoré de plusieurs ordres étrangers M. Cézanne a débuté à la tribune, le 7 septembre 1871, en qualité de rapporteur de la Commission qui proposait l'établissement à Versailles de l'Assemblée nationale et du gouvernement. Il a publié plusieurs mémoires sur des questions techniques, et récemment un livre de météorologie, hydrologie et économie forestière, faisant suite aux *Études sur les torrents des Hautes-Alpes*, de M. Surell.

CHABAL - DUSSURGEY (Pierre-Adrien), né à Charlieu (Loire), le 18 août 1820. M. Chabal-Dussurgey a fait ses études de dessin et de peinture à l'Ecole des beaux-arts de Lyon et s'est établi à Paris en 1844. En raison de la supériorité qu'il s'est acquise comme peintre de fruits et de fleurs, il a été attaché, en 1850, à la manufacture des tapis aux Gobelins et à Beauvais. Parmi les œuvres exposées par cet artiste, on distingue : *Couronne de fleurs entourant le portrait du duc d'Orléans* ; — *Bouquet de camélias* ; — *Vigne enlaçant une fenêtre ogivale* ; — *Études de chrysanthèmes* (musée de Toulon) ; — *le Printemps* ; — *Etude de fleurs* ; — *la Sainte Vierge entourée de fleurs* ; — *Vase de fleurs* (musée de Lyon) ; — *Quatorze dessins de fleurs et de fruits* faisant partie d'une collection de modèles pour l'enseignement du dessin (Exposition universelle de 1867) ; — *Vase de fleurs orné d'une guirlande de violettes de Parme* ; — *Papaver bracteatum et lilas* ; etc. M. Chabal-Dussurgey a remporté la médaille de 3e classe en 1845 et celle de 2e classe en 1847. Il est chevalier de la Légion d'Honneur depuis le 14 août 1857.

CHABANON (Jean), né à Castillon-du-Gard, le 6 octobre 1802. M. Chabanon compte, parmi ses ascendants, un député à l'Assemblée constituante de 1789. Reçu docteur en médecine de la Faculté de Paris en 1823, il s'est établi à Uzès, où l'aménité de ses relations et son habileté professionnelle n'ont pas tardé à lui concilier l'affection et la confiance de tous ses concitoyens. Son dévouement et son zèle pendant le choléra de 1854 lui ont valu la croix de la Légion d'Honneur au mois de juillet de la même année. Membre du Conseil général du Gard depuis 1848, maire d'Uzès de 1853 à 1864, M. le docteur Chabanon a représenté, de 1861 à 1863, la 2e circonscription du Gard au Corps législatif où il a été élu à la presque unanimité. Il est membre de l'Académie du Gard depuis 1851 et président du Comice agricole de l'arrondissement d'Uzès depuis son institution, en 1852.

CHABROL-TOURNOEL (Guillaume, vicomte DE), né à Paris, le 18 mai 1840. Petit-neveu du comte de Chabrol-Crousol, ancien pair de France et ministre des Finances sous la restauration, et du comte Chabrol-Volvic, ancien préfet de la Seine, M. le vicomte de Chabrol-Tournoël possède de belles propriétés dans le département du Puy-de-Dôme. Consacrant ses loisirs aux voyages, aux belles-lettres et à la défense de ses principes politiques et sociaux, il a collaboré au *Correspondant*, auquel il a fourni des articles sur les Etats-Unis, qu'il a habités en 1866 et 1867, et plus spécialement au *Français*. En 1868, il a participé à la fondation de l'*Indépendant du Centre*, organe d'union libérale, et il y a soutenu une lutte très-vive et très-brillante contre le régime impérial. Pendant l'investissement de Paris par les Allemands, M. le vicomte de Chabrol a fait partie du 17e bataillon de la garde nationale Le 8 février 1871, il a été élu député du Puy-de-Dôme à l'Assemblée nationale ; et il a pris place sur les bancs de la Droite. Il appartient à la réunion Saint-Marc-Girardin et à la réunion Colbert.

CHABRON (Marie-Etienne-Emmanuel-Bertrand DE), né à Retournac (Haute-Loire), le 5 janvier 1806. M. le général de Chabron commença ses études à l'Ecole préparatoire de Saint-Cyr, en 1816, et les continua au collége militaire de la Flèche. Enrôlé volontaire au 26e régiment d'infanterie de ligne, le 13 janvier 1824, caporal en 1825, sergent-fourrier et sergent-major en 1826, adjudant sous-officier en 1829, il fut nommé sous-lieutenant au 46e régiment le 31 janvier 1830. M. de Chabron servit pendant les années 1831, 1832, 1833 et 1834 en Vendée et en Bretagne, où des troubles sérieux avaient nécessité l'envoi de forces imposantes ; il obtint le grade de lieutenant le 1er septembre 1832 et celui de capitaine le 24 octobre 1838. Lors de la formation des chasseurs à pied, en 1840, il se trouva compris dans l'organisation du 7e bataillon, fut promu chef de bataillon au 21e de ligne le 22 février 1852, et passa par permutation au 50e le 30 mars suivant. M. de Chabron a contribué à la répression de l'émeute de juin 1849 à Paris, et a appartenu au corps d'occupation à Rome en 1851 et 1852 ; mais c'est de son passage au 50e de ligne que date surtout l'importance de son rôle militaire A cette époque, il s'embarqua pour l'Afrique et prit, le 4 décembre 1852, une part active à la prise de Lagouath. Il y fit aussi les campagnes de 1853 et 1854. Parti avec l'armée d'Orient, il débarqua à Varna, en juillet 1854, fit l'expédition de la Dobroudcha, assista à la bataille de l'Alma, et fut cité, à cette occasion, à l'ordre de l'armée. Il était au combat de Balaclava et à la bataille d'Inkermann, où son bataillon combattit glorieusement. La prise du Mamelon-Vert, le 7 juin 1855, lui valut une seconde citation à l'ordre de l'armée. Il combattait encore à l'assaut du 18 juin. Le 14 juillet, il commandait les tranchées de gauche, repoussait une forte sortie des Russes et méritait une troisième citation. Bien que contusionné à la jambe gauche par un éclat de bombe, dans ce dernier combat, il assistait, le 16 août, à la bataille de Tracktir ; et, le jour de la prise de Sébastopol (8 septembre), à la tête de quelques soldats de son régiment décimé, il pénétrait un des premiers dans le faubourg de Karabelnaïa. Cette journée, dans laquelle il reçut deux nouvelles contusions, lui valut sa nomination au grade de colonel et le commandement du 3e de zouaves. M. de Chabron, rentré en Afrique le 17 mai 1856, y contribua a réprimer l'insurrection des Babors. Il fit ensuite partie de l'expédition de la Grande-Kabylie en 1857, de celle de l'Oued-Kébir en 1858, et enfin celle de l'Aurès en 1859, où il eut, à Taïn-Lakil, une brûlante affaire contre les goums du marabout Si-Sadok. Le 8 mai 1859, il débarqua en Italie avec le 3e de zouaves et occupa d'abord l'extrême droite de l'armée française ; quelques jours après, le 31 mai, sous les yeux du roi Victor-Emmanuel, il combattait à Palestro ; et, cité pour la quatrième fois à l'ordre de l'armée, il obtenait, le 21 juin, les étoiles de général de brigade. M le général de Chabron, qui commandait la subdivision du Puy-de-Dome, a été placé dans le cadre de réserve, le 6 janvier 1868. Rappelé à l'activité le 17 juin 1870, il commanda de nouveau cette subdivision jusqu'au 25 septembre. Appelé à cette époque au commandement provisoire de la 1re division du 15e corps (armée de la Loire), nommé général de division et commandant de la 20e division territoriale le 25 novembre, il fut désigné, le 15 janvier 1871, pour commander la 2e division du 25e corps à la tête de laquelle il enleva, le 28 janvier, le faubourg de Blois, fortement occupé par les Prussiens. M. le général de Chabron est conseiller général de la Haute-Loire depuis 1859. Il a été élu représentant de ce département à l'Assemblée nationale en 1871. Il est commandeur de la Légion d'Honneur (13 août 1857) et de l'ordre militaire de Savoie, décoré de l'ordre du Medjidié de Turquie (3e classe), de la Médaille militaire, de la médaille de la Valeur militaire de Sardaigne et de celles de Crimée et d'Italie.

CHADEUIL (Gustave), né à Limoges, le 17 mars 1823. Il se destina d'abord au notariat, et fit, en province, ses premières études de droit. Puis, il se consacra complétement à la littérature et collabora à l'*Indicateur* et au *Mémorial* de Bordeaux. En 1847, il vint s'établir à Paris, où il publia des romans-feuilletons dans un grand nombre de journaux et recueils, tels que le *Commerce*, la *Presse*, l'*Echo des feuilletons*, la *Revue des feuilletons*, le *Journal des chasseurs*, le *Dimanche*, la *Sylphide*, etc. Depuis 1854 jusqu'en 1859, il fit, au *Siècle*, avec une incontestable autorité, un feuilleton d'art hebdomadaire. Depuis, il a fondé le *XIXe siècle*, journal politique quotidien, dont il est directeur-rédacteur en chef ; ce journal, d'opposition modérée, s'est immédiatement classé parmi les principaux organes de la presse parisienne, dont il est un des plus fermes et des plus honorables soutiens. M. Gustave Chadeuil a fait paraître un *Livre de poésies* ; — *la Campagne d'Italie* (2 vol., 1859) ; — *les Mystères du Palais* ; — *Mémoires d'un petit-bossu* (1860) ; — *le Curé du Pecq* (1861) ; — *le Panthéon des hommes utiles* (avec portraits, 1862) ; — *Jean Lebon* (1863) ; — *les Amours d'un idiot* (1870 , etc. Il a fait partie, en 1862, du Comité de la Société des gens de lettres.

CHAGOT (Jules), né à Paris, au mois de mars 1803. Fils d'un ancien propriétaire des usines du Creusot, M. Chagot a consacré son intelligence, son activité et ses capitaux au développement de l'industrie dans le département de Saône-et-Loire, l'un des mieux dotés sous ce rapport. Il a successivement dirigé, de 1828 à 1830, la cristallerie de Montcenis et, en 1835 et 1836, les établissements métallurgiques du

Creusot. Mais son œuvre principale, qu'il a commencée en 1834, est l'exploitation des houillères de Blanzy, qui a pris, sous sa direction, un développement considérable; ces houillères produisent aujourd'hui plus de six millions d'hectolitres de charbon et occupent quatre mille ouvriers. La belle organisation de ces grands établissements, les écoles gratuites qu'il a fondées et dans lesquelles plus de deux mille enfants reçoivent l'instruction primaire, enfin les associations de secours et de prévoyance qu'il a instituées en faveur des ouvriers, lui ont mérité, en 1854, de la part du gouvernement, la décoration de la Légion d'Honneur, et, en 1863 et 1869, de la part des populations reconnaissantes, le mandat de député de l'arrondissement de Châlons-sur-Marne. M. Chagot a été, de 1854 à 1870, membre du Conseil général du département de Saône-et-Loire, où son neveu, M. Léonce Chagot, l'a remplacé en octobre 1871. Il est officier de la Légion d'Honneur depuis le 14 août 1866.

CHAIGNET (Anthelme-Edouard), né à Paris, le 9 septembre 1819. Elève du Prytanée militaire de la Flèche, M. Chaignet y devint répétiteur en 1839, et professeur de seconde en 1845. C'est là qu'en 1858 il obtint une mention honorable de l'Académie des sciences morales pour un mémoire inachevé sur la *Question du beau*; complété et publié en 1860, ce livre fut désigné par le rapporteur, M. Barthélemy Saint-Hilaire, comme digne du prix sous sa forme nouvelle. Ses thèses de doctorat (1863) lui ont valu la mention d'honneur de la Faculté des lettres de Paris. Sa thèse latine : *De iambico versu*, a été complétée en 1865 par un mémoire spécial sur : *les Formes diverses du chœur dans la tragédie grecque*. Sa thèse française : *De la psychologie de Platon*, a été honorée d'un 1er prix de l'Académie française, qui a également couronné un mémoire sur les *Principes de la critique*. M. Chaignet a publié, en 1868, une *Vie de Socrate*, extraite d'un *Mémoire* auquel l'Académie des sciences morales avait accordé une mention très-honorable, et *la Vie et les écrits de Platon*, 1re partie d'un grand ouvrage sur la philosophie platonienne, couronné, en 1867, par l'Académie des sciences morales. Cette même Académie vient d'accorder le prix Victor Cousin à un ouvrage sur Pythagore et la philosophie pythagoricienne qui paraîtra cette année (1872). M. Chaignet, professeur de littérature ancienne à la Faculté des lettres de Poitiers depuis 1863, a été nommé chevalier de la Légion d'Honneur le 14 août 1868.

CHALANDON (Mgr George-Claude-Louis-Pie), né à Lyon, le 15 février 1803. Ses parents, jouissant d'une fortune considérable, purent lui donner l'instruction la plus complète sans l'éloigner de la maison paternelle. Résolu de bonne heure de se consacrer à l'état ecclésiastique, il alla faire ses études théologiques au grand séminaire de Saint-Sulpice à Paris, et fut ordonné prêtre en 1828, par Mgr de Quélen. Immédiatement après son ordination, il fut appelé à Metz par Mgr Besson, évêque de cette ville, et ami de sa famille. Grâce à ses talents précoces et à ses qualités de cœur dont toutes les familles lorraines aiment à garder encore le souvenir, il franchit bientôt avec succès les degrés intermédiaires de la hiérarchie, et devint chanoine et vicaire général de Metz en 1835, et coadjuteur de Belley le 31 mai 1850. Préconisé évêque de Thaumacum, *in partibus infidelium*, et coadjuteur de Belley, avec future succession, le 3 octobre suivant, il fut sacré à Belley le 12 janvier 1851. Mgr Chalandon, devenu évêque de Belley le 25 juillet 1852, a été élevé au siége archiépiscopal d'Aix le 4 février 1857, et préconisé le 19 mars suivant. Il a publié : *Eloge funèbre de Mme la comtesse C. F. V. de Rouyn, comtesse de Salsed'Apremont* (1850) ; — *Vie de Mme de Méjanès, fondatrice de l'Ordre des sœurs de Sainte-Chrétienne* (1846) ; — *Souvenirs et exemples, notices offertes aux jeunes chrétiennes* (1re édit., 1846, 9e édit., 1864). Mgr. Chalandon a exercé auprès du clergé de France, pendant plus de trente ans, un très-important et très-fructueux ministère par la prédication de retraite pastorale. En 1869, lorsque sa santé épuisée par ces honorables fatigues lui a interdit de continuer ces prédications, il avait déjà donné plus de cent retraites ecclésiastiques. Chevalier de la Légion d'Honneur depuis 1854, il a été promu officier le 3 août 1862.

CHALLAMEL (Pierre-Joseph), né à Paris, le 20 juillet 1813. Elève d'Ingres et de Rémond, il s'est longtemps occupé de peinture et de lithographie. Il a fourni de nombreux dessins pour les *Voyages pittoresques* dans l'ancienne France, du baron Taylor, publié des *Revues des expositions de peinture et de sculpture*, et rendu populaire l'œuvre d'Eustache Lesueur. Ses diverses publications sont enrichies de ses dessins. Cet artiste a publié, en outre, une collection de lithographies originales et exécutées avec grand soin, que la bibliothèque nationale, section des estampes, a réunies en deux forts volumes.

CHALLAMEL (Jean-Baptiste-Marie-Augustin), né à Paris, le 18 mars 1818 ; frère du précédent. Elève du collége Henri IV, il étudia d'abord le commerce ; puis il fit son droit à la Faculté de Paris, prit sa licence en 1838, et se consacra à la littérature et aux recherches historiques. Il a publié de nombreux travaux, dont plusieurs sont signés « Jules Robert ». Collaborateur à la *France littéraire*, et à plusieurs revues importantes, il a fait paraître notamment: *Les plus jolis tableaux de Téniers, Gérard Dow*, etc. (1839) ; — *Album du salon* (1840) ; —*Histoire-musée de la République française, depuis l'Assemblée des notables jusqu'à l'Empire* (1841, 2 vol., 3e édit. 1857); — *Saint Vincent de Paul* (1841, 3e édit. 1856) ; — *les Français sous la Révolution*, en collaboration avec M. Ténint (1843);—*Eté en Espagne* (1843); — *Isabelle Farnèse* (1851, 2 vol.) ; — *Mme du Maine, ou les légitimistes et les légitimés* (1851-1853) ; — *Histoire populaire de la France, de la Révolution, de Napoléon, de Paris*, en 4 parties (1851) ; —*Histoire anecdotique de la Fronde* (1860) ; — *Histoire du Piémont et de la Savoie* (1860) ; — *Histoire populaire des Papes* de l'an 32 à 1861 (1859-1861) ; — *La Régence galante* (1861) ; — le roman de *la Plage* (1863) ; — *Mémoires du Peuple français, depuis son origine* *jusqu'à nos jours* (t. I-IV, 1865-1868), etc. M. Challamel, entré à la Bibliothèque Sainte-Geneviève en 1844, en est devenu sous-bibliothécaire.

CHAM (Amédée DE NOE, *dit*), né à Paris, le 26 janvier 1819. Fils du comte de Noé, pair de France, il se prépara d'abord pour se présenter aux examens de l'Ecole polytechnique; mais un invincible penchant l'entraîna vers les arts du dessin et de la peinture, et il suivit les ateliers de Paul Delaroche et de Charlet. Chez ce dernier, il put cultiver à son aise une vocation particulière qu'il ressentait pour le dessin comique; et bientôt, sa famille ayant vu d'un mauvais œil la ligne de conduite qu'il prétendait suivre, il entra bravement dans la carrière artistique, sous le nom de *Cham*, un pseudonyme dont il était aisé de comprendre l'à-propos et l'originalité. Depuis 1842, M. Cham, l'un de nos plus féconds et spirituels caricaturistes, a prodigué son talent dans une foule de publications quotidiennes ou périodiques. Il a enrichi de ses dessins le *Musée-Philipon*, des *Albums*, des *Almanachs*, surtout l'*Almanach prophétique*, etc. Plusieurs séries de ses œuvres sont restées anonymes; ce sont notamment celles qui constituent une des plus mordantes critiques que l'on ait faites des mœurs du second empire. M. Cham sait trouver le mot comme il sait trouver le coup de crayon; les légendes qui accompagnent ses dessins sont pleines de bonne humeur et d'imprévu. On lui doit quelques livrets d'opérettes comme celui du *Serpent à plumes* (1865), et des vaudevilles, entre autres le *Myosotis* (Palais-Royal, 1866). La plupart de ses dessins ont été réunis en albums. Citons les *Souvenirs de garnison*, les *Impressions de voyages de M. Boniface*, les *Mélanges comiques*, les *Nouvelles charges*, la *Grammaire illustrée*, l'*Exposition de Londres*, *En carnaval*, le *Punch à Paris*, trois séries de croquis, *En noir*, de *Printemps et d'Automne*, la *Revue comique du salon*, *Soulouque et sa cour*, *P.-J. Proudhon en voyage*, *Les représentants en vacances*, l'*Histoire comique de l'Assemblée nationale*, *Les cosaques*, etc. Un des titres de M. Cham à la popularité dont il jouit consiste dans sa longue et intarissable collaboration au *Charivari*, où ses *Revues* de fin de mois et d'année, notamment, étaient avidement suivies par le public.

CHAMBERET (Paul-Joseph DE), né à Paris, le 20 mars 1848, fils du général de ce nom. Il termina fort jeune ses études classiques et débuta dans l'administration, à l'âge de 18 ans, comme attaché au cabinet du préfet de la Meurthe. Tout en poursuivant ses travaux administratifs, il fit de brillantes études à la Faculté de droit de Nancy, où il prit le grade de licencié en 1868. Entré, dans la même année, à l'Hôtel-de-Ville de Paris, en qualité de secrétaire, dans les bureaux de M. Alfred Blanche (voir ce nom), il quitta cet emploi, en 1870, pour concourir à la défense du territoire, fit toute la campagne comme lieutenant dans la garde mobile, et assista au siége de Paris comme officier d'ordonnance du général de Liniers. M. Paul de Chamberet a été nommé secrétaire-général de la préfecture de Saône-et-Loire le 1er avril 1871. Il a reçu la croix de la Légion d'Honneur le 27 juillet de la même année.

CHAMBRUN (Joseph-Dominique-Aldebert DE PINETON, *comte* DE), né à Paris, le 19 novembre 1821; appartient à une famille d'ancienne noblesse dont le chef, Pierre de Chambrun d'Amfreville, suivit la première croisade. M. le comte de Chambrun a fait d'excellentes études, qu'il a complétées par des voyages en Europe et en Orient. En 1859, il entra dans la carrière administrative comme sous-préfet de Toulon. L'année suivante, il passa à la sous-préfecture de Saint-Etienne (mars 1851), et la quitta pour remplir les fonctions de préfet du département du Jura qu'il administra avec intelligence et énergie dans des moments difficiles (26 novembre 1851). Mais des raisons de santé le déterminèrent à donner sa démission au mois d'octobre 1854. Il laissa dans ce pays le souvenir d'une administration intelligente, ferme et dévouée; et les populations laborieuses du Jura se rappellent encore qu'elles lui doivent le développement de leurs institutions de prévoyance et de mutualité. Déjà membre du Conseil général de la Lozère, M. le comte de Chambrun s'étant présenté aux élections générales de 1857, comme candidat à la députation de ce département berceau de sa famille, fut élu à la presque unanimité des suffrages; il a été réélu en 1863 et 1869. Au Corps législatif, M. le comte de Chambrun consacra plus particulièrement ses lumières aux questions de chemins de fer, qui, à notre époque, tiennent une si grande place dans les préoccupations des hommes d'Etat. Elu représentant de la Lozère à l'Assemblée nationale, le 8 février, il a pris place sur les bancs de la Droite. On lui doit quelques écrits, entre autres : *De la forme du gouvernement*, apologie du gouvernement parlementaire; — *Fragments politiques* (1872, 2e édit.). M. le comte de Chambrun, chevalier de la Légion d'Honneur depuis le 7 février 1852, est aussi Commandeur du nombre extraordinaire de Charles III d'Espagne, et de l'ordre pontifical de Saint-Grégoire-le-Grand.

CHAMPAGNAT (Lazare-Lucien), né à Gannat, le 16 juin 1839. Elève du lycée de Moulins, où il remporta le premier prix d'excellence en rhétorique et en logique, il commença ses études médicales à la Faculté de Paris en 1860, et fut élève des professeurs Velpeau à la Charité, Trousseau à l'Hôtel-Dieu, e Pidoux à Lariboisière. Le 8 août 1867, il fu reçu docteur avec la thèse suivante : *Considérations sur les différentes espèces d'hydrophobie*. M. le docteur Champagnat passe l'hiver à Paris et l'été à Vichy où il s'occupe plus spécialement des maladies des voies urinaires. On lui doit : *Action des eaux de Vichy sur le tube intestinal*, mémoire présenté à la Société d'hydrologie médicale de Paris (1871); — *Traitement des maladies des voies urinaires par les eaux de Vichy; régime à suivre dans ces maladies* (1872); — *Maladies de l'estomac; leurs rapports avec les maladies des voies urinaires; traitement par les eaux de Vichy* (1872).

CHAMPAGNY (François-Joseph-Marie-Thérèse Nompère, comte de), né à Vienne (Autriche), le 18 septembre 1804; second fils du duc de Cadore, décédé en 1834. M. le comte de Champagny, publiciste distingué, s'est consacré à la défense des doctrines tout à la fois religieuses et libérales. Il a fourni beaucoup d'articles à l'*Ami de la Religion* et au *Correspondant*. C'est un des fervents défenseurs de la liberté de l'enseignement, qu'il juge devoir être favorable au développement de l'enseignement clérical. Beaucoup de ses travaux comme journaliste ont été reproduits en librairie : *Un mot d'un catholique* (1844) ; — *Du projet de loi sur la liberté d'enseignement* (1847) ; — *Un examen de conscience*, et *De la propriété* (1849) ; — *Du germanisme et du christianisme* (1850) ; — *Les premiers siècles de la charité* (1854) ; — *De la puissance des mots* (1860). Citons encore une brochure intitulée : 1870-1871. Ses autres ouvrages sont : *Histoire des Césars*, 4 vol., 1841-1843, 2e édit., 1853) ; — *Rome et la Judée* (1858) ; - *Les Césars du troisième siècle* (1870). M. le comte de Champagny a été élu membre de l'Académie française en mars 1870.

CHAMPAGNY (Napoléon-Marie, comte de Nompère de), né à Paris, le 29 octobre 1806 ; frère du précédent. M. le comte Napoléon de Champagny fut tenu sur les fonts baptismaux par Napoléon Ier et l'impératrice Marie-Louise. Il fit son droit à la Faculté de Paris et prit le grade de docteur en 1831. Possesseur de propriétés en Bretagne, il s'est fixé à Loyat (Morbihan) en 1839, et s'est appliqué à des études approfondies d'agriculture et de jurisprudence. Conseiller municipal en 1843, maire de Loyat depuis 1844, conseiller général de 1844 à 1848 et de 1852 jusqu'à présent, il a été porté à la députation en 1852 pour la troisième circonscription du Morbihan, et réélu en 1857, 1863 et 1869. M. le comte Napoléon de Champagny est membre de la Société d'agriculture et du Comice de Ploërmel, et a été plusieurs fois délégué par eux pour les représenter à l'ancien Congrès central d'agriculture. Il a publié *Traité de la police municipale ou de l'autorité des maires, de l'administration et du gouvernement en matière réglementaire* (1844-1862, 4 vol.) ; — *Quelques mots sur le système électoral, ou des garanties à demander au suffrage universel* (1850). M. le comte Napoléon de Champagny est chevalier de la Légion d'Honneur depuis 1861.

CHAMPAGNY (Jérôme-Paul, de Nompère de), né à Paris, le 9 mars 1809 ; frère des précédents. Il est le filleul du roi Jérôme et de la princesse Pauline. Ses études classiques et son droit terminés à Paris, il se fit inscrire au barreau de la capitale et s'occupa tout particulièrement de droit administratif. Entré au Corps législatif, le 4 septembre 1853, en suite d'une élection partielle, comme représentant de la 2e circonscription des Côtes-du-Nord, il a été réélu en 1857, 1863 et 1869. Il est conseiller général de son département depuis 1856. En vertu d'un décret du 26 octobre 1854, M. de Champagny fait partie de la Commission chargée de recueillir, collationner et publier la *Correspondance de Napoléon Ier*. Il a été nommé chambellan honoraire de l'empereur, à la création de cette charge, le 4 mai 1859. Chevalier de la Légion d'Honneur, le 38 juillet 1858, il a été promu officier, le 14 août 1865.

CHAMPÉRON (Gustave - Jean - Jacques - Louis Coste, comte de), né à Paris, le 22 septembre 1807. M. le général de division comte de Champéron est entré au service le 14 novembre 1827, comme élève de l'Ecole militaire de Saint-Cyr. Sous-lieutenant au 18e régiment d'infanterie légère (1er octobre 1829), puis au 6e (25 octobre 1830), sa vocation pour le service de la cavalerie le détermina à suivre les cours de l'Ecole de Saumur (11 février 1831). A sa sortie de cet établissement, le 24 décembre 1831, il fut compris dans l'organisation du 1er régiment de chasseurs d'Afrique, où il obtint le grade de lieutenant le 29 septembre 1832. Passé au 3e de la même arme le 14 février 1833, capitaine le 25 avril 1835, M. de Champéron fit partie des deux expéditions de Constantine et eut un cheval tué sous lui à la première (22 novembre 1836). En 1839, la distinction de sa conduite dans l'expédition des Bibans lui valut la croix d'honneur. Il fut promu chef d'escadron au 4e de chasseurs d'Afrique le 26 février 1844 ; et, après douze campagnes effectives en Algérie, il revint en France comme chef d'escadron au 1er de hussards (17 septembre 1843). Lieutenant-colonel du 4e de dragons le 12 septembre 1848, colonel du 4e de chasseur d'Afrique le 7 janvier 1852, il conduisit ce régiment à l'armée d'Orient, en 1854. M. de Champéron a conquis en Crimée les étoiles de général de brigade (17 mars 1855). Il a commandé successivement à l'armée d'Orient une brigade de la 1re division de cavalerie (21 mars 1855) et une brigade de la 2e division (20 mai), et s'est distingué au combat de Koughil, dans les plaines d'Eupatoria, de manière à mériter une citation à l'ordre général de l'armée (20 octobre 1855). A la paix, M. le général de Champéron eut le commandement de la subdivision de l'Aude (30 avril 1856), puis celui de la 2e brigade de la division de cavalerie de la garde impériale (27 décembre 1858). Il a commandé une brigade de cavalerie au camp de Châlons, en 1858, et a fait la campagne de 1859 à l'armée d'Italie. Nommé général de division le 24 août 1863, inspecteur-général de cavalerie le 26 du même mois, commandant de la division de cavalerie du 4e corps d'armée, à Lyon, le 14 décembre suivant, et enfin, de la 13e division militaire, à Bayonne, il est actuellement (1872) en disponibilité. M. le général comte de Champéron est grand-officier de la Légion d'Honneur (13 octobre 1867), compagnon de l'ordre britannique du Bain et commandeur des Saints Maurice-et-Lazare de Sardaigne. Il est décoré du Medjidié de Turquie (3e classe), de la médaille de la Valeur militaire de Sardaigne et de celles de Crimée et d'Italie.

CHAMPION (Maurice), né à Paris, le 29 mars 1824. Avant qu'il eût terminé ses études classiques, M. Champion remplissait déjà les fonctions de secrétaire auprès de M. Capefigue, aux nombreux travaux historiques duquel il fut longtemps associé. En 1845, il débuta comme écrivain en concourant pour le prix de l'Académie des inscriptions et belles-lettres, sur ce sujet : *Examen critique des historiens de Constantin-le-Grand, comparés aux divers monuments de son règne*, et obtint une mention honorable. On doit à M. Champion : *Les inondations de France depuis le VI° siècle jusqu'à nos jours ; — Recherches et documents contenant les relations contemporaines, les actes administratifs, les pièces officielles de toutes les époques, avec détails historiques*, etc., ouvrage considérable qui a obtenu des mentions très-honorables des Académies des inscriptions et des sciences. (1858-1864, 6 vol.) ; — *Mémoire autographe de M. de Barentin sur les derniers conseils du roi Louis XVI* (1844) ; — *Frédéric Soulié, sa vie et ses ouvrages* (1847) ; — *La fin du monde et les comètes* (1859) En outre, M. Champion travaillait depuis longtemps, à deux importants ouvrages dont les matériaux furent détruits pendant la guerre de la Commune (1871). Il a recommencé son travail qu'il espère mener à bonne fin C'étaient un *Dictionnaire de l'hydrographie générale de la France*, et l'*Histoire des calamités publiques*, dont quelques fragments ont paru, sous forme d'articles, et sous le titre de : *Famines dans l'ancienne France*, dans la *Revue des provinces*. Il a collaboré à la *Biographie universelle* de Michaud, à la 1re édition du *Dictionnaire des Contemporains* de Vapereau, à la *Biographie générale* de Didot, au *Bulletin* de la Société des gens de lettres à laquelle il appartient depuis 1847, et où il est membre et secrétaire du Comité d'administration depuis quelques années. M. Champion est, en outre, membre des Sociétés de géographie et de statistique. Cinq fois lauréat de l'institut, il a reçu la croix de la Légion d'Honneur le 12 août 1865.

CHAMPONNOIS (Hugues), né à Chaumont (Haute-Marne), le 1er avril 1803. M. Champonnois se destina d'abord à la pharmacie et à la chimie ; mais M. Molard, professeur du Conservatoire des arts-et-métiers, dont il suivait les cours, ayant distingué chez lui plus d'aptitudes pour les sciences industrielles, le mit en rapport avec le comte Chaptal, qui l'initia à la fabrication du sucre de betteraves, et lui ouvrit de la sorte une carrière dans laquelle il débuta en 1825. Il introduisit dans la fabrication du sucre indigène des améliorations nombreuses, dont quelques-unes, notamment le laveur à betteraves, sont encore actuellement en usage. Le système de distillation agricole de la betterave, inventé en 1852, et qui porte son nom, système universellement adopté, a servi de base à beaucoup d'améliorations agricoles qui ont valu à de nombreux établissements des médailles, des grands prix aux concours régionaux, des décorations, en même temps qu'il a récompensé ses efforts et popularisé son nom. M. Champonnois a reçu, sur le rapport de M. Payen, une médaille d'or de la Société centrale d'agriculture en 1854, et une seconde grande médaille en 1855, et remporté en 1870, à la Société d'encouragement, le grand prix fondé par le marquis d'Argenteuil pour la découverte la plus utile à l'industrie française. Ses produits ont obtenu la grande médaille d'honneur à l'Exposition universelle de 1855.

M. Champonnois est chevalier de la Légion d'Honneur depuis 1858.

CHAMPVALLIER (John-Alexandre-Edgard, Dumas DE), né à Saint-Pierre (Martinique), le 19 avril 1827. M. de Champvallier descend d'une ancienne famille de l'Angoumois. Son grand-père était député de la Charente, en 1791. Venu en France en 1831, avec son père, ancien garde du corps de Louis XVIII et procureur du roi dans les Antilles françaises de 1824 à 1830, M. de Champvallier a fait toutes ses études à Paris, et s'est ensuite consacré au soin de son domaine de Beauregard, près Ruffec. Il est conseiller général de la Charente, à titre de candidat indépendant, depuis 1864. Il a été réélu membre du Conseil général en octobre 1871, et a été chargé, par ses collègues, des fonctions de secrétaire. Le 8 février 1871, les électeurs de son département l'ont envoyé à l'Assemblée nationale, où il a pris place dans les rangs du parti libéral monarchique. On lui doit quelques publications sur des questions d'intérêt local : *De l'assimilation des chemins de grande communication aux routes départementales ; De quelques questions de vicinalité ; De l'assistance publique dans la Charente*.

CHANCEL (Ausone, DE), né au château de Guissalles (Charente), le 2 mars 1808, d'une vieille famille du Périgord, depuis longtemps fixée en Angoumois, et qui a fait également souche à Bordeaux. Après avoir terminé ses études classiques en province, il se rendit à Paris où, sous le patronage de Charles Nodier et de Casimir Delavigne, il prit place dans le monde littéraire par la publication d'un volume de poésies (1835) et par de nombreux articles dans les journaux. Appelé à Alger, en 1843, pour y occuper une position modeste dans l'administration, il s'y lia d'intimité avec le colonel, depuis général E. Daumas, directeur central des affaires arabes, et c'est à leur collaboration commune que la bibliographie algérienne doit deux ouvrages importants : *le Sahara algérien* (1845) et *le Grand désert* (1847) qui est parvenu à sa 5e édition. On a également de lui ; *Cham et Japhet*, ou *De l'immigration des nègres chez les blancs* (1864), précédemment publié par la *Revue britannique* (1859) Ses principales publications, purement littéraires, sont : *Mark*, poëme en 6 chants, dont les 3 premiers ont paru en volume (1840), et dont les 3 autres ont été publiés dans les *Beaux-Arts* de Curmer ;— le *Livre des blondes* (1864) ; — deux petits poëmes : *Première Algérienne*, dédiée à Méry, et *l'Isthme de Suez* ; — et, pour paraître prochainement : *le Livre de l'autre monde*. M. de Chancel, sous-préfet depuis 1851, administre actuellement (1872), l'arrondissement de Mostaganem. Chevalier de la Légion d'Honneur en 1852 pour services rendus à la colonisation, il a été nommé officier de l'ordre pour son dévouement pendant l'épidémie de typhus et du choléra qui a si cruellement sévi en Algérie en 1867.

CHANTELOU (François), né à la Forge de Chemeré-le-Roi (Mayenne), le 9 mai 1806. Il commença ses études médicales à l'Ecole maritime de Brest en 1828, obtint le diplôme de bachelier ès lettres à l'Académie de Rennes, le 12 mai 1829, se fit inscrire à la Faculté de Paris en 1830, et prit le grade de docteur, le 2 juillet 1834, sur cette thèse : *De l'usage de l'eau commune comme moyen thérapeutique interne*. Etabli à Bourg-de-Vaiges, dans son département, depuis l'époque où il a quitté les bancs de l'Ecole, M. le docteur Chantelou a été médecin des mines d'anthracite de la Bazouche-de-Chemeré pendant trente-deux ans. Il est conseiller municipal de Vaiges, canton de Sainte-Suzanne, depuis 1847.

CHANZY (Antoine-Eugène-Alfred), né à Nouart, arrondissement de Vouziers (Ardennes), le 18 mars 1823; fils d'un ancien capitaine des cuirassiers du premier empire. Il fit ses classes au lycée de Metz, et s'engagea dans la marine après avoir échoué, à 16 ans, aux examens d'admission pour l'école navale. Après deux années passées à la mer dans l'escadre de l'amiral Lalande (1839 et 1840), il se présenta à 18 ans pour l'Ecole de Saint-Cyr, fut admis avec le n° 123, l'un des derniers, sortit avec le n° 28 de sa promotion, et fut incorporé, comme sous-lieutenant, aux zouaves, commandés alors par Cavaignac. A partir de cette époque, il ne quitta guère la colonie que pour accompagner les troupes d'Afrique dans d'autres expéditions, et consacra ses loisirs du camp ou de la garnison à étudier les langues usitées en Algérie, et notamment les différents idiomes de l'arabe. Entré dans l'administration des bureaux arabes, il sut se concilier, par sa droiture et son affabilité, dans un service qui a été l'objet de sévères critiques, le respect et l'affection de ses administrés, européens et indigènes. Après avoir pris part à la guerre d'Italie, en 1859, comme chef de bataillon, et à l'expédition de Syrie, comme lieutenant-colonel du 74e de ligne depuis le 25 avril 1860 et chargé des affaires politiques auprès du général de Beaufort, il appartint au corps d'occupation de Rome jusqu'en 1863. Il fut nommé colonel du 48e régiment de ligne le 6 mai 1864, et détaché au commandement de la subdivision de Sidi-bel-Abbès, où il fut promu général de brigade le 14 décembre 1868. En Afrique, M. le général Chanzy a fait les campagnes de 1843 à 1859 et de 1864 à 1870. Après les premiers revers de nos armées, dans la récente guerre, il a été appelé (octobre 1870) à faire partie de l'armée de la Loire, avec le grade de général de division. C'est alors que l'énergique soldat qui avait autrefois su, par son activité, l'étendue de son instruction militaire et son courage personnel, s'attirer l'affection d'officiers tels que Cavaignac et Pélissier, fut désigné aux membres du gouvernement de la Défense nationale, par le maréchal de Mac-Mahon, blessé et réduit à l'impuissance, comme le seul homme capable de faire face à tant de désastres et de commander, avec autant de succès que possible, une nombreuse armée composée d'éléments médiocres ou disparates. Nommé général en chef de l'armée de la Loire, M. le général Chanzy réussit plusieurs fois à déjouer la tactique des généraux allemands dans les combats inégaux livrés sur les bords de la Loire, même après la retraite que la défaillance de certains corps de mobilisés lui fit un devoir d'opérer derrière la Mayenne; il avait tellement confiance dans l'ensemble de ces jeunes troupes, et un si grand espoir de les former et de les aguerrir en peu de temps, qu'il vota, après l'armistice conclu sans son aveu, contre le projet de loi relatif aux préliminaires de la paix. Obligé de remettre l'épée au fourreau et de rejoindre, à Versailles, l'Assemblée nationale dont il avait été nommé membre, le 8 février 1871, par les électeurs des Ardennes, il prit la ligne d'Orléans, ignorant que la capitale fût en proie à une formidable insurrection. Dès son arrivée à la gare de Paris, il fut mis en état d'arrestation par ordre du Comité central, et n'échappa que par miracle à la mort qui venait de frapper les généraux Clément Thomas et Lecomte. Mais n'ayant jamais joué de rôle politique, et grâce à l'intervention de quelques amis, jointe à la popularité qu'il s'était acquise en défendant son pays, il fut mis bientôt en liberté. M. le général Chanzy a pris une part active aux travaux de la Chambre, et notamment à ceux ayant pour objet la réorganisation militaire. Comme rapporteur de la Commission relative aux gardes nationales, il s'est prononcé pour leur dissolution. Président de la Commission des capitulations, il a demandé la publication des rapports sur celles de Sedan, Strasbourg et Metz. En 1872, il a pris, dans les rangs du Centre-Gauche, une position parlementaire presque prépondérante. Il a présidé le Conseil général des Ardennes en 1871 et 1872. On lui doit un curieux ouvrage sur les *Opérations de la deuxième armée de la Loire* (1871).

CHAPELLE (André-Henri-François), né à Saint-Etienne, le 3 mai 1837. Après avoir terminé son droit à la Faculté de Paris, M. Chapelle se fit inscrire, en 1861, au barreau de sa ville natale, que l'état de sa santé le contraignit bientôt à délaisser. En 1865, il publia une brochure intitulée : *Pape et roi*. Elu dans la même année conseiller municipal, il s'occupa activement de l'administration locale, au sujet de laquelle il fit également paraître quelques brochures. Mais il ne tarda pas à être las de la vie publique; et il l'abandonna pour se consacrer à des occupations plus paisibles, à des travaux sur l'enseignement. Son premier ouvrage en ce genre, publié dans les premiers jours de 1869, est une *Nouvelle méthode de lecture*, ou syllabaire rationnel, qui semble appelée à un très grand succès. Pendant les élections générales de 1869, M. Chapelle déserta un moment ses études pédagogiques, et collabora à la *Sentinelle populaire*, que Saint-Etienne voyait alors renaître; mais il retourna presque aussitôt à ses occupations préférées. Depuis ce temps, il poursuit, avec patience et courage, l'achèvement de toute une collection d'ouvrages se rapportant à l'instruction primaire. Il a fait paraître, dans les *Annales* de la Société d'agriculture, industrie, sciences, arts et belles-lettres du département de la Loire, dont il fait partie depuis 1863, plusieurs intéressantes notices qui ont surtout l'enseignement pour objet. M. Chapelle vient d'être nommé (1872) délégué cantonal pour l'instruction primaire dans le canton sud-est de Saint-Etienne.

CHAPER (Camille-Eugène), né à Grenoble, le 17 janvier 1827. Admis à l'Ecole polytechnique en 1845, officier du génie en 1847, capitaine en second en 1852, il fit, en cette dernière qualité, l'expédition d'Orient, du mois de juin 1854 au mois d'août 1856. A la fin de 1857, il donna sa démission, se fixa dans son pays, et prit la direction d'une exploitation de mines (anthracites de la Mure). M. Eugène Chaper a fait partie du Conseil municipal de Grenoble de 1865 à 1870. Après les défaites de Forbach et de Frœschwiller, en août 1870, il a obtenu de reprendre les épaulettes de capitaine du génie, et a concouru à la défense de Paris. Elu représentant de l'Isère à l'Assemblée nationale, le 8 février 1871, il siége au Centre-Droit. Secrétaire de la Commission de la réorganisation de l'armée, il est aussi l'un des rapporteurs de la Commission d'enquête relative au gouvernement du 4 septembre. M. Eugène Chaper a reçu la croix de la Légion d'Honneur devant Sébastopol, en décembre 1854, et a été promu officier de l'ordre en janvier 1871.

CHAPIAT (Charles), né à Belmont, près de Darney (Vosges), le 20 mai 1807. Son père, honnête cultivateur, fut maire de sa commune pendant tout le temps de la Restauration, et mérita, pour sa fidélité, une destitution en 1830. Sa mère, Anne de Fournier, descendait de la famille des barons Fournier de Neydeck, aujourd'hui éteinte. Elevé au petit-séminaire de Senaide, il y devint professeur de lettres, dès l'an 1827, après son cours de théologie, et professa ensuite la rhétorique au collège ecclésiastique de Charmes. Ordonné prêtre, et envoyé à Neuchâteau, en 1831, en qualité de vicaire; nommé, en 1832, à la succursale de Damas-et-Bettegney, alors en révolution, où son ministère pacifique ramena bientôt l'union et la concorde, il fut appelé au doyenné de Vitel, en 1850. Orateur couru, il a donné des sermons et des retraites dans un très-grand nombre de paroisses et de maisons religieuses. M. l'abbé Chapiat a publié, en 1840, des poésies religieuses, sous le titre de *Mélopées*, qui ont eu trois éditions; — en 1843, *Lettre à M. Génin*, pendant la lutte pour la liberté de l'enseignement; — en 1850, l'*Histoire du B. Pierre Fourier*, du grand saint de la Lorraine (2 vol., 4º édit.), où se trouve, en larges aperçus, toute l'histoire de cette nation; — en 1851, *Excursion hagio-archéologique dans les Vosges*; — plus tard le *Saint de chaque jour*, (3º édit.) et la *Sainte de chaque jour* (2º édit.); plus divers articles dans les divers journaux de Paris et de Nancy. Ces ouvrages lui ont mérité le titre de membre correspondant de l'Académie lorraine de Stanislas, de l'Institut historique de France, de la Société d'archéologie lorraine, etc. Nommé à la cure de Mirecourt, en 1869, M. l'abbé Chapiat refusa de quitter une paroisse qui lui montrait un attachement unanime : il avait, du reste, été élevé à la 1re classe, comme curé-doyen, et il ne renonçait qu'à une besogne plus considérable. Destiné à une dignité supérieure, sous le ministère libéral de MM. Ollivier et Buffet, qui promettait alors un avenir meilleur à la France, il dut céder à des obstacles imprévus, et il reçut la croix de la Légion d'Honneur, le 13 avril 1870. La paroisse de Vitel lui doit la restauration de ses deux belles églises du xve siècle, et une *Notice* intéressante sur ses antiquités, et sur ses excellentes eaux minérales, maintenant connues dans le monde entier.

CHAPPELLE (Paul-François DE), né à Begles (Gironde), le 8 juillet 1826. Il commença en 1845 ses études médicales à Bordeaux, et s'y fit recevoir externe à l'hôpital Saint-André. Inscrit à la Faculté de Paris, en 1848, il prit le grade de docteur le 15 février 1853, et après avoir heureusement soutenu une thèse sur la *Classification des glandes*. Alors il s'établit dans son pays natal où il ne tarda pas à jouir d'une avantageuse notoriété. M. le docteur de Chappelle s'est surtout occupé d'administration, sans cependant cesser jamais de pratiquer la médecine, à laquelle il se livre presque exclusivement aujourd'hui (1872). Maire de Begles depuis 1855, il a siégé au Conseil d'arrondissement, de 1861 à 1866.

CHAPUS (Eugène), né à la Pointe-à-Pitre (Guadeloupe), le 12 novembre 1802. M. Eugène Chapus vint en France en 1814, fit ses études au collége Charlemagne et se consacra à la littérature. On lui doit des travaux très-variés sur une foule de sujets : *Essai critique sur le théâtre français, publié d'après des notes anglaises* (1827); — puis des romans écrits soit seul, soit en collaboration avec des auteurs connus: *le Caprice* (2 vol., 1831); — *Titime, Histoire de l'autre monde* (1833); — *la Carte jaune, roman de Paris* (2 vol., 1836); — *Aux Bains de Dieppe* (2 vol., 1838); — cinq *Nouvelles* (1840); — *Deux heures de canapé* (1842); — *le Roman des duchesses* (1844). M. Eugène Chapus s'est fait une spécialité dans les lettres par ses écrits sur les mœurs et les usages du monde élégant. Rédacteur d'une feuille hebdomadaire : *Paris et Chantilly, Bulletin des salons, des arts, de la littérature, des théâtres et de la chasse*, il a publié : *Souvenirs de l'ancienne cour, mœurs royales au XIXe siècle* (1837); — *Théorie de l'élégance* (1844); — *les Chasses princières en France*, de 1589 à 1841 (1853); — *le Turf, ou les courses de chevaux en France et en Angleterre* (1853); — *le Sport à Paris*, où se trouve ce qui concerne toutes les sortes d'escrime, le turf, la chasse, le jeu, etc. (1854); — *les Haltes de chasse* (1857); — *la Comtesse de Brennes*, avec Léon Gozlan; — *Epsom, Chantilly et Bade* (signé Hiéron, 1860); — *Manuel de l'homme et de la femme comme il faut* (7e édit., 1862), etc. M. Chapus a fait paraître, dans la *Bibliothèque des chemins de fer*, outre plusieurs des ouvrages cités plus haut, les *Guides de Paris au Havre*, de *Paris à Dieppe*, de *Dieppe et ses environs*, etc. Il est toujours rédacteur en chef du journal *le Sport* qu'il a fondé en 1854.

CHARAVAY (Jacques), né à Lyon, le 8 août 1809. De bonne heure, il se sentit attiré vers l'étude de l'histoire, et fonda la science des autographes qui a fourni aux historiens de si précieux renseignements. Il a rédigé près de cent cinquante catalogues consultés avec fruit par les érudits, et publié, en 1847, les *Bulletins du tribunal révolutionnaire de Rhône-et-Loire*. Il a acquis, par son habileté comme expert, une réputation européenne. Il est mort à Levallois-Perret, le 23 avril 1867. — Son fils, Marin-Étienne CHARAVAY, né à Paris, le 17 avril 1848, a fait ses études à l'Ecole des Chartes et a été promu, en 1869, au rang d'archiviste-paléographe, après avoir soutenu une thèse sur le gouvernement de Louis XI en Dauphiné. Il a publié : *Notice sur Nicolas Thoynard, d'Orléans, rédigée d'après les notes de J.-Ch. Brunet* (1868); — *Étude critique sur l'affaire Vrain-Lucas et sur les moyens de reconnaître les faux autographes* (1870). M. Étienne Charavay a donné aussi (1872, une édition de la traduction de *Daphnis et Chloé* faite par Amyot, dans la collection Lemerre; il est à la tête de l'*Amateur d'autographes*, recueil de documents historiques

CHARBONNIER (Etienne-Paul), né à Marseille, le 6 décembre 1797. Elevé dans les principes les plus chrétiens, et doué, dès l'enfance, d'une charmante voix de *primo soprano*, il manifesta de bonne heure une vocation particulière pour les cérémonies du culte religieux et un goût très-prononcé pour la musique. Après quelques mois d'études vocales, il se trouvait en mesure de se faire entendre dans l'église cathédrale de la Major. Le savant organiste de cette paroisse, R. Mey, auquel il doit les premières notions d'harmonie, composa pour lui divers morceaux de chant. Admis, comme enfant de chœur, à la maîtrise de l'église métropolitaine d'Aix, il y reçut les leçons de l'abbé Michel, maître de chapelle, et chanta notamment avec un succès rare à son âge et qui dénotait un talent aussi développé que précoce, les *Lamentations de Jérémie* et le *Miserere* de Carissimi. Concurremment avec la culture de la musique sacrée, il poursuivait ses études classiques. Sa rhétorique terminée, à l'âge de 18 ans, et sa voix s'étant modifiée sous l'influence de la mue, embrassa la carrière ecclésiastique et fut aussitôt nommé sous-directeur de la maîtrise. En 1816, il entra au grand séminaire d'Aix, où il fit avec distinction une année de philosophie et quatre années de théologie. Ordonné prêtre en 1821, il sollicita vainement la faveur d'exercer le saint ministère dans quelque paroisse du diocèse, et fut maintenu à l'église Saint-Sauveur dont il devint l'organiste en 1822. M. l'abbé Charbonnier, probablement le doyen des organistes de France, est assurément l'un des plus distingués parmi ses confrères du Midi. La *Revue musicale* de M. Danjou, organiste de Notre-Dame et de Saint-Eustache de Paris, a dit de lui : « Qu'il était sans contredit l'un des plus habiles organistes du Midi, possédant parfaitement le brillant de cet instrument, le véritable genre religieux et l'art précieux autant que rare de l'accompagnement. » Il s'est tellement identifié avec l'église témoin de ses débuts dans la vie, qu'il a refusé des postes beaucoup plus lucratifs à Marseille, à Toulon, à Limoges, à Saint-Eustache de Paris dont on lui proposait l'orgue d'accompagnement, et enfin à Lyon où Mgr Bonald l'appela, en 1844, pour lui donner, non-seulement l'orgue de sa métropole, mais encore la direction de toute la manécanterie. M. l'abbé Charbonnier ne s'est pas laissé distraire, par ses travaux habituels, de ses devoirs sacerdotaux. Muni des pouvoirs de ses supérieurs, il a, pendant 25 ans, desservi une chapelle rurale aux environs d'Aix, et rempli, pendant 16 ans, les fonctions de directeur du pensionnat des religieuses de Saint-Thomas de Villeneuve. Actuellement encore (1872), il est le confesseur ordinaire des religieuses de la Visitation, aumônier et confesseur de l'œuvre de la Providence, et conserve, dans la paroisse même de Saint-Sauveur, une nombreuse clientèle spirituelle. Il est chanoine honoraire d'Aix depuis 1862. On doit au savant organiste de Saint-Sauveur les compositions suivantes : *Musique d'orgue et d'harmonium :* une foule de motifs appliqués aux cérémonies du culte, tels que graduels, offertoires, bénédictions, élévations, etc., plus de 150 petits morceaux de tous genres et dans tous les tons, et la *Marche des rois*, arrangée pour orgue et musique militaire, avec une *Adoration* chantée ; — *Musique de chant :* divers motets pour le Saint-Sacrement, tels que *Tantum ergo, O salutaris, Panis angelicus*, etc., d'autres motets latins pour différentes fêtes de l'année; des antiennes à la Sainte-Vierge, telles que *Salve regina, Alma redemptoris, Tota pulchra es Maria, Ave maris stella, Litanies,* etc.; des cantiques en français, à 2, 3 et 4 voix ; le tout avec accompagnement d'orgue ou d'harmonium ; la *Passion du dimanche des Rameaux*, et celle du *Vendredi-Saint*, avec accompagnement d'orgue, de violoncelle et de contrebasse ; — *Principes de musique par demandes et par réponses ;* — *Traité d'harmonie pratique*, à l'usage des élèves d'orgue et de piano, dont le but spécial est d'initier à l'art si difficile de l'improvisation. Beaucoup d'autres œuvres de M. l'abbé Charbonnier n'ont pas été gravées.

CHARCOT (Jean-Martin), né à Paris, le 29 novembre 1825. Elève de la Faculté de médecine de Paris, M. Charcot fut nommé interne en 1848, et chef de clinique à l'hôpital de la Charité en 1852. Lauréat de la Faculté en 1850 et de l'Assistance publique en 1851 et 1852, docteur en 1853, il fut reçu agrégé de la Faculté en 1860 et nommé médecin des hôpitaux en 1856. M. le docteur Charcot est un des professeurs les plus aimés de leurs élèves. Il est attaché, depuis 1862, à l'hospice de la Salpêtrière. Il a publié, sous forme d'articles, dans les recueils spéciaux, une foule de mémoires et de recherches sur des sujets divers, tels que : la *Goutte*, le *Rhumatisme*, les *Maladies des vieillards*, les *Maladies chroniques*, l'*Hémorrhagie* et le *Ramollissement du cerveau*, les *maladies nerveuses*, etc. Il fait paraître, avec MM. Vulpian et Brown Séquard, les *Archives de physiologie normale et pathologique*. M. le docteur Charcot est chevalier de la Légion d'Honneur depuis 1855.

CHARDON (Guillaume), né à Marat (Puy-de-Dôme), le 14 décembre 1824. M. l'abbé Chardon fit ses études classiques au petit séminaire de Verrières, dans le diocèse de Lyon, ses cours de philosophie et de théologie au grand séminaire de Montferrand, et son cours de droit canon au séminaire de Saint-Sulpice, à Paris. Ordonné prêtre, en septembre 1850, il entra à la Mission diocésaine de Clermont, et fut nommé chanoine honoraire en 1858, supérieur de la Mission en 1862, et membre du Conseil épiscopal en 1870. Durant l'invasion prussienne, il partit comme aumônier de l'ambulance du Puy-de-Dôme, dans laquelle s'enrôlèrent, avec le titre d'infirmiers, tous ses confrères de la Mission. Il exerça d'abord son ministère à l'armée de la Loire, puis alla le continuer dans les ambulances de Neuchâtel, en Suisse, pendant l'internement de l'armée de l'Est. Il fut nommé vicaire-général le 8 mai 1871, et chevalier de la Légion d'Honneur, le 13 octobre de la même année. M. l'abbé Chardon est membre titulaire de l'Académie des sciences, belles-lettres et arts de Clermont-Ferrand et fait partie de la Société météorologique du Puy-de-Dôme. Il a publié : *Mémoires d'un ange gardien*, ouvrage traduit en anglais, en allemand, en espagnol et en polonais.

CHARETON (Jean-Joseph VEYE, dit), né à Montélimar, le 8 juillet 1813. Issu d'une modeste famille de travailleurs, il donna, dès son jeune âge, des preuves d'aptitudes particulières pour les sciences exactes, et se fit recevoir à l'Ecole polytechnique, en 1832, avec le n° 8 de la liste générale. Deux ans plus tard, il entra à l'Ecole d'application du génie, d'où il fut envoyé en Afrique. Après avoir assisté au siège de Constantine, en 1837, il rentra en France et fut employé, de 1838 à 1843, aux travaux de fortification de la place d'Antibes. Retourné en Algérie à cette époque, il prit une part active aux travaux de la défense d'Alger. Nommé chef de bataillon et envoyé en Crimée, il reçut deux blessures au siège de Sébastopol ; et, cette place ayant été prise, il devint chef du service du génie. De retour en France, il dirigea les travaux du génie comme lieutenant-colonel à Lyon. Nommé colonel le 10 août 1861, il fut chargé successivement de la direction des travaux de fortication à Grenoble et ensuite à Toulon. C'est de cette dernière direction qu'il passa, lorsque éclata la guerre entre la France et l'Allemagne, au commandement du génie du cinquième corps de l'armée du Rhin, avec lequel il combattit à Bois les Dames, à Beaumont et à Sedan. Compris dans la capitulation de Sedan, fait prisonnier, et interné à Wiesbaden, M. Chareton a été promu général de brigade le 27 octobre 1870. Pendant son séjour en Allemagne, il s'est particulièrement occupé des causes de nos revers et de la réorganisation de notre armée ; et il fait partie, à l'Assemblée nationale, de la Commission chargée d'étudier cette réorganisation. Nommé membre du Conseil général de la Drôme (1861), et successivement réélu, il y donna des preuves de ses connaissances en matière de travaux publics et y contribua, par une attitude ferme et conciliante, tout à la fois, à maintenir, au Conseil général, les attributions de contrôle que lui donnait la loi sur les finances départementales. Il fut du nombre de ceux des membres du Conseil général de la Drôme qui, devançant les aspirations libérales du pays, revendiquèrent en 1869, pour les Conseils départementaux, le droit d'élire les membres de leurs bureaux. Ce fut pendant sa captivité en Allemagne et à son insu que ses concitoyens le choisirent, le 8 février 1871, pour les représenter à l'Assemblée nationale, où il siège sur les bancs de la Gauche-Modérée. M. le général Chareton est membre du Comité du génie. Il a publié : *Projet motivé de réorganisation de l'état militaire de la France* (1872). Commandeur de la Légion d'Honneur depuis le 6 mars 1867, il est en outre officier du Medjidié de Turquie, membre de l'ordre de la Valeur militaire de Piémont, et médaillé de Crimée.

CHARPENTIER (Gervais-Hélène), né à Paris, le 2 juillet 1805. Il acquit, en 1829, au Palais-Royal, la maison de détail du libraire Ladvocat, chez qui il avait été employé ; mais il la quitta, dès 1833, pour devenir exclusivement éditeur. A cette époque, la librairie française dite de *Nouveautés* avait perdu presque tous ses débouchés sur les marchés étrangers ; ses éditions y étaient remplacées par les contrefaçons de la Belgique ; et elle avait, de la sorte, été successivement amenée à restreindre le chiffre de ses tirages et à augmenter le prix de ses publications. Il en était naturellement résulté une diminution de vente en France et un surcroît de contrefaçons à l'étranger. Pour lutter victorieusement contre cette concurrence déloyale, il fallait nécessairement produire et vendre à aussi bon marché qu'elle ; mais comment y réussir lorsque les contrefacteurs n'avaient pas, comme les éditeurs français, des droits d'auteur à payer ? Le problème n'était pas facile à résoudre ; l'esprit inventif de M. Charpentier en vint à bout. Il calcula que, sur les marchés français, d'où les contrefaçons étaient exclues, les éditions originales devaient, *à prix égal*, se vendre à un nombre trois fois supérieur, et qu'à l'avantage des éditeurs français, il ne pouvait manquer d'en résulter dans la fabrication une différence de prix qui leur permettrait de rémunérer les écrivains sans dépenser plus que les contrefacteurs. L'expérience ne tarda pas à prouver la justesse de ce calcul. En même temps, M. Charpentier créait un nouveau format, dont la commodité et l'élégance ont été si bien appréciées qu'il a été adopté par les éditeurs du monde entier. M. Charpentier a fait paraître dans la *Revue nationale* quelques articles signés de lui ou de son pseudonyme *Georges Bernard*, diverses notices littéraires, et des mémoires se rattachant à la profession d'éditeur, et dont deux, entre autres, ont été remarqués : *De la prétendue propriété littéraire*, et *Sur le monopole de la vente des livres dans les gares des chemins de fer*. Il est décédé le 14 juillet 1871.

CHARPIGNON (Jules), né à Orléans, le 26 août 1815. Destiné à une carrière administrative, où un avenir brillant lui était assuré, il préféra l'étude de la médecine. Elève de l'Ecole secondaire de sa ville natale, officier de santé en 1836, bachelier ès lettres et ès sciences un peu plus tard, il prit le grade de docteur de la Faculté de Paris en 1846 et se fixa dans son pays. M. le docteur Charpignon, praticien distingué, s'est livré à l'étude des grandes questions de doctrine médicale. Médecin des prisons, du dispensaire de bienfaisance, de plusieurs Sociétés de secours mutuels, il a rendu de grands services aux ouvriers, dans l'intérêt desquels il a fait des conférences publiques sur l'hygiène. On lui doit aussi des publications sur la médecine vitaliste, dont les principales sont : *Revue d'anthropologie catholique* (1847); — *Coup d'œil sur les doctrines médicales*; — *Rapports du magnétisme avec la jurisprudence et la médecine légale* ; — *Considérations sur les maladies de la moelle épinière*; — *Physiologie, médecine et métaphysique du magnétisme*; — *Etudes sur la médecine animique et vitaliste*, ouvrage couronné par l'Académie de médecine (1862) ; — *Conseils d'hygiène*, ouvrage honoré d'une récompense par le Conseil général du Loiret (1866) ; — *Souvenirs de l'occupation allemande, théorie de l'invasion* (1872). M. le docteur Charpignon a écrit beaucoup d'articles de médecine pratique qui ont paru dans les journaux spéciaux, et d'autres ayant trait à l'histoire et à l'archéologie locale, qui ont été insérés dans les *Mémoires* de la Société des sciences d'Orléans, Société dont il est le secrétaire.

CHARPIN-FEUGEROLLES (Hippolyte-André-Suzanne, *comte* DE), né à Lyon, le 11 septembre 1816. M. le comte de Charpin-Feugerolles, qui est propriétaire du château de Feugerolles, près du Chambon-Feugerolles, est le représentant d'une famille aussi distinguée par son ancienneté que par les services qu'elle a rendus au pays. Il s'est acquis lui-même, par son caractère honorable et son dévouement aux intérêts de ses concitoyens, l'estime des habitants de l'arrondissement de Saint-Etienne. Ceux-ci lui en ont donné des preuves éclatantes en le nommant membre du Conseil général de la Loire en 1855 et 1864, et en lui donnant, en 1857 et 1869, le mandat de député au Corps législatif. M. le comte de Charpin-Feugerolles est chevalier de la Légion d'Honneur depuis le 7 novembre 1861, et chevalier de l'ordre de Saint-Jean-de-Jérusalem.

CHARTON (Édouard-Thomas), né à Sens (Yonne), le 11 mars 1807. Il fit ses études de droit à la Faculté de Paris, prit sa licence en 1827, et se consacra à la littérature. En 1829, il devint rédacteur principal du *Journal de la Société de la morale chrétienne* et du *Bulletin de la Société de l'instruction élémentaire*. Le mouvement des idées était alors très actif dans la direction des intérêts populaires, et M. Édouard Charton avait d'abord adopté les doctrines saint-simoniennes ; mais, en 1831, quand Enfantin eut fait prévaloir ses théories socialistes et théocratiques, il se retira de cette association. En 1833, il fonda le *Magasin pittoresque*, remarquable revue qui, la première, a vulgarisé la gravure sur bois, et qui est devenue, sous son habile direction, et grâce aux perfectionnements qu'il n'a cessé d'y introduire, une des plus belles et des plus curieuses publications de ce genre. Nommé secrétaire-général du ministère de l'Instruction publique, sous M. Carnot, en 1848, il fut, peu de temps après, le représentant de l'Yonne à l'Assemblée constituante, où il vota l'amendement Grévy, et proposa de ne conférer des droits électoraux qu'aux citoyens en possession d'une instruction primaire suffisante pour assurer tout à la fois l'indépendance et l'intelligence du vote. Au mois d'avril 1849, il fut élu conseiller d'État (section de législation) ; et, le 2 décembre 1851, il rentra dans la vie privée, après avoir signé la protestation contre le Coup-d'État. M. Edouard Charton a fondé et dirigé plusieurs publications périodiques illustrées: l'*Illustration*, l'*Ami de la Maison*, le *Tour du Monde*, la *Bibliothèque des Merveilles*. Il a publié : *Lettres sur Paris*, en collaboration avec M. G. Doin (1830) ; — *Guide pour le choix d'un état*, ou *Dictionnaire des professions* (1842) ; — *Doutes d'un pauvre citoyen* (1847) ; — *Les Voyageurs anciens et modernes*, ouvrage couronné par l'Académie française (1855-1857, 4 vol.) ; — *Histoire de France, depuis les temps les plus reculés*, en collaboration avec M. Bordier (1863, 2 vol.), etc. On lui doit, de plus, une foule d'articles épars dans les revues mentionnées plus haut et dans l'*Encyclopédie moderne*, le *Monde*, le *Temps*, etc. Après la révolution du 4 septembre, M. Edouard Charton a rempli les fonctions de préfet dans Seine-et-Oise, pendant l'invasion allemande, avec autant d'intelligence que de patriotique fermeté. Les électeurs de l'Yonne l'ont envoyé à l'Assemblée nationale, le 8 février 1871, et il s'y est placé sur les bancs de la Gauche avec laquelle il vote ordinairement. Il appartient à la réunion extra-parlementaire de la Gauche.

CHARTRES (Robert-Philippe-Louis-Eugène-Ferdinand d'ORLÉANS, *duc* DE), né à Paris, le 9 novembre 1840. Mgr le duc de Chartres, second fils du duc d'Orléans, dont la mort fut si déplorable et si prématurée, dut prendre avec sa famille, en 1848, le chemin de l'exil. Admis à l'Ecole militaire de Turin, il en sortit avec le n° 3, entra comme sous-lieutenant au régiment de Nice de la cavalerie piémontaise, et fit la campagne de 1859. Puis il servit dans l'armée des Etats-Unis, comme capitaine d'Etat-major de Mac-Clellan, pendant la guerre de la sécession. Après les premiers désastres infligés à nos armes, au début de notre lutte avec l'Allemagne, il s'empressa de mettre, sous le nom de Robert Lefort, son épée au service de sa patrie, devint capitaine des éclaireurs de la Seine-Inférieure, assista aux combats de Longchamps, de Morgues, d'Etrépagny, et passa, comme chef d'escadron d'Etat major, au 19e corps de l'armée de la Loire. La loi, qui rendait l'accès du territoire français aux membres de la famille d'Orléans, lui ayant permis de reprendre son nom et de faire régulariser sa position militaire, Mgr le duc de Chartres a été nommé chef d'escadron, à titre provisoire, au 3e chasseurs d'Afrique, le 15 juillet, et confirmé dans son grade au mois de décembre 1871. Avec la colonne expéditionnaire du général Saussier, il a pris part à la répression de l'insurrection indigène en Algérie ; puis il a parcouru l'extrême Sud avec la colonne du général de Lacroix. Mgr le duc de Chartres a épousé, le 11 juin 1863, sa cousine germaine, la princesse Françoise-Amélie, fille du duc de Joinville. Il a reçu, pour faits de guerre, des mains du général Chanzy, la croix de la Légion d'Honneur, le 5 mai 1871.

CHASSÉRIAU (Frédéric), né à Port-au-Prince (Saint-Domingue), le 29 février 1802. Fils du baron Chassériau, mort à Waterloo, il fut reçu à l'Ecole des beaux-arts, où il étudia l'architecture, le 5 avril 1824. Nommé inspecteur de la grande voirie de la ville de Paris le 29 décembre 1828, il donna sa démission, en 1830, pour se rendre à Alexandrie (Egypte), où il jeta les bases d'un lazaret et d'un okel consulaire en 1831. Puis il revint en France et remplit, à Marseille, les fonctions de directeur des travaux publics, de 1833 à 1839, et celles d'architecte de l'intendance sanitaire, de 1833 à 1845. Nommé architecte en chef d'Alger en 1849, M. Chassériau abandonna ses fonctions pour édifier, sur ses plans, dans cette ville, avec le concours de MM. Sarlin et Ponsard, le beau théâtre qui s'élève sur la place Bresson. En 1869, il reprit son emploi d'architecte en chef, et le conserva jusqu'en 1870, époque où il fut licencié, avec une partie de son service, par suite d'une nouvelle organisation. Parmi les autres travaux dus à cet habile architecte, on cite, à Marseille : les portes monumentales du cimetière ; l'hôpital des aliénés ; le marché des Capucins ; les parloirs du Lazaret ; les vastes hangars du Frioul ; l'hôpital des aliénés à Saint-Pierre, exécuté d'après le plan primitif de feu M. Penchaud ; à Alger : l'église d'El-Biar ; le mont-de-piété ; la façade monumentale du boulevard de la République, qui a été exécutée, à titre de front de mer, par le génie militaire ; l'abattoir, le projet de boulevard remplaçant le ravin du Centaure, aujourd'hui en cours d'exécution, la construction partielle de l'Hôtel-de-Ville, et tous les autres projets d'embellissement de la ville d'Alger pendant le cours de son service. On doit encore à M. Chassériau de nombreux édifices, parmi lesquels on distingue l'entrepôt Enoq à Marseille, la villa Saulière, le tombeau du général Morris, etc.

CHASSÉRIAU (Frédéric-Victor-Charles), né à Saint-Domingue, le 20 février 1807. Son père exerçait les fonctions de secrétaire-général de la partie de l'île restée à la France. M. Chassériau a été attaché dès sa jeunesse à une mission diplomatique dans l'Amérique méridionale, en 1823 et 1824. En 1830, il entra à la section historique des archives du ministère de la Marine et des Colonies, et ses travaux intéressants et consciencieux lui valurent, en 1839, le titre d'*historiographe*. De 1840 à 1843, l'amiral Duperré, ministre de la Marine, confia à M. Chassériau les fonctions de chef du cabinet, qu'il a remplies de nouveau après le 10 décembre 1848. Au mois de janvier 1852, M. Chassériau, qui avait été nommé maître des requêtes en service extraordinaire en 1845, fut compris dans la réorganisation du Conseil d'Etat en qualité de maître des requêtes de 1re classe en service ordinaire. Comme membre de la Commission chargée de publier la *Correspondance de Napoléon Ier*, comme membre du Conseil des prises durant la guerre d'Orient, comme membre et secrétaire des Commissions supérieures chargées d'élaborer le Code de justice militaire et le Code de justice maritime, M. Chassériau a rendu des services exceptionnels. Il a été nommé conseiller d'Etat, le 3 juillet 1857, et a fait partie de la section de la guerre, de la marine, des colonies et de l'Algérie. Membre délégué de cette section, il a siégé à l'Assemblée générale du statuant au contentieux, depuis sa nomination comme conseiller d'Etat jusqu'en 1870. On lui doit : *Précis de l'abolition de l'esclavage dans les colonies anglaises* (1840-1841) ; — *Précis historique de la marine française, son organisation et ses lois* (1845) ; — *Vie de l'amiral Duperré* (1848). Il a publié des articles très-étudiés dans *Patria*, les *Cent Traités*, le *Dictionnaire d'administration*, les *Annales maritimes* et le *Moniteur universel*, depuis 1833. Il est officier de la Légion d'Honneur depuis le 31 octobre 1849, et commandeur de l'ordre du Christ de Portugal.

CHASTAIN (Guillaume-Louis-Marie), né à Toulouse, le 12 septembre 1817. Il fit de brillantes études au petit séminaire de l'Esquile, la meilleure maison d'instruction de sa ville natale, prit les grades de bachelier ès lettres et de bachelier ès sciences mathématiques à la Faculté de Montpellier, et retourna, en qualité de professeur, dans l'établissement témoin de ses premiers succès. En même temps, il suivait, au grand séminaire, les cours de théologie. Ordonné prêtre en 1843, il demeura à l'Esquile, où il professa tour à tour les lettres et les sciences. En 1854, il entra dans la congrégation des prêtres du Sacré-Cœur, et fut maintenu dans ce séminaire, dont la direction venait d'être confiée aux membres de cette congrégation. En 1860, il prit la direction de la Communauté des clercs, maison exclusivement destinée aux jeunes lévites. Professeur, il étendit son enseignement bien au delà des limites d'une classe en publiant ses *Principes de mathématiques : arithmétique, algèbre, géométrie et trigonométrie*, ouvrage favorablement accueilli par les professeurs les plus distingués, et adopté dans plusieurs établissements. Devenu le supérieur de la Communauté des clercs, il se livra à de patientes recherches sur le chant liturgique ; et son *Essai sur la tradition du chant ecclésiastique depuis saint Grégoire*, suivi d'un *Tonal inédit de Bernon de Reicheneau*, lui fit une belle place dans le monde savant. Le ministre de l'Instruction publique, comme témoignage de haute considération, et pour fournir un aliment à son ardeur au travail, l'autorisa à garder chez lui, à Toulouse, le précieux *Manuscrit de Montpellier*. Il publia encore plusieurs brochures : *Quelques mots de réponse aux difficultés présentées par A. K.* ; — *Dernière réponse aux difficultés présentées par A. K.* ; — *Principes élémentaires sur le chant ecclésiastique*, etc. En 1870, le père Chastain mit à la disposition de l'administration de la guerre une ambulance de quarante-cinq lits, soigneusement installée dans son séminaire. La charité qu'il a déployée dans ces douloureuses circonstances et son admirable dévouement lui ont valu la décoration de la Société internationale de secours aux blessés.

CHASTENET DU CASTAING (Alphonse), né à Saint-Vincent-de-Couzenac (Dordogne), le 8 juillet 1823. Petit-fils d'un avocat distingué près le Parlement de Bordeaux, et fils d'un médecin dont la pratique a laissé les plus honorables souvenirs, il fit de brillantes études au collége de Périgueux où il remporta presque tous les premiers prix, tels que ceux de philosophie, de physique, d'histoire, d'histoire naturelle, de chimie, de mathématiques, etc., et prit le grade de licencié en droit, à la Faculté de Paris, en 1846. Inscrit au barreau de la capitale, il s'acquit bientôt, par son intégrité, ses connaissances juridiques et l'élégante facilité de sa parole, l'oreille des juges et la clientèle des honnêtes plaideurs. En 1847, il fut l'un des fondateurs des Conférences de la salle Montesquieu. Candidat à l'Assemblée constituante en 1848, dans la Charente et la Dordogne, il publia des professions de foi qui, bien qu'inspirées par des sentiments libéraux, ne lui assurèrent pourtant pas le succès. La mort de son père le ramena dans sa famille, et il se fit inscrire au tableau des avocats de Périgueux, où il s'acquit bientôt une belle clientèle, grâce à la réputation qui le précédait à ce nouveau barreau, et à la brillante manière dont il justifia cette réputation dans ses plaidoiries, au civil et au criminel. M. Chastenet du Castaing a plaidé notamment l'affaire politique de *Nathan-Lévy* et les affaires criminelles dites *Marie Pluvieux et Antoine Beau*, et *Bernard Meynier et Justice Prudence*. Il a publié, au sujet d'importantes affaires civiles, de nombreux *Mémoires* où sont traitées des questions de droit d'un grand intérêt. Nommé plusieurs fois bâtonnier de son ordre, il a refusé, sous l'Empire, toutes les candidatures qui lui ont été offertes, soit au Conseil général, soit au Corps législatif. Le 8 octobre 1871, il a été élu conseiller général par le canton de Neuvic. Enfin, il est membre de la Commission départementale qui l'a choisi pour son secrétaire.

CHATIN (Adolphe), né à Tullins (Isère), le 30 novembre 1813. M. Chatin fit ses études médicales à Paris, et y obtint le diplôme de docteur le 2 mai 1844 Docteur ès sciences depuis 1840, pharmacien en chef de l'hôpital Beaujon en 1841, de l'Hôtel-Dieu en 1859. il a été nommé, en 1848, professeur de botanique à l'École supérieure de pharmacie et est entré à l'Académie de médecine en 1853 Il a publié de nombreux travaux parmi lesquels on distingue : *Physiologie végétale* (1848) ; — *Symétrie générale des organes des végétaux* (1848) ; — *Existence de l'iode dans les plantes d'eau douce, dans l'eau, etc* (1850-1854) ; — *Vallisneria spiralis* (1855) ; — *Anatomie comparée des végétaux* (1860, publié par livraisons et accompagné de 100 pl.) ; — *Anatomie des anthères* (1866, avec 36 pl.) ; — *Monographie du cresson* (1866) ; — *Monographie de la truffe* (1869) ; — *Du sucre dans les fruits, etc.* (1870). M. Chatin est chevalier de la Légion d'Honneur depuis le 30 décembre 1855.

CHATROUSSE (Emile), né à Paris, en 1829. Entraîné vers les beaux-arts dès l'enfance, mais se trouvant, comme tant d'autres, dans une position où il n'est pas toujours permis d'obéir à sa vocation, ce ne fut qu'assez tard, et au prix de dures privations qu'il put se livrer sérieusement à ses goûts. S'étant trouvé en rapport avec Abel de Pujol, il reçut quelque temps ses conseils ; puis il entra, en 1851, dans l'atelier du statuaire Rude, dont il fut le dernier élève. Déjà marié, il ne put suivre les cours de l'École des beaux-arts et concourir pour le prix de Rome. Aussi tourna-t-il bien vite ses regards vers le salon où, dès 1853, il exposait un travail important. Depuis, constamment sur la brèche, il prit part à chaque exposition. Quoique dans un camp rival de l'Institut, il a l'honneur de voir ses premiers travaux remarqués par l'illustre compagnie, qui lui décerne, en 1857 et 1861, les prix fondés par le comte de Maillé Latour-Landry et Georges Lambert. En 1855, presque à son début, il obtient une mention honorable à l'exposition universelle ; puis, après une longue attente, en 18 3, il reçoit sa première médaille au Salon, une seconde en 1864, enfin, l'année suivante, une troisième qui le constitue hors de concours. Aux mêmes époques il remporte également plusieurs médailles dans les expositions des principales villes de France. Depuis 1852, date de son premier ouvrage, voici jusqu'à ce jour ses œuvres les plus importantes : *La poudre retourne, à la poudre et l'esprit à l'esprit*, bas relief de tombeau, bronze, à Turin ; — *La reine Hortense faisant, en 1812, l'éducation du prince Louis-Napoléon*, groupe en marbre au musée de Versailles ; — *Résignation* : « heureux ceux qui pleurent, car ils seront consolés, » statue en marbre (chapelle des morts à l'église Saint-Eustache) ; — *l'Automne*, groupe de pierre, au nouveau Louvre ; — *Héloïse et Abailard* ; *la Séduction* (la Cité, et le *Dernier adieu* (le Paraclet), groupes en marbre ; — *l'Art chrétien du moyen âge*, statue (cour du Louvre) ; — *la Renaissance faisant connaître l'antiquité*, statue en marbre, cour d'honneur de Fontainebleau ; — *Saint Gilles, solitaire du* vi[e] *siècle*, statue de pierre, au chevet de l'église Saint Leu Saint-Gilles ; — *la Petite Vendangeuse*, statue en marbre au musée de Grenoble ; — *la Comédie*, statue de pierre à la façade du théâtre du Châtelet ; — *Cérès*, statue de pierre, cour d'honneur des Tuileries ; — *la Madeleine au désert*, « *Beaucoup de péchés lui seront remis parce qu'elle a beaucoup aimé* » statue en marbre (au musée de Douai) ; — *Saint Simon apôtre*, sous les traits de l'auteur, statue de pierre, église de la Trinité ; — *J.-R. Péreire* (l'aïeul des Péreire actuels) *enseignant la parole à un jeune sourd et muet*, bas-relief appartenant à la famille ; — *Portalis, ministre des cultes en 1804*, statue colossale en marbre pour le palais du Conseil d'État ; — *la Marquise de Pompadour*, buste en marbre à Versailles (hôtel des Réservoirs) ; — *Saint Joseph*, statue en polychrome, à l'église Saint-Ambroise ; — *Source et ruisselet*, groupe en marbre (ministère des Beaux-Arts ; — *Vercingétorix et Jeanne Darc*, projet de monument dédié aux martyrs de l'indépendance nationale ; — au dernier Salon (1870), le buste en marbre du chirurgien Péan ; enfin (en cours d'exécution) un dernier groupe inspiré par les événements et promis au futur Salon : *l'Œuvre de guerre*. Sans prétendre juger ici M. Chatrousse et ses œuvres, nous pouvons dire que le choix seul de ses sujets « le distingue, comme l'a dit un éminent critique, de la plupart de ses confrères qui semblent voués à jamais au culte de l'antiquité, et que ce qui le caractérise, c'est son aspiration constante vers l'idéal moderne, son amour de la pensée primant celui de la forme. » M. Chaterousse, dont les premières pensées, dont les premiers essais avaient été pour la littérature, a signé des articles d'art dans divers journaux; mais, craignant de s'aliéner ses confrères, beaucoup plus sensibles aux critiques d'un des leurs qu'à celles des journalistes, il y renonça après l'exposition universelle de Londres, en 1862.

CHAURAND (Jean-Dominique-Bruno-Amand, *baron*), né à Lyon, le 23 mars 1813. Sa famille est l'une des plus anciennes du Vivarais; le domaine qu'il possède aux Chanels, canton de Joyeuse (Ardèche), appartenait à ses ancêtres au xive siècle, et n'a jamais cessé, depuis lors, d'être la propriété de sa famille. Son grand-père était avocat au Parlement de Toulouse; et son père a présidé le tribunal de Commerce de Lyon de 1828 à 1830. M. le baron Chaurand a fait ses études classiques au collége royal de Lyon, et son droit à Paris où il a prêté le serment professionnel le 29 décembre 1835. Pendant son séjour dans la capitale, il prit une part active aux premiers travaux de la Société de Saint Vincent-de-Paul, fondée par Ozanam, son compatriote et son ami; et, le 3 juin 1835, il fut nommé administrateur-adjoint du Bureau de bienfaisance du xiie arrondissement. Inscrit au barreau de Lyon depuis le 9 août 1836, il s'est associé à toutes les œuvres de polémique religieuse et politique de son époque. L'un des fondateurs, en 1845, de la *Gazette de Lyon*, il fut membre du conseil de rédaction et de surveillance jusqu'à la suppression autoritaire et par décret, de cette feuille, en 1860. Avec ses confrères de ce journal, il signa, en tête du numéro du 4 décembre 1851, les lignes prophétiques et courageuses que voici : « Le devoir des membres du comité de rédaction est de protester contre les événements qui s'accomplissent à Paris. Puisse notre pays, à qui notre dévouement ne fera jamais défaut, ne point avoir à subir les terribles épreuves que nous prévoyons. » M. le baron Chaurand, ancien président de la Société d'agriculture, histoire naturelle et arts utiles de Lyon, est actuellement (1872) président de la Société régionale de viticulture de la même ville et maire de Saint-Genis-Laval. Il a prononcé des discours dans des réunions charitables ou agricoles, et traité des questions de droit, de politique et d'agriculture dans plusieurs journaux, surtout dans la *Gazette de Lyon*. Elu député de l'Ardèche à l'Assemblée nationale, le 8 février 1871, il prend une large part aux travaux législatifs, soit dans les bureaux, soit dans les Commissions qu'il a plusieurs fois présidées. Il est plusieurs fois monté à la tribune, notamment pour demander la dissolution des Commissions municipales et départementales issues de la révolution du 4 septembre 1870, et pour signaler des désordres provoqués à Lyon par une fête des écoles municipales. Son rôle à la Chambre était ainsi apprécié par un adversaire politique, par *la Vérité*, dans le numéro du 31 juillet 1871 : « Le baron Chaurand est un des plus fervents soutiens de l'Extrême-Droite ; mais comme c'est, chez lui, une conviction sincère et non fardée, née du cœur, non d'un calcul politique, on le respecte et l'on s'incline devant lui. Il a du reste assez de bon sens pour ne pas tomber dans les fautes et dans les étourderies que commet si souvent son parti. » Ses nombreux voyages à Rome pour la cause du Souverain-Pontife et le concours qu'il a donné à toutes les entreprises tentées en faveur du Saint-Siége, lui ont mérité la croix de commandeur des ordres Pie et de François Ier, et celles de chevalier de Saint-Grégoire-le-Grand et de Mentana. Ses deux fils, engagés dans les zouaves pontificaux, ont pris part à la défense de Rome en 1870 ; et, rentrés en France pendant la guerre avec l'Allemagne, ils ont continué à servir dans ce corps qui, sous le nom de « légion des volontaires de l'Ouest » et le commandement du général de Charette, a glorieusement pris part aux principaux engagements de l'armée de la Loire.

CHAUSSADE (Jean), né à Saint-Setiers (Corrèze) le 19 mars 1832. Il apprit à lire, à l'âge de 19 ans, à l'école primaire de sa commune, et donna des preuves d'aptitudes si rares qu'il fut admis, en 1855, comme boursier, à l'école normale de Tulle, d'où il sortit muni d'un brevet complet. Le 20 décembre 1858, il fut nommé professeur des cours spéciaux au collége de Treignac où il enseigna également les mathématiques. Après 13 ans d'exercice, il reçut, le 4 octobre 1869, de la Commission établie près l'Académie de Clermont-Ferrand, le certificat d'aptitude aux fonctions d'inspecteur primaire. Pendant son séjour à Treignac il eut de grands succès dans son enseignement spécial et beaucoup de ses élèves obtinrent le brevet de capacité ou furent admis à l'Ecole normale de Tulle, à l'Ecole vétérinaire de Toulouse, à l'Ecole des arts-et-métiers d'Aix, dans l'administration des droits réunis, etc. M. Chaussade a été nommé inspecteur de l'instruction primaire de l'arrondissement d'Yssengeaux le 16 janvier 1872.

CHAUTARD (Joseph), né à Toulon (Var), le 25 décembre 1802 ; fils aîné du commandant de la flottille qui ramena Napoléon Ier de l'île d'Elbe. Après 1815, il dut renoncer à la carrière maritime, qu'avait si glorieusement parcourue son père, et entrer comme dessinateur dans une fabrique d'impression sur étoffes ; mais, entraîné par son goût pour les lettres, il put se faire admettre, comme rédacteur du feuilleton, dans l'*Aviso*, qui venait d'être créé à Toulon. A partir de cette époque (1827), il a successivement publié à Paris : *Deux journées de Napoléon* (1827) ; — les *Contes historiques* (2 vol.) ; et, de 1830 à 1836, il a fait jouer, sur les théâtres d'Avignon, Aix et Toulon : *Les Filles du Proscrit* (drame en trois actes) ; — *Les deux Picaros* (vaudeville), et *la Machine infernale* drame en trois actes). Il a collaboré à plusieurs journaux politiques et littéraires, et créé, en 1844, à Barcelone (Espagne), la *Cronica*, feuille périodique. Revenu à Paris en 1848, il a travaillé à la *Liberté* et fait paraître les *Nains du pouvoir*. Il fut nommé sous-préfet à Calvi (Corse) en 1849, et renonça à cet emploi pour continuer sa carrière d'homme de lettres, et publia successivement : *Golombeski* (1850) : — *le Guide au tombeau de l'Empereur*; — *l'Ile d'Elbe et les Cent jours*; — *Mémoires de Santini*. Fondateur des journaux : *La Démocratie napoléonienne*, *l'Estafette des théâtres*, *le Palais de l'Industrie* (1852 à 1857), il a collaboré, avec A. Dumas, au *Mousquetaire*, à la *Revue contemporaine* et à celle des *Arts*, et publié successivement: Le *Roi de l'Atlas*, dans l'*Omnibus*; *Tudor le Sanglant* (*Sentinelle toulonnaise*); *les Drames siciliens* (*Opinion nationale*); *Cardillac*, en collaboration avec son ami Octave Féré. De 1860 à 1861, il a fait paraître trois brochures politiques: *Guelfes et Gibelins*, les *Foudres du Vatican* et le *Spectre noir*. La première de ces brochures eut, à son apparition, un grand retentissement. Pendant toutes ces publications, il n'a cessé de correspondre avec plusieurs feuilles (étrangères ou françaises), la *Gazette de Madrid*, la *Sentinelle toulonnaise*, etc., etc. M. Chautard, membre de la Société des gens de lettres et de l'Institut historique de France, est chevalier de l'Ordre royal et militaire du Christ de Portugal.

CHAUTARD (Jules-Marie-Augustin), né à Vendôme, le 31 janvier 1826. Il se destina d'abord à la pharmacie; et, tout en travaillant dans une officine, il passa ses examens de bachelier ès lettres, ès sciences physiques et ès sciences mathématiques. Reçu, dans les premiers rangs, interne des hôpitaux de Paris, au concours de 1847, il fut attaché, en cette qualité, au laboratoire de M. Soubeyran, directeur de la pharmacie centrale. Licencié ès sciences physiques en 1848, licencié ès sciences mathématiques en 1849, M. Chautard entra, à la fin de cette même année, dans l'Université, et eut, au lycée de Vendôme, une chaire de mathématiques qu'il échangea, en 1852, contre celle de physique et de chimie. Après avoir pris son diplôme de docteur ès sciences, il fut appelé, en 1855, à la chaire de physique de la Faculté des sciences de Nancy. M. Chautard a publié un grand nombre de mémoires sur des questions de physique et surtout de chimie, insérés pour la plupart dans le *Journal de Chimie et de Pharmacie*, dans les *Comptes rendus de l'Académie des sciences* ou dans les *Recueils de l'Académie de Stanislas* de Nancy.

CHAUVEL (Théophile), né à Paris, le 2 avril 1831. Il entra à l'atelier de Picot en 1858, reçut les conseils de MM. Bellel, Aligny et Jules Laurens, et remporta le second grand prix de Rome à l'Ecole des beaux-arts, pour le paysage historique, en 1854, sur ce sujet : *Lycidas et Mœris*. Depuis 1855, époque de son début au Salon, il a exposé sans interruption des tableaux et des eaux-fortes, entre autres : *Dans la gorge aux Loups* (1859); — *Un paysage* (1859), tableau gravé sous le titre de *Solitude*; — *Dans la gorge aux loups* (eau-forte, 1864); — *Les gorges d'Apremont* (1865); — *A Fleury* (eau-forte, 1865); — *La montée* (1866); — *Un étang en Brenne*, acquis par le ministère d'Etat et donné au musée de Pau (1866); — *Souvenir de Carolles* (1867); *Solitude* (eau-forte, Exposition universelle de 1867); — *Soleil couchant* (1868); — *Au printemps* (1869); —

Environs de Pontorson, et *Environs de Port-en-Bessin* (1870). M. Chauvel a collaboré, comme graveur, à la *Gazette des Beaux-Arts*, au *Musée universel* d'Edouard Lièvre, et à la *Société des aquafortistes*, où il a publié deux cahiers d'eaux-fortes et diverses planches. Il a obtenu une médaille d'or au Salon de Paris, en 1870, pour quatre lithographies d'après Bonington, Th. Rousseau et Diaz, les premières qu'il ait exposées, et diverses médailles ou mentions aux expositions de Rouen, Melun, Montpellier et Nantes.

CHAUVET (Jérôme-Auguste-Emmanuel), né à Caen, le 12 novembre 1819. Elève au lycée de Caen, il entra à l'Ecole normale en 1839, fut reçu le premier à l'agrégation de philosophie en 1845, et prit le grade de docteur ès lettres, à la Faculté de Paris, en 1855. M. Chauvet, d'abord professeur de philosophie, successivement aux lycées de Mâcon et de Caen, a été nommé professeur à la Faculté des lettres de Rennes en 1858 et transféré, en la même qualité, à la Faculté des lettres de Caen en 1871. Il a publié : *Des théories de l'entendement humain dans l'antiquité* (1855); — *OEuvres complètes de Platon*, traduites en français, avec arguments et notes, en collaboration avec M. Amédée Saisset (1864-1865, 10 vol.); — *Sénèque, lettres à Lucilius*, traduction française avec le texte en regard, une introduction, des analyses et des notes (1865); — *De l'éducation* (1869); — *Les médecins philosophes contemporains* (1870). On lui doit, en outre, cinq mémoires sur les *Médecins philosophes de l'antiquité*, lus à l'Académie des sciences morales.

CHAUVIN (Charles), né à Rome, le 3 août 1820. Son père, M. Pierre Chauvin, paysagiste distingué, membre correspondant de l'Institut, et qui a produit des œuvres remarquables, presque toutes dispersées dans les musées et les collections d'Angleterre, et dont il ne reste en France que quelques spécimens, comme, par exemple, à Saind-Cloud et à Fontainebleau, avait longtemps habité l'Italie, où il était attaché, en qualité de peintre, à la personne du prince de Talleyrand. M. Charles Chauvin fit ses études classiques à Marseille, et, devenu orphelin de bonne heure, fut dirigé dans la carrière artistique par l'académicien Duban, son oncle, dont il suivit l'atelier et qui lui fit particulièrement étudier la décoration. Après avoir exécuté les peintures décoratives du château du duc de Luynes et de la Sainte-Chapelle de Paris, il se rendit en Italie, visita Naples, les ruines de Pompeï, et revint en France avec des études et des détails. Il exécuta au Louvre, sous la direction de M. Duban, la décoration de la salle des Sept-Cheminées, de la Salle impériale et de la Loge de Charles IX; au palais des Beaux-Arts, la reproduction de la partie décorative des Loges de Raphael, la restauration de l'Hémicycle, la décoration des salles de peinture et de sculpture de l'annexe, la décoration polychrôme de la cour du Mûrier; au château de Blois, la décoration de la salle des Etats et de la partie Louis XII. Avec M. Normand, il fit l'ornementation en peintures pompéïennes du palais romain de l'avenue Montaigne. On lui doit aussi la décoration, en style Louis XV, des appartements particuliers du ministère d'État, au Louvre. Il a restauré l'ancienne salle des Etats du Parlement, à Rennes, et décoré la chapelle du Saint-Sacrement à la cathédrale de Dôle, l'hôtel Fould et le théâtre de M. Grangé, à Paris, les galeries de la Concorde et de la Guerre, au musée d'Amiens, etc. Enfin, il a contribué à la terminaison de la décoration de la chapelle de la Vierge-d'Orsal à Notre-Dame-de-Lorette à Paris, sous la direction de M. Alphonse Périn, son ami. M. Chauvin a reçu la croix de la Légion d'Honneur en 1864.

CHAVASSIEU [de la Loire] (Laurent), né à Montbrison, le 18 octobre 1787. M. Chavassieu était connu, depuis de longues années, par ses opinions démocratiques, lorsque la révolution de Février éclata. Il fut, d'une voix unanime, investi par ses concitoyens des fonctions de maire, et figura le second sur la liste des onze représentants de la Loire à l'Assemblée constituante. Membre du Comité de l'agriculture et du Crédit foncier, on le vit presque toujours voter avec l'Extrême-Gauche et appuyer, après l'élection du 10 Décembre, la demande de mise en accusation du président et de ses ministres, à l'occasion du siége de Rome. Réélu au premier rang, pour l'Assemblée législative, il ne cessa de s'associer aux actes de ses amis politiques et repoussa avec énergie, entre autres mesures, la loi du 31 mai. Après le Coup-d'État du 2 décembre, il partagea pendant quelque temps, à Mazas, l'emprisonnement d'un grand nombre de ses collègues. Depuis cette époque, reprenant ses occupations agricoles, il est resté complétement étranger aux affaires publiques, conservant néanmoins au fond du cœur un inébranlable attachement à la foi républicaine. Son fils, M. Jean-Baptiste Chavassieu, a été élu représentant de la Loire à l'Assemblée nationale le 2 juillet 1871, et siége au Conseil général, pour le canton de Montbrison, depuis le 8 octobre de la même année.

CHAVET (Claude-Eugène), né à Lons-le-Saulnier (Jura), le 5 décembre 1816. Sa famille, qui vint habiter Lyon en 1820, le destinait au barreau ; mais, ses études terminées, il fut amené, par un cas fortuit, à entrer dans une administration. Se trouvant à Paris, en 1847, il y suivit sa véritable carrière, entra dans le journalisme et devint le directeur du journal *le Théâtre*. Depuis, il fut un des fondateurs de la *Démocratie napoléonienne* et créa le *Messager*, journal financier qui, n'étant pas cautionné, fut supprimé parce qu'on y avait inséré un article politique. M. Eugène Chavet est maintenant rédacteur en chef propriétaire de l'*Europe artiste*, journal qui jouit d'une grande autorité, surtout depuis que son directeur actuel lui a imposé la ligne qui convient le mieux à sa spécialité. Nous ajouterons, pour terminer, qu'en 1867, M. Eugène Chavet a publié, dans l'*Europe artiste*, de remarquables articles sur les produits italiens admis à l'Exposition universelle de Paris, articles qui ont été mis sous les yeux du roi Victor-Emmanuel et ont mérité à leur auteur la croix de chevalier des Saints Maurice-et-Lazare.

CHAVET (Victor-Joseph), né à Pourcieux (Var), le 22 juillet 1822. Doué de précoces dispositions pour les arts, il étudia le dessin à l'École d'Aix (en Provence), et entra, dès l'âge de 11 ans, à Servanne, dans l'atelier de Pierre Revoil, le peintre de la duchesse d'Angoulême, chez qui il travailla deux ans. En 1842, M. Chavet se rendit à Paris, tomba à la conscription, fut arraché à ses études artistiques, et rejoignit son régiment à Briançon. Mais les peintres qui l'avaient connu, Decamps, Isabey, Papety, Roqueplan, Loubon, dont il resta toujours l'ami, lui procurèrent un remplaçant. M. Chavet est membre de l'Académie d'Amsterdam. Il a exposé pour la première fois en 1846, et a obtenu trois médailles, en 1853, 1855 et 1857, et la croix de la Légion d'Honneur en 1859.

CHAVOUTIER (Jacques), né à Paris, le 1er janvier 1843. Élève de Félix Benoist et de plusieurs autres architectes, il suivit, pendant sept ans, les cours d'architecture et de construction appliquée, à l'École des arts-et-métiers et à l'École des manufactures, et divers cours publics d'enseignement supérieur. Tout en s'occupant de travaux civils, il coopéra, en 1866 et 1868, à la réorganisation des conférences littéraires et scientifiques de la rue Scribe et du boulevard des Capucines. En 1868 et 1869, il commença, avec son frère (Charles), et M. Wilfrid de Fontvielle (voir ce nom), une série de voyages scientifiques en ballon. Depuis lors, il n'a pas cessé de s'occuper activement d'aéronautique. Il est actuellement (1872), avec son frère, l'un des apôtres de la science de l'aéronautique nouvelle ; et ils ont ensemble dirigé, pendant le siége de Paris, le poste d'observation militaire, en ballon, du secteur de Vaugirard. M. Chavoutier, membre de la Société aéronautique et météorologique de France, a publié des études spéciales, entre autres le *Journal de bord aérien*. Nommé président de la Société centrale des vérificateurs en 1869, l'un des fondateurs et le secrétaire du journal *La Construction*, il a aussi collaboré au *Bâtiment* et à plusieurs autres feuilles spéciales. En 1870, il a visité l'Italie, où il a fait des études comparées de construction qui ont commencé à paraître, par article, dans divers journaux, notamment dans la *Construction*. Il concourut à la fondation de la *Tribune des progressistes* qui s'organisa pendant le siége de Paris (1870), et fut nommé l'un des secrétaires. Enfin, il avait pris la plume, lors de la découverte des anciennes Arènes de Paris, et s'était prononcé pour leur conservation.

CHÉDIEU DE ROBETHON (Pierre-Jules-Émile), né à Dangeau (Eure-et-Loir), le 16 février 1814, d'une ancienne famille protestante du Perche. M. Chédieu fit ses études au collége Sainte-Barbe (Rollin), à Paris, de 1823 à 1830, et suivit, dans la même ville, les cours de l'Ecole de droit de 1830 à 1834. Avocat à Douai depuis 1839, il s'est fait inscrire, en 1852, au barreau de la Cour impériale de Paris, où il a continué, depuis cette époque, l'exercice de sa profession. Il est l'auteur d'une traduction du *Manuel d'Epictète* (1847). Collaborateur du *Con-*

stitutionnel, de 1853 à 1868, il a publié dans ce journal de nombreux articles sur des questions de jurisprudence française et étrangère et d'économie politique, dans lesquels il défend le principe de la liberté commerciale. Le droit criminel, surtout, a fait l'objet de ses travaux ; en 1865, il a été appelé à déposer à Londres devant la commission royale d'enquête, chargée, sous la présidence de lord Stanley (aujourd'hui lord Derby), d'étudier la question de la peine de mort et de préparer les réformes qui ont été, depuis, introduites dans la législation anglaise. Sa déposition a été insérée dans le *Blue Book* publié à Londres la même année. M. Chédieu a donné des articles au *Dictionnaire général de la politique* (1863-1864), dont la seconde édition est sous presse, à la *Revue de droit international et de législation comparée*, sur la réforme du Code d'instruction criminelle (Gand, 1870), et au *Moniteur officiel*, aujourd'hui *Journal officiel*. Il est chevalier de l'ordre du Sauveur, de Grèce, depuis 1866.

CHENU (Jean-Charles), né à Metz, le 30 août 1808. M. le docteur Chenu est entré dans le service de santé militaire le 2 mars 1829, comme élève chirurgien. Il a obtenu successivement les grades de chirurgien sous-aide (3 mars 1830), d'aide-major de 2e classe (3 février 1834), d'aide-major de 1re classe (16 novembre 1841), de chirurgien-major de 2e classe (14 décembre 1848), de médecin-major de 1re classe (30 août 1853), de médecin principal de 2e classe (2 août 1848) et de médecin principal de 1re classe (6 août 1853). M. le docteur Chenu a fait plusieurs campagnes en Algérie et en Crimée ; il remplit depuis 1852 les fonctions de bibliothécaire de l'École d'application de médecine et de pharmacie militaires, au Val-de-Grâce. Comme médecin, sa science, son humanité et son dévouement sont appréciés dans l'armée ; et, comme naturaliste, sa réputation est universelle. La famille Delessert lui a confié le soin de ses riches collections botanique et conchyliologique, ainsi que l'inspection des sources ferrugineuses de Passy, qui lui appartiennent. Les nombreuses et splendides publications de M. le docteur Chenu lui ont valu les décorations de la plupart des ordres de chevalerie de l'Europe. On lui doit : *Rapport sur le choléra-morbus* (1835) ; — *Essai sur les eaux minérales, avec le précis des sources minéro-thermales connues* (1840) ; — *Essai sur l'action thérapeutique des eaux ferrugineuses de Passy* (1841) ; — *Illustrations conchyliologiques, ou Descriptions et figures de toutes les coquilles connues, vivantes et fossiles, etc.* (1842-1847) ; — *Leçons élémentaires d'histoire naturelle* (1846) ; — *Encyclopédie d'histoire naturelle* (22 vol. in-4°, 1850-1858) ; — *Chasse au chien d'arrêt* (1851) ; — *Manuel conchyliologique et de paléontologie* (1860) ; — *Du recrutement et de la population en France* (1 vol. in-4°) ; — *Campagne d'Italie, service des ambulances et hôpitaux* (2 vol. in-4° et atlas, ouvrage qui a obtenu, pour la seconde fois, le grand prix de Statistique décerné en 1867) ; — *De la mortalité dans l'armée*. M. le docteur Chenu, qui a rédigé, sur les notes de M. Adolphe Delessert, les *Souvenirs d'un voyage dans l'Inde* (1841), dirige actuellement une intéressante publication périodique d'histoire naturelle, intitulée *Les trois Règnes de la nature*. Mais son œuvre capitale est un savant et lumineux *Rapport au Conseil de santé des armées, sur les résultats du service médico-chirurgical aux ambulances de Crimée et aux hôpitaux militaires français en Turquie, pendant la campagne d'Orient* (1865). Cette remarquable publication, qui soulève des questions de médecine, de chirurgie et d'administration de l'ordre le plus élevé, est un vrai travail de bénédictin et a valu à son auteur, en 1866, le grand prix de Statistique décerné par l'Institut. M. le docteur Chenu a rempli les fonctions d'inspecteur et de directeur général des ambulances, pendant la campagne 1870-1871. Il a été promu commandeur de la Légion d'Honneur le 15 juillet 1871.

CHERGÉ (Charles-Louis-Gilbert DE), né à Poitiers, le 18 août 1814. Il fit ses études classiques dans sa ville natale et se consacra à la littérature et à l'archéologie. Doué de l'amour du travail et bientôt familier avec les finesses de notre langue la plus belle, celle d'il y a cent ans, il se fit promptement une place honorable dans le monde lettré de son département. Membre de la Société des antiquaires de l'Ouest, dès les premiers mois de sa fondation, il en fut successivement secrétaire et président (1839-1844), et publia dans les *Mémoires* et les *Bulletins* de cette Compagnie plusieurs rapports, dissertations, notices sur les hommes et les monuments de l'ancien Poitou et sur diverses questions générales ou spéciales d'archéologie qui s'y rattachent, le tout accompagné de gravures ou de lithographies exécutées par lui-même. Nommé correspondant pour les travaux historiques des ministères de l'Intérieur (1840) et de l'Instruction publique (1843), appelé aux fonctions gratuites d'inspecteur des monuments historiques du département de la Vienne (1840), il obtint, l'un des premiers (1842), la médaille décernée par le ministère à ses correspondants les plus exacts et les plus zélés. Rayé de la liste des correspondants du ministère de l'Instruction publique, lors des épurations politiques de 1852, il se renferma dans ses travaux littéraires personnels tout en continuant d'être l'un des fermes champions de la décentralisation politique et intellectuelle en France. M. Ch. de Chergé a été aussi le collaborateur de M. Beauchet-Filleau dans diverses publications, notamment pour le *Dictionnaire des familles de l'ancien Poitou*, dont les parties biographique et héraldique lui furent spécialement confiées (1838-1854). Attaché presque exclusivement à la rédaction de la presse provinciale depuis 1832, M. de Chergé a pourtant fourni des travaux à certaines publications spéciales de Paris, telles que le *Bulletin du bouquiniste*, le *Héraut d'armes*, etc. Voici les principales de ses publications : *Notice sur L'abbaye de Charroux* (1835) ; — *Notice sur le château de Richelieu* ; *Promenade archéologique dans l'Indre-et-Loire* ; *Notice archéologique sur le château et la sainte-chapelle de Champigny, dans l'Indre-et-Loire* (1836) ; — *Le château, l'église collégiale et l'hospice d'Oiron* (1838) ; — *Jean de la Haye, lieutenant-général du Poitou* (1842) ; — *Questions archéologiques trai-*

tées dans le *Congrès de Poitiers*; *Rapport d'ensemble adressé au ministère de l'Intérieur sur les monuments historiques de la Vienne* (1843); — *Note sur la voie romaine de Poitiers à Bourges*; — *Discours sur les difficultés que présente la restauration des monuments du Moyen-Age*; — *Mémoire historique sur l'abbaye de Montiernent de Poitiers* (1845), ouvrage récompensé d'une mention de l'Institut; — *Vies des saints du Poitou*; — *Histoire des congrégations religieuses d'origine poitevine*, ouvrage honoré d'une lettre de S. S. Pie IX (2 vol. 1856); — *Guide du voyageur à Poitiers*; cet ouvrage, cité par les maîtres de la science archéologique comme « modèle du genre, » a été publié en 1851, et deux fois réédité (1868, 1872), ce qui constitue, pour un livre fait en province et destiné à la province seulement, un véritable succès. Citons encore du même auteur : *Lettres d'un paysan gentilhomme sur la loi du 24 mai 1858 et le décret du 8 janvier 1859, relatif aux noms et aux titres nobiliaires* (1860); — *Droit et devoir des familles de faire restituer à leur nom son orthographe originaire et historique* (1864); et des brochures ou pétitions politiques sur les lois *électorales*, *municipales*, *départementales* et autres. L'originalité de M. de Chergé se traduit dans un mot récent qui lui appartient : il réclame, avec infiniment d'esprit, les « droits des ruraux de la pensée. »

CHÉRON (Amédée-Paul), né à Paris, le 11 mars 1819. Entré à la Bibliothèque nationale, au département des imprimés, le 1er février 1845, il a été nommé bibliothécaire le 1er juin 1868. M. Chéron a publié : quelques *Opuscules rares ou inédits*; — le *Catalogue général de la librairie française au XIXe siècle* (1852-1853); — une édition de *Manon Lescaut* (1858), des *Mémoires de Beaumarchais* (1859), des *Œuvres complètes de Boileau*, avec notes et commentaires (1861), de la *Bibliomanie*, de Bollioud-Mermet (1865). Il a fait paraître aussi, pour l'Académie des bibliophiles, dont il est l'un des fondateurs, une seconde édition de la *Bibliomanie* (1866), et une édition de *Candide* (1869). M. Paul Chéron est un des collaborateurs de la *Gazette des Beaux-Arts*, où il est chargé de la partie bibliographique.

CHÉRUEL (Pierre-Adolphe), né à Rouen, le 17 janvier 1809. Elève à l'Ecole normale supérieure en 1828, agrégé de l'Université, et professeur d'histoire au collège de Rouen en 1830, maître de conférences à l'Ecole normale en 1849, M. Chéruel, grâce à son érudition et à sa parole claire et facile, a acquis, comme professeur, une réputation qui égale sa renommée comme historien. Inspecteur de l'Académie de Paris en 1859, puis inspecteur-général de l'instruction publique, il a été nommé recteur de l'Académie de Strasbourg le 23 janvier 1866, et inspecteur-général honoraire de l'enseignement secondaire le 28 mars de la même année. M. Chéruel est membre des Académies de Rouen et de Caen et de la Société des antiquaires de Normandie, dont les *Recueils* renferment un grand nombre de ses travaux. Il est également membre honoraire du Comité des travaux historiques et des Sociétés savantes, et président honoraire de la Société littéraire de Strasbourg. Il a publié les ouvrages suivants : *Histoire de Rouen sous la domination anglaise* (1840); *Histoire de la commune de Rouen* (1844); *De l'administration de Louis XIV, d'après les Mémoires inédits d'Olivier d'Ormesson* (1849); *Histoire de l'administration monarchique en France depuis l'avènement de Philippe-Auguste jusqu'à la mort de Louis XIV* (1855); *Dictionnaire historique des institutions, mœurs et coutumes de France* (1855); *Marie Stuart et Catherine de Médicis* (1856); *Mémoires sur la vie publique et privée de Nicolas Fouquet, surintendant des finances* (1863); *Examen critique des Mémoires de Saint-Simon* (1865). De 1856 à 1858, M. Chéruel a dirigé la publication de ces *Mémoires*, faite pour la première fois d'après le manuscrit original communiqué par le général duc de Saint-Simon, et qui ne forme pas moins de vingt volumes. Comme membre du Comité de la langue, de l'histoire et des arts de la France, il a publié aussi, dans la *Collection des documents inédits sur l'Histoire de France*, le *Journal d'Olivier d'Ormesson* (1856). M. Chéruel est recteur de l'Académie de Poitiers depuis le 20 août 1870. Il a été nommé chevalier de la Légion d'Honneur le 27 avril 1845 et promu officier le 14 août 1863.

CHERVILLE (Gaspard-Georges Pécow, *marquis* de), né à Chartres, le 11 décembre 1821. Un des plus assidus collaborateurs d'Alexandre Dumas, M. de Cherville a publié avec celui-ci de 1857 à 1864 : *Le lièvre de mon grand-père*; — *Le meneur de loups* (3 vol.); — *Le Chasseur de Sauvagine* (2 vol.); — *La maison Combet*; — *Black* (4 vol.); — *Les Louves de Machecoul* (10 vol.); — *Le père la Rime*; — *La marquise d'Escoman* (2 vol.); — *Parisiens et Provinciaux* (4 vol.); — *La marquise de Chamblay* (2 vol.); — *Le médecin de Sava* (4 vol.). Un des plus féconds de nos écrivains cynégétiques, il a comme rédacteur en chef de la *Vie à la campagne*, fourni beaucoup d'articles à cette magnifique publication, et pris une part importante à la rédaction du *Journal des Chasseurs* auquel il a donné plusieurs romans publiés depuis sous le titre de : *Les veillées de Saint-Hubert*. Il est aussi l'un des collaborateurs de la *Chasse illustrée*. Enfin, il a publié les *Aventures d'un chien de chasse*, l'*Histoire d'un trop bon chien*, *Pauvres bêtes et pauvres gens*, et un *Traité général des chasses* (2 vol.). M. de Cherville est un des rédacteurs assidus du journal *Le Temps*.

CHERVIN (Claudius), né à Bourg-de-Thizy (Rhône), le 4 août 1824. M. Claudius Chervin a fait ses études à l'Ecole normale primaire du Rhône, y a obtenu le brevet supérieur, et s'est destiné à l'enseignement. Instituteur communal à Albigny, près Neuville-sur-Saône, et bientôt après à Lyon, où il a professé pendant vingt ans, il a publié un grand nombre d'ouvrages classiques, où l'on remarque spécialement le caractère de simplicité qui convient à ce genre d'écrit. Sous le pseudonyme de Claudius Framinet, il a fait aussi paraître, pendant quatre ans, la *Muse des Familles*, journal tout en vers inédits, avec la collaboration de beaucoup d'écrivains connus, et notamment de MM. Legouvé et Viennet. Dès son début dans la carrière de l'instruction publique, en 1844, M. Chervin rencontra un enfant atteint d'un bégaiement très-prononcé qui l'empêchait de réciter ses leçons et de répondre aux interrogations de la classe. Il résolut de combattre l'infirmité de cet élève par des exercices de langage, et sa vocation fut ainsi décidée. Alors il étudia avec soin l'anatomie et la physiologie des agents de la parole, avec le docteur Duplat ; et, depuis, enrichissant d'année en année sa méthode d'observations nouvelles, il s'est constamment occupé de la guérison du bégaiement, du balbutiement, de la blésité, du grasseyement, et de tous les autres vices de prononciation. La base de sa méthode est l'imitation. L'élève doit arriver, en combattant une mauvaise habitude, à en acquérir une bonne, c'est-à-dire, par une nouvelle éducation des organes et de la pensée, un nouvel emploi de l'instrument vocal et de l'instrument intellectuel, arriver, disons-nous, à s'approprier la diction du maître. Cette méthode écarte naturellement toute intervention médicale ou chirurgicale. « La *guérison des bègues*, par la méthode Chervin, ne comporte ni remède, ni opération, ni l'emploi d'aucun instrument dans la bouche. Cette méthode est basée sur les règles ordinaires de la prononciation : c'est la méthode de Démosthènes, moins les *cailloux*, professée avec une grande intelligence et une grande expérience de l'enseignement. Par une imitation attentive et constante, l'élève arrive à s'approprier la diction du professeur ; l'exercice le fortifie dans cette nouvelle manière de parler, qui devient pour lui facile et naturelle. Le cours dure vingt jours. La première semaine est employée à rompre avec le bégaiement ; la seconde, à contracter un langage facile et naturel ; la troisième, à fortifier ce nouveau langage. » Sur le vu de plusieurs rapports favorables, émanés d'autorités scientifiques et médicales, M. Chervin obtint, pour continuer son œuvre philanthropique, des subventions qui lui furent accordées par le Conseil général du Rhône, en 1865, le Conseil municipal de Lyon, en 1866, le ministre de l'Instruction publique, en 1867, et le Conseil municipal de Marseille, en 1868. Il fonda, en 1867, avec le concours de M. Duruy, ministre de l'Instruction publique, l'*Institution des bègues*, de Paris. Cette importante création, qui est venue combler une lacune regrettable, laissée à côté des institutions des sourds-muets et des aveugles, a des succursales à Lyon, Marseille, Madrid, Bruxelles, Londres et Saint-Pétersbourg. En 1869, il fonda la *Société de bienfaisance pour l'enseignement gratuit des bègues indigents*. Représentant de la Société d'assistance pour les aveugles et les sourds-muets, au congrès de Saint-Étienne, il y a présenté un mémoire scientifique. Comme délégué de la Société littéraire de Lyon, à la Réunion des Sociétés savantes, il a lu, en Sorbonne, quatre mémoires concernant sa spécialité et l'enseignement des sourds-muets, en 1864, 1865, 1866 et 1870. Dans ses divers enseignements aux parlants, aux muets et aux bègues, il fut toujours admirablement secondé par sa femme, née Louise-Félicie Petiot, de Simard (Saône-et-Loire), aussi bonne que belle et intelligente, qu'il épousa en 1849, et qu'il vient de perdre prématurément. Les anciens élèves de cette dame, aujourd'hui représentée par MM. Chervin fils et frère, qui ont hérité de son cœur et de son intelligent dévouement, se sont cotisés pour commander, en souvenir d'elle, son buste en bronze, grandeur naturelle, à l'habile statuaire Georges Clère. M. Chervin est membre d'un grand nombre de Sociétés académiques, littéraires, d'éducation ou de statistique, il a reçu plusieurs médailles d'or et d'argent, et a été nommé officier d'Académie en 1864.

CHÉRY (Jean-Jules), né à Metz, en 1817. M. Chéry, suivant sa vocation qui l'attirait vers le théâtre, s'exerça pendant une année sur une scène de banlieue, et entra au Conservatoire, en 1844, dans la classe de Beauvallet. Au mois de mai 1846, il débuta à l'Odéon, sous le pseudonyme d'Étienne, dans les rôles les plus divers de l'ancien répertoire, tels que ceux d'*Oreste* et de *Tartuffe*, et fit preuve de qualités si réelles qu'il fut immédiatement engagé au Théâtre-Français (1er juin). Depuis cette époque, il a tenu, sur la première scène française, presque tous les emplois : amoureux, premiers rôles, financiers, etc. ; et maintenant il double M. Maubant dans les pères-nobles et les raisonneurs. C'est dans le répertoire tragique de l'ancien théâtre qu'il a obtenu ses meilleurs succès ; et le public des Français l'a surtout applaudi dans les rôles d'Hippolyte, de Thésée, de Cinna, d'Ulysse, de Théramène, etc. Dans le répertoire moderne, il a joué également avec bonheur les rôles de Philippe II, de Michonnet, de Desroncerets, de Michel Forestier, et a fait la remarquable création de Tirésias dans *Œdipe-Roi*, etc. M. Chéry est un de ces artistes consciencieux qui se rendent à peu près indispensables par la variété de leurs aptitudes, le soin scrupuleux qu'ils apportent à l'étude des personnages, et leur inaltérable complaisance. Rachel le tenait en haute estime ; et il était, grâce à ses connaissances scéniques, l'un des pivots de la troupe spéciale qui accompagnait la grande artiste dans ses pérégrinations en province.

CHESNEAU (Ernest), né à Rouen, le 9 avril 1833. Il fit ses études classiques au collége de Versailles. Après avoir passé quatre ans comme engagé volontaire au 2e hussards, il vint à Paris en 1855, se consacra à la littérature, entra comme rédacteur au musée du Louvre, et fut nommé inspecteur des beaux-arts au mois de juillet 1869. En même temps il rédigeait la chronique artistique dans des journeaux et écrits périodiques parmi lesquels nous citerons la *Revue des Deux-Mondes*, la *Revue européenne*, l'*Opinion nationale*, le *Constitutionnel*, etc., et publia pendant le siége de Paris des articles politiques dans le *Peuple français*. On lui doit : *Les intérêts populaires dans l'art, la vérité sur le Louvre, le musée Napoléon III, etc.* (1862) ; — *La peinture française au XIXe siècle, David, Gros, Géricault, Decamps, Meissonier, Ingres, H. Flandrin et Eug. Delacroix* (1862) ; — *L'art et les artistes modernes en France et en Angleterre* (1863) ; — *Le décret du 13 novembre et l'Académie des beaux-arts* (1864) ; — *Les nations rivales dans l'art*, revue critique de l'Exposition universelle de 1867 et le *Rapport officiel du Jury sur les classes des beaux-arts* à la même Exposition. M. Chesneau a reçu la croix de la Légion d'Honneur le 14 août 1865. Il a donné sa démission comme inspecteur des Beaux-Arts, le 5 septembre 1870.

CHESNELONG (Pierre-Charles), né à Orthez, le 14 avril 1820. Après avoir fait ses études classiques au collége de Pau, il a pris, à la suite de son père, en 1857, la direction d'une importante maison de commerce dans son pays natal. En 1852, ses concitoyens lui ont donné un siége au Conseil général des Basses-Pyrénées, dont il a été secrétaire en 1865; et il a été nommé maire d'Orthez en 1855. M. Chesnelong s'est présenté avec succès, pour la députation, dans une élection partielle, et a été envoyé au Corps législatif, en 1859, par la 2ᵉ circonscription de son département. Dès son entrée à la Chambre, il s'est affirmé comme un défenseur chaleureux des idées catholiques et comme un orateur très-versé dans la discussion des matières de comptabilité et de budget. Il a été réélu en 1863 et 1869; et, le 7 janvier 1872, dans une élection complémentaire, ses anciens commettants l'ont encore envoyé à l'Assemblée nationale, où il a pris place dans les rangs du Centre-Droit. M. Chesnelong est officier de la Légion-d'Honneur depuis 1867.

CHEUCLE (André-Hubert), né à Monistrol-sur-Loire, le 27 avril 1804. Il se consacra à l'état ecclésiastique, fit ses études classiques au petit séminaire de Monistrol, ses études théologiques au grand séminaire du Puy, et fut ordonné prêtre en 1828. D'abord professeur au petit séminaire de la Chartreuse, près le Puy, il fut nommé vicaire à Monistrol en 1829, et curé d'Yssengeaux (Haute-Loire) en 1839. M. l'abbé Cheucle a su se concilier l'affection et l'estime de ses paroissiens en s'occupant, avec une constante sollicitude, de l'instruction des enfants, et en fondant, dans tous les villages de son immense paroisse, des maisons d'école dirigées par des sœurs dites « de l'instruction. » Il a fondé également (1862), une maison de religieuses Franciscaines qui s'occupent exclusivement des malades, et surtout des malades pauvres. Sur une des places principales d'Yssengeaux, il a fait ériger, en 1862, une statue colossale de saint Pierre, due au ciseau du sculpteur Cubirolle, auquel on doit également plusieurs statues décoratives pour l'église paroissiale. M. l'abbé Cheucle est chevalier de la Légion d'Honneur depuis le 9 juillet 1862.

CHEVALIER (Louis-Marie-Arthur), né à Paris, le 15 mars 1830. Petit-fils et fils de Vincent Chevalier et de Charles Chevalier, dont les travaux sur le microscope, les lunettes, la photographie sont universellement connus, il prit, à la mort de son père, le 21 novembre 1859, la direction de son important établissement fondé, en 1760, par son bisaïeul. On lui doit l'invention ou le perfectionnement d'une foule d'instruments d'optique parmi lesquels nous citerons: Nouveau mégascope, pour l'amplification des images photographiques appliquées à l'anatomie; Chambre claire pour le microscope; nouveaux modèles de Microscopes pour l'anatomie végétale et animale; Instruments et Méthodes pour la préparation et la conservation des objets microscopiques. Ses travaux relatifs aux lunettes et à la vision sont aussi très-importants. Il a précisé les meilleures méthodes pour la construction des lunettes, et tracé les règles à suivre pour l'emploi des verres dans les différentes affections visuelles, et inventé: le Visiomètre universel, l'Ophthalmoscope achromatique, l'Axomètre, le Pupillomètre ou Strabomètre, une nouvelle graduation de Verres pour cataractes, le Bésiclomètre, etc. En 1864, il a présenté au Sénat une pétition relative à la réglementation de la vente des verres de lunettes, afin d'éviter les erreurs si préjudiciables à l'humanité. M. Arthur Chevalier a publié: *Etude sur la vie et les travaux de Charles Chevalier* (1860); — *Méthode des portraits grandeur naturelle* (1862); — *l'Art de l'opticien* (1863); — *Hygiène de la vue* (3ᵉ édit., avec fig. noires et color. 1864); — *l'Etudiant micrographe; traité pratique du microscope*, avec atlas de 300 infusoires (2ᵉ édit., 1865); — *le Trichinoscope, étude sur les trichines* (1866); — *l'Etudiant photographe, traité pratique de photographie* (1866, avec fig.); — *l'Etudiant oculiste, traité pratique du choix des lunettes et de l'examen de l'œil* (1868, avec fig.); — *l'Art de conserver la vue* (avec fig., 3ᵉ édit., 1869); — *Notice historique et curieuse sur la plus ancienne maison Chevalier, opticien* (1872). M. Arthur Chevalier, nommé officier d'Académie le 15 août 1870, est en outre officier de l'ordre des Saints-Maurice et Lazare et chevalier de l'ordre royal de la Couronne d'Italie. Membre de la Société royale des sciences médicales et naturelles de Bruxelles et de plusieurs Sociétés savantes, honoré de médailles de 1ʳᵉ classe dans les expositions françaises et étrangères, il a reçu, en mai 1870, le diplôme de docteur en philosophie de l'ancienne Université de Rostock.

CHEVALIER (Michel), né à Limoges, le 13 janvier 1806. Comme la plupart des hommes éminents de notre époque et de notre pays, M. Michel Chevalier est fils de ses œuvres. Elève de l'Ecole polytechnique en 1824, puis de l'Ecole des mines, il était ingénieur dans le département du Nord au moment de la révolution de Juillet. Il embrassa alors avec l'ardeur de la jeunesse la doctrine saint-simonienne, et les articles remarquables qu'il donna à l'*Organisateur* lui valurent la direction du *Globe*. Une condamnation qui le frappa en 1832, comme gérant de ce journal, vint modifier ses idées d'une manière salutaire. Le gouvernement lui confia, en 1833, une mission aux Etats-Unis, dans le but d'y étudier le système des voies ferrées dont l'Amérique du Nord possédait déjà une notable quantité. Le résultat de cette étude fut consigné dans un ouvrage intitulé: *Histoire et description des voies de communication aux Etats-Unis, et les travaux qui en dépendent*, imprimé en 1840; il avait publié en 1836, sous le titre de *Lettres sur l'Amérique du Nord*, un livre qui produisit une grande sensation et qui peut être considéré comme un traité de la civilisation des peuples occidentaux. A cette occasion, il visita aussi le Mexique et l'île de Cuba. En 1837, M. Michel Chevalier eut une nouvelle mission, en Angleterre, à l'occasion d'une crise commerciale qui avait éclaté dans ce pays. Il y éprouva un accident où il faillit perdre la vie. L'année suivante, il publia, sous ce titre : *Des intérêts matériels en France*, un ouvrage où il proposa le réseau des chemins de fer à exécuter en France, tel qu'il le concevait. C'est le plan qui fut adopté les années suivantes. Dès cette époque, il eut une position officielle en rapport avec les services qu'il avait déjà rendus, et qui marqua ses premiers pas dans la carrière d'honneurs qu'il a parcourue. Maître des requêtes, conseiller d'Etat, membre du Conseil supérieur du commerce, il succéda, en 1840, au célèbre et infortuné Rossi comme professeur d'économie politique au Collége de France. Il fut nommé ingénieur en chef des mines en 1841, et député de l'Aveyron en 1845. En 1848, il combattit avec énergie et courage, dans la *Revue des Deux-Mondes*, dès le 15 mars, et, presque en même temps, dans le *Journal des Débats*, les doctrines socialistes, et opposa aux systèmes radicaux des Louis Blanc, des Cabet, des Owen, les théories économiques dont il était l'interprète éloquent et convaincu. Le Gouvernement provisoire lui retira sa chaire du Collége de France, mais elle lui fut rendue quelques mois après, sous l'administration du général Cavaignac. M. Michel Chevalier fut élu membre de l'Académie des sciences morales et politiques en 1851, et rentra au Conseil d'Etat en 1852. Le principal titre d'honneur de l'éminent économiste est d'avoir lutté de toutes les forces de son talent pour préparer en France, de concert avec l'illustre Cobden, l'avénement de la liberté commerciale, inaugurée par le traité de commerce de 1860. Ce traité que les deux amis avaient projeté fut, par leurs soins, accepté du gouvernement anglais représenté par M. Gladstone. Ils vinrent ensuite le proposer à l'empereur qui s'empressa d'y donner son assentement. Ce triomphe valut à M. Michel Chevalier la dignité de sénateur. Il a pris une part active à toutes les expositions de l'industrie. A celle de Londres, de 1862, il fut élu président des jurés français. En cette qualité, il imprima une grande activité au jury pour la rédaction et la publication du rapport qui parut en novembre 1862, de même qu'à l'Exposition de Paris en 1867. Le rapport, fait alors sous sa direction, forme 13 gros volumes. Il y a joint une *Introduction* qui a été fort remarquée. Indépendamment des ouvrages déjà mentionnés, nous citerons: *Cours d'économie politique* (1843-1850) ; — *Essais de politique industrielle* (1843) ; — *L'isthme de Panama* (1844) ; — *Lettres sur l'organisation du travail* (1848) ; — *La Liberté aux Etats-Unis* (1840) ; — *Examen du système protecteur* (1851) ; — *La question de l'or* (1853) ; — *Introduction au rapport des jurés français sur l'Exposition de 1862* ; — *Le Mexique ancien et moderne* ; — *Traité de la monnaie* (1866), — et un grand nombre d'études insérées dans le *Journal des Débats*, la *Revue des Deux-Mondes*, le *Journal des Economistes*, le *Dictionnaire d'Economie politique*, etc. Il est grand officier de la Légion d'Honneur (1er janvier 1861) et grand croix de l'Aigle rouge de Prusse, de Sainte-Anne et de l'ordre de Stanislas de Russie, de l'Etoile polaire de Suède, de la Couronne de fer d'Autriche, de l'ordre de la Rose du Brésil, de l'ordre de Frédéric de Wurtemberg, etc.

CHEVANDIER DE VALDROME (Jean-Auguste), né à Lyon le 3 juillet 1781. M. Chevandier de Valdrôme a créé, en partie, et longtemps dirigé les belles usines de glaces de Saint-Quirin et Cirey, dont il présidait le Conseil d'administration. Il a été l'un des fondateurs de l'entreprise du chemin de fer de Paris à Strasbourg. Membre du Conseil général de la Meurthe, il fut élu député par le collége électoral de Sarrebourg en 1831 et conserva son mandat jusqu'au 3 octobre 1837, époque où il fut appelé à la Chambre des pairs. Après la révolution de 1848, M. Chevandier de Valdrôme a renoncé complétement à la vie publique et s'est retiré dans ses propriétés de Sainte-Catherine-aux-Bois, où il est mort, le 6 octobre 1865, entouré de l'estime et des regrets de tous ceux qui ont pu apprécier les hautes qualités de son cœur et de son esprit. Il avait été nommé chevalier de la Légion d'Honneur le 30 mai 1837.

CHEVANDIER DE VALDROME (Jean-Pierre-Eugène-Napoléon), né à Saint-Quirin, le 15 août 1810 ; fils du précédent. Admis à l'Ecole centrale des arts et manufactures en 1831, il y a rempli les fonctions de répétiteur de géométrie descriptive, de mathématiques et de chimie, et a été nommé, à sa sortie, directeur des travaux du laboratoire de chimie. Mais, ayant renoncé à l'enseignement scientifique pour l'industrie, il s'occupa de la fabrication des glaces, et dirigea, jusqu'en 1860, la manufacture des glaces de Cirey et celle de Mannheim, qu'il avait fait construire. M. Chevandier de Valdrôme est membre du Conseil d'administration des manufactures de glaces et produits chimiques de Saint-Gobain, Chauny et Cirey, et de celui de la Compagnie des chemins de fer de l'Est. Membre correspondant de l'Académie des sciences, membre titulaire de la Société centrale d'agriculture de Paris et de la Société des naturalistes de Moscou, il a publié divers travaux de chimie, de physique et d'histoire naturelle, relatifs à la sylviculture, à la production et à l'emploi des bois. M. Chevandier de Valdrôme est membre du Conseil général de la Meurthe depuis 1848. Elu député en 1859, réélu en 1863 et en 1869, il a pris une part active aux travaux de la Chambre, surtout dans le sein des Commissions, où sa compétence en certaines matières le faisait appeler. Il a été rapporteur des lois relatives au reboisement des montagnes, aux routes forestières, à l'exportation des écorces à tan et des bois à feu, à l'Exposition universelle de 1862, au gazonnement des montagnes, etc. M. Chevandier de Valdrôme a été, en outre, secrétaire de la Commission du budget, et enfin, ministre de l'Intérieur, du 2 janvier au 10 août 1870. Il est commandeur de la Légion d'Honneur depuis le 14 août 1869.

CHEVREAU (Jules-Henri), né à Belleville (Seine), le 28 avril 1823 ; fils de M. Chevreau, député au Corps législatif, mort en 1854. M. Chevreau s'occupait de travaux littéraires au moment où la révolution de Février vint changer le cours de ses idées. Il se présenta comme candidat, mais sans succès, aux élections pour l'Assemblée constituante. Lancé alors dans la voie de la politique, il fut l'un des promoteurs les plus fervents et les plus actifs de la candidature du prince Louis-Napoléon à la présidence de la République. Nommé préfet de l'Ardèche le 10 janvier 1849, il s'y concilia tant de sympathies par son intelligence, sa modération et sa fermeté, qu'immédiatement après son départ il fut élu dans trois cantons et à l'unanimité membre du Conseil général, dont il devint président en 1852 et 1853. Appelé au ministère de l'Intérieur, en 1852, en qualité de secrétaire-général, il échangea ce titre quelque temps après contre celui de directeur-général du personnel, fut nommé conseiller d'Etat hors sections, et soutint, en 1853, devant le Corps législatif, le projet de budget de ce ministère. Il quitta bientôt cette position, par suite de divergences de vues avec le ministre, M. de Persigny, qui lui confia néanmoins la préfecture de la Loire-Inférieure. La distinction avec laquelle il administra ce département pendant onze ans lui valut de succéder à M. Vaïsse comme préfet du Rhône (12 septembre 1864) et comme sénateur (15 mars 1865), et à M. Haussmann comme préfet de la Seine (10 janvier 1870). — M. Henri Chevreau a été ministre de l'Intérieur depuis le 10 août jusqu'au 4 Septembre 1870. Il est grand-officier de la Légion d'Honneur du 13 août 1861.

CHEVREAU (Théophile-Léon), né à Saint-Mandé (Seine), le 3 octobre 1827; frère du précédent. M. Léon Chevreau a été associé de bonne heure aux travaux administratifs de son frère. Chef du cabinet du préfet de l'Ardèche en 1849, sous-préfet de Forcalquier en 1851, sous-préfet du Havre en 1852, il fut nommé préfet de l'Ardèche dès 1853 et préfet de la Sarthe en 1857. Il a occupé la préfecture de l'Oise depuis le 10 janvier 1860 jusqu'au 13 août 1870, époque où il fut nommé directeur-général du personnel au ministère de l'Intérieur et conseiller d'Etat hors sections. Ce rapide avancement témoigne hautement en faveur du mérite de M. Léon Chevreau, qui a été créé chevalier de la Légion d'Honneur le 7 août 1852, officier le 15 août 1862 et commandeur le 22 novembre 1868.

CHILARD (Bernardin-Louis), né à Valognes (Manche), le 30 novembre 1809. Ses études classiques terminées au collége de sa ville natale, il entra au grand séminaire d'Evreux en 1829, et se rendit à Paris après la révolution de 1830. Tout en remplissant, auprès de plusieurs familles des plus honorables, les fonctions de précepteur, il ne perdit pas de vue l'état ecclésiastique, pour lequel il se sentait une sérieuse vocation. Privé, presque entièrement, de l'usage de sa main droite, par un accident terrible, en 1832, il dut aller solliciter, à Rome, une dispense du Saint-Père. Le pape Grégoire XVI l'ayant reçu avec la plus grande bonté et lui ayant octroyé l'autorisation nécessaire, il acheva son cours de théologie au grand séminaire d'Evreux, reçut la prêtrise le 23 octobre 1842, et fut successivement professeur et directeur au séminaire de Saint-Aquilin, desservant de la chapelle de Saint-Joseph, et économe-administrateur des établissements diocésains. Honoré de la mosette de chanoine honoraire le 6 août 1846, il devint secrétaire-particulier et aumônier de Mgr Olivier, maître des cérémonies de la cathédrale, et trésorier de l'œuvre diocésaine et de la caisse de secours des prêtres âgés et infirmes. Nommé curé de Saint-Sébastien de Morsent, en avril 1848, il refusa des postes plus importants et plus avantageux jusqu'en 1855, époque où il entra dans l'armée, en qualité d'aumônier militaire, fit la campagne d'Orient, se distingua par son dévouement pendant l'épidémie cholérique dans les hôpitaux de Constantinople et les ambulances de Crimée, et assista au bombardement et à la prise de Sébastopol. En 1856, il prit la cure de Neauflès-Saint-Martin, près Gisors; mais, l'année suivante, il revint à Saint-Sébastien, son église de prédilection. Aumônier militaire pendant la campagne d'Italie, il fit preuve de zèle et de courage à Brescia, Milan, Solférino. A la suite de cette dernière bataille, il fut proposé, par le général d'Autemarre, pour les ordres de la Légion d'Honneur et des Saints-Maurice et Lazare. Nommé aumônier supérieur du 6e corps de l'armée du Rhin, commandé par le maréchal Canrobert, en juillet 1870, il se rendit à Châlons, puis à Metz, assista à la bataille de Gravelotte-Rézonville, ainsi qu'à tous les combats livrés durant le blocus de la forteresse, prodigua les secours et les consolations de la religion aux soldats dont il partageait les misères et les souffrances, et sollicita vainement après la capitulation de Metz, la permission de suivre nos prisonniers en Allemagne. M. l'abbé Chilard a repris, en 1870, possession de sa cure de Saint-Sébastien. Il a reçu la croix de la Légion d'Honneur, pour sa belle conduite à la guerre, le 30 septembre 1870, et porte les médailles de Crimée et d'Italie.

CHOISEUL-PRASLIN (Eugène-Antoine-Horace, comte DE), né à Paris, le 23 février 1837. Entré dans la marine en 1853, il s'engagea, en 1854, dans le 1er régiment de hussards, et fit la guerre de Crimée et celle d'Italie où il était porte-fanion du général Espinasse. Démissionnaire en 1866, il se consacra aux intérêts publics, représenta le canton de Melun au Conseil général de Seine-et-Marne en 1867, prit les fonctions de maire de la commune de Maincy, et fut élu député de la 1re circonscription de son département, au 2e tour de scrutin, comme candidat d'opposition, aux élections générales de 1869. Pendant le siége de Paris, M. le comte de Choiseul-Praslin commanda le 96e bataillon de la garde nationale. Elu, le premier des sept représentants de Seine-et-Marne à l'Assemblée nationale, le 8 février 1871, il a pris place dans les rangs de la Gauche modérée et a été désigné, peu de temps après, comme ministre plénipotentiaire de France en Italie. M. le comte de Choiseul-Praslin, décoré de la médaille militaire en Crimée, a reçu la croix de chevalier de la Légion d'Honneur à Magenta (1859).

CHOLER (Adolphe), né à Paris en 1824. Ses études classiques terminées, il se consacra tout aussitôt à la littérature dramatique, et ne tarda pas à se faire dans le genre comique une avantageuse réputation. En collaboration avec des auteurs connus, tels que MM. Labiche, René

Desarbres, Siraudin, Lambert Thiboust, M. Michel, Delacour, Saint-Yves, Henri Rochefort, etc., il fit jouer : *Les marquises de la Fourchette* (1854); — *Un cœur qui parle* (1855); — *Le Fils de la Belle au bois dormant* (1858); — *Les Méli-mélo de la rue Meslay*, et *Les amoureux de la bourgeoise* (1859); — *Fou-Yo-Po*, et *Comme on gâte sa vie* (1860); — *Bébéatrice*, et *Deux nez sur une piste* (1861); — *Un avocat du beau sexe* (1862); — *Les pinceaux d'Héloïse* et *La vieillesse de Brididi* (1863); — *Une femme dégelée*; — *Le procès de Van Horn* (1863); — *Un pied dans le crime* (1866); — *Les chemins de fer* (1867); — *Mademoiselle Pacifique* (1868), etc. M. Choler a prêté son concours anonyme à beaucoup d'écrivains, tels que MM. Dennery, Dumanoir, Cogniard, etc. Sous son nom seul, il a donné au théâtre : *Six demoiselles à marier*, opérette bouffe, musique de M. Delibes (1857) ; — *Les finesses de Bouchavannes* (1862), etc.

CHOQUE (Emmanuel-Louis-Joseph), né à Douai, le 15 septembre 1806. Après avoir fait d'excellentes études et pris le grade de docteur en droit à la Faculté de Paris (1839), M. Choque se consacra au notariat. Élu député par le collège électoral de Douai, en 1845, il siégea sur les bancs de l'opposition constitutionnelle. Il perdit son mandat en 1846; mais, en 1848, il fut envoyé à l'Assemblée constituante où il joua un rôle important. D'abord il soutint la politique de Cavaignac et vota pour la suppression des clubs, le maintien du remplacement militaire, les lois organiques, les deux Chambres, le Crédit foncier, la circulation des écrits pendant la période des élections, etc.; puis, par une pente logique, il adopta la politique de l'Élysée qui défendait les grands principes de l'ordre. Réélu en mai 1849 à l'Assemblée législative, M. Choque a été choisi comme député de la sixième circonscription du département du Nord en 1852 et en 1857. Membre du Conseil général de son département depuis 1839, il a été nommé chevalier de la Légion d'Honneur le 6 août 1860.

CHOUSSY (Joseph-Édouard), né à Cusset (Allier), le 19 février 1824. Tous ses ancêtres, jusqu'à son bisaïeul, ont été notaires dans l'Auvergne. Déjà, sous Louis-le-Gros, des Choussy étaient échevins à Billom ; et l'un d'eux, même, fut secrétaire de Charles VII. Cette famille, selon l'armorial général, porte d'or à deux bandes de sinople. Destiné d'abord, par sa famille, au barreau, M. Choussy préféra entrer dans l'administration de l'enregistrement et des domaines, fut nommé receveur à Bougy (Cher), en 1851, et profita d'une nouvelle position de fortune pour donner sa démission, en 1854, et se livrer sans réserve aux études historiques. Depuis cette époque, il a publié : *Essais sur l'invraisemblance du règne commun de Louis III et de Carloman*, qui jetèrent une clarté nouvelle sur cette période historique, obtinrent l'adhésion d'écrivains tels que MM. de Barante, Michelet, Thierry, Guizot, etc., et valurent à leur auteur une lettre dans laquelle M. Henri Martin déclare « se ranger sous son drapeau » (1854) ; — *Histoire des Français, depuis les temps les plus reculés jusqu'à nos jours* (traité de Paris, 1856), véritable encyclopédie française, contenant, outre l'histoire de la France, les différentes notions qui s'y rattachent et la développent, telles que : 1º l'histoire des mœurs et coutumes ; 2º celle des inventions ; 3º celle de la langue française, avec des citations prises dans les écrivains de chaque siècle et de chaque période, où l'on peut suivre pas à pas les progrès et les perfectionnements ; 4º celle de l'art militaire ; 5º celle du commerce ; 6º celle de la philosophie, etc.; cet ouvrage, écrit au point de vue religieux-libéral, a été l'objet de vives attaques, mais ses adversaires ont forcé-, ment reconnu dans son auteur « un homme savant et honorable » (1857) ; — *Réponse à l'Union* (1857) ; — *Lettre à l'Empereur sur les chemins vicinaux* (1864). M. Choussy tient en réserve depuis quelque temps, et prêt à être publié, un livre touchant aux questions politiques et sociales, et dont, par convenance et par patriotisme, il retarde l'apparition jusqu'à des temps plus calmes. Pendant la guerre de 1870-1871, il a pris une part active à l'organisation des francs-tireurs de l'Allier.

CHRISTOPHLE (Albert), né à Domfront (Orne), le 12 juillet 1830. Il fit ses études juridiques à la Faculté de Caen, où il remporta le prix de droit français en 1850, prit le grade de licencié dans la même année et celui de docteur en 1852, et se fit inscrire au tableau des avocats de Domfront où, depuis longtemps, son père, avocat très-distingué, occupait la première place. Puis, en 1856, il entra au barreau des avocats au Conseil d'État et à la Cour de cassation. Ses nombreux écrits sur la jurisprudence, et spécialement son *Traité des travaux publics*, qui avaient attiré sur lui l'attention des hommes compétents, le désignèrent au choix du gouvernement de la Défense nationale qui, le 6 septembre 1870, le nomma préfet de l'Orne. Mais, le 28 décembre suivant, il donna sa démission pour protester contre le décret qui, en dissolvant les Conseils généraux, chargeait les préfets de constituter des Commissions départementales. Vivement regretté par ses anciens administrés, M. Albert Christophle a été élu, par eux, représentant de l'Orne, avec 56,000 voix, à l'Assemblée nationale, le 8 février 1871. M. Christophle est un des fondateurs de la réunion du Centre-Gauche, dont il est le vice-président. Il appartient à l'opinion républicaine modérée.

CIAPPORI-PUCHE (Claude-Joseph), né à Marseille, le 21 mars 1821. Il se consacra à la peinture et commença, au Musée de Marseille, en 1836, ses études, qu'il alla, en 1842, continuer en Toscane. A Florence, il copia la *Vierge au sac* et la *Naissance de la Vierge*, d'André del Sarte, la *Vierge au chardonneret*, de Raphaël, et plusieurs *Anges* d'après Angelico de Fiesole, et *plusieurs dessins* de la chapelle des Carmes peinte par Masaccio. Puis il se rendit à Paris, où il suivit les leçons d'Ary Scheffer et reçut, plus tard, les conseils de Ingres. Ses premiers travaux furent des cartons de vitraux, et, en peinture à l'huile : la *Chute des feuilles*, un *Dernier rayon de soleil* (reproduit par le journal l'*Artiste*), *Retour à Nazareth*, *Cymodocée*, le

Vendredi saint, le *Précieux sang*, les *Conséquences de la faute d'Adam et d'Eve, Agnès Sorel, Jacob et l'Ange*, l'*Étoile du matin*. On lui doit un grand nombre d'illustrations archéologiques : *Les arts somptuaires* (environ 200 miniatures), la *Vie de saint Louis*, l'*Imitation de Jésus-Christ*, un *Missel* enrichi de gravures sur bois, et d'autres illustrations de toutes sortes reproduites par la gravure, la lithographie et la chromo-lithographie : les *Fleurs du ciel*, la *Vie de Jésus-Christ*, la *Vie de la Vierge*, la *Passion de Jésus-Christ, d'après le récit de la sœur Emeric*, etc. M. Ciappori-Puche a exécuté plusieurs compositions synthétiques pour une *Histoire de l'humanité au point de vue chrétien*. Il a exposé au Salon de Paris : *La voie des douleurs* (1857) ; — *Le triomphe de l'Evangile* (1859) ; — *Ouverture du septième sceau* (tiré de l'*Apocalypse*) (1865) ; — *Les dernières paroles de Jésus-Christ* (1866) ; — *Auguste et la sybille du Tibre* (1868) ; — *Révélation divine* (tirée des *Gentilités*) (1869) ; — *Apothéose de Jeanne d'Arc* (1870) ; — *Projet de Chapelle* ayant pour titre : Notre-Dame-des-Arts et des Sciences (1872).

CIRCOURT (Anne-Marie-Joseph-Albert, comte DE), né à Bouxières-aux-Chênes (Meurthe), le 25 juin 1809. Admis en 1824 à l'École de marine, il en sortit en 1826, fit, pendant les années qui suivirent, des navigations constantes, presque toutes dans le Levant, et prit part en 1828 au blocus d'Alger, à bord du vaisseau amiral, et en 1830 à la conquête d'Alger, à bord de la frégate la Didon. Les résultats des événements de juillet 1830 étant en désaccord avec ses opinions politiques, il refusa le serment et fut déclaré démissionnaire. Depuis lors il se consacra à la littérature et débuta par des récits de voyages. Honoré de la bienveillance de M. Berryer, il lui fournit ensuite des articles aux revues et journaux politiques. De 1848 à 1852, il fut chargé de rédiger, dans l'*Opinion publique*, les articles de politique extérieure. Les relations de voyages et les *Nouvelles* publiées par M. Albert de Circourt se trouvent dans la *Bibliothèque universelle de Genève*, le *Cabinet de Lecture*, la *Revue de Paris*, la *Chronique de Paris*, la revue *France et Europe* que M. Berryer avait fondée et dirigeait. On lui doit l'*Histoire des Mores mudéjares et des Morisques, ou des Arabes d'Espagne sous la domination des chrétiens* (1846, 3 vol.), et en collaboration : *Décentralisation et Monarchie représentative* (1862), ainsi que la traduction du *Victorial chronique du comte de Buelna* (1867). M. le comte de Circourt est un des représentants les plus purs et les plus éclairés du parti légitimiste en France. Il a été élu conseiller d'État, au mois de juillet 1872, en vertu de la loi nouvelle, par l'Assemblée nationale, avec l'appui de la Commission qui l'avait distingué tout d'abord, et celui des membres de la Droite.

CIROT DE LA VILLE (Jean-Pierre-Albert), né à Ancône (Italie), de parents français, le 22 mars 1811. Il vint en France en 1815, fut élevé chez les PP. de la Foi, jésuites de Bordeaux, et se consacra à l'état ecclésiastique. Ordonné prêtre en 1834, et nommé vicaire de Saint-Seurin de Bordeaux, il devint aumônier du Sacré-Cœur en 1841. Docteur de la Faculté de théologie de Bordeaux, il fut appelé, en 1849, à occuper la chaire d'Écriture sainte. M. l'abbé Cirot de La Ville, chanoine honoraire de la cathédrale depuis 1844, est membre de l'Académie des sciences, belles-lettres et arts de Bordeaux, de l'Institut des provinces de France, et de plusieurs autres Sociétés savantes. On lui doit, entre autres ouvrages : *Notice sur l'église de Saint-Seurin* (1840) ; — *Imitation du Sacré-Cœur de Jésus-Christ* (1854, 4º édit. 1872) ; — *Histoire de l'abbaye de la Grande-Sauve* (1844-1845, 2 vol.) ; — *Vie abrégée de saint Gérard* ; — *Le pèlerin de Notre-Dame-de-Verdelais* (1853) ; — *Origines chrétiennes de Bordeaux*, etc. (1864-1868, grand in-4º, avec grav. et dessins) ; — plus des *Mémoires* littéraires, historiques ou archéologiques, insérés dans les *Actes* de l'Académie de Bordeaux et dans d'autres recueils. Enfin, il a sous presse un *Essai d'une Philosophie sacrée ou de l'Écriture Sainte*.

CISSEY (Ernest-Louis-Octave COURTOT DE), né à Paris, le 23 décembre 1811. M. le général de division de Cissey est un ancien élève de l'École de Saint-Cyr, où il entra le 2 décembre 1830. Breveté sous-lieutenant le 1ᵉʳ octobre 1832, il compléta son éducation militaire à l'École militaire d'application d'État-major. Nommé lieutenant le 1ᵉʳ janvier 1835, chevalier de la Légion d'honneur dès 1838, capitaine le 27 février 1839, chef d'escadron le 19 juillet 1845, lieutenant-colonel le 14 juin 1859 et colonel le 16 mai 1852, il a servi avec une grande distinction en Afrique de 1836 à 1838, et de 1840 à 1854, puis en Crimée en 1854 et 1855, et a été cité ou mis à l'ordre de l'armée treize fois pour faits de guerre ou actions d'éclat. Promu général de brigade pendant le siége de Sébastopol (17 mars 1855), il a commandé en cette qualité, de 1856 à 1858, la subdivision de Milianah. En 1859 et 1860, il a rempli au ministère de l'Algérie et des Colonies, sous l'administration de M. le comte Prosper de Chasseloup-Laubat, les fonctions importantes de directeur des affaires militaires et maritimes. Sa nomination au grade de général de division (13 août 1863) fut un éclatant témoignage de la satisfaction du gouvernement pour ses services. M. le général de Cissey a commandé la 16ᵉ division militaire à Rennes. C'est de là qu'il est parti pour l'armée du Rhin, où il prit le commandement d'une division dans le 4ᵉ corps. Borny, Rezonville et Saint-Privat, furent pour lui autant de journées glorieuses. Malheureusement sa voix ne fut pas toujours entendue, et lorsque, malgré ses conseils, le maréchal Bazaine crut devoir capituler, le général de Cissey fut envoyé à Hambourg, d'où il ne revint qu'après la signature des préliminaires de la paix. Dans les derniers événements de Paris, l'intelligence avec laquelle il conçut son attaque de la rive gauche et la promptitude qu'il mit à l'exécution de son plan, sauvèrent cette partie de la ville d'une destruction à peu près certaine. M. le général de Cissey a été nommé ministre de la Guerre le 5 juin 1871, et élu représentant dans les départements de la Seine et d'Ille-et-Vilaine le 2 juillet suivant. Il est commandeur de Légion d'Honneur (30 décembre 1858), compagnon de l'ordre britannique du Bain, Grand-

Officier du Nichan de Tunis, et a été décoré de la 3e classe de l'ordre du Medjidié, de la Médaille de la Valeur militaire de Sardaigne et de celle de Crimée.

CLAIR (Charles-Victor), né à Bleurville (Vosges), le 21 septembre 1829. Il étudia l'architecture sous la direction d'Abel Blouet, membre de l'Institut, entra à l'École des beaux-arts le 26 décembre 1848, et passa en première classe le 27 avril 1851. Après avoir rempli les fonctions de sous-inspecteur aux travaux de l'Exposition universelle, il fut nommé, à la suite d'un concours public, architecte du département de la Vendée. M. V. Clair a exécuté de nombreux travaux dans ce département. Parmi les édifices qu'il a construits, on distingue les églises de Montaigu, des Brouzils, de la Verrie, de la Châtaigneraie, de la Gaubretière, de Fougeré, Normaison, Mouilleron-le-Captif, Vairé, etc.; les sous-préfectures de Fontenay-le-Comte et des Sables-d'Olonne; l'hôpital de Challans; les mairies et justices de paix de Sainte-Hermine et de Montaigu; les halles de Mareuil, des Essarts, de Bournezeau; les écoles de garçons de Vix, Saint-Hilaire de Loulay; les presbytères de Rocheservière, Benet, la Boissière-de-Montaigu, etc. Il a restauré les églises des Sables-d'Olonne, de la Chaize-Giraud, d'Angles, de Saint-Philibert-de-Bouaine, etc. M. V. Clair est membre de la Société centrale des architectes et de la Commission départementale des bâtiments civils.

CLAIRVILLE (Louis-François NICOLAIE, dit), né à Lyon, le 28 janvier 1811. Fils de comédiens, comédien lui-même dans sa jeunesse, M. Clairville a consacré au théâtre sa vive intelligence, son esprit intarissable et sa verve comique. A dix ans, il débuta au Luxembourg, dont son père était alors régisseur. I'on se rappelle l'y avoir vu tour à tour contrôleur, souffleur, acteur et auteur. Il fit représenter sa première pièce en 1829 et devint le principal pourvoyeur du théâtre paternel. Engagé comme acteur à l'Ambigu-Comique en 1836, il y fit jouer une revue de sa composition : 1836 dans la Lune. Le succès de cette pièce, qui ouvrit la série de ces revues comiques dans lesquelles il excelle, le détermina à cultiver exclusivement la littérature dramatique. M. Clairville a fait preuve d'une fécondité extraordinaire. Depuis trente ans, il n'a pas donné moins de trois cent cinquante ouvrages : revues, féeries, vaudevilles, qui sont marqués au coin de l'imagination, de la facilité, de la verve, de la gaieté, et quelquefois d'une joyeuse bouffonnerie; ses couplets sont ingénieux, ses allusions transparentes, et à l'occasion il ne recule pas devant les équivoques hardies. Citons ses plus beaux succès : *Margot*; *les Hures-graves*; *les Petites Misères de la vie humaine*; *Satan, ou le Diable à Paris*; *les Sept Châteaux du Diable*; *les Pommes de terre malades*; *Gentil Bernard*; *Clarisse Harlowe*; *Roger Bontemps*; *la Poule aux œufs d'or*; *la Propriété c'est le vol*; *Paris sans impôts*; *les Représentants en vacances*; *les Tentations d'Antoinette*; *les Bourgeois de Paris*; *les Coulisses de la vie*; *les Trois Gamins*; *la Chasse aux Biches*; *les Quatre Ages du Louvre*; *Pongo*; *Paris hors Paris*; *les Avocats*; *la Semaine à Londres*; *la Poudre-Coton*; *le Banc d'Huîtres*; *Oh! eh! les p'tits agneaux*; *Sans queue ni tête*; *As-tu vu la Comète, mon gas? la Corde sensible*; *la Liberté des théâtres*; *l'Histoire d'un sou*; *les Folies dramatiques*; *l'Amour, qué qu'c'est qu'ça? le Troupier qui suit les bonnes*; *Rothomago*; *Peau d'Ane*; *le Déluge*; *les Caméléons*; *les Coulisses de la vie*; *l'Abbé Galant*; *l'Ombre d'un Amant*; *Triolet*; *Méridien*; *Cendrillon*; *Lanterne magique*; *Paris voleur*; *Guliver*; *Paris revue*; *le Mot de la fin*. Depuis 1836 jusqu'en 1869, il a fait représenter plus de quarante revues. De toutes les pièces données au théâtre du Luxembourg par M. Clairville, une seule, *Quatorze ans, ou la vie de Napoléon*, a été imprimée. Celles qu'il a fait représenter depuis 1836 ont été publiées dans les collections d'œuvres théâtrales. La plupart de ces dernières pièces ont été écrites en collaboration, soit avec des auteurs en réputation, soit avec de spirituels débutants. Le plus actif de ses collaborateurs, M. Miot, a toujours voulu garder l'anonyme, et sa participation à l'œuvre de M. Clairville serait inconnue si celui-ci, avec un louable bon goût, n'était le premier à la déceler. On doit aussi à M. Clairville un volume de *Chansons et Poésies* (1853). Il a été nommé chevalier de la Légion d'Honneur le 14 août 1857.

CLAMAGERAN (Jean-Jules), né à la Nouvelle-Orléans (Louisiane), le 29 mars 1827. Il fit ses études classiques au collège Henri IV, de 1837 à 1846, et remporta, tant au collège qu'au concours général, plusieurs prix d'histoire, d'histoire naturelle, etc. Reçu avocat en 1850, et inscrit au barreau de Paris, il se présenta, en 1852, au concours ouvert entre les docteurs à la Faculté de droit, et obtint la première médaille d'or. Il prit une part importante au Congrès de l'impôt, tenu à Lausanne en 1860, et dans les années suivantes, à divers autres Congrès, à Londres, Gand, Bruxelles, Genève. Membre du comité électoral, dit « des treize, » en 1863, et en 1864, poursuivi et condamné sous l'inculpation d'association illicite. Le 5 septembre 1870, il fut nommé adjoint au maire de Paris, et conserva ses fonctions jusqu'au 15 février 1871. M. Clamageran est membre de la Société d'économie politique. Il a publié : *Du louage d'industrie, du mandat et de la commission*, ouvrage couronné par la Faculté de droit de Paris (1856); — *De l'état actuel du protestantisme en France* (1857); — *Histoire de l'impôt en France* : 1re partie comprenant l'époque romaine, l'époque barbare et l'époque féodale (1867); 2e partie comprenant l'époque monarchique, depuis l'établissement de la taille permanente en 1439 jusqu'à la mort de Colbert en 1689 (1868); — *Du matérialisme contemporain* (1869); — *Souvenirs du siège de Paris, cinq mois à l'Hôtel-de-Ville* (1872). M. Clamageran a collaboré, en 1861, à la rédaction du *Manuel électoral*.

CLAPIER (Alexandre), né à Marseille, le 28 août 1798. Élève du collège de Juilly, il fit son droit à Aix, en compagnie de MM. Thiers et Mignet, et prêta serment au barreau de Paris en 1818. Avec la collaboration de M. Clair, il publia, en 1821 : *Le Barreau français*; — *Le Barreau anglais*, et un *Essai sur la*

Pologne, traduits de lord Brougham. Avoué à Marseille, de 1825 à 1835, il abandonna sa charge pour prendre place au barreau de cette ville, où il se fit une belle position et plaida plusieurs affaires importantes. M. Clapier a été membre du Conseil municipal, président du Conseil général, président de l'Académie. Il a publié des articles d'économie politique dans la *Revue britannique*, et plusieurs travaux importants dans les *Mémoires* de l'Académie de Marseille, notamment une étude approfondie sur l'école anglaise et l'école américaine en économie politique. Le commerce de Marseille lui doit un travail remarquable intitulé : *Marseille, son passé, son présent et son avenir*. Elu député au mois d'août 1846, il siégea à la Chambre jusqu'en 1848. Après la révolution de février, il reprit l'exercice de sa profession, entra au Conseil de l'ordre, et fut élu bâtonnier en 1868 et 1869. Le 8 février 1871, ses concitoyens l'ont envoyé à l'Assemblée nationale, où il a pris place dans les rangs des conservateurs-libéraux qui par leurs opinions, se rattachent au Centre-Gauche. M. Clapier, ami particulier de M. Thiers, soutient sa politique par dévouement et par conviction ; mais il s'en sépare sur les questions économiques et commerciales, où il professe hautement les doctrines de la liberté commerciale.

CLARETIE (Jules-Arnaud), né à Limoges, le 3 décembre 1840. Elève du lycée Bonaparte, il se consacra à la littérature, et collabora à *la France* (sous le pseudonyme d'Olivier de Salin), au *Diogène*, à l'*Artiste*, à la *Silhouette*, à la *Revue française*, au *Figaro*, à l'*Illustration*, à l'*Avenir national*, au *Siècle*, à la *Constitution*, etc. Cet écrivain, doué d'une prodigieuse activité, fournit en même temps des correspondances à plusieurs grands journaux, notamment à l'*Indépendance belge*. Ses conférences, rue Cadet et à l'Institut libre, ont porté ombrage à l'Empire et on lui a interdit la parole en 1865 et 1868. A cette dernière époque, il signalait, dans le *Figaro*, sous le nom de *Candide*, la double exécution de Martin Bidauré, et la conduite du préfet Pastoureau, ce qui attira à son journal, ainsi qu'à ceux qui reproduisirent ses articles, des rigueurs judiciaires. M. Claretie a collaboré également au *Rappel*, et donné un roman à *la Marseillaise : les Pauvres gens* ; *Noël Rambert*. Parmi ses publications de librairie, on cite : *Une drôlesse* (1862) ; — *Pierrille* (1863) ; — *les Ornières de la vie* (1864) ; — *les Victimes de Paris* (1864) ; — *les Contemporains oubliés : Elisa Mercœur, Georges Farcy, Alphonse Robbe* (1864) ; — *les Voyages d'un Parisien* (1865) ; — *Pétrus Borel le lycanthrope, sa vie et ses œuvres* (1865) ; — *l'Assassin*, reproduit dans les journaux sous ce titre : *Robert Burat*; *Mademoiselle Cachemire* (1867) ; — *la Libre parole* (1868) ; — *Madeleine Bertin* (1868) ; — *la Poudre au vent* ; — *les Histoires cousues de fil blanc*, recueil de ses articles de journaux ; — *la Vie moderne au théâtre*, choix de ses feuilletons dramatiques ; — *Les Journées de voyage* (Espagne et France) ; — *Paris assiégé*, journal personnel du siége ; — *le Champ de bataille de Sedan*, publié d'abord dans la *Revue des Deux-Mondes* et *la Guerre nationale*, deux volumes qui renferment l'histoire de la campagne de 1870-1871, à laquelle l'auteur assista comme correspondant militaire de l'*Opinion nationale* et de l'*Illustration*. Après le 4 septembre, M. Jules Claretie fut nommé secrétaire de la Commission dite des *Papiers des Tuileries*, puis membre de la Commission pour l'enseignement communal, résigna bientôt la première de ces fonctions, devint chef de bataillon et passa à l'Etat-major de la Garde nationale. On a de lui, vers la même époque, un *Rapport sur l'organisation des bibliothèques communales* qu'il était chargé de fonder dans chacun des arrondissements de Paris (Imprimerie nationale, 1870). A la fin du siège, quatre bibliothèques étaient déjà ouvertes. Porté, par un *Comité de conciliation*, comme candidat aux élections complémentaires de la Commune, bien qu'il fût hors de Paris, il déclina toute candidature et fit savoir qu'il n'avait aucunement donné son adhésion à la Commune. M. Jules Claretie s'est voué à une œuvre d'histoire contemporaine, l'*Histoire de la Révolution de 1870-1871* qu'il publia d'abord par livraisons, sous une forme populaire (in-4°, 1871). Il a produit aussi, pour le théâtre : *la Famille des gueux*, en collaboration avec M. Petruccelli de la Gatina (grand drame à l'Ambigu-Comique, 1869) ; — et *Raymond Linday*, drame révolutionnaire dont la censure suspendit un moment les représentations (Menus-Plaisirs, 1869).

CLAUDE (Nicolas), né à Celle-sur-Plaine (Vosges), en 1823. M. Claude s'est consacré à l'industrie cotonnière, et n'a pas tardé à devenir l'un des membres les plus actifs du grand Comité industriel dont Mulhouse était alors le siège. Fermement convaincu de l'efficacité d'un protectionnisme large et libéral en matière commerciale, il a soutenu ses opinions dans la presse et dans les réunions publiques. Il était maire de Saulxures-sur-Moselotte quand les armées étrangères envahirent ce pays ; et dans ces pénibles circonstances, il sut remplir avec prudence et courage ses fonctions délicates et tenir tête aux exigences de l'ennemi ; aussi ses concitoyens, reconnaissants du bien qu'il avait fait autour de lui, le nommèrent-ils, le 8 février 1871, représentant des Vosges à l'Assemblée nationale. M. Claude fut ensuite élu membre du Conseil général de son département par le canton de Saulxures. A l'Assemblée nationale, il a fait partie de plusieurs Commissions importantes, comme celles de la dénonciation du traité de commerce, du dernier traité avec l'Allemagne, etc. Il avait été adjoint, par le ministre du Commerce, au Comité consultatif des arts et manufactures, pour la fixation des droits spécifiques. Il suit avec une vive sollicitude le développement des questions économiques et prête à plusieurs journaux le concours éclairé de sa plume. Parmi les organes de publicité à la fondation desquels il a participé, nous signalerons le *Temps*, dont il n'a pas cessé d'être le collaboteur. Républicain modéré, il fréquente les réunions du Centre-Gauche et du Jeu-de-Paume. Protectionniste très-libéral, il est président du nouveau Comité industriel de l'Est, et consacre son temps à la reconstitution de l'industrie cotonnière disloquée par la perte de l'Alsace.

CLAUDET (Max), né à Fécamps (Seine-Inférieure), le 18 août 1840. M. Max Claudet est petit-fils d'un ancien conseiller à la Cour de Besançon et député sous le premier Empire, et fils d'un inspecteur des douanes. Son goût pour la sculpture ne tarda pas à se déclarer; et, dès l'âge de 15 ans, il fit un premier séjour de deux mois chez un sculpteur de Paris, où il exécuta un buste qui lui valut les compliments et les encouragements d'Huguenin. Puis il passa deux ans à l'Ecole de Dijon, un an dans l'atelier de Jouffroy, et travailla chez Perraud, son compatriote. C'est en 1864 que M. Max Claudet a débuté au Salon, avec un buste en bronze du poëte *Bonvalet*. Depuis, on lui doit les bustes du poëte *Max Buchon* (1865), de l'inspecteur-général de l'instruction publique *Rotier* (1868), de l'historien *Chevalier* (buste colossal qui doit être érigé sur une place de Poligny, (1872), de *Courbet*, de *Cler*, etc. Il a, de plus, exposé : *Jeune homme pêchant aux écrevisses* (1866) ; — *Caïn*, statue inspirée par les vers de Victor Hugo et qui a valu à son auteur une lettre flatteuse et cordiale du grand poëte (1868); — *Jeune fille tricotant*, et une *Tête d'Italien*, souvenir de Rome (1869) ; — *Jeune homme jouant avec un serpent*, et un *Buste d'Italien*, souvenir de Naples (1870). Enfin il est l'auteur des monuments suivants : *Monument funéraire du poëte Max Buchon*, sculpture et architecture (1869) ; — *Monument commémoratif des combats livrés à Salins*, sculpture et architecture (1871) ; — *Un vigneron*, statue en bronze placée sur une fontaine, à Salins. M. Max Claudet a publié deux brochures intéressantes : *Du modelage et du moulage par soi-même* (avec pl., 1867) ; — *Salins et ses forts*, souvenirs de la guerre 1870-1871 (1871). Quand a éclaté la guerre, en 1870, il a pris part aux combats livrés sous Salins, et a reçu la médaille militaire le 8 mai 1871. Il a cette année (1872) à l'exposition : la *Statue de Robespierre blessé*, achetée par l'administration des Beaux-Arts et une *Etude de jeune homme*.

CLEBSATTEL (Etienne-Gustave-Alfred DE), né à Dunkerque, le 6 novembre 1807. Sa famille, originaire d'Allemagne, et d'abord établie en Alsace, sous le nom de Glebsattel, a fourni des hommes très-distingués et investis de hautes positions, tant en France que de l'autre côté du Rhin et même en Piémont. Il appartient à une branche qui s'est installée dans la Flandre maritime française; et son père, ancien officier, domicilié à Dunkerque, était chevalier de Saint-Louis. M. de Clebsattel fit à Strasbourg une partie de ses études de droit, qu'il compléta à la Faculté de Paris, où il prit sa licence en 1829. Inscrit au barreau des avocats du tribunal de Dunkerque, il eut bientôt une réputation très-avantageuse, et ses concitoyens le nommèrent membre du Conseil général du département du Nord. Secrétaire dudit Conseil en 1848, il y proposa, en 1851, la révision de la constitution. En 1852, les suffrages de sa circonscription électorale l'ont envoyé au Corps législatif, et son mandat lui a été renouvelé en 1857. Il a été membre du Conseil d'arrondissement et administrateur des hospices de Dunkerque. Chevalier de la Légion d'Honneur depuis 1857, il a été promu officier le 14 août 1867.

CLÉMANDOT (Louis), né à Paris, le 10 décembre 1815. Admis à l'Ecole centrale des arts et manufactures, il en sortit en 1836, avec le diplôme d'ingénieur, et débuta dans la carrière industrielle en montant une fabrique de sucre dans le département de l'Ain. Il s'est complétement consacré, depuis, à l'industrie spéciale de la verrerie, et a pris la direction de l'importante cristallerie de Clichy (près Paris). Chimiste, il a fait une heureuse application de ses connaissances à l'industrie du verre, et a été l'auteur de perfectionnements et de découvertes qui, soumis au jugement des hommes les plus compétents, lui ont fait décerner plusieurs médailles et lui ont mérité la croix de la Légion d'Honneur à l'Exposition universelle de Paris (1855). Voici comment s'exprimait, à la suite de l'Exposition de 1855, le rapport du jury relatif à la cristallerie de Clichy : « Ce qui distingue surtout, parmi les verriers, MM. Maës et Clémandot, c'est l'esprit d'investigation qui préside à leurs travaux ; c'est à eux qu'on doit les découvertes les plus réelles qui aient été faites dans la verrerie pendant ces dix dernières années. » En effet, les objets exposés par la cristallerie de Clichy montraient combien la science chimique est étroitement liée à l'industrie. Les colorations les plus pures, une étude complète sur l'emploi de l'acide borique en verrerie, firent connaître de nouveaux verres dits *boro-silicates* de chaux, de baryte, de magnésie, de zinc : ce dernier surtout, dont les qualités exceptionnelles, comme pureté et comme blancheur, ont pu faire dire de lui qu'il était le plus beau cristal qui ait jamais été produit. M. Clémandot est encore l'auteur de nouveaux fours perfectionnés pour la fusion du verre et d'améliorations apportées au cristal blanc, qui font que le cristal français peut avantageusement être comparé au cristal si beau et si pur des anglais.

CLÉMENT (Ambroise), né à Paris, le 21 mars 1805. Il se consacra à l'administration, et devint, en 1838, secrétaire de la mairie de Saint-Etienne. En même temps, il se livrait à d'importants travaux sur l'économie politique. On a de lui, notamment: *Recherches sur les causes de l'indigence*, ouvrage qui a été l'objet d'un rapport très-favorable de M. H. Passy à l'Académie des sciences morales et politiques (1846) ; — *Des nouvelles idées de réforme industrielle, et en particulier du projet d'organisation du travail de M. Louis Blanc* (1848) ; — *Essai sur la science sociale* (1867, 2 vol.). Il a collaboré au *Journal des Economistes*, et au *Dictionnaire de l'économie politique* dont il a eu la direction en 1850. M. Clément, membre de la Société d'économie politique depuis 1845, a été nommé correspondant de l'Institut (Académie des sciences morales et politiques, section d'économie politique), en remplacement de M. de Lafarelle, le 4 mai 1872.

CLÉMENT (Antoine), né à Mireval (Hérault), le 13 mars 1838. Il commença ses études médicales à la Faculté de Montpellier en novembre

1857, fit l'externat et l'internat à l'hôpital de cette ville, et prit le grade de docteur, le 22 juillet 1863, avec cette thèse : *Des présentations vicieuses du fœtus et de la version par* MANOEUVRES EXTERNES. Puis il s'établit à Frontignan où il s'acquit bientôt une avantageuse réputation. M. le docteur Clément, médecin de l'hospice et du chemin de fer, et médecin cantonal, a été maire de Frontignan. Il fait partie du Conseil général de l'Hérault depuis le 8 octobre 1871. Propriétaire de grands et précieux vignobles, il surveille lui-même l'exploitation de ses produits et livre directement à la consommation des vins d'une haute qualité et, tout à la fois, d'un prix relativement peu élevé.

CLÈRE (Georges), né à Nancy, le 15 novembre 1829. Neveu du docteur Richet, chirurgien en chef de l'Hôtel-Dieu ; il suivit, de 1846 à 1848, les cours de l'École secondaire de médecine de Dijon, et y apprit l'anatomie. Dans le même temps, élève de Darboy et Devillebichot, professeur à l'École des Beaux-Arts de Dijon, il se consacra à la sculpture, abandonna la médecine, remporta la médaille d'honneur en 1848, pour une *Figure d'après un modèle vivant*, se rendit à Paris et entra dans l'atelier de Rude. Artiste énergique et bien doué, M. Georges Clère, tout en demeurant original, s'est assimilé facilement l'inspiration vigoureuse et la grande manière du maître. Il a débuté au Salon de 1853, par *Malvina au tombeau d'Oscar*, statue en plâtre. Depuis cette époque, il a exposé : *Vénus agreste*, statue en marbre (cour François 1er, au vieux Louvre), et le *Faune gymnaste*, statue en bronze (propriété du grand-duc Michel, à Saint-Pétersbourg, 1859) ; — *Histrion*, statue en bronze (au palais de Fontainebleau, 1862) ; — *Hercule étouffant le lion de Némée* (bronze à M. Victorien Sardou, 1864) ; — un *Bellwaire*, le même bronze a figuré à l'Exposition universelle de 1867 ; — *Phœbé*, statue en pierre (cour Caulaincourt, nouveau Louvre, 1865) ; — *Le baron Larrey*, médaillon en bronze (1867) ; — *Jeanne d'Arc écoutant les voix*, statue en marbre acquise par l'impératrice Eugénie (1869). On doit, en outre, à M. Clère, une foule de travaux de sculpture architecturale. De 1854 à 1856, il a exécuté au nouveau Louvre, trois groupes : l'*Hiver*, la *Marine*, la *Force*, et un fronton : les *Vendanges*. — De 1855 à 1857, il a présidé aux travaux et embellissement de la maison de Mme ve S.-T. Géhin, à Saulxures (Vosges) ; — en 1862, il a sculpté, sur la façade du nouveau palais des Facultés, à Nancy, le *Grand-Cardinal*, le duc *Charles III*, *Stanislas*, *Napoléon III* ; pour le palais de l'Exposition universelle et permanente d'Auteuil, il a composé, en 1863, le *groupe* de la porte principale et *deux groupes* latéraux ; le nouveau pavillon de Flore, aux Tuileries, lui doit deux *grands frontons*, *aigle et enfants*, quatre *groupes de génies*, dix *cariatides* ; — à la préfecture de Versailles, il a fait deux *grands frontons* et quatre *bustes* qui sont : Cérès, Mercure, Bacchus et Vertumne ; enfin, aux nouvelles Tuileries, il a exécuté un *groupe d'angle*, représentant la Fortune, la Prodigalité, l'Avarice. M. Georges Clère, attaché, comme artiste, à la maison Marnyhac, y a, depuis 1869, exécuté beaucoup de travaux, parmi lesquels : les bustes en marbre et bronze des *Enfants de M. Plunkett*, de M. *Pesnon*, du *docteur Sée*, de Mme *Chervin*, de Mlle *Geneviève de Beauchamp*, et deux bustes décoratifs : *Érigone* et *Bérénice*.

CLÉSINGER (Jean-Baptiste-Auguste), né à Besançon, le 22 octobre 1814. Fils d'un sculpteur, M. Clésinger a étudié l'art de la statuaire sous la direction de son père. Après avoir été en Italie pour se perfectionner dans cet art, il revint en France et exposa un buste au Salon de 1843. Le buste d'*Eugène Scribe*, exposé l'année suivante, commença sa réputation. Ses statues du *Faune* et de la *Mélancolie* lui valurent en 1846 une médaille de 3e classe. En 1847, il obtint une médaille de 2e classe pour une exposition remarquable par le nombre autant que par la beauté des ouvrages : la *Jeune Néréide*, la *Femme piquée par un serpent*, le buste de *M. de Beaufort* et les *Enfants du marquis de Las Marimas*. Sa *Bacchante* lui fit décerner une médaille de 1re classe en 1848, et la croix de chevalier de la Légion d'Honneur fut, en 1849, la récompense de l'admirable statue de la *Tragédie* qui décore le foyer du Théâtre-Français. M. Clésinger est retourné à Rome en 1853 ; et, depuis onze ans, il y a exécuté près de cent marbres, parmi lesquels l'*Hercule enfant*, le *Taureau romain*, et deux bustes qui ont été placés au palais des Tuileries. Son exposition de 1864, à la suite de laquelle il a été nommé officier de la Légion d'Honneur, se composait d'un *Groupe de taureaux* en marbre, d'une statue de *Jules César* et des statues équestres de *François 1er* et de *Napoléon Ier*. Nous rappellerons encore, parmi les œuvres de cet artiste éminent, les bustes du *duc de Nemours* et du savant *Charles Weiss* (1845) ; — la statue de *Louise de Savoie*, qui orne le jardin du Luxembourg (1847) ; — un buste colossal de la *Liberté* (1848) ; — la statue de la *Fraternité*, qui a figuré au Champ-de-Mars le jour de la fête de la Concorde (14 mai 1848) ; — les statues si vivantes de *Mlle Rachel* dans *Phèdre* et dans le *Moineau de Lesbie* ; — *Pietà* (1852) ; — *Cléopâtre devant César*, statue en marbre (1869), etc. M. Clésinger a épousé la fille de notre illustre George Sand.

CLOS (Alexandre-François-Léon), né à Sorèze (Tarn), le 6 janvier 1806. Il est fils de feu le docteur Jean-Antoine Clos, auquel on doit de curieux écrits sur la médecine, la météorologie, etc., tels que : *Notice historique sur Sorèze et ses environs* (1822, avec pl.) ; — *Nouvel aperçu sur la météorologie du pays toulousain*, publié dans l'*Annuaire météorologique* de la France (1852) ; — *De l'influence de la tune sur la menstruation*, inséré dans les *Bulletins* de l'Académie royale de Belgique ; — et divers articles, soit de médecine, donnés aux *Annales cliniques* de Montpellier, soit de météorologie, à l'*Echo du Monde savant*. M. Léon Clos fit ses études avec succès à l'Ecole de Sorèze (Tarn), étudia le droit à Toulouse, et prit place au barreau de Paris, en 1828. Il terminait son stage quand éclata la révolution de 1830. Chef du cabinet de M. Fumeron d'Ardeuil, préfet de l'Hérault, puis substitut à Saint-Affrique en 1832, et à Narbonne un peu plus tard, il donna sa démission, en 1835, pour raisons de famille. Rentré dans son pays natal, il s'occupa de travaux historiques et adressa à diverses reprises des communications à l'Institut. Dans son rapport de 1855, M. Berger de Xivrey s'exprimait ainsi: « Au concours de 1850, les *Recherches de M. Léon Clos sur le régime municipal dans le midi de la France* furent mentionnées très-honorablement, et plus tard admises dans votre *Recueil* des mémoires présentés par divers savants étrangers à l'Académie. En 1853, cette mention honorable fut rappelée au sujet de son *Histoire municipale de Castres*, jugée digne d'une égale distinction. Si, en 1853, le même rang ne fut pas accordé à l'ouvrage, plus agréable que profond, sur la *République d'Andorre*, M. Clos nous prouva bientôt que ce n'avait été que le délassement d'un esprit curieux et observateur. Il avait continué, en effet, avec une ardeur croissante, ses recherches sur nos anciennes institutions, en allant les étudier, cette fois, au cœur de la France. Ces études ont porté leurs fruits ; aujourd'hui la Commission, au nom de l'Académie, accorde la seconde médaille à l'ouvrage manuscrit de M. Clos intitulé: *Recherches sur les institutions municipales du centre de la France au Moyen-Age.* » M. Léon Clos, lauréat de l'Institut et de l'Académie de législation, dont il est membre correspondant, est l'auteur de plusieurs mémoires adressés à cette dernière compagnie. Enfin, il a collaboré à la *Revue du Midi*. Il a été maire de Villespy (Aude), et président du Conseil d'arrondissement de Castelnaudary.

CLOS (Jules-François), né à Sorèze (Tarn), le 27 mai 1809; frère du précédent. Élève de l'École d'Angoulême le 10 novembre 1824, aspirant de la marine militaire le 20 septembre 1826, enseigne de vaisseau le 31 décembre 1830, lieutenant de vaisseau le 10 avril 1837, capitaine de frégate le 14 février 1851, capitaine de vaisseau le 26 août 1861, M. Jules Clos a été admis à la retraite, par suite de limite d'âge, le 27 août 1869. Il a fait les expéditions de Morée, d'Alger, de Lisbonne et de Crimée, et pris part au blocus de la Plata de 1839 à 1841. M. Jules Clos, nommé chevalier de la Légion d'Honneur le 17 octobre 1844, et officier le 30 décembre 1854, a été promu commandeur de l'ordre le 29 décembre 1866. Il porte, en outre, le Medjidié de Turquie et la médaille d'Angleterre.

CLOS (Dominique), né à Sorèze (Tarn), le 25 mai 1821 ; frère des précédents. Après avoir fait toutes ses études médicales, et pris le grade de docteur à la Faculté de Paris, en 1845, il fut attaché, de 1846 à 1850, comme aide-naturaliste, au Jardin des Plantes de Rouen, et passa son doctorat ès sciences naturelles, à Paris, en 1848. Nommé répétiteur du cours de botanique à l'Institut national agronomique de Versailles, en 1850, il remplit ces fonctions jusqu'à la suppression de l'établissement. Il fut classé le second, sur huit candidats, au concours de 1851, pour une chaire de botanique et d'histoire naturelle médicale vacante à la Faculté de médecine de Montpellier. Successeur de M. Moquin-Tandon, comme professeur à la Faculté des sciences et au Jardin des Plantes de Toulouse, et comme directeur de ce dernier établissement, en 1853, il fut en 1859, inscrit spontanément par l'Institut (Académie des sciences), sur la liste des candidats aux places de correspondant. On doit à M. Clos des travaux sur presque toutes les branches de la botanique : *Ébauche de la rhizotaxie* (1848) ; — *Monographie des Flacourtianées* (1854) ; — *Éloge de M. Moquin-Tandon* (1864) ; — *De la postfloraison* (1865) ; — *De la postfoliation* (1867) ; — *Monographie de la préfoliation* (1870) ; — *Essai sur la tératologie taxinomique ; De la durée des plantes ; La plante au point de vue littéraire ; Les plantes de Virgile* (1871). Enfin M. D. Clos a collaboré à la *Flore du Chili*, de M. Claude Gay. Il est président de la Société d'horticulture de la Haute-Garonne.

COCHERY (Louis-Adolphe), né à Paris, le 19 août 1820. Il fit ses études classiques au collège Bourbon, son droit à Paris, et prit place au barreau de la capitale. Après la révolution de Février, il fut nommé chef du cabinet du ministre de la Justice ; mais il résigna ses fonctions au bout de quelques mois pour rentrer au barreau où il se consacra de préférence à la défense des causes politiques. C'est ainsi qu'il plaida pour le *National*, la *Réforme*, la *République*, la *Voix du peuple*, etc. Aux élections de 1869, il battit, par 14,000 voix, dans l'arrondissement de Montargis, un candidat officiel fortement appuyé par l'administration ; et, en cette circonstance, la pression administrative alla jusqu'à faire interrompre la publication d'une petite feuille locale, l'*Indépendant de Montargis*, publiée sous les auspices de M. Cochery. Au Corps législatif il siégea au Centre-Gauche, prit la parole dans de nombreuses discussions, notamment dans celles relatives aux lois sur la presse et sur l'élection des maires, fit partie de la Commission du budget, et fut un des quatre-vingt-trois députés qui votèrent contre la guerre avec la Prusse. Le 4 Septembre il fut délégué à l'Hôtel-de-Ville, avec M. Grévy, pour aller porter le vote du Corps législatif qui proclamait la vacance du pouvoir et offrait aux membres du gouvernement de la Défense nationale de faire ratifier leurs pouvoirs par la Chambre. Commissaire-général chargé de la défense du département du Loiret, M. Adolphe Cochery se trouvait à Orléans lors de la prise de cette ville par le corps bavarois. Plus tard, il accompagna M. Thiers à Paris et à Versailles afin d'obtenir un armistice, entra plusieurs fois dans Paris investi, sous la protection du drapeau parlementaire, et fut même en dernier lieu retenu prisonnier des Allemands à Versailles, malgré le sauf-conduit dont il était porteur. Réfugié à Tours, puis à Bordeaux, il ne cessa de réclamer la convocation d'une Assemblée. Le 8 février 1871, les électeurs du Loiret l'ont envoyé, le premier des candidats nommés, par 60,000 voix sur 65,000 votants, à l'Assemblée nationale, où il s'est rangé dans le Centre-Gauche et a signé la proposition Rivet relative à la prorogation des pouvoirs de M. Thiers. Nommé membre de la Commission du budget, il a été choisi comme rapporteur des budgets de la Guerre et de l'Algérie.

COCHET (Jean-Benoît-Désiré), né à Sanvic, près du Havre, le 7 mars 1812. M. l'abbé Cochet a fait ses premières études au presbytère d'Etretat et au collége du Havre; ses humanités au séminaire du Mont-aux-Malades, et ses études théologiques au grand séminaire de Rouen. Ordonné prêtre en 1836, il fut nommé successivement vicaire au Havre (1836) et à Dieppe (1840), puis, en 1842, aumônier du collége royal de Rouen, où il lui fut loisible, tout en remplissant scrupuleusement ses fonctions ecclésiastiques, de se livrer à son goût pour l'archéologie. C'est ainsi qu'en 1842 il découvrit les débris d'une villa romaine dans l'enclos du presbytère d'Etretat. Bientôt il entreprit des fouilles plus considérables aux environs de Dieppe, et en retira des antiquités remarquables. Après avoir publié dans divers journaux, notamment dans les feuilles locales, comme la *Vigie*, les résultats de ses recherches, il fit paraître un ouvrage important intitulé : *Les Eglises de l'arrondissement du Havre* (1844-1846, 2 vol.). Contraint par sa mauvaise santé de se démettre de sa place d'aumônier et d'abandonner l'exercice de son saint ministère, il n'en publia pas moins un nouveau livre : *Les Eglises de l'arrondissement de Dieppe* (1845-1850, 2 vol.) En 1849, il fut chargé de l'inspection des monuments historiques du département de la Seine-Inférieure. Ensuite il fit paraître : *Les Eglises de l'arrondissement d'Yvetot* (1852, 2 vol.); — *Etretat, son passé, son présent, son avenir* (1850-1869) ; — *Le guide du baigneur à Dieppe* ; — *La galerie dieppoise, hommes célèbres de cette ville ;* — *La Normandie souterraine, ou Notice sur des cimetières romains et francs explorés en Normandie* (1854), ouvrage qui obtint la première médaille d'or de l'Institut de France, et qui fut réédité l'année suivante. En 1855, M. l'abbé Cochet reçut la croix de la Légion d'Honneur. Il publia en 1857, une suite à la *Normandie souterraine* sous le titre de *Sépultures romaines, franques et normandes*. En 1859, il en donna le complément de ses théories dans un important volume : *Le tombeau de Childéric Ier, roi des Francs*. En 1864, il fit paraître un fort volume in-4° orné de plus de 1,000 gravures : *La Seine-Inférieure statistique et archéologique*, ouvrage qui a eu une seconde édition en 1866. Enfin, depuis 1868, le ministère de l'Instruction publique fait imprimer son *Répertoire archéologique de la Seine-Inférieure* qui obtint, en 1862 et 1869, deux médailles d'or du ministère de l'Instruction publique au Congrès de la Sorbonne. Inspecteur des monuments religieux, pour le diocèse de Rouen, en 1861; membre correspondant de l'Institut de France en 1864 ; directeur du musée d'antiquités de Rouen en 1867, il est, en outre, membre non résidant du Comité des travaux historiques, de l'Académie pontificale d'archéologie de Rome, des Sociétés des antiquaires de France, de Normandie, de Picardie, de Morinie et de Londres, de l'Académie d'archéologie de Belgique, de l'Association archéologique de la Grande-Bretagne, etc.

COFFINET (Jean-Baptiste), né à Troyes, le 26 mars 1810. Ordonné prêtre le 24 mai 1834, il a été nommé le même jour chanoine honoraire de la cathédrale de Troyes et secrétaire de l'évêché, fonctions qu'il a remplies jusqu'en 1854, sous les épiscopats de NN. SS. de Séguin des Hons, Debelay et Cœur. Concurremment avec ces fonctions, il a exercé, de 1849 à 1854, celles de vicaire-général honoraire. Chanoine titulaire le 9 janvier 1840, M. l'abbé Coffinet est, depuis 1851, le plus ancien chanoine de l'église de Troyes. Son amour du bien public et sa passion pour les sciences historiques l'ont porté à rendre tous les services compatibles avec le caractère sacré dont il est revêtu. Administrateur du Bureau des incendiés du département de l'Aube, le 13 septembre 1844, il fait partie de plusieurs Commissions administratives. Il est conservateur du Musée archéologique et administrateur de la Bibliothèque publique de Troyes, vice-président de la Société des amis des arts de l'Aube, membre de la Société pour la conservation des monuments historiques, de la Société académique de l'Aube, et de la Société des antiquaires de France, etc. Il a reçu la croix de la Légion d'Honneur « en récompense, disent les documents officiels, des services importants qu'il a rendus depuis longtemps à son diocèse ainsi qu'à son département, et des ouvrages scientifiques qui lui ont attiré les plus honorables sympathies de la part de ses confrères et de ses concitoyens, » le 14 août 1863.

COHEN (Joseph), né à Marseille, le 1er novembre 1817. Il fit ses études classiques et son droit à Aix, où il se fit inscrire au tableau des avocats en 1836. Fondateur du *Mémorial d'Aix*, il conserva la direction de cette feuille jusqu'à l'époque (1842) où il fut chargé, par le gouvernement, d'une mission en Algérie. Après avoir étudié l'état des populations israélites indigènes de la colonie, et les moyens propres à leur faire adopter, sans secousse, nos coutumes et nos mœurs, il fut nommé défenseur officieux près le tribunal d'Alger, président du Consistoire de cette ville (1845), et capitaine de la milice. Il revint en France en 1854, fonda la Société algérienne, dont il devint le secrétaire, collabora à la *Semaine*, et prit, en 1853, la rédaction en chef du *Pays, journal de l'Empire*. En 1860, il créa, avec M. de La Guéronnière, le journal *La France*, dont il fut rédacteur en chef jusqu'en 1868, et qui défenditvec dévouement, la doctrine de l'empire parlementaire. Les travaux de M. Joseph Cohen, pendant cette période, ont été très-actifs et très-remarqués. Au commencement de 1869, par suite de dissentiments politiques, il se retira du journal *La France* et resta quelque temps hors du journalisme. En juillet 1871, il a pris la direction de la *Presse*. On lui doit, en dehors de ses travaux comme publiciste : *Analyse raisonnée de la législation des eaux*, en collaboration avec M. Tardif (2 vol., 1841) ; — un *Rapport* sur sa mission en Algérie (1845); — *Les Déicides, examen de la vie de Jésus* (1864); et de nombreux articles ou mémoires insérés dans les *Archives israélites de France*, la *Vérité israélite* et les *Annales algériennes*. Chevalier de la Légion d'Honneur du 1er janvier 1854, M. J. Cohen a été promu officier de l'Ordre le 15 août 1867.

COLET (Mgr Charles-Théodore), né à Gérardmer (Vosges), le 30 avril 1806. Dominé par une vocation irrésistible, Mgr Colet entra, en 1826, au grand séminaire de Versailles. Quatre ans après, au mois de décembre 1830, il fut ordonné prêtre par Mgr Rorderics, de pieuse mémoire, et nommé immédiatement curé de Montesson, dans le canton d'Argenteuil. En 1832, il se distingua par son abnégation et sa charité lors de l'épidémie de choléra qui sévit si cruellement dans sa paroisse. Proposé à cette occasion pour la croix d'Honneur par M. Aubernon, préfet de Seine-et-Oise, le digne curé, apprenant ces dispositions, demanda avec instance qu'on décorât de préférence un des nombreux médecins qui s'étaient dévoués pour soigner ses paroissiens. A la fin de la même année, il fut rappelé à Versailles comme vicaire de Notre-Dame, où il resta jusqu'au mois d'octobre 1838. C'est alors qu'il alla remplir les fonctions de vicaire-général près de Mgr Rivet, qui venait de quitter la cure de Notre-Dame de Versailles pour le siége épiscopal de Dijon. Le zèle et les vertus évangéliques déployés dans ces fonctions par Mgr Colet ont trouvé leur récompense en ce monde dans son élévation à l'évêché de Luçon, resté vacant par la promotion de Mgr Delamarre à l'archevêché d'Auch (1861). Les fidèles du diocèse de Luçon n'ont aujourd'hui qu'une voix pour célébrer les mérites de leur pasteur. Mgr Colet est chevalier de la Légion d'Honneur depuis le 7 septembre 1859.

COLFAVRU (Jean-Claude), né à Lyon, le 1er décembre 1820. Fils de modestes artisans, il se mit comme tambour, en juillet 1830, à la tête d'une manifestation armée de la population des Brotteaux, contre l'Hôtel-de-Ville. Attaché à une compagnie de garde nationale jusqu'au 20 décembre de la même année, il entra, deux jours plus tard, comme boursier-tambour, au collége royal de Lyon, où il fit de brillantes études. Lauréat de rhétorique et de philosophie, il se rendit à Grenoble, où il professa l'enseignement supérieur dans une institution libre tout en faisant son droit, et prit sa licence en mai 1845. Inscrit au tableau des avocats de Paris en novembre de la même année, il se mêla au mouvement d'alors. En septembre 1848, il fut transporté sans jugement. Le département de Saône-et-Loire l'élut représentant à l'Assemblée législative en avril 1850 ; et, après le Coup-d'Etat, il fut enfermé à Mazas, puis proscrit. M. Colfavru a passé huit ans à Londres et à Jersey. De retour à Paris, après l'amnistie de 1859, il continua ses travaux commencés de jurisprudence, et rentra au barreau en 1861. La même année il publia : *Le droit commercial comparé de la France et de l'Angleterre* ; et, en 1868 : *Du mariage et du contrat de mariage, en France, en Angleterre et aux Etats-Unis*. Le 8 septembre 1870, il fut élu commandant du 85e bataillon de la garde nationale ; et, dix jours plus tard, il fut désigné comme juge de paix du XVIIe arrondissement. En novembre, il prit le commandement des compagnies de guerre de son bataillon, avec lesquelles il assista, comme réserve, à la bataille de Champigny et fit partie de la colonne du centre à la bataille de Buzenval. M. Colfavru a reçu la croix de la Légion d'Honneur le 12 février 1871. Il a fait agréer sa démission des fonctions de juge de paix, le 31 octobre suivant, pour rentrer au barreau de Paris.

COLIN (François-Joseph), né à Lepuix, arrondissement de Belfort, le 11 juin 1828. Issu d'une bonne famille de cultivateurs, il entra au service militaire, en 1852, au 5e bataillon de chasseurs à pied, et fit la campagne d'Orient. Embarqué à Toulon, le 29 avril 1854, il fit escale à Gallipoli le 11 mai, et débarqua le 30 juin à Varna où il eut la douleur de voir un grand nombre de ses camarades mourir du choléra. Arrivé, le 14 septembre, sur les côtes de Crimée, il assista, le 20, à la bataille de l'Alma, participa au commencement du siége de Sébastopol le 27 suivant, et, pendant dix mois de la durée de ce siége, appartint à la 2e compagnie de francs-tireurs où il passa chasseur de 1re classe. Porté malade le 25 juillet 1855, après avoir été successivement atteint du choléra, du scorbut et de la dyssenterie, il est revenu en France le 17 septembre 1855. Rentré dans la vie civile, M. Colin s'est occupé, sans autre guide que son goût naturel, de sculpture sur bois. Ses portraits, en bois sculpté, ont beaucoup de succès. On cite, parmi ses œuvres, les portraits de MM. Thiers et Pouyer-Quertier dont la ressemblance est frappante, et son propre portrait qui a été admis au Salon de 1870. M. Colin a reçu la médaille de Crimée avec trois agrafes.

COLLARD (Alexis-Jean-Baptiste), né à Bayeux (Calvados), le 27 mars 1804. Guidé par une énergique vocation pour l'état ecclésiastique, M. Collard fit de fortes études au collége et au grand séminaire, et à la Faculté des sciences de Caen. Mais il eut constamment à lutter contre le mauvais état de sa santé, notamment contre la délicatesse de sa vue, accrue par un amour immodéré de la lecture, c'est-à-dire du désir de s'instruire. Après avoir éprouvé des symptômes menaçants d'amaurose, il se vit interdire tout travail à l'âge de vingt ans, et resta jusqu'en 1827 sans ouvrir un livre. A cette époque, il fut placé au petit séminaire de Bayeux, comme répétiteur de philosophie et d'histoire sainte. Professeur de philosophie, à Doué (arrondissement de Saumur), de 1829 à 1830, il refusa le serment, après la révolution de juillet, et devint, en 1831, précepteur chez le général prince de Broglie. En 1836, il reçut l'ordination, après avoir appris *memoriter*, avec le concours d'amis qui lui faisaient la lecture, le bréviaire et une partie des leçons, et appelé aux fonctions de vicaire à Bayeux. Sa vue s'étant fortifiée quelque peu, sans que l'ensemble de sa santé se fût amélioré, il quitta le ministère ordinaire et entra (1840), comme aumônier, au collége royal d'Alençon, et comme aumônier à l'Ecole normale des instituteurs. Atteint d'une laryngite, et d'ailleurs en butte à une petite persécution que lui avait attirée l'esprit de l'une de ses publications, M. l'abbé Collard s'est retiré en 1860 après avoir refusé la charge de principal au collége de Séez, à laquelle le ministre l'avait nommé, et consacre les moments de répit que lui laissent ses souffrances à l'achèvement de quelques ouvrages encore inédits. Il a publié : *Le bon instituteur*,

études morales sur ses devoirs et ses services (1847);
— *Le bonheur, ou l'homme dans le présent et dans l'avenir* (1849), écrit extrait d'un ouvrage plus complet du même auteur; — *Raison et foi, essai sur l'idée pure de la religion appliquée au catholicisme*, qui n'a paru qu'en 1855; — *La religion dans les collèges*, ouvrage qui fit du bruit (1850); — *Lettres normandes;* — *La religion des libres penseurs* (1re partie, 1863). M. l'abbé Collard est chanoine honoraire de la cathédrale de Séez.

COLLAS (Paul-Émile), né à Autun, le 9 octobre 1842. Fils de feu Paul Collas, conservateur des hypothèques à Amiens et de Louise-Marie de Latapie de Ligonie, il fit son droit à la Faculté de Dijon et y prit les grades de licencié, en 1864, et de docteur, en 1867. Inscrit au barreau de Dijon en 1868, il a été nommé en 1872 juge-suppléant au tribunal de cette ville. On lui doit : *Une visite à Hautecombe, en Savoie*, (1865); — *La France et la question d'Orient* (1869); — *La liberté de tester* (1870). En outre, M. Collas a publié, dans la *Revue de Paris* (1869), une étude sur *La noblesse maternelle;* dans le *Mémorial diplomatique* (1867-1868), des articles sur les affaires d'Espagne, et depuis 1870, de nombreux travaux dans l'*Indépendance hellénique*, d'Athènes.

COLLIN DE PLANCY (Jacques), né à Plancy (Aube), le 30 janvier 1794; cousin de Danton par sa mère. Il fit ses études au collège de Troyes, vint habiter Paris au mois de février 1814, et embrassa sur-le-champ la carrière d'homme de lettres. Il débuta par les *Contes noirs*, puis fit paraître le *Dictionnaire infernal* (2 vol.); le *Dictionnaire féodal; les Mémoires d'un vilain du quatorzième siècle; le Diable peint par lui-même*, et plusieurs autres ouvrages moins importants. En 1820, il produisit un livre hostile à la religion, le *Dictionnaire des reliques et des images miraculeuses*. En 1824, il déposa sa plume et s'occupa d'affaires d'immeubles. Il ouvrit alors et anima le quartier haut de Charenton, perça la rue Rodier, maintenant terminée, et, avec M. Rougevin, la rue Vanneau, qu'on appelait alors la rue Mademoiselle; mais la révolution de juillet 1830 ayant arrêté toutes les affaires, il s'en alla en Belgique, où il se remit à écrire dans les journaux et les revues. Il publia les *Fastes militaires des Belges* (4 vol.), les *Chroniques des rues de Bruxelles*, et divers petits ouvrages. En 1839, il fut appelé en Hollande pour établir une imprimerie et une école de gravure. Là, il rentra dans le catholicisme, qu'il avait longtemps offensé. Alors, reconcilié avec l'Eglise, il fit des éditions corrigées de son *Dictionnaire infernal*, la *Bibliothèque des légendes* (20 vol.), et contribua beaucoup à la fondation de la Société de Saint-Victor, pour la propagation des bons livres. Il a fondé, dans cette Société, le *Magasin catholique illustré*, qui a eu dix années d'existence. M. Collin de Plancy a publié, en outre, *la Vie et les légendes intimes de Napoléon Ier et de Napoléon II*, et le *Dictionnaire des athées*. Il a sous presse *la Vie des Saintes et des Bienheureuses* (2 vol.) ; — *la Vie des Saints français* (2 vol.); — *la Vie, les actes et les légendes de tous les Saints* (5 vol.).

COLLINEAU (Alfred-Charles), né à Ancenis (Loire-Inférieure), le 22 mars 1832. Il commença ses études médicales à la Faculté de Paris en 1850, fit quatre années d'externat à l'hôpital des Enfants-Malades, à l'Hôtel-Dieu, à Cochin, à Saint-Louis, deux années d'internat provisoire à Lourcine, à la Pitié, à Beaujon, et notamment à la Salpêtrière où il resta un an dans la section de M. Esquirol (division des aliénés), et prit le grade de docteur, le 30 août 1859, avec une thèse ayant pour sujet: *De l'ostéo-malaxie en général et au point de vue tocologique en particulier*. M. le docteur Collineau, établi à Paris, n'a pas tardé à s'y faire une belle position. Il a été médecin du Bureau de bienfaisance du IIIe arrondissement; et actuellement (1872), il est médecin-inspecteur des écoles communales du même arrondissement et médecin titulaire du 2e dispensaire de la Société philanthropique de Paris. On lui doit les ouvrages suivants: *Sur un cas de coxalgie osseuse avec autopsie* (1863); — *De la coxalgie, de sa nature, de son traitement*, ouvrage publié en collaboration avec M. Ferd. Martin et qui a remporté, à l'Institut, le prix de médecine et de chirurgie décerné par l'Académie des sciences (1864); — des rapports à la Société médico-pratique sur les *Maternités* et sur les *Lacunes de la loi du 30 juin 1838 sur les aliénés* (1870); — *Notice biographique et bibliographique sur la personne du docteur Simonot* (1872); — *République ou monarchie* (1872) ; — *Des commotions politiques dans leurs rapports avec le développement de l'aliénation* (1872; — et des articles insérés *passim*, dans le *Journal de médecine mentale* (années 1868-69-70), sur la *Simulation de l'épilepsie*, le *Suicide en commun*, le *Suicide chez les enfants*, le *Procès du comte Chorinski*, les *Moyens disciplinaires dans l'éducation*, les *Asiles pour les ébrieux*, etc. M. le docteur Collineau est membre titulaire de la Société de médecine et secrétaire-général de la Société médico-pratique de Paris, membre titulaire de la Société d'anthropologie, membre honoraire de la Société des médecins des bureaux de bienfaisance, membre du Comité de la Société pour l'enseignement élémentaire, et membre correspondant des Sociétés médicales de Nantes, Angers, Poitiers, Bordeaux, Montpellier, Strasbourg, du Nord de la France, etc.

COLLOMB (Anselme), né à Hautecour (Savoie), le 21 avril 1817. Il fit son cours de théologie au grand séminaire de Moutiers, de 1839 à 1843. Ordonné prêtre à cette dernière époque, il remplit, un peu plus de trois ans, les fonctions de vicaire à Saint-Jean de Belleville, et entra dans la Maison des missionnaires diocésains, où il passa 21 ans, sous l'abbé Martinet, fondateur et supérieur de cet établissement. Douze ans directeur des missions, il fut, pendant ce temps, nommé chanoine honoraire par Mgr Furinaz, qui avait sollicité et obtenu pour lui le titre de missionnaire apostolique. Son long et laborieux concours à l'œuvre des missions lui valut d'être nommé, en 1867, supérieur du grand séminaire de Moutiers, puis chanoine titulaire. M. l'abbé Collomb a publié: *Manuel pratique des mères chrétiennes* (1861) ; — *Petit traité des indulgences*, avec approbation de la congrégation des indulgences (1861); —

Examen de conscience sur les devoirs et les péchés relatifs à chaque commandement, avec l'indication de la gravité des fautes (1865); — *Souvenir de mission, ou règlement de vie pour persévérer après une mission, un jubilé, une retraite*, suivi de *Six méthodes rationnelles d'oraison*, d'un *Cours de méditations* sur les vérités prêchées dans une mission, et des *Prières de la messe*, présentées de manière à faire comprendre les rapports des cérémonies du Saint-Sacrifice avec les différentes circonstances de la Passion (4ᵉ édit., 1867).

COLMET-DAAGE (Gabriel-Frédéric), né à Paris, le 7 avril 1813. Fils d'un avocat de Paris, M. Colmet-Daage fit ses classes au collège Henri IV, prit sa licence en droit en 1834, étudia deux ans la procédure chez un avoué, passa sa thèse du doctorat en 1837, et embrassa la carrière d'avocat. Nommé professeur suppléant à la suite d'un concours, en juillet 1841, il suppléa M. Rossi dans le cours de droit constitutionnel en 1845 et 1846. M. Colmet-Daage a été nommé, à la suite d'un nouveau concours, professeur titulaire de procédure civile en 1847. Peu de professeurs ont su gagner mieux que lui la confiance, le respect et l'affection des élèves. Il a complétement remanié et achevé l'œuvre déjà si remarquable de Boitard, et son ouvrage intitulé : *Leçons de procédure civile* (2 vol., 10ᵉ éd. 1868) l'a mis au premier rang parmi les jurisconsultes de l'époque. Il est doyen de la Faculté de droit depuis le 13 mai 1868, et a été promu officier de la Légion d'Honneur le 9 août 1869.

COLOMB (Justin), né à Montbazens (Aveyron), le 11 juin 1835. Fils d'un notaire de sa ville natale, décédé maire en 1843, il fut élevé au petit séminaire de Saint-Pierre, près Rodez, commença ses hautes études au grand séminaire de son diocèse, et vint, en octobre 1858, terminer son cours de théologie au grand séminaire de Saint-Sulpice, à Paris. Ordonné prêtre le 17 décembre 1859, il fut reçu membre de la Compagnie de Saint-Sulpice, et chargé de professer la philosophie au grand séminaire du Puy, en octobre 1860. M. l'abbé Colomb a été appelé à la Communauté des prêtres de la paroisse de Saint-Sulpice de Paris, le 15 août 1863.

COLOMB (Louis-Joseph-François-Isidore DE) né à Figeac (Lot), le 6 janvier 1823. M. le général de Colomb est un des plus brillants officiers d'Afrique. Élève de l'École spéciale militaire de Saint-Cyr en 1842, nommé le 1ᵉʳ octobre 1844 sous-lieutenant au 56ᵉ régiment d'infanterie de ligne, il rejoignit ce corps en Algérie. Lieutenant au même régiment le 25 juin 1849, capitaine au 14ᵉ bataillon de chasseurs à pied le 10 juillet 1854, puis au 16ᵉ bataillon le 11 octobre 1856, il était promu, le 12 août 1857, chef de bataillon au 90ᵉ de ligne. Le 14 mars 1859, il passa au 2ᵉ régiment étranger, devint lieutenant-colonel du 3ᵉ de tirailleurs algériens le 19 mai 1860, puis, par permutation, du 2ᵉ de même arme, et enfin colonel du 17ᵉ de ligne le 12 août 1864. M. de Colomb a été cité honorablement : 1º le 20 janvier 1855, « pour la décision énergique dont il a fait preuve en ordonnant l'arrestation des principaux instigateurs du désordre à Ouargla, au milieu d'une population armée et dans une attitude qui semblait peu rassurante ; » — 2º le 23 janvier 1855, à l'occasion du brillant succès obtenu par lui, le 11 du même mois, sur une colonne de Zegdou forte de 1,200 hommes : « A la tête des contingents indigènes du cercle de Géryville, de 75 tirailleurs et de 12 spahis, il atteignit l'ennemi sur l'Oued-Zoubia, à cinq lieues de Fignig, et le défit complétement ; l'ennemi a laissé 300 morts sur le terrain, 62 prisonniers, plus de 900 fusils, un grand nombre de chevaux et de chameaux et tous ses bagages ; » — 3º le 9 novembre 1859, pour les succès remportés sur les Beni-Guil par la colonne légère placée sous son commandement. En 1865, il a commandé, dans le Sahara de la province d'Oran, la colonne mobile de Géryville, qui, sous ses ordres, a plusieurs fois atteint les tribus insoumises, a battu leurs contingents, a enlevé leurs troupeaux, et les a forcées à se soumettre : à Kheneg-Souès, à El-Abiod-Sidi-Chikh, à l'Oued-Dighem, à Chetlala-el-Guebla et à Aïn-Tazina (1ᵉʳ, 2, 6, 8 et 9 avril); à Megroun et à l'Oued-Oulakak (9 et 14 novembre); enfin, à El-Azeïdj et à Bou-Aroua (1ᵉʳ, 9 et 10 décembre), points très-éloignés, dans des contrées où jamais les colonnes françaises n'avaient encore pénétré. Quand son régiment revint en France, M. de Colomb, mis à la tête du 34ᵉ de ligne, fut maintenu dans le commandement de la colonne mobile de Géryville et appelé, peu de temps après, en mission hors cadres. Commandant du cercle de Tiaret en 1867, puis, successivement de la subdivision d'Aumale et de celle de Mascara, il fut nommé général de brigade le 30 mars 1870 et fit, en cette qualité, l'expédition de l'Oued-Guir et d'Aïn-Chaïr, sous les ordres du général de Wimpffen. Lorsque la guerre avec l'Allemagne éclata, on sentit la nécessité de le maintenir dans son poste, à Mascara, la présence d'hommes spéciaux étant indispensable à la sécurité de la colonie. Quand le général Chanzy fut appelé à l'armée de la Loire, il le remplaça dans son commandement de la subdivision de Tlemcem ; mais bientôt investi lui-même du commandement de la 1ʳᵉ division du 15ᵉ corps d'armée, il dut quitter, le 23 décembre 1870, l'Algérie où il était depuis sa sortie de Saint-Cyr. Il avait alors consacré 26 années toute son existence militaire, au service des intérêts de son pays, dans une colonie qu'il aimait et en la prospérité de laquelle il avait une foi ardente. Passé du commandement du 15ᵉ corps à celui du 17ᵉ, il prit part à la bataille du Mans, où il lutta pendant une journée entière, sur le plateau d'Auvones, devant Yvrée-l'Évêque, avec une faible division, contre les forces bien supérieures dirigées par le prince Frédéric-Charles. Après la retraite de la 2ᵉ armée de la Loire derrière la Mayenne, il fut appelé au commandement de l'armée de Bretagne, composée du 17ᵉ corps, de 2 divisions des 19ᵉ et 21ᵉ corps, des mobilisés des cinq départements de la Bretagne et de ceux de la Mayenne. Cette armée forte d'environ 125,000 hommes, fut licenciée peu de temps après, l'armistice étant survenu, bientôt suivi de la conclusion de la paix, avant d'avoir été complétement formée et réunie. M. de Colomb nommé général de division à la fin de décembre 1870, et maintenu dans son nouveau grade par la Commission de révision, pour prendre rang à la date du 16 septembre 1871, a été nommé membre de la Commission de classement de l'infanterie, au ministère de la Guerre, après avoir passé près d'une année dans la position de disponibilité. Chevalier de la Légion d'Honneur le 22 décembre 1852, officier le 20 février 1855, et promu commandeur le 16 mars 1866, M. le général de Colomb est aussi commandeur de l'ordre royal de Saint-Olaf, de Suède et Norwége.

COLONNA CESARI (don Joseph, *comte* COLONNA DELLA ROCCA), né à Porto-Vecchio (Corse), le 10 mai 1825. Il est le chef d'une des plus anciennes et des plus illustres familles d'Italie, à laquelle on doit cinq papes, plus de quarante cardinaux, un grand nombre d'archevêques et d'évêques, des vice-rois et des connétables du royaume de Naples, des grands d'Espagne, des préfets de Rome et des maréchaux de France. Ses parents l'avaient destiné à l'état ecclésiastique ; et comme sa naissance lui donnait le droit d'entrer à l'école de Saint-Jean-de-Latran, l'évêque de Corse, Mgr Casanelli d'Istria, lui avait fait obtenir une bourse au grand séminaire d'Ajaccio, où il devait se préparer à suivre cette carrière. Mais, dès l'âge de quinze ans, sans outils spéciaux, et sans autre guide que son goût pour les arts, il affirma sa vocation en exécutant une statuette en bois colorié d'un mètre de hauteur, le *Sauveur du monde*, placée dans l'église paroissiale de Porto-Vecchio, et qui fut l'objet, dans la presse, d'appréciations unanimement excellentes. Alors, le Conseil général de la Corse favorisa son entrée à l'Académie de Saint-Luc de Rome, où il continua ses études artistiques comme pensionnaire du département. Un journal de Bastia, l'*Insulaire français*, faisait, en 1846, le plus grand éloge de son *Buste du maréchal Sébastiani*. M. Colonna Cesari n'a pas trompé les espérances que ses concitoyens avaient fondées sur ses précoces dispositions. Habile à manier tout à la fois le ciseau, le burin et le pinceau, il a fait, avec le plus grand bonheur d'exécution, un grand nombre de portraits, de bustes, de peintures et de gravures. Citons : le buste du premier président comte *Colonna d'Istria*, qui a remporté un premier prix de sculpture, et valu à son auteur une médaille d'argent à l'exposition de Bastia ; — le portrait en pied de *Napoléon III*, tableau commandé, en 1857, par le Conseil général de la Corse pour être placé dans la salle de ses séances ; — un *Collier en camées*, représentant tous les membres de la famille impériale, honoré d'une médaille d'or à l'exposition d'Ajaccio. Parmi ses dernières œuvres exposées au Salon de Paris, on distingue : le buste en marbre de M. *Pietri*, et quatre camées-coquilles, dont le portrait de l'*Empereur de Russie* (1868) ; — un buste de *Napoléon Ier*, commandé par la ville de Paris pour la salle du tribunal de Commerce ; — cinq camées-coquilles, dont le portrait du *Prince impérial*, et surtout un magnifique buste en terre cuite du sultan *Abdul-Aziz* (1869) ; — les bustes en marbre de MM. *Bozérian*, avocat à la Cour de cassation, et *Hébert*, professeur à la Sorbonne (1870) ; — des docteurs *A. Guérin* et *Vincenti* (1872). M. Colonna Cesari a exécuté les bustes de l'*Empereur de Russie*, et de l'*Empereur d'Autriche*, commandés par le ministère des Beaux-Arts, en 1870, pour être placés à l'Elysée, du *baron Thénard*, de MM. *Jamin* et *Boulay* (de l'Institut), des docteurs *Laborie*, *Blanche*, etc. Partisan de l'instruction des masses par les moyens les plus rapides, il a créé une suite de toiles historiques et scientifiques, destinées à la propagation d'une méthode d'enseignement mural par l'emploi intelligent de la peinture.

COMARTIN (Octave-Jean-Louis), né à Paris, le 3 mai 1815. Elève interne au collége Louis-le-Grand en 1828, il a obtenu le diplôme de licencié en droit à Paris en 1837 et a été nommé avoué près le tribunal de première instance de la Seine en 1842. Capitaine dans la 6e légion de la garde nationale de Paris en 1843, il se distingua par deux actions d'éclat aux événements de février et juin 1848, et plus tard par des travaux exceptionnels, nommé rapporteur, en 1851. En 1852, il passa avec son grade dans la légion de cavalerie. En 1857, dans des conditions difficiles, il devint maire de Groslay (Seine-et-Oise), et succéda dans ses fonctions à son père, décoré en cette qualité en 1832 et qui lui-même avait succédé au sien. Aussi, pour perpétuer le souvenir des services rendus à l'administration municipale par les membres de cette famille, un décret du 18 juin 1862 a-t-il donné le nom de *Comartin* à un nouveau quartier de Groslay, annexé par une loi du 3 juillet 1861. M. Comartin a fait partie, comme vice-président de comité, de la Société du Prince-Impérial, fondée en 1862. Il a publié en 1865 un ouvrage d'archéologie qui renferme dans l'une de ses parties l'histoire de l'église et de la commune de Groslay. Enfin, en quittant le Palais, il a été nommé, en 1866, juge de paix suppléant du IXe arrondissement de Paris. Il est chevalier de la Légion d'Honneur (12 août 1859), et commandeur de Saint-Grégoire-le-Grand.

COMBARIEU (Pierre-Louis-Gustave DE), né à Lauzerte (Tarn-et-Garonne), le 7 mars 1823. Il entra dans la marine en 1839. Aspirant le 1er septembre 1841, enseigne de vaisseau le 1er novembre 1845, lieutenant de vaisseau le 2 avril 1851, il passa capitaine de frégate le 16 août 1862, et quitta le service en 1868. Quand éclata la guerre avec l'Allemagne, il offrit son concours au gouvernement de la Défense nationale et fut aussitôt nommé colonel d'une légion des mobilisés de l'Isère. Il se trouvait encore à l'armée des Vosges, le 8 février 1871, quand il fut spontanément élu représentant de l'Isère à l'Assemblée nationale. M. de Combarieu, qui n'a pas d'antécédents politiques, siège sur les bancs de la Gauche-Modérée. Nommé chevalier de la Légion d'Honneur en 1846, à la suite d'une blessure grave reçue pendant la guerre qui eut lieu à cette époque entre la République Argentine et Montevideo, il est officier de la Légion d'Honneur depuis 1864.

COMBES (François), né à Alby, le 27 septembre 1816. Il fit ses études classiques à Alby, obtint le brevet d'agrégé d'histoire en 1850, après une exposition critique sur les *Lettres missives d'Henri IV*, qui fut trouvée la meilleure sur cet important sujet, et prit le grade de docteur en 1856. Successivement professeur d'histoire au collège de Pamiers (1844-1847), au collège Stanislas (1848), au lycée Bonaparte (1853), et inspecteur d'Académie, à Lons-le-Saulnier (1856), il fut appelé, en 1860, à occuper la chaire d'histoire à la Faculté des lettres de Bordeaux. M. Combes a obtenu des succès qui ont maintenu cette chaire à la hauteur où l'avait élevée son prédécesseur, M. Geffroy. Ses cours les plus remarqués, depuis la bataille de Sadowa, ont été les suivants : *Histoire de la monarchie prussienne et de sa fondation, d'après surtout la correspondance de Voltaire et de Frédéric II*; — *Histoire des invasions germaniques en France, depuis Clovis jusqu'à nos jours*; — *Histoire des libérateurs des nations*. On lui doit des *Études historiques* justement estimées : *L'abbé Suger, histoire de son ministère et de sa régence*, qui a obtenu une mention honorable de l'Institut (1853); — *Histoire générale de la diplomatie européenne* (1854-1855, 2 vol.); — *La Russie en face de Constantinople et de l'Europe* (1856); — *La princesse des Ursins, essai sur sa vie et son caractère politique*, d'après des documents tirés du dépôt de la guerre (1858). Il a rempli des missions scientifiques en Belgique et en Hollande (1857), en Italie (1864), en Suisse (1865), à la suite desquelles il a publié et lu aux réunions annuelles des Sociétés savantes, à la Sorbonne, des *Mémoires* sur les documents historiques trouvés par lui dans les Archives des pays étrangers. L'un de ces documents, dont l'importance n'échappera à personne, intitulé : *Correspondance française inédite du grand pensionnaire Jean de Witt*, tirée des Archives royales de la Haye, s'imprime actuellement (1872) dans la *Collection officielle des documents inédits sur l'histoire de France*. Enfin, M. Combes est auteur d'une tragédie intitulée : *Le maréchal de Montmorency*, qui jouée à Bordeaux, en 1866, avec le concours de Ligier, y a obtenu un immense succès. Il est membre de plusieurs Sociétés savantes. M. Combes est chevalier de la Légion d'Honneur depuis 1869.

COMPTE-CALIX (François-Claudius), né à Lyon, le 28 août 1813. Il étudia la peinture à l'École des beaux-arts de Lyon, et se familiarisa avec les genres les plus divers. On a de lui des tableaux historiques, des paysages, des portraits et des tableaux de genre et d'intérieur. M. Compte-Calix a débuté au Salon de Paris en 1840, et figuré, depuis, à toutes les expositions. Il a notamment exposé, outre des portraits: *Sainte Elisabeth* (1844); — *Les deux conseils* (1845); — *L'amour au château: L'amour au village* (1846); — *Portrait de Mgr Pary, évêque d'Alger*; *Seule au monde* (1848); — *Comme on fait son lit, on se couche*; *Fortune et bonheur* (1852); — *Pauvre mère*; *Les quatre coins* (1859); — *Le chant du rossignol*; *Les biches effrayées*; *Réussite du cœur* (1859); — *La forêt de Bondy*; *Il n'y a pas de fumée sans feu*; *Comment on apprend à pêcher*; *Souvenir de Bresse* (1861); — *Le vieil ami*; *Le départ des hirondelles*; *Le jour des morts* (1863); — *Les amies de pension*; *Le nid d'hirondelles* (1864) : — *Et rose elle a vécu...*; *Le nid de vipères* (1865); — *En forêt*; *Le soir* (1866); — *La lectrice*: *Le facteur rural* (1867); — *Sous la charmille*; *Mademoiselle Ève* (1868); — *L'orpheline*; *La prairie* (1869); — *Pauvre amour* (1870); — *La leçon de géographie*; *Portrait de S. A. R. la princesse Christine de Montpensier* (1872). M. Compte-Calix a fait figurer : *Soutien et pardon* à l'Exposition universelle de 1855, et : *Le vieil ami* à celle de 1867. Il a obtenu une médaille de 3e classe, pour le genre historique, en 1844, et le rappel de cette médaille en 1857, 1859 et 1863.

CONDÉ (Georges-Ferdinand-Émile, baron DE), né à Deux-Ponts, le 4 août 1810. Entra au Conseil d'État en 1837. Désireux de se rendre utile, il s'occupa de préférence des questions alors toutes nouvelles de chemins de fer. Membre de la Commission administrative des chemins de fer en 1842 et de la Commission supérieure en 1853, il fit, en 1846, sur les *Chemins de fer à créer dans l'ouest et le nord-ouest de la France*, un rapport qui eut un grand retentissement, notamment dans les Chambres, et qui lui valut la décoration de la Légion d'Honneur. En 1847, M. le baron de Condé eut la mission de représenter officiellement son pays, à la conférence réunie à Bruxelles pour régler, par un traité entre la France, la Belgique et la Prusse, les nouvelles relations résultant de l'établissement des chemins de fer; ce traité sert encore de base aux conventions internationales des trois États. M. de Condé semblait devoir parcourir d'une manière brillante la carrière du Conseil d'État et de la haute administration, lorsque la révolution de Février le rendit à la vie privée. Il s'est retiré depuis cette époque en son château de Montataire, près de Chantilly, où l'ont suivi d'illustres amitiés. Il a épousé Mlle d'Haubersart, nièce du comte d'Haubersart, pair de France. Membre du Conseil général de l'Oise, du Comité supérieur des chemins de fer et d'un grand nombre d'autres comités, commissions, conseils départementaux, etc., il consacre libéralement au service de ses concitoyens son expérience administrative et les lumières de son esprit, justifiant en toute circonstance l'antique devise de sa famille : *Loyauté, vieux Condé*. M. le baron de Condé a été nommé chevalier de la Légion d'Honneur le 29 avril 1847, et officier le 29 décembre 1855. Il est commandeur et officier de plusieurs autres ordres.

CONIL (Pierre), né à Saint-Denis (Réunion), le 30 janvier 1832. Fils d'un ancien délégué de la colonie, rédacteur en chef du *Temps* en 1840, il fit ses études classiques à Paris, et débuta dans le journalisme sous les auspices de son père. Dès 1853, il publiait une traduction estimée de la *Francesca di Rimini*, de Silvio Pellico. En 1857, il fit les comptes-rendus du Salon dans le *Messager de Paris*. M. Conil est un des premiers qui conseillèrent aux peintres l'étude et la reproduction sérieuses de la nature et firent une guerre ouverte à l'art de convention. Fondateur, en 1859, de la *Gazette des étrangers*, il la rédigea sous le pseudonyme de « Paul de Chalandré, » prit la rédaction en chef de la *Gazette de Savoie*, à Chambéry, en 1860, et créa le *Progrès de la Sarthe*, au Mans, en 1861, et le *Courrier des Deux-Charentes*, à Saintes, en 1862. Il fut, dans cette dernière ville, le promoteur, en 1864, de l'œuvre de la statue de Bernard Palissy, qu'il réussit à faire ériger avec le concours d'une commission où brillaient des noms tels que ceux de MM. Rigault de Genouilly, Regnault de Saint-Jean d'Angely, de Chasseloup-Laubat, Tannegui-Duchatel, etc. De retour à Paris, M. Conil a dirigé l'*Illustration militaire*, et collaboré, de 1865 à 1872, sous son nom ou sous le pseudonyme de Paul Cée, à beaucoup de journaux (*Moniteur, Siècle, International, Liberté, XIXe Siècle*, etc.). Rédacteur du *Gaulois*, de 1868 à 1871, il y a fait paraître, pendant le siége de Paris, sous forme d'article quotidien, une *Chronique de la Garde nationale*, qui sera toujours consultée avec fruit, et soulevé avec une compétence consacrée presque aussitôt par les mesures du gouvernement de la Défense nationale, la question de la prorogation des loyers et des échéances. On a, de M. Conil : *Liberté, égalité, fraternité, argent, crédit, association*, court essai sur la question sociale (2e édit.. 1870). Il a traité la *Question romaine* dans la *Gazette de Savoie*, en 1861, et collaboré à l'*Encyclopédie* de Larousse, pour les colonies françaises. Enfin, on lui doit une *Monographie de la question des sucres*, plaidoyer en faveur des colonies et de la liberté commerciale (1871).

CONNEAU (Henri-François-Alexandre), né à Milan (Italie), le 3 juin 1803, de parents français. M. le docteur Conneau a rempli, à l'âge de dix-sept ans, l'emploi de secrétaire du roi Louis-Napoléon, père de l'Empereur Napoléon III. S'étant livré ensuite à l'étude de la médecine et de la chirurgie, il fut reçu docteur à Florence et à Rome. En 1831, il prit part, avec les deux fils de la reine Hortense, au mouvement libéral dans les Etats romains. Réfugié à Arenenberg, M. le docteur Conneau devint le médecin ordinaire de cette auguste princesse, et il lui prodigua ses soins jusqu'à la dernière heure. Il s'attacha alors à la fortune du prince Louis-Napoléon, qu'il suivit en Angleterre et auquel il donna des preuves du plus entier dévouement. Condamné à l'emprisonnement à l'occasion de l'affaire de Boulogne, en 1840, il partagea la captivité de ce prince au fort de Ham, et, lorsqu'en 1844, l'amnistie lui ouvrit les portes de la prison, il sollicita comme une grâce de rester enfermé auprès du prince. Bientôt après, il facilita son évasion avec une présence d'esprit extraordinaire, et subit, pour ce fait, une nouvelle condamnation. Il reprit ensuite auprès de lui sa position de médecin, d'ami et de conseiller intime. A l'époque du rétablissement de l'Empire, il fut placé à la tête du service médical de la maison de l'Empereur, avec le titre de premier médecin, auquel a été ajouté depuis celui de directeur des dons et secours. M. Conneau est membre de l'Académie nationale de médecine et a été jusqu'en 1870 vice-président du Conseil général de la Corse. Il a fait partie du Corps législatif depuis 1852, comme député de la Somme, et a été élevé à la dignité de sénateur le 18 novembre 1867. Sa vie présente un noble et rare exemple de dévouement et de fidélité. Grand-Officier de la Légion d'Honneur depuis le 7 août 1867, il a été décoré de la plupart des ordres de l'Europe.

CONSEIL DUMESNIL (Gustave-Antoine-Marie), né à Cologne, ancien département de la Roër, le 16 juillet 1813. Elève à l'Ecole militaire de Saint-Cyr en 1830, sous-lieutenant au 58e régiment d'infanterie de ligne en 1832, il passa au 25e en 1833 et fut nommé lieutenant en 1838. Deux ans après il était attaché à l'Ecole de Saint-Cyr, où il devint répétiteur en 1841, capitaine en 1843 et professeur du cours d'administration, d'art et d'histoire militaires en 1845. Il quitta cet établissement le 1er mars 1849, par suite de sa promotion comme major du 20e de ligne, dans lequel il prit, le 8 mars 1850, le commandement d'un bataillon qui était en Algérie. Commandant supérieur du cercle de Philippeville le 13 septembre 1850, il reprit le commandement d'un bataillon le 2 avril 1854, pour suivre son régiment à l'armée d'Orient, où il fut nommé lieutenant-colonel du 2e régiment de la légion étrangère le 5 septembre 1854. Il combattit en Crimée, et sa conduite au siége de Sébastopol lui mérita le grade de colonel du 98e de ligne le 30 juin 1855 et la croix d'officier de la Légion d'Honneur le 14 septembre de la même année. Rentré en France à la paix, il conduisit son régiment à l'armée d'Italie en 1859, fut blessé de deux coups de feu à Montebello, l'un à la tête, l'autre à la main droite, et reçut la décoration de commandeur (21 mai). L'année suivante, il était promu au grade de général de brigade (12 mai 1860). M. le général Conseil Dumesnil a commandé la subdivision du Finistère pendant près de quatre ans. En 1863, il a eu le commandement d'une brigade d'infanterie au camp de Châlons. Il commanda la subdivision du Calvados depuis le 9 mars 1864, jusqu'au 2 août 1869, époque où il fut nommé général de division. Appelé, le 15 décembre suivant, au commandement de la 22e division militaire, à Grenoble, il fut investi, le 18 juillet, du commandement de la 1re division du 7e corps d'armée, à la tête de laquelle il prit part aux batailles de Fræchwiller (6 août) et de Sedan (1er septembre). Fait prisonnier à la fin de cette dernière journée, sur le champ de bataille, il fut emmené en captivité à Mayence et ne rentra en France qu'à la conclusion de la paix. Le 17 avril 1871, M. le général Conseil Dumesnil a pris le commandement de la 10e division militaire, à Montpellier. Il est officier de l'ordre des Saints-Maurice et Lazare, décoré du Medjidié de Turquie (3e classe), de la médaille de la Valeur militaire de Sardaigne, de Crimée et d'Italie.

CONTAUT (Charles-Gaspard), né à Epinal, le 14 janvier 1802. M. Contaut, depuis 1828, a pris part à toutes les luttes politiques, et n'a jamais dévié de ses principes libéraux. Percepteur des contributions directes de 1831 à 1842, il a quitté l'administration pour le commerce des bois et des fers. Etabli à Neufchâteau (Vosges), il s'est fait une honorable position dans le pays, et a pris à tâche d'y faire triompher la cause à laquelle il était dévoué. Conseiller municipal de Neufchâteau depuis plus de 30 ans, il a été porté sur la liste des candidats républicains, lors des élections pour l'Assemblée constituante, et a rempli les fonctions de maire en 1848. De cette dernière époque à 1852, il a fait partie du Conseil général des Vosges. Membre du Conseil d'administration d'un comptoir national d'escompte, capitaine de la garde nationale, il fut frappé par les commissions mixtes; mais, grâce aux services qu'il avait rendus comme maire de la ville, son expulsion fut réduite à un rigoureux internement auquel il resta soumis jusqu'à l'amnistie générale. Pendant l'invasion prussienne M. Contaut a de nouveau été nommé maire par ses collègues du Conseil municipal. Candidat républicain en 1869, il a été choisi à l'unanimité le 10 octobre 1870, sur la présentation des comices électoraux, par 252 délégations cantonales; et, le 12 février 1871, il a été élu par 22,000 suffrages représentant des Vosges à l'Assemblée nationale. Il fait partie de la Gauche républicaine.

CONTE-GRANDCHAMPS (Pierre), né à Angoulême, le 26 août 1816. Entré à l'Ecole polytechnique en 1835, il en est sorti dans le service des ponts-et-chaussées. Ingénieur ordinaire le 18 novembre 1842, ingénieur en chef le 18 décembre 1861, employé successivement dans les départements de l'Aude, de la Loire, des Landes, de la Corse, de l'Isère, des Basses-Alpes, des Alpes-Maritimes, il dirige depuis 1867 le service des ponts-et-chaussées dans les Basses-Pyrénées. On a de M. Conte-Grandchamps plusieurs ouvrages ou publications : *La Corse, sa colonisation et son rôle dans la Méditerranée* (1859) ; — *Alimentation des fontaines publiques de la ville de Saint-Etienne* (in-4°, avec 2 plans, 1848); — *Rapport sur le percement du grand tunnel des Alpes*, avec planches et cartes (1863), etc. Il est officier de l'Instruction publique (2 juillet 1864), officier de la Légion d'Honneur (13 novembre 1864) et chevalier des Saints Maurice et Lazare.

CONTEJEAN (Charles-Louis), né à Montbéliard, le 15 septembre 1824. Ses études classiques terminées au collége de sa ville natale, il partit, en 1842, pour la Russie, où il séjourna jusqu'en 1846, en qualité de précepteur, et où il se livra, pour se distraire de cette sorte d'exil, à l'étude de la botanique. De 1846 à 1848, il poursuivit ses travaux scientifiques et donna des leçons, à Paris. Puis il s'établit à Montbéliard, y créa et dirigea le Musée d'histoire naturelle, et publia la *Flore de la contrée*. Sur les conseils et les encouragements de M. Jules Thurmann, géologue et botaniste distingué de Porrentruy, il se détermina à embrasser la carrière universitaire et à prendre ses grades. Licencié ès sciences naturelles en 1856, il obtint, la même année, de l'Académie de Besançon, la pension Suard. Après un complément d'études, tant à Paris qu'à Montbéliard, il passa son doctorat en 1859, et fut nommé, en 1860, préparateur du cours de géologie de M. Cordier, au Muséum. Chargé de cours au lycée d'Angers, en 1862, puis à celui de Toulouse; suppléant, en 1864, pendant la saison d'été, à la chaire d'histoire naturelle de la Faculté des sciences de Clermont; suppléant, en 1865, puis chargé du cours d'histoire naturelle à la Faculté de Poitiers, M. Contejean a été nommé professeur titulaire à la fin de la même année. Il a publié différents travaux sur la botanique, la géologie, la météorologie, etc., et a remporté, en 1866, une médaille d'argent au concours des Sociétés savantes, pour ses travaux de géologie et de botanique. Enfin il a fait de nombreux voyages scientifiques dans le Boulonnais, les Vosges, le Jura, les Cévennes, les Pyrénées, le Roussillon, la Provence, la Suisse, l'Allemagne, l'Italie, etc.

CONVENTS (François), né à Etampes, le 26 février 1812. Elève de l'Ecole des beaux-arts pour l'architecture, il a suivi l'atelier de M. Châtillon. Artiste consciencieux et travailleur assidu, il a fait de remarquables travaux d'architecture. On lui doit de nombreuses maisons particulières, et la construction, en province, de beaucoup de châteaux, maisons de ferme, etc. Il a présidé à la restauration du château d'Harfleur (style Henri II), appartenant à Mme la comtesse de Labédoyère. A Paris, il a construit les hôtels Furtado, Rosalès, (ambassadeur du Chili), Ristori (à Mme Ristori, marquise del Grillo), de Fraenkel, de Cotes, et d'Elkingen (à Mme Heine-Furtado).

COPPÉE (François), né à Paris, le 26 janvier 1842. Fils d'un commis de la guerre, il occupa lui-même un modeste emploi dans ce ministère pendant les premières années de sa jeunesse. Il avait 24 ans, quand il commença à remarquer plusieurs de ses poésies insérées dans le *Parnasse contemporain*. A cette époque, il publia deux recueils : *Le reliquaire* (1866), et *Les intimités* (1868) ; mais sa réputation ne date guère que de la représentation, à l'Odéon, du *Passant* (janvier 1869), comédie souvent représentée en France et à l'étranger, qui compte, à présent (1872), vingt-cinq éditions, et qui a été traduite en plusieurs langues. Son poème : *La grève des forgerons*, interprété à l'Odéon, par Beauvallet, en novembre 1869, compte aussi une vingtaine d'éditions et a obtenu les honneurs de la traduction. On doit à M. François Coppée un recueil intitulé : *Les poëmes modernes*, où se trouve la *Bénédiction*, pièce récitée très-souvent au théâtre (1869) ; — *Deux douleurs*, drame en un acte (Théâtre-Français, 1870) ; — *La lettre du mobile Breton*, pièce lue par M. Coquelin aux Français (1870) ; — *Fais ce que dois*, épisode patriotique (Odéon, 1871) ; — *L'abandonnée*, drame en deux actes (Gymnase, 1871) ; — *Les humbles*, nouveau recueil de poésies (1872) ; — *Les bijoux de la délivrance*, scène en vers destinée à propager l'œuvre de la libération du territoire (1872). Tous ces ouvrages sont écrits en vers; ils ont été plusieurs fois réimprimés, et la plupart ont été traduits en d'autres langues. M. François Coppée n'a encore écrit en prose que des pages sans importance. Il est lauréat de l'Académie. Nommé sous-bibliothécaire du Luxembourg en 1870, il a donné sa démission en 1872 pour se consacrer tout entier aux lettres.

COQ (Paul), né à Aiguillon (Lot-et-Garonne), en 1806. Après des études faites à l'Ecole de Sorèze et à l'Ecole de droit de Paris, M. Coq exerça pendant longtemps la profession d'avocat à Bordeaux où il figurait comme membre du Conseil de l'ordre lors de la révolution de 1848. Désigné à cette époque pour le poste d'avocat-général près la cour de cette ville, il crut devoir décliner cette offre, renonça au barreau pour se consacrer à l'étude de l'économie politique et vint se fixer à Paris. Là il traita les questions d'économie sociale dans plusieurs journaux importants de cette époque. Directeur de la *Semaine*, de 1850 au 2 décembre 1851, il collabora, après la disparition de cette feuille, au *Journal des Economistes* et au *Dictionnaire du commerce*. M. Paul Coq a publié : *Exposé de la législation sur les faillites et les banqueroutes* (1838) ; — *Des chemins de fer en France au point de vue de la centralisation* (1845) ; — *Le Sol et la Haute-Banque*, ou les *Intérêts de la classe moyenne* (publié en deux parties, 1850) ; — *La Monnaie de banque*, ou l'*Espèce et le Portefeuille* (1857) ; — *La Bourse de Paris ; Le Marché libre et le Marché restreint* (1859) ; — *Les Circulations en banque*, ouvrage couronné par l'Académie des sciences, belles-lettres et arts de Bordeaux (1865) ; — *Devant l'Enquête*, forte brochure écrite à propos de l'admission temporaire des soies et tissus (1869). M. Paul Coq est actuellement (1872), membre de la Société d'économie politique et fait partie, depuis 1845, de l'Académie de Bordeaux. Il est, de plus, maître de conférences à l'Ecole municipale Turgot de Paris, pour le double cours d'économie et de législation usuelle.

COQUEREL (Athanase-Josué), né à Paris, le 16 juin 1826. Suivant l'exemple paternel, imbu d'ailleurs des idées de liberté philosophique et de tolérance religieuse, M. A. Coquerel embrassa la carrière pastorale, où il ne tarda pas à s'acquérir une grande réputation. Nommé aumônier du lycée Napoléon par M. de Salvandy, en 1848, il fut, en 1864, révoqué de ses fonctions de suffragant de M. Martin-Paschoud, par le Consistoire de l'église réformée de Paris, à cause de sa réfutation de la *Vie de Jésus* de M. Renan, qui avait semblé trop anodine et trop libérale. Mais, dans le même temps, un grand nombre de Consistoires et de Conseils presbytériens lui adressaient des expressions de regret et de cordiale adhésion à sa conduite. Avec l'appui de l'Union libérale protestante, cet homme de bien, ce pasteur érudit n'a pas discontinué ses intéressantes conférences. Il a publié : *Les beaux-arts en Italie au point de vue religieux* (1857) ; — *Sermons et homélies* (1858) ; — *Jean Calas et sa famille* (1858, 2ᵉ édit. 1869) ; — *La Saint-Barthélemy* (1860) ; — *Précis de l'histoire de l'Eglise réformée de Paris* (1862) ; — *Le catholicisme et le protestantisme, considérés dans leur origine et leur développement* (1864) ; — *Des premières transformations historiques du christianisme* (1866) ; — *La conscience et la foi* (1867) ; — *Histoire du Credo* (1868), etc. M. le pasteur Coquerel est chevalier de la Légion d'Honneur depuis le 14 août 1862.

COQUILLE (Jean-Baptiste-Victor), né à Percey (Yonne), le 11 novembre 1820. Il prit le grade de licencié en droit à la Faculté de Paris en 1840, se fit inscrire au tableau des avocats, et, au lieu d'exercer, se consacra au journalisme. Rédacteur de l'*Univers* en 1845, il alla rédiger l'*Union de Rouen*, du mois de mai 1846 au mois de septembre suivant, et rentra à l'*Univers* sous la direction de M. Louis Veuillot. Le 30 janvier 1860, un décret impérial força M. Louis Veuillot de se retirer du journal et supprima l'*Univers*. M. Taconet, propriétaire de l'*Univers*, reprit le journal sous le titre le *Monde*, une vingtaine de jours après la suppression de l'*Univers*. M. Coquille resta à la rédaction comme rédacteur principal. Comme écrivain, il a pris place parmi les défenseurs les plus brillants et les plus érudits de la religion et de la légitimité. On lui doit un bon ouvrage, bien accueilli dans le monde savant, intitulé : *Les légistes, leur influence politique et religieuse* (1869). En 1868, M. Coquille fit paraître la *Politique chrétienne*, où il développe ses principes d'économie politique et expose ses théories monarchiques. Son *Césarisme* (2 vol.) a paru en 1872. La plus grande partie de ce travail est consacrée à la *Vie de Jules César*, par Napoléon III ; mais le fond de son travail est une critique historique et juridique du césarisme, tant dans l'antiquité que dans les temps modernes. Dans les années 1871 et 1872, M. Coquille a publié dans le *Monde* de nombreuses études sur l'ordre monarchique en France. De 1848 à 1852, il a été membre du Conseil général de l'Yonne.

CORAN (Charles-François), né à Paris, le 24 octobre 1814. Ses études classiques terminées au collège Rollin, M. Coran a profité de son heureuse position de fortune pour suivre le penchant qui l'attirait vers les choses de l'esprit, et se consacrer, en toute indépendance, à des travaux purement littéraires. Il a publié trois volumes de vers : *Onyx* (1840) ; — *Rimes galantes* (1847) ; — *Dernières élégances* (1869). Ces trois recueils ne traitent que d'arts, de galanterie et d'élégances parisiennes.

CORBERON (Charles-Aimé-Alphonse BOURRÉE, baron DE), né à Paris, le 5 avril 1815 : issu d'une ancienne famille de la noblesse de Bourgogne. M. le baron de Corberon a consacré son temps, sa fortune et son intelligence aux progrès de l'agriculture. Nommé maire de Troisséreux (Oise), en 1846, il s'occupa avec sollicitude des intérêts de cette commune, et mérita ainsi l'estime des habitants du canton de Niviliers, qui le choisirent en 1852 pour les représenter au Conseil général de l'Oise. L'année suivante, il obtint le mandat de député au Corps législatif, en remplacement de M. le duc de Mouchy, nommé sénateur, et ce mandat lui a été maintenu aux élections générales de 1857 et de 1863. M. le baron de Corberon est président de la Société d'agriculture de l'arrondissement de Beauvais. Il a été nommé chevalier de la Légion d'Honneur le 14 août 1857.

CORBLET (Louis-Jules), né à Roye (Somme), le 16 juin 1819. Il fit ses études classiques au petit séminaire de Beauvais, ses études philosophiques et théologiques au grand séminaire d'Amiens, et reçut l'ordination en 1844. Après avoir rempli diverses fonctions à Paris et à Amiens, il se retira du ministère pour se livrer tout entier à ses travaux historiques, et fut nommé, en 1863, chanoine honoraire de la cathédrale et historiographe du diocèse d'Amiens. M. Corblet a publié de nombreux et importants travaux concernant la religion, la linguistique, l'histoire de Picardie et l'archéologie. Il a collaboré à l'*Encyclopédie catholique*, à l'*Ami de l'Ordre*, au *Journal de l'Instruction catholique*, à la *Revue des sciences ecclésiastiques*, aux *Mémoires* de diverses Sociétés savantes et littéraires, et fondé, en 1858, la *Revue de l'Art chrétien*, recueil mensuel d'archéologie religieuse, et, en 1871, le *Dimanche*, semaine religieuse du diocèse d'Amiens, dont il est également le directeur. On lui doit notamment: *Parallèle des traditions mythologiques avec les récits bibliques* (1846); — *Hagiographie du diocèse d'Amiens* (4 vol.); — *Glossaire étymologique et comparatif du patois picard* (1851); — *Manuel élémentaire d'Archéologie nationale* (1852, 2ᵉ édit. 1872); — *Essai historique et liturgique sur les ciboires et la réserve de l'Eucharistie* (1858); — *Notice sur les chandeliers d'église au Moyen-Age* (1859); — *De l'influence du protestantisme sur la philosophie, les lettres et les arts* (1860); — *Etude iconographique sur l'arbre de Jessé* (1860); — *Etude historique sur les loteries* (1867); — *Origine de la Foi dans les Gaules* (1870); — *Origine de l'Institut des Filles de la Croix* (1870); — *Les tombes en bronze de la cathédrale d'Amiens* (1872), etc. M. l'abbé Corblet est membre de l'Institut des provinces, de la Société des antiquaires de Picardie, membre correspondant des antiquaires de France et d'un grand nombre d'autres Sociétés archéologiques de France et de l'étranger. En qualité de vice-président de la Commission du Musée d'Amiens, il a pris une part active à la construction de ce magnifique monument. Il est officier d'Académie et a reçu la croix de la Légion d'Honneur en 1867.

CORÉ (François), né à Norroy-le-Veneur (Moselle), en 1811. Elève du collége de Briey, il vint, en 1830, à Paris et entra dans l'enseignement; mais il quitta bientôt cette carrière pour se livrer tout entier à la mécanique, s'occupant surtout des rapports de cette science avec les arts industriels. On lui doit les premières machines à mouler et comprimer les combustibles, tels que les agglomérés de charbon de terre et de bois, de tannée, de sciure, etc.; des machines destinées à fabriquer des produits céramiques, notamment les briques creuses; un nouveau système pour travailler les métaux, et spécialement la casserie ou fer battu. M. Coré a été, en 1851, un des délégués choisis par le Conseil municipal et la Chambre de commerce de Paris pour aller étudier l'Exposition universelle de Londres. Il a rendu compte de sa mission dans une publication intitulée: *la Mécanique au XIXᵉ siècle*. Il est auteur, en outre, de plusieurs ouvrages fort estimés, parmi lesquels on cite: *Guide commercial des constructeurs-mécaniciens et des chefs d'industrie;—Guide général des meuniers et autres usiniers sur les cours d'eau;—Esquisse historique de l'agriculture en France*, etc. En 1848, M. Coré a commandé pendant quelques mois la garde républicaine, qu'il avait organisée. Nommé commissaire de la guerre et chargé de l'inspection des manufactures d'armes de l'État, en 1870, il a consigné ses observations dans un rapport imprimé que les hommes de l'art pourront consulter avec fruit.

CORLIEU (Auguste), né à Charly-sur-Marne (Aisne), le 26 mars 1825. Il a fait ses études classiques au collége de Château-Thierry et ses études médicales à la Faculté de Paris. Reçu docteur en médecine le 27 août 1851 avec une thèse sur les *Convulsions des enfants*, il a publié: *Aide-Mémoire de médecine, de chirurgie et d'accouchements* (1869, 2ᵉ édit., 1872); — *Etude médicale sur la mort de Charles IX* (1871); — *Etude médicale sur la dynastie des Valois* (1872). Lauréat de l'Académie de médecine en 1869 pour un *Mémoire sur la mélancolie*, il a été nommé chevalier de l'ordre de Charles III d'Espagne en 1868 et chevalier de la Légion d'Honneur en 1871.

CORNE (Hyacinthe-Marie-Augustin), né à Arras, le 28 août 1802. Il fit son droit à la Faculté de Paris, et débuta dans la magistrature comme conseiller-auditeur à la Cour de Douai, en 1826, et fut nommé président du tribunal de première instance de la même ville en 1830. Appelé à la tête du parquet de la Cour de Douai, à la révolution de 1848, il devint, au mois de juin de la même année, procureur général à la Cour d'appel de Paris. Après le 10 décembre, il fut remplacé par M. Baroche, et là finit sa carrière de magistrat. Entré dans la vie parlementaire en 1837, comme député de l'arrondissement de Cambrai, il se rangea dans l'opposition libérale avec M. Odilon-Barrot. Sous la République, il figura le second sur la liste des vingt-huit représentants du Nord à l'Assemblée constituante, et se montra généralement sympathique au parti dont Cavaignac était le chef. Réélu à la Législative, il était, lors du Coup-d'Etat du 2 décembre, parmi les députés qui protestèrent, à la mairie du Xᵉ arrondissement, contre la violation des lois. Incarcéré au Mont-Valérien, puis relâché, il abandonna la vie publique et se consacra à la continuation de ses travaux littéraires. On doit à M. Corne: *Essai sur la littérature considérée dans ses rapports avec la constitution politique des différents peuples* (1826); — *Du courage civil*, ouvrage qui a remporté, en 1827, le prix proposé par la Société de la morale chrétienne; — *De l'éducation publique, dans ses rapports avec la famille et avec l'Etat*, où il soutint, un des premiers parmi les publicistes du parti libéral, la liberté de l'enseignement (1842); — *Rapport et projet de loi sur les jeunes détenus* (1851); — *Le cardinal de Richelieu* (1853), et *Le cardinal de Mazarin* (1853, 2ᵉ édit., 1867), deux ouvrages d'éducation; — *Adrien, lettres d'une mère à son fils* (1856); — *Marcel* (1858); — *Souvenirs d'un proscrit polonais* (1866). Aux élections du 8 février 1871, M. Corne a été envoyé, le premier de son département, à l'Assemblée nationale, par 251,239 suffrages. Il siége au Centre-Gauche, parmi les républicains-conservateurs.

CORNE (Anatole), né à Douai, le 29 novembre 1838; fils du précédent. Après de fortes études au collège de Sainte-Barbe, il se distingua, dès son stage au barreau de Paris, par des travaux sur l'économie publique et les réformes sociales. En 1864, secrétaire de la conférence des avocats stagiaires et membre de la Société de patronage des jeunes détenus, il publia une *Etude sur l'éducation correctionnelle des jeunes détenus du département de la Seine* qui éveilla l'attention du Corps législalatif et du gouvernement sur les rigueurs excessives du système cellulaire appliqué à des enfants de 10 à 15 ans, et qui amena la fermeture de la prison dite la Petite-Roquette. Avocat au barreau de Douai, Anatole Corne, après avoir visité grand nombre d'établissement pénitentiaires en Belgique et dans la France continentale, en Corse et en Italie, fit paraître plusieurs mémoires : *De quelques réformes à introduire dans la législation pénale en France* (1867); — *Essai sur la criminalité, sur ses causes et les moyens d'y remédier* (1868); — *Prisons et détenus* (1869). Ces travaux furent remarqués, notamment aux Etats-Unis, et l'association des prisons de New-York l'admit au nombre de ses membres. Anatole Corne fit à Douai de remarquables conférences sur l'économie politique, particulièrement sur les associations ouvrières, et se voua avec zèle à la fondation de bibliothèques populaires et de Sociétés coopératives. Appelé à la sous-préfecture de Saint-Omer, aux jours les plus douloureux de 1870, il s'y consacra aux soins de la défense nationale et à tous les devoirs administratifs. Il venait d'être nommé sous-préfet à Compiègne, lorsque, le 5 janvier 1872, une mort inopinée vint le frapper à 33 ans, et briser une existence pleine de promesses.

CORNET (Alphonse), né à Riom (Puy-de-Dôme), le 24 février 1839. Elève de M. Denuelle, il fit longtemps des peintures décoratives et travailla aux principaux monuments de Paris ainsi qu'à quelques châteaux de l'Etat. Il débuta au Salon de Paris avec un tableau intitulé : *Intérieur de cuisine* (1864). Parmi les différentes toiles que M. Cornet a exposées depuis cette époque, nous citerons : *Souvenirs d'une chiffonnière* (1865); — *Misère et regrets*, au musée de Riom (1866); — *Un épisode de l'invasion des Francs dans les Gaules; fin de la domination romaine* (1867); — *La Reine de Navarre chez Ruggieri; Jeune femme jouant avec un chien* (1868); — *Madeleine repentante*; *Montreur de bêtes au Champ-de-Mars, avant la fête du 15 août*, tableau acheté par l'Etat (1870); — *Ensevelissement des morts, après la bataille de Champigny, le 6 décembre 1870, par les ambulances de la Presse*, tableau acheté par l'Etat (1872). M. Cornet a obtenu plusieurs médailles aux expositions de province. Il est membre honoraire du Musée de Riom.

CORNIL (André-Victor), né à Cusset (Allier), le 17 juin 1837. Il commença ses études médicales, à la Faculté de Paris, en 1855. Interne lauréat des hôpitaux ; reçu docteur en 1864, avec une thèse ayant pour titre : *Mémoire sur les lésions du rein dans l'albuminurie*; chef de clinique en 1866 ; lauréat de l'Académie de médecine (prix Portal, 1865 et 1868), et de l'Institut (Académie des Sciences, 1868), il obtint, au concours de 1869, d'être nommé professeur agrégé de la Faculté de Paris. M. Cornil est médecin des hôpitaux de Paris depuis 1870. Au mois de juin de la même année, il a été élu membre du Conseil général de l'Allier, dont il a occupé la présidence en 1872. Nommé préfet, à Moulins, le 6 septembre 1870, il n'est resté en fonctions que jusqu'au 23 de ce mois. M. le docteur Cornil s'est consacré à l'étude et à l'enseignement pratique de l'histologie pathologique dans les hôpitaux et dans un laboratoire privé, rue Christine, n° 2, d'où sont sortis de nombreux travaux scientifiques. Voici ses principales publications : *De la phthisie pulmonaire*, en collaboration avec M. Hérard (1867) ; — *Manuel d'histologie pathologique*, en collaboration avec M. Ranvier (1869) ; — *Manuel d'hygiène* (1872), etc.

CORNIQUEL DU BODON (Prosper-Victor), né à Gourin (Morbihan), le 21 janvier 1808. Issu d'une famille de Bretagne comptant plusieurs de ses membres dans le clergé, la magistrature et les armées de terre et de mer, il commença ses études médicales à l'hôpital de la Marine, à Brest, où il avait été admis comme chirurgien auxiliaire de 3e classe (du 22 mars au 11 novembre 1830), et partit comme soldat au 26e de ligne, le 2 janvier 1831. Le 7 juillet 1832, il fut nommé, par commission ministérielle, chirurgien-élève à l'Hôpital militaire d'instruction de Metz. Successivement nommé prosecteur, au concours de 1834, et premier lauréat à celui de 1835, il reçut la commission de sous-aide-major le 25 août 1836, et servit, en cette qualité, en Algérie, et dans les hôpitaux militaires d'instruction de Lille, de Lyon, et du Gros-Caillou de Paris. Chirurgien aide-major depuis le 25 décembre 1840, d'abord au 4e chasseurs, puis au 15e régiment d'artillerie (pontonniers), il fut détaché comme chef du service de l'hôpital de Saverne en 1850. M. Corniquel du Bodon a pris le grade de docteur à la Faculté de médecine de Montpellier, le 18 mars 1841. Sa thèse inaugurale avait pour sujet : *Des caractères anatomiques du croup*. Promu médecin-major le 23 mars 1842, il a servi, en cette qualité, en France et en Algérie, jusqu'au 24 septembre 1861, époque où, sur sa demande, il a été mis à la retraite. Etabli à Villeneuve-lès-Avignon (Gard), il s'y est acquis une grande considération parmi ses concitoyens, et a été nommé, en 1865, 1er suppléant de la justice de paix du canton, et médecin de l'hospice civil de Villeneuve. Il est aussi président du Conseil de fabrique. M. Corniquel du Bodon a reçu la croix de la Légion d'Honneur le 12 juin 1856.

CORNUAU (Charles-Jules), né à Saint-Amand (Cher), le 16 septembre 1822. A débuté dans la carrière administrative le 1er septembre 1839, en qualité de chef du cabinet du préfet de l'Indre. Chef de division à la préfecture de la Manche le 1er janvier 1843, il exerça ces fonctions jusqu'à la révolution de Février. M. Cornuau devint sous-préfet de Château-Gontier le 26 janvier 1849, secrétaire-général de la préfecture de la Loire-Inférieure, et sous-préfet de Nantes le 2 juillet 1853, puis préfet des Landes le 30 octobre 1854. Secrétaire-général du ministère de l'Intérieur le 7 février 1858, sous le général Espinasse, et conseiller d'Etat en service ordinaire hors sections le 7 novembre de la même année, il conserva cette position jusqu'au rétablissement du duc de Persigny à la tête de ce département ministériel, en décembre 1860, et fit partie pendant tout ce temps du Conseil général des Landes. Les services exceptionnels de M. Cornuau se trouvèrent récompensés alors d'une manière éclatante : il fut nommé le même jour (14 décembre 1860) préfet de la Somme, conseiller d'Etat en service extraordinaire et commandeur de la Légion d'Honneur. Pendant huit ans qu'il a administré le département de la Somme, il s'est acquis la reconnaissance des habitants par le dévouement dont il a fait preuve en toute occasion, notamment pendant la cruelle épidémie qui a désolé la ville d'Amiens en 1866. Dans cette douloureuse circonstance, il a été secondé d'une manière admirable par sa compagne, qui a montré qu'un courage presque surhumain peut s'allier dans un noble cœur avec l'esprit, la grâce et la vertu. Le souvenir de la charité de Mme Cornuau, consacré de nos jours par la gratitude universelle, restera éternellement lié au souvenir de l'épidémie amiénoise. M. Cornuau a été préfet de Seine-et-Oise du 30 janvier 1869 au 4 septembre 1870. Il est officier de l'instruction publique et, depuis le 12 août 1866, Grand-Officier de la Légion d'Honneur.

CORNUDET (Alexandre-Marie-Léon), né à Champagny (Loire), le 29 octobre 1808. A rempli les fonctions de secrétaire de la Cour des pairs en 1834, lors du procès des accusés de Lyon. Nommé procureur-général près la Cour royale de Paris en 1835, il quitta ce poste en 1836, pour devenir chef du cabinet du ministre de l'agriculture et du commerce. Auditeur de 2e classe au Conseil d'Etat le 5 décembre 1836, auditeur de 1re classe le 16 juin 1837, il fut nommé maître des requêtes en service extraordinaire le 3 janvier 1839 et en service ordinaire le 10 mars suivant, puis commissaire près la section du contentieux le 5 septembre 1842. A la réorganisation du Conseil d'Etat, en 1849, M. Cornudet fut maintenu dans son titre de maître des requêtes et dans son emploi de commissaire du gouvernement (25 avril). Il a été appelé à remplir ces fonctions près le tribunal des conflits le 15 octobre 1850. Conseiller d'Etat le 25 janvier 1852, révoqué peu de temps après à la suite de son rapport sur l'affaire des biens de la famille d'Orléans, il a été réintégré le 5 mars 1853. M. Cornudet a fait partie de la section de l'agriculture, du commerce et des travaux publics. Il a été membre du Conseil municipal de Paris de 1858 à 1870. Chevalier de la Légion d'Honneur depuis 1839, il a été promu commandeur en 1866.

CORNUDET DES CHOMETTES (Étienne-Émile, *comte*), né à Felletin (Creuse), le 10 février 1795. Fils unique du sénateur de ce nom, créé comte par Napoléon, devenu pair de France en 1819 et décédé en 1834, il entra au Conseil d'État en 1813, passa quelques années dans la Maison du roi, comme mousquetaire, et fut nommé, en 1819, sous-préfet d'Issoudun, d'abord, puis de Figeac. Mais il donna bientôt sa démission pour se consacrer à l'agriculture. Le collège électoral d'Aubusson l'envoya pendant quatre législatures successives, à partir de 1831, à la Chambre des députés, où il prit place sur les bancs des conservateurs. Il fut membre du Conseil général de la Creuse de 1831 à 1848. Nommé officier de la Légion d'Honneur en avril 1843, et pair de France le 4 juillet 1846, M. le comte Cornudet est rentré dans la vie privée en 1848. Il est décédé dans la Creuse le 2 décembre 1870.

M. le vicomte Alfred CORNUDET, son fils, élu membre du Conseil général de la Creuse, en 1853, a été député de ce département de 1867 à 1870, et, en cette qualité, a fait partie de plusieurs Commissions importantes, notamment de la Commission d'enquête sur le commerce, l'agriculture et l'industrie, dont il fut élu premier secrétaire. Il est chevalier de la Légion d'Honneur depuis le 11 août 1869.

CORNULIER-LUCINIÈRE (René, *comte* DE), né à Lucinière, (Loire-Inférieure), le 16 avril 1811. Elève à bord du vaisseau-école l'*Orion* le 16 octobre 1827, il servit successivement sur la *Vénus* et la *Bayadère* dans la Méditerranée, et sur l'*Allier* dans les mers du Sud. En 1831, il participa à l'expédition du Tage et amena en France une prise portugaise. En 1832, il était au nombre des marins de la *Béarnaise* qui, sous les ordres des capitaines d'Armandy et Jusuf, se rendirent maîtres de la casbah de Bone ; il fut décoré à cette occasion. Enseigne de vaisseau le 1er janvier 1833, il concourut cette année, à bord de la *Caravane*, à la prise de Bougie, et l'année suivante à quelques expéditions sur la côte de l'Algérie. Il fit campagne en Islande et au Groënland, comme second de la *Recherche* en 1836 ; servit dans l'Inde, sur la *Dordogne*, en 1838 et 1839, et commanda le détachement qui, à Mouqué (Sumatra) s'empara de dix-neuf pièces de canon. Lieutenant de vaisseau le 21 décembre 1840, il fit les stations du Levant et de Terre-Neuve. Il commandait l'*Anacréon* lors de la capitulation des insurgés portugais à Sétuval, en 1847, fut à cette occasion nommé officier de l'ordre de la Tour et l'Epée et s'entremit avec succès en 1848, entre les Siciliens insurgés et les Napolitains. Il opéra ensuite, à Cayenne, le sauvetage des chaudières de l'*Eridan*, qu'une commission avait déclaré impossible. Capitaine de frégate le 2 décembre 1852, il prit part au renflouage du *Friedland* près des Dardanelles, et obtint en récompense la croix d'officier de la Légion d'Honneur. Pendant la guerre d'Orient, il commanda dans la mer Noire la frégate le *Sané*, puis la *Lave*, une des trois batteries cuirassées qui inaugurèrent brillamment, à l'attaque de Kinburn, en 1855, l'ère de la nouvelle marine et hiverna ensuite dans les glaces près de cette forteresse. Cette expédition lui valut le grade de capitaine de vaisseau, le 1er décembre 1855. Puis, M. de Cornulier-Lucinière commanda la *Galathée* dans les mers du Sud ; il était au combat de la division Bouët contre Acapulco (Mexique). A son retour en France, il fut adjoint au Conseil d'amirauté, et nommé, en septembre 1864, au commandement du vaisseau-école le *Borda*, qu'il exerça pendant deux ans. Replacé ensuite au Conseil d'amirauté, il le quitta pour prendre le commandement de la frégate cuirassée l'*Invincible*, en 1867, au moment où l'incident du Luxembourg menaçait d'allumer la guerre avec l'Allemagne, et contribua, avec l'escadre dont ce bâtiment faisait partie, au transport de nos troupes dans les Etats-Pontificaux, ce qui lui valut la croix de commandeur de l'Ordre de Pie IX. Promu contre-amiral le 4 mars 1868, il fut nommé inspecteur-général des équipages de la flotte à Cherbourg, Lorient, Rochefort, puis major-général et préfet maritime provisoire à Cherbourg. En 1869, commandant en chef en Chine et au Japon, il prêta son concours à notre chargé d'affaires, pour relever l'influence française, un moment compromise à Pékin et sur les bords du Yang-tze-kiang qu'il remonta avec une partie de sa division. Gouverneur par interim de la Cochinchine, en 1870, il mena à bonne fin, avec l'empereur d'Annam et le roi de Siam, des négociations avantageuses pour notre colonie, et mit en état de défense, quand survint la guerre, les côtes et les rivières de la Cochinchine, pendant que les bâtiments de sa division couraient sus au commerce allemand et capturaient ses navires. Sa santé compromise l'ayant forcé de rentrer en France, il reçut, en arrivant, le 14 mai 1871, la croix de Grand-Officier de la Légion d'Honneur, dont il était commandeur depuis 1861. M. l'amiral de Cornulier-Lucinière est officier de la Tour et l'Epée, décoré du Medjidié de Turquie (4e classe), commandeur de Pie IX, grand'croix de Saint-Grégoire-le-Grand, grand officier du Cambodje, et grand officier de l'Eléphant blanc de Siam.

COROT (Jean-Baptiste-Camille), né à Paris, le 29 juillet 1796. A fait ses études au lycée de Rouen et a suivi d'abord la carrière commerciale. Il était commis chez un marchand de drap, lorsqu'en 1822 une vocation irrésistible, et que son talent a brillamment justifiée, le détermina à cultiver l'art de la peinture. Il étudia dans les ateliers de Michallon et de Victor Bertin, et se rendit ensuite en Italie, où il séjourna de 1825 à 1828. Une *Vue prise à Narni* et *la Campagne de Rome* furent les premiers tableaux qu'il exposa au Salon de 1827. Deux *Vues d'Italie*, qui ont fait partie de la galerie du duc d'Orléans, lui valurent une médaille de 2e classe à l'exposition de 1833. On cite parmi ses œuvres principales, qui se font remarquer par un sentiment poétique exquis, une autre *Vue d'Italie* qui est au musée de Douai (1834); — *Souvenir des environs de Florence*, au musée de Metz (1839); - *la Danse des Nymphes*, au musée du Luxembourg; — *le Christ au jardin des Oliviers*, au musée de Langres (1849); — *Soleil couchant dans le Tyrol*, au musée de Marseille (1850) ; — *Souvenir de Marcoussy*, à l'Empereur ; — *Effet du matin*, une *Soirée* (1855); — *l'Incendie de Sodome*, *Nymphe jouant avec un Amour*, *le Concert*, *Soleil couchant* (1857); — *Dante et Virgile*, *Macbeth*, *Idylle*, *Tyrol italien*, *Etudes à Ville-d'Avray* (1859); — *Soleil levant* (1863); — *Souvenir de Morte-Fontaine*, *Coup de vent* (1864) ; — *le Matin*, *Souvenir des environs du lac de Nemi* (1865); — *le Soir*, *la Solitude* (1865);— *Vue de Marisselle*, près Beauvais, *Coup de vent* (1867); — *Saint-Sébastien*, paysage, *la Toilette*, paysage avec figures, *un Matin*, *un Soir*, *Les ruines du château de Pierrefonds* (Exposition universelle de 1867); — *Un matin à Ville-d'Array*, *le Soir* (1868); — *Souvenir de Ville-d'Avray*, *Une liseuse* (1869); *Paysage avec figures*, *Ville-d'Avray* (1870); — *Souvenir de Ville-d'Avray*, *près Arras* (1872). Cet éminent artiste a obtenu une médaille de 2e classe en 1833, une de 1re classe en 1848, une de 1re classe à l'Exposition universelle de 1855, et une de 2e classe à celle de 1867. Chevalier de la Légion d'Honneur depuis le 5 juillet 1846, il a été promu officier de l'Ordre, le 29 juin 1867.

CORTAMBERT (Pierre-François-Eugène), né à Toulouse (Haute-Garonne), le 12 octobre 1805. Son père, médecin fort instruit, guida ses premières études et lui inspira le goût pour la géographie, qu'il cultivait lui-même avec passion. M. Cortambert vint terminer son éducation à Paris. En 1824, il entra chez le géographe Charles Picquet pour travailler au *Dictionnaire géographique universel*, qu'il dirigea entièrement à partir de 1828 et dont il termina la publication en 1833. Il sentit se développer en même temps son aptitude pour l'enseignement, commença à professer la géographie dans l'institution Massin, l'une des plus importantes du collége Charlemagne, et apporta dans cette branche d'instruction une méthode toute nouvelle et des plus fructueuses. Bientôt après, il fut chargé de faire un cours de géographie à l'Ecole supérieure de commerce et dans un grand nombre d'institutions des deux sexes. M. Cortambert a été attaché en 1854 au cabinet géographique de la Bibliothèque impériale; il en est aujourd'hui le bibliothécaire en chef. Ce savant géographe a composé de nombreux ouvrages : le *Tableau de la géographie universelle*, publié en 1826, est celui qui a commencé sa réputation. Il a fait paraître ensuite : *Eléments de géographie* (1828) ; — *Eléments de géographie ancienne* (1834) ; — *Physiographie, ou description générale de la nature*, pour servir d'introduction aux sciences géographiques (1836); — *Petit Dictionnaire des inventions et découvertes* (1836); — *Curiosités des trois règnes de la nature*; — *Leçons de géographie* (1839);— *Petit cours de géographie* (1840); — *Cours de géographie* (1849); — *Eléments de géographie physique* (1849); — *Eléments de cosmographie* (1852). — Depuis, il a publié plusieurs *Traités de géographie*, rédigés spécialement pour les lycées, conformément aux programmes arrêtés par le ministère de l'Instruction publique; — une *Petite géographie des écoles primaires*, etc.; ces ouvrages, accompagnés de cartes et d'atlas, ont eu de nombreuses éditions et sont en usage dans la plupart des établissements d'instruction. M. Cortambert a revu et refondu entièrement, de 1856 à 1860, la *Géographie universelle* de Malte-Brun (8 vol. gr. in-8o). Il a donné vers ce temps le *Coup d'œil sur les progrès de la* *géographie de* 1800 *à* 1856, puis le *Tableau de la Cochinchine* (1862), et des ouvrages de *Géographie commerciale et industrielle pour l'enseignement secondaire spécial*, avec atlas (1867, 1868, 1869 et 1870). Il a fourni de nombreux articles à l'*Encyclopédie du* XIX° *siècle*, à l'*Annuaire encyclopédique*, au *Bulletin de la Société de géographie*, aux *Annales des voyages*, à la *Revue contemporaine*, à la *Revue américaine et orientale*, à la *Revue de l'Instruction publique*, à la *Patrie*, etc. M. Cortambert a été secrétaire-général et vice-président de la Société de géographie, dont il est toujours un des principaux membres. Il a été nommé chevalier de la Légion d'Honneur le 14 août 1863.

M. Richard CORTAMBERT, son fils, a suivi la même carrière, et s'est particulièrement distingué dans la géographie pittoresque. On connaît surtout de lui : les *Peuples voyageurs contemporains* (1864), les *Illustres voyageuses* (1867), les *Impressions d'un Japonais en France* (1866), la *Géographie commerciale des cinq parties du monde pour l'enseignement secondaire spécial* (1868), beaucoup d'articles dans l'*Illustration*, la *Patrie*, le *Musée des familles*, etc.

M. Louis CORTAMBERT, son frère, s'est fait un nom en Amérique, où il habite depuis trente ans, par des travaux philosophiques et politiques. Il est, à New-York, un des principaux rédacteurs du *Messager Franco-Américain*. On lui doit une *Histoire de la guerre civile américaine* (1867, 2 vol.).

CORVISART (Lucien, *baron*), né à Tonne-la-Long (Meuse), le 9 juin 1824; arrière-neveu du premier médecin de Napoléon Ier. M. le baron Corvisart était encore étudiant en médecine lorsqu'il fut nommé chevalier de la Légion d'Honneur, en récompense de sa conduite courageuse pendant l'insurrection de 1848, où il reçut une blessure. Il obtint son diplôme de docteur en 1852, avec une thèse sur la *Tétanie*. En 1854, il introduisit la pepsine dans la thérapeutique, par un ouvrage intitulé : *Dyspepsie et Consomption*, et qui fut couronné par l'Institut. Il proposa l'application, plus hardie encore, des nutriments obtenus par la pepsine et les autres ferments digestifs des animaux, dans les cas où l'homme ne produit pas suffisamment les ferments de la digestion, c'est-à-dire l'application entière et directe de la digestion artificielle en médecine. En 1858, il démontra le premier l'action considérable du pancréas sur les aliments azotés, et contribua à appeler l'attention des médecins sur cet organe trop négligé. M. Corvisart, qui avait été compris, en 1853, dans la formation de la maison de l'empereur, comme médecin par quartier, fut nommé médecin ordinaire en 1860, puis, en 1866, adjoint au premier médecin. A la mort du baron Scipion Corvisart, décédé sans postérité, M. L. Corvisart fut substitué au titre de baron de l'Empire, par décret impérial du 1er juin 1867. Ses travaux scientifiques lui ont valu sa promotion au grade d'officier dans la Légion d'Honneur (16 juin 1856).

COSNAC (Gabriel-Jules, *comte* DE), né à Clermont (Puy-de-Dôme), le 13 avril 1819; issu d'une ancienne et illustre famille du Limousin; fils du comte de Cosnac, qui fut officier aux mousquetaires et membre du Conseil général de la Corrèze; petit-fils par sa mère du lieutenant-général marquis de Guillaumanches du Boscage. Les traditions de sa famille et son goût personnel portaient M. le comte de Cosnac vers la carrière des armes, mais ses parents ne voulurent point consentir à ce qu'il servît le gouvernement de Juillet. Ainsi rejeté hors des carrières actives, il s'appliqua néanmoins à mener une vie occupée et utile. Bachelier à seize ans, il acheva son éducation par un voyage en Italie. A son retour, en 1837, il suivit les cours de la Faculté de droit de Paris et obtint son diplôme de licencié en 1840. Il s'occupa ensuite d'économie politique et d'histoire, et publia : *Mémoire sur la décentralisation administrative* (1844); *Questions du jour : République, Socialisme et Pouvoir* (1849); *Mémoires de Daniel de Cosnac, archevêque d'Aix* (1852, 2 vol.); *Question romaine, Croisade* (1860). M. de Cosnac vient de faire paraître les deux premiers volumes d'un ouvrage intitulé : *Souvenirs du règne de Louis XIV*, il s'occupe de la continuation de cet ouvrage. Comme agriculteur, il a obtenu de nombreux succès, notamment : une médaille d'or au concours agricole universel de Paris, en 1860, pour son élevage pur sang anglo-arabe; une mention honorable à l'Exposition universelle de Londres, en 1862, pour une collection des produits de sa terre du Pin; une médaille d'honneur de 1re classe et un diplôme d'honneur décernés par l'Académie nationale de l'agriculture et de l'industrie; enfin, au concours départemental de la Corrèze, en 1864, il a remporté, pour les améliorations par lui introduites dans son domaine du Pin, la médaille d'or de grand module, seule médaille de cette classe accordée dans ce concours. Il a été nommé, en 1865, président de la Commission d'agriculture du Comité départemental de la Corrèze pour l'Exposition universelle de 1867, et a obtenu à cette Exposition une médaille pour sa collection des produits de sa terre du Pin. Il est président du Comice agricole d'Uzerche. M. de Cosnac fut élu capitaine de la garde nationale de la commune de Salon (Corrèze) en 1846, en même temps qu'il était simple garde national dans la 10e légion parisienne. A la réorganisation de 1852, il a été nommé officier à Paris et est resté capitaine de la 7e compagnie du 17e bataillon jusqu'en 1869, époque à laquelle il a donné sa démission. En 1857 et 1869, porté comme candidat à la députation par de nombreux électeurs de la circonscription de Brive, il a échoué contre une candidature officielle; mais il ne s'en est pas moins consacré à une sorte de représentation libre des intérêts de la Corrèze, particulièrement dans la question des chemins de fer. En 1867, il a été élu membre du Conseil général de la Corrèze par le canton d'Uzerche. M. le comte de Cosnac a été nommé membre de la Commission extra-parlementaire de décentralisation; il y a prononcé le 17 mars 1870 un discours apprécié sur l'élection des maires. Il a été nommé chevalier de la Légion d'Honneur le 19 août 1862, et le roi des Pays-Bas l'a décoré de son ordre de la Couronne de Chêne en 1868.

COSSON (Ernest-Saint-Charles), né à Paris le 22 juillet 1819. Médecin du bureau de bienfaisance dans le viie arrondissement, à titre gratuit, de 1847 à 1850, botaniste, successivement secrétaire, membre du Conseil et président de la Société botanique de France, archiviste de la Société impériale d'acclimatation, membre de la Société philomathique, de la Société de géographie, etc., élève d'Adrien de Jussieu, d'Achille Richard et de M. Brongniart, il s'occupa avec fruit de botanique, dès l'âge de seize ans. En 1840, il publia, en collaboration avec M. Germain de Saint-Pierre, un premier travail (*Observations sur quelques plantes critiques des environs de Paris*). En 1845, il fit paraître, avec le même collaborateur, la *Flore descriptive et analytique des environs de Paris* (grand in-18), qu'Adrien de Jussieu adopta pour faire suite à son Cours élémentaire de botanique; et un Atlas, comprenant plus de 500 figures, accompagne cet ouvrage. Une deuxième édition de la *Flore* (in-8) a paru en 1861. L'important herbier qu'il a formé, l'un des plus riches qui existent maintenant en France, lui a fourni le moyen de se familiariser avec l'ensemble de la végétation de l'Europe, et spécialement avec celle du bassin méditerranéen. Il s'est chargé de la détermination de nombreuses et importantes collections formées, dans cette dernière région, par plusieurs voyageurs dont il avait la direction. Des articles insérés dans les *Annales des sciences naturelles*, dans le *Bulletin de la Société botanique de France*, etc., contiennent la description des plantes nouvelles et des observations sur les espèces peu connues ou critiques recueillies par les voyageurs. Ces études l'indiquaient naturellement au ministre de la Guerre pour le choix qu'il avait à faire d'un botaniste, appelé à continuer les recherches de la Commission scientifique de l'Algérie. En 1852, il fut adjoint à cette Commission. Il fit, de 1852 à 1861, six voyages dans les parties les moins connues ou les plus reculées de nos possessions algériennes et souvent sur des points alors à peine soumis. Les résultats de ces explorations, exécutées sous le patronage et avec l'appui de l'administration de la Guerre, ont été consignés par lui dans plusieurs mémoires publiés dans les *Annales des sciences naturelles*, dans le *Bulletin de la Société botanique de France* et dans le *Bulletin de la Société d'acclimatation*. Ces travaux, qui donnent le tableau presque complet de la flore de la région montagneuse des Hauts-Plateaux et du Sahara algérien, sur lesquels on n'avait, avant lui, que des données imparfaites, indiquent les lois générales de la distribution des végétaux en Algérie, les régions naturelles du pays, leurs affinités botaniques, et, par suite, les ressources que chacune d'elles offre à la culture et à l'acclimatation — Un volume de la *Phanérogamie* de la *Flore de l'Algérie* (grand in-4), faisant partie du grand ouvrage de l'*Exploration scientifique de l'Algérie*, rédigé par M. Cosson, avec le concours de M. Durieu de Maisonneuve, renferme la description des Glumacées algériennes. — M. Cosson s'occupe, depuis plusieurs années, d'un travail d'ensemble sur la flore de l'Algérie et des deux Etats voisins, Tunis et le Maroc, qui paraîtra sous le titre de *Sylloge Floræ Algeriensis*. En 1869, il a été nommé membre du Conseil général du département du Loiret pour le canton de Ferrières.

Il est chevalier de la Légion d'Honneur depuis le 29 décembre 1865.

COSTE (J.-J.-Cyprien-Victor), né à Castries (Hérault), le 10 mai 1807. M. Coste fit ses études médicales à Montpellier, où il fut deux ans chef de clinique de M. Delpech. En collaboration avec cet illustre maître, il fit, sur le développement de l'embryon des oiseaux, un travail qu'il présenta à l'Académie des sciences en 1831, et qui obtint, en 1833, une médaille d'or pour le prix de physiologie. Vers la même époque, il accompagna M. Delpech en Ecosse et en Irlande, pour y étudier le choléra qui menaçait d'envahir la France, et pratiqua un grand nombre d'autopsies mentionnées dans l'ouvrage publié par M. Delpech sur cette épidémie. Divers travaux qu'il publia sur la génération des mammifères attirèrent l'attention du monde savant; et il fut appelé, comme suppléant de M. de Blainville au Muséum d'histoire naturelle, à exposer ses idées sur l'embryogénie (1837-1838). Chargé, par le ministère de l'Instruction publique, de visiter les diverses collections anatomiques de l'Allemagne, il fit à son retour, pendant trois ans, à titre d'essai, au Collège de France, un cours d'embryogénie comparée; et, en 1843, il fut nommé titulaire de cette chaire créée pour lui. Elu membre de l'Académie des sciences, en 1851, il en a été nommé président en 1871, et y a rempli, pendant deux ans, les fonctions de secrétaire perpétuel. Le 5 mars 1866, il a prononcé l'*Eloge de du Trochet*, qui a été fort remarqué. En 1868 il a été élu associé libre de l'Académie de médecine. M. Coste s'est beaucoup occupé des fécondations artificielles et notamment de l'art de multiplier les espèces comestibles qui habitent les eaux, et de fertiliser les terrains émergeants maritimes par l'élevage des diverses espèces de mollusques. Sur son rapport, en 1852, le Gouvernement créa le grand établissement d'Huningue, destiné au repeuplement des cours d'eau et à l'expédition, soit en France, soit à l'étranger, des œufs fécondés des diverses espèces. À la suite de plusieurs rapports à l'empereur sur l'organisation des pêches maritimes, au point de vue de l'accroissement de la force navale de la France, des vaisseaux furent mis à sa disposition. Il explora nos rivages et y provoqua le développement de richesses nouvelles, comme on peut le constater aujourd'hui dans le bassin d'Arcachon, la rivière d'Auray, l'anse de la Forêt près Concarneau, etc. En 1861, il fonda, à Concarneau, un vaste vivier-laboratoire où les espèces qui habitent la mer vivent comme en pleine liberté, et où de nombreux savants, autorisés par lui, ont pu se livrer à des recherches qui ont abouti à des désouvertes qu'il eût été impossible de faire autre part que dans cet établissement, unique dans le monde entier. M. Coste a été nommé, le 26 avril 1862, inspecteur-général de la pêche fluviale, un mois après, inspecteur-général de la pêche côtière maritime, et, en 1866, membre du Conseil de perfectionnement de l'enseignement secondaire spécial. Ses premières leçons, au Muséum, ont été consignées dans un ouvrage publié par MM. Gerbe et Meunier (1837). Depuis, il a fait paraître: *Ovologie du Kanguroo*, mémoire en réponse aux lettres du naturaliste anglais M. Owen ; — *La nidification des épinoches*, ouvrage traduit en plusieurs langues ; — *Sur le développement des corps organisés, et, en particulier, sur la gestation de l'espèce humaine* (1847, in-4°, avec atlas in-folio) ; — des travaux sur la pisciculture dans les *Comptes rendus* de l'Académie des sciences (1852, et suiv.); — *Instructions pratiques sur la pisciculture* (1853, 2ᵉ édit., 1856) ; — *Voyage d'exploration sur le littoral de la France et de l'Italie*, récit d'une mission officielle contenant des renseignements sur les industries du lac Fusaro, de Marennes, de Commacchio, et de l'anse de l'Aiguillon (1855, gr. in-4°, 2ᵉ édit., publiés par ordre du Gouvernement). M. Coste est officier de la Légion d'Honneur et officier de l'Université depuis 1871, commandeur de l'ordre d'Isabelle-la-Catholique, officier du Nicham de Tunis, chevalier des Saints-Maurice et Lazare et du Dannebrog.

COTI (Jean-Baptiste), né à Ajaccio, le 30 septembre 1836. Il est le dernier représentant d'une famille historique de la Corse qui, sacrifiant tout à sa patrie adoptive, a vu ses propriétés saccagées, brûlées et confisquées par les Anglais en 1793, et a été contrainte de se réfugier en France. Huit des membres de cette glorieuse famille, engagés dans les armées de la République, trouvèrent la mort sur les champs de bataille. Après avoir obtenu le diplôme de licencié à la Faculté de Toulouse, M. Coti se fit inscrire, en 1862, au tableau des avocats de sa ville natale, et ne tarda pas à jouir d'une grande considération. Adonné, de bonne heure, à la politique, et imbu des principes républicains qu'il tenait de ses ancêtres, il réussissait, dès 1849, par d'énergiques interpellations adressées au club d'Ajaccio, à empêcher l'élection de MM. Conti et Piétri à l'Assemblée législative. Après le Coup-d'Etat de 1851, il devint, en Corse, l'un des chefs les plus énergiques de l'opposition démocratique. Sous l'Empire même, il était en possession d'une notoriété qui portait ombrage au gouvernement. Un jour, plaidant d'office en police correctionnelle, il eut le malheur d'échanger quelques mots avec un témoin assigné à la requête du ministère public. Accusé de subornation de témoin, et acquitté en première instance, il fut condamné en appel. Cet arrêt, tout politique, fut loin d'obtenir l'assentiment général. La Cour de Bastia refusa de rayer du tableau le jeune avocat, tandis que, protestant à leur manière, les confrères de M. Coti l'élisaient membre du Conseil de l'Ordre, et que ses concitoyens l'envoyaient au Conseil municipal, le premier sur la liste. Depuis, M. Coti a obtenu des lettres de réhabilitation. Au Conseil municipal, dont il n'a pas cessé de faire partie, sous l'Empire, il n'a pas non plus une fois manqué de protester contre l'allocation des sommes demandées pour fêter la Saint-Napoléon. Après la Révolution du 4 Septembre, il a été nommé, d'abord procureur de la République à Autun, puis sous-préfet à Chalon-sur-Saône. Alors, l'autorité civile contribuait bien plus que l'intendance militaire au ravitaillement des armées; M. Coti s'est acquitté de cette tâche de façon à mériter les compliments des généraux Bressolles, Pellissier, Crémer, de Busserolles, et les remerciments écrits du général Bourbaki. Relevé de ses fonctions, sur sa demande, après l'armistice, il a accepté la sous-préfecture de Corte, où il a poursuivi, prudemment et fermement à la fois, une délicate mission de concorde et d'apaisement, ainsi que le prouve la lettre de félicitations qui lui a été adressée, à ce sujet, par son ancien préfet, M. Dauzon. On peut dire que M. Coti est une des personnes qui jouissent, en Corse, de la plus grande popularité.

COTTIÈRE (Jean-Etienne-Eugène DE JACOB DE LA), est né à Bar-sur-Seine (Aube), le 12 janvier 1828. Son père, alors receveur de l'enregistrement, descendait d'une ancienne famille de la principauté des Dombes, qui fut pourvue en la personne d'Antoine Jacob, seigneur de la Cottière, de la charge de Chastelain du Chastelard en Dombes, par Henri II, roi de France, en 1557 et annobli, en 1589, par Charles-Emmanuel de Savoie. Par les femmes, M. Eugène de la Cottière descend de Samuel de Guichenon, historiographe de France et de Savoie, créé comte du Saint-Empire. M. de la Cottière fit ses études à Lyon. Le 14 septembre 1852, il fut nommé maire de Neyron (Ain), mais il se démit de ses fonctions en 1859, et refusa les offres les plus engageantes de l'administration, pour se consacrer exclusivement aux lettres et aux voyages. Esprit observateur, actif, original, doué d'une verve inépuisable, ayant du trait, de l'humour; tantôt peintre de mœurs, tantôt voyageur curieux, passionné, M. de la Cottière publie alternativement une suite d'études et des récits de voyage ; parcourt la Suisse, l'Italie, l'Allemagne, la France, la Hollande et l'Angleterre. Collaborateur d'un nombre très-respectable de journaux de Paris et de la province, il a été reçu (1856) membre des Sociétés littéraire et linnéenne de Lyon dont il s'est retiré, puis membre de la Société des gens de lettres (1861), et correspondant de la Société philotechnique de Paris (1865). On a de lui : *les Villes mortes* (1857) ;—*Silhouettes de paysans* (1860, 2ᵉ édition, 1861) ;—*Par Monts et par Vaux* (1862) ;—*les Allemands chez eux*, suivis de *Mon Macintosh* (1865);—*le Chemin de la Lune* (1867); —*Mes semblables* (1870-1871). Parmi les nombreuses brochures ou articles semés un peu partout, on cite : *Un procès de cinquante ans*, *Quelques réflexions sur l'éducation*, *le Pays des Tulipes*, *la Recherche du soleil*, *Heurs et malheurs d'un artiste chrétien enfant du peuple au XIXᵉ siècle*, etc.

COTTU (Jean-Marie-Félix, *baron*), né à Paris, le 9 septembre 1821. Fils d'un conseiller à la Cour de Paris, démissionnaire en 1830, il entra dans la diplomatie, et fut successivement attaché libre et attaché payé d'ambassade à Londres. Il occupait ce poste quand éclata la révolution de Février 1848. Nommé, par M. de Lamartine, secrétaire d'ambassade et chargé d'affaires par interim, il se fit une belle position près du gouvernement anglais et rendit de grands services à nos nationaux. Légitimiste par ses traditions de famille, libéral par ses tendances personnelles, il donna sa démission après le Coup-d'État de 1851, pour ne pas servir l'Empire. Puis, ses études et le spectacle des événements contemporains l'amenèrent peu à peu à adopter des opinions républicaines conservatrices. M. le baron Cottu, nommé préfet de l'Aveyron le 8 août 1871, a donné des preuves d'aptitudes administratives et d'activité qui l'ont fait appeler à la préfecture de la Haute-Vienne le 8 mai 1872.

COUDRET (Jean-Florimond), né à Verteillac (Dordogne), le 18 mars 1810. M. Coudret a fait ses études classiques au collège d'Angoulême et ses études médicales à Paris. Il s'est fait recevoir, par voie de concours, interne des hôpitaux et hospices civils, et a pris le grade de docteur en 1835. Sa belle conduite, et les soins éclairés qu'il prodigua aux blessés pendant la révolution de 1830, lui valurent la croix de Juillet. Pendant l'épidémie cholérique de 1832, il sut ranimer le courage et la confiance de beaucoup de malades et relever le moral de plusieurs de ses collègues en frictionnant *la main nue*, et sans aucune précaution subséquente, les cholériques, pour bien établir qu'il ne croyait pas que l'épidémie eût un caractère contagieux. M. le docteur Coudret a eu l'honneur, ensuite de longues et laborieuses recherches sur l'électricité organique et animale, de jeter les premiers fondements de l'*Ecole médicale électro-vitaliste*, école fondée sur l'étude expérimentale et raisonnée des forces et des fonctions électro-motrices de la vie, et tendant à remplacer d'anciennes doctrines médicales, sans principes, par une nouvelle doctrine éclairée, simplifiée, expliquée par les faits et rendue désormais intelligible pour tous, comme une déduction naturelle et logique de cette double vérité expérimentalement démontrée : « Si le sang est l'aliment naturel de l'irritation et de la vie, le fluide électrique en est le véritable moteur. » Il a publié de nombreux mémoires dans l'ancien *Journal complémentaire des sciences médicales*, de Panckouck, notamment une suite d'expériences et de recherches sur la *Cause motrice directe du sang veineux* (1837). — *Recherches médico-physiologiques sur l'électricité animale* (1838), et sous le nom de *coudrétévisme* une étude ayant pour but d'établir expérimentalement les trois vérités suivantes : 1° l'admirable influence de l'électrisation endermique, pour le rétablissement fonctionnel des forces équilibrantes de la vie ; 2° son action non moins remarquable, pour faire pénétrer, par cette voie nouvelle, dans l'économie, tous les éléments constituants des eaux minérales, et tous les corps médicamenteux possibles (médication électro-minéralisatrice); 3° enfin, les merveilleux effets produits sur la végétation par l'utilisation de l'électricité atmosphérique, au profit du sol cultivé, au moyen de l'emploi multiplié du paratonnerre étoilé, inventé par lui et breveté. En raison, et comme récompense de tous ces travaux, M. le docteur Coudret a été nommé chevalier de la Légion d'Honneur le 25 avril 1845.

COULON (Amédée), né à Saint-Just-en-Chaussée (Oise), le 3 janvier 1834. M. le docteur Coulon a fait ses études médicales à Paris. Interne des hôpitaux, de 1856 à 1860, il a été reçu docteur en 1861, et nommé professeur à l'Ecole préparatoire de médecine et de pharmacie d'Amiens, le 18 mai 1863. Il est membre du Conseil départemental d'hygiène, et membre titulaire et correspondant de plusieurs Sociétés de médecine. Il a reçu, pour son dévouement pendant l'épidémie de choléra qui a sévi sur Amiens en 1866, la médaille d'or; et c'est des mains de l'empereur qu'il a reçu, le 27 août 1867, la croix de la Légion d'Honneur. M. le docteur Coulon est auteur d'un *Traité des fractures chez les enfants*, qui a été couronné par la Société de médecine de Lille; d'un travail *Sur l'angine couenneuse et le croup*, qui a été traduit en allemand, et de plusieurs *Mémoires* sur les maladies des enfants.

COURANT (Maurice-Francis-Auguste), né au Hâvre, le 8 novembre 1847. M. Courant s'est consacré à la peinture. Elève de M. Messonier, il a débuté au salon de Paris, en 1868, avec : *La Fontaine-du-Pin, près d'Antibes*, et *Les bords du golfe Jouan*. Depuis, il a exposé: *Le port d'Antibes*, et *Barques de pêche sur le golfe Jouan* (1869);—*Les landes d'Aigremont* (1870). Ce dernier tableau lui a valu une médaille. Maréchal-des-logis d'artillerie pendant la guerre de 1870-1871, M. Maurice Courant a été fait prisonnier à la Fère, conduit en Allemagne et détenu à Ulm.

COURBET-POULARD (Alexandre-Augustin), né à Abbeville, le 12 mars 1815. M. Courbet-Poulard est fils d'un fabricant de draps distingué qui avait obtenu une médaille à l'Exposition de 1819, et qui, néanmoins, abandonna, vers cette époque, l'industrie pour le commerce. Il commença ses études à l'institution diocésaine de Saint-Riquier ; et il les terminait à Paris, quand il fut obligé, par la mort prématurée de son père, de venir prendre la suite de ses affaires. Juge, dès l'âge de 30 ans, au tribunal de Commerce, dont il a deux fois occupé la présidence ; membre et tout d'abord deux fois secrétaire, avant d'être élu vingt fois successivement président de la Chambre de commerce où il était entré en 1847, il résigna cette dernière fonction, en 1869, pour se rendre à Paris où il était appelé, par le gouvernement, à titre de commissaire spécial, près le Conseil supérieur du commerce, pour l'enquête relative aux conséquences des traités de 1860. Conseiller municipal depuis 1847, et conseiller général depuis 1858, M. Courbet-Poulard vit sa candidature au Corps législatif posée, en 1863, par un grand nombre de ses concitoyens qui voulaient reconnaître ainsi son zèle et son dévouement aux intérêts publics et offrir à ses capacités une scène plus vaste. Pour ne pas résister à un mouvement de l'opinion, et quoique certain d'aller au devant d'un échec, il ne craignit pas d'élever, en face du gouvernement, une candidature indépendante, appuyée sur une profession de foi pleine d'énergie et de patriotisme. Ayant succombé, mais avec le bénéfice d'une importante minorité, il emporta, dans sa défaite, outre le regret de beaucoup d'électeurs indépendants comme lui, et dont l'espoir était dans une revanche, la sympathique considération d'hommes politiques dont il n'était pas connu particulièrement jusqu'alors; et on lui offrit d'être directeur-gérant du *Français*. Bien que cet organe de publicité se rapprochât le plus de ses opinions, il crut devoir décliner des propositions aussi honorables qu'avantageuses. Aux élections du 8 février 1871, il fut élu, par plus de 95,000 suffrages, représentant de la deuxième circonscription de la Somme à l'Assemblée nationale, où il prit place dans les rangs du parti *conservateur-libéral-religieux*. Très-laborieux, et très-versé dans la connaissance des questions les plus ardues, il a fait partie des Commissions les plus diverses, où il a été souvent choisi tantôt comme président, tantôt comme rapporteur. On a remarqué ses rapports sur la ville de Paris (où il siége, comme membre de la Commission ministérielle, pour le règlement des loyers), sur la ville de Lyon, etc. Il était l'un des cinq premiers représentants qui, le 10 mars 1871, déterminèrent, par voie d'amendement, la translation de l'Assemblée à Versailles. Avec M. de La Sicotière, il a proposé d'assujétir l'indemnité des représentants à la même retenue proportionnelle que le traitement des fonctionnaires. Le 7 avril, il a déposé un projet, tendant à faire réduire, en matière de sinistres commerciaux, le privilége du propriétaire des immeubles occupés par le failli ; privilége qui, d'ordinaire, entamait fortement, quand il ne l'absorbait pas en entier, l'actif de la faillite. Ce projet, l'Assemblée nationale en a fait une loi, par son vote du 12 février 1872. Il avait déjà, dans un travail dont il avait soutenu les conclusions à la tribune (séance du 11 décembre 1871), fixé la longue incertitude de la jurisprudence sur l'article 74 du Code civil, quant aux conditions de domicile à exiger pour le mariage ; et M. Dufaure, garde des sceaux, n'avait pas hésité à signaler, dans une circulaire du 11 décembre, aux différents parquets, le nom de l'honorable député, dont la justesse d'appréciation avait aplani les difficultés que rencontraient trop souvent, dans la pratique, les administrations municipales. M. Courbet-Poulard est maire d'Abbeville et chevalier de la Légion d'Honneur. Lorsqu'il fut décoré, le 16 août 1863, il devint l'objet d'une distinction bien flatteuse. Avant même que le *Moniteur* eût paru, alors que le télégraphe ministériel avait seul parlé, les membres du tribunal et de la Chambre de commerce se groupèrent spontanément autour de leur doyen, pour lui offrir une croix en brillants, preuve de leur estime et de leur affectueux dévouement. Après avoir écrit dans plusieurs journaux, M. Courbet-Poulard a collaboré au grand *Dictionnaire du Commerce*. Il est auteur de maintes publications, notamment sur les *Biens communaux*, les *Octrois*, les *Chemins de fer*, la *Marine*, etc. Il s'est beaucoup occupé de *Navigation*, soit au point de vue général du pays, soit au point de vue spécial de la baie de Somme, etc. Ces divers ouvrages se lisent sans effort, et même avec attrait, malgré l'aridité du fond, grâce à la facile élégance de la forme qu'a su y imprimer la plume de l'écrivain.

COURCY (Albert-François POTIER DE), né à Brest, le 9 novembre 1816. M. de Courcy s'est établi à Paris, en 1835, et s'y est consacré tout à la fois aux travaux littéraires, à la pratique des affaires et à l'étude des questions économiques et financières. Son existence laborieuse a toujours été étrangère à la politique. Dans ces derniers temps, il s'est voué principalement à la question sociale des relations du capital et du travail, et à la propagation des institutions de prévoyance pour les employés et ouvriers. Il est administrateur de plusieurs Sociétés financières. On lui doit de nombreuses publications. Quelques-unes sont purement littéraires : *Les esquisses* (1854) ; — *L'honneur* (1858) ; — *Un nom* (1860). La plupart ont pour sujet des questions économiques; ce sont : *Théorie des annuités viagères*, ouvrage traduit de l'anglais (1836) ; — *Essai sur les lois du hasard* (1862) ; — *Réforme internationale du droit maritime* (1863) ; — *Les sociétés anonymes* (1869) ; — *Précis de l'assurance sur la vie* (1870) ; — *Les caisses de prévoyance* (1872) ; — *La querelle du capital et du travail* (1872). M. de Courcy a reçu la croix de la Légion d'Honneur en 1866.

COURSON (Aurélien, DE), né à Port-Louis (Ile-de-France), le 25 décembre 1811. Il est fils du comte de Courson de la Villeneuve, qui remplissait les fonctions d'aide-de-camp auprès du général Decaen, gouverneur de la colonie, et qui ne quitta le service qu'en 1830, après avoir commandé le 5e régiment de la garde royale. Venu en France en 1821, il fit ses études classiques au collège Saint-Louis, son droit à la Faculté de Rennes, prit sa licence en 1839, et se consacra à des travaux d'érudition. Chargé d'abord, par M. Guizot, de recherches historiques dans le cartulaire de l'ancienne Bretagne, il fut nommé archiviste du Finistère en 1842, bibliothécaire à Sainte-Geneviève en 1845, conservateur de la bibliothèque du Louvre en 1848 et conservateur sous-directeur à la Bibliothèque nationale en 1871. On lui doit, entre autres ouvrages : *Essai sur l'histoire, la langue et les institutions de la Bretagne armoricaine* (1840);—*Histoire des origines et des institutions des peuples de la Gaule armoricaine et de la Bretagne insulaire, depuis les temps les plus reculés jusqu'au VIe siècle* (1843) ; — *Histoire des peuples bretons dans la Gaule et dans les îles britanniques* (1846, 2 vol. in-4o), ouvrage qui a remporté, la même année, le grand prix Gobert de 9,000 fr. ; — *Mémoire sur l'origine des institutions féodales chez les Bretons et les Germains* (1847) ; — *Chefs-d'œuvre des classiques français du XVIIe siècle*, en collaboration avec M. V. Radot (1855); — *Cartulaire de l'Abbaye de Saint-Sauveur de Redon, en Bretagne*, dans la *Collection des documents inédits sur l'Histoire de France*, et précédé d'un volume de *Prolégomènes*, ouvrage honoré, par l'Académie des inscriptions et belles-lettres, du grand prix Gobert de 9,000 fr. (1863, in-4o). M. de Courson publie, en ce moment (1872), la continuation de l'*Histoire contemporaine*, de Gabourd (t. VIII à XII). Il est chevalier de la Légion d'Honneur depuis 1857.

COURTAUD-DIVERNÉRESSE (Jean-Jacques), né à

Felletin (Creuse), le 19 décembre 1794 ; petit-fils, par sa mère, d'Antoine Divernéresse de Lamorneix, juge de paix de cette ville, qui l'éleva, M. Courtaud-Divernéresse fit ses études au collége de Felletin et vint redoubler sa rhétorique et faire sa philosophie au lycée Louis-le-Grand à Paris, avec l'intention d'entrer à l'Ecole normale. Il en fut empêché par la conscription. Incorporé à l'âge de 18 ans, dans le 8e de hussards, il rentra dans ses foyers, à la chute de l'Empire, et fut admis à continuer son service dans l'Université. Successivement régent de troisième à Tulle, à Montignac, à Bergerac, il termina ainsi son temps d'engagement et commença, en 1820, à Paris, son droit qu'il suspendit, sollicité qu'il fut, par l'honorable Maine de Biran, de rentrer dans l'enseignement classique. Docteur ès lettres, il devint successivement professeur agrégé de rhétorique au collége de Cahors, titulaire de la même classe à celui d'Avignon, et, en 1823, après refus de la chaire de rhétorique à Marseille et à Bordeaux, il fut, sur sa demande, professeur agrégé et censeur-adjoint au collége Charlemagne à Paris, d'où il passa, en 1828, professeur agrégé de sixième et, en 1830, de seconde au collége Louis-le-Grand. En 1834, envoyé, pour un vote qui déplut, dans une humble chaire de sixième au collége Bourbon, il y fut promu, en 1847, à la chaire dédoublée de rhétorique. La République proclamée, il reprit sa sixième et refusa d'accepter le poste de ministre en Grèce, et le provisorat du lycée Descartes (Louis-le-Grand). Nommé censeur du Lycée Bonaparte (Bourbon), il consentit, par déférence pour un ami, à accepter momentanément ces fonctions ; mais à la suite d'une affligeante révolte du lycée, M. Courtaud-Divernéresse fut mis à la retraite, bien que ses élèves n'y eussent pris aucune part. Il a publié : *Cours élémentaire de rhétorique* appliqué aux trois langues française, grecque et latine (1822) ; — *De viris illustribus Græciæ* (1828, 6e édit., 1869) ;— des traductions de *Juvénal, Perse, Sulpicia, Turnus*, 2 vol. (1830) ; de *Lucain* (1836), avec notes, dans la collection Panckoucke ; — *Grammaire grecque, ou méthode nouvelle et complète pour étudier la langue grecque, avec syntaxe appropriée au thème et à la version* (1828, 10e édit., 1869) ; —*Abrégé de la même, à l'usage des commençants* (1830) ; — *Examen critique de la grammaire grecque*, de Burnouf (1830) ; — *Nouvel examen* (1834) ; — *Dictionnaire français-grec* ; *Abrégé* du même ; —*Cours de thèmes grecs*, à l'usage 1° des commençants ; 2° des classes de grammaire, d'humanités et de ceux qui se préparent à la licence (1869, 2 vol.), etc.

COURTY (Amédée-Hippolyte-Pierre), né à Montpellier, le 19 novembre 1819. Fils et petit-fils de médecins, M. Courty fit de fortes études anatomiques et chirurgicales, d'abord à Montpellier, où il exerça les fonctions de chef de clinique sous le célèbre Lallemand, puis à Paris, où il passa plusieurs années dans les laboratoires et les hôpitaux et prit le grade de licencié ès sciences. De cette époque datent ses premiers travaux : *De l'œuf et de son développement dans l'espèce humaine* (thèse inaugurale, 1845) ; — *Mémoire sur les formes du crâne des habitants du Nord* (traduit de Belzius et inséré dans les *Annales naturelles* (1846) ; — *Lettre à M. le professeur Lordat sur quelques points de physiologie générale* (1847) ; — *Mémoire sur la structure et les fonctions des appendices vitellins de la vésicule ombilicale du poulet* (1845) ; — *Mémoire sur les substitutions organiques* (1848). Reçu agrégé de la Faculté de Montpellier, en 1849, après avoir soutenu une thèse sur un sujet d'actualité : *De l'emploi des moyens anesthésiques en chirurgie*, il fut, en 1851, après concours, nommé chef des travaux anatomiques à la même Faculté. Chirurgien en chef de l'Hôpital-Général en 1852, professeur d'opérations à la Faculté en 1856, plus tard professeur de clinique chirurgicale et chirurgien en chef de Saint-Eloi, M. le docteur Courty parvint encore à dérober, aux exigences de l'enseignement et de la pratique médicale, le temps d'écrire beaucoup de mémoires insérés dans les principaux journaux de médecine de Paris et de Montpellier, et des ouvrages de longue haleine : *Mémoires sur la pellagre* (1850), sur *quelques muscles anormaux observés accidentellement chez l'homme* (1853), et *sur l'absence ou l'arrêt de développement des organes génitaux internes de la femme* (1853) ; — éloges des professeurs *Estor* (1856) et *Lallemand* (1862) ; — *Recherches sur le croup et la diphthérie* (1862) ; — *Excursion chirurgicale en Angleterre* (1863) ; — *Organisation de l'enseignement clinique en Allemagne* (1867-70), etc. Citons notamment sa *Clinique chirurgicale de Montpellier* (2 vol. 1851 et 1872) et son *Traité pratique des maladies de l'utérus, des ovaires et des trompes*, considérées principalement au point de vue du diagnostic et du traitement, ouvrage auquel l'Académie des sciences a décerné le prix de 2,500 francs, dont un rapport fait à l'empereur, en 1867, dit qu'il est destiné à « faire autorité dans la science » et qui, d'après le professeur Pajot (*Archives générales de Médecine*, 1867), est « le meilleur traité des maladies des femmes que nous ayons en français » (1 fort vol. avec 200 fig. dans le texte, première édit. 1866, deuxième édit. revue et augmentée, 1870). M. le docteur Courty est chevalier de la Légion d'Honneur depuis le 18 août 1868.

COURTY (Henri-Jean), né à Montpellier, le 10 novembre 1822 ; frère du précédent. Entré à l'Ecole militaire de Saint-Cyr le 14 novembre 1841, il en sortit, le 1er octobre 1843, comme sous-lieutenant au 20e régiment de ligne, devint successivement lieutenant le 1er mars 1847, capitaine le 29 novembre 1849, capitaine-adjudant-major le 30 décembre 1852, et fut promu chef de bataillon au 50e de ligne le 23 septembre 1855, lieutenant-colonel au 77e le 12 août 1861, et colonel au 88e de même arme le 3 août 1867. Embarqué sur le *Christophe-Colomb* le 2 décembre 1848, il assista au siége de Rome, fit partie de l'armée d'occupation d'Italie jusqu'au 24 décembre 1849, et fut envoyé en Afrique. Du 2 avril 1854 au 13 novembre 1855, il appartint à l'armée d'Orient. En 1859, il fit la campagne d'Italie ; et, le 25 avril 1864, il fut de nouveau dirigé sur l'Algérie, où il resta jusqu'au 13 avril 1867. Au début de la guerre de 1870, il fit partie du

5ᵉ corps de l'armée du Rhin. Nommé général de brigade et commandant d'une brigade du 14ᵉ corps d'armée, à Paris, le 25 août 1870, il fut investi, le 2 décembre suivant, du commandement d'une division du même corps, et le conserva jusqu'au licenciement de l'armée de Paris, le 15 février 1871, époque à laquelle il fut mis à la tête du 3ᵉ secteur. Les secteurs de Paris ayant été licenciés le 15 mars, il reçut la mission d'aller à Besançon pour y procéder à la formation des régiments provisoires. M. le général Courty est chargé du commandement de la subdivision du Gard depuis le 1ᵉʳ juillet 1871. Pendant le siége de Sébastopol, il a eu le bras droit contusionné par un éclat d'obus, dans la tranchée, le 16 juillet 1855, et a été cité, deux jours plus tard, à l'ordre de la division, comme s'étant particulièrement distingué à l'enlèvement des embuscades russes devant la tour Malakoff. Le 8 septembre suivant, à l'assaut des ouvrages de Malakoff, il a reçu un coup de feu au pied gauche. M. le général Courty a été nommé chevalier de la Légion d'Honneur le 18 juillet 1855, officier le 24 juin 1865, et commandeur le 8 décembre 1870. Il est, en outre, décoré de la médaille militaire de Sardaigne et des médailles de Crimée et d'Italie.

COURVAL (Gessner-Albéric LEHOULT-), né au Sap (Orne), le 16 octobre 1819. Il fit ses classes latines, jusqu'à la troisième inclusivement, au petit collége du Sap. Entré comme clerc chez un notaire, à l'âge de 15 ans, il y travailla jusqu'à 21 ans. Pendant ces six années, il consacra ses rares loisirs et toutes les heures qu'il pouvait distraire de ses repas et de son sommeil à l'achèvement de ses humanités. Il n'avait que 19 ans, quand la lecture assidue de plusieurs ouvrages de théologie et d'Ecriture sainte lui donna l'idée d'écrire une sorte d'apologétique de la religion, l'*Evangile des doux et humbles de cœur*, qui parut en 1841. Le 4 octobre de cette même année, il entra au séminaire de Séez pour y faire sa philosophie et sa théologie. Ordonné prêtre en 1846, et nommé professeur d'histoire au petit séminaire diocésain, il enseigna dans cette maison pendant plus de vingt ans, et prit une part très-active à la fondation de l'œuvre de Notre-Dame de Séez. On doit à M. l'abbé Courval, outre la brochure citée plus haut : *Histoire de France à l'usage de la jeunesse*, qui n'est autre chose qu'une réforme complète du travail du P. Loriquet (1859, 7ᵉ édit., 1871); — *Histoire ancienne* (1860, 8ᵉ édit., 1872); — *Histoire romaine* (1861, 7ᵉ édit., 1872); — *Histoire du Moyen-Age* (1862. 4ᵉ édit., 1871); — *Histoire moderne* (1863-1864, 4ᵉ édit., 1872); — *Petite histoire de France* (1866, 4ᵉ édit., 1872) ; — DE VIRIS réformé (1867); — *Histoire sainte* (1868); — *Histoire contemporaine* (1869); — *Mois de Marie de Notre-Dame de Séez* (1870); — une réimpression annotée de la *Vie de messire Pierre Créley, curé de Barenton* (1871); — *Manuel de l'étudiant chrétien, en vacances* (1872). Ces ouvrages sont, en général, remarquables par leur méthode et leur lucidité. S. S. Pie IX a fait adresser, à leur auteur, par son secrétaire des lettres latines, en 1866, une lettre de félicitations. M. l'abbé Courval, déjà chanoine honoraire, a été nommé supérieur du petit séminaire de Séez en 1867. Actuellement (1872), il continue de gouverner cet établissement dont la belle réputation est si justement méritée.

COUSIN DE MONTAUBAN (Charles-Guillaume-Marie-Apollinaire-Antoine, *comte* DE PALIKAO). — Voir PALIKAO.

COUSSEAU (Mgr Antoine-Charles), né à Saint-Jouin-de-Châtillon (Deux-Sèvres), le 7 août 1805 : issu d'une ancienne famille de Châtillon-sur-Sèvre, dont une branche portait pour armes, sous Louis XIII, *de sinople semé d'Etoiles d'or et de billettes d'argent* auxquelles ce vénérable prélat a ajouté cette devise : *Sursum corda*. Mgr Cousseau annonça, dès le premier âge, un goût décidé pour l'état ecclésiastique. Il étudia les humanités au petit séminaire de Bressuire, la philosophie chez les jésuites de Montmorillon et la théologie au séminaire de Saint-Sulpice de Paris. Mgr de Quélen lui conféra la prêtrise le 13 juin 1829. Attaché aussitôt après au grand séminaire de Poitiers, par Mgr de Bouillé, comme professeur de théologie dogmatique, il occupa cette chaire pendant quelques années, professa ensuite l'Ecriture sainte et la langue hébraïque, et devint supérieur du séminaire au mois de juillet 1841. Mgr Cousseau a rempli les fonctions de vicaire-général sous Mgr de Bouillé, durant les sept années de Mgr Guitton, puis pendant la première année de son successeur, Mgr Pie. Nommé évêque d'Angoulême le 17 juin 1850, préconisé par le Souverain Pontife Pie IX dans le consistoire du 30 septembre, Mgr Cousseau a été sacré dans la cathédrale de Poitiers le 29 décembre de la même année. Il avait assisté, dans le mois de juillet précédent, au premier Concile de la province de Bordeaux, en qualité de député du Chapitre de Poitiers. Il a assisté également aux Conciles de la Rochelle en 1853, de Périgueux en 1856, d'Agen en 1859, de Poitiers en 1868. Enfin il a siégé au Concile du Vatican, où il a été nommé membre de la députation ou commission des rites orientaux. Depuis 22 ans qu'il occupe le siége épiscopal d'Angoulême, Mgr Cousseau a continué le bien opéré, par son prédécesseur, Mgr Régnier, archevêque de Cambrai, et il s'est acquis, comme lui, la vénération des fidèles et la reconnaissance des pauvres de son diocèse. Ses infirmités le déterminent, dit-on, à donner la démission de son siége. Il est chevalier de la Légion d'Honneur depuis le 13 août 1857.

COUSSEMAKER (Charles-Edmond-Henri DE), né à Bailleul (Nord), le 19 avril 1805. M. de Coussemaker est tout à la fois jurisconsulte, historien et archéologue. Il a suivi en même temps, dans sa jeunesse, les cours de la Faculté de droit de Paris et ceux du Conservatoire de musique. Nommé juge de paix à Bergues, puis juge à Hazebrouck et à Dunkerque, il a été appelé à siéger au tribunal de Lille en 1858. Depuis 1848, il fait partie du Conseil général du département du Nord. M. de Coussemaker doit sa réputation à de nombreuses publications d'histoire et d'archéologie, qui lui ont valu la croix d'Honneur, ainsi que les titres de correspondant de l'Institut, de membre du Comité des travaux historiques et des Sociétés savantes de France, de membre correspondant de l'Académie impériale de Vienne, d'associé de l'Académie royale de Belgique, de membre honoraire de la Société royale des antiquaires de Londres, et d'un grand nombre d'autres Académies de la France et de l'étranger. Il est fondateur et président du Comité flamand de France, institué pour la recherche et la publication des documents relatifs à l'histoire de la Flandre maritime, et a publié, dans les *Annales* de cette Société, divers travaux sur les institutions religieuses et civiles, sur le droit politique et coutumier et sur la langue flamande. On cite parmi les principaux ouvrages de M. de Coussemaker : *Mémoire sur Hucbald et ses tracées de musique;* — *Histoire de l'harmonie au Moyen-Age,* couronnée par l'Institut en 1852 ; — *Chants populaires des Flamands de France;* — *Drames liturgiques du Moyen-Age;* — *Scriptorum de musica medii œvi, nova series;* — *L'art harmonique aux douzième et treizième siècles;* — *Œuvres complètes du trouvère Adam de La Halle;* — *Election aux Etats-Généraux de 1790 dans la Flandre maritime;* — *Orfévrerie du XIIIe siècle,* croix et chasse de Boutbecque. Il est chevalier de la Légion d'Honneur (25 avril 1847), de l'ordre pontifical de Saint-Grégoire-le-Grand et de Léopold de Belgique.

COUSSEMAKER (Adolphe-Louis-Théodore DE), né à Bailleul (Nord), le 27 mars 1808 ; cousin germain du précédent. Issu d'une ancienne famille de magistrats, il suivit la carrière de ses ancêtres, fut nommé juge suppléant à Montreuil-sur-Mer le 1er mars 1834, et devint successivement substitut à Béthune le 17 février 1838 et à Boulogne-sur-Mer le 30 janvier 1840. Procureur du roi à Montreuil-sur-Mer le 30 novembre 1846, président du tribunal civil de Béthune en 1861, il fut appelé à la vice-présidence du tribunal chef-lieu judiciaire de Saint-Omer le 6 août 1863. M. de Coussemaker a fait partie de la Commission administrative des hospices et de la Commission de surveillance des prisons, et a été membre du Comité et délégué cantonal de l'Instruction publique. Il a reçu la croix de la Légion d'Honneur, des mains mêmes de l'empereur, le 26 août 1867.

COUTURAT (Pierre-Alexandre-Stanislas), né à Villiers-Saint-Benoît (Yonne), le 3 mai 1813. Avoué près le Tribunal civil de Joigny, membre du Conseil municipal de cette ville, du Conseil général de l'Yonne et du Conseil départemental de l'instruction publique, M. Couturat a été nommé maire de Joigny en 1858. Son initiative et son dévouement pour les intérêts de ses concitoyens sont transformé cette cité : des salles d'asile ont été créées, l'Hôtel-de-Ville splendidement restauré, les quais embellis, le pont élargi, les rues améliorées, les édifices communaux réparés, une nouvelle et magnifique avenue a mis en communication la ville et le chemin de fer. En 1863, il présenta au Conseil municipal divers projets relatifs au régime des eaux, aux marchés et aux chemins de fer vicinaux. Cette présentation fut l'occasion d'un conflit qui dura cinq mois et qui agita vivement la population ; mais les nouvelles élections ayant donné raison au zèle éclairé de M. Couturat, dont les adversaires furent tous exclus du Conseil, cet habile administrateur a pu reprendre ces projets, qui intéressaient à un si haut degré la salubrité et la prospérité de la ville de Joigny. Aujourd'hui un magnifique établissement, alimenté par les sources de Volgré, distantes de plus de 14 kilomètres de Joigny, donne à profusion de l'eau salubre aux habitants de cette ville. De belles fontaines monumentales décorent les promenades du midi et la place de l'Hôtel-de-Ville. Enfin, deux lavoirs publics, établis à proximité des habitations situées sur les terrains les plus élevés, constituent pour les populations laborieuses un véritable bienfait. M. Couturat a reçu la croix de la Légion d'Honneur, lors de la visite de l'empereur au concours régional d'Auxerre, le 6 mai 1866.

COUTURE (Thomas), né à Senlis (Oise), le 21 décembre 1815. Elève de Gros, puis de Delaroche, M. Couture a remporté le second grand prix en 1837. Cet artiste consciencieux n'a peut-être pas produit et exposé autant que beaucoup d'autres peintres également distingués ; mais toute son œuvre est sans relâchement, sans faiblesse, et a toujours été favorablement accueillie, comme celle d'un grand dessinateur et d'un brillant coloriste. Parmi ses tableaux exposés au Salon de Paris, on distingue : *Jeune Vénitien après une orgie* (1840) ; *Un enfant prodigue; Le retour des champs; Une veuve* (1841) ; *Un trouvère* (1843) ; *L'amour de l'or,* au musée de Toulouse (1844) ; *Joconde* et les *Romains de la décadence* (1844) ; *La bohémienne* (1854). A l'exposition universelle de 1855, M. Couture a fait reparaître les *Romains de la décadence* et exposé le *Fauconnier.* Depuis cette époque, il n'a guère envoyé au Salon que l'*Enrôlement volontaire,* le *Retour des troupes de Crimée,* le *Baptême du Prince impérial,* et le *Damoclès.* M. Couture a fait les peintures décoratives de la chapelle de la Vierge à Saint-Eustache. Il a obtenu, en 1844, une médaille de 3e classe, et, en 1847, une médaille de 1re classe bientôt suivie de la croix de la Légion d'Honneur (11 novembre 1848), pour sa magnifique exposition des *Romains de la décadence,* inspirés par cette douloureuse réflexion de Juvénal : « Voici que nous souffrons les maux d'une longue paix. La luxure, plus redoutable que les armes, est éclose de toutes parts et ronge l'univers vaincu. »

CRAMPON (Augustin), né à Franvillers (Somme), le 4 février 1826. Brillant élève du petit séminaire de Saint-Riquier, il fut envoyé, par Mgr Mioland, évêque d'Amiens, au séminaire de Saint-Sulpice de Paris, où il apprit les langues orientales sous le savant abbé Le Hir, et reçut l'ordination en 1850. Après avoir occupé, pendant cinq ans, avec distinction, une chaire à Saint-Riquier, il fut attaché, comme secrétaire particulier, au nouvel évêque d'Amiens, Mgr de Salinis, jusqu'en 1856, époque où ce dernier prit possession du siège archiépiscopal d'Auch. Depuis, M. l'abbé Crampon remplit les fonctions d'aumônier des religieuses de la Sainte-Famille d'Amiens. C'est du fond de cette retraite laborieuse qu'il a publié les ou-

Biogr. nat.

vrages suivants : *Les synodes diocésains*, traduits de l'allemand, du docteur G. Philips (1852) ; — *Le cardinal de Ximénès*, traduit de l'allemand, du docteur Hefele ; — *Les quatre Evangiles*, avec notes et dissertations (2ᵉ édit., 1864) ; — *Nouveau dictionnaire d'histoire et de géographie*, en collaboration avec MM. d'Ault-Dumesnil et Dubeux (1866) ; — *Histoire de France* à l'usage de la jeunesse (1868) ; — *Les Actes des apôtres*, avec notes et dissertations (1872). M. l'abbé Crampon a annoté la plupart des volumes de la belle édition (Vivès) des *Commentaires sur la Sainte-Ecriture*, de Corneille de Lapierre, et il dirige, actuellement, la traduction française de ce grand ouvrage. Il est chanoine honoraire de Perpignan depuis 1856, d'Amiens depuis 1864, et membre de la Société des antiquaires de Picardie depuis 1869.

CRÉMIEUX (Isaac-Adolphe), né à Nîmes, le 22 avril 1796. Il fit ses études classiques au lycée impérial, à Paris, son droit à Aix, et se fit inscrire au tableau des avocats de Nîmes, au mois d'août 1817. Doué d'un magnifique talent oratoire et d'une grande énergie, il plaidait surtout les procès de Cour d'assises et les procès politiques. Ses plaidoiries étaient pleines d'imprévu et de mouvements heureux. C'est lui qui eut le courage de dénoncer, en face du tribunal, le chef des assassins du Midi, Trestaillon. Après 1830, il accepta, comme un devoir professionnel, la défense de M. Guernon-Ranville, ancien ministre de Charles X, devant la Cour des pairs. A cette époque, il succéda à M. Odilon Barrot dans sa charge d'avocat à la Cour de cassation, et défendit le *National*, la *Tribune*, les accusés d'avril, la *Gazette de France*, le *Constitutionnel*, etc. En 1837, il se démit de sa charge et prit place au barreau de la Cour royale de Paris. La question d'Orient, soulevée en 1840, lui procura l'occasion de prouver son zèle pour la défense des Israélites, ses coréligionnaires. C'est alors qu'il se rendit en Egypte et obtint de Méhémet-Ali la mise en liberté d'un certain nombre de Juifs de Damas, accusés d'avoir assassiné le père Thomas, prêtre catholique, et d'avoir pétri avec son sang le pain azyme de leurs fêtes de Pâques. Député de l'arrondissement de Chinon en 1842 et 1846, il fit une opposition très-vive à M. Guizot, et fut un des promoteurs de la manifestation dite des Banquets-Réformistes. C'est lui qui, le 24 février, détermina Louis-Philippe et sa famille à quitter les Tuileries, et conduisit le triste cortège sur la place de la Concorde, où une voiture reçut le roi, la reine, la duchesse de Nemours et la princesse Clémentine. M. Crémieux se rendit de suite à la Chambre, où se trouvait la duchesse d'Orléans qu'il engagea vivement à ne pas accepter la régence, se prononça pour l'établissement d'un gouvernement provisoire, dont il consentit à faire partie, et s'associa à la proclamation de la République. Ministre de la Justice, il ne tint compte ni des doléances des royalistes, qui lui reprochaient des épurations nécessaires dans les fonctions de son ressort, ni des récriminations des démocrates qui l'accusaient de tiédeur et de mollesse. Représentant, à la Constituante, de la Seine et de l'Indre-et-Loire, il opta pour ce dernier département.

Devant l'Assemblée, il rendit compte de ses actes comme membre du gouvernement et comme ministre, vota avec la Gauche-Démocratique, et se retira du ministère après s'être opposé, au lendemain du 15 mai, à la première demande de mise en accusation contre M. Louis Blanc (voir ce nom). Son vote en cette circonstance provoqua, le 7 juin, la démission des organes du ministère public, MM. Portalis et Landrin. Les principaux actes de son ministère sont : l'abolition du serment politique, des lois de septembre, de la contrainte par corps, de l'exposition publique ; la mise en liberté provisoire, avec ou sans caution, etc. Le 3 mars, il installa solennellement, au nom du peuple français, la Cour de cassation, la Cour d'appel, le tribunal de la Seine et le tribunal de Commerce. Comme ministre de la Justice, membre de la Commission exécutive, il proposa le rétablissement du divorce, proposition qui avait compté tant d'adhérents après 1830, qui fut presque unanimement repoussée après 1848, et à laquelle il ne fut donné aucune suite. Peu sympathique à Cavaignac, et craignant les dictatures militaires, il crut bien faire en aidant de son influence au succès de la candidature de Louis Bonaparte ; mais, après l'élection présidentielle, il fut un des plus redoutables adversaires de l'Elysée, et se prononça énergiquement contre la suppression des clubs. Membre de l'Assemblée législative, il combattit la coalition des anciens partis et la politique présidentielle, ce qui provoqua son incarcération à Mazas, après le Coup-d'Etat. A partir de 1851, jusqu'en 1869, M. Crémieux ne voulant pas prêter le serment politique qu'il avait aboli, a refusé toute candidature et s'est renfermé dans l'exercice de sa profession ; mais, à cette dernière époque, il a été nommé député de la 3ᵉ circonscription de Paris, par 20,870 voix, contre 9,000 voix données à M. Pouyer-Quertier, son concurrent. Après la chute du second Empire, il a prêté, à la patrie en danger, le concours de sa vieille expérience. Membre du gouvernement de la Défense nationale et garde des sceaux, ministre de la Justice, ses collègues le chargèrent, le 12 septembre, de représenter le gouvernement de la France à Tours, pendant l'investissement de Paris. M. Crémieux fut chargé de tous les ministères qui envoyèrent une simple délégation. Un décret postérieur lui adjoignit l'amiral Fourichon, qui s'occupa du ministère de la Guerre jusqu'au 3 octobre, et M. Glais-Bizoin. Le 10 octobre, l'arrivée de M. Gambetta ne déchargea M. Crémieux que de l'Intérieur et de la Guerre. Il porta donc, pendant cinq mois, le fardeau des occupations les plus diverses et les plus multipliées. Ses actes, pendant cette douloureuse période de notre histoire nationale, ont été empreints du plus pur patriotisme. C'est lui qui s'est prononcé pour l'admission, dans les rangs de nos armées républicaines, des soldats de Charrette, Quériau, Stoffiet et Cathelineau. Il a fait tous ses efforts pour arriver à être, le plus tôt possible, déchargé de l'effrayant pouvoir qui lui permettait d'ordonner, par exemple, la mobilisation des gardes nationales, les levées d'hommes qu'il envoyait aux batailles, mesures de salut public commandées par les circonstances et dont il savait toute l'étendue et la gravité. Mais ses plus énergiques tentatives en faveur des élections, la convocation même, ordonnée par lui pour le 16 octobre, des collèges électoraux pour la constitution d'une Assemblée nationale, se brisèrent contre la formelle opposition du gouvernement central de Paris. M. Gambetta apporta le décret fatal; ainsi furent repoussées des élections qui eussent nommé une assemblée républicaine. M. Crémieux eut l'heureuse idée de faire appel aux femmes de France pour nantir nos jeunes soldats de vêtements chauds et de bonnes chaussures. Mme Crémieux se chargea d'intéresser à cette idée Mmes Thiers et Fourichon, et les distributions des effets obtenus par ce moyen furent un immense bienfait. Le garde des sceaux imagina aussi des quêtes en faveur de nos soldats prisonniers en Allemagne, auxquelles il convia les ministres de tous les cultes : 540,000 fr. furent acheminés avec succès vers leur destination. Parmi les actes d'administration intérieure auxquels M. Crémieux a le plus personnellement concouru, il faut citer neuf décrets sur la réorganisation de l'Algérie, qui tous avaient pour objet spécial de briser le gouvernement militaire et de constituer fortement le gouvernement civil dans la colonie. Un de ces décrets, notamment, prononça la nationalisation en masse des 35,000 indigènes israélites, mesure qui, sans la révolution de Septembre, aurait été proposée au Corps législatif par le gouvernement impérial. On ne doit pas non plus passer sous silence le décret qui a dissous les Conseils généraux, contre lesquels s'élevait partout l'opinion publique, et celui qui soumettait à la loi militaire les jeunes gens entrés au séminaire depuis le mois d'août de l'année courante. Ce dernier décret fut pris sur le vu d'une dépêche du préfet de Lyon, qui déclarait les enrôlements impossibles tant que les séminaires serviraient de refuge aux réfractaires. Son décret le plus attaqué a été celui qui, répondant à un sentiment de justice et de morale, excluait de la magistrature ceux de ses membres qui n'avaient pas craint de faire partie des Commissions mixtes après le Coup-d'État. M. Crémieux a veillé scrupuleusement à ce que, dans un moment aussi troublé, il ne fût commis aucune violence contre les personnes; et, au risque de compromettre sa popularité, il s'est empressé de faire mettre en liberté des personnes arbitrairement arrêtées, telles que MM. Pinard, Filon, La Guéronnière, La Tour Dumoulin, Guyot-Montpayroux, etc. Enfin, il s'est toujours prononcé pour la plus large extension des libertés de la presse française ou étrangère. Le 14 février 1871, M. Crémieux a déposé, au sein de l'Assemblée nationale, son titre et ses pouvoirs, comme membre du gouvernement de la Défense nationale et ministre de la Justice. Les électeurs de l'Algérie rendant justice à son dévouement éclairé et constant à la cause coloniale, l'ont élu représentant à l'Assemblée nationale, dans les élections complémentaires du 8 octobre 1872.

CRÉPINET (Alphonse-Nicolas), né à Paris, le 16 octobre 1827. Il étudia l'architecture, sous MM. Uchard et Visconti, et remporta plusieurs médailles de 1re classe à l'École des beaux-arts. De 1848 à 1851, il travailla aux projets de réunion des Tuileries au Louvre, exécutés par M. Visconti ; et il fut nommé inspecteur des travaux du Louvre en 1852, architecte du Tombeau de l'empereur en 1859, architecte de l'Hôtel des Invalides en 1862. Parmi les monuments construits par M. Crépinet, nous citerons: l'hôtel de la Société générale de crédit espagnol à Madrid (1858); le tombeau du roi Joseph dans la chapelle Saint-Augustin, à l'église des Invalides (1862); une nouvelle buanderie, située rue de Grenelle-Saint-Germain, pour le service des Invalides (1863); l'hôtel des Roches-Noires, à Trouville (1867). De 1865 à 1869, il a présidé à la restauration et à la réfection complète des charpentes, des plombs et cuivres, des ornements divers et de la flèche du dôme des Invalides, ainsi qu'au rétablissement de la dorure de ce dôme, telle qu'elle était du temps de Louis XIV, et qu'elle avait été réparée sous Napoléon Ier. M. Crépinet a remporté le 3e prix dans un concours pour un Palais de Justice, à Saintes, en 1853 ; le 1er prix, avec prime de 12,500 fr., dans un concours ouvert à Londres, par le gouvernement anglais, pour la réunion, dans un seul monument, près de Westminster, de tous les ministères, concours où s'étaient présentés 219 concurrents de tous pays; et un 2e prix au concours ouvert à Paris, pour la construction du nouvel Opéra. M. Crépinet est l'auteur d'un projet très-important relatif à la réunion des deux Chambres parlementaires et des principaux services administratifs dans un seul édifice à ériger à Paris. Il est chevalier de la Légion d'Honneur depuis 1869.

CRÉPON (Charles-Toussaint), né au Mans, le 1er novembre 1789. Il débuta dans la magistrature, en avril 1816, comme substitut au tribunal de la Flèche. Procureur du roi à Beaupréau en avril 1823, puis à Mamers, en novembre 1826, il fut nommé conseiller à la Cour d'Angers en décembre 1835. Pendant près de 20 ans, de 1834 à 1854, il présida les Cours d'assises du ressort de la Cour d'appel d'Angers, avec un grand sentiment de droiture et beaucoup d'habileté. Il était un des magistrats les plus aimés et les plus considérés du pays. M. Crépon a été admis à la retraite, le 3 novembre 1859, avec le titre de conseiller honoraire à la Cour d'Angers. Il est chevalier de la Légion d'Honneur depuis le 12 avril 1836.

CRÈS (Auguste), né à Nimes, le 1er décembre 1831. M. Crès fit ses études théologiques à Genève et à Strasbourg, de 1849 à 1854, et obtint le grade de bachelier, le 25 février 1855, après avoir brillamment soutenu la thèse suivante : *Les idées de Tertullien sur la tradition ecclésiastique*. Le 4 août suivant, il fut reçu docteur en philosophie de l'Université de Giessen (Allemagne). Après un an de séjour à Heidelberg et à Darmstadt, où il se familiarisa avec la pratique de la langue allemande, il fut nommé pasteur de l'Église réformée à Vallon (Ardèche), le 3 mars 1856, et président du Consistoire le 15 avril 1857. Depuis cette époque, il n'a pas cessé d'être confirmé dans ses honorables et délicates fonctions par le suffrage unanime de ses collègues, à chaque renouvellement triennal. Lors du rétablissement des synodes dans l'Église réformée, par le décret présidentiel du 29 novembre 1871, il a été élu (6 février 1872) représentant du Consistoire au synode particulier, et délégué par celui-ci, réuni à la Voulte le 12 mars, au synode général qui a tenu sa session à Paris du 6 juin au 10 juillet suivant. M. Crès donne tous ses soins au développement de l'Orphelinat agricole qu'il a fondé dans son Église à l'aide du legs Jacques-Pierre-François Peschaire, et qui a été reconnu par décret du 22 janvier 1867. Cet établissement de charité contient une vingtaine d'orphelins qui sont voués aux travaux de la campagne et reçoivent d'un instituteur, jusqu'à l'âge de 16 ans, une culture intellectuelle appropriée à leur future profession. M. Crès en est le pasteur-aumônier ayant la haute main, au nom du Comité dont il est le président, sur tout ce qui se rapporte à l'édification et à l'instruction des enfants. On doit à M. Crès une *Notice sur la célébration du troisième jubilé séculaire de la Réformation française dans l'Église consistoriale réformée de Vallon* (1859), et un volume de poésies intitulé : *Feux follets* (1864).

CRESPIN (Pierre-Noël-Adolphe), né à Orléans, le 1er février 1807. Il fit ses études classiques à Orléans, prit sa licence en droit à la Faculté de Paris, et revint se faire inscrire, dans sa ville natale, au tableau des avocats. En 1833, il prit une charge d'avoué, fut nommé avoué honoraire en 1864 et rentra au barreau. Membre du Conseil municipal depuis 1852, il a été maire du 25 août 1870 au 10 novembre 1871, et a cru devoir donner sa démission, à cette dernière époque, trouvant les fonctions municipales peu compatibles avec le mandat de député dont il avait été investi. Chargé de l'administration d'une ville qui servit de théâtre à de grands combats, et fut deux fois occupée par l'ennemi, M. Crespin a fait preuve d'énergie, de capacités et de patriotisme ; et c'est à sa belle conduite, en ces temps difficiles, qu'il doit sa nomination, en 1871, de représentant à l'Assemblée et de conseiller général du Loiret.

CRISENOY (Jules-Étienne DE), né à Crisenoy (Seine-et-Marne), le 1er avril 1831. Admis à l'Ecole navale de Brest en 1846, il en sortit, en 1848, avec le grade d'adjudant de 2e classe, et passa enseigne de vaisseau en 1852. Pour suivre en toute liberté ses goûts qui le portaient vers les travaux d'histoire et d'économie politique, il donna sa démission en 1859. Fixé à Paris depuis cette époque, M. de Crisenoy a collaboré au *Journal des Economistes*, au *Journal d'agriculture pratique*, à la *Revue contemporaine*, etc. En 1870, il a repris les armes pour défendre sa patrie. Capitaine au 17e bataillon de la garde nationale, puis chef de bataillon, il se conduisit brillamment dans la journée du 31 octobre, et contribua à la délivrance des membres du Gouvernement, détenus par les insurgés à l'Hôtel-de-Ville. Nommé lieutenant-colonel du 9e régiment de Paris (garde nationale de marche), il prit part à l'affaire de la Gare-aux-Bœufs et à la bataille de Buzenval, où il se maintint pendant dix-huit heures dans le parc. M. de Crisenoy a été nommé préfet de l'Indre le 10 novembre 1871.

CROISEAU (Hippolyte-Eugène), né à Paris, le 7 octobre 1818. Ancien élève de l'Ecole impériale de dessin et de mathématiques. Attaché en 1842 aux travaux de la ville de Paris, comme vérificateur, il fut chargé, en 1852, d'organiser et de diriger la comptabilité des grands travaux de réunion des Tuileries au Louvre. L'intelligence et les talents dont il fit preuve en cette occasion lui méritèrent en 1857 une médaille d'or qui lui fut remise au nom de l'empereur. En 1860, lorsque les travaux du Louvre étaient presque achevés, il a été attaché au ministère de la Maison de l'empereur en qualité de contrôleur en chef des bâtiments de la Couronne. M. Croiseau a été chargé exceptionnellement, en 1855, par le ministère de l'Intérieur, de contrôler les travaux de construction des Asiles de Vincennes et du Vésinet, mission qui lui a valu deux médailles d'argent. On s'accorde à reconnaître que, dans toutes ces opérations, il a montré une capacité rare et une juste fermeté pour la défense des intérêts considérables qui lui étaient confiés. Il est chevalier de la Légion d'Honneur depuis le 15 août 1860.

CROPP (Jean-Baptiste-Benjamin), né à Quimper (Finistère), le 5 avril 1803 ; issu d'une famille originaire d'Allemagne, mais établie en France depuis deux siècles. Nommé juge au tribunal civil de Quimper en 1830, il comptait poursuivre et terminer sa carrière judiciaire dans sa ville natale, bornant son ambition à devenir un jour président de cette compagnie; mais, en 1855, convaincu qu'aucun avancement ne se présenterait de longtemps à Quimper, il demanda et obtint la présidence du tribunal de Quimperlé, puis, en 1858, celle du tribunal de Vannes. Enfin, en 1865, il a été nommé conseiller à la Cour de Rennes. Cet honorable magistrat avait reçu, le 12 août 1864, la croix de la Légion d'Honneur en récompense de 34 ans de services judiciaires et de 30 années d'autres services rendus au pays, dans un grand nombre de fonctions gratuites auxquelles il avait été appelé soit par la confiance de l'administration, soit par les suffrages de ses concitoyens.

CROUSLÉ (François-Léon), né à Paris, le 29 mai 1830. Elève du lycée Charlemagne de 1840 à 1850, il remporta six prix au concours général et se fit recevoir licencié ès lettres et bachelier ès sciences physiques en 1851. Admis à l'Ecole normale supérieure, au sortir du lycée, le deuxième de la section des lettres, il en sortit le premier. Agrégé des lettres, en 1857, il fut professeur de rhétorique successivement à Tarbes, à Laval, à Limoges, à Angoulême, à Rouen, puis professeur de troisième à Louis-le-Grand, et de seconde à Charlemagne. En 1864, il prit le grade de docteur ès-lettres et fut appelé à occuper la chaire de rhétorique à Napoléon (aujourd'hui lycée Corneille). M. Crouslé a pris part aux soirées littéraires de la Sorbonne en 1866, 1867, 1868, et prononcé le discours latin à la distribution des prix de la Sorbonne le 12 août 1872. Il est professeur à l'Association pour l'enseignement secondaire des filles fondée à la Sorbonne en 1867. On lui doit : *Lessing et le goût français en Allemagne* (1864), ouvrage couronné par l'Académie française en 1865, et des ouvrages classiques; des *Extraits de Lucrèce* et de *Plaute*, à l'usage des lycées (1866), et une traduction, avec texte, du Poëme de *Lucrèce* (1871). M. Crouslé, officier de l'Instruction publique depuis le 31 janvier 1872, a été nommé chevalier de la Légion d'Honneur le 10 août suivant.

CROUZET (Henri), né à Montpellier, le 17 avril 1820. Entré dans l'Université au commencement de 1840, il a professé successivement aux colléges de Lunel, de Clermont-l'Hérault, de Saint-Affrique, de Cette et de Bédarieux. Après avoir ensuite été chargé du 2e cours d'histoire au lycée de Montpellier, et avoir occupé la chaire de Carcassonne, il a été chargé d'inaugurer l'enseignement historique dans les nouveaux lycées de Nevers et d'Albi. M. Crouzet a publié des ouvrages qui lui ont ouvert les portes de plusieurs Académies et Sociétés savantes. On cite : *Résumé méthodique d'histoire universelle* (4 édit.); — *Droits et priviléges de la commune de Nevers*, cité souvent avec éloges, par Dupin aîné, dans son *Histoire du droit communal*; — *Géographie physique et politique de l'Europe*, depuis l'invasion des barbares jusqu'aux traités de 1815; — *Géographie physique, politique, agricole, industrielle et commerciale de la Nièvre*; — *Essai géographique et historique sur la bataille Catalaunique*, qui a été souvent reproduit dans les revues archéologiques. M. Crouzet a collaboré au *Grand dictionnaire des communes de France* d'Ad. Joanne. Ses succès dans l'enseignement lui ont valu le titre d'officier d'Académie.

CROY (Raoul, comte DE), né à Amiens (Somme), le 18 février 1806; fils du comte de Croy, qui fut officier supérieur d'artillerie; petit-fils, par sa mère, du lieutenant-général de Belloy. M. le comte de Croy a consacré une certaine part de son temps, de sa fortune et de son intelligence à la sylviculture. Grâce à son initiative, des milliers d'hectares de landes incultes ont été convertis en bois dans ses propriétés de la Vienne et d'Indre-et-Loire. Il a été longtemps président du comice agricole de l'arrondissement de Grand-Pressigny, et a publié plusieurs ouvrages spéciaux, tels que l'*Avenir forestier de la France*, une *Technologie élémentaire* et un traité du *Tracé des jardins paysagers*, conversations familières sur les sciences. Nommé membre du Conseil d'arrondissement en 1830, il fait partie du Conseil général du département d'Indre-et-Loire depuis 1836, et il était en 1848 chef de bataillon de la garde nationale de Grand-Pressigny. Président depuis 1865 de la Société de secours mutuels de Bonneuil-Matours, c'est à sa libéralité que la ville de La Haye, patrie du philosophe Descartes, doit la statue de ce grand homme, dont le modèle a été donné par M. le comte de Nieuwerkerke. M. de Croy, chevalier de la Légion d'Honneur (14 août 1865) et décoré de divers ordres étrangers, est rédacteur de plusieurs revues et membre d'un grand nombre de sociétés savantes. Nous citerons encore de lui : *Études statistiques sur Indre-et-Loire*; — *Louis XI et le Plessis-lès-Tours*; — *Les rives de la Vienne*; — *Episode du règne de Louis XV* (2 vol.); —*Episodes de voyages*; — *Marie, étude du foyer domestique*, etc. Il s'est marié en 1826 avec Mlle de Voyer d'Argenson. L'aîné de ses fils est secrétaire d'ambassade à Rome, chevalier de la Légion d'Honneur, commandeur d'Isabelle-la-Catholique, de Saint-Grégoire, etc. Le cadet est officier aux cuirassiers.

CRUVEILHIER (Jean), né à Limoges (Haute-Vienne), le 9 février 1791, M. le docteur Cruveilhier a fait ses études médicales à Paris, sous Dupuytren, a obtenu son diplôme en 1816, grâce à une thèse remarquable, intitulée : *Essai sur l'anatomie pathologique*. Après avoir exercé la médecine pendant quelque temps dans sa ville natale, il revint à Paris, se présenta au concours pour l'agrégation, fut reçu le premier, et partit aussitôt pour occuper une chaire à la Faculté de médecine de Montpellier. C'est dans cette ville qu'il publia, en 1822, son *Traité de médecine pratique éclairée par l'anatomie et la physiologie*. En 1825, Mgr Frayssinous, évêque d'Hermopolis, grand-maître de l'Université, connaissant les idées religieuses du docteur Cruveilhier, le choisit pour remplacer à la Faculté de médecine de Paris l'illustre Béclard, qui venait de mourir. M. Cruveilhier reprit alors avec ardeur ses études anatomiques et prépara, par un travail presque surhumain, son cours d'anatomie descriptive, qui mit le comble à sa réputation de savant professeur. Comme médecin de la Maternité, de la Salpêtrière, de la Charité, il se trouva ramené vers l'étude de l'anatomie pathologique et profita des observations faites dans sa clinique pour composer son œuvre magistrale sur l'*Anatomie pathologique du corps humain*. Cette œuvre lui valut en 1835 la chaire d'anatomie pathologique, comme l'ensemble de ses travaux lui ouvrit, en 1836, les portes de l'Académie de médecine. Après plus de trente années consacrées à cet enseignement, M. le docteur Cruveilhier a pris sa retraite à la fin de 1866. Il avait été promu commandeur de la Légion d'Honneur en 1863. Outre les ouvrages déjà cités et de nombreux et importants Mémoires insérés dans le *Bulletin de l'Académie de médecine*, on lui doit : *Anatomie pathologique du corps humain, ou description, avec figures lithographiées et coloriées, des diverses altérations morbides dont le corps humain est susceptible* (1829-1840, 2 vol. grand in-folio, 233 planches); — *Cours d'anatomie descriptive* (1834-1838, 4 vol.); cet ouvrage a eu déjà quatre éditions); — *Discours sur les devoirs et la moralité du médecin* (1837); — *Vie de Dupuytren* (1845); — *Anatomie du système nerveux de l'homme, représentée par des planches de grandeur naturelle* (1845); — *Traité d'anatomie pathologique générale* (1849); — *Traité d'anatomie descriptive* (1851), etc. La Société anatomique a été reconstituée en 1826 par l'initiative et les soins de M. le docteur Cruveilhier.

CURÉ (Louis-Jean-Ambroise-Gustave), né à Port-Louis (Ile de France), le 29 juin 1799. Arrivé à Paris en 1809, il fut, jusqu'en 1815, élève du Lycée Impérial, et se rendit ensuite à Bordeaux pour y étudier le commerce. En 1818, il fit un voyage commercial aux Etats-Unis, et, rentré en France en 1820, il s'embarqua peu après pour retourner dans son pays, qu'il habita jusqu'en 1829. Revenu dès lors à Bordeaux, il abandonna les affaires, et fut, de 1831 à 1840, capitaine de la garde nationale. Membre du Conseil municipal en 1834, et chargé de la police administrative, il rendit d'éminents services. M. Curé, élu conseiller d'arrondissement en 1832, devint chef de bataillon de la garde nationale en 1847, et contribua, par son attitude énergique, au maintien de l'ordre pendant les journées de Février. A la sollicitation de ses nombreux amis, il accepta les fonctions de premier adjoint (11 mai 1848), quoique le maire d'alors l'eût vivement invité à prendre sa place. Nommé conseiller général, il ne put pas se refuser plus longtemps à remplir les honorables et difficiles fonctions de maire de Bordeaux, qu'il exerça jusqu'au 19 mars 1849, avec un zèle et une habileté peu communs. Sa gestion municipale a eu une influence heureuse sur les travaux d'assainissement et d'embellissement de Bordeaux. M. Curé, député au Corps législatif de 1857 à 1869, est rentré, en 1861, au Conseil général de son département et en a été nommé vice-président de 1864 à 1870. Il a été promu commandeur de la Légion d'Honneur le 7 août 1869.

CURNIER (Dominique-Léonce), né à Nîmes, le 22 novembre 1813. Ses goûts l'ont porté de bonne heure vers l'étude des questions commerciales et financières, sans toutefois lui faire négliger la culture des belles-lettres. Il a été président du tribunal de Commerce de Nîmes et président du Conseil général du Gard. Élu député de ce département au Corps législatif, en 1852, il a eu la mission de présenter à la Chambre les rapports concernant deux importants projets de loi relatifs, l'un à l'établissement du chemin de fer de Bordeaux à Cette, l'autre à la réorganisation des Conseils de prud'hommes. M. Curnier est membre de l'Académie du Gard et de plusieurs sociétés savantes. Il a publié divers ouvrages, parmi lesquels nous citerons : *Rivarol, sa vie et ses œuvres*, étude historique couronnée par l'Académie du Gard, et *Le cardinal de Retz et son temps*; ce dernier ouvrage, récemment édité, a été très-favorablement apprécié par la critique de Paris et de la province. M. Curnier a été successivement receveur-général et trésorier payeur-général dans les départements du Lot, de la Drôme, du Gard, de l'Eure et du Pas-de-Calais, où il est actuellement (1872). Il est chevalier de la Légion d'Honneur depuis 1849.

CUVILLIER-FLEURY (Alfred-Auguste), né à Paris, le 18 mars 1802. M. Cuvillier-Fleury a fait ses études au collège Louis-le-Grand, a obtenu au concours général, en 1819, le prix d'honneur de rhétorique. En 1820 et 1821 il était le secrétaire de l'ancien roi de Hollande, Louis Bonaparte, qui résidait à Rome et à Florence. En 1823, il entra, comme directeur des études, au collège Sainte-Barbe; et, en 1827, le duc d'Orléans lui confia l'éducation du duc d'Aumale, qui fut achevée en 1839. C'est alors que M. Cuvillier-Fleury devint le secrétaire des commandements du jeune prince. Depuis 1834, il fait partie de la rédaction du *Journal des Débats* où, invariable dans ses affections, il n'a pas cessé de soutenir l'honneur de la famille d'Orléans et la cause de la liberté. La plupart des articles de M. Cuvillier-Fleury ont été recueillis et publiés sous les titres suivants : *Portraits politiques et révolutionnaires* (1852, 2 vol.); — *Etudes historiques et littéraires* (1854, 2 vol.); — *Voyages et voyageurs* (1854, 2e édition 1856); — *Nouvelles études* (1855); — *Dernières études historiques et littéraires* (1859, 2 vol.); — *Historiens, poètes et romanciers* (1863, 2 vol.); — *Etudes et portraits* (1re et 2e séries, 1865-1868). C'est après la publication de ce dernier ouvrage que M. Cuvillier-Fleury a été élu, le 12 avril 1866, membre de l'Académie française, en remplacement de M. Dupin, le célèbre procureur-général, dont il a prononcé l'éloge dans la séance du 11 avril 1867. Il est officier de la Légion d'Honneur (29 avril 1843) et de l'ordre de Léopold de Belgique, chevalier de Charles III d'Espagne et de François II des Deux-Siciles.

CUVILLON (Jean-Baptiste-Philémon DE), né à Dunkerque, le 13 mai 1809. Issu d'une très-ancienne famille noble qui a possédé, en Flandre, les seigneuries de Fermont, de Boucq, Hollebeck, Weedrick, la Hamaïde, etc., M. de Cuvillon se sentit de bonne heure une sérieuse vocation pour la musique. Admis en 1825 au Conservatoire, il y obtint, l'année suivante, le premier prix de violon. Pour satisfaire à ses goûts studieux, il fit, en même temps, son droit à la Faculté de Paris et prit sa licence en 1838. Mais, il n'en suivit pas moins la carrière artistique. Nommé, en 1843, professeur-adjoint au Conservatoire, M. de Cuvillon a occupé jusqu'en 1870, la place de premier violon au premier pupitre de la Société des Concerts. Il a composé des *Concertos*, des *Morceaux de salon*, un *Duo pour violon et violoncelle*, en collaboration avec M. Franchomme, etc. Parmi ses œuvres gravées, on cite : *Morceau de concert sur Marie Stuart*; — *Berceuse et prière*; — *Fantaisie sur des motifs d'Auber*, etc. De l'avis du public compétent et des biographes qui se sont spécialement occupés des musiciens, M. de Cuvillon est, avec M. Alard, un des deux meilleurs élèves d'Habeneck.

DABERT (Mgr Nicolas-Joseph), né à Henrichemont (Cher), le 17 septembre 1811. Brillant élève du collège de Bourges, il fut reçu bachelier ès lettres alors qu'il était encore sur les bancs de la rhétorique; et, cédant à sa vocation pour l'état ecclésiastique, il entra au grand séminaire, où, comme au collège, il se montra le plus aimable condisciple et le meilleur élève de son cours. L'étude de la philosophie et de la théologie passionna le jeune lévite qui, pour pouvoir s'y consacrer librement, entra dans la congrégation des prêtres de Saint-Sulpice. Ordonné prêtre en 1835, il fut attaché au grand séminaire de Viviers, où il professa la philosophie, puis occupa la chaire de théologie dogmatique, à partir de 1836, et, quelques années plus tard, enseigna la théologie morale. Tout en respectant les vieilles méthodes en usage dans la plupart des séminaires, M. l'abbé Dabert n'en demeura pas l'esclave et sut donner à son enseignement plus d'ampleur et d'originalité. Les élèves qu'il a formés, et qui occupent aujourd'hui les positions les plus importantes du diocèse de Viviers, conservent de ses leçons un souvenir qui honore tout à la fois le maître et les disciples. En dehors de ses fonctions au grand séminaire, il fut plusieurs fois sollicité, par Mgr Bonnel, à prêter ses services dans l'intérêt de l'administration épiscopale. Mgr Guibert, actuellement archevêque de Paris, l'avait aussi en grande estime, et obtint sa collaboration à divers travaux, notamment à la rédaction des statuts diocésains qui furent publiés en 1851. Ce prélat, dont les rapports avec le jeune professeur devinrent peu à peu très-intimes et très-fréquents, finit par lui faire accepter les fonctions de vicaire-général, avec l'assentiment de M. l'abbé de Courson, alors supérieur de Saint-Sulpice, et qui, naturellement, ne pouvait se séparer qu'avec regret d'un sujet qui promettait d'être l'honneur de sa congrégation. Outre ses grands devoirs administratifs, M. l'abbé Dabert avait encore la direction de plusieurs communautés religieuses. Néanmoins et grâce à son obstination au travail, il réussit à soustraire à des occupations si multipliées le temps nécessaire pour recueillir les matériaux d'une *Histoire des hérésies*, rééditer, avec de notables corrections et additions, le *Solitaire des rochers*, et publier les ouvrages suivants : *Vie de Ch. Vernet, supérieur du séminaire de Viviers*; — une *Histoire de saint Thomas de Villeneuve, dit l'Aumônier, archevêque de Valence (Espagne), de l'ordre des Ermites de Saint-Augustin* (1853, 2ᵉ édit. aug., 1855); — *La bonne mère Saint-Jean, ou vie de Mᵐᵉ Julie Malleval, religieuse ursuline du couvent de Sainte-Marie, à Annonay* (1855); — *Le mois de Saint-Joseph* (1862); — *Vie de la révérente mère Arsène, deuxième supérieure générale des sœurs de la Présentation de Marie* (1863); — *Le mois du Saint Enfant-Jésus* (1864). M. l'abbé Dabert méditait de nouveaux travaux, quand un décret, du 16 mai 1863, l'appela à l'évêché de Périgueux. Préconisé le 28 septembre suivant, il fut sacré le 22 novembre de la même année. Depuis neuf ans que ce laborieux prélat occupe le siége épiscopal de Périgueux, il a rendu au diocèse, dans les limites de son action, des services signalés. Par son initiative, une école ecclésiastique destinée à recevoir près de 200 élèves a été fondée au chef-lieu du département; une vaste maison a été bâtie pour servir de logement aux missionnaires diocésains; plus de 100 paroisses ont été dotées d'une école dirigée par des religieuses; 21 communes ont été érigées en succursales. Tous les ans, il emploie six mois à visiter les paroisses rurales. Enfin, il a consacré 23 églises et publié 85 lettres pastorales. Le recueil de ses mandements forme 2 gros volumes in-4°. Mgr Dabert a sous presse, actuellement (1872), pour paraître bientôt, une *Histoire de saint François de Paule et des Minimes*. Il a reçu la croix de la Légion d'Honneur en 1866.

DAGUIN (Pierre-Adolphe), né à Poitiers, le 4 août 1814. Élève du lycée de Poitiers, où son père était professeur avant de devenir secrétaire de la Faculté de droit, il entra à l'École normale supérieure en 1835. A sa sortie (1838), il fut envoyé à Moulins comme professeur de pyhsique et d'histoire naturelle. Licencié ès sciences mathématiques, physiques et naturelles, il fut reçu le deuxième au concours d'agrégation, en 1841, et désigné pour la chaire de physique et d'histoire naturelle du lycée de Tours. Pendant les six années que M. Daguin passa dans cette ville, il prit le grade de docteur ès sciences physiques, fit de nombreux voyages scientifiques et industriels, et ouvrit, sous les auspices de l'autorité municipale, un cours public de physique et de chimie appliquée à l'industrie, qui eut un grand succès et fonda sa réputation. C'est à la fin de 1847 qu'il fut chargé du cours de physique de la Faculté des sciences de Toulouse, où il professe depuis près de vingt ans avec une grande autorité. Il a été nommé professeur de 1ʳᵉ classe à la fin de 1868, lors de la classification des professeurs. Directeur de l'Observatoire de Toulouse depuis le mois de novembre 1866, il y professait, pendant la belle saison, un cours d'astronomie populaire, où les auditeurs affluaient, bien que cet établissement soit situé hors de la ville, lorsqu'il donna sa démission (novembre 1872), ne voulant pas se plier aux exigences de la Commission municipale qui venait d'être alors imposée à la Ville. On doit à ce savant un *Traité de physique*, en quatre volumes, dont il a dessiné lui-même sur le bois les 1,700 figures explicatives, qui a été publié pour la première fois de 1855 à 1859 (2ᵉ édit. 1865, 3ᵉ édit. 1868), et qui est aujourd'hui l'ouvrage le plus complet sur cette matière. Ce *Traité* est devenu classique et fait autorité. Il a publié également en 1863, sous le titre de *Cours de physique pour les lycées*, un abrégé de cet ouvrage, qui lui avait été demandé par un grand nombre de savants et de professeurs. La plupart de ses mémoires ont été insérés dans le recueil de l'Académie des sciences de Toulouse, dont il est membre; en voici les titres principaux: *Nouvelle théorie de la grêle;—Sur les foudres progressives et ascendantes;—Sur les halos;—Sur la séparation des éléments dans la décomposition des sels par la pile;—Sur l'identité d'origine des rayons de chaleur et de lumière;— Sur l'audition et le rôle du muscle du marteau dans l'oreille;—Sur la théorie du porte-voix et celle du cornet acoustique;—Sur divers instruments nouveaux d'acoustique;—Le mélodion aphone;— L'acousièle*, etc. M. Daguin a été nommé chevalier de la Légion d'Honneur le 13 août 1861.

DAHIREL (François-Hyacinthe-Marie), né à Ploërmel (Morbihan), le 15 octobre 1804. Son grand-père et son père ont siégé dans nos assemblées politiques. M. Hyacinthe Dahirel fit ses études de droit à la Faculté de Rennes, et entra dans la magistrature en 1828, en qualité de juge-auditeur à Brest. Quand éclata la révolution de 1830, il donna sa démission et prit place au barreau de Lorient, où il ne tarda pas à se faire une belle position. Membre du Conseil de l'Ordre, bâtonnier en 1832, il fut nommé conseiller municipal en 1836. Après les journées de février 1848, il fut élu représentant du parti légitimiste à l'Assemblée constituante et à la Législative, où il prit place dans les rangs de la Droite, soutint d'abord la politique présidentielle et vota l'expédition de Rome, puis lutta contre les menées bonapartistes et protesta contre le Coup-d'État. Sous l'Empire, il se renferma dans la vie privée aux environs de Morlaix (Finistère); mais la révolution du 4 septembre 1870 et les malheurs de la patrie le firent sortir de sa réserve. M. Dahirel, qui jouit dans le département du Morbihan d'une grande notoriété due à la droiture de son caractère et à son talent oratoire, a été élu député à l'Assemblée nationale le 8 février 1871, sans qu'on lui ait demandé préalablement son agrément. C'est un des représentants les plus actifs et les plus distingués du parti légitimiste. Il occupe souvent la tribune et vote avec l'Extrême-Droite.

DALBIN (Guillaume), né à Roupeiroux, village faisant alors partie de Saint-Martin-Valmeroux (Cantal), le 19 février 1807. Reçu bachelier ès lettres en 1826, bachelier ès-sciences en 1829, il fit ses études médicales à la faculté de Paris, prit une part active à la révolution de 1830, mais refusa la décoration de Juillet qui lui avait été offerte. Ayant obtenu le diplôme de docteur en médecine le 30 juin 1831, il alla se fixer dans l'arrondissement de Mauriac où il fit en 1834, un excellent cours public de chimie, qui fut apprécié à sa juste valeur par les notoriétés du pays et dont M. Éd. de Laforce parle avec éloges dans son *Essai sur la statistique du Cantal*. En qualité de membre du Comité de vaccine de Mauriac, il reçut trois médailles d'argent, en 1838, 1840 et 1851, en récompense de son zèle et de son dévouement. Nommé médecin de l'assistance médicale, il obtint encore deux médailles en 1856 et 1859. M. Dalbin a publié, dans les journaux de médecine, des rapports sur les épidémies qui ont régné dans sa clientèle, et, dans les journaux de son département, de remarquables articles d'agriculture. Il a été investi des fonctions de maire de la commune de Saint-Remy-de-Salers, malgré ses opinions avancées, en 1862, et n'a pas cessé de les remplir jusqu'à présent (1872), à la grande satisfaction de ses administrés. M. Dalbin est un médecin instruit et laborieux qui consacre son temps au soulagement des malades et au développement de l'instruction parmi ses concitoyens.

DALMAS (Jean-Baptiste), né à Montpezat (Ardèche), le 3 octobre 1811. N'ayant ni fortune ni protecteurs, il exerça d'abord la profession d'instituteur et d'expert-géomètre dans sa ville natale, et se livra à l'étude des sciences. Un article sur les causes et les effets des variations atmosphériques, qu'il publia dans l'*Annuaire de l'Ardèche*, en 1841, le mit en relations avec des personnes influentes, et il fut chargé de faire l'étude géologique et minéralogique du département, et de créer, à la préfecture, un Musée minéralogique auquel il a travaillé jusqu'à la fin de 1859. De 1842 à 1844, il géra, par *interim*, la recette particulière de Largentière. En 1844, il prit une charge de notaire dont il se démit en 1851. Nommé inspecteur des enfants assistés en 1852, il est encore actuellement (1872) en fonctions. En 1852, le Conseil général et le ministre de l'Agriculture lui ont donné la mission de faire la *Carte géologique de l'Ardèche*, avec le texte explicatif. On lui doit : *La cosmogonie et la géologie, basées sur les faits physiques, astronomiques et géologiques qui ont été constatés par les savants du XIX*e *siècle, et leur comparaison avec la formation des cieux et de la terre, selon la Genèse;* avec un dictionnaire des termes scientifiques, 150 figures de plantes, poissons, oiseaux, animaux fossiles, etc. (1852); — *Mémoire sur la nature et l'âge des volcans du Vivarais* (1852); — *Carte géologique, routière et orographique de l'Ardèche* (1859); — *Les sorcières du Vivarais devant les inquisiteurs de la foi*, et *Description et explication d'un bas-relief dédié au dieu Mithras, à Bourg-Saint-Andéol* (1865); — *Itinéraire du géologue et du naturaliste dans l'Ardèche et une partie de la Haute-Loire* avec planches (1872); — *Vie électrique des végétaux et animaux* (1865); — et de nombreux travaux publiés dans les *Bulletins* de l'Académie des Sciences, ceux de la Société géologique, le journal *la Science*, etc. Il a inventé une *Bascule hydraulique* qui puise, élève et déverse un quart de l'eau motrice, à trois fois la hauteur de la chute employée. Cette machine très-simple a obtenu le 1er prix au Comice agricole et au Concours régional de l'Ardèche en 1864 et 1865. M. Dalmas est membre de la Société géologique de France.

DALMAS (Pierre-Albert, *comte* DE), né à Paris, le 10 juin 1823; descend d'une très-ancienne famille de Lorraine. Après avoir exercé la profession d'avocat, il devint homme de lettres et journaliste. Attaché en 1848 au ministère des Affaires étrangères, il fut chargé de remplir différentes missions, notamment dans l'Amérique du Sud, au Brésil et au Rio de la Plata. Sa participation active aux événements de Décembre le fit remarquer du prince Louis-Napoléon, qui le prit comme secrétaire et le conserva en qualité de sous-chef de son cabinet lorsqu'il ceignit la couronne impériale. Membre, vice-président du Conseil général du Morbihan, M. de Dalmas fut élu député au Corps législatif, en 1859, dans le département d'Ille-et-Vilaine, et réélu en 1863, à une majorité considérable. Aux élections de 1869, il fut combattu très-vivement par le gouvernement, et fut élu cependant à titre de candidat indépendant. Un des promoteurs de l'interpellation des 116, il provoqua ainsi le message de Juillet et le sénatus-consulte. On lui doit la construction du chemin de fer de Fougères à Vitré. En octobre 1871, il a été élu membre du Conseil général d'Ille-et-Vilaine. M. le comte de Dalmas a publié quelques écrits, notamment : *Le roi de Naples, sa vie, ses actes, sa politique*. Officier de la Légion d'Honneur depuis le 15 mars 1859, il est aussi décoré du Nichan-Iftikar de Tunis (3e classe), et officier des ordres de Léopold de Belgique, de François Ier de Naples, du Lion de Zaehringen de Bade, de la Rose du Brésil, etc.

DALY (César), né à Verdun (Meuse), le 19 juillet 1811. A fait ses études au collège de Douai; mais il a étudié l'architecture à Paris sous M. Félix Duban. Chargé de travaux de cet art dès 1840, il dirigea principalement la restauration de la cathédrale de Sainte-Cécile, à

Albi, et exposa aux Salons de 1841 et de 1846 un *Projet de décoration intérieure de chapelle* et les dessins de *Restauration de la cathédrale d'Albi*, exécutés pour l'administration des Cultes, et qui, présentés de nouveau à l'Exposition universelle de 1855, ont obtenu une médaille d'or. Une étude de restauration de l'ancienne église Saint-Salvy d'Albi (Tarn), fut faite par lui pour la Commission des monuments historiques. Antérieurement à l'année 1852, M. Daly avait parcouru les principaux pays d'Europe; mais il a consacré les années 1855, 1856 et 1857 à visiter le continent américain, depuis le Canada jusqu'à la Nouvelle-Grenade, étudiant simultanément les vestiges monumentaux encore existants de l'antique civilisation des Aborigènes, et les tentatives pratiques des colonisateurs et même des utopistes modernes. Cette étude devait lui offrir d'autant plus d'attraits qu'il s'était associé ardemment, dans sa jeunesse, aux idées sur l'association que développait la *Phalange*. Plus tard, il a voulu examiner de près ce qui nous reste des anciennes civilisations de l'Orient, et il a visité l'Egypte, la Nubie, la Syrie, la Palestine, toutes les côtes de l'Asie-Mineure, la Turquie et la Grèce. M. Daly a fondé, en 1840, la *Revue générale de l'Architecture et des Travaux publics*, dont il est resté constamment le directeur, et qui compte aujourd'hui trente magnifiques volumes in-folio. Il est l'auteur de l'*Architecture privée au XIXe siècle, sous Napoléon III* (3 vol.); des *Motifs historiques d'architecture et de sculpture d'ornement* (2 vol.); des *Nouveaux théâtres du Châtelet*; de l'*Architecture funéraire*; des *Décorations extérieures et intérieures* (3 vol.), etc., etc. Ces splendides publications lui ont valu une première médaille à l'Exposition universelle de Paris, en 1855, la médaille à l'Exposition universelle de Londres, en 1862, et une médaille d'argent à l'Exposition universelle de 1867, à Paris. On lui doit aussi un grand nombre de brochures sur des questions d'archéologie, d'esthétique ou d'administration. M. Daly est membre de plusieurs Académies de l'Europe, de la Commission scientifique du Mexique, et architecte diocésain du Tarn. Il est chevalier de la Légion d'Honneur (13 août 1861), commandeur de Saint-Stanislas de Russie, et décoré de la 3e classe du Medjidié de Turquie.

DAMOISEAU (Louis-Hyacinthe-Céleste), né à Chamfremont (Mayenne), le 8 décembre 1815. Inscrit à l'Ecole de médecine de Paris, en octobre 1835, trois ans externe et trois ans interne à la Pitié et à l'Hôtel-Dieu, il fit, en 1843, des découvertes dans l'étude des épanchements pleurétiques, entre autres celle des *Courbes* auxquelles il a attaché son nom, ainsi qu'il est constaté par la *Revue médicale* du 15 mars 1869. Le 28 février 1845, il prit le grade de docteur en médecine, sur cette thèse : *Diagnostic et traitement de la pleurésie*. On doit à M. Damoiseau deux inventions précieuses : 1o un lit chirurgical, expérimenté avec succès dans le service de M. Denonvilliers, à l'hôpital Saint-Louis en 1856, après avoir été mentionné honorablement à l'Exposition universelle de 1855; 2o la *Terabdelle*, sorte de ventouse ou plutôt de *sangsue mécanique*, datant de 1852 et livrée à la publicité en 1862, et qui a pour but de perfectionner les engins de la ventouse traditionnelle sur le modèle de la grande ventouse de la poitrine, et pour effet de doter la pratique médicale d'un traitement efficace de l'apoplexie et de la pneumonie, tout en remplaçant avec avantage, dans presque tous les cas, les sangsues dont l'emploi est si général que la France est obligée d'en importer annuellement, de l'étranger, pour une somme considérable.

DANCLA (Jean-Charles), né à Bagnères-de-Bigorre, le 19 décembre 1818. M. Charles Dancla, un des plus brillants élèves du célèbre violoniste Baillot, appartient à une famille de musiciens. Son père commença son éducation musicale, et, reconnaissant en lui de précieuses dispositions, se résolut à de grands sacrifices pour l'amener à Paris, où, âgé de dix ans à peine, il jouait le 7e concerto de Rode en présence du grand maître lui-même, qui, frappé de son intelligence précoce, le faisait admettre au Conservatoire. Les quatre enfants de M. Dancla père ont tous été reçus au Conservatoire, et chacun d'eux en est sorti avec plusieurs prix. Après avoir obtenu le 1er prix de violon, en 1833, M. Charles Dancla étudia l'harmonie et la composition sous Barbereau et Halévy, et remporta un prix de fugue (1837) et le second grand prix à l'Institut (1838). Des succès mérités attirèrent, sur ce virtuose compositeur, l'attention du gouvernement, qui lui confia, au Conservatoire, une classe de violon qu'il dirige encore avec éclat. M. Ch. Dancla a obtenu, dans divers concours, de nombreuses distinctions : une médaille d'or et une grande médaille du ministère de l'Instruction publique dans des *Concours de composition musicale à l'usage des écoles primaires* (1847 et 1848); une médaille d'or de la Société de Sainte-Cécile de Bordeaux, à la suite d'un concours pour la composition d'un *Quatuor d'instruments à cordes*; un premier prix de la Société d'agriculture de Valenciennes, pour son *Hymne à l'agriculture* (1858); le prix de *Quatuor* et de *Musique de chambre* décerné deux fois par l'Académie (1862-1868), etc. M. Charles Dancla est chevalier de la Légion d'Honneur depuis le 7 août 1867.

DANICAN PHILIDOR (Eugène), né à Montlandon (Eure-et-Loir), le 30 décembre 1826. Petit-fils de Philidor, le célèbre compositeur et joueur d'échecs, et fils d'un conseiller de préfecture de son département d'origine, M. Danican Philidor a suivi la carrière paternelle. Chef du cabinet des préfets de l'Hérault et de Vaucluse, de 1851 à 1856, puis conseiller de préfecture dans le Midi, il fut envoyé, en la même qualité, dans les Vosges, en 1861. Le 18 mars 1864, il fut chargé du secrétariat-général de la préfecture de ce département; et, le 25 octobre de l'année suivante, il devint titulaire de son emploi. Nommé sous-préfet d'Oloron le 31 janvier 1870, il fut, sur sa demande, maintenu à son poste par un décret du 16 mars suivant. La révolution de Septembre le maintint en fonctions. Mis à l'écart, le 6 avril 1871, il fut réintégré, deux jours après, par un nouvel arrêté du chef du Pouvoir exécutif. Ainsi, des renseignements inexacts ou malveillants avaient failli lui coûter la place qu'il occupait honorablement depuis plusieurs années et lui attirer une disgrâce que rien ne pouvait justifier. En effet, lors de l'occupation d'Epinal par l'ennemi, M. Danican Philidor était demeuré courageusement à son poste, dédaignant la latitude offerte, aux administrateurs des départements envahis, de se replier en arrière; et, bravant toutes les menaces, il avait refusé son concours à l'administration allemande. En même temps, il profitait de l'appui discret qu'il devait à la confiance des différents chefs de service et de toutes les classes de la population, pour protéger, dans la limite du possible, les intérêts français. Il parvint, notamment, dans bien des cas, à entraver l'action spoliatrice des envahisseurs et provoqua la fondation d'un Comité vosgien de secours aux prisonniers, dont il fut nommé président, et qui avait pour but de soulager les misères des captifs et de favoriser sous main leur évasion. Sa conduite ayant éveillé la susceptibilité de l'autorité allemande, et certaine oraison funèbre ayant été jugée trop patriotique, il fut, en décembre 1870, détenu huit jours dans la maison d'arrêt d'Epinal. Il est à noter que M. Danican Philidor, bon citoyen avant tout, s'est toujours maintenu en rapports avec la délégation de Tours ou de Bordeaux, soit par les voies françaises, soit par les voies neutres. Porté, au dernier moment, sur la liste d'un Comité local, lors des élections pour l'Assemblée nationale, qui n'eurent lieu dans les Vosges que le 12 février 1871, il réunit 17,000 suffrages, malgré la difficulté de correspondre inopinément avec 548 communes, dans un pays privé depuis cinq mois de lignes régulières de communication. M. Danican Philidor est chevalier de la Légion d'Honneur depuis 1869, et officier d'Académie.

DANIEL DE FOLLEVILLE (Louis-André), né à Folleville (Seine-Inférieure), le 4 janvier 1842. A prêté le serment d'avocat le 1er février 1863, et a été reçu docteur en droit le 20 février 1864, après avoir obtenu, au concours de doctorat de 1863, la première médaille d'or, pour un travail sur les *Associations commerciales en participation*, présenté à la Faculté de droit de Caen. Au mois d'avril 1865, il fut nommé agrégé dans un concours ouvert à Paris, auquel il avait pris part à la faveur d'une dispense d'âge, puis attaché, le 16 juin suivant, à la Faculté de droit de Caen. Le 24 septembre 1865, il fut chargé d'un cours de Code Napoléon à la Faculté de droit de Douai, qui venait d'être créée, et se fit inscrire aussitôt au barreau de cette ville. M. Daniel de Folleville a publié divers ouvrages, notamment des *Considérations générales sur l'effet du temps*, et un *Essai sur la possession des meubles et sur la revendication des titres au porteur perdus ou volés*. Il a écrit de nombreux articles de doctrine et de jurisprudence, et plusieurs notices bibliographiques dans les différentes revues de droit.

DANVIN (Bruno), né à Saint-Pol, le 18 janvier 1808. Fils d'un médecin distingué de sa ville natale, il fit ses études médicales à la Faculté de Paris. Elève de l'Ecole pratique et attaché aux hôpitaux, il prit le grade de docteur, le 30 avril 1831, avec cette thèse: *La méthode numérique et ses avantages dans l'étude de la médecine*, et s'établit à Saint-Pol. Le 30 septembre 1831, il succéda à son père, qui venait de mourir, comme médecin de l'hospice et du Bureau de bienfaisance. L'année suivante, il fut nommé membre et secrétaire du Comité de vaccine et membre de la Commission médicale; en 1835, médecin des épidémies; en 1843, membre du Conseil départemental de salubrité du Pas-de-Calais, attaché au service des enfants trouvés, et médecin des hospices de Paris pour la circonscription de Saint-Pol; en 1845, examinateur des élèves sages-femmes de l'Ecole d'Arras; et, en 1856, médecin de plusieurs Bureaux de bienfaisance des environs. Il fut choisi par ses confrères de Saint-Pol et de Béthune pour les représenter au congrès médical de Paris en 1845, et présenta à l'Académie d'Arras, en 1852, un travail sur l'*Insuffisance du secours médical à domicile et la nécessité d'hôpitaux cantonaux*. L'Académie vota des remercîments à l'auteur de ce mémoire et décida que le préfet serait invité à faire l'essai des hospices cantonaux dans le département. L'année suivante, au Congrès scientifique de France, réuni à Arras, M. Danvin présenta un *Exposé de l'état actuel des ressources, des proportions et de la distribution de l'assistance hospitalière en France, et des moyens d'étendre cette assistance dans toutes les contrées par la création d'hospices régionaux*, mémoire dont les conclusions furent appliquées par le préfet du département, qui organisa un service médical en faveur des indigents dépourvus d'hospices. De 1836 à 1842, il fonda et dirigea le *Puits artésien*. A cette même époque, il dota sa ville natale d'un Musée et d'une Bibliothèque dont il garda la direction jusqu'à sa mort. Il prit une part active à la rédaction de l'*Abeille de la Ternoise*. Fondateur-secrétaire de la Société d'agriculture, membre du Conseil municipal, de 1834 à 1850, maire provisoire en 1849, il siégea au Conseil d'arrondissement. En juin 1848, il vint à Paris, comme chirurgien-major de la garde nationale de Saint-Pol, et fut blessé sur la place de la Concorde. La nomenclature de ses travaux ne saurait trouver place ici, car il n'a pas publié moins de 59 écrits concernant la médecine, la science, les lettres, l'histoire, les voies ferrées, l'économie rurale, la bibliologie, l'archéologie, les établissements hospitaliers, l'hygiène, etc. Il a collaboré au *Journal de médecine et de chirurgie pratiques*, aux *Archives du Nord de la France*, au *Journal de l'Union médicale*, etc. M. Danvin appartenait à beaucoup de sociétés savantes. Honoré de trois médailles du ministère pour services rendus ou travaux publiés comme médecin des épidémies, en 1855, 1860 et 1867, d'une médaille de bronze de l'Académie des arts-et-métiers, industries, sciences et belles-lettres de Paris, en 1856, d'une 1re médaille d'honneur décernée à Arras pour services exceptionnels dans la médecine de bienfaisance en 1858, et d'une 1re médaille de l'Académie de médecine pour un travail sur l'angine couenneuse en 1859, il avait reçu la croix de la Légion d'Honneur le 14 août 1861. M. Danvin est décédé le 17 février 1868.

DANYAU (Antoine-Constant), né à Paris, le 20 août 1803; fils d'un médecin-accoucheur renommé sous l'Empire et la Restauration. Ancien interne des hôpitaux de Paris, reçu docteur en médecine en 1829 et agrégé en chirurgie en 1832, il a été chef de clinique médicale de 1830 à 1832. A cette époque, il fut nommé, au concours, chirurgien des hôpitaux, et spécialement attaché à l'hospice de la Maternité, d'abord en qualité de chirurgien-adjoint, puis, à partir de 1857, comme chirurgien en chef. M. le Dr Danyau a été membre de l'Académie de médecine et de la Société de chirurgie. Outre sa thèse de doctorat, souvent citée (*De la mérite gangréneuse*), et sa thèse d'agrégation (*Des abcès à la marge de l'anus*), il a publié, avec des annotations étendues, une traduction de la monographie de Naegele, intitulée : *Des principaux vices de conformation du bassin*. On lui doit également plusieurs mémoires d'obstétrique insérés dans les *Archives générales de Médecine* et le *Journal de Chirurgie* de Malgaigne, ainsi que de nombreux rapports imprimés dans les *Bulletins* et les *Mémoires* de l'Académie de médecine et de la Société de chirurgie. Chevalier de la Légion d'Honneur depuis le 30 novembre 1843, il avait été promu officier de l'Ordre le 11 août 1862. M. le docteur Danyau est décédé le 19 février 1871.

DARBEZ (Edouard), né à Senillé (Vienne), le 18 avril 1844. Il commença ses études médicales à l'Ecole secondaire de Poitiers et les compléta à la Faculté de Paris. Successivement interne à l'hospice des Aliénés et à l'Hôtel-Dieu de Poitiers, élève de Velpeau à la Charité, lauréat des hôpitaux de Poitiers, il prit le grade de docteur, en décembre 1868, à la Faculté de Paris, avec une thèse brillamment soutenue sur les *Lipômes et la diathèse lipomateuse*. Etabli à Paris, M. le docteur Darbez n'a pas tardé à s'y faire une belle position. En 1869, il a fondé un dispensaire et une clinique pour le *Traitement des tumeurs*. Il est membre correspondant de la Société de médecine de Poitiers depuis 1866, de la Société anatomique de Paris depuis 1868, membre honoraire de l'Institut géographique historique et archéologique Borghesi depuis 1872, et membre honoraire de plusieurs Sociétés de sauveteurs. En 1871, il est devenu membre du Comité de rédaction du *Sauveteur, Moniteur du courage et des belles actions*. Outre la thèse citée plus haut, on lui doit: *Observations médicales*; *Des hydatides volumineuses du foie et du poumon*; *Des fièvres intermittentes traitées par les préparations arsenicales* (1867). Prochainement, il va faire paraître : *Recueil photographique des principales pièces anatomiques disséquées, préparées et conservées par le docteur Darbez, suivi de certains cas curieux de tumeurs*. Pendant le siège de Paris, il a été chirurgien des ambulances de la Presse (annexes du ministère de la Guerre), médecin du Bureau central des ambulances du IIIe arrondissement, et chirurgien aide-major du 148e bataillon de la garde nationale. Il s'est fait remarquer par son zèle, son activité et son dévouement sur les champs de bataille du Bourget et de Champigny. M. Edouard Darbez est aussi, depuis 1871, chirurgien de la Société de secours mutuels des Bons humains.

DARCHE (Jean-François-Frédéric), né à Chevrières, près Compiègne, le 18 septembre 1825. Fils d'un meunier et cultivateur qui se contenta de lui faire donner l'instruction primaire à l'école de son village, il s'appliqua pourtant de bonne heure à la lecture des livres sérieux. De 1843 à 1846, il suivit, à Paris, quelques cours spéciaux, et se mit en état d'embrasser la carrière de l'enseignement, qu'il suivit jusqu'en 1853, époque où il retourna dans son pays, pour raisons de santé. Revenu à Paris, en 1860, il s'y livra plus activement que jamais à la recherche des livres rares et précieux, en même temps qu'à son goût passionné pour l'étude. M. Darche, bibliophile expert et érudit, a su rassembler une immense collection d'ouvrages précieux, notamment des bibles avec ou sans commentaires, des psautiers, des Imitations de Jésus-Christ, etc. Il a collaboré à des revues littéraires et publié beaucoup d'ouvrages d'histoire, de piété, d'économie politique et domestique, etc. Citons: *Saint Liguori et La Vierge immaculée* (1858); — *Petites lectures pour le mois de saint Joseph* (1860); — *Vie très-complète de pieux écolier de Marie* (1861); — *Portrait littéraire du vénérable Boudon, archidiacre d'Evreux, et L'homme de Dieu seul ou le célèbre Boudon* (1862);—*Marie vient à notre secours dans tous nos besoins* (1863); —*Mois de Marie des Saints-Pères* (2e édit., 1864); — *Dévotion au Sacré-Cœur de Jésus, révélée à la bienheureuse Marguerite-Marie, et La vraie dévotion à Marie* (1865); — *Saint Georges martyr, patron des guerriers*, qui a été traduit en italien (1866); —*Vie très-complète de sainte Philomène, vierge et martyre, et Mois de sainte Philomène en exemples* (1867); — *Dévotion à Mgr saint Georges, protecteur de l'Eglise et des armées chrétiennes;* — une édition, avec introduction critique, du *Paradis ouvert à Philagé par cent dévotions à la mère de Dieu*, du P. Paul de Barri; *Etude sur le symbolisme de Marie dans l'Ecriture, l'art et la nature* (1868); — *Imitation de saint Liguori* (3e édit., 1868); — *Vie nouvelle du curé d'Ars* (2e édit. aug., avec grav. sur acier); *Essai sur la lecture, ou Traité complet des livres et de tout ce qui les concerne* (1870); — *Droit du peuple au repos du dimanche et au bien-être par le travail, et Mémorial du siège de Paris*; *Feminiana*, ou éducation, influences, caractères, devoirs et morale en actions des femmes (1872). Le même auteur a sous presse : *Philosophie du dimanche*; — *Les consolations de la lecture dans les grandes épreuves de la vie*; — *Excellence de l'agriculture et dignité du cultivateur*; — *La théologie angélique*; — *Gersone redivivus, ou esprit, génie et style du bienheureux docteur Jean Gerson dans l'Imitation de Jésus-Christ*. M. Darche est rédacteur-gérant du journal le *Rosier de Marie*.

DARD-JANIN (Alfred), né à Dijon, le 17 juillet 1833. Il se consacra à la musique, fit ses premières études à l'école de chant de sa ville natale, y exécuta des *soli* de soprano en 1843 et 1844, et fut l'un des fondateurs d'une société chorale, aujourd'hui la *Chorale de Dijon*. Un vieux maître, M. Toury, ayant été chargé d'organiser une école gratuite de chant à Saint-

Etienne, en 1852, il alla partager les travaux du savant artiste et compléta sous lui son éducation musicale. L'année suivante, il prit la direction de l'école et se fit, pour vivre, commis du magasin de musique des nièces de M. Jules Janin, dont l'une devint sa femme en 1858. M. Dard-Janin a fait chanter à Saint-Etienne, en 1855, une *Messe à six voix* avec accompagnement de symphonie, qui a eu beaucoup de succès. Après avoir créé et dirigé diverses sociétés, il a, en 1857, fondé la *Chorale Forézienne*, qui s'est imposé le devoir de ne se produire en public qu'au bénéfice des pauvres et qui a, pour cet objet, récolté déjà plus de 80,000 fr. Sous son habile direction, cet orphéon a remporté plusieurs prix d'honneur, grands premiers prix, prix d'excellence, etc. Dans différents concours régionaux, M. Dard-Janin a été appelé à faire partie des jurys et s'y est attiré de vives sympathies. Parmi ses œuvres, outre la *Messe* citée plus haut, on distingue : *La Charmeuse de Saint-Vallier* qui a obtenu, au concours ouvert par l'*Union musicale*, le 3e prix en concurrence avec Boïeldieu et Savary (Opéra-comique, théâtre de Saint-Etienne, 2 actes, 1860); *Te Deum; Retour de la Captivité*, cantate ; *Les Voix du Soir*, chœur; *Kyrie; Ave Maria; Veni Creator; Agnus Dei; O salutaris ; Traité pratique des modulations à tous les degrés de la gamme* (1858): *Le Chant du Limousin*, chœur; *La Fenaison*, chœur ; *Sous la Feuillée*, chœur; plus des chansons, romances, des morceaux pour piano et orgue, etc. M. Dard-Janin a en portefeuille un opéra-comique et plusieurs autres œuvres inédites. Organiste, professeur, compositeur, il est un des plus zélés propagateurs du chant choral en France, un de ces artistes consciencieux et convaincus qui ont le plus contribué à la popularité et à l'élévation du goût musical dans les masses.

DARESTE DE LA CHAVANNE (Antoine-Elisabeth-Cléophas), né à Paris, le 28 octobre 1820. A été reçu le premier au concours d'agrégation pour l'enseignement de l'histoire, en 1841. Après avoir suivi les cours de l'Ecole des chartes et professé dans divers collèges, il fut nommé, en 1847, professeur d'histoire à la Faculté des lettres de Grenoble. Transféré à la Faculté de Lyon en 1849, il en est devenu le doyen en 1864. M. Dareste de La Chavanne a publié deux ouvrages, l'*Histoire de l'administration en France depuis Philippe-Auguste* (1848), et l'*Histoire des classes agricoles en France* (1853 et 1858), qui ont été couronnés par l'Académie des sciences morales et politiques, et lui ont valu, en 1858, le titre de correspondant pour la section d'histoire de cette Académie. Il avait débuté par la publication d'un *Eloge de Turgot* (1846). Enfin, on lui doit une excellente *Histoire de France, depuis les origines jusqu'à nos jours*, histoire qui a obtenu deux fois le premier prix Gobert à l'Académie française (1865-1872, 8 vol.). M. Dareste de La Chavanne est chevalier de la Légion d'Honneur depuis le 11 août 1859, et recteur de l'Académie de Nancy depuis 1871.

DARRICAU (Augustin), né à Saint-Geours-en-Marenne, près Dax (Landes), le 12 janvier 1816. Il fit de fortes études classiques en province et son droit à Paris. Reçu licencié, et inscrit au tableau des avocats de la capitale en 1838, il revint, son stage terminé, dans son pays natal, et prit place au barreau de Dax. Ses brillantes qualités, son intégrité professionnelle et la distinction de sa parole ne tardèrent pas à lui faire une belle position. Membre du Conseil général des Landes en 1848, haut-juré à la Haute-Cour nationale de Bourges, en 1849, au sujet des affaires Barbès, Raspail et Albert (du 15 mai de l'année précédente), il sut, dans la vie publique, affirmer les rares aptitudes administratives et les solides connaissances juridiques auxquelles il devait la confiance de ses concitoyens, et remplit les fonctions de maire de Dax, du 12 janvier 1859 au 21 juin 1870. M. A. Darricau a été nommé chevalier de la Légion d'Honneur par l'empereur en personne, qui, de ses mains, lui a remis la croix de l'Ordre en 1861.

DARRICAU (Rodolphe-Augustin, *baron*), né à Saint-Denis (Seine), le 17 mars 1807. Issu d'une ancienne famille de la noblesse de Gascogne, qui était titulaire de la baronie des Traverses, il est le fils du général de division Augustin Darricau, créé baron de l'Empire en 1808, qui joua un rôle important pendant les Cent-Jours, et dont le nom est inscrit sur l'Arc de triomphe de la Grande-Armée. M. le contre-amiral Darricau a été nommé aspirant de marine le 16 octobre 1827, enseigne de vaisseau le 31 janvier 1832, lieutenant de vaisseau le 1er mai 1838, capitaine de frégate le 8 septembre 1846 et capitaine de vaisseau le 11 juin 1853. Il s'est distingué pendant la guerre d'Orient, a été gouverneur de l'île de la Réunion de 1858 à 1865, et a obtenu le grade de contre-amiral le 27 janvier 1864. M. le baron Darricau, chevalier de la Légion d'Honneur en 1842, officier en 1848, a été promu commandeur de l'Ordre le 12 août 1854.

DARRICAU (Daniel-Charles-Auguste), né à Saint-Denis (Seine), le 24 septembre 1808: frère du précédent. M. l'intendant-général Darricau fit son éducation militaire à l'Ecole de Saint-Cyr. Sous-lieutenant au 48e régiment d'infanterie de ligne en 1827, il fut nommé lieutenant en 1830, en récompense de sa bravoure dans l'expédition d'Alger, et devint capitaine en 1836. Admis dans le corps de l'intendance militaire le 7 février 1837, comme adjoint de 2e classe, il obtint un avancement rapide, et fut promu successivement: adjoint de 1re classe en 1840, sous-intendant de 2e classe en 1844, sous-intendant de 1re classe en 1847, intendant militaire en 1850, et intendant-général inspecteur le 23 octobre 1856, lors de la création de ce grade. En 1848 et 1849, M. Darricau a rempli les fonctions de directeur de l'administration au ministère de la Guerre, sous le général Subervie, François Arago, les généraux Cavaignac, La Moricière et Rullière, et il a fait partie du Conseil d'Etat en qualité de maître des requêtes. Il déclina le dangereux honneur de mettre à exécution les théories administratives du général d'Hautpoul, et préféra aller en Algérie pour y diriger le service administratif de la province de Constantine. En 1854, le général de Saint-Arnaud, qui venait de le voir à l'œuvre, le rappela au ministère de la Guerre, lui rendit ses anciennes fonctions, et le fit comprendre, l'année suivante, parmi les conseillers d'Etat en service ordinaire hors sections. M. Darricau resta au ministère sous les maréchaux Vaillant et Randon, et fut nommé directeur de la comptabilité générale en 1862. Pendant les guerres d'Orient et d'Italie, il se trouva en présence d'immenses difficultés, qu'il surmonta avec infiniment d'habileté. Il appartint au Comité de la guerre et de la marine au Conseil d'Etat, et remplit à chaque session les fonctions de commissaire du gouvernement près du Corps législatif. Dans la session de 1865, il se révéla comme orateur dans une discussion où le corps de l'intendance était attaqué. M. Darricau fut appelé, en 1866, à faire partie de la haute Commission de réorganisation de l'armée, sous la présidence de l'empereur. Grand Officier de la Légion d'Honneur depuis le 28 décembre 1855, il est décédé le 13 juillet 1868.

DARSY (François-Irénée), né à Gamaches (Somme), le 3 mai 1811. Ses classes terminées, il commença, en 1829, l'étude du notariat, suivit ensuite les cours de droit de la Faculté de Paris, prit le grade de licencié, et acquit une charge de notaire. Après avoir exercé le notariat pendant dix-huit ans, il fut successivement sous-archiviste du département de la Somme, et juge de paix-suppléant pendant cinq ans, puis directeur, pendant près de dix ans, des prisons réunies de la Somme et de l'Aisne. M. Darsy utilise, depuis longtemps, dans des travaux d'histoire et d'archéologie, la grande expérience des hommes et des choses qu'il a acquise dans des fonctions si délicates et si variées. Il a publié : *Notes sur la tombelle de Gamaches* (1845 et 1846) ; — *Notice sur la tombelle de Cauroy-lès-Tours* (1852) ; — *Gamaches et ses seigneurs* (1854) ; — *Description archéologique et historique du canton de Gamaches* (1858) ; — *Picquigny et ses seigneurs, vidames d'Amiens* (1860) ; ces trois derniers ouvrages ont obtenu des mentions honorables de l'Académie des inscriptions et belles-lettres, aux Concours des antiquités nationales, en 1857, 1859 et 1861 ; — *Notice historique sur l'abbaye de Sery, au diocèse d'Amiens*, et *Un mot sur l'utilité des recherches dans les archives* (1861) ; — *Notice historique sur la ville et l'abbaye de Corbie, et sur l'ancien doyenné de Fouilloy* (1870) ; —*Bénéfices de l'Eglise d'Amiens, ou Etat général des biens, revenus et charges du clergé du diocèse d'Amiens* (2 vol. in-4°, avec carte (1869-1871) ; ouvrage qui a encore obtenu une mention honorable de l'Institut, au Concours des antiquités nationales en 1872. Il publie en ce moment (1872-1873), un *Répertoire et appendice des histoires locales de la Picardie*, dont le titre suffit à montrer l'intérêt. M. Darsy a siégé, pendant quinze ans, au Conseil d'arrondissement d'Abbeville. Membre de la Société des antiquaires de Picardie, il a fait partie de la Commission ministérielle chargée de l'érection du magnifique musée de la ville d'Amiens.

DARU (Napoléon, comte), né à Paris, le 11 juin 1807 ; fils du célèbre académicien Daru ; historien, poëte, homme d'Etat, filleul de Napoléon Ier et de l'impératrice Joséphine. A fait ses études au lycée Louis-le-Grand. Admis à l'Ecole polytechnique en 1825, sous-lieutenant élève à l'Ecole d'application de Metz en 1837, il entra dans le corps de l'artillerie en 1830, prit part à l'expédition d'Alger, fut blessé à l'attaque du fort l'Empereur, et mérita la croix de la Légion d'Honneur. Successivement lieutenant en second et lieutenant en premier en 1831, capitaine en second en 1836, capitaine en premier en 1840, il fit partie de la Commission mixte de l'armement des côtes et donna sa démission en 1848. M. le comte Daru prit séance à la Chambre des pairs, par droit d'hérédité, en 1832, concourut activement aux travaux de cette Assemblée durant la monarchie de Juillet, et s'y occupa plus particulièrement des questions relatives aux travaux publics. Sous ce titre : *Les chemins de fer*, il a publié, en 1843, un traité raisonné de l'application et des conséquences de la loi du 11 juin 1842. Après la révolution de Février, il fut élu représentant à l'Assemblée constituante par les électeurs du département de la Manche, où il possède de grandes propriétés, et fit partie du Comité des travaux publics. En 1849, il devint l'un des membres les plus actifs du Comité électoral de la rue de Poitiers, et siégea à l'Assemblée législative, dont il fut vice-président en 1850 et 1851. Lors des événements de décembre, il protesta contre le Coup-d'Etat et subit quelques jours de détention. Après avoir longtemps vécu en dehors des affaires publiques, il accepta, en 1869, une candidature indépendante, conservatrice-libérale, au Corps législatif, et fut élu, après ballotage, député de la Manche. A la Chambre, il fut un des membres les plus influents du Tiers-Parti. Nommé ministre des Affaires étrangères lors de la formation du cabinet Ollivier, le 2 janvier 1870, il remit son portefeuille, le 13 avril suivant, pour n'avoir pas à pactiser avec la politique d'alors et fut nommé, le 2 août, membre du Comité de Défense. Le 8 février 1871, ses anciens électeurs lui ont renouvelé son mandat, et l'ont envoyé à l'Assemblée nationale, où il a pris place sur les bancs du Centre-Droit, et vote avec la majorité. Membre du Conseil général de la Manche, lors de la guerre de 1870-1871, il en a été élu président quand celui-ci s'est réuni pour voter des fonds départementaux affectés à la défense du territoire. M. le comte Daru a été élu, en avril 1860, membre de l'Académie des sciences morales et politiques. On lui doit, outre l'ouvrage cité plus haut : *Le comte Beugnot*, extrait du *Correspondant* (1865). Il a été promu officier de la Légion d'Honneur, le 27 avril 1840.

DASTE (Louis-Pierre-Osmin), né à Mouchés, près Mirande (Gers), le 22 mai 1811. Il appartient, soit directement, soit par alliance, aux meilleures familles du pays. Fils d'un ancien officier de marine et d'Anne de Cortade, il a épousé Mlle Amanda de Barbazan et marié sa fille unique à un neveu de l'archevêque d'Aix, à M. Albert d'Arcimoles, qui, durant l'invasion prussienne, commandait, à Auch, le dépôt des gardes mobiles du Gers. M. Osmin Daste fit son stage d'avocat à Paris et entra dans la magistrature. Juge-suppléant au tribunal d'Auch le 4 avril 1837, substitut du procureur du roi à Condom le 21 novembre de la même année, il fut, le 5 août 1840, nommé juge d'instruction à Mirande que son grand-père, Louis Daste, avait, en 1800, comme commissaire du gouvernement, contribué à faire ériger en chef-lieu d'arrondissement. Le 6 juin 1848, il risqua sa vie pour apaiser, à Malabat (Gers), un soulèvement de près de 3,000 personnes armées qui protestaient contre l'impôt des 45 centimes. Le 4 décembre 1851, la ville de Mirande et ses environs s'étant insurgés contre le Coup-d'État, il fut retenu trois jours prisonnier par les 5 ou 6,000 révoltés qui connaissaient son influence dans l'intérêt de l'ordre. Le 14 juillet 1865, il fut destitué, comme adversaire du gouvernement personnel de l'Empereur et comme ennemi de la pression administrative sur les élections, des fonctions de juge d'instruction qu'il remplissait honorablement depuis 25 ans. Conseiller municipal pendant 34 ans; conseiller général du Gers pour le canton de Montesquiou pendant 18 ans, à titre de candidat indépendant et malgré les efforts de l'administration qui lui opposa successivement M. Laplagne-Barris, président à la Cour de cassation, et le marquis de Noé; délégué cantonal; président d'un Conseil de fabrique; membre de la Chambre consultative d'agriculture et de la Commission de statistique, M. Daste a rendu de nombreux services au canton de Montesquiou. On lui doit, en particulier, sa participation à l'exécution de plusieurs voies de communication et de travaux qui ont mis la ville de l'Isle-de-Noé à l'abri des inondations, ainsi qu'à la construction et à la restauration de divers bâtiments communaux et départementaux. Enfin l'église et la maison d'école de Mouchés ont été, la première restaurée, et la dernière construite par ses soins et sacrifices. Juge au tribunal de Mirande, depuis le 5 août 1840, M. Daste vit maintenant (1872) dans le calme de la famille et de ses fonctions judiciaires, en continuant à faire du bien.

DAUBAN (Charles-Aimé), né à Paris, le 19 janvier 1820. A fait ses études au collége Henri IV. Entré dans l'enseignement en 1842, il fut successivement chargé des chaires d'histoire aux colléges de Bergerac, Périgueux, Alençon et Nantes. Constamment occupé d'études historiques et d'économie sociale, il a néanmoins collaboré d'une manière active au *Journal de Bergerac*, à l'*Echo de Périgueux*, ainsi qu'au journal *le Breton*, dont il a été rédacteur en chef depuis 1845 jusqu'en 1850, et dans lequel il a défendu avec persévérance une politique à la fois conservatrice et progressive. Employé au département des médailles de la Bibliothèque impériale, à Paris, en 1854, conservateur sous-directeur-adjoint au département des estampes du même établissement en 1858, M. Dauban est, depuis cette époque, membre du Comité des travaux historiques et des sociétés savantes près le ministère de l'Instruction publique. On doit à cet écrivain, entre autres ouvrages, un *Cours d'histoire universelle*, dont l'*Histoire ancienne*, l'*Histoire grecque*, l'*Histoire romaine*, l'*Histoire du Moyen Age*, l'*Histoire des temps modernes* et l'*Histoire contemporaine* ont paru. Il a donné la première édition complète des *Mémoires de Madame Roland*, et un volume : *Etude sur cette femme célèbre*, dans lequel on trouve ses fameuses lettres à Buzot. Il a publié aussi les *Mémoires inédits de Pétion, de Buzot et de Barberoux*, — les *Lettres de Mademoiselle Phlipon* (Mme Roland) *aux demoiselles Cannet* ; — *La Démagogie à Paris en* 1793 ; — *Paris en* 1794 *et* 1795, ou *Histoire de la rue, du club et de la famine* ; — *Les prisons de Paris sous la Révolution* ; — et un grand nombre de mémoires et d'articles sur l'archéologie, les arts, etc. C'est à l'esprit éclairé de M. Dauban que la ville de Périgueux a dû, en 1843, la fondation de sa première Société de secours mutuels. M. Dauban est chevalier de la Légion d'Honneur depuis le 15 août 1865.

DAUBAN (Jules-Joseph), né à Paris, le 31 mai 1822; frère du précédent. Elève de M. A. Debay, il s'est consacré spécialement à la peinture des sujets historiques et religieux, et a débuté au Salon de 1861. Parmi ses œuvres exposées, on distingue : *Louis XI présente aux notables angevins Guillaume de Cerizay en qualité de maire*, et *Peintures exécutées dans la chapelle de l'Hospice général d'Angers* (1861); — *Réception d'un étranger chez les trappistes*, tableau acquis pour le musée du Luxembourg (1864); — *Trappistes se donnant le baiser de paix avant la communion*, tableau placé au musée d'Angers (1865) ; — *La mort du trappiste* ; *Marie Alacoque*, et *Résurrection de Lazare*, exécutées pour la chapelle du Sacré-Cœur de Saint-Bernard, à Paris (1867) ; — *Mme Roland se rendant au tribunal révolutionnaire*; *L'éducation de la Vierge*, et deux *Stations* du chemin de la Croix, pour l'hospice de Marie, à Angers (1869). La *Réception d'un étranger chez les trappistes*, et *Trappistes se donnant le baiser de paix*, ont figuré à l'Exposition universelle de 1867. En outre, M. Dauban a exposé des portraits. Enfin il a exécuté des peintures décoratives importantes : le plafond de la salle des Fêtes à la préfecture d'Angers (1857); dix-sept peintures murales à l'hospice d'Angers (1860-1869) ; six peintures murales au château de la Madeleine, dans le Maine-et-Loire (1864); les peintures du maître-autel des Dames angevines de Neuilly (1868); la chapelle du Sacré-Cœur dans l'église de Saint-Louis-en-l'Ile, de Paris, et le plafond du foyer du théâtre d'Angers (1871). Directeur du musée et de l'Ecole des beaux-arts d'Angers depuis 1849, il a obtenu une médaille, pour le genre historique, en 1864, et la croix de la Légion d'Honneur en 1868.

DAUBIGNY (Charles-François), né à Paris, le 15 février 1817. Fils de Pierre Daubigny, peintre de mérite, père de Charles-Pierre Daubigny, jeune paysagiste de talent, M. Daubigny occupe lui-même un rang distingué parmi nos meilleurs artistes peintres et graveurs. Initié par son père aux secrets de l'art, il a fréquenté ensuite l'atelier de Paul Delaroche et a complété ses études par un séjour de deux années au milieu des chefs-d'œuvre de l'Italie (1834-1836). Dès 1838, il a pris part aux expositions de peinture, où il a obtenu une médaille de 2e classe en 1848, une de 1re classe en 1853, une de 3e classe à l'Exposition universelle de 1855, deux rappels de la médaille de 1re classe en 1857 et 1859, une médaille de 1re classe à l'Exposition universelle de 1867, et enfin la croix de la Légion d'Honneur, le 12 juillet 1859. On place au nombre de ses meilleurs tableaux : les Bords de la rivière d'Oullins, — la Seine à Charenton, — les Iles de Bezons et la Seine à Bezons. Nous citerons dans l'ordre de leur production : une Vue de la vallée d'Oisans (1840) ; — Choisy-le-Roi (1843) ; — le Carrefour du nid de l'aigle (1844) ; — deux Vues de Picardie (1847) ; — les Bords du Cousin et Environs de Château-Chinon (1848) ; — Soleil couché (1851) ; — la Moisson et Vue des bords de la Seine (1852) ; — l'Etang de Gylien (1853) ; — Mare au bord de la Mer (1855) ; — le Printemps (musée du Luxembourg) et la Vallée d'Optevoz (1857) ; — Les graves au bord de la mer, à Villerville (musée de Marseille) ; Soleil couchant ; Les champs au printemps ; Les bords de l'Oise (musée de Bordeaux) et Lever de lune (1859) ; — Parc à moutons et un Village près de Bonnières (1861) ; — la Vendange (1863) ; — Villerville-sur-Mer et les Bords de la Cure (1864) ; — le Château de Saint-Cloud et Effet de lune (1865) ; — Effet du matin sur l'Oise et les Bords de l'Oise, près de la Bonneville (1866) ; — un Soir à Andresy, bords de la Seine (1867) ; — le Printemps (1868) ; — une Mare dans le Morvan et un Verger (1869) ; — un Sentier (1870) ; — Moulins à Dordrecht (Hollande) et le Tonnelier (1872). A l'Exposition universelle de 1867, il avait envoyé, outre beaucoup de tableaux précédemment exposés, le Hameau d'Optevoz. Quelques-uns de ces tableaux ont fait l'ornement du palais des Tuileries, du palais de Saint-Cloud, etc. M. Daubigny a peint en 1864, dans les bâtiments du ministère d'Etat, au Louvre, quatre grands panneaux : deux représentent le Pavillon de Flore et le Jardin des Tuileries, et les deux autres des Cerfs et des Hérons. Il a dessiné et gravé un grand nombre de compositions pour des publications illustrées. Plusieurs de ses eaux-fortes figurent au musée du Luxembourg.

DAUBRÉE (Gabriel-Auguste), né à Metz (Moselle), le 25 juin 1814. Elève à l'Ecole polytechnique en 1832, admis dans le corps des mines en 1834, il était désigné pour faire partie de la Commission scientifique de l'Algérie, lorsqu'en 1838 il fut chargé des fonctions d'ingénieur des mines dans le Bas-Rhin et nommé professeur de géologie et de minéralogie à la Faculté des sciences de Strasbourg, dont il devint le doyen en 1852. Elu, à la presque unanimité des suffrages, le 20 mai 1861, membre de l'Académie des sciences, appelé, bientôt après, à la chaire de géologie du Muséum d'histoire naturelle de Paris, en remplacement de M. Cordier, et, en 1862, à la chaire de minéralogie de l'Ecole des mines, il a été nommé directeur de cette Ecole le 14 juin 1872. Il est inspecteur-général des mines depuis le 24 février 1867. M. Daubrée a publié des recherches sur les principales branches de la géologie. Ses mémoires ont été insérés, pour la plupart, dans les Annales des mines et les Comptes rendus de l'Académie des sciences. Dans son premier mémoire, publié en 1841, il a donné une théorie neuve de la formation des gîtes de minerai d'étain. Ses recherches sur la formation contemporaine de minerai de fer dans les lacs et les marais lui ont valu une médaille d'or de la Société des sciences de Harlem. Il a publié, à la même époque, des faits nouveaux sur la distribution et l'origine de l'or dans le lit du Rhin. Avec la Carte géologique du département du Bas-Rhin, qu'il a dressée en 1852, il a donné la description de ce département au point de vue de l'industrie minérale, et, à la suite d'un voyage en Suède et en Norwége, il a publié une description des gîtes métallifères de cette contrée. En dirigeant les travaux de captage exécutés sur les sources thermales de Plombières, il a reconnu des faits nouveaux et importants qu'il a consignés dans un mémoire. Ce qui caractérise surtout les principaux travaux de ce savant, c'est l'emploi de la synthèse expérimentale, dans le but d'imiter et d'éclaircir divers phénomènes géologiques. Guidé par une induction reposant sur de nombreuses observations, il a exécuté une longue suite d'expériences dans l'eau suréchauffée jusqu'au rouge sombre, c'est-à-dire sous d'énormes pressions et au risque de la vie. Ses expériences sur la possibilité d'une infiltration capillaire au travers des pores des roches volcaniques ont eu pour but de montrer comment l'eau peut contribuer, dans les profondeurs du globe, aux éruptions des volcans et à d'autres phénomènes. Enfin, l'étude approfondie des météorites, dont il a formé une collection considérable au Muséum, l'a conduit également à publier divers mémoires sur ce sujet intéressant. M. Daubrée, promu commandeur de la Légion d'Honneur le 11 août 1869, est aussi décoré de divers autres ordres reçus à la suite de missions qu'il a remplies à l'étranger.

DAUPHINOT (Jean-Simon), né à Reims, le 24 février 1821. M. Dauphinot est un des manufacturiers les plus importants de sa ville natale. Juge au tribunal de Commerce en 1852, il fut élu président de ce tribunal en 1864. Conseiller municipal depuis 1860, maire de la ville de Reims en 1868, et, dans la même année, vice-président de la Chambre de commerce, il reçut le mandat de conseiller général en 1869. M. Dauphinot a supporté, comme maire, tout le poids de l'invasion. Pendant sept mois, obligé tout à la fois de lutter contre les violences de l'ennemi et de contenir une population de 70,000 âmes, frémissante, irritée, énervée par les privations de toute sorte, il a su, à force de tact, de patience et de courage, faire traverser à ses concitoyens cette longue et terrible épreuve, sans qu'il ait été porté atteinte, à de très-rares exceptions près, à l'ordre matériel, à la propriété, à la sécurité des habitants. Bien qu'il n'eût pas de passé politique, et que ses services administratifs seuls, le recommandassent à l'attention de ses concitoyens, il fut appelé par ces derniers à le représenter à l'Assemblée nationale, le 8 février 1871. M. Dauphinot a résigné ses fonctions administratives pour consacrer tous ses soins à l'exécution du nouveau mandat qui lui était confié. Dès son entrée à la Chambre, il s'est rangé parmi les républicains modérés et conservateurs. Ses connaissances administratives et économiques l'ont appelé à faire partie de nombreuses Commissions. Il siège au Centre-Gauche et vote avec les membres de cette fraction parlementaire. M. Dauphinot, qui vient d'être élu président de la Chambre de commerce de Reims, est chevalier de la Légion d'Honneur (6 septembre 1868) et officier d'Académie.

DAUREL (Pierre-Louis-Hippolyte), né à Vias (Hérault), le 1er janvier 1807. Avocat stagiaire à la Cour royale de Paris en 1828, juge-auditeur au tribunal de première instance de Tulle, le 16 mai 1830, M. Daurel a été nommé substitut du procureur du roi près le tribunal de Prades, le 15 novembre suivant. Passé en cette qualité à Béziers, le 19 juin 1831, il devint juge au même siège le 27 mars 1835, et juge d'instruction le 26 décembre 1850. La distinction de ses services lui a valu, dès 1852, la croix de la Légion d'Honneur. M. Daurel a refusé l'avancement auquel son zèle infatigable et énergique lui donnait des droits, afin de ne pas se séparer de sa famille. Il a été admis à la retraite et nommé juge-honoraire le 30 mars 1864. Citoyen dévoué autant que magistrat intègre, il a pris sa part des affaires publiques depuis 1843 jusqu'en 1851, comme membre du Conseil d'arrondissement de Béziers, dont il a été secrétaire de 1843 à 1847, et président de 1848 à 1851, dans les circonstances les plus difficiles. Il a été aussi vice-président du Comité supérieur de l'instruction primaire. Dans la magistrature comme dans les fonctions administratives, M. Daurel a su concilier, avec une sagesse rare, l'humanité et la justice, l'indépendance et le devoir.

DAUVERNÉ (François-Georges-Auguste), né à Paris, le 15 février 1800. Issu d'une famille d'artistes, il commença, dès l'âge de 12 ans, l'étude du cor, qu'il abandonna quelque temps après pour se livrer à celle de la trompette. Admis, le 1er juillet 1814, dans la musique des escadrons de service des gardes du corps, à l'âge de 15 ans, il y resta attaché jusqu'à la révolution de 1830. Le 1er janvier 1820, il obtint, au concours la place de 1re trompette à l'orchestre de l'opéra, occupa cet emploi pendant plus de 31 ans, et prit sa retraite le 1er juillet 1851. De 1820 à 1848, il fit partie de la musique de la chapelle de Louis XVIII, Charles X et Louis-Philippe. En 1828 il fut un des fondateurs de la Société des concerts du Conservatoire. Jusqu'en 1833, il n'y avait point eu d'enseignement de trompette au Conservatoire de Paris; mais, Chérubini ayant fondé un cours pour cet instrument, et ouvert un concours à ce sujet, M. Dauverné fut nommé professeur, et ne prit sa retraite qu'en 1869. Il remplit également les fonctions de professeur au Gymnase militaire, sous la direction de Carafa, du 1er juillet 1849 jusqu'à la suppression de cette institution. M. Dauverné a formé beaucoup d'élèves, dont la plupart sont devenus des artistes distingués, parmi lesquels on remarque MM. Messemer, qui fut attaché à la musique de l'empereur de Russie, Arban, Edmond et Ferdinand Dubois, Cerclier, Guérin, Trian, Michiels, Lallemant, Picard, Saint-Jacome, Chavanne, etc. On a de cet artiste les ouvrages suivants : *Méthode pour la trompette*, précédée d'un *Précis historique* sur cet instrument, en usage chez les différents peuples, depuis l'antiquité jusqu'à nos jours (gr. in-4°, 1857), ouvrage approuvé par la section de musique de l'Institut, et adopté dans les Conservatoires de France et de Belgique ; — *Méthode pour le cornet à pistons* (1837); — une collection de huit solos pour la trompette chromatique, avec accompagnement de deux violons, alto, violoncelle et contre-basse obligés, une flûte et deux cors *ad libitum* (1860); — divers *Morceaux pour le cornet à pistons*, etc. M. Dauverné a été nommé chevalier de la Légion d'Honneur le 14 août 1868.

DAUZON (Jean-Baptiste-Eugène), né à Layrac (Lot-et-Garonne), le 11 novembre 1824. Il fit ses études à Layrac même, sous la direction de l'abbé Lalanne, plus tard directeur de Stanislas ; commença son droit à la Faculté de Toulouse et vint le terminer à Paris en 1847. Les relations d'amitié qui l'unissaient alors aux rédacteurs de la *Réforme*, Flocon et Ribeyrolles, le firent désigner comme délégué du gouvernement de la République dans le Lot-et-Garonne. En 1850, à la suite d'un voyage en Amérique, en qualité de chancelier du consulat de Sainte-Marthe, après avoir fait naufrage sur les côtes de la Jamaïque, il vint prendre place au barreau d'Agen. Au Coup-d'Etat du 2 décembre 1851, il fut condamné à la transportation ; mais, assez heureux pour gagner l'Espagne, il rentra dans son département en 1854 et continua l'exercice de sa profession d'avocat. En 1857, il épousa la petite-fille de l'ancien conventionnel Le Bas, dont le père, membre de l'Institut et directeur de la bibliothèque de la Sorbonne, avait autrefois été, à Arenenberg, gouverneur de Napoléon III. A cette date, M. Dauzon, qui venait d'être choisi comme avocat de la Compagnie du Midi, quitta Agen pour se fixer à Pau. Il était en possession d'une grande notoriété et d'une nombreuse clientèle, lorsque, au mois d'octobre, il accepta patriotiquement le poste périlleux de préfet des Ardennes et entra à Mézières après avoir traversé les lignes d'investissement de l'ennemi. Fait prisonnier après la capitulation, il fut envoyé à Würtzburg et de là enfermé à la citadelle de Magdebourg, d'où il ne sortit qu'à la conclusion de la paix. A son retour (2 avril 1871), il fut d'abord désigné pour la préfecture de l'Ariège, poste qu'il n'occupa que quelques jours, puis envoyé, le 24 avril 1871, comme préfet dans le département de la Corse. Dans ces nouvelles et difficiles fonctions, il a fait preuve tout à la fois de beaucoup de prudence, d'une grande énergie, de rares aptitudes administratives et a mérité d'être élevé, le 11 août 1872, à la préfecture de l'Hérault. M. Dauzon a été nommé le 24 juin 1871, sur la proposition du ministre de la Guerre, chevalier de la Légion d'Honneur, pour services extraordinaires rendus pendant le siège de Mézières.

D'AVEZAC DE CASTÉRAC DE MACAYA (Marie-Amand-Pascal), né à Tarbes, le 18 avril 1800, d'une ancienne famille originaire du Nébousan, où subsistent encore les ruines du vieux château d'Avezac. Après avoir brillamment terminé ses études classiques et montré surtout de grandes dispositions pour les mathématiques, il fut destiné d'abord à l'École polytechnique ; mais des convenances de famille lui firent prendre une autre direction, et il partit pour l'Espagne en 1818, avec la recommandation du ministre des Affaires étrangères pour l'ambassadeur de France, et fut gracieusement accueilli dans les salons diplomatiques. Ses goûts studieux lui faisaient en même temps fréquenter les bibliothèques et les savants, rassembler les matériaux historiques et s'initier aux travaux de l'orientaliste Conde. De retour en France, en 1820, il devint secrétaire-archiviste à Bagnères-de-Bigorre, où il publia ses *Essais historiques sur le Bigorre* (2 vol.) en 1823 ; il accepta, avec empressement, à cette époque une place qui lui était offerte à Paris dans les bureaux de l'intendance militaire de la maison du roi, et en profita pour suivre les cours de la Faculté de droit. Passé, en 1827, au ministère de la Marine, comme secrétaire du Conseil des députés des colonies, il entra bientôt après dans l'administration centrale, où il devint, en 1842, chef des Archives, position qu'il conserva pendant vingt années. M. D'Avezac s'est consacré à des travaux d'érudition historique et scientifique, et spécialement à la géographie ancienne et moderne dans toute l'étendue de ses applications théoriques et pratiques. Il a publié, dans divers recueils, des séries d'articles et d'études sur les provinces méridionales de la France, l'Espagne, les dynasties arabes et mauresques de l'Andalousie et de l'Afrique, les Basques et les Berbers, la géographie de l'Afrique, etc., travaux dont les plus importants ont été tirés à part. Citons : *Authenticité du voyage de Caillié à Ten-Bocktoue* (1830) ; — *Positions astronomiques déterminées en Afrique par Mungo-Park*, mémoire lu à l'Académie des sciences et publié par le Bureau des longitudes (1834) ; *Études de géographie critique sur une partie de l'Afrique septentrionale* (1836) ; *Histoire et description de l'Afrique ancienne* (1845) ; *Les îles de l'Afrique* (1848), etc. Il a fait, pour la Société de géographie, dont il a été secrétaire-général de 1834 à 1836 et plusieurs fois président, diverses publications savantes, et lui a communiqué de nombreux travaux : *Relation des Mongols*, de Jean du Plan de Carpin, au XIII° siècle, précédée d'une *Notice sur les anciens voyages en Tartarie* (1838) ; — *Relations des voyages de Sæwulf en Terre-Sainte, au commencement du XII° siècle* (1838) ; — *Notice des découvertes faites au Moyen Age dans l'Océan Atlantique avant les grandes navigations du XV° siècle* (1845) ; — *Considérations géographiques sur l'histoire du Brésil* (1857) ; — *Les voyages de Vespuce au compte de l'Espagne, et les mesures itinéraires employées par les marins espagnols et portugais des XV° et XVI° siècles* (1858), etc. Il a produit des notices et mémoires sur des cartes et des globes du Moyen Age : *Atlas catalan de la bibliothèque du roi Charles V* (1832) ; — *Atlas manuscrit vénitien de la bibliothèque Walckenaer* (1847), et plusieurs autres. Nous aurions à citer encore divers ouvrages de haute érudition, que nous nous contenterons d'indiquer simplement par un mot : *Grands et petits géographes* (1856) ; — *Projections* (1863) ; — *Waltzemüller*

(1867) ; — *Gonneville* (1869) ; — *Cabot* (1869), etc. Nous ne parlons pas de nombreux articles de critique répandus dans les recueils périodiques et les revues. Un des fondateurs de la Société d'ethnologie de Paris, dont il a conservé la vice-présidence de 1839 à 1845, membre de presque toutes les Sociétés géographiques et ethnologiques, et membre titulaire, honoraire ou correspondant d'un grand nombre d'Académies et Sociétés savantes de la France et de l'étranger, il fait partie de l'Académie des inscriptions et belles-lettres à l'Institut, depuis le 26 janvier 1866. M. D'Avezac est officier de la Légion d'Honneur depuis le 31 décembre 1861 et décoré de plusieurs ordres étrangers.

DAVID (Mgr Augustin), né à Lyon (Rhône), le 28 mars 1812. Mgr David s'est consacré dès sa jeunesse au service divin. Il a fait sa première éducation au petit séminaire de Lyon, et ses études ecclésiastiques au grand séminaire de cette antique métropole de la Gaule chrétienne. Ordonné prêtre le 28 mai 1836, il prêcha pendant vingt ans dans la maison des Chartreux de Lyon, fondée par le cardinal Fesch, et d'où sont sortis S. Em. le cardinal Donnet, NN. SS. Miolland, mort archevêque de Toulouse, Cœur, évêque de Troyes, Dufêtre, évêque de Nevers, Plantier, évêque de Nîmes, etc. De 1857 à 1862, Mgr David a rempli les fonctions de grand-vicaire à Valence, et c'est à cette époque qu'il a reçu, des mains de l'empereur, la croix de la Légion d'Honneur. Il a été nommé évêque de Saint-Brieuc, le 14 janvier 1862, préconisé par S. S. Pie IX le 7 avril, et sacré par S. Em. le cardinal de Bonald le 2 juillet de la même année. Depuis lors, ce vénérable prélat s'est dévoué corps et âme au gouvernement de son diocèse et au soulagement des malheureux. Chevalier de la Légion d'Honneur le 7 septembre 1860, il a été promu officier de l'Ordre le 13 août 1867.

DAVID (Félicien-César), né à Cadenet (Vaucluse), le 13 avril 1810. Dès sa première enfance, il sentit s'éveiller en lui l'instinct et le goût de la musique, en entendant son père jouer du violon. Devenu orphelin à l'âge de cinq ans, il fut placé comme enfant de chœur, deux ans après, à la maîtrise de la cathédrale d'Aix, où sa voix délicieuse et son excellente méthode le firent beaucoup remarquer. Placé au collège des Jésuites au moment de la mue, pour y achever ses humanités, il se trouva sans ressources, lorsqu'en 1828 ce collège fut supprimé. M. Félicien David a été alors clerc d'avoué, puis second chef d'orchestre du petit théâtre d'Aix, et enfin maître de chapelle de la cathédrale. En 1830, il vint à Paris et fut admis au Conservatoire de musique. Il ne tarda pas à embrasser les doctrines saint-simoniennes, devint le maître de chapelle de la secte, et composa, dans sa retraite de Ménilmontant, un grand nombre de chants pour les cérémonies du nouveau culte. En 1833, il partit pour l'Orient avec quelques-uns de ses coreligionnaires ; mais il fut mis en prison à Constantinople, puis transféré à Smyrne, d'où il gagna la côte de Syrie. Après avoir visité Jérusalem, il alla s'établir en Egypte ; la peste l'en chassa en 1835, et il revint en France, rapportant de ses pérégrinations les impressions et les couleurs qui devaient donner à la manière du créateur de l'ode-symphonie un caractère si frappant d'originalité. Il lutta longtemps en vain pour se faire connaître. Son premier recueil, *Mélodies orientales*, passa presque inaperçu. En 1844, il put enfin faire entendre son ode-symphonie : *Le désert*, dans un concert organisé par lui au Conservatoire, à ses risques et périls. Le succès éclata comme un coup de foudre, et *Le désert* fit le tour de l'Europe. Inconnu la veille, le grand artiste était célèbre le lendemain. Les éditeurs s'emparèrent de ses portefeuilles, et sa romance *Les hirondelles*, entre autres, obtint une vogue qui n'est pas encore épuisée. En 1846, il fit entendre son oratorio : *Moïse au Sinaï*, qui fut accueilli froidement, malgré les beautés qu'il renferme. En 1847, l'ode-symphonie : *Christophe Colomb* eut un succès aussi incontesté que celui du *Désert*. M. Félicien David a composé pour le Théâtre-Lyrique la *Perle du Brésil* (22 novembre 1851) ; pour le Grand-Opéra, *Herculanum* (4 mars 1859) ; pour l'Opéra-Comique, *Lalla-Roukh* (12 mai 1862), et *Le saphir* (1865). Ses compositions sont fréquemment reprises dans les concerts et les solennités musicales. Lauréat de l'Institut (grand prix biennal) en 1868, il a été nommé bibliothécaire du Conservatoire et élu membre de l'Académie des Beaux-Arts, au mois de mai 1869, en remplacement de Berlioz. M. Félicien David est officier de la Légion d'Honneur depuis 1862.

DAVID (Jérôme-Frédéric-Paul, *baron*), né à Rome, le 30 juin 1823. Petit-fils du célèbre peintre de Napoléon Ier, il eut pour parrain le roi Jérôme et pour marraine la reine Catherine, fille du roi de Wurtemberg. Sous-lieutenant au régiment de zouaves à sa sortie de l'Ecole militaire de Saint-Cyr, en 1844, M. le baron David a fait campagne en Afrique pendant dix ans. Il a été successivement officier d'ordonnance des généraux Cavaignac, Ladmirault et Randon, chef d'un bureau arabe et enfin commandant du cercle de Beni-Massour (Kabylie). Officier d'ordonnance du prince Napoléon en 1853, il a fait de 1854 à 1855 la campagne de Crimée, et donné sa démission en 1857. Il a été promu officier de la Légion d'Honneur pour ses services militaires. Conseiller général de la Gironde depuis 1855, il fut élu député par la troisième circonscription électorale de ce département en 1859. Nommé secrétaire de la Chambre, trois années de suite, par les suffrages de ses collègues, puis vice-président en 1867, il a pris une part active aux principaux travaux du Corps législatif en 1868, 1869 et 1870 et a été ministre des Travaux-Publics depuis le 9 août jusqu'au 4 septembre 1870. Il est grand-officier de la Légion d'Honneur du 19 juin 1869.

DAVIOUD (Gabriel-Jean-Antoine), né à Paris, le 30 octobre 1824. Il reçut, de M Jay, les premières leçons d'architecture et obtint, très-jeune encore, un emploi de dessinateur au service municipal du plan de Paris. Elève de l'Ecole des beaux-arts en 1844, il suivit le cours de Vaudoyer, et remporta le second grand-prix de Rome en 1849 et le prix départemental en 1850. Il avait abordé déjà la pratique de son art en construisant le théâtre d'Etampes, inauguré en 1852. De 1851 à 1855, il fut successivement conducteur des travaux de la mairie du Panthéon, sous-inspecteur des nouvelles Halles, et inspecteur du service des Ecoles. Le 1er janvier 1855, il entra, comme architecte-inspecteur, dans le service des promenades et plantations, sous la direction de M. Alphand. M. Davioud a été nommé, le 29 février 1856, architecte en chef du service des promenades de Paris. Ce qui distingue surtout ses œuvres, c'est la sûreté de son goût et la fécondité de son imagination en matière d'ornements. Il a jalonné Paris de travaux dont la nomenclature ne saurait trouver place ici. On doit citer cependant, parmi les plus remarquables : d'abord au bois de Boulogne, le Kiosque de la pointe-nord de l'île, les Embarcadères, Pavillons de gardes, Grilles de pourtour, Serres, Tribunes (avec M. Bailly), le Pré Catelan, la restauration du Moulin de Longchamps, la décoration, et l'appropriation d'une vingtaine de maisons conservées après l'expropriation, la grille monumentale de l'avenue Uhrich, etc ; puis, dans Paris : le déplacement et la restauration de la Fontaine du Châtelet, la Fontaine Saint-Michel, les travaux d'art du square des Arts-et-Métiers et du canal Saint-Martin, les grilles et le pont du parc Montceau, les théâtres Lyrique et du Châtelet, etc. M. Davioud a fait aussi de nombreuses constructions particulières. Il devait exécuter, place du Château-d'Eau, la fameuse salle des Orphéons de Paris qui devait contenir 8 à 10 mille personnes et que les événements qui viennent de s'accomplir ont indéfiniment ajournée. M. Davioud est inspecteur-général des travaux d'architecture de la ville de Paris depuis 1871. Il a reçu la croix de chevalier de la Légion d'Honneur en 1862.

DAX (Armand-Jean-Antoine-Louis, *vicomte* DE), né à Montpellier, le 20 avril 1816. Il appartenait, par sa naissance, à l'une des plus anciennes et des plus illustres familles du Languedoc, dont l'origine remonte aux croisades ; et, par sa mère, il était petit-fils du comte de Saint-Priest, pair de France sous les Bourbons. M. le vicomte de Dax fit des études complètes à Toulouse et à Paris, et prêta le serment d'avocat à Montpellier, avec le dessein d'entrer aux pages du roi, comme ses deux aînés ; mais la Révolution de 1830 lui ferma la carrière militaire et il ne lui restait à parcourir, en touriste, en observateur, une partie de l'Europe, recueillant une foule de notes et de dessins qui lui serviront plus tard. Après quelques années passées dans les consulats, en Orient, il revint en France, pour raisons de santé (1852). Fixé à Paris, il s'y révéla comme écrivain et comme dessinateur, et se fit un nom avantageux par sa collaboration au *Journal des chasseurs*, au *Sport*, à l'*Illustration*, qui publia sa belle collection d'armes de l'Armeria real de Madrid, à l'*Annuaire encyclopédique du XIXe siècle*, aux *Trois règnes de la nature*, etc. Il exécuta ainsi beaucoup de dessins pour des publications spéciales, pour le *Monde illustré*, pour des ouvrages américains, etc. En 1867, il fut mis à la tête de l'aquarium maritime de l'Exposition universelle, à raison de ses connaissances en matière de pêche et d'ostréiculture, et remporta la médaille d'argent. Quand la maison Firmin Didot fonda le journal la *Chasse illustrée*, elle lui en confia la direction ; et il y donna des preuves de connaissances variées autant qu'approfondies, traitant les questions de chasse, de sport, de pêche, d'arts, etc. En dernier lieu il y fit le compte rendu du salon de peinture et de sculpture. M. le vicomte de Dax, parfait gentilhomme, élégant cavalier, doué des plus hautes qualités du cœur et de l'esprit, est décédé le 13 juin 1872, laissant des regrets universels dans le monde des lettres, des sciences, des arts et de la noblesse, dont les membres les plus distingués se sont réunis pour honorer ses funérailles. Il avait été décoré de l'ordre d'Isabelle-la-Catholique d'Espagne, en 1853.

DAX (Eulalie-Louise-Camille DUFOUR, *vicomtesse* DE), née à Paris, le 21 décembre 1824; veuve du précédent. Elevée au Sacré-Cœur, elle reçut une éducation solide et brillante qu'elle compléta sous la direction de son père, professeur distingué de l'Université de Paris. Mariée, en 1852, au vicomte Louis de Dax, elle s'associa, dès lors, à presque tous ses travaux littéraires. En 1860, elle publia un premier volume dédié aux femmes du monde : *L'amour et la femme*, très-favorablement accueilli par la critique et qui eut plusieurs éditions. Puis, elle fit paraître : *La mère*, suite de l'ouvrage précédent, et, enfin, un volume écrit pour les jeunes personnes : *Souvenirs et conseils*. Sous les initiales de C. et D., elle a donné à la *Chasse illustrée* un grand nombre d'articles, variétés, nouvelles, souvent reproduits par les journaux des départements et de l'étranger. On lui doit également une série d'articles bibliographiques dénotant de sérieuses études et un jugement exercé. Tous ses écrits, d'un style facile et correct, sont marqués au coin élégant et fin dont la femme a le secret, et recommandables par la noblesse des sentiments chrétiens qui les ont inspirés. Mme la vicomtesse du Dax garde, dans son salon, les habitudes du passé, sans toutefois en écarter les idées nouvelles dans ce qu'elles ont de grand, d'élevé et d'utile. Son fils aîné, Marie-Antonin-Camille-Armand, né à Madrid (Espagne), en 1852, a déjà publié des articles de nouvelles américaines (dessins et textes) dans la *Chasse illustrée*.

DEBAIN (Alexandre-François), né à Paris, le 6 juillet 1809. M. Debain entra comme apprenti, à l'âge de douze ans, d'abord chez un orfévre, et, plus tard, chez un ébéniste. A partir de seize ans, il se consacra à la fabrication des pianos et travailla successivement dans les ateliers de MM. Erard, Pleyel et Pape. En 1833, M. Debain fonda son propre atelier où il s'occupa tout spécialement de la fabrication des pianos droits. Depuis cette époque, il s'est signalé par des inventions qui lui assignent une place importante parmi les mécaniciens de notre époque. On lui doit le *Piano-Ecran*, le *Sténographone* (qui reproduit la musique à mesure de son exécution sur le clavier), le *Concertina*, l'*Organino*, l'HARMONIUM, son chef-d'œuvre, qui date de 1840, dont l'invention excita dans le monde musical une sorte d'enthousiasme, et qui est la source d'une industrie considérable, occupant des milliers d'ouvriers en France et à l'étranger, l'*Antiphonel*, le *Piano-mécanique*, qui lui valut à l'Exposition de 1849 une médaille, et l'*Harmonicorde* qui figura à l'Exposition de 1855. M. Debain n'a pas créé seulement dans sa spécialité ; il a produit d'autres conceptions mécaniques des plus ingénieuses. En 1840, il construisit un oranger mécanique, peuplé d'oiseaux qui voletaient et chantaient ; en 1850, l'Assemblée législative lui acheta 33,000 fr. un compteur mécanique destiné à constater les voies des représentants. M. Debain a obtenu aux Expositions de Londres (1851 et 1862), des médailles d'honneur (prize medal) pour son harmonium et son piano-mécanique ; à celle de New-York (1853) les deux seules premières grandes médailles pour son harmonium et le piano ; et, à celle de Paris (1855) la médaille de première classe pour l'ensemble de ses produits industriels. Enfin, en 1867, désigné par les facteurs d'instruments, ses confrères, la Société syndicale le proposa à la Commission impériale pour faire partie du jury : il y fut nommé expert et mis HORS CONCOURS. M. Debain est chevalier de la Légion d'Honneur depuis le 11 février 1860.

DEBERLE (Alfred-Joseph), né à Compiègne, le 26 janvier 1835. Ayant quitté sa famille pour se rendre à Paris et suivre ses goûts qui l'entraînaient vers la littérature, il se trouva quelque temps aux prises avec les plus dures nécessités de la vie, et travailla chez un notaire et dans diverses administrations, tout en écrivant des pièces de théâtre qui ne furent même pas jouées. En 1855 et 1856, il participa à la fondation de l'*Appel*, de *Triboulet*, du *Réveil* et de la *Tribune des poètes*. S'étant ainsi fait connaître, il écrivit ensuite dans un grand nombre de journaux et de revues, tant de Paris que de la province. Rédacteur de l'*Ecole normale*, où il publia notamment, de 1859 à 1865, une charmante série de nouvelles, rédacteur en chef des *Cinq centimes illustrés* et de l'*Armée illustrée*, en 1861-1862, il entra au *Courrier français* en 1867, y donna chaque semaine une *Comédie politique* très-remarquée, et y remplit les fonctions de rédacteur en chef, sans toutefois en prendre le titre, depuis le mois d'avril 1868 jusqu'à la suppression de cette feuille. Poursuivi pour un article intitulé : *Ephémérides révolutionnaires*, il fut condamné, le 22 mai 1868, à un mois de prison et 500 fr. d'amende. De Sainte-Pélagie, il envoya aussi une *Causerie* hebdomadaire au *Figaro*. Ayant pris, comme organisateur de réunions publiques et comme président d'un comité démocratique, une part active au mouvement politique provoqué par les élections générales de 1869, il fut impliqué dans l'affaire du prétendu complot contre la sûreté de l'Etat ; mais sa mauvaise santé ne permit pas de le transférer en prison ; et, après avoir été gardé à vue chez lui, il fut laissé libre sans avoir même subi d'interrogatoire. Adjoint au maire du XIVe arrondissement après le 4 septembre, il fut nommé, par le gouvernement de la Défense nationale, sous-préfet de Corbeil, alors occupé par les Allemands, le 5 février 1871, se rendit à son poste à travers de sérieux dangers, et s'y maintint malgré les difficultés les plus graves. Mais, au bout de quelques mois, ses opinions ayant paru trop avancées au nouveau ministre de l'Intérieur, il fut relevé de ses fonctions, et reprit la plume dans le *Radical* dont il devint un des plus actifs collaborateurs. M. Alfred Deberle a fait paraître beaucoup de travaux d'histoire et d'érudition, de biographie, de bibliographie, de critique artistique ou théâtrale, etc., dans la *Revue des races latines*, l'*Orchestre*, *Rabelais*, la *Revue des autographes*, le *Bulletin de la société des gens de lettres*, l'*Année philosophique*, etc. Il est un des collaborateurs les plus assidus du *Grand Dictionnaire universel du XIXe siècle*, dont M. P. Larousse lui a remis la direction littéraire au mois de janvier 1872. Il a publié à part, entre autres brochures ou volumes : *Quand on aime* (1852) ; — *La jeunesse de Crébillon* (1863) ; — *Grenouillet* 1854) ; — *Le quatorze juillet* (1865) ; — *Théâtre des enfants*, recueil spécial de pièces pour théâtres d'enfants (1868) ; — *Les Jeudis de l'institutrice* (1870), et les *Jeudis de l'instituteur* (1872), en collaboration avec M. Larousse. Enfin, on lui doit un répertoire de petites pièces destinées à être jouées par des jeunes gens et qui obtiennent, chaque année, dans les institutions, un véritable succès ; citons : *Le petit piffereraro* ; — *La leçon de botanique* ; — *Le palais du travail*, ou *Les fées laborieuses* ; — *Salsifis*, ou *Les inconvénients de la grandeur* ; — *Le secret d'Yvonne*, etc.

DEBOURGE (Jean-Baptiste), né à Rollot (Somme), le 23 juin 1803. Officier de santé et vaccinateur public en 1822, docteur en médecine en 1846, M. Debourge, exerce dans sa ville natale depuis 1828. Il a été élu lieutenant de la garde nationale en 1830 et capitaine en 1846. Commandant de la 49e compagnie cantonale des sapeurs-pompiers de la Somme en 1853, il fondait en 1856, la première société de secours mutuels dans les 61 compagnies du département, en devenait président l'année suivante, et créait, en 1861, la première bibliothèque communale qu'aient possédée ces associations, bibliothèque de plus de mille volumes, à la disposition des habitants des cinq communes de la circonscription. Promoteur du premier concours de pompes et de sauvetage de la Somme, il y a introduit des améliorations qui ont obtenu la sanction du gouvernement. Membre du Conseil d'hygiène publique et de salubrité de l'arrondissement de Montdidier depuis sa fondation, du Conseil d'arrondissement pour les assurances en cas de décès et d'accidents, de la Commission météorologique du département, médecin de charité et de plusieurs Bureaux de bienfaisance, membre du Conseil municipal, M. Debourge a été attaché, en 1822 et 1840, au service des épidémies et a failli payer son zèle de sa vie. En 1843 et 1844, il soignait gratuitement de nombreux pauvres atteints de la fièvre typhoïde, dans la commune de Rollot et de Vaux (Oise). Enfin, par de promptes vaccinations et revaccinations, il a arrêté sept épidémies de petite vérole. Lors de la mise à exécution de la loi sur le système métrique décimal, il a inventé pour les médecins, un guide qui les met à l'abri de toute erreur, d'où le *porte-plume réducteur*, instrument que de nombreuses Sociétés savantes ont considéré comme le plus ingénieux et le plus simple. C'est M. Debourge qui, en 1849, a pris l'initiative de l'érection, dans Rollot, d'un monument à Antoine Gallaud, l'illustre auteur des *Mille et une nuits*. Ses nombreux écrits scientifiques, insérés pour la plupart dans les journaux de médecine, lui ont valu des diplômes de membre titulaire ou correspondant de Sociétés savantes, françaises et étrangères. Il est lauréat de plusieurs Académies. Constamment occupé de l'éducation du peuple, de celle des femmes surtout, il a organisé des distributions de prix dans les trois écoles de sa commune, qu'il stimule par des dons de livres et de croix de mérite, et a fondé des classes d'adultes et un ouvroir pour les jeunes filles pauvres. Parmi ses publications, nous citerons : *Un mot sur la vaccine et la revaccination* ; — *Les cent et une soirées d'hiver* ; — *Le livre des jeunes mères* ; — *Un mot sur les habitations insalubres* ; — *Le buveur*, honoré d'une médaille d'or au concours de la Société médicale d'Amiens (1863) ; — *Le livre d'or des enfants* ; — *Le rachitisme et l'alimentation* ; — *De la mortalité des nouveau-nés* ; — *Les causeries du dimanche* ; — *L'hygiène de la vieillesse* ; — *Le Memento du sapeur-pompier* ; — *Le sapeur-pompier des villes et des campagnes*, etc. Il a été honoré de diverses médailles, dont cinq de l'Académie universelle de Paris, tant pour ses publications que pour les services qu'il a rendus à l'humanité. Avant d'être édités, la plupart de ses écrits avaient paru dans le *Propagateur picard*. M. Debourge a, en outre, publié dans ce journal bon nombre d'articles sur les sociétés de secours mutuels, les concours de pompes, les concours primaires, la variole, la vaccine, etc. Il comptait, en 1870, près d'un demi-siècle de services dévoués. Récemment le sous-préfet de Montdidier lui disait en plein auditoire : « Nous ne saurions adresser trop de remercîments au philanthrope distingué dont la devise *être utile* se retrouve dans chacun des actes de sa carrière. » M. Debourge a obtenu, en 1868, la croix de Léopold pour travaux scientifiques accomplis en Belgique et soins gratuits prodigués en France aux moissonneurs belges.

DEBRIX (Charles-André), né à Montfarville (Manche), le 14 mars 1802. Licencié en droit de la Faculté de Paris et stagiaire au barreau de Valognes en 1825, avocat à la Cour royale de Caen en 1829, docteur en droit en 1830, il concourut l'année suivante devant la Faculté de Caen pour une chaire de Code civil. M. Debrix est entré dans la magistrature le 28 octobre 1831, comme procureur du roi à Argentan, d'où il est passé, en la même qualité, à Alençon le 13 avril 1825. Appelé aux fonctions d'avocat-général près la Cour d'Alger le 13 avril 1841, procureur-général par intérim près la même Cour le 3 avril 1848, il a été nommé avocat-général près la Cour de Lyon le 30 novembre suivant, et conseiller le 26 mai 1849. Il exerce aujourd'hui les fonctions de président de chambre à la même Cour. Pendant son séjour à Argentan et à Alençon, il fut élu vice-président des Comités supérieurs d'instruction primaire, et c'est principalement par ses soins que deux arrondissements se sont trouvés dotés d'écoles primaires. C'est aussi grâce à son initiative et à ses démarches que des salles d'asile ont été établies à Argentan en 1834, et à Alençon en 1837. Avec le concours d'habitants notables du département de l'Orne, M. Debrix a fondé à Alençon, en 1837, une Société pour le patronage des jeunes libérés, et en 1838 une société pour le placement en apprentissage des enfants pauvres de cette ville. En 1839, il a été nommé correspondant du ministère de l'Intérieur pour la conservation des monuments historiques du département de l'Orne, et, le 9 avril 1843, chevalier de la Légion d'Honneur. Son fils est substitut à Saint-Etienne.

DECAZES (Louis-Charles-Elie-Amanien, *duc*), né à Paris, le 29 mai 1819. Fils aîné de l'homme d'Etat de ce nom, ministre sous la Restauration et mort en 1860, il embrassa la carrière diplomatique. M. le duc Decazes a été ministre plénipotentiaire et envoyé extraordinaire de France à Madrid et à Lisbonne. Démissionnaire, lors des événements de février 1848, il est rentré dans la vie publique sous l'Empire, a fait partie du Conseil général de la Gironde en 1864, et a obtenu, comme candidat indépendant, aux élections législatives de 1863 et 1869, une imposante minorité. Les électeurs de la Gironde l'ont envoyé à l'Assemblée nationale, le troisième sur quatorze élus, le 8 février 1871. Il est commandeur de la Légion d'Honneur depuis 1846, et Grand-Croix de l'ordre d'Isabelle-la-Catholique d'Espagne.

DÉCEMBRE-ALONNIER (Joseph Décembre, dit Décembre-Allonnier, en vertu de sa collaboration, pour plusieurs ouvrages, avec son beau-père Alonnier, décédé recemment), né à Metz, le 21 novembre 1836. Ses débuts furent difficiles ; tour à tour compositeur, correcteur, puis prote dans les imprimeries de Paris, il ne se laissa pas détourner de sa vocation qui l'attirait vers les belles-lettres, et publia, en 1862 et 1863, deux romans qui attirèrent l'attention du public : *La Bohème littéraire* et *Ce qu'il y a derrière un testament*. Depuis, M. Décembre-Alonnier a fait paraître : *Typographes et gens de lettres*, ouvrage qui fourmille d'anecdotes curieuses et de détails inédits sur la plupart des littérateurs célèbres (1864) ; — *Dictionnaire populaire illustré d'histoire, de géographie, de biographie, de technologie, de mythologie, d'antiquité, de droit militaire, de beaux-arts et de littérature*, etc. (8 vol. avec vignettes), ouvrage très-populaire et tiré à plus de 150,000 exemplaires (1865) ; — *Dictionnaire d'histoire naturelle*, et *Dictionnaire de la Révolution française*, en deux volumes (1870). M. Décembre-Alonnier aborde avec un égal bonheur les genres de littérature les plus divers. Le défaut d'espace ne nous permet pas d'énumérer les nombreux romans qu'il a publiés sous le pseudonyme de « Louis de Vallières. » Nous nous bornerons à citer les *Nuits du Palais-Royal* et les *Scandales de Paris*, deux œuvres de longue haleine qui se font remarquer par une grande justesse d'observation. On lui doit également beaucoup de traductions d'ouvrages allemands, anglais, danois, suédois, etc. En dehors de ses travaux littéraires, M. Décembre-Alonnier, est, à Paris, le correspondant politique de plusieurs journaux importants de la province et de l'étranger. Il est membre de la Société des gens de lettres et de plusieurs sociétés savantes.

DECHARME (Constantin-Joseph), né à Brevannes (Haute-Marne), le 1er octobre 1815. Elève du collège d'Autun (1831-1836), il y remporta le 1er prix de physique et de mathématiques et le 1er accessit de dissertation française, dans la classe de philosophie. Puis il fut maître d'études au collège de Langres (1836), régent de 7e au collège de Cluny (1842), suivit les cours de la Faculté des sciences de Paris, devint régent de mathématiques et physique au collège de Vitry-le-François, passa au collège d'Abbeville, en 1845, et fut, en 1851, appelé au lycée d'Amiens, où il remplit successivement les fonctions de répétiteur de physique et d'histoire naturelle, et de chargé des cours de mathématiques et de physique. En 1861, il a pris le grade de docteur ès sciences physiques; et, depuis 1865, il occupe, à Angers, les chaires de professeur de physique à l'Ecole supérieure des sciences, et de professeur de physique, de chimie et d'histoire naturelle au Lycée. On doit à M. Decharme un grand nombre de publications scientifiques dont la nomenclature ne saurait trouver place ici, puisqu'on en compte plus de cinquante. Elles sont relatives à la météorologie, à la physique, à l'histoire naturelle, à la philosophie des sciences, etc. Contentons-nous de citer : *De l'opium indigène extrait du pavot-œillet, de l'identité de sa morphine avec celle de l'opium exotique, et de quelques sels nouveaux de morphine*, thèse de chimie, et *Sur de nouveaux baromètres à maxima et à minima, avec une revue critique des formes barométriques*, thèse de physique (1861) ; — *Sur la simplicité et la généralité prétendues des lois du monde physique* (1865) ; — *De l'introduction de la méthode historique dans l'enseignement des sciences* (1866), etc. M. Decharme a vu la plupart de ses travaux reproduits dans les mémoires ou comptes rendus de plusieurs Académies ou Sociétés savantes. Il a fait des comptes rendus d'ouvrages scientifiques dans la *Revue du Nord*, la *Picardie*, la *Revue de l'instruction publique*, et fourni des articles aux journaux d'Abbeville, d'Amiens et d'Angers. M. Decharme, membre titulaire de la Société académique de Maine-et-Loire et membre correspondant de plusieurs Sociétés savantes, est officier de l'Instruction publique depuis 1872.

DECOPPET (Auguste-Louis), né à Paris, de parents suisses, le 4 février 1836. Il fit ses études à l'Ecole de théologie protestante de Batignolles. D'abord professeur d'histoire et de littérature française, en 1858, au collège royal de Noorthey (Hollande), où le prince d'Orange actuel a fait ses études, il se voua ensuite au ministère pastoral, et fit ses études de théologie à la Faculté protestante de Montauban, où il prit le grade de bachelier en théologie, en 1863. M. Decoppet, pasteur à Alais depuis 1864, et prédicateur distingué, a été appelé, en 1869, comme pasteur de l'Eglise réformée de Paris, en remplacement de M. le pasteur Rognon, décédé. Il a publié plusieurs *Sermons*, et un

Rapport sur les besoins actuels de la prédication protestante, dont la plus grande partie a été citée dans la préface des *Méditations sur la religion chrétienne dans ses rapports avec l'état actuel des sociétés et des esprits*, de M. Guizot (1868).

DECOURCELLE (Adrien), né à Amiens, le 28 octobre 1821. M. A. Decourcelle a fait ses études classiques au collège Charlemagne et s'est consacré à la littérature dramatique. Il a épousé une nièce de M. Adolphe d'Ennery. On lui doit un grand nombre de comédies, de drames, de vaudevilles écrits par lui seul ou avec la collaboration des auteurs les plus connus de l'époque. Parmi les pièces qu'il a fait jouer seul, on distingue, aux Français : *Une soirée à la Bastille* (un acte en vers, 1845); *Don Gusman, ou la journée d'un séducteur* (cinq actes en vers, 1846); *La Marinette, ou le Théâtre de la farce* (1848); — au Gymnase : *Les mémoires de Grammont* (1848), et *Diviser pour régner* (1850); — au Vaudeville : *Le roi de cœur* (1848), et *Le président de la Bazoche* (1850) ; — au Palais-royal : *Les dragons de la reine* (1851). Il a fait jouer, en collaboration avec MM. d'Ennery, Deslandes, Th. Barrière, Labiche, Lefranc, L. Thiboust, H. de Lacretelle, Anicet Bourgeois, J. Barbier, E. Sercieux, Jaime, J. Adenis, Roland, etc., beaucoup de pièces qui ont eu généralement de beaux succès, et dont bon nombre sont restées au répertoire. Citons : *Les extrêmes se touchent*; *Un et un font un*; *Les douze travaux d'Hercule*; *Un vilain monsieur*; *Les portraits* (1848); — *Le petit Pierre*; *Le bal du prisonnier*; *La petite cousine* (1849); — *Jenny l'ouvrière*; *Un monsieur qui suit les femmes*; *Oscar XVIII*; *Les petits moyens*; *Agénor le dangereux*; *L'échelle des femmes* (1850); — *Un roi à la mode*; *L'enseignement mutuel*; *English exhibition*; *Tambour battant*; *Pierrot* (1851); — *Mademoiselle Rose*; *Les femmes de Gavarni*; *Une vengeance*; *La tête de Martin*; *La perdrix rouge* (1852); — *Un ménage à trois*; *Les orphelins de Valmigée*, drame-vaudeville tiré de la *Geneviève* de Lamartine; *On demande un gouverneur* (1853); — *Le meilleur des pères*; *Le château des tilleuls*; *La bête du bon Dieu* (1854); — *Monsieur mon fils*; *Je dîne chez ma mère*; *La joie de la maison*; *Le fils de M. Godard* (1855); — *Un tyran domestique*; *Fais ce que dois*, trois actes en vers, aux Français (1856); — *Les petites lâchetés*; *J'enlève ma femme* (1857); — *Les mariages d'aujourd'hui* (1861); — *Ma femme est troublée* (1864); — *La pupille d'un viveur* (1867) ; — *Les tribulations du témoin* (trois actes, 1868); — *Un jeune homme timide* (1868); — *Marcel* (Théâtre-Français 1872). M. A. Decourcelle a fait, en dehors du théâtre, des travaux littéraires tels que le *Dictionnaire humoristique*, publié par le *Figaro*, sous ce titre : *Les formules du docteur Grégoire* ; — *Le dossier de 93*; — et plusieurs romans-feuilletons dans la *Patrie*: *La veuve Patin*, *Rigaud I*^{er}, *La rue du sentier*, etc.

DECOUS DE LAPEYRIÈRE (Prosper-Victor-Paul), né à Paris, le 22 avril 1823. M. Decous de Lapeyrière, avocat du barreau de Paris, de 1846 à 1856, a été nommé secrétaire des Conférences, en 1847, et chargé, notamment, du discours de rentrée, en 1848. Il a plaidé, pour un des principaux accusés, dans l'affaire du général Bréa, et devant la haute Cour, à Bourges ainsi qu'à Versailles. Entré dans la magistrature, le 12 juin 1856, il est devenu, le 23 avril 1862, avocat-général à la Cour impériale de Poitiers; le 2 avril 1864, avocat-général à la Cour de Toulouse; et, le 28 janvier 1867, premier avocat-général à la Cour d'Orléans. Il a prononcé des discours de rentrée devant ces différentes Cours. Le 10 mai 1868, il a reçu, des mains de l'empereur, la croix de la Légion d'Honneur, à titre de services exceptionnels. M. Decous de Lapeyrière, appelé, le 7 février 1870, aux fonctions de procureur-général près la Cour de Limoges, a perdu ses fonctions à la révolution du 4 septembre 1870.

DEFFÈS (Pierre-Louis), né à Toulouse, le 24 juillet 1819. Destiné d'abord au commerce, M. Deffès se sentit une irrésistible vocation pour la carrière artistique. Venu à Paris en 1849, il entra au Conservatoire, suivit les cours de Berton et d'Halévy, obtint le grand prix de Rome en 1847, et, de retour d'Italie et d'Allemagne, commença à produire pour le théâtre, en 1855. On lui doit : *L'anneau d'argent* (Opéra-Comique, 1855); — *La clef des champs* (Opéra-Comique, 1857); — *Brakovano* (2 actes, Théâtre-Lyrique, 1858); — *Les petits violons du roi* (3 actes, Théâtre-Lyrique, 1859); — *Le café du roi* (Ems 1861, Théâtre-Lyrique 1861, Opéra-Comique 1868); — *Les Bourguignonnes* (Ems 1862, Opéra-Comique 1863); — *Une boîte à surprises* (Ems et Bouffes-Parisiens, 1864); — *Passé minuit* (Bouffes-Parisiens, 1864); — *Valse et menuet* (Ems 1865, Athénée, 1870); — *La comédie en voyage* (Ems, 1867); — *Les Croqueuses de pommes* (3 actes, Menus-Plaisirs, 1868) ; — *Petit-Bonhomme* (2 actes, Bouffes-Parisiens, 1868).

DEFRÉMERY (Charles), né à Cambrai, le 9 décembre 1822. Il fit ses études classiques au collège Louis-le-Grand, et suivit, avec une véritable passion, les cours de Caussin de Perceval, de Reinaud, de Quatremère, de Jaubert, au Collège de France et à l'Ecole des langues orientales vivantes. Après avoir inséré quelques articles dans le *Journal asiatique*, il fit paraître des extraits de Mirkhond : *Histoire des sultans du Kharezm* (texte persan, avec notes historiques et grammaticales (1842); — *Histoire des sultans ghourides* (1844); — *Histoire des Samanides* (texte, trad. et notes, Impr. royale, 1845). Puis il traduisit encore du persan : *Histoire des Seldjoukides et des Ismaéliens ou Assassins de l'Iran* (1849), à laquelle se rattachent de *Nouvelles recherches* sur les mêmes Assassins, tant de la Perse que de la Syrie (1855, 1860); — *Histoire des Khans mongols du Turkestan et de la Transoxiane*, de Khondémir (1852). En même temps il enrichissait spécialement la géographie orientale de traductions importantes : *Voyages d'Ibn Batoutah dans la Perse, l'Asie centrale et l'Asie-Mineure* (traduits et commentés, 1848-1851, 2 broch., réimprimées avec l'orig. arabe, 1853-1858, 4 vol. édités aux frais de la Société asiatique, en collab. avec le docteur Sanguinetti); — *Fragments de géographes et d'historiens arabes et persans inédits relatifs aux anciens peuples de la Russie méridionale et du Caucase (1849-1851). M. Defrémery a fourni, depuis 1842 jusqu'à ce jour, de nombreux articles au *Journal asiatique de Paris*, à l'*Athénæum français*, à la *Correspondance littéraire*, à la *Revue critique d'histoire et de littérature*, au *Journal des savants*, et à d'autres journaux ou revues. Plusieurs de ces travaux ont été reproduits sous ce titre : *Mémoires d'histoire orientale*, etc. (1re partie, 1854, 2e partie, 1862). Un de ses derniers ouvrages est une traduction de Sadi : *Gulistan ou le Parterre de roses*, avec une vie étendue de l'auteur et des notes nombreuses (1858). Suppléant de M. Caussin de Perceval dans la chaire de langue et de littérature arabe au Collége de France depuis 1859, il est devenu titulaire de cette chaire le 10 décembre 1871. Elu membre de l'Académie des inscriptions et belles-lettres, en remplacement du marquis de Laborde, le 28 mai 1869, il a lu, à cette même Compagnie, deux mémoires dont un seul a été imprimé intégralement; le second n'a encore été (1873) publié que par extraits, dans les *Comptes rendus* de l'Académie. Enfin, il a terminé et publié, avec M. le baron de Slane, le 1er volume du recueil des *Historiens orientaux des croisades*, commencé, par ordre de la même Académie, par feu Reinaud (Impr. nat., in-f°, 1872). M. Defrémery est membre correspondant de l'Académie de Saint-Pétersbourg, et a reçu la croix de la Légion d'Honneur le 10 décembre 1849.

DEGOUSÉE (François-Rose-Joseph), né à Rennes, le 8 juillet 1795. Soldat en 1809, il prit part aux dernières campagnes de l'Empire et fut licencié le 5 septembre 1815. Plus tard, il fut compris dans les poursuites dirigées contre ceux qu'on appelait *les patriotes de 1815*, et entra, en 1820, dans *la charbonnerie*. Aide-de-camp du général La Fayette en 1830, il ne tarda pas à combattre, au nom des principes républicains, la politique du gouvernement de Juillet, et contribua à la fondation du Comité central démocratique et des Comités pour la réforme électorale. Après la révolution de 1848, à laquelle il avait pris une part active, sa candidature à l'Assemblée constituante fut appuyée par le *National*; et s'il échoua dans le département de la Seine, il fut élu dans la Sarthe par 66,145 suffrages. M. Dégousée, investi des fonctions de questeur, fit preuve d'une grande énergie lors de l'envahissement de la Chambre au 15 mai, et, comme membre du Comité des travaux publics, combattit le socialisme. Il fréquenta quelque temps la rue de Poitiers et les réunions du Palais-National et des Beaux-Arts, soutint l'amendement Grévy, et appuya sans relâche le gouvernement du général Cavaignac, ainsi que sa candidature à la présidence ; mais il ne fut pas réélu en 1849 à l'Assemblée législative. Ingénieur civil distingué, M. Degousée s'est spécialement occupé du forage des puits artésiens et des perfectionnements à apporter dans leur outillage. Ses nombreux travaux ont été récompensés par des prix et des médailles d'or de la Société d'encouragement pour l'industrie nationale (1830), de la Société royale et centrale d'agriculture (1831 et 1835), de l'Académie des sciences (1835) et des diverses Expositions. On doit à M. Degousée, qui est mort à Paris le 25 novembre 1862, un bon ouvrage spécial : *Le guide du sondeur, ou Traité théorique et pratique des sondages* (1847, 2 vol. avec atlas, 2e édit., 1861).

DEHAUSSY DE ROBÉCOURT (Jean - Baptiste-Furcy), né à Péronne (Somme), le 10 juin 1784; fils d'un membre de nos premières assemblées législatives. M. Dehaussy de Robécourt fit partie du barreau parisien dès 1804. Admis dans la magistrature, en 1810, comme conseiller-auditeur à la Cour impériale de Paris, il devint conseiller titulaire, en 1817, président de Chambre, en 1826, et conseiller à la Cour de cassation, en 1833. Il est décédé à Paris, le 6 octobre 1863, revêtu du titre de conseiller honoraire. M. Dehaussy de Robécourt a représenté l'arrondissement de Péronne à la Chambre des députés pendant la législature de 1837 à 1841 ; il siégeait parmi les conservateurs. Il a revu et annoté le traité de Devergie sur la *Médecine légale*. Chevalier de la Légion d'Honneur depuis le 22 mai 1825, il avait été promu officier de l'Ordre le 1er mai 1843.

DEHAUT (Pierre-Auguste-Théophile), né à Montcornet (Aisne), le 29 mars 1800. Il se consacra à l'état ecclésiastique, fit ses études classiques aux petits séminaires de Soissons et de Saint-Acheul, ses études théologiques au grand séminaire de Soissons, et reçut l'ordination en 1825. D'abord professeur de philosophie, au petit séminaire de Laon, puis professeur de physique au grand séminaire de Soissons, en 1830, il fut nommé, en 1850, curé de Septmonts, et, en 1866, chanoine honoraire de la cathédrale de Soissons. On lui doit un important ouvrage : *l'Evangile expliqué, défendu, médité* ou *Exposition exégétique, apologétique et homilétique de la vie de N. S. Jésus-Christ, d'après l'harmonie des Evangiles* (4 vol., 1864, 5 vol., 1867). Il a également publié l'*Évangile expliqué et médité*, en 3 volumes, à l'usage des personnes du monde (1867), et, plus abrégé, en 2 volumes, pour les âmes pieuses.

DELABORDE (Henri, *vicomte*,) né à Rennes, le 2 mai 1811. Epris d'un goût très-vif pour les arts, il suivit l'atelier de Paul Delaroche et se consacra à la peinture de paysage et d'histoire. Ses œuvres, sans être très-nombreuses, lui assurèrent bientôt un rang distingué parmi les peintres français contemporains. Ses principaux envois au Salon de Paris sont : *Agar dans le désert*, tableau acquis pour le musée de Dijon (1836) ; — *La conversion de saint Augustin*, acheté par l'Etat (1837) ; — *La mort de Monique* (1848) ; *La prise de Damiette* (1841), et *Les chevaliers de Saint-Jean-de-Jérusalem* (1845), tableaux placés au Musée de Versailles ; — *Offrande à Hygie* (1842) ; — *Dante à la Verna*, toile placée au palais de Saint-Cloud (1847); — *La Passion du Christ*, à la cathédrale d'Amiens (1848) ; — *Les confessions de saint Augustin* (1853), etc. La mort de Monique, les *Confessions de saint Augustin* et l'*Offrande à Hygie* ont reparu à l'Exposition universelle de 1855. Les principales compositions de M. Delaborde ont été vulgarisées par la gravure et la lithographie. Cet artiste a fait aussi de la littérature. Il a collaboré à la *Revue des Deux-Mondes*, à la *Gazette des Beaux-Arts* et à l'*Histoire des peintres*, et publié des *Etudes sur les beaux-arts en France et à l'étranger* (1864, 2 vol.); — *Lettres et pensées d'Hippolyte Flandrin* (1864); — *Mélanges sur l'art contemporain* (1866); — *Ingres, sa vie, ses travaux, sa doctrine* (1870). Nommé conservateur-adjoint du cabinet des estampes à la Bibliothèque impériale en 1855, puis conservateur titulaire en 1858, il a été élu membre libre de l'Académie des beaux-arts en 1868. M. le vicomte H. Delaborde a obtenu des médailles de 2e classe en 1837, de 1re classe en 1847, la croix de la Légion d'Honneur en 1860, et a été promu officier de l'Ordre en 1870.

DELACOUR (Denis-Albert), né à Paris, le 23 août 1826. Il fit son droit et son stage d'avocat à Paris, entra comme auditeur au Conseil d'Etat en 1847, conserva ses fonctions sous la République, et les abandonna lors du Coup-d'Etat de 1851. Retiré dans son beau domaine de Saint-Gabriel, (canton de Creully, il partagea son temps entre la gestion de ses propriétés et la culture des arts; et l'on doit dire qu'il mania le pinceau beaucoup mieux qu'un amateur ordinaire, et que ses tableaux ont avantageusement figuré à plusieurs Expositions. Très-versé dans l'étude des questions relatives à l'agriculture et à la race chevaline, il fait partie du Conseil général du Calvados depuis 1857. Il est aussi maire de Saint-Gabriel. Le 8 février 1871, les électeurs de son département l'envoyèrent à l'Assemblée nationale, où il prit place sur les bancs du Centre-Droit, avec lequel il vote ordinairement. M. Delacour assiste aux Réunions Saint-Marc-Girardin et Féray. On lui doit une intéressante brochure : *De la suppression du fonds commun.*

DELACROIX (Jacques-Jules), né à Chartres, le 5 novembre 1807. M. Delacroix a fait ses études de pharmacie à la Faculté de Paris, qu'il a quittée, en 1833, avec le grade de pharmacien de 2e classe. Etabli dans sa ville natale, il s'est acquis une grande considération ; et la franchise de ses opinions n'a pas tardé à faire de lui l'un des représentants les plus autorisés du parti libéral. Porté l'un des premiers, par le suffrage de ses concitoyens, en 1848, sur la liste des candidats devant composer l'administration municipale, il remplit les fonctions d'adjoint de concert avec deux hommes des plus honorables, désignés par le même suffrage malgré leurs sentiments monarchistes très-connus, devançant, dès cette époque, l'opinion acceptée aujourd'hui que, comme il le disait : « l'idée républicaine ne peut prévaloir qu'avec le concours de tous les hommes qui mettent le patriotisme au-dessus des intérêts de parti. » Après la révolution du 4 septembre 1870, il a été nommé maire de Chartres. Cette distinction lui a été conférée par ses collègues du Conseil municipal, et au refus formel de l'ancien maire invité à conserver des fonctions qu'il avait remplies, jusque là, avec l'appui d'une majorité incontestée. Pendant l'invasion allemande, il a fait preuve de beaucoup d'aptitudes administratives et de patriotisme. Reconnaissants des services qu'il leur avait rendus, ses concitoyens l'ont élu, le premier sur six, représentant de l'Eure-et-Loir à l'Assemblée nationale. M. Delacroix siège à la Gauche, et fréquente la réunion des républicains modérés. Il est membre du Conseil général de son département.

DELAFOSSE (Gabriel), né à Saint-Quentin (Aisne), le 24 avril 1796. Admis à l'École normale supérieure en 1813, professeur de minéralogie à la Faculté des sciences de Paris, en 1840, et au Muséum d'histoire naturelle, en 1817, il a été élu membre de l'Académie des sciences en 1857. M. Delafosse est le premier savant qui ait appelé l'attention des cristallographes sur les relations qui existent entre la forme des cristaux et leurs propriétés physiques. Parmi ses travaux sur la cristallographie, nous citerons : *Recherches sur la cristallisation, considérée sous les rapports physiques et mathématiques* (1840) ; — *Mémoire sur une relation importante qui se manifeste dans certains cas entre la composition atomique et la forme cristalline* (1848-1851) ; —*Mémoire sur le plésiomorphisme des espèces minérales* (1851). Ces ouvrages ont été insérés dans les *Comptes rendus de l'Académie des sciences*. On doit encore à M. Delafosse divers ouvrages élémentaires fort estimés sur l'histoire naturelle, tels que les *Notions élémentaires d'histoire naturelle* (3 vol.) ; — des *Leçons d'histoire naturelle* ; — un *Précis élémentaire d'histoire naturelle*, qui compte déjà neuf éditions, etc. M. Delafosse a publié, de 1858 à 1862, un ouvrage magistral, en trois volumes, intitulé : *Nouveau cours de minéralogie*. Il a reçu la croix de la Légion d'Honneur le 29 avril 1839.

DELALAIN (Auguste-Henri-Jules), né à Paris, le 31 janvier 1810. M. Jules Delalain a maintenu au premier rang l'établissement d'imprimeur-libraire, formé par M. Auguste Delalain, son père, avec la réunion de l'ancienne maison Barbou. Il en a pris la direction en 1836, et a continué la spécialité des livres classiques exploitée dans cet établissement depuis un siècle et demi. M. Jules Delalain est notable commerçant et a été successivement président du Cercle de la librairie et de la Chambre des imprimeurs, et adjoint aux maires des Ve et VIe arrondissements. En 1867, il a été président du congrès général des imprimeurs de la France, qui s'est réuni à Paris à l'occasion d'un nouveau projet de loi sur la presse. Sa maison a obtenu des médailles aux Expositions universelles de Paris en 1855, et de Londres en 1862. Il est imprimeur de l'Université depuis 1845. On lui doit plusieurs ouvrages de législation parmi lesquels nous citerons : *La loi sur l'enseignement expliquée et commentée par les instructions officielles et la jurisprudence ; — La législation de la propriété littéraire et artistique ; — Recueil des conventions internationales ; — Tableau des responsabilités et pénalités auxquelles les imprimeurs sont soumis*. M. Jules Delalain est chevalier de la Légion d'Honneur (1856), officier d'académie (1859), et officier de l'Instruction publique (1862).

DELAMARRE (Edouard), né à la Mailleraye (Seine-Inférieure), le 16 décembre 1797. M. Delamarre a fait ses études administratives sous la direction de son oncle, le baron Bignon, qui fut ministre des Affaires étrangères en 1815. Sous-préfet de Clamecy le 4 septembre 1830, il se distingua par son humanité et son dévouement pendant le choléra de 1832, et obtint la préfecture du Cantal le 21 janvier 1833. C'est sous son administration qu'a eu lieu le percement du Lioran. Préfet des Landes le 8 juin 1840, préfet de la Creuse le 24 février 1842, par des mesures sages, éclairées et fécondes, aussi bien que par la bienveillance de son caractère, il se concilia, dans ces deux départements, les sympathies et la reconnaissance de ses administrés. En témoignage du bon souvenir de son administration, les habitants de Mont-de-Marsan obtinrent qu'un pont et des boulevards portassent son nom, et ceux de la Creuse le choisirent pour les représenter au Corps législatif en 1852, au Conseil général en 1854, et lui maintinrent son mandat de député aux élections générales de 1857, de 1863 et de 1869. L'expérience administrative de M. Delamarre son amour du vrai, du bien et du juste se manifestent fréquemment dans les travaux des commissions comme dans les discussions publiques. Promu commandeur de la Légion d'Honneur (13 août 1864), et décoré de plusieurs ordres étrangers.

DELAMARE (Prosper-Pierre), né à Paris, le 11 mars 1810. Il venait de quitter les bancs du collège Bourbon et d'entrer à la préfecture de la Seine, quand éclata la Révolution de 1830, répandant des bruits de guerre européenne ; alors il n'hésita pas à s'enrôler volontairement ; et il était depuis trois mois sous les drapeaux, lorsque lui vint l'idée d'engager ses camarades à offrir, comme lui, leurs petits subsides, leur argent de poche, comme on dit, qu'ils recevaient de leur famille, au gouvernement, pour contribuer aux frais de guerre et d'ambulances. Une lettre bien tournée qu'il écrivit, sur ce sujet, au ministre de la Guerre, lui valut du maréchal Soult une lettre de félicitations. Mais, quand la paix fut assurée, la vie de garnison lui devint à charge. Il se fit remplacer, et rentra dans ses anciennes fonctions à la préfecture, où de grade en grade, il est arrivé à l'emploi de chef du bureau à l'administration centrale de l'octroi de Paris. M. Delamare a consacré ses loisirs à la poésie et publié beaucoup de vers dans les journaux et publications périodiques de Paris et de la province, notamment dans la *Tribune lyrique*, la *Muse des Familles*, l'ancien *Corsaire*, la *Gazette de Paris*, les *Salons de Paris*, et même dans le *Tintamarre*. Ses œuvres ont été réunies en volumes sous les titres suivants : *Petites comédies par la poste* (1861) ; — *Enfants et Femmes* (1862) ; — *Paquet d'aiguilles* (1864) ; — *Paradis et Parterre* (1872), ce dernier sous forme de conclusion.

DE LANNEAU DE MAREY (Régulus-Adolphe), né à Paris, le 17 juillet 1796 ; fils du fondateur de l'institution Sainte-Barbe. Ses études terminées sous la direction de son père, M. De Lanneau de Marey fit la campagne de Russie comme secrétaire particulier du général Mathieu Dumas, qui le fit nommer, avant l'âge requis, en 1813, adjoint aux commissaires des guerres, prisonnier de guerre, par suite de la capitulation de Dresde, et rentré en France, à la paix, après dix mois de captivité en Bohême, il ne reprit son service qu'au retour de l'Empereur, en 1815, et fut chargé, dans la campagne de Belgique, à la veille de la bataille de Waterloo, des fonctions de commissaire des guerres de la division du général Foy. Ensuite, le même poste lui fut assigné dans les hôpitaux militaires de Paris, et plus tard, dans le fort militaire de Vincennes, alors commandé par le célèbre général Daumesnil, dit *la Jambe de bois*. Au retour des Bourbons, il fut envoyé à Dijon, auprès de l'ordonnateur Maret, et mis, peu après, à la demi-solde, comme tous les officiers ayant servi dans les Cent-Jours. C'est alors (1816) qu'il se consacra à l'enseignement. Devenu sous-directeur de Sainte-Barbe, il a remplacé son père, en 1819, et conservé pendant vingt ans la direction de ce vaste établissement. Ensuite, il a été chargé, jusqu'en 1858, de la direction de l'Institution nationale des Sourds-Muets. M. De Lanneau de Marey prit une part active à la Révolution de 1830 et reçut la croix de Juillet. Cinq élections triennales successives, de 1830 à 1848, l'ont appelé à la municipalité du XII° arrondissement de Paris, qu'il a administré, comme maire, pendant ces dix-huit ans. Chevalier de la Légion d'Honneur en 1831, il a été promu officier en 1853.

DELAPORTE (Isidore), né à Lisieux, le 29 août 1794. Chirurgien militaire sous le premier Empire, reçu docteur en médecine de la Faculté de Paris, le 20 mars 1817, et fixé à Vimoutiers (Orne), le 28 avril suivant, M. Delaporte compte actuellement (1873) plus de 55 années d'exercice. Durant ce long espace de temps, il a pris à tâche d'utiliser les faits importants tirés de sa pratique et mérité de recevoir, en 1820, une médaille de la Société de médecine, dont il a été élu membre correspondant, en 1825. Les communications qu'il a adressées à l'Académie de médecine lui ont valu d'être admis auprès d'elle, en qualité de correspondant national, le 31 décembre 1836, et d'obtenir plus tard, sur la proposition de cette savante Compagnie, une grande médaille d'argent du ministère pour son *Rapport sur la variole et la vaccine*. Médecin-chirurgien, à titre gratuit, de l'hospice et hôpital de sa localité depuis plus de 50 ans, médecin-judiciaire ordinaire pour tout le canton, M. le docteur Delaporte est, en outre, inspecteur des pharmacies de l'arrondissement d'Argentan et du travail dans les manufactures. Il est aussi l'un des fondateurs principaux de l'association médicale du département, ainsi que d'une société de secours mutuels pour les ouvriers, dont il occupe la présidence. Citoyen zélé et dévoué aux intérêts du pays, il est tout à la fois membre du bureau de bienfaisance, du Conseil municipal et du Conseil d'arrondissement. Enfin, il a exercé les fonctions de maire de 1847 à 1857, et n'a donné sa démission que pour des raisons de famille. Partisan des bonnes œuvres, il est membre de la Société nationale d'encouragement au bien. M. le docteur Delaporte a été nommé chevalier de la Légion d'Honneur, en 1869, à la grande satisfaction de ses concitoyens.

DELAPORTE (Michel), né à Paris, en 1806. Élève du collége d'Amiens, il suivit, en 1824, l'atelier du peintre Regnault, étudia en même temps la lithographie, et fit des tableaux, des dessins, et des silhouettes fantastiques ; ces dernières, surtout, furent très-bien accueillies par le public. Il produisit une lithographie du duc de Reischstadt, qui lui attira des poursuites devant la cour d'assises, où il se défendit lui-même et obtint son acquittement (1852). Un peu plus tard, il fut attaché au journal *La Charge*, et publia une nombreuse série de caricatures politiques (1853) ; mais, à la même époque, une grave maladie de la vue, dont il ne se guérit jamais qu'imparfaitement, l'obligea à renoncer au dessin ; et, au moment où nous écrivons ces lignes (1872), il vient d'être heureusement opéré de la cataracte. M. Michel Delaporte, ingénieux par nécessité, inventa le moyen d'écrire dans l'obscurité, et publia des articles dans divers journaux, tels que l'*Europe monarchique*, le *Journal des artistes*, le *Musée des familles*. A partir de 1835, M. Michel Delaporte écrivit pour le théâtre, soit seul, soit en collaboration, et ses œuvres ont eu généralement des succès soutenus. Voici la nomenclature de ses principales productions : — au Gymnase : *Un moyen dangereux* (1853) ; *Les filles mal gardées* (3 actes, 1865) ; — au Vaudeville : *Le diable à quatre* (3 actes, 1844) ; *La nouvelle Héloïse* (3 actes, 1846) ; *La comtesse Mimi* (3 actes, 1862) ; *Madame Ajax* (3 actes, 1866) ; *L'auteur de la pièce* (1863) ; *Le sommeil de l'innocence* (1865) ; *Ma sœur Mirette* (2 actes, 1861) ; — au Palais-Royal : *Ah ! que l'amour est agréable* (5 actes, 1862) ; *Une femme qui bat son gendre* (1864) ; *Les ficelles de Montempoivre* (3 actes, 1864) ; *Les trois fils de Cadet-Roussel* (3 actes, 1860) ; *La dame aux giroflées* (1867) ; *Madame Pôt-au-feu* (1869) ; — aux Variétés : *Les comédiens et les marionnettes* (2 actes, 1842) ; *La Samaritaine* (1844) ; *La course au plaisir* (1851) ; *Les reines des bals publics* (1852) ; *La fille de Madame Grégoire* (1853) ; *Le cousin du roi* (1853) ; *Les papillons et la chandelle* (1854) ; *La femme de ménage* (1851) ; *Le raisin malade* (1850) ; *Le bois de Boulogne* (5 actes, 1854) ; *Le billet de faveur* (3 actes, 1856) ; *Le marquis d'Argencourt* (3 actes, 1867) ; *Un hercule et une jolie femme* (1864) ; *Une femme, un melon et un horloger* (1864) ; — à la Porte-Saint-Martin : *L'île de Tohu-Bohu* (1843) ; *Cabrion* (1845) ; *Le pied de mouton* (1860) ; — à la Gaîté : *Les femmes de Paris* (5 actes, 1849) ; *Chodruc Duclos* (5 actes, 1851) ; — au Cirque : *Henri IV* (5 actes, 1846) ; — aux Folies-Dramatiques : *La bergère d'Ivry* (5 actes, 1839) ; *L'argent, la gloire et les femmes* (5 actes, 1840) ; *Les amours de Psyché* (5 actes, 1841) ; *Un premier ténor* (1841) ; *Estelle et Némorin* (1844) ; *Les quenouilles de verre* (5 actes, 1851) ; *L'ange de mes rêves* (3 actes, 1867) ; — aux Folies-Nouvelles : *Toinette et son carabinier* (1856) ; — aux Bouffes-Parisiens : *Monsieur et Madame Denis*, (1862), etc.

DELATTRE (Henri), né à Linselles (Nord), le 15 octobre 1805. M. Delattre est un des principaux industriels de notre pays. Il dirige à Roubaix plusieurs établissements importants : une filature de laine mérinos, une filature de laine anglaise, une filature de coton, et une fabrique de tissus de fantaisie en ces matières. Peignage, filature, tissage, tout se fait dans ces établissements par les procédés mécaniques les plus perfectionnés. Ses produits ont figuré depuis trente ans à toutes nos expositions, et leur perfection lui a valu la médaille d'or en 1839, 1844 et 1849. C'est à la suite de cette dernière exposition (17 novembre) qu'il a reçu la croix de la Légion d'Honneur. M. Delattre a obtenu aussi de brillants succès aux expositions universelles de Londres, en 1851 et 1862. Il a été membre du jury de l'Exposition universelle de Paris en 1855 et en 1867. Il a administré la ville de Roubaix, en qualité de maire, depuis 1847 jusqu'en 1856. M. Delattre est officier de la Légion d'Honneur du 11 août 1869.

DELAUNAY (Etienne-Henri-Marie), né à Esbly, près Meaux, le 4 décembre 1803. Il fit ses études philosophiques et théologiques au grand séminaire de Meaux, où il fut ordonné prêtre le 20 décembre 1828. D'abord vicaire à Provins, puis à Nemours, il fut nommé successivement supérieur au séminaire d'Avon, en juillet 1831, sous-directeur du collége Stanislas à Paris, en 1840, curé d'Arcueil, en 1841, curé de Clichy et de la Vallois-Perret, en 1848. Les habitants de cette dernière localité lui doivent la fondation du village de le Vallois-Perret et l'érection de son église en 1861. M. l'abbé Delaunay est actuellement à la tête de l'importante cure de Saint-Etienne-du-Mont, à laquelle il a été appelé en 1862. Il est chanoine honoraire de Meaux depuis 1832, et de Paris depuis 1862. On lui doit : la traduction des *Heures d'Anne de Bretagne*, avec notices historiques (in-4°, 1856) ; — l'*Imitation de Jésus-Christ*, de Marillac, avec une dissertation sur les caractères, l'origine et l'auteur de cet ouvrage (grand in-4°, 1862) ; — *Les évangiles des dimanches et fêtes*, avec notices, explications et illustrations (1864, 2 vol. in-4°) ; — *OEuvres de Jean Fossequet* (1867, 2 vol. in-4°) ; — une traduction nouvelle de l'*Imitation de Jésus-Christ*, avec dissertation nouvelle sur l'auteur (2 vol. 1864, 2° édit., revue et corrigée, avec des illustr. nouv., 1 vol., 1869). M. l'abbé Delaunay a été nommé officier de l'Instruction publique en 1862, et chevalier de la Légion d'Honneur en 1869.

DELAUNAY (Louis-Arsène), né à Paris, le 21 mars 1826. Admis au Conservatoire en 1844, il y obtint un accessit de comédie au mois d'août 1845 et débuta à l'Odéon avec succès, en octobre suivant. En 1846, il y joua le rôle du fils, de l'*Univers et la maison*. Sa distinction dans le rôle de jeune premier lui ménagea bientôt une place importante sur la seconde scène française. Au mois d'avril 1848, il débuta au Théâtre-Français dans le *Menteur*, puis il joua assez souvent dans *Pithias et Damon*. La critique lui fut d'abord peu favorable ; mais ses camarades le jugèrent mieux ; et, dès 1850, ils le proclamèrent sociétaire. A partir de ce moment, soit qu'il fût parvenu à triompher de quelques légères imperfections, soit que l'on se décidât à lui rendre complétement justice, il devint un des acteurs préférés du public. Ses reprises de rôles et ses créations semblent avoir justifié les deux appréciations précédentes de sa personne et de son talent toujours grandissant. En somme, il n'a pas cessé de découvrir, au dire des personnes compétentes, des qualités nouvelles, tout en restant l'artiste qui s'était affirmé dès ses débuts. M. Delaunay a brillé surtout dans les rôles de Fortunio, du *Chandelier*; de Télémaque, d'*Ulysse*; d'Albert, dans *Péril en la demeure*; du vicomte, dans le *Lion amoureux*; d'*Hernani*, etc., Les remarquables aptitudes de cet artiste se sont également déployées dans les pièces suivantes : *Les effrontés, Le fils de Giboyer, Maître Guérin, Paul Forestier, Le fils, Jean Baudry, On ne badine pas avec l'amour, Les faux ménages*, etc. Actuellement (1873), M. Delaunay passe pour être un des conservateurs les plus distingués des grandes traditions de bel air, d'élégance, de bonne compagnie, de pureté de diction, dont la Comédie-Française s'est faite la gardienne.

DELAVAU (Charles), né à la Châtre (Indre), le 7 mai 1799. Après avoir fait ses études classiques à Blois et obtenu son diplôme de docteur en médecine à Paris, il revint dans sa ville natale en 1825, et consacra sa science, ses talents et ses labeurs au service des pauvres. La renommée de son désintéressement, de sa bienfaisance, de son dévouement, se propagea bientôt et lui mérita la considération publique. Maire de la Châtre en 1830, membre du Conseil général de l'Indre en 1832, il ne se servit de l'influence que lui donnaient ces titres que pour le bien de ses concitoyens, et surtout des indigents et des malades. Pendant la crise des céréales, en 1845, il engagea généreusement sa fortune personnelle pour faire face aux besoins les plus pressants. Élu député de l'arrondissement de la Châtre en 1842, il prit place au Centre-Gauche, demanda le rappel des lois contre la presse, vota contre la construction et l'armement des forts de Paris, et en général contre toutes les mesures qui pouvaient porter atteinte aux libertés publiques. Lors de la Révolution de Février, il profita de sa popularité pour calmer les passions et maintenir la tranquillité. Représentant du peuple à l'Assemblée constituante en 1848 et à l'Assemblée législative en 1849, il vota pour la suppression des clubs. Il fit partie de la Commission consultative du gouvernement après les événements de Décembre. M. Delavau a été élu député au Corps législatif en 1852, et réélu en 1857, 1863 et 1869. Il a été président du Conseil général de l'Indre de 1848 à 1870. Chevalier de la Légion d'Honneur le 10 août 1851, il a été promu officier le 30 août 1865.

DELBRUCK (Jules), né à Bordeaux, le 14 avril 1813. Membre de la famille de ce nom qui compte en Allemagne plusieurs hommes éminents et, entre autres, le ministre d'État de Berlin, il fut nommé, à l'âge de vingt ans, et quoique français, consul de Prusse à Bordeaux. Collaborateur du recueil littéraire de la *Revue de la Gironde*, il devint, en 1838, directeur-gérant du journal politique fondé par Henri Fonfrède, le célèbre publiciste girondin. Deux ans plus tard, il vint se fixer à Paris, où il collabora à plusieurs recueils scientifiques et littéraires. Il fut longtemps secrétaire-général de la *Société des inventeurs*; s'occupa activement de la fondation des crèches d'enfants pauvres avec M. Marbeau; écrivit dans la *Revue phalanstérienne* sur les colonies d'orphelins et les asiles agricoles; fut nommé président de la Société de linguistique fondée par M. Féline; membre et censeur de la Société biblique de Paris, etc. Il fit partie de la Commission officielle chargée par le ministre de l'Instruction publique de préparer un projet d'*Éducation internationale*; il était aussi membre du jury de l'Exposition universelle de 1867, et l'un des rapporteurs du quatrième groupe. La publication à laquelle son nom doit le plus de notoriété, est la *Revue de l'éducation nouvelle*, dont on a tiré, plus tard, les *Récréations instructives* que tout le monde connaît. Dans l'*Éducation nouvelle*, M. Jules Delbrück et ses collaborateurs introduisirent l'attrait et le charme dans l'enseignement des matières les plus ardues, et soutinrent cette thèse hardie, en matière d'éducation, que le professeur seul est responsable du succès ou de l'insuccès de l'élève, ou, en termes plus familiers, que « lorsque l'élève ne sait pas sa leçon, c'est le professeur qui doit se mettre au pain sec. » M. J. Delbrück s'est livré, depuis 1864, à l'agriculture et à l'horticulture agricole, à Langoiran, près Bordeaux. Son domaine a reçu, en 1871, une médaille d'or de la Société d'agriculture de la Gironde.

DELCUSSOT (Jean-François-Albain), né à Assafort (Lot-et-Garonne), le 17 juillet 1839. M. Delcussot, après avoir fait ses études en province et à Paris, est entré dans l'administration des forêts, en 1859. Arrivé, en 1866, à Lesparre, il y donna sa démission, en 1869, pour protester contre les candidatures officielles. Il a pris ensuite part à la rédaction de la *Gironde*. Après la révolution du 4 septembre, il a rempli, pendant quelque temps, les fonctions de sous-préfet à Lesparre; puis, sous le gouvernement de la Défense nationale, il a été chargé de la direction du camp de Saint-Médard, près de Bordeaux. Le 8 mai 1872, il a été nommé préfet du département de Vaucluse. M. Delcussot a épousé, en 1867, Mlle Cellerier.

DELEUIL (Louis-Joseph), né à Aix (Provence), en 1795, mort à Paris, le 10 août 1862, était fils d'un facteur à la poste, chargé d'une nombreuse famille. Il quitta la maison paternelle à l'âge de treize ans, n'ayant pour tout capital que la somme de 3 francs, ce qui ne l'empêcha pas de devenir un de nos plus remarquables constructeurs d'instruments de précision et médailles. Il fonda lui-même son établissement, qui ne tarda pas à devenir un des plus importants. On cite surtout l'admirable précision de ses instruments de pesage, et, comme un chef-d'œuvre, la grande balance qu'il construisit pour le Conservatoire des arts-et-métiers; laquelle trébuche à 1 milligramme, sous une charge de 5 kilogrammes dans chaque plateau. A l'Exposition de Londres (1851), le jury international, reconnaissant la supériorité de ses instruments, lui décerna la plus haute récompense (Council Medal), et le gouvernement français la croix de la Légion d'Honneur. On lui doit les modèles de balances de chimie que l'on voit dans les laboratoires, modèles que la modicité de leur prix met à la portée de tous les chimistes. Il contribua, par sa précision dans la confection des poids et mesures métriques, à répandre dans tous les pays les types les plus parfaits de la base du système décimal. Il propagea en France les piles au charbon de Bunsen, et créa une fabrique spéciale de ces appareils. Dans sa fabrication, il s'attacha particulièrement à produire, pour le besoin des sciences, des instruments solides et fonctionnant très-bien. Son incessante activité le porta à s'occuper de plusieurs branches des sciences, entre autres de la photographie, de l'application de l'électricité à l'éclairage, et des belles expériences de la liquéfaction des gaz. En 1852, il s'associa son fils, et l'établissement continua à grandir sous cette nouvelle et active direction. La maladie le frappa en 1857; mais, pendant les cinq dernières années de sa vie, il eut la satisfaction de voir son fils continuer ses travaux avec succès, et de connaître avant sa mort la décision du jury de l'Exposition internationale de Londres (1862), qui lui décernait la grande médaille.

DELISLE (Léopold-Victor), né à Valognes (Manche), le 24 octobre 1826. Admis à l'École des chartes en 1847, il obtint le diplôme d'archiviste-paléographe, et entra en 1852 au département des manuscrits à la Bibliothèque impériale, dont il fut nommé conservateur le 17 mai 1871. M. Delisle a été élu membre de la Société des antiquaires de France en 1855 et membre de l'Académie des inscriptions et belles-lettres en 1857. Il est un des commissaires chargés de la publication du *Recueil des historiens de la France*. M. Delisle fait partie, depuis 1858, du Comité des travaux historiques institué près du ministre de l'Instruction publique. Ses principaux ouvrages sont: *Recherches sur la condition de la classe agricole et l'état de l'agriculture en Normandie au Moyen-Age* (1851); — *Catalogue des actes de Philippe-Auguste* (1856); — *Recueil des jugements de l'échiquier de Normandie* (1864); — *Rouleaux des morts* (1866); — *Histoire du château et des sires de Saint-Sauveur-le-Vicomte* (1867); — *Le cabinet des manuscrits de la Bibliothèque impériale*, tome I (1868). etc. M. Delisle a publié plusieurs mémoires importants dans la *Bibliothèque de l'Ecole des Chartes* et dans le *Recueil* de la Société des antiquaires de Normandie, dont il a été directeur. Il a été nommé chevalier de la Légion d'Honneur le 11 août 1859.

DELOCHE (Jules-Edmond-Maximin), né à Tulle (Corrèze), le 29 octobre 1817. Après avoir terminé son droit dès 1836, et passé trois années au barreau de Bordeaux, il fut attaché, en 1839, au ministère des Travaux publics, où il devint sous-chef de bureau, en 1843. Chef de bureau de 1re classe à la direction des travaux publics de l'Algérie, en 1846, puis à la direction des affaires civiles de la province de Constantine, en 1848, il fut successivement sous-directeur à Bône, et secrétaire-général de la préfecture de Constantine, et revint en France en 1850. En 1858, il rentra au ministère de l'Agriculture, du Commerce et des Travaux publics, où, après avoir été attaché comme chef de bureau à la division des chemins de fer, il devint, en 1861, chef de bureau à la division du personnel. Au mois d'août 1869, lors du rétablissement du ministère de l'Agriculture et du Commerce, il a été nommé chef de la division du secrétariat-général et du personnel. M. Deloche n'est pas seulement un administrateur distingué, il est encore savant archéologue, numismate érudit et publiciste éclairé. On lui doit : les *Lemovices de l'Armorique, mentionnés par César* (1856), ouvrage couronné par l'Institut, en 1856, au concours des Antiquités nationales; — *Études sur la géographie historique de la Gaule, et spécialement sur les divisions territoriales du Limousin au Moyen Age* (1864), travail qui a obtenu le premier prix au concours des Antiquités nationales en 1857, et a valu à son auteur la croix de la Légion d'Honneur, le 13 avril 1857. M. Deloche a publié également le *Cartulaire de l'abbaye de Beaulieu* (1859), inséré dans la collection des *Documents inédits de l'histoire de France* et qui lui a mérité le second prix Gobert en 1860 et 1861; ainsi que la *Description des monnaies mérovingiennes du Limousin* (1863), qui a remporté, en 1864, le prix unique de numismatique décerné par l'Institut. Il a publié en outre : *Etienne Baluze, sa vie et ses œuvres* (1856); — *De la forêt royale de Ligurium, mentionnée dans le Capitulaire de Kiersi* (1859); — *Du principe des nationalités* (1860), etc. M. Deloche est membre de la Société des antiquaires de France, de la Commission centrale de la Société de géographie de Paris, de la Société des antiquaires de Normandie, etc. Il a été élu membre de l'Académie des inscriptions et belles-lettres en 1870.

DELOYNES (Pierre-Louis-Marie-Paul), né à Poitiers, le 31 octobre 1841. M. Paul Deloynes a fait toutes ses études dans sa ville natale. Reçu docteur en droit de la Faculté de Poitiers, le 12 décembre 1864, il obtint une dispense d'âge et fut nommé agrégé des Facultés de droit à la suite du concours ouvert à Paris le 1er mars 1866. En cette qualité, il fut attaché successivement aux Facultés de Rennes (19 mai 1866) et de Poitiers (juillet 1867). Appelé, le 24 août 1869, à la Faculté de Douai, pour y professer le droit administratif, il devint titulaire de cette chaire, le 16 mai 1871. M. Paul Deloynes a été nommé professeur de droit civil à la Faculté de Bordeaux, le 8 novembre de la même année. Il a donné de nombreux articles de doctrine et de jurisprudence dans diverses *Revues de droit* françaises et étrangères, et publié notamment : *Étude complète sur les octrois et les budgets municipaux* (1871); — *Précis de droit administratif* (1872).

DELPECH (Auguste-Louis-Dominique), né à Paris, le 3 août 1818. Fils d'un médecin distingué de la capitale, il fit de fortes études au collège Saint-Louis et commença ses études médicales à la Faculté de Paris en 1836. Interne des hôpitaux en 1840, membre de la Société anatomique en 1842, reçu docteur et désigné comme chef de clinique à l'Hôtel-Dieu en 1846, il fut nommé, au concours, médecin du Bureau central en 1852 et agrégé de la Faculté en 1853. Il avait remporté le grand prix (médaille d'or) de l'Ecole pratique en 1843, la première mention honorable au concours de l'internat en 1844, et le prix Montyon de la Faculté (médaille d'or), pour un *Mémoire sur les épidémies de l'année précédente*, en 1845. Pendant l'exercice de ses fonctions comme médecin du Bureau central, il a été placé successivement à Beaujon, à l'Hôtel-Dieu, à Lariboisière, à Sainte-Anne, et nommé médecin de l'hospice de la Maternité en 1856 et de l'hôpital Necker en 1861. Membre et secrétaire de la Commission d'hygiène publique et de salubrité du X° arrondissement en 1852, il a été élu, en 1860, membre de la Société médicale des hôpitaux et hospices de Paris. Appelé, en 1867, à faire partie du Conseil de salubrité, dont il a occupé la vice-présidence, et du Comité consultatif d'hygiène publique et du service médical des hôpitaux, il a été chargé par le gouvernement, quand a été signalée l'infection parasitaire dite « trichinose, » d'une mission spéciale en Allemagne à ce sujet. On lui doit : *Du muguet chez les enfants*, avec M. Trousseau (1845) ; — *Des spasmes musculaires idiopathiques et de la paralysie nerveuse essentielle*, thèse inaugurale (1846) ; — *Histoire d'une épidémie de varicelle et considérations sur la nature de cette maladie* (même année) ; — *De la fièvre* (1847) ; — *Des principes à observer pour la nomenclature des maladies* (1853) ; — *Mémoire sur les accidents que développe, chez les ouvriers en caoutchouc, l'inhalation du sulfure de carbone en vapeur* (1856) ; — *De la ladrerie du porc au point de vue de l'hygiène privée et publique* (1863) ; — *Nouvelles recherches sur l'intoxication spéciale que détermine le sulfure de carbone ; l'industrie du caoutchouc soufflé* (1863) ; — *Mémoire sur les maladies des ouvriers qui fabriquent les chromates* 1864) ; — *Les trichines et la trichinose chez l'homme et chez les animaux* (1866) ; — *De l'hygiène des crèches* (1869) ; — *Rapport sur l'épidémie variolique de Paris* (1870) ; — *Le secours pendant le siège de Paris* (1871). M. Delpech a reçu des médailles d'argent en 1849 et 1855, et une médaille d'or en 1865, pour soins donnés aux choucriques de Paris. Nommé chevalier de la Légion d'Honneur le 26 décembre 1849, et officier le 11 août 1865, il a été promu commandeur de l'Ordre le 16 octobre 1871, pour services rendus pendant le siège de Paris à l'hôpital militaire du Gros-Caillou.

DELPON (Charles), né à Clermont (Hérault), le 28 mars 1835. M. Delpon appartient, par sa mère, à une des premières familles du Languedoc, celle des comtes de Vissec-Latude. Il fit ses études classiques au lycée de Montpellier, son droit à la Faculté de Paris, et prit place au barreau de la capitale en 1859. Après s'être formé, comme secrétaire particulier, à la grande école de M. Berryer, il se fit une belle position, dans l'exercice de ses fonctions professionnelles, par son talent oratoire, non moins que par la sûreté de son jugement et ses connaissances juridiques. La révolution de septembre 1870 et ses relations personnelles avec MM. Ernest Picard et Andral, en firent un homme politique ; et, le 23 mars 1871, il fut nommé préfet du Morbihan. L'administration de M. Charles Delpon se distingue par un grand esprit de droiture et de conciliation. D'ailleurs, dès son arrivée à Vannes, le nouveau préfet a averti ses administrés qu'il ne venait pas faire de la politique, mais de la « préservation sociale. »

DELSOL (Jean-Joseph), né à Saint-Christophe (Aveyron), le 28 octobre 1827. Issu d'une honorable famille de propriétaires-cultivateurs, et brillant élève du lycée de Rodez et du collège Henri IV, il commença son droit à la Faculté de Paris en 1846. Lauréat en droit français et en droit romain du concours de licence, en 1849, il prit place au barreau de la capitale, et fut appelé, en 1854, à prononcer le discours de rentrée à la conférence des avocats stagiaires, sur ce sujet : *Eloge d'Antoine Lemaistre*. N'ayant pas tardé à se faire une position des plus honorables, il sut distraire cependant, de ses occupations professionnelles, le temps d'écrire un bon ouvrage de jurisprudence : *Le Code Napoléon expliqué d'après les doctrines généralement adoptées à la Faculté de Paris* (1854-1855, 3 vol., 2° édit., 1869), et une *Etude sur La Roche-Flavin, savant jurisconsulte du XVI° siècle, premier président de la Chambre des requêtes au Parlement de Toulouse*. Avocat institué au ministère de l'Instruction publique, membre de la Société des lettres, sciences et arts de l'Aveyron, conseiller général du même département, pour le canton de Conques, depuis 1864, M. Jean-Joseph Delsol a été élu représentant de l'Aveyron à l'Assemblée nationale, le 8 février 1871. Il siége au Centre-Droit, avec les conservateurs modérés, fréquente la réunion Feray et a fait partie de plusieurs commissions importantes, telles que celles relatives à l'abrogation des lois d'exil, au Gouvernement de la Défense nationale, aux loyers de Paris, etc. Il a été rapporteur des Commissions chargées d'examiner la loi sur la fabrication des armes de guerre et celle ayant pour objet la réduction du privilége des bailleurs d'immeubles, en cas de faillite du locataire. Enfin, il a voté, notamment, la paix, l'abrogation des lois d'exil, la proposition Rivet, le traité douanier, la dénonciation des traités de commerce, et s'est prononcé contre le retour de l'Assemblée à Paris, et l'impôt sur les matières premières.

DEMANGEAT (Joseph-Charles), né à Nantes (Loire-Inférieure), le 2 septembre 1820. A suivi les cours de la Faculté de droit de Paris, dont il devint l'un des éminents professeurs. Il obtint le diplôme de licencié en 1841 et celui de docteur en 1843. L'année suivante, il publiait son *Histoire de la condition civile des étrangers en France, dans l'ancien et dans le nouveau droit*, qui avait été couronnée en 1842 par la Faculté. En 1852, il fut nommé, au concours, professeur suppléant. Il a occupé, d'abord en cette qualité, puis comme professeur titulaire (1862), la chaire de droit romain, laissée vacante par le décès de M. Blondeau.

Le 29 avril 1870, M. Demangeat a été nommé conseiller à la Cour de cassation. On doit à ce savant jurisconsulte : *Des obligations solidaires en droit romain* (1858); *De la condition du fonds dotal en droit romain* (1860); *Cours élémentaire de droit romain* (2 vol.), édité pour la première fois en 1864, et réimprimé dès 1866. En outre, il a publié, annoté et complété le *Traité de droit commercial*, auquel M. Bravard-Veyrières travaillait au moment de sa mort, et qui ne forme pas moins de six volumes (1861-1868). Il a donné aussi deux éditions, considérablement augmentées, du *Traité de droit international privé*, de Fœlix, et a constamment collaboré, depuis sa fondation, en 1855, à la *Revue pratique de droit français*, dont il est un des directeurs. M. Demangeat a obtenu le titre d'officier de l'Instruction publique le 1er janvier et la croix de chevalier de la Légion d'Honneur le 13 août 1867.

DEMANTE (Auguste-Gabriel), né à Paris, le 3 mars 1821, fils du savant professeur de l'Ecole de droit, qui a été membre des Assemblées nationales sous la seconde République. Reçu licencié en droit en 1841, licencié ès lettres en 1842, archiviste paléographe en 1843, il ne tarda pas à reprendre exclusivement l'étude du droit, en vue de suivre la carrière paternelle, prit le grade de docteur en 1847, et fut nommé (janvier 1851), à la suite d'un concours, professeur-suppléant à la Faculté de Toulouse, où il devint titulaire de la chaire de droit romain en 1856. M. Demante a été nommé professeur de droit civil, à la Faculté de Paris, en 1864. On lui doit : *Études sur la réhabilitation des condamnés pour crimes et délits* (1849); — *De la loi et de la jurisprudence en matière de donations déguisées* (1855); — *Exposition raisonnée des principes de l'enregistrement* (1857, 2e édit., 2 vol., 1862); *Du calcul de la quotité disponible au cas de l'article 843 du Code Napoléon:* 1o *Résumé doctrinal de la controverse;* 2o *Opportunité d'une interprétation législative* (1862); — *Etude sur la théorie de l'occupation; du rôle de cette notion dans la controverse de la propriété foncière* (1864); — *Définition légale de la qualité de citoyen, explication de l'art. 7 du Code civil* (1869); — *Explication de la loi du 23 août 1871 sur l'enregistrement et le timbre* (1872); — *Explication de la loi du 28 février 1872*, supplément chronologique aux *Principes de l'enregistrement* (1873). M. Demante a été nommé chevalier de la Légion d'Honneur en 1870.

DENFERT-ROCHEREAU (Pierre-Marie-Philippe-Aristide), né à Saint-Maixent (Deux-Sèvres), le 11 janvier 1823. Admis à l'Ecole polytechnique en 1842, élève de l'Ecole d'application de Metz en 1845, il en sortit le premier de sa promotion, comme lieutenant au 2e régiment du génie, le 1er février 1847. Il fut appelé à faire partie du corps expéditionnaire de la Méditerranée le 10 juin 1849, assista au siége de Rome, se distingua à l'assaut du bastion no 7, où il monta à la tête de la colonne, avec les sapeurs chargés de détruire les défenses de l'ennemi en arrière de la brèche et de faciliter le passage des troupes, et resta en Italie jusqu'au 5 septembre de la même année. Le 7 novembre 1849, il fut promu capitaine à l'Etat-major du génie et résida à Toulon, à Calvi et à Napoléon-Vendée. Attaché au 1er régiment de l'arme, en septembre 1854, il s'embarqua à Marseille le 1er février 1855, fit le service des tranchées devant Sébastopol, du 1er mars au 18 juin, assista à l'enlèvement des Ouvrages-Blancs et du Mamelon-Vert (7 juin), prit part, avec la division Brunet, au premier assaut de Malakoff (12 juin), reçut, dans cette malheureuse affaire, un éclat d'obus à l'épaule gauche et une balle qui lui traversa la jambe gauche, et fut évacué sur les hôpitaux de France le 24 juillet suivant. Capitaine en 1er à l'Etat-major du génie le 17 juin, il fut nommé professeur-adjoint de construction à l'École d'application de Metz le 10 décembre 1855. En 1859, il publia, dans la *Revue d'architecture* de M. César Daly, un mémoire sur les *Voûtes en berceau*, qui avait été présenté à l'Institut par le maréchal Vaillant. Le 26 avril 1860, il fut envoyé en Algérie où il obtint l'épaulette de chef de bataillon le 13 août 1863, construisit, d'après les plans indiqués dans le *mémoire* plus haut cité, une arche de pont de 27 m. 50 c. d'ouverture et de 3 m. 28 c. de flèche sur le Tighaôut, près d'Orléansville, et appliqua un mode de restauration qu'il avait imaginé et qui a réussi complètement au barrage de l'Oued-Mourad, près Marengo (Algérie), barrage-réservoir de 24 m. de hauteur de retenue. Nommé commandant du génie, à Belfort le 13 mars 1864, lieutenant-colonel le 7 octobre 1870, colonel et gouverneur de la place le 19 du même mois, quand déjà le sort des armes s'était prononcé contre nous, il défendit la forteresse confiée à sa bravoure, à son intelligence, à son patriotisme, de façon à s'attirer le respect et l'admiration de l'ennemi lui-même, n'entra en pourparlers que sur un ordre formel du gouvernement, sortit de Belfort le 18 février 1871 avec armes et bagages et libre de combattre en cas de reprise des hostilités, et conduisit à Grenoble où elle fut licenciée en mars 1871 sa brave garnison réduite de 16,000 à 12,000 hommes par trois mois et demi de combats continus et de fatigues. M. le colonel Denfert, en disponibilité depuis cette époque, avait été élu, le 8 février précédent, au moment où Belfort luttait seul contre l'ennemi, représentant du Haut-Rhin à l'Assemblée nationale et avait donné sa démission. Aux élections complémentaires du 2 juillet de la même année, il a été élu tout à la fois dans le Doubs, l'Isère et la Charente-Inférieure, et a opté pour ce dernier département après avoir pris conseil de tous les Comités électoraux qui avaient appuyé sa triple candidature. M. le colonel Denfert siége à la Gauche, avec les républicains. Chevalier de la Légion d'Honneur le 9 mai 1855, officier le 28 décembre 1868, promu au grade de commandeur le 18 avril 1871, il est aussi décoré de la médaille de la Valeur militaire de Sardaigne et de la médaille de Crimée.

DENIS (Jacques-François), né à Corbigny (Nièvre), le 11 février 1821. M. Denis a fait ses études classiques au collége Bourbon. Entré à l'Ecole normale supérieure, en 1841, agrégé pour la classe de philosophie, en 1846, et docteur ès lettres de la Faculté de Paris, en 1857, il a professé la philosophie successivement à Avignon, Angoulême, Alger, Tournon, Grenoble, Strasbourg et Pau. En congé, sur sa demande, à partir de 1857, il a occupé la chaire de littérature française à l'Université de Turin, de 1860 à 1863. Rentré en France, il a été nommé(1863) professeur de littérature ancienne à la Faculté des lettres de Caen. On doit à M. Denis : *Rationalisme d'Aristote*. Rôle de la raison dans les connaissances humaines d'après Aristote (1847) ; — *Histoire des théories et des idées morales dans l'antiquité*, développement d'un mémoire couronné, en 1853, par l'Académie des sciences morales et politiques (1856, 2 vol.).

DENTU (Henri-Justin-Edouard), né à Paris, le 21 octobre 1830. Jean-Gabriel Dentu, maître-imprimeur et éditeur, fonda, en 1796, dans le passage Feydeau, l'établissement de librairie qui, transporté un peu plus tard au Palais-Royal, devait acquérir promptement une si grande importance, et c'est à ce doyen des éditeurs qu'on doit l'idée première d'un organe périodique à l'usage du beau sexe, la création du *Journal des dames*, et la fondation du mémorable *Drapeau blanc*. Son fils et successeur, Gabriel-André Dentu, ne se distingua pas moins par ses publications, et fit paraitre de véritables bijoux de typographie, tels que le *Voyage sentimental* de Sterne, et le *Werther* de Gœthe. Il eut beaucoup à souffrir pendant le passage au pouvoir de la Branche-Cadette, et ne subit pas moins de 27 procès de presse, de 1830 à 1848. A la mort de ce dernier, en 1849, M. Edouard Dentu a pris la suite des affaires de son père, mais seulement comme libraire-éditeur, l'imprimerie ayant été vendue; et, quoique bien jeune, il a su donner à sa maison une impulsion en rapport avec les développements nouveaux de cette sorte d'industrie. Tous les auteurs, et, ce qui est à noter, les jeunes auteurs surtout, ont trouvé chez lui l'accueil le plus bienveillant toujours, et souvent le plus généreux. Il publie spécialement les ouvrages d'actualité et les brochures politiques, de quelque parti qu'ils émanent, et l'on est à peu près sûr de trouver à ses vitrines, dès le premier jour, le volume à sensation. Propriétaire-directeur de la *Revue européenne*, de 1859 à 1862, il s'est rendu adjudicataire, en 1867, de la publication du *Catalogue officiel* de l'Exposition universelle de Paris, et a eu, de ce chef, plusieurs procès retentissants à soutenir, comme propriétaire exclusif de cette publication, aux lieu et place de la Commission impériale. Les premières éditions de ce *Catalogue*, dont l'impression fut confiée à la maison Paul Dupont (voir ce nom), parurent dans des conditions exceptionnelles de rapidité ; et l'article de la classe VI, concernant l'imprimerie et la librairie, fut rédigé par M. Dentu lui-même. Mme Mélanie Dentu, mère de cet éditeur, s'est fait une réputation, dans le monde des arts, comme auteur et compositeur d'un grand nombre de romances dont plusieurs sont devenues très-populaires. On cite notamment *La Piémontaise*, qu'elle a composée, en 1859, à l'occasion de la guerre d'Italie.

DENUELLE (Dominique-Alexandre), né à Paris, le 18 mars 1818. Fils d'un grand fabricant de porcelaine, il commença par étudier les procédés de la céramique et se livra ensuite exclusivement à l'étude de la peinture monumentale. Il suivit les leçons de Paul Delaroche et de Duban, et se rendit en Italie en 1842. Les dessins qu'il exposa au Salon de 1844 attirèrent sur lui l'attention de la Commission des monuments historiques, qui se l'attacha aussitôt en qualité de peintre. M. Denuelle a relevé dans nos monuments un grand nombre d'anciennes peintures qui ont figuré pour la plupart aux Salons de 1849 et de 1852, ainsi qu'à l'Exposition de 1855, et ont été publiées par le ministère d'Etat dans la *Collection des monuments historiques*. Cet artiste a exposé en même temps une partie des dessins des décorations originales qu'il a exécutées de 1846 à 1856, et parmi lesquelles nous citerons à Paris celles des églises de Saint-Germain-des-Prés, de Sainte-Clotilde et de la Trinité, plusieurs chapelles de Saint-Sulpice et la chapelle de la Vierge à Saint-Eustache ; celles de l'église d'Ivry, de l'abbaye de Saint-Denis, de l'église Saint-Paul de Nîmes, de l'oratoire de Birmingham ; des chœurs ou chapelles des cathédrales de Reims, Amiens, Digne, Bayonne, Bordeaux, Limoges, Beauvais, Carcassonne, Orléans, etc. Il a exécuté à Lyon les décorations de l'Hôtel-de-Ville, de la Bourse, des églises Saint-Polycarpe et Saint-François, des chapelles de l'Hôtel-Dieu et du Collège, etc. Indépendamment de ses travaux dans les monuments religieux, il a décoré à Paris toutes les nouvelles salles du Musée du Louvre, la grande galerie, le pavillon Denon, l'hôtel de la présidence du Corps législatif, la grande salle d'audience du nouveau tribunal de Commerce, le Musée de Cluny, et, hors de Paris, le château de Maintenon, la Cour impériale de Bordeaux, la galerie des Cerfs du palais de Fontainebleau, etc. M. Denuelle a décoré également les hôtels des ducs de Padoue et de Larochefoucauld, du comte Duchâtel, de MM. Schneider, Péreire, Millaud, Denière, etc. Il a obtenu une médaille de 3e classe, en 1844, des médailles de 2e classe, en 1849, en 1852 et à l'Exposition universelle de 1855, et a reçu la croix de la Légion d'Honneur à l'occasion de l'Exposition de 1859, le 12 août de la même année.

DEPAUL (Jean-Anne-Henri), né à Morlaas (Basses-Pyrénées), le 26 juillet 1813. M. Depaul descend d'une ancienne famille de magistrats qui s'honore de compter Saint-Vincent de Paul parmi ses ancêtres. Elevé au collège d'Aire, il fut destiné par sa famille à la magistrature ; mais il ne put résister à la vocation qui le portait vers l'étude de la médecine, et il vint suivre les cours de la Faculté de médecine de Paris. Externe en 1834, interne provisoire en 1835, interne en 1836, docteur en 1839, il fit, à la Clinique d'accouchement et à la Maternité, des études spéciales d'obstétrique et de tout ce qui s'y rattache. Il fut nommé chef de clinique du professeur Paul Dubois, et remplit ces fonctions de 1840 à 1843. Agrégé de la Faculté en 1847, chirurgien des hôpitaux en 1853, il a fréquemment suppléé le baron Dubois à l'hôpital des cliniques. Ses connaissances pratiques, l'étendue de ses vues et les aptitudes spéciales dont il avait depuis longtemps fait preuve dans des cours particuliers, le désignaient d'avance pour la chaire de clinique obstétricale qu'il occupe depuis 1861. M. Depaul a été élu membre de l'Académie de médecine en 1872. Il a publié : *Du torticolis* (1844) ; — *Mémoire sur l'insufflation de l'air dans les voies aériennes chez les enfants qui naissent dans un état de mort apparente* (1845) ; — *Traité théorique et pratique d'auscultation obstétricale* (1847) ; — *De l'opération césarienne* post mortem, *à l'occasion d'une discussion soulevée sur ce sujet à l'Académie de médecine* (1861) ; — *Mémoire sur l'oblitération complète du col de l'utérus chez la femme enceinte, et de l'opération qu'elle réclame* ; — *De la cause déterminante des contractions utérines dans l'accouchement* ; — *De l'influence de la saignée et du régime débilitant sur le développement de l'enfant pendant la vie intra-utérine* ;— *De l'origine réelle du virus-vaccin* (1864) ; — *La syphilis vaccinale devant l'Académie de médecine* (1865) ; — *Expériences faites avec le cow-pox ou vaccin animal* (1867), etc. Homme d'ordre avant tout et rattaché sincèrement à la République conservatrice, il a accepté, en 1871, les fonctions de conseiller municipal de Paris et de conseiller général de la Seine, et sa compétence en matière d'hygiène et d'assistance publique le rend très-utile. M. Depaul a rendu de grands services pendant le siège de Paris et s'est distingué par le zèle et le dévouement dont il a fait preuve sur les champs de bataille en soignant les blessés, et dans les ambulances en luttant contre les épidémies provoquées par tant de douleurs et de privations. Chevalier de la Légion d'Honneur depuis 1855, il a été promu officier de l'ordre en 1867.

DESAZARS DE MONTGAILHARD (Marie-Louis, baron), né à Avignonet (Haute-Garonne), le 16 mai 1837. Il est fils du baron Léon Desazars, décoré pour son admirable conduite pendant l'épidémie cholérique de 1835, et petit-fils du baron Guillaume Desazars qui présida, de 1800 à 1815, la Cour d'appel de Toulouse, la réorganisa sur les anciennes bases du Parlement, et lui donna un grand renom de science et d'austérité. Après de brillantes études littéraires et scientifiques, il a pris ses inscriptions à la Faculté de droit de Toulouse, et obtenu le grade de licencié en 1859 et de docteur en 1861. Lauréat de la Faculté des lettres en 1859, de la Faculté de droit (1re médaille d'or au concours du doctorat), en 1861, de l'Académie des sciences, inscriptions et belles-lettres en 1864 et 1866, il a écrit un *Traité de législation usuelle* qui, paru en 1867, est devenu classique pour les cours d'adultes et de l'enseignement secondaire. M. le baron Desazars a collaboré à divers écrits périodiques, et particulièrement à la *Revue de Toulouse*, où il a publié, entre autres travaux, des articles très-curieux sur l'*Inquisition dans le Languedoc au XIIIe siècle*. Entré dans la magistrature en 1862, comme substitut à Villefranche (Haute-Garonne), il a été nommé substitut à Albi, en 1864, et procureur impérial à Villefranche en 1868. Révoqué par le gouvernement de la Défense nationale en octobre 1870, il a été élu capitaine de la garde nationale mobilisée, puis choisi comme rapporteur au Conseil de guerre, à Toulouse. Au mois de mai 1871, il est rentré dans ses fonctions comme procureur de la République à Saint-Gaudens. M. le baron Desazars de Montgailhard s'est toujours fait remarquer par l'indépendance et la fermeté de son caractère, ainsi que par le sage libéralisme de ses opinions. Il est décoré de l'ordre de Charles III d'Espagne.

DESBARROLLES (Adolphe), *comte* D'HAUTENCOURT né à Paris, le 22 août 1801. Il fit une partie de ses études dans sa ville natale, et les compléta en Allemagne où, de 1820 à 1823, il se familiarisa avec la littérature du pays. Puis il se consacra à la peinture de genre et de paysage, qu'il avait étudiée dans l'atelier de MM. Hersent, Picot et Gudin. En même temps, il s'occupait de physiologie, et tirait de ses recherches en cette matière tout un système de divination par l'inspection des lignes de la main. M. Desbarrolles a soutenu ses théories divinatrices dans les journaux, les revues, les réunions des Sociétés savantes et les conférences publiques. Parmi ses tableaux exposés au Salon de Paris, on distingue : l'*Auberge d'Alcoy*, tableau de genre acheté par le ministère de l'Intérieur ; — *Un instant de regret au monde*, tableau de genre, (1845) ; — *Temple de Vesta à Rome* ; — *Un prêche breton à Quimperlé* ; — *Le Baptistère de Saint-Marc à Venise*. Comme homme de lettres, il a publié : *Un mois de voyage en Suisse pour 200 francs* (1840); — *Deux artistes en Espagne* (1855, 2e édit., 1865) ; — *Les mystères de la main révélés et expliqués* ; *art de connaître la vie, le caractère, les aptitudes et la destinée de chacun, d'après la seule inspection des mains* (1859, 11e édit. augmentée d'explications physiologiques, 1872) ; — *Voyage d'un artiste en Suisse, à 3 fr. 50 c. par jour* (1861, 3e édit., 1864) ; — *Le caractère allemand expliqué par la physiologie* (1866) ; — *Les mystères de l'écriture*, en collaboration avec M. Jean Hippolyte (1872). Tireur d'armes de première force, il a fait paraître, en juin 1856, dans le *Figaro*, une série d'articles intitulés : *Les salles d'armes de Paris*, qui eut alors un grand retentissement et occasionna une très-intéressante polémique entre les professeurs d'escrime de la capitale. M. Desbarrolles a fondé l'*Almanach de la main* en 1865, et le *Journal de Chiromancie* en 1869.

DESBONS (Anatole), né à Ju-Belloc (Gers) le 20 juillet 1831. Licencié de la Faculté de droit de Paris, et inscrit au barreau de la capitale, il s'est à peu près exclusivement consacré à des travaux agricoles, et notamment à l'élevage, sur ses propriétés. M. Desbons est un des principaux éleveurs de chevaux. Le midi de la France lui doit la fondation de plusieurs Sociétés de courses ; et les Sociétés de Tarbes et Maubourgnes lui ont confié les fonctions de commissaire. Il a traité la question chevaline, sous ses divers aspects, dans différents journaux, et vivement critiqué l'administration des haras et des remontes. Etabli à Maubourgnes depuis 1857, il a été maire de cette ville de 1863 à 1869 et a été réélu en 1871. Représentant des Hautes-Pyrénées, depuis le 8 février 1871, M. Desbons, un des fondateurs du Centre-Gauche, fréquente assidûment cette Réunion. Il a sauvé la subvention des courses, attaquée par la Commission du budget de 1872, et le discours qu'il a prononcé, à cette occasion, a été fort applaudi par la Chambre.

DESBORDES-VALMORE (Marceline-Josèphe-Félicité), née à Douai, le 20 juin 1786. Mlle Desbordes était fille d'un peintre d'armoiries pour équipages. Toute jeune encore, elle fut emmenée à la Guadeloupe par sa mère qui bientôt y mourut de la fièvre jaune. Revenue en France, l'orpheline entra à l'Opéra-Comique; et la carrière artistique s'ouvrait heureusement devant elle, quand elle abandonna le théâtre pour se consacrer aux soins de la famille et à la culture des lettres. Mariée en 1817, à Bruxelles, à M. Valmore, artiste dramatique, elle a signé ses œuvres du nom de Desbordes-Valmore. On lui doit, en poésie : *Elégies et romances* (1818);— *Elégies et poésies nouvelles* (1825);—*Poésies* (2 vol., 1830); — *Les pleurs* (1833) ; — *Pauvres fleurs* (1839) ;—*Bouquets et prières* (1843) ;—*Contes en vers pour les enfants* (1840) ;—*Poésies* (1842) ;— *Poésies inédites*, publiées à Genève par M. Revilliod (1860). Elle a fait paraître, dans le genre du roman : *Les veillées des Antilles* (1821) ; — *L'atelier d'un peintre* (1833) ; — *Le salon de lady Betty* (1836); — *Violette* (1839). Pour la jeunesse, elle a écrit : *Contes en prose pour les enfants* (1840) ; — *Les anges de la famille* (1850); — *Jeunes têtes et jeunes cœurs* (1855). Ces contes ont été réunis et publiés en 2 volumes (1865). Mme Desbordes-Valmore a collaboré à de nombreuses publications : *Le Conteur* ; *La couronne de Fleurs* ; *Les femmes de Shakspeare* ; *Le Keepsake parisien* ; *Les beautés de Walter Scott*, etc. Elle est décédée, à Paris, le 23 juillet 1859.

DESCAT (Constantin), né à Roubaix (Nord), le 2 mai 1812. Fils du fondateur d'un établissement de teinture et d'apprêt sur tissus devenu célèbre sous la raison sociale « Descat-Crouset, » il fut associé, dès 1830, aux travaux de son père; et, en 1844, il prit avec ses frères la direction de cette importante maison. L'établissement de MM. Descat frères alla toujours en florissant et remporta des médailles d'or et d'argent aux expositions de Paris et de Londres. Ses directeurs furent successivement honorés de la décoration. M. Constantin Descat, membre de la Chambre consultative des arts et manufactures et du Conseil municipal de Roubaix depuis 1855, adjoint au maire de cette ville en août 1860, fut élu conseiller-général du Nord en 1861. Maire de Roubaix en juillet 1867, il fut révoqué le 7 février 1871, malgré les protestations unanimes de la Commission municipale, par M. P. Bert, préfet envoyé par M. Gambetta, et qui fut lui-même révoqué, quarante-huit heures plus tard par le gouvernement de Paris. Le motif de la révocation de M. Constantin Descat fut d'avoir prévenu ce préfet éphémère que, dans les élections qui allaient s'ouvrir le lendemain, il suivrait en tous points les instructions du gouvernement de Paris et non celles du gouvernement de Bordeaux. Il fut remplacé par M. Derégnaucourt qui, délégué par la Commission municipale pour porter la protestation à la préfecture, revint à Roubaix sa nomination en poche. Le lendemain, M. Constantin Descat fut élu membre de l'Assemblée nationale par 210,305 suffrages. Il a reçu la croix de la Légion d'Honneur à l'Exposition univerelle de 1855.

DESCHAMPS (Charles-Frédéric), né à Rouen (Seine-Inférieure), le 8 mai 1809. M. Deschamps est une des lumières du barreau rouennais et l'un des citoyens les plus estimés de la Normandie. Avocat, il a été neuf fois le bâtonnier de son Ordre près la Cour de Rouen. Citoyen, il a rempli, après la révolution de Février, les fonctions de commissaire-général de la République dans la Seine-Inférieure ; et il est aujourd'hui membre et vice-président élu du Conseil général de ce département et membre du Conseil municipal de Rouen. Écrivain, il est auteur de plusieurs œuvres littéraires, notamment d'œuvres dramatiques en vers et en prose représentées sur les théâtres de Rouen : *La Vendéenne*, opéra en 5 actes, musique de M. Mailliot (1858) ; — *Bohême en Normandie*, comédie en 5 actes, en vers (1859) ; —*M. Lombard, ou J'ai bien le temps*, comédie en 1 acte, en vers (1861) ;—*Les deux millionnaires*, comédie en 4 actes, en prose (1862); — *Le testament du mari* (5 actes, en prose, 1865). Il vient de faire paraître un nouveau drame en cinq actes et en vers, tiré de Shakspeare, intitulé : *Sœur Isabelle* (1873). M. Deschamps a été président de l'Académie des sciences, belles-lettres et arts de cette ville. Il a été nommé chevalier de la Légion d'Honneur le 15 août 1866.

DESCHAMPS (Émile), né à Bourges, le 20 février, 1791. Son père, après avoir été directeur des domaines et receveur-général dans le Berry, avait obtenu, à Paris, une des principales places dans l'administration de l'enregistrement, et s'était entouré d'hommes d'élite connus dans les sciences, les lettres et les arts. M. Émile Deschamps vint terminer ses études à Paris. Dès 1812, il composait sur les bancs de sa classe une ode patriotique : *La paix conquise*, qui fut remarquée par l'empereur. Il entra ensuite dans l'administration dont son père était un des chefs. Au retour des Bourbons, il fut inquiété par la police, pour avoir travaillé aux fortifications de Vincennes, et offert, aux noms des habitants, une Épée d'honneur au brave défenseur de la place, le général Daumesnil. En 1818, il débutait dans la littérature par deux comédies en vers, avec Henri Delatouche pour collaborateur : *Selmours de Florian* et *Le tour de faveur*. Bientôt s'engagea la lutte des classiques et des romantiques. Le salon de son père fut un asile pour la jeune poésie. La propagande du salon débordait dans un recueil, la *Muse française* qu'avaient fondée les novateurs. Émile Deschamps s'y cachait sous le pseudonyme du *Jeune moraliste*, y publia diverses œuvres poétiques et une série d'articles qu'il réunit, en 1826, sous le titre : *Le jeune moraliste du XIXe siècle*. Ses *Études française et étrangères* (1828), lui valurent la décoration de la Légion d'Honneur. C'est le recueil complet des poésies de tout genre de l'auteur. M. Deschamps a rendu son nom populaire en semant, dans une foule de revues et de recueils, des nouvelles et des écrits, tels que : *Appartement à louer ; Une matinée aux Invalides; Paul*

Biogr. nat. 12

Réné ; *Mea culpa*, etc. Il a donné, à beaucoup de journaux, des articles de critique littéraire et archéologique, des tableaux de mœurs, etc. Ses principales œuvres sont des traductions en vers de *Roméo et Juliette* (1839), et de *Macbeth* (1844) ; cette dernière pièce fut représentée plus de cent fois à l'Odéon. Outre le libretto de *Stradella*, écrit en collaboration avec M. Em. Pacini, pour Niedermeyer, bon nombre de ses compositions ont été mises en musique par les maîtres de l'époque, Rossini, Bellini, Mme Malibran, etc. Avec M. Blaze, il a traduit, en 1834, le *Don Juan* de Casti ; et l'on assure qu'il a travaillé au poëme des *Huguenots*, de Scribe. M. Emile Deschamps, outre ses *Poésies des Crèches* (1852) et plusieurs pièces de circonstance, a publié deux grandes œuvres poétiques : *Morte pour les amuser* et *Malheur aux victorieux*, inspiration lyrique dédiée à Lamartine. Il est décédé, à Versailles, le 25 avril 1871.

DESCOURS (Laurent), né à Lyon (Rhône), le 20 janvier 1814. Il se consacra d'abord au commerce et à la finance. Agent de change à Lyon en 1845, il ne tarda pas à se placer au premier rang dans sa Compagnie, dont il a été le syndic depuis 1852 jusqu'en 1867, époque où il s'est retiré avec le titre de syndic honoraire. M. Descours est entré en 1846 au Conseil municipal de Lyon, et s'est activement associé à la régénération de cette grande cité, sous l'habile administration du sénateur Vaïsse, préfet du Rhône. Membre du Conseil général du Rhône en 1855, député au Corps législatif en 1857, président du Comice agricole de Givors en 1858, il a été réélu député en 1863 et 1869. Il a été vice-président du Conseil général en 1864. A la Chambre, M. Descours a fait preuve, dans de nombreuses Commissions, notamment dans celle du budget, dont il a fait longtemps partie, d'une expérience consommée en matière de finances. Commandeur de la Légion d'Honneur depuis le 13 août 1869, il est aussi chevalier de l'ordre des Saints-Maurice et Lazare de Sardaigne, et commandeur de Notre-Dame de Guadalupe du Mexique.

DESDEVISES DU DEZERT (Théophile-Alphonse), né à Coutances (Manche), le 20 juillet 1822. Il a fait ses études à Caen et à Rennes, où il eut pour professeur le savant M. Lehuérou, qui lui donna le goût de l'enseignement historique. Prix d'honneur de rhétorique, en 1840, licencié ès lettres, en 1843, il a enseigné l'histoire pendant vingt-quatre ans, à Blois, Evreux, Bordeaux (seconde chaire), Brest, Limoges, Angers, Douai et Tours. Reçu le premier à l'agrégation d'histoire dans le concours de 1849, officier de l'Instruction publique, en 1857, docteur ès lettres de la Faculté de Paris, en 1863, après des épreuves remarquées, il révéla son aptitude à l'enseignement supérieur par un cours public fait à l'Hôtel-de-Ville de Tours, en 1864 et 1865, et par sa participation à l'enseignement supérieur des jeunes filles, dans la même ville, en 1867 et 1868. Appelé, en 1868, à la chaire d'histoire de la Faculté des lettres de Clermont-Ferrand, titulaire, en 1870, il a, l'un des premiers en France, joint à son cours d'histoire un cours de géographie, qui a été bien accueilli du public.

On lui doit : *Programme d'histoire universelle d'après le plan d'études* (1857, 2e édit., 1860) ; — *Géographie ancienne de la Macédoine* ; — *Erasmus Roterodamus morum et litterarum vindex*, thèses (1863) ; — *Discours d'ouverture du cours d'histoire à la Faculté des lettres de Clermont-Ferrand* (1869) ; — *Rapport sur le prix académique de 1000 francs*, à l'Académie de Clermont, pour le concours de 1869 (1870). M. Desdevises du Dezert est membre des Sociétés savantes du Calvados, de l'Allier, de la Haute-Loire, etc.

DESEILLIGNY (Alfred PIERROT), né à Paris, le 9 mai 1828. Il fit de solides études sous la direction de son père, proviseur du lycée Louis-le-Grand, se fortifia particulièrement dans les sciences industrielles, et prit, en 1853, sous M. Schneider, son oncle, dont il épousa la fille en 1858, la direction de l'usine du Creusot. Dans l'exercice de ses importantes fonctions, il sut, par son active sollicitude, s'attirer l'affection d'une population considérable presque exclusivement composée d'ouvriers. On lui doit un excellent ouvrage philanthropique, qui a remporté un prix de 3,000 fr. à l'Académie des sciences morales et politiques en 1867. Au commencement de l'année 1867, il fut nommé administrateur-délégué de l'usine de Decazeville, dont il sut habilement développer les houillères, et à laquelle il rendit une prospérité nouvelle. M. Deseilligny, déjà député de l'Aveyron au Corps législatif en 1869, et réélu membre de l'Assemblée nationale le 8 février 1871, est inscrit aux Réunions du Centre-Gauche et du Centre-Droit. Il a été, en 1872, rapporteur de la Commission du budget pour les impôts restant à voter. Plusieurs de ses discours, relatifs à la fabrication des armes de guerre par l'industrie privée, à l'impôt sur les matières premières, à l'impôt sur le chiffre des affaires, ont éveillé l'attention publique. Il est conseiller général de son département depuis le 8 octobre 1871.

DES ESSARTS (Alfred-Stanislas LANGLOIS), né à Paris, le 9 août 1812. M. Alfred Des Essarts, après de brillantes études au collège Henri IV, a débuté fort jeune dans la carrière des lettres. Il s'est occupé de journalisme, de poésie, et a collaboré à la plupart des publications de ce temps. Trois fois lauréat de l'Académie française, en 1841, 1843 et 1847, pour les concours de poésie, il a publié deux volumes de vers : *Les chants de la jeunesse* (1847) ; — *La comédie du monde* (1851). Comme auteur dramatique, il a donné la *Ligue des amants*, au Théâtre-Français, et la *Noix dorée*, au Vaudeville. Pendant dix ans il a rédigé le feuilleton des théâtres à l'*Echo français*. Ses principaux romans, recommandables par une morale élevée et pure, et par un style toujours élégant et châtié, sont : *Le Lord Bohémien* ; *Une perle dans la mer* ; *Valentin* ; *Le champ de roses* ; *Marthe* ; *Roquefeuille* ; *Les masques d'or* ; *L'enfant volé* ; *Le roman des mères*, etc. Ses recueils de nouvelles les plus estimés ont été les *Contes Pompadour*, les *Récits légendaires*, les *Fêtes de nos pères* ; *Souffrir, c'est vaincre*, etc. En dehors de la littérature proprement dite, il a publié deux ouvrages importants : *Les hommes de la* *guerre d'Orient* et *La galerie des grands peintres*. M. Des Essarts, attaché depuis longues années à la bibliothèque Sainte-Geneviève, a reçu la croix de la Légion d'Honneur en 1868.

DES ESSARTS (Emmanuel-Adolphe LANGLOIS), né à Paris, le 2 août 1839; fils du précédent. Lauréat du lycée Napoléon et des concours généraux, il fut admis à l'Ecole normale supérieure en 1858, et en sortit agrégé des lettres en 1861. D'abord professeur de rhétorique à Avignon, il passa successivement, en la même qualité, aux lycées de Moulins, d'Orléans, de Nancy, et, en dernier lieu, de Nîmes. En 1871, il prit le grade de docteur ès lettres à la Faculté de Paris, avec une thèse sur l'*Histoire mythologique* et une autre thèse sur *Milton*. M. Emmanuel Des Essarts, consacrant ses loisirs à des travaux littéraires, a collaboré à plusieurs grands journaux, la *Presse*, le *Rappel*, l'*Epoque*, etc., et aux principales revues périodiques, comme la *Revue moderne*, la *Revue française*, la *Revue contemporaine*, etc. Il a pris part à la rédaction des premières revues du quartier latin, du *Nain-jaune*, de la *Revue de l'Instruction publique*, du *Boulevard*, de la *Revue populaire*, de l'*Artiste*, de la *Revue du XIXe siècle*, de la *Gazette de Hollande*, de la *Petite Némésis*, de la *Revue anecdotique*, de l'*Illustration*, de l'*Univers illustré*, du *Paris-Magazine*, de la *Chronique*, de l'*Electeur libre*, de la *Gazette de Paris*, aux publications lilloises de MM. Mazure et Géry Legrand, etc. Lauréat de la Société des gens de lettres, alors qu'il était encore sur les bancs du collége, M. Emmanuel Des Essarts a publié: deux volumes de poésie : *Les Parisiennes* (1862), et *Les élévations* (1865) ; — *Voyages de l'esprit*, collection de ses principales études de critique et d'histoire (1869) ; — *L'Hercule grec*, ouvrage d'histoire mythologique (1871). Le jeune professeur a collaboré aux *Sonnets et Eaux-Fortes*, et aux deux *Parnasses contemporains* de Lemerre. Il garde actuellement (1872) en portefeuille une *Mythologie* presque achevée, des *Notes sur Tacite*, et un volume de *Poëmes sur la Révolution française*. M. Emmanuel Des Essarts a été récemment nommé à la chaire de littérature française près la Faculté des lettres de Dijon.

DESJARDINS (Arthur), né à Beauvais, le 8 novembre 1835. Brillant élève du lycée Louis-le-Grand, il remporta six prix au grand concours et obtint la licence ès lettres avant d'avoir fini ses classes. Il prit, coup sur coup, en 1858, les grades de docteur ès lettres et de docteur en droit; et la Faculté de droit de Paris lui décerna deux prix de licence et un prix de doctorat. M. Desjardins, entré dans la magistrature comme substitut à Toulon en 1859, devenu substitut à Marseille en 1862 et substitut du procureur-général à Aix en 1864, a été nommé successivement avocat-général et premier avocat-général, près la même Cour, en 1864 et 1869. Ses principales publications sont: *Essai sur les Confessions de saint Augustin*, et *De scientia civili apud Ciceronem* (thèses pour le doctorat ès lettres); — *De l'aliénation des biens de l'Etat*, ouvrage couronné par la Faculté de droit de Paris (1862);—*Les devoirs, essai sur la morale de Cicéron*, ouvrage couronné par l'Institut (1865), — *Les Etats-Généraux de 1355 à 1614*, ouvrage couronné par l'Institut (1871); — *Mirabeau jurisconsulte, Sieyès et le jury en matière civile*, discours prononcés à la rentrée de la Cour d'Aix. En juin 1871, le Comité libéral de Marseille, d'accord avec les Comités conservateurs, proposa à M. Arthur Desjardins une candidature à l'Assemblée nationale; mais, une circulaire ministérielle l'ayant mis en demeure d'opter entre cette candidature et ses fonctions de premier avocat-général, il pria les Comités marseillais de le rayer de leur liste. Les journaux et les recueils judiciaires ont reproduit un grand nombre de réquisitoires importants prononcés par ce magistrat, soit en matière civile, soit en matière criminelle.

DESJARDINS (Gustave-Adolphe), né à Sarreguemines (Moselle) le 25 août 1834. Il fit ses études classiques au lycée de Metz. Elève pensionnaire à l'Ecole des chartes, il fut reçu archiviste paléographe en 1856, et devint archiviste de l'Aveyron (1857-61), puis de l'Oise (1862-69). Il est actuellement (1873) archiviste de Seine-et-Oise et correspondant du ministère de l'Instruction publique pour les travaux historiques. M. Desjardins a publié: *Armoiries de la ville de Rodez* (1861); — *Evêques de Rodez aux IXe, Xe et XIIe siècles* (1863) ; — *Histoire de la cathédrale de Beauvais* (1865); — *Le Beauvaisis, le Valois, le Noyonnais et le Vexin-Français en 1789* (1869); — *Essai sur le cartulaire de l'abbaye de Sainte-Foi-de-Conques en Rouergue* (1872) ; — *Tableau de la guerre des Allemands dans le département de Seine-et-Oise* (1873).

DESJARDINS (Jacques-Jules-Abel), né à Paris, le 26 juillet 1814. Bachelier en droit, licencié et docteur ès lettres, agrégé d'histoire, M. Desjardins a d'abord professé au collége d'Angers (15 octobre 1843), puis à la Faculté des lettres de Dijon (22 janvier 1847) et à la Faculté de Caen (30 avril 1856). Il a été nommé professeur titulaire d'histoire et doyen de la Faculté de Douai le 3 février 1858. En 1852, il fut chargé d'une mission du gouvernement en Italie; et, en 1854, il retourna à Florence pour se livrer à des recherches dans les archives de cette ville ; les *Négociations diplomatiques de la France avec la Toscane*, qui forment quatre volumes de la *Collection des documents inédits de l'Histoire de France*, sont le fruit de ces laborieuses missions. M. Desjardins est officier de l'Instruction publique et correspondant du ministère pour les travaux historiques. Il a publié, indépendamment d'une thèse fort remarquée sur l'*Empereur Julien*, une *Etude sur saint Bernard* (1849), une *Vie de Jeanne Darc* (1854), l'*Esclavage dans l'antiquité* (1857), et un certain nombre de travaux présentés à l'Académie des inscriptions et insérés dans le *Recueil des mémoires des savants étrangers*. Chevalier de la Légion d'Honneur depuis le 10 janvier 1854, et promu officier du 27 août 1867, il est aussi chevalier de l'ordre des Saints-Maurice et Lazare d'Italie.

DESJARDINS (Ernest), né à Noisy-sur-Oise (Seine-et-Oise), le 30 septembre 1823; frère du précédent. A suivi également la carrière de l'enseignement. Successivement professeur d'histoire à Angers, à Dijon, à Alençon et à Mâcon. Appelé, en la même qualité, au lycée Bonaparte en 1856, il est devenu maître de conférences à l'Ecole normale supérieure en 1861. M. Desjardins a fait cinq voyages en Italie, de 1852 à 1864, et y a rempli trois fois des missions scientifiques qui ont amené des découvertes importantes pour l'histoire et l'archéologie. C'est à la suite d'une de ces missions qu'il fut nommé, en 1860, membre et secrétaire de la Commission chargée de publier les œuvres complètes et la correspondance du savant Borghesi, dont les manuscrits avaient été acquis par le gouvernement français. En 1862 et 1863, il a voyagé en Egypte, en compagnie d'Auguste Mariette, et a rapporté de cette excursion les éléments d'une histoire pharaonique. M. Desjardins a été nommé, en 1859, maître de conférences de Madame la princesse Clotilde Napoléon. Il est membre de la Commission centrale de la Société de géographie, de l'Institut d'Egypte et de plusieurs Académies de province. Il a publié depuis 1857 les *Comptes rendus des séances de l'Académie des inscriptions et belles-lettres* (8 vol.). On lui doit en outre : un *Atlas de géographie ancienne de l'Italie* (1852); — *De tabulis climentariis* et un *Essai sur la topographie du Latium* (1854); — *Voyage d'Horace à Brindes* (1855); — *Parme, les antiquités, le Corrége*, etc. (1856); — *Le Pérou avant la conquête espagnole* (1858); — *Aperçu historique sur les embouchures du Rhône*, avec 21 cartes (1866); — plusieurs mémoires lus à l'Institut et de nombreux articles insérés au *Moniteur universel* et dans diverses publications scientifiques. Chevalier de la Légion d'Honneur depuis le 29 décembre 1860, M. Desjardins est aussi chevalier de l'ordre des Saints-Maurice et Lazare d'Italie, et décoré du Nichan de Tunis (2e classe).

DESLYS (Charles), né à Paris en 1821. Élève du collége Charlemagne et lauréat du concours général, il employa les premières années de sa jeunesse à voyager et à écrire. Le succès des *Bottes vernies de Cendrillon* (1846) et de la *Mère Rainette* (1847) décida de sa vocation pour les lettres. Après la révolution de 1848, il rédigea, à Arras, le *Progrès du Pas-de-Calais* jusqu'en 1850, puis revint à Paris et fit le feuilleton des théâtres dans le journal le *Crédit*. Mais, laissant bientôt la critique, il se remit au roman que, depuis lors, il n'a plus quitté. On a de lui : *la Millionnaire, Nos Grisettes* (1851); *Mlle Bouillabaisse et Rigobert le Rapin* (1852); *Quentin le Forgeron, la Jarretière rose* (1853); *Fanfan la Tulipe, l'Aveugle de Bagnolet* (1853); *le Naufrage de la Méduse, un Zouave, la Fille de Marie Rose* (1854); *la Case normande* (1855); *Simples récits* (1856); *la Loi de Dieu, les Compagnons de minuit* (1857); *Ma tante Jeanne, le Mesnil au bois* (1858); *les Vêpres milanaises, la Marchande de plaisirs* 1859); *l'Héritage de Charlemagne* (1860); *les Diables rouges, le Petit piémontais* (1861); *le Canal Saint-Martin* (1862); *le Roi d'Yvetot* (1863); *les Récits de la grève*, ouvrage couronné par l'Académie française, et *la Majorité de Mme Bridot* (1864); *les Compères du Roy* (1865); *le Rachat du passé, Henriette* (1866); *les Buttes Chaumont* (1867); *Marie Guillaume ou l'Ami du village* (1868); *la Maison du Bon Dieu* (1869). Tous ces romans et quantité de nouvelles d'un sentiment exquis, d'une moralité charmante, ont été publiés dans divers journaux et revues, notamment: le *Courrier français*, la *Patrie*, le *Constitutionnel*, la *France*, les deux *Moniteurs*, le *Journal Officiel* ; puis, en volumes, dans les collections Hachette, Dentu, Cadot, etc. Comme œuvres dramatiques, M. Ch. Deslys a donné : *les Fiançailles*; *des Roses*; *la Ferme de Kolmoure*; *Flore et Zéphyr*, opéras-comiques; *le Pont-Rouge*; *le Clos-Pommier*; *le Casseur de pierres*, et plusieurs autres drames en collaboration avec MM. Decourcelles, Barbara et Amédée Achard.

DESMIT (Alexandre-Louis-Benjamin), né à Dunkerque, le 27 novembre 1812. Ses parents étant allés s'établir à Anvers, il étudia la peinture sous M. J. Van Brée à l'Académie royale des beaux-arts de Belgique, où il entra en 1825. Inscrit aux cours spéciaux, il y remporta quatre médailles, de 1831 à 1833 ; et, en 1839, il fit admettre à l'exposition des beaux-arts de Paris un *Mariage à l'Etat civil sous la minorité de Louis XV*. Tant qu'il habita Anvers, il figura avec succès dans les expositions de Belgique et de Hollande, à la Haye particulièrement, où il était considéré comme peintre flamand et cité comme tel dans les catalogues et les ouvrages de critique. De retour à Dunkerque en 1849, M. Desmit a été nommé, en 1850, professeur de l'Ecole communale de dessin et de peinture de cette ville. Il s'est attaché à faire de bons élèves, dont plusieurs ont été admis aux expositions de Paris et d'autres grandes villes. Parmi ses œuvres exposées, on cite: *Jean Bart capturant une frégate hollandaise*, tableau qui a été admis au Salon d'honneur en 1857. Depuis cette époque, M. Desmit a figuré constamment aux expositions de Paris et de l'étranger. Le nombre de ses œuvres en circulation s'élève à près de deux cents, tant en tableaux d'histoire que tableaux de genre et portraits.

DESNOIRESTERRES (Gustave Brisoys), né à Bayeux (Calvados), le 20 juin 1817. Il débuta, dans la carrière littéraire, par un roman, *La pensionnaire et l'artiste* (1839), que publia le *Journal général de France*, et fonda, bientôt après, un recueil mensuel, *La Province et Paris* (1841-1842). A partir de cette époque, il collabora à divers journaux parisiens, tels que le *Globe*, le *Commerce*, la *Semaine*, la *Mode*, l'*Ordre*, la *Revue de Paris*, la *Revue française*, etc. Les publications qu'il a fait paraître peuvent être divisées en deux catégories: les œuvres d'imagination, et celles qui sont le fruit de ses recherches sur le XVIIIe siècle. Parmi les premières on distingue : *La Chambre noire* (1843); — *Jarnowick* (1844); — *Entre deux amours*; *Mademoiselle Zacharie* (1845); — *Un amour en diligence* (1853); — *Les talons rouges* (1854). Citons maintenant la seconde, série d'études à laquelle appartiennent les *Originaux* publiés par la *Revue française* de 1855 à 1858 ; *Les Cours galantes* (1859-1861, tom. I et IV) sont la vivante peinture de la haute société dans la seconde moitié du règne de Louis XIV, et peuvent servir d'introduction au plus important ouvrage de l'auteur, *Voltaire et la société française au XVIII° siècle*, dont chaque volume a son titre particulier : *La jeunesse de Voltaire* (1867) ; — *Voltaire à Cirey* (1868) ; — *Voltaire à la Cour* (1869) ; — *Voltaire et Frédéric* (1870) ; — *La musique française au XVIII° siècle: Gluck et Piccini*, qui se relie à la même époque et aux mêmes travaux (1872). — *Voltaire aux Délices* (1873). Enfin. M. Desnoiresterres a publié une *Étude* sur le romancier Balzac (1851), une édition annotée du *Tableau de Paris* de Mercier (1853), précédée d'une notice sur cet écrivain original ; et le théâtre du Vaudeville a représenté une comédie de lui : *Monsieur Prosper* (1861). Il est chevalier de la Légion d'Honneur depuis 1869.

DESNOYERS (Jules-Pierre-François-Stanislas), né à Nogent-le-Rotrou, le 8 octobre 1800. M. Desnoyers se consacra à l'étude de l'archéologie, de l'histoire et de la géologie. Secrétaire de la Société d'histoire naturelle de Paris en 1825 et de la Société géologique de France en 1831, il fut nommé, en 1833, aide-naturaliste de géologie au Muséum d'histoire naturelle, puis en 1834, bibliothécaire du même établissement. Depuis l'origine, en 1834, jusqu'à ce jour, il a fait partie du Comité créé, au ministère de l'Instruction publique, pour la publication des documents inédits relatifs à l'histoire de France. Il est secrétaire de la Société de l'histoire de France depuis sa fondation en 1833. M. Desnoyers est auteur de nombreux travaux, dont plusieurs sont restés inédits : *Histoire du décroissement et de la destruction totale du paganisme dans les provinces de l'Empire d'Occident*, ouvrage honoré, par l'Académie des inscriptions et belles-lettres, ensuite d'un concours, d'une mention très-honorable (1832) ; — *Histoire des incursions des Arabes d'Asie et d'Afrique en Italie et dans les îles qui en dépendent*, ouvrage qui a remporté, en 1838, le prix proposé sur ce sujet par la même Académie. Il a, de plus, fourni des travaux étendus à diverses publications périodiques : *Mémoire sur la craie et les terrains tertiaires du Cotentin* (*Mémoires de la Société d'histoire naturelle de Paris*, 1825) ; — *Observations sur quelques systèmes de la formation oolithique du nord-ouest de la France* (*Annales des sciences naturelles*, 1825) ; — *Observations sur un ensemble de dépôts marins plus récents que les terrains tertiaires du bassin de Paris* (*Annales des sciences naturelles*, 1829) ; — *Sur les cavernes et brèches à ossements des environs de Paris* (*Comptes rendus des séances de l'Académie des sciences*, 1842) ; — *Recherches sur les cavernes* (*Dictionnaire universel d'histoire naturelle*, 1845 et 1867) ; — *Observations sur les terrains tertiaires du nord-ouest et de l'ouest de la France* (*Bulletin de la Société géologique*, 1852 et 1855) ; — *Recherches sur la coutume d'exorciser les insectes et autres animaux nuisibles à l'agriculture* (1853), et *Recherches sur le sort des enfants trouvés en France antérieurement à saint Vincent de Paul* (1856), dans le *Bulletin du Comité historique* ; — *Sur des empreintes de pas d'animaux dans le gypse des environs de Paris* (1859) ; — *Sur des indices matériels de la coexistence de l'homme avec l'Elephas meridionalis dans un terrain des environs de Chartres* (1863), etc. Entre autres *Mémoires* sur des sujets historiques M. Desnoyers a publié une suite de recherches sur la *Topographie ecclésiastique de la France pendant le Moyen Age et dans les temps modernes jusqu'en 1790*, dans l'*Annuaire historique* de la Société de l'histoire de France (1853-1863) ; — et 39 *Rapports annuels* sur les travaux de cette Société (1834-1872). Il a remplacé Biot, le 27 mars 1862, à l'Académie des inscriptions et belles-lettres, et a reçu la croix de la Légion d'Honneur le 2 juin 1857.

DESPOND (Marie-Anatole), né à Orléans, le 24 août 1840. Il commença ses études classiques à Gien, les continua à l'institution de la Chapelle-Saint-Mesmin, et les termina au lycée d'Orléans. Puis il étudia le droit à Paris, où il fit également son stage d'avocat, pendant lequel il fut l'un des secrétaires de M. Dufaure. En 1868, il quitta Paris pour prendre place au barreau d'Orléans. Cédant à de vives instances, il accepta, le 14 septembre 1870, les fonctions de sous-préfet de l'arrondissement de Gien. Quand la ville de Gien fut occupée par l'ennemi (8 décembre), il ne déserta pas son poste. Deux fois arrêté, pour avoir refusé d'obéir aux divers ordres des généraux allemands et protesté contre les abus de la force dont il était le témoin, il fut, la seconde fois, conduit à Orléans et transporté en Allemagne, par ordre du prince Frédéric-Charles. Le 9 janvier 1871, il fut enfermé dans la forteresse de Weichselmünde (près de Danzig), où il resta jusqu'au 23 février. Remis alors en liberté, et rentré en France aussitôt, il y apprit que son nom, mis en avant, malgré son absence, par les électeurs de l'arrondissement de Gien, à la votation du 8 février 1871, pour l'Assemblée nationale, son nom avait réuni 26,536 suffrages spontanés dans le département du Loiret, deux mille voix seulement de moins que le dernier candidat élu. La paix étant signée, et un gouvernement régulier établi, il ne crut pas devoir reprendre les fonctions administratives que la crise politique et la guerre lui avaient seules fait accepter. Elu par le canton de Gien, lors du renouvellement partiel des Conseils généraux, en 1870, M. Anatole Despond a été réélu conseiller général du Loiret, par 1,709 voix sur 1,815 votants, le 8 octobre 1871.

DESPORTES (Eugène-Henri), né au Mans, le 8 juillet 1782. Reçu docteur à Paris au mois de juillet 1808, il s'y fit une clientèle, tout en poursuivant des travaux scientifiques, et fut élu membre de l'Académie de médecine en 1822. On doit au docteur Desportes des études approfondies sur des sujets peu ou mal connus et qui ont été en silence ou ouvertement employés par divers travailleurs du monde médical et scientifique : *De l'action de la noix vomique sur l'économie animale*, thèse pour le doctorat, dont l'idée et le développement essentiellement expérimental ont prêté, plus d'une fois, quelque idée aux lecteurs ; — *Traité sur l'angine de poitrine* (1811) ; — *Conspectus des pharmacopées de Dublin, d'Édimbourg, de Londres et de Paris*, suivi d'une *Appendice* relatif aux pharmacopées de Berlin, Saint-Pétersbourg,

Copenhague, Stockholm, Vienne et Philadelphie, ouvrage fait en collaboration avec M. F. S. Constancio (1820); — puis dans la *Revue médicale* : *Recherches expérimentales sur l'empoisonnement lent par l'acétate de morphine* (1824); — *Notes* sur l'*Inflammation de la moelle épinière* (1825) et sur la *Varioloïde* (1826); — *Considérations pathologiques et médico-légales sur l'excitation vénérienne* (1829); — *Les Pigons domestiques* (tome XL° du *Dictionnaire des sciences naturelles* par plusieurs Professeurs du Jardin du Roi, etc., (p. 377 - 452), travail tout ou principalement fondé sur des expérimentations dont il est indiqué plusieurs.

DESPRÉS (Armand), né à Paris, le 13 avril 1834. Fils d'un ancien chirurgien des hôpitaux et filleul d'Armand Carrel, il commença ses études médicales à la Faculté de Paris, en 1855. Interne des hôpitaux en 1857, docteur en 1861, il fut nommé chirurgien des hôpitaux en 1864, et agrégé de la Faculté de médecine de Paris en 1866. M. le docteur Després a collaboré à la *Gazette des Hôpitaux*, de 1862 à 1864. Il était l'élève préféré de Velpeau, qui lui a légué, en mourant, la moitié de sa splendide collection d'instruments de chirurgie. On lui doit, entre autres ouvrages : un *Traité complet de l'Erysipèle* (1862); — un travail sur les *Tumeurs des muscles* (1866); — *Traité du diagnostic des tumeurs* (1868); — *Traité de l'infection syphilitique* (1873). Il a publié, en 1867, le *Dictionnaire de thérapeutique médico-chirurgicale*, dans lequel il s'était chargé de tout ce qui concernait la chirurgie. M. Després est membre de la Société de chirurgie et de plusieurs autres Sociétés savantes. En 1870, il est parti, pour la durée de la guerre, comme chirurgien en chef de la 7° ambulance de la Société française de secours aux blessés, qui a servi à Sedan, Thionville et Metz, a été attaché à l'armée de la Loire. Le rapport de cette campagne est inséré dans le *Bulletin* n° 9 *de la Société de secours aux blessés*.

DESPREZ (Charles-Louis-Emilien), né à Maisons-Alfort (Seine), le 17 septembre 1818. Il est le fils d'un horticulteur distingué, mort en 1849, qui se rendit célèbre par l'admirable collection de roses qu'il sut créer à Yèbles (Seine-et-Marne), produisit notamment certains sujets encore à la mode ; tels que la *Noisette Desprez*, la *Baronne Prévost*, le *Carmin d'Yèbles*, et reçut une médaille d'or de la Société d'agriculture de Seine-et-Marne. M. Charles Desprez fit ses études au collège Louis-le-Grand, et prit le grade de bachelier ès lettres en 1837. Ecarté de la plupart des carrières actives par une surdité précoce, il se livra d'abord à la peinture, étudia le paysage dans les ateliers de J. Coignet et de Calame, et exposa divers tableaux aux Salons de 1848, 1849 et 1850. Le goût des voyages le prit alors, et il visita presque toute l'Europe, de 1850 à 1860, prenant partout des notes et des croquis. Curieux d'étudier les pays islamiques, il se rendit à Alger, en 1860, et l'attrait de cette colonie le détermina à s'y fixer définitivement. Tour à tour collaborateur de l'*Akhbar* et du *Courrier de l'Algérie*, M. Charles Desprez a aussi publié plusieurs livres: *Les eaux d'Ischia* (1833); — *Regain d'Italie* (1858); — *L'hiver à Alger* (1860, 3° éd., 1863); — *Menus propos sur Alger* (1864); — *Miscellanées algériens* (1865); — *Variétés algériennes* (1866); — *Alger naguère et maintenant* (1868); — *Voyage à Oran* (1872). Il a reçu une médaille d'argent de la Société de climatologie algérienne, et une grande médaille d'or de la Société des beaux-arts d'Alger.

DESPREZ (Claude), né à Bourdons (Haute-Marne), le 21 juin 1827. Il commença ses études classiques à Chaumont, les compléta à Sainte-Barbe et à Louis-le-Grand, entra à l'Ecole normale supérieure en 1848, et sortit agrégé de cet établissement au mois de septembre 1851. Puis il fut appelé successivement, comme professeur, dans les lycées de Chaumont (1851), Angers (1852), et Versailles (1858). Nommé inspecteur d'Académie dans le Jura en 1867, il est passé, en la même qualité, dans le département de la Haute-Marne en 1868. A côté et en dehors de ses devoirs professionnels, M. Desprez a travaillé constamment au succès d'une œuvre qui s'étend et se propage à ce point qu'elle est au moment d'embrasser la France tout entière : celle des *Bibliothèques scolaires*, dont l'idée première lui est venue, en 1847, alors qu'il suivait les cours de M. Michelet au Collège de France. Ambitieux de voir la France, qui paraissait encline à de certaines faiblesses, à de certains amollissements, se maintenir dans sa supériorité morale et intellectuelle, il publia, en 1856, un programme d'enseignement populaire consistant en ceci : mettre sous les yeux des habitants des villes et des campagnes les grands exemples tirés de notre histoire, surtout ceux des hommes d'énergie appartenant à la génération de 1792 et à celles qui l'ont suivie. Dès avant, et pour bien retracer les actions de ses personnages, il en avait visité le théâtre, profitant de ses vacances annuelles pour parcourir la France et l'étranger. C'est à la suite de ces explorations qu'il publia, sous le titre de *Bibliothèque nationale* : *Les guerres de la Vendée* (1856); — *L'armée de Sambre-et-Meuse* (1856); *Kléber et Marceau* (1856); — *Lazare Hoche* (1858). Mais ces livres, d'un prix peu élevé, écrits de façon à captiver des lecteurs inexpérimentés, il fallait les mettre à la portée de ceux auxquels ils étaient destinés ; M. Desprez proposa au ministère de l'Instruction publique la création d'une bibliothèque dans chaque commune, sous la garde et la direction de l'instituteur. Cette idée, peu goûtée d'abord, a fait aujourd'hui son chemin. Voilà, sans nul doute, le plus grand des titres de M. Desprez à l'estime de ses contemporains. M. Desprez est officier d'Académie depuis 1857.

DESPREZ (Mgr Julien-Florian-Félix), né à Ostricourt (Nord), le 14 avril 1807. Mgr Desprez ressentit, dès la plus tendre enfance, un goût prononcé pour l'état ecclésiastique, fit ses humanités au collège royal de Douai, sa rhétorique au petit séminaire de Cambrai, étudia la philosophie et la théologie au grand séminaire de la même ville, reçut l'ordination en 1829, et fut aussitôt nommé vicaire à la cathédrale. Les habitants de Cambrai n'ont pas oublié le dévouement dont il fit preuve quand sévit l'épidémie cholérique de 1832. En 1834, il fut appelé à la desservance de Pont-à-Marcy, chef-lieu de canton de l'arrondissement de Lille ; et, en 1847, lorsque l'importance toujours croissante de Roubaix nécessita la division de cette ville en deux paroisses, il y fut chargé de la première cure, celle de Notre-Dame. Le gouvernement, ayant créé les évêchés coloniaux, dut s'assurer le concours de prélats familiers avec les besoins de la classe ouvrière, pour leur confier la direction spirituelle des noirs qui venaient d'être élevés à l'état d'hommes libres, et nomma M. l'abbé Desprez évêque de Bourbon (Réunion) le 12 juillet 1850. Premier évêque de cette colonie, il fut sacré le 5 janvier 1851. Quand il fut rappelé en France, le 18 mars 1857, pour occuper le siège épiscopal de Limoges, les quais d'embarquement regorgeaient d'une foule de toutes les conditions empressée de l'accompagner d'adieux qui, au dire des journaux de l'époque, rappelaient ceux des fidèles de Milet à l'apôtre saint Paul. Mgr Desprez, élevé à l'archevêché de Toulouse, par décret du 30 juillet 1859, et préconisé le 26 septembre suivant, a suivi avec une grande persistance le procès de canonisation de la bergère Germaine Cousin ; et l'on sait par quelles brillantes fêtes les fidèles toulousains ont célébré cette canonisation. En ce moment, il se prépare à faire reprendre, à l'aide des fonds considérables recueillis par ses soins, les travaux nécessaires pour l'achèvement de la cathédrale, et dont les malheurs des temps ont suspendu l'exécution. Il est prélat assistant au trône pontifical depuis le 28 mars 1854. Mgr Desprez, nommé chevalier de la Légion d'Honneur, le 16 décembre 1854, a été promu officier de l'Ordre le 14 août 1868.

DESPREZ (Louis), né à Paris, le 7 juillet 1799. Elève de Bosio, il remporta, à l'Ecole des beaux-arts, le second prix de sculpture en 1822, et le premier prix en 1826. De l'Ecole française, il envoya un bas-relief : *Les bergers d'Arcadie*, placé, en 1829, sur le monument élevé à Rome en mémoire du Poussin. La statue de l'*Innocence* (marbre), achetée par Louis-Philippe, placée au château de Neuilly, et détruite en 1848, a valu à son auteur une médaille de 2ᵉ classe, et un prix spécial de l'Académie des beaux-arts. Depuis, M. Louis Desprez a produit : *La Force* (marbre, 1834), pour la Chambre des députés, et, à la même époque, une magnifique reproduction du *Moïse* de Michel Ange, qui a obtenu un notable succès, et dont six répétitions destinées à divers musées de France, furent demandées à l'auteur ; — *Le général Foy* (marbre), à la Chambre des députés, la statue du *Puget*, à l'Institut, un *saint Mathieu* colossal, à l'église de la Madeleine, *Maurice de Sully* et *Frochot*, à l'Hôtel-de-Ville (1837) ; — la *Diane au bain*, bronze si connu, placé aux Champs-Elysées (1845) ; — *Fléchier*, une des statues décoratives de la fontaine Saint-Sulpice, et deux *Sujets antiques*, au château de Dampierre (1826) ; — l'*Ingénuité* (marbre), au Salon de 1847 ; — *Jacques Desbrosses* (marbre, 1852) ; — *Brascassat* (buste marbre, 1869). M. Louis Desprez a exécuté beaucoup de bustes en marbre et en bronze. On lui doit notamment plusieurs *Bustes* d'hommes célèbres placés à Versailles, et les statues de *Bossuet, Bourdaloue et Germain Pilon*, en marbre, placées au nouveau Louvre. Il a remporté des médailles de 2ᵉ classe en 1831, de 1ʳᵉ classe en 1843 et 1847, une mention honorable à l'Exposition universelle de 1855, et a reçu la croix de la Légion d'Honneur en 1851. Sa dernière œuvre : *La séduction* (statue marbre) a figuré au salon de 1872. Il est décédé le 16 novembre 1870.

DESROUSSEAUX (Alexandre-Joachim), né à Lille, le 1ᵉʳ juin 1820. Dès 1836, il commençait à composer, en patois lillois, des chansons qui parurent par trois ou quatre, chaque année, sans nom d'auteur, et dont quelques-unes furent insérées dans le recueil de la Société chansonnière dite des *Fils de Béranger*, dont il faisait partie. Appelé sous les drapeaux en 1840, il servit sept ans dans le 46ᵉ de ligne, où il était spécialement chargé d'un cours de solfège. De retour dans ses foyers, il entra dans l'administration et devint chef de bureau à la mairie de Lille. Pendant son absence, plusieurs de ses chansons avaient acquis une grande vogue, notamment le *Spectacle gratis*, qu'à son retour il interpréta lui-même avec un succès étourdissant. C'est ce qui le décida à reprendre la plume ; et il composa, non pas dans un langage bas et trivial, mais en vraie langue du Nord, c'est-à-dire à peu près dans celle de Jéhan Froissart et de Philippe de Comines, une grande quantité de chansons qui sont devenues très-populaires. Citons au hasard : *Les Amours de Jeannette et de Girotte* ; — *La Braderie* ; — *L'Canchon dormoire* ; — *Manicour* ; — *Violette* ; — *L'habit d'mon grand'père* ; — *Le Vieux Cabaret* ; — *Le Petit Parrain*, etc. M. Desrousseaux, musicien très-remarquable, a composé la majeure partie des airs de ses chansons, qui presque tous, arrangés pour piano, harmonie et symphonie, sont au répertoire des musiques militaires françaises et belges, et ont aussi été publiés en quadrilles. Il a fait, en 1854, cinquante mélodies (*Sous les saules*) sur des paroles de M. C. Faucompré, et a également mis en musique les vers de plusieurs de ses amis. Depuis plus de vingt ans, M. Desrousseaux interprète lui-même ses productions, dans des concerts de bienfaisance, à Lille, Douai, Valenciennes, Arras, Saint-Omer, Calais, etc. Ses œuvres sont tellement populaires que plusieurs de leurs titres ont été adoptés, à titre d'enseignes, par des débitants, et qu'un faïencier de Sarreguemines en a emprunté les sujets pour illustrer quatre douzaines d'assiettes. Afin de faciliter la lecture de ses œuvres, M. Desrousseaux a fait précéder son premier volume d'une notice sur l'orthographe du patois lillois ; et son quatrième volume contient un vocabulaire dont les mots sont accompagnés de notes historiques, étymologiques ou curieuses, qu'on ne trouve nulle part ailleurs et qui intéressent vivement les amateurs de linguistique. Il est membre correspondant de la Société liégeoise de littérature wallonne ; il a reçu, de la Société des sciences de Lille, une médaille d'or en 1861, et les habitants de Seclin, ensuite d'un concert où il avait chanté *Le Café*, lui ont offert une magnifique cafetière en argent. Ses œuvres, avec portrait et musique, parues sous ce titre: *Chansons et pasquilles lilloises*, forment quatre volumes ; le cinquième est en cours de publication : 1er vol., 1851, 3e édit., 1865; 2e vol., 1855, 2e édit., 1869; 3e vol., 1857, 3e édit., 1869; 4e vol., 1865. M. Desrousseaux a publié, en outre, trois almanachs chantants intitulés : *Mes étrennes*, en 1859, 1860, et 1861.

DESSALLES (Jean-Léon), né au Bugue (Dordogne), le 18 mars 1803. Il se rendit à Paris, en 1822, pour y suivre les cours de droit ; mais cette étude ne lui sourit pas, et il s'occupa de littérature. Ayant fait la connaissance de M. Raynouard, secrétaire perpétuel de l'Académie française, qui préparait alors son *Lexique roman*, il travailla avec lui de 1825 à 1832, époque de son entrée aux Archives du royaume. Son nouvel emploi ne le sépara pas de M. Raynouard, dont il resta collaborateur ; et, après la mort de ce dernier (1836), il continua la publication du *Lexique roman*, qui ne fut terminé qu'en 1844. En entrant aux Archives, il avait conçu le projet de faire une histoire de l'ancien Périgord. A partir de 1840, il donna régulièrement des articles, sur l'histoire de cette contrée, aux annuaires et aux journaux qui s'y publient; et, quand il démissionna, en 1854, pour des raisons personnelles, le préfet de la Dordogne l'ayant chargé d'organiser les archives de ce département, il profita de ses nouvelles fonctions pour se consacrer particulièrement à cette entreprise. M. Dessalles a fourni des travaux d'érudition, de critique et d'histoire à divers journaux ou recueils de Paris, notamment deux articles au *Paris pittoresque*, sur les *Archives du royaume* et sur l'*Hôtel Soubise* (1837). Il a fait paraître : *Le mystère de saint Crespin et de saint Crespinien*, dans M. Chabaille (1836) ; — *Remarques sur les recherches de Gustave Fallot* (1840) ; — *Rapport sur les archives de l'ancien comté de Périgord* (1842) ; — *Périgueux et les deux derniers comtes de Périgord, ou Histoire des querelles de cette ville avec Archambaud VI et Archambaud VII* (1847); — *La rançon du roi Jean*, publiée dans les *Mélanges* de la Société des bibliophiles (1850); — *De l'administration en Périgord, des temps anciens à la fin du* XIIIe *siècle* (1858) ; — *Histoire du Bugue* (1858) ; — *De la langue et la littérature romanes* (1858) ; — *Etablissement du christianisme en Périgord*, chapitre de l'*Histoire du Périgord*, qui aura 4 volumes et dont l'auteur finit actuellement (1873) le second volume (1862). M. Dessalles a lu, à l'Académie des inscriptions et belles-lettres, en 1852, un mémoire : *Le trésor des chartes*, imprimé dans la *Collection des mémoires des savants étrangers*, et publié par cette Académie, en 1854. Il est membre de l'Institut historique, de la Société grammaticale (appelée plus tard l'Institut des langues), de la Société des antiquaires de France, et membre correspondant de l'Académie des sciences, inscriptions et belles-lettres de Toulouse, ainsi que de la Commission de la topographie des Gaules près le ministère de l'Instruction publique. Enfin, M. Dessalles a été lauréat de l'Académie des sciences, inscriptions et belles-lettres de Toulouse, en 1852, de l'Institut de France (prix Volney) en 1854, et de l'Académie des sciences, belles-lettres et arts de Bordeaux, en 1857. Il a pris sa retraite, comme archiviste de la Dordogne, en 1867.

DESSERTEAUX (François), né à Chalon-sur-Saône, le 22 octobre 1804. Il fit ses études classiques et son droit à Paris. Entré dans la magistrature, comme substitut à Dijon, en avril 1834, il devint successivement procureur du roi à Charolles, en 1835, puis à Mâcon, au mois de mai 1841, et substitut du procureur-général à Dijon en 1850. Nommé, au mois de mai 1854, conseiller à Besançon, il est passé, en la même qualité, à la Cour de Dijon, en 1865, et a présidé pendant 15 ans les assises dans les deux ressorts de ces Cours d'appel. M. Desserteaux, membre des Académies de Dijon et de Besançon et de plusieurs autres Sociétés savantes, a publié des traductions en vers de la *Jérusalem libérée* du Tasse (1855), et de 20 chants du *Roland furieux* de l'Arioste (1865). Il a reçu la croix de la Légion d'Honneur, le 14 août 1863, et les insignes de l'ordre de la Couronne d'Italie, le 17 janvier 1869.

DESTREMX DE SAINT-CHRISTOL (Léonce), né à Alais (Gard), le 5 décembre 1820. Son arrière-grand-père, Jacques Destremx, conseiller-secrétaire du roi près le Parlement de Metz, acheta en Languedoc la terre seigneuriale de Saint-Christol, Montmoirac et Montèzes, avec les droits et titres qui en dépendaient, et se consacra à l'agriculture ; son grand-père, forcé par les infirmités précoces de confier à d'autres la gestion de son magnifique domaine, se livra à l'étude des sciences naturelles et créa un jardin botanique bientôt célèbre par le nombre de ses plantes rares; son père, enfin, mousquetaire du roi, puis officier au 6e cuirassiers, quitta l'état militaire, en 1820, pour la culture et l'amélioration de son patrimoine ; et lui-même, suivant l'exemple de ses aïeux, il s'adonna tout entier à l'agriculture, réalisa d'importants progrès dans le domaine de Saint-Christol, créa un autre établissement agricole dans l'Ardèche, et remporta, en moins de sept années, 103 médailles dans divers concours régionaux du Midi, de Paris et de Poissy, la grande médaille d'or au concours du Gard en 1863, et la prime d'honneur du département de l'Ardèche en 1865. Membre du Conseil général de l'Ardèche pour le canton de Joyeuse, et maire de Lablachère, M. Léonce Destremx s'est fait le propagateur de l'instruction primaire et de l'instruction agricole, et a créé des cours d'adultes, des distributions de prix cantonales et des salles d'asile. Adversaire des candidatures officielles, il avait obtenu, aux élections de 1869, une importante minorité ; et, en février 1871, il est allé représenter le département de l'Ardèche à l'Assemblée nationale, où il a fait preuve de beaucoup d'esprit d'initiative et déposé d'importants projets de loi sur la répartition des charges imposées aux communes et aux départements pour l'organisation de la garde nationale mobilisée, le contingent de 1870, l'ordre de la Légion d'Honneur, etc. M. Destremx a fait paraître de nombreux articles dans les journaux et publié: *Légendes et chroniques du Languedoc* (1857) ; — *Essai d'Economie rurale et d'Agriculture prati-*

que (1861); — *Agriculture méridionale, le Gard et l'Ardèche* (1868). Membre de plusieurs Académies et de nombreuses Sociétés littéraires, agricoles et scientifiques, il est compté au nombre des agronomes qui ont le plus contribué au progrès de l'agriculture dans le midi de la France.

DETOUCHE (Laurent-Didier), né à Reims, (Marne), le 29 juillet 1815. Après avoir étudié le droit quelques années à Paris, il entra dans l'atelier de Paul Delaroche, où il resta trois ans, puis reçut des conseils de Robert Fleury. M. Detouche a exécuté plus de deux cents tableaux historiques et de genre, parmi lesquels il faut mentionner : *Saint Paul*, 1er *ermite*, son premier tableau, placé à la cathédrale de Reims (1840); *le Supplice de Jeanne Darc* (1841), musée d'Orléans; *Richelieu au siège de Pignerol* (1842), et son pendant : *Colbert à Dunkerque*; un *Christ sur la croix* et le *Martyre de sainte Eulalie* (1845), au ministère de l'Intérieur; *Sully à la Saint-Barthélemy* (1846), au musée de Reims; *le Joueur*, le *Satyre*, le *Passant* (1849); *Ambroise Paré et le duc de Guise* (1850); *la Danse aux écus*, et son pendant (1851), lithographiés tous deux ; *la Bataille de Reims* en 1814, au musée de Reims; *Bernard de Palissy brûlant ses meubles, la Mort du Corrège* (1856); *le Premier début de Lesueur*, compositeur de musique (1857); *Galilée et le doge Donato*, au musée de Carcassonne, et son pendant : *Christophe Colomb et Isabelle d'Espagne*, tous deux lithographiés ; *les Remords de Charles IX* (1859); *Rembrandt peignant sa leçon d'anatomie, Christophe Colomb, la veille de la découverte de l'Amérique* (1864), au musée de Reims; *le Dieu d'aujourd'hui et le Dieu d'autrefois*, pendants lithographiés; *la Tête de Coligny présentée à Charles IX et à la reine-mère*, composition importante, à Reims; *Catherine de Médicis chez Cosme Ruggieri, Jean Bart et l'amiral Ruyter* (1866); *les Fugitifs après la révocation de l'édit de Nantes* (1868); *le Médecin des enfants, la Madone flamande* (1869); *Primavera* (1870). Outre ces compositions, presque toutes historiques, M. Detouche a exécuté beaucoup de tableaux de genre et plusieurs portraits, parmi lesquels le portrait en pied du général Herbillon (1850), à l'hôtel de ville de Châlons-sur-Marne. On peut mentionner aussi une importante copie des *Noces de Cana*, de Paul Véronèse, placée à l'Hôtel de Ville de Reims, auquel elle avait été donnée par le gouvernement (1850). M. Detouche a obtenu une médaille en 1841. Il a publié une notice complète et intéressante sur la vie et les ouvrages de Paul Véronèse (1852).

DEULIN (Charlemagne, *dit* CHARLES), né à Condé-sur-l'Escaut (Nord), le 5 janvier 1827. Il fit ses études classiques dans sa ville natale et à Valenciennes, prit le grade de bachelier ès lettres, vint à Paris, où se consacra à la littérature. Il a donné au théâtre : *C'était moi*, opérette en 1 acte, musique de M. Debillemont (1860); — *Le petit cousin*, avec M. de Rochefort, musique du comte Gabrielli (1860); — *Bégaiements d'amour*, avec M. de Najac, musique de M. Grisar (1866). M. Charles Deulin a collaboré successivement à l'ancien *Figaro*, à l'*Opinion nationale*, à la *Gazette du Nord*, au *Monde illustré*, à la *Semaine des enfants*; rédigé la partie bibliographique dans le *Journal littéraire*; traité la question de l'enseignement dans la *Nation*; et fait les comptes rendus de théâtre à l'*Esprit public*, au *Globe*, à la *Nouvelle revue de Paris*, au *Journal pour tous*, à la *Revue française*, au *Paris-Caprice*, au *Public*, à l'*Annuaire de la Revue du XIXe siècle*. Il rédige actuellement le feuilleton dramatique du *Pays*, sous le nom de Ch. de la Mouselle. En 1868 il a publié : *Contes d'un buveur de bière* (5e éd., 1870); en 1869, il a fait paraître, dans le *Gaulois : Chardonnette*, et dans la *Patrie* et le *Journal de Paris*, une nouvelle série des *Contes d'un buveur de bière*. Ces deux ouvrages ont été reproduits en volumes. M. Charles Deulin est attaché, depuis 1871, à la Bibliothèque de l'Arsenal.

DEVALS (Jean-Ursule), né à Montauban, le 21 octobre 1814. Issu d'une honorable famille de commerçants en rouenneries, il suivit la carrière qui lui était naturellement indiquée, tout en s'occupant de recherches sur l'histoire et l'archéologie de son département. Ses goûts favoris ne tardèrent pas à prendre le dessus; et, en 1847, il abandonna le commerce pour se livrer exclusivement aux études historiques et archéologiques. On lui doit beaucoup de travaux estimés que nous ne pouvons citer tous, mais dont voici les principaux : *Monuments historiques de Montauban* (1841); — *Histoire de Montauban sous la domination anglaise* (1843); — *Mémoire sur la voie romaine de Toulouse à Cahors*, et *Rapport sur les antiquités de Cos* (1846); — *Histoire sur la juridiction des consuls de Montauban en matière criminelle* (1853); — *Histoire de Montauban* (t. 1er, 1854); — *Histoire de la ville de Nègrepelisse* (1862); — *Etudes sur les limites des anciens peuples qui habitaient le Tarn-et-Garonne et sur les voies antiques de ce département* (même année); — *Histoire de la ville de Montricoux* (1864); — *Mémoire sur les habitations troglodytiques* (1864); — *Etudes historiques et archéologiques sur le département de Tarn-et-Garonne* (1865); — *Albias et son territoire* (1869); — *Oppida primitifs et camps romains dans le Tarn-et-Garonne* (même année); — *Camps gaulois et romains dans les cantons de Lavit et Saint-Nicolas* (1872); — *Répertoire archéologique du département de Tarn-et-Garonne* (même année); — *Notes pour servir à l'histoire de la ville de Caylus* (1873), etc. En outre, M. Deval a collaboré à l'*Echo* et au *Courrier de Tarn-et-Garonne*, au *Conciliateur*, à l'*Annuaire de Tarn-et-Garonne*, à l'*Investigateur*, journal de l'Institut historique, aux *Annales archéologiques* de Didron aîné, aux *Mémoires* ou *Bulletins* du Comité historiques des arts et monuments, de la Société archéologique et de la Société des sciences, belles-lettres et arts de Tarn-et-Garonne, de la Société archéologique du midi de la France, de l'Académie des sciences, inscriptions et belles-lettres de Toulouse, et, enfin, à la *Revue archéologique* du midi de la France. Membre de plusieurs Sociétés savantes, correspondant du ministère de l'Instruction publique depuis 1845, il est archiviste de la ville de Montauban depuis 1852, et du département de Tarn-et-Garonne depuis 1862.

DEVERGIE (Marie-Guillaume-Alphonse), né à Paris, le 15 février 1798. Élève de Dupuytren, et d'abord interne, puis chef de clinique à l'Hôtel-Dieu de Paris, ensuite lauréat de la Faculté de médecine avec réception gratuite comme docteur, il a obtenu le diplôme de ce grade en 1823. Deux ans après, lors de l'institution des concours, il fut nommé professeur agrégé à la Faculté de médecine. C'est aussi par le concours qu'il a été attaché comme médecin aux hôpitaux de Paris. Successivement membre du Conseil de salubrité du département de la Seine, membre de l'Académie de médecine, dont il a été trois fois le secrétaire annuel, membre et secrétaire du Comité consultatif d'hygiène des hôpitaux de France, M. le docteur Devergie a professé avec éclat, pendant vingt ans, la médecine légale. Il a publié un *Traité de médecine légale et de toxicologie* qui a eu trois éditions. Attaché comme médecin à l'hôpital Saint-Louis en 1840, il s'y est livré, jusqu'en 1865, à l'enseignement des maladies de la peau, et a donné sur ces maladies un *Traité* qui en est aussi à sa troisième édition. Il a été l'un des principaux collaborateurs du *Dictionnaire de médecine et de chirurgie*, en quinze volumes, et l'un des fondateurs des *Annales d'hygiène et de médecine légale*. On cite particulièrement, parmi ses nombreuses publications originales : *Histoire de la putréfaction dans l'eau ; — De l'état normal des poumons des nouveau-nés avant et après l'établissement de la respiration ; — Des moyens de déterminer la durée du séjour des noyés dans l'eau ; — De la mort subite, de ses causes, de sa fréquence, suivant l'âge et les saisons ; — De l'asphyxie ; — De la combustion humaine spontanée ; — De la découverte du cuivre et du plomb à l'état normal dans les organes de l'homme et des animaux* (avec M. Hervy) ; — *De l'empoisonnement par le sublimé, l'arsenic, le cuivre, le plomb, etc. ; — D'une Morgue modèle ; — Où finit la raison, où commence la folie ; — Des caractères microscopiques du lait, qui servent à déterminer le choix d'une nourrice ; — Des conditions hygiéniques qui doivent diriger dans la création des hôpitaux ; — Des moyens de remédier à la mortalité des femmes en couches ; — De l'expérimentation physiologique en médecine légale*. M. Devergie est officier de la Légion d'Honneur depuis le 15 août 1859.

DEVIENNE (Adrien-Marie), né à Lyon (Rhône), le 4 février 1802. M. Devienne est entré dans la magistrature le 15 juin 1825, comme juge-auditeur au tribunal civil de Lyon. Il fut ensuite juge-auditeur à Saint-Etienne le 3 mai 1827, substitut du procureur du roi à Trévoux le 27 septembre de la même année, puis à Montbrison le 20 février 1828, conseiller-auditeur à la Cour de Lyon le 6 septembre 1829, et conseiller titulaire au même siège le 8 octobre 1830. Il devint président du tribunal de première instance de Lyon le 18 juillet 1837. M. Devienne a été membre de la Chambre des députés, pour le département du Rhône, depuis 1844 jusqu'en 1848. Il mit au service de la politique conservatrice les lumières de son esprit et de son jugement, ainsi que son talent oratoire. La révolution de Février annula son mandat de député et le détermina à se démettre de ses fonctions judiciaires. Deux ans après, le 11 février 1850, il rentra dans la magistrature comme procureur-général près la Cour de Bordeaux, d'où il passa en la même qualité à la Cour de Lyon, le 30 décembre 1852. Il a rempli ces fonctions pendant six années consécutives et exercé en même temps celles de président de la Commission municipale de Lyon. Premier président de la Cour de Paris le 23 juin 1858, il devint, en 1869, premier président de la Cour de cassation. Il avait été élevé à la dignité de sénateur le 15 mars 1865. Il a été président du Conseil général du Rhône, et a été promu Grand-Officier de la Légion d'Honneur le 31 décembre 1860.

DEVINCK (François-Jules), né à Paris, le 26 avril 1802. Voué de bonne heure à l'industrie et au commerce, M. Devinck fonda à Paris, en 1830, une fabrique-modèle de chocolats qui est maintenant une des plus importantes de la capitale, et peut-être de l'Europe. Laborieux et intelligent, il entra, en 1837, comme juge au tribunal de Commerce, dont il est le seul membre qui ait dû son élection présidentielle (1848) au suffrage universel du négoce parisien. M. Devinck, mis en évidence par la révolution de Février, fut, en 1851, envoyé à l'Assemblée législative par la 2ᵉ circonscription de Paris, qui lui conserva son mandat, à la Chambre des députés, en 1852 et 1857. Il s'était fait une spécialité des questions financières et budgétaires les plus ardues, dans la discussion desquelles il faisait preuve d'un véritable talent oratoire, et défendit avec succès, contre l'opposition, l'administration du préfet de la Seine, et les travaux de la ville de Paris. Conseiller municipal dès 1849, M. Devinck, membre de la Commission impériale, a été, en 1867, nommé président d'une Commission qui avait pour objet de favoriser les études des ouvriers désignés par les suffrages de leurs corps d'état respectifs pour rédiger des rapports sur l'Exposition universelle. Il a été élevé au grade de Grand-Officier de l'ordre de la Légion d'Honneur le 30 juin 1867.

DE VISME (Louis-François), né à Paris, le 8 juillet 1806 ; descendant d'une ancienne famille du Vimeux en Picardie, issue elle-même des princes de Vime et de Ponthieu. M. De Visme jouit d'une réputation universelle comme canonnier et comme armurier. Depuis 1839, ses produits ont figuré à toutes les grandes expositions de l'industrie, et lui ont valu successivement une mention honorable en 1844, une médaille d'argent en 1849, une *price medal* à Londres en 1851, une médaille de 1ʳᵉ classe à Paris en 1855, et la croix de la Légion d'Honneur à l'occasion de la seconde exposition de Londres en 1862. Il commença à se faire remarquer, il y a trente ans, par la beauté et la solidité de ses armes de luxe. En 1844, il inventa les fusils et les pistolets à six coups, avec tonnerres à balles forcées qui portent son nom. Il imagina ensuite les procédés de tir et des balles foudroyantes, et enfin, en 1855, des balles-obus pour la chasse aux bêtes féroces et pour la pêche à la baleine ; l'infortuné Jules Gérard, le *Tueur de lions*, faisait le plus grand cas de ces projectiles. M. De Visme vient d'inventer un nouveau fusil de guerre se chargeant par la culasse qui est, dit-on, fort supérieur à tous les fusils à aiguilles connus. Il a contribué activement à la fondation et au succès du *Journal des chasseurs*. Chevalier de la Légion d'Honneur depuis le 24 janvier 1863, il est aussi Chevalier de l'ordre de Sainte-Anne de Russie et de plusieurs autres ordres étrangers.

DEVOYOD (Pierrette-Louise), née à Lyon, le 11 décembre 1838. Mlle Devoyod a été admise au Conservatoire le 28 juin 1853, et placée dans la classe de déclamation de Samson. Elle obtint, au concours de 1856, les premiers prix de tragédie et de comédie, et fut engagée au théâtre de l'Odéon, où elle débuta, le 2 octobre, dans le rôle de Célimène, du *Misanthrope*. Durant les deux années qu'elle passa sur cette scène, elle s'y familiarisa de plus en plus avec le répertoire tragique, auquel elle s'était vouée de préférence, sans cependant négliger la comédie. Le 10 août 1858, elle signait un engagement avec le Théâtre-Français, et y paraissait pour la première fois, le 22 janvier 1859, dans le personnage de *la Fiammina*. Elle joua avec succès, pour son second début, le 25 février suivant, le rôle de *Rodogune*, puis successivement Adrienne dans *Adrienne Lecouvreur*, Célimène dans le *Misanthrope*, Elmire de *Tartuffe*, la mère dans la *Mère confidente*, Mme Evrard dans *le Vieux célibataire*, la duchesse du *Verre d'eau*, Cécile de *Louise de Lignerolles*, Vénus de *Psyché*, Elisabeth des *Enfants d'Edouard*, et tout le répertoire de Mlle Rachel. Il y avait péril pour elle à aborder quelques-uns des beaux rôles où l'on se souvenait de la grande tragédienne ; mais la jeune actrice y fit preuve de talent. « Mlle Devoyod, écrivait alors M. Charles de Mouy, dans la *Revue française*, est touchante, surtout dans le personnage d'*Andromaque* ; elle porte bien la draperie antique ; elle a dans la voix des notes voilées, et dans sa manière de dire le sens des douleurs augustes exprimées par les poètes. » *Phèdre*, Agrippine de *Britannicus*, Emilie de *Cinna*, Camille d'*Horace*, *Esther*, *Hermione*, Jésabeth d'*Athalie*, etc., sont également au nombre de ses fleurons dramatiques. Elle a créé, en 1868, Clytemnestre dans l'*Agamemnon* de M. de Bornier, et, en 1869, *la Parvenue* dans la pièce de M. Henri Rivière.

DEZANNEAU (Théobald), né à Nantes, en 1820. Issu d'une ancienne famille, chez laquelle les vertus et l'honneur sont héréditaires, il habite son château de la Haye-Eder, commune de Misillac. Vice-président du Comice agricole de son canton, il s'est livré avec zèle et persévérance aux progrès de l'agriculture. Sa droiture, sa bienveillance et les services qu'il a rendus par ses exemples et ses conseils lui ont acquis l'estime et l'affection générales. Il a été élu représentant de la Loire-Inférieure, à l'Assemblée nationale, le 8 février 1871. M. Dezanneau siège à la Droite et fait partie de la réunion extra-parlementaire dite « des Chevau-légers. » Doué d'un caractère ferme et énergique, il s'est fait remarquer par un tact parfait, une grande sincérité et l'indépendance de ses votes. Il est l'auteur de la proposition, votée par la Chambre, qui interdit aux députés d'être nommés ou promus dans l'ordre de la Légion d'Honneur.

DEZOBRY (Louis-Charles), né à Saint-Denis (Seine), le 2 mars 1798, s'adonna à la littérature sérieuse, et, très-jeune encore, entreprit de faire, pour Rome ancienne, ce que J.-J. Barthélemy avait fait, pour la Grèce, dans son *Anacharsis*. Après 15 ans d'études opiniâtres, M. Dezobry publia son ouvrage sous le titre de *Rome au siècle d'Auguste, ou Voyage d'un Gaulois à Rome sous le règne d'Auguste et pendant une partie du règne de Tibère* (1835, 4 vol. avec deux plans). L'ouvrage fut très-favorablement accueilli, et M. Villemain, ministre de l'Instruction publique, le recommanda pour toutes les bibliothèques des lycées et des colléges. Plus tard, M. Dezobry accepta la direction littéraire du *Cours d'éducation des filles* (Education moyenne), publié par la maison Hachette (1837, 8 vol.). En 1839, il entreprit, avec M. E. Magdeleine, la fondation d'une librairie classique pour tous les degrés de l'enseignement, fit progresser le genre des livres d'écoles, et substitua à des notules peu utiles un commentaire embrassant l'histoire, la géographie, la philologie, et surtout l'archéologie. Ses éditions, préparées par un choix de jeunes professeurs distingués, firent révolution dans l'enseignement. Ses prédécesseurs et ses concurrents critiquaient ses éditions comme « trop bonnes pour des élèves » ; il répondit à cette critique par une brochure intitulée : *De l'usage et de l'utilité des éditions classiques grecques, latines, françaises, annotées à l'usage des écoles* (1856). Ces divers travaux ne détournèrent pas M. Dezobry de son premier ouvrage ; à la fin de 1847 il en donna une nouvelle édition, en grande partie refondue, et accompagnée d'un *Plan de Rome antique* et de 20 vues de cette ville. Après cette publication, M. Dezobry a donné, comme éditeur et comme collaborateur-directeur, avec M. Bachelet, un *Dictionnaire de biographie, d'histoire, de mythologie, de géographie, des antiquités et des institutions grecques, romaines, françaises et étrangères* (1857, 2 vol., 5e édit., revue, augmentée, 1869). Encore avec M. Bachelet, et comme collaborateur et co-directeur, il a fait paraître : *Dictionnaire des lettres, des beaux-arts, des sciences morales et politiques* (1867, 2 vol.). Ayant renoncé, en 1863, à la profession d'éditeur, il donna seul, quelques années après, un *Dictionnaire pratique et critique de l'Art épistolaire français, avec des préceptes et des conseils sur chaque genre, plus de mille modèles choisis dans les monuments de la langue française, et des remarques sur chaque lettre* (1866, gr. in-8). Son dernier ouvrage est une 3e édition, longuement et scrupuleusement revisée, de sa *Rome au siècle d'Auguste* (1870, 4 vol. avec 25 pl.). L'ouvrage, tel qu'il est aujourd'hui, forme l'œuvre capitale de son auteur ; ce n'est pas une imitation de l'*Anacharsis* ; il en diffère essentiellement par le plan, par le ton, qui est moins solennel, et par une manière de présenter la vie romaine sous tous ses aspects, et souvent dans une forme dramatisée ; chaque fait, chaque détail caractéristique y a son autorité indiquée et souvent transcrite au bas de la page. Le travail de M. Dezobry n'est pas moins estimé à l'étranger qu'en France ; dès 1837 on en a publié, à Leipzig, une traduction mutilée et réduite. Peu après la publication de la 2e édition, il en a paru, en 1848, à Stuttgart, sous le titre ridicule d'*Anacharsis à Rome*, un extrait textuel, puis un autre à Gœttingue, sous son vrai titre, en 1850. Ces deux volumes ont été butinés à l'usage des écoles d'Allemagne, où l'on étudie la langue française.

DHERS (Pierre-Marie-Constant), né à Sauveterre (Basses-Pyrénées), le 25 septembre 1804. M. l'abbé Dhers, ordonné prêtre par Mgr d'Astros en 1829, et nommé, peu de temps après, vicaire de la paroisse Saint-Jacques de Pau, devint curé de Géronce, près Oloron, en 1832, puis aumônier des Dames ursulines de Pau en 1839. En 1849, Mgr de Salinis lui conféra le titre de chanoine honoraire de la cathédrale d'Amiens ; et, l'année suivante, il obtint le même titre de Mgr Lacroix, évêque de Bayonne. C'est en 1857 que M. l'abbé Dhers a été nommé vicaire-général par Mgr Hiraboure, évêque d'Aire. Deux ans plus tard, à la mort de ce vénérable prélat, il a rempli, pendant la vacance du siège épiscopal, les fonctions de vicaire-capitulaire ; et Mgr Epivent, successeur de Mgr Hiraboure, l'a maintenu dans les fonctions de vicaire-général, qu'il exerce toujours (1873) avec une rare distinction. En 1866, Mgr Delamare, archevêque d'Auch, lui a accordé le titre de chanoine honoraire de sa métropole. M. l'abbé Dhers a fait partie du Conseil académique ou de la Commission départementale de l'instruction publique à Pau, depuis 1848 jusqu'en 1857. Il est chevalier de la Légion d'Honneur depuis le 11 août 1866.

DIDIERJEAN (Marie-Eugène), né à Azerailles (Meurthe), le 8 décembre 1835. Elève de l'Ecole centrale des arts et manufactures en 1854, M. Didierjean en sortit, en 1857, avec le diplôme d'ingénieur. Pendant quatre ans il fut attaché à la Compagnie des cristalleries de Baccarat, en qualité de chimiste ; puis il passa, comme ingénieur, en mars 1862, à la Compagnie des cristalleries de Saint-Louis. Nommé directeur de la fabrication dans le mois d'août de la même année, il est devenu administrateur-gérant de la Compagnie en mars 1866. L'art et l'industrie de la cristallerie lui doivent de très-importants progrès. En 1858, il appliquait, le premier, l'air chaud à la combustion du bois dans les fours de haute température. Au mois de septembre 1859, il imaginait de précipiter, dans une masse de verre ou de cristal, des bases métalliques ou des sels basiques, et produisait des verres opaques ayant la couleur de ces oxydes ou de ces sels. On lui doit encore la production des verres jaunes et des verres noirs opaques colorés par les sulfures terreux et par les sulfures métalliques (janvier 1860), et la solution d'un problème délicat, c'est-à-dire la fonte et la fabrication du cristal, à creusets découverts, par la combustion de la houille employée seule. Cette dernière invention a eu l'inappréciable avantage d'indépendantiser complètement l'industrie du cristal vis-à-vis du commerce du bois dont elle était plus ou moins tributaire, selon qu'elle opérait à creusets couverts ou à creusets découverts. M. Didierjean est membre de la Société des ingénieurs civils et membre correspondant de la Société de secours des amis des sciences. Il a reçu la croix de la Légion d'Honneur le 30 juin 1867.

DIDION (Charles), né à Charmes, le 28 janvier 1803. Admis à l'Ecole polytechnique en 1820, il en sortit le premier, choisit le service des ponts-et-chaussées (20 novembre 1822), et devint ingénieur ordinaire le 6 mars 1827, ingénieur en chef le 20 janvier 1841 et inspecteur-général le 1er avril 1848. M. Didion a été employé successivement dans la Nièvre et dans le Gard et chargé de la construction des chemins de fer du Gard et de Montpellier à Nimes. Grand partisan des chemins de fer dont il avait particulièrement étudié l'installation, il a été appelé à Paris en 1844, et y a fait partie des différentes commissions relatives à la création des grandes lignes. En 1852, il a pris la direction du chemin de fer d'Orléans et de ses embranchements. Au mois d'avril 1862, M. Didion a quitté les fonctions de directeur pour prendre celles de délégué général du Conseil d'administration. Il est commandeur de la Légion d'Honneur depuis le 13 août 1864.

DIDOT (Firmin), né à Paris, en avril 1764 ; fils de François-Ambroise Didot et frère de Pierre Didot. M. Firmin Didot a soutenu, comme imprimeur, comme libraire, et particulièrement comme graveur et fondeur en caractères, le nom illustré par son père et par son frère. Les éditions dites du Louvre, publiées par ce dernier, ont été imprimées avec des caractères gravés et fondus par Firmin Didot, qui a produit également des caractères d'écriture perfectionnés. C'est à lui qu'on doit l'invention de la stéréotypie, qui a eu des résultats si utiles, si économiques et si féconds. Il en fit avec succès la première application aux éditions des classiques français et étrangers, et donna, par ce procédé, des livres parfaitement corrects. Il a donné aussi des éditions remarquables de la *Henriade*, de Camoëns, de Salluste, etc. Elu député de l'arrondissement de Nogent-le-Rotrou en 1827, il abandonna la direction des affaires de sa maison à ses fils Ambroise et Hyacinthe et se montra partisan d'une sage liberté, se rangea dans le groupe des doctrinaires, dont l'illustre Royer-Collard était le chef, et conserva le mandat de député jusqu'à sa mort (1836). M. Firmin Didot, auteur de deux tragédies, la *Reine de Portugal* et la *Mort d'Annibal*, et d'une *Notice sur Robert et Henri Estienne*, a traduit en vers français les *Bucoliques* de Virgile, les *Chants* de Tyrtée et les *Idylles* de Théocrite. Il était chevalier de la Légion d'Honneur depuis le 17 novembre 1819.

DIDOT (Ambroise-Firmin), né à Paris, le 20 décembre 1790 ; fils ainé du précédent. M. Didot a étudié à fond la langue grecque sous Boissonade et Diamant Coray. En 1815, il se rendit en Orient, visita la Grèce, suivit les cours du gymnase de Cydonie en Asie-Mineure, fut attaché ensuite pendant quelque temps à l'ambassade de France à Constantinople, et revint à Paris en 1818. Secrétaire du Comité grec de Paris, en 1823, il s'occupa d'une manière assidue, en 1825, des diverses branches de la typographie, et se prépara ainsi à prendre la direction des affaires de l'imprimerie paternelle (1837). Peu à peu, grâce au concours de son frère Hyacinthe, il réunit successivement autour de ses ateliers toutes les industries accessoires de l'imprimerie, et parvint à développer complètement cette maison, en quelque sorte universelle, dont les ateliers et les usines comprennent la fonte des caractères, un immense matériel polyglotte, l'impression, le stéréotypage, la fabrication mécanique du papier, l'assemblage et le brochage des feuilles imprimées, en un mot toutes les opérations qui transforment en un livre imprimé la matière première du papier. Les frères Firmin Didot ont fondé, dans le département d'Eure-et-Loir, à Sorel et au Mesnil, deux papeteries, ainsi qu'une imprimerie, dans laquelle une centaine de jeunes filles composent, pour leur librairie, des ouvrages grecs, latins et français. Depuis 1840, M. Ambroise-Firmin Didot a été membre de la Chambre de commerce, du Conseil général des manufactures, du Conseil municipal de Paris, de la Commission départementale de la Seine, de la Commission du colportage des livres, et d'autres Commissions municipales et administratives. En 1855, il a été délégué par le Conseil municipal de Paris pour recevoir, à Boulogne-sur-Mer, le lord-maire et les aldermen de la cité de Londres. On cite parmi ses écrits et ses travaux littéraires : *Souscription en faveur des Grecs* (1823) ; — *Notes d'un voyage dans le Levant* (1826) ; — une traduction de Thucydide (1833) ; — plusieurs *Notes sur la propriété littéraire* (1851-1853) ; — *Essai sur la typographie* (1851) ; — *L'Imprimerie et la papeterie à l'Exposition universelle de* 1851 (1852) ; — *Du droit d'octroi sur le papier* (1855) ; — *Souvenir d'une excursion à Boulogne-sur-Mer* (1855) ; — *Les Estienne, les Alde et les principaux imprimeurs* (1856) ; — *Dissertation sur la vie et les mœurs du sire de Joinville* (1858) ; — une charmante édition d'*Anacréon* ; — une notice sur le célèbre missel de *Juvenal des Ursins*, qu'il a cédé à la bibliothèque de la ville de Paris, et malheureusement détruit par les flammes allumées par la Commune ; — *Observations sur l'orthographe française*, 1868 ; — *Etudes sur Jean Cousin*, 1872, etc. La maison Didot, citée comme « l'honneur de l'imprimerie française et de la librairie parisienne, » a figuré à toutes les expositions de l'industrie, depuis 1798 jusqu'en 1849, et y a constamment remporté la médaille d'or de la 1re classe. Elle a été mise hors concours à cette époque, par suite de l'admission de son chef dans le jury des récompenses. Depuis lors, M. Ambroise-Firmin Didot a fait partie des jury des expositions universelles de Londres et de Paris, et a été nommé chaque fois rapporteur des sections de l'imprimerie et de la papeterie. Il a été nommé membre de l'Institut (Acad. des inscription et belles-lettres) en 1873. Il est officier de la Légion d'Honneur (20 décembre 1855) et de l'ordre du Sauveur de Grèce.

DIDOT (Hyacinthe), né à Paris le 17 avril 1794 ; frère du précédent. Dès 1827, M. Hyacinthe Didot a coopéré, avec son frère aîné, à la gestion des affaires de la maison Firmin Didot. Il a particulièrement consacré son intelligence et son expérience à l'organisation des établissements du Mesnil, dont il est le chef titulaire. La colonie ouvrière qu'il y a créée, de concert avec M. Ambroise-Firmin Didot, est une œuvre humanitaire autant qu'un progrès économique et industriel, et l'école gratuite des jeunes filles du Mesnil, qui est son œuvre personnelle et qui met un grand nombre de jeunes filles à même de gagner honorablement et fructueusement leur vie dans la composition typographique, est citée comme le modèle des institutions de ce genre. M. Hyacinthe Didot a été longtemps membre du Conseil général de l'Eure. Il a reçu la croix de la Légion d'Honneur le 7 août 1858.

DIETZ-MONNIN (Charles), né à Barr (Bas-Rhin), le 13 septembre 1826. M. Dietz appartient à une famille qui, depuis longtemps, se livre en Alsace à la filature et à la teinture du coton. Après avoir terminé ses études classiques aux collèges de Strasbourg et de Nancy, il embrassa la carrière industrielle, épousa, en 1853, Mlle Monnin-Japy, entra dans la maison Japy frères et Cie, qui a des établissements d'horlogerie, de métallurgie et de quincaillerie à Beaucourt (Haut-Rhin) et en devint l'associé en 1863, après y avoir longtemps travaillé comme employé intéressé. Travailleur assidu, très-versé dans la connaissance de sa partie industrielle, et nommé, en 1866, vice-président de la Chambre syndicale de quincaillerie dont il occupe la présidence depuis 1869, il fut choisi comme directeur du Comptoir des quincailleries de l'Est, à Paris. Secrétaire de la classe 94, délégué de la classe 40 et adjoint au jury de la classe 95, à l'Exposition universelle de Paris, en 1867, il fut, en 1869, nommé juge-suppléant au tribunal de Commerce de la Seine. Pendant le siége de Paris, il fut chargé, par la mairie du Xe arrondissement, de l'organisation de la cantine municipale du quartier de la Porte-Saint-Martin, où 1,700 nécessiteux trouvèrent chaque jour leur nourriture et des secours divers, et qu'il dirigea jusqu'au 31 mars 1871. M. Dietz-Monnin, lors des élections complémentaires du 2 juillet 1871, a été élu représentant de la Seine à l'Assemblée nationale, par 120,280 suffrages. Il siége au Centre-Gauche sur les bancs des républicains modérés, et y représente, avec autorité, les intérêts de la classe ouvrière, près de laquelle il a toujours vécu.

DODEUIL (Constant-Marie-Timoléon), né à Ham (Somme), le 23 novembre 1839. Sa mère, restée veuve de bonne heure, lui fit donner une solide instruction, et il commença ses études médicales à Paris, en 1857. Nommé interne au concours de 1861, il fut attaché, de 1862 à 1865, à Lariboisière, à l'Hôtel-Dieu, à la Charité, à la Salpêtrière, à la Maison municipale de santé, et prit le grade de docteur, le 15 janvier 1866, avec la thèse suivante : *Recherches sur l'altération sénile de la prostate, et sur les valvules du col de la* *vessie*, ouvrage qui obtint une mention honorable de la Faculté. Déjà ses examens et concours avaient été subis d'une manière brillante; en 1861, il avait remporté la 1re mention au concours des prix de l'Ecole pratique; le professeur Foucher l'avait chargé de le remplacer, pendant plusieurs mois, dans son cabinet de consultations ; et il avait reçu, lors de l'épidémie cholérique, en 1865 et 1866, deux médailles pour services rendus dans les hôpitaux, surtout à la Maison municipale de santé, où son dévouement et son activité lui méritèrent, en outre, de la part du ministère de l'Instruction publique, une lettre spéciale de félicitations, avec citation au *Moniteur*. M. Dodeuil, homme modeste, studieux et persévérant, s'est fixé près de sa mère, dans sa ville natale, et s'est créé, dès son début dans la carrière, une position honorable. Aussitôt rentré à Ham, il a été nommé médecin cantonal et médecin requis pour les affaires judiciaires. Pendant la guerre de 1870-1871, il a rendu de grands services comme organisateur, administrateur et chirurgien d'ambulances, et s'est porté, le 8 octobre, au secours de Saint-Quentin, avec un détachement de volontaires, en qualité de chirurgien-major. De même, il s'est montré brillamment au combat de Ham, le 9 décembre suivant, aux avant-postes du 91e de ligne, et a pris part au retour offensif de l'armée du Nord, accompagnant la colonne d'attaque, relevant les blessés et improvisant une ambulance sous le feu de l'ennemi. C'est en cette circonstance que, les Prussiens ayant tué un parlementaire, et nos troupes irritées s'étant montrées prêtes à tenter une manœuvre dangereuse avec l'espoir d'en tirer vengeance, il réussit à les en dissuader par des indications topographiques données à propos. La bataille de Saint-Quentin lui fournit une nouvelle occasion d'exercer son dévouement envers les blessés, presque tous prisonniers. Enfin, M. Dodeuil, conseiller municipal (1870), adjoint au maire (1871), a rempli dignement les fonctions d'administrateur et de médecin dans un pays soumis à l'occupation de l'ennemi et livré à des tiraillements de toute sorte. Ses compatriotes lui ont manifesté leur gratitude en l'élisant de nouveau, en 1871, membre du Conseil municipal et adjoint au maire, par un suffrage presque unanime. Il a publié divers travaux dans des *Revues* de médecine, des *Bulletins* de Sociétés et des brochures sur les sujets suivants : *Nécrose de la voûte du crâne, fonctions protectrices et réparatrices de la dure-mère* (1862) ; — *De la rupture du cœur, avec description de l'altération des fibres musculaires de ce viscère* (1863) ; — *Vice de conformation simulant l'hermaphrodisme* (avec pl., 1865) ; — *Traitement du rhumatisme articulaire par les injections sous-cutanées de sulfate de quinine, recherches sur l'absorption hypodermique de ce médicament*, travail traduit en espagnol (1865), etc. M. le docteur Dodeuil est membre correspondant de la Société anatomique de Paris, membre titulaire de la Société d'anthropologie de la même ville, membre de la Société de secours aux blessés, qui lui a décerné une croix en récompense de ses services pendant la guerre, etc. Nombre de rapports officiels, de journaux et autres publications se sont exprimés, à son sujet, dans les termes les plus sympathiques et les plus honorables.

DOLBEAU (Henri-Ferdinand), né à Paris, le 2 avril 1830. Il fit de bonnes études au collège Saint-Louis et se consacra à la médecine. Doué d'une vive intelligence et plein de bon vouloir, il sut conquérir la bienveillante sympathie de Velpeau. Attaché au service de l'illustre professeur en 1849, sous les ordres de M. Foucher, alors interne, il eut une fois l'occasion de réussir une saignée assez difficile à pratiquer et que sept externes avait successivement tenté plusieurs fois sans succès. Premier externe en 1850, interne l'année suivante, aide d'anatomie en 1854, lauréat des hôpitaux, prosecteur de la Faculté et reçu docteur en 1856, il fut nommé chirurgien du Bureau central au concours de 1858, élu agrégé de la Faculté en 1860 et nommé professeur de pathologie chirurgicale le 15 décembre 1868. M. le docteur Dolbeau a fait, à l'Ecole pratique, de 1855 à 1865, des cours très-suivis de médecine opératoire, de pathologie externe, d'anatomie et de chirurgie. Son enseignement se distingue par la clarté et la méthode, aidées d'une élocution élégante et facile. De 1865 à 1866, il a suppléé Jobert de Lamballe dans l'enseignement de la clinique chirurgicale à l'Hôtel-Dieu. Il a été secrétaire, puis président de la Société de chirurgie. Un de ses anciens internes, le docteur Besnier, a recueilli et publié ses leçons en un gros volume. On lui doit : *Recherches sur les vaisseaux du bassin* (1855) ; — *Recherches anatomiques sur les vaisseaux de l'œil* (1856) ; — *Mémoire sur les grands kystes de la surface convexe du foie* (1856) ; — *Mémoire sur une variété de tumeur sanguine* (1857) ; — *Mémoire sur les tumeurs cartilagineuses des doigts, des métacarpiens, des mâchoires, du bassin et de la parotide* (1858-1860) ; — *De l'emphysème traumatique* (1860) ; — *De l'épispadias* (1861) ; — *Traité de la pierre dans la vessie* (1864) ; — *Leçons de clinique chirurgicale professées à l'Hôtel-Dieu* (1865-1866) ; — *De la lithotritie périnéale ou nouvelle manière d'opérer les calculeux* (1872) ; — *Sur les exostoses des sinus de la face* (1872). M. Dolbeau, lauréat de l'Institut, de l'Académie et de la Faculté, est chevalier de la Légion d'Honneur depuis le 11 août 1869. Il appartient à l'Académie depuis 1872.

DOMENECH (Emmanuel-Henri-Dieudonné), né à Lyon, le 4 novembre 1825. Il fit ses études classiques au collège de Perpignan, s'occupa d'abord d'architecture, puis de la fabrication des velours et des étoffes de soie, rejoignit, en Sardaigne (1842), son père qui y exploitait des forêts de chênes-liège et d'orangers, et compléta son instruction tout en s'employant chez un négociant de Sassari. Ses examens passés à l'Université de cette ville, il s'enrôla (1846) parmi les missionnaires que M. Odin emmenait au Texas, visita le haut Missouri, étudia la théologie, l'anglais, l'allemand, l'hébreu, et reçut l'ordination sacerdotale, en 1848, à San-Antonio de Bejar. Ensuite il parcourut le Texas et le Nouveau-Mexique (1848-1850), vint chercher en France de jeunes prêtres pour sa mission, retourna au Texas, résida sur les frontières du Nouveau-Mexique, explora la vallée du Rio-Grande, releva la topographie des villages indiens de l'Amérique du Nord jusqu'au Canada, revint en Europe (1853) et voyagea en Italie, en Suisse, dans le Royaume-Uni et encore en Sardaigne (1858). En 1861, il fit une excursion scientifique en Irlande, à la recherche d'anciens manuscrits celtes sur les émigrations irlandaises en Amérique, dans les ve et vi[e] siècles, et étudia les monuments cyclopéens de ce pays pour les comparer aux « nuraghe » de la Sardaigne, aux « tumuli » de l'Amérique du Nord, et aux « téocalli » du Mexique. Reparti pour ce dernier pays, en 1864, avec l'intention de s'y consacrer à des travaux d'anthropologie des anciennes races mexicaines, il se trouva momentanément renfermé dans Mexico, dont il ne pouvait s'écarter sans risquer sa vie. Au mois de mars 1865, il se dirigea vers le Chihuhua, comme aumônier du corps expéditionnaire, releva, chemin faisant, la géodosie et la topographie des Hauts-Plateaux, et réunit une belle collection de crânes des populations indiennes, anciennes et modernes, du Mexique, ainsi que d'autres collections importantes concernant l'archéologie, l'anthropologie, la linguistique et l'histoire de ces races. Appelé, par l'infortuné Maximilien Ier, à la direction de la presse au cabinet impérial, M. Domenech revint du Chihuahua à Mexico jusqu'au transfert de la direction de ce service à Paris, en 1866. A la mort de l'empereur Maximilien, M. Domenech fut attaché au ministère de l'Intérieur, d'abord en qualité de correspondant, puis d'examinateur des ouvrages politico-religieux destinés au colportage. Nommé aumônier des ambulances de la presse au corps du maréchal Mac-Mahon, en 1870, il a fait les campagnes de la Moselle, de la Meuse et de la Loire. Il a débuté dans la littérature par le *Journal d'un missionnaire au Texas et au Mexique*, 1846-1852, paru dans la *Revue des Deux-Mondes* avant d'être publié en volume (1857). On lui doit, depuis : *Voyage dans les solitudes américaines. Voyage au Minnesota* (1858) ; — *Voyage pittoresque dans les grands déserts du Nouveau-Monde*, avec un vocabulaire de 32 langues indiennes (Londres, complet, 1860 ; Paris, réduit, 1861) ; — *Manuscrit pictographique américain, précédé d'une notice sur l'idéographie des Peaux-Rouges*, ouvrage imprimé avec le concours du gouvernement français. Ce volume, dont l'unique édition a été rapidement épuisée, est la reproduction fac-similé d'un manuscrit en assez pitoyable état, rapporté d'Amérique au siècle dernier, et conservé à la bibliothèque de l'Arsenal, après avoir appartenu à celle de M. de Paulmy ; cette publication (1860, 228 pl.) a été l'un des plus curieux événements littéraires de notre époque ; les Allemands ont prétendu y voir les essais d'un enfant de 7 à 8 ans, et leurs critiques ont été reproduites en France et en Angleterre. M. l'abbé Domenech y a répondu dans une forte brochure : *La vérité sur le livre des sauvages* (1861, 10 pl.), où il fait valoir ces arguments : qu'on rencontre dans le manuscrit, avec les dessins d'un style pâteux, mais ferme et d'une certaine égalité, des signes chrétiens et des mots allemands, qu'il est donc évident qu'il a été fait soit par un Allemand devenu chef de tribu, soit par quelque missionnaire cherchant à reproduire, par l'idéographie, des faits historiques, et que les figures qui y sont dessinées sont d'ailleurs les mêmes que celles des inscriptions indiennes gravées sur des rochers et qui n'ont pu être l'œuvre d'un enfant ; — *Histoire du jansénisme*, d'après le manuscrit du P. Rapin ; — *L'Empire au Mexique* (1862) ; — *Les Gorges du Diable* (1864) ; — *Légendes irlandaises, souvenirs d'un touriste* ; — *Voyages et aventures en Irlande* ; *La Chaussée des Géants* (1865) ; — *Le Mexique tel qu'il est* ; *Bergers et bandits*, souvenirs d'un voyage en Sardaigne ; *Notes anthropologiques, géographiques et géodésiques sur les Hauts-Plateaux du Mexique*, avec carte (1867) ; — *Histoire du Mexique, des temps les plus reculés à l'exécution de Maximilien*, 3 vol. in-8 (1868) ; — *Quand j'étais journaliste* ; *Le chemin des femmes*, étude de mœurs (1869) ; — *Histoire de la campagne de 1870-1871* (3 édit. en 1 mois, 1871). Cet infatigable écrivain publie actuellement (1873) un résumé de la *Philosophie de l'histoire physique, morale et religieuse*, depuis le commencement du monde jusqu'à nos jours, auquel il n'a cessé de travailler, pendant 20 ans, malgré tant de voyages et d'occupations diverses. Collaborateur de M. de Falloux, en 1853, pour la publication des *Œuvres de Mme Swetchine*, il a été rédacteur-principal de l'*International*, en 1863-1864. M. l'abbé Domenech, chevalier de la Légion d'Honneur, est également officier, commandeur et Grand Officier de plusieurs ordres étrangers.

DOMERC (Pierre-Marie-Athanase), né à Troncens (Gers), le 29 avril 1820. Fils d'un médecin, ancien chirurgien militaire, il fut destiné d'abord à la pharmacie ; mais, une vocation particulière l'attirant vers la médecine, il mena de front ces deux genres d'étude. Après sept ou huit ans de séjour, comme interne en pharmacie et comme élève en médecine et en chirurgie, dans les hôpitaux et hospices civils de Paris, il fut reçu pharmacien de première classe à l'Ecole supérieure de Paris, le 31 août 1852, avec une thèse ayant pour titre : *De l'air confiné et des causes de son altération*, et docteur en médecine de la Faculté de Paris, le 26 août 1853, avec une thèse sur la *Phthisie aiguë*. Membre-adjoint de la Commission d'hygiène du xiie arrondissement dès 1851, il fut, en 1856, élu secrétaire annuel de la Société médicale du Panthéon, dont il devint secrétaire-général en 1861, en remplacement du docteur Auzias-Turenne dont il combattit vivement les doctrines dangereuses au sujet de la syphilisation, et dans les réunions de la Société, et dans les journaux spéciaux tels que le *Moniteur des sciences médicales et pharmaceutiques* et la *France médicale*. Il a publié, dans les *Comptes rendus de la Société médicale du Panthéon*, que, le premier, il a fait paraître en 1864 et 1865, ainsi que dans l'*Abeille médicale* de ces même années, divers travaux parmi lesquels on distingue : *Relation d'un cas d'éclampsie suivi de guérison par l'accouchement forcé* ; — *Moyen de guérison de la coqueluche et autres affections des voies respiratoires par des cigarettes thébaï-iodées et balsamiques de sa composition*, qu'il fait connaître ; — *Traitement* *des affections paludéennes intermittentes par des bains de vapeur aromatiques et des toniques généreux ; — Traitement de l'hydrocèle chronique pour sa guérison radicale par le séton filiforme.* En 1858, il présenta à l'Académie des sciences un *Moyen d'arrêter les progrès de l'angine pseudo-membraneuse par l'amputation d'une ou de deux amygdales,* découverte qu'il a appuyée, depuis, de nombreux faits de guérison. Enfin, on lui doit un mémoire : *Des écoulements chroniques de l'urèthre et de leur traitement.* Médecin unique d'une ambulance annexe du Val-de-Grâce, pendant le siége de Paris, M. le docteur Domerc y a donné gratuitement ses soins à 41 militaires, blessés ou malades, et n'a pas eu un seul décès à enregistrer. Ce service quotidien de médecine et de chirurgie et celui de médecin de bureau de bienfaisance de son arrondissement, qu'il remplit depuis 1854, extrêmement surchargé pendant le siège par les malheureux réfugiés de la banlieue, joints aux exigences de sa pratique professionnelle, altérèrent sa santé ; et, sur la fin du siége, il tomba malade. Resté à Paris à la suite de l'insurrection du 18 mars et pendant la commune, malgré toute sa réprobation pour ce mouvement insurrectionnel, il donna ses soins avec un égal dévouement à tous ceux qui les réclamèrent, sans nulle considération de couleur politique. Il en fut récompensé, la veille du mouvement en avant des troupes de Versailles, par une balle de Chassepot qu'un insurgé tira sur sa femme et son enfant, balle qui atteignit et blessa très-grièvement sa femme au genou, en lui fracturant le tibia et la rotule. M. le docteur Domerc est membre titulaire de la Société des médecins des bureaux de bienfaisance de Paris, et membre correspondant de la Société de médecine et de chirurgie pratiques de Montpellier. Sa belle conduite à Paris pendant les épidémies cholériques de 1849 et 1853-1854, l'a fait désigner, à cette dernière époque, par le ministre de l'agriculture et du commerce, pour aller porter ses soins dans le département de l'Yonne où le fléau se généralisait. Honoré, pour ces faits, de deux médailles en argent et d'une médaille en or, il a encore reçu, en 1866, une médaille en argent pour ses travaux relatifs à la propagation de la vaccine.

DOMMEY (Etienne-Théodore), né à Altona (Danemark), le 22 mars 1801. En 1813, M. Dommey fut amené en France par ses parents, qui avaient émigré à l'époque de la Révolution. Il embrassa la carrière de l'architecture, suivit les leçons de Vaudoyer et de Lebas, membres de l'Institut, et entra à l'Ecole des beaux-arts en 1818. Pendant le cours de ses études, il remporta des premiers prix et des médailles dans toutes les facultés professées à cette Ecole, obtint les premiers accessits, avec mentions honorables aux concours de 1825 et 1826 pour le grand prix d'architecture, reçut deux médailles de l'Académie des beaux-arts, et quitta l'Ecole avec la grande médaille départementale. M. Dommey avait été admis dans l'administration des travaux publics de la ville de Paris, dès 1823, comme inspecteur des travaux de l'église Notre-Dame-de-Lorette, dont Lebas était architecte en chef. Après l'achèvement de ce monument, en 1836, il fut nommé inspecteur des travaux d'isolement et d'agrandissement du Palais-de-Justice, et en 1840, à la mort d'Huyot, membre de l'Institut, il eut la direction de ces mêmes travaux, conjointement avec son collègue M. Duc et sans aucune distinction hiérarchique entre eux. L'exécution de ce vaste monument se continue encore aujourd'hui par les soins de ces deux architectes. M. Dommey a remporté autrefois de brillants succès dans divers concours, notamment le premier prix, en 1827, pour un projet de palais de justice et de maison d'arrêt à Lille ; un autre premier prix, en 1834, pour les abattoirs de la ville de Rouen ; un troisième prix, en 1840, pour la salle de spectacle de Moulins, etc. Il est chevalier de la Légion d'Honneur depuis le 11 août 1864.

DOMPIERRE D'HORNOY (Charles-Marius-Albert, DE), né à Hornoy (Somme), le 24 février 1816. Il est petit-fils du président au Parlement de Paris de ce nom, et arrière petit-neveu de Voltaire. Entré dans la marine en 1828, enseigne le 6 janvier 1834, il assista, en 1838, à la prise de Saint-Jean d'Ulloa. Lieutenant de vaisseau le 6 décembre 1841, capitaine de frégate le 29 mai 1849, il fut nommé capitaine de vaisseau à la suite du combat des flottes alliées contre Sébastopol, le 17 octobre 1854, où il commandait le vaisseau-amiral *la Ville-de-Paris*. Successivement chef d'état-major de la station du Levant, de l'escadre de la Méditerranée, membre du conseil d'amirauté, commandant de la station d'Islande, il fut élevé au grade de contre-amiral le 13 août 1864. C'est en cette dernière qualité qu'il fut nommé au commandement de *l'Aigle* et des yachts impériaux, et qu'il conduisit l'empereur Napoléon III sur les côtes de l'Algérie en 1865. Chargé pendant deux ans du commandement de la division des navires cuirassés de la Manche, il prit, en septembre 1869, la direction du personnel. Pendant le siège de Paris, il occupa l'intérim du ministère de la marine, et fut promu vice-amiral en récompense des services qu'il rendit dans ces douloureuses circonstances. Le 8 février 1871, les électeurs de la Somme ont chargé M. de Dompierre d'Hornay, par plus de 100,000 voix, de représenter leur département à l'Assemblée nationale, où il siège dans les rangs des libéraux conservateurs. Commandeur de la Légion d'Honneur depuis le 30 décembre 1858, il a été nommé grand officier de l'Ordre, le 10 juillet 1869.

DONCIEUX (Louis-Joseph-Alfred-Scipion), né à Bourgoin (Isère), le 5 septembre 1823. M. Doncieux a fait ses études classiques à Chambéry, son droit aux Facultés de Grenoble et de Paris, et est entré dans la magistrature en 1848. D'abord substitut du procureur de la République à Saint-Étienne, à Chalon-sur-Saône et à Chaumont, puis chef de parquet à Louhans (Saône-et-Loire) en 1855, et substitut du procureur-général à Dijon en 1860, il a été nommé, en 1865, conseiller à la Cour de Dijon. On dit qu'il s'occupe de littérature à ses heures perdues et qu'il a fait diverses publications dans plusieurs journaux. Le 11 avril 1871, M. Doncieux a accepté la préfecture de l'Ardèche ; et l'expérience qu'il avait acquise dans l'exercice de ses fonctions précédentes, donne à son administration un caractère particulier de modération, de droiture et de fermeté Le 15 février 1873, il a été transféré à la préfecture de l'Aveyron.

DONEAUD DU PLAN (Alfred), né à Paris, le 25 août 1824. Après avoir fait ses études classiques au collège Henri IV, il dirigea, pendant deux ans (1846-1848), l'éducation des enfants de M. Hachette, le célèbre éditeur. Reçu licencié ès lettres, en 1854, il enseigna l'histoire successivement dans les collèges de Pamiers et de Montauban, dans les lycées de Napoléon-Vendée, Brest et Châteauroux, et fut nommé, en 1858, professeur de littérature à l'École navale de Brest, où il est encore actuellement (1873), avec le grade de professeur de première classe. M. Doneaud du Plan a publié : une traduction de la *Germania* de Tacite, avec texte latin en regard et des notes (1850); — une annotation de la *Milonienne* de Cicéron, et une *Géographie physique et politique de la France* (1856); — *Notices élémentaires et méthodiques de géographie moderne* (1860); — *Gloires maritimes de la France*, en collaboration avec M. Levot, et *Histoire de la marine française*, dans la *Bibliothèque utile* (1865); — *Notions pratiques de droit maritime international et commercial* (1866); — *Le Borda, ou l'École navale* (1870). On lui doit aussi une étude sur la *Maison de Savoie*, insérée dans le *Journal des Armes spéciales* et différents articles fournis à la *Revue maritime et coloniale*, parmi lesquels on distingue la *Description du port de Brest*, une *Notice biographique sur le comte de Gomer*, la *Marine Française et ses arsenaux*, etc. M. Doneaud du Plan a obtenu, en 1867 et 1869, deux médailles d'or : l'une de l'Académie de la Rochelle pour l'*Éloge de l'amiral Duperré*, et l'autre de l'Académie d'Amiens pour un mémoire intitulé : *Des causes de la substitution du drame à la tragédie*.

DONIOL (Jean-Henry-Antoine), né à Riom (Puy-de-Dôme), le 20 avril 1818. Il entra à l'institution Morin, bientôt devenue l'institution Cournand, à Fontenay-aux-Roses, en avril 1830. Après avoir fait son droit à la Faculté de Paris, il prit place, comme stagiaire, au barreau de Riom, vint exercer à Clermont-Ferrand, et appartint au barreau de cette ville de 1843 à 1848. Nommé conseiller de la préfecture du Puy-de-Dôme en mars 1848, et envoyé comme sous-préfet à Florac (Lozère) au mois d'août de la même année, il passa, au mois d'août 1849, à la sous-préfecture de Villeneuve-d'Agen (Lot-et-Garonne), et fut révoqué, à la fin de juillet 1850, avec nombre de ses collègues qui avaient comme lui le péché originel de la révolution du 24 Février. M. Doniol revint alors à Clermont et se livra à des travaux historiques et économiques qui acquirent à son nom une certaine notoriété. De 1861 à 1871, il prit une part très-active aux travaux des concours régionaux d'agriculture dans les circonscriptions du sud et du sud-est, soit comme membre du jury, soit comme commissaire, soit enfin comme rapporteur des primes d'honneur. Inspecteur-adjoint de l'agriculture en 1869, il fut nommé préfet de l'Isère le 25 mars 1871, et préfet de la Loire-Inférieure le 25 février 1872. Il a été transféré à la préfecture de Meurthe-et-Moselle le 15 février 1873. On doit à Henry Doniol : *Voyage pittoresque dans la Basse-Auvergne* (1847, 3° vol. : *De l'ancienne Auvergne*); — *Histoire des classes rurales en France et de leurs progrès dans l'égalité civile et la propriété* (1857, 2° édit., 1865, 2° tirage de cette édit., 1867); — *Les cartulaires de Brioude et de Sauxillanges*, pour l'Académie de Clermont-Ferrand (1868); — *19 lettres de Soubrany* (1870). Enfin il a publié beaucoup d'articles dans le *Journal des économistes*, dans le *Journal d'Agriculture pratique* et dans le *Journal de l'Agriculture*, et lu à l'Académie des sciences morales et politiques divers mémoires qui ont été insérés dans le *Compte rendu* de cette Compagnie. M. Henry Doniol est membre correspondant de l'Institut (sciences morales et politiques) depuis 1863, et officier de l'Instruction publique. Il a reçu la croix de la Légion d'Honneur en 1864.

DONNET (Mgr Ferdinand-François-Auguste, *cardinal*), né à Bourg-Argental (Loire), le 16 novembre 1795. Entré au séminaire de Saint-Irénée en 1813, il fut ordonné prêtre en 1819. D'abord vicaire de la Guillotière (Lyon), puis curé d'Isigny (Rhône) en 1820, il passa les années 1822 et 1823 dans la maison des Hautes-Études, fondée par le cardinal Fesch. Doué d'une parole persuasive et savante, il fit, dans les diocèses de Tours, Blois et Lyon, une série de prédications dont le souvenir est encore vivant. Vicaire-général honoraire de Tours en 1824, chargé de la cure de Villefranche (Rhône) en 1827, il fut appelé, en 1834, comme coadjuteur, à administrer le diocèse de Nancy, à la place du titulaire, Mgr de Forbin-Janson, obligé par suite des événements d'abandonner sa résidence. Mgr Donnet a été nommé archevêque de Bordeaux le 30 novembre 1836, en remplacement de Mgr de Cheverus. Depuis cette époque, il a joué un rôle dans les événements de notre temps, notamment, en 1856, dans l'affaire judiciaire soulevée par le mariage purement religieux de M. Pescatore, et en 1859, par le discours qu'il adressa à l'Empereur au sujet de la guerre d'Italie, et la réponse qu'il en obtint, documents destinés à tenir une importante place dans notre histoire contemporaine. Créé cardinal en 1850, et, comme tel, sénateur de droit en 1852, il suivit avec soin les travaux de la première assemblée du pays et s'y acquit une grande influence. Ses *Lettres*, *Discours* et autres documents précieux forment une collection de 9 volumes et révèlent les qualités qui distinguent le véritable orateur et l'homme d'État. Commandeur de la Légion d'Honneur en 1853, S. Em. Mgr Donnet a été promu au grade de Grand-Officier le 12 août 1864.

DONON (Pierre-Armand), né à Pontoise (Seine-et-Oise), le 14 avril 1818. A fondé en 1852 une importante maison de banque sous la raison sociale Donon, Aubry, Gautier et compagnie. En 1853, il eut le titre de consul-général de l'Empire ottoman à Paris. Deux ans plus tard, il remplit les fonctions de commissaire impérial à l'Exposition universelle de 1855, en remplacement de Kiamil-Bey, rentré à Constantinople pour cause de santé. Il était membre de la Commission ottomane à l'Exposition universelle de 1867. M. Donon a été l'un des premiers fondateurs des deux principales banques de dépôt créées en France : la Société générale de crédit industriel et commercial, qui date de 1859, et la Société anonyme de dépôts et de comptes-courants, dont il est le président depuis sa formation, en 1863. Chevalier de la Légion d'Honneur depuis le 7 février 1855, il est aussi décoré du Medjidié de Turquie (3e classe) et de plusieurs autres ordres étrangers.

DOPFELD (Jean-Nicolas), né à Preutin (Moselle), en 1811. Fils d'un ancien soldat de la première République, et orphelin de père et de mère à l'âge de 14 ans, il se rendit à Paris, en 1832, et débuta dans les plus modestes emplois du commerce. Bientôt, à force d'intelligence, de bonne conduite et d'activité, il gravit les degrés supérieurs de l'échelle commerciale ; et, dès 1842, il était à la tête d'un grand commerce de métaux dont la maison porte encore son nom. Elu en 1848 capitaine d'État-major au 2e bataillon de la 7e légion de la garde nationale, il fit partie, en 1849 et 1850, du Comité de l'instruction publique. Membre en 1862 du syndicat des métaux, de création récente, et depuis président, il avait monté en 1852, à Pont-Audemer une belle usine pour le laminage du zinc, qu'il a conservée jusqu'en 1870. Chef du 89e bataillon de la garde nationale, après la révolution du 4 Septembre, il prit, malgré son âge, le commandement des compagnies de guerre qu'il conduisit à Champigny, à Vitry et à Créteil. Pendant la Commune, il ne voulut pas quitter Paris ; et, dans le dernier effort de la lutte il fut un des premiers officiers supérieurs de la garde nationale qui aient offert leur concours aux troupes de Versailles. Après la victoire de l'armée de l'ordre M. Dopfeld, nommé maire du IIIe arrondissement qui avait beaucoup souffert, s'est montré à la hauteur du rôle de pacificateur et de réorganisateur qu'il avait bien voulu accepter, dans un quartier qu'il habite depuis 37 ans et qui est le rendez-vous général des commerçants et des fabricants en métaux de la capitale.

DORANGE (Augustin-Jean), né à Laval, le 15 mai 1816. M. Dorange a fait d'excellentes études à Rennes et s'est consacré entièrement à l'éducation et à l'instruction de la jeunesse. Il fut nommé professeur au collége de Lorient en 1835 ; et, deux ans plus tard, il fut l'un des fondateurs de l'enseignement mutuel à Tours, où il appliqua cette méthode, avec succès, dans les leçons publiques qu'il donnait, le soir, aux cours d'adultes de l'École municipale. En 1849, il prit avec son frère, professeur de mathématiques, la direction d'un des meilleurs pensionnats de la ville de Tours, où il ouvrit des cours spéciaux pour l'étude de la langue anglaise et de la langue italienne. M. Dorange a résumé, dans les ouvrages suivants, les leçons qui ont fait l'objet de ses cours pendant les trente années qu'il a professé chez lui et dans les différentes institutions de Tours : *Cours de dessin linéaire* (1840) ; — *Cours d'arithmétique pratique* (1843) ; — *Atlas universel de géographie ancienne et moderne comparée* (1853) ; — *Résumé biographique et chronologique de l'histoire générale*, ouvrage propre à faciliter et à abréger les études historiques, spécialement destiné aux élèves qui se préparent aux examens (1854) ; — *Notice sur l'abbaye royale de Saint-Martin de Marmoutier-lès-Tours* (1868). De plus, il a publié beaucoup d'articles bibliographiques dans plusieurs revues étrangères, telles que le *Giornale delle biblioteche* de Gênes, les *Notes and Queries* de Londres, et surtout l'*Universal catalogue of Books on art* de la même ville. En 1859, il a pris la direction de la Bibliothèque publique de Tours, une des plus importantes de France par le nombre et l'importance de ses manuscrits. Un *Catalogue raisonné* de cette bibliothèque (in-4º à 2 col. de plus de 600 p.) va bientôt édifier le monde savant sur la valeur de ce dépôt littéraire. Pendant la guerre, le bibliothécaire de Tours a rendu d'inestimables services, non-seulement à ses concitoyens, mais au pays tout entier, en transportant à Biarritz ses 2000 manuscrits et ses éditions les plus précieuses des commencements de l'imprimerie, telles que la *Bible de Mayence* de 1462. M. Baudrillart, inspecteur-général des bibliothèques, a rendu justice à son dévouement et constaté qu'il avait soustrait, avec le plus grand bonheur, une collection aussi rare à l'avidité des Allemands, qui avaient envoyé déjà quelques-uns de leurs savants chargés de choisir, parmi les manuscrits de la ville de Tours, ceux relatifs à l'histoire de leur pays. M. Dorange a été nommé officier de l'Instruction publique, le 3 avril 1872. Son fils, M. Auguste-Charles-Edmond Dorange, né à Tours, le 8 janvier 1844, professeur de langues des plus distingués, a publié : *Histoire des rues de Tours*, avec des notices sur les monuments anciens et modernes, un plan, etc. (1870) ; — *Practical method of the french language*, méthode acceptée par l'Académie de Poitiers et suivie au lycée de Tours (1871), etc.

DORÉ (Paul-Gustave), né à Strasbourg, le 6 janvier 1833. Il appartient à une honorable famille de l'Alsace, et son père était ingénieur des ponts-et-chaussées d'abord dans le département du Bas-Rhin, puis dans le département de l'Ain. Successivement élève des lycées de Strasbourg et de Bourg-en-Bresse, et du collége Charlemagne, M. Gustave Doré manifesta, tout enfant, des dispositions exceptionnelles pour le dessin. Dès l'âge de 11 ans, il publiait des lithographies ayant pour sujet nos premières campagnes d'Afrique, certaines fêtes patronales de l'Ain et des scènes de la campagne en Bourgogne ; et, en 1848, le *Journal pour rire* imprimait ses *Douze travaux d'Hercule*, qui dénotaient une extraordinaire précocité. À la même époque, il fit recevoir au Salon des *dessins à la plume* et des *albums* très-bien accueillis. Attaché comme dessinateur au *Journal pour rire*, et doué, tout à la fois, d'un talent prodigieusement souple et d'une imagination inépuisable, il a produit, dans tous les genres, un nombre déjà très-considérable d'œuvres qui ont fait de lui l'artiste populaire entre tous. Parmi les tableaux qu'il a exposés, on cite *Les pins sauvages ;* — *Lendemain d'orage ;* — *Les deux mères ;* — *La prairie ;* — *Le soir ;* — *Bataille de l'Alma ;* — *Bataille d'Inkermann ;* — *Un torrent ;* — *L'orage ;* — *Souvenir des Vosges ;* — *Solitude ;* — *Sommet de montagne dans les Alpes ;* — *Vue prise en Alsace ;* — *Pâturage ;* — *Effet de soleil couchant dans les Alpes ;* — *Les filles de Jephté ;* — *Les Titans ;* — *L'ange et Tobie,* tableau placé au musée du Luxembourg ; — *Les anges rebelles ;* — *Dante et Virgile ;* — *Un vallon dans les Vosges ;* — *Episode du déluge ;* — *Le vito,* danse de Gitanos à Grenade ; — *Françoise de Rimini et Paolo ;* — *Le salon de jeu à Bade,* etc. Il a publié en outre, une foule de croquis et de dessins tels que : *La chasse au lion ;* — *Le voyage aux Pyrénées ;* — *Le chemin des écoliers ;* — *Mythologie du Rhin ;* — *Le capitaine Castagnette ;* — *Croquemitaine ;* — *Le baron de Münchhausen,* etc. De plus, il a fourni des bois, en innombrable quantité, au *Musée anglo-français,* au *Journal pour tous,* à The *illustrated Times,* à The *pictural news paper,* à The *comic Times,* à l'*Illustrirte Zeitung* de Leipzig, etc. Il a illustré, d'une façon admirable, les *OEuvres de Rabelais,* la *Légende du Juif-Errant,* les *Contes drôlatiques de Balzac,* les *Contes de Perrault,* les *Essais de Montaigne,* l'*Enfer du Dante,* les *Fables de La Fontaine,* et surtout la *Sainte-Bible,* son chef-d'œuvre, dit-on. Nous ne pouvons donner à nos lecteurs une plus exacte idée des œuvres de cet artiste qu'en ajoutant, pour terminer, que M. Gustave Doré, sollicité pour travailler au compte d'éditeurs anglais, a consenti, en 1870, un traité en vertu duquel il s'est engagé à exécuter annuellement, à Londres, pendant cinq ans, 250 dessins à 1,000 francs par dessin. Déjà, en 1868, il avait fondé à Londres, dans New Bond Street, une galerie exclusivement consacrée à ses œuvres, et portant le nom de « Doré Gallery. » Il a reçu la croix de la Légion d'Honneur le 13 août 1861.

DORMEUIL (Joseph-Jean, CONTAT-DESFONTAINES, *dit*), né à Paris, le 22 novembre 1791. Il n'appartient pas à la famille de Mlle Contat, célèbre artiste de la Comédie-Française. Fils d'un avocat au Parlement de Paris, il fit ses études au collège Stanislas, fut nommé, en 1812, contrôleur en chef des octrois de la ville d'Arras, et résigna ses fonctions à la chute du premier Empire. En 1813, lors de l'organisation de la garde nationale de Paris, il fut appelé, en qualité de chef de bureau, à la direction du bureau de service de l'Etat-major général ; en 1814, il fut nommé capitaine d'Etat-major, et, pendant les Cent-Jours, il fut des fonctions d'aide-de-camp auprès du maréchal Masséna. Après la seconde Restauration, les théâtres de société étaient en grande faveur, et M. Dormeuil en faisait ses plus chères distractions. Lors de la fondation du Gymnase-Dramatique, en 1820, il fut engagé en qualité d'artiste et de directeur de la scène. En 1831, il obtint le privilége du Théâtre-Montansier, s'adjoignit M. Charles Poirson en qualité d'administrateur, et inaugura sa nouvelle scène, le 6 juin de la même année, sous le nom de théâtre du Palais-Royal. L'accueil fait aux pièces de genre et aux comédies de salon les plus gaies et les plus bouffonnes, fit de son entreprise une spécialité toute parisienne, et lui assura une faveur qui ne s'est jamais démentie. Après 27 ans de service, en 1858, il obtint de M. Fould, ministre de la Maison de l'empereur et des Beaux-Arts, de pouvoir céder à son fils la direction du théâtre du Palais-Royal. Cependant, après la mort de Lurine, il consentit à accepter la direction du Vaudeville, conjointement avec M. Duponchel ; mais, après deux années et demie d'une administration qui a enregistré le grand succès de *Nos Intimes,* il donna sa démission. M. Dormeuil a rempli de nombreuses fonctions publiques et honorifiques. Il a été maire de la commune de Domont (Seine-et-Oise) de 1846 à 1858 ; juge au tribunal de Commerce de la Seine de 1847 à 1851 ; président de la Commission pour la loi des théâtres devant la section de législation du Conseil d'État en 1849 ; délégué pour la surveillance de l'instruction primaire dans le canton d'Ecouen en 1850 ; membre de la Commission permanente de sûreté publique, à la préfecture de police, de 1851 à 1861 ; délégué cantonal pour le IIe arrondissement municipal de Paris en 1861. Enfin il est membre de la Société des auteurs dramatiques depuis 1863. On a de lui quelques écrits et pièces de théâtre : *Réflexions sur la liberté des théâtres* (1838) ; — une série de *Lettres* sur les excommunications des comédiens ; — *Le télégraphe,* ou *le commissaire général,* 2 actes, et *La Saint-Charles des marins,* 1 acte, au Gymnase, en collaboration avec Théaulon ; — au Palais-Royal, deux pièces en 5 actes, *Les quatre âges du Louvre,* en collaboration avec Clairville, et *L'omelette du Niagara,* avec Lambert Thiboust ; — au Vaudeville, une comédie en 3 actes : *La comtesse Mimi,* avec Varin et Michel Delaporte. M. Dormeuil est chevalier de l'ordre du Lion de Holstein-Limbourg, et porte la médaille de Sainte-Hélène.

DOTTIN (Henri), né à Beauvais, le 4 mai 1816. Il fit ses études classiques dans sa ville natale, se consacra, très-jeune encore, à la littérature, à la poésie notamment, et fonda, en 1843, l'Athénée du Beauvaisis, dont il fut le président depuis cette époque jusqu'en 1844. Collaborateur de plusieurs journaux de Paris ou de la province, tels que l'*Echo de France,* la *Revue pour tous,* la *France littéraire* de Lyon, la *Tribune lyrique* de Mâcon, le *Journal de l'Oise* et le *Semeur de l'Oise,* où il donna des chroniques beauvaisiennes, sous le pseudonyme de Léontine de R..., il publia, en même temps, une vingtaine de petits volumes, presque tous écrits en vers et renfermant des traductions, des poésies de circonstance, des fables, des chants, des odes, des épîtres, des stances, etc. C'est ainsi qu'il se fit une honorable position dans le monde littéraire. Parmi les ouvrages de M. Dottin, nous citerons : *Cent et une épigrammes de Martial,* traduites en vers français (1838) ; — *Les noces de Thétis et de Pélée,* traduction de Catulle, en vers français, avec une notice de M. de Pongerville et des *Poésies diverses* (1839) ; — *Fables et quatrains* (1840) ; — *Les cendres d'un empereur,* poëme en trois époques (1840) ; — *Verselets* (1841) ; — *La femme de l'ouvrier,* roman en vers (1843) ; — *Chants* du pays (1845); — *Biographies et études littéraires* (1844, 1846, 1848, 1851); — *Economistes et industriels, ou la question du libre-échange* (1847); — *La statue de Jeanne Hachette* (1851); — *Napoléoniennes* (1852); — *Le duc de la Rochefoucauld-Liancourt, sa vie et sa statue* (1861); — *Epîtres humoristiques*, en vers (1864); — *Rimes morales* (1873). M. Henri Dottin fait partie de la Société philotechnique de Paris.

DOUCET (Charles-Camille), né à Paris, le 16 mai 1812. M. Camille Doucet a suivi les cours de la Faculté de droit de Paris et a obtenu le diplôme de licencié, ainsi que le titre d'avocat. Après avoir pratiqué le notariat pendant quelque temps, il entra dans l'administration de la Liste civile en 1837, et débuta comme écrivain dramatique en 1838 par un vaudeville en trois actes, *Léonce*, écrit en collaboration avec Bayard et qui fut représenté au théâtre des Variétés (4 août 1838). Encouragé par ce premier succès, il aborda la comédie, et donna à l'Odéon et au Théâtre-Français les ouvrages suivants, qui ont été réunis en deux volumes, en 1858, sous le titre de *Comédies en vers : un Jeune homme* (29 octobre 1841); *l'Avocat de sa cause* (5 février 1842); *le Baron Lafleur* (13 décembre 1842); *la Chasse aux fripons* (27 février 1846); *les Ennemis de la maison* (6 décembre 1850); *le Fruit défendu* (23 novembre 1857). A l'exception de *l'Avocat de sa cause*, qui n'a qu'un acte, toutes les autres comédies sont en trois actes. M. Camille Doucet a encore donné à l'Odéon, le 30 décembre 1847, une revue en trois actes, intitulée : *le Dernier banquet de 1847*. Sa dernière œuvre, *la Considération*, comédie en quatre actes, en vers, a été représentée au Théâtre-Français le 6 novembre 1860. Ces comédies agréables, sensées et honnêtes, applaudies du public, et où l'on trouve tout à la fois un grand talent d'observation, des situations comiques, un dialogue net et facile, une versification aisée, ont valu à M. Camille Doucet l'honneur d'être nommé membre de l'Académie française en remplacement d'Alfred de Vigny (6 avril 1865). Elles n'ont pas été non plus sans influence sur la carrière administrative de leur auteur, qui est devenu chef de la division des théâtres au ministère d'Etat, en 1852, directeur de l'administration des théâtres en 1864 et directeur-général de la même administration en 1866, lors de la suppression de la surintendance générale ; en cette qualité, il a eu la haute direction des théâtres de Paris et de toute la France. M. Camille Doucet a été chargé pendant longtemps de la critique dramatique dans le *Moniteur parisien*. Il a publié de nombreuses poésies et plusieurs volumes d'histoire. Il a été membre du Conseil général de l'Yonne. Chevalier de la Légion d'Honneur le 25 avril 1847, officier le 14 août 1857, il a été promu commandeur le 7 août 1867.

DOUEN (Emmanuel-Orentin), né à Templeux-le-Guérard (Somme), le 2 juin 1830. Il fit ses études classiques au collège de Lille et au gymnase de Strasbourg, ses études théologiques à la Faculté de cette dernière ville, prit le grade de bachelier, et fut nommé, en 1853, pasteur à Quincy-Ségy (Seine-et-Marne) où il resta jusqu'en 1861, bien qu'il eût été appelé à une place vacante dans l'église de Montpellier. Il remplit durant le même intervalle les fonctions de conseiller départemental de l'instruction publique, et celles d'examinateur pour les aspirants et les aspirantes au diplôme d'instituteur et d'institutrice. Devenu, en 1861, agent de la *Société biblique protestante de Paris*, et, peu après, membre de la *Société d'histoire du protestantisme*, il a publié, outre un grand nombre d'articles dans la *Revue de Théologie* de Strasbourg, le *Bulletin de la Société d'Histoire du protestantisme*, le *Lien*, la *Renaissance* et autres journaux, les ouvrages suivants : *De la vérité chrétienne et de la liberté en matière de foi* (1857); — *Essai historique sur les églises réformées du département de l'Aisne* (1860); — *Catalogue raisonné des Bibles et Nouveaux Testaments*, en latin et en français, de la Bibliothèque de la Société biblique protestante de Paris (1862); — *Ce qui manque à la France* (1870); —, en collaboration avec M. Ath. Coquerel fils (1871), la *Théologie biblique*, ouvrage posthume d'Eugène Haag; — *L'intolérance de Fénelon*, étude historique écrite d'après des documents pour la plupart inédits, et très-remarquée (1872). M. Douen a siégé au Synode général de Paris, en 1872, comme suppléant de M. Pécaut et représentant de la 6e circonscription, dont le plus illustre député était le colonel Denfert. Garde national volontaire pendant le siège de Paris, il a failli deux fois être tué, le même jour, en étant de garde au rempart.

DOVILLÉE (Charles-Barthélemy), né à Paris, le 6 février 1784. Admis à l'Ecole polytechnique le 23 novembre 1803, sous-lieutenant élève à l'Ecole d'application de Metz, le 1er octobre 1806, lieutenant en second au 5e régiment d'artillerie à pied le 1er janvier 1808, il fit les campagnes de 1808 et 1809 en Prusse et en Autriche, et reçut la décoration de la Légion d'Honneur (7 août) pour sa brillante conduite à Essling. Nommé instructeur de l'artillerie du 2e corps de l'armée d'Allemagne le 23 mai 1809, puis instructeur à l'Ecole spéciale militaire le 26 juin et lieutenant en premier le 1er août, il quitta l'armée après la bataille de Wagram, et vint organiser à Saint-Cyr le service de l'artillerie. Il fut d'abord chargé d'établir le polygone, qui subsiste encore, et dirigea ensuite avec beaucoup de zèle et de succès les études des élèves qui se destinaient au service de l'artillerie, et dont un certain nombre rendirent d'utiles services dans les journées de Lutzen et de Bautzen. M. Dovillée devint capitaine en second le 16 août 1811 et capitaine en premier le 20 juillet 1813. Il concourut à la défense de Versailles durant les campagnes de 1814 et 1815, et servit à l'Ecole d'application de l'artillerie et du génie pendant les quinze années de la seconde Restauration. Promu chef d'escadron le 21 septembre 1830, il fut employé comme sous-directeur d'artillerie à Lille jusqu'au mois d'août 1835, époque à laquelle il demanda sa retraite. M. Dovillée a commandé momentanément l'artillerie à Aire en 1832. Il s'est retiré à Metz, où, comme administrateur du Bureau de bienfaisance, il consacre une partie de son temps et de ses ressources au soulagement des pauvres. Décoré de la médaille de Sainte-Hélène, il a été promu officier de la Légion d'Honneur le 13 août 1866.

DRAPEYRON (Ludovic), né à Limoges, le 26 février 1839. Il commença ses études classiques à Barcelone (Espagne), les continua à Limoges, et les compléta à Paris. Admis à l'Ecole normale supérieure en 1859, agrégé d'histoire et de géographie en 1862, il professa six années à Besançon. Puis il fut appelé successivement au lycée Napoléon et au lycée Charlemagne. En 1869, il prit, en Sorbonne, le grade de docteur ès lettres. Après avoir voyagé en Espagne, en Suisse, en Italie et en Angleterre, M. Drapeyron a successivement publié : *L'empereur Héraclius et l'Empire byzantin* (1869); — *Les origines et la formation de l'empire byzantin* (Revue des Deux-Mondes); — *De Burgundiæ historia et ratione politica Merovingorum ætate* (thèse) ; — *L'aristocratie romaine et le Concile* (1870) ; — *Essai sur l'organisation de l'Austrasie et la création de l'Allemagne*, et un autre *Essai sur la séparation de la France et de l'Allemagne aux* IXe *et* X^e *siècles*. Il a écrit dans le journal *La Concorde*. Durant le siège, il fit paraître une brochure : *L'Europe, la France et les Bonapartes*, et des articles très-remarqués et qui furent reproduits : *Où courons-nous? Sauvons l'unité française et la République*, etc. Chargé, le 18 mars, de la direction de l'*Electeur libre*, avec M. Séligmann, il prit part à la réunion de la Presse parisienne où fut signée la protestation contre le Comité central. Parmi les articles dans lesquels il combattit la Commune, nous distinguons : *Aujourd'hui et demain; — Illégalité et déraison*, etc. En 1872, M. Drapeyron a fait paraître, en collaboration avec M. Séligmann, les *Deux folies de Paris*, où l'on trouve une *Analyse de la France*, essai de politique scientifique. Il a caractérisé notre crise politique et sociale dans un chapitre intitulé : *Physionomie de Paris pendant la guerre et depuis la conclusion de la paix*, dans cet ouvrage dont les auteurs veulent, par l'analyse, « ramener la science gouvernementale, de l'étude des *formes constitutionnelles*, à l'examen du *fond constitutif*. » M. Drapeyron, membre de la Société d'émulation du Doubs, a lu devant la section d'histoire des Sociétés savantes, présidée par M. Amédée Thierry, cinq mémoires sur les origines de la France et de l'Allemagne, où il a mis en lumière le rôle jusqu'alors peu connu de la Bourgogne (1866-1869).

DRÉO (Amaury-Prosper-Marie), né à Rennes, le 7 décembre 1829. Il étudia le droit à la Faculté de Rennes, et se fit inscrire, en 1850, au barreau de Paris. Républicain éclairé et convaincu, il fut, sous l'Empire, l'un des organisateurs des bureaux d'inscriptions électorales et des réunions privées. En 1863, il fut impliqué dans le procès des « treize », au sujet du Comité de la rue Saint-Roch, qui était institué sous son nom, et condamné à 500 francs d'amende. On lui doit, outre des articles publiés dans plusieurs journaux, parmi lesquels nous citerons l'*Avenir national* et la *Tribune*, une brochure sur la liberté des transactions. De plus, il a fondé le *Manuel Électoral*, en 1860, et n'a jamais cessé depuis d'y collaborer activement. Après la chute du second Empire, M. Dréo a rempli les fonctions de secrétaire du gouvernement de la Défense nationale, et fait partie de la Commission des barricades, créée pendant le siège de Paris par les armées allemandes. Elu représentant du Var à l'Assemblée nationale, le 2 juillet 1871, il fait partie de deux groupes parlementaires connus sous les noms d'Union-Républicaine et de Gauche-Républicaine, et siége sur les bancs de l'Extrême-Gauche. Il a prononcé un discours en faveur du retour de l'Assemblée à Paris. Signataire des propositions de dissolution et d'amnistie, relativement à la loi sur l'enseignement primaire, il est l'auteur d'un contre-projet qui tend à instituer l'instruction primaire obligatoire, gratuite et laïque.

DREUX (Jean-Pierre), né à Villampuy (Eure-et-Loir), le 10 mars 1797. Issu d'une famille de cultivateurs, il suivit la même carrière que ses parents et se distingua parmi les agriculteurs amis du progrès. Maire de Villampuy depuis 1824, membre du Conseil d'arrondissement de Châteaudun et vice-président du Comice agricole dont il avait été l'un des fondateurs les plus actifs et les plus éclairés, il se fixa à Cormainville, canton d'Orgères, où il avait fait l'acquisition d'une importante exploitation agricole destinée à son fils. Bientôt élu maire et conseiller d'arrondissement, puis nommé suppléant de la justice de paix du canton d'Orgères, délégué cantonal de l'instruction publique et membre de la Chambre consultative d'agriculture, il rendit par ses lumières et son activité, de grands services à ses concitoyens, et régénéra le pays par des travaux communaux de toutes sortes. M. Dreux a reçu la croix de la Légion d'Honneur, le 15 mai 1864, après quarante années de services publics et gratuits. Il est décédé, le 20 mai 1865, laissant le souvenir d'une vie honorable et bien remplie, et des dispositions testamentaires qui témoignaient encore de sa constante sollicitude pour les malheureux. En effet, outre plusieurs legs faits aux pauvres de la commune de Cormainville et du canton d'Orgères, il fondait encore un lit d'incurable à l'Hospice des vieillards de Châteaudun.

DREUX (Pierre-Honoré), né à Villampuy (Eure-et-Loir), le 20 avril 1829 ; fils du précédent. Ses études terminées au collége d'Orléans, M. Dreux est revenu se fixer près de son père, avec un goût très-prononcé pour l'agriculture. Marié en 1854, il dirige depuis cette époque l'exploitation agricole de l'important domaine de Cormainville, où il donne l'exemple d'une culture savante et progressive; aussi a-t-il été élu président du Comice agricole de l'arrondissement de Châteaudun. En 1865, il a succédé à son père en qualité de maire de Cormainville et de suppléant de justice de paix. Membre du Conseil d'arrondissement depuis 1867, il a été élu conseiller général, au premier tour de scrutin et par une imposante majorité, en 1870, et réélu à l'unanimité lors des élections générales de 1871. Secrétaire de ce Conseil, M. Dreux-Linget l'est également de la Commission permanente où l'ont appelé, il y a deux ans, la confiance de ses collègues. Initié depuis longtemps aux affaires administratives, agriculteur expérimenté, esprit très-libéral, délégué cantonal et membre de la Chambre consultative d'agriculture, il est au nombre des hommes distingués de sa contrée qui semblent désignés à l'avance au choix de leurs concitoyens, pour représenter avec le plus d'autorité, dans nos assemblées parlementaires, les intérêts d'un département essentiellement agricole.

DREUX-BRÉZÉ (Mgr Pierre-Simon-Louis-Marie de), né à Brézé (Maine-et-Loire), le 2 juin 1811; troisième fils de l'ancien grand-maître des cérémonies à la cour de Louis XVI, et frère cadet de M. le marquis de Dreux-Brézé, officier de cavalerie, retiré depuis longtemps du service pour raisons politiques. Il fit ses études philosophiques et théologiques au grand séminaire de Saint-Sulpice, reçut l'ordination en 1835, et fut presque aussitôt appelé dans les conseils de Mgr de Quélen, en qualité de vicaire-général de l'archevêché de Paris, avec le titre de chanoine honoraire. Doué de hautes capacités, et favorisé par de puissantes relations, surtout dans le milieu légitimiste et ultramontain, il devait parvenir rapidement aux fonctions les plus élevées de la carrière ecclésiastique. Sa vie, d'ailleurs, fut toute consacrée à sa première épouse, pour employer le langage usité; et il est indubitable, pour qui connaît son caractère ferme et résolu, que, dès le commencement, il s'est arrêté à la considérer comme l'unique. Le revirement politique et religieux qui se manifesta lors de l'avénement des Bonapartes au pouvoir, lui valut son élévation au siége épiscopal de Moulins. Nommé le 28 octobre 1849, et préconisé le 7 janvier 1850, il fut sacré le 14 avril suivant. Comme homme public Mgr de Dreux-Brézé a motivé, devant le Conseil d'Etat, deux appels comme d'abus qui, par deux fois, lui ont attiré la censure de ses actes. En qualité d'évêque, c'est-à-dire de pasteur, il a rendu de grands services dans le département. La ville de Moulins doit à son initiative personnelle et à son intervention efficace, l'achèvement de sa cathédrale; les chapelles, toutes fort remarquables, de l'Hôpital-Général, du Carmel, du Bon-Pasteur, des RR. P. Maristes, d'Avernes, du petit séminaire d'Iseure; l'établissement du Sacré-Cœur pour l'éducation des jeunes personnes de la classe élevée, etc. Le diocèse dans son ensemble lui est également redevable d'une foule d'améliorations: construction de presbytères à un et à deux étages succédant, presque dans toutes les campagnes, à de misérables et malsaines chaumières; augmentation considérable et permanente des ressources du clergé indigent, etc. Mgr de Dreux-Brézé, s'il est entré bien jeune dans la carrière des honneurs, ne paraît pas avoir été, toutefois, bien ambitieux d'en profiter, car il est difficile d'imaginer qu'avec ses brillantes aptitudes il n'ait pas eu à refuser des siéges plus en relief que celui qu'il occupe, notamment depuis le passage au ministère de MM. de Larcy et Pouyer-Quertier, ses amis intimes.

DROUYN DE LHUYS (Edouard), né à Paris, le 19 novembre 1805. Fils d'un receveur-général, il fit ses études classiques à Louis-le-Grand, remporta le prix d'honneur de rhétorique au grand concours, en 1823, fit ses études de droit à la Faculté de Paris, et entra dans la diplomatie. Attaché à l'ambassade de Madrid, en 1830, chargé d'affaires à La Haye, de 1833 à 1836, premier secrétaire et chargé d'affaires à Madrid, de 1836 à 1839, il prit, au ministère des Affaires étrangères, en 1840, la direction des affaires commerciales. En 1842, il fut envoyé à la Chambre, par le collége électoral de Melun, comme député d'opposition; et, en 1845, il fut destitué de ses fonctions administratives par le ministère Guizot. Un peu plus tard, il prit part à l'agitation dite « des banquets réformistes. » Après la révolution de Février, il représenta le département de Seine-et-Marne à la Constituante et à la Législative, siégea dans les rangs de la Droite-Modérée, présida le Comité des affaires étrangères accepta le portefeuille des Affaires étrangères, le 20 décembre 1848, et soutint à la tribune la politique extérieure du président. Le 2 juin 1849, il quitta le ministère pour l'ambassade de Londres. Bientôt rappelé au ministère, il n'y resta que quelques semaines; et, après le Coup-d'Etat, il fit partie de la Commission consultative. Ayant repris, en juillet 1852, le portefeuille des Affaires étrangères, il le rendit de nouveau, en avril 1855, quand il vit échouer les tentatives de conciliation faites aux conférences de Vienne, pendant la guerre d'Orient. Membre du Sénat depuis la création de ce corps, il donna sa démission, en 1856. Pour la quatrième fois, il entra au ministère des Affaires étrangères, en 1862 ; et, le 1er septembre 1866, il en sortit et fut nommé membre du Conseil privé. Il avait, d'ailleurs, repris sa place au Sénat, le 7 mai 1865. M. Drouyn de Lhuys a été élu membre de l'Académie des sciences morales et politiques, au fauteuil laissé vacant par Horace Say, le 15 mars 1861. Il a présidé un grand nombre de sociétés : les Sociétés d'acclimatation, des agriculteurs de France, etc. Il est Grand'Croix de la Légion d'Honneur depuis 1853, Grand-Cordon des Saints-Maurice et Lazare, de Saint-Etienne de Hongrie, de l'Aigle Noir de Prusse, etc.

DROZ (Jules-Antoine), né à Paris, en 1807. M. Droz, fils d'un graveur renommé, étudia la sculpture sous Regnault et Cartellier; et ses travaux, très-consciencieux et très-purs, lui assignèrent un rang des plus avantageux parmi les artistes modernes. Dans le nombre de ses œuvres, on distingue : *Le génie du mal* (au château de Compiègne); — *L'ange du martyre* (à Saint-Sulpice de Paris); — *Mathieu Molé* (statue pour la façade de l'Hôtel-de-Ville de Paris); — *Don Enrique* et *Camoëns* (bustes pour le Palais-Royal de Lisbonne); — *Hiver* et *Eté* (au Luxembourg, salle d'horticulture); — La statue de *Conté*, un des savants de l'expédition d'Egypte (pour la ville de Séez); — le *Fronton du château de Saverne*; — *Le Lierre*, étude de jeune fille (Exposition universelle de 1855); — la statue de *Cambiche* et l'allégorie de la *Gravure* (façades du nouveau Louvre);— le buste de *Mathieu Molé*, la statue du *baron Thénard* (1861), etc. M. Droz a remporté des médailles de 2e classe en 1844 et de 3e classe en 1855. Chevalier de la Légion d'Honneur depuis 1854, il est décédé le 26 janvier 1872.

DROZ (Gustave), né à Paris, le 9 juin 1832; fils du précédent. Élève distingué des colléges Henri IV et Stanislas, il se prépara d'abord à subir l'examen d'admission à l'Ecole polytechnique; mais, attiré par le goût pour les arts qu'il avait puisé au sein de sa famille, il abandonna les mathématiques pour entrer à l'Ecole des beaux-arts (1852), et suivit l'atelier de Picot. Pendant un certain nombre d'années, il fit paraître, au Salon de Paris, des œuvres bien jugées du public. En 1864, ses relations avec M. Marcellin, qui fondait alors la *Vie parisienne*, lui ouvrirent une voie nouvelle et féconde. Collaborateur au nouveau journal, il y fit ses premières armes littéraires sous le pseudonyme de « Gustave Z. » Plus tard, il appartint à la rédaction de l'*Opinion nationale* et à celle de la *Revue des Deux-Mondes*. Les écrits de M. Gustave Droz, rassemblés en volumes, forment plusieurs charmants ouvrages, pleins d'élégance, d'esprit et de délicatesse : *Monsieur, Madame et Bébé* (1866) ; — *Entre nous* (1867) ; — *Le Cahier bleu de mademoiselle Cibot* (1868) ; — *Autour d'une source* (1869) ; — *Un paquet de lettres* (1870) ; — *Babolain* (1872).

DRUARD (Henry), né à Chalon-sur-Saône, le 22 septembre 1818. Il fit de bonnes études au collége de Dôle et entra dans les affaires en 1842. Négociant et banquier dans sa ville natale, ses opérations commerciales et financières le mettaient en constants rapports avec toutes les populations agricoles, industrielles et commerciales de l'Est, en sorte qu'il s'acquit bientôt une grande et légitime influence dans sa localité. Depuis 1848, il faisait partie du Conseil municipal, quand, en 1869, il fut élu, à une grande majorité, membre du Conseil général de Saône-et-Loire et réélu en 1871, à la presque unanimité. Comme homme public, il a toujours professé des opinions libérales-conservatrices qui , dans les temps actuels, l'ont conduit à soutenir, de tous ses moyens, le gouvernement d'ordre et de rénovation inauguré par M. Thiers ; de plus, il s'est toujours sérieusement occupé des intérêts de sa ville et de ceux du département. Quand les funestes événements de 1870 provoquèrent, dans la contrée, une crise financière des plus intenses, et une rareté extraordinaire des monnaies de tout genre, il fut l'un des créateurs d'un papier-monnaie portant son nom et celui d'un de ses collègues, papier de monnaies divisionnaires qui rendit d'immenses services dans tout le département, où il était reçu avec autant de confiance que les billets de la Banque de France. M. Druard est administrateur de plusieurs établissements industriels et commerciaux, notamment de l'*Abeille*, compagnie d'assurances contre l'incendie et la grêle.

DUBAN (Félix-Jacques), né à Paris, le 14 octobre 1797. M. Duban fit d'abord d'excellentes études au collège Henri IV. Élève de l'architecte Debret, son beau-frère, en 1813, puis de l'Ecole des beaux-arts, il remporta le grand prix de Rome, en 1823, sur un projet d'*Hôtel des douanes et de l'octroi*. On peut dire qu'il exerça dès lors, par ses ouvrages et ses élèves, une grande influence sur les architectes de son époque. A son retour d'Italie, il était déjà chef d'école. Son grand talent de dessinateur et ses connaissances en archéologie, fortifiés par de consciencieuses études en Italie, le firent choisir pour diriger de nombreux et importants travaux de construction ou de restauration. D'abord inspecteur des travaux de l'Ecole des beaux-arts, sous les ordres de M. Debret, il en fut chargé seul, en 1832, et leur donna une direction très-différente. En 1845, il entreprit la restauration du château de Blois, qui équivaut à une création ; et, peu de temps après, il réédifia plusieurs parties de l'hôtel de La Trémouille qui devait être démoli plus tard. En 1836, il construisit, rue Tronchet, l'hôtel Pourtalès, sorte de palais-musée. On lui doit aussi la restauration du château de Dampierre. Quant à la restauration de la Sainte-Chapelle au Palais-de-Justice, il ne conduisit que jusqu'en 1848 cette œuvre délicate, à laquelle il avait donné la direction la plus heureuse. Nommé architecte du Louvre, après avoir été, pour un temps très-court, architecte du château de Fontainebleau, il dirigea la décoration intérieure et extérieure de ce magnifique monument, fit la restauration de la façade de Henri II, sur le quai, reconstitua la Galerie d'Apollon, telle que l'avait projetée Lebrun, et ne se distingua pas moins dans la création du Grand salon et de la salle des Sept-Cheminées. En 1853, il se démit de ses fonctions d'architecte du Louvre, entra au Conseil des bâtiments civils en qualité d'inspecteur-général et y occupa la vice-présidence à partir de 1862. L'année suivante (1854), il fut élu membre de l'Institut, en remplacement de Visconti. M. Duban avait dirigé, par intérim, à son retour de Rome, en 1828, l'atelier de Blouet, pendant que ce dernier accompagnait l'expédition scientifique de Morée. Il dirigea ensuite dans leurs études les élèves de M. Debret, d'abord en association avec son beau-frère, et seul ensuite. A la liste des travaux exécutés par lui, et cités plus haut, il convient d'ajouter ceux qu'il a effectués, soit comme création, soit comme restauration, à l'ancien hôtel Molé, rue Saint-Dominique, pour y installer le ministère des Travaux Publics et les administrations qui en dépendent ; un remarquable projet de reconstruction de l'ancien grand château de Chantilly ; une magnifique galerie en bois sculpté dans la cour du petit château de Chantilly ; la restauration de l'ancien hôtel Monaco, appartenant au duc de Galliera ; les monuments funéraires de François Arago, Mme Delaroche (un chef-d'œuvre) et Paul Delaroche ; le monument élevé à l'Ecole des beaux-arts , en l'honneur d'Ingres, etc. Membre de la Commission des monuments historiques depuis 1839, il a siégé au Conseil municipal de Paris de 1863 à 1868. En 1868, les gouvernements autrichien et belge l'avaient officiellement invité à se rendre à Vienne et à Bruxelles, pour y présider des jurys relatifs à des concours d'architecture ouverts dans ces villes ; mais l'état de sa santé ne lui permit pas d'accepter ces honorables missions. Il avait remporté la grande médaille d'honneur à l'Exposition universelle de 1855, pour sa magnifique série composée d'un grand nombre de dessins, comprenant ses envois de Rome, douze dessins de la *Restauration du château de Blois*, et beaucoup d'autres œuvres. Citons : *Restauration du portique d'Octavie* (1828) ; — *Restauration d'une maison de Pompéi* (1831) ; — *Un palais romain à l'époque impériale* (1833) ; — *L'Arno* ; — *Le Tibre* ; — *Intérieur d'un palais romain* : — *Baïa* ; — *Tombeau étrusque*, etc. M. Duban a collaboré, avec MM. Duc, Labrouste et Vaudoyer, à la *Galerie chonologique des monuments les plus remarquables, depuis les temps les plus reculés jusqu'au XV⁰ siècle*. Chevalier de la Légion d'Honneur depuis le 2 février 1836, il avait été promu officier de l'Ordre, le 3 juin 1854, et commandeur le 15 août 1868. M. Duban était membre de six Académies étrangères et décoré de l'aigle rouge de Prusse et de la croix de l'ordre du Mérite. Il est décédé, à Bordeaux, le 8 octobre 1870. Quand l'Académie des beaux-arts a été informée de la perte qu'elle venait de faire, elle a décidé qu'une exposition d'une partie des dessins laissés par le maître serait ouverte à l'Ecole des beaux-arts. Cette exposition a eu lieu au mois de janvier 1872. Ces dessins, au nombre de 60, rappelaient la plupart des savants travaux exécutés par M. Duban. Par suite d'une souscription spontanément ouverte parmi les anciens élèves, les amis et les confrères de l'illustre architecte, un monument à sa mémoire s'élève actuellement (1873) au cimetière Montparnasse.

DUBOIS (Alphée), né à Paris, le 17 juillet 1831. Fils d'un graveur en médailles des plus distingués, décédé en 1863, M. Dubois suivit la même carrière, sut mettre à profit les conseils que lui prodiguait son père, prématurément atteint de cécité, ainsi que les leçons de MM. Barre et Duret, et remporta le grand prix de Rome, en 1855, sur ce sujet : *Guerrier blessé mourant sur l'autel de la Patrie*. Déjà son talent précoce lui avait procuré des commandes, alors qu'il était encore sur les bancs de l'Ecole des beaux-arts, et il ne tarda pas à se faire une très-avantageuse réputation comme graveur en médailles et pierres fines. C'est un artiste consciencieux, dont les œuvres se recommandent par une composition intelligente et une exécution soignée, correcte et presque méticuleuse, qui n'exclut pas l'originalité. Parmi ses envois de Rome, on distingue celui du *Pape bénissant le prince impérial à sa naissance*, acquis par le ministère des Beaux-Arts. Il a exposé, au Salon de Paris : *Médaille commémorative de la réception des ambassadeurs des rois de Siam au palais de Fontainebleau*, et des médailles à l'effigie de M. *de Montigny* et de M. *Viennet* (1863) ; — l'*Empereur* et M. *Ménier*, médailles en bronze (1864) ; — deux camées : l'*Empereur et l'impératrice*, sardonyx, et *Transteverina*, agathe onyx (1865) ; — *Médaille commémorative de l'inauguration de la statue de Napoléon Ier à Rouen*, et *Le roi de Suède et de Norvège* (1866) ; — *Médaille commémorative de l'Exposition internationale de pêche de Boulogne-sur-Mer* (1867) ; — *Médaille commémorative de la découverte de la 100e petite planète*, et *Médaille de récompense pour les horticulteurs* (1869) ; — *Médaille commémorative de la découverte de l'atmosphère du soleil*, et *Médaille commémorative du centenaire de Napoléon Ier* (1872). A l'Exposition universelle de 1867, il avait envoyé dix-huit médailles ou médaillons. M. Dubois a gravé la *Médaille commémorative de l'emprunt national de 1872*, commandée par le ministre des Finances, ainsi que beaucoup de coins pour jetons d'administrations particulières, et a été choisi, en 1866, par le gouvernement espagnol pour la gravure des coins de sa nouvelle monnaie de bronze. Il a obtenu des médailles aux Salons de 1868 et de 1869.

DUBOIS (Mlle Emilie-Désirée), née à Paris, le 8 mai 1838. Mlle Dubois a été admise au Conservatoire le 18 mai 1850, dans la classe de M. Samson, où elle obtint, en 1852, le second prix de comédie. Elle débuta au Théâtre-Français, le 10 février 1853, dans le rôle de Jeanne, de *Lady Tartuffe* de Mme de Girardin, et y obtint un grand succès. Voici comment *le Constitutionnel* accueillit sa venue : « Mlle Dubois a l'âge de son personnage, quinze ans, et elle en a naturellement tout le charme, toute la grâce, toute la naïveté. C'est une véritable ingénue, la plus parfaite que nous ayons encore rencontrée... Voilà donc une jeune fille jeune ! elle est pétillante, rieuse, vive, à la façon de l'écureuil. Voyez-la grignoter ses mots !... Puis, l'enfant disparaît et le cœur monte tout d'un coup au regard, au front, aux lèvres, et la jeune fille se laisse voir dans sa grâce et sa sensibilité. La Comédie-Française a mis la main sur un trésor, un précieux trésor de jeunesse et de talent. Le début d'une pareille actrice vaut mieux que dix pièces nouvelles. » Elle acheva de faire ses preuves dans la charmante création de Jeanne, de *La joie fait peur*, de Mme de Girardin encore, et fut proclamée sociétaire, à l'unanimité, le 1er avril 1855, à l'âge de dix-sept ans, hommage rendu à son précoce mérite et qu'elle a constamment justifié depuis. Dans cette délicieuse pièce, sa jolie tête blonde et enfantine était admirablement encadrée au milieu de ce touchant tableau de famille. A son apparition, tout le monde avait reconnu en elle une des fraîches et douces espérances de notre première scène française. Tous les rôles où il faut de la douceur, de l'abandon, allaient bien à sa taille mignonne ; elle savait se les appliquer en leur donnant un cachet de naïveté vraie, aimable, qui n'excluait pas toujours une rieuse malice. Mlle Dubois semblait créée tout exprès pour l'Agnès de l'*Ecole des femmes* ; Molière a dû la rêver. Elle avait, dans *Tartuffe*, cette tendresse résignée que sait si bien à la timide Marianne. Les rôles admirablement tenus autrefois par la regrettée Anaïs Aubert ne lui messeyaient pas, tant s'en faut, et, dans *Don Juan d'Autriche*, Peblo était, sous ses traits, un fort sympathique enfant. Chérubin, du *Mariage de Figaro*, semblait modelé pour elle, et la création d'Emma dans le *Duc Job* fut pour elle l'occasion de succès incontestés. Du reste, on nous assure, qu'assistant à son triomphe, Anaïs n'aurait pu s'empêcher de lui dire : « Ma chère enfant, vous êtes un miroir dans lequel je me revois à vingt ans. » Impossible de citer toutes les pièces où Mlle Dubois a paru depuis cette époque et dans lesquelles elle s'est fait applaudir : *Au printemps*, *Faute de s'entendre*, *les En-*

nemis de la maison, le *Fruit défendu*, les *Jeunes gens*, les *Doigts de fée*, *Souvent homme varie*, sans compter Henriette des *Femmes savantes*, Victoria du *Triomphe sans le savoir*, et tant de rôles de l'ancien répertoire. Elle est décédée prématurément le 21 octobre 1871.

DUBOIS (Jean-Antoine-Ernest), né à Sens (Yonne), le 9 décembre 1837. M. Dubois fit son droit à Paris. Lauréat de la Faculté, il prit le grade de licencié, en 1858, et celui de docteur, le 27 juillet 1860. Après avoir été délégué temporairement à la Faculté de Strasbourg, en 1860 et 1862, il fut nommé agrégé à la suite du concours de 1864, chargé, la même année, d'un cours de code civil à la Faculté de Grenoble, et transféré, l'année suivante, en la même qualité, à la Faculté de Nancy, où il devint titulaire, le 9 décembre 1867. Il a publié plusieurs articles dans la *Revue pratique*, la *Revue historique* et la *Revue critique*. Dans la *Revue* de législation française et étrangère, en 1872, il a fait paraître un travail sur la *Table de Cles*, inscription de l'an 46 après J.-C., contenant un édit de Claude, dont il s'est occupé le premier en France (Voir les *Comptes rendus* de la séance de l'Académie des inscriptions et belles-lettres du 3 mai 1872). Sa connaissance des langues allemande, anglaise et italienne lui a permis de se charger, dans la nouvelle série de la *Revue critique*, de travaux sur les législations étrangères, principalement sur la législation italienne. Il prend part aux travaux de la Société de législation comparée, soit par des communications publiées au *Bulletin* de cette Société, soit par des traductions destinées à son *Annuaire* de législation étrangère. Il fournit à l'*Archivio giuridico*, publié à Bologne, des articles, en langue italienne, sur la législation et l'enseignement du droit en France, ainsi que sur les principaux ouvrages de la littérature juridique française. Enfin, M. Dubois a publié : *Le sénatus-consulte Velléien et l'incapacité de la femme mariée* (1860) ; — *Programme du cours de droit romain (obligations)*, dans lequel il adopte un plan nouveau consistant à ne traiter des diverses variétés et complications qui peuvent se produire dans les obligations, qu'après avoir étudié les sources et l'extinction de l'obligation supposée aussi simple que possible, à tous les points de vue (1871) ; — *Réforme et liberté de l'enseignement supérieur en général et de l'enseignement du droit en particulier*, où l'auteur, partisan de la liberté de l'enseignement supérieur dans la mesure la plus large, en comprend l'application autrement que par la création de Facultés ou d'Universités libres (voir Académie des sciences morales, séance du 11 nov. 1871), —*Guillaume Barclay, jurisconsulte écossais, professeur à Pont-à-Mousson et à Angers* ; étude biographique contenant un grand nombre de documents inédits tirés des archives et bibibliothèques de Nancy et d'Angers (voir, sur ce dernier ouvrage, les *Comptes rendus* de l'Académie des inscript., séance du 27 déc. 1872).

DUBOIS DE SAINT-VINCENT (Charles-Auguste-Célestin), né à Apt (Vaucluse), le 30 juillet 1801. Issu d'une ancienne et noble famille de la Savoie, naturalisée française par François Ier, il fit de solides études classiques au collège de Nîmes, son droit à la Faculté d'Aix, de 1819 à 1822, et entra dans la magistrature, en 1823, comme substitut du procureur du roi, à Gap. Procureur du roi dans sa ville natale en 1826, et substitut du procureur-général à Colmar en 1829, il donna sa démission, en 1830, pour ne pas prêter serment au gouvernement de la Branche-Cadette, et se fit inscrire au barreau de Blois en 1831. Son talent de parole, sa loyauté professionnelle et ses connaissances juridiques ne tardèrent pas à lui assurer une belle clientèle, et ses nombreux succès dans la défense des causes tant civiles que correctionnelles ou criminelles qui lui furent confiées, lui attirèrent la considération de ses confrères. Bâtonnier de son Ordre de 1852 à 1857, membre du Conseil municipal de 1836 à 1848, membre de la Commission municipale provisoire après la révolution de Février, M. Dubois de Saint-Vincent a été ensuite administrateur des hospices de la ville de Blois.

DUBOIS-GUCHAN (Etienne-Prosper), né à Bagnères-de-Bigorre (Hautes-Pyrénées), le 21 juin 1802; fils d'un ancien directeur divisionnaire des hôpitaux, et petit-fils de M. Guchan, ancien notaire, ancien membre de la Convention et du Conseil des Anciens. M. Dubois-Guchan fit de brillantes études au collège de Pau et prit sa licence à la Faculté de droit de Paris. Inscrit au barreau de Tarbes, il y débuta avec succès, en 1829, dans un procès criminel. L'accusé, après avoir assassiné sa maîtresse, avait tenté de se suicider ; l'avocat soutint cette thèse « qu'un certain degré d'amour produit un certain degré de folie, » et obtint du jury un verdict tel que la peine de son client fut réduite à cinq ans de réclusion. Le procès Laffargue eut un grand retentissement, et il en fut parlé dans les *Lettres de Rome*, de Stendhal, ainsi que dans différents journaux parisiens, notamment dans la *Gazette* et le *Courrier des tribunaux*; enfin, M. Elias Regnault, dans son livre sur la *Folie lucide*, apprécie la thèse que le jeune défenseur fit prévaloir, dit-il, « à force de poésie et d'éloquence. » Entré dans la magistrature, M. Dubois-Guchan fut nommé successivement substitut à Saint-Calais, puis à Laval en 1835; procureur du roi à Saint-Calais en 1837, au Mans en 1844; procureur de la République à Strasbourg en 1852, et procureur impérial à Nantes en 1856. Il est conseiller à la Cour de Lyon depuis 1863. Plusieurs de ses réquisitoires, en matière civile ou criminelle, ont eu les honneurs de la reproduction dans les journaux de la capitale. M. Dubois-Guchan, comme écrivain, s'est inspiré des meilleurs chefs d'Ecole, de Tacite, de Montesquieu, de La Bruyère et de Joseph de Maistre. Il a écrit des poésies légères dans la forme, et cependant empreintes d'un haut caractère de moralité. Parmi ses œuvres, on distingue : *Tacite et son siècle, ou la Société romaine, d'Auguste aux Antonins*, ouvrage qui fit du bruit à l'étranger autant qu'en France et fut l'objet de vives polémiques (1861, 2 vol.) ; — *L'esprit de mon temps*, volume dont les dernières pages surtout sont, pour ainsi dire, prophétiques

(1870); — *Les caprices d'un homme sérieux*, recueil de poésies où l'on trouve de charmants paysages pyrénéens (1872); — *La pléiade grecque*, ou traduction en vers des *Odes d'Anacréon*; des *Poésies de Sapho*, etc.; des *Chants orphiques*; des *Hymnes homériques*, œuvre d'un goût antique (1873). M. Dubois-Guchan, chevalier de la Légion d'Honneur en 1854, a reçu la croix d'officier, des mains de l'empereur, en 1865. Il est, en outre, officier de l'Instruction publique, chevalier du Lion badois de Zæhringen et chevalier de Saint-Grégoire-le-Grand.

DUBOSCQ (Jules), né à Villaines (Seine-et-Oise), le 5 mars 1817. Il se consacra à l'étude de la physique et spécialement à la fabrication des instruments d'optique. Admis, en 1830, dans les ateliers de M. Soleil, il se montra digne d'un tel maître, obtint la main de sa fille, en 1839, et lui succéda en 1849. On lui doit plusieurs perfectionnements et des inventions précieuses. Il a concouru à la construction des appareils de diffraction et de polarisation de M. Soleil, simplifié l'établissement de beaucoup d'instruments destinés aux expériences d'optique, construit le *Stéréoscope modifié* de M. Brewster, auquel il a fait la première application des doubles épreuves photographiques, créé une *Lampe électrique* pour l'application de la lumière électrique aux investigations du microscope, et un appareil *Photo-Electrique* pour l'application de la même lumière aux opérations photographiques, etc. Honoré d'un *council-medal* à l'Exposition universelle de Londres, en 1851, d'une médaille de 1re classe aux Expositions de New-York, en 1853, et de Paris, en 1855, de deux médailles d'or de la Société d'encouragement, en 1856 et 1857, M. Duboscq a reçu la croix de la Légion d'Honneur, à la suite de l'Exposition universelle de Londres (1862), le 24 janvier 1863.

DUBOST (Paul-Claude), né à Grièges (Ain), le 21 mars 1828. Après des études littéraires brillantes, il fut successivement élève à l'Ecole d'administration, à l'Ecole de droit, puis à l'Institut agronomique de Versailles où se décida sa vocation. Il devint agronome et économiste. Chargé, comme ingénieur, d'un service public de drainage sous la direction de l'ingénieur en chef des ponts-et-chaussées du département de l'Ain, il publia sur diverses questions locales, de nombreux travaux qui appelèrent sur son nom l'attention publique. Il provoqua surtout la solution de la question des *Etangs de la Dombes*, par un livre et des brochures qui furent le point de départ d'une longue et ardente polémique à laquelle il prit une part très-importante. Il fit partie de la Commission de l'enquête agricole de l'Ain en 1866, et de celle de l'Algérie en 1868. M. Dubost, nommé professeur d'économie et de législation rurales à l'Ecole d'agriculture de Grignon, en janvier 1869, a contribué à jeter de l'éclat sur cette institution par son enseignement, par les excursions lointaines qu'il fait faire à ses élèves et surtout par ses publications. Jusqu'au 4 septembre il a écrit des articles *Variétés* dans le *Journal officiel*. A partir de cette date il est devenu l'un des collaborateurs les plus actifs du *Journal d'agriculture pratique*. Il a publié, en 1872, un petit livre intitulé *Comptabilité de la ferme*, qui provoque une révolution, non-seulement dans la comptabilité agricole, mais encore dans l'économie rurale et qui a donné lieu, dans la presse spéciale, à d'importantes discussions. Pendant le siége de Paris, M. Dubost a dirigé par intérim l'Ecole de Grignon, qu'il a su protéger, tout en résistant avec une grande fermeté aux prétentions des Allemands. M. Dubost est membre de la Société d'économie politique.

DUBRAY (Vital-Gabriel), né à Paris, le 27 février 1813. M. Vital Dubray s'est placé aux premiers rangs parmi nos sculpteurs. Il a suivi les leçons de Ramey et a débuté au Salon de 1840 par un buste du fils de ce maître. Il a exposé *Sainte Philomène*, en 1842, et *Saint Jean-Baptiste préchant*, en 1843. L'année suivante, son *Joueur de trottola* lui valut une médaille de 3e classe. De 1847 à 1853, il exposa plusieurs statues, groupes ou bustes, notamment *Saint Sébastien*; — *Spontini et le Génie de la musique*; — *l'Enfant prodigue*; — *Eschyle*; — *le Maître à tous*; — *le général Abbatucci*; — *Prévost d'Exiles*. A l'Exposition universelle de 1855, il produisit *l'Amour vainqueur*, et, au salon du 1857, *l'Impératrice Joséphine*, statue en marbre, placée au musée de Versailles. Il a taillé pour le palais du Louvre les statues de *Clodion*, de *Sully*, de *Lannes*, le groupe du *Sacre de Joséphine* et l'allégorie de *l'Eté*. La statue du *Cardinal Fesch*, exposée en 1857 et dressée la même année à Ajaccio, lui fit obtenir la croix de chevalier de la Légion d'Honneur. Aux expositions suivantes ont figuré *Joseph Pothier* (1859); — *le Colonel Abbatucci* (1861); — *l'Incorrigible* (1863); — *Edouard Adam*, pour la ville de Montpellier (1864); — la statue équestre de *Napoléon Ier* (1865), érigée à Rouen et à l'occasion de laquelle il reçut la rosette d'officier de la Légion d'Honneur. Depuis, il a exposé : *Le poëte Jasmin*, statue en bronze (Exp. univ., 1865); — *ŒEdipe et le Sphinx* (1868); — *le Roi Joseph*, modèle en plâtre de la statue érigée à Corte (1869); — *Le pauvre aveugle* (1872). On doit en outre au ciseau magistral de M. Vital Dubray un grand nombre de bustes et de médaillons, une statue de *Saint Benoît* qui est à l'église Saint-Etienne-du-Mont; dix bas-reliefs en bronze qui décorent le piédestal de la statue de Jeanne Darc, à Orléans; deux *Victoires ailées* qui font partie du monument de Napoléon Ier à Ajaccio; le fronton du nouveau théâtre de la Gaîté, à Paris, etc.

Sa fille mademoiselle Charlotte-Gabrielle Dubray, après avoir reçu ses leçons et celles de mademoiselle Dubois-Davesnes, a débuté au Salon de 1869, avec un buste en terre cuite : *Giovanina*, et exposé depuis plusieurs bustes en marbre.

DU BREUIL (Alphonse), né à Rouen, le 24 octobre 1811. Fils du savant directeur du Jardin-des-Plantes de sa ville natale, il s'adonna à l'horticulture et vint compléter à Paris, de 1829 à 1833, ses études scientifiques. De retour à Rouen, en 1835, il fut d'abord chargé d'un cours de culture à l'Ecole normale primaire de la Seine-Inférieure, puis, en 1838, du cours d'agriculture à l'École d'agriculture où, en 1842, il fit de plus un cours d'arboriculture. Par ses soins, c'est au Jardin-des-Plantes de Rouen qu'on a vu la première École d'arbres fruitiers. Dès 1849, il professait l'arboriculture au Conservatoire des arts-et-métiers de Paris; et, à partir de 1855, il y ajouta, le dimanche, un cours pratique et gratuit, très-suivi par les propriétaires et jardiniers. En 1852, M. Du Breuil a été chargé, par le ministère de l'Agriculture, d'organiser dans toute la France l'enseignement de l'arboriculture. Doué d'une activité rare, il consacre six mois par an à voyager de département en département, formant avec une prestigieuse rapidité des professeurs capables de conserver et de répandre ses précieux enseignements. En 1867, il fut nommé professeur d'arboriculture de la ville de Paris, et organisa, à Saint-Mandé, dans le bois de Vincennes, une magnifique École d'arboriculture, destinée à l'enseignement pratique. M. Du Breuil a publié de nombreux mémoires dans l'*Annuaire de l'Association normande*, les *Comptes rendus de l'Institut*, le *Journal d'agriculture pratique*, et dans le journal qu'il a dirigé sous le titre de *Revue horticole*. On a de lui: *Cours élémentaire théorique et pratique d'arboriculture*, étudié, commenté, couronné dans presque tous les pays, traduit dans toutes les langues, et qui a été honoré, par l'empereur de Russie, de la Grande médaille des savants étrangers, ouvrage qui a été l'objet, de la part de son auteur, d'une réduction qui, sous la forme d'un *Extrait* dont le titre est plus loin, rend de grands services aux jardiniers (1846, 4e édition, avec tableaux, vign. et fig. dans le texte, 1857-1858); — *Cours d'agriculture*, en collaboration avec M. Girardin (1850); — *Instruction élémentaire sur la conduite des arbres fruitiers, greffe, taille, restauration des arbres mal taillés ou épuisés par la vieillesse, culture, récolte et conservation des fruits* (1864, 6e édit., 1865); — *Manuel d'arboriculture des ingénieurs, plantations d'alignement, forestières ou d'ornement, boisement des dunes, des talus, haies vives, des parcelles excédantes des chemins de fer* (1860, 2e édit., revue et corrigée 1865); — *Culture perfectionnée et moins coûteuse du vignoble* (1863); — *Culture des arbres et arbrisseaux d'ornement*. (1873). M. Du Breuil est chevalier de la Légion d'Honneur depuis 1870.

DUBRUNFAUT (Auguste-Pierre), né à Lille, le 1er septembre 1797. Après avoir fait de bonnes études classiques, il s'occupa, à Lille, avec Drappiez et Delezenne, de chimie et de physique. Plus tard, il compléta ses études à la Faculté des sciences de Paris sous Thénard, Gay-Lussac, Dulong, Pouillet, etc. Dès 1823, la Société centrale d'agriculture de Paris récompensait, par une médaille d'or, un mémoire sur la *Saccharification des fécules*, où est signalée et étudiée hypothétiquement la matière active de l'orge germé, qui a été nommée diastase à l'état impur par MM. Payen et Persoz, ou bien encore hydrate de carbone, et que M. Dubrunfaut a démontré depuis être fort azotée et fort active, quand elle est pure. En 1824 et 1825, il publia deux traités industriels sur le sucre et l'alcool, qui ont rendu de grands services à l'industrie. De 1824 à 1830, il a professé la physique et la chimie appliquées aux arts, à l'École spéciale de commerce de Paris (devenue depuis école de l'État). Il a dirigé un enseignement analogue dans un établissement privé qu'il avait créé à Paris, en vue du progrès des arts qui se lient à l'agriculture. Il a collaboré à l'*Industriel*, avec Christian et Leblanc; à la *Revue encyclopédique* de Julien de Paris; à l'*Encyclopédie moderne* de Courtin, dont il a rédigé toute la partie agricole; au *Bulletin universel des sciences*, de Férussac, dont il a dirigé une section pendant 5 ans (la technologie). Il a publié, en outre, pendant quelques années, sous le titre d'*Agriculteur manufacturier*, un journal mensuel qui était consacré aux progrès de l'agriculture et de l'industrie. Enfin, il a exploité comme école industrielle, en 1830 et 1831, la sucrerie de betteraves de La Varenne-Saint-Maur. A la même époque, il exploitait avec succès une distillerie agricole à la Ménagerie de Versailles, où il a créé l'industrie des alcools fins qui ont acquis depuis une si grande importance. Plus tard, M. Dubrunfaut créait à Douai la distillation des alcools fins de betteraves avec fabrication des salins de vinasses, industrie qui a ensuite été transportée à Valenciennes et qui a été le point de départ d'une colossale industrie. En 1843, il publiait, sous ce titre: *La vigne remplacée par la betterave pour la production des alcools*, une brochure qui a été une véritable prophétie. En 1858, en effet, il créait à Chalon-sur-Saône la grande industrie de la distillation directe des betteraves, et il complétait ainsi pratiquement le programme de la brochure de 1843. Ce sont ces créations, rendues possibles par une simple découverte chimique (l'emploi des acides en fermentation), qui ont permis de restituer intégralement le produit précieux de la vigne à la consommation en nature. On doit encore à M. Dubrunfaut beaucoup d'autres découvertes scientifiques et d'applications industrielles telles que: la fabrication du sucre par les sucrates, et notamment par le sucrate de baryte; la fabrication des acides gras par distillation à l'aide de la vapeur surchauffée; des procédés de fabrication de prussiate et de glucose; la découverte et l'application de la méthode d'analyse osmotique, faite en 1854, et dont le célèbre dialyse de Graham de 1862 n'est qu'un cas particulier. M. Dubrunfaut a publié un grand nombre de mémoires ou notes scientifiques dans les *Comptes rendus de l'Académie des sciences*, les *Annales de physique et de chimie*, le *Journal de pharmacie* et beaucoup d'autres publications scientifiques et industrielles. M. Dubrunfaut, qui n'a jamais pris part aux expositions publiques, a cependant reçu 2 *council-medals*, par procuration, à l'exposition de Londres de 1851, pour la fabrication du sucre par la baryte et des salins de betteraves. Ses procédés de fabrication d'acides gras, par distillation. ont reçu la médaille de 1re classe à la même Exposition. On lui a décerné la grande médaille d'honneur à l'Exposition française de 1855. Il appartient à un grand nombre de sociétés savantes qui, en l'admettant depuis longtemps dans leur sein, ont reconnu l'utilité de ses travaux. M. Dubrunfaut a été nommé chevalier de la Légion d'Honneur, le 14 août 1861.

DUBUFE (Edouard), né à Paris, le 30 mars 1820. M. Edouard Dubufe a étudié la peinture de genre et le portrait sous son père, Edmond Dubufe, et la peinture religieuse sous Paul Delaroche. Il débuta au Salon de 1839 par une *Annonciation* et une *Chasseresse*, et obtint une médaille de 3e classe. Le *Miracle des Roses*, qui lui mérita une médaille de 2e classe, eut un grand succès de sentiment au Salon de 1840. De 1841 à 1843, il exposa *Tobie*, — *la Foi*, *l'Espérance et la Charité*, — *Bethsabé*, — *la Prière du matin*, et remporta une médaille de 1re classe au Salon de 1844. Ensuite, il s'adonna, comme son père, avec un grand succès, à la peinture du portrait. Il exposa d'abord, en 1846, les portraits de *Jules Janin* et de *Paul Gayrard*. Depuis, il a exposé chaque année les portraits des plus jolies femmes de l'aristocratie de notre temps. Ses portraits de *l'Empereur*, de *l'Impératrice* et du *Prince impérial* ont été popularisés par tous les procédés de reproduction graphique. Il a exécuté dans le salon de réception de l'impératrice, aux Tuileries, les portraits de Mesdames *la duchesse de Morny, la comtesse Walewska, la marquise de Cadore, la princesse Murat, la duchesse de Malakoff* et *la duchesse de Persigny*. Les sept portraits qu'il a produits à l'Exposition universelle de 1855 lui ont mérité une médaille de 2e classe. Au Salon de 1857, on a particulièrement remarqué son beau tableau du *Congrès de Paris* et le portrait de *Rosa Bonheur*. Au Salon de 1866, il a fait un retour heureux vers la peinture religieuse avec sa grande composition de *l'Enfant prodigue*, qui a reparu à l'Exposition universelle de 1867. Depuis il a exposé les portraits de MM. *Gounod* (1867), H. *Mosselman*, *P. Demidoff* (1868), général *Fleury*, comte *de Nieuwerkerke* (1869), *Lefuel, Onfroy de Breville* (1870), et au Salon de 1872: *Medjé*, d'après la chanson arabe de Jules Barbier.

DUC (Joseph-Louis), né à Paris, le 25 octobre 1802. Elève de Châtillon, il suivit les cours d'architecture de l'Ecole des beaux-arts, à partir de 1821. En 1825, il remporta, avec un projet d'*Hôtel-de-Ville pour Paris*, le grand prix de Rome, d'où il envoya la *Restauration du Colysée* qui a figuré, en 1855, à l'Exposition universelle de Paris. Il a attaché son nom, avec M. Alavoine, à la construction de la colonne de Juillet (1831-1840). En 1848, il a été ordonnateur, avec M. Labrouste, de la cérémonie funèbre relative aux victimes de l'insurrection de Juin. Avec M. Dommey, il a exécuté les grands travaux d'isolement et d'agrandissement du Palais de Justice : restauration de la Tour de l'Horloge, construction des bâtiments y attenant, bâtiments de la Police correctionnelle et de la façade des Assises sur la place Dauphiné. Il a été chargé de la construction du Palais de la Cour de cassation sur le quai de l'Horloge. Ces diverses œuvres d'architecture dénotent de grandes connaissances archéologiques associées au sentiment des goûts et des besoins modernes. M. Louis Duc, attaché à la ville de Paris pour la section des collèges, a été élu membre de l'Académie des beaux-arts, au fauteuil laissé vacant par M. de Gisors, en 1866. Il a remporté, en 1869, le prix extraordinaire de 100,000 francs et a reçu une médaille de 1re classe en 1855. Chevalier de la Légion d'Honneur depuis 1840, il a été promu officier en 1862 et commandeur en 1871.

DU CAMP (Maxime), né à Paris, le 8 février 1822. Fils du célèbre chirurgien de ce nom, qui fut membre de l'Académie de médecine de Paris et mourut prématurément en 1824, à l'âge de 31 ans, M. Maxime Du Camp a fait de bonnes études classiques dans sa ville natale et a parcouru le Levant, en 1844 et 1845, pour compléter son éducation. De retour en France, il se livrait à des expériences sur la photographie, quand éclata la révolution de février 1848. Partisan des doctrines libérales mais ennemi de la démagogie, il combattit avec la garde nationale pendant les journées de Juin, fut blessé et mérita la croix de la Légion d'Honneur, qui lui fut donnée par Cavaignac lui-même. En 1849, il fut chargé, par le ministère de l'Instruction publique, d'aller prendre en Palestine, en Asie-Mineure, en Egypte et en Nubie, des vues photographiques; et, en 1851, il rapporta de son voyage une riche collection de clichés qui servit de base au premier ouvrage où la photographie et la typographie aient été associées. En 1851, il participa à la fondation de la nouvelle *Revue de Paris* à laquelle il collabora jusqu'en 1858, époque de la suppression de cette publication, et y inséra des vers et des articles variés. Ensuite il écrivit dans la *Revue des Deux-Mondes*, à laquelle il donna notamment des études sur Paris qui furent réunies en volume sous ce titre : *Paris, ses organes, ses fonctions et sa vie* (1869). Enfin, on lui doit : *Souvenirs et paysages d'Orient* (1848); — *Egypte, Nubie, Palestine, Syrie* (1852, in-fol.); — *Le Livre posthume, ou Mémoires d'un suicidé* (1853, 2e édit., 1855); — *Le Nil ou Lettres sur l'Egypte et la Nubie* (1854); — *Les Chants modernes*, poésies (1855); — *Les beaux-arts à l'Exposition universelle de 1855* (1855); — *L'Eunuque, mœurs musulmanes* (1856); — *Les six aventures* (1857); — *Le salon de 1857*; *Mes convictions*, poésies (1858); — *En Hollande, lettres à un ami* (1859); — *Le Salon de 1859* (même année); — *Expédition des Deux-Siciles; souvenirs de l'auteur* (1861); — *Le Salon de 1861* (même année); — *L'Homme au bracelet d'or* (1862); — *Les buveurs de cendres* (1866); — *Les beaux-arts à l'Exposition universelle de 1867* (même année); — *Orient et Italie, souvenirs* (1868), etc.

DUCARRE (Nicolas), né à Lhuis (Ain), le 24 novembre 1819. M. Ducarre, industriel lyonnais, s'est adonné à la chimie. Dès l'âge de 20 ans, il a commencé, à Lyon, la création d'une manufacture de toiles imperméables, aujourd'hui importante, dont il a toujours dirigé la partie chimique et le laboratoire. Victime, en 1859, d'un grave accident dans son usine, il fut en partie brûlé et défiguré. En mai 1848, il fut élu membre et secrétaire du Conseil municipal de Lyon. Démissionnaire après le Coup-d'Etat de 1851, il se déclara abstentioniste et refusa toute candidature pendant la période de l'Empire. Le 15 septembre 1870, il fut réélu membre du Conseil municipal de Lyon, où il combattit la Commune séparatiste proclamée le 4 septembre précédent. M. Ducarre, élu représentant du département du Rhône, le 8 février 1871, siége sur les bancs de la Gauche. Républicain, il a, jusqu'à ce jour, pris une part active aux travaux de l'Assemblée nationale, surtout dans les questions qui touchent aux impôts et à la liberté du travail.

DU CHATELLIER (Armand-René MAUFRAS), né à Quimper, le 7 avril 1797. M. Du Chatellier (du Finistère), s'est consacré à la littérature et à des travaux d'archéologie, d'économie politique et d'histoire. On lui doit un grand nombre de travaux : *Du commerce et de l'administration* (1826), ouvrage qui a valu à son auteur d'être appelé dans les bureaux du ministère du Commerce, lors de sa formation ; — *La mort de Louis XVI* et *La mort des Girondins*, drames historiques (1829) ; — *Essai sur les salaires et les prix de consommation, de 1200 à 1830* (1830) ; — *Recherches statistiques sur le département du Finistère* (1835-1837), ouvrage publié avec les fonds du département, sur l'avis du Conseil général, et qui a remporté le prix de statistique de la fondation Montyon, en 1838 ; — *Histoire de la Révolution dans les départements de l'ancienne Bretagne* (1836, 6 vol.) ; — *Des lois d'Howel-Dda*, Mab Cadell, Brenin Cymru, chef du pays des Kimris (1840), ouvrage établi d'après le texte gallois lui-même et présenté à l'Académie par le comte de Portalis ; — *Population du Finistère, son mouvement de 1800 à 1841* (1841) ; — *L'Inde antique* (1852) ; — *La Tour d'Auvergne, sa correspondance* (1856) ; — *Ce que devint la représentation de la Bretagne, après l'union de cette province avec la France* (1857) ; — *La baronie du Pont*, ancien évêché de Cornouaille (1858) ; — *Brest et le Finistère sous la Terreur* (1858) ; — *Des anciens évêchés de la Bretagne* (1860) ; — *Notice sur Fréron* (1861) ; — *De quelques modes de la propriété en Bretagne* (1862) ; — *L'agriculture et les classes agricoles de la Bretagne* (1863) ; — *Du mouvement des études littéraires et scientifiques en province* (1864) ; — *Enquête sur l'état de l'agriculture française* (1865) ; — *Administrations collectives de la France avant et depuis 1789* (1870) ; — *Invasions de l'étranger en France dans les XIVe et XVe siècles* ; documents inédits (1871) ; — *Hoche* ; sa correspondance, celle des représentants du peuple et des chefs vendéens (1872). M. Du Chatellier (du Finistère), déjà correspondant du ministère de l'Instruction publique, a été élu correspondant de la 6e section de l'Académie des sciences morales et politiques, au mois de juillet 1858. Il a présidé, en 1851, la Société des sciences morales, lettres et arts de Versailles, et occupé deux fois la présidence de la Société d'horticulture de la même ville. Membre correspondant de la Société centrale d'agriculture de Paris, membre des Académies de Nantes, Angers, Brest, Saint-Lô, Caen, Versailles, Marseille, et de la Société de statistique, il a été, pendant dix ans, secrétaire-général de l'Association bretonne, dont il avait réuni les éléments en 1843.

DUCHEMIN (Emile-Marin), né à Paris, le 21 avril 1833. Son père, M. Duchemin (Antoine-Marin), était l'inventeur de la première machine à scier les feuilles d'ivoire, si bien utilisées par Mme de Mirbel, et obtint une médaille spéciale du gouvernement pour son dévouement pendant le choléra de 1849. Elève des colléges de Langres, Chaumont et Beauvais, M. E. Duchemin se consacra particulièrement à l'étude des sciences. A l'époque où la crédulité publique était exploitée par les apôtres du spiritisme et des esprits frappeurs, il combattit les dangereuses doctrines de ces nouveaux convulsionnaires, et démasqua notamment, en septembre 1865, à la salle Herz, les manœuvres des frères Davenport qui spéculaient par trop sur la faiblesse de certains esprits. On lui doit de nombreux travaux dont tous les journaux se sont occupés, et dont la nomenclature ne pourrait tenir place ici. Contentons-nous de citer : *Pile électrique au perchlorure de fer* (1865) ; cette pile, à l'examen de laquelle il avait été nommé, par l'Académie des sciences, une Commission spéciale, a été utilisée, pendant le siége de Paris, sous la direction de son auteur, et proposée, en 1872, au ministre de la Marine, par la Commission des torpilles ; — *Notes sur la phosphorescence de la mer* (avec fig., 1865) ; — *Pile marine, ou bouée électrique*, objet d'essais faits à l'aide d'un crédit ouvert par le ministère de la Marine, et interrompus par la guerre (1865-1870) ; — *Mémoire sur une des causes de la maladie des abeilles*, pour l'examen duquel une Commission a été nommée par l'Académie (avec fig., 1866) ; — *Note, avec un dessin, sur un ver phosphorescent de l'huître* (1866) ; — *Capsules électriques de M. Duchemin*, employées pour l'explosion des mines sous-marines (1866) ; — *Note sur l'acarus du miel loqueux* (Commission nommée par l'Académie, 1866) ; — *Chimie appliquée : Sur la photographie vitrifiée* ; ses œuvres ont été reçues, à titre de peintures, à l'exposition des beaux-arts (1869, 1870 et 1872) ; — *Mémoire sur une singulière cause de la mortalité des carpes d'un vivier* (Commission nommée par l'Académie, 1870) ; — *Nouveau mode pour le transport des dessins transfiables sur émail*, pli cacheté adressé à l'Académie, accepté et inscrit par elle (1872) ; — *Essai sur la construction des paratonnerres* (Commission nommée par l'Académie, 1872) ; — *Sur l'application du produit de la moelle d'un arbre importé de la Chine et utilisé, par M. Duchemin, dans l'électroscope et la photographie* (1872), etc. M. Duchemin, collaborateur de plusieurs journaux et surtout de la *Presse scientifique*, a pris part à la rédaction des *Comptes rendus* de l'Exposition universelle de 1867. Il est aussi l'auteur d'un *Guide historique sur la ville de Fécamp et ses environs*, etc.

DUCLOS (Henri-Louis), né à Saint-Girons (Ariége), le 29 décembre 1815. Ses études terminées au petit séminaire de Toulouse et au grand séminaire de Pamiers, il reçut l'ordination en 1840 et fut nommé, la même année, vicaire à Saint-Pierre de Chaillot, à Paris. Attaché tour à tour, de 1840 à 1872, aux paroisses de Chaillot, de Saint-François-Xavier, de la Madeleine, de Saint-Eugène, M. l'abbé Duclos était arrivé à remplir les fonctions de premier vicaire, quand Mgr Guibert le chargea de l'importante cure de Saint-Eugène, située près du Conservatoire de musique, dans un des plus beaux quartiers de la capitale (7 mars 1872). Il avait cru devoir refuser, en 1849, la position de secrétaire de l'évêché d'Ajaccio et de vicaire-général du diocèse, près de Mgr Casanelli d'Istria. Ses ouvrages de littérature théologique et de littérature historique lui ont valu d'être élu membre de la Société des gens de lettres, de l'Institut historique de France, du Comité archéologique de Senlis, et de la Société française de numismatique. Ceux de ses travaux qui ont le plus occupé la critique française ou étrangère sont : *Essai d'une exposition moderne de la religion* (1847) ; — *Éloge funèbre sur M. de Chateaubriand* (1848) ; — *De la destinée humaine ; explication du symbole de la foi catholique* (1854) ; — *Le christianisme et la vie pratique* (1858) ; — *La saison d'hiver à Paris, lettres à un homme du monde sur le carême et sur les principaux devoirs de la vie chrétienne* (1859) ; — *Les chemins de fer au point de vue de l'idée religieuse* (1862) ; — *Mélanges divers de morale et de critique littéraire* (1863) ; — *Histoire de Royaumont* (1867) ; — *Histoire de Mademoiselle de La Vallière et de Marie-Thérèse d'Autriche* (1869). Les écrits de M. l'abbé Duclos révèlent chez leur auteur, non-seulement un moraliste et un savant, mais encore un écrivain et un penseur original. Aussi ont-ils obtenu le suffrage des hommes considérés comme les plus compétents, soit en France, soit en Angleterre ou en Amérique, tels que MM. Guizot, de Montalembert, Lacordaire, Ch. Lenormand, J. Janin, Cuvillier-Fleury, P. Lacroix, Mgr Cœur, Bonamy Price (de l'Université d'Oxford), les abbés Bautain et Darras, etc. Comme curé de Paris, M. l'abbé Duclos, doué du véritable caractère évangélique, a déjà fait preuve d'un louable zèle dans la création d'œuvres de charité dont le quartier du Faubourg-Poissonnière recueillera bientôt les fruits. Les habitants de ce quartier feront alors plus intime connaissance avec leur nouveau pasteur, l'ami des pauvres, celui dont le courageux dévouement, lors de l'épidémie cholérique de 1849, fut si remarqué par la population du Faubourg-Saint-Germain. D'ailleurs, les paroissiens de M. l'abbé Duclos apprécient déjà sa prédication, empreinte d'une éloquence à la fois douce et forte, pieuse et entraînante. De 1840 à 1855, il prêcha, non sans succès, les stations d'Avent et de Carême, à Saint-Sulpice, à la Madeleine, à Saint-Thomas-d'Aquin, à Notre-Dame-de-Lorette, à Saint-André-d'Antin, à Saint-Germain, à Versailles. Mais c'est surtout comme écrivain et publiciste que, jusqu'à ce jour, il appartient à la critique. Son *Histoire de Royaumont* a mis en lumière une partie généralement inconnue de la vie de Saint Louis ; et, dans son *Histoire de Mademoiselle de La Vallière*, ainsi que le constatait un membre important de l'Académie française, il a « restitué complètement à l'histoire un personnage oublié : » Marie-Thérèse d'Autriche, femme de Louis XIV, fille de Philippe IV d'Espagne. Dans ce dernier ouvrage, qui sollicite à la fois attention du prêtre et celle du laïque, M. l'abbé Duclos a remarquablement approfondi certaines questions d'histoire et de doctrine sociale, établi l'histoire entière des Carmélites de l'avenue de Saxe, et fourni des documents inédits sur beaucoup de grandes familles, telles que celles des Fleuri, Polignac, Lévi, Cossé-Brissac, Grammont, Maintenon, de Croï, Soyecourt, Châtillon, Uzès, Rougé, etc. On y trouve surtout une page des plus émouvantes relative à la séparation de mademoiselle de La Vallière et de la reine Marie-Thérèse, et au pardon noblement accordé par celle-ci, page qui a fait beaucoup de bruit dans le monde littéraire. On doit à M. Duclos quelques palingénésies morales d'hommes éminents en Angleterre comme en France. Le prosélytisme de sa parole, de sa plume et de son onction chrétienne, ne furent pas étrangers à la conversion éclatante d'un gentleman d'Oxford, à Merton College, en 1849. Peu après, M. Duclos fut mêlé, à titre d'auxiliaire sympathique, dans les derniers incidents de l'épisode si dramatique, raconté par lady Craven dans le célèbre écrit : *Récit d'une sœur*. Envisagé dans sa vie de publiciste, M. Duclos a évité le terrain de la politique, pour se borner aux controverses contemporaines de la littérature philosophique. L'un des fondateurs et des écrivains de la *Tribune sacrée*, revue qui commença à paraître en 1845, il se signala, en 1846, dans une polémique où il prit à partie l'opinion de Fénelon dans une question d'art oratoire, celle de l'*Improvisation*. Sans nier la spontanéité dans l'éloquence de la chaire, M. Duclos se déclara sceptique à l'endroit des prétendues improvisations dans les discours d'apparat ; et bien que M. de Chateaubriand, dont il était l'ami, fût descendu comme adversaire dans la lice, il n'en soutint pas moins jusqu'au bout sa thèse originale, paradoxale en apparence, contre l'illustre auteur des *Martyrs* et du *Génie du Christianisme*. Cette controverse qui fit sensation, se poursuivit dans plusieurs articles que M. Duclos publia, dans la *Tribune sacrée*, sous ce titre : *Des conditions nouvelles de la Prédication dans le XIXᵉ siècle*.

DUFAU (Pierre-Armand), né à Bordeaux, le 15 février 1795. Entré à l'établissement des Jeunes-Aveugles, comme instituteur, en 1815, il en fut nommé directeur en 1840, et prit sa retraite, sur sa demande, en 1855, avec le titre de directeur honoraire. En 1851, il concourait à la fondation de la Société de patronage et de secours pour les aveugles de France, qui servit de modèle à la Société similaire créée en faveur des sourds-muets. On doit à M. Dufau de nombreuses publications relatives, soit à ses travaux spéciaux, soit à l'éducation de la jeunesse ou à l'économie politique : *Essai sur l'état physique, moral et intellectuel des aveugles-nés*, ouvrage qui a obtenu le prix Montyon de 6,000 fr. (1833) ; — *Notice historique sur Valentin Haüy, fondateur de l'Institution* (1844) ; — *Mémoire sur l'éducation d'une jeune fille aveugle, sourde-muette et sans odorat* (1845) ; — *Notice historique, statistique et descriptive sur l'institution des Jeunes-Aveugles* (1850) ; — *Souvenir d'une aveugle-née*, touchante étude psychologique (1851) ; — *De l'abolition de l'esclavage colonial*, ouvrage couronné par la Société de morale chrétienne (1830) ; —

Statistique du Haut-Rhin (1834); — *Traité de statistique*, couronné par l'Académie des sciences (1840); — *Lettres sur la charité*, couronnées par l'Académie française (1847); — *Statistique comparée des aveugles et des sourds-muets* (1854); — *De la réforme du Mont-de-piété* (1855); — *Essai sur la science de la misère sociale* (1858); — *De la méthode d'observation dans son application aux sciences morales et politiques* (1863); — *De la forme actuelle du gouvernement en France* (1869); — *De la République en France*, mémoire adressé à l'Assemblée nationale (1871); – *Dictionnaire de géographie ancienne et comparée*, en collaboration avec M. Guadet (2 vol., 1820); — *Histoire de la Gaule, sous les Gaulois et les Romains* (1819); — *Histoire de France, de Charles IX à Henri IV*, pour faire suite à l'ouvrage de Vély, Villaret et Garnier (7 vol., 1819-1821); — *Collections des chartes et constitutions*, avec MM. Duverger et Guadet (6 vol., 1823); — *Œuvres littéraires, fables et allégories*, choix de morceaux divers (1859). M. Dufau, l'un des fondateurs des *Annales de la charité*, a aussi collaboré au journal *Le Temps*, et a eu la direction du *Constitutionnel* en 1834.

DUFAURE (Jules-Armand-Stanislas), né à Saujon (Charente-Inférieure), le 4 décembre 1798. Il fit son droit à Paris, prit place au barreau de Bordeaux, et ne tarda pas à acquérir une grande réputation. Député de Saintes, de 1834 à 1848, il se signala parmi les conservateurs-libéraux, fut conseiller d'État sous le ministère Thiers, de février à septembre 1836, fit une vive opposition au cabinet du comte Molé, accepta le portefeuille des Travaux-Publics sous la présidence du maréchal Soult, en 1839, et soutint à la Chambre d'importantes discussions sur la question, toute nouvelle alors, des chemins de fer. Resté neutre en face du ministère Thiers (1840), il fit plusieurs fois de l'opposition à M. Guizot et acquit, par sa compétence, une grande autorité sur ses collègues dans toutes les questions relatives aux grands travaux d'utilité publique. A la suite du vote de la loi sur les chemins de fer, en 1842, une grande médaille d'or lui fut décernée par souscription. Deux fois il fut nommé vice-président de la Chambre, et un parti considérable se groupa autour de sa notoriété. Chef du Tiers-Parti, il blâma l'agitation des banquets réformistes, et repoussa énergiquement la proposition de mise en accusation du ministère. Après Février 1848, il adopta franchement la forme républicaine. Représentant à la Constituante et à la Législative, il fut un des chefs du parti démocratique modéré, n'échoua que de quelques voix pour la présidence de l'Assemblée, accepta le portefeuille de l'Intérieur sous Cavaignac, et tenta vainement d'empêcher les habitants des campagnes de faire réussir la candidature de Bonaparte à la présidence de la République, en leur répétant que ce qu'il fallait à la France, « ce n'était pas un nom, mais un homme. » Le 20 décembre 1848, il quitta le ministère pour le reprendre le 2 juin 1849, et le quitta de nouveau lors de l'apparition du message présidentiel, le 31 octobre suivant. Inquiet alors des manœuvres de l'Élysée, il lui fit une vive opposition ; et, après le Coup-d'État qui lui valut une incarcération de quelques jours, il se fit inscrire au tableau des avocats de Paris. Vivant à l'écart de la politique, il jouit longtemps, comme homme privé, de la haute position qu'il s'était acquise par ses capacités professionnelles, et ne se prêta qu'avec regret à ce que les démocrates du Var missent en avant (1869) sa candidature au Corps législatif, qui d'ailleurs n'eut pas de succès. Cependant, après la funeste guerre de 1870-1871 et la chute des Bonapartes, il se décida à rentrer dans l'arène parlementaire et prit, à Paris, la direction d'un Comité électoral destiné à battre en brèche le parti républicain radical. A la même époque sa candidature était posée, sans son assentiment d'ailleurs, et tout spontanément, dans la Charente-Inférieure, le Var, la Gironde, l'Hérault et la Seine-Inférieure. Élu dans ces cinq départements, le 8 février 1871, tandis que son parti tout entier, éprouvait, dans sa personne, un échec à Paris, il opta pour la Charente-Inférieure et prit place, à l'Assemblée nationale, sur les bancs du Centre-Gauche. M. Thiers, investi du pouvoir exécutif le 19 du même mois, lui confia le portefeuille de la Justice, et le nomma vice-président du Conseil des ministres, lorsqu'il fut lui-même revêtu de la qualité de président de la République. Comme député, M. Dufaure a voté notamment pour la paix, les lois municipale et départementale, la proposition Rivet, l'abrogation des lois d'exil qui frappaient les Bourbons, la validation de l'élection des princes d'Orléans, la dissolution des gardes nationales, le traité douanier, etc.; contre les amendements Barthe et Keller, et l'impôt sur les bénéfices. Il s'est abstenu sur le retour de l'Assemblée à Paris, l'amendement Target et l'impôt sur le chiffre des affaires. Comme ministre, il s'est montré, pendant l'insurrection communaliste, ennemi déclaré de toute conciliation ; a posé en principe que les fonctions de représentant étaient incompatibles avec celles des magistrats debout; a défendu aux juges de paix de sortir de leurs attributions légales ; a poursuivi les manœuvres bonapartistes; a exercé une répression sévère à l'égard des journaux hostiles à la majorité de la représentation nationale, a réorganisé les tribunaux des états civils à Paris et en province, etc. M. Dufaure a été élu membre du Conseil général de la Charente-Inférieure, pour le canton de Cozes, le 8 octobre 1871. Il a remplacé le duc Pasquier, à l'Académie française, le 23 avril 1863.

DUFAURE DU BESSOL (Joseph-Arthur), né à Beaulieu (Corrèze), le 25 février 1828; issu d'une vieille famille militaire à laquelle on doit beaucoup d'officiers distingués dans la cavalerie. Son grand-père émigra comme lieutenant-colonel de cette arme. Engagé volontaire au 75e de ligne, le 19 juillet 1847, il sortit de l'école spéciale de Saint-Cyr le 1er octobre 1851, comme sous-lieutenant à la légion étrangère, et fut détaché au Bureau arabe de Sidi-bel-Abbès en 1853 et 1854. Capitaine en 1855, capitaine adjudant-major en 1856, et passé capitaine au 3e grenadiers de la garde en 1859, puis au 3e de zouaves en 1862, il commanda les partisans de Mexico en 1863-1864, devint chef de bataillon à la légion étrangère en 1865, prit le commandement du 18e bataillon de chasseurs en 1866 et bientôt après des chasseurs à pied de la garde, fut promu lieutenant-colonel au 24e de ligne le 12 septembre 1870, colonel du 43e de marche, avec fonctions de commandant d'une brigade de l'armée du Nord, le 7 novembre suivant, puis fut élevé au grade de général, à titre provisoire, avec le commandement de la 2e division du 22e corps. M. le général Dufaure du Bessol, maintenu dans son grade et classé, à la date du 16 septembre 1871, dans la 1re section de l'Etat-major général, a été nommé au commandement de la 1re subdivision de la 12e division militaire (Haute-Garonne), le 28 octobre 1871. Ses brillants états de service constatent qu'il a fait les campagnes d'Afrique de 1851 à 1854 et de 1856 à 1859, la campagne de Crimée de 1854 à 1856, la campagne d'Italie, où il a été blessé à la bataille de Magenta, en 1859, la campagne du Mexique où il a été cité deux fois à l'ordre de l'armée (10 juin et 2 novembre 1864) de 1862 à 1867, et, enfin, la campagne de France, pendant laquelle il a reçu trois blessures, aux batailles de Rezonville, d'Amiens et Saint-Quentin. Il appartenait à l'armée du Rhin, mais il avait réussi à s'échapper de Metz et à rejoindre l'armée du Nord après avoir vu brûler le drapeau de son régiment. M. Dufaure du Bessol a livré les combats de Mézières et Villers-Bretonneux, et participé aux batailles de Pont-Noyelles, Bapaume et Saint-Quentin. Il est actuellement (1873) vice-président du Conseil général de la Corrèze. Chevalier de la Légion d'Honneur depuis le 30 décembre 1857, il a été promu officier de l'Ordre le 1er février 1867. Il est aussi décoré des ordres du Medjidié de Turquie, des Saints-Maurice et Lazare d'Italie, de Notre-Dame de Guadalupe du Mexique, de Léopold d'Autriche, et porte les médailles de Crimée, d'Italie et du Mexique.

DUFAY (Jean-François-Charles), né à Blois, le 24 juin 1815. Il fit ses études médicales à la Faculté de Paris, passa son examen de doctorat en avril 1843, sur cette thèse : *De l'affection varioleuse*, et s'établit dans sa ville natale. Président de l'Association médicale de Loir-et-Cher depuis 1864, médecin des prisons de 1849 à 1871, membre du Conseil central d'hygiène publique et de salubrité, il était autrefois médecin des épidémies, de la gendarmerie, du tribunal et des enfants assistés de la Seine en nourrice dans la commune de Blois. A la suite du choléra de 1849, il fut honoré d'une médaille d'argent du ministère de l'Intérieur, pour services rendus pendant l'épidémie. M. Dufay a publié divers mémoires sur le *Choléra*, la *Fièvre typhoïde*, l'*Ethérisation*, l'*Hydrothérapie*, etc., et collaboré à plusieurs journaux spéciaux, tel que l'*Union médicale*, la *Gazette hebdomadaire de médecine et de chirurgie*, the *Lancet*, etc. Comme écrivain politique, il a été le rédacteur en chef du *Républicain* de Loir-et-Cher (1848-1849). Il est membre de l'Association scientifique de France, de l'Association française pour l'avancement des sciences et de la Société médicale d'Indre-et-Loire. M. Dufay a été nommé maire de Blois en 1871, et élu, par 30,443 voix, représentant de Loir-et-Cher, le 2 juillet de la même année, à l'Assemblée nationale où il siège sur les bancs de la Gauche-Républicaine. Il a signé le manifeste de la Gauche et voté notamment : pour l'amendement Barthe et l'impôt sur les bénéfices ; contre la loi départementale, l'amendement Target et l'impôt sur le chiffre des affaires.

DUFOUR (Jean), né à Issoudun (Indre), en 1822. M. Dufour a fait son droit à la Faculté de Paris, et, après un stage pratique des plus laborieux, est devenu titulaire de l'une des plus importantes charges de notaire de la capitale. Dans l'exercice de cette profession qui exige tant de probité et de délicatesse, il s'est acquis la plus honorable réputation et l'estime publique. Aussi, en 1860, lors du remaniement des inscriptions, par suite de l'agrandissement de Paris, a-t-il été choisi comme adjoint du IIe arrondissement (quartier de la Banque et de la Bourse) ; cinq ans plus tard, en 1865, il en est devenu maire, et a conservé cette fonction jusqu'à la révolution du 4 septembre 1870. Ses services municipaux distingués lui ont valu la décoration de la Légion d'Honneur M. Dufour était membre du Conseil général de l'Indre, lorsqu'aux élections du 8 février 1871 il a été nommé, par ce département, l'un de ses représentants à l'Assemblée nationale. Il vote, le plus ordinairement, avec la partie de cette Assemblée désignée sous le nom de Centre-Gauche.

DUFOUR (Valentin-Charles), né à Paris, le 24 août 1826. Il commença ses études au petit séminaire de Noyon (Oise), la patrie de Calvin. Les antiquités de cette ville et la visite des ruines de Coucy et de Pierrefonds développèrent en lui le goût des études historiques et archéologiques. Ses humanités terminées sous M. Dupanloup, au petit séminaire de Paris, et ses études théologiques à Saint-Sulpice, il obtint de suivre les cours de l'Ecole des chartes où il eut pour professeurs MM. Guérard et Guessard. Les besoins du service l'ayant arraché à ses études, pendant 14 ans, le ministère dans les paroisses de Paris, ce qui ne l'empêcha pas de se livrer à ses travaux de prédilection. Nommé sous-bibliothécaire de l'Hôtel-de-Ville, le 22 novembre 1866, il demanda un congé pour faire la campagne de 1870. Remplacé de fait, sous le gouvernement du 4 Septembre, par le citoyen Arnoult, il fit à ses frais la campagne comme aumônier d'un bataillon des éclaireurs de la Seine, et resta sous Paris jusqu'à la capitulation. Dans les incendies de la Commune, la Bibliothèque de la Ville ayant été brûlée, il fut mis à la réforme par suppression d'emploi. Rentré dans les rangs du clergé de Paris, il partagea son temps entre l'exercice d'une fonction pénible et ses études historiques. Pendant plusieurs années, l'abbé Dufour a suivi les congrès archéologiques et parcouru la Normandie avec MM. de Caumont, de Verneilh, Raymond Bordeaux et autres. Il a écrit dans plusieurs recueils une série d'articles de critique sur des sujets variés : histoire, littérature, philologie, en particulier dans le *Bulletin du Bouquiniste*, le *Bibliophile français*, dont plusieurs ont été tirés à part, dans les *Comptes rendus des Congrès scientifiques*. Un des premiers promoteurs de la Société pour l'alimentation par la viande de cheval, il a réédité à cette occasion, sous ce titre : *Une question historique, 1720-1868* (1868), une *Dissertation sur la défense de manger de la chair de cheval*, avec traduction, notes et additions. Précédemment (1866), il avait donné, dans la *Revue universelle des arts*, une étude sur le *Charnier de l'ancienne église Saint-Paul*, premier fascicule d'une série de publications sur un sujet encore inexploré de l'histoire de Paris : *Les Charniers des Églises de Paris* (1873, avec pl. et front. gravés); et, dans le *Bibliophile français*, des *Recherches sur le peintre de la fresque des Innocents*, dite « Danse macabre, » et sur l'auteur des vers qui en étaient l'explication, étude d'art et de littérature au XVe siècle. Il prépare en ce moment une édition plus exacte et plus complète du célèbre *Journal de Paris sous Charles VI et Charles VII*, dont l'original est dans la Bibliothèque du Vatican, ce qui en a retardé, jusqu'à ce jour, la publication.

DUFOURNEL (Adéodat-François-Alphonse), né à Arc (Haute-Saône), le 30 août 1808. M. Dufournel s'est consacré à la haute industrie. Maître de forges à Gray, il acquit une grande influence dans son département, où il devint un des représentants du parti libéral. Envoyé par le collège électoral de Gray à la Chambre des députés, en 1842, il prit place, avec messieurs Thiers et Odilon Barrot, dans les rangs de l'opposition constitutionnelle ; et quand ses électeurs, en 1848, lui renouvelèrent son mandat pour la Constituante, il siégea sur les bancs de la Droite, et fit partie du Comité du travail. A l'Assemblée législative, il se sépara de plus en plus du parti bonapartiste ; et, après le Coup-d'État, il rentra dans la vie privée. M. Dufournel a été élu représentant de la Haute-Saône le 8 février 1871. Il siège au Centre-Gauche et fréquente la réunion Féray.

DUFRENÉ (Hector-Auguste), né à Orléans, le 23 mars 1836. Ancien élève de l'École centrale des arts et manufactures, il a d'abord été chargé d'une mission scientifique en Algérie. Puis il a rempli les fonctions d'ingénieur dans plusieurs ateliers de construction de machines. Actuellement (1873), M. Dufrené s'occupe des questions relatives aux brevets d'invention. Il a collaboré aux *Archives de l'industrie au XIXe siècle*, et publié : *Histoire du travail*; *Les monnaies et les métaux* (1868) ; — *Les droits des inventeurs en France et à l'étranger* (1869);—*Études historiques et philologiques sur l'origine et la formation des termes techniques, hébraïques, arabes, sanscrits, grecs, latins, celtiques, etc.* (1873); — *L'industrie et les classes laborieuses dans l'Inde, au temps des Védiques et des Brahmaniques* (même année). M. Dufrené est un des rédacteurs des *Annales du génie civil*, et membre de plusieurs Sociétés savantes, entre autres de la Société d'encouragement pour l'industrie nationale.

DU GABÉ (Charles-Joseph-Antoine-Georges), né à Paris, le 18 août 1838. Fils d'un avocat distingué et parent de M. Berryer, il fit ses études et son droit à Toulouse, prit place au barreau de la même ville, et ne tarda pas à jouir d'une avantageuse réputation. Ses hautes relations dans le parti conservateur, notamment avec M. de Rémusat, le firent désigner, le 1er avril 1871, pour la préfecture du Gers. M. Du Gabé a su, dans l'exercice de ses fonctions rendues délicates par les événements, conquérir la sympathie de ses administrés.

DU HAMEL (Victor-Auguste, comte), né à Paris, le 17 avril 1810. Descendant d'une ancienne famille originaire de Picardie, dont une branche s'établit en Guyenne sous le règne de Henri IV, et fils d'un préfet du premier Empire, qui fut conseiller d'État et député sous la Restauration, M. le comte du Hamel, destiné aux fonctions publiques, fit paraître, après la révolution de Juillet, divers écrits politiques dont deux surtout eurent du retentissement : *L'état de la société au 1er janvier 1834*, et *De la noblesse, lettre au marquis de P...* (1838). Il prit part à plusieurs importantes entreprises, et fit refleurir l'ancien étabblissement thermal de Sail-les-Château-Morand. Préfet du Lot en novembre 1849, il reçut, après le 2 décembre, des mains de ses administrés, une épée d'honneur comme « témoignage de la reconnaissance publique pour les services qu'il avait rendus au département, » expressions textuelles du décret rendu à ce sujet, le 9 février 1852, par le président de la République. Il fut appelé, le 9 mai de la même année, à la préfecture du Pas-de-Calais, et passa, en 1854, à celle de la Somme. M. le comte du Hamel a représenté, de 1857 à 1863, la première circonscription des Deux-Sèvres au Corps législatif. En 1859, il est devenu membre et vice-président du Conseil général de ce département. Protecteur et ami de la littérature et des littérateurs, membre de la Société des gens de lettres, il a abordé tour à tour l'histoire, le roman, le théâtre. On a de lui : *La ligue d'Avila, ou l'Espagne en 1520*, ouvrage traduit en espagnol et en anglais (1840, 2 vol.); — *La duchesse d'Halluye* (1842, 2 vol.); — *Le château de Rochecourbe*, publié d'abord sous le titre de : *Mémoires d'un vieux de la Gastine* (1843, 3 vol., 1847, 2 vol.); — *Histoire constitutionnelle de la monarchie espagnole, depuis l'invasion des hommes du Nord, jusqu'à la mort de Ferdinand VII, 411 à 1833* (1845, 2 vol.), ouvrage honoré d'une mention de l'Académie des sciences morales et politiques; — *Don Juan de Padilla* et *El Monsidero;* — *Le bonheur chez soi*, comédie en vers (Odéon, 1858); plus un grand nombre d'écrits politiques, dont les principaux sont : *L'Italie, l'Autriche et la guerre;* — *Venise;* — *L'Angleterre, la France et la guerre;* — *La paix de Villafranca*, etc. M. le comte du Hamel a été nommé, le 25 avril 1847, chevalier de la Légion d'Honneur, sur la proposition du ministre de l'Instruction publique, avec cette distinction flatteuse : « en récompense de ses travaux historiques, » et a été promu officier de l'Ordre en 1853. Il était, en outre, commandeur des ordres de Saint-Grégoire-le-Grand, de Léopold de Belgique, et des Saints-Maurice et Lazare d'Italie. Rentré dans la vie privée en 1862, le comte du Hamel est décédé le 6 septembre 1870.

DUHAMEL (Jean-Marie-Constant), né à Saint-Malo, le 5 février 1797. Reçu à l'École polytechnique en 1814, il en est sorti en 1816, s'est consacré à l'enseignement et a passé, en 1826, l'examen d'agrégation des sciences. D'abord simple répétiteur à l'Ecole polytechnique en 1830, il y est devenu professeur, puis examinateur. Il a remplacé Poisson à l'Académie des sciences en 1840, et a été appelé à la direction des études de l'Ecole polytechnique en 1844. M. Constant Duhamel est entré comme professeur titulaire à la Faculté des sciences en 1851. Il a publié, sur les sciences mathématiques, divers ouvrages : *Problèmes et développements sur diverses parties des mathématiques*, en collaboration avec M. Reynaud (1823) ; — *Cours d'analyse de l'Ecole polytechnique* (1840-1841) ; — *Cours de mécanique* (1845-1846, 2 vol., 3e édit., 1862-1863) ; — *Eléments de calcul infinitésimal* (1856-1857, 2 vol., 2e édit., 1861) ; — *Des méthodes dans les sciences du raisonnement* (1865) ; — et des *Notes, Articles* et *Mémoires* dans le *Journal de l'Ecole polytechnique*, le *Recueil de l'Académie des sciences*, etc. Chevalier de la Légion d'Honneur le 29 avril 1844, et promu officier le 15 août 1861, M. Duhamel est décédé en 1872.

DUHAUPAS (Albert), né à Arras, le 26 avril 1832. Son père, organiste de la cathédrale et chef d'orchestre de la Société philharmonique de cette ville, reconnaissant en lui de précieuses dispositions, lui donna les premières leçons de musique. Ensuite, il étudia le piano et l'harmonie, à Calais, sous M. Neuland, artiste allemand. Entré au Conservatoire de Paris en 1849, il y suivit la classe de Marmontel. En 1851, il retourna dans son pays où, depuis cette époque, il remplit avec un grand talent les fonctions d'organiste et de maître de chapelle de la cathédrale. La Société des orphéonistes d'Arras, en 1854, le nomma son directeur à l'unanimité. C'est à partir de ce moment que cette Société, dont la création ne remonte qu'à 1846, prit un grand essor et se fit une des premières places, non-seulement en France, mais en Belgique et en Allemagne. Grâce à l'intelligence et à l'énergie de son directeur, elle se présenta brillamment à un grand nombre de concours et remporta (toujours dans les divisions supérieures) des prix à Lille, Béthune, Clermont, Saint-Omer, Gand, Boulogne-sur-Mer, Dijon, etc. Elle obtint, en 1863, à Clermont, le grand prix d'excellence ; en 1866, le grand prix d'excellence au concours international de Liége ; en 1868, le grand prix d'excellence au concours international d'Amsterdam ; et, en 1870, un autre prix d'excellence au concours international de Mons. Les orphéonistes d'Arras organisent, chaque année, des fêtes musicales au profit des pauvres et ont déjà versé plus de 80,000 francs tant au Bureau de bienfaisance que dans la caisse d'autres institutions charitables de la localité et des environs. M. Albert Duhaupas, appelé à Rome en 1864, pour la réception de l'orgue de l'église de la Trinité-du-Mont, s'y est montré digne représentant des organistes français. On lui doit, outre de nombreux *Chœurs*, une *Messe* pour quatre voix d'hommes, des *Motets*, des *Chants d'église*, un *Album de romances* et des *Morceaux pour piano*. Beaucoup de ses compositions font partie du répertoire de l'orphéon. En outre, M. A. Duhaupas a en portefeuille un grand nombre de morceaux religieux dont plusieurs, couronnés par l'Académie d'Arras, ont valu à leur auteur une médaille d'or grand module, et qui vont être successivement publiés.

DUILHÉ DE SAINT-PROJET (Marc-Antoine-Marie-François), né à Toulouse, le 15 juillet 1822. Il est petit-fils de Jean-Joseph Duilhé, seigneur de Saint-Projet, ancien trésorier de France. Après avoir terminé ses études classiques, il entra au grand séminaire en 1841, et reçut l'ordination en 1846. De cette époque à 1858, il professa la rhétorique, puis la philosophie au petit séminaire de Toulouse ; et, en 1859, il fut nommé chanoine honoraire de la cathédrale. Quatre fois lauréat des Jeux-Floraux, il en avait été élu mainteneur en 1857. M. l'abbé Duilhé de Saint-Projet a consacré sa vie aux bonnes œuvres et à l'étude. En 1867, de concert avec quelques amis, il publia la nouvelle *Gazette du Languedoc*, qui devint aussitôt un des principaux organes de la presse de province. Au mois de juillet 1870, il organisa l'un des premiers comités de secours aux blessés, un Comité de dames qui ne tarda pas à rayonner dans plusieurs départements, et fournit plus de 200,000 francs de secours, tant en argent qu'en nature. Cette œuvre, transformée par ses soins, est devenue en 1871 le Comité des dames patronesses de la liberté d'enseignement, dont l'appui très-efficace a permis aux frères des Ecoles chrétiennes de continuer leur enseignement à Toulouse. Collaborateur des principaux journaux ou revues catholiques, tels que le *Correspondant*, le *Contemporain*, etc., il a fondé et dirigé, de 1860 à 1865, la *Revue de l'année religieuse, politique, philosophique et littéraire*, avec le concours de plusieurs écrivains catholiques des plus distingués. En 1869 et 1870, il a donné, sur les *Harmonies de la science et de la foi*, et sur les problèmes soulevés par les découvertes contemporaines, des conférences qui ont eu du retentissement à Toulouse, surtout parmi les savants et les incrédules. On doit à M. l'abbé Duilhé de Saint-Projet ; indépendamment de nombreux travaux académiques : *Education théologique de Bossuet* (1859) ; — *Des études religieuses en France du XVIIe siècle jusqu'à nos jours*, ou *Essai sur les causes qui ont produit, dans les temps modernes, la splendeur et la décadence des sciences théologiques*, ouvrage couronné par l'Académie française (1861).

DUJARDIN-BEAUMETZ (Georges). Voir BEAUMETZ.

DUMAREST (Paul-Louis), né à Trévoux (Ain), le 11 juillet 1833. Il fit ses études classiques à Saint-Etienne, et son droit à la Faculté de Paris. Inscrit au barreau de Saint-Etienne en 1855, puis à celui de Lyon en 1858, il fonda dans cette dernière ville, en 1869, avec un groupe d'amis politiques, la *Discussion*, organe d'opposition républicaine dont il fut le rédacen chef et dans lequel il fit une guerre très-vive à l'Empire. Poursuivi et condamné rigousement, son journal dut disparaître au bout de quelques mois. Alors, M. Dumarest accepta la direction de la *Liberté de l'Hérault et du Gard*, journal de Montpellier, et y continua la lutte qu'il avait entreprise contre le gouvernement, avec une ardeur croissante qui lui valut de nouvelles poursuites et de nouvelles condamnations. Après la révolution du 4 Septembre, M. Dumarest a été nommé préfet de l'Isère, par la délégation de Tours (octobre 1870). Le 25 avril 1871, il a été appelé à la préfecture du Jura par le gouvernement de M. Thiers.

DUMAS (Alexandre), né à Paris, le 28 juin 1824 ; fils de l'illustre écrivain de ce nom, décédé en 1870. Elève de l'institution Goubaux, il fit de bonnes études au collége Bourbon. Ayant quitté le collége à 16 ans, il fut introduit, par son père, dans un monde privilégié où il se fit remarquer de bonne heure par la précocité de son intelligence. Il n'avait que 17 ans lorsqu'il publia un volume de poésies : *Les Péchés de jeunesse*. Après avoir fait avec son père un voyage en Espagne et en Afrique, il publia : *Les Aventures de quatre femmes et d'un perroquet* (1846-47, 6 vol., nouv. édit., 1858). Moins riche en imagination que son illustre père, M. Dumas fils était, en revanche, doué d'un profond génie d'observation. C'est dans cette dotation naturelle qu'il puisa tous ses éléments de succès. Et c'est ce qui explique la vogue de ses premiers romans et le rapide établissement de sa réputation. Il a publié : *Césarine* (2 vol., 1848) ; — *Le Docteur Servani* (2 vol.) — *La Dame aux Camélias* ; — *Le Roman d'une femme* (2 vol., 1848) ; — *Antonine* (2 vol., 1849) ; — *Tristan le Roux* (3 vol., 1850) ; — *Trois hommes forts* (4 vol.) ; — *Diane de Lys* et *Grangette* (3 vol., 1851) ; — *Les Revenants* (1851) ; — *Le Régent Mustel* (2 vol., 1852) ; — *Contes et Nouvelles* (1853) ; — *Sophie Printemps* (2 vol.) ; — *La Boite d'argent* (1855) ; — *La Vie à vingt ans* (2 vol., 1856) ; — *L'Affaire Clémenceau* (1866) ; — *La Ligue* ; *La Fronde*, dans la *Gazette de France* ; — les *Lettres d'un Provincial*, dans la *Presse* ; — une nouvelle intitulée *Ofland*, dans *Les Plumes d'or* ; — une *Etude sur les premières représentations*, dans *Paris* (1867) ; — plusieurs nouvelles : *Thérèse* et la *Maison du vent* dans le *Gaulois* (1868 et 1869) ; — *Lettre sur les chefs du jour* (1871) ; — *Nouvelle lettre sur les chefs du jour* (1872) ; — *L'homme-femme* (1872) ; etc. La plupart de ses romans se recommandent par le naturel et la simplicité du style et par des situations dramatiques émouvantes. Suivant un usage répandu dans le monde littéraire de nos jours, M. Alexandre Dumas, à mesure qu'il publiait des romans, songeait à les reproduire à la scène. Il a fait jouer *La Dame aux Camélias* (vaudeville, 1852), qui eut plus de cent représentations consécutives ; *Diane de Lys*, inspirée de *La Dame aux perles*, drame en 5 actes (Gymnase, 1853) ; — *Le Demi-Monde* (1855) ; — *La Question d'argent* (1857) ; — *Le Fils naturel* (1858) ; — *Le Père prodigue* (1859) ; — *L'Ami des Femmes* (1864) ; — *Le Supplice d'une femme*, en collaboration, ou plutôt en hostilité avec M. de Girardin (1865); — *Héloïse Paranquet* (1866), dont l'idée première était due à M. Durantin qui l'avait puisée dans un procès jugé par son père, le président de Chambre, œuvre représentée comme étant d'un inconnu ; — *Les Idées de madame Aubray* (1867) ; — *Le Filleul de Pompignac* (1869), joué sous le nom de M. Alphonse de Jalin ; — *Une visite de noces* (Gymnase, 1871) ; — *La princesse Georges* (3 actes, Gymnase, 1871) ; — *La femme de Claude* (3 actes, Gymnase, 1873). La plupart de ces pièces ont été réunies sous ce titre : *Théâtre complet* (4 vol., avec préface, 1869-1870). Chevalier de la Légion d'Honneur depuis le 15 août 1857, M. Alexandre Dumas fils a été promu officier le 15 août 1867.

DUMAS (Jean-Baptiste), né à Alais (Gard), le 14 juillet 1800. On s'accorde à placer M. Dumas à la tête des chimistes de notre temps. Il a commencé par étudier la pharmacie à Alais, puis à Genève où il sut mériter l'amitié de deux savants illustres, de Saussure et de Candolle. En 1821, l'Académie des sciences lui accordait le prix de physiologie expérimentale, et Laplace et Berthollet, frappés de la haute portée de ses travaux, l'appelaient à Paris. En 1824, il était répétiteur de chimie à l'Ecole polytechnique; en 1832, l'Académie des sciences l'admettait au nombre de ses membres; en 1836, il remplaçait Thénard dans une des chaires de chimie de l'Ecole polytechnique; en 1841, il devenait professeur à la Sorbonne; et, en 1842, il était élu doyen de la Faculté des sciences de Paris. Il fit, pendant quelques années, le cours de philosophie chimique au Collége de France, et fut nommé professeur à la Faculté de médecine après un brillant concours. Sa parole facile et éloquente a toujours réuni autour de sa chaire un auditoire nombreux et choisi. M. Dumas ne s'est pas exclusivement occupé de chimie ; son esprit a embrassé les diverses sciences physiques et naturelles, et il a fait en physique et en physiologie des découvertes dont chacune suffirait à faire la réputation d'un savant. Ainsi, ses travaux sur les densités de vapeur et sur le sang ont eu la plus grande influence sur le développement des sciences d'observation. La Société royale de Londres lui a décerné la médaille de Copley, qui s'accorde à l'auteur de la découverte la plus importante dans les sciences. La Société chimique de Londres l'a désigné pour la première médaille instituée en l'honneur de Faraday. Comme chimiste, il a découvert un grand nombre de substances, mais c'est là son moindre mérite. On ne peut le comparer plus justement qu'à Lavoisier, dont il publie en ce moment les œuvres ; il en a l'esprit sagace et philosophique, et comme lui il saisit aussitôt le côté général d'une question, et pressent les conséquences les plus éloignées d'une découverte. M. Dumas est le fondateur de la chimie organique ; les deux pierres angulaires de cette science, la théorie des substitutions et la théorie des types, sont l'œuvre de ce savant. En chimie minérale, il a posé les bases d'une classification naturelle des métaux, et il a établi la classification naturelle des métalloïdes. C'est le seul chimiste qui ait fait école dans notre pays; et, pendant quinze années, son laboratoire particulier a été généreusement ouvert à un grand nombre de jeunes savants français et étrangers. L'industrie lui est redevable à bien des titres. En 1829, il fut un des fondateurs de l'Ecole centrale des arts et manufactures dont il préside toujours le Conseil. Il a succédé à Chaptal et à Thénard dans la présidence de la Société d'encouragement pour l'industrie nationale, et a constamment fait partie des jurys des expositions industrielles, depuis 1834, comme rapporteur ou comme président de la classe des arts chimiques. Enfin, dès 1846, il fut le promoteur de la création, qui a été réalisée par le gouvernement, d'un enseignement secondaire spécial pour les jeunes gens qui se destinent au commerce et à l'industrie. Comme ministre de l'Agriculture et du Commerce, de 1849 à 1851, M. Dumas créa l'Institut agronomique de Versailles, supprimé en 1852, et qu'on vient de rétablir à l'Ecole de Grignon. Il institua le Concours général d'agriculture et les Concours régionaux, établit les Chambres consultatives d'agriculture, fit le projet de loi sur le Crédit foncier, réforma les graves abus qui existaient dans le système des quarantaines, et institua un Congrès sanitaire européen. Enfin, on lui doit plusieurs lois créées en vue d'améliorer l'état des classes pauvres. M. Dumas a fait partie d'un grand nombre de Commissions chargées de préparer les lois touchant par quelques points à la chimie. Comme président du Conseil municipal de Paris et du Conseil général de la Seine, il a contribué activement à toutes les améliorations réalisées à Paris pendant seize ans. M. Dumas, secrétaire perpétuel de l'Académie des sciences, appartient à la plupart des Sociétés savantes de l'Europe. Il est Grand'Croix de la Légion d'Honneur (14 août 1863), commandeur de l'ordre de Charles III d'Espagne, de Saint-Joseph de Toscane, de Notre-Dame de la Conception et de Villa Vicosa de Portugal, de Léopold de Belgique, du Danebrog de Danemark, de l'ordre de la Couronne d'Italie, etc.

DUMAS (Ernest-Charles-Jean-Baptiste), né à Paris, le 27 février 1827; fils du précédent. Il a fait ses études aux collèges Henri IV et Charlemagne, et est entré ensuite à l'Ecole des mines en 1847. Secrétaire particulier du ministre de l'Agriculture et du Commerce en 1850, il dirigea alors la publication des *Annales agronomiques*, et procéda au classement méthodique ainsi qu'à la traduction des règlements et des documents relatifs au drainage en Angleterre; ce travail fut imprimé aux frais du gouvernement en 1854, et distribué au Corps législatif à l'époque de la discussion de la loi sur le drainage. En 1832, M. Dumas fut nommé directeur de la Monnaie de Rouen. Il a exercé ces fonctions jusqu'en 1857, a concouru activement à la transformation de la monnaie de bronze, et a obtenu en récompense la croix de la Légion d'Honneur. Chargé en 1860 de la direction de la Monnaie de Bordeaux, qui a produit sous son active impulsion pour quatre millions de pièces de bronze avec l'effigie de l'empereur couronné de lauriers, et une notable partie de notre monnaie divisionnaire au titre de 835 millièmes, il a été appelé, comme essayeur, au bureau de la garantie de Paris, en janvier 1868. M. Dumas a été membre du jury de l'Exposition universelle à Paris en 1855 et à Londres en 1862. Les élections de la 3e circonscription du Gard l'ont envoyé au Corps législatif, avec une forte majorité, en 1868 et 1869. Il est gendre de M. Milne Edwards de l'Institut. On lui doit : *Lois et règlements relatifs au drainage en Angleterre* (1854); — *Essai sur la fabrication des monnaies* (1856); — *Notes sur l'émission en France des monnaies décimales de bronze* (1868); — *Fabrication des monnaies en Angleterre* (1871); — *Histoire générale des monnaies de cuivre et de bronze en France* (1873). Il est chevalier de la Légion d'Honneur depuis le 2 août 1858 et décoré d'un grand nombre d'ordres étrangers.

DUMÉRIL (Auguste-Henri-André), né à Paris, le 30 novembre 1812. Fils du grand naturaliste, commandeur de la Légion d'Honneur, qui succéda à Lacépède comme professeur au Jardin des Plantes, il fit de brillantes études médicales et scientifiques à la Faculté de Paris et se consacra spécialement à des travaux de physiologie. Reçu au concours, externe des hôpitaux en 1833, interne en 1837 et nommé, en 1840, aide-naturaliste attaché à la chaire de physiologie du Muséum, il prit les grades de docteur en médecine en 1842, de bachelier ès sciences physiques et de licencié ès-sciences naturelles en 1843 et de docteur ès sciences naturelles en 1844. Dans cette dernière année, il concourut avec succès pour l'agrégation à la Faculté de Paris, et fut chargé de suppléer M. Breschet, alors malade, dans son cours d'anatomie. En 1846, il se présenta au concours pour la chaire laissée vacante par la mort de ce professeur, et fut chargé du cours de physiologie, en l'absence de Bérard. Elu membre de la Société ethnologique en 1847, il fut nommé professeur au collège Chaptal et passa, comme aide-naturaliste au Muséum, de la physiologie comparée à l'épétologie et à l'ichtiologie, en remplacement de M. Bibron. M. Auguste Duméril était membre de la Société d'acclimatation, où il remplit les fonctions de secrétaire de 1855 à 1861, puis celles de vice-président, et membre de la Société philomatique. Nommé professeur de zoologie, reptiles et poissons, au Muséum d'histoire naturelle, le 21 janvier 1857, il était entré, en 1869, à l'Académie des sciences, où il occupait le fauteuil laissé vacant par la mort de M. Delessert. On lui doit des *Mémoires* scientifiques insérés dans les recueils médicaux et le *Catalogue* des reptiles du Muséum. Il venait d'achever le tome II de l'*Histoire générale des poissons*, quand il est décédé, le 12 novembre 1870. M. le baron Larrey, dans son discours prononcé sur la tombe de cet illustre savant, disait : « L'*Histoire naturelle des poissons* est une œuvre de maître qui, dans l'opinion des savants les plus autorisés, place désormais le nom d'Auguste Duméril parmi ceux des premiers zoologistes et le rattachent aux travaux les plus remarquables de son époque sur les reptiles et les poissons... » Dans la même circonstance, M. de Quatrefages, à son tour, après avoir parlé de l'introduction des espèces de Bombyx, ajoutait : « Duméril a fait sur les Axolotls, cette belle série d'expériences qui ont posé, à la physiologie comparée, une énigme encore non résolue... » M. Aug. Duméril, nommé chevalier de la Légion d'Honneur, le 13 août 1861, était aussi chevalier de la Conception de Portugal et officier de la Rose du Brésil.

DUMÉRIL (Alfred-Emile-Sébastien), né à Saint-Omer (Pas-de-Calais), le 20 février 1825 ; cousin germain du précédent. Admis à l'Ecole normale supérieure, il en sortit premier agrégé d'histoire en 1846, et professa successivement, pendant quatorze ans, dans plusieurs lycées. En 1856, il prit le grade de docteur ès lettres à la Faculté de Paris ; et, en 1860, il fut nommé professeur d'histoire à la Faculté des lettres de Dijon. On lui doit : *Etude sur Charles-Quint* (1856) ; — *De senatu romano sub imperatoribus Augusto Tiberioque* (1856, 2ᵉ édit. 1859), et des articles de revues. M. Duméril est officier de l'Instruction publique depuis 1856.

DUMESNIL (Edouard-Jean-Baptiste), né à Coutances (Manche), le 1ᵉʳ décembre 1812. M. le docteur Dumesnil a fait ses études médicales à la Faculté de Paris et a suivi, comme élève interne, les cliniques des hôpitaux de la capitale. Successivement directeur et médecin en chef des asiles d'aliénés de la Haute-Marne en 1847, de la Côte-d'Or en 1850, de la Seine-Inférieure en 1852, il est depuis vingt ans déjà à la tête de l'établissement de Quatre-Mares, près Rouen. M. le docteur Dumesnil est connu du monde médical, comme aliéniste, par une *Etude médico-légale sur les aliénés*, et par de nombreux articles spéciaux insérés dans les *Annales médico-psychologiques*. On lui doit aussi des monographies sur les calculs de la vessie, sur les fractures de l'avant-bras, sur l'ioduration du lait par assimilation digestive, sur les tumeurs sanguines du pavillon de l'oreille, sur le délire prodromique de certaines affections aiguës, sur l'ivrognerie, etc. Il a inventé, pour la réduction des fractures de l'avant-bras, un appareil devenu classique, et a obtenu une médaille de vermeil en récompense de son dévouement à la propagation de la vaccine. Ses travaux ont été couronnés par la Société impériale de médecine de Bordeaux. M. le docteur Dumesnil, membre de l'Académie des sciences, belles-lettres et arts de Rouen, et de la Société libre d'émulation de la Seine-Inférieure, qu'il a présidée de 1863 à 1865, a été nommé chevalier de la Légion d'Honneur le 13 août 1866.

DU MESNIL-MARIGNY (Jules), né à Dijon, en 1810. Après avoir fait de bonnes études au collége de Dijon, M. Du Mesnil-Marigny a profité de sa position indépendante pour se livrer tout particulièrement à l'étude de l'économie politique. Le premier, il est parvenu à démontrer, contrairement aux affirmations de Smith et de J.-B. Say, que les décisions de cette science, surtout en ce qui concerne l'échange international, devaient se modifier suivant les lieux où elle était pratiquée, et qu'ainsi ces décisions, perdant tout caractère d'ubiquité, devaient être assez flexibles pour se prêter aux besoins de chaque peuple. Dès lors, selon lui, plus de libre-échange ni de protectionnisme absolus. Ajoutons que, jusqu'ici, l'économie politique de l'antiquité n'avait été appréciée que par des linguistes n'ayant que des connaissances économiques superficielles et qu'il en était résulté beaucoup d'erreurs dont M. Du Mesnil-Marigny vient de faire justice dans son *Histoire de l'économie politique des anciens peuples* de l'Inde, de l'Egypte, de la Judée et de la Grèce (2ᵉ édit., 1873, 2 vol.). On doit au même auteur : *De la liberté des ventes aux enchères, ou débouchés nouveaux à ouvrir dans Paris pour les marchandises de toutes espèces* (1852, 3ᵉ édit.), entièrement refondue, 1862) ; — *Aperçus nouveaux en faveur du libre-échange* (1857) ; — *Les libre-échangistes et les protectionnistes conciliés, ou Solution analytique des questions économiques restées jusqu'ici à l'état de problèmes* (2ᵉ édit., 1860) ; — *Question du libre-échange ; Solution* (1861) ; — *Catéchisme de l'économie politique, basée sur des principes rationnels* (1863, 6ᵉ édit., 1873) ; — *Solution de la question des salaires ; Fin des grèves* (1865) ; — *Les céréales et la douane* (1866) ; — *Le rôle de l'industrie française et les traités de commerce* (2ᵉ édit., considérablement augmentée, 1868).

DU MONCEL (Théodore-Achille-Louis comte), né à Paris, le 6 mars 1821. Issu d'une des plus anciennes familles de Normandie, il manifesta dès sa jeunesse un goût ardent pour l'archéologie et les sciences exactes, et se fit d'abord connaître par un travail remarquable sur la perspective mathématique. Il parcourut ensuite une bonne partie de l'Europe ; et le résultat de ce long voyage fut une belle publication : *De Venise à Constantinople, à travers la Grèce* (1846, in-fol., avec 60 planches). Mais sa vocation principale l'attirait vers la physique et particulièrement vers les diverses applications de l'électricité, dans laquelle il devait se faire un nom. On a de lui près de quarante appareils nouveaux ou perfectionnés, parmi lesquels on cite : *l'anémographe électrique à calculateur ; le régulateur électro-automatique de la température ; un télégraphe imprimeur ; l'enregistreur électrique des improvisations musicales ; le mesureur électrique à distance ; le moniteur électrique*, pour les trains du chemin de fer en mouvement, etc. Ces diverses inventions lui ont valu, à l'Exposition universelle de 1855, une médaille de 1ʳᵉ classe. Entre ses plus importantes publications, n'oublions pas : *Des observations météorologiques et de la manière dont il faut les faire* (1851) ; — *Exposé des applications de l'électricité* (1855, 5 vol., 3ᵉ édit., 1870) ; — *Etude du magnétisme et de l'électro-magnétisme au point de vue des applications électriques* (1857) ; — *Etude des lois des courants électriques* (1860) ; — *Traité de télégraphie électrique* (1864) ; — *Notice sur la machine de Ruhmkorff* (1855, 5ᵉ édit., 1867) ; des mémoires et un grand nombre d'articles insérés dans les *Comptes rendus de l'Académie des sciences*, l'*Ami des sciences*, les *Annales télégraphiques*, le *Cosmos* et la *Science* dont il a été le directeur. L'un des fondateurs de la Société impériale des sciences naturelles de Cherbourg, qui lui a décerné le titre bien mérité de directeur perpétuel, il est, en outre, membre d'un grand nombre de Sociétés savantes, françaises et étrangères. M. Du Moncel est ingénieur électricien des lignes télégraphiques de France et ancien membre du Conseil général de la Manche pour le canton d'Octeville. Il est officier de la Légion d'Honneur depuis 1866, et a été décoré de l'ordre de Saint-Wladémir de Russie.

DUMONT (Auguste), né à Paris, le 22 mai 1816. Il fit ses études classiques aux lycées Saint-Louis et Louis-le-Grand, et son droit à la Faculté de Paris. Reçu licencié en 1836, au lieu d'exercer sa profession d'avocat il se consacra au journalisme. Il a successivement, et quelquefois cumulativement participé, soit à la fondation, soit à l'administration ou à la direction d'un grand nombre de journaux, tels que le *Propagateur*, l'*Estafette*, l'*Echo du Commerce*, la *République* (au lendemain de la révolution de 1848), le *Figaro* politique, l'*Evénement*, la *Lanterne*, etc.

DUMONT (Charles-Emmanuel), né à Commercy (Meuse), le 3 juin 1802. M. Dumont a rempli durant de longues années les fonctions de juge au tribunal civil de Saint-Mihiel, dont il est actuellement le vice-président. Les travaux historiques, auxquels il a consacré laborieusement ses veilles et ses rares loisirs, lui ont conquis un rang honorable parmi nos historiens locaux. Il a successivement publié : *Histoire de la ville et des seigneurs de Commercy* (3 vol., avec 13 pl., 1844) ; — *Justice criminelle des duchés de Lorraine et de Bar, du Bassigny et des Trois-Evêchés*, ouvrage sans précédent en France (2 vol., avec 5 pl., 1848) ;—*Histoire des monastères de l'Etanche et de Benoîte-Vau* (1 vol., avec 13 lithog., 1853) ; — *Histoire des fiefs et principaux villages de la seigneurie de Commercy* (2 vol., avec 5 pl., 2 lithog. et 6 cartes, 1856) ; — *Histoire de la ville de Saint-Mihiel* (1 vol., 1860-1862) ; — *Nobiliaire de Saint-Mihiel* (2 vol., avec 165 écussons armoriés et 28 tableaux généalog., 1864). Ces travaux lui ont mérité la décoration de la Légion d'Honneur (12 août 1865), et les titres de membre correspondant du ministère de l'Instruction publique, de la Société des antiquaires de France, de la Société d'archéologie lorraine, de l'Institut historique, de l'Institut d'Afrique, et des Sociétés académiques de Verdun, Epinal, Nancy, Metz, Caen, Dijon, etc. Le premier ouvrage de M. Dumont a été une étude sur les *Mœurs de la province*, publiée en 1840, et qui semble avoir donné naissance aux nombreuses physiologies qui lui ont succédé.

DUMONT (François-Marcellin-Aristide), né à Crest (Drôme), le 2 juin 1819; issu d'une des plus anciennes familles protestantes du Dauphiné, exilée de France par suite de la révocation de l'édit de Nantes, et qui a compté parmi ses membres plusieurs ministres calvinistes et publicistes distingués, etc. Elève de l'Ecole polytechnique en 1836, puis de l'Ecole des ponts-et-chaussées en 1838, M. Aristide Dumont a franchi successivement tous les grades hiérarchiques. Il est aujourd'hui ingénieur en chef. C'est lui qui a conçu, dès 1846, l'idée d'élever et de distribuer dans Lyon les eaux du Rhône. Après une lutte de près de quinze ans, ce projet était enfin adopté. M. Dumont fut chargé de la direction des travaux, exécutés en moins de deux ans, au prix d'environ dix millions de francs, et qui embrassèrent la distribution des eaux à tous les étages des maisons et jusque sur les sommets de Fourvières et de la Croix-Rousse; cette œuvre est la plus complète de ce genre qui existe en Europe. Depuis lors, il a exécuté les travaux de distribution des eaux de la Seine sur les hauteurs de Villejuif, et s'est occupé d'un grand nombre de projets de la même nature, notamment pour Nîmes et Paris. Il a imaginé un système pour distribuer dans la capitale les eaux de la Seine en très-grande quantité, en les puisant en amont de Bercy, ainsi qu'un système de drainage mécanique et souterrain. Les travaux qu'il a menés à bonne fin à Lyon, et ceux qu'il a projetés pour Paris sont résumés dans un grand ouvrage intitulé : *Les eaux de Lyon et de Paris*. Dans divers mémoires, et particulièrement dans celui qu'il a publié sous le titre de *Projet des canaux d'irrigation du Rhône*, il préconise la construction d'une série de canaux pour arroser, avec les eaux du Rhône, les départements de l'Ardèche, de la Drôme, du Gard, de l'Hérault, de Vaucluse et des Bouches-du-Rhône. Appliquant à l'alimentation des canaux les moyens mécaniques par lui employés à Lyon, il a ensuite conçu et étudié un grand projet de canal maritime de Paris à Dieppe, qu'il a décrit dans son mémoire sur *Paris port de mer*. Cet habile ingénieur s'est aussi beaucoup occupé de télégraphie électrique; et, dès 1850, il a proposé l'application de ce moyen de correspondance à la ville et à la banlieue de Paris. En 1861, il a été délégué par le gouvernement français pour organiser les travaux publics en Roumanie; cette mission honorable lui a valu la décoration de commandeur du Medjidié. En dehors de sa spécialité d'ingénieur, il s'est fait connaître par la publication d'un ouvrage important : *Des travaux publics dans leurs rapports avec l'agriculture* (1847), et surtout par sa collaboration à la partie économique et scientifique du journal *La Presse*. On lui doit encore divers ouvrages, entre autres : *La réforme administrative et les télégraphes électriques* (1849), et *La paix* (1859). Il a publié, avec M. Adrien Dumont, un traité sur l'*Organisation légale des cours d'eau*. M. Aristide Dumont est membre correspondant de l'Académie de Lyon, de la Société d'agriculture du Rhône, de la Société de statistique de la Drôme, de la Société d'économie politique de Paris, etc. Il est chevalier de la Légion d'Honneur depuis le 13 février 1848.

DUPARC (François), né à Sillingy, canton d'Annecy-Nord (Haute-Savoie), le 11 février 1808. A cette époque, Annecy et son arrondissement faisaient partie du département français du Mont-Blanc. Reçu docteur en droit de l'Université de Turin en 1834, et trois ans avocat stagiaire, il se fixa à Annecy en 1837, se fit, au barreau de cette ville, une belle position, et fut élu bâtonnier de son Ordre en 1864 et 1870. Conseiller provincial dès 1834, aussitôt après l'annexion de la Savoie à la France il entra au Conseil d'arrondissement;

et, dans ces deux Conseils, il fit toujours preuve de son dévouement à la chose publique. Doué d'un jugement ferme et éclairé, imbu des principes républicains, qu'il professait déjà lorsqu'il était à l'Université, il compta toujours, sous l'Empire, dans les rangs du parti libéral ; et c'est en cette qualité que, le 8 février 1871, il fut élu, par ses concitoyens, représentant de la Haute-Savoie à l'Assemblée nationale, où il siége sur les bancs de la Gauche-Républicaine. M. Duparc est conseiller municipal d'Annecy depuis 1856. En 1871, il a renoncé à la candidature pour le Conseil d'arrondissement en faveur de son fils (Léonce), docteur en droit de la Faculté de Dijon et avocat distingué du barreau d'Annecy.

DUPARCQUE (Frédéric), né à Amiens, le 8 décembre 1788. Il était entré à l'âge de 14 ans (1802) à l'Ecole centrale d'Amiens où il remporta de grands succès, tant dans les lettres que dans les sciences, et obtint un prix de botanique, spécialement créé pour lui, et des prix de rhétorique, de physique et de chimie. Puis, il fit ses études médicales à la Faculté de Paris. Externe des hôpitaux civils de 1806 à 1808, élève de l'Ecole pratique en 1809, interne, de 1811 à 1814, à Bicêtre, à Saint-Antoine, à l'Hôtel-Dieu, il prit le grade de docteur, le 13 mars 1813, avec une thèse sur le *Cancer de l'estomac*. M. Duparcque, établi à Paris, n'a pas tardé à s'y faire une brillante position. Administrateur de la Caisse d'épargne en 1844, médecin du Bureau de bienfaisance de l'ancien VII⁰ arrondissement, actuellement le III⁰, depuis 1816 jusqu'en 1854, et de l'état civil depuis 1822 jusqu'à cette dernière époque, membre des Commissions d'hygiène et de salubrité de 1848 à 1873, il a été chargé de rapports et statistiques mensuels, annuels, décennaux, sur l'état hygiénique et sanitaire, les vaccinations, avec appréciations générales. En 1832, 1848 et 1854, il a aussi été membre organisateur des bureaux de secours créés pour combattre le choléra. L'un des fondateurs et collaborateurs des *Annales d'obstétrique et des maladies des femmes et des enfants* en 1842; membre de la Commission de vaccine du VIII⁰ arrondissement en 1842, de l'Athénée de médecine de Paris en 1816, de la Société de médecine de Paris en 1820 ; membre correspondant de la Société de médecine de Hambourg en 1843, de l'Académie de médecine de Turin en 1859 et de l'Académie des sciences du département de la Somme en 1860, M. le docteur Duparcque a publié un grand nombre de livres, et plus de 80 mémoires concernant la médecine, la chirurgie, les sciences, la climatologie, etc., dont nous ne pouvons, à notre grand regret, citer ici que quelques-uns. Voici ses principaux ouvrages : *Mémoire sur l'inflammation, l'induration et l'abcédation du sac herniaire* (1816) ; — *Mémoire sur l'épanchement du sang dans la vessie* (1822) ; — *De l'influence ou rôle de l'innervation dans les maladies en général et particulièrement dans les phlegmasies* (1829) ; — *Sur la perforation spontanée de l'estomac* (1830) ; — *Traité théorique et pratique sur les altérations simples et cancéreuses de la matrice*, ouvrage couronné par la Société de médecine de Bordeaux, et traduit en anglais et en allemand (1832, 2 vol., 2⁰ édit., 1840) ; — *Pluie de crapauds*, preuves et mémoire présentés à l'Académie des sciences (1834) ; — *Histoire complète des ruptures de l'utérus, du vagin et du périnée*, ouvrage couronné par la Société médicale d'émulation de Paris, et traduit en anglais et en allemand (1836) ; — *Sur la péritonite essentielle aiguë chez les jeunes filles* (1842) ; — *Mémoire sur le climat de l'Algérie comparé à celui des contrées méditerranéennes de France et d'Italie* (1852) ; — *De l'influence du mariage sur l'hystérie* (1857) ; — *Sur les coliques hépatiques par concrétions biliaires* (1860) ; — *Sur l'efficacité des semences de citrouille contre le tænia* (1861) ; — *Mémoire sur l'accouchement par dilatation forcée du col de l'utérus, pour suppléer à l'opération césarienne* (1869) ; — *Mémoire sur la pneumonie latente du sommet des poumons simulant la phthisie pulmonaire* (1869), etc. Enfin, on doit à ce praticien habile et laborieux un grand nombre d'observations avec remarques publiées par décision des Sociétés de médecine, et insérées notamment dans les *Annales d'obstétrique*, le *Journal général de médecine française et étrangère*, la *Nouvelle bibliothèque médicale*, la *Revue médicale*, la *Gazette hebdomadaire*, la *Gazette des hôpitaux*, etc. M. Duparcque a remporté le prix au concours ouvert en 1830 par la Société de médecine de Bordeaux, sur les *Affections de l'utérus*, et a reçu la médaille de Juillet pour soins et secours aux blessés de 1830, des médailles de bronze en 1832, d'argent en 1849, et d'or en 1865, pour son dévouement pendant les ravages du choléra, et une médaille de l'Académie de médecine, en 1843, pour un *Mémoire statistique sur les vaccinations et la revaccination*. Il a obtenu la croix de la Légion d'Honneur le 25 septembre 1850.

DUPASQUIER (Charles), né à Chambéry (Savoie), le 14 août 1804. M. le premier président Dupasquier est entré dans la magistrature le 22 décembre 1828, comme volontaire au bureau de l'avocat fiscal-général près le Sénat de Savoie. Substitut de l'avocat des pauvres près la même Cour le 20 décembre 1831, substitut de l'avocat fiscal-général le 27 janvier 1838, il devint conseiller le 10 mai 1848. Il remplissait encore ces dernières fonctions lorsqu'il fut nommé, le 2 avril 1860, gouverneur de Chambéry, à la suite du traité du 24 mars précédent. C'est en cette qualité qu'il a reçu la croix de commandeur de la Légion d'Honneur, le 31 mai 1860. Après l'annexion de la Savoie à la France, M. Dupasquier est rentré dans la magistrature comme président de chambre à la Cour impériale de Chambéry, à la première présidence de laquelle il a été élevé le 23 juin 1866. Cet honorable magistrat, longtemps membre du Conseil général de la Savoie, y a constamment fait partie du bureau, d'abord comme vice-président, et ensuite comme président.

DUPLAY (Simon-Emmanuel), né à Paris, le 10 septembre 1836 ; fils de M. Auguste Duplay, médecin honoraire des hôpitaux, décédé le 9 septembre 1872. Il fit ses études médicales à la Faculté de Paris. Externe des hôpitaux en 1857, interne en 1859, lauréat des hôpitaux (médaille d'argent) et aide d'anatomie de la

Faculté en 1862, il prit le grade de docteur en 1865. Sa thèse sur les *Collections séreuses et hydatiques de l'aine* fut honorée du prix Barbier. Dans la même année, il fut nommé prosecteur de la Faculté ; et, l'année suivante, il concourut avec succès pour l'agrégation en chirurgie. Chirurgien du Bureau central, à la suite du concours de 1867, de l'hôpital de Lourcine en 1871, de l'hôpital Saint-Antoine en 1872, M. Duplay a fait dans les amphithéâtres de l'Ecole pratique, de 1862 à 1867, des cours d'anatomie et de médecine opératoire. Il a été chargé, en 1863, du cours officiel de médecine opératoire à l'École pratique, et a suppléé, en 1872, le professeur Laugier dans la chaire de clinique chirurgicale de la Pitié. M. Duplay a beaucoup écrit, et ses publications ont paru dans les *Bulletins de la Société anatomique*, l'*Union médicale*, les *Archives générales de médecine*, le *Dictionnaire encyclopédique des sciences médicales*, les *Bulletins de la Société de chirurgie*. Directeur des *Archives générales de médecine* pour la partie chirurgicale, depuis 1867, il a publié dans ce journal un grand nombre d'articles : mémoires originaux, revues critiques, notices bibliographiques, etc. Mais son œuvre la plus considérable est le *Traité élémentaire de pathologie externe* de Follin et Duplay, dont la publication commencée par Follin et interrompue par la mort de ce dernier, a été continuée par M. Duplay, à partir du Tome III. La part qui revient à chacun des signataires de cet important ouvrage est nettement tracée dans une préface placée en tête du Tome III. M. Duplay, membre de la Société anatomique et de la Société de chirurgie, est chevalier de la Légion d'Honneur depuis 1871.

DUPONT (Emile), né à Troyes, le 1er mai 1834. M. Emile Dupont s'est consacré à la peinture. Élève de Pron, il s'est fait de bonne heure une avantageuse réputation comme peintre sur toile et sur faïence. Parmi ses œuvres exposées au Salon de Paris, on distingue : *Taleb (lettré turc) de la province de Smyrne* (1868) ; — *Le couronnement d'un château de cartes* (1869) ; — portraits de M. *H. Châtel* et de M. *Marcel* (1870) ; — *Paysage d'hiver* et *Paysage*, faïences (1872). Les œuvres de M. Emile Dupont ont été admises à l'Exposition de Lyon de 1872.

DUPONT (Michel-Edouard), né à Clermont-Ferrand, le 29 septembre 1824. Etudiant en droit, lors de la révolution de 1848, il défendit les principes politiques alors représentés, au sein du gouvernement provisoire, par MM. Marie, Bethmont, Dupont (de l'Eure) et Lamartine. Il était à la tête de la députation des Ecoles qui félicita ce dernier sur sa belle défense du drapeau tricolore. Président du club de l'Union, ainsi qu'il est constaté dans l'*Histoire des Clubs* et les *Murailles révolutionnaires*, il avait mêlé plus ou moins directement aux affaires politiques. En 1856, il se fit inscrire au barreau de Paris. D'abord secrétaire de la Conférence des avocats, il ne tarda pas à se faire une position distinguée, et se signala notamment en plaidant dans les procès suivants : affaire du *Moine Blanc*, moine quêteur prévenu de mendicité, de colportage illicite, etc.

(1861) ; affaire *Londynski*, poursuite en détournement d'un million, commis au préjudice des princesses Wolkouski et Labanoff (1863) ; affaire de *Philippe*, accusé d'avoir assassiné plusieurs femmes (1866) ; le *Crime de Mérinchal* (1867), etc. Tous les grands journaux, revues ou publications illustrées, ont retenti des débats de ces diverses affaires. Pendant le siége, M. Edouard Dupont, quoique marié et père de famille, s'engagea dans la garde nationale de marche (10e régiment de Paris) et reçut la médaille militaire pour sa belle conduite à la bataille de Buzenval. Républicain éprouvé, mais ennemi du désordre, quand éclata l'insurrection de la Commune il essaya de s'opposer aux tentatives de Tony-Moilin, à la mairie du VIe arrondissement ; organisa, pour combattre le Comité central, les « Volontaires du suffrage universel » qui se mirent successivement à la disposition de l'amiral Saisset et du général Chanzy ; et fit afficher, par des hommes de bonne volonté, dans la nuit du 1er au 2 avril, un dernier appel aux armes en faveur du gouvernement régulier, proclamation signée de son nom, comme les précédentes. Poursuivi, de ce dernier chef, par ordre de la Commune, il n'échappa que par une sorte de miracle aux fédérés armés qui fouillèrent son domicile et ses dossiers d'affaires, et ne réussit qu'à grand'peine à s'évader de Paris par le chemin de fer du Nord. Cette dramatique aventure ne l'a pas empêché de s'entendre reprocher, par certains républicains, ses convictions catholiques, tandis que les catholiques lui reprochaient ses opinions républicaines. On lui doit : *Le second tour de scrutin*, brochure de circonstance relative aux élections du VIe arrondissement (1869) ; — *L'action civile devant la Haute-Cour*, écrit juridique relatif au procès Noir contre Pierre Bonaparte (1870) ; — *La paix est-elle possible ?* brochure publiée pendant le siége et proposant la neutralisation de l'Alsace-Lorraine érigée en République. Dans son *Barreau de Paris*, M. Maurice Joly dit de M. Dupont que « c'est une organisation bien douée, que beaucoup de cordes sont capables de vibrer en lui, et qu'il a le don d'émouvoir. » En effet, M. Edouard Dupont a su mériter, dans la politique aussi bien qu'au barreau par ses travaux professionnels, une place des plus honorables.

DUPONT (Paul), né à Périgueux, en 1796. M. Paul Dupont étudia la typographie dans la maison Firmin Didot et créa, en 1815, un établissement type, ouvert spécialement à la clientèle des administrations. En 1820, son brevet d'imprimeur lui fut retiré par décret. Pendant 10 années, il exerça la profession d'éditeur et publia 200 à 300 volumes de classiques, dont une édition de J.-J. Rousseau, annotée par M. Musset-Pathay, le père d'Alfred de Musset. En 1830, il racheta son imprimerie dont il reprit la direction ; et, devançant de beaucoup la plupart des théoriciens qui réclament l'amélioration du sort des travailleurs, il constitua le nombreux personnel de sa maison en Société de secours mutuels, l'encouragea par une participation directe aux bénéfices, et le rassura sur l'avenir par la fondation d'une caisse de retraite. Dans la vaste succursale qu'il établit à Clichy, près Paris, en 1860, il résolut pratiquement la question sociale du travail des femmes en appelant ces dernières à l'exécution de presque tous les travaux typographiques. La maison Dupont a remporté une médaille d'or en 1849, une *price medal* a Londres, en 1851, une médaille d'honneur à l'Exposition universelle de Paris, en 1855, et une médaille d'or en 1867. A cette dernière époque, la perfection de son outillage et l'habileté de son personnel lui ont permis de tirer et brocher, en une seule nuit, deux gros volumes du *Catalogue officiel de l'Exposition universelle*. Ancien député de la Dordogne sous la Branche-Cadette, et élu membre du Corps législatif à partir de 1852, par la première circonscription du même département, M. Paul Dupont a retiré sa candidature en 1870. A la Chambre, il a plusieurs fois pris la parole en faveur de la classe si nombreuse et si intéressante des employés. Pendant sa députation en 1834, il avait fondé dans la Dordogne un *prêt d'honneur* qui fonctionne encore aujourd'hui avec succès, et qui a pour but de prêter de l'argent à 2 0/0 d'intérêt sur la simple parole de l'emprunteur. Il a publié : *Essais d'imprimerie* (in-fol. magnifique, 1849) ; — *Histoire de l'imprimerie* (2 vol. 1854) ; — *Dictionnaire des formules, ou Mairie pratique* (11e édit., 1859) ; — *Insuffisance des traitements en général* (1859) ; — *Le dernier mot sur les traitements, leur insuffisance*, etc., et plusieurs discours, brochures ou fascicules ayant trait aux discussions parlementaires. M. Paul Dupont décoré, comme imprimeur, en 1852, a été élevé en la même qualité, au grade d'officier de la Légion d'Honneur, en janvier 1868. Il est aussi revêtu des ordres étrangers du Sauveur de Grèce, des Saints-Maurice et Lazare (Sardaigne), de Philippe-le-Magnanime (Hesse), de Wasa (Suède), de la Couronne de chêne (Pays-Bas), et du Mérite (Prusse).

DUPONT DE BUSSAC (Jacques-François), né à Paris, le 7 février 1803. Il fit son droit à la Faculté de Paris, et prit place au barreau de cette ville. Concurremment avec ses travaux professionnels, il faisait du journalisme. Il collabora, notamment, au *Courrier français* et signa la protestation des journalistes contre les ordonnances de 1830. Après la révolution, on lui proposa d'entrer dans la magistrature, comme procureur du roi à Versailles ; mais il refusa pour n'avoir pas à prêter serment à la royauté. En 1833, dans une cause politique, il fut suspendu comme avocat pendant un an. Alors, il fonda la *Revue républicaine*, où il formula l'organisation du suffrage universel, tel qu'il a été promulgué en 1848, puis la *Revue du Progrès*. Ayant repris sa place au barreau, en 1834, il plaida plusieurs causes célèbres, entre autres celle de Morey, dans l'affaire Fieschi, celle de Barbès et de Martin Bernard, et celle de Blanqui devant la Chambre des pairs. Des intérêts privés l'avaient appelé dans la Charente-Inférieure, où il se livrait à l'agriculture, quand éclata la révolution de Février 1848. Elu représentant de ce département à l'Assemblée constituante, il prit place sur les bancs de l'Extrême-Gauche, et lutta, dès lors, de tout son pouvoir, contre la politique de l'Elysée.

Aux élections de 1849, il fut réélu par le département de l'Isère. Au Coup-d'Etat de décembre 1851, il fut au nombre des 71 proscrits et passa neuf ans d'exil en Angleterre et en Belgique. M. Dupont de Bussac a repris sa place au barreau de Paris, mais seulement après l'amnistie de 1859.

DUPONT-WHITE (Charles-Brook), né à Rouen, le 17 décembre 1807. Il fit ses études au collège Charlemagne, son droit à la Faculté de Paris, et acheta en 1836, une charge d'avocat aux Conseils du roi. En 1843, il se démit de sa charge pour se consacrer à des travaux politiques ; et, en 1848, il accepta les fonctions de secrétaire général au ministère de la Justice. M. Dupont-White a publié des travaux très-remarquables, abstraction faite de toute opinion politique et économique, sur l'association de la liberté individuelle avec une centralisation puissante : *Essai sur les relations du travail avec le capital* (1846) ; — *De la suppression de l'impôt du sel et de l'octroi* (1847) ; — *L'individu et l'Etat* (1856, 3e édit., 1865) ; — *La centralisation* (1860, 2e édit., 1865) ; — *La liberté politique considérée dans ses rapports avec l'administration locale* (1864) ; — *Le rôle de la liberté de la presse* (1866) ; — *De l'équilibre en Europe* (1867) ; — *Du progrès politique* (1868) ; — *Candidatures officielles* (1869); — *République ou monarchie*, brochure qui conclut à une république entourée d'additions monarchiques et aristocratiques sous la présidence du duc d'Aumale (1871). M. Dupont-White a donné des articles à diverses revues, comme la *Revue des Deux-Mondes*, le *Correspondant*, la *Liberté de penser*, notamment sur le libre-échange, le crédit, le régime des banques. Il n'appartient jamais à aucun journal. Enfin, on lui doit quelques traductions de l'anglais, précédées par de longues préfaces du traducteur, notamment le *Gouvernement représentatif* et la *Liberté*, de Stuart Mill. M. Dupont-White, dans ses derniers écrits, a surtout traité la question des droits respectifs, soit de l'Etat et des individus, soit de l'Etat et des localités, préparant ainsi le pays à la prise de possession définitive du *self government*.

DUPRÉ (Germain), né à Argelez-de-Bigorre (Hautes-Pyrénées), le 11 janvier 1812. Après avoir fait de brillantes études littéraires au lycée Henri IV, à Paris, M. Dupré suivit les cours de la Faculté de médecine de Montpellier, où il reçut principalement les leçons de Lordat, et prit le grade de docteur en 1834. Puis il se rendit à Paris pour y compléter ses études médicales et chirurgicales. Il profita surtout de l'enseignement des Récamier, Chomel, Roux, Lisfranc, Fouquier. En 1837 et 1838, il remplissait les fonctions de chef de clinique à la Charité, dans le service de ce dernier professeur. Rentré à Montpellier en 1839, il concourut pour l'agrégation, dans la section de médecine, et fut nommé le premier. Professeur de pathologie interne à l'Ecole de médecine de Toulouse en 1850, il fut nommé, en 1852, à la suite d'un brillant concours, le dernier en France, professeur de clinique médicale à la Faculté de Montpellier et médecin en chef de l'Hôtel-Dieu-Saint-Eloi. M. Dupré sait donner à l'enseignement de la clinique médicale un caractère élevé, consciencieux, qui le rend particulièrement utile. On y trouve associés, dans la plus sage mesure, le respect de la tradition, les aspirations de l'esprit moderne, et le besoin de progrès qui domine les générations actuelles. Il a publié, entre autres ouvrages, les suivants : *De la spécificité dans les maladies* (1839);—*Des eaux minérales de la Malou* (1842);—*Clinique médicale de Hildenbrand* à laquelle il a ajouté une importante préface et des notes (1847);—*Du diagnostic médical et de ses sources* (1849); - *Du diagnostic différentiel des maladies nerveuses et des maladies organiques* (1849);—*Du régime dans le traitement des maladies* (1852), etc. M. Dupré, correspondant de l'Académie de médecine, président de l'Académie des sciences et lettres de Montpellier, appartient également à plusieurs autres Académies ou Sociétés savantes françaises et étrangères. Inspecteur du service des eaux minérales pendant quinze ans, il a été spécialement attaché aux stations de la Malou et de Cauterets. Depuis longtemps il appartient au Conseil général des Hautes-Pyrénées, dont il a été élu vice-président en 1872. M. Dupré est chevalier de la Légion d'Honneur depuis 1857, officier de l'Instruction publique et Commandeur de l'ordre de Saint-Grégoire-le-Grand.

DUPREZ (Gilbert-Louis), né à Paris, le 6 décembre 1806. Fils d'un commerçant chargé de famille, il eut le bonheur de recevoir d'un ami de la maison les premières notions de la musique, et manifesta pour cet art des dispositions extraordinaires. Admis, à l'âge de dix ans, au pensionnat royal de musique religieuse de Choron, il parut au Théâtre-Français en 1820, dans les chœurs d'*Athalie*. Puis, pour laisser à sa voix le temps de se former, il étudia l'harmonie et la composition. En 1825, il prit la carrière du chant et débuta, le 3 décembre, au théâtre royal de l'Odéon, par *Le barbier de Séville*, de Rossini. Il épousa Mlle Duperron, cantatrice distinguée, et élève comme lui de Choron. La fermeture de l'Odéon, en 1828, lui fournit l'occasion de débuter à l'Opéra-Comique par la *Dame blanche* et bon nombre d'autres ouvrages dans lesquels il eut du succès. Au bout de quelques mois, il partit pour l'Italie, chanta à Milan, Venise, Gênes, Turin, Lucques, Florence, Rome, Naples, Bologne, et s'acquit une grande réputation. Enfin, il vint débuter au Grand-Opéra de Paris, où son apparition, après un court moment de surprise, provoqua le plus vif enthousiasme. C'est que M. Duprez avait d'étonnantes qualités vocales, qui lui permettaient, par exemple, de donner aisément l'*ut* de poitrine, et joignait à cette excentricité un admirable talent de comédien et une science approfondie de la musique. Sa manière de traiter le récitatif et le cantabile a déterminé, dans l'interprétation de la musique théâtrale, une révolution complète; et c'est assurément à lui que l'on doit de connaître aujourd'hui toutes les beautés de beaucoup de grandes œuvres lyriques, dont certaines parties importantes et des plus dramatiques avaient été laissées dans l'ombre par une traduction imparfaite. Il a remporté les plus éclatants triomphes dans *Guillaume Tell*, *la Juive*, *Robert-le-Diable*, *la Muette de Portici*, *les Huguenots*, *Guido et Ginévra*, *les Martyrs*, etc. On peut dire que, le premier, il a motivé les surélévations de prix d'engagement qui procurent maintenant, aux étoiles du chant, des traitements si considérables. Comme premier fort ténor du Grand-Opéra, les appointements de M. Duprez s'étaient élevés à 80,000 fr. par an et un mois de congé, lorsqu'en 1849 il quitta la première scène lyrique de France et jeta les premiers fondements de son École spéciale de chant, en faisant parcourir à quelques-uns de ses élèves, tels que Mme Miolan Carvalho, Mme Van den Heuvel, sa fille, Mlle Poinsot, M. Balanque, etc., etc., plusieurs villes de France, pour les former à l'art dans lequel chacun de ces élèves est passé maître. Il a été, de 1842 à 1850, professeur au Conservatoire. En 1852, il a fait bâtir, dans son hôtel, un charmant théâtre pour les études de son École spéciale de chant, d'où sortent chaque année d'excellents élèves qu'il y a formés, et qui est des plus florissantes. M. Duprez a écrit plusieurs partitions dont quelques-unes sont très-goûtées : *La Cabane du pêcheur* (1825); — *Juanita* (1852, au Théâtre-Lyrique); — *La lettre au bon Dieu* (1853); — *Jeanne d'Arc* (1865). Son ouvrage le plus estimé, jusqu'à présent, est son *Art du chant* qui compte déjà 25 ans de succès. Il a reçu la croix de la Légion d'Honneur, le 12 août 1865.

DUPREZ (Caroline), née à Florence, en 1832 ; fille du précédent. Mlle Caroline Duprez, venue en France avec ses parents en 1836, se trouvait naturellement portée vers la carrière artistique. Les savantes leçons qu'elle recevait dans sa famille favorisèrent ses dispositions naturelles ; et, dès 1848, elle était en état de figurer dans la troupe avec laquelle son père parcourait la province. En octobre 1850, elle débuta aux Italiens, dans la *Somnambula*; mais, presque aussitôt, la délicatesse de sa santé la condamna pour quelques mois au repos. Puis elle chanta à Londres et à Bruxelles (1851), et au Théâtre-Lyrique, où elle créa *Juanita* (1852). Engagée à l'Opéra-Comique à la fin de la même année, pour y créer le rôle de son emploi dans *Marco Spada*, elle s'acquit la faveur du public en entrant en scène ; et, depuis cette époque, ses succès et sa réputation allèrent toujours en grandissant. On lui doit la création des rôles de Catherine dans l'*Étoile du Nord*, de *Jenny Bell*, de Simonne dans *les Saisons*, de *Valentine d'Aubigny*. Mlle Caroline Duprez a épousé, en 1856, M. Van den Heuvel, artiste distingué, attaché à l'orchestre de l'Opéra. En 1857, elle a résilié son engagement à l'Opéra-Comique pour retourner au Théâtre-Lyrique, où elle a joué notamment dans la reprise des *Noces de Figaro* ; et, en 1860, elle est entrée au Grand-Opéra. Mme Van den Heuvel a quitté le théâtre et réside actuellement à Nice.

DU PUY (Gabriel-Victor-Gustave), né à Trévoux (Ain), le 9 juillet 1826. Issu d'une très-ancienne famille de magistrats, il entra lui-même dans la magistrature, au mois de décembre 1852, comme juge-suppléant dans sa ville natale. Nommé juge au tribunal de Belley en novembre 1859, il devint, un peu plus tard, juge d'instruction au même siége. Le 13 mars 1867, M. Du Puy a été nommé juge au tribunal de Bourg. Il était membre du Conseil d'arrondissement de l'Ain, pour le canton de Lagnieu, au moment de la révolution du 4 septembre 1870. M. Du Puy consacre parfois ses loisirs à la littérature et a fait paraître divers articles, soit dans les journaux, soit dans la *Revue littéraire* de son département. Il est membre de plusieurs Sociétés de bienfaisance et de la Société littéraire, archéologique et historique de l'Ain. M. Du Puy est chevalier de l'ordre pontifical de Saint-Grégoire-le-Grand.

DUPUY (Charles-Hyacinthe), né à Carpentras, le 11 septembre 1803. Il fit ses études au collége de Carpentras, et se consacra à l'enseignement. En 1825, il prit à Nyons (Drôme) la direction d'une institution secondaire pour les jeunes gens. Profondément pénétré des principes républicains, il employa les loisirs que lui laissaient parfois ses occupations professionnelles à la propagation de ses doctrines, et prit part à la rédaction de beaucoup de journaux. Collaborateur du *Progrès du Midi*, du *Censeur*, de Lyon, du *Journal du Peuple*, de Paris ; créateur, à Avignon, en 1844, de *l'Ami des instituteurs et des élèves*, journal accompagné de cours qui furent suivis, dans le Midi, par plus de soixante écoles, il fonda et rédigea seul, en 1850, le *Semeur républicain*, des Bouches-du-Rhône. On lui doit aussi la fondation du *Suffrage universel*, de Montpellier, en 1850, et celle de la *Feuille de Jean-Pierre-André*, à Nyons, en 1871, laquelle a obtenu un immense succès. M. Dupuy s'est occupé aussi dans sa jeunesse de poésies comtadines, qui ont été publiées dans les journaux littéraires du Midi, et qui lui ont valu les plus grands éloges de Charles Nodier, de Sainte-Beuve et de Mistral. Il se propose, dit-on, d'en publier un recueil sous ce titre : *Méi Boussigue dé saboun* (mes bulles de savon), avec traduction juxtalinéaire et notes curieuses sur quelques usages du comtat. M. Dupuy a été élu représentant de la Drôme, à l'Assemblée nationale, le 8 février 1871. Fidèle à son passé, il siége sur les bancs de la Gauche et vote avec la fraction parlementaire dite : l'Union-Républicaine.

DUPUY (Jean-Marc), né à Sorges (Dordogne), le 19 avril 1820. M. le docteur Dupuy a fait ses études médicales à Paris, où il a été interne des hôpitaux. En 1849, il alla s'établir à Oran (Algérie), et ne tarda pas à s'y créer une haute position comme médecin, comme agronome et comme propriétaire foncier. Médecin de l'hôpital civil d'Oran, vice-président du Conseil d'hygiène, membre du jury médical et du Comité de vaccine, il a longtemps été conseiller général de la province d'Oran. Il possède une grande ferme à M'silha, quatre autres fermes à Terga, et cultive sur cette dernière propriété une variété de coton de qualité supérieure, qui a remporté une médaille de 1re classe à l'Exposition de Bordeaux, en 1865. Comme agronome, il est membre de la Société nationale et centrale d'agriculture de France, de l'Académie nationale agricole, etc.; il a été membre de la Société consultative d'agriculture de la province d'Oran, et délégué de l'Algérie à l'Exposition universelle de 1855, à Paris. Comme médecin, il est membre correspondant des Sociétés de médecine de Nancy et de Marseille, de la Société de médecine pratique de Paris, etc. Comme philanthrope, il est administrateur du Bureau de bienfaisance d'Oran. Son dévouement pendant l'épidémie cholérique de 1849 lui a valu une médaille d'honneur. M. le docteur Dupuy a reçu la croix de la Légion d'Honneur le 18 septembre 1860.

DUPUY (Jules), né à Langeais (Indre-et-Loire), le 1er mai 1814. Il commença sa carrière à Paris, dans une étude d'avoué, dont il devint le premier clerc en 1836, et prit le grade de licencié en droit. Puis il l'exerça comme agréé près le tribunal de Commerce d'Elbeuf, et plus tard, en la même qualité, devant le tribunal de Commerce de Rouen. En novembre 1854, il se fit inscrire au tableau des avocats près la Cour de cette dernière ville. M. Dupuy a pris place, en décembre 1861, au barreau de Paris, et a exercé la profession d'avocat dans la capitale, avec beaucoup de succès, jusqu'au 17 novembre 1870, époque où il a été nommé juge d'instruction au tribunal de la Seine.

DUPUY (Léopold), né à Paris, le 30 mars 1832. Issu d'une famille aisée de la bourgeoisie, et admis à l'École centrale des arts et manufactures, il obtint, en 1852, le premier diplôme d'ingénieur métallurgiste. Il travailla d'abord sous M. Polonceau, ingénieur de la Compagnie d'Orléans, à des études de locomotives ; puis il fut attaché au service de M. Eugène Flachat, sur le chemin de fer d'Auteuil. De 1853 à 1857, il appartint à la Compagnie du Midi, séjourna à Bordeaux, créa plusieurs services, et prit une part active à la construction du matériel du premier réseau. Devenu ensuite l'associé de M. Fritz-Sollier, qui venait de créer une manufacture de caoutchouc artificiel, il abandonna l'industrie et, lors de la mort de son collaborateur, et se consacra, pour la Compagnie du nord de l'Espagne, à l'étude de la voie ferrée qui devait traverser les Pyrénées. La guerre d'Italie ayant interrompu ses travaux, il rentra à la Compagnie du Midi pour laquelle il exécuta des travaux remarquables, parmi lesquels nous devons citer d'abord le pont de Pinsaguel sur la Garonne, ensuite le pont international qui relie la France à l'Espagne au-dessus de la Bidassoa. En 1865, il fut rappelé au siège central de son administration, à Paris. M. Dupuy a remplacé son père, comme administrateur du Bureau de bienfaisance du XIXe arrondissement, de 1867 à 1870. En cette dernière année, à la première nouvelle de nos désastres, il offrit ses services gratuits au gouvernement. Avec ses ressources personnelles et le concours de plusieurs ingénieurs, parmi lesquels M. Jules Flachat, il organisa la compagnie des mineurs volontaires qui, constituée régulièrement par décret du 22 septembre 1870 et laissée dans les attributions du ministre des Travaux-Publics, devint le génie volontaire et rendit tant de services. Major de ce nouveau corps, au recrutement duquel il présidait et qu'il commandait en second, M. Dupuy fit preuve, en toute circonstance, de la plus rare abnégation et du plus pur patriotisme. Continuellement aux avant-postes, à la tête de plus de 3,000 ouvriers, il fit exécuter, sous le feu de l'ennemi, des tranchées et des épaulements considérables, tant comme étendue que comme importance, soit au dehors, sur les champs de bataille de Champigny et du Drancy, au plateau d'Avron, aux avancés de Saint-Maur, Aubervilliers et Saint-Denis, soit dans l'intérieur des forts bombardés par les Allemands. Elu conseiller municipal de Paris, au 2e tour de scrutin, le 30 juillet 1871, par 273 voix sur 649, dans le XIXe arrondissement (quartier du Pont-de-Flandre), il a vu son élection annulée pour vice de forme. Mais, le 16 novembre suivant, il a été valablement élu par 300 voix sur 501 votants. Au Conseil municipal de Paris et au Conseil général de la Seine, M. Dupuy a pris place sur les bancs de la Gauche. Il est membre-fondateur de la Société des ingénieurs civils.

DUPUY DE LOME (Stanislas-Henri-Charles-Laurent), né à Plœmeur (Morbihan), le 15 octobre 1816. Fils d'un ancien officier de marine, il entra à l'Ecole polytechnique en 1816, en sortit dans le génie maritime en 1837, et devint sous-ingénieur de 2e classe le 16 novembre 1841. M. Dupuy de Lôme a été chargé par le gouvernement, en 1842, d'étudier en Angleterre la construction des navires en fer, et les résultats de ses recherches ont été consignés dans un ouvrage : *Mémoire sur la construction des bâtiments en fer* (1844, in-4), qui a servi de guide aux débuts de cette nouvelle industrie en France. C'est lui qui a construit, dans le port de Toulon, l'aviso le *Caton*, le premier navire français en fer. Ingénieur de 2e classe le 28 septembre 1848, et mis à la tête du service des navires à vapeur à Toulon, il a fait un grand travail sur l'ensemble de ce service, et provoqué l'établissement des magnifiques ateliers et bassins de Castigneau. En 1848, il mettait en chantier notre premier vaisseau à vapeur et à grande vitesse, le *Napoléon*, qui a fait preuve de qualités nautiques supérieures, et comme vapeur et comme voilier, et qui lui a valu la médaille d'honneur à l'Exposition universelle de 1855. L'apparition de ce bâtiment a entraîné la transformation de l'ancienne flotte de vaisseaux à voiles en vaisseaux à vapeur, et l'Angleterre n'a fait que nous suivre dans cette voie. Le 25 septembre 1853, M. Dupuy de Lôme était nommé ingénieur de 1re classe. Sur les instances du gouvernement, et sans abandonner son service actif à Toulon, il a accepté, cette même année, les fonctions d'ingénieur consultant de la Compagnie des messageries impériales, réorganisé les ateliers de machines et les chantiers de la Ciotat, reconstitué le personnel avec des éléments exclusivement français, et a fourni à la Compagnie des types de bateaux appropriés à leur service dans la Méditerranée. Elevé au grade de directeur des constructions navales le 1er janvier 1857, et nommé directeur du matériel de la marine au ministère de la Marine, il a créé, d'après les idées de l'empereur Napoléon, notre nouvelle flotte de combat composée de bâtiments cuirassés à grande vitesse, dont le premier type fut la frégate la *Gloire*. M. Dupuy de Lôme a été appelé au Conseil d'Etat le 1er janvier 1861, et délégué au Corps législatif et au Sénat pour y défendre, en ce qui concernait ses fonctions, les actes et le budget du ministère de la Marine. Ses discours, très écoutés, ont dénoté, en même temps, une grande hauteur de vues et des connaissances éminemment pratiques; ils brillaient de plus par la fermeté, la netteté et la concision. Promu au grade d'inspecteur général du génie maritime, le 9 mars 1867, il a conservé jusqu'en mai 1869 les fonctions de directeur du matériel de la marine. Admis sur sa demande à prendre sa retraite, membre de l'Institut depuis le 3 mai 1866, il a été élu au Corps législatif, en mai 1869, par les électeurs de la 2e circonscription du Morbihan, qui lui ont donné une écrasante majorité. Il avait été promu Grand-officier de la Légion d'Honneur le 13 décembre 1863.

DU PUYNODE (Michel-Gustave Pastoureau), né au Château-de-Verrières (Vienne), le 23 novembre 1817 Issu d'une ancienne famille de l'Angoumois, il fit son droit à la Faculté de Paris, prit le grade de docteur le 9 juillet 1841, se consacra à des travaux de jurisprudence, et entra au ministère de la Justice, en qualité d'attaché, en 1845. Quand survinrent les événements de Février 1848, il quitta l'administration, déclina la proposition que lui faisait M. Schœlcher de prendre les fonctions de secrétaire-général à la Marine, et se renferma dans ses travaux économiques et juridiques. On lui doit : *Etudes d'économie politique sur la propriété territoriale* (1843) ; — *Lettres économiques sur le prolétariat* (1848) ; — *De l'administration des finances en 1843 et 1849* (1850) ; *De la monnaie, du crédit et de l'impôt*, œuvre savante où est traitée la question de la liberté des banques et celle de l'impôt direct (1853, 2 vol.) ; — *Les lois du travail et de la population* (1860, 2 vol.) ; — *Etudes sur les principaux économistes* (1868). M. Du Puynode est un des principaux rédacteurs du *Journal des Economistes* ; il a fait, en 1867 et 1868, des cours d'économie politique à l'Ecole de médecine de Paris ; enfin, il a inséré, dans l'*Artiste*, des pièces de vers et des travaux critiques. Lors des élections du 8 octobre 1871, il a été nommé conseiller général de l'Indre. M. Du Puynode est chevalier de la Légion d'Honneur.

DURAND (Auguste), né à Clermont-l'Hérault (Hérault), le 29 décembre 1801. Elève du collège et du presbytère de sa ville natale, et ordonné prêtre à Montpellier à la fin de l'année 1824, il fut immédiatement nommé vicaire de la paroisse et aumônier du collège de Clermont-l'Hérault. Son curé, l'abbé Tailhan, ayant été transféré à la paroisse Saint-Nazaire de Béziers (Hérault), en 1842, il le suivit dans sa nouvelle résidence et devint son successeur en 1847. Pendant sa carrière pastorale, il fonda à Béziers la Maison des sœurs garde-malades (1848), la Crèche (1850), et l'Ecole secondaire de la Trinité (1865). On lui doit aussi la création du *Courrier de Béziers* (1845) et de la

Propriété (1849), journaux hebdomadaires. M. l'abbé Durand a publié : *Histoire de Clermont-l'Hérault* (1837); — *Biographie clermontaise* (1859); — *Annales de Béziers* (1863); — *Annales de Clermont* (1867); — et quelques opuscules de piété. Pendant plusieurs années, il est demeuré supérieur de deux maisons religieuses : celle des sœurs Gardes-Malades et celle des sœurs de Sainte-Claire, et a pris part à l'administration du collège et du Bureau de bienfaisance de la ville. M. l'abbé Durand est archiprêtre de Béziers, chanoine honoraire de Montpellier et de Carcassonne, vicaire-général honoraire de Perpignan, et membre de plusieurs Sociétés savantes. Il est chevalier de la Légion d'Honneur depuis 1869.

DURAND (Eugène-François-Joseph), né à Tinténiac (Ille-et-Vilaine), le 13 avril 1838. Il fit de brillantes études au lycée et à la Faculté de droit de Rennes. Licencié en droit en 1859, et docteur en 1862, il fut, dans cette même année, lauréat de l'Académie de législation. Inscrit au barreau de Rennes, et s'étant, pour la première fois, présenté au concours d'agrégation, en 1864, il fut nommé le second, et chargé immédiatement d'un cours de droit romain à la Faculté de Rennes. L'année suivante, il fut, dans la même Faculté, chargé du cours de Code civil; et il devint titulaire de cette chaire le 13 avril 1868. M. Durand a publié : *Etude sur les Sociétés rectigalium en droit romain, et sur les Sociétés en commandite par actions en droit français* (1862); — *Des offices considérés au point de vue des transactions privées et des intérêts de l'Etat*, ouvrage couronné par la Faculté de droit de Rennes et l'Académie de législation (1863). Il a prononcé le 30 novembre 1872, devant les Facultés et les Ecoles supérieures de l'Académie de Rennes, un discours sur le *Service personnel dans l'armée et sur les devoirs de la société envers les blessés*, qui a été reproduit par la presse locale et parisienne. M. Durand, élu membre du Conseil général d'Ille-et-Vilaine au mois de juin 1870, pour le canton de Tinténiac, a été réélu en octobre 1871 et nommé secrétaire du Conseil dans la session d'octobre-novembre de la même année.

DURAND (Hippolyte-Louis), né à Paris, le 11 juillet 1801. M. Durand a étudié l'architecture sous Vaudoyer et Lebas, et est entré à l'Ecole des beaux-arts, en 1822. Il a obtenu dans les concours scolaires de nombreuses médailles, quatre réceptions en loges et le prix départemental de 1830. Dans les concours publics, il a remporté des prix pour ses projets d'un *Abattoir* à Rouen, d'une *Salle de spectacle* à Tournai (Belgique), de la *Salle de spectacle* de Moulins (qu'il a été chargé de construire), et d'une *Eglise* au Havre; il a également obtenu une médaille pour l'architecture au Salon en 1841, etc. Nommé architecte diocésain en 1848, lors de l'organisation du service, il a construit de nombreuses églises dans les Hautes et Basses-Pyrénées, les Landes et le Gers, ainsi que des mairies, presbytères et maisons d'école. On lui doit, en dernier lieu, l'érection du *Grand séminaire de Tarbes*, et de l'importante *Chapelle de Notre-Dame de Lourdes*. M. Durand, correspondant du Comité des arts et monuments, l'un des fondateurs de la Société centrale des architectes, membre de l'Institut royal des architectes britanniques et de plusieurs autres Sociétés savantes, officier d'Académie, est chevalier de la Légion d'Honneur depuis 1870.

DURANTIN (Anne-Adrien-Armand), né à Senlis (Oise), le 4 avril 1818. Fils d'un conseiller à la Cour de Paris et avocat du barreau de la même ville, M. Durantin débuta, au théâtre du Panthéon, en 1840, sous le pseudonyme d' « Armand de Villevert, » par des vaudevilles : *La Guimard*, *Les amours d'un rat* et *L'Auberge du crime ou les canards;* ensuite il fit jouer, sous son vrai nom, et seul : à l'Odéon : *Un déshonneur posthume* (1842), et *L'élu du clocher* (1848), comédies en vers; *La mort de Struffard*, drame en vers (5 actes, 1849); — au Gymnase : *L'Italien et le Bas-Breton* (1843); *L'oncle à succession* (1844); *Serpent sous l'herbe* (1846); *Monsieur Acker* (1858); *Héloïse Paranquet* (4 actes, 1866); *Thérèse Humbert* (3 actes, 1868); — au Vaudeville : *Le chaperon du prince* (2 actes, 1848). Il a donné, en collaboration avec des auteurs connus, tels que MM. E. Fontaine, Jules de Rieux, Raimond Deslandes, L. Monrose, Anicet Bourgeois, Desnoyers, Léon Gaillard, Deslys, des pièces qui ont obtenu beaucoup de succès sur diverses scènes : à la Comédie-Française : *Les spéculateurs*, drame (5 actes, 1846); — à l'Odéon : *Un tour de roulette* (1843); *La femme d'un grand homme*, comédie (5 actes, 1855); *Les viveurs de la Maison d'Or* (2 actes, 1849); *Le luxe des Femmes* (3 actes, 1857); — au Théâtre-Historique : *Les trois Racan* (1850); — au Vaudeville : *La terre promise*, comédie (3 actes); — *Un mariage par procuration* (1848); *Les Comédiens de salons* (1859); *Les gaietés champêtres* (2 actes, 1852); — au théâtre de Belleville : *La mère Rainette*, drame (5 actes, 1855). M. Durantin a publié : *La légende de l'homme éternel* (1863); — *Histoire du palais de Saint-Cloud* (1864, 2 édit.). Il a collaboré aux *Français peints par eux-mêmes*, à la *France littéraire* (1837-1840), au *Cabinet de lecture*, à l'*Echo français*, au *Voleur*, à l'*Ordre*, à l'*Estafette*, au *Journal des chasseurs*, à la *Revue* et au *Messager des théâtres*, etc. Enfin, il vient de faire paraître, en romans : *Un mariage de prêtre* (1871); — *Un jésuite de robe courte* (1872); — *Les drames mystérieux* (1872). Il est chevalier de la Légion d'Honneur (12 août 1870), de l'Ordre des Saints-Maurice et Lazare d'Italie, et officier de l'ordre du Mérite du Vénézuéla.

DURET (Francisque), né à Paris, le 19 octobre 1804. Fils d'un sculpteur de talent, M. Duret a suivi d'abord les leçons de son père, et s'est ensuite perfectionné dans l'art de la statuaire sous la direction de Bosio. A dix-neuf ans, il remporta le premier grand prix de sculpture de l'Académie des beaux-arts et partit pour Rome. Son *Mercure inventeur de la lyre*, exposé au Salon de 1831, fonda sa réputation artistique et lui valut une médaille de 1re classe, ainsi que le prix Leprince; cette statue, placée au Palais-Royal, a été reproduite pour décorer le foyer de l'Opéra. Au Salon de 1833, le *Pêcheur napolitain dansant la* *tarentelle* fit sensation et mérita à son auteur la décoration de la Légion d'Honneur. M. Duret a exposé en outre : *la Malice* (1831) ; — *Molière*, statue pour le musée de Versailles (1834) ; — *Chactas sur le tombeau d'Atala*, pour le musée de Lyon (1836) ; — *Jeune danseur napolitain*, pendant du *Pêcheur dansant* (1838) ; — *Vendangeur napolitain improvisant sur un sujet comique* (1839) ; — la statue en bronze de M. Paillet, pour la ville de Soissons, etc. On lui doit les statues de *Philippe de France*, de *Dunois*, du *Cardinal de Richelieu* et de *Châteaubriand*, qui sont au musée de Versailles ; — une *Vénus* qui décore l'une des fontaines des Champs-Elysées ; — une statue de la *Justice* placée à l'un des angles du palais de la Bourse ; une statue de la *Victoire d'Italie*, au Palais du Sénat ; — les statues de la *Comédie* et de la *Tragédie* et le buste de *Madame Dorval*, au Théâtre-Français ; — un *Saint Gabriel* et un *Christ* colossal à l'église de la Madeleine ; — les fonts baptismaux de l'église Notre-Dame-de-Lorrette ; — des cariatides à l'Hôtel-de-Ville de Paris, une statue de la *Loi*, au nouveau palais de Justice, etc. M. Duret a été élu membre de l'Académie des beaux-arts en 1843. Il a concouru aux travaux du Louvre, où il a exécuté, de 1851 à 1856, le grand fronton : *La France protégeant ses enfants*, plusieurs groupes de cariatides, et les figures ailées de la frise du salon des Sept-Cheminées. De 1856 à 1860, il a exécuté la fontaine monumentale de Saint-Michel. M. Duret avait obtenu une grande médaille d'honneur à l'Exposition universelle de 1855 et avait été promu officier de la Légion d'Honneur le 26 juillet 1853. Il est décédé le 3 mai 1865.

DURFORT DE CIVRAC (Henri, *comte* DE), né à Beaupréau (Maine-et-Loire), en 1813. Grand propriétaire dans son pays natal, où il se livre à des travaux d'agriculture, il s'acquit une haute influence, et fut appelé par la confiance de ses concitoyens à remplir diverses fonctions administratives et honorifiques. Conseiller municipal de Beaupréau depuis 1840, conseiller d'arrondissement depuis 1842, il est, depuis 1848, membre du Conseil général qu'il préside actuellement (1873). Député de la 4e circonscription du département de Maine-et-Loire, au Corps législatif, de 1852 à 1857 et de 1869 à 1870, il en a été élu représentant à l'Assemblée nationale, le 8 février 1871. M. le comte de Durfort de Civrac siége au Centre-Droit. Il a fait partie de la Commission d'enquête sur les actes du gouvernement de la Défense nationale, et a voté notamment : pour la paix, la loi départementale, l'abrogation des lois d'exil et la validation de l'élection des princes d'Orléans, les amendements Keller et Target ; contre le retour de l'Assemblée à Paris, l'amendement Barthe et l'impôt sur les bénéfices du commerce et de l'industrie.

DURR (Timothée-Jacques), né à Strasbourg, le 30 juin 1796. Ses parents appartenaient à la bourgeoisie ; son grand-père et ses deux oncles maternels exerçaient le notariat. Il fit ses études élémentaires dans sa ville natale et une partie de ses études classiques dans une école secondaire de Metz. Destiné au notariat, il fit son stage chez son oncle, M. Bossenius, et une année de droit à la Faculté de Strasbourg. Mais ses goûts l'attiraient vers la philosophie, la philologie et la théologie. Abandonnant le notariat, il devint, en 1821, vicaire d'un pasteur valétudinaire de l'Alsace ; et, vers la fin de la même année, il fut nommé pasteur à la Petite-Pierre, une des églises de la Lorraine allemande où le service est le plus laborieux. En 1830, le mauvais état de sa santé le contraignit à donner sa démission. De 1830 à 1836, il remplit les fonctions de pasteur d'une église libre, prêchant partout où l'appelait sa mission évangélique. Désigné par le Consistoire de Metz, comme pasteur itinérant dans les départements de la Meurthe, de la Moselle et des Vosges, il remplit ce pénible mandat de 1836 à 1841. A cette dernière époque, il fut nommé pasteur de l'Eglise réformée de Courcelles-Chaussy (Moselle), où il desservit également la colonie allemande de Boulay. Vers la fin de 1843, il se rendit en Algérie, avec sa nombreuse famille, et y fut d'abord pasteur de la première paroisse protestante créée, dans la province, en dehors d'Alger, celle de Delhy-Ibrahim. De là, il passa à Douéra, puis à Blidah, et enfin à Alger. D'abord pasteur auxiliaire dans cette ville, il y fut nommé titulaire en 1850. M. Dürr envoyé par le Consistoire central d'Alger, en 1852, dans la province de Constantine, à la recherche des protestants qui s'y trouvaient, a parcouru toute la province et y a posé les premières assises des différentes églises évangéliques fondées depuis cette époque. Il a fait, en Algérie, des tournées très-étendues et dans tous les sens, de la Calle à Oran et d'Alger à Biskara. C'est dans cette dernière localité que, par 50 degrés de chaleur, il prêcha l'évangile aux soldats protestants de la légion étrangère. Son principal but fut toujours de réunir en groupes les frères disséminés, et de fonder des bibliothèques populaires. Pendant les grands voyages qu'il fit en Alsace, en Suisse, en Allemagne (1856 et 1860), en faveur de l'œuvre d'un orphelinat cosmopolite protestant, il publia plusieurs brochures très-remarquées et prononça des discours reproduits par les recueils spéciaux. En 1869, voyageant en vertu d'un congé, il fit naufrage, près d'Oran, sur les roches de Ténès. C'était la sixième fois qu'il voyait sa vie à la merci d'événements imprévus. A l'occasion de sa nomination de délégué au synode de la confession d'Augsbourg, qui se réunit à Paris en juillet 1872, il eut occasion de prêcher dans plusieurs églises de Paris et de la province. Ses connaissances médicales lui ont permis d'être utile, dans ses tournées, aux colons et aux indigènes. Ces derniers l'appelaient « Baba Dürr. » En Europe, on lui avait donné le nom « d'Apôtre de l'Algérie. » Bien qu'âgé de 77 ans, M. Dürr, pasteur de l'Eglise unie, président du Consistoire et du Conseil presbytéral mixte d'Alger, n'a rien perdu de sa vigueur et n'éprouve pas encore le besoin de s'adjoindre un suffragant. Il a reçu, le 2 juillet 1871, une croix de bronze de la Société internationale de secours aux blessés, en récompense des services qu'il a rendus, pendant la guerre, aux blessés et aux prisonniers. Président d'honneur de la Société des hospitaliers d'Afrique, président honoraire de l'œuvre internationale des hospitaliers de Marseille, membre de plusieurs Sociétés savantes ou philanthropiques, il est aumônier protestant du Lycée d'Alger depuis une vingtaine d'années, et membre, depuis dix ans, du Conseil académique de la même ville. M. le pasteur Dürr a reçu la croix de la Légion d'Honneur le 21 août 1869.

DURR (Chrétien-Gabriel-Constant), né à Nancy, le 16 juillet 1837; fils aîné du précédent. Brillant élève du lycée d'Alger, il suivit d'abord un cours de théologie à la Faculté de Strasbourg; puis entraîné par sa vocation, il se consacra dans la même ville, à l'étude du droit, et s'y fit recevoir avocat. Après avoir pris place au barreau d'Alger, il fut attaché au parquet général de cette ville et envoyé, peu de temps après, à Mascara, comme premier suppléant du juge de paix. Nommé juge de paix à Ténès, puis à Mascara, il déploya le plus grand dévouement, dans cette localité, vis-à-vis des malheureux indigènes, pendant la famine de 1867-1868, et mérita la grande médaille d'or de 1re classe. Dans la pensée que la carrière administrative lui permettrait de faire plus de bien, il accepta, en 1869, les fonctions de maire de Mascara, et le soin qu'il prit des intérêts de ses administrés lui valut d'être nommé, quelques mois après, à une immense majorité, conseiller général du département. M. Constant Dürr, miné par une maladie contractée dans l'exercice de ses fonctions, a dû renoncer prématurément, quoique trop tard peut-être, aux affaires publiques. Il est décédé le 11 août 1871, laissant un long deuil dans le cœur de ses concitoyens qui avaient apprécié l'aménité et la franchise de son caractère, sa distinction, sa droiture et sa fermeté. Sa parfaite connaissance de la langue arabe lui avait permis de rendre, comme administrateur, des services particuliers. Il avait également écrit dans plusieurs journaux, des articles très-remarqués.

DURUOF (Claude-Jules), né à Paris, le 9 décembre 1841. Après avoir étudié pendant trois ans dans les bureaux de M. Emile Barrault, M. Jules Duruof s'est fait, comme ingénieur civil, une spécialité de l'art aéronautique. Il débuta dans cette périlleuse carrière, en 1865, par deux ascensions qu'il fit, à Lyon et à Amsterdam, à bord du ballon de M. Nadar : *le Géant*. Puis il construisit des aérostats avec lesquels il exécuta beaucoup d'ascensions en France, en Belgique et en Italie. Celle qu'il fit à Calais, le 16 août 1865 avec le ballon le *Neptune*, en compagnie de deux voyageurs, dont l'un était M. Gaston Tissandier, alors à ses débuts, et auquel il avait offert une place avec désintéressement, fut remarquable en ce que, après s'être deux fois aventuré en mer à une assez grande distance, il parvint à gouverner son ballon de façon à être deux fois ramené à terre par des couches d'air opposées. Le 26 septembre 1869, étant encore accompagné de deux voyageurs, il fut entraîné de Monaco, son point de départ, vers les Alpes-Maritimes, plana quelque temps sur le col de Tende, fut rejeté fort avant au-dessus de la Méditerranée, et dut en effleurer la surface pour pouvoir être repris par un courant d'air de peu d'épaisseur qui, marchant dans un sens tout à fait opposé, le ramena à San-Remo (Italie). Au commencement du siège de Paris, M. Jules Duruof s'offrit, en compagnie de M. Nadar, pour organiser un poste d'observations militaires sur la rive droite de la Seine, et fut désigné comme constructeur d'une partie des ballons-poste du gouvernement. Il installa le *Neptune* sur la place Saint-Pierre-Montmartre et fit, du 8 au 23 septembre, de nombreuses expériences à ballon captif. Puis, abandonnant une assez jolie position, il ne craignit pas de se confier à son ballon déjà usé, et d'ailleurs avarié par quinze jours d'expériences, prit les ordres du gouvernement, partit le matin à 8 heures, franchit, le premier, toute l'épaisseur des lignes allemandes, et réussit, grâce à d'habiles manœuvres, à prendre terre près d'Evreux, à Cracouville. Ce généreux exemple fut, pendant la durée du siège, suivi par 63 aéronautes. Un peu plus tard, il fut chargé de l'organisation des compagnies militaires d'aérostiers de l'armée de la Loire, ainsi que de l'entretien de tous les aérostats provenant de Paris. De retour dans cette ville après la capitulation, il fut requis, comme aéronaute, par les gens de la Commune qui le mirent, d'autorité, sous les ordres de Parisel. Gardé à vue, il ne put se soustraire à quelques services, plus apparents que réels, et qui cependant lui furent reprochés plus tard. C'est vraisemblablement à ce funeste enchaînement de circonstances qu'il faut attribuer l'oubli commis par le gouvernement, lors des distributions de récompenses honorifiques, au sujet de l'énergie et du dévouement dont M. Jules Duruof a fait preuve pendant toute la durée de la guerre franco-allemande.

DURUY (Jean-Victor), né à Paris, le 10 septembre 1811. Ses études classiques terminées au collège Rollin, il fut admis, en 1830, à l'École normale supérieure, d'où il sortit en 1833. D'abord professeur d'histoire au collège de Reims, il revint bientôt à Paris pour occuper la même chaire au collège Henri IV, où il demeura jusqu'en 1861. Il prit le grade de docteur ès lettres, en 1853, avec une remarquable thèse intitulée : *Etat du monde romain vers le temps de la fondation de l'Empire*. Inspecteur de l'Académie de Paris et maître de conférences à l'Ecole normale en 1861 ; professeur d'histoire à l'Ecole polytechnique et inspecteur-général de l'enseignement secondaire en 1862, il fut chargé du portefeuille de l'Instruction publique le 23 juin 1863. Son ministère se distingua par le rétablissement de l'agrégation de philosophie, l'inauguration de l'enseignement de l'histoire contemporaine, la réorganisation du Muséum, l'institution d'un tribunal arbitral des professeurs révoqués, les travaux préparatoires à la création de l'enseignement professionnel, l'institution légale des cours libres, la suppression de la trop fameuse bifurcation dans les études classiques, l'introduction dans les lycées d'un système complet d'études gymnastiques et militaires, la création d'une Ecole pratique des hautes études, l'organisation de laboratoires d'enseignement, des encouragements à l'institution des cours d'adultes, qui, sous son administration, sont montés de 4,000 à 30,000, etc. M. Duruy, bien qu'animé des sentiments les plus libéraux, fut mal soutenu par les démocrates, qui le laissèrent exposé constamment à l'hostilité du parti clérical. En 1869, il quitta le ministère pour occuper un siége au Sénat ; et, après la révolution de 1870, il rentra dans la vie privée. A l'époque de ses débuts dans l'enseignement, M. Duruy collaborait, comme rédacteur anonyme, à diverses publications d'histoire. Bientôt il fit paraître des ouvrages d'histoire et de géographie qui lui assurèrent une des premières places parmi les historiens contemporains. Parmi ses écrits, tirés à un nombre considérable d'exemplaires et connus à l'étranger comme en France, on distingue : *Géographie historique de la République romaine et de l'Empire* (1838) ; — *Géographie historique du Moyen-Age* (1839) ; — *Géographie historique de la France* (1840) ; — *Histoire des Romains et des peuples soumis à leur domination* (1840-1844) ; — *Atlas de géographie historique universelle* (1841) ; — *Histoire sainte d'après la Bible* (1845) ; — *Histoire romaine* (1848) ; — *Abrégé de l'Histoire de France* (1848) ; — *Histoire grecque* (1851) ; — *Histoire de France* (1852, 3 vol.) ; — *Histoire de la Grèce ancienne*, ouvrage couronné par l'Académie française (1862) ; — *Histoire populaire de la France* (illust., 1863) ; — *Histoire populaire contemporaine* (1864) ; — *Introduction générale à l'histoire de France* (1865). Pendant son ministère, M. Duruy a fait publier les *Rapports officiels sur les progrès des lettres et des sciences* motivés par l'Exposition universelle de Paris (impr. Imp., 1867). Plusieurs de ses ouvrages, cités plus haut, font partie de l'*Histoire universelle*, publiée, sous sa direction, par la maison Hachette. M. Duruy est Grand-officier de la Légion d'Honneur depuis le 4 août 1867.

DUTROU (Jules-Laurent), né à Paris, le 16 avril 1819. M. Dutrou est un ancien élève de l'Ecole des beaux-arts. Après avoir dirigé de nombreuses constructions particulières, il a été inspecteur des travaux du chemin de fer de Paris à Lyon, de 1849 à 1853, époque à laquelle il fut appelé à concourir, comme architecte-inspecteur principal, à la construction du palais de l'Industrie et des galeries annexes pour l'Exposition universelle de 1855. Depuis lors, il a procédé, avec autant de goût que de ressources artistiques, à l'installation des diverses expositions qui ont eu lieu dans ce palais. A la mort de M. Viel, en 1863, il a été nommé architecte en chef directeur du palais de l'Industrie. M. Dutrou a reçu la croix de la Légion d'Honneur le 15 août 1865.

DUVAL (Charles-Edmond-Raoul), né à Amiens (Somme), le 6 mars 1807 ; fils d'un ancien conseiller à la cour d'Amiens. M. le premier président Duval, suivant l'exemple paternel, n'a jamais été ni voulu être que magistrat. Substitut à Laon le 4 septembre 1830, procureur du roi à Péronne le 9 août 1832, conseiller à la Cour d'Amiens le 8 mai 1837, avocat-général près la Cour de Rennes le 18 mai 1845, procureur du roi à Nantes le 25 septembre 1846, il fut au nombre des magistrats dont le gouvernement provisoire prononça la révocation le 19 mars 1848. L'année suivante il rentrait dans les rangs de la magistrature comme procureur-général près la Cour de Dijon (6 janvier 1849). Nommé en cette qualité à Toulouse le 10 décembre 1851, il demanda à rester au parquet de Dijon, qu'il a quitté cependant peu de temps après pour exercer les mêmes fonctions à Orléans (23 octobre 1852), puis à Bordeaux (30 décembre 1852). Les services distingués de cet honorable magistrat ont été récompensés, le 3 octobre 1861, par le titre de premier président de la Cour impériale de Bordeaux. M. Raoul Duval a ainsi parcouru tous les grades de la hiérarchie judiciaire, aux premiers rangs de laquelle il est parvenu en remplissant consciencieusement les devoirs de son état, dans les circonstances ordinaires comme en face des émeutes et des insurrections. Il est commandeur de la Légion d'Honneur depuis le 11 août 1859.

DUVAL (Edgar-Raoul), né à Laon (Aisne), le 9 avril 1832 ; fils du précédent. Il fit son droit à la Faculté de Dijon, et entra dans la magistrature. Substitut du procureur impérial à Nantes en 1856, avocat-général à Angers en 1861, à Bordeaux en 1865 et à Rouen en 1866, il donna sa démission en septembre 1870. M. Raoul Duval s'était fait, quoique jeune encore, une grande réputation, comme orateur et comme juriste, dans la magistrature debout. Membre du Conseil municipal de Rouen et du Conseil général de la Seine-Inférieure en 1870, il a exercé, au sein de ces assemblées, une grande influence due à son esprit d'initiative et à ses capacités. Aux élections partielles du 2 juillet 1871, il a été élu représentant de la Seine-Inférieure à l'Assemblée nationale, où il a pris place parmi les conservateurs-libéraux, et plus d'une fois occupé la tribune avec beaucoup d'éclat. Son interpellation au sujet de M. Ranc, ex-membre de la Commune et aujourd'hui (1873) membre du Conseil municipal de Paris, a eu du retentissement dans toute la France. Il a prononcé à Angers, Bordeaux et Rouen, des discours de rentrée de la Cour qui dénotent beaucoup de savoir et d'originalité : *Etude historique des lois sur les céréales* ; — *M. de Martignac* ; — *De l'influence de Voltaire sur nos mœurs judiciaires*.

DUVAL (Ferdinand), né à Paris, le 20 avril 1829. M. Ferdinand Duval, après avoir terminé son droit à la Faculté de Paris, a rempli les fonctions de secrétaire dans le cabinet de M. Dufaure, et a été inscrit au tableau des avocats de Paris. Pendant le siége, il a fait partie de l'Etat-major de la garde nationale parisienne, et a été attaché à l'Etat-major du général Trochu et du général Ducrot. Il a été décoré de la Légion d'Honneur le 8 décembre 1870 et nommé préfet de la Gironde le 7 avril 1871.

DUVAL (Pierre-Sophie-Léon), né à Marseille, le 14 janvier 1804. Il fit son droit à la Faculté de Paris et prit place au barreau de la capitale en 1823. Appelé, dès ses débuts, au Conseil de la liste civile, il y figura pendant tout le règne de Louis-Philippe. En 1849, il accepta un siége au Conseil du duc d'Aumale. Elu membre du Conseil de l'ordre des avocats en 1854, il fut réélu tous les ans jusqu'en 1868, époque où il donna sa démission. Parmi les causes à sensation dans lesquelles M. Léon Duval a été entendu, on cite ses plaidoiries : à la Cour de Rouen, contre M. Berryer dans l'affaire du duel entre MM. Dujarrier et Beauvallon; à la Cour d'Amiens, dans le procès sur le testament du marquis de Vilette, au profit du comte de Chambord; à la Cour de Paris, sur le testament du commandeur Da Gama Machado. Ajoutons, pour terminer, la défense du comte Siméon devant le tribunal de la Seine, celle M^{me}Scholl, née Perkins, celle de M. Dalloz contre M. Chaix-d'Est-Ange, avocat de Mme Dalloz, celle de M. Lavocat contre M. de Boulenois traduit aux assises de Mézières, et défendu par M Jules Favre, etc.

DUVAL DU CHESNAY (Jean-Joseph-Félix), né à Plumangat (Côtes-du-Nord), le 11 septembre 1802. Son père, d'abord juge de paix de Plumangat, s'étant fixé à Dinan en 1806, comme avoué auprès du tribunal de première instance, il y fit ses humanités et entra en 1819, pour faire ses études de théologie, au petit séminaire de la même ville, qui avait alors une fraction du grand séminaire de Saint-Brieuc. Appelé, en 1823, au secrétariat de l'archevêché, où certaines circonstances lui permirent de rendre des services importants, il le quitta en 1826, pour venir fortifier ses études théologiques au grand séminaire de Saint-Sulpice. Ordonné prêtre le 31 mai 1828, par Mgr de Quélen, il entra au noviciat de la Compagnie de Saint-Sulpice, avec l'autorisation de son évêque. Ce dernier, en effet, lui réservait la chaire de théologie dans un séminaire qu'il se proposait de fonder, pour les aumôniers de marine et à l'instar de celui qui existait à Brest avant la Révolution, dans l'ancien palais épiscopal de Tréguier, qu'il avait acheté. Ce projet n'ayant pas été suivi d'exécution, M. l'abbé Duval du Chesnay déclina la proposition qui lui était faite de reprendre ses fonctions de secrétaire de l'évêché de Saint-Brieuc, et obtint d'entrer dans la Compagnie de Saint-Sulpice à lafin de son noviciat. D'abord professeur de dogme à Orléans (1829-1830), il fut ensuite rappelé à Saint-Brieuc par Mgr de La Romagère qui lui confia la chaire de morale au grandséminaire, le chargea de la direction de la Congrégation des jeunes personnes de la ville, et même pendant deux ans de la communauté de la Providence, l'appela à son conseil, et le nomma chanoine en 1833. Après la mort de ce digne prélat (1841), il refusa la cure de Plancoët pour rejoindre la Compagnie de Saint-Sulpice, et fut envoyé comme professeur à Rodez où il ne resta qu'un an, l'état de sa santé l'ayant obligé à renoncer à l'enseignement. M. l'abbé Duval du Chesnay exerçait, depuis cette époque, le ministère libre à Saint-Brieuc, lorsqu'à la création des évêchés coloniaux, en 1849, le gouvernement lui proposa le siége épiscopal de la Réunion. Il n'accepta pas ce fardeau qu'il jugeait trop lourd, et se rendit à Dinan, près de M. Chénu, son cousin-germain, curé d'une paroisse de la ville, pour l'aider dans son administration. Malgré la mort de ce parent, survenue il y a 18 mois, il continue d'exercer le saint ministère dans les mêmes conditions. Enfin, M. l'abbé Duval du Chesnay a dirigé, pendant dix ans et demi, une communauté à Dinan.

DUVERGER (Théophile-Emmanuel), né à Bordeaux, le 17 septembre 1821. Il n'appartint à aucune école de peinture et n'étudia sous aucun maître. Dirigé, tout enfant, vers la décoration de théâtre, il ne tarda pas à quitter cette voie pour en suivre une autre plus conforme à ses goûts, et se fit peintre de portraits. Se trouvant, dès lors, en présence de la nature, et n'ayant pour guide que son modèle et sa seule inspiration, il demanda les secrets de son art au travail et à l'observation. Ces premières études furent le point de départ du genre qu'il a suivi depuis avec succès. Elles développèrent surtout en lui le sentiment profond d'examen qui lui était personnel, et donnèrent à son talent la souplesse, la naïveté, l'expression, la grâce, le charme qui se manifestent dans toutes les scènes d'intérieur dans lesquelles il excelle. L'*Attente du matin*, et la *Gamelle du grand-papa*, tableaux exposés en 1861, commencèrent sa réputation à Paris; et les Anglais se hâtèrent, peu après, de le fixer chez eux en accaparant toutes ses toiles. Cependant, et malgré ses succès d'Outre-Manche, il ne cessa pas d'exposer au Salon de Paris. Parmi les œuvres non citées plus haut et qu'il a fait figurer au Salon, on distingue : *Les derniers sacrements; Les Bohémiens* et *La recette de l'aveugle* (1863);— *La Retenue; Cache-cache*, toile acquise pour l'hôtel de la présidence du Corps législatif (1864) ; — *La paralytique*, et *Le laboureur et ses enfants* (1865); — *La fille repentante*, bourg de Batz, dans la Loire-Inférieure (1866) ; — *La confirmation* (1867); — *Le berceau vide*, bourg de Batz, et *La première fredaine* (1868);—*Sollicitude filiale*, et *Sollicitude maternelle, vingt ans après* (1869); — *Vice et misère*, et *Travail et bonheur* (1870) ; — *Les Cascarotes*, à Saint-Jean-de-Luz (1872); — *La retenue* (1873). A l'Exposition universelle de 1867, cet artiste a fait reparaître *Cache-cache* et *Le laboureur et ses enfants* : Ce dernier tableau est placé au Musée de Luxembourg. M.Duverger a obtenu une médaille de 3e classe en 1861, pour la peinture de genre, le rappel de cette médaille en 1863, et une médaille en 1865.

DUVERNOIS (Clément), né à Paris, le 6 avril 1836. Au sortir du lycée d'Alger, il collabora à la *Colonisation*, journal d'opposition coloniale qui fut bientôt supprimé par l'autorité militaire. Ensuite il inséra des articles sur l'Algérie dans quelques journaux de Paris, notamment dans la *Presse*, alors dirigée par M. Emile de Girardin. En décembre 1858, il prit la rédaction principale de l'*Algérie nouvelle*, sous la gérance de M. Arthur de Fonville. Ce journal ayant été suspendu, puis supprimé, en mars 1860, M. Clément Duvernois eut à purger une condamnation à trois mois de prison, prononcée contre lui, tant pour la publication de diverses brochures que pour ses articles de polémique fort empreints de personnalité. Quelque temps auparavant, il avait eu une rencontre au pistolet avec le rédacteur principal de l'*Akhbar*. Rédacteur en chef du *Courrier de Paris* en 1860-1861, puis collaborateur du *Temps*, de la *Presse*, du *Courrier du Dimanche*, de la *Liberté* où il remplit, sous la direction de M. E. de Girardin, les fonctions de rédacteur principal, il fit, en 1865, un voyage au Mexique et aux Etats-Unis. En 1866, il eut, avec M. F. Sarcey, un duel qui lui valut deux mois de prison. Le manifeste impérial du 19 janvier 1867, promettant une extension des libertés publiques, rallia M. Clément Duvernois au gouvernement, qui d'ailleurs avait depuis longtemps visé ses capacités comme polémiste. Et il se fit le champion convaincu de l'Empire libéral. C'est alors qu'il fonda l'*Epoque*, journal dynastique, puis le *Peuple*, qui avait des attaches particulières avec le cabinet de Napoléon III, et qui, ensuite d'un procès en revendication de titre, perdu contre une feuille démocratique de Marseille, s'appela définitivement le *Peuple français*. Député des Hautes-Alpes en 1869, il siégea à la Droite, fit une assez vive opposition au cabinet Ollivier, appartint à la Commission d'enquête commerciale, et fut compris dans la dernière des combinaisons ministérielles qui ont précédé la chute de l'Empire. Il avait quitté, le 10 juin 1870, la direction du *Peuple français*. Le 10 août suivant, il prit le portefeuille du Commerce dans le cabinet formé par le comte de Palikao. Pendant son court passage au ministère, il fit preuve de beaucoup d'activité et de dévouement patriotique. Grâce à lui, nul doute que l'approvisionnement de Paris n'eût été de nature à défier les circonstances, si les événements du dedans et la brusque arrivée des Allemands, dont rien ne contrariait la marche rapide, n'avaient neutralisé ses efforts. Quand éclata la révolution du 4 septembre, il se retira en Angleterre où il demeura jusqu'au mois de juin 1871. A cette époque, il revint à Paris, collabora à l'*Avenir libéral*, où il déclara ne pas répugner à l'essai raisonné d'une république conservatrice, et posa sa candidature à l'Assemblée nationale, le 2 juillet 1871. Il obtint 12,000 voix dans le quartier de Belleville (Paris). En septembre 1871, M. Clément Duvernois a fondé l'*Ordre*, journal de couleur bonapartiste qu'il a quitté en 1872. On lui doit d'assez nombreuses publications : L'*Algérie, ce qu'elle est, ce qu'elle doit être* (1858); — *Les chemins de fer algériens* (même année); — *La lieutenance de l'Empire* (1859);—*Couronnement de l'édifice, liberté démocratique* (1860); — *L'Orléanisme et la révolution*, lettre au prince Henri d'Orléans (1861); — *Un suicide politique*, lettre à M. E. de Girardin (1867); — L'*Algérie pittoresque* (1863); — *Histoire de l'intervention française au Mexique*, 1862-1867 (1867); — et des lettres traitant de matières politiques adressées au prince Napoléon, à M. Hébert, à Mgr Pavy, évêque d'Alger, à M. Levert, préfet d'Alger, etc.

DUVILLERS (François-Joseph), né à Arc-Ainières, le 6 avril 1807. Il commença ses études au collége d'Ath (Hainaut), les acheva à Paris, se consacra exclusivement aux sciences naturelles, et suivit, avec autant de succès que d'assiduité, les cours de MM. Desfontaines, Clarion, de Jussieu, Richard, de Mirbel et autres maîtres célèbres. Ami du professeur Audouin, il profita également des leçons de MM. Daubrée et Elie de Beaumont, qu'il accompagna dans leurs courses géologiques, et des enseignements du chimiste Payen, avec lequel il a conservé des relations amicales et intéressantes au point de vue de la science. Il est membre de la Société royale d'horticulture de Paris depuis 1832, de la Société asiatique depuis 1838, de l'Académie ébrosienne d'Evreux, membre à vie de la Société botanique de France et de beaucoup d'autres Sociétés savantes, nationales et étrangères. M. Duvillers, qui a fait une étude spéciale des règles de la perspective et du paysage dans tous ses aspects, est devenu l'un des architectes ingénieurs paysagistes les plus distingués de son époque; il est aussi celui qui a le plus fait pour cet art difficile. Créateur, en France et à l'étranger, de plus de 2,000 parcs et jardins de différente importance, il en a publié un certain nombre, gravés par les meilleurs artistes et accompagnés de textes, sous ce titre : *Les Parcs et Jardins* (grand in-folio jésus). Cet ouvrage aujourd'hui terminé, publié par livraisons, et le plus complet dans son genre, eut, dès son apparition, un très-grand retentissement, et fut honoré de la souscription du ministère de l'Agriculture, du Commerce et des Travaux-Publics, et favorablement accueilli par les souverains d'Autriche, du Brésil, d'Espagne, de Belgique, d'Italie, des Pays-Bas, de Tunis, de Siam et de plusieurs autres nations. Il valut également à son auteur des marques de haute approbation et des distinctions honorifiques de la part du roi des Belges, du roi de Portugal, de l'empereur du Brésil, de la République de Saint-Marin, etc. Le Consul général des Etats-Unis écrivit à M. Duvillers plusieurs lettres de remerciments, conçues dans les termes les plus flatteurs, au nom du gouvernement de l'Union. M. Duvillers a publié d'autres ouvrages, et de nombreuses brochures sur l'*Horticulture*, l'*Agriculture*, l'*Art forestier*, le *Pin des Landes* (plus particulièrement dans le Marancin), etc., et collaboré activement à plusieurs feuilles périodiques spéciales. Il a fait partie de la Commission nommée, en 1834, par la Société royale d'horticulture pour examiner les engrais artificiels de M. Payen. En 1836, une Commission lui a exprimé ses regrets de ne pouvoir lui accorder la première médaille, attendu qu'il faisait partie du Conseil d'administration. Chargé, en 1838, par une Commission créée à cet effet, de suivre les expériences relatives à la culture et à la reproduction des pommes de terre, il découvrit, parmi ses semis, une variété nouvelle et supérieure à celles connues, que la Commission nomma : *Pomme de terre Duvillers*. En 1840, il fit des analyses chimiques sur ce tubercule, et se mit à la tête d'une souscription ayant pour but l'acquisition d'un jardin d'expériences pour la Société d'horticulture. On lui doit aussi des études très-curieuses, entre autres celles relatives aux *Effets produits par la foudre sur les arbres*, et au *Puceron laniger*. Délégué officiel des groupes 83 à 88, architecte de la galerie des plans et librairies horticoles et syndic des exposants pour les dessins de parcs et jardins, à l'Exposition universelle de 1867, il fut, pour la deuxième ou la troisième fois, proposé pour la décoration de la Légion d'Honneur. Il serait impossible de donner ici le détail de ses travaux et de ses publications. Parmi ses créations, dont le nombre dépasse 2,000, on distingue les belles promenades de *Castres*, de *Montélimar*, de *Koutaïs* (Caucase) et autres pays, le parc de *M. David Cohen*, la magnifique propriété de *M. Salomon de Rothschid* à Suresne, le parc du *Château* de Maisons-Laffitte, etc. Il a remporté la seule médaille accordée aux architectes paysagistes à l'Exposition universelle de 1855, et d'autres médailles à différentes expositions, telles que l'exposition d'agriculture en 1860, l'Exposition universelle de Londres en 1862, etc., en tout vingt-sept récompenses et diplômes. Philanthrope éclairé et généreux, M. Duvillers a toujours tenu sa maison ouverte à ceux qui souffraient, pendant les malheurs de la patrie. Lors de la déclaration de guerre, en 1870, il fut l'un des premiers à disposer ses appartements pour y recevoir des blessés, et créa une ambulance qui lui fut sans doute très-onéreuse, mais dont les médecins militaires et civils ont fait le plus grand éloge, notamment le chirurgien-major B..., et qui lui a valu, tant au point de vue administratif qu'au point de vue hospitalier, les félicitations de la Société de secours aux armées de terre et de mer, Société à laquelle il avait été des premiers à porter son offrande. M. Duvillers a été décoré de l'ordre de Saint-Marin pour ses nombreuses créations de parcs et jardins, ainsi que pour son grand ouvrage, cité plus haut et ses travaux scientifiques. Il est commandeur de l'ordre du Christ de Portugal, chevalier des ordres des Saints-Maurice et Lazare d'Italie, de la Rose du Brésil, de Saint-Marin, décoré de l'ordre de l'Eléphant-Blanc de Siam, etc.

ECALLE (Pierre-Félix), né à Ervy (Aube), le 5 février 1826. Il fit ses études classiques au petit séminaire et ses études théologiques au grand séminaire de Troyes. Ordonné prêtre le 25 mai 1850, il remplit les fonctions de vicaire à Romilly-sur-Seine jusqu'au mois de décembre de la même année, époque où il fut appelé au grand séminaire pour y professer en même temps l'écriture sainte et l'histoire ecclésiastique. En 1851, il devint professeur de philosophie dans le même établissement; et, en 1852, il fut nommé curé-desservant des paroisses de Marigny-le-Châtel et de Saint-Flavy. M. l'abbé Ecalle, nommé professeur de théologie morale en 1859, a reçu le titre de chanoine honoraire de Troyes en 1861. Il a été le collaborateur de M. Lachat pour la traduction annotée de la *Somme théologique* de saint Thomas, à laquelle il a fourni deux volumes (1854-1861, 16 volumes). On lui doit : une traduction, avec le texte latin et des notes, de la *Somme contre les Gentils* de saint Thomas d'Aquin (1854-1856, 3 vol.); — une nouvelle édition, revue et annotée, des *Dogmata theologica L. Thomassini*, ouvrage dans lequel l'éditeur a collationné et rétabli au besoin les innombrables citations des Pères et autres auteurs, et où, au lieu des tables particulières des divers traités, il a donné une table générale, qui forme le 7e volume (1864-1872, 7 vol.); — *Histoire d'une âme, ou les quatre dernières années de M*lle *Charlotte de Mesgrigny* (1866, 3 édit. en 18 mois). M. l'abbé Ecalle publie en ce moment (1873) un autre volume intitulé : *Sœur Saint-Charles, du Bon-Pasteur de Troyes*. Il a donné, à diverses revues, un assez grand nombre d'articles sur des sujets de science ecclésiastique.

EDWARDS (Henri-Milne), né à Bruges, ancien département de la Lys, le 23 octobre 1800 ; fils d'un planteur anglais, et frère de William Edwards (de l'Institut), décédé en 1842. M. Milne Edwards a d'abord étudié la médecine et a été reçu docteur à la Faculté de Paris en 1823. Il cultiva ensuite avec succès les sciences naturelles, obtint le diplôme de docteur ès sciences, et professa l'histoire naturelle au collège Henri IV et à l'Ecole centrale des arts-et-manufactures. Professeur à la Faculté des sciences de Paris en 1839, il en est aujourd'hui le doyen. En 1838, il succéda à F. Cuvier comme membre de l'Académie des sciences. En 1841, il devint professeur d'entomologie au Muséum ; et, en 1862, il passa à la chaire de mammalogie et d'ornithologie, en remplacement de Geoffroy-Saint-Hilaire. M. Milne Edwards a été élu associé libre de l'Académie de médecine en 1854. Il a publié des ouvrages importants, notamment : *Manuel de matière médicale* (1826) ; — *Recherches anatomiques sur les crustacés*, couronnées par l'Académie des sciences (1828) ; — *Cahiers d'histoire naturelle*, avec M. Achille Comte (1834) ; — *Eléments de zoologie* (1834-1835) ; — *Histoire naturelle des crustacés* (1837-1841, 3 vol.) ; — *Leçons sur la physiologie et l'anatomie comparée de l'homme et des animaux* (1855-1872, 9 vol.) ; — *Histoire naturelle des coralliaires* (1857-1860, 3 vol.) ; — *Cours élémentaire de zoologie* (1861). M. H. Milne Edwards a donné, avec M. Deshayes, une nouvelle édition de l'*Histoire naturelle des invertébrés* de Lamarck (1836-1845, 11 vol.). On lui doit un grand nombre de mémoires sur l'anatomie comparée, la physiologie et la zoologie des animaux invertébrés, principalement sur la circulation du sang chez les mollusques, sur la structure des polypes, le squelette tégumentaire des crustacés, etc. Ce savant naturaliste a publié aussi, en collaboration avec M. Haime, un ouvrage sur les polypiers de l'Angleterre et une *Monographie des polypiers fossiles des terrains paléozoïques*. La plupart de ces mémoires ont été insérés dans les *Archives du Muséum* ou dans les *Annales des sciences naturelles*, recueil dont il dirige la partie zoologique depuis 1834. M. Henri-Milne Edwards, chevalier de la Légion d'Honneur depuis 1834, a été promu commandeur le 13 août 1861.

EDWARDS (Alphonse-Milne), né à Paris, le 13 octobre 1835 ; fils du précédent. Il prit le grade de docteur à la Faculté de médecine de Paris en 1860, avec une thèse intitulée : *Etudes chimiques et physiologiques sur les os*, et fut reçu docteur ès-sciences en 1861. Appelé, comme aide-naturaliste, au Muséum d'histoire naturelle en 1862, il fut nommé professeur de zoologie à l'Ecole supérieure de pharmacie en 1865. M. Milne Edwards fils a publié plusieurs ouvrages importants : *Histoire des crustacés podophthalmaires fossiles* (t. I, 1861-1865, in-4, avec 48 pl.); — *Recherches anatomiques, zoologiques et paléontologiques sur la famille des chevrotains* (1868, in-4, avec 11 pl.); — *Recherches anatomiques et paléontologiques pour servir à l'histoire des oiseaux fossiles de la France* (1866-1871, avec planches); — *Recherches pour servir à l'histoire naturelle des mammifères* (1868, in-4, avec un atlas de 100 pl.); et des *Rapports*, des *Mémoires*, etc., insérés dans les journaux spéciaux. Il a reçu la croix de la Légion d'Honneur le 14 août 1868.

EGGER (Émile), né à Paris, le 1er juillet 1813. Issu d'une famille originaire d'Allemagne, il fit de bonnes études au lycée Saint-Louis, prit le grade de docteur ès lettres en 1833, et se présenta avec succès, l'année suivante, au concours d'agrégation pour les classes supérieures. A partir de cette époque, il commença par remplir les fonctions de professeur-suppléant, puis de professeur de seconde dans les lycées Saint-Louis, Henri IV et Charlemagne. Maître de conférences à l'Ecole normale en 1839, agrégé des Facultés en 1840 et nommé tout aussitôt professeur-suppléant de littérature grecque à la Faculté de Paris, il devint titulaire de cette chaire en 1865. M. Egger, qui s'était fait connaître d'abord par de nouvelles éditions de *Varron* et *Longien* (1837), de *Festus* et *Verrius Flaccus* (1839), a donné beaucoup d'articles à différentes publications savantes et littéraires, et a collaboré particulièrement au *Journal général de l'Instruction publique*, dans lequel il a fait paraître le compte rendu d'un cours de Fauriel sur l'*Epopée grecque*, ainsi qu'aux travaux de l'Académie des inscriptions et belles-lettres. Environ quarante de ces opuscules ont été réunis sous les titres suivants : *Mémoires de littérature ancienne* (1862), et *Mémoires d'histoire ancienne et de philologie* (1863). On lui doit aussi : *Latini sermonis vetustioris reliquiæ selectæ* (1843); — *Méthode pour étudier l'accentuation grecque*, en collaboration avec M. Galusky (1844); — *Examen critique des historiens anciens de la vie et du règne d'Auguste*, ouvrage couronné, en 1839, par l'Académie des inscriptions et belles-lettres (1844); — *Histoire de la critique chez les Grecs*, suivie de la *Poétique* d'Aristote et d'*Extraits de ses problèmes*, avec traduction française et commentaires (1849); — *Notions élémentaires de grammaire comparée, pour servir à l'étude des trois langues classiques* (1852, 6e édit., 1865); — *Apollonius Dyscale, essai sur l'histoire des théories grammaticales dans l'antiquité* (1854); — *Considérations historiques sur les traités internationaux chez les Grecs et chez les Romains* (1856, in-4°); — *Observations sur un procédé de dérivation très-fréquent dans la langue française et dans les autres idiomes néo-latins*, extrait des *Mémoires de l'Académie des inscriptions et belles-lettres* (impr. imp., 1864); — *Le papier dans l'antiquité et dans les temps modernes* (1866); — *L'Hellénisme en France*, leçons sur l'influence des études grecques sur le développement de la langue et de la littérature française (2 vol., 1869), etc. M. Egger a été élu membre de l'Académie des inscriptions et belles-lettres, en remplacement de Guérard, en 1854. Chevalier de la Légion d'Honneur depuis 1845, il a été promu officier de l'Ordre en 1866.

EICHTHAL (Gustave d'), né à Nancy, le 22 mars 1804. Issu, par son père, d'une famille allemande de banquiers israélites, il devint, au sortir du collège, le disciple d'Auguste Comte, consacra quelques années à l'apprentissage des affaires et à l'étude des questions économiques, et se rattacha, en 1829, à l'Ecole saint-simonienne, alors dirigée par Enfantin et Bazard, dont il devint un des membres les plus actifs. Quand cette Ecole eut été dispersée, il se rendit en Grèce, où il fit partie du Bureau d'économie publique. De retour en France, il publia *Les Deux-Mondes*, comme introduction à l'ouvrage de M. Urquhart : *La Turquie et ses ressources*. Un des fondateurs et secrétaire de la Société d'ethnologie, M. d'Eichthal a publié dans les *Mémoires* de cette Société : *Histoire et origine des Foulhas ou Fellahs*, et une *Etude sur l'histoire primitive des races océaniennes et américaines* (1845). On lui devait déjà : *Lettres sur la race noire et blanche* (1839), en collaboration avec M. Ismayl Urbain. Au mois d'avril 1863, il fit paraître l'ouvrage intitulé *Les Évangiles :* première partie, *Examen critique et comparatif des trois premiers Evangiles*. Dans la préface de ce livre, le Christianisme est présenté comme ayant été le résumé et le développement des grandes civilisations antiques. C'est à cette même pensée que se rattachent les deux essais suivants : 1° *De l'usage pratique de la langue grecque* (1864), publié en collaboration avec M. Renieri d'Athènes, et dans lequel la langue grecque est représentée comme pouvant remplir l'office de langue internationale universelle ; 2° *Les trois grands peuples méditerranéens et le christianisme* (1865). En 1867, M. d'Eichthal a participé, avec les plus distingués de nos hellénistes, à la fondation d'une association pour l'encouragement des études grecques en France. En 1865, la *Revue archéologique* avait publié, du même auteur, une série d'articles sur les *Origines bouddhiques de la civilisation américaine*. Enfin, il a fait paraître en 1872, un mémoire sur la *Sortie d'Egypte, d'après les récits combinés du Pentateuque et de Manéthon*, fragment d'un ouvrage intitulé : *Annales mosaïques*, dans lequel les documents qui composent le *Pentateuque* sont classés dans un ordre méthodique.

ELIE DE BEAUMONT (Jean-Baptiste-Armand-Louis-Léonce), né à Canon (Calvados), le 25 septembre 1798. Elève du collège Henri IV, sorti de l'Ecole polytechnique avec le numéro 1 en 1819, et de l'École des mines en 1821, il fut d'abord chargé de visiter plusieurs de nos établissements métallurgiques, puis nommé, en 1824, ingénieur ordinaire des mines. Depuis cette époque, il est devenu successivement professeur à l'Ecole des mines (1829), au Collége de France (1832), ingénieur en chef (1833) et inspecteur-général de 1re classe (1851). En 1823, M. Elie de Beaumont fut désigné pour l'établissement, sous la direction de M. Brochant de Villers, d'une carte géologique générale de la France, et reçut la mission d'aller étudier en Angleterre, où un pareil travail avait été exécuté, les procédés de nos voisins, et de visiter en même temps leurs établissements métallurgiques. Dès ce moment, il se consacra d'une façon presque exclusive à la géologie. Les travaux relatifs à la carte géologique de France commencèrent en 1825 et exigèrent de nombreux voyages. M. Elie de Beaumont, qui n'avait cessé de collaborer à l'exécution de cet immense ouvrage, a été chargé, en 1865, de la direction du service spécial de la carte géologique détaillée de la France. On lui doit des écrits nombreux et considérables : *Notice sur les mines de fer et les forges de Framont et de Rothau dans les Vosges* (1822) ; — *Coup d'œil sur les mines* (1824) ; — *Voyage métallurgique en Angleterre, ou Recueil de mémoires sur le gisement, l'exploitation et le traitement des minerais d'étain, de cuivre, de plomb, de zinc et de fer dans la Grande-Bretagne*, en collaboration avec M. Dufresnoy (1824, 2e édition, en collaboration avec MM. Léon Coste et Perdonnet, 2 vol. avec 2 atlas et 2 cartes géogr., 1830) ; — *Observation sur les différentes formations qui, dans le système des Vosges, séparent la formation houillère de celle du lias* (1827) ; — *Notice sur un gisement de végétaux fossiles et de bélemnites situé à Petit-Cœur, près Moutiers* (1828) ; — *Faits pour servir à l'histoire des montagnes de l'Oisans* (1829) ; — *Notice sur la ceinture Jurassique du grand bassin géologique qui comprend Londres et Paris* (1829) ; — *Recherches sur quelques-unes des révolutions de la surface du globe* (1829) ; — *Mémoires sur l'étendue du système tertiaire inférieur dans le nord de la France* (1832) ; — *Mémoire sur les groupes du Cantal et du Mont-Dore, et sur les soulèvements auxquels ces montagnes doivent leur relief actuel*, avec le concours de M. Dufresnoy (1833) ; — *Sur l'origine et la structure du Mont-Etna* (1836) ; — *Leçons de géologie pratique*, professées au Collège de France (1845) ; — *Notice sur les systèmes de montagnes* (1852) ; — *Rapport au ministère de l'Instruction publique sur les progrès de la stratigraphie* (1868), etc. M. Elie de Beaumont, correspondant de l'Académie de Berlin, membre de la Société philomatique, associé étranger de la Société royale de Londres, est entré à l'Académie des sciences, en remplacement de M. Claude Lelièvre, le 21 décembre 1835, et a succédé à François Arago dans les fonctions de secrétaire perpétuel en 1853. Nommé sénateur en 1852, il a été élevé, en 1860, au grade de Grand-Officier dans la Légion d'Honneur.

ELOY (Henry), né à Saint-Romain (Seine-Inférieure), le 23 mars 1833. Elève de la Faculté de droit de Paris, il fut reçu licencié le 23 août 1853, docteur le 4 décembre 1855, et prit place au barreau du Havre. En 1860, il publia un *Traité de la marine marchande* (3 vol.), aujourd'hui introuvable, qui eut un grand succès dans le monde maritime, fut tout spécialement recommandé par le ministre de la Marine pour les bibliothèques de l'administration, et dont une nouvelle édition paraîtra aussitôt après la révision du Code de commerce. Entré dans la magistrature et successivement substitut à Louviers en 1861, à Limoges en 1864 et à Lyon en 1867, M. Eloy, doué d'un caractère énergique et d'un esprit libéral, fit dans cette dernière résidence, avec une impartialité à laquelle les journaux de tous les partis rendirent hommage, l'application des nouvelles lois sur la presse et sur le droit d'association. Chargé, le 4 septembre 1870, d'aller signer l'élargissement de plusieurs individus, il fut mis en demeure, par une foule furieuse, de procéder en même temps à l'élargissement de plusieurs autres prisonniers, notamment de M. Andrieux, depuis procureur de la République à Lyon, et alors détenu pour délit de presse ; et, comme il refusait fermement, sa vie courait de sérieux dangers, quand M. Andrieux lui-même vint déclarer que *le citoyen Eloy* ne faisait qu'obéir à son devoir. Arrêté le 5, et mis en liberté le 6, il prit aussitôt la direction du parquet, sur la demande du nouveau procureur-général. Aux attaques d'un journal de la localité, il répondit en envoyant sa démission à M. Crémieux, le 26, et ne reprit cette démission, le 29 suivant, que sur les nouvelles instances de M. Le Royer, alors procureur-général, et du premier président, M. Millevoye. Bon nombre de fonctionnaires, de commissaires, d'agents de la sûreté, arrêtés après le 4 septembre, lui durent leur élargissement ; et la réglementation du droit d'affichage, qu'il obtint de l'administration préfectorale, mit un terme à la perturbation causée dans la population par les appositions quotidiennes d'affiches incendiaires. Le 28 octobre 1870, il fut nommé avocat-général à Besançon. On doit à M. Eloy, outre l'ouvrage cité plus haut : *Traité de la responsabilité des notaires* (1862, 2 vol.) ; — *De la codification des lois criminelles* (1865) ; — *Code d'audience*, qui est aux mains de tous les magistrats des parquets (1865) ; — *Vie de Pardessus*, étude à laquelle l'Académie de législation de Toulouse avait décerné une médaille d'or au concours de 1866 (1868) ; — *Le Chef de la justice de France*, discours de rentrée prononcé devant la Cour de Besançon, en 1871, et où l'on retrouve l'indépendance d'idées et la hauteur de vues qui, jointes à de grandes qualités d'audience, font de M. Eloy l'un de nos jeunes magistrats les plus distingués. Enfin, l'Académie de législation vient à nouveau de décerner une médaille d'or à un travail de M. Eloy, relatif à la *Vie de Merlin, de Douai* (juillet 1872).

EMION (Jean-Baptiste-Marie-Victor), né à Paris, le 24 juin 1826. Ses études de droit terminées à la Faculté de Paris, il prit place au barreau de la capitale en 1850 et prononça, en 1852, le discours à la conférence des avocats stagiaires, sur les *Etablissements de Saint-Louis*. Principalement connu des agriculteurs et des commerçants, il figura, tant en province qu'à Paris, dans presque tous les grands procès de falsification de farines, et généralement dans ceux qui portaient sur des questions intéressant le commerce des céréales. En même temps, il se faisait connaître par des travaux de jurisprudence et d'économie politique, industrielle et commerciale. Ses relations personnelles avec plusieurs hommes que la révolution du 4 Septembre appelait au pouvoir lui ouvrirent, en 1870, l'accès des fonctions publiques. Successivement chef de cabinet, à Bordeaux, des ministres de l'Intérieur,

MM. Emmanuel Arago, Ernest Picard et Jules Simon, il fut, le 1er avril 1871, envoyé comme sous-préfet à Reims. Le 11 novembre suivant, quand M. Casimir Périer l'appela à faire partie du Conseil de préfecture de la Seine, il reçut, des ouvriers de Reims, une adresse dans laquelle ceux-ci le remerciaient « d'avoir su, dans des circonstances aussi difficiles et pendant l'occupation prussienne, maintenir la tranquillité publique par son impartialité vis-à-vis de tous, la droiture de son esprit et la bienveillance de son caractère. » Collaborateur de l'*Echo agricole* (depuis 1854), du *Journal de l'Agriculture*, des *Annales du Génie civil*, du *Journal des Economistes*, etc., M. Emion a fait paraître, dans différents journaux ou revues, des articles sur la boulangerie, la contrainte par corps, etc. En outre, il a publié les ouvrages suivants : *Législation, jurisprudence et usages du commerce des céréales* (1854) ; — *Des délits et des peines en matière de fraudes commerciales, denrées alimentaires et boissons. Guide pratique du vendeur et de l'acheteur* (1857) ; — *De l'ordre amiable au point de vue théorique et pratique. Loi du 21 mai 1858*, en collaboration avec M. Hervieu (1861) ; — *Le commerce et les chemins de fer* (1863) ; — *Manuel pratique, ou Traité de l'exploitation des chemins de fer*, précédé d'une préface de M. Jules Favre : 1re partie, *Voyageurs et bagages*; 2e partie, *Marchandises* (1864-1865) ; — *Manuel de l'expropriation* (1866) ; — *Courtage des marchandises* (1867) ; — *Taxe du pain* (1868).

EMPART (Louis), né à Mouzon (Ardennes), le 1er mai 1820. Il commença ses études littéraires au collége de sa ville natale, les termina au petit séminaire de Charleville, et fit ses classes de philosophie et de théologie au grand séminaire de Reims. Pour se perfectionner dans la connaissance de la théologie, il suivit, pendant près de trois ans, le grand cours de morale et de droit canonique du séminaire de Saint-Sulpice, à Paris. Ordonné prêtre par Mgr Affre, le 29 mai 1847, il fut aussitôt désigné, par le supérieur-général de Saint-Sulpice, M. l'abbé de Courson, et quoiqu'il n'appartînt pas à la Société des Sulpiciens, pour occuper la chaire de philosophie au grand séminaire de Limoges, qui est dirigé par les membres de cette Congrégation. En 1861, Mgr Dupanloup le chargea des cours élémentaire et supérieur de philosophie dans son institution de la Chapelle-Saint-Mesmin (Loiret) ; et, le 23 novembre 1863, il le nomma chanoine honoraire d'Orléans. Il y a donc maintenant (1873) vingt-six ans que M. l'abbé Empart s'est consacré à l'enseignement de la philosophie. On lui doit de nombreux articles de polémique philosophique, insérés dans l'*Union de l'Ouest*. Enfin, M. l'abbé Empart a publié : *L'empirisme et le naturalisme contemporains* (1870), et *La connaissance humaine, ou Lettres à M. Taine* (1872).

ENGELHARDT (Frédéric-Auguste), né à Strasbourg (Bas-Rhin), le 31 octobre 1796. Fils d'un officier d'Etat-major de l'armée de Sambre-et-Meuse, qui devint, sous l'Empire, administrateur dans les départements réunis de la rive gauche du Rhin, puis dans le grand-duché de Berg, apanage de Murat, M. Engelhardt a reçu une éducation très-soignée. Licencié en droit, docteur ès sciences, il entra d'abord dans l'enseignement qu'il quitta, en 1822, pour consacrer à l'industrie du fer son activité, son intelligence et ses connaissances scientifiques. Il a dirigé successivement les usines de Zinswiller et de Niederbronn, dans le Bas-Rhin, et a obtenu en 1827 une médaille d'or de la Société d'encouragement de Berlin pour la fabrication du verre rouge. M. Engelhardt a participé activement, surtout après la révolution de Juillet, à l'organisation de la garde nationale rurale. Il a toujours professé les opinions les plus libérales, et a été élu représentant du peuple à l'Assemblée constituante, en 1848. Depuis lors, il ne s'est plus occupé que de métallurgie, de géologie et de beaux-arts. A la suite de la seconde Exposition universelle de Londres, il a été décoré de la Légion d'Honneur (27 janvier 1863) pour les produits de fonte exposés par la maison Dietrich et Cie, à la direction de laquelle il appartenait.

ÉRARD (Jean-Baptiste-Orphée-Pierre), né à Paris, en 1794. Il étudia, dès sa jeunesse, sous la direction de Sébastien Erard, son oncle, la fabrication des pianos et des orgues, à laquelle il joignit ensuite celle des harpes. Associé de bonne heure aux opérations de la maison Erard, il dirigea pendant près de trente ans les deux établissements de Paris et de Londres, qui devinrent sa propriété. Facteur ingénieux et savant, M. Pierre Erard a introduit dans sa fabrication un grand nombre de perfectionnements, notamment le mécanisme à double échappement, les cordes filées sur acier substituées aux cordes en cuivre, la barre harmonique, etc. Grâce à ses soins intelligents, sa maison a remporté les premières récompenses à toutes les Expositions universelles qui ont eu lieu de 1829 à 1855 ; ces succès lui ont valu à lui-même (1834), la croix de chevalier, et, à la suite de la première exposition universelle de Londres, celle d'officier de la Légion d'Honneur (1851). M. Erard était l'ami des musiciens les plus célèbres et le protecteur de tous les artistes de talent. Il est décédé au château de la Muette, à Passy, le 5 août 1855, après avoir publié, en deux volumes in-folio, la *Description de l'orgue de la chapelle des Tuileries*, le chef d'œuvre de Sébastien Erard, qui avait été détruit lors de la révolution de Juillet et que Pierre Erard reconstruisit en 1850.

ESCOT (Charles), né à Gaillac (Tarn), le 15 avril 1834. Il se consacra au dessin et à la peinture, et suivit les cours de l'Ecole des arts de Toulouse, où il eut pour professeur M. Prévost, ancien conservateur du musée de cette ville. Puis il adopta spécialement le dessin au pastel. Le 29 septembre 1869, il fut chargé par le ministère des Beaux-Arts d'une mission artistique à Genève, et y reproduisit, au pastel, les portraits de Mme *d'Epinay* par Liotard et de *J.-J. Rousseau* par de Latour. Les copies, destinées au musée historique de Versailles, furent très-bien jugées. Absorbé par ses travaux ordinaires et surtout par le portrait, il n'avait pas encore envoyé d'ouvrage très-important au Salon quand, en 1872, il y exposa de remarquables pastels : les têtes de *Jésus-Christ* et de *Sainte Madeleine*, d'après un tableau de Rubens appartenant au musée de Toulouse, et le portrait de M. *Prévost-Paradol*. En 1873, il a fait paraître au Salon deux portraits au pastel, dont celui de M. *Escot père*. L'exposition de M. Ch. Escot a été remarquée, signalée et favorablement appréciée par la plupart des critiques d'art dans les grands journaux et les feuilles spéciales de Paris, tels que le *Journal officiel*, le *Constitutionnel*, la *République française*, le *Moniteur des Arts*, et surtout la *Gazette des Beaux-Arts*, dans laquelle M. Paul Mantz parle du talent de M. Charles Escot dans des termes très-favorables.

ESMÉNARD DU MAZET (Joseph-Marie-Camille), né à Pelissanne (Bouches-du-Rhône), le 15 mars 1802. Neveu de l'académicien de ce nom, il entra à l'Ecole polytechnique en 1821, à l'Ecole d'application de Metz en 1823, et au 1er régiment du génie en 1826. Lieutenant d'Etat-major de l'arme à Antibes en 1830, puis à Saint-Tropez et à Toulon, capitaine en 1832, chef du génie aux îles d'Hyères en 1833, il fut rappelé, en 1834, au 1er régiment, avec une compagnie duquel il se rendit en Afrique, et prit part aux expéditions du col de Ténéah (1835) et de Constantine (1836). Il retourna à Toulon en 1838 ; et, après avoir accompli une mission en Sardaigne, il passa, en 1841, à Calvi (Corse), où il exécuta, malgré toutes les difficultés inhérentes alors à cette localité, le fort de la Torretta. Chef de bataillon en 1848, envoyé à Toulouse en 1850, et bientôt après à Marseille, il dirigea, de 1853 à 1854, les travaux de défense de la Joliette. En 1854, il revenait en Algérie, où il était nommé lieutenant-colonel à Tlemcen, et, presque aussitôt commandant du génie à Alger. Il dirigea, pendant cinq ans, tous les travaux militaires de cette place importante, entre autres la construction du fort de Sidi-Ferruch, dont la porte est décorée d'un magnifique fronton en pierre, et d'une inscription, unique jusqu'alors, à la mémoire de Charles X et du maréchal de Bourmont ; et ce fut lui qui improvisa, en 17 jours, pour les besoins de l'expédition de la Grande-Kabylie, la fameuse route carrossable de Sickou-Meddou à Souck-el-Arba (fort Napoléon). En 1859, il fut nommé directeur des fortifications à Ajaccio ; en 1860, il reçut le grade de colonel ; et, deux ans plus tard, il fut admis à faire valoir ses droits à la retraite, après une longue carrière de bons et patriotiques services, dont vingt ans passés en Corse et en Afrique, où il a laissé les meilleurs souvenirs. M. le colonel Esménard du Mazet ne s'est pas exclusivement consacré à des travaux militaires. On lui doit une traduction en vers des *Poésies de Pétrarque* (1848), dont Lamartine a fait le plus grand éloge ; — *Traité d'économie politique*, où se trouvent les éléments d'une science nouvelle en opposition avec les doctrines de J.-B. Say et de son école (1849) ; — *De la valeur*, lettre à M. J. Garnier (1854) ; — *Retraite de Constantine* ; *Les courses d'Alger* (1857) ; — *Pasquins* (1862), poëmes ; — une traduction en vers des *Chants à la sainte Vierge* et du *Cantique des cantiques* (avec préface et notes originales, 1870). M. le colonel Esménard du Mazet, nommé chevalier de la Légion d'Honneur en 1842, a été promu officier de l'Ordre, en 1858, à raison de ses services pendant la campagne de la Grande-Kabylie.

ESMÉNARD DU MAZET (Jean-Camille-Adolphe), né à Aix-en-Provence, le 1er novembre 1838 ; fils du précédent. Destiné d'abord à la marine, il s'embarqua à 16 ans, fit deux fois naufrage, sur les côtes du Brésil en 1855 et sur celles de Madagascar en 1856, se dégoûta de ces périls obscurs et lointains, et s'engagea, en 1858, dans le 75e de ligne, d'où il passa bientôt au 2e des tirailleurs algériens (Turcos), avec lequel il fit les campagnes d'Italie et du Maroc en 1859 et 1860. Mais sa santé, compromise par tant de fatigues, le contraignit à renoncer à l'état militaire. Fixé près de son père, à Marseille, il embrassa la carrière littéraire, prit part à la polémique des journaux, et publia, en 1862, un petit recueil de poésies : *Désillusions*, qu'il avait en portefeuille depuis deux ans. Puis il se rendit à Paris, où il entra en relations avec les grands écrivains de notre temps, et fit paraître : *Le roman d'une lorette parisienne* (1864) ; — *Le chemin de l'hôpital*, scènes de la vie littéraire (1866), roman qui valut à son auteur une lettre flatteuse et encourageante de M. Saint-Marc-Girardin. D'abord rédacteur du *Journal de l'Aisne*, puis rédacteur en chef de la *Franche-Comté* (1867), il fonda, peu après, l'*Indépendant du Lot*, à Cahors, et entama, avec non moins d'énergie que de talent, contre l'autorité préfectorale, une vive campagne qui attira l'attention de toute la presse. Chargé de l'administration du Lot après la chute de l'Empire, il fut appelé, malgré sa grande jeunesse, le 13 septembre 1870, à la préfecture des Basses-Alpes. Dans ce poste important, M. Esménard du Mazet fit une guerre sans relâche à la « ligue du Midi, » et, sut rallier à sa politique la plupart des préfets des départements méridionaux ; et, quand un désaccord survint entre la délégation de Bordeaux et lui, au sujet de la nomination d'un sous-préfet, il présenta sa démission, qui ne fut pas acceptée. Nommé alors (7 janvier 1871) préfet de l'Oise, et chargé d'organiser la résistance dans ces contrées et d'y seconder l'action militaire du général Faidherbe, il fut arrêté à Beauvais, sous un futile prétexte, par ordre du préfet allemand, et détenu quelques jours à Amiens. M. Esménard du Mazet venait d'être nommé préfet de la Lozère (26 mars 1871), quand il est décédé à Mende, à la fleur de l'âge, épuisé de travail, de luttes et de maladie, le 21 juillet, laissant après lui des regrets universels et le souvenir d'une vie bien remplie dans sa trop courte durée.

ETEX (Antoine), né à Paris, le 20 mars 1808. Elève de Dupaty, Pradier, Ingres et Duban, il cultive avec un talent supérieur les trois arts du dessin : architecture, peinture et sculpture. *Le jeune Hyacinthe mourant* fut son premier succès en sculpture. Il a donné ensuite, entre autres œuvres remarquables, une *Léda*, un groupe de *Caïn*, qui a figuré au Salon de 1833, les groupes de l'arc-de-triomphe de la Grande-Armée, le monument du maréchal Vauban aux Invalides, la statue de *Saint Louis* à la barrière du Trône, *Charlemagne* au Sénat, le monument de François Ier à Cognac, le monument de Ingres, pour la ville de Montauban, dont le modèle a été exposé au Salon de 1869, des bustes d'hommes célèbres et des bas-reliefs. En peinture, son tableau de *Saint Sébastien martyr* fit sensation au Salon de 1844, où il obtint une place d'honneur dans le grand salon carré du Louvre. M. Etex exposa en même temps : *Joseph expliquant les songes à ses frères.* Il a exécuté un certain nombre de portraits, et l'on a remarqué son *Eurydice* à l'Exposition universelle de 1855. En architecture on cite, parmi ses principaux travaux, les monuments funèbres de Mme Raspail, de Mme Schœlcher, de Géricault et de Brizeux, neuf projets d'embellissement de Paris qui ont été publiés en 1858 par la *Revue municipale*, un projet d'Opéra admis à l'Exposition de 1861, et qui produisit chez les architectes la même sensation que le groupe de *Cain* avait fait autrefois parmi les sculpteurs et le *Saint Sébastien* parmi les peintres. Il a exposé en 1862 un projet de fontaine pour l'avenue de l'Impératrice, représentant le *Génie du dix-neuvième siècle*; ce projet était accompagné d'un modèle de 5 mètres de hauteur; en 1863, un projet d'école de natation pour les lacs du bois de Boulogne et de Vincennes ; en 1864, le projet de l'église des Sept-Sacrements. Joignant la parole à l'exemple, M. Etex a fait des cours publics et des conférences, afin de démontrer l'indispensable nécessité d'en revenir à l'enseignement rationnel des maîtres anciens dans les arts du dessin. Il a même publié, en 1851, un *Cours élémentaire de dessin* appliqué à l'architecture, à la peinture et à la sculpture. Depuis plus de quarante ans, à chaque exposition, il a prouvé par ses œuvres l'importance de ses théories sur l'art. Il a gravé à l'eau-forte une *Grèce tragique* et quarante scènes des tragiques grecs, Eschyle, Sophocle, Euripide. M. Etex a été pendant quelque temps dévoué à la municipalité de Paris, où il a pu donner la mesure de la noblesse et de l'indépendance de son caractère, de son abnégation et de son désintéressement. Il est chevalier de la Légion d'Honneur (20 juin 1841), et de l'ordre pontifical de Saint-Grégoire-le-Grand.

ETEX (Louis-Jules), né à Paris, en 1810; frère du précédent. Élève d'Ingres, il a débuté au Salon de 1833 par un portrait pour lequel il a obtenu la médaille de 2e classe. En 1838 il fut chargé, par le ministre, de faire à Dresde la copie de la *Madone* de Saint-Sixte, de Raphaël. Après une grave maladie il revint à Paris, et fit le portrait en pied d'un garde du corps en costume et quelques autres portraits pour l'église Notre-Dame-de-Lorette. Pour terminer sa copie, qui se trouve dans la cathédrale d'Agen, il retourna à Dresde et fit de là un voyage d'un an en Italie. De retour, il exposa en 1830 : *Première impression de la mer sur l'homme,* qui lui valut une médaille de 2e classe (histoire), et depuis cette époque nous avons encore remarqué : les portraits de *Berryer* et de *Decamps* (grandeur naturelle); — *Le religieux et le philosophe*; — *Porteuse de fruits*; — *Télésille*, dame d'Argos, — *Diligence au bord de la mer par un temps d'orage*; — *Résurrection du fils de la veuve de Naïm*; — *Lascaris, accompagné de savants grecs après la prise de Constantinople par Mahomet II, va porter en Italie les trésors des Belles-Lettres et des Arts en 1453*; — *Le serment, ou les fiancées*; — *Famille de pêcheurs assistant à un sinistre*; — *Le manteau et la lanterne*; — *En rentrant au temple, la vestale tombe évanouie à la vue du feu éteint*; *Souvenir de la Varenne*; — *Séduction de la Vestale*; — *Sainte Geneviève*; — *Diane chasseresse*, ou le *Soir*, etc. M. Etex a participé, en 1869, avec les frères Batz, à la reproduction exacte des peintures de la galerie Dorée, à la Banque de France.

ÉTIENNE-GALLOIS (Auguste-Alphonse), né à Vitry-le-François, le 6 juillet 1809. Il s'est consacré d'abord à l'enseignement, a pris le grade de licencié à la Faculté des lettres de Paris, et a professé l'histoire au collège Rollin. Choisi comme précepteur des enfants du duc Decazes en 1839, il est devenu le secrétaire de cet homme d'État, alors grand référendaire de la Chambre des pairs et président de la Commission de colonisation de l'Algérie, des Sociétés d'agriculture et d'horticulture, organisateur et président des Congrès agricoles qui se sont tenus d'abord au Luxembourg. Attaché à la bibliothèque de ce palais en 1842, M. Etienne-Gallois en a été nommé bibliothécaire-adjoint en 1849, nomination qu'il a due à ses efforts pour la conservation de cette bibliothèque pendant la période, difficile pour elle, qui suivit la révolution de 1848. A partir de cette époque, il a travaillé activement à l'augmentation de la bibliothèque du Luxembourg, et contribué au rétablissement de l'échange de documents parlementaires existant précédemment entre elle et la bibliothèque de la Chambre des lords. Bibliothécaire en chef, de 1862 à 1870, il a été maintenu après le 4 Septembre, dans ses fonctions par le ministre de l'Instruction publique, auquel il avait proposé de reprendre dans ses attributions, en l'ouvrant au public, la bibliothèque du Luxembourg, que ce ministère s'était rattachée déjà, également sur la proposition de M. Etienne-Gallois, après le 24 février 1848. Destitué par la Commune, réintégré ensuite dans ses fonctions par le ministre de l'Instruction publique, et associé par lui à l'œuvre de reconstitution des cinq grandes bibliothèques incendiées par la Commune, il a pu contribuer, jusqu'à son admission à la retraite, après 40 ans de services, à cette œuvre réparatrice, en répartissant entre ces bibliothèques plus de 8,000 volumes de documents parlementaires et administratifs, puisés par ses soins dans les archives du Luxembourg. On a de lui : *Le théâtre des Grecs, à l'usage des collèges*, composé d'extraits avec notices de toutes les pièces restant de l'ancien théâtre grec (1840); — *Les ducs de Champagne* (1843); — *La Champagne et les derniers Carlovingiens* (1853); — *Lettres inédites des Feuquières*, tirées des papiers de famille de Mme la duchesse Decazes et des archives du ministère des Affaires étrangères, correspondance se rapportant au XVIIe siècle (1845-1846, 5 vol.); — *L'expédition de Siam sous Louis XIV* (1853); — *L'ambassade de Siam sous Louis XIV* (1862);

ces deux publications avaient paru d'abord en articles-variétés dans le *Moniteur universel* ; — *Catalogue de la bibliothèque du Sénat* (1868), comportant la nomenclature d'environ 50,000 volumes, dont se compose aujourd'hui la bibliothèque du Luxembourg, accrue du double sous la direction de M. Etienne-Gallois. L'un des membres les plus anciens de la Société de l'histoire de France, M. Étienne-Gallois l'est aussi de la plupart des sociétés savantes de la Champagne. Il est chevalier de la Légion d'Honneur depuis 1869, et chevalier des ordres de Danebrog et de Wasa.

EYMA (Louis-Xavier), né à la Martinique, le 18 octobre 1816. Il commença par publier, dans la presse parisienne, des feuilletons et des variétés ; et, de 1849 à 1852, dirigea le *Courrier du Havre*, qu'il quitta pour entrer à la *Patrie*. Puis il s'occupa d'industrie et de finances, et rédigea le *Journal des Actionnaires*. En 1862, il se retira en province, et fonda le *Journal de Nice*, qui eut du succès. Revenu à Paris, en 1867, il prit part à la rédaction de la *Liberté*, et passa comme rédacteur principal à l'*Epoque*, sous la direction de M. Clément Duvernois. On doit à Xavier Eyma beaucoup d'ouvrages sur des sujets très-divers. Parmi ses romans et ses œuvres humoristiques, on distingue : *Le médaillon* (1840) ; — *Emmanuel* (1841) ; — *Le Grand-Cordon et la corde* (1852) ; — *Le masque blanc* (1859) ; — *Le roi des Tropiques* (1860) ; — *Aventuriers et corsaires* (1860) ; — *Excentricités américaines* (1861) ; — *Le roman de Flavio* (1862) ; — *La chasse à l'esclave* (1865) ; — *Fantômes et légendes du Nouveau-Monde* (1864, 2 vol.) ; — *La mansarde de Rose* (1866), etc. Comme esquisses de mœurs et souvenirs de voyages, il a écrit : *Les femmes du Nouveau-Monde* (1853) ; — *Les deux Amériques* (1853) ; — *Les Peaux-Rouges* (1854) ; — un recueil d'articles sous ce titre : *Les Peaux-Noires* (1856), etc. Il a également publié des brochures sur des sujets économiques, comme la *Circulation des coupons à revenu fixe* (1855) ; des traductions, notamment celles des *OEuvres* du célèbre moraliste américain Emerson, et de la *Conquête de Grenade* de Washington Irving ; et des *Etudes* sur des historiens américains : Bancroft, Motley, Irving, Prescott, etc. Il a fait représenter des pièces de théâtre qu'il a parfois signées de l'anagramme « Amey. » Son ouvrage le plus important : *La République américaine* (1862, 4 vol.), est considéré comme le plus complet qui ait été écrit sur les institutions politiques du Nouveau-Monde, où M. Xavier Eyma a séjourné de longues années, et s'est associé même à la vie politique en qualité de journaliste. Ses divers livres sur l'Amérique ont eu plusieurs éditions. Ses opinions politiques bien connues lui faisaient une loi de lutter, dans la limite de ses moyens, contre la révolution du 4 Septembre et contre les hommes qu'elle amenait au pouvoir. Aussi, pendant toute la durée du siége, poursuivit-il, dans le *Figaro*, une campagne très-audacieuse contre le gouvernement de la Défense nationale. Les gens de la Commune, après le 18 mars, le décrétèrent d'accusation ; mais il réussit à s'échapper de Paris. Depuis cette époque, il n'a pas cessé de soutenir, dans le même journal, la nécessité d'une restauration monarchique, basée sur la fusion des légitimistes et des orléanistes. M. Xavier Eyma, chevalier de la Légion d'Honneur depuis le mois d'août 1870, est aussi décoré de l'ordre de Sainte-Anne de Russie, que l'empereur Alexandre II lui remit directement pendant un séjour à Nice.

FABRE (Louis), né à Nimes (Gard), le 24 août 1823. Fils d'un entrepreneur de travaux publics, il commença ses études chez MM. de Seynes et Chambaud, ce dernier, architecte de la ville de Nimes. Après avoir remporté les premiers prix à l'Ecole spéciale de dessin et de perspective, il vint à Paris en 1846, pour y faire des études sérieuses, et entra, sous les auspices de M. Questel qu'il avait connu à Nimes, dans l'atelier de M. Vaudoyer et ensuite dans celui de M. Constant Dufeux, dont il fut un des meilleurs élèves. En 1849, il fut attaché à l'agence des travaux d'appropriation du Panthéon qu'il s'agissait de rendre à l'exercice du culte. Il suivit les cours de l'Ecole des beaux-arts, d'où il sortit médailliste et élève de 1re classe. Dans la période de 1860 à 1870, il a fait édifier une dizaine d'hôtels à Neuilly (Seine), dans les environs du bois de Boulogne, ainsi que de nombreuses constructions dans les divers arrondissements de la capitale, notamment dans le XVIIe. Il est, depuis 1866, membre de la Société centrale des architectes.

FABRE (Louis-Adolphe), né à Assieu (Isère), le 31 août 1819. M. Fabre a été avoué et avocat à Vienne et adjoint au maire de cette ville. Il entra dans la magistrature, en 1857, comme président du tribunal civil d'Embrun, et devint bientôt membre, puis président du Conseil de cet arrondissement. Lors de l'annexion de la Savoie à la France, en 1860, il fut nommé président du tribunal civil de Chambéry, eut la mission d'y organiser le service de ce tribunal, et s'appliqua à faire aimer le gouvernement français, tout en remplissant ses devoirs comme un loyal magistrat. Le succès avec lequel il y réussit lui valut la croix de la Légion d'Honneur (12 août 1862), après quatre ans seulement de magistrature à titre de services exceptionnuels. Les habitants de Chambéry, qu'il a quittés en 1864 pour aller présider le tribunal de Saint-Etienne, l'un des plus importants de France, ont conservé le souvenir de son administration, à la fois bienveillante, ferme et conforme aux besoins du pays. M. le président Fabre est connu du monde savant par ses travaux d'érudition, d'histoire et d'archéologie. Ses *Etudes historiques sur les Clercs de la Bazoche, suivies de pièces justificatives*, publiées en 1856, ont obtenu une médaille d'or de l'Académie des inscriptions et belles-lettres au concours des Antiquités nationales. On lui doit, en outre : *Documents historiques sur Charles Reynaud* (1854) ; — *Romans et chansons de geste sur Gérard de Roussillon, étude historique et littéraire* (1857-1873) ; — *Notice historique sur le premier parcellaire de Vienne* (1857) ; — *Recherches historiques sur le pèlerinage des rois de France à Notre-Dame d'Embrun, précédées d'une* notice bibliographique et littéraire sur Marcellin Fornier, historien de l'Embrunois (1860) ; — Etude sur la littérature judiciaire du XIIe au XVIIe siècle (1863) ; — Trésor de la chapelle des ducs de Savoie aux XVe et XVIe siècles (1868) ; à la suite de cette publication historique et archéologique, il fut nommé chevalier de l'ordre de la Couronne d'Italie ; — Notice historique sur Alfred de Terrebasse, sa vie et ses œuvres (1873) ; — Le chemin de Vimaine en Dauphiné, notice historique sur l'étymologie de ce nom (1873). M. le président Fabre est officier d'Académie, membre de la Société littéraire de Lyon, de l'Académie delphinale, de l'Académie impériale de Savoie, de l'Académie de Dijon, de la Société archéologique de l'Orléanais, et de plusieurs autres sociétés littéraires ou savantes.

FACIEU (Hippolyte-Eugène), né à Montans (Tarn), le 3 octobre 1826. Elève de la Faculté de médecine de Paris, il se fit recevoir externe à Beaujon, à la Charité, à l'Hôtel-Dieu, ainsi qu'élève titulaire de l'Ecole pratique, et prit le grade de docteur, le 27 octobre 1851, avec cette thèse : *Dissertation sur le névrome*. Alors il se fixa à Montans et plus tard à Gaillac, où il jouit bientôt d'une avantageuse réputation. M. le docteur Facieu est médecin titulaire de l'hôpital Saint-André de Gaillac, et remplit, depuis le 3 janvier 1860, les fonctions de médecin cantonal. Maire de sa localité, pendant cinq années, il a donné sa démission en 1864. Il a débuté, comme écrivain, en 1848, par des articles sur le *Névrome*, les *Plaies pénétrantes des sinus-frontaux*, les *Blessés des journées de Février*, la *Lithotritie appliquée aux enfants*, etc., articles insérés dans la *Gazette des Hôpitaux*, et a fait paraître des mémoires et des brochures sur des sujets divers : *Des vaccinations et de leur opportunité durant les épidémies de variole* (1857) ; — *Hydropisie de l'amnios* (1865) ; — *Tumeur adénoïde du sein*, mémoire lu à la Société de médecine de Paris le 7 décembre 1866, et qui a été l'objet d'un rapport élogieux de M. le docteur Forget ; — *Mémoire explicatif et critique*, publié à l'occasion d'un procès pour règlement d'honoraires (1870) ; — *Rigal de Gaillac*, notice biographique, etc ; — *Deux cas de plaie pénétrante du genou, injections quotidiennes pratiquées à l'aide d'un irrigateur, guérison avec ankylose*, mémoire manuscrit déposé aux Archives de la Société de chirurgie, objet d'un rapport favorable de M. Duplay publié par la *Gazette des Hôpitaux* en 1870 ; — *Fractures multiples des membres inférieurs avec lésions graves des parties molles* ; — *Résection du fémur dans la continuité ; guérison sans claudication*, mémoire manuscrit communiqué à la Société de chirurgie. Enfin, on lui doit une excellente traduction : *Œuvres de Silvio Pellico ; Mes prisons ; Des devoirs des hommes ; Notice biographique sur Silvio Pellico par Maroncelli ; Note sur les prisons, du même auteur* (1869), ouvrage qui, bien accueilli par la critique, a été l'objet des appréciations les plus avantageuses. M. le docteur Facieu est membre correspondant de la Société de médecine de Paris, et son nom figure sur la liste des candidats au titre de membre correspondant de la Société de chirurgie.

FAIDHERBE (Louis-Léon-César), né à Lille, le 3 juin 1818. Admis à l'Ecole polytechnique en 1838, et à l'Ecole d'application de Metz en 1840, il entra, comme lieutenant, au 1er du génie en 1842, fit une première campagne en Afrique en 1844-1845, dans la province d'Oran, et fut ensuite envoyé à la Guadeloupe où il ne resta qu'un an (1848-1849). A son retour de cette colonie, il fut de nouveau dirigé sur l'Afrique où il prit part, notamment, à des expéditions de Kabylie et séjourna jusqu'en 1852. Il était alors capitaine de son arme. Nommé sous-directeur du génie, puis promu chef de bataillon et nommé gouverneur de la colonie du Sénégal en 1854, il fit presque constamment de hardies expéditions, aussi heureuses pour nos armes que favorables à notre influence parmi les populations sénégaliennes. On se souvient de sa brillante campagne dans le haut Sénégal pour délivrer le poste de Médine. Il établit notre puissance sur la rive gauche du fleuve jusqu'au delà de Bakel et de Médine, et força à la paix le marabout Omer-el-Hadji. Le territoire annexé par M. Faidherbe à notre colonie ne compte pas moins de cent lieues de côtes. Momentanément remplacé comme gouverneur du Sénégal, de 1861 à 1862, il ne quitta définitivement ce pays, sur sa demande, qu'en 1865. Lieutenant-colonel depuis 1856, et promu colonel en 1858, il fut élevé au grade de général de brigade le 20 mai 1863. Il a publié : *Notice sur la colonie du Sénégal et sur les pays qui sont en relations avec elle* (1859) ; — *Annuaire du Sénégal*, en quatre langues : en français, ouolof, toukouleur, sarrakollé (1860 et suiv.) ; — *L'avenir du Sahara et du Soudan* (avec carte, 1863) ; — *Chapitres de géographie sur le nord-ouest de l'Afrique*, avec une carte de ces contrées, à l'usage des écoles de la Sénégambie (avec carte color., 1865) ; — *Recherches anthropologiques sur les dolmens d'Algérie* (1868) ; — *Inscriptions lybiques, et aperçus ethnographiques sur les Numides* (1870) ; — *Bases d'un projet de réorganisation d'une armée nationale* (1871) ; — *Campagne de l'armée du Nord* (1871), etc. M. le général Faidherbe a fourni de nombreux articles, concernant le Soudan et la côte orientale d'Afrique, au *Bulletin de la Société de géographie*, aux *Nouvelles annales de voyages*, etc. Quand survint la guerre avec l'Allemagne, il fut d'abord laissé, par le gouvernement d'alors, et malgré ses démarches, dans la province de Constantine ; mais le gouvernement de la Défense nationale le chargea du complément d'organisation et du commandement en chef de l'armée du Nord, avec le grade de général de division, le 23 novembre 1870. Aussitôt investi de ses fonctions, il livra la bataille indécise de Pont-Noyelles (près Abbeville) au général de Manteuffel, et dégagea la côte normande après deux jours d'une lutte sanglante. Le 10 janvier suivant, il gagna la bataille de Bapaume, mais ne réussit pas à débloquer la forteresse de Péronne, cette place ayant été prématurément rendue par son commandant. Huit jours plus tard, il engagea la fameuse bataille de Saint-Quentin, avec des débris de troupes régulières, de jeunes soldats mal encadrés, et des mobilisés aussi mal armés qu'équipés. L'armée française fut obligée de se replier sur les places du Nord, mais elle emmenait toute son artillerie de campagne et son convoi, et avait fait subir des pertes énormes aux Prussiens. M. Faidherbe, élu député de la Somme, à l'Assemblée nationale, le 8 février 1871, tandis que les habitants de la Seine lui donnaient, dans ce département, une belle minorité de 45,000 suffrages, refusa ce mandat, le 19 du même mois, pour rester à son commandement militaire de la région du Nord. Aux élections complémentaires du 2 juillet, il a été élu de nouveau par plus de 400,000 suffrages, représentant de la Somme, du Pas-de-Calais et du Nord, et a opté pour ce dernier département. Mais, après la décision de la Chambre, relative au pouvoir constituant (séance du 20 août 1871), il a donné sa démission, afin de ne pas fausser le mandat qu'il tenait de ses électeurs. Mis en disponibilité, sur sa demande, et chargé, par le gouvernement, d'une mission scientifique en Egypte, M. Faidherbe est rentré en France au mois de février 1872. Il avait été élu conseiller général du Nord, pour un des cantons de Lille, le 8 octobre 1871. Commandeur de la Légion d'Honneur depuis le 10 août 1861, il a été élevé au grade de Grand-Officier de l'Ordre, le 15 juin 1871. Les municipalités des villes d'Amiens et de Saint-Quentin lui ont fait hommage d'une Épée d'honneur, au mois de juillet 1872.

FAILLY (Pierre-Louis-Charles-Achille, *comte* de), né à Rozoy-sur-Serre (Aisne), le 21 janvier 1810. Ses ancêtres possédaient d'importants domaines en Picardie et en Champagne ; mais sa famille, qui occupa toujours une belle place dans les rangs de la vieille noblesse française, se trouva ruinée à la suite de la révolution de 1789. Elle a pour armes : *De gueules à fasce d'argent, accompagnée de trois haches-d'armes de même*. Admis à l'Ecole militaire de Saint-Cyr en 1826, il en sortit avec le n° 17, le 1er octobre 1828, comme sous-lieutenant au 35e de ligne, se distingua à la prise d'Alger, et fut nommé lieutenant le 20 décembre 1830, capitaine le 30 avril 1837, et capitaine adjudant-major le 28 février 1839. Passé au 7e chasseurs à pied avec les épaulettes de capitaine, le 29 octobre 1840, puis au 8e de même arme, en qualité d'adjudant-major, le 1er décembre suivant, il fut désigné, le 20 mars 1841, comme officier d'ordonnance du roi Louis-Philippe. Chef de bataillon au 68e de ligne, le 3 juillet 1843, puis nommé commandant du 2e bataillon de chasseurs à pied, le 14 avril 1844, et lieutenant-colonel au 49e de ligne, le 10 juillet 1848, il fut, le 20 novembre suivant, chargé du commandement de l'Ecole secondaire de tir de Toulouse, où il introduisit un grand nombre d'améliorations. Rentré à son corps en avril 1850, il fut promu, le 8 août 1851, colonel du 20e de ligne, avec lequel il fit, pendant trois ans, les campagnes d'Afrique, et se signala dans des expéditions importantes. Le 2 avril 1854, il partit avec son régiment pour prendre part à la campagne d'Orient, fit l'expédition de la Dobrutscha, et mérita d'être nommé général de brigade, le 22 août, sur le champ de bataille de l'Alma. Le général Canrobert, investi du commandement en chef de l'armée, l'appela à faire partie de son Etat-major ; et c'est en cette qualité qu'il assista à la bataille de Balaklava. Bientôt après, il fut chargé du commandement supérieur à Constantinople, qu'il conserva jusqu'au 5 décembre. Alors il fut mis à la tête de la 2e brigade de la 3e division. Lors de l'attaque des Ouvrages-Blancs (Mamelon-Vert), le 8 juin 1855, il se distingua sous les ordres du général Mayran et secourut efficacement le 2e zouaves imprudemment engagé. Le 18 du même mois, il participa encore à l'attaque du Petit-Redan. On connaît sa belle défense du pont de Traktir (bataille de la Tchernaïa), où l'on peut dire qu'il sauva l'armée. Seul avec deux bataillons, au début de l'action, il contint d'abord l'avant-garde russe pendant près d'une heure puis il prit le commandement de la division, et, presque sans artillerie, se maintint dans ses positions jusqu'à l'arrivée des renforts, moment qu'il jugea propre à l'offensive, et où il provoqua le succès de la bataille. Ce fait d'armes lui valut une citation spéciale à l'ordre de l'armée. Placé à la tête de la 1re brigade des voltigeurs de la garde, le 29 août, il se distingua à l'assaut de Malakoff et fut, le soir même (22 septembre), promu général de division (commandant la 4e division du 2e corps qui passait 3e du corps de réserve). Rentré en France, et nommé aide-de-camp de l'empereur le 12 mai 1856, il prit, en avril 1859, le commandement de la 3e division du 4e corps de l'armée d'Italie. Pendant la bataille de Solférino (24 juin), il eut à lutter longtemps, avec une seule brigade, contre des forces de beaucoup supérieures et sans cesse renouvelées, perdit deux colonels, quatre chefs de bataillon, et eut un cheval tué sous lui. Détaché à Plaisance, au mois d'août suivant, comme commandant de la 4e division d'infanterie du corps d'armée laissé en Italie, il ne revint en France qu'à la complète évacuation de ce pays. Quand fut décidée la nouvelle campagne de Rome, le général comte de Failly reçut le commandement en chef du corps expéditionnaire. Après avoir emporté, le 4 novembre 1867, la bataille de Mentana, il débarrassa complètement le territoire pontifical des soldats garibaldiens. Sa fermeté de caractère et l'habileté de sa conduite politique et militaire à Rome, évitèrent à la France des complications avec l'Italie. En récompense de ses services, il fut, à son retour, élevé à la dignité de sénateur (12 mars 1868). Il fut ensuite investi (octobre 1869), du troisième grand commandement militaire, à Nancy ; et, le 15 juillet 1870, après avoir dissuadé le gouvernement de s'aventurer dans la guerre et vainement adressé des rapports militaires qu'on ne prit même pas en considération, il fut appelé au commandement du 5e corps d'armée qui dut s'échelonner entre les corps d'armée du général Frossard et du maréchal de Mac-Mahon. Il était chargé de garder le point important de Bitche, lorsque se livrèrent les batailles de Sarrebruck et de Reichshoffen. Dans cette désastreuse journée, le général de Failly, quoiqu'ayant devant lui des forces considérables, prêtes à forcer le passage, détacha une partie de ses troupes pour soutenir le général Frossard, et fit franchir 35 kilomètres à l'une de ses divisions pour la porter au secours du maréchal de Mac-Mahon, attaqué à Reichshoffen. Ceux qui décidèrent, au camp de Châlons, la tentative de jonction avec le maréchal Bazaine, le remplacèrent à son corps, sans l'en prévenir, par le général de Wimpffen encore en Afrique. Le général de Failly continua, d'après les ordres qui lui avaient été transmis, son mouvement en avant. Après quatre jours de petits combats, de marches et de contre-marches incessantes, il soutint, avec des troupes épuisées, un combat inégal à Beaumont, et se multiplia vainement sur le champ de bataille, ainsi que les généraux placés sous les ordres. Mais, ne recevant aucun secours des corps d'armée qui se trouvaient à sa portée, il subit un échec. Les pertes, dans cette journée, furent considérables de part et d'autre ; il eut un cheval tué sous lui, et sa mort fut officiellement annoncée à sa famille. Cependant il put achever le mouvement convergent qui l'amenait, lui aussi, sous les murs de Sédan. Le 31 août seulement il apprit qu'il était remplacé, et s'empressa de remettre au général de Wimpffen le commandement du 5e corps. Cela fait, il voulut partager jusqu'au bout le sort de ses compagnons d'armes; et c'est ainsi que, sans responsabilité, mais non sans une vive douleur, il assista aux dernières péripéties du drame de Sédan. Conduit en Allemagne et interné d'abord à Mayence, puis à Wiesbaden, il rentra en France après la conclusion de la paix. M. le général comte de Failly est en disponibilité depuis cette époque. Chevalier de la Légion d'Honneur dès 1842, il a dû toutes ses promotions dans l'Ordre à des faits de guerre, et a été nommé Grand-Officier, le 5 août 1859, sur le champ de bataille de Solférino. Il porte les médailles de Crimée, d'Italie et de Mentana, et a reçu la médaille militaire en janvier 1869. Enfin, il est Grand'Croix des ordres de Pie IX, de Frédéric de Wurtemberg, de l'Aigle-Rouge de Prusse, du Sauveur de Grèce, des Saints-Maurice et Lazare d'Italie, du Lion de Zæhringen de Bade, décoré du Medjidié de Turquie (2e classe), et Compagnon de l'ordre du Bain, d'Angleterre.

FALCONNET (Ernest), né à Bourg (Ain), le 26 avril 1815. M. Falconnet s'était fait connaître avantageusement par deux publications sur la *Moralisation des classes industrielles* et l'*Influence du barreau de Paris sur nos libertés*, lorsqu'il entra dans la magistrature, en 1839, comme substitut à Saint-Étienne. Sa conduite ferme et courageuse dans les émeutes de Rouen et d'Elbeuf lui valut le poste d'avocat-général près la Cour de Rouen en 1848. L'année suivante, il fut appelé à remplir les mêmes fonctions à Lyon, et se signala particulièrement dans les procès de presse. En 1855, il devint procureur-général à la Cour de Pau, qu'il quitta en 1860, pour occuper un siége de conseiller à la Cour de Paris. M. Falconnet a été nommé président de chambre le 27 février 1869. Il a fait partie du Conseil général du département de Saône-et-Loire, de 1859 à 1870. On lui doit: *Alphonse de Lamartine, étude biographique, littéraire et politique* (1840); — *Des juges de paix en France* (1842); — *De l'influence de la magistrature sur la direction de l'élément social* (1853); — une édition des *OEuvres de d'Aguesseau*, précédée d'une introduction sur l'*Histoire du siècle de Louis XV* et d'une biographie de l'illustre chancelier (1865). M. Falconnet, helléniste distingué, a publié la première traduction française des œuvres lyriques attribuées à Orphée, ainsi que les *Lyriques grecs* de la collection Lefèvre, avec des introductions et des études biographiques. Il a revu, pour le *Panthéon littéraire*, la traduction de l'*Odyssée* par Mme Dacier et celle des *Petits poëmes grecs*. Nommé chevalier de la Légion d'Honneur le 30 décembre 1854, et promu officier de l'Ordre le 11 août 1859, il est également officier de l'Instruction publique, et chevalier de l'ordre de Charles III d'Espagne et de l'Etoile polaire de Suède.

FALLOUX (Alfred-Frédéric-Pierre, comte DE), né à Angers, le 7 mai 1811. Il descend d'une ancienne famille noble de la Touraine et de l'Anjou, ainsi qu'il est constaté dans l'*Armorial* de Tours (1600), et qu'il appert des preuves manuscrites déposées à la Bibliothèque nationale par M. de Falloux, son grand-oncle, avant la révolution de 1789, pour une charge dans la maison du comte d'Artois. Après de brillantes études, M. le comte de Falloux publia deux ouvrages qui témoignaient de ses convictions politiques et religieuses : *Histoire de Louis XVI* (1840, 2e édit., 1843), avec une introduction tirée à part et intitulée : *Réflexions sur mes entretiens avec le duc de Vauguyon*; — *Histoire de saint Pie V, pape de l'ordre des Frères prêcheurs* (1844, 2 vol., 3e édit., 1859). Député, en 1846, de l'arrondissement de Segré (Maine-et-Loire), il siégea à la Droite et se montra partisan de la liberté de l'enseignement. Après la révolution de 1848, il fut renvoyé par ses commettants à l'Assemblée constituante et se signala par un courage politique auquel ses adversaires eux-mêmes rendirent justice. Lors de l'envahissement de la Chambre par l'émeute, le 15 mai, M. de Falloux fut au nombre des représentants qui tinrent tête aux agitateurs, et aussi l'un des premiers qui réoccupèrent leur banc. Il publia sur cet événement dans la *Revue des Deux-Mondes*, un article à sensation : *Les républicains et les monarchistes*. Comme rapporteur sur la question des ateliers nationaux, il se prononça pour leur dissolution et emporta le vote de confiance de l'Assemblée, ce qui le fit accuser plus tard, et très à tort, d'avoir été le provocateur des journées de Juin. En effet, cette mesure s'imposait d'elle-même à tous les esprits sérieux. D'ailleurs, la dissolution eût été prononcée avant le 23 juin, si M. de Falloux n'eût insisté pour qu'elle fût accompagnée d'une large allocation au budget, afin d'assurer le retour dans leurs foyers d'une partie des ouvriers licenciés, et la sérieuse organisation de l'assistance publique. Cela suffit à le justifier. Et la population parisienne le comprit si bien qu'elle lui donna 98,000 voix aux élections pour la Législative. Il approuva l'ensemble de la constitution et déclara que le général Cavaignac avait bien mérité de la patrie, mais refusa de soutenir la candidature de ce dernier à la présidence. Après la nomination du prince Louis-Napoléon, le 20 décembre 1848, il fut chargé de l'Instruction publique et appuya l'expédition de Rome. Il prépara la loi organique sur l'enseignement, qui a conservé son nom, bien qu'elle ait été votée sous M. de Parieu, à qui il avait cédé son portefeuille le 10 octobre 1849. Représentant de nouveau son département à la Législative, il présida la réunion de la « rue de Rivoli, » où siégeait Berryer, fit une vive opposition à l'Élysée, et se mit à l'écart après le Coup-d'État. M. de Falloux retiré sur ses propriétés de l'Anjou, s'y est livré à l'agriculture et a obtenu une médaille d'or au Concours de Poissy en 1856, et une prime d'honneur pour l'exploitation de son domaine du bourg d'Iré, au Concours régional de 1862. Outre les ouvrages cités plus haut, on lui doit : *Souvenirs de charité* (1857) ; — *M*^{me} *Swetchine, sa vie et ses œuvres* (1859, 2 vol.) ; — *M*^{me} *Swetchine, Journal de sa conversion* (1863) ; — *Lettres inédites de M*^{me} *Swetchine* (1862, 2 vol. 2e édit., 1863) ; — *Dix ans d'agriculture* (1863) ; — *La convention du 15 septembre* (1864) ; — *Les élections prochaines* (1869). Rédacteur du *Correspondant*, il s'y est surtout occupé de la question italienne. Il collabore, de plus, à la *Revue des Deux-Mondes* et aux *Annales de la Charité*. M. de Falloux est, depuis le 26 mars 1857, membre de l'Académie française où il a remplacé le comte Molé. Son frère, chanoine auditeur de Rote en Cour de Rome, a été nommé, en 1861, régent de la Chancellerie apostolique.

FARCY (Jérôme-Eugène), né à Paris-Passy, le 20 mars 1830. Embarqué, en 1845, sur le navire-école *l'Oriental*, pour faire le tour du monde, il visita la Réunion, Madagascar, le Levant, la Guyane, les Antilles, et devint successivement aspirant le 1er août 1847, enseigne de vaisseau le 4 septembre 1851, et lieutenant de vaisseau le 27 novembre 1859. M. Farcy a fait des études approfondies sur la balistique et la pyrotechnie. Pendant le siége de Paris (1870-1871), la canonnière construite sur ses plans et qui porte son nom a donné des résultats d'une rare puissance. Il est le cousin de Georges Farcy, tué en 1830 sur la place de la Concorde, et dont les restes reposent sous la colonne de Juillet. Le 8 juillet 1871, les électeurs de la Seine l'ont envoyé à l'Assemblée nationale, où il siége sur les bancs de la Gauche et fait partie de l'Union-Républicaine. Chevalier de la Légion d'Honneur du 28 décembre 1861, il a été promu officier de l'Ordre, le 23 janvier 1871.

FARRENC (Mlle Jeanne-Louise DUMONT, veuve), née à Paris, le 31 mai 1804. Elle commença très-jeune l'étude du piano sous la direction de Mme Soria, élève de Cramer, et reçut plus tard des leçons de Moscheles, de Hummel, et de Reicha pour la composition. Puis, elle se livra à l'enseignement, eut l'honneur de compter au nombre de ses élèves Mme la duchesse d'Orléans, se fit entendre dans beaucoup de concerts, et fut nommée, en novembre 1842, professeur de piano au Conservatoire. Plusieurs artistes remarquables sont sorties de sa classe : Mlle Victorine Farrenc, sa fille, qu'une mort prématurée enleva, jeune encore, à l'art musical ; Mme Béguin Salomon, Mlle Marie Colin, Mme Cœdès-Mongin, etc. Mme Farrenc a remporté, en 1861 et 1869, le prix Chartier, de l'Institut, décerné aux auteurs des meilleures compositions de musique de chambre. Elle a publié des *Duos, Trios, Quintettes* pour piano et instruments à cordes ; — un *Trio* pour piano, flûte et violoncelle ; — un *Trio* pour piano, clarinette et violoncelle ; — quatre *Livres d'études*, et beaucoup de *Rondos* et *airs variés* pour piano seul ou à quatre mains. En outre, elle a composé cinq ouvrages inédits : un *Sextuor* pour piano et instruments à vent ; — un *Nonetto* pour instruments à cordes et à vent ; — trois *Symphonies* pour l'orchestre, dont la troisième a été exécutée, en 1849, par la Société des concerts du Conservatoire. Mariée, en 1821, à M. Aristide Farrenc, flûtiste distingué, devenu plus tard éditeur de musique et critique musical, elle a commencé avec lui, en 1861, à faire paraître le *Trésor des pianistes*, qui renferme un choix des plus belles œuvres de clavecin et de piano, depuis le XVIe siècle jusqu'au milieu du XIXe, et a continué seule, depuis la mort de son mari, cette importante publication, terminée aujourd'hui, qui comprend 20 grands volumes (1873).

FAURE (Jean-Baptiste), né à Moulins, le 15 janvier 1830. Fils d'un chantre à Notre-Dame, il vint tout enfant à Paris, et fut, dès l'âge de neuf ans, employé comme enfant de chœur à la métropole. Refusé, trois ans plus tard, à la maîtrise de Notre-Dame, pour défaut de voix et pour incapacité, il fut cependant admis comme soprano-choriste au Théâtre-Italien. Peu après, il fut admis à la Madeleine comme soliste, et y reçut les leçons du maître de chapelle de cette église, M. Hippolyte Trévaux. Il employa l'époque si critique pour les jeunes chanteurs, celle de la mue de la voix, à remplir les fonctions d'organiste à Saint-Nicolas et à jouer de la contre-basse à l'Odéon. Deux fois refusé pour le pensionnat du Conservatoire, il fut admis la troisième fois et encore par protection, dit-on, en 1850. Dans cet établissement il reçut les leçons de Ponchard. Envoyé comme baryton à l'Opéra-Comique le 20 octobre 1852, M. Faure débuta presque obscurément et ne commença à être bien connu que lorsqu'il fut appelé à doubler M. Battaille dans la plupart des œuvres nouvelles. Cependant, grâce à sa distinction naturelle, à ses études obstinées, non moins qu'à la richesse de son organe, il ne mit que peu de temps à se faire une position prépondérante. En 1857, il reprit *Joconde*, le *Don Juan* de l'Opéra-Comique, avec un succès écrasant, puis il créa le *Chien du jardinier*, de Grisar, *Manon Lescaut*, d'Auber. Il ne fut pas moins heureux dans sa création de *Quentin Durward*. A partir de ce moment, il fut un des artistes le plus incontestablement préférés du public, un de ceux en qui les compositeurs placent toute leur confiance. Le rôle d'Hoël, dans le *Pardon de Ploërmel*, avait été spécialement écrit pour lui par Meyerbeer ; et l'on sait avec quelle supériorité il interpréta cette partition. Engagé au Grand-Opéra en 1861, M. Faure a eu le rare bonheur de n'y perdre rien de sa belle voix et de sa réputation. Il semble même que ses moyens se soient développés en proportion du milieu dans lequel ils étaient appelés à se produire, et que son prestige, ait encore grandi. Parmi ses créations et ses reprises sur cette dernière scène, on cite celles de *Pierre de Médicis*, de la *Favorite*, de *Moïse*, de *l'Africaine*, de *Don Juan*, de *Don Carlos*, de *Faust*, d'*Hamlet*, etc. Ses apparitions sur les scènes italiennes, de Bade et de Londres ont mis le sceau à sa réputation. M. Faure a composé plusieurs morceaux de musique sacrée, notamment un *Pie Jesu* qui appartient désormais au répertoire religieux. En 1857, il a été appelé à remplacer M. F. Ponchard dans sa classe de chant du Conservatoire. Il a épousé, en 1859, Mlle Constance-Caroline Lefebvre, cantatrice distinguée, brillante élève du Conservatoire, et qui s'est fait longtemps applaudir, soit à l'Opéra-Comique, soit au Théâtre-Lyrique, dans un grand nombre de pièces telles que la *Chanteuse voilée*, le *Toréador*, *Jeannot et Colin*, le *Songe d'une nuit d'été*, l'*Epreuve villageoise*, l'*Etoile du Nord*, *Haydée*, le *Chien du jardinier*, le *Chaperon rouge*, *Joconde*, *Lisbeth*, etc. M. Faure est décoré des ordres de Léopold de Belgique, des Saints-Maurice et Lazare d'Italie, d'Isabelle-la-Catholique d'Espagne, du Christ de Portugal et du Medjidié de Turquie.

FAVEYRIAL (Jean-Baptiste), né à Usson-en-Forez (Loire), le 4 mars 1815. Ses études classiques terminées, il fit trois ans de théologie au grand séminaire de Lyon. A partir de 1840, il prit les grades de bachelier ès lettres, puis de bachelier et de licencié ès sciences. Devenu inspecteur de l'instruction primaire, il fut appelé, en 1843, à professer la rhétorique au collège de Saint-Roch, à Villefranche. Un peu plus tard, il occupa la chaire de mathématiques ; et, en 1847, il prit la direction de l'établissement. Ce collège ayant été remplacé, en 1850, par celui de Montgré, tenu par les Jésuites, M. Faveyrial quitta l'enseignement et se livra tout entier aux études médicales. Successivement inscrit à l'Ecole secondaire de Lyon, à la Faculté de Montpellier et à celle de Paris, il prit le grade de docteur dans cette dernière ville, le 28 août 1857, avec une thèse ayant pour titre : *De l'allaitement maternel*. L'année suivante, il se fixa à Chazelles-sur-Lyon (Loire). Depuis cette époque, M. Faveyrial exerce la médecine avec succès dans cette importante localité. Il est médecin de l'hospice et médecin vaccinateur.

FAVEYRIAL (Jean-Claude), né à Usson-en-Forez (Loire), le 24 mars 1817 ; frère du précédent. Il fit de brillantes études classiques et se consacra à l'état ecclésiastique. Après avoir étudié la théologie au grand séminaire de Lyon, de 1839 à 1841, il entra dans la maison des Lazaristes, à Paris, et fut ordonné prêtre en 1842. Envoyé, la même année, dans l'île de Santorin (Grèce), il se rendit à Constantinople en 1844. Depuis, M. l'abbé Faveyrial n'a guère quitté les pays orientaux. Il a résidé tantôt à Constantinople, tantôt en Bulgarie, en Albanie, dans les provinces danubiennes, en Arménie, à Odessa, etc. A partir de 1866, il a habité Monastir, forte ville sur le mont Pinde. Pendant la guerre de Crimée, il a été aumônier de l'hôpital des cholériques à Constantinople, et a fait plusieurs fois le voyage de Sébastopol. En 1860, le prince Albanais l'a chargé d'une mission religieuse en France. Quelques mois plus tard, il a été rappelé à Constantinople pour le sacre de l'évêque de Bulgarie. M. l'abbé Faveyrial est à la fois linguiste et polyglotte. Il parle et écrit douze langues et un grand nombre d'idiomes. On lui doit de petits ouvrages religieux écrits dans diverses langues orientales ; et, très-prochainement, il fera paraître une *Histoire religieuse des Eglises d'Orient*, éditée en plusieurs volumes et publiée en plusieurs langues.

FAVRE (Adolphe), né à Lille, le 1er mai 1808. Il est le promoteur du retour en France des cendres de l'empereur Napoléon Ier. Dès le 7 août 1830, il en faisait la demande au roi Louis-Philippe dans une brochure intitulée : *L'homme du rivage ou l'illustre tombeau* ; et dans le tome V du *Dictionnaire universel des connaissances humaines*, au mot *Invalides*, le major Paul Roques a consigné ce fait important, d'après les documents les plus authentiques. M. Adolphe Favre a publié un grand nombre d'ouvrages, parmi lesquels nous croyons devoir mentionner un volume de poésies, l'*Amour d'un ange* (1852) et plusieurs nouvelles et romans : *Le capitaine des archers*, *L'œuvre du démon*, *Le prix du mal*, *Maître Guillaume*, *Le rémouleur*, *Comment un fils se marie*, *La fausse route*, etc. Il a fait jouer sur différents théâtres de Paris : *Un martyr de la victoire*, drame en 5 actes ; *L'orfèvre du Pont-au-Change*, drame historique en 5 actes ; *Déborah*, opéra-comique en 3 actes ; *La porte Saint-Denis* (1672), drame en 5 actes ; *Le défaut de la cuirasse*, comédie en un acte ; *Deux clarinettes*, opérette en un acte ; *Un monsieur qui a perdu son mouchoir*, vaudeville en un acte ; *L'enlèvement au bouquet*, comédie-vaudeville en un acte. Il dirige, depuis 1851, la *Correspondance littéraire* (*Revue parisienne*), dont il est le fondateur. Beaucoup de ses poésies ont été mises en musique et plusieurs de ses ouvrages lui ont valu des médailles d'or et d'argent de diverses Académies et sociétés savantes.

FAYE (Hervé-Auguste-Etienne-Albans), né à Saint-Benoît-du-Sault (Indre), le 5 octobre 1814. Fils d'un ingénieur des ponts-et-chaussées, il fut admis à l'Ecole polytechnique en 1832 ; mais, délaissant la carrière ouverte devant lui, il quitta l'Ecole pour se consacrer à l'industrie, et se rendit en Hollande. Sa véritable vocation ne se dessina guère qu'en 1836, époque où il entra, comme élève, à l'Observatoire de Paris. La planète qu'il découvrit le 22 novembre 1843, et qui porte son nom, lui valut le prix Lalande à l'Académie des sciences. Membre titulaire de la section d'astronomie à l'Institut, en remplacement du baron Damoiseau, depuis le 18 janvier 1841, chargé du cours de géodésie à l'Ecole polytechnique, de 1848 à 1854, recteur de l'Académie universitaire de Nancy, et chargé du cours d'astronomie à la Faculté des sciences de cette ville en 1854, M. Faye a été successivement nommé membre titulaire du Bureau des longitudes le 26 mars 1862, inspecteur-général de l'enseignement secondaire (section des sciences), et membre du Conseil supérieur de l'instruction publique en 1864. On lui doit quelques travaux techniques importants : *La parallaxe d'une étoile anonyme de la grande*

Ourse ;—*Nouveau collimateur zénithal et limite zénithale nouvelle*; — *L'anneau de Saturne;* — *Les déclinaisons absolues.* Ces mémoires ont été lus à l'Académie des sciences. En outre, il a publié : *Leçons de cosmographie*, ouvrage très-populaire (1852, 2ᵉ édit., 1854);—*Sur une méthode nouvelle proposée par M. de Littrow pour déterminer, en mer, l'heure et la longitude* (1864) ; — une traduction du *Cosmos* d'Alexandre de Humboldt, en collaboration avec M. Ch. Galusky (1846-1859, 2ᵉ édit., 1864, 4 vol.). M. Faye est commandeur de la Légion d'Honneur.

FAYET (Antoine), né à Arfeuille (Allier), le 29 juin 1815. Elève du petit séminaire d'Iseure, et ordonné prêtre en 1842, il remplit, dans le même établissement, jusqu'en 1850, les fonctions de professeur de rhétorique, et fut ensuite, jusqu'en 1853, secrétaire de l'évêché de Moulins. Nommé curé d'Hyds (par Commentry), en 1853, il n'a pas cessé d'employer les loisirs que lui laissaient ses fonctions sacerdotales à l'étude des questions économiques et sociales et des belles-lettres, pour lesquelles il éprouvait, depuis sa jeunesse, un goût particulier. On doit à M. l'abbé Fayet de nombreux articles de littérature, de critique religieuse, de politique et d'économie sociale insérés dans la *Gazette de France*, l'*Union provinciale* de Clermont, la *France littéraire* de Lyon, la *Revue indépendante*, dans les journaux de son département, et surtout dans le *Mémorial de l'Allier*, dont il n'a pas cessé d'être, depuis 1849, un des collaborateurs les plus actifs. Il a commencé la publication importante d'une anthologie poétique : *Les beautés de la poésie ancienne et moderne*, traduction en vers avec des notes littéraires et des notices sur les auteurs, dont deux volumes ont paru et se vendent séparément : *Poésie hébraïque* (1861), et *Poésie allemande* (1862) ; et il espère poursuivre et achever ce long travail qui doit former plusieurs autres séries. En outre, M. l'abbé Fayet a publié : *Biographie de M. de Genoude*, par un collaborateur du journal *Le Bourbonnais* (1844, 2ᵉ édit., 1846), suivie de l'*Histoire de la Gazette de France*, par A. Nettement ; — *De l'esprit national*, avec une préface de M. A. Weill (1850) ; — *De l'unité religieuse* (1856) ; — *De la paix entre la raison et la foi* (1862) ; — *Lettre à un rationaliste sur la raison et la foi* (1ʳᵉ série, 1864) ; — trois poëmes : *La foi* (1864), *L'espérance* (1865), *La charité* (1866) ; — *De la paix perpétuelle*, étude historique et critique (1869) ; — *De la décentralisation intellectuelle* (1871). M. l'abbé Fayet est chanoine honoraire de Moulins et membre de la Société d'émulation de l'Allier et de l'Institut des provinces.

FEBVRE (Frédéric), né à Paris, le 21 février 1837. Ce brillant sociétaire de la Comédie-Française est aussi un excellent musicien. Son père, officier d'administration, ne pouvant lui ouvrir la carrière musicale, il entra dans une étude d'huissier et conduisit en même temps l'orchestre d'un modeste théâtre de société. Un soir où le *Mari de la veuve* était affiché, on s'aperçut, au lever du rideau, de l'absence de l'amoureux. Le jeune chef d'orchestre, jetant son archet, s'offrit pour jouer le rôle ; et il s'en acquitta aux applaudissements des spectateurs. Le lendemain il était engagé pour le Hâvre ; mais, son directeur ayant fait faillite, il revint à Paris, et joua successivement quelques petits rôles consciencieusement étudiés, à l'Ambigu, à la Porte-Saint-Martin et à la Gaîté. A Beaumarchais, il remplit plusieurs grands rôles, notamment dans le *Mauvais gars*, *Paul d'Artenay* et *André le mineur*. Mais c'est à l'Odéon, où Fechter l'avait fait entrer, qu'il fonda sa réputation. Le personnage de Célestin, dans le *Testament de César Girodot*, fut une de ses meilleures créations. Une courte apparition à l'Ambigu, où il joua Précolet, dans la *Maison du Pont-Notre-Dame*, le mit tout à fait en évidence. Le Vaudeville l'engagea alors pour les *Mariages de Paris*, d'Edmond About (5 juillet 1861). Il s'y fit remarquer ensuite dans la *Frileuse*, l'*Attaché d'ambassade*, *Nos Intimes*, où il avait à remplir le rôle si long et si difficile de Maurice, le *Vrai courage*, les *Plantes parasites*, *Un duel sous Richelieu*, les *Brebis de Panurge*, *Germaine*, le *Mariage d'Olympe*, les *Ressources de Quinola*, le *Roman d'un jeune homme pauvre*, le *Drac*, la *Jeunesse de Mirabeau*, où il joua Shéridan, la *Belle au bois dormant*, *Jean qui rit*, *Monsieur de Saint-Bertrand*, les *Deux Sœurs*, la *Famille Benoiton*. Dans un intervalle de repos, il alla créer à la Gaîté le rôle capital de la *Maison du baigneur*. Son talent et sa persévérance le conduisirent enfin au Théâtre-Français. Il y débuta brillamment dans les rôles de Philippe II (19 septembre 1866) de *Don Juan d'Autriche*, Georges Bernard de *Par droit de conquête*, Bernard de Stampli de *Mˡˡᵉ de la Seiglière*. Le public l'accueillit très-favorablement, et ses camarades s'empressèrent de le recevoir sociétaire. M. Febvre a joué depuis au Théâtre-Français dans *Tartufe*, les *Femmes savantes*, le *Jeu de l'amour et du hasard*, les *Fausses confidences*, la *Volière de Molière*, *A deux de jeu*, la *Parvenue*, *Julie*, le *Baiser anonyme*, *Mademoiselle de Belle-Isle*, la *Chaine*, *Bataille de dames*, le *Lion amoureux*, *Mercadet* et *Dalila*. Ses compositions musicales lui ont valu un grand nombre de décorations étrangères.

FÉLIX (Charles-Antoine-Léon), né à l'Isle-sur-Sorgues (Vaucluse), le 28 octobre 1807. M. le docteur Félix a fait ses études médicales à la Faculté de Montpellier, où il a été élève de l'Ecole pratique dès la première année, puis aide d'anatomie. Lorsqu'il eut obtenu son diplôme de docteur, en 1834, il se rendit à Paris pour s'y livrer à l'étude spéciale des accouchements. Rentré dans son pays natal en 1836, il se signala bientôt par son dévouement pendant le choléra de 1837, et reçut à cette occasion une médaille d'honneur. Il a mérité une seconde médaille, en 1854, en pareille circonstance. M. le docteur Félix est médecin-vaccinateur cantonal depuis 1855 ; il a déjà remporté trois médailles d'argent, en 1858, 1862 et 1868, en récompense du zèle qu'il déploie pour la propagation de la vaccine, et a été nommé chevalier de la Légion d'Honneur le 15 août 1862. Indépendamment des secours de son art, il a consacré à ses concitoyens ses loisirs, son expérience et ses lumières. Il a été membre du Bureau de bienfaisance de l'Isle de 1852 à 1859, et maire de cette ville de 1859 à 1865.

FÉRAUD-GIRAUD (Louis-Joseph-Delphin), né à Marseille, le 24 décembre 1819. Docteur en droit, il se fit inscrire, en 1843, comme avocat au barreau de sa ville natale et entra, en février 1845, dans la magistrature, en qualité de substitut à Apt. Il est, depuis 1869, président de chambre à la Cour impériale d'Aix, où il siégeait comme conseiller depuis 1852. M. Féraud-Giraud fait partie du Conseil général des Bouches-du-Rhône. Il est membre de diverses Commissions administratives et d'instruction publique, de l'Académie de législation de Toulouse, de l'Institut d'Egypte et des Sociétés académiques de Saint-Étienne, Angers, Apt, Aix, Marseille et Toulon, vice-président de la Société d'agriculture des Bouches-du-Rhône, et a été président du Comice d'Aix et l'un des fondateurs de la *Revue agricole et forestière de Provence*. Il a publié : *Dommages causés par les travaux publics* (1845) ; — *Servitudes de voirie : voies de terre* (1850, 2 vol.), *voies de fer* (1852); — *Législation française concernant les ouvriers* (1856); — *Jurisprudence de la Cour d'Aix* (1857); — *France et Sardaigne, exposé des lois et des traités* (1859) ; — *Police des bois, défrichement et reboisement* (1861) ; — *Traité de la grande voirie et de la voirie urbaine* (1865); — *De la juridiction française dans les Echelles du Levant* (1866, 2 vol.), etc. M. Féraud-Giraud a collaboré à la *Revue de législation* de Wolowski, à la *Revue historique du droit*, au *Dictionnaire de la politique* de M. Block et à diverses publications agricoles. M. Féraud-Giraud fait partie de la Commission instituée, en 1867, au ministère des Affaires étrangères, pour la réorganisation de la justice en Orient. Il est officier de l'Instruction publique et chevalier de la Légion d'Honneur.

FERAY (Ernest), né à Paris, le 29 mai 1804. Petit-fils d'Oberkampf, ses traditions de famille l'invitaient à choisir la carrière de l'industrie. Ses fils et lui exploitent à Essonnes (Seine-et-Oise) un établissement très-important, comprenant : fonderie de fer; atelier de construction spécial pour moulins à blé et à tan, papeterie, moteurs hydrauliques, turbines, transmissions de mouvement; filatures de coton et de lin ; tissage de calicots, toiles et linges damassés, etc. Propriétaire du château de Chantemerle, maire d'Essonnes depuis 1848, notable commerçant et ancien membre de la Chambre de commerce de Paris, il ne s'occupa guère de politique jusqu'à la révolution du 4 septembre 1870. A cette époque critique, il se distingua par sa fermeté pendant l'invasion des armées allemandes. Aussi les électeurs de son département l'envoyèrent-ils à l'Assemblée nationale, par 25,355 voix, le 8 février 1871. A la Chambre, ses capacités, surtout dans la discussion des questions économiques, industrielles et commerciales, lui ménageaient un rôle très-important. L'un des chefs du Centre-Gauche, fraction extra-parlementaire disposée d'abord à réserver les questions constitutionnelles et à se contenter de soutenir la politique de M. Thiers, il s'est rallié complétement au message présidentiel, après les élections du 27 avril 1873, et a, dans une lettre reproduite par tous les grands journaux, affirmé que, pour son groupe politique, l'avénement définitif du régime républicain était une nécessité d'Etat. Il a été membre de la Commission de permanence en novembre 1871, et a voté notamment : pour la paix, la loi départementale, l'amendement Target, les impôts sur les bénéfices et sur le chiffre des affaires ; contre le retour de l'Assemblée à Paris, et contre l'impôt sur les matières premières. M. Feray a fait partie du Conseil général de Seine-et-Oise de 1840 à 1870. Comme manufacturier, il a remporté une médaille d'argent en 1833 et une médaille d'or en 1839. Il est officier de la Légion d'Honneur depuis 1842.

FERDUT (Eugène-Louis-Marie), né à Paris, le 24 février 1839. Il a commencé ses études médicales à la Faculté de Paris en 1857, et a obtenu le grade de docteur, le 31 mai 1865, après avoir soutenu avec succès une thèse intitulée : *De l'avortement au point de vue médical, obstétrical, médico-légal, légal et théologique*. M. le docteur Ferdut exerce dans sa ville natale. Travailleur infatigable, il s'est adonné à la pratique des accouchements et des maladies des femmes, spécialité où il s'est créé une position scientifique en dehors des influences officielles. Chaque année, depuis 1865, il fait à l'Ecole pratique de la Faculté de médecine de Paris un cours public et complet sur l'obstétrique et la gynécologie. Son enseignement est suivi par les élèves en médecine et par les jeunes praticiens avec un enthousiasme tellement soutenu que le nombre des auditeurs se trouve constamment limité par celui des places de l'amphithéâtre. Ce succès est justifié par le goût, le feu, la passion sans bornes qui distinguent ce professeur, non moins que l'esprit simple, méthodique et impartial de ses démonstrations. Enfin, M. le docteur Ferdut, qui a déjà fait près de 1,000 leçons publiques et gratuites, se recommande par un enseignement complet sur la matière, et tout à la fois très-érudit et très-pratique.

FÉRÉ (Charles-Octave MOGET, dit), né à Tours, le 10 octobre 1815. Il fit ses classes à la Flèche et à Versailles, entra comme maître d'études dans une pension de Rouen, et débuta dans le journalisme par des articles littéraires insérés dans les journaux de la localité. Rédacteur en chef du *Phare de Dieppe*, puis du *Mémorial de Rouen*, il fonda le *Messager de Rouen*, qui, après le Coup-d'Etat de décembre 1851, succomba dans sa lutte avec la préfecture. Il se rendit alors à Paris, collabora à divers journaux, et entra au ministère de l'Intérieur où, en raison de ses aptitudes, on le plaça au bureau de la presse, ce qui était loin de combler ses désirs, à lui qui, par tempérament, éprouve une instinctive répulsion pour tout ce qui a trait à la politique; et la politique, puisque politique il y a, s'en est vengée par sa destitution, au mois de septembre 1870. Malgré ces tracas, il a publié une grande quantité de livres et surtout des romans historiques, dont nous indiquons les principaux. Il a fait paraître seul : *Légendes et traditions de la Normandie* ; — *Les mystères de Rouen* (2 vol.); — *La vipère noire*; — *La comédienne amoureuse*; — *Les mystères du Louvre* (6 vol.); — *Fualdès*; — *La bergère d'Ivry*

(2 vol.); — *Le meurtrier du roi;* — *La résidence de Luciennes;* — *Les sept étoiles de Bohême;* — *Le pacte du docteur;* — *Les régions inconnues;* — *Le docteur Vampire,* etc. Avec M. Saint-Yves, il a fait paraître : *Les chevaliers errants* (8 vol.); — *Les Trabucayres;* — *La Cour des Miracles;* — *Jean l'Ecorcheur ;* — *Les invisibles ;* — *La Rose d'Ivry ;* — *La Chanteuse de marbre* (4 vol); - *Les aventures d'un renégat* (5 vol.); — *Les quatre femmes d'un pacha* (5 vol.); — *Le baron de Trenck* (4 vol.); — *Louise de Guzman.* Avec M. Jules Cauvain, il a publié : *Les buveurs d'absinthe;* — *L'école des Loups ;* — et, avec divers collaborateurs : *Cardillac;* — *Le livre des fiancées;* — *Garibaldi,* etc. M. Octave Féré a fait jouer, en province et à Paris, une vingtaine d'actes, entre autres, avec M. Saint-Yves : *Zerbine,* musique de J. Bovéry, et *Pianella,* musique de Flotow.

FERMOND (Charles), né à Angoulême, le 12 mai 1810. Il fit ses études scientifiques à la Faculté de Paris et obtint le brevet de pharmacien de 1re classe en 1859. Comme interne bénévole, il fit simultanément, en 1832, un double service de cholériques à la Salpêtrière et à l'Hôtel-Dieu. Nommé pharmacien en chef des hôpitaux en 1837, et de la Salpêtrière en 1843, M. Fermond est actuellement le doyen des pharmaciens en chef des hôpitaux de Paris. Dès 1831, il avait inventé la forme de médicaments connue sous le nom de *Dragées médicamenteuses,* si universellement employées aujourd'hui ; les premières furent faites par lui pour dissimuler l'odeur et la saveur repoussantes du baume de copahu, sous le nom de *Dragées américaines.* Il a fait le service des cholériques en 1849 et 1864. A cette dernière époque, il a été chargé de la désinfection des matelas, hardes, couvertures provenant de tous les hôpitaux; et ce travail, exécuté à l'air libre, en plein hiver, à l'aide de procédés auxquels il avait apporté certaines modifications, ne lui a pas demandé moins de deux mois. De même, il a fait preuve de beaucoup de zèle et de dévouement pendant une épidémie typhoïde qui encombrait son hôpital de malades. En 1870, il s'est dévoué à un service très-compliqué d'épidémie variolique et d'ambulances militaires, et a su faire face au surcroit d'administrés provoqué par l'évacuation, sur son hôpital, des pensionnaires de Bicêtre, d'Ivry et de Larochefoucaud. D'ailleurs, il n'a pas quitté son poste, ni cessé de remplir ses fonctions pendant tout le temps du siège et de la Commune. A diverses époques, il a fait pour l'administration des hôpitaux un grand nombre de travaux et de rapports qu'il serait trop long d'énumérer ici, et dont les plus importants concernaient le *lait,* les *sangsues,* les *taches sur le linge,* les *désinfectants,* les *procédés de lessivage,* les *soudes de commerce,* etc. M. Fermond s'est occupé spécialement d'acoustique et de musique. C'est à lui qu'on doit l'idée première d'instituer au Conservatoire un cours d'acoustique appliqué à la musique. La révolution de 1848 l'a empêché d'être nommé professeur de ce cours ; mais son projet n'en a pas moins été jugé utile, et cette chaire est actuellement instituée au Conservatoire. M. Fermond est membre de la Société botanique de France, de l'Institut polytechnique, de la Société linnéenne de Sens, de la Société havraise d'études diverses, fondateur et vice-président de la Société d'émulation pour les sciences pharmaceutiques, etc. On ne lui doit pas moins de 52 publications dont voici les principales : *Monographie des sangsues médicinales,* 1854); — *Etudes sur la symétrie considérée dans les trois règnes de la nature* (1855, avec 29 fig.) ; *Monographie du tabac* (1857); — *Faits pour servir à l'histoire générale de la fécondation chez les végétaux* (1859, avec fig.); — un ouvrage de *Philosophie botanique* (1864-1868) comprenant un *Essai de phytomorphie,* ou étude des causes qui déterminent les principales formes végétales (2 vol., gr. in-8., 29 pl. avec plus de 500 fig.), et un *Traité de phytogénie,* ou théorie mécanique de la végétation (gr. in-8., 5 pl. avec 108 fig.). Enfin, M. Fermond a collaboré au *Manuel complet du baccalauréat ès sciences mathématiques,* avec MM. Aimé et Bouchardat (2e édit., 1845), et à la *Flore médicale* (3e édit., 1862).

FERRAZ (Marin), né à Ceyzerieu (Ain), le 25 mars 1820. Il commença ses études au collége de Belley et les termina au lycée de Lyon, en 1839. Après avoir quelque temps cherché sa voie, il entra dans l'Université (1844), et enseigna successivement la rhétorique et la philosophie dans plusieurs colléges. Ayant concouru pour l'agrégation en 1853, il fut reçu avec éclat. Encouragé par ce succès, il soumit, en 1862, à la Faculté de Paris, une thèse intitulée : *De la Psychologie de saint Augustin,* qui fut très-favorablement accueillie. « On reconnait dans ce travail, écrivait E. Saisset, deux caractères qui ne se démentent pas : d'abord, une connaissance exacte et approfondie des textes, puis une critique toujours judicieuse et quelquefois d'une pénétration, d'une force et d'une élévation remarquables. » Cet ouvrage valut à M. Ferraz, en 1863, non-seulement le diplôme de docteur, mais encore une couronne à l'Académie française et une chaire de philosophie à la Faculté de Lyon, où il remplaça M. F. Bouillier, le savant auteur de l'*Histoire de la philosophie cartésienne.* M. Ferraz a publié, depuis, un autre ouvrage intitulé : *Philosophie du devoir.* « C'est, dit M. E. Bersot, le travail d'un excellent esprit, sérieux, indépendant, habile à analyser un problème et à dégager la vérité... Toutes les questions qui entrent dans la question générale du devoir y sont clairement exposées, discutées librement et par une raison très - judicieuse. » (*Débats,* 29 mars 1870). La *Philosophie du devoir* a été également couronnée par l'Académie française (1869). M. Ferraz occupe encore actuellement (1873) la chaire de philosophie à la Faculté des lettres de Lyon.

FERROUILLAT (Jean-Baptiste), né à Lyon, le 4 mai 1820. Après avoir fait de solides études au lycée de sa ville natale, il prit ses inscriptions de droit à la Faculté de Paris, se présenta avantageusement dans les concours, se fit recevoir docteur en 1843, remporta un des prix de la Faculté en 1844, et devint secrétaire particulier de M. Bethmont. Après les événements de Février 1848, il alla représenter le département du Rhône à l'Assemblée constituante. Comme étant un des membres les plus jeunes de l'Assemblée, il remplit les fonctions de secrétaire au bureau provisoire, et l'ensemble de ses votes le classa dans le parti du *National*. M. Ferrouillat a exercé la profession d'avocat à Paris de 1849 à 1856, époque à laquelle il s'est fait inscrire au barreau de sa ville natale. En 1864 il a été envoyé, par le parti de l'opposition, au Conseil général du Rhône, où il représentait le deuxième canton de Lyon. En 1867, il a été un des conseillers généraux qui donnèrent leur démission pour protester contre l'interdiction, qui leur fut opposée alors pour la première fois, de discuter le vœu relatif au régime municipal de Lyon; et il fut, ainsi que ses collègues, réélu avec une majorité considérable. Depuis la révolution du 4 Septembre, il fait partie du Conseil municipal de Lyon. Aux élections du 2 juillet, il a été envoyé à l'Assemblée nationale par le département du Var.

FERRY (Jules-François-Camille), né à Saint-Dié (Vosges), le 5 avril 1832. Il fit son droit à la Faculté de Paris. Inscrit au barreau de la capitale en 1854, il prononça, comme avocat stagiaire, en 1855, le discours de rentrée à la conférence, sur ce sujet : *De l'influence des idées philosophiques sur le barreau du XVIIIᵉ siècle*. Longtemps il donna des travaux de jurisprudence à la *Gazette des Tribunaux*. Associé au mouvement d'opposition contre l'Empire et condamné en 1864, dans le procès des *Treize*, il collabora à la *Presse*, au *Courrier de Paris*, puis au *Temps* il donna, dans cette dernière feuille, des articles très remarqués sur la politique intérieure et sur l'administration financière de la ville de Paris. Après s'être porté candidat de l'opposition au Corps législatif, en 1864, il se retira devant M. Garnier-Pagès. En 1869, il se présenta de nouveau, et fournit une campagne des plus brillantes dans les réunions publiques préparatoires à la votation. Elu au second tour de scrutin, contre M. Cochin, il siégea sur les bancs de la Gauche, parmi les *Irréconciliables*, prit une part importante aux discussions suscitées par la vérification des pouvoirs à la nouvelle Chambre, et fit au cabinet Ollivier l'opposition la plus vive. Après la révolution du 4 Septembre, il devint secrétaire du gouvernement de la Défense nationale, fut délégué à l'administration de la Seine, et, à la suite du plébiscite parisien du 3 novembre 1870, remplaça M. Etienne Arago, dans les fonctions de maire de Paris. Sa conduite, dans la fameuse nuit du 31 octobre, fut des plus courageuses; arrêté par l'insurrection, avec tous ses collègues, et délivré par le 106ᵉ bataillon, il prit aussitôt le commandement des bataillons de l'ordre qui enveloppèrent l'Hôtel-de-Ville et purent rétablir l'autorité légale sans effusion de sang. Le 18 janvier 1871, il présida l'Assemblée des maires, qui se vit dans la nécessité d'ordonner le rationnement du pain, et signa l'arrêté qui faisait connaître à la population cette extrémité douloureuse. Au 18 mars, il voulait défendre l'Hôtel-de-ville contre l'insurrection triomphante; et il ne quitta son poste que sur l'ordre formel du gouvernement qui rappelait toutes les troupes hors de Paris (voir l'*Enquête sur le 18 mars*, 2 vol.). La gestion de M. Jules Ferry a soulevé des critiques plus amères que justes, si l'on envisage d'un œil impartial les terribles difficultés du moment et la redoutable responsabilité qu'elles entraînaient. Il faut lire, à cet égard, sa déposition dans l'Enquête sur les actes du gouvernement de la Défense nationale (Iᵉʳ volume). Rentré dans Paris, avec l'armée du maréchal Mac-Mahon, le 22 mai 1871, il remplit, jusqu'au 5 juin, les fonctions de préfet de la Seine. Aux élections de février 1871, M. Ferry a été élu représentant des Vosges à l'Assemblée nationale. Il a pris place sur les bancs de la Gauche et a voté notamment : pour le retour de l'Assemblée à Paris, l'amendement Barthe, la dénonciation des traités de commerce, le traité douanier; contre l'abrogation des lois d'exil, et, finalement, pour l'ordre du jour pur et simple sur l'interpellation des 320, et contre l'ordre du jour de M. Ernoul, dans les séances historiques des 23 et 24 mai 1873. On lui doit, outre sa collaboration au *Manuel électoral*, quelques brochures qui firent grand bruit en leur temps : *Les comptes fantastiques d'Haussmann*; — *La lutte électorate en* 1863, etc. M. Jules Ferry a été élu, le 8 octobre 1871, membre du Conseil général des Vosges pour le canton de Thillot, contre M. Buffet, aujourd'hui président de l'Assemblée nationale. Il a été nommé, le 15 mai 1872, ministre plénipotentiaire de France à Athènes, et s'est démis de ses fonctions aussitôt après la révolution parlementaire qui a renversé le gouvernement de M. Thiers. Sa mission diplomatique avait été heureuse, car on lui doit la solution du différend international qui, depuis huit années, existait entre le gouvernement grec, d'une part, et les gouvernements français et italien, d'autre part, au sujet des riches mines du Laurium.

FERTIAULT (François), né à Verdun (Saône-et-Loire), le 25 juin 1814. Il commença ses études au collège de Chalon-sur-Saône, et fut forcé de les abandonner de bonne heure pour se consacrer au commerce. Mais, entraîné par son penchant pour les travaux littéraires, il publia, dans les feuilles locales, des poésies qui fixèrent sur lui l'attention de ses concitoyens, et lui valurent la faveur de pouvoir compléter ses classes aux frais des personnes fortunées et lettrées de la ville. Venu à Paris en 1835, et employé comme caissier dans une maison de banque, il a consacré ses loisirs à la littérature. On lui doit un grand nombre d'ouvrages de toute sorte, recueils de poésies, opuscules, nouvelles, traductions, etc., publiés soit séparément, soit dans le corps de publications périodiques, et dont plusieurs en collaboration avec Mᵐᵉ Julie Fertiault, sa femme. Nous citerons : *La Nuit du génie* (1835); — *Le Dix-neuvième siècle*, satires en collaboration avec Eugène Nus (1840) ; — *Histoire pittoresque et anecdotique de la Danse* (1854); — *Le Poème des larmes*, avec Mᵐᵉ Julie Fertiault (1858 et 1860); — *La Matière et l'Ame* (1863); — *Les Voix amies*, avec Mᵐᵉ Julie Fertiault (1864) ; — *Le Bac des vendangeurs* (1864); — *Le Carillon du collier* (1867); — *Le Vigneron* (1869), etc. M. Fertiault a été pendant quatre ans rédacteur en chef du *Feuilleton de Paris*, dix ans directeur du *Bulletin de l'Union des Poètes* (Société dont il fut successivement trésorier, vice-président et président), et a collaboré à beaucoup d'autres publications. Il a été, de plus, le promoteur et l'éditeur littéraire d'un recueil intitulé : *Rimes et Idées* (1868), où vingt-cinq poëtes ont apporté leur contingent littéraire. Parmi les œuvres de M. Fertiault, on signale tout particulièrement deux traductions, faites pour la première fois chacune : celle des *Rimes de Dante* (1848), et surtout celle des *Noëls Bourguignons*, dont deux éditions (1842 et 1858) n'ont pas épuisé le succès. A la suite de ce dernier travail, M. Fertiault fut reçu membre correspondant de l'Académie de Dijon ; plus tard, l'Académie de Bordeaux l'accueillit de même. Il fait partie de la Société des gens de lettres depuis 1846.

FERTIAULT (Marie-Julie RODDE, *dame*), née à Aubenas (Ardèche) ; femme du précédent. Fille de J.-F. Victor Rodde, fondateur et rédacteur en chef du journal *Le Bon sens* (1832-1835), et compagne d'un homme de lettres, Mme Julie Fertiault s'est toujours trouvée en plein milieu littéraire. Elle sentit, après la perte de son fils unique, le besoin d'épancher son cœur, et elle fit choix du langage noble et harmonieux de la poésie. C'est ce qui explique sa participation au *Poëme des larmes* et aux *Voix amies*, publiés en collaboration avec son mari, en 1858 et 1864. Depuis un certain nombre d'années, elle s'est fait, par ses *Causeries* philosophiques et toutes maternelles, un nom dans les journaux de dames ; et, après avoir été dix ans la sympathique causeuse du *Conseiller des Dames*, de la *Joie du foyer* et du *Journal des Jeunes Filles*, elle vient de faire paraître l'*Éducation du Cœur* (1871), et dirige, en ce moment, la publication des *Modes de l'Enfance*, *journal des jeunes mères*. Comme son mari, Mme Julie Fertiault est membre de la Société des gens de lettres.

FESQ (Antoine), né à Aurillac, le 10 août 1801. Il fit de brillantes études au collége de sa ville natale, avec l'intention de se consacrer à la pratique de la médecine. Dénué de fortune, il dut, pendant un certain temps, s'occuper de littérature et exercer le professorat pour subvenir à ses besoins. Après avoir enseigné les lettres et l'histoire dans une institution libre de Bordeaux, il vint à Paris en 1826, et prit ses premières inscriptions à la Faculté de médecine. En 1831, il fut choisi, au concours, parmi les étudiants en médecine envoyés en Pologne pour secourir les victimes de la guerre de l'émancipation et du choléra. Après avoir assisté à la prise de Varsovie par les Russes, contracté le typhus des camps et subi six mois de maladie, il revint à Paris (1832), où le choléra sévissait avec violence. Nommé chef d'un poste médical dans le faubourg Saint-Antoine, il mérita, par sa conduite brave et dévouée, la reconnaissance du quartier et des lettres élogieuses de la part du préfet de police et du maire de l'arrondissement. Comme l'infection cholérique se généralisait en province, il fut envoyé en Champagne, par le ministère de l'Intérieur, et s'y conduisit encore de façon à recevoir (1833) la médaille décernée par la ville de Paris aux médecins qui s'étaient le plus distingués en ces tristes circonstances. Reçu docteur en médecine à Paris, le 14 août 1835, avec une thèse sur le *Choléra*, dans laquelle, s'appuyant sur ses remarques personnelles, il se rangeait du côté des non-contagionistes, il se fixa dans sa ville natale en 1836, et ne tarda pas à s'y faire une belle position. Après la révolution de Février, le 19 mars 1848, il fut nommé conseiller de préfecture d'Aurillac, par l'intermédiaire de nombreux amis qui sollicitèrent pour lui, et à son insu, une place qui lui créât quelques ressources nouvelles, pour le dédommager des services désintéressés qu'il rendait à tous et surtout aux pauvres. Cette fonction administrative lui fut conservée jusqu'au 4 novembre 1865, époque où la mise en vigueur de la loi d'incompatibilité détermina sa mise à la retraite avec le titre de conseiller honoraire. M. le Docteur Fesq, médecin-adjoint de l'hôpital civil et militaire depuis 1844, est médecin en chef du même hôpital depuis 1852. Il est aussi médecin en chef des prisons depuis 1866. Enfin, il a reçu la croix de la Légion d'Honneur le 16 mars 1872, en récompense des nombreux services qu'il avait rendus, en 1870-1871, aux varioleux civils et militaires, tant à l'hôpital qu'à l'ambulance de l'Hippodrome, située à une demi-lieue de la ville, et a été honoré de la Croix de bronze, décernée par le Comité de secours aux blessés de terre et de mer, le 2 juillet de la même année.

FEUILLET (Octave), né à Saint-Lô, le 11 août 1822. Son père, secrétaire-général de la Manche, lui fit faire ses études au collége Louis-le-Grand, où il obtint de grands succès scolaires. Indépendant par sa position de fortune, et se sentant une sérieuse vocation pour les belles-lettres, il travailla dans le silence du cabinet et mûrit son talent d'observation jusqu'en 1845, époque où, sous le pseudonyme de « Désiré Hazard, » il collabora, avec MM. A. Aubert et Paul Bocage, à un roman-feuilleton : *Le grand vieillard*, publié par le *National*. A partir de ce moment, il fit paraître, sous son vrai nom, des scènes de fantaisie, des nouvelles et des romans dont beaucoup furent insérés d'abord dans des publications périodiques, notamment dans le *Diable à Paris*, la *Revue nouvelle* et la *Revue des Deux-Mondes*. Citons : *Sous le marronnier des Tuileries*, *Sous les tilleuls de la place Royale*, *Polichinelle*, conte, *Onesta* (1846) ; — *Alix*, légende (1848) ; — *Rédemption* (1849) ; — *Bellah*, roman (1850) ; — *La partie de dames*, *La clef d'or*, *L'ermitage*, *Le village*, scènes de la vie de province (1851-1852) ; — *L'urne*, poésie (1852) ; — *Le cheveu blanc* (1853) ; — *La petite comtesse* (1856) ; — *Le roman d'un jeune homme pauvre* (1858) ; — *Histoire de Sibylle* (1862) ; — *Monsieur de Camors* (1867). Ces trois derniers romans eurent un immense succès pour des motifs très-différents ; et le troisième, surtout, fut l'objet de fort vives controverses, motivées tant par le choix du sujet que par les allusions nombreuses que l'on croyait y découvrir. M. Octave Feuillet ne fut pas moins heureux comme écrivain dramatique. Il a fait jouer successivement : au Palais-Royal : *La* *nuit terrible* (1846) ; — à l'Odéon : *Le bourgeois de Rome* (1846) ; au Gymnase : *La crise*, et *Le pour et le contre* (1854). *Montjoye* (1863) ; — au Théâtre-Français : *Péril en la demeure* (1855), *Le village* (1856), *Le cas de conscience* (1867, *Julie* (1869) ; au Vaudeville : *La fée*, et *Le cheveu blanc* (1856), *Dalila* (1857), *Le roman d'un jeune homme pauvre* (1858), *La tentation* et *La rédemption* (1860), *La Belle au bois dormant* (1865). Avec M. P. Bocage, il a collaboré à plusieurs pièces très-bien accueillies du public : *Échec et mat* ; — *Palma* ; — *La vieillesse de Richelieu* ; — *York*. On dit qu'il est pour beaucoup dans le *Romulus* de M. Alexandre Dumas, joué aux Français en 1855. Ses premières œuvres forment cinq volumes de la *Bibliothèque contemporaine* (1853-1857). M. Octave Feuillet est entré, le 3 avril 1862, à l'Académie française où il occupe le fauteuil laissé vacant par M. Scribe. Chevalier de la Légion d'Honneur depuis 1854, il a été promu officier en 1863.

FÉVAL (Paul-Henri-Corentin), né à Rennes, le 29 septembre 1817. M. Paul Féval est issu d'une ancienne famille de robe. Son père était conseiller à la Cour d'appel de Rennes, son grand-père procureur-général au même siège. Il fit ses études classiques et son droit dans sa ville natale. Reçu avocat à 19 ans, il quitta le barreau pour demander une position à la littérature et se rendit à Paris où sa mère, quoique veuve et chargée d'une nombreuse famille, le soutint pendant quelque temps. Mais, au bout de dix-huit mois, aucun résultat ne venant, Mme Féval lui supprima toute espèce de subsides, et l'obligea à rentrer au foyer maternel. Il se trouva donc en face d'une vie de lutte et de privations qu'il accepta résolument, lui qui plus tard devait écrire : « Ceux qui veulent embrasser la carrière des lettres doivent avoir dans les os de la moelle de lion. » Ayant obtenu le maigre emploi de correcteur d'épreuves au *Nouvelliste*, dont M. Thiers était l'inspirateur, il parvint à glisser, dans ce journal, quelques articles favorablement jugés. Puis vinrent des commandes pour la librairie. Il collabora, sous le nom d'autrui, à des recueils encyclopédiques, au *Dictionnaire de la Conversation*, et fabriqua des couplets pour des vaudevillistes de troisième ordre ; c'était le pain quotidien, et sa vocation était sauvée. Consacrant ses rares loisirs à des travaux littéraires plus relevés, il fit paraître le *Club des Phoques* (*Revue de Paris*, 1841), et le roman des *Chevaliers du Firmament*, qui lui ouvrirent, presque simultanément, les colonnes du *Commerce*, de la *Quotidienne*, de la *Chronique* et de la *Mode*. Le succès du *Loup Blanc*, dans le *Courrier français*, lui fit confier, par Anténor Joly, la rédaction des *Mystères de Londres* (1844), vigoureuse satire de la constitution politique et sociale de l'Angleterre, qui compte actuellement (1873) plus de 30 éditions, et qui a été traduite dans toutes les langues. Puis parurent successivement les *Amours de Paris*, la *Quittance de Minuit* ; le *Fils du Diable*, dont le succès fut si brillant, mais si bruyant. L'œuvre de M. Paul Féval peut se diviser en trois parties bien distinctes, ou trois manières de procéder. A la première appartiennent les écrits cités plus haut, ainsi que *Jean Diable*, les *Habits-Noirs*, l'*Homme du gaz*, les *Compagnons du Trésor*, le *Dernier Vivant*, la *Tache rouge* ; et, dans la seconde, qui touche au genre historique, nous classerons : *Fontaine-aux-Perles*, la *Fée des Grèves*, les *Belles de nuit*, le *Cavalier Fortune*, le *Quai de la Ferraille*, la *Cavalière* et le *Bossu*, qui atteint sa 28e édition. La troisième partie, celle où les sentiments les plus délicats du cœur tiennent une place prépondérante, serait donc ainsi composée : *Aimée*, *Bouche de fer*, les *Parvenus*, *Madame Gil Blas*, le *Drame de la Jeunesse*, *Annette Laïs*, la *Province de Paris*. M. Paul Féval, écrivain correct, fin, élégant, et doué d'une fécondité merveilleuse, est assurément l'un de nos romanciers les plus populaires. Sa production littéraire est la plus considérable après celle d'Alexandre Dumas père, qui fut son maître avec Balzac et Frédéric Soulié. En 1848, il s'égara un instant dans le journalisme politique, fit la vogue un peu tapageuse du *Pamphlet*, fonda le *Bon Sens du Peuple*, et fut le rédacteur en chef de l'*Avenir national*, qui n'avait pas du tout la couleur du journal portant aujourd'hui le même titre. Depuis lors, il a inséré, de temps en temps, des articles très-remarqués au *Figaro*, au *Paris-Journal* et au *Gaulois*, où son oraison funèbre en style familier de Ch. Dickens, dont il était un des plus chers amis, fit sensation. Comme auteur dramatique, il a composé, seul ou en collaboration avec A. Dumas, Fr. Soulié et A. Bourgeois, dix drames dont trois ont obtenu un grand succès : *Le Fils du Diable* (Ambigu, 200 représentations, 1847) ; — *Les mystères de Londres* (Théâtre-Historique, 1848) ; — *Le Bossu* (Porte-Saint-Martin, 500 représentations, 1862) ; — *Les Puritains d'Écosse* ; — *Mauvais cœur* ; — *Les Belles de nuit* ; — *Frère Tranquille* ; — *Le mousquetaire du Roi* ; — *Cotillon III* ; — *Le bonhomme Jacques*. Le talent d'écrivain n'exclut pas celui d'orateur chez M. Paul Féval qui a fait preuve de beaucoup d'érudition, d'originalité, de spirituelle bonhomie, ainsi que d'une rare facilité d'élocution dans de nombreuses conférences. Il a notamment obtenu de grands succès à Genève, où il prit la défense de la Société des gens de lettres ; à la salle Valentino, en traitant des légendes bretonnes, et au théâtre de la Gaîté, où il fit une remarquable causerie sur Beaumarchais et le théâtre de Figaro. Tout récemment (janvier 1873), sa conférence sur l'*École des Femmes*, où il fait le procès au théâtre moderne qui ne vit que de massacres conjugaux, a obtenu un très-grand succès. M. Paul Féval a été nommé président de la Société des gens de lettres en 1866. Chevalier de la Légion d'Honneur en 1865, il a été promu officier de l'Ordre en 1869. Depuis 1872, il est vice-président de la Société des auteurs dramatiques.

FÈVRE (Mgr Justin-Louis-Pierre), né à Riaucourt (Haute-Marne), le 24 août 1829. Fils d'un ancien sergent-major de l'armée, devenu instituteur primaire, il fit ses premières études sous la direction de son père, commença ses humanités auprès du curé de sa paroisse, et entra, en 1842, au petit séminaire de Langres. Dès cette époque, il se sentait un goût très-vif pour la littérature, surtout pour les travaux historiques, et rassemblait les matériaux d'une *Histoire de Richelieu*. Après de brillantes études classiques, il fut admis, en 1848, au grand séminaire de Langres, où il suivit les cours réglementaires de l'établissement, et prépara un *Traité des institutions monastiques*. Ordonné prêtre en 1853, et nommé vicaire à Wassy-sur-Blaise, il commença un travail philosophique sur *l'Histoire de France* et donna quelques articles à l'*Univers*. L'année suivante, il fut appelé à la modeste cure de Louze (canton de Montiérender). A partir de ce moment, il consacra sa vie au développement de l'instruction chez ses paroissiens, et surtout parmi les enfants dont plus de trente, grâce à ses soins, ont été depuis en mesure d'embrasser des professions libérales. En même temps, il continuait ses travaux littéraires et s'imposait de grandes privations pour se créer une bibliothèque. Actuellement, cette bibliothèque, obscurément et laborieusement amassée, ne compte pas moins de 6,000 volumes. De 1855 à 1872, M. l'abbé Fèvre a fait de fréquents voyages à Paris, en province, en Angleterre et en Italie, visitant avec un égal intérêt les bibliothèques publiques et les établissements religieux. Diverses raisons, dont la principale est l'amour de ses livres et de ses occupations préférées, l'ont empêché d'accepter les offres honorables qui lui ont été faites, par des membres considérables du clergé, tantôt d'une place de chapelain à l'église Sainte-Geneviève de Paris, tantôt d'une belle position à Reims, tantôt enfin d'une candidature à une chaire de Sorbonne. En 1865, à la suite d'articles traduits, pour la *Vergine*, par le P. Marcellino da Civezza, et après offre de ses ouvrages au pape, il a été nommé proto-notaire apostolique. Les ouvrages de Mgr Fèvre sont très-nombreux. Il a dirigé, avec M. Carnandet, la traduction des *Actes des S ints*, d'après les Bollandistes, Mabillon et autres hagiographes (10 vol.), fait paraître les *OEuvres* latines du cardinal Bellarmin, dont il n'avait pas été fait d'édition en France depuis 1596 (12 vol.), et publié seul l'*Histoire universelle de l'Église catholique* par l'abbé Rohrbacher (16 vol.). A ces trois ouvrages il a ajouté beaucoup de notes et de dissertations. L'*Histoire de l'Église*, par exemple, ne compte pas moins de 150 dissertations, plus une importante introduction et un volume entier de complément. En outre, le même auteur a traduit : les *Grandes préfaces* des Bollandistes ; le *Propylæum maii* ; les *Ephémérides græco-russes* de Papebrock ; les *Prolégomènes* de l'Usuard ; la *Vie du cardinal Tommasi* ; les *Considérations sur les principales questions religieuses du temps présent*, du docteur Hirscher (3 vol.) ; la *Morale catholique considérée comme la réalisation du royaume de Dieu sur la terre*, du docteur Hirscher (3 vol.). Enfin, les œuvres originales de Mgr Fèvre sont : *Le budget du Presbytère* (1858) ; — *Du gouvernement temporel de la Providence dans ses principes généraux et dans son application aux temps présents* (1859, 2 vol) ; — *Du mystère de la souffrance* (1860) ; — *Histoire de Louze* (1860) ; — *De l'éducation des enfants à la maison paternelle* (1861) ; — *La légitimité de la IVe dynastie* (1863) ; — *La mission de la bourgeoisie*, suivie d'études sur le clergé, la noblesse et le prolétariat (1863) ; — *De la situation des instituteurs* (1863) ; — *Des constructions d'églises* (1863) ; — *De la restauration des études philosophiques* (1863) ; — *De la restauration de la musique religieuse* (1864) ; — *L'Église catholique et les journaux impies* (1865) ; — *Vignettes romaines* (1866) ; — *Le clergé de France et la philosophie* (1867) ; — *Vie et œuvres de Mgr. Darboy*, archevêque de Paris (2e édit., 1871) ; — *De la République et des Bourbons* (1871) ; — *Henri V, l'Église et la Révolution* (1872) ; — *Grammaire allemande à l'usage des Français* (1872); — plus des opuscules, mémoires, discours, sermons, etc. Mgr. Fèvre se propose, dit-on, de collaborer à la réédition très-augmentée, presque doublée, faite par M. Vivès, du *Dictionnaire de théologie* de Bergier et à la *Biographie universelle* de Feller. Comme journaliste, il a d'abord fourni des articles à l'*Union de la Haute-Marne*. puis à la *Haute-Marne* de Langres, et surtout au *Courrier* de Wassy. L'un des fondateurs de la *Revue du monde catholique*, il a aussi été, pendant neuf ans, rédacteur ordinaire du *Rosier de Marie*. Enfin, il a commencé, dans l'*Écho de Rome*, une *Histoire polémique de la papauté*, et fondé la *Semaine religieuse* à Langres et la *Semaine du clergé* à Paris. Pendant l'invasion, il n'a cessé d'écrire dans les journaux que lorsque les ennemis l'ont menacé de l'interner en Allemagne. Ses articles déjà parus ont alors été réunis en trois opuscules publiés à ses frais, et vendus au profit d'ouvriers sans ouvrage ou d'autres malheureux. On annonce de lui, comme devant paraître prochainement, un *Traité des études ecclésiastiques* (5 vol.). Mgr Fèvre est agrégé de l'Académie tiosalpine depuis le début de sa carrière, et membre-fondateur de la Société d'agriculture de Wassy.

FEYDEAU (Ernest-Aimé), né à Paris, le 16 mars 1821. Il se consacra à la littérature, à l'archéologie et à la finance, collabora au *Moniteur*, à la *Presse*, à l'*Artiste*, fonda l'*Epoque*, en 1865, et la *Revue internationale des arts et de la curiosité* en 1869 et publia surtout des romans, ou plutôt des études de mœurs contemporaines qui eurent, pour la plupart, un succès considérable. On doit à M. Ernest Feydeau : *Histoire générale des usages funèbres et des sépultures des peuples anciens* (1858, in-8, 3 vol. 100 pl.) ; — *Fanny*, roman qui a eu 16 éditions en dix-huit mois (1859, 2 vol.) ; — *Catherine d'Overmeire* (1860) ;—*Sylvie* (1861) ; — *Les quatre saisons* (1862 ; — *Alger* (1862); — *Le mari de la danseuse*, *Monsieur de Saint-Bertrand*, *Un début à l'Opéra* (1863 3 vol.; — *Le secret du bonheur* (1864 ; — *Du luxe des femmes, des mœurs, de la littérature et de la vertu* (1866) ; — *La comtesse de Chalis*, ou *Les mœurs du jour*. roman publié d'abord dans la *Liberté* (1867). M. Ernest Feydeau a donné au Vaudeville : *Monsieur de Saint-Bertrand* (1865), et a écrit une comédie : *Le coup de Bourse*, qui a été publiée en 1868. Il a épousé, en 1847, une demoiselle Blanqui, fille de l'illustre économiste de ce nom.

FICHEL (Eugène-Benjamin), né à Paris, le 30 août 1826. Il se consacra à la peinture et suivit l'atelier de Paul Delaroche. Contrarié dans sa vocation par son père qui le destinait au commerce, il se mit au théâtre et débuta à l'Odéon (1846), sous la direction de Bocage. Un an plus tard, son père, consentant à ce qu'il reprît ses premières études, l'envoya en Italie, d'où il revint avec son premier tableau, une *Sainte-Famille*, qu'il exposa en 1849. Son grand tableau : *La circulation du sang*, exposé en 1851, fut donné par son père à l'École de médecine. Ayant, à cette époque, abandonné la grande peinture pour s'adonner au tableau de genre, M. Eugène Fichel se fit bientôt une avantageuse réputation. Il a fait paraître, à l'Exposition universelle de 1855 : *Une matinée intime*, tableau appartenant à la princesse Mathilde. Au salon de Paris, il a successivement exposé : *La comédie italienne au château* (1857); — *Les noces de Gamache*; *Le baptême de Mlle Clairon* (1861); — *Une partie animée*; *Un coin de bibliothèque*; *l'arrivée à l'auberge*, ce dernier tableau placé au Luxembourg (1863). A partir de cette époque, il exposa successivement : *Une tabagie*; *L'audience du ministre* (1864); — *L'empereur Napoléon Ier combinant des manœuvres*, tableau appartenant à la princesse Mathilde; *Le général Bonaparte rendant à Eugène de Beauharnais l'épée de son père* (1865); — *Diderot et le neveu de Rameau, au café de la Régence*; *Le colporteur* (1866); — *Ouvres, au nom du roi! Amateur chez un peintre* (1867); — *Un corps-de-garde*; *Joueurs d'échecs* (1868); — *La nuit du 24 août 1572, avant le massacre*; *Le fou qui vend la sagesse*, sujet extrait des fables de Lafontaine (1869); — *Une galerie de tableaux*; *Un quatuor* (1870); — *Fondation de l'Académie française en 1635*; *Réception chez le prince* (1872); — *Buffon dans son cabinet*; *Les grandes entrées chez le roi* (1873). A l'Exposition universelle de Paris, en 1867, M. Fichel a fait reparaître l'*Arrivée à l'auberge*, accompagnée du *Cabinet des médailles à la Bibliothèque royale*; à celle de Vienne, en 1873. il a envoyé *Daubenton dans son laboratoire* et *Lacépède écrivant l'histoire des poissons*. Il a obtenu une médaille de 3e classe en 1857 et son rappel en 1861, une médaille en 1869, et la croix de la Légion d'Honneur en 1870.

FIGARELLI (Dominique-Louis DE), né à Bastia, le 25 août 1806. Il fit ses études classiques et son droit à Dijon. Reçu docteur en 1828, à l'unanimité des suffrages, il fit son stage d'avocat dans la même ville, sous le bâtonnat de M. Morcrette, au cabinet duquel il était attaché. En 1830, il prit place au barreau de Bastia, où il ne tarda pas à occuper un des premiers rangs, grâce à son zèle, à son désintéressement, à son esprit conciliateur, et surtout à son désir de voir l'instruction primaire pénétrer et se répandre en Corse Membre-secrétaire du Comité supérieur d'instruction primaire de l'arrondissement, dès sa création, il ne cessa, pendant un grand nombre d'années, d'exercer ces fonctions avec une compétence et une activité qui lui valurent des lettres d'éloges de la part du recteur en 1834, et de l'inspecteur primaire en 1845. M. de Figarelli ne négligeait pas davantage l'instruction secondaire Il professa plusieurs cours, remplit par intérim les fonctions de principal du collège, et reçut encore, de ce chef, une lettre de remercîments, que le recteur lui adressa le 31 octobre 1842. Préoccupé d'éteindre la *vendetta*, et par suite le banditisme qui désolaient son département, surtout l'arrondissement de Sartène et les communes de Gavignano, Porri, Silvareccio, il demanda et obtint le concours du général baron Lallemand, commandant la division militaire de Bastia, parcourut beaucoup de localités, et fit auprès des familles ennemies des démarches couronnées d'un plein succès. Les traités passés devant notaire, par les chefs des divers partis, et mis solennellement, dans les églises, sous la garantie du serment religieux, furent loyalement exécutés. Ces traités ont été publiés. Le chef du parquet, dans son discours de rentrée (1834), rendit pleine justice aux patriotiques efforts de M. de Figarelli et à ses heureuses démarches en faveur de la paix publique. Mgr Casanelli d'Istria, évêque d'Ajaccio, s'associa, par lettre du 10 juin 1838, à des éloges si mérités. Enfin, le doyen de la Faculté de droit de Dijon, en apprenant la belle conduite de son ancien élève, lui offrit un exemplaire d'une de ses œuvres, enrichi d'une inscription des plus flatteuses. Nommé procureur de la République à Villeneuve-sur-Lot, le 31 mai 1852, M. de Figarelli contribua beaucoup à l'apaisement des passions politiques dans cet arrondissement. En 1859, il fut appelé à diriger le parquet du tribunal d'Alençon et de la Cour d'assises de l'Orne. Conseiller à la Cour d'Aix depuis le mois de mai 1864, il préside les Assises des Bouches-du-Rhône, du Var, des Basses-Alpes et des Alpes-Maritimes. En 1872, il a présidé quatre sessions : une à Digne, une à Draguignan, et deux à Aix. En 1873, il a présidé les Assises du 2e trimestre de l'année dans le département des Basses-Alpes. C'est lui qui a été chargé, par la Cour d'Aix, de répondre, comme rapporteur, aux 32 questions posées, par le garde des sceaux, à toutes les Cours d'appel. au nom de la Commission d'enquête de l'Assemblée nationale, sur le régime des établissements pénitentiaires. Il a fait insérer dans le *Bulletin judiciaire* de la Cour d'Aix (1865-1872) des articles de jurisprudence traités avec beaucoup d'autorité. M. de Figarelli, membre titulaire de l'Institut d'Afrique, membre honoraire de la Société des instituteurs et des institutrices de Marseille, est chevalier de la Légion d'Honneur depuis le 6 mai 1846.

FIGUIER (Guillaume-Louis), né à Montpellier, le 15 février 1819 : fils de Jean Figuier, pharmacien, et neveu de Pierre Figuier, professeur de chimie à l'Ecole de pharmacie de Montpellier, à qui l'on doit la découverte des propriétés décolorantes du charbon animal et la première application de ce corps comme agent de décoloration. M. Louis Figuier, reçu docteur en médecine à la Faculté de Montpellier, le 16 janvier 1841, se rendit aussitôt à Paris, pour s'y adonner spécialement à l'étude de la chimie. Il travailla dans le laboratoire de la Sorbonne, sous M. Balard (de l Institut), et concourut, en 1844, pour l'agrégation à la Faculté de médecine de Paris (section des sciences accessoires). Sa thèse de concours avait pour sujet : *Du tissu adipeux et des matières grasses dans la série animale*. Professeur agrégé à l'Ecole de pharmacie de Montpellier en 1846, il y remplit ces fonctions pendant cinq ans. En 1850, il prit le grade de docteur ès sciences physiques devant la Faculté de Toulouse, avec les thèses suivantes : *Sur le dosage du brome*, et *Action de la lumière sur quelques substances impressionnables*. Trois ans plus tard, il revint à Paris, pour y prendre part à deux concours presque simultanés d'agrégation, à l'Ecole de médecine et à celle de pharmacie. Il réussit dans ce dernier concours, mais il échoua à la Faculté de médecine, le neveu d'Orfila lui ayant été préféré. Sa thèse d'agrégé de pharmacie avait pour titre : *De l'application méthodique de la chaleur aux composés organiques*; le sujet de celle qu'il avait soutenue au concours d'agrégation à la Faculté de médecine était : *De l'importance et du rôle de la chimie dans les sciences médicales*. En 1856 et 1857, M. Louis Figuier attaqua les idées de M. Claude Bernard (voir ce nom), relativement à la sécrétion du sucre par le foie ; et cette discussion contribua beaucoup à répandre, dans le monde scientifique, la réputation du jeune expérimentateur. Déjà connu par un assez grand nombre de travaux originaux et de découvertes en chimie, M. Louis Figuier entra dans une voie nouvelle par la publication de l'*Exposition et histoire des principales découvertes scientifiques modernes* (1851, 4 vol.). A partir de ce moment, il s'occupa surtout de publications ayant pour objet la vulgarisation des sciences. Ses travaux, très-remarquables en ce genre, se recommandent par un grand charme et beaucoup de clarté. Depuis 1855, il est attaché au journal la *Presse*, comme rédacteur de la partie scientifique. Voici la liste des ouvrages de M. Louis Figuier, qui ne sont pas cités plus haut : 1° *Merveilles de la science, ou Description populaire des inventions modernes* (publiées en livraisons, 4 vol. à 2 col, avec grav., 1867-1870) ; — 2° *l'alchimie et les alchimistes*, essai historique sur la philosophie hermétique et critique, seul ouvrage français qui ait été, jusqu'à présent, consacré à cette intéressante et difficile matière (3e édit., 1860) : — 3° *Histoire du merveilleux dans les temps modernes* : t. I, les *Diables de Loudun*, les *Convulsionnaires jansénistes* ; t. II, les *Prophètes protestants*, la *Baguette divinatoire* ; t. III, le *Magnétisme animal* ; t. IV, les *Tables tournantes*, les *Médiums* et les *Esprits* (2e édit., 1860) ; — 4° *Le lendemain de la mort, ou La vie future selon la science* ; ce livre étrange, où l'on trouve le plus éloquent et le plus savant plaidoyer en faveur de l'immortalité de la personne humaine, a eu cinq éditions et l'honneur de plusieurs traductions en langues étrangères, dès l'année de son apparition (1872) ; — 5° *L'année scientifique et industrielle*, recueil périodique extrêmement répandu (16 vol., 1857-1873) ; — 6° *Tableau de la nature*, comprenant : la *Terre avant le déluge*, la *Terre et les mers*, l'*Histoire des plantes*, la *Zoologie*, l'*Homme primitif*, les *Races humaines*, etc., (10 vol., 1862-1873) ; - 7° *Le savant du foyer* (illustré) ; — 8° *Les grandes inventions dans les sciences, l'industrie et les arts* (1873, illustré) ; — 9° un autre ouvrage très-important de ce fécond écrivain, est la *Vie des savants illustres depuis l'antiquité jusqu'au XIXe siècle* (5 vol., avec portraits, 1865-1872) ; — 10° *Les eaux de Paris* (2e édit., 1862) ; — 11° Sa dernière publication a pour titre : *Merveilles de l'industrie*, faisant suite aux *Merveilles de la science* (ouvrage publié en livrais., avec grav., 1872 et suiv.). M. Louis Figuier a reçu la croix de la Légion d'Honneur en 1859. Il a épousé, en 1848, Mlle Juliette Bouscaren, née à Montpellier, en 1829, à laquelle on doit des œuvres originales : *Mos de Lavène*, souvenirs du Languedoc (1859) ; — *Nouvelles languedociennes : Les fiancés de la gardiole; Le Franciman* (1860) ; — *Les Sœurs de lait*, souvenirs du Bas-Languedoc (1861) ; — *Le gardien de la Camargue* (1862) ; — *La prédicante des Cévennes* (1864) ; — *L'Italie d'après nature*, Italie méridionale (1868). Mme Louis Figuier s'est vouée récemment à la composition d'œuvres dramatiques. Pendant l'année 1872, elle a fait représenter, avec succès, au théâtre du Vaudeville, une comédie en 1 acte, *Les pelotons de Clairette*, au Théâtre-Cluny, un drame en 3 actes, *Le presbytère*, et aux Folies-Marigny, une comédie en 2 actes, *La vie brûlée*.

FILHOL (Edouard), né à Toulouse (Haute-Garonne), le 7 octobre 1814. M. Filhol fit ses études classiques au collège de sa ville natale, étudia la pharmacie pendant trois ans, vint à Paris, obtint au concours, en 1835, la position d'interne des hôpitaux, et fut l'un des lauréats de l'internat et de l'Ecole supérieure de pharmacie. En 1837, il remporta les premiers prix de chimie et de botanique et le second prix de pharmacie. Pharmacien en chef de l'hôpital Beaujon en 1838, et nommé professeur à l'Ecole de médecine de Toulouse en 1841, avec dispense d'âge, puis professeur de chimie à la Faculté des sciences de la même ville, M. Filhol est devenu directeur de l'Ecole de médecine en 1858, tout en conservant sa chaire à la Faculté. Comme expert chimiste, ce savant a rendu des services considérables à la justice. Il a publié divers travaux, notamment un ouvrage sur les *Eaux minérales des Pyrénées*, qui a été récompensé par l'Institut, un *Mémoire sur le lait*, en collaboration avec M. Joly, qui a obtenu le grand prix décerné en 1855 par l'Académie de médecine de Bruxelles, un *Mémoire sur l'ivraie enivrante*, avec M. Baillet, qui a été couronné par l'Institut, et une série de *Mémoires sur la chlorophylle et sur les matières colorantes des fleurs*. M. Filhol a été élu successivement correspondant et associé national de l'Académie de médecine de Paris. Il est membre de l'Académie des sciences de Toulouse, dont il a été cinq fois le président, de la Société de médecine de la Haute-Garonne, du Conseil d'hygiène, et administrateur des hospices ; il a été pendant trois ans maire de Toulouse, après avoir fait partie, à trois reprises, du Conseil municipal. On lui doit la fondation du beau musée d'histoire naturelle de Toulouse. Chevalier de la Légion d'Honneur le 16 juin 1856, officier de l'Ordre du 12 août 1866, il est également officier de l'Instruction publique.

FILON (Charles-Auguste Désiré), né à Paris, le 7 juin 1800. Elève du lycée Bonaparte, où il se prépara à la carrière de l'enseignement par de solides et brillantes études classiques, il suivit ensuite les cours de la Faculté de droit, et se fit recevoir avocat. Reçu agrégé des classes supérieures en 1829, il professa l'histoire aux collèges Louis-le-Grand, Bourbon, Charlemagne et Henri IV Il publia d'abord l'*Histoire comparée de France et d'Angleterre*, cours fait à l'ancien Athénée de Paris (1832), puis l'*Histoire de l'Europe au seizième siècle* (1838). Docteur ès lettres en 1840, avec une thèse sur la *Méthode historique*, il devint maître de conférences à l'Ecole normale supérieure. Outre les ouvrages cités plus haut, on lui doit : *De la diplomatie française sous Louis XIV* (1843); — *Du pouvoir spirituel dans ses rapports avec l'Etat* (1844), traité couronné par l'Académie française; — *Histoire de l'Italie méridionale jusqu'à la conquête romaine* (1849) ; — *Histoire du Sénat romain* (1850); — *Histoire de la démocratie athénienne* (1853), etc. M. Filon, nommé professeur d'histoire et doyen à la Faculté des lettres de Douai en 1854, a exercé ces fonctions jusqu'en 1858, époque à laquelle il a été nommé inspecteur d'académie à Paris. Il prépare, dit-on, une *Histoire de l'Europe au dix-septième siècle*. M. Filon a publié des *Eléments de rhétorique française* (1826) et des *Nouvelles narrations françaises* (1828), qui ont eu de nombreuses éditions. Chevalier de la Légion d'Honneur le 14 décembre 1844, il a été élevé au grade d'officier le 12 août 1864.

FLACHAT (Eugène), né à Paris, le 16 avril 1802. Elève de M. Stéphane Mony (voir ce nom), son frère utérin, il a travaillé sous sa direction, de 1823 à 1830, aux études du canal maritime du Havre à Paris, projet grandiose qui devait faire de la capitale de la France un port de mer. Il fit alors, en Angleterre, une étude des grandes industries de ce pays, usines métallurgiques, docks, chemins de fer, etc. A son retour, il établit les forges d'Abainville, de Tusey et de Vierzon. Il publia, en 1836, un travail intitulé : *Etablissements commerciaux, docks de Londres, entrepôts de Paris, projets de docks à Marseille*, s'associa avec MM. Stéphane Flachat, Clapeyron, Lamé et Péreire, et coopéra aux études et à la construction du chemin de fer de Paris à Saint-Germain. En 1840, il écrivit deux *Rapports sur le canal du Rhône au Rhin et sur le canal du Berry*. et le *Traité de la fabrication du fer et de la fonte*, ouvrage en trois volumes in-4, fait en collaboration avec MM. Petiet et Barrault. Il publia ensuite, avec MM. Petiet, Polonceau et Le Chatelier, le *Guide du mécanicien constructeur et conducteur de locomotives*. En 1844, M. Flachat dirigea la construction du chemin de fer atmosphérique du Pecq, puis, comme ingénieur en chef, les chemins de fer de Saint-Germain et de l'Ouest, de 1840 à 1857. Il dirigea également la restauration de la cathédrale de Bayeux, et prit aussi une part active à la construction des chemins de fer du Midi avec MM. Bommart, Clapeyron, Le Chatelier et de Bergès. On doit encore à cet habile et savant ingénieur les publications suivantes : *Projet de docks à Bordeaux* (1855); — *Les charbonnages, la batellerie et les chemins de fer* (1858); — *De la traversée des Alpes par un chemin de fer* (1860) ; — *Les chemins de fer en 1862 et 1863* (1865); — *Etudes sur la navigation transocéanienne* (1866), etc. M. Flachat avait coopéré à la fondation de plusieurs associations utiles : l'Union des constructeurs en 1841, la Conférence des chemins de fer en 1844, et la Société des ingénieurs civils en 1848. Chevalier de la Légion d'Honneur, le 29 avril 1857, il avait été promu officier le 8 septembre 1858. M. Eugène Flachat est décédé, à Arcachon, le 16 juin 1873.

FLAMMARION (Camille), né à Montigny-le-Roi (Haute-Marne), le 25 février 1842. Sa famille l'ayant destiné à l'état ecclésiastique, il fit ses premières études au petit séminaire de Langres. Mais, la vocation lui manquant, il quitta cet établissement en 1856 pour terminer ses humanités à Paris. Bachelier ès lettres, ès sciences physiques, ès sciences mathématiques en 1858, et sur le point d'entrer à l'Ecole polytechnique, il suivit le conseil de M. Babinet, son examinateur, et entra de suite à l'Observatoire de Paris, en qualité d'élève astronome. Pendant quatre ans, il s'y appliqua exclusivement à l'étude théorique et pratique de l'astronomie. En 1862, certaines difficultés survenues entre le directeur et lui, provoquèrent sa démission, et il fut attaché au Bureau des longitudes pour les calculs de la connaissance des temps. C'est alors qu'il publia son premier ouvrage : *La pluralité des mondes habités* (1862, 20e édit., 1873), qui commença sa réputation et fut traduit dans toutes les langues. En 1863, M. Flammarion succéda à l'abbé Moigno dans la direction du *Cosmos*. Peu de temps après il fut chargé de la rédaction scientifique au *Siècle*. Animé du désir de répandre l'enseignement de l'astronomie dans toutes les classes et par tous les moyens possibles, le jeune astronome fonda, en 1864, avec le plus grand succès, un cours public et gratuit d'astronomie populaire à l'Ecole Turgot. Membre de l'Association polytechnique, il consacrait aussi ses vacances à des conférences publiques et gratuites qu'il allait faire dans les départements. Président de la Ligue de l'enseignement, vice-président de la Société aérostatique de France, membre du Conseil de la Société pour l'instruction élémentaire, etc.. M. Camille Flammarion a présenté successivement, à l'Académie des sciences, des travaux remarquables parmi lesquels on signale ses observations sur les changements probables arrivés dans la lune, sur la photométrie, et surtout sa découverte de la *Loi de la rotation des planètes*. Ses nombreux voyages en ballon lui ont également permis de fixer quelques-unes des nombreuses lois qui régissent l'atmosphère. On doit à M. Camille Flammarion, outre l'ouvrage cité plus haut : *Les mondes imaginaires et les mondes réels*(1862, 15e édit., 1873); — *Les merveilles célestes* (1865, dont le 20e mille d'exemplaires a été tiré en 1873); *Dieu dans la nature* (1867, 12e édit., 1873); — *Les derniers jours d'un philosophe*, traduit de l'anglais de sir Humphrey Davy (1868); *Contemplations scientifiques* 1870 ; — *L'atmosphère. Description des grands phénomènes de la nature* (82 ; — *Vie de Copernic* (1872 ; — *Récits de l'infini. Lumen, Histoire d'une âme* (1873); — *Histoire du ciel* (1872). En ajoutant à la liste de ces ouvrages des *Etudes* sur l'astronomie (publication technique annuelle), des *Conférences*, des *Mémoires scientifiques*, des *Discours*, etc., on verra que M. Camille Flammarion a consacré sa vie non-seulement à l'étude et à la vulgarisation de l'astronomie, mais encore et surtout à la déduction des études philosophiques qui en émanent.

FLANDRIN (Jean-Paul), né à Lyon, le 8 mai 1811; frère de l'illustre artiste de ce nom, membre de l'Académie des beaux-arts, décédé à Rome en 1864, et d'un peintre distingué de Lyon, décédé prématurément en 1841. M. Paul Flandrin suivit l'atelier d'Ingres, étudia la peinture d'histoire, puis se consacra presque exclusivement au paysage, et ne tarda pas à se faire un nom. De 1839, date de son début au Salon de Paris, jusqu'en 1854, il exposa beaucoup de tableaux parmi lesquels on distingue : *Pénitents de la campagne de Rome*; — *Adieux d'un proscrit*; — des vues de la *Villa Borghèse*, des *Alpes*, de *Tivoli*, ce dernier tableau acheté par la reine Amélie; — *Dans les bois*; *Dans les montagnes*; — *Promenade du Poussin sur le bord du Tibre*; — *Rêverie*, etc. L'œuvre de cet artiste faisait de lui comme l'un des chefs de l'école classique française dans le genre du paysage, et sa réputation allait toujours en grandissant. M. Paul Flandrin exposa ensuite : *Bords du Rhône*; *Verger*; *Jésus et la Chananéenne* (1857) ; — *Les tireurs d'arc*; *Gorges de l'Atlas*; *La lutte*; *Une nymphée*; *Bords du Gardon*; *Environs de Marseille*; *Souvenir de Provence*; *Le Ruisseau*; *Falaises du Tréport* (1859) ; *La fuite en Égypte*, tableau acquis par le ministère d'État ; *Vue du parc de Vaux-le-Peng* (1861); — *Vallée de Montmorency* (1863) ; – *Souvenir de l'Yères, à Brunoy*; *Souvenir du Midi* (1865); — *Paysage du Languedoc* ; *Souvenir du Bugey*, dans l'*Ain* (1866) ; — *Dans les bois*; *Paysage en Provence* (1867) ;— *Au bord de l'eau*; *Carrière abandonnée* (1868); — *Idylle*; *Pendant la moisson*, aux environs de Montmorency (1869); — *Groupe de chênes verts, en Provence*; *Le palais des papes vu de Villeneuve-lès-Avignon* (1870). M Paul Flandrin a fait aussi beaucoup de portraits dont plusieurs ont été exposés, entre autres celui de M. Ambroise Thomas (1859), et celui de M. Godard-Faultrier, dessin (1872). Il a exécuté des peintures murales au château de Dampierre, à l'Hôtel-de-Ville et à la chapelle baptismale de l'église Saint-Séverin, à Paris A l'Exposition universelle de 1867, il avait envoyé trois *Portraits*, dessins ayant déjà paru aux Salons de 1864 et de 1865, et la *Solitude*, citée plus haut. M. Paul Flandrin a remporté des médailles de 2e classe en 1839 et en 1848, et une médaille de 1re classe en 1847. Il a reçu la croix de la Légion d'Honneur en 1852.

FLAUBERT (Gustave), né à Rouen, le 12 décembre 1821. Fils du chirurgien en chef de l'Hôtel-Dieu de sa ville natale, il fit ses études classiques au collége de Rouen, et son droit à Paris. Sa position de fortune le laissant libre de suivre ses goûts, il se consacra à la littérature, approfondit ses connaissances des langues anciennes, voyagea pendant trois ans, en Orient, en Grèce et en Italie, et finit par se former un style pittoresque, savant, et d'un réalisme saisissant. Son premier roman : *Madame Bovary* ; *mœurs de province* (1857, 2 vol.), paru d'abord dans la *Revue de Paris*, et poursuivi comme entaché d'immoralité, ne fut pas condamné. Cet ouvrage occupa longtemps la critique, fut réimprimé plusieurs fois, et valut à son auteur une très-grande réputation. Après un voyage spécial en Tunisie, M. Gustave Flaubert fit paraître un roman carthaginois : *Salammbô* (1862, 2e édit., 1863), roman qui fut l'objet d'appréciations diverses à l'étranger comme en France. Puis il publia : *L'éducation sentimentale, histoire d'un jeune homme* (1869, 2 vol.). M Gustave Flaubert a reçu la croix de la Légion d'Honneur le 15 août 1866.

FLAVIGNY (Maurice-Adolphe-Charles, comte DE), né à Vienne, le 3 décembre 1799. Profitant des loisirs que lui faisait sa belle position de fortune pour se consacrer aux affaires publiques, il servait depuis 1820 dans la diplomatie quand éclata la révolution de Juillet 1830. Alors, il donna sa démission de sous-directeur au ministère des Affaires étrangères, et rentra momentanément dans la vie privée. D'abord élu membre du Conseil général d'Indre et-Loire, il fut appelé en 1841 à siéger à la Chambre des pairs. En 1849, il fut élu membre de l'Assemblée législative, où il prit place sur les bancs du parti monarchique-religieux, et soutint, mais non sans des réserves, la politique présidentielle. De 1852 à 1863, il siégea au Corps législatif, où il voltait avec la minorité indépendante, mais conservatrice ; et, à cette dernière époque, il se porta nettement, aux élections générales, comme candidat d'opposition. Ayant échoué, mais avec le bénéfice d'une importante minorité, M. le comte de Flavigny n'a pas paru, depuis, dans nos assemblées parlementaires. Quand a éclaté la guerre de 1870-1871, il s'est employé, avec le plus entier dévouement, au fonctionnement de la Société française de secours aux blessés des armées de terre et de mer, d nt il occupe encore la présidence (1873). On sait quels admirables services a rendus cette Société qui, dès les premiers bruits de conflit, avait fait savoir aux ministres de la Guerre et de la Marine qu'elle était prête à les servir de son concours. M. le comte de Flavigny vint aussitôt se fixer à Paris, siége de la Société, prit la direction du Conseil, et, neuf mois durant, n'y manqua pas un seul jour. A partir du 17 juillet, le Conseil siégeait matin et soir. C'est vers le même temps que furent fondées plusieurs institutions importantes, entre autres un Comité de dames dont les membres, sous l'intelligente et active direction de Mme la comtesse de Flavigny, se distribuèrent bientôt le service des salles d'ambulance. Si l'on songe à la multiplicité des travaux qu'implique le fonctionnement opportun et rapide d'une telle société; si l'on embrasse les difficultés d'une tâche aussi complexe, on sentira ce que les fonctions de président réclamaient de zèle, d'aptitudes et d'énergie. M. le comte de Flavigny, officier de la Légion d'Honneur depuis le 7 octobre 1847, fut nommé commandeur le 18 novembre 1871 ; mais il n'accepta pas cette récompense des services qu'il avait rendus comme président de la Société de secours aux blessés, et qui lui avaient valu, de la part du président de la République, le 20 octobre précédent, une lettre autographe des plus sympathiques. Nous croyons devoir, avant de terminer, reproduire ici quelques passages de la lettre écrite à ce sujet, au ministre de la Guerre, par M. le comte de Flavigny : « Dès le premier jour, disait-il, où j'ai sollicité la croix pour quelques-uns de mes dignes collaborateurs, j'ai hautement déclaré à M. le général Le Flô, votre prédécesseur, que, si jamais on croyait devoir m'offrir, à moi-même, une distinction quelconque, j'étais fermement décidé à ne pas l'accepter. » Et plus loin : « Témoin ému, comme il m'a été donné de l'être, de tant de dévouements admirables, que, vu leur très-grand nombre il serait impossible de récompenser tous, j'ai du moins désiré que mes faibles services conservassent le caractère d'un entier désintéressement. »

FLEURANCEAU (Jean), né à Chantillac (Charente), le 11 février 1825. De 1845 à 1848, il fit son droit à la Faculté de Poitiers avec assez de succès pour figurer, dans le rapport de fin d'année, parmi les licenciés qui avaient passé les plus brillants examens. Le 27 janvier 1849, il prêta serment, comme avocat stagiaire, devant la Cour de Paris. Il prit, en 1852, une charge de notaire à Cognac. M. Fleuranceau s'est démis de ses fonctions ministérielles le 18 décembre 1871 Il a fait partie, pendant treize ans, de la Chambre des notaires, où il a successivement été secrétaire, trésorier, rapporteur, syndic et président. Suppléant du juge de paix depuis le 8 décembre 1860, il a été nommé juge-suppléant au tribunal civil de première instance le 3 janvier 1872. M. Fleuranceau, membre du Conseil municipal de Cognac depuis le 14 août 1870, y a rempli, dans la plupart des sessions, les fonctions de secrétaire. Il a été le rapporteur d'importants projets intéressant sa localité.

FLEURIOT DE LANGLE (Alphonse-Jean-Réné, vicomte DE), né à Pradalan (Finistère), le 16 mai 1809. Admis à l'Ecole navale d'Angoulême en 1825, aspirant le 7 octobre 1827, enseigne de vaisseau le 31 janvier 1832, lieutenant de vaisseau le 30 avril 1840, capitaine de frégate le 8 septembre 1846, capitaine de vaisseau le 8 mars 1854, il fut promu contre-amiral le 9 mai 1863. Tout jeune encore, il fit la campagne d'Alger ; deux ans plus tard, il assista, monté sur la *Flore*, au blocus des côtes de Hollande pendant le siége d'Anvers en 1838 et 1839 ; il prit part, comme second, aux expéditions scientifiques au Spitzberg. Puis il fut chargé de la répression de la traite des nègres sur les côtes d'Afrique. Attaché à la mission du duc de Broglie à Londres, relative à la révision du droit de visite, en 1846, aide-de-camp de l'amiral Montagnès de la Roque en 184 , commandant en second de la *Poursuivante* qui portait le pavillon de l'amiral Le Goarant de Tromelin en 1847, commandant du brick le *Génie* à la station du Pacifique en 1848, commandant en second de l'*Andromède* dans la Plata, de 1851 à 1853, il fut appelé à commander, pendant la guerre d'Orient, le *Turenne*, vaisseau de 100 canons, et prit part à toutes les opérations militaires de la flotte de la mer Noire pendant l'année 1855. Mis à la tête de la division navale de l'Inde et de Madagascar en 1858, il pénétra dans la mer Rouge, après le drame de Djeddah et de Zeyla, et obtint réparation du meurtre des consuls et de l'insulte faite à notre pavillon. Après avoir rempli les fonctions de major-général à Lorient, en 1863, de commandant de la croisière de l'Afrique occidentale en 1865, de président de la Commission d'immigration au ministère de la Marine en 1868, il prit, lors du siége de Paris, le commandement du 6e secteur, et fit faire des essais d'aérostation militaire avec le ballon captif monté par M. Nadar. M. Fleuriot de Langle a été élevée au grade de vice-amiral le 23 janvier 1871. Le 8 février suivant, il s'est présenté comme candidat à l'Assemblée nationale dans le département de la Seine, et a obtenu une belle minorité de 38,000 voix environ. Il est actuellement (1873) membre du Conseil des travaux de la marine. On lui doit un ouvrage : *Campagne de la Cordelière, études sur l'océan Indien*, mis au jour par le Dépôt des cartes de la marine (1862). Il a publié, dans les *Annales maritimes*, les *Annales hydrographiques*, la *Revue maritime et coloniale*, des *Etudes* sur la côte occidentale d'Afrique (1846), l'Atlantique, le Cap Horn, le Pacifique (1862), les ouragans et leurs lois (1865). Dans le *Tour du monde*, il a fait la relation des croisières dans l'Inde (avec grav., 1862), et des croisières à la côte occidentale d'Afrique (avec grav., 1872). Membre de la Société de géographie, il a fait insérer dans ses *Comptes rendus* beaucoup de travaux intéressants. Enfin, il est l'auteur de recherches sur les *Vigies de l'Atlantique*, et d'une *Etude* sur les œuvres du commodore américain Maury. M. l'amiral de Fleuriot de Langle est Grand-Officier de la Légion d'Honneur depuis le 11 mars 1868.

FLEURY (Mlle Marguerite-Emma, *dame* FRANCESCHI), née à Paris, le 10 mai 1839. Orpheline dès l'âge de quatre ans, elle fut élevée en Angleterre par sa tante, artiste-peintre distingué du même nom. Sa vocation la porta vers le théâtre ; et, après avoir reçu les leçons de Mme Moreau-Sainti, elle devint la 1re élève et l'enfant gâtée de M. Régnier. Le 18 décembre 1852, elle débuta à l'Ecole lyrique, devant les notabilités littéraires et artistiques de l'époque, avec assez de succès pour être immédiatement engagée au théâtre de l'Odéon, puis à Londres. Au théâtre Saint-James, elle joua dans beaucoup de pièces, avec M. Régnier, notamment dans : *Bataille de dames*, *Les demoiselles de Saint-Cyr*, *Lady Romulus*, *Tartuffe*, etc. De retour en France, elle débuta à l'Odéon dans *La grand-mère* (1853). Puis elle fit, avec son professeur, une brillante excursion artistique en Hollande ; après quoi elle parut au Gymnase (1854) dans *Les petits moyens*, *L'école des agneaux*, *Le camp des bourgeoises*, *Flaminia*, etc. Ses débuts y furent heureux et attirèrent l'attention de la Comédie-Française où elle fut admise, comme pensionnaire, le 13 mai 1856. Sur la première scène française, Mlle Emma Fleury a joué d'abord les ingénuités, et s'est attiré la faveur du public dans un grand nombre de rôles, parmi lesquels on distingue celui du *Feu au couvent*. Depuis, elle a créé successivement : *On ne badine pas avec l'amour*, *Le luxe*, *L'Africain*, *La loi du cœur*, etc., et joué, en répertoire : *Les femmes savantes*, *Tartuffe*, *Les enfants d'Edouard*, *La joie fait peur*, *Une chaîne*, *Le fruit défendu*, *Les doigts de fée*, *Feu Lionel*, *Le bonhomme Jadis*, *Les deux veuves*, etc. Mlle Emina Fleury a épousé, en 1863, le sculpteur Franceschi. Depuis quelques années, elle s'est décidée, d'après les instances de son illustre maître, à donner des leçons de déclamation aux jeunes personnes se destinant au théâtre, et des leçons de lecture aux dames et aux jeunes filles de la haute société.

FLEURY (Paul-Armand, *chevalier* DE), né au Vieux-Ruffec (Charente), le 15 mars 1839. Il termina ses études classiques à l'institution Notre-Dame d'Auteuil-Paris, et s'adonna d'abord aux sciences physiques et mathématiques, auxquelles il renonça bientôt pour se consacrer exclusivement aux études historiques. Entré à l'Ecole de Chartes en 1859, il obtint en 1863 le diplôme d'archiviste paléographe, après avoir soutenu une thèse sur ce sujet : *Du formulaire usité de la chancellerie royale de France sous les premiers successeurs de Hugues Capet*. Aussitôt après, il fut chargé par l'administration de la Bibliothèque impériale d'extraire des manuscrits de Dom Fonteneau, conservés à Poitiers, les chartes que ce bénédictin n'avait pas fournies lui-même à l'historiographe Moreau Il consacra plusieurs années à ce travail, et composa ainsi la collection qui figure au département des manuscrits de la Bibliothèque nationale, où elle forme 29 volumes in-4°, sous le titre de *Collection du Poitou*. Nommé archiviste de la Haute-Marne en 1866, il continua dans ce dépôt l'inventaire sommaire des archives antérieures à 1790, à peine commencé, et exécuta de plus le moulage et l'inventaire des sceaux originaux que le même dépôt renferme. Vers le même temps, il reçut de l'Académie des inscriptions et belles-lettres la mission de recueillir, en vue de la collection dont cette Compagnie prépare la publication, le texte de toutes les chartes antérieures à 1180, qui sont contenues dans les divers fonds des archives de la Haute-Marne. Il devint archiviste de Loir-et-Cher à la fin de 1866, et correspondant du ministère de l'Instruction publique, pour les travaux historiques et archéologiques, le 12 octobre 1868. M. P. de Fleury a publié : *Inventaire de quelques chartes relatives à l'abbaye de Fontevraud* (1865) ; — *Pancarte de l'abbaye de Fontevraud, d'après l'original des archives de l'Empire* (1865) ; — *Inventaire analytique et descriptif des manuscrits de la bibliothèque de Poitiers* (1868) ; — *Inventaire sommaire des archives de Loir-et-Cher antérieures à 1790, série E* (1866-1872) ; — *Notice historique et généalogique sur les seigneurs de la Curée et de la Roche-Turpin* (1872) ; — *Note sur les météores d'origine cosmique, à propos de l'aérolithe tombé près de Lancé (Loir-et-Cher), le 23 juillet 1872* (deux édit., 1872 et 1873) ; — et divers articles scientifiques dans le *Bulletin* de la Commission départementale de météorologie de Loir-et-Cher, dont il est membre.

FLEURY (Paul-François-Elise-Amans-Prosper, *marquis* DE), né à Toulouse, le 6 avril 1811. M le marquis de Fleury est issu d'une famille militaire, établie depuis plusieurs générations en Languedoc, où elle était venue du Dauphiné, et précédemment de la Savoie, de la Bourgogne et du Hainault, et qui a compté, parmi ses membres, des chevaliers des ordres de Saint-Louis, des Saints-Maurice et Lazare, et de l'Annonciade. Admis à l'Ecole militaire de Saint-Cyr le 21 octobre 1827, sous-lieutenant de cavalerie le 3 octobre 1829, démissionnaire en 1831, il alla se fixer à la Martinique, où il était appelé par son père, depuis longtemps chargé d'un commandement important dans cette colonie, et qui venait d'être victime d'un grave accident. Auteur d'intéressants travaux sur les questions commerciales et maritimes, et rentré définitivement en France en 1844, il fut nommé membre du Comité consultatif des colonies dès sa fondation, et devint successivement préfet de la Corrèze en mars 1856, du Var en juillet 1860, du Lot en juillet 1862, et des Vosges en mars 1864. Atteint, en 1868, d'une grave maladie, il demanda sa mise en disponibilité qui lui fut accordée au mois d'août 1869. M. le marquis de Fleury, chevalier de la Légion d'Honneur le 10 août 1853, officier le 10 août 1865, et promu commandeur le 6 août 1868, est officier de l'Université depuis le mois de juin 1862. Il est également commandeur des ordres de Saint-Grégoire-le-Grand et des Saints-Maurice et Lazare.

FLICHE (Mgr François-Paul), né à Saint-Saulge (Nièvre), le 12 avril 1807 Mgr Fliche entrait en théologie, au séminaire de Saint-Sulpice, à Paris, dans le mois d'octobre 1824, et recevait l'ordination le 5 juillet 1830, après avoir professé les hautes classes au petit séminaire de Nevers. D'abord vicaire de la cathédrale de cette ville, il fut ensuite nommé curé de Pougues en 1835, et de Château-Chinon en 1839. Rappelé au petit séminaire à la fin de 1847, il en fut supérieur pendant trois ans, c'est-à-dire jusqu'à la réinstallation, à Nevers, de cette maison qui en avait été momentanément éloignée. Désigné pour la cure de la cathédrale, il crut devoir préférer, sur de graves instances, la direction du grand séminaire de Troyes, et le vicariat-général de ce diocèse. Au bout de huit années de labeurs considérables, une maladie d'épuisement l'obligea à résigner ses fonctions ; et il occupe, depuis ce temps, un canonicat titulaire à la cathédrale de Troyes. Plusieurs évêques lui ont offert de venir partager leur administration diocésaine ; mais il n'a pas cru devoir accéder à ce désir. Le pape, d'ailleurs, lui a octroyé une haute distinction : une prélature qui l'attache à la personne et à la maison de Sa Sainteté Mgr Fliche a créé des écoles pour les deux sexes ; il a fait des constructions d'églises et de chapelles, des fondations religieuses, des établissements de charité pour les malades, les vieillards, etc Après avoir rempli les postes éminents dans l'Eglise, après avoir formé plusieurs générations de prêtres auxquels il a su communiquer son zèle et sa piété, il a voulu consacrer son expérience à la direction morale de pauvres orphelines que la charité a réunies dans l'ancienne et vénérable résidence de Saint-Loup à Troyes. Il est auteur de plusieurs ouvrages de piété, notamment de *La vie de N. S. Jésus-Christ et les fêtes de l'Eglise*, traduction libre du P. Ribadeneira ; du *Nouveau Vade mecum du prêtre*; du *Livre de tous au foyer de la famille*, ou *Catéchisme catholique*; de la *Vie de la Sœur Marguerite du Saint-Sacrement* (2 vol.), et de *L'année de l'Enfant Jésus, d'après les révélations de la même sœur*. Ce dernier ouvrage lui mérita, de l'éminent évêque de Nimes, cet éloge : « Dans vos pages, à la fois simples et émues, on voit se réfléchir, comme dans un vivant miroir, avec tout le charme de ses pleurs et de son sourire, ce visage du petit Enfant de Marie, dont l'aspect a ravi tous les saints. » Mgr Fliche est un des prêtres qui ont le plus fidèlement conservé les traditions ecclésiastiques, traditions qui savent concilier le soin le plus assidu des intérêts religieux et le dévouement le plus profond au Saint Siège avec les devoirs du patriotisme. Il est chevalier de la Légion d'Honneur depuis le 15 août 1865.

FLOQUET (Charles-Thomas), né à Saint-Jean-Pied-de-Port, le 2 octobre 1828. Elève distingué du collége Saint-Louis, il entra à l'Ecole d'administration, de trop courte existence, en 1848, étudia le droit à la Faculté de Paris, et prit place au barreau de la capitale en 1851. Concurremment avec ses travaux professionnels, il se livrait au journalisme et collaborait au *Temps*, au *Siècle* et à d'autres feuilles d'opposition démocratique. En 1863, il fut impliqué dans l'affaire dite des *Treize*, et condamné à l'amende. M. Charles Floquet s'est fait une grande et avantageuse réputation, tout à la fois comme écrivain, et comme avocat plaidant les causes politiques. Ayant posé sa candidature au Corps législatif, dans l'Hérault et la Côte-d'Or, en 1864, et dans l'Hérault seul, en 1869, il obtint chaque fois d'importantes minorités. Il défendit devant la Haute-Cour de Tours, avec un brillant succès, les intérêts civils de la famille de Victor Noir, tué à Auteuil par Pierre Bonaparte. Adjoint au maire, au lendemain de la révolution du 4 Septembre, il donna sa démission dans la matinée du 1er novembre, à la suite du refus, par le gouvernement, de laisser procéder aux élections municipales de Paris, promises dans la journée du 31 octobre. Le 8 février 1871, il fut élu représentant de la Seine par 94,000 suffrages M. Floquet a participé très-activement, tant au sein de l'Assemblée de Versailles que dans les réunions des maires de Paris, à toutes les tentatives de conciliation qui pouvaient prévenir la guerre civile. Ces tentatives ayant échoué, il se démit de ses fonctions de représentant, voulant partager, disait-il, les périls qui menaçaient ses électeurs. A la chambre, il vota notamment pour le retour de l'Assemblée à Paris et contre les préliminaires de la paix. Pendant la Commune, il fut l'un des organisateurs et le président de la Ligue des droits de Paris, fondée pour la conciliation. Au commencement de mai, il fut délégué, par la Ligue, auprès de l'Assemblée des Conseils municipaux projetée à Bordeaux. A la suite de ce voyage il fut arrêté et conduit au château de Pau, où il resta détenu jusqu'au mois de juin suivant. M. Charles Floquet a été élu conseiller municipal du XIe arrondissement de Paris (29 avril 1872). Comme mandataire du quartier Saint-Ambroise, il a signé les demandes d'amnistie et de levée de l'état de siége adressées, par la plupart de ses collègues, au président de la République.

FLOQUET (Pierre-Amable), né à Rouen, le 9 juillet 1797. Son droit terminé à la Faculté de Caen, il se fit inscrire au tableau des avocats de Rouen en 1819, et fut admis à l'Ecole des Chartes, comme élève pensionnaire, en 1821. Greffier en chef de la Cour de Rouen, de 1828 à 1843, il sut mener de front ses occupations professionnelles et ses études préférées d'histoire et d'archéologie. En 1839, il fut élu correspondant de l'Académie des inscriptions et belles-lettres. Il est, en outre, membre de l'Académie de Rouen, qui lui a décerné une médaille d'or en 1862, de la Société des antiquaires de Normandie, et de plusieurs autres Sociétés départementales. M. Floquet a publié des travaux d'histoire et d'archéologie dans la *Bibliothèque de l'Ecole des chartes*, la *Revue rétrospective*, les *Mémoires de l'Académie de Rouen*, etc. On lui doit : *OEuvres inédites de Bossuet* (1828) ; — *Histoire du privilége de Saint-Romain* (2 vol., 1833) : — *Anecdotes normandes* (1838) ; — *Histoire du Parlement de Normandie*, qui a remporté, en 1842, le grand prix Gobert (7 vol., 1840-1843) ; — *Essai historique sur l'Echiquier de Normandie* (1840) ; — *Diaire, ou journal du voyage du chancelier Séguier en Normandie, après la sédition des Nu-Pieds* (1639-16 0), *et documents relatifs à ce voyage et à la sédition*, publiés pour la première fois d'après les manuscrits de la Bibliothèque royale, avec de nombreuses annotations propres à éclaircir et à compléter le texte (1842) ; — *La charte aux normands* (1843) ; — *Etudes sur la vie de Bossuet jusqu'à son entrée en fonctions, en qualité de précepteur du Dauphin*, ouvrage couronné par l'Académie des inscriptions et belles-lettres (3 vol., 1855) ; — *Bossuet, précepteur du Dauphin fils de Louis XIV et évêque à la Cour*, 1660-1682 (1864).

FLOTARD (Eugène), né à Saint-Etienne, le 21 mars 1821. Docteur en droit de la Faculté de Paris en 1845, il fit son stage dans la capitale. Quelques jours avant la révolution de 1848, il fut nommé magistrat par M. Hébert ; et sa nomination qui, par suite des événements n'avait pas été inscrite au *Moniteur*, fut confirmée par M. Bethmont, le nouveau ministre de la Justice. Attaché alors au tribunal de première instance de Saint-Etienne, il donna sa démission après le succès du Coup-d'Etat et se consacra au commerce. En 1852, il fut choisi comme administrateur de la succursale de la Banque de France à Saint-Etienne. Nommé, vers la même époque, adjoint au maire, par décret impérial, il refusa de remplir des fonctions qui ne lui avaient pas été conférées par le suffrage de ses concitoyens ; et, quelque temps après, il fut élu conseiller municipal par une imposante majorité Membre du Consistoire de l'Eglise réformée, administrateur de la Caisse d'épargne et de diverses Compagnies industrielles, etc., M. Flotard s'acquitta de tant de fonctions diverses avec un zèle et un esprit de bienveillante urbanité qui laissèrent de lui les meilleurs souvenirs dans le département de la Loire. En 1855, il s'établit à Lyon, où il fut nommé successivement vice-président de la Société d'économie politique, président de la Société lyonnaise du crédit au travail, vice-président de la Société des mines de houille de Montrambert et de la Béraudière, administrateur de la Société des amis des arts, etc. Après le 4 Septembre, le parti républicain modéré, qui tenait à se faire représenter auprès de M. Challemel-Latour, nouveau préfet, désireux lui-même de se mettre au courant des hommes et des choses du département, désigna M. Flotard qui reçut le titre de « conseiller de préfecture, chargé spécialement de la correspondance politique. » Dans ses nouvelles fonctions, qu'il voulut remplir gratuitement, il ne cessa de lutter contre les entraînements du parti avancé et de concourir à toutes les mesures d'ordre et de conservation. Cette sage conduite le rendit tellement suspect au parti radical que le commissaire extraordinaire de la République se vit contraint de le révoquer : « Concession nécessaire, écrivait-il à M. Flotard, un parti qu'il importait de ménager. » Alors ce dernier rentra dans la garde nationale où, déclinant les offres de divers grades, il se contenta de faire son service comme simple soldat. M. Flotard, élu représentant du Rhône à l'Assemblée nationale, le 8 février 1871, par 64,304 voix, a pris place sur les bancs de la Gauche-Républicaine, a signé le manifeste de la Gauche, et a voté notamment : pour la paix, le retour de l'Assemblée à Paris, la loi départementale, l'amendement Barthe, les impôts sur le chiffre des affaires et sur les bénéfices; contre la dénonciation des traités de commerce, les amendements Keller et Target. Il a beaucoup écrit. Longtemps collaborateur au *Progrès* de Lyon, pour la partie économique, il y a surtout publié un *Bulletin hebdomadaire du mouvement coopératif*, destiné à faire pénétrer parmi les ouvriers des idées saines sur le mouvement social et sur le véritable moyen d'améliorer le sort du plus grand nombre. Il a fourni des articles au *Temps* depuis la création de ce journal. Actuellement, 1873, il est un des fondateurs et administrateurs de l'*Economiste français*, journal bi-hebdomadaire tout récemment créé par une réunion de commerçants, de financiers, d'industriels de toutes les grandes villes de France. Enfin, on doit à M. Flotard, entre autres ouvrages : *La France démocratique* (1850); — *Eléments de droit pénal, traduits des œuvres de Nicolas Niccolini* (1853); — *Etudes sur la théocratie* (1861); — *La religion primitive des Indo-Européens* (1864); — *Le mouvement coopératif* (1866); — *La comédie et la société modernes* (1869).

FOLLIET (André-Eugène), né à Saint-Jean-de-Maurienne (Savoie), le 18 mars 1838. Docteur en droit de l'Université de Turin en 1861, il se fit inscrire, en 1862, au tableau des avocats de la Cour d'appel de Paris, et se consacra spécialement à des travaux de jurisprudence, d'histoire et de politique. Publiciste en même temps que jurisconsulte, il s'est fait une place importante, dans la presse libérale, depuis 1860. Il a collaboré à diverses publications, telles que la *Revue de Paris*, la *Revue moderne*, l'*Investigateur*, journal de l'Institut historique dont il fait partie, et au *Grand dictionnaire universel* de Larousse. On lui doit, entre autres livres ou brochures : *La décentralisation administrative*, thèse de doctorat; — *La presse italienne et sa législation*; — et des *Etudes sur l'impôt du revenu*, dans divers pays, notamment en Suisse et en Italie. M. Folliet prit part, comme garde national, à la défense de Paris. On fit même, à ce propos et à l'occasion des élections du 8 février 1871, courir le bruit de sa mort devant l'ennemi. Mais cette nouvelle fut heureusement démentie; et, aux élections complémentaires du 2 juillet suivant, il fut élu par 25,000 suffrages, contre 13,000 donnés au candidat légitimiste, représentant de la Haute-Savoie à l'Assemblée nationale. M. Folliet, républicain ferme et convaincu, est en outre partisan d'une large décentralisation. Il fait partie de la Gauche-Républicaine. Depuis son entrée à la Chambre, il a été, à plusieurs reprises, secrétaire des bureaux, et a déposé des propositions relatives à un impôt sur les valeurs mobilières, à la distraction des dettes dans le payement des droits de succession, à la retenue sur les gros traitements, etc. En août 1871, quand le gouvernement a présenté un projet de loi destiné à combattre de prétendues menées séparatistes dans les provinces annexées, il a énergiquement lutté contre ce projet, qui a été retiré; les *Lettres* qu'il a écrites à ce sujet ont été publiées. Parmi les principaux votes de M. Folliet, nous citerons ceux qui sont pour la présidence de la République aux mains de M. Thiers (septembre 1871), et pour la proposition du gouvernement (novembre 1872), et ceux qui sont contre le caractère constituant de l'Assemblée, l'impôt sur les matières premières, la dénonciation des traités de commerce, etc. Dans le vote du budget, il s'est montré partisan de toutes les économies et de toutes les réductions possibles sur le chapitre des gros traitements et du personnel administratif. Il a pris la parole dans la discussion du budget des Affaires étrangères.

FONDERIE (Henri), né à la Haye (Pays-Bas), en 1836. Il étudia la sculpture dans les ateliers de M. A. Toussaint, et s'acquit bientôt une grande réputation. Les journaux religieux ont fait notamment le plus vif éloge des sculptures qu'il a exécutées dans l'église du Logelbach, près Colmar. Ce jeune statuaire a exposé pour la première fois, au Salon de Paris, en 1861; et, parmi ses œuvres, on cite son admirable statue en marbre, la *Muse du souvenir*, achetée 15,000 francs par le roi de Prusse en 1863. Il exécute, avec un rare succès, des portraits-médaillons dont la ressemblance est frappante. Au Salon de 1870, il a exposé, dans ce genre, les portraits de MM. *Victor* et *Jules de Quenescourt*, l'un en bronze et l'autre en terre cuite. M. Fonderie est un des hommes distingués qui honorent la France en acceptant son hospitalité. Pendant le siége, il est entré dans les compagnies de guerre d'un régiment de Paris pour défendre son pays d'adoption, et s'est distingué, à la Ville-Évrard, aux côtés du général Blaise qui a été tué à vingt pas de lui. Blessé par un éclat d'obus au plateau d'Avron, il n'en a pas moins pris, quinze jours plus tard, une part active au combat de Buzenval. M. Fonderie est membre de plusieurs Sociétés savantes et artistiques. Il a reçu des médailles à différentes expositions.

FONSSAGRIVES (Jean-Baptiste), né à Limoges, le 12 mars 1823. Il fit ses études classiques au collège de Rochefort-sur-Mer (Charente-Inférieure), entra à l'Ecole de médecine navale de cette ville en 1839, et fut nommé, au concours, le 11 décembre 1841, chirurgien de 3e classe de la marine. Embarqué sur l'*Asmodée*, il navigua sur les côtes du Sénégal et dans la Méditerranée, reçut sa nomination de médecin de 2e classe en 1844, fut attaché par permutation au port de Brest, puis alla rejoindre à Cherbourg le brick l'*Abeille*, à bord duquel il fit, comme chirurgien-major, une station de trois ans sur les côtes occidentales d'Afrique. De retour en France, il obtint au concours de 1849 le grade de médecin de 1re classe. Après une nouvelle campagne au Sénégal et au Gabon, à bord de l'*Eldorado*, en qualité de médecin de division, il reçut le diplôme de docteur en médecine, à la Faculté de Paris, en 1853, après avoir soutenu une thèse intitulée: *Histoire médicale de la campagne de la frégate à vapeur l'*Eldorado *sur les côtes occidentales d'Afrique*. Ensuite il concourut avec succès pour une chaire de matière médicale et de thérapeutique à l'Ecole de médecine de Brest, et fut nommé médecin-professeur. Second médecin en chef de la marine en 1856, il dirigea le service médical et enseigna la clinique à l'hôpital maritime de Cherbourg. En 1860, il revint à Brest pour y occuper une chaire de pathologie interne et de pathologie exotique. M. le docteur Fonssagrives, appelé à la chaire d'hygiène de la Faculté de médecine de Montpellier, en 1864, a reçu en même temps, comme récompense de ses services, le grade de premier médecin en chef de la marine (hors cadre). Il a prêté sa collaboration active à divers journaux et à plusieurs publications spéciales, notamment au *Bulletin de thérapeutique*, à la *Gazette hebdomadaire de médecine*, aux *Annales d'hygiène publique et de médecine légale*, au *Dictionnaire encyclopédique des sciences médicales*, au *Magasin pittoresque*, au *Français*, etc. Beaucoup de ses *Mémoires* ont été insérés dans des recueils périodiques. Un certain nombre de ses livres, surtout ceux destinés à vulgariser l'hygiène de la famille, ont été traduits en plusieurs langues. On lui doit les ouvrages suivants: *Traité d'hygiène navale*, couronné par l'Institut (1856, 57 pl.); — *Hygiène alimentaire des malades, des convalescents et des valétudinaires* (1861, 2e édit., 1866); — *Thérapeutique de la phthisie pulmonaire* (1865); — *Entretiens familiers sur l'hygiène* (1869, 5 édit.); — *Livret maternel pour prendre des notes sur la santé des enfants* (1869); — *Le rôle des mères dans les maladies des enfants* (1869, 4 édit.) — *L'éducation physique des filles* (1870, 2 édit.); — *L'éducation physique des garçons* (1871, 2 édit.); — *La vaccine devant les familles* (1871); — *La maison, étude d'hygiène et du bien-être domestique* (1871); — *L'hygiène et l'assainissement des villes* (1873). M. le docteur Fonssagrives est membre correspondant de l'Académie de médecine, de la Société royale médico-chirurgicale de Turin, des Sociétés royales de Stockholm et de Lisbonne, de l'Académie de Madrid, de la Havane, etc. Il est officier de la Légion d'Honneur depuis 1862, et chevalier des ordres de Notre-Dame de la Conception de Villaviciosa, de la Rose du Brésil, de Saint-Stanislas et de Sainte-Anne de Russie.

FONTAINE (Edmond), né à Fresnay-sur-Sarthe, le 7 janvier 1828. Reçu licencié en droit de la Faculté de Paris en 1849, il fut admis, dans la même année, à l'Ecole d'administration, et déclaré admissible au concours pour l'auditorat au Conseil d'État en novembre 1851. Il se fit inscrire au barreau de Paris en 1856, exerça la profession d'avocat jusqu'en 1863, et fut alors nommé juge de paix du canton de Saint-Florent-le-Vieil (Maine-et-Loire). M. Fontaine est passé juge d'instruction à la Flèche (Sarthe), le 20 mai 1868. Il a publié une brochure politique, le *Dernier mot sur Rome*, en collaboration avec M. Albert Franck (1863), et un volume d'odes traduites d'Horace, intitulé: *Douze odes et deux épitaphes* (1864).

FONTAINE (Eugène DE), né à Fontenay-le-Comte (Vendée), le 15 mai 1825. Neveu du député du même nom aux Assemblées constituante et législative, il a pris ses grades en droit à la Faculté de Paris, mais n'a jamais exercé la profession d'avocat. Il consacre depuis longtemps ses loisirs à l'étude des questions de droit et d'administration. Les connaissances approfondies qu'il a acquises dans ces matières, jointes à la grande considération dont jouit sa famille, le désignaient naturellement au choix de ses concitoyens. Elu représentant de la Vendée à l'Assemblée nationale, le 8 février 1871, par 53,467 suffrages, il a pris place à la Droite, autant par conviction personnelle que pour obéir à des traditions de famille. M. de Fontaine, l'un des plus fermes soutiens de la monarchie légitime, est aussi catholique que légitimiste. Il assistait, à Bordeaux, à la réunion politique de la rue Rolland. A Versailles, il suit les réunions extra-parlementaires des Réservoirs et des Chevau-Légers.

FONTAINE (Pierre-Adolphe), né à Loches (Aube), le 27 février 1829. Brillant élève du collège de Troyes, où il obtenait presque tous les premiers prix, il commença l'étude de la médecine à la Faculté de Paris en 1847, et fut successivement externe à Beaujon (service Huguier), aux Enfants-Malades (service Trousseau), à la Charité (service Gerdy). En 1852 et 1853, il fit, à la Charité, des cours publics sur la chirurgie élémentaire, les bandages et les appareils. Il obtint la médaille de bronze des hôpitaux en 1853; et le zèle et le dévouement dont il alla faire preuve, en 1854, dans son pays natal alors ravagé par le choléra, lui valurent une médaille d'argent du ministère, qui lui fut décernée en 1855, et un vote de remerciments, délibéré dans la séance du Conseil municipal de Loches, du 12 novembre de la même année. Le 10 août 1855, il prit le grade de docteur avec une thèse sur le *Choléra mor-*

bus épidémique, observé dans la commune de Loches pendant les mois d'août et de septembre 1854, et obtint la note « très-satisfait. » Puis il s'établit à Bar-sur-Seine (Aube), où il ne tarda pas à se faire une avantageuse position. M. le docteur Fontaine est membre du Conseil d'hygiène et de salubrité de l'arrondissement depuis 1858, membre de la Société médicale de l'Aube, de l'Académie nationale agricole, etc. Cinq fois élu conseiller municipal à partir de 1860, il a donné sa démision le 12 juin 1872. Il a été élu conseiller d'arrondissement en 1870 et 1871. Enfin, il a été nommé, en 1862, médecin de la Compagnie des chemins de fer de l'Est. On lui doit quelques publications : *Hygiène ou éducation physique des enfants* (Almanach-annuaire de Bar-sur-Seine, 1859-1862) ; — *Biographie de Gerdy* (ibid., 1859) ; *Cours d'hygiène populaire*, fait à l'Hôtel-de-Ville de Bar-sur-Seine (1863-1864). En 1854 et 1855, il a collaboré à la *Revue* des médecins des armées de terre et mer ; et, plus tard, il a donné à la *Gazette des Hôpitaux*, à l'*Abeille médicale*, au *Répertoire de médecine dosimétrique*, etc., des *Observations* de médecine et de chirurgie.

FONVIELLE (Wilfrid DE), né à Paris, en 1828. Il fit ses études classiques à Sainte-Barbe, se consacra à l'étude des sciences, et professa d'abord les mathématiques. Puis, embrassant le journalisme, il se fit connaître par sa collaboration à des publications périodiques ou des journaux importants. M. Wilfrid de Fonvielle a attaché son nom aux efforts qui ont été tentés, dans ces dernières années, pour arriver à faire un utile emploi de la navigation aérienne. Ses ascensions, très-nombreuses, et parfois très-périlleuses, lui ont permis de poursuivre, en même temps que les progrès de l'aérostatique, des expériences scientifiques intéressantes. Outre de nombreux articles parus dans les journaux, M. Wilfrid de Fonvielle a publié : *Le souverain* (1853) ; — *Insurrection de l'Inde*, avec M. Legault (1857) ; — *L'entrevue de Varsovie*, et *La croisade en Syrie* (1860) ; — *L'homme fossile*, et *Les merveilles du monde invisible* (1865) ; — *Eclairs et tonnerres* (1866) ; — *L'astronomie moderne* (1868) ; *Plaidoyer en faveur de Paris* ; *La terreur* ; *Paris en flammes* ; *La foire aux candidats* ; *Les dernières causeries de Rochefort* ; *M. Thiers historien de la Révolution française* ; *Les ballons pendant le siège de Paris* ; *La physique des miracles* ; *Confession d'un peuple souverain* (1871), etc. M. Wilfrid de Fonvielle est, comme on le voit, un savant doublé d'un écrivain politique. Pendant le siège de Paris, il a franchi, en ballon, les lignes de l'investissement, accomplissant une des traversées aériennes les plus longues et les plus étonnantes qui soient connues.

FORCADE (Mgr Théodore-Augustin), né à Versailles, le 2 mars 1816. Poussé par une sérieuse vocation vers l'état ecclésiastique, il fit ses études au petit séminaire de Mantes, et reçut l'ordination à Versailles, le 16 mars 1839. Au mois d'août suivant, il fut nommé vicaire, et bientôt après, vicaire-administrateur de Sucy (Seine-et-Oise). Professeur de philosophie au grand séminaire de Versailles, de 1841 à 1843, il partit alors comme missionnaire pour la Chine. En 1845 et 1846, il était missionnaire aux îles Lissu-Kieou. Nommé, le 27 mars 1846, évêque *in partibus* de Samos et vicaire apostolique du Japon, il ne put pénétrer dans ce dernier pays, et fut désigné comme préfet apostolique de la colonie anglaise de Hong-Kong (Chine), où il fut sacré le 21 février 1847. Mais le mauvais état de sa santé nécessita son retour en France, en 1852. Transféré à la Basse-Terre (Guadeloupe) le 12 septembre 1853, il fut nommé évêque de Nevers le 11 décembre 1860, et préconisé le 18 mars 1861. Mgr Forcade a été élevé au siége archi-épiscopal d'Aix le 21 mars 1873. Il est officier de la Légion d'Honneur depuis 1866.

FORCADE LA ROQUETTE (Jean-Louis-Victor-Adolphe DE), né à Paris, en 1820, frère utérin de feu le maréchal Saint-Arnaud. Il prit sa licence en 1841 et son doctorat en 1846, à la Faculté de droit de Paris. Inscrit au barreau de la capitale, il prononça, en 1843, un discours de rentrée à la conférence des avocats, ayant pour sujet : *Le barreau sous Louis XIV*. Entré au Conseil d'État en 1852, en qualité de maître des requêtes, il fut, peu de temps après, nommé commissaire du gouvernement près de la section du contentieux, et classé dans le service extraordinaire, en 1857, comme directeur-général de l'administration des forêts. En 1859, il fut nommé conseiller d'État en service ordinaire hors sections, et directeur-général des douanes et des contributions indirectes. Ministre des finances depuis le 28 novembre 1860 jusqu'au 12 novembre 1861, il émit les 300,000 obligations trentenaires, qui furent plus tard englobées dans la conversion de la rente ; et, deux jours après sa sortie du ministère, il fut élevé à la dignité de sénateur. Puis il fut successivement chargé d'une mission en Algérie, en mars 1863, appelé à la vice-présidence du Conseil d'État le 18 octobre suivant et nommé ministre de l'Agriculture, du Commerce et des Travaux-Publics en janvier 1867. À la fin de cette même année, il passa au ministère de l'Intérieur où il se trouva face à face avec des difficultés politiques toujours grandissantes, et où il eut souvent l'occasion de montrer, à la tribune du Corps législatif et du Sénat, ses rares aptitudes pour les discussions parlementaires. Démissionnaire, avec tout le cabinet, lors de l'apparition du message impérial qui annonçait, avec la venue d'un régime nouveau, des modifications constitutionnelles relatives à la responsabilité ministérielle en juillet 1869, il rentra tout aussitôt à l'Intérieur, dont il garda le portefeuille jusqu'à l'avénement du ministère Ollivier, le 2 janvier 1870. M. de Forcade La Roquette a quitté la vie publique après la révolution du 4 septembre 1870. Il a représenté le canton de Sauveterre, au conseil général de la Gironde. Il est Grand-Officier de la Légion d'Honneur depuis 1864.

FORDOS (Mathurin-Joseph), né à Sérent (Morbihan), le 3 novembre 1816. Après avoir obtenu de brillants succès au collége de Vannes, et avoir fait dans cette ville ses premières études de pharmacie, M. Fordos vint à Paris concourir pour les hôpitaux. Reçu interne en 1838, le premier du concours, il obtint, en 1840, le premier prix (médaille d'argent), puis fut nommé, en 1841, toujours au concours, pharmacien des hôpitaux de Paris. Il est actuellement pharmacien en chef de l'hôpital de la Charité. M. Fordos a publié, soit seul, soit en collaboration, un grand nombre de mémoires importants sur la chimie, notamment sur : *les sels d'or et leur emploi en photographie; les acides du soufre de la série thionique; l'action des acides sur les métaux: sur des matières colorantes de l'organisme; sur la recherche de l'arsenic dans les cas d'empoisonnement: sur les hyposulfites, les cyanures, les foies de soufre, le sulfure d'azote, le soufre insoluble, les anti-chlore, les hypochlorites, le dosage de l'opium*, mémoires insérés dans les *Comptes rendus des séances de l'Académie des sciences*, les *Annales de physique et de chimie*, le *Journal de pharmacie et de chimie*, etc. Il est l'inventeur d'un appareil médical dit *Gazo-injecteur*. M. Fordos était sous-lieutenant en premier dans la garde nationale lorsque la révolution de 1848 éclata ; aux élections générales, il fut nommé par son bataillon capitaine d'État-major, et fit un service actif pendant les jours difficiles que la République eut à traverser. Après les journées de Juin, il fit partie du petit nombre des capitaines maintenus dans leur grade, lors de la réorganisation de l'État-major général par le général Chargarnier. M. Fordos est chevalier de la Légion d'Honneur depuis le 11 août 1864, et membre de plusieurs Sociétés savantes.

FORGEMOL DE BEAUQUÉNARD (Jean-Jacques-Hector), né à Azerables (Creuse), le 3 mars 1819. Il est issu d'une ancienne famille de la Marche, dont trois membres, trois frères combattirent à Fontenoy et furent nommés chevaliers de Saint-Louis, et fils d'un chirurgien-major de 1re classe. Après avoir fait ses études classiques au lycée de Besançon, il entra comme chirurgien-élève, à l'École militaire de Strasbourg, en 1836, passa successivement aux hôpitaux du Val-de-Grâce, de Nancy et de Bordeaux, et fit partie de l'armée d'Afrique comme chirurgien sous aide. De retour en France et attaché à l'hôpital du Gros-Caillou, il obtint, au concours, le brevet de chirurgien aide-major de 2e classe au 1er de ligne. Bientôt après, il repartit pour l'Afrique avec ce régiment. Reçu docteur de la Faculté de Montpellier, au mois d'août 1843, avec une thèse ayant pour sujet : *Considérations cliniques sur l'humorisme et le solidisme*, il donna sa démission en 1844, pour s'établir à Tournan Seine-et-Marne). Dans cette localité, qu'il habite depuis trente ans, M. le docteur Forgemol de Beauquénard s'est fait aimer et estimer de tous. Membre du Conseil municipal de Tournan et du Conseil d'arrondissement de Melun, il fait partie des Conseils cantonaux de vaccine, d'hygiène, de statistique et d'instruction primaire. Il a reçu plusieurs médailles comme propagateur de la vaccine, et une médaille, en 1859, pour son zèle à combattre le choléra. Premier inventeur (brevet du 4 décembre 1861) d'un procédé pour le *Dévidage de la soie grège*, des cocons naturellement percés et des cocons de graine, découverte qui lui a valu de nombreuses médailles en or, en argent, en bronze, et des mentions honorables dans divers concours nationaux et étrangers, il est aussi le premier, le seul même qui ait soumis de ces soies à l'examen de l'Académie des sciences de Paris, ainsi que le constate le *Bulletin* de cette Compagnie (31 décembre 1861). M. le docteur Forgemol de Beauquénard est membre de la Société d'acclimatation de Paris, de la Société d'archéologie, sciences, arts et lettres de Seine-et-Marne, de la Société de Seine-et-Marne pour l'encouragement à l'instruction, et de l'Association médicale de Melun. Se livrant à l'étude des plantes textiles, il a trouvé le moyen de préparer le lin et le chanvre par un procédé chimique supprimant le *Rouissage* et tous les inconvénients qu'il entraîne avec lui, procédé dont de nombreuses médailles ont affirmé l'excellence. Enfin, il a publié un opuscule sur la *Culture de l'ailante* et sur son ver à soie, et fourni de nombreux articles aux journaux d'agriculture. M. le docteur Forgemol de Beauquénard a reçu la croix de la Légion d'Honneur, au mois de juin 1871, pour le dévouement et l'activité dont il a fait preuve pendant l'invasion allemande, en partageant ses soins entre sa clientèle, qu'il a tenu à ne pas abandonner, et trois ambulances militaires qu'il avait contribué à établir.

FORGET (Amédée), né à Chartres (Eure-et-Loir), le 28 mai 1811. M. le docteur Forget a fait des études chirurgicales approfondies. Nommé, au concours, externe, puis interne des hôpitaux de Paris, il fut choisi par le professeur Lisfranc comme chef de clinique à l'hôpital de la Pitié. Il exerça ces fonctions pendant cinq ans, enseigna à cette époque la médecine opératoire, et fut attaché à la rédaction de la *Gazette des Hôpitaux* et du *Bulletin général de thérapeutique*. En 1849, il était reçu docteur en médecine. En 1845, il devint collaborateur de l'*Union médicale*, où il publia une série de revues de chirurgie fort estimées. Il est auteur d'un grand nombre de travaux de chirurgie, notamment : *Le Galactocèle mammaire et son traitement; — Remarques sur les polypes de l'urèthre chez la femme; — Des corps fibreux de l'utérus avant, pendant et après la grossesse; — Des kystes des os maxillaires; — De l'amputation de la mâchoire; — Des lois générales des amputations; — De la nature et du siège de la grenouillette; — Son traitement par autoplasties; — Des résections sous périostées et de leur valeur chirurgicale; — De la trépanation de l'apophyse mastoïde; — De l'usage de l'éther et du chloroforme en chirurgie; — Des tumeurs fibro-plastiques; — Des anomalies dentaires et des maladies graves qu'elles produisent dans les os maxillaires*. Lauréat de l'Institut pour un travail couronné, en 1859, au concours du prix Montyon, M. le docteur Forget a été deux fois président de la Société nationale d'émulation et de la Société de médecine de Paris; il est membre de la Société de chirurgie. Chevalier de la Légion d'Honneur depuis le 3 mai 1849, il a été promu officier le 15 août 1868.

FOSSÉ D'ARCOSSE (François-Barthélemy-Thérèse-Emilien), né à Paris, le 24 janvier 1810. Il est le fils de l'un des plus patients collectionneurs de ce siècle, M. Fossé d'Arcosse, mort en 1864, conseiller référendaire honoraire à la Cour des comptes, et connu surtout par son goût et sa science des autographes. Entré dans l'imprimerie de MM. Firmin Didot en 1828, M. Émilien Fossé d'Arcosse en eut la direction, de 1830 à 1836, et contribua beaucoup, par son zèle et ses aptitudes, à l'heureuse exécution des travaux typographiques de luxe entrepris alors dans cette importante maison. Il donna, entre autres, des soins particuliers à la publication du *Dictionnaire de l'Académie* (1835, 6° édit.). En 1836, après la mort de M. Firmin Didot père, il s'établit à Soissons, comme éditeur et maître imprimeur. Devenu propriétaire de l'*Argus soissonnais*, simple feuille hebdomadaire d'annonces, il en fit un journal politique, tout à la fois indépendant et conservateur, qui, depuis trente années, occupe un rang très-honorable dans la presse départementale. M. Fossé d'Arcosse est, depuis 1860, membre du Conseil municipal de Soissons et président du tribunal de Commerce. Il a prononcé, au mois d'août 1862, lors de l'installation des membres de ce tribunal, un discours plein de curieux détails historiques sur l'ancienneté et l'importance de la juridiction consulaire à Soissons. Comme éditeur, il a publié des livres de liturgie soissonnaise, enrichis de notes et de réflexions historiques dont il est l'auteur. De plus, on lui doit une *Notice biographique sur l'helléniste Congnet, avec un atlas raisonné de ses ouvrages*; un *Essai sur l'abbaye de Saint-Jean-des-Vignes de Soissons*; une *Note sur la cathédrale de Soissons et les tombeaux de ses évêques*, etc. M. Emilien Fossé d'Arcosse est chevalier de la Légion d'Honneur depuis le 14 août 1852.

FOUBERT (Paul-Louis-Amédée), né à Entrammes (Mayenne), le 21 mai 1812. Grand propriétaire dans le département de la Manche, il a consacré au soin des intérêts de ses concitoyens les loisirs que lui laissait l'exploitation de son domaine. Maire de Saint-Sauveur-le-Vicomte, de 1852 à 1872, membre du Conseil général pour le canton de Barneville, depuis 1863, il a obtenu, comme candidat de l'opposition, en mai 1869, une importante minorité. Le 8 février 1871, les électeurs de la Manche l'ont envoyé à l'Assemblée nationale, où il a pris place sur les bancs du Centre-Droit. M. Foubert appartient à la nuance monarchiste-constitutionnelle parlementaire. Ami du progrès lent, mais sûr, M. Foubert est décentralisateur en même temps qu'il poursuit, depuis son entrée à la Chambre, les économies et les réductions de fonctionnaires. Au Conseil général de la Manche, ses collègues l'ont appelé à la première vice-présidence en octobre 1871. Il fait partie, à l'Assemblée, de l'importante Commission de décentralisation, et il est un des promoteurs de la proposition de loi qui doit supprimer les Conseils de préfecture. Enfin, il appartient à la Commission de la révision des services administratifs. Il a prononcé des discours qui ont été fort applaudis, notamment dans la discussion de la loi départementale et sur la réduction des traitements de la Cour des comptes.

FOUCAUCOURT (Gaston, *baron* DE), né à Paris, le 23 novembre 1833. Il se consacra à la peinture, particulièrement au paysage. Elève de son père, il fit de grands voyages artistiques. En 1865, il débuta au Salon de Paris avec un tableau ayant pour sujet : *Vue du Mont-Blanc et de la vallée de Chamounix*. Depuis, M. le baron Gaston de Foucaucourt a exposé notamment : *Le soir dans les marais Pontins*; *Pont du Souverain-Moulin, près Boulogne-sur-Mer* (1866); — *Les pyramides de Ghiseh, vues des bords du Nil* (1867); — *Rue de la Citadelle, au Caire*; *Le château de Windsor* (1868); — *Vallée de Josaphat*; *Les étangs de Saint-Pierre dans la forêt de Compiègne* (1869); — *Ruines du château de Coucy*; *Le Liban et la plaine de Balbeck* (1870); — *Vue de l'Etna* (1872).

FOUCAUX (Philippe-Edouard), né à Angers, le 15 septembre 1811. Il fit de fortes études classiques dans sa ville natale et suivit, à partir de 1838, les cours de sanscrit d'Eugène Burnouf, au Collège de France. Ses travaux sur les langues orientales le conduisirent à étudier le tibétain, qu'il réussit à apprendre sans maître. En 1842, on sentit la nécessité d'organiser l'enseignement de cet idiome asiatique, et M. Edouard Foucaux fut chargé d'ouvrir ce cours à la Bibliothèque nationale. Devenu l'un de nos plus remarquables orientalistes, il fut choisi comme suppléant, pour le cours de littérature sanscrite, par son ancien professeur, M. Burnouf, remplaça ce dernier pendant une année, et devint titulaire de cette chaire en 1862. On lui doit : *Grammaire de la langue tibétaine* (1859); — *Histoire du Bouddha Sâkya Mouni*, texte tibétain et traduction (1848, 2 vol. in-4°); — *Parabole de l'enfant égaré*, en sanscrit, en tibétain et en français (1854); — *Le trésor des belles paroles*, choix de sentences tibétaines, texte et traduction (1858); — *Vikramórvaçi*, drame en cinq actes de Kâlidâsa, traduit du sanscrit en français (1861); — *Onze épisodes du Mahâbhârata*, traduits en français (1862); — *Doctrine des Bouddhistes sur le Nirvâna* [délivrance finale] (1864); — *Sakountalâ*, drame en sept actes de Kâlidâsa, traduit du sanscrit en français (1867). M. Edouard Foucaux a reçu la croix de la Légion d'Honneur le 12 août 1864.

FOUCHÉ-LEPELLETIER (Edmond-Edouard-François), né au Havre (Seine-Inférieure), le 17 juillet 1809. Il étudia la chimie sous le professeur Baruel, de l'Académie de médecine. A l'âge de vingt-deux ans, il dirigeait déjà l'importante fabrique de produits chimiques de Javel, dont il est devenu propriétaire et à laquelle il a donné un grand développement. Titulaire des premières récompenses accordées à cette industrie aux Expositions de Paris et de Londres, il a reçu des mains du prince Louis-Napoléon, en 1851, la croix de la Légion d'Honneur, en mémoire de sa sollicitude pour le sort des ouvriers et de l'impulsion qu'il avait imprimée à un établissement qui honore l'industrie française. M. Fouché-Lepelletier a rempli depuis vingt ans diverses fonctions gratuites. Vice-président du Conseil des prud'hommes de Paris en 1847, membre de la Commission chargée de la répartition des fonds

Biogr. nat. 17

accordés aux associations ouvrières en 1848, membre du Conseil de surveillance de l'administration générale de l'assistance publique en 1849, il a siégé au Corps législatif, comme député de la 6e circonscription de la Seine, depuis 1852 jusqu'en 1863, époque où il a été remplacé par M. Guéroult, après une lutte électorale des plus ardentes. Il a longtemps été membre de la Commission municipale de Paris et du Conseil général du département de la Seine, et a fait partie du jury de l'Exposition universelle en 1855. M. Fouché-Lepelletier, chevalier de la Légion d'Honneur depuis le 15 avril 1831, est aussi commandeur de 1re classe de l'ordre du Christ de Portugal.

FOUCHER (Paul-Henri), né à Paris, le 21 avril 1810. Il est le frère cadet du magistrat de ce nom, conseiller à la Cour de cassation, auquel on doit de remarquables ouvrages de jurisprudence, et qui est mort en 1866. Après avoir travaillé quelque temps dans les bureaux du ministère de la Guerre, il quitta la carrière administrative pour se consacrer à la littérature, avec laquelle il s'était familiarisé chez M. Victor Hugo, son beau-frère. Dès ses débuts, il s'annonça comme l'un de nos écrivains dramatiques les plus distingués ; et le nombre des œuvres qu'il a produites au théâtre est considérable. En 1848, il commença à s'occuper de politique et entrepris, dans l'*Indépendance belge*, un *Courrier de Paris* dont le succès ne s'est pas démenti jusqu'à présent (1873), et où sont traitées d'une main exercée toutes les questions à l'ordre du jour. La plupart de ses œuvres dramatiques ont été écrites en collaboration avec des auteurs très-connus, tels que MM. de Lavergne, Dennery, Pierre Aubry (Goubaux), Alboize, Félix Arvers, Régnier, Borri, Jaime, Jarry, Herbin, Mazilier, Bouchardy, A. Bourgeois, Duport, Berthet, Desnoyers, Delaporte, etc. Voici les principales : *Caravage* (1834) ; — *Jeanne de Naples* (1837) ; — *Don Sébastien de Portugal*, tragédie (1839) ; — *Les chevaux du Carrousel* (1839) ; — *Le pacte de famine* (1839) ; — *Bianca Contadini* (1840) ; — *La guerre de l'indépendance en Amérique* (1840) ; — *La Voisin* (1842) ; — *Les deux perles* (1844) ; — *Les étouffeurs de Londres* (1847) ; — *L'héritier du Czar* (1849) ; — *Notre-Dame de Paris* (1850) ; — *Mademoiselle Aïssé* (1854) ; — *La bonne aventure* (1854) ; — *La Joconde* (1855) ; — *Les rôdeurs du Pont-Neuf* (1858) ; — *L'amiral de l'escadre Bleue* (1858) ; — *L'institutrice* (1861) ; — *Delphine Gerbet* (1862) ; — *Le carnaval de Naples* (1864) ; — *La bande Noire* (1866), etc. On lui doit aussi des œuvres lyriques et des ballets-pantomimes : *Le vaisseau Fantôme*, musique de M. Diestch (1842) ; — *Richard en Palestine*, musique d'Adam (1844) ; — *Paquita*, musique de M. Deldevez (1846) ; — *L'opéra au camp*, musique de M. Varney (1854) ; — *L'étoile de Messine*, musique de M. le comte Gabrielli (1861), etc. On distingue, parmi ses nouvelles et ses romans-feuilletons : *Le guetteur du Cordouan* (1854, 3 vol.), et la *Vie de plaisir* (1860), qui ont été publiés en librairie ainsi que : *Entre cour et jardin* et les *Coulisses du passé*, ouvrages parus tout récemment et qui sont un choix de feuilletons de théâtre publiés dans la *France* et dans l'*Opinion nationale*, où il fait encore aujourd'hui la *Revue dramatique et lyrique* du lundi. En dernier lieu, il a donné *Les sièges héroïques*. M. Paul Foucher a fourni des articles à beaucoup de journaux et revues: Il est chevalier de la Légion d'Honneur depuis le 29 avril 1847.

FOUCHER DE CAREIL (Louis-Alexandre, comte), né à Paris, le 1er mars 1826 ; fils du général comte Foucher de Careil, mort en 1835. Après de brillantes études, de longs et nombreux voyages et des missions scientifiques, il s'est voué à la littérature, à la philosophie et à la politique. Ses recherches en Allemagne lui ayant fait découvrir des documents inédits et précieux, il a entrepris en 1854 la publication d'une édition complète des *OEuvres de Leibnitz*, qui ne comprendra pas moins de douze volumes, dont sept ont déjà paru (1867) ; un mémoire couronné par l'Institut en forme la préface. Au nombre des manuscrits originaux de Leibnitz, qu'il a livrés à l'impression, on cite : *Réfutation de Spinoza* (1854) ; — *Lettres et opuscules inédits* (1854 et 1857) — *Lettres de Leibnitz, Bossuet, Pellisson*, etc. (1859). M. Foucher de Careil a soutenu avec talent, contre le prince Albert de Broglie, une polémique sur le *Systema theologicum* de Leibnitz. On lui doit des études intéressantes sur Dante et Gœthe ; — des mémoires sur le *Projet d'expédition en Égypte* présenté par Leibnitz à Louis XIV, et sur *Leibnitz, Descartes et Spinoza* ; — deux volumes d'*OEuvres inédites de Descartes* ; — *Leibnitz, la philosophie juive et la cabale* (1861) ; — *Descartes et la princesse Palatine* (1862) ; — *Hégel et Schopenhauer* (1862), etc. M. Foucher de Careil a été candidat indépendant aux élections générales de 1863 pour le Corps législatif. Membre du Conseil général du Calvados, de 1859 à 1870, il s'est occupé avec ardeur, à ce titre, des questions économiques, politiques et sociales. Il a publié un recueil de *Discours* sur la décentralisation, la dépopulation des campagnes, la représentation de l'agriculture, et une brochure politique intitulée : *Le Luxembourg à la Belgique*. Pendant la guerre de 1870-1871, il a été directeur-général des ambulances des légions mobilisées de Bretagne. Nommé préfet des Côtes-du-Nord le 23 mars 1871, il est passé, le 8 mai 1872, à la préfecture de Seine-et-Marne. M. Foucher de Careil, chevalier de la Légion d'Honneur depuis le 11 août 1859, a été promu officier le 7 septembre 1871, pour services rendus pendant la guerre. Il est aussi chevalier de l'Étoile polaire de Suède et des Saints-Maurice et Lazare d'Italie.

FOULCON-LABORIE (François-Alfred), né à Rouffignac (Dordogne), le 6 mai 1825. Reçu bachelier ès lettres le 24 août 1842, il commença ses études médicales à l'École secondaire de Bordeaux, où il fut interne des hôpitaux dans les salles du professeur Gintrac, et se fit inscrire à la Faculté de Montpellier en 1846. Après cinq ans d'externat à l'hôpital Saint-Éloi, il prit le grade de docteur en médecine, le 11 juillet 1851, avec la thèse suivante : *Essai sur le tétanos*, et se fit recevoir bachelier ès sciences physiques le 6 novembre 1858. Il avait été délégué de la Faculté de Montpellier pour combattre l'épidémie cholérique qui sévit dans l'Hérault en 1849. M. Foulcon-Laborie, établi à Lafalquette, près Rouffignac, arrondissement de Sarlat, n'a pas tardé à se faire une très-honorable position. Maire de sa localité pendant cinq ans, il a été destitué pour avoir voté contre le candidat du gouvernement. On lui doit une *Note* adressée à l'Association médicale sur la *Picote noire*, qui s'est manifestée dans son département, et qu'il a combattue, dix-huit fois de suite, avec un remède qui lui a réussi.

FOULD (Benoît), né à Paris, le 21 novembre 1792. Fils d'un opulent Israélite qui tenait une importante maison de banque à Paris, et doué de remarquables aptitudes pour les affaires, il devint, très-jeune encore, le chef de l'établissement paternel. Juge au tribunal de Commerce en 1827, et bientôt après membre de la Chambre de commerce de Paris, il fut élu député de l'Aisne, par le collège électoral de Saint-Quentin, en 1834 et 1839, et fit preuve, à la Chambre, de rares capacités dans les questions de douanes, de chemins de fer, d'industrie et de finances. Il échoua aux élections générales de 1842 ; mais, en 1846, il fut élu dans le département de l'Hérault. Après la révolution de 1848, il se retira de la vie publique. M. Benoît Fould est décédé le 30 juillet 1858. Il avait reçu la croix de la Légion d'Honneur le 26 octobre 1843.

FOULD (Achille), né à Paris, le 17 novembre 1800 ; frère du précédent. Il fit ses études classiques au lycée Charlemagne, apprit les affaires sous la direction de son père, et compléta son éducation par des voyages en province, en Italie, et jusqu'au Orient. Grand propriétaire dans les Hautes-Pyrénées, il y fut élu conseiller général, et bientôt après député du collège électoral de Tarbes. De 1842 à 1848, il s'acquit à la Chambre une grande influence par ses spécialités économiques et financières, et commença une brillante campagne en faveur de la conversion de la rente. Sa politique, d'ailleurs, fut toujours conservatrice, et il soutint le ministère Guizot jusqu'au dernier moment. Le gouvernement provisoire, issu de la révolution de Février, ne fut pas fâché de recourir à son expérience en matière de finances, et profita de ses conseils. Lors des journées de Juin 1848, il prit les armes pour combattre l'insurrection. Au mois de juillet suivant, il fut élu représentant de Paris à l'Assemblée constituante. Ses théories économiques furent acceptées par presque toutes les fractions de l'Assemblée. Il joua un grand rôle dans plusieurs Commissions importantes, particulièrement dans la Commission des comptes du gouvernement provisoire, et fut rapporteur de la loi sur l'impôt des 45 centimes. Après l'élection du prince Louis-Napoléon Bonaparte à la présidence, il fut appelé directement dans les conseils du gouvernement, et occupa quatre fois le ministère des Finances. Lors du Coup-d'Etat, ce fut encore à lui qu'on eut recours; mais il rendit son portefeuille le 25 janvier suivant pour protester contre la confiscation des biens de la famille d'Orléans. Nommé ministre d'Etat et de la Maison de l'empereur, et élevé au rang de sénateur, il exerça une excellente influence sur la direction et l'achèvement des grands travaux projetés dans Paris. De 1861 à 1867, il tint de nouveau le portefeuille des Finances, obtint de l'empereur qu'il renonçât au droit d'ouvrir directement des crédits supplémentaires, opéra la conversion de la rente, introduisit de grandes améliorations dans la comptabilité des administrations publiques, et fit réussir l'emprunt de 300 millions. Démissionnaire le 19 janvier 1867, pour laisser la place à un nouveau cabinet chargé d'exécuter les réformes annoncées dans la lettre impériale, il n'eut que peu de temps à jouir des loisirs d'une vie moins occupée ; car il mourut le 5 octobre suivant. M. Achille Fould, amateur des plus distingués, avait été élu membre de l'Académie des beaux-arts en 1854. Il était Grand-Croix de la Légion d'Honneur depuis le 8 mars 1856.

FOULQUIER (Mgr Jean-Antoine-Marie), né à Valady (Aveyron), le 6 février 1798. Il fit ses premières études au lycée de Rodez, et entra, en 1817, au séminaire de Saint-Sulpice. Admis dans cette illustre Compagnie et ordonné prêtre en 1822, il fut envoyé, l'année suivante, au séminaire d'Autun, comme professeur d'histoire sainte. Après sept années d'enseignement, sa santé épuisée le condamna au repos. Alors il se retira dans sa paroisse natale, à laquelle il rendit quelques services. En 1832, plusieurs prêtres de ses amis ayant fondé un collège ecclésiastique à Espalion, il y occupa la chaire de philosophie. En 1835, Mgr Giraud, évêque de Rodez, le mit à la tête du petit séminaire de Saint-Pierre, qui venait d'être créé, et qui ne tarda pas à acquérir une grande importance ; et, bientôt après, il fut appelé au Conseil épiscopal avec le titre de vicaire-général honoraire. Onze années consacrées à la direction d'un établissement considérable avaient encore une fois gravement compromis sa santé. Aussi Mgr Croizier lui donna-t-il, en 1846, un canonicat à l'église cathédrale de Rodez. Il fut élevé, le 11 janvier 1849, au siége épiscopal de Mende, dont il prit possession le 8 septembre, après avoir été préconisé à Gaëte par le Souverain-Pontife. Mgr Foulquier s'est constamment renfermé dans ses fonctions épiscopales. Il a assisté, en 1850, au Concile d'Albi, sa métropole, rétabli l'usage des synodes diocésains, ainsi que l'usage de la liturgie romaine, et doté son diocèse de statuts synodaux. Enfin, c'est grâce à son initiative qu'a été commencée la restauration de l'église cathédrale de Mende, œuvre capitale, qui sera couronnée un jour par l'érection de la statue du pape Urbain V et de celle de la Vierge. Mgr Foulquier, cédant au poids de son grand âge et de ses longues fatigues, a donné sa démission au commencement de 1873. S. S. Pie IX lui a conféré le titre de comte romain assistant au trône pontifical. Il avait fait partie du S. Concile du Vatican, dans lequel il avait toujours voté dans le sens de ses décrets. Mgr Foulquier est chevalier de la Légion d'Honneur depuis le 16 août 1854.

FOUQUE (Victor), né à Bayeux (Calvados), le 17 février 1802. M. Fouque est le fils de ses œuvres. Doué de rares dispositions pour l'étude, mais n'ayant reçu, jusqu'à l'âge de 20 ans, que des leçons d'un simple maître d'école, il s'instruisit seul et conquit, à force de volonté, la place honorable qu'il occupe maintenant parmi les modestes et laborieux érudits de la province. Il a été libraire à Chalon-sur-Saône de 1831 à 1854. On lui doit beaucoup d'articles d'histoire, de critique littéraire, de statistique, de politique, publiés dans divers journaux. Pour la composition de ses ouvrages, M. Fouque, s'inspirant de la méthode de MM. Thierry et Guizot, a puisé leur matière dans les documents authentiques renfermés dans les archives publiques et privées. Parmi ses publications, imprimées toutes à ses frais, on distingue : *Histoire de Chalon-sur-Saône, depuis les temps les plus reculés jusqu'à nos jours,* ouvrage qui a obtenu une mention honorable de l'Académie des inscriptions et belles-lettres (1844, avec carte); — *Recherches historiques sur la révolution communale au Moyen-Âge et sur le système électoral appliqué aux communes* (1848) ; — *Recherches historiques sur les Corporations des archers, des arbalétriers et des arquebusiers,* ouvrage honorablement mentionné, ainsi que le précédent, par l'Académie des inscriptions et belles-lettres (1852) ; — *Des causes et des conséquences de l'émigration des habitants de la campagne vers les grands centres de population, et des moyens d'en combattre avantageusement les effets,* ouvrage qui a obtenu une mention honorable de l'Académie de Besançon (1856); — *Du Gallia christiana et de ses auteurs, étude bibliographique* (1857) ; — *Quatre lettres inédites de Mme de Maintenon, précédées et accompagnées d'un précis historique* (1864); — *La vérité sur l'invention de la photographie; Nicéphore Niepce, sa vie, ses essais, ses travaux, d'après sa correspondance et autres documents inédits,* ouvrage où l'auteur, en reproduisant photographiquement des actes authentiques, prouve que Daguerre n'est pas l'inventeur de la photographie (1867) ; — *Faits historiques et mémorables de la Révolution française* (1869) ; — *Notes historiques sur les papes d'origine française et sur les conciles œcuméniques* (1870) ; — *Recherches historiques sur la maison de Rabutin* (1871). M. Fouque est correspondant du ministère de l'Instruction publique pour les travaux historiques, et membre de plusieurs Académies et Sociétés savantes.

FOURCHEUT DE MONT-ROND (Clément-Melchior-Justin-Maxime), né à Bagnols-sur-Cèse (Gard), le 4 septembre 1805. Il entra à l'Ecole des chartes, et fut ensuite, en sa qualité d'archiviste, attaché aux travaux publiés par l'Académie des inscriptions et belles-lettres. Sous le nom de *Maxime de Mont-Rond,* il a fait paraître : *Essais historiques sur la ville d'Etampes* (1836-1837, 2 vol., avec planches, notes et pièces justificatives) ; — *Tableau historique de la décadence et de la destruction du paganisme en Occident* (1838) ;— *La Vierge et les saints en Italie* (1842); — *Jeanne d'Arc* (1844); — *Les guerres saintes d'outre-mer, tableau des Croisades* (1848, 2 vol.) ; — *Les Français à Rome* (1851); — *Constantinople,* avec un *Précis de l'histoire de l'Empire d'Orient et de l'Empire ottoman* (1854) ; — *Paris, son histoire et ses monuments* (1867, in 4° avec planches); — *Galeries des hommes les plus célèbres en divers genres* (13 vol.); — *Fleurs monastiques : Etudes, Souvenirs et Pèlerinages* (1860). M. Fourcheut de Mont-Rond a publié, en outre, à Lille, une quarantaine de volumes de biographie, d'histoire, de piété et de morale. Il est chevalier de l'ordre de Saint-Grégoire-le-Grand ; et membre de la Société de l'École des chartes.

FOURNERIS (Joseph), né à Cusset (Allier), le 17 septembre 1807. M. Fourneris doit à une ferme volonté et à un travail persévérant la position distinguée qu'il occupe dans la société. Issu d'une famille honorable, mais peu fortunée, il a fait lui-même son instruction ; et, bien qu'il n'ait pris aucun grade universitaire, il s'est acquis dans son pays une réputation méritée de jurisconsulte et d'administrateur, grâce à une étude approfondie et à une longue pratique de nos lois civiles et administratives. Directeur, puis trésorier de la Caisse d'épargne de Cusset de 1835 à 1848, il a fait partie du Conseil municipal de cette ville de 1837 à 1843, et a été nommé adjoint provisoire en 1850, adjoint titulaire en 1852, et enfin maire en 1854. Il en a rempli les fonctions jusqu'en mai 1869, époque où il a donné sa démission pour cause de santé. On cite notamment, parmi les améliorations qu'il a introduites dans l'administration de Cusset, l'extinction du passif de la ville, l'assainissement et l'embellissement de ses anciennes rues, l'ouverture de rues nouvelles, la construction d'une école de jeunes filles, le rétablissement du collège communal, l'édification d'une église monumentale, l'agrandissement du cimetière, l'application du gaz à l'éclairage de la ville, etc. M. Fourneris a été membre du Conseil général de l'Allier depuis 1852 jusqu'en 1870, et membre du Conseil départemental de l'instruction publique. Il est suppléant du juge de paix depuis 1858. Comme récompense de ses services, il a reçu la croix de la Légion d'Honneur le 31 juillet 1860.

FOURNIER (Alfred), né à Paris, le 12 mai 1832. Indépendant, par sa position de fortune, M. Alfred Fournier put suivre librement ses goûts, qui le portaient vers les sciences médicales. Il fit ses études classiques à Paris, et se fit inscrire, en 1852, à la Faculté de médecine. Interne en 1855, il entra à l'hôpital du Midi, dans le service du docteur Ricord, dont il devint un des élèves les plus distingués. Docteur en 1860, agrégé de la Faculté et médecin des hôpitaux en 1863, il fut chargé, en 1867, de suppléer le professeur Grisolle à l'Hôtel-Dieu. M. le docteur Alfred Fournier s'est montré, dans ses cliniques, non-seulement un travailleur et un chercheur infatigable, mais encore un professeur aussi attrayant qu'érudit. On lui doit : la publication des cours du docteur Ricord, sous ce titre : *Leçons sur le chancre* (1858); — *De la contagion syphilitique* (1860); — *De l'urémie* (1863); — *Collection choisie des anciens syphiliographes: Fracastor* (*La syphilis et le mal français,* 1527); *Jacques de Béthencourt* (*Nouveau carême de pénitence et purgatoire d'expiation à l'usage des malades affectés du mal français ou mal vénérien,* 1527); *Jean de Vigo* (*Le mal français,* 1514); — *Leçons cliniques de l'hôpital de*

Lourcine (1872); — et plusieurs mémoires, notamment sur les *Affections vénériennes*.

FOURNIER (Edouard), né à Orléans, le 15 juin 1819. M. Edouard Fournier est issu d'une famille de serruriers-artistes, dont l'un des membres a fondu la première statue érigée à Orléans en l'honneur de Jeanne d'Arc. Après avoir fait de bonnes études dans sa ville natale et à Paris, il a débuté, comme journaliste, en 1842, dans le *Loiret*, où il publiait des feuilletons littéraires. En 1847, il a fait paraître les *Souvenirs historiques et littéraires du Loiret*. A la même époque, le jeune écrivain, se sentant des dispositions pour la critique, mettait au jour: *La musique chez le peuple, ou l'Opéra national, son passé et son avenir* (1847), ouvrage complété, avec la collaboration de Léon Kreutzer, par un *Essai sur l'art lyrique au théâtre* (1849). C'est également en 1849 qu'il fit paraître son *Essai historique sur l'orthographe*. Le côté saillant du talent de M. Edouard Fournier, celui qui a popularisé son nom, c'est une vaste érudition jointe à une piquante tournure d'esprit. Voici la liste de ses autres ouvrages, dont les titres, comme les premiers, indiquent suffisamment le but, qui est surtout de redresser les erreurs historiques répandues dans le public: *Histoire des hôtelleries et cabarets*, en collaboration avec M. F. Michel (1850); — *Un prétendant portugais au XVIe siècle* (1852); — *Paris démoli, mosaïque de ruines* (1853, 2e édit., 1855); — *Histoire de l'imprimerie et de la librairie*, insérée dans le *Livre d'or des métiers* (1854); — *Les lanternes, histoire de l'ancien éclairage de Paris* (1854); — *L'esprit des autres*, ouvrage qui a eu quatre éditions toutes épuisées (1855); — *L'esprit dans l'histoire, recherches et curiosités sur les mots historiques* (1856); — *Le vieux neuf* (1859, 2 vol.); — *Énigmes des rues de Paris* (1860); — *Histoire du Pont-Neuf* (1861, 2 vol.); — *Le jeu de paume, son histoire et sa description* (1862, in-4°, 16 pl.); — *Le roman de Molière* (1863); — *La valise de Molière* (1863); — *L'art de la reliure en France aux derniers siècles* (1864); — *Chroniques et légendes des rues de Paris* (1864); — *La Comédie de La Bruyère* (1865, 2 volumes). Le même auteur a fait paraître les *Lettres inédites de la marquise de Créqui* et a écrit une *Notice* très-importante pour une édition des *OEuvres choisies de Piron*. Il a fourni à la *Bibliothèque elzévirienne*: *Variétés historiques et littéraires* (10 vol.); — *Le roman bourgeois*, de Furetière; — *Les caquets de l'accouchée*; — *Les chansons de Gauthier Garguille*. Il a publié, à Bruxelles, chez Mertens, une réimpression du *Théâtre françois* de Chapuzeau, avec de nombreuses notes. Enfin, on lui doit une édition des *OEuvres de Boileau*, précédée d'une *Notice* qui est tout un livre. En 1848, M. Edouard Fournier, guidé par des sentiments généreux beaucoup plus que par une politique raisonnée, partit pour l'Italie, encouragé par Arago, et alla proposer aux gouvernements provisoires de Milan et de Venise le concours auxiliaire de 500 volontaires français, pour les aider à chasser l'étranger. Les Milanais, se croyant très-forts par eux-mêmes, accueillirent dédaigneusement sa démarche; quant aux Vénitiens, au contraire, ils le reçurent très-cordialement, et le diplomate improvisé fut même admis à la table du grand patriote Manin. Mais le gouvernement autrichien eut vent de cette affaire et prit ses mesures en conséquence; en sorte que M. Edouard Fournier dut s'estimer heureux de pouvoir rejoindre la frontière sans encombre. Rentré à Paris en 1849, il abandonna dès lors la politique et fut, désormais tout aux lettres, un seul moment excepté, celui de nos désastres, où les pillages de l'invasion, le ramenant à l'histoire pratique, lui firent écrire son volume vengeur: *Les Prussiens chez nous* (1872). De 1853 à 1855, il avait rédigé le *Journal des Théâtres*; au mois d'août 1856, il entra, pour y faire une *Chronique* bi-hebdomadaire, à la *Patrie*, où il est encore. En 1859, M. Jules de Prémaray ayant été obligé d'abandonner, pour raisons de santé, son feuilleton dramatique, il le suppléa, jusqu'à rétablissement complet, avec autant de talent que de désintéressement. Il reprit définitivement ce feuilleton quelques mois plus tard, et ne l'a plus quitté. M. Edouard Fournier a travaillé à l'*Encyclopédie du XIXe siècle*; au supplément du *Dictionnaire de la conversation*; au grand ouvrage *Paris dans sa splendeur*, dont il a fait le plus important chapitre, et dans beaucoup de journaux ou revues: le *Siècle*, l'*Estafette*, le *Constitutionnel*, le *Moniteur*, l'*Illustration*, la *Revue française*, la *Gazette des beaux-arts*, la *France*, où il fit, il y a deux ans, son grand travail en cinquante articles: *Paris capitale*. Pendant plusieurs années, il a été le rédacteur en chef de la *Revue des Provinces*. Ce brillant écrivain s'était occupé de critique théâtrale avec trop d'autorité pour ne pas s'essayer lui-même à la scène. Aussi présenta-t-il, dès 1851, au Théâtre-Français, une comédie en 2 actes et en vers: *Christian et Marguerite*, en collaboration avec M. Pol Mercier. Depuis, il a fait jouer: *Le roman du village*, avec le même collaborateur (Odéon, 1853); — *Les deux épagneuls*, musique de Ch. Manry, représentés dans une grande soirée des Néo-Thermes (1854); — *Le chapeau du roi*, musique de H. Caspers (Lyrique, 1858); — *La Charmeuse*, musique de H. Caspers (Bouffes, 1858); *Titus et Bérénice*, musique de Gastinel (Bouffes, 1860); — *Le paradis trouvé*, avec M. Pol Mercier (Odéon, 1862); — *Corneille à la butte Saint-Roch* (Français, 1862); — *La fille de Molière* (Odéon, 1863); — *Racine à Uzès* (Vaudeville, 1864); — *Gutenberg* (drame en 5 actes et en vers, Odéon, 1868). L'*Hôtesse de Virgile*, comédie en 1 acte et en vers du même auteur, a été publiée en 1859, mais n'a pas été présentée à la scène. Ce qui signala surtout le passage de M. Edouard Fournier au théâtre, ce fut sa trilogie d'anniversaires: les trois comédies, citées tout à l'heure, qu'il fit pour célébrer successivement la naissance de nos trois grands poètes dramatiques. En 1872, son succès fut encore plus complet avec la *Vraie farce de maître Pathelin*, 3 actes en vers où il nous donna la pièce du XVe siècle, devenue intelligible sans rien perdre de son accent ni de sa saveur. M. Edouard Fournier a remporté, en 1867, le prix Halphen à l'Académie française, pour l'ensemble de ses livres, et en 1873, un des prix Montyon pour ses derniers ouvrages: *Le théâtre français avant la Renaissance*; — *Le théâtre français des XVIe et XVIIe* siècles ; — *La vraie farce de maître Pathelin.* Il a été nommé, en 1872, bibliothécaire du ministère de l'Intérieur. M. Fournier est chevalier de la Légion d'Honneur depuis 1862.

FOURNIER (Mgr Félix), né à Nantes, le 2 mai 1803, d'une famille très-estimée de colons de Saint-Domingue, fit de brillantes études au séminaire de sa ville natale et se distingua par des facultés supérieures et par un mérite transcendant. Son cours de théologie terminé, comme il n'avait pas encore l'âge requis pour être ordonné prêtre, il resta au séminaire en qualité de professeur de littérature et de philosophie. En 1827, il reçut les ordres sacrés, et on l'attacha aussitôt comme vicaire à Saint-Nicolas, l'une des principales paroisses de la ville. Peu de temps après, il fut nommé curé de cette paroisse, où, pendant trente années consécutives, il déploya un zèle merveilleux et une activité sans égale. On ne peut mentionner ici toutes les œuvres que l'infatigable pasteur a créées par ses efforts et soutenues de sa charité persévérante. D'une extrémité du diocèse à l'autre on recourait à lui, lorsqu'il s'agissait de prêcher en faveur de quelque établissement utile ou de quelque fondation pieuse. Par son éloquence chrétienne il enflammait les âmes et provoquait des miracles de dévouement. Ecrivain distingué, M. l'abbé Fournier rédigea, de 1836 à 1848, l'*Union de Nantes*, journal catholique, dans lequel il ne faisait acte ni d'adhésion ni d'opposition au gouvernement de Juillet. Le curé de Saint-Nicolas était également doué d'une grande aménité de caractère qui lui gagnait les cœurs. L'affection qu'on lui portait dans la ville et le diocèse était sans bornes. Après la révolution de Février, il fut élu représentant de la Loire-Inférieure à l'Assemblée constituante par 83,000 suffrages, siégea sur les bancs de la Droite, et soutint la politique d'ordre avec une grande fermeté et une parfaite indépendance. Il ne fit pas partie de l'Assemblée législative. De retour à Nantes, il consacra ses soins à l'achèvement d'une magnifique église dont il dota sa paroisse, M. de Montalembert, dans un de ses livres, lui accorde à ce sujet beaucoup d'éloges et le félicite d'avoir eu l'initiative de la restauration de l'architecture gothique en France et en Europe. L'église Saint-Nicolas, en effet, véritable basilique, a servi de modèle à plusieurs constructions du même genre, notamment à Notre-Dame de Lourdes. Un décret du 17 mai 1870 éleva le digne ecclésiastique à l'épiscopat. Préconisé le 27 juin, Mgr Fournier fut sacré à Nantes le 10 août suivant. C'est une de ces natures d'élite, aussi richement douées du côté du cœur que du côté de l'intelligence, et qui, chose rare en ce monde, sont honorées, dans leur pays même, d'une popularité dont rien ne ternit l'éclat.

FOURNIER (Henry), né à Bourges, le 1er septembre 1830. Elève de l'Ecole des chartes, il prit le grade de licencié à la Faculté de droit de Paris, et se fit inscrire au tableau des avocats de sa ville natale en 1852. Il délaissa le barreau, vers 1865, pour se consacrer tout à la fois à des travaux littéraires et aux fonctions administratives qui lui avaient été confiées par ses concitoyens, celles de conseiller municipal de Bourges, de conseiller d'arrondissement, pour le canton du Levet, et enfin de membre du Conseil général depuis 1869. Elu représentant du Cher à l'Assemblée nationale, le 8 février 1871, M. Henry Fournier a été rapporteur de la loi Tréveneuc sur le rôle éventuel des Conseils généraux. Il est aussi l'auteur de diverses propositions sur la loi électorale, le droit de pétition, les caisses d'épargne et de prévoyance, etc. Ordinairement il vote avec le Centre-Droit et la Droite modérée. Il a fait partie du bureau de la réunion Saint-Marc-Girardin. M. Henry Fournier, l'un des fondateurs de la *Revue de Berry*, où il a publié des travaux historiques, a collaboré aux *Mémoires de la Société historique du Cher*.

FOURNIER (Jean-Charles-Victor), né à Péronne (Somme), le 24 juin 1831. Fils de l'agent-voyer en chef, chevalier de la Légion d'Honneur, qui a créé le service vicinal dans le département de la Somme, il fit ses études classiques au lycée d'Amiens. Bachelier ès lettres et bachelier en droit des Facultés de Paris, il entra dans une administration de l'Etat en 1855, fit aussitôt la campagne d'Orient, visita le Levant et fut renvoyé en France, après la prise de Sébastopol, ensuite d'une rencontre à l'épée, sur les bords du Danube, avec un de ses chefs de service. Peu de temps après il quitta l'administration pour se consacrer exclusivement aux lettres. M. Victor Fournier avait débuté comme écrivain, au sortir du lycée, dans l'*Abbevillois* par un petit roman : *Brunette*. Depuis il a collaboré à une foule de journaux. Secrétaire de la rédaction du *Courrier de la Loire*, sous M. Chauvet-Charolais, en 1856, correspondant de plusieurs journaux de théâtre à la même époque, il a été ensuite rédacteur principal de l'*Akhbar* à Alger, et rédacteur politique et économique de l'*Algérie nouvelle*. Quand ce dernier journal est tombé sous les coups de l'autorité militaire coloniale, il s'est rendu à Marseille, et a professé l'histoire universelle et le latin dans une des principales institutions de cette ville. Rentré à Paris en 1861, il a fait partie de la rédaction du *Pays*, sous M. Grandguillot. Plus tard, il a fourni des articles anonymes à diverses feuilles littéraires, telles que le *Figaro*. Attaché à la *Correspondance internationale*, il a rédigé, sous son nom, la correspondance politique du *Journal de Bordeaux*, la correspondance parisienne du *Mémorial de Lille*, et la correspondance financière de l'*Union bretonne*. Il a été correspondant parisien du *Progrès de Saône-et-Loire*, rédacteur en chef de l'*Echo de la Mayenne*, rédacteur à la *Liberté*, sous M. de Girardin, collaborateur au *Centre Gauche*, etc., et a travaillé dans plusieurs organes de la finance, notamment à l'*Eclaireur financier*, de M. Sourigues. M. Victor Fournier, pendant le siège de Paris, s'est trouvé, comme garde au 32e bataillon (24e régiment de Paris), à la bataille de Neuilly-sur-Marne et aux bombardements du plateau d'Avron et des ouvrages de Saint-Denis. On lui doit des romans et un certain nombre de chansons : *Un Drame dans les Balkans*, roman publié par le *Paris-Magazine* ; — *Jean-Pierre Ier et Jean-Pierre II*, nouvelle maritime plusieurs fois reproduite ; — *La Védette*, et *Le Pâtre* (musique de Luigi Bordèse) ; — *Le convoi du paysan* ; — *Ruban fané*, etc., etc. M. Victor Fournier est un des collaborateurs les plus assidus des *Archives de la Légion d'Honneur* et de la *Biographie nationale des Contemporains*.

FOURNIER (Narcisse), né à Paris, le 24 novembre 1803. Elève lauréat du lycée Henri IV, M. Narcisse Fournier est l'auteur d'un grand nombre de drames, comédies et vaudevilles, joués sur divers théâtres de Paris. Parmi les pièces qu'il a signées seul, nous citerons, au Théâtre-Français : *Les souvenirs de la marquise de V...* (1840) ; — au Gymnase : *La Femme qu'on n'aime plus* (1836) ; *Un roman intime* ou *Les lettres du mari* ; *Tiridate*, ou *Comédie et tragédie* ; *Céline*, ou *La famille de l'absent* ; *Davis* ou *Le bonheur d'être fou* ; *L'hôtel des 4 nations* ; *La belle Amélie* ; *Mlle de Bois-Robert* ; *Jacquart* ; *Un jour d'orage* ; *Mme veuve Boudenois* (1840 à 1844) ; *Dame et grisette* (1845) ; *Jeanne-Mathieu* (1848) ; — à l'Opéra-Comique : *Mlle Sylvia*, musique de M. Samuel David, prix de Rome (1867). Il a fait jouer, avec M. Arnould, à l'Odéon : *L'Homme au masque de fer* ; *Vieille fille et Jeune veuve* ; *La sœur cadette*, comédies en vers ; *Les secrets de cour* (1831) ; *Les suites d'une faute* (1838) ; — au Vaudeville : *La poupée* (1831) ; *Un secret* (1840) ; — à la Gaîté : *Huit ans de plus* ; — à la Renaissance : *La Fête des fous* ; — à la Porte-Saint-Martin : *Claude Stock* (1841 à 1843). Avec M. de Biéville, il a écrit *L'homœopathie* (1836) ; — avec M. Emm. Arago : *Un grand orateur* (1837) ; — avec M. Clairville : *L'ombre d'un amant* (1839) ; — avec M. J. de Prémarais : *Simplice* (1846) ; — avec M. Laurencin : *Un mari qui n'a rien à faire* (1852) ; *Les amoureux de ma femme* (1854) ; *Madame André* (1855) ; *Les absences de Monsieur* (1856) ; — avec Meyer : *La partie de piquet* (1854) ; *Harry le Diable* (1854) ; *Jocelin le garde-côte* (1855) ; *Le mal de la peur* (1856) ; *Pénicaut le somnambule* (1857) ; *M. Candaule*, ou *Le roi des maris* (1858) : *Les Trabouсayres* (1861) ; *Chassé-croisé* (1862) ; *Les ennemis* ; — avec M. Alphonse François : *Une présentation* (Théâtre-Français, 1845), et, au Gymnase : *Le jeune père* (1847) ; *Les diamants de madame* (1853) ; *La vie indépendante* (1861) ; — avec M. Honoré Bonhomme : *La fille de Dancourt*, comédie en vers (Odéon, 1865), etc. On lui doit encore : *L'histoire d'un espion politique* (roman en 4 vol.), et, avec M. Arnould : *Struensée*, ou *La reine et le favori*, et *Alexis Pétrovitch*. M. N. Fournier est, depuis plusieurs années, un des collaborateurs de la *Revue britannique*. Il a été nommé chevalier de la Légion d'Honneur en 1866.

FOUSSIER (Edouard), né à Paris, le 23 juillet 1824. Fils d'un avoué, il fit ses études à Charlemagne et à Henri IV, son droit à la Faculté de Paris, et séjourna en Italie de 1843 à 1845. De retour en France, il publia *Italiam*. Ensuite, il se consacra à la littérature dramatique. On lui doit, au Théâtre-Français : *Héraclite et Démocrite*, comédie en vers (2 actes, 1850), et *Une journée d'Agrippa d'Aubigné*, drame en vers (5 actes, 1853) ; — à l'Odéon : *Le maître de la maison*, en collaboration avec M. Jules Barbier (1866) ; — au Gymnase : *Les jeux innocents* (1853) ; *Le temps perdu* (3 actes, 1855), comédie en vers. Il a fait jouer, en collaboration avec MM. Carré et Barbier : *Le chercheur d'esprit* (Opéra-Comique 1856) ; — avec M. Augier : *La ceinture dorée* (1855), et avec M. Got : *François Villon* (1857), pièces qu'il n'a pas signées ; — plus tard, avec M. Emile Augier : *Les lionnes pauvres* (5 actes, au Vaudeville, 1858) ; *Un beau mariage* (gymnase, 5 actes, 1859) ; — puis seul : *La famille de Puyménée* (5 actes, au Gymnase, 1861) ; — enfin, en société avec M. Charles Edmond : *La baronne* (4 actes, à l'Odéon, 1871). M. Edouard Foussier a reçu la croix de la Légion d'Honneur en 1861.

FRANÇAIS (François-Louis), né à Plombières (Vosges), le 17 novembre 1814. Ses parents, quoique peu fortunés, l'avaient d'abord fait préparer pour l'Ecole polytechnique ; mais ils ne purent accomplir entièrement leur dessein. Il se rendit donc à Paris, en 1829, n'ayant pour bagage que la connaissance des mathématiques élémentaires, une réelle vocation pour le dessin, et beaucoup de bon vouloir. Un modeste emploi qu'il trouva chez le libraire Paulin lui permit de fréquenter le monde artistique et de pousser plus loin ses études favorites. Ses premiers essais attirèrent l'attention d'Armand Carrel, puis de M. Thibaudeau qui l'employa, comme peintre sur verre, dans son établissement de Choisy-le-Roi. Après un court séjour dans les bureaux de la *Revue des Deux-Mondes*, il put se créer une voie plus indépendante en faisant de la gravure sur bois et de la lithographie, sous la direction de M. Gigoux. L'éditeur Curmer lui confia l'exécution des charmantes vignettes qui illustrent les publications de *Paul et Virginie* et de *La Touraine*. Il travailla aussi pour l'*Illustration* et reproduisit, avec succès, les œuvres de MM. Diaz, Dupré, Marilhat, Decamps, Th. Rousseau, etc. Celles de M. Cabat, notamment, lui doivent, sous ce rapport, une partie de leur popularité. Ses relations avec M. Cabat firent bientôt de lui plus un ami qu'un élève du maître. Il débuta, comme peintre paysagiste, au Salon de 1837, avec *Une chanson sous les saules*, tableau exécuté avec le concours de M. Baron. Dans le nombre des œuvres exposées par M. Français, depuis cette époque, on distingue : *Jardin antique* (1840) ; — *Un chemin dans la forêt de Fontainebleau* (1841) ; — *Le parc de Saint-Cloud*, avec des figures de M. Meissonier (1846) ; — *Soleil couchant dans les Marais-Pontins*, acheté par l'Etat et placé au Luxembourg ; *Le paysan rabattant sa faulx* ; *La fin de l'hiver* ; *Le ravin de Nepi*, acquis par la princesse Mathilde ; *Vue des environs de Rome* (1853) ; — *Le ruisseau de Neuf-Pré, aux environs de Plombières*, effet de printemps ; *Un buisson*, étude ; *Souvenir de la vallée de Montmorency* (1857) ; — *Etude d'hiver*, vallée de Munster ; *Une belle journée d'hiver* (1858) ; — *Les hêtres de la Côte-de-Grâce*, près d'Honfleur ; *Les bords du Gapeau*, près d'Hyères (1859) ; — *Vue prise au Bas-Meudon* ; *Le soir, bords de la Seine* (1860) ; — *Le bord de l'eau*, environs de Paris (1861) ; — *Orphée au tombeau d'Eurydice*, au Musée du Luxembourg (1863) ; — *Bois sacré*, au Musée de Lille; *Une villa italienne*, environs de Rome (1864);— *Les nouvelles fouilles de Pompeï* (1865); — *Environs de Rome*, bords du Tibre, le soir; *Environs de Paris*, bords de la Seine, le matin, effet de brouillard (1866); — *Paysage* (1867); — *Les regains*, vallée de Munster; *L'arrivée*, villa d'Este, en collaboration avec M. Baron (1868); — *Le Mont-Blanc vu de Saint-Cergues*, dans le Jura (1869); — *Daphnis et Chloé*; *Vue prise au Vaux de Cernay*, dans la Seine-et-Oise (1872); — *Souvenir de Nice*; portrait de M. J. Rousset (1873). L'envoi de M. Français, à l'Exposition universelle de 1855, se composait du *Soleil couchant*, d'*Un sentier dans les blés sur le plateau d'Ormesson*, et du *Paysan rabattant sa faulx*. A celle de 1867, il a fait figurer: *Une maison de campagne*; *Etude d'hiver*; *Orphée*; *Bois sacré*; *Les nouvelles fouilles de Pompeï*. M. Français a fait partie du jury d'admission; de 1848 à 1855 inclusivement. Il a remporté des médailles de 3e classe en 1841, de 1re classe en 1848, 1865 et 1867. Chevalier de la Légion d'Honneur en 1853, il a été nommé officier le 29 juin 1867.

FRANCE (Anatole), né à Paris, le 16 avril 1844. Fils d'un libraire, il s'est voué à la culture des lettres et de la poésie. Il a collaboré au *Parnasse contemporain* (1870), au recueil de *Sonnets et eaux-fortes*, au *Bibliophile illustré*, à l'*Artiste*, où ses vers ont été très-remarqués. Il a publié, en 1868, une étude littéraire sur *Alfred de Vigny*. Ses poésies ont été réunies en un volume, sous ce titre : *Les poëmes dorés* (1873).

FRANCHEVILLE DU PELLINEC (Gabriel-Vincent-Toussaint, comte DE), né à Guérande, le 14 octobre 1778. Issu d'une très-ancienne famille qui porte, pour armes, *d'argent au chevron d'azur, chargé de six billettes d'or*, famille dont plusieurs membres se distinguèrent dans les armées du duc de Bretagne, puis dans celles de la France, et à laquelle on doit un prélat sous Louis XIV, et plusieurs présidents au Parlement de Bretagne; il était fils du comte Guillaume-Toussaint de Francheville du Pellinec, ancien officier de la marine royale, qui donna le premier signal de l'insurrection royaliste, à Sarzeau, le 13 février 1791, et mourut en l'an IV, les armes à la main. En 1795, il servit dans l'armée du général de Châtillon, et, quoique bien jeune, il fut un des négociateurs de la pacification. Plus tard, il salua avec joie la première Restauration, mais ne lui demanda rien. Pendant les Cent-Jours, il participa à l'organisation de l'armée royale en Bretagne, sous le général de Sales de Grisoles, et se distingua à la bataille d'Auray. Quand les étrangers, après la chute définitive du premier Empire, voulurent pénétrer en Bretagne, il se chargea de leur déclarer qu'il leur fallait s'attendre à trouver sur leur chemin les soldats royalistes; et cette province dut à sa courageuse démarche de n'être pas occupée par les armées de la coalition. Nommé d'abord officier dans la garde royale, et promu colonel du 3e léger en 1824, il abandonna la carrière des armes en 1830, malgré les instances du maréchal Gérard, qui lui promettait les étoiles de général. Elu député du Morbihan en juin 1830, et réélu à la première votation qui suivit la révolution de Juillet, il se distingua, à la Chambre, par la fermeté avec laquelle il soutint les droits du parti légitimiste. Quand il rentra dans la vie privée, ce fut pour rendre encore, par son exemple, de nouveaux services à ses concitoyens, chez lesquels sa bienfaisance était proverbiale. En effet, il introduisit la culture du mûrier et l'élève du ver à soie sur ses domaines, publia diverses brochures sur la sériciculture, et obtint une médaille d'or au concours régional, ainsi qu'une mention honorable pour ses soies grèges, à l'Exposition générale des produits de l'industrie française. Il espérait doter la Bretagne entière de la riche industrie de la soie, quand il mourut à Vannes, le 20 avril 1849. M. le comte de Francheville était chevalier des ordres de Saint-Louis et de la Légion d'Honneur.

FRANCHEVILLE DU PELLINEC (Amédée-Louis-Marie, comte DE), né à Nantes, le 11 février 1802; fils du précédent. Il se fit recevoir avocat à la Faculté de Paris et entra dans l'administration des Finances. Quand éclata la révolution de 1830, il donna sa démission et se retira en Bretagne, dans la presqu'île de Rhuys (Morbihan), pour se livrer à la peinture et à la poésie, ses études favorites. En 1849, sur les instances de ses concitoyens, il accepta, pour s'y dévouer entièrement, les fonctions de maire de l'importante commune de Sarzeau qui forme presque, à elle seule, le canton de ce nom. Cette commune, où sont nés le connétable Arthur de Richemont et l'illustre auteur de *Gil Blas* et de *Turcaret*, Alain-René Lesage, était autrefois connue sous le nom de communauté de Rhuys, avait droit de député aux Etats de Bretagne, et jouissait de grands priviléges. Après la proclamation de l'Empire, M. le comte de Francheville combattit vainement la division de sa commune en cinq communes distinctes; et, ce morcellement ayant été décrété malgré les protestations des habitants et l'avis contraire du Conseil général, il donna sa démission. De 1849 à 1870, il a siégé au Conseil général du Morbihan, où il avait remplacé son père. Il a écrit dans plusieurs revues et a été l'un des principaux collaborateurs du nouveau *Dictionnaire historique et géographique de Bretagne* d'Ogé. Enfin, M. le comte de Francheville a publié quelques poésies, entre autres une traduction en vers, très-fidèle et très-remarquable, des *Bucoliques* de Virgile (1825).

FRANCK (Adolphe), né à Liocourt (Meurthe), le 9 octobre 1809. Issu d'une famille israélite peu fortunée, il montra, de bonne heure, tant de goût pour l'étude que ses parents se décidèrent à de grands sacrifices pour lui faire donner une instruction complète. Après avoir terminé ses études au collége de Nancy, il suivit pendant quelque temps les cours de la Faculté des lettres de Toulouse et étudia successivement la médecine, le droit et la théologie; puis il se consacra spécialement à la philosophie. Reçu le premier au concours d'agrégation pour les lycées en 1832, il occupa les chaires de Douai, Nancy et Versailles, et fut nommé, en 1840, professeur de philosophie au collége Charlemagne. A la même époque il se présenta avec succès au concours d'agrégation pour les Facultés, qui venait d'être créé par M. Cousin; et il ouvrit, à la Sorbonne, un cours public complémentaire qui fut très-suivi. Elu membre de l'Institut (Académie des sciences morales et politiques) en remplacement d'Elwards (1844), pendant qu'il habitait Pise (Italie), pour raisons de santé, il ouvrit, à son retour en France, un cours de philosophie sociale, à la Sorbonne, en 1847. Suppléant de M. Barthélemy-Saint-Hilaire dans la chaire de philosophie grecque et latine au Collége de France, de 1848 à 1852, il fut chargé, en 1854, du cours du droit de la nature et des gens, et devint titulaire en 1856. M. Franck, membre du Conseil supérieur de l'instruction publique à partir de 1850, conservateur-adjoint de la Bibliothèque nationale depuis 1852, a été nommé vice-président du Consistoire central des Israélites de France en 1844. Ses principaux ouvrages sont : *Esquisse d'une histoire de la logique* (1838) ; — *La Kabbale, ou philosophie religieuse des Hébreux*, ouvrage traduit en allemand par Jellinek (1843) ; — *Le communisme jugé par l'histoire* (1849, 3° édit., 1871) ; — *Etudes orientales* (1861) ; — *Réformateurs et publicistes de l'Europe* (1863) ; — *Philosophie du droit pénal* (1864) ; — *Philosophie du droit ecclésiastique* (1864) ; — *La philosophie mystique en France à la fin du XVIII° siècle* (1866) ; — *Philosophie et religion* (1867) ; — *Morale pour tous* (1868) ; — *Moralistes et philosophes* (1871). Il a aussi publié des notices critiques et historiques de Mably, Paracelse, Machiavel, J. Bodin, Th. Morus, etc., et des *Rapports* dans le *Recueil de l'Académie des sciences*. Avec le concours d'un certain nombre de savants et d'écrivains, il a créé le *Dictionnaire des sciences philosophiques* (1844-1852, 6 vol.). Enfin il est un des rédacteur du *Journal des Débats* et du *Journal des savants*. M. Adolphe Franck a été élevé au grade de commandeur, dans la Légion d'Honneur, le 11 août 1869.

FRANÇOIS (Alphonse), né à Paris, le 24 septembre 1802. Fils d'un ancien procureur au Châtelet, il fit ses études classiques au collége Charlemagne, son droit à la Faculté de Paris, et prit place d'abord au barreau de la capitale. En 1830, il fut attaché à la direction des affaires civiles, au ministère de la Justice ; et, l'année suivante, il devint auditeur au Conseil d'Etat. Maître des requêtes en 1833, et membre de la première Commission administrative des chemins de fer en 1840, il fut nommé conseiller d'Etat en service extraordinaire, et prit sa retraite en 1866. M. François, littérateur distingué, appartient à diverses Sociétés savantes, et a plusieurs fois été président de la Société philotechnique. Comme auteur dramatique, il a fait jouer : *Molière*, comédie en vers (Théâtre-Français, 15 janvier 1828) ; — *Le comte de Saint-Germain, ou Une présentation*, comédie écrite en collaboration avec M. N. Fournier (Théâtre-Français, 3 actes, 1835) ; — *Les ennemis* (1846) ; — *La vie indépendante* (4 actes, 1861) ; — *Le jeune père* (1847) ; — *Les diamants de madame* (1853), comédies anonymes jouées au Gymnase, etc. Il passe aussi pour avoir prêté sa collaboration aux auteurs d'un drame à grand succès, le *Filleul*. Comme érudit, il a publié : *Lettres inédites de Voltaire*, annotées, avec préface de M. Saint-Marc-Girardin ; — *Voltaire à Ferney*, en collaboration avec M. Evariste Bavoux ; — la *Vie d'Agricola* et le *Théâtre complet de Plaute*, traductions publiées dans la *Collection des classiques* ; — des éditions de *Lucien Arnault* et d'*Etienne* ; — des notices sur *Bonjour*, *Delavigne*, *Bignan*, *Berville*. Enfin, M. François a collaboré au *Journal des Débats* et au *Constitutionnel*. Il a signé beaucoup d'articles de journaux, et plusieurs de ses ouvrages des initiales « A. F. » Nommé chevalier de la Légion d'Honneur en 1850, il a été promu officier de l'Ordre en 1866.

FRANÇOIS (Raymond), né à Paris, en 1845 ; fils du précédent. Il fit ses études classiques au lycée Bonaparte, son droit à la Faculté de Paris, prit place au barreau de la capitale, et publia, dans divers recueils, des morceaux de littérature, d'histoire et de jurisprudence qui se distinguent par des recherches et des aperçus intéressants, et un style formé sur les vrais modèles. D'abord auditeur au Conseil d'Etat, il fut ensuite nommé conseiller de préfecture à Draguignan. La vie semblait s'ouvrir belle devant lui ; mais les exercices militaires du siége de Paris, auxquels il se dévoua avec une patriotique ardeur, malgré la délicatesse de sa santé, épuisèrent ses forces, et l'air du Midi ne put le rétablir. M. Raymond François est décédé prématurément, le 14 mai 1872.

FRANKLIN (Alfred-Louis-Auguste), né à Versailles, le 16 décembre 1830. Il fit ses études classiques au collége Bourbon et embrassa la carrière des lettres. Après avoir publié quelques nouvelles dans la petite presse, il rédigea, pendant trois ans, des revues de théâtre. En 1856, il attira sur lui l'attention publique par une brochure sur *l'Intervention à Naples et le règne de Ferdinand II*. Attaché, à la même époque, à la Bibliothèque Mazarine, il ne s'occupa guère plus désormais que de travaux d'érudition. M. Franklin a collaboré à la *Nouvelle Biographie générale*, au *Bulletin de la Société de l'histoire du protestantisme français*, au *Protestant libéral*, au *Lien*, au *Disciple de Jésus-Christ*, au *Bibliophile illustré*, au *Bulletin du Bouquiniste*, au *Bulletin du Bibliophile*, etc. Il a dirigé pendant quelques années, avec M. Ch. Read, l'*Intermédiaire des chercheurs et curieux*. On lui doit : *Histoire de la Bibliothèque Mazarine depuis sa fondation jusqu'à nos jours* (1860) ; — *La Bibliothèque impériale, son organisation, son catalogue, par un bibliophile* (1861) ; — *Les Origines du palais de l'Institut, recherches historiques sur le collége des Quatre-Nations*, d'après des documents entièrement inédits (1862) ; — *Recherches sur la bibliothèque publique de l'église Notre-Dame au XIII° siècle*, d'après des documents inédits (1863) ; — *Recherches historiques sur la bibliothèque de la Faculté de médecine de Paris*, d'après des documents entièrement inédits (1864) ; — une édition de la *Vie de Calvin, de Théodore de Bèze*, fort augmentée et précédée d'une introduction qui fut très-remarquée (1864) ; — *Histoire de la bibliothèque de l'abbaye de Saint-Victor à Paris*, d'après des documents inédits (1865) ; — *Les anciennes bibliothèques de*

Paris ; *églises, monastères, collèges,* travail commandé par le préfet de la Seine (Imprimerie impériale, 1867-1873, 3 vol. in-folio) ; — *Préface du catalogue de la Bibliothèque Mazarine, rédigée en 1751 par le bibliothécaire P. Desmarais,* publiée, traduite en français et annotée (1867) ; — *Etude historique et topographique sur le plan de Paris de 1540, dit Plan de tapisserie* (1869) ; — *Mémoire confidentiel adressé à Mazarin, par Gabriel Naudé, après la mort de Richelieu,* publié d'après le manuscrit autographe et inédit (1870).

FRANQUEVILLE (Alfred-Charles-Ernest FRANQUET DE), né à Cherbourg (Manche), le 9 mai 1809 ; fils d'un commissaire-général de la marine. M. de Franqueville a fait de brillantes études au collège Louis-le-Grand. Admis à l'Ecole polytechnique en 1827, il en sortit le premier en 1829, et passa à l'École des ponts-et-chaussées. Attaché ensuite au Conseil général, il devint ingénieur ordinaire de 2e classe le 20 mars 1835, et fut chargé de l'arrondissement de Soissons, puis de celui de Saint-Denis. En 1838, il fut nommé chef de la section de navigation au ministère des Travaux-Publics, et, deux ans après, chef de division, en même temps qu'il obtenait le grade d'ingénieur de 1re classe (5 mai 1840). Il a pris rang d'ingénieur en chef de 2e classe le 1er décembre 1845. Au mois de mars 1848, il fut appelé à la chaire d'économie générale et de statistique des travaux publics au Collége de France ; mais les circonstances politiques ne lui permirent pas de se livrer à cet enseignement. Il continua de diriger sa division au ministère, et prit une part active à l'organisation, dans les départements, de chantiers destinés à faciliter la dissolution des ateliers nationaux de Paris. Promu ingénieur en chef de 1re classe le 23 janvier 1852, il fut nommé, l'année suivante, directeur des ponts-et-chaussées au ministère des Travaux-Publics et membre du Conseil général du corps. La distinction de ses services lui valut en 1855 le grade d'inspecteur-général (23 janvier) et le titre de directeur-général des ponts-et-chaussées et des chemins de fer (15 juillet). Il conserva les mêmes fonctions lors de l'établissement du ministère spécial des Travaux-Publics. En cette qualité, et comme membre du Comité consultatif des chemins de fer, M. de Franqueville a eu à traiter toutes les grandes questions de travaux publics, et a largement contribué aux négociations des conventions de chemins de fer en 1855, 1857 et 1859. Conseiller d'Etat en service ordinaire hors sections le 19 septembre 1857, il a défendu souvent, devant le Sénat et le Corps législatif, les projets de loi présentés par le gouvernement. Il est vice-président de la Commission permanente des chemins de fer, membre du Comité de drainage, etc. M. de Fanqueville a été membre du Conseil général de la Côte-d'Or, de 1858 à 1870, et y a longtemps rempli les fonctions de vice-président. On lui doit une traduction du *Traité pratique des chemins de fer,* de Nicolas Wood, faite en collaboration avec MM. de Montricher et de Ruolz, et divers articles de l'*Encyclopédie moderne.* Il a été élevé au grade de Grand-Officier de la Légion d'Honneur le 12 août 1868. M. de Franqueville est aussi commandeur du Lion de Zaehringen de Bade, de la couronne de chêne de Hollande, etc.

FRÉMINEAU (Henri-Fortuné), né à Paris, le 20 mai 1828. Il commença ses études médicales à la Faculté de Paris en 1848. Externe, puis interne à l'Hôtel-Dieu, à Saint-Louis, à Saint-Antoine, à Sainte-Marguerite, etc., il reçut d'abord la médaille de bronze pour l'exactitude du service de l'externat. Lauréat au concours des prix de l'Ecole pratique en 1853, il prit ensuite les grades de docteur en médecine (1855), de docteur en chirurgie (1862), de docteur ès sciences naturelles (1868), et de pharmacien de 1re classe (1868). Il concourut pour les hôpitaux de 1860 à 1863, pour l'agrégation en pharmacie (section des sciences naturelles) en 1868, et se présenta à plusieurs autres concours. M. le docteur Frémineau a fait à l'Ecole pratique, de 1859 à 1861 inclusivement, des cours sur l'anatomie micrographique, la thérapeutique et la pathologie. En 1870 et 1871, il a fait, dans le IIIe arrondissement, des cours normaux de physiologie et d'hygiène, cours institués par le ministre de l'Instruction publique. Il est inspecteur d'hygiène, d'asile communal, et membre de la Société botanique de France et de la Société pour l'instruction élémentaire. M. le docteur Frémineau a obtenu une médaille de bronze pour services rendus, pendant le siège, aux ambulances et à l'instruction publique. Il a publié des mémoires importants et variés, à l'Académie de médecine, sur l'emploi du *Chloroforme* dans les opérations qui se pratiquent sur les yeux (1852) et sur celui d'une *Nouvelle lancette* pour éviter la piqûre de l'artère dans la saignée du bras (1853). Ses thèses de doctorat ou de concours sont les suivantes : *Mémoire sur une nouvelle forme de Pemphigus consécutif à la variole* (1856) ; — *De l'intoxication qui résulte du séjour du pus sur les muqueuses* (1856) ; — *De l'emploi du chloroforme dans le traitement de l'éclampsie des femmes en couche* (1856) ; — *Nouvelles recherches sur les causes qui déterminent la coloration des plumes chez les oiseaux* (1868) ; — *Liliacées, et de ceux de leurs produits employés en pharmacie* (1869). On doit au même auteur des articles publiés par les journaux spéciaux sur le *Pessaire rectal,* l'*Amaurose,* l'application du spectre solaire à l'*Eclairage du microscope,* à l'*Opération césarienne,* etc. Enfin, ses autres principaux mémoires sont : *Des devoirs et des qualités du médecin* (1855) ; — *Faradisations électriques, nouveaux appareils* (1860) ; — *Déplacements de l'utérus,* leur traitement par la méthode diorthosténique (1860) ; — *Chutes du rectum,* même traitement (1860) ; — *Système vasculaire des cryptogames vasculaires d'Europe* (1868) ; — *Maladies des voies respiratoires,* leur traitement par le phosphate de chaux.

FRÉMY (Edmond), né à Versailles, le 28 février 1814. Fils d'un savant distingué qui professa longtemps la chimie à l'Ecole militaire de Saint-Cyr, M. Edmond Fremy se consacra à l'enseignement, et donna d'abord des leçons de chimie élémentaire dans plusieurs écoles de commerce. Sur la proposition d'Ampère, de Pelouze et de M. Liouville, il fut nommé, en

1836, membre de la Société philomatique. Préparateur au Collége de France en 1837, répétiteur à l'Ecole polytechnique en 1840, suppléant de Gay-Lussac au Muséum en 1842, il devint professeur titulaire à l'Ecole polytechnique en 1846, à la chaire d'histoire naturelle au Muséum en 1850, et fut élu membre de l'Académie des sciences en 1857. C'est à M. Edmond Fremy qu'on doit la fondation, en 1864, au Muséum d'histoire naturelle, de l'enseignement expérimental de la chimie. On peut dire qu'il est, en France, le véritable représentant de la chimie générale qu'il professe depuis quarante ans. Ses principaux travaux et ses découvertes portent également sur toutes les branches de la chimie. On lui doit plus de cent mémoires insérés dans les *Annales de chimie* ou dans les *Comptes-rendus* de l'Académie. Parmi ses découvertes, on distingue celles de l'*Acide ferrique*, d'un *Réactif des sels de soude*, de l'*Acide osmieux*, des *Plombates*, des *Sulfures décomposables par l'eau*, des *Sels sulfazotés*, des *Bases ammoniaco-cobaltiques*, des *Bases ammoniaco-chromiques*, de la *Saponification sulfurique*, de la *Polyatomicité des acides organiques*, de la *Fermentation lactique*, de la *Fermentation pectique*, de l'*Acide palmitique*, etc. Ses autres recherches ont porté sur l'*Acide antimonique*, les *Acides métalliques*, sur l'*Or*, les *Hydrates*, les *Fluorures* et leur décomposition par la pile, les *Etats isométriques de la silice*, l'*Ozone*, les *Baumes*, la *Graisse cérébrale*, les *Corps gélatineux des végétaux*, les *Gommes*, les *OEufs*, les *Corps hémiorganisés*, la *Composition des cellules végétales* et celle du *Bois*, la *Maturation des fruits*, les *Combustibles fossiles*, le *Pollen*, la *Transformation de la fibrine en albumine*, la *Nature chimique du cristallin*, les *Propriétés nutritives de l'osséine, et sa préparation pendant le siège de Paris*, un nouveau *Mode de fabrication des bougies stéariques*, la *Production de l'aventurine*, l'*Aciération*, le *Métal à canon*, les *Ciments hydrauliques*, la *Génération des ferments*, etc. Plusieurs de ses travaux ont eu la collaboration de MM. Becquerel, Boutron, Cloës et Decaisne. Il a publié, avec la collaboration de M. Pelouze, plusieurs ouvrages de chimie qui sont devenus classiques. M. Edmond Fremy est membre des Sociétés savantes les plus importantes de l'Europe. Chevalier de la Légion d'Honneur en 1844, officier en 1862, il est aussi commandeur de plusieurs ordres étrangers.

FREMY (Louis), né à Saint-Fargeau (Yonne), le 2 avril 1805. M. Fremy a pris sa licence à la Faculté de droit de Paris et s'est fait inscrire au tableau des avocats de la capitale en 1830. Dès 1831 il était maire de Saint-Fargeau et membre du Conseil d'arrondissement de Joigny. Nommé auditeur au Conseil d'Etat en 1833, il fut envoyé, comme sous-préfet, à Domfront (Orne) en 1835, et à Gien (Loiret) en 1838. Il rentra au Conseil d'Etat, avec le titre de maître des requêtes, en 1840, et fut, en 1842, attaché au ministère des Travaux-Publics pour la rédaction des lois relatives aux chemins de fer et à l'organisation du service de surveillance desdits chemins. Il fit alors des voyages dans les départements et à l'étranger, avec mission d'y recueillir les documents nécessaires à l'établissement, en France, des grandes voies ferrées. En 1845, M. Fremy fut élevé au grade d'inspecteur-principal des chemins de fer. Elu conseiller général de l'Yonne, pour le canton de Saint-Fargeau, en 1848, il devint, en décembre de la même année, chef du cabinet de M. Léon Faucher et directeur du personnel au ministère de l'Intérieur. Représentant du peuple à l'Assemblée législative, pour le département de l'Yonne, en 1849, il fut envoyé, par le gouvernement, en mission en Italie, relativement aux affaires de Rome. Nommé conseiller d'Etat en service ordinaire, en mars 1852, puis membre de la Commission consultative, il fut chargé, en 1853, de la direction générale de l'administration intérieure. En 1857, M. Fremy a été placé à la tête du Crédit foncier de France en remplacement de M. le comte de Germiny. On sait qu'à cette époque l'institution du Crédit foncier ne donnait pas tout ce qu'on avait attendu d'elle. Les actions étaient au-dessous du pair et les obligations peu demandées. Son nouveau directeur, en lui communiquant l'activité qui le distinguait lui-même, en fit bientôt un des plus grands établissements de cette nature qui soient dans le monde entier. Parmi les sociétés dont le Crédit foncier a favorisé la création et le succès, il faut citer le Crédit agricole et la Société algérienne. Il peut, de plus, revendiquer, en majeure partie, le colossal mouvement de capitaux qui a permis d'entreprendre et d'exécuter si rapidement la transformation de Paris. On trouve la main du directeur du Crédit foncier dans les emprunts d'Etat, les affaires industrielles, les assurances, un peu partout. C'est un gouvernement privé de plusieurs milliards. M. Fremy a représenté la première circonscription de l'Yonne au Corps législatif de 1865 à 1869. Il est Grand-Officier de la Légion d'Honneur depuis le 5 juillet 1863.

FRÉMYN (Victor-Auguste), né à Paris, le 26 février 1827. Sa famille occupe depuis longtemps une place honorable dans la bourgeoisie parisienne. Son grand-père et son père ont siégé successivement au Conseil municipal. M. Frémyn prit le grade de licencié, en 1847, à la Faculté de droit de Paris, et se consacra au notariat comme son père, à qui il succéda en 1853. De 1860 à 1869, il fut adjoint au maire du VIIe arrondissement. Pendant l'investissement de Paris et pendant la Commune, il ne déserta pas son étude et ne cessa de donner, autour de lui, l'exemple de l'abnégation et du courage civique. M. Frémyn, élu en 1871, au 1er tour de scrutin, conseiller municipal et général de Paris, a été choisi par ses collègues, à trois reprises successives, comme vice-président du Conseil. Il est membre du Conseil de surveillance de l'administration de l'Assistance publique de Paris, président de la Société des tontines d'épargne et de la Caisse Lafarge, etc. M. Frémyn a reçu la croix de la Légion d'Honneur le 14 août 1868.

FREPPEL (Mgr Charles-Emile), né à Obernay (Bas-Rhin), le 1er juin 1827. Conduit par sa vocation dans la carrière ecclésiastique, il fit ses premières études au petit séminaire de Strasbourg, et ses études philosophiques et théologiques au grand séminaire de la même ville. Ordonné prêtre en 1850, il se fit bientôt une grande réputation comme écrivain religieux et comme orateur de la chaire. Successivement professeur au petit séminaire de Strasbourg, professeur de philosophie à l'Ecole des carmes de Paris, chapelain de Sainte-Geneviève, il fut nommé, en 1854, professeur d'éloquence sacrée à la Faculté de théologie de Paris. Son enseignement fut très-suivi et très-goûté, de même que ses conférences ouvertes spécialement pour la jeunesse des Ecoles. La plupart de ses leçons ont été réunies en volumes. M. l'abbé Freppel a prêché le carême de 1862 à la chapelle des Tuileries. Nommé chanoine honoraire de Troyes, de Strasbourg et de Notre-Dame de Paris en 1864, et doyen de l'église Sainte-Geneviève en 1867, il a pris part, comme consulteur, aux travaux préparatoires du Concile œcuménique de Rome. Un décret du 27 décembre 1869 l'ayant nommé au siége épiscopal d'Angers, il a été préconisé le 21 mars 1870. Sacré à Rome le 18 avril suivant, il a pris immédiatement possession de son siége. Mgr Freppel a publié : *Les Pères apostoliques et leurs époques* (1859) ; — *Les apologistes chrétiens au IIe siècle* (1860, 2 vol.) ; — *Saint Irénée et l'éloquence chrétienne dans la Gaule aux deux premiers siècles* (1861) ; — *Examen critique de la « Vie de Jésus » de M. Renan.* ouvrage qui a eu beaucoup d'éditions (1863) ; — *Conférences sur la divinité de Jésus-Christ* (1863) ; — *Tertullien* (1864, 2 vol.); — *La vie chrétienne* (1864) ; — *Saint Cyprien et l'Eglise d'Afrique au IIIe siècle* (1865) ; — *Clément d'Alexandrie* (1865) ; — *Examen critique des « Apôtres » de M. Renan* (1866) ; — *Origène* (1868, 2 vol.) ; — *Discours et panégyriques* (1869, 2 vol.). Mgr Freppel est chevalier de la Légion d'Honneur depuis le 14 août 1868 et officier de l'Université depuis 1869.

FRÈRE (Charles-Théodore), né à Paris, le 24 juin 1814. Elève de J. Cogniet et de Camille Roqueplan, il débuta, au Salon de 1834, par une *Vue de Strasbourg*, et un paysage des environs de Paris. En 1837, il se rendit en Algérie, assista à la prise de Constantine, et parcourut les provinces d'Alger et d'Oran. Puis il alla en Grèce, à Constantinople, en Asie-Mineure, en Syrie, visita les ruines de Palmyre, la Terre-Sainte, passa plusieurs années en Egypte, et fit de nombreux voyages sur le Nil. En 1869, il suivit l'impératrice pendant son voyage en Orient, et exécuta, par son ordre, un album d'aquarelles. On a de lui de nombreux tableaux exécutés d'après nature ou d'après ses croquis, paysages, intérieurs, scènes de mœurs, tous sujets orientaux. M. Théodore Frère a obtenu une médaille de 2e classe au Salon de 1848, et une de 1re classe à celui de 1865. Il est officier de l'ordre du Medjidié de Turquie.

FRÈRE (Pierre-Edouard), né à Paris, le 10 janvier 1819 ; frère du précédent. Admis dans l'atelier de Paul Delaroche à l'âge de dix-sept ans, il suivit les cours de l'Ecole des beaux-arts et s'adonna à la peinture de genre. Il exposa pour la première fois au Salon de 1843, et pendant dix ans ses principales productions furent : *le Petit Gourmand, le Petit Curieux, le Petit Saltimbanque, les Raisins, la Poule aux Œufs d'or, l'Atelier, Lully enfant, la Blanchisseuse, le Tonnelier, la Tricoteuse, le Goûter, la Bouillie*. M. Frère obtint une médaille de 3e classe en 1851 et une de 2e classe en 1852. En 1855, il exposa *le Vendredi-Saint, le Dîner, la Leçon de lecture, Jeune Femme peignant, Intérieur de cour, la Petite Pourvoyeuse*, et reçut une nouvelle médaille de 3e classe ainsi que la croix de la Légion d'Honneur (14 novembre). On lui doit, depuis lors : *le Repos, la Sortie du Bain, le Balayeur, la Toilette du Dimanche* (1857) ; — *Allant à l'Ecole, la Prière, la Petite Cuisinière, la Leçon de tambour, les Petits Frileux, la Leçon de flûte* (1859) ; — *Asile pour la Vieillesse à Ecouen, Grande Bataille, la Petite Ecole, Intérieur au Pollet, Dieppe* (1861) ; — *La Prise d'Armes, le Retour du Bois, la Grand'Mère* (1863) ; — *Jeune fille cousant, les Frileuses* (1864) ; — *L'ouvroir à Ecouen, Le Jour des Rameaux* (1866) ; — *Le Marchand d'images, le Doigt coupé* (1867) ; — *Le Benedicite, les Premiers pas, la Bibliothèque, les Petits Bûcherons, le Poêle, Intérieur à Royat* (Exposition universelle de 1867) ; — *Les Couseuses* (1868) ; — *Sortie de l'école des garçons, Sortie de l'école des filles* (1869) ; — *Le Marchand de marrons, le Petit oiseau* (1870) ; — *Une présentation, Scène d'intérieur* (1872) ; — *La glissade* (1873), etc. Un grand nombre de ces gracieuses compositions ont été reproduites par la gravure et la lithographie.

FRESNEAU (Armand), né à Redon (Ille-et-Vilaine), en 1822. Fils d'un administrateur, préfet sous Louis-Philippe, il fit ses études classiques au collège de Rennes, suivit la carrière administrative, et devint, en 1847, secrétaire particulier du comte Duchâtel. La révolution de Février étant survenue, il abandonna les fonctions publiques, fut élu représentant du Morbihan à la Constituante, comme candidat légitimiste et clérical, et débuta dans cette Assemblée par un discours contre le préambule de la nouvelle constitution (août 1848). Réélu à la Législative, il y continua sa campagne contre tous ses adversaires politiques, à quelque parti qu'ils appartinssent, avec l'ardente verve de la jeunesse, et traita même les questions financières. L'avénement de l'Empire a pour longtemps rejeté M. Fresneau dans la vie privée, dont il n'est ressorti qu'après la révolution qui inaugurait une troisième République. Elu par 47,197 voix représentant du Morbihan à l'Assemblée nationale, le 8 février 1871, il siège à l'Extrême-Droite, et y défend avec chaleur ses anciennes opinions. M. Fresneau a pris souvent la parole à la Chambre. Il a voté notamment : *pour* la paix, la loi départementale, l'amendement Keller, l'impôt sur le chiffre des affaires, l'ordre du jour motivé Ernoul (23 mai 1873); *contre* le retour de l'Assemblée à Paris, les amendements Barthe et Target, l'impôt sur les bénéfices du commerce et de l'industrie.

FRICHON aîné (François-Hilaire-Alexis-Adolphe), né à Magnac-Laval (Haute-Vienne), le 15 août 1800. M. Frichon est fils d'un volontaire de la République. Il se fit inscrire en 1824 au barreau de la Cour royale de Limoges, devint membre du Conseil en 1830, et fut élu bâtonnier de l'Ordre en 1845. La même année, dans l'affaire Vignaud, il traita, en audience solennelle, d'une manière complète et à un point de vue fort élevé, la grave question du mariage des prêtres, et obtint un arrêt de partage, qui fut vidé à la majorité d'une voix. En 1848, il refusa du gouvernement provisoire le poste d'avocat-général à la Cour d'appel. Candidat à l'Assemblée nationale dans la Haute-Vienne, il fut élu le quatrième sur huit. Au milieu des désordres qui éclatèrent à Limoges, il se fit le médiateur des intérêts opposés qui se trouvaient en présence, et contribua à rétablir l'ordre gravement troublé. Dans l'Assemblée, il parut souvent à la tribune, fit partie d'un grand nombre de Commissions, et fut nommé plusieurs fois vice-président du Comité de l'intérieur, au nom duquel il présenta, dans la séance du 22 décembre 1848, un rapport remarquable sur le projet de loi qui réorganisait l'assistance publique dans la ville de Paris. Il votait ordinairement avec le parti démocratique. Réélu à l'Assemblée législative, il siégea dans les rangs de la Gauche et prit part, le 2 décembre 1851, aux tentatives de résistance. Il est resté depuis en dehors des affaires publiques, a renoncé au barreau et s'est fait agriculteur dans le département de l'Indre. M. Frichon a un frère puîné qui fut lieutenant-colonel de la garde nationale de Limoges sous la République et exilé après le Coup-d'Etat.

FRICHON DE VORIS (François-Jules), né à Thenay (Indre), le 20 novembre 1838; fils du précédent. Il fit ses études classiques au collége Sainte-Barbe et son droit à la Faculté de Paris. En 1864 et 1865, il visita l'Egypte, la Syrie et la Grèce, d'où il envoya des correspondances à l'*Illustration* et à la *France*. De retour à Paris, il publia : *Flâneries orientales*, signées « Jules de Voris » (1866), ouvrage qui le classa tout aussitôt parmi les orientalistes et lui valut plus tard, lors de l'ouverture du canal de Suez, une invitation du khédive d'Egypte pour assister à l'inauguration de ce canal. Candidat indépendant au Conseil général, dans le canton de Saint-Gaultier (Indre), en 1866, il tint le candidat officiel en échec et ne succomba qu'après un second tour de scrutin. En 1870, il participa à la fondation des éclaireurs à cheval de Franchetti; et c'est dans ce corps qu'on le vint chercher (7 septembre), pour lui confier l'administration de l'arrondissement du Blanc (Indre), dont il est originaire et où il a ses propriétés. M. Frichon de Voris, encore actuellement (1873) sous-préfet du Blanc, s'est appuyé sur ceux de ses administrés qui appartiennent à l'opinion conservatrice-libérale et s'est fait, dès son arrivée, une excellente position. Il est président d'honneur des concours poétiques de Bordeaux et membre de plusieurs Sociétés littéraires. On lui doit, entre autres œuvres poétiques : *Fleurs et chardons*, volume signé «Jules de Voris» (1864).

FROMEN (Pierre-Jean), né à Huparlac (Aveyron), le 8 juillet 1806. Il fit ses études médicales à la Faculté de Montpellier. Bachelier ès lettres et ès sciences, élève de l'Ecole pratique d'anatomie et d'opérations chirurgicales, chirurgien externe de l'Hôtel-Dieu, il fut reçu docteur en médecine le 21 janvier 1833, et s'établit à Espalion. Dès son début dans la carrière qu'il avait embrassée, il sut conquérir l'affection, l'estime et la considération de ses concitoyens qui rendaient justice à son zèle et à son dévouement, ainsi qu'à ses capacités professionnelles. Depuis quarante ans, M. le docteur Fromen, toujours entouré de nombreuses relations avec des personnes très-haut placées, passe pour un des bons praticiens de l'arrondissement où il a occupé, comme on le verra, tous les emplois publics et gratuits. On le regarde, dans le pays, comme le médecin de charité par excellence, ce qui explique pourquoi, dans sa longue et laborieuse pratique, satisfait de vivre honorablement et dans une modeste aisance, il n'a pas tenu à faire fortune. Etranger à toute ambition autre que celle de faire le bien, il n'a pas recherché les honneurs ; car, trois fois proposé sérieusement, par MM. les préfets, pour la décoration (1858, 1859, 1870), sans l'avoir obtenue, quoiqu'il eût reçu une réponse très-rassurante des trois ministres successifs, il n'a pas hésité à refuser une médaille d'honneur que lui offrait le premier magistrat du département. M. le docteur Fromen, membre du Conseil municipal depuis 40 ans, a été adjoint au maire d'Espalion. Il est membre de l'Académie d'enseignement de Paris, du Comité d'hygiène publique et de salubrité de l'arrondissement depuis la création (1852), médecin vaccinateur, chirurgien-major de la garde nationale et des sapeurs-pompiers (trois fois réélu depuis 1848), médecin désigné par l'administration et assermenté pour tous les fonctionnaires de l'arrondissement, président de la Chambre d'agriculture et de la Commission de statistique, membre-fondateur et vice-président de la Conférence de Saint-Vincent-de-Paul, médecin ordinaire de la justice et de plusieurs établissements publics, médecin des prisons, de l'hospice et du Bureau de bienfaisance, délégué cantonal de l'Académie pour l'instruction primaire, directeur de la Caisse d'épargne, médecin des épidémies et de charité d'une vaste circonscription, membre du Comité d'arrondissement pour la Caisse d'assurance en cas d'accident ou de décès ; le tout à titre gratuit. M. le docteur Fromen, en dehors de ces fonctions si multipliées, a trouvé le temps d'écrire, sur des sujets importants de médecine, des mémoires très-appréciés. Un, entre autres, sur le *Goître* et le *Crétinisme* dans certaines contrées de son arrondissement, qui lui avait été demandé par l'administration supérieure, a fourni de précieux renseignements au président de la Commission scientifique alors chargée (1857) de faire un travail complet sur ces maladies. Il a fourni, à toutes les administrations, un grand nombre de *Rapports* concernant sa spécialité, dont plusieurs, sur la *Dyssenterie*, la *Fièvre typhoïde*, la *Scarlatine*, la *Petite vérole* ont été favorablement accueillis à l'Académie, et ont trouvé place dans le *Rapport général* annuel sur les épidémies. M. le docteur Fromen a publié, il y a quelques années, ses principales productions littéraires, sous le titre de : *Mélanges*, ou *Collection de discours*, *allocutions, lettres et réponses, comptes-rendus, nécrologies, improvisations, adresses, toasts*, etc. Le produit de cet ouvrage, dont les frais avaient été couverts par de nombreuses souscriptions, est affecté, tout entier, au bénéfice des pauvres.

FROMENT (Gustave-Alexandre), né à Paris, en 1815, entra à l'Ecole polytechnique en 1835. A sa sortie, il alla en Angleterre étudier les grands ateliers de machines. Revenu en France, il entra chez Gambey pour apprendre la construction des instruments de précision. Il fonda peu après un établissement qui ne tarda pas à prendre un caractère spécial. A cette époque, il s'occupa surtout des moteurs électriques ; déjà, en 1833, il avait construit le premier connu en France. Il donna les solutions les plus ingénieuses et les plus variées de ce problème, et appliqua lui-même ses machines électro-magnétiques à ses machines à diviser la ligne droite et le cercle. L'une d'elles permet de diviser un millimètre en mille parties égales. Etant en Angleterre, il avait touché à la découverte de la photographie. Il avait fait et fixé des images sur papier sensible, mais sans chambre obscure. Le résultat de ses recherches fut soumis à la Société philosophique de Manchester en janvier 1839. M. Froment inventa des télégraphes à cadran (1845), à signaux écrits, à claviers ; un interrupteur à vibrations sonores (1847), origine de tous les appareils dits *trembleurs;* des instruments de mesure très-délicats. Il a perfectionné les boussoles de la marine de l'Etat. Il a contribué à mettre au jour des inventions remarquables : le métier Bonelli, l'électrotrieuse, le pantélographe Caselli et l'appareil imprimeur Hughes dont l'usage est général en Europe. Il a fallu toute son habileté pour rendre possibles certains appareils : ceux de Fizeau, pour déterminer la vitesse de la lumière ; ceux de Foucault, le même but ; son pendule et son gyroscope qui demande tant de précision, etc. M. Froment a été nommé chevalier de la Légion d'Honneur le 6 novembre 1849, et officier de l'Ordre après le deuxième concours du grand prix de 50,000 fr. pour les applications de l'électricité (1864). Déjà, en 1858, il avait obtenu une médaille décernée à la place de ce prix au premier concours. Il avait eu la grande médaille du Concil à l'Exposition de Londres en 1851, et la médaille d'or de la Société d'encouragement pour l'industrie nationale. Il était membre des jurys de 1855 et de 1862, et de différentes Commissions consultatives des ministères. La ville de Paris a donné son nom à l'une de ses rues, quelques années après sa mort, arrivée en février 1865.

FROMENTEL (Louis-Edouard Gourdan de), né à Champlitte (Haute-Saône), le 29 août 1824. Après avoir fait, à Langres, de brillantes études classiques, il fut reçu bachelier ès lettres et ès sciences en 1842. Successivement externe à l'hôpital de Strasbourg, et préparateur de chimie et de physique à l'Académie de médecine de cette ville, il commença l'étude particulière de l'anatomie microscopique et de l'histologie, et se fit admettre, l'un des premiers, au Val-de-Grâce de Paris. Mais il quitta presque aussitôt cet hôpital pour continuer ses travaux de micrographie humaine. En 1849, il fut reçu docteur, avec une thèse : *Essai sur le suc nourricier et ses modifications pathologiques,* qui fit grand bruit dans le monde médical et ouvrit à la science des horizons nouveaux. Aux journées de Juin 1848, il avait fait son devoir de soldat-citoyen à la prise du Panthéon, et de médecin en fondant, avec M. Richet, l'ambulance des Tuileries. M. de Fromentel s'est fixé à Gray, où il a obtenu des médailles pour son dévouement pendant les épidémies cholériques de 1849 et 1854. On lui doit beaucoup d'ouvrages remarquables par les classifications nouvelles qu'il a cru devoir y établir pour les coralliurs, les éponges fossiles, les infusoires, et qui ont été adoptées, non-seulement en France, mais dans la plupart des autres pays. On cite notamment : *Description des polypiers fossiles de l'étage néocomien* (1857, avec 10 pl.) ; — *Introduction à l'étude des polypiers fossiles* (1858-1861) ; — *Introduction à l'étude des éponges fossiles* (1859) ; — *Catalogue des spongitaires de l'étage néocomien* (1860) ; — *Monographie des polypiers jurassiques supérieurs* (in-4°, avec 7 pl., 1862) ; — *Paléontologie française* (19 livr., 120 pl., 1861-1864) ; — *Polypiers coralliens des environs de Gray* (15 pl., 1864) ; — *Etude sur les microzoaires ou infusoires proprement dits* (grand in-4°, 30 pl., 1872), etc ; — et des rapports scientifiques présentés à l'Académie de médecine et à l'Académie des sciences de Paris. M. de Fromentel s'est également occupé de mécanique et a pris plusieurs brevets pour un *Appareil à plongeur,* pour un moyen nouveau de diriger les navires, et pour un puissant ventilateur, dit *Aérospire,* qui a obtenu la médaille d'or au concours régional de Gray. Il a été lauréat des Sociétés savantes en 1872. Praticien distingué, il a été nommé médecin des épidémies et médecin cantonal en 1851, membre de la Commission de statistique en 1852, membre du Conseil d'hygiène en 1853, vice-président de ce Conseil en 1854, et médecin des prisons dans la même année. Il a été élu conseiller d'arrondissement pour le canton de Champlitte en 1869 et 1871. Enfin, M. de Fromentel est membre-fondateur du Comité paléontologique, de la Société géologique de France, de la Société d'émulation du Doubs, de la Société linnéenne de Caen, des Sociétés des sciences historiques de l'Yonne, de Maine-et-Loire, de Bordeaux, etc.

FROMENTIN (Eugène), né à la Rochelle, en décembre 1820. Elève de M. Cabat, il cultiva spécialement la peinture du paysage. De 1842 à 1846, il visita le Levant et l'Afrique. La relation de son voyage parut dans le *Pays.* Il fit aussi, pour le compte du Comité des monuments historiques, des excursions archéologiques, dont il publia les résultats dans les ouvrages suivants : *Visites artistiques* (1852) ; — *Simples pèlerinages* (1856). On lui doit encore un roman qui a eu beaucoup de succès : *Dominique.* M. Eugène Fromentin a puisé la plupart des sujets de ses tableaux dans les croquis qu'il a rapportés de l'Orient et de l'Algérie. Parmi ses nombreux envois au Salon de Paris, on distingue : *Les gorges de la Chiffa* (1847) ; — *Place de la Brèche, à Constantine* (1849) ; — *En-*

terrement maure (1853); — *Chasse à la gazelle dans le Hodna*, tableau acheté par l'Etat (1856); — *Bateleurs nègres; Lisière d'oasis pendant le sirocco; Audience chez un khalifat* (1859); — *Cavaliers revenant d'une fantasia près d'Alger; Courriers* (1860); — *Berger; Hauts plateaux de la Kabylie; Pays des Ouled-Naylo* (1861); — *Chasse au faucon en Algérie; Fauconnier arabe; La curée; Bivouac arabe au lever du jour* (1863); — *Coup de vent dans les plaines d'Alfa* (1864); — *Voleurs de nuit; Chasse au héron* (1865); — *Tribu en marche dans les paturages du Tell; Etang dans les Oasis* (1866); — *Centaures; Arabes attaqués par une lionne* (1868); — *Halte de muletiers; Fantasia* (1869); — *Le grand canal de Venise; Le môle de Venise* (1872). L'*Etang dans les Oasis* et la *Tribu en marche* ont figuré à l'Exposition universelle de 1867. M. Eugène Fromentin a remporté une médaille de deuxième classe en 1849, le rappel de cette médaille en 1857, une médaille de première classe et la croix de la Légion d'Honneur en 1859, et une médaille de première classe à l'Exposition universelle de 1867. Il est officier de la Légion d'Honneur depuis 1869.

FUSTER (Joseph-Jean-Nicolas), né à Perpignan, le 18 janvier 1801. Issu d'une famille où la carrière médicale est depuis longtemps en honneur, il prit le grade de docteur et le brevet d'agrégé (par concours), à la Faculté de Montpellier en 1829, et vint exercer à Paris. Sa belle conduite, pendant le choléra de 1832, lui valut la médaille d'honneur décernée par la municipalité; et, en 1840, il fut attaché à l'administration du dispensaire. En 1849, il concourut avec succès pour la chaire de clinique médicale à la Faculté de Montpellier, et pour la place de médecin en chef à l'Hôtel-Dieu de la même ville. En 1867, M. Fuster fut chargé de présider une Commission médicale composée des notabilités de la Haute-Savoie, pour étudier le goître endémique dans ce pays. L'année suivante, il fit sur les travaux de cette Commission et sur les moyens les plus efficaces pour prévenir et guérir le goître, un rapport détaillé dont le gouvernement ordonna l'impression et la propagation (1868), et fit adopter d'urgence toutes les mesures proposées. Actuellement M. le professeur Fuster étudie, dans le sud-ouest de la France, les causes de l'émigration qui dépeuple ces contrées, et recherche les moyens de combattre ce fléau, ou tout au moins d'en atténuer les conséquences. Grâce à l'appui du gouvernement, qui l'a autorisé à se concerter avec les préfets, et à recueillir près d'eux les documents officiels nécessaires, il a déjà pu rédiger, sur cette grande question, un *Mémoire* au point de vue de la morale, de l'hygiène, de l'agriculture, de l'économie sociale et politique, mémoire présenté au gouvernement, et lu par M. Fuster lui-même en séance générale du Congrès scientifique de France réuni à Pau (2 avril 1873). Les mesures préservatrices qui y sont indiquées ont été recommandées par le Congrès à l'attention du gouvernement. Ces divers travaux n'empêchent pas M. Fuster de remplir ses devoirs professionnels. Il continue à professer, à Montpellier, sa clinique médicale toujours très-avidement suivie. Il a participé, comme l'un des principaux rédacteurs, à la création de la *Gazette médicale* en 1830, et à celle du *Bulletin général de thérapeutique* en 1831. On lui doit: *Des maladies de la France dans leur rapport avec les saisons, ou Histoire médicale et météorologique de la France*, ouvrage qui a obtenu le prix Montyon en 1838 (1840); — *Des changements dans le climat de la France; Histoire de ses révolutions météorologiques* (1845); — *Monographie clinique de l'affection catarrhale* (1861). Un grand ouvrage de médecine, faisant suite à celui sur les *Maladies de la France*, sous le titre de *Clinique médicale de Montpellier* (3 ou 4 vol.), est en cours de publication. M. Fuster, membre de la Société des naturalistes de Moscou et de plusieurs autres Sociétés savantes françaises et étrangères, est chevalier de la Légion d'Honneur (1869), chevalier de l'ordre de Charles III d'Espagne, officier de l'Instruction publique, etc.

GAILHABAUD (Jules), né à Lille, le 29 août 1810. Issu d'une famille de commerçants, il fit de bonnes études dans sa ville natale, suivit pendant quelques années la même carrière que ses parents, et vint à Paris, en 1834, pour y faire le commerce des fils de lin. Entraîné par ses goûts pour l'histoire et l'archéologie, il quitta les affaires en 1839, et s'adonna, dès lors, aux travaux qu'il voulait poursuivre durant le cours de sa vie. Ces travaux furent de trois genres: la recherche des documents, la publication et le collectionnement. Sa nature sérieuse, active, tenace et éminemment pratique, le portait vers la vulgarisation des connaissances acquises; aussi fut-il, avec MM. de Caumont, Albert Lenoir et Didron, l'un de ceux qui provoquèrent, à partir de 1840, un grand mouvement dans les études archéologiques. Il eut l'honneur d'entrer en relations avec MM. Letronne, Rochette, Lenormant, Lajard, Burnouf, Jomard, etc.; et ce contact donna naissance à la *Revue archéologique*. Pour répondre à des besoins nouveaux, il produisit successivement une série d'ouvrages à gravures, dont plusieurs furent traduits à l'étranger. Dans cette circonstance, il prit, le premier et à ses frais, l'initiative du mode de publication des grands livres par livraisons à prix modiques (novembre 1839). De 1830 à 1866, M. Gailhabaud forma une immense *Collection historique*, composée de 8,500 volumes manuscrits et imprimés, et de plus de 25,000 dessins et gravures présentant, dans leur ensemble, une *Histoire de l'architecture et des arts décoratifs*, et une autre *Histoire des mœurs et coutumes des peuples historiques*. Cette collection, unique en Europe, par son plan, ses raretés et ses pièces originales, fut vendue, en 1866, à l'Hôtel-de-Ville de Paris, et a été détruite, en 1871, par l'incendie de cet édifice. Entré dans la section des travaux historiques de cette administration, lors de la vente de sa collection, il y créa le service de la *Réserve des antiquités parisiennes*. Quand le percement des grandes voies de communication nécessita la démolition de tant d'immeubles, en 1868, il reçut la mission de fournir le plan du *Musée historique de la ville de Paris*, formulation nouvelle qui devait fournir tant d'horizons à la science, et servir de type aux *Mu-*

sées locaux des villes historiques. Par suite des événements de 1870, ce plan de musée, en passant à d'autres mains, subit des modifications telles qu'il est devenu méconnaissable. Actuellement, M. Gailhabaud possède encore une *Collection d'œuvres d'art*, c'est-à-dire de dessins, peintures, gravures, faïences, ferronneries, objets divers, etc. Il a établi un *Recueil de documents*, formant le plus vaste *Dictionnaire d'archéologie* dans toutes les branches. Ce répertoire, commencé en 1845, comprend déjà une suite de 127 volumes grand in-8°, dans lesquels se trouvent classés, selon les ordres alphabétique, méthodique et chronologique, plus de 250,000 documents, dessins, gravures, etc., relatifs à toutes les questions de la science archéologique. M. Gailhabaud destine, dit-on, ce recueil à l'une des grandes bibliothèques publiques de l'Europe, ou peut-être à celle de la ville de Lille. Enfin, en 1844, il projetait la formation d'une *Société de la Propriété littéraire et artistique* pour la publication des livres illustrés d'histoire, d'archéologie, d'art, etc., société dont il communiqua, plus tard, les éléments à M. le comte Walewski. L'ensemble de ces faits résume la vie de l'un des plus actifs vulgarisateurs de notre époque, et l'on peut même ajouter que, par ses travaux, ses relations, ses communications et la dispersion de ses idées, M. Gailhabaud eut une action considérable sur la marche ou la direction des études historiques et archéologiques pendant le XIX° siècle. On lui doit: *Monuments anciens et modernes, collection formant une Histoire de l'architecture des différents peuples à toutes les époques* (1839-1850, 4 vol. in-4°, avec 400 pl.); — *Bibliothèque archéologique ou Recueil de documents sur l'histoire, l'archéologie, l'art, etc.* (1845-1846, 1 vol. gr. in-8° avec grav., dont il a été fait un tirage à part pour le Comité des arts et monuments); — *L'architecture du V° au XVII° siècle et les arts qui en dépendent* (1850-1869, 4 vol. in-4° avec 380 pl.); — *L'art dans ses diverses branches, ou l'architecture, la sculpture, la peinture, la fonte, la ferronnerie, etc., chez tous les peuples et à toutes les époques jusqu'en 1789* (1862-1865, 1 vol. grand in-4° avec 72 pl.); — *Quelques notes sur Jean Goujon, architecte et sculpteur français du XVI° siècle*, extrait du précédent ouvrage (1863, 1 vol. in-8° tiré à un petit nombre d'exemplaires). M. Gailhabaut a concouru à la direction du *Moyen-Age pittoresque* et du *Moyen-Age archéologique*, publiés par MM. Weith et Hauser. Enfin il a collaboré à la grande publication de l'*Univers pittoresque* éditée par MM. Didot, en composant les séries de gravures pour les volumes concernant l'*Asie mineure*, l'*Italie ancienne*, l'*Espagne*, la *Grèce moderne*, la *Belgique*, la *Hollande*, le *Danemarck*, etc.

GAILLARD (Claude-Ferdinand), né à Paris, le 5 janvier 1834. Elève de M. Cogniet et de l'Ecole des beaux-arts, M. Ferdinand Gaillard s'est consacré tout à la fois au dessin, à la gravure et à la peinture. C'est comme artiste-graveur qu'il a remporté le grand prix de Rome, en 1856. Comme peintre, il a exposé des portraits et des études, d'après les maîtres de la Renaissance et d'après les peintures antiques, parmi lesquelles on distingue l'*Education d'Achille*, gouache fac-similé d'une peinture de Pompeï (1863); — *Tête de vieillard*, type normand; *Étude d'enfant* (1864); — *Tête de jeune fille* (1865); — *La toilette*, aquarelle fac-similé d'une peinture antique du Musée de Naples (1866); — le portrait du *Pérugin*, d'après la fresque de Cambio, gouache (1867); — les portraits de M. le comte et Mme la comtesse *Rochaïd Dahdah*, de Mme *Anderton*, de l'abbé *Rogerson*, de M. *Ferry d'Escland*, de S. A. le prince *Dadian de Mingrelie*, une *Tête de femme* de la Franche-Comté, etc. Voici maintenant la nomenclature de ses principales œuvres dans la gravure et la peinture, et de ses dessins que nous indiquons : *La Joconde*, copie peinture fac-similé ; *Portrait*, d'après Jean Bellin ; *Horace Vernet*, d'après un dessin de Delaroche (1864); — la *Vierge au donateur*, d'après Giovanni Bellini ; *Statue équestre de Gatta Malata*, attribuée à Donatello ; la *Vierge* de Giovanni Bellini (1866); ces gravures, à l'exception du portrait d'Horace Vernet, ont figuré à l'Exposition universelle de 1867 ; — *Marie de Médicis*, d'après Van Dyck, dessin (1866) ; — la *Cène*, d'après L. de Vinci, dessin ; *Vénus* et *Mercure*, gravures d'après Thorwaldsen (1867); — *Œdipe*, d'après Ingres (1868) ; — l'*Homme à l'œillet*, de Van Dyck ; la *Vierge de la Maison d'Orléans*, de Raphaël (1869) ; — la *Sainte Vierge*, de Botticelli, calcographie (1872) ; — le portrait de M. le comte de *Chambord* (1873). M. Gaillard a reçu des médailles, aux Salons de 1867 et 1869, une médaille de 1re classe, à celui de 1872, et une médaille de 2me classe, pour la peinture, au même Salon.

GAILLARD (François), né à Paris, le 28 août 1798. Voué de bonne heure au commerce et à l'industrie, M. Gaillard a créé, comme manufacturier à Paris, une concurrence redoutable aux produits imprimés anglais, à la suite de laquelle l'introduction frauduleuse de ces produits en France a presque entièrement cessé. En sorte que, grâce à lui, le marché est resté libre à notre industrie nationale, qui bientôt a su prendre aussi sa place sur les marchés étrangers. Retiré des affaires commerciales en 1833, il a été cinq fois élu juge au tribunal de Commerce, et a, de 1834 à 1846, rempli les laborieuses fonctions de juge-suppléant, juge et président de section. Deux fois aussi, en 1842 et 1845, il a été élu membre de la Chambre de commerce. Au mois de juillet 1847, M. Gaillard se présenta, comme candidat au Conseil général, aux électeurs du II° arrondissement de Paris, avec de grandes chances de succès; mais, au dernier moment, ses adversaires firent paraître dans un journal un article par lequel on lui contestait sa qualité de Français. Cette manœuvre électorale de la dernière heure réussit en ce sens qu'elle obligea M. Gaillard à retirer sa candidature et à s'adresser à la justice. Et, de fait, un arrêt de la Cour a déclaré que M. Gaillard père, Suisse d'origine, était devenu Français en 1792; que M. Gaillard fils était né Français, qu'il avait affirmé sa nationalité en satisfaisant à la conscription, et que c'était à bon droit qu'il avait occupé et pouvait prétendre occuper encore des fonctions publiques. M. François Gaillard, pour qui le travail est une habitude et un besoin, ne s'est jamais, quoique dans une belle position de fortune, désintéressé des affaires du pays, et en particulier de ce qui concerne l'industrie et le commerce. Il est fondateur de plusieurs Sociétés, et notamment de la Compagnie *La France*, créée en 1837. La croix de la Légion d'Honneur lui a été décernée le 26 avril 1843.

GAILLARD (Léopold DE), né à Bollène (Vaucluse), le 20 avril 1820. Il fit ses études classiques à Fribourg (Suisse) et au collège royal de Nîmes, son droit à la Faculté de Toulouse, prit place au barreau de cette ville en 1847, mais n'exerça que peu de temps la profession d'avocat. D'abord rédacteur de la *Gazette du Languedoc*, il fonda, en 1848; avec son ami Gaston de Raousset-Boulbon, la *Liberté* d'Avignon, journal de combat contre les socialistes, mais indépendant de tous les partis. En 1851, il protesta contre le Coup-d'État. Appelé à Paris en 1852 par les directeurs de l'*Assemblée nationale*, il fut du petit nombre des écrivains de ce temps qui osèrent résister, en face, au régime qui devait nous mener à de si grands désastres. Le succès de l'*Assemblée nationale* fut vif, mais, on le devine, de courte durée. Marié à Lyon, après la proclamation de l'Empire, il dirigea la *Gazette de Lyon*, journal qui, comme les précédents, succomba bientôt sous les coups de l'autorité. En 1864 et 1869, il se présenta comme candidat d'opposition au Corps législatif, dans la circonscription électorale d'Avignon et fut des premiers à poser avec éclat, devant le pays, la question des candidatures officielles et à la faire discuter devant le Corps législatif. Revenu à Paris, il fut chargé de la rédaction politique, et, plus tard de la direction du *Correspondant*. Le 26 juillet 1872, il fut élu conseiller d'État par l'Assemblée nationale. M. Léopold de Gaillard a publié : *Bon sens; Situation; Les Socialistes; Les Montagnards; La Terreur; Conseils aux modérés* (1849); — *Lettres politiques sur la Suisse; à M. le comte de Montalembert*, avec une *Introduction* du comte de Montalembert, notes et pièces justificatives (Genève, 1852); — *Questions italiennes; Voyages; Histoire; Politique* (1860); — *L'expédition de Rome en 1849* (1861); — *Nicolas Bergasse, publiciste, avocat au Parlement de Paris, député de Lyon à l'Assemblée constituante*, discours de réception à l'Académie de Lyon (1862); — *Les candidatures officielles*, adresse au Corps législatif; *Venise et la France* (1866); — *L'agriculture et la démocratie*, discours au congrès d'Aix-en-Provence; *La leçon du plébiscite* (1870). En mars 1873, la librairie Didier vient de publier de lui un volume politique sous ce titre : *Les Étapes de l'opinion*, 1871-1872. Ami de feu M. le comte de Montalembert, M. Léopold de Gaillard a été chargé par lui, avec MM. Léon Cornudet, Cochin et de Meaux, de la publication des papiers et œuvres posthumes de l'illustre orateur catholique.

GAILLAUD (Eucher-Jacques-Joseph-Marie), né à Saint-Bonnet-en-Champsaur (Hautes-Alpes), le 5 avril 1819. Son grand-père maternel, Jean-Joseph Achard, ancien procureur au bailliage de Champsaur, et maire de Saint-Bonnet, lors de la première Restauration, se signala par le courageux refus de se présenter devant Napoléon Ier, revenant de l'île d'Elbe, et répondit fièrement aux émissaires de l'empereur « qu'en sa qualité de maire il siégeait à la maison commune, et que là devaient se rendre ceux qui avaient affaire à lui. » Son père, employé des finances, vit sa carrière brisée par la révolution de 1830. M. Gaillaud, ses études classiques terminées, entra au grand séminaire de Gap, en 1839. Ordonné prêtre le 10 juin 1843, il professa successivement les classes de quatrième, de troisième et les humanités, au petit séminaire d'Embrun, jusqu'en novembre 1853, époque où il fut nommé vicaire de la cathédrale de Gap. Il fut nommé archiprêtre de Rosans le 4 décembre 1862, appelé à Serres, en la même qualité, le 1er août 1866, et désigné comme curé-archiprêtre de Briançon le 10 décembre 1867. M. l'abbé Gaillaud, chanoine honoraire de Gap depuis le 1er janvier 1868, a été nommé curé de 1re classe (titre personnel) le 8 janvier suivant. Chargé par son évêque, en 1858, de correspondre avec le Comité historique établi à Paris pour recueillir les documents relatifs à l'*Histoire de Notre-Dame de France*, il a écrit, à ce sujet, une *Histoire du culte de la sainte Vierge dans les Hautes-Alpes*, qui n'a point été imprimée, mais dont la substance a été reproduite par M. l'abbé Hamon dans la partie de son *Histoire de Notre-Dame de France* consacrée au diocèse de Gap. On lui doit : *Recherches historiques sur l'origine, la translation et le culte de la Belle-Briançonne, autrement appelée Notre-Dame de Château* (1860); — *Histoire de Notre-Dame d'Embrun, ou la Vierge du Réal* (1862); — *Éphémérides, simples notes pour l'histoire des Hautes-Alpes* (1864). Une nouvelle édition de ce dernier ouvrage, considérablement augmentée, est sous presse en ce moment. Elle renfermera tous les traits saillants de l'histoire des Hautes-Alpes, et la biographie de tous les hommes de ce pays qui ont marqué dans les sciences, les lettres, la magistrature, l'église, l'armée, etc. M. l'abbé Gaillaud est membre de l'Académie flosalpine des Hautes-Alpes.

GALEZOWSKI (Xavier), né à Lipowiec (Pologne), le 5 janvier 1833. Il fit ses études à Saint-Pétersbourg, où il obtint le diplôme de docteur en médecine, avec médaille en or, en 1858. Arrivé à Paris à la fin de la même année, il reprit en sous-œuvre ses études médicales dans les services de MM. Nélaton, Trousseau, Barthez et Desmarres. Les recherches ophthalmologiques l'attiraient particulièrement. Chef de clinique oculistique du docteur Desmarres père, de 1859 à 1864, il prit le grade de docteur, à la Faculté de Paris, en 1865, avec une thèse intitulée : *Études sur les altérations du nerf optique et les maladies cérébrales dont elles dépendent* (avec pl. chromo-lithogr. et 3 fig. dans le texte), thèse couronnée par la Faculté en 1866. A la même époque, il fonda, pour les pauvres, une clinique des maladies des yeux où jusqu'à présent (1873), plus de 14,000 malades ont été soignés et opérés gratuitement. Pendant la guerre de 1870, il obtint sa naturalisation de citoyen français, et fut nommé chirurgien-major à la compagnie de mariniers

Biogr. nat. 18

— 274 —

du 53ᵉ bataillon de la garde nationale. A cette époque, il remplit également les fonctions de chirurgien à l'ambulance de l'église de Saint-Gervais. M. Galezowski fait, tous les ans, des cours publics, non-seulement dans sa clinique, mais à l'École pratique de la Faculté. Il a épousé, en 1872, la fille du célèbre ténor Tamberlick, après l'avoir guérie d'une cécité complète. On lui doit beaucoup d'écrits concernant sa spécialité, parmi lesquels on distingue : *Observations cliniques sur les maladies des yeux* (1862) ; — *De la pupille artificielle et de ses indications* (Bruxelles, 1862) ; — *Recherches ophthalmoscopiques sur les maladies de la rétine et du nerf optique* (1863) ; — *Tableaux synoptiques de la réfraction ; choix des lunettes* (1865) ; — *Sur l'existence des vaisseaux capillaires d'origine cérébrale dans la pupille du nerf optique* (Mémoire pour l'Académie des Sciences, 1865) ; — *Sur les altérations de la rétine et de la choroïde dans la diathèse tuberculeuse* (Mémoire présenté au Congrès international, 1867) ; — *Du diagnostic des maladies des yeux par la chromatoscopie rétinienne* (1868) ; — *Traité des maladies des yeux* (1872, gros in-8° avec 440 fig. dans le texte). M. le docteur Galezowski, inventeur d'un ophthalmoscope qui permet d'examiner l'intérieur de l'œil en plein jour, est membre de la Société d'émulation. Il a reçu la croix de la Légion d'Honneur le 16 mars 1872.

GALICHON (Emile-Léonard), né à Paris, le 16 décembre 1829. M. Emile Galichon, fondateur, en 1861, de la *Chronique des arts et de la curiosité*, dont il est demeuré le rédacteur en chef jusqu'en 1872, et rédacteur en chef de la *Gazette des Beaux-Arts*, également de 1861 à 1872, a publié les ouvrages suivants : *Albert Durer, sa vie et son œuvre* ; — *Restauration des tableaux du Louvre* ; — *Des destinées du musée Napoléon III* ; — *Fondation d'un musée d'art industriel* ; — diverses notices sur les *Peintres graveurs italiens des XVᵉ et XVIᵉ siècles* ; — *Annuaire de la Gazette des Beaux-Arts*, années 1870, 1871, 1872 ; — deux *Albums de la Gazette des Beaux-Arts* ; — *Etudes critiques sur l'administration des beaux-arts en France, de 1860 à 1870* ; — et de nombreux articles dans la *Gazette des Beaux-Arts* et dans la *Chronique des arts et de la curiosité*. M. Emile Galichon a pris une part très-active à la formation du Musée rétrospectif ouvert, en 1865, au palais des Champs-Elysées, par l'Union centrale des beaux-arts appliqués à l'industrie. Il est directeur de la Société française de gravure fondée en 1869.

GALLAVARDIN (Jean-Pierre), né à Saint-Priest (Isère), le 5 février 1825. Il fit ses études médicales à l'Ecole de médecine de Lyon, à la Faculté de Montpellier, et à la Faculté de Paris où il prit le grade de docteur le 7 juillet 1854. L'année suivante, il alla suivre les cours de l'Université de Vienne (Autriche) et particulièrement les leçons cliniques des hôpitaux allopathiques et homœopathiques. Vers la fin de 1855, il a fixé sa résidence à Lyon, où il s'est créé une réputation comme médecin homœopathe. Il a collaboré à la rédaction de plusieurs journaux allopathiques: la *Gazette médicale de Lyon*, le *Lyon médical*, la *Gazette médicale de Paris*, et à celle de divers journaux homœopathiques : le *Bulletin homœopathique de Paris*, l'*Art médical*, le *Journal de clinique homœopathique* de Dresde. Ses principaux ouvrages sont: *L'enseignement clinique en Allemagne, particulièrement à Vienne* (1858) ; — *Traitement du strabisme chronique* (1859) ; — *Voyage médical en Allemagne : Doctrines, méthodes d'enseignement, professeurs, étudiants* (1860) ; — *Position des Juifs dans le monde, particulièrement en France et en Allemagne, dans la société, les arts, les sciences et l'enseignement* (1860) ; — *Projet d'hôpitaux mixtes, allopathiques, et homœopathiques* (1861) ; — *Expériences sur les malades des hôpitaux, instituées par l'Académie de médecine* (1862) ; — *Le comte Des Guidi, l'introducteur de l'homœopathie en France* (1863) ; — *Paralysies phosphoriques ; Paralysies produites et guéries par le phosphore* (1865) ; — *Causeries cliniques homœopathiques* (1868). La plupart de ses publications, exposant le traitement des maladies, ont été traduites dans les journaux et ouvrages homœopathiques anglais, allemands, espagnols, italiens, etc. Non content de propager l'homœopathie dans sa clientèle et par ses écrits, M. le docteur Gallavardin l'a vulgarisée encore par la création d'hôpitaux spéciaux. C'est ainsi qu'en 1867 il a pris l'initiative d'une souscription pour l'érection d'un hôpital homœopathique à Leipsick (Saxe). Enfin, en 1869, son heureuse intervention a provoqué la fondation d'un hôpital homœopathique à Lyon ; c'est le premier hôpital construit en France spécialement pour cette destination.

GALLICHER (Louis), né à Lissay (Cher), le 10 septembre 1814. Elève de l'Ecole centrale des arts et manufactures, de 1834 à 1837, il est devenu directeur-associé des forges de Rigny, puis des forges de Rozières et de Bourges. Membre de la Société d'agriculture depuis 1846, et agriculteur-praticien, depuis 1858, il est vice-président du Comice agricole de Bourges. Il a été maire de Lissay de 1851 à 1853, et membre du Conseil municipal de Bourges de 1855 à 1870. Le 8 février 1871, il a été élu représentant du Cher à l'Assemblée nationale, et a pris place sur les bancs du Centre-Gauche. Il assiste aux réunions Feray. Ses fonctions de maire de Lissay lui ont été rendues le 10 mai 1871. M. Gallicher a publié : *Notes et renseignements sur les forges du Berry* (1841) ; — *Notes et renseignements pour servir à la statistique agricole du Cher* (1861) ; — *Le Cher agricole et industriel* (1870).

GAMBETTA (Léon), né à Cahors, d'une famille originaire de Gênes, le 2 avril 1838. Il étudia le droit à Paris, prit place au barreau de la capitale en 1859, et fit son stage avec un certain éclat. Déjà connu dans le monde des Ecoles par le républicanisme de ses opinions et par l'énergie de son caractère, il se consacra surtout à la défense des causes politiques. Le *Procès des journaux*, provoqué par la souscription Baudin, en décembre 1868, lui donna l'occasion de s'affirmer, et comme homme politique et comme orateur. Etant allé plaider à Toulouse, en mars 1869, pour le journal l'*Emancipation*, il fut l'objet d'une ovation chaleureuse. Quelque temps après, quand il se présenta à la députation, il fut nommé tout à la fois à Paris et à Marseille, comme candidat *irréconciliable*, et opta pour Marseille. A la Chambre, dont il fut momentanément éloigné par le mauvais état de sa santé, il vota toujours avec l'Extrême-Gauche, protesta contre l'arrestation de M. Henri Rochefort, fit un brillant discours contre le plébiscite, s'opposa à la déclaration de guerre, et n'en fut pas moins de ceux qui, plus tard, accordèrent au gouvernement tous les subsides demandés pour tenter cette guerre dans les moins mauvaises conditions possibles. Le 4 septembre 1870, il fut acclamé par la foule, à l'Hôtel-de-Ville, en qualité de membre du gouvernement de la Défense nationale. Désigné par ses collègues pour tenir le portefeuille de l'Intérieur, il signa le décret qui fixait au 18 octobre l'élection d'une Assemblée constituante, puis le décret qui convoquait les électeurs pour le 2 du même mois. En même temps, il s'occupait de la réélection des Conseils municipaux. Mais le complet investissement de Paris, et l'envahissement de beaucoup de départements par l'armée ennemie furent opérés avec une telle rapidité, qu'il parut raisonnable de suspendre toutes les élections jusqu'à une époque indéterminée. Le 8 octobre, il reçut de ses collègues la mission de rejoindre à Tours la délégation du gouvernement, et partit hardiment en ballon. Il toucha terre à Montdidier, se rendit aussitôt à son poste, prit la direction des ministères réunis de l'Intérieur et de la Guerre, et fit entendre à la province de patriotiques et chaleureux appels. L'énergie et l'activité dont il fit preuve en ces solennelles circonstances se communiquèrent, de proche en proche, sur tous les points du territoire et y réveillèrent le patriotisme endormi par de longues années d'Empire. On le voyait courir, et non sans danger, par les chemins restés libres, d'une extrémité à l'autre de la France, tenant tête aux exaltés, organisant les armées nationales, créant un matériel de guerre tout entier. Son incomparable dévouement était à la hauteur de la responsabilité qu'il avait assumée; et cette sorte de dictature spontanée, puisque le mot a été prononcé, il l'exerça sans lutte, avec l'assentiment de tous les vrais patriotes, quelle que fût leur opinion politique. Nos revers successifs ne l'abattaient point; et il eut foi, jusqu'à la dernière heure, dans le succès d'une défense acharnée. Il obligea les départements à lever, à leurs frais, les gardes nationales mobilisées; contracta un emprunt de 250 millions en Angleterre; signa la dissolution des Conseils généraux élus sous la pression de l'Empire; nomma les chefs d'armée, les administrateurs; blâma vertement l'armistice conclu sous Paris; et, quand toutes les armes eurent été déposées, il décréta d'inéligibilité, à la prochaine Assemblée, les anciens fonctionnaires du régime déchu. Cette dernière mesure n'ayant pas été ratifiée par le gouvernement de Paris, il donna sa démission, le 3 février 1871. Ses adversaires politiques essayèrent en vain de ternir sa popularité et de le discréditer en mettant en relief les fautes qu'il avait pu commettre dans des fonctions aussi importantes et aussi multiples. Le 8 février, il fut élu représentant à l'Assemblée nationale, par le Bas-Rhin, le Haut-Rhin, la Moselle, la Meurthe, la Meuse, Seine-et-Oise, la Seine, les Bouches-du-Rhône, le Var, Alger et Oran. Le nombre total des voix qui s'étaient ralliées autour de son nom, dans ces onze départements, ne s'élevait pas à moins de 623,581. Pour affirmer sa résolution de s'opposer à tout démembrement de la France, il opta pour le Bas-Rhin; et, après la conclusion de la paix, il donna sa démission. Lors des élections complémentaires du 2 juillet 1871, M. Gambetta a été réélu dans le Var, les Bouches-du-Rhône et la Seine, et a opté pour ce dernier département qui lui avait donné 114,806 suffrages. A l'Assemblée, où il siége sur les bancs de l'Extrême-Gauche, il n'a pris que rarement la parole; et presque toujours, ç'a été dans un sentiment de conciliation et pour apporter au gouvernement de M. Thiers, qu'il a soutenu jusqu'à la révolution parlementaire du 24 mai 1873, le concours désintéressé de son parti. Quant aux imputations dont il a été l'objet relativement à son passage aux affaires, il paraît les dédaigner et n'y a presque jamais répondu. M. Gambetta a voté notamment : *pour* le retour de l'Assemblée à Paris, les amendements Barthe et Keller, l'impôt sur les bénéfices, pour l'ordre du jour pur et simple et contre l'ordre du jour Ernoul dans les séances mémorables des 23 et 24 mai ; *contre* la paix, l'amendement Target, l'impôt sur le chiffre des affaires. Il s'est abstenu sur la loi départementale. Pour être en constantes relations d'idées avec le public et le faire, jour par jour, l'appréciateur d'opinions politiques très-diversement qualifiées jusqu'ici, il a fondé, le 5 novembre 1871, un journal important, la *République française*, dont il est actuellement encore le directeur (1873).

GANAULT (Gaston-Alfred-Auguste), né à Laon, le 15 mai 1831. Il appartient par sa mère à une des plus anciennes familles du pays, qui a donné, dans des temps difficiles, et notamment en 1792 et en 1848, au département de l'Aisne, des administrateurs distingués, et, à la ville de Laon, des magistrats municipaux. De 1830 à 1866, la plupart de ses parents ont payé par la prison, l'exil ou de grands préjudices de fortune, leur dévouement à la cause de la liberté qu'ils défendaient de la plume, de la parole et de l'action. M. Gaston Ganault fit son droit à la Faculté de Paris, prit place, en 1861, au barreau de sa ville natale, et ne tarda pas à s'acquérir une honorable réputation. Il fait partie du Conseil de l'ordre des avocats depuis 1866. Lors du plébiscite de 1870, il combattit, dans le *Courrier de l'Aisne*, cette mesure politique dont il prévoyait les funestes conséquences. Après la prise de possession de Laon par l'ennemi, il se rendit avec sa famille dans l'Ouest, et prit rang parmi les volontaires de la garde nationale de la Flèche, alors en formation. Nommé lieutenant, puis capitaine-major de la 1re légion des mobilisés de Maine-et-Loire, il fit campagne avec la 2e armée de la Loire, dans le 16e corps. M. Ganault était en cantonnement dans la Vienne pendant que ses coréligionaires politiques l'inscrivaient, spontanément, sur la liste des candidats à l'Assemblée nationale, et que son nom réunissait à son insu 27,000 voix. L'option de MM. Jules Favre et Thiers pour d'autres départements lui permit de se présenter à nouveau, le 2 juillet, aux suffrages de ses concitoyens. Il était alors premier adjoint au maire de Laon, et avait eu plusieurs fois, dans ces fonctions, l'occasion de montrer la fermeté de son caractère en résistant aux excessives prétentions des troupes allemandes d'occupation. Elu représentant de l'Aisne après publication d'une profession de foi nettement républicaine, développée dans de nombreuses réunions publiques, M. Ganault a pris place sur les bancs de la Gauche.

GAND (Antoine-Joseph-Edouard), né à Amiens, le 16 décembre 1815. Reçu bachelier ès lettres en 1835, il est devenu, l'année suivante, gérant de la fabrique de tissus Jacquard pour robes, fondée par MM. Cosserat et Ponche-Bellet. A partir de 1839, sa réputation a commencé à grandir comme dessinateur industriel et liseur de cartons Jacquard. Sa collaboration au journal *Le Commerce de la Somme* et ses écrits sur des sujets variés lui ont valu, en 1856, d'être élu membre titulaire de l'Académie d'Amiens et membre de la Société d'émulation d'Abbeville, et, plus tard, membre correspondant des Sociétés industrielles de Saint-Nicolas, Saint-Quentin et Reims. Les articles qu'il publia, en 1860, sur l'état de l'industrie en France et sur l'utilité d'un enseignement technique, provoquèrent, en 1861, la création de la Société industrielle d'Amiens, dont il fut l'un des plus actifs fondateurs. En 1864, cette Société le chargea d'organiser et de professer un cours théorique et pratique de tissage, ainsi qu'un cours de dessin de fabrique. Sa méthode reçut l'approbation des grands établissements techniques, et son matériel théorico-pratique, ses tableaux articulés et ses cartes murales furent, de 1870 jusqu'à présent (1873), reproduits par lui, en tout ou partie, pour le Conservatoire des arts-et-métiers de Paris, les Sociétés industrielles de Saint-Quentin, de Reims, de Saint-Nicolas (Belgique), les Sociétés civiles de Flers (Orne), de Rouen, et pour l'Institut industriel de Turin (Italie). M. Gand a publié : *Traité sur la fabrication des velours de coton d'Amiens* (1865, avec pl.) ; — *Traité complet sur la coupe longitudinale des velours de coton d'Amiens* (1866, avec pl.) ; — *Soixante-quinze Bulletins analytiques, avec figures, des 75 leçons de tissage que comporte son enseignement*; — *Cours de tissage*, professé à la Société industrielle (1868, Ier vol. avec pl.) ; — *Le Transpositeur, ou l'Improvisateur de tissus*, exposé des combinaisons mathématiques applicables au tissage, à l'aide d'un appareil imaginé par l'auteur (1871, avec pl.) ; — et de nombreux mémoires et rapports insérés dans le *Bulletin* de la Société industrielle (1862-1873). Il a remporté une mention honorable, comme coopérateur, à l'Exposition universelle de 1855, la médaille d'argent à celle de 1867, et a reçu une médaille d'honneur (grand modèle) de l'Académie nationale, en 1865. La Société industrielle de Saint-Quentin l'ayant prié d'organiser et de professer, dans cette ville, un cours de tissage pendant les six premiers mois, lui décerna, comme témoignage de reconnaissance, une médaille d'honneur, en 1869. M. Gand a récemment inventé le *Battant compositeur de tissus, échantillonneur, metteur en carte et liseur automatique*, appareil de tissage qui permet de créer, sans aucune dépense d'imagination, et de fabriquer immédiatement une infinité de contextures d'étoffes ou d'armures d'aspects très-variés. Il est officier d'Académie depuis 1856.

GANNAL (Félix), né à Paris, le 4 mars 1829. Fils du docteur Gannal, chimiste distingué qui a attaché son nom à une nouvelle méthode d'embaumement et qui est décédé en 1852, il étudia la pharmacie et la médecine à la Faculté de Paris, et prit successivement le brevet de pharmacien en 1857 et le diplôme de docteur-médecin en 1859. Puis il se consacra à des travaux de chimie et d'histoire naturelle, et fit des études approfondies sur la mort apparente, la constatation de la mort réelle, les inhumations prématurées, etc. Enfin, M. le docteur Gannal reprit en sous-œuvre la méthode de son père, y introduisit des améliorations correspondant aux progrès de la science, et se fit, de la sorte, une clientèle considérable. On lui doit plusieurs notices sur les embaumements, et un *Traité complet de la mort apparente et de la mort réelle* (1868), dont il a publié des résumés à l'usage des bibliothèques populaires et des gens du monde. M. le docteur Gannal est officier d'Académie depuis le 5 mai 1870. Son frère aîné, M. Adolphe-Antoine Gannal, né à Gentilly (Seine), en 1826, a pris le grade de docteur en médecine en 1854. Chimiste habile, il a créé, tant en France que dans d'autres pays, et surtout en Russie, de grands établissements industriels pour la fabrication des conserves alimentaires.

GARASSE (Louis-Pierre-Charles-Félix), né à Calais, le 11 mars 1829. Fils d'un médecin, il commença à la Faculté de Paris, en 1849, les études honorées depuis longtemps dans la sa famille, à laquelle on doit beaucoup de praticiens distingués. Externe à l'hôpital de Bon-Secours, puis à la Pitié, au service de Valleix, il prit le grade de docteur, le 19 avril 1856, avec la thèse suivante : *De l'antéversion de la matrice*, et s'établit dans sa ville natale. Son zèle et ses capacités lui assurèrent bientôt une position honorable. Il reçut une médaille en or de 1re classe d'Angleterre, pour fait de sauvetage, décoration qui fut inscrite à la grande Chancellerie et consignée au *Moniteur universel* du 21 mai 1858. Le 18 mars 1873, le *Journal officiel* enregistra l'octroi d'une autre médaille de sauvetage (1re classe, argent), qui lui fut fait par le ministre de la Marine. M. le docteur Garasse est médecin du Bureau de bienfaisance, de la Commission d'hygiène, de la Commission des logements insalubres ; médecin-inspecteur attaché à la Commission d'examen des chirurgiens qui se présentent pour la navigation au long cours, et médecin de la prison, du dispensaire, du théâtre, des écoles et des crèches. Il a publié, dans la *Gazette des Hôpitaux*, un travail intitulé : *Quelques observations sur l'action du chlorate de potasse dans le croup et l'angine couenneuse* (1858).

GARCIA (Manuel), né à Madrid, en 1805. C'est le fils aîné de Manuel Garcia, professeur de chant, chanteur célèbre et compositeur habile, décédé à Paris en 1832, laissant une brillante réputation que ses enfants n'ont cessé d'accroître. Associé aux excursions artistiques de sa famille dans les deux mondes, dressé par son père à sa méthode d'enseignement, qui n'avait pas de rivale, M. Garcia l'appliqua lui-même avec un religieux respect. Après avoir été attaché, en 1835, au Conservatoire de Paris, il quitta cet établissement pour aller professer à Londres. Parmi ses travaux on cite : *Ecole de Garcia* : *Traité complet de l'art du chant* (1841, 3e édit., 1851, in-4°) ; — le même ouvrage, refondu sous le titre de *Nouveau traité* (1856) ; — *Mémoire sur la voix humaine*, présenté à l'Académie des sciences (1840, 2e édit., 1847); — *Observations physiologiques sur la voix humaine*, en français et en anglais (1855). Sa femme, Eugénie Garcia, fille de M. Mayer, banquier, a parcouru l'Italie, où elle a excité le plus vif enthousiasme, même près de sa belle-sœur aînée, qui l'avait fait admettre au théâtre de Novarre. Plus tard, comme son mari, elle s'est consacrée, dans Paris, à l'enseignement du chant, domaine de la famille. Les deux sœurs de M. Garcia, Marie-Félicité, mariée d'abord à M. Malibran, banquier aux Etats-Unis, puis à M. de Bériot, le célèbre violoniste belge, morte en 1836, à Bruxelles, et Michelle-Pauline, mariée à M. Viardot, ont été deux des plus célèbres cantatrices des temps modernes.

GARIEL (Charles-Marie), né à Paris, le 9 août 1841. Ayant terminé de bonne heure d'excellentes études scientifiques, il commença par se faire inscrire à la Faculté de médecine. En 1861, il fut admis, avec le n° 6, à l'Ecole polytechnique, dont il sortit, deux ans plus tard, dans les ponts-et-chaussées. Devenu ingénieur des ponts-et-chaussées, et menant de front l'exercice de ses fonctions nouvelles avec ses anciennes études, spécialement avec celle de la physique, il prit le grade de docteur en médecine en 1869, avec une thèse sur l'*Ophthalmoscope*. Dans la même année, il prit part au concours d'agrégation à la Faculté de médecine, et fut nommé agrégé pour la physique, avec une thèse sur les *Phénomènes physiques de l'audition*. M. Gariel est en exercice depuis 1871. Il est, en outre, secrétaire-adjoint de la Commission des annales des ponts-et-chaussées, et secrétaire de l'Association française pour l'avancement des sciences. On lui doit un certain nombre d'articles scientifiques, principalement de vulgarisation, insérés dans plusieurs journaux ou revues, tels que l'*Annuaire scientifique*, le *Dictionnaire encyclopédique des sciences médicales*, la *Nature*, etc.

GARNIER (François-Xavier-Paul), né à Brest, le 12 septembre 1793. Il entra d'abord dans la marine militaire ; puis il fut attaché pendant quelque temps aux bureaux du Trésor, qu'il quitta pour travailler dans une étude d'avoué et pour faire son droit, unissant, de la sorte, la théorie à la pratique. Licencié de la Faculté de Paris en 1813, il fut nommé substitut près le tribunal de Sedan, mais n'en remplit pas les fonctions, préférant la profession d'avocat, qu'il exerça pendant plusieurs années à Paris et en Normandie. En 1820, il prit un cabinet d'avocat au Conseil d'Etat et à la Cour de cassation, qu'il conserva jusqu'en 1846. Ses confrères l'avaient en haute estime, en grande considération, et l'élurent deux fois président du Conseil de l'Ordre. Inscrit au barreau de la Cour d'appel en 1847, il se consacra surtout à la continuation de ses travaux sur certaines matières spéciales de jurisprudence. M. Garnier a publié : *Traité des chemins de toute espèce, comprenant les grandes routes, chemins de halage, vicinaux et particuliers, les chemins de fer* (1823, nouv. édit., 1842, 2 vol.) ; — *Régime des eaux, ou Traité des eaux de la mer, des fleuves, rivières navigables et flottables, et autres eaux de toute espèce, non navigables, ni flottables* (1822, 3e édit., avec suppl., 1839-1851, 5 vol.) ; — *Traité de la possession, de la propriété et des actions possessoires et pétitoires* (1833, 3e édit., refondue et augm., 1847, 2 vol.); — *Commentaire de la loi du 29 avril 1845 sur les irrigations* (1845, 2e édit., 1847) ; — *Commentaire de la loi du 18 juin 1854 sur le libre écoulement des eaux provenant du drainage* (1854) ; — *Commentaire de la loi du 11 juillet 1847 sur les irrigations* (1855) ; — *Législation et jurisprudence nouvelles sur les chemins et les voies publiques de toute espèce, etc.*, faisant suite au *Traité des chemins* (1855), etc. M. Garnier a, en outre, publié un *Traité de l'usure*, en 1826, et *Annales universelles de la législation et de la jurisprudence commerciale*, en 1824 et années suivantes, avec M. Roger. Il a reçu la croix de la Légion d'Honneur en 1843.

GARNIER (Gustave-Alexandre), né à la Suze (Sarthe), le 15 août 1835. Il se consacra à la statuaire, et suivit l'atelier de Duret. En 1859, il débuta au Salon de Paris avec une étude en plâtre : *Pêcheur endormi*. Depuis cette époque, M. Garnier a exposé : *Captive de l'amour*, groupe en plâtre (1863) ; — *Jeune garçon jouant des cymbales*, statue en plâtre (1864) ; — le portrait de *S. M. le sultan Abdul-Aziz*, buste en plâtre ; *La première éducation*, groupe en plâtre (1865) ; — *David vainqueur de Goliath*, statue en plâtre (1866) ; — *Saint Georges*, groupe en plâtre (1870) ; — le portrait de Mme *Garnier*, buste en plâtre (1873). Le buste du sultan Abdul-Aziz a figuré à l'Exposition universelle de 1867 (section ottomane). La ville de Paris, à laquelle il avait été donné par le gouvernement ottoman, l'a fait exécuter en marbre, pour l'auteur, pour la galerie des souverains à l'Hôtel-de-Ville (1868). Cette œuvre d'art a valu à M. Garnier la décoration de chevalier du Medjidié en 1869. Enfin, sur l'ordre du ministre des Beaux-Arts, cet artiste a exécuté le buste en pierre du général comte *Marchand*, pour l'hôtel de la préfecture de Grenoble (1867), et le buste en marbre du physicien *Foucault*, pour l'Ecole normale supérieure de Paris (1873).

GARNIER (Jean-Louis-Charles), né à Paris, le 6 novembre 1825. Après avoir étudié la sculpture et la ronde-bosse à l'École spéciale de dessin, où il obtint des succès, surtout dans le cours de mathématiques, il entra à l'École des beaux-arts en 1842. Brillant élève d'Hippolyte Lebas et de Léveil, il remporta, en 1848, le grand prix d'architecture, avec un *Projet de Conservatoire pour les arts-et-métiers*. Il compléta son instruction artistique non-seulement à la villa Médicis, mais en parcourant toute l'Italie, la Grèce et une partie de la Turquie. Ses envois de Rome furent des plus remarquables; c'étaient : *Forum de Trajan* (1849); — *Temple de Jupiter Sérapis*, à Pouzzoles (1851); — *Restauration polychrome du temple de Jupiter Panhellénien*, dans l'île d'Égine (1852, Salon de 1853, Expos. univ. de 1855); — *Projet pour une école de dessin* (1853). Chargé par le duc de Luynes, en 1853, de relever et de dessiner, dans le royaume des Deux-Siciles, les monuments funèbres qui rappelaient l'occupation de ce pays par les Angevins, il consacra un an à fouiller l'État napolitain, les Pouilles, la Calabre, la Sicile, et trois ans à compléter son œuvre. Cet ensemble considérable de dessins, qui n'a pas été publié, est maintenant la propriété du petit-fils du duc de Luynes. M. Charles Garnier, de retour à Paris, en 1854, fut nommé sous-inspecteur des travaux de la tour Saint-Jacques-la-Boucherie, puis de ceux entrepris aux anciennes barrières de Paris. Dans ses rares loisirs, il se livrait à quelques travaux de son art, construisait des tombeaux, des maisons bourgeoises, et collaborait notamment, avec M. Debacq, à l'érection du monument funèbre du duc de Luynes, au château de Dampierre. Devenu architecte de deux arrondissements de Paris en 1860, il prit part, en 1861, au concours ouvert pour la construction d'un *Nouvel Opéra*. Son projet ayant été adopté à l'unanimité par le jury d'examen, il fut chargé de son exécution. Tous les arts plastiques ont été appelés à contribuer à la splendeur de cet édifice. Rien n'a été épargné pour faire, de cet immense monument, le plus magnifique en son genre ; on n'y compte pas moins de 506 colonnes de marbre; sa façade polychrôme, remarquable par une haute colonnade dont les fûts cannelés sont formés d'un seul bloc de pierre, a été livrée à l'admiration générale le 15 août 1867. Commencé en 1863, le nouvel Opéra n'est pas encore terminé à l'intérieur (1873): mais certaines de ses parties ont déjà été utilisées pour des services divers. M. Garnier a publié : *Mémoire explicatif sur le temple d'Égine* (1856); — *A travers les arts* (1869); — *Étude sur le théâtre* (1871). Ce dernier ouvrage est un manuel complet de l'architecture de théâtre; disposition de la scène, acoustique, aération, circulation, tout y est prévu et supérieurement traité, ainsi que les questions de climat, de lieux, d'habitudes, etc. M. Charles Garnier a fourni des articles à la *Science pour tous*, à la *Revue de l'Orient*, à la *Revue de l'architecture*, au *Dictionnaire encyclopédique*, au *Moniteur universel*, au *Temps*, à la *Gazette des beaux-arts*, etc. Ses envois au Salon lui ont valu des médailles de 3e classe en 1857 et de 1re classe en 1863. Il a reçu la croix de la Légion d'Honneur le 9 août 1864.

GARNIER (Marie-Jean-Georges-Catherine), né à Gray (Haute-Saône), le 17 novembre 1815. Il est issu d'une ancienne famille de la Franche-Comté, dont Gy fut le berceau, et qui s'honore d'avoir produit : Antoine Ier Garnier, secrétaire de Charles-Quint dont il a écrit la vie ; Flaminio Garnier, sieur de Réthel, comte palatin ; Antoine II Garnier de Gy, conseiller-président du Parlement de Dôle en 1581, et plénipotentiaire d'Espagne pour la délimitation de la Franche-Comté et de la Bourgogne, etc. M. Garnier a fait son droit à la Faculté de Paris, et son stage d'avocat dans le cabinet de Me Philippe Dupin. Après avoir exercé quelque temps sa profession, il s'est exclusivement consacré à la culture des lettres, a écrit dans divers journaux et revues, et publié des poésies dans plusieurs recueils. Il a fait paraître, en vers : *Éloge de Laplace*, qui a remporté une médaille d'or en 1855 ; — *Les Sœurs de la Miséricorde*; — *La Tour du Patriarche*; — *Première aux Romains* ; — *Jésus* (acte de foi et d'espérance), etc. M. Garnier a obtenu, outre la distinction citée plus haut, le prix d'éloquence en 1855, et le prix du sonnet (lis d'argent), en 1864, aux Jeux-Floraux de Toulouse ; deux fleurs d'or et trois fleurs d'argent aux concours du Rosier de Marie ; et d'autres prix et mentions dans divers concours à Paris et en province. Il s'est fixé à Bayeux en 1851. M. G. Garnier est membre de l'Académie de Caen et de la Société d'émulation du Doubs. Son frère, Paul Aimé Garnier, mort en 1846, à l'âge de 26 ans, s'était déjà fait un nom comme poète critique et publiciste, avait participé à la fondation de la *Revue de Province*, collaboré au *Corsaire-Satan* et à l'*Époque*, et publié les *Barbus-graves*, le *Voyage au Panthéon* et plusieurs études d'art et de littérature.

GARNIER-PAGÈS (Louis-Antoine), né à Marseille, le 10 juillet 1803. Il est le frère utérin de l'ancien chef du parti républicain à la Chambre des députés. Les deux frères, nés d'une mère mariée d'abord à M. Garnier, puis à M.-Pagès, et voulant marcher ensemble dans la vie, associèrent, dès leur jeunesse, leurs noms et leurs efforts vers l'avenir. Ils étaient pauvres ; mais, à force de courage, ils parvinrent à se faire une position. M. Garnier-Pagès commença par se consacrer aux affaires, comme courtier de commerce à Paris. Lors de la mort de son frère, en 1841, il abandonna le commerce et se présenta avec succès devant le collège électoral de Verneuil (Eure). A la Chambre des députés, il siégea à l'Extrême-Gauche, et s'occupa surtout de questions industrielles, agricoles, coloniales et financières. En 1844, il fit accepter par le gouvernement lui-même le mode d'emprunt par souscription publique, système qui succéda aux emprunts par soumissions cachetées, et qui, depuis, fut toujours sanctionné par le succès le plus complet. L'un des premiers, avec M. Gouin, il se prononça en faveur de la conversion des rentes ; et, peu après, il donna des preuves de haute capacité dans les discussions relatives à l'établissement des chemins de fer. De 1847 à 1848, il prit part à l'agitation des banquets réformistes. Après la révolution de Février, il fut acclamé membre du gouvernement provisoire, à la Chambre, et spontanément choisi par la population pour remplir les fonctions de maire de Paris. Le 5 mars suivant, il accepta le portefeuille des Finances. La France se trouvait alors en face de la banqueroute ; des partis dont l'histoire n'a pas encore défini le rôle travaillaient à fomenter le désordre, et le gouvernement en était réduit aux mesures extrêmes. C'est ainsi que le ministre des Finances fut amené à proposer, entre autres mesures de circonstance, l'impôt des 45 centimes, que le régime suivant devait tant dépasser, après en avoir exploité l'impopularité. Élu représentant à l'Assemblée constituante, dans l'Eure et dans la Seine, M. Garnier-Pagès opta pour ce dernier département. Quand il remit à cette assemblée son compte de gestion, il le vit approuvé à l'unanimité. Il avait, en effet, liquidé les dettes de la monarchie et la dette flottante d'un milliard, payé les semestres de rentes, etc. Membre de la Commission exécutive qui fut supprimée après les journées de Juin, il se renferma plus tard dans son rôle de député, et vota toujours avec les républicains modérés. Lors des élections pour la Législative, sa candidature échoua. En 1857, il ne fut pas plus heureux lorsqu'il se présenta à Paris comme candidat démocrate ; mais, en 1864, le progrès de l'esprit public commençant à battre l'Empire en brèche, il fut élu député au Corps législatif par la 5e circonscription de la même ville. De 1857 à 1862, il avait parcouru tous les Congrès internationaux et pacifiques de l'Europe, où il représentait la France libérale. En 1862, il avait visité les principales villes de France, afin d'arracher le parti républicain à l'abstention et de l'appeler à l'action légale. Enfin, en 1863, il avait installé dans son domicile le Comité des consultations électorales, qui devait donner lieu au retentissant procès des *Treize*, procès où il fut condamné à cinq cents francs d'amende. Sa place à la Chambre était marquée d'avance sur les bancs de l'Extrême-Gauche d'alors, et il ne l'occupa pas sans éclat. Il se distingua surtout par sa lutte avec l'administration financière de la Seine, qu'il accusait d'irrégularité, d'imprévoyance et de prodigalité. Cependant, les électeurs de Paris ne lui donnèrent, aux élections générales de 1869, qu'une majorité peu considérable, et au second tour de scrutin. Il fut un des députés qui protestèrent le plus énergiquement contre la guerre. Acclamé le 4 septembre 1870, en qualité de membre du gouvernement de la Défense nationale, il prit place pour la seconde fois, ainsi qu'il l'avait prédit sous l'Empire, dans une dictature acclamée, et qui pour la seconde fois proclamait la République. Il tint énergiquement tête, le 31 octobre, à l'émeute fomentée peut-être par des émissaires du dehors, et qui faillit devenir maîtresse de l'Hôtel-de-Ville. M. Garnier-Pagès n'avait pas d'attributions spéciales, mais il était partout. On lui doit l'idée des pigeons voyageurs. Quand Paris fut débloqué, il fut investi par le gouvernement central de pouvoirs très-étendus, et chargé d'une mission conciliatrice près la délégation de Bordeaux. La démission spontanée de M. Gambetta rendit cette mission à peu près inutile. M. Garnier-Pagès n'ayant pas été élu membre de l'Assemblée nationale, le 8 février 1871, s'est retiré dans la vie privée. Lors des élections complémentaires du 7 janvier 1872, il a décliné toute candidature. On lui doit : *Un épisode de la Révolution de 1848. L'impôt des 45 centimes* (1850); — *Histoire de la Révolution de 1848* (1861-1862, 8 vol.); — *Histoire de la Commission exécutive* (t. I, 1869); — *Les journées de Juin*, complément de l'*Histoire de la Révolution de 1848* (1873).

GARRAUD (Eugène), né à Besançon, le 6 janvier 1830. Destiné dès l'enfance à l'horlogerie, qui est en grand honneur dans son pays natal, il fut placé chez un de ses oncles, horloger à Saint-Mihiel, qui lui fit suivre, comme externe, les cours du collége de cette ville. Ses études, marquées par de nombreux succès scolaires, et les rôles qu'il était appelé à remplir dans les représentations de famille organisées lors des distributions de prix, eurent pour résultat particulier de développer son goût naturel qui le portait vers l'art dramatique. En 1848, il abandonna tout à la fois l'horlogerie et ses études classiques pour suivre une troupe de comédiens nomades. Ses progrès furent rapides; et, en 1849, il était en mesure de remplir convenablement les rôles de jeune premier sur le théâtre du Mans. Engagé successivement dans les troupes de Reims, du Havre, de Versailles, il débuta sur la scène du Gymnase, au mois d'avril 1854, dans le rôle d'Armand, du *Fils de famille*, et s'acquit aussitôt la sympathie d'un public d'autant plus difficile qu'il n'avait pas oublié la magnifique création de M. Bressant. Ses succès constants attirèrent l'attention de la Comédie-Française qui l'accueillit, comme pensionnaire, en 1858. M. Garraud tient, avec avantage, dans l'ancien et le nouveau répertoire, les emplois de jeunes premiers-jeunes premiers rôles. Il joint, à une physionomie agréable et à beaucoup d'élégance naturelle, un grand amour de son art qui en fait l'un de nos comédiens les plus consciencieux. En 1857, M. Garraud fut élu secrétaire du Comité de l'Association des artistes dramatiques. Depuis cette époque il occupe ce poste et n'a jamais laissé échapper une occasion de se rendre utile à ses camarades malheureux.

GARREL (Alexis-François), né à Paris, le 14 février 1818. Il suivit la carrière administrative, et entra dans les bureaux du ministère de la Guerre en 1833. Successivement commis, rédacteur, puis commis principal de 1re classe, il devint chef de la section du *Journal militaire officiel*, et resta chargé de la direction de ce journal jusqu'au 15 avril 1861, époque à laquelle il fut, sur sa demande, nommé percepteur-receveur des finances de Tonnerre. M. Garrel a été, de 1852 à 1861, attaché à la rédaction du *Moniteur de l'armée*. Il a publié : *De l'avancement dans l'armée* (1850, 3e édit., 1860); — *Ordonnance, annotée, sur la solde de l'armée* (1852, 5e édit., 1860); — *Honneurs et préséances militaires* (1853, 4e édit., 1861); — *Conseils d'enquête, officiers et sous-officiers* (1853); — *Table générale du journal militaire (dispositions en vigueur), de 1789 à 1853, et Table générale du même recueil de 1846 à 1856* (1854-1856); — *Service intérieur, infanterie* (1854); — *Manuel de l'état civil pour les armées en campagne* (1854, 2e édit., 1856); — *Service des places* (1855); — *Service en campagne* (2e édit., 1856, avec 4 pl.); *Service intérieur; cavalerie* (1857); — *Manuel des pen-*

sions de l'armée de terre (1858); — *Table générale de l'ouvrage de Durat-Lasalle: Droit et législation des armées de terre et de mer* (1858); — *Administration intérieure des corps* (1860). Tous ces ouvrages, approuvés par le ministre de la guerre, ont été adoptés dans les corps, ainsi qu'à l'École militaire de Saint-Cyr. Les divers ministres de la guerre ont adressé à l'auteur de nombreux témoignages de satisfaction. Les publications de M. Garrel ont été également remarquées à l'étranger, et lui ont valu la croix de Saint-Grégoire-le-Grand (classe militaire), et celle d'officier de l'ordre de Saint-Stanislas de Russie.

GARRIGOU (Thomas-Emile-Adolphe), né à Tarascon (Ariége), le 19 janvier 1802. Il fit ses premières études auprès de son père, ancien doctrinaire, juge de paix de son canton, et les termina en 1819 au lycée de Toulouse où il obtint le prix de discours latin (prix d'honneur). Appelé par son oncle Joseph Garrigou, fondateur à Toulouse de la première fabrique de faulx et d'acier établie en France, à partager ses travaux, il devint, peu de temps après, le représentant de cette nouvelle industrie et resta dans les affaires jusqu'en 1830. Mais, tout en s'initiant à la métallurgie, il s'était tenu au courant de la politique et n'était pas resté étranger à la littérature de l'époque. En 1831, il publia une satire en vers, les *Immortels du XIX.º siècle*, et en juin 1832, son épitre en prose *Au roi citoyen, par un paysan de l'Ariége*. Ces débuts le mirent en rapport avec les rédacteurs de divers journaux démocratiques: Carrel du *National*, Rode du *Bon Sens*, G. Sarrut de la *Tribune*, Pagès de l'Ariége du *Mouvement*. En 1833, il coopéra à la fondation du *Journal du Peuple* par Dupeuty, toujours sous le nom de « Paysan de l'Ariége.» Des circonstances particulières l'ayant éloigné de Paris, il retourna dans son pays natal, se mit à la tête d'une compagnie métallurgique, et fonda l'usine Saint-Antoine où l'on peut disposer d'une force de 1,000 à 1,200 chevaux. Un grand procès que son vieil oncle soutenait contre MM. Talabot et le maréchal Soult l'obligea à quitter, en 1841, la direction de cette usine. Durant cette longue instance judiciaire, qui se termina à son avantage en 1851, il publia six mémoires qui eurent dans le monde commercial un certain retentissement. De 1842 à 1846 il prit souvent la plume pour soutenir ses opinions républicaines. Il fut nommé conseiller d'arrondissement en 1847. Son premier volume, des *Etudes historiques sur le pays de Foix et le Couseran* lui valut d'être élu membre correspondant de l'Académie des sciences de Toulouse. Il faisait imprimer sa *Revue trentenaire*, satire en vers dédiée à Béranger, lorsque la révolution du 24 février 1848 éclata. Nommé, par acclamation, le 26, l'un des cinq administrateurs de l'Ariége, il donna sa démission quand l'ordre fut assuré, et se démit également, en juin, des fonctions de maire de sa commune. Pourtant il ne resta pas étranger à la politique; et le *Travailleur*, de Toulouse, inséra beaucoup de ses articles. Il publia, en 1850, une nouvelle étude sur *Sabart*, faisant suite à ses premiers travaux historiques. En 1856, ses *Sotiates de l'Ariége* lui valurent une mention honorable de l'Institut. L'année suivante, sa commune qui plaidait contre un ancien seigneur du pays, dut la conservation d'une importante forêt à la publication de son *Histoire des populations pastorales de l'Ariége*. En 1863 il posa les bases nouvelles de la *Géographie de l'Aquitaine sous César*. Enfin, en 1869, il fit la critique de l'*Histoire de Jules-César* par Napoléon III, dans un *Mémoire* adressé à l'Institut. On lui doit aussi quelques chansons antimonarchiques imprimées, vers la fin de l'Empire, dans divers journaux de Paris. Après le 4 septembre 1870, M. Garrigou a prêté son concours, d'une part à la Commission républicaine de sa commune, de l'autre à la presse locale. Actuellement (1873), ce constant champion de l'idée républicaine vient de terminer une satire en huit tableaux sur l'époque actuelle, œuvre encore manuscrite.

GARRIGOU (Joseph-Louis-Félix), né à Tarascon (Ariége), le 16 septembre 1835; fils du précédent. Il commença ses études médicales à Toulouse en 1854, et vint les terminer à Paris. Désigné pour être chef de clinique du professeur Bouillaud, dont il a publié les leçons, il dut refuser pour des raisons qui le retenaient dans sa famille. Le 18 avril 1860, il prit le grade de docteur, avec une thèse sur l'*Entéromésentérite typhoïde*. Fixé à Toulouse, il se fit bientôt une position avantageuse, fut appelé à remplir les fonctions de médecin cantonal et de médecin du Bureau de bienfaisance, et devint ensuite médecin libre aux eaux d'Ax (Ariége). Actuellement, M. le docteur Garrigou est médecin consultant aux eaux de Luchon. On lui doit des publications concernant la médecine, la géologie, l'anthropologie, les eaux minérales, etc., dont le nombre ne s'élève pas à moins de 67, et dont beaucoup ont paru dans les *Comptes rendus* de l'Académie des sciences, les *Mémoires* de l'Académie des sciences de Toulouse, le *Bulletin* de la Société d'anthropologie de Paris, le *Bulletin* de la Société géologique de France, l'*Union médicale*, la *Gazette hebdomadaire*, la *Gazette des Hôpitaux*, les *Annales* de la Société d'hydrologie médicale de Paris, le *Journal de Vichy*, etc. Parmi les ouvrages de M. le docteur Garrigou, nous distinguons : *Piqûres anatomiques et leur traitement par l'eau chlorée* (1859); — *Monographie chimique et médicale des eaux d'Ax* (1862); — *L'homme fossile, historique général de la question et discussion de la découverte d'Abbeville* (1863); — *Etude géologique de la vallée de l'Ariége* (1864); — *Étude comparative des alluvions quaternaires anciennes et des cavernes à ossements* (1865); — *Age du Renne dans la grotte de la Vache, près Tarascon, dans l'Ariége* (1867, 4 pl.); — *Monographie médicale de Bagnères-de-Luchon* (1870, avec pl.); — *Etude sur l'eau des fontaines et sur les filtres naturels de Toulouse* (1873); — *Carte géologique de l'Ariége, de la Haute-Garonne, d'une partie de l'Aude et des Hautes-Pyrénées* (1873); — *Une monographie générale des eaux des Pyrénées*, du même auteur, est en cours de publication (6 vol.). M. le docteur Garrigou est lauréat de l'École de médecine de Toulouse, de l'Académie des sciences de la même ville, de l'Académie de Paris, et de l'Exposition de 1867 (pour l'histoire du travail). Il est membre honoraire du Blackmore Muséum et de la Société des sciences de Modène; membre titulaire des Sociétés géologique de France, d'anthropologie de Paris, d'histoire naturelle de Toulouse, d'agriculture, sciences et arts de l'Ariége, de la Société Ramond, etc. ; correspondant de l'Académie des sciences de Toulouse, des Sociétés de médecine de Montpellier, d'hydrologie médicale de Paris, d'émulation d'Abbeville ; correspondant de la Commission du goître au ministère des Travaux - Publics, de la Commission de la topographie des Gaules, de l'Institut genevois, etc. Il a été secrétaire du Congrès universel d'archéologie et d'anthropologie de Bologne, vice-président de la section d'anthropologie et de médecine du Congrès scientifique de France réuni à Pau, etc. M. le docteur Garrigou a reçu deux fois la croix de la Société de secours aux blessés des armées de terre et de mer. Il est chevalier de la Couronne d'Italie, de l'ordre du Christ de Portugal, etc.

GATIEN-ARNOULT (Adolphe-Félix), né à Vendôme (Loir-et-Cher), le 30 octobre 1800. Il fit ses études classiques dans sa ville natale, puis à Orléans, se consacra à l'enseignement, prit les grades de licencié et de docteur à la Faculté des lettres de Paris, et se présenta avec succès, quelques années plus tard, au concours d'agrégation. Successivement professeur de philosophie aux collèges de Bourges (1824), de Reims (1826), de Nancy (1827), il publia dans cette dernière résidence, en 1830, le *Programme d'un cours complet de philosophie*, dont la dixième édition est aujourd'hui épuisée, et qui lui attira la sympathie de M. Cousin. Vers la même époque circulèrent à Nancy quelques exemplaires incorrects d'une brochure qui n'avait pas été livrée à la publicité, et qui lui fut cependant attribuée : *Le ministère expliqué et justifié*. Nommé, par l'influence de M. Cousin, professeur de philosophie à la Faculté de Toulouse, après la révolution de 1830, il obtint aussitôt, dans son enseignement, un succès retentissant ; et, dans les années suivantes, il fut élu membre de l'Académie des sciences, inscriptions et belles-lettres, dont il est actuellement le secrétaire perpétuel, et maintenant des Jeux-Floraux. Mais, autant le véritable libéralisme dont il faisait preuve dans son enseignement et dans sa vie publique lui avait conquis l'affection de ses élèves et l'estime de ses concitoyens, autant il lui avait attiré les inimitiés du clergé. L'archevêque de Toulouse, Mgr d'Astros, le désigna personnellement dans un mandement qui fit grand bruit, au sujet de son livre : *De la doctrine philosophique* (1835). Cependant, il était devenu l'un des chefs du parti libéral. Membre du Conseil municipal, deux fois adjoint au maire, il fut l'un des fondateurs de l'*Émancipation*, journal d'opposition démocratique dont il signa le premier article-programme, et dont il dut se séparer plus tard pour raisons politiques. M. Gatien-Arnoult, en effet, énergique partisan des principes libéraux et du régime démocratique, répudie tout ce qui se rapproche de la licence et de la démagogie. Il a rempli les fonctions de maire, en qualité de président de la Commission municipale qui avait proclamé la République après la révolution de 1848. Elu représentant du parti républicain de la Haute-Garonne à l'Assemblée constituante, par 54,807 suffrages, il a pris place sur les bancs de la Gauche, voté contre toutes les mesures réactionnaires, fruit des menées bonapartistes, désapprouvé notamment, dans ses différentes phases, l'expédition de Rome, et fait partie du Comité de l'instruction publique. Lors des élections pour l'Assemblée législative, se trouvant en face de la loi sur les incompatibilités, il n'a pas posé sa candidature, préférant conserver sa chaire à la Faculté, qu'il n'a pas cessé d'occuper sous l'Empire, tout en restant fidèle à ses opinions et à sa ligne de conduite. En 1865, il a fait de nouveau partie du Conseil municipal. Le 4 septembre 1870, il est redevenu président d'une Commission municipale qui, une fois encore, a proclamé la République ; et il a administré la Ville jusqu'au jour où, des désaccords étant survenus entre la préfecture occupée par M. Duportal et l'autorité municipale, il a donné sa démission. Le 8 février 1871, les électeurs de la Haute-Garonne l'ont envoyé, par plus de 80,000 voix, et le premier sur dix représentants, à l'Assemblée nationale. L'un des organisateurs de la Réunion dite « la Gauche-Républicaine », il a été l'un des premiers présidents, à Versailles, de cette fraction parlementaire qu'il ne faut pas confondre avec l'Extrême-Gauche. Tous ses votes ont affirmé son amour de l'ordre basé sur une application raisonnée des vrais principes républicains. M. Gatien-Arnoult, membre de beaucoup de Sociétés savantes, a été nommé recteur de l'Académie de Toulouse au mois d'avril 1871. Outre les ouvrages cités plus haut, il a publié : *De la liberté d'enseignement et de l'instruction publique* (1831) ; — *Eléments généraux de l'histoire comparée de la philosophie, de la littérature et des événements publics, depuis les temps les plus reculés jusqu'à nos jours* (1841) ; — *Histoire des doctrines morales, politiques et religieuses en Gaule avant la domination romaine* (1859) ; — *Victor Cousin, l'Ecole éclectique et l'avenir de la philosophie française* (1867) ; — plusieurs *Opuscules* et *Mémoires* sur diverses questions de philosophie et d'histoire de la philosophie ; — l'édition, en trois volumes, du texte des *Fleurs du gai savoir*, avec une traduction de MM. d'Aguilar et d'Escouloubre, revue et complétée ; un quatrième volume contient les *Joies du gai savoir* et fait partie, comme les précédents, des *Monuments de la littérature romane depuis le XIVe siècle*.

GATINEAU (Louis-André-Ferdinand), né à Beaufrançois, le 13 juillet 1829. Elu son droit à la Faculté de Paris, prit sa licence en 1851, se fit inscrire au tableau des avocats de la capitale, et s'acquit bientôt, grâce à son talent vigoureux et facile, aussi bien qu'à sa bonne foi professionnelle, une belle place au barreau. Dès 1848, il s'était mêlé aux affaires politiques et avait été secrétaire aux Etats-majors de Lamoricière ; un peu plus tard, il remplit les mêmes fonctions auprès du général Changarnier, jusqu'en novembre 1851. M. Gatineau s'est fait une spécialité dans les procès d'expropriation. Il plaide ce genre d'affaires, qui demande beaucoup de travail et des aptitudes particulières, avec un succès croissant et qui lui attire une clientèle de plus en plus nombreuse. En 1870, il s'est présenté à la députation, comme candidat de la démocratie, dans le département d'Eure-et-Loir, et a obtenu plus de 14,000 voix. Il se trouvait désigné à l'attention de ses concitoyens par la guerre qu'il avait faite à l'Empire dans de nombreux procès politiques, notamment dans celui de Blois, si tristement célèbre.

GAUJAL (Marc-Antoine-Marie-Fulcrand-Eugène-Charles, baron DE), né à Montpellier (Hérault), le 20 mars 1811. M. le baron de Gaujal est entré dans la magistrature le 11 novembre 1837, comme substitut du procureur du roi à Pontoise. Successivement substitut à Melun le 10 mai 1838, et à Paris le 19 août 1843, il devint substitut du procureur-général près la Cour de Paris le 4 février 1849, et avocat-général à la même Cour le 11 mars 1852. En 1854, il reçut la décoration de la Légion d'Honneur à titre de services exceptionnels. Premier avocat-général près la Cour impériale de Paris le 30 octobre 1858, président de chambre le 15 août 1860, il est conseiller à la Cour de cassation depuis le 20 décembre 1863. M. de Gaujal a été élu membre du Conseil général de l'Aveyron au mois de novembre 1853, et a exercé les fonctions de secrétaire de ce Conseil, dont il a fait partie jusqu'en 1870, pendant les sessions de 1855 à 1860. Il a été nommé officier de la Légion d'Honneur le 13 août 1861.

GAULLE (Julien-Philippe DE), né à Paris, le 26 décembre 1801. Il est issu d'une ancienne famille ruinée par la Révolution. Son père, avocat au Parlement de Paris, puis directeur des postes militaires à l'armée d'Allemagne, sous le premier Empire, est mort en 1832. Ses études classiques terminées, M. J. de Gaulle suivit pendant quelque temps les cours de la Faculté de droit de Paris, se consacra à la littérature, et se livra presque exclusivement à des travaux historiques. Il prit part, pendant plusieurs années, à la traduction des *Annales du Hainaut*, de Jacques de Guyse, publiée par M. de Fortia d'Urban (1826-1839, 22 vol.). D'heureuses recherches dans la bibliothèque de Valenciennes lui permirent de fournir un document précieux à M. Guérard pour sa *Polyptyque d'Irminon*, et, à la Commission d'histoire de Belgique, un texte amélioré du *Breve chronicon Elnonense*. Il fit aussi un travail original sur l'*Historia Britonum versificata* (voyez *Histoire littéraire de la France*, t. XXII). M. de Gaulle a collaboré à diverses publications historiques et bibliographiques, notamment à l'*Histoire des villes de France*, au *Bulletin du bibliophile*, et s'est livré à des travaux plus étendus. Il a donné, en 1838, l'*Inventaire analytique des archives Joursanvault* (2 vol.), et, bientôt après: *Nouvelle histoire de Paris et de ses environs* (1839-1842, 5 vol.), ouvrage auquel Ch. Nodier a mis une préface bibliographique, et qui est conçu dans un esprit plus équitable que tous ceux écrits sur le même sujet. Membre pendant longtemps du Conseil d'administration de la Société de l'histoire de France, il a publié pour elle la *Vie de saint Louis*, de Lenain de Tillemont, d'après le manuscrit de la Bibliothèque royale (1847-1851, 6 vol.), et rédigé son *Bulletin*, de 1845 à 1852. Depuis 1838, il est chargé de la rédaction des annonces littéraires au *Journal des savants*. Il prépare actuellement (1873), en collaboration avec M. E. Mabille, et pour la Commission des travaux historiques de la ville de Paris, un *Recueil des épitaphes des anciennes églises de Paris*.

GAULLE (Mlle Joséphine-Marie-Anne MAILLOT, dame DE), née à Dunkerque, le 18 mars 1806. Mme de Gaulle s'est fait connaître par un grand nombre d'ouvrages de piété et d'éducation, parmi lesquels on distingue: *Adhémar de Belcastel* (1839); — *Valérie de Montlaur*, nouvelle imitée de l'anglais (1840, 2 vol.); — *Les fruits de deux éducations* (1859); — *Théâtre des familles et des maisons d'éducation* (1859); — *Mois de Marie des familles* (1860, avec planche); — *Nouvelles soirées d'une mère* (1860); — *Récits maritimes* (1862, avec gravures); — *Fastes et légendes du Saint-Sacrement* (1863); — *Miséricorde et Providence* (1865); — *Les sanctuaires de saint Joseph* (1866); — *Semno l'affranchi* (1866); — *Les hommes forts* (1867); — *Échos et souvenirs de la Flandre* (1867); — *Perles de la littérature contemporaine* (1870); — *Les pèlerinages illustrés* (1870), etc. Mme de Gaulle a collaboré à plusieurs revues d'éducation, notamment au *Journal des demoiselles*. Depuis 1860, elle est un des rédacteurs de la *Bibliographie catholique*.

GAULLE (Charles DE) né le 31 janvier 1837; fils aîné des précédents. Il s'est consacré à l'étude de l'histoire et des littératures des populations celtiques, principalement à la philologie bretonne et galloise. M. Charles de Gaulle collabore à la *Revue de Bretagne et de Vendée*. Il a publié à part: *Les Celtes au XIXe siècle* (1865). Depuis quelque temps, il seconde son père dans la rédaction des annonces littéraires du *Journal des savants*.

GAULTHIER DE RUMILLY (Louis-Magdeleine-Clair-Hippolyte), né à Paris, le 8 décembre 1792. Il fit ses études classiques au lycée Napoléon, son droit à la Faculté de Paris, et prit place au barreau de la capitale en 1813. Le rare talent avec lequel il plaida plusieurs causes célèbres, telles que les affaires Comte et Dunoyer, au sujet de la *Souscription nationale*, Cauchois-Lemaire, relative au *Gouvernement occulte*, du colonel Sauzet, devant la Chambre des pairs, et surtout l'affaire des *Quatre sergents de la Rochelle*, le mit presque immédiatement en relief. Ayant quitté le barreau pour se fixer dans le département de la Somme, il devint bientôt un des chefs les plus autorisés du parti libéral; et, de 1831 à 1848, il représenta le collège électoral d'Amiens, avec la plus grande distinction, dans la Chambre des députés. Membre rapporteur des Commissions chargées des travaux les plus difficiles, il se montra toujours à la hauteur de son mandat. Il excellait surtout dans les questions de finances, de budget, de commerce, de chemins de fer, d'industrie et d'agriculture. C'est assurément à l'un de ses rapports parlementaires que la France doit la conservation de l'industrie du sucre indigène, dont le ministère d'alors proposait la suppression moyennant indemnité aux ayant-droit. C'est ainsi qu'il mérita d'être nommé vice-président du Congrès central d'agriculture, et vice-président de l'Association pour la défense du travail national. Partisan déclaré du gouvernement du pays par le pays, il fut envoyé à la Constituante et à la Législative par les électeurs de la Somme. A cette époque, il fit partie du Comité des finances, combattit toutes les propositions socialistes, telles que le droit au travail, vota l'établissement de deux Chambres, et prit une part active à la discussion de la loi sur le Conseil d'Etat, en 1849. Nommé, par l'Assemblée, conseiller d'Etat, en 1849, il appartint à la section de législation jusqu'au 2 Décembre, et fut au nombre des vingt et un conseillers d'Etat qui protestèrent contre le Coup-d'Etat. Quelques jours après, il donna sa démission de membre du Conseil général de la Somme, dont il avait fait partie de 1848 à 1851. Il a voté contre tous les plébiscites de l'Empire, et a refusé d'accepter aucune fonction sous le gouvernement impérial. Le mandat de représentant à l'Assemblée nationale, qu'il a reçu le 8 février 1871, est le septième que ses concitoyens de la Somme confièrent à son caractère élevé, à son expérience et à ses lumières. Du 20 mars 1871 jusqu'à la fin de la guerre civile, il a présidé la Commission des « Quinze, » chargée de se concerter avec le pouvoir exécutif pour assurer le triomphe de l'ordre sur l'insurrection de Paris; enfin, il a signé la proposition Rivet, relative à la prorogation des pouvoirs de M. Thiers, et a été nommé l'un des présidents du Centre-Gauche dont il fait partie. M. Gaulthier de Rumilly est un des vétérans de nos Assemblées parlementaires; et, quoique doyen d'âge de l'Assemblée actuelle, il a conservé, dans le maniement des affaires politiques, toute la vigueur d'une intelligente et robuste maturité.

GAULTIER DU MOTTAY (Joachim-François-Félix-Marie), né à Savenay (Loire-Inférieure), le 4 avril 1811. Il se consacra à l'agriculture et cultiva son patrimoine, tout en se livrant à des études historiques et archéologiques pour lesquelles il avait un goût très-vif. La considération qu'il s'était acquise dans sa localité l'appela naturellement aux fonctions honorifiques, et il prit part aux affaires publiques, à partir de 1844, soit comme conseiller municipal de sa commune, soit en qualité de membre de Commissions administratives; mais il ne voulut jamais remplir que des emplois purement gratuits, et ne quitta jamais le milieu de la population agricole avec laquelle il avait grandi depuis son enfance. Il est entré au Conseil académique en 1851. Depuis 20 ans, il est secrétaire du Conseil départemental de l'instruction publique. Membre de la Commission administrative du lycée de Saint-Brieuc depuis 1854, et président de la Commission de statistique de son canton depuis 1859, il est aussi correspondant du Musée gallo-romain de Saint-Germain-en-Laye, correspondant du ministère de l'Instruction publique, président de la Société archéologique des Côtes-du-Nord, et collaborateur au *Dictionnaire d'archéologie celtique*, actuellement (1873) en cours de publication. Avec le concours de MM. Ed. Vivier et J. Rousselot, M. Gaultier du Mottay a fait paraître une *Géographie départementale des Côtes-du-Nord, rédigée d'après les documents officiels les plus récents* (850 pages, 1862), travail accueilli favorablement, et dont plus de 3,000 exemplaires ont été vendus en quelques mois. On lui doit en outre : *Essai d'iconographie bretonne* (1864); — *Recherches sur les voies romaines des Côtes-du-Nord*, ouvrage qui a remporté le prix de 1,000 francs décerné par le ministère de l'Instruction publique au concours archéologique ouvert dans le ressort de l'Académie de Rennes (1869), etc. Adjoint au maire de Plérin depuis 1846, conseiller général des Côtes-du-Nord pour le canton de Saint-Brieuc depuis 1851, il a été élu maire de Plérin le 7 mai 1871. M. Gaultier du Mottay a été nommé officier d'Académie en 1859, officier de l'Instruction publique en 1866, et commandeur de l'ordre de Saint-Grégoire-le-Grand en 1870.

GAUTHIER (Charles), né à Chauvirey-le-Châtel (Haute-Saône), le 7 décembre 1831. Brillant élève de M. Jouffroy, il se fit bientôt une réputation parmi les jeunes sculpteurs contemporains. Après avoir envoyé, au Salon de 1861, le *Pêcheur lançant l'épervier*, statue en plâtre, il exposa successivement : *La Marguerite*, statue en plâtre (1863) ; — *Agar dans le désert*, statue en plâtre (1865) ; — *Saint Sébastien*, statue en plâtre; *Agar*, reproduite en bronze; *Saint Mathieu*, statue en pierre, pour l'église de la Trinité (1866) ; — le buste en marbre de *Weber* (1867) ; — le buste en bronze d'*Amédée Hédin* (1868) ; — *Jeune braconnier*, groupe en plâtre ; le buste en plâtre de M. *Th. Lubonaki* (1869); — *Episode d'un naufrage*, statue en plâtre (1870) ; — le *Jeune braconnier*, reproduit en marbre (1872) ; — *Andromède*, statue en plâtre (1873). M. Gauthier a exécuté, pour les monuments publics : *Quatre enfants*, en bronze, qui ornent le socle des fontaines du Théâtre-Français ; deux *Cariatides*, rue des Halles, huit *Cariatides*, rue de Rennes, et une statue de la *Modération* pour le foyer du Nouvel-Opéra. Il a remporté des médailles aux Salons de 1865, 1866 et 1869, et la médaille d'honneur à Besançon, en 1865, à la suite d'un concours d'esquisses ouvert dans cette ville pour l'exécution d'une statue décorative. M. Gauthier a reçu la croix de la Légion d'Honneur en 1872.

GAUTIER (Emile-Théodore-Léon), né au Havre, le 8 août 1832. Il fit ses études classiques à Laval. Elève de l'Ecole des chartes en 1852, il en sortit en 1855, et fut envoyé dans le département de la Haute-Marne, comme archiviste et correspondant du ministère de l'Instruction publique pour les travaux historiques. En 1859, il est revenu à Paris en qualité d'archiviste aux Archives nationales; et, le 1er septembre 1871, il a été nommé professeur de paléographie à l'Ecole des chartes. On doit à M. Gautier : *Œuvres d'Adam de Saint-Victor, précédées d'une Introduction sur sa vie et ses* ouvrages (1858, 2 gros vol.); — *Comment faut-il juger le Moyen Age* (1858); — *Quelques mots sur l'étude de la paléographie et de la diplomatique* (1858, 3e édit., 1864); — *Définition catholique de l'histoire* (1860); — *Benoît XI, étude sur la papauté au XIXe siècle* (1863); — *Études historiques pour la défense de l'Église* (1864); — *Études littéraires pour la défense de l'Église* (1865); — *Études et controverses historiques* (1866); — *Les épopées françaises*, étude sur les origines de la littérature nationale, ouvrage qui a valu deux fois à son auteur le second prix Gobert de l'Académie des inscriptions et belles-lettres en 1866 et 1867, et le premier prix en 1868 (1866-1867, 3 vol.); — *Portraits littéraires* (1868); — une édition de la *Chanson de Roland* (1871, 2 vol.), qui a obtenu le 2e prix Gobert en 1872 (2e et 3e édit. en 1872); — *Portraits contemporains et questions actuelles* (1873). M. Léon Gautier a reçu la croix de la Légion d'Honneur en 1870.

GAUTIER (Jean-Baptiste), né à Libourne (Gironde), le 9 juin 1815. Fils de l'architecte de ce nom, élève de Provost et de Guénepin, il sortit de l'École des beaux-arts de Paris, en 1841, et se rendit à Bordeaux où, jusqu'en 1848, il demeura attaché au service départemental comme dessinateur et inspecteur des importantes constructions du Palais de justice et des prisons cellulaires, en collaboration avec l'architecte Thiac. En 1845, il joignit à ces fonctions celles d'architecte départemental pour les arrondissements de Libourne et de Blaye, où il fit construire des prisons cellulaires, restaura des sous-préfectures, tribunaux, gendarmeries, etc. Établi à Libourne en 1848, il est devenu l'architecte de cette ville, et y a exécuté un grand nombre de travaux : l'agrandissement et la restauration du *Collége*, et la construction de sa *Chapelle*; des *Écoles communales*; les *Chapelles* de l'hospice des vieillards et du couvent de la Miséricorde; le *Temple protestant*; la *Synagogue*; l'agrandissement et la restauration du *Haras national*; et de nombreuses additions et appropriations dans la plupart des bâtiments publics. Dans le service de la voirie, on lui doit de grands travaux de pavage, d'établissement de trottoirs, places et promenades publiques, d'éclairage au gaz, de constructions d'égouts et aqueducs; l'ouverture de six rues; des aménagements de marchés, cimetières et plantations; la *Promenade du cours de Tourny*; des entourages de squares; la construction du piédestal et l'érection de la *Statue du duc Decazes*, etc. Enfin, M. Gautier a fait exécuter, dans la ville et ses environs, d'importantes et belles constructions pour des particuliers; et l'on compte dans l'arrondissement plus de cinquante châteaux, maisons particulières et bâtiments d'exploitation construits ou restaurés par lui. La carrière laborieuse de cet habile architecte et la distinction de son caractère lui ont depuis longtemps assuré la considération publique.

GAUTIER-BIDAN (Toussaint-François-Ange), né à Dol-de-Bretagne (Ille-et-Vilaine), le 10 juillet 1829. Issu d'une famille établie à Dol depuis plus d'un siècle, il a fait ses études dans sa ville natale et s'est consacré à la culture des belles-lettres et surtout de l'archéologie. Après avoir suivi la carrière de l'enseignement, il est entré à la mairie de Dol, où il a rempli, de 1857 à 1866, les fonctions de secrétaire-archiviste. En cette qualité, il a dressé l'inventaire détaillé des anciennes archives de la mairie et de l'hôpital. On lui doit : *Bibliothèque générale des écrivains bretons* (1850); — *Études sur l'histoire ecclésiastique et civile de l'ancien diocèse de Dol*, ouvrage présenté au Congrès scientifique de France, réuni à Rennes en 1849, et dont un extrait assez considérable a été publié dans le t. II des *Procès-verbaux* de ce Congrès (1850); — *Monographie de la cathédrale de Dol* (1851); — *Histoire de la cathédrale et autres monuments de Dol* (1852); — *Origines de l'imprimerie à Rennes et dans le département d'Ille-et-Vilaine* (1853); — *Dol et ses alentours, histoire politique et municipale* (1854); — *Dictionnaire des confréries et corporations d'arts et métiers*, ouvrage entièrement neuf, revu par M. l'abbé Lecarlatte, et qui forme le 50e tome de la *Nouvelle encyclopédie théologique* (1854); — *Les rues de Dol* (1856); — *Histoire de l'imprimerie en Bretagne, depuis le XVIe siècle jusqu'à nos jours* (1857); — *Petite géographie historique de l'arrondissement de Saint-Malo* (1858); — *Cathédrale de Dol; histoire de sa fondation; son état ancien et son état actuel* (1859), ouvrage qui a obtenu, de l'Académie des inscriptions et belles-lettres, en 1861, une mention honorable; — *Le bilan de la mairie de Dol* (1870). M. Gautier-Bidan a collaboré à la rédaction de l'*Union malouine et dinannaise*, et a fait paraître plusieurs des travaux cités plus haut dans le *Progrès de Rennes* et dans le *Journal de Rennes*. En qualité de membre de la Société archéologique d'Ille-et-Vilaine, il a lu devant cette Société, en 1852, deux notices restées manuscrites, l'une sur l'*Abbé Deric, chanoine de Dol*, l'autre sur l'*Abbaye de la Vieuxville*. Enfin, M. Gautier-Bidan a donné des articles et des notes à la *Biographie bretonne* de M. Levot, fourni des renseignements nombreux à l'*Histoire et panorama d'un beau pays*, et inséré dans l'*Annuaire malouin et dinannais*, en 1854, une notice monographique sur l'*Ancienne abbaye du Tronchet en la commune de Plerguer*.

GAVARDIE (Henri-Edmond-Pierre Dufour de), né à Rennes, le 2 décembre 1823. Il est le fils d'un officier supérieur d'infanterie qui lui fit faire ses études au prytanée de la Flèche, avec le désir de lui voir embrasser l'état militaire. Mais ses goûts le poussèrent vers les carrières libérales. Ayant remporté, en 1842, le prix d'honneur fondé, au prytanée, par le duc d'Orléans, il vint faire son droit à Paris, prit sa licence en 1845, et entra dans la magistrature. Substitut à Orthez le 21 août 1852, à Mont-de-Marsan en 1853, procureur-impérial à Dax en 1855, à Pau en 1858, substitut du procureur-général à la Cour de la même ville, en 1860, il donna sa démission en 1864, pour raisons politiques. En 1866, il accepta les fonctions de procureur-impérial à Saint-Sever; et, le 26 décembre 1870, il fut révoqué par le gouvernement de la Défense nationale. Élu représentant des Landes à l'Assemblée nationale, par 30,119 voix, le 8 février 1871, M. de Gavardie siège à la Droite et fréquente la réunion des Réservoirs. A propos de la validation des élections du 2 juillet, il a prononcé un discours sur les manœuvres électorales, qui a provoqué une grande sensation. Il prend, d'ailleurs, très-fréquemment la parole à la Chambre. M. de Gavardie a voté notamment : *pour* la paix, l'abrogation des lois d'exil, la validation de l'élection des princes d'Orléans, la dissolution des gardes nationales, le pouvoir constituant, les lois municipale et départementale, la proposition Cazenave, la proposition Rivet, sauf la qualification de « président de la République » donnée à M. Thiers, la proposition Ravinel, l'amendement Target, l'impôt sur le chiffre des affaires, et pour l'ordre du jour motivé de M. Ernoul, dont l'adoption a provoqué la chute du gouvernement de M. Thiers, dans les séances des 23 et 24 mai 1873; *contre* le retour de l'Assemblée à Paris, les amendements Barthe et Keller, l'impôt sur les bénéfices du commerce et de l'industrie. On lui doit la publication de quelques ouvrages traitant de jurisprudence et de politique, parmi lesquels on distingue : *Etudes sur les vraies doctrines sociales et politiques* (1862).

GAVET (Daniel), né à Paris, le 6 avril 1811; neveu du publiciste Cauchois-Lemaire. Les origines de M. Gavet le rattachent à cette famille Gavet, de Rumilly (Haute-Savoie), qui, durant plusieurs générations, compta des membres parmi les spectables et les syndics de Rumilly. L'un d'eux, le docteur Jacques Gavet, eut une grande notoriété médicale; on cite encore ses écrits. M. Gavet a eu une carrière accidentée. De 1818 à 1825, il fit de longs séjours à Rio-Janeiro et dans la province de Rio-Grande du Sud (à Boavista et à Porto-Alègre), au Brésil, ainsi qu'à Montevideo (Uruguay). Revenu en France, il acheva, sous la direction de M. Malleval, ancien proviseur du collège Louis-le-Grand, des études commencées à l'institution Morin, à Paris. Il entra dans l'administration des forêts du domaine privé de Louis-Philippe, en qualité de garde à cheval surnuméraire à Amboise, en 1831, et servit ensuite comme garde à cheval secrétaire, à Dreux, et, comme garde à cheval en activité à Anet, de 1832 à 1837. En 1838, il fut employé dans les bureaux du ministère de l'Instruction publique. En 1839 et 1840, il remplit les fonctions de chef du cabinet du préfet de l'Aisne, M. Desmousseaux de Givré: Enfin, en 1841, il entra dans l'administration des finances comme percepteur des contributions directes à Espalion, d'où il passa à Melun, en 1844. M. Gavet a été ensuite payeur du Trésor public dans le département des Deux-Sèvres en 1846, dans la Haute-Vienne en 1852, et dans la Somme en 1853. Mis en disponibilité au mois de mai 1866, lors de la réunion du service des payeurs à celui des receveurs-généraux, il a été nommé, sur sa demande, le 1er décembre suivant, percepteur des contributions directes du 2e arrondissement d'Amiens, et a été admis à la retraite, également d'après sa demande, en 1867. M. Gavet a été nommé capitaine-rapporteur de la garde nationale d'Anet, et délégué du Comité supérieur de l'instruction primaire de Dreux. Il a publié différents travaux littéraires, plusieurs traductions de l'espagnol et du portugais, et, en collaboration avec M. Philippe Boucher : *Les Amours grecs* (poëme, 1828); —*Jakaré-Ouassoa, ou les Tupinambas*, chronique brésilienne (1830). On lui doit aussi : *Zacaria*, anecdote brésilienne (1826); —*Hommage à S. M. la reine d'Angleterre*, à l'occasion de son passage à Amiens (Ode, 1855); —*La Magie maternelle* (1860). Il prépare une importante publication, travail d'un grand nombre d'années, qu'il intitulera peut-être : *En remontant la vie*. M. Gavet a été nommé chevalier de la Légion d'Honneur le 10 août 1863.

GAVINI DE CAMPILE (Denis), né à Bastia (Corse), le 10 octobre 1820. Son père a été président de chambre à la Cour de Montpellier, et a publié un excellent *Traité des servitudes* (1853-1856); et l'un de ses oncles a été sous-préfet à Thiers (Puy-de-Dôme). M. Denis Gavini termina ses études de droit à la Faculté de Paris en 1841, et se fit inscrire au barreau de sa ville natale en 1842. Les brillants succès qu'il remporta dans ses travaux professionnels fixèrent sur lui l'attention de ses concitoyens, qui l'envoyèrent, en mai 1849, à l'Assemblée législative. Favorable à la cause de l'ordre et à la politique présidentielle, il fut, en janvier 1852, nommé maître des requêtes au Conseil d'Etat (section des finances). Au mois de juillet suivant, il fut appelé à la préfecture du Lot, avec le titre de maître des requêtes en service extraordinaire. C'est dans sa résidence de Cahors qu'il épousa Mlle Adeline de Raymond, fille de M. le comte de Raymond, ancien maire d'Agen. Ensuite il devint successivement préfet de l'Hérault (1856) et des Alpes-Maritimes (1861). La révolution du 4 septembre 1870 le priva de ses fonctions; mais, le 8 février 1871, il en fut dédommagé par son élection comme représentant de la Corse à l'Assemblée nationale. A la nouvelle Chambre, M. Denis Gavini de Campile a pris place sur les bancs de la Droite, et s'est distingué par son dévouement à la famille souveraine que les événements avaient précipitée du trône. Il est un des huit représentants qui ont eu le courage de leur opinion et ont protesté, à Bordeaux, contre la déchéance du second Empire. En cette circonstance, il contesta à l'Assemblée le droit de former un gouvernement définitif sans faire un appel direct au peuple. Citons quelques-uns de ses votes. Il s'est prononcé : *pour* la paix, l'amendement Target, l'impôt sur le chiffre des affaires, et pour l'ordre du jour motivé de M. Ernoul, dans la mémorable séance du 24 mai 1873, ordre du jour qui a déterminé la retraite du gouvernement de M. Thiers; *contre* le retour de l'Assemblée à Paris, les amendements Barthe et Keller, l'impôt sur les bénéfices. Relativement à la loi départementale, il s'est abstenu. Chevalier de la Légion d'Honneur le 15 août 1853, officier le 15 août 1860, et promu commandeur le 28 octobre 1864, M. Denis Gavini de Campile est aussi Grand'-Croix de plusieurs ordres étrangers.

GAVINI DE CAMPILE (Sampiero-Jean-Augustin), né à Bastia, le 8 mai 1823; frère du précédent. M. Sampiero Gavini a commencé ses études de droit à Aix, et les a terminées à Paris. Inscrit au barreau de Bastia en 1849, il n'a pas tardé à s'y créer, comme son frère, une belle position justifiée par ses capacités, son honorabilité et son talent oratoire. D'ailleurs, il n'a jamais déserté le barreau. Très-versé dans la jurisprudence, doué d'une méthode sobre, mais claire et vigoureuse, il plaide avec autant de succès au civil qu'au criminel. Dès 1852, ses concitoyens lui ouvrirent les portes du Conseil général, où il siége depuis lors, ayant encore été réélu le 8 octobre 1871, et où il a rempli longtemps les fonctions de secrétaire. En 1860, les avocats de Bastia l'investirent des honneurs du Bâtonnat; et, le 9 juin 1863, la 2e circonscription de la Corse l'envoya au Corps législatif, où son mandat lui fut conservé aux élections générales du mois de mai 1869. M. Sampiero Gavini de Campile a quitté la vie politique après la révolution du 4 septembre 1870. Il a reçu la croix de la Légion d'Honneur en 1865.

GAYANT (Paul), né à Cherbourg, le 9 août 1800; fils de A.-N. Gayant, chevalier de l'Empire, officier de la Légion d'Honneur, inspecteur-général des ponts-et-chaussées, qui, longtemps attaché au port de Cherbourg, en avait la direction lorsqu'il fut chargé de la construction du canal de Saint-Quentin; gendre et neveu de M. Bérigny, inspecteur du même service, député de Dieppe de 1829 à 1842. M. Paul Gayant a été admis à l'Ecole polytechnique en 1818. Elève des ponts-et-chaussées le 20 novembre 1820, ingénieur ordinaire de 2e classe le 17 avril 1825 et de 1re classe le 19 mai 1830, il a rempli successivement ses fonctions à Saint-Quentin, à Paris et à Dieppe. Chargé pendant huit ans du service des ports de Dieppe, Tréport et Saint-Valery-en-Caux, il y fit exécuter d'importants ouvrages, prépara les projets des grands travaux qui ont été exécutés depuis lors, et proposa le tracé du chemin de fer de Dieppe qui fut ensuite adopté. M. Gayant devint ingénieur de 2e classe le 13 décembre 1836. Après avoir dirigé le service durant trois ans dans le département de la Somme, il passa, en 1839, dans celui de Seine-et-Oise, où il fit ouvrir de nombreuses voies de communication, et présida à la construction du pont de Limay et des grandes arches des ponts Meulan et de Corbeil. Ingénieur en chef de 1re classe le 22 mars 1842, il dirigeait les travaux de la première section du chemin de fer de Bretagne, lorsqu'il fut nommé inspecteur-général de 2e classe, le 3 novembre 1847, et membre du Conseil général des ponts-et-chaussées. En 1848, au moment de la dissolution des ateliers nationaux de Paris, il eut la difficile mission d'organiser des chantiers, avec ces dangereux éléments, dans les départements voisins de la capitale. M. Gayant a été nommé inspecteur-général de 1re classe le 19 décembre 1855, membre de la Commission mixte des travaux publics le 5 août 1856, et vice-président du Conseil général des ponts-et-chaussées en 1857. Il a fait partie du Comité de l'Algérie et des Colonies, de 1857 à 1860. M. Paul Gayant, présidait encore le Conseil, quand il a pris sa retraite, en août 1870, par suite de la limite d'âge. Il est commandeur de la Légion d'Honneur depuis 1859.

GAYFFIER (Eugène-Joseph DE), né à Allozier (Cantal), le 1er septembre 1806. Il fit ses études au collége Henri IV. Admis à l'Ecole polytechnique en 1826, puis à l'Ecole des ponts-et-chaussées en 1828, il fut nommé ingénieur ordinaire de 2e classe le 1er novembre 1833, de 1re classe le 18 septembre 1840, et prit part à la construction de ponts suspendus, à celle du viaduc de Dinan, du port de Binic, de plusieurs voies de communication et de divers travaux d'art. En 1845, il obtint l'autorisation d'aller servir en Portugal, comme ingénieur en chef des travaux publics, et demeura dans ce pays jusqu'en 1847, occupé à des études de tracés de routes et d'améliorations de ports. Il a été promu au grade d'ingénieur en chef dans le corps des ponts-et-chaussées le 1er septembre 1848. M. de Gayffier est actuellement directeur de la Compagnie parisienne du gaz. Il est chevalier de la Légion d'Honneur et de la Conception de Portugal.

GAYOT (Amédée), né à Troyes, le 2 juillet 1806. Fils d'un honorable propriétaire qui fut secrétaire-général de la préfecture de l'Aube, et mourut, en 1815, des fatigues occasionnées par l'occupation étrangère, il commença ses études classiques au collége de Troyes, et les termina au collége Louis-le-Grand, par de brillants succès au concours général. Après avoir fait son droit à la Faculté de Paris, il revint se fixer dans son pays natal. Indépendant par caractère et par position de fortune, il se consacra à la propagation des principes libéraux, par la voie de la persuasion et la vertu de l'exemple. Très-versé dans la connaissance des questions administratives, agricoles et industrielles, il était membre du Conseil municipal de Troyes, du Conseil d'arrondissement, et secrétaire de la Société d'agriculture, du Comité supérieur de l'instruction primaire et du Bureau de bienfaisance, quand éclata la révolution de 1848. Ses concitoyens l'ayant envoyé à l'Assemblée constituante, il y fit partie du Comité du commerce et de plusieurs Commissions importantes, où il remplit les fonctions de rapporteur. Plusieurs fois il prit la parole avec beaucoup d'autorité, notamment le 5 janvier 1849, pour la défense du travail libre contre la concurrence illégale des maisons de détention. M. A. Gayot n'a pas cessé, depuis lors, de siéger au Conseil municipal de Troyes, et a joint, à toutes ses précédentes fonctions gratuites, celle d'administrateur des hospices. Le 8 février 1871, il a été élu représentant de l'Aube à l'Assemblée nationale. Il a pris place sur les bancs du Centre-Gauche, et a voté notamment : *pour la paix*, l'amendement Barthe, la loi départementale; *contre* le retour de l'Assemblée à Paris, les amendements Keller et Target, et contre l'ordre du jour motivé de M. Ernoul, qui a provoqué la révolution parlementaire du 24 mai 1873. Enfin, M. Gayot, qui fait partie de la réunion du Centre-Gauche, est le fidèle et zélé partisan de la République conservatrice.

GÉLIBERT (Jules), né à Bagnères-de-Bigorre (Hautes-Pyrénées), le 27 novembre 1834. Il fit ses premières études à l'Académie de Toulouse, sous M. Griffoult-Dorval, puis travailla avec son père, M. Paul Gélibert, peintre et naturaliste des plus distingués. Arrivé à Paris, il reçut les conseils de ses amis, MM. L. Dautézac, A. Glaize et A. Bonheur, et se consacra spécialement à l'étude des animaux et à la peinture des sujets de chasse. Dès 1859, il débutait au Salon avec une *Quête de lièvre* (*chiens briquets*), tableau acquis par l'État pour le musée de Tarbes, et le *Chenil*. A partir de cette époque, il exposa: *Souvenir des hauts pâturages dans la vallée de Campan*; *Le lancer d'un lièvre*; *Le loup dans la bergerie* (1861); — *Départ d'une caille*; *Prise d'un lièvre*; *Quête d'un lièvre* (1863); —*Épisode de chasse au marais*, à M. le baron de Mousin; *Intérieur de bergerie* (1864); — *Hallali de chevreuil*, à M. de Seroux; *Chasse au renard* (1865); — *Chevreuil hallali courant*, à la collection Aguado; *Hallali de sanglier*, à la collection de Thuret (1866); — *Sanglier faisant tête aux chiens*; *Briquets ardennais* (1867); — *Coup double*; *Les toutous et le gibier*; *Cerf au bat-l'eau*, fusain, à la collection Jarry (1868); — *Loup tenant tête aux chiens*, à la collection Greffulhe; *Rallye-Sivry! sanglier tenant tête aux chiens*, à la collection Aguado (1869); — *Bataille* (*Hautes-Pyrénées*); *Rustaud, Foudras, Cerbère et Louveteau* (*griffons vendéens*), à la collection Aguado (1870); — *La sortie du chenil* (1872); — *Sanglier hallali courant, dans la forêt de Fontainebleau*, tableau acquis par MM. Goupil et Cie. M. Jules Gélibert a remporté une médaille au Salon de 1869, et cinq autres médailles en province : à Toulouse (1859), à Nîmes (1860), à Montpellier (1860), à Auch (1863), à Bagnères (1863). Il a exécuté de nombreux travaux aux châteaux de Venette, de Bressolles, de Voisenon, de Sivry, et a été, pendant dix ans, l'un des principaux collaborateurs du *Journal des Chasseurs*.

GENT (Alphonse), né à Roquemaure (Gard), le 27 octobre 1813. Il commença son droit à Paris, le termina à la Faculté d'Aix, et se fit d'abord inscrire au barreau de Nîmes, puis à celui d'Avignon. Attaché depuis longtemps au parti démocratique, il fut nommé, au lendemain de la révolution de Février, président du Comité central républicain de Vaucluse, puis bientôt après maire d'Avignon, et, en dernier lieu, commissaire du gouvernement. Représentant à la Constituante au mois de mai, il vit son élection annulée et fut réélu en septembre. A cette époque, il se battit en duel, d'abord avec M. Raousset-Boulbon, puis avec M. Léo de La Borde. L'issue de ce dernier combat ne lui fut pas favorable; il eut le bras cassé, et sa blessure l'empêcha de remplir, avant le mois de décembre, son mandat à l'Assemblée nationale, où il siégea ensuite à l'Extrême-Gauche. Il échoua de quelques centaines de voix aux élections de l'Assemblée législative, fut appelé à Lyon pour y défendre un grand nombre d'accusés de l'insurrection de Juin devant les Conseils de guerre, et profita de son séjour dans les départements du Midi pour y préparer une résistance efficace aux projets occultes que déjà l'on prêtait au gouvernement de l'Élysée. C'est alors qu'il fut arrêté (24 octobre 1850), sous l'inculpation de complot contre la sécurité de l'État, et fit un an de prévention. Le 28 août 1851, un Conseil de guerre le condamna à la déportation simple; et, après le Coup-d'État, il fut dirigé sur Noukahiva, où contre le texte même du jugement dont il était l'objet, on le tint enfermé dans une enceinte fortifiée. Sa compagne, Mme Gent, l'accompagna et subit le même emprisonnement que lui. Noukahiva ayant été déclassée comme lieu de déportation, en novembre 1854, et sa peine ayant été commuée en 20 ans de bannissement, il fut transporté au Chili, et s'établit comme avocat à Valparaiso. En 1861, il se rendit en Italie, et, en 1863, à Madrid, d'où il envoya des correspondances au *Temps* et au *Siècle*, tout en s'occupant de travaux publics importants. Lors des élections législatives de 1869, sa candidature fut posée dans le département de Vaucluse par les électeurs indépendants, et il ne succomba, devant la candidature officielle, qu'à un écart de voix insignifiant, au 2e tour de scrutin. En novembre de la même année, il échoua encore à Paris comme candidat *irréconciliable*. Rappelé en France au mois de septembre 1870, il refusa les fonctions de commissaire à la Défense nationale dans le Vaucluse, se rendit à Tours pour y prendre part aux travaux du Comité de la guerre, et fut nommé, à l'arrivée de M. Gambetta, commissaire extraordinaire en Algérie. Mais, au moment de son départ, la délégation de Tours le chargea d'aller pacifier Marseille, constituée en Commune révolutionnaire. Nommé préfet des Bouches-du-Rhône en octobre 1870, et investi tout à la fois des pouvoirs administratifs et militaires, il dédaigna les menaces de mort proférées contre lui, pénétra seul dans la préfecture, alors au pouvoir du révolutionnaire Cluseret, et reçut un coup de pistolet qu'on avait cru mortel d'abord, mais qui n'avait produit qu'une contusion grave à l'abdomen. Il n'entreprit pas moins résolument son œuvre de pacification. De son lit même, il sut, par sa fermeté devant le danger, sa modération après le triomphe de la légalité, et toujours avec le concours de la population en général, et particulièrement de la garde nationale, rétablir, dans la cité, l'ordre qui ne fut plus troublé sous son administration. Alors, il fit appel à l'industrie privée, et Marseille, devenue un immense atelier, fournit à la défense nationale 80 batteries complètes et chargées. M. Gent, nommé représentant de Vaucluse à l'Assemblée nationale, par 34,002 voix, le 8 février 1871, a donné sa démission de préfet le 19 du même mois. Son élection ayant été l'objet d'une enquête parlementaire, il a résigné son mandat, ainsi que tous ses collègues du même département, s'est représenté aux élections complémentaires du 2 juillet suivant, et a été réélu, comme ses collègues, à une plus forte majorité. Il siège à l'Extrême-Gauche et fait partie de l'Union-Républicaine, dont il est un des vice-présidents et directeurs.

GENTE (Joseph), né à Saint-Étienne-aux-Monts (Alpes-Maritimes), le 15 août 1814. M. Gente appartient à une très-ancienne et très-honorable famille du pays, qui a donné des docteurs en droit, des médecins, des magistrats, des ecclésiastiques, des religieux distingués, etc. Il fit ses études classiques, jusqu'à la rhétorique, dans sa localité, puis au lycée royal de Nice où il prit le diplôme de bachelier ès lettres, le 8 juillet 1836. En 1837, il commença ses études médicales à l'Université secondaire de médecine et de chirurgie de la même ville; et il les termina à l'Université de Turin, où, le 4 juillet 1838, il prit le diplôme du baccalauréat, le 10 juillet 1840, celui de la licence en chirurgie, le 30 juillet 1841, celui du doctorat en chirurgie, et, le 1er août 1842, celui du doctorat en médecine. Externe à l'hôpital civil de Nice, puis au grand hôpital Saint-Jean de Turin, il remporta un des premiers prix dans un concours ouvert à l'Université en 1842. Pour compléter ses études et augmenter ses connaissances médicales pratiques, il passa quelque temps à Paris et à Londres, où il suivit les cours des professeurs les plus en renom de cette époque. En 1844, obéissant aux désirs de ses parents et de ses concitoyens, il se fixa dans son pays natal, résolution généreuse si l'on considère bien que cette localité n'est pas riche et ne peut guère, en conséquence, rémunérer un médecin distingué. M. Gente est auteur d'un *Mémoire* sur un nouveau moyen mécanique pour réduire certaines hernies étranglées, irréductibles par le taxis, dont une Commission de la Société de médecine pratique de Paris fit un rapport favorable. Il a présenté, à la même Société, une note sur les brûlures. Médecin rétribué de la douane piémontaise pendant plusieurs années, médecin également rétribué de la commune voisine de Saint-Dalmas depuis plus de 20 ans, conseiller municipal dès 1847, secrétaire communal, grâce à une dispense de la qualité de notaire qui lui fut octroyée par décret royal, et, après l'annexion de son pays à la France, secrétaire de la mairie, il conserva ces dernières fonctions pendant plus de 25 ans, et mérita d'être surnommé « le conseil du Conseil. » Imbu d'idées démocratiques, sous un régime tout à la fois monarchique et clérical, il fut plusieurs fois proposé, mais sans résultat, comme syndic (maire) de sa commune. Ancien conseiller et secrétaire communal, médecin, propriétaire-agriculteur, M. Joseph Gente a été chargé, par le Conseil, de la rédaction d'un projet de statuts locaux, ou règlement de police urbaine et rurale. L'épigraphe de ce projet : *Sicmezza salubrità commodo, ornato, istruzione, moralita, magior utile, e prodotto*, indique clairement les excellents buts que se proposait l'auteur. Il a été professeur des classes latines de 5e et de 4e, proviseur aux études, puis membre de la Délégation des écoles primaires du canton de Saint-Étienne. Actuellement (1873), il est encore membre de la Commission de statistique agricole et de l'Institut polytechnique de Paris. M. Gente est un antiquaire de son pays. Élu conseiller municipal au mois de mai 1871, il déclina les fonctions de maire, qui lui étaient offertes, pour se contenter de celles d'adjoint. De même, il refusa une candidature au Conseil général pour accepter un siège au Conseil d'arrondissement, en octobre 1871. M. Gente, républicain libéral et convaincu, démophile sincère, désire le gouvernement de tous par tous, avec la garantie de la propriété, de la famille, de l'ordre et de la religion.

GENTEUR (Simon-Maximilien), né à Saint-Germain-Mont (Ardennes), le 26 janvier 1815. Brillant élève du collége royal de Reims, il fit son droit et son stage d'avocat à Paris et prit place, en 1840, au barreau d'Orléans où il jouit bientôt d'une avantageuse réputation. Bâtonnier de l'ordre des avocats en 1843, membre du Conseil général en 1853, maire d'Orléans en 1854, il fit preuve de beaucoup d'intelligence, de courage et d'activité quand survint l'inondation qui désola la contrée, en 1856, et fut invité par le gouvernement à entrer dans l'administration. Préfet de l'Allier en 1857, et favorablement recommandé par les services qu'il rendit à ce département, notamment à la ville de Vichy, il devint secrétaire-général du ministère de l'Instruction publique, et conseiller d'État hors sections, en 1863. Comme commissaire du gouvernement, il prit la parole, devant le Corps législatif, en 1864, sur le budget de l'instruction publique, l'enseignement de l'histoire contemporaine dans les établissements scolaires de l'État, et le développement de l'instruction primaire. Le 5 octobre de la même année, il entra dans le service ordinaire du Conseil d'État ; et, à partir de cette époque jusqu'à la révolution de 1870, il fut appelé souvent à représenter le gouvernement, soit au Corps législatif, soit au Sénat, et soutint avec beaucoup d'autorité et de talent oratoire des discussions relatives aux questions de finances et d'instruction publique. M. Genteur avait été nommé membre du Conseil du sceau des titres au mois de décembre 1869. Au mois de janvier 1870, il fut nommé président de la section de l'intérieur et des cultes au Conseil d'État, et bientôt après membre du Conseil d'administration de l'assistance publique de Paris. Il s'est fait inscrire en 1871, au barreau de Paris. M. Genteur est commandeur de l'ordre de la Légion d'Honneur depuis le 12 août 1864.

GENTY (Augustin), né à Orléans, le 12 décembre 1823. Au sortir de l'École polytechnique, il suivit une carrière civile. Conseiller de préfecture en 1848 et secrétaire-général de la préfecture d'Orléans en 1854, il devint sous-préfet de Florac en 1856, sous-préfet de Mayenne en 1857, puis secrétaire-général des Alpes-Maritimes en 1861. Cinq ans après, en juillet 1866, il était chargé du secrétariat-général de la préfecture de la Seine-Inférieure, l'une des plus importantes de la France. Le 19 mai 1868, il fut appelé à la préfecture de la Nièvre, où il demeura jusqu'au 5 septembre 1870, époque où il fut remplacé. M. Genty a été nommé chevalier de la Légion d'Honneur (13 août 1862), et officier de l'Instruction publique. Il est commandeur des ordres de Saint-Stanislas (Russie) et de Philippe-le-Magnanime (Hesse), chevalier de l'ordre de Sainte-Anne (Russie), de Saint-Michel (Bavière), de Charles III (Monaco).

GENTY (Emmanuel), né à Dampierre-sur-Boutonne (Charente-Inférieure), le 9 mars 1830. Les heureuses dispositions qu'il manifesta dès son jeune âge, lui firent obtenir, de la ville de la Rochelle et du département, une subvention grâce à laquelle il put étudier la peinture à Paris, d'abord sous la direction de M. Picot, puis dans l'atelier de M. Gleyre. Après un séjour en Italie, il débuta au Salon de Paris, en 1859, avec une *Agonie du Christ dans le Jardin des Oliviers*. Depuis cette époque, M. Genty a exécuté plus de 400 toiles, dont plusieurs de grande dimension. Sans négliger la peinture d'histoire et le tableau de genre, il a peint plus de 140 portraits et un grand nombre de toiles décoratives, parmi lesquelles il faut citer une série de *Sujets mythologiques* et de *Paysages* pour le château de Saint-Brice (Charente), les *Saisons*, au château Cipion (Médoc), les *Fleurs personnifiées* (petit boudoir), et une importante décoration au Faubourg-Saint-Honoré. Citons encore une centaine de cartons peints à l'huile : sujets mythologiques, allégories, fleurs et paysages, exécutés en tapisseries dont quelques-unes figurent actuellement (1873) à l'Exposition universelle de Vienne (envoi de MM. Broquenié frères). Depuis 1859, M. Genty a exposé : *Construction d'un moulin à eau*, fantaisie ; *Les trois couleurs du drapeau français*, grande allégorie (1861) ; — *La chaste Suzanne* (1863) ; — *La transfiguration* (1864) ; — *Renaud et Armide dans la forêt enchantée* (1866) ; — *La vérité au fond d'un puits* ; *Vénus essayant les flèches de l'Amour* (1869) ; — *Rêve doré* (1870) ; — *Une Lorraine* (1872). En outre, M. Genty a exposé beaucoup de remarquables portraits. Les plus connus sont ceux de MM^{mes} de Socho, Vast-Vimeux, de La Grange, de Brémontd'Ars, de La Grandière, Jourdan, etc., de MM. Jourdan, Maynan, Wedmann, Senor, etc. M. Genty a reçu une mention honorable en 1861, une médaille d'or en 1863, et des médailles d'argent aux expositions de province.

GEORGE (Gaspard), né à Lyon, le 5 février 1823. Sa famille est originaire de la Suisse. Il étudia l'architecture à l'Ecole des beaux-arts et dans l'atelier de M. Henri Labrouste. Fixé à Lyon en 1848, il ne tarda pas à s'y faire une position distinguée et fut appelé à construire, dans Lyon même et aux environs, beaucoup de maisons de ville et d'habitations de campagne. On lui doit aussi les églises de Villié, Jullié, Cercié (dans le Rhône), Reyrieux (dans l'Ain), etc., et quelques édifices communaux, tels que l'Hôtel-de-Ville de Thoissey, dont il a été fait une relation dans la *Revue de l'Architecture*, et l'Asile des vieillards de Bourgoin, actuellement en construction (1873). M. George a fait de nombreux voyages artistiques. Il a publié : *Notes d'un voyage en Italie* (1859) ; — *Notes d'un voyage en Belgique et en Hollande* (1866) ; — *Souvenirs d'Espagne* (1869) ; — *Visite à Pompeï* (1871) ; — *Observations sur les monuments de l'époque anté-historique* (1873). Délégué à la réunion des Sociétés savantes des départements, à la Sorbonne (1873), il y a donné lecture d'un travail ayant pour titre : *Observations et recherches archéologiques sur Vitruve*. M. George est membre de la Société académique d'architecture et de la Société littéraire, historique et archéologique de Lyon, membre fondateur de la Société de topographie historique de la même ville, et membre correspondant de la Société d'histoire et d'archéologie de Genève.

GÉRAULT DE LANGALERIE (Mgr Pierre-Henri), né à Sainte-Foy (Gironde), le 20 août 1810, fit ses études classiques au petit séminaire de Bazas et son cours de théologie au grand séminaire de Bordeaux. A partir de l'année 1831, jusqu'en 1834, il occupa dans cet établissement, avec distinction, la chaire de mathématiques et de physique, et devint ensuite préfet des classes au petit séminaire de Bordeaux, dont la direction du vénérable abbé Lacombe faisait une institution modèle. Nommé secrétaire de l'archevêché en 1837, il quitta ce poste de confiance neuf années après, pour professer le droit canon à la Faculté de théologie de Bordeaux. En 1849, on lui confia la cure de la paroisse de Sainte-Foy (Gironde), et en 1852 celle de la paroisse de Saint-Louis, à Bordeaux. Il s'y faisait vénérer autant qu'aimer ; aussi les regrets furent-ils unanimes quand Mgr Donnet, en 1856, l'arrachant au troupeau dirigé par lui avec une paternelle sollicitude, l'éleva à la dignité de vicaire-général. Trois mois plus tard, le 14 février 1857, l'empereur désignait Mgr Gérault de Langalerie pour le siège de Belley. Il fut préconisé dans le consistoire du 19 mars 1857, et sacré le 1er mai suivant dans l'église métropolitaine de Bordeaux. Promu à l'archevêché d'Auch, par décret du 30 septembre 1871, il a été préconisé le 27 octobre de la même année. Mgr Gérault de Langalerie est chevalier de la Légion d'Honneur depuis le 15 août 1865.

GERDEBAT (Jean-Louis), né à Guchan (Hautes-Pyrénées), le 13 septembre 1828. Il appartient à une bonne famille de la bourgeoisie, à laquelle on doit beaucoup d'ecclésiastiques distingués. Après avoir fait d'excellentes études au collège de Saint-Pé, il se rendit à Paris, en 1852, et s'y consacra, pendant quelque temps, à l'enseignement privé dans plusieurs grandes familles. De 1853 à 1856, il fut attaché, comme professeur de langue latine, à l'Ecole de musique religieuse dirigée par Niedermeyer ; et, de 1856 à 1858, il remplit les fonctions de chef de discipline et de répétiteur à l'institution Villain. En même temps il cultivait la littérature et fournissait des articles à la presse religieuse de Paris et de la province. Ensuite M. Gerdebat fut occupé dans les bureaux d'une grande administration. Mais sa vocation d'écrivain finit par l'emporter. Secrétaire de la rédaction du journal *Les Tribunaux* (1866-1872) ; fondateur, en collaboration avec M. Poisle-Desgranges, et directeur de l'*Arc-en-Ciel* (1867-1871) ; fondateur de *A Rio revuelto* et de *El Genil*, journaux espagnols publiés à Paris (1869), il a de même appartenu comme secrétaire à la rédaction de l'*Echo universel* (1868-1871). M. Gerdebat, correspondant de l'*Echo des Vallées* de Bagnères-de-Bigorre depuis 1860, a publié à part : *Nécrologie de Niedermeyer* (1861) ; — *Nécrologie de l'architecte Brunet de Baines* (1861) ; — *Origine de Bagnères-de-Bigorre* (1863) ; — *Etudes historiques sur les vicissitudes de la papauté, en vue principalement de ses relations avec la France* (1863) ; — *Les eaux de Nîmes* (1863) ; — *Le baron Larrey* (1864) ; — *Lettre en faveur de la souscription pour la statue de Larrey. La statue de Larrey* (1864) ; — *Le comice agricole d'Arreau* (1864) ; — *Paris à vol d'oiseau* (1864) ; — *De l'éducation* (1865) ; — *Les eaux thermales* de Cadéac (1865); — *L'Espagne sous les Bourbons* (1866); — *L'orphelinat d'Ancizan* (1866); — *Etude sur l'employé* (1867); — *Le confortable dans les chemins de fer* (1867); — *Aperçu historique sur les Hautes-Pyrénées* (1867); — *La République d'Andorre* (1867); — *Un mot sur la photographie* (1868); — *Le 16 mars 1856* (1868); — *Les théâtres de Paris* (1869); — *La Société académique des Hautes-Pyrénées et son fondateur* (1869); — *La République de Saint-Marin* (1870); — *Un mot sur la principauté de Monaco* (1870); — *Le plébiscite du 8 mai 1870* (1870); — *Les chemins de fer français*, opuscule signé G. de Saubissan (1871); — *Le général Trochu devant l'histoire*, traduit de l'espagnol, de A. Borrego (1871); — *L'abbaye de Fécamp* (1872); — *Le marquis de Pombal* (1872). M. Gerdebat termine un travail sur la *Maison de Savoie-Carignan*. Il a pris pour devise : « Justice et fermeté, » légende entourant une ancre. Membre de la Société d'archéologie de Béziers, de la Société des travaux littéraires, artistiques et scientifiques de Paris, de la Société bibliophile des trois cantons d'Aure, membre correspondant de la Société académique des Hautes-Pyrénées, qui lui a décerné, pour ses travaux, une médaille d'argent en 1869, il est aussi membre honoraire du comice agricole d'Arreau. M. Gerdebat est décoré de la croix des Ambulances et chevalier de l'ordre d'Isabelle-la-Catholique d'Espagne.

GERMAIN (Alexandre-Charles), né à Paris, le 14 décembre 1809. Il fit de bonnes études classiques au collége Henri IV, se consacra à l'enseignement, et fut admis à l'Ecole normale supérieure en 1830. Sorti de cette Ecole en 1833, et reçu agrégé d'histoire et de géographie au concours de 1835, il occupa la chaire d'histoire au collége de Nîmes jusqu'en 1838. Il prit le grade de docteur ès lettres, devant la Faculté de Paris, en 1840, avec les thèses suivantes : *De Mamerti Claudiani scriptis et philosophia*, et *Essai littéraire et historique sur Apollinaris Sidonius*. M. Germain est professeur d'histoire à la Faculté des lettres de Montpellier depuis 1838, c'est-à-dire depuis la création de cette Faculté. Il en est devenu doyen en 1861. On lui doit: *Histoire de l'Eglise de Nîmes* (1838-1842, 2 vol., avec carte); — *Histoire de la commune de Montpellier, depuis ses origines jusqu'à son incorporation définitive à la monarchie française*, rédigée d'après les documents originaux, et accompagnée de pièces justificatives presque toutes inédites ; ouvrage qui a remporté deux fois le second prix Gobert à l'Institut (1851, 3 vol.); — *Chronique de Maguelone*, avec notice (1853); — *Etude historique sur les comtes de Maguelone, de Substantion et de Melgueil* (1854); — *Le consulat de Cournonterral* (1855); — *Léon Ménard, sa vie et ses ouvrages, d'après les documents originaux les plus authentiques* (1857); — *Histoire du commerce de Montpellier, antérieurement à l'ouverture du port de Cette*, rédigée d'après les documents originaux, et accompagnée de pièces justificatives inédites (1861, 2 vol.), ouvrage honoré par l'Académie des inscriptions et belles-lettres de la première médaille au concours des Antiquités nationales de 1862, etc. Les publications académiques de M. Germain, au nombre de plus de quarante, ont été réunies en quatre volumes in-4, sous les titres de *Mélanges académiques d'histoire et d'archéologie* et de *Spicilegium Magalonense*. Chevalier de la Légion d'Honneur en 1853, il a été promu au grade d'officier en 1869. M. Germain est, en outre, depuis 1860, correspondant de l'Institut (Académie des inscriptions et belles-lettres).

GERMONIÈRE (Léon-Hippolyte, RANGEARD DE LA), né à Vouvray (Indre-et-Loire), le 24 novembre 1807. Elève de la Faculté de droit de Paris, et reçu licencié en 1829, il préféra la carrière industrielle à celle du barreau. En 1830, il s'associa à son beau-père, propriétaire d'une importante filature de coton au Vast (Manche). Il était déjà conseiller municipal de Rouen et membre du tribunal et de la Chambre de commerce de cette ville, quand il fut, après la révolution de 1848, envoyé, par les électeurs de la Seine-Inférieure, à l'Assemblée constituante et à la Législative, où il vota toujours avec la Droite monarchiste. Ayant protesté contre le Coup-d'Etat, il fut, le 2 décembre, incarcéré au Mont-Valérien. Depuis vingt ans il se tenait à l'écart de la vie publique ; mais les malheurs de la patrie, qui accompagnèrent la chute de l'Empire, lui imposèrent le devoir de céder au vœu de ses concitoyens, et de leur prêter le concours de sa vieille expérience. Elu représentant de la Manche à l'Assemblée nationale, le 8 février 1871, par 70,937 suffrages, M. de la Germonière a pris place sur les bancs du Centre-Droit, et a voté notamment : *pour* la paix, la loi départementale, l'abrogation des lois d'exil, la validation de la nomination des princes d'Orléans, l'amendement Target, la dénonciation des traités de commerce, l'ordre du jour motivé de M. Ernoul, dans la mémorable séance du 24 mai, qui a déterminé la chute du gouvernement de M. Thiers ; *contre* le retour de l'Assemblée à Paris, les amendements Barthe et Keller, les impôts sur le chiffre des affaires et sur les bénéfices du commerce et de l'industrie. Il a fait partie de nombreuses Commissions, entre autres de celle des marchés, et de la célèbre Commission des Trente. M. de la Germonière est membre du Conseil supérieur du commerce.

GÉROME (Jean-Léon), né à Vesoul (Haute-Saône), le 11 mai 1824. M. Gérome est le fils d'un orfèvre. Après avoir fait de solides études, il vint à Paris en 1841, et étudia la peinture dans l'atelier de Paul Delaroche en même temps qu'à l'Ecole des beaux-arts où il avait été admis après concours. En 1844, il accompagna Paul Delaroche en Italie. De retour à Paris en 1845, il travailla pour le Salon, et du premier coup établit sa réputation. Son tableau intitulé : *Jeunes Grecs faisant battre des coqs* (1847), obtint les suffrages unanimes de la critique. Th. Gautier en disait dans la *Presse :* « Il faut beaucoup de talent et de ressources pour élever une scène si épisodique au rang d'une composition noble et ne désavouerait aucun maître. » Très-lettré, savant archéologue, M. Gérome recherche volontiers, dans tous les genres, les sujets qui exigent de grandes qualités d'étude et d'observation. Il a parcouru la Haute-Turquie et les bords du Danube en 1853, et l'Egypte en 1856. Sa réputation est universelle, et ses œuvres ne sortent de son atelier que pour prendre place dans des collections en renom. Voici la liste des tableaux exposés par ce brillant artiste : *La Vierge, l'Enfant-Jésus et saint Jean*; *Anacréon*, *Bacchus et l'Amour* (1848) ;—*Bacchus et l'Amour ivres*; *Intérieur grec*; *Souvenir d'Italie* (1850) ;— *Pasteurs* (1852) ;—*Idylle*; *Etude de chien* (1853) ; — *Gardeur de troupeaux*; *Pifferaro*; *Le Siècle d'Auguste et la naissance de Jésus-Christ* (E. U., 1855) ;—*Recrues égyptiennes traversant le désert*; *La prière chez un chef Arnaute*; *Vue de la plaine de Thèbes*; *Memnon et Sésostris*; *Chameaux à l'abreuvoir*; *Duel au sortir d'un bal masqué*; *Pifferari* (1857) ;—*Les gladiateurs* : « Ave Cæsar imperator, morituri te salutant. » *Le roi Candaule* (1859) ; — *Phryné devant le tribunal*; *Socrate vient chercher Alcibiade chez Aspasie*; « *Deux augures n'ont jamais pu se regarder sans rire*; » *Rembrandt faisant mordre une planche à l'eau forte*; *Hache-paille égyptien*; le portrait de *Rachel* (1861) ;—*Louis XIV et Molière*; *Le prisonnier*, au musée de Nantes; *Boucher turc à Jérusalem* (1863) ;—*L'almée* (1864) ;—*Réception des ambassadeurs siamois par l'empereur au palais de Fontainebleau*; *La prière* (1865) ;— *Cléopâtre et César*; *Porte de la mosquée El Assaneyn au Caire* (1866) ;—*Marché d'esclaves* ; *La mort de César*, et six autres tableaux cités plus haut (E. U., 1867) ; — *Le 7 décembre 1815, à neuf heures du matin*; *Jérusalem* (1868) ;—*Marchand ambulant au Caire* ; *Promenade de harem* (1869). Comme œuvres décoratives, on doit à cet artiste : les *Figures de grandeur naturelle* qui entouraient le phare modèle à l'Exposition universelle de 1855 ; la *Peste de Marseille* et la *Communion de saint Jérôme*, pour l'église de Saint-Séverin ; les têtes de l'*Art* et de la *Science* à la bibliothèque du Conservatoire des arts-et-métiers, etc. Enfin, il a peint la *Frise* du vase commémoratif de l'Exposition de Londres en 1851, commandé par le ministère d'Etat pour la manufacture de Sèvres. M. Gérôme a remporté une médaille de 3e classe en 1847, des médailles de 2e classe en 1848 et 1855, et la médaille d'honneur à l'Exposition universelle de 1867. Professeur de peinture à l'Ecole des beaux-arts, réorganisée depuis 1863, il a été élu membre de l'Institut en 1865. Chevalier de la Légion d'Honneur depuis le 15 novembre 1855, M. Gérôme a été promu officier de l'Ordre le 29 juin 1867.

GERVAIS (Paul), né à Paris, le 26 septembre 1816. D'abord aide-naturaliste au Muséum d'histoire naturelle, puis docteur en médecine et ès sciences, il fut nommé professeur de zoologie et d'anatomie comparée à la Faculté des sciences de Montpellier, en 1845, et doyen de ladite Faculté en 1856. Rappelé à Paris comme professeur à la Sorbonne (Faculté des sciences) en 1865, il a quitté volontairement cette position en 1868 pour passer au Muséum en qualité de professeur d'anatomie comparée. M. Paul Gervais a publié : *Histoire naturelle des insectes aptères*, en collaboration avec M. Walckenaer (1844-1847) ;—*Zoologie et paléontologie françaises* (1848-1853), —*Histoire naturelle des mammifères* (1854-1855) ; — *Théorie du squelette humain ;* — *Zoologie médicale*, en collaboration avec M. Van Beneden (1858); — *De la métamorphose des organes et des générations alternantes* (1861); — *Zoologie et paléontologie générales* (1867-1869); — *Eléments de zoologie; Ostéographie des cétacés*, en collaboration avec M. Van Beneden, etc. M. Gervais a rédigé, en outre, pour différents dictionnaires des sciences naturelles, pour le *Jardin des Plantes*, *Un million de faits*, *Patria*, et autres recueils français ou étrangers, une foule de notes, mémoires et articles, et a entrepris, sous le titre de *Journal de zoologie*, un recueil périodique consacré aux différentes branches de l'histoire des animaux. Il est officier de la Légion d'Honneur (1868), membre correspondant de l'Institut (1861), et associé de l'Académie royale de Belgique (1862).

GEUFROY (François-Dominique), né à Elbeuf-sur-Andelle (Seine-Inférieure), le 3 octobre 1823. M. Geufroy fit ses études à Rouen, où il exerça la profession d'architecte jusqu'en 1851, époque à laquelle il fut nommé architecte en chef de la ville de Cherbourg. A ce titre, il a construit divers édifices communaux, notamment l'église Saint-Clément, l'hôpital Napoléon III, le chœur, le portail et les flèches de l'église Notre-Dame-du-Vœu. Il a restauré la vieille église historique Sainte-Trinité, construit ou restauré un grand nombre d'édifices religieux des arrondissements de Cherbourg et de Valognes, travaux pour lesquels il a reçu du Saint-Père, en 1867, la croix de chevalier de Saint-Grégoire-le-Grand. Auteur de projets d'assainissement qu'il a fait exécuter, M. Geufroy a fait, en outre, construire des marchés publics, des écoles, etc. Membre de la Société centrale des architectes, de l'association scientifique de France et de plusieurs Sociétés savantes, il a été chargé en 1862 de la construction de l'hôpital St-Léon de Bayonne, dont les projets lui valurent, en 1864, une médaille d'argent à l'Exposition franco-espagnole de Bayonne, et, à l'achèvement de cet important édifice, la décoration de la Légion d'Honneur, qu'il a reçue des mains de l'Empereur, le 7 novembre 1867.

GÉVELOT (Jules), né à Paris, en 1826, est un grand propriétaire et un grand industriel. Sa manufacture de capsules et de cartouches des Moulineaux, près Paris, a occupé près de deux mille ouvriers. Il a opéré, dans le département de l'Orne, des défrichements considérables et y a créé de vastes exploitations agricoles. Elu député au Corps législatif en 1869, à titre de candidat indépendant, il s'y est prononcé, en 1870, contre le système des candidatures officielles. Pendant la guerre, il a participé à la défense de Paris, comme membre du Comité scientifique de la défense. Le 8 février 1871, les électeurs de l'Orne l'ont envoyé à l'Assemblée nationale où il a toujours voté avec les conservateurs républicains. M. Gévelot est membre du Conseil général de l'Orne depuis 1869. Comme industriel, il a obtenu la croix de la Légion d'Honneur, au sujet de l'Exposition universelle de Londres, en 1861.

GIACOMOTTI (Félix-Henri), né à Quingey (Doubs), le 18 novembre 1828. Elève de Picot, il suivit l'Ecole des beaux-arts, et remporta le premier grand prix de Rome (histoire) en 1854, sur le sujet suivant : *Abraham recevant les anges*, ce qui ne l'empêcha pas de se faire, dans le portrait, une brillante spécialité. Il a notamment exposé : *Le martyr de saint Hippolyte*, au musée de Besançon ; *Nymphe et Satyre* (1861) ; — *L'Amour se désaltérant* (1863); —*Agrippine quitte le camp*, au musée de Lille (1864) ; — *L'enlèvement d'Amymoné*, au Musée du Luxembourg (1865) ; — *Le Christ bénissant les enfants*, placé à Saint-Etienne-du-Mont (1867); —*La dernière épingle de Carmela* (1868) ; —*La Pentecôte*, placée à Saint-Etienne-du-Mont (1870) ; — *Vénus et l'Amour* (1873). Parmi les portraits envoyés au Salon par M. Giacomotti, nous distinguons ceux de MM. *Edmond About, Jules David, de Saint-Brice, Hornby, Hood*, du prince *de Montholon*, de MM^{mes} *Paillet, David, de Roux-Larcy*, des comtesses de *Moreton-Chabrillan* et de *Jourdan-Savonnières*, des marquises de *Canisy* et de *Vennerelles*, etc. Il a exécuté, pour Saint-Etienne-du-Mont, le *Christ au milieu des docteurs*, qui complète la chapelle des catéchismes, et, pour une salle de la mairie de Besançon, les portraits en pied des généraux *Marulaz* et *Morand*. *L'Enlèvement d'Amymoné*, le portrait de Mme *David*, et *Agrippine* ont reparu à l'Exposition universelle de 1867. M Giacomotti avait remporté des médailles en 1864, 1865 et 1866. Il a reçu la croix de la Légion d'Honneur en 1867.

GIBERT (Joseph-Marc), né à Aix (Bouches-du-Rhône), le 23 avril 1808. Il étudia la peinture sous la direction de Granez, du paysagiste Constantin, de Clérion père, et, plus particulièrement dans l'atelier de Revoil. Attaché comme professeur, en 1830, à l'Ecole spéciale de dessin de sa ville natale, il fut appelé, en 1844, à diriger cet établissement. M. Gibert a fait preuve, dans cette délicate fonction qu'il a exercée jusqu'en 1870, de beaucoup de zèle et d'aptitudes administratives; et les élèves qu'il a formés font aujourd'hui, dans le monde artistique, honneur à son enseignement. En même temps, il a été conservateur du musée d'Aix, qui occupe actuellement une des premières places parmi les collections publiques du Midi. Appelé, en 1846, par l'Association des artistes, à la vice-présidence du Comité qu'elle venait d'instituer à Marseille, il s'est aussi montré l'un des organisateurs les plus actifs de l'exposition rétrospective ouverte dans cette ville en 1861. Il est, depuis longtemps, membre de l'Académie d'Aix et du Congrès scientifique de France. Comme artiste, M. Gibert s'est adonné particulièrement au portrait. L'exactitude de la ressemblance, la justesse de la touche, la noblesse de l'attitude recommandent surtout ses ouvrages. On voit de ses portraits chez MM. de Galiffet, Coriolis, Grimaldi, Gabrielli, d'Isoard, de Solliers, en un mot dans la plupart des anciennes familles de la Provence. Parmi les personnages marquants dont il a fait le portrait, nous citerons encore ceux de deux *Infants d'Espagne*, de *Nostradamus*, commandé pour les galeries de Versailles, des cardinaux *Bernet* et de *Boisgelin*, des archevêques d'Aix, *Darcimoles* et *Chalendon*, du maréchal et du lieutenant-général *de Félix du Muy*, etc. Enfin il a exécuté d'autres œuvres pour le compte de l'Etat ou des particuliers, parmi lesquelles une *Assomption* et la *Confirmation*. M. Gibert est membre de l'Académie d'Aix (section des beaux arts) et du Congrès scientifique de France.

GIDE (Théophile), né à Paris, le 15 mars 1822. Elève de Paul Delaroche et de M. Léon Cogniet, il se consacra spécialement à la peinture d'histoire, sans négliger la peinture de genre ainsi que celle des sujets religieux, et se fit une position brillante dans le monde des arts. Après avoir débuté au Salon de Paris avec une toile ayant pour sujet : *La chute des feuilles*, il exposa un *Retour du marché, costumes des Pyrénées*, et exécuta un tableau pour la chapelle de Saint-Etienne à l'église Saint-Roch. Puis, il produisit successivement : *Messe dans une église des Pyrénées* ; *Le jugement de Cinq-Mars et de de Thou* (Exp. univ. de 1855) ; — *Résurrection du fils de la veuve de Naïm* (1857) ; — *Louis XI et Quentin Durward* ; *Italienne* ; *Messe dans la campagne, aux environs de Naples* (1859) ; — *Le récit* ; *Episode de la jeunesse de Lesueur* ; *La récréation au couvent* (1861) ; — *Sully quittant la cour de Louis XIII*, donné au musée d'Angers ; *Les femmes à la fontaine, dans les Pyrénées* ; *Neuvaine à la madone* (1863) ; — *Chanteurs napolitains* ; *Les adieux au couvent*, donnés au musée d'Amiens (1864) ; — *Une présentation* ; *Moines à l'étude*, toile placée au musée d'Alençon (1865) ; — *Répétition d'une messe en musique*, tableau acquis par le musée de Roubaix (1866); — *Visite de S. S. le Pape dans un couvent* ; *La partie d'échecs* (1867) ; — *Le réfectoire de la Grande-Chartreuse*, qui se trouve au musée de Nîmes ; *La dictée* (1868) ; — *Chœur du couvent de Saint-Barthélemy, près de Nice* (1869) ; — *L'école* ; *Les derviches hurleurs de Scutari* (1870) ; — *Une ambulance au couvent de Cimiès, à Nice* ; *Terrasse du couvent de Saint-Barthélemy* (1872) ; — *Lesueur chez les Chartreux* ; *Le cavalier galant* (1873). Les *Moines à l'étude* et la *Répétition d'une messe* ont reparu à l'Exposition universelle de 1867. M. Gide a obtenu une médaille de 2e classe en 1861, des médailles aux Salons de 1865 et de 1866, et la croix de la Légion d'Honneur en 1866.

GIDEL (Charles-Antoine), né à Gannat (Allier), le 5 mars 1827. Elève du collège de Gannat, licencié ès lettres de la Faculté de Paris en 1850, reçu premier agrégé des classes supérieures en 1853, docteur ès lettres en 1857, il débuta dans l'enseignement, au lycée du Puy, en 1852, comme professeur de quatrième. Ensuite il occupa successivement les chaires de rhétorique de Brest en 1853, d'Angers en 1855, de Nantes en 1857 et de l'Ecole préparatoire à l'enseignement supérieur dans cette dernière ville. Chargé du cours de troisième au lycée Bonaparte, en 1860, il a été nommé professeur de rhétorique, dans le même lycée, en 1864. M. Gidel a obtenu le prix Bordin, à l'Académie des inscriptions et belles-lettres, pour un *Mémoire sur les imitations faites en grec, depuis le XIIe siècle, de nos anciens poèmes de chevalerie*, et a remporté le prix d'éloquence, à l'Académie française, pour son *Etude sur Saint-Evremond* en 1866, et pour un *Discours sur Jean-Jacques Rousseau* en 1868. Il a pris une part active au développement de l'instruction populaire par ses conférences et ses lectures publiques à la Sorbonne et ailleurs. En 1869, il a fait, au théâtre de la Gaîté, un commentaire du *Misanthrope*, avant la représentation de la pièce. On doit à M. Gidel beaucoup de travaux littéraires historiques et pédagogiques : *Les Troubadours et Pétrarque*, et *De philippide Guillelmi Britonnis*, thèses pour le doctorat ; — une édition annotée du *Conciones* ; — un *Nouveau recueil de morceaux choisis d'auteurs français* (1865 et suiv.) ; — une édition des *OEuvres de Boileau* (1869) ; le tome 1er contient une importante étude sur Boileau, ses mœurs et son temps ; c'est l'histoire la plus complète de la littérature du XVIIe siècle dans les années où Boileau a fleuri ; et l'Académie française, par l'organe de son secrétaire perpétuel, a rendu hommage à la valeur de cet ouvrage, dans sa séance du 5 novembre 1871. Ses *Études sur la littérature moderne* (Impr. nat.) ont sollicité, en France et en Angleterre, des travaux analogues. C'est ainsi qu'il a donné, avec M. Wagner, une édition critique d'un roman grec tiré des manuscrits de la Bibliothèque nationale, *Apollonius de Tyr*, imprimé dans les *Actes* de la Société de philologique de Londres (1870), sous ce titre : *Medieval greek texts*. Il vient également de publier un fragment d'un manuscrit grec fort ancien, contenant, sous le titre d'*Apocalypse de la vierge Marie*, une description des supplices des damnés (1871). Il a fourni, à la *Revue archéologique*, des articles sur les travaux de M. E. Legrand consacrés à la littérature néohellénique ; à la *Revue moderne*, des articles sur Homère et sur les prédicateurs du Moyen-Age ; à la *Revue contemporaine*, une étude sur le théâtre chez les Grecs modernes. La *Revue des cours littéraires* a publié ses conférences sur les mœurs et la société au XVIIe siècle et sur le Moyen-Age. On lui doit encore les *OEuvres choisies de Saint-Evremond*, plusieurs éditions d'ouvrages classiques, et de nombreux articles insérés dans la *Revue de l'Instruction publique*, la *Revue de l'Anjou* et l'*Annuaire de l'Association pour l'encouragement des études grecques*. M. Gidel continue ses conférences sur nos chefs-d'œuvre classiques au théâtre de la Gaîté. Il est chevalier de la Légion d'Honneur depuis 1869, officier d'Académie, et chevalier de l'ordre royal du Sauveur de Grèce.

GIGOT (Albert), né à Châteauroux, le 1er janvier 1835. M. Albert Gigot a fait son droit à la Faculté de Paris. Inscrit au barreau de la capitale en 1854, avocat au Conseil d'Etat et à la Cour de cassation en 1861, il a partagé son temps entre ses fonctions professionnelles et le journalisme. Il a publié divers travaux sur des questions d'histoire, de jurisprudence et d'économie politique dans la *Gazette de France*, l'*Union*, le *Courrier du dimanche* et le *Correspondant*. Son nom a été associé à ceux de MM. Odilon Barrot, Dufaure, Picard, Grévy, Jules Favre, au bas de consultations juridiques ayant trait à la politique. M. Albert Gigot a été nommé préfet de Vaucluse le 22 mars 1871, et du Loiret le 17 novembre suivant. Homme des plus distingués, administrateur capable, il est, dit-on, un des préfets les plus aimés qu'ait eus la ville d'Orléans.

GIGOT-SUARD (Jacques-Léon), né à Levroux (Indre), le 10 février 1826. Il fit ses études médicales à la Faculté de Paris, débuta brillamment, et fut reçu, avec le n° 9, externe des hôpitaux ; mais, étant tombé malade, il ne put concourir pour l'internat. Au mois de juin 1850, il prit le grade de docteur, avec une thèse sur les *Maladies de la matrice*. Etabli dans son pays natal, il ne tarda pas à s'y faire une belle position, justifiée par ses capacités professionnelles, son dévouement en faveur des malheureux, et son zèle pour les intérêts de ses concitoyens. M. le docteur Gigot-Suard, médecin honoraire de l'hospice de Levroux, s'est distingué pendant la dernière guerre et a reçu la Croix des ambulances. Il est conseiller d'arrondissement depuis dix ans. S'étant occupé spécialement de la médication balnéaire, et médecin-inspecteur des bains de mer de Royan en 1860, il a fait de sérieux travaux sur les eaux minérales et sur l'herpétisme. On lui doit : *Quelques réflexions sur le diagnostic des fractures de la base du crâne* (1852) ; — *Instruction sur le choléra-morbus* (1854) ; — *Secours aux malades pauvres des campagnes* (1855) ; — *Etudes cliniques sur le traitement de l'angine couenneuse et du croup* (1857) ; — *Recherches expérimentales sur la nature des émanations marécageuses et sur les moyens d'empêcher leur formation et leur expansion dans l'air* (1859) ; — *De l'emploi de quelques eaux minérales naturelles pendant les bains de mer* (1859) ; — *Les mystères du magnétisme animal et de la magie dévoilés, ou La vérité sur le mesmérisme, le somnambulisme dit magnétique, et plusieurs phénomènes attribués à l'intervention des esprits, démontrée par l'hypnotisme* (1860) ; — *Guide médical du baigneur à Royan* (1860) ; — *Des climats sous le rapport hygiénique et médical, guide pratique* (1862) ; — *Effets physiologiques de l'eau de la Raillière à Cauterets ; recherches expérimentales* (1863) ; — *Revue médicale des eaux minérales de Cauterets* (1864) ; — *Rapports réciproques de l'herpétisme et de la tuberculisation* (1866) ; — *De l'électricité des eaux minérales* (1866) ; — *Des affections cutanées constitutionnelles et de leur traitement par les eaux sulfureuses* (1868) ; — *Précis descriptif, théorique et pratique sur les eaux minérales de Cauterets* (3e édit., 1869) ; — *De la fièvre des phthisiques dans ses rapports avec la médication hydrosulfureuse* (1869) ; — *Herpétisme, pathogénie, manifestations, traitement* (1870) ; — *Action pathogénique de l'acide urique* (1873). M. le docteur Gigot-Suard a, aux eaux minérales de Cauterets, en qualité de médecin spécialiste, une clientèle des plus considérables. Il est membre de la Société d'hydrologie médicale et de la Société de médecine et de thérapeutique de Paris, de l'Académie des sciences de Rouen, des Sociétés de médecine de Marseille, Bordeaux, Tours, etc.

GIGOUX (Jean-François), né à Besançon, le 3 janvier 1809. Il est le fils d'Etienne Gigoux, savant et habile vétérinaire qui jouissait, dans son département, d'une excellente réputation. Elève de l'Ecole des beaux-arts en 1828, il exposa, au Salon de 1831, des lithographies ainsi que des études et des portraits à la mine de plomb. Ensuite il cultiva tout à la fois la peinture d'histoire et celle des sujets de genre, sans négliger le portrait, et exposa notamment : *La mort de Léonard de Vinci*, au musée de Besançon (1834) ; — *La mort de Cléopâtre*, au Musée du Luxembourg ; *Le martyre de sainte Agathe*, au musée de Lyon ; *Le corps du Christ veillé par les anges* ; *Le comte de Commaringes reconnu par sa maîtresse* ; *Le baptême de Clovis*, au musée de Bordeaux ; *Saint Pierre-ès-Liens*, à l'église d'Orange ; *Le christ au Jardin des Oliviers* ; *La manne dans le désert* ; *Saint Philippe guérissant des malades* ; *Saint Louis enterrant les morts sur un champ de bataille* ; *Saint Louis pardonnant aux révoltés après la bataille de Taillebourg* ; *Le mariage de la Vierge* (ces quatre derniers tableaux ornent la chapelle du Luxembourg) ; *Une Madeleine pénitente* ; *La Moisson* et *La Vendange*, grandes peintures qui décoraient le grand escalier de la Cour des comptes, et ont été détruites sous la Commune, etc. Le tableau de la *Moisson* avait figuré à l'Exposition universelle de 1855. Depuis, M. J. Gigoux a envoyé au Salon de Paris : *Le bon Samaritain*, au musée du Luxembourg ; *La veille d'Austerlitz*, au musée de Besançon (1857) ; — *Une arrestation sous la Terreur* (1859) ; — *Une tête de Sarrazin* (1861) ; — *La poésie du Midi* (1866) ; — *Première rêverie* (1867) ; — *Le dernier ravissement de sainte Marie-Magdeleine* (1870) ; — *Le pêcheur et le petit poisson* (1872). On doit au même artiste 500 vignettes pour l'illustration de *Gil-Blas*, et plus de 150 lithographies, parmi lesquelles on remarque les portraits du baron *Gérard*, d'*Eugène Delacroix*, de *Paul Delaroche*, *Barrye*, *Sigalon*, des deux frères *Johannot*, d'*Alfred de Vigny*, etc. Il a fait les portraits à l'huile de *Charles Fourrier*, du général *Donzelot*, du roi *Jérôme*, du maréchal *Moncey*, du général *Dwernicki*, du comte *Ostrowski*, de *G. Laviron* (au musée de Besançon), du comte et de la comtesse *de Muiszech*, du sénateur *Lefebvre-Duruflé*, etc. La décoration d'une chapelle de l'église Saint-Gervais et Saint-Protais est un immense travail et l'une des œuvres les plus méritantes de cet artiste. Ce travail comprend quatre tableaux : *La fuite en Egypte* ; *Le repos de la Sainte famille* ; *La mise au tombeau* ; *La résurrection*. Les deux derniers ont 18 pieds de long. M. Gigoux a obtenu une médaille de 2e classe, pour l'histoire, en 1833, et des médailles de 1re classe en 1835 et 1848. Il est chevalier de la Légion d'Honneur depuis le 4 juin 1842.

GILBERT (Jean-Désiré-Louis), né à Maissemy (Aisne), le 16 décembre 1819. Élève distingué du collége Bourbon, il prit, à Paris, le grade de licencié ès lettres. Après avoir appartenu quelque temps à l'enseignement, il se voua exclusivement à des travaux littéraires. Trois fois il remporta le prix d'éloquence mis au concours par l'Académie française, sur les sujets suivants : *Éloge de Vauvenargues* (1856) ; — *Éloge de Regnard* (1859) ; — *Éloge de Saint-Evremond* (1866). En outre, il obtint, en 1871, un second prix à l'Académie des sciences morales et politiques pour une étude historique et critique sur les *États généraux de l'ancienne monarchie*. En 1857, il avait fait paraître une édition complète et annotée des *Œuvres de Vauvenargues* (2 vol.), et, en 1868, le 1er volume d'une nouvelle édition des *Œuvres de Larochefoucauld*, qui appartient à la collection des *Grands écrivains*, publiée par la librairie Hachette, sous la direction de M. Régnier. M. Gilbert a reçu la croix de la Légion d'Honneur en 1866. Il est décédé pendant le siège de Paris, le 15 octobre 1870.

GILLOTTE (Charles), né à Langres (Haute-Marne), le 11 février 1822 ; fils d'un inspecteur des domaines, organisateur du service de l'enregistrement en Hollande, et décédé chevalier de la Légion d'Honneur, le 21 février 1824. Après avoir fait son droit à la Faculté de Dijon, où il fut reçu licencié en 1843, M. Charles Gillotte prit place au barreau de Châlon-sur-Saône. Parti pour l'Algérie en 1845, il exerça les fonctions de receveur des domaines jusqu'en 1850. Nommé, à cette époque, avocat de la préfecture et des domaines, il fut inscrit au tableau des avocats près la Cour d'Alger, devint membre du Conseil de l'ordre, et fut désigné pour les fonctions de défenseur, à Bone d'abord, à Constantine ensuite. Il a publié des œuvres de jurisprudence : *De l'administration de la justice en Algérie* (1858) ; — *Traité de droit musulman* (1860) ; — et de nombreuses *Brochures* sur des questions d'intérêt algérien. M. Charles Gillotte, chevalier de la Légion d'Honneur depuis le 12 août 1864, est aussi chevalier de l'ordre d'Isabelle-la-Catholique d'Espagne, et décoré du Nicham de Tunis.

GINDRE DE MANCY (Jean-Baptiste), né à Lons-le-Saulnier, le 21 novembre 1797. Issu d'une ancienne famille du Jura, il fit ses premières études à Paris et ses humanités au collége de sa ville natale, où déjà se révélait sa vocation poétique. Puis, il revint étudier le droit à Paris et fut, en 1820, le secrétaire de M. Berryer, dont il resta l'ami. Entré à l'administration générale des postes, en 1829, il en fut, pendant plus de trente ans, le collaborateur dévoué, et notamment recueillit, coordonna et vérifia les matériaux du *Dictionnaire général officiel des communes de France*, publié par l'Imprimerie impériale en 1859, et dont il a donné, de 1864 à 1871, plusieurs éditions revues et augmentées, ainsi que plusieurs éditions abrégées. Poëte par tempérament, compatriote et ami de Nodier, de Jouffroy, son condisciple, de M. Weis, du statuaire Huguenin qui a fait son médaillon, il suivait les soirées de Victor Hugo et celles de l'Arsenal, et entretenait des relations d'amitié ou de correspondance avec Rouget de l'Isle, sur lequel il a publié les seuls documents authentiques, avec mesdames Elisa Voïart et Amable Tastu, avec Sainte-Beuve et surtout avec Béranger (voir *Correspondance* de Béranger). Quoique associé, de la sorte, au mouvement littéraire de 1830, il resta fermement attaché aux traditions du goût classique. Correspondant de plusieurs journaux, il publia de nombreux articles de critique et d'histoire littéraire, surtout dans la *Sentinelle du Jura*, le *Mont-Blanc*, etc. M. Gindre de Mancy était membre de la Société philotechnique de Paris, de l'Académie de Besançon et de celle de Stanislas de Nancy, de la Société archéologique du Vendômois et d'autres Compagnies savantes. Il débuta, comme poëte, par une traduction en vers des *Bucoliques* de Virgile (1828), et inséra, dans les *Annales romantiques*, des pièces remarquées. On lui doit, en outre : *Les échos du Jura*, qui lui valurent, auprès de ses compatriotes, le surnom de « poëte du Jura » (1841) ; — *La gloire militaire de la Franche-Comté*, couronnée par l'Académie de Besançon (1844). Il est décédé le 6 juin 1872. M. Poisle-Desgranges a publié une *Etude sur la vie, le caractère et les écrits de M. Gindre de Mancy*(1872).

GINDRE DE MANCY (Clément-François), né à Paris, le 17 novembre 1833 ; fils du précédent. Il fit toutes ses études classiques au lycée Charlemagne, remporta le prix d'honneur de rhétorique au concours général en 1852, fut admis à l'Ecole normale en 1853, et devint membre de la division supérieure de cette Ecole et agrégé des classes supérieures en 1856. Il professa successivement la rhétorique à Saint-Etienne (1856), et la philosophie à Angers (1858) et à Douai (1859). En 1862, il fut nommé professeur de philosophie au lycée de Rouen, où il est encore actuellement. M. Gindre de Mancy a publié des *Nouvelles* (1858) dans la *Revue contemporaine* et la *Revue française*, des articles de critique philosophique et morale, en particulier sur les doctrines et les ouvrages de MM. Renan, Vacherot, Taine, Cousin, Caro, Gratry, Lacordaire, etc., dans la *Revue européenne*, la *Revue de Paris* et le *Journal de Maine-et-Loire*, des études sur le *Stoïcisme* et sur l'*Education des femmes* dans la *Revue d'économie chrétienne*, et des articles de critique littéraire dans le *Journal officiel* et la *Revue de l'Instruction publique*. Un de ses articles sur l'*Ecole*, de M. Jules Simon, publié dans la *Revue française*, en 1864, fit supprimer ce recueil, que le gouvernement autorisa, d'ailleurs, à reparaître. On lui doit, en outre, des ouvrages de pédagogie, un *Cours de philosophie* (1866), des éditions ou traductions annotées d'auteurs classiques, et des livres d'éducation. M. Gindre de Mancy, membre correspondant de l'Académie du Nord, de la Société philotechnique de Paris et de plusieurs autres Sociétés savantes, est officier de l'Instruction publique.

GIRARD (Jules-Augustin), né à Paris, le 24 février 1825. Fils d'un graveur très-distingué, il fit ses études au collège Louis-le-Grand, où il remporta de nombreux succès, notamment le prix de discours français au concours général en 1842. Entré à l'Ecole normale en 1844, il obtint l'agrégation des lettres en 1847, remplit pendant un an les fonctions de professeur de rhétorique au collège de Vendôme, et fut envoyé à l'Ecole française d'Athènes, en 1848. De retour en France en 1851, il occupa la chaire de rhétorique, d'abord à Lille, puis à Montpellier, en 1853. Ayant pris le grade de docteur ès lettres en 1854, il fut chargé de la conférence de littérature grecque à l'Ecole normale, et devint professeur titulaire de cette chaire en 1857. Chargé d'un cours complémentaire de littérature grecque à la Faculté des lettres de Paris, en 1868, il fut choisi l'année suivante pour y suppléer M. Patin dans la chaire de poésie latine. M. Jules Girard a fait insérer, en 1852, dans les *Archives des missions scientifiques et littéraires*, un *Mémoire sur l'île d'Eubée*. Depuis cette époque il a publié : *De Megarensium ingenio et moribus*, et *Des caractères de l'atticisme dans l'éloquence de Lysias*, thèses de doctorat (1854) ; — *Thucydide*, ouvrage mis au concours et couronné par l'Académie française (1860) ; — *Hypéride, sa vie et son éloquence*, extrait d'un mémoire qui a partagé le prix ordinaire de l'Académie des inscriptions et belles-lettres (1861) ; — *Démosthène dans l'affaire d'Harpale* (1862) ; — *Le sentiment religieux en Grèce d'Homère à Eschyle*, ouvrage couronné par l'Académie française (1868). M. Jules Girard a été élu membre de l'Académie des inscriptions et belles-lettres le 9 mai 1873. Chevalier de la Légion d'Honneur depuis le 13 août 1862, il est aussi décoré de l'ordre du Sauveur de Grèce.

GIRARD DE CAILLEUX (Jacques-Henri), né à Lyon, le 9 mars 1814. Elevé par le comte Garat, dont il a été le légataire universel, M. Girard a épousé une nièce de M. de Cailleux, membre de l'Institut, ancien directeur des musées royaux, et a obtenu, par décret du 14 avril 1860, l'autorisation d'ajouter le nom de son oncle par alliance au sien propre. Après de solides études au lycée de Lyon et à l'École secondaire de médecine de la même ville, il se fit recevoir, au concours, interne des hôpitaux, et vint prendre, en 1836, le grade de docteur à la Faculté de Paris, avec une thèse intitulée : *Quelques considérations sur une variété de l'amaurose*. Nommé chef de clinique à l'Ecole de médecine de Lyon, en 1838, à l'unanimité des suffrages des professeurs de cette Ecole, médecin en chef et directeur de l'asile d'aliénés d'Auxerre en 1840, chargé d'une mission d'inspecteur-général des asiles de France en 1853, membre correspondant de l'Académie depuis 1859, élu président de la Société médico-psychologique en 1864, il fut nommé inspecteur-général du service des aliénés du département de la Seine en 1860. M. Girard de Cailleux s'est consacré à l'étude approfondie des questions relatives à la thérapeutique des maladies nerveuses, ainsi qu'à l'établissement, à l'hygiène et à l'administration des maisons des aliénés. C'est sur ses indications et d'après son programme qu'a été fondé et organisé l'asile modèle d'aliénés d'Auxerre (Yonne), ainsi que le bureau central d'examen, d'admission et de répartition des aliénés de la Seine, et qu'ont été créés les asiles de Sainte-Anne, de la Ville-Évrard et de Vaucluse. Tant de services n'ont pu trouver grâce, paraît-il, devant le gouvernement issu de la révolution du 4 septembre 1870, car ses fonctions ont été supprimées le 1er octobre suivant. On lui doit : *Essai sur quelques points de physiologie et de pathologie de la moelle épinière considérée dans ses rapports avec l'organisme* (1836) ; — *Considérations physiologiques et pathologiques sur les maladies nerveuses dites hystériques* (1841) ; — *De l'organisation et de l'administration des établissements d'aliénés* (1843) ; — *Compte-rendu administratif, statistique et moral sur le service des aliénés du département de l'Yonne* (1846) ; — *De la construction et de la direction des asiles d'aliénés* (1848) ; — *Specimen du budget d'un asile d'aliénés* (1855) ; — *Etudes pratiques* sur *les maladies nerveuses et mentales*, ouvrage couronné par l'Institut (1862, avec tableaux statist.) ; — *Compte-rendu* des séances de la Haute-Commission instituée par le préfet de la Seine pour la réforme et la réorganisation du service d'aliénés de ce département (1862). En outre, le même auteur a sous presse : *Études sur les eaux minérales et thermales de Salins et de Brides, en Savoie, et de Bourbon-Lancy*. Enfin, M. Girard de Cailleux a publié, dans les *Annales médico-psychologiques* et autres revues spéciales, des articles, notes et mémoires relatifs à ses travaux. Il est officier de la Légion d'Honneur depuis 1865.

GIRARDIN (Emile DE), né à Paris, le 22 juin 1806. Faussement déclaré à l'état civil comme né de parents complètement imaginaires, et sous le nom d'Emile de Lamothe, il porta ce nom jusqu'en 1827. Devenu majeur, il prit aussitôt le nom de son véritable père, nom qui lui appartient légitimement, sinon légalement, ainsi qu'il résulte d'une déclaration faite par le général comte de Girardin au sein d'une Commission de la Chambre des députés, et consignée au *Moniteur* du 24 décembre 1837. Sa mère était Mlle Fagnan, fille d'un commissaire-général aux finances, et dont il ne pouvait revendiquer le nom, à moins d'un procès criminel en soustraction d'état, attendu qu'elle était mariée à M. Dupuy, conseiller à la Cour de Paris. Fille d'une mère admirablement belle, et qui peignait et écrivait avec talent, elle était elle-même extrêmement jolie, ainsi que l'atteste son portrait peint par Greuze, et célèbre sous le nom de la *Jeune fille à la colombe*. Depuis sa naissance, Emile de Girardin était, de la part des auteurs de ses jours, l'objet des soins les plus attentifs, quand, en 1814, son père se maria. Dès lors sa mère, Mme Dupuy, n'eut plus qu'une idée dominante, celle de lui faire perdre les traces de son origine. Envoyé en Normandie chez un palefrenier du haras du Pin, il dut se faire, tant bien que mal, une sorte d'instruction puisée au hasard dans la bibliothèque d'un château voisin. En 1824, il vint à Paris, et fut attaché au cabinet du vicomte de Senonnes, secrétaire-général du ministère de la Maison du roi. A peine était-il en fonctions que la retraite de M. de Senonnes le fit entrer dans les bureaux d'un agent de change, où il resta tout juste le temps de perdre la moitié d'une petite rente de 1,200 fr. qui lui avait été achetée pour subvenir à ses frais d'entretien. Après avoir tenté vainement de se rapprocher de ses parents, et la faiblesse de sa constitution ne lui ayant même pas permis de s'engager comme soldat, il se réfugia, avec ses dernières ressources, dans une petite chambre où il vécut pauvrement, confiant au papier ses idées et ses déceptions, sans avoir, d'ailleurs, aucune prétention littéraire. C'est ainsi que fut écrit *Emile* (1827). Le succès de ce petit livre, qualifié de chef-d'œuvre par Jules Janin, fut retentissant. M. de Martignac traduisit l'intérêt que lui inspirait le jeune écrivain en le nommant inspecteur des beaux-arts, fonction sinécurielle et nullement rétribuée, mais qui avait au moins quelque relief. M. Emile de Girardin reprit courage ; et, n'osant pas se charger de la rédaction d'un journal, il créa un recueil hebdomadaire, le *Voleur*, qui, grâce à son utilité réelle et à l'originalité de son titre, compta 2,500 abonnés au bout de quelques mois, ce qui représentait 50,000 fr. de bénéfices annuels. Il était lancé. Le 1er octobre, il fit paraître la *Mode*, où Balzac, Eugène Sue et Mme Georges Sand publièrent leurs premiers articles, et Gavarni ses premiers dessins de modes. La révolution de 1830 le surprit. Il vendit sa part du *Voleur* et de la *Mode*. Le 1er juin 1831, il épousa une femme de génie et de grand cœur, Mlle Delphine Gay, qu'il a eu la douleur de perdre le 29 juin 1855. A partir de cette époque, il fit paraître successivement le *Journal des connaissances utiles*, qui, en un an, compta 230,000 abonnés (1831), le *Journal des Instituteurs primaires* (1832), le *Musée des Familles* (1833), l'*Almanach de France*, qui fut tiré à 1,300,000 exemplaires (1834), l'*Atlas de France*, l'*Atlas universel*, le *Panthéon littéraire* (1835), etc. La plupart de ces publications périodiques, à très-bon marché, conçues d'après un plan nouveau, et tirées à un nombre jusqu'alors inconnu d'exemplaires, exercèrent une action indiscutable sur les masses, favorisèrent la diffusion des connaissances utiles, et modifièrent profondément, en France, les conditions de la publicité. En 1832, M. E. de Girardin proposa sans succès, au directeur-général des postes, de supprimer les onze zones et de les remplacer par l'unité de taxe ; on sait quel chemin a fait, depuis, cette idée alors tournée en ridicule. En 1833, il fit paraître, avec MM. Paulin et Bixio, la *Maison rustique du XIXe siècle*. Fondateur de la *Presse*, le 1er juillet 1836, il mit ce journal à 40 fr. par an, juste la moitié du prix des autres, pour prouver que, le produit des annonces étant en raison du nombre des abonnés, il fallait réduire le prix des abonnements pour élever le produit des annonces à sa plus haute puissance. Et, cette fois encore, les événements justifièrent ses prévisions. De là, dans la presse parisienne, des rivalités d'opinion et d'intérêt qui tournèrent bientôt à l'animosité. Déjà trois fois M. de Girardin avait dû accepter des rencontres, quand cette dernière polémique, on pourrait dire cette question de boutique, amena entre lui et Armand Carrel, du *National*, un duel dont l'issue fut déplorable. Sa balle atteignit mortellement son adversaire qui avait tiré le premier et l'avait blessé grièvement à la cuisse gauche. Alors il jura de ne plus accepter de combat singulier ; et, ce qui prouve la supériorité de son caractère sur son tempérament, c'est qu'il a tenu parole. Le 22 octobre 1836, M. de Girardin fut nommé membre de la Commission instituée par le gouvernement pour la préparation d'un projet de loi relatif à la propriété littéraire. Trois fois élu député de la Creuse, de 1834 à 1846, il vit, en 1837, son élection discutée à la Chambre, sous l'étrange prétexte qu'il n'était pas Français. Dans l'arrondissement de Bourganeuf, cette calomnie valut à ses colporteurs, outre 500 francs d'amende, 8,000 fr. de dommages et intérêts, qui furent donnés à l'hospice. En 1839, sa nouvelle élection, à Bourganeuf, fut cependant invalidée sous ce prétexte mensonger ; tandis qu'en 1842, ayant été élu tout à la fois à Bourganeuf et à Castel-Sarrasin, il vit ses pouvoirs confirmés, malgré le renouvellement des précédentes manœuvres. Cependant, le journal la *Presse*, poursuivi par des inimitiés de toute sorte, fut mis en liquidation en 1839. M. de Girardin le racheta tout aussitôt, conjointement avec M. Dujarrier. Réélu député de la Creuse en 1846, le grand publiciste devint un des chefs du parti des conservateurs progressistes, et fut nommé rapporteur du projet de réforme postale dont il pouvait si bien revendiquer l'idée première. Un article inséré dans la *Presse*, en 1847, l'exposa à des poursuites devant la Cour des pairs, pour insultes au gouvernement, mais il fut renvoyé des fins de la citation. Le 14 février 1848, il donna sa démission de député. Quand la révolution éclata, il fut le premier à demander personnellement à Louis-Philippe son abdication en faveur du jeune comte de Paris, sous la régence de la duchesse d'Orléans, la dissolution de la Chambre et une amnistie générale. Au Palais-Bourbon, il réussit à protéger, sous les plis d'un drapeau qu'il avait arraché à un insurgé, la retraite de la duchesse d'Orléans. Sans avoir posé sa candidature pour la Constituante, il rallia, dans la Creuse, 12,000 voix autour de son nom, tandis que les Parisiens lui donnaient 70,000 suffrages; mais il ne fut pas élu. Pendant les journées de Juin, le gouvernement dictatorial de Cavaignac le fit appréhender dans les bureaux de la *Presse* et le garda onze jours au secret, tandis que son journal, supprimé sans motif, était condamné au silence jusqu'au 5 août suivant. Représentant du Bas-Rhin à la Législative, il siégea sur les bancs de l'Extrême-Gauche. Il avait été des premiers à lancer la candidature du prince Napoléon à la présidence, pour ne pas dire le premier, et son exemple avait entraîné presque toute la presse départementale et une partie de la presse parisienne. Sous ce rapport, il est loin d'être étranger à l'avénement de l'Empire. Après l'élection présidentielle, il refusa, malgré les instances les plus pressantes, la préfecture de police, la direction générale des postes, et enfin l'ambassade de Naples. Cependant, fidèle à ses principes libéraux, il ne tarda pas à se retourner contre son protégé de la veille, et à combattre énergiquement la réaction. A l'Assemblée, il s'opposa aux mesures restrictives de la liberté de la presse, à la mutilation du suffrage universel, vota contre l'expédition de Rome et la loi du 16 juillet, demanda l'abrogation de toutes les lois d'exil ou de transportation, etc., en sorte qu'après le Coup-d'État il fut compris au nombre des députés momentanément éloignés du territoire. Au bout de deux mois de séjour en Belgique, il put rentrer en France. La *Presse*, qui s'était mise dix jours en grève au moment du Coup-d'Etat, avait repris sa publication. Elle reçut du nouveau gouvernement quatre avertissements en quatre ans. En 1856, M. de Girardin, fatigué de ces tracasseries, vendit sa part de propriété dans ce journal (42 centièmes) à M. Millaud, moyennant 800,000 fr. En 1862, il reprit cette direction, qu'il conserva jusqu'au mois de février 1866. En 1867, il acquit la *Liberté* qui, grâce à la modicité de son prix et à la jeunesse de ses allures, eut d'abord beaucoup de succès. Le 6 mars 1867, il fut condamné à 5,000 fr. d'amende, comme convaincu d'excitation à la haine et au mépris du gouvernement. Sous le ministère Ollivier, il fit partie de la Commission d'enquête sur l'organisation administrative de la ville de Paris. Dans le même temps, il vendit la *Liberté* à M. Détroyat, et se retira du journalisme, sur l'offre qui lui était faite d'entrer au Sénat, et qu'il ne crut pas devoir décliner après les larges modifications faites à la constitution de 1852 et le plébiscite de mai 1870. Il venait donc d'être nommé sénateur (27 juillet) par décret non publié d'ailleurs, quand éclata la guerre; en sorte qu'il ne siégea jamais au Luxembourg. Confiant dans les affirmations du gouvernement, il se montra favorable à la déclaration de guerre, en quoi les événements le détrompèrent cruellement. Quand Paris fut sur le point d'être complètement investi, il se rendit à Limoges, pour y fonder un journal sous ce titre : *La Défense nationale*. En avril 1871, il fit paraître l'*Union française*, où il émit l'idée de constituer la France en République fédérale. L'année suivante, il se rendit acquéreur de la propriété du *Journal officiel*. Enfin, en 1873, conjointement avec MM. Gibiat et Jenty, il prit le gouvernail du *Petit Journal*, qui allait sombrer. La place manque ici pour citer tous les écrits dus à la plume féconde et autorisée de ce brillant publiciste. Voici ses principaux ouvrages : *Au hasard, Fragments sans suite d'une histoire sans fin* (1826); — *Emile* (1827); — *De la presse périodique au XIXe siècle* (1837); — *Etudes politiques* (1838, nouv. édit., 1849); — *De l'instruction publique en France* (1840, nouv. édit., 1842); — *De la liberté de la presse et du journalisme* (1842); — *De la liberté du commerce et de la protection de l'industrie* (1846-1847); — *Du budget* (1847); — *Bon sens, Bonne foi* (1848); — *Les Cinquante-deux* (1848, 13 vol.); — *L'expropriation abolie par la dette foncière consolidée* (1852); — *L'impôt* (1852, avec portrait et tableau); — *La politique universelle. Décrets de l'avenir* (1852); — *La liberté dans le mariage par l'égalité des enfants devant la mère* (1854); — *Le droit* (1856); — *Questions de mon temps, de 1836 à 1856* (1858 et suiv., 20 vol.); — une série de brochures sous les titres suivants : *La Guerre; Le libre vote; l'Equilibre européen; le Désarmement européen; l'Empereur Napoléon III et la France; l'Empereur Napoléon III et l'Europe; Conquête et nationalité; Désarmement et matérialisme* (1859); — *Civilisation de l'Algérie* (1860); — *Réponse d'un mort* (1861); — *La séparation de l'Eglise et de l'Etat* (1861); — *L'apaisement de la Pologne* (1863); — *Paix et liberté* (1864); — *Les droits de la pensée* (1864); — *Force ou richesse* (1865); — *Pouvoir et impuissance* (1865); — *Le succès* (1866); — *Le condamné du 6 mars* (1867); — *La voix dans le désert* (1868); — *L'ornière* (1869); — *Le gouffre* (1870). Dans ces derniers temps, M. de Girardin a publié : *Questions philosophiques*; — *Du droit de punir*; — *L'homme et la femme*; — *L'égale de son fils*. Il a écrit, pour le théâtre : *La fille du millionnaire* (1858, 3 act.); — *Le supplice d'une femme*, drame qui a eu beaucoup de succès au Théâtre-Français (1865, 3 actes); — *Les deux sœurs* (1865, 4 actes, avec préface, représentés 60 fois); — *Le mariage d'honneur* (1866); — *Les hommes sont ce que* *les femmes les font*, proverbe (1867) ; — *Les trois amants* (2 actes) ; — *Le bonheur d'être belle* (1 acte) ; — *Une heure d'oubli* (1 acte). M. Émile de Girardin est chevalier de la Légion d'Honneur depuis le 24 août 1842.

GIRARDIN (Jean-Pierre-Louis), né à Paris, le 16 novembre 1803. Admis, en 1821, dans les laboratoires de la pharmacie centrale des hôpitaux civils, il fut, en 1824, reçu le premier au concours de l'externat. Deux fois il obtint la médaille d'or aux concours de l'École de pharmacie. En 1825, il fut attaché au laboratoire de chimie du Collége de France, sous la direction de l'illustre Thénard, sur la présentation duquel il obtint d'être, en 1828, désigné pour la chaire de chimie appliquée aux arts, à Rouen. Encouragé par le succès de son enseignement, il créa pour les ouvriers de cette ville, en 1835, des cours de chimie ouverts le dimanche, et qui furent très-suivis. En même temps, il inspirait au Conseil général de la Seine-Inférieure l'idée d'ouvrir un cours de chimie agricole ; et, en 1838, il fut chargé d'inaugurer ce cours. Nommé, en 1853, directeur de l'École préparatoire à l'enseignement supérieur nouvellement fondé, il rendit de nouveaux services à la population industrielle et agricole de la Normandie, en recevant tous les ans dans son laboratoire une douzaine de jeunes gens, fils des principaux chefs d'établissements de teinture et d'impressions du pays, et en faisant, à partir de 1848, des conférences agricoles sur les engrais. M. Girardin élevé, en 1858, au grade de doyen de la Faculté des sciences de Lille, où il occupait en même temps une chaire de chimie, a été nommé recteur de l'Académie de Clermont-Ferrand en 1868. Membre correspondant de l'Institut, membre associé de l'Académie de médecine de Paris, il est aussi correspondant de la Société centrale d'agriculture et de la Société d'encouragement de Paris, et d'un grand nombre de Sociétés savantes de la province et de l'étranger. On lui doit : *Eléments de minéralogie appliquée aux sciences chimiques*, en collaboration avec M. Lecoq (1826, 2 vol.) ; — *Nouveau manuel de botanique*, ou *Précis élémentaire de physique végétale*, avec M. Juillet (1827) ; — *Considérations générales sur les volcans* (1830) ; — *Leçons de chimie élémentaire* (1836-1837, 2 vol., 5ᵉ édit., 1872-1873, 5 vol.) ; — *Notice biographique sur Édouard Adam* (1837) ; — *Mémoires de chimie appliquée* (1839) ; — *Du sol arable* (1842) ; — *Des fumiers et autres engrais animaux* (1847, 6ᵉ édit., 1864) ; — *Technologie de la garance* (1844) ; — *Cours élémentaire d'agriculture*, avec M. A. Du Breuil (1850-1852) ; — *Mélanges d'agriculture, d'économie rurale et publique, et de sciences physiques appliquées* (1852, 2 vol.) ; — *Analyse de plusieurs produits d'art d'une haute antiquité* (1ᵉʳ mémoire, 1846 ; 2ᵉ mémoire, 1852, inséré dans les *Mémoires des savants étrangers* de l'Académie des inscriptions et belles-lettres) ; — *Dulong, de Rouen, sa vie et ses ouvrages*, avec M. Ch. Laurens (1854) ; — *Courte instruction sur l'emploi du sel en agriculture* (1856) ; — *Excursion agricole à Jersey*, avec M. J. Morière (1857) ; — *Traité élémentaire d'agriculture* (2ᵉ édit., 1863) ; — *Considérations sur l'usage et l'abus de l'eau-de-vie et des autres liqueurs fortes* (1864) ; — *Étude de l'alimentation en eau de la ville de Lille. Analyse des eaux potables de cette ville* (1866) ; — *Chimie générale et appliquée pour l'enseignement spécial* (1868-1869, 4 vol.). Le même auteur a publié beaucoup de brochures et de mémoires, et a collaboré aux *Cent traités pour l'instruction du peuple*, au *Bulletin universel* de Férussac, au *Journal d'agriculture pratique*, au *Journal de pharmacie et des sciences accessoires*, à la *Normandie agricole*, etc. Il a remporté un prix de la Société de pharmacie de Paris en 1840, avec un *Essai chimique et technologique sur le polygonum tinctorium*, en collaboration avec M. Preissier, une médaille d'or de la Société d'agriculture du Cher en 1846, pour un *Mémoire sur les fumiers*, la médaille en or des savants étrangers, décernée par la Russie, et une bague en diamants octroyée par l'empereur du même pays. Pendant son séjour dans le Nord, il a publié, dans les *Recueils* de la Société des sciences de Lille, et dans les *Archives* de l'agriculture du Nord, un certain nombre de mémoires de chimie appliquée. M. Girardin, chevalier de la Légion d'Honneur en 1841, et promu officier en 1857, est, en outre, officier de l'Instruction publique, officier de l'ordre de Léopold de Belgique, et commandeur de l'ordre du Lion et du Soleil de Perse.

GIRAUD (Louis-Alfred), né à Fontenay-le-Comte (Vendée), le 3 août 1827. Il prit le grade de docteur en droit à la Faculté de Paris, en 1853, le brevet d'archiviste paléographe à l'École des chartes, dont il sortit le premier, entra dans la magistrature, comme substitut près du tribunal de Tours, en 1856, et devint, en 1868, vice-président du tribunal civil de Blois. En dehors de ses fonctions judiciaires, il cultiva les belles-lettres, se livra à des travaux de littérature et de jurisprudence, et fit paraître : *Les Vendéennes*, poésies (1850), et un excellent ouvrage pratique : *Eléments de droit municipal* (1869). M. Giraud, élu représentant de la Vendée à l'Assemblée nationale, le 8 février 1871, par 53,871 voix, a pris place sur les bancs du Centre-Droit avec lequel il vote ordinairement. Il assiste à la réunion extra-parlementaire dite « Saint-Marc-Girardin, » et a été l'un des 94 signataires de la protestation contre l'exil des Bourbons. Il a voté notamment : pour la paix, la validation de l'élection des princes, les lois municipale et départementale, les propositions Ravinel et Vitet, le traité douanier, la dénonciation des traités de commerce, l'impôt sur le chiffre des affaires, et pour l'ordre du jour motivé de M. Ernoul (séance du 24 mai 1873) ; *contre* le retour de l'Assemblée à Paris, la proposition Feray, les amendements Barthe et Keller, l'impôt sur les bénéfices. M. Giraud est officier d'Académie.

GIRAULT (Jean), né au Moulin-des-Forges, près Saint-Amand (Cher), le 11 octobre 1825. Fils d'un honorable industriel de sa localité, il s'associa de bonne heure aux affaires de son père, et contribua, par son intelligence et son activité, à l'amélioration de la meunerie dans son arrondissement, tout en faisant prospérer son moulin. C'est ainsi qu'en 1867 il put se retirer des affaires avec une petite fortune laborieusement acquise. L'étendue de ses relations lui valut une certaine notoriété, et ses opinions politiques marquèrent sa place parmi les chefs du parti libéral. Organisateur du Comité démocratique de Saint-Amand, et délégué de la garde nationale pour assister aux fêtes de la constitution, célébrées à Paris en 1848, il mit son influence au service de l'ordre, en 1851, et fut élu, comme candidat de l'opposition démocratique, député de la 2e circonscription du Cher, au Corps législatif, en 1869. Son élection, obtenue seulement au second tour de scrutin, fut l'objet d'une opposition vive; et il n'en obtint la validation qu'en prenant lui-même une part importante aux débats. Le 4 Septembre, avant l'entrée de M. Gambetta à la Chambre, il maintenait à son fauteuil le président du Corps législatif, et, par son attitude énergique et calme, obtenait un moment l'évacuation de la salle, dont les premiers envahisseurs ne revinrent que plus tard, portés par la foule du dehors. Dans la réunion des députés, qui eut lieu le soir à la présidence, il proposa la formation d'un gouvernement provisoire composé de tous les députés qui avaient voté contre la guerre, et l'ouverture des grands comices électoraux dans la semaine qui suivrait. Le 5 septembre, il accepta de M. Gambetta la mission d'organiser la défense dans le Cher; mais les obstacles de toutes sortes contre lesquels il eut à lutter lui firent donner sa démission le 12 du même mois. Elu conseiller général, pour le canton de Saint-Amand, le 12 juin 1870, puis éloigné de son siège par le décret dissolutioniste du 4 septembre suivant, il fut réélu, par une majorité considérable, le 8 octobre 1871. Lors des élections partielles pour l'Assemblée nationale, du 2 juillet 1871, il obtint 28,757 voix dans son département, 3,000 voix de moins seulement que le dernier candidat nommé. M. J. Girault est maire de la commune d'Allichamps depuis le 24 janvier 1866.

GIROU DE BUZAREINGUES (François - Louis-Adrien-Edouard), né à Buzareingues (Aveyron), le 12 février 1805 ; fils d'un savant qui fut correspondant de l'Institut, et décédé chevalier de la Légion d'Honneur en juillet 1856. M. Girou de Buzareingues a commencé ses études médicales à Montpellier, et les a terminées à Paris ; il a été interne des hôpitaux. Reçu docteur en 1832, avec une thèse sur les *Maladies cutanées et sur l'emploi du goudron dans le traitement du prurigo*, il professa, de 1835 à 1838, l'anatomie générale à l'Ecole pratique de Paris, et s'occupa de questions anatomiques. Membre du Conseil général de l'Aveyron, il le présida en 1859, 1861 et 1869. M. Girou de Buzareingues, élu député de l'Aveyron au Corps législatif, en 1852, par 20,200 voix, a constamment été maintenu dans son mandat jusqu'à la révolution du 4 septembre 1870. On lui doit un *Essai sur le mécanisme des sensations, des idées et des sentiments*, en collaboration avec son père. Il a, de plus, fourni des travaux à la *Revue médicale*, aux *Annales des sciences naturelles*, à la *Revue d'agriculture*, etc. M. Girou de Buzareingues, officier de la Légion d'Honneur depuis le 17 août 1866, et officier de l'Instruction publique, est membre de la Société des sciences, lettres et arts de l'Aveyron.

GLAIS-BIZOIN (Alexandre-Olivier), né à Quintin (Côtes-du-Nord), le 9 mars 1800. Il fit son droit à la Faculté de Rennes, et vint se faire inscrire au barreau de Paris, en 1823 ; mais il n'y a jamais plaidé. Bientôt en possession d'une grande influence, il fut conseiller général des Côtes-du-Nord et député du collége électoral de Loudéac, pendant toute la durée du règne de Louis-Philippe. A la Chambre, il se montra défenseur zélé des principes de 89, demanda la suppression du timbre des journaux, fut le promoteur de la réforme postale, de la taxe unique, seconda la manifestation des Banquets-réformistes, et signa la demande de mise en accusation du ministère Guizot. Elu représentant de son département à l'Assemblée constituante en 1848, il siégea à l'Extrême-Gauche, présida la réunion du Palais-National, présenta un amendement sur la fameuse question du droit au travail, et lutta de toutes ses forces contre les envahissements de la politique élyséenne. N'ayant pas été réélu à l'Assemblée législative, il resta dans la vie privée jusqu'au moment où l'Empire, subissant la pression de l'opinion publique, fut contraint de modifier son régime dans un sens un peu plus libéral. Alors il prêta le serment, mais en déclarant qu'il le tenait pour nul et sans valeur depuis le parjure de celui qui l'exigeait. Il fit partie du Corps législatif, de 1863 à 1870, d'abord comme député des Côtes-du-Nord, puis comme député de Paris. Pendant ces deux législatures, il vota constamment avec l'Extrême-Gauche, et se distingua par ses propositions relatives à la modification de l'impôt sur les boissons, à la suppression du timbre des journaux, et par son opposition à la déclaration de la guerre franco-allemande. En cette circonstance exceptionnelle, non-seulement il vota contre la guerre ; mais seul, par trois votes successifs, il refusa tous les subsides demandés par le gouvernement. La nouvelle de nos premiers désastres n'ébranla pas son courage ; et il demanda, d'une part, qu'aucune convention ni traité ne fussent ratifiés tant que l'ennemi serait sur notre territoire, et, d'autre part, qu'on fit une enquête sur les actes du maréchal Lebœuf et des chefs de l'intendance, considérés comme coupables d'incurie. Lors de la révolution du 4 Septembre, il fut acclamé à l'Hôtel-de-Ville, ainsi que les autres députés de Paris, en qualité de membre du gouvernement de la Défense nationale. Délégué à Tours, avec MM. Fourichon et Crémieux, pour le temps que durerait l'investissement de Paris, il s'employa sans retard à l'organisation de la résistance dans le midi de la France, et contresigna la plupart des mesures prises de concert avec ses premiers collègues, auxquels s'adjoignit bientôt M. Gambetta. Il fut un des membres du gouvernement qui se prononcèrent avec le plus d'insistance en faveur des élections d'octobre, élections qui auraient amené une Assemblée tout à fait républicaine et patriote. N'étant pas appelé à faire partie de l'Assemblée nationale, il remit ses pouvoirs, d'accord et en même temps que ses collègues du gouvernement de la Défense nationale, entre les mains de la nouvelle Chambre, qui l'invita à conserver ses fonctions jusqu'à ce qu'elle se fût elle-même constituée. Accusé, pendant qu'il était à Paris, fonctionnant et décrétant en présence de l'Assemblée et avec son autorisation, d'avoir vendu ses biens, qui sont considérables, pour se réfugier à l'étranger avec les dépouilles de l'État, il n'eut pas de peine à se disculper de cette absurde et lâche calomnie, et à prouver que non-seulement il n'avait pas dénaturé sa fortune pour se préparer à la fuite, mais qu'il avait fait des sacrifices persistants et personnels pendant tout son séjour au pouvoir, et n'avait jamais voulu accepter le moindre traitement. Avant le 8 février 1871, il avait posé sa candidature à l'Assemblée nationale dans les Côtes-du-Nord, mais l'avait retirée presque au moment de la votation, pour ne pas diviser les voix républicaines. M. Glais-Bizoin rentra dans la capitale au lendemain de l'insurrection de la Commune (18 mars), considérant que son titre d'ancien député de Paris lui en faisait un devoir. Arrêté dès le jour suivant, et conduit à l'Hôtel-de Ville devant le Comité central, il fut mis en liberté sur parole. Puis il fut arrêté de nouveau et enfermé quinze jours à la Conciergerie, dont il sortit grâce à l'intervention de M. Beslay. Enfin, pour la troisième fois, il fut saisi comme ôtage, et détenu à la place Vendôme, et ne fut libre qu'après l'entrée des troupes de Versailles dans Paris. M. Glais-Bizoin s'est présenté à Paris, comme candidat radical, aux élections complémentaires du 2 juillet 1871. N'ayant pas été élu, il a cessé de se mêler des affaires publiques. Il a collaboré pendant assez longtemps à la *Tribune française*, organe républicain hebdomadaire fondé en 1868. On lui doit quelques comédies de mœurs : *Une vraie Bretonne, ou Un cas pendable* (1862) ; — *Une fantaisie* (1867) ; — *Le vrai courage, ou Un duel en trois parties et une femme pour enjeu*, trois actes joués à Genève (1868). Enfin, il a publié récemment : *Dictature de cinq mois, ou Mémoire pour servir à l'histoire du gouvernement de la Défense nationale, et de la délégation de Tours et de Bordeaux*.

GOBLET (Réné), né à Aire (Pas-de-Calais), le 26 novembre 1828. Licencié en 1848, et docteur, en 1850, de la Faculté de droit de Paris, il se fit inscrire au barreau de la Cour d'Amiens. Il était bâtonnier de l'ordre des avocats, lorsqu'éclatèrent les événements qui déterminèrent la chute de l'Empire. Ayant toujours professé les opinions républicaines, et l'un des fondateurs, en 1869, du *Progrès de la Somme*, journal démocratique, il crut devoir accepter, le 6 septembre 1870, les fonctions de procureur-général à Amiens. Mais, une circulaire du 19 juin 1871 ayant mis les magistrats amovibles en demeure d'opter entre leur position et la candidature à l'Assemblée, il donna sa démission, bien qu'il n'existe aucune incompatibilité légale entre les fonctions de magistrat et le mandat de député, et se présenta aux élections complémentaires. Élu représentant de la Somme, par 75,503 voix, M. Réné Goblet, sans avoir l'oreille de la majorité, puisqu'il siège sur les bancs de la Gauche, a su plus d'une fois s'imposer à l'attention de la Chambre par la correction et l'élégance de son langage, non moins que par la justesse de ses idées. Il a signé le manifeste de la Gauche, et a voté notamment : *pour* les amendements Barthe et Keller, la loi départementale, l'impôt sur les bénéfices ; *contre* l'impôt sur le chiffre des affaires et l'amendement Target. Enfin, il s'est prononcé pour l'ordre du jour pur et simple et contre l'ordre du jour motivé de M. Ernoul, dans la mémorable séance du 24 mai 1873.

GOBLEY (Nicolas-Théodore), né à Paris, le 11 mai 1811. Il a fait à l'École de Paris, ses études de pharmacie, et a dirigé pendant longtemps une des officines les plus connues et les plus accréditées de la capitale. Nommé, en 1842, professeur agrégé à l'École de pharmacie, il a été élu, le 1er août 1861, membre de l'Académie de médecine (section de pharmacie). M. Gobley est membre du Conseil d'hygiène publique et de salubrité du département de la Seine et de la Commission des logements insalubres de la ville de Paris. Il est un des collaborateurs du *Journal de pharmacie et de chimie* et du *Dictionnaire encyclopédique des sciences médicales*. Nommé, en 1861, membre de la Commission spéciale, formée près le ministère de l'Instruction publique pour la révision du *Codex* ou *Pharmacopée française*, il a pris une grande part à la rédaction de cet ouvrage, et a fait partie de la Sous-Commission qui a coordonné tout le travail et surveillé l'impression du livre. On a de lui un grand nombre de travaux, de rapports ou mémoires, parmi lesquels nous citerons les suivants : *Sur un nouvel instrument d'essai pour les huiles d'olive* (1843) ; — *Sur le perchlorure de fer* (1844) ; — *Recherches chimiques sur le jaune d'œuf* (1846) ; — *Examen comparatif du jaune d'œuf et de la matière cérébrale* (1847) ; — *Sur la présence de l'arsenic dans les eaux minérales* (1848-1849) ; — *Sur le laurier-cerise* (1849) ; — *Recherches sur les œufs et la laitance de carpe* (1850) ; — *Sur les feuilles de Faham* (1850) ; — *Sur la matière grasse du sang veineux de l'homme* (1850) ; — *Analyse du champignon comestible* (1856) ; — *Recherches sur la nature chimique et les propriétés des matières grasses contenues dans la bile* (1856) ; — *Sur la vanille* (1858) ; — *Recherches physiologiques sur l'urée* (1859) ; — *Etude sur la racine de Kawa* (1860) ; — *Sur les calculs biliaires* (1861) ; — *Recherches de matière médicale* (1868) ; — *Sur les étamages et la poterie d'étain* (1869) ; — *De l'action de l'ammoniaque sur la lécithine* (1870). M. Gobley, chevalier de la Légion d'Honneur depuis 1851, a été promu officier le 7 août 1870.

GODARD (Benjamin-Louis-Paul), né à Paris, le 18 août 1849. Doué de remarquables dispositions pour la musique, il était, dès l'âge de 11 ans, organiste de Notre-Dame de Taverny-Saint-Leu. Il étudia le violon près de MM. Hammer et Vieuxtemps. Admis au Conservatoire en 1863, il y suivit la classe de composition de M. Reber. En 1865 et 1866, il concourut pour le prix de Rome. On doit à M. Benjamin Godard : 3 *sonates* pour piano et violon ; 4 *morceaux* pour violon, alto et violoncelle ; les *Contes de Perrault*, 9 *morceaux* pour piano.

Il a composé, pour la musique vocale, un volume contenant 30 *morceaux* de chant et piano, et les partitions d'une soixantaine de *romances, chansons* ou *mélodies*, empruntées aux œuvres des poëtes les plus connus, tels que MM. Victor Hugo, Musset, Souvestre, de Lacretelle, Delavigne, Manuel, etc. Enfin, M. Benjamin Godard se prépare actuellement (1873) à publier une nouvelle série de morceaux pour chant et piano, une sonate pour piano et violon, six *fables de Lafontaine*, et une suite pour le piano, intitulée : *Dans la forêt*.

GODARD-FAULTRIER (Victor), né à Angers, le 11 septembre 1810. Le nom de Faultrier est celui de sa femme, qu'il a joint au sien propre, suivant un usage assez répandu en Anjou. M. Godard-Faultrier fit ses études au lycée de sa ville natale et son droit à la Faculté de Paris. Licencié en 1837, et bientôt après inscrit au tableau des avocats d'Angers, il délaissa le barreau pour se livrer exclusivement à des travaux d'histoire et d'archéologie. En 1836 et 1837, il avait débuté, comme littérateur, dans le journal l'*Artiste*. Depuis lors, il a fait paraître de nombreuses notices dans diverses publications, notamment dans le *Bulletin monumental* de M. de Caumont, la *Revue de l'instruction publique*, la *Revue de l'Anjou*, le *Répertoire archéologique de Maine-et-Loire*, les *Mémoires* de la Société des sciences et arts d'Angers, le *Bulletin* de la Société industrielle de la même ville, etc. Ses principaux ouvrages sont : *L'Anjou et ses monuments*, publié sous les auspices du Conseil général, avec la collaboration de M. Hawke, dessinateur et graveur (1839-1840, 2 vol., 104 pl.); — *Nouvelles archéologiques* (1847-1857); — *Le champ des Martyrs*, ouvrage traduit en allemand (1852, 3ᵉ édit., 1868); — *D'Angers au Bosphore, pendant la guerre d'Orient. Constantinople, Athènes, Rome, etc. Impressions, curiosités, archéologie, arts et histoire*, etc., ouvrage orné de dessins par M. le docteur Hippolyte Godard, fils de l'auteur (1858, 32 pl.); — *Monuments gaulois de l'Anjou* (1861); — *Monuments antiques de l'Anjou*, ou *Mémoire sur la topographie gallo-romaine du département de Maine-et-Loire*, travail qui a obtenu la médaille d'or du Conseil général, au concours de 1858, et une mention honorable à l'Académie des inscriptions et belles-lettres, en 1859 (1864); — *Le château d'Angers au temps du roi Réné*, etc., mémoire couronné par le Conseil général (1866); — *Inventaire du musée des antiquités d'Angers* (1868). En outre, il a annoté les *Chroniques d'Anjou et du Maine de Bourdigné*, réimprimées par M. le comte Th. de Quatrebarbes (1842, 2 vol.). M. Godard-Faultrier, directeur-fondateur du musée des antiquités d'Angers, remplit gratuitement cette charge depuis 1841. Il est membre correspondant de la Société des antiquaires de l'Ouest, de la Société des antiquaires de Normandie, de la Société archéologique de Tours, de l'Institut archéologique de la Grande-Bretagne et Irlande, de la Commission de la topographie des Gaules; membre titulaire de la Société d'agriculture, sciences et arts d'Angers, de la Société pour la conservation et la description des monuments historiques de France, de la Société industrielle d'Angers; correspondant du ministère de l'Instruction publique pour les travaux historiques; inspecteur correspondant du ministère de l'Intérieur pour le service des monuments historiques; secrétaire de la Commission des bâtiments civils du département de Maine-et-Loire; associé correspondant de la Société des antiquaires de France; titulaire de l'Institut des provinces. Vingt ans président de la Commission archéologique, dont il est le fondateur, il en est maintenant président honoraire. M. Godard-Faultrier a été nommé chevalier de l'ordre de Saint-Grégoire-le-Grand en 1863, officier d'Académie en 1866, et officier de l'Instruction publique en 1873.

GODEBSKI (Cyprien), né à Méry-sur-Cher (Cher), le 30 octobre 1835. Il est issu d'une famille de littérateurs polonais. Son grand-père, poète distingué, porta les armes sous le premier Empire, et fut tué, en 1809, à la bataille de Raszyn. Son père, Xavier Godebski, d'abord élève au corps des cadets de Kalisz, puis attaché à l'administration des finances, se réfugia en France à la suite du soulèvement national, en 1832, devint professeur à l'Ecole polonaise de Paris-Batignolles, et publia beaucoup d'ouvrages estimés. M. Cyprien Godebski, brillant élève de M. Jouffroy (de l'Institut), a prouvé, par les succès qui ont accueilli ses œuvres, qu'en se consacrant à la statuaire il n'avait fait que suivre une véritable et sérieuse vocation. En 1857, il a débuté au Salon de Paris par le buste en marbre de l'amiral baron *de Lassus*. De 1858 à 1861, il a exécuté le groupe en plâtre de la *Pologne*, pour la Galicie autrichienne, exposé en 1864. Puis il a fait toute la décoration de l'*Hôtel des Invalides de Lemberg*. On lui doit aussi les statues en marbre des maréchaux *Laudon-Lassy*, pour l'arsenal de Vienne; la statue en marbre de son beau-père, le célèbre violoncelliste *Fr. Servais*, érigée sur la place de l'Hôtel-de-Ville de Hal, près de Bruxelles; le monument du compositeur polonais *Moniuszko*, pour la cathédrale de Varsovie; le buste de S. E. le comte *Vladimir Adlerberg*, ministre de la Cour, pour S. M. l'empereur de Russie; le monument commémoratif de la *Guerre de Crimée*, pour la ville de Sébastopol; le monument funèbre de *Théophile Gautier*, actuellement en état d'exécution au cimetière Montmartre; et beaucoup de bustes, portraits, etc. Parmi les œuvres exposées par M. Godebski au Salon de Paris, on distingue encore : *Le réveil*, statue en marbre; le buste en marbre de *Rossini* (1866); — *L'enfant au chevreau*, groupe en marbre (1867); le buste en marbre de Mᵐᵉ *Sophie Godebski*; le médaillon en marbre de M. *G. Maillard* (1868); — *La délivrance*, statue en marbre (1872). M. Godebski est membre de l'Académie de Saint-Pétersbourg, et chevalier de l'ordre de Léopold de Belgique.

GODEFROY (Auguste-César-François), né à Rennes, le 26 avril 1803. D'abord élève de l'Ecole secondaire de médecine de Rennes, en 1821, et externe à l'Hôtel-Dieu de cette ville, il termina ses études médicales à la Faculté de Paris où il fut admis à l'Ecole pratique, et prit le grade de docteur le 16 janvier 1828, avec une thèse sur l'*Hystérie*. Puis il s'établit dans son pays natal où il ne tarda pas à jouir d'une position distinguée. Médecin de la Société de charité maternelle de Rennes dès 1831; membre du jury médical du département d'Ille-et-Vilaine, depuis le 5 juillet 1831 jusqu'à la suppression de cette institution en 1855; professeur d'accouchements (théorie et pratique) pour les élèves sages-femmes et conservateur du vaccin pour le département depuis 1837; professeur d'accouchements (théorie et pratique) et de maladie des femmes et des enfants à l'Ecole de médecine depuis 1840; médecin des hospices civils de Rennes depuis 1868, il a été honoré, comme vaccinateur, de trois médailles d'argent, d'une médaille d'or, et du tiers du grand prix de 1,500 francs. M. Godefroy a publié, dans les *Annales d'obstétrique*, le *Journal des connaissances utiles médico-chirurgicales*, la *Revue de thérapeutique médico-chirurgicale*, etc., un grand nombre d'articles et de mémoires concernant sa spécialité, et que nous regrettons de ne pouvoir citer tous. Voici les principaux : *Observations de rétroversions utérines à quatre mois et demi de grossesse; réduction très-facile par un procédé propre à l'auteur* (1843); — *Réclamation, en faveur de feu Jules Halin, de la priorité pour l'application du forceps avec une seule main, dans les positions obliques de la tête fœtale* (1852); — *De l'accouchement prématuré artificiel* (1857); — *Nouvelles observations de rétroversions utérines réduites par la méthode de l'auteur* (1862); — *Des semences de citrouilles contre le tænia; observations* (1852); — *Hygiène des femmes en couche* (1864); — *De l'éclampsie puerpérale et de son traitement* (1868); — *Observation de fécondation chez une fille de 20 ans qui n'avait jamais été réglée et chez laquelle, bien qu'elle n'eût pas nourri son enfant, les règles n'avaient pas encore paru un an après son accouchement; réflexions* (1869); — *Observation d'un hymen tellement épais et si peu perforé que, pendant cinq années, il s'est opposé au coït ; deux coups de ciseau en firent justice* (1872), etc.

GODIN (Jean-Baptiste-André), né à Esquéhéries (Aisne), le 26 janvier 1817. Issu d'une famille d'artisans, il fit dans son village natal, en 1840, les premiers essais d'une industrie nouvelle consistant dans l'application de la fonte de fer à la fabrication des appareils de chauffage en tous genres. En 1846, il transporta cette industrie à Guise, et construisit les premiers ateliers d'une usine qui, tant par l'importance et la diversité de ses produits que par le nombre des ouvriers qu'elle occupe, est devenue, dans sa spécialité, la première du monde entier. C'est en 1859 qu'il commença, près de son usine, la construction du *Familistère* de Guise, vaste édifice contenant, outre sa propre habitation, le logement d'une partie du personnel de sa maison. Aujourd'hui, 1,000 personnes environ habitent cette sorte de palais. La liberté la plus large y règne, et la famille y est entourée des institutions les plus utiles. Des caisses mutuelles assurent le sort des vieillards, des infirmes et des orphelins. Des établissements, contigus au palais, sont affectés à l'éducation et à l'instruction des enfants qui sont divisés en six classes : nourricerie pour les enfants au berceau, salle des enfants de 2 à 4 ans, salle d'asile, puis trois classes d'écoles servant successivement à instruire les enfants jusqu'à l'âge de 12 à 15 ans. Tous ces soins dont l'enfance est l'objet, l'apprentissage compris, sont donnés gratuitement aux familles par l'établissement. M. Godin est l'inventeur de l'art d'émailler la fonte en couleurs diverses sur toutes sortes de formes et sculptures propres à l'ameublement des habitations. On lui doit un ouvrage intitulé : *Solutions sociales* (1871), où sont exposés tous les principes sur lesquels repose la fondation du *Familistère*. Elu représentant de l'Aisne à l'Assemblée nationale, par 41,071 voix, le 8 février 1871, il s'est fait inscrire aux réunions de l'Union-Républicaine et de la Gauche-Républicaine; a signé le manifeste de la Gauche, et a voté notamment : pour la paix, le retour de l'Assemblée à Paris, l'abrogation des lois d'exil, l'amendement Keller, la dénonciation des traités de commerce, les impôts sur les bénéfices et sur le chiffre des affaires; contre la dissolution des gardes nationales, la validation de l'élection des princes d'Orléans, le pouvoir constituant, l'amendement Target, et contre l'ordre du jour motivé de M. Ernoul, dont le succès a provoqué la révolution parlementaire du 24 mai 1873. Il s'est abstenu lors du vote de l'amendement Barthe et de la loi départementale. M Godin est maire de Guise depuis 1870, et a été élu conseiller général de l'Aisne le 8 octobre 1871.

GONCOURT (Huot de). M. Edmond-Louis-Antoine de Goncourt est né à Nancy, le 26 mai 1822; M. Jules-Alfred de Goncourt est né à Paris, le 17 décembre 1830. Leur père, ancien officier supérieur de cavalerie et officier de la Légion d'Honneur, leur fit donner une instruction des plus soignées. Indépendants par leur position de fortune, et libres de suivre leurs goûts, ils embrassèrent tous deux la carrière littéraire, et mirent en commun leurs idées et leurs écrits. De cette collaboration fraternelle, si complète, si heureuse et si digne d'être louée, sortirent des œuvres nombreuses, variées, qu'on a fort discutées, mais auxquelles on n'a jamais dénié de grandes qualités de style, une certaine audace de conception, et beaucoup d'originalité. On doit aux frères de Goncourt, pour les appeler du nom collectif sous lesquels ils sont connus dans le monde des lettres, des critiques d'art, des romans, des études de mœurs très-fouillées et des travaux de compilation historique. Voici la liste de leurs principaux ouvrages : *En 18..* (1851); — *Salon de 1852* (1852); — *Mystères des théâtres en 1852* (1853); — *Histoire de la Société française pendant la Révolution*, 3ᵉ édit., 1864); — *Histoire de la Société française pendant le Directoire* (1855, nouv. édit., 1864); — *Une voiture de masques* (1855); — *Portraits intimes du XVIIIᵉ siècle* (1857-1858, 2 vol.); — *Sophie Arnould, d'après sa correspondance et ses mémoires inédits* (1857, 2ᵉ édit., 1859); — *Histoire de Marie-Antoinette* (1858, 2ᵉ édit. revue et augm., 1859); — *L'art au XVIIIᵉ siècle* (1859-1870); — *Les maîtresses de Louis XV* (1860, 2 vol.); — *Les hommes de* lettres (1860) ; — *Sœur Philomène* (1861) ; — *La femme au XVIIIe siècle* (1862) ; — *Rénée Mauperin* (1864) ; — *Germinie Lacerteux* (1865) ; — *Idées et sensations* (1866) ; — *Manette Salomon* (1867, 2 vol.) ; — Mme *Gervaisais* (1869) ; — *Gavarni. L'homme et l'œuvre*, etc. MM. de Goncourt ont dirigé la rédaction de plusieurs journaux de la petite presse, tels que *Paris*, l'*Éclair*, etc. Ils se sont essayés au théâtre avec un drame en trois actes, *Henriette Maréchal*, joué au Théâtre-Français, et qui a fait grand bruit. Cette pièce a été publiée en 1865, avec un exposé historique, suivi d'un prologue en vers de M. Théophile Gautier. M. Edmond de Goncourt a reçu la croix de la Légion d'Honneur le 7 septembre 1867.

GONDRECOURT (Henri-Ange-Aristide, *baron* DE), né à la Guadeloupe, le 22 mars 1816. Il est le troisième fils du comte Etienne de Gondrecourt. Ses études classiques terminées au lycée Louis-le-Grand, il a été admis à l'Ecole militaire de Saint-Cyr en 1832. Sous-lieutenant au 47e de ligne le 23 avril 1835, il fit avec ce régiment toutes les expéditions de la province d'Oran (1835-1837), et entra aux spahis, comme lieutenant, le 27 avril 1837. Capitaine au 12e chasseurs le 3 juin 1843, chef d'escadrons au 3e cuirassiers le 3 janvier 1851, lieutenant-colonel du 4e chasseurs d'Afrique le 23 juin 1855, il passa, le 26 avril 1856, au 1er de même arme, prit part à la conquête de la grande Kabylie, et fut nommé colonel du 6e chasseurs le 14 mars 1859. M. de Gondrecourt était à la tête des chasseurs à cheval de la garde impériale depuis le 1er avril 1862, lorsqu'il reçut les épaulettes de général de brigade, le 21 décembre 1866. Il a commandé l'Ecole militaire de Saint-Cyr, du 26 décembre 1866 au 16 juillet 1870, époque où il a pris le commandement de la 2e brigade de la cavalerie du 4e corps de l'armée du Rhin (division Legrand). Dans la sanglante action de Mars-la-Tour (16 août 1870, bataille de Gravelotte ou Rézanville), la division Legrand ayant perdu son chef et le général de sa 1re brigade, le général de Gondrecourt en prit le commandement, et le conserva pendant la durée complète des opérations actives de l'armée de Metz. Il fut mis à l'ordre du jour du 4e corps. En rentrant de captivité, il fut appelé au commandement du département de Lot-et-Garonne. Nommé général de division le 26 décembre 1872, il est aujourd'hui inspecteur-général du 7e arrondissement de cavalerie. Aux devoirs rigoureux de l'homme de guerre, M. de Gondrecourt a su joindre, avec succès, les délassements de l'esprit. On lui doit notamment : *Les derniers Kerven, épisode de la guerre des Deux-Roses* (1844, 2e édit., 1857) ; — *Médine* (1845, 2e édit., 1858) ; — *La marquise de Candeuil* (1846) ; — *Les péchés mignons* (1847, 2e édit., 1856) ; — *Un ami diabolique* (1848, 2e édit., 1861) ; — *Le légataire* (1850, 2e édit., 1864) ; — *Le bout de l'oreille* (1851, 2e édit., 1859) ; — *Le chevalier de Pampelone* (1852) ; — *La tour de Dago* (1852) ; — *Le baron La Gazette* (1853, 3e édit., 1864) ; — *Mademoiselle de Cardonne* (1853) ; — *Les prétendants de Catherine* (1853) ; — *Les mémoires d'un vieux garçon* (1855-1856) ; — *La vieille fille* (1857) ; — *Le prix du sang ; scènes de la vie arabe* (1858) ; — *La marquise de Trèbes* (1859) ; — *Le bonhomme Nock* (1859) ; — *La Galoppe* (1859) ; — *Pierre Leborgne* (1859) ; — *L'amour au bivouac* (1860) ; — *Le chevalier de Cordouan* (1860) ; — *Le ménage Lambert* (1861) ; — *Le mendiant* (1864) ; — *Le pays de la soif* (1864) ; — *Le général Chardin* (1865) ; — *La guerre des amoureux* (1865) ; — *Les jaloux* (1865) ; — *Le secret d'une veuve* (1865) ; — *Le sergent La Violette* (1865). Depuis, on cite encore parmi les romans algériens du même auteur, l'*Anaïa*, et le *Pays de la peur*. M. de Gondrecourt s'est distingué en Afrique. Sous-lieutenant, il fut plusieurs fois mis à l'ordre général de l'armée, notamment pour sa belle conduite au sanglant combat de Sidi-Yacoub, sur la Tafna. Placé à l'extrême arrière-garde, chargé d'assurer la retraite de deux pièces de campagne, il soutint vaillamment plusieurs charges, perdit 11 hommes sur 22, et ne laissa ni les pièces ni aucun blessé au pouvoir de l'ennemi. M. le baron de Gondrecourt est commandeur de la Légion d'Honneur depuis le 12 août 1865, commandeur, avec plaque, de l'ordre de l'Epée de Suède, Grand-Officier des Saints-Maurice et Lazare, d'Italie, et du Medjidié de Turquie, chevalier de 1re classe de Saint-Stanislas de Russie, et officier de l'Instruction publique. Il a siégé longtemps au Conseil général de Lot-et-Garonne, comme secrétaire et vice-président.

GONDY (Jean-Baptiste), né à la Clayette (Saône-et-Loire), le 28 août 1817. Il est aujourd'hui seul à porter le nom rendu célèbre par le coadjuteur de Paris, Paul de Gondy, cardinal de Retz, auquel il se trouve rattaché, d'ailleurs, par des traditions de famille beaucoup plus que par des traces formelles de filiation. Ses parents appartenaient à la petite bourgeoisie. Il embrassa la carrière de l'enseignement et commença par être instituteur primaire. En 1845, il abandonna sa profession pour se jeter dans le mouvement politique d'alors, et alla fonder, à Lyon, le journal *Le Peuple*, organe de la démocratie sociale. Puis il prit une part active à la campagne des Banquets-réformistes, et fut notamment l'un des principaux organisateurs de celui de Mâcon, offert à Lamartine. Candidat à l'Assemblée constituante dans la Haute-Saône, il échoua, mais avec une belle minorité de 43,000 voix, qui lui faisait prendre rang le premier sur la liste, après le dernier élu. A la suite des événements de Juin 1848, il fut arrêté et maintenu en captivité jusqu'à la veille du 2 décembre 1851 ; en sorte qu'il ne quitta sa prison que pour s'expatrier. M. Gondy a résidé en Suisse jusqu'en 1870. On lui doit différentes publications : *Petite grammaire nationale des écoles primaires* (1842) ; — *Cinq ans d'exil, ou Retour au principe d'autorité par la voie de la religion* (1855) ; — la même autobiographie, soigneusement revue et corrigée, sous le titre suivant : *Sept ans de prison et d'exil* (1856 ; cette imitation de l'œuvre de Silvio Pellico a eu plus de cent éditions en quelques années) ; — *La clef de la fortune, ou La fortune par le travail*, traité d'économie industrielle (1860) ; — *Le conservateur de la santé, ou L'art de prolonger ses jours par des moyens simples et à la portée de tout le monde* (1864), etc.

GONZALÈS (Louis-Jean-Emmanuel), né à Saintes, le 25 octobre 1815. M. Emmanuel Gonzalès descend d'une des douze familles espagnoles que Charles-Quint anoblit à Monaco. Fils d'un médecin en chef de l'armée, il fit ses études classiques au lycée de Nancy, et commença son droit à la Faculté de Paris. Mais bientôt il suivit sa vocation pour la littérature, qui s'était révélée sur les bancs du lycée où il écrivait déjà des articles anonymes pour le *Patriote de la Meurthe*. Il collabora à divers journaux sous son vrai nom, ou sous les pseudonymes de Melchior Gomez, Ramon Gomeril. Caliban; participa à la fondation de la *Revue de France*; traita les questions relatives à l'Espagne dans le journal la *Presse*; fit ensuite partie de la rédaction du *Siècle*, et devint rédacteur en chef de la *Caricature*. M. Emmanuel Gonzalès a fait paraître, pendant six ans, dans le *Siècle*, deux séries de variétés intitulées : *Flâneries cosmopolites*, et *Voyages en pantoufles*. Il a rédigé, de 1856 à 1860, une *Revue de voyages*. Vice-président de la Société des gens de lettres pendant près de dix ans, président en 1864, il est, depuis cette époque, délégué et président honoraire. M. Emmanuel Gonzalès a écrit beaucoup de romans feuilletons qui ont été ensuite publiés en volumes : *Souffre-douleur* (1838) ; — *Le livre d'amour* (1841) ; — *Les Frères de la Côte* (1841) ; — *La Belle novice ou les Francs-Juges* (1847) ; — *Les sept baisers de Buckingham* (1848) ; — *Esaü le Lépreux* : 1° *La citerne*; 2° *L'excommunication*; 3° *Le Prince Noir*; 4° *Les deux favorites* (1850-1851) ; — *L'épée de Suzanne* (1865) ; — *La Fiancée de la mer*, histoire vénitienne (1867) ; — *Les gardiennes du trésor* (1850) ; — *Le vengeur du mari*, prologue : *Les chercheurs d'or* (1851) ; — *L'heure du berger* : 1° *Annonciade* ; 2° *L'épave de la Tremblade*; 3° *Jacqueline*; 4° *Mes jardins de Monaco* (1852-1860) ; — *Le chasseur d'hommes* (1853) ; — *La fille de l'aveugle* (1854) ; — *La maîtresse d'un Vendéen* (1855) ; — *Les mémoires d'un ange* (1855) ; — *Une princesse russe*, et le *Serment de la veuve* (1857) ; — *Les amours du Vert-Galant* : 1° *La demoiselle de la reine* ; 2° *La mignonne du roi* ; 3° *Giangurgolo* (1857) ; — *Les trois fiancées* : 1° *Le sauf-conduit de Lucie* ; 2° *La fiancée d'Eric* ; 3° *Le briseur d'images* (1860) ; — *Les saboliers de la Forêt-Noire* (1861) ; — *Le maréchal d'Ancre* (1861) ; — *La maîtresse d'un proscrit* (1862) ; —*L'hôtesse du Connétable* (1865); — *Les mignons de la lune* (1839) ; — *Les proscrits de Sicile* (1865). Avec M. Molé-Gentilhomme il a publié le *Roi des Rossignols* et *Manon la Dragonne*. Enfin, M. Emmanuel Gonzalès, en collaboration avec M. H. de Kock, a tiré de son roman : *Les Frères de la Côte*, un drame en cinq actes dont les représentations ont eu beaucoup de succès au Cirque, en 1856, et qui fait partie du répertoire. Il a reçu la croix de la Légion d'Honneur le 13 août 1861.

GOSSELIN (Athanase-Léon), né à Paris, le 16 juin 1815. M. Gosselin a fait, à Versailles, une partie de ses études classiques qu'il a terminées au collége Charlemagne, à Paris. Élève, en 1833, de l'École de médecine de Paris, il en sortit en 1834 avec le grade de docteur. Voué, dès ses débuts, à la médecine opératoire, M. Gosselin fut nommé professeur à l'École en 1842, reçu agrégé de la Faculté en 1844, et nommé chef des travaux anatomiques en 1846 et chirurgien des hôpitaux de Paris en 1848. Il était chirurgien de l'hôpital Cochin depuis 1854, quand, le 5 décembre 1858, il monta dans la chaire de pathologie chirurgicale à l'École de médecine. Élu membre de l'Académie impériale de médecine en 1860, M. le docteur Gosselin occupe, depuis 1867, à l'hôpital de la Charité, la chaire de clinique chirurgicale laissée vacante par la mort de Velpeau. Il a publié d'importants travaux : *Traité des maladies des yeux* (1855) ; — *Traité des hernies* (1865) ; — *Traité des hémorrhoïdes* (1860) ; — *Compendium de chirurgie pratique* (en cours de publication depuis 1847), en collaboration avec M. Denonvilliers à partir de la 8º livraison ; — et une foule de mémoires et d'articles savants insérés dans les *Archives de médecine*, la *Gazette hebdomadaire*, les *Mémoires de l'Académie de médecine*, etc. M. le docteur Gosselin a été promu au grade d'officier dans la Légion d'Honneur le 31 octobre 1868.

GOSSELIN (Charles), né à Paris, le 26 janvier 1834. Il suivit les ateliers de MM. Gleyre et Busson, et se consacra spécialement à la peinture du paysage. En 1863, il débuta au Salon de Paris avec un tableau intitulé : *Bois de chênes et de pins en automne*. Depuis cette époque, M. Gosselin a exposé : *Soir d'automne* (1864) ; — *Une route le soir*, qui a reparu à l'Exposition universelle de 1867 (1865) ; — *Environs de Beuzeval*, dans le Calvados (1866) ; — *Intérieur de forêt* (1867) ; — *L'abreuvoir; Crépuscule dans les bois* (1868) ; — *Chemin creux ; Environs de Foucisse-le-Bas*, dans le Jura (1869) ; — *Route dans une forêt; Bords de l'Ain* (1870) ; — *Soir d'été* (1872) ; — *Ferme d'Hédouville* (Seine-et-Oise) ; *Environs du Crotoy*, dans la Somme (1873). M. Gosselin a remporté des médailles aux Salons de 1865 et de 1870.

GOT (François-Jules-Edmond), né à Lignerolles (Orne), le 1er octobre 1823. Élève du collége Charlemagne et lauréat au concours général, il commença d'abord son droit à la Faculté de Paris, et travailla à la rédaction du *National*; puis, entraîné par son goût pour le théâtre, il entra au Conservatoire en 1841, y reçut les leçons de Provost, et remporta le second prix de comédie en 1842, et le premier prix en 1843. A cette époque, il fut réclamé par la conscription. Après avoir servi pendant un an dans la cavalerie, il débuta au Théâtre-Français le 14 juillet 1844, et y fut engagé pour le mois d'avril suivant. Il consacra cet intervalle à une série de représentations sur le Grand-Théâtre de Nantes, et revint ensuite à Paris où il se fit, dans les rôles comiques, une réputation hors ligne. En possession de la faveur du public, et très-avantageusement jugé par la critique, il se montra, avec un succès grandissant, dans les emplois les plus divers. Acteur fin, spirituel, original, soigneux des détails, amoureux de son art, M. Got a su faire preuve, successivement, d'un incroyable entrain et d'une étonnante placidité. Très-indépendant, d'ailleurs, de caractère, il a déserté momentanément la scène de la rue Richelieu ; et, sous le couvert d'une autorisation expresse accordée par l'empereur à la requête de M. Emile Augier, il est allé jouer à l'Odéon, en 1866, le rôle d'André Lagarde, dans la *Contagion*. Puis, il a organisé une troupe avec laquelle il est allé représenter cette pièce sur les principales scènes de France. Rentré six mois après au Théâtre-Français, à la fin de son congé, il a repris, avec un grand bonheur, la plupart des principaux rôles comiques déjà connus, tels que Trissotin, Cliton, Sganarelle, Hector, Figaro, Purgon, Gros-René, Petit-Jean, Lintimé, Mercadet, etc. Parmi les pièces de l'ancien répertoire dans lesquelles il s'est distingué, nous citerons encore : *Les fourberies de Scapin*, *Les héritiers*, *L'école des femmes*, *L'avocat Patelin*, *Les jeux de l'amour*, *L'avare*, *Le légataire*, *Crispin rival de son maître*, *L'épreuve nouvelle*, etc. Celles de ses créations qui ont eu le plus de retentissement sont : le capitaine Baudrille, dans *Le cœur et la dot*; Tibia, dans *Les caprices de Marianne*; l'abbé, dans *Il ne faut jurer de rien*; Francisque, dans *Les jeunes gens*; Spiégel, dans *La pierre de touche*; de Rieux, dans le *Duc Job*; la Porcheraie, dans *Moi*; de Bréville, dans *Henriette Maréchal*; Mauvergnat, dans *Jean Baudry*; Michel, dans *Paul Forestier*; et notamment Giboyer, dans les *Effrontés* et le *Fils de Giboyer*, et Lagarde, dans la *Contagion*. Il a aussi paru dans la *Ciguë*, la *Camaraderie*, *Louis XI*, *Dominique*, *Marion de Lorme*, *La fin du roman*, *Les contes de la reine de Navarre*, *Le voyage à Dieppe*, *Fiammina*, *L'honneur et l'argent*, *Mercadet*, *Maître Guérin*, etc. M. Got, sociétaire depuis 1850, est certainement un des comiques les plus remarquables qui aient jamais paru sur la première scène française. Il a fait un peu de littérature. On lui doit, entre autres productions, un livret d'opéra : *François Villon* (Grand-Opéra, 1857).

GOUGENOT DES MOUSSEAUX (Henri-Roger, *chevalier*), né à Coulommiers, le 22 avril 1805. L'*Armorial classique des principales maisons et familles du royaume, et principalement de l'Ile-de-France*, de Dubuisson (Paris, 1757), place tome Ier, p. 170, la branche des Gougenot de Croissy, dont le dernier périt sur l'échafaud révolutionnaire. Dernier de toutes les branches, Henri-Roger eut pour père le chevalier Adrien Gougenot, seigneur de l'Ile, des Mousseaux, de Mallerais, gentilhomme ordinaire du roi Louis XVI, capitaine aux hommes d'armes à l'armée des princes, et beau-frère du marquis de Chambray, commandeur de l'ordre de Malte, et major de l'armée royale à Quiberon. Orphelin de père de bonne heure, élève du collège Stanislas, le jeune des Mousseaux, destiné à la diplomatie, apprit plusieurs langues et voyagea. Refusant après 1830 de se rallier à une dynastie non légitime, il resta fidèle à sa devise : « Plutôt mourir que ne pas servir, » et s'adonna de plus belle à l'étude. Il partage encore son temps entre Paris et la province, et a pour amis, en France et à l'étranger, de nombreux savants. En 1848, il fut, avec le célèbre abbé Bautain, choisi par le clergé de Meaux comme candidat à l'Assemblée nationale. Près de l'endroit où il s'est retiré, il a fait élever, en 1858, sur une route-promenade, une chapelle sous le vocable de Notre-Dame de l'observation du dimanche. Les œuvres de M. le chevalier des Mousseaux sont : *Les Beth-el, et les pierres druidiques, etc.* (1843); — *L'émancipation aux Antilles françaises, état actuel des colonies* (1844); — *Le Monde avant le Christ* (1845); — *Les prolétaires, nécessité et moyens d'améliorer leur sort;* ouvrage précieux par un parallèle soutenu entre le prolétaire blanc et le noir, dont l'histoire, en tant qu'esclave, va se perdant (1846); — *Dieu et les dieux, ou le voyageur chrétien devant les objets primitifs des cultes anciens, les traditions, et la fable* (1854), livre dont une nouvelle édition est depuis longtemps attendue; — *Mœurs et pratiques des démons et des esprits visiteurs d'après les autorités de l'Eglise, les autorités païennes et les faits contemporains* (nouvelle édition, augmentée, 1865); — *Essai généalogique sur la maison de Saint-Phalle*, l'une des plus anciennes de l'Europe (de Sancto-Fidolo, salle des croisades). Ce volume, composé d'après les titres existants dans des dépôts publics en 1860, contient des notices sur un grand nombre de familles alliées, et des digressions épisodiques sur des titres, mœurs et usages des temps. Le plan en fut adopté par des généalogistes sérieux, parce qu'il met sous la main du public les moyens de contrôle. Une proche alliance de famille a conduit l'auteur à ce travail, qui se trouve dans les principales bibliothèques de l'Europe. Nous tenons de lui que l'exemplaire de celle de Coulommiers a d'importantes additions manuscrites (1860); — *La magie au XIXe siècle, ses agents, ses vérités, ses mensonges* (dernière édition, 1864); — *Les médiateurs et moyens de la magie, avec chapitres sur les hallucinations, le fantôme humain, et le principe vital* (1863); — *Les hauts phénomènes de la magie, précédés du spiritisme antique* (1864); trois volumes qui, bien qu'indépendants l'un de l'autre, réalisent le plan : causes, moyens, effets. Ces ouvrages, largement pillés aujourd'hui, choquèrent d'abord bien des préjugés. Mais on lit dans la *Gazette médicale* du 25 février 1854 : « Les livres de M. le marquis de Mirville et du chevalier des Mousseaux offrent une lecture extrêmement curieuse et intéressante, non-seulement par les faits, mais encore par le talent, et ce qui surprendra par le BON SENS de ces écrivains. » Le 31 mai 1861, la *Revue médicale française et étrangère* s'exprimait ainsi : « Ce que l'on peut dire, sans crainte de se tromper, c'est que MM. de Mirville et des Mousseaux sont à la tête, s'ils ne sont pas les seuls de ces écrivains qui déroulent une page d'histoire catholique, et constatent que les phénomènes étranges, dont ils sont les témoins, ne sont pas des illusions. » Ces écrits, qui ont fait le tour du monde, reçoivent le même hommage de la théologie dans les pages du *Prælectiones theologicæ* (1866) de l'illustre préfet du collége romain, J. Perrone. La dernière publication du chevalier des Mousseaux est : *Le juif, le judaïsme, la judaïsation des peuples chrétiens* (1869). La sensation que produisit ce livre, traduit dans plusieurs langues, fut plus grande dans les Etats du nord-est de l'Europe qu'en France, où le sujet est par trop inconnu pour attirer *assez* l'attention. Nous avons lu dans une de nos grandes feuilles périodiques le mot de S. Em. le cardinal Mathieu : « Cet ouvrage est capital et porte un monde dans son volume. » M. le chevalier des Mousseaux a traité dans plusieurs journaux des questions politiques, et a publié quelques opuscules, parmi lesquels la *Question des princes d'Orléans* (1872). Son portefeuille n'est certainement point épuisé. M. le chevalier des Mousseaux est commandeur de l'Ordre pontifical de Pie IX.

GOUIN (Alexandre-Henri), né à Tours, le 26 janvier 1792. Doué de rares aptitudes pour les mathématiques, il fit de fortes études à Pont-Levoy, et entra dans le commerce en 1810. Bientôt devenu chef de l'ancienne maison Gouin frères, il fut nommé, en 1820, membre du Conseil municipal de Tours, et, en 1822, membre du tribunal de Commerce, qu'il présida en 1831. Elu membre du Conseil général en 1832, il le présida pendant plus de vingt ans. La révolution de 1830 lui ouvrit les portes de la Chambre des députés, où il siégea jusqu'en 1848, dans le Centre-Gauche, et acquit une grande autorité dans les questions financières. La première fois qu'il fut nommé rapporteur de la Commission du budget (et il l'a été dans plus de vingt sessions), il ne craignit pas de s'élever sévèrement contre les emplois inutiles, les cumuls et les complications onéreuses des rouages administratifs, et fit appel à la sympathie de la Chambre en faveur de l'industrie souffrante et des classes nécessiteuses. C'est sa proposition du remboursement de la dette publique qui, après une lutte oratoire mémorable, détermina, en 1835, la chute du ministère de Broglie. M. Gouin prit, en 1840, le portefeuille de l'Agriculture et du Commerce, qu'il garda juste le temps d'introduire d'heureuses modifications dans son administration, et de provoquer le vote de la loi sur le travail des enfants dans les manufactures. Rendu à son mandat de député, il a voté contre l'indemnité Pritchard et appuyé la proposition Rémusat sur l'incompatibilité des fonctions. C'est lui qui, le premier, à diverses reprises, a conseillé la conversion des rentes, repoussée par la République, et accomplie par le second Empire. La révolution de 1848 n'altéra en rien la popularité de M. Gouin. Représentant du peuple à la Constituante et à la Législative, puis député au Corps législatif en 1852, il occupa toujours sa place au Centre-Gauche, reprit ses fonctions de rapporteur du budget, et conserva son autorité en matières de finances et de chemin de fer. Il fut longtemps l'un des administrateurs du Paris-Lyon-Méditerranée. M. Gouin, élevé à la dignité de sénateur en 1867, est décédé en 1871. Il était commandeur de la Légion d'Honneur depuis 1855.

GOUIN (Eugène), né à Saint-Symphorien (Indre-et-Loire), le 18 septembre 1818 ; fils du précédent. Il suivit la carrière paternelle, et prit la direction de la maison Gouin frères, à Tours, en 1843. Nommé juge au tribunal de Commerce au commencement de 1848, conseiller municipal au mois de juillet de la même année, il occupa bientôt, dans son pays, une position prépondérante. Membre de la Chambre de commerce en 1853, il la présida à partir de 1858. Depuis le mois de novembre 1866, il était à la tête de l'administration municipale de Tours, quand survint la guerre. Les services rendus par cet honorable magistrat, pendant la funeste période de l'invasion, sont gravés dans le cœur de ses concitoyens et lui ont valu d'être promu officier de la Légion d'Honneur. Conseiller-général d'Indre-et-Loire depuis le mois d'août 1867, pour le canton Nord de Tours, M. Eugène Gouin a reçu, le 8 février 1871, par 57,934 voix, le mandat de député de son département à l'Assemblée nationale. Il a fait partie de toutes les Commissions du budget, et a été nommé rapporteur-général en 1872. Il a voté : *pour* la paix, l'abrogation des lois d'exil, la validation de l'élection des princes, les propositions Rivet et Feray, le pouvoir constituant ; *contre* le retour de l'Assemblée à Paris, la proposition Ravinel, l'amendement Keller, l'impôt sur le chiffre des affaires, la loi sur les matières premières, et contre le fameux ordre du jour motivé de M. Ernoul (24 mai 1873).

GOUIN (Ernest-Alexandre), né à Tours, le 22 juillet 1815 ; cousin-germain du précédent. Admis à l'Ecole polytechnique en 1834, il en sortit en 1836 et se consacra à l'industrie, au lieu de suivre l'une des carrières administratives ou militaires ouvertes devant lui. De 1838 à 1839, il étudia, de l'autre côté du détroit, les procédés métallurgiques des Anglais. Après avoir rempli, de 1840 à 1846, les fonctions d'ingénieur à la Compagnie des chemins de fer de Saint-Germain et de Versailles, il fonda, à Paris et à Nantes, de vastes établissements pour la construction des machines à vapeur, des navires en fer, du matériel des voies ferrées, et de tous les produits applicables à l'exécution des grands travaux publics. M. Gouin occupe une des premières places parmi les ingénieurs-constructeurs français. Conseiller municipal de Batignolles depuis 1855, il a fait partie de la Commission municipale de Paris, après l'annexion des communes suburbaines à la capitale, de 1860 à 1870. Le 25 juillet 1871, il a été élu conseiller municipal du XVIIe arrondissement de Paris. Dans cette assemblée, comme au Conseil général de la Seine, il siége sur les bancs de la Droite. Président de la Chambre syndicale des mécaniciens, de 1847 à 1853, il est encore actuellement (1873) vice-président de la Chambre de commerce. Il fait partie de la Commission des finances de la Ville. Comme industriel, M. Gouin a obtenu des récompenses à toutes les expositions internationales. Nommé chevalier de la Légion d'Honneur en 1849, et promu officier le 24 janvier 1863, il est aussi décoré des ordres de Sainte-Anne de Russie et des Saints-Maurice et Lazare d'Italie.

GOUMY (Jean-Edouard), né à Paris, le 8 décembre 1832. Brillant élève de l'institution Jauffret, il suivit les classes du collége Charlemagne, remporta de grands succès au concours général, et fut admis à l'Ecole normale supérieure en 1852. Au sortir de l'Ecole, en 1855, il alla professer la rhétorique au collége de Coutances. En 1856, il obtint le brevet d'agrégé des lettres et devint membre de la division supérieure créée à l'Ecole normale. Professeur-suppléant au lycée Louis-le-Grand en 1857 ; reçu docteur ès lettres en 1859, et nommé professeur divisionnaire de seconde au lycée Napoléon en 1860, il revint, en la même qualité au lycée Louis-le-Grand, en 1862, et fut appelé à la chaire de rhétorique du collége Rollin en 1866. Il a publié : *Étude sur la vie et les écrits de l'abbé de Saint-Pierre*, et *De Apuleio fabularum scriptore et rhetore*,thèses de doctorat, donné quelques articles à la *Revue Européenne* et à l'*Opinion nationale*, et pris la direction de la *Revue de l'Instruction publique* au mois de janvier 1867. M. Goumy a reçu la croix de la Légion d'Honneur le 14 août 1868.

GOUNOD (Charles), né à Paris, le 17 juin 1818, est le fils d'un peintre distingué et d'une mère remplie de sollicitude pour l'avenir de son cher enfant. Désireux de le soustraire aux angoisses, aux mécomptes de l'existence artistique, les parents de Gounod le mirent au collége Saint-Louis où il se distingua parmi les meilleurs élèves. M. Poirson, proviseur, espérait le faire entrer à l'École normale ; mais l'enfant, qui prenait chaque dimanche une leçon de composition chez Reicha, n'y consentit pas : « Je veux être musicien, » répondit-il au proviseur, lequel, loin d'insister, lui demanda, comme preuve de son aptitude, un air sur des paroles tirées de l'opéra de *Joseph*. L'enfant, doué d'une jolie voix, chanta sa musique et M. Poirson ravi, s'écria en l'embrassant : « Oui, tu seras artiste, nous sommes deux maintenant pour combattre la volonté de tes parents. » M. Gounod, n'ayant alors que 14 ans, continua ses études classiques, et n'entra au Conservatoire qu'en 1836, dans la classe d'Halévy. Deuxième grand prix de Rome en 1837, premier grand prix en 1839, il parcourut, pendant quatre années, l'Italie, puis l'Allemagne, et, à son retour à Paris, fut accepté comme maître de chapelle aux Missions étrangères. Ténor, organiste, compositeur, ne rêvant alors que musique d'église, il écrivit une quinzaine de messes exécutées toutes avec succès dans les paroisses de Paris. En 1846, l'idée de se faire prêtre lui traversa l'esprit. Entré au séminaire de Saint-Sulpice, il y demeura deux années, après lesquelles il revint dans le monde, ne sachant s'il s'y ferait jamais. La rencontre de madame Viardot décida sa carrière dramatique. Elle lui demanda un libretto pour débuter au Grand-Opéra ; et, en 1850, *Sapho* paraît. L'année suivante, M. Gounod compose les chœurs d'*Ulysse*, pour le Théâtre-Français ; en 1853, pour le Théâtre-Lyrique, la *Nonne Sanglante* ; en 1858, pour le même théâtre, le *Médecin malgré lui* ; en 1859, pour le même théâtre, *Faust* ; en 1860, pour le même théâtre, *Philémon et Baucis* ; en 1861, à Bade, la *Colombe* ; en 1862, au Grand-Opéra, la *Reine de Saba* ; en 1864, au Théâtre-Lyrique, *Mireille*, puis *Roméo et Juliette*. Une *Messe de Sainte-Cécile* exécutée en 1856, des *Symphonies*,des recueils de *Mélodies*,des *Chœurs* pour l'orphéon, parmi lesquels on cite le *Chœur du Vendredi-Saint*, toutes ces œuvres, ajoutées à celles ci-dessus indiquées, placent M. Gounod au rang des grands maîtres dont la France s'honore. Cet illustre compositeur a été élu, en 1866, membre de l'Académie des beaux-arts. Il est officier de la Légion d'Honneur depuis le 13 août 1866.

GOURAINCOURT (Jacques-Achille), né à Bourbon-l'Archambault (Allier), le 9 juillet 1820. Fils d'un contrôleur de 1re classe des contributions indirectes à Sèvres (Seine-et-Oise), et brillant élève du séminaire d'Yzeure, du lycée de Lyon, du lycée de Versailles, où il avait obtenu les prix d'excellence dans plusieurs classes et remporté de grands succès en histoire naturelle et en mathématiques, il commença ses études médicales à Paris dès l'âge de 19 ans (1840). Élève de Fouquier et de Velpeau, à la Charité, il eut l'honneur d'être distingué par ce dernier et d'en devenir le secrétaire (1841-1845), et de collaborer avec lui pour son ouvrage sur le *Strabisme* (1842). Il fut aussi l'élève de Paul Dubois à l'hôpital des Cliniques et répétiteur de médecine opératoire à l'École pratique. Le 23 novembre 1844, il prit le grade de docteur avec une thèse intitulée : *De l'état d'une nouvelle accouchée, et des soins qu'elle réclame* ; et, peu de temps après, il s'établit à Moulins où il ne tarda pas à se faire une position distinguée. Quittant cette localité, après quatre ans d'exercice, pour se fixer à Franchesse, près Bourbon-l'Archambault, où la mort de son père le rendait propriétaire d'une belle habitation, il laissa des souvenirs excellents dans une ville où il avait été médecin des pauvres et des salles d'asile, et où il était sur le point de devenir médecin de l'Hôpital-Général. M. le docteur Gouraincourt a été obligé d'abandonner, pour raisons de santé, le 8 juillet 1857, les fonctions de médecin cantonal. Médecin désigné et assermenté (1856), pour constater l'état de santé et les aptitudes physiques des fonctionnaires publics du canton de Bourbon-l'Archambault, conseiller municipal (1866-1870), et adjoint au maire pendant le même laps de temps, il jouit d'une grande influence dans son arrondissement. On lui doit un grand nombre d'observations publiées dans divers journaux de médecine. Pendant la guerre, il a été investi du grade de médecin aide-major au 2e bataillon des mobilisés de l'Allier. M. le docteur Gouraincourt est, depuis 1870, médecin en chef de l'usine de la fabrique de porcelaine de Champroux (Allier). Il a été proposé, en 1869, pour la croix de la Légion d'Honneur, à raison de services gratuits rendus depuis plus de vingt ans comme médecin.

GOURDON DE GENOUILLAC (Nicolas-Jules-Henri), né à Paris, le 25 septembre 1826. Il fit de bonnes études classiques, suivit les cours de l'Institut polymathique, se consacra à la littérature, et publia des romans-feuilletons et des nouvelles, tout en continuant ses travaux héraldiques qui lui ont valu la croix d'officier de l'ordre du Nichan-Iftikar, celle de l'ordre du Christ de Portugal et celle des Saints-Maurice et Lazare, ainsi que d'être élu membre de beaucoup de Sociétés savantes de la province et de l'étranger, notamment de l'Académie royale de Palerme. Elu membre du Comité de la Société des gens de lettres en 1868, il n'a cessé, depuis, d'y être maintenu par de nouvelles réélections. Il est membre du syndicat de la Société des auteurs compositeurs et éditeurs de musique depuis 1871. On lui doit : *Grammaire héraldique* (avec vocab. et fig.,

1854, 3e édit., 1861) ; — *Dictionnaire héraldique des ordres de chevalerie* (1853, 2e édit., 1861); — Supplément à ce *Dictionnaire* (1869) ; — *Recueil d'armoiries des maisons nobles de France* (1860) ; — *Dictionnaire des fiefs, seigneuries, châtellenies de l'ancienne France* (1862); — *Nobiliaire des Bouches-du-Rhône*, en collaboration avec le marquis de Piolenc (1863) ; — *Les ordres religieux, histoire, constitution, costume* (1868); — *Histoire de l'abbaye de Fécamp et de ses abbés* (1872) ; — *Dictionnaire des anoblissements* (1869) ; — *Les mystères de la noblesse et du blason* (1869), etc. Au théâtre il a donné : *Le droit au travail*, vaudeville de circonstance joué en 1849 ; — *L'écran du roi ; Une pluie de bouquets ; La banlieue à Paris* (revue), etc. Ses romans et nouvelles, publiés en librairie et dans les journaux, forment une quarantaine de volumes. Les plus importants sont : *La chevalière d'Armenson ; La misère en habit noir ; Les filets de Versailles ; Les convulsionnaires de Paris ; Les accapareurs ; Les amours à coups d'épée* (1864); — *Comment on tue les femmes* (2 édit. 1865); — *Un noyé* (2 édit. 1862) ; — *Les damnés de l'Autriche*, en collaboration avec M. de la Lance (1867) ; — *Le crime de 1804* (1872) ; — *Les Chasseurs de nuit* (1873). Il a publié plus de cent nouvelles dans divers journaux de Paris. Collaborateur à la *Patrie*, à la *Gazette de France*, à la *Nouvelle*, au *Courrier de Paris*, à l'*Avenir libéral* et autres feuilles politiques et littéraires, son nom est inscrit en tête du *Dictionnaire universel* de M. Larousse, comme celui d'un des vingt rédacteurs de cette encyclopédie. M. Gourdon de Genouillac, ancien rédacteur en chef de l'*Indicateur*, du *Passe-Temps*, du *Mercure galant*, du *Journal des employés*, du *Journal des médaillés de l'Empire*, du *Journal de Fécamp*, a créé, en 1862, le *Monde artiste*, journal hebdomadaire dont il a gardé la direction jusqu'à présent (1873). Enfin, il est un des fondateurs de la Société de secours mutuels des ex-militaires et président ou vice-président de la plupart des Sociétés de sauvetage.

GOUTIÈRE (Tony), né à Toul (Meurthe), le 5 mars 1808. Il vint à Paris à l'âge de 20 ans, pour graver le relief. Après quelques années pénibles, son goût le portant vers la gravure en taille-douce, il suivit l'atelier de Thouvenin. Il se fit remarquer ensuite par quelques portraits en pied qui eurent un certain succès, entre autres ceux de *Marie-Louise* et de la *Reine Hortense*, gravés pour le *Consulat et l'Empire*, de M. Thiers. A l'Exposition universelle de 1855, il fit paraître le portrait d'*Abd-ul-Medjid*, exécuté d'après une miniature, pour le sultan lui-même. Depuis, M. Goutière a notamment exposé au Salon de Paris : *La résurrection*, d'après M. Hallez (1861); — le portrait de *Gœthe*; *Mme Mère apprenant la mort du duc de Reichstadt*, d'après M. de Lemud (1863); — les portraits d'un *Archevêque arménien* (1866) ; d'*Alfred de Musset*, d'après M. Landelle (1867); du docteur *Michon*, d'après M. Senties (1868); de M. *Garnier-Pagès*, d'après M. A. Martinet (1869); — *Le songe de Marie*, d'après E.-H. Corbould, tiré de la galerie de la reine d'Angleterre (1870) ; — le duc de *La Rochefoucault*, d'après M. Sandoz (1873). Citons encore les gravures exécutées, d'après M. Bida, pour la collection des *Œuvres d'Alfred de Musset*, et qui ont également figuré au Salon : *Un caprice* (1866) ; — *Les nuits* (1867) ; — *Gérôme et Sylvia* (1869) ; — La *Résurrection* et le portrait de l'*Archevêque arménien* ont reparu à l'Exposition universelle de 1867. On doit au même artiste le portrait du général *Ameller*, un *Michel Cervantès*, gravé pour l'Espagne, etc. M. Tony Goutière a obtenu une médaille à l'exposition des beaux-arts, à Rouen, en 1841, une mention honorable au Salon de 1861, et une médaille de 3e classe à celui de 1873.

GOUVELLO (Amédée, marquis DE), né au château du Plessis, près Vendôme, le 22 septembre 1821. Issu d'une vieille et noble famille du Morbihan, il entra dans la diplomatie en 1841 et fut envoyé à Vienne, en qualité d'attaché d'ambassade. Après les événements de Février 1848, il donna sa démission, se consacra à l'agriculture dans le département de Loir-et-Cher et y fonda les orphelinats agricoles de *Nourray* et de *Huisseau en Beauce*, l'un pour les garçons adultes, l'autre pour les filles. Dernièrement, il compléta cette œuvre par la création de l'asile rural de *Kerhars* (Morbihan), pour les orphelins en bas âge. Il siégea au Conseil général de Loir-et-Cher, présida pendant plusieurs années le comice agricole de l'arrondissement de Vendôme, puis, dans ces derniers temps, fonda une Société ayant pour but de recueillir et d'élever, dans des établissements agricoles, les orphelins de l'Alsace-Lorraine, réfugiés en France. La mort de son père, en 1870, le mit en possession du beau domaine de Kerlévénan, près de Sarzeau. Eloigné pendant longtemps du berceau de sa famille, il n'y pouvait guère être connu que de réputation et en raison de ses travaux spéciaux sur tout ce qui concerne les fondations charitables et agricoles. Cependant, lors des élections complémentaires du 2 juillet 1871, il fut élu, par 33,773 voix, représentant du Morbihan à l'Assemblée nationale, où il a pris place sur les bancs de l'Extrême-Droite, et voté notamment : *contre* la proposition Rivet et le projet de la Commission des trente ; *pour* la loi départementale, l'amendement Keller et l'ordre du jour motivé de M. Ernoul (dont il était un des signataires), dans la fameuse séance du 24 mai 1873. On doit à M. le marquis de Gouvello plusieurs brochures intéressantes : *Les colonies agricoles pour les enfants assistés* (1862) ; — *La dépopulation des campagnes, les orphelinats agricoles et les asiles ruraux* (1869); — *Les œuvres charitables envisagées au point de vue agricole* (1870); — *Vues sur la réorganisation de la France* (1871).

GOUX (Pierre-Antoine-Paul), né à Toulouse, le 13 mars 1827. Élève du petit séminaire de l'Esquile, il fit de bonnes études sous la direction de son oncle, M. l'abbé Izac. Puis, il fut successivement professeur de cinquième et de seconde dans ce même établissement, étudia la théologie au grand séminaire de sa ville natale, prit le grade de licencié ès lettres à la Faculté de Paris, et fut ordonné prêtre en 1851. La même année, il fut nommé professeur de rhétorique au petit séminaire de Toulouse. En 1856, il passa avec succès l'examen du doctorat ès lettres, devant la Faculté de Paris, et publia à cette occasion les deux thèses suivantes : *Lérius au V° siècle*, et *De sancti Thomæ aquinatis sermonibus*. En 1858 il fut reçu docteur en théologie, et composa pour obtenir ce grade un opuscule de circonstance intitulé : *Du développement des dogmes dans la doctrine catholique*. Élevé, cette même année, à la chaire de philosophie, M. l'abbé Goux a été nommé vicaire de la métropole de Toulouse en 1859, aumônier du lycée de cette ville en 1868, chanoine honoraire en 1870, en raison de sa participation à la rédaction du *Compte-rendu* des conférences ecclésiastiques, et curé-doyen de Saint-Servin en 1871. De 1862 à 1864, il a collaboré à la *Revue de l'année*, publiée sous la direction de M. l'abbé Duilhé de Saint-Projet. En 1865, il a été élu membre de l'Académie des Jeux Floraux. Son discours de réception avait pour sujet : *L'idée du devoir dans la littérature*.

GRAINVILLE (Henry-Evremont, *baron* DE), né à Mortain (Manche), le 29 mai 1829. Son grand-père, le baron Jean de Grainville, conseiller-maître à la Cour des comptes de Rouen, s'établit, avant 1789, au château de la Chaise (Manche); son père entra dans la magistrature et devint, à 25 ans, procureur du roi à Mortain ; et son oncle paternel obtint le grade de capitaine aux hussards de la garde. Ces deux derniers donnèrent leur démission en 1830. M. Henry de Grainville termina ses études à Paris, en 1848, et suivit la carrière militaire. Après être passé successivement au 10° chasseurs et au 5° hussards, il fut nommé, en 1852, officier aux guides de la garde. Marié en 1858, il dut permuter pour entrer au 2° lanciers, le mariage n'étant autorisé, dans la garde, qu'aux officiers du grade supérieur ; et, après la campagne d'Italie, il donna sa démission. En 1870, il reprit du service dans la garde mobile. Nommé, le 5 août, commandant du bataillon de Mortain, et incorporé à la 2° armée de la Loire, il prit, avec le grade de colonel, le commandement du 30° de marche, et fit la campagne de 1870-1871 sous les ordres du général Chanzy. En rentrant dans ses foyers, il reçut, de ses concitoyens, le mandat de conseiller général de la Manche pour le canton de Mortain. M. le baron de Grainville est un légitimiste libéral (nuance *Droite*). Il a reçu la croix de la Légion d'Honneur, lors du licenciement de l'armée de la Loire, le 30 mars 1871.

GRAMMONT (Ferdinand, *marquis* DE), né à Villersexel (Haute-Saône), le 6 juin 1805. Il est le fils du beau-frère de Lafayette, c'est-à-dire du marquis de Grammont qui remplit son mandat à la Chambre des députés, de 1815 à 1837, avec une si rare indépendance, se montra partisan éclairé de la vraie liberté, se prononça contre les lois d'exception, les privilèges, les mesures de rigueur intempestives, et fut de ceux qui, bien que foncièrement religieux, demandaient la séparation du spirituel et du temporel, dans l'intérêt même de l'Eglise. M. Ferdinand de Grammont issu, comme on le voit, d'une des plus anciennes familles nobles de la Franche-Comté, s'est allié lui-même à l'une des plus vieilles maisons de France, en épousant la fille du duc de Crillon. Dévoué aux intérêts industriels et agricoles de son département, ami du travail et des classes laborieuses, il est devenu l'un de nos principaux agriculteurs et maitres de forges. Ayant été appelé à remplacer son père, comme député du collége électoral de Lure, en 1837, il a voté constamment avec l'opposition, mais n'a pas pris part à l'agitation des Banquets-Réformistes. En 1848 et 1849, il fut élu, le premier de son département, représentant aux Assemblées constituante et législative, où il fit partie du Comité du commerce et se prononça contre le droit au travail, pour les deux Chambres, le cautionnement des journaux, le remplacement militaire, le vote à la commune, et, enfin, pour la proposition Rateau-Lanjuinais. A cette époque, il fit aussi partie de plusieurs Commissions importantes relatives au commerce et à l'industrie, et présida celle des douanes. De 1852 à 1870, il siégea au Corps législatif, pour la 2° circonscription de la Haute-Saône, d'abord comme candidat indépendant, puis comme candidat d'opposition modérée, et signa la demande d'interpellation des 116. M. le marquis de Grammont, élu représentant de la Haute-Saône à l'Assemblée nationale, le 8 février 1871, est ainsi le plus ancien vétéran de nos réunions parlementaires. Il vote avec le Centre-Droit, et s'est prononcé notamment : *pour* la paix, l'abrogation des lois d'exil, la loi départementale, l'amendement Target, l'ordre du jour motivé de M. Ernoul (24 mai 1873) ; *contre* le retour de l'Assemblée à Paris, les propositions Feray et Ravinel. Conseiller général de son département depuis 1835, et réélu le 8 octobre 1871, il a créé dans son pays de nombreux établissements de bienfaisance, et rendu de grands services de toute nature à ses concitoyens, parmi lesquels sa bienveillance et sa générosité sont proverbiales.

GRAMONT (Antoine-Agénor-Alfred, *duc* DE), né à Paris, le 14 août 1819, est le fils d'un général de division, qui fut premier aide de camp du duc d'Angoulême et grand officier de la Légion d'Honneur, et le petit-fils d'un général de division qui avait été capitaine de la compagnie des gardes du corps du roi, dite de Gramont. Jusqu'à la mort de son père (3 mars 1854), il porta le titre de duc de Guiche. De cette époque seulement il fut connu sous la qualification ducale de Gramont. Admis à l'Ecole polytechnique en 1837, il était passé l'année suivante à l'Ecole d'application de Metz, comme sous-lieutenant élève, mais il donna sa démission en 1840 ; et, jusqu'au 2 décembre 1852, il ne prit aucune part aux affaires publiques. L'empereur le nomma ministre plénipotentiaire à Cassel, puis à Stuttgart ; le 3 avril 1853, il passa à Turin. L'accession du Piémont à l'alliance des puissances occidentales contre la Russie fut regardée comme lui étant due ; aussi Napoléon III l'en récompensa-t-il par l'ambassade de Rome en 1857. La France ayant reconnu le royaume d'Italie, les rapports de M. de Gramont avec le Saint-Siége éprouvèrent une tension déplorable, au point de ne pouvoir plus exercer d'influence sur le sacré collége. Nommé ambassadeur à la Cour d'Autriche en 1861, M. le duc de Gramont y a représenté dignement la France jusqu'au 10 mai 1870, époque où il fut appelé au poste de ministre des Affaires étrangères. Après avoir pris possession de son portefeuille, il fit encore un voyage à Vienne pour y régler certaines questions diplomatiques. Comme ministre, il se montra clairvoyant et presque agressif à l'égard de l'Allemagne du Nord, dont l'esprit remuant et les ambitieuses tendances l'inquiétaient. Peu content du renoncement spontané du prince de Hohenzollern au trône d'Espagne, il voulut profiter de l'occasion pour obtenir du cabinet de Berlin des garanties ayant trait à l'avenir. Le roi Guillaume s'étant révolté contre cette prétention, les relations diplomatiques furent rompues; et, le 15 juillet, la guerre fut déclarée par la France à l'Allemagne, à raison d'offenses qui auraient été faites à notre ambassadeur. Aussitôt M. de Gramont essaya de replacer le Patrimoine de Saint-Pierre sous la garantie de la convention du 24 septembre 1864. Mais le sort des armes nous fut contraire; nos troupes rappelées de Rome laissèrent la place vide à celles de Victor-Emmanuel, et les événements donnèrent un démenti cruel aux patriotiques prévisions de notre ministre des Affaires étrangères. M. de Gramont a déposé son portefeuille lors de la création éphémère du cabinet Palikao (10 août 1870). Depuis, il a cessé d'appartenir à la vie publique. Les électeurs du canton de Bidache lui ont conservé longtemps un siége au Conseil général des Basses-Pyrénées. Il est Grand Croix de la Légion d'Honneur (14 août 1866), de l'ordre de Frédéric de Wurtemberg, des Saints-Maurice et Lazare, de Saint-Étienne de Hongrie, de Pie IX, etc.

GRAMONT (Antoine-Léon-Philibert-Auguste, duc DE LESPARRE, comte DE), né à Paris, le 1er juillet 1820 ; frère du précédent. Le 9 mars 1838, il s'engageait au 53e régiment d'infanterie de ligne, entrait à l'École militaire de Saint-Cyr, et en sortait sous-lieutenant au 8e régiment de cuirassiers, le 1er octobre 1840. Il passa, le 1er novembre suivant, au 8e régiment de hussards, fut nommé lieutenant le 4 novembre 1842, capitaine le 21 août 1846, capitaine adjudant-major le 6 août 1850, et chef d'escadron au 4e de cuirassiers le 30 avril 1853. Le maréchal de Saint-Arnaud, qui se connaissait en hommes de mérite et de résolution, s'attacha M. le comte de Gramont comme officier d'ordonnance. Ce fut l'aurore de sa fortune militaire; car, dès le 1er novembre 1854, il était nommé lieutenant-colonel au 10e de dragons, à l'armée d'Orient. Il passa successivement au 2e (18 novembre 1854), puis au 3e de cuirassiers (26 mars 1856). Promu colonel du 1er régiment de dragons le 14 mars 1859, M. de Gramont était mis, le 11 août suivant, à la tête du 1er de carabiniers, et chargé, le 1er janvier 1866, de l'organisation des carabiniers de la garde. Il commanda ce corps d'élite jusqu'à sa nomination de général de brigade, le 31 juillet 1867. Ensuite il fut successivement appelé au commandement de la subdivision des Ardennes, d'une brigade de cavalerie au camp de Châlons, et de la subdivision d'Eure-et-Loir. Au commencement de la guerre de 1870, il fut mis à la tête de la brigade des cuirassiers de la 3e division de l'armée du Rhin. Blessé d'un éclat d'obus à la jambe, à la bataille de Rezonville, il resta prisonnier de guerre aux mains de l'ennemi, et fut, à son retour de captivité, nommé commandant de la cavalerie du 4e corps d'armée. M. le comte de Gramont a été promu au grade de général de division en octobre 1873. Chevalier de la Légion d'Honneur en 1859, et promu officier de l'ordre en 1864, il est aussi commandeur de l'ordre de Sainte-Anne de Russie, des Saints-Maurice et Lazare d'Italie, et décoré du Medjidié de Turquie (3e classe), et de la médaille de Crimée.

GRAMONT (Antoine - Alfred - Anérius - Théophile, comte DE), né à Paris, le 2 juin 1823 ; frère des précédents. Élève à l'École militaire de Saint-Cyr en 1843, sous-lieutenant au 14e régiment d'infanterie de ligne, le 1er octobre 1845, il devint lieutenant le 4 mai 1848, servit, à ce titre, comme officier d'ordonnance du maréchal de Castellane à Lyon, et passa capitaine au 19e régiment de ligne, le 3 mars 1852. Il fit avec ce corps les campagnes de Crimée (1854 et 1855), et fut blessé d'une balle au jarret gauche le 18 juin 1855, devant les murs de Sébastopol. Le 5 janvier 1856, on le nomma chef de bataillon au 76e régiment de ligne. Il passa en Algérie, au 1er régiment étranger, le 4 décembre 1857, combattit en 1859 à l'armée d'Italie, et reçut un coup de feu à la hanche gauche à la bataille de Magenta (4 juin). Le 6 septembre suivant, il fut nommé lieutenant-colonel du 97e régiment de ligne, et le 12 août 1861, du 3e grenadiers de la garde impériale. Colonel du 47e régiment d'infanterie de ligne depuis le 5 mars 1864, il fut désigné, en juillet 1870 pour faire avec son régiment partie de la 2e brigade de la division Conseil-Duménil du 7e corps, commandé par le général Douai, et détaché avec sa division pour renforcer le corps du maréchal de Mac-Mahon fortement menacé à Reichshoffen. Il prit part, avec son régiment, à la bataille de Reichshoffen et eut le bras gauche broyé par un obus, ce qui nécessita la désarticulation de l'épaule. Fait prisonnier à l'ambulance, et interné à Munich, il rentra en France après la conclusion de la paix et trouva sa nomination au grade de général de brigade, qui datait du 27 octobre 1870. Nommé d'abord au commandement des deux départements de la Savoie, M. le général comte de Gramont est actuellement chargé de celui du département de la Vienne. Commandeur de la Légion d'Honneur depuis le 2 septembre 1869, il est aussi chevalier des Saints-Maurice et Lazare, et décoré du Medjidié de Turquie (5e classe) et des médailles de Crimée et d'Italie.

GRANDCLAUDE (Eugène), né à Fresse (Vosges), le 23 août 1826. Lorsqu'il eut terminé sa théologie au grand séminaire de Saint-Dié, l'évêque de son diocèse l'envoya à Rome (1856), pour y suivre les cours de théologie, de droit, d'exégèse et de langue hébraïque, et pour étudier les méthodes d'enseignement et la pratique des congrégations romaines. Reçu bachelier, puis licencié, il prit, en 1859, le grade de docteur en théologie (du collége romain), et en droit canonique (du lycée pontifical de Saint-Apollinaire). Dès son retour de Rome, il fut nommé professeur de philosophie au grand séminaire de Saint-Dié. C'est alors qu'il travailla de toutes ses forces à la restauration, en France, de la philosophie scolastique, complètement tombée en désuétude, même dans les écoles cléricales. Après s'être efforcé de démontrer, par divers articles de polémique dans les journaux, la supériorité de la vieille philosophie de l'école sur la philosophie moderne, il publia le *Breviarium philosophiæ scholasticæ* (1864, 3 vol.), dont le grand succès prouva que l'opinion était mûre, dans le clergé, pour revenir aux saines traditions de la haute philosophie. M. l'abbé Grandclaude est passé, en 1863, dans le même établissement, à la chaire de théologie et de droit canonique. Il a pris une part très-active aux luttes contre le libéralisme et l'école du *Correspondant*, soit dans l'*Univers* et la *Revue des sciences ecclésiastiques*, soit par la publication des *Principes de 89 et le Concile* (1869), ouvrage qui a été le point de départ de toutes les controverses scientifiques contre les principes proclamés en 1789, et dont la *Civilta cattolica* de Rome, le *Tablet* de Londres, l'*Univers*, le *Monde*, etc., ont fait le plus grand éloge. On doit au même auteur : *Catéchisme de l'infaillibilité*, publié contre le gallicanisme (1870); — *Principes du droit public*, ouvrage honoré d'un bref pontifical et d'une lettre très-flatteuse du comte de Chambord (1872). M. l'abbé Grandclaude est chanoine honoraire de Saint-Dié, et membre de diverses Sociétés savantes.

GRANDGUILLOT (Alcide-Pierre), né à Blosseville-Bonsecours (Seine-Inférieure), le 28 octobre 1829. Il fit ses études au collége de Rouen, et les termina en 1847. Après avoir professé l'histoire au collége du Havre (1848-1849), il vint à Paris d'où le duc de Morny, ambassadeur à Saint-Pétersbourg, l'emmena en Russie avec lui. Ce fut, pour M. Grandguillot, une heureuse occasion dont il sut profiter pour se livrer à des études politiques et exercer son esprit naturel d'observation. En 1858, il publia ses impressions de voyage dans le *Constitutionnel*, sous le titre de *Lettres russes*, lettres réunies en volume : *Alexandre II et l'émancipation* (1859). Rédacteur en chef du *Constitutionnel* en 1859, le jeune publiciste y signala son action par un remarquable ensemble d'articles sur la *Question d'Italie* et la *Question romaine*. En 1862, à la suite d'une polémique retentissante contre le gouvernement de Genève, qu'il croyait devoir accuser, en fournissant les preuves, de nombreux méfaits contre nos nationaux, il fut menacé par le Conseil général de ce canton d'un procès en diffamation. Or, on sait qu'aux termes de la loi française, les preuves ne sont pas admises dans les procès de ce genre. Alors, M. Grandguillot quitta le *Constitutionnel*, et fut chargé de la direction du *Pays*. L'année suivante, il devint directeur-gérant du *Constitutionnel* et du *Pays*. Dans ce dernier journal, il introduisit la libre discussion des questions ouvrières, devenues l'objet de la sollicitude du gouvernement. On n'a point oublié ses *Lettres d'un journaliste catholique à Mgr Dupanloup*, non plus que les luttes respectueuses et courtoises, qui en furent la suite, avec les principaux prélats de l'ultramontanisme, NN. SS. de Cambrai, d'Avignon, de Montauban et de Poitiers. Lors de l'expédition du Mexique, M. Grandguillot réclama, comme conséquence immédiate, la *Reconnaissance du Sud* (1864), déclarant qu'oser à demi était fatal en politique. Son langage ne fut pas moins énergique en 1868, quand fut présentée la loi sur la garde mobile. Dans une brochure qui fit sensation, les *Joujoux de M. Cobden*, il donnait à l'Empire les plus précieux avertissements, conjurait les partis extrêmes de s'arrêter dans leur campagne contre le militarisme, et prédisait les catastrophes de 1870. M. Grandguillot, retiré de la presse militante depuis 1865, poursuivait, dans le silence du cabinet, des études sur l'*Opinion publique*, dont la publication avait commencé, en 1869, sous le titre de *Dialogue des vivants*, quand les événements récents lui firent un devoir de reprendre un rôle plus actif. On annonce sa rentrée officielle dans le journalisme. Du reste, au *Paris-Journal* et ailleurs, l'ancien rédacteur en chef du *Constitutionnel* a beaucoup écrit sous différents pseudonymes, tels que ceux de *Marquis de Giac*, de *Roi d'Yvetot*, de *Jean Lacave*. C'est sous ces derniers noms qu'il a publié *Tibère et M. Thiers*, et *Lettres d'un inconnu*. M. A. Grandguillot est chevalier de la Légion d'Honneur depuis 1862, commandeur de Notre-Dame de Guadalupe, des Saints-Maurice et Lazare, de l'ordre du Chêne de Hollande, etc.

GRANDPERRET (Michel-Etienne-Anthelme-Théodore), né à Calcuire (Rhône), le 26 janvier 1818. Il est fils d'un ancien chef d'institution, archiviste de la ville de Lyon, auquel on doit, entre autres ouvrages, un *Traité classique de littérature*, une *Histoire de l'Académie de Lyon*, et un volume sur l'*Histoire de Lyon*. M. Théodore Grandperret fit son droit à la Faculté de Paris, et prit place au barreau de Lyon en 1844. Pendant quelques années, il s'occupa de littérature et d'histoire locale, et fournit des articles de critique théâtrale au *Courrier de Lyon*, et des articles de politique au *Rhône*, journal dirigé par son père. Substitut du procureur de la République à Lyon, en 1849, puis du procureur-général dans le même ressort en 1852, il devint avocat-général à Bourges en 1855, puis à Toulouse en 1859, et fut nommé procureur-général à Orléans en 1861. Ses hautes capacités l'appelèrent bientôt sur une scène plus vaste. En 1867, il fut nommé conseiller d'État en service ordinaire hors sections et procureur-général près la Cour de Paris. Parmi les importantes causes dont il eut à s'occuper dès-lors, nous citerons l'affaire Troppmann et le procès du prince Pierre Bonaparte. Il fit partie du dernier cabinet impérial, où il tint le portefeuille de la Justice, sous la présidence du comte de Palikao, du 10 août au 4 septembre 1870. Depuis la dernière révolution, M. Grandperret exerce la profession d'avocat au barreau de Paris.

GRANGÉ (Pierre-Eugène), né à Paris, le 16 décembre 1813. M. Grangé est un de nos plus féconds auteurs dramatiques. Depuis 1837, il a donné à nos différents théâtres, seul ou en collaboration, un grand nombre de pièces qui ont obtenu un succès mérité. Les vaudevilles ou comédies qu'il a signés seul sont : *Le fils du portier;* — *Eric le fou;* — *Les enfants d'Adam et d'Eve.* Parmi les pièces qu'il a faites en collaboration avec MM. Clairville, Cormon, Dennery, Raymond Deslandes, de Najac, L. Thiboust, etc., nous citerons : *Amour et Amourette;* — *Les premières armes du Diable;* — *Les amours d'une rose;* — *Les premiers beaux jours;* — *Journal d'une grisette;* — *La Goton de Béranger;* — *Le carnaval des maris;* — *La foire aux plaisirs;* — *Le punch Grassot;* — *L'ut dièze;* — *Le théâtre des zouaves;* — *La clé sous le paillasson;* — *La fête des loups;* — *La mariée du Mardi-Gras;* — *Mimi Bamboche;* — *La chasse aux papillons;* — *Les domestiques;* — *Les chevaliers du pince-nez;* — *La beauté du Diable;* — *La boîte au lait;* — *Sortir seule;* — *Les diables roses;* — *Les coiffeurs;* — *Les voyages de la vérité;* — *La consigne est de ronfler;* — *Madame est couchée;* — *On demande des ingénues.* Il a écrit un assez grand nombre de drames, entre autres : *Les Bohémiens de Paris;* — *Les paysans;* — *Le donjon de Vincennes,* avec M. Dennery; — *Fualdès,* avec M. Dupeuty; — *Pauline et Les Frères Corses,* avec M. Alex. Dumas père; — *Les chevaliers du Lansquenet; La sirène de Paris,* avec M. de Montépin; — *Le crétin de la montagne; La voleuse d'enfants; La bergère d'Ivry,* avec M. L. Thiboust; — enfin, quelques opéras-comiques : *Paquerette* et *Salvator Rosa,* musique de M. Duprato; — *Les lavandières de Santarem,* musique de M. Gevaërt; — *A Clichy,* musique d'Adam, etc. M. Grangé a été membre de la Commission des auteurs dramatiques, de 1860 à 1863. Il est membre du *Caveau,* dont il a été élu président en 1869.

GRANIER DE CASSAGNAC (Adolphe), né à Averron-Bergelle (Gers), le 11 août 1806, descend d'une ancienne famille de gentilshommes gascons. Il fit à Toulouse ses études classiques et son droit, entremêlant des travaux littéraires, des élucubrations poétiques couronnées par l'Académie des Jeux-Floraux, à l'aridité des cours de l'Ecole. Venu à Paris, en 1832, Chateaubriant l'accueillit; MM. Guizot, Victor Hugo, Villemain augurèrent bien de ses dispositions, de son talent naissant, et l'admirent pour collaborer avec eux à la *Revue de Paris,* où il publia (1837) des *Etudes sur la noblesse de France.* Le *Journal des Débats* lui ouvrit en même temps ses colonnes; mais l'accentuation originale d'une verve critique trop décidée convenait moins à M. Bertin qu'elle ne souriait à M. de Girardin, qui laissa M. Granier de Cassagnac attaquer Racine, maltraiter les classiques et se ranger sous les insignes de Balzac, Hugo, Soulié, Méry, etc. En 1848, il fit un voyage aux Antilles, fut nommé délégué de la Guadeloupe auprès de la métropole, et épousa Mlle de Beauvallon. Depuis longtemps il appartenait à la politique conservatrice ou ministérielle, représentée par le *Globe* et ensuite par l'*Europe* (1840-1845). Il y avait un an cependant que M. A. Granier de Cassagnac restait étranger aux mouvements de la politique, s'occupant de rechercher les *Causes de la Révolution française,* et préparant d'autres ouvrages qui marquèrent bientôt dans sa vie, quand éclata la révolution de 1848. Le prince Napoléon eut en lui un défenseur énergique; il prépara, dans le Gers, l'avénement du 10 Décembre, et se rendit à Paris pour continuer de soutenir l'œuvre commencée. Ses articles, insérés au *Constitutionnel* et au *Pouvoir,* journal dont il eut la rédaction en chef en 1850, produisirent souvent beaucoup d'effet et le mirent au rang de nos publicistes de premier ordre. En 1852, il fut élu député au Corps législatif et membre du Conseil général du Gers. Réélu en 1857, 1868 et 1869, il a soutenu la politique napoléonienne. En 1864, il a occupé la vice-présidence au Conseil général et rempli les fonctions de maire de Plaisance (Gers). A la fin de 1857, M. Granier de Cassagnac avait fondé, avec les frères Escudier, un journal hebdomadaire, mi-partie littéraire, mi-partie philosophique et religieux, le *Réveil,* qui n'exista qu'une année. Il prit la direction du *Pays,* puis celle de l'ancien *Echo de la Presse,* devenu la *Nation* le 1er janvier 1863. Ce laborieux écrivain a publié : *Œuvres littéraires* (1852); — *L'affranchissement des esclaves par l'éducation religieuse* (1837); — *Histoire des classes ouvrières et des classes bourgeoises* (1837); — *Histoire des classes nobles et des classes anoblies* (1840); — *Danaë* (1840 et 1860); — *L'Emancipation des esclaves* (1840); — *Voyage aux Antilles françaises* (1842-1844, 2 vol.); — *Idée du christianisme sur l'esclavage* (1844); — *Histoire des causes de la Révolution française* (1850, 4 vol.); — *Récit populaire des événements de Décembre* (1851 et 1852); — *Histoire du Directoire* (1851-1856, 3 vol.); — *Histoire de la chute de Louis-Philippe, de la Révolution de Février et du rétablissement de l'Empire* (1857, 2 vol.); — *La Reine des prairies* (1859); — *Antiquité du patois, antériorité de la langue française sur le latin* (1859, 2 vol.); — *Les Girondins et les massacres de Septembre* (1860, 2 vol.); — *L'empereur et la démocratie moderne* (1861), etc. M. Granier de Cassagnac est commandeur de la Légion d'Honneur (15 août 1863), de Charles III d'Espagne, d'Isabelle la Catholique, de Saint-Grégoire-le-Grand, du Medjidié, et de François-Joseph d'Autriche.

GRANIER DE CASSAGNAC (Paul), né à la Guadeloupe, en 1841; fils du précédent. Il se consacra au journalisme, débuta dans la petite presse, et fournit à diverses feuilles littéraires, notamment au *Diogène,* etc. des articles humoristiques et satiriques. Grand, robuste, et l'épée bien dans la main, il eut souvent occasion de continuer, sur le terrain, les luttes entamées dans les colonnes des journaux. La première de ces rencontres, qui eut du retentissement, fut son duel avec M. Aurélien Scholl. Son père lui ayant confié, en 1866, la rédaction en chef du *Pays,* il s'éleva bientôt, entre M. Vermorel du *Courrier français* et lui, une polémique violente qui dégénéra en voies de fait et fut suivie d'un procès. Dans sa querelle avec M. Lullier, ce fut au contraire lui qui crut devoir en appeler à la justice du tribunal. On cite, parmi ses duels les plus acharnés, ceux qu'il eut avec M. Lissagaray, M. Flourens, M. Lockroy, et, en dernier lieu, avec M. Ranc. M. Paul de Cassagnac est entré au

Conseil général du Gers en 1868. A la première nouvelle de nos revers militaires, et quoique souffrant encore d'une blessure à la poitrine, il a refusé le grade de chef du bataillon des mobiles du Gers, pour s'engager au 1er régiment de zouaves (division Abel Douay). Fait prisonnier à Sedan, il a passé huit mois en Allemagne, dans les casemates de Cassel, où nos soldats étaient en butte à de mauvais traitements et avaient à supporter des souffrances que la rigueur du froid rendait encore plus vives. Pendant son absence, plusieurs Comités électoraux du Gers posèrent spontanément sa candidature à l'Assemblée nationale, et réunirent autour de son nom une belle minorité de 8,000 voix. De retour en France, après un séjour de convalescence à Venise, il fut réélu membre du Conseil général du Gers, à la presque unanimité, le 8 octobre 1871. Conseiller municipal et maire de Plaisance, de 1870 à 1872, il fonda dans le Gers, en 1871, un journal important : l'*Appel au Peuple*. M. Paul Granier de Cassagnac est venu reprendre à Paris, en 1872, la direction du *Pays*. Il est chevalier de la Légion d'Honneur depuis 1868.

GRASSET AÎNÉ (Louis-Auguste), né à la Rochelle, le 8 février 1799. Son grand-père, Jean-Baptiste-Etienne Grasset, écuyer, seigneur des Bruères et des Ecots, fut conseiller général provincial des monnoyes de France, et subdélégué à l'intendance du Berry en la ville de la Charité ; son père, Claude-Joseph Grasset, remporta, en 1789, un premier prix à l'Ecole Perronet, fut nommé ingénieur des ponts-et-chaussées à la Rochelle, puis élu membre titulaire de l'Académie des belles-lettres, sciences et arts et de la Société d'agriculture de cette ville, obtint un congé illimité, remplit ensuite les fonctions de maire de la Charité et de conseiller général de la Nièvre sous le premier Empire, et, après avoir pris sa retraite, fit valoir avec succès les usines à acier naturel qu'il possédait près de la Charité ; son frère puîné, Edouard-Isaac Grasset, officier de la Légion d'Honneur, commandeur de Saint-Grégoire-le-Grand et de l'ordre de Jérusalem, officier des ordres du Sauveur de Grèce, de l'Indépendance de la Grèce, du Medjidié, et décoré de la croix monténégrine de Daniel Ier, était consul général de France à Corfou, quand il mourut, en 1863, célibataire et âgé de 63 ans. Ce dernier fut le secrétaire et l'ami intime du prince Mavrocardato, président de la Grèce, publia, en 1838, un charmant petit volume : *Souvenirs de Grèce*, tiré à peu d'exemplaires, et laissa des mémoires manuscrits de beaucoup d'intérêt. Ses funérailles se firent, à Corfou, avec une solennité que justifiaient les hautes capacités de ce diplomate, le rôle généreux qu'il avait joué dans la guerre de l'indépendance hellénique, et le vide que faisait sa perte dans les rangs de notre représentation consulaire en Orient. M. Grasset aîné s'est consacré d'abord à l'administration. Percepteur-receveur à la Charité, de 1821 à 1842, il a démissionné pour se soustraire au travail de bureau, très-nuisible à sa santé, et pour se livrer à des occupations actives. C'est alors qu'il a pris la régie de ses usines à acier, usines exploitées par sa famille, depuis 1717, dans le vallon de la Douée. Cet établissement métallurgique a obtenu des médailles d'argent en 1806 et 1819, la médaille de bronze en 1844 et son rappel en 1849 pour aciers dits *à terre*, une mention honorable à l'Exposition universelle de 1855 pour aciers raffinés. Une médaille d'argent lui a été accordée au comice agricole de Cosne, en 1858, pour bonne culture et amélioration du sol rural de la propriété de la Douée. M. Grasset aîné s'était appliqué de bonne heure à la fondation, dans la ville de la Charité-sur-Loire, d'un musée archéologique et d'histoire naturelle (collection particulière), qui lui valut, en 1836, la première médaille d'argent décernée par la Société libre des beaux-arts de Paris. Ayant quitté l'industrie en 1859, après la mort de son fils, enfant unique, il chercha plus que jamais des distractions intelligentes dans la culture des sciences et des beaux-arts. Fixé à Varzy, il s'adonna spécialement à la prospérité d'un musée dans cette ville, musée dont la tentative avait eu lieu presque sans succès, mais qui, grâce à ses dons et à son dévouement, a pris un bon rang parmi les collections provinciales, et acquiert chaque jour une importance réelle. Aussi peut-on dire qu'il en est, sinon le fondateur, du moins le père véritable. On doit à M. Grasset aîné : *Discours au comice agricole de Cosne* (1858) ; — *Notice sur le général Auger, mort à Solférino* (1861) ; — *Rapport sur les antiquités égyptiennes du musée de Varzy* (1869) ; — . *Notice sur l'origine des bas-reliefs placés dans l'église paroissiale de la ville de la Charité* (1871) ; — *Notice céramique établissant que la marque BB ne peut être attribuée à Bernard Palissy* (1872) ; — *Notice sur un tableau inédit du peintre Girodet-Trioson, au musée de Varzy* (1872) ; — *Notice sur un dolmen dans la Nièvre, et objets d'art celto-gallo-romains* (1873) ; — *Emblèmes attribués à des objets gallo-romains, bois de cerf au musée de Varzy* (1873) ; — *Notice sur un cadran solaire en plomb, de* 1514 (1873). Le même auteur a publié de nombreux articles scientifiques et artistiques dans le *Journal de la Nièvre*. En outre cet habile et laborieux archéologue, fondateur d'un cabinet d'histoire naturelle à l'Ecole normale primaire de la Nièvre, à laquelle il a fait donation d'importantes collections géologiques, minéralogiques et autres, est devenu membre du Conseil de surveillance de cette Ecole. M. Grasset aîné a été nommé inspecteur des monuments historiques du département (1831), inspecteur pour la conservation des monuments historiques de France (1836), conservateur de la bibliothèque et du musée de Varzy (1862), et conservateur honoraire du musée d'Auxerre. Il est membre honoraire de la Société libre des beaux-arts de Paris, membre correspondant de l'Académie des sciences, belles-lettres et arts de Clermont-Ferrand, des Sociétés des antiquaires de Normandie, des sciences et belles-lettres d'Orléans, des sciences naturelles de la Charente-Inférieure, des sciences historiques et naturelles de l'Yonne et de plusieurs autres Sociétés savantes. Enfin, M. Grasset aîné a rempli, pendant plus de 15 ans, les fonctions de maire de la commune où étaient situées ses usines. Officier d'Académie depuis

1862, il a été nommé chevalier de la Légion d'Honneur le 14 août 1869.

GRATIA (Charles-Louis), né à Ramberviller (Vosges), le 25 novembre 1815. M. Louis Gratia suivit l'atelier de Decaisne, et se consacra à la peinture à l'huile et au pastel. C'est dans cette dernière spécialité qu'il se fit plus tard une si grande réputation, surtout comme portraitiste. Il débuta au Salon de 1837 avec un pastel ayant pour sujet : *Prosper Gothi, artiste dramatique.* Puis, il exposa successivement : *Mayer Schnerb*, peinture à l'huile (1840) ; — *Esther de Beauregard* (1841) ; — Mlle *de Boisgontier* (1844), et un certain nombre de portraits très-réussis. Il exécuta notamment les portraits du comte *d'Eu* et de la comtesse *de Solms.* Ayant quitté la France en 1850, à la suite de la révolution, M. Gratia résida pendant dix-sept ans en Angleterre, où il abandonna, non sans regret, la peinture à l'huile pour s'adonner spécialement au pastel, genre de production inexploité jusqu'alors dans ce pays. Parmi les portraits les plus connus qu'il fit en Angleterre, nous citerons : la comtesse *de Woldegrève, John Blackwood*, le colonel *Donalle*, le général *Steuart*, le capitaine de marine *Belcher*, le capitaine *Aumannay*, miss *Carrington*, lord *Follet*, lord *Willoubey*, premier chambellan de la reine, etc. En outre, il exécuta au pastel de petits tableaux de chevalet d'un rare mérite. De retour en France, en 1867, M. Louis Gratia fit une grande quantité de portraits, parmi lesquels on distingue ceux de la baronne *Salomon de Rothschild* et de sa fille, de Mme la comtesse *de Bouvet*, de Mgr *Lavigerie*, archevêque d'Alger, du vicomte *Charles de Bourcier*, etc. Outre les œuvres citées plus haut, ce remarquable artiste a fait recevoir au Salon de Paris : *Corsaire turc* (1861) ; — *Jeune fille lisant* (1864) ; — lady *Norreys* (1865) ; — M. *Ed. Verreaux* (1866) ; — *Tête d'homme*, étude (1867) ; — *Jeune femme jouant avec une perruche* (1868) : — le maréchal et la maréchale *Bazaine* (1869) ; — Mme la vicomtesse *Charles de Bourcier* (1870) ; — M. *L. Bobillier; Hommes d'armes* (1873). M. Louis Gratia a obtenu une médaille de 3e classe en 1844, et son rappel en 1861. Enfin, il a remporté, à la suite des expositions des Amis des arts de l'Académie de Stanislas, une médaille d'argent en 1868, et la médaille d'or (médaille d'honneur) en 1870.

GRATIOT (Amédée-Louis-Marie), né à Paris le 5 juin 1812. Fils d'un imprimeur, il fit de bonnes études au collège Louis-le-Grand, étudia l'imprimerie dans la maison paternelle, acheta de M. Hachette, en 1835, l'ancienne imprimerie Dupuis, et s'associa avec M. Jules Belin, pour l'exploitation de cet établissement. En 1840, il fut nommé directeur-gérant de la Société anonyme des papeteries d'Essonnes. M. Gratiot a créé, en 1867, une maison pour la vente en gros du papier, sous la raison sociale « Gratiot père et fils. » Il a été secrétaire de la Chambre des imprimeurs en 1834, membre de la Commission des valeurs au ministère du Commerce jusqu'en 1867 et juge complémentaire au tribunal de Commerce de la Seine en 1850. On lui doit quelques *Poésies* sur des sujets d'actualité, des *Pétitions*, des *Lettres* relatives à son industrie, et des brochures de circonstance, telles que : *Messieurs les socialistes, une solution s'il vous plaît*, et *Organisez le travail, ne le désorganisez pas*, lettre aux ouvriers (1848). Pendant le siége de Paris (1870), il a publié une série de brochures, sous le titre de *Petits livres du siége;* — *Peau Neuve;* — *La nuit du 6 novembre;* — *Le châtiment de l'Angleterre;* — *La carte à payer.* M. Gratiot a reçu la croix de la Légion d'Honneur le 17 juin 1850.

GREFFIER (Pierre-Eugène), né à Orléans, le 9 novembre 1819. M. Greffier, avocat à Orléans depuis 1841, et devenu membre et secrétaire du Conseil de l'Ordre, est entré dans la magistrature en 1848, comme substitut du procureur-général près la Cour de la même ville, et a été nommé avocat-général en 1854, et premier avocat-général en 1860. Appelé, en 1862, aux fonctions de directeur des affaires civiles au ministère de la Justice, il a pris une part active à la révision du code de procédure, comme secrétaire et rapporteur de la Commission instituée à cet effet. Au mois de juillet 1869, il a été nommé secrétaire-général du ministère de la Justice, et, le 18 août suivant, conseiller d'Etat en service ordinaire hors sections. Remplacé dans ces fonctions, à l'avénement du ministère Ollivier, il a été élevé, le 21 janvier 1870, à un siége de conseiller à la Cour de cassation. Pendant son séjour à Orléans, M. Greffier, comme conseiller municipal, a rendu de signalés services à la localité. Membre du Conseil général du Loiret, il en a occupé la vice-présidence de 1867 à 1870. On lui doit deux excellents discours de rentrée : une *Etude sur la législation pénale* (1855), et les *Etats généraux et l'ordonnance d'Orléans de 1560* (1859). En 1861, il a publié un *Traité des cessions et des suppressions d'offices*, ouvrage où sont recueillis méthodiquement tous les documents relatifs à cette matière, qui est devenu le guide indispensable des parquets et des officiers publics, et qui a contribué puissamment à fixer la jurisprudence et à préparer d'utiles travaux de remaniement. M. Greffier est commandeur de la Légion d'Honneur depuis le 5 août 1868, et commandeur, avec plaque, de la Rose du Brésil.

GRELLET (Sébastien-Félix), né à Allègre (Haute-Loire), le 22 mai 1813; issu d'une famille ancienne et distinguée dont un des membres, Pons Grellet, lieutenant-général de Jacqueline d'Aumont, marquise d'Allègre, défendit cette ville en 1593 contre les troupes du duc de Nemours, chef des Ligueurs. Licencié en droit de la Faculté de Paris, M. Félix Grellet appartint pendant six ans au barreau de la capitale, remplit les fonctions de secrétaire à la conférence des avocats durant plusieurs années, se fit recevoir docteur en droit, et prit place au barreau de la cour de Riom en 1841. Son talent oratoire, ses connaissances juridiques et le libéralisme sage de ses opinions attirèrent sur lui l'attention de ses concitoyens et du gouvernement. En 1848, refusant le poste de procureur-général qui lui avait, dit-on, été offert, il accepta une candidature à l'Assemblée constituante et fut élu, le second, représentant de la Haute-Loire. A la Chambre, il siégea dans les rangs des républicains modérés, et fit partie du Comité des finances, qui le choisit comme secrétaire, et dont il fut souvent rapporteur. N'ayant pas été réélu à l'Assemblée législative, il reprit ses occupations professionnelles et s'acquit une grande réputation, non-seulement comme jurisconsulte, mais aussi comme agronome. Successivement nommé membre des Sociétés académiques du Puy (1838) et de Clermont (1855), administrateur des hospices de Riom (1862), secrétaire-général de la Société d'agriculture du Puy-de-Dôme (1865), M. Félix Grellet a publié des *Biographies* et différents travaux sur la *Géologie*, l'*Archéologie* et l'*Agriculture*. Il représentait, aux obsèques de Berryer, le barreau de Riom, dont il était alors bâtonnier. En 1855, lors de la 22e session du Congrès scientifique qui eut lieu au Puy, il fut nommé secrétaire de la section des sciences et lut plusieurs *Rapports* qui furent remarqués. Enfin, il a fourni beaucoup d'articles aux *Annales* de la Société académique du Puy, aux *Mémoires* de l'Académie des sciences, belles-lettres et arts de Clermont-Ferrand et aux *Bulletins* de la Société d'agriculture du Puy-de-Dôme. M. Grellet est actuellement (1873) membre du Conseil général de la Haute-Loire, dont il a été le vice-président.

GRELLET-BALGUERIE (Charles-Louis), né à Bordeaux, le 21 septembre 1820. Licencié en droit de la Faculté de Paris, et inscrit au tableau des avocats de sa ville natale en 1849, il collabora aux journaux du département et publia plusieurs essais littéraires. En 1852, il entra dans la magistrature comme juge de paix du canton de Moule (Guadeloupe), et devint, en 1854, juge au tribunal de la Basse-Terre. Dès lors, il s'occupa des intérêts généraux des Antilles françaises et de leur histoire. L'introduction et la propagation, à la Guadeloupe, de la culture du coton longue-soie lui valurent une médaille de 1re classe à l'Exposition universelle de Paris, en 1855, une médaille d'argent de la Société industrielle de Mulhouse, une médaille d'or à l'Exposition industrielle agricole de 1856, et une médaille décorative en or frappée en son nom, en 1857, par ordre du ministère de la Marine. Après l'Exposition universelle de Londres (1862), où il obtint une nouvelle distinction, plusieurs Chambres de commerce, entre autres celles de Mulhouse et de Strasbourg, sollicitèrent pour lui la croix de la Légion d'Honneur. Délégué des colonies pour les cultures tropicales et les expositions, M. Grellet-Balguerie fut plusieurs fois envoyé en mission spéciale et adressa, en 1858 et 1859, au ministère de l'Algérie et des Colonies, des rapports qui furent insérés *in extenso* dans le *Moniteur universel*, traduits en anglais par ordre du comte Derby, et reproduits par la presse spéciale d'Angleterre. Ayant définitivement quitté la Guadeloupe en 1859, il accepta les fonctions de juge d'instruction suppléant près le tribunal de la Réole. Elles lui donnèrent l'occasion de rendre à ce pays des services qui le firent élire au Conseil d'arrondissement de la Réole par 2,500 suffrages spontanés. Enfin, il consacra ses loisirs à l'étude de l'histoire de la Gironde, spécialement du Réolais et du Bazadais et de leurs antiquités gallo-romaines, mérovingiennes et carlovingiennes. On lui doit, entre autres découvertes, celle de la Villa de Cassinogilum, palais de Charlemagne, berceau de Clotaire et de Louis-le-Débonnaire, à Caudrot. Nommé, en 1866, juge au tribunal de Lavaur (Tarn), il en profita pour faire, dans ce pays, de curieuses recherches sur les tumulus et les armes préhistoriques, sur des sarcophages du VIe siècle, et y découvrir de nombreux souterrains-refuges, etc. M. Grellet-Balguerie a été élu à l'unanimité, associé correspondant de la Société nationale des antiquaires de France. On lui doit notamment : *Au pont de Cé, l'amour et la mort*, poésie-légende (1850); — *Essai sur les poésies gasconnes de Meste-Verdier*, poëte bordelais (1860); — *Une larme du sire de Lansac*, roman historique (1860); — *Le cartulaire du prieuré de Saint-Pierre de la Réole, du IXe au XIIe siècle* (1860, in-4°); — *Les coutumes de la Réole en 1255* (1862); — *Les deux églises* (album de 15 pl. représentant les ruines de Cassinogilum et d'autres antiquités réolaises, etc. Enfin, M. Grellet-Balguerie a publié des mémoires dans les comptes-rendus de diverses Sociétés savantes, et a fourni, au *Nouveau dictionnaire du commerce et de la navigation*, de Guillaumin, les articles relatifs au coton et aux tissus de coton, qui furent très-remarqués et signalés dans un rapport à l'Institut. Cet auteur a écrit le plus souvent sous le pseudonyme de *Charles Bal*.

GRESSENT (Vincent-Alfred), né à Paris, le 18 mars 1818. M. Gressent s'occupa, pendant plusieurs années, d'études et de travaux agricoles dans le Morbihan et la Loire-Inférieure. De retour dans la capitale, il ouvrit, en 1856, dans les campagnes environnantes, un cours d'arboriculture qui attira sur lui les regards. En 1859, il alla s'établir à Orléans, où il fut chargé des fonctions d'inspecteur des plantations, et de cours fondés par la ville et le département. On lui confia également l'enseignement de l'Institut régional agricole de Beauvais, puis de ceux des villes d'Etampes, de Beaugency, de Compiègne, de Marle, de Saint-Quentin, d'Issoudun, etc. Il créa, en 1864, le cours d'arboriculture de l'Ecole normale de Châteauroux, et, à ses frais, aidé seulement du concours de l'administration académique, un enseignement spécial et gratuit pour les instituteurs dans les départements du Loiret, de l'Oise, de l'Aisne, du Nord, de l'Indre, d'Eure-et-Loir, de la Sarthe, etc. M. Gressent est membre de l'Association scientifique de France, de la Société nationale centrale d'agriculture et de beaucoup d'autres Sociétés savantes. Il a publié : l'*Arboriculture fruitière, théorie et pratique* (1869, 4e édition, avec planches et figures dans le texte); — *Le potager moderne*, traité complet de la culture des légumes (1869, 2e édit., avec planches); — l'*Almanach Gressent illustré*, qui paraît depuis 1867, traitant uniquement d'arboriculture et de culture des légumes, et répandu, à un grand nombre d'exemplaires, en France et à l'étranger ; il est donné en prime par les Sociétés d'agriculture, d'horticulture, ainsi que par les journaux. Le 26 septembre 1866, la belle école fruitière et potagère de M. Gressent ayant été détruite par une inondation de la Loire, il en a créé, en mai 1867, une autre plus importante à Saunois (Seine-et-Oise). Cette fondation, qui a précédé celle des jardins-écoles de Paris, a été faite des propres deniers du savant arboriculteur et sans la moindre subvention. C'est la première institution de ce genre qui ait été établie en France par un simple particulier; elle sert de terme de comparaison, comme culture économique, avec les jardins-écoles créés par la ville de Paris à Saint-Mandé.

GRESSIER (Edmond), né à Corbie (Somme), le 22 décembre 1813. Admis à l'Ecole polytechnique en 1832, M. Gressier en sortit en 1834, mais ne suivit aucune des carrières ouvertes aux élèves de cette Ecole. Sa belle position de fortune lui permettant un nouveau choix, il suivit les cours de droit de la Faculté de Paris, et se fit inscrire au barreau de la capitale en 1837. Les événements ont prouvé que, cette fois, il ne s'était pas trompé sur sa vocation. Il ne tarda pas, en effet, à se faire une avantageuse réputation. En 1847, il épousa la fille de M. Chaix-d'Est-Ange. Son séjour à l'Ecole polytechnique lui permit de se créer une spécialité dans la discussion des questions d'économie, de finances et de comptabilité; et, à partir de 1848, l'administration le choisit successivement comme avocat des Domaines, du Trésor et de la ville de Paris. Elu membre du Conseil général de la Somme en 1861, il fut porté à la députation, en 1863, par les électeurs de la 5ᵉ circonscription de cet important département. A la Chambre, M. Gressier se plaça du premier coup au rang des députés les plus compétents en matière de chiffres. Membre de diverses Commissions importantes, il fut notamment rapporteur du budget jusqu'à la fin de décembre 1868, époque où il prit le portefeuille de l'Agriculture, du Commerce et des Travaux-Publics. On lui connaissait des idées larges et libérales, et son avénement au pouvoir fut très-favorablement apprécié par le public. Son administration se signala par la réforme des Fermes-Ecoles, et par l'organisation de l'enseignement supérieur de l'agriculture. Au mois de juillet 1869, son ministère ayant été scindé en deux, il conserva le portefeuille des Travaux-Publics. M. Gressier, élevé à la dignité de sénateur, lors de l'avénement du ministère Ollivier, le 2 janvier 1870, a quitté la vie publique après la révolution du 4 Septembre. Il est commandeur de la Légion d'Honneur depuis le 27 décembre 1869.

GRÉVY (François-Paul-Jules), né à Mont-sous-Vaudray (Jura), le 15 août 1813. Issu d'une famille bourgeoise, il fit ses études classiques au collège de Poligny et son droit à Paris. Inscrit au barreau de la capitale, il acquit bientôt une grande notoriété, surtout en plaidant les procès politiques. En 1839, il défendit éloquemment la cause de Quignot et de Philippet, compagnons de Barbès. Après les événements de 1848, il fut nommé commissaire du gouvernement provisoire dans son département. Elu le premier, pour représenter le Jura à l'Assemblée Constituante, il siégea à la Gauche, vota l'abolition de la peine de mort, repoussa l'impôt progressif proposé par Proudhon, et déposa le fameux amendement relatif aux pouvoirs du président de la République et auquel son nom est demeuré attaché. Ses commettants l'ayant renvoyé à l'Assemblée législative, il s'y signala encore parmi les plus énergiques adversaires du gouvernement présidentiel, protesta contre la loi du 31 mai, et s'opposa à la révision de la constitution. Après le Coup-d'Etat, M. Jules Grévy a repris avec éclat sa place au barreau de Paris, et a été nommé bâtonnier de l'Ordre. Candidat de l'opposition lors d'une votation particlle dans le Jura, pour un siége au Corps législatif, en 1868, il a été élu par plus des deux tiers des suffrages. L'année suivante, aux élections générales, l'administration n'a pas osé lui opposer de candidature officielle. Rentré à la Chambre, et siégeant à l'Extrême-Gauche d'alors, il a continué sa lutte avec le gouvernement impérial, et a pris surtout la parole pour combattre le plébiscite. Le 4 septembre 1870, il voulait, comme la Gauche l'avait décidé la veille, qu'on demandât à la Chambre, qui y consentait, la nomination d'une Commission de gouvernement, et qu'on procédât immédiatement à l'élection d'une Assemblée constituante, au lieu de faire une dictature. Aussi a-t-il refusé de faire partie du gouvernement de la Défense nationale. Les grands services qu'il avait rendus à la cause républicaine lui marquaient tout naturellement une grande place au sein de l'Assemblée nationale. Elu dans le Jura, le premier, par 52,678 voix, et dans les Bouches-du-Rhône, par 51,164 voix, tandis que les électeurs de la Seine lui donnaient une belle minorité de 51,500 suffrages, il a opté pour le Jura. M. Grévy siège dans les rangs de la Gauche-Républicaine. Quatre fois l'Assemblée, à laquelle il se recommandait par son impartialité, la sobre élégance de sa parole, l'austérité de sa vie privée, sa probité politique et son impartialité parlementaire, l'a choisi pour son président, à la presque unanimité. D'abord, il jouissait d'une grande influence sur cette Chambre, où tant de passions étaient en jeu; et son autorité y fut longtemps incontestée. Mais, à mesure que les tendances réactionnaires s'y affirmaient contre le vœu de la nation, cette influence et cette autorité, quoique toujours considérables, allaient en s'amoindrissant. Il le sentait, s'en affligeait pour le pays, et n'en continuait pas moins à remplir, avec le plus pur patriotisme, son rôle conciliateur, lorsqu'à propos de la loi sur la municipalité de Lyon, le 1ᵉʳ avril 1873, un membre de l'Extrême-Droite, soutenu par ses coreligionnaires politiques, se servit d'une expression blessante pour l'orateur qui était à la tribune. M. Grévy l'ayant réprimandé, cette réprimande devint l'occasion d'une manifestation de la Droite, dans laquelle le président vit une hostilité contre lui, et un manque de respect à son autorité. Séance tenante il donna sa démission, qu'il maintint le lendemain malgré un vote de la Chambre qui le rétablissait dans ses fonctions. Pendant tout le temps qu'il a occupé la présidence, M. Jules Grévy n'a pris part aux votes de l'Assemblée que dans quelques circonstances solennelles ou essentiellement politiques. C'est ainsi qu'il a voté *pour* la paix, le retour de l'Assemblée à Paris, le traité douanier et la proposition Rivet. Il a plusieurs fois été question, dans beaucoup de fractions politiques de la Chambre, et même du pays tout entier, de lui confier la vice-présidence de la République française, jusqu'au jour où la consolidation de cette forme de gouvernement et la retraite de M. Thiers permettraient de l'élever aux fonctions de président. Mais la révolution parlementaire du 24 mai 1873, éloignant du pouvoir tout le parti républicain, sans distinction de nuances, a remis en question la forme et le fond même du gouvernement. En cette circonstance, M. Grévy, fidèle à son passé, a refusé la présidence de la Gauche-Républicaine pour conserver dans les rangs de cette fraction parlementaire toute sa liberté d'action. Il fait au ministère de Broglie une opposition active, mais supérieure à tout esprit systématique.

GRÉVY (Albert), né à Mont-sous-Vaudray (Jura), en 1823; frère du précédent. Il fit son droit à la Faculté de Paris, son stage dans la capitale, se distingua à la Conférence des jeunes avocats (1850-1852), prit place au barreau de Besançon, et fut élu, plus tard, bâtonnier de son Ordre. L'intégrité de son caractère, ses capacités professionnelles et le libéralisme de ses opinions rallièrent autour de lui les nombreux membres du parti démocratique, dont il devint un des chefs avoués. Propagateur actif de l'idée républicaine, il eut l'occasion de jouer un rôle important, lors du plébiscite de mai 1870, et ouvrit des conférences au Grand-Théâtre de Besançon, dans lesquelles il ne craignit pas de conseiller à ses concitoyens de voter *non*. Le Gouvernement de la Défense nationale, au commencement de nos désastres, lui confia les fonctions de commissaire-général en Franche-Comté; mais certains conflits d'attributions et de pouvoirs l'amenèrent à donner bientôt après sa démission. Le 8 février 1871, il fut élu par 96,910 voix, le premier sur six, représentant du Doubs à l'Assemblée nationale. M. Albert Grévy est président de la fraction parlementaire connue sous le nom de Gauche-Républicaine. Il a été rapporteur de la loi ayant pour objet de répartir, sur toute la surface du territoire, les sacrifices provoqués par la guerre et le remboursement des pertes locales résultant de l'invasion étrangère. Membre du Comité de direction de la Gauche, il a certainement acquis, par la valeur de ses conseils, une réelle autorité sur la plupart de ses collègues. Enfin, il a voté notamment : *pour* la paix, le retour de l'Assemblée à Paris, le traité douanier, la proposition Feray, les amendements Barthe et Keller, l'impôt sur les bénéfices du commerce et de l'industrie; *contre* l'abrogation des lois d'exil, la validation de l'élection des princes, la pétition des évêques, la loi départementale, la dissolution des gardes nationales, le pouvoir constituant, l'amendement Target, la proposition Ravinel, l'impôt sur le chiffre des affaires, l'ordre du jour motivé de M. Ernoul dans la mémorable séance du 24 mai 1873, et par conséquent, dans ce dernier cas, pour M. Thiers. Ajoutons qu'il s'est prononcé négativement, quand il s'est agi d'élever une sorte d'église nationale sur la butte Montmartre. M. Albert Grévy a été collaborateur du *Doubs*, journal d'opposition sous l'Empire.

GRIDEL (Nicolas), né à Brouville (Meurthe), le 12 mai 1801. Après avoir partagé les travaux agricoles de son père, simple fermier, il se sentit une vocation pour l'état ecclésiastique, commença ses études auprès du curé d'Azerailles, et entra au petit séminaire de Pont-à-Mousson en 1823, et au grand séminaire de Nancy en 1826. Ordonné prêtre le 2 juillet 1830, il remplaça d'abord un des professeurs de théologie, expulsés du séminaire par suite de troubles soulevés dans le diocèse ; puis il fut nommé vicaire à Saint-Nicolas-de-Port en 1832, et curé à Ogéviller en 1833. Rappelé au grand séminaire de Nancy en 1837, pour y professer la théologie dogmatique, il fut nommé, le 28 juin 1847, vicaire-général du diocèse. Il fut investi de la cure de la cathédrale en 1853. Ayant écrit à son évêque une lettre par laquelle il lui faisait connaître certains reproches que le public lui adressait, ce prélat se sentit blessé et le révoqua comme curé (1857), tout en lui conservant sa position de chanoine titulaire. Depuis cette époque, M. l'abbé Gridel s'est livré à la prédication, a publié quelques ouvrages, et s'est occupé plus spécialement à la fondation de l'institution des Jeunes-Aveugles de Nancy. On lui doit : *De l'ordre surnaturel et divin* ; S. S. Pie IX, après avoir pris connaissance de la table des matières, mit l'ouvrage de côté, en disant : « Voilà un livre que je lirai; » Mgr Mermillod en a dit également : « C'est un des livres que j'ai lus avec le plus d'intérêt et le plus de fruit (1846, 2ᵉ édit., 1872); — *Soirées chrétiennes, ou explication du catéchisme par des comparaisons et des exemples*, ouvrage très-répandu, et traduit en allemand et en italien (1851-1853, 6 vol , 3ᵉ édit., 1861); — *Cours d'instructions religieuses, ou Exposition courte, suivie et raisonnée de la doctrine chrétienne, etc*. (1860, 2 vol., 2ᵉ édit., 1862); — *Déification de l'homme par la grâce* (1861, 2 vol.); — *Instructions paroissiales sur les sacrements* (1862, 5 vol.); — *Instructions sur les vertus chrétiennes et les péchés capitaux* (1866, 4 vol.); — *Le bon paroissien* (1869); — *Richesse et noblesse des travailleurs*, opuscule traduit en anglais et en allemand (1872).

GRIPON (Emile), né à Château-Gontier (Mayenne), le 20 avril 1825. Élève du collège de Château-Gontier, puis du collège Charlemagne à Paris, il fut en même temps reçu, en 1844, à l'École polytechnique et à l'École normale. Il opta pour cette dernière, obtint le brevet d'agrégation des sciences physiques en 1848, et prit le grade de docteur ès sciences physiques en 1865. Successivement professeur de physique à Saint-Etienne (1847), Avignon (1848), Brest (1850), Angers (1852), il inaugura dans cette dernière ville, en 1855, les cours publics de physique. M. Gripon, chargé du cours de physique à la Faculté des sciences de Lille en 1865, a été nommé professeur à la Faculté des sciences de Rennes en 1868. On lui doit plusieurs *Traités élémentaires* de physique appliquée à l'industrie, et des *Mémoires d'acoustique* sur les tuyaux d'orgue dits « à cheminée, » sur les vibrations des cordes dans l'eau et dans l'air, etc. Il est officier de l'Instruction publique.

GRISART (Jean-Louis-Victor), né à Paris, le 28 juin 1797. Élève de l'Ecole des beaux-arts, il remporta, en 1823, le premier second grand prix. Après deux années de voyages et d'études en Italie, il revint à Paris, fut nommé architecte de la préfecture de la Seine, et, à ce titre, construisit le pavillon d'octroi à la barrière de la Gare, et la superbe caserne de la garde de Paris, rue de la Banque. Il construisit aussi un grand nombre de maisons à Paris, et notamment, en collaboration avec MM. Poirot et Fraticher, la salle de M. Herz et le bazar Bonne-Nouvelle. M. Grisart a été nommé, en 1852, architecte de l'administration des Postes, et, en 1858, architecte de l'empereur au palais de Compiègne. Il a exécuté la restauration d'une partie de ce monument, travaux d'appropriation et de goût qui lui valurent, le 10 mai 1859, la croix de la Légion d'Honneur. Membre temporaire du Conseil des bâtiments civils (1859-1862), membre de la Société centrale des architectes, il est aujourd'hui l'architecte du gouvernement attaché au Palais des archives, édifice dont les réparations d'intérieur sont très-bien réussies.

GROS (Luc-Agathange-Louis), né à Frans (Ain), le 9 août 1814. Il fit ses études de droit à la Faculté de Paris, trouva, en préparant sa thèse, une formule simple pour calculer les droits des enfants naturels dans les cas les plus compliqués, et prit le grade de docteur le 16 juillet 1841. Avocat à Lyon depuis 1842, il entra dans la magistrature, le 25 juin 1851, comme juge de paix à Pont-d'Ain, et devint, successivement, juge au tribunal de Belley, le 1er décembre 1855, juge aux ordres à Saint-Etienne, le 12 mars 1859, vice-président au même siége le 15 décembre 1864, et juge à Lyon le 21 décembre 1870. M. Louis Gros a été chargé de l'instruction, le 14 février 1872. Il a publié : *Recherches sur les droits successifs des enfants naturels* (1849) ; — *Théorie du baguenodier* (1872).

GROSCLAUDE (Louis), né au Locle, canton de Neufchâtel (Suisse), le 24 septembre 1784. Venu à Paris en 1805, il y suivit l'atelier de Reynault ; et, grâce à la souplesse de son talent aussi bien qu'à la fécondité de son imagination, il se familiarisa avec tous les genres de peinture, le portrait compris. A partir de 1817, ses envois au Salon furent assez réguliers. Dans le nombre de toiles qu'il exposa, nous distinguons : *Les buveurs* ; — *Les bulles de savon* ; — *Toast à la vendange* de 1834, tableau acquis pour le Musée du Luxembourg ; — *Le salut militaire* ; — *Tireuse de cartes*, à M. Leuba, du Locle ; — *Enfants en liberté* ; — *Les sœurs de lait* ; — *L'inspiration musicale* ; — *Les trois commères*, tableau placé dans la galerie de feu Pescatore ; — *Marino Faliero*, au musée de Neufchâtel ; — *Cabaret* ; — *L'oiseau mort* ; — *Madeleine repentante*, au duc de Trévise ; — *La Norma* ; — *Le petit nonchalant* ; — *La prise de tabac* ; — *La bouffée de fumée* ; ces trois dernières toiles appartiennent à la collection de M. de Rothschild ; — *Lecture d'un bulletin de l'armée française annonçant la prise de la tour Malakoff* ; — *Deux petits amis* ; — *Intérieur d'étable aux environs de Genève* ; — *La réconciliation*, etc. Plusieurs des œuvres de M. Grosclaude occupent une place distinguée dans des collections étrangères, notamment dans celle du roi de Prusse. Parmi ses nombreux portraits, on cite ceux du baron *James de Rothschild* et de ses fils, de *M. A. de Gasparin*, du comte et de la comtesse *d'Espagnac*, de la comtesse *Daru* et de ses enfants, de la fille du baron *Seillière*, du marquis *de Lambertye*, de Mlle *A. Dollfus*, etc. Cet artiste a obtenu des médailles de 3e classe en 1835, de 2e classe en 1838, de 1re classe en 1845, et deux grandes médailles aux expositions de Bruxelles et de Genève. M. Grosclaude était membre associé de l'Académie des beaux-arts de Berlin depuis 1827. Il est décédé le 11 décembre 1869.

GROSSOLLES-FLAMARENS (Jules, *comte* DE), né à Munster (Westphalie), de parents émigrés sous la Terreur, le 15 mars 1806. Sa famille déjà connue au commencement du XIIIe siècle, a fourni des chevaliers croisés, un gouverneur de Mont-de-Marsan, des lieutenants-généraux, des chevaliers des ordres du roi, des évêques, etc., et a joué un rôle considérable dans les pays de la langue d'Oc, en Guyane, et à la Cour où elle a rempli de grandes charges. Son père, M. le marquis de Flamarens, ancien officier de l'armée de Condé, fut gentilhomme honoraire de la Chambre de Charles X, représenta le Gers à la Chambre des députés, de 1820 à 1826, et mourut en 1837, officier de la Légion d'Honneur. M. le comte de Flamarens apprit à l'étranger plusieurs langues vivantes, et termina ses études classiques à Paris. Il entra dans la diplomatie à l'âge de 17 ans, et montra toujours un goût très-vif pour l'instruction et les voyages. En 1848, il combattit les insurgés de Juin comme simple garde national et mérita une mention honorable, récompense civique décrétée par l'Assemblée constituante. Au moment de l'élection présidentielle, M. le comte de Flamarens contribua, dans le Gers, au triomphe du parti de l'ordre. Membre du Conseil général de ce département, il en fut le vice-président dès son élection, et en occupa longtemps la présidence. Il a été appelé au Sénat le 4 décembre 1854 et y a rempli, en 1860, les fonctions de secrétaire. Ancien membre du Conseil du sceau des titres, officier de l'Instruction publique, M. le comte de Grossolles-Flamarens est commandeur de la Légion d'Honneur depuis le 14 août 1867.

GROUALLE (Victor-François), né à Saint-Lô, le 15 juillet 1818. Reçu docteur en droit à la Faculté de Caen en 1843, il fit son stage d'avocat dans la même ville, et prit place au barreau de Paris en 1843. Le 17 décembre 1849, il acheta un cabinet d'avocat au Conseil d'Etat et à la Cour de cassation. Sa carrière fut des plus brillantes. Membre du Conseil de l'Ordre en 1859 et 1864, syndic en 1861, il occupa, de 1865 à 1868, la présidence du Conseil. M. Groualle a cédé son cabinet en 1871. Bien qu'il ait été longtemps l'avocat des princes d'Orléans, il ne paraît pas s'être jamais sérieusement occupé de politique. Ce qui le prouve, c'est que le système de l'élection des nouveaux conseillers d'Etat par l'Assemblée nationale ayant prévalu, l'honorable jurisconsulte a été porté tout à la fois sur la liste de la Commission parlementaire et sur celles de la Droite et de la Gauche. Aussi a-t-il été élu membre du Conseil d'Etat, le second sur vingt-deux, par 573 voix sur 633 votants, le 22 juillet 1872. M. Groualle est chevalier de la Légion d'Honneur depuis le 13 août 1867.

GUÉ (Jean-Marie-Oscar), né à Bordeaux, le 28 septembre 1809. Destiné par son père à l'étude du droit, il y consacra les deux premières années qui suivirent sa sortie du collège, puis l'abandonna pour se livrer à la carrière des arts, et reçut les conseils de Julien-Michel Gué, son oncle. Après un voyage en Italie, il revint à Paris et travailla quelques années sous la direction de M. Alaux le Romain, chargé par le roi Louis-Philippe d'importants travaux au Musée de Versailles. Depuis 1833, il exposa des tableaux de genre et d'histoire. Nous citerons : *Ancien presbytère;* — *Saint Mathieu, évangéliste, écrivant sous l'inspiration d'un ange* (église de Provins) ; — *Louis de Bourbon devant la Cour de François II* (musée de Lisieux) ; — *Saint Louis enfant;* — *Henri IV enfant et Jeanne d'Albret;* — *Sainte Elisabeth de Hongrie déposant sa couronne avant d'entrer à l'église ;* — *Distribution d'aumônes à la porte d'un couvent;* — *Le Matin, le Midi, le Soir*, trois pendants ; — *Saint Louis recevant à Ptolémaïs le patriarche de Jérusalem* (Musée de Versailles) ; — *L'amiral Ruyter recevant à son bord un envoyé de Louis XIV;* —· *Frère et sœur de lait;* — *Sainte-Famille* (église Saint-Nicolas de Bordeaux) ; — *La Madeleine versant des parfums sur la tête du Christ* (même église) ; — *Le fidèle gardien;* — *Le Christ consolant les affligés;* — *Les adieux au pays;* — *Les vendanges;* — *Le pain bénit*, etc. M. Gué a aussi exposé des portraits et un grand nombre d'aquarelles. Il a obtenu une médaille de 3e classe en 1834 et une de 2e en 1840. Obligé par des raisons de famille de retourner dans sa ville natale et d'y fixer son séjour, il a été nommé, en 1858, directeur et professeur de l'Ecole municipale gratuite de dessin et de peinture, et conservateur de la galerie de tableaux de la ville. En 1866, l'Académie des sciences, belles-lettres et arts de la ville de Bordeaux lui a conféré le titre de membre résident.

GUÉNÉE (Adolphe), né à Paris, le 1er décembre 1818. Fils d'un chef d'orchestre qui fut attaché longtemps au théâtre du Palais-Royal, M. Guénée a fait ses études classiques au collège Bourbon et s'est consacré à la littérature dramatique, soit seul, soit en collaboration avec des auteurs connus, tels que MM. Jouhaud, Ch. Potier, Deslys, J. Renard, A. Monnier, G. Fath, Delacour, L. Thiboust, A. Flan, Léris, Couailhac, Tournemin, Leprévost, Clairville, Cormon, Desrosiers, et autres. On lui doit un grand nombre de drames, de féeries, de vaudevilles, de comédies, de parodies, et surtout de revues de fin d'année, parmi lesquels nous citerons : *L'orphelin du parvis Notre-Dame* (1838) ; — *La femme de l'émigré* (1840) ; — *Le bijoutier de Nuremberg* (1841) ; — *L'inondation de Lyon* (1841) ; — *A l'hôtel Bullion* (1842) ; — *Les enfants peints par eux-mêmes* (1842) ; — *L'oiseau de Paradis* (1843) ; — *La reine Argot* (1847) ; — *Voyage en Icarie* (1848) ; — *Gâchis et poussière* (1851) ; — *Le porte-drapeau d'Austerlitz* (1852) ; — *Voilà l'plaisir, mesdames* (1852) ; — *Les Délassements à la Belle-Etoile* (1853) ; — *Les Variétés de 1852* (1853) ; — *Une femme qui se grise* (1853) ; — *Un gendre en mi-bémol* (1854) ; — *Dzing! Boum, Boum* (1855) ; — *La vivandière des zouaves* (1855) ; — *Vous allez voir ce que vous allez voir* (1856) ; — *Les dragées du 16 mars* (1856) ; — *Allons-y gaiement* (1857) ; — *L'année bissextile* (1857) ; — *Dans une cave* (1858) ; — *En avant! marche* (1858) ; — *Le marquis de Carabas* (1858) ; — *Tout Paris y passera* (1858) ; — *L'aveugle de Bagnolet* (1859) ; — *Monsieur Croquemitaine* (1860) ; — *L'œuf de Pâques, ou le Billet à ordre* (1860), etc. M. Guénée a été, de 1850 à 1851, directeur de l'arrondissement théâtral de Caen, puis administrateur des théâtres royaux de Gand et d'Anvers. Il est actuellement régisseur-général du théâtre du Palais-Royal.

GUÉRARD (Michel), né à Metz (Moselle), le 28 janvier 1808. M. Guérard a fait ses études classiques au collège de sa ville natale. Elève de l'Ecole normale supérieure en 1828, reçu avec le numéro 1 au concours d'agrégation pour la grammaire (1831), il fut nommé, dans la même année, professeur divisionnaire au collège Saint-Louis. En 1836, il quitta l'instruction publique universitaire et concourut, dès-lors, comme préfet des études, sous la direction de M. Labrouste, aux succès du collège Sainte-Barbe, dont l'annexe, à Fontenay-aux-Roses, lui fut confiée. Personne, mieux que M. Guérard, n'a défendu le domaine de l'enseignement littéraire contre la marée montante des sciences exactes et de l'enseignement professionnel. Il s'est fait respecter des élèves, estimer des parents. On lui doit plusieurs ouvrages demeurés classiques : *Cours complet de la langue française*, embrassant toute la grammaire, l'analyse et la composition, dans une série de *Leçons et d'Exercices* (1851 et années suiv., 24 vol. in-12) ; — *Cours complet de la langue latine*, d'après le même système que le recueil précédent (1853 et années suiv., 12 vol. in-12) ; — *Grammaire grecque élémentaire* (1864, in-8). MM. Moncourt et Passerat ont été les collaborateurs de M. Guérard, le premier pour le cours de langue latine, le second pour celui de langue grecque. M. Guérard a reçu la croix de la Légion d'Honneur le 12 août 1855.

GUÉRIN (Alphonse-François-Marie), né à Ploërmel (Morbihan), le 9 août 1817. M. Guérin a fait ses études médicales à la Faculté de Paris. Nommé interne, pour la chirurgie, en 1841, aide d'anatomie de la Faculté en 1843, il a pris le grade de docteur en médecine et en chirurgie au mois de janvier 1847. M. Guérin est devenu prosecteur des amphithéâtres en 1848, et s'est fait recevoir chirurgien des hôpitaux, au concours de 1850. Après avoir exercé d'abord à l'hôpital de Lourcine en 1857, puis à l'hôpital Cochin en 1862, il est entré, comme chirurgien en chef, à l'hôpital Saint-Louis, en 1865. L'année suivante, il a donné la preuve que les exigences de ses brillants travaux ne lui avaient pas fait oublier son pays natal, et il est entré au Conseil général du Morbihan pour le canton de Mauron. M. Alphonse Guérin a publié : *Éléments de chimie opératoire, ou Traité pratique des opérations* (1855, 5ᵉ édit., 1873, avec 306 fig. intercalées dans le texte); — *Maladies des organes génitaux externes de la femme ;* leçons professées à l'hôpital de Lourcine, et rédigées par le professeur sur les notes recueillies au cours par M. Picard (1863). M. le docteur Alphonse Guérin a été élu par les chirurgiens des hôpitaux, en 1859, pour les représenter au Conseil de surveillance de l'assistance publique. A la suite de la dernière guerre, il a inventé un mode de pansement pour les amputés, à l'aide duquel les blessés peuvent être transportés sans douleur, immédiatement après l'amputation. Le pansement à l'ouate met à l'abri des accidents auxquels les amputés succombaient le plus souvent. Il est également le promoteur d'une idée sur la transfusion *immédiate* du sang, qu'il a développée à Bordeaux dans la première session de l'Association française pour l'avancement des sciences. Ce mode opératoire, décrit sous le nom de *Communauté de la circulation*, a pour but de faire vivre du même sang deux individus qui sont ainsi transformés en frères Siamois. M. Alphonse Guérin a été nommé chirurgien de l'Hôtel-Dieu en 1872. Chevalier de la Légion d'Honneur depuis 1864, il a été promu au grade d'officier en 1871.

GUÉRIN (Jules), né à Boussu (ancien département de Jemmapes), le 11 mars 1801. Il fit ses études classiques à Louvain, suivit, en 1821, les cours de la Faculté de Paris, et fut reçu docteur en 1826. Sa thèse sur *l'Observation en médecine* décelait un esprit sérieux. Propriétaire-rédacteur de la *Gazette de santé* (1828) devenue, deux années après, la *Gazette médicale de Paris*, M. Guérin y traita des questions professionnelles autant que des questions de pratique. Il eut alors une part considérable dans le succès qu'obtint, pour le rétablissement du concours et pour d'autres améliorations, la Commission ministérielle des médecins de Paris, dont il était le rapporteur. Il a fait également partie des diverses Commissions chargées de préparer les projets de loi sur l'enseignement et l'exercice de la médecine. Il s'y est toujours déclaré partisan de l'enseignement libre, dont il peut être considéré comme le promoteur en France. En 1837, M. Guérin a obtenu, par ses ingénieuses études sur l'orthopédie, le grand prix de chirurgie que l'Académie des sciences avait mis trois fois au concours, et qui avait pour objet la *Détermination rigoureusement scientifique des principes, méthodes et procédés de l'orthopédie, sous le double rapport de la théorie et de la pratique*. Le travail de M. Guérin était immense; il comprenait seize fascicules in-folio pleins d'observations intéressantes et de déductions logiques, quatre cents planches et cent tableaux. L'ouvrage n'a pas encore été publié *in extenso*, mais l'auteur en a détaché quelques parties importantes, qui forment des traités à part sur les branches principales de l'orthopédie. Créateur de l'établissement chirurgical de la Muette; chargé, en 1839, d'une clinique orthopédique à l'hôpital des Enfants,

M. Guérin a formulé ses doctrines dans un livre intitulé : *Vues générales sur l'étude scientifique et pratique des difformités du système osseux*, suivies d'un *Résumé général de la première série des conférences cliniques*. La *Méthode sous-cutanée*, voie si ingénieusement ouverte à une quantité d'opérations nouvelles d'un succès souvent certain, valut à M. Guérin trois fois le prix Montyon. On lui doit aussi l'indication nettement formulée de la *Période prémonitoire* dans le choléra. Enfin il a publié des *Mémoires sur l'éclectisme* (1831); — *Examen de la Doctrine physiologique appliquée au choléra* (1840); — *Des plaies sous-cutanées en général, et des plaies sous-cutanées des articulations* (1841); — *Recherches sur le rachitisme*, sur le *Torticolis*, sur les *Variétés du pied-bot*, sur les *Déviations de l'épine dorsale*, sur les *Luxations congénitales*, la *Méthode de l'occlusion pneumatique pour le traitement des plaies*, etc., publications toutes empreintes de savoir et fécondes en ingénieux procédés. M. Guérin a écrit dans le *National* et dans d'autres journaux d'opposition, mais seulement en libre penseur, faisant abstraction des questions politiques. Il est membre titulaire de l'Académie de médecine de Paris depuis 1842, et a été plusieurs fois candidat à l'Académie des sciences et placé deux fois en première ligne sur la liste de présentation de la section. Chevalier de la Légion d'Honneur le 2 février 1836, il a été promu officier le 12 août 1860.

GUÉRIN-MÉNEVILLE (Félix-Edouard), né à Toulon, le 12 octobre 1799. M. Guérin-Méneville s'est placé dès longtemps au premier rang des naturalistes de l'époque. Chargé de missions officielles en France et en Algérie, il y a fait des études sur l'acclimatation d'animaux utiles. On lui doit un ensemble de recherches relatives aux vers à soie, pour déterminer la nature de ceux auxquels notre climat convient le mieux. Il en a propagé plusieurs espèces nouvelles. La vie de M. Guérin-Méneville, consacrée tout entière au travail de cabinet, n'a eu d'autre retentissement que celui de ses publications, dont voici quelques-unes des plus importantes : *Iconographie du règne animal, de M. le baron Cuvier* (1830-1844, 7 vol. in-8° avec 450 pl. color.); — *Magasin de zoologie, d'anatomie comparée et de paléontologie* (1831 et suiv., 49 vol. parus); — *Genera des insectes* (1835), rédigé en collaboration de M. A. Percheron; — *Guide de l'éleveur de vers à soie*, en collaboration avec M. Eug. Robert (1856), etc. On lui doit en outre beaucoup d'autres publications (plus de 300) sur la zoologie pure et appliquée, dont le *catalogue of scientific papers* récemment publié par la Société royale de Londres, mentionne les titres. M. Guérin-Méneville, membre d'un grand nombre de Sociétés savantes de France et de l'étranger, a reçu la croix de la Légion d'Honneur le 6 mai 1846, et ensuite plusieurs décorations étrangères.

GUERLE (Edmond-Gabriel, Héguin de) né à Paris, le 2 février 1829. Après de brillantes études classiques terminées au lycée Louis-le-Grand, M. de Guerle se livra pendant quelques années à l'enseignement, et collabora au

Journal des Débats ainsi qu'à la *Revue des Deux-Mondes* et au *Courrier du Dimanche*. Il a rempli pendant un certain temps les fonctions de secrétaire du baron James de Rothschild et a été ensuite secrétaire des Chemins de fer des Ardennes. Après la fusion de cette Compagnie avec celle de l'Est, il est entré dans l'administration du chemin de fer de Paris-Lyon-Méditerranée, où il remplissait les fonctions de chef de la correspondance générale. En 1866, M. de Guerle est devenu le directeur d'une Compagnie anglaise d'assurances sur la vie, *The Gresham*. Il a pris part à toutes les campagnes de l'opinion libérale modérée sous l'Empire. Ses capacités administratives ont été mises à profit par le nouveau gouvernement au lendemain de la révolution de 1870 et des événements qui l'ont suivie. Nommé d'abord préfet de seconde classe, à la Rochelle, le 23 mars 1871, il a mérité d'être élevé à la première classe et transféré à Amiens le 13 juillet de la même année, à Toulouse le 26 mai 1873, et deux jours plus tard à Bordeaux. Son administration se recommande par une habile modération. Outre plusieurs autres ouvrages, M. de Guerle a publié : *Milton, sa vie et ses œuvres* (1866).

GUERNON-RANVILLE (Charles, comte DE), né à Paris, le 19 janvier 1828. Entré comme employé à la Cour des comptes le 1er juillet 1848, et nommé auditeur de 2e classe au Conseil d'État le 25 janvier 1852, il fut élevé six mois après à la 1re classe, et nommé sous-préfet de Cosne en février 1855, puis de Mortain, en décembre 1856. Secrétaire-général de l'Hérault en 1861, du Bas-Rhin en 1862, il exerça, pendant près de six ans, ces dernières fonctions dont l'importance et les difficultés sont grandes, tant à cause des intérêts industriels et agricoles du pays, qu'en raison des cultes différents que professent les habitants de l'Alsace. La position administrative de M. le comte de Guernon-Ranville, à proximité de plusieurs États limitrophes, l'ayant mis à même de leur rendre des services, surtout dans les questions de douane, de transit, de délimitation, il a reçu, de leurs souverains, d'honorables témoignages d'estime. Nommé sous-préfet d'Étampes en mai 1860, et envoyé à Millau le 1er février 1870, il a administré cet arrondissement jusqu'à la révolution du 4 septembre suivant. M. le comte de Guernon-Ranville chevalier de la Légion d'Honneur depuis 1865, et officier d'Académie, est aussi commandeur de l'ordre d'Isabelle-la-Catholique d'Espagne, chevalier de première classe, avec feuille de chêne, de l'ordre du Lion de Zæhringen de Bade, et chevalier de l'ordre de Frédéric de Wurtemberg.

GUÉROULT (Adolphe), né à Radepont (Eure), le 29 janvier 1810. Petit-fils de l'architecte de la ville de Rouen et fils du fondateur des premières filatures de la vallée d'Andelles, il commença ses études au petit séminaire d'Écouis et les termina au collège Charlemagne, où il remporta le prix d'honneur de philosophie. Des carrières ouvertes à son intelligence, à ses aptitudes et à son activité, ce fut celle du journalisme qu'il préféra. C'était en 1829, époque d'un grand mouvement littéraire et social. Il s'affilia aux saint-simoniens et collabora au *Globe*, jusqu'à la disparition de ce journal ; puis il entra au *Temps*, dirigé par Jacques Coste, et y donna des feuilletons littéraires. En 1836, il se rendit en Espagne, d'où il envoya aux *Débats*, sur Madrid et plusieurs provinces péninsulaires, des correspondances très-remarquées, et qui furent, plus tard, réunies en volume sous le titre de *Lettres sur l'Espagne*. À son retour en France, il déclina les propositions de M. Bertin aîné, qui l'invitait à traiter, dans les *Débats*, les questions politiques, et se cantonna dans ses articles purement économiques ou administratifs. Nommé consul à Mazatlan (Mexique) en 1842, il en revint à la fin de 1846, pour aller occuper, après six mois de repos, les mêmes fonctions à Jassy (Moldavie). Les hommes de Février 1848, qui l'avaient mal apprécié, le mirent en disponibilité, ce qui ne l'empêcha pas d'employer sa plume au service de la révolution. Rédacteur de la *République*, il y travailla jusqu'à la suppression de ce journal, en même temps qu'il collaborait au *Crédit*. Après le Coup-d'État, il écrivit dans l'*Industrie*, et ses aptitudes financières le firent choisir comme sous-chef de bureau au Crédit foncier de France, en 1852. M. Guéroult a conservé son emploi, dans cette puissante compagnie, jusqu'au commencement de 1858. Alors, la *Presse* venant d'être suspendue pour deux mois, il a accepté la rédaction en chef de ce journal, où la discussion des questions économiques et industrielles occupait une place de plus en plus prépondérante. Et c'est de la sorte qu'il est entré en relations avec le prince Napoléon qui voyait M. Millaud. Invité par ce dernier à fréquenter le Palais-Royal, il y a fait la connaissance d'un homme qui tout d'abord lui parut très-intelligent, très-ouvert, désireux de fonder un gouvernement libéral sous l'étiquette impériale. Une divergence d'opinions s'étant produite entre la rédaction et la propriété de la *Presse*, il a repris sa liberté pour fonder un nouveau organe de publicité. Depuis longtemps il était partisan de l'unité italienne et conséquemment de la guerre dont elle devait sortir. En outre, sans avoir jamais eu de rapports avec l'empereur, il croyait fermement que ce dernier, en dépit des oscillations de son caractère et de sa politique, finirait par embrasser ce but secrètement caressé. C'est ce qui explique avec quelle persistance il maintenait à la guerre la politique de la *Presse* et préparait les populations aux événements prochains ; et pourquoi, le ministre de l'intérieur l'ayant un jour fait appeler pour lui déclarer que s'il continuait à semer l'alarme il lui en adviendrait mal, il crut pouvoir répondre à M. Delangle : « S'il vous plaît que je me taise, je me tairai ; mais, soyez-en convaincu, ce sera vous qui me prierez bientôt de revenir à ma politique. » Dans le monde officiel même, on apprenait tout de la *Presse*, journal indépendant, qu'on avait surnommé : « le *Moniteur* du fond des choses. » Aussitôt sorti de ce journal, M. Guéroult obtint une audience de l'empereur, qu'il trouva, effectivement, disposé à la guerre, et lui fit entrevoir l'hostilité prochaine du clergé ; à quoi l'empereur répondit : « Je m'y attends bien. » C'était en effet la pierre d'achoppement dans l'esprit d'un souverain qui voulait sans vouloir, défiant de lui-même et d'autrui. Néanmoins, M. Guéroult emporta de son audience une promesse d'autorisation pour fonder un journal favorable à l'unité italienne, et par-conséquent en lutte avec le parti clérical. Mais au ministère, sous M. de Padoue, ce fut moins aisé. On voulait d'abord obtenir de lui une démission en blanc, de son titre de directeur-gérant autorisé, puis un engagement écrit de se conformer au programme impérial quel qu'il fût; bref, il y eut six mois de lenteurs, et la guerre se fit sans que le journal eût été fondé. Cependant, comme il y avait promesse formelle du souverain, l'autorisation fut enfin consentie, et l'*Opinion nationale* parut le 1er septembre 1859. Le prince Napoléon, qui s'était déjà spontanément chargé de présenter à l'empereur la demande d'autorisation, offrit également 250,000 fr. pour favoriser l'apparition de cette feuille; mais comme il y mettait pour condition d'avoir la haute main dans le journal, M. Guéroult crut devoir refuser, disant : « Si vous faites l'*Opinion nationale*, vous la signerez. » Le prince se plaignit de ce qu'on paraissait se défier de lui, et ses rapports avec M. Guéroult se bornèrent longtemps à quelques conversations chaque semaine, d'où ce dernier emportait des renseignements dont il faisait ensuite tel emploi qu'il jugeait convenable. L'*Opinion nationale*, créée avec un faible capital, compta 12,000 abonnés en six mois, et 24,000 en un an, et devint l'un des plus importants organes de la presse parisienne. Quand survinrent les élections de 1863, les différents groupes de l'opposition étaient fort divisés dans le comité qui siégeait chez M. Carnot; et, 15 jours avant la votation, le choix des candidats n'était pas encore fait. M. Guéroult émit alors l'idée d'une réunion des journalistes de Paris et des députés de l'opposition. Cette réunion eut lieu chez M. Jules Favre; et, en deux jours, la liste des candidats y fut définitivement arrêtée. Elu député de la Seine au Corps législatif, M. Guéroult se fit, à la gauche de la chambre, une situation assez délicate et parfois singulière. Acceptant l'Empire comme un fait accompli, peu enclin à faire de l'opposition systématique, d'ailleurs ennemi de toute évolution politique ou sociale hâtive et violente, il n'était pas soutenu par les autres membres de la Gauche. Ainsi, dans ses luttes avec la majorité, à propos des questions religieuses, par exemple, il n'avait pas l'appui de ses voisins; les uns se montraient indifférents, et les autres, M. Thiers notamment, lui étaient ouvertement hostiles. Prévoyant l'unification des pays allemands, il l'admettait, elle aussi, comme une fatalité dont une sage politique devait prévoir l'échéance, et dans laquelle il fallait au moins chercher des compensations territoriales et une solide alliance. C'était ainsi qu'on pensait, sans nul doute, aux Tuileries. Malheureusement, l'empereur, de plus en plus indécis, dénué d'idées et de volonté, après avoir favorisé l'alliance de la Prusse et de l'Italie, et s'être laissé leurrer par les vagues promesses de M. de Bismark, accueillit avec mauvaise humeur l'événement qu'il avait contribué à préparer, et s'aliéna, par des revendications tardives et inopportunes, les gouvernements sur l'appui desquels il devait compter le plus. Ainsi, du programme indiqué par l'*Opinion nationale*, le cabinet des Tuileries n'adopta que ce qui pouvait inspirer une détestable politique. L'erreur dans laquelle tomba le public au sujet des affaires d'Allemagne se traduisit pour M. Guéroult, en 1869, par la perte de son siége au Corps législatif. Après la déclaration de la guerre, il n'y fit pas d'opposition, pensant, comme tout le monde, que nous avions devancé la Prusse dans nos préparatifs, et que le succès était assuré. Et bientôt, il fut trop tard pour parler à la France indignée et armée un langage décourageant. Pendant le siége, M. Guéroult est resté à Paris où il a combattu, dans son journal, les tendances démagogiques et tenté de galvaniser les hommes tièdes qui s'étaient préposés à la défense de la capitale. Le 23 mars 1871, les gens de la Commune ayant fait procéder à des élections municipales, il a réuni, en qualité d'ancien syndic de la presse, les journalistes parisiens, et trente et un journaux ont participé, contre lesdites élections, à une protestation qui a été affichée sur les murs de la ville. Condamné à mort, ce chef, par les membres du gouvernement insurrectionnel, il s'est retiré à Versailles, le 28 mars; mais la publication de son journal n'a été que très-peu de temps interrompue. Actuellement (1873), l'*Opinion nationale* soutient, par patriotisme, la politique de M. Thiers, et ne fait d'opposition qu'aux actes qu'elle juge absolument mauvais. Cette notice ne serait pas complète, si l'on n'y ajoutait quelques détails sur les derniers rapports de M. Guéroult avec le prince Napoléon. En 1867, 180 actions de l'*Opinion nationale* étaient à vendre. M. Guéroult, ne pouvant les acheter et craignant qu'elles tombassent entre des mains gênantes, sinon hostiles, accepta du prince un prêt de 50,000 fr. 5 0/0, remboursables six mois après avis. Cet argent était encore dû quand l'Empire s'écroula; et, le 18 mars 1871, l'homme d'affaires du prince, en venant toucher les intérêts, signifia la demande d'un remboursement intégral. M. Guéroult se déclara prêt pour la première quinzaine de septembre. Ses affaires, dans le courant de l'été, l'ayant conduit en Suisse, il vit, à Prangin, le prince qui se plaignit beaucoup de l'*Opinion nationale*. Cependant, les relations restèrent cordiales, car peu après le prince expédia M. Piétri à M. Guéroult pour obtenir son intervention auprès de M. Thiers. Il s'agissait d'objets divers, valant 500,000 fr. peut-être, épargnés dans l'incendie du Palais-Royal, et dont on demandait la restitution. A peine cette démarche était-elle couronnée de succès, que l'huissier du prince actionnait M. Guéroult sans titres à l'appui, et sans que les 50,000 fr. fussent venus à échéance, tandis qu'un journal parisien prenait violemment à partie le directeur de l'*Opinion nationale*. Peu de temps après ce dernier ne devait plus rien au prince Napoléon. M. A. Guéroult a publié, outre l'ouvrage cité plus haut : *De la Question coloniale, et Les colonies françaises et le sucre de betteraves* (1842); — *La liberté et les affaires, la cherté des loyers et les travaux de Paris* (1861); — *Etudes de politique et de philosophie religieuse* (1862); — *La politique de la Prusse* (1866). M. Guéroult est décédé le 21 juillet 1872.

GUETTÉE (René-François-Wladimir), né à Blois, le 1er décembre 1816. M. l'abbé Guettée fit ses études au séminaire de sa ville natale, fut ordonné prêtre en 1839, et exerça, de 1841 à 1849, les fonctions de curé à Saint-Denis-sur-Loire, près de Blois. Avec le consentement de l'évêque de son diocèse, il dirigea, en 1849, le journal le *Republicain de Loir-et-Cher*. Ses études l'ayant amené à Paris, en 1851, l'archevêque Sibour le nomma aumônier de l'hôpital Saint-Louis. A l'apparition des *Bossuétines* de M. Poujoulat, il résolut de combattre les opinions de cet écrivain dans un *Essai bibliographique* (1854) concernant l'ouvrage de Bossuet intitulé : *Avertissement sur les réflexions morales*. Son *Histoire de l'Eglise de France* (1847 à 1856, 12 vol.) ayant été mise à l'index de Rome dès 1852, M. l'abbé Guettée demanda, sur cette censure, des explications qui lui furent refusées. L'archevêque Sibour, qui l'avait soutenu contre Rome jusqu'en 1854, lui retira, l'année suivante, sa place d'aumônier, mais sans l'interdire, ni le frapper d'aucune censure. Le cardinal Morlot voulut l'obliger à rentrer dans le diocèse de Blois. Il s'y refusa, continua à lutter contre Rome et finit par quitter l'Eglise romaine pour entrer dans l'Eglise catholique orientale. En 1859, il commença la publication de l'*Union chrétienne*, organe de cette Eglise en France, qui se continue. Il avait fondé, en 1855, un organe gallican, l'*Observateur catholique*, qu'il a rédigé jusqu'en 1866. On a encore de M. l'abbé Guettée : *Le nouveau dogme en présence de l'Ecriture sainte et de la tradition catholique* (1855); — *Journal et mémoires de l'abbé Ledieu, sur la vie et les ouvrages de Bossuet* (1856-1857, 4 vol.); — *Jansénisme et jésuitisme* (1857); — *Critique du cours d'histoire ecclésiastique de M. l'abbé Lavigerie*, aujourd'hui évêque d'Alger (1857); — *Histoire des jésuites* (1858-1859, 3 vol.); — *La papauté schismatique* (1863); — *E. Renan devant la science, ou réfutation de sa prétendue vie de Jésus* (1864, 2 éditions); — *Exposition de la doctrine orthodoxe* (1866), etc. Il publie en ce moment, une *Histoire de l'Eglise depuis la naissance de N. S. Jésus-Christ jusqu'à nos jours*, qui formera 10 volumes, dont le 1er a paru en 1870.

GUETTET (Philibert), né à Perrecy-les-Forges (Saône-et-Loire), le 30 avril 1813. Attiré par une sérieuse vocation vers la carrière médicale, il y entra résolument, bien que ses parents ne fussent pas assez fortunés pour subvenir à son entretien et aux frais de son instruction, et se créa des ressources en enseignant les langues mortes, les mathématiques, l'histoire naturelle, et en préparant les candidats à l'examen des deux baccalauréats, soit comme professeur libre, soit comme attaché à des institutions renommées, telles que celles de MM. Jubé et Delavigne. Aussi ne put-il prendre le grade de docteur, à la Faculté de Paris, qu'après dix ans d'un labeur incessant et multiple. Externe à l'hôpital des Cliniques, sous les professeurs Cloquet, Lenoir et Larrey, il dut renoncer, malgré ses aptitudes, aux succès de l'internat, pour ne pas sacrifier ses occupations rémunératrices de chaque jour, et surtout des relations profitables à la culture de l'esprit, comme celles qu'il avait eu le bonheur de nouer avec les familles Brongniart et Dumas. Admis à étudier librement la dissection, au Val-de-Grâce, dans la compagnie des Demarquay, des Lacauchie, il donna des preuves de capacité qui firent rechercher son concours par M. Thibert, son compatriote et son ami, quand ce dernier créa son *Musée d'anatomie pathologique*. C'est ainsi qu'il fut appelé à collaborer à cette œuvre, pour le choix des cas pathologiques sur le vivant, le moulage sur nature et la correction des pièces, et à recueillir, sous les auspices des grands chirurgiens et médecins français de cette époque, les sujets les plus propres à être proposés à l'étude, soit comme types classiques, soit comme phénomènes d'excentricité dans les déformations pathologiques. Il suivait assidûment les cours de Magendie au Collège de France, et eut l'honneur d'entrer en relations avec ce professeur et avec MM. Claude Bernard et Ferrand. Grâce à aussi sérieuses préparations, il vit sa thèse de docteur accueillie par la Faculté, le 31 décembre 1844, dans les termes les plus élogieux. Elle avait pour sujet : *Déterminer si l'on peut tenter la cure de l'anévrysme du tronc brachio-céphalique. La ligature de cette artère est-elle praticable?* A l'occasion de cette épreuve, M. Dumas fit au jeune docteur l'honneur de lui dire qu'il regrettait qu'un prix de fin d'année pour les thèses (fondé depuis) n'existât pas alors. L'académie avait décerné le prix Montyon au docteur Thibert (1844). Son collaborateur, M. Guettet, fut chargé par Orfila, doyen de la Faculté de Paris, de porter à la connaissance des Universités étrangères ce mode de reproduction des cas pathologiques, avec les avantages inhérents, tant pour l'enseignement professoral que pour l'étude privée, etc. Cette mission, commencée par la Hollande (1845), y eut un plein succès. Outre les sommités médicales, plusieurs des ministres et des représentants du corps diplomatique à la Haye visitèrent le cabinet du jeune médecin français. Le roi Guillaume II l'admit en audience privée, et, sur la demande des corps savants de ce pays, ordonna l'acquisition d'une collection complète. Rappelé en France, par le mauvais état de santé du docteur Thibert, il porta, par ordre, incidemment sa mission à Lyon, où les médecins, par des *Rapports* et par leurs vœux d'acquisition, consacrèrent une fois de plus le mérite des pièces pathologiques Thibert. La mort prématurée de ce dernier éloigna M. Guettet de cette affaire, à laquelle il avait consacré tant de temps et sur laquelle il avait fondé de si légitimes espérances. Alors, acceptant l'invitation de M. Geoffroy, disciple de Priessnitz et fondateur de l'établissement hydrothérapique de Lyon, il vint partager la direction médicale de cette maison. Précédemment M. Geoffroy, qui avait vu le docteur, édifié par les faits dans cette même maison, abandonner ses préventions anti-hydrothérapiques, et étudier sincèrement la médication nouvelle, comptait sans doute, en l'associant à son œuvre, en faire un défenseur passionné, un évangéliste tout prêt à la conquête, et l'amener par lui la conversion soudaine de toute la médecine à l'hydrothérapie. M. Guettet, quoique converti, continuait à étudier, expérimenter, méditer, avant de prêcher. Il prétendait, comme il l'a réalisé depuis, expliquer les actions hydrothérapiques par les principes connus en médecine scolastique, et faire marcher Priessnitz à la suite d'Hippocrate. Cette divergence entre les deux hydrothérapeutes finit par la séparation. M. Guettet, voué désormais à l'hydrothérapie, rencontra dans les montagnes de la Côte-d'Or, au sein d'une contrée pittoresque, qualifiée de *Suisse bourguignonne*, SAINT-SEINE, un Graeffenberg français, où l'ex-abbaye des Bénédictins, aménagée et embellie par eux durant treize siècles, lui parut, comme *Etablissement hydrothérapique*, un instrument de première valeur et un gage de succès médical. On trouve en effet dans ce site, qui semble disposé tout exprès par la nature, parc, jardins, eaux habilement réparties, bâtiments remarquables, orientés et abrités de la façon la plus heureuse. Grâce à SAINT-SEINE et à l'*Hydrothérapie*, M. Guettet a, depuis 1847, revivifié bien des existences, la plupart désespérées. Parmi les illustrations de ce séjour, il a compté S. M. la reine et le prince Alexandre, des Pays-Bas. Pendant la dernière guerre, il ouvrit à ses frais une ambulance qui, jusqu'au 12 juillet 1871, fonctionna indistinctement pour les Français et les Prussiens, ce qui ne l'empêcha pas de voir son établissement occupé tour à tour par les francs-tireurs et par les Allemands, et partiellement incendié par la brutale imprudence de ces derniers. M. le docteur Guettet a donné des articles scientifiques à la *Gazette médicale de Paris*, au *Spectateur de Dijon*, à la *Gazette des Hôpitaux*, à la *Revue médicale de Paris*, à la *Gazette des eaux*, aux *Annales de l'électricité médicale de Bruxelles*, etc. On lui doit surtout : *Table générale, alphabétique et raisonnée de la 1re série des Annales des sciences naturelles*, publiée de 1824 à 1834 (1844) ; — *Mémoire à l'Académie des sciences sur quelques applications de l'hydraulique à la circulation du sang* (*Comptes rendus* de l'Académie, 1846) ; — *Mémoire sur les hémomètres*, lu à l'Académie des sciences (1850, ; — *Mémoire à l'Académie de médecine sur le traitement du rhumatisme par l'hydrothérapie*, dont le rapport a été fait par M. Gibert (*Bulletin* de l'Académie, 1851).Dans ces écrits, comme dans la carrière de l'auteur, l'hydrothérapie tient la plus grande place : *Monumentum opus exegi*. C'est son principal apport à la Société ; un apport important. En passant par les mains de M. Guettet, la pratique de Priessnitz est restée pure, puissante, riche d'action ; elle y a reçu le contrôle de la logique, et l'autorité de la médecine scientifique. M. le docteur Guettet, membre de la Société de médecine de Lyon et de la Société médicale de Dijon, est officier de l'ordre de la Couronne de chêne des Pays-Bas.

GUETTIER (André-François-Victor), né à Paris, le 22 mars 1817. Elève de l'Ecole de Châlons, il en sortit avec la médaille en 1835, et fut attaché d'abord aux usines d'Indret, où il perfectionna les procédés de coulée du cuivre et de ses alliages. Après s'être employé dans plusieurs établissements métallurgiques de la Meuse et des Vosges, il prit la direction des usines de Tusey, où il organisa les premières grandes fontes de statuaire et d'ornement exécutées en France. Il y présida notamment aux travaux des fontaines monumentales de la place de la Concorde, des Champs-Elysées, etc. Ensuite, il fut attaché, comme professeur et directeur de la fonderie, à l'Ecole d'Angers, et remplit plusieurs missions pour le service des diverses écoles d'arts-et-métiers. Ingénieur et directeur, de 1848 à 1863, des importantes usines de Marquise, dont il compléta les constructions, il contribua puissamment à l'organisation et au développement de cet établissement, où il installa des salles d'asile, des écoles, un hospice, des habitations ouvrières, etc. De 1863 à 1872, il y remplit les fonctions d'ingénieur-conseil. Pendant cette dernière période, il dirigea aussi l'ancienne maison Vande, si connue par ses travaux de précision, et dont il était devenu propriétaire. Cette maison a obtenu des médailles d'argent aux Expositions universelles de Paris et du Havre, et le diplôme d'honneur à l'exposition de 1872, où M. Guettier était président du jury pour le groupe des machines et des produits métallurgiques. Pendant le siège de 1870-1871, M. Guettier a été chargé d'installer à Paris la fabrication des projectiles de l'artillerie de la marine. Cet ingénieur a pris une large part à tous les progrès réalisés, depuis trente ans, dans la métallurgie. On lui doit l'introduction ou l'initiative de travaux qui ont avancé l'industrie du fer, la soudure par fusion de la fonte de fer, de la fonte et de l'acier, l'application de l'électricité aux métaux en fusion, l'emploi pratique des matières et déchets improductifs dans certaines industries, entre autres l'application à la poterie et à la céramique des schistes ardoisiers, l'utilisation des laitiers et scories des hauts-fourneaux, etc. Enfin, il a fait des études nombreuses sur les alliages des métaux, la qualité des fontes destinées à la trempe en coquilles, à l'emploi au feu, etc. Connu de tous ceux qui s'en occupent, en France et à l'étranger, de la fonte et du fer, il est depuis longues années le conseiller, à titre gratuit le plus souvent, d'un grand nombre de maîtres d'usines, de chefs d'ateliers, d'anciens élèves des écoles industrielles, et autres spécialistes. M. Guettier, membre-fondateur de la Société des ingénieurs civils, ancien vice-président de la Société des anciens élèves des Ecoles d'arts-et-métiers, ancien membre du Syndicat des fondeurs et mécaniciens, etc., est encore actuellement (1873) expert consultant pour le service des douanes au ministère du Commerce. Voici la nomenclature de ses principales publications : *Traité de la fonderie en France* (1845, 3e édit. augm., devenue rare et très-recherchée, in-4° avec 13 pl., 1858) ; — *De l'emploi pratique et raisonné de la fonte dans les constructions*, recueil d'expériences, d'études et d'observations pratiques (1861, avec atlas) ; — *Etudes économiques. Salles d'asile, chauffage et ventilation des usines, questions ouvrières, enseignement professionnel* (1864) ; — *Etudes sur l'instruction professionnelle et la propagation de l'enseignement industriel* (1864) ; — *Histoire des Ecoles d'arts-et-métiers. Liancourt. Compiègne. Beaupréau. Châlons. Angers* (1865) ; — *Guide pratique des alliages métalliques* (1865) ; — et des *Notices* et *Mémoires* sur le perfectionnement de la fonderie et de la métallurgie, insérés dans le *Moniteur industriel*, les *Annuaires* des Ecoles, les *Annales du génie civil*, etc., et dans un grand nombre de publications périodiques.

GUEULLETTE (Mgr François-Nicolas), né à Moulins, le 7 janvier 1808, fit ses études classiques au collège Charlemagne et ses études théologiques au grand séminaire de Moulins, où il reçut la prêtrise en 1830. Nommé vicaire à Cusset, puis à Notre-Dame de Moulins, il fut, en 1834, choisi par Mgr de Pons pour remplir les fonctions de secrétaire de l'évêché. Chanoine en 1836, il remplaça, en 1846, comme curé de la cathédrale, M. l'abbé Violle, démissionnaire en sa faveur, et apporta, dans l'accomplissement des graves et délicats devoirs de son ministère, une hauteur de vues, un zèle et un esprit de charité qui lui assurèrent le respect et l'affection de tous ses paroissiens; aussi jamais récompense ne causa-t-elle une satisfaction plus générale que lorsqu'il reçut des mains de l'empereur, lors du passage de Napoléon III à Moulins (31 juillet 1861), la croix de la Légion d'Honneur. Mgr Gueullette a été nommé, le 9 décembre 1864, évêque de Valence en remplacement de Mgr Lyonnet, élevé au siége archi-épiscopal d'Albi. Préconisé le 27 mars 1865, il a été sacré le 7 mai suivant. Le vénérable prélat est assistant au trône pontifical et comte romain.

GUEYDON (Louis-Henri, comte DE), né à Granville, le 22 novembre 1809. Issu d'une noble famille d'origine italienne, M. le comte de Gueydon entra à l'Ecole navale d'Angoulême en 1825, avec le n° 3, en sortit en 1827 avec le n° 1, et obtint le grade d'enseigne de vaisseau le 31 décembre 1830, à bord du brick le *Faucon*, sur la côte du Brésil. De retour en France, il fut embarqué sur la corvette l'*Héroine*, qui bloquait les côtes hollandaises; et, le 13 juin 1832, il faillit périr avec la chaloupe qu'il montait, en essayant de porter secours à l'équipage d'un bâteau côtier qui sombrait. Après avoir réussi seulement à sauver son équipage, trois hommes et un mousse, il erra vingt-quatre heures sur la mer avant de pouvoir gagner Newport. Passé sur la frégate la *Flore*, puis, comme second, sur la *Gazelle*, il fut, le 1er janvier 1833, nommé lieutenant de vaisseau pendant le blocus de Portendick. La même année, il monta la *Créole*, qui obligea le gouverneur portugais de Bilbao à donner des réparations pécuniaires à un sujet français. La *Créole* ayant rallié la station navale de la Martinique, le commandant, M. Quesnel, choisit M. de Gueydon comme officier de manœuvre à bord du vaisseau le *Jupiter*, qui portait le pavillon de M. l'amiral de Mackau. Rappelé en France en juillet 1836, ce vaisseau fut employé au transport des troupes de France en Algérie, puis envoyé devant Tunis pour tenir le bey en échec pendant la première expédition contre Constantine. Nommé quelques mois après au commandement du brick le *Dunois*, sur la côte d'Espagne, à la fin de 1837, M. de Gueydon ne fit que toucher le sol natal, rejoignit la station navale du golfe du Mexique, se rendit de la Havane à la Véra-Cruz, au commencement de 1838, bloqua la côte mexicaine, mission dangereuse et surtout pénible, se distingua le 5 décembre 1838 à la prise de Saint-Jean-d'Ulloa, et mérita d'être proposé comme capitaine de corvette. L'année suivante, il fut chargé d'une mission pour la Martinique; et, lors de son entrée à la Havane, l'amiral Baudin le retint et le garda pendant dix-huit mois à son service. Capitaine de corvette le 18 mars 1840, il servit, comme second du *Montebello*, qui portait le pavillon du contre-amiral, dans l'escadre d'évolutions de la Méditerranée, et fit la campagne de l'Archipel comme second sur l'*Inflexible*. C'est à cette époque (décembre 1842) que M. de Gueydon a inventé les rôles d'équipage, qui rendent de si grands services à la marine. Il a été employé dans des Commissions spéciales au ministère de la Marine, et a pris, en 1844, à la Martinique, le commandement du brick le *Génie*, qu'il a ramené en France pour y subir des réparations et recevoir de nouvelles installations. Ces travaux terminés, il fut envoyé dans les mers du Sud, où il fut nommé capitaine de vaisseau (1847). Membre du Conseil des travaux de la marine et de diverses Commissions importantes ; puis appelé au commandement du *Henri IV* (mai 1850); envoyé ensuite dans le Tage (mars 1851) pour protéger nos nationaux pendant un mouvement révolutionnaire, il se distingua plus tard au bombardement de Salé, sur la côte du Maroc. Il fit de nouveau partie du Conseil des travaux de la marine en 1852, et remplit, de mai 1853 jusqu'en août 1856, les fonctions de gouverneur à la Martinique. Pendant son séjour dans cette colonie, il améliora le code du travail, réforma le système monétaire, et fit creuser un canal qui porte son nom. Promu contre-amiral le 2 décembre 1855, M. de Gueydon a commandé deux ans la station des Antilles et du Mexique, a réglé très-diplomatiquement, en août 1858, un différend avec le Vénézuéla, et a été nommé préfet maritime de Lorient en novembre 1858, et de Brest le 1er octobre 1861. Il était, depuis le 4 mars précédent, élevé au grade de vice-amiral. Commandant en chef de l'escadre d'évolutions de 1866 à 1868, vice-président du Comité consultatif des colonies de 1868 à 1870, il a été nommé, le 2 mars de cette dernière année, membre du Conseil d'amirauté. Pendant la guerre franco-allemande, il a commandé l'une des deux escadres des mers du Nord, et s'est distingué dans la croisière qu'il a dirigée sur la côte allemande jusqu'au moment où les armes ont été déposées. Le 2 mai 1871, il a pris en main le gouvernement civil de l'Algérie. Presque à court de ressources militaires, face à face avec une formidable insurrection des populations indigènes, et devant une organisation administrative des plus défectueuses, il a su triompher de toutes les hostilités et de tous les obstacles. On lui doit le rétablissement de l'ordre matériel dans toute la colonie, et la réparation de tous les dommages; 19,000,000, sur les 36,000,000 d'indemnité de guerre qu'il a imposée aux Kabyles, ont reçu cette affectation. Il est l'auteur du projet qui, devenu loi, a placé la propriété arabe sous le régime du droit commun. M. l'amiral de Gueydon a quitté le gouvernement général de l'Algérie au mois de juin 1873.

Il a publié : *La vérité sur la marine* (1849) ; — *Organisation du personnel à bord* (1852) ; — *L'équité politique* (1871). Chevalier de la Légion d'Honneur depuis 1842, M. le comte de Gueydon a été promu Grand'Croix de l'ordre pendant son commandement de l'escadre du Nord (28 janvier 1871).

GUIBERT (Mgr Joseph-Hippolyte), né à Aix-en-Provence, le 13 décembre 1802. Guidé dans la carrière sacerdotale par Mgr de Mazenod, évêque de Marseille, il entra dans la congrégation des missionnaires Oblats de Marie-Immaculée, fondée par ce prélat, et reçut l'ordination en 1826. Il fut nommé, en 1835, supérieur du grand séminaire d'Ajaccio, dont la direction était confiée aux prêtres de sa congrégation, et vicaire-général de cet évêché. Appelé à l'évêché de Viviers le 31 juillet 1841, et sacré le 11 mars 1842, il fut élevé au siége archi-épiscopal de Tours, le 4 février 1857, en remplacement de Mgr Morlot, devenu archevêque de Paris. Il avait été nommé assistant au trône pontifical en 1845 par Grégoire XVI. Pendant le Concile, il fut désigné par Pie IX pour faire partie de la congrégation des *Postulata*. Mgr Guibert a été transféré à l'archevêché de Paris le 19 juillet 1871. Préconisé le 27 octobre suivant, il a pris possession de son siége le 27 novembre de la même année. Ses principaux *Discours et mandements* se trouvent dans le t. XVI de la *Collection intégrale et universelle des orateurs sacrés* de l'abbé Migne (2ᵉ série, 1856-1866). Il a aussi publié : *Lettre de Mgr l'archevêque de Tours à S. Ex. le ministre des Cultes à l'occasion de la circulaire du ministre de la Justice aux procureurs-généraux* (1861). Mgr Guibert, chanoine d'honneur d'Ajaccio, d'Aix et de Viviers, est officier de la Légion d'Honneur depuis le 11 juillet 1859. Il a été créé cardinal en 1873.

GUICHARD (Isabeau-Philias-Eléonor), né à Septmoncel (Jura), le 23 août 1797. Fils d'un médecin distingué qui exerça pendant cinquante ans dans les hautes montagnes du Jura, il fit avec distinction ses études classiques au collège de Sainte-Claude-sur-Bienne, de 1809 à 1813 inclusivement, commença ses études médicales à Lyon en 1815, et remplit les fonctions d'externe à l'Hôtel-Dieu de cette ville. Reçu bachelier ès lettres le 12 mars 1818, il prit le grade de docteur en médecine à la Faculté de Paris, le 2 décembre 1819, avec une thèse intitulée : *Dissertation sur les paralysies en général*. Installé à Septmoncel en 1820, et à Saint-Claude en 1833, il ne tarda pas à jouir, dans l'une et l'autre localité, d'une grande et légitime influence ; aussi fut-il, pendant quarante ans, conseiller municipal dans sa commune natale, puis dans la ville de Saint-Claude, et, pendant dix ans, président du Conseil de fabrique. M. le docteur Guichard, membre de la Société des médecins du Jura, est médecin en chef de la maison d'arrêt depuis 1833, médecin des épidémies de l'arrondissement depuis 1835, médecin en chef de l'hôpital de Saint-Claude depuis 1850, et membre du Conseil d'hygiène et de salubrité. Lauréat de l'Académie de médecine de Paris, il a reçu une médaille d'argent (1820) pour le service de la vaccine, et une médaille de bronze (1864) pour le service des épidémies. Lors de son installation à Septmoncel, les communes des hautes montagnes du Jura étaient privées de sages-femmes instruites et les accouchements malheureux n'y étaient pas rares. Il appela chez lui trois matrones, c'est-à-dire trois femmes exerçant l'art des accouchements sans études préalables, et leur inspira le goût de l'étude. Bientôt ces personnes, après avoir complété leur instruction et remporté des prix à l'école de Bourg, furent en mesure d'exercer leur profession à la grande satisfaction des nombreux habitants de ces localités. Cet exemple a été suivi depuis dans toutes les communes. On doit à M. le docteur Guichard une *Topographie médicale de la ville de Saint-Claude* (1869), excellent travail que les feuilles spéciales, telles que la *Presse médicale*, la *Gazette médicale*, le *Journal de médecine et de chirurgie pratiques*, ont cité comme le modèle du genre. Enfin, il a fait insérer dans les journaux et le département des articles importants sur l'hygiène en général, et notamment sur le choix et la distribution des eaux dans la ville de Saint-Claude.

GUICHARD (Victor), né à Paris, le 18 août 1803. Fils d'un receveur-général d'Auxerre, qui s'était acquis une grande considération dans cette localité, M. Victor Guichard participa fort jeune au mouvement politique sous la Restauration. Quelque temps avocat à Paris, il se fit, en 1828, cultivateur près de Sens, pays de sa famille. L'opposition libérale de son département le présenta plusieurs fois, mais sans succès, à la députation, sous les d'Orléans. Élu maire de Sens par la population assemblée sur la place publique en 1848, il sut assurer l'ordre public, avec le concours du nouveau conseil municipal ; et la confiance fut si complète dans tout l'arrondissement, qu'il semblait que la contrée fût en République depuis de longues années. Élu le premier à la Constituante sur la liste des représentants de l'Yonne, il vota, en général, avec le parti démocratique, se prononça pour la gratuité de l'instruction primaire et celle de l'Ecole polytechnique, combattit les poursuites dirigées contre Louis Blanc et Caussidière, repoussa l'expédition de Rome et vota pour l'amnistie des transportés de Juin. Lors de l'invasion de l'Assemblée, le 15 mai, il requit la garde mobile de délivrer les représentants du peuple, se mit à sa tête et réoccupa la salle des séances. Le 29 janvier 1849, après l'investissement du palais Bourbon par la force armée, il insista vainement, avec Charras, pour que la Chambre mît les troupes sous les ordres de son Président. Quand vinrent les élections de 1849, il ne voulut reconnaître d'autre programme que la Constitution de la République, et ne fut pas réélu. Expulsé après le Coup-d'Etat, se vit menacé de nouvelles rigueurs à la suite de l'attentat d'Orsini, bien qu'il se fût tout à fait retiré dans la vie privée ; mais, aux élections de 1857, sa candidature avait servi à rallier, dans la circonscription d'Auxerre, les électeurs républicains. Élu représentant de l'Yonne à l'Assemblée nationale, le 8 février 1871, il a pris place à la Gauche et a été chargé de divers rapports à la Chambre. Sur sa proposition, le 12 septembre 1871, l'Assemblée nationale vota que les pensions accordées aux grands fonctionnaires de l'Empire, contrairement aux dispositions de la loi, seraient revoquées, et, comme nulles, rayées du Grand-Livre de la dette publique. Inscrit à la réunion du Jeu de Paume, il a soutenu plusieurs fois la justice et la nécessité de l'impôt sur le revenu ; et voté notamment : *pour* les préliminaires de la paix, le retour de l'Assemblée à Paris, les amendements Barthe et Keller, l'abrogation des lois d'exil, le traité douanier, la dénonciation des traités de commerce; *contre* la validation de l'élection des princes d'Orléans, la dissolution des gardes nationales, le pouvoir constituant, l'amendement Target et la loi départementale. M. Guichard a publié : *Consultation ni jésuitique, ni féodale, ni gallicane* (1826), avec M. Dupont, avocat ; — *Manuel du juré* (1827), avec M. J. J Dubochet ; — *Manuel de politique* (1842); — *La Propriété sous la monarchie* (1851); — *L'Instruction en France* (23e vol. de la *Bibliothèque utile*), avec M. Leneveux ; — *La Liberté de penser, fin du pouvoir spirituel* (1869) ; — *Conférences sur le code civil* (1872 et 1873) ; — ainsi que divers écrits traitant d'agriculture et plusieurs lettres sur la question religieuse.

GUIET (Jean-Auguste), né à Villexavier, le 9 novembre 1786, est issu de l'une des plus anciennes et des plus honorables familles de la Charente-Inférieure. Attaché, de 1806 à 1809, à l'hôpital militaire du Val-de-Grâce, il partit pour la grande armée, comme chirurgien sous-aide au 6e régiment de cuirassiers. A Essling, il donna les premiers soins au duc de Montebello, mortellement blessé. Après la paix de Vienne, M. Guiet fut désigné pour l'armée d'Espagne. Nommé chirurgien aide-major, il remplit au 10e régiment de dragons, alors en Portugal, les fonctions de chirurgien-major. Il passa, en 1813, au 65e régiment de ligne, eut un cheval tué sous lui dans la fatale déroute de Vittoria, et fut attaché, l'année suivante, comme chirurgien-major titulaire aux bataillons de guerre des 35e, 39e, 65e et 69e régiments de ligne, avec lesquels il fit courageusement la campagne de France. Pendant les Cent-Jours, on le retrouve au milieu d'un bataillon de grenadiers volontaires. En 1830, il est capitaine de la garde nationale de Brie-sous-Chalais, défenseur de l'ordre public menacé, ainsi qu'il l'avait été naguère du sol natal. Nommé maire de Brie-sous-Chalais, en 1831, M. Guiet a continué jusqu'aujourd'hui d'administrer cette commune. Il a présidé le Comice agricole du canton de Chalais. Il fait partie de la Chambre d'agriculture de l'arrondissement et remplit les fonctions de premier suppléant de la justice de paix ; tâches utiles dont il s'acquitte avec un zèle doublement louable, vu son âge avancé. M. le docteur Guiet est chevalier de la Légion d'Honneur depuis le 14 mars 1866, et décoré de la médaille de Sainte-Hélène.

GUIGNÉ (Joseph-Théodose DE), né à l'île Bourbon, le 19 janvier 1835. Venu de bonne heure en France, il fit son droit à la Faculté de Paris, dont il fut un des lauréats en 1857. Il entra ensuite dans l'administration, et fut successivement : auditeur au conseil d'Etat en 1860, commissaire du gouvernement près le Conseil de préfecture de la Seine en 1863, chef du cabinet du ministre de l'Intérieur en 1865, maître des requêtes en 1867, secrétaire-général du ministère de l'Instruction publique et conseiller d'Etat en service ordinaire hors sections en 1869. Il quitta le secrétariat-général de l'Instruction publique à l'arrivée du ministre Ollivier, et devint préfet de 1re classe à Amiens. Le 4 septembre interrompit sa carrière administrative, une des plus brillantes qui se soient faites sous l'Empire. M. de Guigné est aujourd'hui directeur de la *Société générale algérienne*. Il a été nommé chevalier de la Légion d'Honneur le 31 janvier 1866.

GUIGUE (Marie-Claude), né à Trévoux (Ain), le 16 octobre 1832. Entré à l'Ecole des Chartes en 1853, il en sortit le 11 novembre 1856, avec le diplôme d'archiviste-paléographe. Il fut nommé correspondant de la Commission de la topographie des Gaules le 6 décembre 1865, et associé correspondant de la Société des antiquaires de France le 4 mars 1868. Le 12 octobre suivant, il devint correspondant du ministère de l'Instruction publique pour les travaux historiques et archéologiques. On doit à M. Guigue : *Notice sur l'ancienne imprimerie de Trévoux* (1855); — *Notice historique sur le château de Trévoux* (1856); — *Essai sur les causes de dépopulation de la Dombes et l'origine de ses étangs* (1857) ; — *Testament de Guichard III et d'Humbert IV de Beaujeu* (1858) ; — *Notice historique sur Reyrieux* (1859) ; — *L'histoire dans la question de la Dombes* (1860) ; — *Notice généalogique sur la famille de Chollier de Cibeins* (1861) ; — *Notice généalogique sur la famille Garnier de Garets* (1861) ; — *Histoire de la souveraineté de Dombes*, par Samuel Guichenon, avec notes et documents inédits (1863, 2 vol., 2e édit. sous presse, 1873) ; — *Notes historiques sur les fiefs et paroisses de l'arrondissement de Trévoux* (1863) ; — *De l'origine de la signature et de son emploi au moyen-âge, principalement dans les pays de droit écrit* (1863, avec 48 pl.); — *Lettre à M. Valentin Smith sur une inscription bilingue trouvée à Genay* (1863); — *Cartulaire de l'église collégiale de Notre-Dame de Beaujeu* (1864) ; — *Inscriptions de l'arrondissement Trévoux, du XIIIe au XVIIIe siècle* (1865); — *Histoire de l'hôpital de Trévoux*, par de Graire (1866) ; — *Mémoires pour servir à l'histoire de Dombes*, par Louis Aubret, publiés pour la première fois (1866, 3 vol.); — *Notes sur des deniers du Xe siècle au nom de Sobon, archevêque de Vienne, de Conrad-le-Pacifique, et de Hugues, comte de Lyon*, trouvés à Villette-d'Anthon (1866); — *Obituarium lugdunensis ecclesiæ, nécrologe des personnes illustres et des bienfaiteurs de l'église métropolitaine de Lyon, du IXe au XVe siècle* (1867); — *Documents pour servir à l'histoire de Dombes, du Xe au XIe siècle* (1869) ; — *Notice sur la Chartreuse d'Arrières en Bugey* (1869) ; — *Obituarium ecclesiæ sancti Pauli Lugdunensis, du IXe au XIIIe siècle* (1872) ; — *Topographie historique du département de l'Ain, ou Notices sur les communes, les hameaux, les monastères, les châteaux, les fiefs, etc., des anciennes pro-*

vinces de Bresse, Bugey, Dombes, Valromey, Pays de Gex et Franc-Lyonnais, etc. (1873) ; — *Necrologium ecclesiæ Sancti-Petri matisconensis*, du IXe au XIIIe siècle (1873). En outre, M. Guigue a publié de nombreux articles d'histoire et d'archéologie dans les journaux, et dans les *Revues* des Sociétés savantes. Il est archiviste du département de l'Ain depuis 1873.

GUILBERT (Mgr Aimé-Victor-François), né à Cérisy-la-Forêt (Manche), le 15 novembre 1812, fit ses premières études au collége de Saint-Lô et ses études théologiques à Coutances. Professeur au petit séminaire de cette ville, il fut ordonné prêtre en 1836. Successivement missionnaire du diocèse, professeur de rhétorique au petit séminaire de Muneville-sur-Mer, il devint, en 1851, chanoine honoraire de Coutances et supérieur du petit séminaire de Mortain, qu'il abandonna, deux années après, pour fonder le collége diocésain de Valognes. Dans ces différentes fonctions, M. l'abbé Guilbert avait donné une haute idée de son aptitude à l'enseignement supérieur, comme à la direction administrative d'une grande institution. Curé-archiprêtre de Valognes et simultanément vicaire-général du diocèse en 1855, il reçut le titre de chanoine honoraire de Luçon en 1858, et celui de chanoine honoraire d'Auch en 1864. Le 16 mai 1867, il fut nommé évêque de Gap. Préconisé le 20 septembre, il prit possession de son siége, par procureur, le 1er novembre, fut sacré le 10 novembre dans l'église de Valognes, et fut intronisé le 26 du même mois. Mgr Guilbert, objet des sympathies de tous ceux qu'il a dirigés, élevés ou administrés, d'un savoir dont l'humilité relève le mérite, a publié un excellent livre de philosophie religieuse : *La divine synthèse, ou l'Exposé, dans leur enchaînement logique, des preuves de la religion révélée* (1864). Il est chevalier de la Légion d'Honneur depuis le 11 août 1866.

GUILLAUME (Jean-Baptiste-Claude-Eugène), né à Montbard, le 3 février 1822. Elève du collége de Dijon, il se rendit à Paris pour étudier la sculpture, suivit les cours de l'Ecole des beaux-arts où il reçut les leçons de Pradier, et remporta le grand-prix, en 1845, avec un *Thésée trouvant sur un rocher l'épée de son père*. De Rome, il envoya à l'Ecole des beaux-arts : *Le démon de Socrate*, bas-relief ; — *Une Amazone*, copie de l'antique ; — *Le Tombeau des gracques* ; — *Un Faucheur* ; — *Anacréon*. Parmi les œuvres de M. Guillaume, exposées au salon de Paris, on cite : *Les hôtes d'Anacréon*, bas-relief ; — *Les gracques* ; — *La Vie de sainte Clotilde* et la *Vie de sainte Valérie*, bas-reliefs exécutés dans le chœur de l'église Saint-Clotilde ; — les *Cariatides* et le *Fronton* du pavillon Turgot ; la statue de *L'Hôpital*, au Louvre ; le buste de *M. Hittorff* ; — *Source de poésie*, statue en plâtre ; — *Mgr Darboy*, buste en plâtre ; Une série de bustes en marbre, commandés par le prince Napoléon, *Napoléon Ier* successivement à l'Ecole de Brienne, commandant l'armée d'Italie, premier consul, puis en 1804, en 1812 et enfin à Sainte-Hélène. A la suite du concours ouvert en 1856, M. Guillaume a été chargé de l'exécution du *Monument de Colbert* pour la ville de Reims. Successeur de Petitot comme membre de l'Institut en 1862, professeur à l'Ecole des beaux-arts en 1863, directeur de cette Ecole, en remplacement de M. Robert-Fleury, en 1864, M. Guillaume a été nommé membre du Conseil supérieur de l'instruction publique en 1866. Il a reçu une médaille de 2e classe en 1852, une médaille de 1re classe en 1855, et une médaille d'honneur à l'Exposition universelle de 1867. Chevalier de la Légion d'Honneur en 1855, il a été promu au grade d'officier le 29 juin 1867.

GUILLAUME (Pierre-Etienne), né à Toul, le 19 février 1803. Il fit ses études théologiques au séminaire de Nancy, et reçut la prêtrise en 1831. D'abord nommé vicaire à la paroisse Saint-Nicolas de Nancy, il remplit ensuite les fonctions pastorales à Faulx, Blénod-lès-Toul et Maizières-lès-Vic, c'est-à-dire dans les paroisses les plus populeuses de son diocèse. C'est dans ces modestes conditions qu'il sut se rendre utile par son dévouement, surtout en temps d'épidémie ou de disette. En 1848, il fut nommé aumônier de la chapelle ducale de Lorraine, attaché à l'évêché de Nancy, comme secrétaire particulier de Mgr Menjaud, et employé à l'instruction religieuse dans des écoles industrielles ainsi qu'à la prédication. Il est l'un des principaux fondateurs d'une société d'archéologie et d'un Musée historique lorrain (1848), que l'incendie a dévoré pendant la guerre de 1870-1871, mais que l'on travaille à reconstituer. On doit à M. l'abbé Guillaume : *Notice historique sur Blénod-lès-Toul* (1843) ; — *Cordeliers et chapelle ducale de Nancy* (1851) ; — *Vie de Philippe de Gheldres, duchesse de Lorraine, puis religieuse clarisse à Pont-à-Mousson* (1853) ; — *Vie pastorale de M. Renard, curé de Lunéville* (1857) ; — *Histoire du culte de la sainte Vierge en Lorraine* (1860, 3 vol.) ; — *Vie de Mgr Osmond, évêque de Nancy* (1862) ; — *Notice historique sur la cathédrale de Toul* (1863) ; — *Traduction en patois du pays de Toul de la bulle pontificale* Ineffabilis (1865) ; — *Histoire des diocèses de Nancy et de Toul* (1866, 5 vol.) ; — *Martyrologe lorrain* (1866) ; — *Notice historique sur la cathédrale de Nancy* (1870) ; — deux *Dissertations sur l'antiquité de l'église de Toul* (1862 et 1870) ; — *Documents inédits sur la correspondance de Dom Calmet* (1873). Le même auteur a publié des *Notices biographiques* sur les ecclésiastiques distingués du diocèse de Nancy, beaucoup d'articles littéraires ou d'archéologie dans les journaux de sa localité, ou dans les *Mémoires* de la Société d'archéologie lorraine, et la *Table raisonnée* des matières contenues dans les 40 volumes de l'*Université catholique*. La 2e partie de ce dernier travail a été complétée par M. Bonnetty, directeur des *Annales de philosophie chrétienne*. M. l'abbé Guillaume, missionnaire apostolique, aumônier de S. M. I. R. apostolique et de la chapelle ducale de Lorraine, chanoine honoraire de Nancy et de Bordeaux, est officier d'Académie, commandeur de l'ordre de François-Joseph d'Autriche, chevalier des ordres du Saint-Sépulcre et de Guadalupe, membre titulaire de l'Académie des Arcades de Rome, correspondant de l'Académie de Stanislas et de plusieurs Sociétés savantes, nationales ou étrangères.

GUILLEMIN (Amédée-Victor), né à Pierre (Saône-et-Loire), le 5 juillet 1826. Il commença ses études scientifiques et littéraires à Beaune et les compléta à Paris où, de 1850 à 1860, il enseigna les mathématiques. En même temps, il faisait du journalisme et propageait les idées républicaines dans son pays natal, ce qui lui valut, en 1849, d'être impliqué dans des procès politiques. De 1857 à 1870, il collabora à la *Revue philosophique et religieuse* dirigée par MM. Ch. Fauvety, Ch. Lemonnier et Massol, à la *Morale indépendante*, à la *Revue politique*, à la *Revue nationale*, à l'*Illustration* et à l'*Avenir national*. En 1860, il prit la rédaction en chef du journal démocratique *La Savoie*, fondé à Chambéry, et que l'Empire fit bientôt disparaître. Actuellement (1873) il est un des rédacteurs scientifiques de la *République française*. Porté sur la liste des candidats républicains dans Saône-et-Loire, lors des élections du 8 février 1871 pour l'Assemblée nationale, M. Guillemin n'a pas été élu, bien qu'il eût obtenu 40,000 voix. On lui doit les ouvrages suivants : *Les mondes, causeries astronomiques* (1861, 4ᵉ édit., revue et augm., 1864); — *Les chemins de fer* (1862, 4ᵉ édit., avec 123 vignettes, 1873); — *Le ciel* (1864, 4ᵉ édit., 1865, une traduct. allemande, une édit. italienne et trois édit. anglaises); — *La lune* (1863, 3ᵉ édit., 1871); — *Les phénomènes de la physique* (1868, 2ᵉ édit., 1869); — *Eléments de cosmographie* (1868, 3ᵉ édit., 1871); — *L'instruction républicaine* (1872); — *Les applications de la physique* (1873). M. Guillemin a rédigé les articles d'astronomie insérés dans la 2ᵉ édition du *Dictionnaire d'histoire naturelle* de Ch. d'Orbigny.

GUILLEMOT (Gilbert-Marie-Hercule), né à Thiers (Puy-de-Dôme), le 15 août 1799. Il débuta jeune dans la carrière du journalisme. De 1820 à 1830, il était un des principaux rédacteurs du *Journal du Commerce*, et de 1831 à 1835, le rédacteur en chef de cette feuille et du *Messager*. Le 1ᵉʳ juillet 1836, il fut le fondateur et rédacteur en chef politique du *Siècle*; et du 1ᵉʳ mai au 1ᵉʳ novembre 1840, il occupa la rédaction en chef du *Capitole*, journal napoléonien. En 1841, M. Humann, ministre des Finances, se l'adjoignit en qualité de sous-directeur, mais quatre années après il donna sa démission et redevint journaliste. Chargé, en 1846, de l'étude des affaires industrielles à la banque Baudon, il rentra au ministère des Finances en qualité de secrétaire-général, le 2 mars 1848, et fut nommé le mois suivant directeur-général des caisses d'amortissement et des dépôts et consignations. Membre du Conseil général du Puy-de-Dôme en 1860, conseiller d'Etat en 1862, M. Guillemot exerce encore actuellement ses fonctions de directeur-général, et s'emploie activement à la réparation des désastres causés, dans les derniers jours de la commune, par l'incendie qui a détruit l'hôtel de Bellesme, occupé par son administration, ainsi que toute la comptabilité de ses nombreux services. Il est commandeur de la Légion d'Honneur depuis le 16 août 1860, décoré de Juillet et commandeur des Saints-Maurice et Lazare, et de l'ordre de Charles III d'Espagne.

GUIMET (Jean-Baptiste), né à Voiron (Isère), le 30 juillet 1795. Brillant élève du lycée Napoléon, il fut admis à l'Ecole polytechnique en 1815, et en sortit dans l'administration des poudres et salpêtres. Commissaire des poudres à Lyon en 1830, il passa l'année suivante à Toulouse, en qualité de directeur de la poudrerie et de la raffinerie de salpêtres. En 1834, il donna sa démission pour créer, à Lyon, une fabrique de produits chimiques, et spécialement de bleu d'outre-mer. Ce dernier produit, dont on ne s'était pas servi jusqu'alors, à cause de son prix colossal de revient (4 à 5,000 fr. le kilog.), fut aussitôt mis à la disposition du public, dans la moyenne de 2 francs le kilogramme; et l'utile emploi s'en généralisa tellement qu'il ne tarda pas à dépasser 2 millions de kilogrammes. Les procédés économiques de fabrication des couleurs, et notamment du bleu d'outre-mer, dont M. Guimet est l'auteur, constituent l'une des plus précieuses découvertes scientifiques des temps modernes. La réputation de ce chimiste rayonne dans le monde entier. Il a obtenu de la Société d'encouragement, en 1828, le prix de 6,000 francs pour la découverte de l'outre-mer artificiel, et a remporté : des médailles aux expositions nationales de 1834, 1839, 1844 et 1849; la *council medal* à l'Exposition universelle de Londres en 1851; la grande médaille d'honneur à l'Exposition universelle de Paris en 1855; la grande médaille à l'Exposition universelle de Londres en 1862. A l'Exposition universelle de Paris en 1867, il était hors concours. M. Guimet, officier de la Légion d'Honneur depuis 1855, est décédé le 8 avril 1871. Il avait épousé Mˡˡᵉ Zélie Bidault, fille du grand artiste de ce nom, peintre elle-même, et dont on cite des travaux remarquables, entre autres une *Judith* exposée au Salon de 1827.

GUITTON (Gaston-Victor-Edouard), né à Bourbon-Vendée, le 24 février 1826. Après avoir fait des études préparatoires aux examens de l'Ecole polytechnique, il commença son droit, en 1845, à la Faculté de Poitiers, et c'est dans cette ville qu'il prit le goût de l'archéologie et de la sculpture. Abandonnant le droit, il commença sérieusement l'étude de la sculpture dans sa ville natale, où il reçut les leçons de Sartoris, avec son compatriote Baudry. Puis il passa quelques mois à l'atelier de M. Ménard, à Nantes, et vint à Paris à la fin de 1846, pour entrer à l'atelier de Rude. En 1850, M. Guitton exposa un groupe : *Saint Louis consolant un blessé*. Encouragé alors par son père, qui l'avait jusque-là destiné à lui succéder comme notaire, et qui jusque-là s'était refusé à encourager son goût pour les arts, il put aller continuer ses études à Rome. De retour en France, il exposa deux statues en marbre : *Léandre*, acheté pour le musée du Luxembourg; *Au printemps*, étude de jeune fille (1857). Ensuite il exposa notamment : *L'attente*, statue en marbre; *Le passant et la colombe*, bronze, acheté pour le musée du Luxembourg (1861); — la statue en marbre d'*Hypatie*, lapidée en 415 par les chrétiens; le buste, avec bras, de Mᵐᵉ de Fontenay (1863); — *L'Amour de cire*, en plâtre (1864), en bronze, et acheté pour le musée du Luxembourg, où elle n'a pas encore figuré, bien qu'elle doive y faire le pendant du *Passant et la colombe* (1865); — et des portraits-bustes en plâtre, en bronze, en marbre, parmi lesquels on distingue ceux de Melle *H. Oudinot* et de *M. C. Boyer* (1868), du docteur *Langlebert* (bronze), et du docteur *Berthollle* (1869), d'*Alfred de Vigny*, ce dernier pour le foyer de la Comédie-Française (1872), etc. Les trois statues de l'*Attente*, du *Printemps* et d'*Hypatie* ont été choisies pour figurer à l'Exposition universelle de 1867. Le *Passant et la colombe* a été envoyé à l'Exposition de Londres. M. Gaston Guitton a remporté une médaille de 2e classe au Salon de 1857, et son rappel en 1861.

GUITTON (Marie-Jacques), né à Vitré (Ille-et-Vilaine), le 28 mai 1807. Il fit ses études théologiques au grand séminaire de Rennes, et fut chargé d'y professer la théologie au mois de novembre 1829. Ordonné prêtre le 5 juin 1830, il occupa, dans le même établissement, la chaire d'écriture sainte au mois de novembre 1837. Ensuite, il fut nommé chanoine-honoraire au mois d'août 1841, et vicaire-général et président des conférences ecclésiastiques du diocèse en 1859. Cinq ans plus tard, il se démit de ses fonctions de vicaire-général pour concourir à la fondation de la Société de Saint-Philippe-de-Néri, qui a pour but les études ecclésiastiques et la culture des sciences naturelles et profanes dans leurs rapports avec la science sacrée. On doit à M. l'abbé Guitton : *L'homme relevé de sa chute, ou Essai sur le péché originel et les fruits de la rédemption* (1854, 2 vol.). Le même auteur prépare actuellement (1873) la publication des deux ouvrages suivants : *Rapports de la nature et de la Grâce;* — *La création et les six jours.*

GUYON (Jean-Louis-Geneviève), né à Albert (Somme), le 5 avril 1794, fit ses études classiques au collège de Saint-Quentin, et vint à Paris en 1810, pour suivre les cours de l'Ecole de médecine. Chirurgien sous-aide en 1811, il fut attaché pendant trois ans aux hôpitaux de l'île de Walcheren (Hollande), où régnait annuellement une fièvre endémique. Au retour des Bourbons, il partit pour la Martinique en qualité d'aide-major du 26e régiment de ligne. Chirurgien-major en 1822, il fit, sous les ordres de l'amiral Jacob, l'expédition de Samana (presqu'île de Santo-Domingo), eut occasion d'étudier la fièvre jaune au milieu de ses plus cruels ravages et rentra en France (1826), avec son régiment décimé, le 49e de ligne. L'année suivante, il prenait le service chirurgical de l'hôpital de l'Ile-de-Léon, près Cadix, et revenait en France en 1829, pour servir comme chirurgien-major au 15e régiment de chasseurs à cheval. L'apparition soudaine du choléra fixa les yeux sur lui ; une lettre ministérielle en date du 27 mai 1831 le désigna comme membre de la Commission scientifique, chargée d'étudier en Pologne la marche et le caractère de l'épidémie. A Varsovie, il se livra aux dangereuses expériences qu'il avait tentées pour la fièvre jaune. Après d'autres études en Autriche et en Hongrie sur le choléra, M. Guyon arriva à Paris presque simultanément avec le fléau et le combattit au Val-de-Grâce. Nommé chirurgien en chef de la succursale des Invalides à Avignon, puis chirurgien en chef de l'hôpital temporaire de Pont-à-Mousson, il fut désigné (1833) pour l'Algérie. Chirurgien-principal et premier professeur de l'hôpital d'instruction d'Alger (1834), il prit alors seulement le diplôme de docteur en médecine, à la Faculté de Montpellier. Chirurgien en chef de l'armée d'Afrique le 9 mars 1834, M. Guyon participa à toutes les grandes expéditions, depuis la désastreuse campagne de Constantine (1836), jusqu'aux expéditions de Cherchell, de Médéah (1840). Plusieurs fois son nom fut mis à l'ordre du jour de l'armée. Médecin inspecteur en 1852, M. Guyon prit sa retraite en 1857, et profita des loisirs qui lui étaient donnés pour aller à Lisbonne revoir cette fièvre jaune depuis si longtemps l'objet de ses préoccupations. On lui doit : *Des accidents produits dans les trois premières classes des animaux vertébrés par le venin de la vipère fer-de-lance (Trigonocephalus lanceolatus)*, thèse pour le doctorat (1834, in-4°); — *Voyage d'Alger au Ziban en 1847, l'ancienne Zébé* (1852, avec atlas); — *Histoire chronologique des épidémies du nord de l'Afrique, depuis les temps les plus reculés jusqu'à nos jours* (1855); — *Etudes sur les eaux thermales de la Tunisie* (1864). — Il est, en outre, auteur d'un grand nombre de *Mémoires*, de *Dissertations* et de *Notes* insérés dans divers recueils ou communiqués à l'Institut, et ayant pour objet la fièvre jaune, le choléra, l'histoire naturelle des Antilles et de l'Algérie, les antiquités de cette dernière contrée, etc. En 1839, sur la présentation de l'Institut, il avait été nommé membre de la Commission scientifique pour l'exploration de l'Algérie. Le 25 février 1856, il fut élu correspondant de l'Académie des sciences. M. le docteur Guyon est décédé à Paris le 24 août 1870. Commandeur de la Légion d'Honneur depuis le 8 mai 1858, il était aussi Grand-Officier de l'ordre du Christ de Portugal, et commandeur ou chevalier de plusieurs autres Ordres étrangers.

GUYOT (Charles-Timothée), né à Cugney (Haute-Saône), le 21 août 1828. Il commença ses études médicales à Besançon, en 1849, et vint, l'année suivante, les continuer à la Faculté de Paris. Externe à Saint-Antoine et à la Charité, il prit le grade de docteur, le 22 août 1854, avec une thèse ayant pour titre : *De l'importance de l'appétit et de la considération des fonctions digestives dans le traitement des maladies chroniques*. Ce travail, étendu et consciencieux, résultat de patientes recherches, est l'exposé de la doctrine du professeur Beau ; il a obtenu, avec la note «très satisfait,» des éloges de la Faculté. M. Guyot s'était établi d'abord à Paris, où il continuait de se livrer à l'étude, et faisait partie de la Société médicale du 1er arrondissement, aujourd'hui de l'arrondissement de l'Elysée. Mais des raisons de famille motivèrent son retour en province, et il se fixa définitivement à Tromarey (Haute-Saône). M. Guyot est l'auteur de plusieurs communications aux Sociétés savantes. Les 10 juin et 4 août 1856, il a remis à l'Institut des travaux sur l'*Anesthésie du sens du goût par les réfrigérants* et sur l'*Anesthésie électrique*. Cette dernière communication lui assure la priorité de l'idée mère de l'anesthésie faradique, priorité qu'il a revendiquée par une lettre dont l'Académie de médecine s'est occupée dans sa séance du 18 janvier 1859. Le 12 août 1872, l'Institut a ouvert un pli cacheté déposé par M. le docteur Guyot, le 10 juin 1856, et en vertu duquel celui-ci se considère comme ayant réalisé, le premier, l'expérience qui consiste à faire absorber des médicaments, surtout le fer et l'iode, à certains végétaux, dans un but thérapeutique. Les publications spéciales, et notamment le *Courrier des familles, journal de la santé,* auquel il collaborait en 1856, la *Presse médicale* de Paris, le *Journal des connaissances médicales pratiques,* le *Répertoire de pharmacie* de M. Bouchardat renferment un grand nombre de mémoires ou d'articles signés de lui. Il a écrit, en outre, plusieurs articles dans les feuilles politiques de la province et de l'étranger, et entrepris quelques travaux d'économie politique ou sociale, de physique et de médecine, qu'il espère mettre au jour prochainement. M. Guyot est membre honoraire et correspondant de la Société médicale de l'arrondissement de l'Elysée (Paris), médecin de l'Assistance publique (indigents, vaccine), suppléant du juge de paix de Marnay depuis 1860, et maire de Tromarey depuis 1868. Il a publié en 1871, une brochure électorale ayant pour titre : *Réponse à M. le président Alviset,* de Besançon, qui l'avait attaqué dans une circulaire aux électeurs du canton de Marnay (2e édit., 1872).

GUYOT (Marie-Théodore), né à Montmirail (Marne), le 16 février 1812. Il suivit la carrière ecclésiastique, fit ses études théologiques au séminaire de Châlons-sur-Marne, et reçut l'ordination en 1835. Après avoir exercé la prêtrise à Jâlons, il fut nommé curé-doyen de Fère-Champenoise en 1852. M. l'abbé Guyot a publié : *Dictionnaire universel des hérésies et des erreurs,* continué jusqu'à nos jours (1849, 2e édit., 1855, épuisée) ; — *La lyre romaine,* recueil de cantiques approuvé par Mgr Prilly, évêque de Châlons, avec cette phrase élogieuse : « Il serait difficile, ce nous semble, d'exposer les vérités de la religion avec plus de piété et d'élégance » (1855) ; — *La Somme des Conciles généraux et particuliers,* ouvrage recommandé par toute la presse catholique, écrit d'un style pur et précis ; synthèse faite avec méthode, où la grande œuvre conciliaire, depuis les apôtres jusqu'à nous, est appréciée, résumée, exposée dans les mêmes termes employés par les Pères (1868). M. l'abbé Guyot est, depuis 1856, chanoine honoraire de Châlons-sur-Marne.

GYOUX (Marie-Charles-Philippe), né à Objat (Corrèze), le 15 juin 1830. Instituteur public dans son pays natal, de 1848 à 1854, il fut admis, à cette dernière époque, comme maître-répétiteur au lycée de Limoges, et commença, dans cette ville, ses études médicales. Successivement répétiteur au lycée de Marseille et au lycée Louis-le-Grand, il prit, à la Faculté de Paris, le grade de docteur en médecine, le 26 novembre 1859, avec une thèse ayant pour sujet : *Des moyens de diminuer le volume du fœtus,* et celui de docteur en chirurgie, le 11 mai 1861, avec une thèse sur l'*Enchondrôme du testicule.* Etabli à Objat, il y exerça deux années, après lesquelles un mariage l'appela à Saint-Jean-d'Angély (Charente-Inférieure). Il pratiqua dans cette ville de 1862 à 1868, époque à laquelle il fut nommé médecin-adjoint des hôpitaux de Bordeaux, au concours de 1867. Installé, dès-lors, dans cette ville, il y est aussi médecin de l'Ecole normale des filles, et professeur d'hygiène à la Société philomatique M. Gyoux, lauréat de la Société de médecine de Versailles, et trois fois lauréat de la Société protectrice de l'enfance de Paris, est membre de la Société de médecine et de chirurgie de Bordeaux, du Comité médical, des Sociétés philomatique et des sciences physiques et naturelles de la même ville, et membre correspondant de plusieurs Sociétés savantes de Paris et de la province. Il a publié, outre les thèses citées plus haut : *De la rage* (1863) ; — *De la suppression des Tours, au double point de vue de la morale et de la société* (1866) ; — *De l'exercice de la médecine en général, et en particulier dans l'arrondissement de Saint-Jean-d'Angély* (1866) ; — *Conférences sur l'hygiène élémentaire* (1868) ; — *Contribution à l'étude de la cheiloplastie* (1868) ; — *Etude statistique et hygiénique sur 32 cas de diphthérie cutanée* (1869) ; — *Education de l'enfant au point de vue physique et moral, depuis sa naissance jusqu'à l'achèvement de la première dentition* (1869) ; — *Note sur l'incision des grandes lèvres* (1869).

HADAMARD (Auguste), né à Metz, le 1er décembre 1823. M. Hadamard est un des élèves les plus distingués de Paul Delaroche. Il s'est consacré spécialement à la peinture de genre et à celle du portrait, et a débuté, en 1847, au Salon de Paris, avec un tableau intitulé : *La Pâques chez les Juifs au XVIIIe siècle.* A l'Exposition universelle de 1855, il a fait admettre un *Intérieur d'atelier.* Depuis, cet artiste a exposé : *Un atelier ; Le fournil* (1861) ; — *La guerre* (1863) ; — *Le liseur* (1868) ; — *L'exercice ; Le fruit défendu* (1869) ; — *Tentation ; La réprimande* (1870) ; — *Entre chien et chat ; L'éducation d'Azor* (1872) ; — *L'absent* (1873). On cite encore, parmi ses tableaux les plus connus, les *Contes du grand-père,* au musée de Montpellier. Il a exposé un certain nombre de portraits, notamment en 1861 et 1865. M. Hadamard a fait beaucoup de lithographies et de dessins sur bois. Il a collaboré au *Magasin Pittoresque,* à l'*Histoire des peintres* d'Armengaud, au *Tour du Monde,* etc.

HAENTJENS (Alfred-Alphonse), né à Nantes, le 11 juin 1824. Fils d'un important armateur, et possesseur d'une belle fortune, M. Haentjens a mené de front de grandes entreprises industrielles et littéraires. Il est un des principaux actionnaires du *Monde illustré.* Gendre du maréchal Magnan, et propriétaire du château de la Périne, il jouit, dans tout le département de la Sarthe, d'une réputation de bienveillance et de générosité presque proverbiale. Longtemps maire de Saint-Cornaille, il a représenté successivement, de 1858 à 1870, les cantons de Grand-Lucé et de Montfort au Conseil général où il a plusieurs fois rempli les fonctions de secrétaire. Elu député au Corps législatif en 1863, et réélu en 1869, il a signé l'interpellation des 146. Le 8 février 1871, ses anciens commettants lui ont renouvelé son mandat et l'ont envoyé, par 50,467 suffrages, à l'Assemblée nationale où il a pris place dans les rangs de la Droite, et courageusement voté avec quelques rares collègues contre la déchéance de la famille impériale. Il est l'auteur de la demande d'enquête sur les causes de l'insurrection du 18 mars. A la tribune, il a parlé contre l'élévation du prix des tabacs, à laquelle il proposait de substituer une aggravation de l'impôt sur les alcools. Enfin, il a voté notamment : *pour* la paix, la loi départementale, l'amendement Target, l'impôt sur le chiffre des affaires, l'abrogations des lois d'exil, la validation de l'élection des princes, l'ordre du jour motivé de M. Ernoul le 24 mai 1873, et la prorogation septennale des pouvoirs présidentiels ; *contre* les amendements Barthe et Keller, l'impôt sur les bénéfices et la dénonciation des traités de commerce. M. Haentjens, nommé chevalier de la Légion d'Honneur en 1848, pour sa belle conduite à Paris où il avait reçu, comme soldat volontaire de l'ordre, une balle en pleine poitrine, a été élevé au grade d'officier le 14 août 1869.

HAHN (Jean-Baptiste-Alexandre), né à Paris, le 25 juillet 1814. Fils d'un artiste bien connu, originaire du grand-duché de Berg, horloger-mécanicien des Cours de France et d'Autriche, M. Hahn appartient, par sa mère, à la famille du célèbre compositeur Rameau. Ses études scientifiques terminées à la Faculté de Paris et au Collége de France, il ne put se présenter à l'Ecole polytechnique, son père n'ayant pas été naturalisé Français ; alors, il profita de la position indépendante que lui assurait la jouissance d'une modeste fortune pour se retirer à Luzarches et se consacrer à l'étude des questions d'intérêt public. La propagation de l'instruction primaire dans les campagnes attira tout particulièrement son attention ; et c'est sur ce sujet qu'il concentra tous ses efforts. En même temps, il s'occupa d'histoire et d'archéologie, opéra des fouilles et des découvertes, et se constitua une assez jolie collection d'antiquités locales, médailles et objets d'art de toutes sortes. Membre, depuis 1838, des Comités d'instruction publique, secrétaire de la délégation cantonale de l'instruction primaire, membre de la Commission cantonale de statistique, depuis 1852, de Sociétés savantes de Paris, de la province et de l'étranger, M. Hahn a obtenu des médailles d'honneur pour ses travaux de statistique agricole, en 1861 et 1869, et a été nommé officier d'Académie en 1869. Il s'est fait naturaliser Français dès 1847 et a, depuis cette époque, été appelé à remplir de nombreuses fonctions administratives et honorifiques. Il est greffier de justice de paix de Luzarches depuis 1850. On doit à M. Hahn des mémoires, des rapports sur l'état de l'instruction primaire, et d'écrits de controverse politique et de science, respirant tous l'amour du progrès, et insérés soit dans les feuilles publiques, soit dans le *Journal d'éducation populaire*, le *Journal de la Société de statistique*, es *Comptes-rendus* de la Société archéologique de Senlis, ou les *Bulletins* de la Société parisienne d'archéologie et d'histoire, de la Société de numismatique et d'archéologie, de la Société des antiquaires de Picardie, de l'Institut archéologique liégeois, etc. Il a aussi adressé des communications à l'Académie des inscriptions et belles-lettres, et à beaucoup de Sociétés savantes et renommées. Parmi ses œuvres imprimées, que nous ne pouvons mentionner toutes, nous citerons : *Un mot sur l'enseignement primaire* (1842) ; — *Enseignement laïque de l'instruction morale et religieuse* (1842) ; — *Note sur Robert de Luzarches* (1844) ; — *Recherches statistiques sur l'instruction primaire dans le département de Seine-et-Oise* (1845) ; — *Le siège de Luzarches, épisode de 1103* (1859) ; — *Précis sur la critique historique* (1861) ; — *Essai sur l'histoire de Luzarches et de ses environs* (1864) ; — *Monuments celtiques des environs de Luzarches* (1867) ; — *Notice archéologique et historique sur le canton de Luzarches* (1868), etc. Enfin, M. Hahn a rédigé une foule de notes et de mémoires sur des découvertes de numismatique et d'archéologie, des questions de géographie et de philosophie, et lu des *Mémoires* très-appréciés à la Société philotechnique, au Congrès historique en 1847 et 1849, et, en ces dernières années, aux réunions des Sociétés savantes de la province et de l'étranger.

HAMEAU (Jean-Marie-Gustave), né à la Teste-de-Buch (Gironde), le 19 février 1827. Elève du collège de Bordeaux, où il obtint le prix d'honneur de philosophie en 1846, et lauréat de la Société académique de Bordeaux, il commença ses études médicales à Paris en 1847, les continua l'année suivante à l'Ecole secondaire de Bordeaux, où il se fit recevoir interne à l'hôpital Saint-André, et revint prendre le grade de docteur à la Faculté de Paris, le 15 juin 1853. Le sujet de sa thèse était : *La Pellagre*. Cette maladie avait été signalée, pour la première fois, en France, en 1848, par M. Hameau père, qui, dès 1810, et en même temps que Rayer, avait publié un cas de morve communiquée à l'homme. M. le docteur Hameau s'est établi à Arcachon, où il a institué, d'accord avec la Société scientifique de cette ville, des conférences scientifiques, des classes d'adultes et des cours d'hygiène très-suivis. Il a fait la station médicale d'Arcachon, et lui a assigné sa véritable place, selon les indications et les contre-indications de ses bains et de son climat, qui est surtout sédatif du système nerveux. Inspecteur des bains depuis 1858, maire de la Teste de 1857 à 1862, conseiller municipal depuis quinze ans, il a été porté candidat au Conseil général par les républicains conservateurs aux élections d'octobre 1871, et n'a échoué que de 25 voix de majorité obtenues par le candidat radical. Titulaire de la Société de médecine et de chirurgie de Bordeaux, correspondant de la Société de médecine de Paris, il est aussi président de la Société scientifique d'Arcachon, qui a organisé une bibliothèque, un musée, un aquarium et un laboratoire pour les études anatomiques, physiologiques, d'industrie et de pisciculture. On lui doit : *Notes de climatologie médicale* (1866) ; — *De l'influence du climat d'Arcachon dans quelques maladies de la poitrine*, ouvrage couronné par la Société de médecine de Bordeaux (1866) ; — *Rapport sur l'assistance médicale aux indigents de la campagne*, lu à l'Association générale des médecins de France, et qui a fait connaître-le système de liberté qui permet à l'indigent de choisir son médecin, et fait concourir tous les médecins à l'assistance, système généralement adopté, depuis, par la plupart des Sociétés locales et les Conseils généraux (1868). M. le docteur Hameau a reçu la croix de l'ordre de Charles III d'Espagne, en 1867, après l'Exposition internationale de pêche et d'agriculture d'Arcachon.

HAMEL (Emilien-Louis), né à l'Aigle (Orne), le 6 août 1809. M. Hamel a fait ses études aux colléges Henri IV et Louis-le-Grand. Entré à l'Ecole normale supérieure en 1829, il a été reçu, en 1832, agrégé des classes supérieures et docteur ès lettres. Nommé, la même année, suppléant à la chaire de littérature grecque de la Faculté des lettres de Toulouse, il a été chargé de cours, puis professeur dans cette même chaire, transformée (1863) en chaire de littérature ancienne. M. Hamel a publié une thèse sur *Hésiode*, et une autre sur *la Psychologie homérique*, une édition française de la *Chrestomatie grecque de Jacobs*, quelques éditions classiques, et plusieurs mémoires de littérature insérés dans les *Mémoires de l'Académie des sciences* et dans la *Revue de Toulouse*. Il a reçu la croix de la Légion d'Honneur le 28 décembre 1854.

HAMMAN (Edouard-Jean-Conrad), né à Ostende (Flandre occidentale), le 24 septembre 1819. M. Hamman est un élève de l'Ecole des beaux-arts de la ville d'Anvers, où il étudia, sous la direction de M. Nicaise de Keyser, la peinture historique. Venu à Paris en 1846, il exposa l'année suivante, au Salon, le *Reveil de Montaigne enfant*, qui fut remarqué, puis successivement : *Les préparatifs pour la sérénade;* — *La lecture pantagruélique, ou Rabelais à la Cour;* — *Hamlet;* — *Charles IX et Ambroise Paré;* — *La visite du doge*, au palais de Saint-Cloud ; — *La famille du supplicié;* — *Christophe Colomb;* — *Le compositeur flamand Adrien Willaert à Venise*, au musée de Bruxelles; — *L'étude du blason ; — Le commencement et la fin; — Stradivarius; — André Vesale professant à Padoue*, au musée de Marseille; — *Dante à Ravenne; — La journée des Dupes; — Roméo et Juliette; — Marie-Stuart; — L'éducation de Charles-Quint*, au musée du Luxembourg; — *Le Bucentaure; — Les femmes de Sienne; — Les noces vénitiennes;—Evviva la Sposa*, épisode d'une noce vénétienne ; — *Meyerbeer; — L'oratoire; — La tentation; — L'atelier de Stradivarius*, Corelli essaie des violons; — *L'enfant trouvé; — Famille protestante fugitive, après la révocation de l'édit de Nantes; — Les secrets de Madame; — Le secret de la soubrette*. C'est, comme on le voit, d'après l'énoncé des sujets, un mélange de peinture fantaisiste ou de genre et de peinture d'histoire. M. Hamman a remporté, aux expositions de 1853 et 1855, deux médailles de 3e classe; en 1859, une médaille de 2e classe, et le rappel de cette dernière en 1863. Il a composé une série de sujets, notamment sur les musiciens célèbres, popularisés par la gravure. Son *André Vesale étudiant*, reproduit par Mouilleron, est connu partout. Il a fait aussi une série de sujets sur l'histoire d'Italie, reproduits par la gravure, ainsi qu'une suite de 12 portraits en pied des *Compositeurs célèbres* reproduits par la photographie. M. Hamman est chevalier de la Légion d'Honneur depuis le 9 août 1864, et de l'ordre de Léopold de Belgique.

HAMON (André-Jean-Marie), né au Pas, canton d'Ambrieux (Mayenne), le 29 floréal an III (19 mai 1795). M. l'abbé Hamon a fait ses hautes études au séminaire de Saint-Sulpice de Paris, et a été, de 1820 à 1825, professeur de théologie dans cet établissement. En 1825, il a été nommé supérieur du grand séminaire et vicaire-général de Bordeaux. M. l'abbé Hamon a été appelé, en 1851, à l'importante cure de Saint-Sulpice de Paris, qu'il occupe encore à présent (1873). Il a publié : *Vie du cardinal de Cheverus, archevêque de Bordeaux* (1838, 5 édit.); — *Vie de madame Rivier, fondatrice et première supérieure de la Congrégation des sœurs de la Présentation de Marie* (1842); — *Traité de la prédication, à l'usage des séminaristes*, suivi dans presque tous les séminaires de France (1846, 5e édit., 1864); — *Vie de saint François de Sales* (1854, 5 édit.); — *Notre-Dame-de-France, ou Histoire du culte de la Sainte Vierge en France* (1862 et suiv., 7 vol.); — *Méditations* (1872, 2 édit., 3 vol.). M. l'abbé Hamon est chevalier de la Légion d'Honneur depuis le 21 août 1858.

HAMOT (Pierre-Henri), né à Paris, le 22 août 1828. Issu de deux des plus anciennes familles de l'Oise et de Seine-et-Oise, auxquelles on doit des magistrats, à la Cour des comptes notamment, des militaires et des officiers ministériels distingués, il fit son droit à la Faculté de Paris. Après avoir collaboré, dans l'étude de Me Denormandie, à la liquidation des biens de la famille d'Orléans, et, dans le cabinet de Me Dufour, au *Traité de droit administratif appliqué* de ce jurisconsulte, il prit place au barreau de la capitale en 1850. M. Hamot est devenu, le 9 janvier 1857, en remplacement de M. Roger, avocat au Conseil d'Etat et à la Cour de cassation. Absorbé par les travaux de son cabinet, il est resté constamment fidèle au barreau. Comme avocat du Trésor public, du Commandement militaire de l'armée de Paris et de plusieurs autres administrations, il a contribué à la fixation de la jurisprudence du Conseil d'Etat et de la Cour de cassation dans les causes les plus importantes de ces vingt dernières années, notamment en matière de mines, de travaux publics, d'offices ministériels, de droit international, de l'aumônerie de l'armée, de discipline et traitement de la Légion d'Honneur, de grades et pensions militaires, et surtout de comptabilité publique. Pendant le siége de Paris, M. Hamot a fait le service le plus actif comme simple volontaire mobilisé dans la garde nationale à cheval, et a eu le poignet droit fracturé. S'étant, sous la Commune, refusé constamment à quitter Paris, il a pu, dans ces temps critiques, préserver de l'incendie du Ministère des Finances, les documents de haute importance dont il était dépositaire.

HANOTEAU (Hector), né à Decize (Nièvre), le 25 mai 1823. Il se consacra à la peinture et traita successivement les sujets de genre et d'intérieur avant de se livrer presque exclusivement au paysage, qu'il avait étudié dans l'atelier de M. Gigoux. Il voyagea en Afrique et débuta, au Salon de 1847, par deux paysages : *Vue prise dans la forêt de Compiègne* et *Sur l'herbe*. Depuis, M. Hanoteau a exposé : *Une pêche* ; *Une chasse* ; *Une étude* ; *Soleil couchant*, quatre paysages (1848) ; — *Étude d'après nature au Jean-de-Paris*, dans la forêt de Fontainebleau (1849) ; — *Le bon Samaritain* ; *Les bords de l'Yonne* ; *Étude d'après nature* ; *Troncs de bouleau* ; *Une cabane aux Fontaines-Noires*, dans la Nièvre ; *Gibiers* ; *Fruits* (1850) ; — *Rendez-vous de chasse dans les bois de la Machine* (Nièvre) ; *Souvenir du Morvan* ; *La cave* (1852) ; — *Campement arabe sous les murs d'El-Ag-Houat* (E. U. 1855) ; — *Un étang dans le Nivernais* ; *Le vigneron* ; *Les prés de Charancy*, dans la Nièvre (1857) ; — *Une matinée sur les bords de la Canne* ; *Le picotin* ; *Une prairie sur les bords de la Landarge* ; *Le gué de Charancy* ; *La Canne au Chaillou*, paysages empruntés tous au territoire de la Nièvre (1859) ; — *Les environs de Saint-Pierre-le-Moûtier* ; *Un ruisseau à Charancy* ; *Une matinée de pêche sur la Canne* (1861) ; — *La nourrice du pauvre* ; *Chevaux libres dans les bois du Nivernais* (1863) ; — *Le paradis des oies* ; *La hutte abandonnée* (1864) ; — *Un coin de parc, dans le Nivernais*, acquis par le musée de Douai (1865) ; — *Après la pêche* ; *Le soir à la ferme* (1866) ; — *Les heureux de l'ouverture* ; *Un lièvre aux écoutes* (1867) ; — *Le garde-manger des renardeaux* (1868) ; — *La passée du grand gibier* ; *Les roseaux* (1869) ; — *L'appel* ; *La mare du village* (1870) ; — *Une chaumière* (1872). Les *Chevaux libres* et *Un coin de parc* ont reparu à l'Exposition universelle de 1867. Beaucoup de ces tableaux ont été gravés par MM. Pierdon et Duvivier Albert, et reproduits dans divers journaux illustrés. M. Hanoteau a remporté des médailles aux Salons de 1864, 1868, 1869, des récompenses à plusieurs expositions départementales, et a reçu la croix de la Légion d'Honneur le 20 juin 1870.

HARCOURT (Louis-Bernard, comte d'), né à Paris, le 10 août 1842. Élève de l'École militaire de Saint-Cyr en 1862, il fut nommé sous-lieutenant au 1er chasseurs d'Afrique le 1er octobre 1864, prit part à plusieurs expéditions en Algérie, et fit notamment la campagne du Maroc, avec le général de Wimpfen, au printemps de 1870. Venu en France avec les troupes d'Afrique, quand éclata la guerre avec l'Allemagne, il accompagna le maréchal de Mac-Mahon, en qualité d'officier d'ordonnance, à Wissembourg, Wœrth et Sedan, puis sous les murs de Paris, pendant l'insurrection de la Commune. M. le comte d'Harcourt a été nommé lieutenant en juillet 1871. A la même époque avaient lieu des élections complémentaires, et les électeurs du Loiret, confiants dans son patriotisme, son énergie et son amour de l'ordre, lui ont confié le mandat de député à l'Assemblée nationale. Son programme politique est tout entier dans ces mots : « La défense de l'ordre et des libertés politiques. » La *Revue des Deux-Mondes* a publié de lui une curieuse relation d'une *Expédition dans le désert* (1869). M. le comte d'Harcourt a reçu la croix de la Légion-d'Honneur, pour faits de guerre, pendant la campagne du Maroc, le 2 juin 1870.

HARDON (Louis-Albert), né à Paris, le 21 septembre 1819. M. Hardon a passé une partie de sa vie à étudier la construction des bâtiments. Il a fait exécuter, sous la direction de son frère et à titre d'intéressé, différents travaux sur les lignes des chemins de fer de Lyon, de l'Ouest, de l'Oise et des Ardennes, et a concouru, au même titre, de 1859 à 1865, aux travaux du canal de Suez. Après la résiliation du traité, il s'est livré à l'étude de la peinture, et a passé trois mois dans l'atelier de M. Palizzi. Dès la même année, il débutait, au Salon de Paris, avec un *Chemin des vaches à Marlotte* (1865). Depuis, cet artiste a exposé : *Étude dans la forêt de Fontainebleau* (1866) ; — *La gorge aux Loups*, souvenir de la forêt de Fontainebleau (1868) ; — *A marée basse en Bretagne* (1870) ; — *Bords de la Méditerranée à Saint-Raphaël*, dans le Var ; — *Une allée du parc de Courquetaine*, dans Seine-et-Marne (1872).

HARDY (Alfred), né à Paris, le 30 novembre 1811. M. Hardy a fait ses études à la Faculté de Paris. Interne des hôpitaux, puis chef de clinique à la Charité, il a été reçu docteur en 1836. Attaché au bureau central, depuis 1841 jusqu'en 1845, il est devenu, en 1846, médecin de l'hôpital de Lourcine, et, en 1851, de l'hôpital Saint-Louis. Il a obtenu, au concours, le titre d'agrégé, et a été nommé en 1867 professeur à la Faculté de Paris. On doit à M. Hardy : *Traité élémentaire de pathologie interne*, en collaboration avec M. Béhier (1844-1853, 3 vol. in-8), ouvrage adopté pour l'enseignement médical ; — *Leçons sur les maladies de la peau*, professées à l'hôpital Saint-Louis (1858, 1859, 1861 et 1865, 4 vol.), recueillies et rédigées par MM. L. Moysant, Almire, Garnier et Jules Lefeuvre, élèves de l'auteur, mais revues par ce dernier. Il est chevalier de la Légion d'Honneur depuis le 15 août 1860.

HATIN (Louis-Eugène), né à Auxerre, le 5 septembre 1809. Il fit de solides études classiques au collège d'Auxerre, et se rendit à Paris. Longtemps correcteur d'imprimerie, il se consacrait en même temps à des travaux anonymes de librairie. Ensuite il embrassa complètement la carrière littéraire. On lui doit : *Histoire pittoresque de l'Algérie* (1850) ; — *La Loire et ses bords* (1843, avec carte) ; — *Histoire pittoresque des voyages dans les cinq parties du monde* (1843 et 1847, 5 vol. avec cartes) ; — *Histoire du Journal en France* (1846), ouvrage considérablement augmenté en 1853, et qui a été pour l'auteur la base d'un travail bien plus important : *Histoire politique et littéraire en France* (1859-1861, 8 vol.) ; cette dernière publication a été complétée elle-même par la *Bibliographie historique de la presse périodique française* (1855, avec portr. et vign.) ; — *La Gazette de Hollande et la presse clandestine aux XVIIe et XVIIIe siècles* (1865, avec portr.) ; — *La presse périodique dans les* *deux mondes* (1866); — *Manuel théorique et pratique de la liberté de la presse* (1868, 2 vol.). M. Hatin a participé activement à la rédaction du *Dictionnaire des dates* (1843); — de l'*Histoire des villes de France* (1844-1849); — du *Complément de l'Encyclopédie moderne*, etc. Il a reçu la croix de la Légion d'Honneur en 1867.

HAURÉAU (Jean-Barthélemy), né à Paris, le 2 novembre 1812. Brillant élève du collége Louis-le-Grand, puis du collége Bourbon, il obtint quelques succès au concours général, et se consacra à la littérature et au journalisme. A l'âge de 21 ans, il publia une brochure historique : *La Montagne*, qui lui fut vivement reprochée et dont, dix ans plus tard il condamna lui-même la forme dans une *Lettre au rédacteur de l'Union de la Sarthe*. Admis aussitôt, comme rédacteur, à la *Tribune*, il y donna, jusqu'à la disparition de cette feuille, des articles très-remarqués sur les arts et sur les philosophes anciens et modernes. Ensuite, il collabora successivement au *National* d'Armand Carrel, au *Peuple* de Dupoty, et à la *Revue du Nord*. Appelé au Mans, en 1838, comme rédacteur en chef du *Courrier de la Sarthe*, il fit de ce journal, peu connu, l'un des meilleurs organes libéraux de la province, attira sur lui l'attention des notabilités du pays, et fut nommé bibliothécaire de la ville ; ce qui lui facilita la continuation de ses études de philosophie et d'histoire. En 1845, il fut destitué de ses fonctions de bibliothécaire pour la part qu'il avait prise au discours adressé, par son ami, M. Trouvé-Chauvel, au duc de Nemours. A partir de cette époque, jusqu'en 1848, il reprit son travail au *National*. Nommé conservateur des manuscrits à la Bibliothèque nationale, après la révolution de Février, il remplaça Armand Marrast ou Jules de Lasteyrie, à l'Assemblée constituante, comme représentant de la Sarthe qui l'y avait envoyé par 24,837 voix, contre 19,390 voix données à son compétiteur, le prince Louis-Napoléon Bonaparte. A l'Assemblée, il vota généralement avec le parti du *National*, prit plusieurs fois la parole, notamment en faveur du chiffre de crédit à maintenir à la bibliothèque de la Sorbonne, et fit partie du Comité des affaires étrangères. A partir de 1849, il laissa de côté la politique ; ce qui ne l'empêcha pas de donner sa démission de conservateur à la Bibliothèque, à titre d'ancien représentant républicain, après le succès du Coup-d'Etat de Décembre. M. Hauréau a été nommé bibliothécaire de l'ordre des avocats de Paris en 1861. Il a publié : *Critique des hypothèses métaphysiques de Manès, Pélage, etc.* (1840) ; — *Histoire littéraire du Maine* (1843-1852) ; — *Le manuel du clergé*, ou *Examen de l'ouvrage de M. Bouvier*, écrit qui a soulevé de vives polémiques (1844) ; — *Histoire de la Pologne* (1844) ; — *Examen critique de la philosophie scolastique*, qui a remporté le prix mis au concours par l'Académie des sciences morales et politiques (1848) ; — *Charlemagne et sa Cour* (1852-1855) ; — *François Ier et sa Cour* (1853) ; — Les XIVe, XVe et XVIe volumes de *Gallia Christiana*, ouvrage auquel l'Académie des inscriptions et belles-lettres a accordé cinq fois le grand prix Gobert (1856-1865); — *Hugues de Saint-Victor* (1859) ; — *Singularités historiques et littéraires* (1861); — *Catalogue chronologique des œuvres de J.-B. Gerbier* (1863) ; — Le tome Ier d'une *Histoire de la philosophie scolastique* (1873). On lui doit aussi la traduction de la *Pharsale*, de Lucain, et de la *Facétie sur la mort de Claude*, pour les *Classiques latins* de M. Nisard. M. Hauréau, élu membre de l'Académie des inscriptions et belles-lettres, le 5 décembre 1861, a été nommé, le 5 septembre 1870, directeur de l'Imprimerie nationale, établissement dont le parfait agencement et le riche matériel nous sont enviés par le monde entier. Il est chevalier de la Légion d'Honneur depuis 1863.

HAUSSMANN (Georges-Eugène, *baron*), né à Paris, le 27 mars 1809. Il est le fils d'un sous-intendant militaire, officier de la Légion-d'Honneur, économiste distingué, auquel on doit quelques écrits. M. le baron Haussmann a fait toutes ses études à Paris. Il y suivit les cours de l'Ecole de droit et fut reçu docteur. Après la révolution de 1830, il embrassa la carrière administrative, vers laquelle le portaient toutes ses aptitudes. Nommé secrétaire-général de la préfecture de la Vienne, le 19 mai 1831, sous-préfet d'Issingeaux, le 13 juin 1832, de Nérac, le 9 novembre 1833, de Saint-Girons, le 9 février 1840, de Blaye, le 23 novembre 1842, il résida dans cette dernière ville jusqu'aux événements de Février 1848. Le prince Louis-Napoléon, élevé à la présidence de la République, n'hésita point à faire de M. Haussmann un préfet, titre auquel celui-ci avait, d'ailleurs, tous les droits, et lui confia l'administration du département du Var, le 23 janvier 1849. De cette préfecture, M. Haussmann passa à celle de l'Yonne le 11 mai 1850, puis, le 26 novembre 1851, à celle de la Gironde. Ce fut lui qui reçut à Bordeaux le président de la République française, quelques semaines avant le rétablissement de l'Empire. Il plut au chef de l'Etat, qui sut reconnaître ses qualités administratives, et quand, par la démission de M. Berger, le 22 juin 1853, la préfecture de la Seine devint vacante, le nouvel empereur y appela M. Haussmann. Son administration dura 17 ans, pendant lesquels l'aspect de Paris changea complètement. Les habitudes sociales ont suivi cette transformation, et, quelle que soit l'idée qu'on se fasse d'une telle entreprise, qui n'a d'analogue nulle part et dans aucun temps, on ne saurait refuser à son principal auteur, ni la grandeur des conceptions et l'active énergie avec laquelle il les a poursuivies, ni un plan rationnel et l'habileté des combinaisons financières au moyen desquelles il est parvenu à l'exécuter sans grever la population parisienne d'aucune surcharge d'impôt. Pendant sa gestion, la ville de Paris et son budget ont triplé d'importance. Quand une politique nouvelle motiva la formation du ministère Ollivier, M. le baron Haussmann, que d'anciens et profonds dissentiments politiques séparaient du chef de ce ministère, refusa de donner sa démission, qui lui était demandée, et préféra être relevé de ses fonctions par décret impérial. Depuis la révolution du 4 septembre, il s'est tenu à l'écart de la vie publique; et, lorsqu'au moment de l'élection partielle du 2 juillet 1871, sa candidature à Paris fut mise en avant et favorablement accueillie par l'opinion, il la déclina formellement avant la votation. Il avait été élevé à la dignité de sénateur le 9 juin 1858. M. le baron Haussmann est membre libre de l'Institut depuis le 11 décembre 1867. Promu Grand'-Croix de la Légion d'Honneur le 7 décembre 1862, il est aussi décoré de la plupart des Ordres de l'Europe.

HAUSSONVILLE (Joseph-Othenin-Bernard DE CLÉRON, *comte* D'), né à Paris, le 27 mai 1809. Fils d'un pair de France, M. d'Haussonville entra au ministère des Affaires-Etrangères, et fut envoyé, comme secrétaire d'ambassade, à Bruxelles, à Turin et à Naples. Il siégea au Conseil général de Seine-et-Marne, du 4 juin 1838 au 30 août 1848. De 1842 à 1848, il représenta l'arrondissement de Provins à la Chambre des députés, où il fit preuve de zèle et d'aptitudes spéciales, et fut chargé de rapports concernant des projets de loi très-importants tels que ceux relatifs à la juridiction criminelle des colonies, aux réfugiés politiques, à l'emprunt grec, etc. Il faut ajouter qu'esprit tolérant autant qu'élevé, il appuya des pétitions tendant à obtenir pour les protestants le libre exercice de leur culte. M. le comte d'Haussonville a épousé Mlle Louise-Albertine de Broglie, fille de l'homme d'Etat de ce nom, et qui descend de Mme de Staël. Il a publié : *Histoire de la politique extérieure du gouvernement français, de 1830 à 1848* (1850, 2 vol.) ; — *Histoire de la réunion de la Lorraine à la France* (1854-1859, 4 vol., 2e édit., 1860) ; — *Lettres aux Conseils généraux* (1859) ; — *Lettre aux bâtonniers de l'ordre des avocats*, extrait du *Courrier du Dimanche* (1860) ; — *Lettre au Sénat*, études contemporaines (1860) ; — *M. de Cavour et la crise italienne* (1862) ; — et de nombreux articles dans plusieurs feuilles périodiques, notamment dans la *Revue des Deux-Mondes*. M. le comte d'Haussonville a été élu membre de l'Académie française en 1869. Il est officier de la Légion d'Honneur depuis le 27 avril 1840.

HAUSSONVILLE (Gabriel-Paul-Othenin DE CLÉRON, *vicomte* D'), né à Gurcy-le-Châtel (Seine-et-Marne), le 21 septembre 1843; fils du précédent. M. le vicomte d'Haussonville s'est familiarisé avec la politique à la sérieuse école de l'illustre doctrinaire dont il a l'honneur d'être le fils. Elu représentant de Seine-et-Marne à l'Assemblée nationale, par 25,031 voix, le 8 février 1871, en même temps qu'il obtenait une belle minorité de près de 40,000 voix dans le département de la Seine, il a pris place sur les bancs du Centre-Droit, et a voté notamment : *pour* la paix, le retour de l'Assemblée à Paris, l'abrogation des lois d'exil, la validation de l'élection des princes, le pouvoir constituant, le traité douanier, les propositions Rivet et Feray, les impôts sur les bénéfices et sur le chiffre des affaires, l'ordre du jour motivé de M. Ernoul, dont l'adoption a déterminé la révolution parlementaire du 24 mai 1873 et pour la prorogation septennale des pouvoirs présidentiels ; *contre* la proposition Ravinel, les amendements Barthe, Keller et Target. M. le vicomte d'Haussonville a fait partie de la Commission de permanence (août 1872).

HAUTEFEUILLE (Laurent-Basile), né à Paris, le 25 juillet 1805, suivit les cours de l'Ecole de droit. D'abord inscrit au barreau de la capitale, il fut nommé, en 1830, procureur du roi à Alger, et, en 1837, substitut au tribunal civil de Toulon. En cette dernière année, il donnait sa démission et prenait un cabinet d'avocat au Conseil d'Etat et à la Cour de cassation, charge dont il se démit en 1852, pour suivre exclusivement les voies du journalisme et de la littérature sérieuse. On lui doit des travaux considérables de jurisprudence, parmi lesquels nous citerons : *Plan de colonisation des possessions françaises dans l'Afrique occidentale, au moyen de la civilisation des nègres indigènes* (1830) ; — *Législation criminelle maritime, ou Traité sur les lois pénales et sur l'Organisation des divers tribunaux de la marine militaire* (1839) ; — *Code de la pêche maritime* (1844) ; — *Des droits et des devoirs des nations neutres en temps de guerre maritime* (1848-1849, 4 vol. in-8, 2e édition, 1858, 3 vol. in-8) ; — *Marine marchande : Décret disciplinaire et pénal du 24 mars 1852, expliqué et commenté* (1852) ; — *Histoire des origines, des progrès et des variations du droit maritime international* (1858) ; — *Guide des juges marins* (1860) ; — *Propriétés privées des sujets belligérants sur mer* (1860) ; — *Quelques questions de droit international maritime* (1861, ; — *Les pêches maritimes en France* (1861) ; — *Question de droit international maritime* (1862) ; — *Le principe de non-intervention et ses applications* (1863); — ainsi qu'un grand nombre d'articles sur le droit international maritime, insérés dans la *Revue contemporaine*, le *Monde Commercial*, etc. Depuis le mois de mars 1863, M. Hautefeuille fait partie de la Commission permanente des pêches et de la domanialité maritime au ministère de la Marine. Il est officier de la Légion d'Honneur depuis le 14 août 1864.

HAVET (Alfred), né à Montreuil, en 1827, professeur et grammairien distingué, auteur de plusieurs ouvrages d'éducation d'un usage général dans toute la Grande-Bretagne, aux colonies anglaises et dans l'Amérique du Nord, où les contrefacteurs se sont emparés de ses travaux. M. Havet, par la clarté, la pureté de son langage, rend toujours faciles à comprendre ses définitions et ses explications, quelque compliqué que soit le sujet qu'il traite. C'est un homme consciencieux, observateur et d'une érudition peu commune ; il règne dans son enseignement une certaine vivacité qui tient toujours en éveil l'intelligence de l'élève, et qui fait que celui-ci s'amuse en s'instruisant. M. Havet a su tirer un grand parti des *contrastes* dans l'enseignement des langues ; il ne laisse rien échapper et fait toujours ressortir, en vous intéressant, la différence qu'une même idée amène dans la manière de dire. Il a obtenu, très-jeune, les plus grands succès comme professeur et écrivain. Depuis qu'il s'est établi à Glascow, puis à Edimbourg, le nombre de ses élèves se compte par milliers. Il est universellement connu et estimé dans toute la Grande-Bretagne, où son nom fait autorité dans tout ce qui touche à l'enseignement. En 1853, il publia le *Complete french Class-book*, cours complet de langue française, à l'usage des Anglais (dix éditions). En 1860, M. Havet fit paraître à Londres, sous le titre de *French studies* (Etudes françaises), un ouvrage où, au moyen des procédés ingénieux de sa méthode, il enseigne tout à la fois la langue, la grammaire et la littérature. Le succès des *French studies* dépassa celui des *French class-book*; et, dans un article sur l'enseignement des langues en France et en Angleterre, M. Demogeot dit : « Il faudrait qu'un étranger fût bien obstiné à ne pas parler français, quand M. Alfred Havet lui glisse dans la main son joli livre d'*Etudes françaises*, où la conversation naît d'elle-même du sein de la lecture, et fait disparaître toutes les difficultés de la grammaire, sous l'amusement d'une continuelle causerie... » M. Havet a fait faire un pas immense à l'étude de la langue française dans la Grande-Bretagne. Il est membre du savant collège des Précepteurs de Londres, de la Société des langues modernes de Berlin, etc.

HAVET (Ernest-Auguste-Eugène), né à Paris, le 11 avril 1813. Brillant élève du collége Saint-Louis, il fut doublement admis à l'Ecole normale supérieure (section des lettres et section des sciences) en 1832, opta pour la carrière des lettres, sortit de l'Ecole avec le brevet d'agrégé des classes supérieures, et fut envoyé, comme professeur de rhétorique, au collége royal de Dijon. A partir de 1836, il professa à l'Ecole normale, où il fut chargé successivement de diverses conférences. Reçu docteur en 1843, agrégé des Facultés en 1844, et nommé professeur-suppléant d'éloquence latine à la Sorbonne, il devint professeur du même cours au Collège de France en 1854. M. Havet a professé la littérature à l'Ecole polytechnique de 1853 à 1863. Il a publié : 1° *De la rhétorique d'Aristote* et *De homericorum poematum origine et unitate*, thèses de doctorat; 2° une édition annotée des *Pensées de Pascal*, d'après le texte authentique, avec commentaires et une étude sur l'auteur (1852, nouv. édit. revue et transformée, avec une *Table des matières* par O. Delzons, 2 vol., 1866); — 3° le *Discours d'Isocrate sur lui-même*, intitulé, *Sur l'antidosis*, traduit en français, pour la première fois, par Auguste Cartelier, revu et publié avec le texte, une introduction et des notes (Imprim. impér., 1862); — 4° *Jésus dans l'histoire*, brochure (1863) ; c'est un article sur la *Vie de Jésus*, de M. Renan, qui avait paru dans la *Revue des Deux-Mondes*, sous le titre de l'*Evangile et l'histoire*; cet écrit a été traduit en allemand sous ce titre : *Kritik über das leben Jesu von E. Renan, aus dem französischen des Ernesto* (sic) *Havet* (Berlin, 1864, trad. anonyme); — 5° Deux volumes intitulés : *Le Christianisme et ses origines*, première partie, l'*Hellénisme* (1872). Les études contenues dans ces deux volumes avaient paru d'abord dans la *Revue moderne* et dans la *Revue contemporaine*.

HAVRINCOURT (Alphonse-Pierre de CARDEVAC, marquis D'), né le 12 septembre 1806, d'une des plus illustres familles de l'Artois. Il entra à l'Ecole polytechnique en 1826, puis au 1er régiment d'artillerie en 1830, et fit la campagne de Belgique. En 1833, il quitta le service et s'adonna à l'agriculture. Il fut élu, en 1846, au Conseil général du Pas-de-Calais, dont il est toujours resté membre, et qu'il a présidé en 1867, 1868 et 1869. En 1849, il a été élu membre de l'Assemblée législative pour le département du Pas-de-Calais par 78,273 suffrages. Il y soutint de sa parole la pétition du général de Castellane qui demandait la réintégration dans l'armée des officiers généraux mis à la retraite par le gouvernement provisoire avant l'âge fixé par les règlements. Après avoir obtenu la prise en considération de sa proposition, malgré une vive opposition de la Gauche, il fut nommé rapporteur de la loi qui consacra cette réintégration. En 1852, il rentra dans la vie privée et se consacra de nouveau à la grande culture, à laquelle il adjoignit une sucrerie. En 1862, son exploitation obtint une grande médaille d'or pour ses irrigations, et enfin en 1868 elle fut couronnée par la prime d'honneur. M. le marquis d'Havrincourt, dont la mère était une demoiselle de Tascher, parente de l'impératrice Joséphine, entra en 1860 dans la maison de l'Empereur comme chambellan. En 1863, il fut élu député au Corps législatif par l'arrondissement de Valenciennes. Pendant cette législature, il parut souvent à la tribune, notamment dans les questions économiques, et dans la vérification des pouvoirs. Il fit partie des Commissions les plus importantes, celles des Conseils généraux et municipaux, de l'armée, et du budget. Il est officier de la Légion d'Honneur (16 août 1862) et de l'Université, grand-officier de l'ordre du Chêne de Hollande, commandeur de Léopold de Belgique et de l'Aigle rouge de Prusse.

HÉBERT (Antoine-Auguste-Ernest), né à Grenoble, le 3 novembre 1817. Destiné d'abord au barreau, il fit son droit à la Faculté de Paris, de 1835 à 1838. En même temps il cultivait la peinture, suivait l'atelier de David d'Angers, et prenait les conseils de Paul Delaroche. Il remporta le grand prix de Rome, en 1839, sur le sujet suivant : *La coupe trouvée dans le sac de Benjamin*. De la Villa-Médicis il envoya à l'École des beaux-arts une copie de la *Sibylle Delphica* et deux *Odalisques*. Après un premier séjour de huit ans en Italie, il revint à Paris où il ne tarda pas à jouir d'une très-grande réputation. Voici la liste des œuvres exposées par cet artiste : *Le Tasse en prison*, au musée de Grenoble; *Rêverie orientale*; *La sieste* ; *Pâtre italien*; *L'almée*; *Le matin au bois* (1848); — *La Mal'aria*, au Musée du Luxembourg, tableau popularisé par la gravure et la lithographie (1850); — *Le baiser de Judas*, au Musée du Luxembourg; le portrait du prince *Napoléon* (1853); — *Les Fienarolles de San-Angelo vendant du foin à l'entrée de la ville de San-Germano* (1857); — *Les Cervarolles*, au Musée du Luxembourg; *Rosa Nera à la fontaine* (1859); — *Une rue de Cervara*; le portrait de la princesse *Marie-Clotilde* (1861); — *La jeune fille au puits*, à l'impératrice; *Pasqua Maria*, à la baronne James de Rothschild (1863); — *Perle noire*; *Le banc de pierre* (1865); — *La Zingara*; *Feuilles d'automne* (1867); —

Biogr. nat. 22

La pastorella; La Lavandara (1869) ; — *Le matin et le soir de la vie; La muse populaire italienne* (1870) ; — *La madonna adolorata; La tricoteuse* (1873). L'exposition de M. Hébert, en 1855, se composait des *Filles d'Alvito*, à la collection Fould, et de *Crescenza à la prison de San-Germano*. A l'Exposition universelle de 1867, il a envoyé le portrait de David d'Angers, et des tableaux déjà cités : *Rosa Nera*, les *Cervaroles, Perle noire*. On doit au même artiste des portraits anonymes qui ont figuré soit au Salon, soit aux Expositions universelles, et qui représentaient des personnages du grand monde. M. Hébert a remporté des médailles de 1re classe aux Expositions universelles de 1851 et 1855, et une médaille de 2e classe à celle de 1867. Il a fait plusieurs voyages en Italie, et a visité les principaux musées de l'Allemagne. A la fin de 1866, il a été nommé directeur de l'Académie de France à Rome. M. Hébert a été promu officier de la Légion d'Honneur en 1867.

HÉBERT (Georges-Jean-Baptiste), né à Rouen, le 26 juillet 1837 ; fils de M. Hébert, notaire honoraire à Rouen, et élève distingué de M. Ernest Hébert, ancien directeur de l'Académie de France à Rome. Il fit ses études aux colléges Stanislas et Saint-Louis, suivit la vocation qu'il avait ressentie fort jeune pour les beaux-arts, se consacra à la peinture, visita l'Angleterre, et fit un séjour d'une année en Algérie, où il étudia les mœurs arabes. Ce dernier voyage eut une grande influence sur sa première manière. De retour en France, il étudia spécialement les maîtres coloristes, et reçut les conseils d'Eugène Delacroix. M. Georges Hébert expose, depuis quinze ans, à Paris et dans les principales villes de la province et de l'étranger. Après avoir traité plusieurs sujets religieux, dont une toile de dix-sept pieds commandée pour une église des environs de Paris, et avoir produit beaucoup de tableaux de genre Louis XV, chevaux, paysages, etc., il s'est livré presque exclusivement, depuis une dizaine d'années, à l'exécution des portraits, dont il a peint un grand nombre à Paris et à Rouen, dans des familles très-connues. On lui doit également une série d'études du corps humain, d'après nature, dont quelques-unes ont été fort remarquées au Salon de 1870. Parmi ses œuvres, on distingue : des *Portraits* exposés au Salon de Paris, de 1861 à 1873 ; — *La perle d'Orient* (Salon de Paris, 1864) ; — *Baigneuses*, et *A la source*, études (Salon de Paris, 1870) ; — *Il farniente* ; — *Campement de chaudronniers hongrois* ; — *Chaudronnière hongroise* ; — *Rendez-vous de chasse sous Louis XV* ; — des *Portraits d'enfants* ; — *Un kawouadji*, scène orientale ; — *Jésus chez Marthe et Marie*, tableau acquis par la Société des amis des arts de Rouen ; — *La femme adultère* ; — *Le Crucifiement* ; — *Saint-Sébastien*, etc. Les critiques d'art ont consacré, dans les journaux, beaucoup d'articles à l'œuvre de M. Hébert, qui déjà se compose de plus de cent toiles de diverses dimensions. Cet artiste a obtenu, dès ses débuts, une récompense à Rouen, la médaille d'or quelques années après, et ensuite d'autres médailles aux expositions du Havre, de Caen, etc. Pendant la guerre de 1870-1871, M. Georges Hébert a servi comme sous-lieutenant dans la légion des mobilisés de Dieppe. En 1873, il a parcouru l'Italie, et visité notamment Turin, Milan, Florence, Venise, Naples, et Rome où il a revu son maître à la Villa-Médicis.

HÉBERT (Michel-Pierre), né à Granville (Manche), le 7 juillet 1799. Inscrit au barreau de Rouen en 1820, il plaida avec succès jusqu'en 1833, époque où il entra dans la magistrature en qualité de procureur du roi près le tribunal de cette ville. L'année suivante, il fut nommé procureur-général près la Cour de Metz ; et, en 1836, il fut appelé aux fonctions d'avocat-général près la Cour de cassation, fonctions qu'il exerça jusqu'à la fin de 1841, en portant successivement la parole devant les trois Chambres de cette Cour. Procureur-général près la Cour de Paris, en octobre 1841, il en dirigea le parquet durant six années, et s'y fit remarquer par plusieurs réquisitoires, tels que celui provoqué par le procès Donon-Cadot. A cette époque, il fut chargé de plusieurs poursuites devant la Cour des pairs, notamment contre Quénisset, accusé, avec plusieurs autres, de tentative d'assassinat sur le duc d'Aumale et deux autres princes, ses frères. L'instruction de ce procès avait commencé dès avant son entrée en fonctions, et comprenait Dupoty, rédacteur du journal *Le Peuple*, inculpé de complicité par provocation, non de l'attentat contre les princes, mais d'un complot ayant pour but de renverser le gouvernement et d'armer les citoyens les uns contre les autres. M. Hébert soutint l'accusation, et Dupoty fut condamné à la réclusion. A l'occasion de cette condamnation et du réquisitoire qui l'avait précédée, certaines feuilles d'opposition mirent en circulation, contre le procureur-général, le reproche d'avoir inventé, à la charge d'un écrivain, le prétendu crime de « complicité morale. » Or, pour toute personne impartiale, il ressort de la lecture des débats et de l'arrêt qui les a suivis que Dupoty, défendu par Me Ledru-Rollin, fut reconnu coupable de complicité directe et légale, aux termes des art. 59 et 60 du Code pénal, et 1er de la loi du 17 mai 1819, pour avoir provoqué à l'organisation d'un complot, dans le but de renverser le gouvernement, en armant les citoyens les uns contre les autres, complot dont la tentative de Quénisset n'était qu'un commencement d'exécution. M. Hébert était entré dans la vie politique, en 1834, comme député du collège électoral de Pont-Audemer. Réélu en 1842, il siégea, jusqu'en 1848, à la Chambre dont il fut vice-président en 1846. Le 11 mars 1847, il remplaça M. Martin du Nord comme ministre de la Justice et des Cultes. Lors de la discussion de l'adresse, il prit plusieurs fois la parole, et soutint, avec fermeté, les paragraphes qui réprouvaient les banquets et autres manifestations réformistes, comme les précurseurs certains d'une révolution, et en demandaient la prompte et sévère répression. Particulièrement désigné, par sa position et son ardeur à soutenir le gouvernement, aux attaques de l'opposition, il releva avec énergie cette apostrophe de M. Odilon-Barrot, qui lui fut adressée au commencement de février 1848 : « Polignac et Peyronnet n'ont jamais fait pis que vous. » La première des exigences de l'insurrection triomphante ayant été le renvoi, par Louis-Philippe, du ministère Guizot, M. Hébert fut tout à fait étranger aux derniers événements qui déterminèrent la chute de la monarchie. Cependant il fut compris, avec ses anciens collègues du ministère, dans une poursuite intentée devant la Cour de Paris, par les nouveaux agents du Gouvernement provisoire. Forcé de s'expatrier pendant près d'une année, devant les mesures que les magistrats, saisis de l'instruction, s'étaient vus contraints d'ordonner; il rentra en France lorsque ces poursuites se furent terminées par leur unique solution possible : un arrêt de non-lieu. Depuis cette époque, M. Hébert est demeuré à l'écart de la politique; il a repris, d'abord au barreau de Rouen, puis à celui de Paris, une place considérable; et, durant vingt années, il a paru dans la plupart des procès qui méritaient de fixer l'attention publique. A Rouen, il a plaidé, pour le domaine de l'Etat, contre la veuve et les héritiers du général Hoche. A Paris, il a pris la parole dans l'affaire des actionnaires du *Constitutionnel* contre Mirès, de Morny et Véron ; dans le procès des liquidateurs Mirès contre Pontalba, et dans tous ceux soutenus au nom des liquidateurs contre Mirès; dans l'affaire dite des « Docks-Napoléon »; dans celle des héritiers Aguado contre le gouvernement espagnol, où il avait M⁰ Berryer pour adversaire. Il défendit, devant les tribunaux correctionnels, l'imprimeur et l'éditeur de la *Lettre sur l'Histoire de France*, adressée par le duc d'Aumale au prince Napoléon, en réponse à l'un des discours de ce dernier au Sénat. Il défendit également les procès qui furent successivement portés, durant plusieurs années, devant toutes les juridictions, pour triompher des saisies administratives dont avait été frappée la publication de l'*Histoire des princes de Condé*, par le duc d'Aumale. Enfin, il prit part à la défense dans le grand procès des « correspondants » et dans celui des « treize. » On n'a de M. Hébert que ses *Rapports à la Chambre* ; ses *Discours* parus dans le *Moniteur*, entre autres celui qu'il prononça pour soutenir son amendement à l'adresse, par lequel il s'opposait à l'intervention en Espagne ; celui qui renferme son opinion dans le débat sur l'expulsion des jésuites, et dont quelques extraits ont été publiés à part, avec les discours de MM. Thiers, Dupin et Lamartine (1845) ; — ses *Discours* dans la discussion de presque toutes les adresses au roi ; — et de nombreux *Mémoires, Consultations* et *Réquisitoires*. M. Hébert, chevalier de la Légion d'Honneur en 1834, officier en 1840, a été promu commandeur de l'Ordre le 1er mars 1843.

HÉBERT (Pierre), né à Villabé (Seine-et-Oise), le 31 octobre 1804. Il étudia la statuaire dans l'atelier de Jacquot et à l'Ecole des beaux-arts. Après avoir débuté, au Salon de 1838, avec un *Portrait-buste*, il exposa successivement : *Conversion de saint Augustin* (1841) ; — *Olivier de Serres, agronome*, statue en plâtre destinée à la ville de Villeneuve-de-Berg, dans l'Ardèche (1849) ; — le *Fleuve de la Vie*, statue en plâtre (1851) ; — *Enfant jouant avec une tortue*, groupe en marbre; le buste de *Nicolo*, pour le foyer de l'Opéra-Comique (1853) ; — *Olivier de Serres*, et l'*Enfant à la tortue*, reproduits en bronze ; le *Fleuve de la Vie*, en marbre (E. U. 1855) ; — *Une captive* ; le buste en marbre de *Louiche-Desfontaine*, de l'Institut (1859) ; — *Olivier de Serres*, en bronze ; *Sainte Geneviève*, statue en pierre pour la façade de l'église Saint-Etienne-du-Mont (1864) ; — *Parmentier*, statue pour l'Ecole de pharmacie de Paris, en plâtre (1865), en bronze (1866) ; — *Saint Barthélemy*, statue en pierre pour l'église de la Trinité (1866) ; — *Vauquelin*, statue en bronze ; *Boissy d'Anglas*, buste en plâtre, fragment de la statue inaugurée, en 1862, à Annonay, dans l'Ardèche (1867) ; — la statue en bronze de l'amiral *Duperré*, pour la ville de la Rochelle (1869). Signalons encore la statue colossale du comte *de Gasparin*, érigée à Orange ; un *Saint Barthélemy*, pour l'église de la Trinité ; les statues du cardinal *Mazarin* et du duc *de Saint-Simon*, destinées, ainsi qu'un groupe d'enfants représentant l'*Art étrusque*, à la décoration du nouveau Louvre. Cet habile et laborieux artiste venait d'exposer sa dernière œuvre quand il mourut, au mois d'octobre 1869. Il avait obtenu des médailles de 3e classe en 1849, de 2e classe en 1853, et une mention honorable à l'Exposition universelle de 1855.

HÉBERT (Pierre-Eugène-Emile), né à Paris, le 20 octobre 1828; fils du précédent. Il est l'élève de son père et de Feuchère. M. Hébert a notamment exposé : *Sébastien Vaillant*, buste destiné au Muséum d'histoire naturelle (1849) ; — *Benvenuto Cellini*, buste colossal, au ministère de l'Intérieur (1850) ; — *Méphistophélès*, statue en plâtre (1853), en bronze (E. U. 1855) ; — *Jeune fille sauvant une abeille*, statue en marbre (E. U. 1855) ; — deux groupes d'enfants : le *Génie de la paix* et le *Génie de l'anatomie*, décoration du nouveau Louvre (1856) ; — *L'Amour suppliant*, statuette en marbre ; *Toujours et jamais*, groupe en plâtre (1859), en bronze (1863) ; — le buste en plâtre bronzé de M. G. Viard, peintre (1864) ; — le buste en plâtre de *M. Victor Texier, graveur* (1865, E. U. 1867) ; — *Bacchus*, modèle en plâtre de la statue destinée au palais des Tuileries ; le buste en terre cuite de M. *P. Hébert, statuaire* (1866); — la *Pologne*, médaillon en bronze ; le buste en terre cuite de M. *Servant* (1867); — *L'Oracle*, bas-relief en plâtre ; le buste en terre cuite de M. *Magne* ; la *Comédie* et le *Drame*, groupes en pierre, pour la façade du nouveau Vaudeville (1868) ; — *OEdipe*, statue en bronze ; deux Bas-Reliefs pour le piédestal de la statue de l'amiral *Duperré*, à la Rochelle (1869) ; — *L'Oracle*, reproduit en marbre (1872), travail exécuté pour le ministère de l'Instruction publique et des Beaux-Arts, et qui, après avoir valu à son auteur une médaille de 2e classe, a été désigné par la Commission des beaux-arts, pour faire partie des chefs-d'œuvre de la sculpture moderne envoyés par l'Etat à l'Exposition universelle de Vienne (1873)

HÉBERT (Théodore-Martin), né à Paris, le 20 juillet 1829 ; neveu de M. Pierre Hébert.

Il se destina à la statuaire, suivit l'atelier de Chevillon, et débuta, en 1848, au Salon de Paris, avec le *Général Bonaparte*, statuette équestre en plâtre, et un *Chasseur d'Afrique combattant un arabe à cheval*, groupe en plâtre. Depuis, cet artiste a successivement exposé : *Vierge à l'enfant*, statue en plâtre (1853) ; — *Enfant jouant avec un canard*, statue en plâtre (E. U. 1855) ; — *Le dieu Pan instruisant un jeune faune*, groupe en plâtre (1857), qui, reproduit en bronze (1859), a obtenu une mention honorable ; — *Renaud et Armide*, groupe en plâtre ; *Le petit frileux*, statue en plâtre ; le buste en plâtre de M. *Jules Hébert*, fils de l'auteur (1859) ; — *La poésie lyrique*, statue en plâtre ; *Faust et Marguerite*, groupe en plâtre ; le buste en plâtre de M. *Robert père* ; le buste de M. *Jules Hébert*, reproduit en bronze (1861); — *L'innocence et Bacchante*, bustes en plâtre (1864) ; — le buste en plâtre de M. *Robert ainé* (1865) ; — *Renaud et Armide*, en marbre (1866); — le buste en plâtre de M. *Hébert*, père de l'auteur (1869) ; — *Le bâton de vieillesse*, groupe en plâtre; — le buste en plâtre de M. le comte *de Banville* (1870).

HEINRICH (Guillaume-Alfred), né à Lyon, le 4 décembre 1829. Elève du lycée de sa ville natale, M. Heinrich est entré à l'Ecole normale supérieure au mois d'octobre 1848. A sa sortie de l'Ecole, en 1851, il a dû prendre, pour cause de maladie, quatre ans de congé, pendant lesquels il a résidé, soit à Paris, soit en Allemagne. Au mois de juin 1855, il a pris, en Sorbonne, le grade de docteur ès lettres. Chargé du cours de littérature étrangère à la Faculté de Lyon, en remplacement de M. Eichhoff, de 1856 à 1859, il a été nommé professeur titulaire en 1859, et doyen de la Faculté des lettres de Lyon en 1871. Comme collaborateur de journaux, M. Heinrich a donné des articles au *Correspondant* et traité les questions allemandes dans le *Français*. On lui doit *Le Parceval de Wolfram d'Eschenbach, et la légende du saint Graal*, thèse de doctorat ; — *Fragments sur l'art et la philosophie*, œuvres posthumes d'Alfred Tonnellé (1859) ; — *Histoire de la littérature allemande*, ouvrage dont les deux premiers volumes ont obtenu le prix Bordin à l'Académie française, en 1871 (1870-1873, 3 vol.) ; — *Les invasions germaniques en France* (1871) ; — *La France, l'étranger et les partis* (1873). M. Heinrich est membre de l'Académie des sciences, lettres et arts de Lyon, chevalier de la Légion d'Honneur depuis 1870, et officier de l'Instruction publique.

HÉLIE (Faustin), né à Nantes, le 31 mai 1799. M. Faustin Hélie, fils d'un négociant nantais, termina ses classes au lycée de sa ville natale, prit sa licence en droit à la Faculté de Rennes, revint à Nantes pour se faire inscrire au tableau des avocats en 1823, et soutint avec succès, devant la Faculté de Paris, la thèse du doctorat, en 1824. Présenté en première ligne, par le procureur-général de Rennes, pour une place de substitut, il préféra, sur la proposition qui lui en fut faite, entrer au ministère de la Justice, où il devint chef du bureau des affaires criminelles en 1837, puis directeur des affaires criminelles et des grâces. Il fut nommé conseiller à la Cour de cassation en 1849, et élevé à la présidence de la Chambre criminelle de cette Cour, le 6 mars 1872. M. Faustin Hélie a été élu membre de l'Académie des sciences morales et politiques en 1855. Il a collaboré à divers recueils périodiques de Paris, et pris part à la direction de la *Revue de la législation* (1845 et suiv.). On doit à ce jurisconsulte : *Théorie du Code pénal*, en collaboration avec M. Chauveau Adolphe (1834-1843, 6 vol., 5ᵉ édit., revue et considérablement augmentée, 18 li-1863) ; — *Traité de l'instruction criminelle, ou théorie du Code d'instruction criminelle* (1845-1860, 2ᵉ édit., 1863) ; — *Instruction écrite* de Mangin, mise en ordre et annotée (1847, 2 vol.) ; — une seconde édition du *Traité de droit pénal* de Rossi (1855) ; — une nouvelle édition, commentée et précédée d'une *Introduction*, des *Délits et peines* de Beccaria (1856). Enfin, M. Faustin Hélie a revu, annoté, complété et mis en harmonie avec les lois les plus nouvelles, la 8ᵉ édition des *Leçons sur les Codes pénal et d'instruction criminelle* de Boitard (1863). Il est officier de la Légion d'Honneur depuis 1859.

HÉMENT (Félix), né à Avignon, le 22 janvier 1827. M. Félix Hément est un de nos plus populaires vulgarisateurs des sciences exactes. Reçu licencié ès sciences mathématiques en 1853, il a professé en province, aux lycées de Tournon et de Strasbourg, et à Paris, dans divers établissements, au collège Chaptal, à l'Ecole Turgot, à l'Ecole polonaise, au grand séminaire israélite, etc. Actuellement il est inspecteur de l'enseignement primaire à Paris. On lui doit la fondation de plusieurs bibliothèques populaires, ainsi que celle de conférences très-suivies. Il a contribué pour beaucoup à la propagation de l'enseignement dans le milieu des ouvriers et des femmes. M. Félix Hément est l'auteur d'un grand nombre d'ouvrages élémentaires devenus classiques, parmi lesquels on distingue : *Premières notions d'histoire naturelle* (9ᵉ édit., revue et corrigée, 1873) ; — *Premières notions de météorologie* (1865) ; — *Premières notions de cosmographie* (1873) ; — *Premières notions de géométrie* (1873) ; — *Menus propos sur les sciences* (3ᵉ édit., 1873), etc. L'Académie française a couronné, en 1871, l'ensemble de ses *Conférences*. Il a collaboré à un grand nombre de journaux tels que le *Siècle*, la *France*, le *Journal littéraire*, le *Petit Journal*, le *Globe industriel*, le *Journal de Paris*, l'*Ordre*, etc. M. Félix Hément est officier d'Académie depuis 1864, officier de l'Instruction publique depuis 1869, et membre de la Société d'économie politique, des Associations polytechnique et philotechnique, de la Société pour l'instruction élémentaire, de la Société de géographie, etc.

HÉNARD (Antoine-Julien), né à Fontainebleau, le 11 janvier 1812. Il montra de bonne heure des dispositions exceptionnelles pour les arts du dessin, et fut le premier pensionnaire envoyé par le Conseil général de Seine-et-Marne à l'Académie des beaux-arts. Brillant élève de Huyot et de Lebas, il passa rapidement de la seconde à la première classe d'architecture, et fut souvent médailliste. Il fut reçu en loge au concours de 1837, et obtint le premier second grand prix de Rome sur un *Projet de Panthéon aux grands hommes*, dont toute la presse parisienne fit le plus grand éloge. A partir de ce moment, il obtint de nouveaux succès à chaque concours de l'Académie, sur des projets de *Cathédrale*, d'*Hôtel-de-Ville* et de *Palais pour une Chambre des pairs*. Reçu en loge, le premier, en 1841, sur un projet de *Palais d'ambassadeur*, M. Henard, qui était arrivé à son dernier concours, tint en suspens le jury pendant plusieurs tours de scrutin; et si la pension de Rome lui échappa, du moins l'Académie exprima publiquement le regret de n'avoir pu disposer, en sa faveur, d'une seconde pension à la Villa-Médicis. Nommé auditeur au Conseil général des bâtiments civils en 1842, il fut successivement sous-inspecteur et inspecteur dans les travaux de l'Etat et de la ville de Paris, ce qui ne l'empêchait pas d'exposer chaque année, aux Beaux-Arts, de nouveaux travaux. Le *Moniteur des architectes* appréciait ainsi son exposition en 1857 : « Le talent de M. Henard est de ceux qui font loi et qui ramènent le public au goût des belles choses; il y a dans sa manière un sentiment exquis de la combinaison des matériaux et du travail de l'homme. » Dans l'*Encyclopédie d'architecture* de 1859, on lisait à propos de l'exposition de ses douze projets formant un parallèle d'habitations civiles, depuis la demeure du paysan jusqu'à la résidence seigneuriale : « On ne saurait lequel louer le plus, de l'artiste consciencieux et habile, ou du travailleur infatigable qui a su produire, sans défaillance, une si grande somme de bons et utiles travaux. » Une autre brochure, sur le même Salon, disait aussi : « Voilà des études d'une réelle valeur, que le gouvernement doit encourager et honorer. » C'est qu'en effet l'œuvre de M. Henard est aussi considérable que variée et réussie. En 1844, sur la demande du ministre de l'Intérieur, il a exécuté un travail archéologique destiné aux monuments historiques, se composant de nombreux et remarquables dessins sur l'architecture et la statuaire françaises au XVIe siècle. Au concours général de l'*Opéra*, son projet était classé le sixième. Il a fait construire, soit à Paris, soit dans les départements de la Seine, Seine-et-Oise, Seine-et-Marne, du Loiret, de la Vienne, de l'Aube et de la Loire, quatre châteaux; sept maisons de campagne ou villas; quatre hôtels et six maisons de rapport dans la capitale; des monuments funèbres au nombre desquels on peut citer ceux du général Durosnel, de Jars, ancien maire de Lyon, du général Lepic, une chapelle funéraire, etc. Parmi les œuvres exposées par M. Henard aux Salons de Paris, depuis 1842, nous citerons : *Monument à Molière; Chapelle au duc d'Orléans; Bibliothèque; Projet de pavillons de plaisance et châteaux; Projet de colonisation pour l'Algérie; Monument à l'alliance des nations; Projet d'Opéra; Projets d'édifices municipaux : église, écoles, casernes, marché, mairie*, etc. Il a obtenu, comme artiste, une médaille d'or de 3e classe en 1845, un rappel de médaille en 1857, une médaille d'or de 2e classe en 1859, et la médaille d'or de 1re classe (médaille d'honneur d'architecture) en 1861. M. Henard, architecte du XIIe arrondissement de la ville de Paris, est membre du jury de l'Ecole des beaux-arts. Il est chevalier de la Légion d'Honneur depuis 1867.

HENRION (Victor), né à Maizières-les-Vic (Meurthe annexée), le 31 août 1829. Appartenant à une famille très-honorable, mais sans fortune, M. Victor Henrion fréquenta l'école du village jusqu'à son entrée à l'Ecole normale de Nancy, d'où il sortit en 1850, avec le no 1 et une mention spéciale. Alors, il débuta dans l'enseignement comme maître d'études au collège de Château-Salins; puis il occupa différents postes d'instituteur jusqu'en 1865, époque à laquelle il fut appelé à l'école municipale des Cordeliers, à Nancy. Deux ans après, il était nommé directeur de l'école annexée à l'Ecole normale de la même ville, subissait l'examen pour l'inspection, et était reçu avec le no 1. Nommé inspecteur primaire à Sarlat (Dordogne) en 1869, M. Victor Henrion a obtenu, en 1872, le poste d'Epernay, qu'il occupe aujourd'hui. Il a publié : *Les oiseaux et les insectes*, qui lui ont valu 27 médailles, dont une médaille d'or du ministère (1866); — *Les champs et les jardins* (1870); — *Méthode de lecture, par l'ancienne épellation*, qui a produit une véritable révolution dans l'enseignement, et qui est répandue dans toutes les écoles de France et de Belgique (1871); — *La grammaire française réduite à sa plus simple expression* (1872); — *Le monde des enfants* (poésie), qui se vend à cent mille exemplaires par an (1872); — *Le monde des adolescents*, faisant suite au précédent (1873). Enfin, M. Victor Henrion annonce la prochaine mise en vente du *Monde des hommes, des bêtes et des choses*, du *Monde des jeunes filles et des mères de famille*, et des *Mémoires d'un maître d'école*. Ses ouvrages se distinguent tout à la fois par la simplicité, le charme et la correction du style. Conteur instructif et attrayant, il a vu ses écrits appréciés avec éloges dans des *comptes rendus* de Sociétés savantes, et Mgr le cardinal Donnet a dit à propos de son premier ouvrage : *Les oiseaux et les insectes*, qu'il savait entraîner son lecteur jusqu'à la dernière page, en lui faisant regretter que cette dernière page arrivât si tôt. M. Victor Henrion est membre correspondant de plusieurs sociétés savantes de France et de l'étranger. Il est officier d'académie depuis 1873.

HENRY (Augustin-Charles), né à Châtenois (Vosges), le 31 août 1804. Obéissant à sa vocation pour l'état ecclésiastique et à son goût pour les travaux de cabinet, il fit ses études théologiques au séminaire de Saint-Dié, reçut la prêtrise le 31 mai 1828, et fut attaché, comme vicaire, à la paroisse de Saint-Nicolas de Neufchâteau. Il n'y resta que neuf mois, ayant été appelé à la chaire de rhétorique au petit séminaire de Châtel-sur-Moselle. Nommé curé-doyen de Monthuroux-sur-Saône, à la fin de 1836, il donna sa démission, au commencement de mai 1838, pour fonder l'institution de la Trinité à la Marche (Vosges). A la même époque, il reçut le titre de chanoine honoraire de Saint-Dié. Les fatigues amassées dans sa longue et laborieuse carrière l'obligèrent, en 1864, à fermer son institution, établissement de plein exercice qui avait fonctionné pendant 26 ans. Mais, après trois ans de repos, il céda de nouveau à son activité naturelle, à ses instincts charitables, et entreprit de ressusciter l'institution de la Trinité sous une autre forme, celle d'un orphelinat agricole pour les enfants pauvres et abandonnés. On doit à M. l'abbé Henry les ouvrages suivants : *Précis de l'histoire de l'éloquence* (1834-1835, 2 vol., 5e édit., 1859) ; — *Histoire de l'éloquence, avec des jugements critiques sur les plus célèbres orateurs, et des extraits nombreux et étendus de leurs ouvrages* (2e édit., 1848-1858, 6 vol.) ; — *Eloquence et poésie des livres saints* (1849, 2e édit., 1854) ; — *Le Calvaire, ou dévotion à Jésus-Christ souffrant* (1854) ; — *Histoire de la poésie, avec des jugements critiques sur les plus célèbres poëtes et des extraits nombreux et étendus de leurs chefs-d'œuvre* (1854-1858, 11 vol.) ; — *Précis de l'histoire de la poésie* (1856) ; — *Le chrétien sanctifié par l'Eucharistie* (3e édit., 1856) ; — *Le choix de dévotions en faveur de la très-sainte Vierge* (1857) ; — *Le chef-d'œuvre de la miséricorde divine, ou Instructions et pratiques sur le sacrement de la pénitence* (1859) ; — *Les magnificences de la religion, ou Recueil de ce qui a été écrit de plus remarquable sur le dogme, sur la morale, sur le culte divin*, etc., ouvrage dont 36 volumes ont déjà paru (1859-1873).

HÉRARD (Hippolyte), né à Sens (Yonne), le 1er octobre 1819. M. Hérard a fait ses études médicales à la Faculté de Paris Lauréat de la Faculté après quatre années d'internat, il a remporté, en 1845, la grande médaille d'or de l'Ecole pratique, et s'est fait recevoir docteur en 1847. Il est devenu chef de clinique de la Charité en 1848, et a été nommé médecin des hôpitaux en 1850. Attaché à l'hôpital de Lariboisière vers la même époque, et professeur agrégé de la Faculté en 1855, il a été élu membre de l'Académie de médecine en 1867. On lui doit : *Du spasme de la glotte chez les enfants*, thèse inaugurale ; — *Application pratique des découvertes physiologiques les plus récentes, concernant la digestion et l'absorption*, thèse de concours (1853) ; — *De l'expérimentation en médecine*, thèse de concours (1857) ; — *Traité de la phthisie pulmonaire*, en collaboration avec le micrographe Cornil (1867). Il a fait aussi paraître de nombreux travaux sur la *variole*, la *colique de plomb* (mémoire couronné par l'Académie de Toulouse), les *scrofules*, la *fièvre typhoïde*, l'*ictère*, la *syphilis vaccinale*, l'*endocardite ulcéreuse*, etc. M. Hérard a été nommé chevalier de la Légion d'Honneur en 1854, en récompense de son zèle et de son dévouement pendant l'épidémie cholérique de cette époque. Il est officier de l'Ordre depuis 1868.

HÉRISSON (Anne-Charles), né à Surgy (Nièvre), le 12 octobre 1831. Il appartient à une ancienne famille de magistrats et d'administrateurs. Son aïeul était bailli de Saint-Fargeau, et son père, décédé en 1869, avait rempli, pendant 66 ans, les fonctions d'adjoint et de maire de Surgy. Après de brillantes études à Clamecy (Nièvre), et au lycée Saint-Louis où il fut le condisciple de Rochefort, M. Charles Hérisson fit son droit à la Faculté de Paris. Lauréat de la Faculté, licencié en 1853, docteur en 1855, il prit une charge d'avocat au Conseil d'Etat et à la Cour de cassation en 1858. Lié, dès sa jeunesse, avec le parti démocratique, il fut impliqué dans le procès des *Treize* (1864), et condamné à 500 francs d'amende, comme tous ses coprévenus, malgré la belle plaidoirie de M. Emmanuel Arago. Menant de front l'exercice de sa profession et des travaux littéraires et juridiques, M. Charles Hérisson a publié des articles dans la *Revue pratique du droit français* et la *Revue critique de législation*. Il a dirigé le *Bulletin des tribunaux* pendant deux ans, et a pris une part importante à la rédaction du *Manuel électoral*. Désigné comme maire provisoire du 6e arrondissement, le 5 septembre 1870, et nommé adjoint au maire de Paris le 15 octobre suivant, il remplit simultanément ces deux fonctions jusqu'à l'armistice. Le 18 mars 1871, il ne fut expulsé de la mairie, par les émeutiers, qu'après une résistance désespérée contre ces bandes armées. Huit jours plus tard, il refusa la préfecture de la Marne à laquelle il avait été appelé spontanément par décret du chef du pouvoir exécutif. Le 25 mai suivant, il reprit possession de sa mairie et lança une proclamation toute républicaine, faisant appel à l'union et à la concorde. Aux élections du 2 juillet, pour l'Assemblée nationale, porté spontanément sur presque toutes les listes, il obtint près de 80,000 suffrages. Quand fut appliquée la loi qui réduisait les maires au simple rôle d'officiers de l'état civil, il envoya sa démission au préfet de la Seine. M. Charles Hérisson, élu membre du Conseil municipal de Paris en 1871, est un républicain convaincu qui a fait ses preuves, et siège à la Gauche. Lors de l'élection complémentaire du 8 février 1874, les électeurs de la Haute-Saône lui ont confié, par 36,661 voix, le mandat de représentant à l'Assemblée nationale.

HERLIN (Auguste), né à Lille, le 18 août 1815. Il suivit l'atelier de Souchon, et se consacra surtout à la peinture de genre et à celle du paysage animé. En 1861, il débuta au Salon de Paris avec trois tableaux : *Le viatique*, dans le département du Nord ; *Battage de colza*, dans la plaine de Lille ; l'*Attoir*, dans le Nord. Depuis, cet artiste a successivement exposé : *Blanchisseuses* ; *Voyage d'agrément* (1863) ; — *Visite au confrère* ; *Enterrement d'un pauvre* (1866) ; — *La lessive* (1867) ; — « *On amuse le petit frère* ; » *Une mare* (1868) ; — *L'heure de la conférence* ; *Retour des champs* (1869) ; — *Une conférence* ; *La pompe* (1870). Les *Blanchisseuses* ont eu un succès de popularité, et ont été reproduites en gravure dans *The illustrated London News* en décembre 1867, et par l'*Univers illustré* en juillet 1868. M. Herlin a obtenu la première médaille à l'exposition de Boulogne-sur-Mer en 1870, et une médaille de première classe à l'exposition de Valenciennes en 1872.

HERMITE (Charles), né à Dieuze (Meurthe), le

25 décembre 1822. Il débuta dans la carrière scientifique par la publication d'un remarquable travail sur les *Fonctions abéliennes*, alors qu'il était encore sur les bancs de l'Ecole polytechnique où il s'était fait admettre en 1842. Préférant l'étude des sciences, il n'embrassa aucune des carrières ouvertes devant lui au sortir de l'Ecole, se prépara à l'enseignement, et fut nommé, en 1848, répétiteur d'analyse et examinateur d'admission à l'Ecole polytechnique. Désigné pour l'examen de sortie et de classement en 1863, il remplaça M. Duhamel, en 1869, comme professeur d'analyse. La plupart des travaux de M. Hermite ont spécialement rapport à la théorie des nombres et des fonctions elliptiques ou abéliennes. Ils ont été publiés, par ordre de l'Académie des sciences, dans le *Recueil des savants étrangers*, et reproduits dans les *OEuvres complètes* de Jacobi, ou insérés dans diverses feuilles spéciales de la France et de l'étranger. Parmi les écrits de M. Ch. Hermite, on distingue : *Mémoires sur les fonctions elliptiques et ultra-elliptiques ou abéliennes* (1843, 1849, 1855, 1856) ; — *Théorie des formes quadratiques ternaires indéfinies* ; — *Mémoire sur les transcendantes à différentes algébriques* (1844) ; — *Mémoires et lettres à M. Jacobi*, et *Notes diverses sur la théorie des nombres* (1849-1850) ; — *Mémoire sur la réduction des fonctions homogènes à coefficients entiers et à deux indéterminées* ; — *Des fonctions à double période* (1851) ; — *Mémoires sur les fonctions algébriques* (1851) ; — *Théorie des équations modulaires* (1859) ; — *De la réduction des formes cubiques à deux indéterminées* (1859) ; — *Théorie des fonctions elliptiques et fonctions de sept lettres* (1863, in-4). M. Hermite a été élu membre de l'Académie des sciences, en remplacement de M. Binet, en juillet 1856, c'est-à-dire à l'âge de 33 ans. Il est professeur à la Faculté des sciences depuis 1870. M. Hermite, chevalier de la Légion d'Honneur en 1859, a été promu au grade d'officier en 1867.

HÉROLD (Ferdinand), né à Paris, le 16 octobre 1828. Fils du célèbre compositeur de ce nom, il fit son droit à la Faculté de Paris, sous la direction particulière du professeur Valette, obtint les grades de licencié en 1849 et de docteur en 1851, et remporta le grand prix du doctorat (fondation Beaumont). Il s'était fait inscrire, en 1849, au tableau des avocats de Paris. En 1854, il prit un cabinet d'avocat au Conseil d'Etat et à la Cour de cassation. A partir de 1857, il s'associa au mouvement d'opposition qui commençait à se dessiner contre l'Empire. Il appartient à plusieurs Comités démocratiques électoraux, se chargea de soutenir presque tous les recours formés par le parti républicain pour la défense de ses droits politiques, et fut impliqué dans le procès des *Treize* en 1864. Candidat d'opposition radicale aux élections partielles du mois de novembre suivant, dans les départements de la Seine et de l'Ardèche, il se montra très-avantageusement dans les réunions publiques, et obtint d'assez belles minorités. Désigné comme secrétaire du gouvernement de la Défense nationale, le 4 septembre 1870, et nommé, le lendemain, secrétaire-général du ministère de la Justice, il reçut de la délégation la signature administrative de ce département, à partir du jour où M. Crémieux se rendit à Tours, et la conserva jusqu'à la conclusion de l'armistice. Au nombre des mesures qu'il proposa et fit adopter par le gouvernement, nous devons citer l'abrogation du fameux article 75, la création de la Commission provisoire remplaçant le Conseil d'Etat, la promulgation des lois par la voie du *Journal officiel*, les travaux préparatoires à la réforme judiciaire, la liberté de l'imprimerie, etc. Du 1er au 28 février, il remplit l'intérim du ministère de l'Intérieur. Comme candidat à l'Assemblée nationale, il obtint 30,000 voix dans l'Ardèche, aux élections générales du 8 février, et plus de 67,000 voix dans la Seine, aux élections complémentaires de juillet, mais toujours sans être élu. Nommé par M. Thiers conseiller d'Etat dans la Commission provisoire chargée de remplacer le Conseil d'Etat, le 18 avril 1871, il ne fut pas appelé à faire partie du Conseil d'Etat élu par l'Assemblée nationale, en juillet 1873. M. Hérold a été, en mars 1872, membre de la Commission instituée au ministère de l'Instruction publique, pour la réorganisation de l'enseignement des Facultés de droit. Elu conseiller municipal de Paris pour le XXe arrondissement (quartier de Charonne) et conseiller général de la Seine, lors de l'élection partielle du 1er décembre 1872, il occupe la vice-présidence du Conseil municipal. Il est membre de la Société d'économie politique. Ecrivain distingué, jurisconsulte érudit, M. Hérold a fourni de nombreux travaux, de 1856 à 1862, à la *Revue pratique du Droit français*, et collaboré au *Siècle*, à la *Tribune*, au *Journal des Economistes*, etc. Membre du Conseil de son Ordre, il a rédigé, à la demande de ses collègues, une notice ayant pour titre : *Tableaux de l'ordre des avocats au Conseil d'Etat et à la Cour de cassation*, précédés d'une introduction historique (1867). On lui doit, en outre : *De la preuve de la filiation*, thèse de doctorat ; — *Sur la perpétuité de la propriété littéraire* (1862) ; — *Le vote des villes, statistique électorale* (1864) ; — *Manuel de la liberté individuelle*, en collaboration avec M. Jozon (1868) ; — *Le droit électoral devant la Cour de cassation* (1869) ; — *Projet de loi électorale* (1869). Le même auteur a concouru, avec MM. Clamageran, Dréo, Durier, Ferry et Floquet à la rédaction d'un *Manuel électoral* qui a été tiré à plus de 100,000 exemplaires (1861, 8e édition, 1869), et écrit beaucoup de *Mémoires* et de *Consultations*. En dernier lieu, M. Hérold a rédigé les *Procès-verbaux* des séances de la Commission de réforme judiciaire, publiés par ordre du gouvernement (Impr. nat., 1871).

HERPIN (Léon), né à Granville (Manche) le, 12 octobre 1841. Il suivit les ateliers de J. André et de Daubigny, et se consacra spécialement à la peinture du paysage. En 1868, il débuta au Salon de Paris avec un bon tableau : *Bords de la Seine, à Sèvres*, et deux faïences : *Vue prise dans la forêt de Fontainebleau; Environs de Thiers, en Auvergne*. Depuis, M. Herpin, encouragé par le bon accueil que le public et la critique ont fait à ses œuvres, a successivement exposé : *Environs de Dinan;*

Bords du Leing, à Montigny, faïence (1869); — deux *Vues prises au Bas-Meudon*, effet de soleil couchant, effet du matin (1870); — *Vue prise dans le bois de Sèvres*, effet de soleil couchant; *Vue prise dans l'île de Chausey* (Manche), effet du matin (1872). Ce dernier tableau, envoyé à l'Exposition de Caen, en 1873, y a obtenu une médaille.

HERVÉ (Édouard), né à Saint-Denis (Réunion), le 28 mai 1835. Il fit ses premières études au lycée de sa ville natale, où son père était professeur de mathématiques, vint les compléter au lycée Napoléon (collége Henri IV), à Paris, et obtint de grands succès au concours général, où il remporta notamment le prix d'honneur de philosophie. Admis à l'Ecole normale supérieure, en 1854, avec le numéro 1, dans la section des lettres, il quitta presque aussitôt cet établissement pour faire du journalisme, et collabora d'abord à la *Revue de l'Instruction publique*. Ensuite il appartint à la rédaction de la *Revue contemporaine* (1860), du *Courrier du Dimanche* (1863), du *Temps* (1864), de l'*Epoque* (1865). C'est alors que les tracasseries de l'autorité l'obligèrent à quitter momentanément le journalisme français, et qu'il se mit à écrire des correspondances politiques pour le *Journal de Genève* (1865-1867). Le 19 janvier 1867, il fonda avec M. J.-J. Weiss, le *Journal de Paris* qui ne tarda pas à prendre une très-grande place dans la presse parisienne. En 1869, il a publié en volumes : *Une page d'histoire contemporaine*, et il a fait paraître, dans la *Revue contemporaine*, une série d'études très-remarquables sur les *Hommes d'Etat de l'Angleterre*. Au mois de mai de la même année, M. Edouard Hervé s'est présenté comme monarchiste-libéral dans la 1re circonscription du Pas-de-Calais, mais n'a pas été élu député, quoique sa candidature fût appuyée par M. Thiers. Lors de la formation du ministère Ollivier (2 janvier 1870), il a refusé la préfecture de Bordeaux. M. J.-J. Weiss ayant accepté le secrétariat-général au ministère des Beaux-Arts, il est resté seul chargé de la direction du *Journal de Paris*, qu'il a gardée depuis cette époque. Après avoir prêté au cabinet du 2 janvier un appui indépendant, il s'en sépara au moment du plébiscite. De même, il se prononça contre la déclaration de guerre à la Prusse. Resté à Paris pendant le siège et pendant la Commune, il fut un des signataires de la protestation des journalistes contre les élections illégales ordonnées par le Comité central. Il combattit énergiquement la Commune ; et, son journal ayant été supprimé le 16 mai, il fit paraître, dans le même but, l'*Echo de Paris*, qui fut également supprimé au bout de trois jours. Le *Journal de Paris* reparut immédiatement après l'entrée des troupes de l'Assemblée nationale. Malgré ses anciennes relations avec M. Thiers, M. Edouard Hervé se prononça contre lui dès qu'il le vit adopter une politique nettement républicaine. Le 27 février 1873, il fonda le *Soleil*, édition à bon marché du *Journal de Paris*. Le *Soleil* et le *Journal de Paris* prirent une part active à la campagne qui amena le remplacement du gouvernement de M. Thiers par celui du maréchal de Mac-Mahon. A la suite d'une polémique provoquée par le voyage de M. le comte de Paris à Froshdorf, M. Edouard Hervé a eu, le 6 août 1873, un duel à l'épée avec M. Edmond About, rédacteur en chef du *XIXe Siècle*, et a légèrement blessé son adversaire. Il a été nommé chevalier de la Légion d'Honneur, le 15 octobre 1873.

HESSE (Alexandre-Jean-Baptiste), né à Paris, le 30 septembre 1806. Fils et neveu de peintres distingués, il suivit l'exemple de sa famille et entra dans l'atelier de Gros. En 1831, il alla faire un voyage d'études en Italie. A son retour, il exposa au Salon de 1833 : *Les honneurs funèbres rendus à Titien*. Depuis, il a peint : *Léonard de Vinci donnant la liberté à des oiseaux* ; — *La jeune Arlésienne* ; — *Pêcheurs catalans* ; — *Le triomphe de Pisani*, Musée du Luxembourg ; — *L'Aumône* ; — des *Têtes d'étude* et des *Portraits*, etc. On lui doit encore : *La chapelle de Sainte-Geneviève*, à Saint-Séverin (1852) ; — *Louis XIV signant les ordonnances constitutives de la marine*, au palais du Sénat (1854) ; — *La chapelle de Saint-François-de-Sales*, à l'église Saint-Sulpice (1860) ; — *La chapelle Saint-Gervais et Saint-Protais*, dans l'église de ce nom (1867). M. Hesse a remporté, en 1833, une médaille de 1re classe, et, en 1848, une médaille de 2e classe. Décoré le 4 juin 1842, membre de l'Académie des beaux-arts à l'Institut, en septembre 1867, il a été promu au grade d'officier de la Légion d'Honneur le 14 août 1868.

HETZEL (Pierre-Jules), né à Chartres, le 15 janvier 1814. Il fit ses études classiques au collége Stanislas, fit une partie de son droit, d'abord à la Faculté de Paris, puis à celle de Strasbourg. Doué de rares aptitudes pour le commerce et surtout pour les travaux de la librairie, il s'associa, tout aussitôt après avoir atteint sa majorité, avec l'éditeur Paulin, pour la publication illustrée d'œuvres de circonstance, notamment de celles qui favorisaient la propagation des idées libérales. C'est ainsi qu'il fut mis en rapport avec les sommités du parti républicain. Bientôt en possession d'une grande influence, comme homme politique aussi bien que comme éditeur, il prit une part active aux événements de Février, remplit successivement les fonctions de chef du cabinet du ministre aux Affaires-Etrangères et à la Marine, de secrétaire-général du pouvoir exécutif sous le général Cavaignac, et de chargé de missions en Belgique. Lors de l'élection du prince Napoléon à la présidence de la République, il donna sa démission et revint à la vie privée, dont il ne sortit plus désormais. Cependant, l'hostilité des Bonapartistes le poursuivit dans sa retraite. Exilé après le Coup-d'Etat, il transporta son industrie à Bruxelles, et ne rentra en France que sous le couvert de l'amnistie de 1859. Comme homme de lettres, M. Jules Hetzel a écrit, sous le pseudonyme de P. J. Stahl, les œuvres suivantes, presque toutes publiées par d'autres éditeurs : *Le diable à Paris* (1842) ; — *Voyage où il vous plaira*, en collaboration avec Alfred de Musset (1842-1843) ; — *Les nouvelles et seules aventures de Tom-Pouce*, imitées de l'anglais (1843) ; — *Scènes de la vie publique et privée des animaux* (1851) ; — *L'esprit des femmes* *et les femmes d'esprit* (Bruxelles, 1851) ; — *Théorie de l'amour et de la jalousie* (1833) ; — *Contes et études. Bêtes et gens. Précédés d'une préface de M. L. de Ratisbonne* (1854) ; — *Les opinions de mon ami Jacques. L'esprit des femmes et les femmes d'esprit* (1855, nouv. édit., 1856) ; — *Histoire d'un homme enrhumé et autres histoires. De Baden à Drachenfels* (1859) ; — *De Paris à Baden. Voyage d'un étudiant et ses suites variées* (1860) ; — *La propriété littéraire et le domaine public payant. Entre bourgeois*, brochures signées J. Hetzel (1862 et 1872) ; — *Les bonnes fortunes parisiennes* (1862-1866, 8 vol.) ; — plus une édition des *Pensées de Champfort* (1860), un texte pour les 30 *Albums de Mlle Lili*, illustrés par Lorentz Frœlich, etc. Comme éditeur, M. J. Hetzel a prêté son concours généreux à tous les jeunes auteurs doués de quelque talent véritable, et a fortement contribué, par l'abaissement du prix des livres de luxe, à la décroissance de la contrefaçon belge. Sa maison, réouverte en 1862, est une des premières de Paris. Il a collaboré au *National*, au *Siècle*, au *Temps*, au *Journal des Débats*, et fondé, en 1864, avec M. J. Macé, le *Magasin d'éducation et de récréation*, publication bi-mensuelle illustrée qui a remporté, en 1867, un prix Montyon de l'Académie. Enfin, M. J. Hetzel a obtenu, pour sa *Morale familière*, écrite sous le pseudonyme de P. J. Stahl, un nouveau prix Montyon.

HIGNARD (Louis-Henri-Vincent), né à Lyon, le 22 janvier 1819. M. Hignard est entré à l'Ecole normale supérieure en 1838, et a obtenu le titre d'agrégé des lettres en 1842. D'abord professeur de rhétorique au lycée royal de Saint-Etienne, il passa au lycée royal de Lyon en 1843, et fut nommé, en 1864, dans la même résidence, professeur de littérature ancienne à la Faculté des lettres. M. Hignard est membre de l'Académie de Lyon, et a plusieurs fois été président de la Société littéraire de cette ville. Il a publié : *Des hymnes homériques*, thèse présentée à la Faculté de Paris (1864) ; — *De philosophici poematis conditione apud Lucretium*, thèse présentée à la Faculté de Paris (1864) ; — *Morceaux choisis de Massillon* (1853) ; — des *Discours d'ouverture*, et de nombreux mémoires sur la mythologie ancienne, notamment : du *Combat de Diomède et de Vénus*, le *Mythe d'Io*, les *Dieux de la mer*, etc. M. Hignard est chevalier de la Légion d'Honneur depuis le 14 août 1863, et officier de l'Instruction publique.

HIMLY (Louis-Auguste), né à Strasbourg, le 28 mars 1823. Il a fait de bonnes études dans sa ville natale, à Berlin et à Paris, où il a été, de 1846 à 1848, élève de l'Ecole des chartes. Agrégé de l'Université en 1845, professeur d'histoire au collége Rollin en 1846, docteur ès lettres et agrégé de la Faculté des lettres de Paris en 1849, M. Himly professe à la Sorbonne depuis 1850, et y a été nommé à la chaire de géographie en 1863. Il a fait paraître : *Wala et Louis le Débonnaire* (1849) ; — *De Sancti Romani imperii nationis germanicæ indole* (1849) ; — *De la décadence carlovingienne* (1851), et de nombreux articles dans la *Bibliothèque de l'Ecole des chartes*. Il est chevalier de la Légion d'Honneur depuis 1857.

HOFFMANN (Achille-Marie-Louis), né à Paris, le 20 février 1804. Il fut reçu docteur en médecine, à la Faculté de Paris, le 9 août 1827. Sa thèse inaugurale ayant pour titre : *Altérations primitives des fluides*, était en opposition avec les idées de la doctrine de Broussais. En 1833, l'un des premiers à Paris, il exerça la médecine d'Hahnemann, et contribua fortement, par ses écrits, à la propagation de l'homœopathie en France. On lui doit le *Traitement préservatif et curatif des premiers symptômes du choléra, quels qu'ils soient, par l'esprit de camphre*. Cette instruction, mise à la portée de tous, a rendu de très-grands services pendant les diverses épidémies depuis 1849. Les principales brochures du docteur A. Hoffmann sont : *L'homœopathie exposée aux gens du monde;* — *Traitement homœopathique complet du choléra et de la rage;* — *Conseils nouveaux aux jeunes femmes;* — *La phthisie pulmonaire;* — *La syphilis débarrassée de ses dangers par l'homœopathie;* — *Dernier coup porté au choléra*, etc. Ce médecin embrasse dans sa pratique toutes les ressources de la médecine ancienne et celles de la nouvelle.

HOLINSKI (Alexandre-Joachim), né le 15 septembre 1816, d'une noble famille polonaise de la province de Mohilew (Lithuanie). Fils d'un ancien militaire devenu conseiller privé de l'empereur Nicolas, il fit ses études à Saint-Pétersbourg, sortit de l'Université avec un grade scientifique, et parcourut l'Europe et l'Orient. De retour en Russie, et obligé de prendre du service, il entra dans la diplomatie et fut attaché à la chancellerie du comte de Nesselrode. De 1838 à 1840, il rédigea un journal manuscrit destiné seulement à être lu par le tzar et son fils actuellement régnant. Mis en évidence par ce travail, autant que par sa position de famille, il pouvait s'attendre à faire un chemin rapide ; mais, possesseur d'une fortune indépendante, il refusa un poste distingué dans une ambassade, donna sa démission, et partit, en 1840, pour la France vers laquelle étaient tournées toutes ses aspirations. Depuis cette époque, on peut dire que la vie de M. Holinski n'a été qu'une longue pérégrination dans les deux mondes. Il visita plusieurs fois l'Egypte et la Turquie, explora la Grèce, et traversa les Indes anglaises en long et en large, étudiant les langues et l'état social et politique de ces diverses contrées. De même, il habita plusieurs années les deux Amériques. Les Etats-Unis devinrent sa seconde patrie ; et, renonçant à toute idée de retour en Russie, il reçut le titre de citoyen de New-York. Lancé dans le mouvement progressif de son pays d'adoption, il fit paraître une longue série d'articles contre l'esclavage dans le *Républicain*, journal transatlantique français, et écrivit, sur cette question brûlante, une lettre au publiciste irlandais Mitchell, qui se répandit à des milliers d'exemplaires et lui valut l'estime des plus illustres abolitionistes, tels que Garrison, Greeley, Wendell Phelps, Théodore Parker, Sumner, etc. En 1850, il eut la curiosité d'aller trouver Faustin Soulouque à Haïti, et la relation de cette visite à l'empereur noir, parue d'abord dans les *Débats*, fut reproduite par le *Times*. La *Revue moderne*, en

1865, publia ses souvenirs du Pérou. Quand M. Holinski fit paraître l'ouvrage intitulé : *La Californie et les routes inter-océaniques* (Bruxelles, 1853), il reçut de Victor Hugo le témoignage suivant : « Deux étrangers, à ma connaissance, ont su manier la langue française sans le moindre embarras : Henri Heine et vous. » Ce livre, dont la *Revue des Deux-Mondes* rendit compte avec éloges, ne fut pas aussi bien jugé par la police qui l'interdit à la frontière à cause du parallèle qu'on y trouvait entre la France impériale et l'Amérique libre. Parmi les autres publications de cet écrivain cosmopolite, souvent Français par le cœur et l'esprit, nous citerons : *Coup d'œil sur les Asturies* (1841 anonyme) ; — *De la situation de la Russie et du devoir de la France vis-à-vis de la Pologne* (1848, anonyme) ; — *Hymne à Kossuth*, traduit de l'espagnol en vers français (Santiago, Chili, 1850) ; — *L'Equateur, scènes de la vie sud-américaine* (1861).

HORSIN-DÉON (Simon), né à Sens (Yonne), le 16 juillet 1812. M. Horsin-Déon est le fils d'un entrepreneur. Son père, qui aimait et cultivait la peinture avec enthousiasme, lui communiqua ses goûts artistiques ; et, dès l'âge de 16 ans, il fut confié par lui à un peintre italien nommé Montobio, pour faire un voyage en Italie. De retour en France, il entra dans l'atelier de Rioult, se consacra à la peinture de genre, et commença ses envois au Salon en 1832. On doit à cet artiste, parmi ses œuvres exposées : *Un savetier dans son intérieur* ; — *Commissionnaires jouant aux cartes* ; *Peintre dans son intérieur* (1832-1835) ; — *Pâtre courtisant une jeune fille* (1846) ; — *Jeune femme copiant un tableau de Rubens* (Expos. univ., 1855) ; — *Jeune fille à sa toilette* (1861) ; — un grand nombre de portraits, parmi lesquels celui du cardinal *de Cosnac*, etc. En 1836, il se lia, en Belgique, avec l'habile restaurateur de tableaux Verlinde, et entreprit à son tour, après de sérieuses études, la restauration des toiles estimées. Son habileté lui valut une grande réputation de connaisseur, et il se trouva naturellement porté à faire de l'expertise. Il a présidé, en 1849, le jury du concours institué pour la restauration des tableaux, et a été nommé restaurateur des musées nationaux. On lui doit l'*Inventaire* et l'*Expertise* du musée de Rennes, le *Catalogue* du musée de Semur, la réorganisation des tableaux du musée de Toulouse, la formation d'un grand nombre de cabinets d'amateurs connus, etc. Enfin, il a publié de nombreux écrits sur les arts dans diverses *Revues*, des *Biographies*, des *Salons*, des *Brochures*, et un ouvrage fort estimé et traduit à l'étranger, sur la *Restauration et la conservation des tableaux*. Son fils, M. Léon Horsin-Déon, a débuté dans la peinture d'histoire au Salon de 1873, avec un tableau ayant pour sujet : *Jésus-Christ dans le sépulcre*.

HOSTEIN (Hippolyte), né à Strasbourg, le 14 octobre 1814. Il fut d'abord élève en médecine, et publia les *Leçons* du docteur Halmagrand, dont il avait suivi l'enseignement ; puis, renonçant à l'art de guérir pour la littérature dramatique, il composa, en 1836, avec M. F. Taigny, un drame intitulé : *L'hôtellerie de Lisbonne*, qui eut un succès de curiosité. D'autres productions demeurèrent enfouies dans les cartons des divers directeurs de théâtre, ce qui le détermina à mener de front la composition de petits livres productifs et celle des essais dramatiques qu'il rêvait. Les *Contes bleus de ma nourrice*, *Bonjour et Bonsoir*, les *Enfants d'aujourd'hui*, *Caractères et portraits de la jeunesse*, les *Amis d'enfance* et d'autres petits volumes de *Contes* et d'*Historiettes morales* pour l'éducation du premier âge et du second âge, l'occupèrent pendant douze années. Il écrivit aussi *Versailles anecdotique* (1837) ; — deux volumes de l'*Italie pittoresque* (1839). Mais c'est à ses travaux dramatiques surtout qu'il doit sa réputation. Il fit représenter successivement : *François les Bas-Bleus*, drame (1842) ; — *Le miracle des roses*, en collaboration avec M. Ant. Beraud, drame en seize tableaux (1843) ; — *L'allumeur*, drame, avec le même ; — *La pluie et le beau temps*, avec M. Dennery ; — *Les trois loges*, avec M. Clairville (1844-1849) : — *L'ouvrière de Londres*, drame (1865). M. Hostein a été secrétaire de la direction du Théâtre-Français et directeur de la scène à la Renaissance, puis à l'Ambigu. Il avait acheté d'Alexandre Dumas, en 1847, le privilége du Théâtre-Historique, qu'il céda bientôt à Marc Revel, pour prendre sous sa direction le théâtre de la Gaîté, qui lui a dû neuf années d'une prospérité remarquable. Sa brochure sur la *Réforme théâtrale*, suivie de l'*Esquisse d'un projet de loi sur les théâtres* (1848), fit quelque bruit. Il fut, en 1855, l'un des fondateurs de l'établissement thermal de Cabourg-Dives, et prit en 1858 la direction du Cirque impérial. Fondateur du Châtelet et du théâtre nouveau de la Renaissance, à Paris, M. Hostein a remporté, en 1863, un prix de littérature à l'Académie de Bordeaux, et a été membre du jury de l'Exposition universelle de 1867 pour la section des arts plastiques. Il est chevalier de la Légion d'Honneur depuis le 14 août 1854.

HOUEL (Jean-Hubert), né à Deycimont (Vosges), le 4 avril 1802. Après avoir terminé ses études il fut admis, en 1821, à l'Ecole normale supérieure. Mais, l'établissement ayant été licencié l'année suivante, il renonça à la carrière de l'enseignement, suivit les cours de la Faculté de droit, et s'établit, en 1827, notaire à Saint-Dié (Vosges). En 1837, il se démit de sa charge, exerça la profession d'avocat, et entra, en 1842, comme candidat libéral, au Conseil d'arrondissement de cette ville. Il approuva, en 1848, les actes du gouvernement de la République et fut envoyé, par 59,721 voix, comme représentant des Vosges à l'Assemblée constituante. Il y fit partie du Comité de l'instruction publique, et vota ordinairement avec la fraction la plus modérée de la majorité républicaine. Après l'élection du 10 décembre, il soutint le ministère Odilon Barrot, combattit avec modération la politique de l'Elysée, et fut réélu à la Législative par 35,272 voix. Le deux décembre il fut au nombre des représentants qui se réunirent à l'ancienne mairie du Xe arrondissement, et il protesta contre le coup d'Etat en signant le décret de déchéance et de mise en accusation du président de la République. Arrêté avec ses collègues, incarcéré, puis relâché, il rentra dans la vie privée et se tint désormais en dehors des affaires politiques. M. Houel a été maire de Saint-Dié.

HOUSSAYE (Arsène), né à Bruyères (Ile-de-France), le 18 mai 1815, est issu d'une ancienne famille alliée aux d'Aguesseau et aux Condorcet. Arrivé jeune à Paris, il s'y lia avec MM. Jules Janin, Théophile Gautier, Jules Sandeau, et débuta dans les lettres par deux romans : *la Couronne de bleuets* et *la Pécheresse*; ses critiques d'art, ses études sur l'époque de la Régence, fixèrent surtout l'attention publique. Une *Galerie de portraits du XVIIIe siècle* et une *Histoire de la peinture flamande et hollandaise*, assignèrent à M. Arsène Houssaye le rang distingué qu'il devait occuper désormais. Au mois de novembre 1849, il fut nommé directeur de la Comédie-Française; et, pendant sept années, il y ramena la prospérité des plus beaux jours du théâtre, éteignant une demi-million de dettes avec les œuvres de Victor Hugo, Dumas, Ponsard, Augier, Alfred de Musset, Mallefille, Sandeau, Gozlan, Mme Emile de Girardin, etc., sans compter des reprises de chefs-d'œuvre avec le grand art de la mise en scène. Au milieu de cette prospérité croissante, il donna sa démission, et l'on créa, pour lui, une place d'inspecteur-général des beaux-arts. Il écrivit l'historique de toutes les œuvres d'art enfouies dans les départements, découvrit le tombeau de Léonard de Vinci, et créa plusieurs musées. On pourrait faire un volume de tous ses discours d'art à des solennités publiques. Les œuvres de M. Arsène Houssaye sont nombreuses; elles embrassent à la fois l'histoire, l'histoire littéraire, le roman, l'art et le théâtre; M. Philarète Chasles a dit de lui : « Son talent, c'est un sourire tempéré pour une larme, un trait d'esprit mouillé par un trait de sentiment. » Sainte-Beuve a dit : « C'est le poète des roses et de la jeunesse, le Saadi parisien. » On cite surtout : *Le roi Voltaire*; — *Histoire du quarante et unième fauteuil de l'Académie*; — *Notre-Dame de Thermidor*; — *Mademoiselle Cléopâtre*; — *Le roman de la duchesse*; — *Galerie du XVIIIe siècle*; — *Histoire de Léonard de Vinci*; — *les Grandes dames*; — *les Parisiennes*; — *Les poésies des vingt ans*, etc., etc. M Arsène Houssaye est rédacteur en chef de l'*Artiste*. Il est officier de la Légion d'Honneur (30 juillet 1858), Grand-Officier et commandeur de plusieurs ordres étrangers.

HOUSSAYE (Henry), né à Paris, le 24 février 1848; fils du précédent. Après de bonnes études commencées au lycée Napoléon et complétées sous l'habile direction du regretté Philoxène Boyer, M. Henry Houssaye qui semble s'être voué à l'étude de l'antiquité, s'est classé, quoique très-jeune encore, parmi les plus sérieux historiens de notre époque. Il a débuté par l'*Histoire d'Apelles*, *étude sur l'art grec* (1867) honorée d'un grand succès de critique, trois fois réédité, traduite en anglais et imitée en allemand. En outre, il a publié des études d'histoire et d'archéologie, dans l'*Artiste*, la *Revue française*, la *Gazette des beaux-arts*, la *Presse*, la *Gazette de Paris*. Plusieurs de ces études ont été tirées à part. Citons : *L'armée dans la Grèce antique* (1867); — *La Grèce à l'Exposition universelle* (1867); — *Une peinture antique inédite* (1869). Pendant un long séjour en Grèce (1868), il a commencé l'*Histoire d'Alcibiade et de la République athénienne depuis la mort de Périclès jusqu'à l'avènement des trente tyrans*, important ouvrage qui vient de paraître (1873, 2 vol.). Il est entré récemment au *Journal des Débats*. Pendant la guerre, M. Henry Houssaye, officier au 4e bataillon de la mobile de la Seine, puis officier d'ordonnance de la division mixte Pothuau, a fait la campagne sous Paris. D'abord au fort d'Issy, il a pris part ensuite aux combats de Bagneux, Choisy-le-Roi et Montmesly (bataille de Champigny). Il a reçu, pour faits de guerre (affaire de la maison crénelée) la croix de la Légion d'Honneur, le 28 octobre 1871. Il est de plus commandeur et chevalier de plusieurs ordres étrangers, entre autres du Sauveur de Grèce.

HUBERT (Louis-Charles), né à Guiscard (Oise), le 18 avril 1790. Issu d'une famille d'agriculteurs aisés, il s'engagea volontairement sous les drapeaux, ainsi que son frère, en 1812, et fit, en qualité d'inspecteur du service des dépêches de l'empereur, la désastreuse campagne de Russie, où son frère perdit la vie. La paix de 1815 lui permit de retourner dans son pays natal. Il y remplit longtemps les fonctions de maître de poste, et en devint maire en 1820. Révoqué par le gouvernement provisoire en 1848, il fut réélu par l'unanimité de ses concitoyens, et conserva ses fonctions jusqu'à sa mort (16 août 1859). Il fut remplacé par son fils, la même année, comme maire et conseiller général. Son administration a réalisé de grands progrès dans la commune de Guiscard, qu'elle a dotée de routes et de plusieurs établissements utiles. M. Hubert a siégé au Conseil d'arrondissement de Compiègne (1837-1849) et au Conseil général de l'Oise (1849-1859). Chevalier de la Légion d'Honneur depuis 1847, il a été promu officier de l'Ordre le 26 décembre 1852.

HUCHER (Eugène-Frédéric-Ferdinand), né à Sarrelouis (département de la Moselle avant 1815), le 28 mars 1814. Entré comme surnuméraire, en 1833, dans l'administration de l'enregistrement et des domaines, il y devint successivement receveur à Tournon (Indre), premier commis des directions de Châteauroux et du Mans, et vérificateur au département de la Sarthe. Obligé, pour raison de santé, de cesser momentanément ses fonctions, M. Hucher se consacra à l'étude de l'archéologie, qu'il cultivait depuis sa jeunesse; son goût pour les arts du dessin lui permit de graver et de lithographier lui-même les planches des principaux ouvrages qu'il a publiés : *Essai sur les monnaies frappées dans le Maine* (in-4°, avec pl., 1845); — *Études sur l'histoire et les monuments du département de la Sarthe* (avec grav., lith. et pl., 1854); — *Calques des vitraux peints de la cathédrale du Mans* (gr. in-fol. color., 100 pl., 1864); — *Histoire du jeton au Moyen-Age*, en collaboration avec M. Jules Rouyer (avec 17 pl. grav., 1858); — *L'art gaulois*, ou *Les Gaulois d'après leurs médailles* (2 vol., in-4°, 1868-1874, 420 fig. de médailles agrandies); — *Le Jubé du cardinal de Luxembourg, à la cathédrale du Mans* (1874, gr. in-fol., 8 pl.). On lui doit de nombreux articles dans la *Revue numismatique*, le *Bulletin monumental*, le *Bulletin des comités près le ministère de l'Instruction publique*, l'*Annuaire de la Société de numismatique*, le *Bulletin de la Société d'agriculture, sciences et arts de la Sarthe*, etc., etc. M. Hucher est directeur du Musée archéologique du Mans, membre non résidant du Comité historique près le ministère de l'Instruction publique, correspondant inspecteur des monuments historiques, membre correspondant de la Société des antiquaires de France, inspecteur de la Société française d'archéologie, membre associé des Sociétés de numismatique de France et de Belgique, etc. Chevalier de plusieurs ordres étrangers, et officier d'Académie, il a reçu la croix de la Légion d'Honneur, le 13 août 1862.

HUET (Albert-Auguste), né à Paris, le 16 mai 1829. Il appartient, par sa mère, à la famille des imprimeurs Delalain. Son père, avoué honoraire du Tribunal de la Seine, lui fit faire ses études classiques au collége Rollin et son droit à la Faculté de Paris. Licencié en 1851, et secrétaire de la Conférence, sous le bâtonnat de M. Bethmont, il remplit les fonctions de secrétaire auprès de M. Chaix d'Est-Ange, exerça sa profession avec succès, et devint, en novembre 1860, chef du cabinet de M. Billault, ministre sans portefeuille. Le 23 juin 1863, lors d'un remaniement ministériel, il fut nommé chef du cabinet du service législatif et de la comptabilité au ministère d'État, sous MM. Billault et Rouher; et, à la fin de la même année, il entra dans la magistrature. D'abord substitut au tribunal de la Seine, M. Albert Huet a été nommé juge en 1865 et juge d'instruction en 1866. Au mois de mai 1869, il a donné sa démission pour entrer au Corps législatif, comme représentant de la 3e circonscription de Saône-et-Loire, a pris place dans les rangs des conservateurs libéraux, et a signé, en décembre de la même année, le programme progressiste du Centre-Droit. Nommé souvent rapporteur, il eut plusieurs fois l'occasion de montrer qu'il savait écrire et parler. M. Albert Huet a été maire de Perrigny-sur-Loire de 1860 à 1865 et membre du Conseil général de Saône-et-Loire pour le canton de Bourbon-Lancy. Il vient de signaler sa rentrée au barreau de Paris en obtenant l'arrêt de la veuve Laluyé contre Jules Favre. On lui doit une édition complète des *Œuvres de M Billault* (impr. nat., 1863-1865, 2 vol.), précédée d'une *Notice biographique* tirée à part, et qui a eu deux éditions. Il a écrit dans l'*Union bretonne*, en 1866, des lettres parlementaires qui ont été remarquées, et en 1871, dans *la Presse*, un monde judiciaire fort intéressant. Il a été souvent le collaborateur de l'*Ordre*. Enfin il vient de publier chez Amyot une brochure juridique contre les excès de pouvoir de M. Jules Ferry en matière de contribution mobilière.

HUGO (Victor-Marie, *vicomte*), né à Besançon, le 26 février 1802. Il descend d'une ancienne famille lorraine, noble depuis 1334 (d'*Hozier*, registre IV); et son père, le comte Hugo, parti comme volontaire sous les drapeaux de la première République, et devenu l'un des plus brillants lieutenant-généraux de l'Empire, remplit les fonctions de gouverneur militaire en Italie et en Espagne. M. Victor Hugo ne porte plus de titre de noblesse depuis la proclamation de la seconde République en 1848. Longtemps promené par sa famille à la suite des armées, il a reçu, de 1809 à 1811, dans le couvent des Feuillantines, à Paris, les leçons du général *Victor* de Lahorie, son parrain, puis l'enseignement du séminaire des Nobles, à Madrid. De retour au couvent des Feuillantines en 1813, il l'a quitté l'année suivante pour préparer son examen d'admission à l'École polytechnique. Après la seconde Restauration, délaissant la carrière militaire, il suivit librement les goûts précoces qui le portaient vers la littérature. Dès l'âge de 10 ans, il s'était familiarisé avec le rhythme poétique. En 1816, il écrivit *Irtamène*, tragédie, la *Canadienne* et le *Riche et le pauvre*, poésies. L'année suivante, une pièce de vers mise au concours par l'Académie, les *Avantages de l'étude*, lui valut la première mention honorable. Dès lors, il fut considéré comme une des plus grandes espérances de la littérature française; sa réputation grandit rapidement, et il fut décoré à l'âge de 23 ans, en même temps que Lamartine (16 avril 1825). Son éducation, dirigée par une mère légitimiste, en fit d'abord un défenseur chaleureux et convaincu du trône et de l'autel. Mais le jeune poète ne tarda pas à voir sur quelle pente glissait la Restauration, entraînée par la caducité de ses idées et de ses formules. Une révolution s'opéra en lui, littéraire d'abord, politique plus tard. Bientôt ses poésies et ses romans en firent le chef d'une école, dont les jeunes adeptes fondèrent sous sa direction, en 1823, la *Muse française*. Ce journal, où s'essayaient les Sainte-Beuve, les Boulanger, les Deschamps, les Balzac, les Gautier, les Musset, posa carrément devant le public la question du romantisme, et gagna son procès. Ensuite, Victor Hugo voulut appliquer au théâtre ses théories personnelles sur les œuvres dramatiques; et le succès d'*Hernani* confondit tous les partisans des traditions académiques. Le gouvernement des Orléans interdit la représentation de *Le Roi s'amuse*, comme celui des Bourbons avait interdit celle de *Marion Delorme*. Ces tracasseries ne contribuèrent pas pour peu à éloigner l'auteur de toute attache avec le pouvoir, et à lui faire souhaiter l'avénement d'un ordre de choses assurant à l'écrivain plus d'indépendance. Le 7 janvier 1841, l'immense popularité de Victor Hugo triompha des répugnances de l'Académie française, qui n'osa pas lui refuser un fauteuil; et, le 16 avril 1845, il fut élevé à la dignité de pair de France. Élu représentant de la Seine à l'Assemblée constituante, lors de l'élection partielle du 7 juin 1848, il siégea au Centre-Gauche et joua d'abord un rôle politique neutre. Mais, son mandat lui ayant été renouvelé à l'Assemblée législative, au mois de mars 1849, il se montra le répucain que l'on connaît aujourd'hui, prit place sur les bancs de la Gauche, et lutta de toutes ses forces contre l'envahissement de la politique élyséenne. Proscrit le 2 décembre 1851, il se réfugia avec sa famille dans l'île de Jersey et refusa, en 1859 et 1869, de profiter des amnisties qu'il considérait comme la négation de son droit civique. Victor Hugo est resté 19 ans en exil. S'étant engagé à ne rentrer en France qu'après que Louis-Bonaparte en serait sorti, il a tenu parole et n'est revenu à Paris que le 5 septembre 1870. Il avait protesté, le 8 mai précédent, contre le plébiscite. Renfermé à Paris pendant le siége, il donna deux canons à la défense : le *Victor-Hugo* et le *Châtiment*. Les émeutiers du 31 octobre, qui avaient abusé de son nom et l'avaient porté sur la liste d'un Comité de salut public s'attirèrent de sa part un énergique refus. Elu représentant de la Seine à l'Assemblée nationale, par 214,159 voix, le 8 février 1871, il alla siéger à Bordeaux, où son premier discours fut prononcé contre le traité de paix. Dans la séance du 8 mars, la majorité, la même qui avait refusé d'entendre Garibaldi, refusa d'entendre Victor Hugo, et Victor Hugo, comme Garibaldi, donna sa démission. Le 13 mars, il eut la douleur de perdre son fils Charles, dont il ramena le cercueil à Paris. Obligé de retourner à Bruxelles, pour y remplir ses devoirs de tutelle envers ses petits-enfants, il se trouvait dans cette ville quand les Versaillais se rendirent maîtres de l'insurrection communaliste à Paris. Alors, et voyant les vaincus traqués de toute part, il offrit, le 26 mai, sa maison de Bruxelles à titre d'asile aux proscrits. La nuit même, il fut assiégé dans son domicile, et ne dut la vie qu'à des incidents relatés dans le livre : *Actes et paroles*. Après avoir failli être assassiné chez lui, le poète fut expulsé du territoire belge, le 29 mai 1871. Rentré en France, après une excursion dans le Luxembourg, il fut porté candidat à la députation de Paris, lors de l'élection partielle du 7 janvier 1872, et obtint une belle minorité de 95,000 voix. Nous n'avons ici ni la place, ni l'autorité voulue pour apprécier la personne, le caractère et les écrits de Victor Hugo. Contentons-nous de constater que, soit comme littérateur, soit comme homme politique, il est indiscutablement une des plus grandes figures du siècle. Ses œuvres ont été constamment rééditées sous des formats différents. En voici la liste : Poésie : *Odes et ballades; Les orientales; Les feuilles d'automne; Les chants du crépuscule; Les voix intérieures; Les rayons et les ombres; Les châtiments; Les contemplations; La légende des siècles; Les chansons des rues et des bois; L'année terrible*. — Romans : *Han-d'Islande; Bug-Jargal; Le dernier jour d'un condamné; Notre-Dame de Paris; Claude Gueux; Les misérables; Les travailleurs de la mer; L'homme qui rit; Quatre-vingt-treize*. — Drames : *Cromwell; Hernani; Marion Delorme; Le roi s'amuse; Lucrèce Borgia; Marie Tudor; Angélo, ou le tyran de Padoue; La Esméralda; Ruy-Blas; Les Burgraves*. A ces œuvres il faut encore ajouter : *Littérature et philosophie mêlées; Le Rhin; Napoléon-le-Petit; William Shakespeare; Œuvres oratoires; Paris; Actes et paroles*. Habitué à tenir la plume, le grand poète savait aussi manier le crayon, et quelques publications, telles que l'*Artiste, Paris à l'eau-forte, Les quarante sonnets et les quarante eaux-fortes* ont eu l'avantage de reproduire ses esquisses. Le succès d'un de ses dessins d'actualité : *John Brown*, a été tel qu'il a dépassé, en Amérique seulement, un tirage de 500,000 exemplaires. Une collection de ses dessins accompagnée d'un texte de Théophile Gautier, a été publiée en 1862. M. Victor Hugo a été promu au grade d'officier de la Légion d'Honneur le 2 juillet 1837.

HUGUENIN (Jean-François-Auguste), né à la Rosière (Haute-Saône), le 9 avril 1814. Il fit son droit à la Faculté de Dijon, prit place au barreau de Lure en 1836, et ne tarda pas à se faire une avantageuse position. Ses opinions libérales bien connues en firent un des chefs du parti républicain; et, après la révolution de Février, il obtint, sans toutefois être nommé, beaucoup de voix pour la représentation de la Haute-Saône à la Constituante. En 1849, il fut élu membre de l'Assemblée législative, où il se tint sur les limites de la Gauche et de la Montagne. Exilé pas les vainqueurs du Coup-d'Etat, en 1851, il se réfugia à Nice, où il exerça sa profession jusqu'en 1853. C'est à cette époque seulement qu'il lui fut permis de reprendre sa place au barreau de Lure. Depuis, M. Huguenin a plusieurs fois été invité, par ses concitoyens à rentrer dans l'arène politique. En 1854, il a été spontanément élu conseiller municipal; mais son élection a été invalidée pour refus de serment à l'Empire. Depuis, il est resté constamment fidèle à ses opinions républicaines. Nommé procureur de la République à Lure au lendemain du 4 Septembre, il a été brusquement remplacé, après le renversement de M. Thiers, par un représentant de la politique du 25 mai.

HUGUES (Gabriel-Gustave d'), né à Bordeaux, le 21 avril 1827. Il commença ses études classiques dans sa ville natale, les termina au lycée Charlemagne, obtint quelques succès au concours général, et entra à l'Ecole normale supérieure en 1846. Successivement professeur d'histoire aux lycées de Bordeaux (1849), d'Avignon (1852), de Strasbourg (1853), de Périgueux (1856), de Limoges (1857), d'Angoulême (1860), il fut appelé, en 1861, à la chaire de littérature étrangère de la Faculté des lettres de Douai. Le succès de son enseignement lui mérita l'honneur d'être nommé premier titulaire de la même chaire à la Faculté des lettres de Toulouse, lors de sa fondation (1863). Après onze ans de professorat, ses cours attirent encore aujourd'hui une grande affluence d'auditeurs, malgré l'impopularité passagère que lui valut la ligne politique qu'il avait cru devoir adopter dans les dernières années de l'Empire. M. d'Hugues, en effet, est un partisan très-sincère et très-énergique de la démocratie autoritaire, c'est-à-dire du régime napoléonien. Défenseur des institutions impériales depuis 1858, il a affirmé ses convictions dans de nombreux articles insérés simultanément dans la *Revue contemporaine*, la *Revue européenne*, et le *Journal général de l'Instruction publique*. En 1867, il devint le rédacteur en chef du *Messager de Toulouse*; et, jusqu'à l'avénement du cabinet Ollivier, dont il refusa de soutenir les tendances et les actes, il resta sur la brèche malgré le mauvais vouloir de l'administration elle-même. Depuis cette époque, M. d'Hugues s'est exclusivement renfermé dans ses fonctions professionnelles. Agrégé des lettres en 1854, docteur ès lettres de la Faculté de Paris en 1859, officier d'Académie en 1863, chevalier de la Légion d'Honneur en 1868, il est membre de beaucoup de Sociétés savantes, et mainteneur des Jeux-Floraux de Toulouse. On doit à M. d'Hugues, outre beaucoup d'articles de critique littéraire, historique et morale, les publications suivantes : *Essai sur l'administration de Turgot dans la généralité de Limoges* (1859); — *Essai sur le proconsulat de Cicéron en Cilicie* (1859); — *Lettres sur les États-Unis d'Amérique*, en réponse à M. Laboulaye (1864).

HULIN (Léopold), né à Richelieu (Indre-et-Loire), en 1821. Reçu licencié en droit, il fit ses études administratives dans plusieurs ministères. Ensuite, il remplit successivement les fonctions d'auditeur au Conseil d'État et de sous-préfet dans plusieurs arrondissements. A Saint-Amand, sa dernière résidence, il mérita, par son dévouement, sa prévoyance et l'habileté de ses mesures, la reconnaissance de ses administrés et les éloges de ses chefs, dans le courant de l'année 1846, qui fut si tristement signalée par la cherté des céréales et par des inondations. En fait de fonctions publiques, M. Hulin n'a voulu accepter, depuis 1848, que celles qui proviennent de l'élection. Il a été élu à l'unanimité, en 1851, membre du Conseil général de son département, et réélu le 8 octobre 1871. En 1863, il a soutenu, avec beaucoup d'énergie, la candidature de M. de Flavigny. Il a épousé Mlle Laurence, fille de l'ancien député des Landes qui fut directeur-général des affaires d'Afrique, et réorganisa l'administration en Algérie. Propriétaire du vieux château de Richelieu, il a fondé dans son parc d'importantes industries, et remporté, comme chimiste, une médaille d'or à l'Exposition universelle de 1867. M. Hulin, bien que n'ayant figuré que sur une seule liste, a été élu, par 53,692 voix, député d'Indre-et-Loire à l'Assemblée nationale, le 8 février 1871. Il vote généralement avec le Centre-Gauche.

HUMBERT (Louis-Amédée), né à Metz, le 23 avril 1814. Il est fils d'un ancien soldat volontaire de 1792. En 1839, il a pris la direction d'une maison de commerce de vins en gros, et s'est acquis, par son honorabilité et son aptitude aux affaires, une avantageuse notoriété. Membre, de 1843 à 1852, du Conseil municipal, où il a rempli pendant plusieurs années les fonctions de secrétaire, il a été élu membre du tribunal de Commerce en 1844. Ses opinions démocratiques l'ont fait nommer par le gouvernement provisoire, en 1848, adjoint au maire de la ville de Metz. Rentré dans la vie privée, pour refus de serment, après la proclamation du second Empire, il a accepté, en 1857, le mandat de conseiller municipal, et son changement de résidence l'a seul empêché de conserver ses fonctions en 1863. Membre de la Chambre de commerce, il a été le promoteur d'un vœu émis par ses collègues et qui avait pour objet l'élection des membres des Chambres de commerce par les patentés de chaque circonscription. M. Humbert présida la réunion anti-plébiscitaire qui eut lieu à Metz, au théâtre, et obtint un vote unanime contre le plébiscite. Élu représentant de la Moselle, à l'Assemblée nationale, le 8 février 1871, il a pris place sur les bancs de la Gauche républicaine. Après le vote du traité de paix qui annexait Metz à l'Allemagne, il a protesté et donné sa démission avec ses collègues de l'Alsace et de la Lorraine. Actuellement (1873), M. Louis Humbert est attaché à la rédaction du *Courrier de Meurthe-et-Moselle*.

HUMBERT (Gustave), né à Metz, le 28 juin 1822; frère du précédent. Il fit son droit à la Faculté de Paris, y prit le grade de docteur en 1844, et remporta le premier prix au concours du doctorat, avec un mémoire sur les *Conséquences des condamnations pénales*, augmenté plus tard d'un *Commentaire sur la loi abolitive de la mort civile* (1855). Imbu, comme son frère, des principes républicains, il remplit les fonctions de sous-préfet à Thionville, de 1848 jusqu'au Coup-d'État de 1851. Alors il s'est consacré à l'enseignement et a donné des leçons particulières de droit, à Paris, tout en se préparant à de nouveaux succès universitaires. Reçu agrégé des Facultés de droit au concours de 1859, il a été nommé professeur-suppléant à la Faculté de Toulouse en 1859, chargé de cours à celle de Grenoble en 1860, professeur de droit romain à Toulouse et secrétaire perpétuel de l'Académie de législation de cette ville en 1864. On doit à M. Gustave Humbert beaucoup de travaux sur la jurisprudence, qui ont paru dans des revues, et notamment un remarquable mémoire sur les *Régimes nuptiaux*, couronné par l'Académie des sciences morales et politiques en 1857. Élu représentant de la Haute-Garonne à l'Assemblée nationale, le 8 février 1871, il siége à la Gauche républicaine dont il a été président et membre du Comité de direction. Auteur de la proposition pour le retour de l'Assemblée et du gouvernement à Paris, il a pris une part importante aux débats sur la condition civile des déportés, sur la propriété en Algérie, et a fait renvoyer au Conseil d'État le projet tendant à modifier l'article 331 du Code civil.

HUOT (Joseph-Henri-Jean-Baptiste), né à Aix-en-Provence, le 8 juillet 1840. Fils d'un architecte distingué de sa ville natale, il suivit la même carrière, fit ses premières études auprès de son père et vint à Paris, en 1863, pour les compléter dans l'atelier de M. Vaudrennes et à l'École des beaux-arts. Il exposa, pour la première fois, au Salon de 1863, un *Projet de musée pour la ville d'Aix*, qui obtint du jury une médaille d'or. Au Salon de l'année suivante, la même récompense lui fut accordée pour un *Projet d'hospice d'aliénés* destiné à la même ville. Ces deux projets figurèrent à l'Exposition universelle de 1867. Au Salon de la même année, M. Huot fit admettre un *Projet commémoratif* pour l'Algérie, qui avait été déjà remarqué dans un Concours de l'Institut. On doit à cet habile architecte les églises de Pennes et de Venelles, et le clocher de Rogues (Bouches-du-Rhône), des maisons particulières, des châteaux, des villas, etc., construits ou en cours d'exécution à Marseille, à Aix et dans leurs environs. Comme écrivain, M. Huot a fourni, au journal *La Construction*, une série d'articles appartenant à un ensemble d'études critiques intitulé : *Les mensonges en architecture*, et concernant les faux marbres, les faux bois, les fausses voûtes, etc. Cette publication a été interrompue par la guerre de 1870, qui supprima le journal *La Construction* en appelant la plupart de ses rédacteurs à la défense du pays.

HUSSON (François), né à Paris, le 19 janvier 1828. Il débuta comme apprenti serrurier, et sut de bonne heure, par son intelligence et son travail opiniâtre, conquérir un des premiers rangs parmi les vérificateurs de Paris. Puis, des études spéciales en firent un architecte distingué. Parmi les maisons qu'il a construites, nous devons citer le n° 8 de la cité Rougemont, dont il a été rendu compte dans le *Moniteur des Architectes* (recueil gravé), le n° 49 de la rue Vanneau, etc. M. Husson a fait partie de plusieurs Sociétés savantes, et collaboré à différents journaux spéciaux. Nommé président du Comité de rédaction du journal *La Construction*, il a fait paraître dans cette feuille des articles très-remarqués. De même, il a collaboré, pour une large part, à la rédaction de la réimpression du *Guide des constructeurs* de B. R. Mignard. On lui doit notamment : *Façons et marchandages relatifs à la serrurerie*, livre qui fait autorité dans toute la France (1853, 8° édit., 1871) ; — *Memento du vérificateur* ; — *Cours élémentaire pratique de construction à Paris* (1870) ; — *Dictionnaire du serrurier*, ouvrage très curieux renfermant, en dehors des termes du métier, des articles de science et de jurisprudence, des biographies, des bibliographies, etc. (1872) ; — *L'architecture ferronnière* (1873, in-4°, avec 80 pl. gravées) ; — et dans un autre d'idées : *Paris bombardé*, récits journaliers suivis de documents curieux, par le lieutenant F. Husson, petit livre qui a fait sensation à l'étranger (Bruxelles, 1871). Enfin, il est poëte à ses heures, et diverses feuilles publiques, entre autres l'*Evénement*, le *Grelot*, etc., ont publié quelques-uns de ses vers. M. Husson a été décoré de la Médaille militaire pour services rendus pendant le siége de Paris, et surtout pour les preuves de courage et de sangfroid qu'il a données lors du bombardement.

HYACINTHE (Charles LOYSON, *dit* LE PÈRE), né à Orléans, le 10 mars 1827. Il fit ses études classiques à Pau, où son père était recteur de l'Académie, sa théologie au séminaire de Saint-Sulpice, et reçut l'ordination en 1851. Après avoir professé la philosophie au grand séminaire d'Avignon, il fut appelé, en 1854, à occuper la chaire de théologie au grand séminaire de Nantes. En 1856, il fut nommé vicaire de l'église Saint-Sulpice, à Paris, et de 1859 à 1860, il fit son noviciat au couvent des Carmes de Broussey, près Bordeaux. Admis dans cet ordre, il fit dans plusieurs villes de France des prédications parmi lesquelles on compte surtout un carême à Lyon, en 1862, un carême et un avent à Bordeaux, en 1863, et un carême à Périgueux, en 1864. Il vint à Paris dans le courant de cette dernière année, précédé d'une réputation déjà grande, et se fit entendre à la Madeleine avec un brillant succès. De 1864 à 1868, il prêcha l'avent à Notre-Dame de Paris. Cependant ses conférences religieuses n'étaient pas, aux yeux du parti ultramontain, empreintes d'une orthodoxie suffisamment accusée. Dénoncé en cour de Rome, le père Hyacinthe réussit d'abord à se justifier. Mais, au mois de juin 1869, il fut de nouveau poursuivi à propos d'un discours prononcé dans une séance de la Ligue internationale de la paix. Il défendit courageusement ses convictions religieuses, et rompit d'une façon éclatante avec l'ordre des Carmes, et du même coup avec le système ultramontain. Ses supérieurs monastiques ayant déclaré qu'il avait encouru l'excommunication majeure, il quitta la France et se rendit en Amérique, où le plus sympathique accueil lui était réservé. Depuis cette époque, le père Hyacinthe n'a jamais cessé de protester de sa fidélité à la foi catholique. Il a assisté aux trois Congrès des vieux catholiques, à Munich en 1871, à Cologne en 1872, à Constance en 1873. Puis il a fait des conférences libres sur la réforme catholique de l'église, à Rome en 1872, et à Genève en 1873. A la suite de ces dernières, il a été élu curé de Genève par une majorité de 1,256 catholiques, en vertu de la nouvelle loi constitutionnelle votée cette année même par le peuple de Genève, et approuvée par la Confédération helvétique. Le père Hyacinthe qui, en plusieurs circonstances, s'était publiquement prononcé contre la loi du célibat *forcé*, a épousé, à Londres, le 3 septembre 1872, une catholique américaine connue par ses talents comme par sa piété, Mme veuve Emilie Meriman. Ses principaux ouvrages sont : *Conférences prêchées à Notre-Dame de Paris sur la famille* (1866), et sur la *Société civile dans ses rapports avec le christianisme* (1867, épuisé) ; — *De la réforme catholique* (1872) ; — *Lettre sur mon mariage* (1872) ; — *Catholicisme et protestantisme* (1873) ; — *L'ultramontanisme et la Révolution* (1873).

IGUEL (Charles), né à Paris, le 4 janvier 1827. Il se destina à la statuaire, et suivit l'atelier de Rude. En 1859, il fit paraître, au Salon de Paris, *Le lis*, groupe en plâtre. Depuis, M. Iguel a exposé : *Saint Albert*, statue en plâtre ; *Saint Jean l'évangéliste*, statue en pierre pour l'église de Charenton-les-Carrières (1861) ; — *La vendange* ; *Le chasseur*, statues en pierre pour la cour du Manége au Louvre (médaille au Salon de 1864) ; — le buste en marbre de *Jacquart* (1865) ; — *Le laboureur*, en plâtre, modèle de la statue exécutée pour le palais des Tuileries (1866) ; — *Sébastien Bach*, buste en marbre pour le Conservatoire de musique ; *Isabeau de Roubaix*, fronton en pierre pour l'hôpital Napoléon, à Roubaix (1867) ; — *Saint Pierre et Saint Paul*, statues en pierre (médaille, Salon de 1868) ; — *Nym-*

phea, buste en marbre (1869) ; — le buste en marbre d'*Houdon*, pour le musée de Versailles. On doit au même artiste quelques bustes anonymes. Citons maintenant parmi ses œuvres non exposées : *Le commerce et la navigation*, grand fronton en pierre pour la nouvelle préfecture de Lille (1868) ; — *L'union du travail et de l'intelligence*, fronton en pierre pour le collège industriel de Neufchâtel, en Suisse (1871) ; — la *Littérature*, la *Science*, le chancelier *de Montmollin*, *Emer de Vatel*, *Ostervald*, le *Chanoine de Pierre*, statues en pierre pour le gymnase latin de Neufchâtel (1873). Outre les récompenses citées plus haut, M. Iguel a reçu une grande médaille d'or décernée par la Société des arts et sciences de Lille, pour ses travaux exécutés dans le département du Nord.

IMER (Edouard), né à Avignon, le 25 décembre 1820. M. Imer a débuté au Salon de Paris, en 1850, avec deux tableaux : *Chemin en Provence*; *Paysage du bord du Rhône*, à Avignon. Puis, il a successivement exposé : *Etangs de Soumabre*; *Bords du Rhône* (E. U. 1855) ; — *Pont de Siout* (Haute-Egypte); *Ile de Philae* (Nubie); *Bois de Doums* (Haute-Egypte); *Sycomores sur le chemin des Pyramides* (1857) ; — *Collines de Sainte-Marguerite*, près Marseille; *Le mas de Barême*, près de Tarascon ; *Bords du Rhône* (1859) ; — *Etang de Soumabre*; *Le pont du Gard*; *Lisière du bois de Montespin*, en Provence (1861) ; — *Ile de Lérins*; *Golfe Jouan*; *Le mas des Aubes* (1863) ; — *Les sycomores de Giseh*, en Egypte ; *Paysage en Berry* (1864) ; — *Etang des Fourdines*, en Berry ; *Ruines de Crozant*, dans la Creuse (1865) ; ces deux derniers tableaux ont reparu, avec l'*Etang de Soumabre*, à l'Exposition universelle de 1867 ; — *Ile de Saint-Honorat*, en Provence; *Bords de la Creuse* (1866) ; — *La combe de Venasque*, dans le Vaucluse; *Remparts d'Aigues-Mortes* (1867) ; — *Le cirque de Fréjus*; *Chemin du Crozant* (1868) ; — *Environs de Saint-Raphaël*, dans le Var; *Port de Saint-Raphaël* (1869) ; — *Ecluse de l'étang de Sault* (Berry) ; *Site du Berry* (1870) ; — *Bords de la Creuse*; *Quai des Zattere*, à Venise (1872) ; — *Le chêne des Voutliers* (Allier); *Marine* (1873). M. Imer a obtenu une médaille au Salon de 1865, et une médaille de 2e classe à celui de 1873.

INCHAUSPE (Emmanuel-Théodore), né à Sunharrette, canton de Tardets (Basses-Pyrénées), le 12 novembre 1815. Ordonné prêtre en 1840, il exerça, pendant plus de vingt ans, les fonctions d'aumônier à l'hôpital civil de Bayonne, et fut nommé chanoine titulaire de la cathédrale en 1864. Mgr Lacroix l'emmena avec lui, en 1869, au Concile du Vatican, en qualité de théologien. Le nom de ce respectable prélat ayant été porté, par certains journaux, sur la liste des anti-infaillibilistes, M. l'abbé Inchauspe publia, pour son évêque, une énergique protestation, accompagnée d'une profession de foi fortement accentuée dans le sens des décrets rendus plus tard par le Concile. Mais c'est par ses travaux sur la langue basque, surtout, qu'il s'est fait connaître d'une manière particulière. On doit à M. l'abbé Inchauspe les ouvrages suivants, publiés par les soins et aux frais du prince Louis-Lucien Bonaparte : *L'Evangile selon saint Mathieu*, traduit en basque souletin et suivi de notes grammaticales (1856) ; — *Le verbe basque*, ouvrage qui a révélé pour la première fois les secrets du mécanisme grammatical de la langue basque, et en a fait connaître le verbe avec les merveilleux développements de ses modes et de ses formes; ce travail a été couronné par l'Institut de France, l'année même de sa publication (1858, in-4) ; — *L'Apocalypse*, traduite dans la même langue avec des notes explicatives (1858) ; — *Dialogues sur l'histoire naturelle*, traduits également en basque (1858). Le même auteur a publié un *Traité populaire de la vraie religion* (1852), qui a eu plusieurs éditions et se trouve dans le *Manuel du chrétien* intitulé : *Uscaldunaren Guthunac*, composé aussi par lui. Citons encore sa nouvelle édition du *Gueroco Guero* d'Axular, un des livres les plus anciens et les plus remarquables qui aient été composés en basque. Enfin, M. l'abbé Inchauspe a fait insérer des articles critiques et scientifiques dans les *Annales de philosophie chrétienne* et dans divers journaux, et présenté au Congrès scientifique de Pau, en 1873, un *Mémoire* curieux sur les noms basques des principaux instruments tranchants, noms qui ont pour base et pour étymologie le terme qui, en basque, désigne la « pierre de roche, » ce qui fait remonter ces mots à l'âge de pierre. Il est secrétaire-général de l'évêché.

ISABEY (Eugène-Louis-Gabriel), né à Paris, le 22 juillet 1803. Il étudia la peinture dans l'atelier de son père, célèbre miniaturiste du commencement du siècle, et se consacra surtout aux marines et aux paysages, tout en cultivant avec succès les sujets de genre. Dès 1824, il se présentait avec éclat aux expositions, et ses œuvres atteignirent bientôt des prix considérables. M. Isabey a notamment exposé : *Ouragan devant Dieppe*; *La plage d'Honfleur* (1827) ; — *Port de Dunkerque* (1831) ; — *Vue de Boulogne*, au musée de Toulouse (1834) ; — *Vieilles baraques* (1836) ; — *Combat du Texel*, au Musée de Versailles (1839) ; — *Alchimiste* (1845) ; — *Louis-Philippe recevant la reine Victoria au Tréport*; *Départ de la reine Victoria* (1846) ; — *Cérémonie dans l'église de Delft* (1847) ; — *Le mariage d'Henri IV* (1848) ; — *Embarquement de Ruyter*, au Musée du Luxembourg (1851) ; — *Vue prise à Granville* ; *Départ de chasse sous Louis XIII* (E. U. 1855) ; — *Incendie du steamer l'Austria*, le 13 septembre 1858 (1859) ; — *Naufrage du trois-mâts l'Emily*, en 1823 ; *Alchimiste* (1865) ; — *Matelots saluant le Christ en sortant du port de Saint-Valery*; *Episode de la Saint-Barthélemy* (1867). M. Isabey a remporté des médailles de 1re classe aux Salons de 1824 et de 1827, et à l'Exposition universelle de 1855. Nommé chevalier de la Légion d'Honneur en 1832, il a été promu officier en 1852.

ISIDOR (Lazare), né à Lixheim (Meurthe), le 15 juillet 1813. Il fit ses études à l'Ecole centrale rabbinique de Metz, d'où il sortit en 1837. Nommé, tout aussitôt, rabbin à Phalsbourg, il se distingua par son zèle et son dévouement à la cause qu'il représentait. En 1847, il fut appelé, par les suffrages de ses coréligionnaires, à succéder à M. Ennery, grand rabbin de Paris. M. Isidor s'est fait surtout connaître par le concours qu'il a apporté à toutes les œuvres de charité et d'instruction, et a été nommé, en 1866, grand rabbin du Consistoire central des israélites de France. Il est chevalier de la Légion d'Honneur depuis le 15 août 1859.

ISOARD (Pierre-François-Achille), né à Reillanne (Basses-Alpes), le 30 avril 1814, fit ses études théologiques au grand séminaire de Digne. Ordonné prêtre en 1838, par Mgr Miollis, il fut successivement : desservant de Sainte-Croix-la-Lauze (Basses-Alpes); vicaire à Valensole (1843); puis à la paroisse de Saint-Sauveur de Manosque (1844). Quand son frère aîné fut nommé curé-doyen à Saint-Etienne-lès-Orgues, il obtint de Mgr Meïrieu, l'autorisation de l'y accompagner. M. l'abbé Isoard, dénué d'ambition, est resté simple prêtre. Il consacre à de précieux travaux historiques les loisirs que lui laisse l'exercice de son saint ministère. Ce qui le recommande à l'attention publique, ce sont les patientes recherches qui lui ont permis d'établir le manuscrit d'une *Biographie universelle*, divisée en 230 catégories, renfermant 37,552 articles, et qui ne représente pas moins de 4 gros volumes in-4°.

IVERNOIS (Jean-François-Jules d'), né à Genève (Suisse), de parents d'origine française, le 29 avril 1823. Venu à Paris en 1846, il suivit, seulement à partir de 1863, l'atelier de M. Armand Dumaresq, et se consacra de préférence à la peinture des sujets de marine. En 1865, il débuta au Salon de Paris avec un joli tableau : *Barque du lac de Genève*. A partir de cette époque, M. d'Ivernois s'est fait représenter à toutes les expositions, celle de 1872 exceptée. On lui doit notamment : *L'Antilope à la côte d'Afrique*, marine (1866); — *Combat du corsaire français le* Curieux *avec un cutter de la marine royale britannique, en 1810*, tableau appartenant au roi de Portugal, et placé dans la galerie royale de Lisbonne (1867) ; — *L'abordage* (1868); — *L'aurore du dernier jour* (1869); — *Gardes-côtes et pêcheurs au mouillage* (1870); — *Navires en rade* (1873).

JABOUIN (Bernard), né à Bordeaux, le 7 décembre 1810. Fils d'un sculpteur ornemaniste distingué, M. Jabouin a suivi la carrière paternelle. Après avoir servi dans l'armée d'Afrique, où il a fait les campagnes de 1832 à 1839, et dont il est sorti avec les galons de maréchal-des-logis-chef au 1er régiment de spahis, il est rentré dans sa ville natale rapportant de l'Algérie le goût de l'architecture orientale, et des observations qui le préparaient à l'étude de l'archéologie. Ses dispositions naturelles aidant, fortifiées par des voyages en Belgique, en Italie, en Espagne, et surtout dans les différentes provinces de la France, il s'inspira des travaux de MM. de Montalembert, Didron, de Caumont, Lassus, Viollet-Leduc, et lutta vigoureusement contre le mauvais goût qui prédominait dans les constructions ou les réparations du mobilier des églises. Encouragé dans ses efforts par des savants et surtout par Mgr Donnet, cardinal-archevêque de Bordeaux, il débuta par des travaux de marbrerie, de sculpture, y joignit bientôt ceux de menuiserie et de serrurerie artistique, de peinture polychrome et de galvanoplastie, etc., et se fit une très-honorable position. M. Jabouin travaille pour plusieurs diocèses de France et du Chili. Il a exécuté des restaurations dans l'église de Saint-Seurin de Bordeaux, et y a fait notamment plusieurs autels, la grande crédence, le banc d'œuvre et la magnifique chaire, ces trois objets en bois de chêne d'un fort bon style. Parmi ses autres œuvres, on distingue : l'église Saint-Eloi (autel avec statue de la Vierge en marbre, stalles en chêne); deux autels à l'église Saint-Ferdinand ; la mosaïque de la chapelle du Mont-Carmel à la cathédrale, et beaucoup de remarquables travaux faits dans les autres églises du diocèse, sous la direction de MM. Abadie, Alaux, et autres architectes. Les diocèses d'Auch, Agen, Cahors, Bayonne, la Rochelle, Limoges, Angoulême, Tarbes, Périgueux, Séez, Coutances, etc., possèdent dans leurs églises des autels, chaires, statues, confessionnaux, stalles, mosaïques, dus au bon goût et à la science archéologique de cet artiste. Dans le diocèse d'Aire, il a fait plusieurs autels, à Tartas, à Peyrehorade, et surtout à la cathédrale où il a meublé et décoré quatre chapelles sous la direction de l'architecte Sibien. Citons encore un autel en marbre avec bas-relief de la mort de la Vierge, médaillé à l'Exposition universelle de 1855, et placé à Angoulême, dans la chapelle des Carmélites ; une cuve baptismale en marbre, médaillée à l'Exposition universelle de 1867, et achetée par la ville de Paris pour la nouvelle église Saint-Ambroise ; les autels en marbre de Mirande, Riscle, Agen ; la chaire de Lescar, près de Pau ; celles de Sourdeval (Manche) et de Sorde (Landes); la mosaïque de la chapelle de la Vierge à la cathédrale de Périgueux ; le mobilier complet des églises de Saint-Front (Orne) et Brécey (Manche), etc. M. Jabouin, dont la réputation s'augmente chaque jour, est un de nos artistes qui se sont le mieux inspirés des traditions chrétiennes et catholiques. Médaillé dix fois aux expositions nationales et régionales de France, il est membre de la Commission des monuments historiques de la Gironde ; et, à la suite de l'Exposition romaine de 1870, il a été récompensé des services rendus à l'art chrétien, par N. S.-P. Pie IX qui l'a fait chevalier de l'ordre de Saint-Grégoire-le-Grand.

JACCOUD (François-Sigismond), né à Genève, le 20 novembre 1830. Il a été reçu bachelier ès lettres dans sa ville natale, s'est rendu à Paris pour étudier la médecine, et y a donné des leçons de latin, de grec et de musique, pour subvenir aux nécessités du moment. Bachelier ès sciences, puis externe en 1854, interne en 1855, il remporta la grande médaille d'or des hôpitaux en 1859, prit le grade de docteur en 1860, et fut reçu le premier au concours des hôpitaux en 1862, et à celui d'agrégation à la Faculté en 1863. La même année, il fut chargé par le gouvernement d'aller étudier l'organisation des Facultés de médecine en Allemagne ; et, à son retour, il publia un remarquable *Rapport* qui lui valut d'être nommé chevalier de la Légion d'Honneur ; ses travaux scientifiques lui valurent également les grades de chevalier de la Couronne royale de Prusse, et d'officier de l'ordre de Saint-Jacques de Portugal. M. Jaccoud a suppléé M. Natalis-Guillot à la Charité en 1866, et a rempli les fonctions d'abord de secrétaire-organisateur, puis de secrétaire-général au Congrès médical international, en 1867. On lui doit : *Conditions pathogéniques de l'albuminurie*, thèse de doctorat ; — *L'humorisme ancien comparé à l'humorisme moderne*, thèse d'agrégation ; — deux volumes, l'un sur les *Paraplégies* et l'*Ataxie*, l'autre de *Clinique médicale* ; — *Actes du congrès médical international en 1867*. M. le docteur Jaccoud, médecin de l'hôpital Lariboisière, est le directeur de la rédaction du nouveau *Dictionnaire de médecine et de chirurgie pratiques*. Il a publié, en 1869-1870, un *Traité de pathologie interne* qui, en moins de deux années, est arrivé à sa seconde édition.

JACQUEMART (Albert), né à Paris, en 1808. Il suivit la carrière administrative, entra dans les douanes, et devint chef de bureau à la direction centrale. En même temps, il se livrait à l'étude de la botanique, des arts industriels, et à des travaux techniques sur lesquels se fixa bientôt l'attention du public et du gouvernement. On lui doit : *Flore des dames, botanique à l'usage des dames et des jeunes personnes* (1840, nouv. édit. avec 10 grav., 1841) ; — *Nouveau langage des fleurs* (1841, avec 12 pl. color.) ; — *Histoire artistique, industrielle et commerciale de la porcelaine*, en collaboration avec M. E. Le Blant (1861-1862, 3 parties in-4 avec 28 pl.) ; — *Notices sur les majoliques de l'ancienne collection Campana* (1863, in-4 avec pl.) ; — *Merveilles de la céramique*, insérées dans la *Bibliothèque des merveilles* (1866 et suiv.). M. Albert Jacquemart a fait partie du jury dans plusieurs expositions d'arts industriels, et de la Commission de l'histoire du travail à l'Exposition universelle de 1867. Il a été nommé chevalier de la Légion d'Honneur le 14 août 1869.

JACQUEMART (Jules-Ferdinand), né à Paris, le 3 septembre 1837; fils du précédent. Son père, tout en lui inspirant de bonne heure le goût des beaux-arts, l'engagea pourtant à demander aux affaires une carrière plus sûre. Mais, entraîné par sa vocation, il y renonça, et parut au Salon de 1864 avec deux peintures à la gouache : *Canards sauvages* et *Courlis*, études faites en vue des travaux décoratifs auxquels il se livra dès ce moment, tout en poursuivant son éducation artistique. L'année suivante, comme son père publiait l'*Histoire artistique, industrielle et commerciale de la porcelaine*, il entreprit d'en graver les planches à l'eau-forte, ce qui l'amena à se consacrer tout entier à cet art expressif et attachant. En dehors de quelques compositions de fleurs, de 5 ou 6 planches, compositions diverses d'après nature pour la *Société des aquafortistes*, et d'un certain nombre de pièces isolées recherchées par les amateurs, on retrouve M. Jacquemart aux Salons suivants, avec les planches du magnifique ouvrage publié par M. H. Barbet de Jouy à la chalcographie du Louvre : *Les gemmes et joyaux de la couronne*, dans lequel il met au jour un côté nouveau de l'eau-forte, le relief, la coloration et l'expression intime de ces chefs-d'œuvre des orfèvres et lapidaires des siècles passés. Il poursuit en même temps la publication de 100 planches destinées à l'*Histoire de la bibliophilie*, et a gravé, pour les *Annales archéologiques* et la *Gazette des Beaux-Arts*, différentes pièces d'après des tryptiques bysantins, des bijoux du musée Campana, des armures des collections de MM. Thiers, Soltikoff, Pourtalès, de Morny, de Nieuwerkerke, Czartoriski, de Montbrison, etc. Les Salons de 1865 et 1866 nous montrent des travaux d'un autre ordre : le *Soldat et la fillette qui rit* de Van der Meer de Delft, des portraits de Frans Hals et de Rembrandt, des marines de Van Goyen, des Greuze, des Fragonard, des Reynolds, etc., tirés des galeries de MM. Léopold Double, Bischoffsheim, Wilson, etc. En 1872, c'est la suite des eaux-fortes d'après les principaux tableaux du musée de New-York, ouvrage en cours d'exécution, et un portrait à l'aquarelle, exécuté à Bruxelles, et qui vaut à l'auteur d'être élu membre de la Société royale belge des aquarellistes. M. Jacquemart a fait partie chaque année, depuis 1868, du jury de gravure, et, depuis 1872, de la Commission des expositions internationales. Il a obtenu des médailles aux Salons de 1864 et 1866, et celle de 3e classe à l'Exposition universelle de 1867. Membre du jury international et président de la classe de gravure à l'Exposition universelle de Vienne, il a été nommé chevalier de François-Joseph à la suite de cette Exposition. M. Jacquemart est chevalier de la Légion d'Honneur depuis 1869.

JACQUEMART (Henri-Alfred), né à Paris, le 24 février 1824. Fils d'un industriel, il ne suivit que peu de temps la carrière paternelle, et l'abandonna de bonne heure pour celle des arts. Paul Delaroche lui donna quelques conseils. En 1847, il débuta au Salon de Paris avec un *Héron*, groupe en plâtre. Puis il exposa successivement : *Etude d'un cheval tunisien* (1849) ; — *Tigre à l'affût*; *Portrait de femme* (1850) ; — un grand *Lion*, bronze (E. U. 1855) ; — *Lion de ménagerie*, bronze (1857) ; — *Molock*, étude de chien courant, en marbre ; *Statue équestre du général Bonaparte en 1796*, en plâtre (1863), en bronze (1864). Depuis cette époque, M. Jacquemart s'est livré exclusivement à la statuaire monumentale. On lui doit notamment : *Prisonnier livré aux bêtes* (1865) ; — *Michel Ney le 7 décembre 1815*, statue en plâtre (1868) ; — *Louis XIII*, statue équestre, haut-relief en bronze pour l'Hôtel-de-Ville de Compiègne (1869) ; — *Statue équestre de l'empereur Napoléon III*, commandée par l'empereur pour être placée au palais du Louvre (1870) ; les événements survenus presque aussitôt interrompirent l'exécution de cet ouvrage à la fonderie ; — *Statue équestre colossale de Méhémet-Ali-Pacha*, qui décore la place des Consuls à Alexandrie d'Egypte (1872) ; — quatre *Lions* colossaux destinés à la décoration du pont de Kars-el-Nil, au Caire (1873) ; — *Statue de*

Solyman-Pacha, major-général de l'armée égyptienne sous Ibrahim-Pacha (1874). Enfin M. Jacquemart a exécuté la statue de *Mohammed Lazzoglou, premier ministre de Méhémet-Ali*, pour la ville du Caire, et un grand nombre d'ouvrages dans les monuments et églises de Paris. La restauration de la fontaine du Châtelet et les deux griffons de la fontaine Saint-Michel sont dus à cet artiste. M. Jacquemart a reçu des médailles aux Salons de 1857, 1863 et 1865, et la croix de la Légion d'Honneur en 1870.

JACQUET (François-Désiré), né à Orléans, le 4 janvier 1816. Il fit ses études classiques et théologiques dans sa ville natale, reçut l'ordination en 1840, et prit le grade de licencié ès lettres à la Faculté de Paris en 1845. Professeur au petit séminaire d'Orléans depuis 1838, il devint directeur de la pension des Minimes en 1846, et fut appelé à Paris, en 1852, pour remplir les fonctions d'aumônier à l'Institution Favard. M. l'abbé Jacquet a été chargé, par Mgr Darboy, de la direction générale de l'*OEuvre de l'adoption* (1866), à la mort de l'abbé Maîtrias, son fondateur. Cette institution charitable a pour but de recueillir, en France, le plus grand nombre possible d'orphelins et d'orphelines de père et de mère. Ces enfants sont formés surtout aux travaux agricoles; et, quand ils ont atteint l'âge de 18 ans pour les garçons, de 21 ans pour les filles, on leur procure des places dans des maisons honorables, où ils ne risquent pas de perdre le goût du travail et les principes de morale dans lesquels ils ont été élevés. L'OEuvre de l'adoption, qui ne possède et ne veut posséder aucun établissement, n'est rivale d'aucune des œuvres particulières créées dans le même but; et nous ferons suffisamment ressortir l'utilité de l'institution confiée aux soins éclairés de M. l'abbé Jacquet, en constatant que, depuis quinze ans qu'elle existe, plus de 1,600 enfants pauvres lui ont été présentés, et que le Conseil en a adopté près de 800, dont 400 sont encore à sa charge et 150 sous sa maternelle surveillance.

JACQUET (Jean-Gustave), né à Paris, le 25 mai 1846. Élève de M. Bouguereau, il ne tarda pas à se faire, comme artiste peintre, une position distinguée, et exposa pour la première fois, en 1865, deux tableaux très-bien jugés par la critique : *La modestie; La tristesse*. A partir de ce moment, il fit tous les ans des envois aux Salons. Voici la liste de ses œuvres exposées : le portrait de M. *J. Jacquet*; celui de M. *S. Guillemin* en costume du XVI° siècle (1866); — le portrait de Mlle *Fanny G. Mengozzi*; *L'appel aux armes (XVI° siècle)* (1867); — *Sortie d'armée, lansquenets, soldats, mercenaires allemands au XVI° siècle* (1868); — *La Judice; Jardin à Lesmaës*, dans le Finistère (1869); — *Jeune fille tenant une épée* (1872); — *Grande fête en Touraine, vers 1565* (1873). M. Jacquet a obtenu une médaille au Salon de Paris, en 1868.

JALABERT (Charles-François), né à Nîmes, le 1er janvier 1819. Il commença ses études artistiques dans son pays natal, chez M. A. Colin. Venu à Paris en 1839, il suivit l'atelier de Paul Delaroche, ainsi que les cours de l'Ecole des beaux-arts, où il remporta le second premier grand prix de Rome en 1842. Après quatre ans d'études complémentaires à Rome, il débuta, au Salon de Paris, avec un tableau représentant *Virgile chez Mécène lisant les Géorgiques*, qui fut placé au Musée du Luxembourg. Depuis, cet artiste a notamment exposé : *La Villanella*, souvenir de Rome; *Les quatre évangélistes*, exécutés sur émail pour la manufacture de Sèvres (1852); — *L'Annonciation*, placée dans la chapelle des Tuileries; *Nymphes exécutant les chants d'Orphée* (1853); — *Jésus-Christ à Getsémany*, au Musée du Luxembourg; *La Villanella; L'Annonciation*; le portrait de M. *Adolphe Fould* (E. U. 1855); — *Roméo et Juliette: Raphaël dans son atelier*; le portrait de M. *de Belleyme* (1857); — *Une veuve*; le portrait de Mme *A. Fould* (1861); — *Le Christ marchant sur la mer*, tableau acquis par l'empereur; *Maria Abruzze* (1863); — le portrait de la grande duchesse *Marie de Russie* (1871); — *Le réveil* (1872). En outre, M. Jalabert a exposé beaucoup de portraits anonymes. On lui doit aussi bon nombre de portraits non exposés : la comtesse *de Montijo*, la duchesse *d'Albe*, le com^{te} et la comtesse *de Paris*, le duc et la duchesse *d'Aumale*, la princesse *Marguerite de Nemours*, la duchesse de *Chartres*, le duc de *Chartres*, etc. Enfin, le même artiste a exécuté beaucoup de compositions décoratives, telles que la *Nuit développant ses voiles*, plafond d'une chambre à coucher à l'hôtel Péreire, un *Hommage à l'aurore*, décoration d'un salon à l'hôtel C. Say, etc. M. Jalabert a remporté des médailles de 3° classe en 1847, 2° classe en 1851, de 1re classe en 1853, de 1re classe à l'Exposition universelle de 1855, et de 2° classe à celle de 1867. Ces deux dernières grandes expositions lui ont valu la croix de la Légion d'Honneur en 1855 et sa promotion au grade d'officier en 1867.

JANET (Paul), né à Paris, le 30 avril 1823. M. Janet a fait de brillantes études au lycée Saint-Louis. Admis à l'Ecole normale supérieure en 1841, agrégé de philosophie en 1844, agrégé des Facultés et docteur ès lettres en 1848, il a été nommé professeur de philosophie au collége de Bourges en 1845, et chargé du même cours à la Faculté des lettres de Strasbourg en 1848. Puis il a été appelé à occuper la chaire de logique au lycée Louis-le-Grand en 1857, et nommé professeur de l'histoire de la philosophie à la Faculté des lettres de Paris en 1864. M. Janet est membre de l'Académie des sciences morales et politiques (section de morale, et plus tard section de philosophie) depuis le 13 février 1864. Il a publié : *Essai sur la dialectique de Platon* (1848), seconde édition sous ce titre : *Essai sur la dialectique dans Platon et dans Hégel* (1860); — *De plastica naturæ vita* (Pleastic life of nature) *quæ a Cudwortho in systemate intellectuali celebratur* (1848, 2° édit. en français, 1860), — *La famille; Leçons de philosophie morale*, ouvrage couronné par l'Académie française (1855, 10° édit., revue et corrigée 1873); — Une traduction des *Confessions* de saint Augustin (1857); — *Histoire de la philo-*

sophie *morale et politique, dans l'antiquité et les temps modernes* (1858, 2 vol.), ouvrage couronné par l'Académie des sciences morales et politiques et par l'Académie française, et dont une seconde édition remaniée et considérablement augmentée a paru en 1872, sous ce titre : *Histoire de la science politique dans ses rapports avec la morale; — Philosophie du bonheur* (1862, 4e édit., 1873); — *Le matérialisme contemporain en Allemagne. Examen du système du docteur Buchner* (1864); — *La crise philosophique.* MM. Taine, Renan, Littré et Vacherot (1865); — *Le cerveau et la pensée* (1867); — *Eléments de morale* (1870); — *Les problèmes du XIX.e siècle* (1872); — *La morale* (1874). M. Janet a fourni des articles à la *Liberté de penser*, à la *Revue des Deux-Mondes* à la *Revue de législation* et au *Dictionnaire des sciences philosophiques*. Il est chevalier de la Légion d'Honneur depuis le 11 août 1860.

JANZÉ (Charles, baron DE), né à Paris, le 15 août 1822. M. le baron de Janzé a été nommé, en 1863, député au Corps législatif par la 5e circonscription des Côtes-du-Nord. Combattu énergiquement aux élections de 1869, comme ayant été l'un des préparateurs actifs de l'amendement « des 45, » lequel avait pour but de transformer l'Empire autoritaire en Empire libéral et parlementaire, il échoua de même que ses amis, MM. Lambrecht et Pouyer-Quertier. Le 2 juillet 1871, les électeurs des Côtes-du-Nord le choisirent de nouveau pour les représenter à l'Assemblée nationale, en remplacement du général Trochu, optant pour un autre département; et il fut élu par plus de 65,000 suffrages, aucun concurrent ne lui ayant été opposé. Il a pris place au Centre-Gauche et a voté notamment : *pour* la loi départementale, les propositions Rivet, Ravinel et Feray, le traité douanier, les amendements Barthe et Keller, l'impôt sur le chiffre des affaires ; *contre* l'amendement Target. Lors du vote relatif à l'impôt sur les bénéfices, il s'est abstenu. M. le baron de Janzé, membre du Conseil général des Côtes-du-Nord depuis 1864, pour le canton de Loudéac, a été réélu le 8 octobre 1871. Outre des discours prononcés à la Chambre sur des questions économiques, il a publié les brochures suivantes : *Lesurque; nécessité de réviser son procès; — Les accidents de chemins de fer; — Les finances et le monopole du tabac*, brochure destinée à mettre en relief les arcanes du budget, et les abus existant dans le service des tabacs, et provoquant, en outre, des explications de la part du directeur-général de cette administration, explications données depuis, et publiées; — *La transformation de Paris; causes du renchérissement de la vie dans la capitale; — Dix millions d'économie par la suppression des receveurs-généraux; — D'un impôt sur les valeurs mobilières; — Questions financières; le contrôle; moyens propres à l'établir sur les affaires du pays.*

JARRIT-DELILLE (Louis-Etienne), né à Guéret, le 24 février 1825. Petit-fils du baron Voisin de Gartempe, député de la Creuse sous la Restauration et pair de France sous la Branche-Cadette, il fut appelé de bonne heure aux affaires publiques. Son droit terminé à la Faculté de Paris, il se fit inscrire au tableau des avocats de Guéret. En 1830, il fut nommé maire de cette ville; et, en 1852, il prit place au Conseil général de la Creuse. Son indépendance de caractère, et la fermeté avec laquelle il défendait les intérêts de ses administrés, l'engagèrent dans des conflits avec l'autorité préfectorale; et, en 1863, aux approches des élections générales, il fut révoqué de ses fonctions de maire. De 1866 à 1870, il occupa la vice-présidence du tribunal civil de Guéret. M. Jarrit-Delille a été élu représentant de la Creuse à l'Assemblée nationale le 8 février 1871. Il siège dans les rangs des conservateurs-libéraux, assiste aux réunions Feray et Saint-Marc-Girardin, et a voté notamment : le traité de paix, la nomination des maires par les Conseils municipaux, le transfert de l'Assemblée à Versailles, l'augmentation du traitement des instituteurs. Il est chevalier de la Légion d'Honneur depuis 1867.

JAUBERT (Jean-Baptiste), né à Marseille, le 17 mars 1826. Il a pris le grade de docteur à la Faculté de Montpellier, le 14 janvier 1852, avec la thèse suivante : *Des causes de la phthisie pulmonaire chez l'homme et les animaux*. Médecin-inspecteur des eaux thermales de Gréoulx (Basses-Alpes), depuis le 2 décembre 1852, membre correspondant de la Société d'hydrologie et plusieurs fois lauréat de l'Académie, il a publié des travaux sur la médecine, la chirurgie, l'hydrologie, l'anthropologie, la géologie et la paléontologie, les mammifères et les oiseaux, qui ont paru sous forme de brochures, ou dans des recueils divers tels que la *Revue thérapeutique*, l'*Union médicale*, la *Revue zoologique*, les *Annales d'hydrologie*, et dans des journaux politiques. Ses *Lettres ornithologiques* (*Revue zoolog.*, 1851-1856), ont été réunies en volume. Enfin, on lui doit un bel ouvrage : *Richesses ornithologiques du midi de la France*, fait en collaboration avec M. Barthélemy (grand in-4°, avec pl. color.).

JAUBERT (Timoléon), né à Lagrosse (Aude), fin août 1806. Petit-fils d'un magistrat, et fils d'un employé des domaines, M. Jaubert fit son droit à la Faculté de Paris, et prit place, en 1829, au barreau de Carcassonne. En 1845, il entra dans la magistrature comme substitut auprès du tribunal civil de la même ville. Nommé sur place, juge, en août 1848, et juge d'instruction en septembre 1848, il fut élevé à la vice-présidence du même tribunal, en 1857. M. Jaubert a consacré ses loisirs à des travaux littéraires et philosophiques. Ami d'Allan-Kardec, il s'est beaucoup occupé de spiritisme. Il a remporté des prix de poésie aux Jeux-Floraux de Toulouse et aux concours littéraires et scientifiques de Nîmes et de Bordeaux. On lui doit notamment : *Fables et poésies diverses par un esprit frappeur* (1863, anonyme). Membre secrétaire et président de la Société des sciences de Carcassonne, il est aussi président d'honneur de la Société spirite de Bordeaux. Premier conseiller municipal de Carcassonne pendant plusieurs années, M. Jaubert fait actuellement partie du Conseil d'administration du lycée de cette ville. Il a été nommé chevalier de la Légion d'Honneur le 1er août 1868.

JAURÉGUIBERRY (Jean-Bernard), né à Bayonne, le 26 août 1815. Admis à l'Ecole navale de Brest en 1831, aspirant en 1832, enseigne de vaisseau en 1839, lieutenant de vaisseau en 1845, M. Jauréguiberry a été nommé capitaine de frégate en 1856, promu capitaine de vaisseau en 1860, et élevé au grade de contre-amiral, le 24 mai 1869. Il assista, sur le *Melpomène* et la *Junon*, au blocus des côtes de Hollande, en 1832 et 1833. Puis il prit, en 1839 et 1840, une part active dans nos luttes contre Buenos-Ayres. Commandant de l'aviso la *Chimère*, de 1852 à 1854, il fut chargé, pendant ce temps, de plusieurs missions très-importantes, et fut rappelé en France à la suite d'une épidémie de fièvre jaune qui avait enlevé les deux tiers de son équipage. A son retour, le ministre lui adressa un témoignage spécial de satisfaction, et, peu de temps après, l'inscrivit d'office sur le tableau d'avancement. Pendant la guerre de Crimée, M. Jauréguiberry, qui commandait la canonnière la *Grenade*, fut cité à l'ordre du jour de la flotte à l'occasion de la prise de Kinburn et d'un engagement avec des batteries ennemies dans le Dniéper. Ensuite il commanda, dans les mers de Chine, la *Gironde*, le *Primauguet* et la *Meurthe*. Pendant cette campagne de trois ans et demi, il prit d'abord part à la prise de Touranne, où il exerça, cinq mois durant, le commandement supérieur de la flottille d'avant-postes, et fut cité plusieurs fois à l'ordre du jour ; puis il concourut à la prise de Saïgon, où il exerça quatorze mois le commandement supérieur; enfin, il prit part à la seconde expédition de Chine. Dans cette dernière, le vice-amiral Charner l'ayant mis avec 800 marins à la disposition du général de Montauban, il se trouva mêlé à toutes les affaires qui ont amené la prise de Pékin et le traité de 1860, et fut porté deux fois, par le général en chef, à l'ordre du jour de l'armée. Gouverneur du Sénégal en 1861, puis commandant de la frégate cuirassée la *Normandie*, de 1863 à 1865, il fut, en 1867, appelé au commandement de la frégate cuirassée la *Revanche*. M. Jauréguiberry, désigné comme major de la flotte en 1869, fut appelé, en 1870, au commandement d'une division dans l'escadre d'évolutions, qui prit part au blocus des ports prussiens de la mer du Nord jusqu'au moment où, en septembre, il fut d'abord chargé du commandement en chef des lignes de Carentan, et plus tard de la première division du 16e corps (armée de la Loire). L'énergie et l'intelligence militaire dont il fit preuve le 1er décembre, à la bataille de Villepion, lui valut d'être mis à l'ordre du jour de l'armée. Cinq jours plus tard, il remplaça, à la tête du 16e corps, le général Chanzy nommé commandant en chef. Son influence sur les soldats était grande ; et certainement il fut, pendant cette funeste campagne, un des officiers généraux les plus aimés et les plus écoutés. C'est ce qui explique comment il parvint à tenir constamment l'ennemi en respect, avec des troupes inexpérimentées et de toute provenance, et à couvrir la retraite de l'armée de la Loire vers l'ouest. M. Jauréguiberry a été élevé au grade de vice-amiral, le 9 décembre 1870. Elu représentant des Basses-Pyrénées à l'Assemblée nationale, le 8 février 1871, par 41,768 voix, il a pris place au Centre-Droit et a voté notamment : *pour* la paix, les prières publiques; *contre* le retour de l'Assemblée à Paris. Nommé préfet maritime à Toulon, le 29 mai de la même année, il s'est trouvé, au mois de décembre suivant, en face de la nouvelle loi sur l'incompatibilité des fonctions, et a donné sa démission de représentant. M. Jauréguiberry est Grand-Officier de la Légion d'Honneur (17 novembre 1870), commandeur de l'ordre de Pie IX, dignitaire de l'ordre de la Rose du Brésil, et décoré du Medjidié de Turquie et de Saint-Ferdinand d'Espagne.

JAURÈS (Constant-Louis-Jean-Benjamin), né à Paris, le 3 février 1823. Frère d'un brillant officier général de la marine, il fut admis à l'Ecole navale de Brest en 1839, et nommé aspirant le 1er septembre 1841. Enseigne de vaisseau le 1er novembre 1845, lieutenant de vaisseau le 8 mai 1850, capitaine de frégate le 26 août 1861, il fut promu capitaine de vaisseau le 22 mai 1869. Il fit campagne en Crimée, en Italie, en Chine, en Cochinchine et au Mexique. En 1870, il commandait la frégate cuirassée l'*Héroïne*, faisant partie de l'escadre de la mer du Nord, lorsqu'il fut détaché par l'amiral Fourichon, ministre de la Marine, dans le courant de novembre, au ministère de la Guerre. M. Gambetta le chargea d'organiser, en qualité de général de brigade, le 21e corps qui rendit des services exceptionnels. A la tête de ses troupes improvisées, le général Jaurès donna des preuves d'une activité rare et de grandes capacités militaires. Cette courte campagne ne fut pour lui qu'une suite de combats : à Saint-Laurent-des-Bois, Marchenoir, Lorges, Morée, Fréteval, Lombron, Pont-de-Gennes, Savigné-Lévêque, et à Sillé-le-Guillaume. Dans cette dernière affaire, il mérita d'être promu général de division (16 janvier 1871). Mais, après la conclusion de la paix, il était difficile de lui conserver, dans l'armée de terre, l'avancement conquis sur le champs de bataille ; en sorte que, d'accord avec la Commission de révision des grades nommées par l'Assemblée, le ministre de la Marine lui donna les étoiles de contre-amiral, le 16 octobre 1871. Le 2 juillet précédent, il avait été élu, par 44,000 voix représentant du Tarn à l'Assemblée nationale. M. l'amiral Jaurès, républicain modéré mais convaincu, siége au Centre-Gauche. Il a voté notamment : *pour* la loi départementale, la dissolution des gardes nationales, le traité douanier, l'amendement Barthe, la dénonciation des traités de commerce, les propositions Rivet et Feray; *contre* la proposition Ravinel, les amendements Keller et Target, les impôts sur les bénéfices et sur le chiffre des affaires, l'ordre du jour motivé du 24 mai 1873, et contre la prorogation septennale des pouvoirs présidentiels. M. l'amiral Jaurès est officier de la Légion d'Honneur depuis le 22 avril 1861.

JAUSIONS (Marie-Anne-Jean-Pierre-Adolphe), né à Lesclauzade, commune de Muret (Aveyron), le 26 mai 1800. Il commença ses études médicales à la Faculté de Paris en 1819, obtint le diplôme de bachelier ès lettres en 1821, fut externe libre à la Pitié, et prit le grade de docteur en médecine le 28 avril 1825. Puis il se fixa dans son pays, où il ne tarda pas à jouir de la considération générale. M. Jausions, le plus ancien des maires du canton de Marsillac, occupe encore actuellement ses fonctions municipales. Deux fois les électeurs du canton de Rozouls l'ont envoyé au Conseil général de l'Aveyron sans que sa candidature ait été patronnée par l'administration. Il avait un fils qui, étant élève en médecine à Montpellier, se dévoua lors de l'épidémie cholérique de Toulon, en 1865, et mérita de recevoir un ouvrage, une médaille du ministre de l'Instruction publique, et une médaille de reconnaissance de la ville de Toulon. Mais ce jeune homme a succombé à ses fatigues et aux influences de l'épidémie, et son père, se trouvant seul, s'est adonné à l'exercice de la médecine désintéressée. Sa clientèle est une des plus étendues du département. M. le docteur Jausions est membre de l'Association générale de prévoyance et de secours mutuels des médecins de France. Il a été nommé chevalier de la Légion d'Honneur le 13 mars 1870.

JAVAL (Léopold), né à Mulhouse, le 1er décembre 1804. M. Léopold Javal fit la campagne d'Afrique, de 1830 à 1831, comme volontaire dans l'escadron de cavalerie indigène, se distingua à la prise de Blidah et de Médéah, de façon à attirer sur lui l'attention du maréchal Clausel, général en chef, et mérita le grade de sous-lieutenant et la croix de la Légion d'Honneur. Puis il quitta l'état militaire pour se consacrer aux affaires. Il construisit, avec son père et M. Nicolas Kœchlin, les chemins de fer d'Alsace, établit une ferme modèle à Vauluisant dans l'Yonne, défricha une partie des Landes de Gascogne, etc. Doué de rares aptitudes, il ne tarda pas à devenir un économiste distingué, très-versé dans les connaissances relatives à la finance, à l'industrie et à l'agriculture. Elu, en 1852, membre du Conseil général de la Gironde, où il siégea jusqu'en 1861, il fut porté au Corps législatif, le 21 juin 1857, malgré l'opposition du gouvernement impérial, par les électeurs de la 2e circonscription de l'Yonne, et vit renouveler son mandat en 1863 et 1869. M. Léopold Javal prit souvent la parole, notamment dans la discussion du budget, et traita de préférence les questions financières et agricoles. Il fut un des vingt-quatre députés qui repoussèrent les lois de sûreté générale, et c'est à lui qu'est dû l'amendement qui rend obligatoire le service de la garde mobile. Le 8 février 1871, il fut élu, par 41,581 voix, représentant de l'Yonne à l'Assemblée nationale, où il siégea sur les bancs de la Gauche-Modérée, et vota notamment : *pour* la paix, le retour de l'Assemblée à Paris, l'abrogation des lois d'exil, les propositions Rivet et Feray, la loi départementale ; *contre* la validation de l'élection des princes, la dénonciation des traités de commerce, le pouvoir constituant, la proposition Ravinel. Il représentait ses coreligionnaires du Haut-Rhin au Consistoire central des Israélites de France. M. Léopold Javal, décédé à Paris le 28 mars 1872, avait été promu officier de la Légion d'Honneur, en 1863, sur la proposition de la Commission de l'Exposition universelle de Londres.

JAVAL (Louis-Emile), né à Paris, le 5 mai 1839 ; fils du précédent. Sorti de l'Ecole des mines, en 1864, avec le brevet d'ingénieur, il a commencé, la même année, ses études médicales à Paris, et pris le grade de docteur, en 1868, avec une thèse sur le *Strabisme dans ses applications à la théorie de la vision*, qui obtint une médaille d'argent au concours des thèses de la Faculté. Il a été élu membre du Conseil général, pour le canton de Villeneuve-l'Archevêque (Yonne), le 8 octobre 1871. Lors de l'élection complémentaire du 9 juillet 1872, destinée à combler le vide laissé par son père à l'Assemblée nationale, M. Javal a posé sa candidature à titre de républicain modéré, et s'est vu préférer un candidat plus radical. Il a publié, depuis 1863, beaucoup d'articles dans les *Annales d'oculistique*.

JEANDET (Jean-Pierre-Abel), né à Verdun-sur-le-Doubs (Saône-et-Loire), le 17 septembre 1846. Bachelier ès lettres et ès sciences, il fit ses études médicales à Dijon et à Paris, fut attaché comme externe à l'hôpital de la Salpêtrière, et prit le grade de docteur en 1851. Dès longtemps il avait fait de nombreuses excursions dans le domaine des idées religieuses, politiques et sociales ; aussi salua-t-il avec joie l'avénement de la République en 1848. Membre des bureaux, délégué et vice-président des comités électoraux du XIIe arrondissement de Paris, il fut désigné, par la démocratie parisienne, au choix des électeurs de son département. Sa candidature à la Constituante n'eut qu'un demi-succès, et celle pour la Législative, posée trop tard, fut retirée par lui. Désabusé, d'ailleurs, de la vie publique par les excès, les faiblesses et les apostasies de son entourage politique, il rentra dans son pays natal, après le Coup-d'Etat, et partagea avec son père, ancien chirurgien des armées, ancien maire de Verdun et médecin distingué, les fatigues de sa délicate profession. Le Conseil municipal de Verdun leur vota, à tous deux, des remerciments pour leur courageuse conduite pendant l'épidémie cholérique de 1854. A la mort de son père, en 1860, il lui succéda dans diverses fonctions gratuites et charitables. Il présenta au Conseil municipal, en 1861, un mémoire relatif à la fondation, dans la petite ville de Verdun-sur-le-Doubs, d'une bibliothèque populaire et d'un musée d'histoire locale, appuyé de l'offre gratuite de sa propre bibliothèque et de ses précieuses collections bourguignonnes, fruits de vingt ans de recherches et de soins. Il est parlé avec éloges de cette proposition généreuse et démocratique dans les *Annales du bibliophile* de Louis Lacour (1862), et dans le *Journal des connaissances médicales* du docteur Caffe (1862). M. Abel Jeandet a été nommé médecin cantonal, pour le traitement gratuit des indigents, en 1860. Elu vice-président de la Société de secours mutuels de Verdun, puis conseiller municipal, il eut à remplir, comme adjoint, les fonctions de maire, et fut nommé maire en 1871. Pendant le rude hiver de 1870-1871, il transforma sa maison en ambulance, pour y soigner les blessés et les malades de nos armées de la Loire et des Vosges. En 1870, on lui offrit de poser sa candidature à la députation et au Conseil général; mais il refusa en ces termes : « Fatigué par vingt années de luttes incessantes que j'ai soutenues sans succès pour l'avènement pacifique des vrais principes républicains, je me sens fléchir sous les coups du sort qui accable notre malheureuse et coupable patrie. Certes, ma foi n'est pas éteinte, mais mes forces sont épuisées; mon âme est triste jusqu'à la mort. Placé entre le chaos du passé et l'obscurité de l'avenir, je médite et j'étudie de nouveau, au milieu de l'anarchie dissolvante du présent, les questions politiques et sociales que je croyais avoir résolues dans ma jeunesse. » M. Abel Jeandet est lauréat de l'Académie des inscriptions et belles-lettres et de celle de Mâcon, membre non résidant de l'Académie de Dijon, correspondant de la Société des sciences historiques et naturelles de l'Yonne, de l'Académie de l'Aube, de la Société d'histoire, de littérature et d'archéologie de Beaune, des Sociétés académiques de Semur-en-Auxois et d'Autun, de la Société des antiquaires de la Côte-d'Or, ancien membre de la Société française pour la conservation des monuments historiques, etc. Ses travaux historiques, scientifiques et littéraires et son dévouement à la chose publique lui ont valu de flatteuses distinctions. Il a donné le concours de sa collaboration active et désintéressée aux *Annuaires*, aux *Almanachs historiques* et à l'*Album de Saône-et-Loire*, de 1841 à 1854, au *Dictionnaire géographique des communes de France*, de Giraud de Saint-Fargeau (1846), à l'*Histoire des villes de France* (1846), aux *Annales du bibliophile* (1863), et à la *Bourgogne*, revue provinciale (1868-1870). De plus, il a fourni beaucoup d'articles concernant l'histoire, la biographie, la bibliographie et la littérature de sa province, ainsi que la politique et la médecine, à plusieurs revues et journaux, tels que le *Feuilleton de Paris*, le *Journal des connaissances médicales et pharmaceutiques*, la *Mouche de Saône-et-Loire* et de *l'Ain*, le *Patriote* et le *Démocrate de Saône-et-Loire*, la *Revue Bourguignonne*, la *Revue d'Autun*, le *Courrier de Saône-et-Loire*, la *Revue des provinces*, le *Progrès de Saône-et-Loire*, etc. Il est aussi l'un des collaborateurs de la *Nouvelle Biographie générale* de Didot, du recueil *Les poètes français*, etc. Voici comment M. F. Fertiault s'exprimait en juin 1861, dans le *Bulletin de l'Union des Poètes*, sur le compte de M. Jeandet (de Verdun) : « Quel est donc, pourra-t-on nous demander, ce consciencieux travailleur? Dans quelle bibliothèque vit donc ce chercheur infatigable qui sait mettre au jour ce que nul n'a connu avant lui? Ce travailleur n'a à sa disposition que le petit monticule de livres qu'un amateur éclairé peut amasser pour son usage, lorsqu'il se trouve relégué dans une ville de 1,900 âmes. Ajoutez que l'auteur de *Pontus de Tyard* est loin de posséder tous ses loisirs. Absorbé par une profession dont il sent toute l'importance, il est le docteur de son endroit, et n'ambitionne rien de plus que la modeste appellation, dans son sens patriarcal et dévoué, de médecin de campagne. Oui, c'est quand il a couru la journée, qu'il s'est levé la nuit, qu'il a visité les ouvriers malades, les enfants souffreteux, les mères pauvres, les vieillards impotents, c'est en revenant de ses longues courses, de ses tournées aussi fatigantes que désintéressées, qu'en guise de repos il compulse ses documents et nous prépare quelques-unes de ces pages où la clarté et l'esprit le disputent au savoir. » Beaucoup de littérateurs et de savants distingués ont parlé, dans le même sens, de la personne et des œuvres de M. Jeandet (de Verdun). Les travaux publiés par cet estimable écrivain sont très-nombreux et très-variés. Leur liste, fort considérable, se trouve dans la plupart des catalogues de librairie. Voici ceux qui ont été plus particulièrement remarqués : *Promenade historique sur la Saône, de Chalon à Verdun* (1841, 2ᵉ édit., 1851); — *Notice historique sur la ville de Verdun-sur-le-Doubs* (3ᵉ édit., 1846); — *Discours sur le courage civil* (1848); — *Profession de foi politique à ses concitoyens de Saône-et-Loire* (1848); — *Essai sur la topographie médicale du département de Saône-et-Loire* (1851); — *Galerie historique de la Bourgogne*, 1ʳᵉ livraison, XVIᵉ siècle, *Guerriers, Héliodore de Thiard de Bissy et Marguerite de Buseul, sa femme* (1854, 2ᵉ édit. augmentée, 1858); — *Une page de l'histoire inédite de Verdun en Bourgogne*; — *Lettre sur les armoiries de cette ville* (1856); — *Un petit souvenir, s. v. p., à Claude Robert, auteur de la première Gallia christiana*, humble supplique à MM. les savants de l'Institut de France (4ᵉ édit., 1857); — *Bibliographie bourguignonne : les Noëls bourguignons, de Bernard de la Monnoye*, suivis des *Noëls mâconnais*, avec traduction en regard du patois, par M. F. Fertiault; *Esquisse littéraire et critique* (1858); — *Lettre sur les richesses historiques de la Bourgogne* (3ᵉ édit., 1859); — *Etude sur le XVIᵉ siècle; France et Bourgogne; Pontus de Tyard, seigneur de Bissy, depuis évêque de Chalon* (1860), ouvrage couronné par l'Académie de Mâcon et qui a valu à son auteur une mention honorable de l'Institut de France en 1861; — *Tabourot, seigneur des Accords* (1861); — *Quelques réflexions à propos du secret médical dans la question du mariage*, lettre à M. le docteur Caffe (1863); — *Pages inédites d'histoire provinciale; Annales de la ville de Verdun-sur-Saône-et-Doubs, en Bourgogne*, fragments, 1600-1642 (1865); ces pages sont détachées d'une histoire complète de la ville de Verdun que l'auteur est à la veille de publier (1874); — *Louis Goujon; gerbes déliées* (poésies), introduction (1865); — *Illustrations bourguignonnes anciennes et modernes*; *M. P. A. Cap, pharmacien-chimiste et littérateur* (1866); — *Le général Thiard*, ancien député de Saône-et-Loire (1869), etc.

JEANNEROD (Claude-Charles-Georges), né à Besançon, le 25 mai 1832; fils d'un ancien avocat qui a rempli les fonctions de sous-préfet à Epernay. Après avoir fait des études spéciales au lycée de sa ville natale, puis au collége Rollin, il fut admis à l'Ecole Saint-Cyr en 1850. Sous-lieutenant au 8ᵉ d'infanterie de ligne en 1852, promu capitaine le 31 décembre 1863, il obtint d'être incorporé, en 1867, au 3ᵉ régiment de tirailleurs indigènes (province d'Oran), et donna sa démission en 1868. Il fit la campagne d'Italie, se distingua à la bataille de Solférino, et reçut à cette occasion la médaille de la Valeur militaire de Sardaigne. Ayant consacré les loisirs que lui laissaient ses occupations à l'étude des questions militaires, que ses opinions libérales lui faisaient envisager sous un point de vue nouveau, M. Jeannerod, rendu à la vie civile, se consacra au journalisme, fonda l'*Indépendant du Tarn*, à Castres, en 1868, puis devint rédacteur du *Temps*. Chargé par ce journal de la *Correspondance militaire*, en juillet 1870, il assista à la bataille de Sarrebruck, après laquelle il fut retenu quelque temps prisonnier des Allemands, et ensuite à la défaite de Sedan. Ayant de nouveau réussi à franchir les lignes ennemies, il revint à Paris au moment où l'Empire s'écroulait. Nommé préfet de l'Oise, par décret du 7 septembre, il se rendit à Beauvais; mais les Prussiens ne tardèrent pas à l'en chasser. Alors il se mit à la disposition de la délégation de Tours, qui le plaça sous les ordres du général Faidherbe, avec mission d'organiser un camp à Saint-Omer. Cette dernière tentative de défense, préparée au commencement du mois de janvier 1871, fut rendue inutile par la suspension d'armes qui suivit un mois plus tard. Depuis cette époque, M. Jeannerod n'a pas cessé de prêter au journal le *Temps* sa collaboration assidue.

JEANNIOT (Pierre-Alexandre), né à Champlitte (Haute-Saône), le 28 mai 1826. Élève de l'École des beaux-arts de Dijon, il se rendit à Genève en 1847, suivit les ateliers de Diday et de Calame, et se consacra spécialement, pendant plusieurs années, à la peinture des paysages. Voici la liste des œuvres de ce genre que M. Jeanniot a fait paraître au Salon de Paris : *Vue du Mont-Blanc*; *Le Bain*, souvenir des environs de Genève, acquis par l'État (1851); — *Vue prise dans la combe de Chambolle* (Côte-d'Or); *Bords du Tillou près d'Annecy*; *Vue prise à Beire-le-Châtel*, dans la Côte-d'Or (1857); — *Les bords du Suran* (Ain); *Vue prise à Semur-en-Auxois*, effet d'automne; *Environs de Pont-d'Ain*, effet du matin (1859); — *Cours de la Tille à Beire-le-Châtel*; *Bords de l'Armançon près Semur-en-Auxois*; *Vue prise à Longvic près Dijon* (1861); — *La vallée de l'Ignon près Dienay*, dans la Côte-d'Or (1865); — *Le matin, près Saint-Julien*, dans la Haute-Savoie (1866); — *Vue prise près de Villecomte*, dans la Côte-d'Or (1867); — *La rentrée du troupeau* (1868); — *Effet de crépuscule* (1869); — *Le catéchisme*, paysage (1870); — *Bords du Lizon à Nans-sous-Sainte-Anne* (Doubs); *En grand'garde*, tableau qui est le portrait de M. G. Jeanniot, fils de l'auteur (1872). On doit au même artiste un certain nombre de portraits qui ont figuré au Salon de Paris, entre autres celui de Mme Darras, pastel (1867), et ceux de Mme Quoniam, pastel, et du général Osmond (1868); le portrait de M. le procureur-général *de Leffemberg* (1869), et celui de Mme *Ch. Achard* (1873). M. Jeanniot a fait, en outre, un grand nombre de tableaux, sujets de genre placés dans les collections publiques ou particulières : *Vue prise à Gaillard près Genève* (1848) ; — trois *Vues du château de Dijon*, placées au musée de cette ville (1867); — *Vue du lac d'Annecy près Talloire*, acquise par la ville de Nancy pour son musée (1868); — *Vue d'Annecy depuis la Puyaz*, collection Joliet; *Effet d'hiver* (1856); — *Hallali*, à M. Ch. de Meixmoron (1865); — *Les trois amis*; *Intérieur de marché*, à M. Court; *Le lac des Quatre-Cantons*, cabinet de M. Piet (1872), etc. M. Jeanniot a remporté des médailles aux expositions de Dijon (1858), Troyes (1860), Metz (1861), Bayonne (1863), Nancy (1864), Langres (1873). Attaché depuis 1855 à l'École nationale des beaux-arts de Dijon, il est actuellement directeur de cet établissement.

JESSAINT (Henry-Fernand, *vicomte* DE), né à Saint-Denis (Seine), le 13 mai 1826, est le petit-fils du vicomte de Jessaint qui fut préfet de la Marne pendant quarante ans, et mourut pair de France et Grand-Officier de la Légion d'Honneur en 1853, au château de Beaulieu (Aube), et le fils du baron de Jessaint, successivement sous-préfet de Soissons, de Genève (dans les Cent-Jours), de Saint-Denis, préf.t de la Lozère, du Gard, d'Eure-et-Loir et de la Haute-Marne, conseiller d'État, mort prématurément, commandeur de la Légion d'Honneur, en 1849, au château de Beaulieu. M. le vicomte Fernand de Jessaint, seul héritier de son nom, entra dans la carrière administrative, le 22 janvier 1852, comme conseiller de préfecture à Lille, après avoir rempli les fonctions de secrétaire particulier, chef du cabinet du préfet d'Eure-et-Loir. Il fut, de 1856 à 1863, sous-préfet de Bellac, d'Autun, de Saint-Omer et de Dunkerque, devint préfet de la Creuse, le 19 janvier 1868, et passa à la préfecture de l'Ain, le 3 mars 1869, puis à celle du Lot, le 26 novembre de la même année. M. le vicomte de Jessaint a quitté les affaires publiques après la révolution du 4 Septembre 1870. Il est chevalier de la Légion d'Honneur (13 août 1861) et de l'ordre de Léopold de Belgique.

JOBERT (Narzale), né à Aubeterre-sous-Barbuise (Aube), le 14 janvier 1839, d'une famille d'agriculteurs. Il fit ses premières classes au petit séminaire de Troyes, et ses études théologiques au grand séminaire de la même ville. Ordonné prêtre en 1864, il fut nommé desservant de Courtaoult, canton d'Ervy, dans son département. Il administra avec tant de bonheur que son évêque voulut bientôt l'appeler à un poste plus considérable. Mais il refusa tout avancement, et préféra les modestes fonctions qui lui laissaient assez de loisir pour s'adonner à l'étude et cultiver les arts et les lettres, particulièrement la poésie. M. l'abbé Jobert a publié des vers dans un grand nombre de recueils, tels que : *Fleurs et Fruits*, *Ombres et Rayons*, *Aigles et Colombes*, *le Tournoi poétique*, l'*Echo des Trouvères*, etc. Il a collaboré à diverses publications périodiques, au *Bulletin religieux et littéraire de Troyes*, au *Journal des Poëtes*, aux *Olympiades*, au *Petit Annuaire d'Ervy*, à l'*Arcisien*, etc. M. Narzale Jobert a édité à part : *La Chaumière*, petit poëme agreste vendu au profit des paysans ruinés par la guerre, et dont la critique a parlé très-favorablement (1872) ; — *La Verginella*, idylle publiée en faveur des jeunes orphelines de l'Alsace-Lorraine (1873) ; — *La Roche tarpéienne*, recueil de sonnets, dont le produit est destiné au soulagement d'ouvriers malheureux (1874). M. Jobert, lauréat de l'Association poétique de

France et membre d'honneur des Concours littéraires de Bordeaux, est aussi membre de l'Académie des poëtes et de la Société biographique de France. Nous croyons pouvoir dire qu'il joint à un talent de description très-réel, un vif sentiment de la nature. Ses poëmes, curieusement travaillés, brillent par des détails originaux et pittoresques, et plaisent surtout aux connaisseurs et aux délicats.

JOBEZ (Alphonse), né à Lons-le-Saulnier, le 1er août 1813. Issu d'une bonne famille de la Franche-Comté, et fils d'un député du Jura sous la Restauration, il fit son droit à la Faculté de Paris, de 1833 à 1836. Puis il suivit la carrière paternelle, en dirigeant des forges qui lui appartenaient à Syam, canton de Champagnole, dans le Jura, se fit bientôt une très-grande position dans le pays, et devint l'un des chefs du parti libéral. En 1838, il fut élu membre du Conseil général. Après la révolution de Février, il siégea, comme représentant du Jura, à l'Assemblée constituante, où il vota généralement avec la Droite, et fit partie du Comité des affaires étrangères. Résidant tantôt à Paris et tantôt dans le Jura, il se livra à des recherches sur les questions économiques et sociales. On doit à M. Jobez : *Une préface au socialisme, ou le système de Law et la chasse aux capitalistes* (1848); — *La démocratie, c'est l'inconnu* (1849); — *La femme et l'enfant, ou misère entraîne oppression* (1852); — *La France sous Louis XV, de 1715 à 1774* (1864-1873, 6 vol.).

JOHNSTON (Nathaniel), né à Bordeaux, le 29 mai 1836. Issu d'une riche famille du Bordelais, il fut admis à l'Ecole polytechnique, mais ne suivit aucune des carrières ouvertes devant lui quand il sortit de cette Ecole. De retour dans son pays, il s'occupa de questions économiques et commerciales. Lors des élections générales de 1869, il fut élu député de la Gironde au Corps législatif. A la Chambre, il siégea au Centre-Gauche, fit au pouvoir une opposition conservatrice, signa la demande d'interpellation des Cent-Seize, et protesta contre la déclaration de guerre, voulant tout au moins, comme 83 de ses collègues, communication préalable des pièces diplomatiques. Quand éclata la révolution du 4 Septembre, il essaya vainement de rassembler dans sa maison les députés restés fidèles à l'ordre établi, pour s'opposer à l'installation d'un pouvoir nouveau. Le 8 février 1871, il fut élu, par 94,914 voix, représentant de la Gironde à l'Assemblée nationale, où il prit place sur les bancs de la Droite et remplit pendant quelque temps les fonctions de secrétaire. M. Johnston a voté notamment : *pour* la paix, l'abrogation des lois d'exil, la validation de l'élection des princes d'Orléans, le pouvoir constituant, les prières publiques, la loi départementale, le traité douanier, les propositions Rivet, Ravinel et Feray, les impôts sur les bénéfices et sur le chiffre des affaires, la proposition Ernoul (24 mai 1873), la prorogation septennale des pouvoirs présidentiels ; *contre* le retour de l'Assemblée à Paris, la dénonciation des traités de commerce, l'amendement Keller. Sur les amendements Barthe et Target, il s'est abstenu. M. Johnston a pris une part brillante à la discussion de l'impôt sur les matières premières, qu'il a repoussé énergiquement. Il est le seul des anciens députés de la Gironde qui siège maintenant à l'Assemblée nationale.

JOINVILLE (François-Ferdinand-Philippe-Louis-Marie d'ORLÉANS, *prince* DE). né à Neuilly (Seine), le 14 août 1818. S. A. R. Monseigneur le prince de Joinville est le troisième fils de feu Louis-Philippe Ier, roi des Français. Il fit ses études classiques au collége Henri IV, sous la direction d'un précepteur, embrassa la carrière de la marine, navigua sur les côtes de France et d'Italie, et se présenta avec succès aux examens de l'Ecole navale de Brest. Nommé enseigne en 1835, il passa lieutenant de vaisseau en 1836, fut envoyé rejoindre, dans le Levant, l'escadre de l'amiral Hugon, parcourut les côtes de Syrie, visita le Liban, la Palestine, Saint-Jean-d'Acre, repartit sur l'*Hercule* pour un voyage transatlantique, et, au lieu de suivre son itinéraire, prit terre à Bône, en 1837, pour assister au siége de Constantine, auquel était déjà présent le duc de Nemours. Arrivé après la prise de la ville, il se rembarqua et visita le Brésil et les Etats-Unis. En 1838, comme commandant de la corvette la *Créole*, il se joignit à l'escadre d'opérations commandée par l'amiral Baudin, dans les eaux du Mexique, obtint que son navire, placé d'abord en réserve, eût le premier rang dans l'attaque du fort Saint-Jean-d'Ulloa, réussit à démonter une batterie de la citadelle, et, par sa belle conduite, mérita d'être mis à l'ordre du jour. Lors de l'attaque de Vera-Cruz, il se mit à la tête de ses compagnies de débarquement, força la porte de la ville, entra le premier dans la place, et, de sa propre main, fit prisonnier le général Arista. Ce coup d'audace lui valut la croix de la Légion d'Honneur et le grade de capitaine de vaisseau. Chef d'État-major de l'amiral Lalande dans le Levant, puis commandant de la *Belle-Poule*, il fut chargé par le gouvernement, comme chef d'expédition, en 1840, d'aller chercher à Sainte-Hélène et de ramener en France le corps de Napoléon Ier. L'année suivante, il fut envoyé à la station de Terre-Neuve et ensuite aux Etats-Unis. Peu de temps après, il fut attaché de nouveau à l'escadre et à la station du Sénégal. Marié, à Rio de Janiero, le 1er mai 1843, avec S. A. I. la princesse Françoise de Bragance, sœur de l'empereur Don Pedro II du Brésil, il fut, à son retour en France, élevé au grade de contre-amiral et autorisé à assister, avec voix délibérative, aux séances du Conseil d'amirauté. Bientôt après, il reçut la mission d'aller inviter la reine d'Angleterre à visiter la France. Il prit une part active aux travaux de la Commission supérieure pour l'examen des questions relatives à la construction, à l'organisation et à l'achèvement des bâtiments à vapeur. En 1845, il commanda l'expédition du Maroc, bombarda Tanger, s'empara de Mogador, et fut promu vice-amiral. Commandant de l'escadre d'évolutions de la Méditerranée en 1846, il parcourut, à la tête de la 1re division de cette escadre, les côtes de France, de Tunis, des Baléares, de l'Italie, puis se rendit à Rome. L'année suivante, il fit élever un monument national, aux îles Baléares, aux victimes de la capitulation de Baylen, et visita Alger, Cagliari, Palerme, Naples, etc. Il se trouvait en Afrique avec le duc d'Aumale, son frère, quand éclata la révolution de Février 1848. S'effaçant alors patriotiquement devant les ordres du gouvernement nouveau, il remit son épée au fourreau, et rejoignit en Angleterre sa famille exilée. La protestation qu'il adressa à l'Assemblée constituante contre le décret de bannissement dont lui et les siens étaient victimes, se distinguait par un grand caractère de tact, de mesure et de dignité. Pendant son séjour à l'étranger, il demeura à l'écart de tous les événements politiques dont l'Europe fut le théâtre. En 1861, il accompagna aux Etats-Unis son fils et deux de ses neveux, qui occupèrent des grades dans la marine et dans l'armée du Nord, pendant la guerre de la sécession. De son mariage avec la princesse Françoise, sont issus deux enfants : la princesse Françoise-Marie-Amélie d'Orléans, le 14 août 1844, et le prince Pierre-Philippe-Jean-Marie d'Orléans, duc de Penthièvre, le 4 novembre 1845. Le prince de Joinville a publié des écrits techniques sur la marine et les questions militaires : *Note sur l'état des forces navales de la France* (*Revue des Deux-Mondes*, 1844, réimpr. à Francfort, 1846) ; — d'autres études sur la *Marine française* et sur la *Guerre de Chine*, insérées dans le même journal (1852-1857) ; — *Etudes sur la marine* (1859) ; — *L'angleterre* ; — *La guerre d'Amérique, campagne du Potomac*. Enfin, on lui attribue un article de la *Revue des Deux-Mondes* sur la bataille de Sadowa et la réorganisation militaire en France. Quand le sort s'est prononcé contre nos armes, le prince de Joinville a mis son épée au service de sa patrie, dans les rangs de l'armée de la Loire, sous les ordres du général Chanzy. Reconduit à la frontière, par ordre du gouvernement de la Défense nationale, il est rentré dans son pays après l'abrogation des lois d'exil concernant les anciennes familles régnantes de Bourbon et d'Orléans, et a pris possession de son siège de représentant à l'Assemblée nationale pour lequel il avait été désigné par les électeurs de la Manche et de la Haute-Marne. Le prince de Joinville a opté pour ce dernier département et s'occupe spécialement, à la Chambre, des questions d'organisation militaire, de marine et d'artillerie.

JOLIBOIS (Claude-Emile), né à Chaumont (Haute-Marne), le 5 mai 1813. M. Jolibois fit ses études au collège de sa ville natale, et se consacra d'abord à l'enseignement. De 1845 à 1849, il professa l'histoire au lycée de Colmar. Mis alors en disponibilité, pour raisons politiques, il prit la direction du *Républicain du Rhin*. Ce journal fut supprimé le 2 Décembre 1851, et son directeur interné. Rendu en l'année 1853 à la liberté, M. Jolibois vint se fixer à Paris, comme professeur libre. Il est, depuis le 22 août 1859, archiviste départemental du Tarn. On lui doit notamment : *La diablerie de Chaumont* (1838) ; — *Histoire de la ville de Réthel* (1847) ; — *Histoire de la ville de Chaumont* (1856) ; — *La roue de Fortune*, chronique du XIVe siècle, traduite et commentée (1857) ; — *La Haute-Marne ancienne et moderne*, dictionnaire historique de ce département (1858-1861, grand in-8°) ; — *Annuaire du Tarn* (années 1860-1874) ; — *Le livre des consuls de la ville d'Albi* (1865) ; — *Inventaire sommaire des archives communales de la ville d'Albi* (1870, in-4°) ; — *Albi au Moyen-Age*, essai sur l'histoire économique de cette ville (1871) ; — *Dévastation de l'Albigeois par les compagnies de Montluc* (1872) ; — *Inventaire sommaire des archives de la ville de Gaillac* (1873) ; — *Le fonds Carrère des archives du Tarn*, inventaire sommaire (1873) ; — *Inventaire sommaire des archives départementales du Tarn* (1873, t. Ier, in-4°, le second en cours de publication). Le même auteur a publié des mémoires sur les *Archives de la Haute-Marne* (1838), sur *Quelques monnaies de Champagne* (1845), et des notices sur les sculpteurs *Bouchardon* (1837), *Guyard* (1841), et sur *P. A. Laloy*, ancien député. Citons encore une traduction, continuée jusqu'en 1792 et annotée, des *Chroniques de l'évêché de Langres* du P. Jacques Viguier (1843), et une notice sur les *Bibliothèques publiques du Tarn* (1870). M. Jolibois est correspondant de l'Académie des sciences et belles-lettres de Toulouse, et de plusieurs Académies ou Sociétés savantes. Une médaille de vermeil lui a été décernée par le congrès archéologique (1863), et une médaille d'or par la ville d'Albi (1866).

JOLIET (Charles), né à Saint-Hippolyte (Doubs), le 8 août 1832. Il commença ses études au collège de Chartres en 1843, les continua au lycée de Versailles, de 1846 à 1851, et prit le diplôme de bachelier ès lettres. Admis au ministère des Finances en 1854, il fut attaché à la trésorerie de l'armée d'Italie, en 1859, et suivit la campagne avec le quartier-général du 1er corps. Au mois de novembre 1864, il quitta le ministère pour se livrer exclusivement à la culture des lettres, auxquelles il avait consacré jusque-là tous ses loisirs. On peut dire que M. Charles Joliet a collaboré à presque tous les journaux de Paris. Il n'y a pas publié moins de quatre ou cinq mille articles, dont la meilleure part a échappé à la mort des actualités, et dont on retrouve un bon nombre fondus et transplantés dans ses ouvrages. Son entrée au *Figaro* date de 1856, à la *Vie parisienne*, de 1864, au *Charivari*, de 1866, à l'*Illustration*, de 1868. Voici le catalogue de ses œuvres éditées en librairie et publiées en feuilletons : ROMANS : *Le roman de deux jeunes mariés* (1865) ; — *Une reine de petite ville* (1866) ; — *L'occupation* (1869) ; — *Dominique l'Homme au manteau de soie* ; *Les fils d'Amour* ; *Le comte Horace* ; *Le mariage de Frédérique* (1870) ; — *Trois hulans* ; *Roman sentimental* (1871) ; — *La foire aux chagrins* (1872) ; — *Le roman de Bérengère* (1872) ; — *La vicomtesse de Jussey* [Clarisse] (1873) ; — *Les filles d'Enfer* (1873) ; — *Le gardien du phare* (1873) ; — *Carmagnol* (1873-1874). NOUVELLES : *Les romans microscopiques* (1866) ; — *Mademoiselle Chérubin* (1870) ; — *Le train des maris* (1872). OUVRAGES DIVERS : *L'esprit de Diderot* (1859) ; — *Les Athéniennes*, poésies (1866) ; — *L'envers d'une campagne, Italie* (1866) ; — *Les pseudonymes du jour* (1867) ; — *Huit jours en Danemark* (1867) ; — *La vie* *parisienne* (1870); — *Carnet de campagne: Paris, Tours, Bordeaux, Versailles,* 1870-1871 (1871). Brochures: *Le livre noir* (1868); — *Le livre rouge* (1868); — *La Société des gens de lettres* (1868); — *Almanach de la guerre* (1871); — *Le budget d'un parisien,* 1873 (1874). Théâtre: *La bougie rose,* comédie en un acte, lue à la Comédie-Française, le 18 mai, relue le 22 juin 1860, publiée en 1865; — *Le médecin des dames,* proverbes microscopiques publiés dans la *Vie parisienne,* suivis de deux comédies en un acte: *La pluie,* et le *Baiser de Judas* (1865); — *Le mariage d'Alceste,* comédie en un acte et en vers, publiée dans le *Correspondant* (1873), en librairie (1874). M. Charles Joliet, membre de la Société des gens de lettres depuis 1860, a fait partie du Comité, de 1867 à 1871.

JOLY (Aristide), né à Châtillon (Seine), le 1er juin 1824. Reçu le premier au concours de l'agrégation des lettres en 1848, docteur ès lettres de la Faculté de Paris en 1857, il a été successivement professeur de rhétorique aux lycées de Montpellier (1849), de Caen (1850), et nommé professeur de littérature française à la Faculté des lettres d'Aix en 1858, et chargé en même temps d'un enseignement semblable à Marseille. M. Joly, appelé à la chaire de littérature française à la Faculté des lettres de Caen, en 1862, est devenu doyen de cette Faculté au mois de novembre 1871. Ses thèses de doctorat étaient intitulées : *Etudes sur J. Sadolet; — De Balthassaris Castilionis opere cui titulus : Il libro de' Cortegiano.* On lui doit en outre : *Recherches sur Benoet du Lac, ou le théâtre de la bazoche à Aix à la fin du XVIe siècle* (1862); — *Marie de France et les fables du Moyen-Age* (1863) ; — *Les procès de Mirabeau en Provence* (1863); — *Un essai de résistance libérale au XVIIIe siècle, ou une conspiration de la noblesse normande en* 1772 (1863); — *Antoine de Montchrétien* (1865); — *Recherches sur les juges des Vaudois* (1866); — *Jean Marot et la poésie française au temps de Louis XII* (1867); — *Poésies inédites des XVe et XVIe siècles* (1867); — *Les lettres de cachet dans la généralité de Caen au XVIIIe siècle* (1868); — *Du sort des aliénés dans la Basse-Normandie avant* 1789 (1868); — *Benoît de Sainte-More et le roman de Troie, ou les Métamorphoses d'Homère et de l'Epopée gréco-latine au Moyen-Age,* avec le texte du *Roman de Troie* (1870-1871, 2 vol. in-4°), ouvrage couronné par l'Académie des inscriptions et belles-lettres. M. A. Joly est chevalier de la Légion d'Honneur depuis 1867.

JOLYET (Philippe), né à Pierre (Saône-et-Loire), le 11 novembre 1832. M. Jolyet a suivi l'atelier de M. L. Cogniet. On lui doit des tableaux de genre et des portraits très-estimés. Voici les œuvres qu'il a exposées au Salon de Paris : *Le jeune Prud'hon, recueilli et élevé par les moines de Cluny, est surpris copiant les tableaux de l'abbaye* (1863); — *Une vente mobilière dans la Bresse* (1864); — *Conscrits de la Bresse allant tirer au sort* (1865); — *Les contes de la grand'mère* (1869); — *Le Christ* (1870); — *La lecture interrompue* (1872); — *Le repos de quatre heures; Les apprêts du dîner* (1873). On doit également à M. Jolyet des portraits dont l'un a figuré au Salon de 1872.

JORDANY (Mgr Joseph-Antoine-Henri), né à Puimoisson (Basses-Alpes), le 13 septembre 1798. Il se consacra de bonne heure à l'état ecclésiastique sous la direction de son oncle, le chanoine Garcin, et fit ses études théologiques au grand séminaire de Digne. Ordonné prêtre en 1821, il se destina particulièrement à la prédication et aborda, non sans succès, la chaire de Saint-Sulpice de Paris. D'abord nommé desservant de la paroisse de Roumoules, puis curé de Mées en 1830, il fonda le noviciat des frères enseignants de Saint-Gabriel, établissement très-prospère aujourd'hui, et qui a déjà rendu de grands services au département des Basses-Alpes ainsi qu'aux départements voisins. De 1837 à 1859, il se distingua comme supérieur du grand séminaire de Digne; et, lors de la vacance du siège épiscopal, du mois d'octobre 1838 au mois de mars 1840, il fut chargé de l'administration du diocèse, en qualité de vicaire-général capitulaire. Chanoine titulaire de Digne depuis 1840, et recommandé à l'attention du gouvernement français et de la Cour de Rome par les précieuses qualités dont il avait fait preuve dans les diverses fonctions qui lui avaient été confiées, il fut nommé évêque de Fréjus et Toulon le 6 novembre 1855, préconisé le 20 décembre suivant, et sacré à Paris le 25 février 1856. Administrateur distingué, Mgr Jordany s'est fait beaucoup aimer dans son vaste et beau diocèse. Il a acheté l'île de Lérins, pour sauver de l'oubli et de l'abandon les ruines de l'illustre monastère qui y florissait autrefois, et pour y rétablir la vie monastique à laquelle il avait dû sa gloire. Dans ce but il a confié la restauration de l'antique abbaye aux religieux cisterciens de Sénanque, fils de Saint-Bernard, qui y ont pris la direction d'un orphelinat tout à la fois professionnel et agricole. C'est sur son appel que le P. Lacordaire a restauré, à Saint-Maximin, le couvent des Dominicains, placé près du tombeau de Sainte-Magdelaine et de la Sainte-Baume pour garder les reliques de la pénitente de Béthanie. Mgr Jordany est chevalier de la Légion d'Honneur depuis le 9 septembre 1860.

JORET DES CLOSIÈRES (Adolphe-Louis), né à Bayeux, le 28 avril 1800, d'une famille de magistrature et de finance. Après de fortes études de droit à la Faculté de Caen, il se fit inscrire au tableau des avocats de sa ville natale, le 7 novembre 1821. Sa réputation de droiture et d'intégrité le firent élire plusieurs fois bâtonnier. Il a rempli à Bayeux de nombreuses fonctions gratuites, telles que celles de membre du Conseil municipal, juge-suppléant au tribunal civil, membre du Conseil d'instruction primaire, de la Commission de surveillance des prisons, du Comité consultatif des hospices, président du Bureau d'assistance judiciaire, membre du Conseil académique du Calvados. De 1832 à 1847, il représenta le canton de Caumont au Conseil général du Calvados, dont il fut le secrétaire pendant douze sessions consécutives, et, à partir de 1848, le canton de Ryes. En 1847, il quitta le barreau et fut nommé à la sous-préfecture de Lisieux, qu'il conserva jusqu'au 24 février 1848. Destitué par le gouvernement de la République, il se retira dans sa propriété de Longues, et y fut élu membre du Conseil municipal, et appelé aux fonctions de maire, le 20 septembre 1848. En cette double qualité de maire de Longues et de membre du Conseil général, M. des Closières ne cessa, pendant plus de vingt années, de prendre une part des plus actives à toutes les questions d'intérêt local. Ses connaissances juridiques lui permirent également, dans de nombreuses circonstances, d'éclairer les populations, au milieu desquelles il vivait, sur leurs véritables intérêts et de concilier bien des différents. Enlevé presque subitement, le 15 avril 1870, à l'affection de sa famille, M. des Closières reçut de ses concitoyens des marques de regrets unanimes, et les électeurs du canton de Ryes honorèrent sa mémoire en élisant à sa place, au Conseil général, le plus jeune de ses fils, avocat à la Cour de Paris, M. Gabriel des Closières auquel deux mille cent dix-huit suffrages sur deux mille cent vingt-trois exprimés témoignèrent hautement des souvenirs conservés à la mémoire de son père. M. Adolphe Joret des Closières avait été nommé chevalier de la Légion d'Honneur le 23 avril 1843.

JORET DES CLOSIÈRES (Louis-Aymar), né à Bayeux, le 6 décembre 1824; fils du précédent. M. Joret des Closières, après avoir été pendant deux ans chef du cabinet de M. Tiburce Morisot, préfet du Calvados, fut nommé, en 1851, conseiller de préfecture de la Meuse. Au 2 décembre, chargé de l'intérim de la sous-préfecture de Montmédy, il affirma, dès la première heure, son dévouement à la politique inaugurée par l'empereur. Il a depuis été, successivement, appelé aux fonctions suivantes : secrétaire-général de la préfecture de la Meurthe, le 30 mars 1853; sous-préfet de Montmédy, le 28 octobre 1857; secrétaire-général du département du Gard, le 1er mars 1862; sous-préfet de Reims, le 10 septembre 1864; sous-préfet du Havre, le 23 mars 1867. M. Joret des Closières sut justifier la confiance que le gouvernement plaçait en lui, quand il lui confiait la direction de l'arrondissement le plus important de l'Empire, centre des intérêts maritimes et commerciaux du nord de la France, et dont les relations avec l'Angleterre et les États-Unis font un véritable poste politique. Nous rappellerons ici que M. Joret des Closières fut le plus ardent protecteur et le président du Comité d'organisation de *l'exposition maritime internationale du Havre*, une des exhibitions les plus remarquables de notre époque, et dont le succès eut le plus grand retentissement. A la suite de cette exposition, M. Joret des Closières fut nommé commandeur de l'ordre de Charles III d'Espagne et officier de la Conception de Portugal. Déjà son administration dans l'arrondissement de Montmédy lui avait valu, en 1859, la décoration de Léopold de Belgique. Les aptitudes administratives révélées par M. Joret des Closières, autant que ses idées libérales et son dévouement à l'empereur, le désignaient naturellement pour figurer dans le premier mouvement préfectoral dû à l'initiative du gouvernement parlementaire. Par décret en date du 31 janvier 1870, il fut nommé préfet du département de la Mayenne qu'il administra jusqu'au 4 Septembre. M. Joret des Closières est chevalier de la Légion d'Honneur depuis le 12 août 1866, et officier d'Académie depuis le mois d'août 1368. Il a épousé, en 1862, Mlle Thérèse Barrot, fille de M. Ferdinand Barrot, ancien ministre de l'Intérieur, grand référendaire du Sénat.

JORET DES CLOSIÈRES (Gabriel-Alexandre-René), né à Bayeux (Calvados), le 15 mai 1828, frère du précédent, termina ses études au collége Sainte-Barbe, fut reçu avocat en 1852, et se fit inscrire au barreau de Paris, où il ne tarda pas à prendre une position estimée. Tout en exerçant sa profession, il s'occupa de travaux de jurisprudence, prit une part active, comme rédacteur-principal, à la publication du recueil le *Moniteur des tribunaux*, et collabora au *Journal des Justices de Paix*. Il consacra ses loisirs aux lettres et donna successivement la *Biographie de Philippe de Girard* (1857), la *Biographie des Grands inventeurs* (1868), le *Procès de Jacques Cœur*, la *Cause célèbre du gueux de Vernon*, le *Curieux procès du paratonnerre de Saint-Omer*. Ces divers travaux et la part qu'il prit aux études de l'Institut historique le firent nommer, en 1868, par ses collègues, secrétaire-général de cette Société. Préoccupé d'étudier pratiquement les moyens de soulager la misère, M. Gabriel des Closières a été, de 1850 à 1865, l'un des membres les plus utiles de la *Société pour le patronage des jeunes détenus et libérés du département de la Seine*. Il présenta au concours ouvert par cette Société en 1861, un mémoire sous le titre de *Dix années de la vie d'un jeune détenu*, qui lui mérita une récompense décernée par le jury d'examen. Commissaire de bienfaisance d'un des quartiers les plus populeux de Paris, le cinquième arrondissement, M. Gabriel des Closières a, dans ses fonctions, recueilli sur les origines et les causes de la misère des notes précieuses qu'il se propose de publier. L'éducation populaire ne peut laisser indifférent un esprit désireux de s'occuper des questions d'utilité publique, aussi M. des Closières s'est-il mêlé aux travaux de la Société pour l'instruction élémentaire dont il est membre du Conseil et secrétaire. En mai 1870, les électeurs du canton de Ryes l'ont nommé, presque à l'unanimité des suffrages exprimés, membre du Conseil général du Calvados en remplacement de son père décédé. Il a été réélu le 8 octobre 1871.

JOSAT (Antoine), né à Romagnat (Puy-de-Dôme), le 26 mai 1808. Après avoir fait ses études à Clermont, M. Josat entra dans l'enseignement, et devint professeur de philosophie au collége de Billom en 1830. Mais, entraîné par son goût pour les études médicales, il quitta l'enseignement, et prit le grade de docteur à Paris, en 1840, avec une thèse sur la *Ligature de l'artère iliaque primitive*. Lancé dans la carrière pratique, il fut, en outre, dès 1844, professeur d'hygiène à l'Athénée et médecin de plusieurs établissements de charité. On doit à M. le docteur Josat : *De la tympanite, de ses complications et de son traitement* (1840, in-4°); — *Des idiots, de leur éducabilité et de leur éducation* (1840); — *Histoire des précautions sanitaires adoptées par les différents peuples* (1844); — *Hygiène des Pythagoriciens, influence des doctrines médicales de cette école* *sur les doctrines médicales qui les ont suivies* (1846); — *De la mort et de ses caractères. Nécessité d'une révision de la législation des décès pour prévenir les inhumations et les délaissements anticipés* (1854, avec 7 lithogr.); — *Origine et histoire de l'ophthalmie des armées* (1856); — *Recherches historiques sur l'épilepsie* (1856); — *Guide des familles dans les soins à donner au malade en l'absence du médecin* (1858). Chargé par le gouvernement d'une mission en Allemagne, pour y étudier la législation des décès, M. Josat composa du fruit de ses recherches un travail qui fut couronné par l'Institut (Académie des sciences) dans la séance solennelle de 1852. Depuis, il a été nommé inspecteur du service médical de la vérification des décès. Pendant le siège de Paris, il a été président de la Commission médicale, et médecin en chef de l'ambulance établie dans les grands appartements du Palais-Royal. M. le docteur Josat est chevalier de la Légion d'Honneur depuis 1868.

JOUBERT (Edmond-Jean), né à Paris, le 20 juillet 1831. Il fit ses études au lycée Saint-Louis, se consacra à la finance, et entra dans les affaires en 1849. A partir de 1865, il s'adonna spécialement aux grandes entreprises de la haute banque, et prit part aux principales opérations de crédit, soit en France, soit à l'étranger. C'est ainsi qu'il eut occasion d'exécuter de longs voyages en Italie, en Autriche et en Espagne. M. Joubert est administrateur du Crédit foncier d'Autriche ainsi que la Société pour la régie cointéressée des tabacs d'Italie, dont il a rédigé les statuts en 1868. Il fut, en 1869, un des principaux fondateurs de la Banque de Paris, qui, grâce à son active administration, n'a pas tardé à prendre place parmi nos premiers établissements de crédit, surtout depuis sa fusion avec la Banque des Pays-Bas. La part importante qu'il prit aux grandes opérations de crédit nécessitées par le payement de l'indemnité de guerre, et les services qu'il rendit à cette occasion lui valurent la croix de la Légion d'Honneur. M. Joubert, élu membre du Conseil municipal de Paris, pour le quartier Gaillon (IIe arrondissement), le 25 juillet 1871, prend une part active aux délibérations de cette Assemblée, où sa connaissance des questions économiques et financières rend son concours des plus utiles. Il siège dans les rangs de la Droite. Mais le choix des places tant au Conseil général qu'au Conseil municipal, n'implique pas forcément une opinion politique, et M. Joubert a voté toujours avec une parfaite indépendance.

JOUBERT (Léo), né à Bourdeilles (Dordogne), le 13 décembre 1826. Il commença ses études à Périgueux, les compléta à Paris, et se consacra à la littérature. En 1846, il débuta par un article inséré dans la *Revue indépendante*. Mais la carrière littéraire oppose aux débutants certaines difficultés dont il ne triompha qu'en acceptant une position de précepteur dans une grande famille de la Moldavie. Rentré en France (1850), il écrivit des articles variétés dans l'*Ordre*. De 1853 à 1862, il fut attaché spécialement à la *Biographie générale* de M. Didot, à laquelle il donna des notices concernant surtout les grands écrivains de toutes les époques. Collaborateur de la *Revue européenne* et de la *Revue contemporaine*, il devint, en 1862, rédacteur en chef de la partie littéraire de cette dernière publication. M. Léo Joubert a fourni des articles à plusieurs journaux quotidiens de Paris; et, depuis le 1er janvier 1869, il est principal rédacteur politique du *Moniteur universel*. Un certain nombre de ses travaux dans les revues ont été réunis sous le titre d'*Essais de critique et d'histoire* (1863). On lui doit encore : *Lééna, histoire athénienne* (1867); — *La bataille de Sedan* (1873). M. Léo Joubert a été nommé chevalier de la Légion d'Honneur le 12 octobre 1873.

JOUIN (Pierre), né à Rennes, le 17 février 1818. Issu d'une bonne famille de commerçants, il fit son droit à la Faculté de Rennes, prit place au barreau de cette ville en 1838, et ne tarda pas à jouir d'une grande considération. Son expérience des affaires, sa probité, son talent oratoire, ses connaissances juridiques, ses opinions démocratiques bien connues, tout concourait à lui attirer l'estime de ses concitoyens, et à lui ménager un rôle politique important. Elu représentant d'Ille-et-Vilaine à l'Assemblée constituante, il siégea au Centre-Gauche, fit partie du Comité des cultes, se prononça contre toutes les mesures plus ou moins dictatoriales, vota l'ensemble de la constitution, et combattit l'avènement au pouvoir de tous prétendants, Bonaparte et autres. En 1849, il reprit l'exercice de sa profession d'avocat; et, pendant toute la durée de l'Empire, il se tint à l'écart de la vie publique. Le 2 juillet 1871, les électeurs d'Ille-et-Vilaine l'ont envoyé, par 53,159 voix, à l'Assemblée nationale. M. Jouin, membre de la Gauche-Républicaine, a voté notamment : *pour* les amendements Barthe et Keller, les propositions Rivet, Ravinel et Feray, le traité douanier, la loi départementale; *contre* le pouvoir constituant, la dénonciation des traités de commerce, l'amendement Target, les impôts sur les bénéfices et sur le chiffre des affaires, l'ordre du jour motivé Ernoul, dans la mémorable séance du 24 mai 1873, et contre la prorogation septennale des pouvoirs présidentiels.

JOULET (Théodore), né à Melun, le 23 mai 1842. M. Joulet, petit-fils d'un décorateur auquel on doit notamment les grands travaux de décoration des châteaux de Rambouillet, Versailles et Compiègne, se consacra à l'architecture. Entré à l'atelier de Constant-Dufeux en 1851, et admis à l'Ecole des beaux-arts en 1854, il exécuta, en 1855, diverses constructions pour l'Exposition universelle. En 1856, il fut attaché aux édifices diocésains d'Alger. C'est en cette qualité qu'il travailla à la restauration de la cathédrale d'Alger et à la construction du séminaire et de l'église de Couba. Passé, en 1857, au service des bâtiments civils, il travailla aux églises-types d'Afrique et aux projets de douanes. En 1859, il entra au service des bâtiments communaux, travailla à la restauration du théâtre d'Alger, du grand-escalier, et aux plans de la rue du Rempart. De retour en France en 1860, il en repartit presque aussitôt pour aller construire, à Londres, le théâtre de New-Royalty. M. Joulet, fixé définitivement à Paris-Passy, en 1861, y a bâti les écoles communales, et différents édifices particuliers, hôtels, maisons de rapport, etc. On lui doit aussi la construction, en Poméranie, d'un château seigneurial. Membre de la Société centrale des architectes de Paris, et expert depuis 1865, il est également architecte de plusieurs grandes compagnies : le chemin de fer de Châlons à Orléans, la Caisse des familles, la Paix, l'Accident. En 1872, M. Joulet a exposé, à Genève, un projet mis au concours pour la construction du Grand-Théâtre de cette ville. Il exécute actuellement, rue Galilée, un grand hôtel pour le consul de la République argentine.

JOULIN (Désiré-Joseph), né à Mont (Loir-et-Cher), le 5 mai 1821. Reçu docteur en médecine, en 1851, et agrégé de la Faculté de Paris, en 1863, il a fait un cours public sur les maladies des femmes de 1855 à 1858, un autre cours public d'accouchement de 1859 à 1863, et un cours d'accouchement à la Faculté de médecine de 1866 à 1871. M. le docteur Joulin s'est fait une notoriété dans le monde médical comme professeur d'accouchement, et dans la presse par sa collaboration aux principaux journaux de médecine et à divers journaux littéraires ou politiques, tels que le *Figaro*, l'*Opinion nationale*, etc. Sous son propre nom, ou sous les pseudonymes de « docteur Griffus, docteur Flavius, docteur Hermès, etc., » il a publié des causeries très-remarquées ou engagé de vives polémiques relativement à l'ingérence des cléricaux dans l'enseignement de l'Ecole de médecine. Du grand nombre de ses œuvres, nous citerons : *Du choléra morbus asiatique*, mémoire couronné par l'Institut de Valence, en 1851, et traduit en espagnol aux frais de cette Société ; — *De l'ergot du seigle dans les premiers mois de la grossesse* (1861) ; — *Etude bibliographique sur les maladies des femmes* (1861) ; — *De la dystocie appartenant au fœtus*, thèse d'agrégation (1863) ; — *Anatomie et physiologie comparées du bassin des mammifères* (1864) ; — *Mémoire sur les avantages du forceps et de la version dans les cas de rétrécissement du bassin*, mémoire couronné par l'Académie de médecine au concours pour le prix Capuron (1865) ; — *Traité complet d'accouchement* (1 vol. de 1250 pages, avec fig., 1866-1867) ; — *Les causeries du docteur*, science vulgarisée (1866, 2e édit., 1868) ; — *Au feu les libres-penseurs*, trois lettres à Mgr Dupanloup (3e édit., 1868) ; — *Les caravanes d'un chirurgien d'ambulances pendant le siège de Paris et sous la Commune* (1871), etc. M. le docteur Joulin a reçu la croix de la Légion d'Honneur en 1868. Il est décédé le 18 mars 1874.

JOURDAIN (Charles-Marie-Gabriel BRÉCHIL-LET), né à Paris, le 24 août 1817. Fils d'un savant orientaliste, M. Jourdain, après avoir fait des études de droit à la Faculté de Paris, se destina à l'instruction. Reçu docteur ès lettres en 1838 et agrégé de philosophie en 1840, il professa successivement la philosophie au lycée de Reims et au collège Stanislas. En 1849, le ministre de l'Instruction publique et des Cultes l'appela auprès de lui comme chef du cabinet. C'est en cette qualité qu'il participa à l'élaboration de la loi sur la liberté de l'enseignement (du 25 mars 1850). Depuis lors, M. Jourdain n'a plus quitté le ministère, où il a été nommé chef de division (comptabilité générale) en 1852. Il a été élu membre de l'Académie des inscriptions et belles-lettres le 13 décembre 1863. On lui doit la publication d'œuvres nombreuses et très-importantes : *Dissertation sur l'état de la philosophie naturelle en Occident, et principalement en France, pendant la première moitié du XIIe siècle* (1838) ; — *Doctrina Gersonii de theologia* (1838) ; — des éditions des *Œuvres philophiques d'Arnaud* (1843), des *Recherches critiques sur Aristote*, de M. Jourdain, son père (1843), et des *Œuvres de Nicole* (1844) ; — *Notions de philosophie* (1848), ouvrage parvenu, en 1869, à sa onzième édition ; — *Le budget de l'instruction publique et des établissements scientifiques et littéraires* (1857) ; — *La philosophie de saint Thomas*, ouvrage couronné, en 1856, par l'Académie des sciences morales et politiques (1858, 2 vol.) ; — *Le budget des cultes en France depuis le concordat* (1859) ; — *L'Université de Toulouse au XVIIe siècle, documents inédits* (1863) ; — *Index chronologicus chartarum ad historiam Universitatis Parisiensis pertinentium* (1862-1864) ; — *Histoire de l'Université de Paris aux XVIIe et XVIIIe siècles* (1862-1863), etc. M. Jourdain a dirigé la *Revue de l'Intruction publique* pendant la première année de son existence (1842). Il est officier de la Légion d'Honneur depuis le 12 août 1865, et officier de l'Instruction publique.

JOURDAIN (Sylvain-Hippolyte), né à Bayeux (Calvados), le 1er mars 1832. Il fit d'abord des études médicales, que la délicatesse de sa santé le força d'interrompre, et se consacra dès-lors aux sciences naturelles. Le 1er juin 1868, il présenta à la Faculté des sciences de Paris, pour obtenir le grade de docteur, une dissertation ayant pour titre : *Recherches sur la veine porte rénale chez les oiseaux, les reptiles, les batraciens et les poissons*. Appelé à professer les sciences physiques au collège de Thiers (1861), puis au lycée de la Rochelle (1862), il fut, en 1869, nommé professeur de zoologie et d'anatomie comparée à la Faculté des sciences de Montpellier. M. Jourdain a publié diverses notices relatives à l'*Anatomie comparée* et à la *Zoologie*. Depuis 1871, il fait paraître, dans la *Revue des sciences naturelles*, une analyse trimestrielle des travaux de zoologie et de physiologie qui paraissent en France.

JOURDAN (Ange-César), né à Marseille, le 2 octobre 1813. Ordonné prêtre en 1840, il professa d'abord avec éclat, au séminaire, un cours d'histoire de la philosophie. En 1845, il fut appelé à exercer le ministère apostolique, en qualité de vicaire de la Madeleine, à Paris, et sa généreuse conduite pendant le choléra de 1849 lui valut une médaille de l'autorité civile. Nommé vicaire-général et archidiacre de Saint-Denis en 1864, il prouva que ses brillantes facultés, mûries dans une obscurité laborieuse et fortifiées par le zèle charitable étaient au niveau des hautes responsabilités administratives auxquelles elles devaient faire face. Emmené par son archevêque au Concile du Vatican (1869-1870), à titre de théologien d'office, bien qu'il fût séparé de Mgr Darboy par quelques nuances d'appréciation et d'idée, il justifiait le choix de l'éminent prélat par la dignité de son caractère, l'étendue de son savoir, la modération de ses sentiments et son filial dévouement au Saint-Siége. M. l'abbé Jourdan était aux Invalides, le 4 avril 1871, quand les préposés de la Commune arrêtèrent Mgr Darboy pour en faire un otage. Se rendant aussitôt auprès du futur martyr, il lui dit simplement « Monseigneur, me voici pour vous accompagner. » Mais les fédérés avaient d'autres vues sur sa personne. Ils le retinrent prisonnier et le gardèrent à vue à l'archevêché, comptant, soit obtenir de lui de prétendus renseignements sur les trésors imaginaires que tant d'ignorants supposent enfouis dans les palais épiscopaux, soit l'employer comme parlementaire à Versailles. M. l'abbé Jourdan ne craignit pas de risquer sa tête en refusant le passe-port qu'on lui offrait en vue de tentatives de réconciliation entre Versailles et l'Hôtel-de-Ville, démarches qui lui étaient vivement demandées par les nommés Journault et Grelier. « Quoi ! répondit-il à ce dernier, vous retenez mon archevêque prisonnier et vous voulez que moi, son grand-vicaire, j'aille remplir un rôle de parlementaire ? Cette contradiction est trop choquante. » Au moment de l'entrée des troupes régulières dans Paris, il fut brusquement transféré de l'archevêché à la conciergerie, et mis dans une prison d'où il entendait fusiller les malheureux qualifiés d'espions. Déjà le palais était en flammes; ses co-détenus et lui étaient menacés d'étouffer dans un nuage de fumée, quand les portes furent ouvertes. L'abbé Jourdan s'enfuit alors au travers de la mousqueterie, franchit providentiellement une barricade, malgré son costume ecclésiastique, demeura caché 24 heures près du Palais-de-Justice, au premier étage de la maison d'un marchand de vins dont les fédérés occupaient le rez-de-chaussée, et rentra à l'archevêché dans les rangs d'un bataillon de ligne. Ces cruels événements n'ont point altéré l'évangélique douceur de son caractère. Appelé à témoigner, en justice, des actes imputés à ceux dont il avait été la victime, il l'a fait avec une mansuétude toute chrétienne. M. l'abbé Jourdan, nommé par le chapitre métropolitain, au mois de juin 1871, deuxième vicaire-général capitulaire, a su oublier les terribles épreuves qu'il venait de subir pour se consacrer entièrement à la reconstitution du diocèse ; et quand, six mois après, Mgr Guibert est venu prendre possession du siége archiépiscopal, il a été maintenu dans l'administration, d'abord comme vicaire-général, archidiacre de Sainte-Geneviève, puis en qualité d'archidiacre de Notre-Dame et de premier des vicaires-généraux de Paris. Bien que l'abbé Jourdan se soit refusé longtemps à rien publier, on a de lui quelques ouvrages : *Éloge de Canisius, théologien du XVIe siècle* (1865) ; — *Lettres ou Circulaires au clergé et aux fidèles de Paris*, en collaboration avec les abbés Louvrier et Bayle (1871) ; — *Constitutions, règles et cérémonial des religieuses Zélatrices de la Sainte-Eucharistie* (1872) ; — *Notice biographique sur M. l'abbé Bayle, vicaire-général de Paris* (1873) ; — *Discours prononcés à diverses installations de curés de Paris ou dans les tournées pastorales pour la confirmation* (1872-1873-1874). On trouve dans tous ces écrits des parties hautes, sérieuses, éloquentes. Les *Constitutions* pour les Zélatrices révèlent un sentiment exquis de la pure latinité, en des pages où l'écrivain sait allier, dans des formules de prières latines composées par lui, l'élégance cicéronienne avec la concision de Tacite. Doué d'un esprit intuitif, puissant en déductions logiques, secondé par une grande pureté de langage, M. l'abbé Jourdan n'est pas moins remarquable par une affabilité simple, qui s'allie chez lui aux principes les plus fermes et les plus arrêtés. Il a reçu la croix de la Légion d'Honneur, le 11 août 1869.

JOURDAN (Théodore), né à Salon (Bouches-du-Rhône), le 29 juillet 1833. Élève de l'Ecole des beaux-arts de la ville de Marseille, il vint continuer ses études à Paris en 1855, suivit avec succès l'atelier d'Emile Loubon, et se consacra à la peinture des sujets de genre et des portraits. En 1865, il débuta au Salon de Paris avec une *Filature de cocons aux environs d'Arles*, et le *Marché aux melons à Cavaillon*. Depuis, M. Jourdan a successivement exposé : *Les petits maraudeurs* (1866) ; — *La petite fille à la grenouille* (1868) ; — *L'appui fraternel* (1869) ; — *La dépouille des cocons à Salon* (1870) ; — *Départ d'un troupeau pour la montagne* (1872) ; — *Retour à la ferme* (1873). M. Jourdan a remporté plusieurs médailles de première classe aux expositions de province. Il a été nommé, en 1874, professeur de dessin à l'Ecole des beaux-arts de Marseille.

JOUSSERANDOT (Louis-Etienne), né à Lons-le-Saulnier, le 11 mai 1819. M. Jousserandot a fait ses études classiques à Lons-le-Saulnier et à Besançon, et son droit à Dijon. On lui doit plusieurs romans historiques sur l'histoire de la Franche-Comté, et diverses œuvres dramatiques, entre autres : *Les collaborateurs*, comédie en vers (Vaudeville, 1847). En 1851, il a pris les armes pour la défense de la constitution alors en vigueur, ce qui lui a valu, après le Coup-d'Etat, des poursuites judiciaires qu'il a évitées en se réfugiant en Suisse, où il est resté jusqu'à la chute de l'Empire. En relations journalières avec les savants de ce pays, il s'est livré à de sérieuses études historiques, et a fait à Lausanne, en 1864, un cours d'histoire qui a été publié sous le titre de *La civilisation moderne*. Pendant son long exil, M. Jousserandot s'est surtout occupé de l'histoire du droit. Il a professé deux ans, à Genève, l'histoire du droit romain et celle des origines du droit féodal. Lors de la révolution du 4 Septembre, il était professeur à l'Académie de Genève, quand le gouvernement de la Défense nationale l'a nommé préfet des Pyrénées-Orientales. Le 13 novembre 1871, il a été transféré dans la Marne, où son administration paternelle et prudente lui faisait déjà beaucoup d'amis, quand le gouvernement issu de la révolution parlementaire du 24 mai 1873 a prononcé sa révocation. Depuis, M. Jousserandot s'est de nouveau retiré à Genève.

JOUVENCEL (Ferdinand-Aldegonde de), né à Versailles, le 27 juillet 1804, descendant d'une ancienne famille de Savoie, fils du chevalier de Jouvencel, ancien maire de Versailles, ancien député de Seine-et-Oise. Sorti de l'Ecole polytechnique en 1824 dans l'arme de l'artillerie, M. de Jouvencel donna bientôt sa démission pour suivre les cours de l'Ecole de droit, et fut inscrit, en 1827, au barreau de la capitale. Nommé auditeur au Conseil d'Etat en 1830, il devint maître des requêtes en 1831, et donna des preuves de capacités spéciales en matière de travaux publics. En 1835, il remplit en Algérie une mission importante, de concert avec MM. de Chasseloup-Laubat, depuis ministre de la Marine, et Baude, ingénieur des ponts-et-chaussées. De 1842 à 1848, il représenta, sans abandonner ses fonctions de maître des requêtes, le collège électoral de l'ancien Xe arrondissement de Paris à la Chambre des députés, où il siégeait dans les rangs de l'opposition dynastique. Nommé conseiller d'Etat en 1848 par l'Assemblée constituante, il signa (décembre 1851) la protestation formulée par le Conseil contre le Coup-d'Etat. Pendant toute la durée du second Empire, M. de Jouvencel resta dans la vie privée; il consentit seulement à accepter les fonctions gratuites de président du Bureau d'assistance judiciaire près le Conseil d'Etat. Après la chute de l'Empire, il fut appelé à faire partie de la Commission provisoire chargée de remplacer le Conseil d'Etat, et cette Commission le choisit pour son président. M. de Jouvencel, grand propriétaire à la Ferté-Alais (arrondissement d'Etampes), fut élu représentant de Seine-et-Oise à l'Assemblée nationale par 51,173 voix, lors des élections complémentaires du 2 juillet 1871. Catholique fervent, esprit libéral, attaché par son origine et ses tendances aux doctrines de la monarchie constitutionnelle, il accepta le principe et la forme d'une République conservatrice et prit place sur les bancs du Centre-Gauche. Il a voté notamment : *pour* la loi municipale, le traité douanier ; *contre* la loi départementale. Retenu loin de l'Assemblée par l'état de sa santé dès les premiers jours de 1873, M. de Jouvencel est décédé à Ville-d'Avray (Seine-et-Oise), le 30 juin de la même année. Il était chevalier de la Légion d'Honneur depuis 1836.

Il a laissé trois fils : M. DE JOUVENCEL (Paul-Henri-Aldegonde-Olivier), né à Garches (Seine-et-Oise), le 16 septembre 1844, ancien élève de l'Ecole polytechnique, a fait partie, en qualité d'auditeur, de la Commission provisoire chargée de remplacer le Conseil d'Etat. Il a été nommé, le 30 mai 1873, secrétaire-général du département du Loiret. M. DE JOUVENCEL (Jean-Paulin-Ferdinand), né le 15 juillet 1846, à Paris, est lieutenant de cavalerie. M. DE JOUVENCEL (Léon-Félix-Aldegonde), né le 23 juin 1848, à Paris, est attaché à la Caisse des dépôts et consignations.

JOZON (Paul), né à la Ferté-sous-Jouarre, le 12 février 1836. Fils d'un notaire, et reçu docteur en droit de la Faculté de Paris en 1859, il entra comme secrétaire dans le cabinet de l'avocat Hérold en 1862. En 1866, il prit une charge d'avocat à la Cour de cassation et au Conseil d'Etat. Jurisconsulte distingué, M. Paul Jozon a collaboré à beaucoup de publications spéciales, notamment à la *Revue pratique de jurisprudence*, et à la *Revue du notariat* dont il est un des principaux rédacteurs. Avec le professeur Gérardin, il a publié une traduction de l'ouvrage allemand de M. de Savigny : *Le droit des obligations* (1860, 2e édit., 1872). En 1869, il a fait paraître, avec M. Hérold, le *Manuel de la liberté individuelle*. Par tradition de famille et par inclination, il appartient au parti républicain ; mais ses antécédents politiques ne datent que de 1863. Ayant pris alors une part active au mouvement électoral, il fut impliqué dans le procès des *Treize*, et condamné à 500 francs d'amende. Nommé premier adjoint du VIe arrondissement, le 7 octobre 1870, pendant le siège de Paris, il se vit maintenu dans ses fonctions lors de la votation du 7 novembre suivant. Dans le même temps, il était secrétaire-adjoint de la Commission d'organisation judiciaire créée après la révolution du 4 Septembre. Connu comme un partisan éclairé des réformes démocratiques à réaliser par la seule puissance de la légalité jointe au triomphe de la persuasion, il a été élu, par 23,199 voix, le 8 février 1871, représentant de Seine-et-Marne à l'Assemblée nationale. Il est l'auteur de plusieurs propositions sur la refonte des lois électorales et municipales et sur la révision des services publics, qui ont été prises en considération par l'Assemblée. La plus remarquée de ces propositions, présentée en février 1872, et acceptée en seconde lecture après un brillant débat, était relative à l'inscription, sur toutes les pièces officielles nécessitées par la création des nouveaux impôts, d'une mention ainsi conçue : « Frais de la guerre contre la Prusse, déclarée par Napoléon III. » M. Paul Jozon fait partie de la réunion de la Gauche-Républicaine. Signataire du dernier manifeste de la Gauche, il a voté notamment : *pour* la paix, le retour de l'Assemblée à Paris, la loi départementale, la dissolution des gardes nationales, le traité douanier, la proposition Rivet, l'amendement Barthe, l'impôt sur les bénéfices ; *contre* la dénonciation des traités de commerce, l'abrogation des lois d'exil, la validation de l'élection des princes d'Orléans, le pouvoir constituant, le cautionnement des journaux, la proposition Ravinel, les amendements Keller et Target, l'impôt sur le chiffre des affaires, le fameux ordre du jour motivé de M. Ernoul, dans la séance du 24 mai 1873, et contre la prorogation septennale des pouvoirs présidentiels.

JUBINAL (Michel-Louis-Achille), né à Paris, le 24 octobre 1810, est un ancien élève de l'Ecole des Chartes. En 1839, il fut nommé professeur de littérature étrangère à la Faculté des lettres de Montpellier. En 1845, il voyagea en Suisse et dans les Pays-Bas. A son retour, il écrivit, sur les manuscrits de la Bibliothèque royale de la Haye, des lettres adressées à M. de Salvandy, et publia un rapport officiel sur la Bibliothèque de Berne. L'avènement de Napoléon III fit de M. Jubinal un homme politique. Candidat au Corps législatif, il fut élu par la circonscription de Bagnères en 1852, en 1857, en 1863 et en 1869. Les travaux politiques ne lui ont pas fait négliger la littérature et le journalisme. En 1858, il était directeur du *Messager de Paris*. Il a été, pendant 17 ans, l'un des correspondants parisiens de l'*Indépendance belge*, pour ce qui regardait le Corps législatif. A Bagnères, il a fondé et entretient une *bibliothèque* et un *musée*; la bibliothèque compte aujourd'hui 25,000 volumes, et il a donné au musée 1,209 objets d'art. Tarbes doit également à M. Jubinal son musée qui est très-beau, et la *Société académique des Hautes-Pyrénées*, qui compte près de 600 membres. M. Jubinal a beaucoup écrit, surtout avant de jouer un rôle politique. On cite de lui : *Jongleurs et trouvères* (1835); — *Mystères inédits du quinzième siècle* (1836-1837, 2 vol.); — *Les anciennes tapisseries historiques* (1837, 2 vol. in-fol.); — *Rapport à M. de Salvandy sur les bibliothèques de la Suisse* (1837); — *La armeria real*, ou musée d'artillerie de Madrid (1837, 2 vol. in-fol., fig., avec suppl., 1846, in-fol.); — *OEuvres complètes de Rutebeuf* (1838, 2 vol.); — *Nouveau recueil de fabliaux* (1839-1842, 2 vol.); — *Lettres à M. de Salvandy* (1845); — *Lettre à M. Paul Lacroix*, tendant à justifier M. Libri ; — *Lettre inédite de Montaigne*, suivie de recherches sur les pertes éprouvées par la Bibliothèque nationale (1850, avec *fac-simile*); — *Napoléon et M. de Sismondi en* 1815, qui a eu plusieurs éditions. — Chevalier de la Légion d'Honneur depuis le 6 mai 1846, il a été promu officier le 12 août 1863. M. Jubinal est, en outre, Grand-Officier d'Isabelle-la-Catholique, commandeur des Saints-Maurice et Lazare, du Nichan de Tunis, et Grand-Croix de l'ordre du Mérite de Vénézuéla.

JUDIC (Mlle Anna DAMIENS, *dame*), née à Semur (Côte-d'Or), le 18 juillet 1850. Elle est issue d'une famille d'artistes; et sa mère, nièce de M. Montigny, était buraliste du Gymnase. Cependant, elle ne fut pas élevée en vue de la carrière théâtrale; et ses parents, qui la destinaient au commerce, la placèrent d'abord dans un magasin de lingerie. Mais une véritable vocation l'attirait vers le théâtre. Elle triompha des scrupules de son grand-oncle qui la prit chez lui, la fit admettre au Conservatoire dans la classe de Régnier, et lui fit donner des leçons de piano et de chant. Le 25 avril 1867, elle épousa M. Judic. Engagée au Gymnase, elle y débuta le 2 juin 1867, et ne tarda pas à se faire remarquer, notamment dans les *Grandes demoiselles*, et dans une reprise des *Malheurs d'un amant heureux*. Cependant, elle avait un goût particulier pour le chant. En 1868, elle signa un engagement de trois ans avec le directeur de l'Eldorado, qui, peu de temps après, engagea aussi M. Judic en qualité de régisseur-général. C'est là qu'elle devint dès son apparition l'idole du public, en chantant : *Comme ça pousse, cousin!* la *Cinquantaine*, la *Neige*, *C'est si fragile*, la *Première feuille*, *Paola et Piétro*, la *Vénus infidèle*, *Faust passementier*, le *Trou de la serrure*, la *Tartine de beurre*, les *Baisers*, etc. Eloignée de Paris par la guerre franco-allemande, qui mettait tous les engagements à néant, elle fit une excursion artistique à Bruxelles, à Liège, à Anvers,

et y obtint de véritables ovations. La représentation au profit des blessés, qu'elle donna à Lille au commencement de 1871 rapporta plus de 27,000 francs, et lui valut, de la municipalité lilloise, l'hommage d'un superbe médaillon. Ensuite, elle alla chanter à Marseille, où elle eut un succès d'enthousiasme. De retour à Paris, Mme Judic a d'abord été engagée aux Folies-Bergère, où son interprétation originale de *Ne me chatouillez pas* faisait fureur, et où elle s'est également distinguée dans *Memnon*. Puis elle a créé le rôle de Cunégonde à la Gaité dans le *Roi carotte*. Elle est aujourd'hui pensionnaire des Bouffes-Parisiens, où tout Paris a été la voir dans la *Timbale*, la *Petite reine*, la *Rosière d'ici*, la *Branche cassée*, les *Parisiennes*, le *Grelot* et le *Mouton enragé*. Pendant une vacance des Bouffes, elle est retournée à Bruxelles et a joué, à raison de 500 francs par soirée, aux galeries Saint-Hubert, la *Rosière d'ici*, le *Mouton enragé*, et *Daphnis et Chloé*. Puis elle est allée se faire entendre à Princess's Théâtre de Londres. Elle y a dit pour la première fois le monologue de *Mariée depuis midi*, et le prince de Galles et le czarewich de Russie, qui assistaient à la représentation, ont été la féliciter dans sa loge.

JULLIEN (Alexandre), né à Lyon, le 23 juillet 1823. M. Jullien appartient à une ancienne et honorable famille du Forez. Il s'est consacré à l'industrie et à l'étude des questions administratives et financières. En 1849, il a épousé Mlle de Pommerol, petite-fille d'un député du même nom sous la Restauration. Il est directeur de la Compagnie anonyme des fonderies et forges de Terre-Noire, la Voulte et Bessèges depuis 1866, et administrateur du Crédit lyonnais depuis l'origine de cette Société, et de la succursale de la Banque de France à Lyon depuis 1869. Maire de Pélussin, il a été membre du Conseil général de la Loire, de 1851 à 1870. Les électeurs de la Loire l'ont envoyé à l'Assemblée nationale, par près de 50,000 suffrages, le 8 février 1871. Il vote généralement avec la majorité, et ses connaissances spéciales l'ont plusieurs fois appelé à faire partie de Commissions importantes, notamment de celle dite « de la révision des marchés. » Il fait aussi partie de la Commission d'enquête parlementaire sur l'industrie houillère. M. Jullien est chevalier de la Légion d'Honneur depuis 1867.

JUNOD (Victor-Théodore), né à Bonvillars (Suisse), le 5 août 1809. Il fit ses études médicales à Paris. En prenant le grade de docteur, le 31 août 1833, il signala dans sa thèse inaugurale les *Avantages de l'hémospasie*, et soumit à ses examinateurs les différents appareils qui s'y trouvaient décrits. Fixé dans la capitale, il est attaché aux hôpitaux depuis 1829, pour la médication hémospasique, en vertu d'une décision du Conseil général des hospices, prise et rédigée dans les termes les plus honorables pour sa méthode et pour lui-même. M. le docteur Junod a été chargé, en 1854, d'une mission dans la Haute-Marne, où il a combattu le choléra et mérité une médaille d'or, et d'une autre mission en Algérie, en 1858, pour étudier les effets de l'hémospasie dans le traitement des maladies endémiques de ces ré-

Biogr. nat.

gions. Des mémoires concernant l'*Hémospasie*, ou méthode de dérivation du sang, puissante et efficace, et une autre découverte, les *Chambres à air comprimé* dont il a eu l'initiative, et qui sont aujourd'hui répandues dans toute l'Europe, lui ont valu deux prix Montyon ; un premier prix en 1836, et le grand prix de médecine et de chirurgie en 1870. Son traitement hémospasique a été recommandé à tous les établissements hospitaliers de France, en 1843, par une circulaire du ministre de l'Intérieur. Ajoutons qu'il a reçu une médaille, en Juin 1848, pour soins donnés aux blessés dans les ambulances, et des médailles aux expositions de Paris, Londres et New-York. Il s'est consacré, depuis nombre d'années, avec désintéressement, aux malades des hôpitaux, et n'a pas hésité, en 1871, à employer gratuitement l'hémospasie dans les ambulances de l'armée de l'Est. La plupart de ses mémoires, relatifs à sa nouvelle méthode de traitement, dont quarante ans de pratique ont confirmé l'efficacité, ont été lus aux Académies, particulièrement à l'Académie des sciences, et reproduits dans la presse médicale. On lui doit : *Recherches physiologiques et thérapeutiques sur les effets de la compression et de la raréfaction de l'air tant sur le corps que sur les membres isolés*, mémoire lu à l'Académie des sciences le 25 août 1834 ; — *Méthode hémospasique* (18 juin 1843), cinq mémoires lus à l'Académie des sciences sur les effets thérapeutiques de cette méthode, insérés dans la *Revue médicale*, de 1849 à 1855 ; — *Nouvelles considérations sur les effets thérapeutiques de l'hémospasie* (14 juin 1858). — *Mémoire sur la salubrité relative des différents quartiers dans les villes*, lu à l'Académie des sciences le 26 février 1855. M. le docteur Junod est correspondant de la Société médicale de Londres. La plupart des écrivains spéciaux se sont plu à rendre justice à son caractère, à ses mérites et à l'excellence de ses procédés. Ainsi, après avoir cité les termes flatteurs du rapport relatif au grand prix de médecine et de chirurgie qui lui était décerné par l'Académie, M. Louis Figuier s'exprimait ainsi, le 19 juillet 1870, dans les colonnes de la *Presse* : « Nous sommes heureux d'enregistrer ici cette déclaration publique en faveur d'un des médecins les plus laborieux les plus modestes, et les plus dignes d'estime que compte sa profession. »

JURIEN DE LA GRAVIÈRE (Jean-Pierre-Edmond), né à Brest, le 19 novembre 1812. Entré dans la marine en 1828, il devint aspirant le 19 octobre de la même année, et navigua sur les côtes du Sénégal, du Brésil et du Levant. Il fut nommé enseigne de vaisseau le 1er janvier 1833, lieutenant de vaisseau le 10 avril 1837, capitaine de corvette le 31 juillet 1841. A cette dernière époque, il fit campagne dans les mers de Chine comme commandant de la *Bayonnaise*. Capitaine de vaisseau le 21 octobre 1850, et chargé du commandement de l'*Uranie*, frégate-école des canonniers, en 1852, il fut attaché, en qualité de chef d'Etat-major, à l'amiral Bruat, avec lequel il concourut au succès des opérations maritimes de la mer Noire pendant la guerre d'Orient. C'est ainsi qu'il commanda le débarquement de Kertch et assista à la prise du fort de Kinburn. Après la prise de Sébastopol, le 1er décembre 1855, il fut promu contre-amiral, et désigné comme président de la Commission chargée de la réorganisation des équipages de la flotte. Mis à la tête de la division de l'Adriatique en 1858, il contribua à assurer la délimitation du Monténégro. Pendant la guerre d'Italie, il effectua le blocus complet du port de Venise. De 1859 à 1862, sa carrière fut surtout remplie par des travaux historiques et nautiques, et par des recherches dont la science maritime et l'art de la guerre firent leur profit. Elevé au grade de vice-amiral le 15 janvier 1862, il entra au Conseil d'amirauté le 29 juin 1863. Au début des opérations contre la République mexicaine, il avait été chargé d'abord (octobre 1861) du commandement de la division navale du golfe du Mexique, puis de la direction politique et militaire de l'expédition ; un peu plus tard, il ne conserva que le commandement supérieur de la flotte. Ce fut en cette qualité qu'il dirigea les expéditions de Tampico, d'Alvarado et de Minatitlan. Nommé, au retour de la campagne, aide-de-camp de l'empereur, il exerça, du 20 avril 1868 au 10 mai 1870, le commandement de l'escadre d'évolutions réunie dans la Méditerranée. Au mois de décembre 1870, la question d'Orient parut à la veille de se rouvrir ; la Russie demandait, avec une certaine hauteur, la révision du traité de Paris. On crut que cette complication nouvelle pouvait donner lieu à la France de faire valoir son concours ou son abstention ; car, malgré ses malheurs, elle restait une grande puissance navale. M. le vice-amiral Jurien de la Gravière avait été le chef d'Etat-major de l'amiral Bruat pendant la campagne de 1854 et 1855. On le jugea propre à reprendre un commandement dont le siège aurait probablement à se transporter bientôt dans la mer Noire, et il reçut l'ordre d'aller arborer son pavillon sur le vaisseau le *Magenta* qui se trouvait, à cette époque, mouillé au golfe Jouan. L'escadre de la Méditerranée fut alors reconstituée. Elle comprenait six navires cuirassés et deux avisos. On lui a dû le maintien ou le rétablissement de l'ordre sur tous les points du littoral où les passions politiques essayèrent de le troubler. M. Jurien de la Gravière a exécuté, en 1841, la reconnaissance hydrographique des côtes méridionales de la Sardaigne. Il a, en outre, publié les ouvrages suivants : *Guerres maritimes sous la République et l'Empire*, avec les plans des batailles navales du cap Saint-Vincent, d'Aboukir, de Copenhague, de Trafalgar, et une clef du Sund (1844, 4e édit., revue, corrigée et augmentée, 2 vol., 1864) ; — *Rapport sur la campagne de la corvette la Bayonnaise dans les mers de Chine* (1851) ; — *Voyage en Chine et dans les mers et archipels de cet Empire, pendant les années 1847-1850* (1854, 2e édit., 1864, 2e vol. avec carte) ; — *Souvenirs d'un amiral* (1860, 2 vol.) ; — *La marine d'autrefois* (1865) ; — *La marine d'aujourd'hui* (1871). M. l'amiral Jurien de la Gravière a été élu membre de l'Académie des sciences en 1866. Il est actuellement directeur-général du dépôt des cartes et plans au ministère de la Marine. Le 23 décembre 1865, il avait été promu au grade de Grand-Officier dans la Légion d'Honneur. La Médaille militaire lui a été conférée au mois d'avril 1870.

KAEMPFEN (Albert), né à Versailles, le 15 avril 1826. Sa famille est originaire de la Suisse, et son père, sous le premier Empire et la Restauration, servit dans les armées françaises en qualité de chirurgien-major. Il fit son droit à la Faculté de Paris. Naturalisé Français et inscrit au tableau des avocats de la capitale en 1849, il se consacra d'abord à la plaidoirie, et collabora, de 1855 à 1866, à la *Gazette des Tribunaux*. M. Kaempfen a été un des rédacteurs de l'*Illustration*, où il fut chargé de la « Gazette du Palais » et du « Courrier de Paris. » Il a donné des articles au *Courrier du Dimanche*, à l'*Epoque*, à la *Revue moderne*, à la *Revue des Provinces*, à la *Vie Parisienne*, à l'*Univers illustré*, au *Magasin des Demoiselles*, au *Magasin d'éducation et de récréation*, à la *Discussion* de Lyon, au *Rappel*. Pendant plusieurs années, il fut collaborateur du *Temps*, où ses chroniques parisiennes étaient très-goûtées. La plupart de ses articles ont été signés : Henrys et X. Feyrnet. En 1871, M. Kaempfen fut nommé à la direction du *Journal officiel*, qu'il conserva jusqu'au mois de février 1874. Il a publié en volumes : *La tasse à thé*, roman qui avait paru d'abord dans l'*Illustration*, sous le pseudonyme d'Henri Este, illustré par M. Worms (1865) ; — *Paris, capitale du monde*, étude humoristique écrite en collaboration avec M. Ed. Texier (1867).

KARCHER (Théodore), né à Saar-Union (Bas-Rhin), le 21 décembre 1821. Fils du maire de sa ville natale, M. Karcher reçut une éducation distinguée, fit ses études classiques à Bouxwiller, son droit à Strasbourg, et, toujours imbu d'idées libérales, se consacra tout entier en de bonne heure au journalisme politique. Comme rédacteur en chef, à Sedan, du *Républicain des Ardennes*, il fut condamné deux fois à deux ans de prison, en 1850, pour avoir attaqué, dans ses écrits, la loi qui mutilait le suffrage universel ; mais il réussit à mettre la frontière entre lui et ces deux condamnations. La Belgique ne lui ayant pas été hospitalière, il passa en Angleterre, où il se fixa définitivement, la Commission mixte des Ardennes l'ayant condamné à l'exil perpétuel, après le Coup-d'Etat du 2 Décembre, à cause de sa collaboration à la *Voix du Proscrit*, de Londres. Nommé professeur à l'Académie royale militaire de Woolwich en 1858, il devint, en 1864, examinateur à l'Université de Londres, et aussi examinateur des candidats pour le service civil des Indes. En février 1871, les électeurs républicains des Ardennes le portèrent, en son absence, candidat à l'Assemblée nationale. Il obtint 9,000 voix, mais ne fut pas élu. Depuis lors, il a fait paraître un opuscule patriotique : *Impressions recueillies dans les départements français occupés par l'armée prussienne* (1872). Il est également devenu l'un des collaborateurs assidus de la *République française* et des trois journaux démocratiques qui se publient dans les Ardennes. M. Karcher, qui connaît à fond plusieurs langues modernes, a fourni de nombreux articles et travaux divers à beaucoup de journaux et recueils français ou étrangers, tels que le *Spectator* anglais, la *Revue du Progrès*, la *Revue moderne*, la *Revue nationale*, le *Courrier de l'Europe*, le *Barreau*, le *Pionnier allemand*, etc. On lui doit : *Biographies militaires* (Londres, 1861, 2° édition, 1864) ; — *Rienzi*, drame en 5 actes et en vers (1864, 3° édit., 1873) ; — *L'invasion de la Crimée*, traduite de l'anglais de M. Kinglake (Bruxelles, 1864-1865, 6 vol.) ; — *Questionnaire français* (Londres, 1865, 3° édit., 1873) ; — *Les écrivains militaires de la France* (Bruxelles, 1865) ; — *Etudes sur les institutions politiques et sociales de l'Angleterre* (1867). Le même auteur a traduit en français quelques brochures d'hommes d'Etat anglais, et publié des livres d'enseignement. Actuellement (1874), M. Karcher reste toujours professeur à l'Ecole de Woolwich et à l'Institution des hautes études d'artillerie.

KASTNER (Jean-Georges), né à Strasbourg, le 9 mars 1810. Il se distingua comme érudit et compositeur, collabora aux recueils artistiques les plus compétents de France et d'Allemagne, et appartint aux principales Académies de ces deux pays. Comme compositeur, M. Kastner a produit : l'*Ouverture*, les *Chœurs* et une *Marche* pour la *Prise de Missolonghi* (drame lyrique représenté à Strasbourg en 1829) ; — *Gustave Wasa* (opéra en 5 actes, 1832) ; — *La reine des Sarmates* (opéra en 5 actes, 1835) ; — *La mort d'Oscar* (opéra en 4 actes) ; — *Le Sarrazin* (opéra-comique, 1841) ; — *La Maschera* (opéra-comique, 2 actes, 1841) ; — *Le dernier roi de Juda* (grand opéra biblique exécuté au Conservatoire sous la direction d'Habeneck, le 1er décembre 1844) ; — plusieurs *cantates* et *scènes lyriques* à grand orchestre, jointes à ses ouvrages de littérature, sous les titres suivants : *Les Sirènes* ; *Les cris de Paris* ; *Stephen ou la harpe d'Eole* ; *La Saint-Julien des ménétriers* ; — et un grand nombre de *Chœurs orphéoniques* et de compositions pour musique militaire. Comme écrivain, il a publié : *Manuel général de musique militaire* (1845) ; — *Les danses des morts*, avec les instruments de musique (1852) ; — *Les voix de Paris*, histoire littéraire et musicale des cris populaires de la capitale, depuis le Moyen-Age jusqu'à nos jours (1855) ; — *La harpe d'Eole et la musique cosmique* (1857) ; — *Les Sirènes*, essai sur les principaux mythes relatifs à l'incantation, les enchanteurs, à la musique magique (1858, avec pl. et musique) ; — les *Chants de la vie*, avec choral, et les *Chants de l'armée*, vaste recueil de chœurs d'une haute portée musicale ; — des *Traités d'instrumentation* célèbres dans toute l'Europe ; — une *Grammaire musicale* qui a rendu de services réels à l'enseignement de la musique ; — une *Méthode élémentaire d'harmonie appliquée au piano* ; — un *Traité de contrepoint et de fugue* ; — et une foule de *Méthodes* spéciales pour tous les instruments. Sa *Parémiologie musicale de la langue française* (1866) est la plus remarquable de ses ouvrages en ce genre. Cet écrivain érudit a été très-utile à l'art musical contemporain. Il a pris une part active aux travaux des différents jurys à l'Exposition universelle de 1867. M. Georges Kastner a succombé presque subitement, le 19 décembre 1867, aux suites d'une maladie causée par l'excès du travail. Il a laissé en portefeuille un *Opéra comique* en trois actes, composé sur un livret de Scribe, une *Monographie de la Marseillaise* complétement terminée, une autre production littéraire dont le titre n'est pas connu, et plusieurs ouvrages inachevés, entre autres une vaste *Encyclopédie musicale*, et la *Biographie authentique de Meyerbeer*, son illustre ami. M. Georges Kastner fut l'un des fondateurs de l'Association des artistes musiciens de France, et fit partie pendant plusieurs années du Comité des études du Conservatoire de musique et de déclamation de Paris. D'abord correspondant de l'Institut, il fut élu membre libre de l'Académie des beaux-arts, en 1849, en remplacement de M. Turpin de Crissé. Chevalier de la Légion d'Honneur depuis le 27 avril 1845, et promu officier de l'ordre le 13 août 1864, M. Georges Kastner était également commandeur de Charles III d'Espagne et de François-Joseph d'Autriche, chevalier de la Couronne de chêne des Pays-Bas, de l'Aigle rouge de Prusse (3ᵉ classe), de l'ordre d'Ernest de Saxe-Cobourg-Gotha, et décoré de la médaille d'or pour les sciences et les arts de Prusse.

KASTNER (Georges-Eugène-Frédéric), né à Strasbourg, le 10 août 1852; fils du précédent. M. Frédéric Kastner fit ses études classiques à Paris, au collége Chaptal, et se consacra surtout à l'étude des sciences physiques. Il étudia aussi la musique sous l'habile direction de son père et se livra à des recherches sur certains phénomènes de physique et de chimie. De nouvelles expériences sur les flammes chantantes le conduisirent à la découverte d'un principe ainsi formulé : « Si, dans un tube de verre ou d'autre matière on introduit deux ou plusieurs flammes isolées, de grandeur convenable, et qu'on les place au tiers de la longueur du tube, comptée à partir de la base inférieure, ces flammes vibrent à l'unisson. Le phénomène continue de se produire tant que les flammes restent écartées ; mais le son cesse aussitôt que les flammes sont mises en contact. » C'est ainsi que M. Frédéric Kastner fut conduit à la construction d'un instrument musical composé de plusieurs claviers s'accouplant comme dans l'orgue. Chacune des touches du clavier est mise en communication, par un mécanisme fort simple, avec les conduits adducteurs des flammes dans les tuyaux. Lorsqu'on pèse sur ces touches, les flammes se séparent et le son se produit ; mais, dès qu'on lève le doigt, les flammes se rapprochent et le son cesse immédiatement. Le *Pyrophone* produit des sons inconnus jusqu'à ce jour, se rapprochant de la voix humaine, et dont l'effet est surtout merveilleux dans l'exécution ou l'accompagnement de la musique religieuse. Pour le moment, les flammes y sont alimentées par le gaz hydrogène ; mais son inventeur compte utiliser prochainement le gaz ordinaire d'éclairage. Cet instrument, essayé dans des concerts et employé tantôt seul, tantôt pour accompagner le chant, a donné les meilleurs résultats. Il en a été parlé à l'Académie des sciences (Institut), dans la séance du 17 mars 1873. Enfin, une réduction du *Pyrophone*

Kastner, a figuré à l'Exposition universelle de Vienne, où elle n'a cessé de provoquer la curiosité des visiteurs. Dès son apparition, cet instrument a surtout attiré l'attention des compositeurs et des musiciens. M. Frédéric Kastner est membre de la Société de statistique de Paris et du Comité de l'Association des inventeurs.

KELLER (Emile), né à Belfort, le 8 octobre 1828. Issu d'une importante famille de l'Alsace, il fit de solides études classiques au collége Louis-le-Grand, et fut admis à l'Ecole polytechnique en 1846. Mais, au lieu de profiter de ce succès, il se consacra à l'étude de la philosophie et de l'histoire. Elu député du Haut-Rhin en 1857, il se montra l'un des plus distingués et des plus ardents champions du parti catholique. Sa candidature échoua en 1863, tandis qu'en 1869, il fut réélu comme candidat indépendant. Le 3 août 1870, il se signala par sa demande, malheureusement mal accueillie, de secours pour l'Alsace et de l'envoi d'une Commission extraordinaire à Strasbourg. Le 8 février 1871, il fut envoyé à l'Assemblée nationale par 58,864 électeurs du Haut-Rhin, et vota contre les préliminaires de la paix, l'annexion de l'Alsace-Lorraine à l'Allemagne. Cela fait, il donna sa démission de représentant et se fit réélire à Belfort par 6,953 voix, aux élections complémentaires du 2 juillet. M. Keller, un des membres les plus importants de l'Assemblée, siège au Centre-Droit. Il a été rapporteur des pétitions catholiques, et a pris la parole dans la plupart des questions importantes, notamment au sujet de la loi militaire. Le même orateur a demandé que les rapports du Conseil d'enquête relatif aux capitulations de Metz et de Sedan fussent publiés comme les autres. Ajoutons qu'il a été rapporteur du projet de loi concernant les Conseils de guerre et l'affaire Bazaine. M. Keller a voté particulièrement : *pour* la loi départementale, le pouvoir constituant, la dissolution des gardes nationales, le traité douanier, la dénonciation des traités de commerce, les impôts sur les bénéfices et sur le chiffre des affaires, l'ordre du jour Ernoul (24 mai 1873), la prorogation septennale des pouvoirs présidentiels ; *contre* le retour de l'Assemblée à Paris, l'amendement Target. Il est membre du Comité de patronage des orphelins d'Alsace-Lorraine. Nommé membre de la Commission provisoire faisant fonctions de Conseil général et de Conseil d'arrondissement dans la circonscription de Belfort, le 8 octobre 1871, il remplit ce mandat avec autant de zèle que de patriotisme.

KÉRATRY (Emile, comte DE), né à Paris, le 20 mars 1832. Issu d'une vieille famille de Bretagne, petit-fils d'un ancien président des Etats de cette province, et fils de l'ancien pair de France, il fit ses études classiques à Saint-Louis et à Louis-le-Grand, et s'engagea, en 1854, au 1ᵉʳ chasseurs d'Afrique, avec lequel il fit la campagne d'Orient. Passé au 1ᵉʳ spahis, puis au 1ᵉʳ cuirassiers, sous-lieutenant au 5ᵉ de lanciers, en 1859, il permuta, en 1861, pour le 3ᵉ chasseurs d'Afrique, et fit avec lui la campagne du Mexique. En 1864, il fut détaché de son corps en qualité de **capitaine-commandant** le 2ᵉ escadron de la contre-guérilla du colonel Dupin ; et, peu après, il fut désigné comme officier d'ordonnance du maréchal Bazaine. M. le comte de Kératry, cité plusieurs fois à l'ordre de l'armée, pour faits de guerre dans ses diverses campagnes, et proposé pour l'avancement au choix, a donné sa démission en 1865, et s'est occupé de littérature et de politique. Comme rédacteur de la *Revue contemporaine* et de la *Revue des Deux-Mondes*, il a engagé, avec autant de bonheur que de justice, une très-brillante polémique contre ceux qui défendaient la campagne du Mexique, contre les hommes qui l'avaient préparée, poursuivie, et enfin contre ses résultats. Devenu directeur de la *Revue moderne*, il continua ses attaques et souleva audacieusement la question des fameux bons Jecker. Nommé, en 1869, député au Corps législatif, par les électeurs de Brest, au second tour de scrutin et malgré la coalition de l'administration et du clergé, il signa l'interpellation des 116. Après la prorogation de la Chambre, il en réclama la convocation dans le « délai constitutionnel », ajoutant, dans son journal, qu'il était du devoir de tous les députés indépendants de « lutter contre le gouvernement sur le terrain de la légalité. » En 1870, il siégea dans la Gauche ouverte. Nommé membre de la Commission de la guerre, il vota la guerre sur cette affirmation du maréchal Le Bœuf « que l'armée était prête, » fut un des quatre députés qui marchèrent, le 4 Septembre sur l'Hôtel-de-Ville, et s'empara de la préfecture de police, nommé qu'il était à ce poste par le gouvernement provisoire. Après avoir repoussé les émeutes des 3 et 8 octobre, il donna sa démission, sur le refus opposé par les généraux Tamisier et Trochu d'opérer l'arrestation de Flourens et de Blanqui. Le 13 octobre, il partait de Paris, en ballon, chargé d'une mission diplomatique en Espagne ; puis il se rendait à Tours, recevait le commandement en chef, avec le grade de général de division, des gardes mobilisés des cinq départements de la Bretagne, et réunissait au camp de Conlie 60,000 mobilisés. Il se portait en avant du Mans, le 27 novembre, avec 12,000 hommes, quand M. Gambetta le plaça sous les ordres du général Jaurès. Démissionnaire le même jour, il resta dans la vie privée jusqu'au 27 mars 1871. Nommé alors préfet de la Haute-Garonne, il chassa de Toulouse, en arrivant, les membres de la Commune, et rétablit, sans effusion de sang et sans aucun acte arbitraire, le gouvernement régulier. M. le comte de Kératry, en quittant Toulouse, le 11 novembre 1871, pour prendre possession de la préfecture des Bouches-du-Rhône, y avait laissé les regrets et les sympathies de tous les amis de l'ordre. On lui doit, en dehors de ses écrits comme journaliste : *La contre-guérilla ; La créance Jecker ; L'élévation et la chute de Maximilien* (1867). Nommé chevalier de la Légion d'Honneur, en 1863, pour sa belle conduite au combat de San-Lorenzo, et promu commandeur de l'Ordre en 1872, il est aussi Grand-Croix d'Isabelle-la-Catholique, commandeur extraordinaire de l'Ordre de Charles III, et décoré du Medjidié de Turquie, de Notre-Dame-de-Guadalupe du Mexique, d'une médaille de sauvetage, et des médailles de Crimée et du Mexique.

KERCADO (Alexis, ou Thomas de Kcado, selon l'ancienne orthographe du nom, avec l'abréviation bretonne), né à la Roche-Bernard (Morbihan), le 31 août 1809. Issu d'une importante famille de Bretagne et grand propriétaire dans le Morbihan. M. Kercado a fait ses études classiques à Vannes et son droit à Paris. Puis, mettant à profit les loisirs que lui avait ménagés la fortune, il a fait des voyages d'étude en Italie, en Allemagne et en Angleterre ; après quoi, il s'est occupé d'agriculture et a mené la grande vie rurale. Président du Comice agricole et de la Commission de statistique cantonale, membre de la Commission de distribution des primes d'encouragement pour l'élevage du cheval, président de la Société des courses de Vannes, il a été élu conseiller général pour le canton de la Roche-Bernard en 1855, et maire du chef-lieu de ce canton très-peu de temps après. M. Kercado a été élu député au Corps législatif par la première circonscription du Morbihan le 1ᵉʳ juin 1863. — Il est chevalier de la Légion d'Honneur depuis le 30 août 1865.

KERDREL (Vincent-Paul-Marie-Casimir Audrende), né à Lorient, le 28 septembre 1815. Il fit son droit à la Faculté de Paris, suivit les cours de l'École des chartes, et se rendit ensuite à Rennes pour y rédiger une feuille d'opposition légitimiste, le *Journal de Rennes*. Après la révolution de 1848, il représenta le département d'Ille-et-Vilaine à la Constituante et à la Législative, siégea à la Droite, et lutta tout à la fois contre le parti démocratique et contre les agissements bonapartistes. Lors du Coup-d'État de Décembre, il fit partie des députés qui protestèrent à la mairie du Xᵉ arrondissement et à la caserne Babylone. Comme le nouveau gouvernement n'était pas encore définitivement constitué, il accepta le mandat de député d'Ille-et-Vilaine au Corps législatif ; mais le 22 novembre 1852, devant l'imminence de la proclamation de l'Empire, il donna sa démission. Après être longtemps demeuré à l'écart de la vie politique, il s'occupa des élections de 1869 et posa même sa candidature, qu'il retira presque aussitôt. Le 8 février 1871, il fut élu par 92,829 voix, dans le Morbihan, et par 89,357 voix dans l'Ille-et-Vilaine, représentant à l'Assemblée nationale M. Audren de Kerdrel a opté pour le Morbihan. Il siège sur les bancs de la Droite catholique et légitimiste, dont il est un des membres les plus distingués, les plus autorisés et les plus actifs. Dans la séance du 28 avril 1871, au moment le plus terrible de la lutte entre le gouvernement régulier et la Commune de Paris, il a cru trouver le remède à cet état des choses dans la restauration de la monarchie légitime et l'appel d'Henri V au trône de France. M. Audren de Kerdrel a voté notamment : *pour* la paix, l'abrogation des lois d'exil, la validation de l'élection des princes, le traité douanier, la proposition Ravinel, la dénonciation des traités de commerce, la loi départementale, l'amendement Keller, l'impôt sur le chiffre des affaires, l'ordre du jour Ernoul

(24 mai 1873), la prorogation septennale des pouvoirs présidentiels; *contre* le retour de l'Assemblée à Paris, la proposition Feray, l'amendement Barthe, l'impôt sur les bénéfices du commerce et de l'industrie. Lors du vote de la proposition Rivet, il s'est abstenu. Le 8 octobre 1871, il a été élu membre du Conseil général du Morbihan, dont il occupe la vice-présidence.

KERGORLAY (Jean-Florian-Hervé, *comte* DE), né à Paris, le 23 mai 1803. La maison de Kergorlay, comme ancienneté, remonte très-haut dans l'histoire de la Bretagne. Depuis six ou sept cents ans, cette illustre famille s'est trouvée mêlée à tous les grands événements politiques ou guerriers qui se sont succédés dans cette province. Elle s'est alliée aux maisons de Rieux, de Rohan, de Montfort-Laval, de Beaumanoir, etc., et l'aïeule d'Henri IV, au huitième degré, était une Kergorlay. Ses armes sont : *Vairées d'or et de gueules;* et sa devise est : « Aide-toi, et Dieu t'aidera. » Agriculteur distingué, M. le comte de Kergorlay a organisé dans son magnifique domaine de Canisy, près de Saint-Lô, une ferme modèle de 200 hectares, où sont soigneusement étudiés et mis en pratique tous les progrès de la science agricole. Membre de la Société d'agriculture en 1835, il a fait en même temps partie du Conseil général des hospices jusqu'à sa dissolution (25 février 1848). Plein d'activité, de capacité, de dévouement, il rendait de très-importants services. C'est lui qui a préparé et fait adopter les plans de l'hôpital Lariboisière, le plus beau peut-être, le plus complet et le plus confortable qui soit en Europe. Il a introduit à Bicêtre l'enseignement de la musique, appliqué maintenant avec succès dans plusieurs autres établissements d'aliénés, et joint une vacherie à la ferme Sainte-Anne, annexe de Bicêtre. En 1848, il fut élu conseiller général du département de la Manche, et nommé membre du Congrès central d'agriculture, dont il était un des fondateurs, et dont il occupa successivement le secrétariat et la vice-présidence. Ensuite il siégea au Conseil de perfectionnement des établissements d'instruction agricole, et au Conseil général d'agriculture, du commerce et des manufactures. M. le comte de Kergorlay a été élu député en 1852 et 1857. On lui doit un bon ouvrage intitulé : *De la réduction du droit d'entrée sur les bestiaux.* Chevalier de la Légion d'Honneur depuis 1849, il est décédé le 29 décembre 1873.

KERIDEC (Thomé DE), né à Hennebont (Morbihan), le 12 août 1804. M. Thomé de Keridec, gentilhomme breton et grand propriétaire, fit ses études de droit à Paris. Entré dans la magistrature en 1826, il refusa le serment en 1830, donna sa démission et se tint à l'écart de la vie publique. Nommé, en 1849, membre du Conseil général et représentant du Morbihan à l'Assemblée législative, il lutta contre la politique de l'Élysée, protesta contre le Coup-d'État et fut interné à Vincennes. M. de Keridec a été élu, le 8 février 1871, représentant du Morbihan à l'Assemblée nationale, où il siège au côté droit dans les rangs des conservateurs catholiques. Il est inspecteur, pour son département, de la Société des antiquaires pour la conservation des monuments.

KERMENGUY (Emile, *vicomte* DE), né à Saint-Pol-de-Léon (Finistère), le 1er décembre 1810. M. le vicomte de Kermenguy s'est consacré à des travaux agricoles sur le domaine qu'il tient de sa famille, l'une des plus anciennes de la Bretagne. Conseiller général du Finistère, pour le canton de Plouzévédé, depuis 1842, et maire de sa commune depuis 1848, il a donné sa démission après le succès du Coup-d'État pour n'avoir pas à servir le second Empire. En 1869, cédant aux instances de ses amis, il a consenti à se présenter dans l'arrondissement de Morlaix, aux élections législatives, comme candidat d'opposition, et a obtenu une belle minorité de 10,000 suffrages, tandis que le candidat officiel ne triomphait qu'avec 12,000 voix. Le 8 février 1871, M. le vicomte de Kermenguy a été élu, par 57,124 voix, représentant du Finistère à l'Assemblée nationale, où il siège sur les bancs de la Droite-Légitimiste, et fréquente la réunion extra-parlementaire dite des « Chevau-Légers. » Il a été l'un des 94 signataires de la protestation contre l'exil des Bourbons, et a voté notamment : *pour* la paix, la validation de l'élection des princes d'Orléans, la loi départementale, l'amendement Target, la proposition Ernoul, l'acceptation de la démission de M. Thiers, la prorogation septennale des pouvoirs présidentiels; *contre* le retour de l'Assemblée à Paris, les amendements Barthe et Keller, l'impôt sur les bénéfices. Il s'est abstenu relativement à l'impôt sur le chiffre des affaires. M. le vicomte de Kermenguy a été réélu conseiller général du Finistère, toujours pour le canton de Plouzévédé, le 8 octobre 1871.

KESTNER (Charles), né à Strasbourg, le 30 juin 1803. Il se consacra à l'industrie, étudia la fabrication des produits chimiques à Gœttingue, et fonda à Thann (Haut-Rhin) un établissement considérable, qui ne tarda pas à occuper des centaines d'ouvriers. Sa belle position dans le pays et la juste considération dont il jouissait, lui valurent d'être appelé à siéger, de 1849 à 1851, à la Chambre de commerce de Mulhouse, et d'être élu en 1848 et 1849, représentant du Haut-Rhin aux Assemblées constituante et législative. A la Chambre, il vota toujours avec les républicains purs. Emprisonné et expulsé du territoire français par les vainqueurs du Coup-d'État de Décembre 1851, il rentra en France en mars 1852, et se renferma dès lors dans ses occupations industrielles et scientifiques. Son établissement a remporté une médaille d'or en 1847, une médaille d'honneur à l'Exposition universelle de 1855, etc. Ajoutons que M. Charles Kestner a refusé la croix de la Légion d'Honneur qui lui était conférée par un décret du 7 novembre 1849. Il est décédé le 12 août 1870.

KŒCHLIN (André), né en 1789. Doué d'aptitudes extraordinaires pour l'industrie et le commerce, M. André Kœchlin entra, en 1808, dans la maison Dollfus-Mieg et Cie de Mulhouse (tissage, filature et impression des toiles peintes), et épousa une demoiselle Dollfus, à l'âge de 19 ans. La mort de son beau-père, en 1818, le laissa seul à la tête d'un vaste établissement dont il sut, à force d'intelligence et d'activité, conserver la réputation et la prospérité jusqu'à ce que ses quatre jeunes beaux-frères fussent en âge d'en prendre la direction. Alors il se retira de cette maison pour fonder, à Mulhouse, une grande fabrique de constructions mécaniques, d'où sont sorties les premières locomotives françaises. En même temps il prenait des intérêts dans plusieurs filatures et favorisait la mise en œuvre, en France, des matières premières, telles que le chanvre, le lin, la laine peignée, en procurant aux filateurs des machines bien établies et bien appropriées à leur destination. Il avait ainsi conquis une haute position industrielle, quand éclata la révolution de Juillet. Nommé maire de Mulhouse et conseiller général du Haut-Rhin, en 1830, à raison de ses opinions libérales, il représenta les collèges électoraux d'Altkirch de 1832 à 1834, de Mulhouse de 1841 à 1846, et encore d'Altkirch de 1846 à 1848. Soit comme maire, soit comme conseiller général, soit comme député, M. André Kœchlin a exercé une puissante influence sur le développement de l'instruction dans les masses populaires de Mulhouse et de tout le Haut-Rhin. Après les événements de Février 1848, il a quitté la scène politique, mais n'a pas cessé d'utiliser ses grandes capacités financières. C'est ainsi qu'il a été chargé de la liquidation de la caisse Gouin, et qu'il a été président de la Société franco-belge-prussienne des mines de Stolberg et de Westphalie, et de la Société anonyme des glaces d'Aix-la-Chapelle. Il a obtenu, comme industriel, une médaille d'or en 1839, cinq médailles d'argent à différentes expositions, et une grande médaille d'honneur à l'Exposition universelle de 1855. M. André Kœchlin est décédé le 18 avril 1871. Il avait reçu la croix de la Légion d'Honneur le 30 avril 1836.

KŒNIGSWARTER (Louis-Jean), né à Amsterdam, le 12 mars 1814, naturalisé français en 1848, fit ses études dans son pays natal, fut reçu docteur en droit à l'Université de Leyde (1835), et vint se fixer à Paris trois années après, pour y continuer les travaux qu'il avait commencés sur la législation et l'économie politique. La *Revue de législation*, à la tête de laquelle figuraient des hommes éminents, MM. Faustin Hélie, Troplong, Wolowski, etc., etc., était la tribune qui convenait le mieux aux idées spéculatives de M. Kœnigswarter. Il en devint l'un des principaux rédacteurs, et présida ainsi au mouvement scientifique de cette époque. M. Kœnigswarter appartient à l'école historique, tout en s'étant occupé beaucoup des études comparatives des diverses législations. Il a publié les ouvrages suivants : *Essai sur la législation des peuples anciens et modernes, relativement aux enfants nés hors mariage* (1842) ; — *Études historiques sur le développement de la société humaine* (1850) ; — *Histoire de l'organisation de la famille en France* (1851), couronné par l'Institut (Académie des sciences morales et politiques) ; — *Sources et monuments du droit français, antérieurs au XVe siècle*, ou *Bibliothèque de l'histoire du droit civil français* (1853) ; — *Essai de statistique comparée sur le royaume des Pays-Bas* (1857). M. Kœnigswarter est, en outre, auteur de *Mémoires* et de *Dissertations* insérés dans les *Archives* de l'Institut, de la Société impériale des antiquaires de France et dans d'autres recueils français et étrangers. Il est membre correspondant de l'Académie des sciences morales et politiques, de la Société des antiquaires de France, et membre correspondant de plusieurs Académies provinciales et étrangères. S'étant beaucoup occupé de l'instruction des classes ouvrières, et faisant partie du Conseil d'administration de l'*Association philotechnique*, M. Kœnigswarter a été nommé membre du *Conseil supérieur de l'enseignement technique* institué près du ministère de l'Agriculture et du Commerce, les 19 mars et 5 avril 1870. Il est chevalier de la Légion d'Honneur (11 décembre 1850), officier de l'ordre des Saints-Maurice et Lazare d'Italie, chevalier du Lion néerlandais et de Notre-Dame de Villaviciosa de Portugal, etc.

KOLB-BERNARD (Charles-Louis-Henri), né à Dunkerque (Nord), le 16 janvier 1798. Il suivit la carrière industrielle, se consacra à la fabrication et au raffinage des sucres indigènes, et devint, de bonne heure, associé d'une forte maison lilloise. Son établissement obtint des récompenses à plusieurs expositions. Aussi M. Kolb-Bernard ne tarda-t-il pas à jouir d'une grande influence dans son pays. Déjà président de la Chambre de commerce et conseiller municipal, il fut élu représentant du Nord à la Législative en 1849. Après le Coup-d'État de Décembre 1851, il rentra pour quelques années dans la vie privée. De 1859 à 1870, il siégea au Corps législatif, où il fit au gouvernement une opposition modérée, fut un des représentants du parti religieux, combattit le libre-échange, vota l'amendement des 45, et signa la demande d'interpellation des 116. M. Kolb-Bernard, élu représentant de son département à l'Assemblée nationale, le 8 février 1871, par 206,307 voix, a pris place sur les bancs de la Droite. Il a voté notamment : *pour* la paix, l'abrogation des lois d'exil, la validation de l'élection des princes, le pouvoir constituant, la loi départementale, les propositions Ravinel et Feray, la dénonciation des traités de commerce, l'ordre du jour de M. Ernoul (24 mai 1871), la prorogation septennale des pouvoirs présidentiels ; *contre* le retour de l'Assemblée à Paris, la proposition Rivet, les amendements Barthe, Keller et Target, les impôts sur les bénéfices et sur le chiffre des affaires. M. Kolb-Bernard a reçu comme industriel, en 1849, la croix de la Légion d'Honneur.

KRANTZ (Jean-Baptiste-Sébastien), né à Givet (Ardennes), le 17 janvier 1817. Admis à l'École polytechnique en 1836, et à l'École des ponts-et-chaussées le 20 novembre 1838, il devint ingénieur ordinaire de 2e classe le 22 août 1843, de 1re classe le 31 janvier 1855, et ingénieur en chef de 1re classe le 12 mars 1864. Après avoir dirigé les travaux du chemin de fer du Grand-Central, et résidé comme chef de service dans le département de l'Ardèche, il fut chargé de faire construire le fameux palais en fer de l'Exposition universelle (1867), selon les plans généraux adoptés par la Commission impériale. Mais c'est à ses études hydrauliques, ayant pour objet d'améliorer la navigation de la Seine, que M. Krantz doit surtout sa grande réputation. On lui doit un vaste projet destiné à réaliser le rêve de *Paris port de mer*. Il est aussi l'inventeur d'un barrage mobile devant faciliter le cabotage dans la capitale, en maintenant le niveau d'eau à une certaine hauteur. Chargé du service de la navigation de la Seine depuis le commencement de 1870, il a rendu, pendant le siège de Paris, des services précieux à la défense : concourant aux travaux de la mise en état de l'enceinte de la rive droite, dirigeant les pionniers de Saint-Denis, faisant exécuter les ponts à l'aide desquels la bataille de Champigny aurait pu avoir des résultats meilleurs, etc. On lui dut également l'installation de moulins à vapeur spéciaux pour réduire en farine les céréales de toute nature qui se trouvaient dans Paris, et les rendre susceptibles d'être converties en pain. Candidat, mais sans succès, aux élections générales du 8 février 1871, il se représenta lors des élections complémentaires du 2 juillet suivant, et fut élu représentant de la Seine, à l'Assemblée nationale, par 107,078 suffrages. M. Krantz, républicain modéré, siège sur les bancs du Centre-Gauche. Il est au nombre des députés qui veulent devoir tous les progrès politiques et sociaux à des évolutions normales de l'opinion, correspondant à l'intérêt bien entendu de tous, sous le règne absolu de la loi, mais jamais à la violence ni à l'émeute. Membre de la Commission d'enquête sur le régime des chemins de fer, il a présenté un long rapport sur l'état de nos voies navigables, au point de vue de la concurrence qu'elles peuvent faire aux voies ferrées. Enfin, il a voté notamment : *pour* la loi départementale, la dissolution des gardes nationales, le traité douanier, les propositions Rivet et Feray, l'amendement Keller ; *contre* le pouvoir constituant, la dénonciation des traités de commerce, la proposition Ravinel, l'impôt sur le chiffre des affaires, la prorogation septennale des pouvoirs présidentiels. Il s'est abstenu sur l'amendement Target, l'impôt sur les bénéfices, et sur le fameux ordre du jour motivé de M. Ernoul (24 mai 1873). M. Krantz a publié : *Etude sur l'application de l'armée aux travaux d'utilité publique* (1847) ; — *Projet de création d'une armée des travaux publics* (1847). Il est commandeur de la Légion d'Honneur depuis le 8 décembre 1870.

KRANTZ (Jules-François-Emile), né à Givet (Ardennes), le 29 décembre 1821 ; frère du précédent. Il entra dans la marine militaire en 1837. Aspirant en 1839, enseigne de vaisseau en 1843, lieutenant de vaisseau en 1848, capitaine de frégate en 1861, il fut nommé capitaine de vaisseau en 1867, et promu au grade de contre-amiral le 4 juin 1871. Ses travaux techniques le recommandaient depuis longtemps à l'attention du ministre quand, en 1860, ce dernier l'investit du commandement du vaisseau-école le *Louis XIV*. Dans ces nouvelles fonctions, il fit de nombreuses expériences sur le tir des nouvelles pièces de marine. Aussi fut-il choisi, pendant le siège de Paris, parmi les officiers de son arme les plus capables de concourir au service de l'artillerie. Nommé commandant du fort d'Ivry, il fut chargé, pendant l'armistice, du commandement des douze bataillons de marins réunis à l'Ecole militaire. Le 19 février 1871, il fut appelé au ministère de la Marine, en qualité de chef du cabinet du ministre et de directeur des mouvements de la flotte. M. le contre-amiral Krantz a publié : *Eléments de la théorie du navire, contenant les calculs de déplacement, du centre de voilure, les méthodes de jaugeage, le calcul de l'exposant de charge, les théories de la stabilité, du gouvernail, des roulis et tangages, etc.* (1852, avec un tableau). Il est commandeur de la Légion d'Honneur depuis le 8 décembre 1870.

KRISHABER (Maurice), né à Feketehegy (Hongrie), le 3 avril 1836. Il suivit la carrière médicale, commença ses études spéciales à Vienne (Autriche), puis à Prague (Bohême), et les compléta à la Faculté de Paris, où il prit le grade de docteur le 31 août 1864. Sa thèse inaugurale avait pour sujet : *Du développement de l'encéphale. Etude d'embryogénie*. Etabli à Paris, il fut naturalisé Français en 1872. On lui doit plusieurs traités insérés dans le *Dictionnaire encyclopédique des sciences médicales* : *Maladies du larynx*, en collaboration partielle avec M. le docteur Peter (1868) ; — *Cerveau* (pathologie), en collaboration avec M. le docteur Ball (1873) ; — *Maladies des chanteurs* (1873) ; — *De la névropathie cérébro-cardiaque*, ouvrage édité à part (1873). Le même auteur a fourni, de 1866 à 1874, aux *Bulletins* et *Mémoires* de la Société de biologie, des travaux sur des sujets variés de *Physiologie*, et publié, de 1848 à 1874, dans les *Bulletins* et *Mémoires* de la Société de chirurgie, divers mémoires sur des *Tumeurs laryngées*, sur la *Trachéotomie*, sur la *Thyrotomie*, etc.

KUHLMANN (Charles-Frédéric), né à Colmar, le 22 mai 1803, a fait ses études chimiques à la Faculté de Strasbourg et à Paris où il a travaillé, pendant trois ans, avec le célèbre Vauquelin. Chargé, en 1832, par décision ministérielle, de fonder à Lille une chaire publique de chimie appliquée aux arts et à l'industrie, il l'occupa pendant trente-deux ans, partageant son temps entre la science et l'industrie. En 1848, il a été chargé de la réorganisation des travaux de la Monnaie de Lille, et a coopéré, en qualité de directeur de cet établissement, à la refonte des monnaies de bronze. Depuis 1850, il fait partie du Conseil général du Nord et a été membre du Conseil général de l'agriculture, du commerce et des manufactures. Il préside la Chambre de commerce de Lille depuis plus de vingt ans, a pris part aux discussions économiques à l'ordre du jour, notamment sur les questions des sucres, des chemins de fer, de la navigation, etc., et fait partie, en qualité d'administrateur, de la Compagnie du chemin de fer du Nord. Il possède un grand nombre d'établissements industriels, dont le plus important est la fabrique de produits chimiques de Loos. M. Kuhlmann a publié de nombreux travaux scientifiques dont la plupart se trouvent dans les *Mémoires et Comptes rendus de l'Académie des sciences*, les *Annales de chimie et de physique*, les *Mémoires de la Société des sciences de Lille*, etc. : *Mémoires sur la fabrication de l'acide sulfurique*; — *Mémoire sur les applications de la garance*; — *Théorie de la fermentation* (études sur les alcools et les éthers); — *Mémoire sur la fabrication des sucres, la formation de l'acide nitrique et de l'ammoniaque sous l'influence des corps poreux*; — *Divers modes de préparation des chaux hydrauliques et des ciments*.

M. Kuhlmann a publié divers traités spéciaux, intitulés : *Expériences chimiques et agronomiques*; — *Expériences concernant la théorie des engrais*; — *Application des silicates alcalins solubles au durcissement des pierres calcaires poreuses, à la peinture et à l'impression*; — *Fixation des couleurs et des mordants dans la teinture*; — *Application des carbonates alcalins en vue d'éviter les incrustations des chaudières à vapeur*; — *L'industrie de la baryte et l'application du sulfate artificiel de baryte à la peinture*; — *Les oxydes de fer et de manganèse considérés comme moyens de transport de l'oxygène de l'air sur les corps combustibles*; — *Recherches nouvelles sur la conservation des matériaux de construction et d'ornementation*; — *Recherches de cristallographie avec des applications nombreuses des dessins cristallins anormaux à la gravure sur métaux et sur verre, à la lithographie, à l'impression sur papier et sur étoffe, et à un mode d'impression de billets de banque à l'abri de toute contrefaçon*. Les produits de M. Kuhlmann ont figuré aux Expositions universelles de Paris et de Londres, et lui ont constamment mérité les distinctions les plus flatteuses. Il était membre du jury en 1855, et de la Commission impériale en 1867. Il a été nommé correspondant de l'Institut (Académie des sciences) en 1847, membre du Conseil supérieur du commerce en 1869. M. Kuhlmann est commandeur de la Légion d'Honneur (30 juin 1867) et de plusieurs ordres de Russie, de Prusse, d'Autriche, de Portugal, de Perse, etc.

KÜHNHOLTZ-LORDAT (Henri-Marcel), né à Cette (Hérault), le 28 janvier 1794. Il a fait ses études à la Faculté de médecine de Montpellier, et obtenu son diplôme de docteur en 1817. Chargé, en 1828, de suppléer le professeur Lordat, il fut appelé, en 1821, aux fonctions de bibliothécaire de la Faculté. Correspondant, depuis 1836, de l'Académie impériale de médecine, il est, en outre, membre de plusieurs Sociétés savantes, chevalier des Saints-Maurice et Lazare, etc. Parmi les nombreux ouvrages, nous devons citer : *Idée d'un cours de physiologie appliquée à la pathologie* (1829-1830); — *De l'ensemble systématique de la médecine judiciaire* (1834); — *Cours d'histoire de la médecine et de biographie médicale* (1837), professé, l'année précédente, à Montpellier; — *Eloge de Celse* (1838); — *Considérations générales sur la régénération des parties molles du corps humain* (1841); — *Paris et Montpellier sous le rapport de la philosophie médicale* (1841). Il a enrichi de nombreux articles et mémoires plusieurs recueils, entre autres les *Annales de médecine clinique*, la *Gazette médicale*, les *Ephémérides médicales* et le *Journal de la Société pratique de Montpellier*. Philologue et antiquaire distingué, il a collaboré au *Dictionnaire de la langue romane* de Raynouard, aux *Etats-généraux* de M. Aug. Bernard, aux *Lettres missives des Gaules*, au recueil des *Historiens des Gaules*, etc. M. Kuhnholtz-Lordat a pris part aussi à la mise au jour des *Manuscrits inédits du Tasse* (Turin, 1838). Sa dernière œuvre consiste en recherches étendues sur les *Spinola de Gênes* (1852, in-4°), travail abondant en pièces curieuses inédites et en notes fort intéressantes.

KÜHNHOLTZ - LORDAT (Marie - Barthélemy - Achille), né à Montpellier, le 4 mars 1820; fils du précédent. Après avoir fait ses études de droit à Paris, il s'adonna de très-bonne heure au journalisme. Membre de la Société des gens de lettres en 1846, son nom fut un instant très-remarqué dans la petite presse. La Gazette des théâtres, le Satan, la Mode, la France théâtrale ont publié de lui beaucoup d'articles. Avant d'aller se fixer à Paris, M. A. Kühnholtz avait créé à Montpellier le *Babillard*, journal politique et littéraire, qui soutint, en 1843, dix-huit procès, et fut presque toujours acquitté. Après avoir publié : *Quelques mots sur l'histoire de l'Université de Montpellier*, (brochure, 1840), il a édité : *Discours inédit de Claude Brossette sur le Vaudeville* (1846); — *Traité du noble jeu de mail* (anonyme, 1842). En 1849, il a fait paraître à Montpellier, sous le pseudonyme de Pascal Dumaine, le *Furet*, journal qui a obtenu un très-grand succès. Elu plusieurs fois, par le parti légitimiste, membre du Conseil municipal de Montpellier, M. A. Kühnholtz appartient à plusieurs Sociétés savantes. Il a renoncé depuis longtemps à la politique et à la littérature pour s'adonner exclusivement aux sciences naturelles, et ses riches collections conchyliologiques ont une grande réputation dans le monde scientifique.

KÜSS (Emile), né à Strasbourg, en 1815. Brillant élève de la Faculté de médecine de Strasbourg, il concourut à Paris, en 1835, pour une place de préparateur au musée de la Faculté, fut nommé prosecteur à l'Ecole de sa ville natale en 1837, et prit le grade de docteur en 1841. Chef des travaux anatomiques en 1843, agrégé de la Faculté en 1844, il obtint, au concours, en 1846, la chaire de physiologie. Peu de temps après, il fut chargé de l'enseignement clinique des maladies chroniques. Le docteur Küss était une des plus brillantes individualités de la Faculté de Strasbourg. Il fut des premiers à faire la savante application du microscope à l'étude des phénomènes de la vie, et ses cours étaient avidement suivis par la jeunesse studieuse. En dehors de son enseignement, l'illustre anatomiste ne jouissait pas d'une moindre notoriété. Ses opinions républicaines et tout à la fois modérées, lui assuraient une grande influence dans le parti libéral, qui se rallia tout entier à lui quand il apprit la proclamation de la République en France. En ce moment-là, Strasbourg était investi et bombardé par les Prussiens. Il fallait un homme intelligent, résolu, dévoué pour assumer la responsabilité de l'administration de la ville; la Commission municipale offrit l'écharpe de maire à M. Küss, et ce dernier remplit ses devoirs de façon à mériter d'être élu par ses administrés, le 8 février 1871, représentant à l'Assemblée nationale. Bien que sa santé fût déjà fort altérée par tant de fatigues et de préoccupations, l'énergique patriote se rendit à Bordeaux, pour y protester contre le sacrifice des pays alsaciens et lorrains. Mais, le jour même où l'Assemblée votait la paix, sur les bases de l'abandon de l'Alsace-Lorraine à la Prusse, il expira, le 1er mars 1871, laissant de profonds regrets chez tous ceux qui avaient eu l'honneur de le connaître. Pour rendre hommage à son caractère et à ses mérites, l'Assemblée nationale décréta que ses funérailles seraient faites aux frais de l'Etat. Son *Cours de physiologie* a été publié par M. Duval en 1872.

LABARTE (Charles-Jules), né à Paris, le 23 juillet 1797. Elève du collége Louis-le-Grand, et reçu licencié en droit le 19 juillet 1819, il fut porté sur le tableau des avocats à la Cour de Paris le 18 août suivant. En 1824, il succéda à son père comme avoué près le tribunal de première instance de la Seine. La distinction avec laquelle il remplissait les devoirs de sa charge lui attira la considération générale, et il fut élu capitaine-commandant dans la garde nationale après la révolution de 1830, puis, après cinq réélections à ce grade, chef de bataillon en 1844. Démissionnaire de ses fonctions d'avoué en 1835, il se livra dès lors à l'étude de l'archéologie. M. Jules Labarte a publié les ouvrages suivants : *Description des objets d'art qui composent la collection Debruge Dumesnil*, précédée d'une *Introduction historique* (1847, avec un grand nombre de vign. sur bois et 5 pl. gravées sur cuivre) ; — *Recherches sur la peinture en émail dans l'antiquité et au Moyen-Age*, ouvrage qui a obtenu de l'Académie des inscriptions et belles-lettres, en 1857, en partage avec M. Fabre, l'une des médailles accordées aux travaux sur les antiquités de France (1856, avec 8 pl. en lithochr.) ; — *Le palais impérial de Constantinople et ses abords; Sainte-Sophie, le Forum Augustéen et l'Hippodrome, tels qu'ils existaient au Xe siècle*, ouvrage dont M. Hase a rendu compte, en 1862, dans le *Journal des savants* (1861, gr. in-4°, avec 3 plans) ; — *Histoire des arts industriels au Moyen-Age et à l'époque de la Renaissance* (1re édit. épuisée, 1864-1866, 4 vol. illustr. de 74 vign. sur bois, et 2 vol. d'albums in-4° de 150 pl. en chromo-lithogr. ou en chromo-photogr., avec texte explicatif en regard) ; cette magnifique publication a obtenu de l'Académie des inscriptions et belles-lettres, en 1868, la première des médailles accordées aux travaux sur les antiquités de la France ; une seconde édition, améliorée par de nombreuses additions, est commencée ; deux volumes ont été publiés en 1872 et 1873 ; le dernier en cours de publication, aura entièrement paru en octobre 1874 (3 vol. in-4°, avec 81 pl. placées en regard du texte, et 85 vign. sur bois) ; — *L'église cathédrale de Sienne et son trésor, d'après un inventaire de 1467* (1868) ; — *Dissertation sur le Rössel d'or d'Altœtting* (1869) ; — *Dissertation sur l'abandon de la glyptique en Occident au Moyen-Age, et sur l'époque de la Renaissance de cet art* (1871). M. Jules Labarte a été élu membre de l'Académie des inscriptions et belles-lettres, le 22 décembre 1871, par 41 suffrages sur 42 votants. Il est chevalier de la Légion d'Honneur depuis le 13 novembre 1833.

LA BÉDOLLIÈRE (Emile, GIGAULT DE), né à Paris, le 24 mai 1812. Le bruit a couru, dans le monde des lettres, qu'il avait emprunté son second nom à son oncle, le comte Gigault de la Bédollière de Bellefont. C'est une erreur ; le second nom figure sur son acte de naissance et sur ceux de son père et autres ascendants. Il débuta, en 1833, avec une brochure : *Vie politique du marquis de La Fayette*, qui attira sur lui l'attention. A partir de ce moment, il collabora à une foule de journaux et de revues, dans lesquels il inséra des articles de politique, de littérature, des romans, des poésies, des traductions, etc. Entré au *Siècle* comme bibliothécaire, il rédigea le courrier politique de ce journal, de 1850 à 1869. A cette dernière époque, il fonda le *National*, organe républicain modéré, à 0,05 cent., dont le tirage atteignit parfois 100,000 exemplaires. La combinaison financière sur laquelle reposait la fixation du prix de vente de cette feuille n'ayant pas abouti, ce prix fut un peu plus tard mis au niveau de celui des autres grands organes de publicité. Parmi les œuvres, publiées à part, de M. Emile de La Bédollière, on distingue : *Soirées d'hiver* (1838) ; — *La nouvelle morale en actions* (1839) ; — *La mère Michel* (1840) ; — *Beautés des victoires et conquêtes des Français* (1844, 3 vol., 2e édition, 1846, 2 vol.) ; — *Les industriels* (1841-1846) ; — *La Sirène* (1845) ; — *Histoire des mœurs et de la vie privée des Français*, ouvrage qui a obtenu, de l'Académie des inscriptions et belles-lettres, une mention très-honorable (1847, 3 vol.) ; — *Histoire de la garde nationale* (1848) ; — *Le Panthéon* (Paris anecdotique, 1853) ; — *Kinburn et la mer Noire ; le Congrès de la paix* (1856) ; — une édition populaire, en livraisons, des *Œuvres de Fenimore Cooper* (traduit de l'anglais, 1849 et suiv.) ; — *Le dernier Robinson ; La case de l'oncle Tom ; Le compagnon de l'oncle Tom*, traductions ; — *Histoire d'Italie* (1859) ; — *Le nouveau Paris, histoire de ses 20 arrondissements* (1860, illustr.) ; — *Histoire des environs du nouveau Paris* (1860, illust.) ; — *Naples et Palerme, ou l'Italie* (1860, illust.) ; — *Histoire de la guerre du Mexique* (1861-1868, illust.) ; — *Histoire de Paris* (1864) ; — *Les Hommes célèbres* (1864, inachevé) ; — *Le domaine de Saint-Pierre* (1865) ; — *Histoire complète de la guerre d'Allemagne et d'Italie* (1866, avec cart. et grav.) ; — *La France et la Prusse* (1867) ; — *Histoire de la guerre de 1870-1871* (1871), etc. M. Emile de La Bédollière s'est présenté, mais sans succès, pour la députation, en 1857, comme candidat d'opposition libérale, dans une des circonscriptions électorales de Paris.

LA BÉDOYÈRE (Georges-César-Raphaël HUCHET, comte DE), né à Paris, le 2 octobre 1814. Il appartenait à une famille de la Bretagne, où se trouve le château de La Bédoyère, famille illustre dont le chef porte le titre héréditaire de *marquis*. Ses ancêtres ont marqué de tout temps dans les armes et la marine, et l'un d'eux figurait au fameux combat des Trente en 1351.

Son père, le général de La Bédoyère, créé comte de l'Empire et pair de France, paya de sa vie son dévouement sans bornes à Napoléon Ier. Sa mère était issue de la grande maison bourguignonne des sires de Chastelluse, qui marquèrent dans les croisades et donnèrent à la France, entre autres célébrités, un maréchal sous Charles VI, un amiral en 1420, etc. Enfin, il s'était allié lui-même à une chevaleresque famille d'Auvergne, qui s'est illustrée aux croisades, en épousant Mlle de La Rochelambert, depuis dame du palais de l'impératrice et dame de l'ordre noble de Thérèse de Bavière, fille de feu le sénateur marquis de La Rochelambert. Lors du rétablissement de l'Empire, M. le comte de La Bédoyère fut nommé chambellan. Envoyé au Corps législatif par la 6e circonscription de la Seine-Inférieure en 1856 et 1857, il prit place parmi les défenseurs de l'ordre, de la politique impériale et de la religion. M. le comte de La Bédoyère, élevé à la dignité de sénateur le 16 août 1859, est décédé prématurément le 9 août 1867; et l'énergie et la foi vive dont il a fait preuve sur son lit de mort, ont prouvé qu'il était le digne fils de son père. Il était chevalier de la Légion d'Honneur (9 aoît 1857), et commandeur des ordres de l'Aigle-Rouge de Prusse, et de Notre-Dame-de-Guadalupe du Mexique.

LABORDE (Edmond), né à Nevers, en 1808. Il fit ses études classiques et théologiques au petit et au grand séminaire de Nevers. Après avoir suivi, à la Sorbonne, les cours de Dulong, de Thénard, de Gay-Lussac, il a professé pendant toute sa vie, depuis l'âge de 21 ans, la physique et la chimie dans les séminaires du diocèse de Nevers. M. l'abbé Laborde a été ordonné prêtre en 1832. Vers 1845, il a commencé à adresser des mémoires à l'Académie, et des communications scientifiques à différents journaux, tels que le *Cosmos* et les *Mondes*. Ces pièces, au nombre de plus de cinquante, traitent de la lumière, de la chaleur, de la photographie, de l'électricité principalement, et d'autres sujets divers. Elles ont le mérite de renfermer toutes quelque idée nouvelle ou quelque découverte. Ajoutons, comme détail original, que leur auteur a construit lui-même tous les instruments nécessaires à ses recherches. Nommé chanoine titulaire en 1866, M. l'abbé Laborde n'en continue pas moins, dans une certaine mesure, son enseignement scientifique.

LA BORDERIE (Louis-Arthur LE MOYNE DE), né à Vitré, le 5 octobre 1827. Il fit ses études classiques à Rennes, entra à l'Ecole des chartes, et en sortit avec le n° 1, en 1852. A cette époque, il fut chargé, par le ministère de l'Instruction publique, d'un travail spécial sur les archives historiques des ducs de Bretagne, déposées à Nantes; et, en 1857, il fonda dans cette ville un des meilleurs recueils historiques et littéraires de la province, la *Revue de Bretagne et de Vendée*, qui paraît encore actuellement (1874). Il fut aussi l'un des fondateurs et des plus actifs collaborateurs de la classe d'archéologie de l'Association bretonne, qui a contribué beaucoup, dans ces contrées, à l'avancement des études historiques, et aux progrès de l'agriculture. On lui doit : *Histoire de la conspiration de Pontallec* (1717-1720) ; — *La révolte du papier timbré, advenue en Bretagne en* 1675 ; — *Lutte des Bretons insulaires contre les Anglo-Saxons, du Ve au VIIe siècle*, etc. M. de La Borderie a présidé la Société archéologique d'Ille-et-Vilaine de 1862 à 1866. Comme homme public, il professe des opinions tout à la fois catholiques, monarchiques et libérales. C'est ainsi qu'en 1868 il a provoqué et recueilli de nombreuses souscriptions qui lui ont permis de fonder la Société de l'enseignement libre d'Ille-et-Vilaine. Conseiller d'arrondissement en 1861, conseiller général à titre de candidat d'opposition pour le canton Est de Vitré de 1864 à 1870, il prit de 1863 jusqu'à la chute de l'Empire, une part active à toutes les luttes électorales. Ses concitoyens l'ont envoyé, le 8 février 1871, à l'Assemblée nationale. M. de La Borderie siége sur les bancs du Centre-Droit. Membre de la Commission d'enquête sur les actes du gouvernement du 4 Septembre, il a pris une part active à ses travaux, et a été chargé par elle de recueillir les documents relatifs aux départements de l'Ouest, spécialement en ce qui est relatif à l'épisode de l'histoire de la défense nationale qui s'appelle le camp de Conlie et l'armée de Bretagne.

LABOULAYE (Edouard-Réné LEFEBVRE DE), né à Paris, le 18 janvier 1811. Il fit son droit à la Faculté de Paris, où il prit sa licence en 1833, et se consacra à des travaux de jurisprudence, d'histoire et d'économie politique. Son premier ouvrage : *Histoire du droit de propriété foncière en Europe depuis Constantin jusqu'à nos jours* (1839), fut couronné par l'Académie des inscriptions et belles-lettres. Puis il publia successivement une traduction de l'*Histoire de la procédure civile chez les Romains*, de F. Walter (1841) ; — *Essai sur la vie et les doctrines de Frédéric-Charles de Savigny* (1842); — *Recherches sur la condition civile et politique des femmes depuis les Romains jusqu'à nos jours* (1843), couronnées par l'Académie des sciences morales et politiques ; — *Essai sur les lois criminelles des Romains, concernant la responsabilité des magistrats* (1845), ouvrage couronné par l'Académie des inscriptions et belles-lettres ; — *Institutes coutumières* de Loisel, suivies d'un *Glossaire du droit ancien*, en collaboration avec M. Dupin (2 vol., 1845) ; — une traduction des *Œuvres sociales de Channing*, précédées d'un *Essai sur sa vie et ses doctrines* (1854) ; — *De l'esclavage*, par le même, précédé d'une *Préface* et d'une *Etude sur l'esclavage aux Etats-Unis* (1855); — *Etudes contemporaines sur l'Allemagne et les pays slaves* (1855) ; — *La liberté religieuse* (1856), et *Etudes morales et politiques* (1866), collections d'articles de journaux et de revues, écrits sur des sujets d'histoire ou de religion ; — *Histoire politique des Etats-Unis, depuis les premiers essais de colonisation jusqu'à l'adoption de la Constitution fédérale* (1620-1789, t. I-III, 1855-1866) ; — *Traités religieux de Channing*, traduits de l'anglais (1857) ; — *Souvenirs d'un voyageur* (1857) ; — *Institution du droit français*, de Cl. Fleury, ouvrage retrouvé et publié en collaboration avec M. Dareste (1858) ; — *Abdallah*, roman arabe (1859) ; — une édition du *Cours de poli-*

tique constitutionnelle, de Benjamin Constant (2 vol., 1861); — Les États-Unis et la France (1862); — L'État et ses limites, suivi d'Essais politiques (1863); — Paris en Amérique, sous le pseudonyme de docteur René Lefebvre (1863); — Le parti libéral, son programme, etc. (1864); — Mémoires et correspondances et Essais de morale et d'économie politique, de Franklin (1866-1867); — Le prince Caniche (1868); — une édition du Grand coutumier de Charles VI, en collaboration avec M. Dareste (1869), etc. M. de Laboulaye a donné de nombreux et importants articles à la Revue de législation et de jurisprudence; il est le collaborateur du Journal des Débats, de la Revue des Deux-Mondes, etc., et l'un des directeurs de la Revue historique de droit français et étranger. Élu membre de l'Académie des inscriptions et belles-lettres en 1845, il a été nommé, en 1849, professeur de législation comparée au Collège de France. Le parti libéral, attiré par l'érudition et la clarté qui distinguent ses ouvrages, l'a spontanément choisi pour l'un de ses chefs. Aussi a-t-il fait de grands et généreux efforts pour réveiller et diriger l'opinion en France pendant la période du second Empire. Il a pris la parole dans les conférences publiques, et ses discours ont été publiés sous le titre de Discours populaires (1869). Sous l'Empire, il s'était porté plusieurs fois, et dans plusieurs départements, mais sans succès, comme candidat indépendant à la députation; mais, en juillet 1871, il a été élu représentant de Paris à l'Assemblée nationale.

LABOULAYE (Charles-Pierre Lefebvre de), né à Paris, en 1813; frère du précédent. Admis à l'École polytechnique en 1831, entré à l'École d'application de Metz en 1833, lieutenant d'artillerie en 1835, il quitta le service militaire en 1836, pour se vouer à l'industrie. Après avoir étudié, dans la maison Didot, la fonte des caractères d'imprimerie, il s'établit à son compte, créa une fonderie et s'attacha à améliorer les procédés jusqu'alors en usage. Ses connaissances en métallurgie lui permirent d'obtenir des alliages économiques et avantageux pour la construction de diverses machines-types. On lui doit beaucoup d'inventions, parmi lesquelles il faut citer son moule pour les lettres d'affiches. Les produits de M. de Laboulaye figurent, depuis 1839, aux expositions industrielles, et ont successivement obtenu trois médailles d'or. Lors de l'exposition universelle de Londres, en 1861, il a été membre de la section française du jury international, et a mérité de recevoir, le 21 janvier 1863, la croix de la Légion d'Honneur. M. de Laboulaye est membre de diverses Sociétés savantes. Il s'est occupé des questions économiques et sociales. On lui doit : Dictionnaire des arts et manufactures. Description des procédés de l'industrie française et étrangère (1847, 2 vol. gr. in-8°, avec 2,600 grav., 3e édit., 1865-1867, avec 3,000 grav.); — Organisation du travail (1848); — De la démocratie industrielle. Études sur l'organisation de l'industrie française (1848, 2e édit., 1849); — Traité de cinématique (mécanique appliquée aux machines au point de vue géométrique), ou Théorie des mécanismes (1849, nouv. édit., 1861); — A MM. les actionnaires de la Fonderie générale (1849); — Un mot sur l'imprimerie nationale (1851); — Essai sur l'art industriel (1856, gr. in-8° avec vign.); — Des bateaux transatlantiques et des questions d'ordre mécanique que soulève leur construction (1857); — Essai sur l'équivalent mécanique de la chaleur (1858); — De la production de la chaleur par les affinités chimiques et des équivalents mécaniques (1860); — Almanach des progrès de l'industrie et de l'agriculture (1862). M. de Laboulaye a collaboré au Guide du marin de Kerhallet (1863). Il a été élu, en 1868, président du Cercle de la librairie.

LABOULBÈNE (Jean-Joseph-Alexandre), né à Agen, le 25 août 1825. Il fit de solides études classiques au collège d'Agen et ses études médicales à la Faculté de Paris. Interne des hôpitaux en 1849, il obtint la grande médaille d'or de l'internat en 1853, et prit le grade de docteur, en 1854, avec une thèse sur le Nævus en général, et sur une modification particulière et non décrite observée dans un nævus de la paupière supérieure. Il avait remporté le premier prix de l'École pratique en 1849 et reçu une récompense pour le choléra (médaille d'argent, en 1855). Au concours de 1860, il fut reçu professeur agrégé à la Faculté, avec une thèse sur les Névralgies viscérales, et à celui de 1861, médecin des hôpitaux. M. le docteur Laboulbène a suppléé deux fois M. Cruveilhier dans la chaire d'anatomie pathologique. Il a donné beaucoup de mémoires ou d'articles à des publications spéciales, telles que le Dictionnaire encyclopédique des sciences médicales, les Comptes rendus de la Société de biologie, la Gazette médicale, etc. On lui doit des Recherches cliniques et anatomiques sur les affections pseudo-membraneuses, productions plastiques, ulcéro-membraneuses, aphtheuses, croup, muguet, etc., ouvrage couronné par l'Institut (1861, avec 6 planches gravées). M. Laboulbène, outre ses travaux médicaux, s'est occupé d'anatomie générale et comparée; il a fait paraître, en collaboration avec M. Léon Fairmaire, une Faune entomologique française (t. Ier, 1856); — Observations sur les insectes tubérivores, avec réfutation de l'erreur qui attribuant les truffes à la piqûre des insectes, les a fait assimiler aux galles végétales, et un grand nombre de mémoires dans les Annales de la Société entomologique, les Archives de Thomson. Nommé chevalier de la Légion-d'Honneur en 1860, et promu officier en 1871, M. Laboulbène, médecin de l'Hôpital Necker, a été élu membre de l'Académie de médecine (section d'anatomie pathologique), en remplacement de M. Louis, le 2 décembre 1873.

LACAN (Jean-Baptiste-Adolphe), né à Clamecy (Nièvre), le 1er août 1810. M. Lacan a fait son droit à Paris, et a été inscrit, le 24 août 1831, au tableau des avocats de cette ville. A peine son stage terminé, il a plaidé, tout à la fois avec éclat et succès, dans l'affaire Charpentier (question de responsabilité des médecins, 1833), et s'est attiré les compliments de la Cour et du parquet. Bientôt sa réputation alla grandissant. Plaidant pour le docteur Véron, dans l'affaire dite de La Presse et Le Constitutionnel, contre Alexandre Dumas, il eut occasion d'opposer sa verve à celle du fécond romancier qui défendait lui-même sa cause et qui la perdit. Au nombre des procès célèbres dans lesquels il prit la parole, il faut citer ceux de Turpin, Tibaldi, etc. Élu membre du Conseil de l'Ordre en 1846, il a continué d'en faire partie jusqu'à ce jour (1874). Il est aujourd'hui bâtonnier de l'Ordre. La diction de M. Lacan est élégante et mesurée; son style est à la fois correct et coloré. Les mêmes qualités littéraires se retrouvent dans l'ouvrage qu'il a fait paraître en collaboration avec M. Ch. Paulmier, intitulé : *De la législation et de la jurisprudence en matière théâtrale* (1853), ouvrage dont M. Gustave Chaix-d'Est-Ange a fait un excellent compte rendu dans le *Moniteur*.

LA CAZE (Bernard), né à Vic-de-Bigorre (Hautes-Pyrénées), en 1799. Il partit pour l'Amérique, à l'âge de 16 ans, séjourna quelque temps au Texas, se rendit à New-York, où il étudia le droit américain, et alla exercer la profession d'avocat à la Nouvelle-Orléans. Rentré en France en 1822, il compléta ses études de droit, prit sa licence à la Faculté de Toulouse, et se fit inscrire au barreau de Pau. Ses débuts furent très-brillants, et il n'est qu'une voix dans le pays pour dire qu'il fut plus tard le premier avocat de ce barreau. A son talent d'orateur et de légiste, il joignait une droiture de caractère peu commune, et ses opinions bien connues lui permirent bientôt de devenir un des chefs du mouvement libéral. Conseiller général des Hautes-Pyrénées en 1841, il fut, après les événements de Février 1848, envoyé à l'Assemblée constituante, où il fit partie du Comité de législation, et vota généralement avec la Droite. Réélu à l'Assemblée législative, il adopta nettement la politique présidentielle. Après le Coup-d'État, en janvier 1852, M. Lacaze, dont les hautes capacités avaient été appréciées par le nouveau gouvernement, a été nommé conseiller d'État en service ordinaire. C'est en cette qualité qu'il a rempli fréquemment, devant le Sénat et le Corps législatif, les fonctions de commissaire du gouvernement. M. Lacaze, élevé à la dignité de sénateur, le 5 mai 1866, est décédé le 23 février 1874. Il avait été promu commandeur de la Légion d'Honneur le 12 août 1863.

LA CAZE (Louis), né à Paris, le 20 janvier 1826. Issu d'une vieille et riche famille du Béarn, il est fils d'un ancien député et neveu d'un ancien pair de France. Un autre de ses oncles, Louis La Caze, a légué une très-remarquable collection de tableaux au Musée du Louvre, et 20,000 livres de rente pour des prix à l'Académie de médecine. Il fit son droit à la Faculté de Paris, prit sa licence, et entra dans l'administration, en 1850, comme auditeur au Conseil d'État. Ses relations avec le parti orléaniste devaient lui faire voir d'un mauvais œil le rétablissement de l'Empire; aussi donna-t-il sa démission après le Coup-d'État. De 1852 à 1870, il fit constamment partie du Conseil général des Basses-Pyrénées. Grand propriétaire dans ce département, il se présenta aux élections pour le Corps législatif, en 1863 et 1869, toujours comme candidat de l'opposition, et obtint chaque fois des minorités considérables. Le 8 février 1871, il fut élu, par 58,734 voix, représentant des Basses-Pyrénées à l'Assemblée nationale. M. Louis La Caze est membre de la Commission pénitentiaire. Il siége au Centre-Gauche dont il est vice-président, et a appuyé la politique de M. Thiers. Parmi ses votes, nous distinguons ceux : *pour* la paix, le retour de l'Assemblée à Paris, l'abrogation des lois d'exil, la validation de l'élection des princes d'Orléans, les lois municipale et départementale, le pouvoir constituant, le traité douanier, la dénonciation des traités de commerce, les propositions Rivet, Ravinel et Feray; *contre* les amendements Barthe, Keller et Target, les impôts sur les bénéfices et sur le chiffre des affaires, l'ordre du jour Ernoul (24 mai 1873), la prorogation septennale des pouvoirs présidentiels. On doit à M. Louis La Caze la publication de quelques brochures : *Libertés provinciales en Béarn; Archives inédites d'un pays d'États* (1867); — *Lettre d'un conseiller général sur les dépenses départementales ;* — un discours contre la *Décentralisation* (7 juillet 1871); — un rapport et un discours sur la *Légion d'Honneur*, etc.

LA CHAMBRE (Charles-Émile), né à Saint-Malo, le 23 octobre 1816. Initié de bonne heure aux idées commerciales par son père, notable négociant du pays, il se prépara aux affaires par l'étude du droit et obtint, en 1837, le titre d'avocat. Quatre ans après, M. La Chambre partit pour le Pérou. Il s'y associa avec MM. Larrabure, Thomas et Cie, importante maison française de Lima. La nouvelle Société prit, en 1845, la raison sociale de Thomas, La Chambre et Cie. Il fonda lui-même, en 1843, à Valparaiso, un autre comptoir dont il garda la direction jusqu'en 1849. A cette époque, il vint établir à Paris un nouveau centre d'affaires qui est devenu le siége principal de sa maison. Celle-ci a aujourd'hui des succursales à Lima, Valparaiso, Port-Louis (île Maurice) et au Havre. Ses opérations embrassent l'importation, l'exportation et la banque dans les deux mondes. C'est à elle que le gouvernement péruvien a concédé l'exploitation du guano du Pérou. M. La Chambre est membre de la Chambre de commerce de Paris depuis 1867. Il a été nommé chevalier de la Légion d'Honneur le 16 août 1863.

LACHAUD (Charles-Alexandre), né à Treignac (Corrèze), le 23 février 1818. Après avoir fait ses études au collége de Bazas, M. Lachaud vint en 1836, suivre les cours de droit à la Faculté de Paris. Reçu licencié, il se fit inscrire au barreau de Tulle où il débuta avec succès. Le talent qu'il déployait surtout dans les procès dramatiques, où l'avocat doit faire preuve de beaucoup de finesse et de sentiment, détermina le choix de Mme Lafarge, qui l'avait entendu plaider et désira l'adjoindre à Me Bac, son principal défenseur (1840). Ce procès célèbre fit une si grand réputation à M. Lachaud, qu'il vint, en 1844, s'établir à Paris, où il prit rang, du premier coup, parmi les illustrations du barreau français. Il brille surtout dans les procès de presse et de théâtre, de séparations de corps et de Cours d'assises. Parmi les affaires retentissantes où il a porté la parole, on cite celles de Marcellange, de Bocarmé, de Mme Pavy (de Soubeyrane), de Grellet-Carpentier, du lieutenant de Mercy, de Preigne, de Lescure, de Taillefer, de Mme Lemoine, du docteur de La Pommerais, de Tropmann, de Courbet, de Janvier de la Motte, du *Figaro* contre le général Trochu. M. Lachaud a fait partie, de 1858 à 1867, du Conseil de l'ordre des avocats. En 1869, il s'est présenté comme candidat indépendant au Corps législatif, devant les électeurs de la 8e circonscription de Paris, et a obtenu une minorité de 9,000 voix environ. Depuis cet échec, il n'a plus manifesté le moindre désir de déserter le milieu de ses succès pour entrer dans la carrière politique. M. Lachaud a épousé la fille de l'académicien Ancelot. Il est chevalier de la Légion d'Honneur depuis le 12 août 1865.

LA CODRE DE BEAUBREUIL (Joseph-Michel DE), né à Orléans, le 20 octobre 1798. M. de La Codre est issu d'une ancienne famille du Bourbonnais. Lauréat de philosophie au collége Henri IV en 1815, et licencié en droit de la Faculté de Paris, il a publié des ouvrages dans lesquels sont exprimées, sous une forme lucide, précise, ornée, des opinions cosmologiques, économiques et gouvernementales. Ces opinions ont rencontré des contradicteurs, parce qu'elles sortent quelquefois des routes les plus habituellement pratiquées; mais elles sont inattaquables au point de vue de la morale spiritualiste. M. de La Codre conçoit et soutient, notamment, l'existence d'un astre central de l'univers, dont notre soleil serait le satellite de premier ou de second degré. De même, il conçoit et soutient la dualité coexistant dans la personne humaine d'une force vitale présidant à toutes les déterminations et à tous les mouvements physiologiques, et de l'âme spirituelle, siège de la haute intelligence et de la moralité. Il définit un bon gouvernement : celui dont les institutions, les lois et les actes s'adaptent si bien aux mœurs de la nation, que, dans cette nation, on puisse voir autant d'hommes heureux et dignes de l'être, que le sol, le climat, l'industrie, la moralité, les opinions et les circonstances transitoires permettent qu'il y en ait. Membre de l'Académie des sciences, arts et belles-lettres de Caen, il a mis à la disposition de cette savante Compagnie des prix de dissertation sur des sujets divers. L'une de ces propositions à examiner était la suivante : *Où est le mal ? C'est la vérité qui manque.* Cette année, le sujet indiqué est celui-ci : *Socrate, Marc-Aurèle, Fénelon.* L'intention du donateur de ce prix, adoptée par l'Académie, est que le sujet soit traité au point de vue de l'amélioration sociale, et que le concours donne naissance à un ou plusieurs livres de morale populaire. Voici la liste des principaux ouvrages publiés par M. de La Codre : *Esquisses de philosophie pratique* (1846); — *De l'immortalité, de la sagesse et du bonheur, ou La vie présente et la vie future. Traité de philosophie pratique* (1853, 2 vol.); — *Le ciel. Astronomie spéculative et religieuse* (1856); — *L'âme et Dieu. Aperçus de philosophie pratique* (1857); — *De la grandeur morale et du bonheur* (1857); — *L'opinion publique et l'extinction de la guerre* (1867); — *L'opinion publique et les gouvernements* (1869); — *Les desseins de Dieu* (1870); — *L'hon-*

neur, les rois et les peuples, avec application du principe à la situation actuelle de la France vis-à-vis de l'Alsace, la Prusse, l'Internationale (1872); — *Le principe de moralité* (1872).

LACOMBE (Etienne-Charles MERCIER DE), né à Paris, le 25 septembre 1832. Il fit ses études classiques au collége Stanislas, et se consacra à la littérature. De bonne heure, il collabora à d'importants journaux, et donna surtout des articles remarqués aux organes du parti religieux et monarchique, tels que la *Gazette de France* et le *Correspondant*. En 1868, il participa à la fondation de l'*Indépendant du Centre*, qui joua un grand rôle dans les derniers temps de l'Empire, comme journal d'opposition libérale. Candidat indépendant au Conseil général de la Haute-Loire, il avait, en 1867, soutenu une lutte très-vive contre l'administration. Le 8 février 1871, il a été élu député du Puy-de-Dôme à l'Assemblée nationale, où il fait partie des réunions du Centre-Droit et des Réservoirs. Il a été nommé membre de la Commission de décentralisation, de la Commission d'enseignement primaire, et des deux Commissions des Trente. M. de Lacombe a voté notamment : *pour* la paix, la loi départementale, l'amendement Target, la proposition Ernoul (24 mai 1873), la prorogation septennale des pouvoirs présidentiels; *contre* le retour de l'Assemblée à Paris, les amendements Barthe et Keller, les impôts sur les bénéfices et sur le chiffre des affaires. On lui doit des brochures politiques, l'*Arbitraire dans le gouvernement et les partis*, la *Guerre d'Allemagne* (1866), etc., et un ouvrage historique : *Henri IV et sa politique*, honoré par l'Institut, en 1861, du second prix Gobert. Actuellement, il prépare une *Histoire de la vie de Berryer*, dont il était l'ami et de la main duquel il tient de précieux documents.

LA COTTIÈRE (Jean-Eugène DE JACOB DE), voyez COTTIÈRE.

LACRETELLE (Henri DE), né à Paris, le 23 août 1815; fils du célèbre historien connu sous le nom de « Lacretelle jeune. » Il fit ses études classiques au lycée Bourbon et se consacra aux belles-lettres. Disciple aimé de Lamartine, il débuta brillamment dans la poésie avec *Les cloches* (1841). Depuis cette époque, on doit à M. H. de Lacretelle quelques nouveaux recueils poétiques, des romans publiés dans les principaux journaux, et plusieurs pièces de théâtre. On cite : *Valence de Simian* (1845); — *Nocturnes* (1846); — *Les vendeurs du Temple* (*Réforme*, 1847); — *Henri de Bourbon* (*Evénement*, 1851); — *Jean Huss, Gabrielle d'Estrées*, et *Les saturnales* (trois pièces non représentées, 1855); — *Fais ce que dois*, en collaboration avec M. Decourcelle (Théâtre-Français, 1856); — *Contes de la Méridienne*, et *Les noces de Pierrette* (1859); — *Les nuits sans étoiles*, poésies, et *La poste aux chevaux* (1861); — *Le colonel Jean* (1863); — *Le notaire de province* (*Presse*, 1866); — *Le capitaine Tranquille* (*Epoque*, 1867); — *Le chef de bandes* (*France*, 1867); — *Le salon de Fernande* (*Figaro*, 1868); — *Le malfaiteur* (*Liberté*, 1868); — *Sous la hache*, roman philosophique plaidant l'abolition de la peine de mort (*National*, 1872). M. H. de Lacretelle a publié, en outre, de nombreux travaux dans les journaux, revues, etc. Il appartient à la Société des gens de lettres. Membre, en 1848, de la Commission préfectorale de Saône-et-Loire, où il a des propriétés, il s'est une fois présenté, sous l'Empire, comme candidat de l'opposition dans ce département. Le 2 juillet 1871, les électeurs de Saône-et-Loire, au nombre de 79,000, l'ont envoyé à l'Assemblée nationale, où il siége sur les bancs de la Gauche et fait partie de l'Union-Républicaine. Pendant la discussion du budget de l'instruction publique, il a demandé une augmentation, malheureusement refusée, de 50 francs sur le traitement des instituteurs primaires. Il a voté notamment : *pour* le traité douanier, la proposition Feray, les amendements Barthe et Keller, l'impôt sur le chiffre des affaires ; *contre* la dissolution des gardes nationales, la loi départementale, le pouvoir constituant, la proposition Ravinel, la dénonciation des traités de commerce, l'amendement Target, l'impôt sur les bénéfices du commerce et de l'industrie, l'ordre du jour motivé de M. Ernoul, dans la mémorable séance du 24 mai 1873, la prorogation septennale des pouvoirs présidentiels. Républicain convaincu, M. H. de Lacretelle est un des partisans les plus insistants de l'amnistie, de la dissolution, etc., et a, le premier, déposé un projet de loi demandant l'instruction gratuite et obligatoire.

LACROIX (Mgr François), né à Entraygues (Aveyron), le 16 novembre 1795. Doué d'une intelligence très-précoce, il termina ses études classiques à l'âge de treize ans, manifesta une ferme vocation pour l'état ecclésiastique, et fut envoyé au séminaire de Toulouse. A 18 ans, il avait terminé son cours de philosophie et de théologie, et s'était fait recevoir bachelier et licencié à la Faculté de Toulouse, qui venait d'être fondée. Malgré sa jeunesse, il fut alors choisi pour occuper la chaire de théologie au séminaire et nommé professeur-suppléant d'écriture sainte à la Faculté. Neuf ans après, arrivé à l'âge d'être promu au sacerdoce, il vint s'y préparer au séminaire de Saint-Sulpice, et reçut l'ordination. Dans la même année, Mgr Affre, alors professeur de dogme, étant tombé malade, il le remplaça. Pendant ses quatre années d'enseignement, il eut pour élèves plusieurs sujets distingués, entre autres le cardinal Mathieu et Mgr Dupanloup. Appelé aux fonctions de supérieur du séminaire de Rodez en 1833, il fut désigné au choix du roi, par Mgr d'Arbou, démissionnaire du siége de Bayonne, et qui le demandait pour son successeur. Nommé évêque par ordonnance du 10 août 1837 et préconisé le 14 février 1838, il fut sacré le 22 avril suivant. Mgr Lacroix, qui était considéré comme un des plus savants et des plus profonds théologiens de France, a fait preuve, en outre, dans sa longue administration du diocèse de Bayonne, d'une grande sagesse et d'une prudence admirable. Il a pris part au Concile du Vatican, et s'y est séparé du camp des évêques gallicans, quoiqu'il comptât parmi ses derniers des élèves et des amis, et a soutenu, avec une constante fermeté, les doctrines qui ont été sanctionnées par les décrets du Concile. Mgr Lacroix, comte romain, prélat assistant au trône pontifical, est officier de la Légion d'Honneur depuis 1861.

LACROIX (Joseph-Eugène), né à Paris, le 7 mars 1827. Il embrassa la carrière de libraire en 1842. A l'époque des événements de 1848, il abandonna la librairie pour prendre un engagement au deuxième régiment d'infanterie de marine. Rentré dans la vie civile en 1854, il se consacra de nouveau à l'industrie du livre. Deux ans après, il réunit au Comptoir des Imprimeurs-Unis, qu'il dirige, la maison Mathias, bien connue pour ses publications relatives aux sciences industrielles ; et, dès lors, il ne s'occupa plus que de ce genre de travaux. Fondateur, en 1862, des *Annales du Génie civil*, publication qui vint bientôt après celle des *Ingénieurs des Ponts-et-Chaussées* prendre le premier rang parmi les feuilles périodiques similaires, il en est resté le rédacteur en chef et le directeur jusqu'à ce jour. Cette belle publication continue à rendre de grands services à l'industrie et aux inventeurs. Ensuite, il créa la *Bibliothèque des professions industrielles et agricoles*, qui compte aujourd'hui près de 200 volumes. De 1854 à 1870, il mit au jour beaucoup d'autres publications importantes, telles que le *Portefeuille de l'Ingénieur des chemins de fer*, par MM. Perdonnet et Polonceau, la *Bibliographie de l'Ingénieur*, et notamment ses *Etudes sur l'Exposition de 1867*, publiées avec la collaboration des rédacteurs des *Annales du Génie civil*. Ce dernier travail, véritablement remarquable, est le seul souvenir sérieux et utile qui soit resté de cette vaste exhibition (8 vol. gr. in-8°, avec de nombreuses figures dans le texte, et 2 atlas de 250 pl.). A l'époque de la guerre avec la Prusse, M. Lacroix entra d'abord aux francs-tireurs de la Presse, où il fut nommé lieutenant. Mais, après les désastres de Sedan, il donna sa démission pour aller reprendre ses galons de sous-officier dans son ancien régiment, avec les débris duquel il prit part aux différents combats soutenus par l'armée de la Loire, et fut nommé sous-lieutenant, le 2 décembre 1870, sur le champ de bataille de Neuville, où son bataillon (5e de marche) soutint seul, pendant toute une journée, le choc d'une brigade prussienne. Le 5e bataillon d'infanterie fit ensuite partie de l'armée de l'Est. Avec lui, M. Lacroix assista à nombre d'affaires jusqu'au dernier combat du fort de Joux, où il eut, avec ses compagnons, le périlleux honneur de soutenir la retraite. Il franchit la frontière suisse dans la nuit du 2 février 1871, avec les restes de sa compagnie, qui, forte de 250 hommes, quatre mois avant, à son départ de Brest, ne comptait plus à peine que le cinquième de son effectif, par suite des pertes essuyées devant l'ennemi. Rentré en France à la faveur d'un déguisement, il gagna Bordeaux pour reprendre son service dans un nouveau bataillon en formation. Survient l'armistice, alors il demande et obtient un congé pour venir, à Paris, embrasser sa femme et ses enfants. Sur ces entrefaites éclate l'insurrection de la Commune. Alors, M. Lacroix groupe autour de lui tous les soldats d'infanterie de marine qu'il trouve dans Paris ; il les arme, les loge, et leur donne la solde et les vivres pour les empêcher de se joindre aux insurgés. Arrêté par ces derniers, il réussit cependant à leur échapper. Après avoir mis sa famille en sûreté, il s'en va rejoindre, dans les tranchées du Point-du-Jour, son bataillon qui, le premier, pénétra dans Paris. La paix ayant été signée, M. Eugène Lacroix donne sa démission en juillet 1871, et reprend la direction de son imprimerie et de sa librairie fermées depuis près d'un an. Il a publié successivement un nouvel ouvrage sur la *Construction des ponts*, un autre sur la *Fabrication du sucre*, plusieurs volumes de la *Bibliothèque des professions industrielles et agricoles*, parmi lesquels on remarque le *Dictionnaire industriel à l'usage de tout le monde*, etc. Ingénieur civil, membre de l'Institut royal des ingénieurs de Hongrie, etc., M. Lacroix a été nommé chevalier de la Légion d'Honneur, avec cette mention : « pour faits de guerre et services exceptionnels, » le 11 juin 1871.

LACROIX (Justin), né à la Couronne (Charente), le 13 février 1804. Fils de l'habile industriel qui fonda dans son pays natal, en 1797, une manufacture de papiers, il lui succéda en 1833, et forma avec ses frères une association pour l'exploitation des papiers blancs et azurés en tous genres. Grâce aux soins, à la haute intelligence, à l'esprit d'ordre de ses directeurs, la maison Lacroix frères prit un accroissement des plus rapides, et devint l'une des plus importantes et des plus renommées de l'Europe. Divers bâtiments, construits sur les plans de M. Justin Lacroix, donnèrent à cet établissement modèle des dimensions conformes aux exigences grandissantes de sa fabrication. Le papier d'Angoulême jouit actuellement d'une universelle réputation, et a brillamment tenu sa place dans les expositions françaises ou internationales. Un journal belge s'exprimait à son sujet de la façon suivante, au mois de mai 1856 : « Si les papiers que nous avons sous les yeux ne sont pas les plus beaux de l'exposition, nous n'en connaissons pas du moins qui les surpassent. Les coquilles blanches, azurées et de couleur, pliées en in-folio, in-4°, in-8°, sont attrayantes par leur satin, leur arrangement élégant et leur emballage coquet. En général, les couleurs sont belles. Le papier à dessin est parfait sous tous les rapports ; on est agréablement surpris de sa blancheur et de sa finesse exquise, etc. » Les produits de MM. Lacroix frères ont de beaucoup distancé certains papiers renommés, tels que ceux de Hollande, et leurs fabricants se recommandent à l'estime publique par les soins consciencieux qu'ils apportent à l'exécution de leur travail, non moins que par leur probité commerciale. Simples, affables, bienfaisants, MM. Lacroix frères veillent scrupuleusement au bien-être du personnel qu'ils occupent. Leur maison a remporté des médailles de bronze à Paris en 1823, 1827 et 1834 ; une médaille d'argent à Bordeaux en 1838 ; trois médailles en or grand module à Paris en 1838, 1844 et 1849 ; une médaille de 2° classe à l'Exposition universelle de Londres en 1851 ; une médaille de 1re classe à l'Exposition universelle de Paris en 1855, etc. M. Justin Lacroix a été juge-suppléant au tribunal de Commerce, de 1838 à 1840, et juge de 1840 à 1852.

Membre de la Chambre consultative des arts et manufactures d'Angoulême le 4 février 1840, délégué au Conseil général de l'agriculture, des manufactures et du commerce dans la session de 1850, il fait partie du Conseil municipal d'Angoulême depuis le 17 juillet 1836 et a exercé les fonctions de premier adjoint au maire d'Angoulême jusqu'au 4 septembre 1870. M. Justin Lacroix a reçu la croix de la Légion d'Honneur le 16 juillet 1844.

LACROIX (Paul), dit le BIBLIOPHILE JACOB, né à Paris, le 27 février 1806. A 17 ans, étant encore sur les bancs du collége Bourbon, il publiait un *Eloge du général Foy* et une édition de *Clément Marot*. L'année suivante, il faisait recevoir à l'Odéon plusieurs comédies en vers, non jouées, à la vérité. Ensuite, M. P. Lacroix se consacra exclusivement à des travaux historiques et littéraires, et collabora à la *Lorgnette*, au premier *Figaro*, à la *Psyché* et à divers autres journaux. Il a publié un grand nombre de romans, dont les premiers prouvaient une érudition solide quoique précoce. On cite : *Mémoires du cardinal Dubois ; — Mémoires de Gabrielle d'Estrées ; — Les soirées de Walter Scott à Paris ; — Les deux Fous ; — Contes du Bibliophile Jacob à ses petits-enfants ; — Un divorce, histoire du premier Empire ; — La danse macabre ; — Quand j'étais jeune, souvenirs d'un vieux ; — Médianoches ; — L'homme au masque de fer ; — Le roi des Ribauds ; — La Folle d'Orléans ; Pignerol ; — L'Assassinat d'un roi ; — Mon grand fauteuil ; — Les aventures du grand Balzac ; — La sœur du Maugrabin ; — Le vieux conteur ; — La chambre des poisons ; — La comtesse de Choiseul-Praslin, histoire du temps de Louis XV ; — Les Va-Nu-Pieds ; — Une bonne fortune de Racine ; — La jeunesse de Molière ; — Simples récits*, etc. Parmi ses œuvres dramatiques, mentionnons la *Maréchale d'Ancre*, drame en cinq actes et en vers, reçu à l'Odéon, mais arrêté par la censure, et une traduction : *Le vingt-quatre Février* (1849, même théâtre). Parmi les œuvres plus spécialement historiques et littéraires de M. Paul Lacroix, on remarque : *Dissertation sur quelques points curieux de l'Histoire de France et de l'Histoire littéraire ; — Histoire du XVIe siècle en France ; — Origine des cartes à jouer ; — Histoire de la ville de Soissons*, avec M. Henri Martin ; — *Le Moyen-Age et la Renaissance*, avec M. Ferd. Séré ; — la continuation de l'*Histoire de France d'Anquetil* ; — *Enigmes et découvertes bibliographiques ; — Les arts au Moyen-Age et à l'époque de la Renaissance ;* — une série de volumes dans la *Bibliothèque curieuse*, notamment les *Curiosités de l'histoire et des arts, des sciences occultes, de l'histoire de France, du vieux Paris*, etc. Il a publié de nombreux catalogues à l'usage des bibliophiles, fait paraitre un *Petit Buffon illustré*, fondé et dirigé, de 1842 à 1848, avec M. Thoré, le *Bulletin de l'Alliance des arts*. On lui doit enfin des éditions de *Marot*, de *Rabelais*, de *Marguerite de Navarre*, des *Cent nouvelles de Louis XI*, de *Dangeau*, de *Malfildtre*, des *Mémoires secrets de Bachaumont*, des *Contes de Despériers*, des *Contes et nouvelles de La Fontaine*, dont il a publié, en 1863, un recueil d'*Œuvres inédites*. Aux journaux et recueils à la rédaction desquels il a participé, il faut ajouter les *An-*

nales du Commerce, le *Journal des Demoiselles*, l'*Annuaire des Artistes*, la *Revue de Paris*, le *Mercure du XIXe siècle*, etc. Il a fait d'intéressants voyages et a été chargé de diverses missions scientifiques. Membre des Comités historiques jusqu'en 1851, il y a repris sa place en 1858. Ses rares aptitudes et ses constants efforts pour l'amélioration des catalogues de la Bibliothèque impériale lui ont valu d'être nommé, en 1855, conservateur de la précieuse bibliothèque de l'Arsenal. M. Paul Lacroix, chevalier de la Légion d'Honneur depuis 1835, a été promu officier en 1860. Mme Paul Lacroix a collaboré à quelques romans de son mari, et publié seule : *Fleur de serre et fleur des champs;* — *Falcone; — Madame Berthe*, etc.

LACROIX (Jules), né à Paris, le 7 mai 1809; frère du précédent. Il a donné aux Français deux drames en cinq actes et en vers : *Le testament de César*, et, en collaboration avec M. Aug. Maquet, *Valéria*, jouée par Mlle Rachel. Une traduction littérale de l'*OEdipe roi*, de Sophocle, lui a valu, en 1862, le grand prix de dix mille francs de l'Académie française. En 1859, il a fait jouer avec succès, à la Porte-Saint-Martin, la *Jeunesse de Louis XI*, et, en 1868, à l'Odéon, le *Roi Lear*, drame en cinq actes et en vers, traduit de Shakspeare. Avec M. Aug. Maquet, il a écrit le libretto de l'opéra la *Fronde* (1856), et seul, un volume de poésies, les *Pervenches* (1858), ainsi qu'une traduction en vers de *Macbeth*. Parmi les nombreux romans, on cite : *Une grossesse; — Corps sans âme; — Une fleur à vendre; — Le tentateur; — Le flagrant délit; — Les parasites; — Les premières rides; — Le neveu d'un lord; — Le bâtard; — Quatre ans sous terre; — La rente viagère; — Le banquier de Bristol; — L'honneur d'une femme; — Le château des Atrides; — Les folles nuits; — La vipère; — Le voile noir; — La poule aux œufs d'or; — L'étouffeur; — Le masque de velours; — Les mémoires d'une somnambule; — Un grand d'Espagne; — L'histoire d'une grande dame; — Un mauvais ange*, etc. M. Jules Lacroix a épousé la princesse Rzewuska, sœur de Mme de Balzac et descendante de Marie Leczinska. Décoré de la Légion d'Honneur le 25 avril 1847, il a été promu officier le 14 août 1865.

LADOUE (Mgr Thomas-Casimir DE), né à Saint-Sever-des-Landes, le 23 juillet 1817. Entré fort jeune à l'Ecole de marine d'Angoulême, il quitta la carrière militaire pour se consacrer à l'état ecclésiastique. Elève du collége de Juilly, il fit ses études théologiques au grand séminaire de Saint-Sulpice, et reçut l'ordination en 1840. Après avoir professé, de 1839 à 1849, la philosophie et la théologie au grand séminaire de Dax, il fut appelé à Amiens, en qualité de grand-vicaire, par Mgr de Salinis, qu'il accompagna à Auch, en 1856, quand ce prélat fut nommé archevêque. M. l'abbé de Ladoue a publié : *Vie de Mgr de Salinis* (1864, 2e édit., 1872); — *Monseigneur Gerbet, sa vie et ses œuvres, et l'école menaisienne* (1870, 3 vol.); — des éditions de *La divinité de l'Eglise*, par Mgr de Salinis (1865, 2e édit., 1872), de *La stratégie de M. Renan*, par Mgr Gerbet (1866); — *Napoléon III et la politique contemporaine* (1872). M. l'abbé de Ladoue, vicaire-général honoraire d'Auch, d'Amiens, de Beauvais, et chanoine honoraire d'Aire et de Tarbes, a été nommé évêque de Nevers le 18 juin 1873.

LA FIZELIÈRE (Albert-André PATIN DE), né à Marly (Moselle), le 7 août 1819. Il fit ses études dans le célèbre institut Jacotot, de Metz, sous la direction du pasteur E. Lafite, et vint faire son droit à Paris en 1836. En 1840, il entra, comme attaché, à la direction des beaux-arts, qu'il quitta en 1843 pour se consacrer exclusivement à la littérature. Il se fit connaître par des romans-feuilletons, des travaux historiques et des critiques d'art, débuta dans les lettres en 1840, et fonda la *Chronique des Beaux-Arts* et l'*An 40 illustré*. De 1841 à 1843, il fut rédacteur-principal de l'*Artiste*; de 1843 à 1846, rédacteur en chef du *Bulletin de l'Ami des Arts*, et, de 1846 à 1848, rédacteur en chef de la *Tribune dramatique*. En 1848 (mars), il créa une revue hebdomadaire, *Notre Histoire*, qui fut supprimée après les journées de Juin. A partir de cette époque, il collabora à une foule de journaux : le *Commerce*, la *Patrie*, la *Voix des Artistes*, le *Journal de Paris*, le *Journal des Faits*, le *Mousquetaire*, le *Siècle*, la *Presse*, le *Courrier français*, l'*Illustration*, la *Gazette des beaux-arts*, le *Bulletin du Bibliophile*, le *Courrier de Paris*, auquel il fournit longtemps une chronique parisienne qu'il reprit plus tard dans le *Petit Figaro*, et qu'il continue aujourd'hui dans l'*Opinion nationale*. M. de La Fizelière a publié notamment : *Biographie des représentants du peuple à l'Assemblée nationale constituante*, par les rédacteurs de *Notre Histoire*, avec 12 portraits (1848); — *Manuel de l'électeur constituant* (1848); — *Biographie des 750 représentants du peuple à l'Assemblée nationale législative, avec les tableaux des votes des constituants réélus*, par plusieurs journalistes (1849); — *Manuel du citoyen, contenant le texte, avec commentaire, de la constitution et de toutes les lois politiques organiques et complémentaires* (1849); — *Procès des accusés de Strasbourg* (1849); — *Salon de 1850-1851* (1851); — *La mare Thibault*, roman (1853); — *Félice*, nouvelle messine (1854); — *Dialogue de Thoinette et d'Alizon*, pièce inédite en patois lorrain du XVIIe siècle, avec notes et vocabulaire (1856); — quelques *Contes et Chansons* en patois messin (1857 et 1863); — *Histoire de la crinoline au temps passé, suivie de la satyre sur les cerceaux, paniers*, etc., par le chevalier de Nisard, *et de l'indignité et de l'extravagance des paniers, par un prédicateur* (1859); — A.-Z., *Notes sur le Salon de 1861*; — *Les vins à la mode et les cabarets au XVIIe siècle* (1866, avec grav.); — *Essai de bibliographie contemporaine* [Ch. Baudelaire] (1868); — *Essai sur les bibliothèques particulières de Paris au XVIIe siècle* (1869); — *Vivant-Denon, sa vie et ses œuvres* (2 vol. in-folio, avec 300 grav., 1872-1873). De 1866 à 1871, M. de La Fizelière a dirigé la *Petite Revue anecdotique*. Quelques-uns de ses écrits sont signés « Ludovic de Marsay. » Il a fait jouer des pièces de théâtre, telles que : *Une famille de la rue Mouffetard*, en collaboration avec M. de La Jonchère (1839), et *Les inondés de la Loire*, en collaboration avec M. Servais (1846). M. de La Fizelière a épousé, en 1855, Mlle Sara Bouclier, qui a fait paraître, sous son nom de dame, des traductions de romans anglais dans le *Journal pour tous*, la *Bibliothèque des meilleurs romans étrangers*, l'*Universel*, etc.

LAFOND (Alexandre), né à Paris. Cet artiste distingué, l'un des plus brillants élèves d'Ingres, s'est fait surtout une réputation comme peintre d'histoire et comme portraitiste. Il a successivement exposé : *Jésus flagellé* (1848); — un *Portrait*; une *Étude* (1849); — un *Portrait* (1850); — *Intérieur* (1852); — *Les images*; *Un buveur* (1853); — *Saint Sébastien* (E.U. 1855); — *La chute des anges rebelles*; *L'application au dessin* (1857); — *Orphée charmant les bêtes sauvages*; *Une grand'mère*, étude; le portrait de M. l'abbé *Hurel* (1859); — *Christ dans la grotte*; *Tête de vieille*; le portrait de M. *Oséguera* (1861); — *Le Christ entre les deux larrons*; le portrait de M. l'abbé *Hurel* (1863); — *Pifferari* (1864); — les portraits de la comtesse *de Viennay* et de la vicomtesse *de Traissan* (1865); — *Michelina* (1866); — *Faunes dansant* (1867); — le portrait du comte *de Viennay* (1868); — *L'adoration des bergers* (1872); — le portrait de M. *d'Amfreville*, magistrat (1874). M. Alexandre Lafond a obtenu une médaille de 2º classe, pour le genre historique, en 1857, et son rappel en 1861 et 1863. De 1868 à 1874, il a été le directeur d'une École des beaux-arts à Limoges.

LAFONTAINE (Louis-Marie-Henri Thomas, dit), né à Bordeaux, le 29 novembre 1827. Issu d'une honorable famille qui le destinait à l'état ecclésiastique, il fit une partie de ses études classiques au petit séminaire de sa ville natale. Mais ses instincts artistiques et le goût des voyages, joints à une organisation énergique et à beaucoup de résolution, l'entraînèrent bien loin des prévisions de ses parents. Il s'enfuit du séminaire, et s'embarqua à bord d'un navire marchand allant à l'île Bourbon. De retour à Bordeaux, il se livra à la culture de l'art dramatique, s'essaya sur la scène de cette ville et joua la *Tour de Nesle*, sous le pseudonyme de Charles Rooch. Cependant il fallait arriver à Paris. Il s'y rendit en portant un ballot de colporteur, et en gagnant sa vie au long du chemin. Ses débuts, au théâtre des Batignolles, en 1847, furent heureux dans l'*Éclat de rire*; et, en 1848, il fut engagé à la Porte-Saint-Martin. Depuis cette époque, sa réputation a toujours été en grandissant. Attaché au Gymnase, en 1850, il s'y est fait une position prépondérante; et, jusqu'en 1863, il n'a momentanément abandonné le public dont il était tant aimé, que pour faire un premier début au Théâtre-Français (1856), et pour créer, au Vaudeville, avec un éclatant succès, quelques rôles de son emploi. En 1864, il est entré à la Comédie-Française, sans débuts et comme sociétaire avec part entière. M. Lafontaine a donné sa démission en 1871. Actuellement il est attaché à l'Odéon, où il joue le rôle de Mazarin dans la *Jeunesse de Louis XIV*. Parmi les pièces dans lesquelles cet artiste s'est montré avec le plus d'éclat, nous citerons : *Faust*, *la Femme qui trompe son mari*, *Brutus lâche César! Philiberte*, le *Mariage de Victorine*, le *Fils de famille*, le *Pressoir*, *Flaminio*, *Dalila*, la *Seconde jeunesse*, les *Pattes de mouche*; la *Vertu de Célimène*, le *Roman d'un jeune homme pauvre*, le *Gentilhomme pauvre*, la *Perle noire*, *Je dîne chez ma mère*, les *Ganaches*, le *Démon du jeu*, le *Pamphlétaire*, le *Supplice d'une femme*, le *Misanthrope*, *Tartuffe*, *Gringoire*, *Julie*, le *Gascon*, *Ruy-Blas*, etc.

LAFONTAINE (Victoria Valous, dame), née à Lyon, en 1840; femme du précédent. Elle entra fort jeune dans la carrière artistique, et s'essaya d'abord sur la scène du théâtre Roset. Ensuite, elle fit partie d'une troupe ambulante qui donnait des représentations dans les différentes villes du Midi. Elle n'avait que seize ans quand elle fut admise à débuter au Gymnase, où elle ne tarda pas à se faire une des places les plus importantes. Sa distinction naturelle, sa voix sympathique, les grâces de sa personne et le soin consciencieux qu'elle apportait à la préparation de ses rôles, tout concourait à lui ménager une série de véritables triomphes; aussi le public et la critique furent-ils unanimes à l'applaudir. En 1863, elle épousa M. Lafontaine; et, quelques mois après son mariage, elle entra comme son mari, sans débuts, à la Comédie-Française, en qualité de sociétaire. Mme Lafontaine a quitté le Théâtre-Français et fait régler sa pension de retraite en 1871. Sur les deux scènes du Gymnase et des Français, elle a brillé notamment dans le *Gentilhomme pauvre*, *Piccolino*, la *Perle noire*, le *Démon du jeu*, *Cendrillon*, la *Maison sans enfants*, la *Grâce de Dieu*, *Gringoire*, Mlle *de Belle-Isle*, les *Ganaches*, *Il ne faut jurer de rien*, l'*École des femmes*, *Madame Desroches*, *Paul Forestier*, etc.

LA FORCE (Auguste-Luc-Nompar de Caumont, duc de), né à Paris, le 16 octobre 1803. Il descend d'une illustre famille dont les origines se perdent dans celles de notre histoire, et dont plusieurs membres s'illustrèrent dans la première croisade (1097), sous le commandement de Godefroy de Bouillon. Les de La Force donnèrent à la France un maréchal et pair, en 1675, un membre de l'Académie en 1715, un membre du Conseil de régence sous la minorité de Louis XV, etc. L'oncle de celui dont il est ici question, colonel sous le premier Empire, mérita de recevoir, des mains mêmes de Napoléon Ier, la rosette d'officier de la Légion d'Honneur sur le champ de bataille de la Moskowa, occupa un siège au Corps législatif et devint pair de France sous la Restauration. Son père, le duc de Caumont de La Force, commanda assez longtemps la garde nationale de Paris, représenta le département du Tarn-et-Garonne à la Chambre des députés, et fut nommé pair de France en 1837. Quant à lui, devenu chef de la famille par la mort de son père, il obtint de l'empereur l'autorisation de prendre le titre de duc de La Force, qui lui revenait de droit. Il embrassa de bonne heure la carrière militaire. Nommé sous-lieutenant au 1er régiment de lanciers en 1822, il fut, en 1827, promu lieutenant aux lanciers de la garde. Après la révolution de 1830, il appartint à l'État-major du maréchal Gérard, qu'il accompagna au siège d'Anvers; et sa belle conduite pendant cette campagne lui valut le grade de capitaine et la croix de la Légion d'Honneur. Alors il abandonna la carrière des armes, obtint sa mise en disponibilité, et manifesta quelque intention de s'intéresser directement aux affaires publiques; mais, trop tôt découragé par un premier échec électoral, il rentra dans la vie privée jusqu'en 1848. Aux funestes journées de Juin, il mérita d'être honorablement cité par ordre du gouvernement. M. le duc de La Force a siégé au Sénat depuis le 26 janvier 1852 jusqu'à la révolution du 4 Septembre 1870. Il a été nommé chevalier de la Légion d'Honneur le 9 janvier 1833, promu officier le 30 décembre 1855, et élevé au grade de commandeur le 30 août 1865.

LA FORGE (Anatole DE), né à Paris, le 1er avril 1821. Né de parents fortunés, il fit ses études classiques au collège Louis-le-Grand, son droit à la Faculté de Paris, et suivit d'abord la carrière diplomatique. Chargé d'une mission en Espagne en 1846, il remplit ses fonctions de manière à mériter la croix de la Légion d'Honneur. Mais un goût particulier l'attirait vers la littérature militante, et il prêtait le concours de sa plume à diverses publications, au *Portefeuille* notamment. Après la révolution de Février 1848, il abandonna la diplomatie pour se consacrer exclusivement au journalisme. Rédacteur de l'*Estafette*, il passa ensuite au *Siècle*, où, jusqu'en 1865, il se distingua surtout par sa sûreté de vues dans l'examen des questions de politique étrangère. Sa collaboration au *Siècle* se ralentit ensuite, mais sans s'interrompre jamais. Le 5 septembre 1870, il fut nommé préfet de l'Aisne. La ville de Laon étant tombée au pouvoir de l'ennemi, il transporta le chef-lieu du département à Saint-Quentin et y organisa l'héroïque résistance à laquelle toute la France a rendu hommage. Cette belle défense d'une ville ouverte qui ne se laissa pas entamer, quand tant de forteresses se rendaient presque sans combat, d'une ville qui n'avait à opposer aux Allemands que des citadins mal armés, les pompiers et des gardes nationaux, fait le plus grand honneur à M. Anatole de La Forge qui reçut, dans cette bataille du 8 octobre, une grave blessure à la jambe. Nommé préfet des Basses-Pyrénées le 1er janvier 1871, le courageux administrateur y porta ses dispositions à poursuivre la lutte jusqu'à toute extrémité. Après la signature des préliminaires de la paix, M. Anatole de La Forge est modestement retourné à ses travaux littéraires. On lui doit : *L'instruction publique en Espagne* (1847) ; — *Des vicissitudes politiques de l'Italie dans ses rapports avec la France* (1850, 1 vol.) ; — *Histoire de la république de Venise sous Manin* (1853, 2 vol.) ; — *La peinture contemporaine en France* (1856) ; — *L'Autriche devant l'opinion* (1859) ; — *La guerre c'est la paix* (1859) ; — *La question des Duchés* (1859) ;— *Les utopistes en Italie* (1862) ; — *La liberté* (1862) ; — *La Pologne devant les Chambres* (1863) ; — *La Pologne en 1864, lettres à M. Emile de Girardin* (1864) ; — *Lettre à Mgr Dupanloup à propos de la Pologne* (1865). Le même auteur écrit maintenant une *Histoire du cardinal de Richelieu*. M. Anatole de La Forge a été promu officier de la Légion d'Honneur et a été décoré de la médaille militaire, pour faits de guerre, en 1870.

LAGARDE [DE LA GIRONDE] (Barthélemy), né à Saint-Morillon (Gironde), en 1803. Il suivit les cours de la Faculté de droit de Paris, et prit place au barreau de Bordeaux. Son intégrité, ses capacités professionnelles et ses opinions libérales le recommandaient depuis longtemps à la considération de ses concitoyens, quand éclata la révolution de 1848. Elu représentant à la Constituante, le dixième sur quinze, il siégea d'abord sur les bancs de la Droite, et s'y fit remarquer parmi les orateurs les plus distingués. Mais, après l'élection du 10 Décembre, il vota avec les Gauches contre les deux Chambres, la proposition Rateau, l'augmentation du traitement présidentiel, le maintien des impôts de consommation et l'expédition de Rome. Rapporteur du projet de loi sur la suppression de l'impôt du sel, il conclut à une réduction des deux tiers. Réélu à la Législative, dans une élection partielle, il ne dévia pas de sa ligne de conduite. M. Lagarde, ayant fait partie de la réunion des représentants du peuple à la mairie du Xe arrondissement de Paris, était au nombre de ceux qui furent conduits au Mont-Valérien, d'où il ne sortit qu'après une détention de quinze jours. Rentré à Bordeaux, il a repris sa place au barreau de cette ville, dont il est une des sommités.

LAGIER (Eugène), né à Marseille, le 22 décembre 1817. Elève de Paul Delaroche, il s'est consacré surtout à la peinture du portrait, et a débuté au Salon de Paris, en 1844, avec celui du docteur *Ricord*. Cependant, on lui doit un certain nombre de tableaux exposés : *Louis XI et Galcotti* ; *Jeune fille allant se baigner*, *Tête de jeune fille*, étude (1848); — *Berger calabrais*, étude (1857); — *La lecture* (1859); — *Nostalgie* ; *Orphelins* (1861); — *Le songe de Jacob* (1865);— *Les enfants abandonnés* (1866); — *Une Napolitaine* (1870); — *Graziella*, dessin (1874). Parmi les nombreux portraits que M. Lagier a fait recevoir au Salon de Paris, on distingue ceux du *Prince impérial* et de Mgr *Patrice, évêque de Marseille* (1863), de Mme *Ferdinand de Lesseps* (1873), et de Mme *Estragin-Pastré* (1874).

LA GOURNERIE (Jules-Antoine-René MAILLARD DE), né à Nantes, le 20 décembre 1814. Elève à l'Ecole polytechnique, en 1833, admis à l'Ecole des ponts-et-chaussées, en 1835, il devint ingénieur ordinaire de 2e classe, le 6 décembre 1840, et fut chargé des travaux du port du Croisic et des études pour la création d'un port à Saint-Nazaire. Il a dirigé les travaux de ce dernier port, depuis leur commencement, en 1846, jusqu'à la fin de 1849. Ingénieur ordinaire de 1re classe, le 10 juillet 1849, il fut nommé, le 9 décembre suivant, professeur à l'Ecole polytechnique ; et, depuis cette époque, il s'est consacré à l'étude des sciences. On lui doit: *Traité de perspective* (1859); — *Traité de géométrie descriptive* (1860, 1862, 1864, 3 vol.); — *Recherches sur les surfaces réglées tétraédrales symétriques* (1867). Cet ouvrage qui contient plusieurs notes du célèbre géomètre anglais, M. Cayley, est composé de mémoires présentés par M. de La Gournerie à l'Académie des sciences, et jugés dignes d'être insérés au *Re-*

cueil des savants étrangers. L'Académie lui avait déjà accordé cet honneur pour un mémoire sur ses travaux au port du Croisic (1847). M. de La Gournerie, a publié, en outre, de nombreux mémoires sur l'art des constructions et sur des questions de science pure. Il a été nommé ingénieur en chef de 2e classe le 19 août 1856, et de 1re classe, le 23 août 1865. Il est examinateur à l'Ecole polytechnique, et professeur au Conservatoire des Arts-et-Métiers. M. de La Gournerie a été élu membre de l'Académie des sciences en 1873. Chevalier de la Légion d'Honneur depuis le 21 décembre 1847, il a été promu officier le 14 août 1865.

LA GRANDIÈRE (Pierre-Paul-Marie DE), né à Redon, le 28 juin 1807. Admis à l'Ecole navale d'Angoulême en 1820, aspirant en 1823, lieutenant de vaisseau en 1833, capitaine de corvette en 1840, il fut promu capitaine de vaisseau le 1er mai 1849. A cette époque déjà, sa carrière de marin avait été laborieusement parcourue. Attaché pendant longtemps à l'escadre de la Méditerranée, il assista à la bataille de Navarin en 1827. Puis il fut chargé de l'exploration du Parana et de l'Uruguay, lors de la démonstration armée contre la République de Buenos-Ayres, et se distingua à l'attaque de l'île de Martin-Garcia comme commandant de la *Vigilante* et de la première colonne d'attaque. Chargé du service de surveillance, d'abord sur les côtes de la Plata, puis aux pêcheries de Terre-Neuve, il s'acquitta de diverses missions délicates avec assez de succès pour être investi, en 1854, quand éclata la guerre franco-russe, du commandement provisoire de la division des côtes du Chili et du Pérou. Sa conduite fut des plus brillantes au Kamchatka. Pendant la campagne d'Italie, il commandait le *Breslau*. En 1860 et 1861, il eut le commandement en chef des forces navales sur les côtes de Syrie. Nommé préfet maritime de Cherbourg en 1862, il insista pour reprendre un service plus actif et fut désigné, en 1863, pour remplir les fonctions de gouverneur et de commandant en chef de la Cochinchine. Son passage dans cette colonie, qui n'était alors qu'à l'état embryonnaire, y a laissé des traces durables. On lui doit la bonne direction des opérations militaires qui ont amené l'annexion des trois provinces occidentales, une série de négociations qui ont facilité notre établissement dans le pays, et les premiers essais intelligents de colonisation européenne. M. de La Grandière a été élevé au grade de contre-amiral le 24 décembre 1861, et à celui de vice-amiral hors cadre le 5 septembre 1865. Il est Grand-Officier de la Légion d'Honneur (13 novembre 1867), officier de l'Instruction publique, officier de la croix d'or du Sauveur de Grèce, commandeur des ordres de Pie IX, de Saint-Jean de Jérusalem, du Medjidié, et Grand-Croix de l'ordre royal du Cambodge.

LA GRANGE (Adélaïde-Edouard LE LIÈVRE, marquis DE), né à Paris, le 17 décembre 1796. Les Le Lièvre, marquis de La Grange et de Fourilles, qui remontent à Gilles de Méréville et au règne du roi Jean, ont fourni des capitaines très-distingués. Citons notamment le grand-père de celui dont nous nous occupons ici, qui était lieutenant-général sous Louis XV, et son père, qui fut général de division sous le premier Empire, gouverneur de la Haute-Autriche, et dont le nom est inscrit sur l'arc de triomphe de l'Etoile. Après avoir terminé ses études au lycée Napoléon, M. le marquis de La Grange entra dans le régiment des gardes d'honneur, dont son père était colonel-général, en 1813, passa aux mousquetaires sous la Restauration, et fut, en 1815, nommé capitaine et détaché à l'Etat-major de la garde royale. En 1821, sans abandonner ses épaulettes, il se consacra à la diplomatie, suivit le comte de La Garde à Madrid, se rendit à Vienne comme secrétaire d'ambassade en 1824, et assista, en 1825, aux conférences de Milan. Nommé chargé d'affaires à Vienne d'abord, puis à la Haye, en 1828, il quitta l'armée et la diplomatie après les événements de Juillet 1830, et s'occupa de travaux littéraires, archéologiques et agricoles. Il avait épousé, en 1827, la fille du duc de La Force, pair de France. En 1837, il alla représenter, à la Chambre des députés, le collége électoral de Blaye (Gironde), siégea parmi les conservateurs, et vota notamment pour l'extension des armes françaises en Algérie, la pension de la veuve du roi Murat, le ministère Molé (à l'époque de la coalition), l'adresse des 221, et contre les fortifications de Paris. Réélu en 1839, après la dissolution de la Chambre, et encore en 1842 et 1846, il fit de l'opposition au ministère de M. Thiers, appuya celui de M. Guizot, et fut souvent choisi comme rapporteur. Après le 24 février, il s'appliqua, dans son département, à faire prédominer les idées d'ordre, et appuya de toute son influence l'élection du prince Louis-Napoléon à la présidence de la République. Représentant de la Gironde à l'Assemblée législative en 1849, il soutint la politique de l'Elysée, fit partie de la Commission consultative après le 2 Décembre, et entra au Sénat lors de la création de ce premier corps de l'Etat. M. le marquis de La Grange, membre du Conseil général de son département, de 1848 à 1870, en a occupé d'abord pendant trois ans la vice-présidence, et en a été le président depuis 1855 jusqu'à sa dissolution violente par les hommes du 4 Septembre. Il a fait partie du Conseil du sceau des titres, et préside, depuis plus de vingt ans, le Comité d'archéologie au ministère de l'Instruction publique. Après la proclamation de la troisième République, il a cessé de s'occuper de politique. On lui doit: *Les Suédois à Prague*, et *La délivrance de Bude*, traductions de deux romans allemands de Mme Caroline Pichler; — *Pensées extraites de Jean-Paul Richter* (1836); — *Mémoires du maréchal duc de La Force et de ses deux fils, les marquis de Castelnault et de Monpouillan* (4 vol.); — *Réponse à l'écrit de M. Duvergier de Hauranne sur la convention du 13 juillet* (1841); — *Exposé de la situation politique du pays* (1842); — *Considérations sur les octrois en général et dans leurs rapports avec les boissons* (1843); — *Paris et son octroi* (1844); — *De la noblesse comme institution impériale* (1857); — *Voyage d'oultremer en Jhérusalem par le seigneur de Caumont, l'an MCCCCXVIII*, publié pour la première fois d'après le manuscrit du Musée britannique (1858) ; — *Les jeux d'esprit, ou la promenade de la princesse de Conti à Eu*, par Mlle de La Force ; publié pour la première fois avec une introduction (*Trésor des pièces rares ou inédites*, 1862). M. le marquis de La Grange, membre de l'Académie des inscriptions et belles-lettres depuis 1846, préside aujourd'hui à la Sorbonne la section de l'archéologie, et a été chargé, par le ministre de l'Instruction publique, de le remplacer pour faire l'ouverture de toutes les sections réunies du Comité de l'archéologie, de l'histoire et des sciences. Il a été promu Grand-Officier de la Légion d'Honneur en 1856.

LA GUÉRONNIÈRE (Louis-Étienne-Arthur Dubreuil-Hélion, *vicomte* de), né en 1816 ; issu d'une ancienne famille du Poitou. Il se consacra à la littérature et au journalisme, et débuta, dans la presse provinciale, notamment dans l'*Avenir* de Limoges, en écrivant des articles pleins de verve et bien tournés, qui indiquaient la prochaine venue d'un habile et chaud défenseur du parti légitimiste et religieux. Ses relations avec Lamartine l'appelèrent, en 1848, d'abord à la rédaction du *Bien public*, à Mâcon, puis à la rédaction principale du *Pays*, à Paris, après qu'il eut refusé la préfecture de la Corrèze. Son passage à la rédaction de la *Presse*, dirigée par M. Émile de Girardin, avait été tout circonstanciel. Dans le courant de 1851, il fit paraître quelques portraits d'hommes politiques, tels que ceux de Louis-Napoléon Bonaparte, du prince Jérôme-Napoléon, du comte de Chambord. Devenu rédacteur en chef du *Pays*, il appartint au groupe des rédacteurs de ce journal qui protestèrent contre le Coup-d'État, dans une lettre collective restée fameuse. Après le succès de la politique élyséenne, il se trouva être l'un des hommes les plus capables et les plus importants mis en relief par le régime nouveau. Député du Cantal, au Corps législatif, en 1852, conseiller d'État en service ordinaire hors sections et chargé de la direction du bureau de la presse au ministère de l'Intérieur, il fit preuve d'un grand esprit de mesure et de conciliation. Le 5 juillet 1861, il fut élevé à la dignité de sénateur. Dès-lors, il profita de sa haute position pour défendre, avec beaucoup de tact et de talent oratoire, devant le premier corps constitué du pays, toutes les opinions libérales qui semblaient pouvoir se concilier avec le régime impérial. Le 1er août 1862, il fonda le journal la *France*, l'une de nos meilleures feuilles quotidiennes. Des écrits de M. de La Guéronnière, plusieurs ont paru dans les journaux avant d'être publiés à part ; d'autres, non signés, qui passaient pour traduire la pensée du gouvernement sur les questions à l'ordre du jour, et avaient été publiés directement, ont obtenu de grands succès de curiosité. Nous citerons : *La France, Rome et l'Italie* (1851) ; — *Etudes et portraits politiques contemporains* (1856) ; — *L'abandon de Rome* (1862) ; — *De la politique intérieure et extérieure de la France* (1862) ; — *Comment finira la guerre* (1871). M. de La Guéronnière a présidé le Conseil général de la Haute-Vienne. Comme ambassadeur de France en Belgique, de 1868 à 1869, il a conduit la difficile négociation relative à l'exploitation des chemins de fer Luxembourgeois par une Compagnie française ; et l'on peut dire qu'en cette circonstance, il nous a une première fois évité la guerre avec l'Allemagne. En 1870, il est allé occuper le poste d'ambassadeur à Constantinople. Relevé de ses fonctions par le gouvernement de la Défense nationale, il a été l'objet, lors de son débarquement à Marseille, de quelques perquisitions policières et victime d'une arrestation qui n'a, d'ailleurs, duré que peu d'heures. Dans ces dernières années, M. le vicomte de La Guéronnière a été momentanément directeur de la *Presse*. On lui a dû aussi la fondation d'un nouveau journal, appelé *Le Salut*. Il est Grand-Officier de la Légion d'Honneur depuis 1866.

LALANNE (Jean-Philippe-Auguste-Barberin), né à Bordeaux, le 7 octobre 1795, étudia d'abord la médecine dans sa ville natale, et, à 17 ans, obtint, au concours, l'emploi de chirurgien interne à l'hôpital et de prosecteur d'anatomie. M. Lalanne, à l'âge de 20 ans, s'engageait dans l'état ecclésiastique et se dévouait à l'éducation. Ordonné prêtre, il entra dans l'association connue sous le nom de *Société de Marie* pour l'instruction de la classe moyenne, et dirigea successivement des institutions ou des collèges à Bordeaux, Gray, Saint-Rémy, Layrac, et à Paris, où il prit, en 1850 et 1851, les grades de licencié et de docteur ès lettres. Pour quelques services rendus au petit séminaire de Beauvais, il fut fait chanoine honoraire de ce diocèse. Nommé, en 1853, directeur de la division ecclésiastique des hautes études aux Carmes, il accepta, l'année suivante, la direction du collège Stanislas, qui était alors presque entièrement ruiné, releva cet établissement et le plaça, en peu d'années, au niveau des premières maisons d'éducation, service qui lui valut, le 11 août 1860, la croix de la Légion d'Honneur. Après 15 ans d'exercice dans la direction du collège Stanislas, M. l'abbé Lalanne, parvenu à sa 75e année, s'est retiré à Cannes, où il a fondé et dirige encore une institution en correspondance avec l'établissement scolaire qu'il venait de quitter. Il a été promu, en 1874, à un canonicat honoraire de l'église primatiale Saint-André de Bordeaux. M. l'abbé Lalanne est président de la Société des lettres et des sciences de Cannes. Il a publié : *Manuel entomologique ;—Traité de rhétorique ; — Traduction du Christ souffrant, de Saint Grégoire de Nazianze ; — Histoire du couvent des Carmes ;— Opuscules sur l'éducation publique*, etc.

LALANNE (Maxime-François-Antoine), né à Bordeaux, le 27 novembre 1827. Il fit de brillantes études classiques, obtint le grade de bachelier ès lettres, et suivit son penchant pour les arts, que son père, greffier à la Cour d'appel de Bordeaux, avait toujours encouragé. Après avoir suivi l'atelier de M. J. Gigoux, il débuta au Salon de Paris, en 1852, par des dessins au fusain qui furent remarqués. En 1862, il fut un des fondateurs de la Société des aquafortistes. Ses premières eaux-fortes attirèrent l'attention du roi de Portugal. En suivant les expositions de cet artiste, ainsi que ses nombreuses publications, on reconnaît sa fécondité et les tendances qui le portent à la fois vers le dessin au fusain et à la mine de plomb, et vers la gravure à l'eau-forte. Dans ses cartons se retrouvent les souvenirs de ses voyages en France, en Espagne, en Suisse et en Angleterre. Ses travaux à l'eau-forte sont très-nombreux. Nous signalerons les planches qu'il a exécutées pour la *Gazette des Beaux-Arts*; la *Maison de Victor Hugo à Guernesey* (ensemble 12 pl., 1864); les planches pour la *Société des aquafortistes* et pour l'*Illustration nouvelle*; les *Grandes vues de Paris*; 12 *croquis* d'après nature (1869); sa publication de 12 *planches*, faite d'après des dessins sur nature pris aux 5, 6 et 7e secteurs, pendant le siége de Paris (1870-71); ses publications dans un grand nombre d'ouvrages, et sa collaboration aux divers catalogues des célèbres collections vendues en 1873 à Paris Cette année, son exposition au Cercle artistique et littéraire de la Chaussée-d'Antin démontre l'importance de ses travaux. On lui doit, en grande partie, la vulgarisation et le développement du dessin au fusain, sur lequel il a écrit un ouvrage : *Le fusain* (1869). De même, il a contribué à faire revivre la gravure à l'eau-forte, par son *Traité* publié en 1866, traité précédé d'une préface dans laquelle M. Charles Blanc approuve l'auteur de s'être appliqué, avec méthode et clarté, à enseigner pour ceux qui ne savent pas, tandis que ses prédécesseurs avaient écrit pour ceux qui savaient déjà. En somme, M. Lalanne compte parmi les artistes de ce temps qui ont une influence directe sur le développement de l'art, et son enseignement est suivi, à Paris, par un très-grand nombre d'élèves. Il a été membre du jury à l'Exposition internationale des beaux-arts du Havre en 1868, et à l'exposition des beaux-arts de Paris (section de gravure) en 1869, 1870 et 1872. M. Lalanne a été élu membre correspondant de l'Académie des belles-lettres, sciences et arts de Bordeaux en 1867, et membre correspondant de l'Académie des beaux-arts de Bruxelles en 1868. Il a obtenu, au Salon de Paris, une médaille en 1866 (gravure), et des médailles de 3e classe en 1873 et 1874 ; à l'Exposition internationale de Porto, une médaille de 2e classe en 1866 ; des diplômes d'honneur à Amiens en 1868 et à Nevers en 1872; la médaille pour l'art à l'Exposition universelle de Vienne en 1873, et d'autres médailles à diverses expositions de province. M. Lalanne est chevalier des ordres du Christ de Portugal et de Saint-Grégoire-le-Grand.

LALESQUE (François-Auguste), né à la Teste (Gironde), le 28 août 1804. Fils et petit-fils de médecins, il fit ses études médicales à la Faculté de Paris, prit le grade de docteur en 1829, avec une thèse sur les *Bains de mer*, et s'établit dans son pays natal. Son zèle, sa charité, ses capacités professionnelles, non moins que l'avantageuse notoriété dont avait toujours joui sa famille, tout contribuait à le mettre en possession d'une grande influence. De plus, le libéralisme de ses opinions en fit bientôt un des représentants les plus autorisés du parti démocratique. Nommé juge de paix de son canton par le gouvernement provisoire, en 1848, il fut révoqué par celui de Louis-Napoléon, à la veille des élections générales pour l'Assemblée législative. Après le 2 Décembre, il fut soumis à toutes sortes de vexations, interné et placé sous la surveillance de la haute police. En 1857, il fut élu membre du Conseil municipal. Appelé de nouveau aux fonctions de juge de paix, au lendemain de la révolution du 4 Septembre, il fut encore révoqué, de même que précédemment, par le gouvernement qui succéda à celui de la Défense nationale. Ces agissements du pouvoir n'ont pas altéré la confiance que M. Lalesque avait su inspirer à ses concitoyens. Réélu conseiller municipal le 15 juin 1871, et investi, par ses collègues, des fonctions de maire de la Teste, il a été appelé, le 8 octobre suivant, à siéger au Conseil général, où il occupe maintenant, pour la seconde fois, la vice-présidence, et fait partie de la Commission départementale, qu'il préside pour la troisième fois. Le 5 février 1874, le gouvernement, profitant des dispositions de la loi nouvelle sur les maires, l'a révoqué de ses fonctions. M. le docteur Lalesque a publié des brochures sur la *Topographie médicale du canton de la Teste*, le *Traitement des fièvres intermittentes par le chlorure de soude*, la *Cure de certaines convulsions de l'enfance par les irrigations d'eau froide*, et sur la *Pellagre des Landes*.

LALLIÉ (Alfred), né à Nantes, le 27 mars 1832. Reçu docteur à la Faculté de droit de Paris en 1857, il s'est établi comme avocat dans sa ville natale, et s'est en même temps occupé de littérature, d'histoire et de jurisprudence. En 1859, il a participé à la fondation de la *Revue de jurisprudence commerciale et maritime de Nantes*, dont il a été le collaborateur jusqu'en 1869, époque où il a contribué à la création et à la rédaction de la *Gazette de l'Ouest*. On lui doit plusieurs *Études sur la Révolution de 89* à Nantes et dans la Vendée, publiées dans la *Revue de Bretagne et de Vendée*, et un bon ouvrage sur l'histoire locale : *Le district de Machecoul en 1793*. M. Lallié a été élu représentant de la Loire-Inférieure à l'Assemblée nationale le 8 février 1871. Légitimiste par traditions de famille et par conviction, il a siégé sur les bancs de la Droite, et a voté notamment: *pour* la paix, l'abrogation des lois d'exil, la validation de l'élection des princes d'Orléans, la loi départementale, l'impôt sur le chiffre des affaires, l'ordre du jour Ernoul, la prorogation septennale des pouvoirs présidentiels, la priorité de la loi électorale (16 mai 1874); *contre* le retour de l'Assemblée à Paris, les amendements Barthe et Keller, l'impôt sur les bénéfices du commerce et de l'industrie. Il a fait partie de la Commission d'enquête sur les actes du gouvernement de la Défense nationale.

LALUYÉ (Léopold), né à Paris, le 9 juillet 1826. Il se destina d'abord à la peinture et fit, dans cet art, d'assez sérieuses études pour vivre de son crayon en produisant, par exemple, des dessins scientifiques pour les naturalistes, les médecins, etc. En même temps il cultivait la littérature, et sa pièce de début fut : *Au printemps*, comédie en vers (Odéon, 1854, Français, 1865, pièce de répertoire). Il fit ensuite représenter : *La nuit rose*, fantaisie en vers (théâtre des Champs-Elysées, 1858) ; — *Le poëme de Claude*, comédie en vers (2 actes, Odéon, 1859) ; — *L'Idéal*, comédie en vers (théâtre des Champs-Elysées, 1862) ; — *Les droits du cœur*, drame en vers (3 actes, Odéon, 1869) ; — *Scapin marié*, comédie en vers (Odéon, 1869) ; —*Chez le notaire* (au Vaudeville, 1871). On lui doit aussi différentes pièces de salon : *Le sansonnet de Silvio*, comédie en prose avec prologue en vers (3 actes, 1856) ; — *Le Rosier*, comédie (3 actes, 1858) ; — *Le laquais de madame*, comédie (3 actes, 1858) ; — *Une partie de chasse*, et *Pour oublier la marquise*, comédies. Il a, de plus, fait paraître quelques vers et nouvelles dans la *Revue de Paris*, le *Journal pour Tous*, le *Musée des familles*, le *Magasin des demoiselles*, la *Patrie*, la *Vie parisienne*. En 1863, le prix Lambert lui était accordé par l'Académie française ; l'Académie des beaux-arts lui décerna, en même temps qu'à l'un de ses confrères, le prix Deschaumes, en 1865. Le même auteur a publié, en 1872, un volume de *Poésies*. M. Laluyé occupe actuellement un emploi au ministère de l'Instruction publique. Il est officier d'Académie.

LAMARQUE (Jules DE), né à Toulouse, le 29 juillet 1828. Fils de Nestor de Lamarque, publiciste éminent sous la Restauration, il est entré de bonne heure dans la carrière des lettres. Son ouvrage de début fut une *Histoire de la Révolution française de 1789 à 1830*, écrite en collaboration avec M. Jules Ferrand (1845, 6 vol.). Cet ouvrage fut suivi d'un élégant volume de vers : *Les figurines* (1850). Il donna ensuite, avec M. Théophile Fragonard, *Les héros de Rabelais* (1851), imitations en vers libres des aventures de Gargantua, Panurge et Pantagruel. Ce poëme, d'une allure originale, fut rapidement enlevé et obtint en Belgique les honneurs de la contrefaçon. On doit à M. de Lamarque d'autres travaux littéraires et un grand nombre d'articles sur des sujets d'économie sociale et d'administration, qu'il a semés dans les journaux quotidiens et les revues périodiques. Il s'est fait une place des plus honorables parmi les écrivains qui ont traité les questions pénitentiaires et celles se rattachant au paupérisme. Parmi ses écrits sur ces matières, on distingue un *Traité des établissements de bienfaisance* (1862), et divers ouvrages sur les *Colonies de jeunes détenus* et le *Patronage des libérés*, dont l'un fut couronné, en 1863, par la Société pour le patronage des jeunes libérés de la Seine. M. de Lamarque a obtenu des succès, comme orateur incisif et coloré, dans les conférences consacrées à la moralisation des classes ouvrières. On peut regretter qu'il n'ait pas livré à la publicité ses discours, la plupart du temps improvisés, quand on lit celui qui porte pour titre : *Les libérés devant la charité chrétienne*, qu'il a prononcé en fondant la Société générale de patronage. Chef de bureau au ministère de l'Intérieur, chevalier de la Légion d'Honneur, officier d'Académie, chevalier de l'ordre des Saints-Maurice et Lazare, M. de Lamarque consacre ses loisirs à l'étude des questions sociales et à la recherche de tout ce qui peut contribuer au bien-être moral et physique des masses.

LAMBERT (Alexis), né à Besançon, le 31 janvier 1829. Fils d'un imprimeur de Besançon, associé de l'économiste P. J. Proud'hon, M. Lambert fit ses études classiques dans sa ville natale. En 1858, il se rendit en Algérie, comme employé du ministère des Finances, et passa ensuite aux fonctions de secrétaire en chef de la mairie de Constantine. Le changement de régime provoqué par la création, en 1859, du ministère de l'Algérie et des Colonies lui fit croire à la possibilité d'obtenir du gouvernement l'introduction sérieuse, en Afrique, des institutions civiles et politiques dont jouissait la France ; et il soutint cette opinion à Constantine, où il fonda l'*Indépendant* avec le concours de l'éditeur Merle. Son journal, prudemment dirigé, survécut, sans mentir à son titre, aux incessantes attaques du gouvernement militaire. M. Alexis Lambert, sous-préfet de Bône le 5 septembre 1870, préfet d'Oran le 17 novembre suivant, a rempli les fonctions de commissaire extraordinaire de la République en Algérie, du 8 février au 10 avril 1871. Le 2 juillet de la même année, il a été élu représentant du département d'Oran, à l'Assemblée nationale. Son élection ayant été invalidée, 5,037 suffrages lui ont confirmé son mandat le 7 janvier 1872. M. Alexis Lambert siége sur les bancs de la Gauche-Républicaine. Il a voté notamment : *pour* la proposition Feray, les amendements Barthe et Keller, l'impôt sur les bénéfices ; *contre* l'amendement Target, l'impôt sur le chiffre des affaires, l'ordre du jour Ernoul (24 mai 1873), et contre la prorogation septennale des pouvoirs présidentiels.

LAMBERT (Antoine-Eugène), né à Dijon, le 26 avril 1824. Il fit ses premières études à l'Ecole des beaux-arts de Dijon. Puis il suivit, à Paris, les ateliers de Cambon et de MM. Thierry et Daubigny, et se consacra spécialement à la peinture du paysage dans la décoration théâtrale. En 1857, il débuta au Salon avec un *Souvenir du Bas-Bréau* dans la forêt de Fontainebleau. Depuis, M. Lambert a exposé : *Haute futaie* (forêt de Fontainebleau) ; *Intérieur de forêt après la pluie* (1859) ; — *Laveuses à Auvers* (Seine-et-Oise) ; *Bords de l'Oise*, effet du matin ; *Souvenirs des bords de l'Oise à Auvers* (1865) ; —*Vieux saules à Auvers* ; *Bords de l'Oise près la Bonneville*, effet de soleil levant (1866) ; — *Laveuses à Auvers* ; *Crépuscule* (1868) ; — *Le moulin de Poincy* (Seine-et-Marne) ; — *La côte de Saint-Nicolas au bord de l'Oise*, soleil levant (1869) ; — *Une rive marécageuse près Chapon-Val* ; *Un jour de lessive*, effet du soir (1870) ; — *Les marais de Longpré* (Somme) ; *Soirée d'automne* (1873) ; — *Une pêcherie dans la vallée de la Somme* (1874).

LAMBRECHT (Félix-Edmond-Hyacinthe), né à Douai (Nord), le 4 avril 1819. Il était issu d'une excellente famille du nord de la Flandre. Son grand-père avait quitté la magistrature comme conseiller honoraire à la Cour de Douai, et son père, décédé prématurément en 1830, était receveur-principal de l'arrondissement. Elevé au château de Gœulzin, près de sa ville natale, par son aïeule et sa mère, dont il reçut l'éducation première, il acquit auprès de ces deux femmes supérieures la simplicité, l'élégance de manières, l'art de tout dire et de tout bien dire, cette aménité et ces généreux sentiments qui le distinguèrent toujours. Entré à l'institution Barbet, à dix-sept ans et demi, pour y compléter ses études scientifiques, il fut reçu le premier, en 1838, à l'Ecole polytechnique, garda les deux années les galons de major, et en sortit, en 1840, dans les ponts-et-chaussées. Après avoir rempli les fonctions d'ingénieur à Limoges, puis à Valenciennes, il fit, en 1847, à la suite de plusieurs pertes douloureuses, un voyage en Algérie, et visita la colonie jusqu'aux limites du désert. Se trouvant à Paris en juin 1848, il prit les armes dans les rangs de la 2ᵉ légion de la garde nationale, et combattit bravement l'insurrection. L'année suivante, il passa quelque temps en Angleterre pour s'y familiariser avec la langue de ce pays; et, en 1850, il obtint un congé illimité ainsi qu'une mission gratuite en Asie, et partit pour les Indes. De retour en France, au moment du Coup-d'Etat de décembre 1851, il resta à l'écart de la vie publique et de l'administration. A partir de cette époque, M. Lambrecht se consacra aux affaires industrielles et commerciales, en même temps qu'à la gestion de ses propriétés à Lallaing et à Montigny. C'est alors qu'il songea à se créer, grâce à la haute position que lui avait léguée sa famille, un rôle politique dans le Nord. Le 23 juin 1853, il épousa Mlle Mathilde des Courtils de Merlemont, qui lui donna deux enfants. Vers le même temps, il fit construire le beau château de Montigny. Il était maire de Lallaing depuis 1857, quand les électeurs de la 5ᵉ circonscription du Nord l'envoyèrent au Corps législatif (1863). Ayant donné sa démission d'ingénieur, pour cause d'incompatibilité de fonctions, il fit, à la Chambre, une opposition assez vive à l'Empire, et s'associa généralement, pour les questions économiques, aux votes de M. Thiers dont il était l'ami, et qui l'avait en haute estime. Lors des élections de mai 1869, le gouvernement lui opposa une candidature officielle devant laquelle il succomba; mais bientôt le canton de Marchiennes protesta contre ce vote en lui donnant un siège au Conseil général. D'autre part, le gouvernement prouva le cas qu'il faisait de ses services en le nommant, le 27 février 1870, membre de la Commission de décentralisation, et, le 23 mars suivant, membre du Conseil supérieur de l'enseignement technique. Il avait refusé, au mois de janvier, les fonctions de préfet du Nord, qui lui étaient offertes par le ministère Ollivier, puis le 5 mars, celles de sous-gouverneur de l'Algérie, où le maréchal de Mac-Mahon lui proposait d'être son collaborateur à titre d'administrateur civil. N'étant plus député, et se conformant aux usages parlementaires, il crut devoir décliner aussi l'offre d'un portefeuille dans la combinaison ministérielle du comte Daru. M. Lambrecht, membre du Conseil d'administration des mines d'Anzin et de celui de la Vieille-Montagne, s'était adonné spécialement à des études d'économie politique, et surtout à celle des questions ouvrières. Pendant la guerre, il résista aux instances de M. Crémieux qui l'avait appelé à Tours pour lui offrir le poste de gouverneur civil de l'Algérie. Le 8 février 1871, il fut élu représentant du Nord à l'Assemblée nationale, par 217,455 suffrages, le troisième sur 28 députés, et, le 8 octobre suivant, les électeurs du canton de Marchiennes le nommaient de nouveau conseiller général, quand il mourut ce même jour, laissant de profonds regrets au cœur de tous ceux qui avaient eu l'honneur de le connaître. A l'Assemblée, M. Lambrecht n'avait pris part qu'à un petit nombre de votes, M. Thiers étant parvenu à le décider à entrer dans le cabinet de conciliation du 19 février, avec les fonctions de ministre de l'Agriculture et du Commerce. Le 1ᵉʳ juin suivant, il était passé à l'important ministère de l'Intérieur. Très-ferme et très-conciliant à la fois, et doué des plus précieuses qualités, il avait le rare avantage d'être également sympathique à tous les membres de la Chambre, sans distinction de parti. Aussi sa perte fut-elle un véritable malheur pour la nation tout entière, qui fit à ce grand administrateur, dans Versailles même, des funérailles dignes d'elle et de lui, et dont les fonds avaient été votés à l'unanimité par l'Assemblée. De son côté, la municipalité de Douai, voulant perpétuer sa mémoire vénérée, a donné le nom de Lambrecht a une des rues de la ville.

LA MONNERAYE (Charles-Ange, *comte* DE), né à Rennes, le 3 février 1812. Elève de l'Ecole spéciale militaire de Saint-Cyr en 1828, et de l'Ecole d'Etat-major en 1830, il obtint le grade de capitaine d'Etat-major en 1837, et donna sa démission en 1841, à la suite de pertes de famille. Alors, il se retira sur ses propriétés, à Caro, canton de Malestroit, arrondissement de Ploërmel, et se consacra à l'agriculture, sans négliger le soin des intérêts de ses concitoyens. Président de la Société d'agriculture de Ploërmel et du comice de Malestroit, vice-président de la Chambre consultative d'agriculture, membre du Conseil général depuis 1843 jusqu'à présent (1874), il fut nommé secrétaire du Conseil en 1848, vice-président en 1849 et 1850, et président en 1851. En 1869, il fut élu, à titre de candidat indépendant, député du Morbihan au Corps législatif. Le 8 février 1871, les électeurs du même département l'envoyèrent, par 57,667 voix, à l'Assemblée nationale où il prit place sur les bancs de la Droite. M. le comte de La Monneraye est vice-président de la Réunion des réservoirs. Il est l'auteur d'une proposition tendant à supprimer les percepteurs dans les villes, chefs-lieux d'arrondissement ou de département, sur toute l'étendue de la France, et le receveur-général de Paris, et à réduire à 20 au lieu de 42 les recettes-perceptions de Paris. L'Assemblée nationale a adopté ces deux propositions. Il a voté notamment : *pour* la paix, l'abrogation des lois d'exil, la validation de l'élection des princes d'Orléans, le pouvoir constituant, les lois municipale et départementale, le traité douanier, la proposition Ravinel, la dénonciation des traités de commerce, les amendements Keller et Target, l'impôt sur le chiffre des affaires, l'ordre du jour motivé de M. Ernoul dans la mémorable séance du 24 mai 1873; *contre* le retour de l'Assemblée à Paris, les propositions Rivet et Feray, les amendements Barthe et Target, l'impôt sur les bénéfices du commerce et de l'industrie. On doit à M. le comte de La Monneraye un ouvrage intitulé : *Essai sur l'histoire de l'architecture religieuse en Bretagne pendant la durée des XIe et XIIe siècles* (1848), pour lequel l'Institut lui a décerné une médaille d'or.

LAMOTHE (Léonce DE), né à Bordeaux, le 21 septembre 1811. Après avoir terminé ses études dans sa ville natale. M. Léonce de Lamothe fut admis dans les bureaux de la préfecture de la Gironde, en 1830, et devint, quelques mois après, chef de bureau des travaux publics. Inspecteur des établissements de bienfaisance du département en 1842, il fut admis à la retraite en 1856. Il a été sous-préfet provisoire de l'arrondissement de Libourne en mars, avril et mai 1848. Membre résidant de l'Académie des sciences, belles-lettres et arts de Bordeaux, de 1842 à 1865, et secrétaire-général en 1847 et 1848, il devint membre honoraire de cette Compagnie en 1865. Il a été membre et secrétaire de la Commission des monuments historiques et des bâtiments civils de la Gironde de 1842 à 1855 et a été nommé correspondant de l'Institut de Genève et de l'Institut des provinces de France. M. Léonce de Lamothe a publié : *Comptes rendus des travaux de la Commission des documents historiques et des bâtiments civils de la Gironde*, de 1843 à 1855 ; — *L'abbé Baurein, sa vie et ses écrits* (1845) ; — *Choix des types de l'architecture au Moyen-Age dans la Gironde* 1846, in-folio avec eaux-fortes) ; — *Essai de complément de la statistique de la Gironde* (1847, in-4°, avec planches), en collaboration avec M. G. Brunet ; — *Nouvelles études sur la législation charitable* (1849, avec planches); — *Dom Devienne, et le tome II de son histoire de Bordeaux* (1852) ; — *Les théâtres de Bordeaux, suivis de quelques vues de réformes théâtrales* (1853) ; — *Nouveau guide de l'étranger à Bordeaux et dans le département de la Gironde* (1856); c'est, en quelque sorte, un résumé et une table des diverses recherches historiques de l'auteur sur les monuments de Bordeaux et du département de la Gironde; — *Notes pour servir à la biographie des hommes utiles ou célèbres de la ville de Bordeaux et du département de la Gironde*, avec supplément. Il a, en outre, inséré des articles dans les *Actes de l'Académie de Bordeaux*, dans le *Journal des Economistes*, la *Semaine*, la *Revue de Bordeaux*, l'*Ami des champs*, le *Journal d'agriculture*, le *Journal du magnétisme*, etc.

LAMOTHE (Pierre-Alexandre BESSOT DE), né à Périgueux, le 6 janvier 1823. Sorti de l'Ecole des chartes en 1851, il voyagea, jusqu'en 1862, en Europe, en Asie, en Afrique, et visita la Russie, la Pologne, l'Allemagne, la Belgique, l'Angleterre, l'Islande, l'Italie, la Suisse, le Tyrol, l'Espagne, le Portugal et le Maroc. Il fut chargé, en 1860, d'une mission littéraire en Espagne. Depuis le mois d'octobre 1862, il est archiviste départemental à Nîmes. M. de Lamothe a donné des articles à la *Revue contemporaine*, à la *Revue de l'Instruction publique*, à la *Revue nationale*, à l'*Ouvrier*, etc. En fait de travaux historiques, il a publié plusieurs notices dans les journaux du Gard, et dans la *Revue des Sociétés savantes*, deux volumes d'inventaire des *Archives départementales du Gard*, l'inventaire des *Archives d'Uzès*, ceux des *Archives de la ville de Nîmes* et des *Archives de Beaucaire*, les *Promenades d'un curieux dans Nîmes*, etc. On lui doit en outre : *Mémoires d'un déporté à la Guyane française* (1859, 9° édit., 1864); — *Les soirées de Constantinople* (1861); — *La fée des sables* (1865); — *Les Camisards* (1868); — *Histoire d'une pipe* (1868); — *Les faucheurs de la mort* (1869); — *Les martyrs* (1870); — *Mystères de Machecoul* (1870); — *L'orpheline de Jaumont* (1871); — *Le Taureau des Vosges* (1871); — *Mémoires d'un prisonnier alsacien* (1871); — *Morpha* (1871); — *Légendes de tous pays* (1871); — *Histoire populaire de Prusse* (1872); — *L'auberge de la Mort* (1872); — *Les métiers infâmes* (1872) ; — *La reine des Brumes* (1872); — *Le roi de la Nuit* (1873); — *La fille du bandit* (1874); — *Les Compagnons du désespoir* (1874). M. de Lamothe, membre de plusieurs Sociétés savantes, et correspondant du ministère de l'Instruction publique, est officier d'Académie depuis 1870.

LAMY (Claude-Auguste), né à Ney (Jura), le 15 juillet 1820. Il fit ses études classiques aux collèges de Poligny et de Dôle. Admis à l'Ecole normale supérieure en 1842, il en sortit agrégé en 1845, et professa successivement les sciences physiques et naturelles dans les collèges de Lille et de Limoges. En 1851, il prit le grade de docteur ès sciences physiques à la Faculté de Paris, et, en 1854, fut nommé professeur de physique à la Faculté des sciences de Lille. Enfin, en 1865, il fut appelé à occuper la chaire de chimie industrielle à l'Ecole centrale des arts et manufactures de Paris, en remplacement de M. Payen. M. Lamy a publié, sur la chimie et la physique, un assez grand nombre de travaux, insérés la plupart dans les *Comptes rendus de l'Académie des sciences* et les *Annales de Chimie*. Parmi eux, on doit citer, en première ligne, le mémoire sur le *Thallium*, nouveau métal, qu'il parvint à extraire, en 1862, des poussières arsénicales et ferrugineuses provenant de la combustion des pyrites employées pour la fabrication de l'acide sulfurique. M. Lamy est membre du Conseil d'hygiène publique et de salubrité du département de la Seine. Il est chevalier de la Légion d'Honneur depuis le 4 mars 1863, et est décoré de plusieurs ordres étrangers, notamment de l'ordre de François-Joseph, pour les services qu'il a rendus comme membre du jury international à l'Exposition universelle de Vienne en 1873.

LANÇON (Jean-Baptiste-Romain-Auguste), né à la Roque-d'Antheron (Bouches-du-Rhône), le 29 août 1820. Il fit ses études classiques au collège royal de Lyon, commença son droit à Aix, et l'acheva à la Faculté de Paris, où il prit le grade de licencié en 1843. Inscrit, à cette époque, au tableau des avocats de la capitale, et secrétaire de l'illustre Billault jusqu'en 1851, il s'acquit une solide réputation de juriste. Dès 1839, il avait débuté, dans le journal le *Temps*, par des articles de critique littéraire ; plus tard il collabora, comme écrivain politique, au *Courrier français* et notamment à la *Revue contemporaine*. On lui doit : *L'agriculture et l'industrie du département de Vaucluse à l'Exposition universelle de 1855* (1856); — *Observations concernant le droit à établir sur l'importation de la garancine, présentées au Corps législatif* (1856); — *Considérations sur le chemin de fer des Alpes par la vallée de la Durance* (1857); — *L'isthme de Suez et l'industrie de la soie* (1858); — *Les élections et les partis* (1863); — *Essai sur l'esprit politique et l'esprit de parti dans les Assemblées françaises de 1302 à 1852* (1866, 2 vol.); — *Des lois de liberté et de leur durée en France* (1868), etc. M. Lançon a été membre et secrétaire du Conseil général de Vaucluse pendant toute la durée de l'Empire, et conseiller de préfecture à Paris du 5 avril 1860 au 4 Septembre 1870. Il est officier de la Légion d'Honneur.

LANDELLE (Charles), né à Laval, le 2 juin 1821. M. Landelle étudia la peinture dans l'atelier de Paul Delaroche, et fit paraître, au Salon de 1841, un *Portrait de l'auteur à l'âge de 20 ans*, qui est placé au musée de Laval. Il a traité spécialement les sujets historiques et religieux, ce qui ne l'a pas empêché d'exécuter, avec le plus grand succès, un grand nombre de portraits. Voici la liste de ses œuvres exposées : *Fra Angelico de Fiesole demandant des inspirations à Dieu* (1842); — *L'idylle*, *L'élégie*, gravées au burin par Gelée (1843); — *La sainte Vierge et les saintes femmes allant au sépulcre*, tableau gravé par Fanoli, et placé dans l'église des Saints-Lieux à Lavaur (Tarn); *Fleurette abandonnée par Henri IV* (1845); — *Aujourd'hui*, *Demain*, gravés à la manière noire par Jouanin ; *Jeune Juif* ; *Les petits Bohémiens* (1846); — *Jeune Egyptienne* ; *Portrait d'enfant* (1847); — *Sainte Cécile*, à l'église Saint-Nicolas-des-Champs; *Sainte Clotilde*, à l'église Saint-Roch ; trois *Portraits* (1848); — *La République*, figure symbolique mise au concours; huit *Portraits* (1849); — *Jésus-Christ et ses deux apôtres saint Pierre et saint Jean*; *Sainte Véronique*, au Musée du Luxembourg; quatre *Portraits*(1850); — *Béatitudes* (1852); — *L'antiquaire*; *La renaissance*, pour une salle du Louvre (1853); — *Le repos de la sainte Vierge*, à l'église Saint-Germain-l'Auxerrois; huit *Portraits* (E. U. 1855); — *La messe à Béost*, le dimanche (Basses-Pyrénées), à M. Emile Péreire; *Les vanneuses de Béost*; *La Juive de Tanger*; *Jeune fille finlandaise*, à M. A. Fould; *Femme arménienne* (1857); — *Le pressentiment de la Vierge*, au Musée du Luxembourg ; *La jeune fille aux oiseaux*; *Jeune fille de la campagne de Rome*; *Génie funèbre* ; *Les deux sœurs*, costume d'Alvito, à M. Jacobson, à Rotterdam; *La loi, la justice et le droit*, peintures murales dans la salle d'attente du Conseil d'Etat (1859); *Les femmes de Jérusalem captives à Babylone*, au musée de Montauban ; *Visite de l'empereur et de l'impératrice à la manufacture des glaces de Saint-Gobain et Chauny*; *Chemin de la Croix*, à la chapelle de la Vierge à Béost; six *Dessus de portes* pour le salon des aides-de-camp au palais de l'Elysée; les deux *Salons des Arts* à l'Hôtel-de-Ville (1861); — *Far niente* (1863); — *Le réveil*, commandé par M. de Maingoval (1864); — *Femme fellah* (Asie-Mineure), acheté par l'empereur ; *Arménienne du Caucase* (1866); *Talebs* (savants israélites) *transcrivant les lois de Moïse pour les synagogues*, au Maroc (1867); — *La messe à Béost* ; *Le réveil*; *Femme fellah*, tableaux déjà cités, et de plus : *Enfant d'Aïssaoui*, *charmeur de serpents à Tanger*; *Prison de Tanger*, *le pain et l'eau* (E. U. 1867); — *Femme mauresque de Tanger*; *Ses enfants, Paul et Georges* (1868); — *Montagnards aragonais*; *L'enfant malade* (1869); — *Velléda* (1870); — *Aimée* (1872 ; — *La Samaritaine* ; *Jeune Bohémien serbe* (1873). M. Landelle a beaucoup voyagé. La seconde fois qu'il a visité le Maroc, il a fait partie de la mission française qui, sous la direction de M. le baron Aymé d'Aquin, a pénétré dans la ville sainte de Fez. Parmi les nombreux portraits qu'on lui doit, il faut citer ceux de Melle *de Stakelberg*, de la famille *Hély d'Oissel* et *Le Cesne*, de l'amiral *Baudin* (au musée de Versailles), des filles de la baronne *Mallet*, de Mme *Achille Fould*, des princesses de *Broglie* et d'*Essling*, d'*Alfred de Musset*, de Melle *Fix* (de la Comédie-Française), des comtesses d'*Andlau* et de *Fitz James*, etc. Cet artiste a obtenu des médailles de 3e classe en 1842, de 2e classe en 1845, de 1re classe en 1848, et une médaille de 3e classe à l'Exposition universelle de 1855. M. Landelle termine en ce moment la chapelle Saint-Joseph à Saint-Sulpice (peinture murale). Il est chevalier de la Légion d'Honneur depuis le 14 novembre 1855.

LANCE (Adolphe-Etienne), né à Litry (Calvados), le 3 août 1813. M. Lance eut pour premier maître le célèbre Visconti, puis M. Abel Blouet, de l'atelier duquel il revint chez Visconti, où il travailla, pendant plusieurs années, comme dessinateur. En 1838, aspirant à se créer une position, il exécuta des travaux particuliers et fit quelques tentatives littéraires. De 1847 à 1852, il fonda le *Moniteur des Architectes*, journal bi-mensuel, qui existe encore, et il publia, dans le *Siècle*, des articles d'archéologie et d'études artistiques. Devenu membre de la Société centrale des architectes, il composa pour elle un important travail sur l'*Assainissement des habitations*, qu'elle fit imprimer en 1849, et qui fut réédité à Amiens en 1851. En 1850, M. Lance fut attaché à M. Viollet-Leduc, en qualité d'inspecteur, pour la restauration de l'église impériale de Saint-Denis. Il devint, l'année suivante, rédacteur en chef de l'*Encyclopédie d'architecture*, qui ne cessa de paraître qu'à la mort de M. Bance, son éditeur (1862). Nommé architecte du gouvernement au mois d'octobre 1854, il eut, pour mission principale, la restauration des cathédrales de Sens et de Soissons. Il a été aussi chargé par le ministre de la Justice et des Cultes de la reconstruction du grand séminaire de Sens. Un voyage qu'il fit, en 1858, dans le nord de l'Italie, lui suggéra l'idée d'une publication (*Excursion en Italie*) qui eut du succès. En 1863, le ministre de l'Instruction publique lui confia d'importants travaux, notamment la construction du lycée professionnel de Mont-de-Marsan et la reconstruction de celui de Poitiers. L'année suivante, il fut nommé membre du jury d'architecture de l'Ecole impériale des beaux-arts et membre du Comité impérial des travaux historiques. M. Lance a publié, en 1863, la première année de l'*Annuaire de l'Architecte*; il est, en outre, auteur de *Notices biographiques sur les architectes Achille Leclère, Abel Blouet, Letarouilly*. On lui doit la restauration de la salle des concerts du Conservatoire de musique. Parmi les édifices privés qu'il a construits, on doit surtout remarquer les hôtels situés rue Chaptal, 24, et rue de Calais, 19. M. Lance est chevalier de la Légion d'Honneur depuis le 13 août 1862.

LANDOIS (Narcisse), né à Châlons-sur-Marne, le 2 janvier 1800. M. Landois est un des plus anciens fonctionnaires de l'Université. Maître d'études au collége de Rennes à partir de 1818, il reçut le brevet d'agrégé des classes supérieures au concours de 1821, et fut attaché, comme agrégé suppléant ou divisionnaire, au collége Saint-Louis, puis nommé successivement professeur titulaire au collége Bourbon (1834), proviseur du *Lycée de Tours* et presque aussitôt de celui de Caen (1848), et recteur de l'Académie de la Seine-Inférieure (1853). Les Académies départementales ayant été supprimées l'année suivante, il fut appelé à Paris en qualité d'inspecteur de l'Académie, et délégué à la préfecture de la Seine, où il dirigea pendant dix ans le service de l'instruction primaire. Il fut mis à la retraite en 1864, alors qu'il aurait pu rendre encore de bons et nombreux services. M. Landois est un des principaux rédacteurs du *Complément du Dictionnaire de l'Académie française* (1842). Il a publié et annoté le *Discours d'Eschine sur la couronne*, et donné une édition de celui de *Démosthène pour Ctésiphon* (1843-1844). Il a concouru, pour un travail très-approfondi de révision, à des publications importantes qui sont : *Histoire militaire des éléphants*, par le colonel Armandi (1843) ; — *Exploration scientifique de l'Algérie, beaux-arts, architecture et sculpture*, par Amable Ravoisié (1846, 2 vol. grand in-folio) ; — *Histoire de Jordano Bruno*, par Christian Bartholmess (1847, 2 vol.). Quand éclata la première insurrection grecque (1821), M. Landois embrassa la cause hellène avec enthousiasme, rechercha la fréquentation des jeunes émigrés qui affluaient à Paris, et se rendit leur langue familière. Aussi est-il un des rares hellénistes français qui parlent et écrivent purement le grec actuel, dit moderne, bien que cette langue remonte à la plus haute antiquité, et soit assurément la meilleure glose du grec ancien qu'il soit possible d'imaginer. Elève de Hase, il avait été chargé, en 1836, de publier, pour la *Collection des écrivains byzantins*, réimprimée à Bonn, la chronique de Morée. Après avoir recopié de sa main le manuscrit défectueux de la Bibliothèque de Paris, où l'on compte, paraît-il, autant de fautes d'orthographe que de syllabes, il obtint, par l'intermédiaire du ministère de l'Instruction publique, communication du manuscrit, beaucoup plus correct, de la bibliothèque royale de Copenhague. C'est ainsi qu'il put, après un véritable travail de bénédiction, compléter ces deux textes l'un par l'autre, et fournir à M. Buchon, pour sa *Chronique*, des renseignements précieux dont ce dernier mentionne la source dans sa deuxième édition (*Panthéon littéraire*, 1840), mais qu'il néglige de signaler dans le tome II de ses *Recherches historiques*. Sans discuter les droits de propriété de tel ou tel éditeur sur la *Chronique de Morée*, qui n'est pas incontestablement une composition originale, on peut plaindre M. Landois d'avoir été frustré d'un travail laborieusement préparé, et qui ne pourrait être désormais admis que par exception dans la collection de Bonn. Ajoutons que son texte contient 9,238 vers politiques, tandis que celui de M. Buchon n'en renferme que 7,890. M. Landois, inspecteur honoraire de l'Académie de Paris, docteur en philosophie de l'Université d'Iéna, membre associé de l'Académie latine de la même ville, est officier de la Légion d'Honneur depuis 1859, officier de l'Instruction publique, et officier de l'ordre du Sauveur de Grèce.

LANDRIOT (Mgr Jean-François-Anne-Thomas), né à Conches-les-Mines (Saône-et-Loire), le 9 janvier 1816. Il fit ses études théologiques au séminaire d'Autun, et reçut l'ordination en 1839. D'abord vicaire de la cathédrale d'Autun, puis supérieur du petit séminaire ; nommé chanoine titulaire en 1848, il reçut en 1852 des lettres de vicaire-général honoraire. Il fut nommé, le 7 avril 1856, évêque de la Rochelle, et succéda à Mgr Gousset, sur le siége archiépiscopal de Reims, le 30 décembre 1866. Mgr Landriot, prédicateur distingué, a aussi publié de nombreux ouvrages : *Conférences sur l'étude des belles-lettres et des sciences humaines, à l'usage des petits séminaires* (2 vol., 1847) ; — *Recherches historiques sur les écoles littéraires du christianisme*, suivies d'*Observations sur le ver rongeur* (1851) ; — *Examen critique des lettres de M. l'abbé Gaume* (1852), réimprimé sous ce titre : *Le véritable esprit de l'Église, en présence des nouveaux systèmes dans l'enseignement des lettres* ; — *Discours et instructions pastorales*, années 1856-1860 (3 vol., 1858-1861) ; — *Conférences, allocutions, discours et mandements*, années 1856-1860 (2e édit., 4 vol., 1866) ; — *La femme forte* (1863, 9e édit. 1871) ; — *La femme pieuse* (2 vol., 1863, 6e édit. 1871) ; — *Conférences sur l'humilité et les lectures* (2 vol., 1864) ; — *La prière chrétienne* (2 parties, 1862-1864) ; — *Le Christ de la tradition* (2 vol., 1865) ; — *Les béatitudes évangéliques* (2 vol., 1866, 2e édit., 1867) ; — *L'Eucharistie* (2e édit., 1866) ; — *Les péchés de la langue et la jalousie dans la vie des femmes* (1869) ; — *L'enseignement chrétien*, recueil de discours sur l'éducation (1870) ; — *Les promenades autour de mon jardin* (2e édition, 1868) ; — *Le symbolisme* (2e édition, 1871) ; — *Pensées chrétiennes autour des événements* (1871) ; — *L'autorité et la liberté* (1872) ; — *La sainte communion* (1872).

LANFREY (Pierre), né à Chambéry, en 1828. Son père, ancien officier sous Napoléon Ier, et retiré en Savoie après la Restauration, lui fit faire la plus grande partie de ses études classiques chez les jésuites de Chambéry. Mais le peu de dispositions qu'il éprouvait pour l'enseignement des Pères, joint à certain pamphlet qu'il exquissa à leur adresse, alors qu'il était en rhétorique, obligèrent ses parents à le changer d'institution. Envoyé à Paris, il termina ses classes au collége Bourbon, et suivit les cours de l'Ecole de droit. Puis, délaissant la carrière du barreau, il se livra à des travaux sur la philosophie de l'histoire. Tous ses écrits battent en brèche ces sortes de légendes dont les monarchies et les églises se servent pour dominer l'esprit des peuples. Ses ouvrages sur Napoléon Ier, sur l'Eglise romaine et sur les personnages politiques du temps, sont devenus très-populaires. Quand la révolution du 4 Septembre amena la proclamation de la République, il commença par refuser les fonctions de préfet à Lille, qui lui étaient offertes par la délégation de Bordeaux. Par contre, il servit comme simple volontaire dans les rangs des mobilisés de la Savoie. Lors de l'élection du 8 février 1871, il obtint une belle minorité dans la Seine, et fut élu, par 47,323 voix, représentant des Bouches-du-Rhône. Dès avant l'investissement de Paris, il était de ceux qui, avec MM. Crémieux, Gambetta et autres, demandaient instamment que les élections fussent fixées à bref délai, afin d'en voir sortir des résultats républicains. A la Chambre, M. Pierre Lanfrey siége dans les rangs de la Gauche-Républicaine. Investi des fonctions de ministre plénipotentiaire de France auprès de la République helvétique, depuis le 9 octobre 1871, et une première fois démissionnaire après le succès de la proposition Ernoul (24 mai 1873), mais n'ayant définitivement obtenu de quitter son poste qu'après la prorogation des pouvoirs présidentiels, contre laquelle il s'était prononcé, il n'a pu souvent prendre part aux travaux de l'Assemblée. Dans ses jours de présence, il a voté notamment pour la paix, le retour de l'Assemblée à Paris, le traité douanier et la loi départementale. M. Pierre Lanfrey, successivement collaborateur de plusieurs publications libérales, comme le *Temps*, le *Siècle*, la *Revue nationale*, rédigea longtemps la partie politique de la *Revue des Deux-Mondes*. On lui doit les ouvrages suivants : *L'Eglise et les philosophes au XVIIIe siècle* (1855, 2e édit., revue et corrigée, 1857); — *Essai sur la Révolution française* (1858); — *Histoire politique des papes* (1860, nouv. édit., 1862); — *Les lettres d'Everard* (1860); — *Le rétablissement de la Pologne* (1863); — *Etudes et portraits politiques* (1863, 2e édit., 1865); — *Histoire de Napoléon Ier* (t. I-IV, 1867, 1868, 6e édit., 1870.)

LANGALERIE (Mgr Pierre-Henri GÉRAUT DE). Voyez GÉRAUT DE LANGALERIE.

LANGERON (Edouard), né à Dijon, le 17 avril 1835. Après de fortes études classiques, il entra dans l'Université et devint, en 1854, secrétaire particulier du recteur de l'Académie de Dijon. Pendant quelque temps il remplit les fonctions de secrétaire des Facultés des sciences et des lettres de la même ville. Ayant pris ses grades à la Faculté des lettres, en 1862, il vint à Paris où, tout en suivant les cours de la Sorbonne et du Collége de France, il fut attaché, comme professeur-externe, en 1863, à l'institution Massin. A partir de l'année suivante, il fut professeur d'histoire au collége de Montluçon, chargé de la seconde chaire d'histoire et de littérature au lycée de Bordeaux (1866), professeur d'histoire à Cahors (1869), et finalement à la Rochelle (1870). Il a publié, en 1870, une étude historique sur l'*Homme au masque de fer*, dont la 1re édition s'est rapidement épuisée, et un important ouvrage intitulé : *Grégoire VII et les origines de la doctrine ultramontaine*, qui contient une appréciation sévère des actes du pontificat de Grégoire VII et la formelle condamnation de l'ultramontanisme. En 1872, il a fait, sur *Frédéric II et la Prusse*, une série de conférences publiques qui ont attiré à l'Hôtel-de-Ville de la Rochelle une grande affluence d'auditeurs et ont eu du retentissement. En outre, M. Langeron, déjà collaborateur de plusieurs journaux et revues, fournit depuis deux ans beaucoup d'articles politiques et littéraires à la *Gironde* de Bordeaux. Il est membre de l'Académie des sciences, arts et lettres de la Rochelle depuis 1870.

LANGLET (Adrien-Adolphe), né à Saint-Quentin, le 24 avril 1840. Fils d'un libraire de sa ville natale, il succéda à son père en 1866 et se fit, dans son commerce, une position des plus honorables. Il avait, d'ailleurs, l'amour de sa profession, moins au point de vue du lucre qu'à celui des pures jouissances dont elle est prodigue pour les érudits qui savent également apprécier la valeur d'un livre, soit comme œuvre littéraire, soit comme œuvre artistique. Fin observateur, bibliographe et bibliophile émérite, il débuta dans la littérature en 1858, par une nouvelle, *Le secrétaire*, publiée dans les *Cent mille feuilletons*, et par des articles insérés dans la *Revue du Nord* et dans d'autres journaux. Plusieurs de ses articles politiques ont été cités et même reproduits par les grands journaux de Paris. En 1872, il a fondé, à Saint-Quentin, la *Petite Revue*, feuille hebdomadaire consacrée aux lettres, aux arts, aux sciences, à l'industrie et à l'histoire locale. Maintenant il dirige avec un zèle infatigable cette publication intéressante, œuvre d'esprit, d'érudition et de patience, dont la collection constituera un véritable monument, et y donne, sous son nom et sous différents pseudonymes, des articles très-intéressants, d'un style élevé, clair et concis. M. Langlet, écrivain laborieux, est au nombre des littérateurs méritants qui contribuent le plus à la décentralisation intellectuelle en France, par la propagation en province du goût des lettres, des arts, des sciences et de l'histoire.

LANSYER (Emmanuel), né à l'île Bouin (Vendée), le 18 février 1835. D'abord élève de M. Eugène Viollet-le-Duc, architecte, il abandonna bientôt l'architecture pour se consacrer spécialement à la peinture et au paysage, et suivit les ateliers de MM. Courbet et Harpignies. Il débuta au Salon de Paris, en 1864, avec deux bons tableaux se faisant pendant : *Pins maritimes sur les côtes de Bretagne*, effet du matin et effet du soir. A partir de cette époque, il y exposa : *Matinée de septembre à Douarnenez*, dans le Finistère, appartenant à la collection de M. Goupil ; *Les bords de l'Ellée au Faouet*, dans le Morbihan (1865); — *Une rivière en Bretagne* ; *Un lavoir à marée basse*, sur les côtes de Bretagne, tableau placé au Musée de Tours (1866) ; — *Femmes à la fontaine*, souvenir du Finistère (1867); — *Une source en Bretagne*, au musée de la Roche-sur-Yon (1868); — *Le château de Pierrefonds*, au musée du Luxembourg; *Le bac de Port-Ru*, dans le Finistère, acquis par M. A. Deshomas (1869); — *La promenade en automne; La rivière de Pouldahut à marée basse*, dans le Finistère, au musée d'Auxerre (1870); — *Les Alpes liguriennes, de Menton à la Bordighera*, frontière d'Italie, tableau acquis par l'État; *Une citerne sous les oliviers, à Menton* (1872); — *Anse de Treffentec à marée montante, baie de Douarnenez*, au cabinet de M. Georges Claudon; *Récifs de Kilvouarn, baie de Douarnenez*, collection de M. le baron de Hauff, à Bruxelles (1873). La *Matinée de septembre à Douarnenez*, et le *Lavoir à marée basse* ont reparu à l'Exposition universelle de 1867. A l'Exposition universelle de Vienne (1873), M. Lansyer a fait reparaître le *Château de Pierrefonds*, la *Citerne sous les oliviers*, les *Alpes liguriennes*, auxquels il a joint l'esquisse de l'*Anse de Treffentec*, et une *Vue prise au pied du pont des Arts, à Paris*. Cet artiste a remporté des médailles aux Salons de 1866 et 1869, et une médaille de 3e classe à celui de 1873.

LAPORTE (Émile-Henri), né à Paris, le 26 janvier 1841. Il suivit avec succès les ateliers de Gleyre et de M. Pils, et se consacra de préférence à la peinture décorative et des sujets de genre historique. En 1864, il débuta au Salon de Paris avec un tableau intitulé *Bethsabée*, et un *Portrait*. L'année suivante, il donna *Laïs*, et *Otello racontant ses aventures devant Desdémone et son père*. Depuis, cet artiste a exposé : *La lettre de la payse* (1866); *Faust et Marguerite*, la sortie de l'église; *Pastorale* (1868); — *La halte*, souvenir de Fontainebleau; *Marchands turcs* (1869); — *Délaissée! Reître* (1870); — *La jeunesse*, panneau décoratif (1874). M. Laporte a exécuté des peintures décoratives dans différents hôtels particuliers de Paris, et dans plusieurs châteaux des environs. Ayant obtenu, au concours ouvert par la ville de Paris (1867), le brevet du degré supérieur pour l'enseignement du dessin d'art, il a été nommé, en 1870, directeur de l'Ecole municipale de dessin et sculpture du IIe arrondissement.

LAPORTE (Marcellin), né à Saint-Geniezd'Olt (Aveyron), le 10 mars 1839. Fils d'un peintre, M. Laporte puisa de bonne heure, dans l'atelier de son père, le désir de se consacrer aux arts. Après avoir fait ses études classiques à Lyon, il étudia d'abord la peinture à Toulouse, vint à Paris, fut élève de l'Ecole des beaux-arts, et suivit les ateliers de Gleyre et de MM. Cabanel et G. Boulanger. Il peint à la fois l'histoire, le genre et le portrait. Voici la liste des tableaux exposés par cet artiste au Salon de Paris : *Idylle* (1865); — *Sainte Geneviève* (1866); — *Mendiants* (1867); ces trois tableaux, exposés à Rodez en 1868, ont valu une médaille d'or à leur auteur; — *Baigneuse* (1868); — *Idylle* (1869); — « *Bonjour* » (1870); — *L'étude*, tableau acquis par le gouvernement et qui, envoyé à l'Exposition de Vienne en 1873, y a obtenu une médaille; *La prière* (1872); — *Au bord de la mer* (1873); — *Fiancés* (1874). En outre, M. Laporte a exposé, à partir de 1863, un certain nombre de portraits. Nommé, à la suite d'un concours, professeur de dessin dans les écoles de Paris, il est actuellement directeur du cours de dessin de la rue de Marseille (Xe arrondissement).

LAPRADE (Pierre-Marin-Victor RICHARD DE), né à Montbrison (Loire), le 13 janvier 1812. Fils d'un médecin distingué de Lyon, auquel on doit de nombreux travaux, et qui est mort en 1860, M. de Laprade fit ses études classiques dans cette ville, et s'y fit inscrire au tableau des avocats, en 1836, après avoir pris le grade de licencié à la Faculté de droit d'Aix. En 1841, il publia l'épopée spiritualiste de *Psyché*. C'est en 1844 que furent rassemblées, sous le titre d'*Odes et poëmes*, ses poésies éparses dans la *Revue du Lyonnais*, la *Revue de Paris*, la *Revue indépendante* et la *Revue des Deux-Mondes*. On lui doit depuis : *Poëmes évangéliques* (1852); — *Les symphonies* (1855); — *Idylles héroïques* (1858); — *Questions d'art et de morale* (1861); — *Les voix du silence* (1865); — *Le sentiment de la nature avant le christianisme*, et *Le sentiment de la nature chez les modernes* (1865); — *L'éducation homicide* (1866); — *Le baccalauréat et les études classiques* (1867); — *Pernette*, poëme qui a eu 4 éditions en un an, dont une illustrée (1868); — *L'éducation libérale* (1872). M. Victor de Laprade, chargé par le ministre de l'Instruction publique, en 1845, de recherches historiques dans les bibliothèques de l'Italie, fut nommé, en 1847, professeur de littérature française à la Faculté des lettres de Lyon. En décembre 1861, il fut destitué par M. Rouland, au sujet d'une de ses pièces de vers : *Les muses d'État*, parue dans le *Correspondant*, recueil dans lequel il a fait insérer un grand nombre de poésies politiques et morales, publiées en un volume sous le titre de *Poëmes civiques* (1873). Il a été élu membre de l'Académie française, en remplacement d'Alfred de Musset, en février 1858. Élu représentant du Rhône à l'Assemblée nationale, par 58,537 voix, le 8 octobre 1871, M. Victor de Laprade a siégé au Centre-Droit, et voté notamment : pour la paix, les lois municipale et départementale, la proposition Ravinel, l'amendement Target; contre le retour de l'Assemblée à Paris, l'impôt sur les bénéfices. Il a donné sa démission de député le 11 mars 1873, pour cause de maladie grave. M. Victor de Laprade est chevalier de la Légion d'Honneur depuis 1846. Il vient d'être nommé (10 avril 1874), par décret du maréchal de Mac-Mahon, professeur honoraire à la Faculté des lettres de Lyon.

LARABIT (Marie-Denis), né à Roye (Somme), le 15 août 1792. Fils du maire de Roye, M. Larabit commença ses classes au collége de cette ville, et les compléta au lycée Napoléon, où il eut pour condisciples Odilon Barrot, Rémusat, Pastoret, etc. Il remporta les premiers prix de mathématiques au concours général en 1809 et 1810. Dans cette dernière année, il obtint également le prix semestriel pour les mathématiques (prix d'honneur), et fut admis, avec le no 6, à l'Ecole polytechnique. Sorti de cette Ecole avec le no 2, dans l'arme du génie, en 1812, il était depuis six mois à peine à l'Ecole d'application de Metz, quand il fut appelé à l'armée. Quoique malade, il n'hésita pas à partir. Sa santé se fortifia pour longtemps malgré les fatigues de cette pénible campagne. Envoyé d'abord à Wurtzbourg, il y améliora quelques ouvrages de défense. Peu après, il rejoignit la grande armée, avec la division Sémélé. Détaché pendant la campagne près du général Aymar qui arrivait d'Espagne, il se conduisit bravement à Naumbourg, à Hanau, et surtout à Leipsick, où il se distingua à la tête d'un corps de tirailleurs. Rentré au service du son arme, après que l'armée eut repassé le Rhin, il fut employé à des reconnaissances sur l'ennemi et à des travaux de défense en avant de Cassel. Il était attaché, comme officier du génie, à l'Etat-major de l'empereur, quand une surprise eut lieu à Arcis-sur-Aube, dans laquelle le capitaine Fournier du génie de la garde impériale fut tué près de l'empereur. Pour remplacer cet officier, on choisit le lieutenant Larabit, qui fut définitivement incorporé à la garde impériale, et eut l'honneur d'être désigné par l'empereur, après l'abdication de Fontainebleau, pour faire partie du bataillon qui devait lui servir d'escorte, puis de garde volontaire à l'île d'Elbe. Bien qu'il fût sur le point de passer capitaine, le jeune officier accepta sans hésiter, sacrifiant ainsi son avenir militaire. Disons de suite qu'il est aujourd'hui le seul survivant des hommes qui composaient cette garde d'élite. Il fit le voyage seul, à petites journées, sans quitter sa cocarde et son épée, même dans la Haute-Italie que les Autrichiens occupaient déjà, et arriva à l'île d'Elbe 15 jours après Napoléon. Dès son arrivée, l'empereur le reçut avec effusion et bonté, et lui dit notamment : « Vous voilà, jeune homme, on vous attendait; avez-vous déjà fait le tour de la *place*? » Pour s'expliquer ce mot, il faut savoir que c'est le devoir de tout officier du génie qui arrive dans une place. Huit jours après, l'empereur voulant prendre possession de l'île de la Pianosa, qui lui était contestée, chargea M. Larabit d'y établir une petite garnison. « En arrivant, lui dit-il, et dans les 24 heures, mettez huit pièces en batterie sur ce rocher indiqué sur la carte, et tirez sur tout ce qui se présentera. » Cet ordre fut exécuté. Puis le *jeune officier du génie*, comme l'appelle Napoléon dans le 27e volume de sa *Correspondance*, fut chargé de divers travaux, tels que l'achèvement du fort de Montebello, et la direction des constructions faites à la maison de campagne de Saint-Martin. Lors du retour de l'île d'Elbe, M. Larabit accompagna constamment l'empereur. Quand la guerre parut certaine, il commença, sous la direction du général Haxo, l'établissement de la double-couronne destinée à couvrir Belleville et Ménilmontant. Appelé à la grande armée, comme capitaine du génie de la vieille garde, il fut continuellement à l'avant-garde, au passage de la Sambre, à l'attaque de Charleroi, à Fleurus, à Ligny, où il eut un cheval tué sous lui, à Waterloo. Après cette dernière bataille, il suivit l'empereur jusqu'à Charleroi. Licencié, et bientôt rayé des cadres de l'armée, il se retira à Irancy (Yonne), dans sa maison patrimoniale, où est né le célèbre architecte Soufflot, son grand-oncle. En 1818, il fut rappelé au service par Gouvion Saint-Cyr et employé aux fortifications de Rocroy, Bayonne, Soissons. Attaché à l'Etat-major du général Dode, en 1823, il fit la campagne d'Espagne, et contribua à la prise du Trocadéro et de l'île de Léon, et à la reddition de Cadix. Il entra au Comité des fortifications, en 1826, comme secrétaire-adjoint. Le secrétaire titulaire était le colonel Lamy, officier d'une grande distinction. On disait à M. Larabit : « Vous aurez des décorations, mais pas d'avancement à cause du dévouement de l'île d'Elbe. » Mais, après la révolution de 1830, il fut élu député de l'Yonne. A la Chambre, il siégea sur les bancs de la Gauche, se prononça notamment contre l'hérédité de la pairie et pour une large extension des capacités électorales, demanda qu'on secourût la Pologne et qu'on hâtât la construction des chemins de fer et des télégraphes, soutint l'utilité des fortifications de Paris, etc. Il fit partie de beaucoup de Commissions importantes, principalement de celle du budget. Aussitôt après la vaine tentative de Louis-Napoléon à Strasbourg, tentative qu'en sa qualité de soldat ami de la discipline il n'eut pas approuvée, il écrivit au prince pour solliciter l'honneur d'être admis à sa défense, pensant que la parole chaleureuse d'un député jeune et hardi aurait quelque poids devant les juges et le public. Mais la hâte que mit le gouvernement à diriger le prétendant sur l'Amérique inutilisa son offre généreuse. Cependant, cette marque de dévouement lui valut, de la part du prince et de la reine Hortense, des lettres pleines de gratitude. Le lendemain, de la révolution de 1848, il fut appelé au ministère de la Guerre comme directeur-adjoint du personnel et des mouvements militaires. C'est alors qu'il essaya inutilement de faire prévaloir l'égalité d'origine pour les officiers des divers corps et le service militaire obligatoire, deux idées qui ont fait leur chemin depuis. Comme ses opinions politiques ne concordaient pas avec celles de son chef, le colonel Charras, il offrit quatre fois sa démission, qui fut toujours refusée par le ministre Arago, son ancien professeur, qui lui dit : « Ne vous en allez qu'avec moi. » Il avait tenu, d'ailleurs, à ce que ses fonctions fussent gratuites. M. Larabit était représentant de l'Yonne à la Constituante. Le 15 mai, il se signala par son énergie contre les factieux qui avaient envahi l'Assemblée, et occupa la tribune en attendant l'arrivée des mobiles et des gardes nationaux qui firent évacuer le public. Ensuite il accompagna Lamartine à l'Hôtel-de-Ville, et profita de ses hautes fonctions au ministère de la Guerre pour donner l'ordre au général Foucher de diriger sans retard 20 bataillons sur Paris. Un moment enfermé, avec une bande de factieux, à l'Hôtel-de-Ville, il dut, pour se soustraire à leur attention ou leurs injures, sortir par une fenêtre et se tenir debout sur une large corniche, position périlleuse dont le tirèrent les artilleurs de la garde nationale. Le 23 juin, il était arrêté et menacé de mort à la barrière Fontainebleau. Le lendemain, il fut un des délégués choisis par l'Assemblée pour faire connaître ses décrets au peuple, et s'entendre avec les généraux pour l'attaque des positions des insurgés. Longtemps bloqué à l'Hôtel-de-Ville, il se mit, le 25, à la tête de quelques renforts, dégagea les abords du monument, reprit la mairie du IX⁰ arrondissement, franchit la barricade de la rue Saint-Paul, exhorta, mais sans succès, les insurgés à rendre leurs armes, alla trouver le général Négrier sur le quai des Ormes, et reçut, par ricochet, une balle au pied gauche, sur le quai des Célestins. Place de la Bastille, il se tint auprès des artilleurs de la garde nationale, les encourageant par son exemple et son sang-froid. Ensuite, il s'associa à la courageuse démarche de Monseigneur Affre, auquel il offrit le bras pour franchir une barricade, et qu'il vit tomber à ses côtés, mortellement frappé. Lui-même, il fut dépouillé de son écharpe de représentant, maltraité, tenu longtemps entre la vie et la mort, et contraint de faire à tout instant des discours à la foule. Chargé par les insurgés de porter des propositions de soumission à l'Assemblée, il remplit cette mission près du président Sénart et du général Cavaignac; mais, quand il voulut retourner au faubourg, ainsi qu'il l'avait promis, la bataille avait recommencé, et il fut arrêté et gardé à vue par les troupes de l'ordre, et mis dans l'impossibilité de tenir son engagement. M. Larabit, réélu à la Législative, eut le courage de protester contre le Coup-d'État, malgré sa vénération pour la famille Bonaparte, prouvant qu'il tenait toujours à honneur de défendre les Assemblées dont il faisait partie, et qu'il rougissait de les voir toujours s'enfuir aussitôt qu'elles étaient envahies. C'est ainsi qu'en février 1848, déjà, il était resté le dernier à son banc, faisant face à l'émeute. Enfermé en 1851 à Vincennes, il en sortit sur l'ordre exprès du président, qui l'invita même à déjeuner. Le prince, en effet, s'il ne partageait pas toutes ses idées, rendait justice à son caractère et à son dévouement. Ils eurent ensemble une explication très-bienveillante, et le président lui dit: «Cela ne m'empêchera pas de vous faire sénateur;» à quoi il répondit: « j'accepterai, mais pas avant un an, car je ne veux pas être nommé sénateur en sortant de Vincennes.» Effectivement, après avoir siégé au Corps législatif en 1852, M. Larabit fut élevé à la dignité de sénateur, le 4 mars 1853. Il appartint à des Commissions importantes, et présenta des rapports sur une foule de questions, dont un, sur la Pologne, eut un certain retentissement. Étant entré en conflit avec le Conseil d'État à propos d'un rapport sur une pétition de 3,000 habitants de Bordeaux, et voyant le Sénat abandonner son rapporteur, il se refusa dès-lors à faire partie des Commissions de pétitions, dans lesquelles il s'était longtemps signalé par son zèle et ses aptitudes. Il se prononça notamment contre les nouvelles lois sur la presse et les réunions publiques, et pour les guerres d'Orient, d'Italie, et de Chine. Quant à la grande expédition du Mexique, il l'approuva également dans cette idée qu'elle aurait pour résultat d'établir un gouvernement libéral européen entre les deux océans, gouvernement dévoué tout à la fois à la vieille Europe et à l'Amérique dans toutes leurs relations commerciales; et ce fut avec un profond chagrin qu'il vit cette guerre si bien commencée, si mal continuée, aboutir à une triste évacuation. En 1865-1866, il vit avec regret qu'on abandonnât le Danemark et l'Autriche aux convoitises de l'Allemagne du nord. Il avait fait à Auxerre, en 1867, un long discours historique pour l'inauguration de la statue du maréchal Davoust; et l'empereur, qui en avait été fort satisfait, le chargea de le représenter l'année suivante à Grenoble, pour l'inauguration de la statue de Napoléon I⁰⁰. Le succès avec lequel il remplit cette mission lui valut, de la part de Napoléon III, une lettre autographe de remerciments. Lors de la déclaration de la guerre franco-allemande, M. Larabit demanda à l'empereur, puis à l'impératrice, et enfin au ministre Dejean, d'être employé à la défense d'une place, surtout de Metz ou de Thionville. Mais l'empereur, le jour de son départ, lui répondit: « Restez à Paris même, vous y serez plus utile. » Dans une des dernières séances du Sénat, il voulut parler de la défense de Paris, et démontrer l'utilité de rassurer le public sur l'éventualité d'un siége. Plusieurs de ses collègues l'ayant interrompu violemment, il déclara qu'il resterait dans la capitale menacée, tandis que d'autres se préparaient à la quitter. Le 4 Septembre, il demeura calme sur son fauteuil, et insista pour que le Sénat se maintînt en séance, prêt à braver les événements. La séance ayant au contraire été levée tout-à-coup, il sortit le dernier. Insulté et menacé au sortir du Palais, il fut protégé par quelques honorables habitants du quartier. Pendant tout le siége, il resta à Paris, où il offrit inutilement ses services comme officier du génie. Dans sa longue carrière, M. Larabit a fait imprimer beaucoup de petites brochures. Quand il était député, il adressait tous les ans, à ses électeurs, les comptes-rendus de ses votes à la Chambre; on les lisait avec curiosité, et, à toutes les élections nouvelles, sa majorité allait croissant. En outre, on lui doit de nombreux mémoires sur les chemins de fer notamment sur celui de Paris à Lyon et sur le parti qu'on pourrait en tirer pour la défense du territoire. Au Sénat, il a fait imprimer des rapports, particulièrement ses opinions personnelles sur les lois militaires et sur celles de 1868. Pour terminer, nous dirons que M. Larabit a fait récemment un *Éloge sommaire de Vauban*, suivi de celui de *Carnot* dont il est un disciple persévérant. Il est Grand-Officier de la Légion d'Honneur depuis 1861, et membre du Conseil de l'ordre depuis 1851.

LARCHEY (Étienne-Lorédan), né à Metz, le 26 janvier 1831; fils d'un général de division d'artillerie. Il termina ses études classiques au lycée Saint-Louis, ne fit que commencer son droit, en 1848, à la Faculté de Paris, puis s'engagea, pour deux années, au 7⁰ régiment d'artillerie, au sortir duquel il suivit les cours de l'École des chartes. Il est attaché, depuis 1852, au service des bibliothèques. Un décret du 12 janvier 1874 l'a nommé conservateur-adjoint à la bibliothèque de l'Arsenal. M. Lorédan Larchey a fourni, depuis vingt ans, des articles à beaucoup de journaux et de revues, et s'est fait connaître par un grand nombre de livres intéressant l'histoire, la littérature et l'archéologie. Parmi les journaux auxquels il a le plus activement collaboré, nous citerons le *Moniteur universel* et le *Monde illustré*. Voici la liste chronologique des ouvrages qu'il a publiés : *Journal de Jehan Aubrion, bourgeois de Metz* (1857, in-4°) ; — *Les excentricités du langage* (six éditions de 1860 à 1873 ; la dernière a paru sous le titre de *Dictionnaire de l'argot parisien*) ; — *Le roman de Parise la duchesse* (Collection des anciens poëtes de la France, (1861) ; — *Les bombardiers de Metz* (1861) ; — *Origines de l'artillerie française* (1862-1864, 1re période, in-12 et in-folio, avec pl.) ; — *La Petite Revue* (t. I et t. II, 1863-1864) ; — *Les mystifications de Caillot Duval* (1864) ; — *Correspondance de l'armée d'Egypte* (1865) ; — *Journal des inspecteurs de M. de Sartines. Souvenirs du président Bouhier. Notes du lieutenant de police d'Argenson*, en collaboration avec M. Emile Mabille (1863-1866, 3 vol.) ; — *Les joueurs de mots* (1867) ; — *Les gens singuliers* (1867) ; — *Documents pour servir à l'histoire de nos mœurs* (cette collection, qui compte 13 plaquettes, a été commencée en 1868 et n'est pas encore terminée) ; — *Almanach des assiégés*, publié pendant le bombardement de Paris (1870) ; — *Mémorial illustré des deux sièges de Paris* (1871, in-4°) ; — *Bibliothèque des mémoires du XIXe siècle*, tome Ier d'une série où l'auteur se proposait de passer en revue tous les mémoires contemporains (1871) ; — *La mosaïque* (1er semestre de 1873, gr. in-8°). M. Lorédan Larchey a été chargé de plusieurs missions scientifiques. Il a été désigné, sur la demande de M. Paul Lacroix, pour terminer le catalogue des manuscrits de l'Arsenal et en préparer avec lui l'impression.

LARCY (Charles-Paulin-Roger, *baron* DE SAUBEUT DE), né le 20 août 1805, au Vigan (Gard). Fils du baron de Larcy, chevalier de Saint-Louis, et sous-préfet d'Alais sous la Restauration, il fit ses études au collège Henri IV, obtint plusieurs prix au concours général, fut reçu, en 1826, avocat à la Cour royale de Paris, entra, en 1827, dans la magistrature comme juge auditeur, et fut appelé, en 1829, aux fonctions de substitut du procureur du roi à Alais. A la chute de la branche aînée, il donna sa démission, et rentra au barreau, où il se fit un nom dans la défense des causes politiques par ses plaidoyers incisifs et éloquents. Une brochure : *La Révolution et la France*, qu'il publia en 1831, fut citée avec éloges par Chateaubriand. Il fut élu, en 1833, au Conseil général du Gard, auquel il n'a pas cessé d'appartenir jusqu'en 1848, et fut envoyé à la Chambre des députés, en 1839, par les électeurs du collége extra-muros de Montpellier, qui renouvelèrent son mandat à la législature suivante. D'accord avec M. Berryer et ses amis de l'Extrême-Droite, il combattit opiniâtrement le ministère Guizot, et fut, à la fin de 1842, un des cinq députés qui se signalèrent par leur courageuse visite au comte de Chambord, à Belgrave-Square. Flétris pour ce fait dans l'adresse à Louis-Philippe, ils donnèrent avec éclat leur démission, mais n'en furent pas moins réélus, malgré tous les efforts du ministère. Lors des élections de 1846, sa candidature, violemment combattue par le préfet, M. Roulleaux-Dugage, échoua ; mais, au commencement de 1848, il fut porté candidat, dans une élection partielle, par les électeurs de la ville de Montpellier. Il avait eu, le 24 février, le plus de voix au premier tour de scrutin, lorsqu'on apprit la chute de la monarchie de Juillet et la proclamation de la République. Son inflexible opposition l'avait rendu populaire. Personne ne s'étonna de sa double élection à l'Assemblée constituante par l'Hérault et le Gard. Il opta pour le Gard, prit une part active aux discussions de la Chambre et vota inébranlablement avec la Droite. Réélu à la Législative, il fit partie de la majorité, proposa un amendement à la loi électorale du 31 mai, ayant pour but d'en élargir les dispositions, et se prononça pour la révision de la Constitution, sans vouloir toutefois servir la politique de l'Elysée. Aussi, lors du Coup-d'Etat du 2 Décembre 1851, il prit part à la protestation de ceux de ses collègues qui se réunirent à la mairie du Xe arrondissement de Paris, et fut emprisonné à Vincennes. Il rentra dans la vie privée après 1852, et publia en 1860 un ouvrage historique intitulé : *Des vicissitudes politiques de la France*, qui fut très-remarqué. Il a inséré de nombreux articles dans la *Gazette de France* et dans le *Correspondant*. Candidat de l'opposition à Alais, en 1864 et 1868, puis à Montpellier aux élections générales de 1869, s'était vu poursuivi l'année précédente, pour une réunion électorale privée, tenue à Alais, dans son domicile. Condamné à une amende par la juridiction correctionnelle, il dit à ses juges : « Si vous me déclarez coupable, si je dois avoir, moi aussi, mon casier judiciaire, je me réfugierai dans ma conscience, et je répéterai les paroles que je prononçai dans une autre enceinte, après une sentence qui a été, à son tour, jugée par l'histoire : *Loyauté n'a honte !* » C'est par ces mots que se terminait, en 1844, le discours de M. de Larcy à la Chambre des députés, lors de la discussion de ce que la majorité d'alors appelait une flétrissure, et depuis il en a fait sa devise. Elu représentant du Gard à l'Assemblée nationale, par 52,603 voix, le 8 février 1871, il a pris place sur les bancs de l'Extrême-Droite. Le 19 février suivant il a été appelé à tenir dans le cabinet de conciliation, le portefeuille des Travaux publics. Amené, par une dissidence de vues politiques entre le groupe parlementaire dont il faisait partie et le chef du pouvoir exécutif, à donner une première fois sa démission, il la retira sur l'instance de M. Thiers, après le vote de la proposition Rivet ; mais, le 27 juin 1872, il quitta le ministère. Aussitôt il fut choisi comme président de la réunion des Réservoirs. Du 27 novembre 1873 au 16 mai 1874, il occupa de nouveau les fonctions de ministre des Travaux publics, dans le cabinet de M. de Broglie. M. le baron de Larcy a été réélu conseiller général du Gard, pour le troisième canton de Nîmes, le 8 octobre 1871.

LAROCHE (Amand), né à Saint-Cyr-l'Ecole (Seine-et-Oise), le 23 octobre 1826. Il suivit les ateliers de Drölling et de Wachsmuth, et se fit un de ces talents souples qui permettent d'aborder tous les genres avec succès. Parmi ses œuvres, on signale des sujets de genre, des paysages, et même des peintures historiques. Mais c'est comme portraitiste qu'il s'est le plus distingué, et c'est aussi avec un *Portrait* qu'il a débuté, en 1847, au Salon de Paris. Depuis, cet artiste a exposé : *Repos de moissonneurs* (1848); — *Silène contant les premiers âges à des bergers* ; *Faune faisant danser des nayades* ; le *Portrait de l'auteur* (1849);—*Le pacte de Faust* (E. U. 1855); — *La jalousie* (1857);—*Le repos en Egypte* (1859);—*Citerne de la marine à Alexandrie*; *Café arabe près du Mahmoudyck*, à Alexandrie (1865); — *Bords de la Seine à Chatou* (1866), — *Marguerite au rouet* (1868); — *Idylle* (1869); — *La nuit du sabbat* (1870);— *Diane au bain* (1873). En outre, M. Amand Laroche a fait recevoir au Salon un certain nombre de portraits, parmi lesquels on distingue ceux du docteur *Beyran* (1868), de M. *Simon* (1870), de M. *Morel* (1872), et de M. *Cézanne*, député des Hautes-Alpes (1874).

LAROCHE-JOUBERT (Jean-Edmond), né à la Couronne (Charente), le 20 janvier 1820. M. Laroche-Joubert se consacra de bonne heure à l'industrie, et partagea les travaux de son père, fabricant de papier, dont il devint l'associé dès l'âge de 20 ans. Grâce à son intelligence et à son activité, la maison prospéra bientôt, prit une grande extension, et en arriva à occuper un personnel de 1,500 à 2,000 ouvriers ou commis. Très-versé dans l'étude des questions économiques, il introduisit dans ses ateliers plusieurs institutions philanthropiques, depuis essayées avec succès dans d'autres établissements. C'est ainsi qu'il a organisé une société en coopération, où le salaire des travailleurs, et même les achats faits par sa clientèle, prennent part à la distribution des dividendes tout comme les apports sociaux. Sa grande position financière et commerciale le fit choisir pour remplir diverses fonctions honorifiques, et il fut nommé juge au tribunal de Commerce d'Angoulême, conseiller municipal, conseiller d'arrondissement, et conseiller général de la Charente. Elu député au Corps législatif en 1868, par la première circonscription de la Charente, il vit son mandat confirmé aux élections générales de 1869. M. Laroche-Joubert s'est placé dans les rangs du tiers-parti libéral, où il n'a pas tardé à jouer un rôle important. Il a signé l'interpellation des 116, et soutenu les théories libre-échangistes. Il est le seul qui ait osé, à la tribune française, proposer l'impôt unique sur le capital acquis (mobilier et immobilier); c'est lui qui, à la même tribune, a déclaré qu'on n'arrêterait jamais les grèves tant qu'on ne voudrait pas considérer comme également indispensables au succès de toute entreprise : l'*Intelligence* qui conçoit, crée et dirige, le *Capital* qui fait marcher, et le *Travail* qui exécute, et tant qu'on ne les associerait pas ensemble pour les faire participer aux résultats acquis, selon les services rendus. M. Laroche-Joubert est vice-président de la Société de secours mutuels des ouvriers d'Angoulême.

LAROCHELLE (Henri BOULLANGER, *dit*), né à Paris, le 19 juin 1827. Simple apprenti batteur d'or, le jeune Boullanger donna, dans une petite troupe d'ouvriers qui jouaient la comédie en amateurs, les preuves d'une véritable vocation pour l'art dramatique. Admis au Conservatoire en 1846, sur la recommandation de Mlle Mars, dont il est le dernier élève, il y suivit la classe de Samson, et remporta, tout en continuant d'exercer sa modeste profession, le second, puis le premier prix de comédie. Depuis assez longtemps il se prêtait obligeamment à jouer sur les scènes de banlieue, quand il débuta à l'Odéon (1847) dans les rôles comiques, sous le nom de Larochelle, qui était celui de son grand-père maternel, ancien sociétaire de la Comédie-Française. Il y parut notamment dans les *Fourberies de Scapin*, les *Précieuses ridicules*, l'*Avocat Patelin*, et mérita d'être engagé sur parole, pour trois ans, par le directeur des Français. La révolution de Février ayant mis cet engagement à néant, il resta à l'Odéon, et créa les rôles de son emploi dans le *Collier du roi*, le *Trembleur*, le *Chariot d'enfants*, *Planète et satellite*, etc. De 1850 à 1851, il appartient à la troupe de la Porte-Saint-Martin, où il tint plusieurs emplois et s'occupa d'administration. En 1851, il prit la direction du théâtre de Montparnasse, à laquelle il adjoignit successivement celle des théâtres de Grenelle, Saint-Cloud, Saint-Marcel, Sèvres, Sceaux, Saint-Denis, Meudon, Levallois-Perret et Courbevoie. En 1866, il fonda le théâtre Cluny, jusqu'alors si malheureux sous le titre d'Athénée musical, et y monta des œuvres nouvelles à sensation qui attirèrent tout Paris. Il fit jouer les *Sceptiques*, les *Inutiles*, le *Juif polonais*, la *Fille du millionnaire*, etc., et reprit d'autres œuvres recommandables comme *Claudie* et la *Closerie des genets*. M. Larochelle occupait ses nombreuses scènes à l'aide de quatre troupes qu'il faisait alterner selon les jours, les besoins de chaque théâtre, et la proportion moyenne des spectateurs sur lesquels on pouvait compter ; c'était un chef-d'œuvre d'administration. Doué de si rares capacités, et d'un tact particulier dans le choix des pièces qu'il fait représenter, il n'en est pas moins un véritable artiste, très-aimé du public, un excellent professeur, et l'un de nos premiers metteurs en scène. Beaucoup de comédiens distingués se sont formés sous sa direction. M. Larochelle a cédé Cluny et les autres théâtres en 1871. Actuellement il est directeur de la Porte-Saint-Martin, dont il a fait la réouverture le 27 septembre 1873.

LA ROCHETHULON (Emmanuel-Marie-Stanislas-Thibaud, *marquis* DE), né à Orléans, le 17 janvier 1832 ; fils du marquis de La Rochethulon et de dame Olivia de Durfort de Civrac de Lorge. Il n'a pas d'antécédents politiques ; et, pendant la durée de l'Empire, il s'est exclusivement consacré à l'agriculture sur ses propriétés de Braudimant, dans la Vienne. M. de La Rochethulon était membre du Conseil municipal sa commune depuis 1865, et vice-président du Comice agricole de Châtellerault, quand éclata la guerre avec l'Allemagne. Aussitôt, et malgré ses opinions légitimistes, il sollicita par deux fois un grade dans la garde mobile de la Vienne. Deux fois repoussé, pour raisons politiques, il se rendit à Paris, après le 4 Septembre, entra dans les mobiles de la Loire-Inférieure, fut nommé capitaine de la compagnie des volontaires du 28ᵉ régiment de la mobile, et fit le service des avant-postes à Rueil, à la Fouilleuse et à la Maison-Crochard, jusqu'à la reddition de la place. Nommé représentant de la Vienne, le premier sur six, par 56,839 voix, le 8 février 1872, il siége à la Droite de l'Assemblée nationale, et appartient à la fraction dite Droite-Modérée. Pendant la Commune, on avait affiché à la porte de son domicile un placard portant : « Bon à fusiller, » ce dont il se plaignit très-vivement à la Chambre, en déclarant que, vis-à-vis les partisans de la Commune, il se considérait comme en droit de défense personnelle. L'un des 94 signataires de la protestation contre l'exil des Bourbons, il a voté notamment : *pour* la paix, la validation de l'élection des princes d'Orléans, le traité douanier, la dénonciation des traités de commerce, la loi départementale, l'ordre du jour Ernoul (24 mai 1873), la prorogation septennale des pouvoirs présidentiels; *contre* le retour de l'Assemblée à Paris, la proposition Rivet, les amendements de Barthe et Keller, le cautionnement des journaux. A la rentrée des troupes dans Paris, après la Commune, il pénétra de suite dans le VIIᵉ arrondissement, où, nommé maire provisoire, il en exerça les fonctions jusqu'au retour de l'administration régulière. M. de La Rochethulon a reçu la croix de la Légion d'Honneur, pour faits de guerre, le 8 janvier 1871.

LA RONCIÈRE-LE NOURY (Camille-Adalbert-Marie, *baron* CLÉMENT DE), né à Turin, de parents français, le 31 octobre 1813 ; second fils du général de division comte de La Roncière; neveu du général baron Le Noury, qui l'a adopté. Elève de l'École navale établie sur l'*Orion*, en rade de Brest, de 1829 à 1830, il se sentit de bonne heure une prédilection marquée pour le côté pratique et véritablement marin de la carrière qui s'ouvrait devant lui. Comme aspirant, puis comme enseigne il fut embarqué sur l'*Herminie* et la *Vestale*, et visita le Brésil et l'Océan pacifique, à bord de l'*Orythie*, de 1830 à 1833. Lieutenant de frégate en 1834, et successivement embarqué sur la *Ville-de-Marseille* et le *Montebello*, il remplit, de 1838 à 1840, les fonctions de second à bord du brick la *Cigogne*, appartint, comme aide-de-camp du contre-amiral de La Susse, à l'escadre du Levant, en 1840, et profita du contact fréquent des vaisseaux français avec les flottes étrangères, pour se livrer à des études comparatives sur l'organisation des escadres française et anglaise. Quand l'escadre fut rappelée en rade de Toulon, il suivit sur l'*Inflexible* le contre-amiral de La Susse, chargé du commandement de la station du Levant. Lieutenant de vaisseau en 1843, il fut ensuite investi (1845) d'une mission particulière en Angleterre, prit le commandement du garde-pêche le *Renard* en 1846, remplit, en 1847, avec le plus grand succès, une nouvelle mission en Angleterre, et fut chargé du commandement de la *Védette*, stationnaire du Bosphore. De retour en France en 1849, il fut chargé du rapport de la Commission relative à la révision de l'ordonnance de 1827 sur le service à la mer; et son travail, qui sert encore de base à notre organisation navale actuelle, lui valut sa promotion au grade de capitaine de frégate. Aide-de-camp du ministre de la Marine en 1851, puis chef d'État-major de l'escadre d'évolutions, il fut, en 1853, appelé au commandement de la corvette à vapeur le *Roland*, et chargé de se rendre dans la mer Noire pour y surveiller les agissements de la Russie. Puis il conduisit sur les côtes de Crimée les officiers chargés, par Saint-Arnaud, de chercher le point le plus favorable à un débarquement; explora en canot l'embouchure de l'Alma, et signala le gué par où passa la division Bosquet pour exécuter son fameux mouvement tournant. Ce fut aussi lui qui pénétra, le premier, dans les baies de Kamiech et de Strelizka, et désigna Kamiech comme devant servir de base aux opérations de siége contre Sébastopol, et comme la rade la plus accessible à notre flotte. On sait, en outre, que le *Roland* prit part au combat du 17 octobre 1854, contre les forts de Sébastopol, et à toutes les autres opérations de la flotte jusqu'en septembre 1855. Capitaine de vaisseau le 3 février 1855, M. de La Roncière-Le Noury entra peu de temps après au Conseil d'amirauté, fut chargé en 1856 du commandement de la *Reine Hortense*, qui portait une Commission scientifique d'exploration des mers du Nord, et réussit à ramener en France sa corvette intacte, après un voyage périlleux de 12,500 milles marins, entrepris dans des circonstances défavorables. En 1858, il remplit, comme commandant de la division navale de Terre-Neuve, un rôle tout à la fois maritime, administratif et politique, à la satisfaction commune de la France et de l'Angleterre. De 1858 à 1859, il fut chargé de deux missions diplomatiques en Russie, et, quand éclata la guerre entre la France et l'Autriche, il fut nommé au commandement d'une division de canonnières destinée à opérer dans l'Adriatique. Commandant de la station du Levant, de 1859 à 1861, il couvrit de son pavillon les chrétiens de Syrie jusqu'à l'arrivée des escadres européennes et du corps expéditionnaire français. Déjà chef d'État-major du ministre de la Marine et directeur des mouvements et opérations militaires, élevé au grade de contre-amiral le 4 mars 1861, il fut, en 1865, chargé d'organiser la division cuirassée de Cherbourg, qui fit sous ses ordres les premiers essais de la nouvelle artillerie de gros calibre. En 1867, il dirigea et protégea, avec la plus grande rapidité et le plus grand bonheur d'exécution, le rapatriement du corps expéditionnaire du Mexique; et, en 1868, il entra comme vice-président au Conseil des travaux de la marine, et reprit sa place au Conseil d'amirauté avec le grade de vice-amiral. Quand éclata la guerre entre la France et l'Allemagne, il fut désigné d'abord pour le commandement d'une flotte de transport destinée à jeter un corps d'armée sur les côtes de la Baltique; mais en face de la rapidité avec laquelle se succédaient les événements, ce projet fut abandonné, et il vint prendre, à Paris, le commandement en chef des marins auxquels était confiée la défense des forts. L'héroïque défense de ces ouvrages constitue l'une des pages les plus brillantes de l'histoire du siége, et fait honneur tout à la fois à la bravoure et à l'esprit organisateur de l'officier qui avait mission d'y présider. Plus tard, l'amiral de La Roncière-Le Noury joignit à ce commandement celui du corps d'armée de Saint-Denis, qu'il conserva jusqu'à la fin de la guerre. Le 8 février 1871, l'amiral de La Roncière-Le Noury a été élu membre de l'Assemblée nationale. Il y représente les intérêts du département de l'Eure qu'habite sa famille depuis longues années, et où il fait encore partie du Conseil général. M. l'amiral de La Roncière-Le Noury, a été élevé à la dignité de Grand-Croix de la Légion d'Honneur en 1871.

LA ROUNAT (Charles ROUVENAT DE), né à Paris, le 16 avril 1818. Il fit ses classes au collége Louis-le-Grand et à Charlemagne ; puis il étudia pendant trois années la médecine à Paris. La nécessité le forçant à interrompre ses études, il se lança dans la littérature, fit, pour les petits théâtres, quelques pièces qui eurent du succès, et aborda le petit journalisme, sous les auspices de Lepoitevin-Saint-Alme, au *Satan* et au *Corsaire*. Nature militante et d'aptitudes variées, il avait trouvé le temps et les moyens, au milieu des luttes et des difficultés de la vie, de compléter son éducation artistique en travaillant la peinture chez Rioult et le violon avec Tilmant. En 1848, il fut entraîné dans le mouvement politique et devint secrétaire de la Commission du Luxembourg. Puis il reprit le théâtre et fut nommé directeur de l'Odéon. Sa direction fut heureuse : il lui donna une impulsion vraiment littéraire, appela à lui les jeunes gens, sut trouver quelques talents nouveaux, obtint de grands succès, et quitta volontairement le second théâtre français, après l'avoir administré de la façon la plus honorable pendant dix années, de 1856 à 1866. On doit à M. de La Rounat : *Les vainqueurs de Lodi* (1856) ; — *Pâquerette* (musique de Duprato). Il a fait, en collaboration avec divers auteurs : *Les associés* (1849) ; — *La mariée de Poissy* (1850) ; — *Les malheurs heureux* ; *Une bonne qu'on renvoie* ; *Le loup et le chien* (1851) ; — *Pulchriska et Léontino* (1853) ; — *Un homme entre deux airs* (1853) ; — *La pile de Volta* (1854) ; — *Une panthère de Java* (1855) ; — *Marceline* (1871). Il a écrit un roman : *La comédie de l'amour*, et collaboré à la rédaction de divers journaux et recueils, tels que la *Revue de Paris*, le *Moniteur universel*, la *Patrie*, l'*Artiste*, le *Musée des Familles*, etc. M. de La Rounat a été nommé chevalier de la Légion d'Honneur le 12 août 1864.

LAROUSSE (Pierre-Athanase), né à Toucy (Yonne), le 23 octobre 1817. Fils d'un charron-forgeron qui ne put que lui faire donner un peu d'instruction à l'école primaire, il manifesta de bonne heure un goût très-vif pour l'étude, et lut avec une égale avidité tous les livres qui lui tombaient sous la main. Il acquit de la sorte une somme de connaissances assez étendue, mais mal digérée. Ayant obtenu, à l'âge de 16 ans, une bourse de l'Université, il fit des études plus complètes à Versailles. En 1837, il prit la direction de l'Ecole professionnelle de Toucy, de création récente. Quatre ans plus tard, il céda son établissement pour quelques milliers de francs, et se rendit à Paris où, pendant huit ans, il suivit assidûment les cours publics de lettres et de sciences. Admis comme professeur à l'Institution Jauffret, il y resta jusqu'en 1851. L'année suivante, il s'associa avec M. Boyer pour la fondation d'une librairie classique, dans laquelle il a, depuis, édité la série d'ouvrages pédagogiques qui forment aujourd'hui la base de l'enseignement grammatical en France, en Suisse et en Belgique. M. Pierre Larousse a aussi créé (1858) l'*Ecole normale*, dont la collection forme 13 volumes, et l'*Emulation* (1860), journaux d'enseignement et d'éducation. Sa publication la plus importante est celle du *Grand Dictionnaire universel du XIX° siècle, français, historique, géographique, mythologique, bibliographique, littéraire, artistique, scientifique, etc.* (1864 et suiv., ouvrage qui formera 15 gros vol. in-4° à 4 col.). Déjà, en 1856, il avait fait paraître le *Nouveau Dictionnaire de la langue française* (34° édit., 1874). Voici d'abord ceux de ses écrits pédagogiques composés de deux parties, le *Livre de l'élève* et le *Livre du maître* : *Grammaire élémentaire lexicologique* (1849) ; — *Traité complet d'analyse grammaticale* (1850) ; — *Cours lexicologique de style* (1851) ; — *Petite grammaire lexicologique du premier âge* (1852) ; — *Petite encyclopédie du jeune âge* (1853) ; — *La lexicologie des écoles. Cours complet de langue française et de style* (1858) ; — *La lexicologie des écoles. Cours de lexicologie et de style* (1858) ; — *Jardin des racines grecques* (1858) ; — *Jardin des racines latines* (1860) ; — *A B C du style et de la composition* (1862) ; — *Petite flore latine* (1862) ; — *Le livre des permutations* (1862) ; — *Nouveau traité de versification française* (1862) ; — *Miettes lexicologiques* (1863) ; — *Traité complet d'analyse grammaticale* (1865) ; — *Traité complet d'analyse et de synthèse logiques* (1865). Outre ces ouvrages, M. Pierre Larousse a publié : *Méthode lexicologique de lecture* (1856) ; — *Trésor poétique* (1857) ; — *Monographie du chien* (1860) ; — *Sur la question proposée aux instituteurs par le ministre de l'Instruction publique, le 14 décembre 1860* (1861) ; — *Flore latine des dames et des gens du monde* (1861) ; — *Fleurs historiques des dames et des gens du monde* (1862) ; — *Grammaire littéraire* (1867) ; — *Grammaire supérieure* (1868) ; — *Grammaire complète, syntaxique et littéraire* (1868) ; — *Dictionnaire complet de langue française* (1869) ; — *Dictionnaire lyrique*, en collaboration avec M. F. Clément (1869) ; — *Les jeudis de l'institutrice*, avec M. Alfred Deberle (1871) ; — *Les jeudis de l'instituteur*, avec M. Alfred Deberle (1872) ; — *La femme sous tous ses aspects* (1872).

LARREY (Félix-Hippolyte, *baron*), né à Paris, le 18 septembre 1808. Fils du grand chirurgien dont la renommée fut européenne, M. Hippolyte Larrey a fait ses études classiques au collége Louis-le-Grand, a été admis élève au Val-de-Grâce en 1828, et s'est formé aux leçons cliniques de Dupuytren, Roux, Cloquet, Velpeau, et surtout à l'enseignement de son père. Nommé chirurgien sous-aide en 1829, à l'hôpital militaire de Strasbourg, et attaché l'année suivante, au même titre, à l'hôpital de la garde royale au Gros-Caillou, il fut, en 1830, l'un des aides du chirurgien en chef, auprès des blessés de l'armée, secourut en même temps les blessés du peuple, et reçut, pour récompense, la décoration de Juillet. Lauréat du Val-de-Grâce, et docteur de la Faculté de Paris en 1832, il fut chargé, pendant le choléra, du service de l'hôpital militaire de Picpus. Envoyé, comme chirurgien aide-major, au siége de la citadelle d'Anvers, il fut chargé de l'ambulance de la tranchée, et mérita d'être porté, par le maréchal Gérard, commandant en chef, pour la croix de la Légion d'Honneur, que lui refusa le maréchal Soult, ministre de la Guerre; mais le roi des Belges lui donna l'ordre de Léopold. Nommé professeur agrégé près la Faculté de médecine de Paris au concours de 1835, M. Larrey fit à l'École pratique un cours complet de chirurgie militaire, remplit en 1839 les fonctions de chirurgien-major auprès du corps de rassemblement de l'armée du Nord, à Lille, et fut ensuite chargé, pendant trois ans, du cours de clinique chirurgicale à l'hôpital de la Faculté. Dès 1841, il occupa la chaire de pathologie chirurgicale du Val-de-Grâce, obtenue par lui au concours et à l'unanimité des suffrages. Successivement chirurgien-major, chirurgien-principal, chirurgien en chef, de 1845 à 1850, à l'hôpital du Gros-Caillou, puis, en 1852, à celui du Val-de-Grâce, M. Larrey n'interrompit ce double enseignement que pour accompagner son père dans ses tournées d'inspection, notamment en Algérie, ou dans des voyages à l'étranger. Chevalier de la Légion d'Honneur en 1848, il fut promu officier en 1851. En 1852, il fut nommé chirurgien consultant de la Maison impériale de la Légion d'Honneur et chirurgien ordinaire de l'empereur; en 1857, il fut chargé, au camp de Châlons, de la direction du service de santé de la garde impériale, et promu au grade d'inspecteur et de membre du Conseil de santé des armées (1er janvier 1858). L'empereur, en partant pour la campagne d'Italie, lui confia les fonctions de médecin en chef de l'armée, et l'eut presque constamment près de sa personne. A Solférino, son cheval fut blessé mortellement d'un coup de feu dans le poitrail. Le lendemain de cette mémorable journée, l'empereur nomma M. le baron Larrey commandeur de la Légion d'Honneur. Il est, depuis 1850, membre de l'Académie de médecine, qu'il a présidée en 1863; il a présidé également la Société de chirurgie et la Société médicale d'émulation, dont il est aujourd'hui président d'honneur; il fait partie d'un grand nombre d'autres Sociétés savantes, ainsi que du Conseil d'hygiène publique et de salubrité du département de la Seine. L'Institut (Académie des sciences) l'a nommé, en 1867, associé libre, à la place du docteur Civiale. Ajoutons que le baron Larrey a été élu, en 1860, à l'unanimité, membre du Conseil général des Hautes-Pyrénées. On lui doit beaucoup de travaux de chirurgie insérés dans divers recueils, quelques discours officiels, et de plus : *Relation chirurgicale des événements de Juillet à l'hôpital militaire du Gros-Caillou* (1830) ; — *Histoire chirurgicale du siège de la citadelle d'Anvers* (1833) ; — *Traitement des fractures du col du fémur*, thèse de concours (1835) ; — *Rapport sur le camp de Châlons* (1858) ; — et plusieurs *Monographies* sur des lésions chirurgicales de la tête et de la face, du cou, de la poitrine, de l'abdomen et des membres. M. le baron Larrey, médecin en chef, inspecteur et président du Conseil de santé des armées, a été promu Grand-Officier de la Légion d'Honneur, après le siége de Paris, le 15 octobre 1871. Il est, en outre, officier de l'Instruction publique, Grand-Officier des Saints-Maurice et Lazare d'Italie, de Saint-Stanislas de Russie, du Lion et du Soleil de Perse, et commandeur de l'Aigle-Rouge de Prusse, de François-Joseph d'Autriche, de la Couronne de chêne des Pays-Bas, de la Rose du Brésil, etc.

LARRIEU (Amédée), né à Brest, le 2 février 1807. M. Amédée Larrieu, propriétaire du château Haut-Brion, commença ses études classiques au collège de Vendôme et les termina à Saint-Louis, où il avait pour condisciples des hommes destinés, comme lui, à une grande notoriété, tels que MM. Drouyn de Lhuys, le père Gratry, etc. Au sortir du collège, il prit ses inscriptions à l'École de droit; mais son père, qui venait de fonder une importante maison de commerce à Bordeaux, le rappela pour le mettre à la tête de cet établissement. Il avait alors 22 ans. Destiné à la carrière commerciale, il alla compléter ses études en Amérique, et puisa dans ce pays les principes de droiture et les sentiments de liberté qui l'ont fait l'homme dont on esquisse ici la biographie. De retour en France, il fut, en 1846, proposé comme candidat à la députation contre l'économiste Blanqui, et soutint, devant le collège électoral, une lutte mémorable par ses péripéties ; car il ne fallut pas moins de trois scrutins pour donner à son adversaire une majorité de quatre ou cinq voix. Après les événements de Février 1848, il fut nommé représentant de la Gironde, à la Constituante, sur la foi d'une circulaire franchement républicaine ; et ses votes furent acquis à tout ce qui peut constituer, aux mains de la nation, une action aussi constante que souveraine. Ayant, ainsi, plusieurs fois eu l'occasion de lutter contre ce qu'il considérait comme des mesures réactionnaires ; s'étant, par exemple, prononcé pour la séparation de l'Église et de l'État, il échoua dans sa candidature à l'Assemblée législative, rentra dans la vie privée, et se consacra au soin de ses propriétés et à l'amélioration de ses vignobles. En 1860, le réveil de l'opinion publique l'invita à entreprendre, comme candidat de l'opposition, une lutte électorale presque impossible contre M. le baron Travot. Il échoua ; mais, pour le dédommager de son échec, les électeurs de Bordeaux le nommèrent, dans le courant de la même année, conseiller général de la Gironde. En 1869, il recommença énergiquement la lutte, fut nommé au deuxième tour de scrutin, après une campagne électorale des plus laborieuses et prit place à la Gauche « radicale » d'alors, avec MM. Jules Favre, Ernest Picard, Jules Simon, Gambetta, et autres républicains. Il signa notamment la proposition relative à la déchéance de l'Empire ; et, après le 4 Septembre 1870, cédant aux vives instances de ses coreligionnaires politiques, il accepta la préfecture de la Gironde. M. Amédée Larrieu a rempli ses fonctions administratives avec un succès qu'il devait, d'une part, à la haute estime dont il jouissait auprès du parti conservateur, grâce à son éducation et à sa belle position dans le pays, et, d'autre part, à la confiance qu'inspirait au parti républicain la fermeté de ses convictions. Pendant son administration, il sut résister à l'exaltation des partis, marcher droit dans la voie des principes qu'il avait toujours soutenus, et, dans ces temps troublés, faire respecter les personnes et les lois qu'il les protégent. Ce travail sans relâche, joint à la responsabilité qu'il entraînait, altéra bientôt sa santé et le contraignit à se démettre de ses fonctions, malgré les insistances du ministre de l'Intérieur, M. Gambetta. Des intérêts personnels l'avaient appelé en Belgique lorsque ses concitoyens, en son absence, le portèrent spontanément sur la liste républicaine, pour les élections du 8 février 1871. Il ne fut pas alors élu; mais il reçut le mandat de représentant aux élections complémentaires du 2 juillet suivant. Ses votes affirmèrent des convictions républicaines, réfléchies et inébranlables. Il appartint à plusieurs Commissions parlementaires, entre autres à celle des chemins de fer. M. Amédée Larrieu est décédé le 30 septembre 1873.

LASALLE (Albert DE), né au Mans, le 16 août 1833. Bachelier ès lettres, ès sciences et en droit des Facultés de Paris, il a fait son surnumérariat au ministère des Finances et à l'administration des lignes télégraphiques, et a été employé à la Bourse en 1855. En même temps il étudiait la composition musicale. On lui doit, en ce genre, divers morceaux de chant et de danse, et il a rempli, à Paris, les fonctions de chef d'orchestre dans une société philharmonique d'amateurs et d'artistes. Ayant ensuite renoncé à la composition, il se jeta dans la littérature par le canal de la critique musicale. C'était sa voie. Rédacteur du feuilleton musical dans le *Monde illustré*, depuis la fondation de ce journal (1857), dans la *Nouvelle Revue de Paris*, et dans les *Nouvelles*, il devint aussi, pour les articles de politique, de voyage, de mœurs parisiennes, etc., le collaborateur du *Charivari*, du *Figaro* (série bi-hebdomadaire non politique), de la *Vie parisienne* (sous les pseudonymes de X, Double-Wé, Halbéer, Alb. de Las.), de l'*Illustration*, où il avait débuté en 1854, du *Moniteur universel*, du *Journal amusant*, de l'*Evénement*, du *Nouvel organe*, du *Papillon*, de l'*Art musical*, de la *Chronique universelle*, du *Boulevard*, du *Moniteur du Puy-de-Dôme*, etc. Il créa, en 1862, un journal populaire : *Les Faits-Divers*. On doit à M. Albert de Lasalle des ouvrages écrits sur des sujets divers : *Histoire des Bouffes-Parisiens* (1860) ; — *La musique à Paris*, en collaboration avec M. Er. Thoinan (1863) ; — *Meyerbeer, sa vie et le catalogue de ses œuvres* (1864) ; — *L'Hôtel des Haricots*, maison d'arrêt de la garde nationale (70 dessins de Morin, 1864) ; — *Dictionnaire de la musique appliquée à l'amour* (1868) ; — *Un malade au mois*, en collaboration avec Cham (1 acte, au théâtre du Palais-Royal, 1868) ; — *La musique pendant le siège de Paris* (1872) ; — *Les théâtres de Venise vers la fin du XVIIe siècle* (1873).

LASCOUX (Jean-Baptiste), né à Sarlat (Dordogne), en 1804. Il entra dans la magistrature, en 1826, comme juge-auditeur au tribunal de Nogent-le-Rotrou, passa, en la même qualité, au tribunal de la Seine en 1829, fut nommé juge-suppléant peu de temps après, et devint successivement substitut au même siége (1832), et substitut à la Cour de Paris (1843). Procureur de la République près le tribunal civil en 1850, et maintenu dans ses fonctions par l'Empire, il fut, en octobre 1856, appelé à faire partie de la Cour de cassation. M. Lascoux, nommé, en 1859, secrétaire-général du ministère de la Justice, conseiller d'Etat hors sections, et commissaire du gouvernement près le Conseil du sceau des titres, a repris son siége à la Cour de cassation en 1863. Il est membre du Comité des travaux historiques, et a été élevé au grade de commandeur, dans la Légion d'Honneur, en 1859.

LA SICOTIÈRE (Pierre-François-Léon DUCHESNE DE), né à Valframbert (près Alençon), le 3 février 1812. Elève du collége d'Alençon et de la Faculté de droit de Caen, il prit place au barreau d'Alençon, en 1835, ne tarda pas à s'y faire une position distinguée, et fut plusieurs fois bâtonnier de son Ordre. Concurremment avec ses travaux professionnels, il s'occupait avec ardeur de recherches historiques, littéraires et bibliographiques. Membre de plusieurs Sociétés savantes, directeur de celle des Antiquaires de Normandie, dès 1843, correspondant du ministère de l'Instruction publique pour les travaux historiques, il a publié beaucoup de travaux relatifs, pour la plupart, à l'histoire de la Normandie ou à celle de la Révolution. Citons : *Mémoire sur le roman historique* (1839) ; — *La Cour de la Reine de Navarre à Alençon* (1844) ; — *Considérations sur le symbolisme religieux* (1844) ; — *Etude sur Jean Riqueur, poëte du XVIe siècle* (1844) ; — *L'Orne pittoresque et archéologique* (in-fol., avec pl., 1843-1852) ; — *Notes statistiques sur le département de l'Orne* (1861) ; — *Bio-bibliographie de Marie-Antoinette* (1863) ; — *A propos d'autographes : Marie-Antoinette, Madame Roland, Charlotte Corday* (1864) ; — *Documents pour servir à l'histoire des élections aux Etats généraux de 1789 dans la généralité d'Alençon* (1866) ; — *Notes pour servir à l'histoire des jardins et de l'arboriculture dans le département de l'Orne* (1867), etc. Il a collaboré activement au *Bulletin monumental*, à l'*Art en province*, à la *Mosaïque de l'Ouest*, à la *Revue de la Normandie*, aux *Annuaires de l'Association normande*, au *Maine historique*, à la *Normandie pittoresque*, à la *Revue des questions historiques*, à la publication des *Documents inédits sur l'histoire de France*, à celle des *Anonymes* de M. de Manne, des *Supercheries littéraires dévoilées* et des *Anonymes* de Quérard et Barbier (dernières éditions), et à divers journaux, notamment au *Droit*. Il a publié les premières livraisons d'une nouvelle édition, revue et annotée, des *Mémoires historiques sur Alençon et ses seigneurs*, par O. Desnos. Sa bibliothèque, l'une des plus riches qui soient en province, et ses recherches personnelles ont toujours été à la disposition des écrivains. M. de La Sicotière est entré de bonne heure dans les affaires publiques. Conseiller municipal d'Alencon en 1842, et conseiller d'arrondissement en 1845, il a donné sa démission après le Coup-d'Etat de 1851. Les électeurs du canton Ouest d'Alençon l'avaient envoyé, en 1862, au Conseil général dont il était devenu vice-président en 1870, lorsque ce Conseil eut reconquis le droit de composer lui-même son bureau, et dont il sortit en 1871. Dans ses diverses fonctions, il a fait preuve d'un grand dévouement et d'une infatigable activité dans l'étude et la discussion des questions d'intérêt général : voirie, chemins de fer, instruction publique, expositions, etc. Le 8 février 1871, M. de La Sicotière, élu, le second, représentant de l'Orne à l'Assemblée nationale, a pris place dans les rangs des conservateurs libéraux. Il fait partie de la réunion du Centre-Droit; il a participé activement aux travaux de nombre de Commissions, et fait plusieurs rapports sur des questions importantes.

LASSALLE-BORDES (Gustave-Joseph-Marie), né près d'Auch, le 26 janvier 1815. Il fit ses études à Paris, commença la peinture sans maître, et se consacra surtout à la peinture d'histoire. Fort jeune encore, en 1835, il débuta au Salon de Paris avec deux tableaux : *Joseph expliquant les songes au grand panetier dans la prison; Une taverne du XVIe siècle.* La même année, il entra dans l'atelier de M. Larivière, qui l'occupa pendant deux ans; et, en 1837, il exposa le *Christ apparaissant dans la tempête*, tableau acheté par le gouvernement. En 1838, il se lia avec Eug. Delacroix, dont il suivit le cours; et, de 1838 à 1850, il ne cessa d'être employé aux grands travaux qu'eut à exécuter ce maître, notamment à la bibliothèque de l'ancienne Chambre des députés, où il peignit les deux *Hémicycles* et plusieurs *Pendantifs*, et à celle de la Chambre des pairs, dont la *Coupole* et l'*Hémicycle* l'occupèrent pendant cinq ans. M. Charles Blanc mentionne, dans son écrit sur Delacroix et ses œuvres, cette collaboration pleine de désintéressement. Ayant à se plaindre de Delacroix, M. Lassalle-Bordes le quitta en 1850, et alla prendre un peu de repos dans son pays natal, où l'attendaient de vives sympathies, et où il ne tarda pas à être très-occupé. En peu de mois, il décora le sanctuaire de l'église de Nérac. Il fit aussi de nombreux portraits. De 1865 à 1870, il forma une galerie historique à Auch, dans la grande salle de l'Hôtel-de-Ville, avec les portraits, qu'il avait exécutés, des personnages célèbres nés dans ce pays depuis les croisades jusqu'à nos jours. On comprend que de si nombreuses occupations aient empêché M. Lassalle-Bordes de suivre assidûment le Salon. Cependant, il y a exposé : *Mort de Cléopâtre*, tableau acquis par l'Etat; *Etude de femme*; le portrait de M. Barada, député (1846); — *Jésus et saint Pierre marchant sur les eaux*, acheté par l'Etat ; le portrait de M. Vergnaux (1847); — *Taygète*, idylle antique; *Laure; Souvenir d'une éclipse de soleil*; le portrait de M. Paul de Saint-Victor (1848); — *La mort des Macchabées*, acheté par le gouvernement (1850); — *Blaise de Montluc, maréchal de France*; le portrait en pied du *Général de division comte Espagne*, tué à la bataille d'Essling (1868). Actuellement, M. Lassalle-Bordes s'occupe de la décoration de plusieurs chapelles à Condom. Il a obtenu une médaille d'or à la suite de l'exposition de 1847.

LASSERRE (Paul-Joseph-Henri DE MONZIE-), né à Carlux (Dordogne), le 25 février 1828 ; issu d'une ancienne famille originaire de Bourgogne, dont une branche alla s'établir en Périgord au XVe siècle. Son père, médecin distingué, avait quitté une haute position dans la marine pour se consacrer à l'agriculture au Coux, dans le Sarladais, où il exerça gratuitement la médecine pendant une trentaine d'années. M. Henri Lasserre venait de terminer son droit et de se faire inscrire au barreau de Paris, lorsque fut accompli le Coup-d'Etat de 1851. Il publia sur la nouvelle situation faite au pays un opuscule qui, au milieu de la préoccupation des partis, eut un certain retentissement; puis il parut momentanément renoncer à la carrière des lettres. Il y rentra en 1859. Successivement rédacteur du *Réveil* et du *Pays*, il quitta ce dernier journal quand, à l'époque de la guerre d'Italie, le gouvernement impérial parut modifier sa politique à l'égard du Saint-Siége. Voué presque exclusivement, pendant quelque temps, à la défense de la cause polonaise, il se rendit à Rome en 1860, et remplit auprès du Saint-Siége une mission politique qui ne fut pas sans influence sur l'attitude prise par la papauté dans la question de Pologne, vers la fin de 1863. De retour en France, il prit à partie la *Vie de Jésus* de M. Renan, et la réfuta dans un petit livre qui eut un succès extraordinaire. D'autres ouvrages qui suivirent celui-là, des articles remarquables dans la *Revue du Monde catholique*, la rédaction en chef du journal le *Contemporain* consolidèrent de plus en plus la notoriété du jeune écrivain. Guéri instantanément d'une grave maladie de la vue par l'eau de la grotte de Lourdes, il entreprit de raconter l'histoire des événements surnaturels qui s'étaient accomplis à cette grotte en 1858. Son livre obtint un succès inouï et eut une portée religieuse des plus étonnantes, car il provoqua la grande croisade des pèlerinages de Lourdes. M. Henri Lasserre n'est point seulement un écrivain religieux ; en 1873, il s'est appliqué à donner la solution définitive d'une des plus graves questions du temps, celle de l'organisation du suffrage universel, et son travail a été hautement approuvé par la *Civilta cattolica*, organe semi-officiel du Vatican. En 1868, il a épousé Mlle Aurélie Vasseur, la sœur de l'archéologue normand Charles Vasseur. On lui doit : *L'esprit et la chair. Théorie matérialiste. Théorie catholique. Philosophie des macérations* (1859) ; — *L'aveugle et sa compagne, histoire vraie*, anonyme (1860); — *La Prusse et les traités de Vienne*, anonyme (1860); — *La Pologne et la catholicité* (Rome, 1861, 2e édit., Paris 1862); — *Les serpents, étude d'histoire naturelle* (deux édit., 1862) ; — *L'évangile selon Renan* (1863, 28e édit., 1864); — *L'auteur du Maudit, conte vraisemblable* (neuf édit., 1864) ; — *Le 13e apôtre*, suivi du *Retour de l'île d'Elbe*, raconté d'après la méthode de M. Renan (1864); — *Notre-Dame de Lourdes* (1869, 87e édit., 1874); cet ouvrage, traduit en allemand, en anglais, en espagnol, en polonais, en flamand, en italien, en portugais, en néerlandais, et même en indien, n'est pas moins populaire en Amérique que sur l'ancien continent; édité sous forme de *Mois de Marie*, en 1872, il a eu 39 éditions, et a été lu dans plus de dix mille paroisses de France ; — *De la réforme et de l'organisation normale du suffrage universel* (1873).

LASSUS (Marc-Marie, *baron* DE), né à Toulouse, le 6 décembre 1829. Issu d'une ancienne famille de Gascogne, dont plusieurs membres ont siégé au Parlement de Toulouse, et grand propriétaire dans le midi de la France, il a consacré les loisirs que lui laissait l'exploitation agricole de ses domaines à des études d'art, d'histoire et d'archéologie. Membre de plusieurs Sociétés savantes, il possède une importante bibliothèque, et a formé une précieuse collection d'archives et de manuscrits qui intéressent spécialement les départements pyrénéens. Il a collaboré à certains écrits périodiques, et fait notamment quelques notices sur les coutumes locales et l'histoire particulière de l'ancien comté de Comminges, du pays des Quatre-Vallées, etc. Il a représenté, au Conseil général de la Haute-Garonne, le canton de Montrejeau, de 1868 à la fin de 1871. Aux élections générales du 8 février 1871, il a été nommé député de la Haute-Garonne par 78,000 suffrages. M. le baron de Lassus est légitimiste-libéral, par conviction autant que par tradition de famille. Il siège à la Droite et fait partie de la Réunion des Réservoirs.

LASTEYRIE DU SAILLANT (Ferdinand-Charles-Léon, *comte* DE), né à Paris, le 15 juin 1810; fils de l'illustre philanthrope de ce nom, et d'une nièce de Mirabeau. Admis comme élève externe à l'Ecole des mines en 1827, il entra, en 1830, à l'administration des ponts-et-chaussées, puis fut employé successivement au ministère de l'Instruction publique et à celui de l'Intérieur. A la suite de la révolution de Juillet, quoique bien jeune encore, il fut attaché, comme aide-de-camp, au général Lafayette. Son rôle politique date de 1842, époque où ses opinions libérales bien connues le firent choisir pour député par les électeurs de l'arrondissement de Saint-Denis. En 1848 et 1849, le département de la Seine l'élut de nouveau représentant à l'Assemblée constituante, puis à la Législative, où il siégea constamment dans les rangs de la Gauche modérée. Il fit partie du Conseil d'Etat provisoire, et se distingua comme rapporteur de divers projets de loi. Pendant toute la durée de la République, il siégea au Conseil général de la Seine et au Conseil municipal de Paris; mais, après le Coup-d'Etat, contre lequel il avait protesté à la mairie du Xe arrondissement, il répudia toute fonction publique. Candidat d'opposition à Paris, lors des élections législatives de 1857, il ne fut pas élu et se retira définitivement dans la vie privée. M. Ferdinand de Lasteyrie s'est livré à des travaux considérables sur l'archéologie, la céramique, la peinture sur verre, les arts industriels, l'économie politique, etc. Il est membre de l'Académie des inscriptions et belles-lettres depuis 1860, et d'un grand nombre de Compagnies savantes, notamment de la Société des antiquaires de France. On lui doit : *Histoire de la peinture sur verre d'après des monuments en France*, ouvrage couronné par l'Institut (1838-1858); — *Quelques mots sur la théorie de la peinture sur verre* (1853); — *La cathédrale d'Aoste. Etude archéologique* (1854); — *Notice sur les vitraux de Rathhausen en Suisse* (1856); — *L'électrum des anciens était-il de l'émail? Dissertation en réponse à M. Jules Labarte* (1858); — *La châsse de Saint-Viance* (1859); — *Description du trésor de Guarrazar* (1860); — *Italie centrale. L'annexion considérée au point de vue italien et français* (1860); — *Les travaux de Paris* (1861); — *Causeries artistiques* (1862); — *Projet de création d'un musée municipal des arts industriels* (1863); — *De l'antériorité des émaux allemands et limousins* (1863); — *La peinture à l'Exposition universelle. Etude sur l'art contemporain* (1863); — *Question parisienne* (1864); — *Esquisses américaines. Souvenirs d'un séjour chez les planteurs du Sud* (1865); — *Le paysan; ce qu'il est, et ce qu'il devrait être* (1869). M. Ferdinand de Lasteyrie a fourni de nombreux articles à différents journaux ou publications périodiques, surtout à la *Revue française*. En 1871, il a été élu membre du Conseil général de la Corrèze.

LATAPIE (Victor-Alfred), né à Paris, le 2 juin 1823. Il suivit l'atelier de M. L. Cogniet, et cultiva avec succès divers genres de peinture. On lui doit aussi de remarquables dessins. En 1846, il obtint la médaille de composition, mise au concours à l'Ecole des beaux-arts, sur le sujet suivant: *Pyrrhus arrachant Polyxène des mains de sa mère Hécube pour l'immoler sur le bûcher d'Achille*. Deux ans plus tard, il débuta au Salon de Paris avec un *Saint Hippolyte traîné par des chevaux indomptés* (1848). Depuis, M. Latapie a successivement exposé : *Une tête* (1850); — le *Portrait de sa mère* (1857); — *Après l'inondation* (1861); — *Un naufrage* (1863); — *Jeune chasseresse* (1864); —*Fumeur*, dessin (1868); —*La tricoteuse*, dessin (1869); — «*Au drapeau!* » dessin (1873). On doit au même artiste un certain nombre de portraits exposés, parmi lesquels nous citerons ceux de l'*Auteur*, de Mme *Clarisse Latapie*, et de Mme *David jeune* de Reims. Outre la distinction citée plus haut, M. Latapie a reçu en 1849, des mains du ministre Sénart, une autre médaille pour des études sur la perspective. Il a dirigé, à Paris, des cours artistiques pour les jeunes personnes du monde. Un ouvrage gravé par Payne, d'après ses dessins, et publié à Leipsig, représente nos principaux chefs-d'œuvre du Louvre. Il a fait également, pour de riches collectionneurs de New-York et de Mexico, plusieurs reproductions fort exactes des œuvres du Poussin. Ajoutons qu'il a peint, sur la commande du ministère des Beaux-Arts, un grand *Christ expirant sur la croix*, placé chez les Dames de la retraite, dans la chapelle de la rue du Regard. Enfin, il a exécuté les travaux suivants pour des églises de province: un *Chemin de croix* à Glonville près Baccarat (Meurthe); les *Ames du purgatoire* à Saint-Ausone d'Angoulême; un *Massacre des Innocents* et dix autres peintures murales dans le couvent des Dames carmélites de la même ville, une *Annonciation*, grande peinture à la cire, à Nersac (Charente), etc. Les œuvres de M. Victor Latapie ont été très-favorablement appréciées, dans les journaux, par les critiques d'art.

LATOUCHE (Louis), né à la Ferté-sous-Jouarre (Seine-et-Marne), le 29 septembre 1829. Venu de bonne heure à Paris, il se consacra à la peinture, ne consulta que la nature, et s'adonna particulièrement au paysage et aux marines. En 1866, il débuta au Salon de Paris avec un *Intérieur de bois*, effet du soir. Depuis M. Latouche a successivement exposé : *Approche de l'orage à la pointe de l'île Saint-Ouen; Intérieur de bois* (1868); — *Cours d'eau*, effet du matin; *Sous bois* (1869); — *Le pont d'Asnières; La Seine à Asnières* (1870) ; — *La maison de Lavoignat à Asnières*, île de la Grande-Jatte (1872) ; — *Marée basse à Berck*, dans le Pas-de-Calais (1874).

LA TOUR DE NOÉ (Gabriel-Marie-Eugène DE), né à Noé (Haute-Garonne), le 6 septembre 1818. Il est issu d'une famille noble de robe et d'épée ; son bisaïeul était avocat au Parlement, et son grand-père commandait l'armée royale, en l'an VII, aux combats de la Terrasse et de Montréjeau. Élève distingué du petit séminaire de l'Esquile et du grand séminaire de Toulouse, il prit le grade de bachelier ès lettres en 1841, et reçut l'ordination le 17 décembre 1842. Entré de suite dans le ministère paroissial, M. l'abbé de La Tour en remplit avec zèle, pendant seize ans, les importantes fonctions, d'abord comme vicaire de la paroisse de Saint-Gaudens, puis en qualité de curé de Mauzac. En 1859, il se démit de sa charge pastorale pour aller, avec l'agrément de son archevêque, s'établir à Toulouse, et se livrer exclusivement à la continuation des travaux littéraires par lesquels il s'était déjà distingué. On lui doit les œuvres suivantes, dont les éditions sont épuisées : *Les soirées de Mauzac* (1851);— *Opuscule sur les biens du clergé en général, sur le domaine et la puissance temporelle du pape* (1853);— *Le pape à Jérusalem* (anonyme, 1862); — *L'avenir de la France* (deux édit., 1871.) A ces ouvrages, il faut ajouter : *Le sacerdoce* (trois édit., 1868) ; — *Histoire des hommes illustres de la famille de La Tour de Noé* (1872) ; — *Photographie de la semaine catholique* (1872) ; — *Projet de réorganisation de l'armée française de terre et de mer* (trois édit., 1872); — *La fin du monde en 1921* (huit édit., 1873) ; — *Henri V est-il près d'arriver? oui !* (quatre édit. , 1873) ; — *1874 ou mort de Pie IX et avènement d'Henri V* (deux édit., 1874). M. l'abbé de La Tour a fondé à Toulouse, en 1863, l'*Illustration du Midi*, revue hebdomadaire, qui comptait, dès la première année, plus de 3,000 abonnés. Doué, d'ailleurs, de toutes les qualités de la chaire, il a prêché, avec succès, plusieurs stations à Toulouse.

LATOUR DU MOULIN (Pierre-Célestin), né à Paris, le 14 février 1823. Après avoir terminé ses études au collège Saint-Louis, il a fait son droit et obtenu le diplôme de licencié. Mais il ne suivit point la carrière du barreau, et se livra à des travaux sur l'économie politique, dont quelques-uns furent publiés, en 1846 et 1847, dans le *Commerce* et le *Courrier français*. A la révolution de 1848, il se rangea parmi les plus zélés défenseurs du principe d'autorité et d'ordre social, collabora à l'*Assemblée nationale* et fut, en 1849, un des créateurs du Comité de la presse modérée, et choisi comme secrétaire. Vers la même époque, il prit la rédaction en chef du *Courrier français*, puis la direction du *Bulletin de Paris*. En mars 1852, il fut appelé par le gouvernement à la direction générale de l'imprimerie, de la librairie et de la presse. Dans ces difficiles fonctions, et quoique fort jeune, il sut, par un heureux mélange de modération et de fermeté, se concilier l'estime et les sympathies des diverses nuances d'opinion. C'est à lui qu'on doit la création de la Commission de colportage. Ses fonctions ayant cessé en juin 1853, il se porta, à la fin de la même année, candidat aux élections dans le Doubs, et fut nommé à la presque unanimité. Il n'a pas cessé, jusqu'en 1870, de faire partie du Corps législatif, où il figurait parmi les plus intelligents promoteurs d'un système de politique à la fois progressif et conservateur. C'est ainsi qu'il a siégé dans les rangs du Tiers-Parti, et signé la demande d'interpellation des 116. M. Latour du Moulin a été membre du Conseil général du Doubs, pour le canton de Morlan, jusqu'en 1870. On lui doit : *Une solution* (1850) ; — *Etudes politiques sur l'administration départementale* (1850);— *Lettres sur la constitution de 1852* (1861) ; — *La Marine française* (1864) ; — *Questions constitutionnelles* (1867). M. Latour du Moulin est commandeur de la Légion d'Honneur depuis 1869.

LATOUR DU VILLARD (Louis ODDE DE), né au Puy, le 2 mars 1832. Il fit ses études classiques à Lyon, où il prit les diplômes de bachelier ès lettres et ès sciences en 1850. Licencié en droit de la Faculté de Paris en 1854, et attaché au bureau de la justice maritime, au ministère de la Marine, en 1856, il fut désigné, peu après, comme secrétaire-adjoint de la Commission qui a préparé le code militaire pour l'armée de mer. Le 27 mars 1859, il entra dans la magistrature comme substitut près le tribunal de Saint-Pons (Hérault). Apppelé à remplir les mêmes fonctions à Castelnaudary le 31 août 1860, et à Montpellier le 11 mai 1861, il dut, quelques années après, renoncer à tout espoir d'avancement. Ses relations de famille, en effet, et l'indépendance de son caractère l'avaient rendu suspect au gouvernement impérial; et jusqu'ici il fut heureux de s'asseoir, en avril 1868, en qualité de juge au même siége. Le 13 avril 1871, il a été nommé président du tribunal de Tarascon (Bouches-du-Rhône). M. de Latour du Villard a épousé, en 1860, une sœur du marquis de Valfons, député du Gard à l'Assemblée nationale.

LATOUR-SAINT-YBARS (Isidore DE LATOUR, dit), né à Saint-Ybars (Ariège), le 19 mars 1807. Il fit ses études classiques et son droit à Toulouse, prit place au barreau de cette ville en 1832, mais n'exerça pas la profession d'avocat. Après avoir fourni des articles aux feuilles locales, et fait jouer deux drames qui eurent quelque succès sur le théâtre de Toulouse, il embrassa définitivement la carrière littéraire, et vint à

Paris en 1833. Il se distingua tout aussitôt par la portée morale de ses œuvres et l'élégante pureté de son style. On lui doit notamment : *Suzanne de Foër*, et le *comte de Gowrie*, drames (théât. de Toulouse, 1836) ; — *Chants du néophite*, poésies (1837) ; — *Wallia*, tragédie (Français, 1841) ; — *Le tribun de Palerme*, drame (Odéon, 1842) ; —*Virginie*, tragédie (Français, 1845) ; —*Le vieux de la Montagne*, trag. (Français, 1847) ; — *Le Syrien*, drame en vers (Odéon, 1847) ; — *Les Routiers*, drame en vers (Porte-Saint-Martin, 1851) ; — *Le droit chemin*, com. en vers (Odéon 1859) ; — *Rosemonde*, trag., (Français, 1862) ; — *La folle du logis*, comédie en prose (Gymnase, 1863) ; —*L'Affranchi*, drame en vers (Odéon 1870). Le même auteur, qui n'a jamais collaboré avec personne, eut de grands démêlés avec l'administration des Français, en 1868, à propos de son *Alexandre-le-Grand*, drame reçu d'abord à correction et finalement non joué. On profita de cette occasion pour obtenir des modifications fâcheuses dans l'organisation et le fonctionnement du Comité de lecture de la Comédie-Française. M. Latour-Saint-Ybars a tenté, mais sans succès, une excursion dans le domaine de la politique, et s'est présenté dans l'Ariége, comme candidat de l'ordre, lors des élections générales de 1857. Il a reçu la croix de la Légion d'Honneur en 1846, après son grand succès de *Virginie*. Seul auteur vivant dont Rachel ait joué trois pièces, il a écrit une histoire de *Néron*, fort appréciée des lettrés et des savants.

LATRADE (Louis CHASSAIGNAC DE), né à Sauvebœuf (Dordogne), le 25 novembre 1811. Elève de l'Ecole polytechnique en 1831, il ne concourut pas pour le classement de sortie, donna sa démission en 1834, se mêla au mouvement républicain, et fut compromis dans plusieurs affaires politiques. Il était rédacteur du *National*, quand le gouvernement provisoire le nomma commissaire-général de la République pour la Gironde et la Dordogne. La ville de Bordeaux ayant fait une opposition très-vive à l'exercice de ses fonctions, il se consacra tout entier à la Dordogne, où il avait été bien accueilli. Elu représentant à la Constituante par ce département et par celui de la Corrèze, il opta pour ce dernier, où il avait obtenu le second rang, et où il avait déjà, comme encore aujourd'hui, sa résidence. A l'Assemblée, il soutint la politique de Cavaignac et fit partie du Comité de l'intérieur et des travaux publics. On lui doit plusieurs dispositions législatives, notamment celle qui a donné aux conducteurs des ponts-et-chaussées l'accès au grade d'ingénieur. Après l'élection du 10 décembre, il engagea à l'Assemblée constituante, et ensuite à l'Assemblée législative, où il représentait de nouveau le département de la Corrèze, une lutte vive et intéressante avec le gouvernement de l'Elysée ; aussi fut-il, en décembre 1851, noté cinquième sur la liste des représentants expulsés du territoire français. M. Latrade se réfugia d'abord en Belgique, et se rendit ensuite en Espagne, où il resta jusqu'en 1861. Rentré en France à cette époque, il se mit, dans le département de la Corrèze, à la tête du mouvement d'opposition contre l'Empire. Il fut le candidat du parti républicain dans la 2e circonscription, aux élections de 1869, et obtint près de 6,000 suffrages, malgré les efforts de l'administration. M. Latrade, nommé préfet de la Corrèze, le 6 septembre 1870, a donné sa démission le 28 juin 1871. Il a été élu à une forte majorité, par le canton d'Ayen, membre du Conseil général de la Corrèze, dont il avait déjà fait partie en 1848, et dont il avait été, à cette époque, choisi comme président par ses collègues. Le 27 avril 1872, les électeurs de la Corrèze l'ont élu, par plus de 30,000 voix, représentant à l'Assemblée en qualité de candidat républicain.

LAURENCEAU (Adolphe, *baron*), né à Poitiers, le 10 janvier 1815. Jouissant d'une belle position dans sa ville natale, dont son père avait été maire sous la Restauration, et bien qu'appartenant à l'opinion légitimiste, il fut, après la révolution de 1848, appelé aux fonctions publiques par ses concitoyens, qui savaient rendre justice à la modération de son caractère et au sincère libéralisme de ses idées. Conseiller municipal de Poitiers, de 1848 à 1852 ; conseiller général pour le canton de Vouillé, de 1848 à 1867, il fut également nommé, en 1849, représentant de la Vienne à la Législative. Dans cette dernière Assemblée, il vota avec la majorité ; et, sans manifester d'hostilité contre le régime républicain, il combattit énergiquement les doctrines socialistes. De même, il fut un des adversaires des tendances du parti bonapartiste. Parmi les rapports qu'il fut chargé de faire à cette époque, on cite celui qui avait trait à l'observation du repos du dimanche dans les ateliers de l'Etat, rapport qui obtint l'assentiment de la Chambre et l'adhésion du gouvernement. Lors du Coup-d'Etat de Décembre, il se rendit chez le comte Daru et à la réunion de la mairie du Xe arrondissement, et fut au nombre des représentants arrêtés en ce dernier endroit, et conduits au Mont-Valérien. Depuis cette époque jusqu'en 1867, M. Laurenceau n'a pas cessé de faire partie du Conseil général de son département. Le 8 février 1871, les électeurs de la Vienne l'ont envoyé à l'Assemblée nationale ; et, dès son arrivée à Bordeaux, il a été nommé président de son bureau et membre de plusieurs Commissions. Il a été l'un des quinze membres chargés de la grave et laborieuse mission d'assister les négociateurs français dans leurs rapports avec le gouvernement prussien, en vue de la conclusion définitive de la paix. M. le baron Laurenceau est décédé le 6 juillet 1872.

LAURENCIN (Paul-Aimé CHAPELLE, *dit*), né à Honfleur (Calvados), le 10 janvier 1804. M. Laurencin débuta dans la littérature dramatique en 1832 ; et « passant du grave au doux, du plaisant au sévère, » il parcourut toute la gamme de la composition théâtrale, depuis la comédie extra-bouffe telle que : *Ma femme et mon parapluie* (1833) jusqu'au drame le plus émouvant et le plus pathétique tel que : *Ibrahim* (1833), ou *Paris qui pleure et Paris qui rit* (1830). Son bagage scénique se compose de 200 ouvrages environ, dont un assez grand nombre obtint des succès aussi brillants que prolongés. Nous nous bornerons à citer, parmi les principaux : *Mathilde ou la jalousie* (3 actes, 1835) ; — *Matéo ou les deux Florentins* (5 actes, 1838); — *Le bon ange* (5 actes); la célèbre féerie de *Peau d'âne* (1838 et 1863) ; — *Quand l'amour s'en va* (1843); — *La fille d'un militaire; L'aveugle et son bâton; L'abbé galant* (1841); — *Simon le voleur* (1847); — *Les filles sans dot* (à l'Odéon, 3 actes, 1852); — *Le billet de faveur* (3 actes, 1856); — *Les trois fils de Cadet-Roussel* (3 actes, 1860); — *Monsieur et madame Denis*, opéra-comique (1862); — *Ces scélérates de bonnes* (1866); — *Les dames avant tout !* (3 actes, 1873). Mentionnons encore le *Paradis de Mahomet*, un *Mari qui n'a rien à faire*, les *Amoureux de ma femme, Maria*, la *Belle-sœur, Boquet père et fils*, pièces qui complètent parmi ses plus francs succès au Gymnase. Fait bien rare, si même il n'est pas unique, cet auteur a eu, dans la même soirée (14 novembre 1851), trois premières réprésentations sur trois théâtres différents : la *Douairière* au Gymnase, l'*Aveugle et son bâton* au Vaudeville, et le *Sire de Beaudricourt* aux Variétés. Directeur du Gymnase dramatique, de 1838 à 1841, lorsque plus tard ce théâtre fut mis en interdit, on attribua à M. Laurencin : *Georges et Thérèse, Daniel le tambour, Jean-le-Noir*, autant de succès qui contribuèrent à prolonger la lutte entre M. Delestre-Poirson et la Société des auteurs. De 1854 à 1856, il dirigea le théâtre des Variétés, qu'il releva de sa position désastreuse. Pour arriver à liquider le passé, M. Laurencin ne dut pas faire représenter, dans l'espace de deux années, moins de 74 pièces, sur 119 accumulées dans les cartons par les administrations précédentes.

LAURENCIN (Paul-Adolphe CHAPELLE, *dit*) né à Paris, en 1837; fils du précédent. M. Laurencin fils a embrassé la carrière de publiciste et s'est voué à la spécialité des ouvrages scientifiques. Après avoir collaboré à l'*Universel*, à la *Science du foyer*, au *Gaulois*, au *Temps*, à l'*Album de l'Exposition universelle*, il a tenu le feuilleton scientifique du *Public* de 1868 à 1870; il rédige actuellement celui de l'*Ordre*, et fait partie de la rédaction de l'*Illustration* et du *Moniteur de l'armée*. Parmi ses ouvrages, nous devons citer : *L'étincelle électrique, L'Almanach scientifique, La pluie et le beau temps*, une traduction de *Lord Byron*, un volume de *Nouvelles*, et une collection de *Notices* à l'usage des écoles primaires et secondaires.

LAURENS (Jean-Antoine-Aimé), né au Puy (Haute-Loire) en 1794, était fils de Jean-Antoine Laurens, représentant du peuple à l'Assemblée législative de 1791 à 1792. Ami, comme son père, du général Lafayette, il fut, sous la Restauration, à l'Ecole de droit de Paris, un des chefs distingués de cette brillante jeunesse libérale qui arriva au pouvoir en 1830. Inscrit au tableau des avocats de sa ville natale, il y occupa le premier rang, et devint conseiller de préfecture à l'issue des journées de Juillet; mais ses opinions constamment avancées le firent destituer dès 1834. En 1848, sa grande popularité lui valut l'honneur d'être envoyé, à une immense majorité, comme représentant de la Haute-Loire, à l'Assemblée constituante. Membre du Comité de législation, il vota ordinairement avec le parti démocratique modéré, qui soutenait le général Cavaignac. Aux journées de Juin, son nom sortit le premier de l'urne, en tête de ceux des députés que l'Assemblée envoyait dans les rues de Paris pour exciter les citoyens à la défense de l'ordre. Il s'acquitta de cette mission avec son courage civique bien connu, et en rendit compte à la tribune dans un langage plein de fermeté et de modération. Après l'élection du 10 Décembre, il combattit sur plusieurs points la politique du président, sans s'associer, toutefois, à aucune opposition systématique. De retour au milieu de ses commettants, il leur fit connaître, par la voie des journaux, les actes de son mandat et l'expression de ses votes toujours positifs et sincères. Il refusa en même temps de poser sa candidature aux élections démocratiques socialistes, qui se préparaient dans le département pour l'Assemblée législative. Après quoi, il reprit sa place au barreau du Puy, et fut nommé bâtonnier de l'Ordre. Il est décédé, dans cette éminente fonction, le 24 novembre 1867, entouré de l'estime, de la considération et de l'affection publiques, que lui avaient méritées les brillantes qualités de son esprit, l'inaltérable droiture de son caractère, son rare désintéressement et son inébranlable fidélité à sa foi politique.

LAURENS (Jean-Paul), né à Fourquevaux (Haute-Garonne), le 29 mars 1838. Il remporta le grand prix de peinture à Toulouse en 1860. Envoyé à Paris, comme pensionnaire de sa ville natale, il suivit les ateliers de MM. Bida et Cogniet, et se consacra spécialement à la peinture d'histoire. En 1863, M. Laurens débuta au Salon de Paris avec la *Mort de Caton d'Utique*. L'année suivante, il entra en loge pour le concours de Rome, et produisit au Salon la *Mort de Tibère*. Depuis, cet artiste a successivement exposé : *Hamlet* (1865); — *Après le bal* (1866); — « *Moriar!* » *Jésus et l'ange de la mort; Portrait de l'auteur ; Le souper de Beaucaire*, dessin (1867); — *Vox in deserto*; le portrait de M. *Ferdinand Fabre ; l'Apothéose d'Hercule*, faïence (1868); — *Jésus guérissant un démoniaque; Hérodiade et sa fille; Vision d'Ezéchiel*, dessin; *La séduction*, faïence (1869) ; — *Jésus chassé de la synagogue; Saint Ambroise instruisant Honorius* (1870); — *Mort du duc d'Enghien; Le pape Formose et Etienne VII* (1872); — *La piscine de Bethsaïda à Jérusalem* (1873);* — *Saint Bruno refusant les offrandes de Roger, comte de Calabre; portrait de Marthe; Le cardinal* (1874). M. Laurens a obtenu une médaille en 1869, une de 1re classe en 1872, et la croix de la Légion d'Honneur en 1874.

LAURENT (Emile), né à Bordeaux, le 10 août 1830. Après avoir fait ses études de droit à la Faculté de Paris, il fut admis, au concours, dans l'administration. Chef de division à la préfecture de la Gironde, dès l'âge de 22 ans, il fut nommé, en 1863, conseiller de préfecture à Tours. Les capacités dont il fit preuve dans ses diverses fonctions lui valurent bientôt un avancement rapide. Il était secrétaire-général de la préfecture de l'Yonne depuis la fin de 1865, quand éclata la révolution de Septembre 1870. M. Emile Laurent, nommé préfet du Tarn le

1er avril 1871, a été élevé à la préfecture de la Dordogne le 22 janvier 1872. On lui doit plusieurs écrits importants, notamment un ouvrage en deux volumes : *Le paupérisme et les associations de prévoyance*, qui a remporté à l'Institut (Académie des sciences morales et politiques) le prix quinquennal Morogues. Il a publié, en outre, des études sur le *Compagnonnage*, les *Friendly societies d'Angleterre*, la *Liberté de l'imprimerie et de la librairie*, et des articles dans le *Journal des Economistes*. M. Emile Laurent fut interrogé en 1866, avec quelques économistes et publicistes français, dans l'enquête sur les Sociétés coopératives ; et ses travaux sur cette matière furent mentionnés dans l'exposé des motifs du projet de loi sur les Sociétés, et dans la discussion de cette loi (1867). Nommé secrétaire-général de la préfecture de la Seine, en remplacement de M. Husson, par un décret de M. Thiers, président de la République, le 10 janvier 1873, il fut appelé à d'autres fonctions à la suite du 24 mai, et par un décret du 9 juin de la même année. Depuis cette époque il est resté en dehors des fonctions publiques. En 1874, une place de conseiller d'Etat étant devenue vacante, sa candidature a été présentée à la Commission chargée, conformément à la loi, de proposer deux candidats à la Chambre. Après avoir été soumis à un scrutin de ballotage, son nom n'a échoué que d'une voix pour être l'objet de la proposition officielle. M. Emile Laurent, élu membre correspondant de l'Institut (Académie des sciences morales et politiques) le 11 mai 1872, a reçu la croix de la Légion d'Honneur en 1869.

LAURENT (Eugène), né à Douvres (Calvados), le 27 juin 1810. Venu au monde à quelques pas de la chapelle de Notre-Dame-de-la-Délivrande, qui sert de but à un pèlerinage très-renommé et très-suivi, M. Laurent contracta de bonne heure des habitudes pieuses et se sentit une vraie vocation pour l'état ecclésiastique. Il fit ses études classiques au petit séminaire diocésain, ses études théologiques à Bayeux, et reçut l'ordination en 1833. Nommé professeur au séminaire de Villiers-le-Sec, en 1831, il fut chargé successivement des classes d'humanité. En 1848, il professait la rhétorique, lorsqu'il fut appelé à occuper la même chaire au collége d'Argentan. M. l'abbé Laurent a été nommé curé de Saint-Martin à Condé-sur-Noireau (Calvados) en 1855. On lui doit les ouvrages suivants : *Eléments de littérature*, à l'usage des élèves de seconde (1838) ; — *Notre-Dame-de-la-Délivrande*, notice historique sur la chapelle (1840, 4e édit., 1872) ; — *Histoire de Marguerite de Lorraine, duchesse d'Alençon, bisaïeule de Henri IV, fondatrice et religieuse du monastère de Sainte-Claire d'Argentan* (1854) ; — *Notice historique sur l'abbaye de Sainte-Claire-d'Argentan* (1856) ; — *Saint-Germain d'Argentan* (diocèse de Séez), histoire d'une paroisse catholique pendant les trois derniers siècles (1859) ; — *M. de Bernières de Louvigny*, essai historique sur sa vie et ses écrits (1872). Plusieurs extraits des ouvrages historiques cités plus haut ont paru d'abord dans le *Journal de l'Orne*. En outre, M. l'abbé Laurent a collaboré très-activement à la publication de l'*Almanach de l'Orne*. Il est chanoine honoraire de Bayeux, et membre de la Société des antiquaires de Normandie et de l'Académie des sciences, arts et belles-lettres de Caen.

LAURENT (Eugène), né à Gray (Haute-Saône), le 29 avril 1832. Elève du sculpteur Coinchon, M. Laurent suivit aussi l'école spéciale de dessin dirigée par Belloc, et l'Ecole des beaux-arts où il obtint, en 1860, le prix de tête d'expression. Duret lui donna quelques conseils. En 1861, il débuta au Salon de Paris avec un groupe en plâtre intitulé : *Le corps d'Hésiode apporté au rivage par un dauphin*. Puis il exécuta la *Médaille commémorative* des visites de l'empereur et de l'impératrice dans les hôpitaux de Paris pendant le choléra de 1865, qu'il obtint dans un concours ouvert par la préfecture de la Seine (Salon de 1867). En 1874, M. Eugène Laurent a exposé la statue de *Jacques Callot*, exécutée pour la ville de Nancy et destinée à être coulée en bronze, obtenue également par concours. En outre, il a exposé aux Salons de 1866-1869-1870 et 1872 divers portraits, entre autres le buste d'*Albert Coinchon*, dessinateur tué à Buzenval en 1871.

LAURENT-PICHAT (Léon), né à Paris, le 12 juillet 1823. Il commença ses études classiques à l'institution Chevreau, et les termina au collége Charlemagne. Possesseur d'une belle fortune, et se sentant un penchant sérieux pour la littérature, il eut l'avantage de fréquenter de bonne heure Victor Hugo, qui le fortifia dans ses heureuses dispositions. Dès l'âge de 18 ans, il parcourait en touriste l'Italie, la Grèce, le Levant et l'Egypte ; et, de retour en France, il publiait, en collaboration avec M. H. Chevreau, son compagnon de voyage, un recueil de vers : *Les voyageuses* (1844). Imbu d'idées républicaines, il les soutint de sa bourse et les défendit de sa plume. Rédacteur du *Propagateur de l'Aube* (1848), propriétaire-directeur de la *Revue de Paris* (1854), il inséra dans cette dernière publication, supprimée en 1858, des nouvelles, de la critique littéraire et des poésies. Plus tard, ce fut lui qui fournit le cautionnement du *Réveil*. En 1868, il participa à la fondation de l'*Encyclopédie générale* ; mais il se retira bientôt de cette publication. Enfin, M. Laurent-Pichat a fourni des articles à la *Cloche*, et envoyé pendant longtemps, au *Phare de la Loire*, journal d'opposition radicale sous l'Empire, des correspondances très-remarquées, et dont plusieurs lui ont attiré des condamnations judiciaires. On lui doit, outre les écrits indiqués plus haut : *Libres paroles*, poésies (1847) ; — *Chronique rimée* (en trois parties, 1850) ; — *Cartes sur table*, recueil de récits déjà publiés dans des feuilles périodiques (1855) ; — *La Païenne* (1857) ; — *La Sibylle* (1859) ; — *Gaston* (1860) ; — *Les poëtes de combat*, collection de conférences faites rue de la Paix (1862) ; — *Commentaires de la vie* (1868) ; — *Avant le jour*, poésies (1869), etc. Elu représentant de la Seine à l'Assemblée nationale par 101,366 voix, aux élections complémentaires du 2 juillet 1871, M. Laurent-Pichat siège sur les bancs de l'Extrême-Gauche. Il a voté notamment : *pour* les amendements Barthe et Keller, l'impôt sur les bénéfices, le retour de l'Assemblée à Paris; *contre* la dénonciation des traités de commerce, la dissolution des gardes nationales, la proposition Rivet, le pouvoir constituant, la loi départementale, l'amendement Target, l'impôt sur le chiffre des affaires, l'ordre du jour Ernoul et la prorogation septennale des pouvoirs présidentiels. Pendant la lutte entre la Commune et le gouvernement de Versailles, M. Laurent-Pichat a été membre d'un Comité de conciliation qui a fait de vains efforts pour arrêter l'effusion du sang.

LAUSSEDAT (Aimé), né à Moulins, le 19 avril 1819. Issu d'une famille honorable de négociants, il entra à l'Ecole polytechnique en 1838, et en sortit dans l'arme du génie. Employé à deux reprises aux travaux des fortifications de Paris, il fit aussi des études pour la défense de la frontière des Pyrénées-Occidentales, et remplit plusieurs missions à l'étranger. Nommé chef de bataillon en 1863 et promu lieutenant-colonel le 14 novembre 1870, il prit une part active à la défense de Paris, en qualité de commandant du génie de la rive gauche; et, après les préliminaires de la paix, il fut chargé, avec le général Doutrelaine, de la pénible mais honorable mission de délimiter la nouvelle frontière du Nord-Est. Toutefois, sa carrière a été plutôt scientifique que militaire. Répétiteur du cours d'astronomie et de géodésie à l'Ecole polytechnique, de 1851 à 1855, professeur titulaire à partir de 1856, il donna sa démission en 1871, les événements ayant interrompu ses travaux. Mais il conserva la chaire de géométrie appliquée aux arts, qu'il occupait au Conservatoire des arts-et-métiers depuis 1865, comme professeur-suppléant, et dont il est devenu titulaire en juin 1873. Nous ne pouvons ici que donner un aperçu succinct de ses travaux scientifiques. En 1850, il perfectionna la chambre claire de Wollaston, et l'appliquait au lever des plans; quelques années plus tard, il étudiait, dans le même but, les objectifs photographiques; pendant son long enseignement à l'Ecole polytechnique, il y installait un observatoire où, de 1857 à 1865, des études furent faites sur les cercles méridiens de petites dimensions, et les autres instruments portatifs d'astronomie et de géodésie. On lui doit aussi l'invention ou le perfectionnement de plusieurs méthodes d'observation et des instruments correspondants. Citons spécialement l'appareil adopté par la Commission du passage de Vénus, et qui va servir, en 1874, à l'observation photographique du passage de cette planète sur le soleil. Déjà l'auteur avait employé lui-même cet appareil, en collaboration avec M. Aimé Girard, pour l'observation de l'éclipse du 18 juillet 1860, à Batna (Algérie). M. Faye l'avait recommandé depuis longtemps avec insistance, dans ses notes et ses rapports à l'Académie des sciences. Au moment où les savants américains et français vont faire usage, sur une grande échelle, de cet appareil qui tend à remplacer d'un autre côté, dans les observatoires réguliers, les photohéliographes montés équatorialement, il nous a paru bon de mettre en relief les droits de priorité d'un savant français à cette importante découverte.

En 1870, sur un fragment rapporté de Phénicie par M. Renan, M. Laussedat exécuta la restauration d'un ancien cadran solaire conique, dont le modèle en marbre est placé au Louvre (salle des antiquités phéniciennes), à côté du fragment antique. Pendant l'investissement de Paris, il présida une Commission de savants qui cherchaient à créer, par des moyens optiques, une correspondance par-dessus les lignes prussiennes; les appareils imaginés à cette époque, après avoir reçu la consécration de l'expérience, ont encore été perfectionnés depuis, et sont appelés à rendre les plus grands services en temps de guerre. Il fit plusieurs voyages scientifiques, et prit part à l'une des plus belles opérations géodésiques exécutées jusqu'à ce jour, la mesure de la base de Madridejos (Espagne). Des notes et de nombreux mémoires scientifiques ou techniques de M. Laussedat ont paru dans différents recueils: *Comptes rendus des séances de l'Académie des sciences*, *Spectateur militaire*, *Mémorial de l'officier du génie*, *Annales du Conservatoire des arts-et-métiers*, *Revue des cours scientifiques*, *Comptes rendus* de l'Association française pour l'avancement des sciences, *Rapport de* la Commission militaire à l'Exposition universelle de 1867, *Bulletin de la réunion des officiers*, etc. Parmi les ouvrages qu'il a publiés à part nous citerons des *Leçons sur l'art de lever les plans* (1860); — la *Traduction des deux premiers volumes des Mémoires de la Commission de la carte d'Espagne* (Paris-Madrid, 1860-1863); — une *Notice biographique sur Gustave Froment* (1865). M. Laussedat est lauréat de l'Académie des sciences de Madrid et de la Société française de photographie, officier de la Légion d'Honneur depuis 1868, officier de l'Instruction publique, et chevalier de l'ordre de Charles III d'Espagne. Porté candidat à l'Assemblée nationale, dans l'Allier, lors des élections du 8 février 1871, il a obtenu 25,000 voix qui lui ont été données par les patriotes républicains.

LAVALETTE (Charles-Jean-Marie-Félix, *marquis* DE), né à Senlis, le 25 novembre 1806. M. le marquis de Lavalette entra dans le corps diplomatique sous le règne de Louis-Philippe, et devint secrétaire d'ambassade à Stockholm en 1837, chargé d'affaires près du gouvernement persan, consul-général à Alexandrie en 1841, et ministre plénipotentiaire à Hesse-Cassel en 1846. Dans cette dernière année, il fut élu député par le collège de Bergerac (Dordogne). Démissionnaire en février 1848, il fut nommé, au commencement de 1851, envoyé extraordinaire à Constantinople, et ambassadeur au même poste en 1852. Il occupa ces difficiles fonctions jusqu'au moment où, craignant d'être, à cause de ses antécédents dans la question des Lieux-Saints, un obstacle personnel au succès d'une conciliation entre la France et la Turquie, d'une part, et la Russie, de l'autre, il obtint de rentrer en France (17 février 1853). Le 23 juin de cette même année, il fut élevé à la dignité de sénateur. Accrédité de nouveau en Orient comme ambassadeur, dans des circonstances délicates, le 21 mai 1860, M. le marquis de Lavalette fut nommé ambassadeur à Rome (septembre 1861), où il resta jusqu'à l'entrée de M. Drouyn de Lhuys aux Affaires étrangères. A cette époque, il donna sa démission. Un décret du 29 mars 1865 l'appela au ministère de l'Intérieur, dont il se retira le 19 janvier 1867. Il eut, pendant cette période, à remplir l'intérim du ministère des Affaires étrangères. Désigné comme membre du Conseil privé le 18 novembre 1867, il fut, le 17 décembre 1868, appelé à prendre le portefeuille des Affaires étrangères. Pendant qu'il était à la tête de ce département, il se signala par la conduite à bonne fin des négociations relatives au différend franco-belge (1869). Du 17 juillet 1869 au 3 janvier 1870, il occupa le poste d'ambassadeur de France à Londres. Puis il rentra dans la vie privée, dont il n'est pas sorti depuis. M. le marquis de Lavalette est Grand'Croix de la Légion d'Honneur depuis le 8 juillet 1861.

LAVENAY (Victor DE), né à Paris, le 22 mai 1814, est issu d'une ancienne famille de Savoie, primitivement originaire de France. Il fit d'excellentes études aux lycées Saint-Louis et Henri IV, fut nommé, en 1839, auditeur au Conseil d'Etat, et devint, en 1840, chef du cabinet du ministre des Travaux-Publics. Lors des troubles de Toulouse, il fut attaché à la mission de M. Maurice Duval, dans cette ville. En 1849, M. Buffet, ministre de l'Agriculture et du Commerce, le nomma secrétaire-général de ce ministère, poste qu'il occupa jusqu'en 1852, époque où le ministère de l'Agriculture et du Commerce fut réuni à celui de l'Intérieur. Maître des requêtes au Conseil d'Etat, commissaire du gouvernement au contentieux, M. de Lavenay se fit remarquer par des rapports lumineux et une élocution facile. Elevé au grade de conseiller d'Etat, en 1860, il a pris souvent la parole devant le Corps législatif, et avec succès, notamment dans les questions commerciales et financières (sucres, chèques, budget, etc.). Depuis le 22 janvier 1867, il était président de la section des finances au Conseil d'Etat. Il a été promu commandeur de la Légion d'Honneur le 14 août 1868.

LAVERGNE (Louis-Gabriel-Léonce GUILHAUD DE), né à Bergerac, le 24 janvier 1809. M. de Lavergne est issu d'une famille de la Charente. Après avoir fait de brillantes études au collège et à la Faculté de droit de Toulouse, il se consacra à la littérature et remporta un prix double en 1830, et trois autres prix en 1832, avec les titres de maître et de mainteneur, à l'Académie des Jeux-Floraux. Il fut aussi l'un des collaborateurs habituels du *Journal de Toulouse* et de la *Revue du Midi*. Nommé professeur de littérature étrangère à la Faculté des lettres de Montpellier en 1838, il n'accepta pas cette place. Bientôt après, M. de Rémusat, ministre de l'Intérieur, le choisit comme chef de son cabinet. Maître des requêtes au Conseil d'Etat en 1842, et chef de division au ministère des Affaires étrangères en 1844, il fut élu député, en 1846, par le collège électoral de Lombez (Gers). Après la révolution de 1848, M. Léonce de Lavergne se mit à l'écart de la politique et concourut avec succès, en 1850, pour la chaire d'économie rurale à l'Institut national agronomique de Versailles, qui fut supprimé en 1852. Rentré dans la vie privée, et spécialement adonné à des travaux économiques, il fut élu, en 1854, membre de la Société centrale d'agriculture, et appelé, en 1855, à l'Académie des sciences morales et politiques de l'Institut. Il a fait d'importantes recherches sur la guerre civile d'Espagne, et des voyages d'études politiques en Italie et en Angleterre. A partir de 1840, la *Revue des Deux-Mondes* a publié beaucoup de ses travaux sur la littérature, la finance et le commerce. On trouve aussi de ses écrits dans le *Journal des économistes* et le *Correspondant*. Voici la liste de ses œuvres publiées à part : *Dictionnaire encyclopédique usuel*, sous le pseudonyme de « Charles Saint-Laurent » (1841-1842) ; — *Essai sur l'économie rurale de l'Angleterre, de l'Ecosse et de l'Irlande*, ouvrage traduit dans toutes les langues de l'Europe (1854, 4 éditions) ; — *Biographie de Léon Faucher* (1855) ; — *L'agriculture et la population* (1857, 2e édit., 1868) ; — *La constitution de 1852 et le décret du 24 novembre* (1860) ; — *Economie rurale de la France depuis 1789* (1860, 2e édit., revue et augm., 1861) ; — *Les Assemblées provinciales sous Louis XVI* (1863) : — *Eloge historique de M. le duc Decazes* (1863) ; — *Eloge historique de M. de Gasparin* (1864) ; — *La Banque de France et les banques départementales; suivi d'une notice historique sur la Caisse d'escompte avant 1789* (1865) ; — *Les économistes français du XVIIIe siècle* (1870). M. Léonce de Lavergne, élu représentant de la Creuse à l'Assemblée nationale en 1871, siège au Centre-Droit et a prononcé des discours fort remarqués. Il a été élu président de la Commission du budget de 1874, et figurait avec MM. de Goulard, le duc d'Audiffret-Pasquier, etc., dans un ministère qui a été sur le point de se constituer. Officier de la Légion d'Honneur depuis 1845, M. Léonce de Lavergne est aussi Grand'Croix d'Isabelle-la-catholique d'Espagne et du Christ de Portugal.

LAVERTUJON (André-Justin), né à Périgueux, le 23 juillet 1827. Il fit ses études classiques dans sa ville natale et se consacra au journalisme. D'abord rédacteur du *Républicain de la Dordogne* en 1849, il se rendit à Paris dans le courant de la même année, et y resta jusqu'au Coup-d'Etat de Décembre. A cette époque, il eut à craindre, comme membre du Comité démocratique, les rigueurs du nouveau pouvoir, et se rendit en Moldo-Valachie, dont il revint en 1854. L'année suivante, il fut chargé de la direction de la *Gironde*, de Bordeaux, journal conservateur jusqu'alors, dont il changea du tout au tout la politique, et qui, dans ses mains, devint bientôt un des principaux organes républicains de France. Toutes les sévérités administratives et judiciaires du régime impérial furent épuisées contre la *Gironde* et son rédacteur en chef, sans ébranler la foi de l'un et sans nuire au succès de l'autre. Aux élections générales de 1863 et 1869, pour le Corps législatif, M. Lavertujon ne fut battu, dans la 1re circonscription de la Gironde, que par un petit nombre de voix. En 1868, il fonda la *Tribune*, à Paris, en collaboration avec MM. Glais-Bizoin et Pelletan. Au mois d'octobre 1869, il posa sa candidature à Paris, lors d'une élection partielle, mais la retira presque aussitôt. Après la révolution du 4 Septembre, il fut d'abord secrétaire-général et unique du nouveau gouvernement; et, à ce titre, on le chargea de plusieurs fonctions qui impliquaient ses relations permanentes et quotidiennes avec le Conseil gouvernemental. C'est ainsi qu'il dut prendre la direction du *Journal officiel* et la présidence de la Commission désignée pour rassembler et publier les papiers saisis aux Tuileries. A la fin du siége, il fut envoyé à Bordeaux, en même temps que M. Jules Simon, pour seconder ce dernier dans l'œuvre d'entente qu'il y avait à opérer entre le gouvernement de la Défense nationale de Paris et la Délégation provinciale. Nommé consul-général de France à Amsterdam en avril 1871, M. André Lavertujon se démit de ses fonctions le 27 mai 1873, à la chute de M. Thiers. Depuis lors, il a publié quelques travaux dans le *Temps*. On lui doit : *Monographie des produits de la Gironde au Palais de l'Industrie* (1856) ; — *L'amélioration des Landes de Gascogne et la loi sur les dunes* (1857) ; — *L'eau à Bordeaux* (1863); — *L'an 1862* (1863); — *La législature de 1857-1863* (1863).

LAVIGERIE (Mgr Charles-Martial ALLEMAND-), né à Bayonne, le 31 octobre 1825. Fils d'un ancien receveur des douanes, il prit les grades de docteur ès lettres, en droit civil, en droit canonique et en théologie à la Faculté de Paris, se consacra à l'enseignement dans la carrière ecclésiastique, reçut l'ordination, et fut nommé professeur d'histoire ecclésiastique à la Sorbonne. Après un voyage en Syrie, où il avait reçu du gouvernement la mission de venir en aide aux Maronites du Liban, massacrés par les Turcs (1860), il fut désigné comme auditeur de Rote pour la France à Rome, et devint un des prélats de la Maison du pape. Le 5 mars 1863, il prit possession du siége épiscopal de Nancy ; et, le 12 janvier 1867, il succéda à Mgr Pavy, dans le diocèse d'Alger qui venait d'être érigé en archevêché. Mgr Lavigerie a fait preuve, dans ses hautes et délicates fonctions, de grandes qualités administratives et d'un zèle tout à fait chrétien. La propagande religieuse qu'il a poursuivie auprès des indigènes de la colonie l'a plus d'une fois mis en désaccord avec l'autorité civile ou militaire. On lui doit, entre autres fondations hospitalières, celle d'orphelinats pour les enfants des familles arabes privées de leurs chefs par une épouvantable famine (1868). Au grand concile du Vatican, il s'est prononcé pour l'infaillibilité du pape. Mgr Lavigerie s'étant présenté aux élections générales pour l'Assemblée nationale, dans les Basses-Pyrénées, le 8 février 1871, et dans les Landes, lors des élections complémentaires du 2 juillet suivant, a obtenu chaque fois une belle minorité. Il a publié, outre ses mandements : *Cours de thèmes grecs*, classe de quatrième (1848) ; — *Nouveau cours élémentaire de versions grecques* (1848); — *Lexique français-grec*, composé pour les cours de thèmes de sixième, cinquième et quatrième (1850); — *Histoire sainte* (1853) ; — *Exposé des erreurs doctrinales du jansénisme*, leçons faites à la Sorbonne en 1856-1857 (1858) ; — *Histoire abrégée de l'Eglise* (6ᵉ édit., 1864). Mgr Lavigerie a été nommé, en 1864, membre du Conseil de l'instruction publique. Il est officier de la Légion d'Honneur depuis le 14 juillet 1866.

LAVIGNE (Hubert), né le 11 juillet 1818, à Cons-la-Grandville (Moselle). Entré à l'Ecole des beaux-arts en 1835. Son père, habile praticien, lui avait enseigné les premiers éléments de la sculpture. Plus tard, sous la haute direction de ses deux maîtres, Ramey et Dumont, il fit de rapides progrès, et nous le voyons, en 1843, remporter le second grand prix de Rome, sur ce sujet : *La mort d'Epaminondas*, bas-relief. Il a exposé à tous les Salons depuis 1849. Deux mentions honorables lui ont été décernées en 1857 et 1859, une médaille de 3ᵉ classe en 1861, et un rappel de médaille en 1863. L'Etat possède de cet artiste *Un jeune Faune*, statue en marbre, au musée de Carcassonne ; *L'Amour*, statue en marbre, au musée de Grenoble ; et *Psyché*, statue en marbre au palais de la Légion d'Honneur. Parmi les travaux de M. Lavigne, dans les monuments publics ou particuliers, nous citerons : cinq bas-reliefs, représentant des sujets tirés de la vie de la Vierge, dans la crypte de la chapelle royale et funéraire de Dreux, ainsi que les figures des douze apôtres sur les portes de cette chapelle ; — *Le génie de l'eau, le génie impérial et le génie de la vapeur*, groupes de couronnement au Louvre ; — un fronton représentant la *Récolte*, dans une des cours du même palais ; — les *Enfants* de la frise de la fontaine Saint-Michel ; — les médaillons de *Montaigne, Bacon, Voltaire, Descartes, Newton* et *Gœthe*, dans la grande salle de lecture de la Bibliothèque nationale ; — deux bas-reliefs représentant l'un, la *Nativité*, et l'autre, la *Crucifixion*, exécutés sur la façade de la chapelle de Chantemerle (Deux-Sèvres), et une statue d'*Ange* pour un tombeau dans le cimetière de Chevry-en-Serenne (Seine-et-Marne) ; — le buste en marbre de *Cuvier*, à l'Ecole normale supérieure ; — le *Fronton de l'horloge*, sur la façade principale de la cour d'entrée du Palais-Royal ; ce fronton, œuvre de Pajou, a été rétabli d'après les fragments existants après l'incendie du palais en 1871 ; — et, enfin, la statue de *Pierre Lombard*, pour la façade de l'église de la Sorbonne.

LAŸS (Jean-Pierre), né à Saint-Barthélemy-Lestra (Loire), le 12 novembre 1827. Elève de Saint-Jean, il se consacra spécialement à la peinture des fleurs et des fruits, et se fit, dans ce genre, une bonne réputation. En 1852, il débuta au Salon de Paris avec un *Groupe de raisins de la Calabre*, aquarelle. Depuis, M. Laÿs a exposé : *Rosier mousseux ; Fleurs et fruits ; Raisin de Calabre*, aquarelles (E. U. 1855) ; — *Emblèmes de l'Eucharistie* ; *Rosier cent-feuilles* ; *Bouquet de roses mousseuses;Couronne impériale et fleurs variées ;* aquarelles (1857) ; — *Coupe de raisins ; Corbeille de fruits ; Vase de fleurs variées* (1859) ; — *Vase de fleurs variées; Groupe de raisins de Calabre; Guirlande de fleurs posée sur une pendule de Boule* (1861); — *La vigne à la croix*, au musée de Lyon ; *Vase de fleurs variées* (1863) ; — *Vase de giroflées ; Fraises et framboises ; Fleurs et fruits* (1865) ; — *Bouquet de fleurs sur un banc* (1866) ; — *La vierge aux roses*, acheté par l'Etat (1867) ; — *Framboises et fleurs; Fruits sur la branche dans une coupe* (1868) ; — *Rosier cent-feuilles*, au musée de Vienne (Autriche) ; *Vigne* (1869) ; —*Après le* *concert; Vase de pivoines et de pavots* (1870); — *Une treille à la fenêtre* (1872); — *Le bien et le mal*, les bons et les mauvais fruits; *Roses variées; Fruits* (1874). M. Lays a obtenu, en 1850, le premier prix de la Société des amis des arts de Lyon, et remporté une médaille d'or à l'Exposition de Genève (1854), une médaille d'argent à Marseille, des médailles en vermeil à Montpellier, Dijon, Troyes, Bayonne, Nîmes, le Havre, Lyon, Londres, etc., en tout 15 médailles. Plusieurs de ses tableaux, achetés pour des musées, figurent notamment dans ceux de Lyon, de Vienne (Autriche), de Castres, de Beauvais, de Bagnères-de-Bigorre, etc.

LAZERGES (Jean-Raimond-Hippolyte), né à Narbonne, le 5 juillet 1817. Il dut obéir d'abord aux volontés de ses parents, qui faisaient le commerce de la boulangerie et lui destinaient la succession de leurs affaires; mais, à l'âge de 20 ans, sa vocation l'emporta, et il se rendit à Paris pour étudier la peinture. Après avoir suivi les ateliers de David d'Angers et de Fr. Bouchot, il se consacra spécialement à la peinture des sujets religieux. M. Lazerges, qui avait débuté au Salon de Paris avec un *Portrait* en 1841, a exposé depuis : *Descente de croix*, placé dans la chapelle du château d'Eu (1842); — *Jésus aux Oliviers*, à l'hôpital de Beaune; *Saint Jean-l'Evangéliste* (1844); — *Notre-Dame-de-Résignation; Femme d'Alger* (1843); — *Rêve de jeune fille; La foi et l'espérance*, sous les figures du Christ et de la Vierge ; *Bergers arabes* (1847); — *Refugium peccatorum ora pro nobis; Le Rraïta*, paysage et figures, souvenir d'Alger (1848); — *Le printemps*, sous la figure d'une jeune fille (1849); — *Le génie éteint par la volupté*, au musée de Carcassonne; *Sommeil de la sainte Vierge* (1850); — *L'éden*, Adam et Eve (1852); — *Mort de la sainte Vierge*, tableau acquis par le ministère d'Etat pour la chapelle des Tuileries (1853, E. U. 1867); — *Descente de croix*, au musée du Luxembourg; *Ecce homo; Saint Sébastien mis au tombeau*, acquis par l'Etat (1855); — *L'empereur distribuant des secours aux inondés de Lyon; La Vierge et l'Enfant-Jésus ; L'Albane regardant jouer ses enfants; Suzanne au bain* (1857); — *Jésus embrassant la croix; Reniement de saint Pierre; Dernières larmes de la sainte Vierge; Le printemps; Rêverie* (1859); — *Kabyles moissonnant dans la plaine de la Mitidja* (Algérie); *Sid-n'Aïssa* (Notre-Seigneur-Jésus-Christ) revenant de la prière du Jardin des Oliviers ; Danse d'Aïssaouas* (1861); — *Jésus priant pour ses persécuteurs* (1864); — *Le Christ priant pour l'humanité* (1865); — *Christ descendu de la croix; Evanouissement de la Vierge dans le palais de Pilate* (1866); — *Le Christ après la flagellation; Madeleine voyant Jésus pour la première fois* (1867); — *Le Christ au calice* (1868); — *Foyer du théâtre de l'Odéon, un soir de première représentation*, tableau qui a obtenu un grand succès, et où tous les personnages sont les portraits de notoriétés contemporaines (1869); — *Chemin du calvaire* (1870); — *Eve* (1872); — *Le Christ au XIXe siècle* (1873) ; — *Stabat mater* (1874). M. Lazerges a décoré la chapelle Sainte-Anne à Saint-Eustache, et deux églises entières à Nantes: Notre-Dame-de-Recouvrance et Saint-Laurent (la coupole de cette dernière a 80 m. de superficie). En outre, il a peint le plafond du théâtre de Nantes, les trois grands tableaux qui décorent la chapelle du couvent des Dames de la providence à Rouen, et la nef de Bon-Secours dans la même ville. Musicien dès son enfance, il a composé beaucoup de mélodies et plusieurs chants devenus populaires, tels que *le Retour en France, Vive Paris, Diogène*, etc. Il s'est également occupé de toutes les questions d'administration relatives à l'Ecole des beaux-arts et aux expositions. On lui doit, outre un certain nombre d'articles de journaux, les brochures suivantes : *L'Institut et l'Ecole des beaux-arts* (1868); — *Des associations artistiques* (1868); — *De la réorganisation des beaux-arts* (1871). M. Lazerges a remporté des médailles de 3e classe en 1843, de 2e classe en 1848 et 1857, et reçu la croix de la Légion d'Honneur à la suite de l'Exposition universelle de 1867.

LEBAIGUE (Charles-Hubert), né à Paris, le 19 novembre 1820. Il fit ses études classiques au lycée Charlemagne. D'abord attaché comme répétiteur à plusieurs institutions de Paris, il entra dans l'enseignement public en 1846. Reçu agrégé l'année suivante, il fut successivement nommé professeur aux lycées de Vendôme en 1847, d'Orléans en 1849, de Toulouse en 1854, et de Bordeaux en 1855; il fut appelé en 1867 à la chaire de seconde au lycée Charlemagne. M. Lebaigue a publié: *Récits d'Hérodote*, texte et traduction; — *Recueil gradué de thèmes latins à l'usage des classes supérieures* (1860); — *Morceaux choisis de littérature française* (prose et poésie), *à l'usage des classes de troisième et de seconde* (1863); — *Dictionnaire latin-français*, en usage aujourd'hui dans la plupart des établissements d'enseignement secondaire (1867); — *Commentaires de César*, édition classique avec un commentaire (1873). M. Lebaigue a été nommé officier de l'Instruction publique en 1864, et chevalier de la Légion d'Honneur en 1870.

LE BLOND (Albert-Waning-Lenfranc), né à Rouen, le 17 février 1843. Elève du lycée de Rouen et bachelier ès lettres en 1862, il commença tout aussitôt ses études médicales à Rouen, se fit recevoir bachelier ès sciences en 1863, et vint se faire inscrire à la Faculté de Paris en 1864. Externe des hôpitaux en 1865, interne provisoire en 1868, interne titulaire en 1869, il prit le grade de docteur en 1870, avec une thèse sur le *Rôle des ligaments larges et de l'appareil érectile dans les hémorrhagies utérines*. Puis il s'établit à Paris, où il ne tarda pas à jouir d'une position honorable. Il a été nommé médecin-adjoint des prisons de la Seine (1870), médecin de la Société de secours mutuels du quartier de la Porte-Saint-Martin (1872), médecin-inspecteur d'une des écoles primaires du Xe arrondissement (1872), et médecin-suppléant du Bureau de bienfaisance du même arrondissement (1872). Pendant le siège de Paris, M. le docteur Le Blond était médecin-aide-major du 107e bataillon de guerre de la garde nationale. En cette qualité, il a assisté au sanglant combat de Montretout, et pansé de nombreux blessés sur le champ de bataille. On lui doit la seconde édition française du *Traité des maladies des femmes* du docteur Churchill, de Dublin (1873). Il a publié des articles dans les journaux de médecine ; et, en 1874, il est devenu le rédacteur en chef des *Annales de gynécologie* (maladies des femmes, accouchements). M. le docteur Le Blond est membre de la Société d'anthropologie, et de la Société de médecine légale.

LE BŒUF (Edmond), né à Paris, le 5 décembre 1809. Admis à l'Ecole polytechnique en 1828, sous-lieutenant élève à l'Ecole d'application d'artillerie de Metz en 1830, il en sortit avec le n° 1, et fut nommé lieutenant en second d'artillerie en 1832. Lieutenant en premier en 1833, capitaine en second en 1837, il fit plusieurs campagnes en Afrique, et se distingua à la défense des Medjez-Amar ainsi qu'à la prise de Constantine, où il reconnut, en plein jour, l'emplacement de la batterie de brèche, ce qui lui valut la croix de la Légion d'Honneur. En 1838, le maréchal Vallée le choisit comme officier d'ordonnance. L'année suivante, il était cité à l'ordre de l'armée pour sa bravoure dans l'expédition de Djedjelli et au combat de l'Oued-Halleg. En 1840, il fut encore cité deux fois à l'occasion des expéditions du Médéah et de Milianah, et obtint le grade d'officier de la Légion d'Honneur. Capitaine en premier (1841), chef d'escadron (1846), lieutenant-colonel (1850), colonel (1852), il commanda en second l'Ecole polytechnique du 29 avril 1848 au 8 octobre 1850, et fut nommé chef d'Etat-major de l'artillerie à l'armée d'Orient le 15 avril 1854. Devenu général de brigade le 29 novembre suivant, et mis à la tête de l'artillerie du 1er corps, il fut, en 1855, promu commandeur de la Légion d'Honneur après avoir été cité trois fois à l'ordre de l'armée. Il prit le commandement de l'artillerie de la garde impériale en 1856, et fut envoyé, dans cette même année, en mission au couronnement de l'empereur Alexandre. Général de division (1857), membre du Comité de l'artillerie (1858), commandant de l'artillerie de l'armée d'Italie dans la campagne de 1859, le général Le Bœuf eut ainsi la mission de diriger l'expérience du système d'artillerie rayé, qui venait d'être adopté, sur les champs de bataille de Magenta et de Solferino. Sa belle conduite en cette circonstance lui valut la croix de Grand-Officier de la Légion d'Honneur. Aide-de-camp de l'empereur (novembre 1859), président du Comité de l'artillerie (1864), inspecteur-général de l'Ecole polytechnique (1864, 1866 et 1868), envoyé en mission en Vénétie (1866), commandant en chef du camp de Châlons (1868), commandant en chef du 6e corps (1868), il fut nommé ministre de la Guerre le 21 août 1869. Démissionnaire le 27 décembre suivant, il reprit son portefeuille, le 2 janvier 1870, dans le cabinet formé par M. Emile Ollivier, et eut plusieurs fois occasion de prendre la parole devant les Chambres. Il fut promu maréchal de France le 24 mars 1870, ce qui lui donnait le droit de siéger au Sénat. Peu de temps après, la guerre éclatait entre la France et l'Allemagne. Alors, M. le maréchal Le Bœuf échangea son portefeuille pour les fonctions de major-général de l'armée du Rhin. Le 15 août, il prit le commandement du 3e corps d'armée. Tout le monde est unanime à louer la chevaleresque bravoure dont il fit preuve dans tous les combats auxquels il prit part, notamment à Rezonville, à Saint-Privat, où le 3e corps repoussa les attaques successives de trois corps d'armée prussiens, puis à Noisseville. Il est le seul officier-général qui, dans le dernier conseil de guerre tenu à Metz, se soit prononcé contre toute espèce de capitulation. Fait prisonnier de guerre, et conduit en Allemagne, il se retira à la Haye après la signature de la paix, et ne rentra en France que pour déposer, devant les Commissions d'enquête, sur les malheureux événements qui s'étaient succédé en 1870 et 1871. Au sujet de l'affaire Bazaine, il a fait devant le conseil de guerre une déposition des plus importantes. M. le maréchal Le Bœuf, Grand-Croix de la Légion d'Honneur depuis 1866, et décoré de la médaille militaire en 1867, est aussi décoré de beaucoup d'ordres étrangers.

LE BOURG (Charles-Auguste), né à Nantes, le 29 septembre 1830. Il se consacra à la statuaire, suivit l'atelier de Rude, et débuta au Salon de Paris, en 1853, avec une statuette en bronze : *Enfant nègre jouant avec un lézard*, qui reparut à l'Exposition universelle de 1855. Depuis, M. Le Bourg a exposé : *Joueur de biniou dansant la nigouce*, petite statue en bronze (1857) ; — *Vierge gauloise marchant au sacrifice*, statue en marbre (1859) ; — *Une mère*, groupe en marbre ; *La rosée* ; *Le parfum*, statuettes en terre cuite ; *Danaë*, statue en plâtre (1861) ; — *Homéride*, statue en marbre pour la cour du Louvre (1864) ;—*Une jeune mère*, groupe en plâtre, portraits ; *La folie*, buste en terre cuite (1865) ; — *Saint Jacques*, statue en pierre pour l'église de la Trinité ; *Jeune oiseleur rendant la liberté à une hirondelle* ; *Enfant jouant avec une sauterelle*, deux statues en plâtre qui ont été reproduites au Salon de 1868, la première en bronze et l'autre en marbre (1866) ; — *Les jeux de l'amour*, groupe en terre cuite ; le portrait de Mme *A. Sarry*, buste en marbre (1867) ; — *Le centaure Eurytion enlevant la fiancée de Pirrithoüs*, groupe en plâtre (1869) ; — *Prêtresse du temple d'Eleusis*, statue en plâtre ; le buste en bronze de M. *Emile Barrault* (1870) ; — le buste en marbre de *Lady Wallace* (1872) ; — le portrait de M. *A. Boissaye*, statuette en marbre (1873). Cet artiste a fait beaucoup d'autres portraits non exposés : ceux de Mmes *de Morny*, *de Metternich*, *de Bariatinski*, *de Castellane*, de MM. le général *Mellinet*, *Garnier Pagès*, *Havin*, le marquis *d'Hertford*, etc. Il a exécuté à Paris de nombreux travaux décoratifs, parmi lesquels on distingue : les *Cariatides* d'une maison rue de Châteaudun, en face de Notre-Dame de Lorette ; *Pygmalion* et *Galathée*, bas-reliefs en pierre dure décorant l'entrée principale du magasin de Pygmalion, boulevard de Sébastopol ; la statue de *Sainte Opportune*, dans la rue du même nom ; les *Grands médaillons* (style grec) d'une maison rue de Boulogne ; la décoration de la façade et les médaillons de l'hôtel du journal le *Siècle* ; les deux modèles des fontaines populaires *Wallace*, etc. Enfin, on lui doit la statue en marbre de Mme la vicomtesse *de Tocqueville*, pour le château de Tocqueville, près Cherbourg, et la décoration de la *Façade* de l'Hôtel-de-Ville de Fontainebleau. M. Le Bourg a obtenu une médaille de 3ᵉ classe en 1853, son rappel en 1859, et une médaille en 1868.

LEBRETON (Charles-Louis), né à Ploërmel (Morbihan), le 15 décembre 1807. Admis comme élève chirurgien de marine à l'Ecole de Brest en 1829, il voyagea sur les côtes de la Méditerranée, à bord de la *Guerrière*, revint en France en 1831, et quitta la chirurgie militaire. En 1834, il prit le grade de docteur à la Faculté de Paris, avec une thèse sur les *Soins à donner aux enfants nouveau-nés*, et s'établit à Pleyben (Finistère). Ses opinions libérales en firent bientôt, dans ce pays, une des notoriétés du parti démocratique, en même temps que ses capacités professionnelles et le dévouement avec lequel il prodiguait ses soins à tous ses concitoyens, riches ou pauvres, lui assuraient une grande considération. Longtemps correspondant du *National*, il fut élu représentant de son département, comme candidat républicain, à l'Assemblée constituante de 1848, siégea dans les rangs du parti Cavaignac, vota contre l'expédition de Rome, et lutta de toutes ses forces contre la réaction et le bonapartisme. N'ayant pas été réélu à la Législative en 1849, M. Lebreton a cessé de prendre, sous l'Empire, une part directe à la vie publique. Mais, au mois de juillet 1871, il a été élu représentant du Finistère à l'Assemblée nationale, où il siége dans le groupe de la Gauche modérée.

LECAMUS (Alexandre-Victor), né à Mayenne, le 4 avril 1807. Très-versé dans l'étude de la physique et de la chimie, il se fit d'abord, à Paris, essayeur du commerce ; puis, en 1830, il se rendit au Pérou, où il séjourna jusqu'en 1834. De retour en France, il se fixa à Castres, où il acheta une filature de laines, qu'il a réorganisée d'une manière remarquable et qu'il continue à diriger. Conseiller municipal, président de la Chambre consultative des arts et manufactures, administrateur des hospices, juge au tribunal de Commerce de 1836 à 1852, M. Lecamus jouit, dans son département, d'une grande et avantageuse notoriété. Elu membre de l'Assemblée nationale, le 8 février 1871, il a pris place au Centre-Gauche, voté la paix, et signé la proposition Rivet. Il est membre de plusieurs Commissions, notamment de celle qui prépare la loi sur le travail des enfants et fait partie de la réunion extra-parlementaire dite « du Centre-Gauche. »

LECLAIRE (Victor), né à Paris, le 21 décembre 1830. Il débuta dans le dessin industriel en 1832. Ensuite, aidé des conseils de M. Léon-Louis Leclaire, son frère, il s'adonna, vers 1856, à la peinture des fleurs et des natures mortes. Dans ce dernier genre, M. V. Leclaire s'est fait avantageusement connaître par les expositions suivantes au Salon de Paris : *Fleurs et fruits* ; *Pommes* (1861); — *Bouquet des bois* ; *Fleurs du printemps* (1863); — *Fleurs et fruits* (1865) ; — *Fleurs* (1866), — *Fleurs des bois* ; *Fleurs d'automne* (1867) ; — *Un repos sous bois*; *Souvenir du bois de Meudon* (1868); — *Chrysanthèmes et marguerites* ; *Environs de Doué de Plouaré* (Finistère) ; *Fleurs*, aquarelle (1869); — *Les ronces du chemin de Plomar*, baie de Douarnenez ; *Fleurs*, nature morte (1870) ; — *Fleurs de pommier* ; *Fleurs* (1872) ; — *Brûle-parfum, étoffes et fleurs* ; *Branche d'aubépine* (1873); — *Fleurs, armes persanes et étoffes japonaises* ; *Pêches et prunes* ; *L'atelier de mon voisin* (1874).

LECLER (Félix), né à Aubusson (Creuse), le 30 juillet 1814. Elève du petit séminaire d'Agen, puis du collége royal de Clermont-Ferrand, il fit son droit et son stage d'avocat à Paris. Pendant le cours de son stage, il devint le collaborateur de plusieurs journaux, notamment du *Siècle*, de l'*Artiste* et de la *Revue britannique*. En 1838, il retourna dans sa ville natale, et prit place au barreau du tribunal d'Aubusson. Sans négliger sa profession, il concourut très-activement à la rédaction de l'*Album de la Creuse*, y soutint la candidature libérale du directeur de la plus importante fabrique de tapisseries d'Aubusson, de M. Sallandrouze-Lamornaix, et contribua beaucoup à la faire triompher. L'opposition qu'il avait faite à l'ancien gouvernement, comme rédacteur de l'*Album de la Creuse*, et la part qu'il avait prise aux luttes électorales dans son département, le mirent en évidence quand éclata la révolution de Février. Il fut nommé commissaire de la République à Guéret. Mais cette nomination fut vivement attaquée par le groupe socialiste établi à Boussac, sous la direction de Pierre Leroux ; et, deux collègues lui ayant été successivement adjoints, il donna sa démission. Peu de temps après, M. Lecler fut élu, par 19,000 voix, représentant de la Creuse à l'Assemblée constituante, où il appuya de ses votes le gouvernement du général Cavaignac, et fut secrétaire du Comité des finances. N'ayant pas été réélu à la Législative, il renonça dès lors complètement à la vie politique. En 1850, il fut attaché, en qualité de rédacteur, au contentieux du ministère des Finances, puis fut nommé payeur successivement à Rodez, Niort et Angers. En 1866, lors de la suppression des payeurs, M. Lecler a été rappelé au ministère des Finances, avec le grade de chef du bureau du contentieux. Il a reçu la croix de la Légion d'Honneur en 1867.

LECLERC (Pierre-Théodore), né à Paris, le 8 octobre 1819. Il se livra, dès l'âge le plus tendre, à la poésie; et, à quatorze ans, il composait des vaudevilles qui furent joués avec succès à Paris et en Algérie. Né de parents pauvres, et dénué de protections, il dut recourir à des occupations rémunératrices, et embrassa la modeste profession de briquetier. Dans les loisirs que lui laissait son pénible travail, il composait des chansons et des poésies, à l'exemple de L. Voitelain, d'Hégésippe Moreau, de Ch. Gilles, dont il recherchait les œuvres avec avidité. Peu à peu, sa muse s'inspira des chants de Béranger, et ce dernier lui fit l'honneur de l'encourager. M. Théodore Leclerc (de Paris) n'a rien de commun avec les chansonniers vulgaires qui puisent leurs inspirations dans les cabarets; ses poésies se recommandent par la droiture de leurs intentions et l'élévation de leurs sentiments. Parmi ses compositions, nous devons citer la *Plume et la charrue*, le *Glaive et la truelle*, la *Tombe de Béranger*, *A Laure de Bussigny*, *A l'Alsace*, *A la li-*

Biogr. nat.

berté, l'*Hymne au travail*, la *Voiture de Mengin*, *marchand de crayons*, *Hommage à Mademoiselle Pean de la Rochejagu*, etc. Ainsi l'amour de l'étude, une noble persévérance et des inspirations toujours morales ont fait, du simple briquetier, celui que l'on se plait à nommer le «poëte ouvrier,» dans le sens le plus juste et le plus honorable du mot. M. Théodore Leclerc (de Paris) a été autorisé, par le ministre de l'Instruction publique, à faire des conférences à l'Asile national de Vincennes. Il est membre de l'Académie flosalpine, de l'Académie des arts-et-manufactures, du Caveau de Rouen, etc., et lauréat de la Société nationale d'encouragement au bien pour ses travaux littéraires en faveur de la classe ouvrière. Une collection de ses œuvres a paru, en 1862, sous ce titre: *Biographie et poésies de Théodore Leclerc*.

LE CLERC D'OSMONVILLE (Jules-Olivier), né à Laval, le 25 avril 1797; issu de l'une des plus anciennes souches patriciennes de la Normandie. Il fut inscrit, sur les registres de l'état civil, sous le nom de Leclerc, seul nom que son père avait pris en se mariant en 1794. Un décret impérial lui a rendu celui de d'Osmonville. Propriétaire de mines de charbon de terre dans les départements de la Mayenne et de la Sarthe, il a été maire de Laval, de 1844 à la fin de 1847, et a contribué puissamment à l'érection de l'évêché de cette ville. M. Le Clerc d'Osmonville, membre du Conseil général de la Mayenne, a fait partie, depuis 1853, du Corps législatif, où ses commettants lui ont renouvelé son mandat en 1857, en 1863 et en 1869. Chevalier de la Légion d'Honneur le 20 février 1847, et officier le 13 août 1864, il est aussi commandeur de l'ordre de Saint-Grégoire-le-Grand.

LE CŒUR (Charles-Clément), né à Paris, le 30 septembre 1805. Il étudia l'architecture dans sa ville natale. Élève de 1re classe et médaillé de l'École des beaux-arts, il fut forcé de bonne heure, par le mauvais état de sa santé, de renoncer à l'exercice de sa profession et d'aller habiter le midi de la France. Alors il fixa sa résidence à Pau, où ses connaissances spéciales le firent appeler au Conseil municipal. Il fonda, dans cette ville, avec succès, en 1863, la Société des amis des arts et ses expositions annuelles. En 1864, il obtint la création d'un musée qui, sous sa direction, prit en peu d'années une importance dont on peut se rendre compte par le *Catalogue* de 1874. M. Le Cœur a publié, sur les arts et l'archéologie, un certain nombre de brochures, notamment: *Notice sur les mosaïques gallo-romaines de Jurançon*; — *De la fondation d'une Société des amis des arts à Pau*; — *Monographies de Morlaas, Lescar, Sauveterre de Béarn*, etc.; — *Considérations sur les musées de province*, etc. M. Le Cœur prépare, en ce moment, l'impression d'un ouvrage avec planches sur les monuments du Béarn.

LECOINTE (Charles-Joseph), né à Paris, le 23 février 1824. Élève de Picot et de M. d'Aligny, il fit en 1847 un voyage en Italie, concourut, à son retour, à l'École des beaux-arts, y remporta, en 1849, le grand prix de Rome (paysage historique) et retourna pour quelque temps en Italie. Il a débuté au Salon de 1843 par un *Paysage*, effet du soir, et a exposé depuis: *L'enfant prodigue* (1844); — *Le bon Samaritain*, paysage; *Vue de la vallée de Chevreuse* (1845); — *La fuite en Égypte*, paysage (1846); — *Paysage aux environs de Guines* (Pas-de-Calais); *Le berger et la mer*, paysage (1847); — *Vue prise sur le lac de Côme*; *Vue prise à Leusinghes* (Pas-de-Calais); *Le curé de campagne*; *Petit pont dans la vallée du Pas-de-Calais* (1848); — *Le héron*; *Le chemin de traverse*, souvenir du Pas-de-Calais (1849); — *Le figuier maudit*, paysage (E. U. 1855); — *Aqua Claudia*, campagne de Rome; *Forêt de pins à Castel-Fusano*; *Une terrasse dans l'île de Capri*; *Les bords de la Drôme, près Balleroy* (1857); — *Vue des ruines de Pierrefonds*; *La campagne de Rome*; *Spaccio di vino*, à Tivoli; *Cour du couvent des Capucins* (1859); — *Tentation du Christ*; *Paysan romain jouant à la ruzzica*; *Promenade habituelle de S. S. Pie IX à torre di quinto* (1861); — *Horace à Tibur* (1863); — *Aux bords de la mer* (1865 et E. U. 1867); — *La mort et le bûcheron* (1866); — *Un marais* (1867); — *Le moulin Godart*, vallée de Chevreuse (1869); — *Jersey* (1870). M. Lecointe a exécuté, pour l'église Saint-Roch, deux paysages avec *Épisodes de la vie de Sainte-Geneviève*; pour l'Hôtel-de-Ville de Paris un paysage représentant l'*Ile Saint-Denis*, et la décoration du vestibule du château de La Tuyolle. Il a obtenu une médaille de 3e classe en 1845 et 1855, et un rappel de cette médaille en 1861.

LE COINTE (Louis-Alfred), né à Nimes, le 14 septembre 1823. Le P. Le Cointe, entré dans la Compagnie de Jésus le 6 août 1847, a reçu la prêtrise en 1857. Appliqué, depuis plus de vingt ans, à l'enseignement des sciences, il est actuellement professeur de mathématiques spéciales et préfet des classes à l'École préparatoire de l'Immaculée-Conception dirigée, à Toulouse, par les Pères de la Compagnie de Jésus. Il a publié différents articles dans les *Nouvelles annales de mathématiques*, et dans les *Annales* publiées à Rome par l'abbé Tortolini. C'est dans ce dernier recueil (t. IV, 1862), qu'il a fait connaître différentes règles sur les *Signes des termes dans les déterminants*. En 1865, il a présenté, à l'Académie des sciences de Paris, un *Mémoire sur les diamètres des lignes et des surfaces en général*, mémoire qui n'a pas encore été publié, mais dont un extrait a été donné dans les *Comptes rendus* de l'Académie (22 mai 1865); et il espère attirer, dans une publication prochaine, l'attention des savants sur les travaux du célèbre géomètre allemand Clebsch, relativement à la théorie des *Formes binaires algébriques*. On doit au P. Le Cointe les ouvrages suivants : *Leçons sur la théorie des fonctions circulaires et la trigonométrie* (1858); — *Notions élémentaires sur les courbes usuelles* (1864); — *Solutions développées de 300 problèmes qui ont été proposés dans les compositions mathématiques pour l'admission au grade de bachelier ès sciences dans diverses Facultés de France*.

LE COMTE (Eugène), né à Mondésir (Seine-et-Oise), en 1805. M. Eugène Le Comte, issu d'une famille bien posée, a fait ses études classiques au collége Sainte-Barbe et son droit à la Faculté de Paris. Il se préparait pour le barreau quand des persécutions politiques, dirigées par le gouvernement d'alors contre ses deux frères aînés, tournèrent ses idées vers une autre direction. C'est ainsi qu'il fut amené à s'occuper notamment de l'industrie des transports. Après les journées de Juillet, il se rangea dans le parti conservateur, et fut nommé chef d'escadron de la légion de cavalerie de la garde nationale (1837). Dépossédé de son grade ensuite d'une élection où M. Gauthier, ancien ministre des Finances et pair de France, ne l'emporta qu'à la faveur de son âge, il rentra modestement, comme simple garde, dans l'un des escadrons qu'il avait commandés. La révolution de Février lui fournit l'occasion de faire encore œuvre de patriotisme et de dévouement à la cause de l'ordre. Nommé de nouveau chef d'escadron, il fut peu de temps après, en vertu de deux élections successives, proclamé lieutenant-colonel. En 1849, M. Eugène Le Comte était envoyé, le second sur une liste de vingt candidats, à l'Assemblée législative par les électeurs de la 3e circonscription du département de l'Yonne. Il offrit alors, pour se consacrer entièrement à son nouveau mandat, sa démission de lieutenant-colonel, qui ne fut pas acceptée, le gouvernement ayant fait un cas particulier des garanties que lui présentait la fermeté bien connue de son caractère. Après la crise du 2 Décembre et la dissolution de la garde nationale, il soutint énergiquement le pouvoir nouveau qui servait de point de ralliement aux amis de l'ordre et de la prospérité du pays. Elu député au Corps législatif, par ses anciens commettants, en 1852, 1857, 1863 et 1869, M. Eugène Le Comte a été, en outre, pendant vingt-deux ans, membre du Conseil général de l'Yonne. Il a refusé, avec un louable désintéressement, la croix de commandeur, que l'empereur voulait lui donner, lors de son passage à Auxerre, dans la crainte que cette haute distinction, qui devait d'ailleurs lui être conférée plus tard, ne nuisît au succès des nombreuses demandes de décorations qui avaient été faites pour le département. Indépendant par caractère et grâce à une belle position de fortune laborieusement acquise, M. Eugène Le Comte n'a sollicité les faveurs du pouvoir ni pour lui ni pour les siens, et sa vie a été toute de travail, d'abnégation et de dévouement à son pays. Il a été promu commandeur de la Légion d'Honneur le 14 août 1866.

LECOMTE DU NOUY (Jules-Jean-Antoine), né à Paris, le 10 juin 1842. Il descend d'une ancienne famille du Midi, dont plusieurs membres s'illustrèrent dans la carrière des armes et dans celle des beaux-arts. Ses armes sont : *De sable à la Vierge d'argent couronné d'or, au chef échiqueté de gueules et d'or*. Il manifesta de bonne heure un goût prononcé pour les arts, mais ne put qu'assez tard se livrer entièrement à ses études favorites. Après avoir suivi les ateliers de MM. Gleyre (1861), et Signol (1862), il entra, en 1864, à l'atelier de M. Gérôme, où il était inscrit le premier, et en sortit aussi le premier, après avoir obtenu deux fois de suite le premier prix d'atelier et le prix Frémont de l'Institut. Ensuite il remporta le second grand prix de Rome sur le sujet suivant: *La mort de Jocaste*. Grâce à ses heureuses dispositions et à son activité, M. Lecomte du Nouy s'est déjà fait une des premières places parmi les peintres de la grande école française. Il a successivement exposé : *Francesca di Rimini et Paolo aux enfers* (1863); — les portraits de M. et Mme *Morin* (1864); — *Sentinelle grecque* (1865); — *L'invocation à Neptune*, au musée de Lille (1866); — *Job et ses amis; Danseuse fellah* (1867); — *La folie d'Ajax le Télamonien* (1868); — *L'amour qui passe et l'amour qui reste*, acquis par le ministère; le portrait de la *Femme au châle*, au musée de Lille (1869); — *Le charmeur*, au musée de Reims (1870); — *Les porteurs de mauvaises nouvelles*, au Musée du Luxembourg; *Démosthène s'exerçant à la parole* (1872); — *Le philosophe sans le savoir* (1873); — *Eros-Cupido*, acquis par le ministère; *Les bouchers de Venise* (1874). On doit, en outre, à M. Lecomte du Nouy, beaucoup de portraits et de tableaux qui figurent dans les galeries particulières, entre autres : *Un cauchemar d'eunuque; Chrétiennes au tombeau de la Vierge; Marchande à Pompeï; Veilleur de nuit au Caire; Le Kief du Schérif; Prêtre mendiant (Egypte ancienne); Chloé à la fontaine; La nuit de Noël à Jérusalem; Le guet-à-pens;* le portrait de *Bérenger*, ancien président de la Cour de cassation, placé au musée de Valence, etc. Ajoutons qu'il a peint une excellente copie du *Carpaccio*, exposée aux Beaux-Arts. M. Lecomte du Nouy a obtenu des médailles en 1866 et 1869, et encore une médaille de 2e classe en 1872, au Salon de Paris, ainsi que des médailles aux expositions universelles de Londres (1862), de Lyon (1872), et de Vienne (1873). Des succès aussi persistants ont engagé la ville de Paris à lui confier la décoration de la chapelle de Saint-Vincent-de-Paul à la Trinité, et il y a représenté les sujets suivants : *Saint Vincent ramenant les galériens à la foi; Saint Vincent distribuant du pain aux Alsaciens et aux Lorrains.*

LECONTE DE LISLE (Charles-Marie), né à l'île Bourbon, en 1820. Il fit de bonnes études classiques dans son pays, et manifesta très-jeune de rares dispositions pour la poésie. Après avoir visité l'Inde et fait plusieurs voyages en France, il vint se fixer à Paris en 1847. L'année suivante, il se montra partisan des idées républicaines, et s'associa au mouvement; mais les événements qui suivirent l'éloignèrent de la politique. Il se consacra donc entièrement à ses travaux littéraires; et ses *Poëmes antiques*, bien qu'ayant paru en partie, dans la *Revue des Deux-Mondes*, à la suite d'une longue période d'agitations, eurent un grand retentissement et le placèrent, du premier coup, au rang de nos meilleurs poëtes contemporains. En 1867, l'Empire, sans lui demander compte de ses opinions politiques, lui fit une pension de 3,600 francs. Ainsi assuré de la modeste aisance indispensable à ceux qui entreprennent des œuvres de longue haleine, M. Leconte de Lisle put étendre le cercle de ses travaux. Il produisit de remarquables traductions des grands poëtes grecs, fouilla les souvenirs des époques lointaines et des civilisations disparues, et se fit une réputation à part, dans le monde des lettres, comme écrivain original et comme érudit. Attaché à la bibliothèque du Luxembourg en 1872, il en fut nommé sous-bibliothécaire en 1873. Voici la liste des ouvrages publiés par M. Leconte de Lisle : *Poëmes antiques* (1852); — *Poëmes et poésies* (1855,); — *Poésies complètes*, augmentées de *Poésies nouvelles* (1858); — *Chemin de la croix* (*Revue française*, 1859); — *Poésies barbares* (1862); — *Idylles de Théocrite*, traduction (1862); — *L'Iliade*, traduction (1867); — *Kaïn* (*Parnasse contemporain*, 1869); — *Hymnes orphiques* de Hésiode, Bion, Moschus, traductions (1869); — *L'Odyssée*, traduction (1870); — *Le sacre de Paris* (1871); — *Le soir d'une bataille* (1871); — *Catéchisme républicain* (1871). M. Leconte de Lisle a donné à l'Odéon, au mois de janvier 1872, une tragédie imitée du grec et intitulée les *Erinnyes*. Il est chevalier de la Légion d'Honneur depuis 1870.

LE COUPPEY (Félix), né à Paris, le 14 avril 1814. M. Le Couppey, entré au Conservatoire en 1824, y obtint, à quatorze ans, le premier prix de piano, et à seize ans le premier prix d'harmonie. Après avoir rempli diverses fonctions dans cet établissement, il fut nommé, en 1854, professeur d'une classe de piano pour les femmes, classe d'où sont sorties beaucoup d'élèves distinguées. M. Le Couppey a publié une quantité de morceaux de musique pour le piano, mais c'est à ses ouvrages classiques qu'il doit toute sa réputation. Son *Cours de piano* élémentaire et progressif, approuvé par l'Institut et adopté au Conservatoire de Paris, est répandu dans presque toute l'Europe. On lui doit aussi un volume intitulé : *De l'enseignement du piano*. M. Le Couppey, chevalier de la Légion d'Honneur depuis le 30 juillet 1853 est aussi chevalier de Charles III d'Espagne et de Léopold de Belgique.

LE COURTIER (Mgr François-Joseph), né à Paris, le 15 décembre 1799, fit ses études au séminaire Saint-Sulpice, et fut ordonné prêtre, par Mgr de Quélen, le 5 janvier 1823. Curé des Missions étrangères en 1830, il fut nommé chanoine théologal de Paris en 1840 et archiprêtre de l'église métropolitaine en 1849. Il prêcha aux Tuileries les carêmes de 1853 et 1854. Après son premier sermon à la Cour, il reçut la croix de chevalier de la Légion d'Honneur. Nommé évêque de Montpellier le 5 juin 1861, préconisé à Rome le 22 juillet suivant, Mgr Le Courtier a été sacré à Paris, dans l'église métropolitaine, le 24 août de la même année. On doit à ce vénérable prélat beaucoup de *Sermons* et de *Mandements épiscopaux*. En outre, il a publié les ouvrages suivants : *Manuel de la messe, ou Explication des prières et des cérémonies du saint sacrifice* (1835 et 1854); — *Le dimanche* (1839 et 1850); — *Instructions sur les béatitudes évangéliques*, prêchées en 1854 dans la chapelle des Tuileries (1856); — *Conférences sur l'aumône* (1856); — *Pieux conseils pour pratiquer la vertu dans le monde*, traduit de l'italien (1857); — *Mois de Marie en famille, à l'usage des enfants* (1858); — *Souvenirs de la retraite des dames*, prêchée dans l'église Notre-Dame de Paris, de 1849 à 1861 (1861); — *La passion de N. S. Jésus-Christ selon la concordance évangélique* (1865); — *Le sermon sur la montagne* (1866); — *Les homélies de chaque dimanche de carême* (1871); — *Les homélies de la Samaritaine et de l'aveugle-né* (1872), etc. Mgr Le Courtier assistait au concile du Vatican, et en a publié les décrets par son mandement du 31 décembre 1870. Promu officier de la Légion d'Honneur en 1863, il est en outre président d'honneur de presque toutes les Sociétés des sauveteurs en France. Quand le nord de la France a été envahi par les armées allemandes, Mgr Le Courtier a lancé un mandement pour rappeler le grand devoir de la solidarité patriotique, et le clergé de son diocèse a offert jusqu'à ses vases sacrés, quand il a vu son évêque se dépouiller de sa crosse, de sa voiture et de sa plus riche croix pastorale (mandement du 20 février 1872). Précédemment, en 1868, Mgr Le Courtier avait créé et organisé l'*Œuvre de l'abaissement du prix du pain* en faveur des ouvriers, c'est-à-dire l'œuvre du pain toujours vendu à l'ouvrier chargé de famille au prix de 30 centimes le kilo, quelle que soit l'élévation périodique du prix de vente (mandement du 11 novembre 1868). Ayant donné sa démission du siége de Montpellier, vers la fin de l'année 1873, il a été promu à l'archevêché de Sébaste *in partibus*, dans le consistoire du 16 janvier 1874; la bulle d'institution canonique a été reçue et publiée par décret du 14 mars suivant.

LECRAN (Mlle Marguerite-Zéolide), née à Bordeaux, le 1er janvier 1819. Douée de dispositions heureuses pour la peinture, Mlle Lecran reçut les leçons de Pérignon père et de Picot, et se consacra tout à la fois à la peinture des sujets religieux, au genre et au portrait. Voici d'abord celles de ses compositions qui ont figuré au Salon de Paris : *Étude de femme* (1849); — *Jésus révélant à sa mère les souffrances de sa passion* (1850); — *Le sommeil de Jésus*; *La veillée* (1857); — *Intérieur d'atelier*, qui a obtenu une mention honorable (1863); — « *Je suis l'agneau de Dieu* » (1868). Parmi ses portraits exposés, nous distinguons ceux de Mlles Mattmann et L. Lecran (1848), de Mme G. Lecran (1849), de M. Séliger (1859), de Mlle Agnès Selim (1863), le *Portrait de l'auteur* (1864), ceux de MM. H. Poincet (1866), Doussoulier (1867), de Mlle H. Michelant (1869), et de M. L. Yvert (1874). On lui doit, en outre, beaucoup d'autres compositions ou de portraits non exposés. Pour le palais archiépiscopal de Bordeaux, elle a peint deux grands dessus de porte, la *Cathédrale de Mexico*, et un. *Pèlerinage à Guadalupe*. Sur la commande du gouvernement, elle a copié, pour être placés dans des églises : la *Naissance de la Vierge*, de Murillo; les *Pèlerins d'Emmaüs*, la *Vierge, l'Enfant-Jésus, saint Ambroise et saint Maurice*, d'après le Titien; l'*Adoration des bergers*, de Ribéra; la *Vierge, l'Enfant-Jésus, sainte Rose et sainte Catherine*, d'après le Pérugin; la *Belle jardinière*, de Raphaël; l'*Annonciation*, du Guide; la *Vierge, l'Enfant-Jésus et sainte Anne*, d'après Léonard de Vinci, etc. Mlle Lecran a fait aussi, pour des particuliers un grand nombre d'autres copies d'après les maîtres déjà cités et d'après le Corrège, Metzus, Greuze, le Poussin, Picot, etc., et le musée du

Mans a d'elle une copie magnifique de la *Sainte-Famille*, de Raphaël. Disons, pour terminer, que parmi les compositions de Mlle Lecran qui n'ont pas été exposées, et qui appartiennent à des amateurs, on distingue : *Sainte Geneviève* ; *Le bonheur* ; *Jésus endormi par le concert des anges* ; « *Venez à moi* ; » *Deux amours, ou artiste et mère* ; *Les doux sentiments de la vie* ; *Le découragement* ; *Les cinq sens*, et deux petites compositions d'après la pièce de *Diane au bois*, de Th. de Banville. Mlle Lecran a obtenu des médailles aux Expositions universelles de Toulouse et de Besançon, aux expositions de Périgueux et de Montpellier, et à une exposition industrielle de Paris.

LEDRU-ROLLIN (Alexandre-Auguste), né à Paris, le 2 février 1808. Petit-fils d'un physicien renommé et fils d'un négociant, il prit le grade de docteur à la Faculté de droit, et prêta le serment d'avocat, en 1828, devant la Cour de Paris. C'est alors que, pour se distinguer d'un confrère également nommé Ledru, il ajouta à son nom celui de sa bisaïeule maternelle. Dès son entrée dans la vie publique, il se signala par son talent oratoire et ses tendances démocratiques, ainsi qu'en plaidant la cause de l'opposition dans plusieurs grands procès politiques. Il rédigea une consultation qui fit lever l'état de siége (1832), défendit le *Charivari*, la *Nouvelle Minerve*, le *Journal du Peuple*, plaida pour Caussidière, Laveaux, Dupoty, etc. Membre du Conseil de l'Ordre depuis 1836, il acquit, en 1838, la charge de M. Dalloz, avocat au Conseil d'Etat et à la Cour de cassation. Ayant échoué, à 3 voix près, en 1839, devant le collége électoral de Saint-Valery-sur-Somme, il fut élu au Mans en 1841, comme remplaçant de Garnier-Pagès aîné, et réélu en 1846. Traduit devant les assises à raison de sa première profession de foi dans laquelle il inaugurait la pensée du suffrage universel, et condamné par le jury d'Angers, il fit casser l'arrêt, et fut acquitté par la Cour d'assises de la Mayenne, devant laquelle il avait été renvoyé. A la Chambre il siégea à l'Extrême-Gauche et se prononça notamment pour l'abolition de l'esclavage, contre les fortications de Paris et le timbre des journaux. Bien qu'il fût loin d'avoir l'oreille de la majorité, il s'imposait à elle et se montrait, pour le gouvernement, un adversaire d'autant plus redoutable que ses discours avaient un grand retentissement dans toute la France. La campagne des Banquets-réformistes mit le comble à sa popularité. Il avait fondé, pour formuler librement ses idées politiques et sociales, le journal *La Réforme* ; et, en 1846, il y reproduisit sa seconde circulaire électorale, intitulée *Appel aux travailleurs*, dans laquelle il donnait comme prochain l'avénement du suffrage universel. Le 24 février, ce fut lui qui, protestant contre la minorité du comte de Paris sous la régence de la duchesse d'Orléans, s'empara de la tribune, et y soutint la proposition d'un gouvernement provisoire jusqu'à ce que la foule eût envahi et comme submergé la Chambre. La révolution faite, il fut mis à la tête du département de l'Intérieur. Dès lors, il prit à tâche, pour écarter toute cause de division et de conflit, de s'effacer autant que possible, d'éviter les ovations populaires dont il était l'objet, et de se renfermer dans ses attributions ministérielles. Il prouva surtout qu'il n'était pas le représentant exclusif des masses populaires, comme ses adversaires se plaisaient à le répandre, en prenant d'énergiques mesures contre les émeutiers du 16 avril. Elu représentant de Saône-et-Loire, de Paris et de l'Algérie à l'Assemblée constituante, il se prononça contre l'admission de Louis-Napoléon dans les rangs des députés, défendit Caussidière et Louis Blanc, demanda l'amnistie pour les insurgés de Juin, la liberté de la presse, le droit au travail, protesta contre l'état de siége, contre les préparatifs de l'expédition de Rome, et proposa nettement, à cette occasion, la séparation de l'Eglise et de l'Etat. Il fit partie de la Commission exécutive jusqu'au moment où la répression de l'insurrection de Juin amena la dictature de Cavaignac, c'est-à-dire l'organisation d'un pouvoir qui lui avait été si souvent offert à lui-même. Au mois d'avril 1849, il eut avec M. Denjoy, député royaliste de la Gironde, au sujet de la question des clubs, un duel dont heureusement les résultats furent sans gravité. Pendant une tournée électorale, il fut attaqué, sur la place de l'Hôtel-de-Ville de Moulins, par 150 gardes nationaux qui tentèrent de l'assassiner dans sa voiture à coups de baïonnette, et blessèrent ses chevaux. Aux élections pour la présidence de la République, M. Ledru-Rollin obtint 400,000 voix environ. Réélu à la Législative, dans la Seine, l'Allier, le Var, l'Hérault et Saône-et-Loire, il recommença dans cette Assemblée sa lutte en faveur de la République romaine. Le 11 juin, il termina de la sorte sa protestation contre l'intervention française : « La constitution est violée ; nous la défendrons par tous les moyens, même par les armes, puisque c'est aux armes de la garde nationale que son maintien a été confié. » A ces paroles significatives, il joignit l'action ; mais Paris, alors en proie aux ravages du choléra, répondit mal à son appel. Cerné par les troupes dans le Conservatoire des arts-et-métiers, et placé bientôt, avec quelques autres représentants du peuple, devant un peloton pour être fusillé, il réussit pourtant à s'échapper et à gagner la Belgique, puis l'Angleterre, pendant que la Haute-Cour le condamnait à la déportation. A Londres, il fut un des principaux collaborateurs de la *Voix du Proscrit*, et forma avec Kossuth, Ruge, Mazzini et autres, un Comité révolutionnaire ayant pour but la fondation de la République universelle. Impliqué dans le procès Tibaldi (attentat du 14 janvier 1858), il fut de nouveau condamné par contumace à la déportation. Cette dernière condamnation, prononcée par la Cour d'assises et réputée de droit commun, le mit seul, de tous les proscrits français d'alors, hors du bénéfice des amnisties de 1859 et 1869. Au mois de novembre 1869, il refusa de laisser présenter sa candidature à la députation, dans Paris, comme candidat assermenté. Le ministère Ollivier ayant levé le 10 janvier, après 20 ans, l'interdiction qui pesait sur lui, il se décida à revenir en France, séjourna à Fontenay-aux-Roses, et se rendit à Paris avant l'investissement. Pendant les deux sièges, il ne fut point appelé à prendre part aux affaires publiques. Bien qu'il eût formellement décliné toute candidature, il fut élu, le 8 février 1871, représentant de la Seine, des Bouches-du-Rhône et du Var. Mais il s'empressa d'adresser, au président de l'Assemblée nationale, sa démission fondée principalement sur ce que : « sous la main de l'ennemi, au milieu des nécessités désastreuses, inéluctables, où nous avait jetés une série de perfidies et de trahisons, le vote des dernières élections n'avait pu présenter les conditions d'indépendance et de spontanéité qui sont l'essence même du suffrage universel. » A partir de cette époque, M. Ledru-Rollin se refusa longtemps encore à jouer aucun rôle politique; mais, devant les insistances de ses amis, il a accepté la candidature qui lui était offerte par Vaucluse, et a été élu, le 1er mars 1874, représentant de ce département à l'Assemblée nationale. L'illustre orateur siège sur les bancs de la Gauche-Républicaine. A propos des projets qui menaçaient le suffrage universel, il a paru à la tribune; mais la modération de son langage n'a pu que difficilement triompher de l'hostilité systématique des Droites, qui l'ont interrompu plus de cent fois en trois quarts d'heure. Comme jurisconsulte, M. Ledru-Rollin a dirigé longtemps la publication du *Journal du Palais*, d'un autre recueil parallèle intitulé : *Jurisprudence française ou répertoire du Journal du Palais*, de la *Jurisprudence administrative en matière contentieuse de 1789 à 1831*, et du journal *Le Droit*. Enfin, il a publié à part : *Mémoire sur les événements de la rue Transnonain* (1834); — *Lettre à M. de Lamartine sur l'État, l'Église et l'Enseignement* (1844); — *Du paupérisme dans les campagnes et des réformes que nécessite l'extinction de la mendicité* (1847); — *Le 13 juin 1849* (Londres, 1849); — *De la décadence de l'Angleterre* (1850, 2 vol.); — *Le gouvernement direct du peuple* (1851); — et des *discours, plaidoyers, consultations, brochures politiques*, etc.

LEFAUCHEUX (Casimir), né à Bonnétable (Sarthe), en 1802. C'est à ce célèbre armurier que nous devons le fusil de chasse se chargeant par la culasse, et qui porte son nom. « Au lieu de nous contenter de voter intérieurement des actions de grâces à Lefaucheux, chaque fois que l'expérience nous démontre la supériorité de son invention, proclamons bien haut tous les avantages que nous lui trouvons... Appuyons notre dire, non-seulement par la théorie, mais par la pratique ; mettons en avant plus que des raisonnements, citons des faits; en un mot, faisons, en faveur de son arme spéciale, une propagande d'autant plus active, que nous avons été nous-mêmes plus incrédules, partant plus difficiles à convertir. Quoi que nous puissions faire, et par notre autorité et par nos exemples, nous n'acquitterons jamais que bien faiblement, envers le chef fondateur de l'honorable maison qui porte son nom, la somme de jouissances que le fusil Lefaucheux, dont nous regrettons de n'avoir adopté l'usage exclusif que depuis une dizaine d'années, a dû ajouter à nos chasses. » Tels sont les termes dans lesquels un des hommes les plus compétents en matière de chasse, M. Léon Bertrand, alors directeur du *Journal des Chasseurs*, aujourd'hui attaché à la rédaction des *Débats* et directeur du *Derby*, terminait, dans un article spécial, son appréciation sur les avantages du système. La vie de M. Lefaucheux a été consacrée, sans relâche, au perfectionnement des armes et des munitions de chasse, et ses travaux l'ont incontestablement mis à la tête de tous ses concurrents. En 1832, 1837, 1845, 1850, 1851 et l'année même de sa mort, cet infatigable inventeur prenait de nouveaux brevets. Aujourd'hui le *Fusil Lefaucheux* est généralement adopté en France et à l'étranger, et tous les fusils nouveaux ne sont que des modifications de son inventeur. M. Lefaucheux est décédé à Paris en 1852. Après sa mort, sa maison est passée à sa veuve, puis à son gendre, M. Laffiteau qui la dirige encore aujourd'hui, en société avec M. Rieger. Ces messieurs n'oublient pas que noblesse oblige, et se rendent tous les jours bien dignes de leur illustre prédécesseur.

Son fils, M. Eugène-Gabriel Lefaucheux, né à Paris en 1827, inventeur d'un nouveau système de revolvers, a fondé en 1855 une fabrique rue Lafayette. Les *Revolvers Lefaucheux*, après avoir obtenu une médaille d'honneur à l'Exposition universelle de 1855, ont été adoptés par le ministère de la Marine en 1856.

LEFÉBURE (Albert-Léon), né à Colmar (Haut-Rhin), le 31 mars 1838; issu d'une très-ancienne famille de Normandie, celle des Le Fébure, alliée aux d'Estouteville. Son grand-père maternel, M. Herzog, un des créateurs de l'industrie alsacienne, a laissé un nom justement honoré. M. Léon Lefébure fit son droit à Paris. Le goût des voyages et des études d'économie sociale, qu'il éprouva de bonne heure, après l'avoir amené à parcourir la plus grande partie de l'Europe, le conduisit plusieurs fois en Algérie, où il se livra à des travaux sur la question coloniale. A l'âge de 25 ans, il fut nommé membre et secrétaire du Conseil général de la province d'Oran où il a des propriétés. Reçu auditeur au Conseil d'État (concours de 1864), il appartint successivement aux sections du contentieux et des finances. En 1867, il fut élu membre du Conseil général du Haut-Rhin, où il remplit les fonctions de secrétaire. Détaché du Conseil d'État, la même année, auprès de M. Le Play, comme secrétaire du jury spécial à l'Exposition universelle, il reçut la croix de la Légion d'Honneur (30 juin), et fut décoré de plusieurs ordres étrangers, à raison des services qu'il rendit en cette circonstance. Il venait de remplir les fonctions de secrétaire de l'enquête agricole, et était président d'un comice agricole, quand il fut élu, en 1869, député au Corps législatif, par la circonscription de Colmar que son père représentait depuis longues années. A la Chambre, il fit partie de plusieurs Commissions importantes, prononça des discours remarqués, sur l'Algérie notamment, et figura l'un des premiers au groupe des 116. Secrétaire de la Commission d'enquête sur le régime économique, il fut chargé du rapport sur les admissions temporaires, le seul que cette Commission ait eu le temps de présenter. Après avoir servi dans un corps franc, devenu un bataillon de la garde mobile du Haut-Rhin, pendant la guerre de 1870-1871, il opta pour la nationalité française, et fut élu représentant de Paris, par 108,000 voix (2 juillet 1871). A l'Assemblée, M. Lefébure siége au Centre-Droit et fait partie de nombreuses Commissions. Il a pris part à d'importantes discussions sur la libération du territoire, la loi relative au travail des enfants dans les manufactures, etc. Nommé membre du Conseil supérieur de l'agriculture, du commerce et de l'industrie en 1873, il a été appelé, peu de temps après, au poste de sous-secrétaire d'Etat aux Finances, sous le ministère de M. Magne. En cette qualité, il a représenté le gouvernement dans la discussion du budget de 1874 et autres questions financières, et signalé son passage aux affaires en hâtant et décidant la conclusion de la convention postale avec les Etats-Unis. M. Lefébure a publié, depuis 1862, des travaux d'économie politique, de finances, d'histoire et de philosophie, dans la *Revue contemporaine*, le *Temps*, la *France*, la *Presse*, les *Bulletins* des Sociétés d'économie sociale et de colonisation, etc. Ses principales publications sont un volume sur l'*Economie rurale de l'Alsace*, en collaboration avec M. Tisserand, un autre volume sur l'*Allemagne nouvelle* (1872), une *Etude sur la condition de l'ouvrier* et sur les *Institutions rurales de l'Alsace au Moyen Age*, des *Rapports* sur la réforme pénitentiaire, sur une réforme postale, etc. S'étant attaché particulièrement aux œuvres qui ont pour but le développement de l'instruction populaire et l'amélioration de la condition de l'ouvrier, il a fondé en Alsace, en 1866, la Société pour la propagation des bibliothèques populaires, et à Paris, en 1867, avec le comte Sérurier, la la Société des bibliothèques populaires du VIIIe arrondissement. M. Lefébure est secrétaire-général de la Société de protection des apprentis et enfants employés dans les manufactures, et président de la Société de patronage des détenus libérés.

LEFEBVRE (Charles), né à Paris, le 16 octobre 1805. Elève d'Abel de Pujol et du baron Gros, il se consacra surtout à la peinture des sujets historiques et du portrait. Ses tableaux les plus importants furent achetés par l'Etat, qui les fit placer dans des musées départementaux ou dans des églises. En 1827, il débuta au Salon de Paris avec le *Prisonnier de Chillon*. Depuis, cet artiste a exposé : *Louis XI refusant la grâce au comte d'Armagnac* ; *Un castillan*, étude ; *Portrait d'homme* (1834) ; — *Pétrarque et Laure* ; *Le giaour racontant sa vie au moine* (1835) ; — *Une scène de la fin du monde* (1836) ; — *L'ange gardien de l'étude* ; *Sainte-Famille* (1837) ; — *Ravissement de saint François* ; *La Vierge miraculeuse* (1838) ; — *Héloïse et Abeillard* ; *Une conversion* ; *Une pensée d'innocence* (1839) ; — *La Transfiguration* (1840) ; — *Judith* ; *Tête de Christ* (1841) ; — *Saint Augustin* (1844) ; — *Jésus-Christ aux Limbes* ; *La Vierge et l'Enfant-Jésus* (1845) ; — *Evanouissement de la Vierge aux pieds du Christ* (1846) ; — *Madeleine repentante* ; *Sainte Claire et ses religieuses admises à adorer les stygmates de saint François d'Assise après sa mort* (1847) ; — *Consolation* ; *Sainte Anne* ; *Le Christ au Jardin des Oliviers* (1848) ; — *Nyssia* ; *Graziella* (1849) ; — *Guillaume-le-Conquérant* ; *Jeune Bacchante*, au musée de Lille (1850) ; — *Satan foudroyé*, sujet tiré du *Paradis perdu* de Milton, au musée de Nîmes (1852) ; — *Zoleïkha, femme de Putiphar* (1853) ; — *Ecce Homo* ; *Nyssia* (E. U. 1855) ; — *Le triomphe d'Amphitrite*, au musée de Saint-Quentin ; *Bohémienne* ; *Bretons* (1857) ; — *Saint Louis débarque à Damiette* ; *L'entrée dans la vie* ; *La vérité* ; *Le roi des Aulnes* (1859) ; — *Fête à Bacchus* ; *Madeleine repentante* (1861) ; — *Mort de Guillaume-le-Conquérant*, au musée de Rouen ; *Jacob et Joseph* ; pour la chapelle Sainte-Madeleine à l'église Saint-Louis-en-l'Isle : *Madeleine aux pieds de Jésus* ; *Madeleine dans le désert* ; *Apothéose de sainte Madeleine* (1863) ; — *Moïse sur la montagne* (1864) ; — *Saint Sébastien*, martyr (1866) ; — *La nymphe Aréthuse* (1867) ; — *Néréide* (1868) ; — *David* (1869) ; — *Méhul enseignant les chants patriotiques au peuple de Paris* (1870) ; — *Lucrèce* (1873). Parmi les portraits dus au pinceau de cet artiste, nous distinguons ceux de M. *Alphonse Roehn* (1846), de MM. le baron *Taylor* (1852), *Adelon*, professeur à la Faculté de médecine (E. U. 1855), *Al. Goria* (1857), *Henri Litolff* (1859), *Jules Favre* (1865). M. Lefebvre a obtenu des médailles de 2e classe en 1833, de 1re classe en 1844, de 3e classe à l'Exposition universelle de 1855, et la croix de la Légion d'Honneur en 1859.

LEFEBVRE (Jules-Joseph), né à Tournan (Seine-et-Marne), le 10 mars 1836. Elève de l'Ecole municipale d'Amiens, et pensionnaire de cette ville, M. Lefebvre a suivi l'atelier de M. L. Cogniet, et s'est fait de bonne heure une grande réputation. En 1855, son portrait de M. *Fusilier*, son premier maître, fut admis à l'Exposition universelle. Il remporta le premier grand prix de Rome, en 1861, pour la peinture d'histoire, sur le sujet suivant : *Mort de Priam*. De la Villa-Médicis, il envoya, en 1864, un *Jeune homme peignant un masque tragique*, dont la critique fit le plus grand éloge. Depuis, M. Lefebvre a exposé au Salon de Paris : le portrait de Mme *Lemaire* (1857) ; — les portraits du *Père de l'auteur* et de M. *Lemaire* (1859) ; — *La veille de Noël* ; le portrait de M. *Pelpel* (1861) ; — *La charité romaine* (1864) ; — *Pèlerinage au Sacro-Speco, couvent de San-Benedetto*, près Subiaco (Etats-Romains) ; *Jeune fille endormie* (1865) ; — *Nymphe et Bacchus* (1866) ; — *S. S. Pie IX à Saint-Pierre de Rome* (1867) ; — *Femme couchée*, étude ; le portrait de la *Sœur de l'auteur* (1868) ; — *Pascuccia* ; le portrait de Mme *Laisné* (1869) ; — *La vérité* ; le portrait de Mme la marquise *de Montesquiou* (1870) ; — *La cigale* (1872) ; — le portrait du *Prince impérial* (1874). Le *Jeune homme peignant un masque* et *Nymphe et Bacchus* ont reparu à l'Exposition universelle de 1867 ; la *Femme couchée*, la *Vérité* et la *Cigale*, à l'Exposition universelle de Vienne en 1874. M. Lefebvre a remporté des médailles en 1865, 1868 et 1870. Il a reçu la croix de la Légion d'Honneur le 20 juin 1870.

LEFEBVRE-DURUFLÉ (Noël-Jacques), né à Rouen, le 19 février 1792. M. Lefebvre a fait ses classes au lycée de Rouen et son droit à la Faculté de Paris. Attaché au ministère d'Etat, sa connaissance de la langue anglaise, connaissance alors fort rare, le fit choisir pour coopérer à la traduction analytique des journaux anglais destinée à l'usage personnel de l'empereur. En 1814, il allait entrer au Conseil d'Etat, quand les événements brisèrent sa carrière. Alors, avec Etienne, Jouy, Cauchois-Lemaire, Jay, Merle, Harel et Borie de Saint-Vincent, il prit part à la rédaction du *Nain-Jaune*, feuille satirique dont l'influence était alors considérable, et à celle du *Mercure de France*, qui devint plus tard la *Minerve*, journal impérialiste. Devenu, en 1822, le gendre et l'associé de M. Duruflé, riche manufacturier en draps d'Elbeuf, il laissa de côté le journalisme pour se consacrer à l'industrie. Sous le gouvernement de Juillet, absorbé par ses entreprises industrielles, il refusa plusieurs fois l'offre qui lui fut faite de se porter candidat à la Chambre des députés, se bornant aux fonctions de maire de Pontauthou, où étaient situées les usines de sa famille, et à celles de conseiller général de l'Eure, qu'il a conservées plus de quarante ans. Dégagé, en 1849, de tous intérêts commerciaux, il accepta une candidature à l'Assemblée législative, et fut nommé par 53,568 suffrages. Dans cette Assemblée, il fut chargé de plusieurs rapports sur d'importantes questions commerciales, entr'autres sur les associations ouvrières et sur l'enquête agricole, commerciale et industrielle en France. Ces rapports, et les antécédents impérialistes de M. Lefebvre-Duruflé, appelèrent sur lui l'attention du président de la République, qui, le 23 novembre 1851, lui confia le portefeuille de l'Agriculture et du Commerce. Après le Coup-d'Etat, il fit partie de la Commission consultative; et, le 25 janvier 1851, il échangea le portefeuille de l'Agriculture contre celui des Travaux-publics qu'il conserva jusqu'au 28 juillet suivant. Les deux ministères de M. Lefebvre-Duruflé furent marqués par son ardeur à relever le courage abattu des commerçants et des industriels, et à résoudre avec activité toutes les questions qui touchaient à la reprise des affaires. La transformation de Marseille, l'établissement d'une ligne télégraphique entre la France et Turin, à travers les Alpes, la concession des paquebots de la Méditerranée, celle de quinze lignes de chemins de fer embrassant plus de 2,000 kilomètres et le partage de l'ensemble du réseau entre quatre grandes Compagnies, tels sont les principaux actes de son passage au pouvoir. On y peut ajouter une magnifique fête champêtre donnée au ministère des Travaux-publics, qui eut pour effet de réveiller à Paris le commerce de luxe, et qui a laissé un souvenir plus populaire peut-être que les actes sérieux de son administration. A sa sortie du ministère, le 28 juillet 1852, M. Lefebvre-Duruflé fut élevé à la dignité de sénateur. Dans ce nouveau poste, il fut un des plus laborieux rapporteurs des Commissions de pétitions. Ses rapports relatifs aux douanaires de Fontainebleau et au testament de Napoléon Ier ont l'intérêt d'études historiques. A la chute de l'Empire, après avoir essayé de rallier à une unité d'efforts, pour le maintien de l'ordre public et pour la défense nationale, plusieurs départements de Normandie et de Picardie, il fut menacé d'arrestation à Evreux, et donna sa démission des quelques fonctions qui lui restaient encore. Depuis la révolution du 4 Septembre, M. Lefebvre-Duruflé s'abandonnant, malgré la rigueur des temps, à l'espoir de réparer, par le travail, les maux de la patrie, et cédant, avec trop de bienveillance peut-être, aux sollicitations de quelques amis, s'est trouvé engagé dans des Sociétés qui ont subi de cruels revers ; mais, dans les luttes judiciaires qui ont été la conséquence de ces catastrophes, il lui a été facile d'établir qu'exclusivement voué à l'étude technique des affaires industrielles proposées à ces Sociétés, il était personnellement resté tout à fait étranger à leurs opérations financières. Aussi Me Allou, dans une de ses plus solides et de ses plus brillantes plaidoiries, celle qu'il a prononcée dans l'affaire de la Société industrielle, a-t-il pu victorieusement repousser l'imputation qui était faite à son client d'avoir profité d'avantages indus, et s'écrier : « Y a-t-il de sa part, y a-t-il un emprunt à la caisse *quelque léger qu'il soit*, l'avance *la plus minime*, un compte-courant ouvert ? non, *rien, rien !*» Si M. Lefebvre-Duruflé a vu sa fortune personnelle s'abîmer dans ces désastres, au moins a-t-il eu la consolation d'en dégager intacts et respectés sa probité et son honneur, établis sur plus d'un demi-siècle des plus purs antécédents. Tant d'occupations dans la vie publique et dans la vie privée n'ont pas empêché cet homme laborieux de cultiver la littérature, objet de ses premières préférences. — On lui doit : *Lettres de Nicolas Boileau à M. Etienne*, à propos de la querelle des *Deux gendres* (broch., 1812) ; — *Tableau historique de la Russie* (1812, 2e vol.) ; — *Alonzo*, roman (1812);—*Mademoiselle Mars et mademoiselle Levert, ou comment cela finira-t-il* (broch., 1813) ; — *Défense de M. Foulon*, éditeur des *Lettres normandes*, devant la Cour d'assises d'Orléans (broch. 1819) ; — *L'art de mettre sa cravate* (1823, avec vign. et fleurons); — les tomes VIIe et VIIIe de l'*Hermite en province* : *Normandie* (1824 et 1827, 2 vol.) — cinq brochures de polémique à propos de l'*Election O. Barrot* (1830) ; — *Ma déposition dans le procès du curé de Carville* (1831) ; — *Ports et côtes de France*, de Dunkerque au Hâvre (1831, in-fol. et in-4°, grav. d'art) ; — *Rapport sur les asiles d'aliénés* (1839) ; — *Sur la nécessité de donner un nouvel essor au commerce* (1843). Il a aussi traduit de l'anglais, sous le titre de *Colon de Vandiemen*, un roman très-populaire, faisant partie des *Colonial Tales* de Rowkroft (1848, 3 vol.) ; et, sous le titre de : *La Bourse de Londres*, le curieux ouvrage anecdotique de M. Francis (1854). Il faut ajouter à cette nomenclature beaucoup d'articles disséminés dans les journaux. Au théâtre, il a donné, à Rouen : *La nièce de Corneille chez Voltaire* (vaudeville 1816) ; à l'Opéra-Comique, *Une nuit de Gustave Wasa* (1823) ; au Grand-Opéra, en société avec M. de Jouy, *Zirphile et Fleur de Myrthe* (1827). M. Lefebvre-Duruflé a été promu au grade de Grand-Officier de la Légion d'Honneur le 14 août 1862.

LEFÈVRE-PONTALIS (Antonin), né à Paris, le 19 août 1830. Fils d'un notaire de Paris, et descendant, par sa mère, de Soufflot, l'illustre architecte du Panthéon, il fit les études classiques les plus brillantes au collège Bourbon, suivit les cours de la Faculté de droit de Paris, et se fit recevoir licencié ès lettres en 1850, et docteur en droit en 1855. Puis il se consacra à la littérature et au journalisme, et fournit des articles à la *Revue des Deux-Mondes* et au *Journal des Débats*. Nommé auditeur au Conseil d'Etat en janvier 1852, et promu à la première classe en 1857, il donna sa démission, en 1863, pour se présenter, dans la Seine-et-Oise, comme candidat libéral à la députation. Ayant échoué, mais avec une très-forte minorité, il se représenta dans la même circonscription, en 1869, comme candidat de l'opposition constitutionnelle, et fut élu au second tour de scrutin, après une lutte très-vive contre le candidat officiel. Ayant pris place dans les rangs du Tiers-Parti-Libéral, il fut l'un des premiers signataires de la demande d'interpellation dite « des 116. » Dans la session suivante, il aborda directement les débats parlementaires, et prononça plusieurs discours, notamment sur l'enquête agricole et l'élection des maires par les Conseils municipaux. Resté à l'écart du gouvernement du 4 Septembre, il se prononça énergiquement, comme M. Grévy, pour la prompte réunion d'une Assemblée. Élu représentant du peuple en 1871, en tête de la liste du département de Seine-et-Oise, il fut appelé, à Versailles comme à Bordeaux, au sein des principales Commissions, et se fit entendre avec succès à la tribune dans plusieurs circonstances, entre autres dans la discussion de la loi sur les Conseils municipaux, les Conseils généraux, la magistrature, le Conseil d'Etat, la révision de la loi électorale, et la suppression de la mairie de Lyon. M. Lefèvre-Pontalis a continué d'appartenir au Centre-Gauche, mais s'est toujours montré favorable à l'union des deux Centres. Il a publié, en 1864, deux ouvrages : *La Hollande au XVIIe siècle*, et *Les lois et les mœurs électorales en France et en Angleterre*.

LEFÈVRE-PONTALIS (Amédée), né à Paris, le 20 juin 1833; frère du précédent. Il fit ses études classiques et son droit à Paris, prit place au barreau de cette ville en 1863, et ne tarda pas à y jouer un rôle important. Jusqu'à la révolution du 4 Septembre 1870, il se tint à l'écart des affaires publiques pour ne pas prêter serment à l'Empire. M. Amédée Lefèvre-Pontalis, élu représentant d'Eure-et-Loir à l'Assemblée nationale, le 8 février 1871, prend une part très-active aux travaux de la Chambre. Secrétaire de la Commission de décentralisation, il a soutenu à la tribune, à différentes reprises, la loi sur les Conseils généraux, et a été chargé du rapport de la loi relative à la suppression des Conseils de préfecture. Il a fait aussi partie des Commissions relatives aux délits politiques, au jury en matière de presse, aux biens de la maison d'Orléans, à la loi présentée par M. Victor Lefranc sur la répression des attaques contre le gouvernement, à la réforme pénitentiaire. Comme membre de la célèbre Commission des Trente, il a fait un remarquable discours sur les questions Constitutionnelles soulevées par cette commission. Il a déposé une proposition tendant à faire accorder une indemnité exceptionnelle à la ville de Châteaudun, et demandé la révision des décrets du gouvernement de la Défense nationale. M. Amédée Lefèvre-Pontalis siége à la Droite et fréquente la Réunion des Réservoirs. Il a débuté dans les lettres, à l'âge de 21 ans, par un *Discours sur la vie et les écrits de Saint-Simon*, qui a remporté le prix d'éloquence mis au concours par l'Académie française, publié, en 1860, une *Etude sur la liberté de l'histoire*, à propos de la diffamation envers les morts, et fourni des articles au *Correspondant* et à la *Revue des Deux-Mondes*.

LEFILS (Florentin-Aimable), né à Dieppe, le 7 juin 1805. Entré dans les douanes, il y parvint, en 1850, à la position de vérificateur, et fut admis à la retraite en 1857. Tout en poursuivant la carrière administrative, il se consacrait à des travaux littéraires; et pendant qu'il était en résidence à Paris, il travailla pour le théâtre, et réussit, malgré de nombreuses difficultés, à faire jouer quelques-unes de ses pièces sur les scènes des boulevards. En 1844, il rédigea le *Globe*, dont la durée fut éphémère. Puis il écrivit, sous le pseudonyme de « Rigobert, » dans la *France théâtrale* et dans quelques autres feuilles littéraires. En 1857, il prit la direction du *Pilote de la Somme*, journal politique d'Abbeville, un des bons organes de la presse départementale, auquel il n'avait cessé de collaborer depuis vingt ans, et dont il est encore le rédacteur en chef. Opposé de vues et d'idées au corps des ingénieurs, sur les moyens d'améliorer les ports de la Somme, il avait soutenu, pendant plusieurs années, une polémique ardente en faveur des avantages naturels que présente celui du Crotoy. A ce sujet, il eut trois entrevues avec l'empereur, qui, se rangeant à son avis, avait d'abord promis de le faire prévaloir, mais finit par céder devant la résistance opiniâtre des ponts-et-chaussées. Néanmoins, pour donner satisfaction à des représentations dont la justesse était évidente, un bassin de chasse fut construit au Crotoy, comme compensation des pertes que la direction imprimée aux travaux faisait éprouver à ce port. M. Lefils a donné, dans le *Pilote de la Somme*, sous forme d'articles fantaisistes, signés « Père Mathieu, » puis « Rigobert, » un cours d'instruction politique et morale qui a contribué puissamment à éclairer les gens de la campagne. Il a publié à part : *Description des îles Marquises* (1843); — *A propos des Dunes* (1847); — *La vérité sur la baie de Somme* (1853); — *Les côtes françaises de la Manche* (1854); — *Question de la Somme* (1854); — *Topographie du Ponthieu* (1858); — *Histoire civile, politique et religieuse de Saint-Valery-sur-Somme* (1858); — *Recherches sur la configuration des côtes de la Morinie*, ouvrage couronné par la Société des antiquaires de Picardie (1859); — *Mélanges : récits, anecdotes et légendes concernant l'archéologie et l'histoire des côtes de Picardie* (1859); — *Histoire de la ville du Crotoy et de son château* (1860); — *Histoire de la ville de Montreuil-sur-Mer et de son château* (1860); — *Histoire civile, politique et religieuse de la ville* de Rue et du pays de Marquenterre (1860); — Le Crotoy (1861); — Géographie historique de l'arrondissement d'Abbeville (1863); — Réflexions critiques sur quelques points de l'histoire de Picardie (1869). M. Lefils a aussi publié quelques romans : Les deux sœurs (1858); — Ch'quiot Picard, épisode historique du XVIe siècle (1860); — La jolie fille de Domart (1860), etc.

LE FLO (Adolphe-Charles-Emmanuel), né à Lesneven (Finistère), le 2 novembre 1804. Elève à l'Ecole militaire de Saint-Cyr en 1823, sous-lieutenant au 2e léger le 1er octobre 1825, lieutenant le 5 novembre 1830, capitaine le 20 janvier 1836, il passa chef de bataillon au corps des zouaves le 21 juin 1840, devint lieutenant-colonel du 22e léger le 31 décembre 1844, et colonel du 32e de même arme le 29 octobre 1844. M. Le Flô a été promu général de brigade le 12 juin 1848 et nommé, dans le même mois, au commandement de la subdivision de Bône. En Afrique, de 1835 à 1848, il a pris part à de nombreuses actions de guerre. Blessé à la tête et aux mains par suite de l'explosion d'une mine sur la brèche de Constantine (13 octobre 1837), fortement contusionné à l'épaule droite à l'Oued-Djer (30 avril 1840) et au bras gauche à Milianah (2 mai 1840), il a été cité dix fois dans les ordres généraux de l'armée. M. le général Le Flô partit pour Saint-Pétersbourg, le 23 août 1848, en qualité d'envoyé extraordinaire et de ministre plénipotentiaire ; mais il donna sa démission en décembre 1848 et vint prendre place à l'Assemblée Constituante, dont il faisait partie depuis le 17 septembre, comme représentant du Finistère. Réélu à la Législative, il se montra un des plus vifs adversaires de la politique napoléonienne, et fut arrêté le 2 décembre, conduit à Mazas, puis enfermé à Ham. Exilé en janvier 1852, il se retira à Jersey, et fut mis en retraite d'office en 1853, pour refus de serment. Rentré en France en 1859, il vécut dans la retraite, en son château de Hec'hoät (Finistère), jusqu'à la révolution du 4 Septembre 1870. Alors, le général Trochu, gouverneur de Paris, auquel le liait une vieille amitié, lui fit accepter le portefeuille du ministère de la Guerre, rendu vacant par la retraite du général Cousin-Montauban. Pendant le siége, il ne cessa de se prononcer, avec le parti d'action, pour une vigoureuse offensive et l'emploi de la garde nationale. Elu représentant du Finistère à l'Assemblée nationale, le 8 février 1871, il déposa son portefeuille à Bordeaux, mais le reprit sur l'insistance de M. Thiers. Le 17 mars, il se prononça vainement, dans le conseil des ministres, contre l'enlèvement des canons de Montmartre, tel qu'il avait été projeté par le général Vinoy. M. le général Le Flô, ayant donné sa démission de ministre le 5 juin suivant, est parti tout aussitôt pour la Russie, où il remplit, depuis cette époque, les hautes fonctions d'ambassadeur de France. Il est commandeur de la Légion d'Honneur depuis le 23 janvier 1848.

LE FORT (Léon-Clément), né à Lille, le 5 décembre 1829. Il fit ses études classiques au collége de sa ville natale, concourut pour la chirurgie militaire, obtint le numéro 1, et, par suite d'une erreur administrative, ne fut pas nommé. Il fallut une interpellation, à la Chambre, d'un des députés du Nord pour obtenir son entrée à l'hôpital militaire de Lille en 1848. Lors de la suppression des hôpitaux militaires d'instruction en 1850, il se rendit à Paris, pour y continuer ses études médicales. Reçu au concours, comme externe, à la fin de 1850, il concourut, avec succès, pour l'internat en 1852, appartint, en 1853, au service de l'illustre Malgaigne (dont il est devenu le gendre) à l'hôpital Saint-Louis, et fut nommé aide d'anatomie en 1858, et prosecteur en 1860. Docteur en 1858, agrégé de la Faculté en 1863, chirurgien des hôpitaux la même année, et professeur de médecine opératoire à la Faculté de médecine en 1873, il attira sur lui l'attention du monde savant par ses travaux sur les questions hospitalières. En 1858, il s'était rendu à Londres pour voir opérer, dans les hôpitaux de cette ville, la *Résection du genou*, qui prêtait beaucoup à la controverse. En 1861, il parcourut le Royaume-Uni, la Hollande et la Suisse, pour y étudier les établissements hospitaliers, et rédigea un *Mémoire sur l'hygiène hospitalière en France et en Angleterre*, où il démontrait notre infériorité à cet égard. Emue par l'apparition de cette brochure, l'administration des hôpitaux chargea l'auteur lui-même, en 1864, d'une mission en Allemagne et en Russie. Après cinq mois d'absence, M. Le Fort présenta, sur les résultats de son voyage, un rapport partiel, relatif à la question des *Maternités*. Ce travail, jugé trop considérable et trop peu administratif de forme, fut écarté par l'administration des hôpitaux, qui recula devant les frais de sa publication. Alors, M. Le Fort, après un nouveau voyage en Angleterre, fit paraître un ouvrage considérable sur la matière. Successivement chirurgien de l'hospice des Enfants-Assistés, de l'hôpital du Midi, de l'hôpital Cochin et de l'hôpital Lariboisière, il est actuellement chirurgien de l'hôpital Beaujon. En 1859, M. Le Fort prit part, comme chirurgien volontaire, à la campagne d'Italie; en 1864, il alla pendant la guerre du Schleswig-Holstein étudier l'organisation des ambulances prussienne, autrichienne et danoise. En 1870, il organisa, comme chirurgien en chef, les premières ambulances volontaires et dirigea l'une d'elles pendant tout le siége de Metz. Il vient (1872) de publier ses études sur l'organisation de la chirurgie militaire dans un livre intitulé : *La chirurgie militaire et les Sociétés de secours en France et à l'étranger*. Collaborateur du *Dictionnaire encyclopédique des sciences médicales*, de la *Gazette hebdomadaire*, de la *Revue des Deux-Mondes*, du *Paris-Guide* (art. Hôpitaux), M. Le Fort a publié un grand nombre de travaux dont les plus importants sont : *De la résection du genou* (1859); — *De la résection de la hanche* (1860); — *Des vices de conformation de l'utérus et du vagin* (1863); — *Des indications du trépan dans les fractures du crâne* (1867); — *Recherches sur l'anatomie du poumon* (1858); — *Des maternités* (1866); — *De l'influence du recrutement de l'armée sur le mouvement de la population* (1867); — *Des anévrysmes* (1860); — *Plaies et anévrysmes de la carotide, du tronc brachio-céphalique, de l'axillaire* (1867-1868); — *Des hôpitaux sous tente*

(1869), etc. M. le docteur Le Fort est chevalier de la Légion d'Honneur depuis le 7 août 1870.

LEFORTIER (Jean-Henri), né à Sèvres (Seine-et-Oise), le 2 octobre 1819. Destiné d'abord au barreau, il fit son droit à la Faculté de Paris, de 1837 à 1841. En même temps il cultivait la peinture, suivait l'atelier de M. Rémond, et prenait, peu après, les conseils de M. Corot. Adonné surtout à la peinture du paysage, il débuta au Salon de Paris, en 1847, avec une *Vue prise aux environs de Paris*. Depuis, M. Lefortier a exposé : *Vue prise aux environs de Sèvres*, effet du matin (1848); — *Lisière de bois; Effet du soir; Vue prise aux environs de Paris; Une matinée* (1849); — *Prairie en Normandie; Vue prise aux environs de Fontainebleau; Crépuscule; Lisière d'un bois; Vue prise en Brie* (1850); — *Route*, vue prise à Ville-d'Avray; *Site du Dauphiné; Environs de Chevreuse* (1852); — *Site de Normandie*, effet du matin (1853); — *Un temps orageux* (E. U. 1855); — *Site aux environs de Compiègne; Effet d'automne* (1857); — *Mare dans la forêt de Compiègne; Bords d'un étang* (1859); — *Lisière de forêt ; Soir d'automne*, paysage; *Bords d'une rivière en Normandie*, qui lui valut une mention honorable (1861); — *Bords d'un étang; Une matinée; Un soir* (1863); — *Mare en automne*, aux environs de Neuville (Normandie); *Matinée dans les bois* (1865); — *Bords d'une rivière*, aux environs de Nogent-le-Rotrou, effet d'automne; *Ruisseau*, effet du matin (1866); — *Vieux pont sur le Rû de Rebais* (Seine-et-Marne), effet du matin; *Cours d'eau*, aux environs de la Ferté-sous-Jouarre (1870); — *Site du Berry*, effet du matin (1872); — *Cours d'eau dans la vallée d'Orsay*, dans la Seine-et-Oise (1873).

LEFRANC (Bernard-Edme-Victor-Etienne), né à Garlin (Basses-Pyrénées), le 2 mars 1809. M. Victor Lefranc, neveu du conventionnel girondin de ce nom, fit ses études classiques au collège communal d'Aire (Landes), son droit à la Faculté de Paris, et prit place au barreau de Mont-de-Marsan, où il se fit bientôt une position importante. Il fit partie du Conseil municipal, comme chef du parti libéral, remplit les fonctions de commissaire de la République dans les Landes en 1848, et fut élu représentant de ce département à l'Assemblée constituante, le premier sur sept députés. Il adhéra à la déclaration portant que le général Cavaignac avait bien mérité de la patrie. A partir du 10 décembre, et après le renvoi du ministère Odilon Barrot, il fit au gouvernement de l'Elysée une opposition constitutionnelle, votant contre la proposition Rateau, et désapprouvant l'expédition de Rome. Il fut réélu, le premier encore, à la Législative, et envoyé au Conseil général des Landes, qui le choisit pour son président. Après le 2 Décembre, où il s'associa à la résistance de l'Assemblée, M. Victor Lefranc s'est fait inscrire au barreau de Paris; il a été élu membre du Conseil de l'Ordre. En 1863 et 1869, il s'est porté candidat de l'opposition dans les Landes, et a obtenu de belles minorités. Pendant le siège de Paris, il a été désigné pour faire partie de la Commission provisoire remplaçant le Conseil d'Etat, mais n'a pas accepté ces fonctions. Elu représentant des Landes à l'Assemblée nationale, le 8 février 1871, il a fait partie de la réunion de la Gauche républicaine. C'est lui qui a fait le rapport de la Commission concluant à la nomination de M. Thiers à la présidence de la République; de même, il a été rapporteur de la Commission de 15 membres chargée d'assister MM. Thiers et Jules Favre dans la négociation du traité de paix. Nommé ministre de l'Agriculture et du Commerce le 5 juin 1871, dans le cabinet dit de conciliation, il est passé à l'Intérieur le 6 février suivant, et a donné sa démission le 2 décembre de la même année. Alors il a repris sa place au barreau de Paris, en même temps qu'il se faisait inscrire à la réunion du Centre-Gauche de l'Assemblée. C'est lui qui a été chargé du rapport sur l'évacuation du territoire par les troupes allemandes, dans les derniers jours du gouvernement de M. Thiers. Membre de la Société d'agriculture des Landes et de la Société des agriculteurs de France, il a publié, dans le *Journal d'agriculture pratique*, des articles et revues de jurisprudence agricole. On doit en outre, à M. Victor Lefranc, un excellent *Traité sur l'éducation agricole*.

LEFUEL (Hector-Martin), né à Versailles, le 14 novembre 1810. Elève de son père, architecte distingué, puis de Huyot, il entra à l'Ecole des beaux-arts en 1829, obtint le second grand prix en 1833, et remporta le prix de Rome, en 1839, sur ce sujet : *Projet d'un Hôtel-de-Ville pour Paris*. Les trois dessins qu'il adressa d'Italie furent envoyés, par la Commission de l'Académie des beaux-arts, à l'Exposition universelle de 1855 ; c'étaient le *Temple de la Piété*, le *Temple de l'Espérance* et le *Temple de Junon Matuta*. De 1843 à 1848, M. Lefuel ouvrit son atelier à des élèves, travailla pour les particuliers, et dessina une *Cheminée monumentale* pour le palais ducal de Florence, cheminée exécutée plus tard par M. Ottin. Architecte du château de Meudon après la Révolution de 1848, puis du château de Fontainebleau, il fut appelé, de 1854 à 1855, à remplacer Visconti comme directeur des travaux du nouveau Louvre, et sut introduire, dans les plans laissés par son illustre prédécesseur, d'importantes et heureuses modifications. C'est lui qui a donné, aux guichets du Carrousel, leurs vastes et élégantes proportions, dirigé, comme architecte en chef, les travaux des Palais de l'Industrie et des Beaux-Arts, et aménagé les appartements d'honneur du ministère d'Etat. Parmi les travaux qu'il a exécutés pour les particuliers, on cite le superbe hôtel de M. Achille Fould au Faubourg-Saint-Honoré (1856). M. Lefuel, architecte en chef du Louvre et des palais nationaux, professeur et membre du jury d'architecture à l'Ecole des beaux-arts, a été élu membre de l'Académie des beaux-arts en 1855. Membre de la Commission impériale à l'Exposition universelle de 1867, il a été promu commandeur de la Légion d'Honneur le 30 juin de la même année, pour les services qu'il a rendus pendant cette exposition.

LEGENDRE (Isidore-Julien), né à Blois, le 22 mars 1811. Il suivit les ateliers de Roqueplan, de Blondel, d'Eugène Delacroix, et cultiva plusieurs genres de peinture avec un égal succès. On lui doit, en effet, des tableaux d'histoire ou de genre, des études de fleurs et de fruits, etc. En 1833, il débuta au Salon de Paris avec *Catherine de Médicis méditant, dans son oratoire, sur la Saint-Barthélemy*. Depuis, cet artiste a exposé : *Costumes espagnols ; Deux bergers et une vieille femme de la Catalogne*, vallée du Consort (1834) ; — *Le prophète Isaïe ; Salvator Rosa* (1835) ; — *Ecce Homo* (1838) ; — *Mater Dolorosa ; Champs de Waterloo* (18 juin 1815); *Don Juan et Haydée* (1839) ; — *Course de taureaux sur la grande place de Pampelune* (1845) ; — *Offrande à Notre-Dame d'Estella*, souvenir d'Espagne; *Fruits* (E. U. 1855) ; — *Chien effrayé par un limaçon* ; « *Aimez-vous les pêches ?* » sujet emprunté au *Demi-Monde* d'A. Dumas : *La première leçon* (1857) ; — *Un célibataire ; Les fugitifs ; L'été ; Un nid volé ; L'automne ; Grives en vendanges ; L'hiver ; Fruits du midi* (1859) ; — *Par un temps de neige ; Picciola ; Souvenir ; L'école buissonnière* (1861) ; — *La jeune captive* (1863) ; — *Convoitise ; Etude de pavots* (1864) ; — *Le mur mitoyen* (1866) ; — *La Saint-Valentin ; Pavots* (1870) ; — *Chrysanthèmes* (1872). M. Legendre est conservateur du musée de Blois depuis 1866.

LEGGE (Henri, *comte* DE), né à Rennes, le 24 juin 1834 ; issu d'une noble famille remontant aux anciens Saxons, établie en Bretagne depuis 1668, et dont la branche restée anglaise possède un siége à la Chambre des lords. Engagé volontaire en 1853, M. le comte de Legge conquit rapidement le grade d'officier au 1er régiment de lanciers, et prit part, en cette qualité, à la guerre d'Italie, en 1859. Démissionnaire en 1863, il se maria, se retira dans ses terres, et consacra tous ses soins au développement et à l'amélioration de l'agriculture locale. Son mérite personnel, sa position et l'aménité de son caractère lui assurèrent bientôt une légitime influence parmi ses concitoyens. Nommé commandant au 3e bataillon des mobiles du Finistère, il joua un rôle important pendant le siége de Paris, reconquit l'Hôtel-de-Ville sur l'émeute le 31 octobre 1870, et le défendit aussi contre l'attaque violente du 22 janvier. Ces services et les talents militaires dont il avait fait preuve sous les murs de Paris augmentèrent encore sa popularité dans le Finistère ; et, le 8 février 1871, il fut élu spontanément député de ce département à l'Assemblée nationale. M. le comte de Legge appartient à l'Extrême-Droite. Il a voté le traité de paix, mais s'est prononcé contre l'article 2 du traité de Francfort. Il a reçu la croix de la Légion d'Honneur.

LEGRAND (Arthur), né à Paris, le 28 octobre 1833. Entré, comme auditeur, en 1857, au Conseil d'Etat, il devint maître des requêtes en 1866. Pendant son auditorat, il fut secrétaire d'un grand nombre de Commissions spéciales relatives à la réforme commerciale, aux mines, aux établissements thermaux, au code rural, à la marine marchande, aux établissements de crédit, etc. Ses études portèrent spécialement sur l'économie politique. Il fut, en 1862, chargé d'une mission en Angleterre à l'occasion de l'Exposition universelle, et nommé chevalier de la Légion d'Honneur. On lui doit de bons articles insérés dans la *Revue contemporaine*. Il est maire de Milly, et a été quatre fois secrétaire du Conseil général de la Manche, auquel il appartient depuis 1866. Le 8 février 1871, les électeurs de ce département l'ont désigné comme l'un de leurs représentants à l'Assemblée nationale. Son père, qui a été pendant dix-huit ans à la tête de l'administration des travaux publics, comme directeur-général des ponts-et-chaussées et comme sous-secrétaire d'Etat, avait été durant de longues années député de la Manche. M. Arthur Legrand vient de publier un volume contenant le résumé des dépositions orales faites devant le Conseil supérieur du commerce, dans l'enquête sur la circulation fiduciaire et monétaire.

LEGRAND DU SAULLE (Henri), né à Dijon, le 16 avril 1830. M. Legrand du Saulle est fils d'un capitaine de dragons. Il fit ses études classiques et commença ses études médicales dans sa ville natale, et dirigea spécialement ces dernières vers l'étude des maladies nerveuses et mentales. Interne de l'asile des aliénés de Dijon, puis de celui de Quatremares, près Rouen, et enfin de la maison de Charenton, il fut reçu docteur de la Faculté de Paris en 1856. De 1854 à 1862, il collabora à la *Gazette des Hôpitaux*, dans laquelle il reproduisit presque toutes les leçons cliniques de Trousseau. En 1862, il s'adonna complètement à l'exercice de la médecine mentale ; et, en 1867, il fut nommé médecin de l'hospice de Bicêtre. M. Legrand du Saulle a été neuf ans rédacteur-gérant des *Annales médico-psychologiques* et secrétaire-trésorier de la Société médico-psychologique, et président de la Société de médecine pratique pendant plusieurs années. Il a fondé, en 1868, avec MM. Gallard et Devergie, la *Société de médecine légale*, puis, avec M. Baillarger, l'Association mutuelle des médecins aliénistes de France. Actuellement (1874) il est médecin de l'infirmerie spéciale des aliénés, à la préfecture de police, et président de la Société médicale du 6e arrondissement. Depuis huit ans, il fait à l'Ecole pratique des cours très-suivis sur les maladies du cerveau et du système nerveux. On lui doit : *La folie devant les tribunaux*, ouvrage couronné par l'Institut de France (1864) ; et il a fait paraître, en 1871, *Le délire des persécutions* et une série d'études cliniques sur le *Traitement de l'épilepsie*. C'est lui qui a traité tous les ôtages pendant la Commune, et plus tard tous les fédérés au dépôt de la Préfecture. M. le docteur Legrand du Saulle est officier d'Académie. chevalier de la Légion d'Honneur, officier de l'ordre du Medjidié, et chevalier de l'ordre d'Isabelle-la-Catholique. Honoré de la décoration de la Société internationale de secours aux blessés et de plusieurs médailles d'or et de bronze, il est aussi membre de l'Institut d'Egypte et de l'Académie des sciences, arts et belles-lettres de Dijon.

LEHARIVEL-DUROCHER (Victor-Edmond), né à Chanu (Orne), le 20 novembre 1816. Il étudia la sculpture sous la direction de Belloc, de

Ramey, et de M. Dumont, aux écoles de la ville de Paris, où il remporta le 1er prix en 1839, et à l'Ecole des beaux-arts où il obtint le prix de tête d'expression et de figure modelée. Ses principaux ouvrages, presque tous exposés, sont : *Groupe d'enfants représentant le chant grégorien,* couronnement du buffet d'orgue du chœur de Saint-Sulpice, à Paris ; — *Groupe d'anges,* au tombeau de Mgr de Pierre, même église (1846) ; — *Le rédempteur et la Vierge* (1847) ; — le buste de *Jean Racine*, plâtre (1849) ; — *La Cène,* bas-relief en terre cuite (1849), en marbre (1851), actuellement à Mirecourt (Vosges) ; —*Saint Etienne,* statuette en bronze ; — *Un miracle de Jésus enfant,* bas-relief en plâtre, au musée d'Alençon (1850) ; — *La rêverie,* statuette en marbre (1852) ; — *Sainte Geneviève* et *Sainte Théodochilde,* statues en pierre pour Sainte-Clotilde de Paris (E. U. 1855) ; — *Ecce ancilla Domini,* deux statues en marbre, même modèle, l'une placée aux Tuileries, l'autre au petit séminaire de Chartres ; *Jeune fille endormie,* portrait, haut relief en marbre (1857) ; —*La gloire,*statue en marbre, cour de l'ancien Louvre (1858) ; — la statue de *Visconti,* qui décore son tombeau au Père-Lachaise (1859) ; — *Sainte Geneviève,* buste en marbre (1861) ; — *Rosa mystica,* statue en marbre ; *Etre et paraître,* statue en marbre (1861), réexposée, en 1867, au Musée du Luxembourg ; — une couverture d'album en argent et ivoire, représentant la *Reine des martyrs, saint François et sainte Sophie,* album offert à la reine de Naples par les dames de Normandie ; *Buste de la Vierge,* en marbre de Paros (1863) ; — *Sainte Marie-Madeleine,* à Saint-Augustin de Paris (1864) ; — *La Comédie* et la *Tragédie,* bas-reliefs en pierre décorant l'escalier d'honneur du Théâtre-Français ; — *Le Colin-Maillard,* statue en bronze placée à Bellême (Orne) (1864, E. U. 1867) ; — le buste en marbre du comte *de Caumont,* directeur de l'Institut des provinces de France, à la bibliothèque de Bayeux (1865) ; — le buste du poëte *Chênedollé,* pour une place de la ville de Vire (1866) ; — la *Filature* et le *Tissage,* bas-reliefs en bronze, et quatre statues de saints, en pierre, rue du Pont-Neuf, à Paris (1868) ; — le buste en marbre de *Léon Foucault,* qui décore son tombeau au cimetière Montmartre (1869) ; — *Une jeune fille et l'amour,* groupe en plâtre (1869), en marbre (1870), au musée de Rouen ; — *Notre-Dame-de-Bon-Secours,* groupe en marbre de quatre figures, à Saint-Pierre de Montrouge-Paris ; *L'adoration,* bas-relief en marbre (1872) ; — *Vénus désarmant Mars,* restitution du groupe de la *Vénus de Milo* du Musée du Louvre et du fragment du *Dieu Mars* du musée de Dresde (1873) ; — *Frontispice* de l'église Saint-Martin de Condé-sur-Noireau (1874). On doit, en outre, à M. Leharivel-Durocher : les bas-reliefs de la *Fermeté,* la *Prudence* et la *Force,* au palais du Louvre ; les sculptures de la chapelle Notre-Dame de Séez, comprenant deux statues de vierge, et celles de *Saint-Joseph* et *Saint-Jean,* et dont plusieurs morceaux ont figuré aux expositions de Paris en 1863 et 1865 ; des portraits-bustes et portraits-médaillons, des statuettes ; la *Vierge* et l'*Enfant-Jésus,* bas-relief en bronze pour l'église Saint-Pierre de Montrouge-Paris, etc. M. Leharivel-Durocher a reçu des médailles aux expositions de Paris, en 1849, 1857 et 1861, et a été nommé chevalier de la Légion d'Honneur en 1870.

LE HENAFF (Alphonse-François), né à Guingamp (Côtes-du-Nord), le 28 juillet 1821. Dès son arrivée à Paris, en 1840, il fut accueilli par Achille Devéria avec une grande bienveillance ; cependant, il prit des leçons de Paul Delaroche et suivit ensuite les conseils de M. Gleyre. Dans les commencements, il se voua surtout à la peinture religieuse, et débuta au Salon de Paris, en 1843, avec le *Sacré-Cœur de Jésus,* tableau commandé par l'État. Ensuite il exposa : *La Vierge présentant le rosaire à saint Dominique et à sainte Catherine de Sienne* (1846) ; — *Baptême du Christ,* pour l'église de Guingamp (1848) ; — un tryptique formant la partie principale d'une grande décoration pour la *Chapelle des morts* à l'église de Guingamp (1853) ; — la décoration entière de cette chapelle, comprenant six sujets (Exp. univ. 1855). A partir de cette époque, M. Le Henaff ne fit plus que de la peinture murale. Voici celles de ses œuvres qui ont figuré au Salon : Quatre peintures murales sur la vie de *Saint Eustache,* pour la chapelle de ce saint dans l'église Saint-Eustache, à Paris (1857) ; — *La Vierge immaculée,* avec sept *Groupes de personnages* figurant les saints de l'ancienne loi, d'une part, et, de l'autre, les apôtres, les martyrs, les évêques et religieux de la nouvelle ; ces peintures faisaient partie d'une frise circulaire composée de 138 figures, divisée en 16 groupes dont deux centres, destinée à la décoration de la coupole de Notre-Dame de Bonport, à Nantes (1861) ; —quatre grands pendentifs pour la même église : la *Vierge annoncée prophétiquement dans Eve,* et figurée dans *Abigaïl,* dans *Bethsabée* et dans *Esther* (1863) ; — *Sacrifice d'Abraham,* pour l'abside de la même église (1865) ; —deux sujets empruntés à la *Vie de saint Hilaire,* pour la chapelle Saint-Hilaire à Saint-Etienne-du-Mont (1868) ; —*Elie dans le désert ; Melchisédech et Abraham,* la *Foi,* l'*Espérance,* la *Charité,* série de *peintures sur fond d'or,* pour la cathédrale de Rennes (1873). Cet aperçu des travaux de M. Le Henaff ne peut malheureusement donner qu'une faible idée de leur ensemble. Maintenant que cet artiste a terminé complètement la décoration de Notre-Dame de Bonport, on peut se rendre exactement compte de cette belle et vaste entreprise. La décoration de la métropole de Rennes, déjà très-avancée, mais qui demandera dix ans de travaux, promet aussi d'occuper un des premiers rangs dans les travaux décoratifs de notre époque. On y remarquera l'histoire légendaire des premiers missionnaires, évêques et moines qui ont évangélisé les huit anciens diocèses bretons qui relèvent aujourd'hui de Rennes, et les légendes du culte de la sainte Vierge à Rennes et dans toute la Bretagne, ainsi que du culte de sainte Anne d'Auray. Par des œuvres de cette valeur, M. Le Henaff, artiste laborieux, inspiré, aux conceptions larges, s'est fait une grande place parmi les peintres contemporains. On lui doit aussi les peintures de l'abside de l'église Saint-Godard, à Rouen : trois sujets, la *Cène,* la *Mission des apôtres,* et *Melchisédech offrant le pain et le vin à Abraham.*

LEHMANN (Charles-Ernest-Rodolphe-Henri-Salem), né à Kiel (Holstein), le 14 avril 1814, naturalisé Français en 1847, est le fils de Lehmann (Léon), peintre miniaturiste distingué à Hambourg, qui fut son premier maître. En 1831, il entrait dans l'atelier d'Ingres, auquel il conserva désormais le plus fidèle attachement, et dont il devint l'ami, ce qui ne l'empêcha pas de se créer, indépendamment de l'influence du maître, un style original. En 1835, il débutait au Salon par un tableau biblique : *Le départ de Tobie*, et par le *Portrait du comte de Perthuis*, œuvres qui furent alors très-remarquées. Au Salon de 1836 parurent : *La fille de Jephté* (acquise par le duc d'Orléans) ; *Don Diego père du Cid* (musée de Lyon) ; au Salon de 1837 : *Le mariage de Tobie* (galerie Paturle); *Le pêcheur* de Goethe (musée de Carcassonne). Les précoces succès de M. Lehmann ne l'éblouirent pas ; il eut le rare courage de s'y soustraire et de se remettre à l'étude. Après un séjour de neuf mois à Munich, il se rendit à Rome en 1833, pour y achever son instruction artistique. Ce fut là qu'il peignit : *La Vierge et l'Enfant-Jésus* ; *Sainte Catherine d'Alexandrie portée au tombeau par les anges* (Salon de 1840) ; *Mariuccia* ; *Les filles de la source* (collection du roi des Belges) ; *Flagellation du Christ* (église Saint-Nicolas, à Boulogne-sur-Mer); *Portrait de Franz Listz* (1842). Revenu à Paris, M. Lehmann a exposé successivement : *Jérémie, prophète* (musée d'Angers); *Océanides* (collection du duc de Montpensier); *Hamlet* ; *Ophélia* ; *Léonide* (Musée de Nantes); *Mater dolorosa* ; *Sirènes* (collection du duc de Montpensier); *Prométhée* (musée du Luxembourg); *Assomption* (église Saint-Louis-en-l'Ile); *Consolatrice des affligés* ; *Rêve d'amour* ; *Sainte Agnès* ; *Education de Tobie* ; *Arrivée de Sarah chez ses parents du jeune Tobie* ; *Le repos* ; — *Le char de l'amour* ; — *Au bord de la mer, Au bord du gave, le Jour, le Soir, la Nuit*, cinq dessus de porte d'un hôtel particulier ; *Calypso*. A l'Exposition universelle de 1855 ont figuré, outre plusieurs tableaux déjà cités, une *Adoration des Mages et des Bergers* (musée de Reims); *Les Mages et l'Enfant-Jésus* ; *Vénus Anadyomène* ; *Ondine* ; *Rêve d'Erygone*, et de nombreux portraits. Ces ouvrages, dont une partie a été reproduite par la gravure, la lithographie ou la photographie, ne sont, cependant, pour ainsi dire, que l'appoint des travaux monumentaux de M. Lehmann, qui sont : la *Chapelle du Saint-Esprit*, à l'église Saint-Méry ; la *Chapelle de l'institution des Jeunes aveugles* ; la *Chapelle de la Vierge* (église Saint-Louis-en-l'Isle); à l'Hôtel-de-Ville de Paris, la *Grande galerie des fêtes*, comprenant cinquante-six compositions, avec figures plus grandes que nature, et exécutée en dix mois (1852); les *Deux hémicycles de la salle du trône*, au palais du Sénat (1855-1857); les peintures décoratives et le plafond de la nouvelle *Salle (sud) des assises* du Palais de Justice (1867-1868). M. Lehmann s'est fait aussi, comme MM. Ingres et Flandrin, une grande réputation de portraitiste. Parmi ses portraits peints, dont le nombre dépasse 150, on cite surtout : *le comte et le vicomte de Perthuis* ; *la comtesse et la vicomtesse de Perthuis* ; *la princesse Christine de Belgiojoso* ; *la comtesse Marie d'Agoult* (Daniel Stern) ; *la marquise de Bedmar* (princesse de Cantacuzène); *la comtesse Fanny Lehon* ; *Mme Arsène Houssaye* ; *Mme Alphonse Karr* ; *le vicomte et la vicomtesse Bretignière de Courteilles* ; *Ponsard* ; *Mlle Varcollier* ; *Mme Denuelle* ; *la princesse Sanguszko* ; *Mlle Chevreux* ; *la baronne de Froberville* ; *Michel Chevalier* ; *l'abbé Deguerry* ; *Mme Léon Say*, née Bertin ; *Mmes G. et J. Halphen* ; *M. et Mme Engelmann* ; *M. Baroche* ; *le comte et la vicomtesse Siméon* ; *Mmes Hartmann et de Jaucourt* ; *Mme E. Joubert* ; *l'abbé Gabriel*; deux portraits de *Mme Lehmann*, dont le dernier est connu sous le nom de : *Profil sur fond d'or* ; l'ancien ministre *P. S. Dumon* ; *le vicomte Tanneguy-Duchâtel* ; *l'archevêque de Paris, Mgr Darboy* ; *la comtesse Duchâtel* ; *le comte A. de Gramont* ; *le vice-amiral Jaurès* ; *le comte Ch. Greffulhe* ; *Victor Cousin* ; *le baron Haussmann* ; *Mme Jaurès* ; *le président Pelletier*. Parmi plus de quatre cents dessins, nous citerons : *Humboldt* ; *Lamennais* ; *Ary Scheffer* ; *Schnetz* ; *Thalberg* ; *Heller* ; *Moschelès* ; *Hiller* ; *Rachel* ; *Delphine Gay* (Mme de Girardin) ; *Fanny Lewald* ; *Wilhelmine Clauss* (Szarvady); *la comtesse Samoïloff* ; *Maurice Hartmann* ; *Jules Sandeau* ; *Aug. Préault* ; *Vitet* ; *vicomte Delaborde* ; *Réber, Bethmont* ; *Amaury Duval* ; *Augier* ; *Mignet* ; *Henri Litton Bulwer, de Lagrenée, Louis de Viel Castel* ; *de Vigny*, etc. M. Lehmann s'était, pendant quelques années, abstenu de se présenter comme candidat à l'Institut ; mais ses grands travaux et ses derniers portraits lui en ont ouvert les portes en 1864. Il a reçu une médaille de 2° classe en 1835, et des médailles de 1re classe en 1840, 1848 et 1855. M. Lehmann, a été promu officier de la Légion d'Honneur le 29 juillet 1853.

LEHUÉDÉ (Jean-Noël), né au Bourg-de-Batz, le 16 août 1807. Ses parents étaient des simples cultivateurs de salines. Poussé par une sérieuse vocation vers l'état ecclésiastique, il fit ses humanités dans diverses maisons religieuses, étudia la philosophie en 1826, et suivit les cours spéciaux de mathématiques et de physique en 1827. Les trois années suivantes, il les consacra à la théologie, au séminaire de Nantes. Ordonné prêtre à la fin de 1830, avec dispense d'âge, vu la gravité des circonstances et les besoins du diocèse, il enseigna d'abord les mathématiques au petit séminaire de Nantes. En 1834, il fut nommé vicaire de Chantenay, alors paroisse de la même ville. Son idée première était d'entrer dans la compagnie de Jésus ; mais son évêque, Mgr de Guérines, s'opposa à son départ et le fit entrer (1837) dans la Communauté des missionnaires de son diocèse. Cette carrière de prédicateur de retraites était des plus laborieuses ; aussi M. l'abbé Lehuédé fut-il menacé, dès l'âge de 40 ans, d'une maladie incurable, et obligé de renoncer aux missions. Cependant, ses aptitudes et la confiance de ses supérieurs lui préparaient une fonction presque aussi pénible. Il fut chargé, en 1846, de la création d'une nouvelle paroisse à Nantes. sur les hauteurs de l'Ermitage, et sous le vocable de Sainte-Anne. On ne saurait croire contre combien de difficultés de toute sorte, et même d'obstacles tenant à la nature du lieu, où tout était presque à créer, eut à lutter le nouveau pasteur. Pourtant, il réussit à fonder un centre religieux au milieu d'une population de 5,000 âmes, et à le doter de tous les éléments de prospérité, c'est-à-dire d'un presbytère, d'écoles pour les enfants des deux sexes, d'un cimetière spécial, d'une Confrérie de Sainte-Anne très-suivie, et d'un pèlerinage recompensé du ciel, depuis 27 ans, par des grâces remarquables. Profitant de la position que lui faisait son rôle de fondateur d'une paroisse, il s'intéressa directement au bien-être des habitants de son quartier, obtint de l'administration des changements profitables à l'hygiène et à la viabilité, fit construire à ses frais un puits et un bassin pour utiliser une source, découverte par suite des travaux de voirie qu'il avait provoqués, etc. C'est à ses constants efforts qu'on doit l'achèvement de l'église (intérieur et extérieur), et la construction de l'escalier monumental qui y conduit. Il a fait ériger, à ses frais, sur le plateau de l'Ermitage, la statue de *Sainte-Anne bénissant la ville et le port de Nantes*, œuvre de M. Amédée Ménard. La mairie de Nantes, a fourni le piédestal, sur lequel est inscrit : *Ediles et pastor posuerunt hoc monumentum, etc.* (1851). En 1856, la paroisse desservante de Sainte-Anne fut élevée au rang de cure. Enfin, le pasteur a terminé, en 1873, un clocher qui, par ses formes gracieuses et par sa position, est une gloire pour son église et un monument pour la ville de Nantes. M. l'abbé Lehuédé, ancien collègue de Mgr Fournier et honoré de son amitié, a été appelé par ce dernier, en 1870, à lui servir de témoin pour les informations canoniques près du nonce apostolique. En 1850 il avait été nommé président de la délégation cantonale pour la surveillance des écoles du VI° arrondissement de Nantes. A l'époque du sacre de Mgr Fournier, il a été élevé à la dignité de chanoine honoraire de la cathédrale.

LEJEUNE (Eugène), né à Beaumont-les-Autels (Eure-et-Loir), le 15 décembre 1818. Il suivit les ateliers de P. Delaroche et de M. Gleyre, et se consacra de préférence à la peinture des sujets de genre et du portrait. En 1845, il débuta au Salon de Paris avec plusieurs tableaux : *Sainte Geneviève ; La prière*, tête d'étude ; *Mendiants*, étude, et trois *Portraits*. Depuis, M. Lejeune a exposé, outre un certain nombre de portraits anonymes : *Savoyards* (1847); — *Sicut lilium ; Inter spinas* (1850) ; — *La leçon de cosmographie* (1859) ; — *Cendrillon*, gravé par Annedouche (1864) ; — *Enterrement d'un petit oiseau*, gravé par Levasseur (1865) ; — *Retour de la fête du village* ; *Petits remouleurs solognots* (1866) ; — *La reine Hortense à Ecouen* ; *L'oiseau bleu*, gravé par Lura (1867) ; — *Marchand d'images* ; « *Il pleut, bergère* ; » *La méditation*, dessin (1868) ; — *Le petit Chaperon rouge*, gravé par Varin ; *Les prémisses de la moisson* (1869) ; — *La voiture versée* ; *Jeune fille à la fontaine* (1870) ; — « *Embrassez maman* ; » *Les oreilles d'âne* (1872) ;— *La déclaration* (1873) ; — *Fontaine de la Sainte* (Finistère) ; *Les filles du pêcheur*, souvenir de Keremma, dans le Finistère (1874). En outre, M. Lejeune a exposé des pastels, parmi lesquels plusieurs *Portraits d'enfants* fort remarqués au Salon de 1859. Dans le nombre de ses compositions non exposées, nous distinguons le *Singe savant*, *Seule au monde*, le *Vœu à la Madone*, le *Petit protégé*, etc.

LE JOLIS (Auguste-François), né à Cherbourg, le 1er décembre 1823. Bien que destiné à la carrière commerciale, il poussa très-loin ses études, et le grade de docteur en philosophie lui fut conféré par l'Université de Iéna. Etabli négociant dans sa ville natale, comme associé de son père, il succéda à ce dernier dans ses fonctions de juge au tribunal de Commerce, où il a été constamment réélu depuis 1860, sauf les interruptions exigées par la loi. Mais le souci des affaires ne l'éloignait pas de ses études préférées. On lui doit la fondation de la Société des sciences naturelles de Cherbourg, dont il est directeur et archiviste perpétuel. M. Le Jolis, lauréat du ministère de l'Instruction publique au concours des Sociétés savantes en 1863, avait déjà obtenu, en 1861, la médaille d'or de l'Académie des sciences, belles-lettres et arts de Rouen. Il a écrit un grand nombre de mémoires, concernant la botanique, insérés dans les *Comptes rendus de l'Académie des sciences*, la *Revue des Sociétés savantes*, les *Annales des sciences naturelles*, les *Mémoires de la Société des sciences naturelles de Cherbourg*, la *Revue horticole* et divers recueils scientifiques d'Angleterre et d'Allemagne ; il a aussi publié quelques notices sur la philologie, l'histoire locale, la musique, etc., dans l'*Annuaire de la Manche*, la *Revue archéologique*, la *Revue de la Normandie*, etc. Parmi ceux de ses ouvrages qui ont été publiés à part, nous citerons : *Examen des espèces confondues sous le nom de Laminaria digitata, suivi de quelques observations sur le genre Laminaria* (1855) ; — *Lichens des environs de Cherbourg* (1860) ; — *Plantes vasculaires des environs de Cherbourg* (1860) ; — *Liste des algues marines de Cherbourg* (1864). M. Le Jolis est officier de l'Instruction publique, commandeur de Saint-Stanislas de Russie et d'Albert-le-Valeureux de Saxe, chevalier de Sainte-Anne de Russie, de l'Aigle-Rouge de Prusse, de François-Joseph d'Autriche, des Saints-Maurice et Lazare d'Italie, de Saint-Grégoire-le-Grand, et décoré de la grande médaille d'or d'Autriche pour les sciences et les lettres. Il est membre d'un grand nombre d'Académies et Sociétés savantes d'Europe et d'Amérique.

LE JOUTEUX (Edmond), né à Bourgueil (Indre-et-Loire), le 3 novembre 1809. M. Le Jouteux a été inscrit, le 9 août 1829, au tableau des avocats de la Cour royale de Paris. Entré dans la magistrature, le 22 avril 1841, comme juge au tribunal civil de Châteaudun, il devint juge d'instruction le 3 janvier 1842, juge au tribunal de première instance de Melun le 7 septembre 1850, juge d'instruction au même siège le 5 novembre 1851, et fut nommé président du tribunal de Nogent-sur-Seine, le 5 décembre 1854. M. Le Jouteux est passé, le 15 novembre 1857, à la présidence du siège de Fontainebleau, d'où il a été appelé, comme juge, au tribunal de première instance de la Seine, le 5 mars 1864. Il a reçu la croix de la Légion d'Honneur le 13 juin 1860.

LE LASSEUX (Ernest), né à la Flèche (Sarthe), le 14 mars 1813. Grand propriétaire dans la Mayenne, M. Le Lasseux s'est consacré à l'agriculture et a rendu, à ses concitoyens, des services aussi constants que nombreux et éclairés. Maire de la commune de l'Huisserie depuis le mois de septembre 1846, il siégeait au Conseil général de la Mayenne depuis 1861, quand il a été renommé aux élections partielles de 1870 et aux élections générales de 1871, et désigné pour la vice-présidence de ce conseil. Président du Comice agricole de Laval, de la Société libre des agriculteurs de la Mayenne, membre du Conseil de la Société des agriculteurs de France, il a été président du Congrès agricole au concours régional de 1870, à Laval, et a prononcé, dans les solennités agricoles des discours qui ont été livrés à la publicité. Élu membre de l'Assemblée nationale, pour le département de la Mayenne, le 8 février 1871, il a pris place dans les rangs du parti monarchique libéral, et a voté notamment : *pour* la paix, l'abrogation des lois d'exil, le pouvoir constituant, la loi départementale, l'impôt sur le chiffre des affaires, l'ordre du jour Ernoul, la prorogation des pouvoirs présidentiels, la priorité de la loi électorale ; *contre* le retour de l'Assemblée à Paris, les amendements Barthe et Target, la proposition Feray, l'impôt sur les bénéfices, la proposition Casimir Périer et la dissolution de l'Assemblée.

LELEUX (Adolphe), né à Paris, le 15 novembre 1812. Dénué de fortune, sans autre guide que la nature et ses rares dispositions pour le dessin, il sut triompher de tous les obstacles et gagna sa vie de bonne heure en exécutant des vignettes, des gravures et des lithographies. En même temps, il cultivait la peinture. Dès 1835, il fit recevoir, au Salon de Paris, un *Voyageur*, aquarelle très-favorablement appréciée par la critique. Cette heureuse exposition le sortit de l'obscurité. Il fit, dans le nord-ouest de la France, un voyage d'études et recueillit, surtout en Bretagne, des types et des sujets dont il a tiré depuis le parti le plus avantageux. Ensuite, il visita les Pyrénées et l'Algérie. C'est ainsi que M. Leleux, artiste consciencieux, travailleur opiniâtre, est devenu l'un de nos peintres les plus renommés, l'un des plus brillants coloristes de notre époque. Voici la liste de ses œuvres exposées : *Chasseurs des côtes de Picardie* (1836) ; — *Porcher* (1837) ; — *Bas-Bretons* ; *Mendiant* (1838) ; — *Braconniers bas-bretons* (1839) ; — *Bûcherons bas-bretons* ; *Jeunes filles bas-bretonnes* (1840) ; — *Rendez-vous de chasseurs bas-bretons* (1841) ; — *Danse bretonne*, acheté par le duc d'Orléans ; *Paralytique* (1842) ; — *Cantonniers navarrais* ; *Pêcheurs picards*, au duc d'Aumale (1844) ; — *Chanteur espagnol à la porte d'une posada*, au duc de Montpensier ; *Départ pour le marché* (Basses-Pyrénées) ; *Pâtres bas-bretons*, au duc d'Aumale (1845) ; — *Faneuses* (Basse-Bretagne) ; *Contrebandiers espagnols*, au duc de Saxe-Cobourg (1846) ; — *Retour du marché*, et la *Bergère des Landes*, au duc d'Aumale ; *Départ d'un contrebandier espagnol*, aquarelle, à la duchesse de Montpensier ; *Jeunes pâtres espagnols*, au musée de Toulouse (1847) ; — *Faneuses bretonnes*, et l'*Improvisateur arabe*, au ministère de l'Intérieur ; *Femmes arabes du désert* (1848) ; — *Danse des Djinns* ; *Le mot d'ordre*, épisode des journées de Juin (1848) ; — *Patrouille de nuit*, scène de Février, au musée de Lyon ; *La sortie*, scène de Juin ; *Chemin creux* ; *Famille de Bédouins attaquée par des chiens* ; *Promenade publique à Paris*, acheté par Louis-Napoléon (1850 ; — *Convoi de prisonniers* (24 Juin 1848), à la Société de Boulogne-sur-Mer ; *Place du marché*, à Dieppe, acquis par Louis-Napoléon ; *Environs de Saint-Georges* (1852) ; — *Arrivée au champ de foire* (Yonne), acquis par l'empereur ; *Dépicage des blés en Algérie*, au ministère de l'Intérieur ; *Terrassiers après le repas*, au musée de Marseille (1853) ; — *Champ de foire à Saint-Fargeau* ; *Enfants conduisant des oies* ; *Poules et coqs*, *Jeunes pâtres conduisant leurs bêtes aux champs* (Exp. univ. 1855) ; — *La Petite-Provence à Paris* ; *Cour de cabaret* ; *Enfants effrayés par un chien* ; *Jeune fille tricotant* ; *Pêcheurs à l'étang* ; *Machine à battre* (1857) ; — *Marché de bestiaux* ; *Bûcherons à l'heure du repas* (Bourgogne) ; *Moissonneurs* (1859) ; — *Noce en Bretagne* ; *Le marché conclu* ; *Une noce* (Basse-Bretagne) ; *Joueurs de boule* ; *Maréchal-ferrant* ; *Pêcheurs de Villerville*, au ministère d'État (1863) ; — *Lutteurs en Basse-Bretagne* ; *Halte de chasseurs* (1864) ; — *Jour de fête en Basse-Bretagne* ; *Le meunier, son fils et l'âne* (1865) ; — *La falaise*, femmes attendant le retour des barques sur la côte normande ; *Vanneur* (1866) ; — *Fileuse* ; *Maréchal-ferrant*, paysage breton (1867) ; — *Village breton* ; *Paysan breton* ; *Une rencontre* ; *Le repos* ; *Enterrement en Bretagne* ; *Le château de Blangy*, et une *Étable*, en Brie (Exp. univ. 1867) ; — *Récolte des noix* ; deux *Portraits* (1868) ; — *Rendez-vous de chasseurs* ; *Table dans une cour d'auberge bretonne, un jour de marché* (1870 ; — *Petits pâtres bretons* ; *Le coup de l'étrier* (1872) ; — *L'enfant et le maître d'école* ; *Les voleurs et l'âne* (1873) ; — *Aux environs d'une ferme* ; *Salle à manger de Creuille* (Seine-et-Marne) ; *Fleurs printanières* (1874). M. Leleux a obtenu, au Salon de Paris, des médailles de 3e classe en 1842, de 2e classe en 1843 et 1848, d'autres médailles aux expositions de province, à Rouen, Amiens, le Havre, et la croix de chevalier de la Légion d'Honneur à la suite de l'Exposition universelle de 1855.

LÉLUT (Louis-François), né à Gy (Haute-Saône), le 15 avril 1804. M. Lélut compte, dans sa famille, un grand nombre de médecins. Il fit à Paris ses études médicales, et se consacra spécialement à la physiologie unie à la philosophie, et dans ses rapports avec la science des maladies mentales. Médecin des aliénés de Bicêtre, puis de la Salpêtrière, membre du Conseil d'hygiène publique et de salubrité, il a pris possession, à l'Académie des sciences morales et politiques (section de philosophie), en 1844, du fauteuil laissé vacant par le baron de Gérando. M. Lélut n'a jamais exercé la médecine que dans des circonstances critiques et par dévouement, ainsi qu'il l'a fait, dans son département, lors de l'épidémie cholérique de 1834. Membre du Conseil général de la Haute-Saône, il fut élu, après la révolution de 1848, à la Constituante et à la Législative, prit place sur les bancs des conservateurs, soutint Cavaignac et sa candidature à la présidence, se rallia ensuite à la politique de l'Elysée, et, après le Coup-d'Etat, fit partie de la Commission consultative et du Conseil impérial de l'instruction publique. Après la proclamation de l'Empire, il fut nommé député au Corps législatif, par la Haute-Saône, en 1853 et 1857, et se signala notamment à la Chambre par son ardeur à défendre le régime cellulaire dans les prisons, et son opposition à la loi sur les titres nobiliaires. On doit à M. Lélut, comme principaux travaux: *Recherches des analogies de la folie et de la raison* (Gazette médicale, 1834); — *Qu'est-ce que la phrénologie* (1835); — *Le Démon de Socrate* (1836); — *De l'organe phrénologique de la destruction chez les animaux* (1838); — *Rejet de l'organologie phrénologique* (1843, 2e édition, 1853, sous ce titre: *La phrénologie, son histoire, ses systèmes et sa condamnation*); — *L'amulette de Pascal* (1846); — *Petit traité de l'égalité* (1857); — *Physiologie de la pensée* (1862, 2 vol.); — et des *Mémoires* sur la psychologie, sur la physiologie, l'ethnologie, etc. M. Lélut est officier de la Légion d'Honneur depuis le 14 août 1852 et membre de l'Académie de médecine.

LE MAOUT (Emmanuel), né à Guingamp (Côtes-du-Nord), le 20 janvier 1800. Il prit le grade de docteur en médecine en 1842, et se consacra d'abord à l'enseignement des sciences naturelles. Après avoir rempli les fonctions de démonstrateur à la Faculté de médecine, il fit de 1836 à 1874, des cours particuliers de zoologie, de botanique, de physique et de chimie. En dehors de ces cours, M. Le Maout publia plusieurs grands ouvrages. On lui doit notamment: *Cahiers de physique, de chimie et d'histoire naturelle* (1841, 7e édit. 1870); — *Le Jardin des Plantes*, édité par Léon Curmer; il a écrit dans le 1er volume la partie botanique, et le 2e volume, consacré au règne animal, moins les mammifères, lui appartient en entier (1842-1843, 2 vol. avec pl.); — *Clef dichotomique du règne inorganique* (1842); — *Leçons élémentaires de botanique* (1844, 2 vol. avec 50 pl. et 700 fig., 3e édit., 1868); — *Atlas élémentaire de botanique* (1845, in-4° avec 2,340 figures); — *Leçons analytiques de lecture à haute voix* (1850, 5e édit., 1857); — *Les trois règnes de la nature. Règne végétal. Botanique* (1851, avec grav.); — *Les trois règnes de la nature. Règne animal. Histoire naturelle des oiseaux* (1852, avec grav.); — *Flore élémentaire des jardins et des champs*, en collaboration avec M. Decaisne (1855, 2 vol., 2e édit., 1865); — *Traité général de botanique*, avec M. Decaisne (1868, gr. in-4° avec 5,500 fig., 2e édit. sous presse, pour paraître en 1875). Plusieurs des publications de M. Le Maout ont figuré à l'Exposition universelle de 1867.

LEMERCIER (Rose-Joseph), né à Paris, le 26 juillet 1803. Dès que la lithographie, dont les premiers essais remontent à 1810 (Munich), fut introduite en France, M. Lemercier fit d'elle l'objet spécial de ses études et de ses recherches. Après avoir exécuté avec succès des lavis lithographiques, il s'associa pour cet objet, en 1837, avec l'imprimeur Bénard. Secondés par des actionnaires, ces messieurs donnèrent un développement considérable à leur établissement, que M. Lemercier dirige depuis 1840. L'œuvre de cet imprimeur, désignée par lui sous le nom de *Chromolithographie*, s'écoule principalement à l'étranger; c'est une branche importante d'exportation artistique. Depuis 1829, des specimens de ses travaux ont figuré avec succès à toutes les expositions. Il a obtenu une médaille d'argent en 1839, des médailles d'or en 1844 et 1849, une médaille d'honneur à l'Exposition universelle de 1855, deux prix-médailles à Londres, et la croix de la Légion d'Honneur le 28 avril 1857.

LEMERRE (Alphonse), né à Canisy (Manche), le 9 avril 1838. Venu à Paris en 1856, M. Lemerre fonda, six ans après, une maison de librairie. Il y reprit les anciennes traditions des grands éditeurs d'autrefois, et consacra tous ses soins et ses connaissances spéciales à l'exécution d'œuvres irréprochables au point de vue de la pureté typographique, de la beauté des caractères et du papier. On lui doit principalement la reproduction d'après les textes originaux, avec un esprit de fidélité tout nouveau, des œuvres de nos anciens grands écrivains. Il a donné aussi des éditions de luxe de nos auteurs contemporains. Sa première collection, celle des *Classiques français*, comprend Rabelais, La Bruyère, Montaigne, Régnier, Corneille, Racine, Molière, Pascal, etc. La *Petite bibliothèque littéraire* se compose de *Paul et Virginie, Daphnis et Chloé*, la *Princesse de Clèves, Manon Lescaut, Beaumarchais, Don Quichotte*, etc. Dans la *Bibliothèque contemporaine*, on trouve une véritable élite de la prose et de la poésie actuelles. A l'égard des poëtes contemporains, M. Alphonse Lemerre tenta de provoquer une sorte de renaissance et réussit à attirer l'attention sur un groupe d'écrivains, parmi lesquels on remarque Leconte de Lisle, Théodore de Banville, François Coppée, Sully Prudhomme, etc. Quant à la *Bibliothèque d'un curieux*, destinée aux amateurs d'ouvrages originaux, elle donne, par exemple, les *Gaytés d'Olivier de Magny*, les *Serées de G. Bouchet*, les *Dialogues de Tahureau*, etc. La maison Lemerre est une des principales de Paris, et sa réputation rayonne en Europe et en Amérique.

LEMOINE (Jacques-Albert-Félix), né à Paris, le 8 avril 1824. M. Lemoine, élève du collège Charlemagne, entra à l'Ecole normale en 1844, obtint le brevet d'agrégé de philosophie en 1847, et fut nommé professeur au collège de Nantes. Docteur ès lettres en 1850, il occupa la chaire de philosophie de la Faculté de Nancy en 1855, celle de la Faculté de Bordeaux en 1856, et fut appelé au lycée Bonaparte en 1858. Il est devenu maître de conférences à l'Ecole normale en 1862 et inspecteur de l'Académie de Paris en 1872. On lui doit: *Charles Bonnet, philosophe et naturaliste*, et *Quid sit materia apud Leibnitium*, thèses de doctorat (1850); — *Du sommeil*, ouvrage couronné par l'Académie des sciences morales et politiques (1855); — *L'âme et le corps* (1862); — *L'aliéné devant la philosophie, la morale et la société* (1862); — *Le vitalisme et l'animisme de Stahl* (1864); — *De*

Biogr. nat.

la physionomie et de la parole (1865); — et plusieurs *Mémoires* publiés dans le *Compte rendu* des séances de l'Académie des sciences morales et politiques, depuis 1858. M. Albert Lemoine est chevalier de la Légion d'Honneur depuis le 14 août 1867.

LEMOYNE (Camille-André), né à Saint-Jean-d'Angély, le 22 novembre 1822. M. André Lemoyne, après avoir fait son droit à la Faculté de Paris, prit place au barreau de la capitale, mais se voua surtout aux belles-lettres. Il commença par collaborer à plusieurs publications périodiques, telles que l'*Artiste*, la *Revue de Paris*, la *Revue française*, etc. Puis il se consacra spécialement à la poésie, et publia le charmant volume de vers, couronné par l'Académie française, et portant pour titre ceux des principales productions qu'il contenait : *Chemin perdu*; *Stella maris*; *Ecce Homo*; *Renoncement*; *Une larme du Dante* (1860, 3e édit., 1863). Depuis, M. Lemoyne a fait paraître plusieurs éditions de ce premier recueil, augmentées de poésies nouvelles ou différemment présentées au public. C'est ainsi qu'il a donné : *Les roses d'antan*, ouvrage également couronné par l'Académie française (1865), et les *Charmeuses* (1867). Ces deux productions ont été réunies en un seul volume (1869), qui contient dix-sept eaux fortes de MM. de Bellée, Delaunay, H. Dubois, Feyen-Perrin, J. Laurens, Leconte, Alfred Méry, et une *Etude littéraire* de M. Jules Levallois. Ce dernier, consacrant un article à M. Lemoyne, s'exprimait ainsi sur son compte, dans l'*Opinion nationale* : « Sa philosophie, car il en a une sans l'afficher et la prêcher, est faite de compassion, de tendresse, d'humanité... Il est de ceux qui espèrent obstinément. L'espoir se glisse dans ses plus sévères poèmes, et jusque dans cette terrible et sombre composition des *Trois vieilles*, dont M. Feyen-Perrin a si parfaitement rendu le caractère sinistrement dramatique. » Ses poésies complètes, les *Charmeuses* et les *Roses d'antan* viennent d'être publiées dans la Bibliothèque elzévirienne de Lemerre en un seul volume (1873). Enfin, on doit à M. Lemoyne un petit volume de prose humoristique : *Les sauterelles*, où la dominante du recueil nous semble résumée dans une courte pensée : « *Si les deux mains sont pleines de vérités, ne laisse échapper que les vérités consolantes.* » M. André Lemoyne a été nommé, le 15 août 1870, chevalier de la Légion d'Honneur.

LENEPVEU (Jules-Eugène), né à Angers, le 12 décembre 1819. M. Lenepveu s'est consacré à la peinture, et a suivi l'atelier de Picot. Il avait déjà été admis, en 1843, au Salon de Paris, où il avait envoyé une *Idylle*, quand il remporta le grand prix de Rome (1847), sur ce sujet : *Mort de Vitellius*. Parmi les tableaux que ce brillant artiste a exposés, nous distinguons : *Portrait d'enfant* (1845 ; — *Saint Saturnin* 1847); — *Les martyrs aux catacombes*; *Le pape Pie IX à la chapelle Sixtine, à Rome*; *La confrérie de Saint-Roch se rendant à Saint-Marc, le jour de la Fête-Dieu, à Venise* (E. U. 1855); — *Noce vénitienne*, appartenant à M. E. Péreire (1857); — *Moïse secourant les sacrificateurs de Madian*; *L'amour piqué*; la décoration du chœur de la *Chapelle Sainte-Marie* à Angers ; douze tableaux composant la décoration de la *Chapelle de la Vierge*, à l'Eglise Sainte-Clotilde (1859); — *La Vierge au Calvaire* (1861); — *Hylas*; la décoration des chapelles *Saint-Denis*, à Saint-Louis-en-l'Isle, et *Sainte-Anne*, à Saint-Sulpice (1865); — le *Transept*, côté droit, de l'église Sainte-Clotilde ; le *Printemps*, l'*Été*, l'*Automne*, l'*Hiver*, pour la préfecture de Grenoble ; la décoration de la *Chapelle de l'Hospice général de Sainte-Marie*, à Angers (1868). M. Lenepveu a été nommé directeur de l'Académie nationale de France à Rome en 1873. Il a remporté des médailles de 3e classe en 1847, de 2e classe en 1855 et 1861, et a reçu la croix de la Légion d'Honneur en 1862.

LENIENT (Charles-Félix), né à Provins, le 4 novembre 1826. Elève du collège de sa ville natale, puis du collège Henri IV à Paris, il remporta, au concours général, le prix d'honneur et celui de discours français en rhétorique (1846), le second prix de dissertation française et le 1er prix de dissertation latine (1847), et se destina à l'enseignement. En 1847, il fut admis, le premier, dans la section des lettres, à l'Ecole normale supérieure. Licencié ès lettres en 1848, agrégé des classes supérieures en 1850, il fut nommé professeur de seconde au lycée de Montpellier, d'où il passa, presque aussitôt, d'abord comme suppléant de troisième, puis comme professeur-adjoint de rhétorique, en 1854, au lycée Napoléon. Il a pris le grade de docteur ès lettres en 1855, et a été nommé professeur titulaire en 1857. Maître de conférences à l'Ecole normale supérieure en 1865, suppléant de M. Saint-Marc-Girardin à la Sorbonne depuis 1867, M. Lenient a été nommé titulaire de la chaire de poésie française en 1873. On lui doit : *Etude sur Bayle*, et *De ciceroniano bello*, thèses de doctorat ; — *La satire en France au Moyen-Age*, ouvrage couronné par l'Académie française en 1860 (1859); — *La satire en France, ou la littérature militante au XVIe siècle* (1866); — et de nombreux articles, leçons, conférences, dans les revues et journaux littéraires, etc. Il est chevalier de la Légion d'Honneur depuis 1863.

LENOEL (Emile), né à Carentan (Manche), le 23 mars 1827. Il fit son droit à la Faculté de Paris, et fut reçu docteur en 1848. Inscrit au tableau des avocats de la capitale en 1847, il devint, en 1851, chef de cabinet du ministre de l'Intérieur. Lorsque M. de Morny vint, dans la nuit du 2 Décembre, s'emparer du ministère, M. Lenoël, réveillé par le bruit du bataillon qui entrait dans la cour de l'hôtel, descendit immédiatement au cabinet, et trouva, dans le salon d'attente, M. de Morny qui lui demanda de mettre le télégraphe à sa disposition. Bien qu'il ignorât complètement la cause de cette invasion nocturne, il refusa de la façon la plus énergique jusqu'à ce que le ministre, qu'il s'empressa de prévenir, fût arrivé. Vers dix heures du matin, lorsqu'on eut connaissance des événements, M. de Morny lui fit les offres les plus brillantes pour l'attacher à l'administration, il les repoussa et reprit le barreau. Dès qu'il eut atteint l'âge de 25 ans, il acheta un cabinet d'avocat à la Cour de cassation et ne tarda pas à s'assurer, par ses aptitudes et ses capacités, une brillante position. Conseiller municipal de Montmartin-en-Graignes, en 1862, conseiller de l'arrondissement de Saint-Jean-de-Daye, en 1865, il se présenta, mais sans succès, comme candidat aux élections législatives, dans la circonscription de Saint-Lô. Après la révolution du 4 Septembre 1870, un grand nombre de ses concitoyens, et notamment le Conseil municipal de Saint-Lô, par une délibération prise à l'unanimité, le demandèrent comme préfet. Il se rendit à cet appel, et annonça qu'il ne resterait qu'autant que les circonstances qui l'avaient fait demander seraient les mêmes. En effet, il donna sa démission pour pouvoir se présenter aux élections du 8 février. A Bordeaux, M. Ernest Picard, dont il est l'ami, lui proposa les fonctions de sous-secrétaire d'État au ministère de l'Intérieur. Il les refusa pour se consacrer tout entier à son mandat de député. Républicain modéré, M Lenoël siége au Centre-Gauche. Il a travaillé longtemps dans les recueils de jurisprudence et dans les journaux judiciaires. En outre, il est l'auteur de plusieurs livres et brochures: *Les nègres libres et les travailleurs indiens* (1857); — *Des sciences politiques et administratives et de leur enseignement*, ouvrage couronné par l'Institut (1864); — *Des actionnaires ruinés par la Jurisprudence* (1867), etc.

LENOIR (Alexandre-Albert), né à Paris, le 2 octobre 1801. Fils de l'illustre savant du même nom, il fit de solides études classiques au collége Descartes (lycée Henri IV), et suivit l'atelier de l'architecte Debret. De 1830 à 1833, il visita les monuments de l'Italie, du midi de la France, etc. En 1833, il débuta, au Salon de Paris, avec un *Projet de musée historique*, consistant dans la réunion des ruines des Thermes et de l'hôtel de Cluny, qui obtint l'adhésion du gouvernement, et dont l'exécution lui fut confiée. En même temps, il fut nommé membre du Comité des monuments historiques, au ministère de l'Instruction publique. M. Lenoir n'a fait, comme travaux d'architecture, que ceux d'agrandissement, de restauration et d'aménagement du Musée de Cluny, travaux, d'ailleurs, aussi précieux que remarquables; mais il a beaucoup écrit et exécuté de nombreux dessins. En 1836, il est allé, dans le Levant, étudier l'architecture orientale. Ses travaux portent principalement sur l'archéologie. Il a dirigé, de 1840 à 1867, la *Statistique monumentale de Paris*, et collaboré, soit comme écrivain, soit comme dessinateur, à la *Collection des documents inédits pour l'histoire de France*, au *Palladio*, aux *Monuments anciens et modernes*, à la *Revue générale d'architecture*, aux *Annales archéologiques*, etc. Parmi les ouvrages qu'il a publiés, on distingue: *Projet d'un musée historique*, texte et dessins du sujet cité plus haut (1834); — l'*Atlas des œuvres de Rollin* (1838, 88 pl.); — *Des monuments antérieurs à l'établissement du christianisme dans les Gaules* (1840); — *Architecture militaire au Moyen-Age* (1845); — *Monuments religieux du Moyen-Age* (1847); — *Architecture, archéologie* (1849); — *Architecture monastique* (1852); — *Notice et dessins du tombeau de Napoléon Ier* (1855); — *Rapport sur l'introduction de l'art dans les étoffes par les procédés Despréaux* (1858); — plus, de nombreux *Rapports* adressés à divers Comités ou à des Sociétés savantes. Enfin, M. Albert Lenoir a créé, avec M. Berty, le *Plan archéologique de Paris*, et envoyé, à l'Exposition universelle de 1855, une *Sainte-Chapelle au XIII siècle*, tableau exécuté en collaboration avec M. J. Laure, et quatre *Dessins de l'hôtel de Cluny*, destinés aux Archives des monuments historiques, qui lui ont valu une mention honorable. Professeur à l'École des beaux-arts, depuis 1856, et secrétaire de cette École, depuis 1862, il a été élu membre de l'Académie des beaux-arts, en 1869. M. Albert Lenoir, chevalier de la Légion d'Honneur depuis 1845, a été promu officier de l'Ordre en 1872.

LENORMANT (François), né à Paris, le 17 janvier 1837; fils de l'académicien Ch. Lenormant, ancien professeur au Collège de France, ancien conservateur du cabinet des médailles à la Bibliothèque royale, décédé à Athènes en 1859. M. Fr. Lenormant puisa près de son père le goût des savantes études, des recherches de numismatique surtout, et d'archéologie. Il publia sa première dissertation, dès l'âge de 14 ans, dans la *Revue archéologique*, reçut de l'Académie des inscriptions et belles-lettres, en 1857, le prix de numismatique, et fit de nombreux voyages en Allemagne, en Italie, en Grèce et en Orient. Chargé d'une mission archéologique en Grèce, en 1860, il exécuta des fouilles considérables à Eleusis, et de là se rendit en Syrie. C'était le moment du massacre des chrétiens, et il en envoya les comptes rendus à plusieurs journaux de Paris. Nommé sous-bibliothécaire de l'Institut en 1862, il fit partie, en 1866, de la Commission scientifique envoyée au volcan de Santorin. Dans les réunions publiques ouvertes à Paris en 1868 et 1869, il défendit énergiquement le catholicisme et combattit les socialistes. Volontaire au 9e régiment de Paris, pendant le siége de 1870-1871, il fut atteint, à la bataille de Buzenval, de la même balle qui frappa, à ses côtés, le colonel Langlois. M. F. Lenormant a obtenu, en 1866, le prix ordinaire de l'Académie des inscriptions et belles-lettres, et, en 1869, un des premiers prix pour les ouvrages utiles aux mœurs. Ayant quitté la bibliothèque de l'Institut en 1872, il a été nommé, en 1874, professeur d'archéologie près la Bibliothèque nationale. M. Fr. Lenormant est associé de l'Institut de correspondance archéologique, de l'Académie pontificale d'archéologie, de l'Académie royale de Belgique et de la Société royale de littérature de Londres. On lui doit: *Des voies de recours* (1856); — *Essai sur le classement des monnaies d'argent des Lagides*, couronné par l'Académie des inscriptions (1856); — *Description des médailles et antiquités de la collection du baron Behr*, mention très-honorable au concours de numismatique (1857); — *Description des antiquités égyptiennes de la collection Anastasi* (1857); — *La question ionienne devant l'Europe* (1859); — *Histoire des massacres de Syrie* (1861); — *Le gouvernement des îles Ioniennes* (1861); — *Recherches archéologiques à Eleusis* (1862); — *Essai sur l'organisation politique et économique de la monnaie* *dans l'antiquité* (1863) ; — *Monographie de la Voie sacrée éleusinienne* (1864) ; —*La Grèce et les îles Ioniennes* (1865) ; — *Turcs et Monténégrins* (1866) ; — *Introduction à un Mémoire sur la propagation de l'alphabet phénicien dans l'ancien monde* (1866) ; — *Chefs-d'œuvre de l'art antique* (1867-1869, in-4°, 3 vol.) ; — *Description des antiquités de la collection Raifé* (1867) ; — *Les tableaux du musée de Naples* (1867, in-4°) ; — *Manuel d'histoire ancienne de l'Orient*, prix de l'Académie française (1868, 2 vol., 3e édit., 1869, 3 vol.) ; — *Essai sur un document mathématique chaldéen* (1868) ; — *Atlas d'histoire ancienne de l'Orient* (1869, in-4°) ; — *Nouveau cours d'histoire pour les classes : Histoire du peuple juif; Histoire des peuples orientaux et de l'Inde* (t. I-II, 1869) ; — *Lettres assyriologiques* (1871-1872, 2 vol. in-4°) ; — *Essai de commentaire des fragments cosmogoniques de Bérose* (1871) ; — *Essai sur la propagation de l'alphabet phénicien dans l'ancien monde* (en cours de publication, 1 vol. 1/2 a déjà paru) ; — *Études accadiennes* (en cours de publication, 4 parties ont paru) ; — *Les premières civilisations, études d'histoire et d'archéologie* (1874) ; — *La magie chez les Chaldéens et les origines accadiennes* (1874) ; — *Choix de textes cunéiformes inédits* (en cours de publication). En outre, M. F. Lenormant a publié de nombreuses dissertations dans la *Revue archéologique*, la *Revue numismatique*, les *Comptes rendus* de l'Académie des inscriptions et belles-lettres, le *Journal asiatique*, la *Gazette archéologique* et le *Journal d'archéologie égyptienne* de Berlin, le *Philologus* de Goettingue et le *Rheinisches Museum* de Bonn. Il a fait aussi paraître beaucoup d'articles dans le *Correspondant*, la *Revue des Deux-Mondes*, la *Gazette des Beaux-Arts*, le *Contemporain*, la *Revue britannique*. Enfin, il a collaboré activement à l'*Union* (1858 et 1859), à l'*Ami de la Religion* (1860 et 1861), à la *Gazette de France* (1862), à la *Semaine universelle* de Bruxelles (1862 et 1863), et dirigé, de 1869 à 1872, le *Moniteur des Architectes*.

LÉOFANTI (Adolphe-Pierre-Joseph), né à Rennes, le 10 juin 1838. Doué de précieuses dispositions pour les arts, il suivit l'atelier du peintre Picot et celui du sculpteur Lanno. Comme peintre ou dessinateur, il cultiva surtout le genre historique. En 1864, M. Léofanti débuta au Salon de Paris avec le *Génie du progrès*, souvenir de Bretagne en 1863, dessin. Depuis, cet artiste a exposé : *Dante porté sur la croupe de Nessus au-delà du Phlégéton* (1866) ; — *L'armée de Cambyse ensevelie dans les sables du désert*, dessin (1867) ; —*Le carroccio*, fusain ; *Saint Simon-Stocc recevant le saint scapulaire des mains de la Vierge*, pour la chapelle des Carmes, à Passy (1873) ; — *G. A. Lanno*, buste en bronze pour le musée de Rennes ; *Jésus au jardin des Oliviers*, acheté par le gouvernement, et donné à l'église paroissiale de Saint-Germain de Rennes (1874).

LÉONI (Paul-Henri Charvet de), né à Paris, le 16 avril 1839. Son père, général de division sous le premier Empire, attaché à l'État-major du roi Murat, l'avait destiné à la carrière militaire. En conséquence, il fut placé, comme enfant de troupe, au 1er dragons, après avoir fait une partie de ses études classiques au collège Louis-le-Grand. Engagé volontaire au 39e de ligne en 1857, sergent en 1859, il quitta l'armée en 1863, pour raisons de santé, et dirigea d'abord la publication du *Bas-Breton*. Venu à Paris en 1864, il se consacra tout entier à la littérature et au journalisme, collabora au *Nain-Jaune*, au *Figaro*, à l'*Illustration militaire*, et fonda, soit seul, soit avec des cofondateurs, quelques petits journaux dont l'existence fut assez éphémère, l'*Employé* (1866), les *Coulisses parisiennes* (1867), l'*Art industriel*, la *Veilleuse* (1868). Puis il collabora à la *Situation*, et prit la rédaction en chef du *Journal de la Haute-Loire*, qu'il quitta presque aussitôt pour celle du *Courrier du Gers* (1869). En 1870, il devint un des rédacteurs les plus assidus du *Pays;* et, au lendemain du 4 Septembre, il entra au *Constitutionnel*. Mais il ne fit que passer à ce dernier journal. Enfermé à la Conciergerie et condamné à mort par les gens de la Commune, il eut le bonheur d'être oublié jusqu'au moment où les troupes de l'Assemblée le délivrèrent. Depuis, M. de Léoni a dirigé l'*Avenir libéral*, comme rédacteur en chef, et s'est distingué par la vivacité de sa polémique. Plusieurs articles dirigés contre M. Jules Favre ont provoqué le fameux procès Laluyé, la suppression de son journal, et lui ont en outre valu 5,000 fr. d'amende et un mois de prison. M. de Léoni fait de nouveau partie de la rédaction du *Pays*. Il a publié, pendant les élections de 1869, à Pau, la *Vérité sur M. G. Fould*, brochure qui lui a attiré 500 francs d'amende et quinze jours de prison. On lui doit aussi quelques nouvelles et romans-feuilletons.

LEPAUTE (Augustin-Michel Henry-), né Paris, le 13 mai 1800; fils de Pierre Henry, horloger du roi,auteur de l'horloge de l'Hôtel-de-Ville de Paris. Il perdit son père de très-bonne heure, fit son apprentissage d'horloger chez son oncle Jean-Joseph Lepaute, devint son chef d'atelier, puis son successeur en 1830 et son gendre en 1834. Esprit inventif, travailleur infatigable, il construisit beaucoup d'horloges remarquables. Dès 1824, il se signalait par la réfection du *Carillon de Dunkerque*. Dix ans après, il exposait une *Horloge à remontoir d'égalité à force constante*, sonnant les quarts par un seul rouage, qui lui valut la médaille d'argent. Parmi ses œuvres d'horlogerie, on doit citer encore les horloges de la *Bourse de Marseille*, des gares du *Nord*, de *Saint-Lazare*, d'*Orléans*, de *Strasbourg*, du *Palais-de-Justice*, de l'église *Saint-Paul*, etc. En outre, il a exécuté un grand nombre de mécaniques de toute espèce, telles que les robinets-vannes pour les *Réservoirs de Saint-Ferréol*, alimentant le canal du Midi, et les types des régulateurs actuellement en usage dans tous les chemins de fer.Chargé par l'administration de construire les mécanismes d'horlogerie destinés à faire tourner les appareils des phares, M. Henry-Lepaute travailla avec Augustin Fresnel, l'inventeur des phares lenticulaires, et avec François Arago, et créa ses lampes mécaniques, destinées à l'éclairage des phares et qui sont restées les types les plus parfaits et les plus répandus en ce genre. Vers 1830, il fut conduit à entreprendre l'exécution des divers éléments optiques composant les appareils lenticulaires de Fresnel, et créa un outillage qui, grâce à des améliorations successives, est encore le plus complet et le plus précis dans sa spécialité. Depuis, il n'a pas cessé de perfectionner cette industrie qu'il a dirigée parallèlement avec sa maison d'horlogerie. A partir de 1834, les plus beaux phares de France, d'Italie, de Russie, de Turquie, des Pays-Scandinaves, des Amériques du Nord et du Sud, etc., sont sortis de ses ateliers ; en Angleterre même, il a construit notamment le phare d'Eddystone. A la mort de ses parents, il reprit la suite de leurs affaires et devint le seul Lepaute horloger, et le seul héritier du nom illustré par sa famille depuis 1740. En 1867, il a confié à ses deux fils la direction de sa maison d'horlogerie et de sa fabrique de phares. M. Henry-Lepaute a obtenu une médaille d'argent en 1839, des médailles d'or et d'argent en 1844, des médailles d'honneur aux Expositions universelles de Londres en 1851, de New-York en 1853, de Paris en 1855, de Londres en 1862, de Paris où il exposa, en 1867, le beau phare scintillant de 1er ordre (aujourd'hui monté aux Roches-Douvres), et enfin une médaille d'honneur à Vienne en 1873. Chevalier de la Légion d'Honneur depuis le 27 avril 1845, il est aussi chevalier de l'ordre de Gustave Wasa de Suède.

L'EPINE (Ernest-Louis-Victor-Jules), né à Paris, le 12 septembre 1826. Ses goûts le portant vers la littérature et les beaux-arts, il étudia d'abord la peinture chez Schopin et L. Cogniet, et la musique près de Clapisson et Barbereau. Comme écrivain, il s'est fait surtout connaître sous les pseudonymes de « E. Manuel, Quatrelles et Pierre Le Hestre. » En 1849, M. L'Epine entra dans l'administration des postes (service des bureaux ambulants). Le duc de Morny, qui eut occasion de le voir et de l'apprécier, le choisit, en 1853, pour son secrétaire particulier; l'année suivante, il devint chef du cabinet du président au Corps législatif. Attaché à l'ambassade extraordinaire chargée de renouer, avec le cabinet de Saint-Pétersbourg, les relations diplomatiques interrompues pendant la guerre de Crimée, il séjourna en Russie du mois de juillet 1856 au mois de juillet 1857. A la mort du duc de Morny (1865), M. L'Epine entra à la Cour des comptes en qualité de conseiller référendaire. L'Exposition universelle de 1867 lui ménageait un rôle conforme à ses goûts; attaché au groupe X (instruction publique), il fut secrétaire du Comité de la composition musicale, présidé par Rossini, Auber et Ambroise Thomas, et chargé d'appliquer l'idée des auditions musicales périodiques, dont il est le promoteur depuis 1854. En même temps, il remplissait les fonctions de délégué de l'île de Cuba, qui lui avaient été conférées par suite de la mission qu'il avait gratuitement accomplie dans les Antilles espagnoles. Sa compétence et son activité lui valurent alors d'être proposé, par tous les présidents de sections musicales, pour la promotion au grade d'officier dans la Légion d'Honneur, comme il le fut encore, pendant le siège de Paris, pour son courage et son dévouement en qualité de chef de la 5e ambulance active. On doit à M. L'Epine beaucoup d'œuvres littéraires et musicales, que nous diviserons de la manière suivante. THÉATRE : *La dernière idole* (Odéon, 1862); — *L'œillet blanc* (Français, 1865); — *Le frère aîné* (Vaudeville, 1867) ; ces trois pièces en collaboration avec M. Alph. Daudet ; — *Le sapeur et la maréchale* (Palais-Royal, 1871). ŒUVRES LITTÉRAIRES : *Les joies dédaignées* (1865) ; — *Voyage à Cuba* (Paris-Journal, 1867); — *Voyage autour du grand monde* (1872) ; — *Le chevalier Beau-Temps*, préface d'Alex. Dumas, illustrations de G. Doré (1872); — *La vie à grand orchestre* (1873) ; — *La guerre à coups d'épingle* (1874) ; — *Sans queue ni tête* (1874). OUVRAGES POUR LES ENFANTS : *Histoire aussi intéressante qu'invraisemblable de l'intrépide capitaine Castagnette*, illustrations de G. Doré (1862); — *La légende de Croquemitaine*, illustrations de G. Doré (1863) ; — *La princesse Eblouissante*, illustrations de Bertall (1870). ŒUVRES MUSICALES, RECUEILS : *Scènes et chansons*, 24 mélodies (1868) ; — *Poésies chantées*, 10 mélodies (1874). Parmi les journaux auxquels cet écrivain a collaboré, nous citerons le *Moniteur universel*, *Paris-Journal*, la *Vie parisienne*, le *Monde illustré*, le *Ménestrel*, etc. M. L'Epine, chevalier de la la Légion d'Honneur depuis 1862, est aussi commandeur du Nombre extraordinaire d'Isabelle-la-Catholique d'Espagne, commandeur de Saint-Stanislas de Russie, officier du Medjidié de Turquie, et chevalier de Charles III d'Espagne.

LE PLAY (Pierre-Guillaume-Frédéric), né à Honfleur, le 11 avril 1806. Entré à l'Ecole polytechnique en 1825, il en sortit dans le corps des mines en 1829, et devint successivement ingénieur ordinaire de 2e classe en 1831 et de 1re classe en 1836, ingénieur en chef de 2e classe en 1840 et de 1re classe en 1848. Désigné pour la chaire de docimasie à l'Ecole des mines, il devint sous-directeur et inspecteur des études de cet établissement. Il fit partie, en 1853, de la Sous-Commission chargée des préparatifs de l'Exposition universelle, dont il prit un peu plus tard la direction, et entra au Conseil d'Etat à la fin de 1855. Commissaire du gouvernement à l'Exposition universelle de Londres en 1862, il fut encore chargé d'organiser l'Exposition universelle de 1867, avec le titre de commissaire-général. Le 29 décembre de la même année, il fut élevé à la dignité de sénateur. M. Le Play, qui a beaucoup voyagé et beaucoup étudié, a donné de nombreux mémoires scientifiques dans les publications spéciales, telles que les *Annales des mines*, l'*Encyclopédie nouvelle*, etc. Voici la liste de ses ouvrages publiés à part : *Observations sur l'histoire naturelle et la richesse minérale de l'Espagne* (1834); — *Vues générales sur la statistique, suivies d'un aperçu d'une statistique générale de la France* (1840); — *Description des procédés métallurgiques dans le pays de Galles pour la fabrication du cuivre* (1848, avec pl.); — *Les ouvriers européens, études sur les travaux, la vie domestique et la condition morale des populations ouvrières de l'Europe, précédées de la méthode d'observation*, ouvrage qui a obtenu le grand prix de statistique à l'Académie des sciences

(1855) ; — *Album de l'Exposition universelle*, avec le concours du baron Brisse (1856) ; — *La réforme sociale en Europe déduite de l'observation des peuples européens* (1864, 2 vol., 2e édit., 1866) ; — *Organisation du travail selon la coutume des ateliers et la loi du Décalogue* (1870) ; — *Les ouvriers et la réforme sociale. Organisation de la famille* (1871). Le même auteur a collaboré, en 1837, à l'ouvrage du comte A. Démidoff intitulé : *Voyage dans la Russie méridionale et le Caucase*, par la Hongrie, la Valachie et la Moldavie. M. Le Play, décoré d'un grand nombre d'ordres étrangers, a été promu Grand Officier de la Légion d'Honneur en 1867.

LEQUEUX (Paul-Eugène), né à Paris, le 10 août 1806. Attiré par ses goûts vers l'étude de l'architecture, il se fit admettre, dès 1822, à l'Ecole des beaux-arts, où il reçut les leçons de Guénepin, de Baltard, et obtint le grand prix de Rome au concours de 1834, sur ce sujet : *Construction d'un Athénée*. Des considérations de famille, et la position qu'il avait déjà comme architecte de l'arrondissement de Saint-Denis l'empêchèrent de profiter de ce grand succès, et il renonça à l'avantage de pouvoir poursuivre, pendant cinq années encore, ses études artistiques à la Villa-Médicis. Cette situation particulière du lauréat, qui était déjà marié à la sœur de l'illustre Baltard, attira l'attention du gouvernement ; et désormais, on n'admit plus que des célibataires au concours des grands prix. Depuis cette époque, M. Lequeux a été nommé architecte en chef du département de la Seine. Il a exécuté beaucoup de travaux importants à Paris et dans ses environs. On lui doit notamment la sous-préfecture de Saint-Denis, les mairies de Paris-Montmartre, de Puteaux et de Saint-Ouen, l'église de la Villette, élégant specimen des procédés d'architecture moderne, des monuments funèbres, l'église paroissiale de Villetaneuse, l'église de Notre-Dame-de-Clignancourt à Montmartre, et enfin l'Asile d'aliénés de Ville-Evrard, près Neuilly-sur-Marne. M. Lequeux a reçu la croix de la Légion d'Honneur en 1859. Il est décédé le 22 juillet 1873, au Mont-Saint-Michel, dans le cours d'un voyage.

LERAY (Prudent-Louis), né à Couëron (Loire-Inférieure), le 29 avril 1820. Elève de Paul Delaroche, il débuta comme peintre d'histoire, puis adopta la peinture de genre, sans négliger le portrait. En 1844, son premier envoi au Salon représentait *Jésus-Christ et les disciples d'Emmaüs*. Depuis, cet artiste a exposé : *Jésus guérissant les malades* (1845); — *L'exilé*; *L'occasion fait le larron*; *L'horoscope* (1848); — *Marguerite d'Entragues*; *Troupe de bohémiens traversant une forêt* (1850 ; — *Charles IX et sa Cour visitant les gibets de Montfaucon*; *Mazeppa* (1852); — *Le fou qui vend la sagesse*, sujet emprunté à Lafontaine; *Valets de chiens* (1853); — *L'âne portant les reliques*, tiré des *Fables de Lafontaine*; *Femmes de soldats anglais cherchant leurs maris sur le champ de bataille d'Inkermann*, exécuté du 5 novembre; *Portrait d'enfant* (E. U. 1855); — *L'ermite et l'ondine*; *Tripot*; *Ouverture de la chasse* (1857); — *Don Alonzo Perez de Gusman, gouverveur de Tarifa en 1294*;

Le plan (1859); — *La flûte de Pan*, panneau décoratif; *Le premier bouquet*; *Le commissaire*; *Madame n'y est pas*; *Attendez-moi sous l'orme*; *Le point de vue* (1861); — *La mystification*; *La délaissée* (1863) : — *Rêve d'un croyant*, plafond d'un fumoir (1864); — *Le passage difficile* (1865); — *La première invitation* (1866); — *Logé chez l'habitant*; *La lecture intempestive* (1867); — *Les deux colombes*; *La déclaration* (1868); — *L'eau bénite*; *Le pique-assiette* (1869); — *La colline*, panneau décoratif; *Le sonnet* (1870); — *L'arrivée du seigneur* (1872); — *La déesse du café du Bosquet* (1874). Parmi les portraits que M. Leray a exposés, on distingue celui de M. *Louis Bardou*.

LEROUX (Frédéric-Etienne), né à Ecouché (Orne), le 3 août 1836. Il cultiva l'art de la statuaire, suivit l'atelier de M. Jouffroy, et débuta au Salon de 1863, avec un groupe de *Faunes*, plâtre. En 1865, il exposa : *Ariane abandonnée*, statue en plâtre. L'année suivante, il produisit une *Marchande de violettes*, belle statue en bronze, placée au Musée du Luxembourg, et qui a reparu à l'Exposition universelle de 1867. Depuis, M. Leroux a fait recevoir au Salon de Paris : *Somnolence*, statue en plâtre (1867), en marbre (1870), également placée au Musée du Luxembourg; — le buste en plâtre de M. *Alexandre Dumas fils* (1868); — *Bouquetière*, statue en marbre, au musée de Lille; le buste en marbre de l'impératrice *Eugénie*, pour la salle des mariages du IIIe arrondissement (1869); — *Jeune mère jouant avec son enfant*, groupe en plâtre; *Portrait d'enfant*. buste en plâtre (1872); — *Gizelle*, statue en plâtre ; *Bouquetière*, statuette en bronze (1873). A ces œuvres, il faut ajouter : *Saint Denis*, statue en pierre pour le portail de l'impasse de l'église Saint-Eustache (1873) ; — *Jeune mère jouant avec son enfant*, groupe en marbre (1874) ; — une *Victoire*, statue en bronze, couronnement d'un monument pour la ville de Bahia, au Brésil (1874). M. Leroux a remporté des médailles aux Salons de Paris en 1866, 1867, 1870, et à l'Exposition universelle de Vienne en 1873.

LEROY-BEAULIEU (Pierre-Paul), né à Saumur (Maine-et-Loire), le 9 décembre 1843. Il est issu d'une famille bien posée et fortunée. Son père, préfet sous le gouvernement de Juillet, puis député, le mit au lycée Bonaparte, où il fit d'excellentes études et remporta le prix de l'Association des anciens élèves (1862). Après avoir fait son droit et complété son instruction par des voyages en Italie et en Allemagne, il se consacra à des travaux de littérature et surtout d'économie politique. Successivement collaborateur du *Temps*, de la *Revue nationale*, de la *Revue contemporaine* et de la *Revue des Deux-Mondes*, il entra aux *Débats* en 1871. M. Leroy-Beaulieu est partisan du libre-échange et d'un impôt sur le revenu. Il a fondé, en 1873, l'*Economiste français*, journal hebdomadaire qui s'est placé, dès son apparition au premier rang des publications similaires. Lors de la fondation de l'Ecole libre des sciences politiques, il accepta dans cet établissement la chaire de finances. On lui doit beaucoup de travaux sur les finances. l'administration, les questions ouvrières, les impôts, etc. Il a remporté, presque à la fois, cinq prix (dont le prix Bordin) à l'Académie des sciences morales et politiques, avec les mémoires suivants, qui ont été publiés plus tard en volume : *De l'influence de l'état moral et intellectuel des populations ouvrières sur le taux des salaires* (1867); *De l'impôt foncier et de ses conséquences économiques; De la colonisation chez les peuples modernes; De l'administration locale en France et en Angleterre* (1870); *Du travail des femmes au XIXe siècle* (1872). En outre, M. Leroy-Beaulieu a publié : *Les guerres contemporaines; Recherches économiques, historiques et statistiques* (1869); *La question ouvrière au XIXe siècle* (1871).

LESGUILLON (Pierre-Jean), né à Orléans, en 1800. Il fit de brillantes études au collège de sa ville natale et remporta le prix d'honneur. Latiniste distingué, familier avec les grands auteurs, il avait senti, dès l'enfance se révéler sa vocation poétique. A 17 ans, il composa une comédie en 3 actes et en vers dont sa mère empêcha la représentation, espérant ainsi le détourner de la carrière des lettres qu'elle redoutait pour lui; en même temps elle le faisait entrer chez un notaire. Mais le premier exploit du jeune clerc ayant été de mettre le code en vers, il quitta bientôt la bazoche et se rendit à Paris, à l'âge de 20 ans, muni d'une comédie en 3 actes et en vers intitulée : *Les Adelphes,* qui fut reçue à l'unanimité à l'Odéon. Cette pièce, d'abord arrêtée par la censure, fut jouée avec succès; l'auteur l'avait fait précéder d'un prologue en vers, adressé à la jeunesse des Ecoles, et qui, tout en disposant favorablement ce public, commença sa réputation. Vers la même époque, M. Lesguillon fut condamné à six mois de prison pour son *Epître à M. Lemercier*. Dès-lors, son nom grandit dans la littérature, comme poëte et prosateur. Il fit jouer à l'Odéon, son théâtre de prédilection : *l'Eloge en vers de Casimir Delavigne; Méphistophélès,* en 3 actes et en vers, également arrêté par la censure; le *Naufrage,* en vers ; le *Cachemire,* en vers; *Tancrède,* opéra, musique de Rossini; *Août 1572, ou Charles IX à Orléans*; *Epicharis*; *Néron* de Legouvé, refondu en 3 actes; le *Protégé de Molière*; les *Deux lièvres*; le *Dernier Figaro, ou Cinq jours d'un siècle*, en 5 actes et 5 époques ; les *Prétendants*, 3 actes en vers, arrêtés par la censure, puis permis après la transformation des personnages. Ces nombreuses productions valurent à M. Lesguillon deux entrées à vie à l'Odéon. Au Théâtre-Français, il donna : *Figaro en prison,* en vers; les *Amis de César,* comédie romaine ; *Washington*, drame en 5 actes et en vers. Cette dernière pièce fut emportée par Rachel en Amérique, où elle était déjà montée et aurait fait probablement la fortune de son auteur, quand la grande tragédienne fut atteinte de la maladie qui devait l'enlever. Dans le grand nombre des pièces de M. Lesguillon représentées sur d'autres théâtres, nous distinguons les *Quatre âges du Palais-Royal*; *Ninon, Nanon et Maintenon*; le *Caprice*, musique de Paer, le *Maestro*, etc. M. Lesguillon a collaboré à plusieurs journaux et revues. Comme historien, il a produit une *Etude sur Napoléon et Marie Touchet*; comme romancier, il a écrit *Ichildine* et *Albéric ou la Comédie de quinze ans*. Nous ne pouvons mentionner ici toutes ses œuvres poétiques; contentons-nous de citer les *Emotions,* œuvre de jeunesse ; *Poquelin à la censure,* à propos de l'érection du monument de Molière, etc. Son beau recueil intitulé : *Couronnes académiques* contient 40 prix d'Académie ; les jeunes poëtes y trouveront la correction du style jointe à l'élévation de la pensée. M. Lesguillon venait de terminer une pièce en 4 actes et en vers quand il est décédé, le 24 janvier 1873. Il avait été avec Mme Hermance Lesguillon, sa femme, un des premiers adhérents à la fondation de la Société des gens de lettres. Ses obsèques, qui ont eu lieu en l'église Saint-Sulpice, avaient attiré un nombreux concours d'amis et d'admirateurs, et plusieurs discours ont été prononcés en son honneur.

LESGUILLON (Mlle Hermance SANDRIN, dame), née à Paris, le 7 juillet 1812 ; veuve du précédent. Ainsi que lui, elle fut poëte dès son enfance. Son premier volume de poésie, *Rêveuse,* qui parut avant son mariage, révélait un penseur original et renfermait beaucoup de vers heureux. Il eut un grand succès, et ne contribua pas peu à sceller (1836) l'hymen entre deux talents qui devaient grandir ensemble. Mme Hermance Lesguillon partagea la vie laborieuse de son mari, et collabora à plusieurs de ses productions. Outre l'ouvrage cité plus haut, on lui doit, comme volumes de poésie : *Rosées; Rayons d'amour;* le *Midi de l'âme*; les *Mauvais jours;* les *Contes du cœur*; les *Adieux,* qu'elle vient de consacrer à la mémoire de son mari. Comme prosateur, elle a produit *Rosane;* les *Sept vertus;* les *Anges de Noël*; l'*Esprit qui cherche un corps*; l'*Homme-brochure*; les *Femmes dans cent ans*. Ce dernier livre a fait beaucoup de bruit, surtout à cause des idées qu'il renferme relativement au rôle de la femme dans la société. Au théâtre, Mme Hermance Lesguillon a fait jouer *Ninette et Ninon*, et le *Vieux maestro.* On lui doit aussi beaucoup de *Chansons,* de *Romances,* d'*Hymnes,* etc. Enfin, elle a dirigé plusieurs journaux de modes et produit dans un grand nombre de recueils, de revues ou de feuilles éphémères une foule de nouvelles, de récits de salons, de comptes rendus, de poésies, etc.

LE SOURD DE BEAUREGARD (Ange-Louis-Guillaume), né à Paris, le 17 avril 1800. Fils du magistrat au tribunal de Versailles, il suivit la carrière artistique, reçut les leçons des frères Van Spaendonck, et se consacra spécialement à la peinture des fleurs et des fruits. En 1820, il débuta au Salon de Paris avec une *Branche de lilas.* L'année suivante, il exposa un tableau de *Légumes.* En 1835, ce furent quatre tableaux de *Fleurs* et de *Fruits,* dont une *Croisée entourée de vigne avec un pot de reines marguerites,* et un *Cadre d'études.* En 1836, 1837, 1838, 1840 et 1841, 1845, 1853, 1861 et 1865, il exposa des *Fleurs* et des *Fruits.* Un *Vase de fleurs* lui mérita, en 1842, la médaille d'or de 3e classe. Voici, depuis cette époque, la liste de ses principales expositions: *Bouquet de fleurs; Grappes de raisin et pêches; Etude de fleurs* (1847); — *Etude de raisin blanc de Damas; Etude de Spaendoncea* (Arabie-Heureuse); une *Tête de vieillard* et un *Paysage,* pastels

(1848); — *Fleurs sur une table; Légumes, canard, homard*, etc. (1849); — tableau ou guéridon, représentant une *Couronne de fleurs* qui entoure un aquarium avec des poissons rouges, acheté par l'empereur (1850); — *Branche de vigne, raisin blanc, sur laquelle un oiseau picore* (1851); — *Panier de pêches* (1853); — *Fleurs et fruits* (E. U. 1855); — *Panier de pêches* (1857); — *Notre-Dame des fleurs* (1859); — *Roses blanches* (1869). Outre la distinction citée plus haut, M. Le Sourd de Beauregard a obtenu une médaille d'or à Rouen en 1845 et son rappel en 1847, la grande médaille d'argent à Rouen en 1837 et son rappel en 1838, une autre grande médaille d'argent à Boulogne-sur-mer en 1843, des médailles d'argent à Douai et à Valenciennes en 1825, et une médaille de bronze à Rouen en 1838. Il a été nommé au concours, en 1841, professeur d'iconographie végétale au Muséum d'histoire naturelle, en remplacement de Redouté.

LESPÉRUT (François, *baron* DE), né à Paris, le 5 août 1813. Fils d'un officier supérieur du premier Empire, il se consacra à l'étude des questions agricoles. Maire d'Eurville et conseiller général de la Haute-Marne, il fut envoyé à l'Assemblée législative, en 1849, par les électeurs de ce département. Puis il fut élu, à titre de candidat libéral, en 1852, député au Corps législatif, par la première circonscription de la Haute-Marne, et réélu, par de fortes majorités, en 1857, 1863 et 1869. M. le baron de Lespérut, qui appartenait au Centre-Gauche, combattit surtout le libre-échange, qu'il envisageait comme une menace pour l'industrie métallurgique de son pays. Il signa, en 1870, la demande d'interpellation des 116. Le 8 février 1871, les électeurs de la Haute-Marne lui confièrent de nouveau le mandat de représentant à l'Assemblée nationale; et, le 8 octobre suivant, ceux du canton de Poissons l'envoyèrent au Conseil général, qui le choisit pour son président. M. le baron de Lespérut est décédé le 9 octobre 1873. C'est en qualité de maire d'Eurville qu'il avait été nommé chevalier de la Légion d'Honneur en 1859.

LESPINASSE (Alpinien-Charles-Hyacinthe), né à Moissac (Tarn-et-Garonne), le 25 juillet 1809. Il se destina au barreau, et prit le grade de licencié en droit en 1829. Déjà ses heureux débuts lui présageaient une carrière brillante, quand, à la sollicitation de sa famille, il entra dans la magistrature (1841). Comme chef du parquet de Saint-Sever (Landes), il rendit des services qui attirèrent sur lui l'attention; et après la révolution de 1848, Achille Marrast, procureur-général du ressort, l'appela auprès de lui en qualité d'avocat-général. Des motifs de santé l'obligèrent, en 1851, à refuser l'emploi de procureur-général et l'empêchèrent, plus tard, d'accepter les offres avantageuses du garde des sceaux Abbatucci. En 1862, il fut nommé premier avocat-général à Pau, où il partagea pendant près de quatre années, avec le chef du parquet, Durand-Formas, tous les soins de l'administration, sans interrompre le service des audiences qu'il suivait avec assiduité. On a de M. Lespinasse de nombreux discours de rentrée et d'installation, dont les principaux portent les titres suivants : *Le devoir; — La science et la justice du magistrat; — Les Parlements de France; — Les Bohémiens des pays basques; — La femme dans la famille et dans la société; — L'économie politique et la magistrature; — Le droit de la guerre et de la paix; — L'avenir de nos codes*, etc. Il a fourni de nombreux articles à divers recueils judiciaires, tels que l'*Audience*, le *Moniteur des tribunaux*, la *Revue critique de législation*, la *Revue judiciaire du Midi*, le *Ministère public*. Un *Mémoire* présenté par lui à l'Académie de législation a été couronné en 1873. Enfin, M. Lespinasse est membre correspondant du ministère de l'Instruction publique, de l'Académie de législation, des Académies de Bordeaux et de Montauban, et de la Société d'économie politique de Paris. Chevalier de la Légion d'Honneur depuis le 13 février 1852, il a été promu officier de l'Ordre le 7 mars 1874.

L'ESPINAY (Henri-Victor DE), né à Sainte-Cécile (Vendée), le 26 juillet 1808. Il fit de bonnes études aux collèges de Fontenay-le-Comte et de Sainte-Anne-d'Auray, sans manifester de préférence pour telle ou telle carrière; mais, après avoir goûté de la vie du monde, il sentit s'éveiller en lui une réelle vocation pour l'état ecclésiastique, entra au grand séminaire de Saint-Sulpice de Paris en 1835, reçut l'ordination en 1841, et fut aussitôt nommé curé de la commune des Essarts (Vendée). Vicaire-général du diocèse de Luçon en 1846, il fut élu, le premier, représentant de la Vendée à l'Assemblée constituante, après la révolution de 1848. Défenseur non moins actif qu'éclairé de la religion et du pontificat romain, il siégea à la Droite, combattit les menées élyséennes et suivit constamment l'illustre Berryer, qu'il reconnaissait comme le chef du parti auquel il n'a pas un instant cessé d'appartenir. Réélu à la Législative, il suivit la même ligne de conduite; et c'est ainsi qu'il fut amené à voter la levée de l'état de siège, l'abolition de la peine de mort, et à protester contre le Coup-d'État. Depuis le mois de décembre 1851, M. l'abbé de L'Espinay a quitté l'arène politique et s'est renfermé dans ses importantes et délicates fonctions de vicaire-général et de proto-notaire apostolique *ad instar* auprès de l'évêque de Luçon, fonctions auxquelles il a été appelé en 1856.

LESREL (Adolphe-Alexandre), né à Genets (Manche), le 19 mai 1839. Il fit ses études classiques, jusqu'en troisième inclusivement, au collège d'Avranches, et fut placé par ses parents dans le commerce en 1857. Mais son goût pour les arts l'éloignait de cette carrière. Ayant tiré un mauvais numéro à la conscription, il se décida à partir; et, dès qu'il fut libre, la vue des chefs-d'œuvre du Louvre lui inspira l'idée de faire de la peinture. Il exécuta deux copies, une grande d'après le tableau de J.-B. Regnault, d'une *Descente de croix* qu'il donna à l'église de Genets. Pendant ce temps, il suivait l'École de dessin des arts-et-métiers; mais son professeur, M. Lecomte-Vernet, lui reconnaissant des dispositions, l'engagea à suivre les cours de dessin de la rue de l'École-de-médecine. Après avoir passé un an dans l'atelier de Gleyre, et six mois dans celui de M. Signol, il suivit définitivement celui de M. Gérôme, et se consacra de préférence à la peinture de genre. Voici la liste des tableaux exposés successivement par cet artiste, au Salon de Paris: *Amour vainqueur* (1866); — *Trop heureux les habitants des champs, s'ils connaissaient leur bonheur* (1867); — *L'Aurore* (1868); — *La poésie et la tragédie au tombeau de Rachel; Le repos du modèle* (1869); — *Pétrarque rencontrant Laure pour la première fois; Françoise de Rimini* (1870); — *Jeunes seigneurs examinant des épées*, époque Louis XIII (1872); — *Le lis est mort; Marchand de hallebardes* (1873); — *Une aubade au chef* (1874). De plus, M. Lesrel a exposé un *Portrait de l'auteur* et deux *Portraits de femmes*. Outre ses envois au Salon, il exécute chaque année de nombreuses commandes, et ses œuvres tiennent une place avantageuse dans les galeries d'amateurs.

LESSEPS (Ferdinand, *vicomte* DE), né à Versailles, le 19 novembre 1805. Il est issu d'une famille de diplomates. Son grand-père, Martin de Lesseps, était consul-général et chargé d'affaires à Hambourg et à Saint-Pétersbourg ; son oncle, le baron de Lesseps, qui avait accompagné La Pérouze dans son expédition, fut chargé par lui d'en rapporter en France les derniers résultats, peu de temps avant le désastre, et remplit les fonctions de chargé d'affaires à Lisbonne sous la Restauration; son père, le comte de Lesseps, qui mourut à Tunis en 1832, consul-général et chargé des affaires de France, après avoir été, sous le premier Empire, gouverneur des îles Ioniennes, avait épousé une espagnole de Malaga dont la sœur mit au monde la future comtesse de Montijo, mère de l'ex-impératrice des Français ; son frère aîné, le comte Théodore de Lesseps, ancien diplomate, a siégé au Sénat de 1861 à 1870 ; enfin, son frère cadet est agent du bey de Tunis à Paris. Attaché au consulat de Lisbonne en 1825, puis à la direction générale des Affaires étrangères en 1827, M. Ferdinand de Lesseps fut nommé élève-consul en 1828 et envoyé à Tunis. Placé auprès du maréchal Clauzel en 1830, pour accomplir une mission dans la province de Constantine, il passa en Egypte en 1831, avec le grade de vice-consul. Consul de 2ᵉ classe au Caire en 1833, il mérita de recevoir la croix de la Légion d'Honneur, le 29 mars 1836, pour sa belle conduite, comme consul-général intérimaire, pendant la terrible peste de 1834-1835. Nommé consul à Rotterdam en 1838, il se distingua dans les négociations qui avaient pour objet la séparation définitive de la Belgique et de la Hollande. Il fut promu consul de 1ʳᵉ classe à Malaga en 1839, et passa à Barcelone en 1842. Pendant l'insurrection et le bombardement de cette ville, M. de Lesseps protégea, avec une rare énergie, non-seulement les intérêts de la colonie française, mais ceux des étrangers et même de beaucoup d'espagnols, ce qui lui valut la rosette d'officier de la Légion d'Honneur (20 décembre 1842), une médaille décernée par les résidents français de Barcelone, son buste en marbre et des remerciments publics votés par la Chambre de commerce de la même ville, plusieurs décorations étrangères, et une adresse de la Chambre de commerce de Marseille. A la fin de 1843, il s'interposa efficacement pour sauver Barcelone d'un nouveau bombardement. Elevé au grade de consul-général en 1847, sans changement de résidence, il fut investi par Lamartine, le 10 avril 1848, des fonctions d'envoyé extraordinaire et ministre plénipotentiaire à Madrid. Il venait d'être désigné pour la légation de Berne, en 1849, quand la première attaque dirigée tout-à-coup et sans ordres avoués, contre Rome, compliqua les affaires en Italie. M. de Lesseps fut alors placé, comme ministre plénipotentiaire et envoyé extraordinaire, à Rome ; mais un changement de politique motiva presque aussitôt son rappel et le gouvernement d'alors ne craignit pas de désavouer son agent, et de le charger d'une foule de griefs imaginaires, pour éviter d'avoir à expliquer sa propre conduite. Son *Mémoire* au Conseil d'État, devant lequel il avait été cité, fut, aux yeux du public, sa complète justification. En cette circonstance, l'honorable diplomate se réfugia dans sa dignité. Placé, à sa demande, sur le cadre des ministres plénipotentiaires en disponibilité, sans traitement, il quitta la vie publique le 7 juillet 1849. Pendant son séjour en Egypte, il avait caressé et mûri l'idée grandiose du percement de l'isthme de Suez. Il ne s'agissait plus, comme sous les Ptolémées, de creuser un canal indirect par le Nil pour des galères et des tartanes, mais bien d'ouvrir un bras de mer artificiel, accessible aux navires modernes du plus fort tonnage. En 1852, il demanda au gouvernement turc l'autorisation de créer une grande Compagnie financière, dont le percement de l'isthme était l'objet. La Porte le renvoya au vice-roi d'Egypte. Mohammed-Saïd, après s'être rendu compte de la possibilité d'exécution, donna, le 30 novembre 1854, à M. de Lesseps, le pouvoir exclusif de constituer et de diriger une Compagnie universelle pour le percement de l'isthme de Suez et l'exploitation d'un canal entre les deux mers. Cet acte de concession, ratifié par le Sultan, souleva les réclamations de l'Angleterre, qui pourtant a profité plus que toute autre nation des travaux accomplis, mais qui, dans son jaloux égoïsme, craignait alors de perdre l'espèce de monopole maritime que le nombre de ses navires lui assurait dans le commerce avec les Indes. Des complications diplomatiques retardèrent, jusqu'au 5 janvier 1856, la délivrance du firman définitif de concession. Cependant, une première exploration de l'isthme eut lieu en 1854-1855 ; en outre, une Commission internationale de savants s'était prononcée en faveur de l'entreprise, et tous les gouvernements européens avaient protesté contre les agissements du cabinet anglais. M. de Lesseps, profitant de tous ces bons vouloirs, fit des conférences publiques, réussit à lancer son affaire, et fonda une Société au capital de 200 millions dont la totalité fut aussitôt souscrite. Les travaux commencés en 1859, et interrompus en 1863, par suite de l'hostilité du nouveau vice-roi d'Egypte, furent bientôt repris et terminés le 20 novembre 1869. Des souverains, des notoriétés de tous les pays et de nombreuses députations de journalistes assistèrent à son inauguration, qui fut l'occasion de fêtes magnifiques. Ce que nous venons de dire du percement de l'isthme de Suez suffit à prouver combien il fallut de patience, d'énergie et d'intelligente activité pour le mener à bonne fin. Le nom de son auteur appartient désormais à l'histoire, qui lui fera la place à laquelle il a droit, parmi les bienfaiteurs de l'humanité. M. de Lesseps a fait paraître quelques notes sur ses fonctions diplomatiques, et de nombreuses brochures concernant le canal de Suez. Il est Grand-Croix de la Légion d'Honneur depuis 1869.

LESTAPIS (Paul-Jules-Sévère de), né à Pau, le 3 février 1814. Fils du receveur-général de sa ville natale, il entra à l'École Saint-Cyr en 1831, à l'École d'État-major en 1833, et fut incorporé au 24e de ligne, en Afrique, en 1836. Lieutenant d'État-major aux spahis d'Oran en 1837, et capitaine au 3e chasseurs d'Afrique en 1840, il donna sa démission, en 1841, pour se consacrer à l'agriculture sur ses propriétés. Après la révolution de 1848, il fut élu représentant des Basses-Pyrénées à l'Assemblée constituante où il fit partie du Comité d'agriculture, vota généralement avec le parti Cavaignac, et repoussa l'amendement Grévy, ainsi que la mise en accusation du président et de ses ministres. M. de Lestapis, membre du Conseil général pour le canton d'Orthez depuis 1852, a reçu, le 8 février 1871, par 51,615 voix, le mandat de député des Basses-Pyrénées à l'Assemblée nationale, où il siège sur les bancs du Centre-Gauche. Il a voté notamment : *pour* la paix, le retour de l'Assemblée à Paris, la loi départementale, l'abrogation des lois d'exil, la validation de l'élection des ducs d'Aumale et de Joinville, le traité douanier, l'amendement Barthe, la dénonciation des traités de commerce ; *contre* l'amendement Target, la proposition Ravinel, l'impôt sur le chiffre des affaires et celui sur les bénéfices du commerce et de l'industrie. Le 8 octobre 1871, il a été réélu membre du Conseil général des Basses-Pyrénées. M. de Lestapis a été cité à l'ordre de l'armée et nommé chevalier de la Légion d'Honneur, le 21 novembre 1839, pour faits de guerre pendant l'expédition des Portes-de-Fer, Algérie) où il avait été gravement blessé.

LÉTIÉVANT (Jean-Joseph-Émile), né à Marboz (Ain), le 29 août 1830. Il commença, en 1850, ses études médicales à Lyon, suivit le cours de l'externat à l'Hôtel-Dieu en 1852-1853, fut nommé, au concours, interne des hôpitaux, pour cinq ans, en novembre 1853, fit un premier voyage à Paris, en 1854, et y séjourna un an pour se fortifier dans ses études, revint achever son temps d'internat à Lyon, visita la Faculté de Montpellier dont il suivit les enseignements pendant quelques mois (1858) et prit le grade de docteur, devant la Faculté de Paris, en 1858, avec cette thèse : *Du traumatisme dans l'accouchement comparé au traumatisme ordinaire*, thèse qui fut remarquée. Chef de clinique chirurgicale à l'École de médecine de Lyon de 1860 à 1863, puis chef des travaux anatomiques jusqu'en 1873, M. Létiévant a été nommé en 1867, à la suite d'un brillant concours et à la presque unanimité des suffrages, chirurgien-major du grand Hôtel-Dieu de Lyon, où il fait un service considérable de chirurgie. Dès l'internat, il professait des cours libres d'anatomie et de chirurgie. Après avoir passé son doctorat, il a fait des cours libres de séméiologie en 1861, sur les fractures et luxations en 1862, de diagnostic chirurgical en 1863, et de médecine opératoire en 1864. Depuis sa nomination aux travaux anatomiques, il a professé, tous les hivers, un cours officiel d'anatomie, et, presque tous les étés, le cours de chirurgie ou une partie de ce cours. Actuellement il professe le cours de physiologie. Auteur d'une théorie nouvelle sur la motilité et la sensibilité après les sections nerveuses, il a fait connaître une partie de sa doctrine au Congrès scientifique de Bordeaux (séance du 9 septembre 1872), et une autre partie au Congrès médical de Lyon (22 septembre 1872). Cette doctrine est exposée en détails dans son remarquable *Traité des sections nerveuses, physiologie, pathologie, indications, procédés opératoires*, traité favorablement accueilli par la presse scientifique (1873, avec 20 fig. dans le texte). M. Létiévant est membre-fondateur de la Société des sciences médicales de Lyon, membre de la Société de médecine, vice-président de la Société des conférences anatomiques, et membre de la Société linnéenne et de la Société de botanique de la même ville, membre de l'association française pour l'avancement des sciences, etc. Outre les ouvrages cités plus haut, et indépendamment de nombreux articles insérés dans le *Journal de médecine* de Lyon, le *Lyon médical*, la *Gazette médicale de Bordeaux*, on lui doit les *Mémoires* suivants : *Phénomènes physiologiques et pathologiques consécutifs aux sections des nerfs du bras* 1869) ; — *Nécrotomie dans le tétanos traumatique* (1870) ; — *De l'intervention secondaire dans la gangrène des membres* (1871) ; — *Étude sur les pansements par occlusion ouatée* (1872). M. Létiévant a été nommé professeur-suppléant le 1er mars 1873, puis professeur de physiologie le 24 mai suivant.

LEULLIER (Louis-Félix), né à Paris, le 14 novembre 1811. M. Leullier devait entrer à l'École polytechnique, mais sa vocation l'attirant vers la peinture, il entra dans l'atelier de Gros. Il était en loges lors de la mort funeste de son maître (20 juin 1835). Il quitta alors l'École et partit pour l'Italie avec Simon Guérin. Il séjourna à Rome, à Florence, à Venise, admira Raphaël et André del Sarte, mais étudia, de préférence, le Titien, Paul Véronèse et le Tintoret. De retour à Paris, en 1839, il débuta au Salon de cette année par les *Chrétiens livrés aux bêtes*, composition originale, dramatique, grandiose, qui obtint un grand succès. Il exposa, en 1841, l'*Héroïsme de l'équipage du* Vengeur (musée de Lyon), tableau remarquable par l'entrain, la vigueur et l'enthousiasme. Ces deux tableaux lui valut, le premier, une médaille de 3e classe, et le second une médaille de 2e classe. Nous citerons encore parmi ses œuvres les plus remarquées : *Daniel dans la fosse aux lions ; — Chasse aux Caïmans ; — Chasse aux tigres* (musée d'Arras) ; *Ecce Homo ;* — l'*Homme entre le Vice et la Vertu ; — Incendie de Rome par les barbares ;* — le *Magicien Atlau*, etc. En 1849, il avait été appelé à exécuter à l'encaustique les peintures de la chapelle Saint-Fiacre dans l'église Saint-Médard, à Paris, où l'on admire surtout le Saint *secourant les pauvres par un temps de neige*, composition pleine de simplicité, d'expression, de sentiment, s'adaptant surtout au caractère de l'architecture gothique du monument. Pendant que l'artiste travaillait à ces peintures murales, le choléra sévissait tellement dans le quartier, que les morts se succédaient sans relâche dans l'église, et que M. Leullier, atteint par le fléau, fut obligé pendant plusieurs années de suspendre tout travail. Ce n'est qu'à force de temps et de soins qu'il put se rétablir et envoyer à l'Exposition de 1869 une vaste toile, qui figure au musée de Lille, l'*Inondation de la Loire*, composition où cette terrible catastrophe est représentée avec un sentiment, un pathétique, une vigueur et un heureux choix de formes et de types qui en font une œuvre remarquable. M. Leullier s'est fait connaître encore par de nombreux pastels et des tableaux de genre. En 1870, il a exposé un *Christ mort sur la croix*, composition remplie de sentiment et de caractère.

LEURIDAN (Théodore-Désiré-Joseph), né à Roubaix (Nord), le 16 septembre 1819. Il dut aux services de son père, ancien officier d'artillerie du premier Empire, une demi-bourse au lycée de Douai, où il fit ses études. Investi des fonctions de conservateur de la bibliothèque, des archives et du musée de Roubaix le 1er mars 1857, il reçut, en 1864, la croix de l'ordre pontifical de Saint-Grégoire-le-Grand. Membre de la Société des sciences de Lille, de la Commission historique du Nord, fondateur de la Société d'émulation de Roubaix, correspondant des Sociétés de Douai, Cambrai, Arras, Saint-Omer, Saint-Quentin, Rouen, etc., M. Leuridan a publié des ouvrages importants au point de vue de l'histoire locale : *Notice historique sur les armoiries de Roubaix* (1859); — *Histoire de l'église Saint-Martin de Roubaix* (1859); — *Histoire des établissements religieux et charitables de Roubaix* (1860); — *Histoire des seigneurs et de la seigneurie de Roubaix*, ouvrage qui a obtenu une médaille d'or à la Société des sciences de Lille (1862); — *Histoire des institutions communales et municipales de la ville de Roubaix, annales civiles*, travail couronné par la même Société (1864); — *Inventaire sommaire des archives communales de la ville de Roubaix* (1866); — *Histoire de la ville de Lannoy* (1868); — *Les châtelains de Lille* (1873); et divers opuscules insérés dans les mémoires de différentes Sociétés savantes. Écrivain religieux, M. Leuridan saisit, dans ses travaux d'histoire locale, toutes les occasions qui s'offrent à lui pour défendre l'Eglise et le Moyen-Age.

LEVALLOIS (Jules), né à Rouen, le 10 mai 1829. Il fit ses classes au collége de sa ville natale, s'adonna à la littérature et à l'archéologie, et vint à Paris en 1850 pour y compléter son instruction scientifique. Rédacteur au *Moniteur* en 1852, il plut à Sainte-Beuve qui l'admit dans son intimité en 1855, et l'employa comme secrétaire particulier jusqu'en 1859. A cette dernière époque, il fut appelé à faire partie de la rédaction de l'*Opinion nationale* qui se fondait alors, et dont il ne se sépara qu'en 1872, après la mort d'Adolphe Guéroult. M. Levallois a pris part à plusieurs des grands travaux de Sainte-Beuve, notamment aux *Causeries du lundi*, à l'*Etude sur Virgile et sur Quintus de Smyrne* (8.7), et à la deuxième édition de *Port-Royal* (1860). Son ancien maître et ami l'avait en très-haute estime et appréciait fort sa collaboration, dont il a dit le plus grand bien dans un de ses volumes. M. Levallois a collaboré à la *Revue européenne* et à l'*Avenir national*. A partir de 1872, il a donné des articles de critique littéraire au *Correspondant*, et d'archéologie au *Moniteur universel*. Il a publié les ouvrages suivants, dont quelques-uns sont des collections d'articles parus dans les journaux : *Critique militante. Etudes de philosophie littéraire* (1862); — *La pièé au XIXe siècle* (1864); — l'*Introduction* de l'ouvrage de M. Streckeisen-Moulton intitulé : *J.-J. Rousseau, ses amis et ses ennemis* (1865); — *Déisme et christianisme* (1866); — *La politique du bon sens* (1869); — *L'année d'un ermite* (1870); — *Sainte-Beuve* (1872).

LEVASSEUR (Pierre-Emile), né à Paris, le 8 décembre 1828. Après avoir fait ses études au collège Bourbon, depuis lycée Bonaparte, il fut admis en novembre 1849 à l'Ecole normale supérieure, et devint, de décembre 1852 à octobre 1854, professeur de seconde au lycée d'Alençon. Il se fit recevoir docteur ès lettres en juin 1854, agrégé des lettres au mois d'octobre de la même année, et professa la rhétorique au lycée de Besançon; puis il fut, de décembre 1855 jusqu'en février 1861, professeur-adjoint de seconde au lycée Saint-Louis, et de 1861 à 1868, professeur d'histoire au lycée Napoléon. En 1858, il a été chargé de faire, au Collège de France, un cours nouveau, *Histoire des faits et doctrines économiques*. Historien, géographe et économiste, il avait obtenu trois prix au concours de l'Institut de France (Académie des sciences morales et politiques) sur des questions relatives aux classes populaires en France (1858), sur l'accroissement soudain des métaux précieux (1860), sur les changements survenus depuis la Révolution dans la condition des classes ouvrières (1864). Le 4 avril 1868, M. Levasseur a été élu membre de cette Académie (section d'économie politique, finances et statistique) à la place laissée vacante par la mort du comte Duchâtel. Il est membre du Comité des travaux historiques et de diverses Sociétés savantes. Ses principaux ouvrages portent sur l'économie politique et sur la géographie : *Recherches historiques sur le système de Law* (1854); — *La question de l'or* (1858); — quatre volumes exposant la suite des destinées du travail industriel en France et comprenant deux parties distinctes : *Histoire des classes ouvrières en France avant 1789* (1859, 2 vol.), et *Histoire des classes ouvrières en France depuis 1789* (1867, 2 vol); — *Cours d'économie rurale, industrielle et commerciale* (1868). Il a publié, en outre, un grand nombre d'articles dans divers recueils et plusieurs des leçons faites dans les cours publics : *L'épargne et la prévoyance, le rôle de l'intelligence dans la production, l'assurance* (1866-1867); — une série de publications ayant pour but d'améliorer l'enseignement de la géographie, en y introduisant l'intelligence des lois de la physique terrestre et la connaissance des forces productives des nations : *La France avec ses colonies* (1868, avec atlas) ; — *Vade mecum du statisticien*, contenant des tableaux relatifs à la France et à ses colonies (1869) ; — *L'Europe moins la France* (1870, avec atlas) ; — *La terre moins l'Europe* (1870, avec atlas) ; — *Vade mecum du statisticien*, contenant les tableaux relatifs à l'Europe et à la terre, avec divers abrégés de ces volumes. M. Levasseur est aussi l'auteur de plusieurs cartes murales pour l'enseignement primaire ou secondaire. Il est officier de l'Instruction publique depuis le 29 décembre 1860, chevalier de la Légion d'Honneur depuis le 13 août 1866, décoré de l'ordre de Saint-Stanislas, commandeur de la Rose du Brésil, et chevalier de François-Joseph.

LÉVÊQUE (Jean-Charles), né à Bordeaux, le 7 août 1818. Il fit de solides études au lycée de sa ville natale, y demeura comme maître d'études-suppléant jusqu'à son admission à l'Ecole normale en 1838, et obtint le brevet d'agrégé de philosophie en 1842. Professeur de philosophie au lycée d'Angoulême en 1841, et à celui de Besançon en 1842-1843, il fit partie, en 1847, de la première promotion de l'Ecole française d'Athènes. Il revint en France en 1848, professa la philosophie au lycée de Toulouse, et prit le grade de docteur ès lettres en 1852. Après avoir occupé, comme professeur-suppléant, la chaire de philosophie à la Faculté de Besançon (1853), et celle de Nancy comme professeur titulaire (1854), il fut délégué à la Sorbonne (1855), puis chargé des cours de philosophie grecque et latine au collége de France (1856). M. Lévêque a été nommé titulaire de sa chaire, le 28 décembre 1861. On lui doit : *Le premier moteur et la nature dans le système d'Aristote*, et *Quid Phidiæ Plato debuerit*, thèses de doctorat ; — *Leçons sur Albert-le-Grand et saint Thomas*, insérées dans la *Revue des cours publics* (1856) ; — *Notice sur la vie et les œuvres de Simart* (1857) ; — *La question du beau*, mémoire manuscrit couronné par l'Académie des sciences morales et politiques (1859) ; — *La science du beau, étudiée dans ses principes, ses applications et son histoire*, ouvrage couronné par l'Académie française (1er prix Montyon de 3,000 fr.), et qui a aussi été couronné par l'Académie des beaux-arts (1860, 2 vol.) ; — *Etudes de philosophie grecque et latine* (1864) ; — *Le spiritualisme dans l'art* (1864) ; — *La science de l'invisible* (1865) ; — *Les harmonies providentielles* (1873). M. Lévêque, membre de l'Académie des sciences morales et politiques, où il a succédé à E. Saisset en 1865, a collaboré à la *Revue des Deux-Mondes*, au *Journal de l'Instruction publique*, au *Journal des savants*, dont il est rédacteur en chef depuis 1873, etc. Chevalier de la Légion d'Honneur le 11 août 1860, il est aussi officier de l'Instruction publique et officier de l'ordre du Sauveur de Grèce.

LE VERRIER (Urbain-Jean-Joseph), né à Saint-Lô, le 11 mars 1811. Sorti de l'Ecole polytechnique, en 1833, avec un des premiers numéros, il choisit l'administration des tabacs, afin de pouvoir continuer à Paris les études scientifiques pour lesquelles il se sentait une impérieuse vocation. En 1837, il fit paraître, dans les *Annales de physique et de chimie*, un mémoire sur les combinaisons du phosphore et de l'oxygène et les moyens d'obtenir un oxyde de phosphore absolument pur. Cependant, c'était de préférence dans les domaines les plus arides des mathématiques qu'il se complaisait à diriger ses travaux. Répétiteur du cours de géodésie et de machines à l'Ecole polytechnique en 1838 et titulaire de cette chaire en 1839, après la mort de Savary, il s'adonna à l'étude de la mécanique céleste, aborda les calculs les plus ardus, pour lesquels il semblait être particulièrement doué, profita des conseils d'Arago, et présenta à l'Académie plusieurs mémoires sur les conditions de stabilité des masses planétaires, sur les altérations qui se produisent dans le mouvement elliptique de Mercure, et sur la théorie des comètes. Ces mémoires, remarquables par le génie analytique de leur auteur, par leur précision et leur clarté, valurent à M. Le Verrier d'être élu membre de l'Académie des sciences en 1846, à la place de Cassini. Alors il reprit ses travaux sur la marche d'Uranus dans l'espace, construisit des tables provisoires pour vérifier celles de Bouvard, releva toutes les positions de l'astre observées jusqu'en 1845, et signala l'influence persévérante d'une planète inconnue, dont il annonça la place dans le ciel, à sept ou dix degrés près. Cette déclaration était faite publiquement à l'Académie le 1er juin 1846 ; et, le 23 septembre suivant, un astronome de Berlin, M. Galle, reconnaissait la planète annoncée, qui reçut le nom de *Neptune*. Cette découverte fut saluée, en France, avec enthousiasme. Le jeune savant reçut en même temps les brevets de chevalier et d'officier de la Légion d'Honneur, et fut nommé astronome-adjoint au Bureau des longitudes. En outre, une chaire d'astronomie fut créée pour lui à la Faculté des sciences. Inspecteur-général de l'enseignement supérieur en 1852, et membre du Conseil de perfectionnement de l'Ecole polytechnique en 1854, M. Le Verrier fut également appelé à la direction de l'Observatoire, en remplacement d'Arago, le 30 janvier 1854. Dans ces dernières fonctions, il se montra animé d'un zèle novateur qui fut diversement jugé. Entré en lutte avec le ministre de l'Instruction publique, M. Duruy, qui lui adjoignit un comité de surveillance, en 1867, puis avec son successeur, M. Ségris, il vit s'ouvrir contre lui, dans la presse, à l'Académie, et au sein même du personnel de l'Observatoire, une véritable campagne dans laquelle il succomba. Destitué le 5 janvier 1870, il ne conserva que sa qualité de membre titulaire du Bureau des longitudes. M. Le Verrier a tenté de provoquer, dans l'enseignement scientifique, des modifications qui auraient produit des résultats excellents, si elles avaient été mieux et plus longtemps appliquées. On peut dire aussi qu'il en eût été de même des améliorations qu'il avait projetées à l'Observatoire, et qui ne furent qu'en partie réalisées. A lui revient l'honneur d'avoir fait de cet établissement, par ses relations avec tous les savants de l'Europe, le centre d'une vaste correspondance dont les effets ont été considérables pour l'avancement des sciences astronomiques. Ses fonctions diverses ne l'ont pas empêché de poursuivre les plus difficiles travaux, et de communiquer périodiquement des mémoires à l'Académie des sciences. Il a publié notamment : *Mémoires sur la détermination des inégalités séculaires des planètes* (1841) ; — *Théorie du mouvement de Mercure* (1845) ; — *Recherches sur les mouvements de la planète Herschel* (1846) ; — *Mémoire sur les variations séculaires des éléments des orbites, pour les sept planètes principales : Mercure, Vénus, la Terre, Mars, Jupiter, Saturne et Uranus* (1847) ; — *Annales de l'Observatoire de Paris. Mémoires* (1856-1869) ; — *Annales de l'Observatoire de Paris. Observations* (1858-1869). M. Le Verrier a été rappelé aux fonctions de directeur de l'Observatoire, réorganisé et réglementé à nouveau, le 19 février 1873. Bien que ses opinions politiques en aient fait de tout temps l'adversaire des républicains, les journaux de ces derniers n'en ont pas moins salué avec plaisir son retour à la tête de notre principal établissement scientifique, et la *République française* elle-même, applaudissant à cette justice tardive, le reconnaissait comme « un savant de premier ordre, le plus important des astronomes français, le plus autorisé peut-être des astronomes actuels. » M. Le Verrier a été membre et président du Conseil général de la Meurthe. Élu représentant de la Manche en 1849, à l'Assemblée législative, où il a soutenu la politique de l'Elysée, il a siégé au Sénat de 1852 à 1870. Promu Grand-Officier de la Légion d'Honneur en 1863, il est aussi décoré de beaucoup d'ordres étrangers.

LEVERS (Patrice), né à Pléaux (Cantal), le 20 mars 1811. Il étudia la médecine à Paris, suivit la clinique médicale du professeur Bouillaud à la Charité, et prit le grade de docteur, le 5 septembre 1845, avec une thèse intitulée : *Des fistules à l'anus*. On sait qu'à part les travaux de MM. Bouillaud et Piorry sur la fièvre intermittente, cette maladie n'était, sous les autres rapports, que l'objet de suppositions diverses. M. Levers, grâce à de minutieuses investigations, parvint à semer la lumière dans cette obscurité, prenant la fièvre au moment de l'incubation, et la suivant jusqu'à l'intermittence dont il a soumis la durée à la chaleur du sang de la réaction. Il a démontré expérimentalement, sur des animaux brusquement dépouillés de leur peau, que la fièvre intermittente est occasionnée par le passage plus ou moins brusque du chaud au froid humide et au froid favorisé par la faiblesse et la fatigue; de la sorte, il a rendu impossible la théorie des miasmes paludéens. Après avoir découvert les lésions primitives, les lésions secondaires vertébro-crâniennes articulaires de la maladie, il a donné la physiologie pathologique des accès. Puis il a relié les fièvres d'un plus haut degré, telles que le choléra, à la fièvre intermittente : par la même cause, sauf l'intensité, par les mêmes lésions, par la même médication, enfin par une physiologie ne différant qu'en ce qu'elle est poussée à d'extrêmes limites. D'autre part, dans les fièvres élevées, encore comme dans le choléra, il a fait voir que, souvent, ou la réaction ne se fait pas du tout, ou elle s'effectue en tout ou partie sur les centres d'innervation eux-mêmes, ou fonctionnels vis-à-vis d'eux, comme le démontre l'anatomie pathologique. Nous ne pouvons suivre ici M. le docteur Levers dans toutes ses séries de déductions ; mais, où il paraît avoir été l'auteur d'une véritable révolution médicale, c'est en attachant la lésion primitive, non à la congestion qui est postérieure, mais au siége de la sensibilité thermique blessée, c'est-à-dire aux extrémités nerveuses périphériques du corps privées du névrilème, dont il a fait le système nerveux lymphatique, et le pôle négatif de l'économie où prend origine le mouvement centripète inhérent au froid moteur de la circulation lymphatique. En somme, M. le docteur Levers est l'auteur d'un travail d'ensemble, embrassant aussi les fièvres éruptives, travail qui tend à changer les bases de la pathologie pour en relier l'économie aux lois universelles, et qui concourt à faire de la médecine une science de plus en plus positive. Il en a fait le fond de son concours au prix Bréant (de 1865 à 1874). On lui doit, entre autres découvertes importantes, celle de la connaissance des lois qui régissent la combustion organique, et l'affirmation de l'hypothèse de Lavoisier ; la démonstration relative à la circulation de l'électricité animale dans l'économie ; l'observation d'un phénomène en vertu duquel le sang est coloré par le fer dans l'hématose, etc. En 1848, M. le docteur Levers a publié un recueil de poésies intitulé : *Les combats*, où se rencontrent à la fois certaines excentricités de jeunesse, et des opinions plus compatibles avec les doctrines catholiques ; quant à ses sentiments politiques, ils sont, paraît-il, acquis depuis longtemps à une République modérée. Établi à Saint-Julien-aux-Bois (Corrèze), depuis qu'il a quitté Paris, il y supporte avec résignation, dans une position précaire, les malheurs attachés aux réactions politiques qui l'ont frappé depuis vingt ans dans sa fortune et dans ses affections.

LEVERT (Alphonse), né à Sens (Yonne), le 19 juin 1825. Il fit son droit à la Faculté de Paris. Reçu avocat en 1848, il entra dans l'administration, le 9 octobre 1850, comme conseiller de préfecture de Lot-et-Garonne, et fut transféré dans le Pas-de-Calais, en la même qualité, le 11 novembre 1850. Ensuite, il fut nommé sous-préfet de Saint-Omer le 6 décembre 1851, et de Valenciennes le 17 décembre 1856. Élevé à la préfecture de l'Ardèche le 20 juillet 1857, et passé à celle d'Alger le 23 septembre 1859, il devint préfet de la Vienne le 14 décembre 1860, du Pas-de-Calais le 11 mars 1864, de la Loire le 22 février 1866, et des Bouches-du-Rhône le 31 décembre suivant. M. Levert a quitté l'administration, le 5 septembre 1870, après avoir lutté vaillamment contre les émeutiers de Marseille, et s'être même fait gravement blesser. Forcé de fuir, il s'est réfugié en Suisse où il a attendu la fin de la guerre et le rétablissement de l'ordre. Lors de l'élection complémentaire du 7 janvier 1872, il a été envoyé, par 74,629 de ses anciens administrés du Pas-de-Calais, à l'Assemblée nationale, où il a pris place sur les bancs des partisans de « l'appel au peuple. » A la Chambre, il a voté notamment : *pour* l'impôt sur le chiffre des affaires, l'ordre du jour Ernoul, la priorité de la loi électorale, la dissolution de l'Assemblée ; *contre* l'amendement Keller, l'impôt sur les bénéfices, la proposition Casimir Périer. Sur l'amendement Target, il s'est abstenu. M. Levert, chevalier de la Légion d'Honneur en 1853, officier en 1860, et promu commandeur le 16 août 1867, est officier de l'Instruction publique depuis 1860.

LÉVI-ALVARÈS (David-Eugène), né à Bordeaux, le 12 octobre 1794. Issu d'une famille israélite de la bourgeoisie, il fut placé par un de ses oncles, en 1806, dans une institution de Choisy-le-Roi, où il fit d'excellentes études. A l'âge de 17 ans, il vint compléter son instruction à Paris, en suivant les cours de la Sorbonne et du Collége-de-France. Ensuite il se consacra à l'enseignement privé, jusqu'à l'époque où il fut obligé de partir pour l'armée. Incorporé au 10e de ligne, il fit la campagne de 1814, et rentra dans la vie privée après la paix de 1815. Depuis longtemps il avait conçu tout un système d'enseignement pour les femmes, dont l'instruction, jusqu'alors, avait toujours été faite sans ordre, et d'une façon tout-à-fait insuffisante. Il commença par appliquer ses vues nouvelles dans des leçons particulières et dans les principaux pensionnats de Paris, chez Mmes Daubré, Anglade, Villeneuve, Dumay, Renard, Leduc, Saint-Vincent, etc. Puis il fonda rue de Seine, en 1821, ses *Cours d'éducation maternelle*. Cet enseignement, qui enchaînait d'une manière méthodique toutes les études nécessaires au développement intellectuel et moral de la femme, avait pour but : de mettre la mère et la fille en rapport continuel ; de donner une direction à l'éducation intérieure ; de faire dépendre les progrès moraux de la fille de la surveillance attentive de la mère. Les cours de M. Lévi prospérèrent bientôt, et sa méthode se propagea en France et à l'étranger ; ajoutons qu'elle eut même une heureuse influence sur le développement des études universitaires. En même temps, les ouvrages classiques publiés par M. Lévi étaient suivis dans la plupart des institutions des deux sexes ; c'était donc véritablement une révolution accomplie dans l'éducation des femmes, et une voie nouvelle ouverte à l'enseignement. Ces succès attirèrent l'attention du gouvernement ; M. Bernard (de Rennes) fit, à la Chambre des députés, l'éloge de la méthode de M. Lévi, et ce dernier reçut, le 10 janvier 1837, la croix de la Légion d'Honneur qui lui était décernée sur la proposition de M. Guizot, ministre de l'Instruction publique. D'autre part, la reine Amélie lui fit transmettre ses compliments. Par le fait, ce professeur ne se recommandait pas seulement comme fondateur d'une méthode pédagogique ; il savait enseigner : sa parole sympathique tenait en éveil l'attention de l'élève, et son exemple ne fut pas perdu, car un grand nombre d'institutrices distinguées se formèrent à ses leçons, notamment Mmes Gombault, Hamel, Gastellier, Saint-Aubin, Pelleport, Rodier, Dissart, Damiron, Rinnebert, Ducos, etc. Plusieurs de ces dames ont organisé des cours en province, à l'instar de ceux de leur maître. Citons parmi ses ouvrages : *Petit musée classique* (1823, 5e édit., 1842) ; — *Mnémosyne classique* (1826, nouv. édit., 1850) ; — *Les omnibus du langage*, avec Marle aîné (1828, nouv. édit., 1842) ; — *Histoire classique des reines, impératrices et régentes de France* (1829, 5e édit. illust., 1862) ; — *Nouveaux éléments d'histoire générale* (1829, 56e édit., 1864) ; — *Esquisses historiques* (1830, 40e édit., 1832) ; — *Esquisses littéraires* (1838, 7e édit., 1859) ; — *Questionnaire grammatical et littéraire* (1839, 2e édit., 1853) ; — *Lectures progressives* (1839-1840) ; — *Cosmographie racontée* (1840) ; — *Géographie racontée à la jeunesse* (1840) ; — *Nomenclateur orthographique* (1840, 2e édit., 1854) ; — *Questionnaire pour les enfants de 6 à 10 ans* (1840) ; — *Nouveaux éléments méthodiques d'arithmétique*, avec Vacher de Baleinie (1844) ; — *Nouveaux éléments méthodiques des sciences exactes et naturelles*, avec Vacher de Baleinie (1844) ; — *Notions générales sur les sciences et les arts* (1844) ; — *Application de la méthode Lévi-Alvarès* (1845) ; — *Dictées normales des examens de l'Hôtel-de-Ville, de la Sorbonne, etc.* (1849, 2e édit., 1863) ; — *Notice sur le Salon carré au Louvre*, avec J. Boulmier (1853) ; — *Manuel historique des peuples anciens et modernes* (1854) ; — *Grammaire normale des examens*, avec H. L. Rivail (1856) ; — *Littérature française* (1858) ; — *Questionnaire de toutes les parties de la géographie* (1858) ; — *Tour du monde* (15e édit., 1864). Ces ouvrages ont été traduits dans toutes les langues de l'Europe. En outre, M. Lévi-Alvarès a publié quelques pièces de vers. Il est décédé à Paris, le 16 juillet 1870, laissant trois fils : Théodore Lévi, son successeur, Eugène Lévi, lieutenant-colonel du génie, et Albert Lévi, ingénieur, directeur du chemin de fer de Séville.

LÉVI-ALVARÈS (Théodore), né à Paris, le 8 octobre 1821 ; fils du précédent. Il suivit la même carrière que son père, fut associé à ses travaux en 1841, et lui succéda, en 1870, dans la direction des *Cours d'éducation maternelle*. Après avoir fait ses études à l'Université et à l'Ecole de droit (1840), il se livra à l'enseignement libre de l'histoire et de la littérature. Ses leçons, assidûment suivies par de nombreuses jeunes personnes, contribuent pour beaucoup au développement de l'instruction des femmes dans notre pays. Il a fondé, dans plusieurs villes de province, des cours qu'il patronne et dirige. M. Théodore Lévi-Alvarès a publié : *Dictées quotidiennes, ou morceaux choisis des auteurs français* (1860) ; — *Les entretiens de l'enfance* (1860) ; — *Nouveau mémorial littéraire expliqué* (1860) ; — *Premières leçons de grammaire* (1861) ; — *Premières leçons de géographie* (1863) ; — *Grammaire des petits enfants* (1864).

LÉVY (Emile), né à Paris, le 29 août 1826. Elève d'Abel de Pujol, et plus tard de Picot, M. Emile Lévy remporta le grand prix de Rome en 1854. Il commença par exposer des portraits ; puis il exposa : *La célébration de la fête des Cabanes dans une famille juive au Moyen-Age* (1852) ; — *La malédiction de Cham* (au musée d'Aurillac, 1855) ; — *Le repas libre des martyrs* (au musée d'Amiens, 1859). Il a décoré une grande partie de l'hôtel Furtado (1859), un salon au ministère d'Etat (1860), un grand salon à l'hôtel Say (1861), un salon du Grand-Café du boulevard des Capucines (1864), et le plafond du théâtre des Bouffes-Parisiens. A partir de cette époque, il a exposé : *La paix entre deux nations* (1862); — *Vercingétorix se rendant à César; Vénus à la ceinture* et *La messe aux champs* (1863). — *Enfants à la vasque* (au musée de Laon), et une *Tête de jeune fille* (1864); — une *Diane* et un *Portrait* (1865); — *Le gué* (chez la princesse Mathilde), et *La mort d'Orphée* (au Musée du Luxembourg, 1866); — *L'amour des écus* (au musée du Havre), et une idylle, *Le vertige* (1867); — *L'arc-en-ciel* et le *Printemps*, idylles (1868); — *L'hésitation*, idylle (1869); — *Scène des champs* et *Apollon et Midas* (1870); — *La lettre; Jeune fille portant des fruits* (1872); — *Le sentier*, idylle; *Enfant* (1873); — *L'Amour et la folie* (1874). On doit encore à M. Emile Lévy : *Cléopâtre se présentant nue à César* (appartenant à Mme de Païva) ; *La présentation au temple*, et deux figures, *Daniel* et *David*, décorations pour la chapelle de la Vierge à l'église de la Trinité; *La musique*, décoration pour le cercle de l'Union artistique ; une suite de portraits-dessins (ayant figuré à différents Salons), parmi lesquels ceux de MM. Caraffa, le docteur Pidoux, le comte de Viel-Castel, Robert (de Sèvres), Alphonse Lami, etc., et beaucoup d'autres tableaux d'une moindre importance, disséminés de divers côtés. M. Emile Lévy a reçu des médailles aux Salons de 1859, 1864 et 1866, et à l'Exposition universelle de 1867. Il est chevalier de la Légion d'Honneur depuis le 29 juin 1867.

LÉVY (Henri-Léopold), né à Nancy, le 23 septembre 1840. Doué de remarquables dispositions pour la peinture, il suivit les ateliers de Picot et de MM. Cabanel et Fromentin, et traita spécialement les sujets historiques et religieux. Ses envois au Salon de Paris furent peu nombreux, mais remarquables. En 1865, il débuta par un tableau sur ce sujet : *Hécube retrouve au bord de la mer le corps de son fils Polydore*. Puis il exposa successivement : *Joas sauvé du massacre des petits-fils d'Athalie* (1867) ; — *Hébreu captif pleurant sur les ruines de Jérusalem* (1869) ; — *Hérodiade* (1872) ; — *Jésus dans le tombeau* (1873); — *Sarpédon* (1874). M. Lévy a remporté des médailles aux Salons de 1865, 1867, 1869, et a reçu la croix de la Légion d'Honneur en 1872.

LÉVY (Michel), né à Phalsbourg (Meurthe), le 20 décembre 1821. La modestie même de ses débuts prouve sa haute intelligence et sa précoce expérience des affaires. Il vint tout enfant à Paris, et très-jeune encore (1836), fonda un cabinet de lecture et une librairie spécialement affectée aux publications théâtrales, situés alors rue Marie-Stuart, et fut assez heureux, son commerce prospérant, pour pouvoir appeler, au bout de plusieurs années (1845), deux de ses frères aînés, MM. Calmann et Nathan Lévy, à partager ses travaux. M. Nathan Lévy se retira de l'association en 1869. Le siège de l'établissement fut transporté, en 1842, dans le passage du Grand-Cerf. M. Michel Lévy, devenu l'éditeur des œuvres théâtrales en vogue, adjoignit à cette spécialité celle des romans à la mode, français ou étrangers. En 1846, il ouvrit rue Vivienne une succursale qui devait bientôt, sous une direction aussi habile, prendre le pas sur la maison principale. A partir de 1848, la maison Michel Lévy frères prit un développement rapide et devint l'éditeur des œuvres de Guizot, Villemain, George Sand, Balzac, Augustin Thierry, Alexandre Dumas père et fils, Ernest Renan, Alexis de Tocqueville, Victor Hugo, Lamartine, Alfred de Vigny, Henri Heine, Stendhal, Octave Feuillet, Ponsard, Emile Augier, Sainte-Beuve, Mérimée, J.-J. Ampère, Th. Gautier, Jules Sandeau, G. Flaubert, Cuvillier-Fleury, J. Janin, Ch. de Bernard, E. Feydeau, Mme Em. de Girardin, Em. Souvestre, Alphonse Karr, Méry, Prévost-Paradol, le duc d'Aumale, le comte de Paris, le prince de Joinville, D. Nisard, Saint-Marc-Girardin, Ch. de Rémusat, L. Vitet, Macaulay, Henri Conscience, le comte d'Haussonville, E. Scribe, Edgar Poë, Ch. Dickens, de Pontmartin, Henry Murger, Gérard de Nerval, etc.; en un mot, elle édita l'élite de la littérature contemporaine. Dès 1852, M. Michel Lévy avait pris la direction du journal l'*Entr'acte*; en 1864, MM. Michel Lévy frères se rendirent propriétaires de la Librairie nouvelle, établissement qui, à son tour, dépassa celui de la rue Vivienne, pour la vente au détail. Après le percement et les riches constructions exécutés autour du Nouvel-Opéra, le siège principal de la librairie fut établi rue Auber, 3 (1870), où l'on peut admirer aujourd'hui l'une des plus magnifiques librairies de l'Europe. Parmi les collections ou publications périodiques éditées par la maison Michel Lévy frères, et qui, par leur bon marché, ont ruiné à tout jamais la contrefaçon belge, nous citerons : la *Bibliothèque dramatique*, la *Bibliothèque contemporaine*, l'*Univers illustré*, les *Bons romans*, le *Journal du Dimanche*, le *Journal du Jeudi*, le *Musée littéraire contemporain*, le *Théâtre contemporain illustré*, et enfin la fameuse *Collection Michel Lévy*. M. Michel Lévy, qui peut à bon droit passer pour un des éditeurs les plus connus, non-seulement de France, mais de tous les pays où pénètrent les publications françaises, a reçu la croix de la Légion d'Honneur en janvier 1873.

LEYENDECKER (Mathias), né à Dernau (Prusse rhénane), le 11 juin 1821. Venu fort jeune en France, pour y faire ses études, il suivit la carrière artistique, reçut les leçons de Drölling et de Winterhalter, et se consacra spécialement à la peinture du portrait. Dans ce genre, M. Leyendecker ne tarda pas à se faire une grande réputation. Parmi ses portraits exposés, on distingue ceux de Mlle *Augustine Brohan*, de la Comédie-Française (1843), des enfants de Mme *Trudon de Laverne* (1864), du fils de M. le vicomte *G. de Ponton d'Amécourt*, de Mlle *Amélie de Ponton d'Amécourt* (1866), de M. le chanoine *Chennailles* (1847), de Mme *A. de Jouvances* (1868), etc. On lui doit aussi le portrait du général *Daigremont*, commandé pour le musée de Cambrai (1869). En outre, on a remarqué de cet artiste, au Salon de Paris, un certain nombre de tableaux, notamment, des études d'animaux et des natures mortes très-appréciées. Citons : *Canards sauvages pour-*

suivis par un épervier, dessin (1868); — *Alouettes*, nature morte (1869); — *Sarcelle et petits oiseaux* (1870); — *Perdrix grise* (1872). Ajoutons que Mathias Leyendecker a exécuté, avec un réel talent, plusieurs sujets religieux pour différentes églises et communautés. Décédé prématurément le 24 mai 1871, il a laissé beaucoup d'œuvres importantes. L'un de ses tableaux, intitulé : *Caille et alouettes*, admis à l'Exposition universelle de Vienne, en 1873, fait partie maintenant du Musée du Luxembourg.

LEYENDECKER (Joseph), né à Dernau (Prusse rhénane), en 1811; frère du précédent. Élève de Heim et de P. Delaroche, il se consacra tout à la fois à la peinture de genre, et à celle du portrait et des sujets religieux. En 1839, il débuta au Salon de Paris avec un bon *Portrait*. Ensuite il exposa : *Le domino blanc* (1844); — *La Vierge à la vigne*; *Fruits et fleurs* (1845); — *Baigneuses* (1847); — *Sainte Madeleine* (1864); — *Sainte-Famille*; *Baigneuses* (1865); — *Jésus guérissant un aveugle* (1866); — *L'anathème du poëte* (1867). En outre, cet artiste a exposé de remarquables portraits, parmi lesquels on distingue ceux de M. *Berryer* et Mlle *A. Brohan* (1845), de son fils *Paul Leyendecker* (1864), etc. Une médaille de 3e classe, pour le portrait, lui avait été décernée au Salon de 1844. Il est décédé à Paris, le 5 juin 1867.

LEYENDECKER (Paul-Joseph), né à Paris, le 7 décembre 1842; fils du précédent. Il reçut de son père les premières notions de peinture, suivit les ateliers de MM. Gérôme et Signol, et s'adonna surtout à l'histoire et au portrait. Sa première exposition, au Salon de Paris, date de 1865; son tableau était intitulé : *Souvenir de Montigny*. Depuis, M. Paul Leyendecker a exposé : *Joseph expliquant les songes aux deux prisonniers de Pharaon* (1866); — *Le sculpteur Callimaque inventant le chapiteau corinthien* (1868); — *Dame grecque à sa toilette* (1869); — *Vallée de l'Ahr*, Prusse rhénane (1870); — *La lecture*, époque Louis XIII (1872); — *En visite chez Marion De Lorme*; *En tête-à-tête*, époque Louis XIII (1873); — *Molière chez Ninon de Lenclos*; *La fille du jardinier*; *Poste de partisans*, sous Louis XIII (1874). M. Paul Leyendecker a fait aussi recevoir au Salon plusieurs portraits, parmi lesquels ceux du docteur *Kunzly* (1865), du *Frère de l'auteur* (1867), etc.

LEYMERIE (Alexandre-Félix-Gustave-Achille), né à Paris, le 23 janvier 1801. Il vint au monde chez son aïeul maternel, Joseph Boze, ancien peintre et ami de Louis XVI, qui alors habitait le Louvre. Fils d'un commissaire des guerres et filleul de Macdonald, il reçut une éducation soignée, commença ses études classiques au lycée de Clermont-Ferrand, et les compléta au lycée Louis-le-Grand, où il eut Victor Hugo pour condisciple et pour ami. En 1819, il obtint un prix de physique au concours général; et, l'année suivante, il fut admis à l'Ecole polytechnique. Au sortir de cet établissement, n'ayant pas un numéro qui lui permit de prétendre à une carrière civile, il se consacra pendant quelque temps à l'enseignement libre. En 1827, le haut patronage de M. Charles Dupin lui valut d'être admis, par la municipalité de Troyes, comme professeur de géométrie et de mécanique appliquées aux arts. Deux ans après, une chaire de mathématiques spéciales et de physique fut créée pour lui au collège de cette ville. Ayant découvert, à la bibliothèque de Troyes, une petite collection de minéraux, complètement ignorée, il obtint de la classer et de l'exposer ostensiblement dans une salle particulière. C'est alors qu'il s'éprit d'une véritable passion pour l'histoire naturelle. L'étude de la minéralogie le conduisit à celle de la géologie. Ses progrès furent rapides; et, plus tard, il fut chargé de la carte géologique de l'Aube. Les observations qu'il dut faire alors sur le terrain lui procurèrent des roches et des fossiles qui, joints aux minéraux précédemment classés, furent l'origine du musée de Troyes, devenu fort important depuis. Lors de la création de l'Ecole industrielle de Lyon, dite de Lamartinière, en 1833, M. Leymerie accepta une chaire de physique et de mathématiques; et, bientôt après, il succéda au directeur démissionnaire. Bien que sa direction se fût distinguée par un zèle intelligent et par des innovations utiles, notamment en ce qui concerne l'enseignement du dessin, il eut à subir, de la part de la Commission administrative de l'Ecole, des tracasseries qui l'amenèrent à démissionner en 1837. Venu à Paris, il y publia d'importants travaux d'histoire naturelle et plusieurs mémoires fondamentaux, parmi lesquels il faut citer : 1° *Mémoire sur la partie inférieure du système secondaire du département du Rhône*, où il produit pour la première fois un étage infrà-liasique généralement admis sous le nom d'*infrà-lias*; — 2° *Mémoire sur le terrain crétacé du département de l'Aube*, par lequel le terrain néocomien fut introduit dans la géologie du bassin parisien, et qui est accompagné de 18 planches de fossiles qui sont journellement employés et cités par les géologues de l'Europe qui s'occupent du terrain crétacé. Ces mémoires furent approuvés par l'Académie, et jugés dignes d'être insérés dans le *Recueil des savants étrangers*. M. Leymerie, reçu docteur ès sciences naturelles en 1840, a été nommé, le 2 décembre de la même année, professeur de minéralogie et de géologie à la Faculté des sciences de Toulouse, quand cette chaire a été créée. Voici donc trente-trois ans qu'il exerce ses importantes fonctions. Il est membre de la Société géologique de France, des Académies de Toulouse et de Lyon, d'une dizaine d'autres Sociétés savantes siégeant à Lyon, Bordeaux, Toulouse, etc., et correspondant de l'Institut (Académie des sciences). En dehors des publications périodiques telles que le *Bulletin de la Société géologique* de France, les *Mémoires de l'Académie de Toulouse* et autres recueils de Sociétés savantes, dans lesquels il a fait paraître plus de 120 écrits, pour la plupart assez considérables, on lui doit spécialement : *Statistique et carte géologique de l'Aube* (1846, avec atlas); — *Statistique et carte géologique de l'Yonne*, en collaboration avec M. Raulin (1855-1858); — *Cours de minéralogie* (1857-1859, 2e édit., 1867,

2 vol.); — *Eléments de minéralogie et de géologie* (1861, 2e édit., 2 vol. avec 500 figures 1866); ouvrages devenus classiques; — *Esquisse géognostique des Pyrénées de la Haute-Garonne* (1858); — *Compte-rendu des excursions et des séances de la Société géologique dans les Pyrénées* (1862, avec 2 pl. color., cartes et vign.); — *Mémoire sur le terrain crétacé inférieur des Pyrénées* (1869); — *Récit d'une exploration géologique de la vallée de la Sègre* (1869); — *Description géognostique de la Montagne-Noire*, versant sud (1873, avec pl.). M. Leymerie a fait des excursions scientifiques nombreuses, notamment dans le Lyonnais, dans le bassin de Paris, et surtout dans les Pyrénées qu'il a pour ainsi dire tirées du chaos. Ces observations et les écrits où elles ont été consignées, ont valu à l'auteur, outre de hautes récompenses, les témoignages les plus flatteurs des maîtres de la science. A ses ouvrages cités plus haut, il convient d'ajouter déjà la *Statistique et carte géologique de la Haute-Garonne*, en cours de publication, et la *Statistique et carte géologique de l'Aude*, en voie d'exécution. M. Leymerie a reçu une médaille d'or à la réunion des délégués des Sociétés savantes, à la Sorbonne, en 1873. Chevalier de la Légion d'Honneur depuis 1863, il est également officier de l'Instruction publique.

LHOTE (Jules-Louis-Marie), né à Boulogne-sur-Mer (Pas-de-Calais), le 17 avril 1827. Élève de M. Verreaux et de Picot, il se fixa à Saint-Omer où il avait été nommé professeur de dessin à l'Ecole des beaux-arts, à la suite d'un concours, en 1852. Dans son enseignement, il s'efforça tout aussitôt de faire profiter ses élèves du mouvement de réforme qui se produisait déjà en faveur de l'étude plus sérieuse du dessin dans les écoles, par l'adoption d'une méthode rationnelle basée sur l'expérience acquise par les maîtres, en suivant les concours et les expositions. Chargé de cours de dessin au lycée en 1861, il put faire prévaloir, dans ce nouvel enseignement, les excellentes doctrines et le programme d'une Commission nommée par le ministre de l'Instruction publique, et chargée de réorganiser l'enseignement public dans les établissements scolaires de l'Etat. Ses efforts, couronnés de succès, lui valurent d'être nommé professeur de 3e classe en 1867 et de 2e classe en 1872. Comme exposant, M. Lhote a débuté par obtenir, à Dunkerque, en 1864, une médaille pour son tableau intitulé *l'Attente*, pêcheuse de Boulogne-sur-Mer. A la même époque, il a fait recevoir au Salon de Paris une *Tête d'homme*, dessin au fusain. Depuis, cet artiste a exposé : *Jeune fille*, fusain (1865); — *Perdrix et fraises* (1866); — *Portrait d'homme* (1869); — le portrait de Mlle *Julie Lhote*; *Paysage aux environs de Saint-Omer*; *Vieux moulin à Gamache* (Somme), dessin à la mine de plomb; le portrait de M. *Whitley*, au crayon noir (1870); — *Près Saint-Omer*, aquarelle (1874). Les fusains intitulés *Tête d'homme* et *Jeune fille* ont été achetés, en 1866, par la Société des amis des arts de Lyon qui les avait admis à son exposition, et le *Portrait d'homme* a été médaillé, en 1868, à l'Exposition des amis des arts de Boulogne-sur-Mer.

LIÉBEAULT (Ambroise-Auguste), né à Favières (Meurthe), le 16 septembre 1823. Il suivit la carrière médicale et fit ses études à la Faculté de Strasbourg. Reçu interne, au concours de 1848, il prit le grade de docteur, le 7 février 1850, avec une thèse intitulée : *Etude sur la désarticulation fémoro-tibiale*. Après avoir exercé la médecine avec succès à Pont-Saint-Vincent, il s'établit à Nancy, où il ne tarda pas à jouir également d'une position honorable. En dehors de ses occupations professionnelles, M. le docteur Liébeault s'est livré notamment, sur l'état organo-psychique créé par le sommeil, à des études qui intéressent les philosophes et les psychologues aussi bien que les médecins proprement dits. Il a pensé, par exemple, que certains états du sommeil provoqué permettent d'agir sur l'organisme humain, au moyen de la force nerveuse accumulée au cerveau et mise en mouvement par suggestion, de même qu'agit un multiplicateur, de même que la bobine de Ruhmkorff agit sur un courant électrique d'induction. En 1866, il a publié : *Du sommeil et des états analogues considérés surtout au point de vue du moral sur le physique*, et, en 1873, une *Ebauche de psychologie*. Dans ces deux ouvrages, M. le docteur Liébeault se propose, comme but pratique et final, de fournir une plus large part de moyens curatifs à la thérapeutique médicale encore si peu avancée, puis de faire pénétrer cette branche de la médecine : l'action du moral sur le physique pendant l'état hypnotique (autrefois magnétisme animal), dans le domaine public et jusqu'au foyer de la famille, sous la direction intelligente, bien entendu, des médecins, quand il s'agit d'affections morbides graves ou difficiles à traiter.

LIÉGEARD (François-Emile-Stéphen), né à Dijon, le 29 mars 1830. Il fit de brillantes études classiques au lycée, et son droit à la Faculté sa ville natale. Reçu docteur en droit, il débuta comme avocat au barreau de Dijon en 1854, en même temps qu'il remportait la médaille d'or de la Faculté au concours du doctorat. Le 18 janvier 1856, il était nommé conseiller de préfecture de la Drôme. Sous-préfet de Briey le 6 octobre 1859, de Parthenay le 16 mai 1861, de Carpentras le 30 juillet 1864, il démissionna en 1867, et fut élu, la même année, député de la 2e circonscription de la Moselle. Son début au Corps législatif fut une improvisation brillante (décembre 1867) sur la réorganisation de l'armée. Il prit aussi la parole, avec une grande autorité, en faveur de l'instruction publique, de l'amélioration du sort des instituteurs et des facteurs ruraux, sur les questions budgétaires, etc. ; et ses commettants, pour rendre justice à son dévouement et à ses capacités, lui renouvelèrent son mandat en 1869, à l'unanimité des suffrages. Dans la nouvelle Assemblée, il se signala comme un des membres les plus actifs du fameux groupe des 116. A la suite d'un de ses discours (14 juillet 1869), Gustave Lambert obtint de la Chambre les cent mille francs nécessaires à l'expédition du pôle Nord. M. Liégeard a quitté momentanément la vie politique après la révolution du 4 Septembre. Il s'est toujours occupé de littérature et de poésie. Sept fois en trois ans, il a remporté des prix aux Jeux-Floraux de Toulouse, et il a obtenu des lettres de maître ès Jeux-Floraux. Membre de l'Académie de Dijon et de l'Institut historique de Paris, officier de l'Instruction publique, il a fait paraître divers ouvrages de droit et des recueils de poésies, entre autres : *Les abeilles d'or* (1859) ; — *Le verger d'Isaure*, recueil de pièces couronnées (1870) ; — *Trois ans à la Chambre*, recueil de discours parlementaires (1873) ; — *Vingt journées d'un touriste au pays de Luchon* (1874, avec carte), sans compter plusieurs brochures littéraires ou politiques, comme le *Crime du 4 Septembre* qui demeure le récit le plus véridique de cette journée. M. Liégeard est chevalier de la Légion d'Honneur (12 août 1866) et de Saint-Grégoire-le-Grand.

LIÉTARD (Gustave-Alexandre), né à Domrémy-la-Pucelle (Vosges), le 4 avril 1833. Il commença ses études médicales à Strasbourg en 1853, fut trois fois lauréat de l'Université, en 1854, 1855, 1856 (trois médailles d'argent), et prit le grade de docteur, le 30 août 1858, avec une thèse intitulée : *Essai sur l'histoire de la médecine chez les Indous*. Préparateur à la Faculté de médecine en 1855, et interne des hôpitaux en 1856, il vit sa thèse de docteur couronnée par l'Académie en 1858 (médaille d'argent, prix unique). Établi à Plombières-les-Bains, M. le docteur Liétard s'est fait une situation recommandable et justifiée par ses capacités professionnelles. Il est médecin inspecteur-adjoint des eaux de Plombières, et maire de cette ville depuis 1869. Sa belle position et son dévouement à la chose publique le désignaient naturellement au choix de ses concitoyens; aussi a-t-il été élu conseiller général des Vosges le 8 octobre 1871. Outre l'ouvrage cité plus haut, cet habile praticien a publié des mémoires relatifs à l'*Anthropologie*, aux *Peuples Ariens*, aux *Langues ariennes*, à l'*Histoire du langage*, dans les *Bulletins* de la Société d'anthropologie et dans le *Dictionnaire encyclopédique des sciences médicales*, ainsi que des écrits ayant trait à la *Climatologie* et à la *Géographie médicale* en Asie, en Asie-Mineure en Arabie, en Arménie, dans le Caucase, à Ceylan, à Chypre, etc., dans le *Dictionnaire encyclopédique* (1867 et suiv.). Dans ce dernier ouvrage ont aussi paru beaucoup d'articles de M. le docteur Liétard sur la *Médecine orientale*, et des notices sur les *Anciens médecins Indous*. Comme travaux hydrologiques, cet auteur a donné : *Études cliniques sur les eaux de Plombières* (1860) ; — *Clinique de Plombières, maladies de l'estomac* (1865) ; — *Tableau sommaire de la clinique de Plombières* (1873). Il a publié en outre : *Lettres historiques sur la médecine chez les Indous*, travail inséré d'abord dans la Gazette hebdomadaire de médecine et de chirurgie (1862-1863), et paru ensuite en volume (1863); — *Étude sur la cosmologie et la physiologie dans le Rig-Véda* (Gazette hebdomadaire, 1865). M. le docteur Liétard est membre titulaire des Sociétés asiatique, de linguistique, d'anthropologie, d'hydrologie médicale de Paris, et membre correspondant de l'Académie de Stanislas, de la Société des lettres, sciences et arts d'Orléans, de la Société d'émulation des Vosges, etc. Il a épousé, en 1859, Mlle Turck, fille du docteur de ce nom, ancien commissaire de la République dans les Vosges.

LIMAIRAC (Jules DE), né au château de Latrousse (Seine-et-Marne), le 24 janvier 1806. Fils d'un ancien préfet sous la Restauration, il étudia l'administration dans le cabinet de son père, dont il fut le secrétaire particulier. M. J. de Limairac vit sa carrière brisée par les événements de 1830. Il ne lui convint de servir ni le gouvernement des Orléans, ni celui de la République, ni celui du second Empire ; et il se consacra à des travaux agricoles et à l'industrie. En 1869, il se présenta, dans le Tarn-et-Garonne, aux élections générales, pour le Corps législatif, comme candidat d'opposition, et obtint une importante minorité. M. de Limairac, élu représentant de ce même département à l'Assemblée nationale, le 8 février 1871, siège sur les bancs de l'Extrême-Droite, et vote avec le parti religieux et légitimiste.

LIMASSET (Jean-Baptiste), né à Vereux (Haute-Saône), le 7 septembre 1818. Il suivit la carrière de l'enseignement, et remplit avec beaucoup de distinction, de 1838 à 1849, les fonctions d'instituteur public et de maître de pension primaire. Nommé inspecteur primaire le 10 mai 1849, il résida successivement à Verdun-sur-Meuse, Reims, Vitry-le-François, et fut envoyé, en dernier lieu, à Châlons-sur-Marne, où il est encore actuellement. M. Limasset, élevé à la première classe de son grade en 1861, est membre du Conseil départemental de l'instruction publique de la Marne, secrétaire de la Commission d'instruction primaire, et secrétaire de la Commission chargée de constater l'aptitude des aspirantes à la direction des salles d'asile. Officier d'Académie depuis 1853, il a été nommé officier de l'Instruction publique en 1869.

LIMAYRAC (Guillaume-Pierre-Marie, dit LÉOPOLD), né à Castelnau-de-Montratier (Lot), le 31 août 1819. M. Limayrac appartient à une famille considérable qui s'est consacrée tout entière aux intérêts généraux du pays, et dont les membres ont occupé ou occupent encore des positions distinguées dans l'armée, l'administration, la médecine et le clergé. Il est fils de Jean-Pierre Limayrac, docteur en médecine et membre du Conseil général du Lot, et de dame Guillaumette-Raymonde de Creisseil. Son cousin-germain, feu Paulin Limayrac, fils de Jean Limayrac, docteur-médecin et conseiller général de Tarn-et-Garonne, auteur d'ouvrages estimés, a joué un grand rôle comme rédacteur en chef du *Constitutionnel*, et a été surpris par la mort peu de temps après avoir pris possession de la préfecture du Lot. Quant à lui, il s'est occupé d'agriculture, d'administration et d'archéologie, et a pris part, dans la presse, à différentes polémiques sur des questions d'intérêt local et départemental. Maire de Castelnau depuis 1854, et membre du Conseil général du Lot depuis 1856, M. Limayrac mit ses lumières et son activité au service des intérêts de ce département. En 1869, il livra à la publicité une étude importante sur le service vicinal et la nécessité d'une large décentralisation administrative, qui fixa l'attention de la presse et lui mérita les sympathies des populations. Aussi son nom, entouré de l'estime publique, figure-t-il le premier sur la liste des députés du Lot envoyés à l'Assemblée nationale en 1871. Il siége au Centre-Droit, et a prononcé des discours appréciés, notamment sur la loi organique des Conseils généraux, l'assistance publique dans les campagnes, les nouveaux impôts, et la loi organique municipale. Il a présenté et soutenu à la tribune, en 1874, un projet d'impôt sur le capital et la rente française. M. Limayrac a été nommé président du Conseil général du Lot le 19 octobre 1874. Il est chevalier de la Légion d'Honneur depuis le 15 août 1867.

LIMNANDER DE NIEUWENHOVE (Armand-Marie-Guislain, *baron*), né à Gand (Belgique), le 23 mai 1814. Son père appartenait à une des plus anciennes familles de la noblesse de Belgique ; sa mère était française et fille de Philippe Constant, comte Malet de Coupigny, descendant directement de Guillaume Malet, sire de Graville, compagnon de Guillaume-le-Conquérant (d'Hozier). Il avait 7 ans quand il perdit sa mère ; et son père, qui voulait lui faire donner une instruction solide et religieuse, l'envoya faire ses classes chez les Jésuites de Saint-Acheul, à Amiens, en 1823. Cette institution ayant été fermée en 1828, il alla continuer ses études chez les Jésuites de Fribourg (Suisse). Dans ces deux établissements, il reçut d'excellentes leçons de musique et de composition, d'abord du professeur Cornette, puis du P. Lambillotte, et apprit à jouer de plusieurs instruments. Ce fut aussi chez les Jésuites, sur la scène où les élèves s'exerçaient au chant et à la comédie, qu'il prit le goût du théâtre et des œuvres dramatiques. Après dix ans de séjour à Malines, où il s'était fait une certaine réputation comme compositeur et comme fondateur d'une Société symphonique et d'un Orphéon, il vint à Paris (1845), et obtint que plusieurs fragments de son premier opéra, les *Druides*, fussent exécutés au Conservatoire. A partir de cette époque, il fit jouer sur nos grandes scènes lyriques, avec des succès divers, plusieurs pièces dont voici la liste : *Les Monténégrins* (Opéra-Comique, 3 actes, 1849) ; — *Le château de Barbe-Bleue* (Opéra-Comique, 3 actes, 1851) ; — *Maximilien ou le Maître chanteur* (Opéra, 2 actes, 1856) ; — *Yvonne* (Opéra-Comique, 3 actes, 1859). A ces œuvres, il faut ajouter une pièce en plusieurs actes, reçue par la direction de l'Opéra en 1851, mais qui n'a pas encore été jouée ; un grand nombre de morceaux écrits pour des Sociétés chorales ; une *Messe de requiem*, un *Stabat*, des *Sonates*, des *Quatuors*, une symphonie intitulée : *La fin des moissons*, etc. M. Limnander se rapproche de l'école allemande. Les mélodies de ses derniers opéras, quoique bien nourries, vigoureuses, admirablement orchestrées, ne sont malheureusement goûtées que par les musiciens de profession et le public éclairé. C'est pour cela que, trop tôt découragé, il a déserté la musique pour entrer dans une administration de chemin de fer. Mais on espère voir encore quelqu'une de ses partitions affronter la rampe, et rappeler le succès des *Monténégrins*.

LIMPERANI (Léonard), né à Bastia (Corse), le 3 août 1831 ; fils d'un ancien député qui fut élu quatre fois sous le règne de Louis-Philippe, par la circonscription de Bastia, et se montra constamment dévoué à la dynastie d'Orléans ; neveu du maréchal et du général Sébastiani. Ses études de droit terminées, il s'inscrivit au barreau de sa ville natale en 1853, et y prit une des premières places. En même temps, il contribuait puissamment à organiser en Corse, aux temps les plus difficiles, un parti sérieux d'opposition, ce qui l'exposa à des tracasseries et à des persécutions sans nombre, dont il sut se tirer avec bonheur. Après la chute de l'Empire, il publia une profession de foi où il rappelait ses antécédents et ses opinions, hostiles de longue date au régime qui venait de tomber, et fut élu député, le dernier sur cinq, par 17,000 suffrages. Fidèle à ses déclarations antérieures, il prit place dans les rangs modérés du Centre-Gauche. M. Limperani a proposé l'abrogation de la loi de 1807, sur le taux de l'intérêt de l'argent, et a pris la parole dans un grand nombre de questions de législation. Il a voté notamment : *pour* la paix, le retour de l'Assemblée à Paris, les lois départementale et municipale, l'abrogation des lois d'exil, la dénonciation des traités de commerce, l'amendement Barthe, l'urgence de la proposition Casimir Périer, la dissolution de l'Assemblée ; *contre* les amendements Keller et Target, l'impôt sur le chiffre des affaires et les bénéfices du commerce et de l'industrie, l'ordre du jour Ernoul, la prorogation des pouvoirs présidentiels, la priorité à donner à la loi électorale. Membre du Conseil général, M. Limperani s'est trouvé, à la session de 1871, en présence du prince Napoléon, derrière lequel se groupait alors tout le parti bonapartiste. Il a relevé les irrégularités de cette élection, et amené le Conseil général à prononcer une annulation que le prince Napoléon prévint par une démission. C'est alors qu'il a été élu président de l'Assemblée départementale.

LIOUVILLE (Joseph), né à Saint-Omer (Pas-de-Calais), le 24 mars 1806. Entré à l'Ecole polytechnique en 1825, il en sortit en 1827, dans les ponts-et-chaussées, abandonna cette carrière, et se consacra tout entier à l'étude des sciences. Reçu docteur ès sciences, et nommé professeur à l'Ecole polytechnique en 1831, il fut appelé, en 1837, à la chaire de mathématiques du Collége de France. Imbu d'idées démocratiques, il se présenta avec succès, en 1848, dans le département de la Meurthe, aux élections pour la Constituante. M. Liouville, entré à l'Académie des sciences, en remplacement de Lalande, le 29 avril 1838, est membre titulaire du Bureau des longitudes depuis le 26 mars 1862. On lui doit, outre de précieuses découvertes scientifiques, et une grande quantité de *Notes* et de *Mémoires* importants, des éditions des *OEuvres mathématiques* d'Evariste Galois, de la *Géométrie* de Monge, des *Leçons* de Navier. Collaborateur de plusieurs recueils scientifiques, il a fondé, en 1836, le *Journal de mathématiques pures*, généralement appelé « Journal de M. Liouville. » Il est officier de la Légion d'Honneur depuis 1861.

LIOUVILLE (Henry), né à Paris, le 17 août 1837 ; l'un des fils de Félix Liouville, bâtonnier de l'ordre des avocats de Paris, et neveu du précédent. Il fit ses études au collége de Toul, puis au collége Sainte-Barbe, et sa médecine à la Faculté de Paris. Interne des hôpitaux, de 1865 à 1869, à Bicêtre, à la Charité, à la Salpêtrière et à la Pitié, il remporta le prix Corvisart et concourut avec succès pour l'Ecole pratique en 1865 ; lauréat de l'Institut pour les prix de médecine et de chirurgie en 1867, il fut nommé chef de clinique, toujours au concours, en 1870. Le 17 février de la même année, il prit le grade de docteur et obtint une médaille de 1re classe de la Faculté et une récompense de l'Académie de médecine, pour sa thèse intitulée : *De la généralisation des anévrysmes miliaires*. Comme interne, il a accompagné, en 1864, le docteur Lefort dans sa mission concernant l'organisation des Universités et des hôpitaux en Allemagne, au Schlessvig pendant la guerre, en Russie et en Pologne ; puis il a été chargé, par l'Assistance publique de Paris, d'aller combattre l'épidémie cholérique à Amiens (1866). Sa belle conduite en cette circonstance lui a valu une médaille, que firent frapper les habitants du faubourg Saint-Pierre, un brevet de la municipalité d'Amiens et une récompense du gouvernement. Demandé par la ville de Toul, en 1870, pour aider à l'organisation des hôpitaux militaires pendant la guerre franco-allemande, il a été cité dans le *Rapport officiel* et proposé, par le commandant de la place, pour la décoration. Après avoir assisté aux bombardements d'août et de septembre et à la reddition de la ville, il s'échappa et gagna Tours, où le gouvernement de la Défense nationale utilisa ses services. En décembre, il se rendit au Mans, où la Société de secours aux blessés le chargea d'une ambulance pendant l'investissement de cette ville et la bataille qui s'est livrée dans les environs voisinage. Le 8 février 1871, et en son absence, des comités électoraux de Toul et de Nancy l'ayant porté candidat aux élections pour l'Assemblée nationale, en souvenir de sa famille, de ses convictions politiques et des services qu'il avait rendus pendant le siége, ont réuni autour de son nom une minorité considérable. M. le docteur Liouville a puissamment aidé à la création des laboratoires annexés aux cliniques de la Faculté de Paris ; le premier laboratoire organisé, celui de l'Hôtel-Dieu, dont il est actuellement le chef, fonctionnait grâce à ses soins et à ceux du professeur Béhier, dès avant le décret de 1872. On lui doit beaucoup de travaux de médecine, d'hygiène, de physiologie et de médecine expérimentale, d'anatomie pathologique humaine et comparée, travaux qui se distinguent par la recherche du côté pratique et de l'application possible, en même temps que par l'union de la science avec les données d'enseignement pour les élèves et d'utilité spéciale pour les malades. Citons notamment : *Note sur l'enquête du projet du nouvel Hôtel-Dieu de Paris* (1864) ; — *Considérations diagnostiques et thérapeutiques sur les maladies aiguës des organes respiratoires*, recueillies à la clinique médicale du professeur Grisolle (1865) ; — *Etudes sur le curare*, avec le docteur Voisin (1866) ; — *De l'albuminurie argentine* (1868) ; — *De la diathèse anévrysmatique* (1868) ; — *Observations détaillées de sclérose en îlots multiples et disséminés du cerveau, de la moelle et des nerfs rachidiens* (1868-1869, avec pl.) ; — *Coexistence d'altérations anévrysmales dans la rétine avec des anévrysmes de petites artères dans l'encéphale*, note lue à l'Institut (1870) ; — *Relation du cas de transfusion opérée avec succès, par le professeur Béhier, à l'Hôtel-Dieu de Paris* (1874), etc. Quelques-uns de ces travaux, ainsi que beaucoup d'autres, ont paru dans la *Gazette médicale*, les *Mémoires* de la Société de biologie, les *Archives de physiologie*, les *Bulletins* de la Société anatomique, etc. M. le docteur Liouville est membre des Sociétés anatomique, de biologie et de médecine légale de Paris, et l'un des fondateurs de la Société de micrographie. Il est aussi correspondant d'un certain nombre de Sociétés étrangères.

LITTRÉ (Maximilien-Paul-Emile), né à Paris, le 1er février 1801. Brillant élève de son collége, et lauréat du grand concours, il commença ses études médicales et parvint même à l'internat. Mais bientôt, abandonnant la médecine, comme spécialité du moins, il s'adonna surtout à des travaux historiques et philologiques. Il étudia à fond le grec ancien et le grec moderne, le sanscrit, l'arabe, etc., et fonda, en 1828, avec MM. Bouillaud, Andral, et autres, le *Journal hebdomadaire de médecine*. Après avoir combattu dans les rangs du peuple pendant les journées de juillet, il entra au *National*, dont il fut longtemps un des principaux rédacteurs (1830-1851). En 1837, il créa l'*Expérience*, feuille médicale. Le ministère le désigna, en 1854, comme rédacteur du *Journal des savants*. Parmi les publications auxquelles il a collaboré, nous citerons encore le *Dictionnaire de médecine*, la *Gazette médicale de Paris*, la *Revue des Deux-Mondes* où il a fait paraître, en 1847, une traduction, en style des trouvères, du premier chant de l'*Iliade*. Nous n'entreprendrons pas ici la critique de ses écrits, dont le mérite s'impose. A l'étranger comme en France, tous ceux qui ne professent pas une opinion systématique se plaisent à le considérer comme le plus érudit des philologues et l'un des philosophes les plus profonds de notre époque. Voici la liste de ses ouvrages : *Le choléra oriental* (1832) ; — *OEuvres d'Hippocrate* (1839-1861, 10 vol.) ; — *Vie de Jésus* de Strauss (1839-1849, 2e édit., 1855) ; — *Analyse raisonnée du Cours de philosophie positive* d'Auguste Comte (1845) ; — *Histoire naturelle* de Pline, appartenant à la *Collection des classiques latins* de M. Nisard (1848 et 1850, 2 vol.) ; — *Application de la philosophie positive au gouvernement des sociétés et en particulier à la crise actuelle* (1849) ; — *Conservation, révolution et positivisme* (1852) ; — *OEuvres politiques et littéraires* d'Armand Carrel, en collaboration avec M. Paulin (1857-1858, 5 vol.) ; — *Paroles de philosophie positive* (1859, 2e édit., 1862) ; — *Histoire de la langue française* (1862, 2 vol., nouv. édit., 1863) ; — *Auguste Comte et la philosophie positive* (1863) ; — *Dictionnaire de la langue française*, œuvre capitale de l'auteur (1863-1872, 4 gros vol. in-4°) ; — *Dictionnaire de médecine, de chirurgie, de pharmacie, des* *sciences accessoires et de l'art vétérinaire*, ancien *Dictionnaire de Nysten* entièrement refondu, avec la collaboration de M. Ch. Robin (1865); —*La vérité sur la mort d'Alexandre-le-Grand* (1865). Partisan convaincu de la doctrine d'Aug. Comte, M. Littré fonda (1855) la *Revue positive*, dans laquelle il a publié de nombreux articles; mais il se sépara de son ancien maître quand celui-ci, au déclin de l'âge, se jeta dans le mysticisme, et devint ainsi le chef de l'école positive. Conseiller municipal de Paris, après la révolution de Février 1848, il donna sa démission au mois d'octobre suivant. S'étant retiré à Bordeaux, sur le conseil de ses amis, pendant la guerre de 1870-1871, il s'y utilisa en occupant la chaire d'histoire et de géographie à l'Ecole polytechnique réorganisée dans cette ville. Le 8 février 1871, il fut élu représentant de la Seine à l'Assemblée nationale, où il prit place sur les bancs de la Gauche-Républicaine; et, le 15 octobre suivant, il reçut le mandat de conseiller général pour le canton de Saint-Denis. M. Littré, membre de l'Académie des inscriptions et belles-lettres depuis 1839, a été élu membre de l'Académie française, en remplacement de Villemain, le 30 décembre 1871. En 1844, il a fait partie de la Commission de l'Institut chargée de continuer l'*Histoire littéraire de la France*, pour laquelle il a écrit les tomes XXI, XXII et XXIII. M. Littré, qui n'a jamais voulu accepter de fonction salariée, a également refusé la croix de la Légion d'Honneur en 1848.

LIVET (Alexandre-Eugène), né à Vernantes (Maine-et-Loire), le 13 août 1820. Elève du collége de Beaufort, puis sous-maître dans plusieurs institutions, il occupa, à sa sortie de l'Ecole normale d'Angers, l'emploi d'instituteur primaire à la Pouëze et à Saint-Mathurin, de 1838 à 1841, et passa maître-adjoint à l'Ecole normale d'Angers, où il compléta ses études. C'est alors qu'il eut l'idée de fonder une maison libre pour l'application de ses idées pédagogiques, puisées dans l'étude des écrivains spécialistes, ou fruit de sa propre expérience. En 1846, il acheta à Nantes un petit pensionnat qu'il s'appliqua à améliorer; et il réussit si bien que le nombre de ses élèves l'obligea bientôt à changer de local. S'étant rendu propriétaire, en 1862, d'un vaste terrain au centre de la ville, il y créa, avec ses seules ressources, un établissement modèle d'enseignement commercial et technique, sous le nom de pension Notre-Dame, qui ne tarda pas à prendre de grandes proportions. Dès 1868, la Chambre de commerce de Nantes se plaisait à reconnaître que l'institution Livet se recommandait d'elle-même à la bienveillance du ministre du Commerce et des Travaux publics, tant par ce qu'elle était déjà que par ce qu'elle promettait de devenir. Le gouvernement lui a souvent accordé des subventions; le département y a fondé plusieurs bourses, et le Conseil départemental l'a déclarée d'utilité publique. Exemple vivant, pour ses élèves, de la puissance du travail uni à une volonté persévérante, M. Livet prouve en même temps, à ses collègues de l'enseignement primaire et libre, que la profession la plus ingrate renferme encore bien des ressources, quand on y applique entièrement son intelligence et sa bonne volonté. Il compte chez lui 400 élèves environ qui reçoivent, sous la conduite de quarante professeurs, un enseignement complet, moral, intellectuel et physique. Le ministre de la Marine a choisi la pension Notre-Dame (16 mai 1874) pour former, au même titre que les Ecoles nationales d'Angers, Aix et Châlons, des élèves mécaniciens pour la marine; on peut se faire une idée de l'importance de l'établissement en songeant que les élèves de la section industrielle ont à leur disposition de vastes ateliers mus par la vapeur, munis de tout l'outillage nécessaire au travail, soit du fer, soit du bois; et l'on comprendra ainsi que les Compagnies de chemins de fer et les grands industriels puissent y recruter d'excellents sujets. M. Livet, officier de l'Instruction publique, est membre de la Société académique de la Loire-Inférieure.

LIVET (Charles-Louis), né à Château-la-Vallière (Indre-et-Loire), le 10 janvier 1828. Il fit ses études au lycée d'Angers, redoubla sa rhétorique à Sainte-Barbe, et fut forcé, par une maladie des yeux, de renoncer à l'Ecole normale supérieure. De 1849 à 1855, il se livra à l'enseignement privé dans la ville de Nantes, et débuta comme écrivain dans le *Bulletin* de l'Association bretonne, dont il fut un des secrétaires, dans les *Annales* de la Société académique de Nantes, dont il fut secrétaire-général en 1851, dans la *Revue de Bretagne et de Vendée*, et enfin dans la *Revue bibliographique* de M. Techener. En 1855, il revint à Paris pour se consacrer à des travaux historiques, littéraires et philologiques sur le XVIe et surtout sur le XVIIe siècle. D'abord collaborateur de l'*Athenæum français*, puis du *Moniteur universel* (1856-1861), et de divers autres journaux et revues, il ne s'y occupa jamais de questions politiques ou religieuses. M. Livet entra dans la carrière administrative en 1861. Chef du cabinet de M. Cornuau, préfet de la Somme d'abord, et ensuite de Seine-et-Oise, il passa chef-adjoint au cabinet de M. Louvet ministre de l'Agriculture et du Commerce. Du 1er mai 1870 au 20 mai 1874, il remplit les fonctions d'inspecteur-général de l'enseignement technique et des écoles d'arts et métiers. Préparé de longue main à cet emploi par ses études sur l'enseignement professionnel et l'apprentissage, il introduisit dans son service de notables améliorations. En 1874, il obtint une fonction plus sédentaire, lui permettant de reprendre ses études d'histoire littéraire et de philologie. Il est commissaire du gouvernement, avec mission de représenter les intérêts de l'Etat près de l'établissement thermal de Vichy. En 1868, M. Livet fut chargé, par le gouvernement, d'aller faire à Lisbonne l'inventaire des documents relatifs à l'histoire de France conservés dans les archives du Portugal; il connaît, en effet, toutes les langues vivantes dérivées du latin, et a publié, outre des traductions du portugais, de l'espagnol et de l'italien, divers travaux philologiques sur ces langues. On lui doit de nombreux articles publiés dans les journaux ou revues, notamment sur *Madame de Fiesque*, les *Faux dom Sébastien*, la *Nouvelle école historique en Portugal*, la *Vie de César*, l'*Histoire de la loterie*, l'*Histoire de la bibliothèque nationale*, l'*Histoire de l'enseignement en France*, des traductions, etc. Les publications de M. Livet peuvent se diviser en plusieurs catégories. ÉTUDES GRAMMATICALES ET PHILOLOGIQUES : *Manuel de grammaire anglaise*, avec M. Perrot; *La grammaire française et les grammairiens du XVIe siècle*; *De quelques vocables tirés de l'inventaire des Médicis qui ne figurent pas dans le Dictionnaire della Crusca*, traduit de l'italien du comte Cibrario et annoté ; *Histoire de la mode dans le langage*, etc. — ÉTUDES D'HISTOIRE ET DE LITTÉRATURE : *Précieux et précieuses* ; *Vie de Philippe Cospeau ou Cospéan* ; *Catalogue des documents relatifs à l'histoire de France conservés dans la Torre do tombo* ; *Histoire du Journal officiel de la Commune*, etc. — ÉDITIONS AVEC NOTES ET COMMENTAIRES : *Histoire de l'Académie française* de Pellisson et d'Olivet; *Dictionnaire des précieuses* de Somaize (dont le 2e volume est entièrement de M. Livet) ; les t. II et III de l'*Histoire amoureuse des Gaules*, comprenant les petits romans qui font suite à l'ouvrage de Bussy-Rabutin, et qui ont été annotés au point de vue exclusivement historique ; *Œuvres complètes de Saint-Amand*. Ces trois derniers ouvrages font partie de la *Bibliothèque elzévirienne*. — ÉTUDES HISTORIQUES ET ÉCONOMIQUES : *Mémoire sur l'organisation d'une Société de patronage des apprentis*; *Histoire de la boulangerie*; *Histoire de la boucherie*, etc. Plusieurs de ces ouvrages ont été récompensés par l'Académie française et l'Académie des Inscriptions et belles-lettres. M. Livet, chevalier de la Légion d'Honneur (1862), et officier d'Académie, est aussi décoré des ordres d'Italie, de Rome, d'Espagne et de Portugal.

LIX (Antoinette, *dite* TONY), née à Colmar, le 31 mai 1839 ; fille d'un ancien officier de Louis XVIII et de Charles X. Mlle Tony Lix se fit remarquer, de bonne heure, par l'indépendante fierté de son caractère et par une sorte de bravoure chevaleresque, que développa encore une éducation tout à fait militaire. Vers l'âge de 17 ans, elle entra chez le comte Lubienski, pour faire l'éducation de sa nièce; puis elle suivit cette famille polonaise en Allemagne, profitant de son séjour dans ce pays pour apprendre l'allemand, l'anglais et le polonais. Elle avait 24 ans quand éclata la guerre de l'indépendance en Pologne. Un jour, apprenant qu'un des amis du comte, chef de partisans, allait être surpris par les Russes, avec tout son détachement, elle revêtit des habits d'homme, monta à cheval, et arriva à temps pour le prévenir ; puis, ce dernier étant tombé mortellement frappé, au début de l'affaire, elle rallia les soldats qui se débandaient, releva leur courage, se mit à leur tête et remporta la victoire. Ainsi familiarisée avec le métier des armes, elle continua la campagne, fut nommée « lieutenant, » reçut deux blessures, et fut faite prisonnière par les Russes. Elle ne dut la vie qu'à un passe-port français au nom d'Armand Lix, qu'elle avait pu se procurer. Les Russes la reconduisirent à la frontière au lieu de la fusiller. Alors elle se rendit à Dresde, pour y suivre les cours de la Faculté de médecine. De retour en France, elle obtint, en 1869, le bureau de poste de Lamarche (Vosges). Mlle Tony Lix a repris les armes, pendant la guerre franco-allemande, comme lieutenant aux francs-tireurs des Vosges ; mais, sa compagnie s'étant fondue, après le combat de la Bourgonce-Nompatelize, dans les troupes garibaldiennes, elle a cru devoir se retirer pour se consacrer exclusivement aux soins des blessés. Après les combats de Dombrot et de Lamarche, elle est devenue chef d'ambulance. Son courageux dévouement, joint à ses connaissances en médecine et en chirurgie, lui ont valu des récompenses, entre autres la médaille d'or de 1re classe, la croix de bronze des ambulances, la médaille des zouaves pontificaux, et une médaille de bronze de la Société d'encouragement au bien. Les dames de Strasbourg et de Colmar viennent de lui offrir une épée d'honneur d'un travail remarquable.

LLOYD (Mlle Marie-Emilie), née à Alger, le 1er janvier 1845. Mlle Llyod, destinée à la carrière dramatique, est entrée au Conservatoire en 1860, dans la classe de M. Régnier, et en est sortie en 1862, avec le premier prix de comédie. Admise aussitôt à la Comédie-Française, elle a débuté rue Richelieu, en janvier 1863, dans le fameux rôle de Célimène, du *Misanthrope*, et s'est fait vivement applaudir. Elle joue avec le même succès les ingénuités, les coquettes et les amoureuses. Parmi ses rôles les plus saillants, nous citerons Agathe dans les *Folies amoureuses*, Rosine dans le *Barbier de Séville*, Chérubin du *Mariage de Figaro*, les *Enfants d'Edouard* (Edouard), la *Critique de l'Ecole des femmes* (Elise), les *Femmes savantes* (Armande), *Andromaque*, *Horace et Lydie*, l'*Ecole des Maris*, les *Deux veuves*, le *Jeu de l'amour et du hasard* (Sylvia), *Tartuffe* (Elmire), etc.

LOBIN (Julien-Léopold), né à Loches (Indre-et-Loire), le 8 février 1814. Doué, pour les arts du dessin, d'heureuses dispositions qu'il ne put mettre à profit que tardivement, il entra, à l'âge de 25 ans, dans l'atelier de Steuben, dont il ne suivit que peu de temps les leçons, et se consacra à la peinture historique. Parmi les tableaux de cet artiste exposés au Salon de Paris, on distingue : *Le Tasse égaré au milieu des bergers* (1844) ; — *Le Dante*; *Léonard de Vinci peignant le portrait de la Joconde* ; *Michel-Ange et son serviteur Urbino* (1846) ; — *Sapho* ; *François Ier visitant l'atelier de Benvenuto Cellini* (1847). A partir de 1848, commence une nouvelle période de la vie de M. Lobin, par suite de la fondation, à Tours, d'un établissement de vitraux où il est appelé pour faire les cartons. Dès lors, il se livre exclusivement à la peinture sur vitraux, et on ne le retrouve guère au Salon qu'en 1859, avec le portrait de Mgr *Guibert*, dessin. Les vitraux ayant été admis aux expositions annuelles à partir de 1863, M. Lobin y fit paraître ses nouveaux travaux, auxquels il avait associé ses deux fils, et c'est ainsi qu'il exposa le *Christ aux enfants*, pour Amboise, œuvre personnelle, le *Martyre de Saint-Léger*, de M. Lucien-Léopold

Lobin, pour l'église de Cravant (Indre-et-Loire), et une verrière pour Saint-Cyr, près Tours, composée du *Mariage de la sainte Vierge*, de la *Nativité de Notre-Seigneur* et de l'*Assomption*, comme sujets principaux, interprétation, d'après les croquis d'Albert Dürer, de M. Marcel Lobin, mort prématurément l'année précédente. Ses dernières œuvres exposées sont la *Toussaint*, carton d'une verrière pour l'église de Châteaurenault, et le portrait de Mgr *La Croix* (dessin). Plus de 650 églises possèdent de ses travaux. M. Lobin a obtenu une médaille de 3e classe, pour le genre historique, en 1846, et son rappel en 1863. Il est décédé à Tours le 11 mai 1864.

LOBIN (Lucien-Léopold), né à Tours, le 24 mars 1837; seul fils survivant du précédent. Élève de son père et l'un des élèves de prédilection de H. Flandrin, il s'adonna de préférence à la peinture sur vitraux, et s'appliqua à conserver le caractère tout personnel de l'établissement que lui léguait son père. Il débuta au Salon de 1859 avec les portraits de Mme *Woëts* et de M. *Maurice Roux*, dessins. Depuis, cet artiste a spécialement exposé les cartons de vitrail ou verrières indiqués ci-dessous: *Moïse recevant les tables de la loi*, pour l'église de Montargis (1865); —*Sainte Marie-Madeleine se rendant chez Simon*, pour l'église Sainte-Colombe de la Flèche; *Jésus délivrant les âmes du purgatoire*, pour les missionnaires du Sacré-Cœur d'Issoudun (1866); — *Sainte Elisabeth de Hongrie*, pour la cathédrale catholique de Genève; *Saint Fiacre refusant la couronne que viennent lui offrir les ambassadeurs d'Ecosse* (VIIIe siècle), pour l'église de Montargis (1867); —*Institution de l'eucharistie*, pour l'église Saint-Servan-Saint-Malo; *Sainte Madeleine*, pour la chapelle de l'hospice d'Angoulême (1868); — *Saint Roch intercédant pour les pestiférés*, pour l'église de Château-Renault (Indre-et-Loire); *Sainte Solange, patronne du Berry* (1869); — *Sainte Réparata, vierge et martyre au IIIe siècle, patronne de la cathédrale de Nice*, pour l'église de Graçay (Cher); *L'ange gardien* (1870); — études pour un carton de vitrail *Ex-voto*, destiné à l'église de Notre-Dame-du-Sacré-Cœur d'Issoudun (1874). En outre, M. Lobin fils a fait recevoir au Salon plusieurs portraits à l'huile et études peintes.

LOCKROY (Joseph-Philippe SIMON-), né à Turin, de parents français, le 17 février 1803. D'abord étudiant en droit, puis comédien, il a été, en même temps que Frédérick Lemaître et Bocage, l'un des interprètes les plus applaudis de la grande école de 1830. Il a quitté la scène en 1840, et a été plusieurs fois membre et vice-président, puis président de la Commission des auteurs et compositeurs dramatiques. Après avoir dirigé, en 1846, le théâtre du Vaudeville, il fut investi, deux années plus tard, des fonctions de commissaire du gouvernement près la Comédie-Française. Ses débuts au théâtre et ses débuts littéraires eurent lieu simultanément. C'est en 1827 qu'il fit représenter au Gymnase, en collaboration avec Scribe, sa première pièce: *La marraine*. Il a donné depuis, au Théâtre-Français: *La vieillesse d'un grand roi* (1837); — à l'Odéon: *Catherine II* (1838); — *La conscience*, en collaboration avec A. Dumas, qui fut nommé seul (1854); — à l'Opéra-Comique: *Le bon garçon* (1837); — *Bonsoir monsieur Pantalon* (1851); — *La croix de Marie* (1852); — *Le chien du jardinier* (1855); —au Théâtre-Lyrique: *Les dragons de Villars* et la *Reine Topaze* (1856); — aux scènes de genre: *Un duel sous le cardinal de Richelieu* (1832); — *Pourquoi? — Passé minuit; — Les jours gras sous Charles IX; — Marie Rémond; — La première ride; — L'extase; — C'est encore du bonheur; — Madame Barbe-Bleue; — Le chevalier du guet; — Le maître d'école; — Les trois épiciers; — Charlot; — Les deux compagnons du tour de France; — Irène ou le magnétisme; — Perrinet Leclerc; — L'impératrice et la juive; — Karl ou le châtiment; — Le gentilhomme de la montagne*, en collaboration avec A. Dumas, qui fut nommé seul, ainsi que cela eut lieu encore pour: *L'envers d'une conspiration*, représenté au Vaudeville; — *Faublas*, ballet pantomime; — *Le mariage corse;— La jeunesse dorée*, etc. M. Lockroy a été, en 1863, directeur du théâtre du Prince-Eugène. Il a été nommé chevalier de la Légion d'Honneur le 13 août 1865.

LOCKROY (Edouard SIMON-), né à Paris, le 17 juillet 1840; fils du précédent. Il fit ses études classiques dans sa ville natale, et prit part, en 1860, à l'expédition de Sicile, sous Garibaldi. Puis il remplit officieusement, jusqu'en 1863, les fonctions de secrétaire auprès de M. Renan, qu'il accompagna en Syrie. A peine rentré à Paris, il se distingua, dans la petite presse, par un style nerveux, original, et surtout par son horreur du régime impérial. Après avoir débuté au *Figaro*, il donna au *Diable à quatre* des articles qui lui valurent les poursuites de l'autorité. Un peu plus tard, il aborda la politique dans le *Rappel*, et s'y attira une lourde condamnation (quatre mois de prison et 3,000 fr. d'amende). Lors de l'investissement de la capitale par l'armée allemande en 1870, il fut nommé chef du 226e bataillon de guerre de la garde nationale de Paris, avec lequel il assista aux combats devant Champigny et Choisy-le-Roi, et eut la douleur de voir son frère blessé à ses côtés. Le 8 février 1871, il fut élu, par 134,635 voix, représentant de la Seine à l'Assemblée nationale. Quand éclata l'insurrection du 18 Mars, il signa la proclamation des maires et des députés de Paris, relative aux élections municipales, fit à Versailles et à Paris, en vue d'une conciliation, des efforts généreux, mais stériles, et donna sa démission de représentant, après cette séance mémorable de l'Assemblée où M. Charles Floquet avait protesté contre la répression sanglante que voulait la majorité. Aussi fut-il accusé de connivence avec les insurgés. Arrêté près de Paris, et conduit à Versailles, puis à Chartres, il fut, trois mois après, relâché sans jugement. Pendant son court passage à la Chambre, il vota *contre* la paix et *pour* le retour de l'Assemblée à Paris. Le 23 juillet 1871, il fut élu conseiller municipal de Paris pour le quartier de la Roquette. Au Luxembourg, M. Edouard Lockroy s'est distingué surtout en réclamant, avec un véritable talent oratoire, l'instruction laïque, gratuite et obligatoire. Il a pris, en 1872, la rédaction en chef du *Peuple souverain*. Dans le courant de la même année, il a été condamné à huit jours de prison pour s'être battu en duel avec M. Paul Granier de Cassagnac. Le 27 avril 1873, il s'est présenté dans les Bouches-du-Rhône, comme candidat républicain radical, aux élections complémentaires pour l'Assemblée nationale, et a été élu par 57,000 voix.

LOISELEUR (Jean-Auguste-Jules), né à Orléans (Loiret), le 4 octobre 1816. Bibliothécaire de la ville d'Orléans depuis 1856, M. Loiseleur est de plus correspondant du ministère de l'Instruction publique pour les travaux historiques, et membre de plusieurs Sociétés savantes. Il a publié de nombreux ouvrages d'histoire, notamment : *Les crimes et les peines dans l'antiquité et dans les temps modernes* (1863) ; — *Les résidences royales de la Loire* (1863) ; — *Problèmes historiques* (1867) ; — *La doctrine secrète des Templiers* (1871) ; — *Ravaillac et ses complices* (1873) ; — *Le château de Gien* ; — *Monographie du château de Sully* ; — *Le Masque de fer devant la critique moderne* ; — *Compte des dépenses faites par Charles VII pour secourir Orléans pendant le siège de 1428* ; — *La révolution de Naples de 1647* ; — *La préméditation de la Saint-Barthélemy* ; — *La mort de Mme Henriette d'Angleterre* ; — *La légende du chevalier d'Assas*. M. Loiseleur a publié de plus un grand nombre d'études historiques dans la *Revue contemporaine*, le *Temps*, et des travaux d'érudition et de critique dans les recueils des Sociétés savantes de l'Orléanais et de la Touraine. Dans sa jeunesse, il a fait jouer au théâtre du Gymnase, à Paris, une pièce intitulée : *Lénore*. Membre du Conseil municipal pendant onze ans, c'est lui qui a émis et fait triompher l'idée d'ériger une statue équestre à Jeanne d'Arc, statue élevée par Foyatier sur la principale place d'Orléans. Il a reçu des mains de l'Empereur la croix de la Légion d'Honneur, le 10 mai 1868.

LOMÉNIE (Louis-Léonard DE), né à Saint-Yrieix (Haute-Vienne), le 3 décembre 1818. Il descend directement de François de Loménie, conseiller au siège présidial de Limoges en 1570 et frère de Martial de Loménie, seigneur de Versailles, greffier du Conseil du roi. Brillant élève du collége d'Avignon, il vint à Paris en 1810, se livra exclusivement à des travaux littéraires, et commença tout aussitôt la publication d'un grand ouvrage biographique : *Galerie des contemporains illustres*, par un homme de rien (1840-1847, 10 vol., anonyme). Sachant conserver, dans ses confidences sur la vie de ses contemporains, le tact et la mesure, écrivain de bon goût et de bon ton autant que narrateur conciencieux et bien informé, il obtint un grand et honorable succès. En 1845, Ampère, dont il était devenu l'ami, le fit nommer son suppléant à la chaire de littérature du Collége de France ; puis, après la mort de son protecteur, le 27 mars 1864, il devint professeur titulaire. Répétiteur de littérature à l'Ecole polytechnique en 1849, et nommé professeur titulaire en 1862, M. de Loménie a fait paraître, dans divers journaux, une nouvelle série d'études biographiques, intitulée : *Les hommes de 89*, qui n'a pas été terminée, collaboré notamment à la *Revue des Deux-Mondes*, à la *Revue Nationale*, et donné, en 1861, des articles à la *Presse*. Il a été élu membre de l'Académie française, en remplacement de Mérimée, le 30 décembre 1871. Outre l'ouvrage cité plus haut, on lui doit notamment : *Histoire des droits de succession en France au Moyen-Age*, traduit de l'allemand, de Gans (1845) ; — *Beaumarchais et son temps. Etude sur la société en France au XVIIIe siècle, d'après des documents inédits* (1855) ; — *La comtesse de Rochefort et ses amies* (1870) ; — *Les Mirabeau* (1870).

LONGPÉRIER (Henri-Adrien PRÉVOST DE), né à Paris, le 21 septembre 1816. Entré comme employé à la Bibliothèque royale de Paris en 1835, il fut nommé premier employé du cabinet des médailles en 1842, conservateur de la seconde section des antiques du Louvre en 1847, conservateur des deux sections réunies et de la sculpture moderne en 1848. Ses écrits l'avaient fait élire membre de la Société des antiquaires de France le 9 avril 1838, du Conseil de la Société asiatique en 1840, de la Commission des monuments historiques en 1850. Il fut nommé, le 26 mai 1854, membre de l'Institut (Académie des inscriptions et belles-lettres), où, depuis 1860, il est de la Commission permanente des inscriptions et médailles, et dont il a été président en 1867. Il fit partie du jury des beaux-arts en 1852, 1853, 1864, 1865, 1866 et du jury des Expositions internationales de 1855, 1862 et 1867. On lui doit le classement (de 1848 à 1868) d'un grand nombre de monuments des musées : galeries des grands monuments Egyptiens, galerie Assyrienne, salle de la sculpture Grecque, salle des Bronzes, galerie Napoléon III, galerie iconographique des Romains. Ses principaux ouvrages sont les suivants : *Essai sur les médailles des rois Sassanides de Perse* (1840, in-4°) ; — *Notice des monnaies françaises de la collection de M. Jean Rousseau*, ouvrage dans lequel se trouve la première classification méthodique des monnaies nationales (1847) ; — *Notice sur J.-A. Letronne, de l'Institut* (1849) ; — *Notice des antiquités américaines du Louvre* (1850 et 1852) ; — *Documents numismatiques pour servir à l'histoire des Arabes d'Espagne* (1851, in-4°) ; — *Mémoire sur la chronologie et l'iconographie des rois parthes Arsacides* (1853, in-4°) ; — *Notice des antiquités assyriennes du Musée du Louvre* (1854) ; — *Bulletin archéologique de l'Athénæum français* (1855-1856), in-4°) — *Terres-cuites du musée Napoléon III* (1864, in-folio) ; — *Musée Napoléon III, choix de monuments antiques pour servir à l'histoire de l'art en Orient et en Occident* (1867, in-4°). M. de Longpérier publie depuis 1856, avec M. de Witte, la *Revue numismatique*, formant un ensemble de 14 volumes ; il a inséré beaucoup de *Mémoires* et de *Dissertations* dans les Recueils de la Société des antiquaires de France et de l'Institut archéologique de Rome, dans le *Journal asiatique*, la *Revue archéologique* (1844-1868), la *Revue numismatique* (1837-1868), le *Numismatic chronicle*, le *Bulletin* et les *Mémoires de l'Académie des inscriptions*, etc. Avant de faire partie de l'Institut, il avait été couronné deux fois par lui (1840 et 1848). Il est associé des Académies de Belgique, de Turin, de Berlin, de Madrid; membre de l'Institut archéologique de Rome, de la Société des antiquaires de Londres, de l'Institut égyptien d'Alexandrie, de l'Institut royal archéologique de la Grande-Bretagne, du Musée impérial de Moscou, etc. M. de Longpérier, officier de la Légion d'Honneur depuis 1863, est aussi commandeur de Charles III d'Espagne, de Saint-Stanislas de Russie, des Saints-Maurice et Lazare d'Italie, du Sauveur de Grèce, de Saint-Jacques de Portugal, et chevalier des ordres d'Albert de Saxe, du Lion de Baden, de la Couronne de Chêne des Pays-Bas.

LONGUEMAR (Alphonse-Pierre-François Le Touzé de), né à Saint-Dizier (Haute-Marne), le 3 octobre 1803; fils d'un officier supérieur, chevalier de Saint-Louis, originaire de Normandie. Admis à Saint-Cyr en 1819, sous-lieutenant à l'Ecole d'Etat-major en 1821, et incorporé au 11e régiment de chasseurs en 1824, il obtint l'épaulette de lieutenant en 1825. Passé au 4e léger en 1826, au 2e du génie en 1828, aux travaux de la carte de France en 1829, il fit les trois premières campagnes d'Algérie. Blessé d'un coup de feu à Sidi-Kalef en 1830, il fut nommé capitaine en 1831, et devint aide-de-camp du général de Lascours, commandant une brigade de l'armée de Paris, en 1833. M. de Longuemar, chevalier de la Légion d'Honneur en 1834, se retira du service en 1836. Depuis cette époque, il s'est livré, dans les départements de l'Yonne et de la Vienne, à des travaux de géologie appliquée à la culture et aux industries locales. En même temps, il a cultivé l'archéologie et la littérature. Il est membre de la Société des antiquaires de l'Ouest, qu'il a plusieurs fois présidée, correspondant de la Société centrale d'agriculture de France, de la Société des antiquaires de France, du Comité des Sociétés savantes, et officier de l'Instruction publique. En 1870-1871, il accepta le commandement en chef de la brigade formée par les trois légions des mobilisés de la Vienne, et l'on a pu lire, dans le rapport de l'une des Commissions à l'Assemblée nationale, cette mention : « M. de Longuemar, dont le fils venait d'être cruellement blessé à Metz, a, malgré son âge, rendu les plus grands services dans l'organisation des mobilisés, et le département de la Vienne a toujours trouvé son dévouement à la hauteur de son patriotisme. » C'est à lui que sont aujourd'hui confiées l'organisation et la surveillance des belles collections d'objets d'art, d'archéologie et d'histoire naturelle, que la ville de Poitiers va bientôt installer dans son Hôtel-de-Ville. On doit à M. de Longuemar, outre de nombreuses communications à diverses Sociétés savantes, les publications qui suivent : *Etudes géologiques sur les terrains jurassiques, crayeux et tertiaires de la rive gauche de l'Yonne* (1843-1844, avec carte et coupes); — *Chroniques populaires du Poitou* (1851, avec pl., comme tous les ouvrages qui suivent); — diverses *Excursions archéologiques* dans la Vienne, les Deux-Sèvres, la Vendée (1852-1865); — *Les statues équestres de l'époque romane, et la façade historiée de Saint-Hilaire de Foussay* (1854); — *Les souterrains,* *refuges du Poitou* (1855); — *Histoire de Saint-Hilaire-le-Grand de Poitiers*, mention honorable de l'Académie des inscriptions et belles-lettres, l'année même où son auteur était appelé à présider les assises scientifiques de Poitiers (1857); — *Correspondance inédite des Moussy-la-Contour avec Mazarin et autres ministres de Louis XIV* (1860); — *Album historique de Poitiers* (1862); — *L'ancien pays des Pictons*, médaille d'argent de l'Institut des provinces (1863); — *Epigraphie poitevine* (1864); — *Carte géologique et agronomique de la Vienne*, médaille d'argent grand module du Comité des Sociétés savantes pour la carte, médaille d'or grand module de la Société centrale d'agriculture pour le mémoire statistique, diplôme d'honneur, pour l'ensemble du travail, à l'exposition régionale de Poitiers (1866-1872, avec coupes, et 2 vol. de mémoires explicatifs); — *Conférences de géologie appliquée*, faites à l'Ecole normale de Poitiers (1869); — des rapports sur les curieuses fouilles des *Grottes à ossements* du Chaffaud (Vienne), du Loubeau près Melle (Deux-Sèvres), de divers dolmens de la Vienne, et du balnéaire romain de Saint-Cyprien à Poitiers (1869-1873); — *Les voies romaines et les bornes milliaires du Poitou*, et une *Carte monumentale de la Vienne* (même période); — *Géographie populaire de la Vienne*, médaille d'argent de la Société centrale d'agriculture (1869, avec cartes et types de monuments); — *La question des eaux à Poitiers, et au Dorat dans la Haute-Vienne* (1873). Nous devons dire, avant de terminer, que M. de Longuemar a dans ce moment, en préparation, un *Exposé général des décorations murales des églises romanes de l'Ouest* (bas-reliefs, fresques et anciennes verrières), qu'il a lui-même dessinées avec un soin scrupuleux.

LONLAY (Eugène, marquis de), né à Argentan (Orne), le 6 mars 1815. Il fit de bonnes études au collège de Caen, vint à Paris en 1834, et se consacra à la littérature. Ses poésies se recommandent par des sentiments pieux et élevés. On doit à M. le marquis de Lonlay : *Bleuettes* (1842); — *Simples amours* (1844); — *La pomme d'Eve;* notice biographique par Eug. Woesteyn (1845); — *Chastes paroles* (1846); — *Larmes du bonheur* (1847); — *Poésies nouvelles* (1851); — *Le grand monde russe*, traduit du russe (1854); — *Nouvelles choisies du comte de Sollohub*, traduit du russe (1854); — *Chansons populaires* (1858); — *Poésies lyriques* (1859); — *Poésies intimes* (1860); — *Eloge des femmes* (1862); — *L'amour et la jeunesse* (1863); — *Anecdotes piquantes* (1863); — *Dieu protège la Pologne!* chant national polonais (1863); — *Hymnes et chants nationaux de tous pays* (2e édit., 1863); — *Octavie de Valdorne* (1863); — *Un duel à mort*, traduit du russe de Lermontof (1863); — *Premier roman d'une jeune femme* (1863); — *Hymnes et chants religieux pour toutes les fêtes de l'Eglise romaine*, ouvrage honoré d'un bref du pape (1864); — *Chants de jeunesse* (1864); — *Le brigand gentilhomme*, traduit du russe de Pouchkine (1864); — *La protégée*, traduit du russe du comte Sollohub (1864); — *La chasse aux maris* (1864); — *Ce que la forêt se raconte*, traduit de l'allemand (1866); — *Le faubourg Saint-Germain* (1867); — *Mes visites* *académiques* (1868) ; — *Derniers jours de bonheur* (1868) ; — *L'art de plaire* (1868) ; — *Le nouvel art d'aimer* (1868) ; — *Le fou des Tuileries* (1869) ; — *Anacréon, sa vie et ses œuvres* (1869) ; — *Recueil complet de tous les genres de poésies françaises* (1870) ; — *Les drames de la guerre* (1872) ; — *Eloge de la noblesse* (1872) ; — *Le Printemps* (1872) ; — *Légendes normandes* (1872) ; — *Légendes d'amour* (1872) ; — *Légendes du Moyen-Age* (1872) ; — *Légende du Christ* (1872) ; — *Argentan et ses légendes* (1873) ; — *Légendes infernales* (1873) ; — *Légendes historiques* (1873) ; — *L'amour maître chanteur* (1873) ; — *Légendes fantastiques* (1874) ; — *La grève des femmes*, pièce en 1 acte et en vers (1874) ; — *Livre d'or des enfants* (1874, avec une eau-forte de Chaplin) ; — *Sonnets et rondeaux* (1874). Enfin, M. le marquis de Lonlay a publié, sous le pseudonyme de « Max d'Apreval : » *La chasse aux jupons*, actualité en 1 acte (1858) ; — *L'héritage imprévu*, comédie en 1 acte et en vers (1858), — *Les eaux de Bagnoles*, roman dramatique (1863) ; — et, sous le pseudonyme de « Dan Leylo : » *Contes historiques* (1872) ; — *Histoire incroyable du sire de Tournebœuf, rôti par le Diable* (1872) ; — *Le page de la reine de Navarre* (1872). Les poésies lyriques du marquis Eugène de Lonlay ont été mises en musique par les plus célèbres compositeurs et sont très-populaires.

LORENZ (Otto), né à Leipzig (Saxe), le 5 juin 1831. M. Otto Lorenz, libraire et bibliographe, a été naturalisé français en 1867. Venu à Paris, en 1855, il y a établi, en 1861, une maison de librairie spécialement affectée à la commission. On lui doit une publication bibliographique des plus importantes : *Catalogue général de la librairie française pendant vingt-cinq ans*, de 1840 à 1865, qui fait suite à la *France littéraire* de Quérard et à la *Littérature française contemporaine*. Cet ouvrage, composé de 4 forts volumes, est le complément nécessaire des publications qui concernent la bibliographie contemporaine.

LORGERIL (Hippolyte-Louis, *vicomte* DE), né au château de Chalonge (Côtes-du-Nord), le 24 mai 1811. Il fit de brillantes études au petit séminaire de Dinan et aux collèges de Rennes, puis de Nantes, compléta son éducation en parcourant le midi de l'Europe, et se consacra à la littérature. Partisan du régime monarchique, et légitimiste par tendances personnelles autant que par tradition de famille, il dirigea l'*Impartial de Bretagne* en 1842-1843, et y produisit des poëmes humoristiques, des satires et autres pièces de vers reproduites par beaucoup de journaux, ainsi que des articles sur la politique et la littérature, qui furent très-remarqués. Non-seulement il soutint, dans son journal, une lutte violente contre le gouvernement d'alors, mais il fit, en 1843, le pèlerinage de Belgrave-Square, où il reçut l'accueil le plus flatteur. En 1844, il abandonna la littérature militante, mais ne se désintéressa pas, néanmoins, des affaires publiques. Conseiller général de son département, d'abord pour le canton de Plélan-le-Petit, puis pour celui de Jugon, il a conservé son mandat depuis 1848 jusqu'à présent (1874). M. le vicomte de Lorgeril, élu représentant des Côtes-du-Nord, le 8 février 1874, à l'Assemblée nationale, siége sur les bancs de la Droite, où il se montre un des plus ardents et des plus remarquables défenseurs de la légitimité et de la religion. Il fait partie des réunions des Chevau-Légers et des Réservoirs. On lui doit : *Une étincelle*, poésies ; — *La chaumière incendiée ;* — *Récits et ballades ;* — *L'art de parvenir*, poëme satirique, et enfin, un volume intitulé *Poëmes* (1872).

LORY (Charles), né à Nantes, le 30 juillet 1823. M. Lory fit ses études classiques au collége de sa ville natale, obtint une dispense d'âge pour se présenter à l'Ecole normale supérieure en 1840, et y entra avec le n° 2. Sorti le second, en 1843, comme agrégé des sciences physiques, il professa, de 1843 à 1849, dans les lycées de Grenoble, Poitiers, Besançon, et prit le grade de docteur ès sciences naturelles à la Faculté de Paris en 1847. M. Lory a été, en 1849, professeur-suppléant à la Faculté des sciences de Besançon, puis chargé de cours à la Faculté de Grenoble. Professeur titulaire à cette dernière Faculté depuis le 27 janvier 1852, il est venu faire le cours de géologie à la Sorbonne, comme suppléant temporaire, en 1869. Nommé doyen de la Faculté de Grenoble en 1871, il est, de plus, directeur du laboratoire départemental d'analyse et de la station agronomique de Grenoble. Outre de nombreux mémoires sur la géologie du Jura et des Alpes, on a de lui : *Essai géologique sur le groupe de montagnes de la Grande-Chartreuse* (1853, avec carte) ; — *Carte géologique du Dauphiné* (1858) ; — *Description géologique du Dauphiné* (Isère, Drôme, Hautes-Alpes), pour servir à l'explication de la carte géologique de cette province, ouvrage couronné, en 1861, au concours des Sociétés savantes (1860-1864, 3 livr.) ; — *Carte géologique du département de la Savoie*, en collaboration avec MM. Pillet et Vallet, exécutée à l'échelle du 50,000^e et publié à l'échelle du 150,000^e (1868), etc. Chevalier de la Légion d'Honneur depuis le 13 août 1861, et officier de l'Instruction publique, M. Lory a reçu une médaille d'or au concours des Sociétés savantes en 1869.

LOTTIER (Louis), né à La Haye-du-Puits (Manche), le 9 novembre 1815. Entré dans l'administration des ponts-et-chaussées, à Caen, dès l'âge de 16 ans, il consacrait depuis longtemps ses loisirs à faire de la peinture, quand plusieurs de ses tableaux tombèrent sous les yeux de Gudin. Ce grand artiste reconnut dans ces productions d'amateur des qualités précieuses et qui ne demandaient qu'à être développées ; il s'intéressa à M. Lottier et lui fit accorder un congé pour lui permettre de compléter ses études. Celui-ci mit si bien à profit les conseils du maître, qu'on lui délivra, en 1839, un permis d'embarquement sur la *Belle-Poule* commandée par le prince de Joinville. C'est ainsi que M. Lottier a fait son premier voyage en Orient et s'est créé, dans les arts, sa brillante spécialité. Ayant quitté de bonne heure l'administration pour se livrer exclusivement à la peinture, il a fait de fréquents voyages dans le Levant et le Midi, et a été chargé par le gouvernement d'une mission artistique en Egypte. Après avoir débuté, au Salon de 1839, avec une *Vue du port de Caen*, et une *Marine*, effet de soleil couchant, il a successivement exposé : *Vue de Constantinople; Vue de la rade de Toulon ; Barques génoises sur le rivage de Toulon ; Plage de la Méditerranée à Toulon* (1841) ; — *Vue prise à Naples ; Environs de Constantinople; Marins de la frégate la* Belle-Poule (1844) ; — *Marché des Arabes à Alger* (1845) ; — des vues d'un *Coucher de soleil à Boulac*, en Egypte, de la *Ville du Caire*, de *Constantinople au crépuscule*, d'une *Rue du Caire*, d'une *Maison turque* (1850) ; — *Vue de Constantinople* (1852) ; — *Côtes de la Manche*, marine ; *Vue prise sur les bords du Nil en Egypte* (1857) ; — *Port de Smyrne* au soleil couchant ; *Port de Smyrne* (1865) ; — *Vue de Saïda* (ancienne Sidon); *Environs de Saïda* (1866) ; — *Bords du Nil*, effet de crépuscule ; *Coucher du soleil dans la rade de Smyrne* (1867) ; — *Environs de Constantinople; Coucher de soleil à Constantinople* (1868) ; — *Vue de Saïda*, effet de crépuscule ; *Environs de Constantinople* (1869) ; — *Coucher de soleil*, marine; *Marine* (1870). M. Lottier a obtenu, pour le genre marine, une médaille de 1re classe en 1852.

LOTTIN DE LAVAL (Pierre-Victorien, *dit* VICTOR), né à Orbec-en-Auge (Calvados), le 19 septembre 1810 ; issu d'une ancienne famille, les Lottin de Charny, cruellement éprouvée par la mauvaise fortune sous le règne de Louis XV. Venu à Paris, à 14 ans, pauvre et sans protecteurs, il ne dut qu'à son labeur opiniâtre la position qu'il conquit, de très-bonne heure, par ses travaux littéraires et archéologiques. Peu d'écrivains ont été plus précoces; car, dès l'âge de 17 ans, il débutait par un ouvrage en trois forts volumes. A partir de 1835, il entreprit de grands voyages scientifiques, visita l'Italie, la Sicile, la Dalmatie, la Grèce, l'Asie-Mineure, et fut chargé par le gouvernement de missions pour explorer la Grande-Arménie, le Kurdistan, la Perse, la Babylonie, l'Arabie et l'Egypte. Au cours de ses laborieuses pérégrinations, qui furent fertiles en découvertes géographiques et archéologiques, il prenait des croquis et moulait des inscriptions ou des débris antiques, à l'aide d'un procédé aussi sûr que rapide dont il était l'inventeur, procédé qui lui fut acheté par l'Etat et qui porte son nom. Il reproduisait en plâtre, au Louvre, plusieurs centaines de monuments qu'il avait découverts sur tant de points du globe. M. Lottin de Laval a donné beaucoup d'articles sur les sciences, la géographie, l'archéologie, dans un grand nombre de journaux et de revues. Il fait partie de plusieurs Sociétés littéraires ou scientifiques. On lui doit : *Les truands* (1832, 3 vol.); —*Marie de Médicis* (1834, 2 vol.) ; — *Robert-le-Magnifique* (1835, 2 vol.) ; — *Un an sur les chemins*, récits de voyages (1837, 2 vol.) ; — *Le comte de Néty* (1838, 2 vol.) ; — *Histoire généalogique de la maison de Richelieu* (*Mémorial de la noblesse*, 1839) ; — *Les galanteries du maréchal de Bassompierre* (1839, 4 vol.); — *Andalousia, ou la Perle des Andalouses* (1842, 2 vol.) ; — *Les comtes de Mongommery* (1842, 2 vol.) ; — *Voyage dans la péninsule arabique du Sinaï et de l'Egypte moyenne : Histoire, géographie, épigraphie*; publié sous les auspices du ministère de l'Instruction publique et des Cultes (1855-1859, 2 vol. in-4° de texte et inscript., avec grav., et un vol. in-fol. de pl. et de vues lithogr., avec une carte); —!*Mémoire complet de lottinoplastie* (1857); — *Voyage dans la péninsule du Sinaï* (1860). Pendant son séjour en Perse, M. Lottin de Laval fut chargé, par le roi Mohammed-Schah, d'importants travaux de canalisation ayant pour but de détourner une rivière qui va se perdre inutilement dans le golfe Persique, et de retenir, au nord, par un barrage, cinq cours d'eau pour fertiliser une province frontière du Khorassan. Mais il livra ses plans et revint en France sans en assurer l'exécution, ne voulant pas accéder à des tentatives corruptrices. Aujourd'hui, M. Lottin de Laval s'est retiré à la campagne. Pratiquant tous les arts, il a fait des Trois-Vals, sa résidence, un vaste musée qui servira beaucoup aux archéologues de l'avenir. Il est chevalier de la Légion d'Honneur depuis 1847, officier d'Académie, officier du Lion et du Soleil de Perse.

LOUBENS (Emile), né à Toulouse, le 7 août 1799. Il fit de bonnes études à Paris, se consacra à l'enseignement libre, débuta, en 1824, par des cours particuliers de grammaire et de géographie, et professa publiquement, en 1825, dans l'enceinte du premier Géorama (boulevard des Capucines). L'inauguration de ses cours eut lieu en présence de M. Alexandre de Humboldt. En 1830, il fit un cours public, rue Taranne, sous le patronage de la Société des méthodes. En 1834, il fonda une institution, ouverte seulement à un nombre limité d'élèves, et spécialement affectée aux jeunes gens auxquels les parents veulent faire donner, avec une instruction étendue, des principes élevés de religion et de morale ; c'était une véritable éducation de famille. M. Loubens a cédé son établissement à son fils en 1860. Il a publié beaucoup de livres d'enseignement : *Méditations religieuses et prières pour les enfants* (1838) ; — *Répertoire des termes principaux employés dans l'histoire naturelle et dans la géographie* (1839) ; — *Manuel de morale pratique et religieuse* (1841) ; — *Lettres à M. Lévy sur l'éducation* (1845) ; — *Conseils aux écoliers* (1847) ; — *Programme d'un cours de morale* (1851) ; — *Le livre de tous*, ou *Une bonne pensée par semaine* (1851); —*Précis de morale* (1858); — *Encyclopédie morale*, ou *Dictionnaire d'éducation* (1862) ; — *Le respect* (1864) ; — *Mémoire sur l'influence des parents dans l'éducation* (1867), etc. M. Loubens a été nommé, en 1825, géographe du duc de Chartres, mort depuis duc d'Orléans. Ses ouvrages, honorés de plusieurs médailles de la Société pour l'instruction élémentaire et de la Société de l'encouragement au bien, adoptés par la Société des chefs d'institution de Paris et par celle des instituteurs, ont également obtenu l'approbation et la souscription du ministère de l'Instruction publique. Membre de la Société des méthodes, de géographie, polytechnique, philotechnique, de la Société Fénelon, de celle des crèches, de la Société d'instruction et d'éducation populaires, il est aujourd'hui doyen des chefs d'institution de la Seine. Il a fait souvent des cours de géographie, et des conférences sur des sujets divers. M. Emile Loubens a été nommé officier de l'Instruction publique en 1864, et chevalier de la Légion d'Honneur en 1868.

LOUDUN (Eugène BALLEYGUIER, *dit*), né à Lassay (Vienne), le 8 juillet 1818. Il fit ses études à Nantes et à Poitiers, professa l'histoire, en 1842, au collége de Châtellerault, prit sa licence en droit à la Faculté de Poitiers, et se consacra à la littérature. Venu à Paris en 1844, il débuta par des articles de critique d'art et d'histoire qui furent promptement remarqués. Il participa, en 1848, à la rédaction du *Correspondant* et de l'*Ere nouvelle*. M. de Falloux, en prenant le portefeuille de l'Instruction publique (janvier 1849), le choisit pour secrétaire particulier. Lors du changement de ministère, en juillet 1849, il devint bibliothécaire de l'Arsenal, dont il est conservateur honoraire depuis 1872. M. Loudun, rédacteur littéraire de l'*Union* jusqu'en 1856, a été chargé, en 1858, de la partie politique du *Journal des Instituteurs*. On lui doit : *Le couvent des Carmes pendant la révolution* (1845); — *Physionomie de l'Assemblée* (1848); — *Le présent et l'avenir de la Révolution* (1848); — *La Vendée*, le pays, les mœurs, la guerre (1849, dernière édit., 1873); — *Le Salon de Paris* (1852, 1855 et 1857); — *Les Anglais, les Allemands, les Français*, étude philosophique publiée d'abord dans le *Pays* en 1853 (1854, nouv. édit., 1872); — *Le général Charles Abatucci* (1854); — *Les derniers orateurs* (1848-1852), ouvrage dont on a fort loué l'impartialité (1855); — *Exposition universelle des beaux-arts* (1855); — *Etude sur les œuvres de Napoléon III* (1857); — *Les victoires de l'Empire, campagnes d'Italie, d'Egypte, d'Autriche, de Prusse, de Russie, de France et de Crimée* (1859, 12ᵉ édit., 1870); — *Les Pères de l'Eglise* (1860, 4 édit.); —*La Bretagne, paysages et récits* (1861); — *Les deux paganismes*, grand ouvrage philosophique et historique, 1ʳᵉ partie : *L'antiquité* (1865); 2ᵉ partie : *Les nouveaux Jacobins* (1869); 3ᵉ partie : *Les précurseurs de la révolution*, publiée d'abord dans la *Revue du Monde catholique* (1874); — *La révolution de Septembre et la Commune* (1871, 2 vol.). M. Loudun a écrit la préface du roman de madame Mélanie Waldor : *Les moulins en deuil* (1852). En 1872, il a commencé la publication de *l'Abeille*, dont 3 volumes ont paru (1872, 1873, 1874). Cette brochure impérialiste, rédigée sous forme d'almanach, a été dénoncée à la tribune de l'Assemblée, le 15 mai 1872, par un député démocrate, ce qui a amené la destitution de son auteur. Chevalier de la Légion d'Honneur depuis 1860, M. Loudun est également officier de François Iᵉʳ de Naples, et chevalier de Saint-Grégoire-le-Grand de Rome et de François-Joseph d'Autriche.

Son frère, M. Delphin Balleyguier, a longtemps rédigé la critique musicale à l'*Etendard*, et s'est fait un nom distingué comme compositeur.

LOUÉ (Victor-Auguste), né à la Roche-sur-Yon, le 31 août 1836. Dès l'âge de neuf ans, la vocation du dessin, surtout celui de l'architecture, se manifesta en lui. Admis, six ans plus tard, dans les bureaux de l'architecte de sa ville natale, et ensuite dans ceux de l'architecte du département, il y fit de sérieuses études, qui ne permirent plus de douter de ses heureuses dispositions. En 1859, il vint essayer de se perfectionner à Paris; et, plein d'admiration pour le talent hors ligne et les excellents principes d'enseignement de M. Henri Labrouste, il entra chez l'un des meilleurs élèves de ce célèbre maître, M. Lisch, architecte du gouvernement, qu'il fut bientôt appelé à seconder dans divers importants chantiers de la capitale, notamment dans la construction de l'*École commerciale* de l'avenue Trudaine et dans l'appropriation des principaux services du *Couvent des Oiseaux*, rue de Sèvres. Admis pour la première fois au Salon, en 1863, il s'y fit remarquer par une restauration fort étudiée de l'église monumentale de Deuil-sous-Montmorency (Seine-et-Oise), et l'année suivante, par un projet très-ingénieux, celui d'un marché couvert pour sa ville natale, étude dans laquelle il fit preuve d'un sens pratique bien rare chez un architecte au début de sa carrière, et qui lui valut une médaille. Au Salon de 1872, un remarquable et sérieux projet d'hospice, pour la Chaize-le-Vicomte (Vendée), lui fit obtenir une médaille de 2ᵉ classe. Depuis 1865, il est attaché à la Commission des monuments historiques, et chargé, en cette qualité, de la restauration des monuments des Deux-Sèvres et de la Vendée. Les principales restaurations qu'on lui doit, sont celles de la remarquable église de Nieuil-sur-l'Autise (Vendée), et de l'église de Saint-Maixent (Deux-Sèvres). On lui doit aussi la restauration de l'église Notre-Dame de Niort, plusieurs édifices publics et diverses propriétés particulières. C'est notamment sous sa direction qu'ont été élevées l'élégante chapelle de Faymoreau (Vendée), l'église de Poiré-sur-Vie (Vendée), et tout récemment l'importante habitation de Mˡˡᵉ de la Boucherie du Guy à Luçon. M. Loué a été nommé, en 1865, inspecteur des travaux du gouvernement pour les édifices diocésains de Luçon.

LOUIS-NOEL (Hubert), né à Saint-Omer (Pas-de-Calais), le 1ᵉʳ avril 1839. Il se consacra à la statuaire, suivit l'atelier de M. Jouffroy, et se fit d'abord une réputation comme sculpteur-portraitiste. Dans ce genre, il exposa successivement : les bustes en terre cuite de MM. Garnier, peintre (1864), *Angélo* (1866), *Félix Barthélemy* (1867); — le buste en marbre de M. *J. de Falard*, maire de Saint-Omer (1863); — le buste en plâtre de M. *L. Grandet* (1866); — le médaillon en plâtre de M. l'abbé *Derguesse* (1867); — le médaillon en argent de M. l'abbé *Binet* (1873). En outre, le même artiste a exposé : *Agar désaltérant Ismaël*, groupe en plâtre (1865); — *David, vainqueur de Goliath*, statue en plâtre; *L'aiglon*, statue en plâtre (1868); — *Jacques Callot*, modèle en plâtre de la statue érigée à Nancy; *La Muse d'André Chénier*, groupe en plâtre (1870); — *La Muse d'André Chénier*, statue en marbre (1872); — *Rébecca*, statue en plâtre (1873); — *Jéhan d'Aire*, l'un des *six bourgeois de Calais* (1347), pour la ville d'Aire-sur-la-Lys (1874). On lui doit également le *Tombeau de Barthélemy*, au Père-Lachaise, une statue de *Jésus*, en marbre, et une *Mater dolorosa*, dans la cathédrale d'Arras. M. Louis-Noël a remporté une médaille, de 2ᵉ classe au Salon de 1873.

LOUIT (Jean-François-Emile), né à Bordeaux, le 29 avril 1819. Il est fils d'un ancien soldat de la première République, qui, enrôlé dans les premières levées, dès 1789, resta sous les drapeaux jusqu'à la chute de l'Empire, fut décoré par Napoléon Iᵉʳ, sur le champ de bataille, en 1807, et se retira, comme officier retraité, à Bordeaux où il mourut en 1836. M. Emile Louit a commencé de bonne heure et très-modestement sa carrière commerciale. Mais, grâce à son esprit d'ordre et à ses aptitudes, il est devenu rapidement et successivement négociant, manufacturier et armateur. Il a créé, à Bordeaux, la maison Louit frères, et l'usine de Tivoli dont les produits alimentaires ont obtenu 15 médailles aux expositions industrielles et sont devenus célèbres sur tous les marchés de l'univers. Directeur de cette brillante entreprise avec son jeune frère (Charles-Joseph), décédé en 1857, M. Louit en resta l'unique chef jusqu'en 1863, époque où il en fit la cession à un autre frère cadet. Il a été, le 1ᵉʳ octobre 1862, le fondateur principal du *Journal de Bordeaux*, dont il est devenu propriétaire, directeur et gérant. Enfin on lui doit l'édification du Théâtre-Louit, le plus vaste et le plus magnifique des théâtres de province, qui contient 2,500 places, et où les grandes réunions publiques de 1870-1871 ont tenu leurs séances, pendant le séjour à Bordeaux de l'Assemblée nationale. M. Louit, chevalier de la Légion d'Honneur en 1869, est aussi chevalier de l'ordre d'Isabelle-la-Catholique d'Espagne.

LOUSTAUNAU (Louis-Auguste-Georges), né à Paris, le 12 septembre 1846. M. Loustaunau suivit les ateliers de MM. Gérôme et F. Barrias. Doué d'heureuses dispositions pour les arts, il se consacra tout à la fois, et avec un égal succès, à la peinture de genre et à celle du paysage. En 1869, il débuta au Salon de Paris avec une *Rue du Pouliguen* (Bretagne). Depuis, cet artiste a successivement exposé : *Une allée à Gros-Bois* (Seine-et-Oise) ; *Intérieur de grange* (1870) ; — *Intérieur de cour* (1873) ; — *Le frère pêcheur; « Le pain ne sera pas bien cuit »* (1874).

LOUVET (Anasthase), né à Paris, le 16 juillet 1809. Issu d'une famille de commerçants, il suivit la carrière qui s'ouvrait devant lui tout naturellement, et pour laquelle il avait, en outre, de remarquables dispositions. En 1830, il prit la direction de la maison de passementerie pour meubles, nouveautés, équipements militaires, etc., fondée par son père en 1800, et qui déjà tenait un rang élevé dans le commerce parisien. Grâce à son expérience des affaires, à sa droiture, à ses hautes qualités personnelles, son industrie alla toujours en prospérant, et ses produits obtinrent, entre autres récompenses, une médaille d'argent de 1ʳᵉ classe à l'Exposition universelle de 1855. Juge-suppléant au tribunal de Commerce en 1854, juge en 1857, il fut appelé à le présider en 1866, et fit preuve, dans l'exercice des fonctions consulaires, d'une fermeté, d'une indépendance et de connaissances juridiques peu ordinaires. Le gouvernement, désireux de mettre à profit ses capacités, le plaça à la tête du IIᵉ arrondissement en 1860; mais il ne réussit qu'à satisfaire ses administrés, et donna sa démission de maire, en 1863, après plusieurs conflits avec la préfecture. Membre du jury d'admission pour l'Exposition universelle de Paris en 1867, il se distingua comme secrétaire-rapporteur du jury. Il obtint une belle minorité, comme candidat indépendant, lors des élections législatives de 1869. M. Louvet, candidat de l'Union parisienne de la presse, aux élections complémentaires du 2 juillet 1871, a été élu, par 124,773 voix, représentant de Paris à l'Assemblée nationale. Il a voté notamment : *pour* la loi départementale, l'ordre du jour Ernoul, la prorogation des pouvoirs présidentiels, la priorité de la loi électorale ; *contre* les amendements Keller et Target, les impôts sur les bénéfices et le chiffre des affaires, la proposition Casimir Périer, la dissolution de l'Assemblée. M. Louvet, chevalier de la Légion d'Honneur depuis 1863, a été promu officier de l'Ordre, à l'occasion de l'Exposition universelle, le 30 juin 1867.

LOUVET (Charles), né à Saumur, le 22 octobre 1806. Il fit son droit à la Faculté de Paris, et fonda une importante maison de banque dans sa ville natale. La grande réputation qu'il s'acquit dans la finance et le haut commerce attira sur lui l'attention du gouvernement ; et il fut, en 1836, nommé maire de Saumur. Après la révolution de 1848, il représenta le Maine-et-Loire à la Constituante et à la Législative, et vota généralement avec la Droite. Pendant toute la durée de l'Empire, il siégea au Corps législatif où il était, à chaque votation, envoyé par des majorités considérables. En 1869, il contribua à la fondation du Tiers-Parti-Libéral, signa l'interpellation des « cent seize », et fit partie de la Commission de surveillance des caisses d'amortissement et des dépôts et consignations. Chargé du portefeuille de l'Agriculture et du Commerce, dans le cabinet composé par M. Emile Ollivier, le 2 janvier 1870, il abandonna la vie politique après la révolution du 4 Septembre. M. Louvet a fait partie du Conseil général de Maine-et-Loire de 1836 à 1870, Chevalier de la Légion d'Honneur en 1850, officier en 1860, il a été promu commandeur en 1865.

LOUVET (Eugène), né à Paris, le 17 décembre 1812. Il fit de bonnes études classiques dans sa ville natale, et se consacra au commerce sous les auspices de son beau-frère, M. Mure, qui tenait une forte maison de soieries. Entré chez ce dernier en 1832, il devint son associé en 1835, et lui succéda en 1849. Sous son intelligente, habile et ferme direction, les affaires de la maison allèrent toujours en prospérant. Notable commerçant, il fut élu en 1869, à l'unanimité, membre de la Chambre syndicale des tissus, où il représente la partie des soies. Pendant le siége de Paris, il s'engagea comme volontaire, malgré son âge, à la 2ᵉ compagnie du 11ᵉ bataillon de guerre de la garde nationale (5ᵉ régiment de Paris). Quand éclata l'insurrection du 18 mars 1871, il tint bon jusqu'au dernier moment pour la défense de l'ordre. Le 24 mai suivant, les troupes de Versailles avaient occupé la place Vendôme, mais la Banque restait toujours au pouvoir des insurgés. Alors, M. Louvet accompagné d'un autre négociant, M. Auguste Michel, se rendit auprès du général Douai et obtint qu'on mît à sa disposition une compagnie du 58ᵉ de ligne. A la tête de cette compagnie, il se dirigea au pas de course vers la Banque; et, arrivé sur les lieux, il y rencontra M. Alheilig, son associé, qui venait d'obtenir, de son côté, le concours du 55ᵉ de ligne. Ce fut cette petite troupe qui, guidée par les trois honorables gardes nationaux que nous venons de citer, se rendit aussitôt maîtresse des bâtiments de la Banque, puis du quartier tout entier. M. Louvet, élu conseiller municipal de Paris et conseiller général de la Seine, au premier tour de scrutin, le 23 juillet 1871, pour le IIᵉ arrondissement (quartier Vivienne), apporte à ces Assemblées l'appoint de son expérience en matière d'industrie, de commerce, de comptabilité, et siège sur les bancs de la Droite.

LOVE (George-Henry), né à Quiestède (Pas-de-Calais), le 15 août 1818. Entré à l'Ecole centrale des arts-et-manufactures en 1848, il fut ensuite attaché à la construction et à l'exploitation des chemins de fer de Paris à Rouen et d'Amiens à Boulogne. De 1852 à 1857, il remplit les fonctions d'ingénieur et de chef du service central de la construction sur la ligne du Midi. Depuis, il est ingénieur en chef et directeur de la Compagnie des chemins de fer des Charentes. M. George Love, président de la Société des ingénieurs civils, aux *Mémoires* de laquelle il a fourni de nombreux travaux, a fait partie, à l'Exposition universelle de 1855, du jury de la classe XIV. On lui doit notamment : *Mémoire sur l'application de l'électro-magnétisme aux machines locomotrices pour en augmenter l'adhérence* (1850) ; — *Mémoire sur la résistance du fer et de la fonte, et de l'emploi de ces métaux dans les constructions* (1852) ; — *Des diverses résistances et autres propriétés de la fonte, du fer et de l'acier, et de l'emploi de ces métaux dans les constructions* (1859) ; — *Mémoire sur la loi de résistance des conduits intérieurs à fumée dans les chaudières à vapeur, déduite des expériences de M. W. Fairbairn* (1859) ; — *Observation sur les prescriptions administratives réglant l'emploi des métaux dans les appareils et constructions intéressant la sécurité publique* (1859); — *Mémoire sur l'établissement des voies ferrées économiques dans le département du Nord* (1859); — *Essai sur l'identité des agents qui produisent le son, la chaleur, la lumière, l'électricité, etc.* (1861) ; — *Mémoire sur la loi de résistance des piliers d'acier* (1861); — *Du spiritualisme rationnel à propos des divers moyens d'arriver à la connaissance, et de ceux qui ont été plus particulièrement employés* (1862, 2ᵉ édit., 1864). M. Love est chevalier de la Légion d'Honneur depuis 1867.

LOYER (Henri), né à Villedieu (Manche), le 26 octobre 1811. Issu d'une famille appartenant, du côté maternel, à la magistrature et au notariat, il fonda, en 1842, à Lille, une filature de coton fin. Les diverses fonctions auxquelles il fut appelé plus tard le tinrent souvent éloigné de ses ateliers; cependant il ne réussit pas moins à perfectionner les produits de son industrie. Lors de l'enquête parlementaire de 1870, les députés demandèrent aux délégués de l'industrie du tissage si la filature française était parvenue à produire des cotons aussi beaux et aussi fins que la filature anglaise ; les délégués répondirent que la maison Loyer de Lille y était arrivée. Postérieurement à l'enquête, de nouveaux progrès furent encore réalisés par cette maison, et ces progrès furent tels, qu'à partir de 1873 elle parvint à vendre, tant en France qu'à l'étranger, les fils de coton les plus fins et les plus perfectionnés qui aient été fabriqués dans le monde entier depuis la guerre de sécession en Amérique. Vers la fin de 1848, lors du rétablissement de l'ordre, M. Loyer fut nommé premier adjoint au maire de Wazemmes (quartier sud-ouest de Lille), et remplit ces fonctions jusqu'en 1859. De 1859 à 1861, il fit partie de la Commission municipale de Lille agrandie ; puis il renonça à l'administration pour se livrer à d'autres travaux. Il avait également, en 1848, accepté les fonctions de membre du Comité des filateurs; en 1852, il fut appelé à faire aussi partie de la Chambre de commerce de Lille. Souvent, en cette double qualité, il fut délégué pour aller défendre à Paris les intérêts de l'industrie. Parmi les travaux de M. Loyer, on a remarqué principalement les rapports et les brochures portant les titres ci-après : *Règlement établi dans l'intérêt des patrons et des ouvriers et organisation d'une caisse de secours mutuels* (1849) ; — *Déposition dans l'enquête ouverte, à Paris, sous la présidence de M. Magne, ministre du Commerce* (1854); cette déposition valut à M. Loyer l'honneur de recevoir une adresse que les membres du Comité (Chambre syndicale) des filateurs vinrent, en corps, lui présenter à son retour de Paris ; — *Travail des enfants dans les manufactures et hors de la famille* (1867) ; — *Réponses et discussion sur le régime économique dans l'enquête présidée à Lille par M. le conseiller d'État, secrétaire-général du ministère du Commerce* (1869) ; — *L'industrie aux prises avec la politique* (1873). M. Henri Loyer, qui a été successivement secrétaire, vice-président, et président de la Chambre syndicale des filateurs de coton de Lille depuis 26 ans, membre de l'administration du Crédit du Nord depuis 7 ans, membre de l'administration municipale pendant 14 ans, membre de la Chambre de commerce pendant 20 ans, a obtenu une price medal à l'Exposition universelle de Londres en 1862, un diplôme d'honneur à l'Exposition de Lyon en 1872, et a fait partie du jury de l'Exposition universelle de Paris en 1867. On lui doit : *Les archives et l'histoire de la filature de coton dans le nord de la France* (1873). Il a reçu la croix de la Légion d'Honneur en 1862.

LOYER (Jean-Augustin), né à Brécey (Manche), le 3 août 1790. Soldat aux fusiliers de la garde impériale le 21 août 1808, fourrier à la légion étrangère portugaise le 29 novembre suivant, il passa sergent-major au 6ᵉ régiment d'infanterie légère le 1er avril 1809, devint adjudant-sous-officier le 1er mars 1811, sous-lieutenant le 27 septembre 1813, et fut mis en non-activité, par suite de licenciement, le 14 septembre 1815. Il avait fait la campagne d'Espagne en 1808-1809, celle d'Autriche en 1809, celle d'Espagne en 1811-1813, et celle d'Allemagne en 1813. Fait prisonnier de guerre lors du blocus de Torgau, le 10 janvier 1814, il était rentré en France le 22 mai suivant. M. Loyer, rappelé à l'activité le 27 mars 1816, comme sous-lieutenant à la légion du Gers devenue 18e de ligne, fut nommé officier payeur le 20 août de la même année, lieutenant trésorier le 28 juillet 1819, lieutenant le 1er décembre 1820, capitaine adjudant-major au 50e de ligne le 6 juin 1830, et capitaine de grenadiers le 5 mars 1836. Attaché au corps d'observation des Pyrénées en 1822, il fit la campagne d'Espagne en 1823, et fut cité à l'ordre du jour pour sa belle conduite, le 27 août, à l'affaire d'Altafulla, où il eut le poignet gauche fortement contusionné par une balle. Plus tard (1832), il fit aussi la campagne de Belgique. Nommé capitaine instructeur à l'Ecole spéciale militaire le 22 mai 1839, et promu chef de bataillon au 54e de ligne le 11 décembre 1840, M. Loyer a été admis à la retraite le 26 mars 1849. Chevalier de la Légion d'Honneur le 4 juin 1831, il est officier de l'Ordre depuis le 15 mars 1846.

LOYEUX (Charles-Antoine-Joseph), né à Paris, le 25 janvier 1823. Il suivit l'atelier de P. Delaroche, et se consacra tout à la fois au portrait et à la peinture de genre. En 1844, il débuta au Salon de Paris avec un *Portrait*. Depuis, cet artiste a exposé les compositions suivantes : *Saint Martin, évêque de Tours, la gloire des Gaules, la lumière de l'Eglise d'Occident au IVe siècle* (1845); — *Charles II, duc de Lorraine, caressant des chiens; Le message* (1857); —*Jeune femme prenant du café,*époque LouisXVI (1859); — *La Vierge et l'Enfant-Jésus* (1861); — *Gentilshommes du XVIe siècle chez un armurier; Joueurs de basse*, époque Louis XIII ; *Joueur de mandoline*, au XVIe siècle (1863) ; — *Posada* (1864); — *Réprimande ; Partie d'échecs* (1866);—*Le duc de Chartres chez mademoiselle de Blois, sa future* (1867); — *François Ier et Paris Bordone* (1868); — *Hommes d'armes au XVIe siècle; Franklin* (1869); —*Le duo* (1870) ; — *Un mignon* (1872); — *Jeune homme jouant du théorbe*, époque de Charles Ier, roi d'Angleterre; *Fumeur*, époque Louis XVI (1873) ;— *Othello* (1874). Parmi les nombreux portraits que M. Loyeux a exposés, on remarque ceux de MM. le général *Leroy, Evrard, J. Mathieu,* de Mme *Parker,* etc. Envoyé deux fois en Italie par le gouvernement français, il y a été nommé membre correspondant de l'Académie de Pétrarque (section des beaux-arts).

LOYSON (Charles), ci-devant en religion le Père HYACINTHE. (Voyez ce nom.)

LUCAS (Charles-Jean-Marie), né à Saint-Brieuc, le 9 mai 1803. Reçu avocat à Paris en 1825, il plaida avec succès plusieurs causes importantes qui intéressaient la liberté de la presse et de la librairie. Nommé, en 1830, inspecteur-général des prisons, et, en 1853, président du Conseil des inspecteurs-généraux des prisons et des services administratifs du ministère de l'Intérieur, il a été admis à la retraite le 19 juillet 1865. Elu, en 1836, membre de l'Institut (Académie des sciences morales et politiques), il est membre correspondant de plusieurs Sociétés savantes en Europe et aux Etats-Unis. Depuis 1827, M. Lucas a été, par ses pétitions aux Chambres, par ses ouvrages et par ses fondations, le persévérant promoteur des deux réformes sur l'abolition de la peine de mort et le système pénitentiaire. Parmi ses pétitions imprimées, on en compte deux sur la réforme pénitentiaire, distribuées aux deux Chambres en 1828 et 1836, et trois en faveur de l'abolition de la peine de mort adressées, l'une aux deux Chambres, en 1830, l'autre à l'Assemblée nationale en 1848, et la troisième au Sénat en 1867. On doit à M. Lucas : *Du système pénal et du système répressif en général, et de la peine de mort en particulier* (1827), couronné dans les deux concours ouverts à Genève et à Paris sur la question de la peine de mort ; — *Du système pénitentiaire en Europe et aux Etats-Unis* (1828-1830, 3 vol.), honoré du prix Montyon de 6000 fr. ; — *Recueil des débats législatifs sur la peine de mort;* — *De la réforme des prisons, ou De la théorie de l'emprisonnement* (1836-1838, 3 vol.);—*Des moyens et des conditions d'une réforme pénitentiaire en France* (1848). Le compte-rendu des travaux de l'Académie des sciences morales et politiques contient les communications successives de M. Lucas sur le mouvement progressif des deux réformes relatives à l'abolition de la peine de mort et au système pénitentiaire. M. Lucas fonda, en mars 1833, la Société de patronage pour les jeunes libérés de la Seine, dont il avait déjà, en janvier, indiqué l'organisation dans sa lettre à M. le baron de Gérando, conseiller d'Etat, sur les principes et les conditions d'éducation pénitentiaire et de patronage des jeunes détenus; en 1835, la Société de patronage de Lyon, à l'instar de celle de Paris; celles de Besançon et de Saumur en 1839 et 1841. En 1847, il fonda, sur sa propriété du Val d'Yèvre, la colonie agricole de ce nom pour les jeunes enfants jugés et acquittés comme ayant agi sans discernement. Il a été décoré de plusieurs ordres étrangers, et notamment de celui de Grégoire-le-Grand, dont la décoration lui fut conférée par le pape en février 1842, à l'occasion de la fondation de la congrégation spéciale des sœurs des prisons, en remplacement des gardiens pour la discipline intérieure des maisons affectées aux femmes. Deux médailles d'or ont été frappées, l'une à Turin et l'autre à Genève, qui témoignent de l'utilité des travaux de M. Lucas : on lit sur la première, *Carolo Luca in theoretica pœnarum eximio;* la seconde représente la justice, repoussant d'une main la mort armée de sa faux et montrant de l'autre la maison pénitentiaire. M. Lucas est commandeur de la Légion d'Honneur depuis 1865.

LUCAS (Prosper), né à Saint-Brieuc, en 1805; frère du précédent. Il fit ses études médicales à la Faculté de Paris, et se consacra surtout à l'examen et au traitement des maladies mentales. En 1833, il prit le grade de docteur avec une thèse intitulée : *De l'imitation contagieuse*. M. Lucas est devenu médecin en chef de la division des femmes de l'asile des aliénés de Sainte-Anne, et médecin du service des aliénés à Bicêtre. Il a publié notamment : *De la liberté d'enseignement*, ouvrage couronné par la Société de morale chrétienne (1831); — *Des questions renfermées sous le titre complexe : magnétisme animal* (1837); — *Traité philosophique et physiologique de l'hérédité naturelle dans les étals de santé et de maladie du système nerveux, avec l'application méthodique des lois de la procréation au traitement général des affections dont elle est le principe*, ouvrage couronné par l'Académie des sciences (1847-1850, 2 vol.).

LUCE (Siméon), né Bretteville-sur-Ay (Manche), le 29 décembre 1833. Admis à l'École des chartes en 1856, avec le n° 1, il fut nommé archiviste du département des Deux-Sèvres en 1858, et élu auxiliaire de l'Académie des inscriptions et belles-lettres en 1859. L'année suivante, il prit le grade de docteur ès lettres; et, en 1862, il fut chargé de coopérer à la direction de la *Bibliothèque de l'École des chartes*. M. Luce a donné beaucoup d'articles à la *Revue de l'Instruction publique*. On lui doit notamment : *Gaydon*, chanson de geste, en collabaration avec M. Guessard (t. VII des *Anciens Poëtes de France*, 1858-1864); — *Histoire de la jacquerie*, d'après des documents inédits (1859);—*De Gaidone carmine gallico vetustiore disquisitio critica* (1860);— *Examen critique de l'ouvrage intitulé : Etienne Marcel et le gouvernement de la bourgeoisie au XIVe siècle, par M. T.-F. Perrens* (1860);— *Chronique des quatre premiers Valois* (1327-1393), publiée pour la Société de l'histoire de France (1862). M. Luce a commencé la publication des *Chroniques de Froissart*; les 5 premiers volumes (1869 à 1874) de cette édition, qui n'en aura pas moins de 20, ont obtenu de l'Académie des inscriptions et belles-lettres, en 1870, le grand prix Gobert. Ajoutons qu'il a été chargé par cette Académie, à différentes époques, de plusieurs missions scientifiques importantes. M. Siméon Luce est archiviste aux Archives nationales depuis le 1er mars 1866, et il a été élu membre du Conseil de la Société de l'histoire de France en 1874.

LUCHET (Auguste), né à Paris, le 26 avril 1805. Il fit de bonnes études au collège de Dieppe, embrassa d'abord la carrière commerciale à laquelle, plutôt que son éducation, ses parents l'avaient destiné, et revint à Paris en 1823. Quatre ans plus tard, se trouvant décidément impropre au négoce, il l'abandonna pour se faire journaliste. Ayant, en 1830, épousé la fille d'un médecin, il entra en relations avec le célèbre Broussais qui l'honora de son amitié et lui fit prendre part à ses études physiologiques. Imbu des idées démocratiques, et lié avec les chefs les plus distingués de son parti, il produisit des œuvres ardentes qui donnèrent lieu à de violentes poursuites judiciaires. Condamné à deux ans de prison et 2,000 fr. d'amende, il se réfugia, en 1842, dans les îles de la Manche où il resta jusqu'en 1847. A la révolution de Février de l'année suivante, il fut nommé gouverneur du château de Fontainebleau, qu'il quitta pour aller à Compiègne quelques mois après. Il reprit le journalisme en 1849; et, lorsque vint le Coup-d'État de 1851, étranger désormais à la politique, il se renferma étroitement dans des études d'art, d'industrie, de philosophie et de littérature. M. Auguste Luchet a publié des romans, des études de mœurs et des pièces de théâtre. Ses principaux romans et autres travaux littéraires sont : *Thadéus le ressuscité*, en collaboration avec M. Michel Masson (1833, 2 vol.); — *Frère et sœur*, souvenirs de sa jeunesse (1838, 2 vol.); — *Le nom de famille*, ouvrage qui détermina sa condamnation et son expatriation (1841); —*Souvenirs de Fontainebleau* (1842);— *Le confessionnal de sœur Marie* (édité en 2 vol., avec l'ouvrage qui précède, 1847); — *Le passe-partout* (1846, 2 vol.); — *Les mœurs d'aujourd'hui* (1854); — *La Côte-d'Or à vol d'oiseau* (1858); — *Les mauvais côtés de la vie, souvenir d'exil* (1860); — *La science du vin* (1861); — *L'art industriel à l'Exposition universelle de 1867* (1868). Il a écrit pour le théâtre : *Le brigand et le philosophe* (drame en 5 actes, 1832); — *Ango* (drame en 5 actes 1835); — *Le cordonnier de Crécy* (théâtres Beaumarchais et de la Gaîté, 1855); — *La marchande du Temple* (théâtre du Cirque, 1856); et plusieurs autres ouvrages non représentés, entre autres *La vie d'artiste*, drame en cinq actes au Théâtre-Français. On lui doit encore beaucoup d'articles et de travaux divers, publiés dans des journaux, recueils et revues estimés, notamment dans le *Siècle* dont il fut le collaborateur assidu pendant plus de vingt ans. M. Auguste Luchet est décédé le 9 mars 1872.

LUGUET (Réné), né à Paris, en 1820. Fils de comédiens ambulants, il se crut tout d'abord une vocation pour l'état de marin, et embarqua comme mousse, à l'âge de 11 ans, à bord de la *Ville de Marseille*. Après avoir assisté au siège d'Alger et fait trois ans de navigation, il sentit que bon sang ne peut mentir, et tourna le dos à la marine. Dans la carrière théâtrale, il eut des commencements très-durs et des plus accidentés. D'Apt, il passa à Nancy, à Nantes, à Bruxelles, jouant indifféremment le drame, le vaudeville et la comédie. Enfin, il parvint, grâce au concours bienveillant de Mme Dorval, à débuter au Gymnase (mai 1842), et y obtint aussitôt un engagement pour les rôles d'amoureux. Cependant, il comprenait que là n'était pas sa véritable voie. Au bout de trois ans, il quitta le Gymnase pour entrer au Palais-Royal, où ses débuts furent des plus brillants. De 1848 à 1852, il fit partie, au Vaudeville, de la troupe de Bouffé, et mit le sceau à sa réputation de comédien par de remarquables créations. De retour au Palais-Royal en 1853, M. Luguet n'a plus quitté ce théâtre, dont il est une des illustrations, et où il interprète, avec un égal succès, le comique fin et le comique chargé. Parmi les pièces, trop nombreuses pour être toutes mentionnées ici, dans lesquelles il s'est montré avec tant de distinction, nous citerons *Thomas le rageur*, le *Serment de la reine*, *Daniel le tambour*, *l'Amant malheureux*, *Emma*, un *Vieux de la vieille*, la

Marquise de Prétentaille, l'*Avocat pédicure*, la *Recherche de l'inconnu*, les *Gaietés champêtres*, la *Corde sensible*, la *Dame aux camélias*, les *Contes de Boccace*, la *Moustache grise*, l'*Esprit frappeur, Sur la terre et sur l'onde*, un *Drôle de pistolet*, le *Roman chez la portière*, les *Suites d'un bal masqué*, la *Cagnotte*, les *Pommes du voisin*, les *Pommes de terre malades*, le *Baiser de l'étrier*, la *Consigne est de ronfler*, les *Noces de Boisjoly*, les *Chemins de fer*, sans compter quarante autres créations. M. Luguet est l'auteur d'une cinquantaine de chansons qui appartiennent au répertoire habituel de tous les cafés-concerts de Paris. Il a épousé Mlle Caroline Dorval, fille de la grande actrice de ce nom.

LUNEL (Adolphe-Benestor), né à Tamines (Belgique), de parents français, le 12 mai 1820; fils d'un capitaine d'artillerie qui se fit ingénieur, exécuta de grands travaux tels que le pont des Saints-Pères à Paris et la colonne de la Grande-Armée, érigée à Boulogne-sur-Mer, avec une pierre dite « pierre Lunel, » du nom de l'ingénieur qui l'avait découverte dans une carrière dépendant de sa propriété. Ses parents ayant été ruinés par les événements de 1814-1815, le jeune Lunel résolut, dès l'âge de 14 ans, de leur venir en aide. Second violon à la salle Molière en 1834, chef d'orchestre à la Porte-Saint-Martin en 1837, il fonda alors son premier journal, organe musical qui, sous un titre différent, subsiste encore aujourd'hui. Professeur de langue et de littérature française dans une grande institution en 1838, il commença la série des publications dans lesquelles il devait renfermer, plus tard, une si grande somme de connaissances. A la même époque il étudiait la peinture. En 1843, il fonda l'Académie de l'enseignement primaire. De 1847 à 1850, il s'adonna tout spécialement à la médecine, et prit successivement les grades d'officier de santé et de docteur. En 1853, il fonda la Société des sciences industrielles, arts et belles-lettres de Paris, dont il fut le secrétaire-général jusqu'à sa mort. Chargé par le gouvernement d'aller combattre l'épidémie cholérique à Montbrehain (Aisne) en 1854, il reçut deux médailles d'argent en récompense de son dévouement. Ce fut lui qui organisa, en 1857, l'hommage rendu à la mémoire de Jenner, et fit décider l'érection, à Boulogne-sur-Mer, en 1865, de la statue de l'inventeur de la vaccine. Le docteur Lunel a été membre de l'Académie des sciences de Caen, vice-président de la classe des sciences à l'Académie des arts-et-métiers, industrie, sciences et belles-lettres de Paris, secrétaire-général de l'Athénée des arts, correspondant de l'Académie de Chambéry, de la Société universelle de Londres pour l'encouragement des arts et de l'industrie, etc. Outre la fondation de plusieurs journaux, annuaires, encyclopédies, dans lesquels il a fait paraître beaucoup d'articles, on lui doit notamment : *Histoire de la tour de Nesle* (1840) ; — *Leçons primaires de géométrie appliquée* (1846) ; — *Manuel complet et méthodique d'enseignement primaire et élémentaire* (1846) ; — *Manuel de pédagogie* (1846) ; — *Traité élémentaire de musique* (1846) ; — *Nouveau manuel de l'instituteur et de l'institutrice* (1847) ; — *Fables nouvelles*, en prose (1848) ; — *Dictionnaire encyclopédique d'instruction, d'éducation et d'enseignement* (1852) ; — *Dictionnaire des erreurs et préjugés en médecine* (1854) ; — *Mille procédés industriels, formules, recettes, etc. Dictionnaire universel des secrets d'une application sûre et facile, etc.* (1860, 5e édit.) ; — *Dictionnaire de la conservation de l'homme* (1856, 5e édit., 3 vol. et un atlas, 1861-1863) ; — *Dictionnaire universel des connaissances humaines* (1861 et suiv., 8 vol.) ; — *Dictionnaire universel de médecine* (1861-1863, 3 vol.) ; — *Traité de la conservation des vins* (1862) ; — *Dictionnaire des cosmétiques et des parfums*, guide pratique des parfumeurs (1864) ; — *Vade mecum des pharmaciens* (1864). A ces œuvres, dont on ne peut donner ici la liste complète, il faut encore ajouter une *Encyclopédie illustrée des inventeurs*, dont la publication a été interrompue par la mort de l'auteur. De plus, M. Lunel a présenté plusieurs mémoires scientifiques à l'Institut. Il est décédé le 22 mai 1864.

LUNIER (Ludger-Jules-Joseph), né à Sorigny (Indre-et-Loire), le 19 mars 1822. M. le docteur Lunier commença ses études au lycée de Tours et les termina, de 1837 à 1840, au lycée Charlemagne à Paris. Interne des hôpitaux, de 1845 à 1847, il obtint le diplôme de docteur en médecine en 1849. Sa vocation l'attirait vers l'étude de l'aliénation mentale, les moyens de la définir et de la combattre, et il n'était pas difficile de prévoir qu'il se ferait un nom dans cette spécialité. Médecin en chef de l'asile d'aliénés de Niort, de 1851 à 1854, directeur-médecin de l'asile d'aliénés de Blois, de 1854 à 1864, il a été nommé inspecteur-général du service des aliénés et du service sanitaire des prisons de France en 1864, et médecin-expert pour les maladies mentales près le tribunal civil de la Seine en 1866. Il a reçu la croix de la Légion d'Honneur le 15 août 1866. Il suffit de citer les titres de quelques-uns de ses nombreux ouvrages pour prouver combien cette distinction était méritée : *Recherches sur la paralysie générale progressive* (1849) ; — *Recherches sur quelques déformations du crâne observées dans le département des Deux-Sèvres* (1852) ; — *Recherches statistiques sur les aliénés des Deux-Sèvres* (1853) ; — *Comptes moraux et administratifs de l'asile d'aliénés de Blois pour 1862 et 1863* ; — *Rapports sur le service médical de l'asile d'aliénés de Blois pour 1862 et 1863* ; — *Des aliénés : Divers modes de traitement et d'assistance qui leur sont applicables* (1868) ; — *Etudes sur les maladies mentales et les asiles d'aliénés ; de l'aliénation mentale et du crétinisme en Suisse, étudiés au triple point de vue de la législation, de la statistique, du traitement et de l'assistance* (1868) ; — *Des placements volontaires dans les asiles d'aliénés ; études sur les législations française et étrangère* (1868) ; — *Des aliénés dangereux étudiés au triple point de vue clinique, administratif et médico-légal* (1869) ; — *De l'augmentation progressive du chiffre des aliénés et de ses causes* (1870) ; — *De l'isolement des aliénés, considéré comme moyen de traitement et comme mesure d'ordre public* (1871) ; — *Du rôle que jouent les boissons alcooliques dans l'augmentation du nombre des cas de folie et de suicide* (1872) ; — *De l'origine et de la propagation* *des Sociétés de tempérance* (1873) ; — *De l'influence des grandes commotions politiques et sociales sur le développement des maladies mentales* (1874). M. le docteur Lunier est membre d'un grand nombre de Sociétés savantes, et, depuis 1864, président d'honneur de l'Association médicale (scientifique et de prévoyance) de Loir-et-Cher, qu'il a présidée de 1857 à 1864. En 1872, il a été nommé en même temps président de la Société de médecine de Paris et de la Société médico-psychologique. Il est rédacteur en chef des *Annales médico-psychologiques* et du journal *La Tempérance*, bulletin de l'*Association française contre l'abus des boissons alcooliques* dont il a été l'un des fondateurs. En juin 1871, M. le docteur Lunier a été promu au grade d'officier de la Légion d'Honneur pour services de guerre pendant le siége de Paris.

LURO (Bertrand-Victor-Onésime), né à Villecomtal (Gers), le 16 octobre 1823. M. Luro fit ses études classiques au collége d'Auch et son droit à Paris. Pendant son stage, en 1848, il publia une brochure sur *Le travail*, où il réfutait les doctrines socialistes. L'année suivante, il fut porté comme candidat à l'Assemblée législative, sur la liste du Comité central démocratique, mais ne fut point élu. Quelques mois après, et son stage terminé, il succéda à M. Pascalis comme avocat au Conseil d'Etat et à la Cour de cassation. Il fit partie de ce barreau pendant sept ans, et plaida dans plusieurs affaires importantes, notamment pour la ville de Marseille contre les fabricants de savon, au sujet des droits d'octroi sur les soudes. Chargé, en 1852, de soutenir les pourvois des condamnés en Conseil de guerre, à la suite du Coup-d'Etat, il dénonça l'incompétence de la juridiction militaire, et même de toute juridiction contre des citoyens qui ne s'étaient levés que pour la défense de la constitution et des lois. En 1866, M. Luro fut envoyé au Conseil général par les électeurs du canton de Miélan ; et, pendant l'hiver de cette même année, il fit, à Pau, des conférences publiées sous ce titre : *Marguerite d'Angoulême, reine de Navarre et la Renaissance* (1866). L'année suivante, il collabora au *Courrier du Gers*, avec MM. Batbie et Cenac-Moncaut, par une série d'articles sur la politique générale, dans lesquels il s'élevait contre les dangers du pouvoir personnel et contre les candidatures officielles. Après le 4 Septembre, il se prononça, dans le *Conservateur*, journal du même département, contre la politique des gouvernements de Tours et de Bordeaux. Porté sur la liste des conservateurs libéraux, aux élections du 8 février 1871, il a été élu représentant du Gers à l'Assemblée nationale par 63,000 suffrages. M. Luro fait partie de la Commission chargée de l'étude des propositions de loi relatives à la réorganisation de la magistrature.

LUSSON (Antoine-François), né au Mans, le 2 avril 1808, est l'un des plus ardents rénovateurs de la peinture sur verre. Il s'était déjà fait connaître par de remarquables travaux, quand en 1849, à la suite d'un concours, il fut chargé par le gouvernement de l'importante restauration des vitraux de la Sainte-Chapelle. Le succès de cette œuvre sans égale a justifié les espérances que l'on avait fondées sur cet habile artiste. Depuis lors, le gouvernement et la ville de Paris lui ont confié l'exécution de grands travaux dans la plupart de nos plus importants monuments religieux : Notre-Dame de Paris, Sainte-Clotilde, Saint-Germain-l'Auxerrois, Saint-Germain-des-Prés, Saint-Augustin, Notre-Dame d'Ivry ; les cathédrales du Mans, d'Alby, de Saint-Brieuc, de Quimper, d'Autun, de Saint-Omer, de Mantes, de Lisieux ; les églises de Notre-Dame de la Couture au Mans, Saint-Clément et Saint-Ségolène à Metz, Saint-Martin à Roubaix, du Sépulcre à Saint-Omer, du Tréport, Saint-Jacques à Reims, Ploërmel, Saint-Pierre à Montdidier, Bergues, Fécamp, Luxeuil ; les chapelles des RR. PP. Jésuites à Brest, Quimper et Paris, du collége de Saint-Bertin à Saint-Omer, des religieuses de Marie-Réparatrice à Strasbourg, et un nombre considérable d'autres églises et chapelles possèdent de ses vitraux. Aux Expositions universelles de Londres et de Paris, il reçut d'honorables récompenses, et fut proposé pour la croix de la Légion d'Honneur qui lui fut donnée le 11 août 1869. Nommé, en 1870, membre de la Commission impériale pour l'exposition romaine, et membre du jury, ses œuvres à cette exposition furent mises hors concours, et il reçut, comme distinction, la croix de chevalier de Saint-Grégoire-le-Grand.

LYONNET (Mgr Jean-Paul-François-Félix-Marie), né à Saint-Etienne, le 15 juin 1801. Après avoir fait quelques études au collége de Saint-Chamand, il fut envoyé, pour les compléter, au petit séminaire de Verrières, puis à celui de l'Argentière, d'où il passa au grand séminaire de Lyon. Ordonné prêtre en 1824, il devint successivement professeur et supérieur dans divers établissements d'instruction religieuse. Mgr de Pins, administrateur apostolique du diocèse de Lyon, lui confia d'importantes missions, à la suite desquelles il le nomma chanoine titulaire de son église primatiale. Le cardinal de Bonald, appelé au siége archiépiscopal de Lyon, lui donna, en 1840, les fonctions de vicaire-général, la direction des conférences ecclésiastiques du diocèse. Dans les courts loisirs que lui laissaient ses différentes occupations, M. l'abbé Lyonnet se livrait à des travaux littéraires et philosophiques. On lui doit les ouvrages suivants : *Tractatus de justitia et jure hodiernis galliarum legibus accommodatus juxta mentem saniorum theologorum et jurisperitorum* (1837, nouv. édit., 1858) ; — *Tractatus de contractibus hodiernis galliarum legis accommodatus juxta mentem saniorum theologorum et jurisperitorum* (1837, nouv. édit., 1865) ; — *Le cardinal Fesch*, fragments biographiques, politiques et religieux (1841, 2 vol.) ; — *Histoire de Mgr D'Aviau Dubois de Sanzay*, successivement archevêque de Vienne et de Bordeaux (1847, 2 vol.). A ces écrits, il faut ajouter la *Monographie de saint Patient*, évêque de Lyon, les biographies de l'abbé *Pastre* et de l'abbé *Servan*, un mémoire sur la *Primatie de l'église de Lyon*, etc. Les *Œuvres complètes* du savant prélat ont été publiées dans la *Collection des grands cours* de l'abbé Migne (2ᵉ série, t. XVII.

Nommé évêque de Saint-Flour en 1851, et sacré le 25 avril 1852, Mgr Lyonnet a été transféré au siége de Valence le 24 juin 1857, élevé au siége archiépiscopal d'Albi le 4 décembre 1864, et préconisé le 27 mars 1865. Chevalier de la Légion d'Honneur en 1850, il a été promu officier de l'Ordre en 1857.

MAC-MAHON (Marie-Edme-Patrice-Maurice, *comte* DE MAC-MAHON, *duc* DE MAGENTA), né à Sully (Saône-et-Loire), le 12 juin 1808 ; issu d'une famille irlandaise dévouée à la cause des Stuarts, retirée en Bourgogne après la chute de Jacques II, et qui s'allia à plusieurs grandes maisons de la noblesse française. Son père était lieutenant-général, pair de France, commandeur de Saint-Louis sous la Restauration, et son oncle était maréchal de camp. M. de Mac-Mahon, douzième des treize enfants de son père, commença ses études au séminaire, les compléta dans une école préparatoire de Versailles, fut admis à l'Ecole militaire de Saint-Cyr le 24 novembre 1825, et en sortit avec le n° 4, dans l'Etat-major. Attaché d'abord au 4ᵉ hussards, il permuta pour faire la campagne d'Alger, et passa au 20ᵉ de ligne. L'expédition du col de la Mouzaïa lui valut la croix de la Légion d'Honneur (18 novembre 1830). L'année suivante, il fut rappelé en France et attaché au 8ᵉ cuirassiers. Le général Allard l'ayant choisi comme aide-de-camp, il gagna ses épaulettes de capitaine au siége d'Anvers. Passé au 1ᵉʳ cuirassiers en 1833, il retourna l'année suivante en Afrique, sur sa demande, et s'y distingua dans plusieurs grandes affaires, notamment à Staouéli, puis au siége de Constantine, où il reçut une blessure à la poitrine en montant le premier sur la brèche, afin d'y planter le drapeau français. Pour ce dernier fait d'armes (10 novembre 1837), il reçut la rosette d'officier de la Légion d'Honneur. En 1838, il revint en France. Après avoir fait partie des Etats-majors de Fontainebleau, de la 21ᵉ division militaire et de la place de Paris, et être devenu l'aide-de-camp du général d'Houdetot, il manifesta le désir de retourner encore en Afrique, et fut nommé chef d'escadron auprès du général Changarnier (1839). C'est alors qu'on créait l'arme d'infanterie, connue d'abord sous le nom de chasseurs d'Orléans, puis sous celui de chasseurs de Vincennes, et aujourd'hui sous celui de chasseurs à pied. M. le commandant de Mac-Mahon, quittant l'Etat-major et la cavalerie, obtint le commandement du 10ᵉ bataillon de chasseurs, veilla de près à son complément d'organisation, et fit avec lui des prodiges de valeur, aux Oliviers, à Bab-Tayer, Bab-el-Thaya, Tlemcem, etc. Pour avoir l'avancement qu'il avait bien mérité, le jeune commandant devait changer de corps ; c'est ainsi qu'il fut appelé, en 1842, à porter les épaulettes de lieutenant-colonel à la légion étrangère, avec laquelle il fit les expéditions du Ziban et de Biskara (1844), de Djebel-Abra, d'Aïssa-Ouda et d'Ain-Kebira (1845). Promu colonel du 41ᵉ de ligne, en France, le 24 avril 1845, il insista de nouveau pour retourner en Algérie, s'y rendit le 20 septembre 1847 à la tête du 9ᵉ de même arme, et prit part aux dernières opérations contre Abd-el-Kader. Il fut nommé général de brigade et chargé de la subdivision de Tlemcen le 12 juin 1848. Elevé au grade de général de division, et chargé de la direction militaire de la province d'Oran, le 6 juillet 1852, il passa à la division de Constantine peu de temps après, et commanda une expédition dans la grande Kabylie. Le général de Mac-Mahon fut rappelé en France et chargé d'un commandement dans l'armée du Nord le 10 avril 1855. Comme la campagne d'Orient touchait à sa période la plus aiguë, il obtint une division d'infanterie dans le corps du maréchal Bosquet. Cette division, chargée de l'assaut de la tour Malakoff, arriva dans la redoutable place d'armes, bien guidée par son chef, et s'y maintint, sous un ouragan de fer, quoiqu'on lui eût envoyé plusieurs fois, de l'Etat-major général, l'ordre de se replier. La prise de Sébastopol était assurée désormais, et c'est à ce fait d'armes qu'on a emprunté le mot du président actuel de la République, mot si souvent répété depuis : « J'y suis, j'y reste. » Le général de Mac-Mahon entra au Sénat en 1856, et fut le seul à y voter contre la loi de sûreté générale, proposée par le général Espinasse. En 1857, il commanda la 2ᵉ division, en Algérie, sous les ordres du maréchal Randon, pendant la campagne définitive de la grande Kabylie. Le 3 juin 1859, à la tête du 2ᵉ corps de l'armée d'Italie et de la division des voltigeurs de la garde, il engagea, à Turbigo, un premier combat heureux ; le lendemain, il porta ses troupes sur Magenta, fit enlever le village de Casate par les tirailleurs algériens, emporta la position de Buffalora et accomplit le mouvement tournant qui, portant toute sa ligne sur Magenta, décida du succès de la journée. L'Empereur, que son arrivée avait tiré d'un mauvais pas, le nomma, sur le champ de bataille même, maréchal de France et duc de Magenta. A la bataille de Solférino, le maréchal de Mac-Mahon, commandant le centre de l'armée, ne déploya pas moins d'activité et n'eut pas moins de bonheur. Envoyé à Berlin (novembre 1861), pour représenter le gouvernement français au couronnement du roi Guillaume III, il ne recula pas devant les dépenses énormes que lui imposait cette pompe de circonstance, et fit honneur à son pays. Il fut nommé commandant du 3ᵉ corps d'armée (Nancy) en 1862, et gouverneur-général de l'Algérie en 1864. En moins de trois ans, les européens et les indigènes de la colonie durent, au génie administratif du maréchal, l'application de beaucoup de mesures de premier ordre, desquelles date véritablement l'organisation sérieuse de ce pays. Nous citerons notamment l'établissement de la propriété individuelle ainsi que le fonctionnement de la justice musulmane et de la justice française en territoire arabe, la réforme du régime commercial, un essor nouveau donné à la navigation, la fixation des zones coloniales, la création de grandes Sociétés de crédit et l'entreprise d'importants travaux publics, une refonte complète de l'administration, etc. Il faut ajouter que M. de Mac-Mahon soutint le maintien, pour un temps plus ou moins long, du régime militaire, et sut tenir tête au prosélytisme intempérant du clergé d'Alger. Quand il fut question, sous le ministère Ollivier, d'introduire sérieusement le régime civil en Algérie, il donna deux fois sa démission, qui fut toujours refusée. Cependant, on arrivait au milieu de la funeste année 1870 ; la guerre franco-allemande venait d'éclater, et la France avait besoin de ses quelques bons capitaines. Le maréchal de Mac-Mahon, rappelé en France, mis à la tête d'une trentaine de mille hommes, et d'ailleurs fort peu au courant de la situation, prit son quartier-général à Strasbourg. Le 4 août, son avant-garde était hâchée, et le général Douay, qui la commandait, était tué à Wissembourg. Lui-même subissait, le 6, une défaite complète à Reischoffen, et regagnait à grand' peine le camp de Châlons. C'est là que le ministère de la Guerre lui organisa un semblant d'armée, considérable par le nombre et le courage (120,000 hommes environ), mais absolument dénué d'armement, de cadres, d'administration, de service de vivres, etc. Entré en campagne avec cette nouvelle armée, il alla au devant des désastres qui l'attendaient, calme, froid, désillusionné, pour faire son devoir, mais résolu à le pousser jusqu'au bout. Suivant les ordres qu'il avait reçus, il s'approcha autant que possible de l'armée de Bazaine ; mais ce dernier ne tenta rien de sérieux pour se tirer lui-même de sa position sous Metz et donner la main au secours qui venait à lui. L'armée de M. de Mac-Mahon était à peine arrivée sur la Meuse, que le corps commandé par le général de Failly fut taillé en pièces ; le lendemain, journée de Montmédy, elle fut en grande partie désorganisée ; puis ce fut une série de combats jusqu'à Sedan, où elle vint se jeter comme dans un cul-de-sac. Le plan du maréchal avait été tout autre ; il consistait à marcher sur Paris, en choisissant son terrain pour le cas d'une bataille, et en obligeant l'ennemi à diviser ses forces. Le rejet de ce plan nous valut toute une série de défaites, les capitulations de Sedan, Metz et Paris. Blessé grièvement à la cuisse par un éclat d'obus, fait prisonnier sur parole et transporté à Pourru-aux-Bois (Belgique frontière), M. de Mac-Mahon se rendit en Allemagne après sa guérison, et fut interné à Wiesbaden jusqu'à la paix. Quand il rentra en France (avril 1871), la capitale était en pleine insurrection. Mis, par M. Thiers, à la tête de l'armée de Versailles, il fit le siège de Paris, y pénétra le 21 mai, et s'en rendit entièrement maître le 28 du même mois. Le 8 juillet 1871 et le 7 janvier 1872, il refusa la candidature à l'Assemblée nationale qui lui était offerte par plusieurs départements. Le 24 mai 1873, la majorité de l'Assemblée s'étant prononcée contre M. Thiers, qui lui proposait l'établissement définitif de la République conservatrice, ce dernier donna sa démission de président de la République. Alors les Droites de l'Assemblée offrirent le pouvoir au chef militaire de la seule armée à peu près complètement réorganisée en France, et l'élurent président à la presque unanimité des votants (toutes les Gauches s'étant abstenues). M. de Mac-Mahon après avoir insisté auprès de M. Thiers pour lui faire retirer sa démission, a reçu le pouvoir qu'il n'avait pas ambitionné, et dont il s'est rendu digne par ses généreux efforts pour ramener en France le calme, la sécurité, l'amour du travail. Le 20 novembre 1873, il s'est vu confirmer, pour sept ans, dans ses fonctions de président, par un vote auquel ont pris part, cette fois, presque tous les membres de l'Assemblée. Son gouvernement se signale par une direction absolument parlementaire. Au mois d'août 1874, il a fait, dans plusieurs départements de l'Ouest et du Nord, un voyage pour se rendre exactement compte des sentiments des populations, et partout il a reçu l'accueil le plus sympathique. M. le maréchal de Mac-Mahon a publié : *Discours sur une pétition relative à la constitution de l'Algérie* (1870) ; — *L'armée de Versailles* (1871). Promu commandeur de la Légion d'Honneur en 1849, Grand-Officier en 1853, et Grand-Croix le 22 septembre 1855, il est aussi décoré de beaucoup d'ordres étrangers.

MACÉ (Antonin-Pierre-Laurent), né à Plouër (Côtes-du-Nord), le 31 mai 1812. Elève de l'Ecole normale supérieure, de 1834 à 1837, il fut reçu agrégé pour les lycées en 1837, docteur ès lettres en 1846, et agrégé pour les Facultés en 1849. Il occupa les chaires d'histoire à Nantes, à Lyon et au collège Saint-Louis de Paris, et fut, en juillet 1849, nommé professeur d'histoire à la Faculté des lettres de Grenoble. M. Antonin Macé est membre de la Société de statistique de Grenoble, de l'Académie delphinale, de la Société de l'histoire de France, et de beaucoup d'autres Sociétés savantes, et correspondant du ministère pour les travaux historiques. Il a été nommé doyen de la Faculté des lettres de Grenoble le 1er décembre 1871. Il a publié : *Cours d'histoire des temps modernes* (3 vol., 1840) ; — *Des lois agraires chez les Romains* ; *De Agobardi vita et operibus*, thèses (1846) ; — des traductions de l'*Histoire des Allobroges* d'Aymar du Rivail (1852), et du *Voyage d'Ab. Golnitz en Dauphiné au XVIIe siècle* (1858) ; — *Les voyageurs modernes dans la Cyrénaïque et le sylphium des anciens* (1857) ; — *Excursions aux environs de Grenoble* (1857) ; — *Les chemins de fer du Dauphiné* (1860) ; — *Grenoble, guide itinéraire* (1861) ; — *Mémoire sur la géographie ancienne du Dauphiné* (avec carte, 1863). On lui doit aussi des articles insérés dans divers recueils, et un ouvrage *Sur l'authenticité des poésies de Clotilde de Surville*, avec documents inédits (1870). Deux de ses travaux ont obtenu une mention honorable aux concours des antiquités nationales (Académie des inscriptions et belles-lettres). M. Antonin Macé, officier de l'Instruction publique depuis 1847, a reçu la croix de chevalier de la Légion d'Honneur le 6 septembre 1860.

MACKAU (Anne-Frédéric-Armand, *baron* DE), né à Paris, le 29 novembre 1832. Il est fils de l'amiral de Mackau qui a laissé de si grands souvenirs comme marin, député, gouverneur de la Martinique, ministre de la Marine et des Colonies, sénateur, et à qui la marine à vapeur française doit ses premiers développements. M. le baron de Mackau a fait ses études de droit à la Faculté de Paris, et pris le diplôme de licencié en 1852. Auditeur de 2e classe au Conseil d'Etat en 1853, et de 1re classe en 1860, il a quitté la carrière administrative, au mois de janvier 1866, pour entrer au Corps législatif comme représentant de la 2e circonscription du département de l'Orne, qui lui a maintenu son mandat aux élections générales de mai 1869. M. le baron de Mackau, membre du Conseil général de l'Orne, pour le canton de Vimoutiers, depuis 1859, a été réélu le 8 octobre 1871. Il est chevalier de la Légion d'Honneur depuis le 14 août 1866.

MAGAUD (Dominique-Antoine), né à Marseille, le 4 août 1817. Elève de A. Aubert, directeur de l'Ecole des beaux-arts de Marseille, il se rendit, en 1840, à Paris où il suivit l'atelier de M. L. Cogniet, et se distingua surtout comme peintre d'histoire. En 1841, il débuta au Salon avec une toile intitulée : *Environs de Marseille*. Depuis, cet artiste a exposé, outre quelques portraits anonymes, les tableaux suivants : *Episode du massacre des innocents*, reproduit par la lithographie (1842) ; — *Chrétiens dans les prisons secourus par leurs frères* (1844) ; — *Le Christ déposé au pied de la croix* ; *Vue des Aygalades*, environs de Marseille (1845) ; — *Virgo divina*; *Femmes à la fontaine* (1846) ; — le portrait en pied de Mgr *Douare*, évêque d'Amata, reproduit par la lithographie (1848) ; — *Mater dolorosa* (1852) ; — le carton du *Plafond du café de France* (1853) ; — *Un plafond à Marseille*, dessin (E. U. 1855) ; — *Saints Bonaventure et Thomas d'Aquin* ; *Démence de Charles VI roi de France*; *Deux sœurs de lait*; *Bachi-Bouzoucq, magicien turc évoquant les esprits* (1857); — *Dante conduit par Virgile arrive au sommet du purgatoire et aperçoit le paradis, le poëte Stace les suit* ; *Vue de Marseille et du Lazaret*, prise du Château-Vert; *Bienfaisance* ; deux *Cartons d'un grand plafond*, dessin fixé (1859) ; — *Philosophie* ; *Courage civil*; *Les échevins de la ville de Marseille pendant la peste de 1720*; — *L'agriculture* ; *La musique*, toiles décoratives (1861) ; — *Le grand Condé sur le champ de bataille de Rocroy* ; *Volta* (1863) ; — *Saint Bernard prêchant la croisade à Vezelay* ; *Bossuet instruisant le dauphin*, pour le Cercle religieux de Marseille (1864); — *Saint Paul à Athènes* (1865) ; — quatre plafonds pour l'hôtel de la préfecture de Marseille, cartons: *L'industrie guidée par la sagesse* ; *Les arts, les sciences et les lettres*; *Le langage de l'amitié* ; *Marseille recevant les tributs des eaux de la terre et du ciel* (1866) ; — pour la décoration du même édifice : *La France protégeant les arts, les sciences et les lettres*, plafond ; *L'empereur visitant la nouvelle préfecture en voie d'exécution*; *L'empereur et l'impératrice reçus à l'ancienne préfecture*, panneaux (1868); — pour la salle du Trône du même édifice : *La paix*, plafond ; *Le mariage* ; *La famille*; *L'instruction* ; *Le travail*, médaillons; pour la salle à manger: *La France protégeant l'agriculture*, plafond (1869) ; — pour le grand salon des Fêtes : *Les quatre parties du monde*, voussures peintes; *Le génie du progrès répandant la lumière sur le monde*, plafond peint (1872); —*Voûte du huitième grand salon des Fêtes de la préfecture de Marseille*, vue de l'échafaudage du peintre (1873) ; — *La modestie* (1874). Cette liste d'œuvres exposées est loin de donner une idée complète des travaux de M. Magaud. On doit à cet artiste de nombreux sujets de genre et des portraits dont la plupart ont été édités par MM. Goupil, Lemière, Mainguet, etc., ainsi que des sujets d'histoire et des allégories qui, malgré leur importance, n'ont pas figuré au Salon de Paris, où quelques-uns seulement ont été représentés par des cartons. Parmi ses travaux exécutés à Marseille et non cités plus haut, on distingue : le *Triomphe d'Amphitrite* et l'*Education de Bacchus*, au Cercle des Mille-Colonnes (1848); — la *France offrant des couronnes aux hommes qui l'ont illustrée* (1853) ; — c'est le grand plafond, exécuté au café de France, et dont le carton a été exposé; ce plafond est accompagné de 20 sujets allégoriques de grandeur naturelle, qui sont : la *Chimie*, la *Navigation*, le *Commerce*, l'*Imprimerie*, l'*Art militaire*, le *Goût*, l'*Agriculture*, l'*Industrie*, la *Poésie*, la *Peinture*, la *Sculpture*, la *Musique*, l'*Architecture* et l'*Archéologie*, l'*Astronomie* et les *Mathématiques*, l'*Océan* et la *Seine*, le *Rhône* et la *Méditerranée*, et quatre *génies* inscrivant les noms des grands hommes; ces peintures du café de France forment un album composé de 17 sujets gravés à l'eau-forte par Valentin, et édité par Cadart et Luquet;—le *Commerce et les Quatre saisons*, grande fresque chez M. Benance (1857) ; — la *Ville de Marseille accueillant les peuples des différentes nations, et leur présentant ses produits en échange des leurs*, plafond pour le Cercle de Marseille, carton exposé (1858); — *Cybèle sur son char traîné par des lions, entourée des quatre saisons*, plafond au Grand-Hôtel de Marseille, carton exposé (1860) ; — celles des grandes toiles de la galerie historique du Cercle religieux qui n'ont pas été citées plus haut : la *Vierge dans la gloire céleste* ; la *Religion présidant à tout ce qui se fait de bien et de beau*; *Dialogue entre saint Justin et Tryphon*; *Saint Louis sous le chêne de Vincennes*; *Charlemagne institue l'école palatine*; *Michel-Ange présente à Paul III le plan de Saint-Pierre de Rome*; *Christophe Colomb aborde en Amérique*; la série des tableaux de la galerie du Cercle religieux a été reproduite en lithographie par A. Sirouy et forme un grand album avec texte imprimé par Claye; — celles des peintures pour la nouvelle préfecture de Marseille non exposées à Paris : *Jeux d'enfants*, médaillons; les *Cinq sens*, médaillons ; *Enfants*, médaillons ; l'*Empereur s'embarquant pour l'Italie*, et un certain nombre de panneaux et d'autres médaillons; — les peintures murales de la grande salle d'apparat de la Chambre de commerce de Marseille : *Histoire commerciale, industrielle, scientifique et artistique de la ville de Marseille, depuis sa fondation jusqu'à nos jours*, frise sur fond d'or; *Apothéose des grands hommes de la Provence*; le *Génie du Commerce*; le *Génie de l'industrie* ; — un tableau pour l'église Saint-Pierre à Cette, représentant *Saint Etienne devant l'aréopage*; — une grande peinture murale dans la chapelle de la Tour-Sainte : *Le pape Pie IX proclamant le dogme de l'immaculée conception* ; — un plafond : *Colin-Maillard et jeux de la raquette* ; — *Enfants*, etc. Dans le cours de ses études, M. Antoine Magaud a obtenu cinq médailles d'argent à l'Ecole des beaux-arts de Marseille, cinq autres médailles d'argent à l'Académie de peinture de M. L. Cogniet, six médailles d'argent à l'Ecole des beaux-arts de Paris, et a été reçu en loge pour le concours du prix de Rome. Au Salon de Paris, il a remporté une médaille de 3e classe en 1861, et son rappel en 1863. A ces récompenses, il faut ajouter : des médailles d'argent et vermeil à Rouen (1845, 1858 et 1860) ; une médaille d'argent (1850) et une médaille d'or (1856) à Nîmes ; des médailles d'argent à Amiens (1845), Alençon et Dijon (1858), Nantes (1860) et Besançon (1861) ; une grande médaille de vermeil lors de l'inauguration du Cercle religieux de Marseille, et une grande médaille d'argent à Toulon, où il était membre, hors concours, du jury de l'exposition régionale. M. Magaud, membre de l'Académie de Marseille, et nommé, en 1859, directeur de l'Ecole des beaux-arts de la même ville, a été élu, le 12 décembre 1874, membre correspondant de l'Institut (Académie des beaux-arts).

MAGENTA (Marie-Edme-Patrice-Maurice, *comte* DE MAC-MAHON, *duc* DE), né à Sully (Saône-et-Loire), le 12 juin, 1808. Voy. MAC-MAHON.

MAGNE (Auguste-Joseph), né à Etampes (Seine-et-Oise), le 2 avril 1816. Fils de l'architecte de la ville et de l'arrondissement d'Etampes, il fit ses études classiques au lycée de Versailles, d'où il sortit bachelier, et commença l'étude de l'architecture sous la direction paternelle. En 1834, il vint à Paris, suivit l'atelier de l'architecte Guénepin, entra en 1835 à l'Ecole des beaux-arts, et remporta d'abord deux médailles de 1re classe, puis en 1838, le second grand prix de Rome, sur ce sujet : *Une cathédrale*. M. Auguste Magne, nommé inspecteur-voyer de la ville de Paris au sortir de l'Ecole, est devenu inspecteur-divisionnaire en 1860. Actuellement, il est inspecteur-général des travaux d'architecture de la ville de Paris. Il a restauré et agrandi l'Hôtel-de-Ville d'Etampes dans le style Louis XII, et restauré les châteaux de Bouville et de Rocheplatte (Loiret), le premier dans le style renaissance et le second dans le style Louis XIV. On lui doit de charmantes villas aux environs de la capitale, et, dans Paris, plusieurs maisons importantes, les habitations de la place de l'Etoile, et l'église Saint-Bernard dans le style du XVIe siècle, ainsi que le nouveau théâtre du Vaudeville et l'Opéra d'Angers. C'est de la main même de Napoléon III que M. Magne a reçu la croix de la Légion d'Honneur, lors de l'inauguration du boulevard du prince Eugène, le 7 décembre 1862. Il a obtenu une médaille de 3e classe au Salon de 1845, deux médailles à l'Exposition universelle de Vienne en 1873, et fréquemment exposé, aux divers Salons, des œuvres importantes, qui n'ont pu lui mériter de nouvelles récompenses, attendu qu'il est hors concours. M. Magne s'est fait aussi remarquer par son projet de restauration de l'Hôtel-de-Ville de Paris que tout le public parisien a admiré d'abord, regrettant ensuite que ce projet n'ait point été choisi pour l'exécution. Il a brillé encore dans d'autres concours, notamment au concours de l'église du Sacré-Cœur auquel il a présenté un projet qu'il avait élaboré avec son fils.

MAGNE (Pierre-Charles-Alexandre), né à Etampes, en 1818 ; frère du précédent. M. Magne a passé sa thèse de docteur en médecine, à la Faculté de Paris, en 1842, sur l'*Oculistique en général*, et s'est voué surtout à l'étude des maladies des yeux. Oculiste des indigents pour les VIIIe et IXe arrondissements, des crèches du département de la Seine, de la Société du bois de Boulogne, etc., et chirurgien-major de la garde nationale à partir de 1848, il s'est inspiré de l'école du docteur Sanson dont il était l'ami, et a publié des travaux très-estimés. On cite : *Nouveau procédé pour guérir l'ectropion ; De l'existence réelle de la cataracte noire ; Des moyens de guérir le leucoma et l'albugo ; Sur les tumeurs de l'œil ; De l'anévrysme*, etc. (1843-1846) ; — *Hygiène de la vue* (1847, 4e édit., revue et augm., avec fig. intercalées dans le texte, 1865) ; — *De la cure radicale de la tumeur et de la fistule du sac lacrymal*, ouvrage qui a mérité une citation honorable à l'Institut (1850, 2e édit., 1857) ; — *Des lunettes, conserves, lorgnons*, conseils aux personnes qui ont recours à l'art de l'opticien (1851) ; — *Ophthalmies traumatiques* (2e édit., 1854) ; — *Etudes sur les maladies des yeux* (1854). M. Magne, chevalier de la Légion d'Honneur le 7 août 1852, a été promu officier de l'Ordre le 18 août 1862. Il est aussi membre de plusieurs ordres étrangers.

MAGNE (Jean-Henri), né à Sauveterre, le 15 juillet 1804. M. Magne a suivi, de 1824 à 1828, les cours de l'Ecole vétérinaire de Lyon, où, chaque année, il obtenait le premier prix. Diplômé au mois d'août 1828, il fut attaché, pendant quelques mois, au 3e régiment de dragons, comme aide-vétérinaire. En mai 1829, il obtint au concours la place de chef de service à l'Ecole vétérinaire de Lyon, puis celle de professeur-adjoint au cours de physique et de matière médicale (1832), et celle de professeur titulaire d'agriculture, d'hygiène et de botanique vétérinaire (1838). Appelé, en 1843, à occuper la même chaire à l'Ecole d'Alfort, il a été nommé, en 1862, directeur de ladite Ecole, où il a enseigné la zootechnie jusqu'en 1871, époque où il a pris sa retraite. Membre fondateur de la Société centrale de médecine vétérinaire (1845), membre de la Société centrale d'agriculture de France (1862), il a été élu, en 1864, membre de l'Académie de médecine. Il est, en outre, membre d'un grand nombre d'autres Sociétés savantes. On a de lui : *Principes d'hygiène vétérinaire* (1841, 2e édit., 1844), ouvrage traduit en allemand, et réédité sous le titre : *Traité d'agriculture pratique et d'hygiène vétérinaire générale* (4e édit., 1873-1874) ; — *Traité d'hygiène vétérinaire appliquée ; études aux races domestiques françaises et étrangères* (1843, 3e édit., 4 vol., 1870) ; — *Choix des vaches laitières* (1850, 6e édit., 1872) ; — *Choix du cheval* (1854, 3e édit., 1864) ; — *Nouvelle flore française*, en collaboration avec M. Gillet (1863, avec grav., 3e édit., 1873) ; — *Organisation de l'enseignement professionnel* (1875). En outre, M. Magne a inséré beaucoup de mémoires dans les *Annales* de la Société d'agriculture de Lyon, les *Mémoires* de la Société centrale d'agriculture, les *Bulletins* de l'Académie de médecine, le *Bulletin* de la Société centrale de médecine vétérinaire, le *Moniteur agricole* (dirigé par lui pendant plusieurs années), la *Revue indépendante*, le *Journal des économistes*, le *Recueil de médecine vétérinaire*, etc. Il a été l'annotateur et le réviseur du *Traité de la multiplication et de l'amélioration des races* de Grognier (1839). M. Magne a reçu la croix de la Légion d'Honneur en 1856.

MAGNE (Pierre), né à Périgueux, le 3 décembre 1806. Issu d'une famille bourgeoise, dont toute l'ambition était de le voir devenir notaire, il fit son droit à Toulouse. Ayant pris place au barreau de Périgueux en 1831, il se fit connaître comme orateur et comme homme d'affaires, et entra dans l'administration en qualité de conseiller de préfecture (1835). Député de la Dordogne de 1843 à 1848, il donna des preuves d'aptitudes rares pour la finance dans ses *Rapports* sur l'Algérie, remplit les fonctions de secrétaire dans la Commission du budget, et devint directeur du contentieux aux Finances (1846), et sous-secrétaire d'État à la Guerre, chargé spécialement des affaires de l'Algérie (1847). La révolution de 1848 le renvoya au barreau de Périgueux ; mais, en novembre 1849, il fut nommé sous-secrétaire d'État aux Finances; et, le 9 janvier 1851, il fut chargé du portefeuille des Travaux publics. Démissionnaire avec ses collègues, le 26 octobre, et redevenu ministre au lendemain du Coup-d'État, il donna de nouveau sa démission, un mois plus tard, pour protester contre la confiscation des biens des Orléans. Alors il entra au Conseil d'État comme président de section. De 1852 à 1855, il occupa le ministère des Travaux publics, de l'Agriculture et du Commerce. En 1855, il prit le portefeuille des Finances, qu'il conserva jusqu'en novembre 1860. Son administration, qui eut à traverser des crises financières et commerciales répétées, et à pourvoir aux dépenses des guerres d'Orient et d'Italie, marquera certainement dans l'histoire du crédit public en France. Nommé ministre sans portefeuille, il donna sa démission en mars 1863, pour n'avoir pas à défendre les théories financières de M. Fould. Appelé au Conseil privé le 1er avril suivant, il reprit, le 13 novembre 1867, le portefeuille des Finances; et, le 27 janvier 1868, il émit en souscription publique un emprunt de 700 millions qui fut trente-cinq fois couvert, en sorte que la valeur souscrite dépassa 15 milliards. Maintenu à la tête de son département, malgré le remaniement ministériel du 12 juillet 1869, il donna sa démission le 27 décembre de la même année, pour laisser sa place à l'une des personnalités les plus saillantes du Centre-Gauche. Puis il rentra en fonctions le 10 août 1870, donna le cours légal aux billets de banque, et lança un emprunt de guerre de 750 millions, qui, en 36 heures, fut plus que couvert. La révolution du 4 Septembre le mit pour un moment à l'écart. M. Magne membre du Sénat depuis le 31 décembre 1852, n'y a guère paru que pour prendre la parole comme ministre sans portefeuille. Membre et président du Conseil général de la Dordogne, depuis 1852, il en occupe encore la présidence. Le 2 juillet 1871, les électeurs du même département lui ont confié, par 46,821 voix, le mandat de représentant à l'Assemblée nationale, où il siége sur les bancs du Centre-Droit. Il a fait partie de la Commission du budget, et pris la parole dans les discussions les plus importantes sur les impôts et les finances du pays. Le maréchal de Mac-Mahon arrivant au pouvoir, le 25 mai 1873, a fait appel à son expérience et lui a donné le portefeuille des Finances; mais il a quitté le ministère au mois de juillet 1874. M. Magne, Grand-Croix de la Légion d'Honneur depuis le 4 août 1854, est aussi Grand-Croix de Notre-Dame-de-la-Conception de Portugal, de l'ordre de Pie IX, de Léopold de Belgique, des Saints-Maurice et Lazare d'Italie, du Medjidié de Turquie et du Sauveur de Grèce.

MAGNIEZ (Victor-Henri-Emile), né à Ytres (Somme), le 9 septembre 1835. Son arrière-grand-père, cultivateur à Bertincourt, maire de sa commune, député à la Convention et commissaire du Pas-de-Calais, vota contre la condamnation de Louis XVI, ne céda ses fonctions à Joseph Lebon, son suppléant (véritable malheur public), que contraint par une maladie grave, et fut mis en état d'arrestation par son terrible successeur ; son grand-père, resta toute sa vie à l'écart des fonctions publiques, se contentant d'affirmer sa foi républicaine et sa confiance dans l'efficacité d'une liberté sage, et de faire de sa vie un exemple de vertus civiques et de sentiments charitables ; son père, Émile, mort en 1865, agriculteur à Ytres, fut élu commandant de la garde nationale de Bertincourt après 1830, remplit les fonctions de maire dans sa localité, de 1839 à 1861, représenta le département de la Somme à la Constituante de 1848, fit partie du Conseil général, et laissa, lui aussi, de précieux souvenirs de probité politique et d'une bienveillance devenue proverbiale. M. Magniez, dont il est ici question, succéda à son père, comme maire de son pays natal, en 1861, et fut, la même année, élu conseiller de l'arrondissement de Péronne, pour le canton de Combles. Conseiller général de la Somme, pour le même canton, depuis 1864, et élevé à la vice-présidence du Conseil en 1873, il s'est toujours montré fidèle aux traditions de sa famille, et, par conséquent, dévoué sans réserve aux intérêts de ses concitoyens. Dans l'importante exploitation qu'il dirige, il cherche à améliorer et à augmenter les produits du sol par la combinaison des deux intérêts, agricole et industriel, liés dans la fabrication du sucre. M. Magniez a été envoyé à la Chambre par 96,299 suffrages. Conservateur libéral et dévoué à l'ordre et à la liberté, il fait partie de la réunion du Centre-Gauche qui veut la réorganisation de la France à l'aide des institutions républicaines.

MAGNIN (Joseph), né à Dijon, le 1er janvier 1824 ; fils d'un ancien maître de forges et riche propriétaire dans la Côte-d'Or, qui fut conseiller général et représentant à la Constituante en 1848, conseiller municipal à Dijon et président du tribunal de Commerce. M. Joseph Magnin a d'abord suivi, comme son père, la carrière industrielle, et, comme lui, s'est acquis, dans son département, une grande influence. Membre du Conseil général depuis 1861, conseiller municipal de Dijon depuis 1865, membre de la Chambre de commerce, président du tribunal de Commerce, il était l'un des chefs du parti libéral quand il se porta candidat indépendant au Corps législatif, en mai 1863, contre M. Vernier, ancien magistrat et député de Dijon depuis 1852. Son concurrent, qui l'avait emporté sur lui, étant passé au Conseil d'Etat, il posa de nouveau sa candidature, le 13 décembre suivant, et cette fois avec succès. Il prit place sur les bancs de la Gauche, et se fit, à la Chambre, une position honorable, comme orateur et comme spécialiste en matière de commerce, d'industrie et de finances. Réélu en 1869, par 23,000 voix contre 14,000 données à son concurrent, il représenta la Gauche au bureau de la Chambre, en qualité de secrétaire. Il fit partie du gouvernement de la Défense nationale, à Paris, le 4 Septembre 1870, comme ministre de l'Agriculture et du Commerce. Le 8 février 1871, M. Magnin a reçu le mandat de représentant de la Côte-d'Or à l'Assemblée nationale. Il fréquente la réunion extra-parlementaire de la Gauche-Républicaine dont il a été l'un des présidents. Républicain d'ancienne date, il a soutenu le gouvernement de M. Thiers, comme il combat avec ardeur, aujourd'hui, celui du 24 mai. Le Conseil général de la Côte-d'Or l'a élu trois fois son président depuis le 8 octobre 1871. A l'Assemblée, il fait partie de la Commission de décentralisation et a été nommé trois fois membre de la Commission du budget.

MAGOT (Pierre), né à Bibischen (Lorraine), le 15 juin 1810. Il fit ses études au petit séminaire de Metz, et alla se fixer à Dijon, en 1837, comme professeur de langues. L'évêque de cette ville lui confia, en 1842, la chaire d'allemand qu'il venait de créer dans son petit séminaire. Professeur d'allemand au lycée de Lille en 1847, et nommé sous-bibliothécaire à la bibliothèque municipale de cette ville le 30 juillet 1857, il fut adjoint en outre (1864) au bibliothécaire-archiviste, pour l'établissement de l'*Inventaire sommaire des archives communales*. Depuis 1850, M. Magot est membre honoraire de l'Académie d'enseignement. On lui doit les ouvrages suivants : *Grammaire allemande*, suivie de l'*Histoire de la langue et de la littérature allemandes*, en allemand (1842) ; — *Trésor des saints*, ou *Recueil de prières extraites des œuvres des Pères de l'Église*, approuvé par l'évêque de Dijon et réimprimé plusieurs fois (1846) ; — *Heures du fervent chrétien, ou Formulaire de prières* (1847) ; — *Imitation de Jésus-Christ*, en français et en anglais, les deux textes en regard (1864). A ces œuvres, il faut ajouter la *Table analytique des 67 registres des délibérations du Conseil municipal de Lille, depuis 1790 jusqu'à 1871* (sous presse), le *Tableau synoptique de l'histoire de Lille* (sous presse), et l'*Inventaire sommaire des archives municipales de la ville de Lille, antérieures à 1790* (10 vol., gr. in-fol.).

MAGY (Jules-Edouard), né à Metz, d'une famille marseillaise, le 4 mars 1827. Il suivit l'atelier d'Émile Loubon, alors directeur de l'Ecole des beaux-arts de Marseille, et se consacra à la peinture de genre. Après avoir débuté, au Salon de Paris, avec la *Forêt de la Sainte-Baume*, en 1852, cet artiste continua par une série de sujets provençaux : *Lisière d'un bois de pins en Provence* ; *Vendanges en Provence* (1853) ; — *Premières frondaisons*, en Provence (E. U. 1855) ; — *La fenaison*; *Saison des aires dans la vallée de Léon-Saint-Henri* (1857) ; — *Le pressoir* ; *Foyer de saltimbanques* (1859). Venu à Paris en 1858, à la suite d'un voyage en Algérie, M. Magy n'a plus produit que des sujets orientaux, et est demeuré peintre orientaliste. Il a exposé : *Abreuvoir au pied des montagnes Roses* (Algérie) ; *Kabyles moissonneurs* (1863) ; — *Convoi de moissonneurs dans un défilé de l'Atlas*; *Chevrier de ben Acknoun* (1864) ; — *Razzia* (1866); — *L'achour*, perception de l'impôt chez les Arabes ; *Sirocco* (1867) ; — *Abreuvoir en Algérie* ; *Une tente chez les Ouled-Nayls* (1868) ; — *Faneur kabyle* ; *Clair de lune en Algérie* (1869) ; — *Le marché de Médéah* (1870) ; — *Pleine lune de juin dans la Mitidja* (1873). En outre, M. Magy a exposé quelques tableaux bibliques, parmi lesquels on distingue *Ruth et Booz*, et *Agar chassée par Abraham* (1865).

MAHIER (Pierre-Emile), né à Château-Gontier (Mayenne), le 1er juillet 1827. Fils d'un pharmacien-chimiste distingué, il fut de bonne heure habitué par son père aux manipulations chimiques. Après avoir fait de bonnes études dans les hôpitaux de Rennes, de Strasbourg et de Paris, il prit le grade de docteur en médecine à la Faculté de Paris, le 13 août 1850. Lié avec MM. I. Bourdon et Chevalier, il collabora avec eux, jusqu'en 1853, à divers travaux sur les *Epidémies*, l'*Hydrologie* et la *Médecine légale*. Depuis cette époque, il exerce avec succès la médecine à Château-Gontier. Il est médecin des hospices et de la Maternité, médecin des épidémies de l'arrondissement, inspecteur de la pharmacie, etc. Membre correspondant de diverses Sociétés savantes, M. le docteur Mahier a publié de nombreux mémoires qui ont reçu la sanction de l'Académie de médecine, et des Sociétés d'hydrologie et de médecine légale de Paris. On a de ce médecin laborieux: *De l'emphysème pulmonaire* (thèse 1850) ; — *Recherches sur l'empoisonnement par le plomb et l'antimoine*, en collaboration avec M. Chevalier (1851) ; — *Mémoire sur la nacre de perle*, avec M. Chevalier (1851) ; — *Relation de l'épidémie de grippe de 1852*, en collaboration avec M. le docteur I. Bourdon (1852) ; — *De l'emploi médical des eaux minérales de Château-Gontier* (1866) ; — *Topographie médicale de l'arrondissement de Château-Gontier*, mémoire présenté à l'Académie et qui a été l'objet d'un rapport du docteur Vernois (1866) ; — *Du traitement des névroses par l'hydrothérapie et les eaux minérales ferrugineuses du Château-Gontier* (1869) ; — *Recherches hydrologiques sur l'arrondissement de Château-Gontier*, suivi d'une *Carte géologique et hydrotimétrique* (1869) ouvrage récompensé par l'Académie de médecine d'une médaille d'argent en 1872 ; — *Les questions médico-légales de Paul Zacchias, médecin romain. Etudes bibliographiques et critiques* (1872) ; — *Du mode de translation des aliénés* 1873. M. le docteur Mahier continue ses travaux d'hygiène et de médecine légale. Il a en ce moment sous presse les *Consultations médico-légales* de Paul Zacchias, et diverses études de médecine légale.

MAHIEU (Jules-Charles-Henri), né à Saint-Germain-en-Laye (Seine-et-Oise), le 4 août 1831. Elève distingué de MM. Léon Cogniet, Emile Lafon et de l'Ecole des beaux-arts de Paris, il profita de ses connaissances en architecture pour s'adonner surtout à la peinture des intérieurs et des monuments. Il reproduisit avec beaucoup de talent l'aspect des salles principales du Musée du Louvre. Ses tableaux, peu nombreux, et fort recherchés des collectionneurs, se distinguent par de hautes qualités de couleur, d'exactitude et de perspective. Voici la liste de ceux qu'il a envoyés au Salon de Paris : *Vue d'une salle du musée des Antiques*, au Louvre (1861) ; — *Le corridor de Pan*, au musée des Antiques, fait partie de la galerie de M. le comte de Brissac ; *Iris*, pastel (1868) ; — *Salles du musée des Antiques*, vue prise de la salle de l'Aruspice, placée dans la galerie de M. Anatole Descamps, à Lille (1869) ; — *Musée des Antiques*, au Louvre, salles du nord (1870) ; — le même, Exposition universelle de Vienne (1873), et Exposition universelle de Londres (1874). M. Mahieu a obtenu, en 1852, une médaille spéciale de l'Ecole des beaux-arts pour ses études sur la perspective. Auteur de découvertes très-remarquables sur cette science, il a fait à Paris plusieurs cours très-suivis par les artistes. MM. Meissonier, Français, Henri Baron, de Tournemine, Bida et beaucoup d'autres ont assisté à ses leçons, ou lui ont demandé sa collaboration pour la rectification perspective de leurs tableaux. En 1872, l'administration municipale de Tours et M. E. Lafon, conservateur du musée et nouveau directeur de l'Ecole des beaux-arts de cette ville, l'ont appelé pour coopérer à la réorganisation de cette Ecole, dont il est aujourd'hui professeur.

MAILAND (Nicolas-Henri-Gustave), né à Paris, le 4 mars 1810. Il suivit l'atelier de M. Léon Cogniet, et se consacra surtout à la peinture d'histoire. En 1836, il débuta au Salon de Paris avec une *Marie Stuart au château de Lochleven*, et une *Vue du Rhin et du château de Stockenfels*. Depuis, cet artiste a exposé : *Mort de Mme de Maintenon à Saint-Cyr* ; *Les petites orphelines* (1837) ; — *Mme Scarron, gouvernante des enfants de Mme de Montespan* ; *Intérieur bernois* ; *Retour de la moisson* (1838) ; — *Odalisque* (1840) ; — *Captivité de Charles d'Orléans en Angleterre* (1841) ; — *La famille Calas, à Ferney* ; *Scène tirée du château de Kenilworth* (1844) ; — *La Vierge et l'Enfant-Jésus ; Elisabeth et Amy Robsart* ; *Yack royal au XVIe siècle : Intérieur bernois* (1846) ; — *Le sommeil de la petite sœur ; Cour d'un chalet, à Brientz ; Entrée d'un chalet* (1848) ; — *Lady Cleypole, fille de Cromwell, dans un accès de délire, reproche à son père la mort de Charles Ier* ; *Etude de femme grecque* (1849) ; — *Arrestation de la maréchale d'Ancre* (E. U. 1855) ; — *Vue de la première cataracte du Nil, prise de la pointe de l'île Eléphantine ; Intérieur d'une maison turque, à Damas* (1857) ; — *Jane Shore demandant un morceau de pain à la porte d'Alicia qui la repousse impitoyablement ; Intérieur de la cour du harem de Cassah-Pacha*, à Damas ; *Intérieur de la cour d'une maison*, à Tripoli (1859). M. Mailand a obtenu une médaille de 3e classe en 1837.

MAILLE-SAINT-PRIX (Louis-Antoine), né à Paris, en 1796. Elève distingué de Bidault, Hersent et Picot, il se consacra surtout à la peinture du paysage. Ses premiers tableaux reflétaient sa première éducation artistique ; mais bientôt il changea sa manière, et trouva dans sa palette des effets plus réalistes, mais aussi plus variés et plus saisissants. De 1849 à 1852, il parcourut Tanger, Gibraltar, etc., et y recueillit les sujets de beaucoup d'œuvres originales. M. Maille-Saint-Prix a débuté au Salon de Paris, en 1827, avec une *Vue du pont de Breuil* (Seine-et-Marne). Depuis, il a exposé : *Ruines de Saint-Jean-de-l'Isle* ; *Le hameau de Soisy* (1831) ; — *Vue du pont d'Olivet*, sur le Loiret (1833) ; — *Vue prise en Normandie* (1834) ; — *Vue prise au hameau de Sénard*, Seine-et-Oise (1835) ; — *Entrée principale de la cristalline de la Roche-Caumont*, près Labouille, Seine-Inférieure (1836) ; — *Vue prise en Auvergne*, effet du matin ; *Paysage* (1841) ; — *Vallée de Corbeil* (1844) ; — *Ile d'Etioles*, vue des bords de la Seine (1846) ; — *Bords du Rhin*, effet de lune (1847) ; — *Paysage : Ruisseau ; Bords de la Seine* ; *Souvenir de Mayence*, effet du matin (1848) ; — *Fin d'octobre*, paysage ; *Bords de la Seine*, effet du matin ; *Temps gris*, paysage, peinture à la cire ; *Le soir* (1863) ; — *Environs de Thion*, Auvergne ; *Vallée d'Etioles* ; *Peintures décoratives* pour deux chapelles de l'église d'Etioles (1864). M. Maille Saint-Prix a remporté des médailles de 3e classe en 1841 et de 2e classe en 1844. Ses œuvres ont avantageusement figuré dans les expositions départementales, et il exécute actuellement la décoration du château de Melzirar, dans le Poitou. Il a reçu la décoration du Lion néerlandais, en 1846, à la suite d'une exposition publique.

MAISIAT (Joanny), né à Lyon, le 5 mai 1824. Il est fils d'Etienne Maisiat, savant professeur qui a créé, à l'Ecole La Martinière, le cours de théorie pour la fabrication des étoffes, à qui l'industrie lyonnaise doit tant de découvertes utiles, et dont la Ville a honoré la mémoire, en donnant le nom de « Maisiat » à une de ses nouvelles rues. Elève de l'Ecole des beaux-arts de Lyon, M. J. Maisiat, qui s'est fait dans la peinture du paysage, et notamment dans celle des fleurs et des fruits, une réputation toute spéciale, a commencé, au sortir de l'Ecole, par appliquer ses études à la peinture industrielle. Il obtint un prix de fleurs, en 1846, au concours institué par la Société des amis des arts de cette ville, et un prix d'ornement en 1847. Après avoir débuté à l'exposition de Lyon en 1849, et à celle de Paris l'année suivante, il vint se fixer, peu de temps après, dans cette dernière ville. Voici la liste des œuvres exposées au Salon par M. J. Maisiat : *Groupe de roses* (1850) ; — *La source* (1852) ; — *Eglantier dans un bois ; Bruyères*, tableaux qui ont obtenu une mention honorable (1853) ; — *Fleurs et fruits d'automne* (E.

U. 1855); — *Fleurs et fruits de Fontainebleau; Roses et géraniums; Chemin en Touraine* (1857); — *Nymphes* (1859); — *Une matinée rose; Roses et capucines; Vase de fleurs*, au musée de Lyon (1861); — *Eglantier au printemps*, acquis par le ministère d'Etat; *Bouquet de roses dans un vase* (1863); —*Fruits cueillis* (1864, E. U. 1867); — *Fruits à terre* (1865, E. U. 1867); — *Coin de verger* (1865); — *Roses mousseuses* (1866); — *Bord d'un chemin en Touraine*, au Musée du Luxembourg; *Bouquet de roses mousseuses* (1867); —*Fleurs et fruits*, au Musée du Luxembourg; *Une ortie* (1868); —*Fruits tombés; Branche de prunier* (1869); — *Berge de la Loire en Touraine, le matin* (1872); — *Premières fleurs; Fruits à terre* (1873); —*Bouquet de roses mousseuses et de roses thé; Raisins et pêches de vigne* (1874). Outre ce qui précède, M. Maisiat a peint un certain nombre de portraits de jeunes femmes et de jeunes filles portant des fleurs, ou bien entourées de fleurs sur plantes, soit dans un jardin, soit dans les champs. On lui doit également beaucoup de tableaux qui ont figuré aux expositions de province, notamment à Lyon, et qui appartiennent à des galeries particulières de cette ville, ou à des amateurs de Saint-Etienne, de Bordeaux, de Reims, de la Belgique, etc. M. Maisiat, déjà médaillé aux Salons de 1864 et 1867, a remporté une médaille de 2e classe à celui de 1872.

MAISONNEUVE (Jacques-Gilles), né à Nantes, le 10 novembre 1809; issu d'une vieille famille nantaise qui a fourni des médecins, des avocats et des administrateurs distingués. Son aïeul était échevin en 1785, son grand-oncle siégeait à la première Assemblée nationale, et son père a fait longtemps partie du Conseil municipal. M. Maisonneuve commença ses études médicales à l'hôpital de Nantes, et vint les continuer à Paris en 1829. Elève de Dupuytren, de Récamier, il obtint le prix d'externat en 1831, le prix d'internat en 1833, et en même temps l'un des grands prix de l'Ecole pratique, ce qui lui permit de se présenter gratuitement à son dernier examen. Reçu docteur en 1835, il concourut aussitôt avec succès pour la place de prosecteur à l'Ecole anatomique des hôpitaux, et créa un cours de médecine opératoire où se sont formés des chirurgiens qui, pour la plupart, occupent maintenant de brillantes positions, à l'étranger comme en France. Chirurgien du Bureau central en 1842, il ouvrit une consultation publique pour les maladies des yeux. Il fut nommé, en 1844, chirurgien en chef de l'hospice de Bicêtre, d'où il passa successivement à Cochin et à la Pitié, et fut appelé, en 1862, à remplir les mêmes fonctions à l'Hôtel-Dieu, où son service est des plus curieux et des plus suivis. La place nous manque pour mentionner, même sommairement, les merveilleuses cures opérées par cet adroit et entreprenant chirurgien, qui compte parmi les premiers de notre époque. Un écrivain spécialiste a dit de lui : « Les opérations les plus graves, ligatures artérielles des plus gros vaisseaux, résections inusitées, ablation et dissection de tumeurs énormes, mutilations effroyables, rien n'arrête cette main habilement audacieuse. » Le domaine de la chirurgie doit à M. Maisonneuve une foule d'inventions, de perfectionnements et de modifications heureuses. Il est l'auteur de la fameuse théorie de l'*Intoxication*. Parmi les nombreux travaux qu'il a publiés, on distingue : *Mémoire sur le périoste et ses maladies*, thèse (1839); —*De la fracture du péroné* (1840); —*Du dragonneau* (1844); —*De la coxalgie* (1844); — *De l'entérotomie de l'intestin grêle* (1844); — *Mémoire sur les tumeurs de la langue*, thèse (1848); — *Mémoire sur les kystes de l'ovaire*, thèse (1850); —*Mémoire sur les hernies* (1852); — *Nouveaux perfectionnements apportés au traitement des fistules vésico-vaginales* (1852); — *Traité pratique des maladies vénériennes*, avec le docteur H. Montanier (1853); — *Leçons cliniques sur les affections cancéreuses*, professées à l'hôpital Cochin, recueillies et publiées par le docteur A. Favrot (1854, avec fig. et pl.); — *Mémoire sur une nouvelle méthode de cathétérisme* (1855); — *Mémoire sur une nouvelle méthode de cautérisation, dite en flèches ou interstitielle* (1858); — *Mémoire sur la désarticulation totale de la mâchoire inférieure*, lu à l'Académie des sciences (1859); — *Mémoire sur la ligature extemporanée* (1860); — *Clinique chirurgicale* (1863-1864, 2 vol.); — *Des intoxications chirurgicales* (1867). M. le docteur Maisonneuve, membre fondateur et honoraire de la Société de chirurgie, et membre ou correspondant d'un grand nombre d'autres Sociétés savantes, françaises et étrangères, est chevalier de la Légion d'Honneur depuis 1863.

MALAPERT (Pierre-Antoine-Frédéric), né à Civray (Vienne), le 8 octobre 1815. A fait son droit à la Faculté de Poitiers, où il reçut les leçons de Boncenne. Il prêta serment comme avocat devant la Cour de Poitiers, et exerça sa profession dans sa ville natale. Venu à Paris pour prendre part à un concours à une chaire de droit, il s'y fixa et écrivit, dans l'*Encyclopédie du XIXe siècle*, plusieurs articles, notamment l'article *Procédure*, qui furent très remarqués. Ensuite il travailla au *Répertoire de jurisprudence* de MM. Dalloz, et rédigea, avec M. Armand Dalloz, le tome IXe tout entier, et la moitié du tome Xe de ce volumineux ouvrage, sans compter nombre d'autres traités. Arrêté à propos de l'affaire du 13 juin 1849, et relâché après cinquante-trois jours de détention, il défendit ses compagnons de captivité, et se fit une certaine réputation et une belle clientèle, d'abord comme avocat de causes criminelles, ensuite comme avocat plaidant au civil. Arrêté au Coup-d'Etat du 2 Décembre, puis relâché, il conserva ses opinions, mais cessa de s'occuper de politique active. Quand survint la débâcle du 4 Septembre 1870, il offrit ses services, et, le 16 octobre suivant, il partait en ballon pour porter à Tours les communications du gouvernement de Paris. N'ayant pas été employé par la délégation de Tours, il se rendit dans son pays natal, et remit au receveur particulier de Civray mille francs qu'il avait touchés à son départ de Paris. Il n'a jamais demandé ni places ni distinctions, et s'est renfermé dans l'exercice de sa profession. Cependant il a protesté contre la dictature de Gambetta; et, comme orateur du suprême Conseil des francs-maçons de l'ordre écossais, il a risqué sa tête en défendant à ses frères de se mêler à des manifestations en faveur de la Commune. M. Malapert, outre les travaux cités plus haut, a produit des articles insérés dans les revues judiciaires, le *Journal des Economistes*, etc. On lui doit un volume sur la *Prestation des fautes*, un *Code complet de l'expropriation pour cause d'utilité publique* et de nombreuses brochures. M. Malapert a été président de la Société pour l'instruction élémentaire et de la Société philotechnique.

MALARTIC (Camille, comte DE), né à Paris, le 13 mai 1822; issu d'une famille noble très-ancienne du département des Landes; fils du comte de Malartic, conseiller d'État, ancien préfet de la Drôme, des Vosges et du Gers; petit-fils de M. Auguste Pasquier, directeur-général de l'administration des tabacs, et petit-neveu du duc Pasquier, chancelier de France. Entré dans l'administration, en 1845, comme sous-préfet de Nantua, il a passé successivement dans les résidences de Château-Chinon (1847), Narbonne (1849), Verdun (1850), Vienne (1855), Bergerac (1860), et Lorient (1866). Secrétaire-général de la préfecture, à Strasbourg, depuis 1869, il a subi le siège de cette ville, et s'y est distingué dans la direction des services civils. Investi, par intérim, des fonctions de trésorier-payeur-général après le départ du titulaire, il sut encore, quarante heures après la capitulation, payer à la décharge du Trésor et au profit des Français les pensions civiles et militaires, les rentes et tous les créanciers de l'Etat. Incarcéré par les Prussiens qui le soumirent aux plus mauvais traitements, et même à des menaces de mort dans le but de lui faire livrer les crédits du Trésor à la Banque, il résista courageusement et sut, à force d'énergie et d'adresse, sauver la réserve de la Banque et les fonds de l'Etat, s'élevant à près de 16 millions. Rentré en France et dans la vie privée, après une captivité d'un mois, il se mit, le 18 mars, à la disposition de M. Thiers, accompagna le gouvernement à Versailles, fut nommé préfet de la Haute-Loire, le 22 mars, au moment des troubles de Lyon et de l'assassinat de M. de l'Espée à Saint-Etienne. Homme très-énergique, impartial, ennemi des coteries, M. de Malartic est un administrateur expérimenté. Déjà signalé, en 1854, pour sa belle conduite pendant l'épidémie cholérique de Verdun, où seul il avait su organiser, avec ses ressources personnelles, les services sanitaires de son arrondissement, il le fut encore à Vienne, en 1856, lors des inondations du Rhône. Il a publié dans le *Moniteur*, en 1869, une série d'articles sur les grèves d'ouvriers, qui traitent la question sous un point de vue neuf, et qui sont dignes d'attirer l'attention des publicistes et des véritables amis des classes ouvrières. Enfin, on lui doit une relation très-curieuse du *Siège de Strasbourg*. M. le comte de Malartic a reçu la croix de la Légion d'Honneur, en 1849, pour services rendus devant l'émeute, à Narbonne.

MALEVILLE (François-Jean-Léon DE), né à Montauban, le 8 mai 1803. Il est issu d'une des plus anciennes familles du Midi. Son père, seigneur de Condat, Conduché, Bouziès et autres lieux, suivant l'ancienne formule, faisait partie de la Maison du roi, comme maréchal-des-logis de la prévôté de l'Hôtel, c'est-à-dire avec rang de colonel (voir l'*Almanach de* 1788). Elève de la Faculté de droit de Paris, il prit place au barreau de la même ville en 1823, et fut attaché au cabinet du célèbre avocat Hennequin jusqu'en 1828. A cette dernière époque, M. de Preissac, son oncle, ayant été nommé préfet, il le suivit dans le Gers comme secrétaire particulier, puis, après la révolution de 1830, dans la Gironde comme secrétaire-général. Démissionnaire en 1833, il fut élu, en 1834, député de Tarn-et-Garonne par la circonscription de Caussade, à titre de candidat dynastique, mais progressif, prit place à la Gauche de la Chambre, vota contre les lois de Septembre, soutint le parti conservateur jusqu'en 1837, fit de l'opposition au ministère Molé, et entra à l'Intérieur, comme sous-secrétaire d'Etat, le 1er mars 1840. Soutien résolu de la politique de M. Thiers, il fut à la Chambre l'un des plus remarquables champions de l'opposition dynastique, flétrit éloquemment l'indemnité Pritchard et la loi électorale, et présida le banquet réformiste de Castres en 1847. Comme représentant de Tarn-et-Garonne, en 1848, à la Constituante, il se rangea du côté de la Droite, fréquenta le Comité de la rue de Poitiers, tint le portefeuille de l'Intérieur du 20 au 30 décembre, et donna aussitôt sa démission, à la suite d'une explication assez vive avec le président de la République qui lui demandait de lui livrer les cartons relatifs aux affaires de Strasbourg et de Boulogne. A l'élection partielle de 1849, ce fut le département de la Seine qui l'envoya à la Législative, où il se sépara de la Droite pour combattre les agissements bonapartistes. Rentré dans la vie privée depuis le Coup-d'Etat de 1851, M. de Maleville a été élu représentant de Tarn-et-Garonne et des Landes, le 8 février 1871, et a opté pour le Tarn-et-Garonne. Il siège au Centre-Gauche de l'Assemblée dont il a été vice-président. En complète conformité de vues avec M. Thiers, il est comme lui partisan sincère et désintéressé d'une République conservatrice. En octobre 1871, M. de Maleville a refusé de se mettre sur les rangs, dans son pays natal, comme candidat au Conseil général, pour se consacrer tout entier à son mandat de député.

MALEVILLE (Guillaume-Jacques-Lucien, *marquis* DE), né à Sarlat, le 30 août 1805. Petit-fils et fils de magistrats éminents dont le premier a été l'un des rédacteurs du Code civil, membres tout deux, le second à titre héréditaire, de la Chambre des pairs, M. le marquis de Maleville fit son droit à la Faculté de Paris, et entra dans la magistrature en 1826. D'abord juge-auditeur au tribunal de Reims, puis conseiller-auditeur à la Cour de Paris en mars 1830, il devint conseiller à la Cour de Bordeaux en 1835 et à celle de Paris en 1843. Admis à la retraite, sur sa demande, en 1865, avec le titre de conseiller honoraire, il se tint, sous l'Empire, à l'écart de la vie publique jusqu'à la fin de 1868. M. le marquis de Maleville, en dehors de ses fonctions juridiques, avait joué plusieurs fois un rôle politique important. Conseiller général de la Dordogne, pour le canton de Domme, en 1836, et député de l'arrondissement de Sarlat de 1837 à 1846, il avait, à cette dernière date, été élevé à la dignité de pair de France. En mai 1869, il se présenta, comme candidat indépendant au Corps législatif, devant la 4e circonscription de la Dordogne, et obtint une minorité considérable. Le 8 février 1871, ses anciens électeurs l'ont envoyé à l'Assemblée nationale, par 74,541 suffrages. M. le marquis de Maleville, conservateur libéral, s'est associé d'abord, comme membre de la Commission de la prorogation des pouvoirs, à l'essai loyal et sérieux de la forme républicaine. Il siège au Centre-Droit, avec lequel il vote ordinairement.

MALÉZIEUX (François-Adrien-Ferdinand), né au Petit-Fresnoy-Gricourt (Aisne), le 3 janvier 1821. Elève et lauréat de la Faculté de droit de Paris, il prit place au barreau de Saint-Quentin en 1842. L'état de sa santé ne lui permettant pas d'exercer la profession d'avocat d'une façon assidue, il se livra, en même temps, à des travaux agricoles, et fit des voyages d'études en Orient, en Norwége, en Angleterre et en Allemagne, ce qui ne l'empêcha pas d'être bâtonnier de l'Ordre en 1863. Candidat de l'opposition au Corps législatif, il fut élu, au second tour de scrutin, en 1863, et, avec une écrasante majorité, en 1869. A la Chambre, il s'occupa surtout de l'instruction des masses et du traitement des instituteurs primaires, et signa le manifeste de la Gauche en octobre 1869. Après la révolution du 4 Septembre, il remplit les fonctions de maire de Saint-Quentin jusqu'au mois de février suivant, et fit preuve, dans ces pénibles et douloureuses circonstances, d'une grande énergie et d'un patriotisme à toute épreuve. Elu représentant de l'Aisne à l'Assemblée nationale, le 8 février 1871, M. Malézieux a pris place sur les bancs de la Gauche-Républicaine. Il a publié : *Etudes agricoles sur la Grande-Bretagne*, parues d'abord, en articles, dans les *Annales de l'agriculture française* (1858) ; — *La question chevaline* (1861) ; — et une nouvelle édition du *Manuel de la fille de basse-cour*, de Parmentier, publiée une première fois en 1866 et une deuxième fois en 1872.

MALHERBE (Mme Pauline), née à Blois, le 10 janvier 1822. Elève de Mmes Desnos et Hersent, elle a débuté au Salon de Paris, en 1839, avec le portrait de Mme *Malherbe*. Depuis, cette artiste a successivement exposé : *La pauvre aveugle* (1840) ; — le portrait de Mlle *Clarisse Malherbe* ; *Tête d'enfant*, étude (1841) ; — *Repos de famille* (1847) ; — *Un saint en méditation* (1848) ; — *Veilleuse*, étude de jeune fille (1850) ; — *Marchande de perdrix* (1853) ; — *Une Gitana* (1857) ; — *Les orphelines*, vendues au prince Apraxime (1859) ; — *Marchandes irlandaises* (1861) ; — *Découragement* (1866) ; — *Le repos* (1867) ; — *Le premier chagrin* (1870) ; — «*Regarde!... Dieu nous protége*!» (1873) ; — *Fleurs* (1874). En outre, Mme Malherbe a exposé une *Glaneuse* et le portrait de son oncle, et exécuté, sur la commande du gouvernement, un certain nombre de copies, parmi lesquelles on distingue celles du *Christ* de Philippe de Champagne, pour le tribunal de Blois, du *Christ au tombeau* de Lebrun, de la *Vierge au lys*, etc. Elle a obtenu une médaille à Tours et des mentions honorables dans d'autres villes.

MALLET (Charles-Auguste), né à Lille, le 1er janvier 1807. Elève à l'Ecole normale en 1826, il sortit le premier de sa promotion, deux années après, et fut reçu agrégé des classes supérieures, docteur ès lettres en 1829, et, en 1830, agrégé de philosophie. Nommé professeur d'histoire au lycée de Douai, il devint professeur de philosophie à Limoges (1833), à Amiens (1834), à Grenoble (1836), à Rouen (1838), à Versailles (1840), et enfin au collège Saint-Louis (1842-1848). Inspecteur de l'Académie de Paris en 1847, il était, en 1850, recteur de l'Académie de Rouen et prenait sa retraite en 1852. On lui doit : *Rollin considéré comme historien* (thèse pour le doctorat) ; — *De veritate* (thèse) ; — *Manuel de philosophie* (1835, 4e édit., 1840) ; — *Manuel de logique* (1853) ; — *Etudes philosophiques*, couronnées par l'Académie française (1837-1838, 2 vol., 2e édit., 1843) ; — *Histoire de la philosophie ionienne* (1842) ; —*Histoire de l'école de Mégare et des écoles d'Elis et d'Erétrie* (1845) ; — *Eléments de morale*, rédigés conformément au programme officiel de l'enseignement secondaire (1864). M. Mallet a traduit, de l'anglais, *Eléments de science morale* de James Beattie (1840, 2 vol.), et lu à l'Institut plusieurs mémoires insérés dans le *Recueil des mémoires de l'Académie des sciences morales et politiques*. Collaborateur du *Dictionnaire des sciences philosophiques*, de la *Revue de l'Instruction publique* et de la *Nouvelle biographie générale*, il a publié dans le *Moniteur*, de 1845 à 1850, des articles d'analyse littéraire. M. Mallet est chevalier de la Légion d'Honneur depuis le 6 mai 1846.

MALLET (Alfred), né à Lille, le 4 juillet 1813 ; frère du précédent. Il fit ses études classiques au lycée de sa ville natale, et suivit d'abord la carrière de l'enseignement. Reçu licencié ès sciences physiques en 1834, il débuta comme professeur de physique et de chimie au collége de Saint-Quentin, et prit l'initiative d'ouvrir, dans la même ville, un cours public et gratuit de physique et de chimie appliquée à l'industrie, avec le concours du Conseil municipal qui récompensa ses efforts en lui votant une médaille d'or. En 1838, il provoqua la création de la Société industrielle et commerciale de Saint-Quentin qui, sous sa présidence, alla toujours en prospérant. En 1840, il inventa un procédé d'épuration du gaz, qui fut appliqué à l'usine de Saint-Quentin. M. Dumas, après une visite à cette usine, fit sur le nouveau procédé un rapport très-favorable à l'Académie des sciences, en juillet 1841. A cette époque, M. Mallet qui avait également inventé des procédés pour la fabrication de l'alcali volatil et des sels ammoniacaux, quitta l'enseignement pour se consacrer à l'industrie, et vint fonder, à la Villette, une fabrique de produits chimiques. Son établissement ne tarda pas à jouir d'une grande réputation, et ses produits obtinrent, entre autres récompenses : le grand prix Montyon de l'Institut (Académie des sciences), pour les arts industriels (1850), et des médailles de 1re classe aux Expositions universelles de Paris (1855), de Londres (1862). M. Mallet est, depuis 1865, membre de la Chambre syndicale des produits chimiques, dont il occupe aujourd'hui la vice-présidence. Après la révolution du 4 Septembre, il a présidé, du 10 janvier au 11 mars 1871, la Commission provisoire de son arrondissement. Élu conseiller municipal de Paris pour le XIXe arrondissement (quartier du Combat), et conseiller général de la Seine, au premier tour de scrutin, le 23 juillet 1873, il siége sur les bancs de la Gauche, où il soutient les principes qui ont été ceux de toute sa vie, et fait partie de la Commission des eaux et égouts. Travailleur infatigable, il a fourni nombre d'articles au *Guetteur de Saint-Quentin*, à l'*Echo du Nord*, au *Moniteur industriel*, au *Dictionnaire des arts et manufactures* de M. Laboulaye, etc. Si les divers gouvernements qui se sont succédé depuis 1844 ont toujours laissé M. Mallet à l'écart, quand à la suite des expositions ils avaient à distribuer des distinctions honorifiques, cela tient probablement à ce qu'il n'a jamais dissimulé ses opinions indépendantes et républicaines, et surtout à ce qu'il n'a jamais rien sollicité.

MALLET (Joseph-Xavier), né à Teil (Ardèche), le 21 janvier 1827. M. Mallet passa sa jeunesse à naviguer sur le Rhône, et ne se consacra à la peinture qu'à l'âge de 30 ans. En 1857, il entra dans l'atelier de Gleyre; mais à son enseignement il préféra l'étude des bords du fleuve qu'il avait si souvent parcouru, et celle des types accentués des marins. On lui doit des paysages d'un grand caractère. Il a débuté au Salon de Paris, en 1865, avec deux tableaux bien accueillis par le public et la critique, le *Rhône à Theil d'Ardèche*, et le *Pèlerin et le vieillard*, paysage historique tiré des *Paroles d'un croyant*, de Lamennais. Depuis, M. Mallet a successivement exposé : *Moulin dans une gorge basaltique de l'Ardèche* (1868); — *Crue des eaux du Rhône*, en octobre 1868; *Ruines de Rochemaure* dans l'Ardèche (1869); — *Désastres; Prospérité* (1870); — *La navigation sur le Rhône* (1873). A ces œuvres, il faut ajouter le *Printemps dans le comtat d'Avignon*, admis à l'Exposition universelle de Vienne, en 1873, et le *Débordement du Rhône*, qui a figuré à l'Exposition de Londres en 1874. La plupart des tableaux de M. Mallet sont en Angleterre.

MALOT (Hector-Henri), né à la Bouille (Seine-Inférieure), le 20 mai 1830. Fils d'un notaire et destiné au notariat, il commença ses études classiques à Rouen, et les compléta à Paris, où il fit ensuite une partie de son droit. Attaché comme clerc à une étude, il prit en aversion le code et le notariat, et suivit ses goûts qui l'attiraient vers la littérature. Il eut de pénibles débuts, collabora à quelques productions dramatiques, à la *Biographie générale*, traita les questions de théâtre dans le *Llyod français*, végéta, mais vécut pourtant sans se décourager. En 1859, il parvint à publier les *Victimes de l'amour; les amants*, première partie d'un ouvrage en trois séries. Ce début fut un triomphe; l'année suivante, il fit paraître, dans l'*Opinion nationale*, un autre roman de mœurs, les *Amours de Jacques*, non moins bien accueilli par la critique et le public; et dès lors, sa réputation alla toujours grandissant. On lui doit, en outre : *Les époux* (1865), *Les enfants* (1866), complément de la trilogie des *Victimes d'amour*; — *La vie moderne en Angleterre* (1862); — *Un beau-frère* (1868); — *Romain Kalbris* (1869); — *Mme Obernin* (1869); — *Une bonne affaire* (1870); — *Souvenir d'un blessé*, en deux parties : *Suzanne et Miss Clifton* (1872); — *Un curé de province* (1872); — *Un miracle* (1872); — *Un mariage sous le second Empire* (1873); — *La belle madame Donis* (1873); — *Clotilde Martory* (1873); — *Le mariage de Juliette* (1874); — *Une belle-mère* (1874); — *Le mari de Charlotte* (1874); — *La fille de la comédienne* (1874); — *L'héritage d'Arthur* (1874). En 1860, M. Hector Malot a été chargé de la critique littéraire à l'*Opinion nationale*, et pendant quelques années, il a fait paraître, dans ce journal, beaucoup d'articles traitant de sujets divers, par exemple de l'éducation en France au point de vue physique, de l'état de la Société en Angleterre, etc.

MAME (Alfred-Henri-Amand), né à Tours le 17 août 1811; fils d'un imprimeur distingué qui fonda, dans de modestes proportions, l'importante maison d'aujourd'hui. En 1833, il s'associa M. Ernest Mame, son cousin-germain et beau-frère, avec lequel il poursuivit son entreprise jusqu'en 1845 et lui imprima la direction qui a fait sa fortune. Dans la publication des livres d'éducation classiques, élémentaires et religieux, la maison Mame de Tours paraît avoir atteint les dernières limites du bon marché. Depuis 1846, M. Alfred Mame est resté seul propriétaire de cet établissement si considérable qu'on y fabrique journellement trois à quatre mille kilogrammes de livres brochés ou reliés, soit environ vingt mille volumes. On lui doit d'admirables specimens de la librairie française, tels que la *Sainte Bible*, illustrée par G. Doré, les *Chefs-d'œuvre de la langue française*, les *Jardins*, enrichis d'eaux-fortes, etc. En 1849, il obtenait une médaille d'or et la croix de la Légion d'Honneur; à l'Exposition universelle de Londres (1851), il remportait, comme exposant de la XXXIe classe, une médaille de prix (*prize medal*); en 1855, *La Touraine*, splendide in-folio illustré, véritable monument de typographie artistique, lui valait la grande médaille d'honneur; à Londres, en 1862, il conquérait deux autres médailles de prix; et, à l'Exposition universelle de 1867, il se voyait décerner le grand prix de la 6e classe. Les efforts de M. Alfred Mame pour améliorer le sort et le bien-être des ouvriers, ses fondations charitables et les cités ouvrières qu'il a fait construire ont été jugés dignes, en 1867, du prix de 10,000 francs. Promu officier de la Légion d'Honneur le 16 août 1863, il a été élevé au grade de commandeur le 7 juillet 1874.

MAME (Charles-Ernest-Auguste), né à Angers, le 4 novembre 1805; cousin-germain et beau-frère du précédent. M. Ernest Mame a été l'associé de M. Alfred Mame, de 1833 à 1845, pour l'exploitation de la colossale maison d'imprimerie et de librairie dont le siège est à Tours. Retiré des affaires, il a été maire de Tours de 1851 à 1865. Membre de la Chambre de commerce pendant 15 ans, il est entré au Conseil général, pour un des cantons de Tours, en 1856. Nommé député par la 3ᵉ circonscription d'Indre-et-Loire, il a rempli ce mandat de 1859 à 1869. M. Ernest Mame, chevalier de la Légion d'Honneur depuis 1852, a donné, lors des inondations de la Loire, des preuves de dévouement et d'abnégation qui lui ont valu d'être promu officier de l'Ordre le 15 juin 1854.

MANDL (Louis), né à Pesth (Hongrie), en 1812; naturalisé Français en 1849. Il se consacra à la médecine, prit le grade de docteur à l'Université de sa ville natale en 1836, et vint compléter ses études scientifiques à Paris. Reçu docteur de la Faculté de Paris en 1842, il se fixa dans la capitale, s'attacha surtout à combattre les affections du larynx et des voies respiratoires, et se distingua comme l'un des promoteurs de l'application médicale et chirurgicale du microscope. Il fait depuis longtemps, à l'École pratique, des cours très-suivis. On doit à M. le docteur Mandl : *Anatomie microscopique* (1838-1857, 2 volumes in-fol. avec 92 pl.) ; — *Traité pratique du microscope et de son emploi à l'étude des corps organisés* (1839, avec pl.) ; — *Recherches médico-légales sur le sang*, thèse inaugurale (1842) ; — *Manuel d'anatomie générale appliquée à la physiologie et à la pathologie* (1843, avec 5 pl.) ; — *Anatomie pathologique de la phthisie tuberculeuse* (1855) ; — *De la fatigue de la voix dans ses rapports avec le mode de respiration* (1855) ; — *Traité pratique des maladies du larynx et du pharynx* (1872) ; — *Hygiène de la voix* (1873). Plusieurs de ces ouvrages ont été couronnés par l'Institut. M. Mandl a reçu la croix de la Légion d'Honneur le 6 mai 1846.

MANDON (Jacques-Ambroise), né à Oradour-sur-Vayres (Haute-Vienne), le 23 septembre 1827. Il commença ses études scientifiques et médicales, en 1846-1847, à la pharmacie Astaix et à l'École secondaire de Limoges, et se rendit à Paris. Interne en pharmacie, dès 1848, à l'hôpital du Midi, puis à la Charité, à Necker, il remporta les premiers prix de pharmacie en 1849-1850 et 1851-1852, et le second prix de la Faculté de médecine en 1854. Il prit le grade de docteur en 1854, avec une thèse intitulée : *Histoire de la syphilis des nouveau-nés et des enfants à la mamelle*, et s'établit médecin à Limoges. M. Mandon a fait dans cette ville, en 1869, un cours municipal d'hygiène et d'histoire naturelle. Professeur-suppléant à l'École secondaire de médecine, il a suppléé les professeurs d'histoire naturelle, de pathologie interne, de physiologie, et a été appelé, comme titulaire, à la chaire de thérapeutique en 1874. Il a été nommé médecin du Bureau de bienfaisance en 1856, médecin de l'hôpital en 1867, et élu conseiller municipal en 1866. On lui doit : *Histoire critique de la folie instantanée, temporaire, instinctive, ou Étude physiologique, médicale et légale des rapports de la volonté avec l'intelligence pour apprécier la responsabilité des fous instinctifs, des suicidés et des criminels* (1862) ; — *De la fièvre typhoïde;*

nouvelles considérations historiques, philosophiques et pratiques sur sa nature, ses causes et son traitement (1863) ; — *J.-B. Van Helmont et ses œuvres* (1868) ; — *Cours d'hygiène* (1869); — *Mélanges de politique, sciences, lettres et arts* (1871) ; — *Amour et travail* (1871). M. le docteur Mandon a obtenu le prix (médaille de vermeil) de la Société des sciences naturelles et médicales de Bruxelles (1854), deux prix (médailles d'or) de la Société de médecine de Bordeaux (1862 et 1864), et une médaille d'or (grand module) de l'Académie royale de médecine de Belgique. Il est membre correspondant de la Société médicale d'émulation de Paris, de l'Académie royale de médecine de Belgique, et correspondant des Sociétés de médecine de Bordeaux et de Clermont-Ferrand.

MANUEL (Eugène), né à Paris, le 13 juillet 1823. Fils d'un médecin distingué, et élève du collège Charlemagne, il se destina à l'enseignement, et fut admis à l'École normale en 1843. Agrégé des classes supérieures des lettres en 1847, il fut nommé professeur de seconde à Dijon, d'où il passa professeur de rhétorique à Grenoble, puis à Tours. Il fut chargé de l'enseignement spécial au lycée Charlemagne en 1859, et, quelque temps après, au lycée Saint-Louis. Suppléant de seconde au lycée Bonaparte en 1855, puis titulaire de cette chaire, il devint successivement professeur de rhéthorique au collège Rollin et au lycée Henri IV. En 1871, M. Jules Simon se détacha de l'enseignement pour en faire son chef de cabinet au ministère de l'Instruction publique. Il est actuellement inspecteur de l'Académie de Paris. Comme écrivain, M. Manuel n'a guère publié que des œuvres poétiques. Citons : *Pages intimes*, recueil couronné par l'Académie française (1866, 4ᵉ édit., 1873) ; — *Les ouvriers*, drame couronné par l'Académie française et dont le succès fut très-grand (Théâtre-Français, 1870) ; — *Pour les blessés*, scène en vers (1870) ; — *Bonjour, bon an, compliment au public* (1871) ; — *Henri Regnault* (1871) ; — *Les pigeons de la République* (1871) ; ces diverses pièces furent récitées au Théâtre-Français pendant le siége de Paris ; — *Poésies populaires*, recueil couronné par l'Académie française (1871) ; — *Pendant la guerre*, poésies (1872) ; — *L'absent*, comédie (Théâtre-Français, 1873). En outre, M. Manuel a collaboré à plusieurs recueils et revues. On lui doit aussi la *France*, livre de lecture courante pour les écoles, en collaboration avec M. Ernest Lévi-Alvarès, son beau-frère (1854-1855, 4 vol., 7ᵉ édit., 1873), et une édition des *Œuvres lyriques* de J.-B. Rousseau, suivie d'un choix de lyriques français depuis Ronsard jusqu'à nos jours, avec notes et commentaires (1852). M. Manuel est chevalier de la Légion d'Honneur depuis 1866.

MAQUET (Auguste-Jules), né à Paris, le 13 septembre 1813, fit ses études au collège Charlemagne, où il rentra, comme professeur-suppléant, en 1831. Mais, un peu plus tard, M. Maquet préféra la carrière purement littéraire à celle de l'enseignement et commença par préparer, avec Gérard de Nerval, le plan de quelques ouvrages qui ne furent pas publiés, et dont un, l'*Expiation*, drame en 1 acte et en vers reçu à l'Odéon, ne fut jamais représenté. Puis il composa un drame en 3 actes et en prose : *Un soir de carnaval*, qui fut joué au théâtre de la Renaissance sous les auspices d'Alexandre Dumas et sous le titre de *Bathilde*. Ayant eu l'occasion de se trouver ainsi en rapports avec le romancier à la mode, M. Maquet lui communiqua un roman, le *Bonhomme Buvat*, que celui-ci adopta sans désemparer, et fit aussitôt paraître dans le *Siècle* sous son nom seul et sous le titre de *Le chevalier d'Harmental*. La collaboration de MM. Maquet et Dumas fut dévoilée en 1845, par un pamphlet intitulé : *Maison Alexandre Dumas et compagnie*. A partir de 1851, c'est-à-dire après la faillite de M. Dumas l'accord cessa de régner entre ces deux brillantes personnalités du romantisme, et les tribunaux retentirent de leurs discussions. M. Maquet a publié seul, dans divers journaux, puis en volumes, les ouvrages suivants : *Le beau d'Argennes* (1843); — *Deux trahisons* (1844); — *Histoire de la Bastille*, avec MM. Arnoult et Alboize (1844); — *Les prisons de l'Europe*, avec M. Alboize (1844-1846); — *La belle Gabrielle* (1853-1855); — *Le comte de Lavernie* (1853-1855); — *La maison du baigneur* (1856); — *Dettes de cœur* (1857); — *L'envers et l'endroit* (1858); — *La rose blanche* (1859); — *Les vertes feuilles* (1862); — *Voyages au Pays bleu*, contes fantastiques (1865). Au théâtre, M. Maquet a fait représenter, avec M. Alexandre Dumas : *Les Mousquetaires* (1846); — *La reine Margot* (1847); — *Le chevalier de Maison-Rouge* (1847); — *Monte-Christo* (1847); — *Catilina* (1848); — *Le chevalier d'Harmental* (1849); — *La guerre des femmes* (1849); — *La jeunesse des Mousquetaires* (1850); — *Urbain Grandier* (1851); — *La dame de Monsoreau* (1860). Il avait donné aux Français, avec M. Jules Lacroix, *Valéria* (1851), qui fut un des grands succès de Rachel, et avec le même collaborateur, un livret au Grand-Opéra : *La Fronde* (1853). Il a fait représenter seul : *Le château de Grantier* (1852); —*Le comte de Lavernie* (1855); — *La belle Gabrielle* (1857); — *Dettes de cœur* (1859); — *La maison du baigneur* (1864); — *Le hussard de Bercheny* (1865). M. Maquet est, en outre, auteur d'une quantité considérable d'articles et de vers insérés dans divers recueils ou journaux. Six fois la Commission des auteurs et compositeurs dramatiques l'a choisi pour son président. Il est officier de la Légion d'Honneur depuis 1861.

MARC (Jean-Auguste), né à Metz, le 12 juillet 1818; petit-fils d'un architecte distingué qui a exécuté de grands travaux à Nancy. Ses parents voulaient en faire un vétérinaire. Près d'entrer à l'Ecole d'Alfort, il perdit sa mère, et cet événement fit changer les résolutions de sa famille. Un de ses oncles du côté maternel, habitant Luxembourg, grand amateur des choses d'art, et qui connaissait le goût prononcé de son neveu pour le dessin, offrit de lui ouvrir la carrière artistique. Professeur de dessin au progymnase de Diekirch, (grand-duché de Luxembourg), de 1837 à 1840, il vint à Paris en janvier 1841, et suivit l'atelier de P. Delaroche, aux œuvres duquel il collabora dans les dernières années de la vie du maître. En dehors d'un certain nombre de portraits anonymes, M. Marc a exposé les compositions suivantes : à l'Ecole des beaux-arts, une figure symbolique de la *République*, commandée par le gouvernement en 1848, à la suite d'un concours; au Salon : *La bulle de savon* (1848); — *La France*, figure allégorique placée à l'Hôtel-de-Ville de Metz (1855); — *Assassinat de François de Lorraine, duc de Guise, par Jean Poltrot, le 18 février 1563, veille du jour où il devait donner l'assaut à la ville d'Orléans* (1857). La cathédrale de Mexico possède de lui un beau *Christ au prétoire*. Il a peint aussi bon nombre de sujets gracieux parmi lesquels il faut citer *Mozart enfant jouant du violon*, une *Eve endormie*, une *Sultane au bain*, une *Source sous bois*. Mais, si connu que soit M. Marc, comme artiste peintre, il l'est encore plus comme littérateur. Après avoir longtemps fourni des dessins et des articles à des publications illustrées, notamment à l'*Illustration*, il est devenu le directeur-gérant de ce dernier journal (1860); et, en 1865, il s'y est chargé de la rédaction du bulletin politique. Ecrivain raffiné, directeur habile, sachant être prudent sans abdiquer son indépendance, M. Marc se distingue également par l'urbanité de ses rapports avec tous ses confrères de la presse parisienne, et par le bienveillant accueil qu'il fait à tous les jeunes littérateurs doués de quelque mérite. En 1874, il a été nommé chevalier de la Couronne de Chêne pour sa belle et patriotique composition du riche bouclier (or et argent massifs) offert au roi de Hollande par les Luxembourgeois reconnaissants envers leur suzerain Guillaume III, vainqueur des prétentions prussiennes sur le grand-duché de Luxembourg en 1867 et 1870. M. Marc est chevalier de la Légion d'Honneur depuis 1868.

MARCELLIN (Joseph-Pierre-Jean-Baptiste-Augustin-Frédéric), né à Sausses, canton d'Entrevaux (Basses-Alpes), le 14 juillet 1834; fils d'un ancien inspecteur de la maison centrale de Montpellier, et neveu, par sa mère, de Mgr de Montblanc, archevêque de Tours et pair de France. Il fit de fortes études classiques au lycée de Montpellier, et commença ses études médicales, en 1855, à la Faculté de la même ville. Successivement externe à l'Hôtel-Dieu-Saint-Eloi, élève aux Ecoles pratiques de physique et de chimie, d'anatomie et d'opérations chirurgicales, et aide d'anatomie à la Faculté, il prit le grade de docteur, le 18 avril 1859, avec une thèse intitulée : *Etude générale sur le diagnostic médical*, dans laquelle il abordait les questions les plus ardues de la philosophie médicale et de la médecine proprement dite. Dans le cours de ses études, M. Marcellin était déjà devenu membre titulaire de la Société médicale d'émulation, et membre correspondant de la Société de médecine et de chirurgie pratiques. A la suite du congrès scientifique de botanique et d'entomologie tenu à Montpellier, il avait été élu membre de la Société botanique de France le 18 juin 1857, et de la Société entomologique de Paris le 3 juillet suivant. Après la campagne d'Orient, il s'inscrivit volontairement pour aller prodiguer ses soins aux militaires blessés et dirigés de la Crimée sur Amélie-les-Bains. En 1859, M. le docteur Marcellin s'établit à Digne; mais, l'année suivante, des raisons de santé l'obligèrent à se fixer au château de Sausses, qu'il avait eu en héritage de la famille de Montblanc. Nommé membre du Conseil central d'hygiène des Basses-Alpes (1860), élu membre titulaire non résidant de la Société d'anthropologie de Paris en 1866, il fut désigné, lors de l'Exposition universelle de 1867, comme correspondant délégué du Comité central du congrès médical international de Paris; mais son voyage à Rome, à cette époque, l'empêcha d'y assister. Médecin cantonal depuis 1869, médecin inspecteur des enfants assistés des Bouches-du-Rhône, et membre de la Société protectrice de l'enfance de Marseille, il s'occupe surtout de la médecine des pauvres. Outre sa thèse, M. le docteur Marcellin a publié : *Essai sur la luxation ovalaire traumatique récente de la tête du fémur* (1857) ; — *Notice sur la vie et les travaux du professeur Batigue de Montpellier* (1866) ; — *Coup d'œil sur le collège d'Annot* (1867). Quelques autres de ses travaux sont restés inédits. Par son mariage avec Mlle Anaïs Dupuy de La Saulce, il s'est allié à l'une des plus honorables familles des Hautes-Alpes. L'un des principaux propriétaires de la contrée, il a fait faire, par ses exemples, un grand pas à l'agriculture dans sa commune, et obtenu deux médailles d'argent, aux concours régionaux de 1862 et 1867, pour ses travaux de viticulture. Il est membre de la Société centrale d'agriculture de son département depuis 1861. Lors de l'enquête agricole, il a été appelé à fournir des renseignements sur la situation de l'agriculture dans son arrondissement. M. le docteur Marcellin, conseiller municipal depuis 1860, et maire de sa commune pendant six ans, a été élu conseiller général des Basses-Alpes, le 8 octobre 1871, à une forte majorité. Comme homme politique, il est conservateur catholique.

MARCÈRE (Émile-Louis-Gustave DESHAYES DE), né à Domfront (Orne), le 16 mars 1828. Lauréat de la Faculté de droit de Caen (1849), et nommé, le 2 mars 1851, attaché à la chancellerie, il entra dans la magistrature, le 1er novembre 1853, en qualité de substitut, à Soissons, d'où il fut envoyé à Arras le 1er janvier 1856. Chef du parquet de Saint-Pol (Pas-de-Calais) en 1861, président du tribunal d'Avesnes (Nord) en 1863, il fut nommé, en 1865, conseiller à la Cour d'appel de Douai. Quoiqu'il fût, par son origine, étranger au département dans lequel il avait sa résidence, les électeurs du Nord s'empressèrent, après les désastres de la patrie, de se rallier à la profession de foi consignée dans sa brochure : *Lettre aux électeurs à l'occasion des élections pour la constituante de 1871*, qui était tout un programme politique. Élu membre de l'Assemblée nationale, le 8 février 1871, par 205,000 suffrages, il a contribué, des premiers, à former le groupe des Conservateurs-Républicains, devenu plus tard le Centre-Gauche. On doit à M. de Marcère : *La politique d'un provincial* (1868), ouvrage dans lequel les questions les plus brûlantes de cette époque étaient abordées et traitées avec un courage qui fut alors très-remarqué ; — *La République et les conservateurs* (1871), écrit dont la valeur politique et littéraire a été fort appréciée dans le monde parlementaire, et qui marque définitivement la place de l'auteur parmi les hommes nouveaux qui entreprennent de fonder la République, en France, sur les bases indispensables à toute société civilisée et régulière.

MARCHEGAY (Paul-Alexandre), né à Lousigny, commune de Saint-Germain-de-Prinçay (Vendée), le 10 juillet 1812. Il fit son droit à la Faculté de Paris, prit sa licence en 1833, et entra comme pensionnaire à l'École des chartes. Reçu archiviste paléographe en 1838, il fut attaché aux travaux de la Bibliothèque royale jusqu'en 1841, époque où il devint archiviste de Maine-et-Loire. A Angers, il ne tarda pas à jouir de l'estime publique et particulièrement de la confiance du Conseil général. Il les mérita surtout en démasquant et faisant condamner par le jury un faussaire haut placé et habile, qui avait pris pour spécialité très-lucrative la fabrication de titres à l'aide desquels il dépouillait les communes de leurs biens. Mais en 1853, fatigué de la lutte soutenue à cette occasion contre le préfet de Maine-et-Loire, il donna sa démission pour se livrer entièrement à ses travaux de prédilection. On doit à M. Marchegay : *Archives d'Anjou*, recueil de documents et mémoires inédits sur cette province, ouvrage honoré, par l'Académie des inscriptions et belles-lettres, d'une médaille d'or et d'un rappel de médaille (1844-1850, 2 vol.) ; — *Chroniques d'Anjou*, recueillies et publiées pour la Société de l'histoire de France, par P. Marchegay, A. Salmon et E. Mabille (1856-1871, 2 vol.) ; — *Cartulaire du Ronceray d'Angers* (1856) ; — *Cartulaire des sires de Rays* (1857). M. Marchegay n'a pas fait paraître, dans la *Bibliothèque de l'École des chartes*, la *Revue de l'Anjou* et divers recueils périodiques des provinces de l'Ouest, moins d'une centaine de notices dont 44 ont été imprimées à part, en 1857, sous le titre de *Notices et documents historiques*, et 40, en 1872, sous celui de *Notices et pièces historiques*. Outre un grand nombre de titres et lettres du chartrier de Thouars, contenus dans la *Revue des Sociétés savantes* et dans le *Bulletin de la Société archéologique de Nantes*, il a aussi publié plusieurs séries de la volumineuse *Correspondance de Charlotte de Nassau, duchesse de la Trémoille*, par exemple les *Lettres de Louise de Coligny, princesse d'Orange*, celles de *Flandrine de Nassau, abbesse de Sainte-Croix de Poitiers*, et un choix de celles d'*Elisabeth de Nassau, duchesse de Bouillon et mère du grand Turenne*. Membre non résidant du Comité des travaux historiques, M. Marchegay est chevalier de la Légion d'Honneur depuis 1867.

MARESCHAL (Jules), né à Paris en 1791; fils d'un receveur des finances de cette ville, il fut destiné par sa famille au barreau, et suivit le Palais pendant quelques années. Un écrit, qu'il publia en 1815, sous le titre de *Considérations sur l'état moral et politique de la*

France, l'ayant fait avantageusement connaître, il fut choisi, tout jeune encore, par le bureau de la Chambre des députés, pour l'un des candidats aux fonctions de secrétaire-rédacteur de l'Assemblée, et ne manqua son élection que de quelques voix. Nommé ensuite, avec dispense d'âge, à des fonctions judiciaires à Paris, il s'en démit au bout de trois ans d'exercice, et reçut des autorités supérieures une attestation portant : « Qu'il était impossible d'avoir fait preuve de plus de zèle, de capacité, de désintéressement, d'intégrité, et de s'être mieux acquis, avec l'estime de ses chefs, la confiance et les regrets des justiciables. » En 1822, il publia l'*Essai sur les factions*, qui eut deux éditions successives, et l'*Anniversaire du 21 janvier*, éloge funèbre de Louis XVI, dicté par le cœur et à l'occasion duquel M. de Châteaubriand lui écrivit de Rome : « Votre discours lu sur les ruines de la ville éternelle ne m'en a paru que plus éloquent. » Les partis en ce moment s'agitaient, les journaux remuaient le monde politique ; M. Jules Mareschal dirigea plusieurs feuilles royalistes et fut mis, un peu plus tard, à la tête de la presse gouvernementale. Le rôle que les beaux-arts devaient jouer dans la société nouvelle avait été compris. Au ministère de la Maison du roi on créa une direction générale de cette spécialité, à la tête de laquelle fut appelé M. le vicomte de Larochefoucauld, qui crut devoir faire entrer M. Jules Mareschal dans ses bureaux, d'abord comme sous-chef de division, ensuite comme premier inspecteur, enfin comme chef de division-directeur. Au commencement de 1830, M. Jules Mareschal exerça comme directeur-général intérimaire jusqu'à la révolution de Juillet. Le pouvoir dont il était revêtu ne fut employé qu'à faire du bien. Le souvenir de ses actes vivra dans le cœur reconnaissant des artistes et des hommes de lettres. Tous étaient accueillis avec franchise et loyauté, et leurs demandes examinées avec soin ; ils étaient sûrs de rencontrer en lui un appui plein de zèle et de dévouement. Si toutes les améliorations qu'il rêvait ne s'accomplirent pas, c'est qu'il est des obstacles qu'on ne peut vaincre dans le court espace de six ans que dura son administration. En 1825, il avait été le promoteur de l'examen que résolut alors de faire le gouvernement de la grande question de la propriété littéraire et artistique. Une Commission de trente membres choisis par le roi, parmi les notabilités des lettres, des arts et de la magistrature, eut pour mission de préparer un projet de loi sur cette importante matière. M. Jules Mareschal fut élu secrétaire de cette Commission présidée par M. le vicomte de La Rochefoucauld, laquelle siégea six mois, et dont les procès-verbaux, rédigés sous la direction de M. Jules Mareschal, forment un vol. in-4° de plus de 300 pages d'impression, document précieux pour l'histoire de notre législation littéraire et qualifié d'admirable à la tribune de la Chambre des pairs. Une note passée en 1827, par le ministre de la Maison du roi au ministre de la Justice, demandait que, vu le concours actif et utile de M. Jules Mareschal aux travaux de la Commission, il fût choisi comme l'un des commissaires du roi chargés de soutenir la discussion devant les Chambres.

En 1827, M. J. Mareschal fut encore le promoteur de la restitution faite par ordre du roi Charles X à l'Hôtel des Invalides des débris et insignes des drapeaux conquis sur l'ennemi, lesquels, jusqu'en 1814, avaient décoré le dôme de l'édifice et que, dans la nuit du 31 mars, le vieux et illustre maréchal Sérurier, gouverneur de l'Hôtel, avait livrés aux flammes, faisant jeter dans le fleuve les morceaux de fer et de cuivre, restes de ces drapeaux, pour les soustraire aux armées alliées. M. Jules Mareschal fut nommé par le roi secrétaire de la Commission des maréchaux et lieutenant-généraux appelés à reconnaître et constater l'état de ces glorieux débris, au nombre de quatre cent quarante, retrouvés dans la Seine par deux anciens militaires qui furent dignement récompensés de cette œuvre patriotique. M. Mareschal a été membre du Conseil supérieur de l'Académie royale de musique et de la Commission de comptabilité des théâtres royaux. Il a fait partie du Conseil d'administration du département des Beaux-Arts. Quand éclata la révolution de Juillet, il quitta ses fonctions administratives pour se livrer à des travaux d'utilité publique, parmi lesquels il faut citer la fondation de plusieurs grandes lignes de chemins de fer, la création d'une rue monumentale devant la cathédrale d'Orléans, la colonisation des landes de Bordeaux, la filtration des eaux publiques de Paris, etc. Outre celles de ses publications dont il a déjà été question, mentionnons : *Mémoire sur les landes du littoral du golfe de Gascogne* (1842) ; — *Souvenirs d'Allemagne* (1842, in-4°) ; — *Un régent* (1843, 2 vol.) ; — *Wlasta ou la Charte des femmes*, chronique Bohème (1844) ; — *Mathilde de Nuremberg, légende allemande du X° siècle* (1847) ; — *l'Étoile du salut*, allégorie en vers (1848) ; — *Des chemins de fer considérés au point de vue social* (1851, gr. in-8°) ; — *Marseille et Bayonne, leur avenir et celui du Midi au point de vue du réseau pyrénéen* (1856) ; — *La Charité*, poëme (1864) ; — l'*Epitre*, en vers, à ma jeune cousine ; — le *Devoir*, ode sacrée ; — *Morceaux choisis de littérature* ; — *Précis historique sur les anciens âges de la Bohême* ; — *De la mise en valeur des Landes* ; — *Du droit héréditaire des auteurs* ; — *Mémoire à consulter sur la question de la propriété littéraire et artistique*, etc., etc. ; en tout quarante-deux publications successives, de 1815 à 1870, et un nombre immense d'articles de journaux. Sur ce qui touche la ligne suivie en littérature par M. Jules Mareschal, l'illustre baron de Barante lui écrivait en 1866 : « Vous avez consacré votre «vie littéraire à l'enseignement et à la promulga- «tion de la morale.» Et le non moins illustre philosophe et académicien Victor Cousin lui écrivait à la même époque : « J'ai appris à con- « naître le digne usage que vous faisiez, autre- « fois, d'une position élevée, et les nobles « sentiments que vous nourrissez dans votre « retraite. » Enfin, le poëte aimé du public, et dont la longue vie d'honneur relève encore le beau talent, Emile Deschamps, s'exprimait ainsi en 1866 à l'occasion de l'une des dernières publications de M. Jules Mareschal (*Le devoir*) : « Je vous avais lu avec un charme «et un intérêt qui s'augmentaient de tout ce « que je savais, par moi-même et avec tous, de

Biogr. nat. 31

« la noblesse de votre caractère, de l'excellence
« de votre âme et de la sympathie généreuse
« dont tant de gens de lettres et d'artistes ont
« ressenti les heureux effets quand vous diri-
« giez les beaux-arts, à la liste civile : le temps,
« l'éloignement, les barrières du monde, rien
« n'éteint, rien n'affaiblit même, du moins
« dans mon esprit, de telles impressions. »
Complétons la série de ces honorables témoignages par celui d'un des hommes d'État les plus éminents de la Restauration ; voici en quels termes M. de Villèle, longtemps après sa sortie des affaires, écrivait à M. Jules Mareschal, à l'occasion de l'envoi que ce dernier lui avait fait de son ouvrage intitulé : *Un Régent* :
« Ce livre et la note de votre main seront pré-
« cieusement conservés par moi et par les
« miens au nombre des témoignages hono-
« rables qui m'a valu mon passage aux af-
« faires. Vous êtes de ceux des fidèles aux
« vrais intérêts de notre pays, dont l'assenti-
« ment ne peut qu'être précieux à tous ceux
« qui, comme vous, ont fait tous leurs efforts
« pour les préserver. Agréez, etc. Votre très-
« affectionné : J. de Villèle. » M. Mareschal est membre de plusieurs Sociétés littéraires et savantes. Il a reçu la croix de chevalier de la Légion d'Honneur en 1825, quand il était un des principaux employés de la Maison du roi. Il allait être promu officier hors cadre et pour services extraordinaires, sur la promesse écrite de Charles X confirmée officiellement par le grand chancelier, quand la révolution de Juillet éclata. Il est un des doyens de la Société des gens de lettres.

MARET (Jean-Baptiste-Léon), né à Billom (Puy-de-Dôme), le 20 mai 1830. Élève des frères des écoles chrétiennes, dès l'âge de quatre ans, il entra plus tard au collège de Billom, dirigé par des prêtres, et y fit toutes ses classes avec succès. Après sa rhétorique, il alla suivre deux ans le cours de philosophie et un an celui de théologie, au grand séminaire de Montferrand, où professaient MM. de Saint-Sulpice. En 1852 et 1853, il fut chargé d'une éducation particulière aux cristalleries de Saint-Louis, près de Bitche, et profita de son séjour comme précepteur dans ce pays pour apprendre l'allemand et pour faire des voyages d'études en Suisse et en Allemagne. Il avait la pensée de se consacrer aux missions, quand Mgr Gros, évêque de Versailles, l'appela dans son diocèse et lui fit compléter ses études théologiques dans son grand séminaire. Ordonné prêtre le 17 mai 1856, il fut, dans le même mois, nommé vicaire à Bougival, où il resta près de dix ans, consacrant ses loisirs à des études religieuses, historiques et statistiques. Chargé, par Mgr Mabile, de fonder la nouvelle paroisse du Vésinet, il en fut installé, par ce prélat, premier curé le 2 juillet 1865. On sait que cette paroisse s'est considérablement accrue depuis quelques années, et que l'ancienne forêt inhabitée du Vésinet a été métamorphosée en un séjour des plus agréables et en une station fort recherchée. M. l'abbé Maret, porteur de dépêches du cardinal Morlot, archevêque de Paris, pour la Cour du Vatican, a fait le voyage de Rome et de Naples en décembre 1861, et a été reçu, le 24 du même mois, en audience particulière par S. S. Pie IX, qui, le 28 mars 1869, lui a conféré des lettres de missionnaire apostolique. Il est également chanoine honoraire de Bordeaux depuis le 28 juillet 1873, de Coutances et Avranches depuis le 8 février 1874, et d'Agen depuis le 25 janvier 1875. Parmi les travaux nombreux dus à M. l'abbé Léon Maret, qui a donné sa collaboration à beaucoup de journaux à partir de 1855, nous distinguons : *Études sur l'épiscopat*, dont il s'est occupé d'une façon particulière ; — des *Correspondances* avec toutes les *Semaines religieuses* de France, de Belgique, de Suisse et d'Italie ; — *Etude sur l'île Bourbon* (*Journal de Rennes*, 1857) ; — *Promenade historique aux environs de Paris*, et le *Blésois* et la *Touraine* (*Journal de Seine-et-Oise* et *Industriel de Saint-Germain-en-Laye*, 1856-1861) ; — *Voyage en Auvergne* (*Alsacien* de Strasbourg, *Haute-Auvergne* de Saint-Flour et *Courrier de la Limagne*, 1856-1861) ; — la *Biographie de Mgr de Levezou de Vezins*, évêque d'Agen, et celle du cardinal *Régnier*, archevêque de Cambrai ; — toutes les *Biographies* des évêques décédés, mentionnées dans la *France ecclésiastique* de M. Plon ; — la partie statistique d'une *Étude sur l'épiscopat français* (1864) ; — *Les Pères du concile du Vatican*, études biographiques et géographie sacrée ; — l'*Enseignement épiscopal*, approuvé par un grand nombre d'évêques (*Annales catholiques* de M. Chantrel) ; — et beaucoup d'articles, de variétés, de correspondances religieuses, de nécrologies, de statistiques, de biographies, de comptes rendus de mandements épiscopaux, etc., répandus dans une foule de journaux ou recueils, comme l'*Ami de l'ordre* de Noyon, le *Vœu national* de Metz, la *Haute-Auvergne*, le *Journal des villes et des campagnes*, le *Rosier de Marie*, le *Catéchiste*, les *Veillées chrétiennes*, l'*Enseignement catholique*, l'*Armorial des cardinaux, archevêques et évêques de France*, etc. M. l'abbé Maret, attaché à la rédaction du journal le *Monde*, est membre correspondant de la Société des lettres, sciences et arts de l'Aveyron, depuis le 15 mars 1874.

MAREY (Etienne-Jules), né à Beaune (Côte-d'Or), le 5 mars 1830. Il fit ses études classiques dans sa ville natale, et de médecine à la Faculté de Paris. Externe, puis interne des hôpitaux, il prit le grade de docteur, en 1860, avec une thèse sur la *Circulation du sang*. A la même époque, il fit un cours de physiologie expérimentale. En 1862, M. Marey ouvrit à l'Ecole pratique des cours libres sur la circulation du sang et sur le diagnostic des maladies du cœur et des vaisseaux sanguins ; puis, en 1864, il créa, rue de l'Ancienne-Comédie, son remarquable laboratoire de physiologie. Successeur de Flourens, en 1867, comme professeur d'histoire naturelle au Collège de France, il n'a pas interrompu ses brillants travaux sur la physiologie expérimentale et les applications de cette science aux progrès de la médecine. C'est ainsi qu'il a été amené à de précieuses découvertes concernant la chaleur animale, les fonctions musculaires, l'action nerveuse, les phénomènes électriques, l'action des poisons, etc. On lui doit aussi l'invention de plusieurs instruments de diagnostic. M. Marey a publié notamment : *Recherches sur la circulation du sang à l'état sain et dans les maladies* (1859) ; — *Physiologie médicale de la circulation du sang, basée sur l'étude graphique des mouvements du cœur et du pouls artériel, avec application aux maladies de l'appareil circulatoire* (1863) ; — *Tableau sommaire des appareils et expériences cardiographiques de MM. Chauveau et Marey* (1863) ; — *Etudes physiologiques sur les caractères graphiques des battements du cœur et des mouvements respiratoires, et sur les différentes influences qui les modifient* (1865) ; — *Du mouvement dans les fonctions de la vie* (1867) ; — *La machine animale*, ouvrage dans lequel l'auteur analyse les différents modes de locomotion employés par les animaux, et insiste tout particulièrement sur les *Allures du cheval*, le *Vol des oiseaux*, et le *Vol des insectes* (1873). Dans la plupart de ces travaux, l'auteur s'est servi de la méthode graphique ; il a créé de nouveaux appareils inscripteurs applicables, non-seulement à l'étude du mouvement proprement dit, mais à un grand nombre d'autres phénomènes. On doit en outre, à M. Marey, beaucoup d'écrits parus dans le *Journal de l'anatomie et de la physiologie de l'homme et des animaux*, la *Gazette hebdomadaire*, la *Gazette médicale*, les *Comptes rendus de l'Académie*, les *Annales des sciences naturelles*, les *Archives générales de médecine*, la *Revue des cours scientifiques*, l'*Annuaire scientifique*, les *Mémoires* de l'Académie de médecine et les *Comptes rendus* de la Société de biologie.

MARIAGE (Louis), né à Beaurieux (Aisne), le 21 août 1831, est issu d'une ancienne famille du Valois, dont on trouve des branches en Flandre, en Touraine, en Normandie, en Angleterre, où de ses membres se réfugièrent lors de la révocation de l'Édit de Nantes, et qui a compté des représentants au Parlement de Paris et parmi les dignitaires des Cours des derniers Valois, de Henri IV et ses successeurs. Après avoir fait de brillantes études classiques au collège de Saint-Quentin et au lycée Louis-le-Grand, et son droit à la Faculté de Paris, il s'est fait inscrire comme avocat au barreau de la Cour d'appel de Paris le 3 décembre 1853. Malgré ses succès dans quelques affaires criminelles, il s'est, de préférence, adonné à l'étude et à la plaidoirie des affaires civiles. Les causes importantes dont il a été chargé, tant à Paris qu'en province, ont été nombreuses. Il avait acquis ainsi, comme avocat, une notoriété réelle, lorsqu'il a été appelé, le 6 septembre 1870, à remplir les fonctions de substitut du procureur de la République près le tribunal de la Seine, en remplacement d'un magistrat démissionnaire.

MARIE (Adrien), né à Neuilly (Seine), le 20 octobre 1848. M. Marie a suivi l'atelier de M. Pils, et s'est adonné surtout à la peinture de genre. En 1867, il a débuté au Salon de Paris avec un tableau intitulé : *Inquiétude d'un avare*. Depuis, cet artiste a successivement exposé : *Pastorale* (1868) ; — *Un faucheur* (1869) ; — *En hiver* (aquarelle) ; *Japonaise*, aquarelle ; — *Une Bohémienne* ; *Les deux sorties* (1870) ; — *Mousoumé d'un dai-myo*, c'est-à-dire la fille d'un seigneur japonais (1872) ; — *L'enfant grec*, sujet emprunté aux *Orientales* de Victor Hugo ; *Un philosophe* (1874).

MARIE (Charles-François-Maximilien), né à Paris, le 1er janvier 1819. Fils d'un ancien officier de la République et du premier Empire, il entra à l'Ecole polytechnique en 1838, et à l'Ecole d'application d'artillerie de Metz en 1840. Mais, voyant toutes les prévisions politiques à la paix, et peu désireux d'être condamné à une vie de caserne, il donna presque aussitôt sa démission pour se consacrer à des recherches scientifiques et à l'enseignement. En 1841, il rédigea le compte rendu scientifique du *Journal du peuple* ; en 1848, il fonda la *France libre*, revue mensuelle dont la durée fut éphémère. Ses études et ses découvertes dans le domaine des sciences pures avaient attiré l'attention des savants ; mais les routiniers s'appliquaient à jeter le discrédit sur ses travaux, et ses opinions républicaines le tenaient à l'écart. Il vivait donc assez péniblement, quand M. Liouville lui prêta le concours de sa grande autorité en lui ouvrant (1858) les colonnes de son *Journal*, et en lui permettant d'y développer à l'aise toutes ses idées novatrices. En 1863, grâce à l'appui du général Poncelet, dont on connaît la compétence, il fut nommé ce qu'il est resté depuis, simple répétiteur à l'Ecole polytechnique. Cependant, M. Marie, même avant de quitter les bancs de l'Ecole, avait résolu le problème du mouvement d'un corps solide libre, qu'il croyait intact. Plus tard, il arriva, par l'emploi raisonné des solutions imaginaires, réalisées, à condenser, dans une même formule, les lois d'une infinité de phénomènes analogues à celui dont cette formule avait jusque-là servi à traduire la loi unique. C'est ainsi qu'il a découvert la théorie géométrique des intégrales simples, doubles, ou d'ordre quelconque et de leurs périodes ; celle de la marche continue d'une fonction implicite dépendant d'une variable imaginaire suivant la loi de progression est donnée ; celle des permutations dans ces cette fonction implicite ; celle de la convergence de la série Taylor ; et surtout une classification des intégrales quadratrices des courbes algébriques d'après le nombre de leurs périodes. Outre ces travaux insérés dans le *Journal* de M. Liouville, M. Marie a donné de nombreux articles au *Journal de l'Ecole polytechnique*, au *Grand dictionnaire* de M. Larousse, dont il est un des plus importants collaborateurs pour la partie scientifique, et au *Journal de l'Ecole normale*. On lui doit : *Discours sur la nature des grandeurs négatives et imaginaires, et interprétation des solutions imaginaires en géométrie* (1843, 2e édit. 1845) ; — *Nouvelle théorie des fonctions de variables imaginaires*, résumé des mémoires qui avaient paru dans le *Journal* de M. Liouville (1862) ; — *Leçons d'arithmétique élémentaire* (1863) ; — *Leçons d'algèbre élémentaire* (1863) ; — *Les questions sociales* (1869). Une justice tardive vient d'être rendue à M. Marie. Le gouvernement a voulu faire entièrement les frais de publication de la principale de ses œuvres, la *Théorie des fonctions de variables imaginaires* (3 vol. gr. in-8°, dont le premier a paru en 1874).

MARMIER (Xavier), né à Pontarlier (Doubs), le 24 juin 1809. Il fit ses études classiques en Franche-Comté, s'adonna à la littérature, collabora à un des journaux de Besançon et fit des voyages en Suisse, en Allemagne et en Hollande. En 1830, il publia à Paris des *Esquisses poétiques*. Deux ans plus tard, il rédigea la *Revue germanique*. En 1836, il fut associé à la Commission scientifique instituée par le gouvernement, pour l'exploration des contrées septentrionales. Il parcourut ensuite la Russie (1842), l'Orient (1845), l'Algérie (1846) et l'Amérique. Dans l'intervalle de ses voyages, il avait fait le cours de littérature étrangère à la Faculté de Rennes (1839), et rempli les fonctions de bibliothécaire au ministère de l'Instruction publique (1840-1846). Le 22 novembre 1846, il fut nommé conservateur de la bibliothèque Sainte-Geneviève. On lui doit un grand nombre de publications, presque toutes empruntées à ses études de linguistique et à ses souvenirs de voyage. Il a collaboré à la *Revue des Deux-Mondes*, à la *Revue britannique*, à l'*Histoire des villes de France*, au *Correspondant*, etc. Parmi les ouvrages de X. Marmier, on distingue : *Langue et littérature islandaises* (1838); — *Histoire de l'Islande depuis sa découverte jusqu'à nos jours* (1838); — *Histoire de la littérature en Danemarck et en Suède* (1839); — *Lettres sur le nord*, Danemarck, Suède, Laponie et Spitzberg (1840, 2 vol.); — *Souvenirs de voyages et traditions populaires* (1841); — *Chants populaires du nord*, traduits en français (1842); — *Lettres sur la Hollande* (1842); — *Poésies d'un voyageur*; *Histoire de la Scandinavie* (1844); — *Nouveaux souvenirs de voyages en Franche-Comté* (1845); — *Du Rhin au Nil* (1847, 2 vol.); — *Lettres sur la Russie, la Finlande et la Pologne* (1848, 2 vol.); — *Lettres sur l'Algérie* (1847); — *Lettres sur l'Amérique* (1852, 2 vol.); — *Lettres sur l'Adriatique et le Monténégro* (1854, 2 vol.); — *Un été au bord de la Baltique* (1856); — *Les fiancés du Spitzberg*, couronné par l'Académie française (1858); — *Voyage pittoresque en Allemagne* (1858-1859, 2 vol.); — *En Amérique et en Europe* (1859); — *Gazida*, prix de 2,000 francs de l'Académie française (1860); — *Histoires allemandes et scandinaves* (1860); — *Voyage en Suisse* (1861); — *Hélène et Suzanne*, *voyages et littérature* (1862); — *En Alsace, L'avare et son trésor* (1863); — *En chemin de fer* (1864); — *Histoire d'un pauvre musicien* (1866); — *De l'est à l'ouest, voyages et littérature*, et *Souvenirs d'un voyageur* (1867); — *Les hasards de la vie*, et les *Drames du cœur* (1868), etc. Le même auteur a publié des traductions : *Théâtre de Goethe* (1839), *Théâtre de Schiller* (1841), *Contes fantastiques* d'Hoffmann (1843), *Sous les sapins*, légendes et fantaisies scandinaves (1865), *Les voyages de Nils* (1869), *Robert Bruce* (1871). M. Xavier Marmier est entré à l'Académie française, en remplacement de M. de Pongerville, en 1870. Il est officier de la Légion d'Honneur depuis 1873, chevalier de l'ordre de Danebrog (Danemark) et de l'Étoile polaire (Suède), et commandeur de l'ordre de Charles III (Espagne).

MARMONTEL (Antoine-François), né à Clermont-Ferrand, le 16 juillet 1816. Arrière-petit-neveu de l'illustre écrivain du même nom, il fut élevé par son grand-père, professeur à l'Université, le bienfaiteur aimé de sa jeunesse. Il montra de bonne heure un goût prononcé pour la musique. Après avoir commencé ses études musicales à Orléans, où son grand-père avait été nommé professeur, il alla les continuer dans sa ville natale, sous la direction de l'habile professeur Pruneau, et fit de tels progrès, que le célèbre compositeur Onzlow l'adressa à Chérubini. Admis aussitôt (1828) au Conservatoire de Paris, il reçut les leçons de MM. Zimmermann et Dourlen, et remporta les prix de solfége en 1829, de piano en 1830, le 2e prix d'harmonie en 1832, et le 2e prix de fugue en 1835. Il était aussi l'élève affectionné de Lesueur et d'Halévy pour la composition. A sa sortie du Conservatoire, M. Marmontel, dénué de fortune, donna des leçons et organisa des concerts, comme tous les artistes musiciens qui luttent pour conquérir une place dans la vie. Mais ces obscurs travaux ne le détournèrent pas de sa véritable carrière. Il fut nommé professeur-adjoint de solfége au Conservatoire en 1836, et professeur titulaire en 1844. Suppléant de M. Henri Hertz, dans la classe de piano, en 1847, il succéda à M. Zimmermann en 1848. Comme exécution, comme enseignement et comme reflet particulier du génie national, la classe de M. Marmontel fait honneur à l'école française. On doit à cet éminent professeur la musique de beaucoup de romances, des mélodies, des morceaux de danse, où le sentiment mélodique s'associe à un rare talent d'harmoniste. Parmi ses œuvres les plus connues, on distingue trois *Grandes sonates*, des *Etudes sur le piano*, dix *Cahiers*, un *Allégro*, des *Nocturnes*, et 120 numéros d'*Œuvres originales*, *pièces caractéristiques*, *études élémentaires*, *progressives*, *difficiles*, *transcendantes*, *à deux et quatre mains*, *l'art de déchiffrer*, *une école de mécanisme*, etc. M. Marmontel a été nommé chevalier de la Légion d'Honneur le 14 août 1862.

MARMOTTAN (Jules), né à Valenciennes, le 26 décembre 1829. Il fit ses études de droit à Paris, où il fut reçu avocat en 1852, et se donna à l'industrie, aux affaires de banque et de finance. En 1861, il devint président du Conseil d'administration des mines de houille de Bruay, dont la Société est une des plus prospères du bassin du Pas-de-Calais. Le traité de commerce de 1860 ayant provoqué la chute des Forges et Houillères de Decazeville, dans l'Aveyron, M. Marmottan fut, en 1867, avec MM. Deseilligny, Léon Say, Duval, Schneider et Johnston, l'un des acquéreurs, fondateurs et administrateurs de la Société nouvelle. Il est, en outre, administrateur de plusieurs autres Compagnies industrielles et financières. En 1866, il créa, aux Mines de Bruay, pour faire baisser le prix des vivres, une Société coopérative de consommation qui a répondu à l'attente des fondateurs. M. Jules Marmottan a publié : *Essai sur le vrai caractère des caisses de secours instituées par les Compagnies houillères* (1870). Il a été nommé chevalier de la Légion d'Honneur en 1873, à la suite du voyage de M. le ministre des Travaux publics dans le bassin du Pas-de-Calais.

MARMOTTAN (Henri), né à Valenciennes, le 28 août 1832; frère du précédent. Reçu docteur en médecine à Paris, en 1858, il y exerça jusqu'en 1866; puis, il abandonna la médecine pour s'adonner spécialement à l'étude de l'histoire naturelle, pour laquelle il avait un goût particulier. Ses travaux l'ont mis en rapport avec toutes les Sociétés savantes de l'Europe, et il est membre correspondant de plusieurs d'entre elles. Républicain d'opinion, il fut appelé, après le 4 Septembre, à la mairie de Passy, en qualité d'adjoint au maire de cet arrondissement, M. Henri Martin, dont il était depuis longtemps l'ami. Le 6 octobre 1870, les électeurs du XVIe arrondissement le confirmèrent, à l'unanimité, dans ses fonctions de premier adjoint. Après le 18 Mars, le docteur Marmottan, opposé à Victor Hugo et à Félix Pyat, fut élu, à une grande majorité, membre de la Commune de Paris; mais il refusa de siéger à l'Hôtel-de-Ville. Au mois de juillet suivant, il fut appelé à faire partie du Conseil municipal de Paris, où il remplit, à deux reprises, les fonctions de secrétaire. M. le docteur Marmottan, républicain convaincu, siége à la Gauche dans le Conseil municipal. Il s'est prononcé, au Conseil général de la Seine, dans la session de 1871, en faveur de l'instruction gratuite, obligatoire et laïque, et a fait, sur cette question, un rapport qui a donné lieu, dans les journaux, à une chaude polémique. Il s'est aussi déclaré partisan de l'amnistie et de la levée de l'état de siége. M. le docteur Marmottan a été réélu conseiller municipal de Paris et conseiller général de la Seine le 29 novembre 1874.

MAROIS (Etienne-Amable), né à Gien (Loiret), le 28 mai 1833. Doué d'heureuses dispositions pour la peinture, il suivit l'atelier de M. Moreau. Il découvrit et mit en pratique, le premier, en 1865, les procédés de peinture « sous émail » qui ont fait le succès et la fortune de la manufacture de Gien. En 1864, il débuta au Salon de Paris avec un *Paysage sur les bords de la Loire* et un *Moulin dans le Berry*. Depuis, cet artiste a successivement exposé : *Rives de la Loire*, le matin ; *Etang de Corcambon*, forêt d'Orléans, acheté par la Commission des amis des arts d'Orléans (1865) ; — *Etang du château de Dampierre* et *Château de Dampierre*, tableaux acquis par M. de Béhague (1868) ; — *Village de Dampierre; Bord d'étang* (1869) ; — *Bord de rivière*, faïence; *Chaumière dans le Berry*, faïence; *Etang dans le Berry*, en été (1870). M. Marois a été médaillé à l'Exposition des amis des arts d'Orléans (1866), et à l'Exposition universelle des beaux-arts appliqués à l'industrie (Londres, 1873).

MARQUET DE VASSELOT (Jean-Joseph-Marie-Anatole), né à Paris, le 16 juin 1840. M. Marquet de Vasselot, issu d'une vieille famille noble du Poitou, a épousé la petite-fille de la célèbre Mlle de Sombreuil. Entré au ministère de l'Intérieur, comme rédacteur, en 1860, il a donné sa démission en 1863, et a été nommé premier secrétaire de la légation du roi de Siam à Paris. En 1865, il abandonna tout pour étudier le dessin et la statuaire, sous la direction de M. Jouffroy, de l'Institut, de Le Bourg, et du peintre Bonnat ; et, à partir de cette époque, il ne manqua pas une seule exposition annuelle. Voici la liste des œuvres de cet artiste qui ont figuré au Salon de Paris : le médaillon en plâtre de l'abbé *Liszt* (1866) ; — le médaillon en bronze de Mme L. *Marquet de Vasselot* (1867) ; — le buste en plâtre de *H. de Balzac* ; le médaillon en terre cuite de *A. Lincoln* (1868) ; — *Chloé*, statue en plâtre ; *Jeanne de Sombreuil*, médaillon en terre cuite (1869) ; —*Le Christ au tombeau*, statue en plâtre ; *H. de Balzac*, reproduit en bronze (1870) ; — *N. S. Jésus-Christ*, christ en marbre commandé par la Société de Jésus ; les bustes en marbre de *Balzac*, pour le Théâtre-Français, et du comte *de Chambord*, pour M. de Villemessant (1872) ; — *Chloé à la fontaine*, en marbre (1873) ; — *Patrie*, statue en marbre, achetée par le gouvernement pour la grande Chancellerie de la Légion d'Honneur. M. Marquet de Vasselot a obtenu, en 1873, une médaille d'or pour sa *Chloé*, qui a été achetée par le gouvernement et placée au Musée du Luxembourg. Il a été déclaré hors concours à Bruxelles, Caen, Rouen, Marseille, Bordeaux, et autres grands centres artistiques. Membre de la Société centrale d'ethnographie et de l'Académie des beaux-arts de Caen, il fait aussi partie des Sociétés de sauvetage de France, de Belgique et d'Italie. M. Marquet de Vasselot, engagé volontaire, a pris part à la défense de la capitale, pendant le siége de 1870-1871, comme capitaine au 16e régiment de Paris, a mérité d'être porté deux fois pour la croix de la Légion d'Honneur, et a reçu la médaille militaire, à la suite de la bataille de Buzenval, le 29 janvier 1871. Il est décoré de la médaille d'honneur du ministère de l'Intérieur (médaille de sauvetage), et officier du Mérite de Vénézuéla et de la République de Saint-Marin.

MARTHA (Benjamin-Constant), né à Strasbourg, le 4 juin 1820. Admis à l'Ecole normale en 1840, il en sortit en 1843, agrégé des lettres pour les classes supérieures, et fut professeur de seconde, puis de rhétorique au collége de Strasbourg. En 1854, il prit le grade de docteur ès lettres, et fut aussitôt nommé professeur de littérature ancienne à la Faculté des lettres de Douai. Chargé du cours de poésie latine au Collége de France, en 1857, professeur-suppléant du cours de poésie latine à la Sorbonne en 1865, il remplaça M. Berger, en 1869, comme professeur titulaire d'éloquence latine. M. Martha, littérateur distingué, moraliste sévère, historien érudit, a été élu membre de l'Académie des sciences morales et politiques, en 1872, en remplacement de M. Cochin. On lui doit : *De la morale pratique dans les lettres de Sénèque*, et *Dionis philosophantis effigies*, thèses de doctorat ; — *Les moralistes sous l'Empire romain, philosophes et poëtes* (1864) ; — *Le poëme de Lucrèce, morale, religion, science* (1869). Les deux derniers de ces ouvrages ont été couronnés par l'Académie française. En outre, M. Martha a publié, dans la *Revue contemporaine*, la *Revue européenne* et la *Revue des Deux-Mondes*, de nombreux articles qui n'ont pas été réunis en volume. Il est chevalier de la Légion d'Honneur depuis 1861.

MARTIGNY (Joseph-Alexandre), né à Sauverny, arrondissement de Gex (Ain), le 22 avril 1808. Il fit ses études classiques au petit séminaire de Belley, ses études théologiques au grand séminaire diocésain de Brou, à Bourg, et reçut la prêtrise en 1832. Après être quelque temps resté comme professeur au petit séminaire, il fut nommé vicaire en 1833, et desservant, en 1834, d'une succursale dans le voisinage de la ville épiscopale. Dans cette dernière position, il mit à profit ses loisirs et les consacra à des travaux littéraires. Il publia d'abord une traduction française du comte César Balbo : *De la littérature pendant les onze premiers siècles de l'ère chrétienne* (1840), puis, avec collaboration, les *Leçons d'éloquence sacrée* de Mgr Audisio (1844). Ce second ouvrage lui valut une médaille d'or de première classe du roi Charles Albert, et le titre de chanoine honoraire, qui lui fut conféré, en 1845, par l'évêque de Belley. Son intimité avec M. l'abbé Greppo, vicaire-général et correspondant de l'Institut, lui inspira le goût de l'archéologie, et il entreprit l'étude des antiquités chrétiennes, dont le premier fruit fut une *Notice historique, liturgique et archéologique sur le culte de sainte Agnès dans les premiers siècles* (1847). Nommé curé-archiprêtre de Bâgé-le-Châtel en 1849, il poursuivit ses travaux avec une nouvelle ardeur. L'Académie de Mâcon l'ayant admis parmi ses membres titulaires, il publia sous ses auspices de nombreux opuscules archéologiques : *De la représentation d'Orphée sur les monuments chrétiens primitifs* (1857); — *De l'usage du Flabellum dans les liturgies antiques* (1857); — *Des anneaux chez les premiers chrétiens, et de l'anneau épiscopal en particulier* (1858); — *Etude archéologique sur l'agneau et le bon pasteur*, suivie d'une notice sur les *Agnus dei* (1860); —*Explication d'un sarcophage chrétien du musée lapidaire de Lyon* (1864). Son ouvrage capital, résumé de près de trente années de travail, et devenu classique aujourd'hui, est son *Dictionnaire des antiquités chrétiennes* (1865, avec 270 grav.). M. l'abbé Martigny, nommé chanoine titulaire de la cathédrale de Belley le 24 juin 1866, est correspondant de la Société des antiquaires de France, membre de l'Académie romano-pontificale de la religion catholique et de l'Institut de correspondance archéologique (Rome-Berlin). En 1872, il a publié une *Lettre à M. Edmond Le Blant, membre de l'Institut, sur une lampe chrétienne inédite*. Depuis 1867, M. l'abbé Martigny publie, à Belley, une édition française, annotée par lui, du *Bulletin d'archéologie chrétienne*, recueil trimestriel du commandeur J.-B. de Rossi. Il a reçu la croix de la Légion d'Honneur en 1866.

MARTIN (Bon-Louis-Henri), né à Saint-Quentin (Aisne), le 20 février 1810. Issu d'une vieille famille de la bourgeoisie vermandoise, et fils d'un magistrat, il fut élevé dans le goût des livres et des études sérieuses, en même temps que dans le culte des belles-lettres. Après avoir terminé ses classes au collége de Saint-Quentin, il se prépara quelque temps au notariat; mais ses dispositions pour la littérature l'éloignèrent bientôt de cette carrière. Après la révolution de 1830, il écrivit des toriques sur l'époque de la Fronde. M. croix ayant préparé le projet d'une *Hi France par les principaux historiens*, pu tion qui, dans l'origine, devait être une simp série d'extraits des principales histoires et chroniques, reliés par des transitions et des additions complémentaires, M. Henri Martin se chargea de la première partie de cette *Histoire*, puis la continua seul, et fit de cette œuvre, conçue d'abord comme collective, son œuvre personnelle. C'est ce qui explique pourquoi son nom n'apparaît qu'à partir du 10e volume de la 1re édition. Cet ouvrage, dont une 2e édition parut sans avoir été revue par l'auteur, était à peine terminé, que M. Henri Martin le reprit en sous-œuvre, sur un plan plus vaste, et avec des matériaux plus abondants. Cette 3e édition constitue un monument historique et littéraire dont plusieurs parties ont remporté les grands prix de l'Académie des inscriptions et de l'Académie française. L'accueil fait par le public à son travail n'empêcha pas l'auteur de remanier encore à fond son ouvrage, pour le mettre au niveau des nouvelles connaissances acquises sur l'époque celtique, le Moyen Age et le XVIe siècle, et d'y compléter en même temps, dans une 4e édition, les parties relatives à l'histoire et à la religion des Gaulois, aux origines de la langue et de la poésie nationale, à la féodalité, à l'histoire diplomatique et religieuse du XVIe siècle. Cette *Histoire de France*, qui se recommande par l'exactitude, l'impartialité et un sentiment philosophique des plus élevés, a placé celui qui l'a écrite parmi les premiers historiens de notre époque. M. Henri Martin a fait, en 1848, un cours à la Sorbonne sur l'histoire diplomatique de la Révolution. Nommé, le 5 septembre 1870, puis élu, le 5 novembre, maire du XVIe arrondissement de Paris, il a été appelé, pendant le siége, à faire partie de la Commission de l'enseignement communal. Le 18 mars 1871, il a tenté, avec ses collègues, de s'opposer à l'établissement de la Commune, et de centraliser la résistance légale à la mairie du IIe arrondissement. Un peu plus tard, il a protesté, dans le *Siècle*, contre les idées fédéralistes que l'on prêtait aux insurgés. Rentré à Paris après la fin de la guerre civile, que ses amis et lui n'avaient pu prévenir, il ne reprit que pour un moment possession de sa mairie, et renonça bientôt à ces fonctions administratives qu'il n'avait jamais eu intention de conserver après la crise. Le 8 février 1871, il a été élu représentant de l'Aisne et de la Seine à l'Assemblée nationale, et a opté pour le département de l'Aisne. A la Chambre, il siége sur les bancs de la Gauche-Républicaine. C'est à lui qu'est due la rédaction du manifeste de la Gauche, publié lors de la prorogation. Il s'est associé à une proposition de loi sur l'instruction obligatoire, en ajournant la gratuité absolue. M. Henri Martin a collaboré à beaucoup de recueils et journaux libéraux, tels que le *Siècle*, le *Monde* (de Lamennais), l'*Artiste*, le *National*, la *Revue indépendante*, la *Liberté de penser*, la *Revue de Paris*, l'*Encyclopédie nouvelle*, etc. On lui doit : *La vieille Fronde* (1832); — *Minuit et demi* (1832), reparu sous le titre de *Tancrède de Rohan* (1855); —

Le libelliste (1833) ; — *Histoire de France depuis les temps les plus reculés jusqu'en* 1789, ouvrage qui a obtenu le 1er prix Gobert à l'Académie des inscriptions et belles-lettres en 1844, et, à l'Académie française, le second prix de la même fondation en 1851, 1852, 1853, puis le 1er prix en 1856 (1833-1836, 4e édit., 1856-1860) ; — *De la France, de son génie et de ses destinées* (1847) ; — *La monarchie au XVIIe siècle*, thèse de doctorat ès lettres (1848) ; — *Jeanne d'Arc* (1857) ; — *Daniel Manin*, précédé d'*Un souvenir de Manin*, par M. Legouvé (1859, 2e édit., 1861) ;— *L'unité italienne et la France* (1861) ; — *Jean Reynaud* (1863) ; — *Pologne et Moscovie* (1863) ;—*Vercingétorix*, étude (1864) ; —*Le 24 février*, étude sur *l'Histoire de la révolution de* 1848 par M. Garnier-Pagès (1864) ;— *Vercingétorix*, drame héroïque en 5 actes et en vers (1865) ; — *Séparation de l'Eglise et de l'Etat* (1865) ; — *La Russie et l'Europe* (1866) ;— *Notice sur Bunsen*, en tête de la traduction de *Dieu dans l'histoire*, de Bunsen, par M. Dietz (1867) ; — *Etudes d'archéologie celtique* (1872). M. Henri Martin publie par livraisons, depuis 1867, une *Histoire de France populaire illustrée*, qui, interrompue par la guerre, a été reprise en 1871, et qui est maintenant parvenue à l'époque du Directoire. Il a remplacé Pierre Clément à l'Académie des sciences morales et politiques, dans la section d'histoire générale et philosophique, le 29 juillet 1871.

MARTIN (Charles-Marie-Félix), né à Neuilly-sur-Seine, le 2 juin 1844. Sourd-muet de naissance, M. Martin se consacra à la sculpture. Après avoir reçu les premières notions de son art dans l'atelier de M. Loison, il fut admis l'un des premiers à l'Ecole des beaux-arts, en 1863, et reçut successivement, dans le même atelier, les leçons de Duret et de MM. Guillaume et Cavelier. En 1865, il remporta la grande médaille au concours de la *Tête d'expression*. Depuis 1864, il a concouru pour le prix de Rome ; et, en 1869, il a obtenu un accessit au grand prix pour son bas-relief représentant *Alexandre et Philippe, son médecin*. Admis, depuis 1864, à toutes les expositions des Champs-Elysées, ce jeune et intéressant artiste s'est fait remarquer par plusieurs œuvres d'un mérite réel, telles que son groupe représentant *Saint François de Sales commençant l'éducation d'un jeune sourd-muet*, et les bustes, frappants de ressemblance, des docteurs *Guersant* et *Blache*. On a vu de lui, au Salon de 1872, une statue assise de *Louis XI à Péronne*, dont tous les artistes et tous les critiques ont fait le plus grand éloge, tant à cause de l'expression du personnage que pour l'excellent style de la composition générale. En 1873, il a envoyé un remarquable groupe en marbre représentant la *Chasse au nègre* ; cette œuvre, d'un très-grand style et d'une exécution énergique, a été achetée par l'Etat et doit servir à la décoration d'un des jardins publics de Paris. Cette année, M. Martin n'a pas été moins heureux avec l'exposition de son *Ecce homo*, statue en plâtre.

MARTIN (Edmond), né à Caen, le 9 avril 1831. Il fit son droit à Caen, et prit place au barreau de la même ville. Juge-suppléant, puis juge au tribunal de Pont-l'Evêque, il ouvrit, en 1867, dans cette localité, un cours de législation usuelle qui réunissait chaque soir un grand nombre d'auditeurs. Il fut nommé juge au tribunal d'Alençon en 1869, et juge d'instruction au même siége en 1872. M. Edmond Martin a collaboré, dans les premiers temps de sa carrière, au *Moniteur des Tribunaux* et à la *Revue judiciaire*. On lui doit: *Pratique de la procédure de l'Ordre*, résumé de la jurisprudence sur la loi du 23 mai 1858 (1866, avec suppl. 1869, nouv. édit., revue et augm., avec préface sur le *Caractère social* de la loi de 1858, 1874). — *De l'utilité des conférences de législation usuelle* (1867); — *De l'instruction criminelle et de la liberté provisoire* (1869); — *Lois et arrêtés sur les examens du brevet de capacité* (1873). M. Edmond Martin est président de la Commission départementale de l'Orne pour l'instruction publique. Au moment de la guerre franco-allemande, il utilisa dans les ambulances les notions médicales qu'il avait puisées auprès de son père, docteur-médecin à Caen, se distingua sur les champs de bataille près d'Alençon, et reçut la croix des ambulances. Les trois éditions successives de *l'Histoire des combats d'Alençon*, publiée par lui, furent bientôt épuisées. M. Edmond Martin est membre correspondant de l'Académie de législation. Il a été nommé officier d'Académie en 1869.

MARTIN [DE STRASBOURG] (Edouard), né à Mulhouse (Haut-Rhin), le 7 juin 1801. Reçu docteur en droit, il occupait un rang distingué parmi les avocats de Strasbourg, quand il fut élu député par le 2e collège de cette ville, en 1837. Membre, avec Jacques Laffitte, Dupont de l'Eure et François Arago, du Comité fondé en 1838 pour la réforme électorale, il prit bientôt, par son talent oratoire, l'étendue de ses connaissances et la noblesse de son caractère, une place importante dans l'opposition démocratique. Il se présenta sans succès, pour la députation, en 1842 et 1845 ; mais, après la révolution de Février, où il joua un rôle très-actif, le département du Bas-Rhin l'envoya à l'Assemblée constituante par 85,621 voix. Membre du Comité de constitution, il vota toujours pour un large développement des principes démocratiques, et appuya la candidature du général Cavaignac à la présidence. N'ayant pas été réélu, en 1849, à la Législative, il se renferma dans l'exercice de la charge d'avocat au Conseil d'Etat et à la Cour de cassation qu'il avait achetée en 1838, et qu'il vendit en 1852 pour ne pas prêter serment au nouveau gouvernement. Inscrit alors au barreau de Paris, Martin (de Strasbourg) est décédé dans cette ville le 21 décembre 1858.

MARTIN (Emile), né à Avignon, en 1837. Il fit ses études médicales aux Facultés de Paris et de Montpellier, se consacra surtout à l'étude des affections des organes de la vue, et prit le grade de docteur en 1860, avec une thèse intitulée : *Des maladies chroniques*. S'étant ensuite fixé à Marseille, comme médecin oculiste, il ne tarda pas à jouir d'une belle position, et devint, en 1868, directeur de l'Institut ophthalmique de cette ville. On lui doit, sur sa spécialité, des travaux qui ont eu du retentissement dans le monde savant. Voici la liste de ses ouvrages : *Traité pratique des maladies des yeux*, contenant l'exposé des affections des organes de la vue et les formules médicinales applicables à leur traitement (1863, avec fig. dans le texte et pl. color.); — *De l'opération de la cataracte, et du Procédé opératoire de réclinaison pour la cornée ou kératonyxis* (1864); — *Atlas d'ophthalmoscopie*, accompagné de considérations générales sur les altérations profondes de l'œil visibles à l'ophthalmoscope, de tableaux symptomatologiques résumés, etc. (1865, petit in-4° avec 8 pl. de dessins color. d'après nature). M. le docteur Martin est membre de plusieurs Sociétés savantes.

MARTIN (Félix), né à Arras, le 17 mars 1814. Orphelin et sans fortune, il débuta, à 14 ans, par un très-modeste emploi dans un grand service municipal de Paris. En même temps, il étudia l'architecture dans les écoles publiques et y obtint des succès. De 1835 à 1848, il fut chargé par Visconti et par M. Duc de diriger les travaux de plusieurs grandes cérémonies publiques. Les capacités dont il fit preuve dans l'exécution de ces travaux attirèrent sur lui l'attention du gouvernement. Devenu, en 1853, contrôleur en chef des bâtiments de la Couronne, il conserva six ans cette position. En 1859, il fut choisi comme administrateur du Grand-Opéra, sous la direction de M. Alph. Royer. Dans ces nouvelles fonctions, il se signala par une fermeté de caractère qui n'excluait pas la bienveillance, et surtout par un rare esprit d'économie. En 1863, il fut appelé à la direction du Sous-Comptoir des entrepreneurs. Cet établissement, créé en 1848, pour venir en aide aux entreprises en détresse, prit alors un développement très-grand, et concourut activement à la transformation du vieux Paris. Depuis cette époque, M. Félix Martin joue un grand rôle dans le monde financier, où ses aptitudes et sa prudence en affaires sont appréciées très-favorablement. Il a vu ses travaux récompensés, en 1860, par la décoration de la Légion d'Honneur, et, un peu plus tard, par celle de l'ordre de Saint-Stanislas de Russie.

MARTIN (Hugues), né à Bordeaux, en 1809. Elève de l'Académie de Bordeaux et de Sigalon, M. Martin a débuté au Salon de Paris, en 1846, avec un paysage intitulé : *Callot enfant dessinant au milieu d'une troupe de Bohémiens*. Depuis, cet artiste a exposé : *Elie prêchant la foi; Elie traversant le désert; Paysage et ronde* (1847); — *Mort d'Elischa, l'homme de Dieu; Excursion dans les Gaules; Moment d'orage* (1848); — *Invasion des Romains dans les Gaules; Un coup de soleil*, paysage (1849); — *Caravane dans l'Inde; La mare aux Hévés; Dessous de bois* (forêt de Fontainebleau); *Plaine des Macherius* (1850); — *Coup de soleil*, paysage; *Halte dans l'Inde* (1853); — *Marche dans le désert; Bataille des Romains contre les Germains* (E. U. 1855); — *Paysage* (1857); — *Chasse au cerf; Parc* (1859); — deux *Paysages* (1861); — *Jésus au jardin*, paysage; *Une campagne*, chasse (1864); — *Bataille de Bethsacarie, livrée par Judas Macchabée à Anthiochus Eupator; Excur-* sion *sur les Romains* (1865); — *Jardin antique* (1866); — *Bandits*, paysage d'Auvergne; un *Prophète et des Ruines*, dessins (1867); — *Parc; Vue prise en Bretagne; Mausolée*, paysage, dessin (1868); — *Bords de la Loire; Lisière de la forêt de Fontainebleau* (1869); — *Paysage; La Seine*, paysage; *Jardin antique; Ruines dans un paysage* (1870); — *L'Oise* (1872); — *Saint Paul persécuté et conduit à Rome; Paysage* (1874). Attaché, comme peintre, à l'Académie de musique, M. Hugues Martin a exécuté les décors des opéras la *Fronde*, le *Maître chanteur* (1853), la *Nonne sanglante* (1854), *Nicette* (1855), le *Cheval de bronze* (1856), la *Magicienne* (1857), *Pierre de Médicis* (1859), l'*Etoile de Séville* (1861), la *Reine de Saba* (1862), et des ballets suivants : la *Fonti* (1854), le *Corsaire* (1855), les *Elfes* (1857), la *Sacountala* (1858), *Aïda* (1860).

MARTIN (Louis-Auguste), né à Paris, le 25 avril 1811. Après avoir exercé, pendant plusieurs années, la sténographie au Collége de France et à la Sorbonne, M. Martin a été reçu, dans un concours ouvert en 1841, sténographe officiel au *Moniteur*. Depuis 1848 jusqu'à ce jour, il a fait partie du service sténographique de nos diverses assemblées législatives. Il a occupé les nombreux loisirs que lui laissaient ses fonctions à des travaux littéraires, historiques et philosophiques, et publié des ouvrages dont voici les principaux : *Le livre du cœur, ou Entretiens sur l'amitié*, couronné par la Société d'enseignement (1842); — *Esprit moral du XIXᵉ siècle*, mis à l'index par la Congrégation de Rome (1844), 2ᵉ édit., Bruxelles (1854); — *Histoire morale de la Gaule depuis les temps les plus reculés jusqu'à la chute de l'Empire romain* (1847); — *Vrais et faux catholiques*, ouvrage qui fut l'objet de poursuites judiciaires en 1858, valut à son auteur une condamnation à 6 mois de prison et 2,000 fr. d'amende, pour attaque au respect dû aux lois, et fut mis également à l'index par la Congrégation de Rome (1857); — *Voyage autour de ma prison* (Bruxelles, 1859); — *La morale chez les Chinois* (1859); — *Les civilisations primitives en Orient* (1860); — *Histoire de la femme chez tous les peuples de l'antiquité* (1861, 2 vol.); — *Libres pensées rimées*, poésies philosophiques et politiques (1873); — *Le lazaret de Kavak, ou une quarantaine dans le Bosphore* (1874); — *La femme en Chine* (1875). On doit au même auteur un grand nombre de brochures et d'articles insérés dans plusieurs journaux et revues. L'un des fondateurs du journal la *Morale indépendante*, M. Martin a entrepris seul, en 1864, un *Annuaire philosophique* par livraisons mensuelles, dont la publication a été interrompue, en 1870, par la guerre franco-allemande. M. L.-A. Martin est membre de plusieurs Sociétés savantes et de l'Institut de Genève. Il a été élu conseiller municipal, en 1874, dans le département de Seine-et-Oise.

MARTIN (Nicolas), né à Bonn (Prusse-Rhénane), d'un père français, le 7 juillet 1814. M. N. Martin est le neveu, par sa mère, du poète allemand Karl Simrock. Venu de bonne heure en France, il entra dans l'administration des douanes, comme surnuméraire à Dunkerque, en 1832, fut appelé à Paris en

1838, et devint chef de bureau à la direction centrale. Menant de front des travaux de linguistique et de littérature pure avec ses fonctions administratives, il débuta à Dunkerque en insérant, dans le journal de la localité, des pièces de vers qui furent réunies en volume (1837), sous ce titre : *Les harmonies de la famille*. Puis il publia : *Ariel*, recueil de chansons et de sonnets (1841) ; — *Louise*, poëme (1842) ; — *Les cordes graves* (1845) ; — *Les poëtes contemporains de l'Allemagne*, études critiques et biographiques parues d'abord dans l'*Artiste* et la *Revue de Paris*, et dont une série nouvelle a été publiée en 1860. L'apparition de ce beau travail valut à M. N. Martin d'être chargé par M. de Salvandy, ministre de l'Instruction publique, d'aller faire en Allemagne des recherches relatives aux cycles épiques de ce pays. Les résultats de sa mission, après avoir paru, sous forme d'articles, dans le *Journal général de l'instruction publique* et le *Moniteur universel*, furent rassemblés en volume sous le titre de *France et Allemagne* (1852). M. N. Martin a rédigé la critique littéraire, au *Moniteur universel*, de 1842 à 1852. Outre les œuvres poétiques citées plus haut, il a publié : *Une gerbe* (1849) ; — *L'écrin d'Ariel* (1853) ; — *La guerre* (1854) ; — *Le presbytère*, épopée domestique (1856), 3ᵉ édit., 1859) : — *Mariska*, légende magyare qui a eu 3 éditions en deux ans (1860) ; — *Gazette en vers; Julien l'Apostat* ; *Poésies nouvelles* (1863). Enfin, on lui doit une traduction des *Contes de la famille* des frères Grimm (1846-1847, 2 vol.) ; — *L'art de devenir un critique d'art en deux heures* (1861) ; — *Contes allemands*, illustrés par Bertall, etc. Trois éditions complètes de ses poésies ont été publiées en 1847, 1857 et 1867. M. N. Martin, nommé professeur de littérature étrangère à la Faculté de Rennes en 1847, a refusé cette position. Il a reçu la croix de la Légion d'Honneur le 12 août 1865.

MARTIN (Pierre-Paul), né à Digne, le 15 août 1832. Elève de E. Loubon, il s'est adonné spécialement à la peinture du paysage, qu'il traite à l'aquarelle avec une grande supériorité. Tous ses tableaux admis au Salon de Paris sont des aquarelles. Après avoir débuté, en 1863, avec une *Vue prise à Saint-Paul-de-Durance*, et des vues prises à *Montredon* et à *Saint-Marcel*, près Marseille, M. Martin a successivement exposé : *Chemin à Saint-Pons*, près Marseille; *Environs de Saint-Remy*, en Provence (1864); — *Soleil couchant sur les bords de la Siagne*, à Cannes; *Effet de matin* (1865); — un *Soleil couchant* et les *Rochers de Saint-Eucher*, à Saint-Paul-de-Durance (1866); — *Excursion en Provence*, 25 sujets ; *Les Hautes-Sieyes*, bords de la Bléone à Digne, au soleil couchant (1868) ; — *Environs de Digne*, 9 sujets (1869) ; — *Excursion dans les Basses-Alpes*, 18 sujets (1870); — *Digue du Ferréol* (Basses-Alpes), au soleil couchant ; *Gorges de la Pia-de-Roland*, dans les Basses-Alpes (1872) ; — *Aux Grillons* (1873).

MARTIN (Thomas-Henri), né à Bellême (Orne), le 4 février 1813. Elève du petit séminaire de Séez et des colléges communaux de Séez et d'Avranches, il fut clerc de notaire à Bellême pendant un an; puis il fut admis à l'Ecole normale supérieure (section des lettres) en 1831, en même temps que son frère aîné Louis Martin, mort en 1871 professeur de code civil à la Faculté de droit d'Aix. En 1834, il passa avec succès l'examen d'agrégation des classes supérieures des lettres, et fut nommé professeur de troisième au lycée de Dijon. De 1835 à 1838, il fut professeur de seconde au lycée de Caen. Reçu docteur ès lettres à la Faculté de Paris, en 1836, avec une thèse française sur la *Poétique d'Aristote* et une thèse latine sur le *Système philosophique de Spinoza*, il fut nommé professeur de littérature ancienne à la Faculté des lettres de Rennes, lors de sa création en 1838. Depuis 1844, il est en même temps doyen de cette Faculté. Elu correspondant de l'Académie des sciences morales et politiques en 1850, nommé correspondant de l'Académie des sciences de Berlin en 1855, il est, depuis 1871, membre libre de l'Académie des inscriptions et belles-lettres. On lui doit de nombreuses publications qui témoignent d'une profonde érudition et d'un grand sentiment religieux uni à beaucoup d'indépendance d'esprit. Citons : *Etudes sur le Timée de Platon*, avec texte grec et traduction française du dialogue, ouvrage qui obtint un prix de l'Académie française (1841, 2 vol.);—*Theonis Smyrnæi platonici liber de astronomia*, édition, avec traduction latine et commentaire, d'un ouvrage grec jusqu'alors inédit, imprimée aux frais de l'Etat (1849); — *Philosophie spiritualiste de la nature*, ouvrage auquel l'Académie française a décerné un prix Montyon (1849, 2 vol.); — *La vie future* (1ʳᵉ édition 1855, 3ᵉ édit. revue et augm., 1870); — *La foudre, l'électricité et le magnétisme chez les anciens* (1866);—*Galilée, les droits de la science et la méthode des sciences physiques*, ouvrage auquel l'Académie française a décerné en 1869 un prix Montyon (1868); — *Les sciences et la philosophie* (1869); — *Le mal social et ses remèdes prétendus* (1872), etc. En outre, M. Martin a fait paraître, dans le *Dictionnaire des sciences philosophiques* publié par M. Franck, le *Dictionnaire général de biographie et d'histoire* de MM. Dezobry et Bachelet, le *Dictionnaire des antiquités grecques et romaines* publié par MM. Daremberg et Saglio, le *Journal général de l'Instruction publique* et la *Revue archéologique*, dans les *Annali di scienze matematiche e fisiche*, les *Annali di matematica pura ed applicata*, les *Atti dell' Academia pontificia de' nuovi Lincei* et le *Bulletino di bibliografia e di storia delle scienze matematiche e fisiche* de Rome, dans les *Mémoires de l'Académie des sciences, arts et belles-lettres de Caen* (Académie dont il a été membre titulaire et dont il est membre honoraire), le recueil des *Mémoires présentés à l'Académie des sciences morales et politiques*, et les *Comptes rendus des séances* de cette Académie, mais surtout dans le recueil des *Mémoires présentés par divers savants à l'Académie des inscriptions et belles-lettres*, et dans le recueil des *Mémoires* de cette Académie, depuis qu'il en est membre ; dans ces divers recueils, disons-nous, il a fait paraître un grand nombre d'articles et de mémoires, qui concernent les uns la philosophie et son histoire, d'autres la littérature et notamment la littérature grecque, les autres, les plus nombreux, l'histoire des sciences mathématiques et physiques et spécialement de l'astronomie dans l'antiquité grecque, romaine, égyptienne et orientale. Ces mémoires, dont quelques-uns sont très-étendus, par exemple le volume sur la *Vie et les œuvres du mathématicien et mécanicien Héron d'Alexandrie*, et le mémoire contenant l'*Histoire des notions antiques sur la précession des équinoxes*, forment la partie la moins connue, mais non la moins importante des œuvres de M. Martin. Il prépare en ce moment une *Histoire des hypothèses astronomiques chez les Grecs et chez les Romains*, dont quelques morceaux ont paru comme mémoires détachés. M. Martin est officier de la Légion d'Honneur depuis 1862.

MARTIN-DAMOURETTE (Félix-Antoine), né à Herpont (Marne), le 19 février 1822. Il fit ses études classiques au collége de Châlons où il obtint de brillants succès, et commença ses études médicales à l'École secondaire de Reims en 1841. Reçu, au concours, premier interne en 1842, il fut chargé, en 1843, du service médical de Somme-Vesle et de plusieurs villages voisins, pendant une épidémie de dyssenterie dont la médecin de cette localité avait été victime. Puis il vint terminer ses études à Paris où il prit le grade de docteur, le 29 mars 1851, avec une thèse sur la *Dyssenterie*. Etabli dans la capitale, M. le docteur Martin-Damourette s'y est voué, depuis 24 ans, à l'enseignement libre de la thérapeutique, où l'un des premiers il a introduit les données de la physiologie expérimentale. Guidé par les résultats des nombreuses expériences auxquelles il s'était livré dans le but d'éclairer le mode d'action des médicaments, science qu'il désigna sous le titre de *Physiologie thérapeutique*, il fit en 1866 et 1867 un premier cours de thérapeutique expérimentale qui eut un grand succès. On peut du reste se faire une idée du caractère et de l'excellence de son enseignement, ainsi que de la mesure dans laquelle il a contribué à la vulgarisation et au progrès de la thérapeutique, en songeant que ses cours ont été, jusqu'à ce jour, suivis par plus de six mille élèves, dont plus d'un est arrivé à la notoriété. Chargé, en 1863, de diriger les études des jeunes médecins de la mission égyptienne, il a mérité, par la savante exécution de son mandat, d'être nommé, sur la proposition du vice-roi d'Egypte, officier du Medjidié de Turquie. Le temps considérable que M. le docteur Martin-Damourette a dû donner à son enseignement oral, l'a jusqu'à présent empêché de déférer au désir de ses anciens élèves, et de compléter, comme écrivain, les services qu'il leur a rendus comme professeur. Cependant, il a publié, dans les *Bulletins et Mémoires* de la Société de thérapeutique de Paris, dont il est un des membres les plus actifs, une *Etude expérimentale sur l'action physiologique du bromure de potassium*, une *Etude de physiologie expérimentale et thérapeutique sur la ciguë et son alcaloïde*, avec la collaboration du docteur Pelvet, enfin une *Etude sur l'antagonisme de l'ésérine avec elle-même et avec l'atropine* dans le *Journal de thérapeutique*. C'est en rendant compte de ce dernier travail dans la *Gazette des hôpitaux* (n° 112 de 1874), que l'un des doyens de la presse médicale et l'un de ses membres les plus autorisés, M. Brochin, indique la part du docteur Martin-Damourette dans le mouvement scientifique : « Pendant que les maîtres (pour ne citer que les nôtres), M. Cl. Bernard au Collége de France, M. Sée dans sa clinique de la Charité, M. Gubler dans sa chaire et dans la presse, où il a pris récemment un rôle militant, poussent et dirigent les nouvelles générations médicales dans ces sentiers nouveaux (l'expérimentation physiologique), M. le docteur Martin-Damourette, depuis longtemps passé maître aussi, fait mieux encore que de montrer comment et dans quelle direction il faut marcher, il marche pour donner l'exemple. »

MARTIN DES PALLIÈRES (Charles-Gabriel-Félicité), né à Courbevoie, près Paris, le 22 novembre 1823. Admis à l'Ecole Saint-Cyr le 25 mai 1841, et nommé sous-lieutenant dans l'infanterie de marine le 1er avril 1843, il fut promu lieutenant le 7 mai 1847, capitaine le 4 décembre 1852, chef de bataillon le 27 juillet 1855, et appelé, comme lieutenant-colonel, le 24 février 1860, au commandement des tirailleurs sénégalais. Il reçut les épaulettes de colonel en 1864, et fut élevé au grade de général de brigade en 1868. A cette époque, il avait pris part à l'expédition de Mogador, où il fut blessé grièvement, fait longtemps campagne au Sénégal, assisté au siége de Sébastopol, où il reçut une balle qui lui traversa le cou à l'attaque du Mamelon-Vert, et rempli les fonctions de commandant supérieur à Gorée. Lorsqu'éclata la guerre franco-allemande, il prit le commandement d'une brigade du 12e corps, sous les ordres du maréchal de Mac-Mahon. A la tête du 1er régiment de sa brigade d'infanterie de marine, il soutint à Bazeilles, le 30 août, presque tout l'effort du combat, et reçut une blessure si grave que, fait prisonnier, il fut considéré par l'ennemi comme impropre au service militaire, au moins pendant toute la durée de la guerre, et évacué sur Mézières. Grâce à sa forte constitution, il se trouva bientôt sur pied, et se rendit à Tours. Nommé général de division à l'armée de la Loire, il fut appelé, le 14 novembre, au commandement du 15e corps. Le 3 décembre, quand le général Aurelle de Paladines évacua Orléans, il couvrit la retraite, encloua des canons et fit sauter les ponts. Mais, sur ces entrefaites, à la suite de la direction imprimée aux opérations par le gouvernement, éclatèrent, entre lui et ce dernier, des dissentiments à la suite desquels il se retira. M. Martin des Pallières est rentré à l'activité après la conclusion de la paix. Elu représentant de la Gironde à l'Assemblée nationale, le 8 février 1871, il n'a pas cessé jusqu'à présent (1874) d'y remplir les fonctions de questeur. Il ne fait partie d'aucun groupe parlementaire, mais a toujours voté avec la Droite modérée et le Centre-Droit, et a soutenu à la tribune, avec beaucoup de talent, l'amendement au projet de réorganisation militaire qu'il avait déposé, d'accord avec M. le colonel Chareton, et qui avait pour but d'exiger, à l'avenir, un an au moins et quatre ans au plus de service sous les drapeaux. M. le général Martin des Pallières a publié : *Réorganisation de l'armée française* (1871) ; — *Orléans* (1872). Chevalier de la Légion d'Honneur en 1844, officier en 1854, il a été promu commandeur en 1869.

MARTIN-LAUZER (Auguste-Germain-Marie), né à Auray (Morbihan), le 20 septembre 1812. Il fit ses classes chez les Jésuites à Saint-Acheul, près d'Amiens, et au Passage, en Espagne. Ensuite, il vint faire ses études médicales à la Faculté de Paris, où il prit le grade de docteur en 1840, avec une thèse intitulée : *Des tempéraments, etc.*, remporta le prix Corvisart en 1843, et devint, en 1845, chef de clinique de la Faculté. Successeur du professeur Trousseau, dès 1843, comme rédacteur principal du *Journal des connaissances médico-chirurgicales*, il prit, en 1847, la rédaction en chef de ce journal, qui échangea son titre contre celui de *Revue de thérapeutique*. M. le docteur Martin-Lauzer s'est consacré presque exclusivement à la presse médicale. Il a fait paraître de nombreux mémoires, dont le plus grand nombre sur les *Propriétés des plantes de l'Europe* ; ces mémoires feront partie du grand ouvrage qu'il doit publier bientôt sur ce sujet. Médecin aux eaux de Luxeuil, il a fait imprimer, en 1866, un ouvrage sous ce titre : *Les eaux de Luxeuil*. Ces divers travaux ont valu à M. le docteur Martin-Lauzer d'être proposé, par le ministre de l'Instruction publique, pour la croix de la Légion d'Honneur, qu'il a reçue le 11 août 1869.

MARTINELLI (Jules), né à Agen, le 8 juillet 1802. Il fit son droit à la Faculté de Paris, et prit place au barreau de Bordeaux où il exerça pendant quinze ans la profession d'avocat. Propriétaire d'une assez belle fortune territoriale, il s'occupa plus tard d'agriculture, présida, de 1852 à 1855, le comice agricole de Nérac, et consacra ses loisirs à des travaux littéraires et à l'étude des questions sociales. Il a publié notamment : *Manuel d'agriculture* (1846, avec pl., 2ᵉ édit. augm., 1851) ; — *Un mot sur la situation* (1849) ; — *Du crédit foncier* (1851) ; — *Harmonies et perturbations sociales*, esquisse des œuvres de F. Bastiat, suivie de quelques considérations (1852) ; — *Causeries de paysan*, vers et prose (1857) ; — *La muse en sabots* (1858) ; — *L'homme de quarante ans*, comédie en 5 actes et en prose (1859) ; — *Entretiens populaires sur l'économie politique* (1866). M. Martinelli a collaboré, depuis 1852, au journal la *Gironde*.

MARTINET (Achille-Louis), né à Paris, le 21 janvier 1806. Il se consacra, très-jeune, à la carrière artistique, et étudia sous Heim et Forster. Ayant remporté le second prix de gravure en 1826 et le premier grand prix en 1830, il se rendit en Italie, et y fit dans les tableaux des maîtres un remarquable choix de sujets, dont les planches furent publiées plus tard. Voici la liste des gravures de M. Martinet qui ont figuré aux expositions : les portraits de *Rembrandt* (1835) et du *Pérugin* (1842), d'après eux-mêmes ; — d'après Raphaël : la *Vierge à l'oiseau* (1838), la *Vierge au palmier* (1844), la *Vierge à la rédemption* (1846), le *Sommeil de l'Enfant-Jésus* (1853), la *Nativité de la Vierge* (1865), la *Vierge à l'œillet* (1872) ; — d'après P. Delaroche : *Charles Iᵉʳ insulté par les soldats de Cromwell* (1843), *Marie au désert* (1850) ; — d'après Horace Vernet : les portraits du duc *Pasquier* (1847) et de *Napoléon III* (1861) ; — d'après M. Gallait : *Derniers moments du comte d'Egmont* (1852), *Derniers honneurs rendus aux comtes de Horn et d'Egmont* (1857) ; — le portrait de Mᵐᵉ Viardot, d'après Ary Scheffer (1849) ; — *Le Christ et la femme adultère*, d'après M. Signol ; *La fille du Tintoret*, d'après M. L. Cogniet (E. U. 1855) ; — le portrait de M. *Devinck*, d'après M. Robert Fleury (E. U. 1867) ; — *Saint Louis de Gonzague visitant les pestiférés à Rome*, d'après M. Bézard ; le portrait de M. *Ch. Robin* (1868) ; — *Martyre de sainte Juliette et de son fils saint Cyr*, d'après Heim (1873) ; — *Saint Paul prêchant à Éphèse*, d'après Lesueur (1874). En outre, on doit à M. Martinet beaucoup d'œuvres qui, sans avoir été exposées, jouissent d'une grande renommée, telles que les portraits de MM. *Lagrange*, *de Gourcuff*, *de Richemond*, des R. R. P. P. *Lacordaire*, et *Ravignan*, de Mgr *Dupanloup*, de S. S. *Pie IX*, et la *Nativité de la Vierge* d'après Murillo. Cet artiste reproduit en ce moment, par la gravure en taille douce, le chef-d'œuvre de M. Ingres, l'*Apothéose d'Homère*, ouvrage commandé par le ministère des Beaux-Arts. Il a obtenu des médailles de 2ᵉ classe en 1835, de 1ʳᵉ classe en 1843, de 2ᵉ classe à l'Exposition universelle de 1855 et une 1ʳᵉ médaille d'honneur à l'Exposition universelle de 1867. Chevalier de la Légion d'Honneur en 1846, officier de l'Ordre en 1867, il a aussi reçu la croix de Léopold de Belgique à la suite de l'exposition de Bruxelles en 1851. M. Martinet a été élu membre de l'Académie des beaux-arts (1857) en remplacement du baron Desnoyers.

MARTINS (Charles-Frédéric), né à Paris, d'une famille originaire de la Suisse, le 6 février 1806. Il commença ses études médicales à Paris en 1828. Interne à Bicêtre, à la Pitié, à Saint-Louis, premier prix de l'École pratique en 1833, il prit le grade de docteur, en 1834, avec une thèse sur les *Principes de la méthode naturelle appliqués à la classification des maladies de la peau*. Il obtint la place d'agrégé au concours de 1839, suppléa Achille Richard à la Faculté et Constant Prévost à la Sorbonne, et fut nommé, toujours au concours, professeur d'histoire naturelle médicale à la Faculté de médecine de Montpellier en 1851. Ce savant est connu par ses deux voyages au Spitzberg, en Laponie, par son ascension scientifique au mont Blanc en 1844, avec M. Bravais, par ses excursions dans les Alpes et les Pyrénées, et par ses voyages en Asie-Mineure et en Algérie. Il est correspondant de l'Institut (section d'économie rurale) depuis 1863, associé national de l'Académie de médecine, membre de l'Association britannique et de la Société géologique de Londres. On lui doit beaucoup de mémoires insérés dans les *Annales des sciences naturelles*, les *Annales de physique et de chimie*, les *Mémoires* de l'Académie de Montpellier, *Patria*, les *Bulletins* des Sociétés géologique, botanique et météorologique, l'*Annuaire météorologique* fondé par lui, en 1849, avec MM. Haehgens et Bérigny, la *Bibliothèque universelle* de Genève, la *Revue des Deux-Mondes*, etc. M. Martins a publié notamment : *Essai sur la topographie du mont Ventoux* (1838) ; — *Du microscope et de son application à l'étude des êtres organisés* (1839) ; — *Observations sur les glaciers du Spitzberg comparés à ceux de la Suisse* (1840) ; — *Sur la croissance du pin sylvestre dans le nord de l'Europe*, avec M. Bravais (1841) ; — *Voyage botanique en Norvège* (1841) ; — *Délimitation des régions végétales sur les montagnes du continent européen* (1841) ; — *De la vitesse du son entre deux stations également ou inégalement élevées au-dessus du niveau de la mer*, avec M. Bravais (1845) ; — *Sur la température de la mer glaciale à la surface et à de grandes profondeurs* (1848) ; — *De la tératologie végétale* (1851) ; — *Terrains superficiels de la vallée du Pô* (1851) ; — *Le Jardin des plantes de Montpellier* (1854) ; — *Sur la température des oiseaux palmipèdes du nord de l'Europe* (1856) ; — *Sur la persistance de la vitalité des graines flottant à la surface de la mer* (1857) ; — *Nouvelle comparaison des membres pelviens et thoraciques déduite de la torsion de l'humérus* (1857) ; — *Promenade botanique le long des côtes de l'Asie-Mineure, de la Syrie et de l'Egypte* (1858) ; — *Du froid thermométrique, et de ses relations avec le froid physiologique dans les plaines et sur les montagnes* (1859) ; — *Sur l'accroissement nocturne de la température dans les couches inférieures de l'atmosphère* (1861) ; — *Du Spitzberg au Sahara* (1865) ; — *Sur les racines aérifères ou vessies natatoires des espèces aquatiques du genre Jussiæa* ; — *Les glaciers actuels et leur ancienne extension pendant la période glaciaire* (1867) ; — *Essai sur l'ancien glacier de la vallée d'Argelès* (1868) ; — *Observations sur l'origine glaciaire des tourbières du Jura* (1871) ; — *L'hiver de 1870-1871 dans le Jardin des plantes de Montpellier* (1871) ; — *Une station géodésique au sommet du Canigou* (1872) ; — *Aigues-Mortes*, essai géologique et historique (1874). M. Martins a aussi publié les traductions de deux ouvrages allemands, les *OEuvres d'histoire naturelle* de Gœthe (1837), le *Cours complet de météorologie* de Kaemtz (1843), et deux éditions annotées des *Eléments de botanique* de A. Richard (1870). Il est officier de la Légion d'Honneur depuis 1869, et chevalier de l'Etoile polaire de Suède.

MARY-LAFON (Jean-Bernard), né à la Française (Tarn-et-Garonne), le 26 mai 1812, appartient à une des familles les plus anciennes et les plus honorables de ce pays, tenant par les Lafon barons de Feneyrol et les Maury aux Castelbajac et aux Cazalès, et par son aïeule paternelle aux La Balue d'Alençon. Après avoir fait de bonnes études au collége de Montauban, M. Mary-Lafon se consacra à la littérature. Venu à Paris en 1830, il s'y fit aussitôt une assez belle position, et fournit des articles à la *France littéraire*, au *Journal de l'Institut historique*, au *Corsaire*, au *Dandy*, à l'*Impartial*. C'est sur sa proposition que s'ouvrit, en 1834, à l'Hôtel-de-Ville de Paris, le Congrès historique européen qu'il présida avec Buchez et Michaud. Professant, malgré sa naissance et le titre qu'il n'a jamais voulu prendre, des opinions avancées, et collaborateur de l'*Emancipation* de Toulouse et du *Radical du Lot*, il fut un des premiers et des plus vaillants organisateurs du nouveau *Réformiste* de 1840, et présida le fameux banquet de Gramat, où assistèrent des délégués de tous les départements méridionaux. Il prit part avec MM. de Genoude et Mauguin, aux conférences réformistes tenues chez Arago à l'Observatoire. Comme écrivain, M. Mary-Lafon a produit des romans, des travaux historiques, des pièces de théâtre, et collaboré à la *Revue indépendante*, au *Moniteur*, à l'*Histoire des villes de France*, au *Moyen-Age et la Renaissance*, etc. Plusieurs de ses œuvres ont paru en feuilletons dans les journaux et revues. On lui doit notamment *Sylvie ou le Boudoir*, poésies (1835) ; — *La jolie royaliste* (1836) ; — *Bertrand de Born* (1838) ; — *Tableau historique et comparatif de la langue parlée dans le midi de la France et connue sous le nom de langue romano-provençale* (1841) ; — *Histoire politique, religieuse et littéraire du midi de la France* (1841-1844) ; — *Le maréchal de Montluc*, drame en vers (Odéon, 1842) ; — *Le chevalier de Pomponne*, comédie en vers (Odéon, 1845) ; — *L'oncle de Normandie*, comédie en vers (Odéon, 1846) ; — *Jonas dans la baleine* (1846) ; — *Rome ancienne et moderne* (1852) ; — *La course au mariage*, comédie en vers (1856) ; — *Aventures du chevalier Jaufre et de la belle Brunissende* (1856) ; — *Histoire d'un livre* (1857) ; — *Fier-à-Bras* (1857) ; — *Mœurs et coutumes de la vieille France* (1859) ; — *Mille ans de guerre entre Rome et les papes* (1860) ; — *La dame de Bourbon* (1860) ; — *Pasquin de Marfario* (1861) ; — *Les dernières armes de Richelieu* ; *Madame de Saint-Vincent* (1862) ; — *La peste de Marseille* (1863) ; — *La bande mystérieuse* (1863) ; — *La France ancienne et moderne* (1864) ; — *Histoire d'Espagne depuis les premiers temps* (1865) ; — *Fleurs du midi* ; *Mes primevères* (1870). M. Mary-Lafon, successeur de Sainte-Beuve, dans la chaire de littérature française à la Faculté de Toulouse, en 1847, a été nommé, en 1865, bibliothécaire de Montauban. Lauréat de l'Institut et de l'Académie française, et membre de la Société des antiquaires de France, il a reçu la croix de la Légion d'Honneur en 1860. Il est aussi décoré de plusieurs ordres étrangers.

MAS LATRIE (Jacques-Marie-Joseph-Louis DE), né à Castelnaudary, le 9 avril 1815. Admis à l'Ecole des chartes en 1835, il y termina ses études en 1838, et y devint, plus tard, sous-directeur des études. M. de Mas Latrie a visité les plus riches bibliothèques et les plus importantes archives de l'Europe, et fait plusieurs voyages en Orient. Il a été chargé par le gouvernement, en 1868, d'une mission en Algérie. Parmi ses ouvrages, on cite : *Chronique historique des papes, des conciles généraux et des conciles de France* (1837) ; — *Archevêchés, évêchés et monastères de France sous les trois dynasties* (1837) ; — *Inscriptions et monuments de Chypre et de Constantinople* (1850) ; — *Dictionnaire de statistique religieuse* (1851) ; — *Histoire de l'île de Chypre sous les Lusignan* (1853-1861, avec carte) ; — *Recueil général des inscriptions de la cathédrale de Malte* (1857) ; — *Relations et dépêches des ambassadeurs vénitiens résidant en France* (1860) ; — *Recueil des traités de paix et* de commerce conclus au *Moyen Age* entre les chrétiens et les Arabes (1869) ; — *Chronique d'Ernoul et de Bernard-le-Trésorier* (1870). On lui doit aussi des travaux divers, brochures, rapports, mémoires, etc., traitant d'économie politique et d'archéologie, et plusieurs éditions annotées. M. de Mas Latrie a collaboré à la rédaction de la *Bibliothèque de l'École des chartes*, du *Mémorial de la noblesse*, du *Moniteur*, du *Correspondant*, de l'*Encyclopédie catholique*, etc. Lauréat de l'Académie des inscriptions et belles-lettres en 1843, médaillé au concours des antiquités nationales en 1852, il a obtenu le prix Gobert en 1860, et a été promu officier de la Légion d'Honneur en 1869. M. de Mas Latrie est, en outre, officier de Saint-Grégoire-le-Grand.

Son fils, M. René de Mas Latrie, né à Paris en 1844, archiviste paléographe, a été auditeur au Conseil d'État, puis sous-préfet de Bourganeuf, et a rempli diverses missions en Italie et en Algérie. Il a publié : *Du droit de marque ou droit de représailles au Moyen Age* (1866). Ajoutons que M. René de Mas Latrie a collaboré au grand ouvrage de M. Rigaud intitulé : *Dictionnaire de droit administratif*.

MASCART (Eleuthère-Elie-Nicolas), né à Quarouble (Nord), le 20 février 1837. Il fit ses premières études au collège de Valenciennes, et débuta dans l'enseignement, comme maitre-répétiteur, aux lycées de Lille en 1856 et de Douai en 1857. Admis à l'École normale supérieure (section des sciences), il en sortit agrégé des sciences physiques en 1861, et fut nommé préparateur d'histoire naturelle dans le même établissement. En 1864, il prit le grade de docteur avec une thèse intitulée : *Recherches sur le spectre solaire ultra-violet et la détermination des longueurs d'onde*. Ensuite, il devint successivement professeur au lycée de Metz (1864), suppléant du cours de physique à l'École normale supérieure, et professeur au lycée de Versailles (1867). Il quitta l'enseignement secondaire pour suppléer M. Regnault dans son cours de physique générale au Collège de France ; et, après la retraite de ce dernier, il fut nommé titulaire de la même chaire (1872). Outre l'ouvrage cité plus haut, on doit à M. Mascart des *Recherches sur les modifications qu'éprouve la lumière par suite du mouvement de la source et du mouvement de l'observateur*, publiées dans les *Annales scientifiques de l'École normale*, et plusieurs autres mémoires ou notes relatifs à la physique, insérés dans diverses collections savantes. Sous-directeur d'une fabrique de capsules à Bayonne, pendant la guerre franco-allemande, M. Mascart a reçu la croix de la Légion d'Honneur en mars 1871.

MASQUELEZ (Alfred-Emile), né à Lille, le 30 septembre 1822. Engagé volontaire au 2e d'artillerie en 1842, admis à l'École Saint-Cyr en 1845, élève d'élite en 1846, il fut nommé sous-lieutenant au 74e de ligne en 1847, et lieutenant en 1849. Passé avec son grade au 3e zouaves en 1852, il fit campagne en Afrique jusqu'en 1854, et fut promu capitaine le 30 décembre de cette même année. En 1854, également, il partit pour la Crimée, où il resta jusqu'en 1855. Pendant la campagne d'Orient, il fut blessé d'un boulet au pied, d'un éclat d'obus au côté gauche, d'une balle à la main droite, d'un coup de pierre au front, d'un coup d'épée à la poitrine, et d'un coup de sabre à la cuisse gauche. Devenu impropre au service militaire, il fut admis prématurément à la retraite le 22 novembre 1856. Le métier des armes n'avait pas éteint chez M. Masquelez le goût de l'étude et des travaux littéraires et scientifiques, et il fut nommé bibliothécaire de l'École Saint-Cyr en 1858. On lui doit des ouvrages traitant de sujets divers : *Fabrication et emploi des armes et des munitions de l'infanterie* (1857, 2e édit., 1861) ; — *Itinéraire de Gallipoli à Andrinople* (1858) ; — *Journal d'un officier de zouaves*, suivi de *Considérations sur les armées anglaise et russe* (1858) ; — *Étude sur la castramétation des Romains et sur leurs institutions militaires* (1864) ; — *Conseils aux francs-tireurs*, par un ancien capitaine de zouaves, membre du Comité de la Défense nationale (1870). En outre, M. Masquelez a publié des *Souvenirs de Crimée* dans le *Journal de Maine-et-Loire* d'Angers, en 1856 et 1857, des articles militaires et scientifiques dans le *Journal des sciences militaires* et dans le *Spectateur militaire*, de 1856 à 1864, divers articles dans le *Grand dictionnaire* de Larousse, en 1866, et des travaux nombreux et fort étendus dans le *Dictionnaire d'archéologie* en cours de publication. Il est associé de la Société des antiquaires de France, et membre de la Société des antiquaires de Normandie, de la Société des gens de lettres, des Sociétés des sciences et arts de Lille et d'Angers. M. Masquelez est chevalier de la Légion d'Honneur depuis le 21 octobre 1854, officier du Medjidié de Turquie, et chevalier de l'ordre de Guadalupe du Mexique.

MASSÉ (Gabriel), né à Poitiers, le 12 mai 1807. Il prit place au barreau de Paris en 1833, et entra dans la magistrature, en 1847, comme juge au tribunal de Provins. Successivement juge à Reims, président à Epernay, à Auxerre, à Reims, vice-président du tribunal de la Seine, conseiller à la Cour de Paris, il fut nommé président de chambre à la même Cour en 1865, et conseiller à la Cour de cassation en 1868. On lui doit une traduction, en collaboration avec M. Vergé, du *Droit civil français*, de l'allemand de K. S. Zachariæ, et de nombreux articles insérés dans le *Recueil général des arrêts* de Sirey, le *Journal des économistes*, l'*Annuaire d'économie politique*, etc. En outre, il a publié : *Dictionnaire du contentieux commercial*, avec M. Devilleneuve (1839-1845) ; — *Le droit commercial dans ses rapports avec le droit des gens et le droit civil* (1844-1848, 6 vol., 2e édit. augm., 4 vol., 1861-1863, 3e édit., 1874). M. Massé a été élu, le 7 mars 1874, membre de l'Institut (Académie des sciences morales et politiques), en remplacement d'Odilon Barrot. Il a été promu officier de la Légion d'Honneur en 1874.

MASSÉ (Isidore-Alexandre), né à Fontaine-Heudebourg (Eure), le 8 décembre 1833. Il suivit d'abord la carrière de l'enseignement, qu'il abandonna pour se consacrer à la littérature et au journalisme. Ses premiers essais dans la presse parisienne furent jugés favorablement. Fondateur, en 1863. de la *Neustrienne*, revue littéraire publiée à Rouen, il s'est aussi fait une spécialité comme correspondant des grands journaux de la province. Parmi les publications périodiques ou quotidiennes de Paris auxquelles il a prêté sa collaboration, nous citerons la *France*, la *Revue contemporaine*, le *Petit Journal*, etc. La *Revue de la Normandie* a inséré beaucoup de ses articles, et il fait paraître, dans le *Courrier de la Gironde* de Bordeaux, une revue mensuelle des livres nouveaux. M. Massé a publié : *Nella*, épisode de la vie d'un jeune poëte (1861) ; — *Préludes lyriques*, poésies, avec une préface de M. Thalès Bernard (1861) ; — *Rose Harel*, étude (1865) ; — *Impressions et réminiscences* (1866); — *Jules Janin aux Rotoirs* (1874). Enfin, le même auteur prépare la publication de l'*Annuaire bibliographique de la province*. M. Massé est membre de plusieurs Académies et Sociétés savantes.

MASSON (Victor), né à Beaune, le 2 février 1807. En 1833, il entrait dans la maison Hachette, qu'il quittait deux ans après pour créer un fonds de librairie confondu, dès 1838, avec celui de la maison Crochard. Après avoir dirigé pendant huit années cet important établissement, il en est devenu l'unique propriétaire en 1846. C'est à son initiative que l'on doit l'introduction, dans le texte des ouvrages d'enseignement scientifique, de figures dessinées et gravées avec cette recherche d'exactitude et d'exécution à laquelle nous sommes habitués aujourd'hui. M. Victor Masson n'a reculé devant aucune peine ni devant aucun sacrifice pour donner, à ses publications scientifiques, tous les caractères de correction et d'élégance qui avaient jusqu'alors manqué à ce genre d'ouvrages ; à ce point de vue, il a opéré dans la librairie médicale une véritable révolution. Avec le concours des savants les plus autorisés, il a fondé plusieurs recueils médicaux et scientifiques importants, qui ont eu, sur le développement des sciences dans ces dernières années, une influence considérable. Juge-suppléant en 1857, et juge en 1860 au tribunal de Commerce de la Seine, il a fait partie du jury à l'Exposition universelle de Londres en 1862. M. Victor Masson a reçu la croix de la Légion d'Honneur en janvier 1863. Il a quitté les affaires en 1871.

MASSON (Georges), né à Paris, le 2 septembre 1839; fils du précédent. M. Georges Masson, associé de son père depuis 1860, lui a succédé en 1871. Elu président du Cercle de la librairie en 1871, il a été membre du jury international à l'Exposition universelle de Vienne en 1873. M. Georges Masson a été nommé chevalier de la Légion d'Honneur au mois de juillet 1874.

MASURE (Félix-Cyrille-Severin), né à Louville-la-Chenard (Eure-et-Loir), le 24 novembre 1825. Elève du collége royal d'Orléans, puis du collége Saint-Louis à Paris, il entra à l'Ecole normale supérieure en 1847, et fut nommé régent de physique au collége de Sedan en 1851. Professeur-adjoint de physique au lycée de Rouen en 1853, il se fit recevoir agrégé des sciences en 1855, et fut aussitôt nommé professeur titulaire au lycée de la Rochelle, d'où il passa à celui de Périgueux en 1860, et, dans la même année, à celui d'Orléans. M. Masure a créé et professé des cours publics de physique et de chimie à Sedan (1851-1852), à la Rochelle (1855-1859), et des cours publics de sciences physiques, chimiques et naturelles à Orléans (1863-1872). Il a été élevé au grade d'inspecteur d'Académie, à Bar-le-Duc, le 25 janvier 1872. On lui doit : *Cours public de chimie organique* (1858-1859, 2 vol.) ; — *Appareil de lévigation des terres arables* [invention] (1859) ; — *Analyse des terres arables* (1859) ; — *Analyse des marnes et des phosphates* (1861) ; — *Mémoire sur les avantages comparés de la marne et de la chaux employés en agriculture* (1865) ; — *Leçons élémentaires d'agriculture* (1867, 2 vol.) ; — *Mémoire sur la statistique agricole de la France* (1868) ; — *Eléments de chimie appliquée à l'agriculture* (1869) ; — *Notions d'agriculture à l'usage des écoles primaires* (1869, 2ᵉ édit., 1873) ; — *Mémoire sur les terrains agricoles de la Sologne* (avec cartes, 1870) ; — et diverses autres publications sur la chimie agricole. Les travaux de M. Masure lui ont valu une médaille d'or au concours régional agricole de la Rochelle (1859) ; des rappels de médaille d'or aux concours régionaux de Caen et Bordeaux (1860), Rouen et Orléans (1861) ; une médaille d'or de la Société impériale et centrale d'agriculture de France (1862) ; une médaille d'or de 500 francs (1862), et une autre médaille d'or de 1,000 francs (1869) aux concours ouverts par le Comité central agricole de la Sologne, et une médaille d'argent du Comité des Sociétés savantes réuni à la Sorbonne (1872). Enfin, il a reçu la croix de la Légion d'Honneur, des mains de l'empereur, au concours régional tenu à Orléans, le 9 mai 1868, pour ses recherches scientifiques et ses publications relatives à l'agriculture.

MATHAREL DE FIENNES (Charles DE), né à Laon, le 8 février 1814. Il fit ses études classiques et son droit à Paris, et n'exerça que peu de temps la profession d'avocat. Attaché, dès 1830, à une administration du gouvernement, il y fut chargé de la direction du contentieux en 1836. Deux ans plus tard, il fut appelé aux fonctions d'administrateur du *Siècle*. Son beau-frère, M. Louis Perrée, ayant pris la direction de ce journal en 1840, le chargea de la chronique dramatique. En 1849, ses opinions légitimistes ne lui permirent pas de garder une position administrative qui était en même temps politique ; mais il conserva son feuilleton théâtral jusqu'en 1856, époque où il fut remplacé par M. de Biéville. M. de Matharel de Fiennes a collaboré anonymement à plusieurs pièces de théâtre, et fourni des articles ou nouvelles au *Voleur*, au *Charivari*, à l'*Entr'acte*, à l'*Illustration*, à la *Semaine*, etc. Retiré en province depuis une quinzaine d'années, il a laissé dans le monde littéraire le souvenir d'un de nos critiques dramatiques les plus lettrés, les plus érudits et les plus compétents.

MATHIAS (Georges-Amédée), né à Paris, le 14 octobre 1826. M. Mathias est compositeur et pianiste. Elève de Chopin, d'Halévy et de Barbisonn, il a été nommé professeur au Conservatoire en 1862, pour la classe de piano. Parmi ses principaux ouvrages, on distingue environ soixante œuvres de piano, cinq trios, les ouvertures d'*Hamlet* et de *Mazeppa*, deux concertos, des symphonies, etc.

MATHIEU (Claude-Ferdinand), né à Coblentz, de parents français, le 18 mars 1819. Sorti de l'École centrale des arts et manufactures en 1838, il fut engagé comme ingénieur aux usines du Creusot, qui venaient d'être reconstituées sous la direction de MM. Schneider et Cⁱᵉ. Dès lors, sa carrière industrielle se trouva liée au développement même des exploitations du Creusot. On sait que celles-ci comportent plusieurs branches : les houillères, les fonderies, les forges, les aciéries et les ateliers de constructions. Ce sont ces derniers qui ont été placés plus spécialement sous la direction de M. Mathieu. A leur début, ils s'occupaient surtout de l'établissement des bateaux à vapeur ; les services sur le Rhône et la Saône qui, autrefois, avaient une si grande importance, s'effectuaient presque exclusivement au moyen de navires fournis par le Creusot. Vint ensuite la création des chemins de fer. Une large part des locomotives faites en France a été livrée par le Creusot. La navigation maritime de notre pays doit de même à ces ateliers ses plus beaux et plus puissants appareils à vapeur. Dans l'art de la construction des ponts métalliques, si récent encore, le Creusot a marqué le début par l'établissement de viaducs qui sont cités comme les meilleurs modèles de ce genre. Aujourd'hui, toutes ces industries, si intéressantes, placent les ateliers du Creusot parmi les mieux organisés et les plus considérables du monde industriel. Si un tel succès se trouve lié intimement à la prospérité générale des exploitations du Creusot, il n'en est pas moins vrai qu'une part importante en revient spécialement à M. Mathieu, son habile ingénieur en chef. Comme publications scientifiques, nous ne connaissons de lui qu'une série de grands *Atlas* dans lesquels sont collectionnés les plans de ses propres travaux. M. Mathieu, qui n'avait pas d'antécédents politiques, a été élu représentant de Saône-et-Loire à l'Assemblée nationale, par 67,239 voix, le 8 février 1871. Il a pris rang parmi les conservateurs libéraux, et n'a pas cessé de leur fournir le concours de sa grande expérience en matière industrielle et commerciale. Chevalier de la Légion d'Honneur en 1849, officier en 1862, il est en outre officier de plusieurs ordres étrangers.

MATHIEU (Emile-Léonard), né à Metz, le 15 mai 1835. Il fit ses études au lycée de Metz, entra à l'Ecole polytechnique en 1854, prit le grade de docteur ès sciences mathématiques à la Faculté de Paris le 21 mars 1859, avec une thèse d'*Algèbre supérieure* qui fut très-remarquée, et se consacra à l'enseignement libre. En avril 1867, il reçut la médaille d'or au concours des Sociétés savantes, et obtint, en novembre suivant, de faire un cours complémentaire à la Faculté des sciences de Paris. M. Mathieu, nommé professeur à la Faculté des sciences de Besançon en mars 1869, a été envoyé, avec les mêmes fonctions, à la Faculté de Nancy en janvier 1874. Il a fait paraître, dans les principaux recueils scientifiques et surtout dans le *Journal de mathématiques* de M. Liouville, un grand nombre de *Mémoires* sur les parties les plus diverses des mathématiques. Ces mémoires, en effet, se rapportent à l'algèbre supérieure, à la théorie des nombres, à la mécanique et aux applications des mathématiques à la lumière, à la chaleur et à l'élasticité. Deux de ses ouvrages ont été publiés à part : sa *Thèse sur le nombre des valeurs d'une fonction* (1859, in-4°), et un *Cours de physique mathématique* (1872, in-4°), relatant les leçons qu'il fit à la Sorbonne en 1867-1868, et résumant les travaux des géomètres sur les méthodes d'intégration en physique mathématique, ainsi que ses propres recherches sur ce sujet.

MATHIEU (Esprit), né à Nogent-sur-Seine (Aube), le 17 mai 1810. Il fit ses études médicales à la Faculté de Paris, et prit le grade de docteur, le 24 juillet 1834, avec une thèse intitulée : *Considérations philosophiques sur le squelette de l'homme*. Ensuite il s'établit dans la capitale, et réunit bientôt une belle clientèle. De 1848 à 1850, il fit, à l'Athénée, un cours très-suivi de physiologie. Parmi les fonctions qu'il eut à remplir, il est bon d'indiquer celles de médecin en chef de l'atelier général du timbre et de médecin de l'ambulance municipale, de l'administration des postes et du Théâtre-Italien. On lui doit, entre autres publications : *Etudes cliniques sur les maladies des femmes, appliquées aux affections nerveuses et utérines, et précédées d'essais philosophiques et anthropologiques sur la physiologie et la pathologie* (1847, avec 1 pl.) ; — *L'esprit de famille* (1863). M. le docteur Mathieu est décédé, à Paris, le 12 octobre 1873. Il avait reçu la croix de la Légion d'Honneur le 11 décembre 1850.

MATHIEU (Mgr Jacques-Marie-Adrien-Césaire), né à Paris, le 20 janvier 1796. Fils d'un agent d'affaires, il suivit quelque temps les cours de l'Ecole de droit, fut appelé à gérer les biens du duc de Montmorency dans les Landes, et ne cacha pas à son illustre protecteur les dispositions qu'il ressentait pour la carrière ecclésiastique. Ce dernier le fit entrer au séminaire de Saint-Sulpice, où il fit de brillantes études théologiques. Ordonné prêtre en 1823, et devenu tout aussitôt secrétaire de l'évêque d'Evreux, il fut nommé, peu après, curé de l'église de l'Assomption, à Paris, puis grand-vicaire de Mgr de Quelen. Ses hautes capacités le firent désigner, en 1833, comme évêque de Langres ; et, l'année suivante, il fut élevé au siége archiépiscopal de Besançon. Mgr Mathieu a reçu le chapeau de cardinal le 30 septembre 1850. Cette nouvelle dignité lui donnait, de droit, un siége au Sénat, où, jusqu'en 1870, il s'est distingué par le libéralisme éclairé de ses opinions, l'indépendance de son caractère, et la fermeté avec laquelle il a défendu les prérogatives de l'église. En 1870, il a pris part aux travaux du Concile œcuménique. Depuis, Mgr Mathieu s'est renfermé dans ses occupations pastorales. Outre ses mandements et lettres épiscopales, il a publié : *Heures des congrégations et conférences du diocèse de Besançon* (1849) ; — *Un mot sur la brochure* Pape et empereur *de M. Cayla* (1860) ; — *La cause italienne et le P. Passaglia* (1861) ; — *Le pouvoir temporel des papes justifié par l'histoire*, étude sur l'origine, l'exercice et l'influence de la souveraineté pontificale (1863.) Mgr Mathieu est membre de l'Académie de Besançon. Il a été promu commandeur de la Légion d'Honneur le 16 juin 1856.

MATHIEU-BODET (Pierre), né à Moulède (Charente), le 16 décembre 1817. M. Mathieu-Bodet fit son droit à la Faculté de Paris, y obtint le grade de docteur en 1842, et prit, en 1846, un cabinet d'avocat au Conseil d'Etat et à la Cour de cassation. Elu représentant de la Charente en 1848 et 1849, il prit place, à l'Assemblée, sur les bancs de la Droite, soutint la politique élyséenne dans les questions religieuses, jouit d'une certaine influence dans les Commissions dont il faisait partie, et fut notamment, en 1850 et 1851, le secrétaire-rapporteur de la Commission du budget. Membre de la Commission consultative, après le Coup d'Etat du 2 Décembre, il désapprouva les décrets relatifs aux biens d'Orléans, et donna sa démission pour se consacrer exclusivement à l'exercice de ses fonctions professionnelles. M. Mathieu-Bodet a été président de son Ordre de 1862 à 1865. Membre, depuis 1845, du Conseil général de la Charente, dont il a été le secrétaire de 1863 à 1870, et réélu, le 8 octobre 1871, il en a occupé la présidence de 1871 à 1874. En 1868, il s'est présenté, comme candidat indépendant, à une élection partielle dans son département, et n'a échoué qu'avec un écart de quelques voix. Le 8 février 1871, il a reçu le mandat de représentant de la Charente à l'Assemblée nationale, où il siége sur les bancs du Centre-Droit. Dans cette dernière Chambre, M. Mathieu-Bodet a fait partie de la Commission de permanence appelée à représenter le pouvoir constituant, auprès du pouvoir exécutif, pendant les vacances de l'Assemblée. Il a fait successivement partie des Commissions du budget, pour les exercices 1871, 1872 et 1873, et a été rapporteur de diverses lois ayant pour objet la création des impôts nouveaux, notamment de toutes celles sur les droits d'enregistrement et de timbre. Le 20 juillet 1874, il a été appelé à tenir le portefeuille des Finances. M. Mathieu-Bodet est chevalier de la Légion d'Honneur depuis le 12 août 1864.

MATTEI (Antoine), né à Cagnano (Corse), le 12 mars 1817. Issu d'une ancienne famille à laquelle on doit, depuis quatre siècles, des médecins, des notaires, des officiers supérieurs, des curés, des administrateurs locaux, M. Mattei fit ses études classiques aux colléges de Bastia et d'Ajaccio. Puis il commença ses études médicales à Montpellier, où il passa ses premiers examens et obtint constamment le premier ou le second numéro aux concours de l'Ecole pratique, de l'externat, de chef de clinique, de prosecteur-adjoint. Reçu le premier au concours des chirurgiens militaires requis, il ne suivit pas cette carrière mais concourut, avec succès, pour la place de chirurgien-chef-interne à l'Hôtel-Dieu de Nîmes, où il pratiqua pendant deux ans. Ensuite il vint terminer ses études médicales à Paris, et y prit le grade de docteur, après une série de brillants examens, avec une thèse sur une *Nouvelle sonde élastique* (1846). Etabli à Bastia, M. Mattei se fit, en peu de temps, une des clientèles les plus étendues que jamais praticien ait réunies en Corse, devint médecin légiste de la Cour d'appel, inspecteur des eaux thermales de Fiumorbo, professeur départemental d'accouchements, et dirigea le service d'accouchements de l'hôpital civil de Bastia. En 1855, il se rendit à Paris, pour y publier un ouvrage contenant le fruit de ses travaux et découvertes, et dans lequel il faisait connaître les nouvelles idées et les nouveaux moyens que ses études cliniques lui avaient suggérés. Comme il avait demandé à reproduire, dans les hôpitaux et les Bureaux de bienfaisance de la capitale, les résultats qu'il avait obtenus, tant dans la pratique civile qu'à l'hôpital de Bastia, résultats qu'on paraissait dédaigner à Paris, tout en cherchant à en tirer profit en dehors de lui, des épreuves furent commencées à la clinique d'accouchements ; mais bientôt, et pour des motifs trop faciles à pénétrer, il fut interrompu dans ses démonstrations. Alors, M. le Dr Mattei, ne voulant pas laisser sans preuve matérielle tout ce qu'il avait déjà publié, sacrifia sa position en Corse pour créer à Paris, à ses frais, une clinique d'accouchements, pendant qu'il faisait des cours à l'Ecole pratique de la Faculté. Les nombreux élèves qui suivaient ses cours théoriques et pratiques confirmèrent bientôt les vérités avancées par lui ; la presse médicale, française et étrangère, les médecins accoucheurs les plus éminents de l'Europe, les traités classiques consacrèrent sur beaucoup de points ses théories ; et, grâce à ses grands succès dans la pratique, il se trouva rapidement dans une situation aussi brillante que fortunée. Les exigences d'une clientèle opulente et nombreuse ne lui permettent plus aujourd'hui de se livrer à l'enseignement, mais elles ne l'ont pas empêché de continuer ses travaux scientifiques dans le vaste champ d'observations qui lui est ouvert en ville, et de rassembler, sur la question des accouchements, une des plus belles collections d'ouvrages français et étrangers qui existent. Cet habile et laborieux praticien s'est acquis les sympathies et attiré les encouragements des plus distingués de ses confrères de tous pays, par exemple de MM. Stoltz de Nancy, Dumas de Montpellier, Hubert en Belgique, Simpson et Barnes en Angleterre, Siebold en Allemagne, Giordano, Rizzoli, Balocchi, Corradi en Italie, etc. C'est par centaines qu'il faut compter ses publications, ouvrages, articles de journaux, communications et discussions devant les divers corps savants. Citons notamment : *Discours d'ouverture du cours d'accouchements à Bastia* (1848) ; — *Essai sur l'accouchement physiologique* (1855) ; — *Mémoire sur l'observation médicale, analyse, synthèse et induction cliniques* (1856) ; — *La maternité et l'obstétrique chez les anciens Hébreux* (1857) ; — *Etude sur les fièvres puerpérales* (1858) ; — *Plusieurs* points d'obstétrique où les faits, n'étant plus en harmonie avec les principes généralement reçus, demandent de nouvelles études (1858) ; — Des ruptures dans le travail de l'accouchement, thèse pour l'agrégation (1860) ; — Des divers modes de terminaison des grossesses extra-utérines (1860) ; — De la rétroversion de l'utérus (1861) ; — Dystocie par oblitération complète du col utérin (1862) ; — De la durée moyenne de la grossesse chez la femme (1863) ; — Fragments d'obstétrique (1867) ; — La souffrance de l'utérus pendant la grossesse chez la femme (1867) ; — Fragments d'obstétrique (1872) ; — Notice historique sur la Faculté de médecine de Strasbourg (1872) ; — L'avortement thérapeutique par un nouveau procédé de M. Mattei (1872), — Des circonstances dans lesquelles l'obstétrique, à Paris, est passée à l'état de science dans le XVIe siècle (1873) ; — Notice historique et critique sur les principales modifications du céphalotribe (1874). Nous mentionnons à part l'ouvrage le plus important de M. le Dr Mattei, sa *Clinique obstétricale* dont les trois premiers volumes ont paru de 1862 à 1871, et qui va être continuée. Pour se délasser de ses travaux spéciaux, le savant praticien s'adonnait à l'étude de l'histoire de la Corse. Les documents imprimés ou manuscrits qu'il a recueillis sur son pays natal, soit en France, soit à l'étranger, forment une vaste et précieuse collection qui peut lutter avantageusement avec la plupart de nos bibliothèques publiques. Il a publié, sur ce sujet : *Discours libéral au prince Napoléon-Jérôme* (1848) ; — *Abrégé de l'histoire du général Pascal Paoli* (1852) ; — *Notice historique sur les armes de la Corse* (1867) ; — *Proverbes, locutions et maximes de la Corse*, en dialecte (1867) ; — *Notice historique et médicale sur les eaux acidulo-ferrugineuses d'Orezza* (1867) ; — *Histoire abrégée de la Corse* (1869) ; — *Biographie du docteur Marchal de Calvi* (1874). Il a fait également paraître, sur le même sujet, des articles dans les journaux. Enfin, on lui doit quelques pièces de poésie légère qui le font figurer dans le *Parnasse médical* du Dr Chereau. Une brochure intitulée : *M. Mattei, ses titres et ses travaux* (1860), et un *Énoncé des titres, des travaux scientifiques et des principales recherches obstétricales de M. Mattei* (1872), sont utiles à consulter si l'on veut se rendre un compte exact des voies nouvelles ouvertes par ce médecin, des instruments, moyens thérapeutiques et procédés opératoires qu'on lui doit, et des résultats qu'il a obtenus. Comme récompenses civiques en Corse, M. Mattei a reçu du préfet, du Conseil général, du maire de Bastia et autres autorités des marques nombreuses de la reconnaissance publique. La ville de Paris lui a décerné une médaille pour les trois ambulances qu'il a dirigées pendant le siège de 1870-1871. Mais ce que ce médecin n'a jamais pu obtenir, ce sont les encouragements des accoucheurs qui occupent une place officielle à Paris ; bien au contraire, il semble que ces derniers aient pris à tâche de lui opposer toutes sortes d'entraves. M. le docteur Mattei, membre de plusieurs Sociétés savantes de Paris, a été élu président de la Société de médecine pratique en 1869. Il est aussi membre de la Société de médecine pratique et de l'Académie des sciences et lettres de Montpellier, de la Société de médecine de Strasbourg, des Académies de médecine de Bruxelles et de Turin, de la Société obstétricale de Londres, et de la Société médico-chirurgicale de Bologne.

MATTHIEU (Pol), né à Saint-Remy-en-Bouzemont (Marne), le 1er août 1832. Il fit ses études médicales à la Faculté de Paris et prit le grade de docteur le 13 février 1862. Dans sa thèse sur l'*Ictère hémorragique essentiel* (ictère grave), il s'attacha à réfuter les doctrines topoiâtriques des médecins allemands. M. le docteur Matthieu s'est fixé dans son pays natal, près de ses vieux parents. Il est secrétaire de la Société médicale de l'arrondissement de Vitry-le-François, médecin-inspecteur de la Société protectrice de l'enfance, membre de la Société des sciences et arts de Vitry-le-François, à laquelle il a présenté, le 31 juillet 1873, un *Mémoire sur la contagion de la fièvre typhoïde*, et conseiller d'arrondissement depuis le 4 octobre 1874. Il a donné à la *Tribune médicale* divers articles sur les sujets suivants : *Lettre à M. Marchal* (de Calvi) *à propos de sa définition de l'âme humaine* (1867) ; — *Débridement de l'anneau crural et réduction de la hernie sans ouverture du sac* (1868) ; — *Contagiosité de la fièvre typhoïde* (1869) ; — *Résorption et infection purulente* (1869) ; — *Phlébite traumatique généralisée simulant les accidents attribués à l'embolie* (1870) ; — *Empoisonnement par l'amanite fuligineuse : absence de phénomènes d'irritation, profond narcotisme* (1871), etc. En 1869-1870, il a publié une série d'articles d'hygiène et de polémique dans un journal de sport. Depuis la chute de l'Empire, M. le docteur Matthieu s'est voué à la vulgarisation de l'idée républicaine. Correspondant de plusieurs journaux politiques, il écrit surtout dans le *Messager de la Marne* (de Vitry-le-François). Après avoir concouru à la fondation de ce journal, le 1er février 1872, il y demeure attaché en qualité de membre du conseil de surveillance et de rédaction.

MATTY DE LATOUR (Napoléon-Grégoire DE), né à Lorgues (Var), le 20 mai 1804. Sorti de l'Ecole polytechnique en 1825 et de l'Ecole des ponts-et-chaussées en 1828, M. de Matty, nommé d'abord ingénieur ordinaire à la Basse-Terre (Guadeloupe), puis à Gray (Haute-Saône), fut promu ingénieur en chef de 2e classe en 1843 et de 1re classe en 1851. Il remplit ces dernières et importantes fonctions dans les départements des Basses-Alpes, de Maine-et-Loire, de la Vienne et d'Ille-et-Vilaine, et fut admis, en 1866, à faire valoir ses droits à la retraite. Dans le cours de sa carrière, il eut l'occasion de visiter plusieurs contrées de l'Europe. Ses voyages en Italie développèrent en lui le goût de l'archéologie, et il s'adonna surtout à l'étude des voies romaines. De patientes recherches l'amenèrent à la découverte de la voie conduisant de Besançon à Langres, et sur le parcours de laquelle l'agent qui le secondait mit à jour de belles ruines antiques situées sur le territoire de Membray. La description qu'il en fit, en 1841, fut très-appréciée par l'Académie de Besançon et par la Commission des monuments historiques.

Biogr. nat. 32

Une vingtaine d'années plus tard, il fit une dissertation sur l'arc de triomphe de Besançon, placé sur la voie citée plus haut, voie qui n'était qu'un tronçon de celle conduisant de Rome à Gessoriacum (Boulogne-sur-Mer). Chargé d'une section de la navigation de la Loire à Angers, il émit, dans une lettre adressée aux secrétaires-généraux du congrès scientifique réuni à Tours (1846), une opinion nouvelle sur la destination de la pile de Cinq-Mars, placée sur le bord du fleuve: Trois mémoires de M. de Matty, réunis sous le titre de *Villes et voies romaines de l'Anjou*, ont obtenu, en 1855, une mention honorable à l'Académie des inscriptions et belles-lettres. Son ouvrage manuscrit sur la *Construction et l'entretien des voies romaines* a été couronné par l'Institut en 1861, au concours des antiquités de la France. Enfin, il a terminé, en 1871, un mémoire sur la fameuse mansion romaine *Segora*, où sont exposées toutes les solutions de ce problème géographique. M. de Matty est membre de plusieurs Sociétés savantes. Chevalier de la Légion d'Honneur en 1847, il a été promu officier de l'Ordre en 1865.

MAUBANT (Henry-Polydore), né à Chantilly (Oise), le 23 août 1821. M. Maubant, fils du caissier d'une maison de roulage, apprit d'abord le métier d'horloger. Mais, après avoir assisté à plusieurs représentations dans la salle Molière, où s'exerçait alors Rachel, il se sentit une vocation pour le théâtre. Pendant quelque temps, il se montra avec assez d'avantage sur la scène du passage du Saumon pour que Saint-Aulaire le complimentât et l'engageât à poursuivre ses études dramatiques. Entré au Conservatoire en 1839, il obtint, en 1841, le second prix de tragédie, et débuta, rue Richelieu, le 25 août 1842, par le rôle d'Achille dans *Iphigénie en Aulide*. Ses second et troisième débuts, dans *Manlius* et dans *Œdipe* furent favorablement jugés, et on lui offrit un engagement modeste, avec la perspective d'avoir à jouer de petits emplois. Ce n'était pas son affaire, et il refusa, comme il le disait dans un langage simple et charmant, et qui peint l'homme, pour passer à l'Odéon, « où il fut de lui-même dans l'espoir de jouer davantage et de plus beaux rôles. » Sur la seconde scène française, il fit la saison de 1842-1843, mais sans gloire ni profit. Rentré au Théâtre-Français, pour y jouer les pères nobles, M. Maubant s'y est rendu indispensable par le zèle et la conscience qu'il apporte à ses créations ou à ses reprises. Grâce à sa diction grave, nette, et à l'occasion pleine de bonne humeur, il tient également bien sa place dans la comédie, le drame et la tragédie. Mais c'est surtout dans la tragédie qu'il excelle, et qu'il sait représenter, avec un art infini, les personnages que les auteurs, dont il est l'interprète scrupuleux, ont mis au second plan; témoin ses imitations du vieil Horace, d'Auguste, de Mithridate, de Burrhus, d'Atrée, etc. Citons, parmi ses reprises les plus heureuses: don Diègue, dans le *Cid*, Abner et Joad dans *Athalie*, Lusignan dans *Zaïre*, Thirrhel dans les *Enfants d'Edouard*, le roi dans *Psyché*, Ruy-Gomez dans *Hernani*, Géronte dans le *Menteur*, don Louis dans *Don Juan*, Cléante dans *Tartuffe*, Jupiter dans *Amphitrion*, Bégears dans la *Mère coupable*, Dumège dans le *Cœur et la Dot*. Voici maintenant ses principales créations : Lorn dans *Robert Bruce*, Marc-Antoine dans *Cléopâtre*, Montalais dans les *Bâtons flottants*, Léonard dans *Lady Tartuffe*, don Pèdre dans *Dolorès*, Meunier dans *Corneille à la butte Saint-Roch*, Morin dans les *Ouvriers*, Jumelin dans l'*Absent*, le comte d'Ars dans le *Lion amoureux*, etc. M. Maubant, sociétaire de la Comédie-Française depuis le 1er janvier 1852, a été nommé membre titulaire du Comité d'administration en 1864.

MAUD'HUY (Louis-Ernest DE), né à Metz, le 21 janvier 1809. Admis à l'École Saint-Cyr le 18 novembre 1826, sous-lieutenant au 13e de ligne le 1er octobre 1828, il prit un congé illimité le 2 septembre 1830, rentra au service, le 22 février 1831, comme sous-lieutenant au 18e de ligne, passa lieutenant le 20 juin 1832, et fut nommé officier d'ordonnance du général baron Zœpfcil le 22 octobre 1832. C'est en cette qualité qu'il assista au siège d'Anvers. Capitaine le 28 janvier 1836, officier d'ordonnance du roi Louis-Philippe le 24 juillet 1843, chef de bataillon au 11e léger le 9 novembre 1845, il fut chargé, en juin 1848, de. l'attaque du faubourg Saint-Martin, et mérita d'être promu lieutenant-colonel du 25e de ligne et placé à la tête d'une brigade de la garde mobile. Il devint colonel du 31e de ligne le 24 décembre 1851, fit la campagne d'Orient (1855-1856), et reçut les étoiles de général de brigade le 31 décembre 1857. A partir de cette époque, M. le général de Maud'huy commanda successivement la subdivision de l'Allier, une brigade d'infanterie de l'armée de Lyon, la subdivision du Rhône, de la Loire et la place de Lyon, la 2e brigade de la 1re division de l'armée de Paris et la subdivision de la Manche. Elevé au grade de général de division le 14 juillet 1870, et mis à la tête de la 2e division du 13e corps d'armée, sous les ordres du général Vinoy, il rentra dans Paris avec ce dernier, fut chargé, pendant la durée du siège, de divers commandements dans les positions les plus exposées, notamment celles de Villejuif, du Moulin-Saquet, et des Hautes-Bruyères qu'il reprit aux Prussiens qui s'y étaient établis. Il commanda, en outre, pour la durée de la bataille de Champigny, la 2e division du 1er corps de la 2e armée, sous le général Ducrot. Mis à la tête de la 1re division de l'armée de Paris au mois de mars 1871, il se retira sur Versailles quand fut proclamée la Commune, commanda le camp de Satory, et coopéra aux opérations du second siège. Sur sa demande et pour des motifs personnels, il obtint sa mise en disponibilité au mois de novembre de la même année. M. le général de Maud'huy, chevalier de la Légion d'Honneur le 28 avril 1844, officier le 5 octobre 1857, commandeur le 26 novembre 1860, Grand-Officier le 10 janvier 1874, est aussi chevalier de l'ordre militaire de Léopold de Belgique.

MAUNOURY (Auguste-François), né à Champsecret, près Domfront (Orne), le 29 octobre 1811. Il fit ses études au petit séminaire de

Séez, reçut l'ordination en 1837, et s'adonna d'une manière exclusive à l'enseignement. Chargé d'une classe au petit séminaire en 1830, il y professe encore la rhétorique. M. l'abbé Maunoury compte parmi nos hellénistes les plus distingués. Il a publié : *Grammaire grecque* (1846, 17e édit., 1873) ; — *Petite anthologie*, ou recueil de fables, descriptions, épigrammes, pensées, contenant les racines de la langue grecque ; texte, table, dictionnaire et traduction française (1849, 19e édition, 1872) ; — *Chrestomatie grecque* (1849, 6e édit., 1872) ; — *Thèmes gradués sur la grammaire grecque*, avec dictionnaire (1852, 10e édit., 1874) ; — *De la manière d'apprendre les mots grecs*, lettres à un chef d'institution (1857) ; — *Daniel dans la fosse aux lions*, tragédie en prose (1857) ; — *Exercices gradués sur la grammaire française* (1858, 4e édit., 1872) ; — *Josephus a fratribus venditus*, tragédie latine (1866) ; — *Thomas Morus*, tragédie en prose (1863) ; — *Soirées d'automne, ou la Religion prouvée aux gens du monde* (1864) ; — *Epitome de Cæsaribus*, petit ouvrage qui fait suite à l'*Epitome historiæ sacræ* (1865). On doit au même auteur une *Grammaire française* (7e édition, 1872) ; une *Grammaire latine* ; une nouvelle édition refondue des *Préceptes de rhétorique de Girard* ; une édition classique, avec traduction française, de la *Vie de saint Antoine* par S. Athanase ; une édition classique, avec notes et dictionnaire, de l'*Evangile selon saint Luc* ; une édition, corrigée et complétée, de l'*Histoire ecclésiastique* de Lhomond, et la traduction en grec de la bulle *Ineffabilis*, où est définie l'immaculée conception, pour la magnifique collection de l'abbé Sire. M. l'abbé Maunoury a donné beaucoup d'articles à la *Semaine catholique* de son diocèse. Il a été nommé chanoine honoraire de Séez en 1854.

MAUPAS (Charlemagne-Emile DE), né à Bar-sur-Aube, le 8 décembre 1818. Il fit ses études classiques et son droit à Paris, et publia, en 1841, des *Considérations sur le système des impôts*. Entré dans l'administration en 1845, il fut nommé d'abord à la sous-préfecture d'Uzès, puis à celle de Beaune. Démissionnaire le 24 février 1848, il adopta la politique de l'Elysée, rentra en fonctions, et fut successivement sous-préfet à Boulogne-sur-Mer en 1849, préfet de l'Allier dans la même année, et préfet de la Haute-Garonne en 1850. L'activité et le talent avec lesquels il fit prévaloir, dans ces divers postes, les tendances bonapartistes, lui valurent, en novembre 1851, sa nomination à la préfecture de police de Paris. Ses importantes fonctions et la confiance qu'il inspirait au président, lui marquaient naturellement une place parmi les rares initiés qui furent admis à préparer le Coup-d'Etat de Décembre ; et ce fut lui qui, dans une première proclamation, conseilla aux Parisiens le calme et l'abstention, s'ils ne voulaient « se briser immédiatement contre une inflexible répression. » Au moment de la lutte, il fit arrêter les représentants les plus compromis du parti républicain avancé et les généraux qu'on jugeait disposés à se mettre à la tête de l'armée pour l'entraîner à la résistance ; et, le 22 janvier 1852, il fut nommé au nouveau ministère de la Police, avec le mandat tout spécial « de faire parvenir jusqu'au prince-président, la vérité qu'on s'efforce trop souvent de tenir éloignée du pouvoir. » Laissant l'administration à ses subordonnés, il développa, dans l'accomplissement de sa mission de surveillant politique, des qualités remarquables de finesse et d'activité, réorganisa la police et le service de la presse, assura l'application du décret du 17 février sur l'imprimerie et la librairie, et créa un système de commissariats de police qui rayonnait jusqu'au fond des hameaux ; puis, sa tâche accomplie, le 10 juin 1853, il se retira, et le ministère spécial fut supprimé. Elevé à la dignité de sénateur, le 21 du même mois, il fut envoyé à Naples, en qualité d'ambassadeur, quitta ce poste au mois d'avril 1854, et occupa son siège au Sénat jusqu'au mois de septembre 1860, époque où il fut chargé de l'administration des Bouches-du-Rhône. A Marseille, M. de Maupas a marqué son passage par l'exécution de grands travaux d'utilité publique. C'est sous son administration qu'ont été créés le port d'Arenc, le port Impérial, les bassins de radoub, les docks, la rue de Noailles, la rue Impériale, les superbes promenades de la Corniche et du château Borelli. On lui doit également la construction du palais de Longchamp, de la préfecture, de la bibliothèque, de l'Hôtel-Dieu et de la cathédrale. En 1867, il quitta Marseille pour revenir occuper sa place au Sénat, et prit une part active aux discussions politiques. Il soutint notamment la revendication d'une modification constitutionnelle devenue, pour lui, la conséquence forcée du mouvement politique du pays. A ses yeux, le régime exclusivement autoritaire qui avait été, au 2 Décembre, une nécessité de circonstance, devait faire place à une forme nouvelle où le contrôle reprendrait ses droits, et où le pays interviendrait d'une façon plus directe et plus prépondérante. Ainsi, il demandait qu'on substituât la responsabilité ministérielle à celle du souverain, et qu'on arrivât sans secousse au gouvernement du pays par le pays. M. de Maupas s'est retiré des affaires publiques après la révolution du 4 Septembre. Il est Grand-Croix de la Légion d'Honneur depuis le 8 janvier 1867.

MAURANDY (Jacques-Louis), né à Anvers (Belgique), le 26 octobre 1812. M. Maurandy descend d'une vieille famille du Quercy. Engagé volontaire au 52e de ligne le 7 mai 1831, caporal le 22 mai 1832, sergent-fourrier le 6 septembre 1834, il passa, le 11 janvier 1837, au 1er régiment de la légion étrangère, en Algérie, et devint sergent-major le 18 décembre de la même année, puis adjudant-sous-officier le 12 septembre 1840. Nommé sous-lieutenant le 2 janvier 1841, lieutenant le 11 février 1844, capitaine le 9 juin 1848, et capitaine-adjudant-major le 17 septembre suivant, il fut promu chef de bataillon au 85e de ligne le 10 août 1854, passa comme major au 2e zouaves le 7 novembre 1856, et obtint le grade de lieutenant-colonel au 67e de ligne le 14 janvier 1863, et celui de colonel au 1er tirailleurs algériens le 22 décembre 1868. M. Maurandy fit d'abord campagne en Afrique, de 1837 à

1854. Parti pour la Crimée au mois de juin de cette dernière année, il fut contusionné au bras gauche par une balle, le 20 septembre, à la bataille de l'Alma, puis reçut un éclat d'obus à l'épaule gauche, le 2 août 1855, aux attaques de droite devant Sébastopol, et des éclats de pierre projetés par un boulet, qui le blessèrent grièvement à la tête et à la face, le 3 septembre suivant. Il exerça plusieurs commandements supérieurs en Algérie, notamment, de 1865 à 1868, celui du cercle de Sebdou, et de la colonne mobile chargée de maintenir l'ordre dans le sud-ouest de la province d'Oran. Quand éclata la guerre contre l'Allemagne, il fut appelé d'Afrique avec son régiment. On sait comment le 1er tirailleurs algériens se conduisit à Wissembourg, où il perdit un tiers de son effectif en hommes et officiers, et où son colonel eut un cheval tué sous lui. À Reichshoffen, ce même régiment, préposé par le maréchal de Mac-Mahon à la garde de l'artillerie de réserve, dut pour la dégager et obéir à la voix de son chef, se précipiter tout entier au milieu des ennemis qu'il réussit à refouler, mais au prix de cruels sacrifices, car il fut écrasé presque en entier en se retirant. Elevé au grade de général de brigade le 3 octobre 1870, il a commandé titulairement, pendant la fin de la guerre, la 3e division du 16e corps et la 2e division du 17e. Quand les armes ont été déposées, il a été délégué par le ministre de la Guerre pour procéder au licenciement de l'armée de Bretagne, à Laval. M. le général Maurandy a été nommé, le 6 juin 1871, au commandement de la subdivision militaire de l'Yonne. C'est à des faits de guerre qu'il doit sa nomination et ses grades successifs dans la Légion d'Honneur. Chevalier le 2 décembre 1850, officier le 14 septembre 1855, il a été promu commandeur le 20 août 1870. Il est aussi décoré de la médaille de la Valeur militaire de Sardaigne et de la médaille de Crimée.

MAURICE (Jules), né à Valenciennes (Nord), le 20 juin 1808. Elève du lycée de Douai, et licencié en droit de la Faculté de Paris, il jouit dans son département d'une grande et légitime influence. Il a été maire de Douai, d'abord de 1854 à 1860, puis en 1870, et a fait preuve, dans l'exercice de ses fonctions, de beaucoup de capacité et de dévouement. Il a su, notamment, mener à bonne fin différents projets ayant pour but d'introduire dans cette ville des améliorations et des transformations considérables; et c'est grâce à son initiative qu'elle est devenue, en 1855, le siège d'une Faculté des lettres. Ses concitoyens lui doivent, en outre, la reconstruction de l'Hôtel-de-Ville, l'établissement de vastes entrepôts des sucres et des douanes, plusieurs écoles, des plantations de promenades, l'agrandissement des musées, etc. M. Jules Maurice est président de la Société de secours mutuels, de la Commission de surveillance, de l'Ecole normale départementale, de la Société d'agriculture, sciences et arts centrale du Nord, etc. Comme conseiller général depuis 1852, et vice-président du Conseil en 1873, il a pris une part très-active à la défense des intérêts industriels de sa localité. Elu représentant du Nord à l'Assemblée nationale, le 8 février 1871, il a pris place dans les rangs des conservateurs libéraux. Il vote généralement avec le Centre-Droit. M. Jules Maurice a fait partie des deux grandes Commissions d'enquête sur les actes du gouvernement du 4 Septembre et sur les marchés conclus à cette époque, et d'autres Commissions parlementaires. Auteur de diverses propositions relatives à l'amélioration du sort des instituteurs et institutrices primaires, il en a vu plusieurs adoptées en 1873 et 1874; d'autres ne tarderont pas à être discutées. Il est chevalier de la Légion d'Honneur depuis 1853, et officier de l'Instruction publique.

MAURIN (François), né le 17 juin 1821, au Muy (Var). A servi dans la marine de l'Etat depuis le 1er octobre 1840 jusqu'au 15 septembre 1849, comme élève des hôpitaux et comme chirurgien de 3e classe, et a fait huit campagnes, dont cinq à la mer. Il se fixa ensuite au Luc (Var) pour y exercer la médecine. Reçu docteur en médecine le 2 avril 1853, et nommé médecin de l'Hôtel-Dieu du Luc le 1er mai suivant, il se signala par des actes de dévouement durant l'épidémie de choléra de 1854. Il exerce en outre les fonctions de médecin cantonal depuis le 15 janvier 1855. La décoration de la Légion d'Honneur lui a été conférée en 1863, en considération de deux propositions dont il avait été l'objet en 1847 et 1848 : la première, pour avoir sauvé, au péril de sa vie, un matelot jeté à la mer par un violent coup de vent, ce qui lui valut également une citation à l'ordre du jour de l'escadre du Brésil et de la Plata (15 octobre 1847); la seconde, pour sa conduite à la prise de Paysandu (Uruguay) et les soins donnés aux blessés de l'armée uruguayenne qu'il accompagna à Montevideo. M. le docteur Maurin a été conseiller municipal et maire de la ville du Luc depuis le 8 septembre 1860 jusqu'au 1er septembre 1865. Il est membre de la Société de statistique de Marseille, de la Société d'agriculture du Var et de plusieurs autres Sociétés savantes.

MAURY (Louis-Ferdinand-Alfred), né à Meaux (Seine-et-Marne), le 23 mars 1817. Fils d'un ingénieur des ponts-et-chaussées, et destiné à l'Ecole polytechnique, il s'adonna d'abord à l'étude des mathématiques; mais, entraîné par son goût pour l'érudition, il se fit attacher en 1836, par la protection de Letronne et de Silvestre de Sacy, à la Bibliothèque royale. En 1838, il quitta cet établissement pour se livrer à l'étude en toute liberté, et suivit les cours du Collège de France, du Muséum, de la Sorbonne, de l'Ecole de médecine et de l'Ecole de droit. Il se fit recevoir avocat, tout en cultivant de préférence l'archéologie et les langues anciennes et modernes. Rappelé à la Bibliothèque royale (1840), où ses connaissances bibliographiques étaient fort appréciées, il y resta jusqu'au commencement de 1844, époque à laquelle il fut élu sous-bibliothécaire de l'Institut. Là, M. Maury se rendit utile, par son savoir étendu, jusqu'en 1857. Elu, à cette dernière date, membre de l'Académie des inscriptions et belles-lettres, en remplacement de Dureau de Lamalle, il fut nommé, en 1858, l'un des secrétaires de la Commission chargée, par le ministre de l'Instruction publique, de dresser une carte des Gaules. Il devint bibliothécaire des Tuileries en 1860, et fut appelé, en 1861, à faire partie de la Commission chargée par le gouvernement d'élaborer une loi sur la propriété littéraire. Successeur de M. Guigniaut démissionnaire, comme professeur d'histoire et morale au Collège de France, en 1862, il fut désigné, en 1868, pour être l'un des directeurs de l'Ecole pratique des hautes études, et remplaça le marquis de Laborde dans la Commission chargée de publier la *Correspondance de Napoléon I*er. En 1868 également, il fut nommé directeur-général des archives de l'Empire. C'est sous sa direction que parut (1871) l'*Inventaire* de ce dépôt. On doit surtout à M. Maury : *Essai sur les légendes pieuses du Moyen Age* (1843) ; — *Les fées au Moyen Age* (1843) ; — *Histoire des grandes forêts de la Gaule et de l'ancienne France* (1850), ouvrage auquel se rattache son *Mémoire sur la topographie des anciennes forêts de la France*, et qui lui a valu, en 1854, une médaille d'or au concours des antiquités nationales ; ce sujet a été traité par lui, d'une manière plus approfondie, dans l'ouvrage intitulé : *Les forêts de la Gaule et de l'ancienne France, aperçu sur leur histoire, leur topographie et la législation qui les a régies* (1867) ; — *La terre et l'homme* (1856, 3e édit., 1868) ; — *Histoire des religions de la Grèce antique* (1857-1860) ; — *La magie et l'astrologie* (1860) ; — *Le sommeil et les rêves*, études psychologiques (1861, 3e édit., 1865) ; — *Les Académies d'autrefois : l'ancienne Académie des sciences* (1863), *l'ancienne Académie des inscriptions et belles-lettres* (1864) ; — *Croyances et légendes de l'antiquité* (1863). M. Maury a donné, dans les *Mémoires* de l'Académie des inscriptions et belles-lettres, un *Mémoire sur Servius Tullius* (1866), et, dans le *Recueil des rapports sur les progrès des lettres et des sciences en France*, l'*Exposé des progrès de l'archéologie*, partie ancienne (1867). Il a publié les derniers volumes du *Musée de sculpture ancienne et moderne* de son ami le comte de Clarac, dont il avait été le collaborateur, et collaboré aussi, avec M. Guigniaut, aux deux derniers volumes des *Religions de l'antiquité*. On lui doit, en outre, diverses traductions de l'allemand, de l'anglais, du hollandais et du russe. Elu, en mars 1868, l'un des rédacteurs du *Journal des savants*, auquel il avait antérieurement fourni des articles, il en est aujourd'hui l'un des collaborateurs les plus actifs. De 1855 à 1859, il a été secrétaire-général de la Société de géographie de Paris, et en a dirigé le *Bulletin*, dans lequel il a fait paraître beaucoup d'articles et de rapports. Il a été président, en 1853, de la Société des antiquaires de France, aux *Mémoires* de laquelle il a donné de nombreux travaux. Enfin, M. Maury a collaboré à diverses publications, parmi lesquelles nous citerons l'*Encyclopédie moderne*, la *Revue archéologique*, les *Annales médico-psychologiques*, la *Revue des Deux-Mondes*, le *Moniteur universel*. Chevalier de la Légion d'Honneur en 1855, il a été promu officier en 1866, et commandeur en 1870.

MAY (Edward-Harrison), né à New-York, en 1825. Venu à Paris en 1851, il suivit l'atelier de M. Couture, et débuta au Salon de Paris, en 1857, avec un *Berger napolitain*, étude, et le portrait d'une *Jeune Américaine*. Depuis, cet artiste a exposé : *François Ier pleurant la mort de son fils ; Haidée et Zoé trouvant le corps de don Juan sur la plage ; Paysanne italienne inscrivant l'aveu de son amour sur un tombeau* (1859) ; — *Derniers jours de Christophe Colomb ; La dispute entre le baron de Bradevardine et Balmawhapph* (1861) ; — *Captivité des Juifs à Babylone ; Jane Gray, allant au supplice, donne ses tablettes au gouverneur de la Tour ; La toilette* (1863) — *Amy Robsart et le colporteur* (1866) ; — *Ophélia ; La lecture* (1868) ; — *Arvigarus emporte le corps d'Imogen* (1870) ; — *Madeleine au sépulcre* (1874). On doit en outre, à M. May, beaucoup de portraits exposés, parmi lesquels ceux de MM. *Bonaparte Patterson*, capitaine au 1er carabiniers (1861), *Dayton*, ministre des Etats-Unis à Paris (1864), *E. de Laboulaye*, pour l'Union-Club de New-York (1866), *Anson Burlingame*, envoyé extraordinaire et ministre plénipotentiaire de l'empereur de la Chine (1869), *Baby Carr* et le général *John Meredithe Read*, consul-général des Etats-Unis à Paris (1872), le lieutenant-colonel *de Kodolitsch*, attaché militaire à l'ambassade d'Autriche (1874). M. May a obtenu une médaille de 3e classe à l'Exposition universelle de 1855.

MAZE (Hippolyte-Louis-Alexandre), né à Arras, le 5 novembre 1839. Fils d'un officier supérieur de mérite, M. Maze a fait de brillantes études littéraires et scientifiques au lycée Saint-Louis, à Paris, et a été admis, en 1859, à l'Ecole normale supérieure (section des lettres). Agrégé de l'Université en 1863, il enseigna successivement l'histoire à Cahors, à Saint-Quentin et à Angers. Le cours qu'il fit à l'Ecole supérieure de cette dernière ville, sur le développement du Tiers-Etat en France, commença sa réputation de professeur et de publiciste. Appelé, en 1867, à la chaire d'histoire du lycée de Versailles, il fut presque en même temps chargé de conférences à la Sorbonne. Il se faisait entendre également aux Matinées littéraires, et partout où s'organisait une œuvre intéressante de parole publique. Mêlé à la vie politique, M. Maze contribua, en 1869, à Paris, au succès de la candidature de M. Jules Favre contre celle de M. Rochefort, et fit, en 1870, une opposition clairvoyante au plébiscite. Après le 4 Septembre, il fut envoyé comme préfet dans le département des Landes, qu'il administra sous le gouvernement de la Défense nationale, puis sous celui de M. Thiers. Depuis, il a repris ses travaux d'enseignement. En 1873, il a soutenu, à Paris, la candidature de M. de Rémusat contre celle de M. Barodet. M. Maze n'a pas cessé d'écrire et de prêter son concours aux œuvres d'instruction populaire. Comme historien, il appartient à l'école des Augustin Thierry et des Guizot ; comme homme politique, il est républicain conservateur. Indépendamment de ses nombreux articles de journaux et de revues, il a publié des études historiques, financières, littéraires et politiques. Citons : *Le roi*

Réné d'Anjou; ses poésies; — *Les gouvernements de la France, du XVII° au XIX° siècle*; — *La guerre et la France, du XIV° au XVII° siècle*; — *Le procès du surintendant Fouquet*; — *Le Tancrède de Voltaire*; — *Fondation des Etats-Unis d'Amérique*; — *La fin des révolutions par la République*; — *Les orphelins d'Alsace-Lorraine*, etc. M. Maze est membre de la Société d'économie politique de Paris et de plusieurs autres Compagnies savantes. Il est le gendre de l'économiste Adolphe Blanqui (de l'Institut).

MAZEAU (Charles-Jean-Jacques), né à Dijon, le 1er septembre 1825. Il fit son droit à la Faculté de cette ville, et obtint le grade de docteur en 1848. Il débuta alors comme avocat, et, dès cette époque, se fit connaître par des articles publiés dans la presse démocratique de son pays. Ayant quitté Dijon à la fin de l'année 1849, il devint à Paris secrétaire de M. Paul Fabre, et, en 1856, acheta la charge d'avocat au Conseil d'Etat et à la Cour de cassation de M. Martin (de Strasbourg). M. Mazeau, lauréat de l'Académie de législation de Toulouse au concours de 1855, collaborateur de plusieurs journaux et revues judiciaires et du *Dictionnaire général de la politique*, de Maurice Block, acquit promptement une situation honorable dans son Ordre, dans le Conseil duquel il fut appelé en 1865; il en fut élu secrétaire en 1866, et premier syndic en 1873. Au mois de novembre 1869, les électeurs du canton de Gersey-Chambertin (Côte-d'Or) l'appelèrent au Conseil général, en lui donnant une grande majorité sur le candidat officiel; et maintenant, il est encore secrétaire de ce Conseil. Le 2 juillet 1871, il a été élu représentant de la Côte-d'Or par 40,000 voix, après une profession de foi nettement républicaine. A l'Assemblée nationale, M. Mazeau, qui fait partie de la réunion extraparlementaire de la Gauche, a été membre de nombreuses Commissions, et nommé souvent rapporteur. Il a pris part à la discussion de plusieurs lois d'affaires, et notamment à celle de la loi sur l'organisation du Conseil d'Etat.

MEIGNAN (Mgr Guillaume-René), né à Denazé (Mayenne), le 11 avril 1817. Il fit de brillantes études classiques au lycée d'Angers et au collège de Château-Gontier, et ses études théologiques au collége libre de Tessé, fondé au Mans par Mgr Bouvier, et où il avait été nommé professeur. Ordonné prêtre le 13 juin 1840, par Mgr l'évêque du Mans, il partit quelque temps après pour l'Allemagne où il fréquenta, pendant une année, les Universités de Munich et de Berlin. De retour à Paris, il fut retenu par Mgr Affre, dont il possédait l'estime et l'affection, et autorisé par lui à exercer le saint ministère dans la capitale. D'abord directeur au petit séminaire de Notre-Dame-des-Champs, puis aumônier de la Maison des filles de la Légion d'Honneur, à Saint-Denis, et premier vicaire successivement dans les paroisses de Saint-Joseph, de Saint-André-d'Antin et de Sainte-Clotilde, où il resta de 1857 à 1862, il fut, en 1848, membre de la Commission des études établie par Mgr Sibour, et rapporteur des conférences ecclésiastiques du diocèse de Paris. Il occupa la chaire d'écriture sainte à la Sorbonne, où son cours était très-suivi, et fut nommé chanoine de la cathédrale de Paris. Promoteur du diocèse et vicaire-général-archidiacre au mois de septembre 1863, M. l'abbé Meignan fut élevé au siège épiscopal de Châlons-sur-Marne, le 17 septembre 1864, préconisé le 27 mars 1865, sacré à Paris le 1er mai suivant, et installé à Châlons le 3 du même mois. Mgr Meignan a fait paraître bon nombre d'ouvrages de polémique religieuse dans lesquels il combat, au nom de la science et de la philologie, certains systèmes de la critique moderne contraires au caractère sacré des livres saints. Voici ses publications : *Les prophéties messianiques* (1856); — *M. Renan et le Cantique des Cantiques* (1860); — *Crise religieuse en Angleterre* (1861); — *Un prêtre déporté en 1793; épisode de la Révolution française* (1862); — *M. Renan réfuté par les rationalistes allemands* (1863); — *L'Evangile et la critique au XIX° siècle* (1864); — *Crise protestante en Angleterre et en France* (1864); — *Le monde et l'homme primitif* (1867), etc. Il a, de plus, fourni d'importants articles au *Correspondant*. Mgr Meignan, membre du Conseil supérieur de l'instruction publique, de la Société asiatique de Paris et de la Société géologique de France, est chevalier de la Légion d'Honneur depuis le 14 juillet 1866.

MEISSONIER (Jean-Louis-Ernest), né à Lyon, en 1813. Il suivit quelque temps l'atelier de Léon Cogniet, et cultiva la peinture de genre sous une forme à peu près inconnue avant lui. Admirateur des œuvres flamandes et hollandaises, il transporta, dans un cadre pour ainsi dire microscopique, la manière de ces deux grandes écoles, et obtint un succès d'autant plus complet que ses toiles remarquables d'exécution, étaient, si petites qu'elles fussent, aussi soignées, aussi finies, aussi riches de détails que si elles avaient eu la dimension ordinaire. Dans les derniers temps, il a peint un certain nombre de tableaux qui ont une surface moyenne. Ce remarquable artiste a exposé : *Bourgeois flamands; Un sujet*, aquarelle (1834); — *Joueurs d'échecs*, sujet flamand (1836); — *Le petit messager* (1836); — *Religieux consolant un malade* (1838); — *Le docteur anglais* (1839); — *Saint Paul; Isaïe; Le liseur* (1840); — *Partie d'échecs* (1841); — *Peintre dans son atelier* (1843); — *Corps de garde; Jeune homme regardant des dessins; Partie de piquet* (1845); — *Trois amis; Partie de boules; Soldats* (1848); — *Un homme fumant* (1848); — *Le dimanche; Souvenir de guerre civile; Joueur de luth; Peintre montrant des dessins* (1850); — *Homme choisissant une épée; Jeune homme travaillant; Bravi* (1852); — *A l'ombre des bosquets chante un jeune poëte*, sujet emprunté aux œuvres de Ch. Reynaud; *Un jeune homme lit en déjeûnant; Paysage* (1853); — les *Joueurs de boule*, les *Bravi*, déjà cités; la *Lecture et une Rixe* (E. U. 1855); — *Confidence; Un peintre; L'attente; Homme en armes; Amateur de tableaux chez un peintre; Homme à sa fenêtre; Jeune homme du temps de la Régence*; le portrait d'*Alexandre Batta* (1857); — *Maréchal ferrant; Musicien; Peintre*; le portrait de M. *Louis Fould* (1861); — *L'empereur à Solférino* (1864); — *Suites d'une querelle de jeu*; le portrait de M. *Ch. Meissonier* (1865);

— *Une halte ; Le maréchal Ney*, dessin (1867) ; — *Lecture chez Diderot ; Le capitaine ; Cavaliers se faisant servir à boire ; Corps de garde ; le portrait de M. G. Delahante ; Lecture ; Renseignements : le général Desaix à l'armée de Rhin et Moselle* (E. U. 1867). Parmi ceux de ses nombreux tableaux qui n'ont pas paru aux expositions, on distingue une *Charge de cavalerie* qui a été, dit-on, achetée 150,000 francs par un Américain. M. Meissonier a remporté des médailles de 3e classe en 1840, de 2e classe en 1841, de 1re classe en 1843, le rappel de cette dernière en 1848, de grandes médailles d'honneur aux Expositions universelles de Paris en 1855 et 1867, et a été élu au fauteuil laissé vacant par Abel de Pujol à l'Académie des beaux-arts en 1861. Il est commandeur de la Légion d'Honneur depuis 1867.

MÉLIOT (Adolphe), né à Florence (Italie), de parents français, le 6 août 1842. Elevé dans un pays où la musique est l'objet d'un véritable culte, il se distinguait, dès l'âge de 12 ans, comme improvisateur et comme exécutant sur le piano ; mais cette disposition précoce ne lui fit pas négliger ses études classiques, en sorte qu'il reçut une éducation des plus complètes. Après avoir quitté les bancs du lycée, il s'adonna tout à la fois à l'enseignement de la musique, à la composition et à la littérature, surtout à la littérature étrangère. M. Méliot est membre de la Société dantesque de Saxe, de la Société de l'Histoire de France et de plusieurs autres Compagnies savantes, françaises et étrangères. On lui doit notamment : *Principes de musique* (1866, 3e édit., 1874) ; — *La musique expliquée aux gens du monde* (4e édit., 1874) ; — *Guillaume Tell*, traduction nouvelle de l'allemand de Schiller. En outre, il a publié trois *Airs de ballet* inédits de Meyerbeer, réduits pour le piano pour la première fois et sur la partition manuscrite d'orchestre. Le même auteur prépare une traduction critique des *OEuvres de Dante*, pour laquelle il met à profit, depuis plusieurs années, ses voyages fréquents en Italie et en Allemagne. Ajoutons que M. Méliot a collaboré à plusieurs journaux français et étrangers, et surtout à la *Revue contemporaine*, dans laquelle il a fait paraître des études critiques de littérature italienne, anglaise et allemande, entre autres une *Vie de Dante*, où est expliquée la *Divine comédie* d'une façon aussi lucide que neuve et compétente.

MELLEVILLE (Maximilien), né à Laon (Aisne), le 28 avril 1807. Après avoir partagé quelque temps les travaux de son père, fondateur d'une imprimerie à Laon, il s'adonna spécialement à des travaux de géologie, d'histoire et d'archéologie, et parcourut une grande partie de la France, de l'Italie et de la Suisse. Il débuta, comme écrivain, par des études de géologie : *Du diluvium, recherches sur les dépôts auxquels on doit donner ce nom et sur la cause qui les a produits*, ouvrage où il a le premier établi la coexistence de l'homme et des grands animaux fossiles du diluvium (1842) ; — *Carte géologique du nord du bassin parisien* (1843) ; — *Théorie des puits naturels* (1843) ; — *Mémoire sur les sables tertiaires inférieurs du bassin de Paris* (1843). Depuis, M. Melleville a publié : *Notice historique sur l'ancien diocèse de Laon* (1844) ; — *Recherches sur l'étymologie des noms des communes du département de l'Aisne* (1845) ; — *Histoire de la ville de Laon* (1846, 2 vol. avec grav.) ; — *Notice historique et archéologique sur les églises de Laon* (1847, avec pl.) ; — *Histoire de la ville et des sires de Coucy* (1848) ; — *Histoire de la ville de Chauny* (1851) ; — *Notice historique sur Quierzy* (1852, 1855, 1858) ; — *Histoire de la commune du Laonnois* (1853, nouv. édit., 1865) ; — *Notice historique sur Clacy en Laonnois* (1853) ; — *Notice historique sur Montaigu en Laonnois* (1853) ; — *Notice historique sur le canal de Saint-Quentin* (1853) ; — *Notice historique sur Neuville en Laonnois* (1854) ; — *Notice historique sur les châtelains de Coucy et les seigneurs de Sinceny* (1855) ; — *Notice historique sur le bourg de Sissonnes* (1857) ; — *Généalogie de la maison de Montchalons* (1857) ; — *Généalogie des seigneurs de Pierrepont et des comtes de Roucy* (1857) ; — *Dictionnaire historique, généalogique et géographique du département de l'Aisne*, ouvrage publié avec le concours du Conseil général et qui a obtenu une mention très-honorable de l'Académie des inscriptions et belles-lettres (1857-1858, nouv. édit., 2 vol., 1865) ; — *Histoire de l'affranchissement communal dans les anciens diocèses de Laon, Soissons et Noyon* (1859) ; — *Le passage de l'Aisne par Jules César* (1864). M. Melleville, membre de plusieurs Sociétés savantes, a collaboré au *Bulletin de la Société géologique de France*, et fourni surtout des notices, articles ou mémoires au *Bulletin de la Société académique de Laon*. Il est, depuis longtemps, conservateur de la bibliothèque de la ville de Laon.

MEMBRÉE (Edmond), né à Valenciennes, le 14 novembre 1820. Il commença ses études musicales à Valenciennes, et entra au Conservatoire de Paris dans la classe de M. Carafa en 1843. Dès ses premiers pas, il était facile de prévoir que ses progrès sous un pareil maître seraient rapides. Bientôt, en effet, il se fit connaître par des *Romances* et des *Ballades*, dont quelques-unes empreintes d'un idéal gracieux, sombre ou énergique, obtinrent un légitime succès. Ses débuts récents au théâtre ont confirmé ces espérances. En 1857, on a applaudi à l'Opéra son *François Villon*, pièce en un acte, paroles de M. Got, en septembre 1858, les *Chœurs de l'OEdipe roi*, de M. Jules Lacroix, et, en juillet 1874, l'*Esclave*, paroles de MM. Foussier et Got (4 actes et 5 tableaux). Là se bornent, quant à présent, ses principaux titres à la célébrité ; mais on trouve dans la plupart de ses œuvres plus que le germe d'un talent qui ne demande qu'à s'affirmer.

MENANT (Joachim), né à Cherbourg (Manche), le 16 avril 1820. M. Menant, tout en suivant la carrière de la magistrature, s'est fait une réputation distinguée parmi les assyriologues, par ses nombreux travaux sur les inscriptions en caractères cunéiformes. Il a publié, comme spécialité : *Eléments d'épigraphie assyrienne*, exposé des travaux qui ont préparé la lecture et l'interprétation des inscriptions de la Perse et de l'Assyrie (1860, 2ᵉ édit., 1864) ; — *Recueil d'alphabets des écritures en caractères cunéiformes* (1860) ; — *Inscriptions assyriennes des briques de Babylone*, essai de lecture et d'interprétation (1860) ; — *Les noms propres assyriens*, recherches sur la formation des expressions idéographiques (1861) ; — *Les fastes de Sargon roi d'Assyrie*, traduits et publiés d'après le texte assyrien de la grande inscription des salles du palais de Khorsabad, en collaboration avec M. Oppert (1863) ; — *Sur les inscriptions assyriennes du musée Britannique*. Rapports à S. E. le ministre d'Etat sur deux missions scientifiques (1862-1863) ; — *Inscriptions de Hammourabi*, roi de Babylone au XVIᵉ siècle avant notre ère (1863) ; — *Les Inscriptions des revers de plaques du palais de Khorsabad* (1865) ; — *Exposé des éléments de la Grammaire assyrienne* (imprim. impériale, 1868) ; — *Les Achéménides et les inscriptions de la Perse* (1872) ; — *Annales des rois d'Assyrie*, traduites et mises en ordre sur le texte assyrien (1874) ; — *Le Syllabaire assyrien*, exposé des éléments du système phonétique de l'écriture anarienne. Cet important ouvrage est publié dans les *Mémoires* présentés par divers savants à l'Académie des inscriptions et belles-lettres ; il forme deux volumes in-4°, qui ont paru en 1869 et en 1873 (tome VII, des mémoires). M. Menant a fait, dans le courant de l'année 1869, une série de leçons sur l'*Epigraphie assyrienne* aux cours libres de la Sorbonne, et en a publié le résumé en 1873. Il a publié, en outre, un grand nombre d'articles dans les revues sur l'*Histoire de la Perse et de l'Assyrie*. On connaît encore, de M. Menant : *Zoroastre*, essai sur la philosophie religieuse de la Perse (1844, 2ᵉ édit., 1857), etc.

MÉNARD (Louis), né à Paris, le 19 octobre 1822. Après avoir fait de bonnes études classiques au collège Louis-le-Grand, M. Ménard suivit le penchant qui l'inclinait vers la littérature ; mais son esprit curieux et ses habitudes laborieuses l'entraînaient en même temps vers l'étude des sciences. Il continua pourtant ses travaux littéraires. Longtemps retardé par les événements, il ne prit le grade de docteur ès lettres qu'en 1850, tandis qu'après avoir suivi le laboratoire de M. Pelouze, il avait depuis longtemps découvert la solubilité du coton-poudre dans l'éther, et inventé le collodion, matière à laquelle on doit véritablement les progrès du daguerréotype, et plus tard de la photographie. Cette invention fut consignée (1846 et 1847) dans les *Comptes rendus* de l'Académie des sciences. A partir de 1852, il s'occupa de dessin et de peinture, suivit les leçons de Troyon et de Rousseau, et s'adonna surtout au paysage. Au demeurant, M. Louis Ménard est tout à la fois poète, publiciste, historiographe, critique d'art, peintre et savant. Imbu d'idées républicaines très-avancées, il a publié, en 1848-1849, dans le journal le *Peuple*, le *Prologue d'une révolution*, ouvrage qui, reproduit en librairie (1849), lui a valu tout à la fois la prison et l'amende. Réfugié d'abord en Angleterre, puis en Belgique, il est revenu en France à la fin de 1852, et a collaboré depuis à la *Revue des Deux-Mondes*, à l'*Artiste*, à la *Revue nationale*, à l'*Année philosophique*, à la *Gazette des beaux-arts*, etc. Comme auteur, M. Louis Ménard a publié les ouvrages suivants : *Poëmes* (1855, 2ᵉ édit. augm. 1863) ; — *De sacra poesi Græcorum*, et *De la morale avant les philosophes*, thèses de doctorat (1860, 2ᵉ édit. de la thèse française, 1863) ; — *Du polythéisme hellénique* (1863) ; — *Hermès trismégiste*, couronné par l'Académie des inscriptions et belles-lettres (1867) ; — *Tableau historique des beaux-arts depuis la Renaissance jusqu'à la fin du XVIIIᵉ siècle*, avec M. René Ménard, son frère, ouvrage couronné par l'Académie des beaux-arts (1867) ; — *De la sculpture antique et moderne*, avec M. René Ménard, ouvrage qui a obtenu le prix de l'Académie des beaux-arts (1868) ; — *Musée de peinture et de sculpture* (1872, 10 vol.). Comme peintre, M. Louis Ménard a exposé, aux Salons de Paris : *Effet d'automne* (1854) ; — *Cerfs et biches au repos* ; *Châtaigniers*, effet d'hiver ; *Cerfs et biches*, effet du matin (1859) ; — *Environs de Colleville* (1861) ; — *Effet d'hiver* (1863) ; — *Matinée d'automne* ; *Matinée d'hiver* (1864) ; — *Pâturage en Normandie* (1865).

MÉNARD (René-Joseph), né à Paris, le 20 février 1827 ; frère du précédent. Elève de Drölling, Troyon, Rousseau et J. Dupré, M. René Ménard se consacra de préférence à la peinture du paysage et des études d'animaux. En même temps, il profitait de l'excellente instruction qu'il avait reçue dans sa jeunesse pour s'adonner à la critique d'art, et ses articles furent favorablement accueillis dans l'*Artiste*, l'*Avenir national*, l'*Indépendance belge*, le *Port Folio* de Londres, la *Gazette des beaux-arts*, dont il a été rédacteur en chef de janvier 1873 à janvier 1875, la *Revue des Deux-Mondes*, la *Revue nationale*, l'*Année philosophique*, etc. Comme peintre, il a fait recevoir, au Salon de Paris, les tableaux suivants : *Allée couverte* ; *Chemin creux* (1853) ; — *Paysage avec animaux* (1857) ; — *Abreuvoir* ; *Marché* ; *Bords de l'Oise, souvenir de l'Isle-Adam* ; *Marché d'animaux* (1859) ; — *La mort d'un enfant* ; *Assemblée* (Basse-Normandie) ; *Environs de Vazouy* (Calvados) ; *Mouton dans un ravin : Souvenir de la côte de Grâce*, à Honfleur (1861) ; — *Chemin couvert* ; *Marché d'animaux* ; *Une dune* (1863) ; — *Plantation d'un calvaire sur les côtes de Normandie* ; *Entrée de village* (1864) ; — *Village aux environs d'Orsay* ; *Souvenir de Montgeron* (1865) ; — *La vendange* ; *Chemin dans le Jura* (1866) ; — *Environs de Trouville* ; *Souvenir de la vallée de Touques* (1867) ; — *Souvenir d'Ermenonville* ; *Une messe* (1868) ; — *Un gué*, souvenir de Franche-Comté (1869). Comme écrivain, M. René Ménard a publié à part : *Histoire des beaux-arts dans l'antiquité* (1870) ; — *Histoire des beaux-arts au Moyen-Age* (1873) ; — *Histoire des beaux-arts dans les temps modernes* (1874) ; — *Histoire des beaux-arts illustrée* (1875) ; — *Entretiens sur la peinture* (1875). Avec M. L. Ménard, son frère, il a fait paraître le *Tableau historique des beaux-arts*, ouvrage couronné par l'Académie des beaux-arts (1866), *De la sculpture antique et moderne*, ouvrage également couronné par l'Académie des beaux-arts (1867) ; le *Musée de peinture et de sculpture* (1872, 10 vol.). Avant de terminer, nous devons citer encore un de ses travaux sur la *Numismatique française aux XVIe et XVIIe siècles*, publié dans le journal *l'Art*, en 1875, et qui avait été couronné par l'Académie des beaux-arts en 1869.

MÉNEAU (Jean-Baptiste-Théodore), né à la Rochelle, le 12 avril 1799. Après avoir fait d'excellentes études classiques, il entra, en 1818, dans le haut commerce, où son activité, son intelligence, son esprit cultivé et sa probité ne tardèrent pas à le faire distinguer. Dès l'âge voulu par la loi, il fut élu juge au tribunal de Commerce de la Rochelle, où il siégea, sauf les vacances que la loi impose à la magistrature consulaire, comme juge ou président jusqu'en 1865. Membre, puis président de la Chambre de commerce, du Conseil d'arrondissement de la Charente-Inférieure, de diverses Sociétés artistiques et de la Commission de surveillance de l'asile des aliénés de son département, M. Méneau, dont le zèle pour la chose publique ne s'est jamais démenti, a encore accepté les fonctions de conseiller municipal et d'administrateur de la succursale de la Banque de France à la Rochelle et de la Caisse d'épargne. Membre du Comité local d'instruction primaire, de la Commission de perfectionnement de l'école annexe du lycée et de l'Ecole normale de Lagord, commissaire-général de l'exposition des produits de l'industrie et du congrès scientifique à la Rochelle en 1856, président de la section des beaux-arts au congrès régional de la Rochelle en mai 1866, délégué départemental à l'Exposition universelle de Paris en 1867, président de la Société des amis des arts, il est aussi directeur du musée de peinture et d'archéologie à la Rochelle. Il a été nommé chevalier de la Légion d'Honneur le 11 août 1866.

MENIER (Emile-Justin), né à Paris, le 18 mai 1826. Il fit d'excellentes études scientifiques, suivit notamment les cours d'Orfila, de Dumas et de Balard, et s'adonna à la fabrication des produits chimiques, tout en partageant les travaux de son père, qui avait fondé, en 1825, la vaste chocolaterie de Noisiel. Ayant succédé à ce dernier, en 1853, il laissa de côté ses autres travaux pour se consacrer tout entier à son établissement. Grâce à son expérience, à son activité, à son intelligence des affaires, sa maison prit un grand et rapide développement. En 1862, il fonda au Nicaragua, dans l'Amérique centrale, une exploitation agricole exclusivement affectée à la culture du cacaoyer, et dans laquelle, maintenant, on ne plante pas moins de 25,000 pieds par an. Depuis 1874, son usine de Noisiel fabrique annuellement près de six millions de kilogrammes de chocolat ; elle occupe près de 600 ouvriers, et constitue, à elle seule, un centre complet de population. Mais sa fabrication ne se limite pas aux besoins seuls de la France. Dans le dessein d'aborder le grand marché anglais, il a créé à Londres une usine qui prend déjà des proportions considérables, provoquées par la faveur qui s'est attachée, dès le principe, à ses produits. Enfin, persuadé qu'il en était pour le sucre comme pour le cacao, c'est-à-dire qu'il y a avantage à produire par soi-même pour éviter les frais d'intermédiaires, et de plus, voulant s'assurer une sorte constante de sucre pour rendre sa fabrication toujours identique, il a établi à Roye (Somme), une sucrerie considérable où les procédés les plus perfectionnés sont mis en pratique. C'est une des premières sucreries où les conduites souterraines aient été appliquées pour le transport du jus de betterave. M. Menier, qui s'est occupé d'une façon toute spéciale d'économie politique, de finances et de sociologie, n'a rien négligé de ce qui peut améliorer la condition matérielle et morale de ses ouvriers. A Noisiel, son personnel trouve des habitations saines et peu coûteuses, une bibliothèque, des cours d'adultes, des caisses de secours et d'épargne, etc. Membre de la Chambre de commerce de Paris depuis 1872, il a été rapporteur de la classe 11 et président de la classe 72 à l'Exposition universelle anglaise de 1862, et délégué du Nicaragua à l'Exposition universelle de Paris en 1867. Ne pouvant, en sa qualité de négociant français, accepter les fonctions de ministre plénipotentiaire qui lui étaient offertes par le gouvernement nicaraguayen, il n'en a pas moins officieusement rendu beaucoup de services diplomatiques à ce pays. Conseiller général de Seine-et-Marne en 1870, il a obtenu à Paris, le 8 février 1871, 60,000 voix comme candidat à l'Assemblée nationale. Maire de Noisiel, il a été réélu, au mois d'août 1872, membre du Conseil général. M. Menier fait partie de plusieurs Sociétés savantes, chez lesquelles il a fondé des prix, un particulièrement à la ligue de l'enseignement, et un autre à l'Ecole de pharmacie. On lui doit les brochures et volumes suivants : *Des indemnités aux victimes de la guerre* (1871) ; — *L'impôt sur le capital, son application, ses avantages et ses conséquences* (1872) ; — *Réponse aux objections faites contre l'impôt sur le capital à la Société d'économie politique* (1872) ; — *La réforme fiscale* (3e édit., 1873) ; — *L'impôt unique sur les sucres* (1873) ; — *Unité de l'étalon monétaire* (1873) ; — *Les travaux de Paris par l'impôt sur le capital, avec la suppression des octrois* (1873) ; — *La liberté sans licence* (1873) ; — *Conférence sur la réforme fiscale* (1874) ; — *Budget de 1874*, lettre à M. Pascal Duprat (1874) ; — *Budget de 1874*, lettre à M. Magne (1874) ; — *L'impôt sur le capital, son but* (1874) ; — *Budget de 1875*, pétition à l'Assemblée nationale (1874) ; — *Théorie et application de l'impôt sur le capital* (1874) ; — *Discours et conférences* (1874). M. Menier, à qui l'on doit en grande partie l'extension prise en France par la consommation du chocolat, denrée précieuse qu'il a su mettre à la portée de toutes les bourses, a reçu, à titre de grand industriel et commerçant, la croix de la Légion d'Honneur en 1861.

MENPONTEL (Benoît), né au Chassaing, près Ussel (Corrèze), le 11 septembre 1802. Son père, propriétaire, cultivateur, maire de la commune de Chaveroche, le mit en pension chez le curé du village, qui lui donna les premières notions du latin. Les heureuses dispositions dont il fit preuve déterminèrent ses parents à le placer au collège d'Ussel, où il compléta brillamment ses études classiques et obtint le prix d'honneur de rhétorique. Venu à Paris pour faire son droit, il se procura, par un travail acharné, les ressources nécessaires à ses études, et auxquelles ses parents chargés de famille ne pouvaient subvenir entièrement. C'est ainsi qu'il fut successivement clerc d'avoué, professeur dans une pension universitaire et répétiteur libre. Reçu licencié en droit en 1825, il prêta le serment d'avocat devant la Cour de Limoges, et prit place au barreau d'Ussel en 1826. Peu d'années après la fin de son stage, il fut élu bâtonnier ; mais la délicatesse de sa santé l'empêcha de suivre la carrière d'avocat. Substitut le 4 avril 1837, procureur du roi le 16 octobre 1843, près le tribunal d'Ussel, il se vit, pour raisons toutes personnelles, obligé de changer de résidence, et accepta, le 6 novembre 1849, le poste de procureur de la République à Rochechouart (Haute-Vienne). En 1852, sur la présentation en première ligne et spontanée des deux chefs de la Cour de Limoges, il fut appelé à la présidence du tribunal de Saint-Yrieix. De même que, dans les fonctions du ministère public, M. Menpontel aimait de préférence les travaux des audiences civiles, de même il rédigea presque tous les jugements rendus sous sa présidence. Plusieurs des jugements par lui rédigés ont été insérés dans le *Recueil périodique* de MM. Dalloz, et un grand nombre dans le *Recueil des arrêts* de la Cour de Limoges. L'un d'eux fait le fond de l'article sur la purge des hypothèques légales dans le *Répertoire de jurisprudence* de MM. Dalloz. Nommé conseiller à la Cour d'appel de Limoges en 1862, M. Menpontel s'y est trouvé investi de fonctions parfaitement conformes à ses capacités et à son goût pour l'étude réfléchie des questions de droit ; mais sa faible santé ne lui a pas permis de présider les assises. Atteint par le décret sur la limite d'âge, il a été mis à la retraite, avec le titre de conseiller honoraire, en 1872, et s'est retiré à sa campagne du Chassaing, où l'on vient souvent, et quelquefois d'assez loin, pour lui demander des consultations qu'il se fait toujours un plaisir de donner gratuitement.

MERCIER (Louis-Auguste), né au Plessis-Saint-Jean (Yonne), le 21 août 1811. Il fit ses études médicales à la Faculté de Paris. Interne et lauréat des hôpitaux et de l'Ecole pratique, il prit le grade de docteur, en 1839, avec une thèse intitulée : *De l'influence du rétrécissement de l'urèthre sur la lithotritie et la cystotomie*. Ensuite, il s'établit dans la capitale, se consacra surtout au traitement des voies urinaires, et se fit une belle clientèle. On lui doit les ouvrages suivants : *Recherches anatomiques, pathologiques et thérapeutiques sur les maladies des organes urinaires et génitaux considérées spécialement chez les hommes âgés* (1841) ; — *Mémoire sur une saillie particulière de la valvule vésico-uréthrale formant barrière au col de la vessie et déterminant la rétention d'urine* (1841) ; — *Recherches anatomiques, pathologiques et thérapeutiques sur les valvules du col de la vessie, cause fréquente et peu connue de rétention d'urine*, couronnées par l'Institut (1844, 2ᵉ édit. augm., 1848) ; — *Recherches sur les rétrécissements de l'urèthre* (1845) ; — *Recherches sur le traitement des maladies des organes urinaires, considérées spécialement chez les hommes âgés, et sur celui des rétrécissements de l'urèthre*, suivies d'un *Essai sur la gravelle et la pierre, principalement sur la lithotritie, l'extraction des fragments, et sur celle des corps étrangers*, ouvrage dont une partie a été couronnée par l'Académie de médecine (1856) ; — *Explication de la maladie de J.-J. Rousseau et de l'influence qu'elle a eue sur son caractère et sur ses écrits*, accompagnée de considérations préliminaires sur la dysurie, et des rapports faits aux Académies des sciences et de médecine sur les travaux de l'auteur (1859) ; — *Etudes sur différents points d'anatomie et de pathologie du rectum et des organes génitaux et urinaires* (1860) ; — *Mémoire sur l'extraction des calculs et des fragments arrêtés dans l'urèthre* (1861) ; — *Quelques idées sur l'origine et le traitement de la goutte, de la gravelle, de la pierre et d'autres maladies dépendant de la diathèse urique* (1863), idées développées dans un volume intitulé : *Traitement préservatif et curatif des sédiments, de la gravelle et de la pierre urinaires* (1872). M. le docteur Mercier a donné des articles, notes ou mémoires, sur les *Fractures de l'extrémité supérieure du fémur*, la *Nécrose des os spongieux*, les *Anévrysmes partiels du cœur*, l'*Introduction de l'air dans les veines et sur un moyen de prévenir la mort qui en résulte*, etc., à la *Gazette hebdomadaire de médecine et de chirurgie*, aux *Mémoires de la Société anatomique*, dont, comme secrétaire, il a publié le volume pour 1839, à la *Gazette médicale*, au *Journal des connaissances médicales*, à l'*Union médicale* et à d'autres publications savantes. Il est chevalier de la Légion d'Honneur depuis 1866.

MERCIER (Théodose), né à Nantua (Ain), le 11 janvier 1825. Il se consacra d'abord à l'enseignement, prit le grade de bachelier ès lettres à la Faculté de Lyon, et remplit les fonctions de professeur de sixième, en 1847, au collège de Nantua. Puis il fit son droit à la Faculté de Paris. Inscrit au tableau des avocats de Nantua, en 1854, il s'acquit une avantageuse réputation d'orateur et de juriste, et fut bientôt considéré comme l'un des chefs du parti démocratique. Porté candidat aux élections du 8 février 1871, par le Comité de la fusion, il vit échouer sa candidature ; mais, aux élections complémentaires du 2 juillet, il fut élu représentant de l'Ain à l'Assemblée nationale ; et, le 8 octobre suivant, il reçut le mandat de conseiller général du même département. M. Mercier a pris place sur les bancs de la Gauche et vote avec les républicains modérés.

MÉREAUX (Jean-Amédée LE FROID DE), né à Paris, le 18 septembre 1803 ; issu d'une famille de musiciens renommés. Son grand-père, compositeur et organiste, auteur de la fameuse cantate d'*Aline, reine de Golconde*, eut plusieurs opéras représentés, parmi lesquels nous citerons le *Retour de la tendresse*, le *Duel comique*, *Laurette*, *Alexandre aux Indes*, *Œdipe et Jocaste*. Son père, également organiste, pianiste et compositeur, tint l'orgue au Champ-de-Mars lors de la fête de la Fédération, en 1790, fut ensuite professeur à l'Ecole de chant des Menus-Plaisirs et organiste à l'Oratoire, et publia des sonates, des fantaisies et des morceaux divers pour le piano. Sa mère était fille du président Blondel ; et cette alliance donna d'abord à son père l'idée de le diriger vers la carrière de la magistrature. Aussi commença-t-il par faire de fortes études classiques. Brillant élève du collège Charlemagne, il remporta plusieurs prix au grand concours. Mais son goût pour l'art musical ne tarda pas à l'emporter. Elève de son père pour le piano, de Porta pour la musique, il suivit aussi le cours de Reicha, et se consacra ensuite à l'enseignement du piano et à la composition. Ses succès furent aussi grands comme compositeur que comme exécutant, et il devint, en 1828, pianiste du duc de Bordeaux. Après la révolution de 1830, il parcourut la province et l'Angleterre, donnant des leçons, organisant des concerts, jusqu'en 1836, époque où il se fixa à Rouen comme professeur et compositeur. Ses heureuses qualités lui permirent de se faire une belle position dans cette ville, où il forma de nombreux élèves, dont quelques-uns aujourd'hui renommés, et parmi lesquels nous devons citer, pour la composition : MM. Malliot, Lucien Dautreme, C. Caron, A. Dassier, Madoulé ; pour le piano : MM. Klein, Lovy, Mme Tardieu de Malleville, Mlles Clara Laveday et Léontine Visinet. M. Le Froid de Méreaux fit entendre pour la première fois, à Paris, le concerto en mi bémol de Mozart, concerto pour lequel il composa deux points d'orgue gravés par Richault dans sa nouvelle édition. Il donna des concerts historiques, très-vantés par Fétis, et dont un eut lieu, en 1844, dans la salle du Conservatoire de Paris. Le nombre des œuvres publiées par cet artiste, généralement connu sous le simple nom d' « Amédée Méreaux, » est de cent vingt. Parmi ces œuvres, on remarque deux messes solennelles exécutées à Rouen en 1852 et 1866, des chœurs, des cantates, un quatuor pour instruments à cordes exécuté en 1873 à la grande séance de l'Académie, e' surtout une collection de 60 morceaux pour piano, formant cinq *Livres de grandes études* (1855), qui a été approuvée par l'Académie des beaux-arts et adoptée pour l'enseignement au Conservatoire de Paris. Citons aussi, pour le piano : *Polonaise ; Souvenirs de Normandie ; Au bord de la mer ; Sonate élégiaque* ; pour les orphéons : les *Blés* ; la *Veille de la bataille* ; la *Kermesse ; Retour de la chasse*, etc. Doué d'un esprit fin, aimable et d'une prodigieuse mémoire, ami intime de Boïeldieu, de Rossini, d'Halévy, de Meyerbeer, il cultiva la littérature, donna des articles au *Ménestrel*, au *Moniteur universel*, et fit pendant trente ans la critique musicale au *Journal de Rouen*. Membre de l'Académie des sciences, belles-lettres et arts de Rouen, dont il fut élu président en 1865, il inséra plusieurs discours, traitant de questions techniques, dans les *Mémoires* de cette savante Compagnie. Enfin, il publia à part : *Les clavecinistes*, œuvres choisies des grands maîtres du clavecin, avec biographies et portraits (1865, 3 vol. de musique et 1 vol. de texte) ; — *Ponchard*, notice biographique (1866). M. Le Froid de Méreaux a épousé, en 1862, la fille d'un médecin distingué de Rouen, Mlle Bottentuit qui, douée elle-même des plus rares qualités, n'a pas reculé devant la différence des âges, et a été heureuse de lui consacrer sa jeunesse. Il est décédé le 25 avril 1874. Ses obsèques ont été un véritable deuil pour la ville de Rouen. On doit inaugurer, au mois d'avril de cette année (1875), un monument élevé par souscription à sa mémoire, sur un terrain fourni par la Ville. Il était chevalier de la Légion d'Honneur depuis 1868.

MERLE (Hugues), né Saint-Marcellin (Isère), le 1er mars 1823. Brillant élève de M. Cogniet, il se distingua de bonne heure, tout à la fois dans la peinture d'histoire et dans l'exécution des sujets de genre. En 1847, il débuta au Salon de Paris avec son propre *Portrait*. Ensuite, il exposa successivement : *Les Willis* (1848) ; — *Guerilleros* (1849) ; — *Vendangeurs dauphinois ; Migration des pâtres des Alpes* (1850) ; — *Une récréation* (1852) ; — *Les adieux de Rébecca à lady Rowena ; La Lisette de Béranger ; Bergère des Alpes* (E.-U., 1855) ; — « *Au défaut de clefs, voici les portes ;* » deux *Portraits* anonymes (1857) ; — *Repos de la Sainte-Famille en Egypte ; Mort de l'amour ; La lecture de la Bible* (1859) ; *Belhsabée ; La prière ; Hester et Perle ; Mendiante*, au Musée du Luxembourg ; *Un concert chez Palestrina* (1861) ; — *Assassinat de Henri III ; Amour maternel ; La visite des grands parents* (1863) ; — *Primavera ; Les premières épines de la science* (1864) ; — *Une jeune mère* ; le portrait des fils du duc *de Morny* (1865) ; — *Marguerite essayant des bijoux ; Pauvre Mère* (1866) ; — *Les femmes et le secret*, sujet tiré des *Œuvres de La Fontaine* (1867) ; — *Baigneuse ; Jeune fille d'Etretat* (1869) ; — *Le droit chemin ; Une folle* (1873) ; — *Pernette la fileuse*, légende dauphinoise ; *Petite bohémienne* (1874) ; — La *Primavera*, la *Marguerite* et la *Pauvre mère* ont reparu à l'Exposition universelle de 1867. M. Merle a obtenu une médaille de 2e classe en 1861, son rappel en 1863, et la croix de chevalier de la Légion d'Honneur en 1866.

MÉRODE (Charles-Werner-Ghislain, comte DE), né au château de Villersexel (Haute-Saône), le 13 janvier 1816. Sa famille est alliée aux plus nobles maisons de l'Europe. Son père, décédé en 1857, a joué un grand rôle comme homme d'Etat en Belgique. Il est le frère aîné de l'ancien pro-ministre des armes du gouvernement pontifical, et beau-frère de feu le comte de Montalembert. Grand propriétaire dans le Nord et le Doubs, M. le comte de Mérode a représenté ce dernier département, de 1846 à 1848, à la Chambre des députés. Elu représentant du Nord à l'Assemblée législative en 1849, il a fait partie de la Commission consultative après le Coup-d'Etat, et a été député du même département au Corps législatif, de 1852 à 1855, époque où il a protesté, par sa démission motivée, contre l'insuffisance des pouvoirs dont la nouvelle Chambre était investie. Le 8 février 1871, 202,514 électeurs du Nord, confiants dans son patriotisme éclairé, l'ont envoyé à l'Assemblée nationale, en même temps qu'il obtenait

30,794 voix dans le Doubs. M. le comte de Mérode a été l'un des 15 membres de l'Assemblée chargés d'assister MM. Thiers et Jules Favre dans la discussion des préliminaires de la paix, et l'un des 94 signataires de la protestation contre l'exil des Bourbons. Il a voté notamment : *pour* la paix, la validation de l'élection des princes, les propositions Rivet, Ravinel et Feray, le traité douanier, la dénonciation des traités de commerce, la loi départementale, l'amendement Target, l'impôt sur le chiffre des affaires, l'ordre du jour Ernoul, la prorogation des pouvoirs présidentiels, la priorité à donner à la loi électorale ; *contre* le retour de l'Assemblée à Paris, les amendements Barthe et Keller, la proposition Casimir Périer, la dissolution de l'Assemblée.

MERSON (Charles-Victor-Ernest), né à Fontenay-le-Comte (Vendée), le 4 novembre 1819. Il fit ses études à Nantes, débuta dans la littérature, à l'âge de 17 ans, par la publication de quelques romans, et ne tarda pas à entrer dans la vie politique. Journaliste à 19 ans, il ne cessa pas, dès lors, de tenir la plume, se reposant de la polémique quotidienne en produisant des brochures et des livres qui lui assurèrent bientôt une place parmi les écrivains sérieux de notre époque. Il était fondateur et rédacteur en chef de l'*Union bretonne* depuis 1849, quand il fut nommé (décembre 1867) directeur du *Constitutionnel* ; mais un désaccord survint, à propos de la marche du journal, entre M. Pinard, alors ministre de l'Intérieur, et lui, avant même qu'il fût entré en fonctions, et il donna sa démission. Sa grande notoriété lui valut d'être élu secrétaire du Congrès de la presse départementale en février 1867. Cette fonction lui donna l'occasion de conférer fréquemment avec les ministres et avec l'empereur sur toutes les questions relatives au journalisme, et de défendre énergiquement les intérêts de ses confrères. Elu président du syndicat de la presse départementale en 1870, et réélu en 1873, M. Merson exerce une influence incontestée dans le parti impérialiste, dont il est une des personnalités marquantes. On lui doit un grand nombre d'ouvrages, dont voici les principaux : *Du communisme*, réfutation de l'utopie icarienne (1848) ; — *Du droit au travail* (1848) ; — *Du libre échange* (1849) ; — *De la situation politique et sociale* (1849) ; — *De la situation des classes ouvrières en France* (1849) ; — *Histoire de la garde nationale* (1850) ; — *Des boulangeries sociétaires* (1850) ; — *Les voies du salut social* (1851) ; — *La fin de la République* (1852) ; — *Les assurances contre l'incendie pratiquées par l'Etat* (1852) ; — *L'empereur et le clergé de Bretagne* (1858) ; — *Des tarifs différentiels des chemins de fer* (1860) ; — *L'année 1860 devant l'Europe* (1861) ; — *La presse et la liberté* (1862) ; — *La guerre d'Amérique et la médiation* (1862) ; — *Tout dire et tout faire* (1863) ; — *Le livre de l'Exposition universelle de Nantes* (1863, in-4) ; — *La divinité de Jésus et M. Renan* (1863) ; — *Journal d'un journaliste en voyage* (1865) ; — *Jules César et son historien* (1865) ; — *Ecrits et discours de M. Billault* (1865) ; — *Lettres d'un vivant à un mort* (1866) ; — *La liberté de la presse et la République* (1866) ; — *La presse devant le Corps législatif* (1867) ; — *Le Congrès de la presse départementale* (1868) ; — *La France sous la Terreur* (1868, 3 vol.) ; — *Du 24 Février au 2 Décembre* (1869) ; — *De la suppression de la garde nationale* (1871) ; — *Fermez les clubs* (1871) ; — *L'appel au peuple* (1873) ; — *La liberté de la presse sous les divers régimes* (1874) ; — *La prophétie de l'évêque de Poitiers* (1874). Chevalier de la Légion d'Honneur en 1861, M. Ernest Merson a été promu officier en 1868. Il est officier d'Académie et décoré de plusieurs ordres étrangers.

MERSON (Charles-Olivier), né à Nantes, le 24 décembre 1822 ; frère du précédent. Il suivit d'abord la carrière artistique. Après avoir étudié dans les ateliers de M. L. Cogniet et de Drölling, il débuta au Salon de Paris, en 1845, avec le *Couronnement de la Vierge*. Ensuite, il exposa : *Destruction des Amorrhéens par les Hébreux*, Josué arrête le cours du soleil (1847) ; — *Une barricade du XVI° siècle*, épisode de la journée des barricades à Paris le 9 mai 1588 ; ce tableau est au musée de Nantes (1850). Mais en même temps, M. Olivier Merson s'occupait de littérature et de politique, travaux qui finirent par lui faire délaisser le pinceau. Fondateur de l'*Union bretonne*, avec son frère, en 1849, il y fut rédacteur jusqu'en 1859. Depuis, il a publié de nombreux articles de critique d'art dans la *Revue européenne*, la *Revue contemporaine*, la *Gazette des beaux-arts*, l'*Artiste*, le *Monde illustré*, l'*Illustration*, l'*Opinion nationale*, l'*Exposition universelle illustrée*, le *Magasin pittoresque*, l'*Année illustrée*, le *Public*, etc. On lui doit aussi les ouvrages suivants : *Guide du Voyageur à Lisbonne* (1857) ; — *La peinture en France, Exposition de 1861* (1861, eaux-fortes) ; — *Exposition nationale de Nantes en 1861*, avec M. E. Merson (1863) ; — *Le musée de Douai* (1863) ; — *De la réorganisation de l'Ecole spéciale des beaux-arts* (1864) ; — *Ingres, sa vie et ses œuvres*. Ajoutons que M. Olivier Merson a fait insérer, dans le *Tour du monde* (70°, 71° et 72° livraisons), un *Voyage dans les provinces du nord du Portugal*. Depuis 1869, il fait partie de l'administration chargée, au palais des Champs-Elysées, d'organiser les Salons officiels.

MERSON (Luc-Olivier), né à Paris, le 21 mai 1846 ; fils du précédent. Il suivit les ateliers de MM. G. Chassevent et Pils, ainsi que les cours de l'Ecole des beaux-arts, et débuta au Salon de Paris, en 1867, avec un tableau intitulé : *Leucothoë et Anaxandre*. L'année suivante, il exposa une *Pénélope*. En 1869, il remporta le grand prix de Rome sur ce sujet : *Le soldat de Marathon*. Outre les œuvres citées plus haut, M. Merson a exposé : *Apollon exterminateur*, sujet tiré d'Homère, au musée de Castres (1869) ; — *Saint Edmond, roi d'Angleterre, martyr*, au musée de Troyes (1872) ; — *Vision, légende du XIV° siècle*, au musée de Lille, tableau qui a valu à son auteur une médaille de 1re classe (1873) ; — *Le sacrifice à la patrie* ; *Saint Michel*, cette dernière composition doit être exécutée en tapisserie des Gobelins, pour le Panthéon (1875). On connaît encore de M. Merson, *Saint François et le loup d'Agubbio*, à Paris, chez M. Ch. Hayem, et le *Sacrifice des poupées*, à Nantes, chez M. Eudel.

MERVEILLEUX DU VIGNAUX (François-Charles), né à Poitiers, le 22 octobre 1828. Fils d'un président de chambre à la Cour d'appel de Poitiers, il fit toutes ses études au collège et à la Faculté de cette ville, prit le grade de docteur en droit au mois de novembre 1849, et prêta le serment d'avocat. En 1853, il fut nommé professeur-suppléant, chargé de cours, à la Faculté de Poitiers; mais, au bout de quelques mois, il renonça à l'enseignement pour entrer dans la magistrature, où il remplit successivement les fonctions de substitut à Saintes, de procureur-impérial à Fontenay-le-Comte et à la Roche-sur-Yon, d'avocat-général et de premier avocat-général à Angers. Lors de la révolution du 4 Septembre, il donna sa démission, en même temps que plusieurs autres magistrats des parquets du ressort d'Angers. M. Crémieux, alors ministre de la Justice, ne crut devoir accepter ces démissions simultanées, qu'après les avoir vu renouveler avec insistance. M. Merveilleux du Vignaux a prononcé, comme avocat-général, deux discours de rentrée intitulés : *De l'influence des tribunaux sur le progrès de la législation* (1867), et *Du spiritualisme dans le droit* (1869). Élu représentant de la Vienne à l'Assemblée nationale, le 8 février 1871, par 52,000 voix, il a choisi sa place sur les bancs de la Droite légitimiste, à laquelle le rattachaient ses convictions monarchiques et religieuses. Il a pris la parole en quelques circonstances, notamment comme rapporteur de la loi sur l'interdiction du cumul de l'indemnité parlementaire avec un traitement, et de la loi sur l'état de siège dans la commune d'Alger; en outre, il a été entendu sur diverses questions intéressant la réorganisation de la magistrature, ou le budget du ministère de la Justice. Au mois de septembre 1873, il a été mêlé aux négociations engagées en vue du rétablissement de la monarchie traditionnelle, et a fait avec son collègue, M. de Sugny, le voyage de Frohsdorf. M. Merveilleux du Vignaux a été membre de Commissions nombreuses, notamment de celles des grâces, de la réorganisation judiciaire et des lois constitutionnelles. Il a fait partie deux fois de la Commission de permanence.

MÉRY (Alfred-Emile), né à Paris, le 17 avril 1824. Il exerça d'abord la profession de dessinateur pour papiers peints. En 1846, fatigué de ce métier, surtout parce que les fabricants trouvaient ses œuvres excentriques, il entra dans l'atelier de M. Beaucé, peintre de batailles. Cet artiste débuta au Salon de Paris, en 1849, avec deux *Natures mortes*, et fit admettre, à l'Exposition universelle de 1855, un *Gibier d'eau* qui fut très-bien accueilli. Après un repos de 6 années, en 1861, il reparut au Salon avec quatre tableaux : *Intérieur de cour; Fruits et gibier; Nature morte; Escalier*. Depuis cette époque, M. Méry n'a pas cessé d'exposer. On lui doit notamment : *Étude de pommier* (1863, E. U. 1867); — *L'insecte* (guêpes dans une forêt); *Bourdons et fleurs* (1864); — *Libellules attaquant un papillon; Nid de guêpes démoli* (1865); — *Combat entre abeilles et frelons; Mésanges poursuivant des abeilles* (1866); — *Mésanges et bourdons; Pierrots se disputant un morceau de pain trouvé dans la neige* (1867); — *Autour d'un cerisier*, moineaux se disputant ses fruits; *Il ne faut pas irriter les frelons*, rats chassés d'un grenier par des frelons dont ils ont frôlé le nid (1868); — *Faute de mieux!* vigne dont les fruits encore verts sont dépecés par des guêpes; *L'esprit des bêtes*, moineaux autour d'un piège (1869); — *L'abeille aux champs* (1870); — *La force prime le droit*, tableau peint au commencement de 1870, et qui, en dehors de son mérite réel, a dû aux événements une fortune politique (1872); — *Le bain* (1873); — *Exploits d'un macaque*, acheté par l'administration des beaux-arts; *Un bastion* (1874). On remarquera que M. Méry s'est fait, en dehors de tous les genres de peinture exploités jusqu'à ce jour, la spécialité de traduire directement, avec un talent particulier, les mœurs et les passions des êtres les plus infimes. Cet artiste, inventeur d'un nouveau procédé pour préparer la gouache, a obtenu des résultats dont l'avenir nous permettra d'apprécier la valeur. M. Méry a obtenu une médaille au Salon de 1868.

MESCHINET DE RICHEMOND (Samuel-Louis), né à la Rochelle, le 10 juin 1783. Embarqué à 16 ans sur le *Sphinx*, aspirant de 2e classe en 1800, il servit en cette qualité sur le *Foudroyant*, le *Renaud* et l'*Embuscade*. Attaché à la division de La Touche-Tréville, il fit la laborieuse campagne de Saint-Domingue, contribua aux prises de Port-au-Prince, du fort Dauphin, de l'Artibonite, etc., et conduisit plusieurs prises à bon port. Il revenait en France, quand sa frégate fut capturée, avant la déclaration de guerre, par le vaisseau anglais le *Victory*. Prisonnier sur parole, aspirant de 1re classe à la suite du concours de 1804, il occupa, jusqu'en 1811, la chaire de mathématiques au collège de Rochefort. Redevenu libre par un échange de captifs, il reprit du service sur le *Flibustier*, avec le grade d'enseigne, et devint, en 1812, capitaine au 19e de flottille. Le 13 octobre 1813, son brick, après un combat acharné contre des forces anglaises supérieures, se fit sauter à la côte, sous Biarritz. Alors il monta la *Mouche*, et fut ensuite appelé successivement au commandement d'une canonnière préposée à la défense de Bayonne, et du *Lancier*. Puis il embarqua sur la *Gironde* et sur l'*Epervier*. Avec l'*Expéditive*, il inspecta nos pêcheries de Terre-Neuve. Lieutenant de vaisseau en 1821, il passa sur la *Seine*, contribua au blocus de Cadix en 1823 avec la *Moselle*, et fit trois campagnes sur le vaisseau le *Breslaw* et sur la *Caroline*. Attaché à l'Etat-major général, il rédigea le premier *Catalogue* de la bibliothèque, des plans et archives de la marine à Rochefort. Capitaine de corvette en 1832, attaché à la station du Levant, il se distingua pendant un ouragan (hiver de 1833), et sauva la vie à son commandant. Embarqué sur le vaisseau le *Duquesne*, il traduisit un travail sur la *Chronologie égyptienne*. Depuis 1825, il était chevalier du Mérite militaire, qui remplaçait l'ordre de Saint-Louis pour les officiers appartenant à la religion reformée, quand, en 1831, il fut fait chevalier de la Légion d'Honneur. Retraité en 1835, il utilisa son expérience comme expert du Lloyd français, et devint membre et doyen du Consistoire de la Rochelle. Il avait épousé en 1837, à Rochefort, Mlle Pichez, fille du commandant de la *Dorade* tué en défendant son navire contre les Anglais. Mme de Richemond mourut après deux ans de mariage, en donnant le jour à un fils. Dans tout le cours d'une longue et honorable carrière, M. de Richemond se concilia toutes les sympathies par la générosité de son caractère et l'élévation de ses sentiments. C'était un homme modeste, consciencieux et bon, obligeant et serviable entre tous, c'était l'homme du devoir. Il est décédé, dans sa ville natale, le 6 août 1868.

MESCHINET DE RICHEMOND (Louis-Marie), né à Rochefort-sur-Mer (Charente-Inférieure), le 4 janvier 1839; fils du précédent. Archiviste-adjoint, puis archiviste du département de la Charente-Inférieure, il a publié : *Causeries sur l'histoire naturelle* (1858, 2e édit., 1868) ; — *Le monde sous-marin* (1860) ; — *Aquarium* (1866, 2e édit. 1873) ; — *Origine et progrès de la réformation à la Rochelle* (1859, 2e édit., 1872) ; — *Chartes en langue vulgaire de 1219 à 1250* (1863) ; — *La Rochelle et ses environs* (1866) ; — *Archives des notaires* (1867) ; — *Inventaire-sommaire des archives de la Charente-Inférieure* (1873) ; — *Les marins rochelais* (1870) ; — *Le salut de la France par son relèvement moral* (1871) ; — *Le siège de la Rochelle* (1627), journal inédit (1872) ; — *Documents historiques inédits (Aunis et Saintonge)*, d'après les originaux appartenant au duc de la Trémoille (1874), etc. Officier d'Académie le 22 avril 1870, M. Louis de Richemond est membre de diverses Sociétés studieuses de Paris et des départements.

MESNARD (Armand-Nicolas), né à Paris, le 27 janvier 1825. Élève du collège Charlemagne, il remporta le prix d'honneur des sciences au concours général de 1844, et fut admis, la même année, à l'École polytechnique dont il sortit dans le corps d'artillerie. Démissionnaire en 1853, et d'abord attaché pendant quelques mois à une entreprise industrielle, il entra dans l'Université, comme chargé d'un cours de mathématiques au lycée de Nantes, en 1855, et fut nommé, le 4 juin de la même année, professeur de mécanique à l'École préparatoire à l'enseignement supérieur des sciences et des lettres, qui venait d'être fondée dans la même ville. Pendant les années 1859, 1860 et 1861, il fit avec le plus grand succès un cours de machines à vapeur marines aux élèves de l'École d'hydrographie, et mérita les hautes félicitations du ministre de la Marine. On lui doit : *Traité de mécanique pour l'enseignement secondaire*, refonte complète du *Traité* de Deguin (1865) ; — deux *Traités d'arithmétique à l'usage des cours de l'enseignement secondaire spécial* (1867 et 1868) ; — et plusieurs *Mémoires* sur la fortification et les bouches à feu, publiés à Metz. Au début de la campagne contre la Prusse, M. Mesnard n'hésita pas à quitter sa famille et ses deux chaires pour reprendre du service. Nommé chef d'escadron d'artillerie de la garde mobile, le 4 août 1870, il forma et conduisit à Paris les batteries bretonnes de la Loire-Inférieure, à l'aide desquelles il organisa rapidement la défense des bastions 28, 29, 30 et 31 (3e secteur), dont il avait le commandement sous les ordres du vice-amiral Bosse. En outre, il remplit, durant tout le siège, les délicates et laborieuses fonctions de commandant de place à la porte de Flandres et dans tout le quartier de la Villette, où il sut établir et maintenir l'ordre le plus absolu. De retour à Nantes avec ses batteries, après l'armistice (mars 1871), il reprit possession de ses deux chaires. Depuis, il a inventé et fait construire deux remarquables transformations du fusil Chassepot, qui sont en ce moment soumises à l'examen des Commissions des armes. Ajoutons que, musicien à ses loisirs et pianiste exercé, M. Mesnard a fait paraître un assez bon nombre de compositions originales et bien accueillies des amateurs. Officier d'Académie depuis 1863, il a été nommé officier de l'Instruction publique en 1872. M. Mesnard a reçu la croix de la Légion d'Honneur le 31 janvier 1874.

MESNARD (Paul), né à Paris, le 9 août 1812. Sorti, en 1830, du collège Henri IV, où il avait fait toutes ses études, M. Mesnard se fit recevoir agrégé et docteur ès lettres en 1832, professa au collège d'Auch et, à Paris, aux lycées Charlemagne et Saint-Louis, et fut choisi en 1844, par le roi Louis-Philippe pour faire l'éducation du fils de la princesse Marie d'Orléans, son petit-fils, le duc Philippe de Wurtemberg. Agrégé en disponibilité en 1848, il fut, en 1852, déclaré démissionnaire pour refus de serment, bien qu'il n'eût point repris de fonctions actives. M. Mesnard a été, de 1852 à 1860, maître de conférences au collège Sainte-Barbe. On a de lui : une *Histoire de l'Académie française* (1857) ; — l'édition des *Œuvres d'Hippolyte Rigault* (1859, 4 vol.) ; — une notice placée en tête des *Conversations littéraires* du même auteur ; — les *Projets de gouvernement du duc de Bourgogne*, par le duc de Saint-Simon, avec une introduction (1861) ; — une *Notice biographique sur Mme de Sévigné* pour la nouvelle édition de M. Monmerqué dans la *Collection des grands écrivains de la France*, de M. A. Régnier (1861), et une traduction en vers de l'*Orestie d'Eschyle* avec avant-propos et introduction (1863). Il a publié dans la *Collection des grands écrivains de la France* une édition des *Œuvres de J. Racine*, (1865-1873, 8 vol. avec album).

MEUNIER (Charles), né à Foix (Ariége), le 18 novembre 1827. Il fit ses études classiques au collège de Foix, puis à celui de Toulouse, prit le grade de bachelier ès lettres, se prépara quelque temps pour l'admission à l'École polytechnique, et se décida finalement à faire son droit. Après avoir soutenu, avec succès, la thèse du licence devant la Faculté de Toulouse, il entra dans l'administration et fut nommé receveur de l'enregistrement. Il occupait donc une belle position quand il obtint la main de Mlle Casse, fille d'un des principaux industriels du département du Nord. Mais M. Casse avait mis à cette union la condition expresse que son gendre, dont il avait apprécié les aptitudes et l'activité, quitterait l'administration pour se consacrer aux affaires. En conséquence, M. Meunier vint prendre à Paris, en 1859, la direction de la maison de vente, alors rue Vivienne, tandis que son beau-père dirigeait à Lille la fabrication des toiles et linges de table damassés. Plus tard (1864), M. Meunier conçut la pensée de doter la ville de Paris, au centre du nouveau quartier du boulevard des Capucines, d'un grand établissement centralisant tous les articles blancs dans un seul commerce, supprimant tous les intermédiaires, et mettant le producteur en présence du consommateur. En commerce, ce fut une révolution. La Grande maison de blanc, dont M. Charles Meunier est l'un des chefs, devint la plus importante de Paris et resta unique dans son genre. On y trouve les linges de table, les rideaux brodés, les guipures, les lingeries et les trousseaux, comme ils n'avaient point été compris jusqu'à ce jour. L'art vint se marier à l'industrie, et dès lors, M. Meunier fit du blanc une industrie spéciale qu'il éleva à un degré si haut de goût et de genre que la maison obtenait, à toutes les expositions internationales, les plus hautes récompenses. Poussé par les affaires et le désir d'affranchir la France des tributs qu'elle payait à la Suisse et à l'Angleterre, il fonda à Tarare une fabrique de rideaux brodés qui, en moins de deux années, devenait la plus importante et prenait le pas sur toutes les fabriques de la Suisse. De même, il fonda à Lille une fabrique de rideaux-guipures d'art, qui donna bientôt des produits supérieurs, comme goût, à tout ce que l'industrie anglaise produisait depuis des siècles. Aussi la Grande maison de blanc devint-elle en peu de temps, pour les linges de table, les rideaux et la lingerie, la première maison du monde. Comme homme, M. Charles Meunier, jouit à Paris de la considération générale. Les services qu'il rendit pendant le siège au gouvernement de la Défense nationale le rendirent populaire et lui acquirent une haute influence. Le 23 juillet 1871, il fut élu membre du Conseil municipal du IXe arrondissement (quartier de la Chaussée-d'Antin) et conseiller général de la Seine. En 1874, aux nouvelles élections municipales, bien qu'il eût pour concurrent M. Delacourtie, président de la Chambre des avoués, il fut élu de nouveau conseiller municipal du quartier de la Chaussée d'Antin, avec une majorité de 1555 voix. Au Conseil municipal et au Conseil général, M. Meunier siége à droite. Sa compétence en matière d'industrie et de commerce rend son concours des plus précieux à ces deux assemblées. Comme écrivain, on lui doit plusieurs ouvrages économiques très-intéressants : *Le Nouveau royaume des Papes*, solution de la question romaine par un négociant catholique (1861) ; — *Études sur le linge de table* (1861) ; — *L'Armée augmentée ne coûtant rien au budget* (1867) ; — *L'Union Manufacturière de France* (1873) ; — et enfin un travail sur les impôts : *Électeur et contribuable* ; *d'un moyen pratique d'équilibrer le budget de l'État*. Ce dernier ouvrage est destiné à apporter un jour nouveau dans l'assiette de l'impôt et dans la confection des budgets de l'avenir.

MEUNIER (Louis-Arsène), né à Nogent-le-Rotrou (Eure-et-Loir), le 17 juillet 1801. Entré de bonne heure dans l'instruction primaire, M. Meunier fonda dans sa ville natale, en 1820, une école libre dont la bonne direction lui valut une grande affluence d'élèves, et, en 1828, une médaille de l'Université. Il obtint au concours, en 1832, la place de directeur de l'École normale d'Evreux, et mérita chaque année, par son dévouement et ses capacités, les félicitations et les remerciments du Conseil général. Mais ses succès mêmes et l'indépendance de son caractère lui attirèrent les persécutions du parti clérical, et il faillit être révoqué, en 1836, pour cause de négligence dans l'accomplissement de ses devoirs religieux. En 1838, M. de Salvandy, ministre de l'Instruction publique, lui attribuant l'échec qu'il avait subi comme candidat à la Chambre des députés, voulut le déplacer et le nomma directeur de l'École normale de Nancy. M. Arsène Meunier refusa ce nouveau poste et fonda, à Evreux, une école professionnelle, qu'il céda à son gendre, l'année suivante, quand il fut replacé, par le ministre Villemain, à la tête de l'École normale d'Evreux. Démissionnaire en 1842, à la suite de nouvelles tracasseries cléricales, il vint fonder à Paris, avec son gendre, dans un local du Palais-Royal, une école professionnelle. Quand le succès de cette institution fut assuré, M. Meunier créa l'*Echo des Instituteurs*, journal d'enseignement dans lequel il se fit le promoteur de l'instruction gratuite, obligatoire et laïque. L'importance que prit tout à coup cette feuille détermina M. de Salvandy, redevenu ministre, à réclamer les conseils de son rédacteur en chef pour l'élaboration des nouveaux projets de loi soumis à la Chambre en 1846 et 1847. Après les journées de Février, M. Meunier, qui avait pris une part active à la révolution, fut nommé, par son ami M. Carnot, membre de la haute Commission des études près le ministère de l'Instruction publique. Ses opinions avancées empêchèrent, en 1848 et 1849, sa candidature pour la Constituante et la Législative de triompher dans le département de l'Eure. En 1850, plusieurs articles de son journal le firent traduire devant le tribunal civil de la Seine, toutes chambres réunies, sous l'inculpation de répandre des doctrines incompatibles avec la profession d'instituteur. Il présenta lui-même sa défense et fut acquitté ; mais il fut moins heureux devant la Cour d'appel qui lui interdit l'exercice de sa profession. Arrêté le matin du 2 Décembre et condamné par la Commission militaire, après trois mois de détention, à l'exil perpétuel, il se réfugia à Anvers où il donna des leçons et fit des cours de littérature française. Il revint en France en 1854 et alla, en 1856, seconder ses gendres, MM. Corbeau et Deslandes, dans l'administration et la direction de l'école professionnelle d'Evreux, établissement restauré et rendu l'un des plus beaux parmi ses similaires en Europe. On doit à M. Arsène Meunier : *Grammaire à l'usage des écoles élémentaires* (1838) ; — *Méthode perfectionnée d'enseignement simultané* (1841) ; — *Exercices d'analyse et d'orthographe grammaticales* ; — *Plan d'une* école d'agriculture départementale ; — *Caractères et portraits des enfants*, premier livre de lecture courante (1845) ; — *De l'enseignement congréganiste, de ses vices et de ses dangers* (1846) ; — *Réponse aux attaques des évêques contre l'enseignement laïque* (1847) ; — *Les frères des écoles chrétiennes devant la loi* (1848) ; — *Organisation démocratique de l'enseignement à tous ses degrés* (1848) ; — *Aux curés de campagne* (1850) ; — *Du rôle de la famille dans l'éducation* (1856) ; — *Lutte du principe clérical et du principe laïque dans l'enseignement* (1861) ; — *Lettre à M. le ministre de l'Instruction publique sur les besoins actuels de l'instruction primaire dans les campagnes* (1861) ; — douze *Discours sur les études modernes dites professionnelles*, des *Rapports* à la Société élémentaire de Paris, etc. M. Arsène Meunier a refusé deux fois la croix de la Légion d'Honneur qui lui était offerte par M. de Salvandy.

MEYER (Alfred), né à Paris, le 22 juillet 1832. Élève de Picot et de M. Em. Lévy, M. Meyer s'est consacré spécialement à la peinture sur émail, et s'est fait rapidement, dans ce genre délicat, une grande réputation. Il a été attaché, comme artiste, à la manufacture de Sèvres. Voici la liste des émaux qu'il a exposés au Salon de Paris : *Tête du Dante*, d'après Raphaël ; le portrait de M. *Louis Robert*, chef des peintres de la manufacture de Sèvres, d'après M. Em. Lévy (1864) ; — *Diane*, d'après M. Em. Lévy ; *Apollon conduisant le char du Soleil* (1865) ; — *Jules César*, *Renée de France, duchesse de Ferrare* (1866) ; — *La Condottière*, d'après Antonello de Messine (1867) ; — *La belle Laure* ; deux *Figures décoratives* pour un coffret, d'après M. Em. Lévy (1868) ; — deux *Figures*, d'après Raphaël (1869) ; — le portrait de *Raphaël* ; *Le firmament*, d'après M. Em. Lévy ; les portraits de MM. *Duron, Regnault, Waddington, A. Alphen*, et de Mme *Mayer-Lévy* ; les médaillons de *Bianco Capello* et de *Maximilien* (1870) ; — *Étienne Marcel* ; *Dona Maria Pacheco, épouse de don Juan de Padilla, chef de l'insurrection de la sainte ligue* (1872). M. Meyer a obtenu une médaille au Salon de 1866, une médaille de 3e classe à l'Exposition universelle de 1867, une médaille de 2e classe à l'exposition internationale du Havre en 1868, et une médaille à l'exposition internationale des beaux-arts à Londres en 1871. Il a été délégué des artistes césamistes à l'Exposition universelle de Vienne en 1873.

MEYER (Emmanuel), né à Ennenda (Suisse), de parents français, le 7 septembre 1836. Il étudia d'abord la peinture à Mulhouse (Haut-Rhin), et vint à Paris en 1859. Élève distingué de MM. J. Fuchs et G. Zipélius, il cultiva avec un égal succès plusieurs genres de peinture. En 1866, il débuta au Salon de Paris avec une *Mansarde*. Depuis, M. Meyer a successivement exposé : *Invasion de Huc-Cadarn dans les Gaules* (587 avant Jésus-Christ), dessin (1867) ; — *Contrebandiers des bords du Rhin* ; *Cachette d'amour*, fleurs (1868) ; — *Le bouquet de la mariée* (1869) ; — *Quiétude* ; *Adversité* (1870) ; — « *Un coin de mon jardin* » (1873) ; — *Rosier dans un pré* (1874).

MEYNARD DE FRANC (Joseph-Maxime-Justinien), né à Paris, le 5 septembre 1808. Issu d'une famille qui, pendant plus de deux cents ans, a donné des magistrats au Parlement de Provence, il fit son droit à la Faculté de Paris, et se familiarisa avec la procédure dans une étude d'avoué. En 1828 et 1829, il fut auditeur au Conseil d'État, et chef du cabinet du ministre de la Justice, qui était alors le comte Portalis, et qu'il suivit, comme secrétaire particulier, aux Affaires étrangères. Lors de la chute du ministère Martignac, il reçut la croix de la Légion d'Honneur, en récompense de ses services. Nommé substitut à Auxerre en 1829, procureur du roi à Arcis-sur-Aube en 1831, juge-suppléant au tribunal de la Seine en 1834, substitut du procureur du roi près le même tribunal en 1840, substitut du procureur-général près la Cour de Paris en 1847, avocat-général près la même Cour le 4 février 1849, il devint, le 10 juin 1854, procureur-général près la Cour de Douai. M. Meynard de Franc appelé, en 1856, aux hautes fonctions de premier président de la Cour de Riom, a été nommé conseiller à la Cour de cassation en 1859. Dix ans plus tard, âgé seulement de 64 ans, il a dû quitter prématurément la robe, par suite d'une grave maladie, et a pris sa retraite avec le titre de conseiller honoraire. Plusieurs de ses discours de rentrée ont eu du retentissement dans le monde judiciaire. M. Meynard de Franc a été promu officier de la Légion d'Honneur en 1854. Il est décédé en 1873.

MÉZIÈRES (Alfred), né à Rehon (Moselle), le 19 novembre 1826 ; fils d'un ancien recteur de l'Académie de Metz, officier de la Légion d'Honneur, décédé en 1872. M. Alfred Mézières fit de brillantes études au lycée de Metz, et fut admis, en 1845, à l'École normale supérieure, d'où il sortit professeur de rhétorique au lycée de Metz en 1848. De là, il fut envoyé à l'École d'Athènes où il demeura trois années. De retour en France, il fut nommé professeur de rhétorique au lycée de Toulouse (1853). Chargé du cours de littérature étrangère à la Faculté des lettres de Nancy en 1854, et devenu titulaire de cette chaire en 1856, il fut chargé du même cours à la Faculté des lettres de Paris en 1861. M. Alfred Mézières a été nommé professeur titulaire de la même chaire le 18 juin 1863. C'est lui qui a représenté l'Université de France au jubilé de Shakespeare en Angleterre, et à celui du Dante en Italie. En 1874, il a aussi représenté l'Académie française au cinquième centenaire de Pétrarque à Avignon. A cette occasion, il a été élu membre correspondant de l'Académie de la Crusca, qui ne compte jamais qu'un Français parmi quarante membres. Il a publié : *Étude sur les œuvres politiques de Paul Paruta* (1853) ; — *De fluminibus inferiorum*, thèse de doctorat (1853) ; — *Mémoire sur le Pélion et l'Ossa* (1853) ; — *Mémoire sur la Laconie* (1853) ; — *Shakespeare, ses œuvres et ses critiques* (1861, 2e édit., 1865) ; — *Prédécesseurs, contemporains et successeurs de Shakespeare* (1863, 2 vol., 2e édit., 1864) ; chacun de ces deux derniers ouvrages a obtenu un prix de l'Académie française ; — *Dante et l'Italie nouvelle*

(1865) ; — *Pétrarque*, étude couronnée par l'Académie française (1867) ; — *La société française* (1869) ; — *Récits de l'invasion, Alsace et Lorraine* (1871) ; — *W. Gœthe, les œuvres expliquées par la vie* (1872-1873, 2 vol., 2º édit., 1874). M. Alfred Mézières, élu membre de l'Académie française, en remplacement de M. Saint-Marc-Girardin, le 29 janvier 1874, y a été reçu par M. C. Rousset le 17 décembre de la même année. Chevalier de la Légion d'Honneur depuis le 12 août 1865, il est aussi chevalier de l'ordre du Sauveur de Grèce et des Saints-Maurice et Lazare d'Italie.

MIALHE (Louis), né à Vabre (Tarn), le 5 novembre 1807. Elève de la Faculté de Paris, il se fit recevoir pharmacien en 1836, docteur en médecine en 1839, et professeur agrégé à la Faculté en 1839. Pendant son agrégation il fut chargé à l'Ecole de médecine, par M. le professeur Dumas, de la partie du cours qui a rapport à la pharmacologie. Parmi les travaux de M. Mialhe, pour la plupart communiqués à l'Académie des sciences et à l'Académie de médecine, on distingue surtout les suivants : *Recherches chimiques, thérapeutiques et physiologiques sur les mercuriaux* (1842) ; — *Nouvelle méthode pour doser un grand nombre de métaux par la voie humide, à l'aide d'une dissolution de sulfure de sodium titrée* (1842) ; — *Sur l'emploi du protosulfure de fer hydraté comme contre-poison des sels de plomb, de cuivre, de mercure, etc.* (1842) ; — *Recherches thérapeutiques et toxicologiques sur les préparations de plomb* (1842) ; — *Recherches chimiques, physiologiques et thérapeutiques sur le fer et ses composés* (1843) ; — *Nouvelle théorie du diabète ou glycosurie* (1844) ; — *Traité de l'art de formuler* (1845) ; — *Mémoire sur la digestion et l'assimilation des matières amyloïdes et sucrées* (1845) ; — *Mémoire sur la digestion et l'assimilation des matières albuminoïdes* (1846) ; — *Mémoire sur cette question : les substances insolubles peuvent-elles passer du canal intestinal dans le torrent circulatoire ?* (1848) ; — *Du rôle de l'oxygène dans l'économie animale* (1850) ; — *De l'albumine et de ses différents états dans l'économie animale* (1852) ; — *Chimie appliquée à la physiologie et à la thérapeutique* (1855) ; — *Du rôle chimique de l'acide carbonique dans l'économie animale : théorie de la formation de la cataracte crayeuse* (1856) ; — *Nouvelles considérations sur la destruction du sucre dans l'économie animale* (1857) ; — *De la destruction des acides organiques dans l'économie animale* (1866) ; — *De la dipepsie par défaut de mastication suffisante du bol alimentaire* (1866) ; — *Coup d'œil sur le passé et l'avenir de la pharmacie et de la thérapeutique* (1873). M. Mialhe a été élu membre de l'Académie de médecine en 1867. Il est chevalier de la Légion d'Honneur depuis 1847.

MICHAL-LADICHÈRE (François-Alexandre), né à Saint-Geoire (Isère), le 3 novembre 1807. Il fit son droit à la Faculté de Grenoble, prit place, en 1830, au barreau de la même ville, et s'acquit bientôt, par ses capacités, une position influente. Partisan éclairé des idées républicaines, il devint l'un des chefs du parti démocratique et remplit, en 1848-1849, les fonctions d'avocat-général près la cour de Grenoble. De 1848 à 1852, il représenta le canton de Saint-Geoire au Conseil général de l'Isère. Après la révolution du 4 septembre 1870, M. Michal-Ladichère a été nommé procureur-général, près la Cour de Grenoble. Démissionnaire en janvier 1871, il a été élu, le 8 février suivant, représentant de l'Isère à l'Assemblée nationale, où il siége sur les bancs de la Gauche. Il est redevenu membre du Conseil général de l'Isère, dont il occupe la présidence depuis le 8 octobre 1871.

MICHAUX (Alexandre), né à Villers-Cotterets (Aisne), le 12 mai 1834. Il s'adonna de bonne heure à des travaux de jurisprudence, d'histoire et de littérature. A peine âgé de 25 ans, il débutait par un ouvrage de droit, le *Traité des liquidations et partages* (1860), qui eut un succès rare pour ces sortes d'ouvrages, et dont trois éditions successives furent épuisées en quelques années ; ensuite il fit paraître le *Traité des testaments* (1863), des *Donations* (1865), des *Contrats de mariage* (1869). Ces quatre volumes font partie de la *Bibliothèque pratique du notariat*, vaste publication qui doit comprendre tous les actes de la vie civile. Comme travaux de jurisprudence, on lui doit en outre : *Guide pratique pour la rédaction des actes notariés* (1861) ; — *Formulaire portatif du notariat* (1862) ; — *Code formulaire, ou Code civil annoté par les formules des actes notariés* (1863) ; — *Tableau sur la marche des affaires* (1869) ; — *Dictionnaire des délais* (1870) ; — *Dictionnaire pratique des nouveaux droits d'enregistrement* (1872) ; — *Tableau sur les droits de succession* (1873). A partir de 1853, M. Michaux a publié dans divers journaux et recueils, tels que l'*Argus soissonnais*, le *Progrès de l'Aisne*, le *Journal de Seine-et-Oise*, la *France littéraire*, le *Journal de l'Aisne*, etc., une foule d'articles en prose ou vers, et notamment les feuilletons qui suivent : *Demoustier* (1854) ; — *Promenades dans la forêt de Villers-Cotterets* (1854) ; — *L'Homme-Loup* (1856) ; — *Barbillon le Machicot* (1856) ; — *Les fourmis noires de la Guyane* (1856) ; — *Les religieux du mont Saint-Bernard* (1856) ; — *Hortensia* (1867). On doit au même auteur une série de travaux historiques : *La paix de Crépy de 1544* (1860) ; — *Pékin et ses habitants* (1861) ; — *Histoire de Villers-Cotterets* (1867) ; — *La hottée du Diable* (1867) ; — *La pierre Clouïse et les pierres druidiques de la forêt de Villers-Cotterets* (1869) ; — *Notice historique sur Coulonges* (1873). Pour le théâtre, M. Michaux a écrit seul quelques petits vaudevilles, et, en collaboration avec l'académicien Viennet, un drame en 6 actes intitulé : *La Tour de Montlhéry, ou Luciane de Montfort*. Rédacteur en chef, depuis 1870, de la *Gazette des clercs de notaire*, recueil hebdomadaire, il est devenu, en 1873, directeur du *Progrès de l'Aisne*, journal soissonnais. M. Michaux est membre de la Société archéologique de Soissons.

MICHAUX (Etienne-Lucien), né à Vaux-Montreuil (Ardennes), le 23 avril 1823. M. Michaux fit ses études au lycée de Reims. Entré à la préfecture de la Seine le 1er novembre 1842, il passa plusieurs années dans divers bureaux et fut attaché, en 1850, au cabinet de M. Berger. Il était commis principal en 1853, quand M. Haussmann fut nommé préfet de la Seine. Celui-ci conserva M. Michaux près de lui, et le chargea, dès cette époque, du service des beaux-arts, des fêtes et cérémonies publiques. Par suite des immenses travaux entrepris dans Paris, ce service prit bientôt une extension considérable. La décoration des monuments anciens et nouveaux fut poursuivie avec une grande activité de 1852 à 1868; près de 7 millions de travaux furent commandés aux artistes peintres, sculpteurs, graveurs en médailles ou en taille douce, peintres verriers, etc. Ceux-ci, en reconnaissance des encouragements qui leur étaient si largement répartis par la Ville, élurent le premier M. Michaux membre du jury de l'Exposition annuelle, pour la section de sculpture, en 1864, c'est-à-dire la première année où le jury fut soumis à l'élection. Depuis, il a été quatre fois réélu; et, à partir de 1869, il a été nommé d'office par l'administration. De même, il a fait partie du jury à l'Exposition universelle de 1867, et à celle de Vienne en 1873. Dans cette dernière ville, il fut chargé de représenter la ville de Paris et d'organiser son exposition spéciale. Pareille mission lui fut ensuite confiée à Londres. Sous-chef de bureau en 1855, chef en 1860, il est devenu chef de la division des travaux d'architecture, des beaux-arts et des fêtes en 1866, et enfin, en 1871, chef de la première division de la direction des travaux de Paris, sous M. Alphand. Il est membre de la Commission des beaux-arts de la préfecture de la Seine depuis 1853, de la Commission supérieure des beaux-arts au ministère de l'Instruction publique, et de la Commission chargée de l'inventaire des richesses artistiques de la France. Les fêtes nombreuses qui ont été données à l'Hôtel-de-Ville, notamment en l'honneur des souverains qui sont venus visiter les Expositions universelles de 1855 et 1867, avaient une réputation européenne. M. Michaux, chargé de leur direction, a reçu de chacun des souverains, hôtes momentanés de la Ville, des distinctions honorifiques comme témoignage de leur satisfaction. Chevalier de la Légion d'Honneur depuis 1854, il est aussi décoré d'un grand nombre d'ordres étrangers.

MICHEL (Ernest-Barthélemy), né à Montpellier, le 31 juillet 1833. M. Michel s'est consacré à la peinture d'histoire et a commencé ses études à l'Ecole de Montpellier. Venu à Paris en 1850, il eut pour maîtres Picot et M. Cabanel, et remporta le grand prix de Rome, en 1860, sur le sujet suivant : *Sophocle accusé par ses fils devant l'Aréopage*. Dès 1859, il avait fait recevoir au Salon : *Saint Christophe portant l'Enfant-Jésus*. De la Villa-Médicis, il envoya à l'Ecole des beaux-arts : *Le berger Faustulus découvrant Romulus et Rémus allaités par une louve* (Salon de 1863) ; — *Argus endormi par Mercure*, au musée de Montpellier (1865) ; — *Le repos de la Sainte-Famille* (1867). De retour en France, il exécuta des peintures décoratives pour l'évêché de Limoges et exposa : *Le fils du Titien et Béatrice Donato* ; *Mariuccia* (1869) ; — *Daphné*, au musée d'Angers ; un *Portrait* (1870). A cette époque, M. Michel, dont la santé avait été fort compromise pendant son séjour en Italie, fut obligé de fuir le climat de Paris, et se fixa dans le Midi. C'est alors qu'il a été nommé conservateur du musée Fabre, et directeur-professeur de l'Ecole des beaux-arts de Montpellier. De cette ville, il a envoyé au Salon de Paris : *La Vierge aux ruines ; Bergère italienne* (1872) ; — *La Charité de saint Martin*, commandé par la préfecture de la Seine pour l'église Saint-Nicolas-des-Champs ; *La pescivendola* (1871) ; — *Le Décaméron* (1874). M. Michel a remporté une médaille au Salon de 1870.

MICHEL (Hubert), né à Foulain (Haute-Marne), le 18 août 1815. Fils de l'instituteur primaire de Foulain, il fit ses premières études au séminaire de Langres, et se livra à l'enseignement, d'abord comme précepteur, puis comme professeur au collège de Montrouge (près Paris). Il quitta cet établissement, en 1840, pour s'adonner aux études médicales et suivre les cours de la Faculté de Paris. Bachelier ès lettres et ès sciences, externe à l'Hôtel-Dieu, élève de l'Ecole pratique, il prit le grade de docteur en médecine, le 19 août 1845, avec une thèse intitulée : *Des hydropisies en général et spécialement de leur mécanisme ou de leurs divers modes de développement*. M. Michel passa les dix premières années de sa pratique médicale à Foulain. Maire de cette localité pendant assez longtemps, il la dota de propriétés et plantations communales, et signala son administration par des mesures importantes : établissement de fontaines publiques, amélioration de la salubrité et voies de communication, etc. Ses fonctions de maire de Foulain cessèrent lors de l'occupation prussienne, en 1870. En 1855, il s'était établi à Chaumont (Haute-Marne). Dès 1846, il avait débuté, comme écrivain spécialiste, par un rapport à l'Académie de médecine sur des *Larves de mouches domestiques, rendues par le vomissement, qui s'étaient développées et nourries dans les tissus nasaux-frontaux*, cas rare dans la science, et dont on ne cite que quelques exemples d'une certaine analogie dans l'ouvrage du naturaliste Rudolphi intitulé : *Bibliothèque* ; ce rapport fut inséré dans le *Bulletin de l'Académie*. Ajoutons que quelques-unes de ces larves, qui étaient nombreuses, ont été conservées dans un flacon bien clos, où elles ont subi leur métamorphose. Depuis, on doit au même auteur : *Rapport sur l'épidémie du choléra en 1849* ; — *Rapport sur une épidémie de dyssenterie choleriforme en 1866* ; — et un *Travail sur la fièvre catarrhale typhoïde dans la ville de Chaumont, principalement sur son étiologie*. M. le docteur Michel a reçu une médaille d'argent pour sa belle conduite pendant le choléra de 1849, et a été nommé correspondant délégué au congrès médical international de Paris en 1867.

MICHELET (Jules), né à Paris, le 21 août 1798. Il fit de brillantes études au collège Charlemagne, et fut nommé, à la suite d'un remarquable concours d'agrégation, en 1821, professeur au collège Rollin, où il enseigna successivement l'histoire, la littérature ancienne et la philosophie. Devenu maître de conférences à l'Ecole normale en 1826, il fut désigné, en 1830, pour remplir les fonctions de chef de la section historique aux archives du royaume, et pour suppléer M. Guizot dans son cours d'histoire à la Sorbonne. A la même époque, Louis-Philippe le choisit comme professeur de la princesse Clémentine pour la partie historique ; mais il remplit peu de temps ce dernier emploi. En 1838, il fut nommé titulaire de la chaire de morale et d'histoire au Collége de France. Son enseignement, qui battait en brèche toutes les théories cléricales et ultramontaines, eut un succès immense, mais lui attira l'hostilité du clergé qui fut assez puissant pour faire suspendre son cours en 1851, et le faire destituer quelques mois plus tard, bien que la chaire du Collége de France soit inamovible. Après la révolution de 1848, il avait refusé la candidature à l'Assemblée constituante, qui lui était offerte par les Comités libéraux ; au lendemain du Coup-d'Etat, il donna sa démission de chef de la section historique des archives, pour ne pas prêter serment au gouvernement nouveau. Dès lors, M. Michelet renonça à la vie publique, pour se vouer entièrement à l'étude. On lui doit : *Tableaux synchroniques de l'histoire moderne* (1826) ; — une traduction des *OEuvres* du philosophe italien Vico (1826) ; — *Précis de l'histoire moderne* (1828, 9e édit., 1864) ; — *Principes de la philosophie de l'histoire* (1831) ; — *Introduction à l'histoire universelle* (1831, 3e édit., 1843) ; — *Histoire de France jusqu'au 9 thermidor*, ouvrage dont les tomes portent des titres différents et sont indépendants les uns des autres (1833-1867, 16 vol.) ; — *Précis de l'histoire de France jusqu'à la Révolution* (1833, 4e édit., 1841) ; — *Origines du droit français* (1837) ; — *Histoire romaine* (1839, 3e édit., 1843) ; — *Procès des Templiers*, deux volumes qui font partie de la *Collection de documents inédits sur l'histoire de France* (1841 et 1851) ; — *Le prêtre, la femme et la famille* (1845, 7e édit., 1861) ; — *Des Jésuites*, avec M. Edgar Quinet (1845) ; — *Le peuple* (1846) ; — *Histoire de la Révolution française* (1847-1853) ; — *Cours professé au Collége de France* (1848) ; — *Pologne et Russie, légende de Kosciusko* (1851) ; — *Louis XI et Charles le Téméraire* (1853, 2e édit., 1860) ; — *Principautés danubiennes* (1853) ; — *Jeanne d'Arc* (1853, 3e édit. refondue, 1863) ; — *Légendes démocratiques du Nord* (1854) ; — *Les femmes de la Révolution* (1854) ; — *L'oiseau* (1856, 11e édit., 1874) ; — *L'insecte* (1857) ; — *L'amour* (1859, 6e édit., 1863) ; — *La femme* (1860) ; — *La mer* (1861) ; — *La sorcière* (1862) ; — *La Pologne martyr* (1863) ; — *Bible de l'humanité* (1864) ; — *La montagne* (1868) ; — *La France devant l'Europe* (1870) ; — *Histoire du XIXe siècle*, qui relie la Révolution depuis Thermidor, où elle était restée, jusqu'à la chute de l'Empire (Waterloo) ; un volume a paru, deux sont encore inédits (1872-1873). M. Michelet, l'un des premiers écrivains et peut-être le premier grand historien de la France moderne, avait remplacé le comte Reinhard, en 1838, comme membre de l'Académie des sciences morales et politiques. Il est décédé à Hyères, le 9 février 1874

MICHIELS (Joseph-Alfred-Xavier), né à Rome, d'un père anversois et d'une mère bourguignonne, le 25 décembre 1813. Il reçut le baptême dans la fameuse basilique de Saint-Pierre. Sa famille quitta l'Italie en 1817. Venu à Paris en 1819, il commença ses études au collége Henri IV, et les termina au collége Saint-Louis. En 1834, il alla faire une année de droit à la Faculté de Strasbourg pour s'y familiariser avec la littérature allemande. Puis il parcourut, à pied, presque toute la Confédération germanique. De retour à Paris, en 1835, il puisa dans ses notes de voyage les éléments d'un grand nombre d'articles publiés d'abord par le *Temps*, l'un des plus importants journaux de cette époque, et réunis ensuite sous ce titre : *Etudes sur l'Allemagne* (2 vol., 1839). Les polémiques provoquées par l'apparition de cet ouvrage inspirèrent à l'auteur son *Histoire des idées littéraires en France*, travail qui fut aussi violemment attaqué (1842, 4e édition, presque doublée, 1863). M. Alfred Michiels fit, en 1840, un voyage de touriste en Angleterre, et rapporta, sur la littérature, l'histoire et les beaux-arts de ce pays, un assez riche bagage d'observations pour mettre au jour une œuvre de poète, de savant, d'historien et d'archéologue, où l'on ne trouve pas un mot de politique : *Souvenirs d'Angleterre* (1844). Le gouvernement belge l'avait chargé, en 1843, d'écrire une *Histoire de la peinture flamande*, qui commença à paraître l'année suivante (4 vol. et un supplém.; la 2e édit., commencée en 1864 et non terminée, a déjà 9 vol.; le 10e est sous presse (1875). Deux parties de cette publication, *Les peintres brugeois* (1846), et *Rubens et l'Ecole d'Anvers* (1854) ont été réimprimés à part. Ce grand ouvrage a été l'occasion d'un conflit entre M. Arsène Houssaye et l'auteur, qui a accusé le directeur de l'*Artiste* d'avoir abusé de la communication successive des livraisons de son œuvre, pour reproduire ou contrefaire son texte, en y mêlant quelques passages empruntés à Descamps, et en y joignant des planches tirées sur d'anciens cuivres qu'il publiait comme des estampes nouvelles. M. Michiels écrivit à ce propos deux brochures qui eurent un grand succès : *Un entrepreneur de littérature*, et *Les nouvelles fourberies de Scapin* (1847). On doit encore au même auteur : *L'architecture et la peinture en Europe, depuis le Ve siècle jusqu'à la fin du XVIe*, reproduction de travaux insérés d'abord dans le *Moyen-Age* et la *Renaissance*. Dans le domaine de la littérature pure, il a écrit : *Le capitaine Firmin, ou la vie des nègres en Afrique* (1853) ; — *Contes des montagnes* (1857) ; — *Les chasseurs de chamois* (1860) ; — *Contes d'une nuit d'hiver* (1860) ; — *Les Anabaptistes des Vosges* (1862) ; — *Drames politiques* (1865) ; — une traduction complète de l'*Oncle Tom*, avec une *Biographie* de miss Beacher Stowne (1852) ; — *Les bûcherons et les schlitters des Vosges*, et *Le lundi de la Pentecôte* (enrichis d'illustrations 1856). Dans le domaine de la politique, on lui doit : *Histoire secrète du gouvernement autrichien* (qui a eu 3 édit., a été traduite en allemand, en anglais, en hollandais, 1859) ; — *Histoire de la politique autrichienne depuis Marie-Thérèse* (également traduite en plusieurs langues, 1861) ; — *L'Autriche dans la question polonaise* (1863) ; — *Les* *droits de la France sur l'Alsace et la Lorraine* (1870), brochure qui a eu 5 éditions et a provoqué, de la part de M. de Sybel, professeur à l'Université de Bonn, un long mémoire affirmant les droits de l'Allemagne sur les mêmes pays ; — *Le comte de Bismark, sa biographie et sa politique* (2ᵉ édit., 1871). M. Michiels prépare, en ce moment, une réponse au mémoire de M. de Sybel. Son *Histoire de la guerre franco-prussienne et de ses origines* s'est arrêtée à la chute de l'empire (1872). Il a encore publié une belle édition de *Regnard*, précédée d'une *Théorie du comique et des combinaisons théâtrales* (2 vol., 1854), une édition des *Œuvres poétiques de Philippe Desportes*, précédée d'une *Étude* sur ce vieil auteur et la littérature française au XVIᵉ siècle (1858), et les *Chefs-d'œuvre des grands maîtres* (illustrations de Kellerhoven, 1866). M. Alfred Michiels a collaboré au *Temps*, à la *Revue indépendante*, à la *Réforme*, à la *France littéraire*, au *Siècle*, à l'*Illustration*, au *Magasin pittoresque*, à la *Revue britannique*, au *Tour du monde* (*Voyage dans la Forêt noire*), etc.

MICHON (Jean-Hippolyte), né à Laroche-Fressange (Corrèze), le 21 novembre 1806. Il fit ses études classiques au collège d'Angoulême, et ses études théologiques à Saint-Sulpice. Il était depuis deux ans professeur de rhétorique au petit séminaire de Larochefoucauld (Charente), quand il reçut l'ordination, en 1830. La même année, il fonda aux Thibaudières une institution ecclésiastique, transférée plus tard à Lavalette. Cependant, et sans cesser d'être un homme d'étude, M. l'abbé Michon se sentait plus de vocation pour la prédication que pour l'enseignement. Ayant quitté l'établissement de Lavalette en 1845, il ne tarda pas à devenir un de nos orateurs de la chaire les plus courus, et prêcha des stations de carême à Paris, Bordeaux, Périgueux, etc. En 1850 et 1863, il accompagna M. de Saulcy dans deux voyages d'explorations en Palestine. M. l'abbé Michon a dirigé, pendant deux ans, la *Presse religieuse* et l'*Européen*. Dans ces dernières années, il a fondé la *Graphologie*, journal destiné à propager le système graphologique dont il est l'inventeur, science nouvelle déjà soupçonnée par Goethe et Lavater, et qui apprend à juger les hommes d'après leur écriture. On lui doit notamment : *Vie de Rose-Françoise Gilbert des Héris* (1841) ; — *Statistique monumentale de la Charente* (1844-1848) ; — *Vie de Mgr Jean-Joseph-Pierre Guigou* (1844) ; — *La femme et la famille dans le catholicisme* (1845) ; — *Histoire de l'Angoumois*, par Vigier de la Pile (1846) ; — *Monographie du château de Larochefoucauld* (1848) ; — *Lettres au clergé de France* (1848) ; — *Lettres à mes électeurs* (1848) ; — *Conférences de Notre-Dame de Bordeaux sur la religion* (1850) ; — *Solution nouvelle de la question des Lieux-Saints* (1852) ; — *Voyage religieux en Orient* (1854) ; — *Conférences de la Trinité* (1856) ; — *Les archevêques de Paris* (1857) ; — *La révolution et le clergé* (1858) ; — *Du progrès et de l'importance politique des idées gallicanes* (1858) ; — *L'Italie politique et religieuse* (1859) ; — *De l'agitation religieuse* (1860) ; — *De la rénovation de l'Eglise* (1860) ; — *Projet de solution de la question romaine* (1860) ; — *De la crise de l'Empire* (1860) ; — *Le concordat* (1862) ; — *Apologie chrétienne au XIXᵉ siècle* (1863) ; — *Leçon préliminaire à M. Renan sur la Vie de Jésus* (1863) ; — *Leçon (deuxième) à M. Renan ; Le messie fou ; Le messie Dieu* (1863) ; — *Vie de Jésus* (1865) ; — *La grande crise du catholicisme* (1870) ; — *Mystères de l'écriture* (1872) ; — *La graphologie* (1872, 1873, 1874, 1875) ; — *Système de graphologie* (1875). M. l'abbé Michon est chanoine honoraire de Bordeaux et d'Angoulême, et membre de plusieurs Sociétés savantes.

MIE (Louis), né à Tulle, le 28 février 1831 ; fils d'un capitaine d'artillerie, ancien affilié de la Société des droits de l'homme, et qui se fit mettre à la réforme pour ne pas servir le gouvernement de Louis-Philippe. Elevé dans les idées républicaines et destiné au barreau, M. Louis Mie fit ses études classiques aux lycées de Périgueux et d'Angoulême, son droit à la Faculté de Poitiers, et prit place au barreau de Périgueux. Ses capacités professionnelles, la distinction de son caractère et la fermeté de ses opinions politiques, lui valurent bientôt une belle position. Devenu l'un des chefs du parti républicain dans la Dordogne, il fut porté par lui candidat au Corps législatif en 1863 ; mais les temps n'étaient pas mûrs. En 1869, il contribua fortement au réveil de l'opinion publique, déclina la candidature qui lui était offerte de nouveau, pour appuyer celle de M. Chavoix, et prit part au congrès de Lauzanne, où il prononça un remarquable discours sur la formation des Etats-Unis d'Europe. Après la révolution du 4 Septembre, il fonda à Périgueux la *République de la Dordogne*, tenta d'organiser une garde civique à Tours, pour la protection spéciale du gouvernement, s'opposa, à Bordeaux, après la paix, à la création d'un Comité de salut public, et fut délégué à Paris, pendant la Commune, pour tâcher d'arrêter une lutte funeste. M. Louis Mie n'est pas exclusivement un avocat périgourdin ; homme politique avant tout, il prête le concours de sa parole, sur tous les points du territoire, à toutes les causes dans lesquelles est en jeu le principe démocratique. C'est ainsi qu'il a plaidé pour les principaux accusés du crime de Hautefaye, pour le *Républicain de l'Aveyron*, la *Tribune* de Bordeaux, la *République républicaine* de Lyon, l'*Emancipation* de Toulouse, le *Réveil de Loiret-Garonne*, l'*Avenir* d'Auch, le *Réveil de l'Ardèche*, la *République* de Brives, le *Progrès des Communes*, le *Républicain de la Dordogne*, la *Fraternité* de Carcassonne, la *Réforme* de Toulouse, etc.; pour les communalistes de Narbonne, l'abbé Junqua, MM. Pachy et Delboy, le pasteur Steeg, les internationalistes de Toulouse ; pour les accusés du procès de la rue Grôlée à Lyon, etc. En octobre 1872, M. Louis Mie s'est encore une fois désisté de sa candidature à l'Assemblée nationale, en faveur de M. Caduc qui a été élu. Plus tard, en 1873, il a tenu la même conduite dans l'élection d'un autre candidat également député aujourd'hui, M. Dupouy. Il est conseiller général de la Dordogne depuis le 8 octobre 1871. On lui doit beaucoup d'articles, de discours, de plaidoyers parus dans les journaux de Paris et de la province. En outre, M. Louis Mie a publié diverses brochures : *La franc-maçonnerie et* *l'évêque de Périgueux* (1869) ; — *Le soldat sait mourir, le peuple sait payer* (1869); — *La République par la loi* (1870); — *Théories et négoces de M. le curé* ; — *Encore M. Bonaparte* ; et, tout dernièrement, une lettre sous forme de brochure aussi : « *Tu ne défendras plus !* » dans laquelle il explique pourquoi, après plus de vingt ans de labeurs à la barre, il quitte le palais et s'éloigne de la magistrature.

MIGNARD (Thomas-Joachim-Alexandre-Prosper), né à Châtillon-sur-Seine (Côte-d'Or), le 15 décembre 1802 ; issu de la famille de l'illustre peintre de ce nom. Il fit son droit à la Faculté de Paris, prit place au barreau de Dijon en 1829, mais ne suivit pas la carrière d'avocat. Ses goûts le portaient vers les travaux historiques, archéologiques, philosophiques et littéraires. On lui doit la production, en 1858, du *Roman en vers de Girart de Rossillon*, jusqu'alors inédit, et des *Noëls d'Aimé Piron*, pour la plupart alors inédits ; l'*Histoire des premiers temps féodaux* fait suite au *Roman en vers de Girart de Rossillon*. Comme écrivain moraliste il a écrit : *Education de famille, morale chrétienne*, suivie d'un *Essai sur l'Etude de l'histoire* (1851), ouvrage réimprimé récemment à Paris sous le patronage de l'œuvre de Saint-Michel. Comme écrivain philologue et historien, il a publié : *Description d'un temple dédié à Apollon* (1851, avec pl.); — *Histoire des différents cultes, superstitions et pratiques superstitieuses d'une contrée bourguignonne* (1851) ; — *Eclaircissements sur les pratiques occultes des Templiers* (1851); — *Monographie du coffret du duc de Blacas* (1852, 2 vol. in-4°, avec pl.); — *Histoire et légende concernant le pays de la Montagne ou le Châtillonnais* (1853) ; — *Preuves du manichéisme de l'ordre du Temple* (1853); — *Statistique de la milice du Temple* (1853) ; — *Découverte d'une ville gallo-romaine, dite Vertilium ; examen des fouilles*, en collaboration avec M. L. Coutant (1854, in-4° avec pl.); — *Du chant liturgique : résumé critique et état de la question* (1854); — *Texte de l'Album pittoresque du Châtillonnais* (1855, in-fol., avec nombreux dessins de l'artiste Nesle);—*Histoire de l'idiôme bourguignon et de sa littérature propre* (1856); —*Biographie du général baron Testot-Ferry*, ou *exposé des événements militaires de 1792 à 1815* (1859); — *Eloge de Jean Frantin* (2ᵉ édit., 1865); — *Histoire des principales fondations religieuses du bailliage de la Montagne* (1865, in-4°, avec pl.); — *Paris et la province*, 2ᵉ édit. de la *Lettre d'un académicien mordu par un chien enragé* (1866); — *Origine, décadence et réforme de la maison mère des religieuses Bernardines cisterciennes* (1867); — *Vocabulaire raisonné et comparé du dialecte et du patois de la province de Bourgogne*, ou *étude de l'histoire et des mœurs de cette province d'après son langage* (1870); — *Recueil de diverses études archéologiques dans le pays de la Montagne* (1872, avec pl.); — *Quelques remarques sur un des héros les plus populaires de nos chansons de gestes en langue d'oc et en langue d'oïl* (1874); — *Archéologie bourguignonne, comprenant, entre autres études, celle sur César et Vercingétorix avec leurs effigies prises, l'une sur un buste antique en bronze, l'autre sur des médailles ou monnaies trouvées à Alise ; et encore avec les effigies des principaux chefs de l'armée de secours, d'après leurs monnaies trouvées au même lieu* (1874); — *Voltaire et ses contemporains bourguignons* (1874). M. Mignard édite en ce moment l'*Histoire de l'invasion allemande* (1870-1871) en Bourgogne et en Franche-Comté. Nommé correspondant du ministère de l'Instruction publique, et plusieurs fois lauréat de l'Académie des inscriptions et belles-lettres, il est membre de l'Académie de Dijon depuis 1849. Il est chevalier de l'ordre pontifical de Saint-Grégoire-le-Grand.

MIGNERET (Jean-Baptiste-Stanislas-Martial), né à Bordeaux, le 15 septembre 1809. Licencié en droit de la Faculté de Paris en 1830, il s'attacha d'abord au barreau de la ville de Langres, publia quelques travaux de jurisprudence et d'histoire, et fut élu conseiller municipal et nommé adjoint. Après avoir pris le grade de docteur en droit à la Faculté de Dijon (1843), il abandonna le barreau et remplit les fonctions de sous-préfet successivement à Château-Chinon (1846) et à Neufchâteau (même année). Révoqué en 1848, il échoua dans sa candidature à la Constituante, reprit, à Langres, l'exercice de sa profession, et fut réélu conseiller municipal. Puis, quittant de nouveau le barreau pour l'administration, il fut envoyé comme sous-préfet à Saint-Quentin, et bientôt comme préfet au Mans, en 1849. Nommé préfet de Limoges en 1852, de Toulouse en 1853, il passa, en 1855, à la préfecture de Strasbourg, qu'il occupa pendant dix ans. Là, d'accord avec le Conseil général, il prit l'initiative de créer des voies de fer avec les ressources communales et départementales, et donna ainsi naissance au système des chemins de fer d'intérêt local. En 1865, il fut appelé au Conseil d'Etat; et, l'année suivante, il fut chargé de présider la 2ᵉ circonscription de l'enquête agricole. M. Migneret, outre de nombreux travaux, tels que ses rapports administratifs, les discours officiels, etc., a fait paraître : *Précis de l'histoire de Langres* (1835); — *Histoire de la commune d'Aigremont* (1838) ; — *Traité de l'affouage dans les bois communaux* (1840) ; — *Essai sur l'administration municipale des Romains* (1846) ; — *Des moyens de ramener les capitaux vers l'agriculture* (1848); — l'introduction, le plan et l'article *Population*, de la *Description statistique du Bas-Rhin* (1858-1864). M. Migneret a été élevé au grade de Grand-Officier dans la Légion d'Honneur le 5 novembre 1864.

MILLAUD (Edouard), né à Tarascon, le 7 septembre 1834. Il fit ses études de droit à la Faculté de Paris et prêta serment au barreau de Lyon en 1857. Ses opinions républicaines l'avaient déjà signalé à l'attention de ses concitoyens, quand survint la révolution du 4 Septembre. Nommé, alors, premier avocat-général près la cour de Lyon, il remplit les fonctions de procureur-général, par intérim, au commencement de 1871. Fidèle à ses convictions, il donna sa démission, le 14 mai suivant, pour ne point avoir à poursuivre divers journaux républicains. Le 2 juillet, il fut élu membre de l'Assemblée nationale. Il est aussi membre du Conseil général du Rhône. M. Edouard Millaud a collaboré à plusieurs journaux et revues. En 1869, il a fait plusieurs conférences en faveur du libre-échange; et il est un des fondateurs de la Société d'économie politique de Lyon. On lui doit des publications diverses : *Étude sur l'orateur Hortensius* (1859) ; — *De l'organisation de l'armée* (1867) ; — *Daniele Manin*; — *Lois et coutumes de Venise* (1867); — *Devons-nous signer la paix?* (1871), etc., etc. A la Chambre, M. Edouard Millaud a pris plusieurs fois la parole sur des questions spéciales. Il fait partie de l'Union républicaine.

MILLAUD (Moïse), né à Bordeaux, le 27 août 1813. Fils de petits commerçants israélites, il fut d'abord clerc d'huissier, puis directeur du Cercle de l'Athénée, et fondateur d'une feuille locale, le *Lutin*. Venu à Paris en 1834, il créa plusieurs journaux de chronique, de tribunaux, de théâtre ou d'affaires, se fit une réputation d'habile homme et de journaliste expert, et fut en 1848, comme fondateur de la *Liberté*, dont le tirage atteignit parfois 125,000 exemplaires, l'un des plus puissants auxiliaires du bonapartisme. En association avec M. Mirès, il acquit à la même époque le *Journal des chemins de fer*, dont ces deux remarquables financiers firent bientôt une autorité en matière de bourse. Créateur, en 1849, de la Caisse des actions réunies, il prit part également, avec M. Mirès, à la fondation de la Caisse des chemins de fer. Ce fut aussi lui qui créa le *Conseiller du peuple*, sous les auspices de Lamartine. En 1853, M. Millaud ouvrit une maison de banque dont les entreprises furent des plus considérables, et trois ans plus tard, il transforma le *Dock* en *Journal des actionnaires*, en même temps qu'il présidait à la création de la Caisse générale des actionnaires, et se rendait propriétaire de la moitié plus une des actions de la *Presse*. Il quitta la direction de ce dernier journal en 1859, et se renferma pendant quelque temps dans des opérations purement financières. Mais son étonnante activité prit bientôt le dessus. En 1863, il fonda le *Petit Journal*, premier type pratique du journalisme à bas prix, dont le tirage atteignit parfois 500,000 exemplaires, et auquel il adjoignit successivement le *Journal illustré*, le *Journal littéraire*, et le *Journal politique de la semaine*. Sa dernière création fut celle du journal l'*Histoire* (1870), formant deux journaux politiques et littéraires dans le format des grands journaux de Paris. M. Millaud a fait jouer au Palais-Royal, en collaboration avec M. Clairville et sous le pseudonyme de « Frascati, » un vaudeville intitulé : *Ma nièce et mon ours*. Il est décédé à Paris en 1871.

MILLER (Bénigne-Emmanuel-Clément), né à Paris, le 19 avril 1812. M. Miller est entré, en 1833, à la bibliothèque, comme employé au département des manuscrits, position qui lui permettait d'étudier avec soin la paléographie grecque. Il obtint, en 1836, un prix de l'Académie des inscriptions et belles-lettres, pour son mémoire sur l'*Histoire de l'établissement des Vandales en Afrique*. En 1839, il publia un supplément aux dernières éditions des *Petits géographes grecs*. Chargé de diverses missions dans les bibliothèques d'Italie et d'Espagne, il rapporta, entre autres travaux importants, la copie de fragments de *Nicolas de Damas*, découverts à l'Escurial (1843), et un *Catalogue des manuscrits grecs* de la bibliothèque de l'Escurial, qu'il publia par ordre du gouvernement (1848). Ensuite, il donna une édition des poésies grecques inédites de *Manuel Phile*. En 1851, M. Miller fit paraître à Oxford le texte inédit d'un livre d'Origène, rapporté du mont Athos par M. Minoïde Mynas, et qu'il intitula : *Origenis philosophumena*. Ces recherches philologiques ne l'empêchaient pas de s'occuper activement de bibliographie. Il publia, avec M. Aubenas, de 1840 à 1845, une *Revue de bibliographie analytique*, qu'il céda à M. Didot alors qu'elle était en pleine voie de prospérité ; mais le nouveau propriétaire de cette publication ayant changé son titre et son esprit, elle succomba bientôt après sous le nom de *Nouvelle revue encyclopédique*. En janvier 1850, il fut nommé bibliothécaire de l'Assemblée législative, en remplacement de Beuchot. Il n'a pas cessé d'occuper les mêmes fonctions auprès du Corps législatif et de l'Assemblée nationale. M. Miller a été élu membre de l'Académie des inscriptions et belles-lettres en 1860. Pendant les années 1863 et 1864, il a été chargé par l'empereur d'une mission littéraire en Orient. La première année, il a visité tous les monastères du mont Athos, où il a fait des découvertes importantes. La seconde année a été employée à des fouilles dans l'île de Thasos. Les précieux résultats de cette mission ont été placés au Louvre. Une partie des textes grecs qu'il a découverts en Orient a été publiée, en 1868, aux frais du gouvernement, sous le titre de *Mélanges de littérature grecque*. On lui doit aussi des éditions d'opuscules grecs, et beaucoup d'articles insérés au *Journal des savants*, dont il a été nommé rédacteur en 1874, en remplacement de M. Beulé. Enfin, il est un des principaux éditeurs du *Recueil d'itinéraires anciens*, publié par le marquis de Fortia d'Urban. M. Miller, chevalier de la Légion d'Honneur depuis 1850, a été promu officier en 1869.

MILLIEN (Jean-Etienne-Achille), né à Beaumont-la-Ferrière (Nièvre), le 4 septembre 1838. M. Achille Millien fit de bonnes études au lycée de Nevers, où il obtint le prix fondé par le sénateur Manuel en faveur de l'élève le plus distingué par son travail et ses succès. Dès 1860, il publiait un recueil de vers : *La moisson*, préface de M. Thalès-Bernard (voir ce nom), qui fut bien accueilli par la critique, et distingué par l'Académie française qui le plaça au nombre des ouvrages réservés pour ses prix au concours de 1861. Puis parurent successivement : *Les chants agrestes*, avec musique d'Albert Sowinski (1862) ; — *Les poëmes de la nuit*, *Humouristiques*, *Paulo Majora* (1863) ; — *Musettes et clairons* (1865, 2e édit. très-augmentée, 1867) ; — *Les légendes d'aujourd'hui*, *poëmes suivis de lieds et sonnets* (1870) ; — *Voix des ruines* ; *Légendes évangéliques* ; *Paysages d'hiver* (1873). Il a paru, en 1874, une édition de luxe de ses poésies complètes, en plusieurs tomes de grand format, illustrés de gravures par MM. F. Barrias, Max Lalanne, Patrois, Hanoteau, Appian, E. Breton,

Rajon, Tayssonnières, G. Morin, G. Brion, Ballin, etc. On lui doit aussi des œuvres détachées, des poésies, des nouvelles, des articles de critique littéraire, des traductions (*La pierre des élus, La masure du Vieux-Chemin*, etc.), publiés dans des revues, ou en feuilleton dans les journaux. Il a collaboré au recueil *La gerbe*, à la *France littéraire*, à la *Revue des Provinces*, à la *Suisse*, à la *Revue internationale* de Vienne (Autriche), à la *Gazette des étrangers*, à la *Revue française*, à la *Revue indépendante*, à la *Revue de Paris*, au *Correspondant*, à la *Semaine des familles*, à l'*Art universel* de Bruxelles, etc. M. Achille Millien, lauréat de l'Académie française en 1864, décoré de l'Etoile polaire de Suède en 1865, n'avait pas reçu, au 1er juillet 1874, moins de 75 médailles à différents concours académiques. Il est membre des principales Académies de province, de la Société philotechnique, de plusieurs autres Sociétés littéraires de Paris, de l'Académie des Arcades de Rome, de l'Institut national genevois, et d'un grand nombre de Sociétés savantes, en France et à l'étranger.

MINIER (Pierre-Hippolyte), né à Bordeaux, le 20 juin 1813. Il se consacra à la littérature et fit paraître, de 1839 à 1844, dans les divers journaux de la Gironde, les *Légendes bordelaises*, petits drames en vers dans lesquels il poétisait les souvenirs historiques de la localité. A partir de 1844, il publia, dans les feuilles quotidiennes de Bordeaux, des épîtres satiriques dont le succès fut assez grand, et qui furent souvent reproduites par les journaux de la province et même par ceux de Paris. Ces études satiriques ont été réunies en deux volumes, sous le titre de *Mœurs et travers* (1856 et 1860). On doit au même auteur quelques autres petits volumes ou brochures : *De l'abus des éloges* (1855); — *Geoffroy Rudel*, tradition poétique (1857); — *Les millions de M. Jean*, vers (1857); — *Les poètes bordelais* (1861); — *L'art et la foi*, poésie (1861); — *Le fou du roi*, conte en vers (1862); — *On ne rit plus*, satire (1862); — *De la décentralisation intellectuelle* (1865), etc. Comme auteur dramatique, M. Minier a fait jouer avec succès, sur les différentes scènes bordelaises : *Jérôme Cassolard*, comédie en vers (2 actes, 1863); — *Le legs du colonel*, comédie en vers (3 actes, 1864); — *Molière à Bordeaux*, comédie en vers (2 actes, 1865); — *Le boucher Dureteste*, drame historique (1865); — *L'esprit bordelais*, à-propos en vers (1866); — *Qui a bu boira*, proverbe en vers (1867); — *Bordeaux après dîner*, à-propos en vers (1868); — *L'honneur du foyer*, comédie en vers (4 actes, 1872); — *Le terme échu*, en vers (1872). Toutes ces pièces ont été imprimées. La presse parisienne a constamment fait l'accueil le plus sympathique aux œuvres du poëte bordelais. Charles Monselet a dit de lui : « C'est un de ces poëtes et de ces sages qui se trouvent fort bien de la province où ils ont enclos leur ambition. » M. Minier a présidé la section des lettres au Congrès scientifique de 1861. Il est membre de l'Académie de Bordeaux, dont il a plusieurs fois été le président, de la Société des auteurs dramatiques de France, et de plusieurs autres Compagnies littéraires ou savantes.

MIRECOURT (E. JACQUOT, *dit* Eugène DE), né à Mirecourt (Vosges), le 19 novembre 1812, fit de brillantes études au collège de sa ville natale, et aux deux séminaires de Châtel-sur-Moselle et de Saint-Dié. Ses parents le destinaient à l'état ecclésiastique. Ne se croyant pas une vocation suffisante, il quitta le séminaire et alla s'établir maître de pension à Chartres. Entraîné par son goût pour les lettres, il ne tarda pas à renoncer à l'enseignement, vint à Paris, prit le nom de sa ville natale et débuta par des nouvelles, dont quelques-unes, la *Perle de Genève*, les *Inconvénients d'un vilain nom*, la *Rose de la vallée*, le *Lilas blanc*, etc., furent goûtées et reproduites. Plus tard, avec la collaboration de M. Leupol (Fr.-E. Laloup de Cernay), il fonda à Nancy une revue pittoresque intitulée *La Lorraine* (1839-1840). De retour à Paris, il publia, sous le titre de *Fabrique de romans*, maison Alexandre Dumas et Cie, une brochure très-vive et très-mordante, qui lui valut l'éclat d'un premier procès, lui créa des inimitiés sérieuses et le jeta décidément dans la lutte. Vinrent ensuite plusieurs romans, la *Fille de Cromwel*, *Masaniello*, *Madame de Tencin*, le *Lieutenant de la Minerve*, *André le Sorcier*, les *Confessions de Marion Delorme*, et les *Mémoires de Ninon de Lenclos*, précédés d'une préface de Méry ; puis un drame en 5 actes, joué à la Comédie-Française, tiré du roman de *Madame de Tencin*, dont la pièce conserva le titre. Drame et roman furent écrits en collaboration avec M. Marc Fournier. De 1854 à 1859, M. Eugène de Mirecourt publia ses fameux *Contemporains*, où trop souvent il présenta la vérité sans voile, signant, du reste, avec beaucoup d'intrépidité, toutes ses attaques. Emile de Girardin, Gustave Planche, Bocage, et surtout le financier Mirès, lui intentèrent des procès coup sur coup. L'auteur, affirmant de plus en plus son droit de critique, voulut créer successivement deux journaux, les *Contemporains* et la *Vérité pour tous*, afin d'appuyer son œuvre : il ne réussit qu'à multiplier les condamnations et à se faire écraser sous les dommages-intérêts et les amendes. Ruiné de fond en comble, il s'expatria pendant quelques années. En 1860, on annonça faussement dans les journaux que le biographe venait de mourir à Saint-Pétersbourg. Les ennemis de M. Eugène de Mirecourt l'ont accusé à tort d'imiter Alexandre Dumas et de faire écrire par autrui des livres qu'il signe devant le public. Outre les ouvrages cités précédemment, on a de lui : *La République aux enfers* (1849); — *La marquise de Courcelles* (1851, 4 vol.); — *Blanche Rienzi* (1856, 3 vol.); — *Lettres à P.-J. Proudhon* (1858); — *La Bourse, ses abus et ses mystères* (1859); — *Une histoire sous Robespierre* (1863); — *Nos voisins les Anglais* (1864); — *Les vrais misérables* (1865, 2 vol.); — *Avant, pendant et après la Terreur* (1867, 3 vol.), etc.

MISTRAL (Frederi), né à Maillane (Bouches-du-Rhône), le 8 septembre 1830. Il fit ses études classiques à Avignon, son droit à la Faculté d'Aix, et, au lieu d'exercer la profession d'avocat, retourna dans son pays natal pour s'y vouer librement à la restauration de l'idiôme de sa première patrie. Déjà connu par la publication de plusieurs pièces séparées, il fit paraître, en 1859 (4ᵉ édit., 1868), un roman en vers intitulé *Mirèio* (Mireille), avec introduction et traduction française en regard. Ce poëme eut un grand retentissement; toute la presse s'en occupa, et il remporta le prix de poésie de l'Académie française (médaille de 2,000 fr.). M. Michel Carré tira, de ce remarquable ouvrage, un opéra-comique : *Mireille*, mis en musique par M. Gounod, et joué avec beaucoup de succès au Théâtre-Lyrique en 1864-1865. M. Mistral, a publié, en 1867, un second poëme épique : *Calendau*, avec traduction en regard et portrait dessiné par M. Hébert. On lui doit aussi beaucoup d'œuvres poétiques disséminées dans des recueils divers, entre autres dans l'*Armana prouvençau*, dont il est le principal rédacteur. Il a été, en 1868, comme poëte et comme orateur, l'un des participants les plus distingués à la fête donnée, dans la ville de Saint-Remy, par les félibres du Midi, en l'honneur de la langue et de la poésie provençales. Il termine actuellement (1875) un *Grand dictionnaire de la langue d'Oc* embrassant tous les dialectes du midi de la France. M. Frederi Mistral est le chef, le « capouliè » de l'école philologique et littéraire qui s'est donné, pour mission, de relever la langue d'Oc dans le midi de la France et la Catalogne. Chevalier de la Légion d'Honneur depuis le 14 août 1863, il a été nommé chevalier de l'ordre de Charles III d'Espagne en 1869, commandeur de l'ordre d'Isabelle-la-Catholique en 1870, et officier de la couronne d'Italie en 1874.

MITCHELL (Isidore-Hyacinthe-Marie-Louis-Robert), né à Bayonne, le 21 mai 1839. Fils d'un père anglais et d'une mère espagnole, il fut tenu par don Carlos sur les fonts baptismaux, et reçut une éducation très-soignée. A l'époque de sa majorité, il remplit les formalités prescrites par la loi française pour affirmer sa nationalité. Dès l'âge de 17 ans, il collaborait aux journaux littéraires, notamment à la *Presse théâtrale*. En 1857, il alla rédiger un journal anglais, *The Atlas*, de Londres. Rédacteur politique du *Constitutionnel* en 1860, et passé au *Pays* en 1862, il quitta les *Journaux-Réunis* en 1863, pour écrire au *Nord* de Bruxelles. En 1866, il participa à la rédaction de l'*Etendard*, sous M. Aug. Vitu. Deux ans plus tard, il prit la rédaction en chef du *Constitutionnel*, où il soutint le programme de l'Empire libéral et la politique du cabinet Ollivier. Cependant, il se prononça énergiquement contre la déclaration de guerre. En sorte que des gens mal intentionnés, ou trompés, profitèrent des circonstances pour se livrer, contre sa personne, à des manifestations hostiles. Depuis, les faits n'ont que trop prouvé combien sa conduite d'alors était loin d'être anti-patriotique. Au début de la campagne, il fut nommé commandant des mobiles des Basses-Pyrénées; mais, quand il vit la mauvaise tournure que prenaient les affaires, il s'engagea dans un régiment de zouaves, avec lequel il assista à toutes les opérations dirigées par le maréchal de Mac-Mahon. Fait prisonnier de guerre à Sedan, et interné en Silésie, il rendit de grands services à ses compagnons d'infortune. En effet, grâce à ses nombreuses et hautes relations, il réussit à faire souscrire, en Angleterre et en Italie, des dons volontaires dont le total ne s'éleva pas à moins de 400,000 fr. De retour en France, il a fondé d'abord le *Courrier de France*, organe du parti républicain-modéré; puis il a pris (1873) la rédaction en chef de la *Presse*. Il est actuellement rédacteur en chef du *Soir*. M. Robert Mitchell est chevalier de la Légion d'Honneur depuis le 14 août 1868.

MOHL (Jules DE), né à Stuttgard, le 25 octobre 1800, naturalisé Français en 1844. Il fit ses études de théologie à l'Université de Tubingue; mais, à mesure que s'agrandissait le cercle de ses connaissances, il se sentait moins disposé à suivre la carrière évangélique. Venu à Paris en 1823, il profita des leçons d'Abel Rémusat, dont il devint l'ami, et étudia l'arabe et le persan aux cours de M. S. de Sacy. Ses connaissances en théologie lui permettant de laisser de côté la partie esthétique des auteurs orientaux, il donna tout d'abord à ses études une direction historique, ethnologique et religieuse. En 1844, il succéda à Amédée Jaubert comme professeur titulaire de persan au Collége de France. Nommé inspecteur de la typographie orientale à l'Imprimerie impériale en 1852, il fut pour beaucoup dans la perfection avec laquelle fut choisi, gravé et fondu le magnifique matériel spécialement créé pour cet établissement. Par ses travaux assidus, l'étendue de ses connaissances et le zèle qu'il a déployé dans son enseignement, M. de Mohl peut revendiquer le mérite d'être un des savants qui ont contribué le plus, en France, à répandre le goût de l'orientalisme. C'est à ses indications que l'on doit la découverte, par M. Botta, de l'ancienne Ninive, et les heureux résultats de l'expédition française en Mésopotamie. Membre, longtemps secrétaire, et président depuis 1867 de la Société asiatique, il a présenté à cette Compagnie, depuis 1840 jusqu'à 1867, une série de *Rapports* annuels sur le mouvement des études orientales. On lui doit notamment : *Chi-King*, traduction latine du chinois (Stuttgard, 1819); — *Fragments relatifs à Zoroastre*, texte persan (1829); — *Y-King*, traduction latine du chinois du P. Régis (1834, 2 vol.); — *Le Schah Nameh*, texte persan et traduction du célèbre poëme d'Aboul-Kasim-Firdousi (Impr. imp., 1838-1868, 6 vol. gr. in-fol.). M. de Mohl a été élu, en 1844, membre de l'Académie des inscriptions et belles-lettres en remplacement de M. Burnouf père. Chevalier de la Légion d'Honneur depuis 1845, il est officier de l'Ordre depuis 1874.

MOIGNON (Alix-Jérôme), né à Reims (Marne), le 14 avril 1812. Petit-fils d'un membre du Conseil des cinq-cents, ami d'Andrieux, ancien magistrat, M. Moignon fut nommé substitut à Epernay en avril 1841, à Troyes en 1847. A la fin de cette année M. Baroche, bâtonnier de l'ordre des avocats de Paris, vint plaider devant le tribunal correctionnel de cette ville une affaire importante qu'il avait gagnée en première instance, et, qu'à son grand regret, il perdit en appel, Devenu procureur-général à la Cour de Paris en 1849, il fit nommer M. Moignon substitut au tribunal de la Seine. « Vous voyez, lui dit-il en le recevant, que je me suis souvenu de notre affaire de Troyes. Je vous ai présenté au garde des sceaux en lui disant : « Vous savez que j'avais l'habitude « de préparer mes affaires avec le plus grand « soin; j'ai trouvé à Troyes un substitut qui « m'a battu complètement, et je vous propose « de le faire venir au parquet de la Seine. » A quoi M. Odilon Barrot répondit : « Je signe « des deux mains. » Successivement substitut du procureur-général près la Cour de Paris en 1858, avocat-général à la même Cour, M. Moignon était absent de Paris, lorsqu'en juillet 1863 il fut appelé à prendre la direction du parquet de la Seine, par M. Baroche, garde des sceaux, qui en l'informant de sa nomination lui écrivait : « Mes rancunes d'avocat vous ont poursuivi jusqu'au fond de vos bois. » M. Baroche aimait à rappeler ces souvenirs de ses rancunes. M. Moignon a été nommé conseiller à la Cour de cassation en novembre 1868. Ce magistrat a consacré les loisirs que lui laissaient ses fonctions à réunir une bibliothèque composée de livres rares, et les collections les plus complètes de l'œuvre lithographique, très-recherché maintenant, de Charlet, Géricault, H. Vernet, Eugène Delacroix, Decamps, Raffet, Grandville, Gavarni, etc. Chevalier de la Légion d'Honneur en 1855, officier en 1864, il a été promu commandeur en 1867. Il est aussi chevalier de 2e classe, avec la couronne, de l'ordre de Saint-Stanislas de Russie.

MOINAUX (Jules), né à Tours, le 29 octobre 1825. Il fit de bonnes études classiques, fut d'abord commis de banque, puis succéda à James Rousseau comme chroniqueur de la police correctionnelle à la *Gazette des tribunaux*, où il a conservé sa position depuis 1851. Après avoir composé un grand nombre de chansonnettes comiques et de chansons, comme membre du Caveau, il aborda le théâtre et fit, en collaboration avec Léon Battu, Clairville, Dupeuty, Grangé, Jaime fils, de Leuven, A. Rolland, de Launay, Bocage, etc., un grand nombre de pièces parmi lesquelles nous distinguons : *Pepito* (1853); — *Les gueux de Béranger* (1855); — *L'ut dièse* (1858) ; — *Les désespérés*, musique de F. Bazin (1858) ; — *La clarinette mystérieuse* (1859); — *Paris quand il pleut* (1861); — *Le voyage de MM. Dunanan père et fils* (1862) ; — *Le monsieur de la rue de Vendôme* (1862); — *Le mari d'une étoile* (1862);— *Le secret du rétameur* (1862) ; — *Le café de la rue de la Lune* (1862) ; — *Les marionnettes de l'amour* (1864) ; — *Eh! Lambert* (1864); — *Les campagnes de Bois-Fleury* (1865) ; — *La foire d'Andouilli* (1870) ; — *Le ver rongeur*. Seul, M. Jules Moinaux a fait représenter: *La question d'Orient*, musique de V. Parizot (1854);— *Dromadard et Panadard en Orient* (1854) ; — *Les deux aveugles*, musique d'Offenbach (1855); — *La botte secrète* (1858) ; — *Les Géorgiennes*, musique d'Offenbach (1864) ; — *Le joueur de flûte*, musique d'Hervé (1864); — *Les deux sourds* (1866); — *L'homme à la mode de Caen* (1867) ; — *La permission de minuit* (1868); — *Le canard à trois becs*, musique de Jonas (1869); — *Le testament de M. de Crac* (1871). M. Jules Moinaux est attaché au *Charivari* depuis une dizaine d'années, comme rédacteur des tribunaux comiques.

MOISAND (Constant), né à Beauvais, le 9 mai 1822, fils et petit-fils d'imprimeurs, exerça lui-même cette profession à Beauvais. Il a débuté très-jeune dans le journalisme et fondé, en 1849, le *Moniteur de l'Oise*, un des journaux les plus répandus de province, qui soutient avec énergie une politique tout à la fois libérale et conservatrice. Parmi les brochures qu'il a publiées, on cite une *Histoire de la Maison de Mornay*. La Société des gens de lettres était à peine fondée quand il s'y fit recevoir, sous les auspices de M. Emile Marco de Saint-Hilaire dont il était l'ami et le commensal. M. Moisand s'est beaucoup occupé des questions de chemins de fer et a été, pendant dix ans, juge au tribunal de Commerce de Beauvais, dont son père avait été président. En 1867, il occupait la vice-présidence du congrès de la presse départementale, distinction justifiée par l'importance de son journal et de son imprimerie. C'est en qualité de propriétaire rédacteur du *Moniteur de l'Oise*, et pour services rendus dans la presse, que M. Moisand a reçu la croix de la Légion d'Honneur, le 14 août 1862. Il est décédé le 3 décembre 1871. La mort de M. Constant Moisand a été vivement ressentie dans le monde des lettres et dans le journalisme tout entier, sans distinction de parti. Elle a inspiré, entre autres réflexions, les lignes suivantes à la *Chronique de la Société des gens de lettres* : « Eloigné de notre famille littéraire par sa position même, Constant Moisand n'avait jamais cessé d'être avec elle, par l'esprit et les aspirations. Il était en province un de ses plus actifs et surtout un de ses plus dignes représentants. » D'autre part, le *Journal de l'Oise*, qu'on ne taxera certainement pas de partialité, consacrait, le 5 décembre, un long article nécrologique à la mémoire de son ancien adversaire politique; et ce journal, après avoir retracé les derniers moments et la fin chrétienne du défunt, disait : « M. Moisand, parvenu à une situation importante, était devenu, dans notre département, une véritable personnalité. Enfant de ses œuvres, il avait créé, il y a plus de vingt ans, le *Moniteur de l'Oise*. Ses débuts dans la carrière du journalisme furent pénibles ; mais ses efforts et sa persistance le firent triompher des difficultés et lui assurèrent le succès. Grâce à son activité incessante, à son intelligence remarquable des affaires, à ses nombreuses relations, à son amour de l'ordre, il avait su élever son industrie à un degré de prospérité que la presse atteint rarement en province. » Et plus loin, le même même journal disait encore : « Cette mort est un deuil pour le département, car il n'est pas de questions départementales, et même locales, auxquelles M. Moisand n'ait prêté l'énergique appui de sa plume ou de son influence... Il aimait à mettre au service de tous l'influence que ses relations et sa position lui avaient acquises... Ses confrères le regretteront parce qu'il était un guide sûr et versé dans la pratique de leurs devoirs professionnels. » M. Moisand, enlevé par une mort aussi imprévue et foudroyante que prématurée, laisse à sa femme et à ses enfants, comme suprême consolation, le souvenir d'une vie honorable et bien remplie.

MOLINIER (Joseph-Victor), né à Turin (Piémont), le 8 avril 1799. Son père, qui servait dans les armées de la République, pendant la campagne d'Italie, avec le grade de capitaine au 12e dragons, et qui s'était retiré, en quittant l'état militaire, sur le domaine de sa famille, près de Toulouse, lui fit donner une instruction étendue. Reçu licencié en droit et inscrit au barreau de Toulouse en 1821, M. Molinier entra dans la magistrature en 1831, mais avec l'intention de suivre plus tard la carrière de l'enseignement. Il était substitut au tribunal de Toulouse, quand il prit le grade de docteur en droit devant la Faculté de la même ville, en 1838, avec les thèses suivantes : *De justis nuptiis*, et *Des priviléges et hypothèques*. Dans la même année, et à la suite d'un concours, il fut nommé professeur-suppléant. En 1841, il concourut à Paris pour une chaire de droit commercial, vacante à Toulouse, et n'échoua qu'au scrutin de ballotage. De retour à Toulouse, il y fit d'abord un cours d'introduction générale à l'étude du droit, puis un cours spécial de droit criminel. Ce dernier enseignement eut un tel succès, qu'en 1846 la chaire en fut érigée officiellement à la Faculté, avec M. Molinier pour titulaire. Depuis, ce laborieux professeur, en rapports assidus avec ses collègues de tous pays, et notamment avec les professeurs de l'Italie, a su tenir son enseignement à la hauteur des progrès que la science du droit criminel a pu faire en France et à l'étranger. Des conférences publiques sur le théâtre espagnol, qu'il fit à Toulouse dans ces dernières années, furent suivies avec intérêt. Il est membre des Académies des sciences, inscriptions et belles-lettres et de législation de Toulouse, associé étranger de l'Académie des sciences de Lisbonne pour la classe des sciences morales et politiques et des belles-lettres, membre correspondant de l'Académie des sciences morales et politiques de l'Espagne, ainsi que de celle de jurisprudence et législation de Madrid. Beaucoup de ses travaux, qui sont nombreux et très-divers, ont paru dans les *Revues* et *Recueils* des Académies auxquelles il appartient. M. Molinier a publié notamment : *Traité du droit commercial*, ouvrage annoncé comme devant avoir 3 vol. (t. 1, 1846); — *Notice sur l'usage de la boussole au XIIIe siècle* (1850); — *De la dépréciation de l'or, et de la valeur légale des conventions par lesquelles on détermine les espèces monétaires pour le payement des créances* (1854); — *Etudes juridiques et pratiques sur le nouveau code militaire pour l'armée de terre* (1859); — *Notice sur les œuvres juridiques de Leibnitz* (1860); — *Du duel; examen du dernier projet de loi sur le duel* (1861); — *Observations sur un projet de loi portant modification de plusieurs articles du code pénal* (1862) ; — *Notice sur le poëte espagnol Alarcon, sur sa comédie La Verdad sospechosa, et sur les imitations qu'en offrent celle du Menteur de Pierre Corneille et celle de Goldoni intitulée Il Bugiardo* (1862); — *Notice sur la question suivante : Est-il vrai que Corneille ait pris les principales scènes du Cid dans une pièce espagnole de Diamanté?*(1863); — *Aperçus historiques et critiques sur la vie et les travaux de Jean Bodin, sur sa Démonomanie, et sur les procès pour sorcellerie aux XVIe et XVIIe siècles* (1867); — *Le nouveau code de commerce italien, et les Institutes de droit commercial de M. Alianelli. Etude critique de législation commerciale comparée* (1870); — *Notice sur la tragi-comédie de Gabriel Tellez* (Tirso de Molina), *El burlador de Sevilla* (le séducteur de Séville), *et sur le Don Juan de Molière* (1873); — *De l'enseignement du droit criminel à Pise et des travaux de M. le professeur Carrara* (1874). M. Molinier est chevalier de la Légion d'Honneur depuis 1860, et des ordres de la Couronne d'Italie et de Saint-Jacques-de-l'Epée de Portugal. Il est actuellement vice-président du Conseil général, où il représente le canton de Lanta, et président de la Commission départementale de la Haute-Garonne.

MOLL (Louis), né à Wissembourg (Alsace), le 19 novembre 1809. Issu d'une ancienne famille de magistrats, originaire de Belgique, mais établie depuis plusieurs siècles en Alsace, il commença à Saint-Dié ses études classiques et spéciales, et les continua en Autriche, où résidaient des membres de sa famille que la révolution avait fait sortir de France, puis à Dresde et à Leipsig. Dans cette dernière ville, il suivit à l'Université les cours de sciences appliquées à l'agriculture. Conformément à l'excellente méthode de la Saxe, une fois ses études terminées, il se mit en apprentissage chez un habile agriculteur du pays ; puis, il dirigea la culture d'un important domaine dans le pays d'Altenbourg. De 1830 à 1835, il occupa une chaire à l'Institut agricole de Roville. Après quelques voyages d'études en France, notamment dans le midi et en Corse, il fut chargé (1836) du second cours d'agriculture au Conservatoire des arts-et-métiers. Aujourd'hui, M. Louis Moll est encore à la tête de cet enseignement. Le gouvernement l'a chargé, à diverses époques, de missions en France, en Allemagne, en Suisse, en Belgique, en Hollande et en Angleterre. Depuis 1844, il a fait partie des jurys de toutes nos expositions. Il est membre de la Société centrale d'agriculture de France, du Conseil de la Société d'encouragement et du Conseil général d'agriculture. On lui doit notamment : *Manuel d'agriculture* (1835) ; — *Excursion agricole dans quelques départements du nord de la France* (1836) ; — *Rapport sur l'agriculture de la Corse* (1838) ; — *Colonisation et agriculture de l'Algérie* (1845, 2 vol., avec grav.) ; — *Etat de la production des bestiaux* (1853); — *La connaissance générale du bœuf*, études de zootechnie pratique sur les races bovines de la France, de l'Algérie, de l'Angleterre, de l'Allemagne, de la Suisse, de l'Autriche, de la Russie et de la Belgique, en collaboration avec M. Gayot (1860, avec atlas de 83 pl.) ; — *La connaissance générale du cheval*, étude de zootechnie pratique, avec M. Gayot (1861, avec atlas de 103 fig.) ; — *Encyclopédie pratique de l'agriculture*, avec M. Gayot (1864-1867, 13 vol., avec fig. dans le texte); — *La connaissance générale du mouton* (1867, avec atlas). En outre, M. Louis Moll a publié de nombreux articles dans l'*Agronome*, le *Journal d'agriculture pratique*, et autres feuilles spéciales. Chevalier de la Légion d'Honneur depuis 1843, il a été promu officier en 1867, à la suite de l'Exposition universelle.

MONCLAR (André-Victor-Amédée DE RIPERT, marquis DE), né à Apt (Vaucluse), en 1807. Petit-neveu de l'illustre procureur-général dont Voltaire disait qu'il était « l'oracle et la gloire du Parlement de Provence, » il se consacra à l'étude des questions économiques, et fut nommé auditeur à la chancellerie de France en 1828. Substitut du procureur du roi à Avignon en 1829, il abandonna, en 1830, la carrière administrative, et fonda l'*Omnium*, association de crédit général basée sur un système qui fut plus tard développé par Lamennais dans la *Revue des Deux-Mondes* (1838). M. le marquis de Monclar a publié: *Des Banques en France*, ouvrage relatif au renouvellement du privilége de la Banque de France (1840); — *Condition du développement du crédit en France* (1847); — *Catéchisme financier*, ouvrage élémentaire à la portée de tout le monde (1848); — *Statistique du Piémont* (1841); — *Finances de l'Espagne, sa dette publique* (1859), etc. M. le marquis de Monclar est décédé, à Paris, le 4 février 1871.

MONFALLET (Adolphe-François), né à Bordeaux, le 17 septembre 1815. Il commença ses études à l'Académie de dessins de sa ville natale, remporta successivement tous les prix, fut distingué par les membres du Conseil municipal, et eut l'honneur d'être le premier pensionnaire de Bordeaux à Paris. Elève de Drölling, de Picot et de M. Yvon, il se consacra de préférence à la peinture de genre. En 1848, il débuta au Salon de Paris avec deux portraits, dont celui de M. *Chabillat*. Depuis, M. Monfallet a exposé: *Le sommeil; Fileuse; Portrait de l'auteur* (1850); — *La demande en mariage* (1852); — *Dissertation savante* (1853); — *Le petit écolier; Jeune page* (E. U. 1855); — *Les amateurs; Cabaret* (1857); — *Versailles au XVIIIe siècle*, terrasse du Grand-Trianon; *Le jeu de siam* (1859); — *Le théâtre au XVIIIe siècle; Les amours de Pierrot et de Colombine*, acheté par la Société de la loterie dont M. de Morny était le président; *Le jeu du tonneau; La bonne épée* (1861); — *Batelier au XVIIIe siècle; Vadé à la halte en 1747; Contemplation* (1863); — *Tripot; Cabaret*, tableaux achetés par l'Etat (1864); — *L'homme-orchestre; Le causeur* (1865); — *La chanson; Les marionnettes* (1866); — *Laurette de Malboisière et Lucenay; Laurette de Malboisière lisant la* Force *de l'éducation, comédie composée par elle en 1764, à Adèle Méliaud, marquise de La Grange* (1868); — *Le jeu de quilles; Les chiens savants* (1869); — *Le trio de la porte Saint-Jacques: Gauthier-Garguille, Gros-Guillaume et Turlupin; Les joyeux amis* (1870); — *La récréation* (1874). Deux autres tableaux de M. Monfallet, la *Causerie* et la *Promenade*, ont été acquis par l'Etat. A l'Exposition universelle de Vienne, en 1873, il a fait recevoir la *Représentation d'un mystère sous Philippe-le-Bel au parvis Notre-Dame*.

MONGE (Augustin-Thomas), né à Paris, le 27 août 1821. Elève de Jules Bouchot, il suivit les cours de l'Ecole des beaux-arts de 1840 à 1846, époque à laquelle il remporta, à l'Institut, le 1er second grand prix d'architecture, et, à l'Ecole, la grande médaille d'émulation (ancien prix départemental). Attaché pendant dix ans aux travaux du gouvernement, il prit part, comme inspecteur, aux constructions du ministère de l'Instruction publique, de l'île des Cygnes, du nouveau Louvre, et, en 1854, du palais de l'Exposition universelle des beaux-arts. M. Monge a été de 1865 à 1870 architecte des bâtiments civils, au ministère de la Maison de l'empereur et des beaux-arts. Il est chevalier de la Légion d'Honneur depuis le 14 août 1862.

MONGINOT (Charles), né à Brienne (Aube), le 24 septembre 1825. Il suivit l'atelier de M. Couture, et débuta au Salon de Paris, en 1850, avec deux tableaux: *L'Ogre et le Petit-Poucet; Le petit musicien*. Depuis, cet artiste a exposé: *L'horoscope* (1852); — *Nature morte*, au Musée du Luxembourg (1853); — *Fruits; Cochons d'Inde; Le retour de la pêche; Nature morte; Les petits maraudeurs* (E. U. 1855); — *Episode des noces de Gamache, joie de Sancho Pansa; Jeunes chats; Fruits et chats; La leçon de lecture; Fruits* (1857); — *Jeune femme tenant une perruche; Bertrand et Raton; Chats sur une console* (1859); — *La redevance* (1861); — *La dîme* (1863), tableau placé au Musée de Troyes, et qui a reparu à l'Exposition universelle de 1867, avec un *Cygne mourant*; — *Après la chasse; Pris sur le fait* (1864); — *Un coin de palais; Fleurs et fruits; Chevreuil* (1865); — *Dans le parc; Dans la vigne* (1866); — *Un fauconnier; Cygne, paon et chevreuil*, panneau décoratif (1867); — *Le corbeau voulant imiter l'aigle; Le paon et le miroir* (1868); — *Après la chasse; Un nègre* (1869); — *Un avare; Un duo* (1870); — *Une console; Camélias* (1872); — *Le bruit de la mer* (1873); — *Le singe et le thésauriseur; Un puits; Bébé* (1874). M. Monginot a reçu des médailles aux Salons de 1864 et 1869.

MONGIS ou **MONTGIS** (Jean-Antoine DE), né à Saint-Cloud, le 27 janvier 1802; petit-neveu de Buffon. Entré dans la magistrature en 1827, comme juge auditeur, M. de Mongis parcourut pas à pas tous les premiers degrés. Il fut procureur du roi à Troyes de 1835 à 1840, et, de 1840 à 1855, substitut du procureur du roi à Paris, puis substitut du procureur-général, et ensuite avocat-général près la Cour de Paris, chargé des grandes affaires politiques. En 1852, son beau discours de rentrée sur ce sujet: *Du christianisme considéré comme principe de justice*, lui valut des félicitations publiques de la part de M. le premier président Troplong. Procureur-général à Dijon en 1855, il se fit bien vite remarquer par ses brillants réquisitoires. Il prononça, sur le *Président Jeannin*, un discours de rentrée qui est resté comme un modèle en ce genre. En 1859, il fut nommé conseiller à la Cour de Paris. Sans laisser jamais en souffrance les devoirs de ses hautes fonctions judiciaires, M. de Mongis a été pendant plusieurs années membre et secrétaire du Conseil général de l'Aube, puis du Conseil général de la Seine. Il est premier vice-président honoraire de la Société d'encouragement au bien, secrétaire perpétuel de la Société philotechnique, et maire de la Verrière (Seine-et-Oise). M. de Mongis a pris sa retraite, en 1873, avec le titre de conseiller honoraire. Ses loisirs sont consacrés à la culture des lettres.

qu'il a toujours passionnément aimées. Tout le monde connaît sa belle traduction en vers de la *Divine comédie* de Dante, donnée en prix dans les grands colléges de Paris; il en prépare en ce moment la 3e édition, qui paraîtra bientôt avec ses *OEuvres choisies*. Muni d'un aussi riche bagage littéraire, il pourrait bien ne pas frapper en vain aux portes de l'Académie française. Chevalier de la Légion d'Honneur en 1855, officier en 1859, M. de Mongis est en outre officier de l'Instruction publique, commandeur du Christ de Portugal et du Saint-Sépulcre, et chevalier des Saints-Maurice et Lazare d'Italie.

MONGODIN (Victor), né à Vire (Calvados), en 1819. Élève de M. de Rudder et de l'Ecole des beaux-arts, il se consacra surtout à la peinture de genre. En 1846, il débuta au Salon de Paris avec une *Tête d'étude*. Depuis, M. Mongodin a exposé : *Bonheur* et *Rêverie*, pastels (1848) ; — *Un peintre*, dessin qui a reparu à l'Exposition universelle de 1855 ; *Bords de la Vesle* (Marne), dessin (1830) ; — *Le carrier blessé* (1857); — *Déjeûner du matin* (1859) ; — *Echoppe de cordonnier ; Intérieur de forge ; Virtuose ; Cardeuse ; Canard et bécassine* (1861) ; — *Charrons* (1863); — *Batteurs de blé ; La leçon* (1865) ; — *La soupe au camp; Repas des travailleurs* (1866); — *Fête en nivernais ; Sortie d'école* (1868) ; — *Goûter des travailleurs : La lecture du Petit journal* (1869) ; — *Apprêts pour la promenade* (1870). M. Mongodin a obtenu des médailles aux expositions des beaux-arts de Saint-Quentin (1859), de Caen (1861), d'Alençon (1865), du Havre (1868).

MONJARET DE KERJÉGU (François-Marie-Jacques), né à Montcontour-de-Bretagne, le 1er mars 1809. Il est issu d'une ancienne famille bretonne qui a toujours eu, depuis deux siècles, des représentants du Tiers aux Etats de sa province. Son père, membre de la Chambre des députés, pour le département des Côtes-du-Nord, de 1822 à 1830, appartenait au parti Martignac. Versé de bonne heure dans la connaissance des affaires commerciales, il a pris à Brest, en 1830, la direction d'une importante maison de commerce et de commission, connue successivement sous la raison sociale Kerjégu père, et Kerjégu et Villeféron (représentants des Comités des assurances maritimes, agents de la Compagnie générale transatlantique), et qu'il a cédée, en 1872, à M. Le Pourrellec. Conseiller général du Finistère depuis 1843, conseiller municipal, président du Comice agricole de Scaër, il a été, à diverses reprises, président du tribunal et de la Chambre de commerce de Brest. Pendant trente-cinq ans, il a rempli dans la même ville les fonctions de consul de Belgique. Membre du Corps législatif en 1869, il a fait partie de la Commission d'enquête sur la marine marchande, prononcé d'importants discours sur la marine marchande et les budgets des départements, et signé l'interpellation des 116. Le 18 février 1871, les électeurs du Finistère l'ont envoyé à l'Assemblée nationale, où il a pris place à la Droite modérée. Parmi les nombreuses Commissions dont il a fait partie, nous citerons la Commission de décentralisation et la Commission du budget de 1871, qui l'a chargé des fonctions de rapporteur pour le budget du ministère de l'Intérieur. Il a voté : *pour* la paix, la loi départementale, l'amendement Target, l'impôt sur le chiffre des affaires, l'ordre du jour Ernoul, la prorogation des pouvoirs présidentiels, la priorité de la loi électorale; *contre* le retour de l'Assemblée à Paris, les amendements Barthe et Keller, l'impôt sur les bénéfices, l'urgence de la proposition Casimir Périer, la dissolution de l'Assemblée, l'amendement Laboulaye, l'amendement Pascal Duprat, l'amendement Wallon impliquant la forme républicaine. M. de Kerjégu est chevalier de la Légion d'Honneur et de l'ordre de Léopold de Belgique.

MONNET (Alfred), né à Mougon (Deux-Sèvres), le 17 décembre 1820. Il appartient à une famille ancienne et honorable. Son aïeul a été député à l'Assemblée provinciale du Poitou en 1787. Propriétaire dans son département, il s'est établi à Niort en 1851, et a consacré ses loisirs au soin des intérêts de ses concitoyens. Conseiller municipal et adjoint au maire en 1860, il est devenu maire en 1865. Son administration s'est signalée par l'exécution de grands et utiles travaux ; et il a su se concilier l'affection de ses concitoyens qui, après les événements du 4 septembre 1870, ont insisté pour qu'il conservât ses fonctions municipales. M. Monnet, élu conseiller général en 1868, 1870 et 1871, a reçu, le 8 février 1871, le mandat de représentant des Deux-Sèvres. Il a été nommé le premier sur la liste de son département, par plus de 60,000 suffrages, à l'Assemblée nationale. A la Chambre, il siège à la Droite, avec les conservateurs libéraux, et a voté la paix et le maintien de l'Assemblée à Versailles. Le 21 août 1871, il a interpellé le ministre de l'Instruction publique en faveur de l'instruction religieuse et de la liberté de l'enseignement qu'il jugeait compromises par les agissements de la municipalité lyonnaise. M. Monnet est membre de la grande Commission parlementaire des marchés, à laquelle il a présenté plusieurs rapports. Il a été désigné comme membre de la sous-commission chargée de l'enquête sur l'état des arsenaux et de tout le matériel de guerre, et fait partie de la Commission chargée d'étudier le régime général des chemins de fer. M. Monnet est chevalier de la Légion d'Honneur depuis 1869.

MONNIOT (Nicolas-Henri), né à Luglay, arrondissement de Châtillon-sur-Seine (Côte-d'Or), le 25 juin 1814. Il commença l'étude de l'architecture à Châtillon-sur-Seine, en 1831, sous la direction d'un maître habile, Rose Alfred, se rendit à Paris en 1836, et suivit l'atelier de M. Guénepin jusqu'à la fin de 1837. Après avoir été chargé, comme inspecteur, de suivre l'exécution de travaux importants, il dut retourner à Châtillon-sur-Seine, pour y prendre la suite des affaires de son premier professeur, dont il acheva (1839) les nombreux travaux en cours d'exécution. Depuis cette époque, M. H. Monniot est devenu l'architecte des communes du Châtillonnais et de ses environs. On lui doit la construction ou la restauration de 68 maisons d'école, de 51 églises catholiques, de 32 presbytères, d'un hospice, de plusieurs ponts, etc., et de beaucoup d'habitations particulières. Son hôtel-de-ville à Grancey et son église à Gevrolles-Côte-d'Or, font partie des édifices publiés dans l'ouvrage de Gourlier, Tardieu, et MM. Biet et Grillon, sous le titre de *Choix d'édifices publics projetés et construits en France depuis le XIXe siècle;* son projet de reconstruction du château de Veuxaulles a paru dans le *Moniteur des architectes;* son projet d'église et de monument (statue) à la mémoire de Lacordaire, pour la ville de Recey-sur-Ourse, doit également paraître dans le même journal. Il a obtenu, en 1860, une médaille pour l'architecture à l'exposition de Troyes, et une autre médaille à l'exposition de Dijon, en 1858, pour les grands perfectionnements qu'il a su apporter dans la forme et la fabrication de ses produits, dans la tuilerie qu'il possède à Nod-sur-Seine. Mais là ne se bornent pas les services rendus par M. Monniot à son pays. Il y a 30 ans, quand l'abbé Paramel parcourait les campagnes de la Côte-d'Or, indiquant partout des sources qu'on ne parvenait jamais à faire jaillir, il conçut l'idée plus modeste, mais plus pratique, de profiter de la déclivité des terrains pour amener, à l'aide de conduites économiques en béton de ciment et en fonte, des eaux fraîches et limpides dans les localités qui en étaient dépourvues. C'est ainsi que M. Monniot parvint, avec le concours des municipalités, à établir 68 fontaines avec lavoirs et abreuvoirs publics. D'après son projet, on va établir, de Nod à Châtillon-sur-Seine (11 kilom.), une conduite débitant 3,000 litres d'eau par minute. Sous sa direction, on vient de placer une conduite de 15 kilomètres, amenant à Chaumont en temps ordinaire un mètre cube par minute, et remplaçant les machines à vapeur ruineuses à l'aide desquelles on refoulait à peine 400 mètres cubes d'eau par jour. Enfin son projet de fontaine, avec conduite d'amenée, pour la ville d'Arc-en-Barrois, va être mis prochainement à exécution.

MONOT (Charles), né à Moux, canton de Montsouche (Nièvre), le 22 juin 1830. Il commença ses études médicales à Paris en 1851, et fut attaché à la Commission d'hygiène du XIIe arrondissement de Paris et chargé de la visite de nombreux cholériques dans le quartier Saint-Marcel, puis délégué par le ministre de l'Agriculture, en 1854, pour combattre le même fléau dans les départements de la Haute-Saône et de l'Oise. Après avoir été successivement externe à l'hôpital Saint-Antoine, à celui du Midi, à l'Hôtel-Dieu, et externe des Cliniques, il prit le grade de docteur, le 20 juillet 1857, avec une thèse sur ce sujet : *Du chloroforme dans la pratique chirurgicale.* Alors il s'établit à Montsouche, où il ne tarda pas à jouir d'une belle position. Maire de sa commune depuis 1860, il est aussi premier suppléant de la justice de paix et médecin-inspecteur de la Société protectrice de l'enfance de Paris. Il est membre de la Société nivernaise des sciences, lettres et beaux-arts, et membre honoraire de la Société protectrice de l'enfance de Lyon. M. le docteur Monot, lauréat des hôpitaux de Paris, de l'Académie de médecine, des Sociétés protectrices de l'enfance de Paris et de Lyon, de la Société nationale d'encouragement au bien, est titulaire de 23 médailles, or, argent et bronze, dont trois médailles d'or de 500 francs chacune, décernées par l'Académie de médecine en 1871, 1872 et 1873. Il a publié : *De l'industrie des nourrices et de la mortalité des petits enfants;* cette brochure, couronnée par l'Académie de médecine, a été le point de départ de nombreuses discussions relatives à la protection des enfants du premier âge, et a provoqué le vote de la loi Roussel le 23 décembre 1874 (1867); — *De la mortalité excessive des enfants pendant la première année de leur existence,* brochure couronnée par la Société protectrice de l'enfance de Paris (1872); — et de nombreux *Mémoires* récompensés par l'Académie de médecine ou autres Sociétés savantes.

MONTAIGNAC DE CHAUVANCE (Louis-Raymond, *marquis* DE), né à Paris, le 11 mars 1811. Il descend d'une famille de la Haute-Marne, d'origine chevaleresque, connue dès le XIe siècle, et qui prit part aux croisades ; famille dont les générations successives ont servi la France, non sans éclat, et à laquelle on doit beaucoup de dignitaires de l'ordre de Malte, des conseillers du roi, un lieutenant-général des armées navales sous Louis XIV, un grand-maréchal d'Auvergne et grand-maître de Malte, etc. Elève de l'Ecole navale en 1827, il fit le voyage autour du monde sur la frégate l'*Artémise*, devint lieutenant de vaisseau en 1840, et fut, en 1842, chargé d'expérimenter, sur l'aviso le *Napoléon*, la première application de l'hélice à la navigation. De 1851 à 1854, il communiqua aux *Annales maritimes* de nombreux travaux sur toutes les parties de l'organisation navale. Commandant de la *Dévastation*, une des trois premières batteries cuirassées, il obtint, lors du bombardement de Kinburn, en 1855, des résultats assez décisifs pour provoquer la transformation de toutes les marines de guerre. Comme commandant de la station des mers du Nord, puis comme commandant et commissaire-général à Terre-Neuve, il contribua beaucoup au perfectionnement de la législation qui régit les grandes pêches, et au raffermissement de nos droits menacés dans ces parages (1860). Nommé major-général de la marine à Cherbourg, en 1867, il fit partie des Conseils de l'amirauté et des travaux. Quand survint le siège de Paris (1870-1871), il prit une part active à la défense, dans laquelle la marine joua un rôle si brillant, en qualité de commandant supérieur du 7e secteur (Vaugirard-Grenelle) qui fut le principal objectif de l'armée allemande. M. le marquis de Montaignac a été promu au grade de contre-amiral en 1867. Le 8 février 1871, les départements de l'Allier et de la Seine-Inférieure l'ont spontanément élu représentant à l'Assemblée nationale. Il a opté pour l'Allier. Ses nombreux travaux dans les Commissions mixtes des différents ministères, dans les Conseils d'amirauté, et enfin au Conseil général de la Seine-Inférieure, dont il est depuis 15 ans l'un des membres les plus influents, l'avaient préparé à la haute mission qu'il recevait de ses concitoyens. Aussi a-t-il été accueilli par ses collègues avec une bienveillance marquée, et élu président de la Commission de la marine et vice-président de la Commission de la réorganisation des armées de terre et de mer. M. le marquis de Montaignac de Chauvance siége au Centre-Droit. Désigné, le 15 juillet 1872, comme inspecteur de la flotte et des ports de la Manche, il a été nommé ministre de la Marine le 22 mai 1874, et maintenu dans la combinaison ministérielle Buffet-Dufaure, après le vote des lois constitutionnelles, le 10 mars 1875. Il est Grand-Officier de la Légion d'Honneur depuis le 23 janvier 1871, Grand-Croix de l'ordre militaire de Saint-Grégoire-le-Grand, etc.

MONTALAND (Céline), née à Gand (Belgique), le 10 août 1843. Fille de comédiens français engagés à Gand, elle vint au monde sur la scène même du théâtre de cette ville. A peine débarrassée des langes de la première enfance, elle apprit à jouer la comédie ; et, dès l'âge de 4 ans, elle remplit des rôles d'enfant au Théâtre-Français, dans *Gabrielle* et *Charlotte Corday*. Le grand succès qu'elle obtint au Palais-Royal, en 1850, dans la *Fille bien gardée*, engagea les auteurs à la mode à lui créer un répertoire spécial. C'est ainsi qu'on écrivit pour elle *Mademoiselle fait ses dents*, la *Petite fille et le vieux garçon*, le *Bal en robe de chambre*, *Maman Sabouleux*, la *Fée Cocotte*, une *Majesté de dix ans*, *Cerisette en prison*. Ses parents entreprirent avec elle de grandes tournées artistiques, et partout, en province, en Algérie, à l'étranger, elle fut l'objet des ovations les plus chaleureuses. En 1854, elle fit une nouvelle apparition au Palais-Royal. Engagée à la Porte-Saint-Martin en 1860, elle y créa les rôles de Liana dans le *Roi des îles*, et de Léonora dans le *Pied de mouton*. De 1862 à 1868, elle occupa une des premières places dans la troupe du Gymnase, et remplit avec le même succès les rôles les plus divers, par exemple, les le *Mariage de raison*, *Après le bal*, l'*Ami des femmes*, la *Maison sans enfants*, une *Femme qui se jette par la fenêtre*, le *Demi-monde*, *Don Quichotte*, les *Truffes*, le *Point de mire*, un *Mari qui lance sa femme*, les *Vieux garçons*, *Fabienne*, etc. Mlle Céline Montaland, douée d'une beauté peu commune, se recommande plus encore par sa distinction, sa grâce naturelle, et le tact parfait avec lequel elle interprète ses rôles. Les critiques les plus compétents n'ont jamais eu pour elle que des éloges, et le public des applaudissements. Depuis 1868, elle a fait quelques apparitions sur les principales scènes de province, notamment à Bordeaux et à Marseille. Actuellement, elle appartient à la troupe des Variétés.

MONTALEMBERT (Charles-Forbes-René, *comte* DE), né à Londres, le 15 avril 1810 ; issu d'une vieille famille de l'Angoumois dont les armes sont : *d'argent à une croix ancrée de sable*, et qui a donné à la France de grands capitaines, des savants, des diplomates et des hommes d'État ; fils d'un ancien ambassadeur, pair de France. Il commença par prendre part à la fondation de l'*Avenir* de Lamennais avec l'abbé Lacordaire, de Coux et quelques jeunes gens, et envoya souvent des articles à des revues périodiques, telles que l'*Université catholique*, fondée vers la même époque que l'*Avenir*, par une partie des rédacteurs de l'*Avenir* même. Puis il entra bruyamment en campagne contre l'Université, et ouvrit une école libre, ce qui lui valut d'être cité en police correctionnelle. Devenu pair de France héréditaire par la mort de son père, il réclama la juridiction de la première Chambre, et fut condamné pour la forme à 100 francs d'amende. A partir de cette époque, il put être considéré comme le chef et le principal orateur du parti catholique libéral, et comme le conseil de la majeure partie du clergé et de l'épiscopat, au point de vue politique. Il se montra favorable à la liberté de la presse, combattit la loi sur l'instruction secondaire, demanda la liberté de l'Église, de l'enseignement, des ordres monastiques, plaida la cause des Polonais, des Grecs, des chrétiens de Syrie, des Irlandais, et fit un grand discours en faveur du Sonderbund. Élu représentant du Doubs à la Constituante en 1848, il prit place parmi les conservateurs libéraux, et se signala comme défenseur de la souveraineté temporelle du pape. A la Législative, il suivit la même politique et resta favorable au président de la République, tant qu'il se crut en conformité d'idées religieuses et libérales avec lui. Après le Coup-d'Etat, pensant à tort, mais sans autre motif que les vues d'intérêt général les plus désintéressées, que de cet acte extra-légal sortiraient promptement l'ordre et le respect des lois, il consentit dans ce but conservateur à être membre de la Commission consultative. S'apercevant bientôt que le prince n'avait nommé cette Commission que pour se couvrir de noms respectables, et ne consultait pas ses membres, il se hâta de donner sa démission. Ce fut au moment du nouvel acte anti-légal qui, sans jugement, sans délibération aucune, sans être porté devant les tribunaux, confisquait par un coup purement arbitraire les biens de la famille d'Orléans, et rétablissait ainsi l'une des mesures les plus odieuses d'avant la Révolution, celle de la confiscation. Envoyé au Corps législatif par les électeurs du Doubs, il se sentit isolé dans cette Assemblée dénuée de toute initiative, qu'il nommait plaisamment le « Corps mort » à cause de son inaction, de ses votes silencieux et de sa complaisance sans limite pour le nouveau gouvernement, et donna peu de temps après sa démission. En 1857, s'étant représenté dans le Doubs comme candidat d'opposition, et n'ayant pas été réélu, il abandonna complètement la vie publique. Mais il resta le chef avoué des catholiques libéraux, et rompit bien des lances avec M. Veuillot, chef reconnu de l'école absolutiste pure en matière politique et religieuse. Jusqu'au dernier jour de sa vie, le comte de Montalembert se prononça contre les exagérations de cette école. Loin de combattre, comme elle le prétendait calomnieusement et comme elle parvint à le faire croire à quelques-uns, l'infaillibilité dogmatique, personnelle et séparée du chef de l'Église, il ne s'éleva que contre les exagérations que l'illustre évêque d'Orléans, Mgr Dupanloup, réduisit à leur réelle et juste mesure, dans son interprétation du *Syllabus*. Tout le monde a lu cet opuscule, et sait qu'il a reçu, au milieu de beaucoup de contradictions fanatiques, l'approbation la plus formelle du chef de l'Église.

Nous avons parlé plus haut de la collaboration du comte de Montalembert à quelques journaux ou revues. Plus tard, il a fait partie du conseil de rédaction du *Correspondant*, et, de temps en temps, il a envoyé quelques articles à d'autres revues, mais sans autre titre que celui de polémiste de circonstance. L'*Avenir* est le seul journal dont il ait fait partie comme rédacteur. Il a donné aussi, de loin en loin, des articles à la *Revue des Deux-Mondes*; mais celle-ci a toujours mis une mauvaise grâce manifeste à les accepter, les trouvant trop catholiques pour les plus nombreux de ses lecteurs. Parmi les ouvrages qu'il a publiés à part, nous citerons : *Du catholicisme et du vandalisme dans l'art* (1829) ; — *Vie de sainte Elisabeth de Hongrie, duchesse de Thuringe* (1830) ; — *Du devoir des catholiques dans la question de la liberté d'enseignement* (1844) ; — *Quelques conseils aux catholiques sur la direction à donner à la polémique actuelle, et sur quelques dangers à éviter* (1849) ; — *Des intérêts catholiques au XIXe siècle* (1852) ; — *De l'avenir politique de l'Angleterre* (1855) ; — *Pie IX et lord Palmerston* (1856) ; — *Histoire des moines d'Occident, depuis saint Benoît jusqu'à saint Bernard* (1860, 4 vol.) ; — *Une nation en deuil, la Pologne en 1861* (1861) ; — *Le P. Lacordaire* (1862) ; — *L'Eglise libre dans l'Etat libre* (1863) ; — *Le pape et la Pologne* (1864). Le comte de Montalembert avait été élu membre de l'Académie française le 5 février 1852. Il est décédé à Paris le 13 mars 1870.

MONTALIVET (Marthe-Camille BACHASSON, *comte* DE), né à Valence, le 25 avril 1801 ; petit-fils du colonel de Montalivet qui remplit, le premier, les fonctions de gouverneur en Lorraine, lors de l'annexion de cette province à la France; second fils de l'illustre homme d'Etat qui fut ministre de l'Intérieur sous le premier Empire, créé comte par Napoléon Ier, et élevé à la dignité de pair de France, à titre héréditaire, sous la Restauration. M. le comte de Montalivet, admis à l'Ecole polytechnique en 1820, et à celle des ponts-et-chaussées en 1822, perdit presque coup sur coup son père et son frère aîné, et dut quitter ses études scientifiques en 1823. Pair de France en 1826, mais seulement avec voix consultative, à raison de son âge, il se montra très-libéral, et, après la révolution de Juillet, se prononça énergiquement pour la dynastie d'Orléans. Dans les commencements du règne de Louis-Philippe, il tint à diverses reprises le portefeuille de l'Intérieur, et une fois celui de l'Instruction publique et des Cultes. Mais, à partir de 1840, il se renferma presque entièrement dans ses fonctions d'intendant de la liste civile, et ses devoirs de pair de France. Colonel d'une légion de la garde nationale en 1830 et 1831, colonel de la garde à cheval de Paris de 1832 à 1848, M. le comte de Montalivet était très-populaire. Comme ministre de l'Intérieur, il s'était prononcé, en 1837, pour une large amnistie, et contre l'ingérence administrative dans les opérations électorales. A la veille de la révolution de Février, il insista vainement auprès de Louis-Philippe, afin de lui faire abandonner la funeste politique de Guizot et adopter la réforme électorale. Comme intendant-général de la liste civile, il créa le Musée de Versailles, agrandit et enrichit celui du Louvre, et fit procéder à la restauration des châteaux historiques de Trianon, Fontainebleau, Saint-Cloud et Pau. Au moment de sa mort, Louis-Philippe le choisit pour l'un de ses exécuteurs testamentaires. M. le comte de Montalivet s'est retiré de la vie politique en 1848. Après avoir fait paraître, en 1827, son premier écrit intitulé : *Un jeune pair de France aux Français de son âge*, qui eut un grand succès, il a successivement publié plusieurs études importantes sur l'histoire contemporaine : *Le roi Louis-Philippe et la liste civile* (1851) ; — *Rien ! 18 années de gouvernement parlementaire* (1864) ; — *La confiscation sous le second Empire* (1871) ; — *Casimir Périer et la politique conservatrice en 1831 et 1832* (1874). M. le comte de Montalivet a été élu, en 1840, membre libre de l'Académie des beaux-arts. Il est grand-croix de la Légion d'Honneur depuis 1843.

MONTANDON (Auguste-Laurent), né à Clermont-Ferrand, le 26 mai 1803. Il fit ses études classiques dans sa ville natale, les continua à Genève, en se préparant à la carrière pastorale, et les termina à Strasbourg. En 1827, il inaugura à Clermont-Ferrand l'ouverture du culte protestant, et jeta les fondements de l'Eglise réformée qui y fut instituée peu après. Attaché à l'Eglise réformée de Paris, d'abord comme suffragant (1832), puis comme pasteur-adjoint, il fut nommé pasteur titulaire en 1860. Il fut chargé, en 1850, de représenter les consistoires des Eglises réformées au Conseil supérieur de l'instruction publique. Ayant pris part aux controverses, au sein de l'Eglise réformée, il se rangea, quant aux doctrines, du côté de l'orthodoxie, et, quant aux principes ecclésiastiques, du côté de la liberté. Il se trouva également mêlé à des discussions pédagogiques concernant l'enseignement de la musique par la méthode Galin-Paris-Chevé. La plupart de ses publications sont consacrées à l'enseignement. M. le pasteur Montandon a débuté, dans ce genre, par des *Récits de l'Ancien et du Nouveau Testament*, ouvrages adoptés dans la plupart des églises et des écoles. Depuis, on lui doit notamment : *Etude élémentaire du symbole des apôtres* (1844) ; — *Etude élémentaire du Décalogue* (1845) ; — *Etude des récits de l'Ancien Testament* (1848-1858, 2 vol.) ; — *Précis annoté du Catéchisme d'Osterwald* (1850) ; — *Etude élémentaire de l'oraison dominicale* (1851) ; — *Etude sommaire de la religion chrétienne* (1852, 2e édit. refondue, 1875) ; — *L'exclusivisme considéré au point de vue de l'Eglise protestante* (1853) ; — *Notes explicatives sur les récits du Nouveau Testament* (1853, 2 vol.) ; — *Chants religieux à l'usage des écoles du dimanche* (1er recueil, 1860 ; 2e recueil, 1864) ; — *Ecole Galin-Paris-Chevé* (1861) ; — *Memento du catéchiste et du catéchumène dans les églises évangéliques* (1862) ; — *L'orthodoxie et la nouvelle école* (1864) ; — *L'Eglise réformée en 1864* (1865).

MONTEGUT (Emile), né à Limoges, le 24 juin 1825. Il fit ses études classiques à Limoges, et une partie de son droit à Paris. Son goût pour les travaux littéraires et philosophiques l'éloigna des bancs de l'Ecole, et il débuta comme écrivain à la *Revue des Deux-Mondes*, en 1847, avec un important article sur la doctrine du philosophe américain Emerson. Devenu, peu à peu, l'un des plus assidus collaborateurs de cette importante publication, qu'il n'a plus quittée, il y remplaça Gustave Planche, comme critique littéraire, en 1857. De 1862 à 1865, il fut chargé du même travail au *Moniteur universel*. Dans ces dernières années, il s'est signalé à la *Revue des Deux-Mondes* par des articles à sensation, notamment par ceux intitulés : *Révolution et démocratie*, et *De l'idée de patrie*. Il a fait paraître, dans le *Journal de Paris*, un travail sur *Sixte-Quint*. M. Montégut a publié à part : la traduction des *Essais de philosophie américaine* d'Emerson, avec introduction (1850); — la traduction de l'*Histoire de l'Angleterre* de lord Macaulay (1853 et suiv., 2 vol.); — *Du génie français* (1857); — *Libres opinions, morales et historiques* (1858); — la traduction des *OEuvres complètes* de Shakespeare, avec notes et commentaires (1865-1870); — *Les Pays-Bas*, souvenirs de Flandre et de Hollande (1869); — *Impressions de voyage et d'art*, souvenirs de Bourgogne (1873). M. Montégut a collaboré au *Dictionnaire de politique et d'administration* de M. Block. Il est chevalier de la Légion d'Honneur depuis 1865.

MONTESQUIOU-FEZENSAC (Fernand, *vicomte* DE), né à Paris, le 23 juillet 1821. M. le vicomte de Montesquiou-Fezensac est arrière-petit-fils du général de Montesquiou qui fit la conquête de la Savoie en 1792, fils du comte Henri de Montesquiou, officier de l'Empire, et petit-neveu de la comtesse de Montesquiou, gouvernante du roi de Rome. Son droit terminé à la Faculté de Paris, il est entré dans la magistrature administrative et a été nommé, en 1852, maître des requêtes au Conseil d'Etat; mais il n'en a point accepté les fonctions. Jouissant d'une fortune considérable, il a laissé passer le second Empire, en s'associant, pour se conserver une occupation honorable, à la gestion de la chose publique, sans éprouver le moindre désir de parvenir à l'une des positions auxquelles cependant l'appelaient ses hautes relations et ses capacités. Après la révolution de Septembre, il s'est engagé comme volontaire dans l'armée de Paris et y a servi, rare faveur du sort dans une famille comme la sienne, entre son père âgé de 77 ans et son fils qui comptait 18 ans à peine. Et, pendant qu'il portait les armes, sa femme, née de Goyon, et dont on peut voir le nom sur toutes les listes de bienfaisance de Mme Thiers, se distinguait par son dévouement en faveur des blessés. Voilà ce qui s'appelle soutenir l'honneur du nom. Appelé à la préfecture de Meurthe-et-Moselle, le 9 avril 1871, M. le vicomte de Montesquiou-Fezensac a fait preuve, dans des fonctions toujours délicates et rendues alors pénibles par la présence de l'ennemi, de beaucoup de tact, de mesure, et d'une grande fermeté de caractère. Très-aimé de ses administrés, il a été nommé chevalier de la Légion d'Honneur, le 14 décembre 1871, à raison des services qu'il avait rendus avec autant de courage que de dignité dans des circonstances aussi exceptionnelles. M. le vicomte de Montesquiou-Fezensac a été élu conseiller d'Etat, par l'Assemblée nationale, au second tour de scrutin, le quinzième et par 324 voix.

MONTESSUS (Ferdinand BERNARD DE), né à Châlon-sur-Saône, le 15 mai 1817, d'une ancienne et illustre famille de Bourgogne. Elève de la Faculté de Paris dès 1837, il fut successivement externe ou interne dans les hôpitaux Cochin, Beaujon, de la Charité et de Lourcine. Le 18 juin 1845, il soutint avec succès une thèse de doctorat ayant pour titre : *Notice sur l'épilepsie saturnine*. Etabli dans sa ville natale, il fit pendant plusieurs années des conférences publiques très-appréciées sur l'histoire naturelle. Praticien répandu, estimé, exerçant avec succès la spécialité des maladies des femmes, M. le docteur de Montessus est médecin, depuis longues années, des Sociétés de secours mutuels de Saint-François-Xavier et de Saint-Fiacre, dont il est un des fondateurs et l'un des plus désintéressés des plus fermes soutiens. Il est médecin-adjoint à l'hôpital de Châlon depuis 1871. Vers la fin de 1870, lors de la formation, à Chagny, d'un camp en prévision de l'arrivée de l'ennemi, il improvisa une ambulance volante, indifféremment composée de laïques et de religieux, ambulance entretenue en partie à ses frais, et qui reste encore constituée aujourd'hui. L'ambulance châlonnaise, qui avait pris place à Rully, près du camp, suivit le mouvement militaire dirigé vers Dijon, sous le commandement du général Cremer, se trouva le 6 décembre à Beaune, le 12 à Nuits, et le docteur qui la dirigeait fut ainsi le seul chef d'ambulance officieuse et civile associé aux opérations de ce corps, alors qu'il livrait ses plus sanglantes batailles. Après le combat de Nuits (18 décembre), M. de Montessus divisa son personnel en deux séries, dont la première fut chargée de conduire et d'aller soigner à Rully les blessés qui pouvaient supporter le voyage, tandis que l'autre, sous ses ordres, ne quittait pas le terrain des mouvements militaires. Le 7 janvier, il revint à Châlon, où les blessés de Dijon, de Montbéliard et d'Héricourt, ne tardèrent pas à affluer, et le retinrent à l'ambulance des Frères. Fait unique dans les annales de cette déplorable guerre, il n'avait alors, pour l'aider dans les plus délicates opérations de chirurgie, qu'un simple frère de la doctrine chrétienne, le « frère Paulin. » M. le docteur de Montessus, membre de la Société médicale d'observation de Paris et de la Société d'archéologie de Châlon, entomologiste et ornithologiste connu dans le monde scientifique, possède une riche collection d'oiseaux d'Europe. Il a fourni des matériaux à l'*Ornithologie*, de Degland, à la *Revue de Zoologie*, et publié des mémoires sur des sujets inédits, entre autres sur : *Circus cineraceus, syrraptes paradoxus, anas formosa*, etc. M. de Montessus a reçu, du ministre de l'Intérieur, une médaille d'argent décernée au nom de la Société de Saint-François-Xavier.

MONTGOLFIER (Pierre-Louis-Adrien DE), né à Beaujeu (Rhône), le 6 novembre 1831. Il es l'arrière-neveu du célèbre physicien et aéronaute, Joseph Montgolfier. Entré à l'Ecole polytechnique en 1851, il fut admis à l'Ecole des ponts-et-chaussées en 1853, et devint successivement ingénieur de 3ᵉ classe le 29 octobre 1856, ingénieur de 2ᵉ classe le 8 août 1859, et ingénieur de 1ʳᵉ classe le 5 janvier 1870. Depuis 1861, M. de Montgolfier était en résidence à Saint-Etienne. Il a fait exécuter, avec beaucoup d'habileté, dans cette ville et à Saint-Chamond, des travaux hydrauliques importants. Pendant la dernière guerre, il a commandé le 3ᵉ bataillon de la garde nationale mobile de la Loire, qui a pris part à tous les travaux de défense de Besançon, et à tous les engagements qui ont eu lieu autour de cette place, pendant la durée de la guerre. Sa conduite, en cette circonstance, lui a valu les félicitations spéciales de la part du colonel Benoît, commandant du génie à Besançon. M. de Montgolfier, élu l'un des premiers sur la liste des représentants de la Loire à l'Assemblée nationale, le 8 février 1871, a pris place sur les bancs de la Droite. Après l'assassinat de M. le préfet de l'Espée à Saint-Etienne, le 25 mars 1871, il a été envoyé comme commissaire extraordinaire du gouvernement dans la Loire. Chevalier de la Légion d'Honneur depuis 1865, il a été promu officier de l'Ordre le 16 mars 1872. M. de Montgolfier est actuellement directeur général de la Société des forges de la marine et des chemins de fer (anciens établissements Petin Gaudet), à Saint-Chamond (Loire).

MONTJOYEUX (Antoine-Richard DE), né à Paris, le 22 octobre 1795. Un des grands propriétaires dans le département de la Nièvre, il fut nommé en 1840, maire d'Aunay, dont il dirigea longtemps l'administration avec une sollicitude éclairée. Membre du Conseil général pour le canton de Cosne en 1855, il fut élu député au Corps législatif en 1858, par la deuxième circonscription de la Nièvre et par 27,000 voix sur 28,000 votants. Réélu en 1863, dans cette circonscription, M. de Montjoyeux a été élevé à la dignité de sénateur, le 14 août 1868. Il avait été nommé chevalier de la Légion d'Honneur le 6 août 1860.

MONTLAUR (Joseph-Eugène DE VILLARDI, *marquis* DE), né à Paris, le 1ᵉʳ octobre 1815. Issu d'une famille du Languedoc et du Comtat-Venaissin, M. le marquis de Montlaur s'est livré à divers travaux littéraires et économiques. Il a été successivement nommé membre de l'Institut des provinces, de l'Institut historique de France, de la Société philotechnique, de la Société des gens de lettres, et correspondant du ministère de l'Instruction publique. Maire de la commune de Cognat-Lyonne, depuis 1849, membre du Conseil général de l'Allier depuis 1852, il a presque toujours rempli les fonctions de secrétaire ou de vice-président de cette assemblée. M. le marquis de Montlaur s'occupe particulièrement d'agriculture. Il a obtenu, depuis dix ans, de grands succès dans les concours régionaux, a fait partie des jurys chargés de décerner les primes d'honneur, et y a plusieurs fois rempli les fonctions de rapporteur. Il a publié : *Portraits, paysages et impressions* (1844); — *De l'ordre social* (1850); — *De l'Italie et de l'Espagne* (1852); — *La vie et le rêve* (1866); — et de nombreux travaux dans divers journaux et recueils périodiques. Le 8 février 1871, les électeurs de l'Allier l'ont envoyé pour les représenter à l'Assemblée nationale. Il a été nommé chevalier de la Légion d'Honneur en 1853 et officier du même ordre en 1856.

MONTLUC (Jean-Pierre-Armand), de la famille DE MONTLUC de Sorde, dont on trouve des membres fixés dans cette localité dès le XVIᵉ siècle, né à Bayonne, le 4 juin 1811. Il commença ses études à Bilbao (Espagne) et les acheva en France. A 19 ans (15 octobre 1830) il s'embarqua pour la Havane et, appelé, quelques mois après, pour affaires à Vera-Cruz, il profita du séjour qu'il y fit jusqu'en juin 1832, pour étudier les ressources et les relations commerciales du pays. Muni de précieuses recommandations, il partit ensuite pour Mexico et y résida jusqu'en mars 1833. Pendant son séjour dans cette capitale, il entra en relations avec des hommes éminents par leur position : Don Jacobo de Villa-Urrutia, président de la Cour suprême de justice; le comte de la Cortina; le ministre Alaman; le général Arago, frère de notre illustre astronome et alors bras droit du général Sancta-Anna; M. Gutierrez de Estrada et autres. En mars 1833, il fit, en France, un voyage qu'exigeaient ses intérêts et ses projets d'avenir. A son retour, il fut intéressé dans une forte maison de commerce de Tampico, et quelque temps après il établit sous son nom seul une maison assez importante. Il était dans cette position quand il fut choisi pour gérer le consulat de France. Il avait 25 ans; c'était un témoignage flatteur de confiance pour ses capacités et la droiture de son caractère. Les circonstances vinrent rendre ses fonctions délicates et difficiles. En 1838, époque de la première expédition française au Mexique, il fit preuve d'une grande énergie en même temps que d'une rare habileté; il fut le seul de nos consuls qui sut échapper à l'expulsion. Il resta à son poste tout le temps du blocus, qui dura neuf mois, et refusa les offres sympathiques du commandant du *Lapeyrouse* et du commodore américain Dallas, qui l'invitèrent à se rendre à leur bord, résolu à remplir son devoir pour protéger jusqu'au bout ses compatriotes. Quelques jours avant la prise de Saint-Jean-d'Ulloa par l'amiral Baudin, débarquant à la Havane pour cause de santé, il reçut du prince de Joinville l'invitation de se rendre à bord de la corvette la *Créole*, pour le renseigner sur les affaires du pays. Il continua à gérer le consulat de Tampico jusqu'en 1846, époque à laquelle il reçut la notification du blocus américain. Pendant les onze années de ses fonctions, il ne cessa d'apporter la plus extrême vigilance à l'accomplissement des devoirs de chaque jour qu'impose à un consul la défense de ses compatriotes, soit pour leur sûreté personnelle, soit pour la protection de leurs intérêts commerciaux. Pendant ce temps, il avait épousé la fille aînée de M. H. Méaulle, bâtonnier de l'ordre des avocats de Rennes, puis député à l'Assemblée constituante (1848). Le soin de l'éducation de sa jeune famille le décida à revenir en France (1846). Une fois fixé à Paris, il y fonda une maison de commerce, dont les affaires principales étaient avec le Mexique. Tout en suivant ses relations commerciales, il continua à entretenir des rapports d'amitié avec les hommes éminents qu'il y avait connus, sans distinction de parti ni d'opinion politique. Lorsque les malentendus entre notre gouvernement et celui du Mexique prirent un caractère sérieux, la considération dont il jouissait dans ce pays fit jeter les yeux sur lui pour un poste de conciliation et de confiance. On lui offrit le consulat-général à Paris (1861). Ces fonctions étaient purement honorifiques; s'il n'eût consulté que son repos et ses intérêts personnels, peut-être eût-il refusé. Mais il pensa qu'en sa qualité de Français, connaissant bien le Mexique et revêtu du titre officiel de consul-général, il pouvait encore rendre service aux deux pays, et il accepta. Bien avant que la lumière fût faite dans la Chambre et dans le pays sur cette désastreuse expédition du Mexique, qui est la cause principale de tous nos malheurs, il écrivit à l'empereur et à son ministre M. Billault, pour les arrêter, qu'il en était temps encore, sur cette pente fatale qui a conduit la dynastie et la France à l'abîme. Dans des *Notes*, qui furent autographiées à l'époque, M. de Montluc leur prédisait les choses telles qu'elles se sont passées dans la suite : la résistance désespérée du peuple mexicain, les sacrifices considérables de sang et d'argent que cette guerre entraînerait pour la France, tout, même l'intervention des États-Unis, qui n'a pas manqué de se réaliser elle-même. Ses efforts patriotiques pour épargner à la France une guerre stérile et malheureuse furent récompensés par un procès politique, dans lequel plaidèrent MM. Sénard, Hébert, Arago, Leblond, et qui fut le début de M. Gambetta. Le tribunal déclara, dans son jugement, qu'il n'avait trouvé chez le consul-général « que le désir de servir la France en portant à la connaissance, tant de sa majesté que de ses ministres, ce qu'il croyait être la vérité. » Depuis ce moment, les relations officielles entre la République mexicaine et la France sont restées interrompues. Néanmoins, le Mexique a rétabli officieusement son ancien consul-général dans ses fonctions à Paris, où il est, depuis quatre ans, le seul représentant (à titre privé) du gouvernement mexicain. M. Montluc est chevalier de la Légion d'Honneur depuis 1845, et des Saints-Maurice et Lazare d'Italie.

MONTPENSIER (Antoine-Marie-Philippe-Louis d'Orléans, *duc* de), né à Paris-Neuilly, le 31 juillet 1824. Cinquième fils du roi Louis-Philippe, Mgr le duc de Montpensier fit, comme ses frères, ses études classiques au collège Henri IV, et entra dans l'artillerie. Lieutenant au 3e régiment de l'arme, en 1842, il partit pour l'Afrique en 1844, avec les épaulettes de capitaine, se distingua dans les expéditions de Biskra et du Ziban, surtout dans la dernière, où il fut blessé à l'œil gauche, ce qui lui valut d'être nommé chevalier de la Légion d'Honneur, et promu chef d'escadron peu de temps après. Il passa lieutenant-colonel en 1845, retourna en Afrique où il participa à l'expédition de l'Ouarensenis, et s'embarqua ensuite pour visiter Tunis, Alexandrie, le Caire, Memphis, Rhodes, Smyrne, Constantinople et Athènes. Colonel du 5e d'artillerie en 1846, il fut nommé, peu de temps après, général de brigade. Mgr le duc de Montpensier a épousé, le 10 octobre 1846, l'infante Marie-Louise-Ferdinande de Bourbon, sœur de la reine Isabelle II d'Espagne, et née le 30 janvier 1832. Cette princesse lui a donné quatre filles, dont l'aînée, la princesse Maria-Isabelle, née le 21 septembre 1848, a épousé le comte de Paris, son cousin-germain, et deux fils, le prince Ferdinand d'Orléans, né le 29 mai 1859, et le prince Philippe d'Orléans, né le 12 mai 1862. Ce mariage, triomphe de la politique française sous le gouvernement de Louis-Philippe, n'avait pas été vu de bon œil par les puissances étrangères, et notamment par l'Angleterre. Au moment de la Révolution de Février 1848, Mgr le duc de Montpensier était en voyage. Comme ses parents, il accepta l'exil avec une fière résignation. Retiré d'abord en Angleterre, puis en Hollande, il s'établit ensuite à Séville, se fit naturaliser Espagnol, et reçut le titre d'infant d'Espagne avec le grade de capitaine-général de l'artillerie. La chute du trône d'Isabelle II lui créa un rôle difficile. Dès avant, beaucoup d'Espagnols influents lui avaient constitué spontanément une sorte de parti, avec l'intention de lui mettre en main les rênes du gouvernement. Le pouvoir avait pris peur, et le président du Conseil des ministres lui avait signifié qu'il eût à quitter le territoire espagnol. Ce second exil, il l'avait subi comme le premier, se démettant de ses fonctions sans récriminer, rendant ses titres et s'éloignant. Mais, la révolution ayant triomphé, il demanda à rentrer dans son pays d'adoption et posa nettement sa candidature au trône vacant. Les Montpensiéristes appartenaient à l'élite de la nation; ils étaient nombreux et convaincus; et nul doute qu'ils n'eussent triomphé sans l'intervention occulte de quelques puissances étrangères, qui firent prévaloir la nomination d'un prince de la maison de Savoie. Mgr le duc de Montpensier est Grand'Croix de la Légion d'Honneur, de la croix du Sud, du Brésil, etc.

MONTRY (Albert de), né à Dijon, en 1812. M. Albert de Montry fit de brillantes études à Paris, se consacra à des travaux d'économie sociale, et s'affilia momentanément aux Saint-Simoniens, qu'il abandonna bientôt pour se mettre en relations avec plusieurs sommités de la finance. Il connaissait déjà l'exacte puissance du crédit, et son excursion dans le saint-simonisme lui avait permis d'apprécier tout ce qu'on peut attendre de l'association. Dès lors, son éducation économique et financière était complète. Fondateur de plusieurs Sociétés d'assurances, il peut, à juste titre, revendiquer l'honneur des progrès que la question des assurances sur la vie, si mal comprise pendant longtemps, a faits en France, tant au point de vue scientifique et économique qu'à celui de la vulgarisation de ses principes. Il est l'auteur de la doctrine « du prêt et du crédit viager, » doctrine qui se résume dans cette courte et expressive formule : *La vie paye, la mort libère.* Transformer les conditions du crédit, les transporter de la chose à la personne et vulgariser l'emprunt, voilà les trois points de la thèse de M. de Montry. Cette théorie nouvelle amène une révolution dans les lois actuelles du crédit. On prête à cet infatigable chercheur le projet de créer une *Banque foncière à prêts viagers*, dont les prêts, au lieu d'être remboursés dans un temps fixé d'avance, seraient éteints à la mort de l'emprunteur, au moyen d'un système de remboursements par annuités viagères. M. de Montry, ami de M. de Girardin, s'occupe aussi de politique, et surtout du suffrage universel. Son projet de loi, précédé d'un remarquable exposé des motifs, ouvre une voie toute neuve. Le père de famille apparaît dans le scrutin avec les priviléges que lui reconnaît la loi civile; il y représente sa femme et ses enfants mineurs. Le problème de l'universalité dans le suffrage universel est résolu, dans le système de M. de Montry, par ses trois catégories d'électeurs : 1° l'électeur intégral, c'est-à-dire le père de famille, avec le « cens » de ses actions sociales représenté par sa femme et ses enfants mineurs ; 2° l'électeur fractionnel, c'est-à-dire l'individu qui ne peut compter au scrutin que pour lui seul; 3° l'électeur complémentaire chargé de voter pour diverses catégories de l'absentéisme. C'est ainsi que M. de Montry pense arriver à l'universalisation du suffrage. Il a publié : *Traité de mnémotechnie* (1835) ; — *Voyage au Japon* (1838) ; — *Assurances sur la vie; moyen de fonder le bien-être individuel sur l'épargne collective* (1842) ; — *De l'assurance mutuelle en cas de mort, ou de la constitution de l'héritage par la mutualité; plan d'un établissement spécial* (1848) ; — *Le socialisme, la famille et le crédit* (1850) ; — *Du prêt et du crédit viager, ou des garanties organiques que réclame aujourd'hui la propriété foncière et mobilière* (1855) ; — *Le crédit viager, contrat social entre le crédit public et le suffrage universel* (1870) ; — *Théorie et pratique des opérations viagères* (1871) ; — *Questions sociales, conférences*, etc. M. Albert de Montry est décédé au mois d'avril 1873.

MONTUCCI (Henri-Jean), né à Berlin, le 14 novembre 1808. Il est fils du célèbre sinologue Antonio Montucci, mentionné dans l'ancienne *Biographie des hommes vivants*. En 1827, il vint faire ses études en Italie. Impliqué dans la conspiration de la Jeune Italie, et condamné à l'exil dans les Maremmes, il fut gracié en 1837. Docteur ès sciences de l'Université de Sienne, membre de plusieurs Académies italiennes, il vint s'établir à Paris en 1844. Sorti premier au concours d'agrégation pour l'anglais en 1850, il fut immédiatement nommé à cette chaire au lycée Saint-Louis. En 1866, il fut envoyé en mission pour étudier, avec M. J. Demogeot, les systèmes d'instruction secondaire et supérieure de l'Angleterre et de l'Ecosse ; en conséquence il fut, par moitié, l'auteur des deux grands *Rapports* imprimés sur cette matière aux frais de l'Etat (1868 et 1870). M. Montucci a été pendant six ans chargé de l'inspection des classes de langues vivantes en province. Il est, depuis 1872, examinateur pour l'admission à l'Ecole Saint-Cyr. Ce savant est peut-être le seul en Europe qui emploie quatre langues avec une égale aisance. En allemand et en anglais, il a traité de la prosodie de ces deux langues (*Museum* d'Edimbourg, 1868 ; *Deutsche Hexametrik*, Vienne, 1875) ; en italien, on a de lui plusieurs traités scientifiques ; en français, beaucoup d'articles de sciences dans la *Revue contemporaine*, la *Résolution numérique complète des équations du 3° degré et abaissement des équations trinomes de tous les degrés* (1869), et enfin la *Défense du Pays* (1871-1874). M. Montucci est chevalier de la Légion d'Honneur (1865), et officier d'Académie.

MONY (Stéphane), né à Paris, le 14 février 1800; frère utérin de M. Eugène Flachat (voir ce nom). M. Mony a été connu, jusqu'en 1832, sous le nom du second mari de sa mère, nom sous lequel il a publié des travaux importants sur le *Canal maritime de la Seine*. Il est, depuis 1854, gérant de la Société des établissements houillers de Commentry et des forges et fonderies de Fourchambault, Montluçon et Tarteron. Maire de Commentry en 1866, conseiller général de l'Allier en 1867, il a été envoyé au Corps législatif, en 1868, par les électeurs de ce département, et son mandat lui a été renouvelé aux élections générales de 1869. A la Chambre, il a pris une part active et brillante à la discussion des questions relatives aux travaux publics et aux finances. M. Mony a publié un livre très-important sur la *Décentralisation* et sur l'*Organisation politique de la démocratie française* (1870). Chevalier de la Légion d'Honneur depuis 1840, il a été promu officier de l'Ordre le 15 novembre 1864.

MORDACQ (Louis-Joseph), né à Brebières (Pas-de-Calais), le 25 novembre 1823. Elève de l'Ecole normale de Douai en 1840, il en sortit avec le brevet supérieur en 1842, et fut appelé immédiatement à la direction de l'Ecole primaire supérieure annexée au collége de Béthune. Dans cet établissement, il forma un certain nombre de jeunes gens pour l'enseignement, et les fit admettre à l'Ecole normale. Ayant subi les examens pour le certificat d'aptitude aux fonctions d'inspecteur primaire, en octobre 1853, il fut nommé en cette qualité, au mois de février suivant, à Béthune même où, jusqu'en 1850, il avait fait partie du Comité supérieur. C'est alors qu'il organisa des conférences cantonales, qu'il a constamment présidées jusqu'à ce jour. Pour répondre au désir du recteur de l'Académie, M. Mordacq a accepté, en 1867, son transfert à Dunkerque. Doué d'une grande activité, et vivement désireux de voir progresser les écoles, il a publié plusieurs ouvrages pédagogiques: *Nouveau cours élémentaire de la langue française*, en 3 parties (1866, 3° édit., 1873) ; — une introduction à ce cours, sous le titre de *Premiers exercices de français et d'intelligence* (1872, 2° édit., 1873); — *Histoire de Dunkerque*, qui a obtenu, au concours de 1870, le premier prix de la Société dunkerquoise (1872); — *Géographie de l'arrondissement de Dunkerque* (1873); — *Le boulier compteur, ou Premiers exercices de calcul et de système métrique* (1874). M. Mordacq fait partie de la Commission historique du Nord. Secrétaire-général de la Société dunkerquoise pour l'encouragement des sciences, des lettres et des arts, il a fourni aux *Mémoires* publiés par cette savante Compagnie plusieurs rapports sur les *Concours de poésie*, des *Notes pour servir à l'Histoire de l'instruction primaire dans le Nord*, etc. M. Mordacq a été nommé officier d'Académie en 1857, et officier de l'Instruction publique en 1870.

MOREAU (Charles), né à Château-Renard (Loiret), le 12 février 1830. Il suivit les ateliers d'Ary Scheffer et de Dupuis, et se consacra de préférence à la peinture de genre. En 1848, il débuta au Salon de Paris avec une *Vue des anciennes fortifications de Château-Renard*. Depuis cette époque, M. Moreau a successivement exposé : *Coquetterie* ; *Méditation* (1859) ; — *Le grand-papa* ; *La fileuse* ; *Le modèle* (1861) ; — *Grand'mère* ; *Glaneuse* : *Un mangeur de soupe* (1863) ; — *Coquetterie* (1864) ; — *Pauvreté* ; *Convalescence* (1866) ; — *Une bergère* ; *Le lever de l'enfant* (1868) ; — *Les premiers pas* (1869) ; — *Le travail* (1872) ; — *Joies maternelles* (1873) ; — *Herbagère* ; *Chez les grands parents* (1874) ; — *Le départ pour l'Asile* (1875).

MOREAU (Ferdinand-Louis), né à Paris, en 1826. Sa famille occupe depuis longtemps de hautes positions officielles dans le monde de la finance, où elle s'est toujours distinguée par la probité, le savoir, et les habitudes laborieuses. Son grand-père était censeur à la Banque de France ; et son père, agent de change pendant vingt-neuf ans, membre de la Chambre syndicale pendant seize ans, chevalier de la Légion d'Honneur, lui laissa, en 1853, une des plus importantes charges du parquet de Paris. En 1857, ses rares capacités, son caractère sympathique et son honorabilité le firent désigner par ses collègues, pour faire partie de la Chambre syndicale ; et trois ans plus tard, il fut élu syndic de la corporation des agents de change de Paris. Actuellement (1875), M. Moreau est encore en possession de ses importantes et délicates fonctions. Par un travail incessant il s'est acquis une belle fortune dont il fait le plus généreux emploi. Propriétaire du château historique d'Anet, il appartenait depuis 1865 au Conseil général d'Eure-et-Loir, quand il fut réélu au même siège, le 8 octobre 1871. Bien qu'il n'eût pas de passé politique, les électeurs de la Seine l'ont envoyé à l'Assemblée nationale, par 94,873 suffrages, lors des élections complémentaires du 2 juillet 1871. A la Chambre il a pris place au Centre-Droit, et a fait partie de la Commission de permanence (1872). M. Moreau est officier de la Légion d'Honneur (1868), et commandeur de l'ordre d'Isabelle-la-Catholique.

MOREAU (Jean-Eugène), né à Paris, le 28 octobre 1816. M. Eugène Moreau suivit la carrière théâtrale, et joua successivement au théâtre Comte, en province, au théâtre du Panthéon, au Brésil, et enfin à Moscou. Après sept ans de séjour en Russie, il revint en France quand l'incendie du Grand-Théâtre de Moscou provoqua la fermeture du Théâtre-Français. Alors il abandonna la comédie pour se consacrer à l'administration. Secrétaire de la Porte-Saint-Martin de 1853 à 1856, puis des Variétés, il s'associa, en 1865, avec M. Labiche dit Montdidier, pour la direction de Beaumarchais. M. Eugène Moreau a quitté définitivement le théâtre en 1866. Membre, depuis 1855, du Comité de l'association des artistes dramatiques, qui en a fait son secrétaire-rapporteur, il est en outre membre du Caveau, qui l'a nommé son président pour la présente année. On lui doit un certain nombre d'œuvres dramatiques, parmi lesquelles nous citerons : *La peau de singe* (1833) ; — *Louise de Rouvray* (1839) ; — *Deux couronnes* (1840) ; — *Les hirondelles* (1861) ; — *Le zouave de la garde* (1863) ; — *Le cabaret de la grappe dorée* (1865) ; — *Les vendanges du Clos-Tavannes* (1865), etc.

MOREAU (Louis-Ignace), né à Paris, le 11 août 1807. Il fit de fortes études classiques, se consacra à la littérature, et s'adonna surtout à des travaux sur les questions philosophiques et religieuses. Collaborateur de plusieurs revues, et notamment du *Plutarque français*, il publia aussi quelques brochures de circonstance. En 1838, il entra comme employé à la bibliothèque Sainte-Geneviève. Passé à la bibliothèque Mazarine, en 1850, à titre de conservateur-adjoint, il y est devenu conservateur à la place de Philarète Chasles en 1873. On lui doit notamment : *Du matérialisme phrénologique* (1843) ; — *Considérations sur la vraie doctrine* (1844) ; — *Le philosophe inconnu, ou Réflexions sur les idées de saint Martin le théosophe* (1850) ; — *La destinée de l'homme, ou Du mal, de l'épreuve et de la destinée future* (1857). En outre, M. Moreau a publié des traductions des *Confessions de saint Augustin* (1840), de la *Cité de Dieu* (1844), couronnées par l'Académie française, et de l'*Imitation de Jésus-Christ* (1860). Il a fourni de précieux documents à la Société de l'histoire de France. M. Moreau est chevalier de la Légion d'Honneur depuis le 25 avril 1847.

MOREAU (Mathurin), né à Dijon, en 1822. Fils d'un statuaire de talent, et doué lui-même de rares dispositions pour la sculpture, il se rendit à Paris en 1840, suivit les ateliers de Ramey fils et de M. A. Dumont, et remporta, en 1842, le second grand prix de Rome. En 1848, il débuta au Salon de Paris avec son *Élégie*, statue en plâtre. Depuis, cet artiste a exposé : *La fée aux fleurs*, groupe en plâtre (1852), en bronze (1853), acquis par le ministère d'État ; — *L'été*, statue en marbre (1855) ; — *Enfants endormis*, groupe en marbre (1857) ; — *Fileuse*, statue en bronze ; *L'étude*, petit groupe en bronze ; *L'avenir*, buste en marbre (1859) ; — *La fileuse*, en marbre ; *La méditation*, groupe en bronze (1861) ; — *Le printemps*, statue en bronze ; une *Fontaine monumentale* (1863) ; — *Étude d'enfant*, statue en plâtre, (1864) ; — *Studiosa*, statue en plâtre (1865), en marbre (1866) ; — *Cornélie*, groupe en bronze ; les bas-reliefs des *Portes de l'Église Saint-Augustin* ; *Saint-Grégoire-le-Grand* et *Saint Gérôme*, statues en pierre pour la Trinité (1867) ; — *Studiosa*, *La fileuse*, déjà citées, un buste de *Vierge* et le groupe de *Saltarella* (E. U. 1867) ; — *Saltarella*, reproduite en bronze ; la *Vierge*, reproduite en marbre (1868) ; — *Le repos*, statue en plâtre (1869) ; — *Néréide*, statue en plâtre (1870) ; — *Primavera*, groupe en bronze (1872) ; — *Libel-*

lule, statue en plâtre (1873); — *Le sommeil*, statue en marbre (1874). M. Moreau a obtenu une médaille de 2ᵉ classe en 1855, une de 1ʳᵉ classe en 1859, le rappel de cette dernière en 1861 et 1863, une médaille de 2ᵉ classe à l'Exposition universelle de 1867, et la médaille pour l'Art à l'Exposition universelle de Vienne en 1873. Il a reçu la croix de la Légion d'Honneur en 1865.

MOREAU-CHRISTOPHE (Louis-Mathurin), né à Sainte-Maure (Indre-et-Loire), en 1799. Il fit son droit à la Faculté de Paris, et prit place au barreau de Loches comme successeur du cabinet de M. Christophe, dont il épousa la fille, d'où la seconde moitié de son nom. Un savant travail sur les *Formules pénales des anciens*, qu'il présenta à la Société royale des prisons en 1828, lui valut d'être désigné par M. Girod de l'Ain, devenu préfet de police après les journées de Juillet, pour les fonctions d'inspecteur-général des prisons de la Seine, fonctions qu'il remplit avec autant de fermeté que d'active intelligence pendant les trois tumultueuses années qui suivirent. Sous M. Gisquet, ces qualités ne suffirent pas; on exigea de lui qu'il y ajoutât une action policière près des détenus politiques. M. Moreau-Christophe s'y étant refusé, M. d'Argout, ministre de l'Intérieur, qui avait apprécié ses qualités administratives, le nomma sous-préfet à Nogent-le-Rotrou. Un affreux malheur de famille, la mort de sa fille unique, l'ayant fait renoncer à la carrière préfectorale, il demanda, en 1838, et obtint de rentrer dans le service des prisons. Alors, après une mission pénitentiaire qui lui fut confiée en Angleterre, en Ecosse, en Suisse, en Belgique, en Hollande, dans la Prusse rhénane, il fut nommé inspecteur-général des prisons du royaume (1ʳᵉ classe), fonctions dans lesquelles il s'acquit un renom retentissant par la position importante qu'il prit lors de la discussion relative au système cellulaire, c'est-à-dire de l'*emprisonnement individuel*, comme il l'a qualifié le premier, système dont il fut l'apôtre, et qui aboutit au projet de loi de 1847, qu'on semble vouloir reprendre aujourd'hui. La révolution de Février 1848 éclata, et, le 5 mars, il en fut une des premières victimes. A cette occasion, M. Jules Favre fit entendre ces paroles réparatrices, dans la séance de l'Assemblée nationale du 18 avril 1850 : « Les lignes que je viens de vous citer ne sont point d'un socialiste, d'un révolutionnaire, elles sont d'un administrateur infiniment capable, dont vous connaissez le nom et la célébrité, de M. Moreau-Christophe, ancien inspecteur-général des prisons; j'en parle parce que la révolution de Février l'a destitué, et ce n'est pas certes ce qu'elle a fait de mieux. (*Moniteur* du 19). » Depuis lors, retiré en Alsace où il venait de se remarier, M. Moreau-Christophe s'occupa exclusivement de l'éducation de ses deux fils, et de travaux historiques, physiologiques et littéraires. Les fatales conséquences de la folle guerre de 1870 ayant détaché l'Alsace de la France, il est revenu à Paris où il continue ses « chères études. » Travailleur infatigable, érudit, doué d'un style élégant et correct, les années semblent glisser sur son esprit sans y laisser de trace. Il a fourni des articles au *Dictionnaire de la conversation*, au *Dictionnaire de droit*, au *Dictionnaire d'économie politique*, au Recueil pittoresque des *Français peints par eux-mêmes*, où il a écrit les curieux articles : *Les détenus*, et *Les pauvres*, au *Grand Dictionnaire universel du XIXᵉ siècle*. Il a été admis, en 1839, à lire devant l'Académie de médecine un travail sur la *Mortalité et la folie pénitentiaires*, travail publié dans les *Mémoires* de cette Académie et dans les *Annales d'hygiène*. Ses deux écrits, sur le *Système pénitentiaire dans ses rapports avec le code pénal*, et sur la *Misère*, sujets mis au concours, ont été couronnés par l'Académie des sciences morales et politiques. M. Moreau-Christophe a publié un grand nombre d'ouvrages, dont voici les principaux : *De l'état actuel des prisons en France, dans ses rapports avec la théorie pénale du code* (1836); — *De la réforme des prisons en France, d'après le système de l'emprisonnement individuel* (1838); — *Rapport au ministre de l'Intérieur sur les prisons de l'Angleterre, de l'Ecosse, de la Hollande, de la Belgique et de la Suisse* (Impr. royale, 1839, in-4°, avec pl. et des.); — *Considérations sur la réclusion individuelle*, traduction du hollandais, de Suringar (1843); — *Revue pénitentiaire et des institutions préventives*, recueil trimestriel (1844-1847, 4 volumes gr. in-8°, avec plans); — *Documents officiels sur le pénitencier de Cherry-Hill à Philadelphie* (1844); — *Code des prisons* (1845-1865, 4 vol.); — *Discussion du projet de loi sur les prisons à la Chambre des députés*, texte officiel, avec annotations, et table alphabétique (1845, gr. in-8°); — *Congrès pénitentiaire de Francfort et de Bruxelles*, texte annoté des discours prononcés, français et allemand (1846-1847, 2 vol.); — *Défense du projet de loi sur les prisons contre les attaques de ses adversaires*, ouvrage que le ministre de l'Intérieur fit tirer à 2,000 exemplaires, et distribuer aux deux Chambres (1847). En dehors de sa spécialité sur les prisons, M. Moreau-Christophe a publié plusieurs ouvrages philosophiques et littéraires qui sont : *Voyage sentimental* de Sterne, traduction nouvelle, la seule exacte alors (1828); — *Du droit à l'oisiveté et de l'organisation du travail servile dans les Républiques grecque et romaine* (1849); — *Du problème de la misère et de sa solution chez les peuples anciens et modernes* (1851, 3 vol.); — *Le monde des coquins* (1863-1865, 2 vol.); — *Petit traité de la machine humaine*, sous le pseudonyme de « docteur Ignotus » (1864, avec pl. sur bois); — *Le secret de longue vie, ou l'art de prolonger ses jours jusqu'à cent ans*, dédié à M. Thiers, ouvrage anonyme, mais avec le portrait de l'auteur (1873). M. Moreau-Christophe a été nommé chevalier de la Légion d'Honneur en 1833, pour la part qu'il avait prise à l'établissement de la maison de correction des Jeunes détenus de Paris, et à la fondation de la Société de patronage des Jeunes libérés, dont il fut élu secrétaire-général. De même, il a été décoré de l'ordre des Saints-Maurice et Lazare d'Italie, pour un nouvel ouvrage intitulé : *Du problème de la misère*.

MOREAUX (Charles-Florent-Léon), né à Rocroy (Ardennes), le 4 mars 1845, fit ses premières études, sous la direction de son frère, ancien élève de Gros, et suivit l'Ecole des beaux-arts. Indépendamment des portraits dus à son pinceau, et qui ont figuré au Salon de Paris, on lui doit un certain nombre d'autres tableaux exposés, notamment: *René racontant sa vie*, sujet emprunté aux *Natchez* de Châteaubriand (1842); — *Camoëns dans la prison de Goa* (1843); — *Bataille de Pastringo* (Italie), le 6 germinal an VII (1844); — *Elégie* (1847); — *Luiz de Camoëns, avec son fidèle Javanais, dans l'église de Santa-Anna*, acheté par l'empereur du Brésil; *Retour d'un prisonnier en* 1815; *Portrait d'homme* (1848); — *Intérieur persan; Moissonneur dans les Pyrénées-Orientales* (1857); — *Danse chez les Cerdans* (1858); — *Pace-vila catalan*, promenade musicale précédant le bal dans les fêtes de la Cerdagne (1869). M. Moreaux fut chargé par l'Etat d'exécuter pour le musée de Versailles: *La prise de Trèves*, 9 août 1794, et le *Portrait du général René Moreaux*, son aïeul. A ce propos, il nous paraît utile de dire ici que la courte mais brillante carrière de ce brave et digne général Moreaux, compagnon d'armes de Hoche et de Jourdan, avait été confondue, par nos historiens, avec celle de Victor Moreau qui fut tué à Dresde, par un boulet français, dans le camp des alliés, en 1813. Afin d'aider à la rectification de cette erreur historique, née d'une fâcheuse homonymie entre ces deux généraux dont le nom ne diffère que par un *x* final, M. Léon Moreaux a fait des recherches dans les archives du dépôt de la guerre, et publié, dans le *Spectateur militaire*, une *Notice historique sur Moreaux* (Jean-René), *général en chef de l'armée de la Moselle*, notice parue la même année, sous forme de brochure (1852). A la suite de l'exposition des beaux-arts de Rio-de-Janeiro (1850), M. Léon Moreaux a reçu la croix de chevalier de l'ordre du Christ.

MOREL (Louis-François), né à Chantelle (Allier), le 28 juillet 1820. Issu d'une famille aisée, il reçut une excellente éducation; mais son tempérament chétif s'opposa quelque temps au développement de son instruction. Sa santé s'étant améliorée, il commença ses études classiques auprès de ses parents, et les continua avec le plus grand succès au petit séminaire d'Iseure, d'où il passa, à la fin de 1841, au grand séminaire de Moulins. Honoré de l'affection de ses condisciples et de l'estime de ses maîtres il reçut l'ordination le 1er juin 1844, et rentra tout aussitôt à Iseure, comme professeur à tour de grammaire, de mathématiques et d'histoire naturelle. L'établissement d'Iseure étant devenu la propriété des Jésuites, ces derniers l'ayant prié de continuer sa collaboration (1850), il demeura dans leur compagnie comme préparateur au baccalauréat et professeur de physique et de chimie. Ses supérieurs, Mgr de Dreux-Brézé notamment, l'ayant invité à prendre lui-même le diplôme de bachelier, qu'il savait si bien faire obtenir à ses élèves, il subit cet examen en 1852, et reçut en même temps, du recteur de l'Académie, le brevet de capacité qu'il avait mérité en faisant le stage exigé par la loi, ce qui lui permettait de devenir chef d'institution. Cependant, Mgr de Dreux-Brézé mit fin à sa carrière enseignante, et le nomma curé doyen de Bransat (1854). Passé en 1865 à la cure du Moutet, il a été nommé chanoine titulaire de la cathédrale de Moulins, et a pris possession de son emploi le 26 juillet 1872. Un an plus tard, son évêque lui donna une nouvelle preuve de sa confiance la plus entière en ajoutant à son titre de chanoine celui de promoteur diocésain. On doit à M. l'abbé Morel des articles publiés dans la presse locale et les ouvrages suivants: *Méditations sur la vie et la doctrine de Jésus*, traduction du R. P. Jésuite N. Avencin (1854, 2 vol.); — *L'art de bien mourir, ou nécessité et moyens de se préparer à une bonne mort*, etc. (1857); — *Montée de l'âme vers Dieu par l'échelle des créatures*, traduit du R. P. Jésuite R. Bellarmin, et mis au niveau des connaissances actuelles (1862); — *Traité des Champignons*, au point de vue botanique alimentaire, toxicologique, etc. (1867, avec planches); — *Catéchisme romain* (1869). M. l'abbé Morel annonce, dans la 4e édition de son *Catéchisme*, un nouvel ouvrage intitulé: *Funeste sort des ennemis de l'Eglise*.

MOREY (Mathieu-Prosper), né à Nancy, le 27 décembre 1805. Brillant élève d'Achille Leclère, il remporta le grand prix d'architecture en 1831, avec un *Projet d'établissement d'eaux thermales*. A Rome, il fit une remarquable *Etude du forum de Trajan* qui parut avec avantage à l'Exposition universelle de 1855. En 1837 et 1838, il remplit, avec M. Raoul Rochette, une mission artistique et archéologique en Grèce et sur les côtes de l'Asie-Mineure. De 1838 à 1848, il fut auditeur au Conseil général des bâtiments civils, inspecteur des travaux de la ville de Paris, et architecte du gouvernement et des monuments historiques. Enfin, depuis 1850, M. Morey est architecte de la ville de Nancy, qui lui doit un grand nombre de travaux publics. Il y a notamment exécuté le marché couvert (avec M. Thiébert, ancien architecte de la ville), les églises Saint-Fiacre, Saint-Paul-Vincent, Sainte-Epvre, le palais de l'Académie, l'école primaire supérieure, le Musée de peinture et de sculpture, les monuments commémoratifs de Drouot, de Dombasle, etc. Parmi ses publications, on distingue: *Le temple de la Paix à Pœstum*; *La charpente peinte de la cathédrale de Messine*; *Recherches archéologiques dans la Troade*; des notices sur la vie et les œuvres d'Emmanuel Héré, premier architecte de Stanislas, et de Boffrand, architecte de Léopold, duc de Lorraine et de Bar., etc. Il est membre correspondant de l'Institut, membre de l'Académie de Stanislas, membre honoraire et correspondant de l'Institut royal des architectes britaniques, etc. La décoration de chevalier de la Légion d'Honneur lui a été conférée en 1860, comme récompense de ses travaux. Il est aussi décoré des ordres de François-Joseph, d'Autriche et de Saint-Grégoire-le-Grand.

MORIÈRE (Pierre-Gilles), né le 8 avril 1817, à Cormelles-le-Royal (Calvados). Après de bonnes et solides études, dirigées principalement vers les mathématiques, la chimie et l'histoire naturelle, M. Morière fut, en octobre 1837, nommé instituteur primaire supérieur à Condé-sur-Noireau, et, en septembre de l'année suivante, chargé, comme maître-adjoint, d'un cours de mathématiques au lycée de Caen. En 1840, il était professeur des cours commerciaux, industriels et agricoles fondés, dès 1829, dans ce même établissement, et, de 1847 à 1850, directeur de ces cours. Il visitait déjà les fermes du Calvados, cherchant à s'assurer si les diverses connaissances nécessaires aux cultivateurs étaient possédées et appliquées par ceux qui faisaient valoir ces terres. Ses études en chimie et en histoire naturelle, la lecture d'un assez grand nombre d'ouvrages d'agriculture, l'examen des pratiques suivies avec succès dans d'autres contrées, l'avaient convaincu des services qu'on pouvait rendre aux agriculteurs en les entretenant, dans un langage simple et qui ne fût pas assez scientifique pour les effrayer, des diverses parties de leur profession. Aussi, après avoir assisté en 1850 à l'une des conférences agricoles que faisait alors son beau-père, M. Girardin, dans la Seine-Inférieure, les hésitations qui pouvaient l'arrêter furent vaincues, et il sollicita du Conseil général et du préfet du Calvados l'autorisation de faire des cours d'agriculture nomades dans ce département, autorisation qui lui fut accordée le 17 septembre 1851. Lorsqu'en 1857, M. Girardin quitta la position qu'il occupait dans la Seine-Inférieure pour aller à Lille remplir les fonctions de doyen de la Faculté des sciences, le préfet chargea M. Morière de continuer sa mission. Dans l'Eure, les conférences furent organisées par la Société libre d'agriculture d'Evreux, qui l'invita dès 1862 à professer dans ce département comme il professait déjà dans le Calvados et la Seine-Inférieure. Tant de dévouement avait été dignement apprécié; et, le 10 mai 1859, M. Morière avait été nommé professeur d'histoire naturelle à la Faculté des sciences de Caen (chaire de botanique, géologie et minéralogie). Sa nomination comme membre du jury dans les concours régionaux remonte à 1857, et celle de commissaire du concours départemental du Calvados à 1853. Il a rempli les fonctions de membre du jury au concours international de 1866, et a été associé au jury de la classe 63 à l'Exposition universelle de 1867. Nommé secrétaire du Comité départemental du Calvados pour l'Exposition universelle de 1855, il conserva cette fonction aux Expositions universelles de 1862 et 1867. M. Morière, secrétaire-général de l'Association normande et secrétaire de la Société linnéenne de Normandie, a publié divers opuscules contenant le résumé des sujets qu'il a traités dans ses conférences, ou décrivant des industries agricoles florissant dans ces trois départements. Il est question de minéralogie, de géologie et de botanique dans plusieurs autres. M. Morière est membre ou président, depuis vingt années, de la Commission d'examen pour les instituteurs et les institutrices, ainsi que pour les Ecoles d'art et métiers, et, depuis vingt ans, des Commissions d'examen pour les agents voyers et les vérificateurs des poids et mesures. Il a été décoré de la Légion d'Honneur le 8 août 1867.

MORIN (André-Saturnin), né à Chartres, le 28 novembre 1807. Il fit son droit à la Faculté de Paris, prit sa licence en 1827, se fit inscrire, en 1839, au tableau des avocats de Nogent-le-Rotrou, et exerça le notariat dans cette ville de 1834 à 1839. Sous-commissaire de la République en 1848, et sous-préfet de Nogent-le-Rotrou jusqu'à la fin de 1849, il fut élu conseiller général d'Eure-et-Loir en 1850, et conserva son siège jusqu'au Coup-d'Etat. M. Morin a été nommé conseiller municipal de Chartres en 1871. Il a collaboré à plusieurs journaux, notamment à la *Démocratie*, au *Progrès du Nord*, à la *Libre pensée*, à la *Pensée nouvelle*, au *Rationaliste* de Genève, au *Libre examen* de Bruxelles, au *Glaneur* et à l'*Union agricole* d'Eure-et-Loir, au *Journal des géomètres* et au *Journal du magnétisme*. Voici la liste de ses ouvrages : *Affaire de la vipère noire et de la fontaine miraculeuse du bon Saint-Jean-de-Pierrefitte* (1843); — *Procès de la somnambule* (1852); — *Principes du bornage* (1860) ; — *Du magnétisme et des sciences occultes* (1860) ; — *Magnétisme*. *M. Lafontaine et les sourds-muets* (1861); — *Etude sur Giroust, député d'Eure-et-Loir à la Convention* (1861); — *Examen du christianisme*, sous le pseudonyme de *Miron* (1862, 3 vol.), dont il a été traduit, par Stefanoni, un chapitre publié sous ce titre : *Studi critici sul cristianismo*; — *Dissertation sur la légende Virgini pariturae*, qui a obtenu une mention honorable de l'Académie des inscriptions et belles-lettres (1863); — *Nécrologie de J.-N.-A. Calluet* (1863); — *Jésus réduit à sa juste valeur*, ouvrage paru sous le nom de *Miron* (1864), et qui a été traduit en italien, en 1870, par Stefanoni; — *De la séparation du spirituel et du temporel*, signé *Miron*, ouvrage condamné par la Congrégation de l'index (1866); — *Les Hébertistes modernes* (1870) ; — *De la séparation de l'Eglise et de l'Etat* (1871); — *Le prêtre et le sorcier* (1872); — *Les tribulations d'un anobli* (1872); — *Fantaisies théologiques* (1872); — *La France monarchique et cléricale* (1873); — *L'esprit de l'Eglise* (1874) ; — *La confession* (1874), traduit en anglais par Beard ; — *Le mariage des prêtres* (1874); — *La superstition* (1875) ; — *La providence et la politique* (1875).

MORIN (Arthur-Jules), né à Paris, le 17 octobre 1795. Admis à l'Ecole polytechnique en 1813, il prit part comme canonnier à la défense de Paris le 30 mars 1814, entra à l'Ecole d'application de Metz, fut nommé lieutenant au bataillon de pontonniers en 1819, et capitaine en 1829, et fit les campagnes de 1815 et 1823. Pendant son long séjour à Metz, il y fit un remarquable cours de mécanique. Nommé professeur de mécanique industrielle au Conservatoire des arts-et-métiers en 1839, il acquit bientôt une grande réputation, tant par le nombre et l'importance de ses publications que par la hauteur de son enseignement. En 1843, il fut élu membre de l'Académie des sciences en remplacement de Coriolis. Ensuite il fit partie de la Commission de l'Institut agronomique (1850), de la Commission française de l'Exposition universelle de Londres (1851), fut commissaire général de l'Exposition universelle qu'il organisa (1855), et devint, en 1862, président de la Société des ingénieurs civils de Paris. Ses rares capacités ne pouvaient avoir pour résultat de l'entraver dans sa carrière militaire ; aussi fut-il nommé chef d'escadron en 1841, lieutenant-colonel en 1846, colonel en 1848, et général de brigade en 1852. Après avoir commandé l'artillerie au camp du Nord, il fut promu général de division en 1855. M. le général Morin est directeur du Conservatoire des arts-et-métiers depuis 1849. Il peut revendiquer une part importante dans les progrès réalisés, de notre temps, par la mécanique expérimentale. Parmi ses inventions, nous distinguons celles de *l'appareil chronométrique à indications continues*, du *Dynamomètre de traction directe et de rotation*, et de la *Manivelle dynamométrique*. Comme ouvrages scientifiques, il a publié notamment : *Nouvelles expériences sur le frottement* (1833-1835, 3 vol.) ; — *Notice sur divers appareils dynamométriques*, ouvrage qui a remporté le prix Montyon (1836, 2ᵉ édit., 1841) ; — *Expériences sur les roues hydrauliques à augets* (1837) ; — *Nouvelles expériences sur l'adhérence des briques et des pierres posées en bain de mortier ou scellées en plâtre, sur le frottement des axes de rotation, sur la variation des tensions des courroies ou cordes sans fin, et sur le frottement des courroies à la surface des tambours* (1838) ; — *Expériences sur les roues hydrauliques appelées turbines* (1838) ; — *Aide-mémoire de mécanique pratique* (1838, 6ᵉ édit., 1871) ; — *Mémoire sur la pénétration des projectiles et sur la rupture des corps solides par le choc*, avec M. Piobert (1838) ; — *Mémoire sur les pendules balistiques* (1839) ; — *Expériences sur le tirage des voitures* (1840-1842) ; — *Mémoire sur la résistance de l'air* (1842) ; — *Leçons de mécanique pratique* (1850, 3 vol.) ; — *Catalogue des collections du Conservatoire des arts-et-métiers* (1853, 3ᵉ édit., 1862) ; — *Résistance des matériaux* (1853, 3ᵉ édit., 1862) ; — *Notions fondamentales de mécanique et données d'expérience* (1855) ; — *Hydraulique* (1858, 3ᵉ édit., 1865) ; — *Rapport de la Commission sur le chauffage et la ventilation du Théâtre-Lyrique et du Châtelet* (1861) ; — *Machines et appareils destinés à l'élévation des eaux* (1863) ; — *Des machines à vapeur*, avec M. Tresca (1863) ; — *Études sur la ventilation* (1863, 2 vol.) ; — *Enquête sur l'enseignement professionnel*, avec M. Perdonnet (1865, 2 vol.) ; — *Salubrité des habitations* (1869, 2ᵉ édit., 1873) ; — *Notice sur le général Piobert* (1871) ; — *Notions géométriques sur les mouvements et leurs transformations* (4ᵉ édit., 1872) ; — *Manuel pratique du chauffage et de la ventilation*. M. le général Morin est Grand-Officier de la Légion d'Honneur depuis 1858.

MORIN (Etienne-François-Théodore), né à Dieu-le-Fit (Drôme), le 10 novembre 1814. Fils d'un fabicant de draps, député sous Louis-Philippe, M. Morin fit son droit à Aix, acquit une charge d'avoué à Montélimar, et se fit, grâce à ses capacités et à sa droiture, une position influente. Conseiller général de la Drôme en 1846, maire de Dieu-le-Fit en 1847, il fut élu, en 1848, représentant de son département à l'Assemblée constituante, où il vota généralement avec la Droite. Ayant échoué lors des élections générales pour la Législative, il renouvela sa candidature, et cette fois avec succès, au mois de juillet suivant. Dans cette assemblée, il appuya la politique présidentielle ; et, après le Coup-d'État, il fit partie de la Commission consultative. Membre du Corps législatif, pour la 3ᵉ circonscription de la Drôme, en 1852, 1863 et 1869, il siégea toujours sur les bancs de la majorité. Le 8 octobre 1871, il fut élu de nouveau conseiller général. M. Morin a été appelé, en 1852, à faire partie du Conseil central des églises réformées. Il a publié : *Essai sur l'esprit de la législation municipale en France* (1841) ; — *Essai sur l'organisation du travail et l'avenir des classes laborieuses* (1845). M. Morin, chevalier de la Légion d'Honneur depuis 1856, a été promu officier en 1866.

MORIN (François-Gustave), né à Rouen, le 8 avril 1809. Il suivit les leçons de Chaumont dans sa ville natale, puis l'atelier de M. Léon Cogniet à Paris, et se consacra tout à la fois à la peinture de genre et à celle d'histoire. Devenu, à la suite d'un concours, en 1837, directeur de l'Académie de peinture de Rouen, il fut nommé conservateur du Musée de peinture de cette ville en 1865. Voici la liste des œuvres exposées par cet artiste au Salon de Paris : *La dernière heure* ; un *Portrait en pied* (1835) ; — *Episode de la conquête d'Angleterre par les Normands, mort d'Edwin, chef saxon* ; *Repentir de la Madeleine* ; *Jeunesse de la Vierge* (1848) ; — *Les aigrefins*, au musée de Rouen ; *Les trameuses*, environs de Rouen (1859) ; — *Les saboteurs de la forêt de Lyons* (Seine-Inférieure) *célébrant la victoire de Solférino* ; *L'assemblée de Saint-Vivien, fête populaire rouennaise*, au XVIIᵉ siècle, au musée de Rouen (1861) ; — *Pêcheurs de moules à Villerville* (1868). En outre, M. Morin a peint beaucoup de tableaux placés dans les galeries particulières et les musées ; citons : *Entrée de Louis XII* ; *Les derniers habitants du clos Saint-Marc*, acquis par Louis-Philippe ; *Le réfractaire* ; *La lecture de l'Evangile* ; *La dernière heure* ; *Sous la treille* ; *Le Titien préparant ses couleurs*, au musée du Havre ; *Arioste lisant des fragments de son poëme*, au musée de Rouen ; *Les antiquaires* ; *Jeunesse de Bassompierre* ; *Les amateurs de médailles*, etc. Plusieurs de ces tableaux ont été gravés par Sixdeniers. M. Gustave Morin, membre de l'Académie de Rouen, de la Commission des antiquités de la Seine-Inférieure, et vice-président de la Société des amis des arts, est chevalier de la Légion d'Honneur depuis 1863.

Sa fille, Mlle Eugénie Morin, dame Parmentier, a suivi la même carrière et profité de ses leçons. Elle s'est adonnée surtout au portrait-miniature. On lui doit aussi des aquarelles et des dessins. Plusieurs de ses œuvres ont figuré au Salon de Paris, où elle a obtenu une médaille en 1864. A l'Exposition universelle de 1867, elle s'est distinguée par l'envoi de trois miniatures, une *Italienne*, une *Hollandaise* et un *Portrait*. Son propre portrait, fait par elle-même, a été acquis par l'Etat et placé au Musée du Luxembourg après le Salon de 1874. Cette brillante artiste est décédée prématurément le 3 décembre 1874.

MORTEMART (Anne-Victurnien-Réné-Roger DE ROCHECHOUART, *duc* DE), né à Paris, en

1804. Fils du pair de France de ce nom, décédé en 1834, M. le marquis de Mortemart était déjà le chef de la 3° branche des Rochechouart, quand, la branche aînée s'étant éteinte par la mort du duc de Mortemart, le 1er janvier 1875, il est devenu chef de la famille et a hérité du titre de duc. Admis à l'Ecole militaire de Saint-Cyr en 1821, puis à l'Ecole de Saumur, il entra comme sous-lieutenant au 17e chasseurs, puis aux lanciers de la garde royale, et donna sa démission en 1829. Légitimiste libéral, il siégea en 1847 à la Chambre des députés, pour le Collége de Villefranche (Rhône); et, après la révolution de Février, il fut élu représentant du même département à la Constituante. En 1852 et 1857, il fut encore élu membre du Corps législatif, à titre de candidat indépendant et malgré l'hostilité de l'administration. Il fit partie, de 1848 au 4 septembre 1870, du Conseil général. Le 8 février 1871, les électeurs du Rhône l'ont envoyé à l'Assemblée nationale, par 57,353 suffrages. Il siége parmi les membres de la Droite libérale, et assiste à la réunion des Réservoirs. M. le duc de Mortemart a publié, en 1850, un écrit sur l'*Impôt des boissons*. Il est chevalier de la Légion d'Honneur depuis 1856.

MORTEMART (Enguerrand, *baron* DE), né à Paris, en 1817; fils du baron de Mortemart, duc de Casole, ancien chambellan du Grand-Duc de Toscane. M. le baron Enguerrand de Mortemart, après avoir cultivé les lettres et publié, dans la *Revue des Deux-Mondes* et le *Plutarque Français*, des études historiques sur *Dunois*, sur *Anne de Beaujeu*, etc., s'est livré à son goût pour la peinture, qu'il avait étudiée sous la direction des Johannot. On lui doit surtout des sujets de chasse et des paysages. En 1865, il débuta au Salon de Paris avec une *Vue prise dans le parc de Foljuif*, et un *Déjeûner au bord de l'eau*. Depuis M. le baron de Mortemart a exposé : *Les terriers de la commanderie*; *Passe de sauvagine dans un marécage de Normandie* (1866); — *Garde et braconnier*, effet de nuit; *La mare aux chevreuils* (1867); — *La Villa Vallombrosa*, à Cannes; *Poste d'affût aux bartavelles*, en Provence (1868); — *Gabion de marais*; *Le voyageur* (1869); — *Chasse aux macreuses*; *Braconnier à l'affût des coqs de bruyère* (1870); — *Le ruisseau de la Merlette* (1872); ce remarquable tableau a valu à son auteur la médaille à l'Exposition universelle de Vienne; *Marécage de Normandie* (1873); — *Moulins de Monte-Carlo*, dans les Alpes-Maritimes (1874). Plusieurs de ces tableaux ont été acquis par l'Etat, et figurent avec honneur dans les Musées de province.

MORVAN (Augustin-Marie), né à Lannilis (Finistère), le 7 février 1819. Ancien chirurgien de la marine à Brest, où il a commencé ses études médicales, il s'est fait recevoir interne des hôpitaux de Paris, et a pris le grade de docteur sur cette thèse : *De l'anévrysme variqueux* (1841). Il est fort estimé dans son arrondissement, où il a rempli les fonctions de maire de Lannilis de 1855 à 1869, et de conseiller général de 1864 à 1871. Aussi sa candidature, présentée par la « Ligue de l'ordre et de la paix, » a-t-elle été favorablement accueillie par ses concitoyens. Nommé représentant du Finistère le 8 février 1871, il a pris place dans les rangs des conservateurs-libéraux, et appartient à la réunion de la Gauche-Républicaine. M. Morvan a été nommé chevalier de la Légion d'Honneur en 1868.

MOSSÉ (Benjamin), né à Nîmes, le 9 décembre 1832. Ses premiers succès scolaires et son excellente conduite attirèrent l'attention de quelques philanthropes qui voulurent bien suppléer à l'insuffisance des ressources de ses parents, et se charger de son instruction. Après avoir suivi cinq ans, à Marseille, les cours préparatoires à la carrière rabbinique, il gagna la bourse du gouvernement, fut admis à l'Ecole centrale rabbinique de Metz, et obtint le grade de grand rabbin le 20 avril 1858. Appelé au rabbinat du ressort d'Avignon, créé à son intention, le 16 mars 1859, il s'y livra à l'enseignement et aux œuvres de philanthropie, ainsi qu'il l'avait déjà fait à Marseille et à Metz, avec le concours de souscriptions privées. A Metz, il avait fondé notamment une Société de bienfaisance, et un cours d'instruction religieuse pour les demoiselles israélites, qui fonctionnent encore aujourd'hui. A Avignon, Carpentras, Orange, il a créé de même et successivement des Sociétés de bienfaisance pour secourir l'enfance, la vieillesse, les malheureux passants, et pour mettre à l'école et un métier la jeunesse nécessiteuse, Sociétés qu'il dirige lui-même. De plus, aumônier israélite au lycée et aux collèges de ces trois villes. Au milieu de toutes ces occupations pastorales, qu'il couronne par de fréquentes prédications et de continuelles bonnes œuvres, M. Mossé trouve des loisirs pour se livrer à des travaux littéraires et scientifiques. Membre correspondant de l'Institut scientifique et littéraire israélite de Paris, et de l'Académie de Marseille, il est chargé d'un cours d'hébreu au lycée d'Avignon. En 1859, il a fondé la *Famille de Jacob*, recueil mensuel d'instructions religieuses dont il est toujours le rédacteur en chef. On lui doit : *Accents de l'âme* (1862); — *Un ange du ciel sur la terre*, roman moral (1865); — *Elévations religieuses et morales* (1866); — *Droits et devoirs de l'homme* (1873, 15e édit., 1874). Au premier jour, M. Mossé doit faire paraître la traduction du *Principe de la foi*, de don Isaac Abardanel, une double traduction littérale et littéraire des *Psaumes*, précédée d'une *Grammaire hébraïque*, et un *Manuel d'instruction civique*. Enfin, il est bon de mentionner, au-dessous de ces œuvres, quelques publications moins importantes de M. Mossé, telles qu'une série de *Lectures édifiantes* pour la jeunesse israélite, et un petit livre classique intitulé : *Devoirs des enfants*.

MOUCHY (Antoine DE NOAILLES, *prince-duc* DE POIX, *duc* DE), né à Paris, le 19 avril 1841; fils de l'ancien député, puis sénateur, qui fut mêlé à tous les événements politiques du premier Empire. M. le duc de Mouchy, grand propriétaire dans le canton de Noailles, où se trouve son château, commença par s'occuper de questions philantropiques et particulièrement de celles qui ont trait au travail des enfants dans les manufactures. C'est ainsi qu'il fut amené à fonder, dans l'intérêt de ces enfants, avec le concours de M. Dumas, et sous le patronage de l'impératrice, une société de protection qui a obtenu les meilleurs résultats. En 1869, les électeurs de l'Oise l'envoyèrent au Corps législatif avec une majorité considérable. À la Chambre, il se signala par le libéralisme de ses opinions et fit partie du groupe des 116. Après la chute du second Empire, il rentra dans la vie privée. Le 8 novembre 1874, il a été de nouveau élu représentant de l'Oise, à l'Assemblée nationale, par 53,354 voix, c'est-à-dire sans qu'on ait pu lui opposer un concurrent sérieux. Il est membre du Conseil général du même département depuis le 8 octobre 1871. M. le duc de Mouchy a épousé, en 1865, la princesse Anna Murat. Membre de la Commission impériale à l'Exposition universelle de Paris, en 1867, il a mérité, par son zèle et ses aptitudes, de recevoir la croix de la Légion d'Honneur. Il est grand d'Espagne de première classe, et chevalier héréditaire de l'ordre de Malte.

MOULIN (Louis-Henri), né à Octeville-lez-Cherbourg (Manche), le 30 janvier 1802. Il prit les grades de licencié en droit à la Faculté de Caen, et de docteur à celle de Paris. Établi comme avocat dans la capitale, il eut de bonne heure une belle place au barreau. Ses opinions démocratiques en firent le défenseur d'un grand nombre d'accusés politiques et de journaux d'opposition. C'est ainsi qu'il prit la parole dans les affaires dites des tours Notre-Dame, de la Société des droits de l'homme, de l'attentat du pont Royal, du complot de Neuilly, etc. Il plaida pour le *Corsaire*, le *Charivari*, la *Tribune*, la *Némésis*, la *Caricature*, etc. Nommé avocat-général près la cour de Paris au lendemain de la révolution de Février, il perdit ses fonctions au commencement de 1849, et reprit sa place au barreau. M. Moulin, jurisconsulte distingué, a collaboré à plusieurs recueils spéciaux, et notamment au journal le *Droit*. Il a publié à part : *Plaidoyer pour la Tribune* ; — *Procès des fusils Gisquet* ; — *Dernier procès des volontaires parisiens* ; — *De l'hérédité du trône et de la pairie* (1831) ; — *Procès à l'histoire* (1832) ; — *Procès du coup de pistolet* (1833) ; — *Validité de l'adoption par un prêtre catholique* (1841).

MOUNET-SULLY (Jean), né à Bergerac (Dordogne), le 27 février 1841. Il commença ses études au collège de Bergerac, et les termina à la pension Fayet, à Toulouse. Sa vocation pour la carrière théâtrale fut longtemps combattue par ses parents. Ayant enfin obtenu leur assentiment, il entra au Conservatoire de Paris en 1868, et remporta, cette même année, un prix de comédie et un 1er accessit de tragédie. Engagé à l'Odéon, M. Mounet-Sully joua plusieurs rôles sans réussir à se faire remarquer. Pendant la guerre, il fit partie de l'armée de la Loire comme lieutenant de mobiles. Rentré à Paris après la Commune, alors que l'Odéon n'avait pas encore fait sa réouverture, il s'adjoignit à Mlle Agar, qui commençait ses tournées en province, l'accompagna en Normandie, joua près d'elle les principaux rôles du répertoire, et remporta des succès réels. A son retour, il dut refuser les offres plus que modestes qui lui étaient faites par le directeur de l'Odéon. Après être resté deux ans sans engagement, découragé, doutant de lui, M. Mounet-Sully allait se décider à rentrer dans sa famille, quand le hasard lui fit rencontrer M. Bressant, son ancien professeur. Celui-ci le présenta à M. Perrin, qui l'engagea sur une simple audition. Il débuta donc au Théâtre-Français, le 4 juillet 1872, et obtint dans *Oreste* un succès d'enthousiasme. L'année suivante, il fut élu sociétaire de la Comédie-Française. Les pièces dans lesquelles ce remarquable artiste s'est montré depuis avec le plus d'avantage, sont *Andromaque*, *Britannicus*, *Phèdre*, *Marion Delorme* et la *Fille de Roland*. Comédien original, faisant assez bon marché de la tradition et de l'école classique, M. Mounet-Sully se recommande par le soin avec lequel il compose ses rôles, et par de puissantes qualités dramatiques.

MOURIER (Adolphe-Auguste-Corneille), né à Angoulême, le 24 juin 1807. Admis à l'École normale en 1827, il en sorti deux ans après, et professa les humanités dans plusieurs lycées de province. En 1841, il prit le brevet d'agrégé de philosophie, et fut aussitôt nommé à Angoulême, d'où il passa à Besançon. Censeur à Angoulême en 1843, proviseur du même lycée en 1845, puis proviseur du lycée de Bordeaux en 1847, il fut nommé recteur de l'Académie de Toulouse en 1850, et élevé à la première classe en 1851. L'année suivante, il fut transféré à Bordeaux ; et, après le rétablissement des grandes circonscriptions académiques, il devint successivement recteur de l'Académie de Rennes en 1854, et de celle de Bordeaux en 1861. La même année, il fut appelé aux hautes fonctions de vice-recteur de l'Académie de Paris, qu'il occupe encore actuellement. M. Mourier a fait partie du Conseil impérial, du Comité de l'inspection générale, du Conseil supérieur de l'enseignement secondaire, et occupé la présidence du Conseil académique et de la vice-présidence du Conseil départemental. Il a reçu le 3 janvier 1866, le titre d'inspecteur-général honoraire de l'enseignement supérieur. M. Mourier, chevalier de la Légion d'Honneur en 1845, officier en 1855, a été promu commandeur en 1858.

MOURIER (Louis-Athénaïs), né à Angoulême, le 26 octobre 1815 ; frère du précédent. Il suivit la carrière administrative. Entré au ministère de l'Instruction publique en 1838, il fut distingué par M. de Salvandy, qui en fit son secrétaire particulier en 1845, et peu après son chef de cabinet. Il fut nommé chef de bureau en 1848, et depuis chef de division. M. Mourier a rempli notamment les fonctions de secrétaire près du Comité des inspecteurs-généraux, et de membre et secrétaire de la Commission formée pour la révision du *Codex pharmaceutique*. On lui doit une *notice sur le doctorat ès lettres*, suivie du *Catalogue des thèses latines et françaises depuis 1810* (2e édit., 1815, 3e édit., 1866), et une *notice sur le doctorat ès* *sciences* (1856). Chevalier de la Légion d'Honneur le 24 février 1848, officier le 13 août 1866, il est aussi officier de l'Instruction publique.

MOUSTIER (Desle-Marie-René-François-Léonel, *marquis* DE), né à Paris, le 23 août 1817 ; issu d'une des familles les plus anciennes et les plus considérées de la Franche-Comté. Son grand-père, lieutenant-général et ambassadeur, avait représenté la France à Berlin dans les derniers temps de l'ancienne monarchie; et Louis XVI, sur les instances de Mirabeau, lui offrit à deux reprises le ministère des Affaires étrangères. Son père, diplomate sous le premier empire et la restauration, fut ambassadeur en Espagne et député du Doubs. Enfin, son aïeul maternel, le comte de La Forest, joua un rôle considérable dans les négociations du premier Empire. Le marquis de Moustier venait d'atteindre sa trente et unième année, quand éclata la révolution de 1848. Nommé conseiller général en 1848, député du Doubs en 1849, membre de la Commission consultative après le Coup d'Etat, il donna bientôt sa démission. En 1853, il fut nommé ministre plénipotentiaire à Berlin. Dès son arrivée, d'importantes questions mirent son activité à l'épreuve. Il contribua à maintenir la neutralité de la Prusse pendant la guerre de Crimée, et parvint à fournir à son gouvernement, sur l'état des armements de la Russie, des renseignements précieux qui eurent une action décisive sur l'issue du siége de Sébastopol. Il résolut avec le même succès la question de Neufchâtel, et contribua encore au maintien de la paix avec la Prusse en 1859. Après le traité de Zurich, il fut chargé de renouer les relations de la France et de l'Autriche, en qualité d'ambassadeur à Vienne. Il eut à calmer les susceptibilités de cette puissance, causées par les renversements des trônes en Italie, sous l'effort du sentiment de l'unité, et parvint à maintenir les résultats de l'expédition de 1859, et à sauvegarder le maintien de la paix. Appelé à l'ambassade de Constantinople en 1861, le marquis de Moustier réussit à applanir, avec un constant succès, les difficultés qui s'élevèrent à la suite d'événements, dont la Servie, le Monténégro et les principautés Danubiennes furent le théâtre. Il prêta son concours actif aux réformes libérales que le Sultan inaugura à cette époque. Enfin, c'est à son initiative qu'est dû le règlement de plusieurs questions du premier ordre, telles que le percement de l'isthme de Suez et la concession aux étrangers du droit de propriété dans l'empire Ottoman. L'expérience qu'il avait acquise dans ses hautes et délicates fonctions, le fit appeler au ministère des Affaires étrangères après les événements de 1866. Ayant à régler l'importante affaire du Luxembourg, il sut mettre, dans cette question, l'Europe entière dans les intérêts de la France, et amener ainsi la Prusse, spéculant ostensiblement sur l'insuffisance de nos armements, à retirer ses troupes d'une place forte, dont elle avait fait une sentinelle avancée sur nos frontières. Aussi, après la conférence de Londres, l'empereur témoigna-t-il à son ministre le prix qu'il attachait à ses services, en lui conférant la Grand'Croix de la Légion d'Honneur. Dans la question romaine, tout en désirant le maintien de l'unité italienne, il s'attacha à faire respecter la convention de septembre, et déclara qu'un traité, qui portait la signature de la France et celle de l'Italie, était violé par cette dernière, et que notre honneur comme notre intérêt était de ne pas souffrir cette offense à la justice et à notre dignité. Réduite à ces termes, l'expédition de Rome s'accomplit et le cabinet de Florence rentra dans la légalité. Le ministère italien qui suivait les inspirations de la Prusse fut renversé du même coup. La politique du marquis de Moustier fut encore la même en présence des agitations panslavistes sur le Danube et dans les questions posées en Crète, en Servie, en Espagne. Par une vigilance qui ne se démentit pas, par de sages conseils donnés à propos, il sut détourner une foule de malentendus et écarter des sujets de conflits toujours renaissants. A la tribune du Corps législatif et du Sénat, il fit preuve d'une parole élégante, mesurée, discrète, qui se possédait dans les plus petites nuances, comme il convient à un ministre sachant à fond les affaires de son département. Obligé par l'état de sa santé de quitter les affaires, le 17 décembre 1868, il fut prématurément emporté par la maladie, qu'il avait contractée dans les fatigues de son ministère, et mourut le 5 février 1869. Il fut élevé à la dignité de sénateur à sa sortie du ministère. Le marquis de Moustier avait épousé Françoise de Mérode, nièce du comte de Mérode, homme d'Etat Belge, et se trouvait par son mariage cousin-germain de Mgr de Mérode et du comte de Montalembert, et beau-frère de la princesse de Monaco et de la princesse de la Cisterne, dont la fille devint duchesse d'Aoste, par son mariage avec le prince Amédée de Savoie.

MOUSTIER (Audéric, *comte* DE), né à Paris, le 12 juin 1823 ; frère du précédent. Il venait à peine de terminer ses études, complétées par des voyages, lorsqu'éclata la révolution de Février 1848. Nommé commandant d'un des bataillons de la garde nationale de Seine-et-Marne, il conduisit ce bataillon à Paris pendant les journées de Juin, pour contribuer au rétablissement de l'ordre. Élu au mois d'août suivant, conseiller général du même département pour le canton de Crécy-en-Brie, et réélu, sans interruption, en 1852, 58, 67, 71, il prit une part importante aux travaux de cette Assemblée, qui le nomma son premier secrétaire dès que les conseils généraux furent appelés à choisir les membres de leurs bureaux ; il siégea aussi à la Commission départementale et en fut le rapporteur. Ayant adopté, sous l'Empire, une attitude pleine de réserve et n'aspirant qu'à des fonctions purement électives, il posa, en 1869, sa candidature indépendante au Corps législatif, en face de celles du comte de Jaucourt, candidat officiel, de M. Renan et de M. de Jouvencel, et n'échoua qu'après une lutte très-vive, au second tour de scrutin. En 1871, sans avoir fait cette fois de démarches, il obtint encore un grand nombre de voix. M. le comte de Moustier est président de la Société d'agriculture et du comice de l'arrondissement de Meaux. A Paris, où il habite une partie de l'année, il a pris part à la fondation et à la direction de diverses œuvres d'utilité générale. Outre des *Rapports* et *Notices* relatifs à ces œuvres, il a publié, en 1864, la *Relation d'un voyage dans l'intérieur de l'Asie-Mineure*, contenant des sites et monuments de ce pays gravés d'après ses dessins. Il a épousé la fille du duc d'Avaray. Son fils aîné, Renaud de Moustier, né à Paris, le 24 février 1850, s'engagea, au début de la guerre, dans la garde mobile de Seine-et-Marne. Sa belle conduite pendant cette pénible et malheureuse campagne lui valut la croix de la Légion d'Honneur. Il est entré depuis dans la diplomatie. D'abord envoyé en Birmanie (1873) avec le comte de Rochechouart, il est actuellement attaché à la légation de France à Pékin.

MOUTET (Jean-Frédéric), né à Montpellier, le 22 janvier 1823. Brillant élève du collège de Montpellier, où il remporta de nombreux prix, bachelier ès lettres et ès sciences physiques, il commença ses études médicales à la Faculté de la même ville en 1843, fut admis, successivement et au concours, externe et interne à l'hôpital Saint-Éloi, chef de clinique chirurgicale, et enfin aide d'anatomie. En 1852, il prit le grade de docteur avec une thèse sur le *Cancer externe*. Agrégé dans la section des sciences chirurgicales au mois d'avril 1855, candidat en 1857 à la place de chef des travaux anatomiques, professeur d'opérations et appareils au mois d'août 1866, il est devenu professeur de clinique chirurgicale en avril 1867, toujours à la Faculté de Montpellier. M. Moutet, praticien très-répandu dans le midi de la France, a été président des jurys médicaux en 1868, et chirurgien consultant des ambulances de l'Hérault en 1870-1871. Il est aussi membre de l'Académie des sciences et lettres de Montpellier, dont il a occupé la présidence en 1871 et 1872, et membre de la Société de médecine et de chirurgie pratiques, etc. L'un des fondateurs et rédacteurs ordinaires du *Montpellier médical*, il a publié, dans ce journal, sous le titre de *Chronique mensuelle*, de très-nombreux articles concernant sa spécialité. On lui doit, en outre : *Influence des travaux de Delpech sur le développement de la chirurgie* (1855), et trois volumes de *Mémoire de médecine et de chirurgie*, contenant, entre autres, des travaux curieux et très-développés sur la *Lithotritie*, la *Pustule*, la *Rage*, les *Résections*, les *Hydatides de l'abdomen*, etc. (1858, 1864, 1872), et un *Discours sur les prolégomènes de la chirurgie*. M. Moutet a été nommé chevalier de la Légion d'Honneur le 4 mars 1875.

MOUY (Charles, comte DE), né à Paris, le 11 septembre 1835; issu d'une vieille famille de Picardie. Il fit de fortes études au Lycée Bonaparte, et se consacra d'abord à la littérature. Collaborateur de beaucoup de publications périodiques, entre autres de la *Revue européenne*, de la *Revue de Paris*, de la *Revue française*, du *Correspondant*, de la *Revue des provinces*, du *Magasin de librairie*, il fut appelé à faire la critique littéraire à la *Presse* en 1862. A la même époque il entra comme attaché au ministère des Affaires étrangères, et devint, en 1868, rédacteur à la direction politique du même département. Il a publié depuis de nombreuses études littéraires dans le *Constitutionnel* et dans le *Journal officiel*. On lui doit plusieurs ouvrages publiés à part : *Raymond*, étude (1861) ; — *Grands seigneurs et grandes dames du temps passé* (1862) ; — *Don Carlos et Philippe II*, ouvrage couronné par l'Académie française (1863); — *Le roman d'un homme sérieux* (1864) ; — *Les jeunes ombres*, récits de la vie littéraire (1865). M. de Mouy a épousé Melle Amet, petite-fille du général Junot et de la duchesse d'Abrantès. Il est chevalier de la Légion d'Honneur depuis 1869.

MOYSE (Edouard), né à Nancy, le 15 décembre 1827. Il suivit l'atelier de Drölling, et s'adonna surtout à la peinture de genre, sans négliger le portrait. En 1850, il débuta au Salon de Paris avec un *Portrait*. Depuis cet artiste a exposé : *Tête d'étude* (1852) ; — *Chartreux jouant du violoncelle ; Portrait de l'auteur* (1853) ; — un *Portrait* (E. U. 1855); — *Michel-Ange sur le point de disséquer un cadavre*, au musée d'Annecy (1857) ; — *Les chants religieux* (1859) ; — *Une synagogue pendant la lecture de la loi* (1861) ; — *Discussion théologique* ; *La s'este* ; *Ecole juive à Milianah* (1863) ; — *Caïphe* ; *Un philosophe* (1864) ; — *Bénédiction de l'aïeul* ; *Concert* (1865) ; — *Partie de billes* ; *Le conseil d'un ami* (1866) ; — *Grand Sanhédrin des israélites de l'Empire français convoqué à Paris, par ordre de Napoléon 1er, le 4 février 1807* ; *Akiba-ben-Joseph* (1868) ; — *Une circoncision* ; *Rabbi Akioun* (1869) ; — *Famille juive insultée par des truands* (1870) ; — *Hérétiques devant le tribunal de l'Inquisition établi à Séville en 1481*, acquis par le ministère (1872) ; — *Concert religieux* ; *Lorenzo di Bicci*, pastel (1873) ; — *Un point de controverse* ; *La leçon de lecture* (1874); — *Les fins connaisseurs* ; *Une partie d'échecs* (1875). M. Moyse a fait également recevoir aux expositions un certain nombre de portaits. Il a gravé lui-même à l'eau-forte, pour la Société des aquafortistes, la plupart des tableaux que nous venons de citer.

MULLER (Charles-Eugène-Emile), né à Altkirch (Haut-Rhin), le 21 septembre 1823. Issu d'une famille de magistrats, il fut élevé à Mulhouse, où il prit le goût des sciences industrielles, et vint suivre, à Paris, les cours de l'Ecole centrale des arts-et-manufactures. Après avoir obtenu le diplôme d'ingénieur en 1844, il s'établit à Mulhouse. Ses premières années furent employées à des constructions d'églises, d'écoles, de maisons particulières ; à l'exploitation de carrières et de fours à chaux et ciment. Il fut ensuite appelé à la création, à la construction et à la direction de nombreux établissements industriels en Alsace. M. E. Muller a été l'architecte désintéressé des importantes cités ouvrières de Mulhouse et de beaucoup d'autres localités. On lui doit, sur ce genre de travaux, un excellent ouvrage intitulé : *Habitations ouvrières et agricoles, cités, bains, lavoirs, sociétés alimentaires. Détails de construction, etc.* (1855-1856, avec atlas de 45 pl.). Cet ouvrage lui a valu de nombreuses médailles, notamment une en or, de la Société industrielle de Mulhouse, une autre du roi des Belges, et, sur le rapport du Conseil des bâtiments civils de

Paris, un prix fondé par l'empereur. Etabli depuis 1857 à Paris, pour diriger d'importantes industries qu'il y a créées, spécialement une des plus grandes usines de produits céramiques, il a été nommé, le 7 septembre 1864, professeur du cours de constructions civiles à l'Ecole centrale des arts-et-manufactures. Il est aussi membre du Conseil de l'Ecole. Avec MM. Emile Trélat et Dupont (de l'Eure), il est fondateur et administrateur de l'Ecole spéciale d'architecture de Paris, reconnue comme établissement d'utilité publique par décret du 11 juin 1870, et y professe le cours de physique appliquée aux constructions. Parmi ses nombreux travaux d'ingénieur, il est juste de rappeler les importants perfectionnements qu'il a apportés à l'industrie des produits céramiques. Il est le seul qui jusqu'ici ait fabriqué les produits en magnésie et en silice pure pour la métallurgie, la verrerie, ses foyers à combustibles menus, ses nombreuses applications des combustibles gazeux aux chauffages industriels, sa participation à la fondation de la Société générale de métallurgie en 1871 et de la Société des aciéries d'Ermont en 1873 (deux Sociétés dont il est administrateur), la fondation, dans un autre ordre d'idées, de la Société républicaine du Progrès social et politique, indiquent une activité et une énergie de conviction que peu d'hommes possèdent à un plus haut degré. Pendant le siège de Paris, son dévouement a été utilisé dans deux importants services ; et, en 1872, il a été investi de la présidence de la Société des ingénieurs civils. M. Muller est chevalier de la Légion d'Honneur depuis le 31 décembre 1865.

MULLER (Charles-Louis), né à Paris, le 27 décembre 1815. Elève de Gros et de M. Léon Cogniet, il suivit les cours de l'Ecole des beaux-arts en 1832, et s'adonna à la peinture historique, où il s'acquit bientôt une avantageuse réputation, ce qui ne l'empêcha pas de produire des tableaux de genre très-estimés, ainsi que des pastels, des aquarelles et des portraits. En 1833, il débuta au Salon de Paris avec : *Elgive et Edwy*. Depuis, cet artiste a exposé : *Taverne* (1836) ; — *Martyre de saint Barthélemy* (1838) ; — *Assassinat d'Arthur, duc de Bretagne, par son oncle Jean-sans-Terre, roi d'Angleterre* ; *Diogène cherchant un homme* ; *Saint Jérôme en extase* (1839) ; — *Le Diable transporte Jésus-Christ sur une haute montagne* (1840) ; — *Promenade d'Héliogabale à Rome* (1841) ; — *Entrée de Jésus-Christ à Jérusalem*, vaste toile commandée par Louis-Philippe (1844) ; — *Fanny* ; *Le sylphe endormi* ; *Le lutin Puck* ; *Fatinitza*, aquarelle (1845) ; — *Primavera* (1846) ; — *La ronde de mai* (1847) ; — *La folie d'Haïdée* (1848) ; — *Lady Macbeth* (1849) ; — *Appel des dernières victimes de la Terreur*, au Musée du Luxembourg (1850, E. U. 1855) ; — *Vive l'empereur !* 30 mars 1814 (E. U. 1855) ; — *La reine Marie-Antoinette à la conciergerie* ; *Arrivée de la reine d'Angleterre au palais de Saint-Cloud* (1857) ; — *Proscription des jeunes irlandaises catholiques en* 1655 ; le *Travail*, la *Religion*, la *Civilisation*, la *Guerre*, la *Paix*, *Charlemagne*, *Napoléon Ier*, peintures décoratives pour la salle des Etats, au Louvre (1859) ; — *Madame Mère*, 1822 ; *Léda* (1861) ; — *Le jeu* ; *Messe sous la Terreur* (1863) ; — *Tête de mendiante*, dessin ; la décoration de la *Coupole* du pavillon Denon, au Louvre (1865) ; — *Captivité de Galilée* ; *Ponserosa* (1867) ; — *Desdémona* ; *Ecolier* (1868) ; — *Lanjuinais à la tribune*, 2 juin 1793 (1869). M. Müller a obtenu des médailles de 3e classe en 1838, de 2e classe en 1846, de 1re classe en 1848, et une médaille de 1re classe à l'Exposition universelle de 1855. Inspecteur des travaux d'art de la manufacture des Gobelins en 1850, il a été élu membre de l'Académie des beaux-arts, en remplacement de Flandrin, en 1864. Il a été promu officier de la Légion d'Honneur en 1859.

MULLER (Eugène), né à Vernaison (Rhône), le 31 juillet 1826. Il suivit la carrière paternelle, et devint dessinateur et graveur pour étoffes. Son instruction étant des plus élémentaires, il la compléta seul, tout en travaillant pour vivre, et commença par écrire des tragédies en vers, comme *Thrasybule* et *Galsuinde*, qui restèrent manuscrites. Puis il vint faire de la photographie à Paris, où il collabora en même temps à l'*Appel*, au *Triboulet*, et autres journaux de la petite presse. Le succès de la *Mionette*, récit villageois (1858) auquel furent ajoutés *Mon village* et la *Ronde du loup* (édit. de 1860 et 1863), le décida à se renfermer dans les travaux littéraires. Depuis, M. Muller a publié : *Véronique* (1860) ; — *Madame Claude* (1861) ; — *Contes rustiques* ; *La Vierge de mai* (1863) ; — *Pierre et Mariette* (1865) ; — *La driette* (1866) ; — *Le chef-d'œuvre du père Victor* ; *Jacques Moutier* ; *Les filles du sonneur* ; *Récits champêtres*, qui ont obtenu en 1873, l'un des prix Montyon de l'Académie française (1872) ; — *Robinsonnette* (1874). En outre, M. Muller a publié des ouvrages de vulgarisation, ou simplement écrits pour l'enfance et la jeunesse : *Récits enfantins* (1861) ; — *Petit traité de politesse française* (1861) ; — *Les femmes d'après les auteurs français* (1863, avec 15 portraits gravés au burin) ; — *La jeunesse des hommes célèbres* (1867) ; — *Le marchand de nouveautés, Histoire des tissus* dans les collections des *Boutiques de Paris* (1868) ; — *Une Morale en action par l'histoire*, une nouvelle édition du *Robinson suisse*, la *Machine à vapeur*, légende et histoire, etc. Il a fait jouer en 1860 au théâtre du Vaudeville *Le Trésor de Blaise*, comédie rustique. M. Muller, directeur de la *Mosaïque*, publication périodique populaire, et chroniqueur scientifique au *Monde illustré*, a collaboré au *Magasin d'éducation*, au *Musée des familles*, au *Journal de la jeunesse*, etc. Attaché à la bibliothèque de l'Arsenal en 1867, il en est devenu sous-bibliothécaire en 1871. Il a été élu en 1861, membre du comité de la Société des gens de lettres, qui l'a choisi pour son vice-président en 1870, et pour son président en 1873. Ajoutons que M. Muller, délégué cantonal pour l'inspection des écoles primaires, et secrétaire de la Caisse des écoles du XIIe arrondissement, a fondé dans cet arrondissement une bibliothèque communale.

MUNARET (J.-M.-Placide), né à Nantua (Ain), le 8 septembre 1805. Ses études médicales, commencées à Lyon, en 1826, furent continuées à Paris et à Montpellier. Sa thèse : *Médecine de l'étude*, lui valut, le 15 mars 1830, le grade de docteur. Fixé à Brignais (Rhône), il est devenu maire de cette commune qui s'est bien trouvée de son active et intelligente administration. Comme médecin il n'a cessé de rendre, non-seulement à ses administrés, mais aux populations voisines, des services qui lui ont conquis de vivaces sympathies. M. le docteur Munaret est en même temps un de nos plus érudits bibliophiles, et sa bibliothèque s'enrichit encore tous les jours d'ouvrages rares se rapportant à la science médicale. En 1841, M. Munaret a fondé, à Lyon, un dispensaire spécial, qui est devenu municipal. Il a publié les ouvrages suivants : *Promenade chirurgicale à Lausanne* (1837) ; — *Du médecin de campagne et de ses malades* (1837, 3ᵉ édit., 1862) ; — *Annuaire de l'économie médicale* (1845) ; — *Notice sur Mathias Mayor, sa vie et ses travaux* (1847) ; — *Iconautographie de Jenner* (1860) ; — *Notice sur Edouard Auber* (1874) ; — *Causeries et miscellanées* (1875), etc. M. le docteur Munaret est membre correspondant ou associé des Académies de Rouen, Dijon, Caen, Metz, Toulouse, Clermont, Lyon, Cadix, Turin, Bade, Bruxelles, Alger, Bordeaux, Montpellier, Paris, etc.

MURAT (Charles), né à Toulouse, le 2 avril 1818. Venu à Paris en 1835, il exerça la bijouterie, et suivit, avec un vif intérêt, le mouvement intellectuel qui se manifestait parmi les classes ouvrières. Co-fondateur de *l'Atelier*, journal créé, en 1848, par un groupe d'ouvriers et d'artisans dont quelques-uns remplirent honorablement, plus tard, des fonctions politiques, il en fut le collaborateur jusqu'à sa suppression (1850). De 1848 à 1851, il porta les épaulettes de capitaine dans la garde nationale. Inquiété par les vainqueurs du Coup d'Etat, et n'ayant obtenu qu'à grande peine de ne pas être compris dans les listes de proscription, il ne se désintéressa pas cependant des affaires publiques ; et, pendant toute la durée de l'Empire, il mit, à chaque élection, son influence au service des candidats démocratiques, ce qui lui valut, en 1863, d'être impliqué dans le procès des « Treize. » Au lendemain du 4 Septembre, le gouvernement de la Défense nationale voulait lui confier les fonctions de maire ; mais il se contenta de l'écharpe de premier adjoint qui lui fut conservée, par une majorité considérable, lors des élections municipales du mois de novembre suivant. Après le 18 Mars, les électeurs l'ayant nommé d'office membre de la Commune, il déclina aussitôt ce mandat. Le 23 juillet 1871, M. Murat a été élu conseiller municipal de Paris pour le IIIᵉ arrondissement (quartier des Arts-et-Métiers), et conseiller général de la Seine. Républicain de la veille, il siége sur les bancs de la Gauche de ces Conseils.

MURAT (François DE), né à Murat, près Vallières (Creuse), le 1ᵉʳ novembre 1833. Envoyé à Paris, dès l'âge de dix ans, il étudia le dessin et la construction dans les ateliers d'architecture et dans les écoles publiques, et fit de rapides progrès. Il obtint ainsi la confiance des propriétaires qui le chargèrent de grands travaux. M. de Murat est l'auteur d'une quantité de maisons importantes, à Paris et dans les environs. Il est l'inventeur de procédés nouveaux sur l'emploi des matériaux et de l'outillage se rattachant aux bâtiments. On lui doit également, à Paris, des découvertes archéologiques de l'époque gallo-romaine.

MURAT (Joachim-Joseph-André, *comte*), né à Paris, le 12 décembre 1828 ; petit-fils du comte André Murat, frère aîné du roi de Naples, et fils du comte Pierre-Gaëtan Murat, ancien député du Lot. Destiné à la diplomatie, il fut attaché de légation à Florence en 1849, chargé d'affaires par intérim dans la même ville en 1852, puis à Stockholm en 1853. Il était encore en Suède lorsque, en 1854, il fut appelé à représenter, jusqu'en 1870, la première circonscription du Lot au Corps législatif. Il fit partie du centre droit, et signa en 1869, l'interpellation des 116. Il avait été secrétaire d'âge depuis son entrée à la Chambre jusqu'en 1860, époque à laquelle les fonctions de secrétaire étant devenues électives, il y fut maintenu jusqu'à ce qu'il les résignât volontairement en 1863. Membre de diverses commissions et notamment de celle relative à la propriété littéraire, il prit part plusieurs fois aux discussions dans des questions de chemins de fer. En 1870, il fit partie de la commission de décentralisation présidée par M. Odilon Barrot. Il fut successivement secrétaire et vice-président du Conseil général du Lot, où il fut réélu en 1871. Il accepta transitoirement la mairie de Cahors en 1863 pour mettre fin par des élections municipales à un conflit local survenu entre l'Administration, et les anciens représentants élus de la cité ; il reprit ensuite ses fonctions de maire de Labastide-Murat. Il accompagna en Russie (1865) le comte de Morny ambassadeur extraordinaire de France, et assista au couronnement d'Alexandre II, dont il publia une relation. En 1871, fait digne de remarque dans les annales électorales, bien qu'il eût, par un manifeste public, décliné la candidature, et qu'il n'eût figuré sur aucune liste, il fut réélu à l'Assemblée nationale par 32,000 suffrages écrits à la main ; il prit place au centre droit dans le groupe de « l'Appel au peuple. » Il est un de ceux qui, à Bordeaux, se sont levés contre la déchéance de la famille impériale. Auteur d'un amendement relatif au rétablissement de la statue de Napoléon sur la colonne Vendôme, il interpella le gouvernement à la tribune sur la reconstruction même de la colonne et sur le petit gain de cause devant l'Assemblée. M. le comte Joachim Murat a épousé en secondes noces, en 1866, la fille de M. Adolphe Barrot, ancien ambassadeur de France en Espagne. On le dit, tout bas, auteur de quelques proverbes joués sur les théâtres de société. Officier de la Légion-d'Honneur (1862) et de l'Instruction publique, il est aussi commandeur de Saint-Joseph de Toscane et de Sainte-Anne de Russie, et chevalier de l'Etoile polaire de Suède.

MURAT-SISTRIÈRES (Jean-Baptiste-Eugène DE), né à Vic-sur-Cère, le 28 avril 1804 ; fils d'un général qui servit sous la République et l'Empire. Admis à l'Ecole polytechnique en 1817, à l'Ecole d'application de Metz en 1819, il en sortit dans l'artillerie, et parvint au grade de capitaine. En 1836, il quitta l'état militaire pour gérer lui-même ses propriétés, et fut élu conseiller général du Cantal en 1846. Il posa sa candidature, mais sans succès, en 1834, devant le collège d'Aurillac, comme représentant du parti libéral. En 1848 et 1849, il fut élu député de son département aux Assemblées constituante et législative, où il vota généralement avec la Gauche modérée et combattit les menées bonapartistes. Après le Coup-d'Etat, il se retira complètement dans la vie privée, et refusa toute fonction élective. M. de Murat-Sistrières, élu représentant du Cantal à l'Assemblée nationale, le 8 février 1871, siége au Centre-Gauche, avec lequel il vote régulièrement.

MUSSET (Paul-Edme DE), né à Paris, le 7 novembre 1804 ; frère aîné du célèbre poëte et académicien de ce nom. M. Paul de Musset fit de brillantes études au lycée Charlemagne, se consacra à la littérature, et se distingua surtout par son érudition, l'élégante sobriété de son style, et d'importantes restitutions historiques. Il parcourut diverses contrées de l'Europe, notamment l'Italie, et profita de ces voyages en fin observateur. Voici la liste de ses romans et nouvelles : *La table de nuit*, équipées parisiennes (1832); — *Samuel* (1833); — *La tête et le cœur* (1834); — *Lauzun* (1835); — *Anne de Boleyn* (1836) ; — *Le bracelet* (1839) ; — *Guise et Riom* (1840) ; — *Femme de la Régence* (1841); — *Madame de La Guette* (1842); — *Course en voiturin* (1845) ; — *Originaux du XVIIᵉ siècle* (1848); — *Les nuits italiennes* (1848); — *Jean le trouveur* (1849) ; — *Le maître inconnu* (1852) ; — *Livia* (1852) ; — *Le nouvel Aladin* (1853); — *Puylaurens* (1856); — *Lui et elle*, d'après les notes de son frère, réponse au singulier et maladroit roman de George Sand, intitulé : *Elle et lui* (1859) ; — *Extravagants et originaux du XVIIᵉ siècle* (1863) ; — *Voyage en Italie*, partie septentrionale et partie méridionale (2 vol. in-4o avec grav. 1863). M. de Musset n'a donné au théâtre que deux comédies, *La Revanche de Lauzun* (1856), et *Christine, roi de Suède* (1857), jouées à l'Odéon avec un certain succès. Il a fait paraître, en 1848, une traduction des *Mémoires* de Gozzi dans le *National*, dont il est devenu le chroniqueur dramatique de 1848 à 1851. Enfin, M. Paul de Musset a fourni quelques nouvelles à la *Revue des Deux-Mondes*, dont il est encore un des collaborateurs.

MUSTON (Alexis), né à Torre-Pelice (Vallées vaudoises du Piémont), le 11 février 1810. Destiné à exercer le ministère pastoral dans les vallées vaudoises, il fit ses études théologiques à la Faculté de Strasbourg, et suivit en même temps les cours de la Faculté de médecine. Il prit le grade de docteur en théologie en 1834. La publication dans cette ville, la même année, d'un premier volume sur l'*Histoire des Vaudois*, lui attira des persécutions qui l'obligèrent à s'expatrier. Alors il revint en France, où il obtint immédiatement des lettres de naturalisation. Nommé pasteur de l'église protestante de Bourdeaux (Drôme), et allié à la famille des Saulses-Latour, originaire du pays, il n'a pas cessé de consacrer ses loisirs aux intérêts historiques de son ancienne patrie, dont les annales offraient de nombreuses lacunes. Son principal ouvrage est l'*Histoire complète des Vaudois du Piémont*, primitivement intitulée : *L'Israël des Alpes* (1851, 4 vol.). Une première traduction abrégée de cet ouvrage par William Hazlitt, a paru à Londres en 1852; une traduction complète, en langue anglaise également, par John Montgomery, a été imprimée à Glasgow en 1857; d'autres traductions ou imitations partielles ont été publiées en Suède, en Allemagne et en Amérique. Parmi les autres écrits du même auteur, nous distinguons: *Les Vaudois des Alpes italiennes de 1685 à 1694*, poëme (1855); — *Formation des Provinces-Unies hollandaises*, précis historique (*Revue contemporaine*, 1856); — *Valdésie*, poëme (1863); — une dissertation sur la date de la *Nobla-Leyczon* (*Revue de Théologie*, 1868), etc. En outre, le pasteur Muston a fait insérer des études de détail dans divers journaux scientifiques, artistiques et littéraires, tels que le *Courrier médical*, la *Revue de l'Instruction publique*, l'*Illustration*, le *Tour du Monde*, le *Magasin pittoresque*, la *Revue des Alpes*, la *Revue républicaine* fondée en 1844. Enfin, il a collaboré à quelques-uns des *Guides* Joanne, ainsi qu'au *Grand dictionnaire géographique et administratif* de M. Hachette.

MUTEAU (Charles-François-Thérèse), né à Dijon, le 25 mai 1824 ; fils d'un premier président de la Cour de Dijon, qui, président élu pendant de longues années du Conseil général, et député de la Côte-d'Or de 1834 à 1848, faisait partie à la Chambre du groupe de l'opposition dynastique dont M. Dufaure était un des chefs. Il prit le grade de docteur en droit à la Faculté de Dijon, et suivit la carrière de la magistrature. Après avoir rempli les fonctions de juge à Chaumont, Chalon-sur-Saône et Dijon, il devint, en 1864, conseiller à la Cour de cette ville, dont il est aujourd'hui le doyen. Conseiller général de la Côte-d'Or depuis 1859 sans interruption, il fut réélu en 1871, et toujours choisi par ses collègues, à partir de cette époque, comme secrétaire du Conseil. M. Charles Muteau, membre depuis plus de 15 ans de l'Académie de Dijon, de la Commission départementale d'antiquités, etc., a consacré ses loisirs à de nombreux travaux historiques, littéraires et juridiques, et publié notamment : *Les clercs à Dijon*, note pour servir à l'histoire de la bazoche (1857) ; — *Galerie bourguignonne*, en collaboration avec M. Joseph Garnier (1858, 3 vol.); — *La Bourgogne à l'Académie française*, de 1665 à 1727, Bussy-Rabutin, Bossuet, Valon de Mineure, de La Monnoye, Languet de Gergy (1862); — *Du secret professionnel, de son étendue et de la responsabilité qu'il entraîne d'après la loi et la jurisprudence*, traité théorique et pratique (1870); — *L'ivrognerie. L'ivresse doit-elle être punie?* (1872). On doit au même auteur une traduction de l'*Esprit des constitutions politiques et de son influence sur la législation*, de l'allemand de Fr. Ancillon (1849), et des éditions, en 1865, des *Mémoires* de Millotet et des *Anecdotes du Parlement de Bourgogne* de Claude Malteste. En outre, M. Charles Muteau a collaboré à la *Biographie universelle* de Michaud, à la *Correspondance littéraire*, à l'*Athenæum français*, au *Droit*, à la *Revue de législation*, etc.

NADAILLAC (Jean-François-Albert DU POUGET, marquis DE), né à Paris, le 16 juillet 1818, d'une des plus anciennes familles de la noblesse française. Son père, entré dans l'armée en 1807, conquit tous ses grades jusqu'à celui de maréchal de camp par les services les plus distingués. Il quitta sa carrière en 1830 et vécut dans la retraite jusqu'à sa mort (1837). M. le marquis de Nadaillac fit ses études au collège Bourbon, puis son droit à Paris où il prit le grade de licencié. Pendant l'Empire il fut maire de Saint-Jean-Froidmentel (Loir-et-Cher) et ce fut là que le gouvernement de M. Thiers vint le chercher pour lui confier l'administration du département des Basses-Pyrénées le 2 avril 1871. Nous n'avons pas à raconter les démêlés de M. le marquis de Nadaillac avec les divers gouvernements qui se sont succédé en Espagne. Il nous suffira de citer la réponse péremptoire du duc Decazes au memorandum présenté par le marquis de la Vega de Armijo comme la réfutation la plus complète de toutes les attaques passionnées et injustes portées contre le préfet des Basses-Pyrénées. M. le marquis de Nadaillac est membre de la plupart des sociétés qui s'occupent des questions anthropologiques ou préhistoriques. Il a publié: *Mémoire sur les silex taillés* (1864); — *Une excursion à Palmyre* (1866); — *Antiquité de l'homme* (1869, 2ᵉ édit., 1870). Chevalier de la Légion d'Honneur, depuis le 11 octobre 1873, il est aussi commandeur de Charles III d'Espagne, de la Rose du Brésil, etc.

NADAR (Félix TOURNACHON, *dit*), né à Paris, le 5 avril 1820. Il fit ses études classiques au collège de Versailles et au collège Bourbon, et commença sa médecine à l'Ecole secondaire de Lyon. Mais bientôt, désertant l'Ecole, il se mit à dessiner et à écrire, et collabora à l'*Entr'acte lyonnais* et au *Journal et fanal du commerce*. Puis il revint à Paris, et donna, sous le pseudonyme de « Nadar », des articles à plusieurs journaux comme l'*Audience*, la *Vogue* et le *Négociateur*. Successivement secrétaire de MM. Ch. de Lesseps (1844) et V. Grandin (1845), il fit, en 1848, un voyage d'artiste dans le nord de la Prusse, et intrigua l'autorité du pays à un tel point qu'elle l'interna quelque temps à Eisleben. En 1852, il fonda un atelier de photographie qu'il céda peu de temps après à son frère, et dans la propriété duquel il voulut rentrer par la suite. De là un long procès qu'il gagna (1856) contre son frère, qui avait continué à exploiter l'établissement sous le nom de Nadar. Redevenu propriétaire de son pseudonyme, il installa de nouveaux ateliers, d'une façon presque grandiose, sur le boulevard des Capucines (transférés, en 1872, dans la rue d'Anjou-Saint-Honoré), et ne tarda pas à devenir le photographe à la mode. Ses produits obtinrent des médailles d'honneur aux deux premières expositions spéciales de photographie qui eurent lieu à Bruxelles. Vers 1860, l'idée lui vint de chercher à résoudre le problème de la direction des ballons. Il crut avoir trouvé cette solution dans la théorie de « plus lourd que l'air, » fit faire un énorme ballon ordinaire, le *Géant*, et fit quatre ascensions, devant un public payant, pour recueillir les fonds destinés à la construction de son appareil à hélice. Sa seconde ascension fut des plus dramatiques. Parti de Paris le 18 octobre 1863, il alla tomber à Nienbourg (Hanovre), dans des conditions telles que les passagers du *Géant* se trouvèrent en danger de mort, et que plusieurs furent blessés. Cependant, de tant d'espoir mis sur son immense ballon, et de courageux efforts, il ne recueillit qu'un bon procès avec les frères Godard, ses associés, et une forte perte d'argent. Pendant le siège de Paris, il fit preuve d'un grand dévouement comme chef d'une compagnie d'aérostier chargée d'observer, du haut d'un fort ballon captif installé sur la place Saint-Pierre-Montmartre, les mouvements et travaux de l'ennemi. Fondateur de la *Revue comique* en 1849, M. Nadar a fourni depuis beaucoup d'articles au *Journal pour rire*, au *Charivari*, au *Petit journal pour rire*, au *Petit Tintamarre*, à *Polichinelle*, et des nouvelles au *Commerce* et au *Corsaire*. Comme dessinateur, on ne connaît guère de lui que son *Panthéon-Nadar*. Il a publié à part: *La robe de Déjanire* (1841, 4ᵉ édit. 1862); — *Nadar-Jury au salon de 1853*, album comique (1853); — *Nadar-Jury au salon de 1857* (1857); — *Quand j'étais étudiant*, recueil de nouvelles (1857); — *Le miroir aux alouettes* (1858); — *Mémoires du Géant, à terre et en l'air* (1864); — *Les ballons en 1870* (1871). Enfin on doit à M. Nadar deux charmantes pantomines jouées aux Funambules: *Pierrot ministre* (1847), et *Pierrot boursier* (1854).

NADAUD (Gustave), né à Roubaix (Nord), le 20 février 1820. Il fit ses études au collège Rollin, et retourna à Roubaix en 1838 pour y suivre, comme ses parents, la carrière commerciale. Ces derniers ayant ouvert, deux ans après, une maison à Paris, place des Victoires, pour la vente des articles de Roubaix, il s'employa près d'eux jusqu'en 1849. Mais alors, la répugnance qu'il avait toujours ressentie pour l'état de commerçant finit par l'emporter, et s'abandonna tout entier à ses goûts artistiques et littéraires. Le succès qu'avaient eu quelques-unes de ses chansons dans des réunions d'amis l'invita à les publier. Cet essai le plaça, du premier coup, au rang de nos principaux chansonniers. M. Gustave Nadaud a publié environ 400 chansons qu'il a mises presque toutes en musique, musique simple, et s'adaptant si bien aux paroles qu'elle semble être venue à l'esprit de l'auteur en même temps que sa poésie. Chanteur agréable, malgré la médiocrité de sa voix, il interprète lui-même ses œuvres dans les salons, et sait en faire ressortir, avec un art infini, les plus délicates nuances. Une partie de ses chansons a été publiée en albums, avec la musique; quant à l'ensemble, il a paru sous forme de recueils en 1849, 1852, 1862 et 1870. Plusieurs séries ont été insérées dans l'*Illustration*, le *Figaro* et l'*Univers illustré*, avant d'être réunies en recueil. Voici celles de ses œuvres qui ont obtenu le plus de popularité : le *Docteur Grégoire*, les *Dieux*, *Bonhomme*, le *Message*, *Pandore ou les deux gendarmes*, la *Valse des adieux*, le *Voyage aérien*, le *Pays natal*, l'*Histoire du mendiant*, *Ma philosophie*, le *Fou Guilleau*, la *Vigne vendangée*, la *Cuisine du château*, *Lorsque j'aimais*. *Carcassonne*, le *Petit roi*, *Entre Lyon et Condrieu*, la *Garonne*, l'*Infaillible*, la *Jeune fille en deuil*, *Amours passées*, etc. On doit en outre, à M. Gustave Nadaud, une *idylle*, roman, des contes, proverbes, scènes et récits, en vers, des *Notes d'infirmier* (1871), recueillies pendant la guerre comme engagé dans la 1re ambulance lyonnaise; et enfin les livrets avec partitions de trois opérettes de salon, qui sont le *Docteur Vieuxtemps*, la *Volière*, *Porte et fenêtre*. Il a reçu la croix de la Légion d'Honneur en 1861.

NADAUD (Martin), né à la Martinaiche, hameau de l'arrondissement de Bourganeuf (Creuse), le 17 novembre 1815. Fils de petits propriétaires ruraux, il soulagea, dès qu'il le put, sa mère dans les travaux des champs, tandis que son père faisait à Paris, le métier de maçon. Parti avec ce dernier, en mars 1830, sachant à peine lire et écrire, il servit d'abord les maçons à Villemomble, puis à Paris, après la révolution de Juillet. Ses relations de chantier, avec des ouvriers intelligents et énergiques, l'amenèrent en 1834, à faire partie de la Société des droits de l'homme, où il se rencontra avec la jeunesse démocratique et lettrée de la bourgeoisie. Rougissant alors de son ignorance, il fréquenta les écoles gratuites, pendant six ans, et se familiarisa avec la lecture des feuilles du jour et des pamphlets républicains. Dans la maison garnie qu'il habitait, ses camarades l'avaient surnommé « le petit Cabet », sans doute parce qu'il était l'ami et le disciple de ce théoricien humanitaire. De 1838 à 1848, il enseignait le soir, après sa journée, la lecture et l'arithmétique à une quinzaine de ses compatriotes. Cependant il ne négligeait pas ses occupations professionnelles, et il était chef d'atelier depuis l'âge de 19 ans. Lors de la révolution de 1848, il était chargé de conduire les travaux de la mairie du Panthéon. Envoyé à l'Assemblée législative, en 1849, par la population ouvrière de la Creuse, il demanda, à la tribune, la continuation des travaux du Louvre et une modification de la loi de 1841 sur les expropriations, projets mis en pratique plus tard, et dont la propriété, d'ailleurs établie par deux articles du *Siècle*, lui fut confirmée, en 1867, à la tribune même du Corps législatif. Il émit plusieurs propositions en faveur des associations ouvrières, dont l'une fut prise en considération par l'Assemblée, et réclama l'abrogation des lois contre les coalitions, celle du livret et de l'article 1781 du code civil, la réorganisation de la Chambre des prud'hommes, l'amélioration du sort des classes ouvrières, et enfin, la continuation de la rue de Rivoli. Devenu très-populaire, il fut, après le Coup-d'État, arrêté nuitamment avec 16 de ses collègues, détenu deux mois, et exilé en Belgique, d'où il se rendit en Angleterre, où pendant quatre ans il vécut de son état de maçon. Mais il tomba malade et dut, sur les conseils de MM. Barrère et Louis Blanc (voir ce nom), donner, pour vivre, des leçons de langue française usuelle dans une institution de Brighton. En 1858, il entra à l'École militaire de Wimbledon, où il est resté pendant 13 ans. Il vivait dans l'aisance relative et la sécurité quand la révolution de 1870 le rappela en France, où il accepta, de M. Gambetta (voir ce nom), la préfecture de la Creuse. Ayant quitté ses fonctions au moment où M. Gambetta abandonnait le pouvoir, il se trouva à Paris au début de la Commune et eut quelques relations avec plusieurs de ses chefs, Delescluze notamment. M. Martin Nadaud a collaboré au *Réveil*, où il a publié 18 lettres, traitant de questions ouvrières, en 1869 et 1870, et continue ce travail dans la *République française*. Membre du Conseil municipal de Paris pour le XXe arrondissement le 23 juillet 1871, il a été réélu le 29 novembre 1874.

NADAULT DE BUFFON (Benjamin), né à Montbard (Côtes-d'Or), le 2 février 1804. Petit-neveu de l'illustre naturaliste Buffon, il appartient à une famille de robe qui a donné des consuls à Limoges, des conseillers aux Parlements de Bordeaux et de Dijon. Élève de l'École polytechnique en 1823, ingénieur des ponts-et-chaussées en 1831, il fut placé en 1842 à la tête de la nouvelle division du service hydraulique créée, à cette époque, au ministère des Travaux Publics. Ingénieur en chef le 1er mai 1843, et, en 1851, professeur d'hydraulique agricole à l'École des ponts-et-chaussées, étant ainsi le premier titulaire de cette chaire, il a publié sur cette matière des ouvrages qui font depuis longtemps autorité, autant à l'étranger qu'en France. Les principaux sont les suivants : *Des usines et autres établissements sur les cours d'eau* (2e édit., 1874, 2 vol.) ; — *Irrigations de l'Italie septentrionale* (2e édit., 1861, 2 vol. avec atlas), — *Cours d'hydraulique agricole* (2e édit., en cours de publication, 1875, 4 vol.) ; — *Travaux de colmatage et de limonage* (1867). Il a collaboré, en outre : aux *Annales des ponts-et-chaussées*, au *Journal d'agriculture pratique* et à l'*Encyclopédie du XIXe siècle*. M. Nadault de Buffon a été chargé, par le ministre des Travaux Publics, de plusieurs missions pour l'étude des principales questions relatives au service hydraulique et aux améliorations d'intérêt agricole. L'une des plus importantes avait pour objet la mise en valeurs des laits et relais de mer, sur le littoral de l'ouest de la France. Ses rapports ont établi que, par l'application des procédés hollandais, plus de soixante mille hectares de ces riches terrains peuvent être successivement conquis à l'agriculture. C'est à lui qu'a été confié, en 1856, le soin d'étudier, sur les lieux, en Lombardie, les systèmes adoptés, dans ce pays, pour les endiguements et autres travaux de défense contre les inondations. Le travail qu'il a produit sur cet objet, au point de vue technique et administratif, a été utilement consulté par les commissions, réunies pour aviser aux mesures à prendre, afin de prévenir le retour des grandes inondations qui, de 1844 à 1854, ont causé tant de désastres, notamment dans les vallées du Rhône et de la Loire. Mais l'œuvre capitale, dans la carrière de cet ingénieur, et à laquelle il n'a pas consacré moins de dix années d'études difficiles et persévérantes, sera la transformation en un sol fertile, au moyen des crues limoneuses de la Durance, de plus de quarante mille hectares de terrains, aujourd'hui en nature de marais et landes. Cette grande entreprise, qui va recevoir son exécution, donnera au seul département des Bouches-du-Rhône une plus-value foncière d'au moins soixante millions et un accroissement considérable de population. En outre, ce résultat sera obtenu sans aucun concours de l'État ni de la contrée intéressée. M. Nadault de Buffon est membre, depuis 1849, de la Société centrale d'agriculture de France (section de mécanique et d'hydraulique agricoles) aux mémoires de laquelle il a fourni de nombreux rapports; membre correspondant de l'Académie des sciences de Turin et de plusieurs autres Sociétés savantes. Il est officier de la Légion d'Honneur depuis 1863.

NADAULT DE BUFFON (Alexandre-Henri), né à Chaumont (Haute-Marne), le 16 juin 1831; fils du précédent. Elève du Lycée Descartes, aujourd'hui Louis-le-Grand quand éclata l'insurrection de Juin 1848, il prit le fusil de son père, absent de Paris, pour un service public, le remplaça dans les rangs de la 10e légion, reçut trois blessures, et fut, en récompense de sa conduite, nommé chevalier de la Légion d'Honneur le 4 mai 1849, à l'âge de 17 ans. Ses études de droit terminées à la Faculté de Paris, il prit place au barreau en 1853, se distingua dans les conférences, et entra dans la magistrature en 1856. Pendant l'hiver de 1861, à Chalon-sur-Saône, il se jeta tout habillé dans la Saône débordée pour en retirer, au péril de sa vie, un homme qui se noyait, acte de dévouement qui lui valut une médaille d'honneur en or de 1re classe. Substitut à Valognes en 1856, à Chalon-sur-Saône en 1857, substitut du procureur-général à Rennes en 1863, il remplit actuellement (1875) les fonctions d'avocat-général près de cette Cour. M. Nadault de Buffon a publié de nombreux écrits qui embrassent le droit, l'art, la philosophie, l'économie sociale, la critique, l'histoire : *Des donations ayant le mariage pour objet* (1852); — *Etude critique sur la loi des aliénés* (1854); — *Montbard et Buffon* (1855); - *Buffon et Jean Nadault* (1856); — *Correspondance inédite et annotée de Buffon* (2 vol., 1860); — *Buffon, sa famille, ses collaborateurs, et ses familiers* (avec portrait, 1863); — *L'éducation de la première enfance, moyen de régénération sociale* (1863, 2e édit., 1864, 3e édit., 1872) ; — *Episode de la vie littéraire de Frédéric-le-Grand* (1864); — *Les Musées italiens* (1865); — *Le magistrat, étude sur les parlements* (1865); — *Biographie populaire de Buffon* (1866); — *Une question de liberté, appel à la réforme de la loi des aliénés* (1866); — *Rome antique dans Rome moderne* (1866); — *L'homme physique chez Buffon, ses maladies, sa mort* (1868) ; — *Notre ennemi le Luxe*, donnant l'état moral de la France avant la guerre de 1870-1871 (1869, 2e édit., 1872); — *Traité théorique et pratique des eaux de source et des eaux thermales* (avec table analytique et raisonnée, 1870); — *Une question d'ordre public*, étude sur la surveillance de la haute police (1871); — *Les temps nouveaux* (1872). M. Nadault de Buffon a publié aussi des biographies de *Daubenton* (1867) et du *comte Cibrario* (1870), cette dernière traduite en italien par le chevalier Portalupi, et des notices sur le *Premier président Nadault-* (1868); le *Colonel Niepce* (1869), le *général de Cissey* (1871), etc. Il a collaboré à la *Revue britannique*, à la *Revue française*, à la *Revue moderne*, à la *Revue archéologique*, à la *Revue pratique de droit français*, au *Grand Dictionnaire du XIXe siècle*, au *Messager de la semaine*, à la *Gazette médicale*, et donné divers articles aux journaux la *France* et la *Liberté*. Il a fondé, en 1873, à Rennes, pour les cinq départements de Bretagne, et avec sa seule initiative, bien qu'atteint d'une grave maladie de la vue, la Société régionale libre des Hospitaliers-Sauveteurs Bretons, société de sauvetage, d'assistance mutuelle, de moralisation et de bienfaisance, destinée à exciter au bien par l'émulation de l'exemple et des récompenses. Cette fondation n'est à vrai dire que la mise en pratique de plusieurs des théories contenues dans ses ouvrages : *L'éducation de la première enfance, Notre ennemi le Luxe* et *Les temps nouveaux*. Il a fondé dans la même pensée les *Annales du Bien*, journal illustré. M. Nadault de Buffon est officier de l'Instruction publique, membre de l'Académie de législation, de la Société philotechnique, etc.

NAJAC (Emile-Fernand, *comte* DE), né à Lorient (Morbihan), le 14 décembre 1828. Il vint faire ses études classiques à Paris, et y resta pour s'adonner librement à la littérature dramatique. On lui doit un grand nombre de vaudevilles, de comédies et de livrets d'opéras. Voici d'abord les pièces qu'il a fait jouer seul : *Un mari en 150* (1853); — *Une croix à la cheminée* (1855); — *Deux veuves pour rire* (1853); — *Mam'zelle Jeanne*, opérette, musique de M. Léonce Cohen (1858); — *La poule et ses poussins* (1861); — *Les oiseaux en cage* (1864); — *Les douze innocentes*, opéra-comique, musique de M. Albert Grisar (1865) ;— *Au pied du mur* (1866); — *Bettina*, opéra-comique, musique de M. Léonce Cohen (1866) ;—*Petit bonhomme vit encore*, opérette, musique de M. Louis Deffès (1868); — *Le docteur Rose* opéra-bouffe, musique de F. Ricci (1872); — *Garçon de cabinet*, opérette, musique d'A. Taluxq (1872); — *Nos maîtres*, (1873); - *Le théâtre des gens du monde*; — *Madame est servie*. Parmi les pièces que M. de Najac a écrites en collaboration avec des auteurs connus, tels que MM. Decourcelle, Delacour, Grangé, Edouard Martin, Scribe, Wattier, Meilhac et surtout About, nous citerons : *Chasse au lion* (1852) ; — *Une soubrette de qualité* (1854) ;— *Le réveil du mari* (1856) ; — *M. et Mme Rigolo* (1857); — *Plus on est de fous...* (1858); — *La clef sous le paillasson* (1859); — *La fête des Loups* (1859); — *La fille de trente ans* (1859); — *Jeune de cœur* (1860);— *Le capitaine Bitterlin* (1860), — *La beauté du diable*, opéra-comique, musique de Giulo Alary (1861); — *Un mariage de Paris* (1861); — *Vente au profit des pauvres* (1862); — *Gaëtana* (1862); -- *Bégayements d'amour*, opéra-comique, musique de M. Grisar (1865); — *Nos gens* (1866); — *Histoire ancienne* (1868); — *Retiré des affaires* (1869); — *Nany* (1872), etc.

NAQUET (Alfred), né à Carpentras, le 6 octobre 1834. Reçu docteur en médecine de la Faculté de Paris en 1859, il se consacra à des études spéciales sur le positivisme en matière philosophique et à des travaux de chimie pure en matière scientifique. Il se présenta une première fois au concours d'agrégation en 1860, et se fit recevoir en 1863. Il prit une part active au mouvement radical d'opposition contre le régime impérial, et fut, le 23 décembre 1867, condamné à quinze mois de prison et à 500 fr. d'amende, et à l'interdiction des droits civiques, pour société secrète et manœuvres à l'intérieur de nature à troubler la paix publique et à exciter à la haine et aux mépris du gouvernement. En mars 1869, son ouvrage intitulé : *Religion, Propriété, Famille*, lui attira quatre mois de prison et 500 fr. d'amende. Il collabora à la rédaction de la *Démocratie*, de la *Tribune* et de la *Marseillaise*, en qualité de rédacteur scientifique, à celle du *Réveil*, comme correspondant d'Espagne, et à celle du *Rappel* comme rédacteur politique. Le 4 septembre 1870, il fut de ceux qui envahirent la salle du Palais-Bourbon et consommèrent la révolution. Il suivit ensuite le gouvernement de la défense nationale à Tours et à Bordeaux, et remplit à la fois les fonctions de membre et de secrétaire dans la commission d'études des moyens de défense. Le 8 février 1871, les électeurs du département de Vaucluse le nommèrent représentant à l'Assemblée nationale; et, l'Assemblée ayant voté, le 8 mars, l'enquête sur son élection, il donna sa démission, se représenta le 2 juillet suivant, et passa, cette fois, avec une majorité de 8,000 voix. M. Alfred Naquet a pris plusieurs fois la parole, notamment le 5 septembre 1871, à propos du retour de l'Assemblée à Paris, le 16 mai 1872, dans la discussion sur le droit d'association, et le 19 novembre 1873 sur l'appel au peuple. Outre l'ouvrage cité plus haut, et des articles de chimie publiés dans la *Nouvelle Encyclopédie générale*, le *Moniteur scientifique*, le *Bulletin* de la Société chimique, les *Comptes-rendus* de l'Académie des sciences de Paris, etc., on cite de lui : *Application de l'analyse chimique à la toxicologie*, thèse pour le doctorat (avec 4 tableaux) ; — *De l'allotropie et de l'isomérie*, thèse d'agrégation; — *Principes de chimie fondés sur les théories modernes* (1865, 3ᵉ édit., 2 vol., 1874); — *De l'atomicité* (1868), extrait de la *Philosophie positive*. etc.

NAQUET (Gustave), né à Paris, le 1ᵉʳ juillet 1819. Brillant élève du Collége Bourbon, il se consacra au journalisme, après s'être livré pendant quelque temps à l'enseignement, appartint à la rédaction de la *Réforme*, et fut attaché au secrétariat-général du Gouvernement provisoire au lendemain de la révolution de Février. Fondateur du *Contrat social* à Rouen, en 1848, puis rédacteur de la *République* à Paris, et correspondant du *Peuple souverain* à Lyon, en 1849, il fonda dans cette dernière ville, jusqu'en 1851, neuf journaux qui furent tous frappés de diverses pénalités. Réfugié en Angleterre pour échapper à des poursuites en Cour d'assises, il donna des articles au *Proscrit* et à la *Voix du proscrit*, et revint à Paris pour prendre part à la résistance, le 2 décembre 1851. Après le succès du Coup-d'Etat, il réussit à gagner la Belgique. Deux ans plus tard, il profita de l'amnistie relative aux délits de presse, et rentra en France où, pendant presque toute la durée de l'Empire, il demeura sous le coup d'une sorte d'interdiction politique. Ne pouvant ni fonder un journal, ni faire accepter sa collaboration avouée aux journaux politiques existants, il s'adonna à la finance. Cependant, en 1868, il put utiliser sa plume dans le *Réveil*. Ayant fondé le *Peuple* de Marseille, en 1869, il s'attira trois mois de prison et d'interdiction de ses droits civiques, pour participation à la souscription Baudin ; condamnation qui l'empêchait d'accepter la candidature au Corps législatif offerte par les démocrates du Var. Membre de la Commission départementale et du Comité de défense, et chef d'Etat-major de la garde nationale de Marseille, après le 4 Septembre, il fut nommé préfet de la Corse en décembre 1870, et conserva ses fonctions jusqu'au 23 février 1871, époque où il donna sa démission pour ne pas avoir à servir les hommes du nouveau gouvernement. Ayant ensuite repris la direction du *Peuple*, il blâma les mouvements insurrectionnels qui éclataient sur beaucoup de points, se prononça ouvertement contre la commune de Marseille, et s'ingénia à proposer des moyens de transaction entre Paris et Versailles. Traduit pourtant devant un conseil de guerre, pour un article sur le désastreux traité de paix conclu avec la Prusse, il fut condamné à deux ans de prison et 5,000 fr. d'amende. Après avoir subi six mois d'emprisonnement, il se réfugia en Belgique, où il resta jusqu'au moment où remise lui fut faite du restant de sa peine. En dernier lieu, M. Gustave Naquet a été rédacteur en chef de la *Tribune* de Bordeaux. Il a publié à part : *Coup d'œil sur Rouen*, prose et vers (1845) ; — *De la presse périodique et des lois qui la régissent* (1847); — *Le parti rouge, le blanc et le noir en France* (1861); — *Révélations sur l'état de siége à Marseille* (1873).

NATHALIE (Zaïre Martel, *dite*), née à Tournan (Seine-et-Marne), en 1816. Fille d'un coiffeur qui s'établit à Paris quand elle était encore enfant, elle s'éprit d'un goût sérieux pour le théâtre où ses aptitudes et sa beauté lui garantissaient d'avance de brillants succès. Elle débuta, en 1832, à la Porte-Saint-Antoine, et fut engagée, en 1833, aux Folies-Dramatiques tout à la fois comme danseuse et comme comédienne. Ses rôles de *Michaëla* et de la *Fille de l'air* attirèrent sur elle l'attention du public et de la critique. Le répertoire de Scribe, de Bayard, etc., lui donna l'occasion de mettre en relief l'extrême souplesse de son talent, et elle fut successivement appelée de 1830 à 1848 à briller sur les scènes du Gymnase, du Palais-Royal et du Vaudeville. La diction savante et la distinction dont elle fit preuve au Vaudeville, en jouant le *Dernier amour*, lui valurent, de la part du Comité du Théâtre-Français, la proposition d'un engagement exceptionnel ; et, en 1849, elle parut avec éclat, dans la Césarine de la *Camaraderie*, sur la première scène française où ses succès n'ont fait dès lors que s'affirmer d'année en année. Depuis quelque temps elle joue, avec un talent supérieur, les grandes coquettes et les rôles marqués. On ne pourrait citer ici toutes les pièces dans lesquelles Mademoiselle Nathalie s'est fait applaudir, et au succès desquelles elle a souvent contribué. Nous nous contenterons donc d'en mentionner un certain nombre. Elle a joué, au Gymnase, dans : Un Ange au sixième étage, une Vision, Duchesse, la Cachucha, les Premières amours, les Vieux péchés, la Gitana, les Enfants de troupe, le Paradis de Mahomet, l'Abbé galant, le Prix de vertu, le Tyran d'une femme, la Fille de l'avare, la Demoiselle à marier, la Chanoinesse, Adrienne, le Menuet de la reine, le Bon ange, Zélia la danseuse, Jean Lenoir, Marie Mignot, Tiridate, Emma, Don Pasquale, l'Ange gardien, Maurice, la Pêche aux beaux-pères, le Code des femmes, Pierre Lerouge, un Duel sous Richelieu, etc.; — au Vaudeville, dans : Ce que femme veut, le Chevalier d'Essonne, la Vicomtesse Lolotte, le Dernier amour, etc. ; — à la Comédie-Française, dans : Marion Delorme, Hernani, Une chaîne, le Chevalier à la mode, le Mariage de Figaro, le Misanthrope, le Legs, le Bourgeois gentilhomme, les Femmes savantes, le Malade imaginaire, le Philosophe sans le savoir, le Vieux célibataire, le Joueur de flûte, Bataille de dames, l'Aventurière, Il ne faut jurer de rien, le Verre d'eau, Bertrand et Raton, Lady Tartuffe, Péril en la demeure, La joie fait peur, Par droit de conquête, etc. Sur cette dernière scène, elle a créé les rôles de son emploi dans Gabrielle, le Duc Job, l'Amitié des femmes, Charlotte Corday, Œdipe, le Testament de César, le Fils de Giboyer, Maître Guérin, les Ouvriers, etc. Mlle Nathalie a été nommée Sociétaire des Français en 1851, pour prendre rang le 1er janvier 1852.

NAVEAU (Victor-Emmanuel), né à Soissons (Aisne), le 2 février 1840; issu d'une famille originaire de Fleurus (province de Namur), et dont les descendants occupent dans les colonies hollandaises de hautes fonctions administratives. En 1855, M. Naveau passa un examen favorable pour l'admission aux écoles d'arts-et-métiers à Laon, et vint à Paris à la fin de 1856 pour se consacrer à l'étude de l'architecture. Elève de MM. Jay et Robin, il suivit les cours de l'Ecole impériale de dessin et d'architecture, où il remporta en 1858 deux premiers prix et un second prix. Il a dirigé à Paris et dans les environs, depuis l'année 1861, des travaux importants et a contribué à l'embellissement de certains quartiers. On doit à son initiative la fondation de la Société nationale des architectes de France, en 1871 ; il a fait partie, jusqu'en 1872, du Conseil provisoire de cette Société, et a été ensuite élu membre du même Conseil (1874-1875). Il a jeté les bases d'une Exposition permanente de l'industrie du bâtiment à Paris. M. Naveau est l'auteur des plans, exécutés en partie, de l'Hippodrome des Champs-Elysées, dont les façades monumentales ont été remarquées. M. Naveau a réalisé certaines améliorations dans la pratique des constructoins notamment, l'utilisation du coffre des cheminées au moyen d'un appareil augmentant considérablement la production de la chaleur, et par un système de plancher incombustible où les solives en fer se trouvent isolées par des produits réfractaires, etc.

NEFFTZER (Auguste), né à Colmar (Haut-Rhin), le 3 février 1820. Il étudia la théologie à la Faculté protestante de Strasbourg. Après avoir débuté dans le Courrier du Bas-Rhin, il vint à Paris, et entra, en 1844, au journal la Presse, alors dirigé par M. de Girardin. Signataire du journal, pendant plusieurs années, en qualité de gérant, il fut, en 1851, condamné à un an de prison, pour avoir publié, en tête de ses colonnes, un message apocryphe dont l'opinion s'émut vivement. Pendant les premières années de l'Empire, M. Nefftzer rédigeait dans la Presse le bulletin politique du jour et succéda, en 1856, à M. de Girardin dans la direction politique de ce journal, qu'il quitta une première fois en 1857. En 1858, il fonda, avec M. Charles Dollfus, la Revue germanique, à laquelle d'excellents travaux de critique religieuse, de philosophie et d'histoire assignèrent bientôt un rang distingué parmi les publications périodiques de l'époque. Rentré à la Presse, en 1859, M. Nefftzer l'abandonna définitivement en 1861, pour fonder lui-même un nouveau journal politique, le Temps, où il s'assura la collaboration d'écrivains éminents. On sait la place qu'occupe cette feuille dans la presse libérale. En 1871, M. Nefftzer, qui n'a pas cessé d'écrire dans le Temps, a abandonné à M. A. Hébrard la direction politique de son journal. Indépendamment de ses études littéraires, religieuses et philosophiques publiées dans la Revue germanique, il a traduit de l'allemand, avec M. Ch. Dollfus, l'ouvrage du docteur Strauss : Nouvelle vie de Jésus (1864, 2 vol.).

NÉGRIN (Emile), né à Cannes (Alpes-Maritimes), d'une famille de notaires, le 14 octobre 1833. Il commença ses études à Grasse, fut élève pour la marine à Toulon (1848), et, après avoir étudié le droit à Aix (1853), canonnier au 16e d'artillerie (1854). Il a été successivement professeur à Bagnères-de-Luchon (1856), rédacteur de l'Union des artistes, puis du Courrier des artistes à Toulouse (1859) et correcteur à Paris (1860). Greffier du tribunal civil à Nice en 1861, il perdit ce dernier emploi à la suite d'un procès de presse. Depuis lors, M. Emile Négrin se consacra uniquement aux lettres. Son volume, Les promenades de Nice (1862, 4e édit., 1869), lui valut une popularité exceptionnelle parmi les touristes. « Heureux Nice ! » s'écriait à ce propos Auguste Luchet dans le Siècle, « qui a Alphonse Karr pour jardinier, Emile Négrin pour cicérone, et qui se plaint ! » Les principaux ouvrages de M. Négrin sont : Les contes courants, avec introduction et controverses philologiques (1875, 2e édit.); — Les contes gaulois (1866, 3e édit., 1870); — Les poésies légères (1871, 4e édit.); — Les épigrammes (1872, 6e édit.); — Les poésies lyriques (1874, 7e édit.); — Leiz argiérac, poésies provençales (1873, 2e édit.); — Les épîtres et les poèmes (1874, 4e édit.); — Dictionnaire réciproque de la langue française (1870). On doit aussi à M. Emile Négrin une foule d'écrits de circonstance et de brochures. Sa qualité de romanisant et ses travaux sur l'orthographe provençale l'ont lié d'amitié avec MM. Mistral, Aubanel, etc.; et à la fête du centenaire de Pétrarque il a obtenu, pour son *Ode provençale*, la grande médaille de la ville d'Avignon. Le caractère distinctif des travaux d'Emile Négrin est une correction toute grammaticale du style. Les critiques de Paris, ainsi que ceux de la province, se sont toujours plu à le signaler. Sa poésie est claire comme de la prose, et sa prose colorée comme de la poésie. En 1872, dans la force de l'âge et du talent, il a été frappé à la fois de cécité et de paralysie.

NÉLATON (Auguste), né à Paris, le 17 juin 1807. Son père occupait dans l'administration militaire la place de garde-magasin des vivres. Il fit de bonnes études universitaires, et embrassa la médecine, vers laquelle le poussait une véritable vocation. D'abord externe, puis interne des hôpitaux, il prit le grade de docteur de la Faculté de Paris le 28 décembre 1836, et devint agrégé de la Faculté et chirurgien des hôpitaux. Après un premier concours pour la chaire de médecine opératoire, dans lequel il échoua, et où Malgaigne fut nommé, il concourut en avril 1851, avec succès, pour la chaire de clinique chirurgicale; et, en 1856, il entra à l'Académie de médecine, section de pathologie chirurgicale. M. Nélaton a été le plus remarquable de nos praticiens et, avec Velpeau, le professeur dont les cours ont été les plus suivis. Il a formé des élèves très-distingués, tels que M. Dolbeau, etc. En 1867, il a quitté l'enseignement, avec le titre de professeur honoraire. Nommé chirurgien ordinaire de l'empereur en 1866, il a été élevé à la dignité de sénateur le 14 août 1868, et dans la même année il a été nommé membre de l'Institut, en remplacement de Jobert de Lamballe. Parmi les cures merveilleuses qu'il a opérées, grâce à sa sagacité et à son habileté de main, on cite celles du prince impérial et de Garibaldi. Il a imaginé un procédé chirurgical tout spécial pour l'extraction immédiate de la pierre. On lui doit : *Recherches sur l'affection tuberculeuse des os* (1836); — *Traité des tumeurs de la mamelle* (1839); — *Eléments de pathologie chirurgicale*, traité écrit avec le concours de quelques-uns de ses meilleurs élèves, et notamment des docteurs A. Jamain et Péan (1844-1860, 5 vol.); — *Parallèle des divers modes opératoires dans le traitement de la cataracte* (1850); — *De l'influence de la position dans les maladies chirurgicales* (1851), etc. M. le docteur Nélaton, qui avait été déjà membre de la section française du jury international de l'Exposition universelle, à Londres, en 1862, a pris part à la rédaction du *Rapport* sur les progrès de la chirurgie à la suite de l'Exposition universelle de 1867. M. Nélaton est décédé le 21 septembre 1872. Il avait été promu au grade de Grand-officier dans la Légion d'Honneur le 8 juin 1867.

NEMOURS (Louis-Charles-Philippe-Raphaël d'Orléans, duc de), né à Paris, le 25 octobre 1814. Mgr le duc de Nemours est le second fils du roi Louis-Philippe Ier. Elève du collège Henri IV et lauréat du concours général, il quitta le collége en 1830 pour se consacrer à la carrière militaire. Il avait, conformément aux traditions monarchiques, été nommé colonel du 1er régiment de chasseurs à cheval par le roi Charles X, dès le 17 novembre 1826. En janvier 1831, le Congrès national siégeant à Bruxelles l'avait élu roi des Belges. Mais le roi Louis-Philippe, son père, refusa d'accepter cette couronne, en déclarant aux commissaires belges que : « Les exemples de Louis XIV « et de Napoléon suffisaient pour le préserver « de la funeste tentation d'ériger des trônes « pour ses fils. » Déjà auparavant, son père avait décliné pour lui les offres qui lui avaient été faites du trône de Grèce. Ce fut donc, non comme roi, mais à la tête de son régiment, devenu le premier de lanciers, qu'il entra en Belgique avec l'armée française envoyée, au mois d'août 1831, pour repousser l'invasion de ce pays par la Hollande, à l'avènement du roi Léopold Ier; puis une seconde fois en novembre 1832. Dans cette seconde expédition, il prit part au siége d'Anvers sous le commandement du maréchal Gérard; et après le retour de l'armée en France, il fut envoyé aux camps de Compiègne et de Lunéville. Il reçut les étoiles de maréchal de camp le 1er juillet 1834, et fut attaché à l'armée d'Afrique, pour faire l'expédition de Constantine en 1836. On sait que cette première tentative fut malheureuse. L'année suivante, le jeune général, à la tête de la première brigade, prit une part active aux opérations du siége et à la prise de la ville, qui fut enlevée d'assaut par nos troupes le 13 octobre 1837. L'armée d'Afrique n'a pas oublié les preuves de sollicitude qu'il lui prodigua, lorsque, pendant le retour de ces expéditions, elle était en butte à des attaques continuelles et décimée par les maladies, non moins que par l'inclémence de la saison. De même les colons européens se souvenaient de son empressement à s'enquérir de leurs besoins et à visiter leurs établissements principaux. Promu lieutenant-général le 11 novembre suivant, il rentra en France et y exerça successivement, en cette qualité, plusieurs commandements : celui du camp de cavalerie de Lunéville en 1838, d'une division d'infanterie dans les Ardennes en 1839, et, la même année, celui du camp de Fontainebleau composé de deux divisions. En 1840, il fut chargé d'organiser à Lunéville quatre nouveaux régiments de cavalerie. Puis, en 1841, il retourna en Afrique. Il y prit part, sous les ordres du général Bugeaud, aux opérations dirigées contre Abd-el-Kader, tant dans la vallée du Chélif que dans la province d'Oran. Les troupes de sa division coopérèrent entre autres à la prise de Tegdempt et à la reprise de Mascara. La mort soudaine du duc d'Orléans, arrivée l'année suivante, vint changer sa situation. L'héritier de la couronne étant mineur, il fallait pourvoir à l'éventualité d'une régence non prévue par la charte, et le duc de Nemours se trouva, par le fait, désigné pour remplir, le cas échéant, les fonctions de régent. Retenu dès lors en France, il y exerça divers commandements et fonctions militaires, en même temps qu'il prenait part aux travaux de la Chambre des pairs. Lors de la révolution de

Février 1848, l'abdication du roi, son père, le faisait légalement régent du royaume; mais la légalité avait en ces jours perdu tout empire; il ne fut plus alors au pouvoir de personne de la faire prévaloir. Le duc de Nemours se maintint néanmoins aux Tuileries jusqu'à ce que le roi abdicataire, la reine, les femmes, les enfants et l'héritier du Trône s'en fussent éloignés. Il courut alors rejoindre ce dernier à la Chambre des députés où sa mère l'avait conduit; mais bientôt, Mme la duchesse d'Orléans, ses deux fils et le duc de Nemours en furent tous chassés. L'envahissement de cette Chambre par l'émeute avait mis fin à la séance, comme aux derniers efforts tentés en ce moment suprême pour le maintien de la monarchie. Condamné à l'exil, Mgr le duc de Nemours résida à Claremont auprès du roi Louis-Philippe, son père, et de la reine Marie-Amélie, sa mère, jusqu'à la fin de leurs jours. Il rentra en France après l'abrogation des lois d'exil par l'Assemblée nationale en 1871. Il avait épousé, le 27 avril 1840, Victoire-Auguste-Antoinette, duchesse de Saxe et princesse de Saxe-Cobourg-Gotha, née le 16 février 1822 et morte le 10 novembre 1857. Il en a eu quatre enfants. Deux fils : Louis-Philippe - Marie - Ferdinand - Gaston d'Orléans, comte d'Eu, né le 28 avril 1842, et Ferdinand-Philippe-Marie d'Orléans, duc d'Alençon, né le 12 juillet 1844; et deux filles : Marguerite-Adélaïde Marie d'Orléans, née le 16 février 1846, et mariée à Ladislas, prince Czartoryski, et Blanche - Marie - Amélie - Caroline-Louise-Victoire d'Orléans, née le 28 octobre 1857. Il est général de division, Grand'croix de la Légion d'Honneur, chevalier des ordres du Saint-Esprit, de la Toison d'Or, etc.

NEPVEUR (Albert-Marie-Louis), né à Douai (Nord), le 15 janvier 1797; fils d'un avocat au Parlement de Flandre, descendant d'une ancienne et illustre famille d'origine écossaise. Il fit de brillantes études au lycée de sa ville natale, et fut reçu licencié en droit à la Faculté de Paris, le 25 août 1824. Après avoir occupé au barreau de Douai une place distinguée jusqu'au 21 février 1827, il entra dans la magistrature comme juge auditeur à Louviers. Grâce à son zèle et à son mérite, il obtint un rapide avancement. Successivement procureur du roi à Yvetot (12 avril 1829) et à Evreux (31 janvier 1830), procureur du roi à Neufchâtel le 1er juin 1831, il passa à Rouen, comme substitut, le 4 janvier 1832, puis revint à Evreux, comme procureur du roi, le 15 août 1834. Dans cette dernière résidence, M. Nepveur déploya une grande énergie dans la répression des usuriers et des incendiaires qui désolaient une partie de la Normandie. Par son incessante activité, il put découvrir les incendiaires, et l'un d'eux, Dehors, homme riche et influent, fut mis en accusation. Dans cette célèbre affaire, M. Nepveur fit preuve d'un rare talent, et, malgré l'éloquence de Me Berryer, défenseur, Dehors fut condamné à mort par le Jury. Le 8 mai 1837, il fut nommé conseiller à la Cour royale de Rouen, et chargé, en janvier 1838, de la présidence des assises, fonctions pénibles, difficiles, qu'il a depuis continué de remplir d'une façon tout à fait remarquable. Dans la longue carrière de magistrat de M. Nepveur, il est surtout une circonstance qu'il convient de rapporter ici, et dans laquelle il déploya une fermeté, un zèle et une sagacité peu ordinaires. Il s'agit des troubles de Bernay (Eure), survenus en octobre 1842, et occasionnés par plus de deux mille ouvriers qui, descendus en armes sur la place de la ville, avaient fini par obtenir une augmentation de salaire, par l'intimidation et la violence. Cette affaire dont M. Nepveur avait été chargé par la Chambre des mises en accusation avec M. Dufaure-Montfort, avocat-général, présentait de réels périls. Bravant l'émeute, affrontant la mort, le courageux magistrat parvint à arrêter tous les meneurs. Ce résultat lui avait coûté 16 jours de travail et de lutte; M. Martin (du Nord), alors garde des sceaux, lui écrivit, le 9 novembre 1842, une lettre de chaleureuses félicitations. Une tâche d'un autre genre, mais non moins lourde, lui fut encore dévolue en 1847 par la Chambre des mises en accusation, dont il était devenu membre, à l'occasion du procès criminel dirigé contre les syndics de la faillite du banquier Demiannay père et contre l'un des membres de la famille. Ce procès avait déjà été débattu devant la Cour de Rennes, et les procès civils qui s'y rattachaient avaient été portés devant les Cours de Grenoble, de Lyon et de Rouen. Chargé d'un supplément d'instruction, M. Nepveur se livra pendant plus d'un an à un travail opiniâtre et mena à bonne fin cette célèbre affaire, dont les frais dépassèrent dix-sept-cent mille francs! Lors des troubles de Rouen, dans les journées des 27 et 28 avril 1848, ce fut encore lui que l'on chargea d'instruire cette affaire si difficile et si compliquée. En dehors de ses fonctions de magistrat, M. Nepveur en a rempli beaucoup d'autres. C'est ainsi qu'il est depuis 1845 membre du Conseil municipal de Rouen, dont il est le doyen depuis 1869; ensuite il est devenu membre de la Commission administrative du Mont-de-Piété et vice-président de la Commission administrative des hospices civils et tuteur des enfants trouvés. Dans ces diverses fonctions, il a été chargé, par ses collègues, de rédiger plus de 200 rapports, dont les plus importants au Conseil municipal, sont : Sur la suppression des fonderies de suif en branche dans la ville de Rouen; — Sur les attributions municipales; ce rapport qui contenait plus de 100 pages a été rédigé en exécution d'une circulaire de M. Dufaure, alors ministre de l'Intérieur (1849); — Sur la distribution des eaux de source dans la ville de Rouen; pendant 16 ans M. Nepveur a été chargé de tous les rapports concernant cette importante affaire; — Sur le règlement des pensions des employés des services municipaux; — Sur les budgets de l'octroi de la ville de Rouen. En 1849, pendant que le choléra sévissait avec rigueur sur la cité normande, il a déployé un zèle et un courage au-dessus de tout éloge. On doit encore à M. Nepveur : *Rapport sur le projet de loi concernant les ventes judiciaires de biens criminels* (1839); — *Rapport sur le projet de loi ayant pour objet la réforme des prisons*, travail imprimé par ordre du gouvernement (1844); — *Rapport sur le projet de loi* tendant à modifier plusieurs articles du Code d'instruction criminelle (1846) ; — De la peine de mort (1847) ; — De la suppression des tours et de l'admission à bureau ouvert des enfants trouvés (1848) ; — De la condition physique et morale des enfants trouvés au dix-neuvième siècle et du système qu'il convient d'adopter comme règle unique du service de ces enfants (1849) ; — De la mortalité des enfants trouvés en France et à Rouen en particulier (1850). M. Nepveur a été élu membre de l'Académie des sciences et belles-lettres de Rouen, le 23 mars 1849. Il est chevalier de la Légion d'Honneur depuis le 15 janvier 1837, et a pris sa retraite avec le titre de conseiller honoraire en 1867.

NEYMARCK (Alfred), né à Châlons-sur-Marne, le 4 janvier 1848. Il fit ses études au collège de cette ville, et entra dans les affaires comme simple commis, en 1863, dans une maison de banque et de change. A l'âge de 17 ans, il débuta dans le journalisme par la publication de correspondances financières adressées à des journaux de province, entre autres au *Journal de la Marne*. En 1866 et 1867, il résida à Berlin, apprenant, dans cette ville, l'organisation financière de l'Allemagne, et représentant un agent de change de la Bourse de Paris. Rédacteur (1867 à 1869) de la partie financière de la *Revue Contemporaine*, collaborateur de plusieurs journaux politiques et financiers, M. Alfred Neymarck obtint rapidement une grande notoriété. Il fonda, en octobre 1869, le journal financier-politique le *Rentier*, dont il est toujours le propriétaire et le rédacteur en chef, et qui exerce dans le monde financier une influence incontestée. On doit à M. Neymarck un grand nombre d'ouvrages économiques et financiers, dont voici les principaux : *Histoire du crédit public en France et en Europe* (1858) ; — *L'Union financière* (1868) ; — *La vérité sur la Caisse Mirès* (1868) ; — *Les obligations de la ville de Paris* (1869) ; — *Les emprunts Ottomans* (1869-1870) ; — *Aperçus financiers* (t. Ier, 1872, t. II, 1873) ; — *La rente française, son origine, ses développements, ses avantages* (1873) ; — *De la nécessité d'un conseil supérieur des finances* (1874) ;—*Les milliards de la guerre. Comment les a-t-on trouvés ? Ont-ils enrichi l'Allemagne ? Ont-ils appauvri la France ? Le milliard de la paix* (1874-75). M. Alfred Neymarck est membre correspondant de diverses Académies et Sociétés savantes, et décoré de plusieurs ordres étrangers.

NEYRENEUF (Vincent), né à Brioude (Haute-Loire), le 2 avril 1841. Il fit ses études classiques aux collèges de Brioude et de Gap. Admis à l'Ecole normale supérieure en 1861, il fut reçu, en 1866, agrégé des sciences physiques. Successivement professeur de physique aux lycées de Vendôme (1864), de Besançon (1865) et de Nevers (1867), il fut appelé à Caen en 1868. En 1875 il prit le grade de docteur ès sciences physiques à la Faculté de Paris, avec une thèse intitulée : *L'action dans les phénomènes électriques des substances mauvaises conductrices en contact avec des corps conducteurs*. On lui doit encore : *Recherches sur l'électricité statique et la combustion des mélanges détonnants* (1875).

NICOLAS (Alexandre-César), né à Xanten (ancien département de la Roër, provinces rhénanes), le 30 juillet 1809. Son père, fonctionnaire du premier Empire, rentré en France après les désastres de 1815, le mit au collège de Caen, où il eut pour condisciples des élèves devenus célèbres, tels que MM. Blanche, Boulatignier, Leverrier et autres. Admis à l'Ecole normale supérieure en 1828, il s'y lia d'amitié avec de jeunes hommes également appelés à un grand avenir, MM. Berger, Vacherot et Chéruel. Agrégé des lettres en 1830, et nommé professeur de troisième au collège d'Angers, il fut, l'année suivante, et sur l'indication de Michelet, chargé de la chaire d'histoire, de création récente. Passé au collège de Rennes comme professeur de troisième en 1834, il y occupa la chaire de seconde en 1836, et celle de rhétorique en 1838. De 1843 à 1850, il professa la rhétorique au collège de Lyon. Chargé du même enseignement au collège de Douai, il prit, en Sorbonne, le grade de docteur ès lettres en 1851, et fut aussitôt nommé professeur de littérature étrangère près la Faculté des lettres de Rennes. Actuellement (1875), M. Nicolas est encore dans les mêmes fonctions. On lui doit une édition annotée des *Perses*, d'Eschyle (collection Hachette), qui date de l'époque où il était encore sur les bancs de l'Ecole normale ; un *Tacite* commenté (collection des *Classiques* de M. Dezobry), et, surtout une traduction de l'*Araucana* d'Ercilla (1869, 2 vol.). Ce dernier ouvrage, couronné par l'Académie, est une version complète de l'épopée espagnole, avec une introduction étendue, des notes critiques et des comparaisons littéraires. Le troisième volume, non encore édité, contient une histoire des poésies narratives de la péninsule espagnole, depuis le XIIIe siècle jusqu'à nos jours. M. Nicolas a été plusieurs fois appelé à prononcer des discours, à Rennes et à Lyon, au nom des établissements où il était professeur. Ses deux thèses de doctorat sont de sérieuses monographies sur *Cornelius Gallus* et *Cassius de Parme*. Enfin, il a collaboré à la *Revue de Bretagne* et à la *Revue du Lyonnais*. M. Nicolas est officier de l'Université depuis 1856.

NICOLAS (Jean-Jacques-Auguste), né à Bordeaux, le 6 janvier 1807. M. Nicolas fit son droit à la Faculté de Toulouse, prit sa licence en 1830, et entra dans le barreau en 1831. Après avoir rempli, dans sa ville natale, de 1841 à 1849, les fonctions de juge de paix, il fut nommé, sous le ministère de M. de Falloux, chef de la division des intérêts diocésains et de l'administration temporelle des circonscriptions ecclésiastiques, poste qu'il occupa jusqu'en 1854. Juge au tribunal de la Seine en 1860, il a été nommé, en 1867, conseiller à la Cour de Paris. M. Nicolas a publié divers ouvrages d'érudition et de philosophie : *Observations sur le rétablissement de l'image du Christ dans les salles de justice* (1838) ; — *Du tour des enfants trouvés* (1847) ; — *Etudes philosophiques sur le christianisme* (1842-1845, 4 vol.) ; cet ouvrage considérable a obtenu un très-grand succès et en est actuellement (1875) à sa 22e édition ; — *Du protestantisme et de toutes les hérésies dans leurs rapports avec le socialisme* (1852, 2 vol., 4e édit., 1869 ; — *Etude sur Maine de Biran* (1858); — *La vierge Marie et le plan divin*, nouvelles études sur le christianisme (1860-1865, 4 vol., 5e édit., 1870) ; — *Etude sur Eugénie de Guérin* ; — *La divinité de Jésus-Christ, démonstration nouvelle* (1864) : — *L'art de croire ou préparation philosophique à la foi chrétienne* (1866, 2 vol., 5e édit., 1870), etc. M. Nicolas a reçu la croix de la Légion d'Honneur en 1849.

NICOLAS (Michel), né à Nîmes, le 22 mai 1810. Il fit ses études classiques au lycée de sa ville natale, et, de 1827 à 1832, suivit à Genève les cours de philosophie et de théologie protestante. Après avoir visité les principales Universités de l'Allemagne, il rentra en France en 1834, puis, après avoir rempli, pendant quelques mois à Bordeaux, les fonctions de pasteur suffragant, il fut appelé à Metz comme pasteur titulaire. Ayant reçu, en 1838, à Strasbourg, le grade de docteur, il vint occuper la chaire de philosophie à la Faculté de théologie protestante de Montauban. M. Nicolas a publié les ouvrages suivants : *De l'éclectisme* (1840), dirigé contre Pierre Leroux ; — *Jean Bon Saint-André, sa vie et ses écrits* (1848) ; — *Introduction à l'étude de l'histoire de la philosophie* (1849-1850, 2 vol.) ; — *Histoire littéraire de Nîmes* (1854, 3 vol.) ; — *Histoire des artistes* (peintres, sculpteurs, architectes et musiciens-compositeurs), *nés dans le département du Gard* (1859) ; — *Des doctrines religieuses des Juifs pendant les deux siècles antérieurs à l'ère chrétienne* (1860, 2e édit., 1866) ; — *Études critiques sur la Bible. Ancien testament* (1861, 2e édit., 1869) ; *Nouveau Testament* (1863) ; — *Essais de philosophie et d'histoire religieuse* (1863) ; — *Études sur les évangiles apocryphes* (1865) ; — *Le symbole des apôtres, essai historique* (1867). Il a collaboré à la *Liberté de penser*, à la *Revue de théologie de Strasbourg*, à la *Revue germanique*, au *Dictionnaire général de politique*, de Maurice Block, à la *Nouvelle biographie générale*, etc. Il a traduit de l'allemand, l'œuvre de Fichte, sur *La destination du savant* (1838), et celle de M. Ritter, sur *l'Idée et le développement historique de la philosophie chrétienne*. Il a en outre publié divers fragments d'une *Histoire des établissements d'instruction publique chez les protestants avant la révocation de l'édit de Nantes*. M. Nicolas a été nommé chevalier de la Légion d'Honneur le 12 août 1865.

NICOU-CHORON (Stéphano-Louis Nicou, connu sous le nom de), né à Paris, le 20 avril 1809. Après avoir été élève de l'Ecole royale et spéciale de chant, fondée par Choron, et transformée en Institution royale de musique classique religieuse, en 1824, il fut cette même année attaché à l'établissement comme professeur, et, en 1832, nommé inspecteur général des études. En 1834, à la mort de Choron, dont il était devenu le gendre, il prit lui-même la direction de l'école. Au concours ouvert, en 1847, pour la composition des chants religieux et historiques, il obtint trois médailles d'or et deux de bronze. On doit à M. Nicou-Choron une *Méthode* combinée de solfège et de chant, douze grandes *Vocalises* pour soprano ou ténor, un grand nombre de *Messes* à une ou plusieurs voix, avec orgue ou orchestre, des *Oratorios*, des *Cantates*, parmi lesquelles les *Prestiges de l'harmonie*, chœur à six voix couronné par la Société de Sainte Cécile à Bordeaux, des *Chœurs*, des *Motets*, des *Cantiques*, 60 *Préludes* pour l'orgue, un *Miserere* pour baryton, violon, orgue et piano, une *Marche religieuse* à grand orchestre, et un *Stabat* à quatre voix, solos, chœurs et orchestre. Cette composition, l'une des plus importantes de ses œuvres, obtint un très-grand succès dans la chapelle du Palais de Versailles pour laquelle elle avait été composée. Il a été nommé chevalier de la Légion d'Honneur en 1864.

NIEUWERKERKE (Alfred-Emilien, comte DE), né à Paris, le 16 avril 1811. Issu d'une noble famille des Pays-Bas, il fut destiné d'abord à la carrière des armes, mais les études artistiques l'attiraient invinciblement. De bonne heure, il visita les principales collections de l'Europe. A la fois artiste et homme du monde, il aborda d'abord la sculpture. Ses premiers essais ayant attiré les regards des connaisseurs, il se hasarda à tenter la chance des expositions publiques et débuta au Salon de 1843 par son beau modèle de *Guillaume-le-Taciturne*, destiné au roi de Hollande, et par un buste du *marquis de Mortemart*, qui réunit tous les suffrages. Il exposa ensuite : *René Descartes*, statue en bronze de 3 mètres, pour la ville de La Haye, œuvre remarquable, qu'il reproduisit en marbre, pour la ville de Tours (1846); — *Isabelle la catholique entrant à Grenade*; buste du *docteur Leroy d'Etiolles* (1847); — médaillon de *Louis Napoléon*, président de la République (1848) ; — *La Rosée*, statuette en marbre (1849) ; — une statue équestre de *Napoléon Ier*, qui est aujourd'hui à Lyon (1852) ; — un buste de *Napoléon III* ; un buste de *femme* (1855) ; — le buste en marbre du *maréchal Bosquet* (1857) ; — *la princesse Murat* ; *Mme Fould* (1859); — *la marquise de Cadore*; *Mme Conneau* ; *le marquis de La Valette* (1861). On lui doit aussi un *Catinat*, en pierre, pour l'église de Saint-Gratien. Nommé, dès 1849, directeur général des musées nationaux, il fut élu, en 1853, membre libre de l'Académie des beaux-arts, en remplacement d'Aristide Dumont. D'abord intendant, il devint, en 1863, surintendant des beaux-arts au ministère de la maison de l'Empereur, puis, lors de la formation d'un ministère spécial des Beaux-Arts (6 janvier 1870), directeur général des musées impériaux. M. le comte de Nieuwerkerke, a remporté une médaille de 3e classe à l'Exposition universelle de 1855. Il a été promu Grand-officier de la Légion d'Honneur le 14 août 1863 et élevé à la dignité de sénateur le 5 octobre 1864.

NIOBEY (Pierre-Alphonse), né à Hambye (Manche), le 16 février 1816. Il commença ses études médicales à Paris en 1840. Externe de 1842 à 1844, puis interne en médecine et chirurgie, il fut attaché à l'hospice de la Vieillesse (femmes) en 1845, et à l'hôpital Saint-Louis en 1846 et 1847. Le 28 juillet

1848, il prit le grade de docteur avec une thèse intitulée : *Propositions de médecine et de chirurgie*. Après avoir pratiqué la médecine à Paris de 1848 à 1864, il fut, à cette dernière époque, nommé maire de Hambye, et retourna dans son pays natal, où, malgré les événements qui se sont succédé depuis, il a conservé jusqu'à ce jour, ses fonctions municipales. Sur la proposition des ministres de l'Intérieur et de l'Agriculture et du Commerce, le gouvernement lui a décerné des médailles en 1848, 1849 et 1854, pour services rendus à l'occasion du choléra. On lui doit une *Histoire médicale du choléra-morbus épidémique qui a régné dans la ville de Gy (Haute-Saône) en 1854* (1858). M. le docteur Niobey a reçu la croix de la Légion d'Honneur en 1855.

NISARD (Jean-Marie-Napoléon-Désiré), né à Châtillon-sur-Seine (Côte-d'Or), le 20 mars 1806. Il fit de solides études à l'institution Sainte-Barbe, et entra à la rédaction des *Débats*, où il se fit une belle position. Il venait de publier, en collaboration avec son frère Auguste, la traduction d'un pamphlet anglais dirigé contre don Miguel de Portugal, quand éclata la révolution de Juillet 1830. Le nouveau gouvernement l'attacha au ministère de l'Instruction publique, et peu après, en désaccord d'opinions avec le *Journal des Débats*, il le quitta pour passer au *National*, dirigé par son ami Armand Carrel. En 1834 il publia *Les poètes latins de la décadence*, et fut nommé maître de conférences de littérature française à l'Ecole normale supérieure, position qu'il occupa jusqu'en 1844 ; en 1836, il devint chef du secrétariat au ministère de l'Instruction publique et maître des requêtes au Conseil d'Etat ; en 1843, il succéda à Burnouf comme professeur d'éloquence latine au Collège de France. Dépossédé de toutes ses fonctions, sauf la dernière, par la révolution de Février 1848, il fut nommé plus tard inspecteur général de l'enseignement supérieur et contribua, par un rapport qu'il eut à faire sur ce sujet, à la réorganisation du système d'études de l'Ecole normale supérieure. A cette époque M. Villemain ayant pris sa retraite, il fut appelé à lui succéder dans la chaire d'éloquence française à la Faculté. En 1857, il céda la suppléance de son cours à M. Demogeot et prit la direction de l'Ecole normale supérieure, qu'il conserva jusqu'à la fin de 1867. M. Nisard, élu membre de l'Académie française, en 1850, a été membre du Conseil supérieur de l'Instruction publique. En dehors de ses fonctions universitaires, il a été appelé à jouer un rôle politique. Membre de la Chambre des députés, en 1842, pour le département de la Côte-d'Or, il a pris place dans les rangs des conservateurs, et traité à la tribune des questions d'enseignement. Le 18 novembre 1867, il a été élevé à la dignité de sénateur. Il est actuellement professeur honoraire à la Faculté des lettres. On lui doit : *Histoire et description de la ville de Nîmes* (1835) ; — *Mélanges* (1838, 2 vol.) ; — *Précis de l'histoire de la littérature française depuis ses premiers monuments jusqu'à nos jours* (1840) ; — *Histoire de la littérature française* (1844-1849, 2 vol., 1863, 4 vol.) : — *Etudes de critique littéraire* (1858) ; — *Etudes d'histoire et de littérature* (1859) ; — *Nouvelles études d'histoire et de littérature* (1864) ; — *Mélanges d'histoire et de littérature* (1868). On lui doit encore des *Discours*, tels que ceux prononcés à l'Institut pour la réception de MM. Ponsard et de Broglie ; des *Nouvelles*, des *Traductions* de Shakspeare, etc. Beaucoup de ses ouvrages ont paru d'abord en articles détachés dans la *Revue des Deux-Mondes*, la *Revue de Paris*, la *Revue européenne*, la *Revue contemporaine*, etc. Il a dirigé, depuis 1839, la publication de la *Collection des classiques latins* (27 vol.). M. Nisard est commandeur de la Légion d'Honneur depuis 1856.

NIVET (Annet-Vincent), né à Aiguepeyre (Puy-de-Dôme), le 26 mai 1809. M. le docteur Nivet est le fils d'un ancien chirurgien-major des armées de la République et de l'Empire ; il a terminé ses études au collège de Clermont, et a été reçu bachelier ès lettres en 1827. Ses moyens pécuniaires ne lui ayant pas permis alors de suivre ses inclinations et de continuer ses études médicales, il entra comme élève dans une pharmacie. Mais sur le conseil de M. Lecoq, professeur d'histoire naturelle, à Clermont, il concourut pour l'internat en pharmacie des hôpitaux civils de Paris, et fut reçu le 3 avril 1830. A la fin de l'année, il commença la médecine, fut nommé externe en octobre 1833, et attaché à l'hôpital des enfants malades dans le même service que l'interne Nélaton. Nommé, au concours, interne en médecine et en chirurgie des hôpitaux civils de Paris en 1834, il fut reçu docteur en 1838. En 1839, il s'établit à Clermont-Ferrand, fut nommé, en 1842, professeur suppléant de l'Ecole de médecine et de pharmacie, et professeur adjoint en 1843. Il a été chargé successivement des cours de clinique interne et anatomie. Nommé professeur titulaire le 23 août 1858, il a été appelé, le 24 mars 1860, à professer la tocologie à cette école ainsi qu'à l'école départementale d'accouchement, dont il est aujourd'hui le directeur. M. Nivet est en outre médecin titulaire de l'Hôtel-Dieu, médecin des épidémies de l'arrondissement de Clermont, membre de l'Académie des sciences, belles-lettres et arts de Clermont, membre honoraire de la Société anatomique, correspondant de la Société médico-chirurgicale, de la Société médico-pratique, de la Société d'hydrologie médicale de Paris, etc. Il a obtenu une médaille de bronze, deux médailles d'argent et une médaille en or, pour son dévouement pendant les épidémies, ainsi que pour la publication de rapports spéciaux. Il a publié : *Documents sur l'organisation de la médecine des pauvres* (1863) ; — *Documents sur les épidémies de l'arrondissement de Clermont-Ferrand* (1865) ; — *Traité des maladies des femmes*, en collaboration avec M. Blatin (1842), et un grand nombre de mémoires qui ont été insérés dans la *Gazette médicale de Paris*, les *Archives de médecine*, les *Annales de l'Auvergne*, la *Gazette hebdomadaire de Paris*, etc. M. le docteur Nivet est chevalier de la Légion d'Honneur depuis 1861 et officier de l'Instruction publique.

NOACK (Alphonse), né à Leipzig (Saxe), le 10 mars 1809. Elève de l'Université de Leipzig, en 1828, il prit le grade de docteur le 6 avril 1835, en défendant sa thèse inaugurale : *De nutricis virtutibus*. Témoin des résultats remarquables obtenus à la suite du traitement de certaines maladies graves et rebelles par la méthode d'Hahnemann, il se livra dès 1836 à l'étude de l'homœopathie, et ses succès l'engagèrent dès lors à travailler avec persévérance au développement et à l'expansion de la nouvelle doctrine. Major de l'hôpital homœopathique de Leipzig, le premier de cette spécialité en Europe, de 1840 à 1843, il reçut de nombreuses invitations de s'établir, soit en France, soit en Russie, en Angleterre ou en Italie. En 1841, le ministre de l'Intérieur le chargea de pourvoir les établissements médicaux de la Saxe de certaines reproductions plastiques de pièces d'anatomie pathologique. Ayant obtenu de la Faculté de Paris et du ministère de l'Instruction publique, en 1843, l'autorisation d'exercer en France, il s'établit à Lyon où il avait été appelé, comme médecin homœopathe, par un certain nombre de familles. M. le docteur Noack, naturalisé français en 1859, est délégué du presbytère de Lyon auprès du Consistoire de la confession d'Augsbourg, à Paris, membre de l'Academia omiopatica di Palermo, des Sociétés homœopathiques centrale d'Allemagne et libre de Leipzig (dont il fut l'un des fondateurs), de la Société de médecine homœopathique de Bade, de la British homœopathic Society, des Sociétés hahnemaniennes de Londres et de Paris, et de la Société protectrice de l'enfance, de Lyon. On lui doit de nombreux travaux littéraires, publiés soit dans la presse allemande et étrangère, jusqu'en 1843, soit isolément ; et il a rédigé, de 1837 à 1843, en collaboration avec le docteur Hartmann, un journal de matière médicale. Parmi ses œuvres, on distingue : *Olla podrida*, ouvrage de polémique (Leipzig, 1836) ; — *Matière médicale homœopathique*, avec le concours des docteurs Trinks et Müller (4 vol., Leipzig, 1841-1847) ; — *Pharmacopœa homœopathica polyglottica*, en collaboration avec les docteurs Willmar Schwabe, Süss-Hahnemann (Leipzig, Londres et Lyon, 1872). Le titres littéraires de M. le docteur A. Noack lui ont valu, en 1869, d'être nommé chevalier de l'ordre du Christ de Portugal.

NOAILLES (Paul, duc DE), né à Paris, le 4 janvier 1802. Issu d'une noble famille originaire du Limousin, il hérita du titre de duc et de la pairie à la mort de son grand-oncle, le duc de Noailles décédé sans enfants mâles, en octobre 1824 ; mais il n'occupa son siège au Luxembourg qu'en 1827. Fidèle à ce qu'il considérait comme un devoir civique, il conserva son poste à la Chambre des pairs, après la révolution de 1830. Là, il défendit courageusement le régime tombé, prit fréquemment la parole sur les questions de législation et de politique étrangère, et vota contre l'alliance anglaise. On a cité, dans ces derniers temps, son discours sur les fortifications de Paris, où il avait prédit leur impuissance contre l'ennemi, et l'appui qu'y trouverait l'insurrection. L'ensemble de ses discours et de ses opinions fournit la matière d'une publication à part. Après la révolution de 1848, il abandonna la vie publique pour se consacrer exclusivement à ses travaux littéraires. On doit à M. le duc de Noailles une remarquable *Histoire de Mme de Maintenon* (1843, 2 vol., et 2 autres volumes en 1848). Il avait fait auparavant un petit volume sur la *Maison de Saint-Cyr*, qui n'a jamais été mis en vente et qui a fait un des chapitres de l'*Histoire de Mme de Maintenon*. Entré à l'Académie française, le 6 décembre 1849, où il venait fortifier, comme on le disait alors, le « parti des ducs, » il a prononcé des discours dans les séances solennelles de cette compagnie. Nommé ambassadeur de France en Russie (1871), sa santé ne lui permit pas d'aller en remplir les fonctions. Il est chevalier de l'Ordre de la Toison d'Or. M. le duc de Noailles a épousé, en 1823, Mlle Alicia de Rochechouart-Mortemart, sœur du général duc de Mortemart, qui lui a donné deux fils : en 1826, Jules de Noailles, duc d'Ayen, auteur de plusieurs écrits remarquables sur l'économie politique ; et, en 1830, Emmanuel-Henry de Noailles, auquel on doit les ouvrages suivants : *La Pologne et ses frontières* (1863, avec cartes) ;— *Henri de Valois et la Pologne en* 1572, couronné par l'Académie française (1867, 3 vol.), et qui, après avoir été ministre plénipotentiaire de France aux Etats-Unis (12 mars 1872), remplit depuis le 6 novembre 1873 les mêmes fonctions à Rome.

NOGENT-SAINT-LAURENS (Edme-Jean-Joseph-Jules-Henri), né à Orange (Vaucluse), le 27 décembre 1814. Fils d'un magistrat, il fit ses études classiques à Avignon, commença son droit à Aix, le termina à Grenoble en 1836, et prit place au barreau de Paris en 1838. Doué d'une élocution élégante et facile, il parvint bientôt à la réputation, surtout dans les affaires de Cour d'assises. Il porta la parole dans l'affaire Soufflard, aux assises, et, devant la Cour des pairs, pour un des accusés du 12 mai en 1839, et pour le colonel Laborde, compromis dans l'échauffourée de Boulogne, en 1840. M. Nogent-Saint-Laurens a fait partie du Corps législatif, comme député de la 1re circonscription du Loiret, de 1853 à 1870, et représenté le canton de Valréas dans le Conseil général de la Vaucluse. On lui doit des articles de polémique insérés dans les feuilles périodiques, un *Traité de la législation et de la jurisprudence des chemins de fer* (1841), un ouvrage, en collaboration avec M. Dubrena sur *La législation des théâtres* (1842), un *Eloge d'Hennequin*, etc. M. Nogent-Saint-Laurens est commandeur de la Légion d'Honneur depuis le 14 août 1866.

NOGRET (Mgr Louis-Anne), né à Josselin (Morbihan), le 6 octobre 1798. Il se consacra à l'état ecclésiastique, fit ses premières études au collège communal de sa ville natale, et les compléta au grand séminaire de Vannes. Ordonné prêtre en 1822, il fut d'abord attaché à l'église métropolitaine de Tours, comme vicaire et chanoine honoraire, puis nommé curé de Loches (Indre-et-Loire) en 1830. Un décret du 14 janvier 1862 l'appela à l'évêché de Saint-Claude (Jura). Préconisé le 7 avril suivant, il a été sacré le 30 juin de la même année. Mgr Nogret, prélat de la maison de Sa Sainteté, assistant au trône pontifical, est officier de la Légion d'Honneur, depuis le 14 août 1868, et officier de l'Instruction publique.

NOURRISSON (Jean-Félix), né à Thiers (Puy-de-Dôme), le 18 juillet 1825. Il termina ses études au collége Stanislas, entra, dès 1846, dans l'enseignement, comme suppléant général des classes de grammaire, de lettres et de philosophie au même collége, suivit cependant les cours de la Faculté de droit et prit place, en 1850, au barreau de Paris. Reçu la même année, le premier, agrégé de philosophie, il se vit conférer, à l'unanimité, en 1852, par la Faculté de Paris, le grade de docteur. Successivement professeur de philosophie à Stanislas (1850), au Lycée de Rennes (1854), à la Faculté des Lettres de Clermont (1855), il est devenu, depuis 1858, titulaire de la chaire de philosophie du Lycée Corneille. En 1871, il a rempli, par délégation, les fonctions d'inspecteur général. Auteur d'un grand nombre d'ouvrages sur la philosophie et son histoire et trois fois lauréat de l'Institut, il a été décoré, en 1862, de la Légion d'Honneur. En 1870, il a remplacé le duc de Broglie à l'Académie des sciences morales et politiques (section de philosophie). M. Nourrisson a publié : *Tableau des progrès de la pensée humaine, depuis Thalès jusqu'à Hegel* (1868, 4e édit.); — *Essai sur la philosophie de Bossuet, avec des fragments inédits* (1862, 2e édit.); — *Exposition de la théorie platonicienne des idées* (1858); — *Les Pères de l'Église latine* (2 vol. 1856) ; — *Le cardinal de Bérulle* (1856) ; — *Le dix-huitième siècle et la Révolution française* (1862);— *Portraits et Études, avec des fragments inédits* (1863, 2e édit.) ; — *La philosophie de Saint-Augustin* (2 vol., 2e édit., 1866) ;— *La philosophie de Leibnitz* (1860) ; — *La nature humaine, Essais de psychologie appliquée* (1865) ; ces trois ouvrages couronnés par l'Académie des sciences morales et politiques ; — *Spinoza et le naturalisme contemporain* (1866) ; — *La politique de Bossuet* (1867) ; — *Une visite à Hanovre, septembre 1860* (1861) ; — *Essai sur Alexandre d'Aphrodisias*, suivi du *Traité du Destin*, traduit en français pour la première fois (1870) ; sans compter des articles de critique philosophique publiés dans l'*Assemblée nationale*, le *Journal général de l'instruction publique*, les *Débuts*, la *Revue des Deux-Mondes*, le *Correspondant* et des *Mémoires* et *Rapports* insérés dans le *Compte rendu* de l'Académie des sciences morales et politiques.

NOURRIT (Adolphe), né à Montpellier, le 3 mars 1802, fut amené à Paris par son père, Louis Nourrit, au moment où celui-ci entrait au Conservatoire pour y préparer, sous la direction de Garat, ses débuts à l'Académie impériale de musique. Adolphe Nourrit fit ses études à Sainte-Barbe. Son père le destinait au commerce. Il fit son apprentissage dans une grande maison de soieries de Lyon ; puis, de retour à Paris, fut quelque temps employé dans la Compagnie d'assurances générales. Mais son goût le portait ailleurs. Garcia l'ayant entendu s'essayer sur un morceau de Gluck décida Louis Nourrit à ne plus contrarier la vocation de son fils. Les savantes leçons de Garcia, son professeur de chant, et de Baptiste aîné, son professeur de déclamation, son assiduité aux représentations de Talma, le mirent bientôt en état de paraître sur la scène de l'Opéra. Il y débuta, le 10 septembre 1821, dans le rôle de Pylade d'*Iphigénie en Tauride*. Dès cette première soirée, son succès fut assuré. De 1821 à 1826, il partagea avec son père l'emploi de premier ténor. C'est le moment où Rossini apporte sur la scène française le *Siége de Corinthe* et *Moïse*, deux immenses succès et pour l'auteur et pour Adolphe Nourrit. Louis Nourrit quitte l'Opéra, laissant son fils seul et sans partage en possession de l'emploi de premier ténor. Depuis il créa les rôles de Masaniello dans la *Muette de Portici* d'Auber, du Comte dans le *Comte Ory* de Rossini (1828), d'Arnold dans *Guillaume Tell* (3 août 1829), du *Philtre* d'Auber, de *Robert le Diable* de Meyerbeer (1831), de Gustave III dans le *Serment* (1831), d'Eléazar dans la *Juive* (1835). A la fin de cette année la direction passe aux mains de Duponchel, et le 29 février 1836, eut lieu la première représentation des *Huguenots* de Meyerbeer. A ce moment où sa renommée est au comble, où son talent a acquis toute sa puissance, toute sa maturité, Nourrit a le cruel chagrin de voir établir dans son emploi le ténor Duprez, élève de Choron, qui s'était fait une belle réputation en Italie. Nourrit n'était pas, il le disait lui-même, un homme de lutte. Il quitta l'Opéra ; sa représentation d'adieux eut lieu le 1er avril 1837. Il fit alors une tournée en Belgique, puis à Lille, à Marseille, à Lyon, à Toulouse. Sa santé était profondément atteinte ; le chagrin avait développé chez lui une grave maladie de foie. A Marseille, il fut pris de dyssenterie et d'accidents cérébraux très-inquiétants. A son retour à Paris, il était méconnaissable, tant le chagrin et la maladie l'avaient altéré. Le repos, la vie de famille le retrempèrent. Il voulut alors tenter d'aller reconquérir en Italie la première place que Duprez lui avait ravie en France. Il partit seul pour chercher un engagement. Après avoir parcouru le nord de l'Italie, il vint se fixer en avril 1838, à Naples, où il se lia avec Donizetti. Sous la direction de ce maître habile, il tenta de changer sa manière de chanter ; mais il sentait qu'il perdait les qualités si précieuses de sa voix, le charme et l'émotion. Il se heurta en outre contre des obstacles, des contrariétés de tous les jours. Il aurait voulu débuter à San-Carlo ou dans une de ses grandes créations françaises adaptées à la scène italienne, ou dans un rôle nouveau, fait pour lui. La censure royale lui interdit *Guillaume Tell*, *Robert le Diable*, les *Huguenots*, la *Muette*, et enfin *Polyuto*. Son pauvre esprit frappé ne voyait plus dans les applaudissements qu'une raillerie ou une concession faite à son ancienne renommée. Le 7 mars 1849, après une représentation de la *Norma* où il avait voulu jouer malgré son état de souffrance, la représentation étant au bénéfice d'un pauvre employé du théâtre, il rentra chez lui, passa une partie de la nuit dans une violente agitation, et, au matin, une fenêtre s'ouvrit brusquement, on entendit une chute bruyante, et l'on trouva son corps étendu sur les dalles de l'hôtel qu'il habitait. Un grand talent, réhaussé par les plus rares qualités du cœur, a dit M. Louis Quicherat, voilà ce qui pendant sa vie recommandait Adolphe Nourrit à l'estime publique. Voilà pourquoi il a laissé un deuil si profond, des regrets si fidèles, une mémoire si vénérée.

Son fils, M. Robert Nourrit, né le 22 février 1833, a été, pendant dix ans, avocat au Conseil d'Etat et à la Cour de cassation. Il est actuellement associé avec son beau-frère, M. Eugène Plon, imprimeur-éditeur.

NUITTER (Charles-Louis-Etienne TRUINET, dit), né à Paris, le 24 avril 1828. Après avoir suivi les cours de droit, il se fit inscrire, en 1849, au barreau de Paris, mais abandonna bientôt le palais pour le théâtre. Soit seul, soit en collaboration, il a écrit de nombreuses pièces, sanctionnées par le succès. Il a remanié et traduit des poëmes lyriques étrangers pour les faire représenter sur nos théâtres. Voici ses principales productions : *La perruque de mon oncle* (1852) ; — *L'amour dans un ophicléide* (1853) ; — *Une mèche éventée* (1856) ; — *Le nid d'amour* (1856) ; — *Un fiancé à l'huile* (1857) ; — *Une fausse bonne* (1858) ; — *Les jours gras de madame* (1860) ; — *Une tasse de thé* (1860) ; — *Flamberge au vent* (1862) ; — *M. et M*^{me} *Crusoë* (1865) ; — *Un homme à la mer* (1866) ; — *Quinze heures de fiacre* (1866) ; — *Un coup d'éventail* (1869) ; — *J'ai perdu mon andalouse* (1869), etc. Parmi ses livrets d'opéras ou d'opérettes nous citerons : *Une nuit à Séville* (1854) ; — *Obéron* (1857) ; — *Préciosa* (1857) ; — *Roméo et Juliette* (1859) ; — *Abou-Hassan* (1859) ; — *Tannhæuser* (1860) ; — *La servante à Nicolas* (1861) ; — *Les bavards* (1863) ; — *Il signor Fagotto* (1864) ; — *Les mémoires de Fanchette* (1865) ; — *Jeanne qui pleure et Jeanne qui rit* (1865) ; — *Une fantasia* (1865) ; — *Macbeth* (1865) ; — *La flûte enchantée* (1865) ; — *Le lion de Saint-Marc* (1865) ; — *Le baron de Groschaminet* (1866) ; — *Cardillac* (1867) ; — *Le fifre enchanté* (1868) ; — *Le docteur Crispin* (1869) ; — *Vert-Vert* (1869) ; — *La princesse de Trébizonde* (1869) ; — *Le Kobold* (1871), etc. Les ballets de la *Source* (1866), de *Coppélia* ou la *Fille aux yeux d'émail* (1870), de *Gretnagreen* (1873), sont aussi de M. Nuitter. Comme archiviste de l'Opéra, M. Nuitter a réuni une intéressante collection de documents relatifs à l'art théâtral. Au moment de l'inauguration de la nouvelle salle de M. Garnier, il a publié sous ce titre : *Le nouvel Opéra*, une description complète du monument (1875, avec 59 gravures et 4 plans). Il est chevalier de la Légion d'Honneur depuis 1870.

OBIN (Louis-Henry), né à Ascq (Nord), le 4 août 1820. Issu de parents sans fortune, M. Obin ne montrait, dans sa jeunesse, aucunes dispositions, ni pour le théâtre, ni pour la musique. Clerc de notaire à 16 ans, il s'éprit tout à coup d'une belle passion pour la peinture et se fit tour à tour, pour gagner sa vie, tout en suivant les cours de l'École de Lille, maître d'études, professeur d'écriture et de dessin, teneur de livres, et même commis en pharmacie. C'est par hasard qu'il se découvrit un jour une puissante voix de basse. Alors, abandonnant le dessin, il fit un an d'études au Conservatoire de musique de Lille. Mal apprécié dans cet établissement, il s'y vit refuser, par le Comité, une lettre de recommandation pour le Conservatoire de Paris. Arrivé dans la capitale, avec de bien faibles ressources, M. Obin échoua complétement au concours du pensionnat, ne fut admis qu'à grand'peine comme externe au Conservatoire, et dut subir de longs mois de misère qui altérèrent sa voix et affaiblirent sa santé. Reçu pensionnaire au mois de juin 1842, il fut atteint d'une maladie du pharynx, dont il souffrit, d'ailleurs, pendant toute sa carrière artistique, et fut renvoyé « fruit sec » de l'établissement, en septembre 1844. Cependant, l'élève de Ponchard et de Levasseur avait inspiré de l'intérêt à Habeneck. L'illustre chef d'orchestre obtint son admission à l'Opéra, aux appointements de 3,000 fr., pour y chanter les petits rôles de basse dans *Othello*, le *Comte Ory*, le *Dieu et la Bayadère*, etc. Après un an d'essai, M. Obin, trahi par son inexpérience et sa timidité, fut déclaré, par les chefs de chant de l'Opéra, incapable de tenir même un emploi de coryphée ; son engagement fut résilié, et il s'estima heureux d'être conservé six mois encore, le temps de se préparer un répertoire pour la province. Engagé à Toulouse, il y débuta le 10 juin 1846, et fut très-bien accueilli dans tous les grands rôles du répertoire de l'Opéra et de l'Opéra-Comique. En 1847-1848, il remplaça Alizard à Marseille. De retour à Paris, il sollicita vainement une audition à l'Opéra. Alors, il contracta un engagement de deux ans au Théâtre-Royal de la Haye (Hollande). Enfin, le 1er octobre 1850, il rentra à l'Opéra, mais à des conditions que refuseraient aujourd'hui les chanteurs de troisième ordre. Après avoir brillamment débuté par le rôle de Marcel, des *Huguenots*, M. Obin créa son premier rôle dans l'*Enfant prodigue*. Puis il reprit le rôle de *Moïse*. Voici les pièces dans lesquelles ce vaillant artiste s'est ensuite montré avec le plus de distinction : la *Fronde*, le *Maître chanteur*, la *Vestale*, *François Villon*, *Pantagruel*, les *Vêpres siciliennes*, le *Cheval de bronze*, la *Juive*, la *Favorite*, le *Philtre*, *Herculanum*, *Pierre de Médicis*, *Sémiramis*, l'*Africaine*, le *Dieu et la Bayadère*, *Don Juan*, *Don Carlos*, etc. Chanteur de cette grande école qui disparaît chaque jour, M. Obin était surtout remarquable par le caractère particulier qu'il savait donner à chacun de ses rôles. Artiste consciencieux et laborieux, il progressait toujours ; aussi se montra-t-il à l'apogée de son talent dans ses dernières créations. Il a tenu, pendant 20 ans, l'emploi de première basse sur la scène de l'Opéra. Atteint d'une grave maladie nerveuse, M. Obin s'est retiré du théâtre le 1er mars 1869, aux unanimes regrets du public d'élite qui fréquente notre première scène lyrique et les concerts du Conservatoire. Il avait été nommé, le 1er janvier de la même année, professeur de déclamation lyrique au Conservatoire de Paris, en remplacement de Levasseur.

ODENT (Paul), né à Paris, en 1814. Il a fait son droit à la Faculté de Paris, pris place au barreau de la capitale en 1835, et publié alors une traduction de Story, le savant commentateur de la constitution des Etats-Unis. En

1844, il débutait dans la magistrature administrative comme conseiller de préfecture à Melun. Il a été successivement sous-préfet à Trévoux, à Bernay ; conseiller de préfecture, secrétaire-général à Rouen ; sous-préfet à Vendôme et à Saint-Quentin. En 1858, il fut nommé préfet du Haut-Rhin ; en 1864, préfet de l'Isère ; le 16 octobre 1865, préfet de la Moselle. Ses remarquables capacités, son zèle à bien faire, peu bruyant, mais actif, en ont fait un de ces hommes dont tous les gouvernements, quel que soit leur drapeau, ne peuvent se séparer sans compromettre la bonne gestion des services administratifs. Il s'est surtout fait remarquer par son initiative dans de grands travaux d'utilité publique, qui on été exécutés dans les départements du Haut-Rhin et de la Moselle. Renfermé dans la ville de Metz pendant le blocus, M. Odent a assisté aux péripéties du grand et sinistre drame qui s'y est accompli. Après la reddition de Metz, atteint dans ses sentiments les plus intimes, il a vécu à l'écart, jusqu'au moment où le gouvernement de la République, connaissant la valeur de son concours, lui a offert un nouvel emploi. M. Paul Odent a été nommé préfet de la Nièvre le 10 juillet 1871. Chevalier de la Légion d'Honneur depuis le 3 janvier 1855, et officier depuis le 11 août 1864, il a été promu commandeur le 7 août 1869.

ŒSCHGER (Louis-Gabriel), né à Paris le 27 novembre 1819. Sa famille, originaire de Zurich, a porté, si l'on en croit les actes officiels de ce canton, les noms de Eschger, Escher et ŒEschger. Il s'est consacré à l'industrie et a fondé, avec M. Mesdach, l'établissement de Biache-Saint-Waast, en Pas-de-Calais. Ses usines, dont l'établissement avait coûté plus d'un million de francs, ont rapidement prospéré. L'étirage, le laminage et la fonte s'y exercent sur tous les métaux, sur le plomb, le cuivre, le zinc, l'argent et l'or. On y résout les cendres d'orfèvrerie, on y fabrique des tuyaux de cuivre sans soudure (brevetés), et l'on y fond en grande quantité des monnaies de cuivre pour les gouvernements étrangers. Ainsi il y a été frappé en billon : 3 millions pour Tunis, 16 millions pour l'Italie, 5 millions pour Rome, etc. On y établit les flancs de monnaies qui sont frappées dans les hôtels de monnaies d'Espagne, sous la direction de MM. ŒEschger, Mesdach et Cie, et dont l'importance atteindra près de 36 millions de francs qui représentent plus de 3 millions de kilos de cuivre et plus de 576 millions de pièces de monnaie. A l'époque de la guerre d'Italie, en 1859, la Société ŒEschger et Mesdach a fourni en trois mois, 80 millions de pièces de 10 centimes en cuivre, dont la moitié a été fabriquée dans les usines de Bioche et a refondu, la guerre finie, plus de 1600 mille kilos de vieille monnaie italienne. M. ŒEschger, administrateur de la caisse d'épargne de Paris et des forges et fonderies de Montataire est aussi membre de la Société d'acclimatation, de l'Union centrale des beaux-arts appliqués à l'Industrie, de la Société d'encouragement pour l'Industrie nationale et de la Société des Amis des sciences. Il a été adjoint au maire du IVe arrondissement; c'est à raison de l'excellence de ses produits qui ont avantageusement figuré dans diverses expositions internationales, que M. ŒEschger a reçu la croix de la Légion d'Honneur le 13 août 1863.

OFFENBACH (Jacques), né à Cologne, le 21 juin 1819, naturalisé français. Après avoir suivi, de 1833 à 1834, les cours du Conservatoire, M. Offenbach se fit entendre, avec un certain succès, sur le violoncelle dans plusieurs concerts. En 1847, il obtint au Théâtre-Français la place de chef d'orchestre, et ce fut à cette époque qu'il mit en musique quelques-unes des plus jolies fables de Lafontaine. Ces compositions, joyeuses et faciles, eurent un vrai succès, même parmi le monde des salons, et décidèrent M. Offenbach à se vouer à la composition. Lorsque le théâtre des Bouffes-Parisiens fut créé en 1855, il en obtint le privilège, et donna à ce théâtre une série d'opéras-bouffes dont la vogue fut généralement immense : *Les deux aveugles. Une nuit blanche, Bataclan, Le violonneux* (1855); — *Trombalcazar, Le postillon en gage, La rose de Saint-Flour, Le financier et le savetier, La bonne d'enfants* (1856); — *Croquefer, Le mariage aux lanternes* (1857); — *La chatte métamorphosée en femme, Les trois baisers du diable, La chanson de Fortunio, Le pont des soupirs, Apothicaire et perruquier, Le roman comique, Les bavards, Daphnis et Chloé, Le 66, Mesdames de la halle, Orphée aux enfers,* l'un de ses plus grands succès (1861); — *M. et Mme Denis* (1862); — *L'île de Tulipatan* (1868); — *La diva, La princesse de Trébizonde,* jouée également à Bade (1869); — Aux Variétés il a donné : *La belle Hélène* (1864); *La Barbebleue* (1866); *La Grande duchesse* (1867); *La Périchole* (1868); *Les brigands* (1869); *Boule de neige* (1871); *La permission de dix heures, Les braconniers* (1873). En outre, M. Offenbach a fait représenter sur diverses scènes, à l'Opéra : *Le papillon,* ballet (1860); — à l'Opéra-Comique : *Barnouf* (1861); *Robinson Crusoë* (1867); *Vert-Vert* (1869); — *Fantasio* (1872); — aux Menus-Plaisirs : *Geneviève de Brabant* (1868); — à la Renaissance : *La pomme d'api* et *La jolie parfumeuse* (1873). M. Offenbach est, depuis 1873, directeur de la Gaîté, où il a repris *Orphée aux enfers, Geneviève de Brabant, La chatte blanche,* etc., qui, avec une mise en scène splendide, ont obtenu un grand succès. Il a été nommé chevalier de la Légion d'Honneur le 13 août 1861.

OLLIVIER (Emile), né à Marseille, le 2 juillet 1825 ; fils de Démosthène Ollivier, ancien représentant. Après avoir terminé ses études à Sainte-Barbe et son droit à la Faculté de Paris, il se fit inscrire, en 1847, au barreau de la capitale. Quand survint la révolution de Février 1848, M. Ledru-Rollin, qui était un ami de son père, l'envoya, en qualité de commissaire général de la République, dans les Bouches-du-Rhône où il fut maintenu comme préfet après les élections. Au mois de juillet de la même année, il fut appelé à la préfecture de la Haute-Marne. Destitué, il voyagea en Italie, séjourna quelque temps dans le Var et revint à Paris reprendre sa place au barreau en janvier 1849. Il se fit bientôt une réputation comme avocat, et plaida plusieurs causes importantes, entre autres celle de Mme de Guerry contre la communauté de Picpus, défendue par Me Berryer, celle de M. Vacherot, etc. Aux élections générales de 1857, il fut élu député de la Seine, dans la 3e circonscription au second tour de scrutin, comme candidat de l'opposition. En 1863, la même circonscription lui renouvela son mandat. A la Chambre, M. Ollivier a pris la parole dans les questions les plus importantes, notamment dans celles relatives aux lois de sûreté générale (1858), à l'expédition d'Italie (1859) et au régime de la presse (1860). Il demanda, par voie d'amendement au ministère des finances, que le budget de la Ville de Paris fût soumis au Corps législatif (avril 1868), et il se fit le défenseur des traités de commerce fondés sur le libre échange, contre les attaques de M Pouyer-Quertier (16 mai). Il fut un des orateurs les plus éclatants du groupe des « Cinq », et rapporteur de beaucoup de commissions. Ayant accepté d'être rapporteur de la loi sur les coalitions, ses amis craignant que cette réforme populaire ne consolidât l'Empire, le déclarèrent un traître et se séparèrent de lui. La lettre impériale du 19 janvier 1867 avait rallié M. Ollivier à l'Empire. Il eut avec l'Empereur de fréquents entretiens et plusieurs fois on parla de son entrée au ministère. En mars, il avait publié son livre Le 19 janvier, où il parla de ses relations avec l'Empereur. Lorsque vinrent les élections générales de 1869, il échoua dans la Seine contre M. Bancel, mais fut élu dans la 1re circonscription du Var, avec une écrasante majorité. Dans cette session, M. Ollivier devint le chef du parti des 116, se rapprocha de plus en plus de l'Empire et fut chargé, le 27 décembre, par une lettre de l'Empereur, de former un cabinet *homogène, représentant fidèlement la majorité du Corps législatif.* Ce cabinet, composé enfin le 2 janvier 1870, eut à sa tête M. Emile Ollivier, comme ministre de la Justice. Le 7 avril 1870, il remplaça M. de Lamartine à l'Académie française. A la chute de l'Empire, il se retira en Italie où il séjourna jusqu'en 1874. Conseiller général du Var en 1865, il fut nommé la même année commissaire de surveillance du gouvernement égyptien près la Compagnie de l'isthme de Suez à Paris, et choisi par l'Empereur comme arbitre dans un différend relatif à l'isthme. M. Emile Ollivier a publié : *Commentaires sur les saisies immobilières et ordres* en collaboration avec M. Mourlon (1859); — *Commentaire de la loi du 25 mai 1864 sur les coalitions* (1864); — *Démocratie et liberté* (1867); — *Le 19 janvier* (1869); — *Lamartine* (1874); — *Principes et conduite* (1875), et a collaboré à la *Revue de droit pratique*, fondée par lui en 1856 avec MM. Ballot, Demangeat et Mourlon. Il a été pendant quelques mois rédacteur en chef du journal la *Presse,* après la retraite de M. Emile de Girardin. En 1870, il avait refusé l'ordre de la Toison d'Or qui lui était offert par M. Olozaga, ambassadeur d'Espagne, ainsi que toutes les décorations qui lui furent offertes. En premières noces, il a épousé la fille du célèbre Liszt dont il a eu un enfant; en secondes noces, la fille d'un négociant de Marseille, allié du bailli de Suffren.

ORSIER (Joseph-François-Marie), né à Annecy, le 25 octobre 1843. Issu d'une ancienne famille du Genévois, ainsi qu'il est constaté dans le *Regeste genévois* de Lullin et Lefort (Genève, 1866), M. Orsier descend, par sa mère, des Suarèz, famille de l'illustre père jésuite du même nom. Il a fait ses études classiques au collège Chappuissien, fondé en 1424 par le cardinal de Brogny, et doté en 1531 par Eustache Chappuis, conseiller de Charles-Quint. Ses dispositions précoces pour les arts et les lettres le firent admettre, à 18 ans, dans cette Compagnie qui, due à François de Sales, conserva le nom de Société Florimontane. Neveu d'un ancien doyen de la Faculté de droit de Dijon, il fit ses trois premières années de droit dans cette ville et fut élu, en 1865, secrétaire de la conférence Proud'hon. Après avoir été reçu, en 1866, au barreau de sa ville natale, où il eut de brillants succès, il alla bientôt faire, à Toulouse, ses études de doctorat. Collaborateur de plusieurs journaux et revues, il a écrit des articles fort remarqués. Établi à Paris depuis 1869, il s'y est consacré à l'enseignement privé du droit et à des études assidues de droit romain et byzantin; il est membre de la Société française d'archéologie et de la Société de législation comparée de Paris. M. Orsier a publié : *Essai sur la puissance paternelle en France et en Savoie* (1866); — *Le Code civil italien et le Code napoléon,* ouvrage composé avec la collaboration de M. Théophile Huc, professeur à la Faculté de droit de Toulouse (2 vol., 1868); — *Vie et travaux de Zachariæ Karl-Salomon, publiciste et jurisconsulte allemand, d'après des documents inédits* (1869); — *Histoire du droit civil gréco-romain, d'après les manuscrits et documents originaux,* œuvre des plus considérables préparée sous la direction de M. Zachariæ de Lingenthal, etc.

ORTMANS (François-Auguste), né à Paris, le 2 février 1827. Il partit tout jeune pour Anvers, reçut des leçons de peinture de Jean Reyten de 1844 à 1846, revint à Paris, et profita, pendant deux ans, des bons conseils de Marilhat. Puis il voyagea en Hollande, en Allemagne, où il fit plusieurs tableaux, et se fixa à Fontainebleau qu'il ne quitta plus. Il eut l'avantage, en 1855, de faire la connaissance de Decamps, et la bonne influence de cet artiste fut très-favorable au dévelopement de son talent. En 1850, il débuta au Salon avec une *Vue prise à Friedricks-Rich* (Allemagne). Depuis, M. Ortmans a emprunté à la forêt de Fontainebleau la plupart de ses sujets. Il a exposé : *Approche d'un orage; Forêt du Nord de l'Allemagne,*1857); — *Etude de bois blancs; Petite muraille le long d'une lisière de bois* (1859); — *Effet du matin,* en automne; *Effet d'orage; Soirée d'automne* (1863); — *Vue prise dans le Mont-Ussy; Le soir sur les bruyères de Lauenbourg* (1864); — *Vue prise dans le parc de Courrances; Etude de fleurs,* à Valvin (1865); — *Souvenir des environs de Rouen,* effet du soir (1866); — *Paysage et animaux: Vue prise à Mont-Ussy* (1867); — *Rochers de la vallée de la Solle; Plateau de Mont-Ussy, le soir* (1868); — *Vue prise dans la forêt de Fontainebleau,* effet d'automne; *Vallée de la Solle,* effet du soir

(1869); — *Carrière abandonnée; Pâturage de bruyère* (1870); — *Bruyères d'Achères*, par une matinée d'automne; *Mares de la Bellecroix*, (1873); — *Les sables du Parquet des lapins; La mare des couleuvres; Environs de Nemours* (1874 ; — *Le cours de la Dordogne dans le Sarladais ; Petite mare des rochers d'Achères* (1875).

OSMOY (Charles-François-Romain LE BŒUF comte D'), né à Champigny (Eure), le 19 août 1827. Fils de Charles-Henri Le Bœuf, garde du corps sous Charles X, il se tint à l'écart de la politique sous les différents régimes qui se sont succédé depuis 1830, et se consacra aux soins de ses propriétés et des intérêts de ses concitoyens. En 1862, il remplaça son père au Conseil général de l'Eure, pour le canton de Quillebœuf; et les élections du 8 octobre 1871 le maintinrent en possession de son siége. Le 8 février 1871 il fut élu, par 46,469 voix représentant de son département à l'Assemblée nationale. M. le comte d'Osmoy, président de la ligue d'enseignement populaire dans sa localité professe des idées très-libérales. Ses attaches originelles avec le parti légitimiste ne l'ont pas empêché de choisir sa place dans les rangs de l'extrême centre-gauche, et de voter souvent avec la Gauche-Républicaine. Pendant la dernière guerre, M. le comte d'Osmoy, voulant concourir à la défense de Paris, s'est enrôlé dans le 1er régiment d'éclaireurs du colonel Lafon ; et sa belle conduite pendant le siége lui a valu la croix de la Légion d'Honneur.

OTT (Auguste), né à Strasbourg, le 20 janvier 1814. Il se destina aux études juridiques et prit le grade de docteur en droit en 1839, mais il ne tarda pas à se détourner de cette voie pour s'adonner de préférence à l'histoire, à la philosophie et à l'économie politique. Disciple de M. Buchez, il prit une part active aux travaux de l'école fondée par ce philosophe, et publia en 1837, sous le titre : *Des associations d'ouvriers*, la première des nombreuses brochures qu'a fait naître depuis la question coopérative. M. Ott était, en 1848, rédacteur en chef de la *Revue nationale*. Il a collaboré à la 2º édition de l'*Histoire parlementaire de la Révolution française*, de M. Buchez. On lui doit : *Manuel d'histoire universelle : Histoire ancienne, Histoire du Moyen-Age, Histoire moderne* (1840-1842, 2 vol.) ; — *Hegel et la philosophie allemande* (1844) ; — *Comment doit être élue l'Assemblée nationale* (1848); — *Traité d'économie sociale ou l'Economie politique coordonnée au point de vue du progrès* (1851) ; — *Dictionnaire des sciences politiques et sociales* (3 vol., formant les t. I à III de la *Dernière encyclopédie théologique* de l'abbé Migne, 1855); — *Histoire ancienne: l'Inde et la Chine* (1860) ; — *L'Asie occidentale et l'Egypte* (1862), ouvrages appartenant à la *Bibliothèque utile; — De la raison. Recherches sur la nature et l'origine des idées scientifiques et morales* (1873), et diverses brochures et articles de revues.

OTTERBOURG (Salomon-Jonas), né français à Landau (Palatinat bavarois), le 23 août 1810, quand cette ville faisait partie du département du Bas-Rhin. Élève interne de l'illustre Nægele à Heidelberg, il prit le grade de docteur en médecine à l'Université de Munich, le 23 juillet 1835. Il fréquenta de 1837 à 1839 les hôpitaux de Paris, reçut en 1841 l'autorisation d'exercer en France et renouvela le 16 juillet 1852 son grade de docteur à la Faculté de Paris. Il est devenu un accoucheur de renom, et un des praticiens les plus estimés de la capitale; il a su étendre le cercle de sa pratique dans les régions élevées de la société parisienne. Médecin d'une grande partie des émigrés royaux de Naples, il est depuis longtemps médecin particulier de la princesse Acquila, sœur de l'Empereur du Brésil. M. le docteur Otterbourg a été élu, en 1864, président de la Société médico-pratique de Paris ; il est depuis un grand nombre d'années médecin en chef du dispensaire de la Société allemande de bienfaisance. Pendant les jours néfastes du siége, il a fait bravement son devoir comme médecin et comme tel, s'est tenu éloigné de toute question politique. Nommé par la direction de la ville chef de l'ambulance Carcenac, et par les ambulances de la presse médecin consultant de l'ambulance de l'Athénée, il fut attaché comme médecin à la légation Suisse, et là encore, il a pu rendre service aux différentes nationalités placées alors sous la protection de cette légation. On doit à M. le docteur Otterbourg, indépendamment de ses thèses : *Manuel d'accouchement* (Heidelberg, 1834), d'après l'anglais du docteur Conquest; — *Lettres sur le diagnostic des ulcérations de la matrice et de leur traitement* (1839) ; — *Paris médical*, en allemand, aperçu sur la pratique de la médecine en France (Carlsruhe, 1841); — *Recherches cliniques* (Leipsig, 1842) ; — *Aperçu historique sur la médecine contemporaine de l'Allemagne* (1852). Déjà décoré des ordres de Léopold de Belgique, de François-Joseph d'Autriche, etc., M. le docteur Otterbourg a été nommé chevalier de la Légion d'Honneur le 14 août 1869 ; après nos troubles, il a reçu du roi de Hollande l'ordre du Chêne en récompense de ses services et des soins qu'il n'a pas cessé de donner à ses sujets luxembourgeois.

OUDINOT (Achille-François), né à Damigny (Orne), le 21 avril 1820; fils d'un ancien capitaine de la 1re république, mis à la retraite, en 1804, pour cause de blessures graves, chevalier de la Légion d'Honneur, maire, conseiller de préfecture, puis sous-préfet des Cent-jours. M. Oudinot étudia d'abord l'architecture chez Huyot. Sa vocation pour la peinture se déclara à la suite d'un voyage en Italie d'où il rapporta des études pittoresques à l'aquarelle, qui furent très-favorablement appréciées, entre autres par Corot dont il devint l'ami et le plus fervent élève. Sans fortune, il fut obligé, pour vivre, d'utiliser son talent d'architecte et de dessinateur. Il a fourni au *Magasin pittoresque* beaucoup de dessins : le *Théâtre de Marcellus*, le *Cercle français à Rome*, etc., s'adonna également à la peinture sur verre dans laquelle il atteignit très-vite un degré de perfection qui fut constaté à l'Exposition de 1855, où il exposa des vitraux d'appartement. Il mit alors au service d'entrepreneurs de peintures ou de confrères en architecture son expérience et son savoir. Il fut chargé de la construction de quelques maisons à Paris, puis à Passy d'un hôtel dans le style Louis XIII, ainsi que de nombreuses maisons de campagne, dont une pour le peintre Daubigny à Anvers, près l'Isle-Adam. Ajoutons à son bagage d'architecte beaucoup de projets non exécutés, parmi lesquels une villa de plaisance à Menton. Comme peintre de paysage, M. Oudinot débuta, en 1848, au Salon, avec des vues du *Théâtre de Marcellus* et du *Portique d'Octavie*, à Rome, aquarelles. En 1850, il exposa encore trois aquarelles : *Château de Nepy*, près Rome; *Souvenir des environs de Rome; Vue prise sur la Sarthe*, près Alençon. Depuis, il a successivement exposé : *Effet de nuit*, près de Saint-Cenery, dans l'Orne (1852); — *Souvenir des bords de l'Oise; La source* (1859); — *Lisière de forêt*, effet du soir (1861); — *Un mauvais chemin : La méditation* (1863); — *Solitude; Bords de l'Oise* (1864); — *O l'primavera gioventù dell' anno! C Gioventù primavera della vita! Halte de bohémiens* (1865); — *Le soir sur les bords de la Seine; Bords de la Seine à Andresy* (1866); — *Bords de la Marne; Le lac* (1867); — *Effet du soir*, à Noisy-le-Grand ; *Effet du matin*, à Beuzeval (1868); — *Vue prise dans le parc du château de Maintenon; Le soir*, rêverie (1869); — *Effet du soir; Bords de la Seine*, effet du matin (1870); — *Souvenir des bords de l'Oise; Souvenir de la forêt de Fontainebleau* (1872); — *Bords d'une rivière; Le chemin vert*, à Noisy-le-Grand, en automne (1873); — *Pastorale*, interprétation d'un croquis de Corot; *Bords de l'Epte*, à Gisors (1874); — *Marée basse*, à Villerville; *Les falaises de Villerville; Un verger à Gisors* (1875).

PABAN (Adolphe), né à Paris, le 13 novembre 1839. M. Paban a fait ses études classiques au lycée Napoléon. Fils d'un chirurgien-major de l'armée ; petit-fils, par sa mère, de Guillaume Antoine Olivier, entomologiste et voyageur célèbre, membre de l'Institut, et parent du physiologiste Virey, il s'est consacré à la littérature et a fondé, en 1864, avec M. Th. Bernard, la *Revue de la province*. En 1866, il a réuni sous ce titre : *Mes Tablettes*, ses poésies qui avaient déjà paru en fascicules. Depuis, il a publié : *Les Souffles* (1868); — *Voix des Grèves* (1869) ; — *Sonnets fantaisistes* (1871). Son œuvre poétique a été bien accueillie par les critiques les plus éminents de l'époque, MM. Sainte-Beuve, Janin, Houssaye, Gonzalès, etc., qui l'ont honoré de lettres et d'articles bienveillants. Il prépare, en ce moment, un volume de vers intitulé : *Chants démocratiques*, où il se propose, en sacrifiant le moins possible aux préoccupations politiques, d'inaugurer une poésie véritablement populaire. Enfin, il a écrit dans divers journaux tels que le *Nouvelliste de Seine-et-Marne*, le *Moniteur du Calvados*, et il est encore un des rédacteurs du *Progrès de l'Eure*. M. Paban est membre de la Société philotechnique de Paris, de la Société littéraire de Lyon, et de plusieurs autres Sociétés littéraires ou savantes.

PADOUE (Ernest-Louis-Henri-Hyacinthe, ARRIGHI DE CASANOVA, DUC DE), né à Paris, le 26 septembre 1814. Fils du général Arrighi, créé duc de Padoue par Napoléon Ier, et décédé le 21 mars 1853, il entra à l'Ecole polytechnique en 1833, en sortit, dans le génie, en 1835, et donna sa démission pour ne pas servir le gouvernement de juillet. Après les événements de 1848, il fut nommé préfet de Versailles, et, en janvier 1852, il fut appelé au Conseil d'Etat en qualité de maître des requêtes. M. le duc de Padoue a été élevé à la dignité de sénateur le 23 juin 1853. Il a fait partie du Conseil général de Seine-et-Oise pour le canton de Limours, depuis 1852 jusqu'à la révolution du 4 Septembre 1870, et a été réélu en 1871 et en 1874. Il a rempli les fonctions de ministre de l'Intérieur du 5 mai au 1er novembre 1859. Ses services exceptionnels lui ont valu, à cette dernière date, d'être élevé du grade d'officier à celui de Grand-croix dans la Légion d'Honneur. M. le duc de Padoue a été suspendu de ses fonctions de maire de Courson-Launay (Seine-et-Oise) le 19 mars 1874, pour avoir pris une part active et avoir assisté à la manifestation qui s'est produite le 16 mars, en Angleterre, à l'occasion de la majorité du fils de Napoléon III.

PAILLERON (Edouard), né à Paris, le 17 septembre 1834. Destiné par sa famille au barreau, il fit son droit à la Faculté de Paris et travailla dans une étude de notaire jusqu'en 1855. Mais ses goûts et ses aptitudes l'entraînaient vers la carrière littéraire. En 1860, il publiait les *Parasites*, satires en vers, et faisait jouer *Le parasite* à l'Odéon. A partir de cette époque, il produisit des œuvres dramatiques remarquables surtout par l'élégance et la pureté du style. On lui doit notamment : *Le mur mitoyen* (2 actes en vers, Odéon, 1861) ; — *Le dernier quartier* (2 actes en vers, Théâtre-Français, 1863); — *Le second mouvement* (3 actes en vers, Odéon, 1865); — *Le monde où l'on s'amuse* (Gymnase, 1868); — *Les faux ménages*, comédie qui fit grand bruit et eut beaucoup de succès (4 actes en vers, Théâtre-Français, 1869). Depuis, il a fait jouer encore au Théâtre-Français : *Le départ*, scène lyrique (1870) ; — *Prière pour la France*, scène lyrique (1871); — *L'autre motif* (1872); — *Hélène* (3 actes en vers, 1872). En 1870, il a fait paraître un second volume de poésies : *Amours et haines*. Enfin, il a collaboré à la rédaction de la *Revue des Deux-Mondes*. M. Edouard Pailleron a épousé la fille de M. Buloz. Il est chevalier de la Légion d'Honneur depuis 1867.

PALANCHON (Léopold-Louis-Denis), né à Cuisery (Saône-et-Loire), le 28 juin 1814. Fils d'un ancien officier du premier Empire, décédé chevalier de la Légion d'Honneur, M. Palanchon s'est consacré à la médecine et s'est fait recevoir docteur à la Faculté de Strasbourg en 1840. Etabli à Cuisery, il y a été nommé médecin cantonal en 1843, et son zèle à soigner les malades pauvres lui a valu une médaille d'or et une médaille d'argent. Médecin gratuit de l'hôpital depuis 1840, et médecin des épidémies, il a obtenu à l'Académie de médecine sept médailles de bronze ou d'argent, en sept années successives, de 1858 à 1864, pour ses travaux scientifiques sur les épidémies et son dévouement pendant leur durée. Maire de Cuisery en 1862, il a fait, en peu d'années, construire une salle d'asile, une école des filles, une école des garçons et un hôpital cantonal. M. Palanchon a été membre du Conseil général de Saône-et-Loire de 1865 à 1875. Il est membre correspondant de la Société de médecine pratique de Paris depuis le 4 octobre 1865, et a été nommé chevalier de la Légion d'Honneur le 15 mars 1867.

PALIKAO (Charles-Guillaume-Marie-Appoline-Antoine COUSIN DE MONTAUBAN, comte DE), né à Paris, le 24 juin 1796. Garde du corps de Monsieur, en 1814, sous-lieutenant au 3ᵉ cuirassiers, en 1815, il entra l'année suivante à l'Ecole de Saumur, et, en 1820, à l'Ecole d'Etat-major. Lieutenant aide-major en 1822, il fut attaché au 16ᵉ chasseurs de l'Orne, puis au 10ᵉ de ligne, et fit en 1823, comme aide-de-camp du général Toussaint, la campagne d'Espagne. A son retour, il servit au 1ᵉʳ régiment d'artillerie à pied d'où il passa au 1ᵉʳ régiment d'artillerie à cheval pour y faire ses stages, fut nommé lieutenant d'Etat-major en 1824, placé en cette qualité à la 18ᵉ division militaire à Dijon et entra, lors de la suppression de l'emploi de lieutenant d'Etat-major, (16 décembre 1826), au 1ᵉʳ grenadiers à cheval de la garde royale. En 1831, M. Cousin de Montauban fut rappelé à l'activité et entra au 2ᵉ chasseurs d'Afrique. Cité à l'ordre du jour le 31 août 1832, il fut nommé capitaine adjudant-major le 30 septembre suivant, se distingua au combat de Tafaroni, où il eut deux chevaux tués sous lui, mérita par sa brillante conduite au combat de Tamazouat d'être cité une seconde fois à l'ordre du jour de l'armée (3 décembre 1833), et reçut le 18 avril 1834 la croix de la Légion d'Honneur. Depuis, il fut encore cité à l'ordre du jour de l'armée à la suite d'un combat devant Tlemcen (24 juin 1836), après l'affaire de la Sikhah (6 juillet), où il mérita d'être promu chef d'escadron (4 septembre) et chargé de l'organisation des spahis dans la province d'Oran, après le combat de Tam-Salmet, la razzia contre les Ouled-Kalfa (1ᵉʳ septembre 1840), le combat de Sidi-Lakdar (18 janvier 1841), l'affaire de Sour-Kel-Mitou (8 juillet 1841), où il reçut une balle dans la poitrine, le combat de Loa sur l'Aïn-Terid contre Abd-el-Kader (13 octobre 1842), etc. Nommé lieutenant-colonel du 1ᵉʳ chasseurs d'Afrique le 7 mai 1843, officier de la Légion d'Honneur le 10 décembre 1844, colonel du 2ᵉ spahis le 5 août 1845, il passa, le 8 novembre 1847, au 2ᵉ chasseurs d'Afrique, et fut envoyé, le 19 du même mois, sur la frontière du Maroc, pour prendre le commandement de seize escadrons composant toute la cavalerie de la colonne. Le 23 décembre suivant, il fit prisonnier Abd-el-Kader, et fut promu commandeur de la Légion d'Honneur le 23 janvier 1848. Général de brigade le 21 septembre 1851, il commanda la subdivision de Mostaganem, puis celle de Tlemcen (28 mars 1852), livra du 18 mai au 24, ain trois combats contre les Beni-Snassen, qu'il écrasa ainsi que les contingents du Maroc ligués avec eux, ce qui força l'Empereur du Maroc à envoyer comme ambassadeur, le pacha du Reff Abdel-Sadoc, pour traiter de la paix qu'on n'avait jamais pu établir sur cette frontière. Il fut appelé, avec son grade, le 24 janvier 1855, au commandement temporaire de la province d'Oran, promu général de division le 28 décembre suivant et maintenu dans son commandement. Rentré en France, le 13 novembre 1857, il commanda successivement les divisions militaires de Limoges, Tours et Rouen, et fut appelé, le 13 novembre 1859, au commandement en chef des forces de terre et de mer, destinées à l'expédition de Chine. On connaît l'histoire de cette rapide et merveilleuse campagne. La prise des forts de Taken (20 août), les batailles de Chongkiawan et de Palikao (18 et 21 septembre 1860), la prise du Palais d'été et l'entrée dans Pékin (12 octobre 1860), firent le plus grand honneur à l'habileté du commandant en chef, qui, en récompense de ces faits d'armes, fut nommé Grand-croix de la Légion d'Honneur le 26 décembre 1860 (il était Grand-officier du 28 décembre 1859), de plus, il fut élevé à la dignité de sénateur le 6 mai 1861. De retour en France, en juillet 1861, M. le général de Montauban reçut, par décret en date du 22 janvier 1862, le titre de comte de Palikao. En outre, le gouvernement présenta au Corps législatif un projet de loi tendant à lui constituer une dotation annuelle de 50,000 francs; la Chambre ne fut pas favorable à cette proposition, dont le général lui-même demanda le retrait, acte de désintéressement qui lui valut une lettre des plus honorables de l'Empereur. Le 19 septembre 1864, M. le général comte de Palikao fut nommé au grand commandement du 2ᵉ corps d'armée à Lille, et appelé, le 22 juin 1865, à celui du 4ᵉ corps d'armée à Lyon, fonctions qu'il occupait encore lorsqu'éclata la guerre de 1870. Il sollicita vainement par deux fois un commandement actif pour lequel tous ses antécédents semblaient devoir le désigner. Il exerçait donc encore le commandement à Lyon, lorsque l'Impératrice-régente le manda à Paris, le 9 août 1870, au lendemain des défaites de Wissembourg et de Reichshoffen, pour lui confier la mission de former un cabinet, en remplacement du cabinet Ollivier qui venait d'être renversé par un vote de la Chambre. M. le comte de Palikao, arrivé aux affaires dans ces circonstances si critiques, lutta de son mieux contre les difficultés d'une situation terrible. En moins de trois semaines, il réunit 140,000 hommes au camp de Châlons, forma et équipa trois nouveaux corps d'armée, et déploya beaucoup d'activité pour mettre Paris en état de défense. La réorganisation des gardes nationales, le rappel sous les drapeaux de tous les anciens militaires de 25 à 35 ans et de tous les officiers âgés de moins de 60, en même temps, la répression des troubles de la Villette, et beaucoup de rigueurs contre la presse radicale, tel est, en raccourci, l'ensemble des mesures qui signalèrent sa courte mais laborieuse administration. Après la capitulation de Sedan, il présenta au Corps législatif un projet de loi instituant un conseil de gouvernement dont il eût été le lieutenant-général ; mais l'envahissement du Palais-Bourbon par la foule (4 septembre) ne permit pas aux députés de délibérer sur cette proposition, pas plus que sur les autres qui leur étaient soumises.

Biogr. nat.   36

Pendant que le gouvernement de la défense nationale se constituait à l'Hôtel-de-Ville, M. le comte de Palikao se rendit, non sans dangers, aux Tuileries, pour y prendre les ordres de l'Impératrice, qui était déjà partie. Voyant l'impossibilité de résister au mouvement, il se rendit à Namur, pour rechercher le corps de son fils unique, colonel de cavalerie, qu'on disait avoir été tué à Sedan. A deux reprises, le 20 septembre et le 8 octobre, il offrit ses services à la Délégation de Tours ; mais il n'obtint pas de réponse. Après les élections du 8 février, il vint à Bordeaux se mettre à la disposition de M. Thiers en cas de reprise des hostilités. M. le comte de Palikao a publié, en décembre 1871 : *Un ministère de la guerre de vingt-quatre jours* (avec une carte). Dans cet ouvrage, il répond aux insinuations portées à la tribune par le général Trochu et dans la presse hostile.

PALLIÈRE (Jean-Léon), né à Rio-de-Janeiro (Brésil), le 1ᵉʳ janvier 1823; fils et neveu des Pallière de Bordeaux, peintres. Il vint en France en 1828, à Paris en 1841, suivit l'atelier de M. Picot et s'adonna à la peinture d'histoire. En 1850, il continua ses études en Italie avec les conseils de M. Lenepveu. Il fit à Rome le *Christ au jardin des oliviers*, une copie de la *Vierge de Foligno* de Raphaël, une *Pieta* et une *Danse grecque*. Ces quatre tableaux font partie du musée de Rio-de-Janeiro. En 1854, il peignit le plafond de la salle principale du même musée. De 1855 à 1862, il résida à Buenos-Ayres faisant des portraits et surtout des tableaux de genre, scènes de mœurs du pays qui le rendirent très-populaire en Amérique, et eut occasion, avant de revenir en Europe, de décorer de peintures murales le Coliseum de cette ville. En 1863, il débuta au Salon de Paris avec deux scènes empruntées à l'Amérique espagnole, le *Berceau*, et une *Pileuse de maïs*. Depuis, M. Pallière a exposé : *Dévideuse*, appartenant à M. de Rothschild ; *Lansquenet* (1864) ; — *Le fils du Titien et Béatrix Donato* (1867) ; — *Vénus et les filles de Nérée repoussant, pour l'éloigner des côtes d'Afrique, le navire de Vasco de Gama* ; *Sur la dunette d'un navire* ; *Intérieur d'une cabane dans la Pampa* (République argentine), aquarelle (1868) ; — *Jeune mère* ; *Liseuse* (1869) ; — *Muletiers prenant leur repas, plage de Valparaiso* (Chili) ; une *Jeune fille brodant*, et *Jeune fille à l'Azaléa*, aquarelles (1870) ; — *Le bain* ; *Femme d'Appenzel* (Suisse), aquarelle (1872) ; — *La chaise à porteurs* ; *La confession* (1873) ; — *Visita al reverende padre* ; *Les adieux* (1874) ; — *Les contes de la reine de Navarre* ; *Le bénitier* ; *Le frère quêteur* (1875).

PANCKOUCKE (Ernest), né à Paris, le 4 décembre 1808 ; appartient à la grande famille des Panckoucke qui s'est fait un nom dans la librairie et la littérature française. M. Ernest Panckoucke prit la direction de son importante maison, à la mort de son père, en 1844, et l'a toujours conservée. Il a été pendant longtemps directeur gérant du *Moniteur universel* dont la propriété lui appartient pour une forte part. Il figure parmi les notables commerçants. Outre sa collaboration à la *Bibliothèque latine* publiée par son père et des *Notices* ou des *Commentaires* insérés dans divers ouvrages édités par lui, notamment les *Victoires, conquêtes, revers ou guerres civiles des Français* (1834-1835, 24 vol.), on a de lui : *Fables de Phèdre*, traduites en prose et faisant partie de la *Bibliothèque latine-française* (1839). M. Panckoucke a été nommé chevalier de la Légion d'Honneur le 30 avril 1844.

PAPE (Jean-Henry), né le 1ᵉʳ juillet 1789, à Sarsted près de Hanovre. Il fit son apprentissage chez un ébéniste, mais obligé de quitter son pays dans la grande guerre de Russie, il fut assez heureux pour pouvoir venir à Paris où il avait un cousin qui le fit entrer dans la fabrique de pianos de M. Ignace Pleyel son ancien ami. Quelque temps après, il alla en Angleterre où la fabrication des pianos était alors très-estimée. Mais il fut bientôt rappelé par M. Ignace Pleyel qui lui confia la direction de ses ateliers, et en revenant d'Angleterre il importait les pianos verticaux aujourd'hui pianos droits. Bientôt après il fonda une fabrique de pianos dont les premiers produits figurèrent à l'exposition de 1819-1823 et 1827 et dont le succès fut si rapide qu'après quelques années elle devint la première fabrique de France. Ses ateliers étant devenus insuffisants il acheta l'hôtel de la Chancellerie rue des Bons-Enfants où la fabrique est restée pendant quarante ans. Son activité est constatée par plus de cinquante inventions brevetées. Il n'est pas possible de détailler ici toutes ces inventions parce qu'il a touché à tout. Il a fait les mécaniques les plus difficiles. Ses inventions les plus connues sont les pianos dont la mécanique est placée en dessus des cordes, les pianos-consoles, les pianos-guéridons, etc. Enfin il a transformé le piano en une vingtaine de modèles différents en réduisant le format. En outre on lui doit une machine à scier en spirale qui porte aujourd'hui son nom et qui donne des feuilles d'ivoire et de bois de quinze pieds de longueur sur deux ou trois de largeur. C'est à l'aide de cette machine que furent débitées les feuilles d'ivoire qui recouvraient un magnifique piano carré, tant admiré à l'Exposition de 1839, véritable chef-d'œuvre de l'art du facteur et de l'ébéniste. Une seule feuille de 1 m. 60 c. de long sur 60 c. de large sans joints formait le couvercle. La caisse était également plaquée de feuilles d'ivoire sans joints. Le tout était richement incrusté de bois rares. Le piano fut acheté par la reine d'Angleterre et forme encore aujourd'hui un des ornements les plus remarquables du salon de réception du château de Saint-James à Londres. On lui doit aussi la substitution du feutre à la peau pour la garniture des marteaux de pianos qui est adoptée aujourd'hui dans tout l'univers, il a inventé récemment un système de marteaux doubles, de sorte que quand un côté est usé on le tourne sur l'autre ce qui donne une double durée. Malgré son grand âge M. Pape ne s'est pas relâché dans son activité jusqu'à la fin de sa vie. Etant fils de laboureur et connaissant les besoins des agriculteurs, il a inventé en 1871 une nouvelle charrue et un semoir qu'il a appelé semoir-traîneau et qui est d'une simplicité remarquable. M. Pape qui a figuré à toutes les expositions nationales depuis 1819, avait obtenu deux médailles d'argent, trois médailles d'or de 1827 à 1844 et la décoration le 26 juillet 1839. La grande médaille lui fut décernée par la Société d'encouragement. Il fonda des établissements en Angleterre, en Belgique et Amérique dans l'intention d'y fixer ses parents et ses fils, mais ses projets furent totalement dérangés par plusieurs cas de mort notamment en 1844, où il perdit son excellent et bien-aimé fils, Emile Pape, âgé de 17 ans, et cette circonstance fut des plus malheureuses pour M. Pape, qui n'avait jamais pu s'en consoler. M. Pape est mort le 2 février 1875, à l'âge de 86 ans, entouré et vivement regretté de ses ouvriers pour lesquels il avait toujours été un père et un bienfaiteur. Son fils aîné lui a succédé dans la direction de son établissement.

PAPE (Frédéric-Eugène), né à Paris, le 7 juin 1824; fils du précédent. En 1852 il fonda une fabrique de pianos sous la raison Pape fils; il l'a fusionnée en 1875 à l'établissement de son père auquel il a succédé à sa mort. Héritier de la tradition paternelle dans une industrie qui a illustré et enrichi sa famille, M. Pape est l'auteur de plusieurs perfectionnements importants dans les pianos et les orgues pour lesquels il est brèveté; ses produits sont estimés à l'égal de ceux des meilleures fabriques et soutiennent dignement la vieille renommée industrielle de la maison.

PAPE-CARPANTIER (Marie CARPANTIER, dame), née à la Flèche (Sarthe), le 10 septembre 1815. Son père, maréchal-des-logis de gendarmerie, avait été assassiné par les chouans, le 21 mai, dans la lutte des Cent-Jours; sa sœur aînée, âgée de 8 ans, avait été tuée aussi, d'un coup de pistolet, le 30 juin de la même année; et sa mère si cruellement éprouvée, dut avoir recours au travail pour élever les deux enfants qui lui restaient. Marie Carpantier fut mise en apprentissage à l'âge de onze ans et demi. Déjà elle rêvait de patrie et de poésie, guidée dans ses aspirations vers le beau et le bien par l'exemple et les enseignements de sa mère, femme d'un caractère ferme et élevé. De 1835 à 1838, elle organisa et dirigea, avec sa mère, la première salle d'asile de la Flèche. Démissionnaire pour cause de fatigue, elle reçut de l'administration, comme témoignage de regrets, une somme destinée à lui constituer une petite bibliothèque. Témoin très-ému des chagrins de sa mère, elle était triste, mélancolique. Elle entra alors, en qualité de demoiselle de compagnie, chez une dame de la ville, et trouva, dans sa nouvelle position, des loisirs qu'elle consacra à l'étude. En 1842, cédant aux instances de la municipalité du Mans, elle accepta la direction d'une salle d'asile, dont elle fit un asile modèle; et c'est de là qu'elle fut appelée à Paris, en 1847. Elle fut alors chargée, par Mme Jules Mallet, tante de M. de Salvandy, ministre de l'Instruction publique, de préparer la création de l'établissement, définitivement constitué, par M. Carnot, en 1848, sous le titre d'« Ecole normale maternelle », et appelé, depuis 1852, « Cours pratique des salles d'asile ». Mariée, en 1849, à un officier de la garde républicaine de Paris, fils de M. et Mme Pape qui, quatorze ans auparavant, l'avaient initiée à la direction des salle d'asile, elle est devenue veuve en 1858. Mme Pape-Carpantier, outre un volume de poésie intitulé *Préludes*, avec préface de Mme A. Tastu (1841), a fait paraître des ouvrages pédagogiques très-estimés et continuellement réédités : *Conseils sur la direction des salles d'asile* (1845); — *Enseignement pratique dans les écoles maternelles* (1845); — *Histoires et leçons de choses pour les enfants* (1858); ces trois ouvrages ont été couronnés par l'Académie française; — *Le secret des grains de sable, ou Géométrie poétique de la nature* (1863); — *Petites lectures pour les enfants*, avec réflexions et commentaires (1863); — *Conférences faites, à la Sorbonne, aux instituteurs venus à Paris à l'occasion de l'Exposition universelle* (1867); — *Jeux gymnastiques industriels, avec chants, pour les enfants* (1868); — *Zoologie des écoles, ou histoires explicatives des animaux* (1869); — *Cours d'éducation et d'instruction primaire en neuf années*, grand ouvrage poursuivi avec le concours de divers collaborateurs et commencé en 1869; — *Histoire du blé. Lectures et travail pour les enfants et les mères*, etc. Le caractère général des œuvres et de l'enseignement oral de Mme Pape-Carpantier, est un sentiment religieux et une foi inébranlable dans le progrès, ayant pour base l'observation scientifique et admirative de l'économie universelle. Leur ensemble constitue une *Méthode naturelle* d'éducation, une et progressive, s'accordant à tous les degrés avec les lois physiologiques de l'enfant, et, par là, s'assurant le succès. Directrice pendant 27 ans de l'Ecole normale maternelle, où son enseignement oral attirait des élèves des diverses contrées de l'Europe; nommée inspectrice générale de l'Instruction publique, et trois fois lauréat de l'Académie française, Mme Pape-Carpantier a remporté, en 1867, le prix triennal Halphen décerné, par l'Académie des sciences morales et politiques, « à la personne qui, par ses écrits et son enseignement, a rendu le plus de services à l'enseignement primaire ».

PAPELEU (Victor), né à Gand (Belgique), le 10 février 1810. Après avoir fait ses études dans sa ville natale, il y subit avec succès son examen de docteur ès lettres et en 1831 celui de docteur en droit. Il fit ensuite de longs voyages, parcourut toute l'Europe et séjourna en Orient durant plusieurs années. C'est à son retour qu'il s'adonna sérieusement à la peinture. Il fit ses premières études en Italie, en 1846, suivit les ateliers de MM. J. Dupré et A. Benouville et s'adonna particulièrement à la peinture du paysage. En 1857, son premier envoi au Salon représentait : *Landes aux environs de Mont-de-Marsan; Plateau de Belle-Croix*, forêt de Fontainebleau; *Un chemin dans la Lande*, fut remarqué et lui valut une mention honorable. Depuis cet artiste a exposé : *Les dunes du Pas-de-Calais; La haute futaie en avril; Une ferme dans les Landes* (1859); — *Environs de Tartas* (Landes), effet du soir (1861); — *Le bas Bréau*, forêt de Fontainebleau; *Vue prise à Abconde*, environs d'Amsterdam (1863); — *Environs de*

Begaar au crépuscule; Une ferme en Hollande (1864); — *La Marina grande*, île de Capri; *Les Maremmes de Toscane* (1865); — *Naples et le golfe de Salerne* (1866); — *Castelfusano*, près Ostie (Etats-romains); *Une bergerie dans les Landes* (1867); — *Effet de soleil levant sur les côtes de Saint-Raphaël; Vue prise du rocher du Lion de mer*, côtes de Saint-Raphaël (1868); — *Côtes de Saint-Egoult; Côtes et rade de Saint-Raphaël* (1869); — *Saint-Raphaël; Vue prise à Saint-Raphaël* (1870); — *Golfe de Saint-Raphaël; La vallée des Lauriers-roses*, à Saint-Raphaël (1872); — *Au cap des Issambres, golfe de Saint-Tropez; La forêt sous la neige* (1873); — *Ferme-fromagerie, en Hollande; La vallée du Var* (1874); — *La Meuse*, à Dordrecht; *Les hauts plateaux de la forêt; Le boulevard de la Madeleine* (1875). En 1874, M. Papeleu fit une exposition particulière, au cercle de l'Union artistique (place Vendôme), de cent quarante de ses études les plus remarquables ; elle comprenait surtout des marines, plages décorées de petites figures, de vues de Paris prises sur les boulevards ou sur les quais. Cette exposition a permis de prendre un aperçu complet du talent de M. Papeleu qui se distingue par la variété des impressions, la délicatesse de l'exécution, la nouveauté et l'esprit de l'interprétation.

PARDIAC (Jean-Baptiste), né à Fontet (Gironde), le 13 avril 1818. Issu d'une famille honorable et aisée, il fit au grand séminaire de Bordeaux de brillantes études. Engagé dans les ordres sacrés, il voulut ajourner jusqu'à l'âge de 30 ans son ordination de prêtrise et dans ce but il demanda et obtint une place de professeur au collége ecclésiastique de Bazas. Un an après Mgr Donnet, archevêque de Bordeaux, le rappela au grand séminaire, l'ordonna prêtre, le renvoya à Bazas en qualité de vicaire en 1844, puis l'appela en 1849 au vicariat de la paroisse N.-D. de Bordeaux, où il resta onze ans et où il a laissé d'impérissables souvenirs. Après avoir refusé la direction d'une grande maison d'éducation et une importante paroisse, il a préféré se dévouer au ministère des pauvres et des malades de l'Hôtel-Dieu. M. l'abbé Pardiac est là dans le centre qui convient à ses goûts et à son caractère. Il partage son temps entre les pauvres et l'étude. En 1872 le cardinal Donnet a reconnu ses services en le nommant chanoine honoraire. Outre de nombreux articles dans le *Glaneur* de Bazas, l'*Union* de la Réole, la *Guienne* de Bordeaux, la *Voix de la Vérité* et le *Monde* de Paris, il a publié plusieurs ouvrages archéologiques, scientifiques et historiques dont les plus importants sont : *Etudes archéologiques avec la description du portail de l'église Saint-Pierre, de Moissac* (1858, 2 vol., avec pl.); — *Histoire de saint Abbon, abbé de Fleury-sur-Loire et martyr à la Réole en 1004, avec une introduction sur le Xe siècle* (1872, avec portrait et plusieurs gravures). En outre, M. l'abbé Pardiac prépare, en ce moment, une *Histoire de la vie et du culte de saint Jean-Baptiste*, son patron, dont déjà quelques chapitres détachés ont été livrés au public.

PARENT (Nicolas-Eugène), né à Sallanches (Haute-Savoie), en mars 1817. Fils d'un ancien député qui a occupé une place honorable au Parlement sarde, docteur en droit de l'Université de Turin en 1841, il se fit inscrire au barreau de Chambéry en 1844, et mena de front ses occupations professionnelles et ses travaux dans le journalisme. L'un des premiers, il utilisa le réveil qui se produisit dans les Etats sardes, dès 1848, et c'est à lui que revient l'honneur d'avoir fondé le premier organe de la démocratie qui ait paru dans la Savoie et la Haute-Savoie : *Le Patriote savoisien*. Cette feuille s'inspirait des idées françaises et représentait le parti national qui préparait l'annexion. *Le Patriote savoisien*, en décembre 1851, resta fidèle à sa politique. Chacun de ses numéros contenait, comme article de fond, un extrait des œuvres de Louis-Napoléon Bonaparte, exhumation cruelle pour les hommes du nouveau régime qui s'inaugurait à Paris. Le gouvernement français fit exercer, par le gouvernement sarde, sur la rédaction de ce journal, une pression que M. Parent ne voulut pas subir. Il préféra, au mois de janvier 1852, rentrer dans la vie privée, plutôt que d'attirer sur ses concitoyens les rigueurs de l'état de siége, auxquelles le cabinet de Turin menaçait de recourir. En même temps que le *Patriote savoisien*, M. Parent avait créé la *Feuille des paysans*, organe humoristique des campagnes. Candidat de l'opposition en mai 1869, il succomba dans la lutte électorale parce que sa candidature, improvisée à la dernière heure, n'avait pu s'appuyer ni sur un journal — il n'existait alors en Savoie aucune feuille démocratique — ni sur des comités électoraux, le temps ayant manqué pour les organiser. Il obtint néanmoins une belle minorité. Le 8 février 1871, il fut désigné par l'opinion publique et choisi par tous les comités, comme candidat à la députation. Dans les graves circonstances que traversait le pays il crut de son devoir de sacrifier de graves intérêts et une importante clientèle pour accepter le mandat de représentant de la Savoie à l'Assemblée nationale. M. Parent a voté pour la paix. Il fut l'un des fondateurs, à Bordeaux, de la Gauche-Républicaine, et n'a pas cessé d'appartenir à ce groupe parlementaire. C'est un travailleur infatigable et l'un des membres les plus actifs de l'Assemblée. On lui doit des projets de lois : pour la suppression des logements accordés aux fonctionnaires, projet réalisé en partie dans le rapport de M. Casimir Périer sur le budget de 1872; pour la réunion des services judiciaires et administratifs départementaux dans les bâtiments ainsi rendus libres ; pour la suppression de l'inspectorat des eaux minérales; pour la simplification de la procédure si coûteuse des séparations de biens en matière de faillite ; pour l'attribution, aux juges de paix, de la connaissance des actions commerciales dans les limites de valeur et de ressort établies, pour les actions civiles, par l'art. 1er de la loi de 1838 ; sur les concordats amiables, projet en 20 articles ; sur la modification de l'art. 360 du code d'instruction criminelle, projet ayant pour but de faire cesser cette singularité d'un prévenu acquitté devant la Cour d'assises, qui est renvoyé néanmoins, pour le même fait, devant le tribunal correctionnel ;

sur les eaux minérales de France ; sur le rétablissement de la taxe sur les chevaux et les voitures de luxe ; sur la mise en adjudication des bureaux de tabac, etc. Il fut le premier à demander un inventaire des biens de l'Etat afin de pouvoir rechercher plus sûrement quels étaient ceux qui pouvaient être aliénés sans nuire aux services publics. M. Parent a signé le projet de loi sur l'instruction obligatoire et tous les manifestes de la Gauche-Modérée. Membre du Conseil municipal de Chambéry à plusieurs époques, il a été un des membres de la Commission préfectorale nommée par la population, le 5 septembre 1870, pour administrer le département jusqu'à l'arrivée du préfet républicain, M. Guiter.

PARFAIT (Noël), né à Chartres, le 28 novembre 1813. Il s'occupa fort jeune de politique, prit les armes en 1830, et mérita la décoration de Juillet. Une série de satires intitulées : *Philippiques*, l'amena trois fois devant la Cour d'assises. En septembre 1833, son poëme : *L'aurore d'un beau jour* fut considéré comme une apologie de l'insurrection de Juin et lui attira deux ans de prison et 1,000 francs d'amende. Deux mois plus tard, impliqué dans le procès des « vingt-sept », il fut acquitté de même que ses coaccusés. Rédacteur de la *Presse* en 1836, il a écrit depuis dans beaucoup de feuilles publiques, notamment au *Siècle*, et prêté sa collaboration à MM. Théophile Gautier et Alexandre Dumas. Elu représentant d'Eure-et-Loir à l'Assemblée législative en 1849, M. Noël Parfait a siégé sur les bancs de la Gauche. De 1848 à 1851, il a publié de nouvelles poésies politiques ; et, après le Coup-d'Etat, il a été expulsé du territoire français et s'est réfugié en Belgique. La révolution du 4 Septembre 1870 l'a rendu à la vie publique. Le 8 février 1871, il a été élu, de nouveau, représentant d'Eure-et-Loir à l'Assemblée nationale, où il a pris place dans les rangs de la Gauche-Républicaine. M. Noël Parfait a dénoncé, comme rapporteur, les prodigalités de la présidence du Corps législatif, a fait partie de toutes les Commissions de permanence, et a signé le manifeste de la Gauche. Outre les écrits cités plus haut, M. Noël Parfait a publié une *Notice biographique sur A.-F. Sergent, graveur en taille-douce, député à la Convention nationale* (1848). Enfin, il a donné des drames au théâtre : *Fabio le novice* (1841) ; — *Un Français en Sibérie* (1843) ; — *La juive de Constantine* (1845).

PARIEU (Marie-Louis-Pierre-Félix Esquirou de), né à Aurillac, le 13 avril 1815 ; fils d'un ancien député, qui, de 1852 à 1869, représenta la première circonscription du Cantal au Corps législatif. Il commença ses études classiques au collège royal de Lyon et les compléta au collège de Juilly. Puis il fit son droit à Paris et à Strasbourg et prit le grade de docteur à la Faculté de cette dernière ville. En même temps, il s'occupait de travaux économiques, de philologie et d'histoire naturelle. Inscrit au tableau des avocats de Riom, il ne tarda pas à jouir d'une position prépondérante due à ses habitudes laborieuses, à ses connaissances juridiques et à son talent oratoire.

Aussi fut-il, après la révolution de 1848, élu représentant du Cantal à l'Assemblée constituante, où il prit place sur les bancs des républicains modérés, se distingua par l'étendue et la variété de ses connaissances et de ses aptitudes au sein de Commissions importantes, et soutint notamment, avec une grande hauteur de vues, cette thèse que le président de la République devait être l'élu de l'Assemblée, et non celui du suffrage universel. Son mandat lui ayant été conservé à l'Assemblée législative, il abandonna la Gauche à ses théories politiques, se rapprocha de la majorité conservatrice, et favorisa de ses votes la présidence et le clergé. Du 31 octobre 1849 au 13 février 1851, il tint le portefeuille de l'Instruction publique ; et son ministère se signala par la présentation de la loi organique votée le 15 mars 1850, loi qui établissait autant de circonscriptions académiques et de rectorats que de départements. Le Coup-d'Etat du 2 décembre en fit le président de la section des finances au Conseil d'Etat. Vice-président en 1855, et ministre président le Conseil en 1870, M. de Parieu avait été chargé de la vice-présidence de la Commission monétaire, pendant l'Exposition universelle de 1867, et s'était acquitté de cette tâche, particulièrement délicate et pénible, avec autant de bonheur que d'activité. Il est membre de l'Académie des sciences morales et politiques (section d'administration) depuis 1856, membre de l'Académie de législation de Toulouse, membre de l'Académie des sciences, belles-lettres et arts de Clermont-Ferrand, etc. On lui doit : *Etudes historiques et critiques sur les actions possessoires* (1850) ; — *Essai sur la statistique agricole du département du Cantal* (1852, 2e édit., 1865) ; — *Histoire des impôts généraux sur la propriété et le revenu* (1856) ; — *Traité des impôts considérés sous le rapport historique, économique et politique, en France et à l'étranger* (1862-1864, 5 vol., 2e édit., 1866, 4 vol.) ;—*Principes de la science politique* (1870). M. de Parieu a collaboré activement au *Journal des économistes*, à la *Revue européenne*, à la *Revue contemporaine*, etc. Grand'Croix de la Légion d'Honneur depuis 1869, il porte aussi la Grand'Croix des ordres de Saint Grégoire-le-Grand, de Léopold de Belgique, et de divers Etats qui ont rendu justice au zèle avec lequel il s'est occupé, dans ces dernières années, de la question de l'unification monétaire.

PARIS (Alexis-Paulin), né à Avenay (Marne), le 25 mars 1800. Après avoir terminé ses études classiques à Reims, il vint à Paris, et prit dès lors une part assez active à toutes les grandes discussions qui passionnaient l'opinion. En 1824 il publia une *Apologie de l'Ecole romantique*. Trois ans plus tard il fit paraître une traduction du *Don Juan* de Byron et de 1830 à 1836 une traduction des *OEuvres complètes*, du même poëte, y compris les *Mémoires* de Th. Moore (13 vol.). Une aptitude particulière aux travaux d'érudition lui valut d'entrer, en 1828, à la Bibliothèque royale comme employé au département des manuscrits ; il mit à profit cette situation pour étudier les monuments encore inédits de la littérature du moyen âge. Sur beaucoup de points, il émit des idées tout à fait neuves qu'il eut à défendre soit contre Michelet (1833), soit plus tard contre M. Génin. Ce fut lui qui, le premier en France, définit ce qu'on devait entendre par le mot chanson de geste, et attira l'attention, depuis si féconde, sur la véritable *Chanson de Roncevaux* ou de *Roland*. Appelé le 2 juin 1837 à l'Académie des inscriptions et belles-lettres, en remplacement de Raynouard, et peu après à la commission chargée de continuer l'histoire littéraire de la France, M. Paulin Paris fut aussi nommé conservateur-adjoint au département des manuscrits de la Bibliothèque royale (1839), membre du Conseil de perfectionnement de l'Ecole des chartes (1846) et du Comité de la langue, de l'histoire et des arts de France (1852). En 1853, il a inauguré au Collège de France les cours de langue et de littérature du moyen âge qu'il a professé jusqu'en 1872, époque où sa retraite et du choix que le conseil des professeurs fit de son fils (Gaston Paris), pour occuper la même chaire. En renonçant en même temps à sa place de conservateur-adjoint à la Bibliothèque nationale, il obtint les titres rarement accordés jusqu'alors de conservateur-adjoint honoraire, et de professeur honoraire du Collège de France. M. P. Paris a beaucoup écrit ; on lui doit, entre autres publications : *Notice sur la relation originale du voyage de Marco Polo* (1833) ; — *Le Romancero François* (1833) ; — *Essai sur les romans du moyen âge* en tête du roman de *Fieramosca* (1833) ; — *Garin le Loherain*, précédé d'un examen des romans carlovingiens (1833-1835, 2 vol.) ; — *Berte aux grands pieds*, précédé d'une dissertation sur le *Roman des Douze pairs* (1836) ; — *Les grandes chroniques de Saint-Denis* (1836-1840, 6 vol.) ; — *Les manuscrits français de la Bibliothèque du Roi*, leur histoire et celle des textes allemands, anglais, hollandais, italiens, espagnols *de la même collection* (1836-1848, 7 vol.) ; — *Conquête de Constantinople*, par Villehardouin (1838) ; — *Mémoire sur le cœur de saint Louis* (1844) ; — *La chanson d'Antioche* (1848) ; — *Historiettes de Tallemant des Réaux*, notes et commentaires (1852-1858, 9 vol.) ; — *Les aventures de maître Renard et d'Ysengrin son compère, mises en nouveau langage* (1861) ; — *Poésies inédites de saint Pavin* (1861) ; — *Les romans de la Table ronde mis en nouveau langage* (1868 et suiv., 4 vol.). En outre, M. Paulin Paris a collaboré à plusieurs journaux : l'*Universel*, la *Quotidienne*, la *Vieille France*, la *Jeune France*, etc., et à des recueils spéciaux, tels que les *Mémoires de la Société des antiquaires*, le *Recueil de l'Académie des inscriptions* (où il a été inséré des recherches sur le *Songe du Verger*, sur *Jean sire de Joinville*), la *Bibliothèque de l'Ecole des chartes*, le *Journal des Savants*, le *Correspondant*, le *Bulletin du Bibliophile*. M. Paulin Paris est membre de l'Académie royale d'histoire de Madrid et de l'Académie royale de Belgique. Chevalier de la Légion d'Honneur depuis 1837, il a été promu officier du même ordre en 1874 ; il est en outre officier de l'ordre de Léopold de Belgique, et officier de l'Instruction publique.

PARIS (Gaston-Bruno-Paulin), né à Avenay (Marne), le 9 août 1839 ; fils du précédent.

Après avoir terminé ses études au collège Rollin, et avoir passé deux ans en Allemagne aux Universités de Bonn et de Göttingue, il entra en 1858, tout en préparant sa licence ès lettres et sa licence en droit, à l'École des chartes, dont il fut un des plus brillants élèves. Il s'adonna ensuite aux travaux d'érudition et à l'enseignement supérieur. Successivement professeur de grammaire française aux cours libres de la rue Gerson institués par M. Duruy, répétiteur, puis directeur adjoint et directeur d'études à l'Ecole pratique des hautes études pour les langues romanes, suppléant de son père au Collège de France, il lui a succédé, le 26 juillet 1872, comme professeur de langue et de littérature française du moyen âge. Outre un certain nombre d'articles ou de travaux parus dans les journaux ou recueils spéciaux, tels que la *Bibliothèque de l'Ecole des Chartes*, la *Revue critique* et la *Romania* (recueils fondés en partie par lui), etc., il a publié : *Du rôle de l'accent latin dans la langue française* (1862) ; — *De pseudo Turpino* (1865) ; — *Histoire poétique de Charlemagne* (1865), thèse pour le doctorat qui a obtenu de l'Académie des inscriptions le grand prix Gobert ; — *La vie de saint Alexis*, textes des XIe, XIIe XIIIe et XIVe siècles (1872), ouvrage qui lui a valu une deuxième fois le prix Gobert ; — le *Petit Poucet et la Grande Ourse* (1875), etc. Il publie depuis 1872, en collaboration d'abord avec M. Brachet, puis avec M. A. Morel-Fatio, une traduction complète de la *Grammaire des langues romanes* de Diez, et il a annoncé diverses publications importantes. M. G. Paris a été nommé chevalier de la Légion d'Honneur le 7 août 1875.

PARIS (François-Edmond), né à Paris, le 2 mars 1806. Admis à l'École de marine d'Angoulême en 1820, il en sortit aspirant le 1er mai 1822, devint enseigne de vaisseau le 29 octobre 1826, et fit cette même année sur l'*Astrolabe*, commandée par Dumont-Durville, un premier voyage de circumnavigation, et un second voyage sur la *Favorite* en 1829. Lieutenant de vaisseau le 1er septembre 1832, il commanda le *Castor* de 1834 à 1837, fit sur l'*Artémise* un troisième voyage pendant lequel il perdit la main gauche dans un accident de machine (1837), fut promu capitaine de corvette le 30 septembre 1840 et bientôt il s'embarquait à Brest sur l'*Archimède* pour une campagne dans les mers de la Chine. Pendant ses voyages M. Paris a étudié avec beaucoup de soin l'application de la vapeur à la marine de guerre et la question du combustible. Successivement capitaine de vaisseau (8 septembre 1846), contre-amiral (7 novembre 1858), major-général de la marine à Brest, commandant de la troisième division de l'escadre de la Méditerranée (novembre 1859), il a été fait vice-amiral (27 janvier 1864) et mis au cadre de réserve en mars 1871. Directeur général du dépôt des cartes et plans de la marine, vice-président de la Commission des phares, il a remplacé en 1863 M. Bravais à l'Académie des sciences (section de géographie et de navigation) et en 1864 M. l'amiral Delofre au Bureau des longitudes. M. Paris a publié : *Essai sur la construction navale des peuples extra-européens, ou Collection des navires et pi-*

rogues construits par *l'habitant de l'Asie, de la Malaisie, du grand Océan et de l'Amérique* (1841, 2 vol. in-fol. avec 130 pl.); — *Navigation de la corvette à vapeur l'Archimède de Brest à Macao* (1843); — *Dictionnaire de marine à voiles et à vapeur*, en collaboration avec M. de Bonnefoux, son beau-père (1848, 2 vol., 2ᵉ édit., 1860, avec 17 pl.); — *Catéchisme du mécanicien à vapeur ou Traité des machines à vapeur* (1850, 2ᵉ édit., 1857); — *Traité de l'hélice propulsive* (1855, avec 15 pl.); — *Utilisation économique du charbon à bord des navires à vapeur* (1858, avec 12 pl.); — *L'art naval à l'Exposition universelle de Londres* (1863, avec atlas de 21 pl.); — *L'art naval à l'Exposition universelle de 1867* (1867-1868, 3 parties avec 59 pl.). M. l'amiral Paris a publié en outre quelques articles dans le *Moniteur officiel* et l'*Annuaire encyclopédique* où il a traité surtout la question du blindage et de la transformation des navires. Il est Grand-officier de la Légion d'Honneur depuis le 14 mars 1869. Actuellement il est chargé du Musée de marine et consacre son travail et sa solde de conservateur au perfectionnement de cette collection encore unique en son genre.

PARIS (Louis-Philippe-Albert d'ORLÉANS comte DE), né à Paris, le 24 août 1838. Mgr le comte de Paris est le fils aîné du duc d'Orléans, de l'héritier du trône constitutionnel de France, érigé par Louis-Philippe Iᵉʳ en 1830, et dont la mort, provoquée par un accident de voiture, a si profondément changé les conditions politiques de la nation. Élève de l'académicien Régnier pour les lettres, et du professeur Baudouin pour les sciences, il passa les premières années de son exil immérité près de sa mère, à Eisenach (Saxe-Weimar), où il termina ses études scientifiques et littéraires. Puis il compléta son éducation et se familiarisa avec la plupart des langues vivantes en parcourant les diverses contrées de l'Europe. Fixé en Angleterre, auprès de la reine Amélie, sa grand'mère, en 1858, il s'y consacra surtout à des recherches sur l'état politique et social de nos voisins d'Outre-Manche. En 1860, il fit, en compagnie du duc de Chartres, son frère, un voyage en Orient. La guerre de la sécession, en Amérique, lui fournit l'occasion de se familiariser avec le métier des armes. Admis dans l'armée de Mac-Clellan, comme officier d'État-major et aide-de-camp de ce général en chef, il fit la campagne du Potomac, prit part au siège d'York-Town ainsi qu'aux batailles de Williams-Burg, Fair-Oaks et Gaines-Mill, et ne quitta l'armée fédérale qu'au moment où la guerre faite par la France au Mexique menaçait d'amener une rupture entre sa patrie et la nation au service de laquelle il avait mis son épée. A partir de cette époque, Mgr le comte de Paris ne s'occupa guère plus que de travaux concernant la philosophie, l'histoire et l'économie politique. Après la guerre franco-allemande de 1870-1871, il profita du vote de l'Assemblée nationale qui abrogeait les lois d'exil frappant les anciennes familles régnantes de Bourbon et d'Orléans. Il revint en France et s'y fit remarquer par sa prudence politique, son désintéressement, et le soin qu'il mit à éviter, par des compétitions personnelles, d'aggraver la situation de sa malheureuse patrie. Mgr le comte de Paris a publié : *Damas et le Liban; extraits du journal d'un voyage en Syrie, au printemps de 1860* (anonyme, Londres, 1861); —*La semaine de Noël dans le Lancashire*, étude sur la crise cotonnière en Angleterre, signée E. Forcade, dans la *Revue des Deux-Mondes* (1863); — *Lettre sur l'Allemagne nouvelle*, signée E. Forcade, dans la *Revue des Deux-Mondes* (1867); —*L'Eglise d'Etat et l'Eglise libre en Irlande*, signée X. Raymond, dans la *Revue des Deux-Mondes* (1868); — *Les associations ouvrières en Angleterre, ou les Trades-Unions*, volume qui a eu plusieurs éditions en peu de temps, qui a été traduit en anglais, en espagnol et en allemand, et qui a été jugé digne, par l'Assemblée nationale, en 1872, de servir de base à un travail complet sur le régime des associations ouvrières en France (1869). Mgr le comte de Paris a épousé, le 30 mai 1864, sa cousine germaine, la princesse Marie-Isabelle de Montpensier, qui lui a donné quatre enfants : la princesse Marie-Amélie-Louise-Hélène en 1865, le prince Louis-Philippe-Robert en 1869, la princesse Hélène en 1871, et le prince Charles en 1875.

PARMENTIER (Edouard-Edmond-Ernest), né à Paris, le 5 novembre 1834. Il suivit l'atelier de M. Lecomte-Vernet et les cours de l'Ecole des beaux-arts, où il obtint plusieurs médailles. Puis il cultiva avec succès plusieurs genres de peinture, les fleurs et les fruits, le portrait, le genre, les vues intérieures de monuments, etc. En 1857, il débuta au Salon de Paris, avec un *Portrait*. Depuis, cet artiste a exposé : *Vue intérieure de la salle de céramique*, au musée des Thermes et de l'hôtel de Cluny (1859); — *Un déjeuner maigre*, nature morte; *Cerises d'espalier* (1865); — *Le petit maraudeur* (1866); — *Jeanne-Marie*, souvenir du *Béarn*; *Chinoiseries*; *Vénus*, porcelaine (1868); — *Galerie des Antiques*, au musée du Louvre, vue prise de l'ancien vestibule (1870); — *Fleurs et fruits* (1873); — *Fleurs et objets d'art* (1874). En 1871, M. Parmentier a quitté Paris pour aller habiter Reims, où il avait été nommé professeur de dessin au Lycée et à la Société industrielle.

PARMENTIER (Marie-Félix), né à Paris, le 19 avril 1821; fils de Nicolas-Félix Parmentier, commissaire-priseur à Paris, qui fit la vente de Géricault. Élève de M. L. Cogniet, il débuta comme peintre d'histoire, puis adopta surtout la peinture de genre. En 1843, son premier envoi au Salon représentait : *Saint Louis de Gonzague apportant des secours à une pauvre famille, pendant la famine qui ravagea la ville de Rome, en 1591*. Depuis cet artiste a exposé : *Le mendiant* (1848); — *Le puit du Bourg-le-Batz*; *Jeunes vagabonds*; *Petite fille abandonnée*; *Portrait de l'auteur* (1849); — *La fontaine de Penestan*, près Quimper; *Un lavoir de Basse-Bretagne*; *Saulnier*; *Enfants du bourg de Batz*, acheté par le ministre des Beaux-Arts; *Une leçon de musique* (1850); —*Le présage de Bertrand Duguesclin*; *Sous une treille à Grenade*; *Le changeur tunisien* (1857); —*Le retour en barque d'une noce à Chateaulin*, acheté par le comte de

Morny qui reconnut à ce peintre un tempérament de coloriste ; — *Un groupe d'Arabes écoutant un chanteur*, à Tunis (1859) ; — *Une noce à Mellac* (1864) ; — *Un jour de fête* ; *Le mauvais conseil* ; *Un prisonnier* (1863) ; — *Le jour de l'Assomption*, en Finistère (1864) ; — *Une petite fille abandonnée* ; *Le bon gardien* (1865), — *Souvenir de Tunis* (1866) ; — *Au sortir de l'Eglise* (Finistère) ; *Yvonne et fidèle ami* (1868) ; — *La croix de la bannière de Mellac* (Finistère) ; *Le coiffeur emplumé* (1870).

PARQUET (Charles-Gustave), né à Beauvais (Oise), le 15 avril 1826. M. Parquet se consacra de préférence à la peinture des animaux et fit d'abord sa spécialité des portraits de chevaux. Il débuta au Salon de 1857 avec un tableau intitulé : *Après la lutte*. Ensuite il exposa : *Chevaux de poste* ; *Troupier*, *Arator* et *Compère Thomas*, chevaux boulonnais du haras d'Abbeville ; chevaux de chasse : *Georges*, du haras d'Abbeville et *Tom* (1859) ; — *Jean du Quesne*, pur-sang irlandais ; *Ouvrier*, trotteur normand (1861) ; — le célèbre *Franc-Picard* et *Huntsman*, commandés par le baron de La Motte ; *Cheval barbe* (1863). Dès 1865 jusqu'à la chute de l'Empire nous le trouvons à la vénerie de l'Empereur où il exécuta les portraits équestres du Prince impérial, du marquis de la Tour Maubourg et aborda les épisodes de chasse à courre. Cet artiste a encore exposé : *Relais de chiens de la vénerie impériale* ; *Boby* (1865) ; — le portrait du prince *Joachim Murat* ; *Un découplé de la vénerie impériale* (1866) ; — *Yeare*, au duc d'Elchingen (1867) ; — *Un rendez-vous de la vénerie de l'Empereur* appartient au prince de la Moskova, grand veneur ; *Trois chiens de la vénerie de l'Empereur* (1868) ; — « *Le Vol-ce-l'Est* » appartient au marquis d'Espeuilles (1869) ; — *Un rendez-vous de l'équipage Picard piqu'hardi* appartient au vicomte de Chézelles ; « *Deus illis hæc otia fecit* » (1870) ; — Le haras de Plainval : *Brigadier*, *Monplaisir*. *La Parisina*, *Campagnard* (1875). M. Parquet a en ce moment sur le chevalet le portrait de la comtesse d'Heursel et une série de tableaux de sport, pour la salle à manger de Vineuil.

PARROCEL (Etienne-Antoine), né à Avignon, le 11 octobre 1817. Il est le quinzième artiste de sa famille qui a fourni un grand nombre de peintres et de graveurs, et petit-fils de l'héritier des titres de marquis de Parrocel, comte de Tavel, que son grand-père n'a point revendiqués en raison de la modicité de sa fortune, mais qui n'en restent pas moins le patrimoine de sa famille. Il a commencé ses études classiques au collége Bourbon, mais les a abandonnées à l'âge de quatorze ans pour seconder dans son commerce son père auquel il a succédé ; il s'est lui-même retiré définitivement des affaires en 1874. Entraîné par sa vocation artistique que le souvenir de ses ancêtres fortifiait, il acheva lui-même son éducation ; il étudia successivement presque tous les arts, auxquels il a touché non sans succès. Elève de Fichet de Paris en 1833, il fit sous sa direction sa théorie des ombres, s'occupa d'architecture, s'adonna ensuite à la gravure sur bois, au dessin, à la lithographie, à la sculpture et surtout à la peinture religieuse et historique. Il n'a jamais exposé, mais plusieurs de ses ouvrages figurent dans des églises : à Marseille, Avignon et Plan d'Orgon. Musicien, il jouait de quatre instruments, et il a fait partie de 1839 à 1844 de l'orchestre de la Société philharmonique (de Dubois). A 25 ans, il avait appris l'italien et l'anglais pour faire en Angleterre et en Italie des voyages qui ont servi autant à ses affaires commerciales qu'à ses travaux artistiques et littéraires. Outre un grand nombre d'articles publiés soit surtout dans le *Nouvelliste* de Marseille, à la rédaction duquel il a été attaché pendant quinze ans comme critique d'art, soit dans le journal l'*Artiste* de Paris en 1864, soit dans le *Globe artistique* de Paris, en 1869 ; il a composé beaucoup de pièces de vers et de poésies légères, romances, mises en musique par Granchi, Novella, Amadeo, etc., publiées par Richaud, Pacini, Meissonnier, etc. ; enfin trois libretti d'opéra : en 1845, une *Jeanne d'Arc* pour le compositeur Amadeo, resté inédit ; en 1856, *Il Giuramento* et *Aroldo*, deux traductions à lui commandées par Tronchet, directeur du théâtre de Marseille. On lui doit le *Salon marseillais de 1860* (1860) ; — *Monographie des Parrocel* (1861) ; — *Annales de la peinture* (1862) ; — *Fragments faisant suite aux annales de la peinture*, histoire de l'ancienne Académie de peinture de Marseille (1865) ; — *Six discours sur l'histoire de l'art en Provence*, prononcés au congrès scientifique de France à Aix (1866), reproduits par le *Courrier de Marseille* et résumés dans les *Mémoires du congrès* ; — *Discours et fragments* (1867) ; — *Ma vie à mes amis*, mémoires autobiographiques (1875, 1er vol.). Membre de la commission de la grande exposition de Marseille en 1861, vice-président de la cinquième section au congrès scientifique de France à Aix en 1867, membre de la Commission des beaux-arts au musée de Marseille et de l'Académie de cette ville, membre associé correspondant de la Société des antiquaires de France, membre associé correspondant des Académies d'Aix, de Toulon, de Bordeaux et de plusieurs autres sociétés savantes, officier de l'ordre du Nicham Iftikar, M. Parrocel a été nommé chevalier de la Légion d'Honneur en 1871 pour action d'éclat. En 1863, lors de la création du Cercle artistique, son nom fut et est resté inscrit sur les frises de la grande salle des expositions au milieu de ceux des notabilités contemporaines de Marseille, dans les arts et les lettres.

PARVILLE (François-Henri Peudefer de), né à Evreux, le 27 janvier 1838. Après avoir fait de fortes études au lycée Bonaparte, il fut reçu à la fois à plusieurs écoles du gouvernement. Il opta pour l'Ecole des mines. A sa sortie de cet établissement en 1859, il prit part comme élève-ingénieur, sous la direction de M. Durocher, ingénieur en chef des mines, membre de l'Institut, à un voyage d'exploration dans l'Amérique centrale. Dès son retour en 1860, il se consacra au journalisme et se fit une spécialité de la vulgarisation scientifique. Il débuta dans le *Pays* et écrivit successivement dans le *Constitutionnel*, la *Patrie*, le *Moniteur*, etc., se faisant remarquer par une grande habileté d'exposition. Rédacteur en chef du *Cosmos* en 1862, du *Journal des Mines* en 1864, de la *Science pour tous* en 1868, M. Henri de Parville rédige actuellement au *Journal officiel* les comptes rendus de l'Académie des sciences et au *Journal des Débats* les articles de critique scientifique. Il a donné, outre les articles fournis aux journaux : *Découvertes et Inventions modernes* (1865) ; — *Un habitant de la planète Mars* (1865); — *L'exposition universelle de 1867, guide de l'exposant et du visiteur* (1867); — un grand nombre de *Mémoires*. Il publie depuis 1861 sous le titre de *Causeries scientifiques ; Découvertes et Inventions*, une revue annuelle des progrès de la science qui passe pour faire autorité dans la matière. Comme ingénieur M. de Parville a construit plusieurs machines, un moteur à vapeur à grande vitesse, une drague nouvelle, et réalisé plusieurs appareils de physique appréciés, notamment un baromètre de voyage d'un usage fort commode. M. de Parville est chevalier de la Légion d'Honneur depuis le 15 août 1868.

PASCAL (François-Michel), connu aussi sous le nom de Michel Pascal, né à Paris, le 3 septembre 1811. Il étudia la statuaire dans l'atelier de David d'Angers, et débuta au Salon de Paris, en 1840, avec une *Sainte Philomène*, statue en plâtre. Puis il exposa : *Combat de deux bécasses*, groupe en marbre (1841) ; — *La dissertation*, groupe de deux Chartreux, marbre (1847, E. U. 1855) ; — «*Laissez venir à moi les petits enfants,*» groupe en marbre (1848) ; — *Chartreux en prière*, statue en marbre ; *Sainte Catherine de Sienne*, statue en plâtre (1849) ; — *Les enfants d'Edouard*, groupe en plâtre ; *Enfants portant des pampres de vignes*, groupe en bronze (1852, E. U. 1855) ; — *Les enfants d'Edouard*, en marbre ; *Les couronnes*, groupe en marbre acquis par M. de Morny (1853) ; — un *Ange portant la couronne d'épines*, et un *Ange portant le calice d'amertume*, statues en marbre pour la chapelle du château de Vincennes ; *Trappiste*, statue en marbre ; *Le Vendredi-Saint*, groupe en bronze (E. U. 1855). Depuis M. Michel Pascal a fait recevoir au Salon de Paris : l'*Annonciation* et la *Visitation*, bas-reliefs en pierre de liais pour l'autel de la cathédrale de Périgueux (1861) ; — *Monseigneur Massonnais*, groupe en pierre destiné au tombeau de ce prélat dans la cathédrale de Périgueux ; *Descente de croix, Mise au tombeau, Saintes femmes au tombeau*, bas-reliefs en pierre de Senlis pour la chapelle de la Vierge à Notre-Dame de Paris (1863) ; — le buste en marbre de *Marie-Antoinette* ; la statue de *Monseigneur de Salinis*, destinée à la ville d'Auch ; les *Frontons supérieurs* de la façade occidentale de l'église Saint-Etienne-du-Mont (1864) ; — *Promenade des Amours*; groupe en marbre (1865) ; — *Les Couronnes*, reproduction en terre cuite ; la *Nativité* et la *Présentation*, bas-reliefs pour l'église Sainte-Marie de Bergerac ; les statues de *Saint-Georges* et de *Saint Martin de Tours*, pour l'église Saint-Pierre d'Angoulême ; la *Décoration générale* du portail de l'église Sainte-Croix de Bordeaux (1866) ; — *Les enfants d'Edouard*, reproduits en bronze ; les *Frontons* de l'église Saint-Ferdinand de Bordeaux et de la sous-préfecture de Mirande (1868) : — *Louis XII*, figure équestre, bas-relief en plâtre (1872) ; — *Brennus apporte la vigne dans les Gaules*, statue équestre ; le buste en plâtre du baron *Feuillet de Conches* (1873). M. Michel Pascal a encore exécuté un grand nombre de travaux pour des monuments publics. Il a reçu des médailles de 3ᵉ classe en 1847 et de 2ᵉ classe en 1848.

PASSOT (Philippe-Claude), né à Beaujeu (Rhône), le 26 avril 1814. M. Passot a fait avec succès ses études classiques au petit séminaire de Saint-Jean, à Lyon. Comme étudiant en médecine, il a fait un service hospitalier, soit à l'hôpital militaire de Lyon, soit à l'hôpital du Midi, sous Cullerier neveu, et il prit, le 19 novembre 1840, le grade de docteur avec une thèse intitulée : *De la disposition aux inflammations des membranes muqueuses*. Etabli à Lyon, il est devenu successivement médecin du Bureau de bienfaisance, du Dispensaire général, et médecin attaché au Conseil des Prud'hommes, fonction honorifique qu'il remplit depuis 25 ans. M. le docteur Passot a publié : *Analyse critique des principales opinions des auteurs sur la nature de la chlorose* (1844); — *Des logements insalubres, de leur influence et de leur assainissement* (1851); — *Etudes et observations obstétricales* (1853); — *Leçons d'un instituteur pour disposer les enfants aux bons traitements envers les animaux*, ouvrage couronné par la Société protectrice des animaux (1862); — *De la salivation mercurielle provoquée comme moyen thérapeutique* (1862); — *De la méhode de M. Chervin ainé pour la cure de bégayement* (1863); — *De l'intelligence humaine dans ses rapports avec l'organisation* (1864); — *Aperçu sur les travaux de la Commission des logements insalubres* (1870), etc. M. le docteur Passot cultive, à ce qu'il paraît, la poésie, car il est l'auteur d'une bonne satire contre le charlatanisme médical. Il est membre de la Société nationale de médecine.

PASTEUR (Louis), né à Dôle (Jura), le 27 décembre 1822. Ses études classiques terminées, il se consacra à l'enseignement, et remplit les fonctions de maître surnuméraire, au collège royal de Besançon, de 1840 à 1843, époque où il fut admis à l'Ecole normale supérieure. En 1846, il se fit recevoir agrégé des sciences physiques. Docteur ès sciences physiques en 1847, préparateur de chimie du cours de M. Balard, à l'Ecole normale supérieure de 1846 à 1848, il fut nommé, en 1848, professeur de physique au lycée de Dijon, et, bientôt après, suppléant du professeur de chimie à la Faculté de Strasbourg. En 1854, il fut envoyé en qualité de doyen et professeur de chimie à la Faculté des sciences de Lille, de récente création, et qu'il fut chargé d'organiser. Il fut appelé, en 1856, à prendre la direction de la section scientifique de l'Ecole normale supérieure, et nommé, en 1863, professeur de géologie, physique et chimie à l'Ecole des beaux-arts, emploi qu'il ne conserva que très-peu de temps. En 1867, M. Pasteur fut nommé professeur de chimie, à la Sorbonne. Il a publié d'importants travaux, notamment sur la chimie moléculaire et les générations spontanées : *Nouvel exemple de fermentation déterminée par des animalcules infusoires pouvant vivre sans oxygène libre* (1863) ; — *Études sur le vin, ses maladies, causes qui les provoquent*, etc. (1866) ; — *Études sur le vinaigre, ses maladies, moyens de les prévenir*, etc. (1868) ; — *Étude sur la maladie des vers à soie, moyen pratique assuré de la combattre et d'en prévenir le retour* (1870). En outre, il a fait paraître, dans le *Recueil des savants étrangers*, de nombreux *Mémoires* qui ont été l'objet d'appréciations toujours favorables dans les *Comptes rendus* de l'Académie des sciences. M. Pasteur a remporté, en 1856, la médaille Rumford, décernée par la Société royale de Londres, pour ses travaux sur les relations de la polarisation de la lumière avec l'hémiédrie dans les cristaux, et le prix Jecker, en 1861, pour ses études sur la chimie. En 1874, la Société royale de Londres lui a décerné la médaille de Copley, qui est jugée la plus haute distinction scientifique. Dans cette même année, l'Assemblée nationale lui a accordé, à titre de récompense nationale, une pension annuelle et viagère de douze mille francs pour les progrès que lui doivent les industries du vin, du vinaigre et la sériculture. Membre de l'Institut (Acad. des scienc.) depuis 1842, il a reçu la croix de la Légion d'Honneur en 1853, a été promu officier en 1863, et commandeur en 1868.

PATIN (Henri-Joseph-Guillaume), né à Paris, le 21 août 1793. Admis, en 1811, à l'École normale supérieure, il se fit recevoir docteur ès lettres, en 1814, avec deux thèses dont l'une intitulée : *De l'usage des harangues chez les historiens*. En 1815, il fut nommé maître des conférences de littérature ancienne et moderne à l'École normale, et, de 1817 à 1819, il occupa, comme professeur adjoint, la chaire de rhétorique du collège Henri IV. Maître distingué, il se signala en outre dans des concours littéraires par ses éloges de *Bernardin-de-Saint-Pierre* (1816), de *Le Sage* (1822), de *Bossuet* (1827), et par son *Discours sur la vie et les ouvrages de Thou* (1824). Il fut choisi, en 1830, pour suppléer M. Villemain à la Sorbonne, et, après la mort de Lemaire, en 1833, il fut désigné par la Faculté, pour la chaire de poésie latine dont il est encore titulaire. Son enseignement se distingua par une science profonde des lettres anciennes et par son élévation surtout en ce qui concerne les écrivains aimés du siècle d'Auguste. M. Patin a participé à la rédaction du *Globe*, de la *Revue encyclopédique*, de la *Revue des Deux-Mondes* et du *Journal des Savants*. Il a réuni en volume ses principaux articles et plusieurs de ses leçons sous le titre de : *Mélanges de littérature ancienne et moderne* (1840). Puis a paru une de ses œuvres capitales : *Études sur les tragiques grecs, ou Examen critique d'Eschyle, de Sophocle et d'Euripide, précédé d'une histoire générale de la tragédie grecque* (1841-1843, 3 vol.; nouv. édit., 1858-1863-1872), et enfin une remarquable traduction d'*Horace* (1859, 2 vol.) ; — *Études sur la poésie latine* (1869-1875.). M. Patin a remplacé, en 1843, M. Roger, à l'Académie française, dont il a été nommé secrétaire perpétuel, en 1871, après le décès de M. Villemain. Commandeur de la Légion d'Honneur depuis le 13 août 1862, il a été promu Grand-officier de l'ordre le 4 mars 1874.

PATTI (Adèle-Jeanne-Marie, *dite* Adelina), marquise DE CAUX, née à Madrid, le 19 février 1843 ; son père et sa mère, artistes de talent tous les deux, chantaient l'opéra italien dans cette ville. Ils voyageaient beaucoup. Dès l'âge de sept ans la voix de Mlle Patti était déjà remarquable ; on la faisait chanter dans des concerts aux États-Unis, aux Antilles, à Cuba et elle excitait partout le plus vif enthousiasme. Elle prit des leçons de son beau-frère M. Maurice Strakosch et débuta définitivement le 24 novembre 1859 au théâtre italien de New-York dans *Lucie* avec le plus grand succès. Le 16 mai 1861, elle faisait son apparition au théâtre de Covent-Garden à Londres dans la *Somnambula* ; ce fut encore un triomphe. Enfin le 17 novembre 1862 elle vint demander au public parisien la consécration de sa jeune renommée et chanta au Théâtre italien dans la *Somnambula*. L'enthousiasme fut encore plus vif qu'en Amérique ou à Londres et le triomphe plus complet. Le public courait avec un empressement sans précédents aux soirées où Mme Patti chantait, la critique épuisa pour elle toutes les hyperboles de l'éloge. Depuis ce moment la renommée de l'artiste n'a fait que grandir. Elle parcourt l'Europe chaque année, tantôt à Vienne, à Londres, à Pétersbourg, à travers les ovations et les succès. Elle a amassé ainsi une fortune considérable. Mme Patti n'a pas quitté l'Europe depuis 1861. Elle a donné plusieurs représentations à l'Académie nationale de musique en octobre 1874. Tout le monde se rappelle le succès qu'elle y obtint. Tous les dilettanti de la salle Ventadour reconnaissent du reste que jamais depuis la Sontag et la Malibran le répertoire italien n'avait été abordé avec une pareille maestria. Comédienne supérieure et parfaite chanteuse, Mme Patti possède un organe incomparable. Sa voix de soprano aigu monte au contre-fa, la vocalisation est nette et brillante, la sonorité riche, délicate et moelleuse. Aussi elle a abordé toutes les difficultés de son répertoire varié et les a surmontées comme en se jouant, tour à tour vive, sémillante, capricieuse, emportée, touchante ou passionnée. Le 29 juillet 1868, Mlle Patti a épousé à Londres M. Louis-Sébastien-Henri de Roger de Cahuzac, marquis de Caux, ancien écuyer de la cour des Tuileries, qui l'accompagne depuis ce moment dans toutes ses tournées artistiques.

PAUFFARD (Auguste), né à Dijon, le 5 juin 1819. Il étudia la statuaire dans les ateliers de Ramey et de M. A. Dumont. Après avoir débuté, au Salon de 1846, avec *Briséis pleurant sur le corps de Patrocle*, bas-relief en marbre, M. Pauffard exposa : la statuette en plâtre du général *Eugène Cavaignac* (1850) ; — le buste en plâtre de *Mme Echalié-Jomain* (1852) ; — la statuette en plâtre de Mme la comtesse de *Dampierre* (1853) ; — *Inconstance* ; *Attachement*, statues en plâtre (1857) ; — *Un misanthrope*, statuette en plâtre ; le buste en terre-cuite de Mlle *Thérésa Brochier* (1866,) ; — le buste en plâtre de *M. Jules Miot*, ancien député (1868) ;

— *Jeune fille retenant l'amour captif*, groupe en plâtre (1869) ; — le buste en plâtre d'*Etienne Rey*, ancien professeur de peinture à l'Ecole de Lyon (1870).

PAULIN MÉNIER (René Lecomte, *dit*), né à Nice, de parents français, le 7 février 1829. Son père était un acteur de talent et se distingua à Paris dans les théâtres de drames ; sa mère comédienne estimée voyageait beaucoup et elle emmenait souvent son fils dans ses excursions notamment en Russie. M. Paulin Ménier apprit d'abord la peinture, mais attiré vers le théâtre par un goût irrésistible, il débuta comme jeune premier au théâtre Comte. Il joua avec les mêmes emplois pendant quelque temps à la Porte-Saint-Martin et à la Gaîté ; mais l'attention se porta seulement sur lui par la création du rôle de Grimaud des *Mousquetaires* à l'Ambigu (1855). Ses succès allèrent toujours croissant et son talent s'affirma de plus en plus de façons nouvelles et variées dans le rôle d'Ali de la *Closerie des Genêts*, celui de Dupere dans le *Molière* de Mme Georges Sand, dans le *Drame de Famille*, les *Paysans*. Cette deuxième création lui valut un engagement important à la Gaîté (1856). C'est alors qu'il créa le rôle de Chopart du *Courrier de Lyon*, dont il sut faire un type saisissant resté fameux au théâtre. Dès ce moment M. Paulin Ménier était arrivé à l'apogée de sa réputation et de sa popularité. Son nom a paru successivement sur toutes les affiches des théâtres de drames et il a le privilège d'être partout un élément de succès. Mais cette haute situation ne l'a pas empêché de mettre à ses nouveaux rôles un soin, une conscience, un travail profond qui lui permettent de se manifester dans chacun d'eux sous des formes inattendues, comme dans *Roquelaure* (1859), l'*Oncle Tom* (1857), le *Château des Tilleuls* (1859), les *Cosaques* (1859) à l'Ambigu ; le *Médecin des enfants*, les *Crochets du Père Martin*, l'*Escamoteur* (1860), la *Fille du Paysan* (1862) à la Gaîté ; les *Drames du Cabaret* (1864) à la Porte-Saint-Martin. M. Paulin Ménier est peut-être l'homme le plus populaire et le plus connu du boulevard, il cherche dans le peuple et dans l'étude de la vie les types qu'il reproduit à la scène. De là la saisissante vérité, l'originalité puissante et la réalité vraiment artistique de ses créations ; elles forment un musée de types populaires qu'on peut imiter, qu'on ne remplace pas.

PAUTET (Jules), né à Beaune (Côte-d'Or), le 9 novembre 1799. Après avoir terminé ses études à Paris, il s'essaya, jeune encore, dans les lettres et, dès 1832, fit ses premières armes, comme journaliste, dans l'*Opinion*, seul organe que possédaient alors les doctrines napoléoniennes. Rédacteur en chef du *Patriote de la Côte-d'Or*, il soutint, pendant près de deux ans, une guerre à outrance contre le gouvernement de Louis-Philippe, qui l'envoya douze fois devant le jury pour y être acquitté. « Me voici obligé de reparaître devant *Messieurs de la cour*, mais aussi, grâce à Dieu, devant *Messieurs du peuple*, » dit-il, en se défendant lui-même dans son second procès, à la suite des évènements de Lyon en avril 1834. Quand les lois de septembre eurent été votées, il se retira de la presse politique et créa un recueil littéraire, la *Revue de la Côte-d'Or* qui fleurit en 1836 et 1837. Conservateur de la bibliothèque de sa ville natale, il abordait en 1851 la carrière administrative et débutait, comme sous-préfet, à Marvejol d'où il passait à Sisteron en 1854. Après avoir administré, pendant cinq années, non sans éloge, ces deux arrondissements, il entra au ministère de l'Intérieur, dans le bureau des archives départementales où il resta pendant quatorze ans. On lui doit les ouvrages suivants : *La Grèce sauvée*, chant lyrique (1828) ; — un *Manuel d'économie politique*, pour l'*Encyclopédie* Roret (1834) ; — *Les chants du soir*, suivis du *Jaloux imaginaire*, comédie en cinq actes et en vers (1838) ; — *Abdul-Meschid*, chant lyrique (1840); — *Nouveau manuel complet du blason* (1843); — *Vergniaud* (1843) ; — *Au coin de l'âtre* (1844) ; — *Ernest ou la profession de foi d'un autre vicaire savoyard* (1858) ; — *Le Pape, l'Autriche et l'Italie* (1859) ; — *Nouvelles réformes industrielles et politiques* (1861) ; — *Les Alcéennes*, chants lyriques (1863) ; — *Le railway pittoresque de Bourgogne* ; *Vercingétorix*, poème en cinq chants, et *les Fleurs*, poésies. Il avait collaboré au *Dictionnaire de la Conversation* et aux *Mémoires de l'Académie de Dijon* dont il était membre. Au moment de sa mort, arrivée en 1870, M. Jules Pautet préparait une *Histoire du Conseil d'Etat* et une *Histoire de la filiation des doctrines économiques*. Il avait été nommé chevalier de la Légion d'Honneur le 13 août 1861.

PAVET DE COURTEILLE (Abel-Jean-Baptiste), né à Paris, le 23 juin 1821. Fils de Charles Pavet de Courteille, agrégé près la Faculté de médecine de Paris, mort en 1868, il fit ses études au lycée de Versailles, s'adonna de bonne heure à l'étude des langues orientales et fut chargé, en 1854, du cours de turc au Collège de France. M. Pavet de Courteille s'est consacré spécialement à la langue turque orientale ou djagathéenne. On lui doit : *Dictionnaire turc*, puisé aux sources originales (1870) ; — *Conseils de Nabi Effendi à son fils Aboul Khaïr*, traduit du turc (1857) ; — *Histoire de la campagne de Mohacz*, de Kémal-Pacha-Zâdeh, texte turc publié pour la première fois avec une traduction française (1859) ; — *Mémoires du Sultan Baber*, conquérant de l'Inde et fondateur de la dynastie du Grand Mogol (1871) ; — *Les Prairies d'or*, texte arabe et traduction française des trois premiers livres de l'Encyclopédie historique de Maçoudi (1861-1865), avec M. Barbier de Meynard. Membre de la Société asiatique en 1851 et de l'Académie des inscriptions et belles-lettres, où il a remplacé M. de Rougé le 14 mars 1873, M. Pavet de Courteille est chevalier de la Légion d'Honneur depuis le 14 août 1866.

PAYAN (Pierre-Scipion), né à Payrac (Ardèche), le 25 novembre 1808. Il commença ses études médicales à Montpellier en 1829, et fut successivement nommé au concours chirurgien interne des hôpitaux d'Avignon en 1832, de Marseille en 1834, et chirurgien chef interne de l'hôpital d'Aix en septembre de la même année. Il prit le titre de docteur en médecine à Montpellier le 13 février 1835. En 1840, les fonctions de chirurgien en chef de l'hôpital d'Aix lui furent confiées ; il ne s'en est démis qu'en 1866, et l'administration pour reconnaître ses services lui a confié, à cette époque, le titre de chirurgien en chef honoraire. Il a été aussi, pendant près de dix ans, médecin de l'hospice de la Charité à Aix. Pendant le cours de sa carrière médicale, il a été lauréat (médaille d'or et premier prix) de divers concours pour les travaux suivants : *De l'iodure de potassium dans le traitement des maladies syphilitiques* (1845, Société de médecine de Paris, publié en 1847) ; — *Des remèdes iodés et iodurés et de leur emploi thérapeutique* (1848, Société de médecine de Lyon, publié en 1851) ; — *Des remèdes et médications antisyphilitiques* (1842, Société de médecine de Bordeaux, publié en 1844) ; — *Sur les appareils inamovibles dans le traitement des fractures* (1843, Société de médecine de Toulouse) ; — *Sur le traitement des maladies scrofuleuses* (1848, Société de médecine du Hainaut, Belgique, publié en 1848) ; — *Des caustiques et de leur emploi thérapeutique* (1842, Bulletin de thérapeutique). La Société de médecine de Toulouse lui a décerné sept fois, en 1841, 1843, 1845, 1846, 1849, 1865 et 1867, la médaille d'encouragement dont elle honore chaque année les meilleurs travaux inédits qui lui sont adressés. Il est membre correspondant de l'Académie de médecine de Paris (1846), de la Société de chirurgie (1851), de l'Académie royale de médecine de Belgique (1847), et membre honoraire de cette même Académie (1874), membre correspondant des Sociétés de médecine de Paris, Montpellier, Strasbourg, Lyon, Marseille, Bordeaux, Toulouse, Tours, Rennes, Nantes, Dijon, Angers, Bruxelles, etc., M. le docteur Payan fait aussi partie des Académies des sciences, arts et belles-lettres d'Aix, de Marseille, de Lyon, de Bordeaux, de Toulouse, du Gard, de Vaucluse, etc. Outre les travaux que nous avons cités et beaucoup d'articles, insérés soit dans les journaux de médecine dont plusieurs l'ont compté comme leur collaborateur, soit dans les publications des Sociétés savantes dont il est membre, on lui doit : *Mélanges de clinique médico-chirurgicale* (1841); — *Mémoire sur l'hydrochlorate de baryte dans le traitement des maladies scrofuleuses* (1841) ; — *Mémoire sur l'ergot de seigle, son action thérapeutique et son emploi médical* (1841) ; — *Mémoire sur l'ophthalmie scrofuleuse et son traitement* (1842) ; — *Mémoire sur le traitement de l'esthiomène* (1842) ; — *Étude physiologique sur les tempéraments* (1843) ; — *Du seigle ergoté dans les paraplégies* (1844) ; — *Considérations pratiques sur la lithotritie* (1845) ; — *Du traitement du zona par la méthode ectrotique* (1847) ; — *Mémoire sur une observation de grossesse utéro-interstitielle, cas grave de médecine légale* (1847); — *Mémoire sur le traitement des abcès par congestion* (1847) ; — *Discours sur le progrès scientifique* (1857), prononcé à la séance publique de l'Académie d'Aix qu'il présidait ; — *Des bains de mer au point de vue de la santé publique* (1867) ; — *Du traitement arabique dans la syphilis* (1867) ; — *De l'anthrax et de son traitement* (1867).

PAYMAL (Henri), né à Paris, le 31 mai 1831. Commis, de 1844 à 1846, M. Paymal rentra chez son père, commerçant en bois, en 1847, y resta jusqu'en 1853, et établit à son compte en 1854 une maison affectée à la vente des bois de construction. Notable commerçant en 1860, il devint la même année administrateur du Bureau de bienfaisance et de la Société de secours mutuels de son quartier. Officier au 12e bataillon de la garde nationale le 12 juillet 1859, il fut élu capitaine de la 1re compagnie le 31 janvier 1866. Démissionnaire, malgré sa réélection au grade de capitaine en octobre 1870, il servit pendant le siége en qualité de simple garde national. Le 30 juillet 1871, M. Paymal a été élu conseiller municipal de Paris pour le XIIIe arrondissement (quartier de la Gare) et conseiller général de la Seine. Dans ces deux Assemblées, il a siégé à la Droite. M. Paymal est vice-président du syndicat des bois à œuvres depuis 1874.

PÉCONTAL (Jean-Siméon), né à Montauban (Tarn-et-Garonne), le 15 juin 1798. Après avoir collaboré à plusieurs journaux, l'*Artiste*, la *Revue de Paris*, le *Musée des Familles*, etc., il publia en 1831 une satire extrêmement vive, la *Première Ménippée*, qui était dirigée à la fois contre les abus de la Restauration et contre ceux de la monarchie de Juillet. Attaché en 1832 à l'administration de la Chambre des députés, il devint, après la révolution de Février, sous-bibliothécaire adjoint de l'Assemblée nationale, et, sous l'empire, sous-bibliothécaire du Corps législatif. Outre la *Première Ménippée*, M. Pécontal a publié : *Volberg*, poëme religieux (1838) ; — *Ballades et Légendes* (1846), poésies rééditées en 1859, sous le titre de *Légendes*, et couronnées par l'Académie française ; — *L'Océan à Biarritz, Chateaubriand* (1852-1856) ; — *Des bibliothèques communales au point de vue de l'instruction et de la moralisation du peuple* (1857) ; — *La divine Odyssée* (1866), grand poëme, couronné aussi par l'Académie française (1867). Il avait déjà obtenu deux mentions honorables à la même Académie, et trois prix à celle des Jeux-Floraux de Toulouse. M. Pécontal est décédé le 25 novembre 1872. La croix de la Légion d'Honneur lui avait été décernée en 1867.

PEIGNÉ (Jean-Marie), né à Dinan (Côtes-du-Nord), le 26 décembre 1837. C'est un Breton pur sang, qui a toujours résidé dans sa ville natale, livré à ces études littéraires ou aux travaux du journalisme. Depuis 1865, M. Peigné s'est consacré surtout à la rédaction du *Dinanais* et à celle de l'*Union libérale des Côtes-du-Nord*, journal important dont il est le propriétaire et dont il a su faire le principal organe du parti libéral conservateur dans son département. Il a publié : *Dinan et ses environs*, avec gravures (1859), guide estimé des voyageurs et des touristes ; — *Lamennais, sa vie intime à La Chenaie* (1863, 2e édit., 1864) ; — *Hippolyte Morvonnais, sa vie et ses œuvres*, étude biographique et littéraire (1864) ; — *Le comte Marot de La Garaye*, étude biographique d'après les récits contemporains (1864); — *Charles Duclos, de l'Académie française*, étude biographique et littéraire (1865). Il a actuellement (1876) sous presse : *Les grands hommes des petites villes*, étude humoristique dont quelques fragments ont déjà paru sous divers pseudonymes dans des journaux ou revues.

PELIGOT (Eugène-Melchior), né à Paris, en 1811. Il étudia les sciences et l'industrie, se livra à de longues expériences sur le sucre, la canne à sucre et la betterave, et s'occupa de chimie générale. Délégué, par la Chambre de commerce de Paris, à l'Exposition de l'industrie autrichienne, en 1845, il fut, à son retour, nommé professeur de chimie au Conservatoire des arts-et-métiers et chef du laboratoire des essais de la Monnaie. M. Peligot est entré, en 1852, à l'Académie des sciences (section d'économie rurale), pour y occuper le fauteuil laissé vacant par la mort du baron de Sylvestre. Parmi ses nombreux ouvrages, on cite : *Recherches sur l'analyse et la composition chimique de la betterave à sucre* (1839) ; — *Rapport sur les expériences relatives à la fabrication du sucre et à la composition de la canne à sucre* (1842 et 1843) ; — *Rapport sur les produits exposés à Vienne en 1845* (1846) ; — *Douze leçons sur l'art de la verrerie;* — de nombreux *Mémoires* insérés dans le *Recueil de l'Académie des sciences*, et divers articles ou petits traités dans l'*Encyclopédie des gens du monde*, l'*Instruction populaire* et autres publications. Il a été nommé chevalier de la Légion d'Honneur le 25 avril 1844 et promu officier en 1857.

PELLETAN (Pierre-Clément-Eugène), né à Royan (Charente-Inférieure), le 29 octobre 1813. Il fit ses études classiques à Poitiers, son droit à la Faculté de Paris, et se consacra à la littérature. Après avoir inséré des travaux critiques dans la *France littéraire*, M. Pelletan entra en 1837 à la *Presse*, dont il fut un des collaborateurs les plus assidus, mais dont il se sépara plusieurs fois pour des raisons politiques. En 1848, il fonda le *Bien public* avec Lamartine ; de 1852 à 1855, il écrivit dans le *Siècle*. Un peu plus tard, son nom figura un moment dans l'*Estafette*. Il collabora activement au *Courrier du dimanche* et y publia un article intitulé : *La liberté comme en Autriche*, qui lui valut trois mois de prison et deux mille francs d'amende. On sait que sous l'ancienne loi organique de la presse, le personnel des rédactions ne pouvait en quelque sorte, se passer de l'agrément de l'autorité. M. Pelletan fut plusieurs fois écarté des journaux par suite d'une pression ministérielle. Cependant, aux organes de publicité cités plus haut, dont il a été le collaborateur, il faut ajouter l'*Avenir*, le *Dix-neuvième siècle*, et le *Courrier de Paris*. En 1867, il fut l'un des fondateurs et le rédacteur en chef de la *Tribune*, journal démocratique hebdomadaire. Elu député de la 9e circonscription de la Seine, au Corps législatif, en mai 1863, et son élection ayant été annulée pour vice de forme, il fut réélu en décembre 1864, prit place à la gauche radicale, et occupa plusieurs fois la tribune avec un grand éclat. En 1869, il fut renvoyé à la Chambre par les mêmes électeurs avec l'appui d'une écrasante majorité. M. Pelletan s'est signalé dans les conférences publiques et les réunions électorales, par des discours marqués au coin d'un grand talent oratoire, et d'un haut sentiment de la moralité politique. Après la révolution du 4 Septembre 1870, il a fait partie du gouvernement de la Défense nationale. Le 8 février 1871, il a reçu le mandat de représentant des Bouches-du-Rhône, à l'Assemblée nationale, où il siége à la gauche avec les membres de l'Union républicaine. On lui doit un grand nombre d'ouvrages sur la philosophie, l'art, la politique et l'histoire : *La lampe éteinte* (1840, 2 vol.) ; — *Histoire des trois Journées de Février 1848* (1848) ; — *Les dogmes, le clergé et l'Etat*, en collaboration avec MM. Hennequin et Morvonnais (1848) ; — le commencement de l'*Histoire du brahmanisme*, pour l'*Histoire universelle des religions*, de Buchon (1846) ; — *Vie de Condorcet*, publiée dans le *Plutarque français* (1854) ; — *La profession de foi du XIXe siècle ;* — *Heures de travail* (1854, 2 vol.) ;—*Le pasteur du désert* (1855) ; — *Les droits de l'homme* (1858) ; — *Les rois philosophes* (1858) ; — *Une étoile filante*, Béranger (1860) ; — *Décadence de la monarchie française* (1860, 3e édition 1862) ; — *La naissance d'une ville* (1861) ; — *Le droit de parler, lettre à M. Imhaus* (1862) ; — *La nouvelle Babylone, lettre d'un provincial* (1862) ; — *La comédie italienne* (1863) ; — *La tragédie italienne*)1863) ; — *Adresse au roi-coton* (1863) ; — *Les fêtes de l'intelligence* (1863) ; — *La charte du foyer* (1864) ; — *Le termite* (1864) ; etc.

PELLISSIER (Adolphe-Victor), né à Mâcon, le 16 juillet 1811. Admis à l'Ecole polytechnique en 1831, il passa à l'Ecole d'application de Metz en 1833, comme sous-lieutenant élève d'artillerie. Lieutenant au 8e régiment de cette arme en 1835, capitaine au 4e régiment en 1841, il séjourna de 1850 à 1854 en Algérie, où il assista à diverses expéditions, devint chef d'escadron de l'Etat-Major de l'artillerie en 1859, fut mis à la tête d'importants établissements, tels que la manufacture de poudres de Saint-Chamas, et l'arsenal de construction de Rennes et prit sa retraite en 1864. Lorsque les Prussiens envahirent notre territoire, M. Pellissier remit son épée au service de la patrie, devint lieutenant-colonel le 22 septembre, colonel le 25 octobre, général de brigade le 5 décembre 1870, général de division le 25 janvier 1871, et se conduisit, dans plusieurs circonstances difficiles, d'une manière remarquable. Avec quelques brigades de mobilisés qui voyaient le feu pour la première fois, il tint trois jours dans Dijon contre des forces bien organisées et de beaucoup supérieures. Appelé à Lyon après le passage de la Saône et la prise de Dôle par l'ennemi, il y reçut le commandement d'un corps d'armée exclusivement composé de mobilisés qui était destiné à opérer dans le Jura et à faciliter la retraite de l'armée de Bourbaki. C'est à Lons-le-Saulnier qu'il apprit la nouvelle de l'armistice qui, en achevant la perte de l'armée de Bourbaki, ne mit lui-même dans le plus grand danger. Par ignorance, sans doute, le gouvernement de Bordeaux n'avait pas fait connaître aux généraux opérant dans l'Est que la Côte-d'Or, le Doubs et le Jura n'étaient pas compris dans cet armistice et leur enjoignait au contraire d'arrêter leur mouvement et de parlementer. Les Prussiens profitèrent de cette erreur de nos généraux pour occuper les passages des montagnes, barrer le chemin de l'armée de Bourbaki, et tenter d'envelopper les troupes du général Pellissier. Mais ce dernier réussit à se dérober, par une marche de nuit, à pénétrer dans le département de Saône-et-Loire, qui se trouvait compris dans l'armistice, et à s'établir de manière à couvrir Lyon. Élu représentant de Saône-et-Loire à l'Assemblée nationale, le 8 février 1871, le général Pellissier siége à la Gauche, avec les membres de la Gauche-Républicaine. Il a pris la parole à propos des attaques dont le général Garibaldi était l'objet, sur la dissolution des gardes nationales, et, enfin, dans un moment d'agitation parlementaire, pour rappeler à la concorde les divers partis de la Chambre. Membre d'abord de la Commission de la Légion d'Honneur, de la Commission relative au traité additionnel, de celle chargée d'examiner le traité postal avec l'Allemagne, etc., il fait encore actuellement partie de la Commission de réorganisation de l'armée et y est spécialement chargé des études ayant trait à l'intendance, au contrôle, et aux divers services administratifs. Ses votes sont en général favorables au gouvernement et conformes aux principes républicains. Le général Pellissier a publié divers travaux et plusieurs mémoires sur la *Conservation des bois*, en 1842 et 1843, et a fait paraître, en 1848, dans le *Républicain alsacien* de Strasbourg, des articles sur les inconvénients du remplacement militaire aujourd'hui condamné.

PELTEREAU-VILLENEUVE (René-Armand), né à Château-Renaud (Indre-et-Loire), le 17 novembre 1806. Destiné d'abord à la magistrature, il fit de bonnes études classiques et suivit, plus tard, les cours de la Faculté de droit de Paris. Juge-auditeur à Reims en 1829, il passa comme substitut, en 1830, à Châlons, et y devint, en 1836, procureur du roi. Il donna sa démission en 1838, et se fixa au château de Donjeux, dans le département de la Haute-Marne, où il avait épousé la fille d'un maître de forges. Élu en 1842 à la Chambre des députés par les électeurs indépendants de l'arrondissement de Vassy, il ne tarda pas, tout en demandant que le gouvernement de Louis-Philippe prît lui-même l'initiative de certaines réformes libérales urgentes, à se rallier au parti conservateur, dont il ne cessa d'appuyer la politique jusqu'à la révolution de 1848, époque où il rentra dans la vie privée. Depuis 1839 il est à la tête de l'usine métallurgique de Donjeux (Haute-Marne). Nommé membre du Conseil général de la Haute-Marne, pour le canton de Joinville, depuis 1844, il a été appelé à le présider en 1846 et en 1847. Il a été vice-président de cette Assemblée depuis 1860 jusqu'en 1871. Aux élections du 8 février 1871 il a été élu membre de l'Assemblée nationale. Il a été appelé à faire partie de la Commission des grâces et trois fois nommé membre de la Commission du budget; trois fois il fut rapporteur du budget de l'Algérie dont il a fait une étude approfondie. En politique il a suivi la ligne adoptée par le Centre-droit. Membre de la Commission de l'abrogation des lois d'exil de la maison de Bourbon, il a énergiquement défendu cette proposition législative, et c'est lui qui a provoqué la délibération de l'Assemblée nationale pour la validation des pouvoirs des princes d'Orléans. Après la lettre du 27 octobre de Mgr le comte de Chambord, M. Peltereau-Villeneuve s'est rallié au pouvoir septennal impersonnel de M. le maréchal de Mac-Mahon. Il n'a pas voté la loi constitutionnelle du 25 février, mais il en accepte les conséquences, et, avec le parti conservateur, il cherche à sauvegarder les grands intérêts de la société. M. Peltereau-Villeneuve a été décoré de la Légion d'Honneur le 13 août 1863.

PÈNE (Henri DE), né à Paris, le 25 avril 1830, descend d'une famille originaire du Béarn. Il fit de brillantes études au collége Rollin et fut lauréat du concours général. Sa carrière de journaliste peut se diviser en trois phases bien distinctes. De 1848 à 1855, il est tout à la fois étudiant en droit et journaliste. Il débuta à l'*Evènement* dirigé par P. Meurice et Vacquerie, et remplit successivement les fonctions de secrétaire de la rédaction à l'*Opinion publique* d'Alfred Nettement, où il fit un peu de tout : politique, critique de livres et de théâtres, jusqu'à sa suppression au Coup-d'État, puis à la *Revue contemporaine* fondée par le marquis de Belleval, jusqu'au moment où elle passa aux mains de M. Alphonse de Calonne. Il avait publié dans cette revue des *Esquisses Portugaises*, résultat d'un voyage, et quelques proverbes. De 1855 à septembre 1870, il n'a plus rédigé que des Courriers de Paris, non politiques, tant pour la France que pour l'étranger. C'est ainsi qu'il a fourni au *Nord*, de Bruxelles, de 1855 à 1857, sous le pseudonyme de Némo, des chroniques parisiennes hebdomadaires ; au *Figaro* en 1857 et 1858, sous le même pseudonyme, la chronique du dimanche. Ces articles furent remarqués, et l'un d'eux lui attira, en mai 1858, un duel demeuré célèbre. M. de Pène ayant reçu, de deux officiers du même régiment, deux défis, crut devoir répondre au cartel qui avait l'antériorité, et blessa légèrement son adversaire ; mais, sur le terrain, il se trouva qu'un des témoins de cet adversaire était son autre provocateur. Contraint, par ce dernier, à se remettre immédiatement en armes, il reçut, coup sur coup, deux blessures et faillit en mourir. Depuis novembre 1858 jusqu'en septembre 1870, il a fourni à l'*Indépendance belge* des articles mondains, littéraires, anecdotiques, artistiques, etc., qu'il a signés Mané les six premières années, et les six dernières H. de Pène. Durant la même époque, il a envoyé chaque semaine au *Journal français de Saint-Pétersbourg* un feuilleton parisien signé d'abord Dorante, puis Léo plus tard. Il a donné des chroniques à la *France* et à l'*Époque*, des articles de critique théâtrale à la *Revue européenne* et au *Nord*. Écrivain fécond, spirituel et laborieux, il a pris en 1867 la direction de la *Gazette des étrangers* qu'il transforma en *Paris*, journal politique (octobre 1868) et dont il fit le *Paris-Journal* un an après ; il avait été, en juillet 1868, avec M. Edmond Tarbé, le fondateur du *Gaulois*. Depuis, M. H. de Pène écrit exclusivement au *Paris-Journal* où il signe tantôt son nom, tantôt Loustalot, tantôt Desmoulin. Au *Gaulois* il signait baron Grog, au *Figaro*, Gracchus Turlututu et Jean Raymond. Sauf ses essais de 1848 à 1850, il n'a guère écrit de politique, et c'est à peu près depuis la chute de l'Empire que les événements l'y poussent. Dans cette transformation, Loustalot a été ce que Némo avait été quinze ans plus tôt pour ses essais dans la chronique. M. de Pène a réuni en volumes un certain nombre de ses articles : *Paris intime* (1859) ; — *Paris aventureux* (1860) ; — *Paris mystérieux* (1861) ; — *Paris viveur* (1862) ; — *Paris effronté* (1863) ; — *Paris amoureux* (1864). On lui doit en outre : *Un mois en Allemagne*, Nauheim (1859), résultat de sa convalescence dans cette ville après son duel. Il a fait jouer à Bade, en 1861, une comédie en 3 actes : *A la campagne*, en collaboration avec Augustine Brohan. M. Henri de Pène a été décoré de la Légion d'Honneur le 15 août 1864.

PENNETIER (Georges), né à Rouen, le 28 juillet 1836. Après avoir fait ses études au collège de sa ville natale, il y suivit les cours de l'École de médecine et obtint le prix des hôpitaux en 1856. Chirurgien-interne de l'Asile des aliénés de Quatre-Mares-Saint-Yon (1858), et des hôpitaux de Rouen (concours de 1859), il se fit recevoir docteur de la Faculté de Paris en 1865 avec une thèse sur *la Gastrite dans l'alcoolisme*. Successivement aide-naturaliste au Muséum d'histoire naturelle de Rouen en 1856, directeur adjoint de cet établissement en 1868, professeur suppléant (1865), puis professeur en titre de physiologie à l'Ecole de médecine de Rouen (1873), professeur d'histoire naturelle et de micrographie aux Ecoles supérieures de commerce et d'industrie de cette ville, médecin adjoint des épidémies (1866), médecin des bureaux de bienfaisance (1867), président de la Société de médecine (1869), membre du Conseil central d'hygiène et de salubrité de la Seine-Inférieure (1867), secrétaire de la commission permanente de vaccine (1870-1873), membre de la commission d'inspection de la pharmacie pour l'arrondissement de Rouen (1871), membre de la commission départementale de pisciculture (1875), membre de la Société d'anthropologie de Paris et de la Société géologique de Normandie, il devint directeur-professeur du Muséum d'histoire naturelle de Rouen (1872). Il succédait à M. Pouchet et cette place lui était naturellement due comme au disciple le plus fidèle de ce savant, au collaborateur le plus assidu de ses travaux, au continuateur le plus autorisé de ses doctrines. Il est aussi l'un des représentants de l'opinion républicaine dans sa ville natale. Outre ses cours, M. Pennetier a fait à Rouen des conférences scientifiques très-remarquées. Il a donné de nombreux travaux à divers journaux et revues, les *Bulletins de la Société centrale d'horticulture de la Seine-Inférieure*, et *de la Société des amis des sciences naturelles*, la *Ferme*, les *Mémoires du Congrès chirurgical de France*, le *Journal d'Agriculture*, l'*Encyclopédie générale*, les *Actes du Muséum d'histoire naturelle de Rouen*, l'*Ami des sciences*, le *Progrès des sciences médicales*, l'*Union médicale de la Seine-Inférieure*, etc. Il a publié : *Visite au Jardin des plantes de Rouen* (1857) ; — *De la réviviscence et des animaux dits ressuscitants* (1860) ; — *Notice sur la levûre du cidre* (1864) ; — *Notice sur le puceron lanigère* (1865) ; — *Les trichines et la trichinose* (1865) ; — les *Microscopiques* (1865) ; — *De la gastrite dans l'alcoolisme* (1865) ; — le *Pigeon* (1866) ; — *De la mutabilité des formes organiques* (1866) ; — l'*Origine de la vie* (1868) ; — *De l'organisation des oiseaux* (1869) ; — *Note sur le demodex caninus et la gale folliculaire* (1872) ; — l'*Homme tertiaire* (1872); — *Le coton* (1875), etc.

PÉPIN (Jules), né à Notre-Dame de Fresnay (Calvados), le 10 juillet 1830. Il commença ses études médicales à Paris en 1850, devint successivement au concours élève de l'École pratique et externe à l'hôpital de Lourcine et fut reçu docteur en 1856, avec une thèse ayant pour titre : *De l'influence de la chaleur sur la production des maladies*. M. Pépin retourna alors dans son pays et s'y livra en même temps à l'exercice de la médecine et à l'étude des sciences naturelles ainsi qu'à celle de l'anatomie comparée. Malgré les fatigues que lui imposait une clientèle nombreuse, il poussa fort loin ses travaux scientifiques et obtint, le 19 novembre 1863, le titre de licencié ès sciences naturelles. A cette époque il résidait au bourg de Saint-Pierre-sur-Dives en venait d'épouser Mlle Aline Brunet, fille d'un négociant de cette localité. Il était aussi voisin du château de M. de Caumont, l'éminent archéologue ; celui-ci le pria de recueillir pour lui des notes dans ses courses à la campagne. M. Pépin prit ainsi goût à l'archéologie et à l'histoire, et s'y livra avec une ardeur et un succès qui lui valurent d'être nommé membre de la Société française d'archéologie de laquelle il mérita une médaille d'argent qui lui fut décernée en 1865 pour ses *Recherches sur l'épigraphie campanaire*. M. Pépin est encore membre de l'Association normande, de la Société linnéenne et de la Société des antiquaires de Normandie. Il a publié sur diverses questions d'histoire locale et d'archéologie un nombre considérable de travaux importants dans le *Bulletin monumental* de M. de Caumont, le *Bulletin de l'Association normande*, l'*Almanach de l'Archéologue*, le *Journal de Falaise*, le *Normand*, le *Journal de Lisieux et de Pont-l'Evêque*, l'*Annuaire administratif du Calvados*. A propos de quelques-unes de ses publications, le *Moniteur du Calvados* du 23 janvier 1875 appréciait fort justement « les notices du savant et zélé docteur Pépin, de Saint-Pierre-sur-Dives, sur les communes de Mézidon, Grisy, Barou et Sacy. Il faut être sur les lieux, ajoutait le *Moniteur*, pour faire de telles recherches et parler pertinemment de faits si intéressants et si peu connus. M. Pépin a des droits à la reconnaissance du pays. » M. Pépin a abandonné récemment (1875) l'exercice de la médecine pour s'établir à Caen et s'y consacrer, au milieu des ressources qu'offre toujours une ville importante, à ses travaux de savant. Outre ses publications, il a encore dans sa bibliothèque de volumineux manuscrits, ornés de dessins, accompagnés de photographies, de moulages de sceaux, etc. Sa collection d'histoire naturelle est des plus curieuses et renferme, parmi un grand nombre de pièces, quelques fossiles d'un grand intérêt paléontologique. Il a aussi enrichi les musées d'histoire naturelle de Paris et de Caen de divers échantillons et les archives de Pau et de Caen de moulages de sceaux, livres, manuscrits et documents d'une haute valeur.

PERIER (Auguste-Victor-Laurent, CASIMIR-) né à Paris, le 20 août 1811. Fils aîné de l'éloquent orateur des Chambres sous la Restauration, du célèbre ministre de Louis-Philippe, mort du choléra en 1832, M. Casimir-Perier fut de bonne heure destiné par son père à la carrière diplomatique dans laquelle il débuta dès sa vingtième année. Successivement secrétaire d'ambassade à Londres (1834), à Bruxelles (1833), à La Haye (1836), il fut chargé d'affaires à Naples en 1839 et à Saint-Pétersbourg en 1841 ; enfin ministre plénipotentiaire dans la Hanovre (1843). Appelé à la Chambre des députés par le 1er arrondissement de Paris en 1846, il donna sa démission des fonctions diplomatiques pour venir y siéger jusqu'à la révolution de 1848 à l'issue de laquelle il se retira dans ses propriétés de l'Aube et de l'Isère qu'il habite tour à tour. Envoyé en 1849 à l'Assemblée législative, le second sur cinq, par les électeurs du premier de ces départements, il appuya d'abord de ses votes la politique de la majorité, devint membre de la Commission de permanence, demanda que la Constitution fût révisée et soutint la marche de l'Elysée jusqu'à la création du ministère qui précéda le Coup-d'État. Ayant protesté contre cet acte, il fut arrêté et conduit le 2 décembre au Mont-Valérien, où il ne fit pas un long séjour. Rentré dans la vie privée, il resta pendant plusieurs années à la tête de grandes exploitations agricoles. Il a fait partie du Conseil général de l'Aube de 1845 à 1851 et y a été rappelé en 1861 et en 1871. En 1863, il se présenta pour le Corps législatif aux suffrages des électeurs de l'Isère et il obtint 16,000 voix contre 18,000 données au candidat officiel. Lors des élections de 1869 il se présenta de nouveau dans le département de l'Aube. Vivement combattu par l'administration il échoua encore, tout en obtenant 15,000 suffrages, contre 18,000 donnés au candidat officiel. Pendant l'occupation allemande, M. Casimir-Perier fut arrêté par l'ennemi dans sa propriété de Pont-sur-Seine et emmené comme otage à Reims. Il ne fut mis en liberté qu'après l'armistice, en sa qualité de candidat à l'Assemblée nationale aux élections du 8 février 1871. Élu simultanément par les Bouches-du-Rhône, l'Isère et l'Aube, il opta pour ce dernier département, soutint la politique de M. Thiers et accepta franchement la République. Il se fit remarquer par sa compétence dans les questions financières et ne tarda pas à acquérir une grande influence sur la Chambre, qui le choisit comme rapporteur du projet de loi sur l'Emprunt de 2 milliards, etc. Nommé ministre de l'Intérieur le 11 octobre 1871, en remplacement de M. Lambrecht décédé, il donna sa démission le 2 février 1872, devant le refus de l'Assemblée de rentrer à Paris. Abandonnant le Centre-Droit, il se fit inscrire à la réunion du Centre-Gauche, qu'il quitta le 8 janvier 1873 pour former avec MM. Waddington, Feray, Cézanne, etc., le groupe dit de la République-conservatrice qui, au bout de quelques mois, s'est fusionné avec le Centre-Gauche. Rappelé le 19 mai 1873 au ministère de l'Intérieur, M. Casimir-Perier succomba avec M. Thiers dans la journée du 24 mai. Au nom du Centre-Gauche dont il était devenu le président, il déposa le 15 juin 1874 une proposition en faveur de l'établissement définitif de la République et de son organisation, proposition qui fut rejetée à la majorité de 41 voix le 23 juillet suivant. Il a joué un rôle considérable dans les événements parlementaires qui se sont terminés par le vote des lois constitutionnelles le 25 février 1875. Il a été membre du Conseil général de l'Aube depuis le 8 octobre 1871 jusqu'en mai 1874, époque de sa démission ; il en avait été président jusqu'en août 1873. Une récente décision du ministre de la Justice a autorisé M. Perier à faire précéder, en l'y ajoutant, son nom patronymique du prénom de Casimir. M. Casimir-Perier a été promu Grand-officier de la Légion d'Honneur le 27 avril 1846 et nommé membre de l'Académie des sciences morales et politiques le 16 mars 1867. En décembre 1875 il a été appelé à faire partie du Sénat par les votes de l'Assemblée nationale. Il a fait paraître entre autres ouvrages qui l'ont classé parmi les économistes et les publicistes éminents de notre époque : *Le traité avec l'Angleterre* (1860) ; — *Les finances de l'Empire* (1861) ; — *Le budget de 1863* (1862) ; — *La réforme financière* (1862) ; — *Les finances et la politique* (1863) ; — *Les Sociétés de coopération* (1864) ; — *L'article 75 de la Constitution de l'An VIII* (1867), etc.

PÉRIN (Jean-Louis), né à Rhetel (Ardennes), le 2 novembre 1815. M. Périn est le fils de ses œuvres. Venu à Paris en 1838, après avoir fait dans son pays son apprentissage de menuisier, il commença à travailler à façon, chez lui, pendant deux ans. A cette époque il tourna ses vues vers le découpage des bois à la mécanique et comprit l'importance que prendrait cette industrie si l'on parvenait à perfectionner ses procédés primitifs et grossiers. Reprenant donc une découverte jusqu'alors complètement stérile, il l'étudia sous toutes ses faces, lui fit subir des modifications, des suppressions, des additions, et finalement, imagina la machine qui rend à l'ébénisterie et à tous les débits de bois, des services signalés en produisant, dans le chantournement à la main aussi bien que dans les sciages du bois en grumes de toutes dimensions, de merveilleux résultats sous le multiple rapport de la rapidité, de la régularité, de l'économie, de la précision et de la délicatesse des formes. M. Périn a fondé son magnifique établissement de scierie et de construction mécaniques en 1855 et créé également sa fabrique de lames sans fin à laquelle il doit ses plus grands succès. Sorti des rangs les plus modestes de la société, il s'est fait une belle et large place parmi les notabilités de l'industrie et tout le monde peut lire avec fruit la mention suivante qui accompagnait au *Moniteur* du 30 juin 1867 sa nomination dans l'ordre de la Légion d'honneur: «A commencé comme ouvrier et est parvenu à une supériorité remarquable comme constructeur-mécanicien ; a rendu des services exceptionnels à l'industrie des sciages en général et à la fabrication des meubles en particulier. » M. Périn a débuté par obtenir une médaille de première classe à l'Exposition universelle de Paris en 1855, et il a eu ensuite la prize medal à l'Exposition universelle de Londres en 1862. Il a fait hommage à sa ville natale d'un véritable chef-d'œuvre de sciage artistique.

PERRAUD (Adolphe-Louis-Albert), né à Lyon, le 7 février 1828. Après avoir fait de brillantes études à Paris aux collèges Henri IV et Saint-Louis, il entra, en 1847, à l'École normale. Reçu à l'agrégation d'histoire à la fin de 1850, il débuta dans l'enseignement comme professeur d'histoire au lycée d'Angers. Mais attiré vers le sacerdoce par une vocation irrésistible, il entra dans les ordres en 1853, comme membre de la congrégation de l'Oratoire où il devait bientôt se faire une place à part comme prédicateur et théologien, et fut ordonné prêtre en 1855. D'abord professeur d'histoire au petit séminaire de Saint-Lô, première fondation de l'Oratoire, il vint occuper, en 1865, la chaire d'histoire ecclésiastique a la Faculté de théologie de Paris. En 1870, il était nommé membre de la commission de l'enseignement supérieur. Au moment de la guerre, il partit pour la frontière comme aumônier de l'une des ambulances de la Société de secours aux blessés, il fonda ensuite à Bruxelles une société de secours pour nos prisonniers en Allemagne, et évangélisa la paroisse de Saint-Louis-d'Antin, à Paris, pendant la Commune. L'évêché d'Autun lui a été confié le 12 janvier 1874. On doit à Mgr Perraud : *Le christianisme et l'ouvrier; — Étude sur l'Irlande contemporaine* (1862, 2 vol.); — *L'Oratoire de France au XVIIe et au XIXe siècle*, thèse pour le doctorat (1865); — *Le comte de Montalembert* (1870); — *Le père Gratry, ses derniers jours, son testament spirituel* (1872); — *La crise protestante et la crise catholique en* 1872; — *Les paroles de l'heure présente* (3e édit.); — *Les litanies des Saints de France* (3e édit.); — *Les blessures de la France;* — *Panégyrique de Jeanne d'Arc;* — *Les saintes françaises; — Discours sur l'histoire de l'Église; — Notice biographique sur l'abbé Cambrier; — Éloge funèbre du général Stanislas Zamoyski ; — Oraison funèbre du père Captier; — Oraison funèbre de Mgr Darboy; — Révolution et persécution en Pologne; — L'Orient, ses grandeurs, sa décadence, son avenir ; — L'Impartialité historique; — Kaulbuch et le siècle de la réforme ; — Pauvreté et misère*, discours en faveur des pauvres de Montrouge.

PERRAUD (Jean-Joseph), né à Monay (Jura), le 3 avril 1821. D'une famille pauvre, il apprit d'abord le métier manuel de la sculpture sur bois. Il suivit ensuite les cours de l'École des beaux-arts de Lyon et y remporta dès la première année un prix de sculpture. Venu ensuite à Paris en 1842, il entra dans l'atelier de Ramey, puis dans celui de M. A. Dumont. Ses débuts furent difficiles, car il était obligé de subvenir à ses besoins par le travail en poursuivant ses études. Sa persévérance triompha de tous les obstacles. Au premier concours il fut admis à l'École des beaux-arts. Au concours de 1847, il obtint le grand prix de Rome avec un remarquable bas-relief : *Télémaque rapportant à Phalante les cendres d'Hippias*. De l'École Française il envoya les *Adieux*, bas-relief en plâtre, exécuté en marbre en 1874, *Adam*, statue en marbre, une copie en marbre du *Discobole* et un *saint Sébastien*, au musée de Lons-le-Saulnier. Les deux premiers de ces ouvrages furent envoyés à l'Exposition universelle de 1855. Il a ensuite exposé : *Enfance de Bacchus*, groupe en plâtre (1857, en marbre 1863 et Exp. U. de 1867), musée du Luxembourg ; — *Béranger*, buste en marbre pour M. Perrotin ; *Ah ! nul altro che fianto al mondo dura*, statue en plâtre (1861); — le buste en marbre de M. *Ambroise Firmin Didot* (1864); — *Enfance de Bacchus*, groupe en bronze, le buste en bronze de *Berlioz* (1868); — *Désespoir*, statue en marbre ; *sainte Geneviève*, statue en marbre pour l'église Saint-Denis du Saint-Sacrement (1869); — *Galatée*, statue en marbre, au musée de Lons-le-Saulnier (1873) ; — le buste en marbre de M. *A. Dantès* (1874) ; — *Le jour*, groupe en marbre pour l'Avenue de l'Observatoire; le buste en marbre de M. *Pierre Larousse*; le buste en bronze de M. *Bochot* (1875). Outre ces œuvres M. Perraud a produit : La statue de *saint Laurent* à la Tour Saint-Jacques (1854) ; — le *Grand Condé*, au château de M. de Rothschild à Boulogne (1859) ; — les *Pendantifs* de la salle de lecture du Grand-Hôtel (1862) ; la *Ville de Berlin* à la gare du Nord (1863); — un *Mercure*, au château de M. de Rothschild, à Ferrières (1864); — *La justice au milieu des lois*, au Palais de Justice (1865); — les *Cariatides* de la Bibliothèque nationale (1866) ; — la *Victoire*, dans la cour des Tuileries (1867); — la *Prévoyance* et la *Vigilance*, au pavillon de la Trémouille des Tuileries (1868); — le *Drame lyrique* sur la façade de l'Opéra (1869) ; — la statue de *Portalès*, sur une place de Santiago au Chili ; la statue du *général Cler*, à Lons-le-Saulnier ; les bustes de *Beethoven* et de *Mozard*, au théâtre de Bade ; la *Pénitence (miserere mei)*; les bustes de M. *Jouguey* et de M. *Dumont*: une statue : *Où l'amour va-t-il se nicher ?* (1874). M. Perraud a remplacé Nanteuil à l'Académie des beaux-arts en 1865. Il a obtenu une première médaille en 1855, un rappel en 1857, une médaille d'honneur en 1863, la première des quatre médailles exceptionnelles décernées à la sculpture à l'Exposition universelle de 1867 et une médaille d'honneur en 1869. Chevalier de la Légion d'Honneur en 1857, il a été promu officier de l'ordre le 29 juin 1867.

PERRÉAL (Jean-François-Pierre-Ernest), né à Béziers (Hérault), le 25 mai 1825; d'une famille originaire du département de l'Ain, et d'où est sorti aussi Jehan Perréal, dit Jehan de Paris, peintre de Charles VIII et de Louis XII, poète, ami de Clément Marot, et architecte auteur présumé de la magnifique église de Brou. Après avoir fait ses études au collège de Béziers et au lycée de Montpellier, M. Perréal commença en 1843 ses études médicales à la Faculté de cette dernière ville. En 1848, à la suite d'un brillant concours, il fut nommé chef interne à l'hospice de la Charité à Toulon. L'année suivante, éclata dans cette ville une terrible épidémie de choléra qui produisit plus de 200 décès par jour. M. Perréal montra beaucoup de dévouement et reçut du ministère de l'Agriculture et du Commerce une médaille d'honneur, en récompense des soins empressés qu'il prodigua aux malades de son hôpital et à ceux de la ville. Dans le but de prêter son concours à son père, médecin lui aussi, il donna, en 1851, sa démission d'interne et se disposait à aller passer sa thèse à Montpellier, quand, lors du Coup-d'Etat, il fut arrêté à cause de ses opinions indépendantes et détenu pendant six mois en prison cellulaire. Mis en liberté, il fut envoyé comme délégué de la Faculté de médecine à Pézenas, où sévissait une violente épidémie de suette miliaire, et il mérita que cette ville lui décernât un témoignage public de sa reconnaissance. Après avoir été reçu docteur, le 27 août 1852, avec une thèse remarquable sur la *dysentérie aiguë*, il s'établit dans sa ville natale, où pendant plus de vingt ans, il a exercé la médecine à côté de son père, s'appliquant surtout à soulager les indigents. Conseiller municipal, le premier de la liste, le 7 août 1870, il fut nommé maire de Béziers par le préfet de l'Hérault, le 4 septembre. Par son énergie et son caractère conciliant, il sut maintenir le calme dans cette ville, qui, jusque-là, dans toutes les révolutions, avait eu à déplorer l'effusion du sang. Aussi fut-il, en récompense de ses services, envoyé au Conseil général de l'Hérault, par le 1er canton de Béziers, aux élections du 8 octobre 1871. Depuis, il fait partie de la Commission départementale. Le 9 février 1873, ses fonctions municipales lui furent enlevées; mais, aux dernières élections, ses concitoyens l'ont envoyé, avec une écrasante majorité, au Conseil municipal. Une légère discussion qu'il eut avec le maire nommé par le gouvernement, a amené la suspension pour un an de ce conseil. M. Perréal a été reçu membre correspondant de la Société de médecine et de chirurgie pratiques de Montpellier, à la suite d'un excellent travail sur le choléra, qu'il avait été à même d'étudier à Toulon. Il est médecin de la Compagnie des chemins de fer du Midi et de celle de l'Hérault. En dehors de ses occupations médicales et politiques, M. Perréal cultive aussi la littérature et la poésie. Nous savons qu'il a en portefeuille plusieurs manuscrits, d'où un ami indiscret a pu arracher une pièce de vers qui lui a valu une mention honorable au concours annuel de poésie de la Société archéologique de Béziers (1859), avec le titre de membre correspondant.

PERRENS (François-Tommy), né à Bordeaux, le 20 septembre 1822 ; fils d'un marin distingué qui a attaché son nom au ravitaillement de Bayonne pendant le siège de cette ville par les Anglais, en 1814. M. Perrens fit ses études classiques à Bordeaux. Admis à l'Ecole normale en 1843, il en sortit en 1846, et fut aussitôt nommé professeur à Bourges, d'où il passa à Lyon en 1847 et à Montpellier en 1850. Il prit le grade de docteur ès lettres en 1853, et fut, à cette dernière époque, appelé comme professeur au lycée Bonaparte, où il devint successivement professeur de seconde et de rhétorique. En 1862, il joignit à ces fonctions celles de répétiteur de littérature à l'Ecole polytechnique. Collaborateur de la *Revue des Deux-Mondes*, du *Journal général de l'Instruction publique* et d'autres recueils périodiques de Paris, des départements et de l'étranger, M. Perrens a publié: *Jérôme Savonarole ; sa vie, ses prédications, ses écrits d'après les documents originaux et avec des pièces justificatives en grande partie inédites*, thèse de doctorat, couronnée par l'Académie française et traduite en allemand (1853, 2 vol., 3e édit., 1859) ; — *Deux ans de révolution en Italie*, 1848-1849 (1857) ; — *Etienne Marcel et le gouvernement de la bourgeoisie au XIVe siècle* 1356-1358 (1860), ouvrage dont la 2e édition a été publiée sous ce titre : *Etienne Marcel prévôt des marchands*, dans la grande collection de l'*Histoire de Paris* in-4° publiée par la préfecture de la Seine ; — *Histoire de la littérature italienne*, traduite en italien (1867) ; — *Les mariages espagnols sous le règne de Henri IV, et la régence de Marie de Médicis*, ouvrage couronné par l'Académie française (1869) ; — *Eloge historique de Sully*, qui a obtenu en 1870 le prix d'éloquence décerné par l'Académie française ; — *l'Eglise et l'Etat sous le règne de Henri IV et la régence de Marie de Médicis* (1872) ; — *La démocratie en France au Moyen âge*, ouvrage couronné par l'Académie des sciences morales et politiques (1873, 2 vol. 2e édit. 1875. 2 vol.) ; — et plusieurs *Mémoires* lus à l'Académie des sciences morales et politiques, tels que ceux ayant pour sujet : *La comtesse Mathilde de Toscane et le Saint-Siège ; Un procès criminel sous le règne de Henri IV ; Le duc de Lerme et la cour d'Espagne sous le règne de Philippe III ; De l'auteur et de la composition des OEconomies royales ; Origines des institutions communales à Florence*. M. Perrens est chevalier de la Légion d'Honneur depuis 1870, chevalier de l'ordre de Charles III d'Espagne ; officier des Saints-Maurice et Lazare d'Italie, et officier de l'Instruction publique.

PERRIER (Eugène), né à Châlons-sur-Marne, en 1810. M. Perrier s'est consacré à l'industrie et au commerce. Il est l'un de nos principaux marchands de vin de champagne, et jouit, dans son département, d'une influence considérable. Président du tribunal de commerce en 1859, il a siégé au Corps législatif, de 1866 à 1870. Quand survint l'invasion Allemande, il était maire de Châlons depuis 1868. Sa conduite à cette époque, si patriotique et dévouée qu'elle fût, prêta le flanc à des dénigrements systématiques. Dénoncé au Corps législatif et au Sénat, comme n'ayant pas tenu de résister aux Prussiens quand ils se présentèrent devant Châlons pour la première fois, il n'eut pas de peine à se disculper, et ses concitoyens qui étaient les meilleurs juges en cette affaire et qui avaient sainement apprécié ses actes l'élurent représentant de la Marne par 33,292 voix le 8 février 1871. De son côté le gouvernement qui tenait à rendre justice à sa courageuse attitude et à son expérience des intérêts bien entendus de ses administrés dans ces déplorables circonstances, lui donna la croix de la Légion d'Honneur le 26 novembre 1872. A la Chambre, M. Perrier a jusqu'à la fin siégé et voté avec le Centre-Droit.

PERRIN (Emile), né à Rouen, en janvier 1815. M. Emile Perrin, destiné au barreau par son père, conseiller à la cour royale de Rouen, fit dans cette ville de brillantes études. Mais ayant eu le malheur de perdre son père de bonne heure, il suivit son penchant pour la peinture et vint à Paris se former dans les ateliers du baron Gros et de Paul Delaroche. Dans le cours de sa carrière artistique il exposa de nombreux tableaux parmi lesquels on cite : *Louis XIV au château de Crécy* ; *La mort de Malfilâtre*, au musée de Caen ; *Le Poussin donnant des leçons à Gaspard Dughet, son neveu*, et *Le grand Corneille chez le savetier*, tous deux acquis au ministère de l'Intérieur ; *Le lac*, d'après la poésie de Lamartine, etc. En même temps il écrivait des critiques d'arts et des comptes rendus de Salons dans une foule de journaux tels que l'*Union catholique*, le *Moniteur parisien*, le *Nouveau Correspondant*, etc. Comme directeur du théâtre de l'Opéra-Comique, de 1848 à 1857, M. Emile Perrin a donné des preuves d'une grande sûreté de jugement, d'une grande finesse de goût et de rares qualités administratives. Il a favorisé les débuts de beaucoup d'artistes devenus célèbres, tels que Battaille, Puget, Faure et Mmes Lefebure, Ugalde, Miolan, etc. Doué d'un caractère entreprenant, il a monté beaucoup de pièces nouvelles qui sont restées au répertoire et parmi lesquelles il faut citer : *Le Val d'Andorre*, *La Fée aux roses*, *Le Caïd*, *Les Porcherons*, *Les noces de Jeannette*, *Galathée*, *L'Étoile du Nord*, *Bonsoir M. Pantalon*, *Le chien du jardinier*, *Le songe d'une nuit d'été*, etc. On lui a dû aussi des reprises très-heureuses, celles, par exemple, du *Domino noir*, des *Diamants de la couronne*, de *Jean de Paris*, de *Joconde*, de *Joseph*, du *Pré-aux-Clercs*, de *Zampa*, etc. En 1854, il a dirigé le Théâtre-Lyrique conjointement avec l'Opéra-Comique. Après avoir quitté cette dernière scène (1857), il a repris ses pinceaux et exposé diverses œuvres au nombre desquelles est l'*Allée des Dames*, représentant la fin d'une messe célébrée à Plombières en présence de l'Empereur. Mis de nouveau, le 27 janvier 1862, à la tête de l'Opéra-Comique, il s'occupait de rendre à ce théâtre la prospérité dont il l'avait fait précédemment jouir, quand, à la fin de la même année, il fut nommé directeur de l'Académie impériale de musique. Parmi les œuvres dont a enrichi le répertoire de la première scène lyrique de France et peut-être du monde entier, il faut citer le dernier opéra de Meyerbeer, l'*Africaine*, et le *Don Carlos*, de Verdi. Après le 4 septembre 1870, il se démit de ses fonctions, bien qu'il conservât pendant plusieurs mois la qualité d'administrateur provisoire. Le 8 juillet 1871, il fut nommé administrateur général du Théâtre-Français. Le 23 du même mois les électeurs du quartier de l'Opéra le nommèrent membre du Conseil municipal de Paris, où il a siégé jusqu'au mois de novembre 1874. M. Emile Perrin a été promu officier de la Légion d'Honneur le 14 août 1865.

PERRIN (Maurice-Constantin), né à Vézelise (Meurthe), le 18 avril 1826. Admis dans le service de santé militaire le 22 octobre 1846, comme chirurgien-élève à l'hôpital d'instruction du Val-de-Grâce, il devint sous-aide titulaire le 25 septembre 1849. Reçu docteur en médecine à la Faculté de Paris, le 30 juillet 1851, avec une thèse intitulée : *Du traitement de la phthisie par l'huile de foie de morue*, il fut nommé aide-major de deuxième classe le 26 avril 1852, aide-major de première classe le 25 janvier 1854, médecin-major de deuxième classe le 2 août 1858, de première classe le 24 mai 1862, médecin-principal de deuxième classe le 15 janvier 1868, et promu à la première classe le 8 février 1871. Professeur agrégé à l'École de médecine militaire en 1856, M. Perrin en est devenu le sous-directeur en 1874. Membre honoraire et ancien président de la Société médicale d'émulation, membre et ancien président de la Société de chirurgie, il a été nommé membre de l'Académie de médecine en 1873. M. Perrin a publié : *Du rôle de l'alcool et des anesthésiques dans l'organisme* (1860), en collaboration avec MM. Lallemand et Duroy ;—*Traité d'anesthésie chirurgicale* (1863), en collaboration avec M. L. Lallemand ; — *Traité pratique d'ophthalmoscopie et d'optométrie* (1870). Chevalier de la Légion d'Honneur le 21 avril 1856, il a été promu officier le 16 janvier 1871.

PERROT (Georges), né à Villeneuve-Saint-Georges (Seine-et-Oise), le 12 novembre 1832. Elève distingué du collége Charlemagne, il obtint, au concours général, le prix d'honneur de philosophie, fut admis à l'Ecole normale en 1852, en sortit en 1855 pour faire partie de l'Ecole française d'Athènes, et rentra en France en 1858. Reçu agrégé des classes supérieures, il professa successivement aux lycées d'Angoulême, d'Orléans et de Versailles. En 1860, il fut chargé par le gouvernement, d'une mission scientifique, parcourut le nord de l'Asie Mineure, séjourna à Ancyre, et, avec le concours de M. Guillaume, architecte, y étudia complètement le monument élevé par les Galates à la ville de Rome et à César Augustus, temple où se trouve l'inscription connue sous le nom de « Testament politique d'Auguste ». M. Perrot a été nommé professeur de rhétorique au lycée Louis-le-Grand en 1863, et maître de conférences à l'Ecole normale en 1872. Reçu docteur ès lettres en 1867, il fait partie, comme membre résidant, de la Société des antiquaires de France, et a remplacé, en 1874, M. Guizot à l'Académie des Inscriptions et belles-lettres. Il a traduit de l'anglais les *Leçons sur la science du langage* de M. Max Muller (1864), et fourni des articles à la *Revue des Deux-Mondes*, à la *Revue de l'Instruction publique*, à la *Revue archéologique*, etc. On lui doit : *Exploration archéologique* de la Galatie et de la Bythinie, d'une partie de la Mysie, de la Phrygie de la Cappadoce et du Pont (1863) ; — *Souvenirs d'un voyage en Asie Mineure* (même année) ; — *Mémoire sur l'île de Thasos* (extrait des *Archives des missions scientifiques et littéraires*, impr. impér., avec 4 pl., 1864, nouv. édit., 1867) ; — *L'île de Crête* (1866) ; — *Essai sur le droit public et privé de la République athénienne*, ouvrage qui a remporté un prix Montyon de l'Académie française (1867) ; — *De Galatia, provincia romana* (même année) ; — une histoire de l'éloquence politique et judiciaire à Athènes, dont le premier volume, publié en 1873, sous ce titre : *Les Précurseurs de Démosthène*, a obtenu de l'Académie française, dans cette même année, le prix Bordin ; enfin, en 1875, un volume intitulé : *Mélanges d'archéologie, d'épigraphie et d'histoire*. M. Perrot est chevalier de la Légion d'Honneur depuis le 13 août 1866.

PERSOZ (Jean-François), né le 9 juin 1805, au village de Cortaillod, canton de Neuchâtel, en Suisse, de parents français, originaires du Jura. Son enfance fut rude et laborieuse ; orphelin de bonne heure, il travailla d'abord aux champs et fit lui-même son éducation ébauchée à l'école primaire. Il débuta ensuite comme élève en pharmacie à Pontarlier. Venu à Paris en 1826, il fut admis en qualité de préparateur au cours de chimie professé au Collége de France par le baron Thénard, prit tous les grades universitaires, y compris celui de docteur ès sciences, en 1833, et fut nommé à la même époque professeur de chimie à la Faculté des sciences de Strasbourg. Directeur de l'Ecole supérieure de pharmacie de cette ville en 1835, membre du Jury de l'exposition française à Paris en 1849, suppléant de M. Dumas à la Sorbonne en 1850, M. Persoz fut chargé au Conservatoire des Arts-et-Métiers du cours de teinture et impression des tissus. Membre des divers Jurys internationaux aux Expositions universelles de Londres et de Paris de 1851 à 1867, il a organisé l'établissement de la condition des soies et laines et dont il a gardé la direction de 1853 jusqu'à la fin de ses jours. M. Persoz, dont la vie tout entière a été consacrée à la science, a produit un grand nombres de travaux. Outre plus de quatre-vingts *Notes* ou *Mémoires* insérés dans les *Comptes rendus*, les *Annales de physiques et de chimie*, le *Recueil des savants étrangers*, les *Annales du Conservatoire*, etc., qu'il a composés seul ou en collaboration avec MM. Biot, Payen, Gaultier de Claubry, on lui doit : *Introduction à l'étude de la chimie moléculaire* (1839) ; *Traité théorique et pratique de l'impression des tissus* (1846, 4 vol. in-8 avec fig. et atlas in-4 de 20 pl.), ouvrage qui lui valut une médaille d'or de 3,000 francs décernée par la Société d'encouragement. Membre de plusieurs académies et sociétés savantes, M. Persoz avait été promu officier de la Légion d'Honneur le 14 novembre 1855. Il est décédé à Paris le 12 septembre 1868.

PESSARD (Hector-Louis-François), né à Lille, le 22 août 1836. Après avoir fait ses études à Paris au lycée Bonaparte, il se consacra au journalisme, débuta dans le *Figaro* et entra ensuite à la *Gironde* (1857), qu'il dut quitter l'année suivante pour faire son service militaire. Il se fit exonérer après la guerre d'Italie, obtint un emploi dans les douanes à Blanc-Misseron (Nord), mais l'administration lui ayant interdit de collaborer à l'*Impartial* de Valenciennes, il donna sa démission, et vint à Paris, où il fut correspondant du *Mémorial des Deux-Sèvres* et du *Phare de la Loire*. De 1863 à 1865, il rédigea tour à tour le courrier de Paris et le bulletin politique du *Temps*. Après une courte collaboration au *Courrier du Dimanche*, il fut, sous M. de Girardin, des principaux rédacteurs de la *Liberté* (1866-1867), puis entra avec M. Clément Duvernois à l'*Époque* où il ne resta que peu de temps. Chargé en février 1869 de la rédaction politique du *Gaulois*, il devint rédacteur en chef du *Soir*, que venait de fonder M. Merton (mai 1870), défendit avec vigueur le gouvernement de la Défense nationale, et, plus tard, la politique de M. Thiers. En février 1873, le groupe parlementaire que présidait alors M. Casimir-Perier, créa le *Bulletin conservateur républicain*, et confia le soin de le rédiger à M. Pessard, qui d'ailleurs demeura rédacteur en chef du *Soir*, jusqu'à la vente et la transformation politique de ce journal (octobre 1873). Après avoir inutilement sollicité l'autorisation de fonder et publier un nouveau journal, le *Jour*, il entra à l'*Union libérale et démocratique de Seine-et-Oise*, qui fut supprimée pour un de ses articles en avril 1874. Depuis, il a été pendant quelques mois un des collaborateurs de l'*Evénement*, et actuellement (1876), il est à la tête de l'*Opinion nationale* comme principal rédacteur. On doit à M. Pessard : *L'Année parlementaire* (1863), avec M. Clément Duvernois ; *Yo et les principes de 89*, avec préface de Prévost-Paradol (1867) ; — *Les Gendarmes* (1868) ; — *Lettre d'un interdit*, recueil de correspondances qu'il a adressées à divers journaux de province du 24 décembre 1873 au 16 mai 1874 (1874), ainsi qu'un grand nombre d'articles dans la *Revue Moderne*, la *Revue Germanique* et le *Dictionnaire général de la politique* de M. Block.

PETIT (Mlle Dica), née à Bruxelles, le 26 mai 1849, de parents français. Entré au Conservatoire de Paris, sous les auspices de Mlle Augustine Brohan, elle suivit la classe de Beauvalet où elle remporta un deuxième prix de comédie et des accessits de tragédie et de comédie. Ses débuts eurent lieu dans *Diane au bois*, à l'Odéon, où elle créa divers rôles du répertoire, du *Marquis de Villemer*, de la *Contagion*, des *Ambitions de M. Fauvel*, etc. Engagée en mars 1868, au théâtre de la Porte-Saint-Martin, dans la *Jeunesse des Mousquetaires*, elle joua ensuite dans *Glenarvon* ou les *Puritains de Londres* et *Nos Ancêtres*. L'attention de la critique se portait déjà sur Mlle Dica Petit, lorsque la Porte-Saint-Martin fut fermée à la suite du désastre de la direction. Mais les artistes se constituèrent en société, louèrent la salle Ventadour et y représentèrent, le 4 juin 1868, *Madame de Chamblay*. Chargée du principal rôle, Mlle Dica Petit se distingua par la vigueur de son jeu, l'énergie passionnée et l'ampleur de son style. Engagée ensuite à l'Ambigu-Comique pour trois ans, elle créa successivement, en développant ses premières qualités et en révélant chaque jour de nouvelles, des rôles importants dans le *Sacrilége* (25 octobre 1868), *La princesse rouge* (24 décembre 1868), *La famille des Gueux* (26 février 1869), *Les quatre Henri* (5 juin 1869), *Richelieu à Fontainebleau* (1er juillet 1869), *L'héritage fatal* (30 septembre 1869), *La charmeuse* (29 janvier 1870), *Henri de Lorraine*, et pendant le siége, *Les paysans lorrains*, *Le forgeron de Châteaudun*. Une tournée à Bruxelles, faite quelque temps après, lui valut de chaleureuses ovations. De retour à Paris, elle joua au Châtelet dans *Le miracle des roses*, à la salle Ventadour, où elle fut engagée pour tenir l'un des rôles des *Deux reines*, et à la Renaissance à la création de *Thérèse Raquin*. Enfin le théâtre de la Porte-Saint-Martin ayant été rétabli, Mlle Dica Petit y rentra en septembre 1873, et y joua successivement *Marie Tudor*, *Libres!* *Henri III*, *Les deux orphelines*, et actuellement (février 1876), elle remplit le rôle de Milady, dans la *Jeunesse des Mousquetaires*. On peut dire qu'elle est devenue un des éléments de la fortune de ce théâtre, et toutes les créations qu'elle y a faites depuis ce moment ont été de véritables triomphes pour la femme et pour l'artiste. Blonde, élancée, d'une distinction parfaite et d'allures aristocratiques, Mlle Dica Petit fait vibrer avec une égale facilité les accents de la comédie, du drame ou de la tragédie. Sa réputation pourra grandir; mais son nom mérite déjà d'être inscrit à côté de celui des comédiennes qui se sont distinguées dans tous les rôles qui exigent de l'ampleur, de la force, de l'émotion.

PETIT (Georges), né à Saintes (Charente-Inférieure), le 6 décembre 1818. Après avoir fait de fortes études au lycée de Poitiers, il entra dans l'administration des finances, où il occupa différents postes jusqu'à la révolution de Février. A cette époque, il abandonna les finances et devint rédacteur principal de la *Réforme administrative*. Le livre des *Supercheries littéraires dévoilées* nous apprend que M. Petit était l'auteur de pamphlets dirigés contre l'administration des Finances, et qui eurent beaucoup de succès. Sous-préfet de Muret (Haute-Garonne) en 1849, et de Dôle en 1851, il fut appelé, en 1853, au ministère de l'Intérieur, et chargé de réorganiser les services de la presse, de l'imprimerie et de la librairie. Après avoir rempli, pendant plusieurs années, les difficiles et délicates fonctions de chef de la division de la presse politique et littéraire, il devint, en 1856, inspecteur-général des mêmes services. En 1864, il abandonna de nouveau la carrière administrative pour s'associer à la direction de la Compagnie d'assurances « Le Monde ». M. G. Petit n'a jamais délaissé complètement le journalisme, dans lequel il a souvent brillé parmi nos écrivains les plus fins, les plus incisifs et les plus indépendants. Il a prêté le concours de sa plume à l'*Universel*, dont l'existence a été plus brillante que longue, et il écrit, sous des pseudonymes différents, dans plusieurs feuilles politiques parisiennes. M. Georges Petit, chevalier de la Légion d'Honneur depuis le 23 août 1848, est aussi commandeur des ordres d'Isabelle-la-Catholique, de Charles III d'Espagne et du Medjidié de Turquie, officier de l'ordre de Léopold de Belgique, chevalier d'Or de Saxe-Cobourg, etc.

PETIT (Jean), né à Besançon, le 9 février 1819. Après avoir fait ses premières études artistiques à l'École de dessin de sa ville natale, il vint à Paris en 1834, suivit les cours de sculpture à l'Ecole de dessin de la ville où il remporta une médaille et fut admis au concours à l'Ecole des beaux-arts en 1836. A cette époque, il travailla à l'exécution du fronton du Panthéon, œuvre de David d'Angers, et entra comme élève à l'atelier de ce maître en 1837. Reçu le premier en composition pour l'admission au concours du grand prix de Rome en 1838, mais arrêté subitement par une grave maladie, il remporta cependant, cette même année, une deuxième médaille au concours de la figure modelée et une première médaille l'année suivante. Pensionné par sa ville natale, pour continuer ses études pendant les années 1839 à 1841, il remporta en 1839 le second grand prix de Rome avec un bas-relief représentant le *Serment des sept chefs devant Thèbes*. Depuis M. Petit a exécuté un grand nombre de travaux pour les particuliers, les monuments publics et les fêtes nationales. Nommé par l'Académie de Besançon titulaire de la pension Suard en 1844, il lui offrit, la même année, en témoignage de reconnaissance, le buste en plâtre de J.-B. Suard. Il débuta au Salon de Paris, en 1844, avec un groupe en plâtre : *L'Ange gardien protégeant le sommeil d'un enfant*, et un cadre de sept *Médaillons* en plâtre. Il exposa ensuite : le buste en marbre de *Charles Nodier*, pour la bibliothèque de Besançon (1845); — les bustes en marbre de l'abbé *Boisot* et de *Joseph Droz*; un cadre de huit *Médaillons* en plâtre de personnages distingués de la Franche-Comté (1846); — le buste du fils de M. *Robelin* (1848); — le roi *Louis Bonaparte*, buste en marbre pour les appartements de l'Empereur; — *Joseph Droz*, buste en marbre pour la salle des séances de l'Institut; — le portrait de *Madame de Latour*, médaillon en plâtre (1853); — *Le dieu Mars*, *Charles Lebrun*, *Un laboureur*, statues en pierre pour le Louvre; les portraits de Mlle *Cécile Michelot*, buste en marbre, de Mlle *Léa Lahaut* et de M. *Florentin Laudet*, bustes en plâtre; de M. *Charles Weiss*, bibliothécaire de la ville de Besançon, médaillon en marbre, placé dans la salle de lecture (1857); — *Persée*, statue en marbre, destinée au Louvre mais placée actuellement au palais de Fontainebleau (1863); — modèle en plâtre de la statue du roi *Louis Bonaparte*, fondue en bronze pour faire partie du monument de la famille Napoléon à Ajaccio (1864); — *Jean-Baptiste Suard*, buste en marbre pour l'Académie de Besançon; *Castor et Pollux*; statues en pierre pour les Tuileries; *Les muses de l'Architecture et de l'Industrie*, fronton pour la façade de l'Opéra (1868). Il a exécuté en pierre la statue de l'historien J.-A. Thou, placé sur la façade de l'Hôtel-de-Ville de Paris (1849), celle représentant le *Chantre de la nature*, ornant une des niches du Louvre (1868) et fait le modèle en plâtre et l'exécution en marbre du bas-relief représentant la *Création de la Cour des Comptes*, placé dans la crypte du tombeau de Napoléon I*er* aux Invalides, d'après l'esquisse de Simaret (1851) M. Petit a fait en 1846 et 1847 un grand voyage artistique en Italie où il a visité Rome, Naples, Pompéi, Venise, Milan, etc. Il a obtenu une médaille de troisième classe en 1846 et a été nommé correspondant de l'Académie de Besançon en 1857. En 1867, 1868, 1869, 1870 et 1871, il a été appelé par le comité supérieur de l'Ecole des beaux-arts à faire partie de la commission chargée de juger les concours des élèves de l'Ecole et des concours du grand prix de Rome. Actuellement (1876). M. Petit s'occupe de l'exécution du monument élevé à la mémoire du *Cardinal de Granvelle*, ministre d'État de l'empereur Charles-Quint et de Philippe II d'Espagne, composé d'une statue en marbre, de quatre statues et deux bas-reliefs en bronze, et destiné à orner la cour du palais Granvelle à Besançon.

PETIT (Léonce - Justin - Alexandre), né à Taden (Côtes-du-Nord), le 14 mai 1839. M. Petit fit d'abord son droit et entra dans l'administration de l'enregistrement. Depuis sa jeunesse il ressentait une sérieuse vocation pour la peinture ; cependant, il ne put venir à Paris qu'en 1866, pour suivre la carrière des arts. Il est beaucoup plus connu comme dessinateur humoristique que comme peintre. A partir de 1866, il a publié, dans le *Journal amusant*, une série d'études comiques sur les paysans et les gens de petite ville ; en outre, il a collaboré au *Monde illustré*, à l'*Eclipse*, au *Hanneton*, au *Paris-Caprice*, au *Bouffon*, au *Grelot*, etc. Il a illustré, en 1867, *Monsieur Tringle* de Champfleury, et, en 1869, un album intitulé : *Les aventures de M. Béton*. Ces divers travaux n'ont pas distrait M. Petit de son penchant pour la peinture. Elève de MM. Harpignier et Perrin, il a cultivé surtout les sujets de genre, et débuté, en 1868, au Salon de Paris, non sans succès, avec *Pendant l'office*. Depuis, il a exposé : *Joueur de violon* (1869) ; — *A la porte du bureau de charité* ; *Cabaret* (1870) ; — *La rue Zerzual à Dinan*, dans les Côtes-du-Nord (1872) ; — *Rue d'une petite ville* (1873) ; — *Un candidat* (1874).

PETIT (Pierre), né à Aups (Var), le 15 août 1832. Il s'adonna de bonne heure à la photographie dans laquelle il débuta par le daguerréotype à Paris en 1849, pour y continuer l'exercice de cet art nouveau par la photographie. Celle-ci lui doit de nombreux perfectionnements et des inventions importantes parmi lesquels nous signalerons la chambre noire à bascule de haut en bas et de gauche à droite, le multiplicateur-chassis pour les cartes de visite, le chassis-rideau, la photographie sur toile, sur bois, sur porcelaine, sur émail cuit au grand feu. En 1859, il ouvrit son atelier de la place Cadet. Bien qu'à cette époque commence pour lui une période successive de nombreux travaux, il avait déjà fait un album photographique de documents utiles aux peintres et aux sculpteurs et exécuté plus de 2000 clichés à cet effet. Il publia en 1863 l'*Album de l'Episcopat français*, l'*Album des maires et de la Commission municipale de Paris*, l'*Exposition Universelle de Paris* qui forme deux volumes (1867), et une *Vue à vol d'oiseau de l'Exposition* (1867) qui mesurait cinq mètres de long sur deux mètres de hauteur. Depuis 1860 il a produit 229,000 clichés dont tous les types sont conservés. Il possède un procédé particulier pour pouvoir grandir ces portraits dans tous les formats. M. Pierre Petit, reconnu par son habileté d'exécution comme praticien et le cachet artistique de ses travaux, a reproduit des vues de Rome, d'Italie, les fresques de Raphaël, des tableaux de grands maîtres. Il fut, en 1867, photographe unique de l'Exposition universelle et exécuta plus de 12,000 clichés d'objets exposés. Mais il s'est plus spécialement consacré à la photographie des célébrités de tout genre et sa galerie est des plus complètes sous ce rapport. Il est photographe de la Faculté de médecine depuis 1862, des Lycées et des Ecoles de France depuis 1864, enfin de la Compagnie des chemins de fer du Nord, de la Société générale, du Crédit industriel, et en dernier lieu, il est chargé de la photographie du monument élevé pour le centième anniversaire de l'indépendance des Etats-Unis. La collection des célébrités par M. Pierre Petit compte aujourd'hui (1876) plus de 5000 types.

PETIT (Pierre-Augustin-Antoine-Adrien), né à Dolus (île d'Oléron), le 14 novembre 1807. Il fit ses études préparatoires au séminaire de Saint-Jean-d'Angély, de 1822 à 1825. et ses études théologiques au grand séminaire de la Rochelle. Ordonné prêtre en 1830 et nommé vicaire de Saint-Sauveur, à la Rochelle, il fut, deux ans plus tard, désigné pour la cure de Saint-Médard, aux environs de la même ville. En 1836, il fut nommé curé de l'église Saint-Nicolas, à la Rochelle ; et, durant vingt-sept ans, il conserva ces importantes fonctions. M. l'abbé Petit a été nommé vicaire-général titulaire, par Mgr Landriot. Un peu plus tard, son âge avancé, des infirmités naissantes, peut-être des combinaisons particulières au nouveau prélat du diocèse, Mgr Thomas, l'ont fait nommer doyen du chapitre de la cathédrale et vicaire-général honoraire. M. l'abbé Petit a fait paraître une soixantaine d'opuscules, dont le principal but était la moralisation des classes ouvrières, tels que : *Marie ou la vertueuse ouvrière*, et *Joseph ou le vertueux ouvrier*. Il a beaucoup travaillé sur les œuvres de saint Augustin. En 1854, Mgr d'Orléans lui écrivait : « Je viens de lire la *Vie de saint Augustin* et le *Voyage à Hippone*, et je viens vous remercier du bonheur que j'ai trouvé dans cette lecture. » On doit également à M. l'abbé Petit un grand nombre de *Vies de saints* et d'*Opuscules de piété*. Il est chevalier de la Légion d'Honneur depuis 1867.

PEUT (François-Marie-Hippolyte), né à Lyon, le 18 décembre 1809 ; fils d'un conseiller à la Cour d'appel de cette ville dans laquelle il fit avec distinction ses études classiques. A la suite de la révolution de 1830, à laquelle il prit une part active, il vint se fixer à Paris où il étudia le droit, la médecine, les sciences naturelles et l'économie politique, et où l'ardeur de ses opinions l'exposa plusieurs fois aux persécutions du pouvoir. En 1834, il conçoit la pensée de régénérer le Delta du Rhône en dessalant le sol imprégné de sel marin au moyen de l'irrigation. Dans ce but, il y achète un vaste domaine, et, le premier en France, avec son associé, M. Alphonse Peyret-Lallier, il applique la machine à vapeur à l'agriculture pour l'arrosage des terres; initiative qui, depuis, a servi de base à tous les projets proposés pour l'amélioration de cette région de la France. A la suite d'un voyage en Algérie où l'avait appelé la confiance des colons (1843), il fonde, pour la défense de leurs droits, à son retour à Paris, sous le titre de l'*Afrique*, un journal semi-quotidien, qui, durant deux années (1844-1845), soutint avec la plus grande vigueur les intérêts de cette colonie, et finit par succomber, victime de la guerre que lui fit l'autorité militaire dont il combattait énergiquement les abus. Privé de l'organe qu'il avait créé, il n'en poursuivit pas moins, dans plusieurs journaux, la lutte commencée, notamment dans la *Presse* où il publia des *Courriers d'Afrique* justement remarqués. En 1846, au Congrès scientifique de Marseille, M. Peut fit approuver, à l'unanimité de l'assemblée, l'installation, à Arles, d'une école régionale d'agriculture pour tout le Sud-Est de la France, et émettre un vœu à l'effet d'encourager les essais qui se faisaient alors pour dessaler les terres du Delta du Rhône à l'aide de la culture du riz; et, quelques ans plus tard (1849), il donnait lui-même l'exemple en organisant une société à cette fin. C'est vers la même époque (1847), qu'après une longue et sérieuse étude des besoins de l'industrie et du commerce, il mit résolument en avant, et, malgré des difficultés inouïes, parvint à faire adopter par le gouvernement français le projet du canal Saint-Louis, conçu dans le double but : de tourner la *barre* qui ferme l'entrée du Rhône aux navires d'un fort tonnage, et de transformer le bassin inférieur de ce fleuve en un vaste port de mer intérieur d'une sûreté et d'une sécurité absolues : grande et nationale création, qui est comme le prolongement du canal de Suez au cœur de la France, et constitue l'œuvre capitale de sa vie. Trente années d'une lutte incessante et acharnée contre des intérêts non moins hostiles que puissants en ont été la récompense. Ces travaux, néanmoins, ne l'empêchèrent pas de donner suite à des desseins d'un autre ordre. En 1848, il contribue efficacement à arrêter, à Lyon, de graves désordres; et, quelques jours après, pour tâcher de calmer, en les éclairant, les passions populaires si dangereusement surexcitées en ce moment, il ouvre à Paris, passage Jouffroy, sur l'économie sociale, des conférences qui furent chaleureusement applaudies. L'Yonne voulait en faire un de ses députés ; une cabale fit échouer son élection. En 1850, un décret du Président de la République le nomme secrétaire de la commission chargée de régler les indemnités relatives aux dommages occasionnés par les événements de Février et de Juin ; et il s'acquitta de cette importante et délicate mission avec une promptitude et un zèle qui lui méritent les vives félicitations du ministre de l'Intérieur. En 1852, une occasion se présentant de reprendre la défense interrompue des intérêts de l'Algérie, il fonde les *Annales de la colonisation algérienne*, revue mensuelle qui, pendant sept ans (1852 à 1858), ne cessa d'appeler l'attention publique sur les ressources et l'avenir de ce grand pays. En 1849 et 1851, il prend part aux congrès de la paix de Paris et de Londres, où il insiste sur la nécessité d'arriver au plus tôt à l'uniformisation des poids, mesures et monnaies, et, quatre ans plus tard, en 1855, au Congrès universel de statistique de Paris, il provoque et obtient, de concert avec M. James Yates, de Londres, l'organisation de l'Association internationale pour l'uniformité des poids, mesures et monnaies dont il est nommé secrétaire général, et M. le baron de Rothschild président. C'est dans le même ordre de pensée qu'il essayait plus tard (1860-1861) de créer une librairie et une revue internationales destinées à étendre et à fortifier entre les peuples, par l'échange des idées, des sentiments d'union, d'estime et de paix. En 1862, il a été fortement mêlé à la lutte engagée alors entre les compagnies de la Méditerranée et du Midi à l'occasion du projet du chemin de fer direct de Cette à Marseille. Depuis, M. Peut s'est principalement occupé des deux questions du Port Saint-Louis et de la navigation fluviale. Il est membre de la Société d'économie politique, et a participé à un grand nombre de congrès et autres réunions scientifiques. On lui doit différentes publications, notamment : *Note sur le chemin de fer de Marseille au Rhône* (1840) ; — *Du Delta du Rhône et de son amélioration au moyen de la culture du riz, emploi immédiat de 15,000 travailleurs* (1848) ; — *Mémoire adressé à l'Assemblée nationale* ; — *L'Almanach de tout le monde* (1850), publication où se trouve un excellent précis élémentaire d'économie politique, et qui n'a malheureusement pas été continué ; — *Du gouvernement de la France* (1850) ; — *Le canal et le port du Bas-Rhône* (1857) ; — *Navigation du Rhône, de la Saône et des canaux de Bourgogne et du Rhône au Rhin* (1857) ; — *Des chemins de fer et des tarifs différentiels* (1858) ; — *Annales de la colonisation algérienne*, revue mensuelle scientifique et littéraire (1852 à 1858, 14 vol.) ; — *Les chemins de fer et la navigation* (1861) ; — *Note sur le chemin de fer de Cette à Marseille* (1861) ; — une note sur un projet de *Langue universelle* aussi simple qu'ingénieux (1863) ; — *Canal Saint-Louis* (1861) ; — *La Compagnie du Midi et ses canaux* (1862) ; — *Canal et Port Saint-Louis* (1864, avec cartes et plans). On a également de lui une foule de mémoires et d'articles de journaux sur des questions relatives à l'économie politique et sociale ainsi qu'à l'amélioration des voies navigables.

PEYRAT (Alphonse), né à Toulouse, le 21 juin 1812. Brillant élève du séminaire de sa ville natale, il commença ses études de droit, mais ne se sentant aucun goût pour la jurisprudence, les abandonna et vint à Paris où il se consacra au journalisme. Il débuta en 1833 dans la *Tribune* d'Armand Marrast par un article de critique sur les *Mémoires de la révolution de 1830* de Bérard, article qui fut très remarqué et amena la saisie du journal et la condamnation du gérant à un an de prison et à 3,000 francs d'amende. Ce début fit sensation : M. Peyrat fut attaché à la rédaction de la *Tribune* et chargé du compte rendu de la Chambre des députés. L'année suivante (avril 1834), quand la *Tribune* dut cesser sa publication, il fut pendant quelques mois attaché à la rédaction du *National*, entra à la *Presse* de M. de Girardin, puis fit un voyage en Espagne et en Italie. De retour à Paris en 1844, il rentra à la *Presse* dont il fut un des rédacteurs les plus assidus et où il s'occupa particulièrement des questions de politique étrangère, d'histoire et de philosophie. Rédacteur en chef de ce journal en 1857, il y publia, lors du refus de serment de deux députés du parti démocratique nommés au Corps législatif, un article qui le fit suspendre pour deux mois. A la suite de cette mesure, il eut avec l'administration de la *Presse* des contestations qui amenèrent sa retraite ; il rentra cependant au journal de nouveau comme rédacteur en chef en 1859, se borna à écrire des articles non politiques et le quitta définitivement le 1er décembre. Fondateur, en 1865, de l'*Avenir national*, organe de la démocratie radicale, qu'il a dirigé jusqu'en 1872, il fut un des instigateurs de la souscription Baudin (1869) et figura comme accusé dans le procès auquel elle donna lieu. Elu député de la Seine, le 8 février 1871, il a siégé à l'extrême gauche et fait partie de l'Union-républicaine dont il a été le président. Aux élections du 30 janvier 1876, il a été nommé sénateur pour le département de la Seine. On lui doit : *Correspondance d'Angleterre*, envoyée de Londres à la *Presse* (1854) ; — *Réponse à l'instruction synodale de l'évêque de Poitiers* (1854) ; — *Un nouveau dogme*, histoire de l'Immaculée conception (1855) ; — *Critique des hommes du jour* (1855), études sur MM. Thiers, Montalembert, Guizot, etc. ; — *Histoire et religion* (1858) ; — *Recueil des articles de critique publiés dans la Presse jusqu'en* 1859 ; — *Etudes historiques et religieuses* (1863) ; — *Histoire élémentaire et critique de Jésus* (1864) ; — *La Révolution et le livre de M. Quinet* (1866).

PEYRUSSE (Louis-Eugène), né à Lézignan (Aude), le 14 mars 1820. M. Peyrusse a fait ses études de droit à la Faculté de Toulouse, s'est fait inscrire au barreau de cette ville en 1839, a été nommé secrétaire de la conférence des avocats, et a prononcé en 1840, l'éloge de Malesherbes avec un grand succès. Il a terminé son stage à Paris, s'y est fait une réputation avantageuse, surtout en plaidant les causes criminelles, et a été l'un des collaborateurs les plus assidus du *Répertoire de jurisprudence* et du *Journal du Palais*. Membre du Conseil général de l'Aude depuis 1848, il a été nommé administrateur de l'hospice civil et de l'hôpital militaire de Narbonne en 1852. Ses hautes qualités administratives l'ont fait choisir en 1860, comme maire de Narbonne, où il a beaucoup contribué à d'importants travaux d'embellissement et d'assainissement. Les électeurs de la 2e circonscription de l'Aude ont envoyé M. Peyrusse au Corps législatif, le 7 août 1864 et en 1869, avec l'appui d'une écrasante majorité. Depuis le 4 septembre 1870, il était rentré dans la vie privée. Il a été nommé chevalier de la Légion d'Honneur le 13 août 1863.

PEYTAVIN DE GARAM (André-Léon-Antoine), né à Marseille, le 30 octobre 1803. Après avoir terminé ses études classiques au collége d'Apt (Vaucluse), il retourna dans sa ville natale pour y suivre les cours de l'École de médecine. Admis successivement et au concours interne 1 suppléant (12 décembre 1826) et interne titulaire (5 mars 1828) à l'Hôtel-Dieu, il fut nommé, le 3 février 1831, troisième chirurgien chef interne en récompense de son zèle et de son dévouement à soigner les malades, et, le 5 septembre suivant, il obtint au concours la place de premier chirurgien-chef interne, à laquelle il joignit, à la suite d'un examen, les fonctions de chef des travaux anatomiques de l'École de médecine. Le 13 mars 1833, il prit, à Montpellier, le grade de docteur avec une thèse sur le *Psoïtis*, et, le 1er janvier 1835, ses fonctions de premier chirurgien-chef interne étant expirées, il quitta l'Hôtel-Dieu pour s'établir en ville. L'autorité municipale de Marseille lui a décerné une médaille d'honneur en récompense des services qu'il a rendus pendant le choléra de 1835. Membre titulaire de la Société académique de Marseille (27 février 1839), et de la Société royale de médecine de cette ville, membre fondateur du Comité médical des Bouches-du-Rhône (1843), il a figuré, en septembre 1840, à la quatorzième session du Congrès scientifique de France à Marseille qui lui a décerné une médaille. Le 10 novembre 1849, il a été nommé médecin-major du corps des sapeurs pompiers de Marseille, et il a exercé ces fonctions purement gratuites pendant dix ans. Il a également rempli jusqu'en 1865 celles de médecin des pilotes lamaneurs de la station de la ville qui lui avaient été confiées, le 16 février 1846, par le commissaire général de la marine à Marseille. Après quarante ans d'une carrière laborieuse et bien remplie, M. le docteur Peytavin de Garam s'est retiré, en 1865, de l'exercice de la médecine.

PEZZANI (André), né à Lyon, le 30 octobre 1818, fut reçu licencié en droit à la Faculté de Dijon en 1838 et inscrit, en 1839, sur le tableau de l'ordre des avocats de la Cour impériale de Lyon. Il s'est fait connaître, non-seulement par des œuvres de jurisprudence, mais encore par des travaux de littérature, de philosophie et de théologie. En jurisprudence, il a publié : un *Traité des empêchements du mariage* (1838) ; — un *Manuel de droit administratif*, et divers mémoires sur des questions de droit. — En littérature : *Poëmes lyriques et dramatiques* (1844) ; — *Falkir ou les mystères du siècle*, poëme (1847) ; — *Le rêve d'Antonis*, poëme en prose (1847). — En philosophie : *Exposé d'un nouveau système* (1846) ; — *Dieu, l'homme, l'humanité et ses progrès* (1847) ; — *Esquisse de la philosophie de Ballanche, suivie d'un essai sur les anciens mystères* (1851) ; — *Fragments philosophiques* (1852) ; — *Lettres à M. Lélut sur le sommeil, le somnambulisme et les tables tournantes* (1855) ;

— *Mathématiques de l'infini* (1855) ; — *Principes supérieurs de la morale* (1859, 2 vol.), couronné par l'Académie des sciences morales et politiques ; — *Questions pendantes en philosophie religieuse* (1860) ; — *La pluralité des existences de l'âme* (1864 à 1867), livre qui a eu sept éditions ; — *Les bardes druidiques* (1865) ; — *La philosophie de l'avenir* (1869) ; — *Une philosophie nouvelle* (1873) ; — *Dernières pensées d'un philosophe* (1874). — En théologie : *Le règne de Dieu* (1859) ; — *Le précurseur religieux* (1860) ; — *Saint Jean-Baptiste* (1861) ; — *La vie du vénérable curé d'Ars* (1862). — En politique et en économie sociale : *Essais sur l'organisation du travail* (1848) ; — *Etudes sur les réformes politiques et sociales* (1848) ; — *Présidence ou Royauté* (1849). — En sciences proprement dites : *Nature et destination des astres* (1864) ; — *Biographie de Jobard* (1865). M. Pezzani a collaboré à l'*Avenir* de Paris, à l'*Union* de Bordeaux, à la *Vérité* de Lyon, sous le pseudonyme de *Philalèthes*, à l'*Echo catholique* et à l'*Industriel français*, soit comme rédacteur en chef, soit comme simple rédacteur. Il a fait plusieurs discours et lectures à la Société littéraire et à la Société d'éducation de Lyon.

PHILIPPE (Jules), né à Annecy (Haute-Savoie), le 30 octobre 1827, fils et petit-fils d'avocats distingués du barreau savoisien ; son grand-père, membre du Conseil des Cinq-Cents, a été compris dans le nombre des députés expulsés de l'Assemblée le 18 brumaire. M. Jules Philippe, après avoir suivi un cours de droit à l'Université de Chambéry, s'est occupé de journalisme, et surtout d'études historiques. Il a dirigé pendant quelques années un établissement d'imprimerie et de librairie, dans lequel il a édité plusieurs de ses ouvrages. Il a rédigé en 1848 le *National Savoisien*, qui demandait l'annexion de la Savoie à la France républicaine ; mais, par contre, il s'est tenu à l'écart, comme beaucoup d'hommes du parti libéral, du reste, lors de l'annexion de son pays à la France impériale, en 1860. Cependant, acceptant le fait accompli, il n'a pas refusé à ses concitoyens son concours dans les affaires publiques. Conseiller municipal de 1854 à 1870, il a été inspecteur départemental des établissements de bienfaisance, membre du bureau d'administration du collége d'Annecy, etc. En 1869, il s'est présenté aux élections pour le Corps législatif, et a obtenu 11,000 voix contre 17,000 données au candidat officiel. M. Jules Philippe a été nommé préfet de la Haute-Savoie le 6 septembre 1870 ; et, dans ces fonctions, il a été assez heureux pour s'attirer les sympathies de tous les partis. Nommé représentant du peuple, en 1871, par 31,000 voix environ sur 32,000 votants, il a donné sa démission pour reprendre ses fonctions administratives, après avoir siégé à Bordeaux pendant quinze jours. Il a quitté la préfecture d'Annecy après le 24 mai 1874. Outre le *National Savoisien*, M. Jules Philippe a rédigé le *Moniteur Savoisien*, journal libéral avancé. Mais c'est surtout à ses publications historiques et patriotiques qu'il a dû la popularité dont il jouit dans son pays, son but ayant été de défendre énergiquement la Savoie contre les préjugés qui pèsent sur cette contrée.

Secrétaire de la Société florimontane d'Annecy, il a créé la *Revue Savoisienne*, journal scientifique et littéraire, organe de ladite Société, et qui a acquis une certaine notoriété dans le monde savant de la province et de la Suisse française. Parmi les travaux de M. Jules Philippe, nous citerons : *Les gloires de la Savoie* (1re édit. épuisée) ; — *Annecy et ses environs* (3 édit.) ; — *Notice historique sur l'abbaye de Talloires*, honorée du prix Pillet-Will en 1860 ; — *Chronologie de l'histoire de la Savoie* (1re édit. épuisée) ; — *Les poëtes de la Savoie* (2 édit.), dont Sainte-Beuve a rendu compte dans ses *Nouveaux-Lundis* (tome X) ; — *Les Princes-Loups de Savoie*, réponse à M. Thiers (6 édit.) ; — *Profession de foi d'un patriote savoyard* (2 édit.) ; — *Un moraliste savoyard au XVIe siècle* ; — *Réformez l'éducation !* M. Jules Philippe est membre correspondant de l'Institut genévois, de la Société d'histoire de Genève, de l'Académie de Chambéry, de la Société littéraire de Lyon, etc. Il est décoré de l'ordre des Saints-Maurice et Lazare d'Italie.

PHILIPPOTEAUX (Auguste), né à Sedan (Ardennes), le 17 avril 1821. Docteur en droit de la Faculté de Paris en 1844, il prit au barreau de Sedan, en 1845, la place laissée tout à coup vacante par la mort de son père, avocat d'un grand cœur et d'un grand talent. Adjoint au maire de sa ville natale en juillet 1852, maire en 1855, il n'a pas cessé, depuis plus de vingt ans, de faire partie du Conseil municipal et de remplir ses fonctions administratives dans lesquelles il a été de nouveau confirmé par le pouvoir exécutif en 1871. Lors du désastre de Sedan, le 1er septembre 1870, il eut à lutter, comme premier magistrat municipal, contre tous les périls et toutes les difficultés d'une situation peut-être sans précédent. Mis en état d'arrestation le 15 septembre, par l'autorité prussienne, placé comme ôtage sur les trains de chemin de fer, il n'abandonna pas un instant son poste, et sa ferme attitude, son zèle et son patriotisme lui valurent la reconnaissance de ses concitoyens ; au plus fort de la guerre, au mois d'octobre de cette funeste année 1870, le Conseil municipal l'avait maintenu à l'unanimité dans ses honorables mais bien pénibles fonctions. M. Auguste Philippoteaux, qui n'avait cependant pas d'antécédents politiques, et ne se recommandait que par des services publics et des tendances libérales, a été élu représentant de son département le 8 février 1871. Il siège au Centre-Gauche et veut fermement le maintien de l'ordre, mais avec la liberté. Il a déposé, le 18 mars 1872, avec ses collègues des Ardennes, le projet de loi tendant à frapper d'une taxe nationale unique de 2 1/2 p. cent toute la fortune mobilière et immobilière de la France, voulant arriver de la sorte, et d'un seul coup, à la libération du territoire et à l'équilibre des budgets futurs sans créer de nouveaux impôts. Il a plaidé patriotiquement la cause des départements envahis, dans la séance du 7 avril 1873, et son discours, accueilli par la sympathique approbation de l'Assemblée, n'a peut-être pas été sans influence sur le vote des 120 millions d'indemnité en faveur de ces malheureux départements. Le 14 novembre 1873, M. Philippoteaux a présenté une proposition ayant pour but de déclarer inéligibles à l'Assemblée nationale (jusqu'au vote d'une nouvelle loi électorale) tous les militaires et marins en activité de service. En 1874 et 1875, M. A. Philippoteaux a voté en faveur des lois constitutionnelles. Il paraît être entouré des sympathies de tous ses collègues de l'Assemblée qui l'ont élu le premier pour la Commission de permanence de 1874 et 1875. L'honorable représentant des Ardennes, chevalier de la Légion d'Honneur depuis 1862, et promu au grade d'officier de l'ordre en 1871, en récompense de sa conduite à Sedan pendant la durée de la guerre, est, en outre, officier d'Académie et chevalier de Saint-Grégoire-le-Grand.

PHILIS (Adalbert-Pierre-Joseph), né à Arras, le 3 avril 1831. Fils d'un administrateur distingué, mort secrétaire général de la préfecture de Versailles et officier de la Légion d'Honneur, M. Adalbert Philis fit d'excellentes études au lycée de Versailles et son droit à la Faculté de Paris où il fut reçu avocat en 1852. Après de brillants débuts au barreau de la capitale, il fut chargé d'un des discours de rentrée à la conférence des stagiaires et plaida des causes importantes. Candidat au Corps législatif, dans la 2ᵐᵉ circonscription du Var en 1863 et en 1869, il obtint dans le corps électoral des minorités importantes. Les événements politiques accomplis depuis 1869 lui donnèrent à cette époque un rôle politique et il participa à la tentative faite par M. Emile Ollivier pour inaugurer le régime impérial parlementaire. M. Adalbert Philis, nommé secrétaire général du ministère de la Justice et des Cultes le 2 janvier 1870, plus tard conseiller d'État en service ordinaire hors sections et commissaire impérial près le Conseil du sceau des titres, s'est écarté de la vie publique après les événements du 4 septembre 1870.

PICARD (Louis-Joseph-Ernest), né à Paris, le 24 décembre 1821. Après avoir fait ses études au collège Rollin, il suivit les cours de la faculté de droit dont il fut un des lauréats. Licencié en 1844, docteur deux ans plus tard, il prit place au barreau de Paris et travailla dans le cabinet de M. Liouville, dont il devint le gendre. Son talent appela bientôt l'attention et lui attira une importante clientèle. Il entra dans la politique active après le coup d'État contre lequel il avait protesté. Devenu membre du conseil de surveillance du *Siècle* il exerça son influence pour le soutient des candidatures libérales à Paris, lors des élections générales de 1857. Présenté lui-même comme candidat de l'opposition, lors des élections complémentaires du 27 avril 1858 dans la quatrième circonscription de la Seine, il fut élu au second tour de scrutin, le 10 mai. Au Corps législatif, il fit partie du groupe historique des « Cinq, » apportant dans la lutte contre le gouvernement et l'administration de l'empire une vigueur, une promptitude, une pénétration d'esprit redoutables, et obtenant outre les succès de tribune, une grande popularité. Il soutint spécialement les discussions relatives à la ville de Paris et à la gestion du préfet de la Seine. Réélu en 1863, il persista dans la même ligne politique, et se sépara de M. Emile Ollivier en 1864, lorsque celui-ci se rapprocha du gouvernement. M. Picard ne cessa de combattre les candidatures officielles, la pression électorale, le régime arbitraire de la presse, le système financier de l'Empire, l'administration dictatoriale de Paris, etc. En vue des élections de 1869, il fonda en juin 1868, avec MM. J. Favre et Hénon, le journal hebdomadaire, *l'Electeur libre*, qui s'est transformé lors de la chute de l'Empire en journal quotidien, sous la direction de M. Arthur Picard déjà rédacteur en chef du journal hebdomadaire. Elu en 1869 à Paris et dans la première circonscription de l'Hérault, M. Ernest Picard opta pour ce dernier département. Après le plébiscite de Mai 1870 qu'il avait énergiquement repoussé, il forma sous le nom de « Gauche ouverte » un groupe distinct de la gauche dite irréconciliable, auquel se joignirent 17 députés libéraux. Devenu après Sedan et la fin de l'Empire, membre du gouvernement de la Défense nationale, il fut chargé du ministère des Finances, qui échappèrent aux crises que la gravité des circonstances faisait redouter. Dans les conseils du gouvernement il demanda la convocation d'une assemblée nationale et critiqua diverses mesures ainsi que la direction des opérations militaires. Le 31 octobre, grâce à son sang-froid et à sa résolution, il organisa dès le début la résistance contre les partisans de la Commune. Après l'armistice, il fut envoyé à l'Assemblée nationale, le 8 février 1871, par les électeurs de la Meuse et de Seine-et-Oise et il opta pour la Meuse. Entré, comme ministre de l'Intérieur, dans le cabinet du 19 février, il donna sa démission le 31 mai, la paix conclue et l'insurrection terminée, et refusa le 5 juin la situation de gouverneur de la Banque de France. Il prit une part importante à la discussion de la « constitution Rivet, » qui organisait les pouvoirs de M. Thiers avec le titre de Président de la République. Nommé ministre plénipotentiaire de France en Belgique le 10 novembre 1871, il quitta ces fonctions le 24 mai 1873. Se consacrant depuis lors exclusivement à son mandat de député, il a joué un rôle important dans le groupe du Centre gauche et dans les délibérations de l'Assemblée, pour l'établissement et le développement des institutions républicaines. M. E. Picard est, depuis le 9 juin 1873, membre du Conseil général de la Meuse. Il a été nommé sénateur inamovible par le vote de l'Assemblée nationale du 10 décembre 1875.

PICARD (Eugène-Arthur), né à Paris, le 8 juillet 1825; frère du précédent. Il fut connu pendant quelque temps sous le nom de PICARD D'AMBRYSIS, du nom d'une terre qu'il possède dans Seine-et-Oise. Après avoir fait ses études classiques au collège Rollin et à Juilly, et son droit à la Faculté de Paris, il fut reçu licencié en 1846. Il entra dans l'administration le 2 février 1852 sous les auspices de M. de Persigny, son parent, comme sous-préfet du Blanc et passa dans la même qualité à Forcalquier (1854) et à La Palisse-Vichy (1856). Sa modération et l'esprit de conciliation dont il fit preuve produisirent le plus grand bien dans les arrondissements de La Palisse et de Forcalquier si agités après le coup d'Etat. En 1858, sous le ministère Espinasse et à la loi dite de sûreté générale, M. Picard protesta avec énergie devant le préfet de l'Allier et tous les sous-préfets réunis contre les ordres relatifs à l'application de cette loi. Il vint bientôt après en congé à Paris où son frère se portait à ce moment comme candidat à la députation. M. Arthur Picard ne resta pas indifférent à la campagne électorale à la suite de laquelle il fut élu. Peu de temps après le *Moniteur* le déclarait remplacé à La Palisse et « appelé à d'autres fonctions. » Il n'en accepta aucune, il entra, contre l'Empire, dans le parti de l'opposition républicaine à la suite de son frère et donna au *Phare de la Loire* des articles non signés. En juin 1868, il prit part à la fondation de l'*Electeur libre* avec son frère et MM. Jules Favre, Hénou, Casimir Perier, le duc Decazes, Léon Say, Martel, Lanjuinais, etc. De nombreuses amendes et condamnations frappèrent cette feuille qui, d'abord hebdomadaire, fut l'organe de l'Union libérale, et devint journal quotidien le 24 août 1870. M. Arthur Picard fut un instant associé pour cette exploitation avec M. Ed. Portalis et se sépara de lui le 8 octobre 1870. L'*Electeur libre* eut pendant le siège une vogue justifiée par la sûreté de ses informations et l'indépendance de sa politique. Adversaire déterminé des ultra-radicaux, il soutint de très-vives polémiques contre le *Mot d'ordre* de M. Rochefort. Aussi après le 18 mars 1871, il dut cesser de paraître, ses bureaux et le domicile particulier de M. Picard ayant été l'objet de plusieurs perquisitions de la part du Comité central. M. Arthur Picard s'est porté candidat, mais sans succès, aux élections complémentaires de novembre 1869 dans la quatrième circonscription de Paris, à celles du mois de juillet 1871 dans les Basses-Alpes où il obtint une importante minorité, enfin aux élections de 1869 pour le Conseil général dans le canton de Marly-le-Roi où il succomba avec un millier de voix. Il vient d'épouser Mlle de Cortade, fille de M. de Cortade, trésorier-payeur général (1875).

PICCIONI (Vincent), né à Pino (Corse), le 19 août 1812. Issu d'une des plus anciennes et des plus honorables familles de la Corse, M. Piccioni fit ses études classiques à Sorèze et son droit à Toulouse où il prit la licence en 1836, se fit inscrire au barreau et termina son stage. En 1840 il s'établit à Bastia et fut élu bâtonnier de l'ordre des avocats. Mais en 1846, il crut devoir céder au vœu de sa famille et se rendre à Saint-Thomas (Petites-Antilles), appelé par un oncle célibataire, très-âgé et qui dirigeait encore une importante maison d'importation. Ce parent étant décédé peu de mois après son arrivée dans la colonie danoise, il eut à supporter tout le poids des affaires d'une maison considérable dans laquelle étaient engagés ses intérêts et ceux de sa famille et qu'il ne pouvait laisser en des mains étrangères. Cela explique comment il a quitté le barreau pour le commerce. Après avoir agrandi le cercle des relations de l'établissement dont la direction lui était échue, il revint en Corse en 1852, entra au Conseil général et fut nommé maire de Bastia en 1854. Etabli en 1861 dans la Haute-Garonne, où il avait acheté de grandes propriétés, il fut, dans cette même année, envoyé au Conseil général par le canton de Revel, à la presque unanimité des suffrages. M. Piccioni, élu membre du Corps législatif par la 3e circonscription de la Haute-Garonne, aux élections générales de 1863 et 1869, avait apporté à la Chambre une précieuse expérience et une liberté d'action garantie par sa fortune et l'indépendance de son caractère, dont il eut plusieurs fois à faire usage. Au 4 septembre 1870, il est rentré dans la vie privée. M. Piccioni est chevalier de la Légion d'Honneur depuis le 5 août 1859.

PICHE (Albert), né à Chartres, le 17 janvier 1840. Issu d'une famille aisée, il fit en partie ses études classiques au collège de sa ville natale, les compléta au lycée Louis-le-Grand, et passa ses examens de licence en droit à la Faculté de Paris. Mais son goût pour les sciences et sa santé délicate le détournèrent de la carrière à laquelle ses parents le destinaient. Après un voyage en Italie, il se fixa à Pau (1862) ; et, cinq ans plus tard, il prêta le serment d'avocat devant la Cour d'appel de cette ville. Actif et libéral, M. Piche a pris une grande part à la fondation de plusieurs Sociétés d'utilité publique dans les Basses-Pyrénées. On lui doit l'invention de l'*Electrophore à rotation* (1866), et de l'*Evaporomètre* qui porte aujourd'hui son nom (1872). Quelques articles insérés dans l'*Indépendant*, en 1870, attirèrent sur lui l'attention de M. Nogué, alors préfet des Basses-Pyrénées, qui lui offrit le poste de conseiller de préfecture. Nommé le 6 octobre, il fut laissé en place par les ministères successifs, jusqu'au 6 janvier 1874 ; mais alors, il fut remplacé sous prétexte d'exigences du service. M. Piche organise aujourd'hui le service météorologique de son département, et consacre tous ses loisirs aux Sociétés qui lui sont chères. On lui doit diverses notices scientifiques, et une brochure assez vive sur les Réformes pénitentiaires, publiée en 1872.

PICHON (Jérôme, *baron*), né à Paris, le 3 décembre 1812 ; fils d'un diplomate français, chargé de missions importantes de 1791 à 1830, auteur d'ouvrages estimés, et décédé à Paris en 1850. Il s'est consacré à la littérature, et s'est particulièrement occupé de bibliographie, de linguistique et des vieux chefs-d'œuvre de la langue française. Membre de la Société des bibliophiles français, il en a été le président pendant plusieurs années. On doit à ses travaux : *La chasse du cerf*; — *Le Ménagier de Paris* (1846) ; — *Histoire d'un braconnier*, ou *Mémoires de la vie de Labruyère* (1844) ; — *Mémoire pour servir à l'histoire de Médan près Poissy* (1849) ; et différents articles insérés dans le *Bulletin du bibliophile* et autres publications. Plusieurs de ces œuvres ne portent pas de nom d'auteur. M. le baron Pichon a fait un travail encore inédit sur l'ancienne orfèvrerie de Paris, et surtout sur les poinçons des orfèvres, de la maison commune, et des fermiers du droit de marque. Ce travail, qui lui a coûté de longues recherches, permettra de reconnaître en quelle année et souvent par quel orfèvre la pièce a été faite.

PICOU (Henri-Pierre), né à Nantes, le 29 février 1824. L'un des plus brillants élèves de P. Delaroche, il cultiva avec un rare succès la peinture de genre historique, et remporta le second grand prix de Rome, en 1854, sur ce sujet : *Jésus chassant les vendeurs du temple.* Après avoir débuté au Salon de Paris, en 1847, avec trois *Portraits*, il a successivement exposé : *Cléopâtre et Antoine sur le Cydnus*, au musée d'Aix (1848) ; — *Au bord d'un ruisseau ; La naissance de Pindare ; Le Styx*, au musée de Nantes (1849) ; — *A la nature*, au musée de Nantes ; *Tentation ; Quand l'amour arrive ; Quand l'amour s'en va ; L'esprit des nuits ; Marguerite* (1850) ; — *Les Erynnies*, au musée de Montargis (1852) ; — *Cléopâtre dédaignée par Octave-César ; Scène champêtre* (1853) ; — *L'amour à l'encan* (E. U. 1855) ; — *L'étoile du soir ; Le bain* (1857) ; — *Les marécages de Philastrate*, décoration d'une salle de bain (1859) ; — *Fermez-lui la porte au nez, il rentrera par la fenêtre ; Toilette* (1861) ; — *Mort de Sapho ; Femmes du bourg de Batz* (1863) ; — *Une chatte métamorphosée en femme*, sujet tiré des *Fables de La Fontaine ; L'amour charmant les songes* (1864) ; — *L'inondation de la Loire ; Le repas en forêt* (1865) ; — *Un rêve de fra Angelico* (1866) ; — *Une nuit de Cléopâtre ; Le premier baiser* (1867) ; — *Molière à Versailles ; Le bain* (1868) ; — *Moïse exposé sur le Nil* (1870) ; *Psyché aux enfers ; Ronde de mai* (1873) ; — *Sauve qui peut ! L'exilé ; Aquarium* (1874) ; — *Galilée ; Andromède ; Castor et Pollux* (1875). En outre, ce remarquable artiste a exécuté de magnifiques travaux de décoration, soit dans les monuments publics, soit dans des hôtels particuliers. On cite notamment : un *Plafond* à l'Hôtel-de-Ville de Lyon, chambre de l'impératrice ; *Jésus-Christ donnant les clefs à saint Pierre*, et les *Apôtres guérissant et convertissant*, pour la chapelle des Apôtres à Saint-Roch ; la décoration des hôtels *Millaud* et *Péreire* ; deux *Salons* chez Mme la comtesse de Païva ; la décoration de l'hôtel *Schneider*, du *Cercle du sport*, à Nantes, du *Chœur de l'église de Bon-Secours*, etc. M. Picou a obtenu une médaille de 2e classe en 1848, et son rappel en 1857.

PIE (Louis-François-Désiré-Edouard), né à Pontgouin (Eure-et-Loir), le 26 septembre 1815. Après avoir terminé ses études au séminaire Saint-Sulpice, il fut ordonné prêtre à Chartres en 1839 et fut attaché à ce diocèse dont il devint bientôt vicaire général. Il fut nommé évêque de Poitiers le 23 mai 1849 sous le ministère de M. de Falloux. Il ne tarda pas à prendre une des premières places dans l'épiscopat français par l'ardeur de ses convictions et son zèle à défendre les droits du Saint-Siége. Plus d'une fois sous l'Empire il eut à lutter contre le gouvernement au nom des doctrines et des intérêts de la religion, et il le fit toujours avec une grande indépendance. Aux élections législatives de 1869 notamment, il garda la neutralité entre la candidature d'opposition de M. Thiers et la candidature officielle de M. Bourbeau. Mgr Pie prit aussi une grande part aux travaux du concile œcuménique du Vatican en 1869 et 1870, où il fut nommé par les suffrages de l'épiscopat en tête de la commission doctrinale. Il est toujours l'un des chefs militants de l'Église catholique. On a de lui un grand nombre d'ouvrages : il a publié des recueils de ses *Discours et instructions pastorales* (1858-1860, 3 vol. 1re série, 2e édit. continuée 1868 et suiv. 7 vol.) ; ses principaux *Discours et Mandements* sont reproduits dans le 16e volume des *Orateurs sacrés* de l'abbé Migne. Il a fait paraître séparément : *Instructions synodales sur les principales erreurs du temps* (1852, 1858, 1864) ; — *Eloge funèbre de Mme la marquise de La Rochejaquelein* (1857) ; — *Eloge funèbre de M. Claude-Hippolyte Clausel de Montals* (1857) ; — *Discours prononcé à l'église cathédrale, le 11 octobre 1860, à l'occasion du service solennel pour les soldats de l'armée pontificale qui ont succombé pendant la guerre* (1860) ; — *Réponse à S. Exc. M. Billault* (1862) ; — *Lettres à S. Exc. M. le comte de Persigny* (1863) ; — *Allocution prononcée à l'occasion de la controverse soulevée au sujet des reliquaires de Charroux* (1863) ; — *Instruction synodale sur la première constitution dogmatique du concile du Vatican* (1872), etc.

PIELLAT (Adrien-Constantin-Marie-Ernest-Edmond DE), né à Lyon, le 27 février 1825. Issu d'une famille de souche hellénique, originaire des contrées qui forment actuellement le département de Vaucluse, fils d'un ancien officier supérieur, chevalier de la Légion d'Honneur, M. de Piellat fit ses études classiques dans sa ville natale, son droit à la Faculté de Paris, et prêta le serment d'avocat, en 1848, au barreau de Lyon. Puis il entra dans la magistrature. Substitut à Roanne le 15 février 1851, et à Montbrison le 20 avril 1852, procureur impérial à Nantua le 14 février 1855, à Trévoux le 22 mai 1858, et à Villefranche le 5 avril 1862, il est juge au tribunal civil de Lyon depuis 1867. On lui doit les écrits suivants : *Gênes sous les Gibelins, révolution de 1270* (1856) ; — *Lettres de M. Fabry de Châteaubrun* (1862) ; — *Lettres d'Ange Politien, avec des commentaires sur l'histoire littéraire du XVe siècle* (1873). Collaborateur à la *Revue du Lyonnais*, M. de Piellat est actuellement (1876) président de la Société littéraire, historique et archéologique de Lyon, membre de la Société linnéenne de la même ville, et de plusieurs autres Sociétés savantes, et délégué cantonal du ressort de l'Académie de Lyon. Il est entré au Conseil municipal en 1871. Les travaux de M. Edmond de Piellat sur l'ancienne Epire, son pays d'origine, ont mérité de fixer l'attention des archéologues à la réunion des délégués des Sociétés savantes des départements à la Sorbonne.

PIERDON (François), né à Saint-Gérand-le-Puy (Allier), le 14 août 1821. Il puisa tout enfant le goût de la peinture en voyant dessiner sur nature au château de Lacôte (Allier) M. Henri de Chacaton, peintre amateur. Il entra ensuite à l'Ecole du dessin de la ville de Moulins en 1834, y obtint la 1re année l'un des deux prix offerts par le roi Louis-Philippe et fut aussitôt appelé à seconder le professeur. M. P.-A. Desrosiers, l'éditeur de l'*Ancien Bourbonnais*, encourageait aussi ses efforts en lui faisant dessiner et graver des bois pour les ouvrages qu'il publiait. En 1839, il vint à Paris et travailla à plusieurs publications de l'époque. De 1849 à 1852. il fut engagé à Londres par les éditeurs de l'*Illustraded London news*. De retour à Paris en 1852, il commença à exposer un grand nombre des sujets qu'il avait gravés pour les *Contes* de Perrault, le *Tour du monde*, l'*Enfer* du Dante, etc. Ce n'est que depuis 1872 qu'il s'est entièrement et exclusivement voué à la peinture comme paysagiste. Comme tel il a exposé : *Tranquillité*, souvenir du Bourbonnais ; *Petit coin d'un grand parc*, Saint-Cloud (1864); — *Buisson au bord d'un étang* (1867), tableau acquis par la ville de Moulins pour son Musée ; — *Le calme du soir*, forêt; *Un nid dans les bois*, bords de l'Allier (1870). En 1856 le conseil municipal de Moulins a décerné à M. Pierdon le prix Robichon de 1000 fr.; M. Pierdon a obtenu en outre des médailles à l'exposition universelle du Havre en 1868 et à l'exposition de Moulins en 1862. Avant et pendant le siége de Paris, M. Pierdon a donné des croquis pour les journaux illustrés de Paris et de Londres et a écrit des notes pleines de vérités dans le *Moniteur universel*, le *Gaulois* et le *Messager de la Banlieue*. Il a reproduit par la gravure, beaucoup de ses propres tableaux et de ceux d'artistes contemporains, ce qui a contribué à populariser les œuvres de ces artistes. M. Pierdon fait partie de la société des Aquafortistes et a publié en 1871 douze planches sur les désastres de la ville de Saint-Cloud.

PIERRE PETIT (Pierre PETIT, dit), *voy*. PETIT.

PIERSON (Mlle Blanche), née à Saint-Paul (Ile Bourbon), le 9 mai 1842. D'une famille d'artistes, son père fut longtemps comédien sur diverses scènes de province, Numa le grand comique du Gymnase était son oncle. Elle-même joua d'abord à Bruxelles les ingénues et vint débuter à Paris, à quatorze ans à peine, à l'Ambigu-Comique, dans *Gaspardo le Pêcheur*. La direction du Vaudeville l'avait remarquée et l'engagea pour le rôle de Christine dans le *Roman d'un jeune homme pauvre* (novembre 1858). Ce fut un double succès, succès de beauté pour la jeune femme blonde et séduisante, succès de talent pour l'artiste qui, malgré sa jeunesse, promettait déjà ce qu'elle a fini par tenir. Après avoir paru aussi dans les *Petites mains*, elle quitta le Vaudeville pour entrer au Gymnase. Il faudrait citer tous le répertoire de ce théâtre depuis dix ans pour faire connaître les créations nombreuses de Mlle Pierson : elle est certainement pour quelque chose dans la faveur dont jouit cette scène auprès du public par sa beauté et son talent qui n'a fait que croître chaque année pour se révéler récemment en de brillantes créations. Nous citerons parmi celles-ci : *Un mari qui lance sa femme* (avril 1864), *Don Quichotte* (juillet 1864), les *Curieuses* (octobre 1864), le *Point de mire* (décembre 1865), les *Vieux garçons* (janvier 1865), le *Lion empaillé* (octobre 1865), *Nos bons villageois* (octobre 1866), la *Cravate blanche* (juillet 1867), les *Grandes demoiselles* (avril 1868), *Fanny Lear* (20 août 1868), le *Monde où l'on s'amuse* (1868), le *Coup d'éventail* (1869), enfin *Froufrou* (octobre 1869). Les efforts studieux de l'artiste et l'autorité de son talent déjà très-appréciable depuis quelque temps s'affirmèrent avec éclat dans le rôle de Madame de Termonde, la femme aux diamants, de la *Princesse Georges*, dans celui d'Alice de la *Comtesse de Sommerive* (20 avril 1872), et enfin dans celui de Marguerite Gautier de la *Dame aux Camélias*. Ce dernier rôle fut pour les admirateurs de son talent une révélation nouvelle ; le charme pénétrant, la passion, le désespoir et la tendresse joints à une finesse d'intonation incomparable n'ont jamais été poussés plus loin. Plus tard Mlle Pierson créait encore au Gymnase *Andréa* (mars 1873) et le rôle de Madame de Montaiglin dans *M. Alphonse* (novembre 1873). Depuis le mois de décembre 1875 elle a été liée par un engagement de trois ans au théâtre du Vaudeville où elle a débuté dans les *Scandales d'hier*.

PIGEARD (Jean-Charles-Edouard), né à Colmar, le 17 mars 1818. Entré dans la marine en 1833, aspirant le 25 septembre 1835, enseigne le 1er janvier 1840, lieutenant de vaisseau le 8 septembre 1846, capitaine de frégate le 7 juin 1855, M. Pigeard fut promu capitaine de vaisseau le 10 août 1861. Il a pris part aux expéditions de guerre du Mexique (1838), de la Plata (1840), de l'Océanie (1842) à la suite de laquelle il reçut la croix de la Légion d'Honneur (20 avril 1843), et de Crimée (1854 à 1855). Dans cette dernière campagne, il commandait une batterie au siége de Sébastopol. Il fut aide de camp de l'amiral Montagnès de la Roque, sur la côte occidentale d'Afrique en 1844, et de M. Arago, ministre de la marine en 1848, puis en 1855, secrétaire de la commission qui élabora la tactique navale des vaisseaux à vapeur, enfin, en 1856, commissaire près le gouvernement anglais pour la négociation de traités relatifs aux pêcheries de Terre-Neuve et à l'échange de territoires coloniaux. Cette mission lui valut la rosette d'officier de la Légion d'Honneur (14 mars 1857). Lors de la création des attachés militaires (1860), M. Pigeard fut adjoint en cette qualité à l'ambassade de Londres, poste qu'il conserva durant les neuf années que prit la transformation des flottes, sauf une courte interruption, pendant laquelle il fut envoyé aux Etats-Unis pour étudier le matériel naval des belligérants, et mérita la croix de commandeur de la Légion d'Honneur (14 août 1866). A son retour des Etats-Unis il présida la commission chargée de jeter les bases de la défense sous-marine de nos ports. Recommandé par le résultat de ces diverses missions et par ses services dans plusieurs commandements antérieurs à la mer, M. Pigeard fut, en septembre 1869, nommé directeur des mouvements de la flotte au ministère de la Marine et Conseiller d'Etat hors section. Lors de l'investissement de Paris, il fut envoyé à Tours comme délégué de la marine auprès du Gouvernement. A la conclusion de la paix, la direction des mouvements de la flotte ayant été supprimée par mesure d'économie, M. Pigeard, qui comptait alors 38 ans de services, reçut en dédommagement une place de trésorier-général qu'il occupe aujourd'hui dans le département du Doubs. M. Pigeard est auteur de divers travaux hydrographiques et de nombreuses publications sur la marine et les colonies. Il est commandeur du Nichan-Iftikar de Turquie, grand officier du Medjidié de Turquie, compagnon de l'ordre anglais du Bain et chevalier du Sauveur de Grèce.

PIHAN (Antoine-Paulin), né à Paris, le 25 février 1810. Après avoir fait ses études classiques au collège Charlemagne, il fut admis en 1825 comme élève de la typographie orientale, à l'Imprimerie nationale, et se livra plus particulièrement à l'étude de l'arabe, du persan et du turc, sous les leçons de feu Grangeret de Lagrange, correcteur pour les langues orientales. M. Pihan a contribué à perfectionner à l'Imprimerie nationale ces types étrangers qui en font un établissement sans égal pour le nombre et la variété. On a de ce savant orientaliste : *Éléments de la langue algérienne*, imprimés pour la première fois avec les caractères arabes maghrébins, dessinés par l'auteur d'après les meilleurs manuscrits (1851); — *Glossaire des mots français tirés de l'arabe, du persan et du turc* (1847; 2e édit., avec les analogues grecs, latins, espagnols, portugais et italiens, 1866); — *Notice sur les divers genres d'écriture ancienne et moderne des Arabes, des Persans et des Turcs* (1856); — *Exposé des signes de numération des peuples orientaux anciens et modernes* (1860), ouvrage couronné par l'Institut; — *Choix de fables et historiettes*, traduites de l'arabe (1866), etc. A la suite de l'Exposition universelle de Londres en 1862, M. Pihan a été nommé chevalier de la Légion d'Honneur, le 25 janvier 1863. Au 1er avril 1864, il a eu pour successeur, comme prote de la typographie orientale, son fils aîné, qui occupe encore aujourd'hui cet emploi.

PIHORET (Armand), né à Bonnières (Seine-et-Oise), le 4 août 1827. Il fit son droit à la Faculté de Paris, fut reçu à l'Ecole d'administration, et, après la suppression de cet établissement, devint chef de cabinet du préfet du Cher en 1849. Conseiller de la préfecture de l'Ain en 1853, il gravit rapidement, grâce à ses aptitudes et à son travail, les degrés hiérarchiques, et fut nommé sous-préfet à Sarreguemines en 1855, à Grasse en 1860, à Arles en 1864, puis secrétaire-général de la Gironde en 1865. Investi de la préfecture de l'Ariége en 1868, il se retira au 4 Septembre 1870. Après la révolution et les événements qui l'ont accompagnée, le gouvernement nouveau a fait appel à l'expérience de M. Pihoret qu'il a nommé préfet du Finistère, le 23 mars 1871. Dans son administration, ce dernier réussit à rallier les diverses nuances du grand parti de l'ordre, à force de capacités et de distinction personnelle. M. Pihoret est officier de la Légion d'Honneur depuis le 7 août 1869.

PILLET-WILL (Alexis, comte DE), né à Lausanne (Suisse), en 1805. Il est fils du comte Michel Frédéric Pillet-Will, célèbre banquier qui lui-même descendait de Charles de Fresne et Du Cange et du chancelier d'Aguesseau, qui fonda à Paris une grande maison de banque en 1809 auquel on doit d'importants ouvrages de finance et d'économie politique et qui est décédé en 1860 commandeur de la Légion d'Honneur. M. le comte Alexis Pillet-Will était donc à bonne école pour étudier les questions les plus ardues de la finance. Aussi fut-il bientôt au courant des opérations de la haute banque. Il remplaça son père à la tête de sa maison, et comme régent de la Banque de France en janvier 1861. Dès 1835, il recevait comme capitaine dans la garde nationale, la croix de la Légion d'Honneur, et c'est à raison des services qu'il avait rendus comme régent de la Banque de France qu'il reçut la rosette d'officier des mains mêmes de l'Impératrice Eugénie le 23 juin 1866. M. le comte Alexis Pillet-Will était directeur de la Caisse d'épargne et de prévoyance de Paris, dont son père était l'un des fondateurs, et administrateur de la compagnie d'assurance la *Nationale*. Homme d'esprit et de goût, amateur éclairé des beaux-arts, il avait eu la satisfaction de voir Rossini dédier à sa femme, Mme la comtesse Pillet-Will, une messe qui compte parmi les meilleures œuvres de l'illustre compositeur. M. le comte Pillet-Will est décédé en 1868. Il avait été nommé commandeur des ordres des Saints-Maurice et Lazare d'Italie, de Saint-Grégoire-le-Grand des Etats-pontificaux et du Christ de Portugal, et décoré du Nichan-Iftikar de Turquie.

PILS (Isidore-Alexandre-Augustin), né à Paris, le 1er novembre 1815. Il suivit l'atelier de Picot et les cours de l'Ecole des beaux-arts. En 1838, il remporta le grand prix de Rome sur ce sujet : *Saint Pierre guérissant un boiteux à la porte du temple*. De retour en France, il débuta brillamment au Salon de 1846, avec le *Christ prêchant sur la barque de Simon*. Depuis, M. Pils a exposé : *Mort de sainte Madeleine* (1847); — *Passage de la Bérésina, 26 novembre 1812*; *Bacchantes et satyres*; *Baigneuses et satyres* (1848); — *Scène Louis XV*; *Chevreuil, nature morte*; *Intérieur* (1849); — *Mort d'une sœur de charité*; *Sainte famille*; *Un renard* (1850); — *Les Athéniens esclaves à Syracuse*; *Soldats distribuant du pain aux indigents* (1852); — *La prière à l'hospice* (1853); — *Une tranchée devant Sébastopol*; *Costumes militaires*, 4 aquarelles (E. U. 1855); — *Débarquement de l'armée française en Crimée, le prince Napoléon* (1857); — *Défilé des zouaves dans la tranchée* (siége de Sébastopol); les portraits de MM. Lecointe, architecte, et de Castelnau d'Essenault (1859), — *Bataille de l'Alma, 20 septembre 1854*, au musée de Versailles (1861); — *Passage de l'Alma*; *Fête donnée à l'empereur et à l'impératrice aux environs d'Alger*, en 1860: 4 aquarelles : *Exercice à feu à Vincennes*; *Pièce attelée*; *Vivandière*; *Artilleur à cheval* (Exp. U. 1867); — *Retour d'une battue* (1869); — *Les Tuileries en 1871*, aquarelle (1873); — *Le Jeudi-Saint en Italie*, dans un couvent de Dominicains (1874). M. Pils a obtenu une médaille de 2e classe en 1846, une autre de 2e clase à l'Exposition universelle de 1855, une médaille de 1re classe en 1857, la grande médaille d'honneur en 1861, et une médaille de 1re classe à l'Exposition universelle de 1867. Professeur à l'Ecole des beaux-arts en 1863, il a été élu membre de l'Académie des beaux-arts en 1868, en remplacement de Picot. M. Pils est décédé en septembre 1875, il était officier de la Légion d'Honneur depuis 1867.

PIN (Elzéar), né à Apt (Vaucluse), le 9 août 1813. Indépendant par sa position de fortune, il se livra à l'agriculture, et consacra ses loisirs au journalisme et à la poésie. En 1839, il publia : *Poëmes et Sonnets*, ouvrage qui lui fit aussitôt une réputation. Collaborateur de différents journaux parisiens, tels que le *Corsaire*, *Vert-Vert*, etc., il soutint également une lutte des plus vives, contre le gouvernement de Louis-Phillipe, dans les journaux de province, le *Messager de Vaucluse*, organe républicain, la *Revue aptésienne*, le *Mercure aptésien*, etc. Devenu l'un des chefs du parti démocratique dans le département de Vaucluse, il y remplit les fonctions de sous-commissaire après février 1848, et fut élu membre de la Constituante. Dans cette assemblée, il vota presque constamment avec l'Extrême-Gauche et se montra des plus hostiles à la personne et à la politique de Louis-Napoléon. Membre du Comité de l'agriculture et du crédit foncier, il publia un excellent *Projet de ferme régionale et essai d'endiguement de la Durance à Villelaure*. N'ayant pas été réélu à la Législative, il continua, dans son département, sa campagne contre le parti élyséen, fut exilé en décembre 1851, et se retira en Piémont où il reprit ses travaux littéraires. Le 8 février 1871, il a été nommé représentant de Vaucluse à l'Assemblée nationale, où il a pris place dans les rangs de la Gauche. Son élection et celles de ses collègues du même département ayant été contestées et la majorité s'étant prononcée pour une enquête, tous les cinq donnèrent leur démission. M. Pin, réélu le 2 juillet suivant, le premier sur cinq, par 35,228 voix, a fait partie de l'Union républicaine jusqu'à la séparation de l'Assemblée (décembre 1875). M. Pin a été élu conseiller général de Vaucluse, pour le canton d'Apt, le 8 octobre 1871 et sénateur le 30 janvier 1876.

PINARD (Pierre-Ernest), né à Autun, le 10 octobre 1822. Licencié en 1844 et docteur en droit de la Faculté de Paris en 1846, il prit place au barreau de la capitale, et remplit, pendant son stage, les fonctions de secrétaire à la conférence des avocats. Puis il entra dans la magistrature, comme substitut du procureur de la République, à Tonnerre (1849). Substitut à Troyes en 1851, à Reims en 1852, il fut appelé à Paris en 1853. C'est alors qu'il eut à prendre la parole dans les affaires Doudet, Michel, des docks, Piscatore et du duc d'Aumale contre Mᵐᵉ de Clercq. En 1858, il passa au parquet de la cour de Paris, et, le 3 octobre 1861, il fut envoyé à Douai comme procureur général. Au nombre des causes nombreuses dont il eut à s'occuper, on distingue celles de M. Mirès, de Manesse, l'assassin du Favril, qui eurent un grand retentissement. Orateur et jurisconsulte, M. Pinard fut appelé au Conseil d'Etat en 1866 et y fit partie de la section de législation. Comme conseiller d'Etat, il eut à remplir des fonctions délicates; il fut surtout chargé de la rédaction des rapports suivants : *Exposé des motifs de la loi sur la révision des arrêts criminels et correctionnels* (affaire Lesurques); *Exposé des motifs de la nouvelle loi sur la presse*, etc. Comme commissaire du gouvernement, chargé de défendre au Corps législatif les projets élaborés au Conseil d'Etat, il fit preuve d'un véritable talent oratoire. Nommé ministre de l'Intérieur en 1867, il soutint et fit passer au Corps législatif et au Sénat les deux lois sur la presse et le droit de réunion, qui inaugureraient la période des libertés nouvelles. Il eut ensuite à lutter contre les journaux et les réunions, qui compromettaient par leurs excès cet essai libéral. A son tour face à l'agitation provoquée par la souscription et la manifestation Baudin, détermina des poursuites contre la *Lanterne*, dont la publicité s'accrut au lieu de diminuer, et pour rester dans les limites de son mandat, il dut recourir à des mesures de rigueur qu'on lui reprocherait injustement aujourd'hui. Démissionnaire en décembre 1868, il refusa un siége au Sénat et reprit sa place au barreau de Paris. M. Pinard a représenté la 7ᵉ circonscription du Nord au Corps législatif en 1869-1870 et a occupé la tribune avec beaucoup d'autorité. Le 3 septembre 1870, il se leva pour protester contre la proposition de déchéance déposée par M. Jules Favre au nom de la gauche. On lui doit, comme procureur général, plusieurs discours d'installation ou de rentrée qui furent remarqués, notamment une étude approfondie sur la faculté de tester. Il est commandeur de la Légion d'Honneur depuis 1868, grand-croix de l'ordre d'Isabelle la Catholique, etc.

PIOGER (Frédéric-Armand-Alexandre DE), né à Saint-Vincent (Morbihan), le 1ᵉʳ août 1816. Issu d'une ancienne famille noble de l'arrondissement de Vannes, il fit ses études classiques au collége de Pont-le-Voy et prit sa licence en droit à la Faculté de Rennes en 1838, mais n'exerça jamais la profession d'avocat. Ses traditions et ses tendances en faisaient un soutien naturel du parti légitimiste et catholique; aussi fut-il le collaborateur de plusieurs feuilles religieuses. Représentant du Morbihan à la Constituante et à la Législative, de 1848 à 1851, il vota généralement avec la Droite de ces deux assemblées et s'associa à la politique de l'Elysée dans ce qu'elle avait de conforme à ses doctrines personnelles. Après le coup d'Etat de décembre 1851, il abandonna la scène politique et se consacra à l'agriculture sur son domaine d'Hennebon. M. de Pioger a reçu de nouveau, le 8 février 1871, le mandat de représentant de son département à l'Assemblée nationale. Il y a siégé sur les bancs de la Droite et y faisait partie de la réunion de la rue des Réservoirs.

PISSARD (Hippolyte), né à Saint-Julien (Haute-Savoie), le 3 juin 1815. Il fit son droit à la Faculté de Turin, et s'établit comme avocat à Saint-Julien. Député de sa province au Parlement sarde, avant l'annexion, il fut élu, en 1860, député de la 1ʳᵉ circonscription de la Haute-Savoie au Corps législatif, et réélu en 1863 et 1869. A la Chambre, il s'est principalement occupé de questions financières. Il a fait le rapport de la loi relative aux suppléments de crédits de l'exercice 1866. Presque toujours membre de la Commission des comptes du budget, il en a plusieurs fois été le rapporteur. M. Pissard a fait partie du Conseil général de son département pour le canton de Cruseilles. Il est chevalier de la Légion d'Honneur depuis 1860, et a été promu au grade d'officier de l'ordre en 1869.

PIVER (Alphonse-Honoré), né à Melun, le 17 décembre 1812. Fils d'un parfumeur renommé, il étudia la chimie, l'histoire naturelle, et choisit la même profession que son père. En 1844, il devint directeur de la fameuse maison de parfumerie connue, depuis un siècle, sous la raison sociale L.-T. Piver. Doué d'une rare activité, d'une grande intelligence des affaires, et connaissant à fond une industrie, il sut imprimer à sa maison un nouvel et puissant essor, et en faire un des établissements de ce genre les plus considérables de l'Europe. Il introduisit dans la fabrication de ses produits, des améliorations et des innovations heureuses, et finit par réunir dans ses ateliers, la distillation des parfums, et la fabrication mécanique des savons, crèmes, cosmétiques et pommades. Parmi ses créations les plus remarquables, on cite le lait d'iris et le savon au suc de laitue. Vers 1850, M. Piver a fondé à Aubervilliers une usine modèle, véritable colonie ouvrière, qui constitue un progrès notable, au point de vue moral comme au point de vue matériel. Il a ouvert des succursales à Bruxelles en 1846, et à Londres en 1851. Sa maison a remporté les premières récompenses aux expositions industrielles, depuis 1844, et notamment des *London price medal* aux expositions universelles anglaises de 1851 et de 1862, une médaille de 1re classe à celle de Paris en 1855, et encore une médaille de 1re classe à celle de Porto en 1865. M. Piver, qui fait partie d'un grand nombre de Sociétés ou Commissions philanthropiques et de bienfaisance, a porté surtout son attention sur le sort des jeunes apprentis. Sous le nom de « Tutelle des apprentis, » il a créé, de ses propres deniers, un pensionnat spécial où sont recueillis vingt enfants de 12 ans, qui s'y renouvellent tous les quatre ou cinq ans. Là, ces enfants reçoivent une instruction intellectuelle et morale, et apprennent un état. Dans le cours de cet apprentissage, ils sont placés chez un maître qui s'oblige à ne les employer, sans abuser de leurs forces, qu'aux travaux de sa profession, à leur donner une direction morale, et à les traiter en enfants de la famille; ce maître est, d'ailleurs, rigoureusement surveillé. M. Piver, hors concours et membre du jury en 1867, reçut la croix de la Légion d'Honneur, à la suite de cette Exposition universelle.

PLANCY (Charles, *vicomte* DE), né à Paris, en 1809. Il est petit-fils, par sa mère, de Lebrun, duc de Plaisance, membre, sous la première république, de la Constituante et du Conseil des cinq cents, troisième consul, architrésorier de l'Empire, et fils du comte de Plancy qui, comme préfet de Seine-et-Marne, tint énergiquement tête à l'invasion des alliés. M. le vicomte Charles de Plancy, gendre du baron de Ladoucette, ancien préfet de la Roër, entra dans l'administration comme auditeur au Conseil d'État. Sous-préfet de Saint-Yrieix en 1835, des Andelys en 1838 et de Clermont (Oise) en 1839, il se retira de la vie publique en 1848. Après l'élection du prince Louis-Bonaparte à la présidence, il rentra dans le monde politique et se présenta avec succès, en 1849, aux élections pour la Législative, où il favorisa de tout son pouvoir l'avénement du régime impérial. Élu député au Corps législatif par le département de l'Oise de 1852 à la révolution de Septembre 1870, il se sépara du gouvernement sur plusieurs questions importantes, et signa, notamment, l'interpellation des 116. M. le vicomte Charles de Plancy, qui a été longtemps maire d'Agnetz, président de la Chambre consultative d'agriculture et conseiller général du département de l'Oise, a été promu au grade d'officier dans la Légion d'Honneur le 30 août 1865.

PLANCY (Auguste, *baron* DE), né à Paris, le 13 juillet 1815; frère du précédent. Son existence, toute privée, s'écoulait paisiblement au sein de la haute société parisienne, quand éclata la révolution de 1848. Alors il apparut sur la scène politique. Élu représentant de l'Aube à l'Assemblée législative, en 1849, il siégea au Centre-Droit, et soutint la politique de l'Élysée. Sa famille, d'ailleurs, depuis le premier Empire, s'était toujours honorée de son dévouement à la cause bonapartiste. Candidat indépendant, quoique sous le régime de l'état de siège, en 1852, il échoua cette fois dans l'Aube, à la grande surprise de ses amis, malgré l'estime dont il jouissait dans ce département, les sympathies sincères qu'il y avait depuis longtemps recueillies, et son attitude franche et loyale à l'Assemblée législative. Les électeurs lui préférèrent le candidat officiel, M. de Maupas, préfet de police d'alors. Plus tard, la mort de son heureux compétiteur lui ayant laissé le champ libre, M. le baron de Plancy se présenta de nouveau aux suffrages des électeurs de la deuxième circonscription du même département, et toujours sans solliciter l'appui du gouvernement. Cette fois, il avait à lutter contre plusieurs concurrents, entre lesquels le choix des intéressés restait indécis depuis quelques mois. Enfin, le pouvoir éclairé par les élections préparatoires faites dans diverses communes, se résolut à se prononcer pour sa candidature, qui réussit complètement, d'abord, le 24 décembre 1862, puis en 1863 et 1869. Au Corps législatif comme à l'Assemblée législative, M. le baron de Plancy, sans être infidèle à sa ligne politique, continua de se montrer loyal, franc, indépendant. Il siégea au Conseil général de l'Aube, de 1860 à 1864, pour le canton d'Arcis-sur-Aube, et, de 1864 à 1870, pour celui de Méry-sur-Seine. Nommé chevalier de la Légion d'Honneur le 22 juin 1843. M. le baron de Plancy est aussi commandeur des ordres des Saints-Maurice et Lazare d'Italie et de Frédéric de Wurtemberg.

PLÉE (Léon), né à Paris, le 30 juin 1815. Fils d'un botaniste décédé à la Martinique en

1825, il fit ses études classiques et son droit à Strasbourg, où sa mère avait épousé en seconde noce un professeur de la Faculté des sciences, et débuta dans la carrière littéraire par quelques poésies qui parurent dans les journaux de Strasbourg. Venu à Paris en 1835, il y publia une *Histoire des religions et des sectes* et un *Manuel encyclopédique des sciences et des arts*, et s'occupa de traduire les œuvres de Schiller, ainsi que l'*Histoire universelle* de Rotteck. Entré dans l'enseignement en 1839, comme professeur d'histoire au collége de Blois, il remplit les mêmes fonctions à Reims et à Orléans. En 1847, M. Léon Plée revint à Paris et fonda avec MM. Bisson et Hermitte la *Revue des auteurs unis*. Rédacteur en chef du *Républicain de Lot-et-Garonne* créé au lendemain de la révolution de Février, il entra en 1850 au *Siècle*, où, en janvier de l'année suivante il remplaça M. Léon Perin comme secrétaire de la rédaction politique. Il se fit à ce journal une solide réputation comme écrivain et comme politique. Il y a conservé ses fonctions jusqu'en 1872. C'est à lui qu'est due l'introduction du bulletin politique quotidien. En 1872, il a appartenu, pendant quelques mois seulement, à la rédaction du XIX° *Siècle*. Outre les ouvrages déjà cités on doit à M. Léon Plée : *Atlas des familles* (1847) ; — *Commentaire sur l'atlas ottoman* de Hammer-Purgstal (1847) ; — *Lettres à l'Académie sur la situation des hommes de lettres* (1847) ; — *Le passé d'un grand peuple*, histoire de la Pologne (1847) ; — *Abd-el-Kader, nos soldats, nos généraux et la guerre d'Afrique* (1854) ; — *La Pologne*, discours (1854) ; — *A la nation allemande* (1857) ; — *La Châtelaine de Leurtal*, suivie de : *Les deux mariages* (1859, 2 vol.) ; — *Les deux routes*, Episodes de la fin du règne de Louis-Philippe (2 vol.), etc. Il a collaboré à la *France géographique, industrielle et historique* de Heck (1842), et a écrit pour le *Glossaire français polyglotte* de Gaudeau et Réau (1844-1845, in-4°), une introduction : *L'histoire de la langue française*. M. Léon Plée a été membre du jury de l'Exposition universelle de 1867 ; il est chevalier de la Légion d'Honneur depuis le 30 juin de la même année.

PLICHON (Charles-Ignace), né à Bailleul (Nord), le 28 juin 1814. Après avoir terminé ses études classiques à Saint-Acheul chez les Jésuites, il fit son droit à la Faculté de Paris, prit place au barreau d'Arras, et se fit une belle position. En 1847, il représenta le collége électoral de Dunkerque à la Chambre des députés. Après les événements de Février 1848, il resta longtemps à l'écart de la politique ; mais, en 1857, il accepta le mandat de député au Corps législatif, à titre de candidat d'opposition constitutionnelle, et fut réélu en 1863 et 1869. A la Chambre, il professa des doctrines monarchiques et religieuses et fit une vive opposition au régime du libre-échange. Il jouissait auprès de ses collègues, d'une grande autorité, comme légiste et comme économiste. Membre du Centre-gauche en 1869, il signa l'interpellation des 116 ; et le 15 mai 1870, il accepta, sous le ministère Ollivier, dont il partagea la chute le 10 août suivant, le portefeuille des Travaux publics. Elu représentant du Nord à l'Assemblée nationale le 8 février 1871, par 202,252 voix, M. Plichon a siégé sur les bancs du Centre-droit et fait partie des réunions dites « Saint-Marc-Girardin » et « Pradié. » Aux élections du 20 février 1876, il a été envoyé par les électeurs de la 2ᵉ circonscription de l'arrondissement d'Hazebrouck à la Chambre des députés. Il représente le canton sud-ouest de Bailleul au Conseil général du Nord, dont il a été successivement vice-président et président, depuis le 8 octobre 1871. Il a été maire d'Arras sous l'Empire pendant un certain nombre d'années. M. Plichon a été élevé au grade d'officier de la Légion d'Honneur le 14 août 1867.

PLŒUC (Alexandre, *marquis* DE), né à Quimper (Finistère), le 7 octobre 1815. Après avoir fait ses études classiques au collége de Lorient, il se destinait d'abord à la marine ; mais un accident de cheval lui ayant produit une grave blessure dont il résulta une claudication qui n'a jamais disparu, il entra dans l'administration des finances. Devenu inspecteur-général, il fut chargé en 1857 de régler la question des finances de la Grèce et en 1859 de prendre part aux travaux d'un grand conseil à Constantinople qui avaient pour objet d'introduire des réformes en Turquie ; plus tard, en 1863, de fonder et de diriger à Constantinople la Banque impériale ottomane. Il conserva cette dernière mission jusqu'en 1868, et dans celle-ci comme dans la première, il donna des preuves d'une capacité financière de premier ordre. De retour en France, il fut nommé sous-gouverneur de la Banque de France, poste qu'il occupe encore aujourd'hui. Cet établissement lui doit d'avoir été sauvé en 1871 de tous les périls qu'il a courus pendant la Commune. M. de Plœuc resta à son poste après le 18 mars, prit les fonctions de gouverneur provisoire de la Banque, et fit si bien par son énergie et ses sages mesures, aidé du reste en cela par un des membres de la Commune, son compatriote, Breton comme lui, que les richesses que renfermait la Banque et qui se chiffraient par près de trois milliards échappèrent à toutes les convoitises et tentatives des fédérés. Aux élections complémentaires du 2 juillet 1871, il fut élu député de la Seine par 108,281 voix. A l'Assemblée nationale, il s'est surtout occupé des questions de finances et d'administration. Il est aussi l'auteur d'une proposition politique et libérale par laquelle la Chambre a recemment (décembre 1875) rendu aux colonies la représentation politique qu'elle leur avait enlevée par un vote antérieur. Il a donné sa démission de député peu de jours après, le 10 décembre 1875. Promu commandeur de la Légion d'Honneur le 21 juillet 1871, M. le marquis de Plœuc est grand-officier du Medjidié de Turquie, commandeur des ordres du Sauveur de Grèce, de Saint-Grégoire-le-Grand, etc.

PLON (Henri-Philippe), né à Paris, le 26 avril 1806, est issu d'une famille d'habiles typographes qui remonte à l'invention de l'imprimerie et dont le véritable nom, danois d'origine, est Plœn ou Plön. En 1832, M. Plon s'associa à

M. Béthune et se chargea bientôt après de la publication en France de la première édition du grand *Dictionnaire de la conversation et de la lecture* (52 volumes grand in-8° à 2 colonnes), dont le succès fut un des notables événements de l'époque. Plus tard, en 1845, il s'associa ses frères, Hippolyte et Charles, et donna un grand essor à sa maison sous le double rapport de la typographie de luxe et des impressions illustrées typochromiques. Il accrut aussi sa fonderie de caractères de tous les types si estimés de Jules Didot et fonda personnellement une librairie, qui prit plus tard un grand développement. Demeuré seul, par suite de la retraite de ses frères, à la tête de son établissement, un des plus complets de Paris, car il réunit, imprimerie, librairie, fonderie, stéréotypie et galvanoplastie, M. Plon en garda la direction jusqu'à sa mort, arrivée le 25 novembre 1872. Imprimeur de l'Empereur depuis 1852, il a édité les *Œuvres de Napoléon III* et l'*Histoire de Jules César*. De ses presses sont aussi sorties toutes les éditions de l'*Histoire du Consulat et de l'Empire* de M. Thiers. Il a été l'éditeur de toutes les grandes publications historiques des Archives impériales et nationales. Sa collection de *Classiques français* est particulièrement estimée. M. Plon a publié en outre un grand nombre de livres illustrés avec luxe, d'ouvrages d'histoire, de littérature, de jurisprudence, de piété, de voyages, de médecine, et après la guerre de 1870, il eut l'heureuse idée de grouper dans une même collection, les ouvrages dans lesquels, sur sa demande, les généraux, les amiraux, les ministres, les ambassadeurs, ont raconté eux-mêmes les événements politiques et militaires auxquels ils avaient été mêlés. Cette série, qui forme une précieuse source de documents pour l'histoire, est sa dernière œuvre. M. Plon s'était fait remarquer à toutes les expositions, notamment à l'Exposition universelle de 1855, où il obtint la médaille d'honneur. Le 22 novembre 1851, il avait été fait chevalier de la Légion d'Honneur et plusieurs souverains de l'Europe lui avaient remis les insignes de leurs ordres. M. Plon a laissé deux enfants : un fils, M. Eugène Plon, longtemps associé à ses travaux et aujourd'hui son successeur; et une fille qui a épousé M. Robert Nourrit, d'abord avocat au Conseil d'Etat et aujourd'hui associé de son beau-frère. Indépendamment de plusieurs travaux sur les arts, M. Eugène Plon a publié : *Thorvaldsen, sa vie et ses œuvres* (1867, 2° édit., 1874), ouvrage traduit en Angleterre, en Allemagne, en Amérique et en Italie; — *Le sculpteur danois Bissen* (1870, 2° édit., 1872).

PLONQUET (Jean-Louis), né à Craonne (Aisne), le 11 février 1824. Il commença ses études médicales à l'Ecole préparatoire de Reims, en 1843, sortit premier interne de l'Hôtel-Dieu de cette ville en 1848, pour aller suivre les cours de la Faculté de Paris, et se fixa, vers la fin de cette même année, à Ay, où il fut immédiatement nommé médecin du Bureau de bienfaisance. Sa belle conduite pendant l'épidémie cholérique de 1849, lui valut d'être désigné, par la Commission administrative, comme médecin-adjoint de l'Hospice créé à cette époque. M. Plonquet, membre des Commissions cantonales de salubrité, d'hygiène publique et de statistique agricole, est aussi membre des Sociétés académiques de Châlons-sur-Marne et de Laon ; des Sociétés de médecine de Gand, Louvain et Anvers (Belgique), Toulouse, Lille, Rouen, Reims, etc. ; de l'Académie nationale de Paris ; de la Société française de statistique universelle et de la Société linnéenne de Bordeaux ; membre honoraire de la Société des archivistes de France ; membre titulaire de la Société d'encouragement pour l'industrie nationale et de la Société protectrice de l'enfance. Il a obtenu trois médailles d'argent, dont deux de l'Académie de médecine, en 1855 et 1868, deux médailles d'or (1859 et 1866), et cinq rappels de médailles d'or (1861-63-65-68-70) pour la propagation de la vaccine dans le département de la Marne. On lui doit les publications suivantes : *Essai sur la topographie médicale du canton d'Ay* (deux parties, 1855-1856) ; — *De l'importance du chlorure de sodium, du sulfate de soude, et du sulfate de magnésie, en hygiène et en thérapeutique* (1858) ; — *Recherches historiques, statistiques et pratiques sur la culture de la vigne et la confection des vins de Champagne* ; — *Les truffes de Champagne* (1863) ; — *Notions hygiéniques applicables aux crèches, aux écoles gardiennes ou d'asile, à celles destinées à l'enseignement primaire ou secondaire et aux élèves des dites écoles* (1866) ; — *Monographie historique et statistique de la ville d'Ay* (inédit) ; — *De l'influence matérielle et morale de l'usage alimentaire du vin comparé à l'usage des autres boissons* (1869). En outre, M. Plonquet prépare la publication des écrits suivants : *Fragments de botanique et de matière médicale* ; — *Observation d'un cas d'hydrophobie rabique dans la commune de Bissenil* ; — *Mémoire à l'Académie de médecine sur la petite vérole et la vaccine dans le canton d'Ay en 1870-1871*. Presque tous ces ouvrages, inédits ou publiés, ont obtenu de la part de plusieurs académies ou sociétés savantes, de nombreuses distinctions honorifiques, médailles d'or, de vermeil ou d'argent, d'honneur, de 1re classe, diplômes d'honneur, etc. L'instruction populaire et le bien-être des habitants des communes dans lesquelles M. le docteur Plonquet exerce depuis 25 ans ont été la préoccupation constante de cet excellent praticien.

POINCELOT (Léon-Hippolyte-Achille), né à Cambrai, le 9 mai 1822. Après avoir fait ses études dans une pension et au collège de Cambrai, et avoir obtenu un grade de la Faculté de droit de Paris, il entra dans la littérature et le journalisme. Par dévouement à la justice, et non par esprit de parti, il a contribué à la résistance organisée par les journalistes et les députés indépendants contre le coup d'Etat, en parvenant à faire imprimer les proclamations qui appelaient le pays à la défense de la morale et de la loi. Le manuscrit de ces proclamations lui a été confié, dans la matinée du 3 décembre, par M. Xavier Durrieu, ancien représentant du peuple et rédacteur en chef du journal la *Révolution*, dans lequel M. Achille Poincelot faisait paraître, en feuilletons, une comédie-proverbe. C'est surtout comme conférencier et dans ces dernières années qu'il s'est fait connaître du public. Un grand nombre de journaux ont constaté le succès de ses conférences à la salle du boulevard des Capucines. Voici du reste comment son talent oratoire est apprécié par M. Jules de Caux, publiciste parisien : « M. Achille Poincelot, dit-il, est l'orateur dans toute l'acception de la définition antique du mot. C'est le *vir bonus dicendi peritus* de Quintilien. L'amour du bien, c'est-à-dire du vrai, le possède, et cet amour vibre dans son style qui, toujours élégant et correct, éclate parfois en accents d'une véritable éloquence. Impossible d'unir plus de rigueur dans les démonstrations à plus d'élévation dans la forme, et ce que nous disons ici à ce sujet n'est que la froide traduction de ce que les applaudissements qu'il a recueillis, vendredi dernier, ont appris à M. Achille Poincelot, bien avant nous. » Sous son nom et sous le pseudonyme de Julien Lavergne, M. Achille Poincelot a collaboré à un grand nombre de publications périodiques, telles que la *Libre recherche*, l'*Illustration*, le *Musée des familles*, le *Nouveau journal des connaissances utiles*, la *Révolution littéraire*, le *Magasin des demoiselles*, la *Libre conscience*, l'*Écho de la littérature et des beaux-arts*, les *Annales du bien*, le *Magasin de tout le monde*, et enfin le *Châtiment*, journal quotidien où, pendant la Commune, il a essayé d'empêcher la guerre civile, par de chaleureux appels à la conciliation. Il a été directeur de la *Chronique* et du *Panthéon des femmes*. On lui doit en outre: *Étude de l'homme, ou Réflexions morales* (1847); — *Le salut des travailleurs* (1848); — *Valério, épisode contemporain* (1850); — *La fée Libertas et sa cour*, conte fantastique (1866).

POINSIGNON (Maurice), né à Metz, le 6 mars 1814. Ancien élève de l'Ecole normale supérieure (1837), il occupa successivement une chaire de grammaire à Rodez et la chaire d'histoire des collèges de Grenoble (1840) et de Douai (1841). Obligé deux fois au repos par l'état de sa santé, il entra, à la suite de son premier congé, dans l'administration des lycées et remplit les fonctions de censeur à Angers (1849), à Saint-Etienne (1850-1852) et au Mans (1856). Il fut ensuite appelé comme inspecteur d'Académie à Montauban (1858), à Douai (1860) et à Châlons-sur-Marne (1861). Docteur ès lettres en 1845, il a inauguré, devant la Faculté de Paris, les thèses géographiques en présentant comme thèse française un *Essai sur le nombre et l'origine des provinces romaines créées depuis Auguste jusqu'à Dioclétien* et comme thèse latine un travail sur l'*Illyrie*, comprenant la même période de temps. Il a publié depuis : *Origines de la société moderne ou histoire des quatre premiers siècles du moyen âge* (1854, 2 vol.), que le ministère de l'Instruction publique a rangées parmi les ouvrages propres à être donnés en prix ; — une traduction critique de l'*Histoire de Richer, religieux de l'abbaye de Saint-Remy* (Reims, 1855, 1 vol.) ; — *Géographie du département de la Marne*, avec un atlas spécial (1866). M. Maurice Poinsignon a été nommé chevalier de la Légion d'Honneur le 14 août 1867 et officier d'Académie le 29 décembre 1862.

POISLE DESGRANGES (Joseph), né le 27 octobre 1823, à Paris, où il fit toutes ses études. Il appartient à une famille originaire du Berry, dont les membres se sont distingués dans la magistrature, au barreau, à la Chambre des pairs et à la Chambre des députés. Son oncle est cité dans les *Fastes de la gloire* pour une action d'éclat. Son père, homme érudit, a publié des ouvrages qui témoignent de ses connaissances linguistiques. Sa mère, fille d'un officier supérieur, était petite-fille du célèbre peintre Mignard, ce qui explique sans doute pourquoi M. Joseph Poisle Desgranges a eu de fort bonne heure un penchant irrésistible pour les arts. A quatorze ans, il obéissait à ce penchant et composait déjà des historiettes et des fables, il dessinait agréablement, peignait avec un brio d'une originalité toute particulière, et ne cherchait pas de compositeur pour trouver la musique de ses romances ; mais sa prédilection pour la littérature l'a toujours emporté sur la séduction de ses autres aptitudes. Il a créé des petites comédies et des vaudevilles qu'il n'a pas encore eu la hardiesse de produire au théâtre. Et cependant les œuvres que M. Poisle Desgranges a publiées ont reçu la sanction du public lettré et de la presse tout entière. Elles se distinguent principalement par la correction du style et l'élévation de la pensée. Ses principales publications sont : quatre volumes de fables sous les titres de *Cent et une fables* et de *La bosse d'Esope* (1852, 1855, 1866, 1867) ; — *Le bouquet de pensées* (1860) ; — *Voyage à mon bureau* (1861) ; — *Les nouvelles en wagon* (1861) ; — *La philosophie du cœur ou la semaine anecdotique* (1862) ; — *Rouget de Lisle et la Marseillaise* (1864) ; — *L'impératrice Joséphine, la bien-aimée du peuple* (1865) ; — *Album littéraire* (1866-1867); — *La mort du président Lincoln* (1867); — Les biographies de *Viennet*, de *Saint-Albin-Berville* (1868), de *Sanson de Pongerville*, de *Gindre de Mancy* (1872) ; — *Les Juvenales* (1869), satires de notre époque ; — *Manuel du savoir-vivre* (1869) ; — *Langage des fleurs* (1870) ; — *Pendant l'orage* (1871), poèmes historiques et nationaux publiés à part pendant les désastres de 1870 et 1871 ; — *Le roman d'une mouche* (1872) ; — *Les jeux innocents de société* (1873) ; — *Les sonnets impossibles*, en vers monosyllabiques (1873) ; — *Le roman à l'eau forte* (1874) ; — *L'interprète des songes* (1875) ; — *Les péchés capitaux*, sonnets (1875) ; — *Le livre de l'amour*, sonnets anacréontiques (1875) ; — *Lettre d'outre-tombe*, adressée par Pierre Lebrun à Alexandre Dumas fils, le jour de sa réception à l'Académie française (1875) ; — *Le saltimbanque* (1875) ; — *Guide du bon maître et du bon domestique* (1876). Collaborateur d'un grand nombre de journaux, M. Poisle Desgranges a été fondateur et rédacteur en chef du journal *L'arc-en-ciel* ; il est membre de la Société des gens de lettres, de la Société des auteurs et compositeurs, de la Société philotechnique, de l'Académie des poëtes, etc., et il a été longtemps président de la Société des travaux littéraires, artistiques et scientifiques de Paris. Il est, depuis longues années, un des plus zélés propagateurs de la science et des lettres ; ses livres, ses lectures en séances publiques en font foi.

POISOT (Charles-Emile), né à Dijon, le 7 juillet 1822. Après avoir fait ses études classiques dans sa ville natale et à Paris, il termina dans cette dernière ville ses études musicales pour lesquelles il avait un penchant prononcé. Successivement élève pour le piano de N. G. Bach, Louis Adam, Stamaty et Thalberg, et pour le contre-point de Leborne, il entra en 1844 au Conservatoire dans la classe de composition d'Halévy ; il en sortit en 1848 après un brillant concours. M. Poisot s'est fait une double notoriété comme compositeur et comme musicologue. Compositeur, il a le style facile, agréable et varié, la mélodie originale. Il a donné un très-grand nombre de morceaux de musique vocale et instrumentale, des romances, des mélodies, publié quelques opéras de salon (genre dont il est le créateur) : *Le coin du feu*, *Les deux billets*, *Les terreurs de M. Peters*, *Rosa la rose*, etc., et a fait jouer à l'Opéra-Comique, le 16 octobre 1850, une pièce en un acte, *Le paysan*, paroles de M. Alboize. Musicologue, il a collaboré à l'*Univers musical* et a été directeur du *Progrès musical* ; on a en outre de lui : *Les musiciens bourguignons*, essai contenant une histoire de l'art en France du IXe au XIXe siècle (1854) ; — *Notice biographique sur Rude* (1857) ; — *Notice sur Brifaut* 1859) ; — *Histoire de la musique en France depuis les temps les plus reculés jusqu'à nos jours* (1860) ; — *Notice sur Rameau* (1864) ; — *Six ouvertures à deux pianos* (1867) ; — *Notice sur Jules Mercier* (1869) ; — *Cours d'harmonie* (1870) ; — *Traité de contrepoint et fugue* (1871) ; — *Deux brochures sur Mozart* (1872 et 1873) ; — *Voyage en Allemagne* (1874) ; — *Stabat*; *Jeanne d'Arc* (1875) ; — *Voyage en Italie* (1876). — M. Ch. Poisot a fondé le Conservatoire de Dijon en 1869 ; il a donné sa démission le 16 mars 1872 pour créer la Société de musique religieuse et classique qui a fait connaître en Bourgogne les oratorios de Haëndel, la musique de Palestrina et celle de Rameau. M. Ch. Poisot vient d'être nommé, à l'unanimité, président de la commission chargée d'élever une statue à Rameau à Dijon, sa ville natale.

POLI (Oscar-Philippe-François-Joseph, vicomte DE), né à Rochefort, le 12 mai 1838. Fils d'un chef de bataillon au 21e de ligne, tué dans un mouvement populaire à Orléans en 1848, il appartient à une vieille famille du Comtat-Venaissin, à laquelle le Saint-Siége donna rang de comte en 1665 et qui a fait branche dans plusieurs parties de l'Italie. M. O. de Poli, au sortir de ses études, qu'il avait commencées au collège militaire de la Flèche et terminées au petit séminaire d'Orléans, s'engagea en 1860 dans les zouaves pontificaux, et combattit à Castelfidardo où il fut grièvement blessé. Dans la suite il eut mission de reconduire de Rome à Dublin la légion irlandaise de Saint-Patrick. De retour à Paris, il devint un des rédacteurs assidus de la presse légitimiste, publia dans la *Gazette de France*, avant de les donner en volume, ses *Souvenirs*, dans l'*Union* ses *Lettres à un campagnard*, des romans, des brochures politiques, des études historiques, etc., et fit reparaître pendant quelque temps l'ancien *Mercure de France*. Honoré personnellement du titre de comte romain par Pie IX (1864), il épousa en 1865 Mlle de Choiseul Gouffier, l'arrière-petite-fille du comte de ce nom qui fut ambassadeur de France en Turquie sous Louis XV et membre de l'Académie française, diplomate aussi distingué que littérateur élégant. Pendant la guerre de 1870-71, M. Oscar de Poli fut volontaire, puis lieutenant au 4e bataillon de marche (28e régiment de Paris). Le 22 mars 1871, il fut blessé dans la rue de la Paix. Nommé le 15 mai 1871, à la sous-préfecture de Romorantin, il est passé le 15 février 1873 à celle de Pontivy, et à celle de Roanne le 16 octobre 1873. Les œuvres de M. Oscar de Poli sont nombreuses ; nous citerons : *Souvenirs des zouaves pontificaux* (1861, 2e édit. suivie de : *Une visite au camp des prétoriens*, 1863) ; — *Le sport chez les Romains* (1862) ; — *Le jeu en France* (1862) ; — *L'Enfant de la maison noire* (1862) ; — *Voyage au royaume de Naples en 1862* (1863) ; — *Le dernier des Plantagenet* (1863) ; — *La Vierge aux roses* (1865) ; — *Un caprice d'altesse* (1865) ; — *Denise* (1865) ; — *De Naples à Palerme*, 1863-1864 (1865) ; — *l'audouan*, chronique du Bas-Berry (1865, édition populaire, 1873) ; — *Jean Poigne d'acier*, récits d'un vieux chouan (1866) ; — *De Paris à Castelfidardo* (1866) ; — *Ce que nous allons faire en Italie* (1867) ; — *Les Seigneurs de la Rivière-Bourdet*, chronique normande (1868) ; — *Les soldats du Pape*, histoire de l'armée pontificale de 1860 à 1867 (1868) ; — *Etude sur la fable et les fabulistes*, en tête des *Fables* de Raymond de Belfeuil (1869) ; — *Des origines du royaume d'Yvetot* (1872) ; — *Lettre au secrétaire général de l'Association française de prévoyance et de la ligue de l'ordre* (1872) ; — *Recherches sur le nom vulgaire de l'Amphithéâtre Flavien, Colisée* (1873). M. le vicomte de Poli est officier d'académie et commandeur de plusieurs ordres étrangers.

POMMIER (Victor-Louis-Amédée), né à Lyon, le 20 juillet 1803. Au retour d'Italie, où il avait été emmené par des convenances de famille et après un séjour de trois années à Florence, il entra au collège Bourbon, où il fit ses études avec distinction. Au sortir du collège, il travailla aux *Classiques latins* de Lemaire et à la *Bibliothèque Panckoucke*, fit un cours de littérature à l'Athénée, prit part à la rédaction de la *Semaine* des frères Fabre et remporta plusieurs prix de poésie aux *Jeux Floraux* de Toulouse, mais sans réclamer la maîtrise à laquelle il avait droit. Ses poésies de début parurent en 1832 et furent reproduites en 1837 sous le titre de *Premières armes*. Il a publié depuis un grand nombre d'ouvrages en vers où fourmillent des excentricités de toute sorte, mais dans lesquels la critique a néanmoins reconnu un mérite peu commun et une manière savante et originale. Au surplus, les qualités artistiques de M. Pommier et son habileté comme versificateur se trouvent brillamment appréciées dans le rapport sur la poésie contemporaine, rédigé sous le ministère de M. Duruy, par Théophile Gautier. Balzac, qui raffolait des vers, bien qu'il n'en fît pas, s'était adjoint M. Pommier pour la composition d'une comédie intitulée *Orgon*, qui devait faire suite au *Tartuffe*. Il n'y avait encore qu'un acte de terminé, lorsque la brusque mort du grand romancier interrompit ce travail. Voici la liste des publications de M. Pommier : *La République ou le Livre de sang* (1830); — *Les Assassins* (1837); — *Océanides et Fantaisies* (1839); — *Crâneries et dettes de cœur* (1842); — *Colères* (1844); — *La découverte de la vapeur*, qui obtint le prix de poésie à l'Académie française (1847); — *La mort de l'Archevêque*, également couronnée (1849); — *Eloge d'Amyot*, prix d'éloquence (1849); — *L'Enfer* (1853); — *Les Russes* (1854); — *De l'Athéisme et du Déisme*, en prose (1857); — *Colifichets, Jeux de rimes* (1860); — *Cornélius Népos*, traduction nouvelle (1865); — *Paris, poëme humoristique* (1866). A ces différents livres il faut ajouter trois articles dans le *Livre des Cent un*, les *Trafiquants littéraires*, satire imprimée dans la *Revue des Deux-Mondes* (1844); *L'Epoque*, quatre satires insérées dans le journal l'*Univers* (1845); — *Racine et Jean-Jacques Rousseau*, en prose, dans la même feuille (1846); — *Sonnets sur le Salon*, dans l'*Artiste* (1851); — *La critique et les poëtes*, Cherbourg, A. Lamartine, dans le *Réveil* (1858). En outre, la *Liberté* a publié, en 1868, douze feuilletons mensuels du même poète, lesquels n'ont pas encore été réunis en volume. Enfin, en 1869, il a donné au même journal une pièce de vers à la mémoire de Lamartine et un jugement en prose sur les poésies de Baudelaire. Depuis lors, M. Pommier, atteint, à ce qu'il paraît, d'une grave affection de la vue, n'a plus fait imprimer que son poëme *la Résurrection de la Colonne*, dans le *Pays* du 18 mars 1875. A la suite du concours de 1849, M. de Falloux l'avait nommé chevalier de la Légion d'Honneur.

PONCELET (Jean-Victor), né à Metz, le 1er juillet 1788. Elevé d'abord à Saint-Avold, près Metz, fit ses études au lycée de sa ville natale et s'y distingua par son ardeur pour le travail et son aptitude pour les mathématiques, puisqu'il fit en deux ans toutes ses classes et fut admis le huitième à l'Ecole polytechnique en 1807. Il en sortit en 1810, comme sous-lieutenant élève du génie à l'Ecole d'application de Metz. Lieutenant en 1812, il suivit la Grande-Armée et fit la campagne de Russie. Blessé et fait prisonnier à la bataille de Krasnoï, il parcourut à pied la distance qui le séparait de Saratof, où il fut interné. C'est pendant cette captivité qu'il se livra aux recherches les plus savantes sur les mathématiques, sans livre, sans ressources, pour les seuls souvenirs d'école, au milieu des privations et des souffrances. Les manuscrits qu'il rapporta de cette captivité ont servi de base à presque tous ses travaux ultérieurs. De retour en France en 1814, il fut nommé professeur de mécanique à l'Ecole d'application d'artillerie de Metz. C'est à cette époque qu'il commença la publication de ses ouvrages, publication qui attira sur lui l'attention du monde savant et de l'Académie, qui dès lors désira l'appeler dans son sein. Il accomplissait en même temps de nombreux travaux comme ingénieur militaire et inventait, pour le service du génie, le pont-levis et la roue qui porte son nom. Appelé à créer des cours de mécanique à l'hôtel-de-ville de Metz, il ouvrait pour les ouvriers de la ville des cours gratuits du soir qui ont servi de modèle à tous ceux qui se sont fondés depuis et dont le résultat a été si fécond. Après 1830, les électeurs libéraux de Metz l'élurent membre du conseil municipal. Chef de bataillon, puis lieutenant-colonel, il fut nommé membre de l'Académie des sciences en 1834 et chargé de créer un cours de mécanique appliquée à la Faculté des sciences (1838). Colonel (1845), puis général de brigade (19 avril 1848), il fut nommé à l'unanimité représentant du peuple par le département de la Moselle, à l'Assemblée constituante où il siéga et vota avec les républicains modérés. En juin 1848, le général Cavaignac lui confia le commandement en chef des gardes nationales réunies à Paris. De 1848 à 1850, il commanda l'Ecole polytechnique. Mais après le coup d'Etat, il se démit successivement de toutes ses fonctions, fut mis dans le cadre de réserve, refusa un siége au Sénat et accepta seulement le titre de membre et président de la Commission scientifique de l'Exposition universelle de Londres. Il se consacra dès lors tout entier à ses travaux favoris et à la publication de ses derniers ouvrages. La géométrie et la mécanique lui doivent de précieuses et nombreuses découvertes, notamment sur les sections coniques, les centres des moyennes harmoniques, les roues hydrauliques verticales, à aubes courbes, mues par-dessous, etc. Outre un grand nombre de *Mémoires* publiés dans les *Annales de mathématiques* de Gergonne, le *Recueil* de l'Académie des sciences, le *Bulletin* de la Société académique de Metz, etc., on a de lui : *Théorie des propriétés projectives des figures* (1822, 2e édit., 1865, 2 vol. in-4° avec fig.); — *Introduction à la mécanique industrielle, physique et expérimentale* (1828, 2e édit., 1840, 2 vol.); — *Rapport et mémoire sur le nouveau système d'écluses à flotteur de M. Guinard* (1845, in-4° avec pl.); — *Applications d'analyse et de géométrie* (1862-1864, 2 vol.). Commandeur de la Légion d'honneur le 12 décembre 1850 et grand-officier le 9 juillet 1863, membre de la Société royale de Londres, de l'Académie de Saint-Pétersbourg, de l'Académie de Berlin, etc., etc., le général Poncelet est décédé à Paris le 22 décembre 1867, léguant à l'Académie des sciences le capital d'un prix de 2,500 francs à décerner annuellement au meilleur ouvrage sur les mathématiques.

PONCHARD (Louis-Antoine-Eléonore), né à Paris, le 31 août 1787. Peu de carrières artistiques ont été mieux remplies que celle de M. Ponchard. Son père, ancien maître de musique de Saint-Eustache, lui donna les premières leçons et fit de lui un violoniste précoce. Entré au Conservatoire de Paris en 1808, il négligea son instrument pour cultiver sa voix qui était fort belle et très-souple et parvint à interpréter les motifs mélodiques d'une façon presque inimitable. En 1812, il fut admis à l'Opéra-Comique, où il tint une des premières places, la première peut-être, jusqu'en 1834, époque de sa retraite. Parmi les pièces dans lesquelles il obtenait ses meilleurs succès, on doit citer : *Zémire et Azor*, *Picaros et Diego*, *Les événements imprévus*, *Le chaperon rouge*, *Mazaniello*, *La dame blanche*, *Le tableau parlant*,

Richard cœur de lion, *Félix*, etc. Ses créations les plus remarquables furent Darville dans *La journée aux aventures*, Raleigh dans *Leicester*, Linsberg dans *La neige*, Roger dans *Le maçon*. M. Ponchard, professeur de chant au Conservatoire, de 1819 à 1856, eut pour élèves, durant son long enseignement, beaucoup de nos plus grands chanteurs actuels, entre autres Faure, Obin, Poultier, qui lui doivent avec un vrai sentiment de la mélodie et une précieuse méthode beaucoup de leurs succès actuels. Enfin, il a longtemps été, dans les salons et les salles de concert, le parfait type du chanteur-gentilhomme, et nul n'a dit mieux que lui la romance. Créé chevalier de la Légion d'Honneur le 1er mars 1845, il fut le premier artiste français honoré de cette distinction, sinon dans l'exercice de son art, mais comme professeur. M. Ponchard est décédé le 6 janvier 1866.

PONCHARD (Charles-Marie-Auguste), né à Paris, le 17 novembre 1824; fils du précédent. Destiné à la carrière dramatique, il entra fort jeune au Conservatoire, et y obtint l'accessit de tragédie et le deuxième prix de comédie en 1841, le deuxième prix de tragédie en 1843. Il débuta au Théâtre-Français en 1844, dans les rôles de jeunes premiers. Mais sa voix et ses aptitudes musicales l'attiraient vers la scène lyrique; il chanta pour la première fois à l'Opéra le 31 mai 1847 dans la *Bouquetière*. Ce début réussit; toutefois, l'organe du chanteur parut un peu faible pour une aussi vaste salle, et M. Ponchard quitta bientôt l'Opéra pour l'Opéra-Comique où il débuta le 3 décembre 1848 dans *Ne touchez pas à la Reine* et où il est resté depuis chargé des rôles d'amoureux comiques. Les rôles principaux qu'il y a créés ou repris sont ceux de *La nuit de Noël*, *Le Nabab*, *Sylvie*, *Galatée*, *Le domino noir*, *Fra Diavolo*, *Le capitaine Henriot*, *L'épreuve villageoise*, *Bonsoir M. Pantalon*, *Le chien du jardinier*, *Mignon*, *Les diamants de la couronne*, *L'ambassadrice*, *Le pré-aux-clercs*, *Le voyage en Chine*, etc. Professeur de déclamation lyrique au Conservatoire en remplacement de Couderc dont il a rempli gratuitement les fonctions pendant la maladie de ce dernier, directeur de la scène à l'Opéra-Comique depuis 1869, M. Ponchard a monté tous les ouvrages montés depuis cette époque à ce théâtre, entre autres *Carmen*, *Le roi l'a dit*, *Don César de Bazan*, etc.

PONCHIN (Louis), né à Martigues (Bouches-du-Rhône), le 18 mai 1828. Fils de jardinier, il exerça lui-même cette profession jusqu'à l'âge de 17 ans. Un amateur, M. Jourdan, remarquant son aptitude, lui donna les premières leçons de dessins. Attiré alors par son goût invincible pour cet art, M. Ponchin quitte son père contre sa volonté, fait à Martigues même son apprentissage de grosse peinture pour avoir un moyen de gagner sa vie en complétant ses études, se rend à Marseille et entre dans les ateliers de M. Bertrand décorateur. Admis à l'École des beaux-arts de Marseille, il continua la décoration, tout en s'adonnant à la peinture de genre. Il débuta au Salon de Paris, en 1868, avec *Les maraudeurs marseillais*. Depuis, M. Ponchin a exposé: *Garçons de cave* (1869); — *Bonté prudente* (1870); — *L'épine d'Oursin* (1873); — *Table de cuisine*.(1875).

PONCY (Louis-Charles), né à Toulon, le 2 avril 1821. Issu de parents très-pauvres, à neuf ans il servait les maçons et jeune homme il exerçait le métier de maçon pour vivre. Seulement il avait complété lui-même son éducation par un travail opiniâtre et il cultivait la poésie. Ses premiers essais manuscrits le firent connaître du public; on organisa des souscriptions grâce auxquelles il publia deux volumes, ses *Poésies* et ses *Marines*. Le monde académique s'occupa du maçon poète qui reçut des encouragements et des secours de Béranger, Lamenais, Méry, Villemain, Salvandy, Arago, Enfantin, et surtout de Mme Sand. En 1848, il abandonna le travail manuel de maçon, qui l'avait abandonné lui-même pendant cette année si troublée, pour accepter les fonctions de secrétaire de la mairie de Toulon; il remplit ensuite celles de suppléant du juge de paix et enfin il obtint au concours celles de secrétaire en chef de la Chambre de commerce du Var, qu'il exerce encore, concurremment du reste, avec la profession d'architecte et d'expert pour les bâtiments civils: ce qui a fait dire avec raison qu'il n'a jamais été plus maçon que depuis qu'il ne l'est plus. Ses *Œuvres complètes* en neuf volumes, réédités dans la maison Hachette, ont été admises dans toutes les bibliothèques populaires par ordre de M. Duruy, ministre de l'instruction publique; elles comprennent: *Poésies* (1840); — *Marines* (1842); — *Le chantier* (1844); — *Chansons de chaque métier*, mises en musique par MM. Eugène Ortolan et Luigi Bordèse (1850; — *Le bouquet de Marguerites*, rimes amoureuses à la manière de Pétrarque (1852); — *Les regains*, poèmes (1867); — *Contes et nouvelles*, en prose (1868-1870, 4 vol.); — enfin divers *Poèmes* en langue provençale. M. Ponsy est chevalier de la Légion d'Honneur depuis le 15 août 1864 et membre de vingt-trois Académies ou Sociétés savantes.

PONGERVILLE (Jean-Baptiste-Antoine-Aimé SANSON DE), né à Abbeville, le 3 mars 1782. Il se consacra à la littérature, s'éprit d'un goût particulier pour l'étude de Lucrèce et travailla dix ans à la reproduction en vers de cet auteur. L'apparition de son ouvrage, en 1823, fut un événement littéraire, qui fit du premier coup de la réputation. Un peu plus tard il écrivit pour la *Bibliothèque latine française* de Panckoucke, la traduction en prose de son auteur favori. Élu membre de l'Académie française en remplacement de Lally-Tollendal, en avril 1830, M. de Pongerville fut nommé conservateur à la Bibliothèque Sainte-Geneviève en 1846 et à la Bibliothèque nationale en 1851. En 1864, comme représentant du canton de Courbevoie, il a fait partie du Conseil général de la Seine. On lui doit de nombreuses publications: *Reproduction en vers du poëme de Lucrèce* (1823); — *La même, en prose* (1829); — *Amours mythologiques*, imitation poétique des *Métamorphoses* d'Ovide (1827); — *Le Paradis perdu*, de Milton, traduction en prose

(1838) ; — *L'Enéide*, de Virgile, traduction en prose (1846) ; — *Épître aux Belges* (1832) ; — *Épître au roi de Bavière* (1834) ; — *De l'indépendance de l'homme de lettres* (1838). Il a publié en outre d'autres épîtres, des fragments, la *Vie de Shakespeare* dans un ouvrage de collection, et quelques parties de l'*Histoire de l'invasion d'Edouard III en France*. M. de Pongerville est décédé le 22 janvier 1870. Il avait été promu commandeur de la Légion d'Honneur le 13 août 1861.

PONSIN-ANDARAHY (Charles), né à Toulouse, le 18 mars 1835. Elève de M. Jouffroy, il débuta au Salon de Paris, en 1865, avec une statue en plâtre : *Ragnar Lodbrog*, chef de pirates et roi des mers dans le IX⁰ siècle. Depuis, M. Ponsin-Andarahy a exposé : *Ganymède*, groupe en plâtre (1866) ; — *Domitien enfant*, statue en plâtre (1868) ; — *Pélopidas*, statue en plâtre (1870) ; — *L'oiseleur*, statue en plâtre (1873) ; — *Conteur arabe*, statue en plâtre (1876).

PONT (Paul-Jean), né à Barcelone (Espagne), le 23 octobre 1808. Après s'être fait recevoir docteur en droit à la Faculté de Toulouse, en décembre 1843, il exerça, comme avocat, au barreau de Paris. Juge à Châteaudun en 1850, à Chartres en 1852, président du tribunal de Corbeil en 1853, juge au tribunal de la Seine en 1854, conseiller à la Cour de Paris en 1858, il est, depuis le mois de mars 1864, conseiller à la Cour de cassation. On lui doit : *Traité du contrat de mariage et des droits respectifs des époux*, en collaboration avec M. Rodière (1847, 2 vol.) ; — *Observations critiques sur la jurisprudence de la Cour de cassation, relativement au droit de la femme, etc.* (1855) ; — *De la publicité des subrogations à l'hypothèque légale de la femme, etc.* (1857). M. Pont continue, depuis le tome VI, l'explication du Code national par Marcadé, et y a ajouté, de 1856 à 1867, cinq volumes comprenant le *Traité des privilèges et hypothèques*, et le *Commentaire des Petits-Contrats*. Depuis longtemps il collabore activement à la *Revue critique de Législation et de Jurisprudence*. Ses derniers ouvrages sont : *De la Responsabilité des notaires* (1861) ; — *De la publicité de l'hypothèque légale de la femme* ; — *Des qualités du Consentement en matière de mariage* (1861-1862). Il est membre de l'Institut (Académie des sciences morales et politiques) depuis le 7 mai 1870, et officier de la Légion d'Honneur depuis le 1ᵉʳ août 1868.

PONT-JEST (Léon-René Delmas de), né à Reims, le 15 octobre 1831. Sa famille, originaire du Midi, a donné à l'armée et au clergé plusieurs personnages remarquables. Il se destina d'abord à la marine, partit fort jeune pour les Indes, où il demeura six ans, embarqua ensuite sur le *Henri IV*, et fit les campagnes de la Baltique et de la Crimée. En 1856, il donna sa démission pour suivre la carrière des lettres : et, en 1860, il publia *La jeunesse d'un gentilhomme*, sorte d'auto-biographie, et le récit de ses voyages et aux Indes et en Chine, ouvrages en 3 volumes qui contient, sur l'extrême Orient, des détails curieux et abondants, e auquel les encyclopédistes modernes ont fait de fréquents emprunts. Il fit paraître ensuite : *Les esprits de l'âtre* (1860), et le *Fire-Fly* (1862), autres souvenirs de l'Océan indien ; — *Bolino le négrier*, ayant pour scène principale Madagascar (1863). Il était pour un grand nombre de journaux, le *Moniteur*, la *France*, le *Pays*, la *Revue contemporaine*, etc., un collaborateur fécond, et ces journaux lui doivent des articles de voyage, des romans et des nouvelles. On imagina, à son intention, un nouveau système de réclames murales et d'affiches, quand il fit paraître, dans le *Petit journal*, le fameux *Procès des Thugs*, qui fut certainement un des plus grands succès de l'époque, et dont la suite : *La revanche de Féringhea* (3 vol.), parut dans le *Nouveau journal*. M. de Pont-Jest a été un des collaborateurs assidus du *Figaro*, où il était spécialement chargé de la « Gazette des Tribunaux », et il y a créé un genre de chronique judiciaire que ses confrères se sont empressés d'imiter. Il a, en outre, donné au même journal plusieurs romans, sous le titre de *Causes célèbres* : *Les forçats innocents* (1870), *L'inceste* et les *Régicides : Louvel et Fieschi*. Pendant la guerre de 1870. M. de Pont-Jest, officiellement chargé de suivre les opérations maritimes, fit la campagne de la Baltique sur la frégate *La Surveillante*, auprès de l'amiral Bouet-Willaumez. Après avoir été publié dans le *Moniteur universel*, le récit de cette longue et pénible croisière parut en brochure et vint jeter son contingent de lumière sur la part réelle que la marine française avait prise au conflit franco-prussien. Accusé, poursuivi et condamné, ainsi que ses confrères du *Figaro*, par les gens de la Commune, M. de Pont-Jest réussit à s'échapper, et se réfugia en Angleterre, où il publia *La Fronde*, brochure hebdomadaire, antirépublicaine, dont le succès fut complet. Paris reconquis, il est revenu prendre sa place au *Figaro*; puis il passa au *Gaulois*, mais pour abandonner bientôt le journalisme quotidien pour se consacrer tout à fait au roman. Il a publié depuis lors, dans l'*Ordre* : *L'héritage de Satan*, grand roman philosophique ; dans le *Petit journal* : *L'araignée rouge*, et successivement dans le *Gaulois* : *Une haine sous les tropiques* et *Le n⁰ 13 de la rue Marlot*, étude réaliste forte émouvante des mœurs judiciaires à notre époque.

PONTOI CAMUS DE PONTCARRÉ (Jules-Frédéric, *marquis* de) né à Paris, le 28 décembre 1817. Il appartient à une ancienne famille originaire de la Bourgogne, qui a donné trois premiers présidents au parlement de Normandie, un membre au conseil de Régence, sous Louis XIII, des conseillers d'Etat, etc. M. le marquis de Pontoi, propriétaire du château de Villebon, dans l'Eure-et-Loir, s'est beaucoup occupé d'agriculture et de l'élève des chevaux. Il est président de la Société hippique de son département. Maire de la commune de Villebon depuis 1843, conseiller d'arrondissement en 1846, il est entré, en 1848, au Conseil général, où il n'a jamais cessé de siéger depuis lors, ayant été réélu, pour le canton de la Loupe, le 8 octobre 1871, et où il a rempli les fonctions de secrétaire pendant dix-huit ans, et dont il est actuellement le vice-président (1876). M. le marquis de Pontoi, élu représentant de l'Eure-et-Loir à l'Assemblée nationale par 22,466 voix, le 8 février 1871, a siégé sur les bancs de la Droite et assisté aux réunions de la rue des Réservoirs. Il était un des 94 signataires de la protestation contre l'exil des Bourbons. M. le marquis de Pontoi est officier de la Légion d'Honneur depuis 1869.

PONTON-D'AMÉCOURT (Gustave, *vicomte* DE), né à Paris, le 25 août 1825. Il s'adonna de bonne heure à l'étude, et se fit connaître par de curieux travaux sur la numismatique et la géographie de la France sous les successeurs de Clovis. En même temps, il collaborait à plusieurs revues scientifiques et archéologiques. Amateur persévérant autant qu'érudit, il parvint à réunir de merveilleuses collections de médailles qui furent très-admirées à l'Exposition universelle de 1867, et dont une, celle des médailles mérovingiennes, est d'une telle richesse qu'on ne pourrait en former une semblable en puisant dans tous les cabinets publics et privés du monde entier. On pourrait presque en dire autant de la série des monnaies romaines en or. Comme écrivain, M. de Ponton d'Amécourt a conservé les traditions littéraires du grand siècle. Son style, toujours correct, élevé, pur de toute négligence, a été surtout remarqué dans la *Notice nécrologique du duc de Blacas*, qu'il a publiée en 1866, dans l'*Annuaire de la Société de numismatique*. Dans ces dernières années, il s'est occupé beaucoup de recherches scientifiques. Il a remis à l'ordre du jour la question de navigation aérienne, et l'a fait entrer dans le domaine de la science, en démontrant la possibilité du vol artificiel par la construction des hélicoptères, appareils en acier mus par un mouvement d'horlogerie, et se soutenant dans l'espace sans le secours d'un gaz plus léger que l'air. Cette invention, patronnée par MM. Babinet, de La Landelle et Nadar, a eu beaucoup de retentissement. En cherchant un moteur léger, M. de Ponton d'Amécourt a aussi découvert les *Chaudières à petits tubes*, au moyen desquelles il peut faire bouillir et entretenir à haute pression cent litres d'eau avec un kilogramme de houille. A ce propos, on a cité de lui quelques mots qui, sous leur forme paradoxale, renferment une pensée sérieuse. « Si tous les fils télégraphiques du monde étaient de petits tubes, a-t-il dit, j'en ferais une pelote, je le jetterais dans le Vésuve, et je ferais bouillir la Méditerranée. » Parmi les travaux qu'il a publiés à part, on distingue : *Lettre à M. Anatole Barthélemy sur les monnaies mérovingiennes du Palais et de l'Ecole* (1862) ; — *La conquête de l'air par l'hélice*, exposé d'un nouveau système d'aviation (1863); — *Essai sur la numismatique mérovingienne comparée à la géographie de Grégoire de Tours*, lettre à M. Alfred Jacobs (1864) ; — *Monnaies Mérovingiennes de Touraine*, etc. M. de Ponton d'Amécourt est président de la Société française de numismatique et d'archéologie, et de la Société aéronautique de France. Il est chevalier de la Légion d'Honneur depuis le 14 août 1868.

POPELIN (Claudius-Marcel), né à Paris, le 2 novembre 1825. Après avoir fait d'excellentes études sous la direction de son père, homme très-lettré, M. Claudius Popelin a suivi les ateliers de Picot et d'Ary Scheffer, et s'est adonné particulièrement à la peinture d'histoire. Voici la liste des œuvres exposées au Salon de Paris par cet artiste distingué : *Dante lisant ses poésies à Giotto* (1852); — *Saint Jérôme* (1853); — *Robert Estienne entouré des savants qui l'aident dans ses travaux* ; un *Portrait anonyme* (1857) ; — *Calvin réfugié à la Cour de Renée de France, duchesse de Ferrare, prêche devant cette princesse accompagné de Clément Marot, la doctrine dont il fut l'apôtre; Guillaume Budée, fondateur du collège de France, apprenant d'Hermonyme de Sparte la langue grecque, dont il fut, dans notre patrie, le premier professeur* (1859) ; — *Le Dante victorieux rentre à Florence après la bataille de Campaldino* (1861). C'est alors que M. Popelin tenta, avec succès, la régénération de l'art des émaux de Limoges. Il exposa successivement : *Jules César*, figure équestre ; *Pic de la Mirandole*, peintures sur émail (1864) ; — *La renaissance des lettres*, tableau d'émail qui a reparu à l'Exposition universelle de 1867 ; *Portrait allégorique de l'empereur Napoléon III*, émail acquis par M. de Persigny (1865) ; — *La vérité et ses zélateurs*, grande composition en émail (1866) ; — *La France*, figure allégorique ; le portrait équestre d'*Henri de Mortemart*, émaux (1867) ; — Une figure équestre d'*Henri IV*, accompagnée de figures symboliques, appartenant à M. le duc d'Aumale, et qui n'a pu paraître au Salon à cause de la guerre (1869). M. Claudius Popelin s'est également signalé par les publications suivantes, qui ont donné la mesure de son savoir, et dont les éditions ont été promptement épuisées : *L'art du vasier du cavalier Cyprien Piccolpassi*, traduit de l'italien en vieille langue française (1861) ; — *L'émail des peintres*, le premier traité complet et savant qui ait paru de cet art national (1866) ; — *L'art de l'émail* (1867) ; — *De la statue et de la peinture*, traduit du latin de Léon-Battista Alberti (1868) ; — *Les vieux arts du feu* (1869). Poëte, il a fait paraître un volume de sonnets (1873), qu'il a illustré de gravures sur bois dans le goût du XVIe siècle et a donné, dans différents recueils, des morceaux remarquables, dont la réunion forme un volume actuellement sous presse. M. Claudius Popelin a reçu une médaille au Salon de 1865, et la croix de la Légion d'Honneur en 1869.

POQUET ou **POCQUET** (Alexandre-Eusèbe), né à Chalandry (Aisne), le 19 avril 1808. Appartenant à une honorable famille de cultivateurs, il fit ses études d'abord chez le curé de son village puis aux séminaires de Laon et de Soissons. Ordonné prêtre en 1832, il fut nommé curé de Nogentel, près Château-Thierry, et chargé pendant plusieurs années, de desservir la paroisse de Chezy-sur-Marne. Appelé, en 1843, par la confiance de son évêque, Mgr de Simony, à diriger l'Institution des sourds-muets de Saint-Médard-les-Soissons, il fit preuve dans cette tâche difficile d'intelligence et de dévouement. Pendant dix ans le jeune directeur poursuivit sans relâche le développement physique et moral de cet utile établissement, et assura son existence jusqu'alors précaire. Néanmoins, par suite de mesures prises par un nouvel évêque, le digne ecclésiastique fut forcé de se séparer de sa famille adoptive et de renoncer à toutes espérances d'avenir pour cet établissement auquel il avait tout sacrifié. Cependant il crut devoir, par dévouement à son diocèse, refuser à différentes reprises les postes avantageux que l'archevêque, Mgr Sibour, juste appréciateur de son mérite et de ses aptitudes spéciales, lui offrait à Paris, se résignant aux fonctions plus que modestes d'aumônier du dépôt de mendicité de la Seine à Villers-Cotterets. Dans ces circonstances l'abbé Poquet fut un sujet d'édification pour tous ses confrères, auxquels il donna un bel exemple de l'obéissance sacerdotale. Il quitta, en 1857, cette position pour la cure de Berry-au-Bac où il réside encore aujourd'hui comme doyen du canton de Neufchâtel, et où parmi d'autres œuvres dues à un ministère actif, il a fait construire une église, vrai bijou d'architecture. Mais personne ne sait les sacrifices que lui a coûtés l'érection de ce monument, fruit de sa persévérance et visité par l'empereur Napoléon III, lors de son excursion au camp de César (colline de Mauchamp et de Berry-au-Bac). On doit à ce prêtre érudit, laborieux, historien et archéologue distingué, en outre des rapports scientifiques et des articles insérés dans les bulletins ou revues des sociétés du département et dans les journaux, de nombreuses publications parmi lesquelles on cite : *L'histoire de Château-Thierry* (1839-1840, 2 vol.) ; — *Notice historique et descriptive sur l'église abbatiale d'Essonnes* (1842) ; — *Notice historique et archéologique sur le bourg et l'abbaye de Chézy-sur-Marne* (1844). — *Notice sur l'abbaye royale de Notre-Dame-de-Soissons* (1846, in-4, 2e édition fort augmentée in-8) ; — *Cours de conférences archéologique, période gauloise* (1847) ; — *Notice historique et archéologique sur la cathédrale de Soissons et ses évêques* (1848) ; — *Annales des sourds-muets*, (3 vol. in-8, 1848-1849) ; — *Pèlerinage à l'ancienne abbaye de Saint-Médard de Soissons* (1849) ; — *Notice historique et descriptive de l'abbaye de Saint-Léger de Soissons* (1851, in-4, avec dessins et gravures, 2e édition, 1862) ; — *Les gloires archéologiques de l'Aisne* (1853, gr. in-4) — *Précis historique et archéologique sur Vic-sur-Aisne, suivi du poëme de Sainte Léochade, par Gauthier de Coincy* (1854) ; — *Couteau historique et arbre de Jessé de l'abbaye de Longpont* (1856) ; — *Promenade archéologique dans les environs de Soissons* (1856) ; — *Rituel de la cathédrale de Soissons*, XIIIe siècle, à 2 couleurs (1856, in-4) ; — *Miracles de la sainte Vierge, par Gauthier de Coincy* (1857, avec 64 miniatures et frontispice), ouvrage honoré d'un bref par le Saint Père Pie IX ; — *Jules César et son entrée dans la Gaule Belgique* (1864) ; — *Cérémonie du Sacre de Mgr Dours à Laon* ; — *Monographie de l'abbaye de Longpont* (1869) ; — *De l'occupation romaine dans le département de l'Aisne* (1873) ; — *Mélanges historiques sur la période mérovingienne* (1874) ; — *Vie de saint Rigobert, archevêque de Reins* (1876). Des travaux si nombreux et si variés ont valu à M. l'abbé Poquet le titre de correspondant des comités historiques attachés au ministère, d'officier d'Académie, celui d'historiographe du diocèse que lui ont décerné les évêques de Soissons, et de missionnaire apostolique dont l'a honoré la Cour de Rome. Les pièces qu'il a recueillies sur l'histoire locale, les manuscrits qu'il possède, font de sa bibliothèque une des plus importantes et des plus curieuses du département de l'Aisne.

PORCHER (Charles-Albert), né à Orléans, le 8 mars 1834. Il vint à Paris, en 1856, faire son droit, et suivit en même temps l'atelier de M. Lambinet. Puis il s'adonna, depuis 1863, tout à fait à la peinture, et compléta son éducation artistique par des voyages en France, en Italie et en Hollande. Son premier tableau admis au Salon de Paris, en 1865, représentait une *Falaise en Bretagne*. A partir de cette époque, M. Porcher a exposé : *Etang de Cernay*, près Paris (1866) ; — *Plateau de Belle-Croix* (forêt de Fontainebleau), au printemps ; *Le Tal-i-Fern*, rocher de Penmark (Bretagne) ; *Etang près Chaumont-sur-Charonne*, fusain (1867) ; — *Vallée de Tréoray*, aux environs de Sainte-Anne-d'Auray ; *Roscoff à marée basse*, au musée d'Orléans ; une *Vue de la presqu'île de Quiberon* et un *Souvenir de Noirmoutiers*, aquarelles (1868) ; — *Etang en Sologne* ; *Plage en Normandie* (1869) ; — *Iles de Murano et de Burano*, à Venise ; *Canal de la Giudecca*, à Venise (1870) ; — *Vallée de Cabrol*, près Menton (1872) ; — *Quai d'Amsterdam* (1874) ; — *Des bateaux de pêche rentrent au port d'Honfleur* ; *Embouchure de la Seine à marée basse*, retour des pêcheurs de crevettes (1875).

PORIQUET (Charles-Paul-Eugène), né à Paris, le 31 juillet 1816. Docteur en droit de la Faculté de Paris, il fut nommé secrétaire du Conseil d'administration au ministère de la Justice en 1838, entra dans la magistrature, comme substitut du procureur du roi à Pontoise le 9 décembre 1843, et passa, en la même qualité, à Meaux le 19 août 1843. Remplacé en février 1848, M. Poriquet, après avoir concouru pendant deux ans à la rédaction du *Pays*, devint inspecteur général du ministère de la police générale à Nantes le 10 février 1852, et conserva ses fonctions jusqu'à leur suppression (5 mars 1853). Elu membre du Conseil général de l'Orne par le canton de Carrouges en mai 1854, il entra dans l'administration comme préfet du Morbihan le 9 juin 1858, et passa successivement à la préfecture de la Meuse (29 avril 1861), de la Mayenne (15 janvier 1865), et, le 16 octobre suivant, à celle de Maine-et-Loire, où il fut remplacé après le 4 Septembre 1870. Nommé de nouveau en 1871 et en 1874 membre du Conseil général du canton de Mortrée, M. Poriquet a été élu sénateur pour le département de l'Orne, le 30 janvier 1876. Promu officier de la Légion d'Honneur le 13 août 1863, il a été nommé officier de l'Instruction publique en décembre de la même année.

PORRY (Antoine-Marie-Eugène, comte DE), né à Marseille, le 31 juillet 1829. M. le comte de Porry est descendant de la branche aînée d'une vieille famille de Lombardie qui s'était fixée en Provence dans le XVe siècle et qui a été de sa part le sujet d'une *Notice historique* (1859). Après avoir achevé ses études classiques, il s'est occupé principalement de poésie et de recherches sur la langue et la littérature russes. C'est ainsi qu'il a été amené à traduire en vers français plusieurs œuvres poétiques de Pouchkine, entre autres, *la Captive chrétienne, les Bohémiens* (1857); — *Le Prisonnier du Caucase, Poltava* (1858); fragments qui, réunis à d'autres, ont formé un volume sous le titre de *Fleurs littéraires de la Russie* (1864, 3e édit., 1870). Mais, pour s'adonner aux chefs-d'œuvre étrangers, M. le comte de Porry n'a nullement négligé notre littérature nationale, car on a de lui : *Les Amours chevaleresques*, petits poëmes imités de l'Arioste (1858 ; 2e édit., 1869) ; — *Uranie*, poëme mystique (1859 ; 3e édit., 1864) ; — *Les Métamorphoses sociales*, recueil de légendes historiques (1865) ; — *Richelieu*, drame historique (1866). Cette œuvre, dédiée à M. de Pongerville, de l'Académie française, qui conseilla à l'auteur de suivre la carrière littéraire, a reçu en outre l'approbation et les encouragements de MM. Villemain, Prosper Mérimée, et du prince russe Augustin de Galitzine. M. le comte de Porry a encore publié : *Etude esthétique et morale sur le Lion amoureux de Ponsard* (1866) ; — *Etudes sur les incertitudes de l'histoire* (1868) ; — *Etude sur Horace* (1868) ; — *L'Italie délivrée*, poëme (3e édit., 1868), ainsi que de nombreux opuscules poétiques et d'intéressants articles insérés dans plusieurs journaux et revues du Midi. M. le comte de Porry est membre ou correspondant de beaucoup de sociétés littéraires.

PORT François-Célestin, né à Paris, le 23 mai 1828. Licencié ès lettres en 1849, admis à l'Ecole des chartes en 1850, il en sortit avec le diplôme d'archiviste-paléographe en 1853, et fut nommé archiviste du département de Maine-et-Loire en 1854. On lui doit un grand nombre de publications sur des sujets divers : *Six lettres inédites de Corneille* ; — *L'île de Lesbos*, dans l'*Univers pittoresque* ; — *Essai sur l'histoire du commerce maritime de la ville de Narbonne*, mémoire couronné au concours des antiquités nationales de 1854 ; — *Inventaire analytique des archives anciennes de la mairie d'Angers* (1861), ouvrage qui a précédé la publication officielle des *Inventaires départementaux* ; — *La fée Auber*, prologue d'inauguration du théâtre Auber, à Angers (1865) ; — *Vercingétorix*, poëme (1865) ; — *Guide du voyageur de Paris à Agen* (1867) ; — *Quand même*, opérette (1868) ; — *Inventaire analytique des archives de l'Hôtel-Dieu d'Angers*, précédé d'une *Histoire de l'Hôtel-Dieu*, et du *Cartulaire inédit* (in-4o 1870) ; le *Cartulaire* et la *Notice* ont été tirés à part ; — *Prologue d'inauguration du grand théâtre* (1871) ; — *Le livre de l'évêque Guillaume Le Maire* (1876, in-4. Imp. nat.). M. Port publie, depuis 1869, un *Dictionnaire historique, géographique et biographique de Maine-et-Loire* qui doit composer 150 livraisons gr. in-8 à deux colonnes paraissant mensuellement. Il a collaboré à la *Bibliothèque de l'Ecole des chartes*, à la *Revue de l'Anjou*, à la *Biographie générale* de Didot, à l'*Histoire de France illustrée* de Bordier et Charton, au *Dictionnaire des communes* de Joanne, etc. M. Célestin Port est correspondant du ministère de l'Instruction publique, de la Commission de la topographie des Gaules et de la Société des antiquaires, officier d'Académie et chevalier de la Légion d'Honneur depuis 1870.

PORTAL (Pierre-Paul-Frédéric, baron DE), né à Bordeaux, le 5 novembre 1804. Il appartient à une ancienne famille protestante très-connue dans les guerres de religion. Fils, lui-même, de Pierre-Barthélemy, baron de Portal d'Albarèdes, ministre de la Marine et des Colonies, ministre d'Etat, grand'croix de la Légion d'Honneur et pair de France sous les rois Louis XVIII et Charles X, et neveu du général de Portal, il entra, tout jeune, dans la diplomatie et, après vingt-quatre années de service, se retira du Conseil d'Etat avec le titre de Conseiller honoraire. Voué, de bonne heure, à l'étude et aux recherches savantes, M. le baron de Portal a publié : *Des couleurs symboliques dans l'antiquité, le moyen âge et les temps modernes* (1837), important ouvrage d'érudition, traduit en anglais, et qui lui a valu, le 29 avril 1838, la croix de la Légion d'Honneur comme homme de lettres ; — *Les symboles des Egyptiens comparés à ceux des Hébreux* (1840) ; — *Les descendants des Albigeois et des Huguenots, ou Mémoires de la famille de Portal* (1860), ouvrage couronné par l'Académie de Bordeaux.

POTÉMONT (Adolphe-Théodore-Jules-Martial), né à Paris, le 10 février 1828. M. Potémont s'est consacré à la peinture et a suivi les ateliers de M. L. Cogniet, et de Brissot de Warville. Il a aussi exécuté des eaux-fortes, dont un grand nombre pour les publication de l'*Ancien Paris*, parmi lesquelles nous distinguons : *Le Pont-Neuf* ; — *Rue Grenier-sur-l'Eau* (1865) ; — *Tourelle rue Bailleul* (1866) ; — *La rue de la Tonnellerie* ; *Le quai de la Mégisserie* (1867) ; — *La rue de Lourcine* (1868). Outre cette œuvre, ses grandes eaux-fortes sur *Paris disparu*, ses courriers gravés sur la capitale française et les beaux-arts, et quelques pièces d'après J. Breton, Millet, Rousseau, Diaz, Ribot, J. Goupil et les anciens maîtres, M. Martial Potémont a publié des *Lettres illustrées sur les Salons de peinture* en 1865, 66, 67, 68, 69; sur l'*Exposition universelle et Paris en 1867* ; — *Notes et eaux-fortes sur le siège et la Commune* (1871) ; — *Paris intime* (1874) ; — *Annuaire des beaux-arts* (1875 et 1876). Enfin, cet artiste a exposé les peintures suivantes ; *L'été* ; *L'automne* (1866) : — *L'aïeule* ; *La littérature au bois de Meudon* ; *Marché aux environs de Paris* (1868); *La ferme* ; *Le marché des Innocents* (1869) ; — *Village incendié pendant la guerre* ; *La moisson* (1872) ; — *Ce qu'il faut pour écrire* (1873). M. Potémont a fait admettre, à l'Exposition universelle de 1867, des *Vues de l'ancien Paris* et des *Souvenirs des Salons de 1865 et 1866*. Il a obtenu une médaille en 1869, à Paris, et beaucoup de récompenses aux expositions de Vienne, de Londres, en Italie, en Portugal, etc.

POTHUAU (Louis-Pierre-Alexis), né à Paris, le 30 octobre 1815. Elève à l'Ecole navale en 1831, il devint aspirant le 15 octobre 1832, enseigne le 10 avril 1837, lieutenant de vaisseau le 26 octobre 1840, capitaine de frégate le 19 décembre 1850, capitaine de vaisseau le 5 octobre 1855, et fut nommé contre-amiral le 2 décembre 1864 et membre du Conseil de l'amirauté en 1869. Pendant la guerre de Crimée, il prit une part active au bombardement d'Odessa et au siége de Sébastopol. En septembre 1870, il fut d'abord chargé du commandement en chef des forts du Sud de Paris (Bicêtre, Montrouge, Ivry), confiés à la marine, puis mis à la tête de la troisième division du premier corps de la troisième armée en novembre. Il se distingua dans la sortie du 29 novembre et enleva à l'ennemi la Gare-aux-Bœufs, près de Choisy-le-Roi, fut promu grand-officier de la Légion d'Honneur le 11 décembre, puis vice-amiral le 12 janvier 1871 et envoyé le 8 février suivant à l'Assemblée nationale par les électeurs de la Seine. Chargé du ministère de la Marine et des Colonies dans le cabinet formé le 19 février par M. Thiers, il prit part aux discussions sur la situation de Paris après le 18 mars, sur les budgets de la marine, sur les conditions des déportés à la Nouvelle-Calédonie, etc. C'est sous son ministère que fut fixé le nouveau programme de la flotte qui tend à substituer la force militaire effectuée au nombre des batiments. L'amiral Pothuau a conservé son portefeuille jusqu'au 24 mai 1873. Il a été nommé sénateur inamovible le 10 décembre 1875.

POTIER (Joseph-Hubert), né à Paris, le 24 août 1803. Il débuta tout jeune dans la carrière des arts et n'étudia tout d'abord, sous la direction de son père, que le dessin d'ornement qu'il abandonna bientôt pour suivre son penchant qui l'attirait vers les tableaux du genre de ceux de Bouton et de Granet. Après avoir reçu les conseils de Belle, peintre, ancien directeur de la manufacture des Gobelins, il fut contraint par sa famille d'abandonner ses études qu'il ne reprit que dix ans après. Depuis ayant suivi les conseils de Granet et s'inspirant de ses ouvrages, il a produit des tableaux du genre de ceux de cet artiste. Il débutait au Salon de 1831 avec un *Intérieur en ruines* et un *Intérieur de cloître*. Depuis il a exposé : *Religieux donnant des secours à un chevalier ; Des brigands ont entraîné une femme dans des ruines* (1833) ; — *Un pèlerinage ; Intérieur de monastère ; Un oratoire* (1834) ; — *Vue prise dans l'église de Saint-Germain-des-Prés* (1835) ; — *Scène de brigands dans les ruines ; Le repentir, intérieur de monastère* (1837) ; — *Religieux donnant la sépulture à un de leurs frères* (1838) ; — *Un prisonnier ; Des ruines* (1839) ; — *Halte de mendiants et de soldats vagabonds* (1840) ; — *Chapitre de religieux Jacobins ; Le De profundis ; Cloître en ruines*, effet de lune (1842) ; — *Chœur de religieux de l'ordre de saint François au moment d'une cérémonie ; Une scène d'exécution au XVIIᵉ siècle* (1843) ; — *Le bénédicité ; Une prise d'habit* (1844) ; — *Une cellule* (1850) ; — *Nature morte* (1853) ; — *L'action de grâce ; Un antiquaire* (1857) ; — *Un réfectoire* (1861) ; — *La dernière station* (1868) ; — *Vue de la porte Saint-Victor*, ancien Paris ; *Les pèlerins d'Emmaüs*, d'après Rembrandt, aquarelle (1870). Il a aussi pris part à un assez grand nombre d'expositions de province et de Sociétés des amis des arts où il a eu diverses mentions. Comme graveur il a exposé les eaux-fortes suivantes : *Vue du pont et du château Saint-Ange*, à Rome, d'après J. Vernet ; *Restes du pont Palatin*, à Rome, d'après J. Vernet (1863) ; — *Intérieur de la basilique basse de Saint-François d'Assises*, à Assises, d'après Granet (1864) ; — *Intérieur du Palais des Thermes*, à Paris, d'après Bouton (1867) ; — *Ruines du Colysée*, à Rome, d'après Granet (1869) ; — *Scène du déluge*, d'après le Poussin ; *Ancienne chapelle du Calvaire*, à Saint-Roch (1870). Indépendamment de ses travaux de peinture, M. Potier s'est livré durant plus de trente années à l'enseignement du dessin et de la peinture. Il a aussi écrit un livre sur la perspective, science qu'il a particulièrement étudiée, ainsi qu'un cours de dessin linéaire et un petit traité sur l'étude du paysage d'après nature.

POTONIÉ (Denis), né à Paris, le 10 mai 1797. D'abord élève de l'École d'architecture, il abandonna cette voie pour se livrer au commerce, voyagea en Allemagne et fonda, en 1823, une importante maison d'exportation pour articles de Paris. Il poursuivait en même temps l'étude des questions sociales et de toutes celles qui se rapportent à l'amélioration du sort du grand nombre. Membre du parti libéral républicain, il prit part à la révolution de 1830. Mais ces affaires économiques l'occupaient avant tout : il fut en 1846 un des organisateurs de la Ligue du libre échange, en 1849, du Congrès de la paix et délégué en Angleterre par la section française de la Ligue de la paix. Cette mission de M. Potonié, les idées qu'elle lui inspira, les écrits dans lesquels il la fit connaître ne furent pas sans influence sur les expositions universelles inaugurées bientôt après et sur la politique du libre échange que le gouvernement adopta plus tard. M. Potonié préconisa aussi les syndicats que les ouvriers parisiens ont su réaliser depuis quelques années. Jusqu'à la fin de sa vie il fit un cours gratuit d'éducation commerciale à l'école Turgot. Outre de nombreux articles insérés dans l'*Union nationale*, l'*Economiste français*, l'*Avenir commercial*, le *Dictionnaire du commerce* de Guillaumin, on lui doit : *Lettre d'un Parisien sur l'éducation des classes industrielles et commerciales* (1830) ; — *Sur l'exportation des articles de Paris en tout pays et spécialement en Chine* (1845) ; — *Sur les débouchés de l'industrie parisienne* (1848) ; — *Tableau synthétique des articles dits de Paris* (1864) ; — *Union franco-japonaise* (1869) ; — *Débouchés par une compagnie permanente* (1870). M. Potonié est décédé le 28 juin 1874. Il était membre de la Commission des valeurs pour le commerce extérieur et il y représentait les articles de Paris.

POTONIÉ (Léon), né à Paris, le 20 avril 1824 ; fils du précédent. Après avoir fait de bonnes études, il fut employé son père dans les affaires de sa maison et chargé de voyages importants et nombreux. C'est à la suite d'un de ces voyages en Angleterre, en 1841, que, rempli d'enthousiasme pour l'Anti-Corn Law-League dont il avait suivi les meetings, il mit son père et se mit lui-même en relations régulières avec les Cobden, les Bright et les Wilson. Il a pris plus tard la direction de la maison paternelle. Philologue distingué, voyageant beaucoup, M. Léon Potonié parle plusieurs langues, notamment le russe, le polonais, l'anglais, l'allemand. Il a publié un *Alphabet pour écrire toutes les langues*, un *Alphabet phonétique* et un *Alphabet sténographique*. L'*Alphabet phonétique* fut apprécié des linguistes, fut soumis en 1854, par l'auteur, au Congrès linguistique tenu à cette époque à Paris. M. Léon Potonié s'est également occupé des questions d'économie politique et il a publié en 1848 un *Projet d'impôts directs pour remplacer les impôts indirects*.

POTONIÉ (Edmond), né à Paris, le 21 août 1829, frère du précédent. Après avoir terminé ses études à l'Ecole de commerce, placée alors sous la direction de Blanqui (de l'Institut), il prit part avec son père et son frère à la conduite de leur maison de commerce. Mais vers 1853, il se sépara d'eux, alla s'établir à Berlin où il se maria deux ans après, et y fonda une maison qu'il a vendue, en 1863, pour retourner à Paris. Tout en s'occupant de ses affaires, il n'a jamais cessé de poursuivre la carrière du journalisme dans laquelle il avait débuté à dix-huit ans dans un petit journal de New-York, mais surtout dans l'*Avenir commercial*, où ses articles étaient signés du pseudonyme de Jacques Courrier. Successivement rédacteur de la *Gazette des abonnés*, de l'*Ecole*, du *Cosmopolite* d'Anvers, dont le fondateur M. Magermans lui avait confié la direction, de la *Mutualité*; secrétaire de la société de consommation l'Universelle qu'il quitta bientôt; il devint en 1863 l'un des principaux rédacteurs du *Progrès par la science* de Bruxelles, feuille qui succomba sous la persistance du gouvernement impérial à lui fermer la frontière. Les articles de M. Potonié dans ce dernier journal furent fréquemment reproduits et cités par la *Presse de Paris*, l'*Indépendente* de Naples, rédigée alors par Alexandre Dumas, et le *Progrès de Lyon*: ils ouvraient une voie nouvelle à la science sociale. En 1864-65, il était rédacteur et administrateur du journal l'*Association*, puis attaché au *Journal des actionnaires*, secrétaire français de l'Anglo-French-Working-Class-Exhibition de Sydenham, enfin secrétaire de rédaction de l'*Intérêt public*. Nous n'avons cité qu'une faible partie des feuilles auxquelles M. Potonié a collaboré. Parlant et écrivant plusieurs langues, préoccupé surtout de la réalisation des réformes sociales basées sur la paix et la liberté, il a écrit et écrit encore dans une foule de journaux de Paris de la province et de l'étranger. D'abord en 1859, puis en 1862 avec plus de succès, de Berlin où il habitait alors, il adressa aux hommes les plus marquants et aux principaux organes de l'opinion publique en Europe, une circulaire où il développait son programme basé sur l'abolition des armées permanentes et des impôts indirects, sur l'établissement de toutes les libertés, sur la constitution d'un tribunal arbitral entre nations; il reçut à ce sujet un grand nombre d'adhésions et publia son travail et les réponses qu'il avait reçues dans deux brochures intéressantes: *La Correspondance cosmopolite* (1863). Ce fut l'origine d'un mouvement libéral et pacifique qui aurait pu avoir une grande influence sur les événements ultérieurs et qui produisit en 1863 la Ligue universelle du bien public. Celle-ci diffère essentiellement des Ligues de la paix et de la liberté de Paris et de Genève dont elle fut cependant l'origine. Pendant le siège de Paris elle tint des séances régulières et aurait rendu des services sérieux sans les entraves que lui opposa le gouvernement. Pendant la Commune, au mois d'avril 1871, M. Potonié fut poursuivi un instant, sur l'ordre de Raoul Rigault, comme ami de l'infortuné Gustave Chaudey, et il aurait même été arrêté sans une grande maladie qui le clouait alors sur son lit. Citons enfin de M. Potonié un travail qui est sa meilleure production, *Différence entre le socialisme et la coopération* (1865), brochure qui fut répandue à un grand nombre d'exemplaires par la société l'Universelle dont il a été, comme on l'a vu, le secrétaire.

POUGNY (Ernest), né dans la Haute-Marne, le 30 juin 1829. M. Pougny fit ses études classiques au collège Henri IV, son droit à la Faculté de Paris, et prit place au barreau de la capitale. Pendant le siège de Paris, il servit dans les rangs de la garde nationale, sous les ordres du comte Roger du Nord, et mérita la décoration de la médaille militaire. Lié avec tous les chefs du parti libéral, M. Pougny a été nommé préfet du Lot (20 mars 1871, de Lot-et-Garonne, de l'Hérault, de la Somme.

POUJADE (Eugène), né à L'Ile-de-France, aujourd'hui île Maurice, le 15 janvier 1815. Fils d'un architecte à qui l'île doit ses principaux monuments, allié par sa mère, née de Broudou, à la famille du grand navigateur La Pérouse, il vint en 1831 achever ses études à Paris, fut attaché comme élève consul au ministère des Affaires étrangères en 1838, géra en cette qualité le consulat de Janina en Epire et fut envoyé en 1843 à Tarsous (Asie-Mineure) comme consul. Chargé, l'année suivante, de gérer le consulat de Beyrouth, il se distingua par son énergie et la part considérable qu'il prit à l'organisation politique du Liban; et devint successivement consul à Malte (1847), consul-général à Anvers (1848), puis chargé d'affaires dans les Principautés Danubiennes (1849). Il y épousa la fille du prince Constantin Ghika. En 1852, il refusa les fonctions de ministre de France en Chine pour rester à Bucharest; mais il fut rappelé de cette dernière résidence en 1854 pour les vues politiques qu'il avait exprimées au sujet de l'attitude de l'Autriche lors de la guerre de Crimée et nommé consul-général à Tunis où il refusa de se rendre. Refusant ensuite le poste de gouverneur des Antilles (1859), M. Poujade resta en disponibilité jusqu'en 1861, devint à cette époque consul-général à Florence, passa en 1865 à Turin et en 1868 en Egypte. Il ne resta qu'une année dans ce dernier poste où il exerça une influence prépondérante, mais qu'il abandonna pour dissentiments avec la politique du gouvernement impérial et depuis ce moment il n'a plus rempli de fonctions publiques. Outre un grand nombre d'articles et de travaux publiés dans la *Presse*, la *Revue des Deux-Mondes*, la *Revue contemporaine*, le *Journal des Economistes*, l'*Assemblée nationale* de 1873, etc., on lui doit : *Chrétiens et Turcs* (1859, 3ᵉ édition); — *Le Liban et la Syrie* (1860, 3ᵉ édition); — *La monarchie suivant le suffrage universel* (1869) ; — *Madame Swetchine* (1869); — *La diplomatie du second Empire et celle du 4 Septembre* (1871, 3ᵉ édition). Membre associé de l'Académie des georgophiles de Florence, de l'Athénée de Milan et de plusieurs autres Académies d'Italie, M. Eugène Poujade a été promu commandeur de la Légion d'honneur le 14 août 1863. Il est aussi officier de l'Instruction publique, grand-officier du Medjidié, commandeur du nombre extraordinaire de l'ordre de Charles III et commandeur des ordres de Pie IX, de Léopold de Belgique et des Saints-Maurice et Lazare d'Italie.

POURCET (Joseph-Auguste-Jean-Marie), né à Toulouse, le 19 mars 1813. M. le général Pourcet a commencé, en 1830, ses études militaires à l'Ecole de Saint-Cyr, d'où il sortit le premier, dans la cavalerie, et les compléta, plus tard, à l'Ecole d'état-major d'où il sortit également le premier. Sous-lieutenant le 1ᵉʳ octobre 1832, puis lieutenant le 1ᵉʳ janvier 1838, il fut envoyé en Algérie où son avancement fut rapide. Successivement aide-de-camp du général Changarnier, capitaine le 26 avril 1841, chef d'escadron le 8 août 1848, chef d'état-major de la division d'Oran, il fut cité douze fois à l'ordre de l'armée. Il avait reçu une blessure et eu cinq chevaux de tués ou blessés sous lui. Promu lieutenant-colonel le 15 août 1852, colonel le 26 mars 1855, il devint chef d'état-major de l'armée d'occupation de Rome sous le général de Goyon en 1858, et reçut les étoiles de général de brigade le 26 mai 1859. Chargé des fonctions de chef d'état-major du sixième corps sous le maréchal Niel, à Toulouse, il fut promu général de division le 24 février 1869 et nommé commandant de la province d'Alger. C'est de là qu'un décret du gouvernement le rappela au mois d'octobre 1870 pour lui confier un commandement important à l'armée de la Loire. Chargé d'abord d'organiser le 16ᵉ corps d'armée, le général Pourcet prit plus tard le commandement du 25ᵉ corps, et se distingua avec lui à l'affaire du faubourg de Vienne à Blois (29 janvier 1871). Après la paix, il reçut le commandement de la 12ᵉ division militaire à Toulouse pour y rétablir le gouvernement légal, momentanément renversé par la proclamation de la Commune. Au mois de mai 1873, il fut appelé à Trianon pour soutenir l'accusation dans le procès Bazaine. Cette tache laborieuse et pénible fut remplie par lui avec un patriotisme et une éloquence qui ajoutèrent encore au retentissement douloureux qu'eut dans notre pays cette poursuite contre un maréchal de France. En janvier 1874, il prit le commandement de la 13ᵉ division militaire à Bayonne où il reçut plus tard Don Carlos et son armée se réfugiant en France. Aux élections du 30 janvier 1876, porté spontanément au Sénat par le parti conservateur, sa candidature fut également patronnée par les divers comités républicains et légitimistes de la Haute-Garonne. Dans sa lettre d'acceptation, le général se bornait à dire que, « dévoué aux principes d'ordre, il prêterait son concours au gouvernement du maréchal de Mac-Mahon, établi par la constitution du 25 février 1875 ». Il fut nommé sénateur par 339 voix. Outre son réquisitoire dans le procès Bazaine qui forme un gros volume, M. le général Pourcet a publié: *Campagne de la Loire* (1874). Il est grand-officier de la Légion d'Honneur depuis le 6 mars 1867.

POUSSIN (Charles-Pierre), né à Paris, le 28 décembre 1819. Fils de Jean-Charles Poussin, ancien commerçant et neveu d'Auguste Poussin, peintre de talent, mort en 1870 à l'île de la Réunion, il suivit l'atelier de M. Léon Cogniet, et débuta au Salon de Paris, en 1844, avec une tête d'étude : *Berger des environs de Rome*. Depuis M. Poussin a exposé: *Le denier de la veuve* (1846) ; — *La fontaine du pardon*, à Sainte-Anne-de-la-Palice (Finistère) ; *L'eau dans les manches : Une excursion en Cornouailles* (1848) ; — *Jeune fille de Guérande* (Loire-Inférieure) ; *Paysage*, souvenir du Finistère ; *La toilette de la princesse Micomicona*, sujet tiré du *Don Quichotte*; *Paysans romains* (1849); — *Une épizootie dans la campagne de Rome* (1850) ; — *Un jour d'assemblée*, dans le Finistère (1852, E. U. 1855); — *La buvette bretonne* (1853) ; — *La distribution aux pauvres des restes d'un repas de noce*, coutume bretonne (Ex. U. 1855) ; — *Le meunier, son fils et l'âne*, sujet tiré des *Fables* de Lafontaine; *Une noce bretonne sortant de l'église* (1857) ; — *La promenade à âne : La confidence* (1859) ; — *Jeunes filles vendant leurs cheveux* (1861); — *Un marché de bestiaux* (1864) ; — *Nature morte* (1865); — *Les voleurs et l'âne*, paysage (1866) ; — *Un abreuvoir auprès des ruines de Montchauvet* (1868). M. Poussin a obtenu une mention honorable à l'Exposition universelle de 1855.

POUYER-QUERTIER (Augustin-Thomas), né à Etoutteville-en-Caux (Seine-Inférieure), le 3 septembre 1820. A sa sortie de l'Ecole polytechnique, il fit un voyage de trois ans en Angleterre pour étudier à fond les fabriques de cotonnades de ce pays. A son retour il s'établit à la fois comme peigneur, filateur et tisseur de coton, prit une situation de manufacturier et possède des usines dans la Seine-Inférieure ou dans l'Eure où il emploie plus de 900 ouvriers. En 1847, il s'attira une légitime popularité en organisant une boulangerie économique destinée à procurer du pain à dix centimes au-dessous de la taxe à plus de 3,000 personnes. Maire de Fleury-sur-Andelles en 1854, membre du Conseil général de l'Eure pour ce canton, il fut nommé membre puis président de la Chambre de commerce de Rouen, administrateur de la succursale de la Banque de France de cette ville, président du comité de secours pour les ouvriers cotonniers, et entra, en 1857, au Corps législatif comme député de la 1ʳᵉ circonscription de la Seine-Inférieure. C'est à partir de 1860 seulement qu'il se mêla d'une façon active aux discussions parlementaires. Il avait jusque-là voté constamment avec la majorité ; il s'en sépara lors des traités de commerce avec l'Angleterre et critiqua avec vivacité le régime économique que le gouvernement impérial venait d'inaugurer. Réélu en 1863, il accentua de plus en plus son opposition, et se fit le champion des idées protectionnistes. Il exposa sous de sombres couleurs la situation qui était faite à nos départements du Nord par le libre échange; en même temps, il dénonçait au Corps législatif le monopole des compagnies de chemins de fer et le prix exagéré des tarifs (juin 1868), il ne craignait pas d'attaquer la féodalité financière et de faire une campagne vigoureuse contre MM. Péreire. En 1869, l'administration de M. Haussmann à Paris eut en lui un adversaire déterminé. Aux élections générales de 1869, M. Pouyer-Quertier perdit l'appui du gouvernement et échoua contre M. Desseaux, candidat démocratique à la suite d'un scrutin de ballottage. Lors des élections partielles de novembre 1869, il se présenta dans la 3e circonscription de Paris, sous le patronage de M. Emile Ollivier, mais échoua, cette fois encore, contre le candidat démocratique, M. Crémieux. Bien qu'éloigné de la Chambre, il continua à attaquer les idées économiques dont s'inspirait le gouvernement: il parla dans ce sens dans plusieurs meetings organisés à Rouen et d'autres villes. Rappelé à la vie publique le 8 février 1871 par les électeurs de la Seine-Inférieure qui l'élurent député, le second par seize, par 75,933 voix, M. Pouyer-Quertier fut nommé ministre des Finances le 19 février suivant par M. Thiers. En même temps que ces fonctions le plaçaient en face de difficultés fiscales sans précédent, il s'acquittait avec succès de diverses missions diplomatiques. Le 28 mars, il signait à Rouen avec M. de Fabrice, plénipotentiaire allemand, un traité modifiant les préliminaires de paix et permettant à la France d'augmenter l'effectif de l'armée de Versailles. C'est encore lui qui alla à Francfort avec M. Jules Favre pour conclure et signer le traité de paix définitif (10 mai), et plus tard pour y négocier la libération anticipée d'une partie du territoire. Le succès avec lequel il s'acquitta de cette dernière mission, lui valut d'être promu, quoique simple chevalier, grand-officier de la Légion d'Honneur (19 octobre). Le 12 juin il présenta à la Chambre une série d'impôts nouveaux, destinée à combler un déficit budgétaire de 600 millions, et, le 27 du même mois, il émettait l'emprunt de deux milliards 500 millions qui fut couvert quatre fois. Il fut un partisan décidé de l'impôt sur les matières premières et un adversaire non moins décidé de l'impôt sur le revenu. Il dut se retirer du ministère le 5 mars 1872 à la suite de la déposition qu'il avait faite comme témoin devant la Cour d'assises de Rouen, dans l'affaire Janvier de la Motte, car la façon dont cette déposition appréciait les actes de l'accusé, les mandats fictifs et les virements, ne fut pas partagée par ses collègues. Depuis M. Pouyer-Quertier a siégé au Centre-droit et continué à prendre part à la discussion des questions d'affaires. En novembre 1872, il fut envoyé en Autriche, puis en Italie, par M. Thiers, pour préparer le remaniement des traités de commerce. Depuis le renouvellement des conseils généraux, le 8 octobre 1871, M. Pouyer-Quertier représente le canton de Fleury-sur-Andelles au Conseil général du département de l'Eure qu'il préside depuis cette époque. Aux élections du 30 janvier 1876, il a été nommé sénateur du département de la Seine-Inférieure. On a de lui : *Meetings agricoles industriels et maritimes* 1869-1870 (1870).

PRADÈRE-NIQUET (Alexandre-Onésime), né à Saint-Servan (Ille-et-Vilaine), le 21 septembre 1825. Après avoir fait avec succès ses études classiques au collège de sa ville natale, il entra fort jeune dans le service du commissariat de la marine, et fut successivement attaché aux divers bureaux du sous-arrondissement maritime de Saint-Servan. Entré dans le personnel des comptables du matériel de la marine, lors de la création de ce corps, en 1850, il exerce actuellement au chef-lieu du 2e arrondissement maritime, Brest, les fonctions d'agent-comptable, dirigeant la partie du service qui se rattache aux constructions navales, en même temps qu'il professe un cours de littérature, à l'Ecole normale de maistrance, ouverte aux élèves des ports de Brest, de Cherbourg, de Lorient et de l'établissement d'Indret. Compositeur, poëte et écrivain distingué, M. O. Pradère a publié depuis dix ans un grand nombre d'œuvres musicales ou littéraires. Il est l'auteur de romances estimées, parmi lesquelles nous citerons : *Le petit soulier de Noël*, traduit aujourd'hui dans presque toutes les langues de l'Europe, et qui a fait le tour du monde; au nombre des chants patriotiques, nous citerons encore la grande scène, avec chœur et orchestre: *Vive la France!* On lui doit en outre: *Souvenirs et esquisses pittoresques d'Amélie-les-Bains* (1870); — *La Bretagne poétique* (1872), ouvrage extrêmement consciencieux, retraçant les traditions, les mœurs, les coutumes, les usages de la vieille province armoricaine ; initiant à ses chansons, à ses ballades, etc. ; — *Mary-Ellen*, roman d'actualité (1874) ; — *Le rouet*, nouvelle (1875) ; — *Notice biographique sur Arnaud-Vincent de Montpetit, peintre français au XVIIIe siècle* (1875) ; — *Un bouquet de légendes*, poésies (1875) ; — *Etudes sur les poëtes étrangers* : *Robert Burns, Runeberg, Keats, Freiligrath, Longfellow, Pouchine*, etc., et traduction, en poésie française, de quelques-unes de leurs œuvres (1876). Membre de la Société académique de Brest dont il a été nommé vice-président en 1874, M. Pradère-Niquet a publié de nombreux articles dans les *Bulletins* de cette Société. Il a annoncé, comme devant paraître prochainement, diverses publications importantes musicales et littéraires.

PRADIÉ (Pierre), né à Marcillac (Aveyron), le 19 mai 1816. Fils d'un notaire, il prit le grade de licencié à la Faculté de droit de Paris, se fit inscrire au barreau de Rodez en 1839, et se consacra spécialement à des études de philosophie religieuse. Représentant de l'Aveyron à l'Assemblée constituante en 1848, il remplit les fonctions de secrétaire au Comité des cultes, aux travaux duquel il prit une grande part, et dont il publia le résultat en 1849 sous le titre de : *Question religieuse*. Il appuya la politique du général Cavaignac. A l'Assemblée législative, il fit une énergique opposition au gouvernement de l'Elysée, et, peu de temps avant le Coup-d'Etat, il reprit la proposition des questeurs, en déposa une relative à la responsabilité du Président et de ses ministres et fit partie de la Commission chargée de l'examiner. Pendant la durée de l'Empire, M. Pradié s'est tenu à l'écart de la politique. On lui doit : *Essais sur l'être divin* (1844); — *Défense des ordres religieux* (1847) ; — *Le philosophe devant le Cosmos* (1854) ; — *La démocratie française* (1858) ; etc. Il a collaboré à plusieurs publications périodiques et journaux religieux. Elu représentant de l'Aveyron à l'Assemblée nationale, le 8 février 1871, M. Pradié a pris place sur les bancs du Centre-Droit. Il a fait, en 1871 et 1872, distribuer à ses collègues de la Chambre des *Notes sur des questions religieuses et politiques soumises à l'Assemblée*.

PRAROND (Ernest), né à Abbeville, le 14 mai 1821. Après avoir fait ses études dans sa ville natale, il vint passer quelque temps à Paris pour y suivre les cours de l'Ecole de droit. Mais il ne tarda pas à retourner à Abbeville où il s'est fixé définitivement pour s'y livrer tout entier à des travaux littéraires et d'érudition. Il a fait aussi de nombreux voyages dont les plus importants sont un voyage en Amérique, aux Etats-Unis et au Canada en 1863 ; des voyages en Angleterre, en Suisse et en Italie à différentes dates ; un voyage en Orient (l'Egypte, la Syrie, Constantinople) en 1868 ; un voyage en Grèce en 1869; en Danemarck et en Suède en 1874. Outre de nombreux articles et travaux publiés dans l'*Artiste*, la *Revue contemporaine*, le *Pilote de la Somme*, le *Journal d'Abbeville*, et surtout la *Picardie*, revue historique, littéraire et scientifique dont il a été le directeur en 1857, il a donné un grand nombre d'œuvres parmi lesquelles nous citerons : *Vers*, avec G. Levavasseur (1843); — *Fables*, avec eaux-fortes de Jules Buisson (1847); — *Une révolution chez les Macaques* (1849) ; — *Dix mois de révolution*, avec G. Levavasseur (1849); — *Contes* (1849) ; — *Les voyages d'Arlequin* (1850); — *Notice sur les rues d'Abbeville* (1850); — *De quelques écrivains nouveaux* (1852); — *Etudes sur Shakespeare* (1853) ; — *Les impressions et pensées d'Albert*, poésies (1854); — *Contes*, par Henri de Calprenède, pseudonyme (1854); —*Histoire de cinq villes et de trois cents villages*, arrondissement d'Abbeville (1854-1868, 6 vol.) ; — *Campagnes et victoires du roi Bébé* (1854) ; — *Paroles sans musique*, poésies (1855) ; — *Jean de la Chapelle et la notice abrégée de Saint-Riquier* (1857); — *Les hommes utiles de l'arrondissement d'Abbeville* (1858); — *Les annales modernes d'Abbeville* (1862) ; — *Etrennes à des neveux* (1865) ; — *L'Oncle à ses neveux*, étrennes (1866); — *Airs de flûte sur des motifs graves*, poésies (1866) ; — *Pierre grandit*, étrenne aux neveux (1867) ; — *Les gardes-scel, auditeurs et notaires d'Abbeville* (1867) ; — *Quelques faits de l'histoire d'Abbeville* (1867) ; — *Pierre au bois*, étrennes de 1868 (1868); - *De Montréal à Jérusalem*, poésies et impressions de voyages (1869) ; — *La Topographie historique et archéologique d'Abbeville* (1871, tome Ier) ; — *Vers de 1873* (1873) ; —*La Ligue à Abbeville 1576-1594* (1873, 3 vol.); — *Journal d'un provincial pendant la guerre* (1874); — *A la chute du jour, vers anciens et nouveaux* (1876) ; — *Après les Prussiens, premier appendice au journal d'un provincial pendant la guerre* (1876). Membre de l'Institut des provinces, M. Prarond est, depuis 1866, président de la Société nationale d'émulation d'Abbeville.

PRAX-PARIS (Adrien), né à Montauban, en 1831. Fils d'un négociant, il fit ses études classiques dans sa ville natale, et profita des loisirs que lui ménageait la possession d'une belle fortune pour se consacrer à des travaux d'économie politique. Maire de Montauban de 1860 à 1870, il signala son administration par l'exécution de grands travaux d'utilité publique, tels que boulevard, fontaines, abattoir, halle au blé, etc. Il reçut le mandat de député de Tarn-et-Garonne au Corps législatif lors des élections générales du 24 mai 1869, et fut élu, le 8 février 1871, par 33,147 voix, représentant du même département à l'Assemblée nationale. M. Prax-Paris a siégé sur les bancs des partisans de « l'appel au peuple. » Il a été l'un des 94 signataires de la protestation contre l'exil des Bourbons. Aux élections législatives du 20 février 1876 il a été nommé député par les électeurs de la 1re et de la 2e circonscription de Montauban et a opté pour la 1re. Membre du Conseil général de Tarn-et-Garonne, pour le canton de Caussade, depuis 1858, il a été réélu le 8 octobre 1871. M. Prax-Paris est chevalier de la Légion d'Honneur depuis le 11 août 1864.

PRESSENSÉ (Edmond DE), né à Paris, le 7 janvier 1824. Il fit ses études classiques dans sa ville natale et ses études théologiques à Lausanne et aux Universités de Halle et de Berlin. De retour à Paris en 1848, il fut choisi comme pasteur du culte évangélique, église aujourd'hui séparée de l'Etat, à la chapelle de la rue de Taitbout. Prédicateur éloquent et chaleureux, écrivain érudit et brillant, il ne tarda pas à jouir d'une grande réputation. M. de Pressensé a reçu le titre de docteur en théologie de la Faculté de Breslau en 1863. Collaborateur du *Journal des Débats* et de la *Revue des Deux-Mondes*, il a fondé le *Bulletin théologique* et la *Revue chrétienne* dont il a été le rédacteur en chef. On lui doit : *Conférences sur le christianisme dans son application aux questions sociales* (1849); — *Du christianisme en France, prospérité matérielle, décadence morale* (1851) ; — *La famille chrétienne* (1856); — *Histoire des trois premiers siècles de l'Eglise*, couronné par l'Académie française (en France, 4 vol. 1858-1861, en Allemagne, 6 vol. 1862 et suiv.); — *Discours religieux* (1859) ; — *L'Ecole critique et Jésus-Christ*, réponse à la *Vie de Jésus* de M. Renan (1863); — *L'Eglise et la Révolution française* (1864, 2e édit. 1867) ; — *Jésus-Christ, son temps, sa vie, son œuvre* (1866); — *Etudes évangéliques* (1867, 3 éditions). M. de Pressensé a prononcé pendant le siège de Paris de remarquables discours au Cirque des Champs-Elysées et à la Porte Saint-Martin. Elu représentant de la Seine à l'Assemblée nationale aux élections complémentaires du 2 juillet 1871, sur une profession de foi républicaine, par 118,975 voix, il siégea aussitôt parmi les républicains modérés. Peu de temps après, il déposa une proposition d'amnistie en faveur des gardes nationaux de la Commune qui n'avaient pris part ni aux crimes ni à la direction de l'insurrection. Ses discours, très-nombreux, ont été souvent remarquables : nous citerons ceux qu'il a prononcés sur la loi contre l'Internationale, sur le droit de réunion, sur la liberté des cultes, sur les enterrements civils, sur la construction de l'église du Sacré-Cœur, sur la loi sur la liberté de l'enseignement supérieur. La politique de M. de Pressensé s'inspire surtout des idées de tolérance et de liberté. Il a été nommé chevalier de la Légion d'Honneur le 8 février 1871 pour sa belle conduite en qualité d'aumônier pendant la guerre.

PRIEUR (Romain-Etienne-Gabriel), né à la Ferté-Gaucher (Seine-et-Marne), le 21 août 1806. Il suivit l'atelier de Victor Bertin, et remporta le grand prix de Rome en 1833, sur le sujet suivant : *Ulisse et Nausicaa*. De retour en France, il s'adonna surtout à la peinture du paysage. Après avoir débuté au Salon de 1831 avec *Métabus roi des Volsques*, paysage historique, cet artiste a exposé : *Vue prise à la Villette*; *Récolte des foins* (1833) ; — *La voie des tombeaux*, près Rome (1836) ; — *Ruines de l'ancien château de Sassenage*; *Vue prise à Sassenage* (1837) ; — *Moïse protégeant les filles de Jéthro contre les bergers de Madian*; des vues prises à la *Porte aux Vaches* et à la *Fontaine Désirée*, forêt de Fontainebleau (1839) ; — *Vue, étude* (1840) ; — *Vue prise dans le parc de Versailles*; *Souvenir d'Italie* (1841) ; — *Les murs de Rome*; *Bougival*; *Le moulin de Saint-Ouen* (1842) ; — des vues prises de la fontaine *Egérie* (Italie) et de *Versailles* (1844) ; — *Vue de la tour des esclaves*, campagne de Rome (1845) ; — *L'approche de l'orage* (1846) ; — *Statue de Démosthènes*, à Athènes ; *Vue prise près le mont Palatin* (Rome); *Le bassin de Neptune*, à Versailles (1847) ; — *Pâturages*; *Chevaux de halage*; des vues de la *Bibliothèque* et du *Palais de Versailles*; *La moisson* (1848) ; — des vues prises dans le *Parc de Versailles*, et près les *Etangs Gobert* (1849) ; — *L'orage*; *La fête des Loges*; *Intérieur de forêt*; *Clair de lune* (1850) ; — *La moisson*; *Ruines d'un tombeau antique*; *Chemin pierreux*, près Provins (1853) ; — des vues prises au *Nid de l'aigle* et au carrefour des *Gorges d'Apremont*, forêt de Fontainebleau (E. U. 1855) ; — *Le marché des Innocents*; des vues prises près le mont *Chauvet* et aux *Gorges d'Apremont* (1857) ; — des vues prises sur les bords du *Grand-Morin* (Seine-et-Marne), sur les *Côtes de la Méditerranée*, près de Cannes, et près *Narni*, dans les Etats-Romains (1861) ; — *La porte Saint-Jean*, à Provins; *La moisson* (1863) ; — *Le dépiquage du blé*, près Fréjus (1864) ; — *Tréport*; *Provins* (1865) ; — *Vue prise d'Interlaken* (1866) ; — *Environs de Provins*; *Marée montante*, à Tréport (1868) ; — *Jeunes filles à la fontaine*; *Intérieur de forêt* (1869) ; — *Ruines d'aqueducs romains*, à Fréjus ; *Dépiquage du blé*, à Fréjus (1870) ; — *Vallée du nid de l'Aigle*, *Vieux chênes dans la vallée du nid de l'Aigle*, forêt de Fontainebleau (1873) ; — *L'enfant prodigue*; *La promenade aux grands bois* et une vue prise près de *Mont-Ussy*, forêt de Fontainebleau (1874) ; — *Ruines des aqueducs de Claude*, dans la campagne de Rome; *Environs de Fréjus* (1875) ; — *Paysage*; *Etude au bois de Boulogne* (1876). M. Prieur a obtenu des médailles de 3ᵉ classe en 1842, et de 2ᵉ classe en 1845.

PROMPSAULT (Jean-Louis), né au domaine de Bagatelle, à Bollène (Vaucluse), le 24 juin 1820. Il est le dernier de sa famille et de son nom dans la ligne masculine. Son père, Jean-Henri Prompsault, originaire de Montélimart, dont les ancêtres avaient joui, dans le XVIᵉ siècle, des priviléges de la noblesse féodale du Dauphiné, lui manqua de bonne heure; cet homme de bien, jouissant de l'estime générale, mourut en novembre 1832. Sa mère, née Anne-Marcelle Dourille, bien connue des pauvres de Bollène, aux soins desquels elle se consacrait exclusivement dans les derniers temps de sa vie, mourut en 1853. Jean-Louis Prompsault fut appelé à Paris, en 1833, par son frère aîné, le célèbre abbé J.-H.-R. Prompsault, un des plus savants canonistes des temps modernes, alors aumônier de l'hospice des Quinze-Vingts, qui voulait se charger de son éducation. Ses études classiques terminées, et se sentant de l'attrait pour le sacerdoce, il entra, en 1838, au grand séminaire d'Avignon, et devint ensuite professeur au petit séminaire de Notre-Dame-de-Sainte-Garde, un des établissements d'éducation du midi de la France les plus beaux et les plus renommés. Pendant 26 ans, il y remplit différents emplois, particulièrement celui d'économe. Ordonné prêtre en 1849, et porté à l'étude comme son frère aîné, qu'il eut la douleur de perdre en 1858, il n'a pu que trop rarement demander au travail les joies paisibles qu'on cherche en vain dans les agitations du monde. Néanmoins, il n'a pas cessé de partager son temps entre les diverses fonctions dont il a été investi à Sainte-Garde et ailleurs. Des raisons de santé lui avaient fait accepter, à la fin de décembre 1869, la position d'aumônier des Dames Ursulines de Valréas. Le 6 octobre 1871, il a été nommé curé de Baucet-Saint-Gens (Vaucluse), et ainsi placé à la tête de l'un des lieux de pèlerinage les plus célèbres de la Provence. M. l'abbé Prompsault a publié : *Extrait du catalogue de la bibliothèque de 25 à 26,000 volumes de feu l'abbé J.-H.-R. Prompsault* (1858) ; — *Lettres pour dévoiler les convoitises de quelques libraires, au sujet de la bibliothèque de feu J.-H.-R. Prompsault* (1859) ; — *Les Quinze-Vingts*, notes et documents recueillis par feu l'abbé J.-H.-R. Prompsault, rédigés et édités par l'abbé J.-L. Prompsault ; — des notices sur *Louis de Blois*, *Thomas à Kempy*, le cardinal *Bona*, le prince de *Brunswick* et saint *Grégoire-le-Grand*, en tête des opuscules de ces auteurs traduits par J.-H.-R. Prompsault ; — *Le bon vieux temps en face du XIXᵉ siècle* (1868) ; — *Le pieux sanctuaire de Notre-Dame-des-Lumières* (1868) ; — *Le vénéré sanctuaire de Notre-Dame-de-Vie* (1869) ; — *Légendes du bien-aimé sanctuaire de Notre-Dame-de-Sainte-Garde* (1870). M. l'abbé J.-L. Prompsault a fourni des articles à un recueil hebdomadaire édité par l'abbé Migne : *La voix de la Vérité*, au *Rosier de Marie*, au *Magasin catholique illustré*, etc. Il a envoyé aussi des travaux et des notes au *Grand dictionnaire universel du XIX° siècle*. Enfin, il a fait paraître une nouvelle édition du *Traité historique, theorique et pratique de ponctuation* de l'abbé J.-H.-R. Prompsault, son frère ; et, en mai 1873, il a publié dans la *Revue de Marseille* : *Baucet-Saint-Gens*, ou fixation de l'orthographe du nom d'un village du Comtat-Venaissin, et annexion au nom de ce village de celui du saint qui depuis plus de six cents ans fait sa principale gloire, travail imprimé à part avec un intéressant appendice au point de vue de l'histoire locale.

PROTH (Mario), né à Sin (Nord), le 2 octobre 1832. Après avoir commencé ses études classiques aux lycées de Saverne et de Metz, il entra à l'institution Sainte-Barbe à Paris, fut admissible à l'Ecole polytechnique, puis élève externe à l'Ecole des Mines, mais il ne tarda pas à suivre la carrière de la littérature et du journalisme. Il débuta, en 1859, dans le *Gaulois* hebdomadaire, fonda avec M. Carlos Derode la *Revue internationale cosmopolite* et ne cessa depuis ce moment de traiter dans les journaux libéraux et républicains les questions de littérature, d'art ou de politique. Après le 4 Septembre 1870, il fut attaché successivement au cabinet du gouvernement, à la rédaction du *Journal officiel*, à la commission des *Papiers et correspondances de la famille impériale*, aux travaux de laquelle il prit une grande part, enfin nommé bibliothécaire du ministère de l'Intérieur. C'est en cette qualité qu'il fut arrêté et maintenu quelque temps en prison par le Comité central après le mouvement du 18 mars. Relâché bientôt cependant, il fut, jusqu'à la fin de la lutte issue de cette insurrection, l'un des membres les plus actifs de la Ligue de l'union républicaine des droits de Paris. En décembre 1872, on lui donna pour successeur dans les fonctions de bibliothécaire, M. Edouard Fournier. Outre sa collaboration politique ou littéraire aux publications que nous avons citées et à un très-grand nombre d'autres journaux de Paris et des départements, tels que la *Presse*, l'*Actualité*, la *Liberté*, le *Courrier du dimanche*, l'*Europe* de Francfort, le *Charivari*, la *Démocratie*, la *Correspondance libérale*, la *Jeune France*, la *Pensée nouvelle*, le *Rappel*, la *Revue germanique*, l'*Illustration*, le *Peuple souverain*, le *Journal pour tous*, la *Revue universelle*, le *Progrès du Nord*, le *Bien public*, le *Journal du Havre*, etc., on a de M. Proth : *Aux jeunes gens, comment on lutte* (1862) ; — *Le mouvement à propos des misérables* (1862) ; — *Lettres d'amour de Mirabeau*, avec une étude (1863) ; — *Silhouette de la révolution* (1864) ; — *Les vagabonds* (1864) ; — *Au pays de l'Astrée* (1868) ; — *Bonaparte, commédiante, tragédiante* (1870) ; — *Le boulevard du Crime* (1872) ; — *93 et l'Instruction publique* (1872) ; — *La papauté* (1873) ; — *Voyage au pays des peintres* (1875, 1er vol.), publication annuelle.

PROUST (Antonin), né à Niort, le 15 mars 1832 ; d'une famille d'origine anglaise. Après avoir fait ses études classiques au collège Henri IV, il fit son droit et voyagea de 1854 à 1860. En 1865, il publia dans le *Tour du monde*, trois récits attachants : *Le mont Athos*, *Un hiver à Athènes*, *Le Cydaris* (1860), notes et impressions de voyage. Il débutait en même temps dans le journalisme comme rédacteur du *Courrier du dimanche*. C'est cette carrière qu'il a constamment suivie depuis ce moment au *Courrier français*, au *Mémorial des Deux-Sèvres*, au *Temps* dont il était correspondant pendant la guerre de 1870 jusqu'à Sedan, à la *République française* enfin où il rédige depuis l'origine du journal tout ce qui concerne la politique étrangère. Aux élections générales de 1869, M. Proust fut porté comme candidat de l'opposition dans les Deux-Sèvres et il écroua avec une sérieuse minorité. Après le 4 Septembre il fut attaché au ministère de l'Intérieur sous M. Gambetta et M. Jules Favre et rendit d'importants services pendant le siège de Paris. Aux élections du 8 février 1871, il obtint, sans être nommé, un grand nombre de voix dans les Deux-Sèvres et la Seine-et-Oise, mais aux élections du 20 février 1876 il a été élu député des Deux-Sèvres pour la première circonscription de Niort. Outre de nombreux articles et les travaux que nous avons cités, on lui doit : *Un philosophe en voyage* (1864), publié sous le pseudonyme de Antonin Barthelémy ; — *Les Archives de l'Ouest* (1866-1867, 5 vol.), recueils de tous les cahiers rédigés en 1789 dans cette région de la France ; — *La justice révolutionnaire à Niort* (1868) ; — *M. de Bismark* (1876), étude biographique et politique, publiée d'abord en feuilletons dans la *République française*.

PRUMIER (Antoine), né à Paris, le 2 juillet 1794. Dès l'âge de neuf ans, il reçut de sa mère, amateur de harpe, des leçons de cet instrument. Elève du lycée Bonaparte, il remporta en 1810, le 1er accessit de mathématiques élémentaires et, en 1813, le 1er prix de mathématiques spéciales. En 1810, il entra au Conservatoire dans la classe d'harmonie de Catel où, en 1811, il remporta le 2e prix. Il fut nommé répétiteur de cette même classe en 1812. Bachelier ès lettres et ès sciences, il fut admis en 1813 à l'Ecole impériale polytechnique et ensuite à l'Ecole normale où il reçut, en 1814, le grade de licencié ès sciences. Plusieurs carrières s'ouvraient donc favorablement devant lui, mais il préféra la musique. Harpiste au théâtre Italien en 1834, puis à l'Opéra-Comique en 1835, il fut appelé la même année au Conservatoire, comme professeur de harpe. M. Antoine Prumier s'est consacré à la création d'œuvres musicales et à la composition d'une *Méthode* pour la harpe (1865). Membre du comité de l'Association des artistes musiciens en 1848, il en était devenu un des vice-présidents depuis 1850. M. Prumier a succombé à la rupture d'un anévrisme, le 20 janvier 1868, à la réunion des professeurs du Conservatoire de musique, dite Comité des études, dont il était membre depuis 1837. Il avait reçu la croix de la Légion d'Honneur en 1845. Son fils, M. Conrad Prumier, né le 5 janvier 1820, est premier harpiste au théâtre national de l'Opéra, et, depuis 1870, professeur au Conservatoire.

PRUNIÈRES (Pierre-Barthélémy), né à Nasbinals (Lozère), le 24 septembre 1828. Il fit ses études médicales à Paris. Externe à l'hôpital Beaujon, puis élève de Paul Dubois à l'hôpital des Cliniques, il prit le grade de docteur le 27 août 1858, avec une thèse sur ce sujet : *Des accidents bilieux et inflammatoires qui compliquent les suites des couches. Etudes faites sur l'état puerpéral, à la Clinique d'accouchements de Paris, pendant l'été 1858.* Depuis, M. le Dr Prunières s'est fixé à Marvejols (Lozère). Les fouilles et les recherches auxquelles il s'est livré dans ce département ont donné lieu à de nombreuses découvertes, dont plusieurs fort importantes. Nous citerons surtout la découverte et l'exploration, dans les solitudes de l'Aubrac, d'une station romaine appelée *ad Silanum*, dans la table de Peutinger ; la découverte d'une cité de castors dans le lac Saint-Andéol ; celle des trépanations préhistoriques ; celle d'une grande inscription à Grèses, etc. La fameuse caverne de l'Homme Mort lui a également livré la plus belle collection de crânes préhistoriques que possède encore aujourd'hui la science. En outre de sa thèse, M. le docteur Prunières a publié de nombreux et savants mémoires dans la *Revue archéologique du midi de la France*, le *Bulletin de la société des sciences et arts de l'Aveyron*, la *Revue d'anthropologie*, les *Comptes rendus des congrès de l'Association française pour l'avancement des sciences*, etc. Il est correspondant officiel de la Commission de la topographie des Gaules au ministère de l'Instruction publique, membre de la Société d'anthropologie de Paris et autres compagnies savantes.

PUISEUX (Victor-Alexandre), né à Argenteuil, le 16 avril 1820. Après avoir terminé ses études classiques au collége Rollin, il fut admis à l'Ecole normale supérieure en 1837. Reçu docteur ès sciences mathématiques en 1841, il fut envoyé comme professeur de mathématiques au lycée de Rennes (1841), puis à la Faculté des sciences de Besançon (1845). Rappelé bientôt à Paris, il fut maître de conférences à l'Ecole normale (1849), suppléant de Binet au Collége de France (1852), examinateur de l'Ecole polytechnique (1853-1854), astronome adjoint, puis titulaire de l'Observatoire de Paris (1855), professeur d'astronomie à la Faculté des sciences de Paris (1857), enfin membre du Bureau des longitudes en remplacement de Léon Foucault. M. Puiseux a été élu, en 1871, membre de l'Académie des sciences comme successeur de Lamé. On doit à ce savant un grand nombre de travaux considérables insérés pour la plupart dans le *Journal des mathématiques pures et appliquées* de M. Liouville, les *Annales de l'Observatoire*, les *Annales de l'Ecole normale*, la *Connaissance des Temps*, les *Mémoires* de l'Académie des sciences. Les plus importants sont son *Mémoire sur les racines des équations considérées comme fonctions d'un paramètre variable* (1850), ses *Recherches sur les fonctions algébriques* (1851), son *Mémoire sur l'accélération séculaire du mouvement de la lune* (1870), divers articles relatifs aux passages de Vénus, etc. M. Puiseux, chevalier de la Légion d'Honneur depuis le 13 août 1861, a été promu officier de l'ordre le 8 janvier 1876.

PUJOS (Jean-Maurice *comte*), né à Paris, le 27 septembre 1839. Sa famille est originaire de Puy-Casquier, arrondissement de Lectoure (Gers). Le docteur Jean Pujos, son grand-père, reçut, au mois de mai 1818, le brevet héréditaire de comte du Saint-Empire romain. Après avoir fait son droit à Paris, M. Maurice Pujos fut envoyé en mission à Rome pour y étudier la législation des Etats du pape (1861). Il revint à Paris en 1862, et publia le volume : *De la législation civile, criminelle et administrative des Etats-Pontificaux*. Juge d'instruction au Tribunal civil de Dreux (Eure-et-Loir) depuis 1861, M. Pujos prit, au moment de la guerre, une part active à la défense nationale. Il organisa tout d'abord, à ses frais, une compagnie de francs-tireurs, assista à tous les combats qui furent livrés dans son département, puis, quand l'ennemi se fut installé en maître, à Chartres et à Dreux, il rejoignit l'armée de la Loire et termina la campagne, en qualité de chef civil de l'ambulance des Etats-Pontificaux. La Société de secours aux blessés décerna à M. Pujos une croix commémorative, avec mention spéciale pour services rendus. En 1871, M. Pujos reprit ses modestes fonctions de juge d'instruction et, en 1873, il fut envoyé comme juge à Epernay où l'appelaient des raisons de famille. Outre l'ouvrage déjà cité, et un grand nombre d'articles insérés dans les journaux de la Marne, dont son nom est très-connu et très-apprécié, M. Pujos a publié ; *Essai sur la répression du duel* (1864) ; — *La loi et l'instruction, gratuite, laïque et obligatoire* (1876). Nous croyons savoir aussi que certaines poésies, certaines romances, lues ou chantées dans bien des concerts et des salons depuis dix ans et signées Maurice de Mazet, sont l'œuvre de l'honorable magistrat. M. Pujos est officier d'Académie, chevalier de l'ordre de Saint-Grégoire le Grand, et membre correspondant de l'Académie de législation de Toulouse et de plusieurs autres sociétés savantes.

PUTEGNAT (Joseph-Dominique-Ernest), né à Lunéville, le 20 mars 1809. Il fit ses études médicales à la Faculté de Paris. Externe à la Charité, puis chef de clinique médicale à la Pitié, dans le service du professeur Piorry, il prit le grade de docteur en médecine (1833), avec une thèse sur le *Diagnostic des maladies des poumons*, et celui de docteur en chirurgie (1834), avec une thèse sur l'*Introduction de l'air dans les veines pendant les opérations*. M. le docteur Putegnat a été proclamé lauréat dans six concours de médecine ou de chirurgie. On ne lui doit pas moins de 149 publications concernant la déontologie médicale, l'hygiène, la thérapeutique, la médecine, la chirurgie, l'obstétrique et la bibliographie. Voici les principales : *Diagnostic et traitement de la Gastralgie* (1837) ; — *Sur l'Empyème* (1838) ; *Pathologie interne du système respiratoire* (2e édit., 2 vol., 1840) ; — *Mélanges de chirurgie* (1848) ; — *Nature, contagion et génie épidémique de la fièvre typhoïde* (1850) ; — *Traité de l'asthme* (1851) ; — *Mélange de médecine et de chirurgie* (1853) ; — *Traité de la syphilis infantile* (1854) ; — *Traité de la chlorose et des maladies chlorotiques* (1854) ; — *Traité des maladies des tailleurs* de cristal et de verre (1860) ; — *Du traitement du chancre phagédémique* (1863) ; — *Stomatite gangréneuse de l'adulte* (1865) ; — *Des pneumonies suettiques* (1866) ; — *Traité de l'occlusion intestinale* (1867) ; — *Valeur des eaux sulfureuses dans le traitement de la phthisie pulmonaire* (1869) ; — *Quelques faits d'obstétrique* (1871-1872) ; — *Oraison funèbre du rétroceps et de la rétrocepsie* (1872);—*Sur la rage spontanée* (1875). Enfin, il a publié deux romans : *La folle décorée, épisode de la vie d'un médecin* (1864), et *Aventures d'un médecin*, magnifiquement illustrées (1874). M. le docteur Putegnat est membre honoraire ou titulaire ou correspondant des Académies de médecine de Bruxelles, Paris et Turin ; des Sociétés de chirurgie médico-pratique et médicale d'émulation de Paris, des Sociétés de médecine de Bordeaux, Bruges, Bruxelles, Caen, Dijon, Gand, la Rochelle, Lyon, Marseille, Metz, Nancy, Strasbourg et Toulouse ; de l'Académie des sciences et lettres de Nancy. Enfin, il jouit à Lunéville et dans le monde médical français et étranger, d'une grande et très-honorable réputation.

PUYNODE (Michel-Gustave PASTOUREAU DU), voy. DU PUYNODE.

PUYROCHE-WAGNER (Mlle Elise WAGNER, dame) née à Dresde, le 31 mars 1828. Elève de Saint-Jean et de M. Groenland, elle se consacra à la peinture des fleurs et des fruits. En 1849, elle s'est fixée à Lyon, qu'elle habite encore, et en 1850 elle débuta au Salon de Paris avec deux tableaux : *Fleurs*; *Guirlande déchirée*. Depuis, Mme Puyroche-Wagner a exposé : *Au bord du précipice*; *Un bouquet suspendu près de l'eau* (1852);— *Récolte*; *Groupe de nénuphars* (1853) ; — *A l'abri*, fleurs ; *Groupe d'azaléas dans un vase*; *Strelitzia-Regina*, aquarelle (1859) ; — *Le soir*, rosiers près d'une croix ; *Fleurs dans les épines*; *Cactus dans un vase* (1861) ; — *Fruits*; *Fleurs* (1863) ; — *La force brisée*, groupe de pavots; *Parfums au pied de la croix* (1864) ; — *Le bon livre*, fleurs ; *Le mauvais livre*, fleurs (1865); — *Solitude*, fleurs près d'un étang; *Rose dans un vase* (1866) ; — *Le bouquet commencé*; *Champ d'anémones* (1868) ; — *Les inséparables*, fleurs; *Fruits divers*; *Groupe de roses-thé*, aquarelle ; *Roses*, aquarelle pour éventail (1869) ; — *Sur le bord de l'abîme!* fleurs;*Fruits* (1870) ; — *Roses trémières* (1872) ; *Fruits du Midi* (1873) ; — *Raisins* (1875). En 1852, elle a été nommée membre honoraire de l'Académie royale des beaux-arts de Dresde. Dans le musée de cette ville se trouve un de ses tableaux les plus considérables.

QUATREFAGES DE BREAU (Jean-Louis-Armand DE), né à Berthezène (Gard), le 10 février 1810. Il fit ses études au collége de Tournon et suivit les cours de la Faculté de médecine à Strasbourg. Reçu docteur ès sciences mathématiques en 1831, docteur en médecine en 1832 et enfin docteur ès sciences naturelles en 1840, il avait été nommé au concours préparateur de chimie à la Faculté de médecine de Strasbourg. En 1833, il quitta cette ville pour aller exercer la médecine à Toulouse et y prit une part active, en qualité de secrétaire, au congrès scientifique qui s'y tint en 1835. Il fut un des fondateurs du *Journal de Médecine* de Toulouse et fut appelé, en 1838, à la chaire de zoologie de la Faculté des sciences de cette ville. Venu à Paris en 1840, M. de Quatrefages continua ses travaux sous la protection de M. Milne Edwards, fut nommé, en 1850, professeur d'histoire naturelle au lycée Napoléon, et, le 13 août 1855, professeur de la chaire d'anatomie et d'anthropologie au Muséum d'histoire naturelle. Membre de l'Académie des sciences le 26 avril 1852 (section de zoologie), et rédacteur du *Journal des savants* en juillet 1870, il fait partie des Sociétés philomatique, d'agriculture, d'anthropologie, de géographie, d'acclimatation, de l'Association française pour l'avancement des sciences, etc. Il a exécuté à partir de 1841 de nombreux voyages scientifiques sur les côtes de l'Océan, de la Méditerranée, en France, en Espagne et en Sicile. Il a parcouru le Midi en 1858 chargé par l'Académie des sciences d'étudier les maladies des vers à soie ; les résultats de ces voyages sont consignés dans ses principaux ouvrages. Dans son enseignement, M. de Quatrefages s'est voué spécialement à l'histoire naturelle de l'homme ; son cours est resté longtemps le seul de cette nature qui existât en Europe. Outre un grand nombre d'articles publiés dans la *Revue des Deux-Mondes*, le *Journal de médecine* de Toulouse, les *Annales des sciences naturelles*, etc., un grand nombre de *Mémoires* parus dans les *Recueils* de l'Académie ou des Sociétés dont il fait partie, la *Revue des cours publics* et le *Journal des savants*, on lui doit les ouvrages suivants : *Recherches anatomiques faites pendant un voyage en Sicile* (1846, in-4° avec 30 pl.) ; — *Souvenirs d'un naturaliste* (1854, 2 vol.); — *Etudes sur les maladies actuelles des vers à soie* (1859, in-4° avec pl.) ; — *Nouvelles recherches sur les maladies des vers à soie* (1860, in-4°) ; — *Unité de l'espèce humaine* (1861) ; — *Métamorphoses de l'homme et des animaux* (1862) ; — *Histoire naturelle des annélides et des géphyriens* (1865, 3 vol. et atlas de 20 pl.) ; — *Les Polynésiens et leurs migrations* (1866, in-4° avec 4 cartes) ; — *Rapport sur les progrès de l'anthropologie* (1867) ; — *Conférences faites à l'asile de Vincennes et résumant ses idées générales* (1867-1868) ; — *Charles Darwin et ses précurseurs français* (1870) ; — *La race prussienne* (1871), etc. M. de Quatrefages a été promu officier de la Légion d'Honneur en 1863.

QUÉNAULT (Hippolyte-Alphonse), né à Cherbourg, le 9 juin 1795. Après avoir fait son droit à la Faculté de Paris, il se fit inscrire au barreau de cette ville en 1816, puis recevoir docteur en 1828 et acheta l'année suivante une charge d'avocat à la Cour de cassation. M. Quénault entra dans la magistrature en 1830, comme juge au tribunal civil de la Seine, devint chef de division au ministère de la Justice, maître des requêtes au Conseil d'Etat (1836), Conseiller d'Etat en service ordinaire (1837), puis secrétaire général du ministère de l'Intérieur (1839) et du ministère de la Justice (1841). En 1842, il fut nommé avocat général à la Cour de cassation, où il devint conseiller en 1846. En 1848, il donna sa démission et reprit sa place au barreau, mais il fut réintégré en 1849 dans ses fonctions de conseiller. Il a pris sa retraite, par l'effet de la limite d'âge, et a été nommé conseiller honoraire le 10 juin 1870. Il a été élu par ses collègues membre et président du tribunal des conflits en 1872, et réélu en 1875. Membre de la Chambre des députés de 1837 à 1848 pour les collèges électoraux de Cherbourg et de Coutances, il vota constamment avec la majorité. Il a publié : *Traité des assurances terrestres*, suivi de deux *Traités traduits de l'anglais* (1827) ; — *De la Juridiction administrative* (1830). M. Quénault a été promu commandeur de la Légion d'Honneur le 1er août 1868.

QUESTEL (Charles-Auguste), né à Paris, le 18 septembre 1807. Elève de Vincent, Blouet et Duban, il suivit de 1824 à 1831, les cours de l'Ecole des beaux-arts, et passa deux années d'études en Italie. Le projet de construction, à Nimes, d'une église sous le vocable de Saint-Paul ayant été mis au concours en 1835, M. Questel présenta ses plans qui furent adoptés, et commença, en 1838, les travaux qui furent achevés en onze années. Il vit également prévaloir au concours, en 1846, ses dessins de la Fontaine monumentale élevée dans la même ville sur la place de l'Esplanade, décorée de cinq statues de Pradier, et terminée en 1851. On lui doit aussi l'érection à Aigues-Mortes, du Monument consacré à la mémoire de saint Louis et inauguré au mois d'août 1849; la construction de l'Hôpital de Gisors (1859-1861); l'Hôtel de la préfecture de Grenoble (1862-1867); le Musée-Bibliothèque de la même ville (1864-1870); l'Asile des aliénés de Sainte-Anne à Paris (1863-1867). M. Questel fut attaché, de 1840 à 1860, comme architecte, à la Commission des monuments historiques et dirigea les restaurations de l'Amphithéâtre d'Arles, du Pont-du-Gard, de l'Amphithéâtre de Nimes, de la Tourmagne, des églises Saint-Gilles (Gard), de Vienne (Isère), de Tournus (Saône-et-Loire), de Saint-Martin-d'Ainay (Lyon), etc. Nommé, en 1849, architecte des Palais de Versailles et de Trianon, il fit, dans le premier de ces deux édifices, l'escalier de l'Opéra, le manège des Grandes-Ecuries, la restauration des grands escaliers de l'Orangerie et celle de la plupart des bassins du Parc et de la Cour de marbre. M. Questel, membre à titre temporaire du Conseil général des bâtiments civils en 1854, a été nommé inspecteur général en 1862. Depuis 1856, il dirige l'atelier d'architecture précédemment confié à M. Blouet et à M. Gilbert; et beaucoup des premiers et des deuxièmes grands prix sont sortis de cet atelier. Il a obtenu une médaille de 3e classe au Salon de 1846, la 1re médaille en 1852, et des médailles de 1re en 1re édition, et de 2e classe aux Expositions universelles de 1855 et 1867. Membre de l'Académie des beaux-arts en décembre 1871, en remplacement de Duban, décoré en 1852, il est officier de la Légion d'Honneur depuis 1863.

QUICHERAT (Louis-Marius), né à Paris, le 12 octobre 1799. Après avoir fait ses études classiques à Sainte-Barbe, il fut admis à la première Ecole normale, dissoute en 1822, et au sortir de là il professa la rhétorique au collége de Bourg-en-Bresse. De retour à Paris, il fut reçu agrégé ès lettres, et préféra à l'exercice de l'enseignement une indépendance qu'il trouva en composant des livres classiques. Rédacteur en chef du *Lycée*, revue d'instruction publique, de 1827 à 1831 ; il devint bibliothécaire de Sainte-Geneviève attaché au service des manuscrits, en 1847, puis conservateur au même établissement en 1862. Outre un grand nombre d'articles de critique musicale dans la *France nouvelle* et le *Journal de Paris*, d'érudition dans des remarques et mémoires, la *Revue de l'instruction publique*, de notices, de discours, de préfaces et d'annotations pour des éditions d'auteurs grecs ou latins, on doit à ce laborieux savant : *Traité de versification latine* (1826, 23e édition, 1876); — *Traité élémentaire de musique* (1833) ; — *Tableaux de musique* et *Exercices gradués* (1835, 2e édition, 1846); — *Thesaurus poeticus linguæ latinæ* (1836, 11 éditions jusqu'en 1865, entièrement refait en 1875); — *Traité de versification française* (1838, 2e édition, 1850); — *Polymnie* (1839), recueil classique de morceaux de chant, avec M. Sonnet; — *Nouvelle prosodie latine* (1839, 23e édition, 1876); — *Dictionnaire latin-français* (1844, 19e édition, 1865), avec Daveluy; — *Principes raisonnés de la musique* (1846); — *Premiers exercices de traduction grecque* (1848); — *Dictionnaire français-latin* (1858); — *Addenda lexicis latinis* (1862); — *Adolphe Nourrit, sa vie, son talent, son caractère* (1867, 3 vol.); — *Nonii Marcelli peripatetici tubursicensis de compendiosa doctrina*, édition complète (1872); — *Introduction à la lecture de Nonius Marcellus* (1872). — M. Louis Quicherat est membre de l'Académie des Inscriptions et belles-lettres depuis le 13 mai 1864. Chevalier de la Légion d'Honneur en 1844, il a été promu officier en 1876.

QUICHERAT (Etienne-Jules-Joseph), né à Paris, le 15 octobre 1814; frère du précédent. Après de fortes études classiques, il entra à l'Ecole des Chartes, d'où il sortit le premier en 1836. Attaché d'abord aux travaux historiques de la bibliothèque royale, il fut chargé de plusieurs missions dans les départements pour la rédaction du catalogue général des manuscrits, s'employa activement à la fondation de la Société de l'Ecole des Chartes, et lors de la réorganisation de cette école en 1846, y fut appelé comme répétiteur général. Nommé professeur en 1849, il enseigna à la fois la diplomatique et l'archéologie. Il est devenu directeur de la même école en 1871. Il fait partie depuis 1845 de la Société des antiquaires de France, depuis 1858 du Comité des travaux historiques près le ministère de l'Instruction publique, et depuis 1872 de la Commission des monuments historiques. M. Jules Quicherat a publié un très-grand nombre de *Mémoires* sur les questions d'histoire et d'archéologie dans la *Bibliothèque de l'Ecole de Chartes*, les *Mémoires de la Société des Antiquaires de France*, la *Revue archéologique* et la *Revue des Sociétés savantes*. Nous nous bornons à indiquer les principaux : *Fragment inédit d'un versificateur latin du temps d'Auguste sur les figures de rhétorique* (1840) ; — *Vie de Rodrigue Villandrando* (1844); — *Du lieu de la bataille entre Labienus et les*

Parisiens (1852); — *Notice sur l'Album de Villard de Honnecourt* (1849); — *l'Architecture romane* (1857); — *Un manuscrit interpolé de la chronique scandaleuse* (1857); — *Les trois Saint-Germain de Paris* (1864); — *Critique des plus anciennes chartes de l'abbaye de Saint-Germain-des-Prés de Paris* (1865); — *Le pilum de l'infanterie romaine* (1866); — *Restitution de la basilique de Saint-Martin de Tours* (1869); — *La question du ferrage des chevaux en Gaule* (1874); et un grand nombre de mémoires sur la question d'Alesia. On lui doit encore : *Procès de condamnation et de réhabilitation de Jeanne d'Arc, dite la Pucelle* (1841-1849, 5 vol.), recueil de tous les documents originaux, avec un complément imprimé à part sous le titre *Aperçus nouveaux sur Jeanne d'Arc* (1850) ; — *Histoire des règnes de Charles VII et de Louis XI par Thomas Basin, évêque de Lisieux* (1855-1859, 4 vol.); cet ouvrage, ainsi que le précédent, ont été publiés sous les auspices de la Société de l'histoire de France; — *Histoire du siège d'Orléans* (1854) ; — *Vers de maître Henri Baude, poète ignoré du XVe siècle* (1856) ; — *L'Alésia de César rendu à la Franche-Comté* (1857); — *Conclusion pour Alaise dans la question d'Alesia* (1858) ; — *Histoire de Sainte-Barbe, collège, communauté, institution* (1860-1864, 3 vol. avec plans); — *De la formation française des anciens noms de lieu* (1867) ; — *Histoire du costume en France depuis les temps les plus reculés jusqu'à la fin du XVIIIe siècle* (1874, avec grav.). M. Jules Quicherat a été nommé chevalier de la Légion d'Honneur le 25 avril 1847.

QUINEMONT (Arthur-Marie-Pierre, *marquis* DE), né à Orléans, le 19 août 1808. Il descend d'une très-ancienne famille noble écossaise qui est venue s'établir en France en 1481. Elève à l'Ecole militaire de Saint-Cyr en 1825, il devint lieutenant au 5e régiment de cuirassiers et donna sa démission en 1830. Entré dans la diplomatie, il fut de 1833 à 1839, attaché aux légations de Toscane, de Hambourg et de Danemark. Conseiller général d'Indre-et-Loire depuis 1839, il y représente encore aujourd'hui (1876), le canton d'Ile-Bouchard. Colonel de la garde nationale de Tours de 1848 à 1852, président du Comice agricole de Chinon de 1849 à 1870, il fut nommé, en 1863, député au Corps législatif, pour la 2e circonscription d'Indre-et-Loire (Chinon), par 20,003 voix sur 28,440 votants et réélu. en 1869, par 18,007 voix sur 29,193 votants. M. le marquis de Quinemont a été élu sénateur pour le département d'Indre-et-Loire le 30 janvier 1876, comme candidat conservateur. Chevalier de la Légion d'Honneur depuis le 10 avril 1847, il a été promu officier de l'ordre le 14 août 1866.

QUINET (Edgar), né à Bourg (Ain), le 17 février 1803. Fils d'un commissaire des guerres, il fit à Lyon, de fortes études mathématiques; après quoi, il vint à Paris où il étudia la banque et fit son droit. Puis il se rendit en Allemagne, à l'université d'Heidelberg, et se consacra à des travaux de littérature, de philologie, de philosophie et d'histoire qui lui firent, de très-bonne heure, une réputation européenne. En 1829, il fut désigné par l'Institut pour faire partie de la commission scientifique envoyée en Morée par le gouvernement français, et recueillit les inscriptions grecques dans le Péloponèse et les Cyclades. Quoique notoirement imbu d'idées démocratiques très-avancées, il fut nommé professeur de littérature étrangère à la Faculté des lettres de Lyon en 1839, et titulaire de la nouvelle chaire de langue et de littérature de l'Europe méridionale, au Collége de France, en 1841. Mais, en 1846, son cours fut suspendu, mesure qui provoqua de l'agitation parmi la jeunesse des Ecoles, et des réclamations violentes dans les colonnes des journaux d'opposition. En 1843, il se rendit en Espagne, pour étudier l'état politique et social de ce pays. De retour en France, en 1847 il fut le candidat de l'opposition dans deux départements, l'Ain et les Ardennes. Il fut un des zélés propagateurs des banquets réformistes, prit les armes dans les combats de Février 1848, proclama la République, du haut de son ancienne chaire, au Collége de France, et fut élu colonel de la 11e légion. Nommé représentant de l'Ain, à l'Assemblée constituante, puis à la Législative, il siégea à l'Extrême-Gauche, lutta de tout son pouvoir contre les menées bonapartistes et cléricales, s'opposa, dans plusieurs discours, à l'expédition romaine, et proposa d'établir la séparation de l'Eglise et de l'Etat, dans l'enseignement. Proscrit de France après le coup d'Etat, M. Edgar Quinet se retira en Belgique, puis en Suisse, et, comme Victor Hugo, ne consentit à rentrer dans sa patrie, qu'à la chute de l'Empire, bien qu'on lui eût offert de poser sa candidature à Paris, pour le Corps législatif en 1869. Après la révolution du 4 Septembre, M. Edgar Quinet vint s'enfermer dans Paris assiégé et publia le *Siége de Paris et la Défense nationale*. Elu représentant de la Seine par 200,000 voix, il prit place à l'Assemblée nationale sur les bancs de l'Extrême-Gauche. A Bordeaux il parla contre la paix imposée à la France. A Versailles, il proposa d'assurer la représentation des villes, et déposa la proposition de dissolution de l'Assemblée. On lui doit un nombre considérable d'ouvrages qui ont eu le plus grand retentissement : *Les tablettes du Juif-Errant* (1823); — une traduction des *Idées sur la philosophie de l'histoire de l'humanité*, de Herder, avec une introduction et un essai sur Herder (1827, 3 vol.); — *De la Grèce moderne et de ses rapports avec l'antiquité* (1830); — *Les Epopées françaises du XIIe siècle* (1831); — *Ahasvérus*, ouvrage mis à l'index par le Vatican (1833) ; — *Voyages d'un solitaire*, souvenirs d'Italie (1836); — *Napoléon*, poëme (1836) ; — *Prométhée*, poëme (1838); — *Allemagne et Italie*, philosophie et poésie (1839, 2 vol.) ; — *L'Epopée indienne*, et *De Indicæ poesis origine, considérations sur l'art*, thèses de doctorat passées à Strasbourg (1839); — *Examen de la vie de Jésus* (1839); — *1815 et 1840* (1840); — *Avertissement au pays* (1841); — *Le génie des religions* (1842); — *Les Jésuites*, en collaboration avec M. Michelet; — *De la renaissance dans l'Europe méridionale*; — *De la Liberté des discussions en matière religieuse*; — *Réponse à quelques observations de Mgr l'archevêque de Paris* (1843); — *L'Ultramontanisme, ou la société moderne et l'Eglise moderne*; — *Mes vacances en*

Espagne; — *Le christianisme et la révolution française* (1846) ; — *La France et la Sainte Alliance* (1847) ; — *Révolutions d'Italie* (1848-1852, 3 vol.);—*Croisade autrichienne, française, napolitaine et espagnole contre la République romaine* (5e édit.) ; — *L'Etat de siége* (1849) ; — *L'Enseignement du peuple* (1850) ; — *Révision* (1851) ; — *Les Esclaves*, poëme dramatique, 5 actes, en vers (1853) ; — *Marnix* ou *Fondation de la République des Provinces-Unies* (1854) ; — *Philosophie de l'histoire de France* (1855) ; — *Les Roumains* (1856) ; — *La révolution religieuse au XIXe siècle* (1857) ; — *La situation religieuse et morale de l'Europe* (1857) ; — *Histoire de mes idées* (1858, 1 vol.); — *Merlin l'enchanteur* (1860, 2 vol.); — *OEuvres politiques* (1860, 2 vol.); — *Histoire de la campagne de* 1815 (1861); — *Expédition du Mexique* (1862) ; — *Pologne et Rome* (1863) ; —*La Révolution* (1865, 2 vol., 6 éditions);— *France et Allemagne* (1866) ; — *Le Panthéon* (1866) ; — *France et Italie* (1867) ; — *Critique de la Révolution* (1867) ; — *Le Reveil d'un grand peuple* (1869) ; — *La Création* (1870, 2 vol.); — *Le Siége de Paris et la Défense nationale* (1871) ; — *La République, conditions de la régénération de la France*(1872); — *L'Esprit nouveau* (1874, 3 éditions); — *Le livre de l'exilé* (1875). Au moment où la mort l'a frappé il travaillait à un grand ouvrage *Vie et Mort du Génie Grec* qui se trouve actuellement sous presse. Une partie des ouvrages de M. Edgar Quinet, ont été rassemblés, en 1856-1858, sous le titre d'*OEuvres complètes* (11 vol.). En 1859, il a paru un volume de M. Ch.-L. Chassin, intitulé : *Edgar Quinet, sa vie et son œuvre*. La place nous manque pour indiquer ici les remarquables travaux publiés par M. Edgar Quinet dans la *Revue des Deux-Mondes*, dont il a toujours été l'un des collaborateurs les plus brillants et les plus assidus, et dans la *Revue de Paris*. M. Edgar Quinet est décédé le 27 mars 1875, à Versailles. Le peuple de Paris lui a fait des funérailles triomphales, on évalue à trois cent mille personnes la foule qui se pressait autour du convoi. M. Edgar Quinet était chevalier de la Légion d'Honneur depuis le 29 avril 1838. Mme Quinet, fille du poëte roumain Assaki, a fait paraître, en 1868 et en 1870, deux volumes des *Mémoires d'exil*, en 1873 *Paris, Journal du Siége*, et en 1875, *Sentier de France*.

QUINSONAS (Octavien, *marquis* DE), né au château de Mérieu (Isère), le 19 mars 1813. La famille Pourroy de Laubérivière de Quinsonas est originaire d'Aragon. Venue dans le Béarn en 1582, elle s'établit définitivement en Dauphiné vers 1600, et s'allia par la suite aux plus illustres maisons de cette province. Elle a fourni à la France des magistrats éminents, des évêques, des commandeurs de Malte, des généraux, un par de France sous la Restauration, des philanthropes, etc. M. le marquis de Quinsonas, grand propriétaire, servit d'abord quelques années, se renferma longtemps dans la vie privée, et ne s'occupa guère que de questions agricoles jusqu'au jour de l'invasion de sa patrie par les armées étrangères. Mais alors, et malgré son âge, il reprit du service et fut nommé commandant du 6e bataillon des mobiles de l'Isère. Les capacités militaires et la bravoure dont il fit preuve aux combats de Beaugency, d'Ardenay et du plateau d'Auvour, près du Mans, lui valurent de recevoir la croix de la Légion d'Honneur, le 5 mai 1871. Pendant la lutte de l'armée régulière contre la Commune de Paris, il servit auprès du général de Cissey, en qualité de premier officier d'ordonnance, et se signala dans les combats des 23 et 24 mai. M. le marquis de Quinsonas, élu représentant de l'Isère, le 8 février 1871, par 39,587 voix, a siégé sur les bancs de la Droite et a fait partie des Commissions des grâces, de la révision des grades, des capitulations, de l'Algérie, etc.

RAFFORT (Etienne), né à Châlon-sur-Saône, le 11 mai 1802. A étudié la peinture et s'est perfectionné dans ses voyages en Italie (1829 et 1835), en Algérie (1832), en Orient (1844), etc. Il cultiva surtout le paysage et débuta au Salon de 1831 par des *Sites de Palerme*, de *Gênes* et de *Partenico*. Aux expositions suivantes on a remarqué : *La place du Gouvernement*, à Alger ; *La porte Babazoun* ; *Le port de Dieppe*; *Vue de Saint-Malo*; *L'Entrée du Havre*; *La plage de Saint-Malo* ; *Le grand canal et l'église de della Salute* (Venise); *Une cour de ferme* (Bretagne); *L'Entrée de Henri III à Venise*, au Musée de Grenoble ; *Site de Thun* (Suisse); *Le palais ducal de Venise*; *La cathédrale de Palerme; La fontaine du sérail* et *La mosquée de Scutari* ont été achetées par l'empereur de Russie ; *Le port de Constantinople* ; *La mosquée de Mahmoud; La fontaine d'Egypte*, etc. M. Raffort a exécuté, en 1858 et 1859, les peintures murales de la chapelle de Chardonnay près Tournus (Saône-et-Loire), et, de 1867 à 1869, celles du sanctuaire de l'église de Gergy, près Châlon-sur-Saône. On y remarque notamment : *Le Christ au Jardin des Oliviers* et *La fuite en Egypte*, compositions dont chacune a 8 mètres de superficie; les saints patrons du diocèse de la paroisse : *Saint-Lazare* et *Saint-Germain*; les archanges : *Michel, Gabriel, Uriel* et *Raphael*, peints sur l'autel. Les verrières de cette église représentent : *La Vierge et l'Enfant Jésus*; *Dieu le père, le fils et le Saint-Esprit ; saint Etienne ; saint Paul ; Jésus, le bon Pasteur* et les patrons *saint Germain* et *saint Marcel*. M. Raffort a obtenu une médaille de 3e classe en 1837, une de 2e classe en 1840 et une de 1re en 1843. Il a été nommé hors concours, le 3 novembre 1872, à l'exposition de Lyon. Sa Sainteté Pie IX lui a octroyé l'ordre de Saint-Sylvestre en récompense des travaux de peinture murale qu'il a exécutés à Gergy. Il a été maire de Gergy (Saône-et-Loire).

RAIGE-DELORME (Jacques), né à Montargis, le 18 novembre 1795. Après avoir terminé ses études classiques au lycée de Bourges, il vint à Paris pour suivre les cours de la Faculté de médecine où il fut reçu docteur en 1819. Mais il ne tarda pas à abandonner l'exercice de la médecine pour se livrer aux recherches et aux travaux de théorie, d'histoire et de bibliographie que comporte cette science. Il s'était déjà fait un nom dans cette spécialité lorsqu'il fut nommé bibliothécaire adjoint de la Faculté de médecine en 1836. Depuis 1852, il est bibliothécaire en titre. Outre sa collaboration au *Dictionnaire de médecine* de Bechet (1821), dont il a dirigé les deux éditions, au *Dictionnaire historique de la médecine ancienne et moderne*, aux *Archives générales de médecine*, qu'il a dirigées de 1823 à 1854, il est le principal auteur du *Nouveau dictionnaire lexicographique et descriptif des sciences médicales et vétérinaires* (1851-1863). M. le docteur Raige-Delorme est chevalier de la Légion d'Honneur depuis 1855.

RAINGUET (Antoine-Augustin), né à Saint-Fort-sur-Gironde (Charente-Inférieure), le 15 avril 1809. Il fit ses premières études au petit séminaire de Saint-Jean-d'Angely, ses études ecclésiastiques au grand séminaire de Bordeaux, et fut ordonné prêtre en 1835 à la Rochelle par Mgr, depuis cardinal Bernet. D'abord professeur au petit séminaire de Pons en 1829, il fut ensuite pendant trente ans (de 1837 à 1843 et de 1847 à 1871) supérieur du petit séminaires de Montlieu. M. l'abbé Rainguet a été nommé chanoine de la Rochelle en 1874 ; il était vicaire général honoraire dès 1857. On a de lui les ouvrages suivants : *Vie de P. A. Dargenteuil* (1846) ; — *Les anges, poésies chrétiennes* (1856) ; — *Un lit d'hôpital, simple histoire* (1856) ; — *Chants et légendes du mois de Marie* (1857), avec musique, et illustrés par Hadamard ; — *Ixile*, tragédie chrétienne en 3 actes et en vers, avec chœurs, musique de M. l'abbé Wulfran Moreau (1861, 2e édit. 1876) ; — *Idylles saintongeaises, paysages et vues d'intérieur* (1868) ; — *Sainte Eustelle*, drame chrétien en 3 actes et en vers (1876). Il a publié de 1852 à 1870 une revue de la littérature latine contemporaine : *Apis romana*. M. l'abbé Rainguet a encore plusieurs ouvrages en prose et en vers, en préparation ou en portefeuille.

RAINNEVILLE (Joseph, *vicomte* DE), né à Allonville (Somme), le 7 août 1833. Grand propriétaire dans le département de la Somme, il s'engagea, pour soutenir les droits du Pape, dans les guides du général de La Moricière, et assista à la bataille de Castelfidardo (18 septembre 1860) en qualité d'officier d'ordonnance du général de Pimodan. Quand éclata la guerre contre l'Allemagne, il obtint le commandement du 2e bataillon des mobiles de la Somme, et contribua, avec ses soldats, à la défense de Paris. M. de Rainneville a publié : *Catholiques tolérants et légitimistes libéraux* (1861) ; — *La femme dans l'antiquité et d'après la morale naturelle* (1865) ; — et plusieurs brochures politiques et littéraires. Elu représentant de la Somme le 8 février 1871 à l'Assemblée nationale, il a siégé et voté avec les groupes conservateurs de la Droite et du Centre-Droit. Il a été secrétaire des deux grandes commissions d'enquête sur l'insurrection du 18 mars et sur les actes du gouvernement de la Défense nationale, ainsi que de la commission relative à la libération du territoire et deux années de la commission du budget. Le 30 janvier 1876, M. le vicomte de Rainneville a été élu sénateur pour le département de la Somme.

RAMADIÉ (Mgr Etienne-Emile), né à Montpellier, le 6 septembre 1812. Mgr Ramadié est entré au grand séminaire de Montpellier en 1827 et y a été nommé professeur de philosophie en 1833 et professeur de mathématiques en 1835. Ordonné prêtre le 25 mai 1836, vicaire de la Madeleine à Béziers, en 1838, curé de la paroisse Saint-Jacques, dans la même ville, en 1848, il a été nommé évêque, par décret du 17 septembre 1864, et préconisé dans le consistoire du 27 mars 1865. Il est entré au Conseil académique de Montpellier en 1864 et a reçu, en 1867, le brevet d'officier de l'Instruction publique et la croix de chevalier de la Légion d'Honneur. L'établissement des Petites sœurs des pauvres, le monastère des Religieuses dites de la Charité Notre-Dame, le pensionnat des Sœurs de l'Immaculée conception ont été fondés par ses soins dans la ville de Béziers. Il a doté le diocèse de Perpignan du magnifique collège catholique de Saint-Louis et de plusieurs autres œuvres importantes. On doit à l'initiative de son zèle les écoles des sœurs de Saint-Vincent de Paul, le cercle militaire, la maison des Sœurs garde-malade de l'espérance, etc. Nommé à l'Archevêché d'Albi par décret du 17 janvier 1876, il a été préconisé pour ce siège dans le consistoire du mai suivant.

RAMBAUD (Alfred-Nicolas), né à Besançon, le 2 juillet 1842. Après avoir fait ses études au lycée de sa ville natale, puis à Paris au lycée Louis-le-Grand, il entra en 1861, à l'Ecole normale supérieure, en sortit agrégé d'histoire en 1864 et fut nommé chargé de cours au lycée de Nancy. Successivement professeur d'histoire aux lycées de Bourges et de Colmar, répétiteur (novembre 1868) à l'Ecole pratique des hautes études, suppléant (1869) au lycée Charlemagne, M. Rambaud a été nommé, en 1871, chargé du cours d'histoire à la Faculté des lettres de Caen. Titulaire un peu plus tard de cette chaire, il a été appelé le 1er octobre 1875 à la Faculté des lettres de Nancy. Il avait été reçu en 1868 licencié en droit et en 1870 docteur ès lettres de la Faculté de Paris avec une thèse française intitulée *l'Empire Grec au Xe siècle, Constantin Porphyrogénète*, ouvrage couronné en 1872 par l'Académie française (prix Thiers), et une thèse latine : *De byzantino hippodromo et circensibus factionibus*. En 1872 et 1874, il a été chargé par le ministre de l'Instruction publique de deux missions scientifiques en Russie. Outre un très-grand nombre d'articles importants, relatifs surtout à l'histoire ou à la littérature de l'Allemagne et de la Russie, publiés dans la *Revue des Deux-Mondes* et la *Revue politique et littéraire*, on a de M. Rambaud les ouvrages suivants : *Les Français sur le Rhin* (1873) ; — *L'Allemagne sous Napoléon Ier* (1874) ; — *Français et Russes, Moscou et Sébastopol*, recherches historiques et impressions de voyages sur les champs de bataille de 1812 et 1854 (1876) ; — *La Russie épique*, étude sur les chansons héroïques de la Russie, traduites ou analysées pour la première fois (1876). Il a pris aussi une part très-active à la rédaction du journal républicain le *Progrès de l'Est*. M. Rambaud est membre de l'Académie Stanislas et de la Société archéologique de Nancy, membre correspondant ou honoraire de la Société des amis de la littérature russe (Moscou), de la Société archéologique de Moscou et de la Société impériale d'histoire de Russie (Saint-Pétersbourg). Il est chevalier de l'ordre du Sauveur de Grèce.

RAMBOSSON (Jean), né à Saint-Julien (Haute-Savoie), en 1827. Après avoir fait ses études partie en Suisse, partie en Savoie, il vint de bonne heure à Paris et s'y consacra tout à la fois à l'étude approfondie et à l'enseignement des sciences. En 1852, il fut chargé de la rédaction du Bulletin scientifique de la *Gazette de France* duquel, jusqu'à ce jour, il a conservé la direction. Membre des principales sociétés savantes de France, il a été en 1855 président de la classe des sciences de la Société des arts, sciences et belles-lettres de Paris. Il a été à plusieurs reprises lauréat de l'Institut de France (Académie Française et Académie des sciences) et neuf fois lauréat d'autres sociétés savantes. Outre un grand nombre d'articles insérés dans les grands journaux le *Correspondant*, la *Revue des Sociétés savantes*, le *Cosmos*, la *Science*, le *Journal des Instituteurs*, le *Journal général de l'Instruction publique*, la *Science pour tous*, dont il a été le rédacteur en chef dès sa fondation pendant plusieurs années ; outre un grand nombre de *Mémoires* lus ou présentés à l'Académie des sciences, à l'Académie de médecine, à l'Académie des sciences morales et politiques et à diverses autres sociétés, on lui doit plus de vingt volumes de science et philosophie: *Le langage mimique comme langue universelle* (1853); — *Cours de mathématiques, accompagné de tableaux synoptiques* (1855) ; — *La science populaire* ou *Revue du progrès des connaissances et de leurs applications aux arts et à l'industrie* (1863-1868, 7 vol.), — *Cosmographie* (1865); — *Histoire et légendes des plantes utiles et curieuses* (1868); — *Les colonies françaises, géographie, histoire, productions, administration et commerce* (1868) ; — *Histoire des météores et des grands phénomènes de la nature* (1869) ; — *Les pierres précieuses et les principaux ornements* (1870) ; — *L'éducation maternelle d'après les indications de la nature* (1871) ; — *Les lois de la vie et l'art de prolonger ses jours* (1871), ouvrage couronné par l'Académie française ; — *Histoire des astres* (1874); — *Lois absolues du devoir et la destinée humaine au point de vue de la science comparée* (1876), etc. Plusieurs de ses ouvrages ont des éditions multiples et sont traduits en langues étrangères et adoptés par la commission officielle près le ministère de l'Instruction publique, soit pour les bibliothèques des Ecoles normales, soit pour les bibliothèques scolaires en général. M. Rambosson, toujours guidé par l'étude et l'observation, a parcouru la plus grande partie du globe : l'Océan atlantique et la mer des Indes (1860-1861); la Grande-Bretagne, la Suède, la Finlande, la Russie, l'Allemagne, l'Italie, etc. (1864-1866). Il a été membre du jury à l'Exposition des insectes et de leurs produits, organisée par la Société centrale d'apiculture et d'insectologie générale, sous le patronage du ministre de l'Agriculture et du Commerce, en 1874. M. Rambosson a été nommé officier d'Académie (1870) et officier de l'Instruction publique (1875).

RAMBUTEAU (Claude - Philibert BARTHELOT, comte DE), né à Charnay (Saône-et-Loire), le 9 novembre 1781. Issu d'une ancienne famille de Bourgogne, il s'était allié par son mariage avec la fille du comte de Narbonne à une des puissances du jour qui le recommanda à Napoléon Ier. M. de Rambuteau débuta, en 1809, par les fonctions de chambellan de l'Empereur; il fut chargé, en 1811, d'une mission en Westphalie, devint préfet du Simplon en 1812, et préfet de la Loire le 8 janvier 1814. Maintenu dans ses fonctions par la première Restauration, il fut élu député à la Chambre des représentants pour le même département, devint préfet de l'Allier et de l'Aude et chargé de pouvoirs extraordinaires pour maintenir l'ordre à Montauban pendant les Cent-Jours. Dans toutes ces situations, il avait donné de grandes preuves de capacité, d'énergie et de patriotisme. Rentré dans la vie privée après la seconde Restauration, il fut envoyé en 1827 à la Chambre des députés par l'arrondissement de Mâcon; il y prit place dans les rangs de l'opposition. Le régime de 1830 fut soutenu par lui, et le fit choisir par la Chambre des députés, où il avait continué à siéger, pour le nommer préfet de la Seine (1833). M. de Rambuteau garda jusqu'en 1848 cette haute situation qui est l'honneur de sa carrière politique et administrative. Paris se transforma durant quinze ans sous son intelligente direction : ces transformations se firent sans obérer l'avenir et sans le secours d'un pouvoir discrétionnaire. Plus de 4,000 maisons furent construites, la population augmenta de plus de 300,000 habitants. Les égouts furent construits sur une longueur de 120 kilomètres ; on éleva l'arc de l'Etoile, Notre-Dame de Lorette, la Madeleine, Saint-Vincent-de-Paul, Sainte-Clotilde, la bibliothèque Sainte-Geneviève, l'hôpital Lariboisière, le Conservatoire des Arts et Métiers, les prisons de Mazas et de la Roquette, etc. La rue de Rambuteau perpétuera le nom de l'actif préfet dans des quartiers qu'il a assainis et aérés. M. de Rambuteau avait été nommé Conseiller d'Etat (1833), pair de France (1835), membre libre de l'Académie des Beaux-Arts (1843), enfin promu grand officier de la Légion d'Honneur le 30 avril 1836. Il est décédé en son château de Rambuteau, près Mâcon, le 23 avril 1869, aimé et estimé de tous ceux qui l'ont connu.

RAMEAU (Charles-Victor CHEVREY-), né à Paris, le 26 janvier 1809. Issu d'une famille originaire de Bourgogne à laquelle appartenait l'illustre musicien de ce nom, et fils d'un ancien officier d'Etat-major sous le 1er empire, il fit ses études classiques au collège Bourbon et son droit à la Faculté de Paris. Inscrit au tableau des avocats de la capitale en 1830, il prit à Versailles, en 1834, une charge d'avoué qu'il conserva jusqu'au mois de juin 1870. Il était alors administrateur au lycée, et président de la conférence des avoués de France qui ont fait frapper et lui ont remis une médaille en or, à son effigie. Depuis 1846, il faisait partie du Conseil municipal de Versailles qui le chargea, en 1848, d'aller à Paris, à travers les barricades, demander au gouvernement provisoire, pour le Palais artistique de Versailles, un ordre de protection qu'il rapporta au péril de ses jours. Survint la guerre de 1870, compliquée d'une invasion et d'une révolution. Le maire de Versailles ayant cru devoir, au lendemain du 4 Septembre, donner et maintenir sa démission, M. Rameau, cédant aux instances de ses concitoyens, accepta cette lourde et périlleuse succession. Pendant l'occupation allemande, il défendit pied à pied les intérêts de ses administrés, bravant la prison, que ne lui épargna pas l'Etat-major prussien, ainsi que les menaces de mort ou de déportation. On peut se faire une idée de la gravité de ses fonctions en songeant qu'il représentait, lui simple maire, le gouvernement, le trésor, les administrations de la guerre, de la police, etc. En cette circonstance, il rendit d'inappréciables services à ses concitoyens ; aussi fut-il élu par 40,437 voix, le 8 février 1871, représentant de Seine-et-Oise à l'Assemblée nationale, le second sur la liste, M. Barthélemy Saint-Hilaire étant passé le premier. M. Rameau a siégé sur les bancs de la Gauche-Républicaine dont il a présidé la réunion extraparlementaire. Il a signé le manifeste de la Gauche. Il s'est occupé avec beaucoup de sollicitude de l'indemnité due aux cultivateurs de son département, l'un des plus éprouvés par la guerre. Il a fait partie de la Commission parlementaire chargée d'assister le gouvernement pendant l'insurrection communaliste de Paris. Aux élections législatives du 20 février 1876, il a été nommé député par les électeurs de la 3e circonscription de Versailles. M. Rameau, collaborateur de la *Gazette des Tribunaux* et de la *Revue critique de législation*, a fait à Versailles, de 1862 à 1867, un cours public et gratuit de législation usuelle. On lui doit: *Du jury en matière civile* (1848) ; — *Observations sur le projet de loi relatif à l'organisation judiciaire* (1848) ; — *De la nécessité d'une loi sur les réunions préparatoires électorales* (1849) ; — *De la justice civile pour les indigents* (1849) ; — *De la saisie immobilière et particulièrement de la clause dite de voie parée* (1860) ; — *Cours de législation usuelle pour l'instruction professionnelle des ouvriers, ou enseignement sommaire des dispositions les plus usitées de la législation civile, commerciale, industrielle et administrative* (1862); cet ouvrage, admis à l'Exposition universelle de 1867, a obtenu une mention honorable ; — *Réponse à la proposition relative au rétablissement de la taxe du pain à Versailles* (1868). M. Rameau, officier de l'Université, a reçu, le 5 septembre 1871, pour sa belle conduite pendant l'invasion allemande, la croix de la Légion d'Honneur avec cette mention au *Journal officiel* : « a compris et rempli tous les devoirs du courage civil et de l'honneur désarmé. »

RAMEL (Emile), né à Moulins, le 23 mars 1831 ; petit-fils du général Ramel assassiné à Toulouse par les verdets, pendant la Terreur blanche de 1815. M. Emile Ramel fit ses études classiques au lycée de Rouen et embrassa la carrière commerciale. Membre militant de la démocratie rouennaise et collaborateur des journaux démocratiques de cette ville, quand la République n'était pas encore le gouvernement de la France, M. Ramel fut nommé sous-préfet du Havre le 12 septembre 1870, et chargé, quand l'invasion devint menaçante, d'organiser la résistance dans cette ville. Le 3 février 1871, il envoya sa démission au Gouvernement pour accepter la candidature républicaine à l'Assemblée nationale et, quelques jours plus tard, la paix signée, M. Ramel regardant sa mission comme terminée, priait le nouveau ministère de le relever d'un poste qu'il avait toujours considéré comme militant. Cependant, pendant la période difficile de la Commune, M. Ramel voulut bien se charger du soin de l'administration, et l'ordre ne fut pas troublé un instant. L'organisation de la défense dans l'arrondissement du Havre fut conduite par lui d'une main ferme et d'un cœur constamment élevé au-dessus des tristes événements qui se succédaient alors. Sans autre souci que la défense du pays et l'union des citoyens, il se dévoua corps et âme à sa mission et contribua puissamment à préserver notre premier port de l'Océan de l'occupation prussienne. Les patriotes trouvèrent toujours en lui un sûr appui et un ami dévoué. A son départ du Havre, le Conseil municipal lui remit une adresse de félicitations pour le zèle et le dévouement patriotique qu'il avait déployés pendant la guerre, ainsi que pour avoir beaucoup contribué à préserver la ville de l'occupation étrangère. Rentré à Rouen et appelé en 1874 à représenter au Conseil général le quatrième canton de cette ville, M. Ramel a vu renouveler son mandat au mois d'octobre 1874, où il obtint 1488 voix sur 1573 votants. Il a voté dans cette Assemblée pour toutes les mesures libérales et s'est occupé à plusieurs reprises de l'assistance publique. Aux élections législatives du mois de février 1876, il fut porté comme candidat dans l'une des circonscriptions de Rouen, mais il se retira pour ne pas amener de division dans le parti républicain.

RAMPON (Joachim-Achille, *comte*), né à Paris, le 15 juillet 1806 ; fils du général de ce nom comte de l'Empire et ancien pair de France. Après avoir fait ses études au collège Henri IV, M. le comte Rampon fut admis à l'Ecole militaire de Saint-Cyr et en sortit sous-lieutenant au 8e régiment de chasseurs en 1827. Lieutenant en 1830, il donna sa démission, devint aide de camp du général Lafayette (1830), fut nommé colonel d'Etat-major de la garde nationale de la Seine, puis général sous-chef d'Etat-major. En 1836, il fut envoyé par les électeurs de Privas à la Chambre des députés et y siégea jusqu'en 1848 dans l'opposition libérale. En 1867 il fut élu par le canton de Tournon, membre du Conseil général de l'Ardèche, et en 1869 il se présenta à la députation dans ce département comme candidat de l'opposition, mais il fut battu avec une honorable minorité (6000 voix) par le candidat officiel. Pendant la guerre de Prusse il fut nommé le 30 novembre 1870, colonel de la 3e légion des mobilisés de l'Ardèche et prit part, en cette qualité, aux opérations de l'armée de l'Est. Aux élections du 8 février 1871 il a été élu représentant de l'Ardèche à l'Assemblée nationale, le premier sur huit, par 44,709 suffrages. Il a été aussi réélu, le 8 octobre suivant, membre du Conseil général du département, qu'il préside depuis. A l'Assemblée nationale M. le comte Rampon n'a cessé de siéger et de voter avec les républicains modérés et de compter parmi les membres les plus fermes du Centre-Gauche, dont il fut plusieurs fois président. Il a été nommé aux élections du 30 janvier 1876 membre du Sénat pour le département de l'Ardèche. M. le comte Rampon est officier de la Légion d'Honneur depuis le 10 juin 1837.

RAMPONT-LECHIN (Germain), né à Chablis (Yonne), le 29 novembre 1809. Élève de la Faculté de médecine de Paris, il combattit dans les journées de Juillet à côté d'Armand Marrast, Cavaignac et Guignard, et prit part le 22 décembre suivant, à la manifestation des Ecoles, au sujet du procès des ministres. Reçu docteur en 1834, il s'établit dans son pays natal, où il acquit bientôt une grande notoriété et devint le chef du parti libéral. En 1848, il fut élu représentant à l'Assemblée constituante, où il siégea au Centre-Gauche et présenta le rapport sur la proposition Dufournel, relatif au reboisement de la France, et en faveur de laquelle il se prononça. N'ayant pas été réélu à la législative, il abandonna la vie publique et la médecine, et se retira à Leugny, près d'Auxerre, pour s'y consacrer exclusivement à l'agriculture. Membre du conseil d'administration du Crédit foncier, du Comité de l'agriculture et de la Société vinicole, il fit partie du Conseil général de l'Yonne de 1861 à 1869. A cette dernière époque, il se présenta comme candidat d'opposition, pour le Corps législatif, et après une brillante lutte électorale, battit M. Fremy au deuxième tour de scrutin. A la Chambre, il prit place sur les bancs de la Gauche et se prononça contre tout conflit avec l'Allemagne jusqu'à ce que la déclaration de la guerre eût fait, de son concours parlementaire, une nécessité patriotique. Après la révolution du 4 Septembre, il fut nommé directeur général des postes et organisa le système des ballons, l'emploi des cartes microscopiques, et celui des pigeons voyageurs, Lors de l'insurrection du 18 mars, il resta à son poste jusqu'au 30 suivant et ne quitta Paris que pour n'avoir pas à remettre son service aux mains des gens de la Commune. A Versailles, il procéda avec une merveilleuse rapidité, à une nouvelle installation ; et dans le moment le plus critique de la guerre civile, le 24 mai, quand les insurgés tenaient encore autour de l'hôtel des Postes, il y rentra pour y saisir tous les papiers politiques et administratifs laissés par les chefs de l'insurrection. Il a conservé ses fonctions jusqu'à la chute de M. Thiers. M. Rampont élu représentant de l'Yonne à l'Assemblée nationale, le 8 février 1871, a siégé sur les bancs de la gauche républicaine. Le 10 décembre 1875, il a été nommé sénateur inamovible.

RANDON (Jacques-Louis-César-Alexandre, *comte*), né à Grenoble, le 25 mars 1795; fils d'un commerçant et neveu du général Marchant. Il quitta, en 1811, la maison paternelle, s'engagea et partit avec la Grande armée pour la Russie. Sergent le 11 avril 1812, nommé sous-lieutenant le 18 octobre suivant, pour sa belle conduite à la bataille de la Moskowa, il devint lieutenant et capitaine en 1813, chef d'escadron au 13e de chasseurs en septembre 1830, lieutenant-colonel en 1835, et passa comme colonel au 2e chasseurs d'Afrique en avril 1838. Promu maréchal de camp en 1841, lieutenant-général en 1847, il fut chargé de la direction des affaires de l'Algérie au ministère de la Guerre en mars 1848, mis à la tête de la 3e division militaire (Metz) et remplit, du 24 janvier au 26 octobre 1851, les fonctions de ministre de la Guerre. Gouverneur général de l'Algérie, du 14 décembre 1851 au 31 août 1853, il fut nommé sénateur le 31 décembre 1852 et élevé à la dignité de maréchal de France le 10 mars 1856. Major-général de l'armée des Alpes le 23 avril 1859, il fut, pour la deuxième fois, ministre de la Guerre, du 5 mai 1859 au 20 janvier 1867. M. Randon a fait les campagnes de 1812 à 1813 à la Grande armée, de 1814 à l'armée de Lyon, de 1815 en France, de 1838 à 1847 et de 1851 à 1858 en Algérie, où il dirigea les expéditions des Babors (1853), de la vallée du Sabaou (1854), de la Kabylie (1856), la conquête du Sahara algérien et celle de la grande Kabylie (1854), où il fonda le Fort Napoléon. Il a été blessé de deux coups de feu à la bataille de Lutzen. Comme ministre, il se signala par l'organisation du gouvernement et de la haute administration en Algérie ; la réorganisation du Prytanée impérial, de l'Ecole de cavalerie, de l'administration de l'Hôtel des Invalides ; la création de l'Ecole des mousses, du Collège arabe, de l'Ecole de médecine, d'un réseau de chemins de fer en Algérie, des grands établissements d'artillerie de Bourges, de l'usine de Puteaux, pour les machines servant à la fabrication des armes ; le règlement sur le service dans les places de guerre et des villes de garnison ; la reconstruction de la manufacture d'armes de Saint-Etienne et l'extension de celle de Chatellerault ; l'adoption du fusil à aiguille, modèle de 1866, pour l'armement de l'infanterie ; l'augmentation de la solde des capitaines, lieutenants et sous-lieutenants, des pensions de retraite des officiers de tous grades et de leurs veuves; l'amélioration des ordinaires de la troupe ; la révision des règlements sur la solde, des hôpitaux militaires, les transports et l'habillement. M. le maréchal comte Randon est décédé à Genève le 15 janvier 1871. Il avait été promu grand'croix de la Légion d'Honneur le 24 décembre 1853.

RANSE (Félix-Henri DE), né à Razimet (Lot-et-Garonne), le 12 juillet 1834. M. de Ranse a commencé ses études médicales à la Faculté de Paris, en 1855. Externe à l'hôpital Necker et à Saint-Louis en 1857, élève civil requis (fonctions d'interne) à l'hôpital militaire de Vincennes en 1858-1859, il prit le grade de docteur, le 22 juillet 1861, avec une thèse intitulée : *Considérations sur la nature et le traitement des névralgies*. De 1861 à 1865, il fut attaché à l'hôtel des Invalides en qualité de médecin civil requis. A partir de 1863, il collabora à la *Gazette médicale de Paris* dont il devint rédacteur en chef en 1867. Depuis cette époque, M. de Ranse a pris, dans son journal, une part active à la discussion de toutes les grandes questions d'ordre scientifique ou professionnel qui ont été agitées dans le monde savant. Respectant toujours les personnes, il n'a jamais craint de dire ou d'écrire, sur les faits, les opinions, les doctrines, ce qui lui a paru conforme à la vérité; et c'est en raison de ces principes d'indépendance et d'impartialité qu'il s'est rapidement acquis une brillante position dans la presse médicale. Il est membre de la Société d'anthropologie, de la Société de médecine de Paris, de la Société médico-pratique, etc. On lui doit les publications suivantes: *De la consanguinité* (1864); — *Note sur l'utilité que peut présenter l'étude comparative des idiomes patois dans les recherches relatives à l'ethnologie de la France* (1867); — *Du rôle des microzoaires et des microphytes dans la genèse, l'évolution et la propagation des maladies* (1869); — *Des réformes à introduire dans l'organisation de l'enseignement médical* (1870); — *Réorganisation de l'assistance publique*, et *Rapport médico-chirurgical sur l'ambulance des Irlandais* (1871); — *Organisation de l'assistance médicale dans les campagnes*, et *Des unions consanguines au point de vue de l'hygiène et de la législation* (1872); — *Clinique thermo-minérale de Néris*, 1er fascicule (1875). Pendant le siège de Paris, M. de Ranse a été attaché à l'ambulance du Sénat (succursale du Val-de-Grâce), comme chef de service, et à l'ambulance des Irlandais (dépendance des ambulances de la Presse), comme chirurgien en chef. En récompense des services qu'il a rendus, soit dans ces ambulances, soit dans les ambulances volantes sur les champs de bataille, il a reçu, le 15 octobre 1871, la croix de la Légion d'Honneur.

RAPET (Jean-Jacques), né à Miribel (Ain), le 16 mai 1805. Après avoir fait ses études au lycée Louis-le-Grand, il entra dans l'enseignement public en 1833 comme directeur de l'École normale de Périgueux et devint, en 1847, inspecteur de l'instruction primaire à Paris. En 1861 il fut nommé inspecteur général de l'enseignement primaire et conserva ces fonctions jusqu'en 1869, époque où il prit sa retraite. Il a été chargé en 1872 de l'organisation du musée scolaire. On lui doit: *De l'influence de la suppression des tours dans les hospices d'enfants trouvés sur le nombre des infanticides* (1846); — *De l'état et des besoins de l'instruction primaire* (1847); — *Principes de grammaire française* (1852); — *Cours élémentaire de langue française* (1852, 4 vol.), avec M. Michel; — *Manuel populaire de morale et d'économie politique* (1858, 3e édit. 1863); — *Plan d'études pour les écoles primaires* (1859, 5e édit., 1872); — *Manuel de législation et d'administration de l'Instruction primaire* (1860, 2e édit. 1862); — *Cours d'études des écoles primaires* (1860); réimprimé chaque année depuis lors. Il a publié en outre de nombreux articles pédagogiques dans les trois recueils suivants: *L'éducation* (1851-1853); *Bulletin de l'instruction primaire* (1854-1857); *Journal des instituteurs* (1858-1869). M. Rapet a été couronné six fois par l'Académie des sciences morales et politiques dans divers concours pour des ouvrages publiés ou encore inédits. Il a obtenu, notamment en 1848, le premier prix (3000 fr.) dans le concours sur le *Système d'instruction et d'éducation de Pestalozzi*, et, en 1857, le prix de dix mille francs proposé pour la rédaction d'un *Manuel populaire de morale et d'économie politique*. En outre il a obtenu en 1861 le prix décerné pour la première fois par la même académie à la personne qui a rendu le plus de services à l'instruction primaire par ses publications et ses travaux. Il est chevalier de la Légion d'Honneur depuis le 3 mai 1849.

RAPETTI (Pierre-Nicolas), né à Bergame (Piémont), le 27 novembre 1812. Sa famille, originaire du Mont-Ferrat, avait embrassé le parti de la France. Il fit ses études classiques au collège de Toulon, son droit aux Facultés de Paris et de Rennes, et prit, dans cette dernière ville, le grade de docteur, en juillet 1841. Suppléant de M. Lerminier, au Collège de France, de 1841 à 1848, dans la chaire de législation comparée, il fit, sur l'histoire du droit romain et du droit canonique, des cours qui sont demeurés inédits. Dans les derniers temps du règne de la Branche-cadette, il écrivait dans plusieurs journaux d'opposition. En 1848, on l'appela à une chaire de conférences, à l'École d'administration, qui fut supprimée en 1849. Partisan du régime tout à la fois monarchique et démocratique dont les bonapartistes voulaient faire l'essai, il se rapprocha de l'Élysée, adopta la politique napoléonienne, et dressa le *Recueil des adhésions* (6 vol. in-4°, 1852-1853); ouvrage tiré à peu d'exemplaires. En 1853, il fut nommé membre de la commission du colportage, et passa, de là, au ministère d'État. Appelé auprès du prince Napoléon, en qualité de secrétaire de la commission instituée pour corriger et publier la *Correspondance de Napoléon Ier*, il fut ensuite chargé de deux missions en Italie, l'une pendant la campagne de 1859, l'autre au sujet de l'annexion du comté de Nice, en 1860, et mérita, à cette occasion, d'être élevé au grade d'officier dans la Légion d'Honneur. M. Rapetti a publié: *Condition des étrangers en France*, thèse de doctorat (1841); une édition du *Livre de Justice et de Plet*, préparée par H. Klimrath, et qui lui avait été demandée en 1839 (in-4°, 1850); des études de droit ancien, insérées dans le *Moniteur*, telles que: *Les frères du Temple* (1854); et *Les Nexi, ou Les débiteurs à Rome* (1856); — une *Réfutation des mémoires du duc de Raguse* (1857); — *La défection de Marmont en 1814*; *Antoine Lemaistre*; *Quelques mots sur les origines des Bonaparte* (1858); — et surtout une importante *Biographie de Napoléon Ier* dans la *Nouvelle Biographie* de Didot.

RASPAIL (François-Vincent), né à Carpentras, le 25 janvier 1794. Destiné à l'état ecclésiastique, il fit ses premières études chez l'abbé Eysseric, prêtre janséniste et même républicain, et les termina, en 1810, au séminaire d'Avignon, où il devint répétiteur de philosophie (1811), puis professeur suppléant de théologie (1812). Ses opinions l'obligeant à quitter le séminaire, il retourna alors à Carpentras, accepta une chaire d'humanité au collége de cette ville et fut destitué après la seconde Restauration. Il vint alors à Paris, où il vécut péniblement en donnant des leçons, s'occupa de politique, fit son droit, entra chez un avoué, renonça à la procédure, se livra à l'étude des sciences physiques et naturelles, et publia dans divers recueils, de nombreux mémoires sur ses recherches et ses découvertes. Il présenta en 1824 ses premiers travaux sur les graminées, à l'Académie des sciences. En 1830, il combattit la Révolution, fut blessé d'un coup de feu à l'attaque de la caserne de Babylone et reçut la croix de Juillet. Le nouveau Gouvernement, voulant gagner à sa cause le savant et le républicain, lui offrit de hauts emplois; mais M. Raspail répondit qu'il renonçait aux titres et aux places. C'est alors que commença la série des procès qui lui valurent tant d'amendes et de prison, et qui augmentèrent sa popularité. Il fut condamné à 3 mois de prison en février 1831, à 15 mois et 500 francs d'amende le 12 janvier 1832. Comme rédacteur en chef du *Réformateur*, il attira sur ce journal, pendant 15 mois, une vingtaine de condamnations et 115.000 francs d'amendes. Le procès Fieschi (1835), ramena encore M. Raspail à la barre. Quoique acquitté, il fut condamné néanmoins à deux ans de prison pour prétendus outrages envers le juge d'instruction. Depuis, il renonça pour quelque temps à la politique militante, et il continua ses travaux scientifiques ainsi que la publication de ses excellents ouvrages, dont la plupart avaient été composés pendant sa captivité et qui lui avaient acquis une grande notoriété comme chimiste. Lors du procès de Mme Lafarge (1840), il fut appelé par la défense à contrôler l'expertise d'Orfila, qui prétendait avoir trouvé de l'arsenic dans le corps de M. Lafarge. Dans un mémoire et des articles publiés dans la *Gazette des Hôpitaux*, M. Raspail soutint qu'Orfila avait commis un faux. C'est en 1843 qu'il exposa, dans le *Médecin des Familles*, sa nouvelle méthode d'une médication hygiénique par le camphre et, depuis 1845, il fait paraître, pour la populariser, son *Manuel de la Santé*. Afin d'appliquer sa méthode au traitement des animaux domestiques, il publie, depuis 1854, son *Fermier vétérinaire*. Le 24 février 1848 rappela M. Raspail à la politique. Le premier il pénétra dans l'Hôtel-de-Ville et y proclama la République, même avant l'arrivée des membres du gouvernement provisoire. Après avoir refusé des fonctions publiques, il fonde, le 27 février, l'*Ami du peuple*, journal dans lequel il attaque bientôt le gouvernement provisoire. Il prit part à la manifestation du 15 mai en faveur de la Pologne; il fut arrêté, à cette date, et retenu au fort de Vincennes jusqu'à sa comparution devant la Haute-Cour de Justice de Bourges, qui le condamna, le 2 avril 1849, à six ans de prison. Il subissait sa peine à la citadelle de Doullens lorsque, en mars 1853, il eut la douleur de perdre sa femme. Le mois suivant, il vit les deux années de prison qui lui restaient à faire changées en bannissement. Il se retira en Belgique et n'en revint qu'en 1863 après l'amnistie. Député du Rhône en 1869, M. Raspail n'appartint à aucun groupe. M. H. Rochefort seul s'associa quelquefois à ses idées. Après le 4 Septembre, il rentra dans la vie privée, ne posa pas sa candidature aux élections du 8 février 1871, et ne prit aucune part à la Commune. Traduit devant le jury de la Seine, le 12 février 1874, pour quelques passages de son *Almanach et Calendrier météorologique* de 1874, il fut condamné à deux années de prison; il se pourvut devant la Cour de cassation qui annula l'arrêt; la Cour de Versailles condamna définitivement M. Raspail à une année de prison, qu'il a subie à la maison de santé de Bellevue, entouré des soins de sa fille Marie, qui s'est consacrée tout entière à sa vieillesse. Aux élections du 20 avril 1876, il a été élu, dans les Bouches-du-Rhône, membre de la Chambre des députés, dont il a présidé la première séance en qualité de doyen d'âge. Il a déposé sur le bureau de la Chambre la proposition d'amnistie pleine et entière pour les condamnés de la Commune. Outre un grand nombre de mémoires et brochures, M. Raspail a publié beaucoup d'ouvrages dont nous citerons les plus importants : *Annales des sciences d'observations* (1829-1830); — *Essai de chimie microscopique appliquée à la physiologie* (1831); — *Cours d'agriculture et d'économie rurale* (1831-1832, 2º édition 1837-1841); — *Nouveau système de chimie organique* (1833, 2º édition, 3 volumes avec atlas, 1838); — *Mémoire comparatif sur l'insecte de la gale* (1834); — *Nouveau système de physiologie végétale et botanique* (1836, 2 vol., avec atlas); — *De la Pologne sur les bords de la Vistule et dans l'émigration* (1839); — *Réforme pénitentiaire, Lettres sur les prisons de Paris*, (1839, 2 vol.); — *Histoire naturelle des ammonites et des térébratules* (1842, in-8º, 2º édition, in-4º avec 11 pl. lith. 1865); — *Histoire naturelle de la santé et de la maladie chez les végétaux et chez les animaux en général et en particulier chez l'homme* (1843, 3 vol. avec fig. et pl., 3º édition, 1860); — *Revue élémentaire de médecine et pharmacie* (1847-1849); — *Revue complémentaire des sciences appliquées* (1855-1860); — *Bélemnites fossiles retrouvées à l'état vivant* (1861); — *Nouvelles études scientifiques et philologiques* (1864); — *Le choléra en* 1865 (1866); — *Almanach et Calendrier météorologique* (1865-1877); — *Réformes sociales* (1872), etc. M. Raspail a quatre fils:

M. Benjamin Raspail, né à Paris, le 16 août 1823, est peintre-artiste et graveur. Il s'est occupé aussi de sciences, a aidé son père dans beaucoup de ses publications en les ornant de dessins et de gravures. Il a représenté le département du Rhône à l'Assemblée législative où il siégeait à la Montagne. Il fit une constante opposition à la politique de l'Elysée et fut expulsé après le Coup-d'Etat du 2 décembre 1851 et ne revint à Paris qu'en 1863. Il a pris part, pendant son exil, aux expositions des beaux-arts de la Belgique, de la Hollande et de l'Angleterre, mais n'envoya rien à celles de Paris. En 1873 les électeurs de Villejuif l'ont appelé à remplacer M. Pompée au Conseil général de la Seine. Il a été réélu aux élections générales du 11 avril 1875. Le 20 février 1876 il a été nommé député de la Seine pour la première circonscription de Sceaux.

M. Camille Raspail, né à Paris, le 17 août 1827, a été reçu médecin à la Faculté de Paris, le 23 décembre 1854. Il pratique conformément à la méthode de son père et a publié : *Notice théorique et pratique sur les appareils orthopédiques de la méthode hygiénique et curative* de F. V. Raspail (1862, 2e édition, 1873).

M. Emile Raspail, né à Paris, le 7 mai 1831, est un brillant élève de l'Ecole centrale, d'où il est sorti en 1851 l'un des premiers de sa promotion. Chimiste distingué, il a créé à Arcueil une importante usine pour les produits se rattachant à la méthode de son père. Il a publié, dans la *Revue complémentaire* de son père, un grand nombre d'articles sur les machines agricoles et les inventions nouvelles de l'Exposition universelle de 1855. Il a fait imprimer plusieurs mémoires judiciaires sur les questions pharmaceutiques, de contributions indirectes et de contrefaçon industrielle. Il a imaginé de nombreux procédés et appareils industriels. On remarque dans les expositions, outre les produits variés de son usine, ses appareils qui permettent d'alimenter un nombre quelconque de filtres d'une manière continue et à un niveau constant, quel que soit le débit de chacun d'eux. Il fut pendant le siège de Paris collaborateur de M. Dorian, ministre des Travaux publics, en qualité de secrétaire de la Commission des barricades et des travaux de défense ; il ne cessa pas pour cela son service dans les rangs de la garde nationale d'abord comme simple garde, ensuite comme capitaine depuis le mois de décembre 1870.

M. Xavier Raspail, né à Montrouge, le 2 décembre 1840, a fait ses études au lycée Saint-Louis. Il suivait les cours de la Faculté de médecine de Paris au moment où éclata la guerre avec la Prusse. Il fut attaché comme médecin aide-major, aux Eclaireurs de la Seine (corps Mocquard), avec lesquels il fit toute la campagne de 1870-1871. Le 12 février 1874 il comparut devant la Cour d'assises de la Seine et fut condamné comme éditeur de l'*Almanach et Calendrier météorologique* de son père, à six mois de prison et 500 francs d'amende. Tandis qu'il était détenu à Sainte-Pélagie, on dirigea de nouvelles poursuites contre lui pour avoir publié, dans le compte rendu de ce procès, le nom des jurés. Condamné en première instance à 500 francs d'amende, il fut acquitté par la Cour d'appel. On a de lui : *Les Eclaireurs de la Seine ; Relation de la guerre en Normandie* (1872) ; — *Procès de l'Almanach Raspail, compte rendu in-extenso avec un avant-propos et de nombreuses annotations* (1874, 2º édit., 1875) ; — *Mémoire sur les premiers états de l'hépiale louvette* (1875) ; — *Napoléon III à Baybel, le 30 août 1870* (1875) ; — *De la nécessité de l'amnistie. L'insurrection de 1871, ses causes, ses effets et sa répression* (1876).

RASPAIL (Eugène), né à Perpignan (Pyrénées-Orientales), le 19 septembre 1812. Il renonça de bonne heure au barreau pour se rendre en 1834 auprès de son oncle, F. V. Raspail, qui venait de fonder le *Réformateur*. Après la chute de ce journal il se retira à Gigondas (Vaucluse), dans une propriété patrimoniale où il s'adonna à l'étude des sciences et plus particulièrement à celle de la géologie. C'est à cette époque qu'il publia entre autres travaux ses *Observations sur un nouveau genre de Saurien fossile* (1842, avec pl.). Il était chargé de la direction d'une entreprise industrielle lorsque éclata la Révolution de 1848. Connu depuis longtemps par ses opinions républicaines, M. Eugène Raspail fut immédiatement délégué par le Comité central à la préfecture d'Avignon pour en remplir l'intérim jusqu'à la nomination d'un commissaire extraordinaire qu'il désigna lui-même au ministre de l'Intérieur et dont il devint, sur sa prière, le collaborateur avec le titre de secrétaire général. Trois mois après, M. Eugène Raspail était nommé représentant de Vaucluse à l'Assemblée constituante, le second sur la liste des six élus. Il vota constamment avec l'extrême gauche jusqu'au moment où un incident qui suivit le procès de la Cour de Bourges le força à s'exiler pendant cinq ans. Il employa ce temps à parcourir, en savant, diverses contrées et plus particulièrement l'Angleterre, l'Espagne, l'Italie, la Grèce, l'Egypte et l'Orient. Au terme de son exil, en 1854, il vint en France se livrer à l'exploitation de sa propriété. Mais il se vit bientôt frappé en 1855 par un ordre d'expulsion. Cet ordre d'expulsion ayant été révoqué, M. Eugène Raspail reprit ses travaux agricoles. Il créa alors dans un site pierreux et des plus accidentés un magnifique vignoble de 80 hectares qui lui valut en 1866 la prime d'honneur du préfet de Vaucluse, malgré la très-vive opposition de l'administration impériale et sur l'énergique insistance du rapporteur du jury du concours régional, M. Henry Doniol, aujourd'hui préfet des Bouches-du-Rhône. La candidature dans les élections législatives de 1869 fut offerte à M. Eugène Raspail qui crut devoir la refuser, ne voulant point s'astreindre à prêter serment à l'Empire. Il s'est du reste montré peu empressé de briguer la députation dans les diverses élections parlementaires qui ont eu lieu depuis cette époque. Tout récemment encore (20 février 1876), porté à l'unanimité par trois cantons de l'arrondissement d'Orange sur six, M. Eugène Raspail s'est désisté et a laissé le champ libre à son compétiteur républicain qui a été élu. Néanmoins, il fait partie depuis quelques années du Conseil général de Vaucluse, dont il est le vice-président, en même temps qu'il est président de la Commission départementale. A ces divers titres, M. Eugène Raspail a dû accepter d'être délégué trois fois au Congrès interdépartemental de l'Hérault et de remplir diverses missions qui intéressent l'agriculture et plus spécialement la viticulture de la région sud-est de la France.

RATISBONNE (Marie-Théodore), né à Strasbourg, le 28 décembre 1802. Il fit ses études classiques et son droit dans sa ville natale, fut reçu avocat et se fit inscrire au barreau de Colmar. Il avait vécu jusqu'à ce moment dans la religion israélite qui était celle de sa famille ; mais en 1825, il se convertit au catholicisme, abandonna le monde et entra dans les ordres. Successivement, professeur au petit séminaire de Strasbourg, vicaire à la cathédrale, missionnaire apostolique, supérieur général de la congrégation de Notre-Dame de Sion, qu'il a fondée lui-même en 1842, il s'est fait une grande place dans le monde catholique comme prédicateur éminent et comme écrivain. On lui doit : *Essais sur l'éducation morale* (1828), couronné par l'Académie de Strasbourg; — *Histoire de saint Bernard et de son siècle* (1841, 2 vol.), traduite en allemand et en plusieurs autres langues; — *Manuel de la mère chrétienne* (1859); — *Méditations de saint Bernard sur la connaissance de soi-même* (1853); — *Méditations sur la vie présente et future, tirées des pères de l'Eglise* (1863); — *Le Pape* (1870); *Rayons de vérité* (1873); — *Miettes évangéliques* (1874), etc.

RATISBONNE (Alphonse-Marie), né à Strasbourg, le 1er mai 1812; frère du précédent. Après avoir fait ses études dans sa ville natale, il vint à Paris suivre les cours de la Faculté de droit et prit le grade de licencié. Devenu le maître d'une belle fortune par la mort de son père, il songea d'abord à s'associer à un de ses oncles qui dirigeait une maison de banque à Strasbourg; mais il renonça à cette idée et partit pour l'Orient qu'il désirait visiter. Il fut Naples et était à Rome le 20 janvier 1842, lorsqu'une illumination soudaine frappa son âme et lui inspira le désir d'embrasser le catholicisme. Son baptême eut lieu solennellement à Rome le 31 janvier 1842 et produisit à cette époque un énorme retentissement. Après avoir pensé un instant à entrer à la Trappe, il fit son noviciat chez les Jésuites et entra dans la Congrégation des prêtres missionnaires de Notre-Dame de Sion. Il s'est fait une réputation, à côté de son frère, par son zèle dans la carrière apostolique qui le conduisit en Terre sainte, et il fonda à Jérusalem plusieurs établissements de charité. On lui doit le beau monastère qui s'élève dans la voie douloureuse sur les ruines du palais de Ponce-Pilate. La conversion du R. P. Marie-Alphonse Ratisbonne a été racontée par lui-même dans une lettre à M. des Genettes, curé de Notre-Dame des Victoires, à Paris (1854), autobiographie morale et religieuse.

RATISBONNE (Louis-Gustave-Fortuné), né à Strasbourg, le 29 juillet 1827; neveu des précédents. M. Louis Ratisbonne fit à Paris de solides études et entra, en 1853, à la rédaction des *Débats*, après avoir éveillé l'attention publique par sa traduction littérale, en vers, de la *Divine comédie* du Dante, ouvrage dont la première partie, l'*Enfer*, fut couronnée, en 1854, par l'Académie française. Il a publié depuis: *Le Purgatoire* (1857) et *Le Paradis* (1859), qui ont obtenu le grand prix de littérature (Prix Bordin); *Impressions littéraires* (1855); *Au printemps de la vie*, poésies (1857; *Héro et Léandre*, en vers (*Théâtre-Français*, 1859); *La comédie enfantine*, recueil de fables et de poésies enfantines honoré du prix Montyon par l'Académie française en 1861, qui a eu une vingtaine d'éditions, et qui a été traduit dans toutes les langues; — *Morts et vivants*, nouvelles impressions littéraires (1861); — *Dernières scènes de la Comédie enfantine* (1862); — *Les figures jeunes*, poésies (1866); — *Auteurs et livres*, nouveau recueil d'articles de critique (1868); *Les Petits hommes et les Petites femmes*, saynètes poétiques et satiriques (1868); et sous le pseudonyme de Trim, on lui attribue une série d'*Albums*, avec texte versifié, à l'usage de l'enfance, qui sont devenus très-populaires. M. Ratisbonne a édité, depuis 1864, les *Œuvres posthumes* d'Alfred de Vigny qui l'avait nommé son légataire littéraire. Il fut nommé en 1871, bibliothécaire au Palais de Fontainebleau en remplacement d'Octave Feuillet démissionnaire, et plus tard, en 1873, bibliothécaire au Palais du Luxembourg, dont la bibliothèque est affectée aujourd'hui au Sénat. Depuis 1871 il a fait partie au *Journal des Débats*, du petit groupe de rédacteurs qui se prononça pour le régime républicain et il s'éloigna du journal, en 1873, lorsque la ligne politique en parut redevenir tout à fait monarchique. En 1875, il a publié dans l'*Evénement*, et dans l'*Opinion Nationale* des chroniques hebdomadaires qui ont été fort remarquées.

RATTAZZI (Marie-Studholmine Bonaparte Wyse, princesse de Solms), née à Waterford (Irlande), le 25 avril 1837; fille de sir Thomas Wyse, lord de la trésorerie, membre du conseil privé de la reine, membre du Parlement, ambassadeur d'Angleterre à Athènes, et de Lætitia Bonaparte, fille elle-même de Lucien Bonaparte et de Mme de Bleschamp. Mlle Wyse fut élevée au couvent de la rue Barbette, succursale de la Légion d'Honneur et passa ses trois examens avant et après son mariage. A l'âge de 15 ans, elle épousa, en décembre 1852, un jeune Wurtembergeois, Frédéric de Solms, comte du Saint-Empire, s'établit à Paris avec lui et ne tarda pas à faire de ses salons un des centres les plus élégants et les plus recherchés où se réunissaient toutes les illustrations politiques ou littéraires de cette époque. Le 24 février 1855 elle fut exilée de France et se retira en Belgique, puis dans la Savoie, qui appartenait encore à l'Italie. Elle se fixa à Aix-les-Bains, où son habitation princière devint une véritable cour. Parmi les visiteurs et les fidèles, on comptait MM. James Fazy, Ponsard, Flocon, Charras, Sainte-Beuve, Eugène Sue, les généraux de Kersausie, Klapka, Duncan, etc. Mme de Solms écrivait beaucoup, fondait des journaux, voyageait et faisait jouer ses œuvres dramatiques sur le théâtre qu'elle avait fait construire dans son habitation. En 1862 elle rentra à Paris quand la Savoie devint française. Devenue veuve le 4 janvier 1863 par la mort de M. de Solms, survenue à Turin, au Palais d'Angeneues qu'elle habitait avec lui, elle se remaria, un mois après, avec des dispenses, à M. Urbain Rattazzi, homme d'Etat italien. Elle se fixa tout naturellement après son mariage en Italie où elle est restée jusqu'en 1873, à la mort de M. Rattazzi. Depuis ce moment elle est revenue habiter Paris où son hôtel devient comme autrefois le salon le plus fréquenté. Mme Rattazzi a beaucoup écrit. Parmi ses œuvres nous citerons: *George Sand* (1858); *Fleurs d'Italie* (1859), poésies et légendes; — *La Dupinade* (1859), poème; — *Les chants de l'exilée* (1859); — *Boutades* (1860), poésies dédiées à Ponsard; — *Mademoiselle Million*

(1862); — *La réputation d'une femme* (1863); Le *Mariage d'une créole* (1865), qui fut saisi et donna l'occasion à un certain Vésinier de publier sous les initiales de Mme Ratazzi un livre intitulé le *Mariage d'une Espagnole*, fait pour lequel il fut poursuivi à la demande de M. Ratazzi, et condamné par contumace, puis expulsé de Belgique ; — *Les Rives de l'Arno* (1865), poésies ; — *Les Soirées d'Aix-les-Bains* (1865), recueil de comédies et proverbes ; — *Le piège aux maris* (1867, 4 vol.), réimpression sous ce titre commun des romans déjà publiés séparément : *La Forge* (1865) ; *les Débuts de la forgeronne* (1866) ; *la Mexicaine* (1866) ; *le Chemin du paradis* (Bicheville) (1867) ; — *Si j'étais Reine* (1868), contenant *Louise de Kelner* et *le Rêve d'une ambitieuse* ; — *Vie de Manin* (1870); — *Nice ancienne et moderne* (1864), etc. Elle travaille maintenant à un important ouvrage, « *Rattazzi et son temps*, » publication posthume, contenant tous les documents inédits laissés par l'ex-président du Conseil. — Sous le pseudonyme de baron Stock et de vicomte d'Albens, Mme Rattazzi a tenu pendant de longues années les deux feuilletons de semaine du *Constitutionnel* et du *Pays*. Le contrat par lequel succédant à Edmond About elle entrait au *Constitutionnel*, en même temps que son ami Sainte-Beuve, fut signé à un dîner mémorable chez Véron.

RAULIN (Félix-Victor), né à Paris, le 8 août 1815. Admis au Muséum de Paris, en 1838, comme préparateur du cours de géologie, il fut chargé, par cet établissement de l'exploration scientifique de l'île de Crète en 1845; et à son retour en 1846, du cours de botanique, minéralogie et géologie à la Faculté de Bordeaux. En 1848, il prit le grade de docteur ès sciences naturelles à la Faculté de Paris, avec les thèses suivantes : *Classification des terrains tertiaires de l'Aquitaine*, et *Transformations de la flore de l'Europe centrale*; et en 1849, il fut nommé titulaire de la chaire à Bordeaux. M. Raulin a disséminé beaucoup de travaux dans les recueils académiques et les publications spéciales, comme le *Bulletin de la Société géologique*, les *Comptes rendus de l'Académie des sciences*, les *Actes de l'Académie de Bordeaux*, les *Actes de la Société linnéenne* de la même ville, *Patria*, où il a donné, en 1848, un *Aperçu de la géologie de la France*, etc. Séparément, il a publié : *Carte géognostique du plateau tertiaire parisien* (1843) ; — *Carte et description géologique de l'Yonne*, qui ont paru sous les auspices du Conseil général de ce département, avec la collaboration de M. Leymerie (1855 et 1858) ; — *Notes géologiques sur l'Aquitaine*, et *Géographie girondine* (1859) ; — *Description physique de l'île de Crète*, ouvrage publié sous les auspices du ministère de l'Instruction publique (1859-1869, 2 vol. avec atlas);— *Observations pluviométriques dans la France méridionale* (1864-1876);—*Éléments de géologie*, pour l'enseignement secondaire spécial (1868-1876). Enfin, M. Raulin publie actuellement (1876), avec M. Jacquot, une *Statistique géologique et minéralogique des Landes*. Candidat démocratique, il fut nommé conseiller municipal en août 1870, et réélu en 1871 et 1874. Pénétré de l'urgence de la diffusion de l'instruction et surtout des connaissances scientifiques dans le peuple, il a fait en 1872 dans une des écoles primaires de Bordeaux, un cours élémentaire de sciences physiques et naturelles, dont un résumé a paru sous le titre de *Notions élémentaires de sciences physiques et naturelles*. Les résultats de cet essai ont été trouvés si satisfaisants, que le Conseil municipal a fait nommer un professeur spécial chargé d'un enseignement analogue dans toutes les écoles communales de la ville. M. Raulin a été nommé chevalier de la Légion d'Honneur le 7 août 1870, et chevalier de l'ordre hellène du Sauveur le 1er novembre 1872.

RAVAISSON-MOLLIEN (Jean-Gaspard-Félix LARCHER), né à Namur, le 23 octobre 1813. Brillant élève du collège Rollin, prix d'honneur de philosophie au grand concours de 1833, M. Ravaisson-Mollien entra à l'Ecole normale supérieure, et se présenta avec succès pour l'agrégation en 1836. Deux ans plus tard, il fut envoyé à Rennes, comme professeur de philosophie à la Faculté des lettres; et, en 1840, il devint chef du cabinet de M. de Salvandy, ministre de l'Instruction publique. Nommé ensuite inspecteur général des bibliothèques publiques, il fut, en 1853, appelé aux fonctions d'inspecteur général de l'enseignement supérieur et de membre du conseil de l'Instruction publique. En 1837, il avait partagé avec M. Michelet de Berlin, le prix de l'Académie des sciences morales et politiques, avec son *Essai sur la métaphysique d'Aristote* (1837-1846, 2 vol.). Depuis, il a publié : *De l'habitude*, thèse de doctorat (1838) ; — *Rapport au ministre de l'Instruction publique sur les bibliothèques des départements de l'Ouest*; — *Catalogue des manuscrits de la bibliothèque de Laon*; — *Discours sur la morale des stoïciens* ; — *Essai sur le stoïcisme* ; — *Les archives de l'Empire* ; — *La bibliothèque impériale*, etc. M. Ravaisson-Mollien est entré à l'Académie des inscriptions et belles-lettres en remplacement de Letronne, en 1849. Il est commandeur de la Légion d'Honneur depuis le 12 août 1862.

RAVE (Joanny), né à Lyon, le 25 février 1827. Elève de l'Ecole des beaux-arts, et de M. Bonnefond à Lyon, il vint à Paris en 1847, et suivit avec succès l'atelier de Drölling. Puis il s'adonna surtout à la peinture d'histoire et de genre. Ayant été nommé, à la suite d'un concours, professeur à l'Ecole des beaux-arts de Marseille (1858), il s'éprit d'un goût particulier pour les sites, types et costumes de la Provence, à laquelle il a, depuis, emprunté bon nombre de ses sujets. En 1859, cet artiste débuta avantageusement au Salon de Paris avec la *Chanson de la vigne*. Depuis, M. Rave a successivement exposé : *Arrivage d'oranges en Provence* (1861) ; — *Les pêches* ; *Les grâces* (1864) ; — *Les figues*, en Provence (1865) ; — *Sous les tamarins, femmes d'Arles* (1866) ; — *La vigne* (1868) ; — *La moisson* ; *L'art rustique* (1869) ; — *Flûteurs antiques* ; *Guitariste* (1870); — *Noces de Gyptis et Protis*, ou fondation de Marseille par les Phocéens (1874). On doit, en outre, à M. Joanny Rave, divers travaux de décoration et de nombreux cartons pour verrières.

RAVEL (Jules), né à Paris, le 4 décembre 1826. Il suivit l'atelier de M. Cognet, et se consacra tout à la fois à la peinture d'histoire et à celle de genre. C'est avec un *Portrait* qu'il débuta au Salon de Paris en 1853. Depuis, M. Ravel a exposé : *Le prince de Condé, arrêté par ordre des Guises, est délivré par le connétable de Montmorency, après la mort de François II.* (E. U. 1855); — *Arrestation de Pierre Broussel*, en 1648 (1857); — *Le cardinal Mazarin cherchant à attirer la duchesse de Chevreuse dans son parti* (1859); — *Louis XIII aux eaux de Forges* (1861); — *Sainte Thérèse en extase; Épisode des guerres de religion* en 1563 (1863); — *Marie de Médicis et Léonora Galigaï* (1864); — *Un mariage en Bretagne à l'époque de la Terreur; Le billet* (1865); — *Les châteaux de Bretagne en 1793* (1866); — *La mauvaise nouvelle* (1867); — *Un point d'orgue* (1868); — *Le prisonnier de Chillon, François de Bonnivard, arrêté par des brigands dans les montagnes où il s'était réfugié, et amené devant le duc de Savoie, en 1530* (1870); — *Les suites de la guerre*; *Un soldat, XVIe siècle* (1872); — *La reine d'Angleterre au Louvre pendant la captivité de Charles Ier* (1873); — *Une bonne capture* (1874); — *L'alerte* (1875). En outre, M. Ravel a exposé au Salon un certain nombre de portraits, parmi lesquels ceux de l'amiral *Romain Desfossés* (1859) et du vice-amiral *Touchard* (1876), ainsi que celui du tragédien italien *E. Rossi*, au cercle de la place Vendôme.

RAVEU (Louis-Victor), né à Nice, le 27 février 1810. Doué, de bonne heure, d'une sérieuse vocation pour l'état ecclésiastique, il fit ses études théologiques au grand séminaire de sa ville natale. Ordonné prêtre en 1833, par Mgr Colonna d'Istria, et nommé curé de Saint-Jean-de-Villefranche (Alpes-Maritimes), il obtint l'agrandissement de son église paroissiale et l'affectation d'un terrain à la construction d'un nouveau presbytère. Ayant été nommé curé-doyen de la paroisse de Drap en 1852, il y fit aussi procéder à l'agrandissement de l'église. Ses capacités administratives, la distinction avec laquelle il exerçait le saint ministère, lui assurèrent partout et toujours l'affection de ses paroissiens et la sympathie de ses supérieurs. Chanoine honoraire en 1858, il franchit avec succès les degrés hiérarchiques ; et, après une longue et non moins honorable carrière de 30 ans, il fut nommé chanoine titulaire de la cathédrale de Nice, en 1865. M. l'abbé Raveu a consacré ses loisirs à la littérature et à des recherches historiques. Il a été élu membre de la Société des lettres, sciences et arts des Alpes-Maritimes le 24 janvier 1869. On lui doit : *Histoire de Villefranche, avec un aperçu sur la vie de saint Hospice* (1848); — *Histoire de Drap* (1856), ouvrage qui valut à son auteur une lettre de félicitations de Victor-Emmanuel et une adresse de remercîments votée par la municipalité à qui il avait été offert en don ; — *Le missionnaire protestant*, écrit de controverse honoré d'un bref approbatif du Saint-Père (1857); — *Le controversiste anglican*, roman historique, politique, religieux (1861); — *Le libre-penseur au XIXe siècle*, roman de controverse auquel son auteur dut une lettre de félicitations de Napoléon III (1865), etc. M. l'abbé Raveu a été chargé, en 1860, de traduire en langue du pays la bulle *Ineffabilis*, relative au dogme de l'Immaculée-Conception, et ce travail a été honoré d'un nouveau bref de remercîments de la part du Saint-Père. Il a reçu la décoration octroyée par le pape Pie IX aux membres du Chapitre de Nice.

RAYNAL (Louis-Hector CHAUDRU DE), né à Bourges, le 28 janvier 1805 ; fils d'un ancien recteur de l'Académie de Bourges, devenu plus tard inspecteur-général des études, et frère d'un ancien sous-intendant militaire de 1re classe, morts tous deux officiers de la Légion d'Honneur. M. Louis de Raynal fit son droit à la Faculté de Paris, et entra dans la magistrature. Substitut du procureur général près la Cour de Bourges en 1833, avocat général près la même Cour le 18 juillet 1838, et premier avocat général quelques années plus tard, il prononça plusieurs discours de rentrée, s'associa à diverses publications historiques, et fut correspondant du ministère de l'Instruction publique pour les travaux historiques. Révoqué en mars 1848, rétabli dans ses fonctions le 6 avril 1849 et dans son titre de premier avocat général le 7 juin suivant, il fut envoyé à Caen, en qualité de procureur général, le 11 juillet de la même année, et nommé, le 11 février 1852, avocat général à la Cour de cassation. Le 16 mars 1864, il est devenu premier avocat général, et, le 25 juillet 1871, président de Chambre à la même Cour. Il a remplacé le regrettable M. Bonjean dans la présidence de la Chambre des requêtes. M. de Raynal a prononcé devant la Cour de cassation, deux discours de rentrée ayant pour sujet: *Les Olim du Parlement de Paris* et *Le Président de Montesquieu et l'Esprit des lois*. Son œuvre principale est l'*Histoire du Berri, depuis les temps les plus anciens jusqu'en 1789* (1844-1847, 4 vol. 5 cartes et plans, 45 pl. de blasons et sceaux), ouvrage qui a remporté, en 1846, à l'Académie des inscriptions et belles-lettres, le grand prix fondé par le baron Gobert, Chevalier de la Légion d'Honneur en 1843, officier en 1858, M. Louis de Raynal a été promu commandeur en 1866.

RAYMOND (Louis-Anne-Xavier), né à Paris, le 20 juin 1812. Après avoir terminé ses études au collège de Sainte-Barbe, il embrassa avec ardeur les doctrines Saint-Simoniennes et devint, en 1832, rédacteur du *Globe*. Il entra ensuite au *Temps* (1833), comme critique littéraire, à la *Revue britannique* (1836), et enfin au *Journal des Débats* qu'il n'a plus quitté, y rédigeant tour à tour la critique littéraire ou scientifique, la politique étrangère, les questions de marine ou de navigation, ou les articles de polémique quotidienne. De 1845 à 1847, il visita l'Orient et la Chine avec l'ambassade de M. de Lagrenée dont il faisait partie comme historiographe. Outre ses nombreux articles dans les journaux précités ou dans la *Revue des Deux-Mondes*, on a de M. Xavier Raymond les traductions d'ouvrages anglais : *De la puissance des Sikhs dans le Pendjab*, de Prinsep (1836); — *La Turquie*, d'Urquhart (1836, 2 vol.); — *La Campagne de*

Chine, de Jocelyn (1841); — *Seconde campagne de Chine*, de Mackensie (1842); — *Les trois paniques*, de Richard Cobden (1862); — Il a publié encore deux volumes faisant partie de la collection de l'*Univers pittoresque : L'Afganistan* (1843), *L'Inde* (1853); — *Lettres sur la marine militaire à propos de la revue de Spithead* (1856); — *Les marines comparées de la France et de l'Angleterre*, 1815-1843 (1863).

RAYNAUD (Cyprien), né à Sérempuy (Gers), le 13 septembre 1839. Il fit de brillantes études classiques au petit séminaire d'Auch, commença ses études médicales à l'Ecole de Toulouse en 1861, et y obtint le premier prix, après un brillant concours. Inscrit à la Faculté de Paris en 1862, il fut admis, comme externe, dans les salles des professeurs Empis et Gosselin en 1864, et reçu presque aussitôt, au concours, élève de l'Ecole pratique. L'année suivante, il se présenta avec succès au concours de l'internat, et entra dans le service de M. Giraldès des Enfants malades. Lors du choléra qui éclata à Paris en 1865, étant externe à l'hôpital de la Pitié, l'un des hôpitaux de Paris les plus frappés par le fléau, il reçut, avec les autres externes et internes de l'hôpital, de vives félicitations de la part des chefs de service et de l'administration pour son grand dévouement à soigner les colériques. M. Raynaud a été reçu docteur en médecine, en 1866, avec une thèse sur l'*Ophthalmie diphthéritique*, thèse mentionnée avec grands éloges par les principaux journaux de médecine de l'époque et qui a été jugée digne, par M. Giraldès, d'être présentée à la Société de chirurgie, où son mérite et la nouveauté du sujet lui ont valu une mention honorable. Il s'est établi à Cologne (Gers), où ses capacités professionnelles, son dévouement charitable et son activité n'ont pas tardé à lui créer une honorable position.

READ (Charles), né à Paris, le 22 janvier 1819. Après avoir terminé ses études classiques au collège Louis-le-Grand, il suivit les cours de la Faculté de droit de Paris, fut reçu avocat et se fit inscrire au barreau en 1841. Il entra dans la magistrature en 1843 comme substitut à Montélimar (Drôme), devint, en 1845, substitut à Montargis (Loiret); puis, en 1848, sous-préfet à Blaye (Gironde) et à Villeneuve-d'Agen (Lot-et-Garonne). En 1849, il entra au ministère de l'Instruction publique et des cultes, comme chef du service des cultes non catholiques. Passé à la préfecture de la Seine comme chef du contentieux, en 1857, il fut appelé, en 1865, à la direction des travaux historiques et des archives, position qu'il occupait encore en 1871, lors des incendies qui ont anéanti tous les services qu'il dirigeait. Il a pris une grande part à la restauration de l'hôtel Carnavalet et à la formation du musée municipal, qui devait y être installé. Il a été le président-fondateur de la Société de l'Histoire du protestantisme français et il est membre de la Société nationale des Antiquaires de France, etc. Outre ses travaux dans le *Bulletin* de cette Société, qu'il a publié jusqu'en 1864, sa collaboration à l'*Histoire générale de Paris*, à la *France protestante*, aux *Dictionnaires d'administration et de la politique*, ses articles dans l'*Intermédiaire des Chercheurs et Curieux*, feuille spéciale qu'il a fondée et qu'il dirige depuis 1864, sous l'anagramme-pseudonyme de Carle de Rash, on lui doit : *Note de statistique sur les cultes non catholiques reconnus en France* (1851); — *L'amiral Coligny* (1853); — *Henri IV et le ministre Daniel Chomier* (1854); — *Daniel Chamier, Journal de son voyage à la Cour de Henri IV* (1857); — *Mémoires de Dumont de Bostagnet* (1864), avec M. Fr. Waddington; — *Bossuet dévoilé par un prêtre de son diocèse* (1864); — *Vercingétorix*, pièce dramatique et lyrique (1869); — *Les 95 thèses de Luther contre les Indulgences* (1870); — *Les Tragiques* (1872); *L'Enfer* (1873) et *le Printemps* (1874), d'Agrippa d'Aubigné; — *Le Tigre de* 1560 (1875); —*La Satyre Ménippée* (1876). M. Charles Read est chevalier de la Légion d'Honneur.

REBER (Napoléon-Henri), né à Mulhouse, le 21 octobre 1807. Après avoir fait ses études au collège de sa ville natale, il fut d'abord destiné par sa famille à l'industrie. Mais il était entraîné vers la musique par un vif penchant, presque seul il avait appris le piano et la flûte et acquis les principales notions de composition. En 1828, il vint à Paris et entra au Conservatoire où il eut successivement pour maîtres Seuriot, Salensperger et Lesueur. Ses compositions de musique instrumentale ne tardèrent pas à lui faire une certaine réputation. Il fut chargé en 1851, d'une classe d'harmonie au Conservatoire et devint en 1862, professeur de composition en remplacement d'Halévy. Il fait partie de l'Institut depuis 1853. La distinction et la science sont le caractère principal de sa musique. C'est un compositeur fort goûté des connaisseurs d'élite. Entre autres œuvres nombreuses et remarquables, on lui doit : *Traité d'harmonie* (1862); — des quatuors, des mélodies, des valses, etc, parmi lesquels il faut relever *Hailuli*, *la Chanson du pays*, *le Voile de la Châtelaine*, *la Captive* ; etc.; — la musique du 2e acte du *Diable amoureux*, ballet-pantomime (1840); et des opéras comiques suivants : *La nuit de Noël* (1848, trois actes); — *Le père Gaillard* (1852, trois actes); — *Les papillottes de monsieur Benoît* (1853, un acte); — *Les Dames capitaines* (1857, trois actes); — *Naïm*, inédit. M. Reber, chevalier de la Légion d'Honneur depuis 1854, été promu officier de l'Ordre le 4 août 1870.

REBILLIARD (Marie-Réné-Philippe), né à Louhans (Saône-et-Loire), le 18 septembre 1815. Admis à l'Ecole spéciale de Saint-Cyr en 1835, il en sortit comme sous-lieutenant au 62e de ligne, le 1er octobre 1837, et devint lieutenant le 27 décembre 1840, et capitaine adjudant-major le 23 décembre 1845. Ensuite, il passa major au 64e régiment de même arme le 23 octobre 1853, et au 2e grenadiers de la garde, le 5 avril 1856. Promu lieutenant-colonel au 43e de ligne le 7 mars 1861, il fut chargé du commandement en second (hors cadre) de l'Ecole Saint-Cyr le 20 décembre 1862, nommé colonel du 16e de ligne le 12 août 1866, et élevé au grade de général de brigade le 13 septembre 1870. Jusqu'à cette époque, il avait fait les campagnes d'Afrique (1837-1841, et 1868-1870), ainsi que la campagne de Syrie (1861). M. le général Rebilliard, arrivé d'Afrique le 30 septembre 1870, prit à Bourges, le 2 octobre suivant, le commandement de la 2e brigade de la 2e division du 15e corps d'armée. Le 11 octobre après l'occupation d'Orléans par l'ennemi, il se porta à la Ferté-Saint-Aubin, puis à Salbris; le 7 novembre, il repassa la Loire ; et deux jours plus tard, sa brigade formait à Coulmiers la droite de l'armée ; dans la journée du 24 il réoccupa Arthenay, évacué le matin devant les forces supérieures ; le 2 décembre, après des engagements heureux, il venait d'occuper Achères, Espuis, Oisan et Bazoches-les-Gallondes, quand il reçut l'ordre de quitter ses positions pour couvrir Arthenay ; le lendemain sa brigade placée en bataille à droite et en avant d'Arthenay, battit en retraite par échelons et en bon ordre, et soutint pendant toute la journée un combat très-vif à Chevilly ; le 4, la retraite précipitée de la 3e division le laissa dans une position critique, ce qui ne l'empêcha pas de défendre, en se retirant, le terrain pied à pied. Bien qu'il eût été contusionné à la cuisse droite par un éclat d'obus, sur les hauteurs de Montjoie, devant Orléans, où il avait eu un cheval tué sous lui, M. le général Rebilliard défendit énergiquement l'entrée du faubourg Bannier ; puis, renforcé d'une brigade de cavalerie et mis à la tête de l'arrière-garde, il arrêta à Salbris la poursuite de l'ennemi. Nommé général de division à titre provisoire, le 20 décembre, il reçut le 2 janvier, l'ordre de se diriger vers l'Est et de couvrir les mouvements du 15e corps en avant de Vierzon. Après avoir soutenu des engagements journaliers devant Salbris, il s'embarqua le 8 janvier à Bourges pour Clerval et le 15 sa première brigade engagea un brillant combat à la suite duquel elle occupa le plateau de Sainte-Suzanne devant Montbéliard. A partir de ce moment, ce ne fut qu'une série continuelle de combats. Arrière-garde du 15e corps, la 2e division se distingua surtout au Mont-Chevi, devant Montbéliard, et en avant des Vosges et de Busy. Le général Rebilliard fut désigné par le général en chef Bourbaki pour concourir à la défense de Besançon avec sa division renforcée de l'artillerie de réserve qui lui était laissée à cet effet. Cette division, en combattant vaillamment les 25 et 26 janvier en avant de Busy et à Vorges, contribua à préserver Besançon de l'invasion. Le 12 mars 1871, il fut préposé au commandement de la 7e division militaire à Besançon. Pendant la Commune, il dirigea sur Versailles deux régiments de sa division, des munitions et du matériel de siège. Mis en disponibilité le 20 mai, il fut replacé dans son ancien grade de général de brigade, le 16 septembre, par décision de la Commission de révision des grades, et nommé commandant de la subdivision militaire de Bône le 20 octobre suivant. Il est cité dans le rapport fait au nom de la commission d'enquête sur les actes du gouvernement de la défense nationale comme ayant mérité la reconnaissance de l'armée et du pays dans la journée du 3 décembre 1870. (*Journal officiel* du 7 mars 1874). M. le général Rebilliard, chevalier de la Légion d'Honneur le 14 mars 1857, a été promu officier de l'Ordre le 12 août 1861 et commandeur le 20 août 1874. Il est également décoré du Medjidié de Turquie (4e classe), du Lion et du Soleil de Perse (3e classe), et du Nichan-Iftikhar de Tunis (1re classe).

REGNAUD DE SAINT-JEAN-D'ANGÉLY (Auguste-Michel-Etienne, *comte*), né à Paris, le 29 juillet 1794; fils du ministre d'Etat du premier Empire. Elève du Prytanée de Saint-Cyr, il fut admis, en 1811, à l'Ecole militaire de Saint-Germain d'où il sortit en 1812 sous-lieutenant au 8e de hussards qui faisait partie de la Grande Armée en Russie. Lieutenant en 1813, capitaine le 15 mars 1814, officier d'ordonnance de l'Empereur et chef d'escadron sur le champ de bataille de Waterloo, il fut refait lieutenant en août 1815 et même rayé des contrôles de l'armée. Après avoir organisé en Grèce avec le colonel Fabvier (1825), un corps de cavalerie européenne, il suivit comme volontaire, en 1828, l'expédition du général Maison, et rentra au service comme capitaine le 27 décembre 1829. Reconnu après la Révolution de Juillet, dans son ancien grade, il fut promu lieutenant-colonel au 1er de lanciers, le 11 septembre 1830, colonel du même régiment le 23 octobre 1832, puis maréchal de camp le 10 décembre 1841. Commandant du département de la Meurthe, puis d'une brigade de cavalerie à Paris, le général Regnaud de Saint-Jean-d'Angely se distingua dans les journées de Février 1848 et mérita les éloges du maréchal Bugeaud. Il commanda la division de cavalerie de l'armée des Alpes, fut promu général de division le 14 juillet 1848 et nommé commandant des troupes de terre du corps expéditionnaire de la Méditerranée en 1849. Envoyé à la Législative par la Charente-Inférieure, il fut ministre de la Guerre, du 24 janvier au 26 octobre 1851. Le 25 janvier 1852, il entra au Sénat. En 1854 il fut investi du commandement en chef de la garde impériale, et reçut, après la bataille de Magenta, aux victoires de laquelle il avait contribué, le titre de maréchal de France (5 juin 1859). En 1869 il se démit, pour cause de santé, du commandement de la garde impériale. Grand'-croix de la Légion d'Honneur, le 28 décembre 1849, le comte Regnaud de Saint-Jean-d'Angely avait fait les campagnes de 1812, 1813 et 1814 (Russie, Saxe, France), de 1815, puis de 1831 à 1833 en Belgique, de 1849 et 1859 en Italie. Il est décédé à Nice le 1er février 1870.

REGNAULT (Emile), né à Tannay (Nièvre), le 20 décembre 1835. Elève de l'Ecole polytechnique, où il entra en 1855, avec le no 3, M. Régnault fut classé, à sa sortie, dans l'administration des manufactures de l'Etat et attaché, successivement, aux manufactures de Châteauroux et de Tonneins. Dans cette dernière résidence, il fonda, dans l'intérêt matériel des ouvriers, une Société coopérative qui est restée en pleine voie de prospérité. Nommé ingénieur de la manufacture des tabacs de Bordeaux en 1868, il fut, pendant la guerre de 1870-1871, appelé à faire partie du comité de défense du département de la Gironde. Administrateur instruit, laborieux, énergique, M. Régnault a occupé les préfectures du Doubs (28 janvier 1871), de la Marne (17 avril suivant), de Saône-et-Loire (13 novembre de la même année). Révoqué au 24 mai 1873, il est rentré en fonction, le 14 avril 1876, comme préfet de la Charente-Inférieure.

REGNAULT (Henri-Victor), né à Aix-la-Chapelle (alors département de la Roër), le 21 juillet 1810, de parents français. Entré à l'École polytechnique en 1830, M. Regnault en sortit dans le corps des mines, où il devint ingénieur ordinaire le 15 octobre 1837 et ingénieur en chef le 7 septembre 1847. Répétiteur de chimie à l'Ecole polytechnique (1836), professeur à l'Ecole des mines (1838), il fut nommé, en 1840, professeur de chimie à l'Ecole polytechnique et professeur de physique au Collège de France. La même année le vit entrer à l'Académie des sciences et le 17 avril 1852, il fut nommé administrateur de la manufacture de Sèvres. Peu de vies de savants ont été aussi bien remplies que la sienne. On lui doit un très-grand nombre de mémoires importants que l'on trouvera soit dans les *Annales de chimie et de physique* soit dans les *Mémoires de l'Académie des sciences*. Après avoir débuté par un mémoire de chimie de premier ordre sur les éthers et sur l'action du chlore sur le gaz oléfiant, M. Regnault s'est livré uniquement à des recherches de physique. Les *Annales de chimie et de physique* contiennent surtout de lui des recherches sur la chaleur spécifique des corps solides et liquides, sur la dilatation des gaz, sur l'hygrométrie et sur la respiration des animaux de diverses classes (en collaboration avec M. Reiset). Les *Mémoires de l'Académie des sciences* renferment une masse de documents sur la thermométrie, la densité des gaz, les chaleurs spécifiques des gaz, leur détente, la tension et la chaleur latente des vapeurs, la vitesse du son, etc. Ces recherches remplissent trois volumes intitulés : *Relation des expériences entreprises par ordre du ministre des Travaux publics et sur la proposition de la Commission centrale des machines à vapeur* (1847-1870). Les travaux de M. Regnault sur la chaleur sont devenus classiques et servent de base à toutes les vérifications de la Thermodynamique. On lui doit encore un excellent *Cours élémentaire de chimie* (1847-49, 2 vol., 14° édition, 1871, 4 vol.), et un second ouvrage plus élémentaire intitulé *Premiers éléments de chimie* en un volume (1850, 9° édition, 1869), traduit en plusieurs langues. M. Regnault a été promu commandeur de la Légion d'Honneur le 7 février 1863.

REGNAULT (Alexandre-Georges-Henri), né à Paris, le 30 octobre 1843; fils du précédent. Après avoir fait de brillantes études au lycée Napoléon, il voulut se consacrer à la peinture et entra dans l'atelier de Lamothe. En 1860, il fut admis à l'Ecole des beaux-arts et suivit les leçons de M. Cabanel. En 1866 il obtint le grand prix de Rome avec : *Thétis offrant à Achille les armes forgées par Vulcain*. Il avait déjà figuré au Salon de 1864 avec deux *Portraits*. Il exposa ensuite : *Panneau décoratif pour une salle à manger* (1867), en collaboration avec MM. Blanchard et Clairin ; — *Juan Prim, 8 octobre 1868* (1869) ; — *Salomé la danseuse tenant le bassin et le couteau devant servir au meurtre de saint Jean-Baptiste* (1870). Il avait obtenu une médaille en 1869. Après son séjour en Italie, Henri Regnault avait visité l'Espagne en 1858 ; il se trouvait au Maroc, étudiant la nature orientale, lorsque la guerre de 1870 éclata. Il accourut aussitôt, s'enferma dans Paris assiégé, prit sa place dans la garde nationale et fut tué devant l'ennemi dans le combat de Buzenval (19 janvier 1871). Les élèves de l'Ecole des beaux-arts ouvrirent une souscription pour lui élever un monument qui a été érigé dans la cour de l'Ecole en 1876. M. Duparc a publié en 1872 la *Correspondance de Henri Regnault*, qui donne une haute idée de l'avenir qui était réservé à l'artiste. Nous n'avons cité qu'une faible partie de ses œuvres : on a encore de lui, entre autres productions remarquables, ses nombreux dessins pour *le Tour du monde*; *Automédon domptant les chevaux d'Achille*; *Judith et Holopherne*, envois de Rome; *Exécution sans jugement de tous les califes de Grenade*, au musée du Luxembourg; *Départ pour la fantasia de Tanger*; enfin trois aquarelles : *Haoua*, *Hassan et Namouna*, *Intérieur de Harem* ; sans compter une quantité innombrable de croquis, dessins, esquisses, etc., qui montrent que Henri Regnault serait rapidement devenu le chef d'une nouvelle école.

REGNAULT DE MAULMAIN (Emile), né à Lons-le-Saunier, le 1er janvier 1836. Elève de Lamothe et de MM. Lobrichon et Pasini, il se consacra surtout à la peinture de genre et à celle du paysage. Ses voyages en Algérie lui permirent de donner à ses œuvres un caractère personnel et original. En 1863, il débuta au Salon de Paris avec le *Matin de la Saint-Valentin*. Depuis cette époque, M. Emile Regnault a successivement exposé : *Famille arabe en voyage* (1865) ; — *Les boutiques de la rue Kléber*, à Alger (1866) ; — *Marché arabe* (1869) ; — *Gué d'El-Kantara*, dans la province de Constantine (1874).

RÉGNIER (Antony), né à Marseille, le 19 novembre 1835. Après avoir suivi les cours de l'Ecole des beaux-arts de cette ville et fréquenté, en 1857, l'atelier de Gleyre, il se fit d'abord connaître à Marseille par des travaux décoratifs importants, qui lui valurent d'être choisi par Alexandre Dumas pour exécuter les peintures néo-grecques de son yacht l'*Emma*. En 1863, cet artiste débuta, non sans succès, au Salon de Paris, avec *Jésus-Christ prêchant*. Depuis, M. Régnier a successivement exposé : *Etude de femme*; *Loin du gîte* (1864); — *La bénédiction des semailles*, au musée d'Aix (1865) ; — *Mireille et le petit Andreloun*; *Gitana* (1866) ; — *La fenaison* (1867); — *Le premier pas dans l'eau* (1868) ; — *Montagnards des Pyrénées en prière* (1869) ; — *Un rêve*, au musée de Béziers (1870) ; — *Paysan aragonais* (1873) ; — *Paysanne des Pyrénées, tricotant* (1876). Le musée d'Annecy possède encore de lui : *le Retour du marché*, et une *Jeune fille de Bellevaux*. M. A. Régnier est chargé, depuis

1863, de la revue artistique dans le *Journal de Marseille*, où il a publié de nombreux comptes rendus des expositions locales et des Salons de Paris.

REGNIER (Jacques-Auguste-Adolphe), né à Mayence, alors chef-lieu du département du Mont-Tonnerre, le 7 juillet 1804, de parents français. Aussitôt après avoir terminé ses études, il entra, en 1823, dans le corps enseignant, professa la rhétorique et les humanités dans les collèges du Puy, d'Avignon et de Tournon, et fut reçu, au concours de 1829, agrégé des classes supérieures des lettres. Devenu successivement professeur au collège Saint-Louis, professeur de rhétorique au collège Charlemagne, maître de conférence de langue et de littérature allemande à l'Ecole normale, il fit, de 1835 à 1838, un cours élémentaire de sanscrit à la Société asiatique, et suppléa en 1838, Burnouf père, à la chaire d'éloquence latine au Collège de France. En 1843, il fut nommé précepteur du comte de Paris, et il est resté auprès de son élève, soit en France, soit à l'étranger après 1848 jusqu'en 1853. Elu membre de l'Académie des inscriptions et belles-lettres, le 9 mars 1855, M. Regnier a été proposé deux fois pour des chaires du Collège de France : en 1862 pour celle de sanscrit, par les professeurs et l'Institut; en 1864 pour celle de philologie comparée, par les professeurs seuls; M. Regnier avait écrit à l'Institut qu'il n'accepterait point la chaire. Depuis 1862, il dirige la collection des *Grands écrivains de la France* que publie la maison Hachette. Il a donné avec Ph. Le Bas: *Cours complet de langue allemande* (1830-1833, 7 vol.), et a revu pour le français le *Dictionnaire français-allemand et allemand-français* de M. Schuster (1841, 2 vol.). Il a publié, outre divers textes annotés d'auteurs latins, grecs et allemands, une nouvelle édition des *Racines grecques* de Port-Royal, accompagnée d'un *Dictionnaire étymologique des mots français tirés du grec* (1843); — *Deux mémoires sur l'histoire des langues germaniques*, insérés dans le recueil, dit des savants étrangers, de l'Académie des inscriptions et belles-lettres (1853); — *Traité de la formation et de la composition des mots dans la langue grecque, avec des notions comparatives sur les principaux idiomes indo-européens* (1855); — *Etude sur l'idiome du Véda et les origines de la langue sanscrite* (1855, in-4°); — *Etudes sur la grammaire védique* ou *Prâtiçâkhya du Rig-Véda*, texte sanscrit, traduction française et commentaire (1857-1859, 3 vol.); — Une traduction des *OEuvres complètes* de Schiller (1860-1862, 8 vol.); — *Vie de Schiller* (1860). M. Regnier a été nommé bibliothécaire du Palais de Fontainebleau le 14 juillet 1873, et inspecteur des types orientaux à l'Imprimerie nationale au mois de février 1876. Chevalier de la Légion d'Honneur le 4 mai 1841, il a été promu officier de l'Ordre 2 août 1875.

RÉGNIER DE LA BRIÈRE (François-Joseph-Philoclès), né à Paris, le 1er avril 1807. Il a fait ses études au collège de Juilly et a été ensuite élève architecte à l'Ecole des beaux-arts. C'est à la Comédie-Française, où il avait, par sa parenté, un libre accès, qu'il a puisé le goût du théâtre. Quoique professeur au Conservatoire depuis de longues années, il est du petit nombre des acteurs de notre première scène qui n'ait point passé comme élève par cet établissement. Avant de débuter à Paris, il s'est exercé pendant quatre ans sur deux théâtres de la province, à Metz et à Nantes. C'est dans cette dernière ville que l'acteur Gontier, du Gymnase, le remarqua et le signala à l'attention de MM. Dormeuil et Poirson qui, en 1830, fondaient le théâtre du Palais-Royal. Avec Samson et Mlle Déjazet, il a inauguré ce théâtre dont le genre n'était pas encore déterminé. Il n'y est resté que quatre mois, et a été presque immédiatement engagé par la Comédie-Française où il a débuté le 6 novembre 1831, par le rôle de Figaro du *Mariage de Figaro* ; son second début a eu lieu par le *Barbier de Séville*. A partir de ce moment, il a tenu à la Comédie-Française le haut emploi comique. Sa carrière dramatique a été une des plus longues que l'on compte au Théâtre-Français, il y est resté quarante ans, ayant pris sa retraite le 31 mars 1871. C'est à Scribe, en 1833, qu'il a dû le rôle de Jean dans *Bertrand et Raton*, sa première création importante. Depuis lors les auteurs lui en ont confié un nombre considérable ; les plus marquants sont ceux d'*Une Chaine*, de la *Camaraderie*, du *Mari qui trompe sa femme*, de *Japhet*, des *Demoiselles de St-Cyr*, du *Mari à la Campagne*, de l'*Aventurière*, de *Bataille de dames*, de *Romulus*, etc. Dans le drame, car malgré son emploi de premier-comique, les auteurs lui ont fait très-souvent aborder ce genre, les rôles les plus saillants ont été ceux de *Gabrielle*, de *Jean Baudry*, du *Supplice d'une femme*, et de la *Joie fait peur*. M. Régnier a été le promoteur du monument que l'État et la Ville de Paris ont élevé dans cette ville à Molière. Il a écrit sur des questions de littérature ou de théâtre dans divers journaux et revues. Auteur dramatique souvent anonyme, il a signé toutefois avec M. Paul Foucher, *La Joconde* (1855), comédie en 5 actes jouée au Théâtre-Français, et *Delphine Gerbet*, comédie en 4 actes au théâtre du Vaudeville (1862); — *Le Chemin retrouvé*, comédie en 4 actes, au Gymnase avec M. Louis Leroy (1866). M. Régnier a été nommé chevalier de la Légion d'Honneur le 5 août 1872. Du mois de septembre 1873 au 1er avril 1875, il a rempli au Théâtre-Français les fonctions de directeur de la scène. La Comédie-Française, en mémoire de ses services, a fait frapper une médaille d'or qui lui a été remise lors de sa retraite définitive.

REIGNIER (Jean), né à Lyon, le 3 août 1815. M. Reignier a fait ses études à l'Ecole des beaux-arts de sa ville natale, et y a été attaché comme professeur le 1er janvier 1854. Destiné d'abord à l'art industriel, il a suivi cette carrière pendant dix années consécutives; plus tard, en 1845, il s'est consacré entièrement aux beaux-arts, et a adopté le genre des fleurs et des fruits. Il est membre de l'Académie des sciences, belles-lettres et arts de Lyon depuis 1862. Nous citerons de cet artiste, dont les débuts au Salon datent de 1842 : *Guirlande de fleurs autour d'une croix*, à la mémoire de Berjou, peintre lyonnais; — *Vase* antique (1843) ; — *Fleurs et fruits* (1846) ; — *Fleurs posées sur un banc de pierre*; *Primevères* ; *Plantes printanières des champs*; *Eglantiers* (1848) ; — *Deux pensées*, à la mémoire de la reine des Belges (1852) ; — *Le lierre et le rosier* (1853) ; — *Le jour* ; *La nuit* ; *Un bouquet*, à la mémoire de Jean Gerson (1855) ; — *Le buste de la reine Hortense*, au milieu d'attributs de fleurs et de fruits, à sa mémoire (1857), acquis pour le musée de Lyon ; — *La pâquerette des champs et le papillon* ; *Vase de fleurs* (1859) ; — portrait de M. *Marc Jubinal* (gouache); *Les trois Couronnes*; *Vase de fleurs* (1861); — *Fleurs et fruits*; *Fruits et fleurs*, portrait de Mlle *Jubinal* ; *Médaillon entouré de fleurs* (1863) ; — *Vase de fleurs avec brûle-parfums*; *Le printemps* (1865) ; — *Le mois de Marie* (1867) ; — *Une couronne de fleurs sur un tombeau* (1872) ; — *Le printemps* (1873) ; — *Fleurs dans une grotte* (1875). Ses principales œuvres sont dans les musées de Lyon, Nîmes, Grenoble, Bagnères-de-Bigorre, etc., chez l'empereur Napoléon III, la duchesse de Nemours, M. Alexandre de Polovtsoff à Saint-Pétersbourg, à Londres et à Lyon chez MM. Vidal-Galine, Desgrand, Ribond, Grizard-Delarone, Gillet, etc. Il a obtenu une médaille de 2° classe en 1848, un rappel en 1861, et la décoration de la Légion d'Honneur en 1863.

REILLE (René-Charles-François, baron), né à Paris, le 4 février 1835. Il est fils du maréchal décédé sénateur le 4 mars 1860, petit-fils de Masséna et petit-fils, par alliance, de Soult, duc de Dalmatie. Admis à l'Ecole militaire de Saint-Cyr en 1852, il entra comme sous-lieutenant élève à l'École d'application d'Etat-major le 1er janvier 1854. Nommé lieutenant (1856), puis capitaine (1858), il fut aide de camp du maréchal Randon et donna sa démission le 3 décembre 1869. Conseiller général du Tarn, pour le canton de Saint-Amans-Soult, depuis 1867, il a été réélu le 8 octobre 1871 et a occupé deux ans la vice-présidence de ce conseil. Aux élections de 1869 il fut nommé député pour la 2e circonscription du même département et signa le programme des 136. Pendant le siège de Paris, M. le baron Reille commanda les mobiles du Tarn. Actuellement, il est colonel du 127e régiment de l'armée territoriale. En 1875 il organisa à Paris l'Exposition internationale des sciences géographiques. Aux élections du 20 février 1876, il a été élu membre de la Chambre des députés. Il siège au groupe constitutionnel. M. le baron Reille est commandeur de la Légion d'Honneur depuis le 8 février 1871.

RELIN (Pierre Napoléon-Eugène), né à Béziers (Hérault), le 1er décembre 1837. Se sentant une sérieuse vocation pour la carrière artistique, il vint à Paris en 1862, et suivit l'atelier de M. Jalabert. Ensuite, il s'adonna particulièrement à la peinture de genre et à des études d'animaux. En 1865, il débuta au Salon de Paris avec le *Portrait de Nénette*, et une *Embuscade au XVIe siècle*, eau-forte. Depuis cette époque, M. Rélin a successivement exposé : *Tigre royal du Bengale* (1866) ; — *Néron*, tigre royal de Cochinchine (1868) ; — *Jeune Famille* (1869) ; — *Ocelot dévorant une spatule* (1870) ; — *Vigilance maternelle* (1873) ; — *Kate*, terrier anglais, dessin (1875) ; — *Love*, fusain (1876).

REMILLY (Emile), né à Versaille, le 18 mars 1826. Il est fils de M. Remilly, Ovide, qui siégea dans les Assemblées législatives de 1839 à 1852, et fut maire de Versailles pendant près de vingt ans. Commandeur de la Légion d'Honneur, son nom a été donné à une des rues de la ville. Ayant choisi par goût la carrière médicale, M. Emile Remilly se fit inscrire à la Faculté de Paris en 1846 ; pendant le cours de ses études, il fut interne en médecine et en chirurgie dans les hôpitaux de Paris, spécialement à Saint-Louis, à la Salpêtrière, à l'Hôtel-Dieu. Sa belle conduite pendant l'épidémie chélorique de 1854 lui valut une médaille d'argent. Il prit le grade de docteur le 14 décembre 1855, avec une thèse sur l'*Epidémie typhoïde de 1853 à Paris*. Etabli depuis dans sa ville natale, il ne tarda pas à s'y faire une brillante position. Chirurgien adjoint de l'hôpital civil en 1856, il fut chargé en 1858 du second service de médecine et depuis 1865 du premier. Médecin adjoint du Lycée en 1857, il y fut médecin titulaire de 1860 à 1875 ; pendant les premières années de sa pratique, il fut encore médecin de bureau de bienfaisance, d'asile et de la maison de Providence pour la vieillesse. Pendant la guerre de 1870-71, M. le docteur Remilly n'a pas seulement prodigué ses soins aux réfugiés malades des villages voisins que l'ennemi avait pillés et brûlés, mais il soigna encore les blessés, le 19 septembre dans la plaine de Vélizy et le 21 octobre au combat de la Celle Saint-Cloud. Enfin, il a passé le mois de janvier 1871 dans les ambulances de la Sarthe et d'Eure-et-Loir, où il porta des secours aux blessés français comme médecin du comité versaillais des blessés de la Loire. Aussi a-t-il été nommé Chevalier de la Légion d'Honneur le 6 mars 1872. M. Remilly est membre du Conseil central d'hygiène de Seine-et-Oise, médecin des épidémies de l'arrondissement de Versailles, membre des Sociétés d'agriculture, d'horticulture, des sciences naturelles et médicales de Seine-et-Oise, etc. On lui doit : *Histoire du tétanos*, qui a remporté le prix Civrieux à l'Académie de médecine (1853); — *Etude clinique sur une épidémie de fièvre typhoïde*, à laquelle l'Académie de médecine à décerné une médaille d'argent (prix Montyon, 1854) ; — en collaboration avec M. Thibierge une *Etude sur l'amidon de marron d'Inde et les fécules amylacées des végétaux non alimentaires, au point de vue économique, chimique, agricole et technique* (médaille d'argent, au concours universel agricole de Paris, 1856) ; — un mémoire *Sur les revaccinations dans les Lycées*. Diverses publications intéressant l'*Hygiène publique*, l'*histoire des Epidémies* observées dans le département de Seine-et-Oise, ont encore valu à leur auteur plusieurs médailles d'argent du ministère de l'Agriculture et du Commerce. Des observations médicales insérées dans le *Moniteur des hôpitaux*, la *Revue médico-chirurgicale* et des travaux publiés dans les *Annales des Sociétés savantes de Seine-et-Oise*, prouvent que M. le docteur Remilly ne s'est pas laissé absorber par son importante clientèle et qu'il est heureux de consacrer à l'étude le peu de loisirs dont il dispose.

RÉMUSAT (Charles-François-Marie DE), né à Paris, le 14 mars 1797. Il est fils du comte de Rémusat, premier chambellan de Napoléon Ier, préfet de la Haute-Garonne et du Nord, et de Claire-Elisabeth-Jeanne Gravier de Vergennes, dame du palais de l'impératrice, à qui l'on doit un *Essai sur l'éducation des femmes*, que son fils publia en 1824, et auquel l'Académie française décerna une médaille d'or. Petit-fils par alliance du général Lafayette et neveu de Casimir Périer, il fit ses études classiques et son droit à Paris, où il fut reçu avocat en 1819. M. Charles de Rémusat s'est consacré à l'étude de la politique, de la jurisprudence et de la littérature. Il a publié, en 1820, un ouvrage intitulé : *De la procédure par jurés en matière criminelle*, collaboré au *Lycée français*, aux *Tablettes universelles*, à la *Revue encyclopédique*, au *Globe*, au *Courrier français*, et a signé, en 1830, la protestation des journalistes de Paris contre les ordonnances de Juillet. Elu député par la Haute-Garonne après la révolution, il suivit, pendant six ans, à la Chambre, la ligne de conduite de l'école doctrinaire, vota les lois de septembre (1832), celle sur les crieurs publics, et celle sur les associations (1834). Nommé, en 1836, sous-secrétaire d'Etat au ministère de l'Intérieur, il fut nommé ministre de l'Intérieur, par M. Thiers, le 1er mars 1840. Ce fut sous son administration que le Gouvernement présenta aux Chambres le projet de loi demandant le retour des cendres de Napoléon Ier. Il quitta le ministère, en même temps que M. Thiers, en octobre 1840. Orateur et écrivain de l'opposition, il se distingua dans la discussion de plusieurs questions importantes, notamment dans celle des incompatibilités parlementaires. En 1842, il remplaça Jouffroy à l'Académie des sciences morales et politiques, en 1846, Royer-Collard à l'Académie française, et fut appelé, mais trop tard, par le roi Louis-Philippe, à faire partie d'un nouveau cabinet composé par M. Thiers. C'était au moment de la Révolution de Février. Envoyé à l'Assemblée constituante par le département de la Haute-Garonne, il occupa la vice-présidence du Comité de la guerre. Réélu, à la Législative, en 1849, il protesta contre le Coup-d'Etat, fut arrêté, conduit à Mazas, et momentanément expulsé de France. M. Charles de Rémusat se retira à Bruxelles jusqu'en septembre 1852, et, rentré en France, s'y consacra exclusivement à ses travaux littéraires et philosophiques. Durant les dernières années de l'Empire, il prit part aux luttes de l'opposition libérale contre le pouvoir. Le 2 août 1871, M. Thiers le nomma ministre des Affaires étrangères, et en cette qualité M. de Rémusat joua un rôle actif dans toutes les négociations qui amenèrent la libération du territoire. Au mois d'avril 1873 il se présenta à Paris comme candidat à la députation, mais il échoua contre M. Barodet. Il quitta le pouvoir avec M. Thiers le 24 mai. Le 12 octobre suivant, les électeurs de la Haute-Garonne l'élurent membre de l'Assemblée nationale, où, fidèle à son programme de républicain conservateur, il a constamment voté avec le Centre-Gauche. Parmi ses ouvrages, on cite : *Essais de philosophie* (1834, 2 vol.) ; — *Du paupérisme et de la charité légale* (1840) ; — *Abélard* (1845, 2 vol.) ; — *De la philosophie allemande*, rapport à l'Académie des sciences morales (1845) ; — *Passé et présent* (1847, 2 vol.) ; — *Saint Anselme de Cantorbéry* (1852) ; — *Critiques littéraires* (1856) ; — *L'Angleterre au XVIIIe siècle* (1856) ; — *Bacon, sa vie, son temps, sa philosophie et de son influence jusqu'à nos jours* (1858) ; — *Politique libérale ou fragments pour servir à la défense de la Révolution française* (1860). — M. de Rémusat était chevalier de la Légion d'Honneur depuis le 27 avril 1840. Il est décédé à Paris le 6 juin 1875.

RÉMUSAT (Paul-Louis-Etienne DE), né à Paris, le 17 novembre 1831 ; fils du précédent. Après avoir terminé ses études et son droit à Paris, il s'adonna à la culture des sciences et des lettres et s'y fit bientôt une réputation méritée. Elu membre du Conseil municipal de Toulouse, en 1865, il devint l'un des chefs de l'opposition libérale dans la Haute-Garonne ; cependant il échoua comme candidat à la députation aux élections de 1869. Après le 4 Septembre, il accompagna, comme secrétaire, M. Thiers dans sa tournée auprès des cours de l'Europe pour gagner des sympathies à la France. Au 8 février 1871, il fut élu député de la Haute-Garonne, le deuxième sur dix, par 83,000 voix environ. A l'Assemblée nationale il a siégé et voté avec le Centre-Gauche dont il a fidèlement suivi la politique jusqu'à la fin. Aussi, au 20 février 1876, les électeurs de l'arrondissement de Muret l'ont renvoyé à la Chambre des députés par 11,521 suffrages. Outre un grand nombre d'articles insérés dans le *Journal des Débats*, la *Revue des Deux-Mondes*, le *Courrier du Dimanche*, le *Progrès libéral* et le *Journal de l'agriculture de la Haute-Garonne*, on a de lui : *Les sciences naturelles. Etudes sur leur histoire et leurs plus récents progrès* (1857).

REMY (Esprit-Alexandre), né à Chatillon-sur-Marne (Marne), le 12 juillet 1817. M. Remy commença ses études médicales à la Faculté de Paris en 1833, y prit le grade de docteur, le 15 novembre 1839, avec une thèse sur le *Traitement de l'hypocondrie*, et s'établit à Mareuil-le-Port (arrondissement d'Epernay). Bientôt en possession d'une avantageuse notoriété, il remplit beaucoup de fonctions publiques et honorifiques. M. Remy, maire de la commune pendant 23 ans, est délégué cantonal pour l'instruction primaire depuis 32 ans, président du comité cantonal de l'instruction primaire (canton de Dormans). Président de la Société de secours mutuels de la commune de Mareuil-le-Port, société qu'il a fondée, membre de la commission de statistique, de la commission cantonale d'hygiène, médecin des pauvres et vaccinateur cantonal depuis 32 ans, etc. Il a obtenu des médailles d'or en 1849, 1855, 1862, des médailles d'argent en 1850, 1851, 1854, 1859, 1869, une médaille d'honneur des sociétés de secours mutuels le 7 août 1875, et une médaille de bronze en 1860, délivrées par les ministres, le département ou des académies, pour son dévouement éclairé pendant les épidémies de choléra, ses travaux de statistique, la mise en valeur des terrains communs jusqu'alors en friche, la propagation de la vaccine, ainsi que pour des mémoires académiques relatifs à l'histoire naturelle, l'origine du globe, la médecine, etc., M. Remy est membre correspondant de la Société d'agriculture, sciences, arts et commerce du département de la Marne, et membre correspondant de l'Académie de Reims. On lui doit : *Essai d'une nouvelle classification de la famille des graminées* (1861) ; — *Études sur la caverne de Mizy, contenant des ossements humains et des armes en silex* (1862).

RENAN (Joseph-Ernest), né à Tréguier (Côtes-du-Nord), le 27 février 1823. D'abord destiné à l'état ecclésiastique, il fit ses études à Paris dans une institution religieuse. Recommandé par ses rares aptitudes à la sollicitude de ses supérieurs, il suivit les cours de haute théologie au grand séminaire de Saint-Sulpice, et s'adonna, en même temps, aux études philologiques et philosophiques, et apprit les langues sémitiques. Bientôt, se sentant peu de goût et trop à l'étroit dans la carrière qu'il avait embrassée, il quitta le séminaire (1845), et gagna sa vie et les moyens de poursuivre ses études en donnant des leçons. Reçu le premier au concours d'agrégation de philosophie en 1848, il remporta, en même temps, le prix Volnay pour un mémoire sur les langues sémitiques, dont il a tiré plus tard son *Histoire générale et systèmes comparés des langues sémitiques* (1845, 2e édit., 1858, 2 vol.). En 1849, il fut chargé par l'Académie des inscriptions et belles-lettres d'une mission en Italie, où il rassembla les éléments de son travail sur le philosophe Averroès, paru en 1853. En 1850, il remporta un nouveau prix de l'Institut avec son *Étude de la langue grecque au moyen âge* ; et, au mois d'avril 1851, il fut placé au département des manuscrits, à la Bibliothèque nationale. Entré à l'Académie des inscriptions et belles-lettres, où il remplaçait Augustin Thierry, en 1856, il fut envoyé en Syrie, avec une mission du gouvernement, à la fin de 1860. Nommé professeur d'hébreu au Collége de France, il ouvrit son cours en février 1862, mais fut obligé par le gouvernement, à propos des manifestations bruyantes et hostiles du parti clérical, à l'interrompre aussitôt. L'année suivante, l'apparition de sa *Vie de Jésus* motiva sa destitution comme professeur, et il crut devoir refuser (juin 1864) une nomination à la Bibliothèque nationale que le ministre de l'Instruction publique, M. Duruy, lui offrait comme fiche de consolation. Candidat indépendant à la députation en mai 1869, M. Renan réunit une assez belle minorité dans la 2e circonscription de Seine-et-Marne. Il traitait à la même époque, avec un grand succès, les questions de l'éducation et de la famille aux conférences libres du Théâtre du prince impérial. On lui doit, outre des mémoires de philologie comparée, des ouvrages d'une haute portée : la traduction en prose rhythmée du *Livre de Job* (1859) et du *Cantique des Cantiques* (1860) ; — *Lettre à mes collègues*, écrite au sujet de la suspension de son cours d'hébreu (1862) ; — *Vie de Jésus* (1863, éditions nombreuses, dont une populaire et une illustrée par M. Godefroy Durand) ; cet ouvrage est peut-être de toutes les publications modernes, celle qui a fait le plus de bruit et soulevé le plus de controverses ; une foule d'évêques en ont pris texte pour leurs mandements ; la plupart des grands écrivains de tous les pays sont descendus dans la lice pour l'approuver ou le combattre ; il a provoqué l'apparition d'un nombre incroyable de volumes ou de brochures ; enfin il a été condamné par la congrégation de l'Index ; — *Mission de Phénicie* (1864-1871) ; — *Trois inscriptions phéniciennes* (1864, avec grav.) ; — *Les Apôtres* (1866) et *Saint Paul* (1869), qui font partie d'une *Histoire des origines du Christianisme* ; — *Nouvelles observations d'épigraphie hébraïque* (1867) ; — *Sur les inscriptions hébraïques des synagogues de Kfer-Berœim, en Galilée* (1867) ; — *Histoire générale des langues sémitiques* (1855, imprim. nation., 4 éditions) ; — *La réforme intellectuelle et morale* (1871). M. Renan a collaboré aux tomes XXIV, XXV et XXVI de l'*Histoire littéraire de la France*. Il a donné beaucoup d'articles à la *Liberté de penser*, à la *Revue des Deux-Mondes*, au *Journal de l'Instruction publique*, aux *Débats*, à la *Revue asiatique*, etc. Plusieurs de ces travaux ont été colligés, remaniés, et ont paru en librairie sous les titres suivants : *Études d'histoire religieuse* (1867) ; — *Essais de morale et de critique* (1859) ; — *Questions contemporaines* (1868). M. Ernest Renan a épousé Mlle Scheffer, fille de l'illustre peintre Henry Scheffer. Il a reçu la croix de la Légion d'Honneur le 29 décembre 1860.

RENARD (Athanase), né à Bourbonne-les-Bains (Haute-Marne), le 29 avril 1796. Reçu docteur en médecine à la Faculté de Paris, le 28 décembre 1819, avec une thèse intitulée : *Essai physiologique sur les facultés intellectuelles*, M. Renard, s'établit dans sa ville natale où il ne tarda pas à jouir d'une belle position. Médecin-inspecteur des eaux de Bourbonne, le 10 novembre 1830, maire de la même ville du 24 février 1832 au 9 octobre 1848, député aux élections générales de 1837, 1839 et 1843, membre du Conseil général de la Haute-Marne, en 1838, il fut élu président de ce conseil dans les sessions de 1843 et 1844, et donna sa démission en 1850. L'impossibilité dans laquelle M. Renard croyait être de concilier ses devoirs de médecin-inspecteur avec les autres fonctions publiques, l'avait déterminé à donner sa démission de cette dernière place, à la suite de sa seconde élection comme député (1839) ; mais la mort du docteur Lemolt, son successeur, le conduisit à donner sa démission de député après la session de 1843 et à reprendre ses fonctions de médecin-inspecteur en juillet de la même année. M. Renard est membre correspondant de la Société historique et archéologique de Langres et de la Société d'hydrologie médicale de Paris. Il a dû à ses nombreux travaux sur Jeanne-d'Arc, les titres de membre correspondant de l'Académie Stanislas de Nancy, de l'Académie de Reims et de la Société archéologique et historique de l'Orléanais. Il a publié notamment : *Bourbonne* et *ses eaux thermales* (1826); — *De l'imitation théâtrale à propos du romantisme* (1829, édition revue et augmentée en 1858); — *Le gouvernement parlementaire étudié dans les sessions de 1839, 1840 et 1841*; — *Etudes littéraires et dramatiques*, contenant deux tragédies : *les Pélopides* et *les Vêpres siciliennes* (1842, 2ᵉ édition 1862), *Un mot des réformes théâtrales* a été donné comme appendice à ces études, en 1865; — *Jeanne d'Arc ou la Fille du peuple au XVᵉ siècle*, drame historique en vers libres et en sept tableaux, suivi de *Commentaires historiques et littéraires* (1851-1854, édition revue, 1869); — *Jeanne d'Arc était-elle Française?* Trois réponses aux mémoires de M. Lepage, intitulées : *Jeanne d'Arc est-elle Lorraine?* (1853, 1855, 1857); — *Du nom de Jeanne d'Arc*. Examen d'une opinion de M. Vallet de Viriville (1854); — *La mission de Jeanne d'Arc*. Examen d'une opinion de M. Jules Quicherat (1855); — *1848, avant, pendant et après*, comédie en cinq actes, en vers libres (1865, édition revue, 1870); — *In extremis. Adieux au XIXᵉ siècle par un survivant du XVIIIᵉ* (1875); — *Franc-gauloises, vers et prose à travers les vanités du siècle* (2 volumes, 1866, avec un complément, 1867); — *Le Parlementarisme et le Philosophisme révolutionnaire* (1872); — *Les Philosophes et la Philosophie*, ouvrage terminé mais inédit, dont le *Contemporain* a publié plusieurs extraits. M. Renard, a donné en 1873, à la même revue, *La Politique du jour étudiée dans le passé* et *Où en est le droit des gens en Europe*, et en 1874, *l'Esthétique de M. Victor Hugo*. Il est chevalier de la Légion d'Honneur depuis le 30 avril 1844.

RENAUD (Edouard), né à Gravelines (Nord), en 1808. Il se sentit de bonne heure une vocation très-vive pour les arts et remporta les premières médailles à l'Ecole de dessin de Cambrai où il fit des études d'architecture. En 1827, il vint à Paris et se fortifia chez plusieurs architectes, notamment chez M. Alavoine à qui l'on doit la colonne de Juillet. Devenu inspecteur des travaux d'un architecte qui s'occupait spécialement de l'édification des théâtres, il participa à la reconstruction du théâtre de la Gaîté, aujourd'hui démoli, à la métamorphose de la vieille église Saint-Benoît en théâtre du Panthéon, et aux travaux du théâtre de Joigny. M. Ed. Renaud est un des premiers architectes qui, de notre temps, s'inspirèrent du style de la Renaissance et le remirent en honneur. La maison qu'il construisit, place Saint-George, en 1843, fut très-remarquée. En 1844, il commença ses envois au Salon, et s'occupa dès lors de dessins d'architecture, de projets d'étude et de restauration. Il construisit, en 1861, pour MM. Péreire, e beau château d'Armainvillers, l'un des plus superbes domaines de notre époque, entièrement créé, bâtiments et parc, dans l'ancienne forêt d'Armainvillers. Parmi celles de ses œuvres qui figurèrent au Salon, on cite : *Projet d'un hospice pour les invalides civils*, et *Projet d'une mairie pour le IIᵉ arrondissement* (1849); — *Projet d'une fontaine sur la place du Palais-National*; — *Embellissements pour le Carrousel et la rue de Rivoli, avec ou sans l'achèvement du Louvre* et *Projet de reconstruction du palais de Thérapia* (1850). M. Ed. Renaud est contrôleur en chef des travaux d'architecture de la ville de Paris depuis 1852. Il a obtenu une médaille de 3ᵉ classe en 1849, une de 1ʳᵉ classe en 1857 et la croix de la Légion d'Honneur en 1858.

RENAUD (Pierre-Michel), né à Saint-Jean-Pied-de-Port (Basses-Pyrénées), le 12 avril 1812. Il fit de solides études classiques au collége Henri IV et son droit à la Faculté de Paris. Puis il se consacra au commerce, et acquit, dans le pays basque, une grande popularité. Après la révolution de Février 1848, il remplit les fonctions de sous-commissaire de la République à Mauléon, et se présenta avec succès, dans son département, aux élections pour l'Assemblée constituante. Réélu à la Législative, il vota toujours avec les champions de la démocratie avancée. On se souvient encore de sa rencontre, à l'épée, avec M. de Montalembert, chef d'escadron de cuirassiers, qu'il blessa grièvement. Il fut compris dans la liste des proscrits du 2 Décembre, retenu deux mois prisonnier au Mont-Valérien, et à Sainte-Pélagie, et conduit à la frontière belge, d'où il se rendit en Espagne. Peu après, il fut l'objet d'une amnistie qu'il refusa avec énergie et son retour lui valut une série de persécutions et l'internement au fond de l'Andalousie. Dans une traversée entre Cadix et le port Santa-Maria, M. Renaud se jeta tout habillé à la mer agitée par la tempête et sauva, au péril de ses jours, la vie d'une jeune fille enlevée par une lame. *La Presse espagnole* se fit un devoir de louer noblement cet acte de courage ; plus tard et sur la provocation d'un officier supérieur en garnison à Lyon et en souvenir des évènements du 2 Décembre 1851, une rencontre au sabre eut lieu à Lérida en Catalogne ; elle fut fatale au provocateur. Après dix années d'exil, il profita de l'amnistie générale de 1859. La révolution du 4 Septembre le fit encore une fois sortir de la vie privée. Engagé volontaire dans les mobiles de Bayonne, il refusa le grade de capitaine, ainsi que le commandement supérieur des bataillons mobilisés de Bayonne et de Mauléon, auquel l'appela M. Gambetta ; il fit la campagne comme simple soldat. Il se trouvait à l'hôpital de Besançon quand ses concitoyens l'élurent spontanément représentant des Basses-Pyrénées à l'Assemblée nationale. M. Michel Renaud a siégé sur les bancs de la Gauche-Républicaine.

RENAULT (Léon-Charles), né à Alfort, le 24 septembre 1839; fils d'un inspecteur général des Ecoles vétérinaires, membre de l'Académie de médecine et de l'Institut, mort en 1856 victime de son dévouement à la science. M. Léon Renault, après avoir terminé ses études au lycée Saint-Louis, et pris le grade d'avocat à la Faculté de droit de Paris, devint secrétaire du célèbre avocat, M. Hébert. Ses débuts au barreau en 1862, dans l'affaire Vassel, impliqué dans un procès politique, eurent un grand retentissement. Le jeune avocat conquit rapidement une nombreuse clientèle et une importante situation. On cite parmi ses principales causes, celle des liquidateurs de la Caisse des chemins de fer. Pendant le siége de Paris, il devint secrétaire-général de

M. Cresson à la préfecture de police, après le 31 octobre et conserva ces fonctions jusqu'au commencement de février 1871. Le 15 avril suivant, M. Thiers le nomma préfet du Loiret, pour le rappeler, le 21 novembre 1871, à Paris où il lui confia la préfecture de police. C'est dans cette situation, qu'il a conservée plus de quatre ans, que M. Léon Renault montra les qualités d'un administrateur émérite. On lui doit, entre autres réformes importantes, la réorganisation de la police dans la banlieue de Paris. A la chute de M. Thiers, au 24 mai 1873, il voulut se retirer; mais le Gouvernement lui conserva ses fonctions dans les termes les plus flatteurs. Le 25 janvier 1875, il lut devant une commission d'enquête parlementaire, sur les agissements du parti bonapartiste, un rapport qui eut un immense retentissement. Il a donné sa démission de préfet de police le 6 février 1876. Le 20 du même mois les électeurs de l'arrondissement de Corbeil (Seine-et-Oise) l'ont élu membre de la Chambre des députés par 10,215 voix. M. Léon Renault est officier de la Légion d'Honneur depuis le 12 janvier 1875.

RENIER (Charles-Alphonse-Léon), né à Charleville (Ardennes), le 2 mai 1809. Il fit de bonnes études et se livra à l'enseignement, tout en cultivant l'archéologie. D'abord principal du collège de Nesle, il vint ensuite à Paris, où il donna des leçons particulières, et collabora à des œuvre de compilation telles que le *Dictionnaire encyclopédique de la France* de Lebas, dont les 3 derniers volumes ont été établis sous sa direction. Fondateur, en 1845, de la *Revue de philologie, de littérature et d'histoire ancienne*, il a dirigé aussi la nouvelle édition de l'*Encyclopédie moderne* de Courtin (1845-1851, 30 vol.). De 1850 à 1852, M. Renier a parcouru l'Algérie où il avait été chargé, par l'Institut, de rechercher les inscriptions romaines, et l'habileté dont il a fait preuve dans cette circonstance, comme épigraphiste, lui a valu une mission du comité historique relative à l'établissement d'un *Corpus* des inscriptions romaines de l'ancienne Gaule. Il a présidé à l'apparition du 5e volume des *Catacombes de Rome*, ouvrage édité aux frais du gouvernement (1851-1853), et rédigé l'explication des planches dont il est composé. En 1861 il a été chargé par l'empereur de l'acquisition des jardins Farnèse au mont Palatin (Rome), et de diriger les fouilles qui y furent pratiquées en vue de rechercher les ruines du palais des Césars. Il a publié: *Mélanges d'épigraphie* (1854); — *Recueil des inscriptions romaines de l'Algérie*, qui renferme le texte et la traduction de 4,417 monuments (1855); — une traduction, avec texte original de *Théocrite*; et des *Mémoires* dans le *Recueil de la Société des Antiquaires de France*, la *Revue archéologique*, etc. Sous-bibliothécaire de la Sorbonne en 1847, il y est devenu conservateur adjoint et a été nommé, en 1861, professeur d'épigraphie au Collège de France. M. Renier, membre de la Société des Antiquaires de France depuis 1845, en a été élu président en 1855, et a remplacé M. Fortoul à l'Institut (Académie des inscriptions et belles-lettres) en 1856. Il est officier de la Légion d'Honneur depuis 1862.

RENOUARD (Augustin-Charles), né à Paris, le 22 octobre 1794; fils du libraire de ce nom mort en 1853. Il entra à l'Ecole normale en 1812, en sortit en 1815 et fut nommé, la même année, répétiteur de la conférence de philosophie. Il poursuivit en même temps ses études de droit. Reçu avocat en 1819, il se fit inscrire au barreau. Il appartenait au parti libéral et fut remarqué dans plusieurs procès politiques. Après 1830, il fut nommé Conseiller d'Etat et secrétaire général du ministère de la Justice. Il fut plusieurs fois réélu à la Chambre des députés par le département de la Somme de 1831 à 1842, et devint conseiller à la Cour de cassation (1839), et pair de France (1846). Il a siégé à la Cour de cassation jusqu'en 1869, époque où il l'a quittée avec le titre de conseiller honoraire. En 1871, il a été nommé procureur général près de cette Cour et il y a prononcé plusieurs discours importants. Depuis 1861 il est membre de l'Académie des sciences morales et politiques, dans la section de législation et de jurisprudence. Il prend ainsi une part active aux travaux de la Société d'économie politique dont il est le président. Outre un grand nombre de rapports, lettres, notices et d'articles publiés dans le *Globe*, la *Thémis*, la *Revue de législation*, le *Journal des Economistes*, la *Revue encyclopédique*, le *Dictionnaire de l'économie politique*, etc, on lui doit : *De identitate personali* et *Sur le style des prophètes hébreux* (1814), thèses pour le doctorat; — *Projet de quelques améliorations dans l'éducation publique* (1815); — *Eléments de morale* (1818); — *Considérations sur les lacunes de l'éducation secondaire en France* (1824); — *Mélanges de morale et d'économie politique*, extraits de B. Franklin (1824, 2 vol., 3e édition, 1853); — *Traité des brevets d'invention* (1825, 3e édition, 1864); — *Il faut semer pour recueillir* (1827); — *L'éducation doit-elle être libre?* (1828), honoré d'une mention par l'Académie française; — *Traité des droits des auteurs dans la littérature, la science et les beaux-arts* (1838-1839, 2 vol.); — *Traité des faillites et des banqueroutes* (1842); — *Du droit industriel dans ses rapports avec les principes du droit civil sur les personnes et sur les choses* (1861); — *Tableau de la composition personnelle de la Cour de cassation depuis son origine jusqu'à la Constitution de l'an VIII* (1861); — *La Cour de cassation pendant les années judiciaires*, 1869-1870, 1870-1871 (1871); — *De l'impartialité* (1874), discours de rentrée. M. Renouard a été promu commandeur de la Légion d'Honneur le 14 octobre 1873.

RENOUARD (Jean-Pierre-Fortuné-Libre), né à Mende (Lozère), le 5 mars 1792. Son père s'enrôla à l'âge de 16 à 17 ans et servit dans les Gardes françaises. Rentré dans ses foyers à Mende après la Révolution de 1789, il y fut élu capitaine de la garde nationale et s'acquitta glorieusement à ce titre de plusieurs missions contre les chouans. Nommé d'abord par le suffrage de ses concitoyens greffier en chef de la Cour criminelle de la Lozère, il fut maintenu plus tard par le choix du 1er Consul dans cette fonction qu'il exerça jusqu'à sa mort, en 1808. M. Jean Renouard fit de bonnes études. Après avoir terminé son droit à la Faculté de Paris, il fut admis maître d'étude au Lycée impérial, à la suite d'un examen subi devant le professeur de rhétorique. Nommé avoué, avec dispense d'âge, en 1816, il rentra dans sa ville natale où il fit toute sa carrière. La révolution de 1830 l'appela aux fonctions publiques. Membre de la députation de son département auprès du nouveau souverain, il fut nommé secrétaire général de la préfecture. Cet emploi ayant été supprimé en 1832, il se fit porter sur le tableau des avocats et fut le bâtonnier de l'ordre, de 1836 à 1849. Dès 1832, M. Renouard fut appelé au Conseil de préfecture et chargé de la signature comme secrétaire général, Il remplit ces fonctions avec un zèle et un dévouement qui lui valurent, le 20 février 1841, la croix de la Légion d'Honneur, sans qu'il l'eût demandée. Révoqué en 1848, par le commissaire extraordinaire, il produisit immédiatement sa candidature à l'Assemblée nationale et fut élu malgré l'opposition violente de l'administration, représentant de la Lozère. Il vota avec la majorité. Réélu à la Législative, il soutint la politique de l'Elysée et fit partie, après le Coup-d'Etat, de la Commission consultative. Aux élections générales de 1852, il fut nommé député au Corps législatif, mais sa santé alors altérée, l'obligea de renoncer aux agitations de la vie politique. Il donna sa démission, pour accepter, dès la même année, le siége de président du Tribunal civil de Mende. Elu, en 1853, au Conseil général, il en eut la présidence dès cette même année, et consécutivement jusqu'en 1860 inclusivement. M. Renouard a pris sa retraite par limite d'âge en 1862 et a été nommé président honoraire. Depuis 1830, il a constamment rempli des fonctions gratuites. Il est encore membre du Conseil départemental d'instruction publique, président de la Commission de surveillance de l'Ecole normale primaire, etc. Depuis 1867, il est officier d'Académie.

RENOUVIER (Charles-Bernard), né à Montpellier, le 1er janvier 1815. Son père, député en 1827, fut l'un des 221, et siégea jusqu'en 1834 à la Chambre, où il vota constamment avec l'opposition. Son frère, M. Jules Renouvier, archéologue distingué, représentant du peuple, est décédé à Montpellier le 23 septembre 1860. Entré à l'Ecole polytechnique en 1834, M. Charles Renouvier en sortit en 1836, mais sans accepter aucune des fonctions auxquelles il pouvait aspirer. Bientôt même il abandonna l'étude des mathématiques pour celle de la philosophie et prit part aux luttes du parti républicain. En 1848 il publia, sous les auspices de M. Carnot, ministre de l'Instruction publique, un *Manuel républicain de l'homme et du citoyen* dont les idées furent violemment attaquées à la Chambre et qui devint le prétexte choisi par les adversaires de M. Carnot pour le forcer à la retraite. En 1851 il rédigea, avec quelques amis, une série de brochures, *Le Gouvernement direct*, formant l'ensemble d'un projet d'organisation de la République, avec le canton pour base. Jusqu'au Coup-d'Etat, il combattit la politique de l'Elysée dans les journaux. Plus tard, il collabora à la *Revue philosophique et religieuse* où il publia, outre un certain nombre d'articles sur des questions philosophiques et religieuses, les premiers chapitres d'un roman qui, terminé longtemps après, a été publié seulement en 1876, sous le titre *Uchronie, l'Utopie dans l'histoire*, etc. En 1867 il fonda l'*Année philosophique*, revue annuelle transformée en 1872 en une feuille hebdomadaire : *La critique philosophique*, et qui continue à paraître. Du reste, l'histoire véritable de M. Renouvier est dans le développement de son système connu sous le nom de « criticisme, » et celui-ci est exposé en détail dans ses œuvres qui comprennent, outre ce que nous avons déjà cité, et de nombreux articles dans divers journaux : *Manuel de philosophie moderne* (1842) ; — *Manuel de philosophie ancienne* (1844, 2 volumes) ; — *Essais de critique générale* (1854-1864, 4 vol.) ; — *Science de la morale* (1869, 2 vol.), etc.

RESAL (Aimé-Henri), né à Plombières (Vosges), le 27 janvier 1828. Entré à l'Ecole polytechnique en 1847, il appliqua, pendant qu'il était encore élève, le calcul intégral à l'étude du frottement dans les engrenages coniques et dans la vis sans fin. Ce travail fut inséré dans le *Journal de l'Ecole polytechnique* (1850). C'est depuis cette époque que Poncelet voulut bien l'honorer de sa constante amitié. Dès 1850, il lui confia ses notes sur les leçons qu'il professa à la Sorbonne, et M. Resal publia, sous ses auspices, les *Eléments de mécanique* (1851, 2e édition, 1860). M. Resal eut l'heureuse fortune de trouver, dès le début de sa carrière, un guide et un appui auprès de professeurs illustres. C'est ainsi que, en 1850, Bravais donna place, dans ses leçons à l'Ecole polytechnique, à une partie des recherches qu'il avait faites, comme élève, sur l'électrodynamique et que, après avoir soutenu ses thèses pour le doctorat (1855), il fut l'objet de la bienveillance la plus flatteuse de la part de Lamé et de Cauchy, et ce dernier lui fit l'honneur de lui offrir ses œuvres. Dans les fonctions variées que M. Resal a remplies depuis lors, le progrès des sciences a été sa constante préoccupation. Comme professeur, tout en portant ses leçons au niveau le plus élevé que comportaient les programmes, il s'attacha à simplifier les démonstrations et à créer des méthodes nouvelles de nature à étendre ou à faciliter les applications. Il réalisa des progrès importants en créant des théories qui conduisaient facilement à la solution de questions considérées jusque-là comme inabordables. Sa *Théorie sur la rotation des corps* (1857) lui permit de résoudre, par l'emploi d'un système particulier d'axes mobiles, et presque sans calcul, des questions importantes relatives au mouvement des solides de révolution. M. Resal introduisit dans la mécanique un élément nouveau qu'il désigna sous le nom d'*Accélération angulaire composée* (1857), qui permet de poser immédiatement les équations du mouvement relatif d'un corps solide, ainsi que la création de la *Théorie des suraccélérations* (1868), et celle du *Roulement des surfaces* et des *Courbes de roulement*. Il a publié un *Traité élémentaire de mécanique céleste* (1865), entrepris sur le conseil de Poncelet et ayant pour but de faire de la partie théorique de la mécanique céleste la continuation naturelle des leçons de l'Ecole polytechnique et des Facultés des sciences ; des *Commentaires sur l'équivalence de la chaleur et du travail* (1861), dans lequel il fit connaître le premier en France les travaux faits à l'étranger sur ce sujet. En 1868, en s'appuyant sur la thermodynamique, il établit une théorie du mouvement des projectiles dans les armes à feu, qui concorde entièrement avec les faits d'expériences du comité d'artillerie. Il avait posé, du reste, dès 1866, les bases d'une théorie nouvelle de la dérivation des projectiles, et en vertu de ces travaux, il fut nommé en 1873 adjoint au comité d'artillerie pour les questions scientifiques. Il est aussi l'auteur d'une théorie complète de l'*Injecteur auto-moteur* (1862), du *Manomètre Bourdon* (1867), du *Régulateur Larivière* (1872), du *Marteau américain* (1872) et des *Pendules conjugués*. Les travaux de M. Resal comme ingénieur des mines sont trop spéciaux pour trouver place ici. Nous nous bornerons à donner sur ce point les indications suivantes : Nommé ingénieur au corps des mines en 1849, il devint ingénieur de 1re classe le 24 août 1865. En 1855, il fut nommé professeur à la Faculté des sciences de Besançon et en 1872 à l'Ecole polytechnique. Officier de l'Instruction publique (1856), membre correspondant de la Société philomathique (1865), lauréat au concours des sociétés savantes (1870), vice-président de la Société mathématique de France dont il est l'un des fondateurs, M. Resal a été élu membre de l'Académie des sciences le 2 juin 1873. Il a pris en 1875 la direction scientifique du *Journal de mathématiques pures et appliquées* fondé par M. Liouville. Il est chevalier de la Légion d'Honneur depuis le 16 août 1863. Outre un certain nombre de mémoires et d'articles publiés dans les *Annales des mines*, les *Mémoires de la Société d'émulation du Doubs*, etc., on doit encore à ce savant : *Mémoire sur le mouvement vibratoire des bielles de locomotives* (1856) ; — *Commentaires aux travaux publics sur la chaleur considérée au point de vue mécanique* (1862); — *Traité de cinématique pure* (1862); — *Recherches sur le mouvement des projectiles dans les armes à feu* (1864); — *Traité de mécanique générale* (1873-1876, 4 vol.); — *Recherches sur la dispersion des éléments des obus à balles après l'explosion* (1875).

RESSÉGUIER (Albert, *comte* DE), né à Toulouse, le 27 novembre 1816. Ses études de droit terminées à Paris, il alla compléter son instruction dans les Universités allemandes. En 1838, il fit paraître la traduction d'un ouvrage de polémique contre la persécution religieuse en Prusse, l'*Athanase de Gœrres*, écrit au sujet de l'emprisonnement de l'archevêque de Cologne. Collaborateur de diverses publications littéraires et religieuses, spécialement de la *Vie des saints* (1845), il reçut, des électeurs des Basses-Pyrénées, en 1849, le mandat de représentant à la Législative où il prit place parmi les monarchistes-parlementaires. A cette époque, il demanda la réduction de l'indemnité allouée aux représentants, une amélioration du régime forestier, et la mise en liberté de l'émir Abd-el-Kader. En qualité de membre de la Commission permanente de l'Algérie, il présenta à l'Assemblée, au sujet de cette colonie, des projets qui furent adoptés. Il fut aussi chargé du rapport sur la réglementation du droit de pétition. Enfin, le 2 décembre 1851, il signa la déchéance du président et fut incarcéré au Mont-Valérien. Membre du Conseil municipal de Pau et du Conseil général des Basses-Pyrénées de 1852 à 1862, il a, dans ces différents conseils et dans les polémiques de la presse du Midi, combattu constamment les tendances de l'Empire. De même, il a soutenu de sa plume, de son influence et de ses ressources personnelles, plusieurs œuvres religieuses. Pendant le siège de Paris, il fit partie de la Société internationale de secours aux blessés et prit une part active, tant dans les ambulances que sur les champs de bataille, aux œuvres de cette Société. C'est en son absence, et sans qu'il eût pu en être informé, que les électeurs du Gers l'élurent par 57,535 voix, le 8 février 1871, membre de l'Assemblée nationale. M. le comte de Rességuier a siégé à la Droite. Membre et rapporteur de la Commission chargée d'examiner les actes du gouvernement de la Défense nationale, il a été également chargé de rapports relatifs à l'établissement des émigrants alsaciens en Algérie, à une réforme du règlement de l'Assemblée nationale, à la révision de la loi de 1838 sur les aliénés, etc. Il a fait partie de plusieurs commissions importantes, et notamment de celle qui a proposé la loi de l'instruction primaire et celle des Trente.

REVERCHON (François-Alexis-Emile), né à Laferrière (Doubs), le 10 mai 1811. Il fit son droit à la Faculté de Paris, où il prit le grade de docteur au mois de mai 1835, et entra dans l'administration. Auditeur au Conseil d'Etat en 1838, chef du cabinet de Martin du Nord, au ministère de la Justice en 1842, maître des requêtes au Conseil d'Etat depuis 1846, chargé des fonctions du ministère public près la section du contentieux en 1851, il fut révoqué en juillet 1852 au sujet du rôle qu'il joua lors de la confiscation des biens de la famille d'Orléans. Alors il succéda à son beau-père, M. Hautefeuille, dans sa charge d'avocat au Conseil d'Etat et à la Cour de cassation. En 1860, il abandonna son cabinet pour se faire inscrire au tableau des avocats de la Cour de Paris. M. Reverchon a été nommé membre de la commission de réorganisation du régime municipal, à Paris, au commencement de 1870, et avocat général près la Cour de cassation le 16 novembre suivant. Il a publié : *Des autorisations de plaider nécessaires aux communes et aux établissements publics* (1841, 2e édit., 1853); — une *Notice sur M. Martin du Nord* (1849) ; — et plusieurs autres *Notices*, ainsi que des articles de jurisprudence insérés dans la *Revue pratique de législation*, la *Revue critique*, etc. M. Reverchon est chevalier de la Légion d'Honneur depuis le 4 mai 1844.

REVERCHON (Honoré), né à Morez-du-Jura, le 13 novembre 1821. Issu d'une famille d'industriels, M. Reverchon se consacra d'abord à l'étude des sciences, et se fit recevoir en 1841 à l'Ecole polytechnique, mais il ne suivit aucune des carrières ouvertes devant lui au sortir de cette Ecole. En 1846, il prit à la Faculté de Paris le grade de licencié en droit. Entré dans la magistrature administrative, comme conseiller de préfecture dans le Jura, en 1847, il donna sa démission en 1855, pour se vouer à l'industrie, et devint, en 1869, directeur de la Compagnie des forges d'Audincourt (Doubs) et dépendances. Ayant acquis une grande influence dans son département, il fut élu membre du Conseil général en 1860, et soutint, en 1869, contre l'administration, lors des élections législatives, une candidature indépendante, d'un libéralisme très-accentué. M. Reverchon est un des industriels de France qui savent le mieux associer l'intérêt général du pays et l'intérêt provincial. Il a beaucoup contribué au développement des voies ferrées en Franche-Comté. Le 8 février 1871, 25,603 électeurs du Jura l'ont envoyé à titre de candidat républicain modéré à l'Assemblée nationale où il siégeait sur les bancs du Centre-Gauche, assistait à la réunion Féray, et soutint la politique du Gouvernement. Le 8 octobre 1871, il fut réélu membre du Conseil général du Jura, où il représente le canton de Saint-Laurent. M. Reverchon fut nommé, en 1872, membre du Conseil supérieur du commerce dont il fait encore partie, et à la fin de cette même année (1872), il donna sa démission de membre de l'Assemblée nationale par le motif qu'il ne lui semblait pas possible de remplir convenablement à la fois les fonctions de député et celles de directeur d'une compagnie industrielle.

RÉVILLE (Albert), né le 4 novembre 1826 à Dieppe où son père, Jean Réville, décédé en 1862, a été, depuis 1826, pasteur, puis président du Consistoire. Après avoir fait à Genève des études théologiques qu'il termina à Strasbourg, en 1848, M. Albert Réville débuta dans la carrière pastorale comme suffragant à Nîmes. Pasteur libre à Luneray depuis 1848, il fut appelé en 1851, comme pasteur de l'Église réformée wallonne de Rotterdam et conserva ce poste jusqu'en 1872, époque où il revint en France avec le grade de docteur en théologie qu'il avait reçu, en 1860, de l'Université de Leyde à la suite d'un concours où il avait remporté le premier prix. Depuis son retour, M. Réville se livre à la prédication ou fait des conférences scientifiques et littéraires dans diverses villes de France, de Suisse, de Belgique, d'Alsace et de Hollande. Il appartient à la *Ligue de l'enseignement*, dont il préside le cercle à Dieppe. Par ses opinions, il est l'un des représentants de l'école avancée du protestantisme français. Il a fourni un grand nombre d'articles au *Lien*, à la *Revue de théologie et de philosophie chrétienne*, au *Disciple de Jésus-Christ*, au *Temps*, à la *Revue germanique*, à la *Revue des Deux-Mondes*, ainsi qu'à plusieurs journaux étrangers. On a en outre de lui : *Introduction à l'histoire du culte* (1849), traduit de l'anglais ; — *Authenticité du Nouveau Testament* (1851), traduit de l'allemand, ces deux traductions sont des essais de jeunesse et antérieures à l'époque où ses opinions se prononcèrent dans la direction qu'elles n'ont cessé de suivre depuis lors ; — *De la Rédemption* (1859) ; — *Essais de critique religieuse* (1860) ; — *Manuel d'histoire comparée de la philosophie et de la religion* (1861), traduit du hollandais ; — *Etudes critiques sur l'Evangile selon saint Matthieu* (1862), épuisé ; — *La vie de Jésus de M. Renan devant les orthodoxes et devant la critique* (1863) ; — *Manuel d'instruction religieuse* (1863, 2⁰ édition, 1866) ; — *Notre christianisme et notre bon droit* (1864), lettres à M. le pasteur Poulain ; — *Théodore Parker et sa vie* (1865) ; — *Quatre conférences sur le christianisme* (1865) ; — *Histoire du dogme de la divinité de Jésus-Christ* (1869, 2⁰ édition, 1876) ; — *L'enseignement de Jésus-Christ comparé à celui de ses disciples* (1870) ; — *Douze sermons* (1874). — M. Albert Réville est chevalier de l'ordre du Lion néerlandais, et membre correspondant de l'Académie royale des sciences d'Amsterdam. Il vient d'être nommé conseiller d'arrondissement par les électeurs du canton de Dieppe.

RÉVILLON (Antoine, dit Tony), né à Saint-Laurent-lès-Mâcon (Ain), le 29 décembre 1832. Après avoir terminé ses études classiques aux collèges de Mâcon et de Lyon et passé quelque temps comme clerc dans une étude de notaire, il vint à Paris en 1857 et débuta aussitôt, sous les auspices de M. de Lamartine, dans la *Gazette de Paris*. De là, il passa au *Figaro* littéraire bi-hebdomadaire, puis successivement dans un grand nombre de journaux littéraires et politiques où, soit sous son nom, soit sous divers pseudonymes, il se fit remarquer comme chroniqueur vivant et spirituel, comme romancier inventif et fécond. En 1866, il mit le sceau à sa réputation par ses chroniques quotidiennes de la *Petite Presse*. Appelé à traiter chaque jour, durant plusieurs années, un sujet nouveau, actuel, intéressant, il éleva cette besogne hâtive à un niveau inconnu avant lui : causeur fin et élégant, lettré érudit, homme de goût, écrivain consciencieux, il savait instruire en même temps qu'intéresser. Ses chroniques furent pour une large part dans le succès de la *Petite Presse*. Doué d'un remarquable talent de parole, M. Tony Révillon s'est fait aussi connaître comme conférencier et comme orateur, soit dans les réunions publiques, soit dans les séances les plus importantes de la Société des gens de lettres. Candidat de l'Alliance républicaine aux élections de 1871, il a obtenu 30,000 voix à Paris. Un groupe d'électeurs de l'arrondissement de Vincennes lui avait offert la candidature aux élections de 1874, mais il s'est retiré la veille des élections devant un autre choix fait par le Comité central, donnant ainsi l'exemple de la discipline démocratique. C'est un député de demain. Nous ne citerons qu'une partie des journaux auxquels a collaboré M. Révillon : le *Charivari*, le *Nain jaune*, le *Sport*, le *Rappel*, le *Peuple souverain*, l'*Avenir national*, le *Corsaire*, la *Petite République française*. On lui doit en outre : *Le monde des eaux* (1860) ; — *Les bacheliers* (1865) ; — *La belle jeunesse de François Lapalud* (1866) ; — *Le Faubourg Saint-Germain* (1867) ; — *Les timbres des journaux* (1870) ; — *Le Faubourg Saint-Antoine* (1870) ; — *La Séparée* (1874) ; — *Les convoitises* (1875) ; — *L'Exilé et le Bourgeois perverti* (1876).

RÉVOIL (Bénédict-Henry), né à Aix (Bouches-du-Rhône), le 16 décembre 1816; descendant de la famille de Louis de Révoil, ancien intendant de l'armée de Provence mort en 1594, lequel avait été le premier ministre des Affaires étrangères de France sous le règne de Henri IV, et fils du célèbre peintre d'histoire Pierre Révoil, directeur et fondateur de l'Ecole des beaux-arts de Lyon, mort en 1841. Elevé à Lyon par M. de Place, correcteur des œuvres de de Maistre, M. Bénédict Révoil fut d'abord attaché au ministère de l'Instruction publique, puis au département des manuscrits à la Bibliothèque royale. Il partit en 1841 pour les Etats-Unis, y séjourna pendant dix ans, voyageant, étudiant, composant et faisant jouer des œuvres dramatiques en anglais, recueillant enfin une foule de matériaux pour ses futurs ouvrages. Il fut attaché au *Courrier des Etats-Unis* et ensuite au *New-York-Herald* où il fonda l'édition française pour l'Europe, encore continuée à notre époque par le fils de James Gordon Bennett. De retour en France, il publia un grand nombre d'ouvrages et collabora à divers journaux tels que la *Revue des Deux-Mondes*, l'*Illustration*, l'*Ordre*, l'*Assemblée nationale*, le *Journal des Chasseurs*, etc. En 1867, il créa la *Chasse illustrée* et, lorsqu'il quitta la direction de ce journal, publia le *Chasse et la Pêche*, dont seulement 25 numéros ont paru. Ses œuvres dramatiques comprennent : le *Vaisseau-Fantôme* (1842), opéra en deux actes, en collaboration avec Paul Foucher, et trois comédies écrites en anglais et représentées en Amérique : *New-York comme il est, et comme il sera*; *Kut-Yer-Stick*; *Socialism* ou *Horatius Greeley*. On a encore de lui : *Histoire et recherches sur l'origine des ports d'armes* (1839); — *Chasses et pêches de l'autre monde* (1856, 2° édition, 1860); — *Le roi d'Oude* (1859); — *L'Inde à vol d'oiseau* (1857); — *Pêches dans l'Amérique du Nord* (1859); — *La Maison hantée* (1860); — *Le pays inconnu*; — *Le dessus du panier* (1861); — *L'Amour qui tue* (1863); — *L'Exposition universelle des chiens illustrée* (1865, in-4°); — *Le portefeuille d'un conteur* (1863); — *Le bivouac des trappeurs* (1864); — *Bourres de fusil* (1865); *Vive la chasse!* (1867); — *Histoire physiologique et anecdotique des chiens de toutes les races* (1867); *La Saint-Hubert* (1873); — *La vie des bois et du désert* (1874); — *Les mémoires du baron de Crac* (1875); — *Les chasses enfantines* (1875); — *Le voyage au pays des Kangarous* (1876); — *Le livre des aventures* (1876). Ses traductions de romans anglais ou allemands sont nombreuses. Nous citerons : *Les Harems du Nouveau-Monde* (1856); — *Les pirates du Mississipi* (1857); — *Abigail* (1857); — *Les deux convicts* (1858); *Le docteur américain* (1860); — *Les drames du Nouveau-Monde* : l'*Ange des prairies*; les *Ecumeurs de mer*; le *Fils de l'oncle Tom*; les *Parias du Mexique*; la *Sirène de l'Enfer*; la *Tribu du Faucon noir* (1864-1865, 7 vol.); — *Les brigands des prairies*; *Les voleurs de chevaux*; *Le Peau-Rouge*; *Les pionniers du Far-West* (1874), etc. M. Bénédict Révoil a en portefeuille deux vaudevilles : *La Plage de Trouville* et la *Cuisine dans le sous-sol*, un opéra-comique : *Tra los montes* et un opéra en 5 actes : *Jeanne de Naples*. Il est commandeur de l'ordre du Christ de Portugal et de Charles III d'Espagne, officier des Saints-Maurice et Lazare d'Italie et d'Isabelle-la-Catholique d'Espagne, chevalier des ordres du Mérite de Hohenzollern, de François-Joseph d'Autriche, etc.

RÉVOIL (Henri-Antoine), né à Aix (Bouches-du-Rhône), le 19 juin 1822; frère du précédent. Elève de Caristie pour l'architecture, M. Révoil se fit rapidement un nom dans cet art. Il débuta au Salon de 1846 par un plan de l'*Etat actuel et Restauration* du cloître de l'Abbaye de Montmajour, près d'Arles. En 1849, il se fixait dans la ville de Nîmes qu'il a continué à habiter depuis. En 1854, il était nommé architecte diocésain du Var, des Bouches-du-Rhône, de l'Hérault et du Gard en 1869. On lui doit la reconstruction de la majeure partie de la cathédrale de Montpellier, la construction du petit séminaire de cette ville, du petit séminaire et de la chapelle des Carmélites d'Aix, et environ cinquante églises construites ou restaurées d'après ses projets. La restauration du cloître de Montmajour, de l'église de Saint-Trophime et du théâtre antique d'Arles et surtout celle des arènes de Nîmes, son œuvre capitale, comme architecte des monuments historiques. En 1874, il a été nommé architecte de la cathédrale de Marseille et chargé d'achever et de décorer cet immense édifice. On lui doit un ouvrage considérable : *L'Architecture romane du Midi de la France* (1864-1867, 3 volumes in-folio). M. Henri Révoil, chevalier de la Légion d'Honneur (12 août 1865), et officier d'Instruction publique, a reçu en 1874, de l'Académie des inscriptions, la médaille des antiquités nationales. Il est membre non résidant du Comité des travaux historiques et de nombreuses académies et sociétés savantes de France et de l'étranger.

REY (Alexandre), né à Marseille, le 27 octobre 1818. Il débuta de bonne heure dans la politique et fut le collaborateur de M. de Lamennais au journal le *Monde*, et de M. Louis Blanc, dans la *Revue du Progrès*. Depuis, il ne s'est jamais démenti, et à travers toutes les vicissitudes de nos révolutions et de nos réactions, il n'a cessé d'appartenir au parti républicain, qu'il a toujours fidèlement servi, mais avec une entière indépendance de caractère, et souvent en réservant le droit de ses dissidences. Un duel politique qu'il eut en 1847, et dans lequel il fut grièvement blessé, eut un grand retentissement. Il prit une part active à la révolution de 1848, et accompagna à l'Hôtel-de-Ville M. de Lamartine, auquel le rattachaient d'étroits rapports d'amitié personnelle. Il remplit quelque temps auprès du gouvernement provisoire les fonctions de secrétaire avec M. Charles Blanc. Dans les premiers jours de mars, il fut envoyé à Anzin en qualité de commissaire extraordinaire, avec la mission de faire cesser une grève des ouvriers mineurs, et de rétablir l'ordre gravement compromis. Il fut assez heureux pour faire accepter, par les ouvriers comme par les administrateurs de la grande compagnie d'Anzin, un arrangement qui donnait satisfaction au travail sans compromettre les capitaux engagés. A la suite de cette mission, des personnes notables de Valenciennes lui offrirent une candidature à la députation qu'il refusa. Entré au *National*, ses articles y furent vite remarqués, et il y obtint bientôt la première place. Élu député aux élections complémentaires de juin 1848, par le département des Bouches-du-Rhône, il siégea et vota avec le parti républicain modéré. Au 2 Décembre, il fit partie avec MM. Victor Hugo, Michel (de Bourges), Jules Favre, Carnot, du Comité insurrectionnel, qui s'efforça d'organiser la résistance contre le Coup-d'État. En 1871, il fonda et dirigea pendant plusieurs mois la *Nation souveraine*, qui rendit de notables services à la cause de la République modérée. Dans les derniers temps de mai 1874 à fin décembre 1875, il a été directeur et rédacteur en chef du journal le *Bien public*. Le 17 juillet 1876, M, Alexandre Rey a été nommé préfet du Var.

REY (Daniel-Marie-Hospice), né à Aurel (Drôme), le 2 mai 1802. Jouissant d'une position indépendante, et bien connu pour son libéralisme, il fut nommé, en 1830, commandant du bataillon cantonal de la garde nationale de Saillans. Maire du Bourg-de-Saillans en 1836, il refusa son concours à l'exécution de la loi du recensement général des propriétés bâties, en 1841. D'abord président du Conseil d'arrondissement de Die, il fut ensuite envoyé, par son canton, et à l'unanimité, au Conseil général de la Drôme, où il siégea jusqu'en 1851. Après les événements de Février 1848, il avait été élu représentant à la Constituante, où il avait constamment voté avec la fraction républicaine dite du *National*, et à la Législative, où il s'était prononcé contre l'expédition d'Italie, la loi du 31 mai, et généralement toutes les propositions contraires aux intérêts démocratiques. Réfugié en Belgique après le Coup d'État il y vécut dans l'intimité de MM. Michel de Bourges, Charras, Mathieu de la Drôme, etc. Rentré en France, il refusa le serment, et abandonna ses fonctions honorifiques et rentra dans la vie privée avec l'intention de n'en plus sortir. Mais, à l'avènement de la troisième République, M. Rey a dû accepter de nouveau, sur de nombreuses instances, un siège au Conseil général de la Drôme où ses collègues l'ont investi des fonctions de président.

REYMOND (William), né à Lausanne (Suisse), le 23 mai 1823. Après avoir fait ses études à l'Académie de Lausanne, il alla les compléter d'abord à Kœnigsberg (Prusse), puis à Paris. Il se destinait à la médecine, lorsqu'on lui offrit le poste de bibliothécaire cantonal dans son pays. Dès ce jour il se voua à la littérature et rédigea pendant trois ans, avec le colonel Ferdinand Lecomte et le peintre Bocion, un journal charivarique, la *Guêpe*. En 1854, il fut appelé à Neuchâtel comme rédacteur en chef du *Républicain neuchatelois*. Deux ans plus tard il revint à Paris où il contribua, comme secrétaire de M. Kern, ministre plénipotentiaire de Suisse à Paris, au règlement de la question de Neuchâtel qui fut libéré de toute domination prussienne. Il alla passer cinq ans à Berlin où il fit des conférences publiques, et publia quelques volumes. En 1864 il revint à Paris et fut appelé en 1867, par le gouvernement italien, à assister, comme secrétaire, au Congrès de statistique de Florence. En 1870, au bout de deux mois de siège, il obtint, avec quelques autres de ses compatriotes, de sortir de Paris (6 novembre), pour rejoindre sa famille en Suisse. Il fit dans son pays des conférences sur le siège de Paris, et fut nommé professeur d'esthétique à l'Académie de Lausanne, puis à l'Université de Genève. En 1875, il revient à Paris où il prend part à la rédaction de l'*Explorateur*, de l'*Illustration*, de l'*Art*, etc. Il a été successivement collaborateur de l'*Atheneum*, de la *Revue française*, du *Courrier de Paris*, du *Courrier du Dimanche*, de l'*Époque*, de l'*Artiste*, du *Siècle*, de la *Revue contemporaine*, du *Soir*, etc. On lui doit : *La Harpe et Sainte-Beuve*, étude sur la critique littéraire en France (1854); — *La peinture alpestre* (1859); — *Études sur la littérature du second Empire français* (Berlin, 1861); — *Corneille, Shakspeare et Gœthe, étude sur l'influence anglo-germanique en France au XIX° siècle*, avec une préface de Sainte-Beuve (1864); — *Théâtre de société* (1863, 2 vol.); — *La nouvelle poudre à canon*, traduit d'Édouard Schultze, capitaine d'artillerie en Prusse ; — *L'art de combattre l'armée française*, traduit du prince Frédéric-Charles de Prusse; — *Les Prussiens, leur gouvernement, leur armée et leur capitale* (1867, 2° édit., 1868); — *Histoire de l'art* (1875). M. William Reymond est chevalier de l'ordre de Sainte-Anne, de Russie et membre de l'Institut genevois.

REYNAUD (Auguste-Adolphe-Marc), né à Toulon, le 7 mai 1804. Admis dans le service de santé de la marine en 1821, comme chirurgien de 3° classe, il fut élevé à la 2° classe le 1er juin 1823 et à la 1re le 1er février 1829. Reçu docteur à la Faculté de Paris en novembre 1829, sur une thèse intitulée : *De la température humaine*, il devint officier de santé, professeur à l'École navale de Brest le 1er avril 1830, après un concours dans lequel six candidats se disputèrent une seule place et qui a laissé des souvenirs dans les écoles des ports ; 2° officier de santé en chef le 5 mai 1836 et 1er officier de santé en chef le 27 mai 1846. Directeur du service de santé le 29 mars 1854, M. Reynaud a été promu, le 14 novembre 1858, inspecteur général et a été mis à la retraite, en mai 1872, par application des mesures sur la limite d'âge. Il a publié un *Traité pratique des maladies vénériennes* (1845). De 1827 à 1828, il a fait le voyage scientifique de la *Chevrette* et il se distingua à Toulon, pendant la guerre de Crimée (1854-1856). Correspondant de l'Académie de médecine et membre de la Société d'histoire naturelle, il a été promu commandeur de la Légion d'Honneur le 30 décembre 1857, et grand-officier, en 1871, après le siège de Paris.

REYNAUD (François-Léonce), né à Lyon, le 1er novembre 1803. Admis à l'École polytechnique en 1821, il fut obligé d'en sortir, au commencement de 1823, à raison de manifestations politiques, se consacra spécialement à l'étude de l'architecture, suivit les cours de l'École des beaux-arts, et voyagea en Italie. Après la Révolution de 1830, le 8 avril 1831, il prit à l'École des ponts-et-chaussées, le rang qu'il devait y occuper, et en sortit avec le grade d'ingénieur le 14 septembre 1835. Dès lors, il s'adonna particulièrement à la construction des phares et fut chargé d'élever celui du Bréhat. Désigné, en 1837, pour occuper la chaire d'architecture à l'École polytechnique, il fut appelé, en 1840, à faire le même cours à l'École des ponts-et-chaussées. Ingénieur en chef le 13 novembre 1843, chargé de la direction des phares, élevé au grade d'inspecteur général le 16 février 1856, il a été attaché, de 1853 à 1857, au service des édifices diocésains. M. Reynaud a été nommé, en 1869, directeur de l'École des ponts-et-chaussées, en remplacement de M. Onfroy de Bréville admis à la retraite. On lui doit un *Traité d'architecture* (1850-1858, 2 vol. in-4° avec 2 atlas in-f°), qui a eu les honneurs d'une contre-façon en Belgique et d'une traduction en Italie ; — et un *Mémoire sur l'éclairage et le Balisage des côtes de France*, publié aux frais de l'État (1864, in-4° avec atlas in-f°). Décoré de la Légion d'Honneur en 1839, il a été promu officier en 1854 et commandeur en 1864.

RIANCEY (Henry-Léon CAMUSAT DE), né à Paris, le 24 octobre 1816, d'une famille de très-ancienne noblesse de Champagne. Il avait commencé ses études sous le toit paternel, et les acheva au collége Henri IV où il obtint de brillants succès. Il remporta notamment au concours général le premier prix de discours français en rhétorique. Il fit son cours de philosophie dans l'institution de M. l'abbé Poiloup, s'inscrivit comme avocat au barreau de Paris, et fut secrétaire de M. Philippe Dupin. M. de Riancey au sortir de l'Université avait gardé ses convictions religieuses, que fortifièrent de profondes études et des travaux considérables d'histoire et de littérature. Il faisait partie de cette jeune génération catholique que groupaient autour d'eux le P. Lacordaire, le P. de Ravignan, et surtout M. l'abbé Dupanloup. C'est ainsi qu'il parut parmi les fondateurs les plus actifs de l'Institut catholique, du Cercle catholique, et des Conférences de Saint-Vincent de Paul. Directeur, en 1840, du journal l'*Union catholique*, il prit une part très-active aux luttes pour la liberté d'enseignement et pour la liberté de l'Église et entra dans la rédaction de l'*Univers*. Un procès devant la Cour d'assises ayant été intenté à M. l'abbé Combalot pour une brochure contre le monopole universitaire, il fut choisi pour avocat par l'illustre prédicateur. Sa plaidoirie eut beaucoup de retentissement. Il prêta aussi son ministère à M. l'abbé Souchet, à M. Louis Veuillot, et au journal l'*Univers*. En même temps, M. de Riancey se livrait à la défense de l'Église, tant dans le comité des pétitions pour l'enseignement que dans le comité électoral pour la liberté religieuse, présidée par M. le comte de Montalembert. Secondé par son frère, M. Charles de Riancey, il composa l'*Histoire du monde* (1838-1841, 4 vol.). Plusieurs années après, M. Henry de Riancey, à qui la mort avait enlevé son frère et collaborateur, en publiait seul une nouvelle édition en dix volumes. En 1848, il fut appelé à la rédaction en chef de l'*Ami de la Religion*. M. le comte de Falloux, alors ministre de l'Instruction publique, le nomma membre de la Commission extra-parlementaire, chargée de préparer les lois organiques sur la liberté d'enseignement. En 1849, le département de la Sarthe choisit M. de Riancey pour l'un de ses représentants ; il prit place à la Droite. Rapporteur de plusieurs commissions, il monta souvent à la tribune et l'on a gardé le souvenir des discours qu'il prononça sur la loi d'enseignement, sur les logements insalubres, sur l'apprentissage des enfants, et surtout sur la garde nationale, contre le prince Jérôme Napoléon. Il fut chargé, par l'Assemblée, de l'enquête sur la liberté de la boucherie dans les départements de l'Ouest. Au 2 Décembre, il fut arrêté et emprisonné au château de Vincennes. Depuis, M. de Riancey rentra dans la vie privée, renonçant à prêter un serment que lui interdisait sa conscience, et reprenant dans la presse l'attitude militante que lui inspiraient ses convictions ; sa polémique loyale et courtoise rencontra de nombreux adversaires mais ne lui fit pas un ennemi. La direction politique du journal l'*Union* lui fut confiée. A ce travail de chaque jour, M. de Riancey joignit des études de divers genres. Il écrivit de nombreux articles dans le *Correspondant*, dans l'*Université catholique* dans la *Revue du monde catholique*, dans l'*Ouvrier*, etc. Il composa avec son frère, une *Histoire résumée du moyen âge* (1841), seul une *Histoire critique et législative de l'instruction publique et de la liberté d'enseignement* (1844, 2 vol.), traduisit les *Méditations de la vie du Christ* de saint Bonaventure, écrivit la *vie du général comte de Coutard* (1857), étude sur la République, l'Empire et la Restauration ; une *Biographie de Mgr Affre* (1848), un *Recueil des actes épiscopaux* pour la liberté de l'Église, *et des actes de Pie IX* (1852-1854, 3 vol.), des brochures sur la *Loi et les Jésuites* (1845), *les Élections de* 1846 ; deux écrits sur *Madame la duchesse de Parme* (1859-1860), une *Vie des Saints* (1866), l'*Ouvrier à l'Exposition universelle de* 1867, etc. De précieuses faveurs qu'il n'avait pas sollicitées sont venues donner à ses travaux de hautes récompenses : il fut nommé commandeur de Pie IX, de François Ier des Deux-Siciles et chevalier de l'ordre Constantinien de Saint-Georges ; avant de quitter Parme, la duchesse régente lui conféra la croix de Saint-Louis, le duc de Modène celle de l'Aigle d'Este, le patriarche de Jérusalem, celle du Saint-Sépulcre. En 1841, M. de Riancey avait épousé la fille du général baron le Febvre des Vaux, chef d'état-major de la 1re division militaire, chevalier de Saint-Louis, qui avait brisé son épée en 1830. En 1869, M. de Riancey se rendit à Rome pour le Concile du Vatican. C'est là qu'il contracta le germe de la maladie qui l'enleva quelques mois après à l'affection des siens. Il mourut à Passy, le 9 mars 1870, après avoir reçu la bénédiction du Saint-Père. M. le comte de Chambord lui adressa de Frohsdorf un dernier adieu, comme à son dévoué serviteur et fidèle ami.

RIBADIEU (Henry), né à Coimères (Gironde), le 30 septembre 1825. Après avoir terminé ses études classiques au collége royal de Bordeaux, il entra fort jeune dans le journalisme où il débuta dans le *Monde bordelais* que venait de fonder à Bordeaux M. Charles Monselet (1846). Successivement rédacteur du *Courrier du Dimanche* (1847), du *Journal du Peuple* (1848), du *Courrier de la Gironde* (1851), il devint, en 1859, rédacteur en chef de la *Guyenne*, le journal légitimiste le plus important de la région du Sud-Ouest, qu'il a dirigé avec succès jusqu'en 1870. Outre ses innombrables articles dans ces diverses feuilles, on lui doit : *Histoire de Bordeaux pendant le règne de Louis XVI* (1853); — *Histoire maritime de Bordeaux*; *histoire des corsaires bordelais* (1854); — *Les chateaux de la Gironde, mœurs féodales, biographies, traditions, légendes* (1855); — *Les négociateurs de Bordeaux, épisode de la Fronde à Bordeaux* (1856); — *Esope, peintre* (1858); — *Un voyage au bassin d'Arcachon* (1858); — *Notice sur Elie Vinet* (1860), avec cartes et gravures; — *Une colonie grecque dans les landes de Gascogne* (1863); — *Les campagnes du comte de Derby en Guyenne* (1864); — *L'Histoire de la conquête de la Guyenne par les Français* (1866), le plus considérable et le plus estimé de ses ouvrages. Il a réédité et fait imprimer l'*Antiquité de Bourdeaux et de Bourg*, d'Elie Vinet (1860), avec notes et notice, sur l'édition primitive de 1574. Membre correspondant de l'Institut genevois, M. Ribadieu est l'un des lauréats de l'Académie des sciences, belles-lettres et arts de Bordeaux. En 1861, au moment de la chute de Gaëte, il fut nommé par le roi de Naples chevalier de l'ordre de François 1er. Retiré des luttes de la presse, M. Henry Ribadieu a réuni de nombreux matériaux destinés à une histoire de l'expédition de la duchesse de Berry en Vendée. Il s'occupe également d'un travail historique et géographique sur les possessions anglaises dans le Midi de la France (1430-31), possessions plus étendues que ne l'ont donné à entendre les récents historiens.

RIBBE (Charles DE), né à Aix (Bouches-du-Rhône), le 7 mai 1827. Après avoir terminé ses études classiques au collège de cette ville, il y suivit les cours de la Faculté de droit. Reçu au barreau en 1848, il reprenç en 1853 dans la Société de jurisprudence d'Aix, la Vie de l'avocat Pascalis, dont l'éloquence, l'attachement aux libertés provinciales et la mort tragique en 1790 ont illustré le nom; et le volume qu'il publia l'année suivante sur ce sujet : *Pascalis. Etude sur la fin de la Constitution provençale* (1787-1790), fut pour lui le point de départ de sa carrière d'historien et d'économiste. M. de Ribbe s'est livré depuis lors à de nombreux travaux sur les institutions de son pays et sur les questions locales ou régionales : *Un journal et un journaliste à Aix avant la Révolution* (1859); — *L'ancien barreau du Parlement de Provence* (1861); — *Marseille, Aix et les Alpes dans la question des chemins de fer* (1862); — *Usages de l'église métropolitaine d'Aix* (1862); — *Monseigneur de Miollis* (1862); — *Les Corporations ouvrières de l'ancien régime en Provence* (1865); — *Histoire et constitution actuelle de la Société des portefaix de Marseille* (1865); — *Les prud'hommes pêcheurs de la Méditerranée* (1869). Au lendemain des inondations de 1856, il entreprit ses études forestières. Il raconta l'histoire du déboisement et de la dépopulation des Alpes françaises, dans son livre sur *La Provence au point de vue des bois, des torrents et des inondations, avant et après 1789* (1857); et, dans plusieurs brochures, il fit appel aux pouvoirs publics, jusqu'au jour où fut rendue en 1860 la loi sur le reboisement des montagnes. En 1865, il prit l'initiative d'un autre travail au sujet *Des incendies de forêts dans la région des Maures et de l'Esterel* (Provence). Il concourut activement à la fondation de la Société forestière des Maures, dont l'œuvre de défense contre le feu a été couronnée de succès par l'effet de la loi de 1869. Il a appliqué la même méthode d'exploration et d'observation aux faits sociaux d'un ordre plus important et plus étendu. S'occupant spécialement à cet égard de l'organisation de la famille, dans ses rapports avec la constitution de la société, et s'inspirant des monographies de M. Le Play, il a mis en lumière un grand nombre de textes précieux et inédits, et il s'est livré à des études approfondies, qui en éclairant les mœurs, les coutumes et l'histoire intime, au sein de l'ancienne France et jusqu'à notre temps chez les peuples prospères. C'est ainsi qu'il a publié les ouvrages suivants : *Une famille au XVIe siècle* (1867-1868); — *Les Familles et la Société en France avant la Révolution* (1873-1874, 2 vol.); — *Deux chrétiennes pendant la peste de 1720* (1874); — *La vie domestique, ses modèles et ses règles, d'après des documents originaux* (1876, 2 vol.). Il a collaboré au *Correspondant*, au *Bulletin des études pratiques d'économie sociale*, etc. Il a été secrétaire général du Congrès scientifique de France, tenu à Aix en 1866. Il est membre de l'Académie d'Aix, de l'Académie de législation de Toulouse, etc. M. de Ribbe a fait partie du Conseil municipal d'Aix, de 1860 à 1874. Il est chevalier de la Légion d'Honneur depuis le 11 août 1869.

RIBEYRE (Félix), né à Pont-du-Château (Puy-de-Dôme), le 6 juin 1831. Il appartient par sa mère à la noble famille des Layras de Verdonnet qui florissait en Auvergne dès le XIIIe siècle, et son père, ancien officier du premier empire, comptait d'honorables services. M. Félix Ribeyre, après de brillantes études à Clermont-Ferrand, commença sa médecine à Paris. Mais, bientôt entraîné par ses goûts littéraires, il se consacra au journalisme et débuta, en 1856, dans le *Journal du Cher*. Peu après, il prit la direction politique du *Mémorial de la Loire* d'où il passa, en 1858, comme rédacteur en chef, au *Journal de Saint-Quentin*. C'est alors que, sans négliger la politique militante, il se consacra d'une manière spéciale aux questions d'économie politique, d'industrie, d'agriculture et de commerce. Il a collaboré à la rédaction du *Grand dictionnaire de commerce et de la navigation* de Guillaumin, et plusieurs revues parisiennes ont favorablement accueilli ses communications historiques et littéraires. Pendant son séjour à Saint-Quentin, M. Félix Ribeyre a publié plusieurs brochures, notamment la *Paix et l'opinion* (1859) qui fut très-remarquée. En 1861, il fonda, à Paris, en collaboration avec M. Jules Brisson, sous ce titre : *Les grands journaux de France*, une revue historique, biographique et anecdotique de la presse contemporaine, dont la *Revue européenne* disait que « ce qui la rendait particulièrement recommandable, c'était l'esprit honnête, loyal dans lequel elle était rédigée, » et qui obtint le plus vif succès. Successivement rédacteur du *Constitutionnel* et de la *France*, il accepta, en 1865, la direction du *Courrier du Havre* qu'il sut placer au premier rang des organes conservateurs et libéraux de la province. En 1870, M. Félix Ribeyre fut appelé à Angers pour prendre la rédaction en chef du *Journal de Maine-et-Loire* auquel ses propriétaires voulaient imprimer une impulsion plus militante et il a donné à cette feuille une vaillante et active collaboration, ainsi qu'au *Journal d'Angers* dont il fut le fondateur et le directeur politique. Il est aujourd'hui rédacteur en chef du *Charentais* à Angoulême, l'un des plus anciens et des plus influents organes de la région. Déjà membre de plusieurs sociétés savantes, et, entre autres, de l'Académie des sciences, belles-lettres et arts de Clermond-Ferrand, il a été élu, en 1866, membre de la Société des gens de lettres. Il a reçu en 1868 la croix de l'ordre de Charles III d'Espagne. Pendant la dernière guerre, M. Félix Ribeyre, en sa qualité d'ancien étudiant en médecine ayant fait comme externe le service des hôpitaux, fut nommé fourrier de la Société internationale de secours aux blessés et chargé d'organiser les ambulances de Cholet qui, au moment des combats d'Orléans et du Mans, ont reçu de nombreux blessés. Les services exceptionnels que M. Ribeyre a rendus en cette circonstance ont été constatés dans un diplôme des plus flatteurs et récompensés par la croix de la Société internationale de secours aux blessés. Parmi les ouvrages qu'il a publiés et qui se recommandent par de grandes qualités de style et d'ingénieux aperçus, nous citerons encore : *l'Empereur et l'Impératrice en Auvergne*. Récit de leur voyage dans le centre de la France (1862, avec gravures) ; — *Histoire de la guerre du Mexique* (1863) ; — *Biographie des députés* (1864) ; — *Voyage en Lorraine de l'Impératrice et du prince Impérial* (1867, in-f° avec grav.) ; — *Histoire de la seconde expédition à Rome* (1868, 2° édit.) ; — *Histoire des petites sœurs des pauvres* (1869, 2° édit.) ; — *Les Annales de l'Exposition maritime internationale du Havre* (1869, avec grav.) ; — *Voyage de l'Impératrice en Corse et en Orient* (1870) ; — *Biographie des représentants à l'Assemblée nationale* (1871, 2° édit., 1872), etc. M. Félix Ribeyre, poursuivant son œuvre d'historiographe de nos assemblées parlementaires, vient de livrer à l'impression le manuscrit d'une Biographie impartiale et complète du Parlement de 1876 sous ce titre : *Biographie des Sénateurs et des Députés* (1876).

RIBIÈRE (Hippolyte), né à Champlay (Yonne), le 1er mars 1822. Il fit ses études classiques au collége d'Auxerre, fut reçu docteur en droit à la Faculté de Paris et prit place au barreau d'Auxerre en 1847. Érudit, sérieux, méthodique, doué d'un vrai talent oratoire et notoirement connu pour sa probité professionnelle, il ne tarda pas à se faire une réputation des plus honorables. Quand éclata la funeste guerre de 1870-1871, bientôt suivie d'une révolution, le département de l'Yonne envahi par les Allemands se serait trouvé sans administration et livré à la merci de l'ennemi, si on n'avait pas fait appel à l'intelligence et au patriotisme de M. Ribière. Celui-ci, renonçant à regret à ses occupations habituelles, consentit à devenir préfet de l'Yonne le 6 septembre 1870. Pendant l'occupation il fit preuve de remarquables capacités administratives, surtout en matière financière, d'un désintéressement rare et d'un courage à toute épreuve. Quoiqu'il passe pour avoir des opinions très-républicaines, les hommes de tous les partis le tiennent en très-haute estime. Après le 24 mai 1873, M. Hippolyte Ribière donna sa démission. Conseiller municipal d'Auxerre, puis conseiller général de l'Yonne, il a été élu sénateur pour ce département le 30 janvier 1876.

RICARD (Amable), né à Charenton (Cher), le 12 juin 1828. Fils d'un directeur des contributions directes, il fit son droit à la Faculté de Poitiers, et prit place au barreau de Niort en 1851. Républicain convaincu, il protesta hautement contre le Coup d'État et faillit être exilé. Dans l'exercice de sa profession, M. Ricard s'acquit bientôt, en plaidant tous les procès politiques et de presse des départements des Deux-Sèvres, de la Charente-Inférieure et de la Vendée, et notamment le fameux procès Plassiard, une très-libérale notoriété et devint, à Niort, l'un des chefs du parti républicain. Nommé préfet des Deux-Sèvres après la révolution du 4 Septembre 1870, et démissionnaire le 18 du même mois, il fut aussitôt nommé commissaire extraordinaire de la Défense nationale pour les départements des Deux-Sèvres, de la Vendée et de la Charente-Inférieure. Elu représentant des Deux-Sèvres, le 8 février 1871, M. Ricard a pris place sur les bancs de la Gauche, avec laquelle il vota ordinairement. Un des membres les plus influents du Centre-Gauche, où il a présidé à plusieurs reprises, M. Ricard appuya la politique de M. Thiers. Il fit partie de la 1re commission des Trente. Après le 24 mai, il se prononça contre la politique du Gouvernement, prit la parole en plusieurs circonstances, se fit remarquer par la netteté de ses idées et devint un des meilleurs orateurs de l'Assemblée. Il repoussa le Septennat (13 septembre 1873), vota la proposition Casimir Périer (23 juillet 1874), et de Maleville (29 juillet), contribua pour beaucoup aux négociations qui ont abouti au vote des lois constitutionnelles (25 février 1875), fut rapporteur de la loi électorale et défenseur énergique du scrutin de liste. C'est à M. Ricard surtout que le parti républicain fut redevable de l'élection à vie de 65 sénateurs pris dans les gauches. Le 1er mars 1875, il fut élu vice-président de l'Assemblée nationale. Aux élections législatives du 20 février 1876, il échoua contre le candidat bonapartiste, dans la 2° circonscription de Niort, mais la victoire de son parti était complète. Il était si bien l'homme de la situation qu'il fut nommé ministre de l'Intérieur en remplacement de M. Buffet le 9 mars 1876, et le 15 du même mois, sénateur inamovible. Arrivé à ces hautes fonctions, il affirma l'établissement définitif de la République dans trois circulaires que l'on peut d'autant mieux considérer comme son testament politique que lorsqu'il les écrivit il pressentait sa fin. Il jouissait d'une pleine popularité lorsqu'il succomba, le 11 mai 1876, à une maladie de cœur aggravée par un travail assidu.

RICHARD (Ambroise), né à Caen (Calvados), le 4 avril 1843. Entré à l'Ecole normale de Caen en 1861, il en sortit au mois de juillet 1864 muni du brevet complet. Il fut, au mois d'octobre suivant, envoyé au collège de Falaise comme régent des cours spéciaux et il resta deux ans dans cette position. Sa santé l'obligea à prendre un moment de repos; mais, en 1867, il vint à Paris et entra à l'Ecole Turgot, en qualité de répétiteur-professeur. Au mois de novembre 1868, M. Richard obtint à la Sorbonne le brevet de capacité pour l'enseignement secondaire spécial, alors que ce brevet n'était pas encore scindé en deux. Au mois d'octobre 1871, il subit avec succès l'examen pour le certificat d'aptitude aux fonctions d'inspecteur primaire, et il fut nommé en cette qualité à Corte (Corse), le 16 novembre 1872. L'année suivante il fut, sur sa demande, appelé aux mêmes fonctions à Pontivy. En 1875, M. Richard a collaboré au livre de *Lectures courantes des écoliers français*, de M. Caumont, pour la partie qui concerne le Morbihan.

RICHARD (Jules-Florentin), né à Cour-Saint-Maurice (Doubs), le 17 octobre 1816. A l'âge de 18 ans, il quitta la France pour se rendre en Angleterre avec l'intention d'apprendre la langue de ce pays. Il fit ensuite un voyage en Allemagne et en Italie pour se livrer à l'étude des langues européennes. En 1842, il partit pour la Perse afin d'observer les coutumes de l'Orient et d'apprendre l'idiome de ces contrées lointaines. Arrivé à Téhéran, il fut présenté à la cour du Schah par l'ambassadeur anglais. Le souverain Mohamed-Schah se l'attacha en qualité de secrétaire-interprète particulier. En 1847, sur les conseils de M. le comte de Sartiges, alors ambassadeur de France auprès du gouvernement persan, M. Richard accepta du Schah la mission de se rendre en France pour rapporter au souverain des produits français peu connus à cette époque dans son royaume et qui jusqu'alors avaient été fournis par des fabriques anglaises. Il fit de nombreuses acquisitions à Paris, Lyon, Saint-Etienne, Langres, etc., qui révélèrent au Schah, à sa famille et aux grands de la Cour, la supériorité des produits français sur ceux des autres nations. L'année suivante, S. M. Mohamed-Schah et son premier ministre donnèrent de nouveau à M. Richard la mission de retourner en France, faire de nouvelles acquisitions plus importantes que les premières, surtout en instruments de précision pour l'étude des arts, des sciences et de l'astronomie. Peu de temps après, le monarque conçut l'idée de fonder dans sa capitale un Institut ou Collège impérial destiné à vulgariser les langues européennes ainsi que les sciences physiques et naturelles. M. Richard, tout en conservant son poste de secrétaire-interprète particulier, fut chargé des chaires de français et d'anglais qu'il occupe encore aujourd'hui. C'est, investi de cette double fonction, qu'il a traduit en persan, sur l'invitation du Schah, plusieurs ouvrages scientifiques et littéraires, à savoir: un *Traité* sur les diverses administrations établies en France; sur l'économie politique; une série de chapitres du *Zend-Avesta* (livre sacré des anciens Perses), de Zoroastre; — une *Histoire de l'empereur Nicolas*; — une *Histoire de Napoléon Ier*, complétée par lui sous forme d'édition populaire; — Divers *Traités* sur la fabrication du sucre, sur la culture des vers à soie et leur produit, etc. Il est l'auteur d'une *Grammaire persane* pour l'étude du français. Il connaît à peu près toutes les langues de l'Europe et de l'Orient. En sa qualité de secrétaire-interprète particulier du Schah de Perse, M. Richard accompagnait ce souverain dans le voyage qu'il fit en Europe en 1873. Par un firman en date du 30 juin 1872, transcrit en français à la Légation de France à Téhéran, Nasser-Eddin-Schah, l'a annobli du titre de Khan. Il est commandeur de l'ordre du Lion et du Soleil et décoré de plusieurs ordres européens. Dans l'espoir de rentrer bientôt en France, M. Richard compulse actuellement de nombreux documents destinés à voir le jour et qu'il a recueillis pendant son séjour en Perse et dans ses voyages en Orient, sur les mœurs et coutumes du pays, sur les produits et les antiquités curieuses de ces contrées, etc.

RICHARD (Charles-Alexandre), né à Frânois, canton de Champlitte (Haute-Saône), le 29 septembre 1820; frère du précédent. Il prit les grades de bachelier ès lettres et de bachelier ès sciences et commença ses études médicales à Paris en 1843. Externe des hôpitaux, puis élève de l'Ecole pratique, il fut reçu docteur en 1848, avec une thèse sur les *Tumeurs de l'aisselle*. Alors il s'établit à Autrey (Haute-Saône), et s'y fit bientôt une position des plus honorables. En 1854, il reçut du ministre du Commerce une médaille d'argent en récompense du zèle et du dévouement remarquables dont il fit preuve pendant l'épidémie de choléra. En 1860, il reçut une médaille d'argent en récompense du zèle avec lequel il s'était livré à la propagation de la vaccine. Ensuite il obtint six primes départementales, en 1857, 1858, 1859, 1861, 1863 et 1864, pour le succès de sa vaccination dans le canton d'Autrey. M. le docteur Richard a été maire d'Autrey pendant 14 ans. Il est délégué cantonal pour l'instruction primaire depuis 1850, membre de la commission d'hygiène et de statistique, médecin cantonal depuis 1854, membre de la Société d'émulation du Doubs depuis 1861, il préside actuellement le conseil d'arrondissement de Gray. On lui doit une *Statistique mortuaire pour le canton d'Autrey pendant la période de 1858 à 1863*, qui a été l'objet d'un rapport favorable à l'Académie de médecine, et qui a été inséré dans les *Bulletins* de cette compagnie (1864). M. le docteur Richard a été nommé officier d'Académie en 1866.

RICHARD [du Cantal] (Antoine), né à Pierrefort, près Saint-Flour, le 4 février 1802. Engagé volontaire au 1er régiment de cuirassiers de la garde, il fut détaché à l'Ecole vétérinaire d'Alfort et reçut son diplôme en 1828. Incorporé au 1er régiment d'artillerie à cheval à Strasbourg, il profita de sa présence dans cette garnison pour y étudier la médecine et se faire recevoir docteur sur une thèse de pathologie comparée ayant pour titre : *De la phthisie tuberculeuse dans l'homme et les deux premières classes du règne animal*. Après un séjour de quatre ans dans l'armée en Afrique, il fut chargé en 1838, d'un cours de zootechnie à l'Institut agronomique de Grignon. Revenu dans le Cantal pour y cultiver et organiser une école d'agriculture, une chaire d'histoire naturelle relative à l'art de perfectionner les animaux domestiques, et spécialement le cheval, lui fut offerte pour l'Ecole des haras fondée en 1840. La direction de cette école lui fut confiée dès 1844. En 1847, M. Richard fut suspendu de ses fonctions pour avoir publié un ouvrage dans lequel il démontrait que la France avait toujours été dans l'erreur en matière de haras au point de vue des remontes de l'armée. Notre dernière et désastreuse guerre n'a que trop démontré cette vérité comme l'avaient fait antérieurement les guerres de Crimée, d'Italie, du Mexique, etc. Les doctrines scientifiques soutenues par M. Richard dans son enseignement, dans ses écrits, comme aux assemblées nationales dans les rapports dont il a été chargé sur l'agriculture et les haras, ne sont plus contestées aujourd'hui, quoique différentes de celles qui avaient prévalu antérieurement dans l'enseignement officiel des écoles spéciales. Professant depuis longtemps des opinions démocratiques, modérées, M. Richard fut nommé, en 1848, sous-commissaire de la République pour l'arrondissement de Saint-Flour et envoyé par son pays natal représentant du peuple aux Assemblées constituante et législative. Dans ces Assemblées, il s'occupa surtout des questions relatives à l'agriculture. Après le Coup-d'Etat, il reprit ses études agricoles et l'exploitation de sa ferme près Pierrefort, où il avait fondé une école d'agriculture d'après la loi du 3 octobre 1848, loi dont il avait été rapporteur à la Constituante. Cette école était en pleine prospérité, lorsqu'elle fut supprimée par ordre supérieur comme tant d'autres, après le 2 Décembre. En 1854, M. Richard, l'un des principaux fondateurs de la Société d'acclimatation, en fut nommé vice-président ; l'illustre et regretté naturaliste Geoffroy Saint-Hilaire en était le président. En 1869 M. Richard, rappelé et nommé inspecteur général des haras, fut chargé, par le Gouvernement, d'organiser dans toute la France des cours ou des conférences pour faire enseigner, de concert avec les sociétés d'agriculture et les conseils généraux, les doctrines scientifiques qu'il avait professées dès 1841 à l'Ecole des haras, et qui l'avaient fait suspendre des fonctions de directeur de cet établissement. La guerre de 1870 arrêta l'organisation de cet enseignement dans le pays. M. Richard, du Cantal, a écrit sur l'agriculture et les haras dans la presse périodique agricole ou politique. Il a fondé, en 1845, les *Annales des haras et de l'agriculture* et publié les ouvrages suivants : *De la conformation du cheval suivant les lois de la physiologie et de la mécanique animale* (1847), la 5e édition, modifiée, a paru, en 1874, sous le titre : *Etude du cheval de service et de guerre, suivant les principes élémentaires des sciences naturelles appliquées à l'agriculture*; — *Dictionnaire raisonné d'agriculture et d'économie du bétail* (1854, 2 vol., 2e édition, 1874), dont il a publié, en 1875, pour l'usage des élèves des collèges et des écoles primaires, un extrait sous le titre de *Vocabulaire agricole et horticole*,

RICHARME (Petrus), né à Rive-de-Gier (Loire), le 17 septembre 1833. Chef de la maison Richarme frères, propriétaires des verreries de la Loire et de la Drôme, M. P. Richarme compte parmi les industriels français les plus importants et jouit dans le département de la Loire d'une très-grande considération. Homme de progrès, c'est lui qui le premier et au prix de grands sacrifices a introduit en France les fours à gaz et à fusion continue, système Siemens, fours destinés à faire une révolution dans l'art de produire le verre. Nommé maire de la ville de Rive-de-Gier par le Conseil municipal et à l'unanimité des suffrages, le 12 septembre 1870, il sut par une administration intelligente et habile augmenter les nombreuses sympathies que lui avaient précédemment conquises et son sens droit et l'aménité de son caractère. Dans cette ville de quinze mille âmes, sans garnison, et toute de mines et de manufactures si profondément troublée après la révolution de 1848, il sut maintenir l'ordre pendant les temps difficiles de la guerre et de la Commune, sans employer la force, par la juste répartition entre les élus du peuple, des responsabilités et des pouvoirs publics et par la création de travaux communaux de première utilité, travaux exécutés à la tâche et à prix débattus en réunions publiques. Spontanément porté par ses concitoyens comme candidat aux élections du 8 octobre 1871, il fut nommé conseiller général à une très-grande majorité. Dans ce conseil départemental comme au poste de maire, son attitude fut celle d'un administrateur dévoué et d'un républicain loyal et sincère. Révoqué de ses fonctions de maire, après le vote de la loi du 20 janvier 1874, sur la nomination des maires, il était, quelques mois après, aux élections municipales du 22 novembre 1874, porté en tête des listes de toutes les sections de la ville et nommé conseiller municipal à la presque unanimité des suffrages. Soutenu par les Comités républicains, aux élections du 20 février 1876, M. Richarme a été élu membre de la Chambre des députés pour la 2e circonscription de l'arrondissement de Saint-Etienne par 9,982 voix. Il siège sur les bancs de la Gauche-Républicaine.

RICHÉ (Jules), né à Charleville, le 31 octobre 1815; fils d'un propriétaire de carrières d'ardoises, qu'il continue à exploiter et qui ont reçu une médaille à l'Exposition universelle de 1867. Etabli comme avocat à Charleville-Mézières, depuis 1836, il se fit apprécier, par les notables Ardennais, siégeant comme jurés. Ses relations et ses travaux comme membre du Conseil général, le portèrent, en 1849, à l'Assemblée législative, où il vota avec les conservateurs, admettant une République modérée. Il fit partie de la Commission de la réforme hypothécaire, dont il fut le rapporteur. Il n'adhéra au gouvernement du 2 Décembre qu'après le plébiscite de 1852. Député au Corps législatif en 1852 et 1857, il fit des rapports ou des discours sur l'abolition de la mort civile, le code militaire et diverses questions de législation ou d'impôts, sur les ordres, etc. Il émit le vœu que la loi de sûreté motivée par l'attentat d'Orsini fût de courte durée et appliquée, avec modération, « aux coups de poignard et non aux coups d'épingle. » Son travail sur l'annexion de la banlieue à Paris, le conduisit en avril 1860 au Conseil d'Etat. Il attacha son nom en 1866 à l'extension de la propriété littéraire. Devenu en 1869 président de la section de l'Intérieur, il remplaça en 1870 M. de Parieu à la tête de la section de Législation, et M. Duvergier à la tête du Conseil des Prises. Il avait publié, en 1867, un travail considérable sur la réforme de la procédure civile, et était appelé à prendre une grande part à cette œuvre difficile, quand le 4 Septembre le rendit à la vie privée. Il a refusé, aux élections de 1876, d'en sortir, mais il est resté au Conseil général. M. Riché est commandeur de la Légion d'Honneur depuis 1867 et officier de l'Instruction publique.

RICHEBOURG (Jules-Emile), né à Meuvy (Haute-Marne), le 25 avril 1833. Son père, comme celui de Diderot, son compatriote, était coutelier. La pauvreté de ses parents ne lui permit pas d'entrer dans un lycée ou un collège ; il n'eut réellement pour maître que l'instituteur de son village. Mais, en 1850, il partit pour Paris avec la volonté bien arrêtée de demander à un travail opiniâtre l'instruction qui lui manquait. Il entra dans une institution de jeunes gens et, pendant quatre ans, il apprit à lire et à écrire à des enfants, ne réclamant pour toute rétribution, que le droit de suivre avec les grands élèves, les différents cours de la maison. La lecture de nos auteurs classiques et de quelques romans d'Alexandre Dumas, lui fit trouver sa vocation. Dès lors, il abandonna le professorat. Mais, obligé de concilier les exigences de la vie avec ses goûts littéraires, il fut successivement employé de commerce, caissier et comptable. Il appartint aussi au *Figaro* pendant six ans, non comme rédacteur, mais en qualité de secrétaire de l'administration. Il contribua ensuite à la création du journal l'*Evénement*. M. Richebourg débuta par des poésies, dont une grande partie ont été mises en musique. Béranger ne dédaigna pas de lui donner des conseils et même de corriger quelques-unes de ses chansons. « Vous voulez donc être poète ? lui dit le célèbre chansonnier, le jour où il lui fut présenté ; pour cela, mon ami, il faut avoir le diable au corps. » « Je l'y ferai entrer, répondit le futur romancier. » Dès 1858, M. Emile Richebourg publiait *Les contes enfantins*. Son premier roman parut dans la *Revue française* sous le titre de *Lucienne*. Il publia ensuite en volumes : *L'Homme aux lunettes noires* (1864) ; — *Cœurs de femmes* (1864) ; — *Les barbes grises* (1867) ; — *Récits devant l'âtre* (1867) ; — *Histoire des chiens célèbres* (1867, in-4°, illustrée) ; — *La comédie au village* (1872) ; — *Les Francs-tireurs de Paris* (1872) ; — *La dame voilée* (1875) ; — *Honneur et patrie*, nouvelles militaires (1875) ; — *Les soirées amusantes*, recueils de contes et nouvelles destinés à la famille, formant quatre séries de 3 volumes chacune : *Contes d'hiver* ; *Contes du printemps* ; *Contes d'été* ; *Contes d'automne* (1874-1875-1876) ; — *L'enfant du faubourg* (1876, 2 volumes) ; — *La belle organiste* (1876) ; — *La fille maudite* (1876, 2 vol.) ; — *La fille du chanvrier* (1876). M. Emile Richebourg a donné au théâtre : *Un ménage à la mode*, comédie en un acte (1864) ; — *Les nuits de la place royale*, drame en cinq actes, en collaboration avec M. Léon Pournin (1863). — Mentionnons encore trois romans qui ne tarderont pas à paraître en volumes : *Les deux berceaux* ; *Histoire d'un avare, d'un enfant et d'un chien* et les *Amoureuses de Paris*. Voici comment le critique littéraire de la *République française* apprécie son talent : « M. Emile Richebourg est un romancier dont les œuvres sont populaires en ce moment, et avec raison. Il a le don naturel du sentiment vrai et touchant, ses récits émeuvent doucement et respirent une honnêteté incontestable. Il aime à amener la larme à la paupière du lecteur. C'est par la douceur, par l'honnêteté, par la simplicité qu'il émeut. Il atteint de cette façon le but de tout romancier : plaire et toucher. C'est là le principal, et par surcroît il élève l'âme et améliore les sentiments. » Pendant la guerre de 1870, envoyé à Tours par le *Figaro* et n'ayant pu rentrer à Paris, M. Emile Richebourg a été attaché à la délégation du Gouvernement (service des pigeons-voyageurs). Il a été nommé officier d'Académie le 18 avril 1876.

RICHEMONT (Pierre-Philippe-Alexandre, *comte* DESBASSYNS DE), né à Paris, le 29 janvier 1833. Petit-neveu de M. de Villèle, et fils du comte Eugène Desbassyns de Richemont, gouverneur de l'Inde française sous Charles X, s'est livré spécialement, en Italie, à des études historiques et archéologiques. On lui doit différents travaux politiques et littéraires. En 1870, il a publié un volume intitulé : *Les nouvelles études sur les catacombes romaines*. — Quand un décret du gouvernement de la Défense nationale a rendu les droits électoraux aux colonies, les habitants de l'Inde française lui ont offert, en souvenir de leur ancien gouverneur, de les représenter à l'Assemblée nationale. Élu le 28 mai 1861, M. le comte de Richemont a siégé dans les rangs de la Droite. Il a été choisi comme secrétaire de la Commission d'enquête sur l'insurrection de Paris, et de la Commission de l'instruction primaire, et a fait partie de la Commission de l'enseignement supérieur et de la Commission d'enquête sur les classes ouvrières. Aux élections de 1876 il a été élu sénateur pour nos colonies de l'Inde, par 43 voix, c'est-à-dire à l'unanimité des votants.

RICHET (Louis-Alfred), né à Dijon, le 16 mars 1816. Il fit de brillantes études au lycée de sa ville natale, et vint étudier la médecine à Paris, en 1835. Reçu externe en 1838, il remporta le premier prix de l'externat à la fin de la même année, passa le premier au concours pour l'internat en 1839, et fut nommé, au concours, aide d'anatomie en 1841, et prosecteur en 1843. Docteur en 1844, chirurgien des hôpitaux la même année, il passa avec succès, en 1847, l'examen d'agrégation. En 1850, il disputa à feu Malgaigne la chaire de médecine opératoire, et à M. Nélaton celle de clinique chirurgicale. Attaché tour à tour aux hôpitaux de Lourcine, Saint-Antoine et Saint-Louis, puis à la Pitié, M. Richet, membre de la Société de chirurgie depuis 1854, est depuis 1864 professeur de clinique chirurgicale à la Faculté. Il a été élu membre de l'Académie de médecine en 1865. Il a publié : *Des opérations applicables aux ankyloses* (1850); — *Traité pratique d'anatomie médico-chirurgicale* (1850, 3e édit., 1865); — *Recherches sur les tumeurs vasculaires des os*, ouvrage qui a remporté le grand prix à l'Académie en 1851 (2° édit., 1865). M. Richet a fait paraître aussi des mémoires et des articles dans les *Archives générales de médecine*. Il est commandeur de la Légion d'Honneur depuis le 9 avril 1872.

RICHIER (Claude-François-Marcel), né à Joinville (Haute-Marne), le 8 août 1805. Il fit son droit à la Faculté de Paris, se distingua parmi les combattants de Juillet 1830, et se fixa à Bordeaux en 1836. Porté par ses goûts vers les travaux agricoles, il contribua, en 1834, à la fondation du Comice agricole central, et, en 1840, à celle du Comité vinicole. Devenu propriétaire, en 1841, du domaine de Château-Ludon, l'un des vignobles les plus estimés du Médoc, il y réalisa d'importantes améliorations et rendit, par son exemple et ses conseils de grands services à l'agriculture dans son département. Il fut vice-président de l'association du libre échange de Bordeaux, et président, depuis 1845, de la Société centrale d'agriculture. La prime d'honneur lui a été décernée en 1860. Elu à l'Assemblée constituante, en 1848, par plus de 115,000 suffrages, il fit partie du Comité de l'agriculture et du crédit foncier ainsi que de la commission chargée d'inspecter les centres agricoles de l'Algérie, siégea à la Droite et se prononça contre le droit au travail et pour le vote à la commune, la proposition Rateau et la suppression des clubs. Aux journées de Juin, il se montra l'un des plus énergiques défenseurs de l'ordre. Réélu, le premier, représentant de la Gironde, à la Législative, il se sépara de la Droite pour lutter contre les agissements bonapartistes ; et, après le Coup-d'Etat de décembre 1851, il abandonna les affaires publiques pour se consacrer exclusivement à ses travaux d'économie politique, industrielle, commerciale et surtout agricole. M. Richier, élu représentant de la Gironde, a l'Assemblée nationale, le 8 février 1871, a siégé sur les bancs du Centre-Gauche et assisté à la réunion Féray. Chevalier de la Légion d'Honneur depuis le 11 février 1850, il est décédé le 31 mai 1872.

RICHOMME (Jules), né à Paris, le 9 septembre 1818. Sa famille, à laquelle on doit des graveurs de premier ordre, est depuis longtemps célèbre dans le monde des arts et son père était membre de l'Institut. Il étudia la peinture dans l'atelier de Drölling, se consacra, plus particulièrement à l'exécution du portrait et des sujets religieux, et fit en Italie un voyage d'études en 1851. Parmi les œuvres exposées par M. Richomme au Salon de Paris, on cite : *Abraham prenant Agar pour femme* (1842); — *Saint Pierre repentant* (1843); — *Saint Sébastien délié par les saintes femmes* (1844); — *Incrédulité de saint Thomas* (1845); — *Le Christ apparaît à saint Martin*, tableau acheté par l'Etat ; *Le repentir de saint Pierre*; *Léda* (1848); — *La fiancée du roi de Garbe*; *Erigone* (1849); — *Conversion de la Madeleine*; *Vues de Rome et de ses environs* (1850); — *Mendiante italienne* (1852); — *Jésus-Christ guérissant le paralytique*, toile acquise par l'Etat ; *L'amour fuyant l'ivresse* (1853); — *Saint Nicolas sauvant des matelots*, propriété de l'Etat (1857); — *Laissez venir à moi ces petits enfants*, acquis par le ministère d'Etat ; *L'étude interrompue* ; *Jeune mère* (1861); — *Consolatrix afflictorum*, placée à l'église de Bercy (1863) ; — *Saint Pierre d'Alcantara guérissant un enfant malade*, tableau placé au Musée du Luxembourg ; *La leçon de lecture* (1864); — *Le baptême de Jésus-Christ* (1865); — *La décollation de saint Jean-Baptiste* (1866); — *Christ en croix*, placé au Palais de Justice (1868) ; — *Châteaux en Espagne* (1870) ; — *Vergiss mein nicht* (1872); — *Consolation*; *L'éducation d'Achille* (1873); — « *Ne réveillez pas le chat qui dort* »; *Toilette* (1874); — *L'averse*; *La petite paresseuse*; *Première leçon de violon* (1875); — *La colombe* (1876). En outre, cet artiste a exposé de nombreux portraits d'hommes, de femmes et d'enfants, tels que ceux de MM. *Leroy de Saint-Arnaud*, *Varé*, etc. Il a envoyé un *Christ guérissant un malade* à l'Exposition universelle de 1855, et fait reparaître le *Saint Pierre d'Alcantara* à celle de 1867. Enfin, il a exécuté de belles peintures murales dans plusieurs églises de province, à la chapelle de Saint-Vincent-de-Paul, à l'église Saint-Séverin, etc. M. Richomme a remporté des médailles de 3e classe en 1840, de 2° classe en 1842, une mention honorable à l'Exposition universelle de 1855, et des rappels de médailles en 1861 et 1863. Il a été nommé chevalier de la Légion d'Honneur, le 1er juillet 1867, pour son envoi à l'Exposition universelle de cette année.

RICORD (Alexandre), né le 24 juin 1798, de parents français, à Baltimore, états de Maryland (États-Unis). Il est petit-fils d'un médecin marseillais et fils d'un riche armateur qui alla en 1790 en Amérique pour y refaire sa fortune. Il avait commencé ses études scientifiques sous la direction de son frère aîné, médecin distingué d'Amérique, et vint en 1820 avec son jeune frère (voyez ci-dessous) à Paris pour les compléter. Il suivit les cours de la Faculté de médecine, s'occupa, comme élève de Cuvier spécialement d'histoire naturelle et reçut le diplôme de docteur en médecine en 1824. Comme correspondant du Muséum de Paris, il a voyagé dès 1826 dans les deux Amériques, remonté l'Orénoque et visité toutes les îles des Indes occidentales recueillant partout des objets nouveaux qu'il envoyait à cet établissement, ainsi qu'aux muséums de Turin, Lisbonne, Madrid et La Haye. Absorbé constamment par ses recherches scientifiques, il eut la douleur de perdre dans l'ouragan qui ravagea la ville des Cayes à Saint-Domingue, une précieuse collection et le manuscrit de ses voyages. Plus tard, il perdit encore plusieurs caisses d'objets d'histoire naturelle dans un naufrage qu'il fit sur les côtes de l'île de la grande Zyague aux Débouquents et fut recueilli en mer par la goëlette de l'Etat la *Mésange*, qui le débarqua à Port-au-Prince (Haïti). Il parcourut ensuite l'Afrique. De retour en Europe, il visita la Hollande, l'Allemagne, la Prusse, l'Autriche, la Pologne, la Russie, l'Espagne, la Suisse et l'Italie. Une partie des nombreux objets d'histoire naturelle qu'il a découverts sont consignés dans les œuvres de Georges Cuvier, Frédéric Cuvier, Duméril, Bibron, Geoffroy-St-Hilaire, Alcide d'Orbigny, Béchard et dans le Dictionnaire de Charles d'Orbigny, Lesson, Guérin-Méneville, Gervais, Boubée, etc. Lors du coup d'Etat de 1851, la forme plébiscitaire de l'appel au peuple n'avait pas été déterminée, et il était à craindre que le vote fût publié. C'est alors que, bravant la guerre des rues, M. le docteur A. Ricord porta, dans la nuit, au ministère de l'Intérieur, une note ainsi conçue : « Le vote ne doit pas être connu; non, mille fois non, il doit être secret. Signé : un ami de Napoléon. » Le lendemain, on lisait dans le *Moniteur* : « Nous avons reçu cette nuit, au bruit de la canonnade, un conseil que nous nous empressons de suivre ; le vote sera secret. » Cette note, commentée dans le *Constitutionnel* par le docteur Véron, établit l'importance du rôle que joua M. A. Ricord dans le mécanisme de notre première institution politique. M. le docteur Alex. Ricord est correspondant de l'Académie de médecine de Paris depuis 1838, membre de l'Académie des sciences naturelles de Madrid, de celle de Philadelphie, etc., etc. Il a été nommé chevalier de la Légion d'Honneur le 26 avril 1845 et décoré des ordres du Christ de Portugal, des Saints-Maurice et Lazare d'Italie, et d'Isabelle la catholique d'Espagne. Pendant le siège de Paris de 1870 et 1871, M. Ricord a été médecin consultant des ambulances de la presse française. Comme doyen il a reçu la grande médaille d'or et la rosette d'officier de la Légion d'Honneur.

RICORD (Philippe), né à Baltimore, le 10 décembre 1800; frère du précédent. Venu à Paris en 1820, il fut reçu interne en 1823 et attaché à l'Hôtel-Dieu, sous Dupuytren, et à la Pitié sous Lisfranc. Reçu docteur en 1826, il alla exercer la médecine à Olivet, près d'Orléans, puis à Crouy-sur-Ourcq, mais il songeait toujours à revenir à Paris. En 1828, il se présenta au concours du bureau central et sortit le premier de l'épreuve, à la majorité absolue. Il fit alors pendant deux ans un cours d'opérations chirurgicales à la Pitié et fut nommé, en 1831, chirurgien en chef de l'hôpital du Midi, où il resta jusqu'à sa retraite, pour limite d'âge, en octobre 1860. Pendant les vingt-neuf ans qu'il dirigea la clinique de cet hôpital, il s'acquit une vaste réputation non-seulement par la spécialité des maladies syphilitiques qu'il avait élevée plus haut que jamais, mais aussi par son instruction encyclopédique, sa sûreté de main, sa spontanéité, sa hardiesse d'initiative, son esprit piquant et sa bienveillance pour ses élèves. Il réorganise son hôpital, publie avec une incessante activité le résultat de ses études et y ouvre en 1834 un cours de syphiliologie qu'il a toujours continué et pour lequel il obtint un amphithéâtre particulier. Sa méthode de guérison du varicocèle et son opération de l'uréthroplastie lui ont valu en 1842 un prix Montyon. Sa clientèle spéciale passe pour la plus étendue et la plus fructueuse de tout Paris. Elu membre de l'Académie de médecine en 1850, il en fut élu président en 1868. Membre de la Société de chirurgie, il est attaché comme consultant au dispensaire de salubrité publique. Nommé en 1862 médecin ordinaire du prince Napoléon, il devient en 1869 chirurgien consultant de l'Empereur. Les ouvrages sur sa spécialité sont nombreux. Outre un grand nombre de *Mémoires*, de *Communications*, etc., publiés dans les *Bulletins et Mémoires de l'Académie de médecine*, on lui doit : *De l'emploi du spéculum* (1833); — *De la blennorrhagie de la femme* (1834); — *Emploi de l'onguent mercuriel dans le traitement de l'érysipèle* (1836); — *Théorie sur la nature et le traitement de l'épididymite* (1838); — *Traité des maladies vénériennes* (1838, avec pl.); — *De l'ophthalmie blennorrhagique* (1842); — *Clinique iconographique de l'hôpital des vénériens* (1842-1851, in-4°, avec 66 pl.); — *De la siphylisation et de la contagion des accidents secondaires* (1853); — *Lettres sur la syphilis* (1854, 3e édit., 1863); — *Traité du chancre* (1857); — un grand nombre d'annotations au *Traité de la maladie vénérienne*, de Hunter, et aussi des pièces de vers et des chansons. M. Philippe Ricord a été promu grand-officier de la Légion d'Honneur le 17 juin 1871. Il est décoré de la plupart des ordres étrangers.

RIEFFEL (Jules), né à Barr (Bas-Rhin), le 25 décembre 1806. Sa famille est depuis longtemps connue et considérée en Alsace, où ses parents appartenaient à la bourgeoisie rurale. Ses goûts se portant vers l'industrie agricole, il fit des études pratiques à l'Ecole de Roville, et fonda, en 1830, à Grand-Jouan (Loire-Inférieure), une Ferme-Ecole à laquelle il joignit une fabrique d'instruments aratoires, la première qui ait été créée dans la contrée. Le succès de cet établissement dépassa toutes les prévisions. Maintenant il renferme, sur 500 hectares de landes défrichées, outre la Ferme-Ecole, une Ecole nationale d'agriculture ouverte en 1837, et dotée d'un corps enseignant des plus distingués, d'un matériel considérable, d'un haras, de troupeaux, etc. Il en est sorti plus de 800 élèves, et son rayonnement sur les pays relativement arriérés, a provoqué des améliorations et des progrès de toute nature. C'est à M. Rieffel qu'on doit ces magnifiques résultats. Il a fondé, en 1843, l'association agricole de la Bretagne, dont il a été huit ans le directeur. Sa grande position, si noblement acquise, lui a valu d'être investi, de 1834 à 1848, des fonctions de maire de Nozay. On lui doit plusieurs ouvrages techniques : la publication des *OEuvres de Jacques Bujault, laboureur à Chaloue*, complétées et accompagnées de notes inédites, en collaboration avec M. E. Ayrault (1845, 3e édit., avec 33 grav., 1834) ; — *Agriculture de l'Ouest de la France* (1840-1848, 6 vol.) ;— la traduction, de l'allemand, du *Cours d'économie rurale*, de Gœritz (1850) ; — *Manuel du propriétaire de métairies* (1864). Le même auteur a publié de nombreux articles dans les journaux et dans les revues spéciales. Chevalier de la Légion d'Honneur le 23 janvier 1836, M. Jules Rieffel a été promu officier le 10 août 1863.

RIÉSENER (Louis-Antoine-Léon), né à Paris, le 21 janvier 1808. Son père, Henri Riésener, peintre de portraits, était fils du célèbre ébéniste de Louis XVI, et l'oncle d'Eugène Delacroix. Il suivit l'atelier de Gros et se consacra tout à la fois à l'histoire, au genre et au paysage. Après avoir débuté, au Salon de 1833, avec *Deux femmes et une chèvre dans une étable*, et une *Jeune fille tenant une chèvre*, cet artiste a exposé : *Jeune fille s'apprêtant à se rendre à la messe* (1864) ;— *Sainte Madeleine repentante* ; *Baigneuse effrayée* (1835) ; — *Flore* ; *Bacchante* (1836) ;— *Education de la Vierge* ; *Vénus* (1838) ; — *Sainte Catherine* (1839) ; — *Thalie* ; *Léda* (1861) ; — *Clytie changée en héliotrope* (1842) ; — *La naissance de la Vierge* ; *La naissance du Christ*, deux tableaux acquis par le ministère de l'Intérieur ; *Clytie* ; *La Madeleine* (1849) ; — *Berger et bergère* (1850) ; — *Léda* ; *Vénus* ; *Bacchante* ; *Petite Egyptienne et sa nourrice* (E. U. 1855);— *Vue prise dans l'herbage des fonderies*, à Beuzeval ; *Idylle dans un paysage normand* (1863); — *Erigone* (1864, E. U. 1867);— *Nymphe*, achetée par le ministère de la Maison de l'Empereur (1864); — *Jupiter s'endort dans les bras de Junon* (1865); — *La victoire ramène la paix*, panneau décoratif ; *Raisins* (1866); — *Baigneuse* (1867); — *Vues des fonderies de Beuzeval* (1868);— *Les Muses* (1870);— *Villégiature* ; *Le ruisseau sous bois* ; *Le doux sommeil secoue sur Lise ses pavots* (1874);— *Bacchus et Ariadne* ; *Le réveil* ; *La toilette* (1875); — Parmi les portraits exposés par M. Riésener, nous citerons : *M. Marilhat* (1840), *Th. Gautier*, *C. Gérard*, *H. Pierret* (1850), etc. En outre, il a décoré au Sénat sept compartiments du plafond de la Bibliothèque (1842), l'hémicycle de la chapelle de la maison de santé de Charenton (1845), un grand plafond dans une des salles des fêtes de l'Hôtel-de-Ville, brûlé, la chapelle des sept Douleurs à l'église Sainte-Eustache. Il a obtenu des médailles de 3e classe en 1836, de 2e classe à l'Exposition universelle de 1855, une médaille en 1864 et la croix de la Légion d'Honneur en 1873.

RIGAUT (Eugène), né à Vermand (Aisne), le 13 décembre 1835. Fils de petits cultivateurs, il participa d'abord aux travaux des champs, et suivit les classes de l'école de son village avec assez de succès pour obtenir une bourse de son département à l'école normale de Courbevoie. Nommé professeur au collège de Bergerac, en 1853, il abandonna l'instruction publique en 1855 pour se consacrer à l'enseignement privé, et parcourut, comme précepteur, la Belgique, la Hollande et l'Allemagne.

En 1858, il fonda une école libre à Dunkerque, où il remplit aussi les fonctions de pasteur protestant. Ayant quitté l'enseignement, en 1860, pour se consacrer au journalisme, il fut un des fondateurs du *Courrier de Saint-Etienne* (1861), et bientôt après un des rédacteurs de la *Méditerranée*, à Marseille. Venu à Paris, en 1862, comme rédacteur fondateur du *Commerce*, il s'associa au mouvement d'opposition à l'Empire qui commençait à s'affirmer. M. Rigaut, simple garde au 33e bataillon de la garde nationale pendant le siège de 1870-1871, a fait partie, à cette époque, de la Commission d'enseignement communal, et a été chargé de faire un rapport sur la réforme des écoles primaires. Quand a éclaté l'insurrection du 18 mars, il se trouvait en Angleterre, occupé à des recherches sur l'enseignement primaire et secondaire dans ce pays. M. Rigaut a été élu, le 30 juillet 1871 et le 29 novembre 1874, conseiller municipal de Paris pour le XVIIe arrondissement (quartier Monceaux), et conseiller général de la Seine. Il siége sur les bancs de la Gauche. On doit à l'initiative individuelle de M. Rigaut la souscription pour le monument de Paul-Louis Courrier, à Veretz (Indre-et-Loire).

RIOM (Mlle Adine BROBAND, dame Eugène), née au Pellerin (Loire-Inférieure), en 1819. Elle s'adonna de bonne heure à la littérature, et publia sous le pseudonyme de comte de Saint-Jean : *Oscar* (1847), poëme ; *Le serment ou la chapelle de Bethléem* (1855), roman ; *Reflets de la lumière* (1857), poésie ; *Flux et reflux* (1859), roman ; *Mobiles et zouaves bretons* (1871), roman politique ; *Histoires et légendes bretonnes* (1873) ; *Salomon et la reine de Saba* (1874), poëme ; et sous celui de Louise d'Isole, deux recueils de poésies : *Passion* (1864), et *Après l'amour* (1867). Madame Riom a aussi publié un poëme sur l'enchanteur breton *Merlin* (1872). Elle a collaboré à la *France littéraire*, à la *Revue contemporaine*, la *Revue de Bretagne et de Vendée*, etc., et a actuellement sous presse *Michel Mario ou Le patriote breton*, roman, et des *Contes Bretons*.

RIONDEL (Louis), né à Saint-Marcellin (Isère) le 24 avril 1824. Il commença ses études de droit à Grenoble, les continua à Paris, et retourna les terminer à la Faculté de Grenoble, où il prit le grade de licencié en 1845. Inscrit au barreau de Saint-Marcellin en 1846, il ne tarda pas à jouir d'une grande considération, et devint l'un des membres les plus marquants du parti libéral. Devenu maire de sa localité, en 1860, il remplit ses fonctions avec beaucoup d'indépendance et de fermeté, et donna sa démission, en 1867, lors d'une élection complémentaire pour se porter candidat d'opposition au Corps législatif. Il fut élu malgré l'administration, et prit place à la gauche de la chambre. Aux élections générales de mai 1869, il obtint encore une grande majorité. Membre du Centre-Gauche, il signa l'interpellation des 116, et vota le rétablissement du jury en matière de presse. Le 8 octobre 1871, il fut envoyé à l'Assemblée nationale, par 95,289 voix, le premier des représentants de l'Isère. M. Riondel a siégé à la

Gauche-Républicaine, et a signé le manifeste de la gauche. Aux élections législatives du 20 février 1876, il a été nommé député dans le même département, pour l'arrondissement de Saint-Marcellin, par 14,131 voix.

RISTELHUBER (Paul), né à Strasbourg, le 11 août 1834, est fils d'un médecin distingué de cette ville. A la suite de bonnes études au collége Sainte-Barbe et au collége Louis-le-Grand, à Paris il prit le grade de licencié ès lettres et dès l'âge de vingt-deux ans il se voua à la littérature. Voici la liste de ses publications : *Bouquet de lieder*, traduit de l'allemand (1856) ; — *Intermezzo* de Henri Heine, traduit en vers français (1857) ; — *Héro et Léandre*, traduction en vers (1859) ; — *Marie Stuart*, drame de Schiller, traduit en vers (1859) ; — *Faust* de Goethe, traduit en vers, et adapté à la scène française (1861) ; — *Liber vagatorum*, le livre des gueux, précédé d'une notice littéraire et bibliographique sur l'argot des bords du Rhin et terminé par un vocabulaire des mendiants (1862) ; — *Faust dans l'histoire et dans la légende*, essai sur l'humanisme superstitieux du XVIe siècle et les récits du pacte diabolique (1863) ; — *L'Alsace ancienne et moderne*, dictionnaire topographique, historique et statistique du Haut et du Bas-Rhin (1864) ; — *L'Alsace*, album faisant partie de la *Galerie universelle des peuples* publiée par Lallemand et Hart (1865) ; — *Lettre sur les archives de la ville de Strasbourg* (1866) ; — *Contes, lettres et pensées de l'abbé Galiani*, avec introduction et notes (1866) ; — *Les contes de Pogge*, avec une introduction et des notes (1867) ; — *La feuille du samedi*, revue d'histoire et de littérature alsaciennes (1868) ; — *Jeanne la folle*, étude historique (1869) ; — *L'assassinat de Rastadt*, étude historique (1870). — *Bibliographie alsacienne*, 1869 à 1873, (5 vol., 1870-1874), le cinquième volume a valu à l'auteur, de la part du tribunal allemand de Strasbourg, une condamnation à 4 mois de forteresse ; il était accusé de lèse-majesté pour avoir cité quelques vers de V. Hugo ; — *Les contes et facéties* d'Arlotto de Florence, avec introduction et notes (1873) ; — *L'Élite des contes* du sieur d'Ouville, avec introduction et notes (1876) ; — *Catalogue raisonné d'une collection d'ouvrages relatifs à l'Alsace et la Lorraine* (1876) ; — *L'Alsace à Morat études historiques* (1876) ; — *Quatre ballades suivies de notes* (1876). M. Ristelhuber a été aussi un des fondateurs du *Biographe alsacien* (1863) ; il a collaboré à *l'Europe* de Francfort, à la *Revue critique* et à la *Revue contemporaine*.

RIVE (Francisque), né à Belley (Ain), le 13 décembre 1837, fit ses études classiques au collége de Belley et son droit à la Faculté de Paris. Il prit place, en 1861, au barreau de sa ville natale, qu'il abandonna bientôt pour le barreau de Bourg, où il s'acquit une grande réputation. Ayant toujours professé des opinions républicaines, il crut devoir accepter, après le 4 Septembre, les fonctions de procureur de la République à Bourg, mais il donna peu après sa démission (12 octobre). Le 8 février 1871, il fut élu par 56,165 voix, le deuxième sur sept, représentant de l'Ain, à l'Assemblée nationale, prit place sur les bancs du Centre-Gauche et remplit, du mois de décembre 1871 au 1er mars 1874, les fonctions de secrétaire. Un des défenseurs de la politique de M. Thiers, il a fait partie de plusieurs commissions importantes et a été rapporteur de la loi sur les effets de commerce de Paris. Le jeune député a prononcé un grand nombre de discours sur le budget, la loi du jury, le timbre des journaux, la loi électorale. C'est sur son amendement qu'a été admise l'inéligibilité des militaires. En 1876, M. Francisque Rive a refusé les candidatures qui lui étaient offertes à Belley et à Bourg pour rentrer au barreau.

RIVET (Jean-Charles, *baron*), né à Brives (Corrèze), le 19 mai 1800. Il fit son droit à la Faculté de Paris, entra dans l'administration et remplit les fonctions de sous-chef du cabinet près de M. de Martignac. Sous-préfet de Rambouillet après la révolution de 1830, préfet de la Haute-Marne quelques mois après, préfet du Gard en 1832, il fut nommé directeur général du personnel et du cabinet au ministère de l'Intérieur en 1834. L'année suivante, il fut chargé de l'administration du département du Rhône, poste qu'il conserva jusqu'en 1839. Elu député de Brives en 1839, il siégea au Centre-Gauche et fit de l'opposition au ministère Guizot. Après les journées de Février 1848, il reçut le mandat de représentant du département du Rhône par 41,850 suffrages à l'Assemblée constituante. Il prit place sur les bancs de la Droite et appartint au Comité du commerce et de l'industrie. Appelé à faire partie du Conseil d'Etat, il résigna son mandat de député le 20 avril 1849, et conserva ses fonctions administratives jusqu'au 2 décembre 1851, époque où il protesta contre le Coup-d'Etat et se retira dans la vie privée. M. le baron Rivet s'occupait d'agriculture et d'administration dans les chemins de fer, quand éclatèrent les événements de 1870. Elu représentant de la Corrèze à l'Assemblée nationale, le 8 février 1871, il s'y est placé dans les rangs du Centre-Gauche. Il est l'auteur de la fameuse proposition qui porte son nom, et qui, adoptée avec amendement (30 août 1871), a eu pour résultat l'élévation de M. Thiers à la présidence de la République. M. le baron Charles Rivet, nommé chevalier de la Légion d'Honneur en 1837, a été promu au grade d'officier le 17 décembre 1849. Il est décédé le 20 novembre 1872, dans sa terre du Teinchuries, près Brive.

RIVIÈRE (Henri-Laurent), né à Paris, le 12 juillet 1827. Elève de l'Ecole navale en 1843, il devint aspirant le 1er août 1845, enseigne de vaisseau le 1er septembre 1849, lieutenant de vaisseau le 29 novembre 1856 et capitaine de frégate le 1er juin 1870. Aux devoirs rigoureux de l'homme de guerre, M. Rivière a su joindre avec succès les délassements de l'esprit. Après avoir débuté par la *Marine française sous le règne de Louis XV* (1859), il publia des nouvelles, des romans qui, en grande partie, ont été insérés, avant d'être réunis en volume, dans la *Revue des Deux-Mondes*. Nous citerons : *Pierrot. Caïn* (1860) ; — *La main cou-*

pée (1862); — *La possédée. Le colonel Pierre. La seconde vie du docteur Roger* (1863); — *Les méprises du cœur. Les voix secrètes de Jacques Lambert. Terre et mer. Les visions du lieutenant Féraud. Le rajeunissement* (1865); — *Le cacique* (1866); — *Le meurtrier d'Albertine Renouf. Les derniers jours de don Juan* (1867); — *Mademoiselle d'Apremont. M. Margerie* (1872); — *La faute du mari. Madame Herbin* (1874). On a aussi de lui trois pièces de théâtre : *La parvenue*, comédie en quatre actes et en prose jouée en 1869 au Théâtre-Français; — *Berthe d'Estrées* (1872) et *M. Margerie*, comédie en un acte (1875), représentées au Vaudeville. M. Rivière est chevalier de la Légion d'Honneur depuis le 6 octobre 1855.

RIVIÈRE (Hippolyte-Ferréol), né à Aix-en-Othe (Aube), le 26 mars 1818. Il fit ses études classiques à Lyon et suivit les cours de la Faculté de droit de Dijon, où il fut reçu docteur en 1840 et obtint le premier prix de doctorat. Inscrit au tableau des avocats de cette ville, en 1841, il entra, en 1863, dans la magistrature comme juge au tribunal d'Issoire, en récompense du service qu'il rendit à l'occasion de l'abrogation de la loi sur l'échelle mobile. Il devint président du tribunal de Mauriac en 1865 et passa comme conseiller à la Cour impériale de Riom, en 1868. M. Rivière a rédigé, pendant deux ans, le *Journal du droit commercial* qu'il avait fondé en 1855 et, pendant plusieurs années, le *Recueil des arrêts de la Cour impériale* de Dijon, fondé également par lui en 1857. Il a publié : *Esquisse historique de la législation criminelle des Romains* (1844); — *Exposé théorique et pratique des droits du mari et de ses créanciers sur les biens de la femme* (1847); — *Répétitions écrites sur le Code de commerce* (1853, 7e édition, 1868); — *Examen du régime de la propriété mobilière en France* (1854), mémoire couronné par l'Académie de législation de Toulouse; — *Explication de la loi du 23 mars 1855 sur la transcription en matière hypothécaire* (1855, 2e édit., 1856), en collaboration avec M. Aug. François; — *Questions théoriques et pratiques sur la transcription en matière hypothécaire dans l'ordre des articles de la loi du 23 mars 1855* (1856), en collaboration avec M. Huguet; — *Explication de la loi du 27 juillet 1856, relative aux sociétés en commandite par actions* (1857); — *Précis historique et critique de la législation française sur le commerce des céréales* (1859); — *De l'utilité d'une commission permanente pour le perfectionnement des lois* (1860); — *Revue doctrinale des variations et du progrès de la jurisprudence de la Cour de cassation* (1861); — *Du commis-voyageur et de son préposant* (1863), couronné par l'Académie de législation ; — *Etude sur les tribunaux de commerce* (1865); — *Commentaire de la loi du 24 juillet 1867 sur les sociétés* (1868); — *Histoire des institutions de l'Auvergne* (1874, 2 vol.), couronné par l'Institut en 1875; — *Les Codes français et Lois usuelles* (1876), en collaboration avec MM. Faustin Hélie et Paul Pont. M. Rivière est un des rédacteurs de la *Revue pratique du droit français*, et a publié de nombreux articles dans cette Revue et dans la *Revue de Législation et de Jurisprudence*.

RIVIÈRE (Jean-Baptiste-Alcide), né au Mesnil-sur-Blangy (Calvados), le 6 octobre 1815. Ses parents, petits cultivateurs qui vivaient péniblement des produits d'un modeste patrimoine, ne pouvaient lui faire donner qu'une instruction très-incomplète. La commune du Mesnil n'ayant pas d'instituteur, il apprit à lire sous la direction du curé du village, puis, à l'âge de 13 ans, on l'envoya à l'école primaire de Blangy dont il suivit les exercices pendant 18 mois. Mais à la nouvelle de l'expédition d'Alger, en mai 1830, l'instituteur de Blangy abandonna son école pour prendre du service dans le corps expéditionnaire. Avant son départ, il avait engagé les parents de son jeune élève à lui faire continuer ses études; il fut donc décidé que l'enfant suivrait comme externe les cours du petit collége de Pont-l'Evêque où, pendant trois mois, il reçut quelques notions de grammaire latine. Malheureusement la révolution de Juillet entraîna la fermeture du collége de Pont-l'Evêque qui était dirigé par un ecclésiastique, et le jeune Rivière fut retenu à la maison paternelle pour prendre part aux travaux de la campagne. Cependant un ami de la famille offrit de le placer à Rouen dans une maison de commerce, et l'année suivante il entra, comme apprenti, chez MM. Bidault jeune et Deschamps commissionnaires en rouenneries. Mais le peu d'aptitude qu'il montra pour le commerce n'était pas de nature à lui mériter les encouragements de ses patrons, et après un noviciat d'un an, son inexpérience des affaires le fit remercier. Il ne fut pas plus heureux dans deux autres maisons où il fut successivement admis ; de sorte qu'en 1835, à l'âge de 19 ans, il renonça au commerce et accepta les fonctions de maître adjoint, avec un traitement des plus modestes, dans un établissement d'instruction primaire de Fécamp. L'année suivante, il entra comme maître d'études au collège de Lisieux, où, tout en partageant son temps entre la surveillance de l'internat et la direction d'une petite classe élémentaire, il trouva moyen de se préparer aux examens du baccalauréat. Trois ans plus tard, il quitta le collège de Lisieux, qui venait de perdre son principal et entra, toujours maître d'études, au pensionnat communal d'Orbec dont la direction lui fut confiée en 1842. Toutefois, les difficultés qu'il rencontra dans l'exercice de ses nouvelles fonctions lui firent bientôt envier l'indépendance du professorat, et, en 1844, il donna sa démission et sollicita une chaire de mathématiques dans un collége communal. M. Villemain, alors ministre de l'Instruction publique, l'envoya à Embrun (Hautes-Alpes). Mais dès l'année suivante il fut appelé à suppléer un professeur de mathématiques au collège de Bar-le-Duc, et bientôt après, nommé titulaire de l'une des deux chaires d'enseignement scientifique au collége d'Epinal. Ce fut là que son aptitude pour les sciences physiques se révéla. Après avoir conquis peu à peu ses différents grades universitaires, il crut pouvoir aborder les épreuves de l'agrégation, et à la suite du concours de 1849, sur la recommandation spéciale de M. Beudant président du jury d'examen, il fut chargé de la chaire de physique du lycée de Lille dont la création ne datait que de 1845. L'année suivante il fut nommé au lycée de Saint-Etienne, puis quatre ans plus tard à celui de Grenoble où il demeura jusqu'en 1859, époque à laquelle il fut appelé à Rouen où il remplit encore aujourd'hui les fonctions de professeur de physique simultanément au lycée Corneille et à l'Ecole des sciences et des lettres. Il a été nommé chevalier de la Légion d'Honneur le 9 février 1876. Son fils, Charles Rivière, reçu le premier à l'Ecole normale supérieure, dans la section des sciences, à la suite du concours de 1875, se prépare à embrasser la carrière paternelle.

ROBERT (Charles-Frédéric) né à Mulhouse, le 21 décembre 1821. Il fit ses études classiques au lycée de sa ville natale et vint à Paris pour y suivre les cours de la Faculté de droit. Reçu docteur en 1848, il entra, après un brillant concours, comme auditeur au Conseil d'Etat (1849), devint maître des requêtes et commissaire du gouvernement près la section du contentieux. Secrétaire général du ministère de l'Instruction publique et Conseiller d'Etat hors section en 1864, M. Charles Robert prit une part active aux réformes apportées au lycée par M. Duruy dans l'enseignement. Il a soutenu avec talent dans ses écrits et devant le Corps législatif, comme commissaire du gouvernement, la nécessité de rendre l'instruction primaire obligatoire. Lors de la retraite de M. Duruy (août 1869) il quitta le ministère et entra dans le service ordinaire du Conseil d'Etat. La révolution du 4 Septembre l'a fait rentrer dans la vie privée. Actuellement il est directeur de l'*Union*, compagnie d'assurances sur la vie humaine. Parmi les bons ouvrages de M. Charles Robert nous citerons : *De la nécessité de rendre l'instruction primaire obligatoire en France et des moyens pratiques à employer dans ce but* (1860); — *De l'ignorance des populations ouvrières et rurales de la France et des causes qui tendent à la perpétuer* (1863); — *Plaintes et vœux présentés par les instituteurs publics en 1861, sur la situation des maisons d'école, du mobilier et du matériel classique* (1864); — *La suppression des grèves par l'association aux bénéfices* (1870); — *Le salut par l'éducation* (1871); — *L'instruction obligatoire* (1871): — *Le partage des fruits du travail* (1873); — *Ecole ou prison* (1874). Il a été promu officier de la Légion d'Honneur le 12 août 1865.

ROBERT (François-Paul), né à Vicq (Haute-Marne), le 21 octobre 1807. Il fit une partie de ses études classiques au collége de Langres et vint suivre le cours de philosophie de la Sorbonne, en même temps qu'il prenait sa première inscription à l'Ecole de médecine de Paris. Externe à la Pitié sous Lisfranc en 1831, à l'Hôtel-Dieu dans les salles de Dupuytren, où il eut à soigner les premiers cholériques en 1832, il prit le grade de docteur à la Faculté de Paris le 23 mai 1833, avec une thèse intitulée : *De la chorée sporadique*, précédée de *quelques réflexions sur la chorée épidémique des anciens*. Puis il se fixa près de son pays natal, à Varennes chef-lieu de canton où sa distinction, ses capacités et son désintéressement ne tardèrent pas à le mettre en possession d'une légitime influence. Médecin vaccinateur, il reçut en 1855 une médaille d'argent du ministère de l'Agriculture et consacra ses soins, pendant 38 ans, à la propagation et à la pratique de la vaccine. M. Robert, nommé suppléant de la justice de paix le 16 mars 1859, maire de Varennes en 1862, puis président de la Commission cantonale d'hygiène, a été désigné comme délégué cantonale pour l'inspection des écoles publiques (1867), et appelé aux fonctions de président du Bureau de bienfaisance institué, l'année précédente, à la suite de ses nombreux efforts (1868). Son administration s'est fait remarquer par autant d'activité que d'abnégation. Il avait préparé de nombreux projets d'assainissement et d'embellissement, et en particulier la construction d'une salle d'asile, quand le révolution du 4 Septembre a privé ses concitoyens de ses excellents services. Depuis cette époque M. Robert a quitté la vie publique et n'exerce plus la médecine qu'à titre charitable ou dans le cercle de l'intimité.

ROBERT (Léon), né à Voucq (Ardennes), le 4 août 1813. Son grand oncle, Robert des Ardennes, fut membre de la Convention, et son père siégea, sous la Branche-Cadette, à côté des Lafayette et des Dupont de l'Eure. Il fit son droit à la Faculté de Paris et collabora au *National*, avec Armant Marrast, son professeur, son ami, qu'il retrouva plus tard président de la Constituante, en 1848, lorsqu'il fut lui-même élu secrétaire de cette Assemblée. A cette dernière époque, il vota l'amendement Grévy et l'abolition de la peine de mort. Puis il retourna dans son pays natal, où il possède de grandes propriétés, et qu'il administra en qualité de maire élu jusqu'au 2 Décembre. Après le Coup-d'Etat, il donna sa démission pour ne pas prêter serment à l'Empire, acte d'énergie qui lui valut de comparaître devant la commission mixte de son département, et d'être interné à domicile. Ses concitoyens, qui avaient tiré sur les prussiens et avaient vu brûler leur village en 1792, et qui, le 29 août 1870, ont éprouvé le même sort pour avoir accompli le même acte de patriotisme, ses concitoyens, disons-nous, ont rendu hommage à la fermeté de ses convictions républicaines en le mommant, le 7 janvier 1872, représentant à l'Assemblée nationale, sans qu'il eût fait aucune démarche électorale, et d'autre profession de foi que son acceptation à titre de candidat démocrate. M. Léon Robert avait repris sa place à l'Extrême-Gauche, parmi les nombreux amis qui apprécient la droiture et l'honorabilité de son caractère.

ROBERT (Louis-Rémy), né à Paris, le 3 octobre 1810. Petit-fils du peintre Demarne, et fils de Pierre Robert, artiste-peintre rénovateur et chef des travaux de peinture sur verre à la manufacture de Sèvres, M. Louis Robert sortit en 1832 du laboratoire de M. Dumas, à l'Ecole polytechnique pour succéder à son père. Il devint chef des peintres de la manufacture en 1848; et grâce aux connaissances chimiques qu'il avait acquises, et au goût artistique qu'il possédait naturellement, il profita de ces nouvelles fonctions pour provoquer des améliorations diverses. Resté à Sèvres pendant la guerre de 1870, il fut assez heureux pour préserver, au risque de sa vie, la manufacture d'une ruine imminente ; aussi, à la conclusion de la paix, en fut-il nommé le directeur, ayant ainsi l'honneur mérité de succéder à son ancien ami et maître, M. Brongniart. Sa longue expérience lui a permis de renouer heureusement les traditions du passé de l'ancienne manufacture avec les travaux de la nouvelle. M. Louis Robert a reçu la croix de la Légion d'Honneur en 1847, pour sa belle exécution des travaux de la chapelle de Dreux.

ROBERT (Pierre-Charles) est né à Bar-le-Duc, le 20 novembre 1812, chez son grand-père, ancien officier. Il a commencé ses études à Metz où sa famille s'était fixée et les a terminées à Rennes, où son père avait été appelé en qualité de directeur des contributions indirectes du département d'Ille-et-Vilaine. Tout en suivant dans cette dernière ville, les cours de la Faculté de droit, il s'est fait recevoir en 1832, à l'Ecole polytechnique. Il était depuis deux ans capitaine du génie, lorsqu'il entra, en 1840, dans l'intendance militaire, sous les auspices de son oncle maternel, le baron Dufaur, ancien ordonnateur en chef de la garde impériale, grand-officier de la Légion d'Honneur et pair de France, qui a laissé un nom justement honoré. M. Charles Robert a été en Crimée où il avait la direction des subsistances de l'armée, difficile mission sur un sol ravagé, à 800 lieues de la mère patrie. Il a fait aussi la campagne d'Italie, et il a pendant la dernière guerre, rempli des missions importantes, d'abord à l'armée du Rhin, puis à l'armée de la Loire. M. Charles Robert a été directeur de l'administration au ministère de la Guerre depuis 1861 jusqu'au 25 octobre 1867, jour de sa nomination au grade d'intendant général inspecteur. Le maréchal Randon l'honorait de son affection. Il a participé activement, en 1867, aux projets d'organisation administrative dont s'occupait le maréchal Niel. En dehors des obligations de son service, a plus d'une fois utilisé son instruction variée dans l'intérêt de l'armée. C'est ainsi qu'il a donné des leçons de mathématiques aux sous-officiers du 3ᵉ régiment du génie qui se destinaient à l'Ecole polytechnique ou à Saint-Cyr, et que, plus tard, lorsqu'il était déjà sous-intendant militaire, il a fait à l'Ecole d'application de l'artillerie et du génie à Metz un cours de législation et d'administration militaire, qu'il a su rendre intéressant, malgré l'aridité de la matière et dont ses jeunes auditeurs, aujourd'hui colonels ou généraux, ont gardé le souvenir. M. Charles Robert a été attiré dès son enfance vers l'archéologie et la numismatique par les conseils d'un célèbre numismate, le baron Marchand, ancien maire de Metz, qui était le médecin de sa famille. Lié dans l'armée avec M. de Saulcy, il a poursuivi, depuis 40 ans en collaboration avec ce savant, lorsque le hasard de sa carrière l'a rapproché de lui, l'étude des monnaies de la Gaule et ce sont ses dessins dont le ministre de l'Instruction publique a récemment décidé la publication. M. Charles Robert est un travailleur infatigable : chargé, dans sa longue carrière militaire et administrative, de missions laborieuses, il a su publier de nombreux ouvrages de numismatique, d'épigraphie, d'archéologie et d'histoire militaire, qui lui ont valu en 1871, son entrée à l'Institut où il remplaça Mérimée, comme membre libre de l'Académie des inscriptions et belles-lettres. Il avait commencé l'étude des nombreux monuments gallo-romains du musée de Metz. Cette publication in-4°· accompagnée de belles photogravures, a été interrompue par les événements ; la première partie seule en a paru. Il a récemment mis au jour une histoire des événements militaires des premières années, c'est-à-dire des plus belles du règne de Henri II, et y a joint le dessin de plusieurs médailles commémoratives. M. Charles Robert, est commandeur de la Légion d'Honneur, décoré des médailles de Crimée et d'Italie, grande-croix de Saint-Grégoire, etc.

ROBERT (Pierre-Joseph), né à Rouen, le 28 janvier 1814. Admis à l'Ecole de Saint-Cyr le 20 novembre 1831, il obtint le brevet de sous-lieutenant le 27 décembre 1833, et entra comme élève à l'Ecole d'application d'état-major. Lieutenant au corps d'état-major le 1ᵉʳ janvier 1836, M. Robert a été nommé capitaine le 18 janvier 1840 et chef d'escadron le 3 janvier 1851. Lieutenant-colonel le 10 mai 1859, colonel le 26 décembre 1864, il était chef d'état-major à Rouen, quand éclata la guerre de 1870, à laquelle il prit part comme chef d'état-major des généraux Douay et Ducrot. Il assista à la bataille de Wissembourg et à celle de Sedan. Il a été promu général de brigade le 27 octobre 1870. Conseiller général de la Seine-Inférieure pour le canton de Fécamp depuis 1864, M. le général Robert a été réélu, le 8 octobre 1871, au Conseil général, dont il est le vice-président depuis cette époque. Aux élections complémentaires du 2 juillet 1871, il a été élu, par 60,514 voix, représentant de la Seine-Inférieure à l'Assemblée nationale où il a siégé sur les bancs du Centre-Droit. Aux élections sénatoriales du 30 janvier 1876, M. le général Robert fut porté sur la liste du Comité de l'Union conservatrice de la Seine-Inférieure et élu par 545 voix.

ROBERT DE MASSY (Paul-Alexandre), né à Orléans, le 29 septembre 1810. Petit-fils d'un professeur de droit français à la Faculté d'Orléans, il prit sa licence en droit à la Faculté de Paris, et se fit inscrire au tableau des avocats de sa ville natale en 1836. Bientôt, ses connaissances juridiques, ses qualités oratoires et son honorabilité lui assurèrent, dans le pays, une légitime influence. Conseiller municipal en juillet 1848, adjoint au maire, de 1849 à 1851, il abandonna la vie publique après le coup d'Etat. Cependant en 1869, il se présenta à la députation comme candidat indépendant, mais ne fut pas nommé. M. Robert de Massy, élu le second représentant du Loiret à l'Assemblée nationale, par 46,846 voix le 8 février 1871, a siégé au Centre-Gauche, dont il a été le vice-président et a fait partie de la Commission de permanence (août 1874).

Il a été rapporteur du projet de la loi favorable à la restitution des biens d'Orléans. Aux élections du 20 février 1876, il a été réélu député du Loiret (1re circonscription de l'arrondissement d'Orléans) par 7.904 voix comme candidat républicain. M. Robert de Massy est chevalier de la Légion d'Honneur depuis le 10 décembre 1850.

ROBERT-DEHAULT, né le 22 janvier 1821, à Droyes (Haute-Marne), où son père exerça pendant trente-cinq années les fonctions de maire. Reçu docteur à la Faculté de droit de Paris en 1845, il fut nommé secrétaire de la préfecture de la Corse en 1846. Ses idées ne se trouvant plus en harmonie avec celles du gouvernement, M. Robert-Dehault, se retira, en 1850, dans son pays natal et s'établit d'abord à Vassy, puis à Saint-Dizier, comme maître de forges. Juge au tribunal de commerce en 1867, il fut élu président l'année suivante et il remplit encore aujourd'hui ces fonctions. Il fut nommé maire de Saint-Dizier le 20 août 1870, au moment où les bataillons prussiens entraient dans la ville, et dans ces pénibles circonstances il sut remplir avec prudence et courage ses délicates fonctions et tenir tête aux exigences de l'ennemi. Aussi ses concitoyens, reconnaissants du bien qu'il avait fait autour de lui, l'élurent-ils, le 3 octobre 1871, membre du Conseil général. Dès la première année, il fut nommé secrétaire du conseil et membre de la Commission départementale. Dans la dernière session ses collègues l'ont appelé à la vice-présidence. Aux élections du 30 janvier 1876, M. Robert-Dehault a été élu sénateur pour le département de la Haute-Marne par 336 voix.

ROBERT-FLEURY (Joseph-Nicolas-Robert-FLEURY, dit), né à Cologne (alors département de la Roër), le 8 août 1797. Venu de bonne heure à Paris, il suivit les ateliers de Girodet, Gros, Horace Vernet, et se distingua surtout comme peintre d'histoire. Voici la liste des œuvres qu'il a exposées : *Des brigands* ; *Une religieuse* ; *Un jeune pâtre dans la campagne de Rome* ; *Une famille de réfugiés grecs* (1824) ; — *Le Tasse au monastère de Saint-Onuphre* ; *Mœurs romaines* (1827) ; — *Miss Grenwil* ; *Lecture chez Mme de Sévigné* ; *Scène de la Saint-Barthélemy*, au Luxembourg (1833) ; — *Procession de la Ligue*; *Des enfants gardent du gibier* (1834) ; — *Le régent présidant le conseil où fut signé le traité de la quadruple alliance*; *Jeux d'enfants*; le portrait en pied du connétable *Albert de Luynes* (1835) ; — *Henri IV rapporté au Louvre* (1836); — *Saint François de Sales* ; *Laissez venir à moi les enfants*; *Sortie d'église* (1837) ; — *Entrée de Clovis à Tours*, au Musée du Luxembourg (1838); — *Arrivée de Beaudoin, comte de Flandre, à Edesse*; *Bernard Palissy* (1839) ; — *Le colloque de Poissy*, au Musée du Luxembourg; *Délivrance de saint Pierre*; *Ramus*, *Ambroise Paré*; *Les enfants de Louis XVI au Temple* (1840) ; — *Scène d'inquisition*; *Michel-Ange donnant des soins à son domestique malade*; *Benvenuto Cellini dans son atelier* (1841) ; — *Marino Faliero*; *Atelier de Rembrandt*; *Un auto-da-fé* ; *Une jeune femme* (1845) ; — *Réception de Christophe Colomb par la cour d'Espagne*; *Galilée* (1847) ; — *Jans Shore*, au Musée du Luxembourg ; — *Le Sénat de Venise* (1850) ; — *Derniers moments de Montaigne* (1853) ; — beaucoup des œuvres citées plus haut ont reparu à l'Exposition universelle de 1855 avec *Le pillage d'une maison dans le Judecca de Venise au moyen-âge* ; — *Charles-Quint au monastère de Saint-Just* (1857, E. U. 1867). — Cet artiste a aussi envoyé au Salon les portraits de M. *Devinck*, pour le Tribunal de commerce (1865), du comte *Henri Greffulhe*, du docteur *Des Mares* (E. U. 1867), du docteur *Grisolles* (1867). Il a obtenu une médaille de 2e classe en 1824, des médailles de 1re classe aux Expositions universelles de 1855 et 1867. Il est commandeur de la Légion d'Honneur depuis 1867. Successeur de Blondel comme professeur à l'Ecole des beaux-arts en 1855, il a dirigé cet établissement de 1863 à 1868, et l'Académie de France à Rome de 1868 à 1869. M. Robert-Fleury a été élu membre de l'Académie des beaux-arts en 1850.

ROBERT-FLEURY (Tony), né à Paris, le 16 septembre 1838 ; fils du précédent. Il suivit les ateliers de Paul Delaroche et de M. Léon Cogniet, et débuta au Salon de Paris, en 1864, avec deux tableaux, une *Jeune fille romaine*, et un *Enfant embrassant une relique*. Depuis, M. Tony Robert-Fleury a exposé : *Varsovie, le 8 avril 1861*, acheté par M. le comte Branicki et qui a reparu à l'Exposition universelle de 1867 (1866) ; — *Les vieilles de la place Navone, à Santa-Maria-della-Pace* (1867) ; — les portraits de Mme N. et de Mme J. G. (1868) ; — *Le dernier jour de Corinthe* (1870) ; — *Les Danaïdes* ; les portraits de Mme X. (1873) ; — *Charlotte Corday* (1793) ; à *Caen* (1874) ; — *Pinel, médecin en chef de la Salpêtrière, en 1795* (1876). M. Tony Robert-Fleury a obtenu des médailles en 1866, 1867 et 1870, Il a remporté la grande médaille d'honneur au Salon de 1870 et la croix de la Légion d'Honneur à celui de 1873.

ROBERTS (Arthur-Henry), né à Paris, le 3 février 1819. Elève de son père et de Drölling, il a cultivé surtout la peinture d'histoire et celle de genre. Après avoir débuté au Salon de 1843 par le portrait d'*Ahmed-Ben-Aissa*, de Constantine, il a exposé : *Saint Robert, comte de Tonnerre, fondateur de Citeaux*, à l'abbaye de Hautecombe (1844) ; — *Marguerite* (1846) ; — *Jésus chez Marthe et Marie*, à l'église de Voulaines, Côte-d'Or (1848) ; — *Nazareth*, à la chapelle des R. P. de l'Oratoire, à Londres (1853) ; — *Sainte Claire repousse les Sarrazins en leur présentant la sainte Eucharistie*, à la chapelle des Claristes de Lyon (E. U. 1855) ; — *Intérieur du cabinet de M. Sauvageot*, acquis pour le Musée du Louvre (1857) ; — *Tribulation* (1863) ; — *Trouvaille* (1864) ; — *Le vin nouveau* (1865) ; — *Enfance de sainte Thérèse* (1866) ; — *La Sainte-Chapelle et le pont Saint-Michel* (1867), aquarelle. En outre, M. Roberts a exposé des portraits, dont celui de *S'eid-Efendi* (1866). Il a obtenu, pour l'histoire, une médaille de 3e classe à l'Exposition universelle de 1855. Professeur à l'Ecole impériale ottomane depuis le 3 septembre 1860, il a été fait officier de l'ordre impérial du Medjidié, le 2 mai 1867.

ROBIDOU (Bertrand), né à Plerguer (Ille-et-Vilaine), le 16 novembre 1820. Après avoir fait ses études à Ploermel, dans l'institut dirigé par le frère du célèbre Lamennais, il devint instituteur à Saint-Benoit-des-Ondes, près de Cancale, et y attira, par la bonté de son enseignement, de nombreux élèves. Mais en 1849, sous le ministère Falloux, il fut dénoncé et persécuté par les cléricaux et répondit à ces attaques par une brochure pour laquelle il fut poursuivi le 8 décembre 1849, devant le jury. Quoique ayant été acquitté, il fut suspendu de ses fonctions pendant un mois. Mais avec l'appui des habitants de Saint-Benoit-des-Ondes il put s'établir comme instituteur privé jusqu'à ce que, en 1851, son école fut de nouveau fermée par le conseil académique. Il se voua alors à la littérature et au journalisme. Il a fondé le journal l'*Union des villes*, organe de Saint-Malo et Saint-Servan, et l'*Avenir de Rennes*, dont il est encore le rédacteur en chef. On lui doit en outre: *Histoire et panorama d'un beau pays ou Saint-Malo, Saint-Servan, Dinan, Dol et ses environs*, ouvrage illustré par M. V. Doutreleau, élève de Paul Delaroche (1833-1856, nouv. édit. 1861); — *La République de Platon comparée aux idées et aux États modernes* (1869); — *Elohim et Iawek* (1873), poëme; — *La dame de Coëtquen* (1875), roman historique; — *Gilles de Bretagne*, drame en cinq actes (1875), etc. M. Robidou est membre de la Société des gens de lettre.

ROBIN (Charles-Philippe), né à Jasseron (Ain), le 4 juin 1821. Elève de la Faculté de médecine de Paris en 1840, il se fit recevoir interne des hôpitaux en 1843, remporta le prix de l'Ecole pratique en 1844, et reçut en 1845, d'Orfila qui fondait son Musée à l'Ecole de médecine, la mission de parcourir, avec Lebert les côtes de Normandie et l'île de Jersey et d'y recueillir des objets propres à une collection d'histoire naturelle et d'anatomie comparée. M. Ch. Robin s'est adonné spécialement à l'étude de l'anatomie pathologique et à l'examen patient des tissus et des humeurs à l'état sain et à l'état morbide. Reçu docteur le 31 août 1846, il a continué ses investigations scientifiques à l'aide du microscope et des réactifs chimiques, s'est en même temps livré à l'étude approfondie des sciences naturelles si essentielles en matière de physiologie et de pathologie, et s'est fait recevoir en 1847, docteur ès sciences et professeur agrégé d'histoire naturelle médicale à la Faculté. De 1847 à 1862, il fit avec le plus grand succès, un cours particulier d'anatomie générale dans un laboratoire qu'il avait organisé à l'ancienne mairie du XI° arrondissement. Le 19 avril 1862, le savant micrographe prit possession de la chaire d'histologie, de nouvelle création, à la Faculté de médecine. Ses premiers cours furent troublés par la cabale des cléricaux; mais son énergie, son sang-froid et ses hautes capacités triomphèrent de cette intrigue; et bientôt la doctrine positiviste compta par milliers ses nouveaux partisans. M Ch. Robin, membre de l'Académie de médecine depuis 1858, de la Société de biologie, des Sociétés entomologique, philomatique et anatomique de Paris; membre correspondant de l'Académie médico chirurgicale de Stockholm, de l'Institut de Genève etc., est entré à l'Institut de France (Académie des sciences, section d'anatomie et de zoologie) le 15 janvier 1866, en remplacement de M. Valenciennes. Pendant la campagne de 1870-1871, il a été chargé de la direction des services médicaux militaires, en province au ministère de la Guerre. Aux élections du 30 janvier 1876, il a été nommé sénateur pour le département de l'Ain. M. Charles Robin a publié notamment: *Des fermentations*, thèse d'agrégation; — *Mémoire sur l'existence d'un œuf ou d'un ovule, chez les mâles comme chez les femelles des végétaux et des animaux*, lu à l'Institut (1848); — *Observations sur le développement de la substance et du tissu des os*, insérées dans la *Gazette médicale* (1849); — *Du microscope et des injections dans leur application à l'anatomie et à la pathologie, suivis d'une classification des sciences fondamentales* (1849, avec fig. 3° édit., 1876); — *Tableaux d'anatomie, contenant l'exposé de toutes les parties à étudier dans l'organisme de l'homme et dans celui des animaux* (1851); — *Traité de chimie anatomique, et physiologique normale ou pathologique, ou des principes immédiats normaux ou morbides qui constituent le corps de l'homme ou des mammifères*, en collaboration avec M. Verdeil (1853, 3 forts vol., avec atlas de 45 pl. en partie coloriées); — *Histoire naturelle des végétaux parasites qui croissent sur l'homme et sur les animaux vivants* (1853, avec atlas de 15 pl.); — *Mémoire sur les modifications de la muqueuse utérine pendant ou après la grossesse*, inséré dans les *Mémoires* de l'Académie de médecine (1861); — *Journal de l'anatomie et de la physiologie normales et pathologiques de l'homme et des animaux*, commencé en 1864; — *Dictionnaire de médecine, de chirurgie, de pharmacie, des sciences accessoires et de l'art vétérinaire*, d'après le plan suivi par Nysten, 10° 11° 12° 13° et 14° édition entièrement refondues avec la collaboration de M. Littré (1865 à 1876, 550 fig.); — *Leçons sur les substances amorphes et sur les blastèmes* (1866); — *Leçons sur la substance organisée et ses altérations* (1866); — *Leçons sur les humeurs normales et morbides de l'homme* (1867, 2° éd., 1875); — *Leçons sur les vaisseaux capillaires et l'inflammation* (1868); — *Anatomie microscopique des tissus et des éléments anatomiques* (1868); — *Traité du microscope* (1871). Enfin, on doit à M. Charles Robin une foule d'autres travaux importants que le défaut d'espace interdit de mentionner ici, et qui ont paru dans les *Mémoires de l'Académie des sciences*, le *Journal de l'anatomie*, le *Journal de physiologie*, la *Revue zoologique*, la *Gazette hebdomadaire de médecine*, etc. Il a reçu la croix de la Légion d'Honneur en 1858.

ROBIN (Louis), né à Villefranche (Rhône), le 18 octobre 1843. Il fit ses premières études sous la direction de M. Guichard à Lyon, remporta le grand prix de peinture de cette ville et fut envoyé comme pensionnaire, en 1867, à Paris, où il suivit l'atelier de M. Gérôme et les cours de l'Ecole des beaux-arts Il a exposé des tableaux d'histoire, de genre et des portraits. Son premier envoi au Salon de Paris, en 1868, se composait d'une *Etude* et du portrait de M. le docteur *Grand*. Depuis cette époque, M. Robin a successivement exposé : *Roland furieux*, sujet emprunté à Arioste ; *Marguerite*, du *Faust* de Goethe (1869) ; — *Lamdressin*, près Yenne (Savoie) ; *Silène*, tiré des *Bucoliques* de Virgile (1870) ; — *Laurina ; Almée* (1873) ; — *Le premier ami* ; le portrait de l'*auteur* (1874) ; — *La vendange dans le Mâconnais* (1876).

ROBINET (Jean-François-Eugène), né à Vic-sur-Seille (Meurthe), le 24 avril 1825. Il fit ses études aux colléges de Vic et de Nancy, et suivit les cours des Facultés de médecine de Strasbourg et de Paris où il fut reçu docteur le 21 avril 1854 sur une thèse intitulée : *De l'allaitement*. Disciple d'Auguste Comte, M. Robinet adopta entièrement la doctrine positiviste. Après la mort de son fondateur, dont il fut l'un des exécuteurs testamentaires, il publia une *Notice sur la vie et l'œuvre d'Auguste Comte* (1860, 2ᵉ édition, 1864), dans laquelle il combat la défection et la déviation de M. Littré. Invité par M. Auguste Comte à écrire une Histoire de la révolution française d'après les principes de la nouvelle école, M. Robinet a publié deux études relatives à ce travail : *Danton, mémoire sur sa vie privée, appuyé de pièces justificatives* (1865), et *Procès des Dantoniens* (1872-1873), dans la *Revue de politique positive* du Dʳ Sémérie. Outre un grand nombre d'articles publiés dans ce recueil ainsi que dans le *Courrier français*, le *Réveil*, le *Radical*, et la *Tribune*, on lui doit : *Considérations sur la répression de la médecine dite illégale* (1858) ; — une édition des *Lettres sur les animaux*, par Georges Leroy, avec préface (1862) ; — *Lettre sur l'hippophagie* (1864) ; — *Lettre à M. Emile de Girardin sur l'économie politique positiviste* (1864) ; — *La France et la guerre* (1866) ; — *La réorganisation de l'armée* (1867) ; — *Paris sans cimetières* (1869) ; — *Compte rendu aux électeurs républicains du VIᵉ arrondissement* (1871) ; — *M. Littré et le positivisme* (1871) ; — *Le dix août et la symbolique positiviste* (1874) ; — *La nouvelle politique de la France* (1875), etc. Activement mêlé au mouvement républicain, sous l'Empire et depuis, M. Robinet a participé à la défense de Paris, en 1870 et 1871, comme maire du VIᵉ arrondissement et comme garde national.

ROBINET (Paul-Gustave), né au Magny-Vernois, près Lure (Haute-Saône), le 11 avril 1845. M. Robinet s'est consacré spécialement à la peinture du paysage. Elève de MM. Louis Cabat et Barrias, à Paris, et de M. Robert Zünd, à Lucerne, il a débuté de bonne heure au Salon de Paris, et s'est bientôt acquis une avantageuse réputation. Parmi ses œuvres exposées, nous signalerons : *Etudes dans le Würzelnbach, près de Lucerne* (1868) ; — *Lit du Vitznauer Bach, lac des Quatre-Cantons, Suisse* (1869) ; — *Chute du Vitznauer Bach, lac des Quatre-Cantons* (1870) ; — *Solitude, au bord du lac des Quatre-Cantons, et Sous les oliviers, à Menton* (1872) ; — *Una pastourella*, bois d'olivier, près de Menton, hiver ; *Les montagnes mentonnaises*, vue du cap Martin (1873) ; — *Matinée de printemps dans la rivière de Gênes ; Vue de Monaco et de la Fête-de-Chien ; Au bord de la Méditerannée* (1874) ; — *Le ravin d'Amélie à Vitznau, près Lucerne (Suisse) ; La mer, à Menton* (1875) ; — *Les premières neiges, à Vitznau ; Religieux trappistes revenant du bois pendant l'hiver* (1876).

ROBINET DE CLÉRY (Gabriel-Adrien), né à Metz (Moselle), le 18 août 1836. Sa famille appartient depuis longtemps, à la magistrature. Son grand-père était conseiller au Conseil souverain ou Parlement d'Alsace ; et son père a laissé de grands souvenirs comme procureur-général près la Cour d'Alger. Ses études de droit terminées à la Faculté de Paris, M. Robinet de Cléry entra dans la magistrature, en 1860, en qualité de substitut à Oran, et fut successivement substitut à Charleville (Ardennes), et procureur impérial à Oran. Il était avocat-général à Alger, depuis le 10 juillet 1867, quand à la suite des événements du 4 septembre 1870, M. Robinet de Cléry s'engagea comme simple soldat dansle 108ᵉ de ligne qui faisait partie de l'armée de Paris. Sa vaillante conduite à la bataille de Champigny lui valut une citation au *Journal officiel* et la médaille militaire. Rentré dans la magistrature le 28 mars 1871, comme procureur de la République à Lille, M. Robinet de Cléry a dirigé en cette qualité, les poursuites intentées contre les fournisseurs de l'armée du Nord, poursuites qui ont amené des révélations fort curieuses, et qui ont eu beaucoup de retentissement. Il a été nommé procureur général près la Cour d'appel de Dijon en 1873, et près de celle de Lyon, le 31 décembre 1874. Le 5 avril 1876 il a été appelé à la Cour de cassation en qualité d'avocat général. Il a été président de la Société d'Alsace-Lorraine, fondée à Lille pour secourir les émigrés et les expulsés appartenant aux provinces annexées à la Prusse, et pour leur procurer du travail. Ayant appartenu pendant dix ans à la magistrature algérienne, il a publié divers opuscules sur les conditions de l'indigénat et sur l'organisation de la propriété en Algérie. M. Robinet de Cléry a reçu la croix de la Légion d'Honneur en 1870. Il est commandeur de l'ordre de Saint-Grégoire-le-Grand depuis le 14 mars 1876.

ROBINOT-BERTRAND (Charles-Edouard), né à Basse-Indre près de Nantes, le 27 mai 1836. Elève de la Faculté de droit de Paris, il se fit inscrire au barreau de Nantes en 1857, et concurremment avec ses occupations professionnelles, se livra à des travaux littéraires qui furent généralement très-bien accueillis du public ; on lui doit : *La légende rustique*, poëme qui a été l'objet d'appréciations favorables de la part de la critique, et notamment de M. de Pontmartin (1867) ; — *L'Insomnie de Claude*, nouvelle insérée dans la *Revue populaire* (1869) ; *Le long de la mer*, nouvelle, et des pièces de poésie parues dans la *Revue de Bretagne et de Vendée* (1869) ; — cinq pièces de vers bien accueillies dans la *Revue contemporaine* (1869) ; — *Au bord du fleuve*, volume de poésies favorablement apprécié par la critique, et dont M. Emile Deschanel a parlé avec éloge dans le *Journal des Débats* (1870) ; — *Le paysan*, et

Neige blanche des hauts sommets, insérés dans le *Parnasse contemporain* (1871) ; — *La fête de Madeleine*, poëme (1874).

ROBIOU (Félix-Marie-Louis-Jean), né à Rennes le 10 octobre 1818. Elève de l'Ecole normale en 1840; il en sortit en 1843, fut reçu agrégé d'histoire en 1847 et docteur ès lettres en 1852. Chargé du cours d'histoire au collége de Pontivy en 1843, professeur titulaire d'histoire dans divers lycées jusqu'en 1864, sauf une année de rhétorique (1855) au lycée d'Auch, M. Robiou vint à Paris en 1864, avec l'autorisation du ministre de l'Instruction publique, pour y poursuivre des travaux historiques. Sur sa demande il fut envoyé, le 1er mars 1870, comme suppléant du cours d'histoire à la Faculté des lettres de Strasbourg et après la paix il fut nommé directeur-adjoint à l'Ecole pratique des hautes études (cours d'antiquités grecques). Suppléant du cours d'histoire à la Faculté de Nancy en avril 1874, il est depuis le mois de septembre 1875 chargé du cour d'histoire à la Faculté de Rennes. M. Robiou a publié : *Ægypti regimen quo animo susceperint et qua ratione tractaverint Ptolemaei* (1852) ; — *De l'influence du stoïcisme à l'époque des Flaviens et des Antonins* (1852), thèses pour le doctorat, présentées à la Faculté de Paris ; — *Essai sur l'histoire de la littérature et des mœurs en France depuis la fin des guerres de religion jusqu'à l'avènement de Richelieu* (1858) ; — *Histoire ancienne des peuples de l'Orient* (1862), avec appendice et atlas ; — *Histoire des Gaulois d'Orient* (1866) ; mémoire couronné par l'Institut en 1863 ; — *Mémoire sur l'Economie politique, l'administration et la législation de l'Egypte sous les Lagides* (1876), honoré d'une médaille d'encouragement par l'Institut en 1869; — et de nombreux articles ou mémoires dans les *Annales de philosophie chrétienne*, la *Revue archéologique*, le *Correspondant*, la *Revue des questions historiques*. L'Académie des inscriptions et belles-lettres lui a décerné une mention honorable (1860), trois prix (1863, 1864, 1866) et deux médailles d'encouragement (1869, 1873). La bibliothèque de l'Ecole des hautes études a publié en 1873 son *Itinéraire des dix mille*, étude topographique avec trois cartes, et en 1876 ses *Questions homériques*.

ROCHE (Edouard-Albert), né à Montpellier, le 17 octobre 1820. Il fit ses études au lycée de cette ville, et remporta les prix d'honneur dans les lettres et les sciences. Reçu à l'Ecole polytechnique en 1840, démissionnaire pour raisons de santé, il continua ses études scientifiques à la Faculté des sciences de Montpellier, et obtint les grades de licencié et de docteur ès sciences mathématiques (1844). Le sujet de sa première thèse est la *distribution de la chaleur dans une sphère* ; l'autre, *sur la figure des planètes*, a pour but de rectifier une erreur commise par Poisson dans cette théorie. L'observation de l'éclipse de soleil du 8 juillet 1842, qui fut totale à Montpellier et dont il a publié une description, l'ayant mis en rapport avec M. Arago, M. Roche fut admis comme élève libre à l'Observatoire de Paris où il a fait de l'astronomie pratique de 1844 à 1847. En même temps, sous la direction de MM. Cauchy et Le Verrier, il étudiait plus spécialement la mécanique céleste. Professeur de mathématiques à la Faculté des sciences de Montpellier depuis 1849, il a publié de nombreux travaux relatifs à l'analyse ou à l'astronomie mathématique, à la météorologie, à l'étude du climat méditerranéen, et presque tous insérés dans les *Mémoires* de l'Académie des sciences et lettres de Montpellier. Voici les principaux : *Mémoire sur la loi de la densité à l'intérieur de la terre* (1848) ; — *Sur la distribution des orbites des comètes dans l'espace* (1848) ; — *Mémoires sur les figures ellipsoïdales qui conviennent à l'équilibre d'une masse fluide soumise à l'attraction d'un point éloigné*, avec application à la figure de la lune et des autres satellites (1849-1850) ; — *Mémoire sur la figure des atmosphères des corps célestes* (1851-1854) ; — *Sur la loi de Bode et son extension aux satellites* (1853) ; — *Note sur la variation de la pesanteur à l'intérieur de la terre, et sur l'expérience de M. Airy* (1855) ; — *Sur une nouvelle forme du reste de la série de Taylor* (1858) ; — *Recherches sur les atmosphères des comètes* (*Annales de l'Observatoire de Paris*, t. V, (1859)) ; — *Réflexions sur la théorie des phénomènes cométaires, à propos de la comète de Donati* (1860) ; — *Note sur l'évaluation de la masse des comètes* (1861) ; — *Nouvelles recherches sur la figure des atmosphère des corps célestes*, où l'auteur discute l'influence d'une force répulsive émanant du soleil, hypothèse que M. Faye a proposée pour expliquer les apparences des queues de comètes (1862) ; — *Sur une généralisation de la formule de Taylor* (*Journal de mathématiques* de M. Liouville, (1864) ; — *Recherches sur les offuscations du soleil et les météores cosmiques* (1868) ; — *Essai sur la constitution et l'origine du système solaire* : l'objet principal de cet ouvrage est de compléter la théorie cosmogonique de Laplace sur l'origine des planètes et des satellites, en faisant connaître les conditions particulières qui ont présidé à la formation de la lune et à celle des anneaux de saturne (1873) ; — *Remarques sur le mouvement de rotation du soleil* (1875) ; — *Tableau des variations périodiques de la température susceptibles d'être annoncées d'avance* (1876) ; — *Le climat actuel de Montpellier, comparé aux observations du siècle dernier* (1876). M. Roche est chevalier de la Légion d'Honneur depuis 1863. Il a été élu correspondant de l'Institut (Académie des sciences), dans la section d'astronomie, le 29 décembre 1873.

ROCHEBRUNE (Octave-Etienne DE GUILLAUME DE) né à Fontenay-le-Comte (Vendée), le 1er avril 1824. Il a étudié la peinture dans les ateliers de J. L. Petit et Justin Ouvrié et a débuté au Salon de Paris de 1847 avec les *Ruines de l'abbaye de Maillezais*, près de Fontenay-le-Comte. Il a exposé en 1848 les *Vues des châteaux de Josselin*, près de Ploermel et de *Saint-Ouen*, près de Laval, et depuis lors M. de Rochebrune s'est consacré à la gravure et n'a exposé que des eaux-fortes : *Vue du pont aux Chèvres; Saint Jean ; Pierre druidique*, près St. Nicolas-de-Brême ; *Place aux Porches*, à Fontenay ; *Vue du donjon*, à Bazoges 1861 ; —

Clocher de N.-D.-de-Fontenay; Cheminée de l'atelier de Terre-Neuve; à Fontenay-le-Comte; *Tours du château d'Apremont* (1863); — *Façade orientale du château de Chambord; Une maison du XVI siècle, dans la rue du Minage, à la Rochelle* (1864); — *Intérieur du château de Blois; La lanterne du château de Chambord* (1865); — *L'entrée principale* et les deux *Façades du château d'Ecouen* (1866); — *Donjon du château de Pierrefond, La Sainte-Chapelle de Champigny* (1867); — *Façade de Henri II*, au Louvre; *Flanc oriental du château de Chambord* (1868); — *Vue du grand escalier de François Ier dans la cour intérieure du château de Blois; Cour intérieure de l'hôtel Cluny* (1869); — *Vue générale du château de Chambord du côté de Lorient; Les neuf premiers caissons du plafond, renaissance de l'atelier de Terre-Neuve* (1870); — *Château de Chambord*, vue prise sur les terrasses; *Intérieur de la lanterne du château de Chambord* (1872); — *Cour intérieure du château de Châteaudun; Château d'Azay-le-Rideau*, dans l'Indre- et -Loire (1873); — *Château de Chenonceaux* (1874); — *La Sainte-Chapelle de Paris* (1875); — *La Maison Carrée, à Nîmes* (1876); — *L'intérieur du château de Blois* et les deux *Façades du château d'Ecouen* ont reparu à l'Exposition universelle de 1867, accompagnés d'une eau-forte représentant *Notre-Dame-de-Paris*. M. Rochebrune habite Fontenay-le-Comte, où il a réuni dans sa propriété de Terre-Neuve, de superbes plafonds en pierres de la renaissance, gravés par lui (publiés chez M. Ducher, à Paris) et une suite remarquable d'objets d'arts de toute sorte, composée principalement de meubles, tapisseries, armes, émaux, livres, gravures du XVIe siècle, etc. Il a remporté des médailles en 1865 et 1868, une médaille de 2e classe en 1872, et la croix de la Légion d'Honneur, en 1874, à la suite de l'Exposition de Vienne.

ROCHEFORT (Antoine, *comte* DE), né à Riom, le 25 août 1849. Il descend d'une grande famille qui florissait en Auvergne dès le commencement du XIe siècle, figure aux croisades, a fourni des membres à l'ordre des chevaliers de Malte, des chanoines-comtes des chapitres de Brioude et Legon, des chambellans ou chanceliers aux anciens souverains, et a toujours occupé de hautes positions dans l'armée, l'Eglise et la magistrature. M. de Rochefort a épousé Mlle Clochepart du Mouchet. Elu capitaine de la garde nationale de Ganant le 16 mai 1848, il vint à Paris, à la tête de sa compagnie pendant les journées de Juin 1848. Il fut nommé sous-préfet de la Palisse en 1849, combattit énergiquement l'insurrection dont son arrondissement était devenu le théâtre en 1851, fut fait prisonnier dans l'Hôtel-de-Ville, parvint à s'échapper à travers la fusillade, prit le commandement d'un escadron de chasseurs, délivra les villes de la Palisse et du Donjon, organisa des colonnes mobiles, et préserva le pays du pillage. Les habitants de la Palisse lui offrirent en 1852, une épée d'honneur en reconnaissance de son dévouement à la cause de l'ordre. M. de Rochefort a été nommé sous-préfet des Andelys en 1853, de Saintes en 1861, secrétaire-général de la préfecture de la Loire en 1863, et préfet de la Lozère le 7 août 1871. Passé à la préfecture des Côtes-du-Nord en 1872, il a été retraité en 1874. Il est chevalier de la Légion d'Honneur depuis le 22 janvier 1852, officier d'Académie, et commandeur de l'ordre du Christ de Portugal.

ROCHEFORT (Victor-Henri, *comte* DE ROCHEFORT-LUÇAY, connu sous le nom de Henri), né à Paris, le 30 janvier 1830. Fils du marquis de Rochefort-Luçay, qui, sous le nom d'Amand de Rochefort, s'acquit une grande réputation comme auteur dramatique, il appartient à une ancienne famille qui a fourni, sous Louis XI et Charles VIII deux chanceliers de France. Son arrière grand-père était lieutenant des maréchaux de France (1769); son grand-père, lieutenant-colonel, fut ruiné par la première révolution. M. Henri Rochefort fit, comme boursier, de brillantes études au lycée Saint-Louis. Sa famille lui fit commencer l'étude de la médecine, mais une grande sensibilité nerveuse l'empêcha de suivre cette carrière. En 1851, il entrait comme employé à l'Hôtel-de-Ville. C'est à cette époque qu'il se consacra à la littérature, et, depuis 1856, au journalisme. Après avoir débuté dans le *Charivari* par des comptes rendus de théâtre qui furent très remarqués, il prit part à la rédaction politique de ce journal. Dans ses articles il critiquait souvent l'administration, aussi avait-on l'intention de l'expulser de l'Hôtel-de-Ville, sous prétexte de mauvaise écriture. M. Haussmann s'y opposa et le nomma même sous-inspecteur des beaux-arts (1860). Mais M. Rochefort donna sa démission l'année suivante et se consacra tout à fait à ses travaux littéraires. Il collabora à l'*Almanach pour rire*, à l'*Almanach du Charivari*, au *Nain jaune*, au *Figaro* hebdomadaire, au *Soleil*, à l'*Evénement*, puis entra en 1866, au *Figaro* quotidien, dont il fut, jusqu'en 1868, l'un des principaux rédacteurs. Il contribua pour beaucoup au succès de cette feuille mais il lui attira aussi, par ses critiques mordantes, des rigueurs administratives et des condamnations judiciaires et M. de Villemessant, pour ne pas vouloir succomber le Figaro, se vit obligé de renvoyer M. Rochefort. Privé d'un journal, il résolut de s'en créer un, mais l'autorisation lui fut refusée. La nouvelle loi sur la presse lui permit de réaliser son projet et il publia, le 1er juin 1868, le premier numéro de sa *Lanterne* qui eut un tel succès que 80,000 exemplaires furent vendus le premier jour et que le tirage des numéros suivants augmenta considérablement. Les numéros 11 et 12 de ce pamphlet furent saisis, et son auteur traduit devant le tribunal correctionnel, condamné, le 13 août, à un an de prison et 10,000 francs d'amende et, le 28 août, à 13 mois de prison et 10,000 francs d'amende. Depuis, la *Lanterne* fut publiée à Bruxelles où M. Henri Rochefort s'était réfugié. Des attaques dirigées contre lui à Paris, dès le commencement de sa publication par MM. Stamir et Maréchal, se continuèrent à Bruxelles, et M. Rochefort se vit forcé de se battre avec M. E. Baroche qui fut blessé, puis avec le prince Achille Murat et M. Paul de Cassagnac qui le blessèrent. M. Rochefort qui, lors des élections générales de 1869, s'était présenté, sans être élu, dans la septième circonscription de Paris, fut porté, en novembre, dans la première circonscription et élu, ensuite de l'acceptation du mandat impératif, par 17,978 voix sur 34,461 votants, contre 13,445 voix obtenues par son adversaire, M. Carnot père. A la Chambre il prit place à côté de M. Raspail, avec lequel il proposa, le 8 décembre, une sorte de projet de constitution. Du reste, il se borna en général à des interruptions et se fit rappeler à l'ordre (décembre) pour une allusion dirigée contre l'Empereur. Dans une réunion qu'il tint avec ses électeurs, on décida la création du journal la *Marseillaise* dont M. Rochefort fut nommé le rédacteur en chef, avec MM. Arnould, Ducasse, Flourens, Groussel, Millière, etc., pour collaborateurs. Les articles de ce journal attirèrent à M. Rochefort une provocation du prince Pierre Bonaparte, et lorsque ce dernier eut tué d'un coup de revolver, dans son salon, M. Victor Noir, l'un des témoins de Rochefort et collaborateur à la *Marseillaise*, ce journal publia des accusations qui motivèrent sa saisie et une demande en poursuites contre son rédacteur en chef. Le 22 janvier M. Rochefort fut condamné par défaut à six mois de prison et 3,000 francs d'amende et enfermé à Sainte-Pélagie le 7 février suivant, et sa collaboration à la *Marseillaise* lui fut défendue. Avant l'expiation de sa peine, l'imprimeur Rochette avait écrit au ministre de la Justice pour demander que M. Rochefort purgeât sa condamnation de quatre mois de prison, encourue pour coups et blessures. Il fut donc maintenu à Sainte-Pélagie et n'en sortit qu'après la révolution du 4 Septembre. Nommé membre du gouvernement de la Défense nationale et président de la Commission des barricades, M. Rochefort, préoccupé de l'idée de sauver la France, montra autant de modération que de dévouement, désapprouva l'article que le général Cluseret avait publié le 8 septembre dans la *Marseillaise* et déclara ne plus vouloir faire partie de ce journal Lors de l'envahissement de l'Hôtel-de-Ville (31 octobre), il fit de suprêmes mais inutiles efforts pour calmer la foule ; et, pour éviter un conflit, lui promit les élections municipales à bref délai. Mais le gouvernement de la Défense nationale, ne voulant pas ratifier sa promesse, il donna le lendemain sa démission de membre du gouvernement et entra dans les rangs de la garde nationale. Après la capitulation de Paris, en vue des élections prochaines et pour défendre M. Gambetta, qui demandait à continuer la guerre, M. Rochefort fonda, le 3 janvier, le *Mot d'ordre*. Le 8 février il fut nommé représentant de la Seine à l'Assemblée nationale, le sixième sur quarante-trois, par 165,670 voix, mais il donna sa démission le 3 mars. Après le 18 mars, il reprit la direction du *Mot d'ordre*, suspendu le 12 mars, refusa une candidature lors des élections complémentaires pour la Commune, se montra partisan d'une lutte à outrance contre l'Assemblée nationale, dirigea dans son journal une ardente polémique contre le gouvernement de Versailles, et fut pour beaucoup dans la destruction de l'hôtel de M. Thiers. Après avoir écrit le 19 mai au journal la *Politique* « qu'en présence de la

situation faite à la presse, par la Commune, le *Mot d'ordre* croyait de sa dignité de cesser de paraître », M. Rochefort quitta Paris, fut arrêté à Meaux le lendemain et conduit à Versailles, où il fut condamné le 21 septembre, par le 3e conseil de guerre, à la déportation dans une enceinte fortifiée, pour ses articles dans le *Mot d'ordre*. Interné au fort Boyard, puis transféré, en juin 1872, à la citadelle de Saint-Martin-de-Ré, M. Rochefort fut embarqué, le 10 avril 1873, sur la *Virginie*, pour la Nouvelle-Calédonie et installé à Nouméa, d'où il put s'évader le 20 mars 1874, avec Paschal Groussel, Jourde, Baillère, Pain et Bastien. Installé à Londres depuis le mois de juin, il a recommencé, le 8 juillet suivant, la publication de sa *Lanterne* et la continue actuellement à Genève. M. Rochefort a écrit, en collaboration avec MM. E. Blum, Choler, Clairville, Deulin, Grangé, Varin, P. Véron, etc., un grand nombre de pièces et de vaudevilles qui ont eu quelque succès aux Bouffes-Parisiens, au Gymnase, au Palais-Royal, aux Variétés, au Vaudeville, etc.

ROCHETTE (Charles-Louis-Ernest POICTEVIN DE LA), né au château de Chaligny, près de Sainte-Pexine, le 29 janvier 1804. Légitimiste par tradition de famille, il comptait parmi les plus actifs et les plus dévoués de son parti. Agronome distingué et possesseur d'une grande fortune, dont il faisait le plus noble usage, M. de la Rochette avait été nommé, après son mariage, en 1835, avec Mlle Marie de Couëssin, membre du Conseil d'arrondissement de Savenay, puis trois fois élu conseiller général pour le canton d'Herbignac, dont dépendait le château du Quénet qu'il habitait. Président du Conseil général, en 1848, il fut élu représentant du peuple à la Constituante (1848), et à la Législative (1849). Après le Coup-d'Etat contre lequel il protesta, il fut enfermé à Mazas avec les députés réunis à la mairie de la rue des Saints-Pères et rentra dans la vie privée, se consacrant dès lors à l'exploitation de ses propriétés et à des œuvres de bienfaisance. Collaborateur à l'*Espérance du peuple*, feuille légitimiste de Nantes, que son frère, M. Emerand de la Rochette rédigeait à cette époque, et l'un des correspondants habituels du comte de Chambord, il fut élu, le 8 février 1871, représentant de la Loire-Inférieure par 64,214 voix. A l'Assemblée nationale, M. de la Rochette se fit remarquer par la netteté de ses convictions. Membre de la réunion des Réservoirs et président du groupe d'extrême-droite des Chevau-légers, il se prononça contre la politique du Centre-Droit et pour la proposition de M. le duc de la Rochefoucauld. Pendant les élections des 75 sénateurs inamovibles, il a joué un rôle qui avait provoqué quelques manifestations hostiles, et dont il donnait une explication dans une lettre adressée, le 11 décembre, à l'*Union*, le jour même où il avait été élu sénateur inamovible. M. de la Rochette est décédé le 21 janvier 1876.

ROCHETTE (Antoine POICTEVIN DE LA), né au château du Quénet, près d'Herbignac (Loire-Inférieure), le 2 juin 1837. Fils aîné du précédent, il a été élu député de la Loire-Inférieure pour la deuxième circonscription de l'arrondissement de Saint-Nazaire, au second tour de scrutin, le 5 mars 1876, par 7,617 voix. Il siège à l'Extrême-Droite. M. A. de la Rochette est le propriétaire actuel du journal l'*Espérance du Peuple*. Il a servi pendant près de huit ans, comme officier, dans l'armée pontificale et a été cité à l'ordre du jour de la bataille de Mentana. Chevalier de Pie IX et de Saint-Grégoire-le-Grand, il a été décoré de la Légion d'Honneur après la campagne de 1870, comme lieutenant-colonel d'un régiment de mobiles. Il est maire d'Assérac, canton d'Herbignac.

RODEZ-BÉNAVENT (Marie-Théophile, *vicomte* DE), né à Montpellier, le 27 août 1817, descendant en ligne directe et masculine de l'ancienne maison souveraine des comtes de Rodez de la première race. Grand propriétaire dans le département de l'Hérault et appartenant au parti légitimiste, M. le vicomte de Rodez-Bénavent fut, en 1848, une des personnalités les plus actives et les plus influentes des réunions royalistes de cette époque. Il se maria en 1850 et, après 1852, se tint à l'écart de la politique pour se livrer à l'agriculture. En 1869, il prit de nouveau une part active aux luttes électorales de ce temps et devint l'un des principaux fondateurs, à Montpellier, du journal l'*Union nationale*. Membre du Conseil municipal de Montpellier nommé en août 1870, il cessa d'en faire partie le 17 septembre suivant, par la suppression de ce corps électif. Il était conseiller d'arrondissement pour le canton de Ganges, lorsque ce conseil fut dissous le 24 décembre 1870. Le 8 février 1871, ses amis politiques le choisirent spontanément pour un de leurs candidats et 49,404 électeurs de l'Hérault l'envoyèrent à l'Assemblée nationale où il prit place sur les bancs de l'Extrême-Droite dont il suivit fidèlement la ligne jusqu'à l'expiration de son mandat; il assista aux réunions des Réservoirs. Il fit partie de plusieurs commissions, entre autres de celle qui fut chargée d'examiner les actes du gouvernement de la Défense nationale et de celle qui eut pour but l'étude de la situation des classes ouvrières et de l'organisation du travail en France. Très-apprécié par M. le comte de Chambord, il reçut de ce prince une lettre qui eut alors un très-grand retentissement et que nous reproduisons à titre de document historique. « Frohsdorff, le 19 septembre 1873. Le sentiment qu'on éprouve, mon cher vicomte, en lisant les détails que vous me donnez sur la propagande révolutionnaire dans votre province, est un sentiment de tristesse; on ne saurait descendre plus bas pour trouver des armes contre nous, et rien n'est moins digne de l'esprit français. En être réduit, en 1873, à évoquer le fantôme de la dîme, des droits féodaux, de l'intolérance religieuse, de la persécution contre nos frères séparés; que vous dirai-je encore, de la guerre follement entreprise dans des conditions impossibles, du gouvernement des prêtres, de la prédominance de classes privilégiées. Vous avouerez qu'on ne peut pas répondre sérieusement à des choses si peu sérieuses. Aquels mensonges la mauvaise foi n'a-t-elle pas recours lorsqu'il s'agit d'exploiter la crédulité publique? Je sais bien qu'il n'est pas toujours facile, en face de ces indignes manœuvres, de conserver son sang-froid, mais comptez sur le bon sens de vos intelligentes populations pour faire justice de pareilles sottises. Appliquez-vous surtout à faire appel au dévouement de tous les honnêtes gens sur le terrain de la reconstitution sociale. Vous savez que je ne suis point un parti, et que je ne veux pas revenir pour régner sur un parti : J'ai besoin du concours de tous, et tous ont besoin de moi. Quant à la réconciliation si loyalement accomplie dans la maison de France, dites à ceux qui cherchent à dénaturer ce grand acte, que tout ce qui s'est fait le 5 août a été bien fait, dans l'unique but de rendre à la France son rang, et dans les plus chers intérêts de sa prospérité, de sa gloire et de sa grandeur. Comptez, mon cher Rodez, sur toute ma gratitude et ma constante affection. Henri. » A la mort de son frère aîné, le comte Léon de Rodez-Bénavent, membre du Conseil général de l'Hérault, élu par le canton de Ganges en 1871, M. le vicomte de Rodez-Bénavent fut désigné pour le remplacer pendant la période triennale qui restait à courir et il fut élu à une grande majorité le 24 décembre 1872. Très-populaire dans ce canton, il y fut réélu conseiller général, au mois d'octobre 1874, à une plus forte majorité encore. A l'Assemblée nationale, il prit part à la grande discussion sur les nouvelles lignes ferrées à concéder à la Compagnie P.-L.-M. (juin 1874); il y défendit un amendement tendant à déclarer d'utilité publique l'embranchement direct de Quissac à Montpellier destiné à rapprocher les riches bassins houillers d'Alais et de la Grand-Combe du port important de Cette, dans le but de faciliter l'exportation des houilles et l'importation des minerais, — source considérable de fret pour notre marine marchande. L'Assemblée accueillit favorablement cet amendement, le seul qui fut accepté durant ces longs et laborieux débats. Il fut choisi par ses amis politiques pour figurer sur la liste des candidats adoptée par les droites, lors de la nomination des 75 sénateurs inamovibles au mois de décembre 1875; il obtint 329 voix, mais ne fut pas nommé. Aux élections du 30 janvier 1876, les électeurs sénatoriaux du département de l'Hérault lui ont donné 221 voix et l'ont envoyé au Sénat où la fermeté de ses principes, les dispositions conciliantes de son esprit, l'honorabilité de son attitude et l'indépendance de son caractère, lui ont mérité une juste considération.

RODRIGUES-HENRIQUES (Jacob-Hippolyte), né à Bordeaux, le 4 août 1812, est issu d'une des plus grandes familles israélites de cette ville. Nommé en 1840 agent de change près la Bourse de Paris, il se retira en 1855, avec le titre d'agent de change honoraire, pour se consacrer à des travaux historiques de premier ordre. M. Rodrigues, ainsi que le constate M. Franck (*Journal des Débats* du 16 juillet 1876), est un historien libre penseur qui a appliqué aux livres de l'Ancien et du Nouveau Testament, les procédés de la critique historique et a expliqué l'établissement du christianisme par la succession naturelle des idées des faits et des croyances antérieures dégagées de toute intervention miraculeuse. C'est dans cet ordre d'idée que M. Rodrigues a publié successivement : *Les Trois filles de la Bible* (1865-1867), traité de réformation religieuse ; — puis *Les origines du sermon sur la montagne* (1868); — *La justice de Dieu*, introduction à l'histoire des *Judéo-chrétiens*, (1869) ; — *Le roi des Juifs* (1870), et *Saint Pierre* (1872), réunis sous le titre : *Histoire des premiers chrétiens* (1873, 2 vol.) ; — et enfin *Saint Paul* (1876), *histoire des seconds chrétiens*. Il prépare *Saint Jean, histoire des troisièmes chrétiens*. M. Rodrigues, beau-frère de l'illustre compositeur Halévy, est aussi un excellent musicien. On lui doit le livret et la musique de *David Rizzio*, grand opéra en quatre actes (1873), inédit.

ROGER (Gustave-Hippolyte), né à la Chapelle-Saint-Denis, ancienne banlieue de Paris, le 17 décembre 1815. Issu d'une honorable famille de la bourgeoisie, petit-fils, par sa mère, du comédien Coisse, ancien directeur de l'Ambigu, et fils d'un notaire, il fut destiné d'abord au notariat, et travailla quelque temps dans une étude, à Montargis. Mais sa vocation l'attirait vers une carrière plus brillante et qu'il devait parcourir avec un grand éclat. Doué d'une physionomie agréable, d'excellentes manières et d'une voix remarquablement belle et sympathique, il se fit admettre au Conservatoire en 1836, et y obtint en 1837, le premier prix de déclamation et le premier prix de chant. En 1838, il entra comme premier ténor à l'Opéra-Comique, et s'y fit, dès le début, une position prépondérante. Pendant dix ans, il y fut, sans exagération aucune, l'idole du public et de la critique. En 1848, il fit en Angleterre une fructueuse excursion artistique. L'année suivante, il accepta sur les instances de Meyerbeer, un engagement à l'Opéra pour y créer le *Prophète*. Il y eut ses partisans et ses détracteurs, les premiers amateurs du chant mélodique et étudié, ceux-ci préférant les grands éclats de voix poussés par des poitrines plus robustes qu'expérimentées. Mais ce qu'on ne lui nia jamais, ce fut sa magnifique prestance, son habileté comme comédien, et l'excellence de ses principes de vocalisation. En Allemagne, où il chanta fréquemment, il fut l'objet de véritables ovations, à Berlin, Munich, Francfort, Vienne, etc. Il interprétait d'ailleurs aussi bien le répertoire italien que le répertoire français, et dans toute l'Allemagne il chanta en allemand les principaux rôles de son répertoire. Rentré au Grand-Opéra en 1855, et en possession d'une grande réputation européenne, il fut victime à la chasse, en 1859, d'un terrible accident et dut subir l'amputation du bras droit. Malgré l'artifice d'un bras, qui est, dit-on une merveille mécanique, M. Roger, n'a pu, depuis cette époque, se maintenir dans la brillante position qu'il avait conquise à la scène. Cependant il a plusieurs fois tenu le rôle du répertoire italien à Paris et à Londres, et paru même à la Porte-Saint-Martin, dans un *Cadio*, grand drame de Madame Georges Sand. Parmi ses nombreuses pièces dans lesquelles il a le mieux déployé son magnifique talent, nous citerons: *L'Éclair, le Pré-aux-Clercs, Haydée, les Mousquetaires de la Reine, la Dame blanche, la Part du diable, la Sirène, le Prophète, le Juif-errant, l'Enfant prodigue, la Fronde, Lucie de Lamermoor, la Favorite, la Reine de Chypre, les Huguenots, Robert-le-Diable*, etc. M. Roger a été nommé, en 1869, professeur de chant au Conservatoire, en remplacement de M. Révial.

ROGER DU NORD (Édouard, *comte*), né à Paris, en novembre 1803. Entré dans la diplomatie en 1824, il fut envoyé à Constantinople comme secrétaire d'ambassade. De 1834 à 1848, il représenta le collège électoral de Dunkerque à la Chambre des députés, et favorisa les tendances du gouvernement jusqu'à la coalition de 1837, époque où il adopta la politique de M. Thiers, prit place au Centre, et repoussa l'indemnité Pritchard et le droit de visite, il vota la loi de régence. Pendant les journées de Juin 1848, il fit preuve de beaucoup de courage et de patriotisme, et les départements de la Seine et du Nord lui conférèrent en même temps, le mandat de représentant à la Législative. Il opta pour le Nord, siégea à la droite, et fit une violente opposition au gouvernement de l'Elysée. Détenu au fort de Ham après le Coup-d'État, M. le comte Roger du Nord est rentré dans la vie privée jusqu'à l'époque où les malheurs de la patrie l'ont obligé à sortir de sa retraite. Il a été durant le premier siège de Paris chef d'état-major, pour la garde-nationale, de M. l'amiral Pothuau commandant la 3me division du 3me corps, puis chef d'état-major du général d'Aurelles de Paladine, qui commandait en chef les gardes nationales de Paris. Les électeurs du Nord l'ont envoyé à l'Assemblée nationale le 8 février 1871, et le 18 décembre 1875, il fut nommé sénateur inamovible. M. le comte Roger du Nord est un des membres fondateurs du Jockey-Club. Il a été promu commandeur de la Légion d'Honneur le 24 juin 1871.

ROHAN-CHABOT (Anne-Louis-Fernand, *duc de*), prince de Léon, né à Paris, le 14 octobre 1789. Issu d'une des grandes familles du Poitou substituée en 1645 à celle des ducs de Rohan, et qui émigra au temps de la Terreur, il revint en France à l'âge de huit ans. Le 25 mai 1809, il entra comme sous-lieutenant au 4e régiment de cuirassiers, fit la seconde campagne d'Autriche, devint aide de camp du général comte de Narbonne, puis officier d'ordonnance de l'Empereur, qu'il suivit dans les campagnes de 1812, 1813 et 1814. Il fut blessé de dix coups de lance à Kalouga, en Russie, et reçut, en 1813, l'épaulette de chef d'escadron. Après la Restauration, il fut admis dans la maison du duc de Berry, avec le grade de colonel. Nommé en 1824 commandant des hussards de la garde royale, avec rang de maréchal de camp, il rentra, en 1829, dans le cadre des généraux. M. le duc de Rohan-Chabot, ayant refusé le serment à la branche d'Orléans, avait été mis à la réforme en 1830. A une autre époque, il refusa, pour le même motif, de représenter à la Chambre des électeurs de Ploërmel. Il vivait depuis la révolution de Juillet, complètement éloigné des affaires publiques, et mourut au château de

Reuil le 13 septembre 1869. Il avait reçu la croix de commandeur de la Légion d'Honneur le 1er mai 1821.

Son petit-fils, M. Allain-Charles-Louis DE ROHAN-CHABOT, *prince* DE LÉON, né à Paris, le 1er décembre 1844, a été élu, le 20 février 1876, député du Morbihan pour l'arrondissement de Ploërmel, par 11,434 voix. Il est secrétaire de la Chambre, conseiller municipal de Guillac et chef de bataillon du 85e régiment de l'armée territoriale.

ROHAULT DE FLEURY (Charles), né à Paris, le 23 septembre 1801. Fils de M. Hubert Rohault de Fleury, ancien élève de l'École polytechnique, grand prix de Rome, il entra lui-même à l'École polytechnique avec un des premiers numéros, pour compléter son instruction architecturale dans laquelle entraient des études de sculpture. En 1825, il termina, avec son père, le passage du Saumon. En 1829, il était chargé par M. de Belleyme de l'exécution des travaux d'une vaste maison de refuge. Plus tard, il éleva les nouvelles constructions du Muséum, dont plusieurs plans figurèrent au Salon de 1837, notamment les cabinets de minéralogie, les serres du Jardin des plantes et la cage de fer, dite *Palais des singes*. Ces travaux ont été rassemblés et publiés sous le titre de *Muséum d'histoire naturelle* (1876, in-f°). On lui doit encore un beau *Plan d'opéra italien* (1840), la construction de l'*Hippodrome*, aujourd'hui détruit par un incendie, et de la *Chambre des notaires*, et plusieurs grands hôtels rue Saint-Arnaud et aux Champs-Elysées (1854 à 1862). M. Rohault de Fleury a été l'un des premiers à faire un emploi vraiment judicieux et pratique de la fonte et du verre en architecture. Il a été architecte du Gouvernement et vice-président de la Société des architectes. Décoré de la Légion d'Honneur le 7 mai 1843, il a été promu officier le 1er janvier 1861. M. Rohault de Fleury est décédé le 12 août 1875.

ROISARD (Etienne Vincent de Paul), né paroisse Saint-Martin-ès-Vignes-lès-Troyes, le 19 juillet 1797. Entré au séminaire diocésain en 1807, il y fit toutes ses études et fut en 1820, ordonné prêtre par Mr de Boulogne, et nommé desservant de Saint-Parse-les-Tertres. De 1816 à 1824, il occupa les chaires de septième, puis de troisième, et un an celle de rhétorique au collège communal de Troyes. Ensuite, il professa la seconde et la rhétorique au petit séminaire. Chanoine honoraire en 1828, il fut choisi par Mgr Deshous, comme secrétaire de l'évêché, et en 1832, élevé aux fonctions de vicaire général titulaire. M. l'abbé Roisard, jouissant de la confiance de son évêque, put lui suggérer un certain nombre de nominations de bons prêtres à des postes élevés du diocèse. Chanoine titulaire en 1842, il conserva ses lettres de vicaire général honoraire quand Mgr de Belai, venant occuper le siège épiscopal de Troyes (1844), amena avec lui un vicaire général titulaire de son choix. En 1847, il fut nommé archiprêtre de la cathédrale. Cette même année, la liturgie Romaine fut reprise dans tout le diocèse. De 1849 à 1860, il jouit, auprès de Mgr Cœur, d'une entière confiance, et en profita de nouveau pour faire replacer, dans des postes honorables, des prêtres vertueux et très-méritants, contre lesquels on avait inspiré d'abord des préventions injustes au nouveau prélat. Sous cet épiscopat, il fut inspecteur de l'enseignement religieux au lycée. M. l'abbé Roisard a présidé, pendant 15 ans, la Commission d'examen pour le brevet d'instituteur primaire. Son âge avancé et ses infirmités l'ont forcé, en 1876, de donner sa démission des fonctions d'archiprêtre de la cathédrale de Troyes, mais il est resté chanoine titulaire, vicaire-général honoraire, et supérieur ecclésiastique des communautés religieuses du Bon pasteur et des Carmélites. M. l'abbé Roisard a reçu la croix de la Légion d'Honneur en 1855.

ROISSARD DE BELLET (Eugène, *baron*), né à Nice, le 24 octobre 1837. Il appartient à une des anciennes maisons de Nice alliée à la grande famille des princes Doria. Banquier et propriétaire des Alpes-Maritimes, il représente le canton de Saint-Martin-Lantosque au Conseil général de ce département, où il a toujours fait partie de la Commission départementale, depuis 1870. Aux élections du 20 février 1876, M. le baron Roissard de Bellet a été élu député pour la 2e circonscription de Nice, par 9,158 voix sur 9,234 votants et sur une profession de foi dans laquelle il disait : « Les lois constitutionnelles votées par l'Assemblée ont fondé en France le gouvernement de la République. J'y adhère sans arrière-pensée et sans restriction. »

ROLLAND (Pierre-Charles-Antoine), né à Mâcon, le 4 novembre 1818. Fils d'un avoué, il fit son droit à la Faculté de Paris, et prit place en 1841, au barreau de Lyon, mais n'exerça pas. Lancé dans le milieu des lettres et de la politique, il participait avec le docteur Ordinaire, en 1842, à la fondation d'un des plus vieux organes de la démocratie provinciale, du *Progrès de Saône-et-Loire*. En 1843, il s'éprit d'un vif attachement pour le caractère et la personne de M. de Lamartine et collabora activement au *Bien public*. Maire de Mâcon en 1846, il présida le banquet offert dans cette ville au grand poète, par plus de six mille souscripteurs de tous les départements, et qui fut le premier des banquets dits « réformistes. » La révolution de Février 1848 lui conserva ses fonctions de maire, et il fut élu membre de l'Assemblée constituante où il vota avec le Centre-Gauche et appartint au comité de l'administration départementale et communale. L'élection de Louis Napoléon à la présidence lui fit adopter une politique d'opposition plus accusée; et n'ayant pas été réélu à la Législative, il retourna à ses travaux de journaliste. Collaborateur du *Pays*, alors que ce journal défendait la Constitution de 1848, et jusqu'au Coup-d Etat, il parcourut ensuite l'Italie, la Grèce, et servit en Turquie, d'intermédiaire entre Réchid-Pacha et M. de Lamartine, au sujet d'une concession que le Sultan avait faite, près de Smyrne, à l'auteur des *Méditations*. Candidat d'opposition aux élections législatives de 1863, il ne fut pas élu. Pendant l'invasion allemande, il prit la rédaction principale du

Journal de Saône-et-Loire; et, le 8 février 1871, il reçut de ses concitoyens le mandat de représentant à l'Assemblée nationale, où il prit place sur les bancs de la Gauche-Républicaine. M. Rolland fut pendant cinq ans questeur de la Réunion de cette fraction parlementaire et fut le principal instigateur de la fusion partielle du service des postes et de celui des télégraphes. Il a été chargé par décret présidentiel de l'administration de Saône-et-Loire, où il a rempli les fonctions de préfet, avec le titre de commissaire du gouvernement du 15 octobre 1871 à la fin du mois de novembre de la même année. Aux élections du 30 janvier 1876, il a été élu sénateur pour le même département. On lui doit: *Compte rendu des travaux de la Société académique de Mâcon, de 1841 à 1847* (1852); — *La Turquie contemporaine, études sur l'Orient* (1854); — *Histoire de la maison d'Autriche*, insérée dans la publication populaire de M. Leneveu; — et des articles d'art, de politique et d'histoire épars dans les journaux et les revues. Depuis longtemps membre et secrétaire de l'Académie de Mâcon, il en a été plusieurs fois le président.

ROLLE (Jacques-Hippolyte), né à Dijon, le 8 juin 1804. Il fit ses études classiques au lycée Charlemagne, entra à l'Ecole des chartes en 1821, et en suivit les cours jusqu'en 1824, en même temps qu'il faisait son droit à la Faculté de Paris. Puis, il se consacra à la littérature et au journalisme. Rédacteur du *Figaro*, de 1826 à 1830, il fit une vive opposition au régime de la Restauration. Appelé, dès le 1er janvier 1830, à la rédaction du *National*, il signa avec MM. Mignet, de Rémusat, Carrel, etc., la protestation de la presse contre les ordonnances de Juillet, rédigée par M. Thiers. Plus particulièrement chargé de la critique dramatique, il maintint avec fermeté, conviction et un bon sens relevé par un style élégant et incisif, le respect de la tradition et l'autorité des maîtres trop souvent niés et violemment méconnus à cette époque d'ardentes controverses et de luttes passionnées des classiques et des romantiques. A partir de 1844, il dirigea la partie littéraire du *Constitutionnel* et de l'*Ordre*, collabora à l'*Illustration*, à l'*Artiste*, au *Moniteur*, etc. C'est à ces nombreux travaux de littérature militante que M. Rolle dut sa réputation d'écrivain distingué et de critique sincère. Conservateur-administrateur de la Bibliothèque de la ville de Paris, en décembre 1830, M. Rolle a dû cesser ses fonctions après l'incendie de l'Hôtel-de-Ville (mai 1871), où périt cette belle et riche bibliothèque. Il a été nommé chevalier de la Légion d'Honneur le 3 mai 1849.

ROLLET (Eugène), né à Saint-Amand (Cher), le 12 mai 1814. Depuis 1848, M. Rollet a consacré toute sa vie à la défense et à la vulgarisation des idées républicaines. Membre du Conseil général du Cher, pour le canton de Saint-Amand, en octobre 1851, il fut exilé lors du Coup-d'Etat, séjourna en Angleterre et ne rentra en France qu'après le décret d'amnistie. Le 5 septembre 1870, il fut nommé sous-préfet de Saint-Amand et exerça ces fonctions jusqu'au renversement de M. Thiers.

Aux élections générales de 1876, M. Rollet fut élu député du Cher, pour la 2e circonscription de Saint-Amand, au second tour de scrutin, par 6,694 voix. Il siège à l'extrême gauche, et a voté la proposition d'amnistie pleine et entière.

ROMAIN (Jean-Baptiste-Hippolyte-Auguste), né à Toulon, le 6 septembre 1826. Il se destina à la médecine dans la marine militaire, commença ses études à l'Ecole de médecine navale de Toulon en 1843, et parvint rapidement par la voie des concours au grade de médecin de 1re classe. Reçu docteur de la Faculté de Paris, le 14 août 1863, sa thèse inaugurale avait pour titre: *Essai sur l'acclimatation humaine*, résumé de ses observations hygiéniques et pathologiques sous les différentes latitudes, qui contient un ensemble de préceptes utiles à consulter par les émigrants et les personnes qui passent d'un climat à un autre. Embarqué en qualité de chirurgien-major, sur plusieurs vaisseaux et frégates, il a fait les campagnes de Crimée, d'Italie, de Cochinchine et de Chine, et a été fait chevalier de la Légion d'Honneur le 16 mars 1862, pour fait de guerre en Cochinchine (prise de Bien-Hoa). Il était médecin-major de la division navale des mers de Chine, sur la frégate amirale la *Renommée*, le premier navire de guerre français qui ait eu, en 1861, l'autorisation de visiter les ports du Japon et de mouiller devant Yeddo. Après une carrière remplie par quinze ans de service à la mer, et plusieurs campagnes de guerre, il obtint sa retraite en 1868. Il est aujourd'hui (1876), médecin à Marseille. M. le docteur Romain, outre la Légion d'Honneur, est de plus: officier de l'ordre du Lion et du Soleil de Perse, chevalier de l'ordre pontifical de Saint-Silvestre, décoré de la médaille anglaise de Crimée et celle de la Valeur militaire de Sardaigne, et titulaire des médailles commémoratives d'Italie et de Chine. Enfin c'est un des rares Européens à qui ait été conféré l'ordre du Dragon impérial de Chine. On lui doit un traité d'*Icthyologie* de la Méditerranée inséré par ordre du Ministre dans les *Annales maritimes* (1860, 1er semestre) et contenant la nomenclature et le classement des poissons que l'on trouve sur nos côtes, et les moyens d'en prévenir la destruction par les engins de pêche. Les conclusions de ce travail ont été adoptées dans les principales dispositions de la loi sur la pêche maritime. En outre il a publié divers écrits sur le *choléra*, les *anesthésiques*, la *clarification des eaux potables*, etc., et en dernier lieu (1868), une monographie des *Eaux minérales sulfureuses de Camoins-les-Bains*, près Marseille. Il possède un cabinet de minéralogie et de conchyologie très complet, et a rapporté de ses voyages, une collection d'objets d'art et de curiosité, très-estimée des amateurs.

ROMAND (Hippolyte-François-Marie), né à Paimpol (Côtes-du-Nord), le 24 avril 1808. M. Romand est fils d'un officier d'administration militaire, chevalier de la Légion d'Honneur, et neveu d'un capitaine en retraite également décoré. Elève de l'Ecole de médecine de Paris, il s'est fait recevoir docteur en 1830, mais n'a exercé la médecine qu'accidentellement. Lorsqu'après la révolution de Juillet, l'abbé de Lamennais fonda le journal l'*Avenir*, avec MM. Gerbet, de Coux, Lacordaire et Montalembert, M. Romand y fut chargé du feuilleton dramatique. En 1838, il fit jouer à l'Odéon le *Bourgeois de Gand*, drame en cinq actes qui eut un très-grand succès, et fut repris, l'année suivante, au Théâtre-Français, où l'auteur donna bientôt le *Dernier marquis* (cinq actes), et, en 1844, un drame en vers : *Catherine II*, première pièce moderne qu'ait jouée Mlle Rachel. En 1845, l'auteur de ces trois ouvrages fut nommé chevalier de la Légion d'Honneur, en même temps que MM. Legouvé, Alfred de Musset et Ponsard. Il fit jouer en 1854, à l'Opéra-Comique, en collaboration avec Scribe, un opéra en trois actes, *La Fiancée du diable*, musique de Victor Massé. L'œuvre littéraire inédite de M. Romand est, dit-on, plus considérable que celle qu'a été imprimée jusqu'ici. M. Romand, entré dans l'administration comme inspecteur adjoint des établissements de bienfaisance en 1843, a été nommé, en 1848, inspecteur général titulaire, en 1864, inspecteur général de 1re classe, et, en 1866, inspecteur général honoraire et directeur de l'Institution des jeunes aveugles. En 1850, à la suite d'une mission spéciale, il a publié, en collaboration avec son collègue, M. de Lurieu, un volume sous ce titre : *Études sur les colonies agricoles, en Hollande, en Belgique, en Suisse et en France*, ouvrage qui a été couronné par l'Académie française. Pendant le siége de Paris, il a dirigé l'ambulance des Jeunes aveugles, une des plus vastes et celle qui a le plus souffert du bombardement. M. Romand a été promu officier de la Légion d'Honneur le 13 août 1858. Il est officier de l'Instruction publique depuis 1874.

ROMAND (Pierre-Marie), né à Paimpol, le 28 septembre 1810; frère du précédent. Il fit ses études théologiques aux séminaires de Saint-Brieuc et de Versailles, et fut ordonné prêtre le 21 décembre 1833. Curé desservant de la paroisse d'Osny, près Pontoise, pendant cinq ans, aumônier de l'hospice de Pontoise, pendant 14 ans, premier aumônier de la maison impériale des Loges, pendant 8 ans, M. l'abbé Romand est curé de Saint-Cloud depuis le 1er janvier 1861. Il a été nommé, en janvier 1862, chanoine honoraire du diocèse de Versailles, et chevalier de la Légion d'Honneur le 14 août 1863.

RONCIÈRE-LE-NOURY (Camille-Albert-Marie, baron CLEMENS DE LA), amiral, voy. LA RONCIÈRE. — Aux élections du 30 janvier 1876, il a été élu sénateur pour le département de l'Eure.

RONNA (Antoine-Colomb-Constant), né à Londres, le 9 décembre 1830, pendant l'exil de son père, patriote et littérateur distingué, que l'insurrection lombarde de 1821 avait fait bannir de Crema, d'abord en Espagne, puis en Angleterre. Amené tout enfant à Paris, il fit ses études au collège Bourbon et fut appelé par le roi Charles-Albert en 1848, sur la demande du ministre Gioberti, à faire partie avec son jeune frère de l'armée sarde. Le désastre de Novare le fit renoncer immédiatement au grade d'officier offert par le roi et à la carrière militaire. Il revint à Paris compléter son éducation scientifique à l'École polytechnique et dans les laboratoires du Conservatoire des arts et métiers. En 1853, le *Board of trade* le désigna comme professeur de chimie et de physique au collège de Cheltenham (Angleterre), où il institua des cours libres pour les ouvriers. De retour à Paris, il ouvrit un cabinet d'ingénieur consultant, et depuis 1857, il acceptait les fonctions de secrétaire et d'administrateur de plusieurs compagnies de chemins de fer et de mines. A la mort de Bixio (Alex.), il dirigea pendant trois ans, en dehors des affaires industrielles, la librairie agricole de la maison Rustique, et devint l'un des promoteurs les plus actifs de la Société des agriculteurs de France. De nombreux articles et mémoires littéraires et scientifiques, signés par A. Ronna, se trouvent dans l'*Athenœum français*, la *Revue de Paris*, la *Revue universelle des mines*, le *Journal d'agriculture pratique*, etc. On lui doit, entr'autres ouvrages réputés : *Fabrication et emploi des phosphates de chaux* (1864); — *Utilisation des eaux d'égout en agriculture* (1866); — *Les Industries agricoles* (1869); — *Métallurgie du plomb en Angleterre* (1871); — *Assainissement des villes et des cours d'eau, égouts et irrigations* (1874). Il a traduit de l'anglais avec M. Petitgand, et considérablement augmenté par des notes et appendices le *Traité complet de métallurgie* de J. Percy (1864-1867, 5 vol.). Chevalier de la Légion d'Honneur (1869), M. Ronna est décoré des ordres des Saints-Maurice et Lazare, de la couronne d'Italie, du Medjidié, etc., et membre d'un grand nombre d'associations scientifiques et agricoles.

ROQUES (Camille), né à Toulouse, le 11 avril 1828. Licencié en droit de la Faculté de sa ville natale, il fut attaché en 1853 au ministère de l'Intérieur. Nommé conseiller de préfecture de Tarn-et-Garonne, le 1er mai 1858, et de l'Aveyron, le 28 décembre 1861, il fut désigné, en janvier 1862, pour remplir les fonctions de conseiller de préfecture, secrétaire-général de ce département et secrétaire-général titulaire le 25 octobre 1865. Démissionnaire après la révolution du 4 Septembre, M. Roques a été élu en 1874 membre du Conseil général de l'Aveyron, pour le canton de Sauveterre, et le 5 mars 1876, député de l'Aveyron, pour la 2e circonscription de Rodez par 7,750 voix. Il est chevalier de la Légion d'Honneur depuis le 7 août 1869. Depuis qu'il a quitté l'administration, M. Roques, ancien président du Comice agricole des cantons de Sauveterre et de la Salvetat, s'est particulièrement occupé de travaux d'agriculture progressive.

ROSELLY DE LORGUES (Antoine-François-Félix, *comte*), né à Grasse (Var), le 11 août 1805. Neveu par alliance du marquis de Pastouret, chancelier de France, et destiné à la carrière des préfectures, il renonça à toute fonction publique, après la révolution de 1830, ne voulant pas servir le nouveau gouvernement.

Alors il se consacra à des études philosophiques, et bientôt il se distingua parmi les défenseurs les plus érudits et les plus éloquents de l'Église catholique. Son premier ouvrage : *Le Christ devant le siècle, ou Nouveaux témoignages des sciences en faveur du catholicisme* (1835), eut vingt-trois éditions en France, et fut traduit en plusieurs langues. Depuis, le comte Roselly de Lorgues a publié: *Le livre des communes, ou Régénération de la France par le presbytère, l'école et la mairie* (1838, 3e édit. refondue et très-augm., 1842); — *De la mort avant l'homme et du péché originel* (1841, 3e édit., 1847); — *De la femme et du serpent* (1842); — *La croix dans les deux mondes, ou la clé de la connaissance* (1844, 3e édit., 1852) ; — *Revue de l'éducation nationale* (1849); — *Christophe Colomb*, histoire de sa vie et de ses voyages d'après des documents authentiques tirés d'Espagne et d'Italie (1856, 2 vol., 3e édition, 1869); — *Vie et voyage de Cristophe Colomb* (1861, illustré); — *L'ambassadeur de Dieu et le pape Pie IX* (1874); — *Aux pères du Concile œcuménique* (Gêne, 1870, in-4º). Chevalier de la Légion d'Honneur depuis 1837, M. le comte Roselly de Lorgues a été promu officier de l'Ordre le 23 mai 1853.

ROSENZWEIG (Louis-Théophile), né à Paris, le 6 juillet 1830. Il fit de bonnes études au collège Charlemagne et entra en 1852 à l'Ecole des Chartes. Reçu archiviste paléographe, il fut attaché, en cette qualité, au département du Morbihan en 1855. M. Rosenzweig est correspondant du ministère de l'Instruction publique (1856), de la Société des antiquaires de France et de la Commission de la topographie des Gaules et membre de la Société de l'Ecole des Chartes. Il a obtenu un deuxième prix au concours des Sociétés savantes en 1860 et une mention honorable au même concours, en 1861. M. Rosenzweig a publié : *De l'office de l'amiral en France du XIIIº au XVIIº siècle* (1855); — *Répertoire archéologique du Morbihan* (1863, in-4º); — *La chartreuse d'Auray et le monument de Quiberon* (1863); — *Dictionnaire topographique du Morbihan* (1870, in-4º); — *Inventaire-sommaire des archives départementales du Morbihan* (1876, 1er vol., in-4º). — Il a fait insérer dans l'*Annuaire du Morbihan* et le *Bulletin* de la Société polymathique du Morbihan un grand nombre de notices ou mémoires, dont beaucoup ont été lus à la Sorbonne. Officier d'Académie (1860), puis officier de l'Instruction publique (1866), M. Rosenzweig a été nommé chevalier de la Légion d'Honneur en 1873.

ROSNY (Léon DE), né à Loos (Nord), le 5 avril 1837). Fils d'un archéologue et petit-fils d'un littérateur distingué, il s'adonna de bonne heure aux études relatives à l'Orient, mais surtout aux langues japonaise et chinoise. A l'âge de quinze ans (1852), il suivait déjà les cours de l'Ecole spéciale des langues orientales et du Collège de France. En 1863, il fut chargé de faire, pour la première fois en France, un cours de japonais qui fut ouvert à la Bibliothèque impériale. En 1868, il fut appelé comme professeur titulaire à la chaire de japonais, créée par lui à l'Ecole spéciale des langues orientales. Il fit en outre, pendant trois années, au Collège de France, un cours d'éthnographie qui réunit de nombreux auditeurs. A l'arrivée de l'ambassade japonaise, en 1862, il avait été attaché comme interprète à cette mission qu'il accompagna en Angleterre, en Hollande, en Prusse et en Russie. Membre de la Commission scientifique de l'Exposition universelle de 1867, il fonda en 1873, à Paris, le Congrès international des Orientalistes dont il fut le premier président. Ce congrès a été continué depuis à Londres et à Saint-Pétersbourg. En 1874, il créa également le Congrès provincial des Orientalistes qui a déjà tenu trois sessions à Levallois-Paris, à Saint-Etienne et à Marseille. M. Léon de Rosny est également le fondateur de la Société d'ethnographie de Paris. Il a créé, en outre, la *Revue orientale et américaine*, dont il n'a pas cessé de diriger les publications depuis 1859. Parmi ses nombreux ouvrages, nous citerons : *Résumé des principales connaissances nécessaires à l'étude de la langue japonaise* (1852); — *Introduction à l'étude de la langue japonaise* (1856, in-4º avec 7 planches); — *Aperçu de la langue coréenne* (1864); — *Dictionnaire des signes idéographiques de la Chine* (1864); — *Grammaire japonaise de la langue vulgaire* (1865); — *Archives paléographiques de l'Orient et de l'Amérique*, avec atlas (1871); — *Anthologie japonaise*, avec une préface de M. Laboulaye, de l'Institut (1871); — *A grammar of the chinese language* (1874); — *Textes chinois anciens et modernes*, traduit pour la première fois en français (1876). En 1865, il fut chargé, par le ministre de l'Agriculture, d'une mission dans l'intérêt de la sériciculture. A son retour, il fit paraître la traduction d'un *Traité de l'éducation des vers à soie au Japon* (1868). Cet ouvrage, qui a été traduit en plusieurs langues, a déjà eu quatre éditions en France, dont deux à l'Imprimerie nationale. Fondateur de la Société américaine de France, on lui doit un *Essai sur le déchiffrement de l'écriture hiératique de l'Amérique centrale* (1876, in-fol.), travail qui a ouvert une voie nouvelle à l'archéologie et à la paléographie du Nouveau-Monde. M. Léon de Rosny a obtenu un prix Volney à l'Institut de France en 1861 et de nombreuses décorations. Plusieurs de ses travaux ont été couronnés par des Académies étrangères, et ont été traduits en diverses langues européennes.

ROSSEEUW-SAINT-HILAIRE (Eugène-François-Achille), né à Paris, le 9 août 1802. Agrégé des classes supérieures en 1828, docteur en 1839, agrégé des Facultés en 1840, il professa l'histoire, de 1829 à 1832, au Lycée Louis-le-Grand. En 1838 il suppléa M. de Lacretelle dans son cours d'histoire ancienne à la Faculté des lettres, chaire dont il devint le titulaire en 1856. Chevalier de la Légion d'Honneur depuis 1844, M. Rosseeuw-Saint-Hilaire a été nommé membre de l'Académie des sciences morales et politiques le 25 février 1872. En dehors de sa collaboration à la *Revue de Paris*, à la *Revue chrétienne*, au *Dictionnaire de la conservation*, il a publié : *Rienzi et les Colonna ou Rome au XIVe siècle* (1833, 5 vol.), roman historique ; — *Compte demandé à M. Odilon*

Barrot et à l'opposition, en réponse à leur compte-rendu (1838); — *Études sur l'origine de la langue et des romances espagnoles* (1839), thèse de doctorat; — *Histoire d'Espagne depuis les premiers temps historiques jusqu'à la mort de Ferdinand VII* (nouv. édit. 1844-1876, 12 vol. ont paru; le 13e et dernier est bientôt prêt à paraître); — *Ce qu'il faut à la France*, étude historique (1861), — *Études religieuses et littéraires* (1863); *Les légendes d'Alsace* (1868, 2 volumes, traduits de l'allemand; — *La délivrance* (1871); — *Le vieil Eli* (1871); — *Disgrâce de la princesse des Ursins* (1874, in-4°), etc.

ROTOURS (Alexandre-Antonin, *baron* DES), né à la Graverie (Calvados), le 22 mai 1806. Entré à l'École militaire spéciale de Saint-Cyr en 1824 et à l'École de cavalerie de Saumur en 1826, il fut incorporé, comme sous-lieutenant, au 4° hussards en 1858 et passa en 1830, au 14° chasseurs. M. des Rotours a donné sa démission en 1832 pour se consacrer à l'industrie du sucre indigène dans le département du Nord et gérer lui-même les biens ruraux qu'il y possédait. Maire d'Avelin depuis 1846, président élu du Comice agricole de Lille depuis 1853, vice-président de la Chambre consultative d'agriculture et membre du Conseil général du Nord, il a représenté au Corps législatif la troisième circonscription du Nord depuis 1863 jusqu'à sa mort (6 janvier 1868). Il avait été nommé chevalier de la Légion d'Honneur le 1er janvier 1852.

ROTOURS (Robert-Eugène, *baron* DES), né à Aniche, le 23 octobre 1834; fils du précédent. Docteur en droit et conseiller de préfecture du Nord, depuis 1861, il succéda en 1868 à son père comme député du Nord, et lors des élections générales de 1869, il fut réélu au Corps législatif. Nommé représentant du même département le 8 février 1871 à l'Assemblée nationale, par 177,252 voix, M. des Rotours s'est occupé spécialement des questions économiques, agricoles et industrielles intéressant le département du Nord. Il a pris plusieurs fois la parole à l'occasion des tarifs de douane, du régime des chemins de fer, des lois d'impôt et de recrutement. Diverses dispositions législatives sont dues à son initiative. Aux élections du 20 février 1876, M. des Rotours a été élu député pour la 4e circonscription de Lille, par 13,897 voix; aucun concurrent ne lui était opposé. Depuis 1868 il est conseiller général du Nord pour le canton d'Orchies et maire d'Avelin.

ROUDIER (Bernard), né à Juillac (Gironde), le 25 avril 1823. Brillant élève du collège de Sainte-Foy, il fit son droit à la Faculté de Paris, et prit le grade de licencié en 1844, et celui de docteur en 1846. Son stage d'avocat terminé, il entra dans la magistrature, en 1848, comme substitut du procureur de la République à Nontron (Dordogne). En 1849, des considérations de famille l'obligèrent à donner sa démission et à retourner dans son pays natal, où il ne tarda pas à jouir d'une position influente, comme chef du parti démocratique. Tout en gérant ses propriétés, il donnait gratuitement des conseils juridiques et faisait beaucoup de bien autour de lui, mais se tenait personnellement à l'écart de la vie publique. Cependant, un mouvement libéral s'étant produit dans l'opinion, par suite des élections législatives de 1863, il se présenta comme candidat d'opposition au Conseil général, en 1864, et obtint une belle minorité. Maire de Juillac depuis le 5 septembre 1870, et élu conseiller général, pour le canton de Pujols, le 15 octobre 1871, M. Roudier a toujours fait partie de la Commission départementale, où il se distingue par sa fermeté dans la défense des droits du parti républicain et par sa parfaite entente des intérêts départementaux. Lors d'une élection partielle, le 29 mars 1874, il s'est présenté comme candidat à l'Assemblée nationale, sur la demande expresse du Congrès de la ligue électorale républicaine qui l'avait désigné au choix de ses concitoyens, et a été élu par 47,973 voix. M. Roudier a siégé sur les bancs de la Gauche-Républicaine. Aux élections du 20 février 1876, il a été élu député de la Gironde, pour la première circonscription de Libourne.

ROUGET (Jean-François-Augustin), né à Pontarlier (Doubs), le 25 mars 1829. M. Rouget descend d'une très-ancienne famille bourgeoise de Salins (Jura). Il commença ses études médicales à l'École de Besançon où il remporta un deuxième prix la 1re et la 2e année. Externe, puis interne à l'hôpital Saint-Jacques, de cette ville, de 1850 à 1853, il fut reçu docteur à la Faculté de Strasbourg le 17 juillet 1854, avec une thèse ayant pour titre : *Du collodion dans le traitement de l'érysipèle*. Ancien médecin cantonal dans le Doubs (Levier) et le Jura (Arbois), M. Rouget est médecin par quartier de l'hôpital d'Arbois, délégué cantonal, membre du conseil d'hygiène de l'arrondissement de Poligny, conseiller municipal à Arbois, secrétaire de l'Association de secours mutuels et de prévoyance des médecins du Jura, etc. Il est membre de la Société médicale de Neufchâtel (Suisse), de la Société de médecine de Besançon, de la Société de thérapeutique dosimétrique de Paris, de la Société de climatologie d'Alger, de la Société de sauvetage de Bordeaux, de la Société des Hospitaliers d'Afrique et des Sociétés d'émulation du Doubs et du Jura. Il a obtenu en 1861 une médaille d'argent pour les vaccinations et en 1871, la croix de bronze de la Société française de secours aux blessés des armées de terre et de mer, pour les services qu'il a rendus pendant la guerre comme chirurgien-major de la 3e légion des mobilisés du Jura. M. le docteur Rouget a publié : *Catalogue des sources minérales de la Franche-Comté* (1865); — *Observations de rage survenue 28 mois environ après l'inoculation* (1866); — *Observations d'héméralopie suivies de quelques réflexions* (1867); — et de nombreuses notices dans l'*Echo médical suisse* (1857 à 1834). Membre-fondateur de la Société d'agriculture, sciences et arts de Poligny, il a été depuis 1869 collaborateur de son *Bulletin* et, depuis 1872, il est chargé de la Revue agricole et scientifique de cette publication. M. le docteur Rouget a collaboré, pour la partie scientifique, aux journaux le *Doubs*, le *Républicain du Jura*, le *Jura*, l'*Abeille jurassienne*, la *Revue littéraire de la Franche-Comté*, etc.

ROUHER (Eugène), né à Riom (Puy-de-Dôme), le 30 novembre 1814 ; fils d'un avoué plaidant de la Cour de Riom. Destiné à la marine, il entra, en 1828, à l'École navale d'Angoulême et lors de la suppression de cet établissement, il continua ses études aux colléges de Riom et de Clermont, et à l'âge de seize ans il alla faire son droit à Paris. Après cinq ans d'études il fut appelé par son frère aîné, qu'une maladie forçait de quitter le barreau, à prendre la direction de son cabinet. Ses débuts (1836) furent brillants et jusqu'en 1848 M. Eugène Rouher fut un des avocats les plus distingués du barreau de Riom. En 1846, ayant posé sa candidature à la Chambre, sous les auspices de M. Guizot, il échoua, mais en 1848 il fut élu, comme candidat de l'opposition, représentant du département du Puy-de-Dôme, puis réélu à la Législative en 1849. Dans ces deux assemblées il prit place sur les bancs de la droite, appuya la politique de l'Elysée, et lorsque le Prince-Président rompit avec le ministère parlementaire Dufaure-Odilon Barrot, M. Rouher fut appelé à succéder à ce dernier au département de la Justice (31 octobre). Comme garde des sceaux, il eut à présenter et à défendre plusieurs projets de loi importants. Il se fit remarquer dans la discussion de la loi sur la presse et lança aux montagnards cette phrase : « Votre révolution de Février n'a été qu'une catastrophe. » Du 31 octobre 1849 au 24 janvier 1851 il conserva le portefeuille de la justice, quitta le ministère pendant quelque temps, y rentra du 10 avril au 26 octobre, se retira de nouveau et, après le 2 Décembre, il fut renommé ministre de la Justice. A la suite du décret de confiscation des biens de la famille d'Orléans, il donna sa démission avec MM. de Morny, Fould et Magne (22 janvier 1852). Mais peu de temps après, il fut appelé aux fonctions de vice-président au Conseil d'Etat et eut, comme commissaire du gouvernement, à soutenir de nombreuses discussions au Sénat et au Corps législatif. Membre de la commission de l'Exposition universelle de 1855, le portefeuille de l'Agriculture, du Commerce et des Travaux publics lui fut confié la même année. Dans ces postes M. Rouher déploya de grandes qualités pratiques et établit sa réputation d'homme d'affaires. Sous son administration se sont accomplis d'immenses travaux, mais son œuvre capitale fut la conclusion du traité de commerce avec l'Angleterre, sur la base du libre échange, dont il fut le promoteur avec M. Michel Chevalier et M. Cobden pour l'Angleterre. Ce traité fut signé le 22 janvier 1860 par MM. Rouher et Baroche pour la France, lord Cowley et Cobden pour l'Angleterre. Il prit part aux traités analogues avec la Belgique en 1861 et avec l'Italie en 1863. Sénateur depuis le 18 juin 1856, M. Rouher remplaça M. Baroche comme président du Conseil d'Etat le 23 juin 1863, et fit, en cette qualité, un rapport à l'Empereur sur l'enseignement professionnel et un autre sur la liberté de la boulangerie, qui fut décrétée. Ministre de l'Intérieur par intérim, il devint, après la mort de M. Billault, ministre d'Etat (18 octobre 1863). Depuis il prit la plus grande part aux principaux événements de la politique impériale qu'il était chargé de justifier et de défendre. Il soutint l'expédition du Mexique pendant quatre sessions et la politique de l'Empereur vis-à-vis de l'Allemagne pendant la guerre du Danemark et après la bataille de Sadowa, ainsi que celle qui prévalut dans la grave question du Luxembourg et lors de l'abandon de Rome aux Italiens. A l'intérieur il défendait contre MM. Thiers et Pouyer-Quertier le libre échange et le traité de commerce avec l'Angleterre. Lors de la crise ministérielle du 19 janvier 1867, M. Rouher donna sa démission avec les autres ministres, mais fut maintenu dans ses fonctions et chargé de mettre à exécution les promesses libérales que l'Empereur octroyait à la France, telles que : la suppression de l'adresse, le droit d'interpellation accordé au Sénat et au Corps législatif et la juridiction correctionnelle remplaçant pour la presse le régime administratif. Après la réunion de la nouvelle Chambre par les élections générales de mai 1869 et à la suite de l'interpellation des 116 (12 juillet), le ministère tout entier donna sa démission (17 juillet). M. Rouher n'entra pas dans le nouveau cabinet, mais le 20 juillet suivant il fut nommé président au Sénat. Si, sous le ministère Forcade, il conserva son influence dans les conseils de l'Empereur, il la vit diminuer lors de la formation du ministère de son ancien adversaire, M. Emile Ollivier (2 janvier 1870), mais il réussit cependant à faire admettre, contre l'avis du premier ministre, l'idée du plébiscite. Il approuva la déclaration de guerre faite à la Prusse, alla auprès de l'Empereur au camp de Châlons pour le décider à réunir l'armée de Châlons à celle du maréchal Bazaine, conformément au plan du général de Palikao, et présida pour la dernière fois le Sénat le jour de la révolution du 4 Septembre. Il se rendit alors à Londres auprès de l'Impératrice et du Prince Impérial. Après la signature de la paix, Napoléon III se fixa à Chislehurst où M. Rouher, qui n'avait pas perdu sa confiance, se rendit pour se concerter avec lui sur l'attitude que devait prendre le parti impérialiste. Etant rentré en France quelque temps après, il se trouvait à Boulogne le jour de l'insurrection du 18 mars, y fut arrêté par ordre de M. Thiers et conduit à Arras d'où il passa en Belgique. Aux élections du 8 juillet 1871, il posa sa candidature dans la Gironde et la Charente-Inférieure, y échoua, mais fut élu en Corse, après la démission de M. Ch. Abbatucci, par 36,026 voix, le 11 février 1872. A la Chambre il déposa le 7 mai suivant une demande d'interpellation sur le rapport présenté par la commission des marchés, et prit la parole lors de la convention postale avec l'Allemagne. En mai 1873, il contribua à la nomination du maréchal Mac-Mahon à la Présidence de la République, appuya, le 5 novembre, la proposition d'appel au peuple de M. Eschassériaux, et reprit la même idée le 19 novembre lors de la discussion sur le Septennat. Depuis la mort de Napoléon III (9 janvier 1873), M. Rouher est le véritable chef du parti bonapartiste, on le disait président d'un comité pour répandre l'idée du parti dans la population, mais, sur l'accusation du député Girerd (9 juin 1874), il protesta contre l'existence d'un comité de l'appel au peuple. L'instruction judiciaire et les enquêtes qui suivirent les dénonciations du député Girerd, démontrèrent l'inanité de ces accusations. Aux élections du 20 février 1876, il a été nommé député du Puy-de-Dôme pour l'arrondissement de Riom. M. Rouher a été élevé à la dignité de Grand-croix de la Légion d'Honneur le 25 janvier 1860. Il en reçut les insignes en diamant, de la main de l'Empereur, en juillet 1867.

ROUILLARD (Pierre-Louis), né à Paris, le 16 janvier 1820. Doué d'une sérieuse vocation pour le dessin et la sculpture, il commença par suivre les cours de l'Ecole royale de dessin et de mathématiques appliquées à l'industrie. Il y remporta pour la première fois, à l'âge de quinze ans, le grand prix de sculpture décorative créé par M. Percier, administrateur de cette école. M. Rouillard suivit l'Ecole des beaux-arts sous les auspices de Cortot jusqu'en 1842, s'occupant de sculpture en tout genre, mais surtout des compositions dans lesquelles entraient des animaux et, dans ce genre, il s'est fait une grande réputation. Il a exécuté la *Frise* de la Maison-Dorée, les *Lions* du Tribunal de commerce, des *Groupes d'animaux* dans le surtout de table de l'Empereur et de celui de la ville (détruit par les incendies de la Commune), et pendant neuf ans au Louvre, sous MM. Duban et Lefuel : le *Fronton circulaire de Diane* avec nymphes et animaux (vieux Louvre), des frontons, des couronnements de fenêtres, frises, chutes d'attributs et surtout les groupes d'animaux et le bas-relief de *Chevaux* exécutés en bronze qui décorent la cour Coullaincourt, quai du Louvre. Depuis, dix *Aigles* en pierre ou bronze au Nouvel-Opéra, d'après les dessins de M. Garnier; ceux en bronze ont été retirés en 1870. Il a produit, pour la France et l'étranger, entre autres, la collection d'*Animaux* en marbre et bronze dont le Sultan Abdul-Aziz a décoré le palais de Beyler-Bey, soit personnellement, soit par des artistes qui collaboraient sous sa direction ; des *Lions* pour l'Egypte, le Chili, le pont d'Arles et ceux de Saint-Marc à Milan, avec la collaboration de M. Hamel, plusieurs sculptures au château du général d'Espeuilles, sénateur ; la statue équestre de *François de Larochefoucault*, maréchal de France sous François Ier, pour le château d'Eclimont, appartenant à M. le duc de Larochefoucault-Bisaccia. M. Rouillard a exposé au Salon, depuis 1857, de la sculpture en tout genre, dont les plus remarquables productions ont été de petits groupes d'animaux, types commandés par le ministère de l'Agriculture, exécutés en argent par la maison Christofle pour être donnés en prime dans les Comices agricoles. Membre du corps enseignant de l'Ecole nationale de dessin depuis 1840, il y est aujourd'hui professeur d'arrangements décoratifs en sculpture. Ses connaissances et ses travaux anatomiques l'ont fait choisir par l'administration pour y faire un cours annuel d'anatomie comparée. Au Salon il a remporté une médaille en 1842, le rappel de cette médaille en 1861, et reçu la croix de la Légion d'Honneur le 13 août 1866.

ROULAND (Gustave), né à Yvetot (Seine-Inférieure), le 1er février 1806. Il fit de solides études classiques au collège de Rouen, et son droit à la Faculté de Paris. Reçu avocat en 1827, il fit son stage avec succès, et entra dans la magistrature. Substitut du procureur du roi à Louviers en 1828, et à Evreux le 1er juin 1831, il passa comme procureur du roi à Dieppe (1er janvier 1831), et devint successivement, à Rouen, substitut au Tribunal civil, substitut du procureur général (17 janvier 1835) et avocat général près la Cour royale (1er novembre 1838). Le 28 avril 1843, il fut nommé procureur général près la Cour royale de Douai. En 1846, le 1er arrondissement électoral de Dieppe l'envoya à la Chambre des députés, où il prit la parole plusieurs fois, notamment dans les questions de jurisprudence ou qui intéressaient la magistrature. Avocat général à la Cour de cassation, le 23 mai 1847, il démissionna en Février 1848, reprit ses fonctions le 10 juillet 1849 et fut appelé aux importantes fonctions de procureur général près la Cour de Paris, le 10 février 1853. Parmi les affaires qui ressortirent à ses attributions, pendant le cours de sa magistrature, celles qui firent le plus de bruit sont le procès Douvrand, la catastrophe du chemin de fer à Fampoux, les complots de l'Opéra-Comique, de l'Hippodrome et des correspondants étrangers, l'affaire Pianori, etc. Ministre de l'Instruction publique et des Cultes le 13 août 1856, tous ses efforts tendirent à maintenir l'instruction publique en harmonie avec les principes du Gouvernement et à la hauteur des progrès sociaux. On lui doit l'amélioration du traitement de tout le personnel de l'enseignement secondaire, une distribution mieux entendue des distinctions honorifiques entre les professeurs, et le remplacement de la rétribution scolaire, dans les écoles primaires, par l'abonnement à prix réduit. Tout en donnant au personnel des cultes des preuves non équivoques de sa sollicitude, il sut faire, en de graves circonstances, respecter les droits de l'Etat et maintenir le clergé dans ses attributions, notamment par sa lettre aux sept prélats (juin 1863). Ayant donné sa démission quelques jours après, M. Rouland fut appelé (18 octobre) à la présidence du Conseil d'Etat et nommé membre du Conseil supérieur de l'instruction publique (7 novembre). C'est alors surtout qu'il eut occasion de faire preuve, à la tribune, de ses brillantes aptitudes d'orateur pratique, tout à la fois comme représentant du Gouvernement et comme homme libéral. Il avait été élevé à la dignité de sénateur le 14 novembre 1859 et il a rempli, depuis 1864, les fonctions de vice-président du Sénat. Ses connaissances en matière financière l'ont fait nommer gouverneur de la Banque de France le 28 septembre 1864, et président de la Commission de surveillance des Caisses d'amortissement, dépôts et consignations le 19 avril 1865. Le 5 juin 1871, M. Ernest Picard fut nommé gouverneur de la Banque de France, et M. Rouland appelé comme procureur général à la Cour des comptes ; mais M. Picard ayant refusé ce poste, M Rouland fut réintégré dans ces fonctions le 29 décembre 1871. M. Rouland a représenté le canton d'Yvetot au Conseil général de la Seine-Inférieure dont il a été le secrétaire et président. Aux élections du 30 janvier 1876, il a été nommé sénateur de ce même département. On doit à M. Rouland un ouvrage intitulé : *Discours et réquisitoires* (1863, 2 vol.). Il est grand-croix de la Légion d'Honneur depuis le 14 août 1862.

ROULLEAUX-DUGAGE (Charles-Henri), né à Alençon, le 26 avril 1802. Après de solides études, il se fit inscrire au barreau des avocats de Caen, en 1821, puis vint exercer à Paris, de 1822 à 1830. La révolution de Juillet lui ouvrit la carrière administrative. Sous-préfet de Domfront le 22 août 1830, il a occupé successivement les préfectures de l'Ardèche (10 novembre 1832), de l'Aude (23 juillet 1837), de la Nièvre (5 juin 1840), de l'Hérault (23 novembre 1841), et de la Loire-Inférieure (24 juillet 1847). Quand éclata la révolution de Février 1848, il ne quitta son poste qu'après avoir été remplacé par M. Guespin, commissaire de la République. A partir de cette époque, M. Roulleaux-Dugage s'est tenu à l'écart des affaires publiques, et ce jusqu'en 1852. C'est alors que deux des départements qu'il avait administrés, l'Orne et l'Hérault, l'ont en même temps appelé à faire partie de leur Conseil général. Ayant opté pour l'Orne, il fut appelé au Corps législatif par les électeurs de la 2e circonscription du département de l'Hérault, en 1852, 1857, 1863 et 1869. C'était un des membres les plus actifs et les plus expérimentés de la Chambre. Aussi, après le désastre de Sedan et dans les dernières réunions du Corps législatif, employa-t-il toute son influence pour amener la Chambre à former un gouvernement provisoire, qui s'appuierait sur la majorité. — Il peut d'ailleurs invoquer, comme témoignage de ses capacités et de l'élévation de son caractère, un témoignage bien précieux de sa vie administrative. Après l'élection présidentielle, le 25 décembre 1848, de nombreux habitants de Nantes, et des plus notables, ont adressé une pétition au gouvernement, à l'effet d'obtenir qu'il leur rendit un préfet qui avait laissé, en les quittant, d'unanimes regrets. M. Roulleaux-Dugage a été nommé chevalier de la Légion d'Honneur en 1831 et promu grand-officier le 13 août 1866. Il est mort le 21 novembre 1870.

ROUMANILLE (Joseph), né à Saint-Remi (Bouches-du-Rhône), le 8 août 1818. Fils d'un jardinier, il fit ses études au collège de Tarascon. Après avoir été successivement professeur au collège communal de Nyons (Drôme), puis dans un pensionnat d'Avignon, il entra comme correcteur à l'imprimerie F. Seguin à Avignon, et depuis 1855, il s'est établi dans cette ville comme libraire. Dès sa jeunesse, il s'était voué à la poésie provençale, qu'il sut rajeunir, et travailla à la restauration d'une langue qui n'allait bientôt plus être qu'un patois, travail patient auquel il convoqua ses élèves, devenus depuis des maîtres, et que, dès le début, il sut grouper autour de lui. Il consacra tous ses loisirs à cette œuvre d'artiste et d'érudit. Ses premières poésies, publiées de 1835 à 1838 dans l'*Echo du Rhône* de Tarascon, furent bien accueillies et décidèrent plus tard l'auteur à les réunir dans un recueil : *Li Margarideto* (1847). Depuis, M. Roumanille a encore publié : *Li Capelan* (1851) ; — *Li Prouvençalo* (1852), point de départ de cette renaissance provençale dont M. Roumanille a été l'heureux promoteur, et dont, à cette heure encore, il est l'âme ; — *Li Sounjarello* (1852) ; — *La part de Diéu* (1853), précédé d'une dissertation sur l'orthographe provençale ; — *La Campano mountado* (1857) ; — *Li Nouvé de Roumanille et de Saboly* (1865) ; — *Lis Entarro-chin* (1874), dont une édition in-8° sur papier de Hollande, et illustrée de seize sujets par Combe de Dieuleflt. Il a réuni ses nombreuses publications, qui avaient été précédemment imprimées à part, sous les titres : *Lis Oubreto en vers* (1860, 3e édition augm. 1864). Cette même année (1864), il a réuni en un volume ses œuvres de prose : *Oubreto en proso*, dont la plupart, publiées séparément, avaient eu plusieurs éditions consécutives : *Lou colera* ; *Galejado* ; *Un brave enfant* ; *Li clube* ; *Un rouge em'un blanc* ; *La ferigoulo* ; *Li Partejaire* ; *Santo crous* ; *Li Capelan*, etc. Comme libraire-éditeur, M. Roumanille a édité, outre ses propres productions, les œuvres les plus remarquables de l'école provençale moderne : *Mirèio*, poëme provençal par F. Mistral (1859) ; *Calendau*, poëme par le même, (1867) ; *Lis Isclo d'or*, recueil de poésies diverses, par le même (1876) ; *La Farandoulo*, d'Anselme Matthieu (1868, 2e édition) ; *Un liame de rasin* (1865) ; *Li nouvé* de Saboly, de Peyrol et de Roumanille (1865 et 1873) ; *Lou Boulquet*, de J. Morel (1862) ; *La Bresco*, par A.-B. Crousillat (1865) ; *Li Carbounié*, épopée en douze chants, par Félix Gras (1876), etc. Il est l'éditeur et le directeur de l'*Armana prouvençau*, dont la 23e année va paraître. M. Roumanille est membre de plusieurs sociétés savantes. Il a prononcé aux fêtes de Jean Reboul, à Nîmes (17 mai 1876), un discours provençal très-applaudi. Il est chevalier de l'ordre de Charles III d'Espagne, et il a reçu la croix de la Légion d'Honneur le 4 août 1874.

ROUMIEUX (Louis), né à Nîmes, le 26 mars 1829. Il se destinait à l'état ecclésiastique ; mais la mort de sa mère, survenue le 16 mars 1846, modifia ses idées. Il abandonna ses études et remplit, pendant plus de dix ans, les fonctions de correcteur d'imprimerie dans sa ville natale. En 1855, il se fixait à Beaucaire où il fait depuis lors le commerce des bois. Membre de l'Académie du Gard, de l'Académie provençale d'Avignon dont il est le chancelier, et de nombreuses sociétés de France et de l'étranger, M. L. Roumieux a publié la *Revue méridionale*, journal qu'il a fondé à Nîmes en 1859 et qui a vécu plus de dix ans ; — *Li Bourgadiéro*, recueil de chansons, de saynètes et de satires, en dialecte nimois (1852) ; — *Li Griseto*, recueil de poésies dans le même dialecte (1853) ; — *Quau vóu prendre dos lèbre à la fes n'en pren ges*, comédie provençale en trois actes et en vers, avec traduction littérale en regard. Cette pièce fut couronnée aux Jeux floraux de Sainte-Anne d'Apt, en 1861, où elle obtint la fleur double de grenadier en argent émaillé. L'œuvre qui a surtout mis M. L. Roumieux au nombre des principaux champions de la renaissance méridionale, c'est le recueil complet de ses poésies provençales qu'il a publié en 1867 pour la première fois sous le titre de *La Rampelado* (le Rappel), et qui a eu depuis plusieurs éditions. M. L. Roumieux a créé aussi un journal hebdomadaire, exclusivement littéraire et provençal, paraissant le dimanche sous le titre de *Dominique*. Le premier numéro a paru le 17 septembre 1876. Ce félibre prépare actuellement un volume de pièces de théâtres, toutes en vers provençaux, qui paraîtra dans les premiers jours de janvier 1877. Nommé vice-consul d'Espagne le 14 juillet 1870, M. Louis Roumieux est commandeur d'Isabelle-la-Catholique et de l'ordre de Mont-Réal, chevalier de Charles III d'Espagne, etc.

ROUSSEAU (Armand), né à Tréflez (Finistère), le 24 août 1835. Admis à l'Ecole polytechnique en 1854 et à l'Ecole des ponts-et-chaussées le 1er novembre 1857, il devint ingénieur de 3e classe le 27 octobre 1860 et ingénieur ordinaire de 2e classe le 23 août 1865. Attaché depuis 1867 au service du port de Brest, M. Rousseau fut chargé pendant la guerre de la direction des travaux du camp de Conlie. Aux élections complémentaires du 2 juillet 1871, il a été élu représentant du Finistère à l'Assemblée nationale par 58,838 voix. Inscrit à la Gauche-Républicaine, il fit partie du comité de direction de ce groupe et fut membre des commissions du budget de 1874 et 1875. Il représente le 2me canton de Brest au Conseil général du Finistère depuis le 8 octobre 1871. M. Rousseau vient d'être nommé, octobre 1876, directeur des routes et de la navigation au ministère des Travaux publics.

ROUSSEAU (Hippolyte), né à Nevers, le 25 avril 1836. Il fit son droit à la Faculté de Paris, prit place au barreau de la même ville en 1859, et ne tarda pas à jouir d'une avantageuse réputation parmi les jeunes avocats de la capitale. Longtemps secrétaire de M. Ernest Picard, il se créa des relations parmi les chefs les plus autorisés du parti démocratique; et, le 5 septembre 1870, il fut nommé préfet de Seine-et-Marne. Son administration fut rendue pénible et difficile par l'occupation étrangère. Le gouvernement régulier, qui a succédé à celui de la Défense nationale, s'est contenté de le déplacer et l'a maintenu dans ses fonctions. M. Hippolyte Rousseau, préfet de l'Ain depuis le 28 avril 1871, a su se concilier l'affection de ses administrés.

ROUSSEAU (Philippe), né à Paris, en 1816. Il suivit l'atelier de Victor Bertin et se consacra, comme son maître, à la peinture de genre et de paysage. M. Philippe Rousseau a débuté au Salon de 1834 par une *Vue prise en Normandie* et, à partir de cette époque, a exposé : *Vue prise à Dampierre*, près Versailles ; *Vue de Saint-Martin*, près Gisors (1835); — *Vue prise à Freleuse*, près Gisors (1836); — *Vue prise à Lions*, en Normandie; *Vue prise près du télégraphe sur la côte Sainte Catherine*, à Rouen; *Vue prise à Dampierre* (1837); — *Vue prise aux environs de Surgère* (1838); — *Paysage* (1839); — *La chaise de poste*, paysage (1841); — trois *Natures mortes* (1844); — *Le rat de ville et le rat des champs*, acquis par M. le duc de Trévise et qui a été admis à l'Exposition universelle de 1855; *Un chien*; *Fruits*; *Nature morte* (1845); — *Le chat et le vieux rat*; deux *Natures mortes* (1846); — deux *Intérieurs*; *La taupe et le lapin*; *Fleurs et papillons* (1847); — *Une basse-cour*; *Fruits*; *Gibier* (1848); — *Un chat prenant une souris*; *Intérieur de ferme* (1849); — *Part à deux*; *Un importun*; *Fruits*; deux *Natures mortes* (1850); — *Le rat retiré du monde* (1852); — *La mère de famille*; *Pygargue chassant au marais* (1853); — *Deux artistes de chez Guignol*; *Cigogne faisant la sieste au bord d'un bassin*; *Chevreau broutant des fleurs* (E. U. de 1855); — *Chiens couplés au chenil*; *Lièvre chassé par des bassets*; *La récréation*; *Perroquets*; *Gibier et légumes*; *Résignation*; *Intérieur de ferme en Savoie*; *Pigeons*; *Le déjeuner* (1857); — *Un jour de gala*; *Un déjeuner* (1859); — *Musique de chambre*; *Cuisine* (1861); — *La recherche de l'absolu*; *Le lièvre et les grenouilles* (1863); — *Un marché d'autrefois*, au musée de Caen; *Nature morte* (1864); — *Chacun pour soi*; *Fruits* (1865); — « *Il opère lui-même* »; *Fleurs d'automne* (1866); — *Chardin et ses modèles* (1867); — *Le rat retiré du monde*; *Intérieur de cuisine* (E. U. 1867); — *Résidence de Walter Scott*; *Fleurs d'été* (1858); — *L'été*; *L'automne* (1869); — *La fontaine fleurie*; *Premières prunes et dernières cerises* (1870); — *Les confitures*; *Le printemps* (1872); — *L'office* (1873); — *La Fête-Dieu*; *La salade* (1874); — *Le loup et l'agneau*; *Les fromages* (1875); — *Les huîtres*; *Les pavots* (1876). Médaillé de 2e classe au Salon de 1845, de 1re classe en 1848, de 2e classe en 1855. M. Philippe Rousseau a reçu la croix de la Légion d'Honneur en 1852.

ROUSSEL (Paul-Marie), né à Paris, le 8 février 1804. Elève d'Aimé Chenavard, il débuta au Salon de 1831, avec un *Portrait de femme*. Depuis, cet artiste a exposé, au retour de Russie : *Une fête de village à Pargolowa*, près Saint-Pétersbourg; *Une réunion de paysans russes dans une cour d'Izba* (1836); — *Sainte Anne* (1847); — *Le gardien vigilant*; *La clochette* (1848); — *Le réveil* (1850); — *Jésus chez Marthe et Marie* (1852); — *Vénus et l'amour* (1859); — *Ruse d'amour*, carton pour frise (1861); — *Laquelle échappera?* projet de frise pour vase; *La Science artistique*, et la *Science industrielle*, projets pour la manufacture de Sèvres (1853); — *Pannychis* (1864); — *Le petit lever* (1865); — *Joueur de guérumbel*, à Constantine, Algérie (1866); — *Le scarabée*; *La flotte*; *La Peinture céramique* et la *Musique*; la *Tragédie et la Comédie*, projets de panneaux décoratifs, dessins (1869); — *Qui trop se mire trop peu file*; *Fantaisie* (1870); — *Primavera* (1872); — *Suzanne* (1874); — *Casse-Cou!* (1875); — *Le tombeau d'Amyntas*; *Leçon d'équitation* (1876); — M. Roussel est entré à la manufacture de Sèvres en 1837 pour l'exécution des vitraux du Louvre d'après les dessins d'Aimé Chenavard, Dévéria et Alaux. On lui doit une partie des vitraux de la chapelle Saint-Ferdinand, d'après Ingres, de la chapelle de Dreux, de Carcil, de l'église Saint-Louis, à Versailles, d'après Devéria, et une quantité de vases, composition et exécution. Il a obtenu une médaille de première classe à l'Exposition universelle de 1855, une médaille de première classe à celle de 1867, ces deux médailles comme coopérateur à la manufacture de Sèvres. M. Roussel a reçu la croix de la Légion d Honneur en 1868.

ROUSSEL (Pierre-Augustin-Jules), né à Paris, le 9 mai 1805. Grand propriétaire et maître de forges à Saint-Martin de Connée (Mayenne), il exerça une grande influence dans son arrondissement et, quoique ses opinions fussent celles de l'opposition dynastique, il fut envoyé, par le département de la Mayenne, à la Constituante par 48,488 voix Il fit partie du Comité du travail, vota ordinairement avec la droite, mais ne fut pas réélu à la Législative. Maire de Saint-Martin de Connée depuis 1846 et membre du Conseil général de la Mayenne depuis 1853, il est maintenant vice-président et membre de la Commission départementale. Comme industriel, M. Jules Roussel occupait des milliers d'ouvriers dans ses forges et fonderies d Orthe (Mayenne), Carrouges et Saint-Denis-sur-Sarthou (Orne), et la Gaudinière (Sarthe). Forcé par les traités de libre échange d'éteindre ses usines de l'Orne et de la Sarthe, il acheta en 1869 la vaste usine de Rosières (Cher), où il transporta son industrie qui occupe aujourd'hui plus de mille ouvriers. Il a obtenu aux diverses expositions et concours régionaux de nombreuses récompenses, notamment deux fois la médaille d'honneur à Alençon en 1855, et à Flers en 1868. Il fut nommé chevalier de la Légion d'Honneur en 1858.

ROUSSELLE (André), né à Blicourt (Oise), le 30 novembre 1831. Issu d'une famille de propriétaires-cultivateurs, il fit de brillantes études au collége de Beauvais, son droit à Paris, et prit place au barreau de la capitale le 13 janvier 1855; puis il passa plusieurs années dans une étude d'avoué où il acquit la pratique des affaires, tout en donnant des leçons de droit, et en se livrant à des travaux littéraires. Poursuivi en police correctionnelle pour un article inséré dans le *Travail*, il fut défendu par M. Jules Favre et acquitté; impliqué dans le procès des Treize, il eut le bénéfice d'une ordonnance de non-lieu, et obtint, en appel, que son nom fût rayé du texte du jugement de la 6e chambre. Depuis cette époque, M. André Rousselle a plaidé dans la plupart des procès politiques ou de presse : Affaire Miot, Greppo et consorts, ou des Cinquante-quatre; procès de la *Revue du Progrès*; coalition des ouvriers typographes; affaire du cimetière Montmartre; affaire du Complot, dont les débats ont duré un mois devant la Haute-Cour de Blois; procès de l'Internationale, etc. Après la Commune, il a défendu, devant les conseils de guerre : Urbain, la veuve Leroy, l'institutrice Hardouin, Gromier, l'artiste Haly, Vaissier, l'inventeur du pare-boulets, etc. En même temps que ses fonctions professionnelles, il poursuivait ses travaux dans le journalisme. Il a collaboré activement au *Travail*, au *Progrès par la science*, au *Palais*, à la *Démocratie*, au *Progrès de Lyon*, au *Phare de la Loire*, à l'*Echo de l'Oise*, à la *Gazette des paysans*, etc. Il a fait, avec MM. Jules Favre, Jules Simon, Eugène Pelletan, Leblond, etc., des conférences qui ont été publiées en volume. On lui doit encore : *Manuel des réunions* (1869); — *Le droit de réunion et la loi du 6 juin 1868*, avec une préface de M. Jules Simon (1870); — *l'Instruction populaire sous la Convention nationale* (1870). L'un des fondateurs de la *Morale indépendante*, il a été aussi l'un des organisateurs des premières réunions publiques, ainsi que l'un des principaux orateurs des Sociétés coopératives ouvrières, c'est beaucoup occupé des questions d'enseignement dans les Congrès de Gand, Amsterdam, Berne, etc. Professeur à la Société pour l'instruction élémentaire, il y a successivement été secrétaire, secrétaire général et vice-président. Après la révolution du 4 Septembre, M. André Rousselle fut nommé premier adjoint au maire du VIe arrondissement, membre de la Commission de l'enseignement primaire, administrateur des communes réfugiées de l'Oise et membre de la Commission des réfugiés avec MM. Barthélemy-Saint-Hilaire, Léon Say, Horace de Choiseul, etc. Aux élections du 8 février 1871, il obtint 10,000 suffrages républicains dans l'Oise. Le 8 octobre suivant, il a refusé la candidature, au Conseil général, qui lui était offerte par les électeurs du canton de Creil. En 1872, la mort de M. Leroux, député de l'Oise, ayant laissé vacant un siège à l'Assemblée nationale, M. André Rousselle fut porté candidat par la démocratie républicaine. Il eut alors à lutter contre le préfet et contre toutes les forces coalisées de la réaction. Combattu par le Conseil général et par toute la presse locale, il n'en obtint pas moins 32,000 voix contre 36,000 accordées à M. Gérard (de Blincourt), candidat des conservateurs. Il se mit alors à faire une active propagande républicaine en donnant des conférences dans les principales localités de son département. Il imprima une impulsion nouvelle à la *Gazette des paysans*, de Compiègne. Le département de l'Oise marchait promptement vers la République, lorsque survint le cabinet du 24 mai 1873. M. André Rousselle se vit interdire ses conférences et son journal. Malgré cela, il fut, cette même année, élu à une belle majorité membre du Conseil général de l'Oise par le canton sud-ouest de Beauvais. Cette élection excita une si vive irritation dans le sein du Conseil général, que ce conseil invalida la nomination de l'avocat républicain qui, réélu une seconde fois, fut une seconde fois invalidé. Les électeurs de Beauvais tinrent bon, et leur candidat fut élu une troisième fois, à une grande majorité, sans qu'aucun candidat osât se présenter contre lui. Le Conseil général de l'Oise fut enfin obligé de s'incliner en 1874 devant la volonté exprimée du suffrage universel. En 1874, une nouvelle vacance s'étant produite à l'Assemblée nationale, par le décès de M. Perrot, député de l'Oise, les comités républicains avancés portèrent candidat M. André Rousselle, pendant que les républicains conservateurs désignaient M. Gustave Levavasseur. De son côté, le comité de l'Appel au peuple faisait une propagande active en faveur du candidat bonapartiste, M. le duc de Mouchy, qui fut élu contre ses deux concurrents. M. André Rousselle n'obtint que 19,000 voix et M. Levavasseur que 18,000. Aux élections générales de 1876, M. André Rousselle se retira devant la candidature de M. Sébert, républicain centre-gauche. Outre les publications, dont nous avons déjà parlé, M. André Rousselle a encore publié : *Aux écoles* ; *Dialogues de mon village* ; *Lettres de mon village* ; *Aux patriotes de l'Oise* ; *La franc-maçonnerie à Beauvais*, etc. Il est membre du Conseil d'administration de l'orphelinat de la Seine et de la Société pour l'instruction élémentaire, et membre du Conseil de l'ordre du Grand-Orient de France.

ROUSSET (Camille-Félix-Michel), né à Paris, le 15 février 1821. Brillant élève du collège Stanislas, il entra dans l'enseignement en 1841, comme maître répétiteur des conférences d'histoire aux collèges Saint-Louis et Louis-le-Grand. Agrégé d'histoire en 1843, il fut nommé professeur à Grenoble, mais revint à Paris, où il professa l'histoire au collège Bourbon, depuis lycée Bonaparte, de 1845 à 1864, époque où il fut nommé bibliothécaire et historiographe du ministère de la Guerre. M. Camille Rousset a été élu, le 30 décembre 1871, membre de l'Académie française. Il a publié : *Précis de l'histoire de la Révolution et de l'Empire* (1849) ; — *La grande Charte*, ou *l'Etablissement du régime constitutionnel en Angleterre*. Ouvrage revu de M. Guizot (1855) ; — *Histoire de Louvois et de son administration politique et militaire* (1861-1863, 4 vol., 3ᵉ édition, 1864), ouvrage qui lui a valu trois années de suite, par l'Académie française, le 1ᵉʳ prix Gobert ; — *Correspondance de Louis XV et du maréchal de Noailles* (1865, 2 vol.), d'après les manuscrits du Dépôt de la Guerre et avec une introduction ; — *Le comte de Gisors* (1868) ; — *Les volontaires de 1791 à 1794* (1870, in-4°, 2ᵉ édition, 1874) ; — *La Grande armée de 1813* (1871), etc. M. Camille Rousset est chevalier de la Légion d'Honneur.

ROUSSET (Gustave). Issu d'une ancienne famille originaire de Saint-Etienne en Forêz, M. Gustave Rousset est né, le 8 septembre 1823, à Apt (Vaucluse), où son bisaïeul, Joseph Rousset, avait, avant 1789, exercé les fonctions de receveur du clergé, son aïeul, Xavier Rousset, après la révolution, celles de conservateur des hypothèques, et son père, Frédéric Rousset, chevalier de la Légion d'Honneur, héritier testamentaire du marquis Gauthier de Grambois, seigneur de Rustrel, celles de maire, de sous-préfet et de receveur particulier des finances, de 1840 à 1848. M. Gustave Rousset est entré dans les rangs de la magistrature en 1852. Nommé juge à Cayenne, puis substitut à Barcelonette, quelques mois après, il fut admis, en 1856, en qualité de rédacteur au premier bureau de la direction criminelle du ministère de la Justice, chargé de la préparation des projets de lois criminelles, des pourvois dans l'intérêt de la loi et des circulaires ; il rentra dans le service des tribunaux, en 1864, comme juge à Valence (Drôme) ; puis, après avoir été juge d'instruction à Toulon, en 1866, il fut nommé juge à Marseille le 30 octobre 1867. De 1853 à 1870, M. Gustave Rousset a collaboré à la rédaction de la *Revue critique de législation* et publié les ouvrages suivants : *De la correctionnalisation des crimes* (1855) ; — *Nouveau code annoté de la presse, pour la France, l'Algérie et les colonies, depuis 1789 jusqu'à 1856* (1856, in-4°) ; — *De la rédaction et de la codification rationnelle des lois* (1858) ; — *De la loi sur la police de la chasse* (1859) ; — *Du bornage. Projet de loi sur le bornage* (1859) ; — *De la création des chambres correctionnelles d'un seul juge à l'effet d'abroger la détention préventive* (1862) ; — *Commentaire-traité de la loi sur les flagrants délits* (1863) ; — *Code général des lois de la presse* (1869) ; — *La magistrature et ses détracteurs* (1870) ; — *Science nouvelle des lois ou principes, méthode et formules, suivant lesquelles les lois doivent être conçues, rédigées et codifiées* (1871, 2 vol.), etc. M. Gustave Rousset a été élu, en 1860, membre correspondant de l'Académie de législation de Toulouse, et, en 1874, membre de l'Académie des sciences, lettres et arts de Marseille, au sein de laquelle il fut reçu le 21 février 1875 ; le sujet de son discours de réception fut : *Le droit dans ses rapports avec les sciences et les sciences dans leurs rapports avec le droit*.

ROUSSET (Raymond-Victor-Alexis), né à Oullins (Rhône), le 7 février 1799. M. Rousset a exercé la profession de teneur de livres, et remplit encore aujourd'hui les fonctions de secrétaire au dispensaire de Lyon, auxquelles il fut nommé en 1841. Il a consacré ses loisirs à des études et des travaux littéraires qui lui assignent une des premières places dans les rangs des écrivains qui ont, en province, vaillamment payé de leur personne pour la grande cause de la décentralisation littéraire. Il a publié beaucoup d'ouvrages, plus ou moins volumineux, et sur des sujets très-divers. On lui doit : *Vingt livres de fables* (4 vol. illustrés par les principaux artistes de Lyon, 1848-1856) ; — *Anges et démons*, poëme en 28 chants (2 vol., 1867). Un critique très-exercé, M. Maurice Simonnet, disait à propos de cet ouvrage, dans le *Journal de Trévoux* : « Sous ce titre, à l'allure quelque peu mystique, ne se cache rien moins qu'un poëme sur la prise de Constantinople par les Turcs en 1453. Evidemment, ce sujet est des plus épiques, et c'est chose bizarre qu'il n'ait pas tenté plus tôt la verve des poëtes. Il y a, dans cette chute grandiose du bas-empire, noyant dans les torrents d'un sang héroïque ses hontes séculaires, toute une moisson digne de l'épopée... Honneur donc à M. Rousset d'avoir, en heureuse audace de s'essayer sur un si noble et si vaste sujet... Etant donné le squelette de ce drame, tel que le livre l'histoire, le poëte, tout en respectant scrupuleusement sa structure, l'a revêtu des chairs les plus brillantes, et animé des carnations les plus splendides. » M. Rousset a écrit aussi : *La mort de Danton*, drame d'abord anonyme (3 actes, 1839), puis avec nom d'auteur (1841) ; — *La bataille élec-*

torale, comédie (5 actes, 1844) ; — *La mort de Mirabeau*, drame (1844) ; — *Un thé chez Barras*, comédie (1 acte, 1844) ; — *Les délaissées, ou la vie en province*, roman en 2 volumes, et plusieurs comédies, également en vers, encore inédites. Enfin, il a publié un second roman de mœurs, à un nombre infini de personnages, et orné d'une centaine de dessins à la plume, dus à divers artistes de Lyon : *Déraillés et déclassés, ou la vie à Paris* (1872, 2 vol.). Il a sous presse actuellement : *Vieux châteaux et vieux autographes*. On a joué de M. Rousset, au théâtre du Gymnase de Lyon, en 1873, 1874 et 1875, quelques petites comédies en prose, qui ont obtenu du succès.

ROUVEURE (Marcelin-Pierre), né à Annonay (Ardèche), le 27 avril 1807. Il perdit son père de très-bonne heure, entra en apprentissage dans une maison de mégisserie en 1820, fit son tour de France, et compléta lui-même son instruction, tout en étudiant avec soin son état dans les grands centres industriels. A sa majorité, il revint s'établir dans son pays natal, où il fonda un petit établissement. Grâce à son intelligence et à son activité, sa mégisserie ne tarda pas à prospérer, et bientôt il acquit, avec une belle fortune dont il fait le meilleur usage, une grande influence dans ce pays. M. Rouveure est depuis longtemps un de nos grands industriels. Il était déjà membre du Conseil municipal, du tribunal de Commerce et de la Chambre consultative des arts et manufactures, quand ses concitoyens lui confièrent spontanément, en 1848, le mandat de représentant à la Constituante, et plus tard à la Législative. Dans ces deux Assemblées, il fut un zélé défenseur des intérêts populaires. Le projet de loi sur les prud'hommes, particulièrement, l'amena plusieurs fois à la tribune. Lors de l'insurrection du 15 Mai, puis aux journées de Juin, il fit preuve d'une rare énergie civique et parlementaire, paya de sa personne comme soldat de l'ordre, et demanda contre les insurgés une répression sévère. Après le Coup-d'Etat, il donna sa démission de juge au Tribunal de Commerce pour ne pas prêter serment à l'Empire. M. Rouveure, élu représentant de l'Ardèche à l'Assemblée nationale, par 44,355 voix, le 8 février 1871, a pris place sur les bancs du Centre-Gauche. Le premier, il a développé, à la tribune, une proposition d'impôt sur le revenu. Aux élections du 20 février 1876, il a été élu député de l'Ardèche pour la 2ᵉ circonscription de Tournon, par 7,972 voix. M. Rouveure, membre de la Chambre de commerce d'Annonay depuis 1837, en est le président depuis plusieurs années.

ROUVIER (Pierre-Maurice), né à Aix (Bouches-du-Rhône), le 17 avril 1842. Après avoir fait ses études au lycée de Marseille il se destina au commerce dans lequel il se fit bientôt une position importante. En même temps il s'occupait à propager l'instruction populaire et les doctrines démocratiques par la création des cours d'adultes, par l'organisation de la ligue d'enseignement, ou par sa collaboration aux journaux républicains le *Peuple de Marseille* et le *Rappel de Provence*. En 1869 il fut pour beaucoup dans l'élection de M. Gambetta comme remplaçant de M. Berryer au Corps législatif. En janvier 1870 il fonda le journal l'*Egalité* qui fit une grande opposition à l'Empire et qu'il a rédigé jusqu'au 4 Septembre. Secrétaire général de la préfecture des Bouches-du-Rhône, après le 4 Septembre, M. Rouvier donna des preuves de son énergie et refusa, lors de la démission de M. Esquiros, cette préfecture qui lui fut offerte par M. Gambetta. Vice-président civil du camp des Alpines, il s'occupa activement de l'organisation des mobiles des Bouches-du-Rhône. Candidat aux élections du 8 février 1871, il échoua avec 49,000 voix, mais fut nommé représentant aux élections supplémentaires du 2 juillet 1871 par 45,000 voix. A l'Assemblée nationale, il siégea sur les bancs de l'Extrême-Gauche. Il prit la parole en faveur de la levée de l'état de siège dans son département, contre l'exécution de Gaston Crémieux et contre la suppression du droit de suffrage des militaires en service. Il obtint ensuite l'abolition de la surtaxe de pavillon et traita d'autres questions commerciales intéressant tout particulièrement ses électeurs. Le 27 mars 1873, il interpella le ministère sur les procès de presse infligés à la presse du Midi par le régime de l'état de siège, et, au mois de décembre de la même année, souleva la question des capitulations dans le Levant. En février 1874, il proposa un impôt sur le revenu, et, le 25 janvier 1875, il interpella le gouvernement sur la dissolution du Conseil municipal de Marseille. M. Rouvier a été membre de l'Union-Républicaine. Aux élections du 20 février 1876, il a été élu député des Bouches-du-Rhône pour la 3ᵉ circonscription de Marseille.

ROUX (Amédée), né à Billom (Puy-de-Dôme), le 9 mai 1828. Il fit de bonnes études au collége de Clermont-Ferrand et son droit à la Faculté de Paris. Licencié en 1851, il se fit inscrire au tableau des avocats d'Issoire. M. Roux a consacré à la littérature les loisirs que lui laissaient ses travaux juridiques. Collaborateur à la *Correspondance littéraire* de M. L. Lalanne et à la *Revue historique du droit français et étranger*, il a publié : *Un misanthrope à la cour de Louis XIV*. Montausier, sa vie et son temps (1860) ; — *Histoire de la littérature italienne* (1869) ; — *Trois littératures à vol d'oiseau* (1872) ; — *Histoire de la littérature contemporaine en Italie sous le régime unitaire de 1869-1874* (1874), etc. Il a donné une édition des *Œuvres* de Voiture (1856) et des *Lettres* du comte d'Avaux à Voiture (1859), et la traduction des *Nouvelles piémontaises* de V. Berrezio (1859). Il a dirigé, pendant deux années (1874-1875), l'*Année littéraire*, recueil international, imprimé à Florence ; et est attaché, depuis 1870, à la rédaction de la *Rivista europen*, que publie dans la même ville le célèbre orientaliste de Gubernatis.

ROUX (Honoré), né à Clermont-Ferrand, le 21 mars 1821. Licencié en droit de la Faculté de Paris, il se fit inscrire au tableau des avocats de la capitale en 1844. Avocat général près la Cour de Riom après la révolution de 1848, il donna sa démission après le Coup-d'Etat et entra au barreau de Riom où il occupait une des premières places. Très-estimé et aimé, M. Roux a été élu, le 8 février 1871, représentant du Puy-de-Dôme, le deuxième sur onze, par 78,161 voix et conseiller général de ce département, pour le canton de Saint-Gervais, le 8 octobre suivant. A l'Assemblée nationale il fit partie des réunions du Centre-Gauche et de la Gauche-Républicaine. Aux élections du 20 février 1876, il a été élu député du Puy-de-Dôme, pour la 2e circonscription de Riom, par 10,400 voix.

ROUX (Julien), né à Saint-Michel-de-Ghaisne-et Chauveaux (Maine-et-Loire), le 28 juillet 1836. Fils d'un simple ouvrier de carrières d'ardoises, son père le destina d'abord à entrer dans les ordres. Il fit sa première éducation chez les frères de Châteaubriand où l'un des frères, bon dessinateur, lui donna le goût des arts. A quatorze ans, il entrait dans les ateliers de M. l'abbé Choyer à Angers, où il puisait les premiers principes de la sculpture et de la statuaire, et se perfectionnait si bien ensuite à l'Ecole des arts, qu'il obtint le prix du département. Cette distinction lui permit d'aller à Paris achever ses études artistiques. Elève de M. Jouffroy, il se mit sur les rangs, en 1863, pour concourir pour le prix de Rome. Au premier examen, il obtint le n° 1 sur 84 concurrents, fut encore le premier des seize qui furent appelés à passer la deuxième épreuve; mais il échoua en loge. Loin de se laisser abattre par cet insuccès, M. Roux, l'âme pleine du désir de se perfectionner, alla en Italie aux frais de l'Empereur Napoléon III, du marquis de Langle, du comte de Ghaisne de Bourmont et du commandant du génie Georges Allard, pour étudier les grands maîtres. Il en revient en 1867, mais à partir de 1856, il avait déjà obtenu de nombreux succès; ses œuvres étaient successivement médaillées aux expositions de Laval, de Nantes, d'Angers, de Rouen et du Havre. Pendant vingt ans, M. Roux a produit 40 bustes, 60 médaillons et plusieurs statues. Parmi ses œuvres exposées au Salon de Paris, on cite : les bustes en marbre du prince *Gaston de Montmorency* et du marquis de *Langle*, les médaillons en bronze du comte de *Cossé-Brissac* et de l'abbé *Vincelot*, le buste en plâtre de *M. de Lothier* (1861); — le buste en bronze du général marquis *de Pimodan*, offert au pape par les amis du général, et celui en marbre de la marquise *de Langle* (1863); — les bustes en plâtre de *M. Béraud*, conseiller à la Cour d'Angers, et de *M. Allard* (1866); — le buste monumental en marbre du général comte *A. de Colbert*, placé dans la salle des maréchaux au palais des Tuileries et détruit par l'incendie (1868); — le buste en marbre de l'*Empereur* (1869), sauvé de l'Hôtel-de-Ville par son auteur, le 6 septembre 1870; — le médaillon en bronze de *M. Davou* (1869); — les médaillons en bronze de *MM. Berryer* et *Ratisbonne* (1870); — le buste en marbre de Mme la baronne *de Romans* (1873); — le buste en bronze de *M. Dauban* (1874); — *La Comédie*, statue monumentale en plâtre (1872), qui, reparue en marbre au Salon de 1874, a eu l'honneur d'être placée, en 1875, au centre du jardin des Tuileries. M. Roux a encore exécuté : le buste en marbre de *M. André Leroy*, le monument du docteur *Muller* à Denée, la statue de *saint Sébastien* à Angers, le *Christ en croix* pour l'église de Saint-Michel de Ghaisne et Chauveaux, une *Vierge à l'enfant* pour le séminaire de Châteaubriant, les statues de *Moïse, David, Abraham* et *Elie* (groupe), pour le couvent Saint-Lorent (Vendée), le monument funèbre de la *mère de l'auteur*, un *saint Joseph* pour Mme la comtesse de La Rochejaquelein, le fronton de la chapelle de M. le marquis de Préaulx, plusieurs statues et groupes sur la façade du théâtre d'Angers, ainsi que les bustes en bronze ou en marbre de M. le baron Fernand de Romans, de la famille de Ghaisne, comte de Bourmont, etc.

ROUX (Louis-Prosper), né à Paris, le 13 février 1817. Elève de P. Delaroche, il s'adonna surtout à la peinture des sujets d'histoire et de genre. Après avoir obtenu le deuxième grand prix au concours de 1839, il a débuté au Salon de cette même année avec un *Portrait*. Depuis, M. Roux a exposé : *Le Christ et ses disciples à Emmaüs* (1843); — *Saint Roch priant pour les pestiférés*, acquis par le ministre de l'Intérieur (1846); — *Paysanne de la campagne de Rome faisant jouer son enfant* (1847); — *Linnée au retour d'une herborisation; Jean Bottius*, anatomiste (1848); — *Le premier opéra de Mozart; Marietta Tintoretta* (1850); — *Nicolas Poussin; L'absence; Bernard Palissy* (E. U. 1855); — *Atelier de Rembrandt*, à l'Académie des beaux-arts de Saint-Pétersbourg; *Bernard Palissy* en 1575, à E. Péreire (1857, E. U. 1867); — *Episode de la Fronde; Hosanna; Michel Montaigne*, au baron G. de Rothschild; *Claude Lorrain dans le Forum; Atelier de P. Delaroche* (1859); — *Jésus lavant les pieds des Apôtres* (1863); — *Saint Jean-Baptiste* (1864); — *Van der Neer dessinant un effet de clair de lune à la lueur d'une lanterne* (1866); — *Saint François d'Assise et les oiseaux* (1867); — *Jeanne d'Arc surprise par le sommeil pendant sa méditation; Portrait d'enfant* (1868); — *La Musique, la Poésie épique, la Poésie légère, l'Histoire*, panneaux décoratifs du salon de l'hôtel de M. Aubry (1870); — *Saint Vincent recevant l'extrême-onction*, pour la chapelle de Dourdan (1874); — *La mise au tombeau de N. S. Jésus-Christ; La déposition de la croix; L'atelier d'un peintre de fleurs* (1875). De 1867 à 1874, il a exécuté sur lave 24 sujets pour l'église Sainte-Madeleine de Rouen. M. Roux a exposé encore un certain nombre de portraits, dont celui de L. Vitet (1864). Il a obtenu des médailles de 3e classe en 1846, de 2e classe en 1857, et le rappel de cette dernière en 1859.

ROUX-FERRAND (Hippolyte), est né à Nîmes, le 16 septembre 1798. Sa vie a été partagée entre l'administration et l'étude : Nommé sous-préfet du Vigan en 1839, il cesse ses fonctions en 1848, y rentre l'année suivante à Issoudun et passe en 1852 à Epernay, où il est resté jusqu'au moment où la limite d'âge est venue l'atteindre, en 1860. Membre de la Société philotechnique et des Académies du Gard, de Marseille et de Grenoble, M. Roux-Ferrand n'a jamais abandonné les lettres:

Son principal ouvrage est l'*Histoire des progrès de la civilisation en Europe* (1835-1845, 6 vol.), la deuxième édition a été publiée en 1847 et a obtenu une médaille d'or. Bientôt après, il a fait paraître une *Histoire des inventions et découvertes*. Ce volume, couronné par la Société pour l'instruction élémentaire et approuvé par le Conseil de l'instruction publique, a eu six éditions successives. L'auteur l'a refondu, en 1870, dans une septième édition, en y ajoutant un résumé des expositions de l'industrie qui ont eu lieu de 1798 à 1868. Les autres ouvrages de M. Roux-Ferrand sont: *Le prieur de Chamounix* (1833); — *Lettres sur l'histoire de France* (1835); — *Le bonheur dans le devoir* (1837), couronné par la Société d'encouragement au bien; — *L'Histoire populaire de la Pologne* (1863). Enfin, cinq volumes d'études de mœurs, fruit des observations que l'auteur a pu faire dans le Languedoc, le Berri et la Champagne, ses diverses résidences. Ces romans, publiés de 1860 à 1870, ont eu plusieurs éditions. M. Roux-Ferrand est chevalier de la Légion d'Honneur depuis 1842.

ROYBET (Ferdinand), né à Uzès (Gard), le 20 avril 1840. Il fit ses études à l'Ecole de Lyon, sous M. Vibert, professeur de gravure, étudia les maitres italiens, et vint à Paris en 1864. Après un heureux début au Salon de 1865, où il avait envoyé une *Musicienne* et un *Intésieur de cuisine*, il exposa successivement: *Un fou sous Henri III* (1866); — *Un duo* (1867); — *Joueurs de trictrac* (1868). M. Roybet, qui s'est fait une avantageuse réputation comme peintre de genre, a obtenu une médaille au Salon de 1866.

ROYER (Clémence-Auguste), née à Nantes, le 21 avril 1830, est, par sa mère, petite-fille d'un capitaine de frégate, originaire de Saint-Malo, et fille d'un ancien officier qui donna sa démission en 1830. Clémence Royer fut mise, à l'âge de dix ans, au Sacré-Cœur du Mans, mais en fut retirée dès l'année suivante. Jusqu'à dix-huit ans son éducation resta interrompue; mais pendant ce temps, la lecture de nos grands poètes, de nos romanciers modernes, lui ouvrait des horizons nouveaux. Quelques œuvres scientifiques furent pour elle autant de révélations. L'explosion de la révolution de 1848 posa devant sa pensée tout un ensemble de problèmes et de doutes que dès lors elle sentit le besoin de résoudre. Découvrant qu'elle ne savait rien, elle recommença ses études élémentaires, passa rapidement ses examens et reçut ses diplômes. Déjà à cette époque, elle avait publié dans divers recueils quelques nouvelles et des poésies. En 1854 elle partit pour l'Angleterre, resta un an dans une pension à Haverfordwest (Pembrokeshire), y étudia la langue et la littérature, visita les ruines et les sites pittoresques du pays de Galles, puis après son retour (1856), elle alla se fixer en Suisse (canton de Vaud). Grâce à l'exellente bibliothèque circulante de Lausanne, dont les livres lui arrivaient par la poste dans sa retraite, elle put se livrer complètement à l'étude de la philosophie, de l'économie politique et des sciences naturelles. Etant venue se fixer à Lausanne à la fin de 1858, elle y fit, pour les femmes, un cours de logique en quatre leçons, et en 1859 elle ouvrit pour ses élèves un cours de philosophie, dont elle publia la première leçon sous le titre de *Introduction à la philosophie*. C'est dans ce cours qu'elle défendit la théorie de l'évolution de Lamark contre l'école de Cuvier, au même moment où Charles Darwin la renouvelait en Angleterre. En même temps elle collaborait au journal le *Nouvel économiste* fondé en Suisse par M. Pascal Duprat, alors exilé et depuis deux ans appelé à faire à l'Académie de Lausanne un cours d'économie politique. Elle prit part, en 1860, au concours sur l'impôt, ouvert par le gouvernement vaudois, par un mémoire publié plus tard sous le titre de *Théorie de l'impôt ou la dîme sociale* (1862, 2 vol.) et partagea le prix avec Proudhon. L'année suivante Mme Clémence Royer publiait: *Ce que doit être une église nationale dans une république*, brochure. Vers la même époque elle rédigea pour un riche philanthrope hollandais un *Projet de fondation d'un collège rationaliste international*, brochure, et publia la première traduction française de l'*Origine des espèces* par Ch. Darwin (1862) avec une préface et des notes qui eurent un très-grand retentissement et fondèrent sa réputation. Dans cette préface elle s'était inspirée des attaques auxquelles l'avaient exposée ses doctrines favorables à Lamark, doctrines qu'elle venait de professer à Lausanne. En 1864 elle publia à Bruxelles les *Jumeaux d'Hellas* (2 vol.), roman philosophique dont l'entrée en France fut interdite. Un autre roman *La jeunesse d'un Révolté* parut en 1869 dans le journal le *Citoyen*. La mort du journal en interrompit la publication. A son retour d'un séjour de plusieurs années en Italie, elle fit paraître l'*Origine de l'homme et des sociétés* (1870). Dans cet ouvrage dont la guerre vint arrêter le succès, elle a devancé Haeckel et développé avant Ch. Darwin lui-même, les conséquences de la théorie de sélection relativement à l'homme et à ses facultés mentales. Clémence Royer a en outre collaboré au *Temps*, à la *Revue moderne*, à la *Revue de philosophie positive*, à la *Revue d'anthropologie* et plusieurs journaux et revues de la France ou de l'étranger. Dans le *Journal des Economistes*, dont elle est restée le collaborateur depuis 1861, elle a publié, outre des articles bibliographiques, un très-grand nombre d'études sur l'impôt, les emprunts, les contributions, l'organisation du travail, la famille, etc. Collaborateur scientifique de la *République française*, elle y a publié une série de feuilletons sur l'*Archéologie préhistorique*. Elle est membre honoraire ou titulaire d'un grand nombre de sociétés savantes dont les *Comptes rendus* contiennent d'elle de nombreuses communications. Elle a pris part aux débats des congrès scientifiques ou sociaux de Bruxelles, Gand, Berne, Bordeaux, etc., et exposa, à celui de Lyon (1873), une *Théorie de l'unité de la force et de la matière*, sujet sur lequel elle a présenté à l'Académie des sciences une série de mémoires qui forment la matière d'un grand ouvrage, avec figures, qui sera publié plus tard. Depuis 1861, Mme Clémence Royer a fait de nombreuses conférences publiques en Suisse, en Belgique, en Hollande, en Italie et à Paris, rue de la Paix, puis boulevard des Capucines.

ROYER (Paul-Henri-Ernest DE), né à Versailles, le 29 octobre 1808. Il fit ses études classiques à Marseille, son droit à Grenoble et à Paris et fut reçu avocat en 1829. Substitut à Die en 1832, à Sainte-Menehould en 1833, à Châlons-sur-Marne en 1834, à Reims en 1835, il fut appelé à remplir les mêmes fonctions à Paris le 23 avril 1841. C'est alors qu'il eut à connaître des deux grandes affaires, dites du notaire Lehon, et du chemin de fer de la rive gauche, et qu'il y prit la parole avec un grand succès. Poursuivant sa rapide et brillante carrière, il fut nommé substitut près la Cour royale de la Seine le 22 octobre 1846. Avocat général près la même Cour le 3 août 1848, il plaida chaleureusement la cause de l'ordre contre les insurgés socialistes traduits devant les Hautes-Cours de Justice de Bourges et de Versailles. Procureur général près la Cour d'appel de Paris le 19 mars 1850, il occupa une première fois le ministère de la Justice le 25 janvier 1851, et, le 11 avril suivant, il reprit ses fonctions de procureur général. Après le Coup-d'État, il fit partie de la Commission consultative, puis du Conseil d'État en 1852. Il remplaça M. Delangle comme procureur général à la Cour de cassation le 10 février 1853, et fut, après la mort de M. Abbatucci, appelé, pour la seconde fois, le 16 novembre 1857, au ministère de la Justice. Passé, le 5 mai 1859, au Sénat, avec les fonctions de premier vice-président, M. de Royer est devenu premier président de la Cour des comptes et vice-président du Conseil impérial de l'instruction publique. Il a présidé jusqu'en 1870 le Conseil général de la Marne, où il représentait le canton de Châtillon. Outre ses brillants réquisitoires, il a prononcé trois discours de rentrée devant la Cour de cassation : *Sur la vie et les travaux de M. Tronchet* ; *Sur les origines et l'autorité de la Cour de cassation* ; *Sur les réformes judiciaires et législatives du règne de Louis XVI*. Il a été promu à la dignité de Grand-Croix de la Légion d'Honneur le 17 mars 1869.

ROYER (Pierre-Marie-Casimir), né à Saint-Galmier (Loire), le 29 mai 1791. Issu d'une ancienne famille de la bourgeoisie dauphinoise, il fit ses études classiques et son droit à Grenoble, où il fut reçu licencié en 1812. Pendant son stage, il servit de secrétaire à son oncle, M. Royer-Deloche, procureur général près la Cour impériale. Inscrit au tableau des avocats de Grenoble en 1813, il exerça jusqu'en 1828, époque où il fut nommé conseiller auditeur sur la présentation unanime des magistrats. Après la Révolution de 1830, il devint substitut du procureur général et bientôt avocat général. Des raisons de santé l'obligèrent, en 1835, à solliciter un siège de conseiller, qu'il occupa durant treize ans. En juillet 1848, il était appelé à une présidence de chambre ; en novembre de la même année, sans avoir tenté aucune démarche, il était nommé premier président ; mais l'heure de la retraite sonna pour lui en 1861. En dehors de ses fonctions judiciaires, M. Casimir Royer a joué un rôle politique important. En 1846, Grenoble l'avait envoyé à la Chambre des députés, où il avait siégé au centre gauche jusqu'en 1848. Membre du Conseil général de l'Isère, pour le canton de Vif, durant 28 ans, il a fait partie, pendant 20 ans, du Conseil municipal de Grenoble. Il ne pensait nullement à rentrer dans la vie publique lorsque 18,870 suffrages l'ont envoyé au Corps législatif, où il a représenté, de 1863 à 1869, la Ire circonscription de l'Isère. M. Casimir Royer, nommé chevalier de la Légion d'Honneur, le 13 septembre 1842, a été promu officier le 18 janvier 1853.

ROZE (Pierre-Gustave), né à Toulon, le 28 novembre 1812. Élève à l'École navale d'Angoulême, en 1826, il devint aspirant le 27 octobre 1827 et fut nommé enseigne de vaisseau le 31 janvier 1832, après avoir fait une croisière à bord de l'*Alcyone*, et navigua ensuite dans les mers du Levant et dans celles des Indes. En 1838, il fit, sur la frégate *Médée*, partie de l'expédition dirigée contre le Mexique, fut détaché à bord de la frégate amirale la *Néréide*, pour l'aider dans ses manœuvres d'embossage, sous les forts de Saint-Jean d'Ulloa, et se fit remarquer, pendant l'action, par l'amiral Baudin qui le cita dans son rapport parmi les officiers qui s'étaient le plus distingués. A l'issue de cette affaire il fut promu lieutenant de vaisseau (10 février) et reçut la croix de la Légion d'Honneur le 18 avril 1843. Pendant trois ans il fut le chef d'état-major du contre-amiral Turpin, commandant en chef la division navale dans les mers du Levant. Nommé capitaine de frégate le 18 décembre 1848, il a été commandant en second de la frégate la *Psyché* dans l'Adriatique et du vaisseau le *Jemmapes* dans l'Océan et dans la Méditerranée. En 1853 il fut appelé au commandement du vaisseau le *Titan*, sur les côtes de l'Algérie, et concourut à l'expédition contre les Babors, pendant laquelle il fut chargé du ravitaillement de l'armée et reçut la croix d'officier de la Légion d'Honneur après cette expédition. Chef d'état-major du contre-amiral Jacquinot, en 1856, il fut promu capitaine de vaisseau le 20 novembre de la même année, reçut peu après le commandement de la frégate l'*Isly* pour bloquer les bouches du Cattaro, et, en 1859, pour opérer contre Venise. La paix de Villafranca arrêta les hostilités. En janvier 1862, M. Roze fit partie de l'escadre du Mexique, à bord du vaisseau le *Masséna*. Il fut nommé, en mars, commandant supérieur des forces de terre et de mer de la Vera-Cruz, et mérita d'être promu contre-amiral le 19 juillet de la même année. Major-général à Cherbourg, il fut nommé, en 1865, commandant en chef de la division navale dans les mers de la Chine et remplit pendant quelque temps par intérim les fonctions de gouverneur de la Cochinchine. Pendant son commandement de la division navale dans les mers de Chine, il fit en 1866 une expédition en Corée, où plusieurs missionnaires français avaient été tués. Après avoir remonté, avec son escadre, le fleuve conduisant à la capitale, il détruisit la ville de Kang-hao, mais, vu l'insuffisance de ses forces, il renonça à pousser plus loin ses conquêtes et se retira, ayant atteint le but qu'il s'était proposé, en châtiant ces populations et ayant accompli, au milieu de grandes difficultés de navigation, les relevés hydrographiques de ces côtes, jusqu'alors inexplorées. Il fut promu grand-officier de la Légion d'Honneur (28 décembre 1867) et vice-amiral (24 mai 1869). Membre du Conseil d'amirauté, M. Roze a été nommé préfet de Cherbourg en 1869 et a été commandant en chef de l'escadre d'évolution du 18 septembre 1875 au 18 octobre 1876, date à laquelle il a été appelé à la vice-présidence du Conseil d'amirauté.

ROZIER (Jules-Charles), né à Paris, le 14 novembre 1821. Il suivit les ateliers de Victor Bertin et de Paul Delaroche, et s'adonna de préférence à la peinture du paysage. En 1839 il débuta au Salon de Paris avec *Le souvenir des Vosges*, ensuite il exposa une *Vue des bords du Coney* (1840) et une *Vue de la villa Borelly* (1841). Mais à partir de cette époque il se consacra à l'étude de la chimie, appliquée aux beaux-arts, à l'optique des couleurs, et à des recherches sur l'altération des peintures et sur la restauration des tableaux. En 1859, il reparut au Salon de Paris avec les *Berge et petit port d'Argenteuil*, et la *Plaine de la Garenne*, près Conflens-Saint-Honoré. Ensuite, M. Rozier a exposé : *La Mare-Palud*, aux environs de Mantes ; *Entrée du village de Lommoyes* (Seine-et-Oise); *Bords de la Seine à Bennecourt* ; *Mare à Lommoyes* (1861) ; — *Bords de la Seine à Rolleboise* ; *Plaine de Villiers*, au soleil couchant ; *Marais aux environs de l'Isle-Adam* (1863) ; — *Bords de la Seine à C iatou ; Lisière de bois à Lommoyes* (1864) ; — *Marais de Deauville* ; *Ferme à Trouville* (1865); — *Environs d'Honfleur* acquis par l'Etat (1866) ; — *Falaises de Villequier*, dans la Seine-Inférieure, acquis par l'Etat (1867) ; — *Etang de Trappes*, au soleil couchant (1868) ; — *La Seine à Villequier*, effet d'orage ; *Environs de Saint-Cyr*, au soleil couchant (1869) ; — *Le dernier jour d'hiver* (1870) ; — *Bords de la Seine à Vaux*, dans la Seine-et-Oise (1874); — *Bords de la Seine*, lever de lune (1875). Il a obtenu une mention honorable pour ses envois au Salon de 1863. Le musée de la Rochelle possède de M. Rozier un *Paysage* qui a été acquis par la ville en 1866.

ROZIÈRE (Thomas-Louis-Marie-Eugène DE), né à Paris, le 2 mai 1820. Il fit son droit à la Faculté de Paris et entra à l'Ecole des chartes en 1842. Sorti de cet établissement en 1845, avec le brevet d'archiviste-paléographe, il y remplit les fonctions de répétiteur de 1846 à 1854. Il devint, en 1851, chef du cabinet du ministre de l'Instruction publique. M. de Rozière, depuis longtemps rédacteur de la *Bibliothèque de l'Ecole des Chartes*, a pris part à la rédaction de la *Revue du droit français et étranger*, depuis la fondation de cette publication, en 1855. On lui doit: *Formules andégaveuses* (1844); — *Cartulaire de l'église du Saint-Sépulcre* (1849) ; — *Histoire de Chypre*, ouvrage couronné par l'Académie des inscriptions et belles-lettres, *ex-æquo* avec M. de Mas-Latrie (1852, 2 volumes) ; — *Formules inédites d'après un manuscrit de Saint-Gall* (1853) ; — *Formules wisigothiques* (1854) ; — *Table générale des mémoires de l'Académie des inscriptions* (1856) ; — *Formules inédites publiées d'après un manuscrit de la Bibliothèque royale de Munich* (1858) ; — *Formules inédites publiées d'après les manuscrits des Bibliothèques royales de Munich et de Copenhague* (1859) ; — *Recueil général des formules usitées dans l'Empire des Francs, du V° au X° siècle* (1859-1871), 3 vol.);— *De l'histoire du droit en général, et de celle du grand coutumier de Normandie en particulier* (1867) ; — *Liber diurnus des pontifes romains* (1869) ; — et des articles insérés dans plusieurs publications périodiques. M. de Rozière, inspecteur général des Archives départementales depuis 1858, a été élu membre de l'Académie des inscriptions et belles-lettres le 30 juin 1871. Il était membre du Conseil général de la Lozère, pour le canton de Séverette, de 1858 à 1871, et a été promu officier de la Légion d'Honneur en 1873.

RUA (André-François), né à Châteauroux (Hautes-Alpes), le 27 janvier 1826. Il fit ses premières études au petit séminaire d'Embrun, ses études ecclésiastiques au grand séminaire de Gap et fut ordonné prêtre, le 24 juin 1849, par Mgr Depéry. D'abord vicaire à Guillestre, puis à Briançon, puis successivement curé au Val-des-Prés et à Saint-Chaffrey, tous postes où il s'est constamment fait remarquer par sa douceur, par son zèle et par son amour de l'étude, et où il a laissé d'unanimes regrets, M. l'abbé Rua a été nommé curé de canton à Aiguilles le 2 décembre 1874. Il est surtout connu par un *Cours de conférences sur la Religion* (1860, 3 vol., 4° édit., 1876), ouvrage très-complet, qui embrasse toute la religion, le dogme, la morale, le culte et l'histoire, et qui a valu à son auteur les suffrages les plus illustres et les plus flatteurs.

RUBILLARD (Anselme-Maurice), né à Laval (Mayenne), le 26 septembre 1826. Géomètre-expert et propriétaire dans la Sarthe, il a toujours professé des opinions républicaines ; aussi fut-il, après la révolution de Septembre, investi des fonctions de maire du Mans et élu, en 1871, conseiller général de la Sarthe, pour le 2° canton de cette ville. Réélu en 1874 dans les deux premiers cantons du Mans, il opta pour le premier canton. Révoqué de ses fonctions de maire, dans lesquelles il avait fait preuve de rares qualités administratives, après le 24 mai 1873, M. Rubillard a été replacé à la tête de la municipalité du Mans, le 5 juin 1876. Aux élections du 20 février 1876, il fut élu député de la Sarthe pour la 1re circonscription du Mans par 11,460 voix contre moins de 7,000 voix réunies par trois concurrents : légitimiste, orléaniste et bonapartiste. Il siége à gauche.

RUDDER (Louis-Henri, DE), né à Paris, le 17 octobre 1807. Elève du baron Gros et de Charlet, M. de Rudder suivit les cours de l'Ecole des beaux-arts et débuta au Salon, en 1834, par un tableau de fantaisie : *Enfants dérobant le gibier d'un garde-chasse endormi*. Puis, sans abandonner les sujets de genre, il a fait de la peinture historique et religieuse. On cite de lui : *La mort de Jéhan d'Armagnac* (1835); — *Claude Larcher* (1836); *L'enfant et le maître d'école; Claude Frollo; Charles II et Alice Lée* (1837); — *Marmion* (1838); — *Hamlet tuant*

Polonius; *Lansquenets* (1839); — *Saint Augustin* (1840); — *Portrait en pied du roi Louis-Philippe*; *Saint Georges vainqueur* (1842); — *La mission divine* (1844); — *Proscrits des Cévennes* (1848); — *Blaise Montluc* (1849); — *Les baigneuses* (1850); — *Le Christ couronné d'épines*, acheté par l'Etat (E. U. 1855); — *Le pardon* (1857); — *L'écho du ravin* (1859); — *Mater dolorosa*; *Nicolas Flamel* (1861); — *Le Christ au jardin des Olives* (1863); — *Berger des Abruzzes* (1864); — *Ecce homo*, acquis par l'Etat (1865); — *Une avenue dans les bois de Couvron*; *Au Bas-Breau*, près Chailly (1866); — *Soirée d'automne*; *Condottieri*, paysages (1868); — *Dans les bois de Couvron* (Aisne); *Poésie et matérialisme* (1869); — *Mandolinata*; *Un escalier* (1875); — *Une pieuvre à l'affût* (1876). M. de Rudder est l'auteur d'une vingtaine de *Plafonds de grande dimension* et de *Panneaux décoratifs*, peints à l'huile, pour les États-Unis d'Amérique, New-York, Boston, Baltimore, la Nouvelle-Orléans, etc. Il a aussi fait figurer aux Salons des aquarelles comme *Grégoire devant Louis XI*, et des dessins aux trois crayons ou à la sanguine comme l'*Etude*, la *Mélodie*, la *Leçon mutuelle*, les *Jeunes artistes*, une *Femme au bain*, le *Berger et l'enfant*, d'après André Chénier, une *Tête de jeune homme*, une *Tête de bohémienne*, etc. Il a, en outre, lithographié le *Voyage dans l'Inde* du prince Alexis Soltykoff, composé de 40 grandes planches, puis l'ouvrage de George Cuvier sur l'*Anatomie comparée*, composé de plus de 308 planches. Enfin, M. de Rudder est l'auteur d'un *Chemin de la croix* exécuté sur lave émaillée pour l'église de Charleville, dont deux stations : *Jésus tombant sous la croix pour la première fois*, et *Jésus dépouillé de ses vêtements*, ont été exposées en 1864. Il a remporté une médaille de 3e classe en 1840, une médaille de 2e classe en 1848, et a reçu la croix de la Légion d'Honneur le 5 juillet 1863.

RUFZ DE LAVISON (Etienne), né à Saint-Pierre (Martinique), le 14 janvier 1806, d'une famille originaire du Bordelais, émigrée dans cette colonie en 1790. Il fit ses études classiques au collège Louis-le-Grand, suivit les cours de la Faculté de médecine de cette ville, et obtint comme interne des hôpitaux en 1833, une médaille d'or. En 1835 il fut reçu docteur et le premier au concours d'agrégation. Sa thèse inaugurale était intitulée : *Sur la maladie appelée hydrocéphale méningite aiguë*, et celle de l'agrégation : *Des fluides et des solides dans l'économie animale*. Désigné pour aller observer le choléra qui sévissait à Marseille en 1835 et pour suppléer aux médecins de cette ville, M. Rufz avait rendu pendant cinq mois de grands services et reçut en récompense la croix de la Légion d'Honneur (23 octobre). Des considérations de famille l'ayant appelé dans sa ville natale, il y exerça la médecine avec beaucoup de distinction, fut nommé médecin en chef de l'hôpital civil et de la maison des aliénés et juge-assesseur auprès de la Cour d'assises. Après la révolution de 1848, il accepta les fonctions de maire et de président du Conseil général de la colonie, et ne les résigna que pour revenir à Paris (1856). Une pneumonie obligeant M. Rufz à renoncer à la pratique de la médecine, il se consacra aux travaux de la Société d'acclimatation, et, lorsque le jardin du bois de Boulogne fut créé (1860), il en fut nommé le directeur à l'unanimité par le conseil d'administration de cette société. Il a rempli ces fonctions jusqu'en 1865. Depuis 1866, il a été le délégué de la Martinique jusqu'en 1870. M. Rufz a publié depuis 1830 un très-grand nombre d'articles, de mémoires et de rapports sur la médecine, les questions d'acclimatation, etc., dans les *Archives générales de médecine*, les *Annales d'hygiène et de médecine légale*, le *Journal hebdomadaire*, la *Gazette médicale*, les *Mémoires de l'Académie de médecine*, les *Archives de médecine navale*, les *Bulletins de la Société d'acclimatation*, les journaux de la Martinique, etc. On a encore de lui : *Etudes historiques et statistiques sur la population de Saint-Pierre de la Martinique* (1854, 2 vol.); — *Enquête sur le serpent de la Martinique*, vipère fer de lance; botrops lancéolé, etc. (1860); — *Chronologie des maladies de la ville de Saint-Pierre* (1869), etc. Correspondant de l'Académie de médecine de Paris (1842), et membre d'un grand nombre d'autres sociétés, M. Rufz de Lavison a été promu officier de la Légion d'Honneur en 1856. Il est associé national de l'Académie de médecine depuis 1875.

RUHMKORF (Henri), né à Hanovre, le 15 janvier 1803. Il travailla d'abord dans les ateliers de Charles Chevalier; puis chez lui, adopta la spécialité de la construction des instruments électro-magnétiques, et fonda une maison qui est devenue des plus importantes. On trouve ses galvanomètres et ses appareils d'induction dans tous les cabinets de physique bien montés en instruments. A l'Exposition universelle de 1855, M. Ruhmkorf avait obtenu une médaille de 1re classe et la croix de la Légion d'Honneur. A l'Académie des sciences, il a remporté, cinq années successivement, le prix Trémont, et, en 1864, il s'est vu décerner le grand prix de 50,000 fr.

RUMILLY (Louis-Magdeleine-Clair-Hippolyte GAULTHIER DE) VOY. GAULTHIER DE RUMILLY. — Le 13 décembre 1875, il a été élu sénateur inamovible.

RUPRICH-ROBERT (Victor-Marie-Charles), né à Paris, le 18 février 1820. Élève de Dufeux en 1836, il suivit, de 1848 à 1858, les cours de l'École des beaux-arts, parvint à la 1re classe (1841) où il remporta quatre médailles, fut reçu en loges, et concourut, cette même année, pour le grand prix de Rome, sur ce sujet : *Palais d'un ambassadeur à Constantinople*. De 1843 à 1850, il remplit les fonctions de professeur suppléant de M. Viollet-Leduc à l'École royale de dessin, et fut chargé, en 1843, de l'inspection des travaux de l'hôtel de la présidence de la Chambre des députés, qu'il conserva jusqu'à leur achèvement, en 1848. Attaché à la Commission des monuments historiques depuis 1845, il fit le relevé des églises : des *Templiers de Montsaunès* (Haute-Garonne); de *Saint-Nicolas* de Caen; de *Luc* (Calvados); et l'un des *Portails de la façade occidentale de la cathédrale de Séez*, dessins exposés en 1844, 1847 et 1849, et, en dernier lieu, à l'Exposition universelle, avec ceux de l'église de *Saint-Sauveur-de-Dinan*, et de l'église restaurée de la *Trinité*, ou ancienne *Abbaye-aux-Dames* de Caen. En 1848, M. Ruprich-Robert a exécuté le tombeau de la famille *Taillepied de Bondy*, au cimetière de l'Est. Il a été nommé architecte diocésain de Bayeux et de Séez en 1848, auditeur près la Commission des arts et édifices religieux en 1849; et, en 1850, professeur titulaire d'histoire et de composition de l'ornement à l'Ecole nationale de dessin, en remplacement de M. Viollet-Leduc, démissionnaire. A l'Exposition universelle des beaux-arts de 1855, il a obtenu une médaille d'or de 2° classe. La même année il a été nommé rapporteur près le Comité des inspecteurs généraux des édifices diocésains. Architecte diocésain de Nevers en 1857, architecte dessinateur du mobilier de la Couronne en 1859, il a été désigné comme membre du jury de l'Ecole des beaux-arts en 1864 et nommé membre de la Commission des monuments historiques en 1874. Parmi ses travaux d'architecture, on cite : Les restaurations de la *Cathédrale de Séez*, de *l'Abbaye-aux-Dames de Caen*, des *Châteaux de Falaise* et d'*Amboise*, etc.; les constructions de l'*Eglise de Flers*, de la *Chapelle du petit Séminaire de Séez*, de divers édifices religieux, et de maisons, hôtels, châteaux, etc. Il a collaboré à la *Revue de l'Architecture*, et publié trois brochures: *Le premier des décorateurs, c'est l'architecte*; — *L'église de la Sainte-Trinité et l'église de Saint-Etienne de Caen* (1864); — *Le château de Falaise* (1864); — et enfin: *La Flore ornementale* (in-4°, 1866, avec 152 pl. et 105 bois dans le texte); — *L'église et le monastère du Val-de-Grâce* (in-4°, 1875). M. Ruprich-Robert a été décoré de la Légion d'Honneur le 15 août 1861. Il a encore obtenu des médailles aux expositions de Paris (1867), à celles d'Amsterdam (1869), de Vienne (1873) et de Londres (1876).

SACASE (Francis), né à Saint-Béat (Haute-Garonne), le 20 janvier 1808. Juge au Tribunal civil de Bordeaux en 1849, conseiller à la Cour d'Amiens en 1850, puis à celle de Toulouse en 1852, M. Sacase a été nommé président de chambre à la Cour de Toulouse le 15 janvier 1868. Il a été admis à la retraite sur sa demande et nommé président honoraire le 22 juin 1875. Il est membre de l'Académie des Jeux floraux et secrétaire perpétuel de l'Académie de législation de Toulouse, à laquelle il a présenté de nombreux rapports, des notices biographiques et des travaux historiques. Il a publié: *De la folie considérée dans ses rapports avec la capacité civile*. On lui doit également une nouvelle édition d'un ancien traité *De la dot*, augmentée d'une préface relative aux avantages du régime dotal et d'annotations qui mettent ce traité en rapport avec les doctrines nouvelles. Conseiller général de la Haute-Garonne depuis 1865, il a été réélu le 8 octobre 1871 et élevé à la présidence de ce conseil. Elu représentant de ce département à l'Assemblée nationale, le 8 février 1871, M. Sacase a siégé au Centre-Droit et assisté à la Réunion des Réservoirs. Conservateur libéral, il s'est associé à presque tous les votes de la majorité. Il a été membre de la Commission des grâces et de la grande commission d'enquête sur la situation des classes ouvrières en France. Enfin, il a été rapporteur de la proposition de loi sur le taux de l'intérêt de l'argent, ainsi que du projet qui a édicté des peines contre les membres de l'Association internationale des travailleurs. Aux élections du 30 janvier, il a été élu sénateur, le premier sur la liste, pour le département de la Haute-Garonne par 368 voix. M. Sacaze est chevalier de la Légion d'Honneur depuis 1857.

SACHOT (Octave-Louis-Marie), né à Montigny-Lencoup (Seine-et-Marne), le 9 mai 1824. Il fit de bonnes études au collège de Sens, puis au collège Charlemagne à Paris, et prit le grade de licencié en droit à la Faculté de Paris en 1848, mais il se consacra à la littérature et aux voyages. Dès 1847, il traduisit en français, pour l'auteur, le *Traité de droit international* de H. Wheaton (2 vol.), ouvrage devenu classique. Après avoir donné, sous l'anonyme, quelques traductions de l'anglais : *Le mariage de mon grand-père*, suivi du *Testament du juif* (1853); — *La mine d'ivoire, voyage dans les glaces des mers du Nord* (1853), il publia sous son nom: *Le docteur Antonio* (1858), *Lorenzo Benoni* (1859) et *Lavina* (1863, 2 vol.), de J. Ruffini; — *Histoire de la caricature et du grotesque dans la littérature et dans l'art* (1867), de T. Wright. Collaborateur assidu, puis secrétaire de rédaction de la *Revue britannique*, M. O. Sachot a encore publié : *Voyages du docteur William Ellis à Madagascar* (1860); — *L'île de Ceylan et ses curiosités naturelles* (1863); — *Madagascar et les Madécasses* (1864); — *Inventeurs et inventions* (1874); — *Pays d'extrême Orient* (1874); — *Récits de voyages: les grandes cités de l'Ouest américain* (1874); — *Curiosités zoologiques* (1874); — *La Sibérie orientale et les régions polaires* (1875); — *La France et l'empire des Indes* (1875); — *Récits de Voyages: Aventures, types et croquis* (1877). Il a longtemps collaboré à divers publications et recueils périodiques, parmi lesquels: le *Compte rendu des travaux de l'Académie des sciences morales et politiques*; l'*Athénæum français*, dont il a été secrétaire de la rédaction; la *Revue contemporaine*; la *Correspondance littéraire*; la *Revue européenne*, dont il fut l'un des rédacteurs-fondateurs. Il a fourni des articles nombreux de littérature et d'art à divers journaux quotidiens de Paris, entre autres au journal la *Patrie*. Il s'est, en outre, occupé d'œuvres artistiques et, depuis un certain nombre d'années, son nom figure sur le livret du Salon annuel pour la sculpture et le dessin. A la suite de missions en Italie et en Orient, M. O. Sachot a reçu la croix de la Légion d'Honneur le 11 août 1869. Officier d'Académie depuis 1866, il a été nommé, en janvier 1876, officier de l'Instruction publique.

SACY (Samuel-Ustazade, SILVESTRE DE), né à Paris, le 17 octobre 1801 ; fils du célèbre académicien de ce nom. Brillant élève du lycée Louis-le-Grand, il fit son droit à la Faculté de Paris, prit sa licence en 1820, et exerça pendant quelque temps la profession d'avocat.

En 1828, il entra, comme rédacteur, au *Journal des Débats* où il devait se faire une si belle place. Esprit voltairien et conservateur à la fois, écrivain indépendant dans le fond, élégant et correct dans la forme, M. Silvestre de Sacy a fait de la polémique politique avec une grande autorité jusqu'au Coup-d'État de 1851. Après cette époque il s'est intéressé moins aux intérêts généraux qu'à la littérature et fait surtout paraître des écrits de critique littéraire, philosophique et religieuse dignes en tous points de leur devanciers. Conservateur en 1836, et administrateur, en 1848, de la bibliothèque Mazarine, il est entré à l'Académie française, en remplacement de M. Jay, en 1854 et a été élevé à la dignité de sénateur le 26 décembre 1865. La plupart des ouvrages publiés par M. de Sacy ont paru sous forme d'articles dans des feuilles périodiques, et notamment dans le *Journal des Débats*. On cite : *Variétés littéraires, morales et historiques* (1858, 2 vol., 2ᵉ édit., 1861) ; — *Deux articles sur l'histoire de Jules César*, de Napoléon III (1865) ; — une édition de l'*Imitation de Jésus-Christ*, traduction de Michel de Marillac (1854) ; — une édition de l'*Introduction à la vie dévote* de saint François de Sales (1855) ; — une édition des *Lettres spirituelles*, de Fénelon (1856, 3 vol.) ; — une édition des *Lettres de Madame de Sévigné* (1861-1864, 11 vol.) ; — le *Rapport sur l'état des lettres et des sciences*, rédigé en collaboration avec MM. Ed. Thierry, Gautier et Féval, à l'occasion de l'Exposition universelle de 1867, etc. M. de Sacy est commandeur de la Légion d'Honneur depuis 1867.

SAIN (Edouard-Alexandre), né à Cluny (Saône-et-Loire), le 13 mai 1830. A fait ses premières études à l'Académie de Valenciennes (Nord). Il vint à Paris en juillet 1847, et entra dans l'atelier de Picot, puis au mois d'octobre suivant, à l'École des beaux-arts où il fut admis à concourir, en 1853, pour le grand prix de Rome, dont le sujet était le *Christ chassant les marchands du Temple*. Cette même année il débuta au Salon par son premier tableau : *Vénus et l'Amour*. En 1855 il quitta l'École des beaux-arts, et depuis cette époque il fit une série de tableaux de genre dont plusieurs ont été remarqués à nos expositions, tels que : *La ronde de ramoneurs* ; *Le cabaret de Ramponneau* ; *La poupée* ; *Les petits poulets* ; *La petite travailleuse* ; *La soupe* ; *La rêveuse* (1857) ; — *Ramoneurs partant pour le travail* ; *Le ruisseau* ; *Le cheval de bois* ; *Le départ pour l'école* (1859) ; — *Femmes basques à la fontaine* ; *Jeune fille basque allant à la fontaine* ; *Femme basque revenant de la fontaine* (1861) ; — *Le départ pour la messe*, au Musée de Mâcon ; *Le lever* ; *Trois amies* (1863) ; — *Le départ pour la fête* ; *La leçon de catéchisme* (1864) ; — *Le payement*, souvenir de la place Montanara à Rome, au Musée d'Autun ; *Une fileuse à Capri* (1865) ; — *Les fouilles à Pompeï*, au Musée du Luxembourg ; *Kiarella* (1866) ; — *Jeune fille de l'île de Capri* ; *Souvenir des fouilles de Pompeï* (1867) ; — *La récolte des oranges à Capri* (1869) ; — *Romaine* ; *Napolitaine* (1870) ; — *La convalescence en pèlerinage à la Madone d'Angri*, environs de Naples (1873) ; — *La marina de Capri* ; *Une fille d'Ève* (1874) ; — *La tortue* ; *L'enfant endormi* ;

Maccaroni di sposalizio, repas de noce chez un paysan de Capri (1875) ; — *Jésus chez la Samaritaine* (1876). M. Sain est parti pour l'Italie en 1863, et c'est dans la délicieuse île de Capri, sous le beau ciel du golfe de Naples, qu'il s'est fixé depuis plusieurs années et qu'il a exécuté la plupart des toiles remarquées à nos derniers Salons. Il a obtenu une médaille en 1866 et une médaille de 3ᵉ classe en 1875.

SAINT-ALBIN (Hortensius ROUSSELIN-CORBEAU DE), né à Lyon, le 20 décembre 1805 ; fils d'un ancien secrétaire général du ministère de la Guerre (1798), fondateur, en 1816, du *Constitutionnel*, mort en 1847. M. de Saint-Albin fit de bonnes études au lycée Charlemagne, suivit les cours de la Faculté de droit de Paris et se fit inscrire au tableau des avocats de la Cour de cette ville. En 1830 M. de Saint-Albin s'opposa à la destruction du monument élevé au Palais de Justice à l'illustre Malesherbes et reçut le 30 avril 1831, pour acte de courage, la croix de la Légion d'Honneur. En 1834 il entra dans la magistrature comme juge suppléant au tribunal civil de la Seine, devint juge le 22 février 1837 et, en 1848, conseiller de la Cour d'appel de Paris dont il est actuellement le doyen. Depuis 1837 jusqu'en 1848, il représentait les électeurs de Beaumont-sur-Sarthe à la Chambre des députés, où il parla sur la réforme électorale, le code d'instruction criminelle, les fonds secrets et les conditions d'admission et d'avancement dans les fonctions publiques. Son mandat qui a été renouvelé en 1848, époque à laquelle il fut envoyé par le même département à l'Assemblée constituante, mais ses fonctions de conseiller à la Cour l'empêchèrent de se présenter pour la Législative. M. H. de Saint-Albin a été de 1833 à 1874 membre du Conseil général de la Sarthe dont il a été le doyen. Il a publié, outre un grand nombre d'articles et de poésies : *Histoire de Sulkowski* (1830) ; — *Logique judiciaire*, ou *Traité des arguments légaux* (1841, 2ᵉ édition suivie de la *Logique de la conscience*) ; — et deux recueils de poésies, *Tablettes d'un rimeur*, qui ont obtenu un succès des plus mérités. M. de Saint-Albin a été promu officier de la Légion d'Honneur le 11 août 1864.

SAINT-ALBIN (Louis-Philippe CORBEAU DE), né à Paris, le 9 juin 1822 ; frère du précédent. M. de Saint-Albin fit ses études classiques au lycée Charlemagne, suivit les cours de la Faculté de droit de Paris et se fit inscrire sur le tableau des avocats de la Cour d'appel de cette ville. Attaché d'abord à la Grande chancellerie de la Légion d'Honneur, il devint bibliothécaire au Palais du Luxembourg (Sénat), puis bibliothécaire particulier de l'Impératrice Eugénie. M. de Saint-Albin a publié, en collaboration avec M. Armand Durantin : *Domaine de la couronne. Palais de Saint-Cloud, résidence impériale* (1864, avec plan). Grand collectionneur, il préside plusieurs sociétés d'art, d'archéologie et de bibliographie. M. de Saint-Albin est chevalier de la Légion d'Honneur.

SAINT-EDME (Ludovic-Alfred DE), né à Paris, le 30 septembre 1820. Doué d'heureuses dispositions pour les arts, il s'adonna à la peinture, suivit les ateliers de MM. Darondeau, Huot et Durand-Brager, et cultiva surtout le paysage. En 1848, il débuta au Salon de Paris avec une *Noce aux environs de Cherbourg*, aquarelle. Depuis, cet artiste a exposé : *Vue prise aux eaux douces d'Europe*; environs de Stamboul, effet de soleil couchant (1857) ; — *Vue générale de Fort-de-France* (Martinique), prise au mouillage en grande rade ; *Vue prise sur la route d'Aden* (Arabie), chemin creusé par les Anglais, pour relier à la ville d'Aden leur établissement du bord de la mer (1870). En outre, M. de Saint-Edme a exposé, en 1872, le portrait de Mme la comtesse M. T....., et depuis s'est beaucoup adonné à ce genre, encouragé par le succès qu'avait obtenu ce portrait. De plus, cet artiste, un peu homme de lettres, a été pendant ses voyages au Mexique et dans la mer Rouge, l'Inde, la Chine et le Japon l'un des correspondants de *l'Illustration* et enfin le *Courrier de Paris* l'avait chargé du compte rendu de l'Exposition de 1875.

SAINT-FERJEUX (Etienne-Théodore Pistollet de), est né à Langres, d'une famille honorable, le 3 octobre 1808. Après avoir terminé ses études au collége de cette ville, il fit son droit à Paris et revint ensuite dans sa ville natale où il s'occupa d'études historiques, numismatiques et aussi d'agriculture et d'économie politique. Il est l'un des fondateurs du musée de Langres et de la Société historique et archéologique de cette ville, dont il a, depuis vingt ans, toujours été réélu président. Il est aussi membre correspondant de la Société des antiquaires de France, de la Société française de numismatique et d'archéologie, de la Commission des antiquités de la Côte-d'Or, etc. Il a, le premier, proposé l'exécution des chemins de fer de Paris à Mulhouse, de Dijon à Langres, de Langres à Nancy et à Sedan par la vallée de la Meuse, de Langres à Châtillon-sur-Seine; et a publié, de 1842 à 1874, un assez grand nombre de brochures, accompagées de cartes, pour démontrer l'utilité de ces chemins de fer aux points de vue commercial et stratégique et indiquer leurs tracés et la possibilité de leur exécution. Il est auteur des ouvrages suivants : *Recherches historiques et statistiques sur les principales communes de l'arrondissement de Langres* (1836); l'Académie des inscriptions et belles-lettres a accordé une mention honorable à cet ouvrage ; — *Notice historique sur Nogent-le-Roi* (1847, in-4°); — *Mémoire sur l'ancienne lieue gauloise* (1852). M. de Saint-Ferjeux donne dans cet ouvrage la longueur de la lieue dont se servaient les Gaulois avant la conquête romaine et qui resta en usage dans une partie de la Gaule après la conquête, ce que les géographes n'avaient point constaté jusqu'alors ; — *De l'amélioration des races bovines en France et particulièrement dans les départements de la Haute-Marne et de la Haute-Saône* (1855); — *De l'amélioration des animaux de l'espèce bovine principalement dans les départements de l'Est* (1857); — *Le château et les seigneurs du Pailly* (Paris, 1856, in-4°); — *Notice sur les voies romaines, les camps romains et les Mardelles du département de la Haute-Marne* (1860, in-4°); — *Cloître de la cathédrale de Langres* (1862, in-4°); — *Observations sur le lieu où a été livrée la bataille entre César et Vercingétorix avant le siège d'Alésia* (1863); — *Notice sur les monnaies des Lingons et sur quelques monnaies des Leukes, des Séquanais et des Éduens* (1867); — *Langres pendant la Ligue* (1868); — *La Révolution, la Monarchie et le Drapeau* (1871); — *Le comte de Chambord et son manifeste du 27 octobre* (1873); — *Les chemins de fer aux environs de la place de Langres appréciés au point de vue militaire* (1874); — *Limites de la province Lingonnaise* (1874); — *Le drapeau de la France avant 1789* (1875) ; — *Le château et les seigneurs de Chalancey* (in-4°, 1876). M. de Saint-Ferjeux a aussi fourni des mémoires et des notices aux *Mémoires de la Société historique et archéologique de Langres*, de la *Société des antiquaires de France*, de la *Société française de numismatique et d'archéologie*, de la *Commission des antiquités de la Côte-d'Or* et à d'autres publications. Il a aussi donné un grand nombre de notices à la 2° édition de la *Biographie universelle* de Michaud.

SAINT-FERRÉOL (Amédée Martinon), né à Brioude (Haute-Loire), le 29 juillet 1810. Appartenant à une famille estimée de tous les partis, il avait, même avant 1830, manifesté des idées républicaines qui, sous Louis-Philippe, le firent impliquer dans quelques affaires politiques, mais lui donnèrent de bonne heure une certaine influence dans le pays. Aussi, en 1848, fut-il nommé sous-commissaire à Brioude par le gouvernement provisoire. Bientôt après, révoqué par la réaction triomphante qui n'avait pas voulu accepter sa démission, il fut envoyé, le 13 mai 1849, comme représentant de la Haute-Loire, à l'Assemblée législative où il vota toujours avec l'Extrême-Gauche. Après l'élection du 10 Décembre, il combattit énergiquement la politique de l'Elysée et signa, à l'occasion de l'expédition de Rome, la demande de mise en accusation du président et des ministres. Proscrit après le Coup-d'Etat, il se réfugia en Belgique et ne rentra en France qu'en 1870, au moment où la guerre allait éclater. Maire de Brioude, du 4 septembre 1870 au 5 avril 1871, il fut rappelé de nouveau à ces fonctions par M. Thiers, le 10 juin 1871, à la suite des élections pour le Conseil municipal dont il fit partie, et donna sa démission le 13 août suivant, n'ayant pu obtenir du préfet les réformes demandées par le Conseil municipal. Depuis le 8 octobre 1871, M. Saint-Ferréol représente le canton de Brioude au Conseil général de la Haute-Loire. Il a publié sous le titre : *Les proscrits français en Belgique* (1871, 2 vol.), un ouvrage sur la vie des éxilés de l'Empire.

SAINT-GEORGES (Henri, Vernois de), né à Paris, en 1801. Il s'est consacré à la littérature, et a fait paraître, en 1821, un roman intitulé : *Les nuits terribles*. Puis, choisissant la voie, il s'est tourné vers le théâtre où les plus brillants succès ne l'ont jamais abandonné. Depuis 1822, il a fourni à nos scènes lyriques la plupart des livrets d'opéra, d'opéra-comique et de ballet qui ont reçu le meilleur accueil du public ; et, en 1829, il a dirigé la troupe de l'Opéra-Comique, provisoirement installée au théâtre des Italiens. Beaucoup de ses œuvres ont été faites en collaboration avec des auteurs en renom, tels que MM. Scribe, de Leuven et Mazillier. Parmi celles qui ne portent que son nom et sont encore les plus populaires, nous citerons : *Le roi et le batelier* et l'*Artisan* (1827), — *Pierre et Catherine*; *L'illusion et Jenny* (1829) ; — *Ludovic*, drame lyrique (2 actes, 1833) ; — *La sentinelle perdue* (1835) ; — *La symphonie* et le *Luthier de Vienne* (1838) ; — *Le planteur* (2 actes, 1839) ; — *L'aïeul* (1849) ; — *L'esclave du Camoëns* (1843) ; — *Le lazzarone* (2 actes, 1844) ; — *Wallace* (3 actes, 1845) ; — *L'âme en peine* et *Les mousquetaires de la reine* (3 actes, 1846) ; — *Le val d'Andorre* (3 actes), *La fille du régiment* et *Le fanal* (2 actes, 1848) ; — *Le château de Barbe-Bleue* (3 actes, 1851) ; — *Le carillonneur de Bruges* (3 actes, 1852) ; — *Les amours du diable*, opéra fantastique (4 actes et 9 tableaux, 1852) ; — *La fée aux roses* et *Jaquarita l'Indienne* (3 actes, 1854) ; — *Giselle*, ballet (3 actes, 1855) ; — *Le corsaire*, ballet (3 actes, 1856) ; — *Margot* (3 actes, 1857) ; — *La pagode* (1859) ; — *La bohémienne* (4 actes, 1862), puis *Martha*, *L'ombre*, etc. Dans le nombre des pièces écrites en collaboration, on distingue : *L'Ambassadrice* ; *Les diamants de la couronne* ; *Pierre de Médicis* ; *Maître Claude* ; *Le joaillier de Saint-James*, etc. On doit encore à M. de Saint-Georges : *La Saint-Louis, ou Les deux dîners*, vaudeville qui lui servit de début au théâtre (1822) et des romans tels que : *Le livre d'heures, simple histoire du cœur* (1840) ; — *Un mariage de prince* (2 vol., 1849) ; — *L'espion du grand monde* (7 vol., 1851, 2e édit., 1863), dont l'auteur a tiré un drame joué à l'Ambigu en 1856 ; — *Les princes de Maquenoise* (12 vol.), etc. M. de Saint-Georges est décédé le 23 décembre 1875. Il avait été promu officier de la Légion d'Honneur le 14 juin 1856.

SAINT-GERMAIN (François-Charles HERVÉ DE), né à Avranches, le 16 février 1803. Grand propriétaire dans sa localité, il se consacra à l'agriculture et à l'élève de ses chevaux, et rendit de grands services par ses conseils et son exemple. Il était maire de Saint-Sénier, président de la Société d'agriculture d'Avranches, et président de la Société des courses quand éclata la révolution de Février. Élu représentant de la Manche à l'Assemblée législative en 1849, il siégea au Centre-Droit, et protesta contre le Coup-d'État à la mairie du Xe arrondissement. De 1852 à 1870, il représenta la 2e circonscription de son département au Corps législatif, toujours élu à la presque unanimité et pour ainsi dire sans conteste, n'ayant jamais de concurrent sérieux. En 1861, il fut appelé à remplir les fonctions de secrétaire au bureau de la Chambre, et sa compétence dans les questions agricoles lui permit de prendre une part importante aux travaux des Commissions spéciales. En 1870, il faisait partie de la Commission d'enquête sur la marine marchande. M. de Saint-Germain a reçu, le 8 février 1871, par 72,399 voix, le mandat de représentant de la Manche à l'Assemblée nationale, où il siégea sur les bancs du Centre-Droit, et fréquenta la Réunion Saint-Marc-Girardin. Aux élections du 30 janvier 1876, il a été élu sénateur pour le département de la Manche, par 441 voix.

Membre du Conseil général de ce département, pour le canton de Villedieu depuis 1848, il a été réélu, le 8 octobre 1871. M. de Saint-Germain est commandeur de la Légion d'Honneur depuis 1868.

SAINT-GERMAIN (François-Victor Arthur GILLES DE), né à Paris, le 12 janvier 1833. Fils d'un architecte-vérificateur qui avait dans sa jeunesse collaboré à l'ancien *Figaro* et écrit quelques pièces de théâtre, il commença ses études dans une pension de Paris, les continua à l'école Turgot et les compléta en suivant les cours de l'École des beaux-arts et du lycée Charlemagne. En 1849, la Révolution ayant pour la seconde fois interrompu ses études, il entra, comme teneur de livres, chez un marchand de châles, puis à la librairie Marescq où il était chargé de la correspondance. Il avait eu dès sa plus tendre enfance le goût le plus prononcé pour le théâtre. La rencontre d'un ami qui se présentait au Conservatoire lui ayant appris que cet établissement était ouvert à tous ceux qui ont de réelles aptitudes, décida de sa carrière. Inscrit le dernier sur la liste des prétendants et quoique n'ayant reçu préalablement ni leçons, ni conseils, il fut, sur treize élèves, l'un des trois admis (juillet 1850). Appelé par Provost à faire partie de sa classe, il devint bientôt son élève préféré. Après trois mois d'études, il obtint la pension de 600 francs, six mois après une augmentation de 200 francs, puis, au premier concours, le premier accessit et, le 5 août 1852, à l'unanimité, le premier prix de comédie. Il avait droit à ses débuts à la Comédie française, mais, refusant le Gymnase qui lui faisait des offres sérieuses, il débuta avec succès à l'Odéon le 17 septembre 1853 dans le rôle de Pasquin du *Jeu de l'amour et du hazard* et y créa ensuite Tourny de *Mauprat*, Antoine de la *Conquête de ma femme*, Alexandre de *Que dira le monde*, Crispin du *Dernier Crispin*. Pensionnaire de la Comédie-Française, le 1er juillet 1854, il débuta dans les rôles de Gros-René du *Dépit amoureux* et d'Arnoult dans la *Famille Poisson*, à côté de son professeur, fut très-applaudi et put se montrer de suite dans une création d'une certaine valeur : Oscar de Saint-Remy des *Ennemis de la maison*. Les principaux rôles qu'il joua à la Comédie-Française sont Jean de *Bertrand et Raton*, Belleau de la *Calomnie*, Anatole de la *Fin du roman*, etc. Il y créa onze rôles en cinq ans dans les *Jeunes gens*, la *Joconde*, le *Gâteau des reines*, les *Pièges dorés*, *Rêves d'amour*, etc. Un désaccord survenu entre lui et M. Empis, alors directeur, l'engagea à donner sa démission et à renoncer au titre de sociétaire, auquel personne mieux que lui ne pouvait prétendre. Engagé au Vaudeville en 1859, il a créé plus de cent rôles. Ceux qui ont eu le plus de retentissement sont : Vernais dans les *Honnêtes femmes*, Chaudray dans les *Dettes de cœur*, Chavarot dans les *Petites mains*, Triptolème dans *Toute seule*, Martin dans le *Trésor de Blaise*, Camouflet dans la *Tasse de thé*, Blanchet dans les *Don Juan de village*, Onésime dans *Aux crochets d'un gendre* puis dans l'*Enfant prodigue*, *Plutus*, *Dianah*, la *Famille Benoîton*, *Maison-Neuve*, les *Petits oiseaux*, le *Petit voyage*, le

Cachemire XBT et enfin le meilleur rôle de tous peut-être, Fauvinard dans le *Procès Vcauradieux*, etc. Cette pièce, qu'il avait conseillé de jouer depuis trois ans, fut un grand succès pour lui et pour ce théâtre. Néanmoins il le quitta par suite d'un désaccord avec la direction et entra au Gymnase, le 1er avril 1876, où il a créé les rôles de Babiani dans *Andrette*, de Carignon dans *Mademoiselle Didier*, de Filippopoli dans la *Comtesse Romani*, ainsi que d'autres dans les *Compensations* et le *Monsieur en habit noir*. On lui doit, entre autres productions, en collaboration avec Mme P. Thys deux ou trois pièces dont l'une jouée avec succès au Vaudeville : *Les trois Curiaces*. Une particularité de la carrière de M. Saint-Germain, c'est d'être l'artiste contemporain qui a créé le plus grand nombre de rôles, car on en compte jusqu'à cent quatre-vingts sur les théâtres de Paris. Comme membre du Caveau il a composé environ 150 chansons. M. Saint-Germain possède une des belles bibiothèques théâtrales de Paris. Il est, depuis dix ans, membre du comité de l'association des artistes dramatiques.

SAINT-LOUP (Louis), né à Vuillafans (Doubs), le 30 novembre 1831. Il fit ses études au lycée de Besançon et fut admis, en 1852, à l'Ecole normale supérieure. Après avoir enseigné les mathématiques pendant un an au lycée de Strasbourg, il fut reçu agrégé des sciences en 1856 et admis à l'Ecole normale dans la division supérieure instituée par M. Fortoul. Docteur ès sciences mathématiques en 1857, il fut envoyé à Lille comme professeur de mathématiques spéciales puis à Strasbourg (1858) et à Metz (1864). Nommé au lycée Bonaparte (1866), il le quitta, en 1867, pour enseigner la mécanique à la Faculté des sciences de Strasbourg. Après l'annexion de l'Alsace à la Prusse, il fut appelé à la Faculté des sciences de Poitiers (1871), et, en 1872, à celle de Besançon. M. Saint-Loup a publié, outre deux thèses, l'une sur *Les propriétés des lignes géodésiques*, l'autre sur une *Nouvelle méthode pour le calcul des perturbations du mouvement des planètes* (1857) : *Traité des surfaces du second ordre et développements de géométrie analytique à trois dimensions* (1859), en collaboration avec M. Bach ; — *Traité de la résolution des équations numériques* (1861) ; — *Géométrie descriptive au stéroscope* (1866) ; — *Géométrie pour l'enseignement spécial* (1867) ; — *Théorie des miroirs tournants* (1868) ; — *Régulateur parabolique à fone centrifuge* (1869) ; — *Sur le mouvement des projectiles sphériques dans l'air* (1869) ; — *Etude expérimentale sur l'attraction exercée par une bobine sur un barreau de fer doux* (1870) ; — *Sur l'expression de la fone élastique d'une vapeur saturée en fonction de la température* (1872) ; — *Du rayon de courbure d'une courbe décrite par un point d'une figure mobile* (1873) ; — *Des systèmes articulés simples et multiples et de leur application* (1875). Il est officier de l'Instruction publique.

SAINT-MARC GIRARDIN (Marc GIRARDIN, *dit*), né à Paris, le 12 février 1801. Brillant élève du collège Napoléon, il se destinait à l'instruction publique, mais il suivit en même temps les cours de la Faculté de droit. Avocat et agrégé des classes supérieures en 1823, ses opinions libérales le firent écarter de l'Université jusqu'en 1826, époque où il devint professeur de seconde au collège Louis-le-Grand. En 1822 il avait obtenu de l'Académie française le premier accessit du prix d'éloquence pour l'*Eloge de Lesage*. Il en obtint un autre, en 1827, pour l'*Eloge de Bossuet* et en partage, un autre, en 1828, avec Philarète Chasles pour son *Tableau de la littérature française au XVIe siècle*. C'est de cette époque que date son entrée au *Journal des Débats* dont il fut pendant 45 ans un des plus brillants collaborateurs. Après la révolution de 1830, M. Saint-Marc Girardin fut nommé professeur d'histoire à la Faculté des lettres de Paris en remplacement de M. Guizot, et maître des requêtes au Conseil d'Etat, et, en 1834, il fut appelé à la chaire de poésie française. De 1835 à 1848, sauf une interruption de deux ans (1838 à 1840), il a représenté le collège électoral de Saint-Yrieix (Haute-Vienne) à la Chambre des députés, mais il ne cessa pour cela jamais ses cours qui furent très-suivis par la jeunesse des écoles. Membre du Conseil royal de l'Instruction publique et conseiller d'Etat en service extraordinaire, en 1837, il fut aux journées de Février 1848 pendant vingt-quatre heures ministre de l'Instruction publique. Sous la République ainsi que sous l'Empire, il se tint à l'écart de la politique, resta membre du Conseil de l'Instruction publique, mais quitta sa position de professeur à la Sorbonne en 1863. Il avait été élu membre de l'Académie française en 1844. Représentant à l'Assemblée nationale le 8 février 1871 et, depuis le mois d'avril, l'un des vice-présidents, il soutint jusqu'au 20 juin 1872, la politique de M. Thiers et présida la réunion des conservateurs libéraux qui porta son nom. Il a fait le rapport (13 février 1873) sur les actes du gouvernement de la Défense nationale. M. Saint-Marc Girardin a encore publié : *Notices politiques et littéraires sur l'Allemagne* (1834) ; — *Rapport sur l'instruction intermédiaire en Allemagne* (1835-1838, 2 vol.) ; — *Cours de littérature ou de l'usage des passions dans le drame* (1843, 5 vol., 7e édit., 1866) ; — *Essai de littérature et de morale* (1845, 2 vol., nouv. édit., 1863) ; — *Souvenirs de voyages et d'études* (1852-1853, 2 vol.) ; — *Souvenirs et réflexions politiques d'un journaliste* (1859), recueil d'articles publiés dans le *Journal des Débats* ; — *La Syrie en 1861, Condition des chrétiens en Orient* (1862) ; — *La Fontaine et les fabulistes* (1867, 2 vol.), etc. Il est décédé le 11 avril 1873.

Son fils, M. Barthélemy SAINT-MARC GIRARDIN, né à Paris, le 10 janvier 1847, a servi, au début de la guerre de 1870, comme garde mobile, et a été attaché ensuite à l'état-major général de l'armée du Rhin, à Metz. Prisonnier en Allemagne jusqu'à la conclusion de l'armistice, il fut nommé sous-préfet de Corbeil le 25 avril 1871. Il remplit ces fonctions jusqu'au mois de juillet 1874, époque à laquelle il devint chef du cabinet de M. le général baron de Chabaud La Tour, ministre de l'Intérieur. Elu membre du Conseil général de la Haute-Vienne, au mois d'octobre 1874, il échoua aux élections législatives du 20 février 1876 dans l'arrondissement de Saint-Yrieix.

SAINT-MARCEL (Emile NORMAND), né à Paris, le 11 juillet 1840. Elève distingué de son père et de Pils, M. Saint-Marcel cultiva surtout la peinture des sujets de genre et du paysage animé. Ses études de chevaux, notamment, sont des plus remarquables. On lui doit, outre ses tableaux à l'huile, beaucoup d'aquarelles fort estimées. Cet artiste a fait paraître. au Salon de Paris : *Vue prise aux environs de Champagne* (Seine-et-Marne) ; *Vue prise à Valoins* (1864) ; — *Horde de chevaux allant au marché*; *Le retour du marché* (1868) ; — *Le trait rompu*, effet de neige (1869) ; — *Le hâlage sur les bords de l'Oise* (1872) ; — *Marché aux chevaux de la foire de Saint-Martin*, à Pontoise; *Gare des bateaux de Bas-Samois* (1874) ; — *Le goûter des moissonneurs* (1875). M. E. Normand Saint-Marcel a obtenu une médaille d'argent de première classe à l'exposition de Nevers, où il avait fait reparaître le *Hâlage sur les bords de l'Oise*, accompagné des tableaux suivants: *Chevaux débordant du bois près de Sivry*, effet du soir; *Bâteau-chaland en réparation au Bas-Samois*; *Le goûter des moissonneurs* ; *Eclaireur du 1er régiment de cuirassiers des Kœnigs Wilhem von Preussen* (septembre 1872) et une médaille de bronze par la Société des amis des arts de Varzy en 1873. Parmi les deux cents soixante ouvrages, tableaux et aquarelles, qui sont chez les amateurs tant à Paris qu'en province et à l'étranger, nous citerons les principaux : *La noce au mois de mai*; *Les bluets*; *La vendange*; *La cigale*. Ces tableaux qui représentent les quatre saisons et dont les sujets sont tirés des œuvres d'Henri Mürger, de Victor Hugo, Pierre Dupont et Lafontaine décorent la galerie du château des Gaborés à Saint-Amand (Nièvre) et avec les *Chevaux débordant du bois*, font partie de la riche collection de M. Ernest Gillois. *Le dernier sillon*, qui vient de figurer à l'Exposition de Fontainebleau, fait partie de la collection de M. Charles Constant, *La vente du Percheron* de celle du baron de Villatte, *Le labour dans la Brie* de celle de M. Flambart de Lanos, *Le jeune Beauceron allant à la foire* a été acquis, en 1874, par la Société des Amis des arts de Cluis, *La halte des chevaux de labour* par la Société des Amis des arts de Seine-et-Oise à l'Exposition de Versailles en 1872, *La noce aux champs et la horde de chevaux allant au marché*, qui a figuré à l'Exposition de Narbonne de 1869, a été acquise par M. de Rouquairol de cette ville. Le 2 mai 1873, il a fait une vente publique de ses œuvres, ne comportant pas moins de quatre-vingt-huit tableaux, dont vingt-trois aquarelles, et qu'un nombreux concours d'amateurs a rendue fort animée.

SAINT-MARTIN (Marie-Etienne-Aimé LA VAISSIÈRE DE), né à Guéret (Creuse), le 14 septembre 1831. Propriétaire agriculteur dans l'Indre, il a été nommé maire de Cluis, en 1864, et représente depuis 1870 le canton de Neuvy-Saint-Sépulcre au Conseil général de ce département. Aux élections du 20 février 1876, M. de Saint-Martin a été élu député de l'Indre, pour l'arrondissement de la Châtre, par 7,355 voix et sur une profession de foi bonapartiste. Il siège à la Chambre avec les membres du groupe de l'Appel au peuple.

SAINT-PIERRE (Ladislas, *vicomte* DE), né à Caen, le 14 mars 1810. Grand propriétaire et agriculteur distingué du Calvados, il représente le canton d'Aunay au Conseil général de ce département. Il est maire de la commune de Saint-Pierre-du-Fresne, administrateur du chemin de fer du Nord et membre-fondateur de la Société des agriculteurs de France. Candidat républicain lors des élections du 8 février 1871, M. le vicomte de Saint-Pierre fut envoyé par les électeurs du Calvados à l'Assemblée nationale où il a siégé au Centre-Gauche et soutint de son vote la politique de M. Thiers. Aux élections du 30 janvier 1876, il a été élu sénateur pour le même département. M. le vicomte de Saint-Pierre s'est distingué, comme garde national, aux journées de Juin 1848, où il fut blessé, et reçut en récompense la croix de la Légion d'Honneur le 23 août suivant.

SAINT-PIERRE (Louis DE), né à Dôle (Jura), le 4 février 1823. Il appartient à une ancienne famille de Normandie. Son père a représenté le département du Jura et celui de la Manche à la Chambre des députés ; et son frère, en dernier lieu, préfet du Morbihan, a donné sa démission, dès le lendemain du 4 Septembre 1870. M. Louis de Saint-Pierre n'est pas tout à fait nouveau dans le monde politique. En qualité de membre du Conseil général de la Manche, de 1867 à 1871, il s'y est particulièrement occupé des questions d'assistance publique. Maire de sa commune, M. de Saint-Pierre, élu le 8 février 1871 représentant de la Manche à l'Assemblée nationale, par 73,743 suffrages, est arrivé, troisième sur onze, après M. le prince de Joinville et M. le comte Daru. Il a siégé sur les bancs de la Droite modérée parmi les partisans d'une monarchie constitutionnelle et libérale, dans le genre, par exemple, des institutions belges. Nous signalerons, parmi ses votes, ceux favorables à la conclusion de la paix, au maintien de l'Assemblée à Versailles, au retour des d'Orléans, aux prières publiques, à l'indépendance du Saint-Siége, à la décentralisation, au rétablissement du vote à la commune, à la dissolution des gardes nationales, au service militaire personnel obligatoire.

SAINT-SAENS (Charles-Camille), né à Paris, le 9 octobre 1835. Issu d'une famille où les goûts artistiques étaient fort développés, élevé par une mère qui cultivait la peinture avec succès, il commença à l'âge de trois ans la musique, sous la direction de sa grand'tante, reçut à l'âge de sept ans les leçons de M. Stamaty pour le piano, et de Maleden pour la composition. Il prit, en outre, des leçons d'Halévy, entra, comme élève du cours de l'orgue de M. Benoist, au Conservatoire à l'âge de douze ans et obtint le premier prix de fugue en 1850. Il sortit de cet établissement l'année suivante et fut choisi en 1852 comme organiste de l'église Saint-Méry. En 1853 il se fit connaître avantageusement comme compositeur et comme exécutant à la salle Sainte-Cécile par sa première symphonie en mi-bémol. De 1856 à 1857 il parcourut l'Italie, visita Rome, s'inspira des souvenirs de la musique sacrée et, de retour en France, il prit à l'église de la Madeleine, la place laissée vacante par l'illustre organiste Lefébure-Wély. M. Saint-Saëns est un de nos organistes les plus distingués et les plus goûtés. On lui doit, outre des *symphonies* et des *mélodies*, la musique de plusieurs *Ballades* de Victor Hugo, des *Romances*, notamment la *Cloche*, une messe à quatre voix, orchestre et deux orgues chantée avec succès à Bordeaux en 1856; un *oratorio de Noël*, des *concertos pour piano, pour violon ou violoncelle*; une *ode* en l'honneur de sainte Cécile; le *Prométhée enchaîné*, cantate qui a obtenu le grand prix créé à l'occasion de l'Exposition universelle de 1867; le *Timbre d'argent*, opéra en quatre actes; la *Princesse jaune*, opéra comique en un acte qui a eu du succès à l'Opéra-Comique en juin 1872; le *Rouet d'Omphale* et *Phaéton*, symphonies fort remarquées; la *Danse macabre*, etc. M. Saint-Saëns a reçu la croix de la Légion d'Honneur le 14 août 1868.

SAINT-RENÉ TAILLANDIER (René-Gaspard-Ernest), né à Paris, le 16 décembre 1817. Son père, ancien avoué de première instance du département de la Seine, publia quelques poésies, un poëme sur la *Guerre d'Espagne* (1824), des épîtres, etc. Après avoir fait ses études classiques au lycée Charlemagne, où il obtint de grands succès (en 1835 le prix d'honneur de rhétorique au lycée, en 1836 le prix d'honneur de philosophie au concours général), il suivit pendant un an les cours de l'Université de Heidelberg. Professeur-suppléant de littérature française à la Faculté des lettres de Strasbourg en 1841, M. Saint-René Taillandier fut appelé, en 1843, à occuper comme chargé de cours la même chaire à la Faculté des lettres de Montpellier, et il en fut nommé titulaire en 1846. Elu en 1863 professeur-suppléant de poésie française à la Sorbonne, dans la chaire occupée par M. Saint-Marc Girardin, il devint en 1868 titulaire de la chaire d'éloquence française illustrée par M. Villemain. Il a été nommé, le 2 janvier 1870, secrétaire général du ministère de l'Instruction publique, puis un peu plus tard, conseiller d'Etat en service ordinaire hors sections, et membre du Conseil supérieur de l'enseignement secondaire spécial. Le 17 janvier 1873, il a été élu membre de l'Académie française, en remplacement du Père Gratry. Collaborateur de la *Revue des Deux-Mondes* depuis 1843, M. Saint-René Taillandier a fait paraître en outre: *Béatrice*, poëme (1840); — *Des écrivains sacrés au XIXe siècle*, discours, (1842); — *Scot Erigène et la philosophie scolastique* (1843); — *Histoire de la jeune Allemagne, études littéraires* (1849); — *Etudes sur la révolution en Allemagne* (1853, 2 vol.); — *La Promenade du Peyron et la cathédrale de Montpellier* (1854); — *Allemagne et Russie. Etudes historiques et littéraires* (1856); — *Histoire et philosophie religieuse. Etudes et fragments* (1860); — *Littérature étrangère. Ecrivains et poëtes modernes* (1861); — *La comtesse d'Albany* (1862); — *Lettres inédites de J. C. L. de Sismondi, de M. de Bonstetten, de Mme de Staël et de Mme de Souza à Mme la comtesse d'Albany*, avec une introduction (1863); — *Correspondance entre Gœthe et Schiller*; traduction de la baronne de Carlowitz, revisée, annotée, accompagnée d'études historiques et littéraires (1863, 2 volumes); — *Corneille et ses contemporains*, discours (1864); — *Maurice de Saxe*; étude historique d'après des documents inédits (1865); — *Bohême et Hongrie* (1869); — *Drames et romans de l'histoire littéraire* (1870); — *La Serbie. Kora-George et Milosch* (1872); — *Dix ans de l'histoire d'Allemagne* (1875); — *Le général Philippe de Ségur, sa vie et son temps* (1875). Chevalier de la Légion d'Honneur le 11 décembre 1850, il a été promu officier le 9 août 1870.

SAINT-VALLIER (Charles-Raymond DE LA CROIX DE CHEVRIÈRES, comte DE), né à Courcy-les-Eppes (Aisne), le 12 septembre 1833. Il descend d'une illustre famille originaire du Dauphiné, à laquelle appartenait Diane de Poitiers. Entré dans la carrière diplomatique en 1851, il a été attaché à la légation de France à Lisbonne (1852) et à Munich (1856), et à l'ambassade française à Vienne (1858). Troisième secrétaire d'ambassade au cabinet du comte Walewski en 1859, puis successivement second et premier secrétaire de l'ambassade de France à Constantinople, il fut nommé en 1866 chef du cabinet du marquis de Moustier au ministère des Affaires étrangères. Elevé en 1868 au grade de ministre plénipotentiaire, il fut, à la fin de la même année, envoyé à Stuttgard comme envoyé extraordinaire et ministre plénipotentiaire et ne quitta ce poste que lorsque éclata la guerre, sur les dangers de laquelle il s'était vainement efforcé d'éclairer le gouvernement. Retiré dans son département, il put y rendre de grands services aux populations pendant la guerre. Après la conclusion de la paix, il reçut de M. Thiers la lourde et délicate mission de défendre, en qualité de commissaire extraordinaire près le quartier général allemand, les intérêts français et de hâter l'heure de la libération du territoire. Dans ces pénibles négociations il fit preuve d'une grande fermeté et d'une habileté incontestable et, en récompense de ses services, il fut promu commandeur (30 juin 1872) puis grand-officier de la Légion d'Honneur (30 juillet 1875). Vice-Président du Conseil général de l'Aisne où il représente le canton de Sissonne, M. le comte de Saint-Vallier fit, aux élections sénatoriales, avec M. Henri Martin et M. Waddington, une profession de foi dans laquelle il se rallia à la République. Elu le 30 janvier 1876, il siège au Sénat dans les rangs des constitutionnels sincèrement résolus à soutenir le gouvernement républicain. Lors des élections du bureau il a été nommé secrétaire de la Chambre haute en réunissant la plus forte majorité.

SAINT-VICTOR (Gabriel DE), né à Lyon, le 24 mars 1824. Issu d'une ancienne et noble famille du Beaujolais, dont beaucoup de membres ont appartenu soit à l'armée, soit à la magistrature, il s'est consacré, à l'exemple de ses ascendants les plus proches, à de grands travaux d'agriculture. En 1866, il a fondé le Comice agricole de Tarare, dont il est actuellement le président; et, en 1869, il a remporté le prix d'honneur au grand concours régional. M. de Saint-Victor est aussi membre-fondateur de la Société des agriculteurs de

France. Elu représentant du Rhône à l'Assemblée nationale, le 8 février 1871, il a siégé sur les bancs de la Droite et fréquenté la réunion extra-parlementaire dite « des Réservoirs. » M. de Saint-Victor est chevalier des ordres du Saint-Sépulcre et de François Ier des Deux-Siciles.

SAINT-VICTOR (Paul Bins, *comte de*), né à Paris, en 1827. Fils d'un littérateur distingué, décédé à Paris en 1858, il commença ses études classiques à Fribourg (Suisse), et les termina à Rome au Collége romain. Revenu à Paris, il s'y consacra à la littérature, devint, en 1848, secrétaire de Lamartine et débuta comme chroniqueur dramatique, en 1851, dans le journal de M. de la Guéronnière, le *Pays*. En 1855, il passa à la *Presse*, en la même qualité, sous M. Emile de Girardin. Grâce à son érudition, à son style châtié et coulant, quoiqu'imagé jusqu'à la recherche, il se fit bientôt une position prépondérante. Parmi les écrivains attachés depuis 25 ans à la presse périodique, pour la critique d'art ou de théâtre, M. Paul de Saint-Victor ne peut guère être comparé, quoique procédant par des moyens tout différents, qu'à Théophile Gautier. On lui doit un grand nombre d'études sur la peinture et la sculpture, soit contemporaines, soit des siècles derniers, travaux qui font autorité dans la matière. Il a collaboré au *Moniteur universel* et à l'*Artiste*. M. de Girardin l'a appelé de nouveau (janvier 1868) à la direction de la partie littéraire de son journal; et bien que la *Liberté* ait changé de propriétaire en 1870, il n'a pas cessé d'y occuper cette position. Il a publié, en dehors de ses articles de journaux : *Les dieux et les demi-dieux de la peinture* (1863), en collaboration avec Th. Gautier et Arsène Houssaye; — une notice sur les *Maîtresses de Louis XV*, placée en tête des *Dernières amours de Madame du Barry* par la comtesse Dash (1864); — *Hommes et dieux* (1867), recueil d'études historiques et littéraires; — *Les femmes de Gœthe* (1869, in-folio), illustré de gravures d'après Kaulbach; — *Barbares et bandits, la Prusse et la Commune* (1871), recueils d'articles publiés dans la *Liberté*. M. Paul de Saint-Victor a rempli les fonctions d'inspecteur général au ministère des Beaux-Arts, du mois de février au mois de septembre 1870. Il a reçu la croix de la Légion d'Honneur le 11 août 1860.

SAINTE-CLAIRE DEVILLE (Charles), né à Saint-Thomas (Antilles), le 26 février 1814, de parents français. Venu à Paris en 1822, il y fit au collège Rollin (alors Sainte-Barbe) de bonnes études classiques et suivit comme externe les cours de l'Ecole des mines. De 1839 à 1843, il fit à ses frais ses voyages scientifiques aux Antilles, aux îles de Ténériffe et du cap Vert, se trouvait à la Guadeloupe lors du tremblement de terre (1843) et fut témoin, en 1855, de l'éruption du Vésuve. Membre de l'Académie des sciences, en remplacement de Dufrénoy en 1857, M. Sainte-Claire Deville a suplée M. Elie de Beaumont dans sa chaire de géologie au Collége de France depuis 1858 et en est devenu le titulaire en 1875. On a de lui, en dehors des articles publiés dans des journaux spéciaux : *Etudes géologiques sur les îles de Ténériffe et de Togo* (1846, in-4°) ; — *Voyage géologique aux Antilles et aux îles de Ténériffe et de Togo* (1847, in-4°) ; — *Lettres à M. Elie de Beaumont sur l'éruption du Vésuve*, insérées dans les *Comptes rendus de l'Académie* (1855); — *Eruption annuelle du volcan de Stromboli* (1858) ; — *Recherches sur les principaux phénomènes de météorologie et de physique terrestre aux Antilles*. T. I, comprenant : 1° *Observations sur le tremblement de terre du 8 février* 1873; 2° *Tableaux météorologiques* (1861, in-4°, avec carte); — *Sur les variations périodiques de la température* (1866, in-4°). M. Sainte-Claire Deville est décédé le 10 octobre 1876. Il avait été promu officier de la Légion d'Honneur en 1872.

SAINTE-CLAIRE DEVILLE (Henri-Etienne), né à Saint-Thomas (Antilles), le 11 mars 1818 ; frère du précédent. Après avoir terminé ses études classiques au collège Rollin (alors Sainte-Barbe), il se livra avec ardeur, dans un laboratoire construit à ses frais, aux études et aux recherches chimiques et physiques. Ses capacités le firent désigner en 1844 pour l'organisation de la Faculté des sciences de Besançon, dont il devint, l'année suivante, professeur de chimie et doyen. Maître de conférence et successeur de M. Balard à l'Ecole normale supérieure (1851), puis directeur du laboratoire de cette école, il a suppléé depuis 1853 M. Dumas dans la chaire de chimie à la Faculté des sciences de Paris. Il a été élu membre de l'Académie des sciences (section de minéralogie) le 29 novembre 1861 et promu commandeur de la Légion d'Honneur le 14 août 1868. Les travaux et les découvertes de M. Sainte-Claire Deville sont considérables et consignés dans un grand nombre de mémoires publiés dans les *Comptes rendus de l'Académie des sciences*, les *Annales de chimie et physique* ou d'autres revues ou journaux spéciaux. Les plus importants sont : *Mémoire sur les carbonates métalliques et leurs combinaisons* (1852); *Sur les trois états moléculaires du silicium; Sur la production des températures élevées* (1856), avec M. Debray, etc. On lui doit encore : *De l'Aluminium, ses propriétés, sa fabrication et ses applications* (1859); — *Acier. Rapport à l'Empereur sur la fusion de l'acier au four à reverbère sans emploi du creuset*; procédé de M. Sadre (1862); — *Métallurgie du platine et des métaux qui l'accompagnent* (1863, 2 vol.), avec M. Debray; — et une annotation de l'*Histoire d'une chandelle* de Faraday.

SAINTIN (Jules-Emile), née à Lemée (Aisne), le 14 août 1832. Elève de Drölling, Picot et Leboucher, il exposa au Salon de Paris en 1850 trois *Portraits*, dessins, et en 1853 un *Portrait*, dessin. Après un voyage aux Etats-Unis, où il séjourna dix ans, et d'où il envoya *Ray-Pukers, chiffonniers de New-York*, deux *Portraits* à l'huile et deux dessins (1859). Revenu en France, en 1862, il prit part à toutes les Expositions: *Poney express, transport de la malle de Placorville à Saint-Joseph* (Missouri); deux *Portraits*, dessins (1863); — *Femme de colon enlevée par des Indiens Peaux-Rouges*; le portrait de M. *Leboucher* (1864); — *La piste de guerre*, scène d'Indiens; *Vittoria* (1865); — *Marthe; Carmella* (1866); — *Le Lever*; *Michel-*

tiná (1867); — *Vittoria* et le portrait de M. Leboucher, déjà cités (Exp. U. 1867); — *Deuil de cœur*; *Annucia* (1868); — *Fleurs de deuil*; *Fleurs de fête* (1869); — *Indécision*; *Déception* (1870); — *Le deux novembre* 1871; *Les deux Augures* (1872); — *A quoi rêvent les jeunes filles*; *Le tombeau sans fleurs* (1873); — *Blanchisseuse de fin*; *Solitaire*; *La toilette du rosier* (1874); — *Pomme d'Api*; *Distraction*; *La Bouquetière* (1875); — *Le dernier ornement*; *La Soubrette indiscrète* (1876). A toutes ces expositions, en plus de ces peintures, M. Saintin était représenté par des dessins pastel. Il fut envoyé par la France comme membre du Jury des beaux-arts à l'Exposition du Centenaire de Philadephie. M. Saintin a obtenu des médailles aux Salons de 1866 et 1870.

SAINTIN (Louis-Henri), né à Paris, le 13 octobre 1846. Il suivit avec succès les ateliers de MM. Cointepoix de Blay, Pils et Saint-Marcel, et se consacra spécialement à la peinture du paysage. En 1867, M. Saintin débuta au Salon de Paris avec une *Mare sous bois au Val-Saint-Germain*, en hiver. Depuis, cet artiste a successivement exposé : *Hauteurs de la vallée de la Solle* (forêt de Fontainebleau), effet d'automne; *Effet du soir à Livry*, près Melun (1868); — *Vallée de la Solle en automne* (forêt de Fontainebleau); — *Bâteaux à charbon*, près la forge d'Ivry-sur-Seine (1869); — *L'automne* (forêt de Fontainebleau); *Bateau dragueur sur la Seine*, aux environs de Paris (1870); — *Une inondation*, ce tableau avait obtenu le prix du concours Troyon en 1871 (1872); — *Un sentier dans la forêt*, acquis par le ministère (1873); — *Pécheur raccommodant ses filets*; *La marée montante sur les côtes de Bretagne* (1875); — *Le reposoir aux mouettes*; *Pécheurs de homards* (1876).

SAINTPIERRE (Gaston-Casimir), né à Nimes, le 12 mai 1833. Elève de MM. Jalabert et Léon Cogniet dont il suivit l'atelier à partir de 1857, il se fit de bonne heure une honorable position parmi les peintres contemporains. En 1860, il fut chargé de décorer le chœur de la cathédrale d'Oran, où il exécuta un *Saint Louis débarquant à Tunis* et deux pendantifs : *Saint Jérôme* et *Saint Augustin*. Depuis son début au Salon de Paris, en 1861, où il avait envoyé un grand portrait, M. Saintpierre a suivi régulièrement toutes les expositions. Il a notamment exposé : *Délivrance de saint Pierre* (1863); — *Daphnis et Chloé* (1864); — *Léda* (1865); ce dernier tableau est au musée de Nîmes; — *Sommeil de la Nymphe*, placé au musée de Marseille; *La petite savoyarde* (1866); — *Jupiter et Phthie* (1867); — *Amour riant de ses coups*, au musée de Châteauroux (1868); — *Jeunesse*, tableau acquis pour la mairie de Nimes (1869); — *Fête de fiançailles israélites à Oran*; *Adieux*, scène juive, acquise pour le musée de Carcassonne (1870); — *Bacchante* (1872); — *Les cerises*, intérieur juif algérien; *Indifférence et tendresse* (1873); — *Nedjma*, l'odalisque; *Les premiers pas*, famille juive d'Alger, dans une maison mauresque (1874); —*Jeune chasseresse*; *Le bonheur de Bébé* (1875); — *Romance arabe*, souvenir de Tlemcen (1876). M. Saintpierre a reçu une médaille d'or au Salon de Paris en 1868.

SAISSET (Jean-Marie-Joseph-Théodose) né à Paris, le 13 janvier 1810. Elève de l'Ecole navale d'Angoulême, en 1825, il devint aspirant le 23 septembre 1827, enseigne de vaisseau le 31 janvier 1832, lieutenant de vaisseau le 10 avril 1837, capitaine de frégate le 3 février 1852 et contre-amiral le 9 mai 1863. Appelé en août 1870 au commandement supérieur des bataillons de matelots, il reçut, lors de l'investissement de Paris, l'ordre de s'y rendre et de prendre le commandement du fort de Rosny et du groupe des forts de l'Est (15 septembre). Il montra dans toutes les circonstances une grande bravoure, se fit remarquer surtout lors de l'occupation du plateau d'Avron et mérita d'être promu vice-amiral (décembre). Quoiqu'il eût refusé l'offre que lui firent beaucoup de Parisiens, dans la nuit du 29 janvier, d'organiser la résistance à outrance, il n'en fut pas moins élu par eux, le 8 février suivant, membre de l'Assemblée nationale, le septième sur quarante-trois. M. l'amiral Saisset a fait partie du groupe de députés désignés pour accompagner à Versailles M. Thiers et Jules Favre, lorsqu'ils s'y rendirent pour traiter les préliminaires de paix avec M. de Bismark. Mis à la tête des gardes nationaux qui n'avaient pas déserté la cause de l'ordre (20 mars), il chercha vainement à amener un rapprochement entre le Comité central et le gouvernement et, après avoir autorisé les gardes nationaux à rentrer dans leurs foyers, il donna sa démission et reprit sa place à l'Assemblée nationale. Membre du Centre-Gauche, il appuya la politique de M. Thiers, vota la proposition Rivet et le retour de l'Assemblée à Paris et prit la parole lors de la discussion sur les traités de commerce, contre l'abrogation desquels il se prononça, et au sujet de la marine marchande. Après le message de M. Thiers (novembre 1872), M. l'amiral Saisset passa au Centre-Droit et vota la prorogation des pouvoirs du maréchal Mac-Mahon. Il est grand-officier de la Légion d'Honneur depuis le 13 juillet 1872.

Son fils unique M. Louis-Marie-Edgard SAISSET, né à Paris, le 17 mai 1847, enseigne de vaisseau depuis 1868, nommé lieutenant de vaisseau le 11 janvier 1871, a été tué par un obus dans la nuit du 16 au 17 janvier 1871, au fort de Montrouge, lors du bombardement de Paris.

SAIVET (Mgr Joseph-Frédéric), né à Lectoure (Gers), le 12 août 1828. Il est issu d'une famille poitevine établie en Gascogne. Après avoir fait de brillantes études classiques au petit séminaire d'Auch, il commença, au grand séminaire de Poitiers, ses études de théologie qu'il compléta à Saint-Sulpice de Paris, et reçut l'ordination en 1851. A la fin de cette même année, il fut amené à Angoulême par Mgr Cousseau, et chargé de l'enseignement philosophique d'abord, puis de l'enseignement théologique au grand séminaire. Tombé malade par suite de ses laborieuses fonctions, il se rendit à Rome où notre ambassadeur, M. de Reyneval, le nomma recteur de Saint-Nicolas-des-Lorrains. Pendant les deux ans que M. l'abbé Saivet conserva cette position, il entreprit de grandes études, qui furent couronnées par le double doctorat en droit canon et en théologie. Rentré en France en 1858, et nommé chanoine d'Angoulême, il resta attaché à la personne de Mgr Cousseau, et fut chargé de conférences au lycée, et de la direction des œuvres de piété et de charité dans la ville épiscopale. En 1866, il fut nommé archiprêtre de la cathédrale; et, le 16 décembre 1872, un décret du gouvernement le désigna pour le siége épiscopal de Mende. Mgr Saivet, sacré à Poitiers, le 11 mai 1873, a été intronisé le 24 mai suivant. Il avait assisté, comme théologien de Mgr Cousseau, aux Conciles provinciaux d'Agen et de Poitiers, et au Concile œcuménique du Vatican. On a de lui de nombreux écrits sur l'*Angoumois*, des études sur *Carnac*, et des *Lettres sur la Hollande* qui firent sensation en 1864. Ses amis parlent d'une grande étude sur la *Sainte Eucharistie* qui pourrait voir le jour prochainement. Mgr Saivet a fait, en 1874, son premier voyage *ad limina apostolorum*.

SALLANDROUZE DE LAMORNAIX (Charles-Jean), né à Paris, le 27 mars 1809. Fils du grand industriel à qui l'on doit la fondation (1802) d'une des plus importantes manufactures de tapis qui soient en France, il suivit la carrière paternelle, et prit, en 1830, la direction des établissements d'Aubusson. Grâce à ses connaissances pratiques et à son activité, sa maison se maintint constamment à la hauteur de tous les progrès, et ne cessa de prospérer. A son tour devenu l'un des industriels les plus influents du pays, il fut appelé, en 1840, à siéger au Conseil général des manufactures.et chargé, un peu plus tard, d'une mission officielle en Espagne. En 1844, ses produits obtinrent une médaille d'or. Ainsi mis hors concours, il fit partie du jury de l'Exposition nationale en 1849, fut délégué par le gouvernement français à l'Exposition universelle de Londres (1851), et siégea de nouveau au jury de l'Exposition universelle de Paris, en 1855. Conseiller général pour le canton d'Aubusson en 1842, député de la Creuse en 1846, représentant du même département à l'Assemblée constituante en 1848, il déclina la candidature qui lui était offerte à l'Assemblée législative. Depuis 1852 jusqu'au jour de sa mort, il fut maintenu au Corps législatif par des électeurs de la 2e circonscription de la Creuse. Dans ces différentes assemblées parlementaires, il ne cessa d'affirmer des opinions tout à la fois conservatrices et très-libérales. Il a publié quelques travaux techniques : *Considérations sur la législation des brevets d'invention* (1829); — *Rapport sur l'organisation industrielle de l'Espagne* (1846); — *Lettres industrielles* (1846). En outre il a collaboré au *Dictionnaire des arts et manufactures* de M. Laboulaye. M. Sallandrouze de Lamornaix est décédé le 13 juin 1867. Il était officier de la Légion d'Honneur depuis le 1er janvier 1847.

SALLARD (Louis-Edmond), né à Paris, le 16 décembre 1827. Il fit ses études classiques au lycée Charlemagne. Reçu licencié en droit à la Faculté de Paris en 1849, il faisait son doctorat dans l'intention d'entrer dans la magistrature, lorsque les événements de 1851 le détournèrent de cette carrière. Il consacra dès lors tous ses loisirs à des études historiques et littéraires. Il publia en 1859 les deux derniers volumes de *Quinze ans du règne de Louis XIV* que son ami, Ernest Moret, mort en 1858, avait laissés inachevés. L'Académie française couronna cet ouvrage en 1859 et lui décerna le second prix Gobert. Elu conseiller général par le canton de Provins (Seine-et-Marne), il ne cessa d'affirmer en toute occasion ses idées sincèrement républicaines et collabora activement à la rédaction du *Travail*, journal du département supprimé en 1875 par arrêté préfectoral. Cette polémique et sa révocation comme maire de sa commune en faisaient désormais un des chefs les plus autorisés du parti républicain. M. Sallard contribua puissamment au succès des élections sénatoriales de Seine-et-Marne et fut nommé député au Corps législatif pour l'arrondissement de Provins, au second tour de scrutin (5 mars 1876), par 6352 voix contre M. d'Haussonville, ancien député à l'Assemblée nationale.

SALLÉ (Pierre), né à Bordeaux, le 10 mai 1835. Venu à Paris en 1861, il suivit avec succès les ateliers de Bonnefond et de H. Flandrin, et s'adonna de préférence à la peinture de genre. On lui doit aussi des portraits réussis. En 1864, il débuta au Salon de Paris avec la *Petite dormeuse*. Depuis, cet artiste a successivement exposé les tableaux suivants : *La petite tricoteuse* (1865); — *Intérieur rustique ; La cuisinière* (1866); — *Violoniste* (1868); — *Vignerons au pressoir*, à Jujurieux (Ain); *La dévideuse*, souvenir du Forez (1870) ; — un *Portrait* (1874); — *Intérieur de ferme pendant l'hiver* (1876). M. Sallé a obtenu des médailles aux expositions de Londres (1871) et de Lyon (1872).

SALLES (Jules), né à Nîmes, le 14 juin 1814. Il suivit l'atelier de P. Delaroche, et compléta son instruction artistique par des voyages en Italie et en Espagne. Puis il se consacra à la peinture de genre. Après avoir débuté au Salon de Paris, en 1859, avec *Contadina*, M. Salles a successivement exposé : *Moissonneuse de la campagne de Rome; Ecrivain public* (1861); — *Elemosina; Femme de la campagne de Rome donnant à boire à un berger; Idylle dans les Pyrénées; La toilette du dimanche* (1864); — *Sous le feuillage; Escalier du Capitole* (1865);— *Marchande de grenades* (1866); — *Juniola et ses compagnes; Pasquecia* (1867); — *Gitana dansant; Italienne* (1868); — *Un' baiocco è Mezzo* (Italie); *L'attente* (1870); — *Joueuse de violon ; Retour de pèlerinage* (1872); — *Marchande de fleurs; Annucia* (1873); — *Le déjeuner de Mignon; La soubrette indiscrète; Une Eve du XVIIIe siècle* (1874); — *Jeune fille de Plouaret* (Côtes-du-Nord); *La petite marchande de pensées; L'éducation d'Azor* (1875); — *Il fratellino; La dernière ressource* (1876).

SALMON (Alexandre-François-Florimond), né à Paris, le 6 juin 1816. Fils d'un employé du gouvernement, sans fortune, il commença par étudier l'architecture, pour laquelle il avait une réelle vocation, dans l'atelier de Mesnager; mais, en 1833, le défaut de moyens pour continuer ses études, le contraignit à s'engager dans la marine. Au sortir du service, en 1840, il reprit ses premiers travaux et parvint à surmonter les difficultés d'un art appris si tard et presque sans maître. En 1852, il était architecte-expert de la ville de Paris, à la préfecture de la Seine, et, en 1862, architecte-expert près les tribunaux. M. Salmon a été nommé chef du 39ᵉ bataillon de la garde nationale de la Seine en 1858, et administrateur de la caisse d'Epargne du VIIIᵉ arrondissement. On doit à cet habile architecte un grand nombre de constructions particulières, et notamment plusieurs beaux hôtels avenue de l'Impératrice et boulevard Haussmann. Comme travaux publics, on a de lui l'église américaine de la rue de Berri. M. Salmon a reçu la croix de la Légion d'Honneur en 1864.

SALMON (Charles-Auguste), né à Riche (Meurthe), le 27 février 1805. Il fit son droit à la Faculté de Paris, et prit place au barreau de la capitale. Entré dans la magistrature, après la révolution de 1830, comme substitut à Vic (Meurthe), il passa en la même qualité à Epinal, puis comme procureur du roi à Toul (1838). M. Salmon s'occupa spécialement de l'instruction primaire. Le département de la Meuse lui doit en grande partie l'institution de conférences pour les instituteurs. Il publia : *Conférences sur les devoirs des instituteurs primaires* (1842, 3ᵉ édit., 1845), ouvrage couronné par l'Académie française ; — *Questions de morale pratique* (1842) ; — *De la construction des maisons d'écoles, de leur conservation et de celle des mobiliers* (1860) ; — *Etude sur M. le comte de Serre* (1864). Procureur du roi à Saint-Mihiel en 1848, il fut élu représentant de la Meuse à l'Assemblée constituante, siégea à la Droite, fit partie de plusieurs commissions importantes, et remplit les fonctions de secrétaire au Comité de l'instruction publique. Réélu à l'Assemblée législative, il se rapprocha du centre, avec M. Dufaure, et se retira de la scène politique après le Coup-d'Etat. Procureur impérial à Charleville le 12 février 1853, avocat général à Metz le 11 mars 1855, président de chambre à la même Cour le 26 février 1870, premier président de la Cour de Douai le 22 novembre 1871, M. Salmon a été appelé à la Cour de cassation en 1874. Président du Conseil général de la Meuse, où il représente le canton de Vigneulles, depuis 1871, il a été élu sénateur pour ce département aux élections du 30 janvier 1876 par 406 voix. Il est officier de la Légion d'Honneur.

SALMON (Louis-Adolphe), né à Paris, en 1806. Elève d'Ingres et de M. Henriquel-Dupont, il suivit les cours de l'Ecole des beaux-arts et y remporta toutes les médailles. Il eut le second grand prix de gravure en 1830 et le grand prix de Rome en 1834. Pendant son séjour à Rome il fit des portraits de *Pie IX*, du *duc de Montebello*, du *duc de Rivas*, de la *princesse Borghèse*, née *Talbot-Threwsburg*, du *prince Sorlenia* (*dom Marino*) et de la *princesse d'Ora d'Istria*. Il a peint et gravé celui du *R. P. de Giromb*. M. Salmon s'était aussi adonné à l'aquarelle et, à la villa Médicis, où il étudia les gravures des anciens maîtres, il eut l'idée d'employer les deux procédés de la gravure et de l'aquarelle en les mêlant dans quelques compositions. Ces aquarelles d'un nouveau genre eurent un grand succès. Parmi celles exposées au Salon de Paris on distingue : le portrait d'*André Doria*, d'après Sébastien del Piombo, le portrait de la princesse *Victoire Colonna*, d'après Michel Ange ; *Galathée*, d'après Raphaël (1852, E. U. 1853) ; — le portrait de *Barthold et Baldus*, d'après Raphaël (1853) ; — une *Vierge*, d'après Léonard de Vinci ; *La Fortune* d'après le Guide ; *Hérodiade*, d'après Pordenone ; *Le joueur de violon*, d'après Raphaël (E. U. 1855). — Comme graveur il a exposé : le portrait de *Sébastien del Piombo*, d'après le Rosso (1853, E. U. 1855) ; — le portrait de M. Schneider, d'après P. Delaroche (1857) ; — le portrait de *la comtesse d'Agoult et de sa fille*, fac-similé d'après un dessin d'Ingres (1859) ; — *La charité*, d'après le tableau d'Andréa del Sarto, du Louvre (1863) ; — *Jules César*, d'après le dessin d'Ingres, pour l'*Histoire de J. César* (1865) ; — *Le Christ*, d'après A. Scheffer (1867) ; — *Apothéose de Napoléon Iᵉʳ*, d'après Ingres ; le portrait de *Victor Cousin*, d'après M. Lehmann (1874). M. Salmon a remporté une médaille de 2ᵉ classe en 1853, son rappel en 1857, 1859 et 1863, une médaille de 2ᵉ classe et la croix de la Légion d'Honneur à l'Exposition universelle de 1867, où ont reparu ses envois du Salon de 1857, 1859, 1863, et 1865.

SALNEUVE (Mathieu-Marie-Claude), né à Aigueperse (Puy-de-Dôme), le 15 janvier 1815. Il fit ses études classiques à Paris, au collége Bourbon (aujourd'hui lycée Fontanes) et suivit les cours de la Faculté de droit de Paris où il fut reçu licencié en 1836 et docteur en 1841. Etabli avocat à Riom en 1841, il entra dans la magistrature le 28 février 1847, comme juge-suppléant au tribunal civil de cette ville et devint successivement substitut et procureur de la République, juge et juge d'instruction dans divers tribunaux des ressorts de Riom et de Nîmes. De juge d'instruction à Riom, il passa le 21 octobre 1865, au poste de vice-président au tribunal civil de Clermont-Ferrand et donna, en 1873, sa démission à la suite de laquelle il fut nommé vice-président honoraire. M. Salneuve a montré dans ses fonctions une grande indépendance, et le jugement par lequel il acquitta l'*Indépendant du Centre*, poursuivi au sujet de la souscription Baudin, et l'*Auvergne*, poursuivi pour un article de vive polémique, le mit en évidence avec un grand éclat. Après le 4 Septembre 1870 il n'accepta d'autres faveurs que celles qui lui furent données par ses concitoyens. Il se présenta aux élections complémentaires du Puy-de-Dôme du 2 juillet 1871, avec une profession de foi franchement républicaine et fut élu député à l'Assemblée nationale par 68,000 suffrages. Il siégea sur les bancs de la Gauche-Républicaine. Aux élections du 30 janvier 1876 il a été élu sénateur pour le Puy-de-Dôme. M. Salneuve a publié en 1877 une étude politique, *Le respect de la loi sous la République*, et en 1875 un opuscule intitulé : *Des lois constitutionnelles et de leur application*.

SALVANDY (Paul, comte DE), né à Essonnes (Seine-et-Oise), le 13 juillet 1830 ; fils de l'ancien ministre de l'Instruction publique, membre de l'Académie française, décédé le 15 décembre 1856 et petit-fils par sa mère de l'illustre Oberkampf. M. Paul de Salvandy fit de bonnes études au collége Henri IV et suivit les cours de la Faculté de droit de Paris. Secrétaire du préfet de la Haute-Loire, le Coup-d'Etat du 2 décembre 1851 le fit revenir à Paris compléter ses études de droit. Licencié en 1851, il fit son stage sous les auspices de M. Berryer, fut secrétaire de la Conférence des avocats et reçut, en 1855, le diplôme de docteur sur une thèse intitulée : *Essai sur l'histoire et la législation des gains de survie entre époux* (1855). Chef d'un service important à l'administration centrale des chemins de fer de Paris-Lyon-Méditerranée, il publia, en 1866, une brochure intitulée : *Les chemins de fer devant l'opinion publique*. Il est maintenant membre du conseil d'administration de la même compagnie. Pendant le siége de Paris, M. de Salvandy servit dans le 19e bataillon de la garde nationale. Le 8 février 1871 il fut élu, par 40,114 voix, représentant de l'Eure à l'Assemblée nationale où il fit partie de la réunion Feray puis de celle du Centre-Gauche. Soutien de la politique de M. Thiers, il vota notamment: *pour* les propositions Rivet, Casimir-Perier et Malleville, le retour de l'Assemblée à Paris, la dissolution et la constitution du 25 février 1875 ; *contre* la proposition Ernoul (24 mai), l'acceptation de la démission de M. Thiers, le septennat, la loi des maires, etc. En septembre 1871 il défendit à la tribune la liberté de la presse, dans la question du transport des journaux. Aux élections de 1876 M. de Salvandy ne crut pas devoir accepter de nouveau de candidature dans le département de l'Eure. Il se présenta comme député dans l'arrondissement de Brives (Corrèze) où il échoua.

SALVETAT (Louis-Alphonse), né à Paris, le 17 mars 1820 ; fils de Pierre-Alphonse Salvetat, lieutenant-colonel de l'ex-garde impériale, licencié avec l'armée de la Loire, frère de la célèbre actrice Mlle Mars, de la Comédie-Française. Il fit de bonnes études au collége Bourbon (1833 à 1837), puis à l'Ecole centrale des arts et manufactures d'où il sortit en 1841, pour entrer à la Manufacture de Sèvres comme chimiste analyste et où il est devenu, en 1846, chef des travaux chimiques. M. Salvetat a été président de la Société des ingénieurs civils pendant l'année 1865. Il est professeur de technologie à l'Ecole centrale des arts et manufactures depuis 1846. Les premières leçons ne comportaient que les arts céramiques, il dut y adjoindre des leçons sur le blanchiment de teinture et l'impression sur tissus, puis y ajouter la métallurgie des métaux autres que le fer et ses dérivés (fer, fonte, acier). Ce cours porte le nom de technologie chimique. Membre des jurys des expositions internationales de Londres (1851 et 1862) et de Paris (1855), il fut membre du jury d'admission de celle de Paris en 1867, vient d'être nommé président du jury d'admission pour l'Exposition de 1878 ; il a été rapporteur en 1851-1855 et 1862. Auteur de nombreux mémoires publiés dans les *Annales de chimie et de physique* et de rapports insérés au *Bulletin* de la Société d'encouragement pour l'industrie nationale, il a publié en outre, après une coopération active au *Traité des arts céramiques* d'Alexandre Brongniart, coopération reconnue avec éloges par l'auteur lui-même, la 2e et la 3e édition de cet ouvrage devenu classique, corrigé et augmenté de notes et additions (1854 et 1877) ; — *Le recueil des travaux scientifiques* de J. Ebelmen, avec une notice sur l'auteur par M. Chevreul, de l'Institut (1855-1861, 3 vol.); — des notes et additions à l'*Histoire et fabrication de la porcelaine chinoise*, traduit du chinois par Stanislas Julien (1856) ; — *Leçons de céramique professées à l'Ecole centrale des arts et manufactures* (1857, 2 vol.) ; — *Histoire des poteries, faïences et porcelaines* par J. Marryat, traduit de l'anglais en collaboration avec M. le comte d'Armaillé (1866, 2 vol.); — *Cours de technologie chimique professé à l'Ecole centrale des arts et manufactures*. Album de 70 pl. cotées avec légende explicative (1876); — nombreux articles de fond dans le *Dictionnaire des arts et manufactures* de M. Laboulaye. M. Salvetat, lauréat de la Société industrielle de Mulhouse, est chevalier de la Légion d'Honneur (1855), de Charles III d'Espagne (1868) et de Santiago de Portugal (1873).

SALVY (Christophe-Louis-Firmin), né à Mauriac (Cantal), le 25 septembre 1815. Fils d'un avocat distingué qui termina sa carrière dans la magistrature, M. F. Salvy fit une grande partie de ses études classiques dans sa ville natale, et les compléta au collége Stanislas, en 1833. Licencié en droit de la Faculté de Paris, il prit place au barreau de Mauriac en 1838. A la nouvelle des événements de Février 1848, il donna sa démission d'adjoint au maire. Bientôt après, il alla se fixer à Riom, où l'appelaient d'anciennes relations et son mariage avec la fille d'un des plus honorables magistrats de cette ville. Inscrit au tableau des avocats de cette ville, il vécut, à partir de cette époque, en dehors de la vie publique, absorbé par ses travaux professionnels. Membre du Conseil de l'ordre depuis 1853, il fut élu bâtonnier en 1869. Cependant, il n'avait pas cessé d'entretenir de sympathiques rapports avec ses anciens concitoyens, auquel le recommandaient la notoriété de sa famille et ses idées bien connues d'indépendance, d'ordre et de conservation. Elu représentant du Cantal à l'Assemblée nationale, le 8 février 1871, M. Salvy a fait partie d'assez nombreuses Commissions, notamment de celle qui a déféré le pouvoir exécutif à M. Thiers. Il a été rapporteur de la loi sur le cautionnement des journaux. Tout à la fois membre des réunions extra-parlementaires du Centre-Gauche et du Centre-Droit, en principe il pencherait, comme beaucoup de ses collègues, vers une monarchie constitutionnelle ; mais, dans l'état actuel des esprits, il croit que la République seule est possible, et il s'y range sans hésitation.

SAND (Lucie-Aurore-Amentine Dupin, baronne Dudevant, comme sous le pseudonyme de George) née à Paris, le 5 juillet 1804. Son père, Maurice Dupin, parti volontaire sous la République ; aide de camp pu roi Murat, mort en 1808, était fils de Dupin de Francueil, fermier général, marié à la veuve du comte de Horn, fille naturelle de Maurice, maréchal de Saxe, fils naturel d'Auguste II, roi de Pologne et d'Aurore de Koenigsmark. Elevée jusqu'à l'âge de quatorze ans au château de Nohant par sa grand'mère Mme Dupin de Francueil, femme très-lettrée et de beaucoup d'esprit, Aurore Dupin montra dans sa jeunesse une remarquable intelligence et de grandes dispositions pour la poésie et le roman. En 1817 elle fut mise au couvent des dames anglaises à Paris, et y resta trois ans. Après la mort de sa grand'mère (1821), elle épousa en 1822 le baron Dudevant, officier retraité, mais ne trouvant pas dans ce mariage l'idéal de bonheur qu'elle avait rêvé, elle se sépara volontairement de son époux (1831) et vint à Paris avec l'intention de suffire à ses besoins par le pinceau, le crayon ou la plume. Elle avait fait, en 1830, à Nohant, la connaissance de M. Jules Sandeau, et c'est avec lui qu'elle collabora, sous le nom de « Jules Sand » au roman *Rose et Blanche* (1831). Abandonnant son collaborateur, elle écrivit seule, et sous le pseudonyme de « George Sand », *Indiana* (1832, 2 vol.), roman qui eut un grand succès ; *Valentine* (1832) ; *Lélia* (1833, 2 vol.). De retour d'un voyage à Venise, elle publia ses impressions dans les *Lettres d'un voyageur* (1834) et *Le secrétaire intime* (1834, 2 vol.). Depuis, elle donna : *Jacques* (1834) ; *André* ; *Léone Léoni* (1835) ; *Simon* (1836) ; *Mauprat* ; *les Maîtres mosaïstes* ; *la Dernière Aldini* (1837), *l'Uscoque* ; *un Hiver à Majorque* ; *Spiridion* (1838) ; *les Sept cordes de la Lyre* (1840) ; *le Compagnon du Tour de France* ; *Horace* (1841) ; *Consuelo* (1842) , suivi de la *Comtesse de Rudolstadt* (1843) ; *Jeanne* (1844) ; *le Meunier d'Angibault* (1845) ; *la Mare au Diable* ; *Isidora* ; *Feverino* (1846) ; *Lucrezia Floriani* ; *le Péché de M. Antoine* (1847) ; *la Petite Fadette* (1849) ; *Mont-Révêches* (1850) ; *les Maîtres sonneurs* ; *la Filleule* (1853) ; *Histoire de ma vie* (1854) ; *le Diable aux champs* (1856) ; *Elle et lui* ; *les Beaux Messieurs de Bois Doré* (1858) ; *les Dames vertes* ; *l'Homme de neige* (1859) ; *Jean de la Roche* ; *Constance Verrier* (1860) ; *Valvèdre* ; *la Famille Germandre* ; *la Ville noire* ; *le Marquis de Villemer* (1861) ; *Tamaris* (1862) ; *Mademoiselle La Quintinie* (1863) ; *Laure* (1864) ; *la Confession d'une jeune fille* (1865) ; *Monsieur Sylvestre* (1866) ; *le Dernier amour* (1867) ; *Cadio* (1868) ; *Mademoiselle Merquem* (1868) ; *Pierre qui roule* (1869) ; *Flavie* ; *la Daniella* ; *la Filleule* ; *Narcisse* ; *Promenades autour d'un village* ; *les Amours de l'âge d'or* ; *Césarine Dietrich* ; *Journal d'un voyageur pendant la guerre*. Parmi les pièces de théâtre de Mme Sand, dont quelques-unes ont eu un grand succès, nous citerons : *Cosima* (1840) ; *le Roi attend* (1848) ; *François le Champi* (1849) ; *Claudie* (1851) ; *le Mariage de Victorine* (1851) ; *le Démon du Foyer* (1852) ; *les Vacances de Rodolphe* (1852) ; *Molière* (1853) ; *le Pressoir* (1853) ; *Mauprat* (1853) ; *Flaminio* (1854) ; *Lucie* (1856) ; *Maître Favilla* (1855) ; *Comme il vous plaira* (1856) ; *Françoise* (1856) ; *les Beaux Messieurs de Bois Doré* (1862), en collaboration avec M. Paul Meurice ; *le Pavé* (1862) ; *le Marquis de Villemer* (1864) ; *le Drac* (1864), en collaboration avec M. Paul Meurice ; *les Don Juan du village* (1866), en collaboration avec son fils, Maurice Sand ; *le Lys du Japon* (1866) ; *Cadio* (1868) ; *la Petite Fadette* (1869), musique de Semet ; *l'Autre* (1870), etc. Elle a collaboré à un grand nombre de journaux ou revues. Mme George Sand est décédée le 8 juin 1876 à Nohant, au milieu de ses enfants et de ses amis.

SAND (Maurice, baron Dudevant, dit Maurice), né à Paris, le 30 juin 1823 ; fils de la précédente. Après avoir fait de bonnes études au lycée Henri IV, il entra de bonne heure en relation avec les artistes et littérateurs de renom qui fréquentaient le salon de sa mère et se fit une certaine notoriété comme peintre et comme naturaliste. M. Maurice Sand épousa en 1862 Mlle Marceline Calamatta, fille du célèbre graveur et petite-fille du sculpteur Houdon. Comme homme de lettres, il a collaboré à la *Revue de Paris* et à la *Revue des Deux-Mondes*, et publié les ouvrages suivants : *Masques et bouffons*, comédie italienne. Texte et dessins par lui ; gravures par A. Manceau ; préface par sa mère (1859, 2 vol.) ; — *Six mille lieues à toute vapeur* (1862), récit d'un voyage autour du monde ; — *Callirhoë* (1864) ; — *Raoul de La Chastre*. Aventures de guerre et d'amour (1865) ; — *Le Monde des papillons*, texte et dessins (1866) ; — *Le Coq aux cheveux d'or* (1867) ; — *Miss Mary* ; *Mlle Azote*, *André Beauvray* (1868) ; — *L'Augusta* (1869) ; — *Mademoiselle de Cérignan* (1874). Au théâtre, il donna *Arlequin ravisseur*, grande pantomime aux Folies-Nouvelles (1858), musique d'Hervé, puis en collaboration avec sa mère les *Don Juan de village* (1866). Comme peintre, il a suivi l'atelier d'Eugène Delacroix et exposé aux Salons de Paris : *Léandre et Isabelle recevant les hommages des divers types de la comédie italienne et française* ; *Le grand bissexte*, son Etat ; *Le Loup-Garou* (1857) ; — *Le meneur de loups*, et douze dessins au fusain sur les visions de la nuit (1859) ; — *La Ville, un jour de marché à Pompeï* ; *La campagne, la vallée Albane et la voie latine*, aquarelles, *Muletiers* (1861) : — *Un entr'acte au théâtre d'Herculanum*, aquarelle (1861), etc. M. Maurice Sand a publié en 1858 : *Les légendes rustiques*, album de 12 lithographies, texte de George Sand. Il a reçu la croix de la Légion d'Honneur en 1866 et la médaille de 2e classe pour belles actions en 1866.

SANDEAU (Léonard-Sylvain-Jules), né à Aubusson, le 19 février 1811. Elève de la Faculté de droit de Paris, il noua des relations dans le monde des lettres, fit la connaissance de Madame Dudevant, écrivit avec elle un roman : *Rose et Blanche* (1831), qui fut signé d'abord « Jules Sand » et plus tard George Sand, et s'abandonna complètement à son penchant pour la littérature, qui lui préparait une si brillante carrière. On doit à M. Jules Sandeau beaucoup de romans, dont la plupart ont paru dans des recueils et des revues, avant d'être édités à part : *Madame de Sommerville* (1834, 3 vol.) ; — *Les Revenants* (1836, 2 vol.) ; — *Le jour sans lendemain* (1836) ; *Marianna* (1839, 2 vol.) ; — *Le docteur Herbeau* (1841, 2 vol. ; — *Vaillance et Richard* (1843) ; —

Fernand (1844); — *Catherine* (1845); — *Valcreuse* (1846, 2 vol.); — *Mademoiselle de la Seiglière* (1848, 2 vol.); — *Madeleine* (1848); — *La chasse au roman* (1849, 2 vol.); — *Un héritage* (1850, 2 vol.); — *Sacs et parchemins* (1851, 2 vol.); — *Le château de Montsabrey* (1853); — *Olivier* (1854); — *La maison Penarvan* (1858); — *Un début dans la magistrature* (1862); — *La roche aux mouettes* (1871), etc. Au théâtre, M. Jules Sandeau a fait jouer plusieurs pièces qui ont obtenu des succès retentissants : Au Théâtre-Français : *Mademoiselle de la Seiglière* (5 actes, 1851), *La pierre de touche* (5 actes, 1854), *La maison de Penarvan* (1863); — au Gymnase : *Le gendre de M. Poirier* (4 actes, 1854), etc. Élu membre de l'Académie française, en février 1858, en remplacement de Brifaut, il est devenu, la même année, bibliothécaire à la bibliothèque Mazarine. Conservateur adjoint à la même bibliothèque, M. Jules Sandeau fut nommé, en 1860, bibliothécaire du château de Saint-Cloud. Il a été promu officier de la Légion d'Honneur en 1863.

SANSAS (Pierre), né à Bordeaux, le 13 décembre 1804. Il fit son droit à la Faculté de Toulouse, après avoir été plusieurs années principal clerc d'avoué, prit place au barreau de sa ville natale en 1835, et ne tarda pas à jouir d'une certaine influence due tout à la fois à la grande habitude des affaires, à son désintéressement et au libéralisme inébranlable de ses opinions. Nommé membre du Conseil municipal de Bordeaux aux élections triennales de 1846, adjoint au maire en 1848, il manifesta énergiquement ses croyances républicaines dans la *Tribune de la Gironde*, et fut exilé après le Coup-d'État de décembre 1851. Il séjourna quatre ans en Espagne, et rentra provisoirement en France pour raison de santé; mais, en 1858, objet de nouvelles rigueurs, il fut arrêté par mesure de sûreté générale et interné en Algérie, où il exerça sa profession à Constantine jusqu'en 1860. De retour dans sa ville natale, par suite de l'amnistie générale de 1859, il reçut de nouveau le mandat de conseiller municipal ; et, le 5 novembre 1870, le gouvernement de la Défense nationale lui confia les fonctions d'avocat général près la Cour de cette ville. Au mois de mai 1871, il fut révoqué à cause de ses opinions politiques; mais, aux élections complémentaires du 2 juillet suivant, 75,000 suffrages l'envoyèrent à l'Assemblée nationale. A la Chambre, M. Sansas a siégé sur les bancs de la Gauche. Il a été élu député de la Gironde pour la 2e circonscription de Bordeaux, au second tour de scrutin, le 5 mars 1876. M. Sansas a collaboré, depuis longues années, à tous les journaux républicains de Bordeaux et à diverses revues périodiques. Il a publié plusieurs *Mémoires* dont l'un, sur les *Origines municipales de Bordeaux*, a été récompensé d'une médaille d'or par l'Académie des sciences, belles-lettres et arts de cette ville. Il est décédé le 5 janvier 1877.

SANSON (André), né à Matha (Charente-Inférieure), le 25 octobre 1826. Ses études classiques dans une institution privée de la petite ville de Chefboutonne (Deux-Sèvres) terminées, il suivit, de 1844 à 1848, les cours de l'Ecole vétérinaire d'Alfort. Nommé en 1856, chef des travaux chimiques à celle de Toulouse, il est devenu, en 1872, professeur de zoologie et zootechnie à l'Ecole d'agriculture de Grignon. M. Sanson a publié: *L'espèce bovine de l'Ouest et son amélioration* (1858); — *Les missionnaires du progrès agricole* (1858); — *Le meilleur préservatif de la rage. Etude de la physionomie des chiens et des chats enragés, lésions, causes, degré de contagion* (1860); — *Les principaux faits de la chimie*; — *Mémorial thérapeutique du vétérinaire praticien pour 1861* (1861); — *Notions usuelles de médecine vétérinaire* (1863); — *Economie du bétail*, 1re partie: *Organisation et fonctions physiologiques. Hygiène* (1865); — *Science sans préjugés* (1865); — *Semaines scientifiques* (1866); — *Principes généraux de la zootechnie* (1866); — *Applications de la zootechnie* (1867, 2 vol.); — *Hygiène des animaux domestiques* (1870); — *Traité de zootechnie* (1874). Il a été rédacteur en chef du journal la *Culture* où il a publié, de 1859 à 1870, un grand nombre d'articles, et rédacteur de la partie scientifique du journal la *Presse* de 1862 à 1865. Il a publié en outre plusieurs mémoires et articles dans le *Journal de l'anatomie et de la physiologie de l'homme et des animaux*, de Charles Robin, dans la *Philosophie positive*, dans les *Mémoires* de la Société centrale d'agriculture de France et dans les *Annales des sciences naturelles*.

SANSON (Justin-Chrysostôme), né à Nemours (Seine-et-Marne), le 8 août 1833. Brillant élève de M. Jouffroy, il remporta le grand prix de Rome pour la statuaire, en 1861, sur le sujet suivant: *Chryseïs rendue à Chrysès son père*, bas-relief. La même année il débuta au Salon de Paris avec un *Diogène demandant l'aumône aux statues*, bas-relief en plâtre. De Rome il envoya *Oreste endormi*, bas-relief en plâtre (1863) et le *Danseur de saltarelle*, statue en plâtre (1866), qui reparut en bronze à l'Exposition universelle de 1867. Depuis, M. Sanson a exposé: *Suzanne surprise au bain*, statue en plâtre (1868); — *La Pieta*, groupe en plâtre; *Danseur romain*, statuette en bronze (1869); — le médaillon en bronze du docteur *Goupil* (1870); — le modèle en plâtre du *Fronton du Palais de Justice d'Amiens* (1873); — *Jeune garçon*, buste en marbre (1875); — *Pieta*, groupe en marbre (1876). Il a exécuté pour les monuments publics la *Paix*, la *Guerre*, la *Science* et l'*Histoire*, dessus de porte, bas-reliefs en pierre, pour la cour du Carrousel, entrée de la nouvelle salle des Etats (1869) ; — *L'Architecture*, bas-relief, plafond pour l'escalier du pavillon Mollien du nouveau Louvre (1870); — *Saint Pierre*, statue en pierre pour l'église Saint-François Xavier (1873); — *La Loi*; *La Justice*, statues en pierre pour le Palais de Justice d'Amiens (1874); — *La musique*, l'un des quatre pendentifs de la salle du Nouvel-Opéra (1875); — *Le fronton du nouveau Palais de Justice d'Amiens* (1875-1876). M. Sanson a obtenu une médaille au Salon de 1866, une médaille de 3e classe à l'Exposition universelle de 1867, une médaille en 1869 qui le mit hors concours, et la croix de la Légion d'Honneur à la suite du Salon de 1876.

SARCEY (Francisque), né à Dourdan (Seine-et-Oise), le 8 octobre 1827. Brillant élève du lycée Charlemagne, et lauréat du concours général, il entra à l'École normale en 1848, en même temps que MM. Taine, Libert, et About. Au sortir de l'École, il fut envoyé, comme professeur de troisième à Chaumont. Puis il fit successivement les classes de rhétorique à Lesneven (Finistère), de quatrième à Rodez, de seconde et ensuite de philosophie à Grenoble. C'est dans cette dernière résidence qu'il eut l'idée de faire paraître, dans un petit journal, quelques articles de philosophie et de morale, articles qui soulevèrent contre lui des susceptibilités universitaires. Il offrit sa démission ; on lui donna un congé. Alors il se consacra au journalisme, entra au *Figaro*, où il débuta sous le pseudonyme de « Satané Binet » et de « S. de Suttiéves », et y fit paraître des études de critique contemporaine. Puis il passa à la *Revue européenne*, et lors de la fondation de l'*Opinion nationale*, en 1859, il prit dans ce journal la rédaction du feuilleton des théâtres, où il s'est affirmé comme l'un de nos meilleurs écrivains critiques. Depuis 1868, M. Francisque Sarcey a fourni des articles, à beaucoup de revues et feuilles périodiques, tels que la *Revue nationale*, l'*Illustration*, le *Nain jaune*, la *Nouvelle revue de Paris*, etc. Il a été un des collaborateurs les plus assidus du *Gaulois*. Correspondant politique de plusieurs journaux de la province et de l'étranger, il a écrit aussi une revue bibliographique dans la *Semaine universelle* de Bruxelles. Ses articles de polémique l'ont plus d'une fois exposé à l'animosité de ses adversaires, et l'ont engagé dans plusieurs affaires d'honneur, telles que ses duels avec M. Aurélien Scholl et M. Clément Duvernois, alors rédacteur principal de la *Liberté*. M. Francisque Sarcey a pris une part active aux conférences libres de l'Athénée, du boulevard des Capucines, de la Gaîté, etc ; et y a souvent traité, avec autant d'humeur que d'autorité, les questions relatives au théâtre. On lui doit : *Le nouveau seigneur du village* et *Le mot et la chose* (1862) ; — *Le siège de Paris* (1871), ouvrage qui a eu 30 éditions en six mois. Il a fait paraître en ces derniers temps *Etienne Moret*, étude philosophique sur le suicide, et *Le piano de Jeanne*, nouvelle d'un ton agréable. Il est aujourd'hui critique dramatique au *Temps* et il écrit tous les jours au *XIXᵉ Siècle* des articles de polémique anticléricale.

SARDOU (Victorien), né à Paris, le 7 septembre 1831. Son père, Antoine-Léandre Sardou, ancien chef d'institution, professeur à l'École de commerce et des arts industriels de Charonne, puis professeur à l'École ottomane de Paris, et à qui l'on doit un grand nombre d'ouvrages pédagogiques, était plutôt en mesure de lui inculquer les éléments d'une solide instruction que de lui assurer un avenir fortuné. Cependant, il commença ses études médicales à la Faculté de Paris ; mais il les abandonna bientôt pour se consacrer aux belles-lettres, et notamment à la littérature dramatique. Dans le même temps il donnait, pour vivre, des leçons particulières à des élèves des classes supérieures, et collaborait à des publications quotidiennes ou périodiques. Son mariage avec Mlle de Brécourt, en 1858, lui créa des relations influentes dans le monde du théâtre et ménagea, à son talent original et fécond, l'accès des directions. En peu de temps, il devint l'auteur dramatique à la mode, et ses succès dépassèrent, comme éclat et comme persistance, ceux de la plupart de ses devanciers. M. Victorien Sardou a fait jouer : à l'Odéon : *La taverne des étudiants* (1854) ; — — au Palais-Royal : *Les gens nerveux* (1861) ; *Les pommes du voisin* (1864) ; *Le magot* (1874) ; — au théâtre Déjazet : *Candide* ; *M. Garat* ; *Les premières armes de Figaro* ; *Les prés Saint-Gervais* (1860 à 1862) ; *Le dégel* (1864) ; — au Gymnase : *Les pattes de mouche* ; *Piccolino* (1861) ; *La perle noire* ; *Les ganaches* (1862) ; *Don Quichotte* (1864) ; *Les vieux garçons* (1865) ; *Nos bons villageois* (1866) ; *Séraphine* (1868) ; *Fernande* (1870) ; *Andréa* (1873) ; *Ferréol* (1875) ; — au Vaudeville : *Les femmes fortes* ; *L'écureuil* ; *Nos intimes* (1861) ; *Les diables noirs* (1863) ; *La famille Benoîton* (1865) ; *Maison neuve* (1866) ; *Rabagas* (1872) ; *Oncle Sam* (1873) ; *Dora* (1877) ; — au Théâtre-Français : *La papillonne* (1862) ; — à la Porte-Saint-Martin : *Patrie* (1869) ; — à la Gaîté : *La haine* (1874) ; — aux Variétés : *Les merveilleuses* (1873). Il a écrit aussi les livrets de deux opéras, joués à l'Opéra-Comique : *Bataille d'amour*, avec M. Daclin, musique de M. Vaucorbeil (1863), et *Le capitaine Henriot*, avec M. G. Vaez, musique de M. Gévaërt (1863). En dehors de ses productions dramatiques, il a publié : *La perle noire*, roman (1862). M. Victorien Sardou a reçu la croix de la Légion d'Honneur le 14 août 1863.

SARI (Napoléon-Emmanuel Stefanini, dit Léon), né le 20 décembre 1824, au château de Prangins (Suisse), propriété du roi Joseph, ex-roi d'Espagne, dont le père de M. Léon Sari, ancien officier de marine, était le commensal. Passé, jeune encore, en Corse, il fit ses études au collège d'Ajaccio, vint à Paris et fut admis en 1843 à l'École polytechnique qu'il quitta en 1845 pour entrer dans le journalisme. Il écrivit d'abord à l'*Epoque*, dirigée par M. Solar, puis fonda avec M. Vitu, en 1852, l'*Almanach des théâtres*. De 1848 à 1852 il fut chargé de l'éducation du prince Joachim Murat. Collaborateur au *Diogène* (1864), au *Pays* et à l'*Etendart*, où il traita surtout les sujets littéraires et artistiques, il publia l'*Annuaire du théâtre* (1863) contenant des biographies d'artistes. C'est dans la direction des théâtres que se distingua M. Sari. Après avoir été attaché à la section des théâtres au ministère d'État, il fut désigné par M. Camille Doucet pour la direction de l'Odéon, mais M. de La Rounat ayant été nommé, grâce à l'appui de M. de Morny, il n'obtint que le privilège des Délassements-Comiques (1855). Il ne tarda pas à redonner la vogue à ce petit théâtre, avec les revues suivantes : *L'Almanach comique*, les *Délassements en vacances*, *Folichons et Folichonettes*, *Allez vous asseoir*, etc. Après les expropriations du boulevard du Temple (1860), ce théâtre fut transféré rue de Provence puis, exproprié de nouveau, il ne fut pas réédifié. M. Sari, redevenu (1864) rédacteur au *Pays* et à l'*Etendart*, créa en 1865 l'Office et l'agence des théâtres qui, après avoir d'abord réussi, ne tardèrent pas à tomber ensuite des faillites de quelques théâtres. En même temps il était directeur-fondateur de l'Athénée où il fit jouer avec succès : *Les horreurs de la guerre, le Vengeur, l'Amour et son carquois.* Depuis, M. Léon Sari dirige les Folies-Bergère où il a su attirer la foule par le choix exquis de ses spectacles et des divertissements variés qu'il sait lui offrir.

SARLANDE (François-Albert), né le 29 avril 1847, à Alger où son père, officier de la Légion d'Honneur, a rempli de 1858 à 1870 les fonctions de maire. Après avoir fait de bonnes études au lycée de sa ville natale, il suivit les cours de la Faculté de droit d'Aix et fut reçu licencié en 1867. Etabli dans ses riches propriétés de la Dordogne, M. Sarlande est devenu un agriculteur distingué. Il est, depuis 1875 maire de Cantillac. Aux élections du 20 février 1876, il se présenta dans ce département, avec une profession de foi franchement bonapartiste et fut élu député pour l'arrondissement de Nontron, au second tour de scrutin, le 5 mars 1876.

SARRETTE (Herman), né à Lacaussade (Lot-et-Garonne), le 18 octobre 1822. Grand propriétaire dans le canton de Mont-Flanquin, qu'il représente au Conseil général de ce département dont il est le vice-président, M. H. Sarrette s'engagea pendant la guerre, comme simple soldat, dans un bataillon de mobiles où son fils était officier. Le 8 février 1871, il fut envoyé par 55,825 voix comme représentant de Lot-et-Garonne à l'Assemblée nationale où il prit la parole, lors de la discussion de la loi sur le service militaire. Il fit partie du groupe de l'Appel au peuple et se rendit à Chistelhurst le 16 mars 1874, à la majorité du Prince impérial. Aux élections du 20 février 1876, il se représenta avec une profession de foi dont nous avons extrait les lignes suivantes : « Pendant vingt ans j'ai servi et défendu l'Empire avec l'indépendance absolue de mon caractère et de ma position. C'est avec douleur que je l'ai vu renversé par une révolution faite en face de l'ennemi et j'ai toujours pensé que son rétablissement serait le résultat nécessaire d'une libre manifestation de la volonté nationale, etc. » Il fut élu député pour l'arrondissement de Villeneuve, à une grande majorité, par 14,119 voix.

SARRIEN (Jean-Marie-Ferdinand), né à Bourbon-Lancy (Saône-et-Loire), le 15 octobre 1840. Il fit ses études classiques à Moulins et son droit à la Faculté de Paris. Reçu licencié en 1863, il se fit inscrire au barreau de Lyon où il resta jusqu'en 1870. En qualité de capitaine des mobilisés de Saône-et-Loire, il fit la campagne de Dijon et reçut en récompense de ses services la croix de la Légion d'Honneur le 17 septembre 1871. Fixé depuis dans sa ville natale, il en devint le maire après la mort de son père (octobre 1871), qui avait été investi de ces fonctions après la révolution du 4 Septembre. Révoqué après le 24 mai 1873, M. Sarrien a été réintégré dans ses fonctions municipales le 17 mai 1876. Il représente le canton Bourbon-Lancy au Conseil général de Saône-et-Loire depuis le 8 octobre 1871. Aux élections du 20 février 1876, il a été élu député de ce département par la 2ᵉ circonscription de Charolles. A la Chambre il siège à gauche.

SAULCY (Louis-Félicien-Joseph Caignart de), né à Lille, le 19 mars 1807, d'une des plus vieilles familles de l'Artois. Admis en 1826, à l'Ecole polytechnique, il en sortit pour entrer dans l'artillerie et consacra dès lors tous ses loisirs aux études archéologiques et numismatiques, pour lesquelles il avait manifesté, tout enfant, une vocation prononcée. Entré dans le 9ᵉ régiment et attaché à la ville de Metz par un mariage qui l'alliait à une des bonnes familles du pays, il fut, sans l'avoir sollicité, choisi par les généraux Piobert et Morin, pour les seconder dans le professorat qu'ils exerçaient à l'Ecole d'application. Il quitta donc la garnison de Valence pour revenir à Metz. Presque aussitôt, il fut nommé membre titulaire de l'Académie de cette ville et, à partir de ce moment, il commença ses publications scientifiques qu'il n'a pas cessé depuis lors. En 1836, il avait déjà remporté deux des prix fondés par l'Académie des inscriptions et belles-lettres de l'Institut de France, qui l'élut correspondant le 8 mars 1839. Dès l'année précédente, il avait remplacé le général Morin comme professeur de mécanique appliquée. Mais, se sentant plus de goût pour l'érudition proprement dite, que pour les mathématiques, il obtint, grâce à la protection du duc d'Orléans, la place de conservateur du Musée d'artillerie de Paris. Un an après, il était élu membre de l'Académie des inscriptions et belles-lettres, en remplacement de Mionnet, qui l'avait, en mourant, désigné lui-même au choix de ses confrères. Se sentant de plus en plus porté vers les problèmes obscurs de la numismatique et de l'épigraphie, il aborda successivement l'étude des monnaies byzantines, celtibériennes, phéniciennes et arabes, des inscriptions phéniciennes, démotiques-égyptiennes et cunéiformes assyriennes, sans négliger notre numismatique nationale, encore si peu connue. On peut dire que si parfois, il a commis des erreurs qu'évitent seuls ceux qui ne font rien, il a été le premier à les reconnaître avec une entière bonne foi, témoignant toujours sa reconnaissance à ceux qui lui prouvaient qu'il s'était trompé. En revanche, il a sans cesse repoussé vivement les attaques de ceux qui, ne lui pardonnant pas la multiplicité de ses travaux, en concluaient à priori qu'ils devaient, pour cette raison, être mauvais. L'affirmer, n'était point le prouver : Souvent, M. de Saulcy l'a démontré rudement à ses adversaires. C'est à lui qu'appartient l'honneur des premiers déchiffrements raisonnés des inscriptions cunéiformes assyriennes, malgré les efforts qui ont été injustement tentés pour essayer de faire le silence autour de ses premières découvertes en ce genre. Ayant perdu sa femme en 1850, il partit pour l'Orient accompagné de son fils, de l'abbé Michon et de MM. Edouard Delessert, Léon Belly et Léon Loysol, explora les deux rives de la Mer morte et le territoire des villes de la Pentapole. Lorsqu'au retour, il annonça hautement avoir retrouvé les ruines de Sodome et des autres villes maudites, que la scolastique prétendait ensevelies dans le lac asphaltite, un tollé général s'éleva contre le voyageur; mais depuis lors, la géologie et le bon sens ont prouvé qu'il avait raison. Il soutint aussi que les tombeaux connus à Jérusalem sous le nom de *Tombeaux des rois*, étaient bien réellement ceux des rois de Juda. De là surgirent encore de grands débats dans le monde savant ; on a prétendu et imprimé que M. de Saulcy se défendit avec esprit, mais avec une vivacité d'allure plus militaire que scientifique ; ce qui n'est pas exact. On a prudemment rejeté sur la vivacité militaire, comme ne valant pas la peine d'être discutés, les arguments sérieux auxquels on ne savait que répondre. Plus que jamais, il affirme la thèse qu'il a posée hardiment et il est loin maintenant d'être seul de son opinion. Parfois la vérité est longue à se faire accepter, mais elle y arrive toujours en fin de compte. Son *Voyage autour de la Mer morte et dans les terres bibliques* a paru de 1852 à 1854 (2 vol. de texte avec un atlas). En 1863, il est retourné en Palestine avec l'abbé Michon et MM. Gélis, Salzmann, Mauss et le baron de Behr. De ce nouveau voyage est résulté une autre publication (2 vol. de texte, accompagnés de cartes et de planches). C'est pendant cette exploration qu'il a, le premier, fixé la position du mont Nébo, au sommet duquel Moïse vint mourir après avoir contemplé de loin la Terre Sainte sur laquelle il lui était interdit de poser le pied. Une reconnaissance complète du pays d'Ammon a été le fruit de cette seconde expédition. Parmi les autres ouvrages de M. de Saulcy, nous citerons : *Essais de classification des monnaies byzantines et des monnaies autonomes de l'Espagne* (1840) ; — *Recherches sur les monnaies des évêques et de la cité de Metz, des ducs de Lorraine, des comtes et ducs de Bar et des croisades* (1841 et 1842) ; — *Etudes sur la numismatique judaïque* ; — *Histoire de l'art judaïque, d'après les textes sacrés et profanes* (1858) ; — *Les campagnes de Jules César dans les Gaules* (1862) ; — *Les derniers jours de Jérusalem* ; — *L'histoire d'Hérode, roi des juifs*, etc. M. de Saulcy a encore consigné le fruit de ses recherches dans les *Mémoires de l'Académie des inscriptions et belles-lettres*, dans le *Journal asiatique*, dans la *Revue archéologique*, dans la *Revue numismatique*, dans la *Revue des Deux-Mondes*, dans la *Revue contemporaine*, le *Constitutionnel*, etc. Il a été, en 1852, un des fondateurs de l'*Athénéum français*. En 1857, il a fourni une revue scientifique hebdomadaire au *Courrier de Paris*, une autre, plus tard, à l'*Opinion nationale*. C'est un des antiquaires les plus heureusement doués de notre pays ; dessinateur habile, musicien agréable, il joint les qualités de l'artiste aux connaissances de l'archéologie. M. de Saulcy a été nommé sénateur le 14 novembre 1859, promu le 25 avril 1847 au grade d'officier de la Légion d'Honneur et, le 13 août 1862, à celui de commander. Il a épousé en secondes noces Mlle de Billing, fille du diplomate de ce nom, devenue dame du palais de l'Impératrice.

SAULNIER (Louis-Pierre-Frédéric), né à Paris, le 29 novembre 1831. Il fit de bonnes études au collége de Quimper et son droit à la Faculté de Rennes. Avocat en 1852 et inscrit au barreau de Rennes, il entra dans la magistrature en 1857, comme juge suppléant au tribunal de Nantes et passa en la même qualité aux Andelys en 1858. Juge à Pont-l'Evêque (1860), à Louvier (1861) et au Havre (1869), M. Saulnier est depuis 1874 président du tribunal civil de Dieppe. A l'âge de dix-sept ans, il publia sous le pseudonyme de Francis-Siméon, dans l'*Impartial de Quimper*, plusieurs poésies, participa à la rédaction du *Conciliateur* de Rennes devenu l'*Auxiliaire breton*, de 1850 à 1857, et rédigea le *Bulletin des arrêts de la Cour impériale de Rennes* de 1854 à 1857. Il a aussi collaboré à la *Biographie bretonne*, à la *Revue des provinces de l'Ouest*, de Nantes (1855-1861) et au *Grand dictionnaire du XIXe siècle* de Pierre Larousse pour les articles de droit et de jurisprudence. M. Saulnier a publié les brochures suivantes : *Les branches de lilas*, poésies, anonyme (1852) ; *Notice sur le pays* (1853) ; *Roscelin, sa vie et ses doctrines* (1855) ; *Le barreau du parlement de Bretagne au XVIIIe siècle* (1856) ; *Les derniers documents sur Roscelin, note critique* (1864) ; *Le chevalier de Sévigné, étude biographique* (1865). Il est membre des Académies de Brest, Nantes et Verdun.

SAUREL (Auguste-Marie-Alfred), né à Montpellier (Hérault), le 7 octobre 1827. Entré dans les douanes à l'âge de 18 ans, il consacra ses loisirs à la littérature, tout en suivant régulièrement sa carrière administrative. Adonné de préférence aux recherches historiques et statistiques, et membre d'un grand nombre de sociétés littéraires, il a publié des travaux qui sont toujours consultés avec fruit. On cite : *Statistique de la commune de Cassis*, honorée d'une médaille en vermeil (1857) ; — *Histoire de Martigues et de Port-de-Bouc*, qui a valu à l'auteur une mention honorable (1862) ; — *Notice sur la commune et les eaux minérales de Propiac* (1862) ; — *Notice historique sur Saint-Jean-et-Garguier* ; — *L'abbaye de Saint-Pons et Gémonos*, mention honorable (1863) ; — *Fossæ Marianæ*, ou Recherches sur les travaux de Marius aux embouchures du Rhône, qui remporta au Concours régional de Nimes la première médaille d'or (1865) ; — *Annuaire de Lorient et de son arrondissement* (1869) ; — *Lorient et les Lorientais* (1867) ; — *Marseille et ses environs* (1870) ; — *Marseille et sa banlieue* (1870) ; — *Roux de Corse* (1870) ; — *Du rôle que joue le chien dans la société et de l'influence qu'il exerce sur la civilisation* (1871) ; — *Le guide de l'étranger à Lorient* (1871) ; — *L'hôpital n'est pas fait pour les chiens* (1871) ; — *La plage du Prado et la plage de Trouville* (1871) ; — *Rapport sur le tableau du commerce général de la France avec ses colonies et les puissances étrangères* (1871) ; — *Des réformes à introduire dans la législation des annonces légales et judiciaires* (1871) ; — *Le guide de l'étranger dans la ville d'Aix* (1871). M. Saurel avait pour la littérature dramatique des aptitudes marquées, et il s'y serait presque exclusivement consacré, s'il n'avait été retenu par des devoirs d'un ordre supérieur. Il a remporté en province des succès de bon aloi. Ses pièces les plus importantes sont : *Le désespoir de la Bôce*, revue en 3 actes ; — *Les caquets de la rue des Fontaines*, revue en 5 actes ; — *Le pardon de la Victoire*, drame en 3 actes ; — *Spartacus*, monologue en vers ; — *Le temple de Janus*, vaudeville. M. Saurel a fait aussi du journalisme et de la critique littéraire. Il publie tous les ans un *Manuel de l'étranger dans les rues de la ville et de la banlieu de Marseille*, dans le format des almanachs de Paris.

SAURIA ou **SORIA** (Charles), né à Poligny (Jura), le 25 avril 1812. Destiné à l'état militaire, par son père, ancien général républicain, un accident le força à renoncer à cette carrière. Ses goûts le portant à l'étude des sciences, il s'adonna à la médecine. Le docteur Bonnet, promoteur de l'enseignement nomade en agriculture, ainsi que le président du Conseil général du Jura, engagèrent l'élève en médecine à se livrer à l'étude de l'agriculture pour exercer dans son département ce nouveau genre d'enseignement. Après avoir passé plusieurs années auprès du professeur Bonnet, et à la grande école d'agriculture d'Hoffwyl (Suisse), il alla suivre les cours de Grignon et Grand-Jouan. A cette époque la révolution de 1848 ayant éclaté, on oublia un moment l'agriculture; mais en 1852 M. Sauria croyant avoir droit à une position en quelque sorte conquise par de longues et coûteuses études, fut repoussé à cause de ses opinions républicaines et même destitué de ses fonctions de secrétaire général du Comice agricole de l'arrondissement de Poligny. Rentré aux études médicales, l'agronome fut reçu médecin en 1863. En 1831, lorsqu'il était élève au collège de Dôle, M. Sauria inventa les allumettes chimiques dont nous nous servons. Ce ne fut que deux ans plus tard que les allumettes chimiques parurent en France fabriquées manufacturièrement en Allemagne, mais sans nom d'inventeur. Au reste, les professeurs comme les deux cents élèves du collège de Dôle en connaissaient le mode de fabrication et en fabriquaient eux-mêmes, sans que personne songeât à prendre un brevet. M. le docteur Sauria a publié : *Boulangerie sociétaire* (1840) ; — *La ruche à espacements*, (1844), qui lui a valu une grande médaille de bronze à l'exposition de Paris en 1849; *Aux élèves en médecine* (1876), brochures ; — *Le Jura pittoresque*, ouvrage illustré (1848, in-folio) ; — *Lettre à la démocratie franc-comtoise* (1874). En outre il a inséré dans les journaux ou revues un grand nombre d'articles dont nous citerons: *Lettres sur l'histoire naturelle* (*Abeille d'Arbois*, 1840) ; *Sur les fromageries* (*Le Nouveau-Monde*, 1840) ; *Lettre sur l'enseignement nomade de l'agriculture*; *Lettres sur un procédé de fabrication du beurre de Serrai* (*Sentinelle du Jura*, 1844, 1855); *Sur la moissonneuse de M. de Constant-Rebèque* (*Annales de la Société d'émulation du Doubs*, 1850); *Note sur les bases de la médecine mentale* (*Moniteur des hôpitaux*, 1856) ; *Parallèle entre l'agriculture et l'industrie dans le Jura*; *Des allumettes chimiques; Biographie du docteur Bonnet; Riches et pauvres* (*Bulletin de la société des sciences et arts de Poligny*, dont il fut secrétaire, 1860, 1870, 1873, 1874) ; *Procédé d'imperméabilité des vêtements* (*Républicain de l'Est*, 1870) ; *Hygiène des allumettes chimiques* (*Opinion médicale*, 1872) ; *Lettres au docteur Roubaud sur la loi de l'enseignement* (*Démocratie franc-comtoise*, 1875) ; *Observation sur l'alimentation des animaux par les graines privées de phosphate de chaux*; *Question professionnelle* (*Tribune médicale*, 1875), etc. M. le docteur Sauria est membre d'un grand nombre de Sociétés savantes.

SAUSSIER (Félix-Gustave), né à Troyes, le 15 juillet 1828. Elève de l'Ecole de Saint-Cyr en 1848, sous-lieutenant au 2e régiment de la légion étrangère en 1850, il devint successivement capitaine en 1855, chef de bataillon en 1863, lieutenant-colonel en 1867, puis colonel du 41e régiment de ligne en 1869. M. Saussier a fait les campagnes d'Afrique, de Crimée, d'Italie et du Mexique ; il a reçu quatre blessures et fut mis six fois à l'ordre du jour de l'armée pour action d'éclat. Lorsque la guerre contre la Prusse éclata, il fut désigné pour le 3e corps d'armée, se distingua, sous Metz, aux batailles de Borny, de Gravelotte et de Saint-Privat et signa la protestation des 42 officiers contre la capitulation de Metz; adressée au maréchal Lebœuf. Prisonnier avec l'armée de Metz, il refusa de signer l'engagement de ne pas s'évader et fut enfermé dans la citadelle de Graudenz. Un mois après il réussit à s'enfuir, traversa l'Autriche et l'Italie et vint se mettre à la disposition du gouvernement de la Défense nationale qui le nomma général de brigade (5 janvier 1871) et l'attacha à l'armée de la Loire. M. le général Saussier commandait une brigade en Algérie lorsque, patroné comme candidat républicain, par M. Casimir-Perier, il fut élu représentant de l'Aube à l'Assemblée nationale, le 16 novembre 1873, par 42,294 voix. Membre du Centre-Gauche, il a pris la parole lors des discussions de la loi des aumôniers militaires et de celle des cadres de l'armée, discours qui le placèrent au premier rang des orateurs militaires. Il a voté les propositions Casimir Périer et de Malleville et la Constitution du 25 février 1875. M. le général Saussier est commandeur de la Légion d'Honneur.

SAUVAGE (François-Clément), né à Sedan, le 4 avril 1814. Elève de l'Ecole polytechnique à dix-sept ans, sorti, le premier de sa promotion, en 1833, il fut admis dans le corps des mines et devint successivement ingénieur ordinaire de 2e classe le 1er février 1839, de 1re classe le 3 avril 1848 et ingénieur en chef le 15 août suivant. Employé d'abord à Mézières, il publia dans les *Annales des mines* plusieurs mémoires de chimie, de géologie, de minéralogie et de métallurgie qui furent remarqués et collabora avec M. Buvignier aux *Cartes géologiques* des Ardennes et de la Marne et à la *Description géologique* des Ardennes. Chargé en 1838 de l'exploration du bassin houiller des Asturies et en 1842 de celle des gîtes métallifères de la province de Carthagène, il étudia, en 1845, en Grèce un projet de dessèchement du lac Capaïs et en publia une *Notice* avec une *Description géologique* de la Grèce continentale et de l'île de Milo. Avec un congé illimité il entra en 1846 à la Compagnie du chemin de fer de l'Est, puis en 1847 comme ingénieur en chef à celle de Paris à Lyon. En mars 1848, M. Sauvage fut nommé par le Gouvernement provisoire, commissaire extraordinaire et chargé de rétablir l'ordre au Creusot où une grève venait d'éclater, et en août de cette même année il fut choisi comme administrateur du séquestre du chemin de fer d'Orléans. Ingénieur en chef du matériel du chemin de fer de Lyon (25 août 1848), il fut appelé à remplir les mêmes fonctions à la Compagnie de l'Est (septembre 1852), et en devint le directeur (1er mars 1861). M. Sauvage se fit remarquer dans son administration par l'introduction de réformes économiques importantes, par une réorganisation des services, des mesures prises en vue d'intéresser tous les employés à la prospérité de la Compagnie et par l'introduction de pensions de retraites et de secours. Pendant la guerre de 1870, la Compagnie de l'Est fut chargée de transports considérables d'hommes et de munitions et les effectua sans accidents, grâce à l'habileté de son directeur. Il prit part aussi aux travaux de défense pendant le siège de Paris. Élu représentant de la Seine à l'Assemblée nationale, le 8 février 1871, il prit place sur les bancs de la gauche modérée. M. Sauvage est décédé le 10 novembre 1872. Il avait été promu commandeur de la Légion d'Honneur le 20 septembre 1868.

SAUVE (Saint-Cyr-Louis), né à Saint-Cyr-le-Gravelais (Mayenne), le 22 février 1805. M. Sauvé est issu d'une famille dont les membres exercent la médecine, avec honneur, depuis plus de trois siècles. Reçu bachelier ès lettres en 1822, après de brillantes études classiques, il prit aussitôt ses inscriptions à la Faculté de médecine de Paris, se fit admettre, successivement au concours, élève de l'Ecole pratique, externe de l'Hôtel-Dieu, chirurgien de l'hôpital militaire du Val-de-Grâce où il obtint, en 1825, une mention honorable, reçut, dans la même année, le diplôme de bachelier ès sciences, remporta le premier prix de l'hôpital militaire d'instruction de Metz en 1830, et fut reçu docteur, à Paris, le 16 août 1831. Deux ans plus tard, il fut appelé au poste de chirurgien-aide-major à l'hôpital militaire de la Rochelle; mais, entraîné par ses goûts studieux et sédentaires, il donna bientôt sa démission pour rentrer complètement dans la carrière civile. M. Sauvé jouit, dans la ville où il s'est établi, d'une grande notoriété et de la considération générale. Médecin et chirurgien opérateur, il a été nommé professeur du cours départemental d'accouchement, membre du Conseil d'hygiène et de salubrité publique, de l'Intendance sanitaire, du Bureau de bienfaisance, de la Commission des logements insalubres, chirurgien-major de la garde nationale, etc., etc., et toujours à la hauteur de ses délicates fonctions, s'est occupé, surtout avec beaucoup de zèle et de dévouement, de la médecine des pauvres. M. Sauvé a participé à la fondation de la Société des sciences naturelles dont il est le vice-président, et à celle de la Société de médecine de la Rochelle, dont il a toujours été soit le secrétaire, soit le président. Il est aussi l'un des fondateurs de la Société des amis des arts, et a fortement coopéré au rétablissement de l'Académie de la même ville, dont il a occupé la présidence. Enfin, il est membre des Sociétés de médecine de Poitiers, Château-Gontier, Bordeaux, Marseille, de la Société de statistique de cette dernière ville, de la Société des naufrages, et de la Société Linnéenne de Bordeaux. Il a fait un cours public et gratuit sur l'asphyxie, dont les enseignements ont été très-profitables à son auditoire. On doit à M. le docteur Sauvé : *Des maladies héréditaires*, thèse de doctorat; — *Observations médicales* (1841); — *Cours sur l'asphyxie, ou instructions sur les secours à donner aux noyés* (1841) ; — *Mémoire sur la réorganisation des services médicaux publics* (1845); — *Recherches sur la salubrité de l'air à la Rochelle*, etc. (1855); — *Expériences et études physiologiques sur les fonctions et sur l'hygiène des sangsues*, ouvrage qui a obtenu une médaille d'or de la Société protectrice des animaux (1856), et a valu à son auteur le titre de membre correspondant de la Société centrale d'agriculture de France ; — *Nouvelles recherches sur la mort apparente des nouveau-nés*, et un *Mémoire* sur l'invention d'un forceps à double articulation; ces deux ouvrages manuscrits ont été favorablement accueillis par l'Académie de médecine. M. Sauvé a aussi publié des *Rapports scientifiques*, des *Nécrologies*, et fourni des articles à des journaux spéciaux, tels que les *Annales de la médecine physiologique* et le *Journal de médecine, chirurgie et pharmacie militaires*, ainsi qu'à d'autres journaux de la presse médicale ou scientifique.

SAUVESTRE (Charles), né au Mans, le 16 février 1818. Fils d'ouvriers, il reçut cependant un bon commencement d'éducation; mais, orphelin à 13 ans, il entra dans une imprimerie. A 17 ans, il obtint un emploi de sous-maître dans une institution ; là, il reprit ses études interrompues et s'instruisit tout en enseignant. En 1841, nous le trouvons sous-principal au collège de Mamers et directeur de l'Ecole primaire supérieure annexée à cet établissement. Mais l'éducation populaire, dont il devait être le fervent apôtre, l'attirait : vers 1845, il demanda à diriger l'Ecole communale de Bonnétable, petite ville où pullule une nombreuse population indigente. Il était donc instituteur public lorsqu'éclata la révolution de 1848; il accueillit avec joie l'avènement de la République et fit partie de la commission municipale provisoire, ce qui lui valut la haine de la réaction. Il donna sa démission plutôt que de se soumettre, collabora quelques mois au *Courrier de Loir-et-Cher*, puis entra, en novembre 1848, à la rédaction de la *Démocratie pacifique*, organe de l'Ecole Sociétaire dont il était, depuis plusieurs années déjà, le correspondant. Lorsque ce journal eût été réduit par les procès et les amendes à n'être plus qu'une feuille hebdomadaire, M. Ch. Sauvestre alla à Bordeaux où il fit une brillante campagne dans la *Tribune de la Gironde* (1851). Après le Coup-d'Etat, il envoya des correspondances politiques aux journaux étrangers, et fonda, en 1857, à Paris, la *Revue moderne* qui dut bientôt replier ses ailes devant la loi de sûreté générale. M. Ch. Sauvestre publia alors, dans la *Presse*, une série d'articles fort remarqués sur la nécessité d'organiser l'instruction laïque et obligatoire : l'auteur reprochait avec énergie aux classes aisées l'incurie avec laquelle elles abandonnaient aux communautés religieuses la grande affaire de l'instruction du peuple. A cette époque il visita l'Orient et l'Italie en compagnie d'un jeune prince étranger, dont il était devenu le précepteur. A son retour, vers le milieu de 1859, Adolphe Guéroult qui fondait *l'Opinion nationale*, l'appela auprès de lui, et pendant quatorze ans il fut l'un des principaux rédacteurs de ce journal dont on se rappelle le rapide succès, et dans lequel M. Ch. Sauvestre ne cessa de faire une guerre savante au parti clérical et à l'obscurantisme. En 1871, il fonda avec Emmanuel Vauchez, le journal *l'Enseignement laïque, Echo des instituteurs*, dont il dut interrompre la publication en décembre 1873, après un procès et devant les persécutions du gouvernement. Pendant cette période, il fut un des conférenciers les plus goûtés et l'un des propagateurs les plus actifs de la ligue de l'enseignement ; c'est à son initiative et à son zèle que l'on dut le grand pétitionnement en faveur de l'instruction obligatoirs lequel a réuni un million de signatures. M. Ch. Sauvestre a publié, en volumes : *Aux instituteurs. Du concours institué par le ministre de l'Instruction publique* (1861) ; — *Le clergé et l'éducation* (1861) ; — *Lettres de provinces* (1862) ; — *Monita secreta. Instructions secrètes des Jésuites* (1862-65, 5 éditions, 60,000 exempl.) ; — *Le parti dévôt* (1863) ; — *Visite à Mettray* (1864) ; — *Mes lundis* (1864) ; — *Les congrégations religieuses* (1867) ; — *Sur les genoux de l'Eglise* (1868, 7 éditions) ; — *La sonnette du sacristain* (1870) ; — *Esquisse d'un projet de loi sur l'enseignement* (1870). Comme homme politique, M. Ch. Sauvestre a posé à Paris, en 1871, sa candidature à l'Assemblée nationale et a obtenu un assez grand nombre de suffrages.

SAVARD (Marie-Gabriel-Augustin), né à Paris, le 21 août 1814. Il commença ses études classiques au collège Henri IV puis s'adonna aux sciences naturelles ; mais entraîné par son goût pour la musique, il entra, en 1837, au Conservatoire de Paris, où il étudia avec succès l'harmonie et la composition. Professeur-adjoint d'harmonie et d'accompagnement pratique au Conservatoire, en 1841, il fut nommé titulaire de la classe de solfége en 1850 ; et, à la mort de M. Clapisson, en 1866, il le remplaça comme professeur d'harmonie. M. Savard est, en outre, maître de chapelle à Saint-Etienne-du-Mont depuis 1843. On lui doit : *Cours complet d'harmonie théorique et pratique* (1853, 2 vol., 5ᵉ édit., 1876) ; — *Manuel d'harmonie* (1858, 5ᵉ édit., 1875) ; — *Etude raisonnée des principes de la musique* (1861, 4ᵉ édit., 1875) ; — *Principes de la musique ; premières notions* (1861, 11ᵉ édition, 1876) ; — *Etudes d'harmonie pratique* (1875) ; — et des *Motets*, des *Messes*, des *Chants liturgiques* harmonisés à plusieurs voix, etc. Ses ouvrages pédagogiques ont été approuvés par l'Académie des beaux-arts, et appliqués à l'enseignement du Conservatoire. M. Savard a été nommé chevalier de la Légion d'Honneur en 1875.

SAVARY (Charles), né à Coutances, le 21 septembre 1845. Fils d'un conseiller à la Cour de cassation, il fit son droit à la Faculté de Paris, où il prit le grade de docteur en 1869. Inscrit au barreau de la capitale depuis 1868, il remplit comme stagiaire, les fonctions de secrétaire à la conférence des avocats en 1869, et fut, en 1870, secrétaire de la Commission de décentralisation créée sous la présidence de M. Odilon Barrot. C'est ainsi qu'il eut l'honneur d'être le rapporteur du projet de loi sur les Conseils généraux. Il est copropriétaire avec les princes d'Orléans, du journal *La Vérité* de Saint-Lô. M. Charles Savary, élu représentant de la Manche par 70,071 voix, le 8 février 1871, a siégé sur les bancs de la droite et fréquenté la réunion des Réservoirs ; mais a voté exclusivement avec les députés orléanistes. L'un des 94 signataires contre l'exil des Bourbons, il a pris une part importante à la discussion des nouveaux impôts et s'est surtout prononcé contre l'impôt sur les matières premières avec une autorité qui a tenu en échec celle du gouvernement et contraint celui-ci à poser la question de cabinet. Il a été rapporteur de la commission d'enquête relative à l'élection du baron de Bourgoing dans la Nièvre. Aux élections du 20 février 1876, il a été nommé député de la Manche pour la 1ʳᵉ circonscription de Coutance. Il est secrétaire de la Chambre des députés. Maire de Cerisy-la-Salle, il a pris place, le 8 octobre 1871, au Conseil général de la Manche, où il occupa le secrétariat. On lui doit : *Eloge de M. Alexis de Tocqueville* (1867) ; — *Projet de loi sur la décentralisation* (1870) ; — et des rapports sur les Conseils généraux ainsi que des articles insérés dans le *Journal de Paris*, la *Vérité*, l'*Echo*, etc.

SAY (Constant-André), né à Nantes, en 1816 ; fils de Louis Say, l'un de nos plus importants raffineurs de sucre, et neveu de J.-B. Say, l'illustre économiste. Venu à Paris en 1832, il y coopéra à la création, par son père et un associé, M. Duméril, d'une raffinerie modèle dans le quartier de la Salpêtrière. En 1848, la mort de son père et la retraite des autres intéressés le laissa seul à la tête de la maison qui devint sa propriété exclusive ; et, par l'étendue de ses vues commerciales son activité et l'intelligente application de tous les progrès mécaniques à son industrie, il parvint à faire en peu de temps, de son établissement, l'un des plus beaux et des plus importants de l'Europe. Il a fait abattre l'ancienne usine et l'a remplacée par les vastes bâtiments que l'on remarque sur le boulevard de la Gare, et où fonctionnent 40 turbines et 600 chevaux vapeur. Dans les époques prospères, il a occupé de 600 à 800 ouvriers et répandu, de la sorte, dans son quartier, d'importants éléments de bien-être. La production de ses ateliers s'est élevée souvent à 65 millions de kilogrammes de sucre raffiné, par an. Enfin, M Constant Say, philanthrope éclairé, a couronné dignement sa carrière industrielle en créant des pensions viagères au profit de ses anciens ouvriers. Membre de la Chambre de commerce depuis 1861, il a été nommé chevalier de la Légion d'Honneur en 1863. M. C. Say est décédé le 11 août 1871.

SAY (Jean-Baptiste-Léon), né à Paris, le 6 juin 1826; petit-fils de J.-B. Say et fils d'Horace-Emile Say, mort en 1860. M. Léon Say se prépara par de bonnes études à la carrière qu'il parcourt si dignement. Sa collaboration au *Journal des Débats* et au *Journal des Economistes*, son *Histoire de la Caisse d'escompte* publiée en 1848, ont mis en relief sa compétence dans les questions financières, et sa position d'administrateur à la Compagnie du chemin de fer du Nord a révélé chez lui une véritable vocation d'administrateur. M. Say se porta en 1869 pour le Corps législatif, dans la 3e circonscription de Seine-et-Oise comme candidat de l'opposition libérale, mais se retira, au scrutin de ballotage. Le 8 février 1871, il fut élu représentant de la Seine et de Seine-et-Oise. Il opta pour la Seine et prit place au Centre-Gauche. Préfet de la Seine le 5 juin suivant, il s'appliqua à réorganiser les services, fit voter un emprunt et les fonds pour la reconstruction de l'Hôtel-de-Ville, réclama à l'Etat les 200 millions payés par la ville lors de la capitulation et, lors de la discussion de la proposition Ravinel (7 septembre) parla en faveur du retour de l'Assemblée à Paris. Lors du vote de l'impôt sur les matières premières (19 janvier 1872), auquel il était hostile, et après le rejet de la proposition Humbert et Duchâtel, sur le retour à Paris (2 février 1872), il crut devoir donner sa démission que M. Thiers refusa d'accepter. Appelé par M. Thiers au ministère des Finances le 8 décembre suivant, il quitta ce poste lors du renversement de M. Thiers (24 mai 1873), reprit sa place au Centre-Gauche, dont il devint peu après le président, et se prononça contre toute tentative de restauration monarchique et pour l'organisation de la République conservatrice. Le 10 mars 1875, M. Léon Say a repris le portefeuille des finances et l'a conservé dans le cabinet du 10 mars 1876 et dans celui du 12 décembre 1876, quoiqu'il eût donné sa démission à chaque renversement du ministère et lors du conflit avec M. Buffet aux élections sénatoriales, où M. Say fut élu, le 30 janvier 1876, pour le département de Seine-et-Oise, par 589 voix. Auteur d'une *Théorie des changes étrangers*, traduit de l'anglais et précédé d'une introduction (in-folio), d'une *Histoire de la Caisse d'escompte* (1848) et de : *La ville de Paris et le Crédit foncier; Lettres à MM. les membres de la commission du Corps législatif; Observations sur le système financier de M. le préfet de la Seine;* les *Obligations populaires*, etc., il a été élu membre libre de l'Académie des sciences morales et politiques le 12 décembre 1874.

SCHACKEN (Marie-François DE), né à Buissoncourt (Meurthe), le 19 mars 1793. Il est baron de l'Empire d'Allemagne. Cette qualité a été conférée, par l'empereur Charles VI, à son aïeul, Antoine Schacken, venu en France avec le duc Léopold, et qui a fait enregistrer ses titres de noblesse au greffe de la Cour de Nancy, le 26 août 1766. M. de Schacken commença ses études médicales à Nancy en 1806, fit son externat à l'hôpital civil de cette ville, et fut requis, en 1810, pour l'hôpital militaire de Lahouse, près Bayonne. Puis, comme médecin militaire, il fit la campagne de Russie jusqu'à Moscou, rentra seul, en Pologne, des chirurgiens du 1er corps d'armée, passa chirurgien dans la vieille garde impériale, fit les campagnes de Saxe et de France, et fut, après la Restauration, attaché à l'hôpital militaire de Nancy jusqu'à sa dissolution (1816). Alors, il se rendit à Paris pour y compléter ses études, et prit le grade de docteur en médecine, le 1er juin 1819, avec une bonne thèse sur la *Fièvre traumatique*. Etabli à Nancy, il ne tarda pas à se faire une honorable position et remplit les fonctions de membre du Conseil d'hygiène, de médecin en chef de l'hôpital Saint-Charles, et de chirurgien-major de la garde nationale, tant que dura cette institution. Il a, pendant plusieurs années, présidé la Société d'horticulture. M. le docteur de Schacken est membre de la Société de médecine de Nancy, et vice-président du Conseil d'hygiène du département. On lui doit : *Notice sur l'épidémie de Vilaine-en-Haye*, et *Traitement du choléra-morbus* (1832). Comme médecin de l'hôpital des cholériques de Nancy, il a publié, sur l'objet de ses travaux, un *Mémoire* plus récent et plus complet. Il a été l'un des fondateurs et des principaux rédacteurs du *Journal de médecine* du département de la Meurthe, qui a cessé de paraître en 1827. M. le docteur de Schacken a reçu la croix de la Légion d'Honneur le 4 juillet 1866. Il est décédé en 1876.

SCHAEFFER (Adolphe), né le 7 décembre 1826, à Reitwiller (Bas-Rhin), où son père était ministre de l'Evangile. Ses études classiques au Gymnase protestant de Strasbourg terminées, il suivit les cours de la Faculté de théologie protestante de cette ville. Licencié ès lettres (1849) et docteur en théologie (1854), il fut attaché, comme aumônier, à la maison centrale de Haguenau et remplit depuis 1858 les fonctions de pasteur à Colmar. M. Schaeffer a publié : *Duplessis-Mornay considéré comme apologiste* (1849) ; — *De l'influence de Luther sur l'éducation du peuple* (1853) ; — *Madame Duplessis-Mornay, née Charlotte Arbaleste* (1854) ; — *De la morale chrétienne de Schleiermacher* (1854) ; — *Tristan et Joyeux* (1856) ; — *Essai sur l'avenir de la tolérance* (1859) ; — *Un prédicateur catholique au XVe siècle, Geiler de Kaisersberg* (1862) ; — *Un moine protestant avant la réforme, Jean Pauli* (1863) ; — *Histoire d'un homme heureux* (1865, 2e édit., 1876) ; — *Orthodoxe ou libéral ?* (1865) ; — *Desiderata*, trois lettres à Théophile (1867) ; — *De la bonté morale* ou *Esquisse d'une apologie du christianisme*, précédée d'une *Lettre de M. Ed. Laboulaye* (1868) ; — *Non possumus* ; Réponse à la lettre d'un catholique aux pasteurs protestants à propos du prochain concile œcuménique, de M. l'abbé Ch. Lamey (1869) ; — *Non sint* ou *Sus à l'ennemi* (1872) ; — *Les Huguenots du seizième siècle* (1870) ; — *Mélanges d'histoire et de littérature* (1873). Il a donné une édition annotée des *Larmes de Pineton de Chambrun* (1854). M. le pasteur Schaeffer a longtemps collaboré à plusieurs journaux politiques et aux journaux religieux le *Progrès* de Strasbourg (dont il est l'un des fondateurs), le *Lien*, la *Revue chrétienne*, le *Bulletin* de la Société de l'histoire du protestantisme français, et collabore actuellement à l'*Encyclopédie des sciences religieuses*, publiée par M. Lichtenberger. Il fait partie de ce qu'on pourrait appeler, en religion, le centre gauche.

SCHERER (Edmond), né à Paris, le 8 avril 1815. Son père, d'origine suisse et de religion protestante, était banquier à Paris, où il mourut en 1821. M. Edmond Scherer a fait ses études au collége Bourbon. Ensuite, il a passé deux ans en Angleterre. De retour en France, il fit deux années de droit à la Faculté de Paris, puis, suivit les cours de théologie de la Faculté de Strasbourg. Reçu docteur en théologie en 1843, il occupa une chaire d'exégèse à l'Ecole théologique de Genève, de 1845 à 1850, donna sa démission par suite d'un changement décisif dans ses vues religieuses, et devint ainsi l'occasion, sinon l'auteur, d'une révolution profonde dans le protestantisme français. M. Scherer a créé, en 1845, la *Réformation au XIX° siècle*; puis, il a été l'un des fondateurs de la *Revue de théologie et de philosophie chrétienne*. Assidu collaborateur du journal le *Temps*, sa fondation, en 1861, il en est devenu le principal rédacteur, depuis 1871, et y a inséré beaucoup d'articles très-appréciés de philosophie, de critique littéraire et de politique. Il y a notamment publié, dans ces derniers temps, des *Lettres de Versailles*. Ajoutons qu'il a également inséré des articles dans la *Bibliothèque universelle de Genève*, et dans la *Revue des Deux-Mondes*. Parmi ses écrits publiés à part, on distingue : *De l'état actuel de l'église réformée en France* (1844); — *La critique et la foi*, brochure qui a soulevé une longue controverse (1850); — *Alexandre Vinet, sa vie et ses écrits* (1853); — *Lettres à mon curé* (anonyme, 1853, 2ᵉ édit., 1858); — *Mélanges de critique religieuse*, volume que Sainte-Beuve signala à l'attention du public (1860); — *Études sur la littérature contemporaine* et *Études de littérature* (1863-1876, 5 volumes); — *Mélanges d'histoire religieuse* (1864, deuxième édition, 1865). Lors du siège de Paris, M. Edmond Scherer faisait partie du Conseil municipal de Versailles. Aux élections complémentaires du 2 juillet 1871, il a été élu représentant de Seine-et-Oise, à l'Assemblée nationale, où il a pris place sur les bancs de la Gauche. Il a présidé la Commission chargée d'examiner la convention de juillet 1872 avec l'Allemagne, et a signé le dernier manifeste de la Gauche. Le 15 décembre 1875, M. Edmond Scherer a été élu sénateur inamovible.

SCHEURER-KESTNER (Auguste), né à Mulhouse, le 11 février 1833. Il est le beau-frère du colonel Charras. M. Scheurer fit une partie de ses études médicales à la Faculté de Paris, où il étudia spécialement la chimie. Tout en suivant le cours de ses travaux scientifiques, il s'occupait de politique, et sa propagande républicaine lui valut d'être condamné, en 1862, à quatre mois de prison, qu'il fit à Sainte-Pélagie, à 2,000 francs d'amende et mis sous le coup de la loi de sureté générale. Gendre de M. Kestner (voyez ce nom), il prit à Thann (Haut-Rhin) la direction de la grande fabrique de produits chimiques de son beau-père. En 1865, il fonda dans sa localité une société coopérative de consommation. Pendant la guerre franco-allemande, il dirigea l'établissement pyrotechnique de Cette. Le 8 février 1871, les électeurs du Haut-Rhin l'envoyèrent par 39,605 voix, à l'Assemblée nationale où il protesta contre les préliminaires de la paix et de la dénationalisation de ses concitoyens. S'étant retiré avec ses collègues de l'Alsace après le vote de la paix, il fut porté candidat aux élections complémentaires du 2 juillet suivant, dans le département de la Seine, et fut élu par 107,581 voix. M. Scheurer-Kestner a mieux aimé abandonner son pays natal, son grand établissement et tous les intérêts qui l'attachaient à l'Alsace que de perdre sa qualité de français. A la Chambre, il a siégé sur les bancs de l'Union-Républicaine. Le 15 décembre 1875 il a été nommé sénateur inamovible; il est aujourd'hui secrétaire du Sénat. M. Scheurer-Kestner appartient à plusieurs compagnies savantes, parmi lesquelles nous citerons la Société chimique de Paris et la Société industrielle de Mulhouse. Cette dernière lui a décerné, en 1868, une médaille d'or hors classe pour ses études sur la combustion. Il a publié de nombreux travaux dans le *Bulletin* de la Société chimique, les *Comptes rendus de l'Académie des sciences*, le *Bulletin* de la Société industrielle de Mulhouse, les *Annales de chimie et de physique*, etc. On lui doit, en outre: *Principes élémentaires de la théorie chimique des types, appliquée aux combinaisons organiques* (1862).

SCHNEIDER (Catherine-Hortense), né à Bordeaux, le 2 février 1838. A l'âge de quinze ans elle débuta à l'Athénée de sa ville natale dans Michel et Christine, joua pendant deux ans à Agen, puis vint à Paris. Elle se fit applaudir lors de l'ouverture des Bouffes-Parisiens (1855) dans *Une plaine d'eau* et dans le *Violoneux*, et créa ensuite des rôles importants dans le *Thé de Polichinelle*, la *Rose de Saint-Flour*, les *Pantins de violette*, etc. Engagée aux Variétés, en septembre 1856, elle s'y fit remarquer dans le *Chien de garde*, son début, l'*Amour et Psyché*, la *Lanterne magique*, les *Princesses de la rampe*, le *Poignard de Léonora*, les *Chants de Béranger*, *Gentil-Bernard*, *Ohé! les petits agneaux*, la *Veuve de quinze ans*, *Je marie Victoire*. Le 5 août 1858 elle passa au Palais-Royal, y joua avec succès dans le *Fils de la belle au bois*, le *Punch Grassot*, la *Mariée du mardi gras*, les *Mémoires de Mimi Bamboche*, la *Beauté du diable*, la *Rosière de Nanterre*, les *Diables roses*, le *Carnaval des troupiers*, etc., retourna en décembre 1864 aux Variétés pour y créer le rôle d'Hélène dans l'opéra-bouffe d'Offenbach : *La belle Hélène*, et contribua beaucoup au succès de cette pièce. Elle créa encore le rôle de Boulotte dans *Barbe-Bleue*, mais la *Grande duchesse de Gérolstein* (12 avril 1867) mit toutes ses qualités en relief et le comble à sa réputation. Son succès fut tel que, pendant toute l'Exposition universelle de 1867, elle attira non-seulement un grand nombre de visiteurs étrangers, mais que les souverains de l'Europe venus à Paris, ne dédaignèrent pas d'assister à une représentation de la *Grande duchesse*. En juillet 1868 elle obtint à Londres, dans cette pièce, le plus grand succès. Après son retour, Mlle

Schneider joua encore aux Variétés (6 octobre) la *Périchole*, aux Bouffes-Parisiens la *Diva* (1869); au Châtelet dans les *Voyages de Gulliver*, rentra, en septembre 1871, au Palais-Royal, et créa aux Variétés la *Veuve de Malabar* (26 septembre 1873).

SCHNEIDER (Eugène-Joseph), né à Bideshoff (Meurthe), le 29 mars 1805. Issu d'une famille peu fortunée, bien qu'il fût le cousin du général Schneider, ancien député, ancien ministre de la Guerre, il se consacra à l'étude des questions industrielles et commerciales. D'abord employé dans une maison de commerce, à Reims, il apprit ensuite la finance dans les bureaux du banquier Seillière. Après la révolution de 1830, il prit la direction des forges de Bazeilles. En 1836, il s'associa avec son frère aîné pour gérer l'exploitation des mines du Creusot auxquelles, par leurs efforts communs, leur intelligence, leur assiduité au travail, ils surent donner une extension extraordinaire. La mort de son frère, en 1845, laissa M. Schneider seul à la tête de l'établissement et en possession d'une grande influence dans le pays. Membre de la Chambre des députés et représentant du canton de Moncenis au Conseil général de Saône-et-Loire, de 1845 à 1848, il soutint la politique de M. Guizot. Du 20 janvier 1851 au 10 avril de la même année, il occupa le ministère de l'Agriculture et du Commerce; et, après le Coup-d'Etat, il fit partie de la Commission consultative. Comme député au Corps législatif, de 1852 à 1870, il remplit les fonctions de vice-président jusqu'en 1867, époque où il en devint le président de droit. En 1869, il crut devoir offrir sa démission pour protester contre une faveur souveraine dont avait été l'objet un des vice-présidents, bien connu pour ses opinions réactionnaires; mais il la retira sur les instances de l'Empereur. Quand la Chambre fut appelée à élire tout son bureau, il put constater le degré de considération et de sympathie qu'il avait su inspirer à ses collègues, par l'empressement que mirent ces derniers à lui conserver son fauteuil présidentiel. Les travaux de la vie publique n'ont pas empêché M. Schneider de poursuivre sans relâche le développement de ses usines auxquelles il a su donner le premier rang parmi les établissements métallurgiques, et qui font l'admiration du monde industriel. Près de 15,000 ouvriers y sont occupés, produisant annuellement 700,000 tonnes de houille, 180,000 tonnes de fonte, 80.000 tonnes de fer, 70,000 tonnes d'aciers, 100 locomotives, les plus puissants appareils moteurs des navires de l'Etat, des machines de tout genre, des ponts, etc. Dans les dernières années de sa vie M. Schneider y créa la fabrication des canons en acier, donnant ainsi à l'artillerie la possibilité de réorganiser son matériel et de le mettre au niveau de celui des puissances étrangères qui nous avaient devancés dans cette voie. Ces produits ont porté dans le monde entier le nom du Creusot et de son fondateur. On se souvient qu'une formidable grève, éclatant au Creusot, en 1870, sous l'influence de menées politiques, ne servit qu'à mettre mieux en relief l'organisation admirable de ces immenses ateliers et la prévoyance éclairée de leur administration. M. Schneider était membre du Conseil supérieur du commerce, de l'agriculture et de l'industrie, et du Comité consultatifs des arts et manufactures. Vice-président du Conseil d'administration du chemin de fer de Lyon, et président du Conseil de la Société générale, il donna sa démission de ces deux fonctions lorsqu'il fut nommé à la présidence du Corps législatif, pour ne conserver que les fonctions de régent de la Banque de France. L'organisation si remarquable des écoles du Creusot, qui ont toujours été une des préoccupations dominantes de cet esprit élevé et prévoyant, lui avait fait accorder une distinction, rare dans l'industrie; en 1866, il fut nommé officier de l'Instruction publique. Commandeur de la Légion d'Honneur en 1851, Grand-Officier en 1857, il a été promu Grand-Croix de l'Ordre en 1868. M. Schneider est décédé le 27 novembre 1875.

SCHNITZLER (Jean-Henri), né à Strasbourg, le 1er juin 1802. Après avoir achevé ses études classiques et de théologie protestante, dans sa ville natale, il fut attaché comme précepteur à une grande famille de la Courlande et passa quatre ans en Russie. Témoin, à Saint-Pétersbourg, de la révolte du 26 décembre 1825, ainsi que des événements qui la précédèrent et la suivirent, puis du couronnement, en 1826, de l'empereur Nicolas, pendant un séjour de quelques mois à Moscou, il recueillit des documents sur les faits de cette époque ainsi que sur la statistique du vaste empire des Czars. De cette manière, M. Schnitzler est devenu l'homme spécial pour l'étude de la Russie et ceux de ses ouvrages qui le concernent, ont été traduits dans toutes les langues de l'Europe. A son retour en France, dans l'année 1828, après avoir passé sept ou huit mois en Allemagne, notamment à Berlin, où il vécut à l'ambassade de Russie et suivit les cours d'Al. de Humboldt, Ch. Ritter, etc., il s'occupa de mettre en ordre les nombreux documents qu'il rapportait. A Paris, il travaille ensuite à la *Revue encyclopédique*, à l'*Universel* et à quelques autres recueils. Vers cette époque, la maison Treüttel et Würtz fonda le grand ouvrage qui fut publié sous le titre d'*Encyclopédie des gens du monde* (22 vol.). Chargé d'abord d'y traiter bon nombre d'articles de tous genres, il fut appelé successivement à faire partie du Comité de rédaction et à diriger l'entreprise entière, travail qui l'occupa de 1830 à 1843, sans l'empêcher de continuer ses publications particulières, dont l'une obtint, à l'Institut, un des prix Montyon. Comme il avait été de 1840 à 1844, professeur d'allemand des princes et princesses d'Orléans, et avait pris goût à l'enseignement, il résolut d'entrer dans l'instruction publique et après avoir été le chef de file de tant d'écrivains distingués, il accepta l'emploi modeste d'inspecteur auxiliaire des écoles primaires du Bas-Rhin. En 1856, il professa l'allemand au lycée de Strasbourg et fut chargé en même temps des cours de littérature française et étrangère au séminaire protestant de cette ville; mais il quitta bientôt ces fonctions pour achever son grand ouvrage sur l'empire des

Czars. Il s'était mis sur les rangs pour une place vacante à l'Académie des sciences morales et politiques. M. Mignet, secrétaire perpétuel, fit, à cette occasion, un rapport dans lequel il cita avec de grands éloges les travaux du candidat. M. Schnitzler est chevalier de la Légion d'Honneur depuis le 6 mai 1846. En 1864, il fit en Russie, sur l'invitation de l'empereur Alexandre II, un second voyage qu'il poussa cette fois jusqu'à Kasan. Dans cette circonstance, il reçut la croix de commandeur de Saint-Wladimir et, en 1869, la grand'-croix de Saint-Stanislas. Plusieurs académies étrangères l'ont reçu dans leur sein. Il est membre de la Société Courlandaise pour les arts et les sciences, membre correspondant de l'Académie impériale des sciences de Saint-Pétersbourg, de l'Institut national de Washington, membre associé de la Société impériale russe de géographie, etc. Outre les nombreux articles qu'il a insérés dans son *Encyclopédie*, on cite de lui : *Essai d'une statistique générale de l'empire de Russie* (1829); — *La Russie, la Pologne et la Finlande* (1835); — *Statistique générale, méthodique et complète de la France comparée aux autres grandes puissances de l'Europe* (1842-1846, 4 gr. vol.), etc. La guerre d'Orient lui a fourni l'occasion de mettre à profit ses vastes connaissances sur l'empire russe. Il a fait paraître : *La Russie et son agrandissement territorial depuis quatre siècles* (1854); — *La Russie ancienne et moderne*; *Description de la Crimée, surtout au point de vue des lignes de communication*, avec carte (1855), ouvrage par lequel il espérait rendre service à l'armée française, assiégeant alors Sébastopol, et qu'il envoya manuscrit au ministre de la Guerre; — *L'empire des Czars au point de vue actuel de la science* (1856, 1862, 1864, 1869, 4 gr. vol.). Travail dédié à l'empereur, très-important, et dont le dernier volume ne tardera pas à paraître); — *La mission de l'empereur Alexandre II et le général Rostoftsof* (1860); — *La Russie en 1812, ou Rostoptchine et Koutousof* (1863); — Mentionnons encore un *Atlas historique et pittoresque, ou Histoire universelle ancienne et moderne, disposée en tableaux synoptiques*, etc. (1864, 4 vol. in-fol., tableaux, planches et cartes), continuation du travail de Jacques Baquol, de l'an 1000 à l'an 1860, atlas qui s'est vendu à 6,000 exemplaires, malgré son prix élevé. Plusieurs des ouvrages de M. Schnitzler en langue française (car il en a publié aussi quelques-uns en allemand), ont été traduits et il en existe des contrefaçons belges. Il a donné une édition française avec avant-propos, traduction et note, du *Manuel diplomatique* du professeur Ghillany (1856, 2 vol.). Enfin, il a été un des collaborateurs du *Bulletin de Férussac*, de la *Revue germanique* de Strasbourg, des *Annales européennes*, etc., et pendant plusieurs années un des correspondants de Paris de la *Gazette d'Augsbourg*.

SCHŒLCHER (Victor), né à Paris, le 4 juillet 1804. Fils d'un habile industriel qui a réalisé de grands progrès dans le commerce et l'industrie de la porcelaine, il fit ses études classiques au collège Louis-le-Grand et se consacra, très-jeune encore, à la littérature et au journalisme. Fort des connaissances artistiques puisées dans sa famille, il faisait dans les colonnes de l'*Artiste*, dès 1832, le compte rendu du Salon de peinture. Déjà jeté alors dans le mouvement politique de l'époque il s'affilia à la loge des Amis de la vérité, à la société : Aide-toi et le Ciel t'aidera, puis à la société des Droits de l'homme. Républicain de cœur et indépendant grâce à sa belle position de fortune, il fit en 1829 un premier voyage au Mexique, à Cuba et aux États-Unis. De retour en France après la révolution de Juillet, il plaida la cause des noirs, demanda leur émancipation, et fut un des plus fervents apôtres de l'abolition de l'esclavage. En 1840, il alla étudier l'esclavage sur place, aux Antilles françaises, anglaises, espagnoles et danoises. Deux ans plus tard, il parcourut l'Egypte, la Turquie et la Grèce. En 1847, il visita nos établissements du Sénégal et de la Gambie. Au retour de ce dernier voyage, le 3 mars 1848, il se trouva face à face avec un nouvel ordre de choses. En vertu de sa compétence dans les questions économiques et surtout coloniales, il fut aussitôt nommé sous-secrétaire d'État au ministère de la Marine, sous Arago; et ce fut lui qui provoqua le décret abolissant l'esclavage dans les colonies françaises, et prépara les voies et moyens à l'affranchissement des noirs. On dut également à son initiative la suppression des peines corporelles encore inscrites dans le code de la marine. Son libéralisme, d'ailleurs, ne pouvait être suspect. Grand ami de Godefroy Cavaignac, il avait fait autant d'opposition au gouvernement des Orléans qu'à celui de la Restauration, successivement dans la *Revue républicaine*, la *Revue du Progrès*, la *Revue indépendante*, le *Journal du peuple*, la *Réforme*, etc. Élu représentant de la Guadeloupe et de la Martinique à l'Assemblée constituante, il opta pour la Guadeloupe, dont les électeurs lui conservèrent son mandat à la Législative. A la Chambre, il occupa la vice-présidence de la fraction parlementaire dite « la Montagne », plaida la cause des noirs, traita diverses questions économiques au point de vue humanitaire, demanda la collation des grades dans l'armée, jusqu'au grade de capitaine, par voie d'élection, réclama l'abolition de la peine de mort, etc. Il fit notamment passer, en 1849, dans la discussion de la loi des chemins de fer un amendement qui obligea les compagnies à fermer les voitures de troisième classe restées jusqu'à cette époque ouvertes à tous les vents. Lors du Coup-d'État, il fut un des quelques représentants qui étaient à la barricade du faubourg Saint-Antoine, où fut tué Baudin et l'un des membres du fameux Comité des « Sept » qui tenta d'organiser la résistance. Chassé de France, il se réfugia en Angleterre et refusa de profiter, en 1859, du bénéfice de l'amnistie. Rentré à Paris, en août 1870, alors que l'Empire craquait de toutes parts, il défendit, le 4 septembre, la cause du drapeau tricolore à l'Hôtel-de-Ville. Colonel d'état-major de la garde nationale, membre de la Commission des barricades, organisateur et commandant en chef de la légion d'artillerie, il signa, dans la funeste journée du 31 octobre, conjointement avec le maire de Paris et M. Dorian, la proclamation autorisée par le gouvernement, qui convoquait le peuple à élire le Conseil municipal. Le 8 février 1871, il fut porté candidat à l'Assemblée nationale. Trois fois élu représentant du peuple, à Paris, à la Martinique et à la Guyane, il opta pour la Martinique. Quand éclata l'insurrection du 18 mars, il fut remis par les maires de Paris à la tête de sa légion d'artillerie et fit de vains efforts pour organiser la résistance au pouvoir de la Commune. Arrêté par ordre de la Commune, il subit trois jours de détention avant de pouvoir quitter Paris. M. Schœlcher a toujours siégé à l'Extrême-Gauche. Il a présidé une des Commissions d'enquête sur les établissements pénitentiaires et proposé de nouveau l'abolition de la peine de mort, l'amnistie et la levée de l'état de siége. Sur une proposition de loi l'Assemblée nationale a voté en principe que les voitures de chemins de fer de 3º et de 2ᵉ classe seraient chauffées comme celles de 1ʳᵒ classe Il a été élu sénateur inamovible le 16 décembre 1875. M. Schœlcher a publié : *De l'esclavage des noirs et de la législation coloniale*, brochure (1833); — *Abolition de l'esclavage; examen du préjugé contre la couleur des Africains et des Sang-mêlés* (1840); — *Des colonies françaises; abolition immédiate de l'esclavage* (1842); — *Colonies étrangères et Haïti; résultats de l'émancipation anglaise* (1843, 2 vol.); — *L'Egypte en 1845* (1846); — *Histoire de l'esclavage pendant les deux dernières années* (1847, 2 vol.); — *La vérité aux ouvriers et cultivateurs de la Martinique* (1849); — *Le procès de Marie-Galante*, brochure (1851); — *Protestations des citoyens français, nègres et mulâtres, contre des accusations calomnieuses*, brochure (1851); — *Abolition de la peine de mort*, brochure (1851); — *Histoire des crimes du 2 Décembre* (Londres, 1852, 2ᵉ édit., Bruxelles, 2 vol., même année); — *Le gouvernement du 2 Décembre* (Londres, 1853); — *Dangers pour l'Angleterre de l'alliance avec les hommes du Coup-d'État*, brochure (Londres, 1854); — *Vie de Handel* (Londres, 1857); — *Le repos du dimanche*, brochure (Londres, 1870); ces trois derniers ouvrages sont écrits en anglais; — *L'arrêté Gueydon à la Martinique et l'arrêté Husson à la Guadeloupe*, brochure (1872); — *Le Jury aux colonies*, brochure (1873); — *La famille, la propriété et le christianisme* (1873); *La grande conspiration du pillage et de l'incendie à la Martinique*, brochure (1873).

SCHŒNEWERK (Alexandre), né à Paris, le 18 février 1820. Élève de David d'Angers, de Jollivet et de Triqueti, il débuta au Salon de Paris, en 1841, avec un groupe en plâtre: *Agar*. Depuis, M. Schœnewerk a exposé, outre un grand nombre de bustes: *La fille de Jephté*, groupe en plâtre (1844); — *Sainte Élisabeth de Hongrie donnant ses bijoux aux pauvres*, groupe en plâtre (1845); — *Bénitier*, plâtre (1846); — *L'ange-gardien de l'étude; L'ange-gardien du sommeil*, groupes en plâtre; *Les trois vertus théologales*, médaillon en plâtre (1847); — *Bacchante faisant danser un enfant*, groupe en plâtre (1848, en bronze 1852); — *Satyre enfant jouant avec une bacchante*, groupe en plâtre (1850); — *Rêverie*, statuette en imitation de bronze (1852, en bronze 1853); — *Albert Durer*, buste en marbre, commandé par le ministre d'État pour la ville de Strasbourg (1853); — *L'amour vaincu*, groupe en plâtre (1853, en bronze Ex. U. 1855); — *Psyché* et *Pandore*, bas-reliefs en plâtre; *Jeune pêcheur*, étude en marbre; *Au bord d'un ruisseau*, statue en marbre; *Bacchante*, statue en marbre pour le Louvre (1861); — *Jupiter et Léda*, groupe en marbre; *La tragédie*, statue en plâtre; *L'amour fatigué*, groupe en marbre (1863); — *La comédie*, statue en plâtre (1864); — *L'aurore*, statue en marbre (1867); — le buste en marbre de *Bouchardon*, statuaire, pour le Louvre; *Galathée*, fronton de la façade méridionale des Tuileries (1869); — *Enlèvement de Déjanire*, groupe en bronze, à l'État; *Enfant et cygne*, groupe en marbre (1870); — *La jeune Tarentine*, statue en marbre (1872); — *Jeune fille à la fontaine*, statue en marbre; *Milon et Daphnis*, groupe en plâtre (1873); — *Lulli*, statue en plâtre, modèle d'une statue destinée au Nouvel-Opéra; *Saint Thomas d'Aquin*, statue en pierre pour la façade de la Sorbonne; *E. Ortolan*, partie supérieure du monument, bronze (1874); — *Jeune fille à la fontaine*, statuette en terre-cuite (1875); — *Hésitation*, statue en marbre (1876). M. Schœnewerk a obtenu une médaille de 3ᵉ classe en 1845, une médaille de 1ʳᵉ classe en 1861 et son rappel en 1863. Il a reçu la croix de la Légion d'Honneur en 1873.

SCHOLL (Aurélien), né à Bordeaux, en 1833. Il fit de bonnes études au collège de sa ville natale et fut destiné par son père à lui succéder dans sa charge de notaire, mais il se consacra à la littérature et au journalisme. Venu à Paris, il entra, en 1850, au *Corsaire*, passa, lors de sa suppression au Coup-d'État, au journal *Paris*, puis au *Mousquetaire* d'Alexandre Dumas. Collaborateur de l'*Illustration*, et, de 1859 à 1863, du *Figaro* hebdomadaire, il avait ressuscité en 1855 le *Satan* et fondé avec M. Jules Noriac, la *Silhouette*. En quittant le *Figaro*, où il s'était attiré par ses *Coulisses*, titre de ses satires hebdomadaires, plusieurs duels et poursuites judiciaires, il fonda le *Nain Jaune* et depuis, le *Club*, le *Jockey* et, en 1869, le *Lorgnon*. Un de ses articles dans l'*Évènement*, lui valut un duel avec M. Robert Mitchell, rédacteur du *Soir*. En dehors de ses nombreux et remarquables articles, M. Aurélien Scholl a publié : *Lettres à mon domestique* (1854); — *Les esprits malades* (1855); — *Denise, Histoire bourgeoise*, en vers (1857); — *La foire aux artistes* (1858); — *Les mauvais instincts, histoire d'un premier amour* (1860, 2ᵉ édit., 1863, sous le titre : *Hélène Herman*); — *Les amours de théâtre* (1862); — *Aventures romanesques* (1862); — *Scènes et mensonges parisiens* (1863); — *Les gens tarés* (1865); — *Les dames de Risquenville* (1865); — *Les cris de paon* (1866); — *L'outrage* (1866); — *Les nouveaux mystères de Paris* (1867, 3 vol.); — *La dame des palmiers* (1873); — *Les amours de cinq minutes* (1875), etc. Comme auteur dramatique, il a fait représenter : *Rosalinde* ou *Ne jouez pas avec l'amour*, comédie avec M. Lambert Thiboust (1859); — *Jaloux du passé*, comédie en un acte (Odéon, 1861); — *Singulier effet de la foudre*, comédie en un acte, avec M. Th. de Langeac (théâtre Déjazet, 1863);

— *La question d'amour*, comédie avec P. Bocage (Gymnase, 1864); — *Les chaînes de fleurs*, comédie en un acte (Variétés, 1866); — *Le repentir*, comédie (Odéon, 1876); — *On demande une femme honnête*, comédie (Variétés, 1876).

SCHRŒDER (Louis), né à Paris, le 24 décembre 1828. Après avoir étudié la sculpture dans les ateliers de Rude et de M. Dantan aîné, il débuta au Salon de Paris, en 1848, avec un buste. Depuis, il a exposé : *Tristesse de l'amour à la vue d'une rose brisée*, statue (en plâtre 1829, en marbre 1852 et E. U. 1855, le marbre est placé au musée du Luxembourg ; *Luther enseignant au peuple l'Evangile*, statuette en plâtre (1849); — *La déception*, buste en marbre ; *Le philosophe Anaxagore*, statue en plâtre (E. U. 1855); — *La chute des feuilles*, statue (en plâtre 1857, en marbre 1859 et E. U. 1867), le marbre est au musée de Tours; — *Le matin*, buste en marbre ; *L'ange de la compassion*, statue en pierre, pour la chapelle du calvaire de l'église Saint-Eustache à Paris (1861); — *L'ange de la méditation; L'ange de l'intercession*, façade du presbytère de l'église Saint-Leu à Paris ; *Le baume maternel*, groupe en bronze (1863) ; — deux *Anges gardiens de la croix*, statues en pierre, pour l'église Saint-Augustin ; *La poésie pastorale*, groupe en marbre (1865), au musée de Montauban ; — *Le docteur Rostan*, statue et bas-relief en marbre, pour le cimetière Montmartre ; *Le génie de la navigation favorable*, statue en pierre, pour les Tuileries ; le médaillon en plâtre de feu le *pasteur Meyer*; *L'agriculture*, statue en plâtre (1869) ; — *Le roi David*, statue en pierre, pour N.-D. de Clignancourt (1872) ; — *L'art étrusque*, statue (en plâtre 1873, en marbre 1875) ; — le buste en marbre de *M. Jay* (1873), placé dans la salle du conseil de l'Ecole des beaux-arts de Paris ; — le buste en plâtre de *Victor Baltard* (1875) ; — *La danse*, groupe en plâtre (1876). M. Schrœder a exécuté, en 1864, deux *Anges gardiens de la croix, Saint Denis et Sainte Geneviève* et le *Couronnement de la Vierge* pour la façade de l'église N.-D. de Clignancourt (Montmartre); en 1865, les deux *Anges* (bas-relief) de la chapelle de la Vierge de Saint-Philippe du Roule et les grands *Anges* en fonte de fer qui décorent la nef et le chœur de l'église Saint-Augustin ; et en 1874, la *Minerve* et les deux *Médaillons* en bronze qui sont au-dessus de la porte principale du collège Chaptal. On lui doit encore : La réfection de toutes les sculptures du pavillon central de l'horloge de l'Hôtel-de-Ville, la décoration des cheminées de la salle du Conseil municipal du même monument (1866 et 1867); les bustes en marbre du docteur *Rostan* (1866) pour la Faculté de médecine et l'Académie de médecine ; du docteur *Lunier* (1874) et du docteur *Andral* (1877) pour la Faculté de médecine. Il a obtenu une médaille de 2ᵉ classe en 1852, et son rappel en 1857 et 1859.

SCHULER (Théophile), né à Strasbourg, le 18 juin 1821. Elève de Drölling et de Paul Delaroche, il se consacra de préférence à la peinture de genre historique. En 1845 il débuta au Salon de Paris avec trois grands dessins à la plume ; *Construction de la cathédrale de Strasbourg, Les croisés dans le désert* et *Scène d'intérieur au XVᵉ siècle*. Depuis, M. Schuler a exposé : *Les soldats de la croix à la vue de Jérusalem*, grand dessin rehaussé de couleurs (1846) ; — *Ervin de Steinbach, architecte de la cathédrale de Strasbourg, dans son atelier*, peinture sur fond d'or (1848) ; — *Arrivée des Zurichois à Strasbourg pour le grand tir célébré en 1576, et leur réception par les délégués du magistrat* (1857) ; — *Un coup de sifflet*, souvenir d'Alsace; *La fête de la grand'mère*, portrait de M. de Carcy et de sa famille (1859) ; — *Emigrants alsaciens en Amérique; Soldats défricheurs*, dessin ; *Le cavalier d'alarme dans les Vosges*, grisaille à l'huile (1861), — *Le gage touché*, mœurs de l'Alsace au XVIIIᵉ siècle (1863) ; — *La prière des mineurs* (Vosges), grisaille à l'huile (1864) ; — *Retour au logis*, en Alsace (1866) ; — *Le berceur*, souvenir d'Alsace (1872). Il a illustré *Le lundi de la Pentecôte*, comédie en dialecte strasbourgeois (1849), *Les chlitteurs et bucherons des Vosges* (1853), ainsi que beaucoup d'œuvres de Victor Hugo, d'Erkmann-Chatrian, de Stahl, de J. Macé, de Jazel et autres, et fourni de nombreux dessins au *Magasin pittoresque*. Le musé de Colmar (Alsace) possède de lui une grande toile allégorique : *Le char de la mort*, exécuté en 1852. En dernier lieu il a terminé (1875) un tableau historique pour le musée de Berne : *L'arrivée des délégués suisses à Strasbourg pendant le bombardement de cette ville pour offrir un abri aux vieillards femmes et enfants*. Ayant opté pour la nationalité française, après l'annexion de l'Alsace, M. Schuler a quitté Strasbourg après avoir subi le bombardement, pour se fixer à Neuchâtel (Suisse française). Cette dernière ville possède de lui deux tableaux : *Les flotteurs de la Sarine* (Suisse) et *Le chasse-neige*, souvenir d'Alsace.

SÉATELLI (Paul-Baptiste), né à Bastia (Corse), le 19 septembre 1814. Fils d'un ancien officier supérieur du premier Empire, il fit ses études classiques au collège de Douai, s'engagea volontairement au 7ᵉ régiment de ligne le 20 septembre 1832, fit aussitôt la campagne de Belgique, et mérita, au siège d'Anvers, d'être mis à l'ordre du régiment et nommé sergent-fourrier, au bout de deux mois de service. Le 16 novembre 1833, il fut admis à l'Ecole de Saint-Cyr, dont il sortit, avec le n° 31, sous-lieutenant au 7ᵉ de ligne. Lieutenant le 27 décembre 1840, capitaine le 2 mai 1845, et passé, le 25 juin 1853, au bataillon des tirailleurs algériens, par décision ministérielle, à la suite d'un duel qui eut quelque retentissement à Metz, il partit pour l'Orient avec ce régiment, le 6 avril 1854. Ayant été nommé chef de bataillon au 60ᵉ de ligne, le 29 juin suivant, il quitta l'armée d'Orient, après l'expédition de la Dobrustcha, pour retourner en Afrique, et fut promu lieutenant-colonel au 53ᵉ de ligne le 27 décembre 1861, et colonel du 83ᵉ le 3 août 1867. C'est en cette dernière qualité qu'il appartint, pendant la campagne de France, au 7ᵉ corps (division Dumont, brigade Bittard des Portes). Blessé d'un éclat d'obus, le 1ᵉʳ septembre 1870, à la bataille de Sedan, où il eut un cheval tué sous lui, il fut évacué, le 11 du même mois, des ambulances de Sedan sur Montauban, et élevé au grade de général de brigade, le 10 octobre 1870. A peine guéri de sa blessure, M. le général Séatelli a été appelé au commandement supérieur de la place de Cambrai, qu'il a conservé jusqu'à l'armistice. Nommé, le 29 août 1871, commandant de la subdivision du Puy-de-Dôme, puis de la 64e brigade d'infanterie, il a été admis, le 19 septembre 1876, dans le cadre de réserve de l'état-major général. Chevalier de la Légion d'Honneur depuis le 25 mars 1856, il a été promu officier de l'ordre le 22 mars 1872 et commandeur le 17 septembre 1876. Il est aussi chevalier de l'ordre de Léopold de Belgique.

SÉBERT (Louis-Eugène), né à Villeneuve-sur-Verberie (Oise), le 15 mai 1814. Il fit ses études classiques et son droit à Paris et se consacra au notariat. En 1848, il prit un office ministériel dans la capitale et parvint, par son intelligence, son travail et sa probité, à se conquérir une brillante position. Président de la Chambre des notaires depuis 1869, il s'opposa énergiquement, pendant le règne de la Commune, à l'exécution du décret de ce gouvernement insurrectionnel prescrivant aux notaires de Paris de lui faire acte d'adhésion dans les vingt-quatre heures, sous peine d'être considérés comme démissionnaires. A son instigation, aucun de ses collègues ne voulut faire la déclaration exigée par le délégué à la justice Protot ; et ceux-ci, en reconnaissance du courage avec lequel il sut faire respecter la décision de la Chambre, prirent plus tard l'initiative de sa candidature à l'Assemblée nationale auprès du groupe électoral de l'Union parisienne de la presse. M. Sébert, républicain modéré, a été élu représentant de la Seine, le 3 juillet 1871, par 96,460 voix. Il a siégé au Centre-Gauche, fréquenté à la fois des réunions extra-parlementaires des deux Centres. Aux élections du 20 février M. Sébert a été élu député de l'Oise pour l'arrondissement de Senlis. Il est décédé le 3 juillet 1876.

SECOND (Pierre-Albéric), né le 17 juin 1817, à Angoulème, où son père était président du tribunal de première instance. Il fit ses études au collége de cette ville où il eut pour professeur de philosophie M. Mourier, actuellement vice-recteur de l'Académie de Paris. Il arriva au quartier latin à 17 ans pour faire son droit. Un an après il débuta au *Charivari* et dans le feuilleton du *Siècle* que M. Dutacq venait de fonder (1835). Il collabora à un grand nombre de journaux : la *Presse*, le *Constitutionnel*, le *Figaro*, l'*Evènement*, le *Moniteur universel*, *Paris-Journal*, le *Gaulois*, etc., et dirigea l'*Entracte* à deux reprises. Il a fondé l'*Univers illustré* et le *Grand Journal* dont il rédigeait la chronique, en même temps qu'au *Figaro* et à la *Presse*. Il s'était déjà essayé dans le genre satyrique en publiant les *Lettres cochinchinoises sur les hommes et les choses du jour* (1841), les *Mémoires d'un poisson rouge* (1842), les *Petits mystères de l'Opéra* (1844), trois ouvrages introuvables que se disputent les bibliophiles dans les ventes publiques, ainsi que la *Comédie parisienne* ouvrage périodique (1857). Parmi les pièces que M. Albéric Second a fait jouer, on distingue : au Théâtre-Français : la *Comédie à Ferney* (1854), un des grands succès de Geffroy (Voltaire), et le *Baiser anonyme* (1867), dont la première représentation fut donnée à Saint-Cloud pour la fête de l'Impératrice ; — à l'Opéra-Comique : la *Fontaine de Berny* (1869), musique d'Adolphe Nibelle ; — au Vaudeville : une *Vendetta parisienne* ; — au Gymnase : *Maître en service* ; — au Palais-Royal : *English spoken* et un *Mouton à l'entresol*. Le vrai bagage littéraire de M. Albéric Second se trouve dans ses romans : la *Jeunesse dorée par le procédé Ruolz* (1845) ; les *Contes sans prétention* ; *A quoi tient l'amour* ; *Misères d'un prix de Rome* ; la *Semaine des quatre jeudis* ; la *Vicomtesse Alice* ; les *Demoiselles du Ronçay*, couronné par l'Académie française en 1875, ouvrages qui tous ont obtenu de grands succès. Sous préfet de Castellanne (Basses-Alpes) de 1848 à 1850, il a été pendant quatre ans commissaire impérial près du théâtre de l'Odéon. Fidèle à ses sympathies politiques, il a donné sa démission de ces dernières fonctions le 5 septembre 1870. M. Albéric Second a été décoré de la Légion d'Honneur le 15 août 1859. Il est chevalier de plusieurs ordres étrangers.

SECRETAN (Marie-François-Louis), né à Lausanne en 1804. Il fit d'abord son droit et embrassa la carrière du barreau dans sa ville natale. Mais ses travaux professionnels ne l'empêchèrent pas de se livrer à l'étude des sciences mathématiques dans lesquelles il fut bientôt très-versé, ce qui le fit nommer capitaine du génie, en 1832, dans le canton de Vaud, grade qu'il conserva jusqu'en 1834. Abandonnant sa profession d'avocat en 1833, il entra dans l'enseignement, comme professeur suppléant de mathématiques à l'Académie de Lausanne et devint professeur titulaire en 1838. Ses grandes connaissances en astronomie lui permirent de changer encore de carrière. En 1844, il vint à Paris où il s'associa sous la raison sociale : Lerebours et Secretan avec le directeur de la célèbre fabrique d'instruments d'optique fondée en 1803. M. Lerebours s'étant retiré des affaires en 1854, M. Secretan est resté seul directeur de la maison. Fournisseur de l'Observatoire, il joint à la fabrication des instruments d'optique celle des instruments relatifs à la chimie, à la physique et à la galvanoplastie. Il s'est fait une spécialité des instruments de géodésie, des télescopes à miroir argenté, et notamment des objectifs pour la photographie. Le catalogue des articles confectionnés par sa maison dépasse le chiffre de 2,000. Parmi ses productions les plus remarquables, on cite les six instruments astronomiques de premier ordre qu'il a construits pour l'Observatoire de Paris, deux réfracteurs de 24 cent., d'ouverture, un grand équatorial, une lunette méridienne de 24 cent., etc. M. Secretan a publié : *Traité de photographie* (1842, en collaboration avec M. Lerebours ; — *De la distance focale des systèmes optiques convergents* (1853). Il a obtenu la médaille d'honneur et une médaille de 1re classe à l'Exposition universelle de Paris en 1855 et a reçu la croix de la Légion d'Honneur pour excellence dans la fabrication de ses produits, le 30 juin 1867, le jour même de sa mort.

SECRETAN (Auguste), né à Lausanne, en 1833 ; fils du précédent. Il suivit son père à Paris et devint élève distingué de l'Ecole Turgot d'abord et de l'Ecole centrale. Sous la direction de son père il fut initié aux travaux difficiles de l'optique et réunissant les connaissances de l'ingénieur et celles de l'opticien, il était appelé à la mort de son père à un brillant avenir. Malheureusement la guerre de 1870 vint arrêter ses travaux. Il se dévoua au service des ambulances et lorsque la paix lui permit de reprendre ses occupations, il se trouva atteint d'une maladie dont l'issue fatale était prévue. Pendant quatre ans il lutta contre le mal qui l'emporta subitement le 10 octobre 1874. Son œuvre principale est le grand télescope de Toulouse qu'il ne put achever.

SECRETAN (Georges-Emmanuel), né à Aubonne (Suisse), en 1837 ; cousin du précédent. Après avoir été longtemps professeur au lycée de Lausanne, il fut appelé par A. Secretan pour collaborer à ses travaux. Deux ans après, il devint, par la mort d'A. Secretan, seul propriétaire directeur de cette importante maison et se mit vaillamment à maintenir l'immense réputation que les Lerebours et les Secretan ont acquis au vaste Institut d'optique et de physique du Pont-Neuf. Il acheva, avec la collaboration de M. Henry, de l'Observatoire, le grand télescope de Toulouse, le seul instrument de cette dimension qui existe en France ; celui construit récemment à l'Observatoire de Paris n'ayant pas encore été accepté. Il a obtenu deux médailles à l'Exposition des sciences géographiques en 1875 et une grande médaille à l'Exposition de Philadelphie en 1876.

SÈDE (Gabriel-Paul-Gustave, DE), baron DE LIEOUX, né à Saint-Gaudens (Haute-Garonne), le 30 novembre 1825. Neveu du marquis de Fontanes, grand maître de l'Université, et allié aux plus anciennes maisons du midi. M. de Sède fut élevé à l'Ecole militaire de la Flèche. Il entra dans la magistrature, en 1857, en qualité de Juge de Paix à Montreuil-sur-Mer, et la quitta en 1858, pour se consacrer à l'administration, comme chef de la division des Travaux publics du Pas-de-Calais. Il abandonna cette position, en 1868, pour se livrer exclusivement à des études politiques et littéraires pour lesquels son goût s'était manifesté de bonne heure par de nombreuses publications, soit dans les concours académiques, soit dans les journaux, soit en brochures. Il devint, en 1868, directeur et rédacteur en chef du *Courrier du Pas-de-Calais*. M. de Sède défend, dans son journal, avec un grand talent et une grande énergie les principes conservateurs. Il est officier d'Académie, membre de l'Académie d'Arras, et d'un grand nombre de Sociétés savantes.

SÉDILLOT (Charles-Emmanuel), né à Paris, le 18 septembre 1804 ; fils de J.-J.-E. Sédillot, orientaliste et mathématicien. Elève interne des hôpitaux de Paris, il fut admis comme élève dans le corps de santé militaire en 1824. Chirurgien sous-aide en 1825, lauréat du 1er prix des hôpitaux d'instruction de Metz en 1826 et de perfectionnement du Val-de-Grâce en 1827, il fut reçu docteur à la Faculté de Paris, en 1829, avec une thèse intitulée : *Du nerf pneumo-gastrique et de ses fonctions*. M. Sédillot fit la campagne de Pologne en 1831 et reçut la croix du mérite militaire. Aide-major au 6e régiment de dragons le 1er mai 1832, puis au Val-de-Grâce où il devint démonstrateur, il fut reçu agrégé de la Faculté de médecine de Paris en 1835. Promu chirurgien-major de 2e classe et nommé professeur au Val-de-Grâce le 31 décembre 1836, il fut décoré de la Légion d'Honneur après la campagne de Constantine dont il publia la relation. Elevé à la 1re classe de son grade le 16 novembre 1841, il fut nommé, au concours, professeur à la Faculté de Strasbourg et devint successivement chirurgien en chef de l'hôpital militaire, médecin principal de 2e classe (19 juillet 1845) et de 1re classe (1er décembre 1850), directeur de l'Ecole impériale du service de santé et médecin-inspecteur (19 octobre 1860). Admis à la retraite en 1869, M. Sédillot est professeur honoraire de la Faculté de médecine de Nancy ; membre associé national de l'Académie de médecine ; membre honoraire étranger de l'Académie royale de médecine de Belgique ; membre honoraire de la Société de médecine de Saint-Pétersbourg ; membre correspondant de l'Académie de chirurgie de Madrid, de la Société médico-chirurgicale d'Edimbourg ; de la Société médico-chirurgicale de Rome, etc. Correspondant de l'Institut de France depuis 1846, M. Sédillot a été nommé membre titulaire, en 1872, de l'Académie des sciences. Il avait été promu officier (1849) et commandeur de la Légion d'Honneur (1863). Outre de nombreux mémoires, M. Sédillot a publié : *Relations de la campagne de Constantine* de 1837 (1838) ; — *Traité de médecine opératoire* (1839-1845, 2 vol, 4e édit., 1865-1870) ; — *De l'opération de l'empyème* (1841) ; — *Résumé général de la clinique chirurgicale de la Faculté de médecine de Strasbourg* (1842) ; — *De l'insensibilité produite par le chloroforme et par l'éther, et des opérations sans douleur* (1848) ; — *De l'infection purulente ou pyoémie* (1849, avec pl.) ; — *Des règles de l'application du chloroforme aux opérations chirurgicales* (1852) ; — *De la gastrostomie, de la staphylorrhaphie, de la galvano-caustie* ; — *De l'uréthrotomie interne et externe* (1858) ; — *De l'évidement des os* (1860 avec pl.), grand prix de chirurgie de l'Institut ; — *Contributions à la chirurgie* (1867, 2 vol.) ; — *De la certitude en médecine* (1870) ; — *Chirurgie de guerre — Campagne d'Haguenau* (1870) ; — *Du relèvement de la France* (1874), etc.

SÉDILLOT (Louis-Pierre-Eugène-Amélie), né à Paris, le 23 juin 1808 ; frère du précédent. Il se fit recevoir, à la fois, licencié ès lettres et en droit, obtint au concours de 1831, l'agrégation d'histoire et professa aux collèges Bourbon, Henri IV et Saint-Louis. Après la mort de son père (1832) dont il avait été l'élève pour les langues orientales, il devenait secrétaire du collège de France et de l'Ecole des langues orientales vivantes. M. Sédillot a partagé les soins de l'administration de ces deux grands établissements avec les Silvestre de Sacy, les Jaubert, les Thénard, les Letronne, les Stanislas Julien, etc. Il a fait paraître la traduction du *Traité des instruments astronomiques des Arabes*, qui avait valu, en 1810, à son père, un des grands prix décennaux (1834, 2 vol. in-4°) et qu'il a complété par un *Mémoire sur le même sujet*, inséré au *Recueil des savants étrangers* et dont on a fait un tirage à part sous le titre de : *Supplément au traité d'Aboul-Hassan* (3e vol. in-4°). Il a publié, en outre : *Lettres sur quelques points de l'astronomie orientale* (1834 et 1859) ; — *Manuel de chronologie universelle* (1835, 6e édit., 1865, 2 vol.) ; — *Recherches nouvelles pour servir à l'histoire des sciences mathématiques chez les Orientaux* (1837, in-4°) ; — *Mémoire sur un sceau du sultan Schah-Rokh, fils de Tamerlan* (1840) ; — *Mémoire sur les systèmes géographiques des Grecs et des Arabes, et, en particulier, sur la coupole d'Arine*, etc. (1842, in-4°) ; — *Matériaux pour servir à l'histoire comparée des sciences mathématiques chez les Grecs et les Orientaux* (1845-1850, 2 vol.) ; — *Prolégomènes des tables astronomiques d'Oloug-Beg*, texte, traduction, commentaires (1846-1853, 2 vol.) ; — *Histoire des Arabes* (1854) ; — *Lettres à M. de Humboldt sur l'astronomie et les mathématiques chez les Orientaux* (1859) ; — *Lettres à M. le prince Boncompagni sur l'origine de nos chiffres* (1865) ; — *Courtes observations sur le même sujet*, etc. M. Sédillot a écrit dans la *Biographie Michaud*; la *Revue encyclopédique*; la *Revue britannique*; le *Journal asiatique*; le *Bulletin de la Société de géographie*; le *Dictionnaire de la conversation*, etc. On lui doit aussi de nombreuses communications à l'Institut sur la réhabilitation de l'Ecole scientifique des Arabes (*Comptes rendus des séances de l'Académie des sciences*). M. Sédillot est décédé en 1875. Il avait reçu la croix de la Légion d'Honneur le 29 avril 1859 et celle d'officier en 1871.

SÉE (Germain), né à Ribeauvillé (Haut-Rhin), le 6 mars 1818. Il fit ses études classiques à Metz, prit le grade de docteur en médecine à la Faculté de Paris en 1846 et fut nommé médecin des hôpitaux en 1852. Appelé, en 1866, à succéder au docteur Trousseau dans la chaire de thérapeutique, à la Faculté de médecine, il y fit des cours très-suivis par la jeunesse de l'Ecole. Ces cours empruntèrent un retentissement particulier aux accusations de matérialisme formulées par le parti ultramontain contre M. G. Sée, qui est israélite, ainsi que contre quelques-uns de ses collègues, et dont l'écho vint jusqu'au Sénat, sous forme de pétition, au sujet de la liberté de l'enseignement supérieur. Nommé, à la fin de la même année, professeur de clinique médicale, il fut, en 1867, élu membre de l'Académie de médecine. On doit à M. Sée : *Mémoire sur la chorée et les maladies nerveuses*, couronné par l'Académie de médecine et publié dans ses *Mémoires* (1850) ; — un travail expérimental sur l'*Asthme*, paru dans le *Nouveau dictionnaire de médecine pratique* (1865) ; — *Leçons de pathologie expérimentale*, et *Du sang et des anémies* (1866) ; — des leçons sur l'*Action physiologique du tabac*, l'*Epilepsie*, etc., insérées dans le *Courrier médical* et le *Bulletin de thérapeutique* (1869) ; — un *Essai de classification physiologique, de thérapeutique*, etc. M. Germain Sée est chevalier de la Légion d'Honneur depuis 1859.

SÉE (Camille), né à Colmar, le 10 mars 1847 ; neveu et gendre du précédent. Après de brillantes études à la Faculté de droit de Strasbourg, où il fut lauréat dans le concours pour le droit français, M. Camille Sée prit place au barreau de Paris. Secrétaire de M. Grouaille, alors président de l'ordre des avocats au Conseil d'Etat et à la Cour de cassation, il devint secrétaire général du ministère de l'Intérieur, après le départ de M. Jules Cazot pour Tours (10 septembre 1870). Le 31 octobre, il fut, en l'absence de son Ministre, investi de *pleins pouvoirs*, et chargé par M. Ernest Picard, le seul membre du gouvernement qui ne fût pas retenu prisonnier à l'Hôtel-de-Ville, de protéger les services du ministère de l'Intérieur et de faire battre le rappel pour réunir les bataillons de la garde nationale. Il s'acquitta avec intelligence de cette mission et reçut de M. Ernest Picard, le 1er novembre 1870, une lettre le félicitant, au nom du gouvernement, des services qu'il avait rendus dans cette journée par sa conduite énergique en évitant l'effusion du sang, et en préservant les grands services dont il avait la garde. Démissionnaire le 18 février 1871, M. Sée fut, avec mission de réorganiser l'arrondissement, nommé sous-préfet de Saint-Denis le 15 juin 1872, mais donna sa démission après la chute de M. Thiers (25 mai 1873). Candidat aux élections du 20 février 1876, à Saint-Denis, il fut, pour cette première circonscription, après une vigoureuse campagne, élu député de la Seine contre 13 compétiteurs au nombre desquels figuraient MM. le général de Wimpfen, Bonnet-Duverdier, Malapert, Moreaux, Barberet, Vauthier, Laya, Courvoisier, etc.... M. Camille Sée fait partie de la Gauche Républicaine.

SÉE (Marc), né à Ribeauvillé (Haut-Rhin), le 17 février 1827. Docteur en médecine de la Faculté de Paris, le 23 mai 1856, M. Marc Sée est un de nos anatomistes les plus distingués. Chirurgien des hôpitaux et attaché à la Maison municipale de santé (Maison Dubois), il a été reçu agrégé de la Faculté, en 1860, et nommé chef des travaux anatomiques en 1868. M. le docteur Marc Sée a été chirurgien en chef de l'ambulance de la Presse, qui fut faite prisonnière par les Prussiens, en août 1870, et qui relâchée huit jours après, revint en France par la Belgique et se fixa, après la bataille de Beaumont, à Mouzon, où elle soigna plus de 1,200 blessés. Collaborateur à la 4e et la 5e édition du *Traité d'Anatomie descriptive* de Cruveilhier (1863-1866, 4 vol.), il a traduit de l'allemand, avec M. Béclard, les *Eléments d'histologie humaine* de Kœlliker (1856) et publié : *De l'Accommodation de l'œil et du muscle ciliaire*, thèse inaugurale (1856) ; — *Anatomie et physiologie du tissu élastique* (1860), thèse de concours pour l'agrégation ; — *Rapport sur la campagne faite par la deuxième ambulance* (1871) ; — *Recherches sur le fonctionnement du cœur et sur les valvules auriculo-ventriculaires* (1875), etc. M. le docteur Marc Sée est chevalier de la Légion d'Honneur.

Biogr. nat.

SÉGALAS (Anaïs MÉNARD, dame), née à Paris, le 24 septembre 1819. Son père, Charles Ménard, auteur de l'*Ami des bêtes, ou le Défenseur de ses presque semblables*, encourageait son penchant pour la poésie et la littérature. A l'âge de 15 ans, elle épousa M. Victor Ségalas, avocat, frère du docteur Ségalas (voyez ci-dessous). Elle publia : *Les oiseaux de passage*, poésies (1837, 3e édit., 1857) ; — *Enfantines*, *poésies à ma fille* (1854, 8e édit., 1864) ; — *La Semaine de la Marquise*, nouvelles (1855, 2e édit., 1864) ; — *La femme*, poésies (1856) ; — *Nos bons Parisiens*, poésies (1865) ; — *Les mystères de la maison*, roman (1865) ; — *Les magiciennes d'aujourd'hui*, roman (1870) ; — *La Vie de feu*, roman (1875) ; — *Les mariages dangereux*, nouvelles (1877). Comme auteur dramatique, Mme Ségalas a donné, en dehors de quelques opérettes de salon : à l'Odéon : *La loge de l'Opéra*, drame en trois actes (1847) ; *Le Trembleur*, comédie en deux actes (1849) ; *Les absents ont raison*, comédie en deux actes (1852) ; — au Théâtre de la Porte-Saint-Martin : *Les deux amoureux de la grand'mère*, vaudeville en un acte (1850) ; — à la Gaîté : *Les inconvénients de la sympathie*, vaudeville en un acte (1854). De 1848 à 1852 elle a rédigé des articles de revue dramatique dans le *Corsaire* et de 1863 à 1866 dans l'*Illustrateur des dames*. Elle a publié en outre un grand nombre d'articles littéraires, de poésies et de feuilletons dans la *Patrie*, le *Constitutionnel*, le *Gaulois*, le *Figaro*, le *Petit Journal*, le *Musée des Familles*, le *Voleur* et la *Revue de Paris*.

SÉGALAS (Pierre-Salomon), né à Saint-Palais (Basses-Pyrénées), le 1er août 1792. Sorti du lycée de Pau avec le prix d'honneur, il se destina à la médecine, suivit les cours de la Faculté de Paris, fut prosecteur de Margolin, et obtint son diplôme de docteur le 17 décembre 1817. Après avoir étudié toutes les branches de la science, M. Ségalas se tourna particulièrement vers les études des maladies des voies urinaires et se fit dans cette spécialité une place honorable. Ses cours (1824) et ses écrits fixèrent l'attention publique sur lui, et les résultats heureux qu'il obtint à la suite de perfectionnements ou d'inventions d'instruments et de procédés opératoires, justifièrent sa réputation. M. Ségalas a publié : *Recherches expérimentales sur l'absorption intestinale* (1822), mémoire lu à l'Académie des sciences ; — *Lettre à M. Magendie sur les propriétés médicamenteuses de l'urée et sur le genre de mort que produit la noix vomique* (1822) ; — *Série d'expériences sur divers sujets de physiologie* (1823) ; — *Mémoire sur les altérations du sang* (1823) ; — *Traité des rétentions d'urine et des maladies qu'elles produisent* (1828, in-8 avec 10 pl. in-folio) ; — *Mémoire sur la cautérisation des maladies organiques de l'urètre* (1829) ; — *Un mot sur la lithotritie considérée dans son application aux enfants* (1834) ; — *Essai sur la gravelle et la pierre considérées sous le rapport de leurs causes, de leurs effets et de leurs divers modes de traitements* (1835, avec pl.) ; — *Lettre à M. Dieffenbach sur un cas d'uréthroplastie faite par un procédé nouveau et suivie d'un plein succès* (1840) ; — *Sur l'uréthroplastie* (1845) ; — *De la lithotritie considérée au point de vue de son application* (1855, 2e édit., 1856), etc. Il est inventeur d'un brise-pierre, d'un porte-caustique, d'un scarificateur pour les rétrécissements organiques de l'urèthre et d'une pince destinée à retirer de ce canal les sondes et les bougies qui pourraient y rester engagées. Il fit à l'Ecole pratique un cours public de physiologie, puis de pathologie médico-chirurgicale, se présenta au concours de 1823 pour l'agrégation, et fut reçu. M. Ségalas a été nommé membre de l'Académie de médecine en 1823 et promu officier de la Légion d'Honneur en 1853. Depuis 1847 à 1870 il fut conseiller général de la Seine, conseiller municipal de Paris et membre du Conseil de surveillance de l'Assistance publique.

SEGRIS (Emile-Alexis), né à Poitiers, le 4 mars 1804. Il fit son droit à la Faculté de sa ville natale, et prit place au barreau d'Angers. Bientôt en possession, grâce à ses connaissances juridiques et à son talent oratoire, d'une légitime autorité parmi ses confrères, il fut élu bâtonnier de son ordre. Successivement conseiller municipal, adjoint au maire et conseiller général pour le canton sud-est d'Angers, il représenta la 1re circonscription de Maine-et-Loire, au Corps législatif, de 1859 à 1870. En 1869, il fut un des membres les plus influents du tiers parti libéral et l'un des promoteurs les plus actifs de l'interpellation des Cent-Seize. La haute influence dont il jouissait à la Chambre, le succès avec lequel il occupait la tribune et par-dessus tout les opinions tout à la fois libérales et conservatrices lui firent offrir, le 2 janvier 1870, une place dans le cabinet Ollivier. Il accepta le portefeuille de l'Instruction publique, et se signala notamment par la création d'une commission des hautes études et l'amélioration du budget de l'instruction primaire. M. Ségris, passé au ministère des Finances le 14 avril, a dirigé l'émission de l'emprunt de 750 millions et a quitté le cabinet le 8 août suivant. Depuis le 4 septembre 1870, il a abandonné la vie publique, est rentré au barreau et a repris ses fonctions de juge-suppléant au tribunal civil d'Angers. Chevalier de la Légion d'Honneur en 1860, officier en 1863, M. Ségris a été promu commandeur en 1867.

SÉGUIER, (Armand-Pierre, *baron*), né à Montpellier, le 3 juillet 1803. Il appartient à une ancienne famille du Languedoc qui, depuis le XVe siècle, a fourni à la France un grand nombre de remarquables magistrats, entre autres Pierre Séguier, chancelier de France. Son père, Antoine-Jean-Mathieu Séguier, décédé à Paris en 1848, fut d'abord premier président de la Cour d'appel (1810), conseiller d'Etat, puis pair de France et vice-président de la Chambre des pairs et avait reçu le titre de baron en 1808. Avocat au barreau de Paris en 1824, M. le baron Séguier entra dans la magistrature en 1826 comme conseiller auditeur à la Cour d'appel, y devint conseiller en 1830, mais donna sa démission en 1848 pour s'adonner à son occupation favorite, la mécanique, science dans laquelle il montra toujours de grandes aptitudes et posséda des connaissances étendues. Ses travaux ont été récompensés par l'Académie des sciences qui l'appela dans son sein comme membre libre, en remplacement de Rosily-Mesros, le 21 janvier 1833. Pendant quarante ans, M. le baron Séguier a travaillé avec succès au perfectionnement des arts mécaniques : les chemins de fer, l'application de la vapeur à la navigation et à la traction sur les routes ordinaires, l'horlogerie, les balances, les serrures, diverses machines-outils, les armes à feu, les instruments d'agriculture ont successivement occupé son esprit infatigable et ont reçu de lui de nombreuses améliorations. Membre du Conseil municipal de Paris, de 1840 à 1848, pour le XIe arrondissement (quartier du Luxembourg) et membre du jury pour les expositions en France et en Angleterre, il fut récompensé, lors de l'Exposition de Londres, d'une grande médaille pour l'invention d'une balance destinée à peser les monnaies et à treiller mécaniquement les pièces fortes, faibles et les pièces justes. Il est inventeur du système de chemin de fer à rail central, appliqué au Mont-Cenis avant le percement du tunnel et a été vice-président de la Société d'encouragement. M. le baron Séguier a publié : *Mémoires sur les appareils producteurs de la vapeur* (1832) ; — *Perfectionnements dans la navigation à vapeur* (1848), et un grand nombre de *Rapports, Communications et Observations*. Décédé le 16 février 1876, il avait été promu officier de la Légion d'Honneur le 17 octobre 1851.

SÉGUIER (Antoine, *baron*), né à Paris, le 14 mars 1832 ; fils du précédent. Docteur en droit de la Faculté de Paris en 1854 et inscrit au tableau des avocats de cette ville depuis 1853, il entra dans la magistrature en 1855 pour suivre les traditions de son illustre famille. D'abord substitut du procureur impérial à Epernay (1855) puis à Troyes (1858), il fut, de 1858 à 1869, procureur impérial à Étampes, à Chartres, à Reims et à Toulouse. On se souvient du grand retentissement qu'eut sa démission motivée, quand le gouvernement d'alors voulut, à propos de la souscription Baudin (1869), violenter sa conscience de magistrat et l'obliger à exercer, contre la presse indépendante, des poursuites qu'il considérait comme aussi extralégales qu'impolitiques. De retour à Paris, il se fit inscrire au barreau, plaida quelques affaires et fit partie du comité électoral qui soutenait M. Thiers. En 1870, le même comité s'étant réuni, au moment du plébiscite, M. Séguier fit partie de la majorité qui, tout en blâmant et regrettant le plébiscite, estimait que voter « non, » c'était compromettre les réformes libérales inaugurées par le ministère du 3 janvier et mener la France à une révolution nouvelle. Lieutenant au 1er bataillon de la garde nationale pendant le siège de Paris, M. le baron Séguier a été, du 20 mars 1871, au 25 décembre 1873, préfet du Nord. Erudit, travailleur, conciliant, très-distingué de sa personne et gendre du général de Goyon, il a parfaitement réussi dans l'exercice de ses nouvelles fonctions et a su rallier autour de lui toutes les intelligences, toutes les aptitudes, quel qu'en fût le drapeau. Lors des élections pour le Sénat, dans le département du Nord, M. le baron Séguier accepta de figurer sur la liste constitutionnelle républicaine. Vingt voix manquèrent à son élection. La liste opposée, monarchique et bonapartiste, passa. Depuis 1875, il représente le canton de Charny au Conseil général de l'Yonne. Chevalier de la Légion d'honneur en 1868, à la suite de l'arrestation de trois malfaiteurs à Epernay, il a été promu officier, pour la répression de l'émeute politique de Toulouse en 1868, et commandeur en 1874. M. le baron Séguier est officier de l'Instruction publique depuis 1872.

SEGUIN (Marc), né à Annonay (Ardèche), le 20 avril 1786. Marc Seguin était neveu de l'illustre Montgolfier ; il se consacra à l'étude des sciences et débuta comme ingénieur, en 1820, par la construction d'un pont suspendu, à Tournon, et fit le premier, à cette occasion, des expériences sur la résistance des fils de fers. Portant ensuite son attention sur l'emploi de la vapeur, il inventa, en 1827, la chaudière tubulaire, et en fit l'application aux locomotives du chemin de fer de Lyon à Saint-Etienne, dont il avait obtenu la concession avec ses frères deux années auparavant. Il fit ensuite d'importantes études sur la navigation à vapeur du Rhône et publia plusieurs ouvrages théoriques et pratiques : *Mémoires sur le chemin de fer de Saint-Etienne à Lyon* (1839) ; — *De l'influence des chemins de fer et de l'art de les tracer et de les construire* (1839), ouvrage où on trouve posée pour la première fois la théorie de l'équivalent mécanique de la chaleur. Ayant achevé de bonne heure sa carrière industrielle, il s'adonna complètement à l'étude de questions scientifiques et communiqua à l'Institut, dont il faisait partie comme membre correspondant, ses *Mémoires sur la cohésion* (1855) ; *Sur l'origine et la propagation de la force* (1857) ; *Sur les causes et les effets de la chaleur, de la lumière et de l'électricité* (1863) ; *Sur l'aviation* (1866), etc. Chevalier de la Légion d'Honneur en 1836 puis officier en 1867, M. Marc Seguin est décédé à Annonay le 24 février 1875.

SÉGUR (Philippe-Paul, *comte* DE), né à Paris, le 4 novembre 1780. Il est petit-fils du maréchal marquis de Ségur, et fils du comte Louis-Philippe de Ségur, grand-maître des cérémonies de Napoléon Ier, qui, avant d'entrer dans la diplomatie, avait porté les armes dans les glorieuses guerres d'Amérique. M. le comte Philippe de Ségur reçut une solide instruction et étudia particulièrement l'histoire. Après le 18 brumaire, il s'engagea, comme simple hussard, dans la légion qui forma depuis la garde des consuls, devint peu après sous-lieutenant, fit sous Moreau la campagne de Bavière et assista à la bataille de Hohenlinden. Sa bravoure fixa l'attention du général Macdonald, qui le prit pour aide de camp. Investi d'une mission auprès du prince de la Paix, en Espagne, il fut à son retour attaché à l'état-major du premier consul et nommé capitaine en 1804. Chargé d'une mission délicate auprès du roi de Danemark et de l'inspection des ouvrages militaires des côtes de la Manche et du Rhin, il fit la campagne de 1805, assista à la campagne d'Austerlitz et fut choisi, en 1806, par Napoléon pour accompagner le roi Joseph à Naples. Il se distingua au siége de Gaëte, fut nommé chef d'escadron, fit la campagne de Prusse, puis, comme aide de camp de Napoléon, celle de Pologne. Il fut blessé deux fois à Nazielsk, fait prisonnier et interné à Vologda jusqu'à la paix de Tilsit (juillet 1807). Nommé major, M. de Ségur se distingua au combat de Somo-Sierra (Espagne, 1808), y reçut plusieurs blessures et fut promu colonel en récompense de sa bravoure. En 1810 il fut chargé de plusieurs missions auprès des cours du Nord, reçut les étoiles de général de brigade le 22 février 1812 et fit en cette qualité la campagne de Russie. Après avoir contribué avec le 5ᵉ régiment des gardes d'honneur au salut de l'armée, à Hanau, et à la défense de Landau et de Strasbourg, il se distingua dans la campagne de France (1814) à Montmirail, à Château-Thierry et à Reims. Après la capitulation de Paris, M. de Ségur, nommé chef d'état-major des corps royaux, formés de la vieille garde, resta sans emploi pendant les Cent-Jours, jusqu'au siége de Paris. Chargé à cette époque de la défense de la rive gauche de la Seine il fut mis en disponibilité à la deuxième restauration et ne reparut sur le cadre d'activité qu'en 1818. Membre de l'Académie française depuis le 25 mars 1830, le gouvernement de Louis-Philippe le créa lieutenant-général et l'appela à la Chambre des pairs en 1831. M le comte de Ségur a publié: *Histoire de Napoléon et de la grande armée pendant l'année 1812* (1824, 2 vol.), ouvrage qui eut un grand succès et qui fut souvent réimprimé; — *Histoire de la Russie et de Pierre-le-Grand* (1829); —*Histoire de Charles VIII, roi de France* (1834, 2 vol., 2ᵉ édit., 1842). Grand'Croix de la Légion d'Honneur depuis le 28 août 1847, il est décédé le 25 février 1873.

SÉGUR (Sophie ROSTOPCHINE, *comtesse* Eugène DE), née à Saint-Pétersbourg, le 19 juillet 1799. Fille du comte Rostopchine, général russe, premier ministre de l'empereur Paul Iᵉʳ et gouverneur de Moscou, lors de l'incendie de cette ville en 1812, elle épousa en 1819 le comte Eugène de Ségur, qui devint pair de France en 1830. Femme d'un esprit aimable et cultivé, elle a publié un grand nombre d'ouvrages pour la jeunesse: *La santé des enfants* (1857, 3ᵉ édit., 1863); — *Nouveaux contes de fées pour les petits enfants* (1857); — *Les petites filles modèles* (1858); — *Livre de messe des petits enfants* (1858); — *Les vacances* (1859); — *Mémoires d'un âne* (1860); —*La sœur de Gribouille* (1861); — *Pauvre Blaise* (1862); — *Les deux nigauds* (1862); — *Les bons enfants* (1862); — *L'auberge de l'ange-gardien* (1863); — *Les malheurs de Sophie* (1864); — *François le bossu* (1864); — *Le général Dourakine* (1864); — *Évangile d'une grand'mère* (1865); — *Jean qui grogne et Jean qui rit* (1865); — *Un bon petit diable* (1865); — *Comédies et proverbes* (1865); — *Diloy le chemineau* (1870); — *Après la pluie le beau temps* (1871); — *La fortune de Gaspard* (1871); — *Le mauvais génie* (1871), etc. Mᵐᵉ de Ségur est décédée le 9 février 1874.

SÉGUR (Mgr Louis-Gaston DE), né à Paris, le 15 avril 1820; fils de la précédente. Destiné à l'état ecclésiastique, il fit ses études au grand séminaire de Saint-Sulpice et fut ordonné prêtre en 1847. Prélat de la Maison du Pape et auditeur de Rote en 1852, il a été nommé Chanoine-Evêque du Chapitre Impérial de Saint-Denis en 1856. Monseigneur de Ségur a été frappé de cécité en 1854. Il a publié un grand nombre de petits opuscules destinés à la propagande religieuse populaire, et dont les plus importants sont: *Réponses courtes et familières aux objections les plus répandues contre la religion* (1850, 183ᵉ édition, 1877); — *Jésus-Christ, Considérations familières sur la personne, la vie et les mystères du Christ* (1856, 9ᵉ édit., 1863); — *Causeries familières sur le protestantisme d'aujourd'hui* (1858); — *La passion de N. S. Jésus-Christ* (1864); — *Le souverain pontife* (1863); — *Divinité de N. S. Jésus-Christ* (1862); — *La piété et la vie intérieure* (1863-1872, 7 vol.); — *Instructions familières et lectures du soir sur toutes les vérités de la religion* (1863, 2 vol.); — *La piété enseignée aux enfants* (1865); — *Le pape est infaillible* (1870), etc. Citons encore quelques écrits religieux-politiques: *La révolution; La liberté; Les francs-maçons; Vive le roi; Prêtres et nobles; Hommage aux jeunes catholiques-libéraux*, etc.

SÉGUR (Anatole-Henri-Philippe, *marquis* DE), né à Paris, le 25 avril 1823; frère du précédent. Licencié en droit de la Faculté de Paris, il entra, en 1846, comme auditeur, au Conseil d'État. Préfet de l'Ariège puis de la Haute-Marne en 1851 et maître des requêtes au Conseil d'État en 1852, il a été nommé conseiller d'État en service ordinaire en 1868. Le 22 juillet 1872 il fut élu conseiller d'État par l'Assemblée nationale. On doit à M. Anatole de Ségur des ouvrages écrits sur des sujets divers: *Fables* (1848); — *Le dimanche des soldats, contes et récits* (1850, 7ᵉ édition, 1874); — *La caserne et le presbytère, contes et récits* (1853, 18ᵉ édit., 1873); — *Les païens et les chrétiens* (1855, 3ᵉ édit., 1872); — *Vie et mort d'un sergent de zouaves, Hélion de Villeneuve Frans* (1856, 9ᵉ édit., 1875); — *Témoignages et souvenirs* (1857, 4ᵉ édit., 1872); — *Les mémoires d'un troupier* (1858, 11ᵉ édit., 1874); — *Quelques mots sur la législation et la jurisprudence en matière de donations et de legs charitables* (1858); — *Les martyrs de Castelfidardo* (1861, 7ᵉ édit., 1872); — *Les congrégations religieuses et le peuple* (1862); — *Nouvelles fables et contes* (2ᵉ édit., 1863); — *Le poëme de Saint-François* (1866, 4ᵉ édit., 1872); — *Sainte Cécile*, poëme couronné, en 1869, par l'Académie française (1869, 4ᵉ édit., 1875); — *La vie de Sabine de Ségur* (1870, 10ᵉ édit.); — *Histoire populaire de saint François d'Assise* (1870, 4 édit.); — *La vie du comte Rostopchine* (1872, 2 édit.); — *De l'indemnité de logement dû par les communes aux curés* (1874); — *Sursum corda*, poésies (1874); — *La maison, stances et sonnets* (1874, 2 édit.), etc. M. le marquis de Ségur est officier de la Légion d'Honneur depuis 1869.

SÉGUR (Louis-Philippe-Charles-Antoine, *comte* DE), né Paris, le 22 décembre 1838. Il est fils de Charles-Louis-Philippe de Ségur, qui représenta le collège électoral de Fontainebleau, de 1842 à 1846, à la Chambre des députés, petit-fils du général comte Philippe de Ségur (voir ci-dessus) et gendre de Casimir-Perier. Conseiller général de Seine-et-Marne pour le canton de Lorrez-la-Bocage, il se porta en 1869, sans succès, dans ce département, comme candidat de l'opposition, mais il fut élu, le 8 février 1871, représentant à l'Assemblée nationale. Membre du Centre-Droit et de la réunion Saint-Marc Girardin, il a été un des secrétaires de la Chambre et chargé de faire des rapports sur les marchés de Lyon et sur ceux conclus dans le département du Nord pendant la guerre. M. le comte Louis de Ségur a publié : *Une caravane française en Syrie au printemps de* 1860. *Voyage du comte de Paris et du duc de Chartres* (1861), inséré d'abord dans la Revue des Deux-Mondes ; — *Les marchés de la guerre à Lyon et à l'armée de Garibaldi* (1873).

SÉGUR D'AGUESSEAU (Raymond-Paul, comte DE), né à Paris, le 18 février 1803. Appartenant à la famille des précédents, il est arrière-petit-fils du maréchal marquis de Ségur ; arrière-petit-fils du chancelier d'Aguesseau par son père et par sa mère ; petit-fils du comte de Ségur, ancien grand-maître des cérémonies sous l'Empire ; frère puiné du comte de Ségur, ancien pair de France et du comte de Ségur de Lamoignon, ancien pair de France ; neveu du général, comte Philippe de Ségur, membre de l'Académie française ; neveu du comte Molé, ancien ministre ; cousin du général Lafayette, etc. Il fit son droit à la Faculté d'Aix et son stage d'avocat à Paris. Auditeur au Conseil d'État en 1829, il entra dans la magistrature comme substitut du procureur du roi à Rambouillet, en octobre de la même année, passa comme substitut du procureur-général à Amiens (mars 1830) et en la même qualité à Paris (août 1830). Nommé préfet des Hautes-Pyrénées (août 1837), M. le comte de Ségur d'Aguesseau fut destitué pour sa conduite indépendante lors des élections générales de 1837. Deux fois candidat à la députation dans l'arrondissement de l'Aigle (Orne), en 1839 et 1842, il ne manqua sa nomination que de quelques voix. Il en fut de même en avril 1848 dans les Hautes-Pyrénées, mais en mai 1849 les électeurs de ce département le placèrent en tête de leurs représentants à la Législative. Il siégea dans les rangs du parti de l'ordre, soutint la politique de l'Elysée, fit, après le Coup-d'État, partie de la commission consultative et fut élevé à la dignité de sénateur le 25 janvier 1852. Le 23 août suivant, il fit émettre par le Conseil général des Hautes-Pyrénées, dont il était vice-président, le vœu que l'Empire fût rétabli. M. le comte de Ségur d'Aguesseau est commandeur de la Légion d'honneur depuis 1864.

SEIGNAC (Paul), né à Bordeaux, le 12 février 1826. Il suivit l'atelier de Picot, et se consacra surtout à la peinture de genre. Pourtant il débuta, en 1849, au Salon de Paris, avec trois *Portraits*. Depuis, M. Seignac a exposé : *La charité*; le portrait de Mlle *A. Seignac* (1850); — *Le souvenir*; *La bonne complaisante*; *Le petit déjeuner* (1857); — *Quand les maîtres n'y sont pas! Le cadeau du chasseur* (1859); — *Le nourrisson*; *Repas villageois* (1861); — *Incendie* (1863); — *Retour du soldat*; *Dévouement des sœurs de charité* (1864); — *La convalescence*; *Vice et misère* (1865); — *Départ des conscrits*; *La fête du grand-père* (1866); — *Au pressoir*; *L'honneur du hameau* (1867); — *Au lavoir*; *Le bain* (1868); — *Colin-Maillard*; *Le sabot de Noël* (1869); — *Il était une fois*..... (1870); — *Festin breton* (1872); — *Le retour des champs*; *Enfants* (1876); — *La leçon d'écriture*; *La petite marchande* (1877)

SEIGNOBOS (Charles-André), né à Lamastre (Ardèche), le 25 août 1822. Reçu avocat à Paris, en 1844, il compléta ses études par des voyages dans les diverses parties de l'Europe. En 1848, sa candidature à la Constituante, bien qu'improvisée de Rome à la veille des élections, fut accueillie par 20,000 suffrages dans les deux arrondissements où il avait eu le temps d'être connue. Quelques mois plus tard, toujours en son absence, il fut spontanément envoyé au Conseil général par les électeurs de son canton. Quoique sa réélection ait été vivement combattue par le gouvernement, en 1852, il n'a pas cessé, depuis lors, de faire partie de cette Assemblée, aux travaux de laquelle il a toujours pris une grande part et dont il a été successivement secrétaire et vice-président. Investi de nombreuses fonctions gratuites, et en particulier de toutes celles que pouvait conférer l'élection, fondateur de diverses œuvres utiles : Sociétés de secours mutuels, Orphelinats agricoles, Sociétés pour l'instruction primaire, etc., M. Seignobos a été, dans son pays, le promoteur d'améliorations de tout genre, qui en ont opéré la complète transformation. Le 8 février 1871, les électeurs de son département lui ont prouvé leur reconnaissance des services qu'il avait constamment rendus, en lui confiant le mandat de représentant à l'Assemblée nationale. Dans cette Chambre, M. Seignobos, républicain modéré, a fait partie du Centre-Gauche. Il a été l'un des premiers signataires de la proposition Rivet et a siégé dans plusieurs commissions. Enfin, il a été l'auteur de diverses propositions et de plusieurs amendements aux lois constitutionnelles et organiques. Aux élections du 20 février 1876, il a été élu par 9300 voix, comme candidat républicain, député de l'Ardèche pour l'arrondissement de Tournon. Gendre de M. Vacheresse, ancien membre de la Législative sous la deuxième République, il était aussi le camarade d'enfance et l'ami intime de Bancel, qui est mort chez lui, et dans ses bras. Envoyé au synode de 1848 par les protestants de l'Ardèche, du Rhône et de la Haute-Loire, il a fait aussi partie de celui de 1872, où il a été l'un des membres de la commission de constitution. Il s'en est retiré à la seconde session avec la gauche de cette Assemblée en protestant contre la confession de foi obligatoire. M. Seignobos a reçu la croix de la Légion d'Honneur en 1868.

SEMET (Théophile-Emile-Aimé), né à Lille, le 8 septembre 1826. Il commença ses études musicales au Conservatoire de sa ville natale où il suivit avec succès les cours d'harmonie de M. Baumann. Pensionnaire de son département, il fut admis en 1845 au Conservatoire de Paris et y suivit, pour la composition, la classe d'Halévy. M. Semet a débuté comme compositeur avec une pièce, la Petite Fadette, jouée en 1850 aux Variétés. Depuis, il fit représenter avec succès, au Théâtre Lyrique : les Nuits d'Espagne, opéra comique en deux actes, paroles de Michel Carré (26 mai 1857); la Demoiselle d'honneur, opéra comique en trois actes, paroles de Mestépès et Kauffmann (30 décembre 1857); Gil-Blas, opéra comique en cinq actes, de MM. Jules Barbier et Michel Carré (4 mars 1860), réduit en trois actes en décembre 1861; Ondine, opéra en trois actes et cinq tableaux de MM. Lockroy et Mestépès (7 janvier 1863); — à l'Opéra-Comique : la Petite Fadette, trois actes et cinq tableaux de Mme Georges Sand et de M. Michel Carré (11 septembre 1869). M. Semet fit partie de l'orchestre de l'Opéra comme timbalier, de 1854 à 1874, époque à laquelle il obtint sa retraite. Membre du comité des études au Conservatoire de musique, élu plusieurs fois membre de la commission des auteurs dramatiques, il fut nommé le 10 août 1870 chevalier de la Légion d'Honneur, et le 25 août 1876 officier d'Académie. En 1850 après le succès de Gil-Blas, la reine d'Espagne l'avait fait chevalier de l'ordre royal de Charles III.

SÉNARD (Antoine-Marie-Jules), né à Rouen, le 9 avril 1800. Fils d'un architecte, il fit de brillantes études au lycée de sa ville natale, suivit les cours de la Faculté de droit de Paris, et se fit inscrire, en 1821, au bareau de Rouen. M. Sénard s'est distingué de bonne heure dans l'exercice de sa profession. La Cour d'assises fut toujours pour lui le théâtre de ses plus brillants succès ; ses plaidoiries dans le procès Loursel et dans l'affaire de Neveu eurent un grand retentissement. Après la publication des Ordonnances de Juillet, il prit part au mouvement insurrectionnel qui éclata à Rouen, se rallia d'abord à la monarchie de Louis-Philippe, mais devint bientôt le chef de l'opposition dans son département. Bâtonnier de son ordre, il fut nommé président du banquet réformiste (24 décembre 1847). La révolution de Février le fit procureur général ; mais il donna sa démission après avoir été élu représentant du peuple. Il quitta son siège à l'Assemblée lorsque des troubles éclatèrent à Rouen, reprit ses fonctions de procureur général, n'ayant point encore été remplacé, et combattit énergiquement l'émeute. Revenu à l'Assemblée, dont il fut élu président, il aida le général Cavaignac dans la répression de l'insurrection de Juin 1848, et eut la satisfaction que l'Assemblée déclara que tous deux avaient bien mérité de la patrie. Nommé ministre de l'Intérieur (25 juin), il donna sa démission le 13 octobre suivant, entra dans l'opposition, après l'élection du prince Louis Bonaparte, et ne fut pas réélu à la Législative en 1849. Depuis, M. Sénard occupe au barreau de Paris une des premières places. Après le 4 Septembre il reçut du gouvernement de la Défense nationale une mission auprès du roi d'Italie, pour solliciter son concours dans une négociation ou intervention collective des puissances de l'Europe et pour enrayer le mouvement séparatiste qui venait de se produire à Nice. Maire de Saint-Cloud depuis 1871, et élu bâtonnier de l'ordre des avocats de Paris, en juillet 1874, il fut choisi, peu après, par les comités républicains de Seine-et-Oise comme leur candidat à la députation, et fut élu le 18 octobre par 59,637 voix. Il a siégé à gauche et voté la Constitution du 25 février 1875. M. Sénard a été réélu, en 1875, bâtonnier de l'ordre des avocats de Paris.

SÉNÉCA (Mirtil-Joseph), né à Abbeville (Somme), le 11 mai 1800. Après avoir achevé ses études au lycée d'Amiens et obtenu le diplôme de licencié en droit à la Faculté de Paris, il quitta, en 1827, la profession d'avocat pour entrer dans la magistrature comme juge auditeur au tribunal de Saint-Omer. Il devint successivement substitut au même siége en 1829, substitut à Lille en 1833, procureur du roi à Arras en 1834, avocat général à Douai en 1836, à Orléans en 1842 et à Bordeaux en 1847. M. Sénéca a été nommé procureur général à Montpellier en 1849, et à Nancy en 1850. Il fut appelé, l'année suivante, aux fonctions importantes de directeur des affaires criminelles et des grâces du ministère de la Justice. Conseiller à la Cour de cassation en octobre 1853, il a été rapporteur du procès qui donna lieu au célèbre arrêt du 16 janvier 1858 (chambres réunies) sur les reprises de la femme commune en biens, arrêt rendu contrairement à la jurisprudence antérieure de la Cour suprême et à l'opinion exprimée par le premier président Troplong dans ses ouvrages. Il a été admis, sur sa demande, à faire valoir ses droits à la retraite et nommé conseiller honoraire en 1863. Membre du Conseil général du Pas-de-Calais, pour le canton de Desvres depuis 1856, il en est devenu le vice-président. En 1863, il s'est présenté dans la 2e circonscription de la Somme, et a été élu député au Corps législatif. Il a été réélu en 1869. Il a été rapporteur au Corps législatif notamment de deux lois importantes, la loi du 21 juin 1865 sur les Associations syndicales et la loi du 24 juillet 1867 sur les attributions des Conseils municipaux. Il a fait plusieurs fois partie de la Commission du budget. Chevalier de la Légion d'Honneur depuis 1845, M. Sénéca a été promu officier de l'Ordre le 11 décembre 1852 et commandeur le 4 août 1867.

SENS (Édouard), né à Arras, le 10 février 1826. Ayant terminé de très-bonne heure les brillantes études qu'il fit au collége d'Arras, M. Édouard Sens dut se munir d'une dispense pour prendre son diplôme de bachelier ès lettres. Adonné dès lors aux mathématiques, il entra à l'École polytechnique en 1846 et en sortit en 1848, l'un des premiers de sa promotion, comme élève ingénieur des mines. Ingénieur ordinaire de 3e classe le 5 février 1851, il fut envoyé à Mont-de-Marsan le 29 mars suivant et à Arras le 1er mars 1852 et élevé à la 2e classe de son grade le 4 juillet de la même année. La récente découverte et la concession du bassin houiller du Pas-de-Calais, donnait une grande importance aux fonctions de M. Sens, elle provoqua en effet, dans son département et dans l'espace de 9 années, la création de 59 sociétés d'exploitation, l'exécution de 284 sondages, et l'ouverture de 26 nouvelles fosses. Il refusa, pour rester dans son pays natal, le poste qui lui était offert à Chalon-sur-Saône, le 16 octobre 1860, obtint un congé illimité, et devint ingénieur conseil, chargé de l'exploitation des minières, de la compagnie des usines à fer de Marquise. En cette qualité, M. Sens a fait des voyages d'étude aux mines de Marbella et Bilbao (Espagne) et a mérité, sans être en activité de service, d'être promu ingénieur ordinaire de 1re classe le 24 août 1865. Membre du Conseil municipal d'Arras depuis 1860, membre-secrétaire du Conseil général du Pas-de-Calais, depuis le 16 juillet 1861, il a été élu député au Corps législatif, par la 6e circonscription de son département, le 23 décembre 1866 et réélu aux élections générales de 1869. La révolution du 4 Septembre 1870 interrompit sa carrière politique ; mais, aux élections du 8 février 1874, les électeurs du Pas-de-Calais l'ont envoyé à l'Assemblée nationale où il a fait partie du groupe de l'Appel au peuple. Il est membre de l'Académie d'Arras, de la Société géologique et d'autres sociétés savantes. M. Sens a présenté à l'exposition universelle de Londres en 1862, les résultats de ses études sur le bassin houiller du Pas-de-Calais, travail qui lui a valu la médaille d'or et la croix de Léopold de Belgique. Il est chevalier de la Légion d'Honneur depuis le 4 août 1867.

SERGENT (Lucien-Pierre), né à Massy (Seine-et-Oise), le 8 juin 1849. Elève de Vauchelet et de Pils, il a débuté au Salon de Paris, en 1873, avec un tableau : *L'infanterie de marine à Bazeilles* (Ardennes), le 1er septembre 1870. Depuis, M. Sergent a encore exposé : *Le dernier effort à la porte Ballan. Fin de la bataille de Sedan*, le 1er septembre 1870 (1874), acquis par l'Etat et placé au Prytanée de La Flèche ; — *La fin du combat. Siége de Paris, décembre 1870* (1875) ; — *Défense du moulin de Tous-Vents. Episode de la bataille de Saint-Quentin le 19 janvier 1871* (1876), appartient à M. Turquet, député de l'Aisne ; — *Episode du combat de Formerie* (Oise) le 30 octobre 1870 (1877).

SERPH (Marc-Gusman), né à Civray (Vienne), le 12 juillet 1820. Fils d'un ancien sous-préfet et frère d'un secrétaire général de la Vienne et des services civils de l'Algérie, il embrassa la carrière administrative. Il était, à 24 ans, chef du cabinet d'un des meilleurs préfets de la monarchie de Juillet, M. d'Imbert de Mazères, beau-père de son frère ; et, de 1849 à 1851, il faisait partie de l'administration de la Corse. Rentré ensuite dans la vie privée, M. Serph s'est distingué, comme agriculteur, par ses capacités et ses travaux. Il a remporté, huit ans successivement, le prix d'honneur fondé par le célèbre agriculteur poitevin, Jacques Bujault, pour perpétuer son œuvre populaire, et a obtenu la prime d'honneur régionale au Concours agricole de la Vienne en 1869. Président du Comice agricole du canton de Civray, vice-président de la Chambre d'agriculture de l'arrondissement, il a fait partie d'autres Sociétés, soit comme simple membre, soit à titre de secrétaire ou de président. M. Serph a été conseiller général de la Vienne ; et, en 1863, il est entré en lutte, comme candidat indépendant à la députation, avec le préfet, M. Levert, et a réuni 7,000 suffrages dans la circonscription sud de Poitiers. Candidat conservateur libéral aux élections du 8 février 1871, il a été nommé représentant de la Vienne à l'Assemblée nationale par 60,000 voix, et de nouveau conseiller général pour le canton de Civray, le 8 octobre suivant. Aux élections du 20 février 1876, il a été élu député de la Vienne pour l'arrondissement de Civray.

SERRES (Antony), né à Bordeaux, le 13 février 1828. Il se consacra à la peinture d'histoire et à celle de genre, et débuta au Salon de Paris, en 1857, avec *Jésus-Christ prêchant sur le lac de Génézareth*, et une *Réunion d'artistes*. Depuis, M. Serres a exposé : *Jésus-Christ devant Caïphe ; Balayeurs*, à Bordeaux (1859) ; — *Arrivée des vagabonds ; La sœur de charité ; Pauvre femme ; Fin d'un jour de foire* (1861) ; — *Balayeurs ; Nuit de Noël* (1863) ; — *La jeunesse ; L'école buissonnière* (1864) ; — *Clytie abandonnée*, au musée du Havre ; *Processions de la couronne d'épines* (1865) ; — *Le corps de Charles-le-Téméraire*, à Nancy ; *Libations au dieu des jardins* (1866) ; — *Jugement de Jeanne d'Arc*, au musée de Bordeaux ; *Tympanistria* (1867), acquis par l'Etat ; — *Le retour inattendu ; L'amour et la volupté* (1868) ; — *Conseils de l'amour ; Louis XI et l'oiseleur* (1869) ; — *Les fugitifs*, épisode de l'invasion des barbares dans l'empire romain, l'an 587 avant Jésus-Christ ; *La siesta* (1870) ; — *Nonchalante* (1872) ; — *Balayage municipal* (1873) ; — *Les enfants du village ; Lavandières* (1874) ; — *Angelica*, sujet tiré de *Roland furieux* d'Arioste (1876). En outre, M. Antony Serres a peint un grand nombre de portraits et de tableaux de genre qui ainsi que ceux ci-dessus désignés se trouvent dans des galeries ou collections publiques et privées. Il a obtenu des médailles d'or, d'argent et de bronze aux expositions suivantes : Médailles d'or à Rouen (1869 et 1872) ; médailles d'argent à Bordeaux (1846), Amiens (1868), Laval (1875) et Amiens (1876) ; médailles de bronze à Périgueux (1864), Niort (1865), Boulogne-sur-Mer (1868) et Carcassonne (1876).

SERRES (Bernard-Hector), né à Dax, le 10 mai 1807. Issu d'une des plus anciennes et des plus honorables familles de cette ville, il débuta dans la vie publique en acceptant, dans des circonstances locales très-difficiles, en 1831, les fonctions délicates de rapporteur du conseil de discipline de la garde nationale. Nommé membre du Conseil municipal en 1843, il fut appelé au Conseil d'arrondissement en 1848, et en était président depuis plusieurs années lorsqu'il reçut le 7 août 1869 la croix de la Légion d'Honneur, après vingt-six ans révolus de services administratifs. Il supportait alors, seul et sans adjoints, tous les fardeaux de l'administration communale, dont il avait été chargé un an auparavant en sa qualité de premier membre du Conseil municipal et continua à exercer les fonctions de maire jusqu'au 19 septembre 1870, n'abandonnant ce poste, où il avait été appelé par la seule confiance de ses concitoyens qu'après avoir conjuré, autant par sa fermeté que par une sage politique, les désordres qui sont la conséquence ordinaire de toutes les révolutions. Comme membre du conseil d'hygiène, il a éclairé des questions importantes et rendu de véritables services à sa ville natale. Ceux qu'il rendit aux sciences naturelles lui méritèrent d'être agrégé à plusieurs sociétés savantes. Secrétaire pendant plusieurs années des comices agricoles, il n'a pas été sans influence sur les progrès de l'agriculture. On lui doit notamment un mémoire qu'il publia en 1836 dans l'*Ami des champs* de Bordeaux, sur la culture du pin maritime et la fabrication de ses produits. Ce travail a été le point de départ de modifications considérables et qui a eu la plus heureuse conséquence pour l'industrie des Landes et sur sa fortune forestière. Incessamment occupé de tout ce qui peut contribuer au développement de la prospérité de sa ville natale, il a puissamment contribué, par ses écrits, ses votes et les actes de son administration, à donner à la station thermale de Dax une impulsion toute nouvelle et qui lui assure un brillant avenir. Il vient de publier, sous le titre de *Considérations sur les eaux thermo-minérales* de Dax, un travail, qui, au point de vue géologique surtout, n'est pas dépourvu d'un certain intérêt.

SERRET (Joseph-Alfred), né à Paris, le 30 août 1819. Admis à l'Ecole polytechnique en 1838, M. Serret en sortit dans l'arme de l'artillerie en 1840, et donna sa démission en 1844, pour se consacrer exclusivement à l'étude des sciences. Désigné en 1848, comme examinateur d'admission à l'Ecole polytechnique, M. Serret fut nommé suppléant, à la Sorbonne, de M. Francœur dans la chaire d'algèbre supérieure en 1849, et de M. Le Verrier pour le cours d'astronomie physique, en 1856. Devenu titulaire de la chaire de mécanique céleste nouvellement créée, au Collège de France, le 14 juin 1861, il a remplacé M. Lefébure de Fourcy, comme professeur de calcul différentiel et intégral, le 20 décembre 1863. Il avait été élu membre de l'Académie des sciences en 1860. On lui doit des travaux importants et nombreux: *Des fonctions elliptiques* (1843-1845); — *Propriétés de la lemniscate et des courbes elliptiques de première classe* (1844-1846); — *Du nombre des valeurs que peut prendre une fonction quand on y permute les lettres qu'elle renferme* (1849-1850) ; — *Cours d'algèbre supérieure*, professé à la Faculté des sciences de Paris (1849, 3e édit., 1866) ; — *Traité de trigonométrie* (1850, 3e édit., 1862) ; — *Leçons sur les applications pratiques de la géométrie et de la trigonométrie* (1re et 2e édit., 1854) ; — *Théorie des lignes à double courbure* (1851-1853) ; — *Traité d'arithmétique* (1852) ; — *Eléments d'arithmétique*, à l'usage des candidats au baccalauréat et aux écoles spéciales (1855, 2e édit., 1861) ; — *Sur l'intégration des équations aux dérivées partielles du premier ordre* (1861) ; — *Cours de calcul différentiel et intégral* (1867-1868). M. Serret a publié, en 1847, une édition revue et suivie d'une note, de la *Théorie des fonctions analytiques* de Lagrange. Beaucoup de ses travaux ont été insérés dans les *Comptes rendus* des séances de l'Académie des sciences et dans le *Journal des mathématiques pures et appliquées*. Il est officier de la Légion d'Honneur depuis 1868.

SERS (Charles), né à Aurillac, le 28 mars 1828. Fils du baron Sers, ancien préfet de la Gironde, qui fut pair de France sous Louis-Philippe, et petit-fils du comte Sers, sénateur de l'Empire, il fit son droit à la Faculté de Paris. Inscrit, comme avocat au barreau de Colmar, il fut nommé conseiller de la préfecture des Landes le 13 mars 1853, de la Moselle le 16 août 1856, sous-préfet à Bazas le 23 septembre 1858, secrétaire-général de la préfecture de Seine-et-Marne le 19 septembre 1866, et sous-préfet de Tournon le 20 janvier 1868. Révoqué au 4 Septembre 1870, M. Charles Sers a été nommé préfet des Landes le 9 avril 1871. Chevalier de la Légion d'Honneur depuis le 11 août 1864, il a été nommé officier de l'Ordre le 4 janvier 1876.

SERVIN (Amédée-Elie), né à Paris, le 5 septembre 1829. Elève de Droelling, M. Servin s'est consacré à la peinture de genre et à celle du paysage. Après avoir débuté au Salon de 1850 avec un *Intérieur de cour*, il a exposé : *Intérieur d'alchimiste* (1852) ; — *Entrée du village de Barbizon : Sous bois* (1853) ; — *Pont de Grébeaumesnil ; Rentrée de troupeau ; Marais salants près le bourg de Batz* (E. U. 1855) ; — *Epierreurs de champs ; Marché à Saint-Dourlo* (1857) ; — *Une saulaie: Le Rú de misère* (1859) ; — *Dans les prés* (1863) ; — *Chemin du Rú à Villiers-sur-Morin ; Bords du Morin* (1864) ; — *Intérieur d'une étable*, en Brie, au musée du Mans (1865, E. U. 1867) ; — *Paludiers*, environs du bourg de Batz (1866) ; — *Le chemin des prés et une Forge au repos*, à Villiers (1867) ; — *L'aventure: Serrurier* (1868) ; — *Le puits de mon charcutier ; Départ pour le parc* (1869) ; — *Ma voisine ; Le vin piqué* (1870) ; — *Le moulin Balé*, à Villiers (1872) ; — *Sur les plateaux*, effet d'orage (1873) ; — *Le marchand de marrons ; Sous les saules* (1874) ; — *Un réduit ; L'enquête* (1875) ; — *Une remise à ânes, un jour de marché* (1876). M. Servin a obtenu des médailles en 1867 et 1869 et une médaille de 2e classe en 1872.

SESMAISONS (Rogatien-Louis-Olivier, comte DE), né à Paris, le 24 février 1807. Neveu du comte Humbert de Sesmaisons, député de la Loire-Inférieure de 1814 à 1827, puis pair de France, il appartenait à une des plus nobles et illustres familles de Bretagne. Elève de l'Ecole de Saint-Cyr en 1824, de l'Ecole d'état-major en 1826, lieutenant au 5e hussards en 1828, il fit partie de l'expédition d'Alger. Légitimiste par tradition et par conviction, il donna sa démission après la révolution de 1830. M. de Sesmaisons se consacra de lors à toutes les choses utiles à son pays : il fut directeur de l'Association bretonne établie par l'initiative privée pour l'encouragement de l'agriculture dans les cinq départements de la Bretagne. Membre du Conseil général de la Loire-Inférieure, il fut élu représentant du peuple à la Constituante (1848) et à la Législative (1849). Il s'était opposé à l'élection présidentielle du prince Louis Bonaparte : il protesta contre le coup d'Etat avec les députés réunis à la mairie de la rue des Saints-Pères, fut arrêté et conduit à Vincennes comme une partie de ses collègues. Rentré dans la vie privée, il ne cessa pas de se dévouer à son pays avec le même zèle. Elu de nouveau au Conseil général en 1871, il en fut nommé président en 1872 et il l'était encore quand il mourut le 13 février 1874.

SEYDOUX (Jean-Jacques-Etienne-Charles), né à Vevey (Suisse), le 6 juillet 1796. Naturalisé français, M. Seydoux entra au service, le 11 février 1814, passa aux gardes du corps, compagnie d'Havré le 28 octobre 1815, avec le grade de lieutenant, devint brigadier, dans la même compagnie, le 1er avril 1817, et prit sa retraite en 1823, comme capitaine de cavalerie. A cette époque, il prend, au Cateau-Cambrésis, la direction des établissements industriels de M. Paturle, pair de France, dont il devient l'associé. Colonel de la garde nationale du Cateau-Cambrésis de 1830 à 1850, il a été membre du Conseil général à partir de 1848. Il a été élu membre de l'Assemblée législative par le département du Nord, en 1849 et a suivi la politique de l'Empereur. Pendant l'Empire, il n'a pas cessé de représenter l'arrondissement de Cambrai au Corps législatif, en 1857, 1863 et 1869. M. Seydoux a été membre du Conseil central des Eglises réformées de France depuis 1852, et membre du Conseil supérieur du commerce, de l'agriculture et de l'industrie créé en 1853. Promu commandeur de la Légion d'Honneur le 4 août 1867, il est décédé le 11 août 1875 à Bougival dans sa propriété du Val d'Aigle.

SIGNOL (Emile), né à Paris, le 11 mars 1804. Elève de Blondel, du baron Gros et de l'Ecole des beaux-arts, il débuta au Salon, dès 1824, avec *Joseph racontant son rêve à ses frères*. Il remporta le second prix de Rome en 1829, puis le premier en 1830, sur ce sujet: *Méléagre prenant les armes à la sollicitation de son épouse* M. Signol a exposé : *Paysans des environs de Rome revenant d'une fête*, acquis par M. Asse; *Mort de Virginie* (1833) ; — *Noé maudissant son fils* (1834) : — *Le Christ au tombeau*, appartient à la duchesse Potowska (1835) ; — *Réveil du juste; Réveil du méchant* (1836) ; — *La religion chrétienne vient au secours des affligés et leur donne la résignation* (1837) ; — *Sacre de Louis XV à Reims*, au musée de Versailles (1838) ; — *La Vierge; Prédication de la 2e croisade à Vezelay*, à Versailles (1839) ; — *La femme adultère*, au Luxembourg ; *Si votre ennemi a faim donnez-lui à manger, s'il a soif donnez-lui à boire* (1840) ; — *Sainte Madeleine pénitente; La Vierge mystique*, commande du ministère de l'Intérieur (1842) ; — les portraits équestres de *Godefroid de Bouillon* et de *Saint Louis* (1844) ; — *Prise de Jérusalem*, commandé pour Versailles ; « *Qui me suit ne marche pas dans les ténèbres* » (1848) ; — *Folie de la fiancée de Lamermoor; Les fantômes; La fée et la péri; Sara la baigneuse* (1850) ; — *Les législateurs sous l'inspiration évangélique*, au Luxembourg ; *Le Christ descendu de la croix* (1853) ; — *La femme adultère, La Vierge mystique, La prise de Jérusalem, Pieta, Madeleine, Beatrix, Passage du Bosphore par les croisés* (E. U. 1855) ; — *Sainte-Famille* (1859) ; — *Décoration des bras de la croix*, à l'église Saint-Eustache (1861) ; — *Vierge folle et vierge sage; Supplice d'une vestale; Rhadamante et Zénobie* (1863) ; — *Jésus trahi et livré par Judas*, à Saint-Sulpice (1874). En outre, M. Signol a exécuté les portraits de *Louis VII*, de *Philippe-Auguste* et de *Louis IX* pour les galeries de Versailles, prit part à la décoration de la Madeleine, Saint-Roch, Saint-Séverin, Saint-Eustache, et exécuté complètement la décoration de Saint-Augustin. Il a été élu, en 1840, membre de l'Académie des beaux-arts en remplacement d'Hersent. M. Signol a obtenu des médailles de 2e classe en 1834 et de 1re classe en 1835. Il est officier de la Légion d'Honneur depuis 1865.

SILBERMANN (Gustave-Rodolphe-Henri), né à Strasbourg (Bas-Rhin), le 27 août 1801. Fils et petit-fils d'imprimeur il a dirigé jusqu'à sa mort (1875) l'établissement typographique créé par son grand-père à Strasbourg vers la fin du XVIIIe siècle et qui n'avait pas tardé à occuper une des premières places dans ce genre d'industrie. Après avoir fait de bonnes études et son droit, il fut reçu avocat. Lors de la mort de son père il se décida à lui succéder dans l'imprimerie; et pour étudier les meilleurs procédés, il travailla dans les ateliers de M. Firmin Didot et visita ensuite la Hollande et l'Angleterre ; M. Gustave Silbermann a inventé ou perfectionné de nombreux procédés techniques. Il a obtenu surtout au moyen de rentrures admirablement combinées de remarquables résultats, qui ont répandu son nom en France et à l'étranger. Depuis plus de trente ans, sortent en même temps de ses ateliers des milliers de travaux riches et d'illustrations à bon marché qui augmentent sa popularité. Citons, entre autres, un *Album typographique* offrant, grâce à un choix habile de rares échantillons, la marche progressive de l'art des Elzévirs et des Estiennes depuis les caractères primitifs jusqu'aux précieux caractères orientaux de l'Imprimerie impériale (1840) ; — un *Code historique de la municipalité de Strasbourg*, où pas une ligne ne se termine par un mot incomplet (1840) ; — les *Vitraux de la Cathédrale* en 16 à 18 couleurs (1851-1855, in-folio) ; — l'*Ancienne bannière de Strasbourg*, en 36 nuances (1855, 2e édition 1858) ; — la *Zoologie du jeune âge* (1842-1860, in-4°, 34 planches) ; — les *Faïences de Rouen*, éditées dans cette ville par M. Le Brument (1869, 60 planches), et une multitude de planches coloriées pour divers ouvrages de luxe publiés à Londres et à Bruxelles, pour le *Manuel de Peinture* et l'*Art pour tous*, publié par la maison Morel de Paris, etc. M. Gustave Silbermann dont les produits ont honorablement figuré dans toutes les expositions industrielles, y avait obtenu de nombreuses médailles d'or et d'argent et la croix de chevalier de la Légion d'Honneur le 27 juillet 1845.

SIMÉON (Henri, comte), né à Paris, le 16 octobre 1803. M. le comte Siméon, fils et petit-fils de pairs de France, entra, en 1826, au Conseil d'Etat, où son grand-père avait laissé de précieux souvenirs. Préfet des Vosges en 1830, du Loiret en 1835, de la Somme en 1840, il prit, en 1842, la direction générale de l'administration des tabacs, et donna sa démission après la révolution de Février 1848. En 1849, les électeurs du Var le nommèrent représentant à la Législative, en remplacement de M. Ledru-Rollin. Il soutint, à la Chambre, la politique du gouvernement de l'Elysée, et, en janvier 1852, il fut appelé à faire partie du Sénat. M. le comte Siméon, commandeur de la Légion d'Honneur depuis le 27 avril 1845, est décédé en 1874. Adonné aux lettres et à la poésie, il consacra les dernières années de sa vie à une traduction en vers des *OEuvres* d'Horace. Ce travail consciencieux et distingué ne put être publié que quelques jours avant la mort de son auteur. Il valut à celui-ci, de la part de l'Académie française, un témoignage posthume mais solennel de la haute approbation de la compagnie.

SIMIOT (Alexandre), né à Bordeaux, le 10 janvier 1807. Depuis longtemps l'un des chefs du parti démocratique dans le département de la Gironde, il fut élu par le parti radical en 1840 membre du Conseil municipal de Bordeaux. Il a traité, dans ce conseil et dans la presse, les questions qui se rattachent aux octrois, aux douanes, de chemins de fer, de travaux publics, du régime du fleuve. Après la révolution de Février 1848, il fut élu représentant à l'Assemblée constituante, prit place sur les bancs de la Gauche et combattit avec ardeur la politique de l'Elysée. Exilé après le coup d'Etat, il rentra en France après l'amnistie de 1810, et fit dans les journaux de Bordeaux une vive opposition à l'Empire. Après le 4 Septembre 1870, il devint adjoint au maire de Bordeaux, obtint, le 8 février 1871, quoiqu'il eût refusé la candidature, 39,277 voix, et fut élu le 2 juillet suivant, représentant de la Gironde à l'Assemblée nationale. Il se fit inscrire à l'Union-Républicaine. Aux élections du 20 février 1876, M. Simiot retira sa candidature devant celle de M. Gambetta qui fut élu ; mais lorsque celui-ci eut opté pour Paris, M. Simiot se représenta et fut élu député pour la 1re circonscription de Bordeaux le 30 avril 1876. Il a voté constamment avec l'Union-Républicaine. Il a publié : *Centralisation et démocratie* (1861).

SIMON (François), né à Marseille, le 29 janvier 1818. Fils d'un modeste barbier de sa ville natale, il commença par manier le rasoir ; mais sa vocation l'entraînait vers un art plus relevé. Admis, à l'âge de seize ans, à l'Ecole municipale de dessin, sous la direction de M. Aubert, il remporta le 1er prix de modèle vivant en 1845. La vue d'un tableau de *Moutons*, peint par Brascassat, décida sa vocation qu'il devait adopter. Son premier tableau, *La Mure*, parut à l'Exposition de Lyon en 1851. Parmi celles de ses œuvres qui ont, depuis, figuré au Salon de Paris, on distingue : *Le vallon de Fangas*, et *Le Roucas blanc* (1853) ; — *Le coteau Fontainieu*, aux environs de Marseille; *Vallon du Livon*, près Vitralle, et *Mouton, race d'Afrique* (E. U. de 1855) ; — *Le laboureur de la Gondrane*, bastide aux environs de Marseille (1857) ; — *En route pour l'abattoir*, tableau acquis pour le musée de Marseille, et *Attendant la nuit sur la colline de la Mure*, qui figure au musée de Saint-Etienne (1859) ; — *Le troupeau de Mœlibée*, également acquis par le musée de Marseille (1861) ; — *Les entraves, bœufs de Sardaigne*, et *Chèvres et bouc* (1863) ; — *Moutons au vallon de Riou*, et *Veaux au marché*, tableaux achetés par le duc de Trévise (1864) ; — *Défilé de moutons dans les gorges de la Nerthe*, aux environs de Marseille (1865) ; — *La régalade* (1866) ; — *Passage du gué à l'étang de Berre* (1867) ; — *Le pâtre de Gratte-Semelle*, aux environs de Marseille (1868) ; — *La marque des moutons au mas de la Gélaide*, en Provence, et le *Portrait du père de l'auteur* (1869) ; — *La sieste, intérieur d'étable* (1870) ; — *Dans l'étable* (1872) ; — *Chèvres à l'étable* (1873) ; — *Bœufs et moutons en marche, de Marseille à Cassis* (1875) ; — *Le pâtre d'Endoume et son troupeau sur la falaise*, d'après de Mistral (1876) ; — *Chèvres à l'étable* (1877). En juin 1876, il avait envoyé à l'Exposition de Strasbourg, *Une étable*, tableau qui fut acquis pour le musée de cette ville. M. François Simon a remporté des médailles aux expositions de Dijon, Bayonne, Moulins, Montpellier, Nîmes, Toulon, Avignon, etc.

SIMON (Jules-François SIMON-SUISSE, dit Jules), né à Lorient (Morbihan), le 31 décembre 1814. Après de brillantes études au collège de sa ville natale et à celui de Vannes, il entra au collège de Rennes en qualité de maître d'études. Reçu à l'Ecole normale supérieure en 1833, puis agrégé de philosophie en 1835, il professa aux collèges de Caen et de Versailles et fut chargé, en 1838, de faire la conférence d'histoire de la philosophie à l'Ecole normale. Docteur, avec une thèse intitulée : *Commentaire de Proclus sur le Timée de Platon*, en 1839, M. Jules Suisse devint, la même année, et sous le nom de Jules Simon, suppléant de M. Cousin dans la chaire de philosophie à la Sorbonne et s'y fit une grande réputation. En 1847, il se présenta à la députation, sans succès, dans la circonscription de Lannion, mais il fut envoyé en 1848 à la Constituante où il siégea parmi les républicains modérés et combattit les idées socialistes. Membre de la réunion de la Constituante, de la commission et du comité d'organisation du travail, président de la commission chargée de visiter les blessés, il s'occupa spécialement des questions d'instruction publique, fut le rapporteur de la loi organique sur l'enseignement, fit partie, en qualité de secrétaire, de la commission faisant fonctions de Conseil d'Etat, fut élu membre de ce conseil réorganisé et donna sa démission de représentant le 16 avril 1849. Membre de la section de législation et président de la commission des recours en grâce du Conseil d'Etat, il n'y fut pas maintenu par la Législative, lorsque le sort l'eut désigné parmi les membres soumis à une réélection. Il rentra à la *Liberté de penser*, journal créé par lui en 1847, et combattit au *National* la candidature du prince Louis-Bonaparte. La veille du vote il protesta publiquement en ces termes : « C'est « demain que la France prononcera son ver- « dict sur les événements qui viennent de « s'accomplir. N'y eût-il qu'une seule voix « pour protester contre la violation de tous « les droits, cette voix sera la mienne ! » M. Jules Simon avait aussi repris son cours à la Sorbonne, mais par un décret du 16 décembre 1851 il fut suspendu, et, pour refus de serment, considéré comme démissionnaire. Rentré dans la vie privée, il s'occupa de travaux littéraires et de la question de l'enseignement populaire, fit souvent à Anvers, Gand, Liége, Saint-Quentin, Verviers, etc., des conférences sur les grandes questions de philosophie et d'organisation sociale qui contribuèrent à étendre sa réputation. En 1857, cédant, après une longue résistance aux prières de ses amis politiques, il se présenta à Paris comme candidat de l'opposition au Corps législatif dans la VIIIᵉ circonscription, mais sa candidature, sans aucune chance ni apparence de succès, échoua, cependant il fut élu dans la même circonscription en 1863 par 17,803 voix. Un des orateurs les plus écoutés de la Chambre, il prit la parole dans les questions de travail, d'instruction, d'amélioration morale des classes populaires, de liberté de la presse, demanda la séparation de l'Eglise et de l'Etat, revendiqua pour Paris le droit de nommer un conseil municipal et proposa un emprunt de 140 millions pour l'enseignement primaire. Reconnu comme un des chefs de l'opposition démocratique, M. Jules Simon fut réélu au Corps législatif en 1869, dans la seconde circonscription de la Gironde et dans la huitième circonscription de Paris. Il opta pour le département de la Gironde. Toujours prêt à prendre la parole dans les questions importantes où il espérait pouvoir se faire entendre utilement, il prononça des discours remarquables en faveur de la liberté commerciale (20 janvier 1870), sur la marine marchande (4 février), sur le régime des colonies (11 mars), et défendit le 21 mars la proposition de l'abolition de la peine de mort qu'il avait déposée avec quelques-uns de ses amis. Membre du gouvernement de la Défense nationale, il fut chargé le 5 septembre du portefeuille de l'Instruction publique, des cultes et des beaux-arts. Pendant le siége de Paris, M. Jules Simon s'associa à toutes les mesures prises par le nouveau gouvernement, et lorsque, après la signature de l'armistice, on craignait que des complications ne survinssent à Bordeaux, il y fut envoyé, avec les pleins pouvoirs, pour faire exécuter par la délégation de province, les décrets du gouvernement de la Défense nationale relatifs aux élections. Il lui fut impossible de tomber d'accord avec M. Gambetta, qui avait rendu un décret enlevant le droit d'être élus aux anciens fonctionnaires et députés de l'Empire. M. Jules Simon protesta : « Mutiler le suffrage universel, disait-il, c'est renoncer au principe républicain. Je ne le puis, ni ne le dois. » Grâce à son habileté et à sa fermeté, il parvint à triompher ; le décret de Paris annulant celui do Bordeaux fut affiché, et M. Gambetta donna sa démission. Le 8 février, M. Jules Simon n'obtint à Paris que 41,451 voix, mais il fut élu représentant de la Marne, et M. Thiers, devenu chef du pouvoir exécutif de la République (18 février) lui confia dans son premier cabinet (19 février) le portefeuille de l'Instruction publique. Son passage y a été marqué par d'utiles réformes : il déposa le projet de loi relatif à la reconstruction de la colonne Vendôme et à la réparation de la Chapelle expiatoire, celui sur l'instruction primaire obligatoire, créa le musée des copies et des prix spéciaux de géographie pour les concours généraux des lycées, institua une commission pour réformer l'étude du droit, adressa le 27 octobre 1872, aux proviseurs de tous les lycées de France une circulaire sur les réformes à introduire dans l'enseignement secondaire, et, le 6 janvier 1873, une autre circulaire aux évêques, au sujet des curés et des desservants. On lui doit l'impulsion donné à l'hygiène, la gymnastique, l'histoire, la géographie, les langues vivantes. A l'Assemblée, M. Jules Simon prit une part importante à la discussion du budjet de l'Instruction publique et des différents projets de loi présentés par lui, et eut à répondre aux attaques et interpellations provoquées par ses réformes dans l'enseignement, ses circulaires ou ses discours, mais grâce à son habileté, à sa souplesse et à son éloquence, il sortit vainqueur de tous ces débats. En quittant le ministère, car il ne fit plus partie de celui formé le 19 mai 1873, M. Jules Simon reprit sa place à l'Assemblée nationale. Il se prononça le 18 novembre 1873 contre la prorogation des pouvoirs du maréchal de Mac-Mahon, vota les propositions de Casimir-Perier et de Malleville, la dissolution de l'Assemblée, la Constitution du 25 février et prononça le 15 juin 1875 un de ses plus beaux discours sur la collation des grades universitaires. Chevalier de la Légion d'Honneur depuis 1845, et membre de l'Académie des sciences morales et politiques depuis 1863, il a été élu membre de l'Académie française le 16 décembre 1875, le jour même où il fut nommé par l'Assemblée nationale sénateur inamovible. Le 12 décembre 1876 il a été nommé ministre de l'Intérieur et président du Conseil des ministres. M. Jules Simon a publié : *Etudes sur la théodicée de Platon et d'Aristote* (1840) ; — *Histoire de l'Ecole d'Alexandrie* (1844-1845, 2 vol., 2ᵉ édit., 1861) ; — *Le devoir* (1854, 6ᵉ édition 1859) ; — *La religion naturelle* (1856, 5ᵉ édit., 1859) ; — *La liberté de conscience* (1857) ; — *La liberté* (1859, 2 vol. 2 éditions) ; — *L'ouvrier* (1861) ; — *L'école* (1864) ; — *Le travail* (1866) ; — *L'ouvrier de huit ans* (1867) ; — *La politique radicale* (1868) ; — *La peine de mort* (1869) ; — *Le libre échange* (1870) ; — *Réforme de l'enseignement secondaire* (1874 ; — *Souvenir du 4 Septembre* (1874, 2 vol.). Il a donné en outre de nouvelles éditions, précédées d'introductions, des *Œuvres philosophiques* d'Antoine Arnould (1843), de Bossuet (1842), de Descartes (1842) et de Malebranche (1842-1845, 2 vol.) et a collaboré au *Manuel de philosophie* de Saisset et Jacques (1847), à la *Revue des Deux-Mondes*, au *Dictionnaire des sciences philosophiques*, etc.

SIMONIN (Louis-Laurent), né à Marseille, le 22 août 1830. Fils d'un imprimeur et directeur d'un journal de Marseille, il fit avec succès ses études au collége de cette ville, entra à l'Ecole des mineurs de Saint-Etienne, et y obtint le brevet d'ingénieur en 1852. A partir de cette époque, il fut successivement chargé d'explorer ou exploiter des mines, et de visiter ou diriger des établissements métallurgiques en France, en Italie, en Angleterre, en Espagne, en Californie. Il était au Chili en 1860. Investi, en 1861, d'une mission à la Réunion, et en 1863, à Madagascar, il fut, en 1865, nommé titulaire de la chaire de géologie à l'Ecole spéciale d'architecture de Paris. Depuis, M. Simonin a fait de nouveaux voyages en Amérique; et, à la fin de 1867, il est allé visiter les travaux du grand chemin de fer du Pacifique et les mines du Colorado. En 1868, il a parcouru le pays des Peaux-Rouges, le territoire des Mormons et les mines du Nevada. Ses lointaines explorations lui ont fourni matière à d'intéressantes conférences dans de nombreuses réunions publiques. Déjà, en 1869, il s'était présenté pour la députation, dans la 4e circonscription de la Seine, comme candidat démocratique selon les idées américaines; aux élections complémentaires du 7 janvier 1872, il a obtenu 35,000 voix dans les Bouches-du-Rhône, comme candidat du parti libéral. M. Simonin a fourni de nombreuses relations de voyages à la *Revue des Deux-Mondes*, au *Tour du monde*, à la *Revue nationale*, au *Moniteur*, au *Journal des Economistes*, et à divers *Comptes rendus* ou *Bulletins* de sociétés savantes. En outre, on a de lui : *La richesse minérale de la France* (1865); — *L'Etrurie et les Etrusques* (1866); — *La vie souterraine* (1868, avec pl. et cartes); — *Les pays lointains* (1867); — *Histoire de la terre* (1867); — *La Toscane et la mer Tyrrhénienne* (1868); — *Les pierres*, esquisses minéralogiques (1869, avec pl. et cartes); — *Le Grand-West* (1869); — *Les merveilles du monde souterrain* (1869); — *Le dénouement*, brochure politique (1869); — *A travers les Etats-Unis de New-York à San-Francisco* (1875); — *Le monde américain* (1876), etc. M. Simonin a publié aussi, dans divers journaux de Paris et de la province, notamment dans la *Liberté*, une série d'articles économiques et politiques. Au mois de juillet 1870, il était en Amérique pour l'étude du percement de l'isthme américain. La guerre avec l'Allemagne le ramena à Paris; [et, pendant tout le siége, il remplit les fonctions de capitaine d'état-major au 6e secteur. Il a écrit sur cette campagne une série de lettres dans l'*Electeur libre* (*Lettres de mon secteur*, par le capitaine Bérard), et divers articles dans la *Revue des Deux-Mondes*. Il est retourné aux Etats-Unis en 1874 pour une mission industrielle, et en 1876 comme membre du jury à l'exposition de Philadelphie. M. Simonin est chevalier de la Légion d'Honneur depuis 1867, officier d'Académie, chevalier des Saints-Maurice et Lazare, officier de la Couronne d'Italie, de l'ordre de San Tiago de Portugal, etc.

SIROUY (Achille-Louis-Joseph), né à Beauvais, le 29 novembre 1834. Entré dans l'atelier de lithographie de M. Emile Lassalle, en 1851, il commença à exposer en 1853, et exécuta de remarquables lithographies d'après le Corrège, Rubens, Ribera, Jordaëus, Murillo, et d'après la plupart des grands maîtres modernes tels que Delacroix, Prud'hon, Sigalon, Decamps, Troyon, Rosa Bonheur, Meissonnier, Gérôme, etc. Ses œuvres les plus importantes sont empruntées au *Duel de Gérôme*, au *Sardanapale* de Delacroix, à l'*Athalie* de Sigalon (musée de Nantes), auxquels il faut ajouter *Vénus et Adonis*, d'après l'esquisse de Prud'hon, le portrait de Mlle *Mayer*, du même auteur (collection Marcille), etc. Depuis 1861. M. Sirouy s'adonne à la peinture et a exposé plusieurs tableaux et portraits, notamment : *Eviradnus* (1863), sujet tiré des *Légendes des siècles* de Victor Hugo; — *Le supplice de Tantale* (1866) ; *Le miroir* (1868); — *La fortune* (1872) ; — *L'enfant prodigue* (1873); — *La dame de Sin-Yosiwara* (1875); — *Ma petite nièce* (1877). Il a remporté une médaille de 3e classe en 1859 et son rappel en 1861 et 1863. M. Sirouy a reçu la croix de la Légion d'Honneur en 1869.

SIRVEN (Alfred), né à Toulouse, le 29 mai 1839; descend de la famille des Sirven victime du fanatisme religieux au XVIIIe siècle. Il fit ses études à Toulouse, puis il vint à Paris pour suivre les cours de l'Ecole centrale; mais, abandonnant les sciences pour les lettres, il collabora activement au *Dictionnaire universel des connaissances humaines*. Fondateur, en 1858, de la *Petite Presse*, il devint rédacteur en chef du *Gaulois*, occasionna la suppression de ce journal par une satire politique contre Paulin Limayrac et se vit condamner à deux mois de prison et 500 fr. d'amende, sans compter 2,000 francs de dommages-intérêts envers le commanditaire de ce journal. Sa nouvelle feuille, le *Pamphlet*, fondée en 1864, lui valut un mois de prison et 1,600 francs d'amende. Il est collaborateur du *Siècle* depuis 1867 et actuellement un des principaux rédacteurs du *Ralliement*. Sous-préfet à Dreux du 20 septembre au 13 octobre 1870, M. Sirven organisa la défense, contrairement aux vœux de la municipalité. Il lutta, pendant trois jours, contre un corps ennemi de 1,800 hommes, protégés par l'artillerie, et retarda de trois semaines les progrès de l'invasion. Dans une brochure portant ce titre : *Les Prussiens à Dreux*, il a raconté lui-même ses efforts et ses déboires. M. Sirven a publié, en 1865 et 1866, sous ce titre : *Journaux et journalistes*, quatre volumes, avec portraits, où l'on trouve l'historique du *Journal des Débats*; du *Siècle*, de la *Presse* et la *Liberté*, et de la *Gazette de France*. En outre, on a de lui : une *Histoire des prisons politiques*, l'*Homme noir*, roman, 6e édition, les *Abrutis*, les *Crétins de provinces*, les *Imbéciles*, les *Vieux poissons*, cet ouvrage a été saisi et l'auteur condamné à trois mois de prison et 300 francs d'amende, *Revenons à l'Evangile*, brochure également saisie et qui attira à l'auteur une nouvelle condamnation à deux mois de prison et 500 fr. d'amende, et un grand nombre de romans, de pièces de théâtre et de pamphlets politiques et financiers, parmi lesquels : *La première à Dupanloup*, le *Christ, Chambord et Gambetta*, les *Infâmes de la Bourse*, les *Tripôts d'Allemagne*, et la *Forêt de Bondy*. M. Alfred Sirven fonda à Bordeaux, en janvier 1871, un journal quotidien : le *Châtiment*, qu'il continua à Paris, du mois de mars au 27 avril suivant, et dans lequel il s'attacha vainement à amener une entente et la fin de la guerre civile. Il termine une importante publication des 6 volumes destinés à compléter ses *Journaux et journalistes*, et qui aura pour titre : *Les Journaux républicains de France*.

SIZAIRE (Benjamin), né à Peyrac-Minervois (Aude), le 11 avril 1819. Fils d'un ancien médecin-principal des armées, il entra dans l'enregistrement, comme surnuméraire à Saint-Affrique, et devint successivement receveur et vérificateur dans la Haute-Marne, les Basses-Pyrénées et l'Hérault. Il est conservateur des hypothèques à Carcassonne depuis 1869. Familier, dès son enfance, avec les exercices du corps, doué d'une grande énergie de caractère, et animé du plus généreux dévouement à ses semblables, M. Sizaire s'est distingué, dans mainte circonstance, par son abnégation et son courage. Il compte parmi nos sauveteurs les plus recommandables. A peine âgé de 14 ans, il sauvait un de ses camarades qui se noyait dans le canal du Midi. En 1872, il retira de la mer à Lunouvelle, près du phare, un baigneur entraîné par un courant des plus dangereux. Il s'est fréquemment signalé en combattant des incendies, notamment à Saint-Affrique (Aveyron), en 1840, à Tence (Haute-Loire), en 1846, à Saint-Pons (Hérault), en 1865, et à Carcassonne, en 1869 et 1870. M. Sizaire a reçu du ministre de l'Intérieur, le 25 mai 1872, une médaille d'honneur de 1re classe. A ses heures de loisir, il s'occupe de littérature. Ses articles ayant pour objet la morale et la régénération sociale, au point de vue de la famille, de la religion et du patriotisme, ont été insérés dans le journal *Le Tournoi* avec plusieurs mentions honorables, et il a obtenu le second prix au concours littéraire de Bordeaux, pour sa notice sur la *Nécessité du travail*. Pour récompenser M. Sizaire de ses travaux dans l'intérêt de l'humanité, le roi d'Espagne lui a conféré, le 22 janvier 1873, le titre de chevalier de l'ordre de Charles III, et il a été nommé chevalier de l'ordre du Christ par le roi de Portugal, le 30 décembre 1875.

SOITOUX (Jean-François), né à Besançon, le 6 septembre 1816. Elève de Feuchère et de David d'Angers, il remporta, à son début, le premier des trois prix mis au concours pour une *Statue de la République*, et une médaille, pour cette même œuvre, au Salon de 1851. Ensuite, il termina les œuvres laissées inachevées par la mort de Feuchère, entre autres le groupe du *Cavalier arabe*, au pont d'Iéna. Depuis, M. Soitoux a exécuté : une statue de la *France artistique et industrielle*, pour le palais de Sydenham ; un *Génie de l'astronomie* pour le nouveau Louvre ; la statue de *Montaigne* et le *Génie des combats* (1855) ; la statue de *Papin* (1857) ; l'*Amour* (fronton) ; *Le travail intellectuel* et *Le travail matériel*, bas-reliefs ; les statues de *Clio* et d'*Erato* (1865) ; un *Génie de la vigilance* (1868). On distingue encore, parmi ses autres œuvres, une statue de *Junon*, placée dans le parc réservé de Saint-Cloud (1865).

SOLACROUP (Antoine-Emile), né à Bazerac (Lot-et-Garonne), le 25 février 1821. Elève à l'Ecole polytechnique en 1839, admis en 1841 dans les ponts et chaussées, il a été nommé ingénieur ordinaire le 22 mai 1843, et employé successivement dans l'Aveyron, l'Ille-et-Vilaine et l'Hérault. M. Solacroup, attaché à la compagnie du chemin de fer du Centre en 1846, a fourni, grâce à ses aptitudes particulières, ses talents administratifs et son infatigable activité, une rapide et brillante carrière. Chargé comme ingénieur ordinaire en résidence à Viergon, des travaux de construction et d'entretien, il a été nommé, en 1848, ingénieur en chef, du même service, pour les deux compagnies d'Orléans et du Centre. Il est devenu chef d'exploitation de la compagnie d'Orléans lors de la fusion des lignes d'Orléans avec celles du Centre, de Nantes et de Bordeaux en 1852, et a été choisi, quoique jeune encore, en 1862, pour remplacer M. Didion, démissionnaire, en qualité de directeur de la compagnie du chemin de fer d'Orléans. Chevalier de la Légion d'Honneur en 1853, il a été promu officier en 1865 et commandeur en 1874.

SOLAND (Aimé DE), né à Angers, le 25 novembre 1819. Brillant élève du lycée de sa ville natale, il prit sa licence à la Faculté de droit de Paris, en 1844, se consacra spécialement à l'étude de l'archéologie et de l'histoire naturelle de sa contrée, et fonda, en 1852, la Société linnéenne de Maine-et-Loire, dont il est le président. M. de Soland a publié des travaux archéologiques et historiques très-estimés : *Histoire de l'abbaye de Saint-Serge et Saint-Bach* (1848) ; — *Histoire du surintendant Bouquet* (1850) ; — *Dictions rimées de l'Anjou* (1853), etc. Il a fait paraître de curieuses études dans les douze premiers volumes du *Bulletin historique et monumental de l'Anjou*, publication sans précédent, tant pour le texte que pour les gravures, qu'il a fondée en 1852, et dont il est le seul rédacteur, et des mémoires sur toutes les découvertes archéologiques faites en Maine-et-Loire et insérées dans le *Bulletin historique*. M. Aimé de Soland a été chargé par ses collègues de diriger le *Comité historique et artistique de l'Ouest*, vaste association qui rend le plus grand service aux arts, et qui compte plus de 700 membres. L'ouvrage le plus important, parmi ses nombreux travaux sur toutes les branches de l'histoire naturelle, est son *Etude sur les mammifères de l'Anjou* (1868, 4e édit., 1872), qui a été traduite en trois langues, et a valu un grand prix à son auteur. Sa *Faune angevine* est l'ouvrage le plus au courant de la science de tous les travaux publiés sur la matière. Son dernier travail d'histoire naturelle est une *Etude sur Guettard* qui présente ce grand naturaliste sous un jour nouveau (1872). M. Aimé de Soland a collaboré à divers recueils et publié, dans la *Revue d'Anjou*, l'*Histoire du théâtre angevin* (1855). Il est le directeur du curieux musée géologique et archéologique de *Chaussis-lès-Angers*. Depuis 1875, il fait paraître chaque année un volume sur l'*Art, l'industrie, les lettres et les sciences en Anjou*. Il est officier d'Académie et des ordres de Saint-Jacques-de-l'Epée (Portugal) et du Christ.

SOLAND (Théobald DE), né à Angers, le 1er décembre 1821 ; frère du précédent et petit-fils d'un général de la première République, M. de Soland se fit recevoir, en 1845, licencié en droit à la Faculté de Paris et, en 1847, docteur en droit. Inscrit au tableau des avocats de sa ville natale, et membre du Conseil de l'ordre, il entra en janvier 1851 dans la magistrature comme substitut du procureur de la République au tribunal d'Angers, devint substitut du procureur général près la Cour impériale d'Angers en 1855 et conseiller à la même Cour en 1863. Il a présidé les assises de 1863 à 1876 et a été nommé chevalier de la Légion d'Honneur en 1874. Membre du Conseil général de Maine-et-Loire depuis 1870, et secrétaire de ce conseil, M. de Soland fut élu, au second tour de scrutin, le 5 mars 1876, député de ce département pour la première circonscription de l'arrondissement d'Angers. Il siége à droite.

SOLDI (David), né à Copenhague, en 1819. Abandonnant ses études médicales qu'il avait commencées à la Faculté de sa ville natale, il vint à Paris, en 1837, et fut attaché quelques années après au dépôt du ministère de la Marine pour la publication du *Voyage autour du monde* de l'amiral Dumont d'Urville. Il remplit pendant onze ans les fonctions de professeur d'allemand et d'anglais dans les lycées du gouvernement, et fit connaître le premier en France la littérature danoise, principalement par les traductions des *Contes* d'Andersen et par un roman historique, *Robert Fulton*, de C. Hauch. M. Soldi donna encore en 1855, dans le *Pays*, la traduction de *l'Alchimiste* de C. Hauch et, en 1866, dans le *Journal pour Tous*, la traduction de plusieurs nouvelles de Charles Bernard, etc. Parmi ses œuvres originales nous citerons : *Caroline Warner*, roman de mœurs intimes (1851) ; — *Spinoza* et *Etudes du théâtre danois*, dans la *Revue Germanique* (1858 et 1859). M. Soldi est décoré du Mérite civil de Danemark.

SOLDI (Emile-Arthur), né à Belleville-Paris, le 31 mai 1846 ; fils du précédent. Elève distingué de Farochon et de MM. Lequesne et A. Dumont, il suivit les cours de l'Ecole des beaux-arts et y remporta, en 1869, le premier grand prix de Rome pour la gravure en médailles et en pierres fines sur le sujet : *La fortune et l'enfant*, d'après la fable de La Fontaine. Parmi les travaux les plus remarqués de M. Soldi on cite en sculpture : *Actéon*, bas-relief, marbre (1872), appartient à l'Etat ; — *Gallia*, médaillon, haut-relief en bronze (1873), au musée du Luxembourg ; — *Giotto*, buste en marbre (1875), appartient à M. Salvador ; — *La science et l'art*, bas-reliefs en marbre (1876), placés dans la bibliothèque du château de Mme la baronne James de Rothschild, à Boulogne ; — le buste de *M. Maubant* ; — *Paris*, statue allégorique (1877) ; — en gravure en médaille : les médailles *A la mémoire des victimes de l'invasion*, pour le compte de l'Etat ; *pour la reconstruction des monuments de Paris ; en hommage de Beethoven* ; les protraits de la *duchesse Colonna*, de Mme *Delaunay*, etc. ; — en gravure en pierre fine : *Actéon*, camée, médaillé au Salon de 1873. *Souvenir de Venise*, tentative nouvelle et curieuse pour reproduire les effets de paysage en pierre fine (1874) ; — en orfévrerie : *Les armes de Persée*, panoplie, argent et or, émaillée, placée en 1876 dans la rotonde ou vestibule des abonnés au Nouvel-Opéra. Outre une brochure : *Recueil et mémoires pour l'Histoire et l'Art* (1875) et un volume *La sculpture égyptienne* (1876, avec illustrations), il a publié un grand nombre d'articles dans des journaux spéciaux ou revues : *Camées et pierres gravées*, dans le journal l'*Art ; Les cylindres babyloniens*, dans la *Revue archéologique ; Le moulage en plâtre dans l'antiquité ; Quelques points d'éthnographie ; L'art sémitique en Egypte et en Assyrie*, dans la *Revue de philologie et d'éthnographie*, etc. M. Emile Soldi a pris une part très-importante aux discussions du congrès préhistorique de Stockholm (voir le compte rendu du congrès publié par le gouvernement Suédois) et a rempli deux missions pour le ministère de l'Instruction publique et des beaux-arts ayant pour but l'étude de l'organisation des musées scandinaves (1874) et, en 1876, à Londres, pour rechercher les origines de la glyptique et de ses procédés dans l'antiquité.

SOLLIER (Eugène-Louis-Paul), né à Paris, le 14 septembre 1844. Elève de M. Cordier, il débuta en 1869, au Salon de Paris, avec les portraits de *M. E. Sollier*, son cousin, médaillon en marbre, et celui de *Mlle C. Doyelle*, pianiste, médaillon en plâtre. Depuis, M. Sollier a exposé : le buste en marbre de *Mlle Zizi Wittersheim* (1870) ; — le buste en marbre de *Conté*, inventeur, pour le Conservatoire des arts et métiers (1872) ; — le buste en plâtre du président Bonjean, pour la Cour de cassation ; le médaillon en marbre du jeune *A. Wittersheim* (1873) ; — les bustes en marbre de *Humblot-Conté*, ancien pair de France, pour M. le baron Thénard et du *président Bonjean* (1875) ; — le buste en marbre de *M. Roulin*, pour la bibliothèque de l'Institut (1876) ; — le buste en marbre de *M. Faustin Clément* (1877). Il prépare en ce moment le médaillon du célèbre chimiste *baron Thénard*, destiné pour la cour de la Sorbonne.

SONIS (Louis-Gaston DE), né à la Pointe-à-Pitre (île Guadeloupe), le 25 août 1825. Fils d'un chef d'escadron de cavalerie, il fut admis à l'Ecole de Saint-Cyr en 1844 et en sortit comme sous-lieutenant au 5e régiment de hussards en 1846. Nommé lieutenant le 30 septembre 1850, il passa comme capitaine au 7e régiment de même arme, puis au 1er chasseurs d'Afrique le 1er mai 1854, et devint chef d'escadron de 2e spahis le 30 novembre 1859. Lieutenant-colonel du 1er spahis le 17 juin 1865, il fut nommé, pour la seconde fois, commandant supérieur du cercle de Laghouat, et commandant de la colonne mobile du sud en décembre 1864. Après avoir comprimé avec vigueur un soulèvement des Arabes du Sud mêlés aux Marocains, il fut promu colonel (26 février 1869) et mis à la tête de la subdivision d'Aumale. Lorsque éclata la guerre avec la Prusse, M. de Sonis demanda, sans succès, de faire cette campagne, et renouvela ses sollicitations après sa nomination de général de brigade (20 octobre 1870). M. Gambetta acceptant ses propositions, l'appela en France et le mit à la tête de la 1re brigade de la division de cavalerie du 17e corps, puis à la tête de cette division, et enfin à la tête du 17e corps (armée de la Loire). Il prit part au combat de Loigny, près de Patay (2 décembre), reçut une grave blessure à la cuisse et dut subir l'amputation d'une jambe. M. le général de Sonis s'est présenté lors des élections du 2 juillet 1871 dans le Tarn, comme candidat légitimiste, mais sans succès. Nommé général de division, le 16 septembre 1871, il fut appelé, le 24 octobre suivant, au commandement de la 16e division militaire. Il commande depuis le 18 octobre 1873 la 20e division d'infanterie (10e corps d'armée). M. le général de Sonis a fait, en 1859, la campagne d'Italie et celles de 1854 à 1870 en Afrique. Il est commandeur de la Légion d'Honneur depuis le 5 mai 1871.

SONNET (Michel-Louis-Joseph-Hippolyte), né à Nancy, le 2 janvier 1803. Ses études classiques au lycée de Strasbourg terminées, il fut admis, le 16 octobre 1819, à l'Ecole normale (section des sciences) et reçu agrégé le 6 novembre 1822. M. Sonnet quitta à cette époque la carrière de l'enseignement pour suivre la carrière musicale. Il fit la musique de tous les ballets d'Alexis Blache, à Bordeaux et à Saint-Petersbourg. Le 7 avril 1837, il rentra dans l'Université comme agrégé suppléant au lycée Saint-Louis; fut nommé, en 1838, répétiteur du cours de mécanique appliquée à l'Ecole centrale des arts et manufactures, et suppléa M. Poncelet à la Faculté des sciences pendant le 1er semestre de 1846 à 1847. Adjoint à l'inspection générale, de 1845 à 1862, inspecteur de l'Académie de Paris, le 7 septembre 1848, professeur d'analyse et de mécanique générale à l'Ecole centrale en novembre 1853, M. Sonnet a été mis à la retraite en 1873 et a quitté l'Ecole centrale en 1875. Chevalier de la Légion d'Honneur le 11 avril 1847, il a été promu officier de l'Ordre le 13 août 1862. M. Sonnet a publié un grand nombre d'ouvrages élémentaires, entre autres : *Géométrie théorique et pratique* ; *Premiers éléments de géométrie* (traduit en espagnol); *Algèbre élémentaire* ; *Premiers éléments d'algèbre*; *Premiers éléments de mécanique appliquée* (traduit en russe) ; *Géométrie analytique*, en collaboration avec M. Frontera; *Cours élémentaire de topographie*; enfin, et principalement, *Dictionnaire des mathématiques appliquées*.

SONNIER (Edouard-Charles DE), né à Blois (Loir-et-Cher), le 19 avril 1828, d'une ancienne famille du pays. Licencié en droit de la Faculté de Paris, il se fit inscrire, à la fin de 1851, au tableau des avocats à la Cour de Paris dont il fait encore partie. M. de Sonnier est membre du conseil départemental de l'instruction publique et représente depuis 1871, le canton de Marchenoir au Conseil général de Loir-et-Cher. Le 20 février 1876, il a été élu député de ce département, pour l'arrondissement de Vendôme et sur une profession de foi ainsi conçue : « Vous savez quelles sont mes opinions politiques, tous ceux qui, depuis vingt ans, ont défendu vos droits et notre liberté me connaissent. Ma vie tout entière a été dévouée à la défense des principes que la République a consacrés.... Je résisterai à toute tentative de révision de la Constitution qui ne serait pas appuyée sur une majorité fermement décidée à perfectionner nos institutions dans le sens républicain. » M. de Sonnier siège à gauche. Il a publié : *Les droits politiques dans l'élection* (1861); — *Un Conseil général sous l'Empire* (1871); — *République ou despotisme* (1876).

SOREL (Albert), né à Honfleur (Calvados), le 13 août 1842. Il fit ses études au collège Rollin et s'occupa surtout d'histoire et de littérature. Collaborateur de la *Revue des Deux-Mondes* et de son *Annulaire* depuis 1866, M. Sorel fut attaché à la direction politique du ministère des Affaires étrangères et fit partie de la délégation de ce ministère à Tours et à Bordeaux. Il professe depuis 1872 l'histoire diplomatique à l'Ecole libre des sciences politiques et a été nommé au mois de mars 1876 secrétaire général de la Présidence du Sénat. M. Sorel a publié, outre un grand nombre d'articles dans divers journaux et revues : *La grande falaise*, roman (1872) ; — *Le docteur Egra*, roman (1873) ; — *Le Traité de Paris du 20 novembre 1815* (1873); — *Histoire diplomatique de la guerre franco-allemande* (1875, 2 vol.). Il a reçu la croix de la Légion d'Honneur en mai 1874.

SOREL (Alexandre-Charles), né à Paris, le 15 juillet 1826. Après avoir fait ses études au lycée Saint-Louis, il suivit les cours de la Faculté de droit et fut inscrit au barreau de Paris le 26 janvier 1852. Trois ans après (février 1855) il devint l'un des principaux rédacteurs du journal le *Droit* et exerça pendant le siège de Paris les fonctions de capitaine rapporteur près d'un Conseil de guerre. Il a été nommé juge au tribunal civil de Compiègne le 13 juillet 1871. Antérieurement (de 1860 à 1871) il avait été attaché comme suppléant à la justice de Paix du VIIe arrondissement de la ville de Paris. Indépendamment des nombreux articles de bibliographie qu'il fit paraître dans le *Droit*, M. Sorel a publié plusieurs ouvrages, notamment : *Le Couvent des Carmes et le Séminaire de Saint-Sulpice pendant la Terreur* (1863); — *Le château de Chantilly pendant la Révolution* (1872); — *Compiègne et Marat* (1865); — *Du droit de suite et de la propriété du gibier* (1864) ; — *Dommages aux champs causés par le gibier* ; *De la Responsabilité des propriétaires et locataires de chasses* (1872); — *Stanislas Maillard, l'homme du 2 septembre 1792* (1862); — *Notice sur Arnoul et Simon Gréban* (1874); — *Codes et Lois usuelles*, en collaboration avec M. Aug. Roger; — *Dictionnaire raisonné de la taxe en matière civile* par Boucher d'Argis (1874, 2me édit. mise au courant de la doctrine et de la jurisprudence). Enfin, en 1876, M. Sorel a donné une troisième édition du remarquable *Traité de l'action publique et de l'action civile en matière criminelle* par M. Mangin, ancien conseiller à la Cour de cassation, et a fait imprimer un curieux travail sur les *Procès suivis au moyen-âge contre les animaux dans la Picardie et le*

Valois; ce travail avait été lu à la réunion des délégués des sociétés savantes à la Sorbonne le 19 avril 1876.

SOUBEYRAN (Jean-Marie-Georges, *baron* DE), né à Paris, le 3 novembre 1829. Petit-fils de l'illustre Savary, duc de Rovigo, M. de Soubeyran fit ses études classiques au collège Rollin, suivit les cours de la Faculté de droit de Paris et se consacra à la carrière administrative. Entré au ministère des Finances en 1849, il passa, en 1852, au ministère d'Etat où il devient bientôt directeur du personnel et du cabinet. En 1860, il fut appelé, comme gouverneur du Crédit foncier de France, à participer à la réorganisation de cette institution qui lui doit une partie de sa prospérité. M. de Soubeyran, membre du Conseil général de la Vienne pour le canton de Saint-Julien depuis 1815, a été élu, en 1863, et en 1869, par la 2e circonscription de ce département député au Corps législatif où il faisait chaque année partie de la Commission du budget. Son mandat lui a été renouvelé aux élections du 2 juillet 1871 pour l'Assemblée nationale et le 20 février 1876 pour la Chambre des députés. Chevalier de la Légion d'Honneur en 1853, il a été promu officier en 1859.

SOULARY (Joseph-Marie *dit* Joséphin), né à Lyon, le 23 février 1815. Sa famille est originaire de Gênes et ce n'est qu'en 1762 qu'elle s'expatria pour échapper aux Guelfes et aux Gibelins et qu'elle vint s'établir à Lyon, en y apportant l'industrie des velours brochés d'or et argent. Il commença ses études classiques au collège de Montluel, les continua d'abord à Largentière, puis à Saint-Jean de Lyon. En 1831 M. Soulary s'engagea au 48e de ligne. De cette époque datent ses premiers essais dans la carrière littéraire qui furent insérés dans l'*Indicateur de Bordeaux*, sous cette signature : J. Soulary, grenadier au 48e de ligne. Sa santé profondément altérée par une fièvre paludéenne, l'obligea de quitter son régiment (1838) et à peine remis, il accepta une modeste position dans une fabrique. En 1840 il entra dans les bureaux de la préfecture du Rhône comme expéditionnaire et y devint chef de division en 1845. Actuellement il est conservateur de la Bibliothèque du Palais des Arts. Par la publication des *Cinq cordes du Luth*, *A travers champs*, *Paysage*, *La mendiante au congrès scientifique*, *Le chemin de fer*, etc., M. Soulary se fit une certaine notoriété. A la fin de 1847 il fit paraître une édition de quelques sonnets qui, à cause des événements politiques, passèrent inaperçus, mais il en donna une nouvelle édition bien augmentée en 1854, qui, cette fois, fut mieux appréciée par la critique. Ses *Sonnets humoristiques* parurent d'abord sous le titre de : *Les éphémères* (1847 et 1858), pour lesquels Jules Janin écrivit plus tard une préface en vers; puis sous celui de : *Sonnets, poèmes et poésies* (1864), édition splendide dédiée à la ville de Lyon. M. Soulary a publié encore : *Les Figulines*, suivi de *Rêve de l'Escarpolette* (1862) ; — *Joli mois de mai ; Cantique du roi Guillaume ; Pendant l'invasion*, poëme; *Le bombardement de Paris*, poëme ; *Le réactionnaire*, poëme; *Mil huit cent soixante et dix*, poëme ; *Les Diables bleus* (1871); — *OEuvres poétiques* (2 vol. 1872) ; — *La chasse aux mouches d'or* (1876). Il est chevalier des Saints-Maurice et Lazare et de la Légion d'honneur.

SOULTRAIT (Jacques-Hyacinthe-Georges RICHARD, *comte* DE), né au château de Toury-sur-Abron (Nièvre), le 27 juin 1822, d'une ancienne famille noble du Nivernais. Il s'est spécialement consacré à l'étude de l'histoire et des antiquités de sa province, sur laquelle il a publié les ouvrages suivants : *Armorial de l'ancien duché de nivernais* (1847) ; — *Statistique monumentale de la Nièvre* (1848-1871); — *Essai sur la numismatique nivernaise* (1854); — *Guide archéologique dans Nevers* (1856) ; — *Dictionnaire topographique de la Nièvre* (1865) ; — *Répertoire archéologique de la Nièvre* (1872); ces deux derniers ouvrages, publiés par le ministère de l'Instruction publique, ont obtenu les prix d'histoire et d'archéologie aux concours de la Sorbonne (1862 et 1869). M. de Soultrait a publié et annoté en outre l'*Inventaire des archives de Nevers*, de l'abbé de Marolles, dont le manuscrit se trouve à la Bibliothèque nationale. Collaborateur des *Annales archéologiques*, du *Bulletin monumental*, du *Bulletin de la Société de sphragitide*, de la *Revue numismatique*, des *volumes* des congrès scientifiques et archéologiques, des *Mémoires* de la Sorbonne, de la *Revue* du Lyonnais et de divers autres recueils, M. de Soultrait a fourni de nombreuses notes à l'*Histoire des comtes de Forez*, de La Mure. On lui doit encore les ouvrages suivants : *Notice sur les sceaux du cabinet de madame Febvre* (1854); — *Notice sur la famille de Bourgoing* (1855) ; — *Armorial du Bourbonnais* (1857) ; — *Essai sur la numismatique bourbonnaise* (1858); — *Notice sur quelques jetons du Forez* (1863) ; — *Notice sur les jetons de plomb des archevêques de Lyon* (1869). Plusieurs de ces travaux ont obtenu des mentions *honorables* et *très-honorables* aux divers concours des antiquités nationales. Une *Statistique archéologique* de l'arrondissement de Moulins lui a mérité une médaille d'argent de la Société de statistique de Marseille. M. de Soultrait a siégé au Conseil général de la Nièvre de 1852 à 1862. Membre non résidant du Comité des travaux historiques du ministère de l'Instruction publique depuis 1851, membre titulaire de l'Académie de Lyon, de la Société des bibliophiles français et de diverses sociétés savantes, il a été président du conseil de la Caisse d'épargne de Lyon et, de 1864 à 1875, membre du Conseil d'administration des hospices de cette ville. Il est actuellement trésorier-payeur général du département de la Haute-Marne. Nommé chevalier de la Légion d'Honneur en 1862, il est aussi officier de l'Instruction publique et décoré des ordres de Wasa de Suède, d'Isabelle-la-Catholique et de Saint-Grégoire. M. de Soultrait, collectionneur passionné, a formé une Bibliothèque nivernaise qui est à peu près complète, des collections historiques et archéologiques fort importantes sur sa province, une collection d'autographes, une Bibliothèque historique et archéologique considérable. Il a réuni en outre une assez grande quantité de fayences françaises.

SOUPÉ (Alfred-Philibert), né à Paris, le 19 mai 1818. Lauréat du collége Louis-le-Grand et du concours général, il se consacra d'abord à l'enseignement libre, mais entra dans l'Université, en 1846, comme professeur de seconde au collége royal d'Amiens. Reçu à la Sorbonne licencié ès lettres en 1845, agrégé des classes supérieures des lettres en 1847 et docteur ès lettres en 1853, il passa comme professeur de rhétorique au lycée de Grenoble en 1854. Il devint en 1856 suppléant du cours de littérature ancienne à la Faculté de cette ville et suppléant du cours de littérature française à celle de Lyon (1858-1859). Après avoir occupé, de 1860 à 1862, une chaire de littérature étrangère à la Faculté de Besançon, il revint, en qualité de titulaire, à Lyon, où il professe, depuis 1862, la littérature française à la Faculté des lettres. Il a collaboré à la *Revue Européenne*, au *Journal de l'Instruction publique*, à la *Revue des Alpes* de Grenoble, à la *Franche-comté* de Besançon, au *Salut public* de Lyon, à la *Revue contemporaine*, à la *Revue française*, à la *Revue des provinces*, etc. En outre de deux pièces de théâtre, qui ont été représentées, mais non imprimées : *le Tribunal rose*, vaudeville en un acte, signé Clairville et Alfred Philibert (1843) et *la Mouche du Coche*, comédie en un acte, et en vers, signée Alfred Philibert (Odéon, 1844), M. Soupé a publié : *Inania*, premières poésies, signées Alfred Philibert (1840) ; — *Mainfroy le Maudit*, drame en cinq actes, signé Ph. de Bréjot (1840). — *Les Etincelles*, nouvelles poésies, signées Alfred Philibert (1842) ; — *Un secret de femme*, drame-vaudeville en trois actes, signé Alfred Philibert (1842). Il a fait paraître sous son nom les ouvrages suivants : *Étude sur le caractère national et religieux de l'époque latine*, thèse de doctorat (1852) ; — *De frontonianis reliquiis*, thèse latine de doctorat (1853) ; — *Précis de rhétorique et de littérature* (1856, 2º édition, 1876) ; — *Essai critique sur la littérature indienne et les études sanscrites* (1856);—*l'Ombre de Molière*, poëme (1857) ; — *Tableau de la littérature dramatique en Europe* (1858) ; — *Etudes sur la littérature sanscrite* (1877). M. Soupé, membre de plusieurs sociétés savantes, est officier d'instruction publique (1861) et chevalier de la Légion d'Honneur (1866).

SOURDAT (Auguste-Jean-Baptiste), né à Chaumont (Haute-Marne), le 2 octobre 1820. Il descend d'une vieille famille de la Champagne qui a longtemps occupé les principaux siéges de la magistrature de Troyes. On peut citer notamment, dans la ligne paternelle, B. N. Sourdat, lieutenant-criminel au bailliage (1720-1762), et son fils, F. N. Sourdat (1745-1807). Ce dernier, d'abord conseiller, remplissait la charge de lieutenant-général de police, quand éclata la révolution de 1789. Il fut, lors du procès de Louis XVI, au nombre des citoyens courageux qui s'offrirent pour la défense du roi, ainsi qu'il résulte de la lettre lue à la séance de la Convention nationale du 13 décembre 1792 (*Moniteur* du 15), et publia quelques écrits curieux : *Vues générales sur le procès de Louis XVI* ; — *La journée du 10 août* (1867) ; — *Les véritables auteurs de la révolution de 1789* (Neufchâtel, 1797). Il venait d'être nommé juge à Etampes, lorsque la mort le surprit, en 1807. M. Auguste Sourdat a fait toutes ses études de droit et pris le grade de docteur à la Faculté de Paris, de 1838 à 1845. Inscrit d'abord au tableau des avocats de la capitale, il entra dans la magistrature comme substitut du procureur de la République, près le tribunal d'Arras, en juillet 1852. Passé à Amiens en 1855, il y est successivement devenu substitut du procureur-général en 1861, et conseiller à la Cour le 2 juillet 1865. M. Sourdat, d'abord collaborateur de la *Jurisprudence générale* de M. Dalloz, a fourni plusieurs articles à la *Revue du droit français et étranger*, ainsi qu'à la *Revue critique de législation* (T. XVI, avril 1860), et publié un *Traité général de la responsabilité, ou De l'action en dommages-intérêts, en dehors des contrats* (1852, 2 volumes, 3º édition, 1876). M. Sourdat a été nommé chevalier de la Légion d'Honneur le 6 février 1875.

SOUVESTRE (Albert), né à Wissembourg (Bas-Rhin), le 10 janvier 1831. Licencié en droit de la Faculté de Paris, il fut d'abord attaché au cabinet de M. Billault ministre de l'Intérieur (14 avril 1856) puis chef du cabinet de M. Cornuau sécrétaire général du ministère (2 février 1858). Successivement sous-préfet de Montreuil-sur-Mer (14 juin 1858), de Saint-Flour (12 mars 1861), de Clermont-Oise (17 avril 1861), de Châtellerault (25 mars 1864), puis de Bergerac (8 novembre 1869), M. Souvestre fut relevé de ses fonctions, le 6 septembre 1870, par le gouvernement de la Défense nationale. Rentré dans l'administration le 9 avril 1871, comme sous-préfet de Saint-Quentin, il y traversa la pénible période de l'occupation prussienne; la connaissance de la langue allemande qu'il devait à sa qualité d'Alsacien lui permit de rendre de précieux services à cet arrondissement sur qui pesait si lourdement le fardeau de la présence de l'étranger. Appelé aux préfectures de la Corse (31 mai 1873), de la Côte-d'Or (3 janvier 1875), puis du Finistère (14 avril 1876), il fut révoqué le 5 janvier 1877 puis reprit ces fonctions le 19 mai 1877. M. Souvestre a été nommé chevalier de la Légion d'Honneur pour services exceptionnels le 15 août 1868.

SOYER (Paul-Constant), né à Paris, le 24 février 1831. Il suivit l'atelier de M. L. Cogniet, et se consacra à la peinture d'histoire et au portrait. En 1847, il débuta au Salon avec le portrait de Mme Soyer, née Landon. Depuis, cet artiste a exposé : le portrait de M. et Mme *Soyer* (E. U. 1855) ; — *Martyre de saint Sébastien* (1859), à l'église Saint-Paul-Page, à Narbonne ; — *La bénédiction de l'eau* ; *Le pain bénit* ; *Les prix de catéchisme* (1861) ; — *Le premier né* ; *L'enfant malade* (1863) ; — *Répétition avant la messe, un jour de fête*, au musée de Cherbourg (1863, E. U. 1867) ; — *Faune et bacchante* (1864), au musée d'Amiens ; —. *Dentellière à Asnières-sur-Oise* (1865, E. U. 1867), au musée du Luxembourg ; — le portrait de *M. le curé d'Ecouen* (1865) ; — *Le bâton de vieillesse* ; *Grand-père et petite-fille* (1866) ; — *La leçon de lecture* (1867) ; — *Tendresse* ; *Soins maternels* (1868) ; — *Forgerons* (1870), au musée de Saint-Etienne ; — *Un diacre* ; *Com-*

munion pendant la grand'messe, à Saint-Sulpice (1873); — La mort et le bûcheron (La Fontaine, Fables); Le printemps; Carmélite (1875); — Tête de femme (1876). M. Soyer a obtenu une médaille en 1870.

SPACH (Louis-Adolphe), né à Strasbourg, le 27 septembre 1800. M. Spach a été archiviste du département du Bas-Rhin de 1840 à 1870. Président de la Société littéraire de Strasbourg de 1861 à 1872, et de la Société pour la conservation des monuments historiques de l'Alsace de 1855 à 1873, il a fait paraître, sous le pseudonyme de Louis Lavater, plusieurs romans de mœurs, parmi lesquels on cite : *Henri Farel* (1834); — *Le nouveau Candide* (1835); — *Roger de Manesse* (1849). On lui doit encore un recueil de *Poésies* en allemand (1839); *Frédéric Dietrich premier maire de Strasbourg* (1857); — *Deux voyages d'Elisabeth d'Autriche, épouse de Charles IX, roi de France, correspondance inédite du XVIe siécle* (1856); — *Histoire de la Basse-Alsace et de la ville de Strasbourg* (1858 et 1860); — *L'abbaye de Marmoutier et le couvent de Sindelsberg* (1861); — *Etudes sur quelques poëtes alsaciens du moyen-âge du XVI et du XVIIe siècle* (1862); — *Lettres sur les archives départementales du Bas-Rhin* (2e édition, 1862); — *Inventaire sommaire des archives départementales antérieures à 1790* (1863-1871, 4 vol. in-4°); — *OEuvres choisies* (1865-1871, 5 vol.); — *Oberlin, pasteur du Ban-de-la-Roche* (1865), ainsi que des *Chartes* concernant l'histoire locale et une cinquantaine de monographies et de biographies dans le *Bulletin de la Société historique d'Alsace*, la *Revue d'Alsace*, le *Bulletin de la Société littéraire*. Depuis l'annexion de l'Alsace-Lorraine à l'Allemagne, M. Spach, a publié, en langue allemande, trois volumes d'esquisses historiques et littéraires, résumant, d'une manière impartiale, la situation de l'Alsace depuis le commencement du XIXe siècle: *Moderne Cultur-Zustænde im Elsass* (1873) et une série de drames historiques, empruntés à l'histoire de Suisse et de Strasbourg : *Henri Waser* (1875); — *Fischart ou le juif fédéral*; — *La peste noire*; — *Les deux Dietrich* (1876, 2 vol.). Il a continué à occuper jusqu'ici le poste d'archiviste de la Basse-Alsace, et à livrer des mémoires, en français, au *Bulletin de la Société historique*. Il a reçu la croix de la Légion d'Honneur le 25 avril 1847.

SPACH (Edouard), né à Strasbourg, le 26 novembre 1801; frère du précédent. Il suivit les cours de la Faculté des sciences de sa ville natale et étudia surtout la botanique. Attaché depuis 1828 au Jardin des Plantes de Paris, comme aide naturaliste, il y a été nommé garde des galeries de botanique. M. Edouard Spach a publié : *Histoire naturelle des végétaux phanérogames* (1834-1848, 14 vol. avec planches), faisant partie de la collection dite : *Suites à Buffon* : — *Illustrationes plantarum orientalium* (1842-1857, 5 vol. in-4° avec 500 planches), avec le comte Jaubert. Collaborateur pour la partie botanique du *Dictionnaire* de d'Orbigny, il a donné des monographies botaniques à un grand nombre de revues. M. Spach a été nommé chevalier de la Légion d'Honneur en 1854.

SPECKHAHN (Charles-Théophile), né à Clavy-Warby (Ardennes), le 8 octobre 1821. Il fit une partie de ses études classiques au collége de Charleville où il eut de nombreux succès et vint se faire recevoir bachelier ès lettres à Paris où il prit en 1839 sa première inscription à l'Ecole de médecine; puis concourut au Gros-Caillou en 1841, et fut nommé à la suite de ce concours, dans un très-bon rang, chirurgien sous-aide major auxiliaire. Il fut d'abord envoyé à l'hôpital militaire de Dunkerque, puis à ceux de Bitche et de Marseille, d'où il passa aux ambulances de l'Algérie, y fit quatre campagnes et donna sa démission en avril 1844. Il prit le grade de docteur à la Faculté de Montpellier, avec une thèse intitulée : *Des plaies des membres par armes à feu avec complication de fractures*. Puis il rentra à Clavy-Warby, son pays natal, où son père, d'origine hanovrienne, avait exercé la médecine jusqu'à l'âge de quarante-deux ans avec un zèle et un dévouement qui abrégèrent ses jours. Il avait su conquérir autour de lui une réputation distinguée, ainsi que l'estime et la reconnaissance publiques. D'un caractère libéral et indépendant, il avait loyalement et franchement adopté les principes de 89. Il avait renoncé à de vains titres de noblesse, que ses ancêtres descendaient de la famille du baron de Speckhan, laquelle était originaire de la Suède et du Danemark, où elle était parvenue aux charges et emplois les plus élevés et les plus importants. L'un des plus renommés d'entre eux est Statien Speckhan, bourgmestre de la ville hanséatique de Brême, homme savant et politique qui a conclu entre la couronne de Suède et la ville de Brême, le traité de Habenhausen (1666) dans lequel il s'agissait de maintenir les droits de la ville à l'immédiateté. Ce traité lui a attiré des désagréments dont il a eu beaucoup à souffrir, et ses ennemis l'ont même obligé à quitter la ville avec toute sa nombreuse famille. Il se réfugia en Suède, où le roi lui fit un très-bon accueil et lui conféra le titre et la dignité de baron (Extrait du *Lexique généalogique et historique de la noblesse du Saint-Empire romain*, par Jean-Frédéric Fauhen, Leipzic 1740). M. le docteur Charles-Théophile Speckhahn, quelque temps après son retour d'Afrique, se fixa définitivement à Renwey, joli chef-lieu de canton des Ardennes. Il y exerce depuis 1845 la médecine avec une distinction et un dévouement qui lui ont acquis une légitime influence. Il est médecin du Bureau de bienfaisance, du service de santé des douanes, du service médical gratuit, conseiller municipal (10 septembre 1860), maire et président du Bureau de bienfaisance (10 septembre 1865), suppléant de la Justice de paix (6 février 1858), délégué cantonal (12 juin 1866), membre de la Chambre consultative d'agriculture (16 novembre 1866), président de la Commission de statistique agricole cantonale (24 septembre 1866), conseiller général de son canton depuis 1871, membre et président de la Commission de vicinalité cantonale depuis sa création, etc. Il est honoré d'une médaille de bronze de 1re classe pour ses travaux sur la statistique agricole. Il administre sa commune avec autant d'activité que d'abnégation. Il a fondé une succursale de la Caisse d'épargne, une salle d'asile, et établi le premier bureau télégraphique municipal de son département. Parmi les nombreux travaux communaux qu'il a fait exécuter, on peut citer notamment les chemins vicinaux et rufaux. Le journal le *Courrier d'état* (27 juillet 1872) le cite comme ayant rendu de sérieux services à l'agriculture et à l'industrie, et comme ayant figuré avec honneur dans les rangs de l'armée du Nord, à titre de médecin-major pendant la campagne de 1870-71. Après avoir fait déjà quatre campagnes en Algérie de 1841 à 1844, il n'a point hésité à quitter sa famille et sa clientèle pour faire celle de la dernière guerre. Après le désastre de Sedan il a donné ses soins à de nombreux blessés, avec un zèle infatigable, dans cinq ambulances établies dans son canton et dont il était le médecin en chef. Praticien très-occupé et très-charitable, il est aimé et considéré dans le pays, où il s'est fait remarquer par de nombreuses opérations chirurgicales et par ses services les plus désintéressés dans de nombreuses épidémies. D'une activité dévorante, il sait satisfaire à ses obligations professionnelles, sans négliger aucune des fonctions publiques qui lui sont confiées. Il a montré pendant la guerre de 1870-71 le plus entier dévouement aux intérêts de la patrie par son utile concours à l'administration et à la défense nationale. Lors de l'incendie du village d'Harcy par les Prussiens en décembre 1870, il a sauvé la vie à un malheureux préposé des douanes frappé de commotion cérébrale, à la suite d'une chute faite du haut d'une poutre sur laquelle il s'était placé pour combattre le fléau. M. le docteur Speckhahn a souvent été récompensé de tous les services qu'il a rendus par ses concitoyens qui, dans toutes les circonstances, lui ont témoigné les plus vives sympathies et la plus grande reconnaissance.

SPULLER (Eugène), né à Seurre (Côte-d'Or), le 8 décembre 1835. Il fit ses études classiques et son droit à Dijon. Inscrit au tableau des avocats à Paris en 1859, il n'eut guère l'occasion de se produire qu'une ou deux fois, dans les conférences des stagiaires où ses confrères remarquèrent ses réelles aptitudes. Sa réputation, parmi les avocats de ce temps, fut justifiée par l'heureuse défense qu'il présenta en faveur d'un des accusés, quand vint à la barre une assez mystérieuse affaire, celle du complot des *Cinquante-Quatre*. Un des défenseurs, dans ce procès, était M. Gambetta, vers qui M. Spuller se sentit attiré par une sympathie instinctive, fortifiée par la communauté des opinions politiques. A partir de cette époque, les deux jeunes républicains ne se quittèrent plus, et prirent part ensemble à toutes les campagnes électorales dirigées contre le pouvoir personnel et les candidatures officielles. En 1866, M. Spuller alla collaborer à l'*Europe* journal français de Francfort dans lequel il ne se lassa pas d'attirer l'attention du gouvernement français sur les armements et les tendances hostiles de l'Allemagne. Après la chute de ce journal, il revint en France et combattit le régime impérial dans le *Journal de Paris*. En même temps il fournissait des articles à la *Revue politique*. En 1868, il fonda avec son frère le *Journal de Langres*, feuille démocratique devenue, depuis, le *Spectateur*. Sa *Petite histoire du second Empire*, dirigée contre le plébiscite de 1870, fut tirée à plus de 100,000 exemplaires. Le 4 Septembre, il fut appelé par M. Gambetta, qui le choisit pour le seconder, sans titre officiel, au ministère de l'Intérieur, à Tours et à Bordeaux. Il a rendu compte lui-même de sa mission dans une déposition qu'il a eu l'occasion de faire devant la commission d'enquête de l'Assemblée de Versailles. M. Spuller a été rédacteur en chef de la *République française* depuis la fondation de l'organe des républicains purs (novembre 1871 jusqu'au mois d'avril 1876). Aux élections générales de 1876 il fut élu député de la Seine pour le 3e arrondissement de Paris, au second tour de scrutin (5 mars) par 12,043 voix. M. Spuller siége à l'Extrême-Gauche. Il a signé la proposition d'amnistie pleine et entière déposée par M. Raspail, et a été rapporteur du projet de loi restituant à l'Etat la collation des grades universitaires. En 1877, il a été désigné comme rapporteur du budget des affaires étrangères. Dans la crise ministérielle du 16 mai 1877, il a été le rédacteur du manifeste adressé à la nation par les 361 députés républicains, M. Spuller a publié en 1876 *Ignace de Loyola et la compagnie de Jésus*, étude d'histoire politique et religieuse qui doit être suivie de deux autres parties sur le même sujet.

STAAFF (Ferdinand-Nathanaël), colonel d'artillerie et d'état-major suédois, appartient par trop de titres à la France, dont il a pour ainsi dire adopté la langue, pour ne pas trouver une place ici. Fils du célèbre jurisconsulte Pierre Staaff à Stockholm, il est né dans cette ville le 7 juillet 1823, et a montré de bonne heure ses sympathies pour notre pays en professant la langue et la littérature françaises à l'Ecole militaire de Carlberg, et en jetant les bases du grand *Cours de littérature française*, qui devait le faire connaître à l'Europe. Une première édition faite en Suède, obtint les suffrages de Sainte-Beuve, de Taschereau et d'autres illustres lettrés, mais M. Staaff sentait qu'il fallait rééditer son œuvre en France même, pour lui donner un dernier poli, et il n'hésita pas lorsqu'il fut envoyé à Paris en qualité d'attaché militaire à la légation de Suède et de Norwége, à faire les plus grands sacrifices et à consacrer tous ses loisirs pour donner une nouvelle forme à son admirable *Cours de littérature française* auquel fut donné le nom trop modeste de *Lectures choisies*. Il n'eut pas à se plaindre du succès obtenu, car toute la presse salua son livre comme un trésor d'érudition, et lui-même fut nommé successivement, depuis 1862, époque de sa résidence à Paris, chevalier, officier puis commandeur de la Légion d'Honneur (15 avril 1867, 15 décembre 1867, 24 janvier 1876), et, faveur bien rare pour un étranger, officier de l'instruction publique en France. Il est en outre commandeur du Christ de Portugal et de Sainte-Anne de Russie, chevalier de l'Epée de Suède, de Saint-Olaf de Norwége, de la Croix-de-Fer d'Autriche, de l'Aigle-Rouge de Prusse, de la Rose du Brésil, du Dannebrogue, du Medjidjé. Il est membre de l'Académie des sciences militaires, et de la Société maritime de Suède, de la Société des gens de lettres français et de l'Académie de Metz. C'est pendant le siége de Paris de 1871 que fut publiée la plus grande partie du tome III de *Cours de littérature*, rédigé par le colonel Staaff. Il ne voulut pas laisser s'interrompre une œuvre si bien commencée, resta dans la capitale en fidèle ami de la France, et tout en se vouant activement à l'œuvre pour les blessés, victimes de la guerre, avança la publication de son livre, qui forme aujourd'hui la plus riche anthologie que possède la France, et en même temps un livre pédagogique destiné à un haut avenir dans l'enseignement. Le colonel Staaff a dignement représenté ses deux pays lors de l'élaboration de la célèbre convention de Genève (1864) et de ses articles additionnels (1868) aux conférences de Paris et de Berlin et, dernièrement, au congrès militaire de Bruxelles, en 1877, qui avait pour but de jeter de nouvelles bases pour le droit des gens et de la guerre.

STAPLEAUX (Léopold-Guillaume), né à Bruxelles, le 31 octobre 1831. Fils et petit-fils d'imprimeurs-libraires, il fit ses études à l'École de commerce, et à l'institution Regnault d'où il sortit avec le premier prix de rhétorique française, puis à l'Université libre de sa ville natale. Après avoir dirigé quelque temps l'imprimerie de son père, M. Léopold Stapleaux se consacra tout à fait à la littérature pour laquelle il avait, dès l'âge le plus tendre, des goûts prononcés. Au sortir du collège, il avait déjà composé un drame en trois actes *le Château de Roquemure* qui fut présenté, en 1848, au théâtre de Verviers. Depuis, il fit jouer à Bruxelles,—au Vaudeville : *Ni l'un ni l'autre* (1851), comédie en un acte ; — au théâtre des galeries Saint-Hubert : *Vaillance* (1851), comédie en deux actes, tirée d'une nouvelle de M. Jules Sandeau ; *la Comète de Bruxelles* (1854), en collaboration avec M. Leprévost, revue qui eut plus de 80 représentations ; *le Sorcier de Liége* (1854) ; *Ouyé ! ouyé ! ouyé !* grande revue bruxelloise, avec M. Flor O'Squarre (1863) ; *Mlle de Cerdec*, comédie (1872) ; *l'Article 324*, drame (1872) ; — au théâtre du Parc : *la Famille Renaud*, comédie en quatre actes ; *la Nuit du Mardi-Gras*, drame en cinq actes (1870) ; — à Paris, au Vaudeville : *Les Loups et les Agneaux*, comédie en cinq actes, avec M. Henri Crisafulli (1868) ; — au Palais-Royal : *Paris ventre à terre*, comédie en trois actes, avec M. Th. Barrière (1868) ; — au théâtre Cluny : *le Roman d'un père*, comédie en trois actes (1873) ; — à l'Athénée : *Pierrot-Fantôme*, opéra-comique en un acte, musique de M. Léon Vercken (1874) et enfin au théâtre des Arts : *l'Idole*, drame en quatre actes, avec M. H. Crisafulli (1875), qui fut un succès marquant. Comme romancier M. Stapleaux s'est fait une grande réputation. Il a donné successivement : *la Chasse aux blancs* ; *les Cents francs du dompteur* ; *le Songe d'une nuit d'hiver*, *un Beau-père terrible* ; *les Deux croix* ; *Fabio* ; *les Mémoires d'un éventail* ; *une Panthère blonde* ; *la Vengeance de Césarine* ; *Léo-Léon* ; *les Verroux de Clichy* ; *Emmeline* ; *les Comptes de tutelle* ; *les Intrus de l'amour* : *les Amours dorées* ; *la Stratégie du général* ; *le Roman d'un père* ; *la Diva Tirelire* ; *un Scandale parisien* ; *le Château de la Rage*, et publie actuellement au *Bien public*, *les Compagnons du Glaive*, roman qui obtient un grand succès. M. Stapleaux a fait pendant dix ans la revue des théâtres dans l'*Écho du commerce*. Il a écrit dans le *Figaro*, l'*Artiste*, le *Correspondant*, la *Presse*, le *Petit Journal*, le *Monde illustré*, etc.

STEENACKERS (François-Frédéric), né à Lisbonne (Portugal), le 10 mars 1832. Son père Belge de naissance, vint s'établir en France en 1838. Son grand-père maternel, M. Sauvinet, avait été maire et sous-préfet de Bayonne et son grand-oncle, l'amiral Dornal de Guy, un des brillants officiers de notre marine. M. Steenackers fit ses premières études chez M. Froussard, à Grenoble et les termina au collége Louis-le-Grand, à Paris. Passionné pour les arts, il visita l'Italie, étudia pendant trois ans la sculpture dans les ateliers de Bartolini à Venise et exposa au Salon de Paris : *Le printemps des amours*, statue en marbre (1857) ; — *Un enfant créole*, buste en marbre ; *Belluaire thrace combattant un ours*, groupe en plâtre (1859) ; — *Indolence*, statue (en plâtre 1861, en marbre 1863), appartient au roi de Portugal ; — *Premier amour* ; *Pêcheur à la ligne*, statues en *plâtre* (1865). M. Steenackers obtint le 5 décembre 1866 les lettres de grandes naturalisation. Président du comice agricole d'Arc-en-Barrois en 1868, il fut nommé peu de temps après, membre du Conseil général de la Haute-Marne et élu le 24 mai 1869, à une très-grande majorité, député de la 2e circonscription de ce département. A la Chambre il se rangea du côté de l'opposition et eut une part active dans la solution de toutes les questions importantes qui y furent agitées. Nommé, après le 4 Septembre, directeur-général des lignes télégraphiques, il déploya une grande activité, et parvint, en huit jours, à relier les forts avec l'enceinte et à établir un service entre les différents secteurs. Chargé d'aller présider, en province, à l'organisation des lignes télégraphiques, il partit le 13 septembre pour Tours, où fut installé le bureau central et, le 12 octobre, les postes et les télégraphes furent réunis dans ses mains. Dans ces difficiles fonctions, M. Steenackers fit preuve d'autant de zèle que d'habileté. Il organisa la télégraphie militaire, des postes télégraphiques d'observation, le service des pigeons-voyageurs et des dépêches photomicroscopiques. M. Steenackers a donné sa démission de ses fonctions en même temps que les membres de la Défense nationale (20 février 1871). Il a publié : *Histoire des ordres de chevalerie et des distinctions honorifiques en France* (1867, in-4) ; — *Agnès Sorel et Charles VIII* (1868) ; — *L'invasion de 1814 dans la Haute-Marne* (1868, in-4°), etc.

STEFFECK (Charles), né à Berlin (Prusse). Il suivit les ateliers de Krüger et de Bégas et exposa, au Salon de Berlin, un grand nombre de tableaux, parmi lesquels nous citerons : *L'Archiduc Albrecht surnommé Achille enlevant un drapeau aux Nurembergeois* ; — *La* *fête de Sainte Rosalie à Palerme;* — *Troupeau de bœufs et de brebis se sauvant à l'approche de l'orage dans les catacombes de la campagne romaine;* — *Chiens jouant;* — *La Chasse forcée au cerf* (moderne); —*La chasse aux ours* (au moyen-âge); — *Chacun son goût;* — *Le cheval rendant visite à sa compagne de chasse;* — *La chienne en couche;* — *Le roi Guillaume après la bataille de Kœnigsgrætz.* En 1848, il a obtenu une petite médaille d'or. Lors de l'Exposition universelle de 1855, M. Steffeck envoya à Paris les tableaux suivants: *Les Quitzow enmenant les troupeaux des Berlinois; Les chiens à l'antichambre;* — quatre *Études de chevaux; Soldats se logeant dans un couvent,* et reçut une médaille de 2e classe. Depuis, M. Steffeck a exposé au Salon de Paris: *Renard forcé* (1861); — *Hallali; Le poulain mort* (1863); — *Un steeple chasse* (1864), tableau qui reparut à l'Exposition universelle de 1867 avec: *Capture de chevaux dans les steppes de la Russie méridionale.*

STEIFENSAND (François-Xavier), né à Caster, près de Cologne (Prusse), le 8 mars 1809; fils d'un receveur des contributions, il fut destiné à la carrière de géomètre, mais, montrant peu de goût pour cet état, il entra, à l'age de 16 ans, dans l'institut artistique de Schulgen-Bettendorff de Bonn où il reçut des leçons de dessin de M. Cauer, puis de M. Goetzenberger. Un Français M. Remon, chef des ateliers, lui donna les premières notions de gravure. Il étudia quelque temps à l'Académie de Dusseldorf, mais se perfectionna surtout sous l'habile direction du célèbre graveur Felsing de Darmstadt. Revenu à Dusseldorf, M. Xavier Steifensand fut chargé de diriger durant l'absence de M. Keller pendant quelques années l'école de gravures à l'Académie royale et commença sa première planche: *Berger et Bergère,* d'après Bendemann, qui, terminée en 1836, fut acquise par la Société des amis des arts du Rbin et de la Westphalie, société pour laquelle il exécuta encore: *Moissonneurs surpris par l'orage,* d'après Becker (1844), *Frédéric II et son chancelier Petrus de Vineis,* d'après Schrader (1847), *Mirjarm,* d'après Kœhler (1853), etc. M. Steifensand ayant acquis une grande réputation, des commandes des plus importants éditeurs lui arrivèrent de tous côtés. Collaborateur au *Renard* de Kaulbach, aux *Heures nouvelles* et aux *Evangiles* d'Overbeck, il fut chargé par la maison A. W. Schulgen de Dusseldorf de la gravure de la célèbre *Madonna* d'Overbeck qui, terminée en 1846, fut considérée comme un chef-d'œuvre. En 1864, il commença le travail le plus important de sa vie, qui l'occupa huit ans: l'*Adoration des trois rois,* d'après le tableau de Paul Véronèse, de la galerie de Dresde et d'après le dessin de M. Schurig, gravure qui est certainement son chef-d'œuvre. Après avoir exécuté pour la maison A. W. Schulgen de Dusseldorf, l'*Enfant Jésus,* d'après Deger (1854), la *Reine des cieux avec l'Enfant Jésus,* d'après Charles Müller (1857), ainsi qu'un cycle de trois feuilles d'après Mintrop: *Ave Maria, Visitation* et la *Nuit de Noël* (1860-1863), M. Steifensand a exposé au Salon de Paris: *Moissonneurs surpris par l'orage,* d'après Becker (1844); — *La Reine des cieux avec l'Enfant Jésus,* d'après Charles Müller (1857); — *L'Adoration des mages,* d'après P. Véronèse, et envoyé à l'Exposition universelle de 1855: *Mirjam,* d'après Kœhler et l'*Enfant Jésus,* d'après Deger. Il fut nommé professeur de gravure par le roi de Prusse. Membre de l'Académie des beaux-arts de Berlin, chevalier des ordres d'Albert-le-Valeureux (Saxe) et du Faucon blanc (Saxe-Weimar), il avait reçu du roi des Belges, en 1854, une médaille d'or. Son dernier travail est une *Fille priant dans une église,* d'après H. Salentin. M. Steifensand est décédé le 6 janvier 1876.

STEINER (Charles), né à Strasbourg, le 14 février 1814. Dès 1830 il avait déjà l'honneur d'être le préparateur des cours de chimie de M. Chevreul, aux Gobelins et au Jardin des Plantes. De 1831 à 1839, il étudia en Angleterre les procédés de teinture sur étoffes de nos voisins. Puis il fonda, à Ribeauvillé (Haut-Rhin), un magnifique établissement pour la teinture et l'impression sur toiles peintes en rouge-andrinople. Bientôt sa maison rivalisa si bien avec celles qui l'avaient précédé dans ce genre d'industrie, qu'elle les éclipsa toutes et se fit une sorte de monopole, grace aux perfectionnements apportés dans l'huilage des toiles, à la supériorité de la teinture et au bas prix auquel elle savait établir ses produits, sans nuire à leur perfection et à leur beauté. M. Steiner a encore le mérite d'avoir découvert l'application des couleurs vapeurs sur toiles huilées. Il a obtenu une médaille de bronze (1844), une médaille d'argent (1849), la *Prize médal* à l'Exposition universelle de Londres (1851), une médaille de bronze à l'Exposition Universelle de New-York (1853), une médaille d'honneur en or à l'Exposition Universelle de Paris (1855), à l'Exposition de Londres (1862) et la croix de la Légion d'Honneur le 24 janvier 1863. L'Académie nationale, agricole, manufacturière, et commerciale de Paris, lui a, de même, décerné une médaille d'Honneur en or. M. Steiner est décédé à Ribeauvillé le 19 août 1866.

STEINHEIL (Gustave), né à Strasbourg, le 19 décembre 1818. Il s'est consacré à l'industrie et dirige à Rothau, commune située avant la guerre dans le département des Vosges, et, d'après le traité, réunie au Bas-Rhin cédé à l'Allemagne, plusieurs établissements importants: une blanchisserie et teintrurerie, une filature de coton et tissage mécanique. M. Steinheil a obtenu pour ses produits une médaille de bronze en 1849, une médaille de 2e classe à l'Exposition universelle de 1855, une médaille d'argent de la Société pour la protection des apprentis et des enfants dans les manufactures en 1867 et la croix de la Légion d'Honneur en 1868 pour les services rendus aux ouvriers. Maire de Rothau de 1852 à 1871, il rendit de grands services à son pays, et la légitime influence qu'il s'est acquise auprès de ses concitoyens l'a fait nommer, le 8 février 1871, représentant des Vosges à l'Assemblée nationale. M. Steinheil a siégé sur les bancs de la Gauche et a fait partie des commissions chargées de rédiger les lois sur le travail des enfants, sur la répression de l'ivresse publique et la simplification des services administratifs. Il a donné sa démission le 14 mai 1872.

STEINHEIL (Louis-Charles-Auguste), né à Strasbourg, le 26 juin 1814. Elève de Décaisne, il se consacra tout à la fois à la peinture de genre, et à la peinture décorative et architecturale. Après avoir débuté au Salon de 1836 avec : *Consolations*, cet artiste a exposé : *Léonore*, ballade de Bürger (1837); — *Sujet tiré du Nouveau Testament* (1838); — *Jeune vierge présentée au Christ* (1840); — *Sainte Philomène* (1841); « *Mon petit doigt me l'a dit*; » *Une mère de famille* (1843); — *Scène d'intérieur* ; *Fruits et légumes* (1846) ; — *Les bulles de savon* ; *Une mère* (1847); — *Jeune mère* (1848); — *Le matin* (1848, E. U. 1855); — *Une femme et un enfant* ; *Giroflées* ; *Giroflées et attributs* (1849) ; — *Fleurs* (1850); *Etat actuel des peintures de la chapelle haute*, architecture à la *Sainte-Chapelle* (1850, E. U. 1855) ; — *Christ du XIIe siècle*, trouvé en Auvergne, architecture, au musée de Cluny (1852, E. U. 1855); — *Giroflées* ; *Peintures murales et vitraux*, dans la Sainte-Chapelle ; *Restauration des vitraux de la cathédrale de Strasbourg* ; *Vitraux du grand séminaire de Nantes* (1863) ; — *Chapelle Saint-Martial*, cathédrale de Limoges (1865) ; — *Combat de Saint-Georges et du Dragon*, à Notre-Dame-de-Paris ; *Sainte Madeleine*, *Sainte Thérèse* et *Saint François d'Assise*, pour la cathédrale d'Amiens ; *Dix-huit Sujets* pour la cathédrale de Limoges (1873). M. Steinheil a obtenu, comme peintre, des médailles de 3e classe en 1847 et de 2e classe en 1848, comme architecte, une médaille de 3e classe en 1850, et la croix de la Légion d'Honneur en 1860. Il a épousé une sœur du peintre Meissonier.

STERN (Marie DE FLAVIGNY, comtesse D'AGOUT, dite Daniel), née à Francfort-sur-le-Mein, le 1er janvier 1806; fille du vicomte Alexandre de Flavigny, ancien page de Marie-Antoinette, qui épousa, pendant l'émigration, Mlle Elisabeth de Bethmann, fille elle-même du banquier de ce nom ; et sœur du comte Maurice de Flavigny, ancien pair de France. Elevée au Sacré-Cœur de Paris, et en Touraine, où ses parents possédaient des biens considérables, elle épousa, en 1827, le comte d'Agout, colonel de cavalerie, dernier représentant de la branche aînée de la famille de ce nom. Après plusieurs années de voyage en Allemagne, en Angleterre, en Italie, en Hollande, en Suisse, elle publia, de 1841 à 1845, sous le nom de « Daniel Stern, » dans la *Presse*, puis dans la *Revue des Deux-Mondes*, des articles de critique d'art et de littérature et des nouvelles qui furent remarqués. A partir de 1845, elle inséra, dans la *Revue indépendante* et la *Revue germanique*, des études sur l'état politique et intellectuel de l'Allemagne. En 1848, elle fit paraître, dans le *Courrier français*, les *Lettres républicaines*. Elle donna à la *Revue germanique : Dante et Gœthe*, dialogues édités ensuite en volumes (1866) et qui furent l'occasion pour elle, d'une correspondance échangée avec Joseph Mazzini et parue en 1873. Enfin, elle a publié de nombreux articles, dans le journal *le Temps*, sur des questions d'art, de littérature, d'histoire et de politique. On doit à Daniel Stern, outre les écrits cités plus haut : *Nélida*, roman qui fit sensation (1845) ; — *Essai sur la liberté considérée comme principe et fin d'activité humaine* (1846, 2e édition, 1862); — *Esquisses morales, pensées, réflexions et maximes* (1849, 3e édit., 1859); — *Histoire de la révolution de 1848* (1849-1851, 3e édit., illust., 1869); — *Jeanne d'Arc*, drame historique en 5 actes, pièce traduite en italien et représentée, à Turin, le 11 juin 1860 (1859); — *Florence et Turin*, études d'art (1862); — *Histoire des commencements de la République aux Pays-Bas*, ouvrage qui met le comble à la réputation de son auteur (1872). Romancier, moraliste, philosophe, historien, Daniel Stern a été aussi poëte à ses heures ; et l'on a de lui de très-beaux vers insérés dans la *Revue moderne*. Ingres a fait son portrait et deux grands sculpteurs lui ont consacré des bustes en marbre, le florentin Bartolini, et Simart de l'Institut. Le salon de Mme la comtesse d'Agout, fréquenté par des hommes éminents dans la politique, les sciences, les lettres, les arts, a acquis une célébrité européenne. Elle est décédée le 12 mars 1876.

STEVENS (Joseph), né à Bruxelles, en 1819. Fils d'un ancien officier de l'Empire, amateur distingué des beaux-arts, il montra de bonne heure de grandes dispositions pour la peinture, et suivit cette carrière. Il n'eut que la nature pour maître, mais fit peu à peu de tels progrès qu'il est devenu un des maîtres de la jeune école. Après avoir débuté au Salon de Bruxelles, avec la *Lice et sa compagne*, sujet tiré des *Fables* de La Fontaine; *Les mendiants, ou Bruxelles le matin* (1844) ; *Un temps de chiens* ; *Le protecteur* (1846), M. Stevens exposa successivement à celui de Paris : *Le chien qui porte à son cou le dîner de son maître*, d'après La Fontaine (1847) ; — *Plus fidèle qu'heureux* (1848); — *Le supplice de Tantale* (1850) ; — *Un métier de chien*, souvenir des rues de Bruxelles (1852 et Ex. U. 1855), appartient au musée de Rouen; — *La surprise* (1853 et E.U. 1855); — *Taureau flamand poursuivi par un chien* (1853); — *Un épisode du marché aux chiens*, à Paris; *L'intrus* ; *La bonne mère* ; *Le philosophe sans le savoir* (E. U. 1855); — *L'intérieur du saltimbanque* ; *Le chien et la mouche* ; *Le chien de la douairière* ; *Distrait de son travail*; *Le repos* (1857) ; — *Les bœufs* ; *Une pauvre bête, chien* ; — *Un heureux moment*, singe (1859) ; — *La cuisine* ; *Le coin du feu* ; *Chien criant ou perdu* (1861); — *La protection* ; *Les solliciteurs* (1863); — *Les méritants* ; *Les cancans de la première heure* ; *La chambre du saltimbanque* ; *Mélancolie de la première pipe* ; *La patience de l'expérience* (1867, E. U.); — *L'intervention* (1870). M. Joseph Stevens a obtenu une médaille de 2e classe en 1852 et 1855 (E. U.), son rappel en 1857 et la croix de la Légion d'Honneur le 13 juillet 1861. Il a été promu officier de l'ordre de Léopold de Belgique en 1863.

STEVENS (Alfred), né à Bruxelles, en 1828; frère du précédent. Il reçut ses premières leçons de dessin de M. Navez, directeur de l'Académie de sa ville natale et suivit quelques temps l'atelier de C. Roqueplan, à Paris. Son premier tableau, *Un soldat malheureux* obtint un grand succès et son premier envoi au Salon de Bruxelles, en 1850 : *Un assassinat sous Henri III, Regret de la patrie*, l'*Amour de l'or* et un *Soldat huguenot*, fut très-remarqué et lui valut une première médaille d'or. Venu à Paris, M. Alfred Stevens y débuta, au Salon de 1853, avec : *Le matin du mercredi des cendres*, au musée de Marseille ; *Le découragement de l'artiste*, au musée de Glascow, et *Les bourgeois et manants trouvent au point du jour le corps d'un seigneur de la cour assassiné par des guisards*. Depuis, il exposa : *Ce qu'on appelle le vagabondage* ; *Le premier jour de dévouement* ; *La lecture* ; *Méditation* ; *La sieste* ; *Souvenir de la patrie* (1855, E. U.) ; — *Petite industrie* ; *Consolation* ; *L'été* ; *Chez soi* (1857) ; — *Une mère*, appartient au ministre de la maison du roi des Belges ; *Le bouquet* ; *La nouvelle* ; *Une veuve* ; *Un fâcheux* (1861) ; — *Prête à sortir* ; *Dévotion* ; *Une mère* (1863) ; — *La visite*, appartient au roi des Belges ; *La dame rose* ; *Tous les bonheurs* ; *Rentrée du monde* ; *Innocence* ; *Pensive* ; *Miss Fauvette* ; *Ophélia* ; *Fleurs* ; *l'Inde à Paris* ; *Temps incertain* ; *La consolation* ; *Une douloureuse certitude* ; *Une matinée à la campagne* ; *Une bonne lettre* ; *La mendicité tolérée* ; *Une duchesse* ; *Amours éternelles* (1867, E. U.). M. Alfred Stevens a obtenu une médaille de 3e classe en 1853, une de 2e classe en 1855 (Ex. U.), la croix de chevalier de la Légion d'honneur en 1863, une médaille de 1re classe et la croix d'officier de la Légion d'honneur après l'Exposition universelle de 1867. Chevalier de Léopold de Belgique en 1855, il a été promu officier de cet ordre en 1862 et commandeur en 1867. M. Alfred Stevens a été nommé commandeur de François-Joseph à l'Exposition universelle de Vienne de 1873 et officier de l'ordre du mérite de Bavière à l'Exposition de Munich de 1869.

STIEVENART-BÉTHUNE (Charles-Auguste), né à Valenciennes, le 15 août 1817. Fils d'un des fondateurs de la Compagnie houillière du Douchy, M. Stievenart commença ses études classiques à Valenciennes et les termina à Douai, avec l'intention de se consacrer à la médecine ; mais son alliance avec la fille de M. Béthune grand fabricant de sucres de betteraves à Estrun, près Cambrai, le conduisit dans la carrière de l'industrie. A la mort de son beau-père (1850) il prit la suite de son expoitation agricole et industrielle et le remplaça également comme maire d'Estrun, et ajouta le nom de sa femme à son propre nom. Des lors il put rendre de grands services à ses concitoyens. Il fit construire à ses frais la nouvelle mairie d'Estrun. On doit à son énergique et patient dévoument l'ouverture de routes pavées, la construction, par la compagnie de la Sensée, d'un pont sur le canal de ce nom, la modification de la circonscription territoriale des communes de Bouchain et d'Estrun, à l'avantage de cette dernière, etc. Membre du Conseil général, pour le canton de Cambrai, depuis 1858, il a soutenu pendant 18 mois, contre un personnage des plus influents, une lutte électorale dont il est sorti vainqueur. Envoyé au Corps législatif le 7 mars 1864, il a pris la parole fréquemment et sur des sujets importants, et s'est notamment prononcé en faveur de l'instruction primaire et contre l'institution des commissariats cantonaux. Ses commettants lui ont renouvelé son mandat aux élections générales de 1869. M. Stiévenart-Béthune a été nommé chevalier de la Légion d'Honneur en 1868.

STOEBER (Auguste), né à Strasbourg, le 9 juillet 1808. Fils aîné du poëte Ehrenfried Stoeber, il fit de bonnes études au Gymnase protestant et à l'Académie de sa ville natale et soutint en 1833, non sans éclat, une thèse sur la vie et les sermons de Geiler de Kaisersberg. Après avoir successivement professé à Oberbronn (1833 à 1838) et à Bouxwiller (1838 à 1841), il obtint dans cette dernière année une chaire au collège de Mulhouse. En 1857 il fut nommé bibliothécaire-adjoint, en 1861 bibliothécaire en chef et en 1873 conservateur du Musée historique de cette ville. Ses travaux littéraires, historiques et archéologiques l'ont fait nommer officier d'Académie et membre actif, honoraire ou correspondant d'un grand nombre de sociétés savantes de France, de Suisse et d'Allemagne. Il a écrit en français des notices historiques ou littéraires dans le *Journal de l'instruction publique*, la *Revue d'Alsace*, le *Bulletin de la Société historique de l'Alsace*, etc. En outre : *Curiosités de voyages en Alsace*, (1874) ; *Pages inédites pour servir à l'histoire des pénalités de l'ancienne République de Mulhouse* (1876 et 1877). On a de lui en allemand : *Légendes de l'Alsace* (die Sagen des Elsasses), son ouvrage le plus important (1852) ; — l'*Alsatia*, recueil de notices et de documents inédits sur l'histoire, les mœurs, la littérature de l'Alsace (1850 à 1876, 11 vol.) ; — *Petit livre populaire alsacien*, Elsässiches Volksbüchlein (1842, 2e édition, 1856) ; — Une notice biographique sur le poëte *Lenz* (1842) et sur l'Aktuar *Salzmann* de Strasbourg, l'ami de Gœthe (1855) ; — *Histoires, Contes* (Erzählungen), etc. (1873). La première édition de ses *Poésies* (Gedichte) parut en 1842, la deuxième en 1867, la troisième est en préparation. Voici le jugement que porte sur M. A. Stoeber dans ses *Poëtes contemporains de l'Allemagne*, un critique fort compétent, M. Nicolas Martin : « Son inspiration se distingue surtout par un entrain vif et gai. Il ne tombe, ni dans la mélancolie efféminée, ni dans la métaphysique nuageuse : sa chanson est virile ; elle sort d'une poitrine pleine et vibrante, où joie, désir, espoir, regret, réveillent des notes également sonores... bon nombre de ses morceaux lyriques ne seraient pas désavoués par Uhland. » Son opérette : *Le couvre-feu dans le Sundgau* (è Firobe im e Sundgauer Wirthshus), musique de J. Heyberger (1868, 2e édition), a eu un grand succès aux théâtres de Mulhouse et de Colmar ; il a été traduit en patois-français des Vosges par M. Jeanmougin.

STOEBER (Adolphe), né à Strasbourg, le 7 juillet 1810 ; frère du précédent. Après avoir fait ses études de théologie à la Faculté protestante de sa ville natale, et avoir été gouverneur et vicaire, il fut nommé, en 1839, aumônier au Collège et à l'Ecole municipale de Mulhouse.

Ses sermons qu'il y a prononcés comme pasteur, ont eu un grand succès. Il est président du Consistoire depuis 1860. Comme son frère aîné, il s'occupe beaucoup de vieilles légendes alsaciennes et a publié, lui aussi, des *Poésies*, Gedichte, en 1846. On lui doit encore des *Esquisses de voyage en Suisse*, Reisebilder aus der Schweiz (1850 et 1857) ; — *Portraits des Réformateurs*, Reformatorenbilder (1857) ; — *Traité sur le baptême des enfants*, Die Kindertaufe (1864), etc. Voici comment M. Nicolas Martin le caractérise comme poëte : « Adolphe, plus jeune que son frère Auguste, possède un talent peut-être plus réfléchi, parfois plus profondément ému et plus pieux. On trouve dans plusieurs de ses pièces de poésie, la sereine et fécondante ferveur de l'hymne, de belles pensées, de grandes et poétiques images. Karl Gœdeke me paraît avoir dit heureusement de lui : Adolphe Stœber est un représentant de la sainte gravité allemande. »

STOLTZ (Joseph-Alexis), né à Andlau-au-Val (Bas-Rhin), le 14 décembre 1803. Fils d'un médecin, il fit ses études classiques et commença la médecine à Strasbourg, où il obtint, au concours, l'emploi d'aide de clinique. Successivement prosecteur d'anatomie, chef de clinique, docteur en 1826, agrégé en 1829, il remplit les fonctions de professeur suppléant d'accouchement et des maladies des femmes et des enfants, et devint titulaire de cette chaire en 1834. Elu par ses collègues, en 1836, président des jurys médicaux du ressort de la Faculté, nommé directeur de l'Ecole départementale d'accouchement en 1846, membre du Conseil général du Bas-Rhin depuis 1848 et du Conseil municipal de Strasbourg depuis 1857, il fut désigné, en 1867, comme doyen de la Faculté de médecine. Après l'annexion de l'Alsace à l'Allemagne, M. Stoltz opta pour la nationalité française et lorsque, en 1872, la Faculté établie à Strasbourg fut transférée à Nancy, il fut nommé doyen et professeur de cette Faculté. On lui doit beaucoup d'ouvrages relatifs à l'enseignement et à la pratique de la médecine : *Sur quelques points relatifs à l'art des accouchements*, thèse de doctorat ; — une traduction du *Traité sur les grossesses douteuses*, de Schmitt, de Vienne (1829) ; — une monographie sur *L'accouchement prématuré provoqué dans les cas de rétrécissement du bassin*, dont il a fait prévaloir, en France, les avantage (1835) ; — *Recherches sur l'opération césarienne* (1836) ; — *Mémoire sur les polypes du rectum chez les enfants* (1841) ; — *Sur la hernie vagino-labiale* (1845) ; — *Sur les fistules vésico-utérines* (1847), etc. M. Stoltz a publié de nombreux mémoires et des observations médicales dans les feuilles spéciales de Paris ou de son département. Il est associé national de l'Académie de médecine depuis 1864, et officier de la Légion d'Honneur depuis 1865.

STRAUSS (Isaac), né à Strasbourg, le 2 juin 1806, d'une honorable famille israélite. Violoniste habile dès sa jeunesse, il fut admis, en 1826, par voie de concours, au Conservatoire de musique dans la classe de Baillot, et obtient, aussi au concours, au Théâtre-Italien une place de premier violon qu'il a occupée quinze ans. Un des créateurs, en 1828, de la Société des concerts du Conservatoire dirigée par Habeneck, il fut un des premiers à populariser en France le génie des maîtres allemands, en organisant, avec quelques-uns de ses confrères, des concerts de chambre où l'on jouait surtout Beethoven, Mozart et Haydn. Nommé, en 1847, chef d'orchestre des bals de la cour, M. Strauss fut appelé aux mêmes fonctions par le prince Louis Napoléon, devenu Président de la République, et, à partir de 1849, il dirigea l'orchestre de l'Elysée, des Tuileries, et les futures résidences impériales, ainsi que du Sénat, du Corps législatif, de l'Hôtel-de-Ville, et de toutes les fêtes données en l'honneur de la famille impériale et des souverains étrangers. A diverses reprises il a dirigé les bals des cours de Madrid, de Florence, etc. Directeur des concerts et des bals des eaux thermales d'Aix en Savoie il fut nommé en 1843 directeur de l'établissement thermal de Vichy. Pendant vingt années M. Strauss dirigea les merveilleux bals masquées du Grand-Opéra. Il a composé plus de quatre cents morceaux de musique de danse, entre autres, les valses intitulées *la Cascade*, *les Chants du ciel*, *le Couronnement*, *le Délire*, *les Murmures du bal*, etc. Il a prêté le concours gratuit de son archet à de nombreuses fêtes de bienfaisance, a contribué à fonder l'hospice de Chantelle (Allier), et a versé près de dix-mille francs, produit de ses concerts, dans la caisse de secours de la Société des artistes musiciens, dont il est membre, dans le but de fonder quatre pensions pour des confrères malheureux. Amateur passionné de tous les objets d'art ancien, il possédait à Vichy une villa, dont il avait fait un véritable musée de tableaux, de meubles, de bronzes, et de laquelle l'Empereur fit sa résidence pendant deux saisons. M. Strauss, a donné en janvier 1870 sa démission de chef d'orchestre des bals de la cour. Il a été décoré de la Légion d'Honneur. Les artistes de son orchestre lui ont offert une croix en diamants.

STUCKELBERG (Ernest), né à Bâle (Suisse), le 22 février 1831. Elève de l'Académie d'Anvers, il exposa en Belgique, Allemagne, Suisse, etc. un grand nombre de tableaux parmi lesquels nous citerons : *La femme de Stauffacher*, médaillé à l'exposition de Berne en 1856 ; — *Fontaine dans un bois*, avec beaucoup de figures, appartient à M. Moser, à Charlottenfels près Schaffhouse (1858) ; — *Procession dans un village de la Sabine*, au musée de Bâle (1860) ; — *Pèlerins de Pereto* (1864) ; — *Faust et Marguerite* (1865) ; — *Matin de printemps à Pompéi* (1867) ; — *Marionettes*, au musée de Bâle (1869) ; — *Amour de jeunesse*, médaillé à l'exposition internationale de Munich en 1869, appartient au musée de Cologne ; — *Soir au canton de Tessin* ; — *Une Romaine peintre* ; *Les enfants de l'artiste avec un lévrier*, au musée de Bâle ; *Charbonnier du Jura*, se trouve dans la galerie de Zurich ; *La diseuse de bonne aventure*, se trouve dans la galerie de Winterthur ; *Echo et Narcisse* ; *Bohémiens au bord de la Birs* ; *Petit portrait de la famille de l'artiste*, médaillé à l'Exposition universelle de Vienne et pour lequel l'auteur obtint la décoration de l'ordre de François-Joseph; *Tireur helvétien*. Parmi ses portraits nous distinguons ceux de M. *Wedekind*, des enfants *Burkart*, de Mme *de Sprecker de Bernegy avec son enfant*, des trois filles de *M. Gelzer*, de *M. Nicolas Bernoulli*, d'une enfant de *M. Vischer*, etc. M. Stuckelberg a exécuté des peintures et décorations dans plusieurs maisons particulières de Bâle, ainsi que les fresques du Palais des arts de cette ville. En 1855, il envoya à l'Exposition universelle de Paris : *Le jour de l'an 1308*, épisode de l'histoire d'Unterwalden, et à celle de 1867 : *Roméo et Juliette*, d'après la nouvelle de Gottfried Keller. M. Stukelberg a exposé depuis, à notre Salon : *Bianca di Anticoli; Service religieux enfantin* (1865), acheté par le gouvernement français; — *Famille de guerriers portant au bois sacré des trophées et un héros tombé pour la patrie* (1875); — *Violettes de Saint-Raphaël* (1877).

STUPUY (Jean-Léon-Hippolyte), né à Paris, le 18 juin 1832. Après de fortes études littéraires et scientifiques, il débuta dans le journalisme et collabora à l'*Artiste*, de Lille (1849), et au *Républicain*, de Dunkerque (1850). En 1859, il fit représenter à Bruxelles *Rubens ou la Jeunesse de Van Dyck*, comédie en trois actes et en vers, qui reprise à Paris en 1865 sous le titre de la *Jeunesse de Van Dyck* obtint un grand succès. M. Stupuy se fit remarquer en 1861 par l'*Anarchie morale*, satires philosophiques, littéraires et politiques, ouvrage qui eut un grand retentissement et qui, interdit dès l'apparition de la 6e livraison, fut continué à Bruxelles. Ses *Hôtes de la France*, à-propos allégorique en vers, joué pendant l'Exposition universelle de 1867, obtint un grand succès. Lorsque M. Littré fonda la *Philosophie positive*, M. Stupuy en devint un des collaborateurs et y publia de remarquables articles : *M. Cousin et l'éclectisme, les Bourgeois fainéants, la Notion de patrie, les Inconséquents, les Hommes d'Etat*, etc., ainsi que des poésies : *le Dialogue des loups, la Vraie colonne, le Cantique de l'émancipé*, etc. Pendant le siége de Paris, M. Stupuy fut secrétaire de la commission d'armement du IXe arrondissement et contribua à la création des bataillons de marche de la garde nationale. *Ceux qui marchent*, poëme patriotique, fut à ce moment un succès pour M. Maubant, de la Comédie-Française. Membre de la Ligue républicaine des droits de Paris en avril 1871, il fut chargé de diverses négociations auprès de M. Thiers et désigné comme un des parlementaires pour la suspension d'armes de Neuilly. Candidat de la liste radicale aux élections complémentaires du 8 juillet 1871, il obtint près de 50,000 voix. A cette époque, il fit une conférence à la mairie du IIIe arrondiss. pour demander l'érection de la statue de Diderot dans le square des Arts-et-Métiers. Collaborateur au *Peuple souverain* (1872), il donna, en janvier 1873 en septembre 1875, dans la *Philosophie positive*, deux comédies en vers : l'*Orpheline*, qui ne fut pas autorisée au théâtre par la commission de censure et *Chez Diderot*, avec une préface de M. Littré, qui avait été reçue à l'Odéon en 1868. Sur cette dernière pièce, que M. Stupuy a retirée de l'Odéon pour des motifs, que M. Littré a expliqués dans la *Philosophie positive* (octobre 1875), M. Eugène Noël a fait l'année dernière, à la Ligue de l'enseignement de Rouen, une conférence publique qui a été très-applaudie : *Chez Diderot*. Elle a été traduite en russe par M. Pierre Weinberg. Lors du pétitionnement pour l'amnistie (1876), M. Stupuy fut secrétaire de la commission nommée à cet effet. On a encore de lui : *L'ordre moral*, brochure (1874), ainsi que de nombreux articles (polémique, théâtre, sciences), dans le journal la *Politique*; et des travaux spéciaux dans le *Moniteur scientifique*, notamment une étude approfondie sur l'assainissement de la Seine.

SUAU DE L'ESCALETTE (Paul), né à Toulouse, le 11 mai 1839. Issu d'une famille Toulousaine qui déjà jouait un grand rôle vers la fin du moyen-âge. Nous lisons dans l'*Armorial général toulousain*, par A. Brémond, et dans l'*Histoire de la ville de Toulouse* par Raynald que : Lou Major Suau fut un des nobles de cette ville qui accompagnèrent, en 1364, Duguesclin dans son expédition contre Pierre IV; roi de Castille. En 1574, Jean Suau, avocat et docteur en droit fut nommé capitoul de Toulouse. Son fils Pierre de Suau, écuyer et docteur en droit fut aussi honoré du capitoulat dans les années 1579 et 1588. Jean François Suau de L'Escalette, fut nommé conseiller du roi au Parlement de Toulouse en 1784. Il est bon de dire ici que le nom de : L'Escalette provient d'un domaine faisant autrefois partie d'une abbaye et située entre Brax, Léguevin, Pibrac et la Salvetat (Haute-Garonne). En redescendant jusqu'à nos jours, on trouve encore Jean Suau, peintre d'histoire, directeur et professeur à l'Ecole des arts de Toulouse, dont il fut un des fondateurs, chevalier de la Légion d'Honneur; son fils, Paul Suau, également peintre d'histoire, a été inspecteur de l'Ecole des arts. Ces deux derniers ont laissé, après leur mort, par l'intermédiaire de leur fille, et sœur à l'Ecole des beaux-arts de Toulouse un prix perpétuel de 1,800 francs par an, le prix Suau, grâce auquel l'élève qui s'est fait le plus remarquer dans la composition d'une peinture historique peut compléter, pendant trois ans, ses études artistiques à Paris. En reconnaissance des services rendus par la famille Suau, la municipalité de Toulouse a donné le nom de Suau à une des rues les plus centrales de la ville. M. Paul Suau de l'Escalette, dont il est ici question, est le fils d'un avocat distingué du barreau de Toulouse, dont les principaux mémoires, et plaidoyers, ont été réunis en volume ; sa mère appartient à la famille Pascal, de Marseille, à laquelle on doit des armateurs, des banquiers et des consuls du Venezuela en France. Il est aujourd'hui le dernier représentant masculin des Suau. Après avoir fait ses études classiques et son droit à Toulouse et mène de front ses travaux juridiques et littéraires, M. Paul Suau a publiés en brochures, ou dans les journaux : *Etude sur la loi d'Emprunt relative à l'achèvement des chemins vicinaux en France; Etude sur un système financier en Espagne*, précédée de la copie textuelle d'une lettre autographe adressée à l'auteur par S. Exc. Emmanuel de Zorilla, ex-président du Conseil des ministres, ex-ministre des Finances sous Amédée, roi d'Espagne ; *Etude* *biographique sur M. le comte de Villèle*, ministre des Finances sous Louis XVIII et Charles X; *Etude historique sur l'abbaye de L'Ecale-Dieu*, de l'ordre de Citeaux, à Bounemazou, près Tarbes (la dénomination de l'Escalette, provient d'un domaine ayant appartenu à la susdite abbaye); *Etude sur l'objet de la Comédie et sur Molière*; *Réflections sur la reconstruction du musée de Toulouse*; *Etude sur la critique en général*; *l'Habit du vétéran* ou *une Fortune imprévue*, comédie-vaudeville, mêlée de chants, en un acte.

SUBERCAZE (Benjamin), né à Cauterets (Hautes-Pyrénées), le 15 décembre 1835. Après des débuts remarqués dans le service des écoles élémentaires, il fut appelé en 1859 comme maître élémentaire au lycée de Toulouse. Attiré à Paris par le désir de voir de près l'organisation des écoles de la capitale, M. Subercaze se vit attaché à ces écoles en 1864. Pourvu du certificat d'aptitude pour l'inspection primaire, après un brillant concours d'où il sortit le premier sur 23 candidats, en 1869, il fut nommé inspecteur primaire à Forcalquier (1870), passa à Romorantin en 1871 et à la Flèche en 1873. Outre une part active qu'il a prise à la rédaction de diverses feuilles pédagogiques : l'*Ecole primaire*, l'*Education*, etc. M. Subercaze a publié une collection de classiques fort bien accueillis du public des écoles, récompensés par plusieurs sociétés d'instruction ou d'encouragement, et dont le succès s'accentue tous les jours : *Cahier d'un instituteur, choix de devoirs scolaires* (3 volumes, 3ᵉ édition); — *Cahiers d'une institutrice* (3 volumes, 3ᵉ édition) et sous le titre: *Encyclopédie de l'enseignement primaire*, un cours pratique rédigé d'après les derniers programmes officiels du ministère de l'Instruction publique et de la ville de Paris, qui comprend deux séries, celle à l'usage des élèves du cours élémentaire et celle des élèves des cours moyen et supérieur et qui contient déjà : le *Livre de lecture*, la *Grammaire pratique des écoles* (6ᵉ édition), l'*Histoire sainte*, l'*Histoire de France*, la *Géographie* et le *Livre de récitation*, etc. M. Subercaze est officier d'Académie.

SUCHET (Joseph), né à Marseille, le 28 juillet 1824. Il suivit l'atelier de Loubon et se consacra de préférence à la peinture de genre marine. Après avoir débuté en 1857, au Salon de Paris, avec deux tableaux : *Pêcheurs catalans tirant leurs filets* et *Catalans arrivant de la pêche*, M. Suchet exposa successivement : *Une pêche au thon sur les côtes de Provence* (1859); — *Capture des bricks anglais l'Astrolabe et l'Oreste par le petit chebeck du capitaine Bavastre le 11 septembre 1804* (1861); — *Pêche à la sardine sous le phare de Planier, golfe de Marseille*; *Arrivée des pêcheurs* (1863); — *Entrée du vieux port de Marseille* (1864); — *Barques de pêche dans le golfe de Marseille* (1865); — *La pêche au bourgin* (1866); — *La pêche au bourgin sur la plage de Cannes* (1868); — *La fête des pêcheurs à Bandol (Provence)* (1869); — *Brick entrant dans le port de Marseille* (1876).

SULPICY (Pierre-Jules), né à Saint-Yrieix (Haute-Vienne), le 22 octobre 1800. A été avocat à la Cour de Paris, de 1825 à 1830. Il fut simultanément le collaborateur de M. Adolphe Chauveau dans le *Journal des avoués*, partie alphabétique; l'un des rédacteurs du *Courrier des tribunaux*, jusqu'à 1830 et du *Journal du Palais*, de 1825 à 1848. Il refit entièrement à neuf et enrichit de notes aussi concises que substantielles toute la partie criminelle dans les 27 volumes composant la nouvelle édition du *Journal du Palais*; et il publia, avec MM. Teulet et d'Auvillers, les *Codes français annotés* (1843), dont la partie criminelle, également rédigée par lui, a été très-estimée. Nommé substitut de Corbeil, le 1ᵉʳ octobre 1830, il passa, en la même qualité, le 13 février 1831, au tribunal d'Auxerre, et, le 18 octobre 1833, comme procureur du roi à Coulommiers (Seine-et-Marne), où il fut remplacé et non révoqué, le 26 mars 1848. Ainsi déçu de ses légitimes espérances, il rentra dans son pays natal où il s'occupa d'agriculture. Après avoir été oublié pendant treize ans, il a été nommé juge d'instruction à Saint-Yrieix le 26 janvier 1861. Conseiller à la Cour impériale de Limoges, le 24 mai 1868, M. Sulpicy a été admis à faire valoir ses droits à la retraite en 1870 et nommé conseiller honoraire. Dans l'ordre administratif il a été successivement membre de la Commission administrative de l'Hôtel-Dieu d'Auxerre, en 1832 et 1833; du Conseil municipal de Coulommiers, de 1843 à 1848 et du Conseil d'arrondissement de la même ville, de 1847 à 1848. Conseiller municipal de Saint-Yrieix, depuis 1850, il fut délégué, en 1852, pour présenter au prince Louis Bonaparte l'adresse de ce conseil, tendante au rétablissement de l'Empire. Nommé maire de la ville de Saint-Yrieix, le 31 janvier 1874, M. Sulpicy donna sa démission et fut remplacé le 18 mars 1874. Il a été nommé chevalier de la Légion d'Honneur le 4 mai 1845.

SURVILLE (Laure DE BALZAC), née à Tours, le 29 septembre 1800. Sœur du romancier Honoré de Balzac, elle cultiva de bonne heure les lettres. Après avoir donné dans le *Journal des enfants*, sous divers noms, un grand nombre de contes agréables composés spécialement pour ses filles, Mᵐᵉ Surville les publia sous son propre nom, en deux volumes intitulés : *Le compagnon du foyer* et la *Fée des nuages* ou *la Reine Mab* (1854). Plusieurs de ses contes ont été réimprimés et Balzac a trouvé dans l'un d'eux, *le Voyage en coucou*, le sujet de son *Début dans la vie* (1842). Elle a épousé en 1828 M. Midy de la Gieneraye Surville, ingénieur des ponts-et-chaussées. Après la mort de son illustre frère elle publia sur lui et sous le titre de : *Balzac, sa vie et ses œuvres, d'après sa correspondance* (1858), une notice très-intéressante. Mᵐᵉ Surville est décédé en 1876.

SUTTER (David), né à Genève (Suisse), le 12 janvier 1811. Venu à Paris en 1839, il suivit l'atelier de Flers, s'adonna surtout à la peinture du paysage et débuta au Salon de Paris en 1842 avec deux tableaux faits d'après nature à Aumale. Depuis, M. Sutter a exposé : *La ferme brulée, environ de Lyon*; *Un crépuscule d'automne* et *Lisière de la forêt de Jussy, environs de Genève* (1844); — *Vue de Castella-*

mare, soleil couchant; *Lisière de forêt avec animaux* (1845); — *Etude de chênes*; *Lisière de forêt*, soleil couchant; *Vues prises aux environs de Lyon* (1846); — *Environs de Rouen* (1847); — *Côtes de Normandie* et *Lisière de forêt*, études d'après nature; *Chasse au Renard* (1848); — *Environs de la grotte de Saint François d'Assise*, à Lavergne, dans les Apennins (1857); — *La place Saint-Marc* et *Rivage des Esclavons*, à Venise, dessins à la plume; *Le dormoir*, forêt de Fontainebleau; *Lisière de la forêt de Fontainebleau*, soleil couchant (1864). M. Sutter fit trois grands voyages en Italie et en Sicile, où il étudia l'art antique et les chefs-d'œuvre de la Renaissance, sous la préoccupation constante de trouver les lois qui régissent les beaux-arts; et comme ses longues recherches demeuraient sans résultat pratique, il changea de système d'investigation, et reconnut que c'était aux sciences d'observation qu'il fallait demander les règles qui gouvernent l'art: théorie et application. Ces règles sont renfermées dans les ouvrages suivants, approuvés par l'Institut: *Philosophie des beaux-arts appliquée à la peinture* (1858); *Nouvelle théorie simplifiée de la perspective* (1859, in-4, avec 60 belles pl. grav. sur acier); *Esthétique générale et appliquée, contenant les règles de la composition dans les arts plastiques* (1865, in-4), avec 85 pl. représentant les chefs-d'œuvre de l'art tant ancien que moderne. A la suite de si importants travaux M. Sutter obtint la chaire d'esthétique à l'Ecole des beaux-arts, où il professa avec le plus grand succès de 1863 à 1870. L'Institut de Genève le nomma membre correspondant; la ville de Paris lui donna des lettres de naturalisation, et le ministre de l'Instruction publique le nomma officier d'Académie, comme créateur de la science des beaux-arts. M. Sutter qui, pendant plus de cinquante ans, a mené de front la peinture, les sciences, les lettres et la musique, a élevé l'enseignement musical à la hauteur d'une science positive. Il a composé sur cette matière: *Traité d'acoustique musicale*, science qui était complètement à refaire pour mettre d'accord la théorie avec la pratique; *Esthétique musicale contenant la science du rhythme et l'art de phraser suivant la belle tradition italienne; Histoire de la musique depuis les Grecs jusqu'à nos jours*. En outre, il a publié dans la *Gazette des Architectes* un *Nouveau traité de perspective* spécial au dessin d'après nature; *La sculpture grecque et les règles de l'harmonie des lignes droites et des lignes courbes*, avec 20 pl.; *Les phénomènes de la vision*, et une *Nouvelle théorie de la couleur propre des corps basée sur les fonctions physiologiques de la rétine, etc.* M. Sutter a obtenu des médailles à la suite des expositions de Rouen et de Nîmes. Pendant la guerre d'émancipation il a fourni à l'*Illustration* les dessins de Sicile. Il est membre de la Société des Gens de lettres et de plusieurs sociétés savantes. En 1850 M. Sutter organisa l'exposition de peinture à Nice; et obtint en Italie des succès comme peintre et musicie.

SWERTSCHKOW (Nicolas DE), né à Saint-Petersbourg, le 2 mars 1818. A l'age de seize ans il entra, d'après la volonté de son père, au service du ministère des affaires de l'Intérieur, et y servit pendant dix ans. Dès son enfance il eut le goût de l'art et la passion des chevaux et s'occupa constamment de dessin. Son père devinant son talent consentit enfin à le laisser quitter le ministère et depuis il s'adonna à la peinture. Etudier le cheval n'était point une difficulté pour lui, son père étant chef des écuries impériales et les beaux modèles n'y manquant pas. M. de Swertschkow travailla seul et sans maîtres, exposa en 1844 à l'Académie des beaux-arts de Saint-Petersbourg, reçut le titre d'artiste et fut nommé, bientôt après, académicien pour son tableau de types russes: *Une rencontre de traineaux chargés de marchandises, sur une route escarpée*. Une année après il fut nommé professeur pour son tableau: *Une dormeuse attelée de six chevaux passant les sables pendant une chaleur étouffante*, sujet proposé par l'Académie. Ayant acquis une grande réputation comme peintre de chevaux, il fut engagé tous les étés, pendant 25 ans, par les propriétaires de harras, pour peindre les plus célèbres producteurs ou poulinières et se trouva ainsi très-souvent obligé d'exécuter 70 portraits en deux mois. Tous ces portraits, devenus populaires comme représentants des célèbres trotteurs russes anciens, sont en grande partie lithographiés. M. de Swertschkow était le premier et le seul peintre russe qui fut envoyé à Paris des types de la Russie intérieure. Il débuta au Salon de 1856 avec: *Chasse-neige*, chevaux de poste attelés à un Kibitka et y exposa depuis: *Le retour de la chasse à l'ours*, tableau qui lui a valu la croix de la Légion d'honneur et qui fut acheté par l'empereur Napoléon III; *La foire aux chevaux*; *Station de chevaux de poste* (1863); — *Enfant tombé d'un traineau pendant la nuit et retrouvé sain et sauf au milieu des loups*; *Voyageurs russes se rendant au milieu des bois* (1864); — *Voyage en Russie* (1865); — *Le Tzar Alexis Mihailovitsch, père de Pierre-le-Grand, passant ses troupes en revue* (1867, E.U.), appartient à S. M. l'empereur Alexandre II. A la seconde Exposition universelle de Londres M. de Swertschkow exposa 8 tableaux et 32 aquarelles achetées par M. Filips et, comme sculpteur, au Salon de Paris de 1864: *Hercule, trotteur russe, en cire*. Son grand portrait d'*Alexandre II*, en uniforme de hussard, sur un cheval arabe blanc, lui fut acheté par le Tzar qui en fit cadeau à son régiment de hussards, le jour du jubilé de cent ans. Outre la croix de la Légion d'honneur, M. de Swertschkow a reçu la croix de Saint-Michel (Bavière) et de Philippe-le-Généreux (Hesse-Darmstadt), la médaille en or pour le mérite (Saxe-Weimar) et de nombreuses médailles de tous les pays où il a exposé.

SYLVESTRE (Joseph-Noël), né à Beziers (Hérault), le 16 juin 1847. Il suivit l'atelier de M. Cabanel et débuta au Salon de 1874 par un *Jeu de bergers*. M. Sylvestre a exposé en 1875: *La mort de Sénèque* qui lui valut une médaille de 2e classe et, en 1876, il remporta pour son beau tableau: *Locuste essaie en présence de Néron le poison préparé pour Britanicus*, placé au musée du Luxembourg, une médaille de 1er classe et le prix du Salon. Ses œuvres sont hors concours.

TAIÉE (Jean-Alfred), né à Paris, le 21 janvier 1820. Il fit ses études classiques au collége Bourbon, suivit les cours de la Faculté de droit, et fut reçu licencié en 1842. Destiné par sa famille au notariat, il abandonna cette carrière pour se consacrer aux arts et surtout à la gravure à l'eau forte. Depuis 1868 M. Taiée expose chaque année au Salon de Paris soit des gravures originales tirées de sa publication éditée, sous le titre de *Paris et ses environs*, par la maison Cadart, soit des reproductions de nos peintres en renom : Corot, Diaz, Daubigny, Jules Dupré, etc. Il a aussi gravé douze des tableaux du regretté Chintreuil, et a réuni en album vingt des principaux tableaux de la collection Berthelier. En outre il a illustré plusieurs livres en prose et en vers du poëte Poisle Desgranges : *les Sonnets impossibles*, *le Roman à l'eau forte*, *les Péchés capitaux*; *le Livre de l'amour*, etc.; ces ouvrages édités avec luxe par la maison Bachelin-Deflorenne, tirés à un petit nombre d'exemplaires, sont devenus introuvables. M. Taiée a collaboré aussi à un ouvrage d'Alexandre Piedagnel sur le peintre Millet, à l'*Œuvre et la vie de Chintreuil* par Jean Desbrosses, aux *Poésies* d'Achille Millien, à la Société des aquafortistes, à l'*Illustration nouvelle*, publication d'eaux-fortes, à l'*Artiste*, à la *Gazette des beaux-arts*, etc. Il a déjà produit plus de 350 planches dont un grand nombre, sous le titre de *Paris en train*, sont recherchées par les collectionneurs qui s'intéressent aux transformations de la capitale. En juillet 1872, à la suite d'une exposition à Naples, M. Taiée a été nommé chevalier de la Couronne d'Italie.

TAILBOUIS (Edouard), né à Saumur (Maine-et-Loire), le 20 août 1811. Fils d'artisans qui jouissaient d'une petite aisance, il fit de bonnes études au collége de Saumur, et se consacra à l'industrie. En 1837, il entra dans une maison de commerce de bonneterie de Paris, dont la fabrique était à Saint-Just-en-Chaussée (Oise), et, grâce à l'intelligence et à l'activité dont il fit preuve, il devint seul chef de cette maison en 1851. Il donna alors à ses affaires une telle impulsion, qu'il fut bientôt amené à créer, auprès de sa manufacture, un autre établissement pour la construction des métiers automatiques à faire le tricot, par des nouvelles inventions qui lui appartenaient. M. Tailbouis a apporté, dans la fabrication de la bonneterie, des améliorations qui, adoptées dans le reste de la France, ont fait jouir cette industrie d'une prospérité qu'elle n'avait jamais connue. Dans un rapport du président de la Commission permanente des valeurs, daté du 5 juin 1867, on lit ces lignes : « L'industrie de la bonneterie a fait en France de grands progrès, qui sont dus aux perfectionnements introduits dans le matériel. L'honneur en revient en grande partie à notre collègue, M. Tailbouis. Cette industrie a aujourd'hui une solidité qui lui permet de tenir tête en tout pays à la concurrence étrangère. » Les produits de la manufacture de Saint-Just-en-Chaussée ont figuré à diverses expositions, et ont notamment obtenu le diplôme d'honneur à l'Exposition universelle de Porto (Portugal) en 1865. Très-souvent, M. Ed. Tailbouis a fait partie du jury de récompenses, notamment aux Expositions internationales de Londres, 1862, de Paris, 1867, etc. A Beauvais il était président. Il jouit d'une grande notoriété, comme homme bienfaisant et libéral, dans son département où il a contribué beaucoup au développement de l'instruction, fondé la Société de secours mutuels de Saint-Just-en-Chaussée, et doté généreusement la bibliothèque de sa localité. M. Ed. Tailbouis, créé chevalier de la Légion d'Honneur à la suite de l'Exposition universelle de Londres, où il avait été membre du jury et rapporteur (1862), a été promu officier de l'Ordre en 1870. Il est également chevalier de l'ordre du Christ de Portugal.

TAILHAND (Adrien-Albert), né à Aubenas, le 1er juillet 1810. Fils d'un ancien magistrat, il fit son droit à la Faculté de Paris et entra dans la magistrature en qualité de substitut. Procureur du roi à Privas en 1844, et révoqué en 1848, il reprit l'exercice de ses fonctions, en 1849, près le tribunal de première instance de Draguignan, fut nommé avocat général à Nîmes, devint conseiller à la Cour de cette ville et prit possession d'un fauteuil de président de Chambre le 11 octobre 1869. M. Tailhand, conseiller général de l'Ardèche depuis 1865, pour le canton de Monpezat, et maintenu à son siège par la votation du 8 octobre 1871, a été élu, le 8 février 1871, représentant du même département à l'Assemblée nationale, où il a siégé sur les bancs de la Droite. Il fut membre de la première commission des Trente et de celle des grâces et assista aux réunions du Cercle des Réservoirs. Nommé ministre de la justice le 22 mai 1874, il refusa, lors de l'enquête parlementaire sur l'élection de la Nièvre, de donner communication des pièces contenues dans le dossier judiciaire relatif à l'affaire du Comité central de l'appel au peuple, se basant sur le secret imposé à toute instruction criminelle. Démissionnaire le 18 mars 1875, M. Tailhand reprit sa place à l'Assemblée nationale et aux élections du 30 janvier 1876 il fut élu sénateur pour le département de l'Ardèche par 204 voix. Il est chevalier de la Légion d'honneur.

TAILLEFERT (Pierre-François-Alcide), né à Niort, le 5 janvier 1808. Docteur en droit de la Faculté de Paris en 1835, il entra dans la magistrature en 1836, en qualité de juge-suppléant à Niort, passa comme substitut à Civray et à Saintes en 1838, fut nommé procureur du roi aux Sables d'Olonne en 1842, donna sa démission en 1845, prit les fonctions de juge de paix à Celles en 1849, et fut mis à la retraite, sur sa demande, en janvier 1871. M. Taillefert, membre du Conseil académique sous la loi du 15 mars 1850, a continué de faire également partie du Conseil départemental d'instruction publique depuis 1854 jusqu'à ce jour. Conseiller général depuis 1848, et son vice-président depuis 1874, il a été élu député des Deux-Sèvres à l'Assemblée nationale le 8 février 1871, et a pris place sur les bancs du Centre-Droit. Il a fait partie de diverses commissions et a notamment été rapporteur de la Commission chargée de l'examen des décrets législatifs rendus par le gouvernement de la Défense nationale. Le 30 janvier 1876, M. Taillefert a été élu sénateur pour le département des Deux-Sèvres. Il est chevalier de la Légion d'honneur.

TAILLIAR (Eugène-François-Joseph), né à Douai, le 7 avril 1803. Il fit ses études classiques au collége royal de Douai, son droit à Paris, et prit place au barreau de sa ville natale en 1824 ; puis il embrassa la magistrature. Juge-auditeur à Valenciennes en 1827, conseiller-auditeur à Douai le 15 octobre 1829, substitut du procureur-général le 30 octobre 1831, conseiller le 8 mars 1834, il devint, dans cette même année, correspondant du ministère de l'Instruction publique pour les travaux relatifs à l'*Histoire de France*; et plus tard il fut nommé membre non résident du Comité des travaux historiques. M. Tailliar, membre du Conseil académique, a présidé aussi la Société d'agriculture, sciences et arts de Douai. Le 24 octobre 1863, il a été, sur sa demande, admis à faire valoir ses droits à la retraite et nommé président de chambre honoraire à la Cour de Douai. Il a publié : *De l'affranchissement des communes dans le nord de la France et des avantages qui en sont résultés* (1837) ; — *Recueil d'actes des XIIe et XIIIe siècles en langue romane wallone du nord de la France, avec une introduction et des notes* (1849) ; — *Essai sur l'histoire des institutions du nord de la France, ère celtique* (1852) ; — *Le livre des usaiges et anciennes coustumes de la conté de Guysnes* avec Introduction et notes (1856) ; — *Recherches pour servir à l'histoire de l'abbaye de Saint-Vaast d'Arras* (1860) ; — *Des lois historiques ou providentielles* (1860) ; — *Essai sur l'histoire du régime municipal romain dans le nord de la Gaule* (2e édit., 1861) ; — *Notice sur l'origine et la formation des villages du nord de la France* (1862) ; — *Origine des communes du nord de la France* (1863) ; — *Fêtes religieuses à Douai au XVIIe siècle* (1865) ; — *Les lois de Dieu dans l'histoire* (1867) ; — *Essai sur les origines et les développements du christianisme dans les Gaules* (1868) ; — *La Féodalité en Picardie. Fragments d'un cartulaire de Philippe-Auguste* (1868) : — *Chroniques de Douai de 662 à la fin du XVIIIe siècle*, précédées d'une Introduction (1875-1877, 3 vol.); — diverses *Notices* historiques et autres insérées dans les *Mémoires* de plusieurs sociétés savantes. M. Tailliar est chevalier de la Légion d'Honneur depuis le 4 mai 1844.

TAINE (Hippolyte-Adolphe), né à Vouziers (Ardennes), le 21 avril 1828. Brillant élève du collége Bourbon, il remporta le prix d'honneur de rhétorique au grand concours de 1847, fut reçu le premier, en 1848, à l'Ecole normale, et passa son doctorat ès lettres, en 1855, avec les thèses suivantes : *Essai sur les fables de La Fontaine* et *De personis platonicis*. Puis il abandonna la carrière de l'enseignement universitaire et se consacra à ses travaux préférés de littérature et de philosophie. Son premier ouvrage : *Essai sur Tite-Live*, couronné par l'Académie française, avait déjà produit une vive sensation dans le monde universitaire ; *Les philosophes français du XIXe siècle*, critique sévère de ceux qui sont à la tête de l'enseignement spiritualiste officiel, en causèrent une plus grande encore (1856, 2e édition, 1860). Nommé examinateur d'histoire à l'Ecole Saint-Cyr en 1863, et professeur d'histoire de l'art et d'esthétique à l'Ecole des beaux-arts en 1864, M. Taine a poursuivi le cours de ses travaux, et publié presque toujours sous l'inspiration des doctrines déterministes, et non par esprit d'opposition à la philosophie classique, un grand nombre d'ouvrages. On lui doit : *Voyage aux eaux des Pyrénées* (1855) ; — *Essais de critique et d'histoire* (1857) ; — *La Fontaine et ses fables* (1860) ; — *Histoire de la littérature anglaise* (1864, 4 vol.) ; accusé de fatalisme, à propos de cette publication, par l'évêque d'Orléans, Mgr Dupanloup, il vit son ouvrage écarté au concours de l'Académie française à cause des doctrines qu'il contenait ; — *L'idéalisme anglais*, étude sur Carlyle (1864) ; — *Le positivisme anglais*, étude sur Stuart Mill (1864) ; — *Nouveaux essais de critique et d'histoire* (1865) ; — *Philosophie de l'art* (1865) ; — *Philosophie de l'art en Italie* (1866) ; — *Voyage en Italie* (1866, 2 vol.) ; — *Notes sur Paris, ou Vie et opinion de M. Fréd. Thomas Graindorge* (1867) ; — *L'Idéal dans l'art* (1867) ; — *Philosophie de l'art dans les Pays-Bas* (1868) ; — *Philosophie de l'art en Grèce* (1869). Ses deux principaux ouvrages philosophiques sont : *Les philosophes classiques du XIXe siècle* (1857), ouvrage de polémique, et *De l'Intelligence* (1870, 2 vol.), ouvrage de théorie. Récemment il a publié des *Notes sur l'Angleterre* (1872). Son dernier ouvrage est une étude sur *Les origines de la France contemporaine*, le 1er volume intitulé *L'ancien régime* a paru en 1875. M. Taine a collaboré à plusieurs journaux. La plupart de ses articles, insérés dans le *Journal des Débats*, le *Temps*, la *Revue de l'Instruction publique*, la *Revue des Deux-Mondes*, etc., ont reparu en librairie sous les titres des ouvrages cités plus haut. Il a épousé, en 1868, la fille d'un artiste bien connu, de M. Denuelle (voir ce nom). Il est chevalier de la Légion d'Honneur depuis 1866.

TALANDIER (Pierre-Théodore-Alfred), né à Limoges, le 7 septembre 1822. Licencié en droit de la Faculté de Poitiers, et inscrit au barreau de sa ville natale en 1844, il fut nommé avocat général à la Cour d'appel de Limoges en mars 1848 et destitué après le 15 mai. Proscrit après le Coup-d'Etat, il resta en Angleterre où il devint professeur de français à l'Ecole d'état-major ; mais rentra en France après le 4 septembre 1870. Nommé sous-préfet de Rochechouart en novembre 1870, il donna sa démission lorsque M. Gambetta quitta le pouvoir. Il fut candidat dans la Haute-Vienne aux élections pour l'Assemblée nationale ; mais la liste sur laquelle il était porté n'obtint que 18,000 voix. M. Talandier devint alors rédacteur en chef de la *Défense républicaine* de Limoges, puis, lors de la suppression de son journal, après un acquittement devant un conseil de guerre, il se décide à venir à Paris où il subit l'examen d'aptitude aux langues vivantes. Reçu premier à ce concours, il fut délégué au cours d'anglais du lycée Henry IV. Elu, comme candidat radical, conseiller municipal de Paris pour le V° arrondissement (quartier Saint-Victor) le 29 novembre 1874, il se vit retirer sa place de professeur le même jour. M. Talandier s'occupe avec une grande sollicitude de l'amélioration du sort des travailleurs ; il a déposé dans ce but plusieurs propositions au Conseil municipal et prononcé des discours dans un grand nombre de réunions. Candidat aux élections du 20 février 1876, dans la deuxième circonscription de Sceaux, il a été élu député au second tour de scrutin, le 5 mars 1876. M. Talandier a passé vingt ans en Angleterre où il a étudié avec zèle et profondeur la langue, les mœurs, la littérature et l'histoire de ce pays. Il a publié des traductions françaises de l'*Histoire des pionniers équitables de Rochdale* (1864), du *Self-Help*, de Smiles (1865), de l'*Extrême Far-West*, de Johnson (1874), et, en collaboration avec M. Vattemare, *Dix ans de voyages dans la Chine et l'Indo-Chine*, par Thompson (1877). Parmi ses éditions classiques destinées à faciliter les études de la jeunesse, nous citerons un bon choix d'extraits des *Contes d'un grand-père*, de Walter-Scott (1874) et *Macbeth* de Shakespeare (1874).

TALBOT (Denis-Stanislas Montalant, dit), né à Paris, le 27 juin 1824. Il fut admis au Conservatoire en 1849, dans la classe de M. Beauvallet, obtint un premier accessit de comédie en 1850, et débuta dans Othello, à l'Odéon dont la direction l'engagea comme premier rôle tragique. Mais il abandonna cet emploi pour celui des financiers qu'il avait étudié pendant trois ans avec Samson et dans lequel il ne tarda pas à se faire une brillante réputation. En quelques années, grâce à la souplesse de son talent et à la variété de ses aptitudes, il parut dans plus de soixante rôles différents qu'il remplit avec une grande distinction : *Andromaque*, *Jeanne d'Arc à Rouen*, *la Conscience*, *Amour et Caprice*, etc., et créa Nathan du *Premier tableau de Poussin* (1852), le vieux monsieur de l'*Honneur et l'argent* et Jean-le-Tors de *Mauprat* (1853). Aussi la Comédie-Française l'accueillit-elle comme pensionnaire en 1856. Au Théâtre-Français, M. Talbot n'a pas eu moins de succès qu'à l'Odéon. Il y a apporté une connaissance approfondie de l'ancien répertoire et s'est fait une position hors ligne comme père noble, financier, barbon amoureux, etc. Parmi ses rôles nous distinguons ceux d'Orgon, d'Arnolphe de l'*École des femmes*, de Géronte, d'Harpagon de l'*Avare*, de Georges de *George Dandin*, de Bartholo, d'Argan, d'Herbelin du *Voyage à Dieppe*, de Mathieu du *Mari à la campagne*, de Beauplan de *Faute de s'entendre*, etc. Sa reprise du Marquis, dans *Par droit de conquête*, restera comme le modèle du genre. Citons encore de lui, dans le répertoire moderne, les rôles du *Bonhomme Jadis*, de Duchâteau de la *Fiammina*, création, et de Thomassin du *Printemps*. M. Talbot a été élu sociétaire de la Comédie-Française le 1ᵉʳ janvier 1859. Il est proche de M. Geoffroy. M. Talbot a fondé une école de déclamation où sont sortis nombre d'élèves pour entrer soit au Conservatoire soit dans les différents théâtres de Paris et de la province. Nous pouvons citer : Mlle Sarah Bernhardt, Mlle Rousseil, M. Marais, de l'Odéon, M. Volny, qui vient de débuter si brillamment au Théâtre-Français, et beaucoup d'autres tant au Gymnase qu'au Vaudeville. Il compte aussi beaucoup d'élèves dans le barreau, parmi les jeunes avocats.

TALBOT (Eugène), né à Chartres, le 17 août 1814. Il fit de brillantes études, d'abord dans sa ville natale, puis aux collèges Bourbon et Charlemagne de Paris, remplit les fonctions de répétiteur, et fut reçu second, comme agrégé des lettres, en 1845. Nommé professeur au lycée de Nantes, il passa son doctorat ès lettres en 1850, avec un grand succès. A partir de cette époque, il occupa différentes chaires aux lycées Charlemagne et Napoléon, en 1853 et 1854, fut adjoint au professeur de rhétorique de Louis-le-Grand en 1855, et devint successivement titulaire de la chaire de rhétorique au collège Rollin en 1859, et au lycée Bonaparte en 1868. M. Talbot a publié ; *Essai sur la légende d'Alexandre-le-Grand dans les romans du XII° siècle* (1850) ; — les traductions des *Œuvres complètes* de Lucien et des *Odes d'Horace* (1857), de Xénophon (1859), de Térence (1860), de Sophocle (1862), de l'*Empereur Julien* (1863), des *Biographies de Plutarque* (1865) ; — une révision de la traduction d'*Hérodote*, par Pierre Saliat (1864) ; — *Dictionnaire français-grec*, et *Dictionnaire grec-français* (1862 et 1864) ; — des éditions et des traductions d'opuscules grecs et latins, tels que : *Panégyrique d'Athènes*, par Isocrate ; *Apologie de Socrate*, de Platon ; biographies de *Cicéron*, *Thémistocle* et *Aristide*, par Plutarque ; *Traité de la République*, de Cicéron ; — des *Notices* sur différents auteurs grecs, dans la collection J. Delalain ; — *Principes de composition et de style ; — Notions de style ; — Histoire littéraire sacrée, grecque, latine et française pour l'enseignement spécial*. Enfin, on lui doit de nombreux articles de littérature, de critique et de philologie, insérés dans le *Glaneur* de Chartres, le *Breton* et le *Courrier de Nantes*, la *Revue* et le *Journal général de l'Instruction publique*, etc. M. Talbot a été nommé chevalier de la Légion d'honneur le 13 août 1862.

TALHOUET-ROY (Auguste Bonamour, marquis de), né à Paris, le 11 octobre 1819. Il descend d'une ancienne famille de Bretagne. Nommé auditeur au Conseil d'Etat le 8 novembre 1841 et appelé, en 1844, à représenter le canton du Lude au Conseil général de la Sarthe, avant d'avoir atteint ses vingt-cinq ans, il dut être réélu plusieurs fois avant de pouvoir occuper son siège qu'il n'a pas quitté depuis. Il est maire de la ville du Lude depuis 1848. En 1849, il fut élu le troisième des représentants de la Sarthe, à l'Assemblée législative, où il s'associa par ses votes aux principaux actes de la majorité. Après le coup d'Etat du 2 décembre, contre lequel il crut devoir protester, avec plusieurs de ses collègues, à la mairie du X° arrondissement, il fut incarcéré quelques jours, à Vincennes. Appelé à la députation par son département en 1852, il n'a pas cessé d'y représenter la circonscription de la Flèche et c'est comme représentant de l'opposition libérale qu'il est venu occuper un siège en 1869.

L'inauguration du régime parlementaire ayant donné à la Chambre le droit de constituer son bureau, M. le marquis de Talhouet a été élu vice-président le 20 décembre 1869. Appelé au ministère des Travaux publics le 2 janvier 1870, il a cru devoir se démettre de ses fonctions le 6 mai suivant. Le 20 du même mois il fut réélu vice-président du Corps législatif et devint à la fin du mois d'août suivant membre du Comité de défense des fortifications de Paris. Les électeurs de la Sarthe l'ont envoyé à l'Assemblée nationale le 8 février 1871, et au Sénat le 30 janvier 1876. Il a été promu commandeur de la Légion d'honneur le 14 août 1869.

TALIEN (Emile-Laurent), né à Bourges (Cher), le 28 juin 1834. Fils d'un négociant, et placé par son frère ainé, commerçant à Paris, dans les magasins du *Coin de rue*, il y resta six mois et passa dans un autre magasin de nouveautés, le *Lingot d'or*. Après avoir été pendant quelque temps employé dans une grande maison de commerce à Bordeaux, il revint à Paris en 1854 et travailla dans diverses maisons de nouveautés. Pour suivre son penchant vers le théâtre M. Talien passait ses soirées chez une dame Cazeneuve qui avait fait construire une petite scène dans son salon, lequel, par une singulière coïncidence devint à la suite des expropriations de la rue Saint-Jacques, la scène du Théâtre de Cluny. M. Talien, jouant un soir le rôle de Paolo dans *Françoise de Rimini*, fut remarqué par M. Ad. Yung, le frère du publiciste des *Débats* et très-encouragé par lui à suivre la carrière théâtrale. Après avoir débuté avec succès par le rôle d'Oreste d'*Andromaque* à la Tour d'Auvergne, sous la direction du savant professeur Ricourt il y fit pendant un an de sérieuses études, entra au théâtre Saint-Marcel, alors dirigé par Bocage dont il devint le secrétaire et l'élève et partit pour Rouen en 1860, sous la direction de M. Halanzier. De retour à Paris il fut engagé au Théâtre Beaumarchais et puis au Théâtre Historique où il créa Valério dans *Gérald*, Paradis dans le *Mauvais sujet*. Ce théâtre exproprié, il fit une longue excursion en province et à l'étranger. Engagé par M. Larochelle, il débuta au Théâtre de Cluny le 21 décembre 1867 par le comte d'Apremont dans les *Sceptiques*, joua en 1868 le duc de la *Duchesse de la Vaubalière*, le père Rémy de *Claudie* de George Sand et le boyard Rowenkine des *Mères repenties* (Alexandre Dumas écrivit sur l'artiste a propos de ce rôle de Rowenkine les choses les plus flatteuses), et créa avec un grand succès le baron de Trévières des *Inutiles* (26 septembre), le rôle de Mathis du *Juif polonais* (juin 1869), (le *Juif polonais* d'Erckmann-Chatrian fut le triomphe de la direction Larochelle), le maestro de la *Fausse monnaie*, le duc du *Démon de l'amour*, et Mauvilain de *Père et mari* (1870). Après une tournée en province avec Marie Laurent, Berton père et fils, etc., il débuta à l'Odéon par le rôle de Joël de *Jean-Marie* (septembre 1871) et créa successivement le comte de Brécour dans *Mademoiselle Aïssé* (reprise), Don Guritan de *Ruy Blas* (1872), le marquis de Chaleines de la *Salamandre* d'Édouard Plouvier (1872), le *Petit Marquis* de François Coppée, Robert Pradel de la pièce du même nom d'Albert Delpit, Demeuve dans la *Maîtresse légitime* (1874), Guitaut de la *Jeunesse de Louis XIV*, Montal du *Vertige*, le Duc d'Alcala d'*Un drame sous Philippe II* de M. de Porte-Riche (1875), le roi Lycomède de la *Deïdamia* de Théodore de Banville (1876), le roi Ladislas de l'*Hetman* et Marcasse de *Mauprat* (1877), (reprise). Il s'est fait remarquer dernièrement (1877), dans le rôle du comte de Moreno dans le *Diplomate* de Scribe. Dans le classique, M. Talien joue à l'Odéon l'emploi de premier rôle et premier rôle marqué : Tartufe, le comte Almaviva du *Mariage de Figaro*, Joad dans *Athalie*, le Père du *Menteur*, Burrhus dans *Britannicus*, Agamemnon d'*Iphigénie en Aulide*, etc.

TALLON (Alfred), né à Clermont-Ferrand, le 17 mai 1828. Il fit son droit à la Faculté de Paris. Après avoir fait son stage à la Cour de Riom, il alla exercer à Issoire la profession d'avocat. En 1863, il quitta cette ville pour venir habiter Clermont où il se fit inscrire au barreau et s'y plaça de suite dans un bon rang. M. Alfred Tallon qui, depuis 1848, avait embrassé les opinions républicaines prit une part très-vive aux luttes contre l'Empire et combattit avec courage les candidatures officielles. En 1869, il fonda avec MM. Moulin, de Chabrol, Bardoux, etc. l'*Indépendant du Centre*, où il publia une série d'articles de fond et de polémique qui révélèrent en lui un véritable talent de publiciste. Dans la campagne plébiscitaire il se signala par son ardeur à faire voter « non. » Nommé de suite après conseiller municipal de Clermont, il a, depuis, toujours été réélu un des premiers sur la liste républicaine. En 1871, il fonda successivement avec quelques autres amis politiques, le *Républicain* et l'*Union Républicaine*. Ces journaux disparus, il écrit quelquefois dans le *Moniteur du Puy-de-Dôme*. Aux élections générales pour la députation du 8 février 1871, il obtint 31,253 voix sans être nommé. En 1874, il a été élu conseiller général pour le canton de Champeix. Dans cette assemblée il a été chargé de nombreux rapports et particulièrement, de ceux sur l'Instruction publique qui ont été fort remarqués. Le 20 février 1876, il a été nommé député du Puy-de-Dôme par 10,755 voix. A la Chambre des députés, où il siège à gauche, il fut, lors de la validation des pouvoirs, nommé par le 7° bureau rapporteur de l'élection de M. Fairé (Maine-et-Loire) qui fut cassée conformément à ses conclusions. M. Alfred Tallon a été nommé membre de plusieurs commissions importantes notamment de celles de la presse et du budget et a acquis auprès de ses collègues la réputation d'un homme de sens et d'esprit.

TALLON (Eugène), né à Riom, le 21 mars 1837. Il fit son droit à la Faculté de Paris, prit place au barreau de la capitale, remplit pendant quatre ans les fonctions de secrétaire auprès de M. Victor Lefranc, et s'établit, en 1861, dans sa ville natale où il acquit bientôt une avantageuse notoriété. Dès 1869, il engageait, comme candidat indépendant, une lutte électorale des plus vives contre les candidatures officielles de l'Empire ; et son père, à cette occasion, et pour lui laisser pleine liberté se démit de ses fonctions de maire de Riom. M. Eugène Tallon a été élu, le 8 février 1871, représentant du Puy-de-Dôme à l'Assemblée nationale, où il a siégé sur les bancs du Centre Droit. Familier avec les travaux législatifs et économiques, il a pris une part importante à la discussion de la loi municipale, des nouveaux impôts, de l'enregistrement, et fait divers rapports, notamment sur les travaux publics, l'exercice du droit de pétition, l'organisation de l'assistance publique, le travail des enfants et des femmes dans l'industrie. Comme rapporteur du 10ᵉ bureau, il a soutenu la validité des élections du général Faidherbe et du docteur Testelin. Secrétaire de la réunion extra-parlementaire Saint-Marc-Girardin, il assistait également à la réunion Féray. On doit à M. Eugène Tallon diverses brochures sur la *Propriété littéraire*, les *Intérêts des campagnes*, l'*Assistance publique*, etc., et des travaux historiques sur *Cinq-Mars* et les *Origines de la presse sous Richelieu*.

TAMISIER (François-Laurent Alphonse), né à Lons-le-Saulnier, le 23 janvier 1809. Fils du maire de sa ville natale, il sortit en 1828, de l'Ecole polytechnique pour entrer dans l'artillerie, obtint le grade de capitaine en 1838, et s'acquit, par ses travaux spéciaux, la réputation d'un des officiers les plus distingués. Il a contribué à créer l'Ecole normale de tir de Vincennes, où il a été professeur pendant cinq années. Quand éclata la révolution de 1848, il fut à Vincennes avec son régiment. Chargé de mener à Paris des caissons d'artillerie, il avait déjà franchi le mur d'enceinte, quand une bande insurrectionnelle lui barra le passage avec une attitude menaçante. Alors il monta sur une des voitures des caissons, harangua la foule, et la domina au point qu'abandonnant ses intentions hostiles elle accompagna le convoi jusqu'à l'Hôtel-de-Ville en criant : « vivent les amis du peuple, vive Tamisier. » Poète à ses heures, et correspondant de la *Démocratie pacifique*, il était en effet fort connu déjà. Elu représentant du Jura à la Constituante et à la Législative, il fit une énergique opposition aux menées bonapartistes ; et les représentant réunis à la mairie du Xᵉ arrondissement, pour protester contre le coup d'Etat, le désignèrent comme organisateur de la résistance armée sous les ordres du général Oudinot. Expulsé de France, après quelques jours de détention au Mont-Valérien, et réfugié en Belgique, il embrassa la carrière d'ingénieur, qu'il poursuivit après son retour en France (1859). La revolution du 4 Septembre lui fournit une nouvelle occasion de prouver son dévouement à la cause républicaine. Nommé commandant supérieur des gardes nationales de la Seine, avec le grade de général, il sut imprimer une impulsion vigoureuse à la défense ; mais, après l'échauffourée du 31 octobre, le gouvernement ayant voulu lui donner, dans le général Clément Thomas, une sorte de coadjuteur, il démisionna le 3 novembre et reprit simplement du service dans l'artillerie. M. le général Tamisier, élu représentant du Jura à l'Assemblée nationale, le 8 février 1871, a siégé sur les bancs de la Gauche-Républicaine. Il a signé le manifeste de la gauche et voté la constitution du 25 février 1875. Aux élections du 30 janvier 1876, il a été élu sénateur pour le département du Jura. M. le général Tamisier a été élu membre du Conseil général du Jura, pour le canton de Clairvaux, le 8 octobre 1871. Il est chevalier de la Légion d'honneur depuis le 23 mai 1845.

TARDIEU (Augustin-Ambroise), né à Paris, le 10 mars 1818. Fils d'un graveur géographe des plus distingués, il fit d'excellentes études au collége Charlemagne, et embrassa la carrière médicale. Reçu interne en 1840, il prit le grade de docteur en 1843, et obtint l'agrégation de la Faculté de Paris en 1844. En 1850, il fut nommé médecin en chef de Lariboisière après un brillant concours. Ensuite, il devint successivement : membre du comité de consultation d'hygiène publique, expert près la Cour impériale, et suppléant d'Adelon, dans son cours de médecine légale à la Faculté. En 1861, il fut appelé à occuper, comme titulaire la chaire d'Adelon et à remplacer M. Fleury comme médecin consultant de l'Empereur. Le 16 janvier 1864, il fut nommé doyen de la Faculté de médecine, à la place de M. Rayer démissionnaire. Ce choix fut d'abord très-favorablement accueilli par la jeunesse des écoles. Cependant, par suite de considérations politiques, celui qui en avait été l'objet fut obligé, deux ans plus tard, de résigner ses fonctions. M. Ambroise Tardieu, membre de l'Académie de médecine depuis 1858 l'a présidée en 1866. Son enseignement se distingue par une diction pleine d'élégance et un mélange de raison, d'abandon et de dignité, non moins que par la variété des faits et des aperçus nouveaux dont il sait l'enrichir. L'un des médecins légistes les plus renommés de notre époque, sans contredit, il a joué un rôle important dans des procès célèbres tels que ceux d'*Arnaud* et du *docteur Lapommeraye*. En 1867, il a été nommé président du Comité consultatif d'hygiène publique. Il est en outre président de l'Association générale de prévoyance des médecins de France à Paris. Enfin, il a fait partie du Conseil municipal, pour le VIᵉ arrondissement, de 1864 à 1870. M. Ambroise Tardieu a beaucoup écrit, notamment sur la médecine légale. On lui doit : *Observations et recherches nouvelles sur la morve chronique* (1841) ; — *De la morve et du farcin chroniques chez l'homme et chez les solipèdes* (1843) ; — *Manuel de pathologie et de clinique médicales* (1848, 3ᵉ édit. 1865) ; — *Du choléra épidémique* (1849) ; — *Selecta praxis medico-chirurgica, quam mosquæ exercet A. Aubert* (1848-1850) ; — *Supplément au dictionnaire des —dictionnaires de médecine français et étrangers* (1851) ; — *Des voiries et cimetières de Paris* (1852) ; —*Dictionnaire d'hygiène publique et de salubrité* (1852-1854, 3 vol., nouv. édit., 1862, 4 vol.) ; —*Etude hygiénique sur la profession de monteur en cuivre* (1855) ; — *Mémoire sur l'empoisonnement par la strychnine* (1857) ; —*Etude médico-légale sur l'attentat aux mœurs* (1858) ; — *Sur la strangulation* (1859) ; — *Sur l'avortement* (1863) ; — *Sur les maladies provoquées ou communiquées* (1864) ; —*Sur l'empoisonnement* en collaboration avec M. Roussin (avec fig. et pl., 1868); — *Étude sur l'infanticide* (avec pl., 1868); — *Étude médico-légale sur la pendaison, la strangulation et la suffocation* (1870); — *Question médico-légale dans ses rapports avec les vices de conformation des organes sexuels* (1874). M. Ambroise Tardieu a communiqué des articles à plusieurs journaux spéciaux et prend une part importante à la rédaction des *Annales d'hygiène publique et de médecine légale*. Il est officier de la Légion d'honneur depuis 1860.

TARDIEU (Augustin), né à Arles (Bouches-du-Rhône), le 23 décembre 1828. Entré dans la marine marchande à sa sortie du collège, en 1843, il fut pris pour le service en sa qualité d'inscrit marin, en 1848, et se fit déclasser à la suite de la suppression des élèves volontaires par le gouvernement provisoire. Engagé au 1er chasseurs d'Afrique après le coup d'État de 1851, il fut rendu à la vie civile en 1853. Agriculteur distingué et professant des opinions libérales, il se présenta en 1861, sans succès, comme candidat au Conseil général. Membre du Conseil municipal d'Arles en 1865, il refusa à cette époque l'écharpe municipale, mais il n'a pas cessé depuis de faire partie de cette assemblée communale. Conseiller général des Bouches-du-Rhône depuis 1869, il a été réélu le 8 octobre 1871, devint le vice-président de ce conseil et le préside depuis 1874. Nommé maire d'Arles au 4 septembre 1870 et révoqué après la loi du 28 janvier 1874, il a été réintégré dans ces fonctions. M. Tardieu, qui avait obtenu 45,851 voix aux élections du 8 février 1871, fut envoyé le 2 juillet suivant, par 51,800 voix, à l'Assemblée nationale où il prit place à l'extrême gauche. Il a été réélu, le 20 février 1876, député des Bouches-du-Rhône pour la circonscription d'Arles par 9,784 voix. M. Tardieu a failli amener la chûte de M. Jules Simon par l'interpellation relative à la tolérance du cabinet pour certaines violations de la loi (affaire du cercle Saint-Genest).

TARGET (Paul-Louis), né à Lisieux, le 7 mars 1821. Il est le petit-fils de l'avocat J. B. Target l'un des présidents de l'Assemblée nationale de 1789 et membre de l'Académie Française. Son père fut préfet du Calvados sous le gouvernement de Juillet. Il commença son droit à la Faculté de Caen et fut reçu avocat par celle de Paris. Auditeur au Conseil d'État de 1843 à 1848, membre du Conseil général du Calvados, de 1848 à 1851, il résigna toute fonction publique, après le Coup d'État, pour ne pas prêter serment à l'Empire. Alors, il s'occupa d'agriculture et obtint la prime d'honneur de l'Association normande, en 1863, pour l'exploitation d'une propriété située aux environs de sa ville natale. En 1870, il fut appelé, sous la présidence de M. Odilon Barrot, à faire partie de la Commission de décentralisation créée par le ministère Olivier. M. Target a collaboré à la rédaction du *Courrier du Dimanche*, dont il était le directeur politique, en août 1866, au moment de la suppression de ce journal. On lui doit aussi d'importants articles publiés dans diverses feuilles périodiques et notamment dans le *Journal de Paris*. Nommé chef de bataillon et ensuite lieutenant-colonel de la garde nationale de Lisieux en septembre 1870, il concourut à la défense de la ville et de l'arrondissement quand il fut envahi partiellement par l'armée allemande. Elu membre de l'Assemblée nationale, le 8 février 1871, dans le département du Calvados. M. Target a proposé et fait proclamer, à Bordeaux, dans la séance du 1er mars 1871, la déchéance du régime impérial; à la même époque il a appartenu à la première commission des finances; il a été secrétaire de la commission chargée de la conclusion définitive de la paix; il a demandé et obtenu le renvoi au ministre des Affaires étrangères, des pétitions relatives à la question Romaine. Membre de la Commission de décentralisation, il a présenté un amendement relatif aux attributions de la Commission départementale. M. Target s'est prononcé contre l'installation des ministères à Versailles, désirant que la question du retour prochain du gouvernement à Paris fût, pour le moins, réservée. Membre de la commission relative à la dénonciation du traité de commerce avec l'Angleterre, il a voté pour que la France redevint maîtresse de la liberté de ses tarifs de douane; il a parlé et voté contre l'organisation définitive du Conseil d'État avant que la constitution politique du pays n'eut été établie. M. Target appartenait à la fraction libérale-conservatrice de l'Assemblée et jusqu'au commencement de 1872, il a été l'un des vice-présidents de la réunion extra-parlementaire « dite Saint-Marc-Girardin. » Il a été au nombre des membres de l'Assemblée, qui, au mois de novembre de cette année, ne se séparèrent pas de M. Thiers au moment, cependant, où le chef du pouvoir exécutif déchira, pour la première fois, le pacte de Bordeaux, en parlant d'*engagement* qu'il avait pris en faveur de l'établissement définitif de la république. Tout en croyant que les rouages du gouvernement constitutionnel et parlementaire fonctionnent mieux avec la monarchie qu'avec la république, M. Target accepta, sans arrière-pensée, l'essai de la république conservatrice que promettait alors M. Thiers : il ne lui retira sa confiance que le 24 mai; il crut qu'en recherchant dans cette mémorable séance l'appui et le concours des gauches, au lendemain du jour où, en se coalisant, elles avaient infligé au gouvernement de nombreux échecs électoraux, notamment celui de M. Ch. de Rémusat, à Paris, le Président de la République sacrifiait les intérêts du parti conservateur qui l'avait acclamé à Bordeaux. Elu par les conservateurs dans le Calvados, M. Target crut que le mandat qu'il avait reçu l'obligeait à contribuer à la reconstitution des forces conservatrices désorganisées; la veille encore il avait refusé de signer, avec quatorze de ses collègues, l'ordre du jour Ernoul. Fidèle à ce même programme, il vota la loi du 20 novembre et ne se sépara, en aucune circonstance, de la majorité, si nous en exceptons toutefois le 25 février où sa voix fut acquise à l'établissement de la République : il fut au nombre de ceux qui pensèrent alors que la continuation indéfinie du provisoire était nuisible à tous les intérêts et il n'hésita pas à voter la constitution actuelle, sans se demander si sa situation officielle ne pouvait pas, tout au moins, expliquer son abstention. En cette circonstance, M. Target donna une nouvelle preuve de cette indépendance de caractère qu'amis et adversaires lui reconnaissent. Non réélu le 20 février 1876, il refusa de se présenter au scrutin de ballotage. Ministre plénipotentiaire à La Haye depuis le 24 juin 1873, il s'efforce, dans l'exercice de ses fonctions, de servir le mieux qu'il peut les intérêts de la France. M. Target a reçu récemment la croix de la Légion d'honneur. En 1874, S. M. le roi des Pays-Bas l'avait fait grand-croix de son ordre du Chêne.

TARNIER (Etienne-Auguste), né à Paris, le 29 mai 1808. Il commença ses études au collége de Tournon (Ardèche), les compléta à Charlemagne et à Saint-Louis, de Paris; se consacra à l'enseignement des mathématiques, entra au collège Louis-le-Grand comme maître de conférences; fut ensuite chargé de cours à Saint-Louis, et passa avec succès son doctorat ès sciences. Nommé examinateur d'admission à Saint-Cyr en 1846, il fut révoqué en 1848 par le Gouvernement provisoire; mais cette mesure provoqua des réclamations si vives, tant de la part de l'Université que de la part de l'Ecole militaire, qu'il fut peu de jours après réintégré dans ses fonctions et avec avancement. M. Tarnier a été nommé Inspecteur de l'instruction primaire de la Seine le 1er juillet 1856. On lui doit un grand nombre d'ouvrages souvent réimprimés : *Eléments d'arithmétique* pour la préparation au baccalauréat ès sciences et aux Ecoles du gouvernement (8e édit.); — *Nouvelle arithmétique théorique et pratique à l'usage des commençants*; — *Eléments d'algèbre* en 2 parties, la 1re à l'usage des classes élémentaires (5e édit., 1864), et la 2e à l'usage des classes de mathématiques spéciales, en collaboration avec M. Dieu, professeur à la Faculté des sciences de Lyon; — *Trigonométrie théorique et pratique* (8e édit.); — *Algèbre appliquée à la physique*; — *Cours de problèmes* (Enoncés, solutions, 5e édit.); — *Nouvelle théorie des logarithmes*; — *Système métrique*, avec cartes murales (3e édit.); — *Eléments de géométrie pratique*, etc. M. Tarnier, officier de l'instruction publique, a reçu la croix de la Légion d'honneur en 1859.

TARNIER (Stéphane), né à Aysercy (Côte-d'Or), en 1828. Fils d'un médecin, de sa ville natale, il commença ses études médicales, en 1843, à l'Ecole secondaire de Dijon, se fit inscrire à la Faculté de Paris en 1848, et fut reçu externe en 1850 et second interne en 1853. Après avoir passé deux ans à la Maternité, il passa avec succès, en 1857, son examen de doctorat. Il fut nommé agrégé en 1859, à la suite d'un brillant concours, et chirurgien des hôpitaux en 1865. Actuellement M. le docteur Tarnier est professeur-adjoint à la Maternité, où il fait un cours aux élèves sages-femmes de 1re classe, et chargé du cours d'accouchement à l'hôpital des cliniques pour les sages-femmes de 2e classe. M. le docteur Tarnier a publié, en 1858, un très-remarquable mémoire sur la *Fièvre puerpérale*, où sont traitées, notamment, les questions relatives à la construction et à la distribution de nos maternités; *Des cas dans lesquels l'extraction du fœtus est nécessaire et des procédés opératoires relatifs à cette extraction* (1860); *Mémoire sur l'hygiène des hôpitaux de femmes en couches* (1865), etc. On lui doit la 7e édition du *Traité de l'art des accouchements* du docteur Cazeaux (1865), et le complément de l'*Atlas de l'art des accouchements* de Lenoir. Il est un des collaborateurs du *Nouveau dictionnaire de médecine et de chirurgie pratiques*.

TARTERON (Marie-Henri-Ernest DE), né à Sumène (Gard), en mars 1821. Après avoir reçu son diplôme d'avocat à la Faculté de droit de Toulouse, il se fit inscrire au tableau de l'ordre des avocats près la Cour de Montpellier. Membre du Conseil général du Gard, pour le canton de Sumène, depuis 1848, et élu par ce conseil, en 1850, membre du Conseil académique en exécution de la loi sur l'enseignement, M. de Tarteron a été envoyé à l'Assemblée nationale par les électeurs du Gard le 8 février 1871. Il a siégé parmi les membres de la droite, avec lesquels il a généralement voté et a été inscrit au cercle des Réservoirs et aux réunions de la droite. M. de Tarteron a fait partie, en octobre 1873, du comité des Neuf, chargé de préparer la restauration du comte de Chambord. Il a été secrétaire de la deuxième commission des Trente. Lors du renouvellement des Conseils généraux, le 8 octobre 1871, il a été réélu conseiller général. Avec MM. de Chabaud-Latour et de Larcy, il a été désigné par le comité conservateur du Gard comme candidat aux élections sénatoriales du 30 janvier 1876 et a échoué avec ses deux collègues, par l'infériorité du nombre des suffrages obtenus par la liste conservatrice.

TASSIN (Charles), né à Bar-sur-Aube, le 29 avril 1823. Fils d'un receveur-particulier de Bar-sur-Aube, il fit son droit à la Faculté de Paris, entra dans l'administration comme employé au ministère des Finances en 1843, et fut nommé conseiller de préfecture à Troyes en 1853. Mais ses idées libérales cadraient mal avec ses fonctions sous le gouvernement de l'Empire. Démissionnaire en 1860, il se consacra à l'étude, fréquenta les hommes marquants du Centre-Gauche, M Casimir-Perier notamment, et publia un bon ouvrage intitulé : *Donato Giannotti, sa vie, son temps et ses doctrines*, étude sur un publiciste florentin du XVIe siècle (1868). M. Charles Tassin, nommé préfet de la Sarthe le 28 mars 1871, a administré ce département avec beaucoup de prudence, de tact et d'habileté, jusqu'au 15 avril 1876, époque où il passa à la préfecture de l'Eure.

TASSIN (Pierre), né à Noyers (Loir-et-Cher), le 24 janvier 1837. M. Pierre Tassin, après avoir fait, à la Faculté de Paris, une partie de ses études de droit, a dû les interrompre pour liquider et terminer à la mort de son père l'entreprise des nouveaux Ports de Marseille. Rentré dans son pays natal, ses concitoyens se servirent de son nom pour renverser l'administration municipale autoritaire de Noyers dont il devint maire en 1865. Conseiller de l'arrondissement de Blois, à titre de candidat indépendant, en 1866, il fut en même temps directeur-gérant de la *Presse*, à Paris. Il soutint, en 1869, une lutte électorale des plus brillantes, dans laquelle il triompha, au second tour de scrutin, tout à la fois du candidat officiel, M. le vicomte Clary, et du candidat radical, M. Cantagrel et réunit la presque totalité des suffrages (24,000). Au Corps législatif, il prit place au Centre-Gauche et signa l'interpellation des 116. Elu représentant du Loir-et-Cher à l'Assemblée nationale, le 8 février 1871, M. Pierre Tassin vota ordinairement avec la Gauche. Aux élections du 20 février 1876 il a été élu député du Loir-et-Cher, pour la 2º circonscription de Blois.

TAUREL (Henri), né à Maignelay (Oise), le 30 juillet 1843. Doué d'heureuses dispositions pour la peinture, il vint à Paris en 1863, et s'adonna de préférence à la peinture du paysage et des sujets de genre. En 1865, cet artiste débuta, au Salon de Paris, avec les *Bords de la Marne à Saint-Maurice*. Depuis cette époque, M. Taurel a successivement exposé : *Lisière de bois*, près de Montmorency (1867) ; — *La Marne aux environs de Paris* (1868); — *Enfants et fleurs* (1870) ; — *Sapho* (1872).

TAYLOR (Isidore-Justin-Séverin, baron), né à Bruxelles, le 5 août 1789. Il descend d'une ancienne famille irlandaise établie dans les Flandres au quatorzième siècle ; son grand-père se fixa en France à la fin du XVIIIº siècle et se fit naturaliser. Destiné à l'Ecole polytechnique, M. le baron Taylor fit à Paris de bonnes études, mais une irrésistible vocation l'entraînait vers les arts. Après avoir reçu les leçons de dessin de Suvé, il aborda la carrière des lettres, publia différents articles sur les arts et la littérature et fit jouer plusieurs pièces très-bien accueillies. Depuis 1811 il visita la Belgique, la Hollande, l'Allemagne et l'Italie, puis les événements politiques l'obligèrent de rentrer en France. Compris dans une levée de gardes nationales mobiles, il obtint le grade de sous-lieutenant, fut admis, au retour des Bourbons, dans la brigade d'artillerie des gardes-du-corps de la compagnie de Wagram, devint peu de temps après, et au concours, lieutenant au corps royal d'état-major, fit la campagne d'Espagne, assista au siège de Cadix et fut promu capitaine puis chef d'escadron. Il avait été nommé chevalier de la Légion d'honneur le 20 juillet 1822. En 1823, M. le baron Taylor fut mis, sur sa demande, en disponibilité et retourna à ses études, qu'il n'avait, du reste, jamais abandonnée. Pendant ses divers congés il avait encore visité l'Allemagne (1816), la Hollande (1817), l'Angleterre (1818) et fait paraître les premières livraisons de son bel ouvrage des *Voyages pittoresques dans l'ancienne France*, qu'il avait entrepris en collaboration avec Charles Nodier et Adolphe Cailleux, et le concours artistique d'Isabey, Ingres, Horace Vernet, etc., ouvrage qui doit former 30 volumes, dont 24 ont déjà paru. Après avoir encore parcouru l'Espagne, le Portugal et le nord de l'Afrique, M. le baron Taylor fut nommé, à son retour, commissaire du roi près le Théâtre-Français (1824) auquel il imprima une vive impulsion. Il fit reprendre le *Mariage de Figaro*, longtemps suspendu par la censure, fit représenter *Hernani* de Victor Hugo, plusieurs pièces d'Alexandre Dumas, etc. Archéologue distingué, il obtint des Chambres, après plusieurs demandes, la restauration des monuments historiques, proposa en 1828, au ministre M. de Martignac, de doter la France, en souvenir des glorieuses batailles des Français en Egypte, des obélisques de Luxor. Le 6 janvier 1830 il fut envoyé, comme commissaire du roi, auprès du pacha d'Egypte pour cette négociation et pour l'achat de divers objets destinés à notre musée égyptien. Dans cette mission, qui réussit, il fit preuve d'une grande habileté. C'est donc au baron Taylor que la France doit le beau monument égyptien qui orne, depuis 1834, la place de la Concorde. Chargé par le roi Louis-Philippe d'acheter en Espagne des chefs-d'œuvre de peinture et de recueillir en Angleterre la riche collection de livres, de tableaux et objets d'art que M. Standish venait de léguer à ce souverain, M. le baron Taylor fut nommé, après son retour, inspecteur-général des beaux-arts (1838). Si M. le baron Taylor a rendu de grands services par ses missions et ses lointains voyages, d'où il rapportait toujours de nombreux objets artistiques qui ont enrichi nos musées, il en rend encore aujourd'hui de plus grands par la fondation des diverses sociétés de secours mutuels des artistes dramatiques, peintres, sculpteurs, musiciens, gens de lettres, etc., qui ont pour but de venir en aide aux malheureux et à ceux que la maladie ou l'âge viennent atteindre. Ces sociétés, dont il est le président-fondateur, sont en pleine prospérité, car elles possèdent un capital inaliénable de six millions de francs (environ 247 mille francs de rentes) et ont donné, en secours ou pension de droit, plus de trois millions. M. le baron Taylor a été nommé membre de l'Académie des beaux-arts en 1847 et a été élevé à la dignité de sénateur en 1869. En dehors de quelques pièces de théâtre, il a publié encore : *Voyage pittoresque en Espagne, en Portugal et sur la côte d'Afrique, de Tanger à Tétouan*, (1826-1832, 3 vol. in 4º, avec 110 pl.) ; — *La Syrie, l'Egypte, la Palestine et la Judée* (1837-1839, 3 vol. in 4º, avec 150 pl.) ; — *Pélerinage à Jérusalem* (1841); — *Voyage en Suisse, en Italie, en Grèce, en Angleterre, en Allemagne, etc.* (1843) ; — *Les Pyrénées* (1843). Promu officier (1833), commandeur (1837), puis grand-officier de la Légion d'honneur, M. le baron Taylor est décoré d'un grand nombre d'ordres étrangers et membre de plusieurs Académies d'Italie, d'Allemagne et des Etats-Unis.

TEISSERENC DE BORT (Pierre-Edmond), né à Châteauroux, le 27 septembre 1814. Reçu à l'Ecole polytechnique en 1833, il en sortit en 1835 et fut d'abord ingénieur de l'administration des tabacs. Puis il concourut à l'organisation du système des voies ferrées et devint bientôt secrétaire général de la commission de surveillance instituée en 1842. Nommé en 1846 commissaire général du gouvernement près les compagnies de chemin de fer, il a rempli diverses missions relatives à l'étude des voies de communication en Angleterre, en Belgique et en Allemagne. Plus tard il a représenté le collége électoral de Pézenas (Hérault), à la Chambre des députés de 1846 à 1848. Rentré dans la vie privée pendant la durée du second Empire, il est devenu en 1852 l'un des fondateurs du chemin de fer de Lyon à la Méditerrannée. Envoyé, en 1871, à l'Assemblée nationale, par le département de la Haute-Vienne, dans lequel il avait éxécuté des travaux agricoles considérables, il a fait partie de la commission parlementaire déléguée par l'Assemblée pour assister M. Thiers dans les négociations de la paix avec la Prusse. M. Teisserenc de Bort attira sur lui l'attention de M. Thiers, par un discours qu'il prononça contre l'impôt sur le revenu (22 décembre 1871) et, lorsque M. Goulard échangea, le 23 avril 1872, le portefeuille de l'Agriculture et du Commerce pour celui des Finances, M. Teisserenc de Bort fut appelé à lui succéder. Démissionnaire après la chûte de M. Thiers (24 mai 1873), il resta fidèle à la République conservatrice et vota la constitution du 25 février 1875. Le 30 janvier 1876, il a été élu sénateur pour le département de la Haute-Vienne, et quelques mois plus tard il s'est vu appelé à faire partie du cabinet du 9 mars 1876. Comme ministre de l'Agriculture et du Commerce, il a été le promoteur et l'organisateur de l'Exposition universelle de 1878, et a donné une nouvelle impulsion à l'enseignement agricole par la création de l'Institut agronomique. M. Teisserenc de Bort a publié : *Les travaux publics en Belgique et les chemins de fer en France* (1839) ; — *Lettre adressée au ministre des Travaux publics sur sa mission en Angleterre* (1839) ; — *De la politique des chemins de fer et de ses applications diverses* (1842) ; — *Etude d'un chemin de fer de Paris à Toulouse et à Bordeaux* (1842) ; — *Des principes économiques qui doivent présider au choix des tracés de chemins de fer* (1843) ; — *Statistique des voies de communication en France* (1845) ; — *Etudes sur les voies de communication perfectionnées et les lois économiques de la production du transport* (accompagnées de tableaux statistiques, etc., 2 vol. 1847) ; — *De la perception des tarifs sur les chemins de fer* (1856) ; — et des *Rapports* sur les questions des sucres, des caisses d'épargne, des matières d'or et d'argent et sur les tarifs de douane. Il est chevalier de la Légion d'honneur depuis 1846.

TEMPLE DE LA CROIX (Jean-Marie-Félix DU), né à Lorris (Loiret), le 18 juillet 1823 ; issu d'une ancienne famille noble originaire de Plorec (Côtes-du-Nord), mais fixée à Saint-Mâlo depuis deux cents ans. Il entra à l'Ecole navale en 1838, en sortit en 1840, et obtint, le 6 novembre 1844, le grade d'enseigne de vaisseau. Ayant fait naufrage sur le brick de guerre l'*Abeille*, dans le golfe de Benin (Afrique), le 10 décembre 1847, il rentra en France au moment de l'insurrection de Juin 1848 et se joignit aussitôt, pour aller la combattre, à 150 volontaires du Berri. Lieutenant de vaisseau, le 2 février 1852, il fit, sur sa demande, les guerres de Crimée, d'Italie, et, enfin, du Mexique où il exécuta l'ascension complète du Popocatepelt, le plus haut volcan du pays. Il était capitaine de frégate depuis le 13 août 1864, quand éclata la guerre avec l'Allemagne. S'étant empressé d'offrir ses services pour la défense de la patrie, il fut, le 15 octobre 1870, chargé du commandement d'une colonne de 7,000 hommes opérant dans l'Eure-et-Loir, à la tête de laquelle il poussa deux fois jusqu'à Dreux, le point le plus rapproché de Paris où soient parvenus les corps en campagne. Il fut obligé d'abandonner Dreux, la première fois, par ordre, et, la seconde fois devant une colonne ennemie forte de 18,000 hommes et bien pourvue d'artillerie, alors qu'il avait été lui-même privé de son artillerie, malgré ses protestations, deux jours auparavant. Replié sur le Mans, il fut mis à la tête, d'abord comme colonel, puis comme général auxiliaire, de la 2e brigade de la 3e division du 21e corps de la 2e armée de la Loire, en formation dans cette ville. Le général du Temple fit, avec cette armée, tout le reste de la campagne; et il était encore aux camps lorsque ses concitoyens posèrent sa candidature à l'Assemblée nationale. Elu représentant de l'Ille-et-Vilaine le 8 février 1871, il a pris place à l'Extrême-Droite, demandé une enquête sur les officiers ayant manqué à leur parole, réclamé l'urgence pour les prières publiques, amené, par deux interpellations, le gouvernement à convoquer les conseils de guerre et à désarmer la garde nationale, défendu la marine marchande, et deux fois tenté de provoquer, à la Chambre, une manifestation en faveur des droits du Saint-Siége. Fait chevalier de la Légion d'Honneur à la prise de Kinburn, comme second à bord de la *Dévastation*, en 1855; promu officier à la prise de Puébla, où il commandait un bataillon de marins, le général du Temple a été élevé au grade de commandeur de l'ordre, pour faits de guerre pendant la dernière campagne, le 5 juin 1871. Il est en outre officier de l'ordre de Guadeloupe, chevalier du Medjidié, et décoré des différentes médailles affectées aux campagnes qu'il a faites.

TEMPLIER (Paul-Henry), né à Paris, le 15 août 1811. Petit-fils d'un ancien avocat au parlement, devenu plus tard membre du conseil de l'ordre des avocats à la Cour royale et professeur suppléant à la Faculté de droit de Paris, et fils d'un ancien avoué près le Tribunal de la Seine, M. Paul Templier a été reçu avocat et inscrit au tableau de l'Ordre en 1832. Depuis lors, il n'a jamais cessé d'appartenir au barreau. Parmi les affaires qu'il a plaidées, on peut citer celles des Mines de Saint-Bérain, des Mémoires de Saint-Simon, du Collier de la Reine, des Mémoires du R. P. Lacordaire, etc. Membre du Conseil de l'Ordre de 1855 à 1862, il a été constamment réélu depuis 1866. On lui doit, outre divers mémoires judiciaires, un *Projet de Réforme du Mont de Piété de Paris*. M. Templier a reçu la croix de la Légion d'Honneur le 12 Août 1865.

TENAILLE-SALIGNY (Etienne-Philippe-Théodore), né à Clamecy (Nièvre), le 22 février 1830. Il fit son droit à la Faculté de Paris et prit, en 1856, une charge d'avocat au Conseil d'Etat et à la Cour de cassation, charge dont il se démit, en 1871 ; sa grande réputation et les relations qu'il entretenait avec les anciens chefs de l'opposition en firent, après la chute de l'Empire, un homme politique. Maire du 1er arrondissement de Paris, du 4 septembre 1870 au 1er mars 1871, il obtint, lors des élections de l'Assemblée nationale un grand nombre de suffrages dans les départements de la Seine et de la Nièvre, mais ne fut pas élu. M. Tenaille-Saligny a été nommé préfet de la Nièvre le 27 février de la même année, et de la Charente-Inférieure le 13 juillet suivant. Démissionnaire, le 25 mai 1873, il fut élu, le 29 novembre 1874, membre du Conseil municipal de Paris et du Conseil général de la Seine par le quartier Saint-Germain-l'Auxerrois. Il a siégé dans ces deux assemblées jusqu'à la fin de mars 1876, époque à laquelle il a été appelé par le ministère Dufaure-Ricard à la Préfecture du Pas-de-Calais. Le 19 mai 1877 il a été révoqué de ses fonctions. Il a publié divers articles et notices dans le *Dictionnaire de la Politique* de Maurice Block, la *Revue pratique de Droit français*, et dans la *Revue de Droit français et étranger*. M. Tenaille-Saligny a été nommé chevalier de la Légion d'Honneur le 14 août 1876.

TENER (René), né à Cherbourg (Manche), le 11 octobre 1846. Il suivit l'atelier de M. Jules Dupré et se consacra surtout à la peinture de paysage. Après avoir débuté au Salon de Paris, en 1874, avec une *Cour de ferme*, à Saint-Valery-sur-Somme, M. Tener exposa l'année suivante : *La plâtrerie de l'Ile-Adam* (Seine-et-Oise), en 1876 les *Environs d'Amiens*, coup de soleil avant la pluie, et en 1877 *Lever de brouillard dans la plaine de Parmain* (Seine-et-Oise).

TENOT (Pierre-Paul-Eugène), né à Larreule (Hautes-Pyrénées), le 2 mai 1839. Élève du collège de Pau, il fut, de 1857 à 1863, chargé de cours dans différents établissements scolaires, notamment au collège d'Alger, puis vint à Paris pour s'y consacrer au journalisme. Attaché au *Siècle* en 1865, et l'un de ses principaux collaborateurs, il fut nommé, après la révolution du 4 Septembre, préfet des Hautes-Pyrénées, mais donna sa démission de ces fonctions en février 1871. Candidat républicain aux élections du 2 juillet 1871, il obtint 75,000 voix à Paris, mais ne fut pas élu. Au mois d'août de cette même année il quitta le *Siècle* pour prendre la rédaction en chef de la *Gironde*, journal républicain de Bordeaux. Après avoir débuté par une brochure, *le Suffrage universel et les paysans* (1865), M. E. Ténot donna : *La Province en décembre 1851* (1865) et *Paris en décembre 1851* (1868), études historiques, publications qui eurent un grand retentissement et un succès très-rapide et contribuèrent pour beaucoup au grand mouvement d'opposition qui se produisit dans les dernières années de l'Empire. On a encore de lui : *Les suspects* de 1858 (1869), en collaborations avec M. A. Dubost, et les *Campagnes de l'armée de l'Empire en 1870* (1872).

TÉPHANY (Joseph-Marie), né à Camaret-sur-Mer (Finistère), le 30 juillet 1834. Il fit ses études classiques au petit séminaire de Pont-Croix et sa théologie au grand séminaire de Quimper. Après avoir reçu tous les ordres, excepté le sacerdoce, de Mgr Graveran, il a été ordonné prêtre le 29 juillet 1855, par Mgr Sergent, dont il a été le secrétaire particulier jusqu'en 1863. Nommé secrétaire général de l'évêché de Quimper à cette époque, chanoine honoraire en 1865, M. l'abbé Téphany est depuis 1870 chanoine titulaire. Il a publié : *La vie et les œuvres de Mgr Graveran*, son oncle, mort évêque de Quimper en 1855 (1870, 4 vol.); — *La vie de Mgr Sergent* (1872); — *Traité des dispenses matrimoniales* (1875), ouvrage favorablement accueilli par le public et par la critique et dont on trouve des appréciations très-flatteuses pour l'auteur dans l'*Univers*, le *Monde* et plusieurs autres journaux. On nous assure que M. le chanoine Téphany va publier incessamment un ouvrage important sur l'administration temporelle des paroisses.

TERME (Jean-Marie), né à Lyon, le 11 mai 1823. Son père, médecin distingué qui fut maire de Lyon puis député du Rhône, le destina au barreau. Avocat de la Faculté de Paris en 1844, il fut attaché en 1846 au parquet du procureur du roi de cette ville, mais résigna ses fonctions à la révolution de Février 1848. Depuis, M. Terme s'occupa d'agriculture dans ses propriétés de Saint-Just-d'Auvray, fut nommé maire de cette commune, en 1852, et élu membre du Conseil général du Rhône, pour le canton de Villefranche, en 1855. Membre de la Commission de surveillance de l'Ecole normale du Rhône, il fut élu député au Corps législatif le 1er juin 1863 et réélu en mai 1869. Secrétaire du Corps législatif de 1869 à 1870, M. Terme signa au mois de juillet 1869, l'interpellation des 116. Il est actuellement maire de Denicé, canton et arrondissement de Villefranche (Rhône). Chevalier de la Légion d'honneur le 5 novembre 1864, M. Terme a été nommé officier de l'ordre le 14 août 1869. Il a reçu le titre d'officier de l'Instruction publique le 26 juin 1866.

TERREBASSE (Louis-Alfred JACQUIER DE), né à Lyon, le 17 décembre 1801. Sa famille originaire du canton de Fribourg, se fixa en France. Au XVIIIe siècle on trouvait déjà plusieurs de ses membres habitant les uns Lyon, les autres la Bourgogne. L'un d'eux, son grand-père, Pierre Jacquier successivement juge conservateur, conseiller de ville, puis recteur et trésorier de l'hôpital général de la Charité (1787 et 1788), acquit en 1790 la terre et seigneurie de Terrebasse et fut anobli par Louis XVIII (18 novembre 1814), sous le nom de Jacquier de Terrebasse. Sa grand'tante, sœur de Pierre, épousa J. P. Suchet, recteur de la Charité puis juge conservateur, et de ce mariage naquit L. G. Suchet, duc d'Albufera, maréchal de France. M. Alfred de Terrebasse commença ses études à Roanne, puis entra au collège de Juilly. A la chute de l'Empire, son père avait été nommé sous-préfet de Meaux (juin 1814); il quitta ce poste pendant les Cent-Jours, et le reprit à la rentrée de Louis XVIII. Après la mort de son père (9 novembre 1814), M. Alfred de Terrebasse quitta le collège de Juilly, entra dans l'institution Lemoine, puis alla terminer ses études au collège Louis-le-Grand. Bien qu'il ne se destinât ni au barreau ni à la magistrature, il fit ses études de droit, fut reçu licencié le 31 août 1825, et prêta serment comme avocat à la Cour royale de Paris, le 18 février 1826. Après la mort de son grand-père paternel (1830), qui lui laissa une belle fortune territoriale, M. de Terrebasse séjourna alternativement en Dauphiné et à Paris. Maire de Ville-sous-Anjou, de 1832 à 1870, membre du Conseil d'arrondissement de Vienne en 1833, il a représenté le collège électoral de Vienne, de 1834 à 1842, à la Chambre des députés où il siégea au centre gauche. Retiré depuis dans son château de Terrebasse, il se consacra aux études historiques, littéraires et archéologiques. Passionné pour l'histoire du Dauphiné, il étudia sur place tous les monuments de la province, s'acquit une grande notoriété et fut considéré comme l'homme le plus familier avec l'histoire dauphinoise. Après avoir débuté à l'âge de vingt ans par *Une larme sur la mort de Napoléon* (1821), M. Alfred de Terrebasse publia successivement: *Histoire de Pierre Terrail, seigneur de Bayard* (1828, 5e édition 1870); *Bayard à Lyon* (1829); *Le tombeau de Narcissa, fille d'Young* (1832, 2e édition, 1850); *Relation des principaux événements de la vie de Salvaing de Boissieu* (1850); *Gérard de Roussillon* (1853); *Archéologie. Explication d'une inscription singulière qui se voyait autrefois sur le fronton de l'église de N.-D.-de-la-Vic, à Vienne* (1856); *Appendice à l'histoire de Charlieu* (1857); *Notice historique et critique sur les armoiries de la ville de Vienne* (1857); *Epitaphe du cœur de François, dauphin du Viennois* (1858); *Notes sur quelques inscriptions du moyen-âge de la ville de Vienne* (1859); *Examen critique de l'inscription de Saint-Donat, relative à l'occupation de Grenoble par les Sarrasins au Xe siècle* (1860, avec pl.); *Note sur le cartulaire de Domène* (1860), etc. M. de Terrebasse a publié à ses frais: *Histoire de Palamus, comte de Lyon* (1833); *Histoire du chevalier Paris et de la belle Vienne* (1835); le premier volume des *Grands chroniques de France, etc.* (1837); *Aimari Rivallii delphinatis, de allobrogibus libri novem* (1845). Membre correspondant du ministère de l'Instruction publique pour les travaux historiques et membre de plusieurs Académies et Sociétés savantes, il a collaboré à la *Revue de Paris*, et publié plusieurs articles de critique et d'érudition dans les journaux quotidiens. M. de Terrebasse est décédé le 18 décembre 1871.

TESSIÉ DE LA MOTTE (Eugène), né aux Rosiers, le 24 décembre 1799. Admis en 1818, dans les gardes du corps du roi (compagnie de Luxembourg), il fut, à cause de ses opinions libérales, forcé d'abandonner la carrière militaire. Obligé de quitter la France pour avoir participé, en 1823, à la conspiration du général Berton, M. Tessié de La Motte rentra dans son pays en 1825, prit une part active à la révolution de Juillet et reçut la croix de la Légion d'Honneur le 12 mars 1831. Maire des Rosiers et membre du Conseil général de Maine-et-Loire, il fut nommé membre de la Chambre des députés par le collège électoral de Doué en 1837 et réélu à toutes les législatures qui se sont succédé jusqu'à la révolution de Février. M. Tessié de La Motte vota toujours avec le Centre-Gauche. Représentant de Maine-et-Loire, le second sur treize, avec 123,126 voix, à l'Assemblée constituante de 1848, il vota avec la majorité et ne fut pas réélu à la Législative en 1849. M. Tessié de La Motte, resté maire des Rosiers depuis 1838 jusqu'à ce jour, a été promu officier de la Légion d'Honneur le 13 août 1863.

TESTELIN (Achille-Arthur-Armand), né à Lille, le 6 janvier 1814. Après avoir servi comme chirurgien militaire, il fut reçu docteur en médecine de la Faculté de Paris en 1837 et s'établit dans sa ville natale où il ne tarda pas à jouir d'une avantageuse notoriété. Ayant acquis une certaine influence politique, M. le docteur Testelin fut élu, après la révolution de 1848, membre du Conseil général du département du Nord, pour le canton de Lille centre, puis envoyé à l'Assemblée législative (1849). Il y siégea à gauche, fit une vive opposition au Prince-Président, fut un des signataires de la demande de sa mise en accusation (juin 1850) et fut expulsé après le coup d'État. Après l'amnistie de 1859, M. Testelin reprit à Lille l'exercice de la médecine, collabora aux journaux de l'opposition et fut envoyé en 1867, au Conseil général du Nord. Préfet de ce département le 5 septembre 1870, il fut nommé, le 30 du même mois, commissaire de la Défense nationale dans les départements de l'Aisne, du Nord, du Pas-de-Calais et de la Somme, et déploya dans cette mission autant de zèle que de dévouement. Nommé représentant du Nord aux élections complémentaires du 2 juillet 1871, puis membre du Conseil général pour le canton sud-ouest de Lille le 8 octobre suivant, M. Testelin prit place à l'Assemblée nationale à l'extrême gauche, se fit inscrire à l'Union républicaine et soutint par ses votes le gouvernement de M. Thiers. Il a pris la parole dans plusieurs discussions. M. Testelin a été élu, le 15 décembre 1875, sénateur inamovible. Membre de plusieurs sociétés savantes et rédacteur des *Annales d'oculistique*, depuis 1852, il a collaboré au *Bulletin médical du Nord* et traduit de l'anglais avec M. Warlomont, *le Traité pratique des maladies de l'œil*, de Mackenzie (1843, 4e édition 1853).

TEXIER (Edmond), né à Rambouillet (Seine-et-Oise), le 25 mars 1816. Élève distingué des collèges Stanislas et Bourbon, il montra de bonne heure de grandes dispositions pour les lettres. En 1835, n'ayant encore que 19 ans, il débutait par la publication d'un recueil de poésies: *En avant*, écrit en collaboration avec Félix Ménard. Entré dans le journalisme il embrassa avec ardeur la cause libérale. En même temps qu'il participait dans une large mesure à la rédaction du *Figaro*, de la *Revue parisienne*, du *Charivari*, du *Corsaire*, etc. (1839-1843), il publiait des feuilletons pseudonymes dans le *Temps*, le *Commerce* et le *Globe*. Après avoir appartenu à la rédaction du *Crédit*, fondé au lendemain de la révolution de 1848, sous la direction de M. Enfantin, M. Edmond Texier entra au *Siècle* où il eut beaucoup de succès comme chroniqueur et comme critique littéraire, la loi de 1840, qui exigeait que les articles fussent signés par leur auteur, le mit dans la nécessité de signer de son vrai nom, ce qu'il n'avait jamais fait jusqu'alors. Correspondant militaire du *Siècle* pendant la guerre d'Italie, ses articles ont été très-remarqués et depuis, réunis en volume. Il a été rédacteur en chef de l'*Illustration*, de 1860 à 1864, mais il n'en continua pas moins sa collaboration au *Siècle*. Outre le volume de poésies indiqué plus haut, M. Edmond Texier a publié : *La Physiologie du poëte*, sous le nom de Sylvius (1841) ; — *L'Ane d'or*, sous le nom de Peregrinus (1842) ; — *Les journées illustrées de la Révolution* (1849) ; — *Biographie des journalistes* (1850) ; — *Lettres sur l'Angleterre* (1851) ; — *Critiques et récits littéraires* (1852) ; — *Contes et voyages* (1853) ; — *Tableau de Paris* (1853, 2 vol. in-4°) ; — *La cabane de l'oncle Tom* (1854), traduit de l'anglais ; — *La Grèce et ses insurrections*, (1854, nouvelle édition, 1862) ; — *Les hommes de la guerre d'Orient* (1854, 3 vol.) ; — *Une histoire d'hier* (1855) ; — *Histoire pittoresque de Hollande et de Belgique* ; — *Histoire pittoresque des bords du Rhin* ; — *Amour et finances* (1857) ; — *Chronique de la guerre d'Italie* (1859) ; — *Paris, capitale du monde*, avec M. A. Kaempfen (1867) ; — *Les choses du temps présent* (1862) ; — *Le journal et les journalistes* (1867), faisant partie des *Physionomies parisiennes*. M. Edmond Texier est un des auteurs des *Petits Paris* (1855) et des *Mémoires de Bilboquet*, ouvrage anonyme qui est la parodie des *Mémoires d'un bourgeois de Paris*, du docteur Véron. Il a publié en 1875 et 1876 2 vol. de *Portraits parlementaires* sous le pseudonyme de Kelkun, et en 1877, un volume qui a pour titre : *Les femmes et la fin du monde*. M. Edmond Texier est chevalier de la Légion d'honneur depuis le 15 août 1869.

TEXIER (Jean-Ernest), né à Paris (Seine), le 29 avril 1829. Après avoir étudié le droit à Paris, et s'être fait recevoir avocat, M. Texier s'adonna aux arts. Il étudia la sculpture dans l'atelier de M. G. Guitton et débuta au Salon de Paris, en 1861, avec une statue de David, bronze, à laquelle le jury décerna une mention honorable. Depuis, M. Texier a exposé : *Oiseleur*, statue en bronze (1866) ; — *Le frondeur*, statue en marbre (1868) ; — le portrait de Mlle Freda Hoppé, médaillon en marbre (1869) ; — *Bacchus*, statue en marbre (1871) ; — le portrait de Madame Dupin, buste en marbre (1873) ; — *Jeune femme portant des fleurs et des fruits*, statue en plâtre (1874). Il a exposé au Salon de 1877 un tableau de paysage : *L'étang de Raffigny* (Morvan).

TEYSSONNIÈRES (François-Frédéric), né à Albi, le 16 septembre 1805. Il exécuta, comme architecte, des travaux importants à la cathédrale, à l'archevêché et à divers autres monuments publics d'Albi. La dissidence et la jalousie de quelques entrepreneurs lui firent faire des pertes considérables, il quitta les entreprises et fut nommé, en 1840, conducteur des ponts-et-chaussées à Prades, où il construisit trois routes, dont deux pour les bains de Molity et du Vernet. En 1854, il fit le projet et dirigea les travaux de construction du canal de Nyer. Chargé des fonctions d'ingénieur, il obtint, en 1863, une subvention et la concession du canal de Bohère, sollicitée depuis environ 400 ans par les habitants de la contrée. Avec le concours de ses fils Pierre et Jules, tous deux conducteurs des ponts-et-chaussées, il dressa le projet difinitif et en dirigea les travaux. M. Jules Teyssonnière ayant collaboré au projet du chemin de fer de Perpignan à Prades, l'exécute en ce moment. Le département des Pyrénées orientales doit à ces trois hommes une grande partie de ses améliorations comme circulation, irrigations et industrie ainsi que quelques belles maisons, églises, clochers et mairies. M. François Teyssonnières qui consacrait la peinture tous ses instants de loisirs, donna à son fils Pierre, les premières notions et le goût des arts. Il est décédé le 30 juin 1867.

TEYSSONNIÈRES (Pierre-Salvy-Frédéric), né à Albi, le 6 juin 1834 ; fils du précédent. Son père, tout en développant les précoces dispositions qu'il manifestait pour la peinture, redoutait pour lui la carrière des arts, et lui fit embrasser celle de l'administration. Reçu conducteur des ponts-et-chaussées en 1857, et envoyé en Corse, M. Pierre Teyssonnières se maria en 1861, et reprit ses travaux artistiques. En 1864, il fut nommé conducteur à Bordeaux où MM. Drouyn et Lalanne l'aidèrent de leurs conseils. Depuis, cet artiste s'est adonné tout à la fois à la peinture d'histoire, à celle du paysage, et à la gravure à l'eau-forte. Après avoir débuté au Salon de Paris, en 1868, avec le *Pont de Bordeaux*, eau-forte, il a exposé, comme peintre : *La rue Quintin à Bordeaux en* 1865 (1869) ; — *Notre-Dame d'Arcachon* ; *Dans les Landes* (1870) ; — *Digue de la Garonne à Saint-Macaire* ; *Plage d'Andernos* (1872) ; — *Le chemin de Robin*, à Saint-Macaire (1873) ; — *Environs de Saint-Pierre-de-Langon* (1876). Voici maintenant la liste de ses expositions comme graveur à l'eau-forte : *Les oubliés de la Bastille* ; *Bords de la Garonne*, près Bordeaux ; *Forêt dans l'île de Cuba* (1869) ; — *Les bureurs* ; *Le donjon de Libourne* (1870) ; — *Rivière du Dadou*, près Labressole, dans le Tarn (1872) ; — *Vainqueur ou vaincu* (1873) ; — *Saint Ambroise instruisant Honorius enfant*, la *Mort du duc d'Enghien* et le *Pape Formose*, d'après M. Paul Laurens, eaux-fortes dont un certain nombre d'épreuves a été acquis par le ministère des Beaux-Arts (1874) ; — *Saint Bruno refuse les présents du comte Roger*, d'après M. Laurens ; *Paysage*, d'après Hobbema (1875) ; — *Mazeppa*, d'après Géricault (1876). Actif et laborieux, M. Pierre Teyssonnière mène de front ses travaux de peinture et de gravure avec ses travaux administratifs ; car il n'a quitté ni les ponts-et-chaussées, ni ses expertises du tribunal et de la Cour de Bordeaux, ni ses cours de dessin dans cinq écoles de la ville. Il fait notamment un cours de perspective réduit à trois théorèmes aussi simples que précis, et résumant tous les cas possibles.

THEIL (Jean-François-Napoléon), né à Langon (Gironde), le 13 avril 1808. Élève du collége Saint-Louis de Paris, il entra en 1831 comme maître surveillant à l'École normale, et dirigea de 1832 à 1836 à Limoges, une pension. Depuis, M. Theil a professé successivement les humanités aux collèges de Nancy, puis à ceux de Henri IV (1843-1852) et Saint-Louis (1852-1870) de Paris. Après la révolution de Février 1848, il fut nommé chef de bataillon de la garde nationale, combattit l'insurrection du mois de Juin, et fut compromis dans la tentative de soulèvement du 13 juin 1849. Un arrêt de non-lieu lui rendit sa liberté, mais il perdit sa place de professeur et ce ne fut qu'en octobre 1852 qu'il put reprendre ses fonctions au lycée Saint-Louis. M. Theil a publié : *Dictionnaire complet d'Homère et des Homérides* (1842), en collaboration avec M. Hallez d'Arros ; — *Recueil de morceaux choisis dans les auteurs classiques des littératures grecque, latine et française* (1844-1845, 7 vol.) ; — *Grammaire élémentaire de la langue grecque* (1846) ; — *Petit manuel de la langue grecque* (1847) ; — *Au Pays et aux chambres. La vérité sur la question de l'enseignement* (1847) ; — *Dictionnaire latin-français rédigé d'après les meilleurs travaux allemands et principalement d'après le grand ouvrage de Freund* (1852) ; — *Grand dictionnaire de la langue latine sur un nouveau plan*, traduit de l'allemand de Freund, revu sur les textes et considérablement augmenté d'après les travaux lexicographiques et épigraphiques les plus récents, français et étrangers (1856-1866, 3 vol. in-4°) ; — *Dictionnaire classique et mythologique de géographie et d'histoire* (1866) d'après les travaux de Lübker et de Smith, etc. Il a encore traduit de l'italien : *Mes prisons* et *Devoir des Hommes* de Silvio Pellico, de l'allemand, le *Galérien* de Henri Zschokke (1829, 2 vol.), et la *Grammaire latine* de Madwig (1870), et publié *Justini historiarum ex Trogo Pompeio libri XLIV* et des extraits de Tite-Live, etc. M. Theil a été un des collaborateurs du *Journal de l'instruction publique*. Il a publié, après son arrestation en 1848, un *Mémoire justificatif*; et nous savons qu'il a rédigé 2 volumes de *Mémoires d'un universitaire* qu'il se propose de publier. Il s'est occupé de littérature dramatique, a fait jouer avec succès une pièce en vers en 3 actes intitulée les *Désœuvrés*, et il a en portefeuille sept ou huit pièces toutes en vers. M. Theil est chevalier de la Légion d'Honneur (1858) et officier de l'Instruction publique.

THÉRY (Augustin-François), né à Paris, le 15 octobre 1796. Brillant élève du lycée de Versailles d'abord, puis du lycée Charlemagne, il fut admis, en 1816, à l'École normale supérieure le premier de sa promotion. Reçu docteur ès lettres (1819), puis licencié en droit (1826), M. Théry entra dans l'enseignement comme professeur de troisième au lycée de Versailles et y devint successivement professeur de seconde, professeur de rhétorique et censeur des études (1826), puis proviseur (1831). Appelé comme recteur d'Académie à Montpellier (1844), il remplit les mêmes fonctions à Rennes (1848), Clermont-Ferrand (1854) et à Caen (1860), puis fut mis à la retraite, en 1868, avec le titre d'inspecteur général honoraire de l'instruction publique. M. Théry a obtenu de l'Académie française, en 1821, le prix d'éloquence pour *le Génie poétique*, prose, et en 1822, l'unique accessit de poésie pour *la Renaissance*. Il a publié depuis : *Conseils aux mères sur les moyens de diriger et d'instruire leurs filles* (1838, 3ᵉ édition, 1862), honoré du prix Montyon en 1839 ; — *Conseils aux jeunes personnes* (1842) ; — *Notions de philosophie* (1844) ; — *Histoire des opinions littéraires* (1844, 2 vol., 2ᵉ édition, 1849) ; — *Cours de littérature générale* (1847, 2 vol., 2ᵉ édition, 1860) ; — *Cours abrégé de littérature* (1850, 2 vol.) ; — *Exercices littéraires* (1851, 2 vol.) ; — *Modèles de discours* (1852, 3ᵉ édit., 1855) ; — *Lettres sur la profession d'instituteur* (1853, 5ᵉ édit., 1876) ; — *Histoire de l'éducation en France depuis le Vᵉ siècle* (1858, 2 vol., 2ᵉ édit., 1861) ; — *Le génie philosophique et littéraire de Saint Augustin* (2ᵉ édition, 1861) ; — *Causeries de famille, histoire élémentaire de la littérature française* (1876) ; — *Fables d'un grand-père* (1877). M. Théry, titulaire de l'Université, et membre du Comité des travaux historiques, a été promu commandeur de la Légion d'Honneur en 1866. Il est aussi commandeur des ordres de Saint-Sylvestre, du Christ de Portugal, du Lion-et-du-Soleil de Perse, etc.

THEURIET (André), né à Marly-le-Roi (Seine-et-Oise), le 8 octobre 1833. Elevé à Bar-le-Duc, il fit de bonnes études au lycée de cette ville, se consacra aux belles-lettres et vint à Paris en 1856. M. Theuriet débuta avec succès en 1857 dans la *Revue des Deux-Mondes* et dans la *Revue de Paris* par des poésies qui, réunies en volume en 1867, sous le titre de : *Le Chemin des bois*, furent couronnées par l'Académie en 1868. Après avoir donné encore *Le bleu et le noir* (1873), poëmes de la vie réelle, couronnés par l'Académie, il publia plusieurs romans : *Nouvelles intimes : Claude Blouet, l'abbé Daniel et Lucie Desenclos* (1870) ; — *Mademoiselle Guignon* (1874) ; — *Le mariage de Gérard* (1875) ; — *La fortune d'Angèle* (1876) ; — *Raymonde* (1877), et donna à l'Odéon, le 11 octobre 1871 : *Jean-Marie*, drame en un acte et en vers. M. Theuriet est aussi un des collaborateurs de la *Vie littéraire*, du *Musée universel* et du *Courrier littéraire*.

THÉVENOT (Arsène), né à Lhuitre (Aube), le 10 octobre 1828, d'une famille de cultivateurs aisés. Elève de l'école primaire de son village, il recevait en même temps le soir des leçons du curé dont il était l'enfant de chœur. Vers l'âge de quinze ans ses parents le mirent aux travaux des champs, ce qui ne l'empêchait pas de se livrer à la lecture et de s'essayer dans l'art des vers. Peu à peu cette dernière passion prit le dessus et le jeune Thévenot se rendit à Troyes (mai 1850) avec un volume de vers manuscrits intitulé : *Récréations poétiques ou Rêves et délices de mon enfance* pour choisir une carrière qui lui permît de donner un plus libre cours aux aspirations de son esprit et de son âme. Il y acquit la protection de M. Fosseyeux, inspecteur des écoles primaires du département de l'Aube, sous la direction duquel il compléta son instruction et par qui il fut placé bientôt après comme maître d'études dans un pensionnat. En mars 1851 il obtenait un premier brevet de capacité, et, en juillet suivant, un second comprenant toutes les matières facultatives de l'enseignement primaire. Successivement maître-adjoint dans une école communale de Troyes, commis intérimaire d'académie, directeur de la classe annexe de l'Ecole normale de Troyes et directeur de l'Ecole communale des Tauxelles, il donna sa démission en mai 1858. Après avoir subi un examen pour les fonctions de vérificateur des poids et mesures à Nogent-sur-Seine, il obtint ce poste en septembre 1858, passa en la même qualité à Arcis-sur-Aube, en janvier 1860, et à Troyes en décembre 1866. Lors de la guerre de 1870 il se fit incorporer dans une compagnie de francs-tireurs, en même temps qu'il mettait sa maison à la disposition du service des ambulances. Révoqué de ses fonctions le 4 septembre 1870, il fut appelé l'année suivante au poste de vérificateur à Arles, au moment où il venait d'acquérir un fonds de commerce de papeterie en gros qu'il exploite encore à Troyes. M. Thévenot est membre honoraire de l'Académie des poëtes, membre visiteur du Caveau, membre associé de la Société académique de l'Aube, membre correspondant de la Société d'émulation des Vosges, etc. Il a collaboré à un grand nombre de revues telles que la *Revue de Champagne et de Brie*, le *Nord-Est agricole et horticole*, la *Revue et Gazette des Théâtres*, le *Courrier de l'Aube*, l'*Echo d'Arcis*, l'*Echo nogentais*, etc. On lui doit en outre : *Torts et Travers*, poésie et prose (1859) ; *Projet d'Ephémérides communales* (1861) ; *De la décentralisation intellectuelle* (1864) ; *Projet de réorganisation du personnel et du service des poids et mesures* (1866); *Les villageoises*, poésies, honorées d'une médaille d'argent par la société d'émulation des Vosges (1868) ; *Statistique générale du canton de Ramerupt*, ouvrage couronné par la Société académique de l'Aube (médaille d'or), par la Société centrale d'agriculture de France (médaille d'or), et par l'Académie des sciences de Paris (1869) ; *De la situation des fonctionnaires subalternes en France* (1871); *Notice nécrologique sur Mme Charles Ballet* (1872); *Histoire de la ville et de la châtellenie de Pont-sur-Seine*, avec plan (1873) ; *Correspondance inédite du prince François Xavier de Saxe* (1875) ; *Notice descriptive et historique sur l'église de Lhuitre*, avec trois lithogr. (1875) ; *Etude sur mes veillées au Paraclet* (1875) ; *Notice descriptive et historique sur le théâtre de Troyes*, avec plan (1876) ; *Notice historique sur l'ancien collège et le lycée de Troyes*, avec plan (1877) ; *Notice biographique sur M. Théodore Vibert* (1877) ; *Etude biographique sur M. Charles Delaunay*, manuscrit qui a obtenu une grande médaille d'or de la Société académique de l'Aube et qui doit être publié dans les mémoires de cette société. M. Thévenot va mettre sous presse prochainement une *Histoire de la ville et de la chatellenie d'Arcis*.

THIÉNON (Louis-Désiré), né à Paris, le 17 février 1812. Elève de son père, il se consacra tous la fois à la gravure, à la peinture à l'huile, l'aquerelle, et cultiva surtout le paysage. Il débuta au Salon de 1836 avec une *Vue prise à Sannois*. Depuis, cet artiste a exposé : *Vue prise à Loches* (1841) ; — *Vue de Venise*, prise de la mer ; *Vue de la cour du palais ducal* (1844) ; — *Vue prise à Magadino*, au bord du lac Majeur (1845); — *Vue des restes du château de Pétrarque et de l'abord de la fontaine de Vaucluse*; *Vue de la cathédrale de Strasbourg* ; *Vue prise de la cathédrale de Louviers* ; *Vue d'une partie de la Jungfrau et du Staubach* ; *Vue du pont Saint-Esprit, du palais des papes, et d'une partie de la ville d'Avignon* (1846); — *Vue de la fontaine des Quatre-Dauphins et de l'église de Saint-Jean*, à Aix (1847); — *Vue de l'église de Notre-Dame-des-Dômes et de la tour où a été renfermé Cola-Rienzi*, à Avignon ; *Souvenir de l'île de la Berthelasse*, en face de Villeneuve-lès-Avignon ; *Vue du glacier supérieur et de la montagne dite le Grand-Eiger* (Oberland bernois); *Vue prise au bord du lac de Than* (1849); — *Intérieur du chœur de la cathédrale de Milan* ; *La Ferté-sous-Jouarre*, aquarelle (1850); — *Vue de la cour de Bodleian library*, à Oxford (1852); — *Vue de Teinkirche et de l'Hôtel-de-Ville*, à Pragues (E. U. 1855); — *Intérieur de forêt* ; *La rue des Juifs*, à Francfort-sur-le-Mein ; *Ancien cimetière juif*, à Prague (1863); — *Le grand sock*, marché à Tanger ; *La place du marché*, à Presbourg (Hongrie) ; *Les trois Saints*, tombes des chefs arabes tués à la bataille d'Alcazar en 1578; et les aquarelles : *La place Dauphine*, à Fontainebleau ; *La cour de l'Hôtel-de-Ville de Caen; Intérieur de la cour du château de Clisson* (1875). M. Thiénon a obtenu des médailles de 3e classe, pour la gravure de 1836, et de 2e classe pour la peinture (paysage) en 1846.

THIERRÉE (Eugène-Stanislas), né à Paris, le 29 mars 1810. Il commença d'abord par faire son droit ; puis voulant se consacrer à la peinture, entra dans l'atelier d'Ingres, plus tard il se livra spécialement à l'étude du paysage. M. Thierrée débuta au Salon de 1838 avec une *Vue prise à Thiers* et *Le pont du Moutiers à Thiers* et exposa depuis un grand nombre de vues, dont nous citerons : *Village de Cernay-les-Vaux*, et plusieurs *Etudes* de cette vallée (1839); — *Vue prise à la ferme des buttes Vallée des Vaux-de-Cernay* ; *Chênes sur le bord d'un ravin* et *Groupe de chênes*, études d'après nature (1840) ; — *Château et pont de Chevreuse* ; *Groupes de chênes au carrefour de l'Epine*, forêt de Fontainebleau ; *Le soir*, étude de chênes (1841); — *Vue prise à Aoste*; *Chemin de la grande Chartreuse* (1842) ; — *Intérieur de forêt* (Fontainebleau); *Groupe de chênes à Belle-Croix* ; *Mares à Belle-Croix* (1843) ; — *Etude de forêt*; *Environs de Cayeux* (1844) ; — *Paturage près Fontainebleau* ; *Un ravin dans la Brie* (1845) ; — *Dessous de bois* (Fontainebleau) ; *Etudes d'arbres* ; *Cours de la Seine*, près Samois; *Château de La Rochette* et de *Vaux-Praslins* (1846); *Promenade sur les remparts de Provins* ; *Ravin de Varailles* ; *Ruines des fortifications à Provins* (1847); — *Cours de la Creuse* ; *Vue prise à Boussac*; *Le château de Boussac* ; *Le château du Chay* ; *Bords d'un ruisseau* (1848); — *Saules sur le bord d'un ruisseau*; *Paysage sur la petite Creuse* (1849); — *Allée d'arbres à Provins*, *Etude sur les hauteurs de Belle-Croix*, allée d'arbres (1850); — *Etude de chênes*, forêt de Fontainebleau (1852); — *Dessous d'arbres* ; *Château de Clisson* ; *La ferme de la Roche à Clisson* (1853); — *Intérieur de bois* et plusieurs vues de la *Forêt de Saint-Germain* (1854) ; — *Bords de la Creuse* (1855, E. U.) ; — *Une allée* dans un bois; *Plage de Saint-Valéry-sur-Somme*; *Environs de Saint-Valéry* (1857); — *Intérieur de bois* (1859); — *Vue prise à Noyelles* (Somme); *Près-Salés*, près le Crotoy; *Entrée de la Somme entre Saint-Valéry et le Crotoy* (1863); — *Environs de Noyelles*; *Souvenir de la Brie* (1864); — *Environs de Saint-Valéry-sur-Somme* (1865); — *Les marais d'Asnelles*; *Plage d'Asnelles près Arromanches* (1866); — *Vue de la baie du Crotoy*, prise de Saint-Valéry (1867); — *Ruisseau dans un bois*, à Marissel (Oise), près Beauvais (1868); — *Marais aux environs de Bayeux* (1869); — *L'approche de l'orage* (1870).

THIERRY (Amédée-Simon-Dominique), né à Blois (Loir-et-Cher), le 2 août 1797. Frère d'Augustin Thierry, il fit ses études au collège de sa ville natale, et, appelé par son frère à Paris, il débuta dans la littérature en même temps qu'il suivit les cours des Facultés de médecine et de droit. Collaborateur de la *Revue encyclopédique*, de la *Revue française* et du *Globe*, Amédée Thierry entra en 1820 comme rédacteur au ministère de la Marine et publia en 1824 son premier ouvrage : *Résumé de l'histoire de la Guienne*. Son frère et M. Mignet ayant conçu le projet d'une histoire générale de la France, Amédée Thierry se chargea de la période antérieure à l'établissement des Francks et donna dans ce but sa démission au ministère de la Marine en 1825. Quoique l'entreprise fut abandonnée par ses collaborateurs, il poursuivit ses travaux et publia en 1828 sa célèbre *Histoire des Gaulois*, parvenue aujourd'hui (1877) à sa douzième édition. Professeur d'histoire à la Faculté des lettres de Besançon, en novembre de cette même année, le libéralisme de ses idées fit suspendre son cours en 1830. Il dut même chercher un refuge à Genève. Quelque temps après éclata la révolution de Juillet. Amédée Thierry fut nommé préfet de la Haute-Saône (7 août 1830) et occupa cette position jusqu'à son entrée au Conseil d'Etat (1838). D'abord maître des requêtes, puis conseiller d'Etat en service ordinaire (1852), il fut élevé à la dignité de sénateur en 1860. La vie entière d'Amédée Thierry a été consacrée aux études historiques. En 1841, la publication de son grand livre, le *Tableau de l'Empire romain*, parvenu à sa huitième édition (1876), lui ouvrait les portes de l'Institut (Académie des sciences morales et politiques). L'éminent philosophe Théodore Jouffroy avait voulu être le parrain du nouvel académicien. « Messieurs, avait-il dit, voilà l'œuvre qu'aurait composée Montesquieu, si Montesquieu eût vécu de notre temps. » Membre de toutes les sociétés savantes d'Europe, Amédée Thierry reçut en 1864 de l'université d'Oxford le titre si rare et si envié de *doctor civil law h. c.* Outre les deux ouvrages déjà cités, on doit à Amédée Thierry l'*Histoire de la Gaule sous la domination romaine* (1840-1847, 3 vol.); — l'*Histoire d'Attila et de ses successeurs* (1856, 6ᵉ édition, 1876); — et les *Récits de l'Histoire romaine au Vᵉ siècle* (6 vol.), parus d'abord dans la *Revue des Deux-Mondes* de 1858 à 1872 (*Alaric*, 2ᵉ édition, — *Placidie*, — *Derniers temps de l'empire d'Occident*, 5ᵉ édition, — *Saint Jérôme*, 4ᵉ édition, — *Saint Jean Chrysostome et l'impératrice Eudoxie*, 3ᵉ édition, — *Nestorius et Eutychès*), vaste ensemble d'admirables travaux par lesquels Amédée Thierry a remis en lumière et rendu à la vie tout un siècle, le plus important peut-être des siècles dans l'histoire du monde. Promu grand-officier de la Légion d'Honneur en 1868, Amédée Thierry est décédé le 26 mars 1873. Son *Eloge* a été prononcé en mars 1877 par M. Mignet. « Amédée Thierry, a dit l'éminent écrivain, joignant à la recherche de la vérité la reproduction même de la vie, a bien plutôt égalé qu'imité son frère Augustin. » La postérité s'est associée déjà à ce jugement, qui unit les deux frères dans une même gloire.

THIERRY (Gilbert-Augustin), né à Paris, le 11 février 1843; fils du précédent. Auditeur au Conseil d'Etat, de 1865 à 1870, il s'est également consacré aux belles-lettres. Il a collaboré à la *Revue Française* et à la *Revue des Deux-Mondes*. Après une série d'*Etudes sur les révolutions d'Angleterre* (1864), et d'*Essais d'Histoire religieuse* (1867), il publia en 1875 un roman historique (6ᵉ édition, 1877), l'*Aventure d'une Ame en peine*, livre qui fut très-remarqué et fournit matière dans la presse à des éloges comme à des critiques passionnés.

THIERRY (Edouard), né à Paris, le 14 septembre 1813. Fils d'un pharmacien distingué, il fit de bonnes études au collège Charlemagne et se voua à la culture des lettres et de la poésie. Depuis 1836, M. Edouard Thierry fit la critique dramatique dans un grand nombre de journaux : la *Charte de 1830*, le *Messager des Chambres*, le *Moniteur du soir*, la *France littéraire*, la *Chronique*, le *Monde musical*, etc., et en dernier lieu dans le *Moniteur universel*, où il fit aussi la revue littéraire. Membre de la commission chargée de décerner des prix aux meilleurs ouvrages dramatiques, en 1855 et 1856, il fut nommé en 1859 administrateur du Théâtre-Français. Il y fit représenter plusieurs pièces d'Alfred de Musset, Emile Augier, Ponsard, etc, et remit au répertoire *Hernani* de V. Hugo (1867), qui pendant l'Exposition universelle eut un grand succès. Le refus de deux pièces, *Alexandre*, de M. Latour Saint-Ybar et *Guttemberg* de M. Ed. Fournier exposèrent M. Edouard Thierry et le comité de lecture du Théâtre-Français aux plus vives attaques dans la presse (octobre-novembre 1868) et fut la cause des modifications apportées depuis au comité de lecture (avril 1869). M. Thierry a donné sa démission le 8 juillet 1871. Attaché à la Bibliothèque de l'Arsenal depuis 1845, il en a été nommé conservateur administrateur en quittant le Théâtre-Français. Il est officier de la Légion d'Honneur depuis 1862. M. Edouard Thierry a publié : *Les enfants et les anges* (1833), poésies; — *Sous les rideaux*, contes (1834), en collaboration avec M. Trianon; — *Notice sur M. Le Chateur* (1849); — *Histoire de Djouder le pêcheur* (1853), traduit de l'arabe avec M. Cherbonneau; — *De l'influence du théâtre sur les classes ouvrières* (1862), conférences faites à l'Association polytechnique. — *Rapport sur les progrès de la Littérature dramatique* (1868); — *l'Introduction au Registre de la Grange* (1876); — *Voyage autour du IVᵉ arrondissement* (1877), etc.

THIERS (Louis-Adolphe), né à Marseille, le 16 avril 1797. Il fit comme boursier de brillantes études au lycée de sa ville natale, suivit les cours de la Faculté de droit d'Aix et y fut reçu licencié en 1819. Tout en faisant son droit, M. Thiers s'était livré à de sérieuses études d'histoire et de philosophie et lorsque l'Académie d'Aix mit au concours l'*Eloge de Vauvenargues*, il y participa par un mémoire qui fut reconnu le meilleur au point de vue littéraire; mais au point de vue politique, les royalistes en jugèrent autrement, et le concours ne donna pas de résultat. Le même sujet ayant été proposé pour l'année suivante, M. Thiers renvoya son manuscrit sans y rien changer, et composa, en outre, un second mémoire qu'il data de Paris. Il eut pour son nouveau travail le premier prix et pour l'ancien l'accessit. En 1821 M. Thiers vint à Paris où il retrouva M. Mignet, avec lequel il s'était lié à Aix et tous deux se livrèrent au journalisme. M. Thiers fut présenté par le député Manuel, auquel il était recommandé, à M. Lafitte qui le fit entrer au *Constitutionnel*, alors un des plus importants organes de l'opposition. Ses articles y furent fort remarqués et il ne tarda pas à s'y faire une position importante. Avec une très-grande facilité il traita les matières les plus diverses : la politique, la diplomatie, l'histoire, la critique d'art, la littérature et même les finances et les sciences militaires. Deux ans après son arrivée à Paris, M. de Talleyrand disait du jeune écrivain marseillais : « Il n'est pas *parvenu*, il est *arrivé*. » Dès cette époque M. Thiers se préparait à écrire une *Histoire de la révolution*, d'abord avec F. Bodin, son collègue au *Constitutionnel*, pour les deux premiers volumes, puis tout seul, mais en consultant, pour les affaires militaires, les généraux Jomini ou Foy, pour la diplomatie M. de Talleyrand et pour les finances le baron Louis. En 1827 les dix volumes de son *Histoire de la Révolution française depuis 1789 jusqu'au 18 brumaire* se trouvèrent achevés. Son succès a été immense. Les éditions furent nombreuses et l'une d'elles a tiré plus de 150,000 exemplaires. Lorsque le ministère Martignac fut remplacé par celui de M. de Polignac, M. Thiers fonda avec M. Mignet et Armand Carrel, dans le but de le combattre, le journal le *National* (1er janvier 1830). Ce fut alors qu'il résuma sa doctrine constitutionnelle dans ce mot célèbre : « Le roi règne et ne gouverne pas. » Lorsque parurent les ordonnances qui amenèrent la révolution de Juillet, M. Thiers fut chargé de rédiger la protestation des journalistes, à la suite de laquelle il fut obligé, pour éviter une arrestation, de fuir Paris. Il se réfugia à Montmorency, mais rentra dès le lendemain à Paris. Entre La Fayette, q'un parti voulait placer à la tête de la République, et le duc d'Orléans, avec lequel il s'agissait de fonder un gouvernement sincerement constitutionnel, M. Thiers n'hésita pas. Il prit parti pour ce dernier et rédigea en sa faveur une proclamation qui parut, le 29 juillet, dans le *National*. Chargé en même temps d'aller à Neuilly faire des offres au duc d'Orléans, il contribua ainsi pour beaucoup à l'élévation au trône de ce prince qui fut proclamé lieutenant-général du royaume (1er août), puis roi des Français (9 août). En récompense de ce service, M. Thiers fut nommé conseiller d'Etat et secrétaire général du ministère des Finances. Sous-secrétaire d'Etat, sous le ministère Lafitte, le 4 novembre, il fut appelé, comme commissaire du gouvernement, à exposer devant la Chambre (23 novembre) la question de la spécialité financière en matière de crédit, mission dont il s'acquitta avec son habileté accoutumée. Lorsque M. Lafitte quitta le ministère (13 mars 1831), M. Thiers se retira avec lui. En 1831 il avait été élu à la Chambre des députés par le collège d'Aix, qu'il représenta sans interruption jusqu'en 1848. Homme d'entreprise et lancé dans le mouvement, il parlait indépendance, affranchissement et nationalité, mais déserta les rangs de l'opposition, se rallia à la politique du cabinet Casimir Perier, puis rentra, après la mort de ce dernier, dans le cabinet Soult (11 octobre 1832), comme ministre de l'Intérieur. Ministre du Commerce et des Travaux publics le 25 décembre suivant, il reprit le portefeuille de l'Intérieur, donna sa démission le 11 novembre suivant, mais rentra dans le cabinet Mortier le 18 du même mois, comme ministre de l'Intérieur. Nommé membre de l'Académie française en 1833, il fut reçu le 13 décembre 1834. A la suite de l'attentat de Fieschi, M. Thiers présenta les lois de septembre. Le 22 février 1836 il fut placé à la tête du nouveau cabinet où il eut l'occasion de présenter une série de projets de lois libéraux, mais, le 25 août 1836, ayant proposé vainement au roi une intervention en Espagne contre les carlistes, il donna sa démission et devint à la Chambre l'un des adversaires du ministère Molé. Rentré au gouvernement comme président du conseil et ministre des Affaires étrangères, le 1er mars 1840, il étendit les effets de l'amnistie politique de 1837, repoussa la réforme électorale et parlementaire et fit voter un million pour la translation en France des restes de Napoléon Ier. A l'étranger, il encourageait Mehemet Ali dans sa lutte contre la Turquie vis-à-vis des autres puissances qui, par le traité du 15 juillet, avaient exclu la France du concert européen. Cette situation le poussa à faire des préparatifs de guerre, à rappeler les réserves, à ouvrir des crédits pour l'armée et la marine et à faire déclarer d'utilité publique la construction des fortifications de Paris. Cette politique n'ayant pas eu le succès qu'il en attendait, M. Thiers donna sa démission le 29 octobre et ne reparut plus, sous Louis-Philippe, au pouvoir où il fut remplacé par M. Guizot. Tout en remplissant son mandat à la Chambre des députés où il combattit le ministère Guizot, s'éleva contre le pouvoir envahissant des jésuites, etc., M. Thiers reprit ses grands travaux d'historien et publia son *Histoire du Consulat et de l'Empire* (1845-1862, 20 vol.). Mêlé activement à l'agitation libérale, il contribua pour beaucoup à la chûte de Louis-Philippe qui l'appela au dernier moment, mais trop tard, à former un cabinet, pour conjurer la révolution de Février. M. Thiers se rallia alors à la République dont il avait dit : « C'est le gouvernement qui nous divise le moins. » Ecarté aux élections générales, pour la Constituante, il fut nommé dans une élection complémentaire (4 juin), représentant dans quatre départements et opta pour la Seine-Inférieure. M. Thiers siégea à droite, combattit comme rapporteur et dans une brochure : *Du droit de propriété*, les idées de Proudhon et soutint le 10 décembre la candidature du prince Louis Bonaparte à la présidence. Réélu à la Législative, il devint le chef de la réunion de la rue de Poitiers, mais se sépara du Prince-Président après la revue de Satory. Arrêté le 2 Décembre, conduit à Mazas, puis banni du territoire français, il ne rentra en France qu'au mois d'août 1852. Retiré dans la vie privée, il fut nommé député par la deuxième circonscription de Paris en 1863 et réélu en 1869. Au Corps législatif, M. Thiers marqua sa place dans l'opposition par des discours éloquents sur les « libertés nécessaires, » sur les finances, contre l'expédition du Mexique, etc. En combattant la déclaration de la guerre à la Prusse, il disait « Oui, quant à moi, je suis certain qu'il y aura des jours où vous regretterez votre précipitation... Offensez-moi... Insultez-moi : je suis prêt à tout subir pour défendre le sang de mes concitoyens que vous êtes prêts à verser si imprudemment. » A la nouvelle du désastre de Sédan, il proposa au Corps législatif l'institution d'une Commission de défense nationale et la nomination d'une Constituante, proposition qui, votée d'urgence, tomba le 4 septembre devant la proclamation de la République. M. Thiers refusa alors d'entrer dans le gouvernement provisoire, mais consentit à se rendre auprès des grandes puissances pour en obtenir une intervention en faveur de la paix. Le résultat de ses négociations fut infructueux. M. Thiers alla en faire part le 21 octobre à la délégation du gouvernement de la défense nationale établie à Tours, puis se rendit, à la faveur d'un sauf-conduit, à Versailles, où il eut un moment d'entretien avec M. de Moltke et M. de Bismark, puis rentra à Paris où il reçut du gouvernement les pouvoirs nécessaires pour négocier et conclure l'armistice proposé par les puissances neutres. Le 31 octobre il retourna à Versailles et conféra le 1er novembre avec M. de Bismark. La négociation était sur le point de réussir lorsqu'on apprit les événements du 31 octobre qui firent croire à un nouveau gouvernement, et tout fut rompu. Pendant le siège de Paris, jusqu'au 28 janvier 1871, M. Thiers habita Tours ou Bordeaux, mais sans prendre part aux affaires du gouvernement. Aux élections du 8 février, il fut élu par vingt-six départements et opta pour celui de la Seine où il avait obtenu 102,945 voix. L'Assemblée réunie à Bordeaux le nomma, le 17 février, chef du pouvoir exécutif de la République française. M. Thiers exposa alors son programme politique qu'on appela *le pacte de Bordeaux* ou *la trêve des partis*, et qui visait à « pacifier, à réorganiser, à relever le crédit et à ranimer le travail. » Le 21 il partit pour Versailles afin de négocier avec M. de Bismark en vue de la paix et le 26 les préliminaires furent signés. M Thiers revint à exposer les conditions à l'Assemblée et le 1er mars, elles furent votées par 546 voix. L'assemblée ayant décidé de quitter Bordeaux, M. Thiers proposa d'en transporter le siège à Versailles le 20 mars 1871. Lors de l'avénement de la Commune, le 18 mars, il fit concentrer devant Paris une armée de 130,000 hommes sous le commandement du maréchal de Mac-Mahon. Le 8 mai, en réponse à la proclamation que M. Thiers avait adressée aux Parisiens pour les engager à se débarrasser du joug de la Commune, le Comité de salut public répondit, deux jours après, en faisant saisir ses biens et raser sa maison de la place Saint-Georges. L'Assemblée, sur la proposition de M. Thiers vota, le 20 juin, une loi autorisant un emprunt national de deux milliards pour payer l'indemnité prussienne, et le 31 août la proposition Rivet conférant à M. Thiers le titre de président de la République jusqu'à la fin de la session même de l'Assemblée. En décembre 1871, il se prononça en faveur de la proposition Duchâtel relative au retour de l'Assemblée à Paris, demanda l'abrogation des traités de commerce ayant pour base le libre échange, combattit le projet d'impôt sur le revenu (26 et 27 décembre) et proposa l'impôt sur les matières premières. Cette dernière proposition ayant été écartée, M. Thiers donna sa démission, mais l'Assemblée ne l'accepta pas et obtint du président qu'il restât au pouvoir. Dans la session d'été de 1872, il eut l'occasion de répondre aux monarchistes qui voulaient le pousser à épouser leur politique : « Je ne sais quelle sera la forme future du gouvernement ; mais si je puis quelque chose à celle-ci, ce sera la République conservatrice. » La constante préoccupation de M. Thiers fut d'assurer surtout la libération du territoire et d'anticiper même sur l'époque fixée pour le payement de l'indemnité de guerre. Un emprunt de trois milliards voté par l'Assemblée, le 10 juillet, et donc le montant de souscriptions s'éleva à 44 milliards en un jour, lui permit de réaliser ses espérances. La même année M. Thiers eut l'honneur d'être choisi comme arbitre par la reine d'Angleterre et le roi de Portugal pour juger un différend qui existait depuis longtemps entre les deux gouvernements. Le 13 novembre M. Thiers adressa à l'Assemblée un message dans lequel il proposait de fonder définitivement la République. M. Batbie, rapporteur de la commission chargée d'examiner ces propositions ayant demandé une commission de quinze membres chargée de préparer une loi sur la responsabilité ministérielle, M. Thiers lui répondit par un discours remarquable ensuite duquel l'Assemblée vota en faveur de l'amendement de M. Dufaure, de nommer une commission de trente membres, chargés de présenter des projets de loi sur les attributions des pouvoirs publics et la condition de responsabilité des ministres. Cette commission des Trente, comme on l'appela, ayant réussi à obtenir une majorité hostile au gouvernement, fit voter par l'Assemblée (13 mars) un projet de loi qui interdisait au président de la République le droit de prendre la parole à la Chambre. Le 17 mars, enfin, M. Thiers eut la satisfaction de pouvoir annoncer à l'Assemblée que, suivant le traité du 15 mars, la grande œuvre de la libération du territoire était achevée et que le 5 septembre suivant l'occupation allemande aurait cessé. L'Assemblée vota alors, à une grande majorité, que M. Thiers avait bien mérité de la patrie. Le 27 avril 1873 eut lieu à Paris l'élection de M. Barodet et à Lyon celle de M. Ranc. Les députés de la droite revinrent à Versailles après les vacances de Pâques sous l'impression de ce double événement, que venait encore aggraver une crise ministérielle provoquée par la retraite de M. Jules Simon. Les ennemis de M. Thiers demandèrent le 19 mai à interpeller le ministère « sur les modifications opérées dans son sein et, sur la nécessité de faire prévaloir dans le gouvernement une politique résolument conservatrice. » M. le duc de Broglie engagea la discussion par un discours, M. Dufaure lui répondit, le lendemain M. Thiers monta à la tribune et prononça un long discours que l'on a appelé son « testament politique. » M. Ernoul se chargea de répliquer à M. Thiers, M. Casimir-Perier répondit au nom du gouvernement et déclara que celui-ci ne se ralliait qu'à l'ordre du jour pur et simple. Cet ordre du jour fut rejeté et un autre ordre du jour, déposé par M. Ernoul, fut adopté à la majorité de 16 voix. Le soir même, M. Thiers donnait sa démission. Depuis il ne reprit la parole à l'Assemblée que le 27 mars 1874, lors de la discussion de la loi sur les forts détachés autour de Paris. Dans son fameux discours prononcé le 17 octobre, à Arcachon, l'ex-président expliquait comment il entendait que la République fût pratiquement constituée, sur la base des convictions sincères et non, comme il l'avait dit paradoxalement trois ans avant, en acceptant la théorie d'une « République sans républicains. » Ce fut en grande partie à son influence et à son habileté qu'on dut, en décembre 1875, la nomination de 56 sénateurs républicains sur 75 sénateurs à vie; quant à lui il refusa sa candidature devant l'Assemblée. Elu sénateur de Belfort, le 30 janvier 1876 et député de la Seine, pour le IX° arrondissement, le 20 février 1876, il opta pour la députation. M. Thiers a publié de nombreux articles dans le *National*, le *Globe*, l'*Encyclopédie progressive*, la *Revue des Deux-Mondes*, la *Revue française*. On lui doit aussi, outre les grands ouvrages déjà cités : *Law et son système de finances* (1826), nouvelle édition sous le titre de *Histoire de Law* (1858) ; — *La monarchie de 1830* (1831); — *Du droit de propriété* (1848); — *Du Communisme* (1849); — *Sainte-Hélène* (1862); — *Waterloo* (1862); — *Congrès de Vienne* (1863). M. Thiers est grand-officier de la Légion d'Honneur depuis le 27 avril 1840.

THIRION (Louis-Jean-Baptiste-Marie-Paul), né à Thiaucourt (Meurthe), le 14 août 1809. Il fit son droit à la Faculté de Strasbourg et prit place au barreau de la Cour d'appel de Nancy en 1832. Percepteur de la ville de Mulhouse en 1835, il prit en 1847 les fonctions de receveur particulier des finances de Sarrebourg, en remplacement de son père décédé. M. Thirion a été admis à la retraite dans la malheureuse année de 1871, lorsque l'arrondissement de Sarrebourg a été détaché de la France et annexé à l'Allemagne.

THIRION (Louis-David-Arthur), né à Mulhouse, le 14 avril 1845; fils du précédent. Après avoir été surnuméraire au ministère des Finances, il songeait à succéder à son père, à Sarrebourg; mais les événements contrarièrent ses projets. Après avoir fait son droit et son stage d'avocat à Paris, il entra dans l'administration comme conseiller de préfecture à Guéret, le 25 juillet 1870. Installé le 2 août, il fut aussitôt chargé des fonctions de sous-intendant intérimaire, qu'il conserva jusqu'en janvier 1871. Les aptitudes administratives dont M. Thirion a fait preuve, en ces difficiles circonstances, lui ont valu d'être chargé par intérim, le 6 mars suivant, de la sous-préfecture de Bourganeuf, et d'être confirmé dans son emploi le 5 juillet de la même année, au lieu même de son intérim.

THIRION (Louis-Philippe-Eugène), né à Paris, le 15 juillet 1813; filleul du comte de Ségur. Clerc de notaire de 1831 à 1837, il s'embarqua à cette époque, en qualité de secrétaire du commandant, sur un navire de commerce armé en guerre, qui avait pour mission de faire un voyage autour du monde et se signala par sa courageuse conduite, alors que le médecin du bord fut emporté et l'équipage décimé par des fièvres pernicieuses contractées dans le grand archipel d'Asie et qu'il eut à remplir la tâche pénible d'infirmier. A peine de retour en France (1839), il repartit pour l'Amérique du Sud et fonda à Ciudad-Bolivar (Venezuela), un établissement commercial. Chargé de desservir le vice-consulat de France, comme chancelier, en 1840, il devint vice-consul en titre, en 1848, et conserva ses fonctions jusqu'en 1856, époque où il rentra en France. Comme vice-consul, M. Eugène Thirion a contribué puissamment à l'avortement d'une révolution dans la province de sa juridiction en donnant des ordres *ad hoc* au stationnaire français de l'Orénoque, l'aviso *la Levrette* qui, s'embossant à un endroit indiqué, empêcha le débarquement des forces insurgées. Pendant ces heures de trouble et de péril, beaucoup d'étrangers et d'indigènes vinrent se réfugier sous son pavillon; et les services qu'il rendit à cette occasion, ajoutés à ses services antérieurs, lui valurent la décoration de l'ordre d'Isabelle-la-Catholique d'Espagne, celle d'officier de l'ordre du Mérite de Venezuela et sa nomination comme consul de Portugal. Mais il résigna ces dernières fonctions pour ne point quitter le service de la France. M. Eugène Thirion a été, à Paris, depuis 1864 jusqu'en 1870 consul-général de Schaumbourg-Lippe, ce qui lui a valu la croix de l'ordre de la maison de Lippe, et est, depuis 1865, consul des Etats-Unis du Venezuela. Commissaire général du Venezuela et membre du jury international des récompenses, à l'Exposition universelle de 1867, il a été nommé chevalier de la Légion d'Honneur, de l'ordre de Bolivar, du Venezuela et de celui de Charles III d'Espagne. Dans ses nombreux voyages M. Thirion a recueilli de précieuses collections d'histoire naturelle, d'archéologie et d'anthropologie qui ont figuré à l'Exposition de 1867 et y ont obtenu des récompenses. M. Eugène Thirion a été nommé commissaire du Venezuela pour l'Exposition universelle de 1878 et a été élu président de la commission syndicale des Etats de l'Amérique centrale et méridionale.

THIVIER (Eugène), né à Paris, le 11 octobre 1845. Il se consacra à la statuaire et suivit les ateliers de MM. A. Dumont, Loison et Vital Dubray. En 1866, il débuta au Salon de Paris avec une statue en plâtre : *Méléagre mourant*. Depuis, M. Thivier a exposé : *Seila célébrant la victoire de son père Josué*, statue en plâtre (1867); — *Jeunesse de Bacchus*, statue en plâtre (1868]; — *Paris*, statue en plâtre (1869); — *Une danseuse dans le ballet de Faust*, statue en plâtre; le portrait de *M. A. P.*, buste en plâtre (1870); — *Pierrot musicien*, statue en plâtre (1875); — *Chienne*, race Saint-Germain, plâtre; — *Locuste*, statue en plâtre. Elle fournit à Néron le poison qui fit périr Claude et Britannicus (1876).

THOINNET DE LA TURMELIÈRE (Joseph-Célestin-Charles), né à Ancenis (Loire-Inférieure), le 26 octobre 1823. Il appartient à une ancienne famille de cette ville, qui pendant la Révolution de 1793 a perdu, de mort violente, soit dans l'armée de la Vendée, soit sur l'échafaud, dix-huit de ses membres et parmi eux son grand-père. Son père, élève de l'Ecole militaire de Fontainebleau, fit les dernières campagnes du premier Empire, resta prisonnier de guerre en Angleterre, quitta le service à la Restauration et fut, depuis 1830, membre du Conseil général de la Loire-Inférieure et maire d'Ancenis. Licencié en droit de la Faculté de Paris, M. Thoinnet de la Turmelière suivit la carrière administrative, fut employé d'abord au ministère de l'Intérieur, et remplit ensuite, du 21 septembre 1848 au mois de juin 1857, les fonctions de conseiller de préfecture de la Loire-Inférieure. Candidat au Corps législatif dans la première circonscription de ce département, il fut élu député en 1857 et réélu en 1863 et 1869. Membre du Conseil général de la Loire-Inférieure, pour le canton de Nozay, et maire de Liré (Maine-et-Loire), il a été nommé chambellan honoraire de l'Empereur en 1860. Aux élections du 20 février 1876, M. Thoinnet de la Turmelière se présenta comme candidat bonapartiste, et fut élu député pour l'arrondissement d'Ancenis. Gendre du célèbre docteur Velpeau et l'un des administrateurs de la compagnie du chemin de fer d'Orléans, il a été promu officier de la Légion d'Honneur en 1866.

THOMAS (Charles-Louis-Ambroise), né à Metz, le 5 août 1811. Fils d'un professeur de musique, il étudia la musique instrumentale, et entra, en 1828, au Conservatoire où il suivit les cours de Dourlen, Zimmermann, Lesueur, Kalkbrenner et Barbereau. Premier prix de piano en 1829, d'harmonie en 1830, et 1er grand prix de composition en 1832, il résida trois ans à Rome où il compléta ses études, et écrivit son *Requiem*. On lui doit un certain nombre de morceaux de musique instrumentale, Rondos, Nocturnes, Fantaisies, etc. Au théâtre, il a donné beaucoup d'opéras-comiques et quelques opéras, dont quelques uns, n'ont pas quitté le répertoire. A l'Opéra-Comique ; la *Double échelle* (1837) ; le *Perruquier de la Régence* (1838); le *Panier fleuri* (1839) ; *Carline* (1840) ; *Angélique et Médor* (1843) ; le *Caïd* (1849) ; *le Songe d'une nuit d'été* (1850); *Ray*mond (1851) ; *la Torelli* (1853); *la Cour de Célimène* (1855) ; *Psyché* (1857) ; le *Carnaval de Venise* (1857) ; le *Roman d'Elvire* (1860) ; *Mignon* (1860, mis en grand opéra et joué ainsi à Bade en 1869) ; — au Grand-Opéra : *la Gipsy*, ballet, avec M. Benoît (1839) ; le *Comte de Carmagnola* (1841) ; *la Guerillero* (1842) ; *Hamlet* (1868), ouvrage qui place son auteur parmi les premiers compositeurs de son temps, et qui a été accueilli avec enthousiasme sur les plus grandes scènes lyriques de l'ancien et du nouveau monde, etc. M. Ambroise Thomas, élu membre de l'Académie des beaux-arts en 1851, en remplacement de Spontini, nommé directeur du Conservatoire, après le décès d'Auber, le 9 juillet 1871, est commandeur de la Légion d'Honneur depuis 1868.

THOMAS (Emile-Eugène), né à Paris, le 3 février 1817. Elève de Pradier et de l'Ecole des beaux-arts, il se fit d'abord une réputation comme sculpteur portraitiste par une grande quantité de bustes et statuettes. Il débuta au Salon de 1843 par une statue de *Vénus sortant de l'onde*. Il fit en 1844 une statuette de la *Vierge* pour la reine Marie-Amélie qui lui envoya en retour un magnifique présent. Lorsqu'il alla exposer à Rome sa grande statuette de *Pradier* et celle d'*Horace Vernet*, M. Thomas resta deux années (1846 et 1847) dans cette ville pour y compléter ses études, tout en exécutant d'après nature, au palais du Vatican, les bustes des papes *Grégoire XVI* et *Pie IX*. Le marbre de Grégoire XVI fut commandé par le cardinal Latour d'Auvergne pour l'archevêché d'Arras et celui de Pie IX par l'Etat pour l'archevêché de Paris. La reine Amélie lui commanda en outre deux grandes statuettes en bronze de ces deux portraits pour le palais des Tuileries. Depuis, M. Thomas exposa au Salon le buste en plâtre et depuis, coulé en bronze, de M. *Raspail*, commandé par une souscription nationale ; — le buste en marbre de la *Vierge immaculée conception*, pour la marquise Labourdonnays (1848) ; le buste en marbre du *Président de la République*, pour le palais de l'Elysée ; la statue de *Saint-Séverin* pour l'église de ce nom ; le buste en marbre de *Champollion* pour le musée de Versailles ; le buste en bronze du *Président de la République* (1850) ; — le buste en marbre de *M. Aubé*, pour le musée de Versailles (1852, et celui en bronze pour le tribunal de commerce (1853); — *Le Christ aux plaies*, statue en marbre pour l'église de Saint-Louis d'Antin (1853) ; — *l'Enfant Jésus dans les bras de sa mère*, groupe en marbre (1866), exposé plus tard à Lille, à Londres et à la chapelle de l'Exposition universelle de 1867 ; — *Pradier*, buste en marbre pour le musée de Versailles ; *Le dernier soupir*, Christ en bois, à l'Etat (1867); — *Vénus et l'amour*, jugement de Paris, groupe en marbre, à l'Etat (1869); — le buste en marbre de *M. Codur*, conseiller général de la Seine (1873); — le buste en marbre de *Théophile Gautier*, commandé par l'Etat (1874). — En outre M. Thomas a exécuté *Shakespeare et son génie*, groupe en bronze (E. U. de Londres 1851) ; — *Vierge Sancta-Maria*, statuette en argent pour le Palais du roi de Portugal (1855) ; *Mgr Parisis*, buste en marbre pour l'archevêché d'Arras ; la statue du cardinal *Latour d'Auvergne* pour son tombeau (1855) ; la statue colossale en plâtre du général *Daumesnil* commandée par une souscription de l'armée et placée au fort de Vincennes (1856); la statue en pierre de la *Vierge immaculée conception* pour le couvent de la rue de Douai ; *Saint-Pierre* et *Saint-Paul*, statues colossales en pierre pour le portail de l'église St-Sulpice à Paris (1858) ; le buste en plâtre de *Mgr Massonnais*, évêque de Périgueux, placé au musée de cette ville (1859) ; le buste en marbre du *cardinal Donnet*, pour l'archevêché de Bordeaux (1860); *Sainte Elisabeth*, statue en pierre pour l'église de ce nom (1863) ; *Saint Mathieu*, statue en pierre pour l'église de la Trinité ; *Les amours d'aujourd'hui*, statuette en marbre (1871); *Bacchante au bain*, groupe en bronze (1871), etc. Professeur de modelage aux cours du soir à Neuilly et Levallois-Perret pour les ouvriers et ouvrières de tous les corps d'état, M. Thomas y obtint de grands résultats. Il apprend à ses élèves en quelques heures la copie d'après le modèle en plâtre, en quelques semaines la copie d'après nature, et la composition en quelques mois. Une brochure explicative de sa méthode sera mise sous presse prochainement. Il est chevalier de Saint-Sylvestre et de l'Eperon d'or (Etats de l'Eglise).

THOMAS (Frédéric), né à Castres (Tran), le 5 janvier 1814. Brillant élève du collège de sa ville natale, il suivit les cours de la Faculté de droit de Toulouse. Reçu licencié en 1836, M. Thomas ne songea aucunement à se faire avocat ; il se consacra tout entier à la littérature, fut couronné aux Jeux floraux et collabora à la *Revue du midi* et à la *France méridionale*. Il fonda ensuite lui-même une feuille littéraire *le Gascon* (1833) et un journal politique *la Patrie* (1835). — Dans un procès en cours d'assises que lui avait attiré un de ses articles, il présenta sa défense en vers qui eurent tant de succès qu'il fut acquitté. Ayant gagné par son esprit l'amitié du procureur-général, M. Romiguières, celui-ci l'engagea à aller à Paris où il le recommanda à Armand Carel. M. Thomas collabora tour-à-tour à la *Minerve*, au *Figaro* et à la *Presse*. Il écrivit ensuite avec Jean Laffitte, Michel Masson et Saintine plusieurs pièces pour le théâtre : *La chaine électrique* (1842) ; — *Un conte bleu* (1846) ; — *La fée du bord de l'eau* (1846) ; — *Jean-Baptiste* ou *Un cœur d'or* (1846), etc. Il publia aussi un grand nombre de nouvelles et romans : *Un coquin d'oncle* (1843, 2 vol.) ; — *Un mariage pour l'autre monde* (1846) ; — *Le capitaine des trois couronnes* (1847) ; — *La chanson des trois capitaines* ; *Les vieilles lunes d'un avocat* : *Premier quartier* (1863) ; *Dernier quartier* (1869) ; — *Du châtiment et de la réhabilitation* (1874), etc. En outre il donna avec M. Michel Masson la *Jeune régente* (1845, 3 vol.) et avec M. Charles Rabou un roman inachevé de Balzac, *les Petits bourgeois*. En 1848 M. Thomas retourna à Castres, y fonda *l'Electeur du Tarn*, et entra au barreau en 1850. Il exerça d'abord la profession d'avocat dans sa ville natale, puis, en 1854 à Paris. Depuis, M. Frédéric Thomas a fondé un recueil mensuel : *les Petites causes célèbres*, qui eut un grand succès et rédigea successivement la chronique judiciaire dans l'*Estafette*, la *Presse*, l'*Audience* et le *Siècle* où elle est intitulée : *Quinzaines du Palais*. Président de la Société des gens de lettres en 1868, 1869 et 1870, il fut nommé préfet du Tarn le 6 septembre 1870, mais donna sa démission le 9 février 1871. Aux élections partielles du 2 juillet de la même année, M. Thomas posa sans succès sa candidature à Paris ; mais, la même année, il fut élu conseiller général du Tarn pour le canton de Castres. Il est chevalier de la Légion d'Honneur depuis 1847.

THOMAS (Gabriel-Jules), né à Paris, le 10 septembre 1824. Il étudia la sculpture dans l'atelier de Ramey et de M. Aug. Dumont et remporta le grand prix de Rome à l'Ecole des beaux-arts en 1848, sur ce sujet : *Philoctète partant pour Troie*. En 1857 M. Thomas débuta au Salon de Paris avec *Orphée*, statue en marbre ; *Attila*, tête d'étude, marbre ; et *Soldat spartiate rapporté à sa mère*, bas-relief en plâtre, et exposa depuis : *Eve*, statue en plâtre (1859) ; — *Virgile*, statue en marbre pour la cour du Louvre (1861 et E. U. 1867) ; — *La mort de saint Etienne*, bas-relief en pierre, tympan de l'égise Saint-Etienne-du-Mont ; *Lucien Bonaparte, prince de Canino*, en plâtre, modèle de la statue destinée au monument de la famille Napoléon à Ajaccio (1864) ; — *Mlle Mars*, statue en marbre pour la Comédie-Française (1865 et E. U. 1867) ; — *Jeune guerrier*, statue en marbre (1866), appartient au baron James Rothschild ; — *Saint Denis*, statue en marbre (1867) ; — *La Pensée*, statue en marbre (1870) ; — *Les quatre parties du monde*, statues en bois, époque Louis XIV, commandées par la Banque de France pour la galerie dorée de l'hôtel de la Banque de France à Paris (1872) ; — *Christ en croix*, statue (en plâtre 1875, en bronze 1876) ; — le buste en plâtre du statuaire *Perraud* ; le buste en marbre du docteur G. Lorain, pour la Faculté de médecine (1877). En outre M. Thomas a exécuté : les statues de *Marceaux*, de l'*Industrie* et d'un *Athlète* (1835-1857) pour le Louvre ; *La Force*, bas-relief fronton dans la galerie qui relie la salle des Etats au pavillon de Flore sur la cour des Tuileries (1864) ; — *La ville de Francfort*, statue en marbre pour la gare du Nord (1864) ; — *La religion consolant le prince et la princesse Stourdza*, monument en marbre, commandé par le prince pour l'église du rite grec (Saint-Michel) qu'il a fait édifier à Bade-Bade (1867) ; — *Le drame et la Musique*, cariatides de l'escalier du Nouvel-Opéra, marbre et bronze (1867) ; — *La Vierge et l'enfant Jésus*, marbre pour la cathédrale de la Rochelle ; le *Tympan* de l'église de N.-D. des Champs, bas-relief en pierre. M. Thomas a été élu membre de l'Académie des beaux-arts en 1875. Il a obtenu une médaille de 3e classe en 1857, une de 1re classe en 1861 et en 1867 (E. U.), et la croix de la Légion d'Honneur en 1867.

THOMAS (Jean-Baptiste-Ferdinand), né à Bordeaux, le 26 août 1817. Il suivit la carrière commerciale et fréquenta, très-jeune, le monde des affaires. En 1838 il se rendit au Pérou, s'établit à Lima et ne tarda pas à s'y faire une grande position commerciale. En 1842 il prit la suite des affaires d'une des meilleures maisons françaises établies dans le pays, sous la raison sociale Larraburc, Thomas et Cie, et, en 1845, il s'associa avec M. La Chambre (voir ce nom). La nouvelle maison fut bientôt connue dans le monde entier sous le nom de Thomas, La Chambre et Cie. Cette maison qui a transféré, en 1854, son siège social à Paris, a eu jusqu'à la fin de 1872 des succursales à Lima, Valparaiso, Port-Louis (île Maurice) et au Hâvre. Ses opérations ont pris un immense développement par l'exportation des marchandises de fret, la banque et l'importation de tout les produits de l'Amérique du Sud, notamment du guano des îles Chinchas dont elle est devenue consignataire du gouvernement péruvien. Cette dernière affaire est une des plus considérables qui se fassent en France depuis 1862. M. Thomas, de retour en France en 1853, a rempli les fonctions de consul du Pérou, à Nantes, jusqu'en 1856, époque où il a reçu la croix de la Légion d'Honneur. Depuis 1873 sa maison s'est particulièrement occupée d'opérations financières et de banque sous la raison sociale F. Thomas, Charles La Chambre et Cie.

THOREL (Clovis), né à Vers-Hébécourt (Somme), le 28 avril 1833. Il a commencé ses études médicales à l'École secondaire d'Amiens en 1853 et a été pendant cinq ans interne à l'Hôtel-Dieu de cette ville. Parti en 1861 pour la Cochinchine comme médecin auxiliaire de la marine, il a servi un an sur la canonnière la *Mitraille*, quatre ans à l'hôpital de Saïgon, comme secrétaire du conseil de santé et a voyagé deux ans, en Indo-Chine, comme médecin et botaniste de la mission d'exploration du Mékong, commandée par MM. Doudart de la Grée et Francis Garnier. Reçu docteur en médecine à la Faculté de Paris, le 8 mars 1870, sur une thèse intitulée : *Notes médicales du voyage d'exploration du Mékong et de Cochinchine*, M. Thorel se fixa dans la capitale. Médecin du bureau de bienfaisance du XVIe arrondissement, membre de la Commission chargée de veiller dans cet arrondissement à l'exécution de la loi relative au travail des enfants et des filles mineures employées dans l'industrie et membre de la Société botanique de France, de la Société d'anthropologie, de la Société de géographie, etc. M. le docteur Thorel a publié divers articles sur la flore et l'agriculture de Cochinchine et, dans le *Voyage d'exploration en Indo-Chine* (1873) : *Notes anthropologiques sur l'Indo-Chine, Agriculture et horticulture de l'Indo-Chine*. Il est chevalier de la Légion d'honneur et officier de l'ordre royal du Cambodge.

THOUREL (André-Albin-François-Bruno), né à Montpellier (Hérault), le 6 octobre 1800. Son père était président à la Cour de Nîmes et officier de la Légion d'Honneur. Son frère Léon, procureur général à la même Cour et commandeur de la Légion d'Honneur, y est mort en 1870. Lui-même, docteur en droit, se fit inscrire au barreau de Nîmes où il postula jusqu'en 1831, époque à laquelle il dut, en raison de ses opinions, quitter la France. Il se fixa d'abord à Genève où il publia son *Histoire de Genève* (1832 à 1834, 3 vol.), puis, à la création de la grande Université de Berne, il obtint la chaire de droit français, avec le titre de professeur ordinaire. Rentré en France en 1838, en raison de la santé de sa femme et de celle de sa fille qu'il conduisait aux eaux de Guagno en Corse, il dut s'arrêter à Toulon où cette dernière succomba. Inscrit au tableau de l'ordre des avocats de cette ville, il y a été élu deux fois bâtonnier, conseiller municipal et conseiller général. En 1850 il vint s'établir à Aix où il ne tarda pas à se placer à côté des Guien, des Arnaud et à plaider dans les grandes affaires avec les célébrités du barreau de Paris. Condamné par le conseil de guerre de Lyon à une année de prison pour délit politique, il ne reparut à la barre qu'en 1853. Sa postulation y fut des plus heureuses et lui permit de se retirer à Marseille afin de se soustraire à des travaux désormais trop fatigants pour son âge. La notoriété que ses nombreuses plaidoiries civiles, criminelles et politiques lui avaient attirée le firent appeler au Conseil municipal de cette ville en 1864. Réélu en 1865 et en août 1870, il fut nommé le 4 septembre adjoint au maire. Procureur général près la Cour d'Aix, du 11 septembre 1871 au 24 mai 1873, M. Thourel est depuis, conseiller municipal à Aix et conseiller général pour le deuxième arrondissement de Marseille. Le 5 mars 1876 il a été élu député de l'arrondissement de Sisteron (Basses-Alpes) au second tour de scrutin à une majorité considérable. A la Chambre il appartient au groupe de la gauche républicaine. M. Thourel est décoré de Juillet (1830), commandeur du Nishan de Tunis, chevalier de l'ordre des Saints-Maurice et Lazare et officier de l'instruction publique.

THULIÉ (Henry), né à Bordeaux, le 30 juillet 1832. Élève du lycée de sa ville natale, il vint faire ses études médicales à la Faculté de Paris, se fit recevoir interne à l'hospice de Charenton, et, à la suite d'études longues et approfondies, prit le grade de docteur, en 1865, avec une thèse intitulée : *Étude sur le délire aigu sans lésions*. Puis, il s'établit dans la capitale, où, tout en donnant des soins à une brillante et nombreuse clientèle, il s'occupa de politique, prit part à toutes les campagnes démocratiques, à l'ouverture des périodes électorales, et collabora à plusieurs organes de l'opposition, tels que la *Pensée nouvelle*, le *Courrier français* et le *Réalisme*. Pendant le siège de 1870-1871, il remplit les fonctions de chirurgien-major au 38e bataillon de guerre, et mérita une citation à l'ordre du jour et la médaille militaire pour sa belle conduite dans les sorties, notamment au pont de Bezons où il alla relever un blessé sous le feu de l'ennemi. Nommé adjoint au maire après les événements de la Commune, il donna sa démission avant les élections complémentaires du 26 novembre 1871, se porta candidat républicain pur, et fut élu conseiller municipal de Paris pour le XVIe arrondissement (quartier de la Muette), et conseiller général de la Seine. Il a été réélu le 29 novembre 1874 et nommé président du Conseil municipal. On doit à M. le docteur Thulié, outre l'écrit cité plus haut, *La folie et la loi* (1866) ; — *La manie raisonnante* (1870).

THURWANGER frères (Pierre et Martin), nés à Schweigen (Bavière rhénane), le premier le 3 février 1821, le second le 25 novembre 1825. Elèves de M. Millener, ils se sont consacrés à la chromo-lithographie. Ce sont eux qui les premiers ont élargi le cercle de la production de cet art industriel. La chromolithographie était restreinte jusqu'alors aux étiquettes en général, à l'illustration des livres de prières et d'archéologie, etc., et c'est aux efforts constants de MM. Thurwanger que l'on doit les premières productions d'art plus élevées et jugées dignes d'êtres admises aux Salons des beaux-arts. Après avoir débuté au Salon de 1852 avec la *Reine du ciel*, chromolithographie, ils ont exposé isolément ou collectivement : *Menu pour la table de l'Empereur* (1853) ; *Le bon conseil* ; *Le mauvais conseil* ; *Un autel* ; *Tournoi d'Ivanhoë*, sujet de Walter Scott (1857) ; *Rétable de l'autel de la chapelle de Saint-Germer*, au musée des Thermes et de l'hôtel de Cluny, d'après Boeswilwald, pour *l'Architecture du V° au XVI° siècle*, par Gailhabaud ; *Légumes, fleurs et fruits* et *Fruits et fleurs*, d'après Alex. Couder (1859) ; *Yombé Soudy*, reine de Mohély et *Yombé Salama*, sa sœur (îles Comores) ; *Frontispice de l'Album des cérémonies du couronnement d'Alexandre II de Russie* (1864) ; *Le marchand d'images*, d'après M. E. Lejeune ; *Les personnages de la Comédie italienne*, d'après M. Baron (1869), etc.

TILLANCOURT (Edouard DE), né au château de La Doultre, près de Château-Thierry, le 14 octobre 1809. Fils d'un ancien officier de l'Empire, il fit ses études classiques au collége Charlemagne et son droit à la Faculté de Paris. Inscrit au tableau des avocats de la Cour de cette ville en 1830, M. de Tillancourt plaida avec distinction dans plusieurs procès politiques, entre autres dans une affaire de coalition d'ouvriers. En 1834 il renonça au barreau pour se vouer, dansses terres près de Château-Thierry, à l'agronomie. Maire de la commune de Montfaucon, président du Comice agricole de Château-Thierry et membre de la Société centrale d'agriculture, il fut élu membre du Conseil général de l'Aisne en 1844. Candidat à la députation en 1846, il ne fut élu qu'en 1848, où il alla représenter le département de l'Aisne à l'Assemblée constituante, dans les rangs des républicains modérés. Parmi les questions dont il s'occupa on remarque sa proposition de rendre les fonctions publiques incompatibles avec le mandat de député, ses votes sur l'enseignement agricole, le projet de code rural, celui d'une caisse de retraite pour la vieillesse, l'institution des conseils de prud'hommes, la liberté du commerce de la boucherie, le projet d'une chambre unique ; enfin il vota contre la proposition Rateau et l'expédition de Rome. Non réélu à la Législative, ni au Conseil général de 1852, M. Tillancourt renonça à la vie politique jusqu'au 20 août 1865, où il fut envoyé comme député au Corps législatif par les électeurs de la 4° circonscription de l'Aisne. Il prit place au Centre-Gauche, signa l'amendement des 45 et parla sur les questions d'agriculture, de droit de réunion, de la liberté de la presse, de l'enseignement, des traités de commerce, contre le libre échange, sur les postes, les télégraphes, les uniformes de l'armée, etc., avec un esprit et une gaîté qui ont rendu célèbres jusqu'à ses calembours. Aux élections de mai 1869 il fut réélu par l'opposition, signa l'interpellation des 116 et s'opposa avec M. Thiers à la déclaration de guerre à la Prusse. Le 8 février 1871 il fut élu représentant de l'Aisne à l'Assemblée nationale par 59,339 voix. Il se rallia à la République et à la politique de M. Thiers, vota pour la proposition Rivet, le retour de l'Assemblée à Paris, la Constitution du 25 février 1875, etc. On a remarqué ses spirituels discours sur le volontariat d'un an, les allumettes, le travail des enfants dans les manufactures, les indemnités à accorder aux départements envahis, les jeux de bourse, les nouveaux impôts, etc. M. Tillancourt a été réélu, le 20 février 1876, député pour l'arrondissement de Château-Thierry. Il a siégé au Centre-Gauche.

TILLOT (Charles-Victor), né à Rouen en 1825. Venu à Paris en 1839, il suivit les ateliers de Henry Scheffer et Théodore Rousseau et se consacra à la peinture du paysage et du portrait. Après avoir débuté au Salon de Paris, en 1846, avec le *Portrait de l'auteur*, M. Tillot exposa : *Suzanne*, étude (1849); — *Lisière de forêt; Souvenir des Pyrénées; Intérieur de forêt* (1855, E. U.); — *Chemin de Sévrier*, près du lac d'Annecy; *Un lac en Savoie* (1859); — *Dessous de forêt* (1861); — *Dormoir des gorges d'Apremont*, forêt de Fontainebleau (1870), ainsi que plusieurs portraits parmi lesquels on remarquait celui de *M. Ch. de Matharel*. En 1851, M. Tillot, après plusieurs articles publiés dans quelques feuilles contemporaines, fut attaché à la rédaction du journal le *Siècle* en qualité de critique de la partie artistique : il y fit paraître, avec divers articles d'art, les revues du Salon de 1851 à 1854. Il publia en 1875 avec une notice biographique le *Catalogue des œuvres de J. François Millet* qu'il avait été chargé de rédiger, comme en 1868 il avait fait celui de Théodore Rousseau dont il avait été l'élève et l'ami.

TIRARD (Pierre-Emmanuel), né à Genève, de parents français, le 27 septembre 1827. Sa famille est originaire de l'Isère. Elevé dans sa ville natale, il y étudia l'industrie du pays. A l'âge de 19 ans, il se rendit à Paris et fut admis dans l'administration des ponts-et-chaussées. Devenu chef de bureau à la direction des travaux de navigation de la Seine, il donna sa démission en 1851, pour retourner à son premier état et entreprendre l'exportation de la bijouterie et de l'orfévrerie. Il fut, en 1868, appelé à faire partie du Conseil des prud'hommes. Concurremment avec ses travaux habituels, il s'occupait de politique; et son influence sur les électeurs parisiens ne fut pas étrangère, lors de la votation générale de 1869, à l'échec de M. Ollivier, candidat officieux dans la Seine, auquel il fit préférer M. Bancel, candidat républicain. Au lendemain de la révolution du 4 Septembre, il fut maire provisoire du VI° arrondissement de Paris ; et, le 5 novembre suivant, il se vit confirmé dans ses fonctions par le vote de ses administrés. Il se

Biogr. nat.

fit alors remarquer par quelques mesures d'ordre public, telles que l'imposition des locataires non payants aux propriétaires de garnis. Elu malgré lui membre de la Commune, le 25 mars, après avoir énergiquement combattu le Comité central de la garde nationale, il vit aussitôt sur quelle pente glissait la révolution nouvelle ; et, sans retard, il fit de sa mairie un centre d'opposition contre le pouvoir insurrectionnel, protesta à l'Hôtel-de-Ville contre les actes du Comité central, signa l'affiche des maires et des députés de la Seine, et donna sa démission avec éclat. Les gens de la Commune, dont plusieurs demandaient son arrestation immédiate et sa mise en accusation, n'osèrent pas l'arrêter ; et il put se rendre à Versailles où il tenta vainement de faire adopter par la Chambre quelques moyens de conciliation. Il ne fut même pas écouté. M. Tirard, élu par 75,207 voix représentant de la Seine à l'Assemblée nationale, le 8 février 1871, a siégé sur les bancs de la Gauche. M. Tirard a pris plusieurs fois la parole à la Chambre, surtout pour protester contre le rôle qui lui était faussement attribué par ses adversaires politiques dans les événements de la Commune, pour appuyer l'impôt proposé sur le chiffre des affaires, contre la loi relative à l'élection des juges aux tribunaux de commerce et contre la loi sur les matières premières. Au second tour de scrutin, le 5 mars 1876, il a été nommé député de la Seine, pour le 1er arrondissement. On lui doit une brochure intitulée : *Du développement de la bijouterie et de l'orfèvrerie par la liberté des titres de l'or et de l'argent* (1868).

TIRPENNE (Jean-Louis), né à Hambourg, de parents français, le 26 août 1801. Il suivit les ateliers de Rémond, de Bouton et de Daguerre et se consacra à la peinture à l'huile, au pastel, au fusain et à la lithographie. Après avoir collaboré longtemps au grand ouvrage du baron Taylor sur l'*Ancienne France* et aux *Voyages* de Dumont d'Urville, il publia, outre un grand nombre d'études et cours de paysage, en 1828 les *Environs de Paris*, en 1855 l'*Album de l'établissement des eaux de Bagnoles* (Var) et, en collaboration avec M. Moustelier, les *Eaux des Pyrenées* (1830) et *Souvenirs et croquis de Dieppe* (1848). Auteur de la *Méthode-Tirpenne*, basée sur un calque gradué et méthodique, avec la collaboration de Charlet, Devéria, Maurin, Redouté et Victor Adam, et dont le succès fut grand en Europe et en Amérique, il l'a vue tomber, au bout de quinze ans de brevet, dans le domaine public, et depuis, elle ne cesse d'être exploitée par des imitations. M. Tirpenne a envoyé au Salon de Paris : *Souvenir des Vosges* (1839) ; — *Paysage* (1845) ; — *Solitude* (1846) ; — *Vue de la manufacture d'orgues* de MM. Alexandre à Ivry (1865) ; — *Le château de Saint-Point*, résidence de M. de Lamartine (1868), acheté par l'État pour le musée de Mâcon ; — *Le chemin creux de Bagneux*, à Fontenay-aux-Roses (1870), peintures à l'huile ; — *Deux Vues des villes d'Italie* (1840) ; — *Vues de la Scandinavie* (1849), pour le *Voyage* de M. Paul Gaymard ; *Figuier sauvage* et *Rideau de forêt vierge*, au Brésil (1864) ; — *Vue de Kreisker*, à Saint-Pol-de-Léon ; — *Ruines du théâtre romain*, à Lillebonne (1865) ; — *Le château de Saint-Point* (1866) ; — *Forêt du Brésil*; *Cathédrale de Séez* (1868) ; — *Vue de la colonie agricole et pénitentiaire du val d'Yèvre*, dans la Nièvre (1869) ; — Cinq *Vues* prises en Bretagne et en Normandie (1870) ; — *Au Brésil* (1876) ; — *Un orage* (1877), lithographies ; — *Vues prises dans la forêt de Compiègne* et le *Pont d'Espagne*, dans le val de Jivet à Cauterets (1870), fusains ; — *Site des Vosges* (1848), pastel, etc. Il fournit un grand nombre de dessins sur bois à l'*Illustration* et au *Magasin pittoresque*. Au théâtre, M. Tirpenne fit représenter : à l'Odéon, en collaboration avec Carafa et Leborne, les *Deux Figaros*, opéra-comique en trois actes (1829) ; à la Porte-Saint-Martin, *François Ier et Charles-Quint*, drame en 5 actes, en collaboration avec Rougemont (1830) ; — aux Variétés, *Mademoiselle de Valence*, deux actes ; *Un chef de brigands*, en collaboration avec Varin, sous le nom de Marchais (1848).

TISON (François-Joseph), né au Bassin-Rond (Bouchain), le 1er janvier 1832. Il manifesta de bonne heure son goût pour toutes les sciences positives, et commença ses études pour le sacerdoce. La mort de ses parents le faisant changer d'avis, il s'adonna aux études médicales. Après avoir étudié le dessin et la peinture sous la direction de Grobain à l'Académie de Cambrai et obtenu, en 1849 et 1850, deux médailles en argent, il se voua, sous différents maîtres, à l'architecture et se fixa à Lille en 1859, juste au moment où l'on faisait des études pour l'agrandissement de cette localité. L'administration ayant divisé la nouvelle ville, pour les levers de plan, les traces des grandes artères et tous travaux s'y rattachant, en deux sections, il fut choisi comme chef de celle des parties de Wazemmes et d'Esquermes. M. Kolb, ingénieur en chef des ponts et chaussées, en avait la haute direction. Abandonnant sa position, en 1862, et s'occupant d'affaires particulières et de travaux d'architecture, il fit exécuter de nombreuses constructions : plusieurs écoles dans lesquelles il appliqua son nouveau système de ventilation (sortie de l'air vicié à mesure de sa production, son remplacement simultané par un égal volume d'air pur et évitant les fâcheux effets des courants), et celui consistant à annuler les effets de la sonorité des planchers et des escaliers ; la jolie petite église de style byzantin-roman de Saint-Vital, à la Madeleine, lez-Lille, etc. En 1864 il bâtit pour lui-même une maison où, sur la façade principale, il plaça d'une manière élégante deux cariatides : *Pêcheurs-syrènes* supportant le balcon principal et, sous le 2e balcon, trois autres représentant les *Trois âges* surmontées de l'emblème du temps, etc., diverses compositions gracieuses consistant en plantes, fleurs et fruits couronnent les fenêtres et supportent la corniche, et l'ensemble des sculptures représente l'histoire du monde de tous les temps au point de vue politique, religieux et dans les conditions générales de la vie. Il prépare un ouvrage : *Essai de démonstration du principe vital. Preuves : qu'est l'âme ?* Membre du cercle horticole du nord, il a obtenu une médaille d'argent pour la disposition d'un jardin d'exposition. M. Tison est inventeur breveté d'un appareil-entonnoir syphoïde, d'une cuvette hermétique se nettoyant seule et de la parhydroventine formant une couverture étanche à surface plane sans prise au vent avec circulation d'air en sens perpendiculaire, pour la conservation des grains.

TISSANDIER (Gaston), né à Paris, le 21 novembre 1843. Son père, M. Paul Tissandier, était membre du Conseil général de la Marne. Par sa mère il est petit-fils de M. Decan, ancien maire de Paris, et arrière petit-fils de Lhéritier de Brutelles, membre de l'Institut. Élève du lycée Bonaparte, M. Gaston Tissandier se consacra aux sciences et particulièrement à la chimie. Travaillant dans un laboratoire du Conservatoire des arts et métiers, il suivait à la même époque les cours de la Sorbonne et du Collége de France. Reçu bachelier, il fut nommé, en 1864, directeur du laboratoire d'essai et d'analyse de l'Union nationale, où pendant dix ans il fut chargé des travaux et expertises de la chambre syndicale des produits chimiques de Paris. En même temps il s'occupait d'observations météorologiques et de l'étude de l'air au moyen des ballons: il entreprit à Calais, le 16 août 1868, son premier voyage aérien avec M. Duruof (voir ce nom). Depuis, M. Gaston Tissandier a exécuté, et en grande partie avec son frère, M. Albert Tissandier, architecte, vingt-quatre ascensions dont les plus importantes sont les trois qu'il fit pour sortir de Paris pendant le siége et pour essayer d'y rentrer, et les deux voyages entrepris avec MM. Crocé-Spinelli et Sivel, dans la nacelle du *Zénith*, le premier, le 23 mars 1875, qui dura 23 heures (c'est le plus long voyage aérien qui ait jamais été fait), et le second, le 15 avril 1875, dans lequel les aéronautes s'élevèrent à l'altitude de 8,600 mètres et qui coûta la vie à MM. Crocé-Spinelli et Sivel, morts par asphyxie dans les hautes régions de l'air. La hauteur de 8,600 mètres est la plus grande qui ait été atteinte par les aéronautes français. En dehors d'un grand nombre d'articles insérés dans le *Magasin pittoresque* et la *Nature*, revue fondée par lui en 1873, et de ses travaux sur la chimie ou la météorologie, on doit à M. Gaston Tissandier : *Traité élémentaire de chimie*, en collaboration avec M. Dehérain (1868) ; — *L'Eau, la Houille, les Fossiles*, et *les Merveilles de la photographie* (1874), 4 volumes faisant partie de la *Bibliothèque des merveilles* ; — *Voyages aériens* (1870), en collaboration avec MM. Glaisher, Flammarion et de Fonville ; — *En ballon pendant le siége de Paris*, souvenir d'un aéronauté (1871) ; — *Simples notions sur les ballons* ; — *Etudes sur l'acide carbonique de l'air, sur les Poussières atmosphériques*, sur les *Aérolithes microscopiques*, sur *l'Héliogravure*, *l'Histoire de la gravure typographique*, et plusieurs notes insérées dans les *Comptes rendus de l'Académie des sciences*. M. Gaston Tissandier se fait souvent applaudir comme conférencier. Il est vice-président de la Société française de la navigation aérienne, professeur de l'Association polytechnique, membre de la Société chimique de Paris et de la Société météorologique de France. Il a reçu la croix de la Légion d'Honneur le 15 novembre 1872.

TISSERAND (Eugène-François), né à Melun (Seine-et-Marne), le 15 octobre 1817. Arrière-petit-neveu du littérateur E. Mallet, il fit ses études classiques au petit séminaire d'Avon (Fontainebleau), ses études philosophiques et théologiques au grand séminaire de Meaux et reçut l'ordination en 1841. Après avoir rempli les fonctions de curé de Jaulnes jusqu'en 1844, il fut appelé au petit séminaire de Meaux comme professeur de 4e, puis, l'année suivante, à Avon, où il fut successivement professeur de 2e et de rhétorique. Ses recherches dans les archives d'Avon sur les peintres et artistes du château de Fontainebleau furent très-appréciées par M. Léon Delaborde qui fit nommer M. l'abbé Tisserand membre correspondant du ministère pour les travaux historiques, en 1851. Une gastralgie le força à chercher le climat du midi où, recommandé par son évêque, il fonda un petit collége dans les bâtiments de l'ancien évêché de Vence (1851-1860). Lors de l'annexion du comté de Nice, il transféra son établissement à Nice et au bout de 3 ans, il entra avec tous ses élèves au lycée de cette ville (juillet 1864), d'abord comme aumônier-adjoint, puis, l'année suivante, comme aumônier en titre. M. l'abbé Tisserand a publié, outre un grand nombre d'opuscules religieux, un *Touriste à Vence* (1855) ; — *Histoire de Vence* (1860) ; — *Histoire de Nice et des Alpes-Maritimes* (1862, 2 vol.); — *Petite géographie des Alpes-Maritimes* (1862); — *Le plan divin* (1867); — *Vie de Godeau, évêque de Grasse et de Vence* (1870) ; — *Histoire d'Antibes* (1877), etc. Officier d'Académie (1864), chanoine honoraire (1868), officier de l'instruction publique (1873) et aumônier de 1re classe (1874), il est membre de plusieurs sociétés savantes : Nice, Melun, Aix, Draguignan, etc.

TISSOT (Claude-Joseph), né aux Fourgs (Doubs), le 26 novembre 1801. Il fit son droit à la Faculté de Paris, exerça la profession d'avocat dans la capitale jusqu'en 1829, se présenta avec succès aux examens du doctorat ès lettres en 1830, et se consacra au professorat. En 1834, il occupa la chaire de philosophie au collége royal de Dijon ; et, en 1836, il fut chargé du même enseignement à la Faculté des lettres de cette ville. M. Tissot, doyen de la Faculté de Dijon depuis 1860, a été élu membre correspondant de l'Institut en 1869. Il a publié, entre autres ouvrages originaux : *Cours élémentaire de philosophie* (1837, 4e édit. refondue, 1869) ; — *Ethique ou science des mœurs* (1840) ; — *Histoire abrégée de la philosophie* (1840) ; — *Du morcellement du sol* (1841) ; — *Le droit pénal étudié dans ses principes, dans les usages, etc.* (1859, 2 vol.) ; — *Méditations morales* (1860) ; — *La vie dans l'homme* (1861) ; — *Turgot, sa vie, son administration et ses ouvrages* (1862), couronné par l'Académie des sciences morales et politiques ; — *L'animisme et ses adversaires* (1863) ; — *Principes de la morale* (1868), couronnés par l'Académie des sciences morales et politiques ; — *L'imagination, ses bienfaits, ses égarements* (1868) ; — *Logique objective* (1868) ; — *Réflexions sur* *les pensées* de Pascal (1869) ; — *Les Fourgs et les environs* (1870-1873) ; — *Principes du droit public* (1872); — *J.-J. Rousseau* (1873); — *La folie considérée dans ses rapports avec la psycologie* (1876). On doit au même auteur plusieurs traductions estimées des principaux philosophes allemands, entre autres de *Kant* (1830-1843, 9 vol.), ainsi que l'*Histoire de la philosophie*, de Ritter (1835) ; — *La morale élémentaire*, de Snell (1838) ; — *L'éducation du genre humain*, de Lessing (1856), etc. M. Tissot, chevalier de la Légion d'Honneur depuis le 29 décembre 1855, est décédé le 17 octobre 1876.

TISSOT (Charles-Joseph), né à Paris, le 29 août 1828, fils du précédent. Elève du collège Charlemagne, il fit partie, en 1848, de la première promotion de l'Ecole d'administration et entra, en 1849, au ministère des Affaires étrangères. Elève-consul à Tunis en 1852, consul à la Corogne (Espagne) en 1857, à Andrinople en 1860 et à Jassy en 1863, M. Tissot remplissait dans l'intervalle diverses missions politiques, notamment en Herzégovine, au Monténégro et à Constantinople. Nommé sous-directeur des affaires politiques au ministère des Affaires étrangères en octobre 1866, premier secrétaire d'ambassade à Londres en 1869, ministre plénipotentiaire de France au Maroc en 1871, il est passé, en la même qualité, en Grèce en 1876. En dehors de ses deux thèses pour le doctorat ès lettres : *Des proxénies grecques et de leur analogie avec les institutions consulaires modernes* (1863) et *De tritonide lacu*, M. Tissot a publié dans des recueils spéciaux un grand nombre d'études d'histoire, d'archéologie, de géographie comparée, etc. Chevalier de la Légion d'Honneur en 1861, il a été promu officier de l'ordre en mars 1866 et nommé membre correspondant de l'Institut en décembre 1876.

TISSOT (Victor), né à Fribourg (Suisse), le 15 août 1845. Son père, notaire et juge au tribunal, destinant son fils à la même carrière, lui fit étudier le droit d'abord à Fribourg en Brisgau, puis aux Universités de Tubingue et de Vienne. Mais comme les penchants du jeune étudiant l'entraînaient vers la littérature, il mécontenta son père qui lui supprima sa pension. Livré à lui-même, M. Victor Tissot donna quelque temps des leçons, puis vint à Paris en 1867. Voyant que son bagage poétique ne l'aiderait pas à vivre, il accepta une place à la correspondance de la librairie artistique de M. Morel, puis entra au *Courrier français* où il resta peu de temps. Appelé comme professeur dans l'important pensionnat Tudichum, à Genève, M. Tissot entrait, une année après, comme rédacteur à la *Gazette de Lausanne*, poste qu'il occupa pendant six ans. Il donna à ce journal une impulsion nouvelle et inaugura en 1872 ces suppléments littéraires hebdomadaires qui ont été si heureusement imités par la presse parisienne. En même temps qu'il rédigeait à lui seul presque tout ce journal, il publiait quelques nouvelles dans la *Revue contemporaine*, le *Correspondant* et la *Revue de France*, ainsi que quelques volumes de *Nouvelles suisses*. En 1874, M. Tissot voulut revoir l'Allemagne, y fit un séjour de plusieurs mois et en rapporta le *Voyage aux pays des milliards* (1875), qui, en moins de deux ans, en arriva à sa 40e édition, et fonda la réputation de son auteur. Encouragé par cet immense succès, M. Tissot retourna en Bavière et en Alsace et publia, à son retour, les *Prussiens en Allemagne* (1876) et le *Voyage aux pays annexés* (1876), ouvrages qui ont eu le même succès que le premier, et qui, tous trois, ont eu l'honneur d'une édition illustrée. En dernier lieu il a donné une traduction de l'ouvrage de M. Johannès Scherr, intitulé : *La société et les mœurs allemandes* (1877). Il prépare un nouveau volume sur : *Vienne et la vie viennoise* et un *Voyage en Hongrie et en Bohême*. Son *Voyage au pays des milliards* est traduit dans la plupart des langues européennes. M. V. Tissot a publié en outre un roman : *A la recherche du bonheur* (1872), et plusieurs opuscules sur les beaux-arts en Suisse.

TOCQUEVILLE (Hippolyte CLEREL, comte DE), né à Paris, le 12 mars 1812; fils d'un ancien préfet sous Louis XVIII et frère d'Alexis de Tocqueville, l'auteur de la *Démocratie en Amérique*. Il a servi militairement de 1818 à 1830, époque où, étant capitaine au régiment des dragons de la garde, il donna sa démission pour se consacrer à la gestion de ses domaines situés dans le département de la Manche. Membre du Conseil général, maire de Beaumont, président de la Société d'agriculture, M. le comte de Tocqueville resta, sous l'Empire, à l'écart de la politique, mais se présenta aux élections du 2 juillet 1871, dans la Manche comme candidat républicain et fut élu au second tour de scrutin (9 juillet) représentant à l'Assemblée nationale. Inscrit à la réunion du Centre-Gauche et de la Gauche-Républicaine, il appuya la politique de M. Thiers et vota pour le pouvoir constituant, le retour à Paris, le message de M. Thiers, la proposition Casimir-Perier et Malleville, et la Constitution du 25 février 1875. Lors du renouvellement des Conseils généraux, le 8 octobre 1871, M. le comte de Tocqueville a été élu conseiller général de la Manche pour le canton de Beaumont. Révoqué de ses fonctions de maire, le 23 février 1874, il a été nommé sénateur inamovible par l'Assemblée nationale, le 15 décembre 1875. M. le comte de Tocqueville a publié : *Mémoire sur l'amélioration des chevaux normands* (1842) ; — *Quelques idées sur les moyens de remédier à la mendicité et au vagabondage* (1849). Il est décédé le 10 juin 1877.

TOCQUEVILLE (René CLEREL, vicomte DE), né au Pecq, près Saint-Germain, le 1er septembre 1834; neveu du précédent. Il a suivi comme son oncle la carrière militaire. Engagé au régiment de chasseurs d'Afrique en 1851, il fit jusqu'en 1859 les campagnes d'Afrique, assista à celle d'Italie, comme porte-guidon du maréchal de Mac-Mahon, à l'expédition de Chine, comme officier de cavalerie attaché à l'état-major du général Cousin-Montauban, depuis comte de Pelikao, et, comme aide de camp de l'amiral Charner (1861 et 1862), à celle de Cochinchine où il fut nommé chevalier de la Légion d'Honneur puis grand'croix de l'ordre de 1re classe de Ferdinand d'Espagne après la prise du fort de Kiloa, près de Saïgon. Capitaine au régiment des guides en 1863, M. de Tocqueville donna sa démission la même année mais reprit du service lorsqu'éclata la guerre contre la Prusse, fit, en qualité de lieutenant-colonel du 72e de mobiles de la Manche, la campagne de la Loire et mérita d'être promu officier de la Légion d'honneur. Conseiller général de la Manche, pour le canton de Saint-Pierre-Eglise depuis 1869 et maire de Tourlaville, où il possède un beau château de ce nom, il se présenta aux élections législatives du 20 février 1876, comme candidat « républicain-conservateur constitutionnel » et fut élu, au second tour de scrutin, le 5 mars 1876, député pour l'arrondissement de Cherbourg.

TOLAIN (Henri-Louis), né à Paris, le 18 juin 1828. Ciseleur de profession, il se fit lui-même son instruction et ne tarda pas à jouir d'une grande considération parmi les ouvriers de son état. En 1861, il fut choisi comme secrétaire-adjoint de la Commission ouvrière qui accompagna la délégation des ouvriers français à l'Exposition de Londres (1862). Candidat des ouvriers de Paris aux élections générales de 1863, il n'obtint que 485 voix. En 1864, il fut, au Meeting de Saint-Martin's Hall à Londres, l'un des fondateurs de la fameuse Association internale des travailleurs, qui, de simple institution de résistance en matière de grèves, est devenue, comme l'on sait, une véritable puissance politique et sociale. Délégué de la section parisienne de l'Internationale à la Conférence de Londres en 1865, à Genève en 1866, à Lausanne en 1867, à Bruxelles en 1868, à Bâle en 1869, il prit une part importante aux discussions de ces Congrès, soutint le principe de la propriété individuelle, et proposa l'intervention pacifique des masses ouvrières entre les divers gouvernements pour empêcher, autant que possible, l'explosion de nouvelles guerres. Au mois de mai 1869, M. Tolain était l'un des orateurs les plus écoutés dans les réunions électorales. Déjà condamné, en 1865, à cent francs d'amende pour avoir fait partie d'une Société non autorisée (l'Internationale), il allait encore paraître devant la police correctionnelle pour la même cause, quand l'Empire s'écroula. Pendant le siège de Paris, il fut élu adjoint au maire du XIe arrondissement, le 7 novembre 1870, par 13,206 voix. L'activité, le dévouement et les capacités dont il fit preuve en ces pénibles circonstances militèrent en faveur de sa candidature, le 8 février 1871, et il fut élu par 89,162 voix représentant de la Seine à l'Assemblée nationale. La révolution du 18 mars lui fit un rôle très-difficile. Ennemi du désordre et des violences, il ne pouvait que prêcher la conciliation. Après avoir signé la proclamation des maires et des députés de Paris et s'être vu porté, sans son consentement, sur la liste des candidats de la Commune dans son arrondissement, ayant enfin compromis sa popularité sans aucun profit pour le parti de l'ordre, il se retira à Versailles et reprit sa place à l'Extrême-Gauche de l'Assemblée. M. Tolain a souvent pris la parole à la Chambre, avec une grande autorité, notamment sur les questions économiques et sociales, sur la marine marchande, l'Internationale pour laquelle il ne voulait pas qu'on fît une loi spéciale, les matières premières, etc. Il est l'auteur d'une proposition qu'il a vivement soutenue à la tribune, et qui avait pour objet l'abrogation de l'art. 291 (droit d'association). Aux élections du 30 janvier 1876 il a été nommé sénateur de la Seine.

TOMPKINS (Clementina-Maria GRIERSON), née à Washington (Etats-Unis). le 24 mars 1848; fille de feu Benjamin Goodloe Tompkins de Virginie et de Juliet Latimer de Washington. Elle a fait ses premières études pendant deux années à l'Ecole nationale de dessin de Paris où elle a reçu plusieurs récompenses, et a été élève de M. Bonnat depuis 1872. Cette même année elle a exposé au Salon de Bruxelles son premier essai de peinture : le *Portrait de sa mère*, profil, demi-grandeur, et en 1873 elle a fait son début au Salon de Paris avec ce même portrait et un autre, grandeur naturelle, aussi de sa mère. Depuis, elle a exposé : *Il piccolo musico* (1874); — *Un début artistique* (1875); — *Rosa la fileuse* (1877), tous trois de grandeur naturelle. Les deux premiers tableaux ont figuré au Salon de Bruxelles (1875) et à l'Exposition internationale de Philadelphie (1876), où Mlle Tompkins a obtenu une médaille. *Il piccolo musico* est maintenant à l'exposition de l'Académie royale de Londres, *Un début artistique* dans la galerie de MM. Goupil et Cie, à Londres et *Rosa la fileuse* dans la galerie de la même maison, à Paris.

TONDU (Henri), né le 26 mai 1827 à Pont-de-Veyle (Ain), où ses ancêtres ont été notaires de père en fils pendant plus de trois siècles. Ses études au collège de Bourg et au lycée de Mâcon terminées, M. Henri Tondu fit son cours de droit, se fit recevoir licencié et se consacra, lui aussi, à la carrière du notariat. Il succéda à son père en 1852 et quitta sa charge en 1872. L'année suivante il fut nommé notaire honoraire. Membre de la Commission municipale de Pont-de-Veyle après le 4 Septembre, il fut investi des fonctions de maire qu'il conserva pendant tout le temps de la guerre et aujourd'hui il fait encore partie du Conseil municipal de cette ville. Sous l'Empire, M. Tondu se présenta au Conseil général dans le canton de Pont-de-Veyle contre un candidat soutenu par l'administration et il échoua à une très-faible minorité. Aux élections législatives du 20 février 1876 il se présenta aux électeurs de la 2e circonscription de l'arrondissement de Bourg comme sincèrement républicain et fut élu député de l'Ain avec une majorité de près de 3.000 voix sur M. le comte Le Hon. M. Henri Tondu a siégé à gauche et fait partie des 363.

TOPIN (Marius), né à Aix (Bouches-du-Rhône), le 25 décembre 1838. Son père, ancien recteur d'Académie, lui donna une solide instruction. Après avoir terminé ses études classiques, aux lycées d'Aix et de Gap, M. Marius Topin entra, en 1856, dans l'administration de l'enregistrement et la quitta en 1870, avec le titre de contrôleur. Menant de front l'étude des lettres avec ses travaux administratifs, il écrivit de 1859 à 1863, dans plusieurs journaux de province. Un de nos collaborateurs de la *Revue française*, il remporta en 1863, à l'Académie française le prix d'éloquence avec une étude : *Le cardinal de Retz, son génie, ses écrits* (1864), et, en 1868, le prix Thiers avec un travail intitulé : *L'Europe et les Bourbons sous Louis XIV* (1868). Attaché depuis au *Correspondant*, il y publia plusieurs articles réunis depuis en volume sous le titre de l'*Homme au masque de fer* (1870), qui furent très-remarqués et pour lesquels l'Académie française lui décerna encore un nouveau prix et le gouvernement la croix de la Légion d'honneur. Chef du 193e bataillon de la garde nationale pendant le siège de Paris, M. Marius Topin fit preuve de beaucoup de zèle et de bravoure et mérita d'être promu officier de la Légion d'honneur (22 août 1871). Fondateur en 1872 avec MM. R. Mitchell et H. Debrousse, du *Courrier de France*, dont il fut un des principaux rédacteurs, il passa peu de temps après à la *Presse* et y soutint après le 24 mai 1873, pendant quelques mois la politique du nouveau gouvernement. Lorsque en avril 1875, la *Presse* depuis longtemps républicaine, passa sous la direction de M. Massicault, M. Topin quitta la rédaction en chef de ce journal pour en devenir le critique littéraire. Après le départ de M. Massicault (septembre 1875), M. Topin redevint rédacteur en chef de la *Presse*. Outre les ouvrages déjà cités on doit encore à M. Topin : *Histoire d'Aigues mortes* (1865) ; — *Louis XIII et Richelieu* (1876). Ce dernier ouvrage a été couronné par l'Académie française. M. Topin a aussi publié en 1876, un volume de critique sur les *Romanciers contemporains*. Par sa mère, M. Marius Topin est le neveu de M. Mignet, le vieil ami de M. Thiers.

TOUCHARD (Philippe-Victor), né à Versailles, le 21 juillet 1810. Entré à l'Ecole d'Angoulême en 1826, il devint élève de marine de 2e classe le 7 octobre 1827 et embarque successivement sur la frégate la *Vénus*, le vaisseau de *Scipion*, puis sur le brick l'*Actéon* commandé par le capitaine de frégate Hamelin, mort amiral de France et grand-chancelier de la Légion d'honneur. En 1830, il prend part, sur ce dernier navire, au blocus d'Alger et fait ses premières armes, au débarquement de Sidi-Ferruch et à la prise d'Alger, suivie bientôt après de celle de Bône. Sur la corvette la *Bonite* il fait en 1835, 1836 et 1837 une campagne scientifique autour du monde dans laquelle il est chargé des observations astronomiques. Il est décoré à la suite de cette campagne et publie dans les *Annales maritimes* un travail sur la détermination des longitudes par les mesures chronométriques. Il publie aussi dans ce même recueil diverses études sur l'artillerie navale. Lieutenant de vaisseau le 11 août 1839, il est officier de manœuvre sur le vaisseau le *Diadème*, dans l'escadre du Levant (1839 et 1840). C'est alors que le commandant de la *Belle-Poule*, prince de Joinville, l'appelle à servir auprès de lui, dans la campagne de Saint-Hélène, en qualité d'officier d'ordonnance. Le vice-amiral Touchard se trouve aujourd'hui le dernier survivant de ceux qui assistèrent à l'ouverture du cercueil de l'empereur Napoléon Ier. En 1844, chef d'état-major du contre-amiral prince de Joinville, commandant l'expédition du Maroc, il prend part aux combats de Tanger et de Mogador, au débarquement et à la prise de vive force de l'île Mogador et mérite dans cette expédition d'être promu officier de la Légion d'honneur et capitaine de corvette. Commandant la corvette le *Cuvier*, de 1845 à 1846, il est appelé aux fonctions de chef d'état-major dans l'escadre d'évolution commandée par le vice-amiral prince de Joinville, de 1846 à 1848. Pendant les trois journées de Février 1848, il est auprès du roi, accompagne la duchesse d'Orléans à la Chambre des députés, et, après l'invasion de la Chambre il contribue, avec l'aide de quelques gardes nationaux, à transporter en lieu sûr, le jeune comte de Paris. De là, il va rejoindre à Alger le prince de Joinville et le duc d'Aumale, quitte Alger avec ces princes et les accompagne dans leur retraite volontaire en Angleterre. Il commande en second le vaisseau l'*Hercule*, en 1849, et en 1852, il est nommé au commandement du vaisseau-mixte à hélice le *Jean-Bart*. Il prend part sur ce vaisseau à l'expédition de Crimée en 1854 et 1855, au débarquement à Old Fort, au combat du 17 octobre contre les forts de Sébastopol où il fut promu commandeur de la Légion d'honneur, à l'expédition de Kertch et à celle de Kinburn. En 1857 il commande le vaisseau rapide à hélice le *Napoléon*. Gouverneur de la Guadeloupe en 1857, 1858 et 1859, il reçoit le grade de contre-amiral le 16 mai 1859 et commande la division navale du Levant de 1861 à 1863. En 1862, pendant la révolution de Grèce, qui renverse le trône du roi Othon, il assure le salut du roi et de la reine. Président de la Commission d'artillerie en 1864, il est appelé, à la formation du comité d'artillerie de la marine, à faire partie de ce comité. Nommé vice-amiral le 5 novembre 1864 et membre du Conseil d'amirauté, il préside le Conseil des travaux de la marine, de 1865 à 1873, et fait partie de la Commission mixte de défense des côtes. Grand-officier de la Légion d'honneur en 1869, commandant en chef l'escadre cuirassée de la Méditerranée en 1873, 1874 et 1875, il a été élevé à la dignité de grand'croix de la Légion d'honneur, en quittant ce commandement. Le 21 juillet 1875 il entre au cadre de réserve. Le vice-amiral Touchard a publié un assez grand nombre d'articles dans la *Revue maritime* : *A propos du combat de Lissa* ; *Les navires de croisière et leur armement* ; *Les forts de mer en 1867* ; *La question du décuirassement*, etc. Il débutait en 1850 dans la *Revue des Deux-Mondes* par un article intitulé *la France vis-à-vis du Maroc*, et récemment il publiait dans cette même revue un article sur *La défense des frontières maritimes*.

TOULZA (Paul-Hélène-Philippe, comte DE), né à Rabassens (Tarn), le 13 octobre 1813, d'une noble et ancienne famille du midi. Il fit ses études à Toulouse, et cultiva de bonne heure la poésie. Quoique vivant dans ses propriétés et s'occupant d'agriculture, M. Philippe de Toulza consacra ses loisirs aux travaux littéraires. Fort jeune encore il a eu plusieurs de ses poésies couronnées aux Jeux-Floraux (1832 à 1834) ; un grand nombre d'articles de lui ont été successivement insérés dans des recueils périodiques. En 1865 il publia la première traduction française de la *Vie et lettres de Rosa Ferrucci* (2ᵉ édition, 1870) ; — en 1868, une autre traduction, celle de l'*Histoire de la conquête du Mexique* d'Antonio de Solis, avec des notes archéologiques et historiques qui mettent cet ouvrage célèbre au niveau de la science actuelle ; — et, en 1874, *La princesse de Salm-Salm, au Mexique en 1867*, avec une introduction sur les révolutions du Mexique et un récit authentique de la chute et des derniers moments de Maximilien Iᵉʳ. Il a actuellement sous presse un volume de poésies et dans son portefeuille plusieurs ouvrage écrits en prose.

TOUPET DES VIGNES (Edmond-Edouard-Ernest-Victoire), né à Givet, le 6 septembre 1816. Il fit de brillantes études au collège Charlemagne, et songea un instant à concourir pour l'admission à l'École polytechnique ; mais des considérations de famille l'éloignèrent de ce dessein, et il retourna dans sa ville natale où il devint un des principaux représentants de la démocratie. Il commandait la garde nationale de Givet quand survinrent les événements de Février 1848. Elu représentant des Ardennes à la Constituante et à la Législative, il vota presque toujours avec le parti républicain modéré, fit une assez vive opposition à la politique de l'Elysée et aux menées réactionnaires de la majorité, remplit les fonctions de secrétaire au Comité de l'Algérie, et se prononça contre les deux chambres, la proposition Rateau et l'expédition de Rome. De 1848 à 1870, il siéga au Conseil général de son département. C'est la seule fonction publique que M. Toupet des Vignes ait acceptée sous l'Empire, fonction qu'il exerce à nouveau depuis les élections du 8 octobre 1871. Elu représentant des Ardennes à l'Assemblée nationale par 41,714 voix, le premier sur dix, le 8 février 1871, il a pris place sur les bancs du Centre-Gauche, soutint la politique de M. Thiers et vota la Constitution du 25 février 1875. M. Toupet des Vignes a été élu sénateur des Ardennes le 30 janvier 1876. Questeur de l'Assemblée nationale depuis février 1874, il remplit les mêmes fonctions au Sénat.

TOURNY (Joseph-Gabriel), né à Paris, le 3 mars 1817. Il suivit l'atelier de M. Martinet, et se consacra tout à la fois à la gravure et à la peinture. En 1848, il remporta le grand prix de Rome, comme graveur, sur le sujet suivant : *Figure gravée*. De Rome, il envoya à l'Ecole des beaux-arts des *Etudes* d'après les maîtres. Son début au Salon date de 1857, époque où il exposa l'*Amour sacré et profane*, d'après Titien, aquarelle, trois portraits à l'aquarelle et les portraits de MM. *Baroche* et *Macaccio*, gravures. Depuis, cet artiste a fait recevoir, au Salon de Paris, les œuvres suivantes qui sont presque toutes des aquarelles : quatre *Portraits* et une *Tête d'étude de moins* (1859) ; — *Jérémie, Zacharie, Johel, Ezechiel* la *Sibylle de Cumes*, la *Sibylle de Lybie*, la *Sibylle de Delphes* et la *Sibylle de Perse*, d'après Michel-Ange ; les Sibylles de l'église Sixtine à Rome et la *Vision d'Ezéchiel*, d'après Raphaël le *Paradis* et le *Couronnement de la Vierge* d'après Beato Angelico ; le *Concert champêtre*, d'après le Giorgione ; les portraits d'une *Dame florentine* et d'une *Dame romaine* (1861) ; — trois *Aquarelles* (1863) ; — *Deux moines près d'un bénitier*, étude, au Musée du Luxembourg ; *Tête de fantaisie* (1864, E. U. 1867) ; — *Bacchante devant un Terme* (1865) ; — *Saint Bonaventure montrant le Christ à Saint Thomas d'Aquin comme source de toute onction* ; *Jeune Italienne jouant du tambourin* (1866) ; — *Les pèlerins d'Emmaus*, d'après P. Véronèse (1867) ; — *Les noces de Cana*, d'après Véronèse ; *Portrait d'Erasme*, d'après Holbein (1868) ; — *Moines regardant un missel* ; *Moines au lutrin* (1869) ; — un *Portrait* (1870) ; — *La prière dans l'église San-Antonio, à Madrid* ; *Religieuse montrant à tricoter*, appartenant à l'Etat ; *Les pauvres du couvent de Las Huertas, à Madrid* (1873). A ces œuvres, il faut ajouter des dessins pour les gravures commandées par le Louvre, comme la *Vierge* du Pérugin, la *Fille d'Hérode* de Luini, le *Portrait de Van Dyck*, le *Saint Paul* de Lesueur ; des portraits et des compositions pour différents particuliers ; une copie de l'*Antonello de Messine* du Louvre pour le duc d'Aumale ; des portraits exécutés à Lyon, entre autres ; celui de M. *Sauzet*, ancien président de la Chambre des députés. Enfin, une des œuvres capitales de ce peintre consiste dans une belle série d'aquarelles appartenant à M. Thiers, ce sont : des traductions des grands maîtres à Rome ; la *Dispute du Saint-Sacrement*, en Angleterre ; quatre des cartons d'Hampton-Court, qui sont la *Pêche miraculeuse*, la *Prédication de Saint Paul*, *Jésus donnant les clefs à Saint Pierre* ; deux volets de la *Descente de croix de Rubens*, en Belgique, puis la *Descente de croix* elle-même ; la *Vierge au poisson*, le *Spasimo* et une petite *Sainte-Famille*, d'après Raphaël, en Espagne ; les portraits de *Philippe IV* et du duc *d'Olivarès* d'après Vélasquez, de *Charles-Quint* et de *Philippe II* d'après le Titien ; la *Suzanna* du Corrége, à Stuttgard. M. Tourny a obtenu une médaille de 3ᵉ classe en 1861, son rappel en 1863, une médaille en 1868 et la croix de la Légion d'Honneur en 1872.

TRANCHANT (Louis-Charles-Marie), né à Paris, le 2 juin 1826. Fils d'un inspecteur général de l'Université, il fit ses études classiques au collège Rollin, son droit à la Faculté de Paris et suivit les cours de l'Ecole des chartes puis ceux de l'Ecole nationale d'administration. Reçu licencié en 1848, il obtint, par voie de concours sa nomination d'auditeur au Conseil d'Etat en 1849 et fut attaché successivement aux sections de législation et d'administration. Comme secrétaire de diverses commissions de la section de législation, il prit une part sérieuse à la préparation d'importants projets de lois ou de règlements ; il fut notamment chargé de rédiger l'enquête sur les théâtres imprimée en 1849 à l'Imprimerie nationale. Atteint par la dissolution du Conseil d'Etat en 1851, M. Charles Tranchant fut, quelque temps après, nommé secrétaire du conseil d'administration du ministère de la Justice mais, dès 1853, il quitta cette position pour le barreau. Admis, en 1855, dans le corps des inspecteurs de la compagnie des messageries impériales maritimes, il donna, dans de longues et pénibles tournées sur toutes les côtes méditerranéennes, des preuves d'aptitude et de dévouement qui lui valurent d'être chargé, en 1859, des fonctions de sous-directeur de l'exploitation. En 1865, il fut nommé secrétaire général de la compagnie. En 1867 il fut élu, à la presqu'unanimité des votants, membre du Conseil général de la Vienne son pays d'origine. Ancien commandant du 8° bataillon des gardes nationales de la Seine, il servit dans ses rangs comme volontaire pendant le siége de la capitale. Aux premières élections partielles qui eurent lieu, dans la Seine, pour l'Assemblée nationale, plusieurs comités mirent sa candidature en avant, mais il la retira quelques jours avant le vote. Le 23 juillet 1871 il fut élu par 2093 suffrages sur 2521 votants, conseiller municipal de Paris pour le VII° arrondissement (quartier de Saint-Thomas d'Aquin) et il devint, peu après, conseiller général du département de la Seine par suite de la loi du 16 septembre 1871. Lors de la formation du nouveau Conseil d'État, M. Tranchant a été élu Conseiller d'État par l'Assemblée nationale le 8° sur 22 par 539 voix : son nom était porté sur toutes les listes préparatoires. Il fait partie de la section de contentieux du Conseil. Sur la désignation du garde des sceaux, il a dirigé à la fin de 1872 et au commencement de 1873, le premier concours pour la nomination des auditeurs de 2° classe. En 1873, il a été chargé de présider, dans la Vienne, la Commission d'enquête pour la déclaration d'utilité publique du chemin de fer de Poitiers à Châteauroux. Lorsqu'en 1875, M. Dufaure appliqua le concours au recrutement des attachés à la chancellerie et aux parquets, M. Tranchant fit partie de la Commission qui, après avoir jugé les épreuves du premier concours, prépara le règlement d'administration publique destiné à organiser définitivement la nouvelle institution. En 1877, il a été nommé membre de la Commission supérieure des Archives départementales, communales et hospitalières et du Comité consultatif du contentieux à l'Exposition universelle. Dans le sein du Conseil général de la Vienne, M. Tranchant s'était surtout attaché aux questions des travaux publics, au Conseil général de la Seine et au Conseil municipal de Paris, il a principalement donné ses soins aux questions de finance, tout en prenant une part fort-variée aux travaux des deux conseils. Il a été notamment très-mêlé dans le sein du Conseil municipal aux longues discussions relatives à la réédification de l'Hôtel-de-Ville, dans le sein du Conseil général à celles relatives au mode de gestion des Asyles départementaux d'aliénés. M. Tranchant a coopéré à différents ouvrages ou recueils, le *Dictionnaire d'Administration* publié par M. Maurice Block, le *Guide pour le choix d'un état* de M. Charton, la *Bibliothèque de l'École des Chartes*, le *Journal des Économistes*, etc.

Il a pris une part capitale à la rédaction du règlement général du service extérieur de la compagnie des messageries maritimes publié de 1860 à 1864 en deux volumes in-4° à Marseille. M. Tranchant est chevalier de la Légion d'honneur depuis le 13 août 1864 et officier depuis le 11 janvier 1876.

TRANSON (Abel-Etienne-Louis), né à Versailles, le 20 décembre 1805. Élève de l'École polytechnique en 1823, il en sortit le premier de sa promotion en 1825 et fut admis à l'École des mines. Il devint ingénieur ordinaire de 2° classe le 4 juillet 1830, de 1°° classe le 31 août 1855 et ingénieur en chef de 2° classe le 7 février 1863. En 1830 il embrassa avec l'ardeur de la jeunesse la doctrine Saint-Simonienne, collabora au *Globe*, puis se sépara d'une manière éclatante du père Enfantin avant la retraite à Ménilmontant. Il se rangea un instant sous le drapeau sociétaire de Ch. Fourrier qu'il quitta bientôt pour devenir un catholique fervent. Dès 1834 il était rentré dans le sein de l'église où il demeura le reste de sa vie. Écrivain remarquable en même temps que géomètre distingué, M. Transon a été nommé en 1841 répétiteur d'analyse à l'École polytechnique, puis, en 1858, examinateur d'admission. Collaborateur de plusieurs revues ou journaux spéciaux, il a fourni beaucoup d'articles à *l'Encyclopédie nouvelle* de Jean Reynaud et Pierre Leroux, au *Magasin pittoresque*, à la *Revue d'architecture nouvelle* de César Daly, aux *Nouvelles annales de mathématiques*, etc., et a inséré dans le *Journal de mathématiques* de M. Liouville des mémoires de la plus haute importance et dont nous citerons surtout : *Méthode géométrique pour les rayons de courbure*, relative aux perfectionnements qu'il a apportés à la méthode d'Euler. M. Transon est décédé le 23 août 1876. Il avait été promu officier de la Légion d'honneur en 1872.

TRAVERS (Julien-Gilles), né à Valognes, le 31 janvier 1802, fit ses études au collége de Saint-Lô, débuta comme régent des classes inférieures au petit collége de Saint-Hilaire-du-Harcouët, le 10 avril 1820, devint en 1824 régent de rhétorique à Saint-Lô où il eut pour élèves MM. Le Verrier, Hue de Caligny, de l'Académie des sciences, et Mgr Guilbert, évêque de Gap. Le 1er janvier 1833, il prenait la direction du collége de Falaise, et reçu docteur en 1837, il entrait en 1839 à la Faculté des lettres de Caen, où il suppléa d'abord le professeur de littérature française et fut nommé définitivement à la chaire de littérature latine qu'il occupa jusqu'à sa retraite en 1856. Au commencement de 1862, il accepta les fonctions de conservateur en chef de la bibliothèque publique de Caen, fonctions qu'il remplit encore avec zèle, malgré son âge avancé. Sa carrière laborieuse a été marquée par un grand dévouement aux lettres et par de nombreuses publications. Secrétaire périodiquement élu, depuis 38 ans, de l'Académie nationale des sciences, arts et belles-lettres, fondée en 1652, il lui a fait produire de nombreux volumes, et il a donné une grande impulsion aux travaux d'autres sociétés savantes. En 1829, il créa l'*Echo de la Manche*, premier journal publié dans ce département; puis l'*Annuaire du département de la Manche*, qu'il dirige encore et dont 1878 verra naître la 50e année. Voici ses autres publications : *Les Vaux-de-Vire édités et inédits d'Olivier Basselin et de Jean Le Houx* (1833); — *Bulletin de l'Instruction publique et des Sociétés savantes de l'Académie de Caen* (1840-1843, 6 v.); — *OEuvres poétiques de Boileau*, premier essai de *Variorum* appliqué aux auteurs français, et modèle de tous les auteurs annotés depuis, pour les classes (1844); — *Glossaire du patois normand*, avec Louis Du Bois (1856); — *Le phénix*, œuvre posthume de Bona, traduction (1858); — *Gerbes glanées*, poésies (1859-1869, 10 vol.); — *La Pitié sous la Terreur*, drame en 4 actes et en vers (1869); — *Les foresteries de Jean Vauquelin sieur de la Fresnaie* (1869); — *Les diverses poésies* du même, (1869-1870); — *Essai sur la vie et les œuvres* du même (1872); — *OEuvres diverses en prose et en vers* du même (1872); — *Journal d'un ministre*, œuvre posthume du comte de Guernon-Ranville (1874); — *OEuvres choisies de Moisant de Brieux* (1875); — *Regains*, poésies (1876). M. Travers a pris part à diverses publications, notamment à l'*Encyclopédie des gens du monde* qui lui doit plus de 300 colonnes, au *Dictionnaire historique et géographique* de Dézobry, dont il a fait plus de 400 articles. Il a fourni divers morceaux à la *Biographie Hœfer*, à la *Revue contemporaine*, au *Bulletin de la Société française pour la conservation des monuments*, publié par M. de Caumont, à divers journaux de Paris et des départements, à l'*Annuaire de l'Association normande*, etc. Membre de beaucoup de Sociétés savantes de Paris, des départements et de l'étranger, il a en portefeuille un grand nombre de poésies, les *Mémoires de De Vismes*, ancien directeur de l'Opéra, qu'il a refaits et abrégés en 3 volumes, des mémoires, des dissertations, etc., et une traduction d'*Arnobe* pour la 2e série de la Bibliothèque latine-française de Panckoucke. Il travaille à une *Histoire de l'Académie de Caen*, qui ne doit pas avoir moins de 4 volumes. Nommé membre honoraire de la Faculté des lettres de Caen au moment de sa retraite, il a reçu la croix de la Légion d'Honneur, le 11 novembre 1876.

TRÉLAT (Ulysse), né à Montargis (Loiret), le 13 novembre 1795. Fils d'un notaire, il commença ses études médicales à Paris en 1810. Attaché comme aide-major à l'hôpital militaire de Metz en 1813, il retourna à Paris le 30 mars 1814 pour reprendre ses études médicales. L'année suivante, lors du retour de Napoléon, M. Trélat prit part à la défense de Paris dans les rangs des canonniers volontaires, obtint peu après, au concours, la place d'interne à l'hospice de Charenton et fut reçu docteur en 1821. Ayant toujours professé des opinions libérales, il prit une part active aux travaux des sociétés secrètes et fut, en 1827, un des fondateurs de la société : *Aide-toi et le ciel t'aidera*. Lorsque survint la révolution de 1830 il combattit dans les rang du peuple pendant les trois journées de Juillet, fut nommé commissaire auprès du gouvernement provisoire par la société des *Amis du peuple* et protesta contre l'élévation de Louis-Philippe.

Accusé de complot, il se défendit lui-même devant la Cour d'assises et fut acquitté. M. le Dr Trélat se fit remarquer par son dévouement pendant le choléra de 1832. Puis il alla à Clermont-Ferrand prendre la direction du *Patriote du Puy-de-Dôme*. Appelé à Paris pour concourir à la défense des accusés d'avril, il fut lui-même mis en accusation, condamné par la Cour de Paris à trois ans de prison, dix mille francs d'amende et envoyé aux cabanons de Clairvaux. Rendu à la liberté et à sa profession médicale en 1837, il obtint au concours la place de médecin de la Salpêtrière en 1840. Envoyé par le gouvernement provisoire de 1848, comme commissaire-général dans les départements du Puy-de-Dôme, de l'Allier, de la Creuse et de la Haute-Vienne, il revint à Paris, fut colonel de la garde nationale et lieutenant-colonel de la 12e légion. Elu représentant du peuple à la Constituante, par 70.460 électeurs du Puy-de-Dôme, il fut nommé ministre des Travaux publics. Dans ce poste (12 mai au 18 juin), il eut à lutter contre des difficultés de tous genres. La dissolution violente des ateliers nationaux lui ayant paru dangereuse et impolitique, il proposa et soutint leur remplacement par une suite de dispositions répartissant les travailleurs des ateliers nationaux dans les diverses branches de l'industrie libre. M. Trélat reprit sa place à la Constituante et y soutint la politique du général Cavaignac. Il remplit quelque temps les fonctions de maire du XIIe arrondissement, si difficiles à cette époque, puis rentra à la Salpétrière comme médecin des aliénés. En octobre 1870, il a été nommé membre du Conseil général de l'Assistance publique et le 30 juillet 1871, membre du Conseil municipal de Paris pour le quartier du Panthéon. M. Trélat a publié : *Précis élémentaire d'hygiène* (1825), avec M. Buchet ; — *De la constitution du corps des médecins et de l'enseignement médical* (1828) ; — *Recherches historiques sur la folie* (1839) ; — *Des causes de la folie* (1856) ; — *La folie lucide* (1861), etc. Il a reçu la croix de la Légion d'honneur le 18 juillet 1849.

TRÉLAT (Emile), né à Paris, le 6 mars 1821 ; fils du précédent. Sorti de l'Ecole centrale des arts et manufactures en 1840, il devint inspecteur de la restauration du château de Vaux-Praslin, architecte-adjoint du département de Seine-et-Marne, puis membre du Conseil d'hygiène publique de France. Collaborateur de Visconti au projet d'achèvement du Louvre, il perdit ses positions officielles, en 1851, lors du refus de serment. Depuis, M. E. Trélat fit les études architecturales du chemin de fer projeté entre Lille et Strasbourg, le projet de l'aménagement de la place des Quinconces, à Bordeaux, et collabora avec M. Eugène Flachat à celui des Halles centrales de Paris. Professeur de construction civile au Conservatoire des arts et métiers en 1854, architecte-adjoint de la Commission impériale de l'Exposition universelle de 1855, où il mit en mouvement les machines à l'aide d'un arbre de couche de 450 mètres, il devint membre du jury de cette exposition, puis de celle de Londres (1862). Après avoir été, de 1856 à 1862, architecte des deux chemins de fer italiens Ferdinanda et Pio-Latina, M. E. Trélat fonda, en 1865, l'Ecole spéciale d'architecture dont il est le directeur et où il professe un cours de théorie d'architecture. Il a été nommé en 1871, membre du Conseil des travaux et architecte en chef du département de la Seine. M. E. Trélat a publié : *Le théâtre et l'architecte* (1860) ; — *Etudes architecturales à Londres* (1863) ; — *L'école centrale d'architecture* (1864) ; —*L'enseignement des beaux-arts* (1864) ; — *Etudes sur la Forme* (1875). Chevalier de la Légion d'honneur depuis 1855, il a été promu officier de l'ordre pour les services qu'il a rendus pendant le siège de Paris de 1870, comme capitaine de la mobile.

TRÉLAT (Ulysse), né à Paris, le 13 août 1828, frère du précédent. Docteur en médecine de la Faculté de Paris en 1854, il fut reçu, au concours de 1857, agrégé de la Faculté avec une thèse intitulée : *Sur la nécrose par le phosphore*. Chirurgien en chef de la Maternité en 1864, de la Pitié en 1869 et de la Charité en 1872, M. Trélat a été nommé, le 24 juin 1872, professeur de pathologie chirurgicale à la Faculté de Paris et le 20 janvier 1873, membre de l'Académie de médecine. Il est membre du Conseil de salubrité du département de la Seine et de nombreuses sociétés savantes. Il a été président de la Société anatomique et de la Société de chirurgie de Paris. Pendant la guerre de 1870 il fut chef de la 5e ambulance qui, après la campagne de Sedan passa dans l'Orléannais, soigna dans des postes avancés, Auvilliers, Terminiers, Loury, les blessés de la première et de la seconde prise d'Orléans et s'évada vers la fin de janvier 1871 du territoire occupé par les Allemands. M. Trélat a publié des travaux sur l'*Hygiène hospitalière*, sur la *Statistique des opérations chirurgicales*, sur les *Fractures de l'extrémité inférieure du fémur*, sur la *Trachéotomie dans les lésions syphilitiques du larynx*, sur l'*OEsophagotomie interne*, sur la *Staphylorrhaphie* et l'*Uranoplastie*, sur les *Autoplasties faciales* et sur un grand nombre d'autres points de chirurgie et de médecine opératoire. Il est chevalier de la Légion d'honneur depuis 1870.

TRÈVE (Auguste-Hubert-Stanislas), né à Ingonville (Seine-Inférieure), le 17 novembre 1829. Elève à l'Ecole navale en 1843, aspirant le 1er août 1847, enseigne de vaisseau le 4 septembre 1854 et lieutenant de vaisseau le 27 novembre 1859. Pendant l'expédition de Chine il fit les premières applications de l'électricité à l'art de la guerre, en faisant sauter le 31 août 1860 le plus grand fort du Pi-ho (le Malakoff de cette position), et en déblayant la passe obstruée par des barrages en fer, au moyen d'une mine sous-marine, appelée aujourd'hui Torpille. Il remplit à Tien-Tsin les fonctions de capitaine du Port et de consul de France et y établit les premiers réglements de douane, de concert avec le consul anglais, M. Mongan. Puis il monta à Pékin, en qualité de 1er secrétaire de l'ambassade, et y exerça en 1862 les fonctions de « chargé d'affaires » de France auprès du prince Kong. C'est dans cette position qu'il arracha au gouvernement chinois le fameux décret du 7 février proclamant la *Liberté de conscience* dans l'empire. Il participa de 1864 à 1866, comme commandant de l'aviso le *Kien-Chan*, aux opérations militaires du Japon et de la Corse et mérita d'être promu capitaine de frégate le 22 mai 1869. M. Trève s'est fait remarquer par ses travaux sur l'application de l'électricité dans les signaux, les éclairages, les torpilles, la régularisation du compas, etc. Peu de jours avant la guerre, il fut envoyé à Cherbourg pour établir autour de ses digues plusieurs zones de torpilles et lors de l'investissement de Paris (15 septembre 1870), il fut chargé du service des torpilles dans la partie sud des travaux avancés. Le lendemain de la prise de Chatillon, il surprit les postes avancés de l'ennemi établis sur le plateau par l'explosion soudaine électrique de plusieurs fourneaux de mines. Puis le 25 novembre suivant il fut nommé commandant du fort de Noisy. Candidat, mais s'étant refuser à aller dans aucune réunion publique, dans le département de la Seine aux élections, pour l'Assemblée nationale (8 février 1871), il obtint, sans être élu, un grand nombre de voix. Colonel de la légion du VIe arrondissement, après le 18 mars, sous les ordres du contre-amiral Saisset, il reçut la mission d'organiser la résistance, mais ne pouvant pas y réussir il rejoignit son chef à Versailles. Lors du second siège de Paris, il proposa d'entrer par la Seine à la tête de 300 de ses marins et de tourner la porte de la rive droite. Il allait prendre le commandement d'une batterie de campagne dans le corps d'armée du général de Cissey, lorsque le 21 mai à 3 heures de l'après-midi, étant en reconnaissance dans la tranchée en face la Porte de Saint-Cloud, il aperçut au bastion 64 un homme agitant un mouchoir blanc en guise de drapeau parlementaire. Après avoir défendu à ses soldats de le suivre, craignant quelque ruse, M. Trève se précipita en avant et pénétra seul dans l'enceinte dont il fit la reconnaissance en compagnie de M. Jules Ducatel qu'il reconnut être se dévouant pour le pays. Il sortit alors de la ville pour expédier ses dépêches aux généraux voisins et y rentra de nouveau avec une section du génie suivi des troupes de tranchée. Il reçut pour sa belle conduite dans cette circonstance le grade de capitaine de vaisseau (7 juin 1871). Comme savant, M. Trève a adressé à l'Académie des sciences un grand nombre d'importants mémoires. Il a publié en 1874, une *Notice sur Francis Garnier*. Chevalier de la Légion d'honneur en 1860, promu officier de l'ordre en 1863, il est commandeur de Pie IX et chevalier des ordres de Charles III d'Espagne et de Grégoire-le-Grand.

TRÉVENEUC (Henri-Louis-Marie, *comte de*), né à Saint-Brieuc (Côtes-du-Nord), le 13 septembre 1815, d'une ancienne et noble famille. Deux membres de cette famille, ont été, l'un croisé en Palestine, dans l'expédition de Louis IX (1249), l'autre chancelier de Bretagne, signataire du contrat de mariage de la duchesse Anne avec Louis XII et du traité de réunion de la Bretagne à la France. Elève de l'Ecole militaire de Saint-Cyr en 1832, M. de Tréveneuc prit part à une petite émeute qui y éclata en 1833 et fut envoyé pour ce fait comme simple soldat au 5e de ligne. Sous-officier au 11e léger, il donna sa démission, étudia l'architecture à l'Ecole des beaux-arts, de 1836 à 1839, puis fit son droit à la Faculté de Paris et obtint le diplôme de licencié. Depuis, M. de Tréveneuc s'initia à la vie pratique par des études sérieuses et approfondies au point de vue de l'économie politique, agricole et industrielle. Elu représentant des Côtes-du-Nord à la Constituante de 1848 par près de 100.000 voix, puis réélu à la Législative, le premier de la liste, il vota d'abord avec les républicains modérés de la nuance Cavaignac et Dufaure, se signala par son courage aux journées de Juin, soutint le général Cavaignac, mais passa dans les rangs de la Droite et fit adopter le 30 novembre 1848, un ordre du jour par lequel l'Assemblée approuva les mesures de précaution prises par le gouvernement du général Cavaignac pour assurer la liberté du Saint-Père. Le coup d'Etat du Deux Décembre contre lequel il protesta énergiquement le rendit à la vie privée. Pendant le siége de Paris M. de Tréveneuc servait comme major de place au 6e secteur et mérita par sa belle conduite la croix de la Légion d'honneur. Envoyé par les électeurs de son département à l'Assemblée nationale, le 8 février 1871, il siégea au Centre-Droit et vota généralement avec les légitimistes, mais ne fit partie d'aucun groupe parlementaire. Auteur de plusieurs amendements ou propositions il présenta en août 1871 un projet de loi autorisant les Conseils généraux, en cas de dissolution violente de l'Assemblée, à reconstituer provisoirement la représentation du pays au moyen de l'élection de délégués pris dans leur sein. Cette proposition connue sous le nom de *loi Tréveneuc* fut votée le 19 février 1872. M. le comte de Tréveneuc a été élu sénateur pour le département des Côtes-du-Nord le 30 janvier 1876. Il a coutinué de voter au Sénat, comme aux autres assemblées dont il a fait partie, avec le Centre-Droit et la Droite-modérée.

TRÉVILLE (Herman, *comte* DE), né le 23 février 1803. Il compte parmi ses ascendants, dans la ligne paternelle, la célèbre Mme de Sévigné; et sa famille, de génération en génération, a toujours suivi la carrière des armes. Entré, dès l'âge de 16 ans, au 7e dragons, il se trouvait ainsi sous les mêmes drapeaux en même temps que ses trois frères. Il fit la campagne d'Espagne et conquit l'épaulette de lieutenant; mais, quand éclata la révolution de Juillet 1830, refusant toutes les offres et les promesses de la Branche-Cadette, il quitta l'état militaire et rentra dans la vie privée. M. le comte de Tréville est encore de nos jours, grâce à la distinction de sa personne et de son esprit, ainsi qu'à l'urbanité de ses manières et de son langage, le type du grand seigneur d'autrefois; aussi jouit-il d'une certaine autorité dans le parti légitimiste auquel il est toujours resté religieusement attaché. Ses concitoyens, qui le tiennent en haut estime et professent pour lui la plus vive affection, l'ont à fréquentes reprises, notamment en 1838, investi du mandat de conseiller municipal; mais il a toujours donné sa démission après l'élection, ne voulant remplir aucune fonction publique sous un régime qu'il réprouvait. C'est ainsi que, sous l'Empire, il a constamment refusé de poser sa candidature pour le Conseil général et le Corps législatif. Mais quand de cruels événements sont venus coup sur coup accabler la France, M. le comte de Tréville a cru devoir accepter, le 8 février 1871, avec sa part de devoirs et de responsabilité dans la réparations de nos malheurs, le patriotique mandat de représentant du département de l'Aude à l'Assemblée nationale. Il a siégé à la Droite, avec la fraction des légitimistes-libéraux.

TRIBERT (Louis), né à Paris, le 29 juin 1819. Fils d'un ancien membre de la Chambre des députés, M. Louis Tribert, fit ses études classiques au collège Bourbon, les compléta à l'Université de Berlin, et visita l'Italie, l'Egypte, l'Angleterre, l'Espagne, la Russie, le Canada, les Etats-Unis et le Mexique. En 1860 il assistait au bombardement de la Vera-Cruz par Miramon. Etabli dans sa belle propriété de Puyraveau (Deux-Sèvres), il se présenta, mais sans succès, comme candidat indépendant en 1863 et 1869 aux élections générales pour le Corps législatif. Quoique âgé de 51 ans, il s'engagea, le 15 août 1870, dans le 95e de ligne (12e régiment de marche), appartenant au 13e corps d'armée, sous les ordres du général Vinoy, et prit part aux combats de Chevilly (30 septembre), et de l'Hay (29 novembre). Fait prisonnier à la Ville-Evrard le 21 décembre, il fut transporté à Neisse, en Silésie. C'est là que vint le trouver le mandat que les électeurs des Deux-Sèvres avaient confié à son patriotisme. A l'Assemblée nationale, M. Louis Tribert a conservé toute son indépendance. Il n'appartint à aucune réunion extra-parlementaire; mais il vota presque toujours avec le Centre-Gauche. Il a fait partie de la Commission ayant pour objet d'éclairer l'Assemblée sur l'état des forces militaires, de la Commission chargée d'examiner la proposition Trochu relative aux généraux assassinés, Clément Thomas et Lecomte, de la Commission d'examen pour la reconstruction de la maison démolie de M. Thiers, et enfin, de la Commission d'enquête sur l'élection de la Nièvre. Le 13 décembre 1875 il a été élu sénateur inamovible. Conseiller général des Deux-Sèvres pour le canton de Champdeniers, depuis 1868, M. Tribert a été réélu le 8 octobre 1871.

TRIFET (Hippolyte-Alexandre), né à Etrœungt (Nord), le 30 mars 1820. Il fit ses études classiques à Avesnes, et fut reçu bachelier ès lettres et ès sciences à Paris, où il s'adonna avec ardeur aux études médicales. Après une année d'externat, il fut reçu membre interne et obtint la médaille de 1re classe en 1845. Lauréat de la Faculté de médecine en 1843 (médaille d'argent de l'Ecole pratique avec remise gratuite du diplôme de docteur), il subit une thèse sur les *Fistules vésico-vaginales* en décembre 1845. Après avoir exercé pendant vingt ans la médecine dans le Nord, où il avait acquis une grande réputation, M. le docteur Trifet revint à Paris où il ne tarda pas à avoir une brillante clientèle. Pendant le siége il fut nommé médecin des ambulances de la

Seine, et la municipalité du IX⁰ arrondissement lui fit décerner une médaille d'argent. Cet habile praticien a publié divers articles de médecine et de chirurgie dans la *Gazette des hôpitaux*, les *Archives de médecine*, la *Revue médicale*, les *Annales de thérapeutique et de toxicologie*, les *Bulletins de la Société de chirurgie*, et plusieurs ouvrages sur les maladies des organes génito-urinaires. Membre du Conseil d'hygiène et de salubrité de l'arrondissement d'Avesnes, pendant plus de vingt ans, le docteur Trifet était médecin du tribunal, membre du Comité de vaccine, de la Commission de statistique, etc. Professeur libre d'anatomie et de pathologie génito-urinaire, il est décoré de l'ordre royal de Charles III d'Espagne.

TRIPIER (Auguste), né à Saint-Léger-de-Foucheret (Yonne), le 26 juin 1830. Docteur en médecine de la Faculté de Paris le 14 août 1856, sur une thèse intitulée : *De l'excrétion urinaire ; considérations sur le mode d'action des diurétiques*, il se fixa dans la capitale et s'y fit bientôt avantageusement connaître. En dehors d'un grand nombre d'articles publiés dans les *Annales d'hygiène publique*, les *Archives générales de médecine*, la *Gazette médicale de Paris*, la *Clinique européenne*, la *Revue contemporaine*, on a de M. le docteur Tripier : *De la rupture du tendon du triceps fémoral, et description d'un appareil inédit de Baudens* (1859) ; — *Manuel d'électrothérapie* ; *Hyperplasies conjonctives des organes contractiles* (1861) ; — *La vie et la santé, précis de physiologie et d'hygiène* (1863) ; — *Assainissement des théâtres. Ventilation. éclairage, chauffage* (1864) ; — *Annales de l'électrothérapie*. Revue des applications thérapeutiques de l'électricité et du magnétisme, de l'électrophysiologie, de la pathologie nerveuse et musculaire (1863-65) ; — *La Galvanocaustique chimique* (1866) ; — *Applications de l'électricité à la médecine et à la chirurgie* (1867, 3⁰ édition, 1874) ; — *De la guérison durable des rétrécissements de l'urètre par la galvanocaustique chimique*, en collaboration avec M. Mallez (1867, 2⁰ édit. 1870), mémoire couronné par l'Académie de médecine ; — *Pathogénie d'une classe peu connue d'affections douloureuses. Algies centriques et réflexes* (1868) ; — *Barbares et sauvages*, Notes de voyage ; *Les aliénés et la législation* (1870) ; — *Lésions de forme et de situation de l'utérus*. Leurs rapports avec les affections nerveuses de la femme, et leur traitement (1871, 2⁰ édition, 1874) ; — *Lésions simples de nutrition de l'utérus*. Leurs complications d'ordre diathésique. De l'arthritisme chez la femme (1874) ; — *Des applications obstétricales de l'électricité* (1876). Il a rédigé les volumes II à VIII des *Leçons de Claude Bernard*, faites au Collége de France.

TROCHU (Louis-Jules), né au Palais, Belle-Isle-en-Mer (Morbihan), le 12 mars 1815. Admis à l'Ecole de Saint-Cyr en 1835, sous-lieutenant élève à l'Ecole d'application d'état-major en 1838, il fut nommé lieutenant au corps d'état-major en 1840 et envoyé en Afrique. Capitaine en 1843, puis aide de camp du général Lamoricière, il se distingua par sa belle conduite dans divers combats, mais surtout à la bataille d'Isly (1844), où il reçut la croix de chevalier de la Légion d'honneur et mérita d'être attaché à l'état-major, du maréchal Bugeaud. Il avait obtenu quatre citations à l'ordre de l'armée. Promu chef d'escadron le 28 août 1846, M. Trochu revint d'Afrique, l'année suivante, avec le maréchal Bugeaud, dont il se montra le plus ardent admirateur et auquel il demeura attaché. Après la mort de cet illustre soldat, il avait l'intention de rentrer dans la vie privée. Ce ne fut que sur les instances du maréchal Saint-Arnaud qu'il consentit à prendre un service actif. Nommé lieutenant-colonel le 3 janvier 1851, puis directeur-adjoint au ministère de la Guerre, il fut promu colonel le 14 janvier 1853 et attaché au début de la guerre de Crimée, comme aide de camp au maréchal Saint-Arnaud. Il reçut les étoiles de général de brigade le 24 novembre 1854, se distingua par sa bravoure dans diverses rencontres et commanda une colonne à l'assaut de Sébastopol, où un biscaïen lui enleva le mollet gauche. Général de division le 4 mai 1859, il fit la campagne d'Italie, où sa conduite fut au-dessus de tout éloge, se distingua surtout à Solférino et Magenta et fut mis à l'ordre du jour pour la grande part qu'il prit au succès, de ces combats. A son retour en France M. le général Trochu fut nommé inspecteur général de l'infanterie et, après avoir refusé d'accepter le commandement de l'expédition de Chine, il n'a rempli d'autres fonctions que celle de membre du Comité consultatif d'état-major. Au début de la guerre avec la Prusse, on lui refusa un commandement à l'armée du Rhin, mais dès nos premiers revers (12 août), il fut chargé après avoir décliné le portefeuille de la Guerre, de la formation et du commandement du 12⁰ corps d'armée, au camp de Châlons. C'est dans cette ville que le 17 août l'Empereur a nommé le général Trochu gouverneur de Paris et commandant en chef de toutes les forces destinées à la défense de la capitale. Après avoir adressé le lendemain aux « Habitants de Paris » une proclamation, il s'occupa de la mise en état de défense des fortifications, de l'approvisionnement, des mesures de sûreté intérieure, etc., et lorsque, après les événements de Sedan, la République fut proclamée, il consentit à faire partie du gouvernement de la Défense nationale, à la condition d'en être le président et de continuer ses fonctions de gouverneur de Paris. Ce n'est pas à nous de donner ici la nomenclature des décrets rendus par le général Trochu, ni de faire l'historique de ses opérations militaires ou des événements qui se sont accomplis pendant le siège de Paris, contentons-nous de dire que, le 22 janvier 1871, le général Trochu se démit de ses fonctions de gouverneur de Paris, qui furent supprimées. Elu représentant à l'Assemblée nationale, le 8 février 1871, dans les Bouches-du-Rhône, le Finistère, l'Ile-et-Vilaine, les Côtes-du-Nord, la Vendée, la Seine-Inférieure, le Rhône et le Morbihan, il opta pour le dernier département et donna, après la constitution du bureau, sa démission de président du gouvernement de la Défense nationale. A la Chambre, le général Trochu siégea au Centre-Droit, vota les préliminaires de la paix et la déchéance de l'Empire, prononça des discours sur les causes générales qui avaient amené nos revers, sur les événements du 4 Septembre, du siége de Paris, sur le plan militaire qu'il avait conçu, sur la réorganisation de l'armée, etc., se prononça pour le service obligatoire, appuya la nomination d'une commission chargée de réviser les décrets rendus par le gouvernement de la Défense nationale, etc., et donna sa démission de député le 1er juillet 1872. Conseiller général du Morbihan pour le canton de Belle-Isle depuis 1848, il fut réélu le 8 octobre 1871, et après avoir présidé ce conseil, il donna sa démission en avril 1874. Grand-officier de la Légion d'honneur depuis le 12 août 1861, et décoré de plusieurs ordres étrangers, le général Trochu a été mis à la retraite, sur sa demande, en janvier 1873. Il a publié en 1867, sans nom d'auteur, l'*Armée française en 1867*, remarquable ouvrage qui eut un grand retentissement et dix éditions dans l'année, et, depuis 1871, un grand nombre de rapports, discours, justifications, etc.

TRON (Charles), né à Bagnères-de-Luchon (Haute-Garonne), le 13 mars 1817. Licencié en droit de la Faculté de Toulouse en 1838, il exerça dans sa ville natale, depuis 1841, les fonctions de maire avec une grande distinction. La ville de Luchon lui doit sa transformation et son embellissement. Entré au Conseil général de la Haute-Garonne en 1847, M. Tron se présenta, sans succès, lors des élections à l'Assemblée constituante de 1848, mais il fut envoyé par les électeurs de la Haute-Garonne à la Législative, où il vota toujours avec la majorité. Aux élections générales de 1869, il a été élu député au Corps législatif par la 4e circonscription de la Haute-Garonne. Membre du Centre-Droit, il signa l'interpellation des 116. Candidat du Comité national conservateur, lors des élections législatives du 20 février 1876, M. Tron fut député par la 2e circonscription de l'arrondissement de Saint-Gaudens. Son élection, soumise à une enquête fut invalidée le 24 mars, mais le 1er octobre suivant M. Tron fut réélu. Chevalier de la Légion d'honneur depuis 1857, il a été promu officier de l'ordre en 1868.

TRUELLE (Auguste), né à Troyes, le 22 octobre 1818. Il est issu d'une ancienne famille de Champagne. Les archives de la ville de Troyes constatent que Jean Truelle, né vers 1500, épousa Nicole de Clérambault, que Jacques Truelle, né en 1630, fut juge-consul à Troyes, qu'un arrière-petit-fils de ce dernier, Jacques Truelle, né en 1729, marié à Elisabeth de Chambouzon, était conseiller au baillage de Troyes. M. Auguste Truelle est fils d'un payeur du trésor public du département de l'Aube. Il embrassa la carrière des finances, fut attaché, en 1840, à la recette centrale du département de la Seine, sous les ordres de son oncle, M. Alphonse Truelle, receveur central, qui est décédé à Paris, en 1860, officier de la Légion d'Honneur et officier de l'ordre de Léopold de Belgique. Il devint fondé de pouvoirs de son père en 1842 et fut nommé payeur du département de la Loire en juillet 1846, et du département de l'Aube en 1850. Lors de la fusion des deux services financiers, en septembre 1866, il fut envoyé dans l'Ariége avec le titre de trésorier-payeur général et retourna, en la même qualité, dans l'Aube en 1872. M. Truelle a été membre du Conseil municipal de Troyes. Il est actuellement administrateur du Crédit foncier et membre de la Société académique de l'Aube. Ami et protecteur des arts, il s'occupe avec zèle de peinture et quelques-uns de ses tableaux ont été admis au Salon de Paris : *Souvenir du Tyrol, route de Valarsa à Venise* (1844) ; — *Vue de Subiaco* (États Romains) ; *Ruines d'aqueducs dans la campagne de Rome* (1846) ; — *Vue prise aux environs de Portici*, golfe de Naples (1847) ; — *Château de Polignac*, près du Puy (Haute-Loire) ; *Vue de Montbrison* (Loire) ; *Vue d'Amalfi* (1848). M. Truelle est un des organisateurs du musée de Troyes dont il préside la commission. Il a reçu la croix de la Légion d'Honneur en 1869.

TRUELLE (Charles), né à Paris, le 20 février 1816 ; cousin du précédent. Ancien négociant, ancien juge suppléant au tribunal de commerce de Paris, il représente depuis le 8 octobre 1871 le canton de Thiron-Gardais au Conseil général d'Eure-et-Loir. Président de la Commission départementale et maire de Coudreceau depuis 18 ans, M. Truelle s'est présenté aux élections législatives du 20 février 1876 avec une profession de foi ainsi conçue : En 1874, le 14 juin, je disais au Comice agricole de Thiron-Gardais : « Nous ferons la République grande, heureuse et prospère. » Le 12 octobre 1874, j'écrivais dans les deux journaux de Chartres : « Je suis devenu républicain sans cesser d'être conservateur. Depuis 1870, le régime républicain me paraît la seule forme de gouvernement possible pour la France. Je repousse absolument la souveraineté héréditaire. Je veux le gouvernement du pays par le pays. Depuis cinq ans j'ai soutenu publiquement, avec énergie, par ma parole et par mes actes, le gouvernement de la République. Je ne suis donc pas un nouveau venu dans le camp républicain. Je suis devenu républicain, comme la France est devenue républicaine, » etc. Il a été élu député d'Eure-et-Loir, pour l'arrondissement de Nogent-le-Rotrou à une majorité de 4.101 voix.

TRUPHÈME (François), né à Aix (Bouches-du-Rhône), en 1821. Il cultiva l'art de la statuaire, suivit l'atelier de Bonnassieux et débuta au Salon de 1850 avec *L'Amant malheureux*, statue en plâtre ; *Adieux d'Olbrower et de Rusla*, groupe en plâtre, et le médaillon en bronze de *M. Borély*. Depuis, M. Truphème a exposé : *Nymphe désarmant l'amour*, groupe en plâtre (1852) ; — *Jeune fille*, buste en marbre (1853 et E. U. 1855) ; — *André Chénier*, statuette en bronze ; *Angélique attachée au rocher*, statue en marbre (1855, E. U.), placée au musée de Grenoble ; — *Jeune fille et poussins*, statue en marbre ; *Mirabeau*, statue en bronze ; *L'automne*, buste en marbre ; *La pêche*, fronton en pierre pour la cour des écuries du Louvre ; *L'automne*, groupe en pierre pour la place Napoléon du Louvre (1857) ; — *Rêverie*, statue en marbre ; *Ils n'ont pas de mère*, statuette en marbre (1859); — *L'automne*, buste en terre-cuite; le portrait de M. *Vaïsse*, buste en terre-cuite (1861); — *Le berger Lycidas*, statue (en plâtre 1863, en marbre E. U. de 1867), le marbre est placé dans une cour du palais de Fontainebleau; — *Jeune fille à la source*, statue en plâtre (1864), en marbre (1867), au Musée du Luxembourg; — *Vénus grondant l'amour*, groupe en plâtre (1866), au musée de Tarbes, en marbre (1869); — *Rêverie*, statue en bronze; *Olympie liée à un arbre*, statuette en marbre (1867); — *Flore*, statue en plâtre; *Saint Thadée*, statue en plâtre, modèle de la statue exécutée en pierre à l'intérieur de l'église de la Trinité; *Les heures du soir*, fronton en pierre du pavillon des abonnés du Grand-Opéra (1868); — *Mirabeau*, statue en plâtre (1869), le marbre est placé dans la cour de l'Hôtel-de-Ville d'Aix; — *La rêverie*, statue en terre-cuite (1872); — *Le printemps*, statue en marbre (1873); — *Le moineau de Lesbie*, statue en marbre, au musée de Marseille; *L'invocation*, statue en plâtre (1874), en marbre (1877); — *Jochabed et Moïse*, groupe en plâtre (1875); — *Discrétion*, statue en marbre; le portrait de Mme *Stern de Jongle*, buste en terre-cuite (1876); — le buste en marbre de *M. de Granet*, pour le musée d'Aix (1877). M. Truphème a exécuté encore *Lions, enfants et cygnes*, groupes en bronze pour une fontaine d'Aix; la statue des *Beaux-Arts* pour la façade de l'École des beaux-arts de Marseille; groupes d'*Enfants* pour le Palais de Longchamps, à Marseille; *Sainte Geneviève*, statue en pierre placée à la façade de l'église de Sainte-Clotilde à Paris; *Théocrite*, statue en pierre pour le pavillon Marsan des Tuileries. Il a obtenu une médaille de 3e classe en 1859 et des médailles en 1864 et 1865 et 4 mentions honorables 1850, 1852, 1855 et 1857.

TSCHAGGENY (Charles-Philogène), né à Bruxelles, le 26 mai 1815. Il sortit en 1836, du ministère des Finances où il était employé, suivit l'atelier de M. Eugène Verboeckhoven (voir ce nom), et se consacra à la peinture de chevaux et figures. Parmi les tableaux exposés par M. Tschaggeny au Salon de Bruxelles, nous citerons surtout : *Le laboureur au repos* (1845), qui fut acquis par le roi Léopold Ier et valut à l'auteur une médaille d'or; *Convoi de chevaux en Hollande*, *Vue du Brabant*; *Les moissonneurs* (1851), acquis par la reine d'Angleterre; — *La noce flamande*, au musée de Neufchâtel (Suisse); *Diligence aux Ardennes*, (1862), au musée d'État à Bruxelles; — *Au jeu* (1875). Il a envoyé à l'Exposition universelle de Paris en 1855: *Convoi de chevaux flamands*, qui lui valut une mention honorable et à celle de 1867: *Diligence arrêtée dans la neige* et *Attelage flamand*. En 1848, il fit un séjour à Londres, y exécuta un grand nombre de portraits de chevaux et exposa à la royale académie un *Épisode de champ de bataille* qui se trouve actuellement au Kinsington muséum, propriété de l'État. Chavalier de Léopold de Belgique en 1851; M. Tschaggeny, a été promu officier de l'ordre 1875.

TSCHAGGENY (Edmond), né à Bruxelles, le 27 février 1818; frère du précédent. Élève du même maître il s'adonna à la peinture de bétail et surtout des moutons. Il exposa au Salon de Bruxelles, depuis 1842, un grand nombre de tableaux. Nous citerons les plus remarquables: *L'Empirique*, acquis par la reine d'Angleterre; *La contribution forcée*, épisode des troubles du XVIe siècle; *Giotto*; *Le nouveau-né* (1854). On a remarqué de M. Tschaggeny à l'Exposition universelle de Paris, en 1855: *Troupeau surpris par l'orage*, qui obtint une mention honorable, acquis par la grande-duchesse de Russie; et à celle de 1867: *Caravane dans le désert*, souvenir d'Afrique. Il a dessiné à l'aquarelle un *Atlas de la race bovine*, ouvrage monumental, aussi scientique qu'artistique, qui n'a pu être édité jusqu'à aujourd'hui, mais a figuré à l'exposition universelle de Paris en 1867, où il reçut la médaille d'argent. M. Tschaggeny a reçu une médaille d'or et en 1854 la croix de chevalier de l'ordre de Léopold. Il est décédé le 5 septembre 1873.

TUAL (Valérie-Marie-Claudine), née à Saint-Cloud, le 23 mai 1841. Elle montra de bonne heure de grandes dispositions pour le chant. Admise dans la classe de Moreau-Sainti au Conservatoire, elle y obtint en 1857, après trois mois de classe, le second accessit d'opéra-comique et en 1859, à l'unanimité, le premier. En mars 1860, Mlle Tual débuta à l'Opéra-Comique par le rôle de Zerline, de *Fra Diavolo*, y créa ceux de Clairette du *Jardinier galant* (1861), de la comtesse de Kérouec de *Marianne*, de Camargo des *Recruteurs*, *les Sabots de la marquise*, *Rose et Colas*, la soubrette futée, de *Jocrisse* (1862), de Mme Ton Krick du *Joaillier de Saint-James*, etc., et se fit remarquer dans *Haydée*, le *Pré-aux-Clercs*, la princesse de la *Fiancée du roi de Garbe* (1864), Casilda de *Lara*, Florisse du *Trésor de Pierrot*, le page éveillé du *Saphir* (1865), etc. Passée au Théâtre-Lyrique elle y joua Papagena de la *Flûte enchantée*, Suzette des *Dragées de Suzette*, les *Bleuets*, Martha du *Sorcier* (1866), le *Médecin malgré lui* (1866), etc., et rentra, lors de la fermeture de ce théâtre (1868) à l'Opéra-Comique où elle resta jusqu'en 1872. Après y avoir interprété avec succès les rôles de Colombine de *Bonsoir, monsieur Pantalon*, de Julie des *Rendez-vous bourgeois* et de Jenny de la *Dame blanche*, Mlle Tual créa celui d'Emma de *Vert-Vert* (1869).

TULASNE (Louis-René), né à Azay-le-Rideau (Indre-et-Loire), le 12 septembre 1815. M. Tulasne a particulièrement étudié la botanique. Aide-naturaliste au Muséum de Paris en 1842, il n'a pas tardé, par ses travaux, à se faire une grande réputation. En 1854, il a été élu membre de l'Académie des sciences en remplacement d'Adrien de Jussieu. Outre de nombreux mémoires parus dans les recueils spéciaux, il a publié: *Fungi hipogæi. Histoire et monographie des champignons hypogés*, en collaboration avec son frère, M. le docteur Ch. Tulasne (1851, gr. in-4 avec 21 pl.). On doit également à ces deux botanistes un magnifique ouvrage en 3 tomes: *Selecta fungorum carpologia, ea documenta et icones potissimum exhibens quæ varia fructuum et seminum genera in eodem fungo* *simul adesse demonstrant* (Impr. imp., 1861-1865, avec 61 pl.). M. Tulasne a reçu la croix de la Légion d'Honneur en 1856.

TURGAN (Julien), né à Paris, le 7 février 1824. Il suivit les cours de la Faculté de médecine de Paris, fut reçu interne des hôpitaux, se distingua par son dévouement pendant les journées de Juin et l'épidémie cholérique qui sévit en 1848 et fut récompensé par deux médailles d'honneur. Rédacteur scientifique à la fondation de l'*Evénement* de Victor Hugo (1848), M. Turgan fut rédacteur en chef à la fondation du *Bien-être universel* d'Emile de Girardin, puis créa lui-même, pour la vulgarisation des sciences, un journal sous le titre : *La fabrique, la ferme et l'atelier*. De 1852 à 1863 il était directeur général du *Moniteur universel*, M. Turgan a publié : *Les ballons, histoire de la locomotion aérienne* (1851, avec pl.), et des *Etudes sur l'exposition universelle de 1867* (1868), mais son travail le plus important non encore terminé, est les *Grandes usines, études industrielles en France et à l'étranger*, illustré de nombreuses gravures sur bois et dont déjà douze volumes ont été publiés (1861-1876). Membre du comité des travaux historiques depuis 1861, il est chevalier de la Légion d'honneur (1855), commandeur d'Isabelle-la-Catholique.

TURIGNY (Jean-Placide), né à Chantenay (Nièvre), le 17 janvier 1822. Reçu docteur en médecine à la Faculté de Paris, en 1850, avec une thèse intitulée : *Essai synthétique sur l'intoxication*, il se fixa, la même année, à Nérondes (Cher). Arrivé en province avec les idées politiques de Paris, il fut proscrit lors du coup d'Etat. A son retour de Bruxelles il fut interné à Chantenay, puis reprit la clientèle médicale à Méhun-sur-Yèvre (Cher). En 1868, il entra dans la politique militante et collabora à l'*Impartial de la Nièvre*. Membre du Conseil général de la Nièvre pour le canton de Saint-Pierre-le-Moûtier, en juin 1870, et connu comme un des chefs du parti républicain, il fut nommé, au 4 Septembre, maire de Chantenay. Fondateur avec quelques amis de la *Tribune nivernaise*, il fut réélu au Conseil général pour le canton de Saint-Pierre-le-Moûtier et pour celui de Nevers et opta pour ce dernier. Le 8 février 1871 M. le docteur Turigny obtint dans son département, sans être nommé, 25,501 voix ; mais, lors d'une élection complémentaire (27 avril 1873), il fut élu représentant par 33,071 voix. La Droite de l'Assemblée nationale vit une manœuvre électorale dans une affiche signée de onze conseillers généraux recommandant l'élection de M. Turigny, et l'invalida. Il se représenta le 12 octobre suivant, fut réélu à une forte majorité et vint siéger à l'Assemblée nationale. Inscrit à l'Union républicaine, il vota pour la dissolution de l'Assemblée nationale élue le 8 février 1871 et pour la Constitution républicaine du 25 février 1875. Après avoir adressé à ses électeurs une profession de foi très-explicative, M. le docteur Turigny a été élu député de la Nièvre pour la 2º circonscription de Nevers, le 20 février 1876. Il a siégé à l'Extrême gauche jusqu'à la dissolution de la Chambre des députés, prononcée le 25 juin 1877, et a voté avec les 363.

TURPIN DE SANSAY (Louis-Adolphe), né à Selongey (Côte-d'Or), le 27 avril 1832. Il fit de bonnes études à divers lycées, vint à Paris en 1852, et suivit ses goûts qui l'attiraient vers le roman et la littérature dramatique. Outre un grand nombre d'articles semés dans des revues ou journaux littéraires, on a de M. Turpin de Sansay : *Fais la cour à ma femme*, comédie-vaudeville, avec M. A. Huard (1856) ; — *Une paille dans l'œil*, opérette, avec M. A. Huard, musique de M. Borssat fils (1857) ; — *Les chiffonniers de Paris* (1861) ; — *La sorcière de Paris* (1861) ; — *La fleur du Val-Suzon*, opéra-comique, musique de G. Douay (1862) ; — *Les hypocrites* (1863) ; — *Qui casse les verres les paie. Une cascade dans le désert. Saynètes*, musique de M. Lassimonne (1863) ; — *La barbe de Bélasson*, opérette, avec M. A. Huard, musique de G. Douay ; *Jérôme Pointu*, opéra-comique, musique de G. Douay (1864) ; — *Les crêpes de la marquise*, opérette, musique de Georg. Douay ; *Les amoureux de Fanchon*, opérette avec M. A. Huard, musique de G. Douay ; *Une maîtresse de Charles IX* (4 vol) ; *Le chancelier de la couronne* (1865, 4 vol.) ; — *Le tocsin de 1793* (18"0) ; — *Les sauveteurs célèbres* (1870) ; — *La canaille de Paris* (1871) ; — *La vie de Voltaire* ; *La folle de Constantine* ; *Les souterrains de l'Hôtel-Dieu* ; *Les agonies de l'échafaud* ; *Le veilleur des morts* ; *Le testament d'un bandit* ; *Papavoine* ; *Garibaldi* ; *La peste noire* ; *Les amours du roi François* ; *Le transfuge* ; *Le ministre et le favori* ; *La fille de l'Océan* ; *L'affaire de la rue de Vaugirard*, etc., et plus de sept cents chansons.

TURQUET (Edmond-Henri), né à Senlis (Oise), le 31 mai 1836 ; petit neveu de Le Carlier de l'Aisne, membre de la Convention. Il prit le grade de licencié en droit à la Faculté de Paris en 1859, et entra dans la magistrature, en 1860, comme substitut à Clermont (Oise). Successivement attaché aux parquets de Saint-Quentin et de Beauvais, puis procureur impérial à Vervins en 1868, il s'adonna à des travaux relatifs à la moralisation des détenus par la voie de l'instruction, et donna sa démission le 16 décembre 1868, à la suite d'un conflit soulevé par le préfet au sujet d'une école qu'il avait fondée dans la prison de la localité. Comme candidat d'opposition, il obtint, dans la 3º circonscription de l'Aisne, aux élections législatives de 1869, une importante minorité malgré l'opposition de l'administration. Le 8 février 1871, le même département l'a envoyé, par 47.401 voix, à l'Assemblée nationale, où il a pris place sur les bancs de la Gauche républicaine. Il a signé le manifeste de la Gauche, proposé, avec quelques amis, l'abrogation des lois d'exil et voté en faveur d'un plébiscite déposé par le groupe de l'Appel au peuple, la dissolution et la constitution du 25 février 1875. M. Turquet a été élu député de l'Aisne pour la 2e circonscription de Vervins, le 20 février 1876. Le 8 octobre 1871, il avait été élu conseiller général de ce département pour le canton de Sains. Il a publié en 1874 : *La solution constitution-*

nelle et *Le congrès de constitution*. Pendant le siége de Paris, M. Edmond Turquet, comme sergent-major aux tirailleurs de la Seine, a reçu trois blessures, le 12 octobre au combat de la Malmaison et a mérité une citation à l'ordre de l'armée et la croix de la Légion d'honneur. Il est officier d'Académie et la Société d'encouragement au bien lui a décerné une médaille d'honneur.

UCHARD (Mario), né à Paris, le 28 décembre 1824. Il travaillait comme graveur dans la maison Didot lorsqu'il entra en 1841, pour étudier la composition, au Conservatoire de musique. Associé d'agent de change depuis 1846, M. Uchard consacra ses loisirs à un ouvrage de philosophie et à des études de philologie et épousa en 1852, Mlle Madeleine Brohan, de la Comédie-Française. Il commença avec Théophile Gautier, une pièce en vers, *l'amour souffle où il veut*, qui ne fut point achevée et dont il ne reste que quelques scènes publiées dans le *Théâtre* de Théophile Gautier. M. Uchard écrivit alors, pour le Théâtre-Français, un drame en quatre actes, *La Fiammina*. Cette pièce, refusée d'abord par le Comité et reçue le lendemain, sans corrections, en seconde lecture, fut jouée le 12 mars 1857, et obtint un grand succès. Depuis il a fait représenter : *Le Retour du mari*, drame (Théâtre-Français, 1er mars 1858) ; — *La seconde jeunesse*, comédie (Vaudeville, 27 avril 1859) ; — *La postérité d'un bourgmestre*, extravagance (Variétés, 9 juin 1874) ; — *La charmeuse*, drame (Vaudeville, 28 décembre 1864) ; — *Le partisan*, opéra-romantique, en collaboration (mai 1875). Comme romancier, M. Uchard a publié avant de les réunir en volumes, dans le *Moniteur universel* : *Raymon*, (1861, 4e édition 1865) ; *Le mariage de Gertrude* (1862) ; *Une dernière passion* (1865), d'où il a tiré une pièce : *Tamara*, jouée au Vaudeville en septembre 1869; et dans la *Revue des Deux-Mondes* : *La comtesse Diane* (1864); — *Jean de Chazol* (1868) ; — *Mon oncle Barbassan* (1876).

UGALDE (Delphine Beaucé, dame), née à Paris, le 3 janvier 1830. Petite-fille du célèbre compositeur Pierre Porro, elle obtint, dès l'âge de six ans, une médaille d'argent, dans un concours à l'Hôtel-de-Ville, où elle exécuta un morceau à deux pianos. A neuf ans elle devint professeur. A onze ans, elle fit partie des concerts du duc de la Moskowa où elle était chargée de tous les *soli*. A cette même époque, dans un festival organisé par Lablache, Tamburini, Mario, etc., elle chanta un duo avec le ténor Corelli. Son succès fut tel que, malgré son jeune âge, elle prit rang parmi les étoiles de concerts. Elle ne reçut d'autres leçons que celles de sa mère, musicienne distinguée, qui la confia cependant, durant six mois, au savant professeur italien Buonamici. En 1846, à l'âge de seize ans, elle épousa un jeune musicien espagnol, M. Ugalde, mort en 1858, et fit une tournée en Espagne d'où elle rapporta de superbes diamants offerts par la reine Isabelle II. M. Limmander, l'auteur des *Monténégrins*, lui destinant le premier rôle dans cette pièce, la fit engager à l'Opéra-Comique. Elle y débuta, mais dans le *Domino noir* (1848). Ce fut une révélation. Du jour au lendemain Mme Ugalde était devenue célèbre. Elle joua avec un égal succès : *l'Ambassadrice*, *Haydée*, les *Diamants de la couronne*, le *Tableau parlant*, le *Calife de Bagdad*, *Zampa*, la *Dame blanche*, etc., et créa le *Caïd*, le *Torréador*, les *Monténégrins*, la *Fée aux roses*. En 1850, au moment de créer le *Songe d'une nuit d'été*, Mme Ugalde fut prise d'une extinction de voix qui dura quatre mois pendant lesquels elle obtint un congé qu'elle passa à Saint-Sébastien. A son retour, elle reprit le *Songe d'une nuit d'été*, puis créa successivement la *Dame de pique*, le *Château de la Barbe-bleue*, la *Tonelli* et enfin, le 14 avril 1852, *Galathée*, qui fut son triomphe. Pendant un congé, elle joua aux Variétés une comédie mêlée de chants, les *Trois sultanes*. En 1855, pendant toute l'Exposition, elle chanta l'*Etoile du Nord*, à l'Opéra-Comique, et, en 1857, créa le rôle d'Eros dans *Psyché*. En 1859, Mme Ugalde joua à Madrid, un opéra-comique en espagnol. En 1860, engagée au Théâtre-Lyrique, elle créa d'abord ce *Gil-Blas* dans lequel elle semblait être incarnée, puis successivement, la *Fée Carabosse* et la Suzanne des *Noces de Figaro*. C'est à cette époque que Mme Ugalde épousa M. Varcollier. En 1861, elle reparut à l'Opéra-Comique dans plusieurs pièces de son répertoire. Les années suivantes, nous la trouvons tour à tour aux Bouffes-Parisiens dans l'*Eurydice* d'*Orphée aux enfers* ; au Théâtre-Lyrique, où, après avoir repris *Obéron*, elle créa l'*Enlèvement au sérail*, la *Flûte enchantée*, *Ma tante dort* ; une seconde fois aux Bouffes, où elle crée les *Bavards* et les *Géorgiennes*, et enfin, en 1866, à la Porte-Saint-Martin dans le rôle du prince Souci de la *Biche au bois*. Vers la fin de cette même année, M. Varcollier ayant pris la direction des Bouffes, Mme Ugalde y créa les *Chevaliers de la Table ronde* et un petit opéra-comique la *Halte au moulin*, dont elle avait écrit la musique. Pendant toute la durée de l'Exposition de 1867, elle joua au Châtelet le prince Charmant dans *Cendrillon*. Revenue à l'Opéra-Comique en 1870, elle y créa le rôle de Juana dans *Dea*. Depuis lors, après plusieurs tournées artistiques, elle se livre à la composition et au professorat. Sa première élève fut Mme Marie Sass. En résumé, Mme Ugalde a créé vingt et un rôles importants. C'est d'elle que Charles de Bernard disait : « Elle est née dans un piano, » et Auber : « Elle aurait inventé la musique».

UHRICH (Jean-Jacques-Alexis), né à Phalsbourg, le 15 février 1802. Il appartient à une ancienne famille de l'Alsace qui a donné à la France plusieurs militaires distingués. Elève de l'Ecole militaire en 1818, il obtint l'épaulette de sous-lieutenant à la légion des Hautes-Alpes, en 1820, fit avec sa légion, devenue 3e régiment d'infanterie, la campagne d'Espagne de 1823 à 1826, et fut nommé successivement lieutenant (1825), capitaine (1831), puis adjudant-major (1834). De 1839 à 1847, il guerroya en Afrique, prit une part glorieuse aux expéditions du Fondouck, de Milianah, du Chéliff, au combat du bois des Oliviers, du Mazafran (1840), fut promu chef de bataillon au 23ᵉ de ligne, prêt à quitter l'Algérie (1841), lieutenant-colonel au 69ᵉ de même arme, le 24 avril 1845, puis, le 11 avril 1848, colonel du 3ᵉ léger qui était alors à l'armée des Alpes. M. Uhrich, venu à Paris au moment du coup d'Etat, déploya une grande énergie et montra un dévouement sans borne au chef de l'Etat qui, en récompense de ses services, lui conféra le grade de général de brigade le 3 janvier 1852. Commandant de la subdivision du Bas-Rhin, il fut appelé à Paris, au début de la guerre d'Orient, et, lors de la création de la garde, pour y recevoir le commandement d'une brigade de ce corps d'élite qu'il fut ensuite chargé de mener en Crimée devant Sébastopol. Pour la bravoure dont il fit preuve dans plusieurs engagements, devant cette place, il reçut les étoiles de général de division. De retour en France, il fut mis à la tête de la division du camp de Boulogne, fit avec elle la campagne d'Italie et resta quelque temps au corps d'occupation. Depuis 1860, jusqu'à sa mise au cadre de réserve (1868), le général Uhrich a exercé plusieurs commandements et fait des inspections générales. Après la déclaration de guerre à la Prusse, il sollicita l'honneur de reprendre son épée pour la défense de sa patrie et obtint d'être nommé (19 juillet) commandant de la 6ᵉ division militaire et de la place de Strasbourg. Ce n'est pas ici le lieu de raconter les péripéties de ce siége mémorable. Après avoir subi pendant trente-huit jours et trente-huit nuits un bombardement désastreux, le conseil de défense décida à l'unanimité la capitulation (27 septembre). Le général Uhrich libre sur parole, se rendit le 3 octobre à Tours, pour y rendre compte de sa conduite au gouvernement de la Défense nationale. Il fut reçu chaleureusement par la population, M. Crémieux le félicita publiquement au nom du gouvernement, pour la part qu'il avait prise à la défense de Strasbourg et lui conféra la dignité de grand-croix de la Légion d'honneur. Une souscription particulière fut organisée dans les villes de province pour offrir une épée d'honneur au général et, à Paris, son nom fut donné à l'avenue de l'Impératrice. Resté jusqu'à la fin de la guerre à Bâle, il se présenta aux élections du 8 février 1871 pour l'Assemblée nationale, mais n'obtint que 53,459 voix et aux élections complémentaires du 5 juillet, il ne fut pas élu non plus. M. le général Uhrich a publié un volume : *Documents relatifs au siége de Strasbourg* (1872). Il a été mis à la retraite en février 1873.

ULBACH (Louis), né à Troyes (Aube), le 7 mars 1822. Il commença ses études classiques dans sa ville natale, les termina à Paris, et remporta le premier prix de discours français, en 1840. Puis il se consacra à la littérature, collabora à *l'Artiste* et au *Musée des familles*, et fit paraître, en 1844, un livre de poésies : *Gloriana*. Rédacteur en chef du *Propagateur de l'Aube* en 1848, il y écrivit, sous le pseudonyme de « Jacques Souffrant, ouvrier, » des lettres sur la politique, réunies plus tard en volume, et auxquelles il donna plus tard une série de réponses, également publiées en volume en 1851. Poursuivi à raison de ces lettres, il fut défendu par M. Jules Favre et acquitté. Entré à la *Revue de Paris* en 1852, il dirigea cette feuille du 1ᵉʳ juin 1853 jusqu'à l'époque où elle fut supprimée (janvier 1858). M. Louis Ulbach a collaboré à un grand nombre de journaux et de revues. Il a fait notamment le feuilleton dramatique du *Temps*, les *Lettres de Ferragus* dans le *Figaro*. Sous son pseudonyme de Ferragus, il a publié, du mois d'août 1868 au mois de mars 1869, un pamphlet politique hebdomadaire : *La cloche*, qui a eu beaucoup de succès mais lui a valu six mois de prison et mille francs d'amende. A la fin de 1869 il a fondé, sous ce même titre : *La cloche*, un journal qui, après avoir fait une violente opposition à l'Empire, est devenu l'un des organes les plus accrédités du parti républicain radical. Pendant le siége de Paris, M. Louis Ulbach a rempli les fonctions de secrétaire dans l'une des trois sections de la Commission des barricades, créée en vue de la défense de l'enceinte. Son journal *la Cloche* qui avait reparu tout aussitôt après l'armistice, a joué un rôle important, comme organe républicain, lors des élections pour l'Assemblée nationale et a joué un rôle très-énergique et des plus distingués, au plus fort de l'insurrection communaliste, en soutenant le parti démocratique ami de l'ordre et le gouvernement de M. Thiers. Aussi M. Louis Ulbach, pendant les derniers moments du second siége, a-t-il dû se cacher pour se soustraire à la vengeance des fédérés. Un membre du tribunal militaire, qui s'était sans doute mépris sur sa conduite, l'accusait d'avoir pactisé avec la Commune, et la rectification de cette erreur, imprimée dans la *Cloche*, ne lui valut pas moins de trois ans de prison et 6,000 francs d'amende ; mais cette peine fut abaissée, par le Conseil de révision, à trois mois de prison et 3,000 fr. d'amende. M. Louis Ulbach qui avait posé sa candidature à l'Assemblée nationale dans le département de la Seine, le 2 juillet 1871, a obtenu une belle minorité de 27,000 suffrages. On lui doit un grand nombre d'ouvrages très-variés de sujet et de forme : *Argine Piquet* (1852) ; — *Philosophie maçonnique* (1853) ; — *L'homme au cinq louis d'or* (1854) ; — *Suzanne Duchemin* (1855) ; — *Les Roués sans le savoir* (1856) ; — *Ecrivains et hommes de lettres* (1857) ; — *La voix du sang ; Les secrets du diable* (1858) ; — *Pauline Foucaut* (1859) ; — *L'île des rêves* ; *M. et Mᵐᵉ Fernel* (1860) ; — *Histoire d'une mère et de ses enfants*, Mᵐᵉ *Gottlieb*, suite de *La voix du sang* (1861, 3ᵉ édition, 1864) ; — *Françoise ; Le mari d'Antoinette* (1862) ; — *Causeries du dimanche* (1863) ; — *Louise Tardy ; Mémoires d'un inconnu ; Voyage autour de mon clocher ; Le prince Bonifacio ; La dame blanche de Bade* (1864) ; — *L'amour et la mort ; Le parrain de Cendrillon* (1865) ; — *Le jardin du chanoine ; La chauve-souris* (1866) ; — *Les parents coupables* (1867) ; — *Le roman de la bourgeoise*, 1ʳᵉ série, *La cocarde blanche* (1868) ; — *Les compagnons du lion dorment ; La maison de la rue de l'Echaudé* (1874) ; — *Les cinq doigts de Birouck ; Le secret de Mlle Chaignier* (1875) ; — *Les mémoires d'un assassin*, publié dans le *Rappel*, en 1876, etc.

M. Louis Ulbach a tiré d'un roman de Léon de Wailly un drame en cinq actes, *Le doyen de Saint-Patrick*, joué à l'Odéon en 1863, et de ses propres œuvres, en collaboration avec M. Crisafulli, *M. et Mme Fernel*, comédie jouée au Vaudeville (4 actes, 1864).

ULMANN (Benjamin), né à Blotzheim (Alsace), le 24 mai 1829. Élève distingué de Drœlling et de Picot, il remporta le grand prix de Rome pour la peinture, en 1859, sur le sujet suivant : *Coriolan chez Tullus*. De la Villa-Médicis, il envoya notamment à l'Ecole des beaux-arts : *Sylla chez Marius*, qui figura au Salon de Paris en 1865. C'est à l'Exposition universelle de 1855 que cet artiste a débuté, avec un *Dante aux enfers*. Depuis, il a successivement exposé : *Junius Brutus* (1859, E. U. 1867), au musée de Melun ; — *Patrocle chez Amphidamas*, au musée du Mans ; *Sanson et Dalila*, appartient à M. le comte de Janzillon à Périgueux (1863) ;— *Une défaite*, étude, au musée de Colmar (1864, E. U. 1867) ; — *L'Ora del Pianto à Pipermo*, dans les marais Pontins (1867), au musée de Marseille ; — trois peintures pour la chambre criminelle de la Cour de cassation au Palais de Justice : *La Cour protège l'innocence et fait châtier le crime ; La Cour sanctionne un verdict ; La Cour casse un arrêt* (1868) ; — *Ariane* (1869) ; — *Le 2 août 1358*, mort d'Etienne Marcel (1870) ; — *Les sonneurs de Nuremberg* (1872) ; — *El ochavito del jueues* (le dernier du jeudi), à Burgos (Espagne) ; *Education* (1873) ; — *Les Gitanos de l'Albayeïn de Grenade* (1874) ;— *Les remords* (1875). En outre M. Ulmann a exposé un certain nombre de portraits parmi lesquels nous distinguons ceux de *M. Charles Lecomte*, député, du docteur *G. Hayem*, de *M. Touzenel*, du docteur *A. Tardieu*, de *M. Jourde*, du *Siècle*, de Mme *Jules Claretie*, de Mlle *Marcelle*, de feu *Jules Thiénot*, maître de conférences à l'Ecole normale, et de M. Victor *Schœlcher*, sénateur (1870). Le pillage d'une ferme en Alsace : *Avec Dieu pour le roi et la patrie*, a été retiré du Salon de 1872, par raison politique, et sur la prière du Président de la République, M. Thiers. Ce tableau appartient à Mme Blanc, de Monaco. En 1876, M. Ulmann a exécuté pour la salle des séances publiques du Conseil d'Etat et de la Cour des comptes (Palais-Royal) : *La justice contentieuse*. Il a obtenu une médaille de 3e classe en 1859, une médaille en 1866, une médaille de 2e classe et la croix de la Légion d'honneur en 1872, et une médaille à l'Exposition universelle de Vienne.

VACHEROT (Etienne), né à Langres, le 29 juillet 1809. Il se consacra à l'enseignement, se fit recevoir à l'Ecole normale supérieure en 1827 et alla professer les humanités à Châlons-sur-Marne (1830), la philosophie à Cahors (1830), à Angers (1834), à Versailles (1835), à Caen (1836) et à Rouen (1837). Reçu docteur ès lettres en 1836, il fut désigné en 1837 comme directeur des études à l'Ecole normale supérieure, remplit dans cet établissement, les fonctions de maître des conférences, et suppléa M. Cousin, en 1839, dans sa chaire de philosophie, à la Sorbonne. L'apparition de son *Histoire critique de l'école d'Alexandrie* (1846-1851, 3 volumes), ouvrage couronné par l'Académie des sciences morales et politiques, lui attira l'animosité du parti clérical et une vive polémique avec l'abbé Gratry, alors aumônier de l'Ecole normale. Mis en disponibilité en 1851, il refusa le serment en 1852 et fut déclaré démissionnaire. M. Vacherot a collaboré à plusieurs journaux et recueils littéraires : au *Dictionnaire des sciences philosophiques*, à la *Revue encyclopédique* de Didot, à la *Libre recherche* (Bruxelles), à la *Revue de Paris*, à l'*Avenir*, à la *Revue des Deux-Mondes*, à la *Religion*, à la *Science et la Conscience*, etc. On lui doit, outre l'ouvrage cité plus haut : *Théorie des premiers principes suivant Aristote et De rationis auctoritate, tuum in re, tuum secundum considerata*, thèses de doctorat, deux volumes du *Cours d'histoire de la philosophie au XVIIIe siècle*, de M. Cousin, ayant trait à l'*Ecole sensualiste* (1839), et à l'*Ecole écossaise* (1840) ; — *Introduction au cours d'histoire de la philosophie morale au XIXe siècle*, de M. Cousin (1841) ; — Lettre à M. l'abbé Gratry, réponse à l'*Étude sur la sophistique contemporaine*, de ce dernier (1851) ; — *La métaphysique et la science* (1858, 2 vol., 2e édit., 1863, 5 vol.); — *La démocratie*, ouvrage qui valut à son auteur une condamnation à l'amende et à la prison (1859) ; — *Essais de philosophie critique* (1864) ; — *La religion* (1866) ; — *La Science et la Conscience* (1870), recueil d'articles publiés dans la *Revue des Deux-Mondes*, etc. M. Etienne Vacherot écarté de l'Académie des sciences morales et politiques, lors de sa première candidature (1865), à cause de ses doctrines philosophiques, y a été élu, le 7 mars 1868, dans la section de philosophie, en remplacement de son maître, Victor Cousin. Maire du 5e arrondissement de Paris, pendant le siège de 1870-1871, il a montré beaucoup de patriotisme et de grandes qualités administratives. Elu représentant du département de la Seine le 8 février 1871, il a fait de généreux efforts pour empêcher la continuation de la lutte entre la Commune de Paris et le gouvernement de Versailles ; et, après le triomphe du pouvoir central, il a repris possession de la mairie du 5e arrondissement. Il a été nommé chevalier de la Légion d'honneur le 28 avril 1844.

VACQUERIE (Auguste-Edmond), né à Villequier (Seine-Inférieure), le 18 novembre 1819. Fils d'un armateur et capitaine au long cours, il commença ses études au lycée de Rouen, qu'il quitta après sa seconde, où il avait remporté à peu près tous les prix, puis il vint faire sa rhétorique et achever ses études à Paris, au collège Charlemagne où il se lia d'amitié avec M. Paul Meurice. Il entra très-jeune dans le cercle littéraire qui entourait Victor Hugo, dont son frère Charles épousa sa fille aînée en 1843. Après la mort tragique de son frère qui périt avec sa femme dans une promenade sur la Seine, entre Caudebec et Villequier. M. Auguste Vacquerie, après avoir débuté dans le *Vert-Vert* par quelques articles, publia en 1840 un recueil de poésies : *l'Enfer de l'esprit*, fut collaborateur de la *France littéraire* se livra dans le *Globe* (1845), et l'*Epoque* (1846-1847), à la critique littéraire. En 1848 il devint l'un des principaux collaborateurs de l'*Evènement* fondé par Victor Hugo et devenu plus tard (1851), l'*Avènement du peuple*. Les deux journaux furent criblés de procès, et il y eut un moment où six rédacteurs, sur six, étaient en prison. MM. Auguste Vacquerie, Paul Meurice et les deux fils de Victor Hugo, y étaient au 2 Décembre. En sortant de la conciergerie, M. Auguste Vacquerie suivit Victor Hugo dans son exil à Jersey et à Guernesey. Il revint à Paris (1859), où il fonda en 1869, avec MM. Rochefort, Paul Meurice, Charles et François Victor Hugo, le *Rappel* dont il est resté depuis cette époque le rédacteur en chef et dans lequel il défend avec un talent fin, original et brillant, la démocratie avancée. Il a fait jouer à l'Odeon : *Falstaff*, d'après Shakespeare, en collaboration avec M. Paul Meurice et avec un prologue de Th. Gautier (1842) ; une traduction en vers de l'*Antigone* de Sophocle (24 mai 1844), faite en collaboration avec M. Paul Meurice ; *le Capitaine Paroles*, d'après Shakespeare (1845), en collaboration avec Paul Meurice ; — à la Porte Saint-Martin : *Tragaldabas* (1848) ; *les Funérailles de l'honneur*, drame romantique (30 mars 1861) ; — à la Comédie-Française : *Souvent homme varie* (mai 1859), d'abord interdit ; *Jean Baudry* (19 octobre 1863) ; *le Fils* (30 octobre 1866). On lui doit en outre : *les Demi-teintes* (1845), poésies, en partie une refonte de l'*Enfer et l'Esprit* ; *les Drames de la Grève* (1855), en vers ; *Profils et grimaces* (1856, nouvelle édition, 1876) ; *les Miettes de l'histoire* (1862), souvenir de Jersey ; *Mes premières années de Paris* (1812, nouvelle édition, 1877) ; — *Aujourd'hui et demain* (1876). M. Vacquerie a en préparation un grand poëme dramatique en vers : *Faust*.

VAÏSSE (Léon), né à Paris, le 29 décembre 1807. Il s'occupa, à partir de 1826, de recherches relatives aux sourds-muets, puis de travaux de linguistique et de philologie. D'abord aspirant-répétiteur à l'Institution royale des sourds-muets, il fut appelé à New-York en 1830 pour y réorganiser les études dans un établissement similaire. En 1834 il revint en France, et en 1837, il rentra à l'Institution royale des sourds-muets en qualité de professeur. Désigné comme censeur chef de l'enseignement en 1860, M. Léon Vaïsse a été nommé directeur de l'Institution le 18 octobre 1866. On lui doit un certain nombre d'ouvrages pédagogiques spéciaux : *Le mécanisme de la parole mis à la portée des sourds-muets de naissance* (1838) ; — *Essai de grammaire symbolique* ou *Démonstration de l'analyse grammaticale au moyen d'un système de caractères* (1839) ; — *Des conditions et des moyens de l'instruction des sourds-muets* (1848) ; — *De la pantomime comme langage naturel et moyen d'instruction* (1854) ; — enfin des articles de linguistique et de philologie insérés dans la dernière édition de l'*Encyclopédie moderne*. Le plus important de ces articles a paru tiré à part en 1853, avec ce titre : *De la parole, considérée au double point de vue de la physiologie et de la grammaire*. M. Léon Vaïsse est chevalier de la Légion d'honneur depuis 1860.

VAÏSSE (Marc-Antoine-Henri-Marius), né à Marseille, le 8 septembre 1805. Il fit son droit à la Faculté d'Aix, prit place au barreau de sa ville natale en 1826, et entra dans la magistrature. Substitut à Tarcasson le 13 août 1830, M. Vaïsse passa en la même qualité à Marseille en décembre 1830, devint procureur du roi à Toulon en novembre 1833, avocat-général à Aix en janvier 1839, puis procureur du roi à Marseille en septembre 1847. Destitué après la révolution de Février 1848, mais rentré en fonctions comme vice-président du tribunal de sa ville natale le 6 février 1849, M. Vaïsse fut appelé, le 17 mars 1852, comme procureur général à la Cour impériale de Nancy, puis, le 18 décembre suivant, à la Cour de cassation comme avocat général. Nommé conseiller à cette même Cour le 21 octobre 1855 et procureur général à la Cour impériale de Paris le 16 août 1856, il fut rappelé le 23 novembre comme président de la Chambre criminelle à la Cour de cassation où il fut mis à la retraite, sur sa demande, avec le titre de président honoraire le 19 décembre 1868. Membre du Conseil municipal de Paris, puis Conseiller d'Etat en service ordinaire hors section en 1856, M. Vaïsse fut promu grand-officier de la Légion d'honneur en 1865. Il est décédé à Marseille le 17 juillet 1874.

VALADA (Jean-Lucien), né à Pézenas (Hérault), le 7 janvier 1813. Il entra dans l'université, sans passer par les écoles, et après avoir essayé quelque temps, à Paris, la littérature dramatique. Quelques vers de sa tragédie d'*Ajax* sont cités dans la *Voix de la province*, revue littéraire de Limoges (1863). De deux comédies : *Racine à Uzez* (1 acte, en vers), et *Les plumes du paon* (1 acte, en prose), que n'accueillirent pas les comités, les titres seuls ont survécu, sous la plume d'un contemporain. Licencié à Paris en 1842, agrégé des classes supérieures des lettres en 1849, M. Valada professa la rhétorique à Arras (1843), la seconde à Saint-Etienne (1845) et à Grenoble (1849), la troisième à Bordeaux (1852) et à Limoges (1855), et la rhétorique à La Roche-sur-Yon (1871), sans interruption de service. Les amateurs de vers latins pourront lire sa *Chanson du vannier*, dans le recueil, publié à Montpellier, sous le titre : *Cahier d'honneur*. En 1866 il publia des études morales, sous le titre de *Nos travers*. Le dernier chapitre, *Le jardin de Probus*, est une page émue de la vie de l'auteur ; la deuxième partie de *Nos travers*, sous ce titre : *Gélaste en province et Gélaste à Paris*, contenant un grand nombre d'inventions curieuses et entre autres un mécanisme pour monter dans les airs, en descendre à volonté ou s'y diriger, est en portefeuille. En avril 1876, il présenta à la Sorbonne, une double étude : l'une expliquant *la position et la nature des taches du soleil*, l'autre, *la localisation des atmosphères :* démontrée au moyen d'un sphéroïde métallique creux, mis en rotation et exhalant de son intérieur, par de petits orifices ménagés à sa surface, des vapeurs colorées, introduites d'avance : lesquelles, sous la force centrifuge du sphéroïde en rotation, se localisent et évoluent comme des atmosphères, dans un circulus fluide, nettement circonscrit, que l'auteur appelle *Diaphragme atmosphérique*. Ces théories seront développées dans un ouvrage que publiera bientôt M. Valada sous le titre de : *Nouveaux principes de météorologie et astronomie mécanique entièrement nouvelle et pouvant rendre compte de tous les phénomènes, inexpliqués jusqu'à ce jour*. M. Valada est officier de l'instruction depuis le 30 décembre 1876.

VALENTIN-SMITH (Joannès-Erhard), né à Trévoux (Ain), le 16 septembre 1796. Il fit son droit à Paris, fut inscrit, en 1820, au tableau des avocats de Saint-Etienne (Loire), et nommé en 1824, juge suppléant au tribunal de cette ville. Il soutint, en 1829, l'incompétence d'un tribunal exclusivement composé de juges auditeurs, en ce qu'ils n'étaient pas investis d'une pleine inamovibilité; son plaidoyer a été plusieurs fois invoqué, notamment devant la Chambre des députés, en 1831, dans la discussion relative à la suppression des juges-auditeurs. Appelé, en 1830, aux fonctions de procureur du roi à Saint-Etienne, il publia, en 1831, la statistique judiciaire civile du tribunal de cette ville et demanda la création d'une seconde chambre près ce tribunal qui en compte trois aujourd'hui. Dès son entrée en fonctions il écrivit des lettres adressées aux autorités supérieures, publiées, en 1832, dans une statistique criminelle de l'arrondissement de Saint-Etienne, dans lesquelles il exposait la nécessité de faire travailler les prisonniers et demandait à être protégé et appuyé dans les ordres qu'il avait donnés au geôlier de ne pas recevoir les fous que l'administration faisait mettre alors en prison, en violation de la loi. Il dirigea, en 1834, les poursuites contre l'insurrection de Saint-Etienne, dans laquelle figurait l'agitateur Caussidières, devenu préfet de police à Paris en 1848. En 1835, il fut membre et rapporteur de la Commission établie par le gouvernement pour examiner les questions soulevées au sujet de l'*Exploitation des chemins de fer de Saint-Etienne*. Son rapport, qui a eu trois éditions, a été, à plusieurs reprises, signalé aux Chambres en vue des améliorations à introduire dans les chemins de fer. En 1837, il entra au Conseil général de la Loire où il fit plusieurs rapports qui ont été publiés, spécialement sur les Enfants trouvés (1839); sur les prisons considérées au point de vue de la détention préventive (1840). Dans ce dernier rapport, après l'examen des questions relatives à la détention préventive, il se prononça énergiquement contre la promiscuité des prisonniers et en faveur du régime cellulaire, avec travail, particulièrement à l'égard des simples prévenus. Dans un compte-rendu au ministre de l'Intérieur, imprimé, M. Charles Lucas, inspecteur général, fait connaître les soins apportés par M. Valentin-Smith pour organiser le travail dans la prison de Saint-Etienne. En 1837, il a été nommé conseiller à la Cour royale de Riom (Puy-de-Dôme), et, en 1839, membre et secrétaire de la Commission supérieure de l'établissement des chemins de fer en France, présidée par M. Dufaure, ministre des Travaux publics. Les procès-verbaux de cette Commission ont été publiés par la Chambre des députés, et ont servi de base à la loi organique du 11 juin 1842. « Un grand « nombre des avis exprimés par cette Commis- « sion sont devenus des règles », dit M. Audiganne dans son ouvrage sur les *Chemins de fer* (1862). M. Valentin-Smith s'y montra partisan de l'établissement des chemins de fer par l'Etat, par cette raison d'abord que l'Etat qui construit très-bien, n'est pas spéculateur comme les compagnies, et qu'il pourra dès lors utilement régler le prix des transports dans l'intérêt du public, et par cette autre raison qu'il est à craindre qu'on ne crée de grandes compagnies qui pourraient vouloir dominer le gouvernement et chercher à user de leur influence pour se glisser dans les pouvoirs publics chargés de les surveiller. L'un des premiers, en France, il a provoqué l'établissement des chemins de fer d'intérêt local. Dans la Commission de 1839, il fit le rapport sur les *Embranchements et sur le libre parcours;* il s'y exprime ainsi: « Il y a tant d'avenir « dans les chemins de fer! Je l'ai dit ailleurs « (1835): le chemin de fer n'aura vraiment ac- « compli sa destinée que lorsqu'il sera de- « venu départemental et communal, et ce jour « viendra. » En 1840, M. Valentin-Smith fut adjoint à la Commission formée par le Conseil municipal de Clermont-Ferrand, pour la création d'un chemin de fer du Centre et il fut nommé rapporteur de cette Commission. Après les événements de Février 1848, il a fait paraître dans les publications de l'Académie de Clermont, dont il est membre, un mémoire intitulé: *Mendicité et travail*, dans lequel il passe en revue les diverses législations et les divers systèmes en matière de paupérisme. L'idée fondamentale de ce rapport est celle-ci : « La mendicité doit être interdite « dans tout Etat bien organisé qui doit assis- « tance aux malheureux, non comme droit, « mais comme bienfait dans un intérêt de « bonne administration et d'ordre public. Le « travail, loi de la nature, est un devoir de « l'homme envers la société que l'on peut im- « poser à quiconque, étant valide, n'a rien et ne « fait rien, et que l'Etat ou la commune doit « fournir à celui qui, étant sans ressource, n'est « oisif que parce que le travail fait défaut à sa « bonne volonté. » Il a publié, à un très-petit nombre d'exemplaires, *Cinq séances, en 1848, du club de Riom*, où M. Rouher, candidat à la députation, fut l'un des orateurs les plus assidus. En 1849, il fut membre et secrétaire de la Commission d'assistance publique, instituée au ministère de l'Intérieur, et dont le gouvernement a fait imprimer les travaux, comprenant, outre les procès-verbaux, de nombreux tableaux statistiques. Dans cette Commission, qui a fait substituer à la dénomination d'*Enfants trouvés*, celle d'*Enfants assistés*, appelant l'attention sur le principe utile d'interdiction de la recherche de la paternité, mais absolu chez nous comme il ne l'est dans aucun autre pays, M. Valentin-Smith, a émis l'avis « que « là, il y a quelque chose à faire au nom « de la protection due à l'enfant, comme au « nom du dogme de la responsabilité humaine.» Nommé conseiller près la Cour impériale de Lyon, en 1850, il a été élu membre de l'Académie de Lyon en 1853, et a choisi pour sujet de son discours de réception la *Philosophie de la statistique*. Ce discours a été imprimé dans les *Mémoires* de la Société de statistique de Bruxelles, dont il fut nommé membre correspondant. En 1855, dans son rapport à l'Académie des sciences morales sur la *Répression pénale*, M. Bérenger signala les études sur les tribunaux de police d'Angleterre, par M. Valentin-Smith, lequel, après s'être vivement élevé contre les abus de la détention préventive en France, démontrait que le gouvernement ne devait pas se préoccuper autant qu'il le faisait, d'agrandir les prisons, mais bien de chercher à diminuer le nombre des prisonniers. En 1856, il fut, à raison de cela, nommé comme membre d'une Commission formée par le Garde des sceaux, pour aviser aux moyens d'abréger l'emprisonnement préventif. La Commission n'aboutit pas par suite de la mésintelligence connue, qui régnait entre MM. Abbatuci et Delangle. M. Delangle étant devenu Garde des sceaux, M. Valentin-Smith reçut, en 1862, la mission d'aller étudier de nouveau les tribunaux de police d'Angleterre, sur lesquels M. Chaix d'Estanges, procureur général à la Cour de Paris, avait soumis des observations à l'Empereur, et, à la suite, un projet de loi, sans consulter le Garde des sceaux. A son retour de Londres, une nouvelle Commission fut formée, de laquelle est sorti le projet de la loi du 1er juin 1863, sur les flagrants délits. Le travail de M. Valentin-Smith sur les tribunaux de police d'Angleterre fut inséré au *Moniteur officiel*. Il a été nommé, en 1864, conseiller à la Cour impériale de Paris ; en 1865, membre titulaire du Comité d'histoire des sociétés savantes institué près le ministère de l'Instruction publique ; en 1866, conseiller honoraire; en 1870, membre de la Commission de réforme de la justice criminelle en France, dans laquelle il s'est prononcé pour le maintien des tribunaux correctionnels contre l'opinion de ceux qui demandaient la dévolution des délits à un jury cantonnal ; toutefois il exprimait cette opinion qu'on pourrait singulièrement simplifier cette juridiction, en attribuant au juge d'instruction, statuant publiquement, en présence du ministère public requérant, la connaissance des contraventions correctionnelles et des délits minimes frappés d'une peine légère. Outre les travaux précités, il a fait plusieurs publications, sur la Dombes; sur les Burgondes; sur les institutions et sur les divisions territoriales de la Gaule ; sur le danger de l'accroissement des villes par la dépopulation des campagnes, etc. M. Valentin-Smith est, depuis 1869, membre du Conseil général de l'Ain pour le canton de Villars. Dans ce Conseil, chargé surtout des rapports sur l'Assistance publique, il s'est attaché à montrer combien il est nécessaire et obligatoire d'améliorer le sort des enfants assistés, afin de prévenir l'effrayante mortalité qui règne parmi eux. Il a été promu, en 1863, officier de la Légion d'honneur, et nommé officier de l'instruction publique. Il possède une collection d'objets préhistoriques de la contrée Lyonnaise, souvent citée par les auteurs qui se sont occupés de cette époque.

VALERIE (Wilhemine-Joséphine SIMOMIN, dite VALÉRIE, dame Gustave FOULD), née à Paris (Seine), le 19 décembre 1836; fille de M. Charles Simonin, savant chimiste et restaurateur de livres, à qui l'on doit la découverte des procédés à l'aide desquels on a rendu lisibles beaucoup d'ouvrages précieux, tels que les *Mémoires* du cardinal de Retz, et médaillé à plusieurs expositions. Elle reçut une éducation très-soignée, une instruction fort étendue pour une femme, participa aux travaux de son père, qui lui confia les secrets de son art, et se familiarisa de bonne heure avec le goût des belles choses. Douée d'une heureuse physionomie, d'une voix agréable et d'une taille avantageuse, elle entra au Conservatoire de Paris en 1850, y suivit le cours de déclamation de Samson, remporta le 1er prix de comédie en 1852 et débuta tout aussitôt à l'Odéon, avec succès, dans l'*Honneur et l'argent*. Admise au Théâtre-Français, au mois de juillet de l'année suivante, elle fut, jusqu'en 1858, pensionnaire de la première scène française ; et, bien qu'engagée spécialement pour jouer les rôles de soubrette, dans lesquels elle excellait, elle parut dans la plupart des pièces du répertoire, dut à sa jeunesse d'être souvent employée comme ingénuité, et créa plusieurs rôles, notamment celui de *Mon étoile*. Consacrant à la satisfaction de ses goûts artistiques les loisirs que lui laissaient le théâtre, elle avait étudié la sculpture, profité des leçons de Carpeaux et de M. Mathieu Meusnier, et exposé au Salon de Paris, en 1857, une *Tête de Bacchante*, et en 1876, le *Printemps*, médaillons en marbre. En 1859, honorée des assiduités d'un homme du grand monde à qui sa grâce et ses qualités de cœur et d'esprit inspiraient une passion sérieuse, elle quitta le théâtre, se rendit à Londres, et, pour y vivre avec sa mère, se trouva dans la nécessité de mettre à profit les connaissances qu'elle tenait de son père. Elle entreprit donc la restauration des vieux livres ; et sa réputation, dans ce genre de travaux, était si bien établie qu'il lui vint des commandes de tout le Royaume-Uni et même de l'Amérique. De retour en France, en 1864, après avoir épousée M. Gustave Fould, elle se consacra sous le pseudonyme de « Gustave Haller », à la littérature. On lui doit surtout des romans : *L'enfer des femmes*, qui a fait du bruit et a eu deux éditions ; — *Le diagnostic*, paru dans la *Liberté* ; — *Le professeur d'amour*, publié par la *Presse* ; — *Sternina*, grand roman anglais dont la publication, dans la *Presse*, a duré deux mois. Mme Gustave Fould a donné des articles de genre au *Siècle*, au *Figaro*, etc., et a fait un an la critique des critiques, dite *Chronique de Cendrillon* dans *Paris-Journal*. En 1869, elle a fait jouer au Théâtre-Cluny, le *Médecin des Dames* (4 actes), qui a eu du succès. Voici quelques-unes des lignes inspirées à M. Jules Janin, dans les *Débats* (1er février 1870), par cette pièce et son auteur : « Le jeune Gustave Haller, du *Médecin des Dames*, a d'abord été une jeune fille pauvre et bien née : elle était habile à restaurer les vieux livres. D'un bouquin chargé de rouille et gonflé par la pluie, elle faisait un exemplaire digne de la bibliothèque d'Auguste de Thon et de Chrétien de Lamoignon. A cette profession, libérale entre toutes, elle a fort bien gagné sa vie... Et maintenant, par un nouvel effort, la voilà qui, d'une plume habile, écrit, en se jouant, la comédie ; et chacun d'applaudir... Et nous autres, qui l'avons suivie en toutes ses métamorphoses, nous ne sommes pas étonnés le moins du monde que le *Médecin des dames* ait réussi par la gaieté, le naturel, disons tout, par l'invention...» Mme Fould a publié, en octobre 1875, un roman intime, les *Bluets*, avec une préface de George Sand et un dessin de Carpeaux, qui eut un très-grand succès, et dont 12 éditions furent épuisées en peu de temps et, en octobre 1876 : *Vertu*, dont la 7e édition vient de paraître.

VALETTE (Claude-Denis-Auguste), né à Salins (Jura), le 15 août 1805. Fils d'un ancien officier de la République, il montra de bonne heure de grandes dispositions musicales. Admis à l'âge de 9 ans, au Conservatoire, il en fut retiré une année après, sa famille voulant lui ouvrir une autre carrière, et placé au lycée d'abord de Besançon, puis de Versailles, où il fit de brillantes études. Licencié (1827), puis docteur en droit (1830) de la Faculté de Paris, il fut nommé, au concours de 1833, professeur suppléant de droit français à cette Faculté et en devint titulaire, aussi au concours, en 1837. En 1830, M. Valette avait publié une brochure contre la *Pairie héréditaire*. Il a été, de 1840 à 1848, un des directeurs de la *Revue du droit français et étranger*, dans laquelle il a inséré de nombreux articles. Il a publié un *Traité des priviléges et des hypothèques* (T. 1), et plusieurs brochures et rapports sur le même sujet ; une 3e édition considérablement augmentée du *Traité sur l'état des personnes et sur le titre préliminaire du Code civil*, par Proudhon (1842-1843, 2 vol.) ; puis une *Explication sommaire du livre premier de ce code et des lois accessoires* et enfin le 1er volume d'un *Cours de code civil* comprenant le même 1er livre avec de grands développements (1873). M. Valette a été appelé, après la révolution de Février, à jouer un rôle politique. Représentant du Jura à l'Assemblée constituante, où il se montra républicain modéré, il fut vice-président du Comité de législation. Réélu à l'Assemblée législative, en juillet 1849, il prit une grande part à ses travaux, notamment aux projets de réforme hypothécaire et de crédit foncier ; son rapport sur la question du *duel* vient d'être réimprimé par ordre d'une commission du Sénat (1877). Incarcéré lors du coup d'Etat, à Vincennes, il fut mis en liberté quelques jours après. M. Valette, nommé chevalier de la Légion d'honneur en 1845 et promu officier de l'ordre en 1869, a été élu membre de l'Académie des sciences morales et politiques (section de législation, droit public et jurisprudence) le 5 juin de la même année. Depuis 1873 il est, en outre, membre du Conseil supérieur de l'instruction publique.

VALLÉE (Louis-René-Oscar DEVALLÉE OU DE), né à La Mothe-Saint-Héraye (Deux-Sèvres), le 1er septembre 1821, d'une ancienne famille du Poitou. Il fit ses études classiques à Lyon et lorsqu'il eut achevé son droit à la Faculté de Poitiers (1842), il se fit inscrire au tableau des avocats de cette ville et l'année suivante à celui de Paris. Entré dans la magistrature comme substitut du procureur de la République près le tribunal civil de la Seine le 4 mars 1848, il devint substitut du procureur général le 28 juin 1852, avocat général près la Cour impériale de Paris le 4 novembre 1855 et premier avocat général le 21 août 1861. M. de Vallée a pris la parole dans plusieurs causes importantes : duel entre Viennet fils et Charles Hugo, de Me de Guerry contre la communauté de Picpus, des *Mémoires* du duc de Raguse, etc. Nommé conseiller d'Etat le 30 novembre 1867, M. Oscar de Vallée, rentra dans la vie privée après la révolution du 4 septembre 1870, et se fit réinscrire au tableau des avocats de Paris en 1871. Il a représenté longtemps le canton de Saint-Maixent au Conseil général des Deux-Sèvres. Littérateur distingué il a collaboré à plusieurs journaux et publié à part : *De l'éloquence judiciaire au XVIIe siècle: Antoine Lemaistre et ses contemporains* (1856), une nouvelle édition sous le titre : *Etudes sur le XVIIe siècle*, et précédée d'une nouvelle introduction, a été publié en 1857; — *Les manieurs d'argent*. Etudes historiques et morales de 1820 à 1857 (1857), la 5e édition contenant une nouvelle introduction, la lettre de l'Empereur et la défense des *Manieurs d'argent* a paru en 1858 ; — *Le duc d'Orléans et le chancelier d'Aguesseau* (1860) ; — *Le gouvernement nécessaire* (1870); — *La Magistrature française et le pouvoir ministériel* (1871); — *M. Baroche* (1875). M. O. de Vallée a été promu officier dans la Légion d'honneur le 19 août 1866.

VALON (Adrien-François-Gaëtan-Arthur DE), né le 15 octobre 1835, d'une ancienne famille du Quercy. Licencié en droit de la Faculté de Paris, il fut d'abord secrétaire particulier du préfet des Hautes-Alpes. Nommé conseiller de préfecture de la Marne le 4 novembre 1865, M. de Valon passa, en la même qualité, le 28 février 1866, dans le Lot, son pays, où il fut relevé de ses fonctions au mois d'octobre 1870, par le gouvernement du 4 Septembre. Le 8 février 1871 les électeurs de ce département l'ont envoyé à l'Assemblée nationale où il protesta contre la déchéance de l'Empereur et fut un des fondateurs du groupe de l'Appel au peuple. Il prit plusieurs fois la parole avec succès. Ce fut lui notamment qui, en juin 1871, interpella M. Jules Favre, alors ministre des Affaires étrangères, au sujet de l'entrevue de Ferrières. Lors des élections législatives du 20 février 1876, M. de Valon se présenta avec une profession de foi nettement impérialiste. Il fut élu à une énorme majorité dans la 2e circonscription de Cahors.

VALROGER (François-Lucien DE), né à Avranches (Manche), le 4 février 1808. Licencié, puis docteur en droit (mars 1832), de la Faculté de Caen, il devint, en 1834, professeur suppléant à cette Faculté, puis titulaire d'une chaire de code civil en 1837. Il fut promu à la suite d'un concours en 1850, à la chaire d'histoire du droit, qu'il remplit encore, dans la Faculté de Paris. M. de Valroger a publié de nombreux articles dans différentes revues et une monographie sur les lois des peuples germains qui s'établirent sur les ruines de l'empire romain : *les Barbares et leurs lois*. Il est chevalier de la Légion d'honneur depuis le 12 avril 1851.

VALROGER (Hyacinthe-Charles DE), né à Avranches, en 1812; frère du précédent. Il étudia le droit et la médecine, puis entra dans l'état ecclésiastique. Nommé directeur au séminaire de Sommervien et ensuite chanoine titulaire de Bayeux, il renonça plus tard à ce canonicat pour venir à Paris fonder avec le P. Petetot et le P. Gratry le nouvel oratoire. Le R. P. de Valroger a publié : *Etudes critiques sur le rationalisme contemporain* (1847) ; — *Du christianisme et du paganisme dans l'enseignement* (1852). Il a donné une traduction abrégée, avec des annotations, de l'*Essai sur la crédibilité de l'histoire évangélique* de Tholuck (1847), et traduit et annoté l'*Introduction historique et critique aux livres du Nouveau Testament*, par Reithmayr, Hug, Tholuck, etc. (1861, 2 volumes). Il venait de mettre au jour un nouvel ouvrage dirigé contre le darwinisme : *La genèse des espèces*, quand il est mort à Caen le 10 octobre 1876.

VAN HIER (baron Georges DE HIERSCHEL DE MINERBI, connu sous le pseudonyme de), né à Trieste (Autriche), le 18 mars 1837. Élève des Académies de Venise, de Vienne et de la Haye, il se consacra surtout à la peinture du paysage. Venu à Paris en 1867, M. Van Hier débuta au Salon de 1873 par une *Vue de Dordrecht* (Pays-Bas), et *La Salute*, à Venise, effet de nuit. Depuis, il y exposa encore : *Environs d'Anvers* (1874) ; — *Souvenir de Zélande* (Pays-Bas); *Canal près de Harlem*, Pays-Bas (1875) ; — *Souvenir de la plage de Scheveningue*, dans les Pays-Bas (1877). En dehors des tableaux cités, M. Van Hier a encore produit : *Environs de Vienne* (1860), dans la Galerie de Venise ; *Vue de Trieste*, au musée de cette ville ; *Environs de Dieppe*, au musée de Berne ; *Environs de Rotterdam*, appartient au baron Lévi à Florence ; *Vue de Hollande*, soleil couchant et effet de nuit, appartient à M. Feltmann à Liverpool ; *Effet de nuit au bord de l'Escaut*, appartient à M. Rendal à Boston. Décoré des ordres de Léopold de Belgique, du Christ de Portugal, du Sauveur de Grèce, du Lion de Nassau, de Saint-Louis de Parme, de Joseph de Toscane, d'Ernestine de Saxe-Ducale, etc., il a obtenu des médailles aux expositions de Florence, d'Amiens, Nevers, etc. M. Van Hier est membre d'art de l'Académie royale de Venise.

VAN KEIRSBILCK (Jules), né à Gand (Belgique), le 12 décembre 1834. Élève de l'Académie des beaux-arts de Bruxelles, il débuta au Salon de cette ville, en 1860, avec un tableau intitulé : *Après la bataille*. Depuis, M. Van Keirsbilck y exposa, outre plusieurs portraits et différents tableaux de genre, en 1866, *Acte d'indépendance de la commune de Bruxelles envers Antoine de Bourgogne, duc de Brabant, en 1407* ; *Embuscade*; *Consolation*. A la suite de cette exposition il fut nommé professeur à l'Académie royale des beaux-arts de Bruxelles. M. Van Keirsbilck a envoyé au Salon de Paris : *Représailles*, épisode de la journée du 31 août 1576, à Bruxelles (1870); — *Le duo* (1875); — *Le paradis perdu*, sujet tiré du *Paradis perdu* de Milton (1876).

VAN MOER (Jean-Baptiste), né à Bruxelles, le 17 décembre 1819. Il se consacra surtout et sans maître à la peinture des intérieurs et des monuments et exécuta un grand nombre de tableaux qui se trouvent dans les galeries d'amateurs. Mentionnons ici ses derniers travaux qui sont très-importants : *Intérieur de l'église Sainte-Marie de Belem* (Portugal), et Bruxelles en 1868, au musée de Bruxelles ; — *Quai des Esclavons*, à Venise, tableau de 8 mètres 39 cent. de large ; *La façade de l'église Saint-Marc* et la *Cour du Palais ducal*, à Venise, tableaux de 3 mètres 1/2, pour le grand escalier du palais du roi Léopold II à Bruxelles (1867-1868) ; — Six grands tableaux et neuf dessus de porte représentant des *Vues du vieux Bruxelles sur la Senne*, démolies pour la construction des nouveaux boulevards, pour l'antichambre du Bourgmestre à l'Hôtel-de-Ville de Bruxelles (1873-1874); — *Le grand canal* et *Le Môle*, à Venise, tableaux de 6 mètres 20 cent. de large ; *La Porta di Carta* et *La Piazzetta*, à Venise, pour l'escalier du château du roi des Belges, à Ciergnon dans les Ardennes (1875). — M. Van Moer a exposé au Salon de Paris : *Intérieur de cour à Bruxelles* (1853) ; — *Intérieur d'atelier; Un corridor à Bruxelles*; *La cour d'un cocher à Ixelles, près Bruxelles*; *Fragment de l'église de Saint-Michel et Sainte-Gudule*, à Bruxelles (E. U., 1855); — *Le canal Saint-Jean et Paul, la Porte d'entrée du palais ducal* et *Intérieur de l'église Saint-Marc*, à Venise (1857) ; — *Cour du palais ducal*, à Venise ; *La chapelle Saint-Zenon, dans Saint-Marc de Venise* (1861) ; — *Intérieur de l'église Sainte-Marie de Belem*, Portugal (1865 et E. U. 1867), au musée de Bruxelles ; — *L'Isle Saint-Georges*, à Venise; *Fort de Belem*, acquis par le roi des Belges ; *L'église Saint-Marc*, à Venise (E. U. 1867). Il a obtenu au Salon de Paris une médaille de 3e classe en 1853, une de 2e classe à l'Exposition universelle de 1855 et le rappel de cette médaille en 1861, et, à l'exposition de Metz en 1861, une médaille d'honneur. Chevalier de Léopold, en 1860, M. Van Moer a été promu officier de l'ordre en 1869.

VANDAL (Jacques-Pierre-Louis-Edouard), né à Coblentz (ancien chef-lieu de Rhin-et-Moselle), le 28 février 1813. Admis au ministère du Commerce en 1832, il y donna des preuves de capacités qui le firent choisir, en avril 1836, comme sous-chef du cabinet du ministre des Finances, et nommer inspecteur des Finances en 1837. Il fut chargé de trois missions successives en Allemagne, relativement à la culture de la betterave et à la question des sucres indigènes (1836-1837), à la question du sel (1847), aux assurances d'Etat (1852). Chef de bureau en 1847, sous-directeur en 1850, secrétaire général intérimaire du nouveau ministère d'Etat à la fin de 1851, il fut nommé directeur général des contributions directes le 7 avril 1852. En 1851, il était allé en Italie pour y assurer le service des paquebots-postes de la Méditéranée; il y retourna en 1852 pour faire des études comparatives sur le cadastre et l'impôt foncier. Dans cette même année 1852, il fut chargé de faire, en Angleterre, des recherches sur le système des impôts et l'établissement du budget dans ce pays. Appelé aux fonctions de directeur général des postes, le 27 mai 1861, il entra au Conseil d'Etat le 15 septembre suivant. En 1864, il se rendit encore en Angleterre, pour étudier l'organisation postale de nos voisins. M. Vandal, administrateur habile et doué d'une rare activité, a presque complétement transformé notre service des postes, qu'il a su mettre au niveau des besoins actuels. Comme commissaire du gouvernement, il a pris plusieurs fois la parole à la Chambre avec beaucoup d'autorité. Il a siégé au Conseil général du Bas-Rhin de 1868 à 1870. Depuis la chute de l'Empire, il a quitté la vie publique pour prendre la direction de la Compagnie transatlantique, et continuer librement ses études préférées sur l'économie politique. Cependant, à l'heure où chacun luttait de patriotisme pour sauver la France envahie, il s'est empressé de répondre à l'appel du gouvernement de la Défense nationale, et s'est rendu à Tours où il a réorganisé en quelques jours, avec une extraordinaire habileté, l'administration des postes qui ne pouvait plus fonctionner à Paris. M. Vandal est commandeur de la Légion d'honneur depuis le 18 juin 1863, et décoré de plusieurs ordres étrangers.

VANLOO (Albert), né à Bruxelles, le 10 septembre 1846. La position de fortune de son père, fabricant d'ébénisterie, lui permit de faire ses études au lycée Charlemagne, puis de suivre ses goûts pour les lettres. Lié d'amitié, dès le collège, avec M. Eugène Leterrier, il composa avec lui un grand nombre de pièces : au théâtre Déjazet : *Une sombre histoire* (1868); — à l'Athénée : *Le Petit Poucet*, musique de M. Laurent de Rillé (1868); — aux Bouffes-Parisiens : *Madeleine*, musique de H. Potier; *la Nuit du 15 octobre*, musique de G. Jacobi (1869); — aux Variétés : *la Peau rouge de Saint-Quentin*, avec M. Grangé (1871); *la Guigne*, avec M. Labiche (1875); — au Vaudeville : *la Ressemblance* (1871); — au Gymnase : *les Maniaques* (1874) — aux Folies-Nouvelles : *Nabucho*, musique de Villebichot (1871) ; — au théâtre de Cluny : *la Chouette* (1874); — à la Renaissance : *Trop curieuse*; *Giroflé-Girofla* (1874); *la Petite Mariée* (1875), et *la Marjolaine* (1877), ces trois dernières pièces, musique de Ch. Lecocq : — à la Gaîté: *le Voyage dans la lune*, avec Mortier, musique d'Offenbach (26 octobre 1875). La plupart de ces pièces ont eu un très-grand succès.

VARAMBON (François-Laurent-Léon), né à Lyon, le 7 juillet 1830. Licencié, puis docteur en droit, de la Faculté de Paris, M. Varambon fut inscrit d'abord au barreau de cette ville, où il fut secrétaire de la conférence des avocats, mais retourna, en 1859, dans sa ville natale, pour y exercer la profession d'avocat. Collaborateur de la *Revue pratique de droit français*, fondée par M. Demangeat, il fit paraître une étude sur la *Nationalité*, très-appréciée par les jurisconsultes. De 1851 à 1870 il a fait une opposition légale et incessante à l'Empire. Compromis dans le procès des Treize, il n'a cependant pas été poursuivi; il n'a été attaqué qu'indirectement. Dans les procès de grève et de coalition il a toujours donné aux ouvriers le secours de ses conseils sévères et l'appui de sa parole honnête et calme. Il a publié une étude sur les *Affaires municipales de Lyon*, qui a permis d'établir plus tard un budget plus régulier de la ville. Comme membre de l'opposition, il a représenté le 8e canton de Lyon au Conseil général du Rhône de 1861 à 1870. Membre du Comité provisoire de Lyon au 4 Septembre 1870, M. Varambon s'est attiré la confiance de tous ses concitoyens indistinctement par son attitude dévouée et conciliante et a été nommé, le 12 du même mois, membre du Conseil municipal de Lyon. C'est alors que le gouvernement de la Défense nationale, lui a confié le poste de procureur général à la Cour d'appel de Besançon où il fut maintenu pendant toute la durée de la présidence de M. Thiers. Au 24 mai 1873 il donna sa démission, laissant dans tout le ressort de la Cour le souvenir de sa fermeté républicaine en même temps que de son inaltérable modération. Son discours de rentrée sur l'*Idée de la Patrie* fut remarqué. Aux élections législatives du 20 février 1876, M. Varambon adressa aux électeurs de la 5e circonscription de Lyon, une circulaire franchement républicaine et fut élu député à la très-grande majorité. Inscrit à la Gauche et à l'Union républicaine, il commençait à acquérir à la Chambre une situation parlementaire influente; il fait partie, en effet, des plus importantes commissions et a été rapporteur du budget de la Justice. Candidat au Conseil général du Rhône en mai 1877, M. Varambon s'est présenté comme un des 363, et a été nommé à une immense majorité.

VARROY (Henri-Auguste), né à Vittel (Vosges), le 25 mars 1826. Il sortit premier, en 1846, de l'Ecole polytechnique, et de l'Ecole des ponts-et-chaussées, encore avec n° 1, en 1849. Ingénieur ordinaire, le 29 octobre 1849, il fut attaché aux travaux de navigation du Rhin, avec les résidences de Colmar et de Strasbourg, jusqu'en 1860. De 1860 à 1863, il fut chargé de la construction du chemin de fer de Lunéville à Saint-Dié. Attaché ensuite exclusivement au service du contrôle de l'exploitation des chemins de fer de l'Est, à la résidence de Nancy, il fut désigné, en 1869, comme faisant fonction d'ingénieur en chef. M. Varroy s'est occupé spécialement de travaux de navigation, de construction et d'exploitation de chemins de fer. Auteur de plusieurs notices sur les chemins de fer d'intérêt local et sur les principes qui doivent présider à leur construction et à leur exploitation, il a contribué par ses publications, par ses projets et sa persévérance, à la création d'un important réseau de ces chemins dans le département de la Meurthe, réseau que les événements de 1870-1871 n'ont pas empêché de terminer en 1872. Dès le début de l'invasion, en octobre 1870, il s'est mis à la disposition du gouvernement de la Défense nationale. Le 8 février 1871, il a été élu par 64,357 voix, le premier sur la liste, représentant de la Meurthe à l'Assemblée nationale. Le 1er mars suivant, après la signature du traité de Francfort, il a donné sa démission en même temps que plusieurs autres députés de son ancien département ; mais, sur les instances appuyées d'une décision de l'Assemblée, et en présence des événements de la Commune, il l'a retirée le 20 mars. M. Varroy a siégé sur les bancs de la Gauche-Républicaine. M. Varroy, élu membre du Conseil général de Meurthe-et-Moselle, le 8 octobre 1871, pour le canton Est de Nancy, en occupe la présidence. Aux élections du 30 janvier il a été nommé sénateur pour ce même département. Il est chevalier de la Légion d'honneur depuis 1864.

VATRY (Alphée, BOURDON DE), né dans la Meurthe, le 27 décembre 1793. Entré de bonne heure au service, il fit avec distinction les dernières campagnes de l'Empire. Capitaine de hussards en 1813 et chevalier de la Légion d'honneur (1er novembre 1814), pour la bravoure qu'il avait montrée dans plusieurs occasions, M. de Vatry fut à Waterloo aide de camp du prince Jérôme, qui, le soir de cette fatale bataille, l'expédia à Paris. Ses réponses à Napoléon Ier, citées au 8e volume des *Mémoires du duc de Rovigo*, envoyées à la Chambre des Pairs par l'Empereur et lues par le ministre de la Guerre, le prince d'Eckmühl, motivèrent, à l'entrée des Alliés, sa mise en prison, d'où il se sauva en Angleterre. Après son retour en France, M. de Vatry resta étranger à la vie publique. Une ordonnance du 31 décembre 1831, lui rendit sa grosse épaulette des Cent-Jours ; en 1832, M. Casimir Perier le chargea d'une importante mission en Italie à l'occasion de la prise d'Ancone et, en 1835, il fut envoyé par le collège électoral de Château-Salins (Meurthe), à la Chambre des députés où il siégea jusqu'à la révolution de Février. Rapporteur de plusieurs commissions il a pris la parole dans un grand nombre de discussions. On a surtout remarqué son rapport sur le projet relatif au traitement de la croix de la Légion d'honneur pour les sous-officiers amputés en retraite, ses plaidoyers en faveur de la réforme et ses discours contre les fortifications de Paris, ainsi que sur l'incompatibilité des fonctions de député avec celles d'administrateur de chemin de fer. Etranger aux luttes politiques, pendant les travaux de l'Assemblée constituante, M. de Vatry fut mis par le département de la Meurthe à la tête de ses représentants pour l'Assemblée législative, le 13 mars 1849. Il est décédé en 1871.

VAUCHELET (Auguste-Théophile), né à Passy-lès-Paris, le 7 mars 1812. Il se consacra à la peinture, entra à l'Ecole des beaux-arts en 1822, et suivit les ateliers d'Abel de Pujol et d'Hersent. Second grand prix de Rome en 1827, et premier grand prix en 1829, il ne put profiter de la pension académique à cause d'une interversion des concours. Parmi ses œuvres, on distingue : *Jacob refusant de laisser partir Benjamin* (prix de Rome) ; — un *Portrait*, son début au Salon (1830) ; — *La première naissance* (1831) ; — *La pauvre jeune fille* (1833) ; — *L'Assomption de la Vierge* (1834) ; — *La mort de la Vierge* (1837) ; — *Martyre des saints Donatien et Rogatien* ; *Bataille d'Ocana*, commandes du ministère (1839) ; — *La charité chrétienne* (1846) ; — *Capitulation de Magdebourg* ; les portraits en pied de *Poniatowski* (1835), *Jacques Choiseul* (1836), *Joseph Lecourbe* (1836), et autres, tableaux commandés pour le musée de Versailles, etc. M. Vauchelet a exécuté beaucoup de portraits pour les particuliers. On lui doit en outre : l'entière décoration d'un des grands salons de réception à l'Hôtel-de-Ville de Paris ; trois sujets allégoriques dans les pénétrations de la voûte de la grande salle du Luxembourg, qui sont la *Prudence empêchant le mal*, la *Force modératrice*, la *Puissance protégeant le bien* ; les peintures de la voûte de la chapelle et des orgues du même palais, représentant les *Quatre évangélistes*, les *Anges de la Passion*, l'*Invocation au Saint-Esprit* ; le plafond de la *Victoire aux Tuileries* ; la chapelle *Sainte-Agnès*, à Saint-Eustache ; les *Quatre grands prophètes* à Saint-Germain-l'Auxerrois, etc. L'envoi de M. Vauchelet à l'Exposition universelle de 1855 se composait de la *Mort de la Vierge* et du portrait de *Visconti*. Cet artiste a remporté des médailles de 2e classe en 1831 et de 1re classe en 1846, et a reçu la croix de la Légion d'honneur en 1861. Il est décédé en 1873.

VAUCHEZ (Emmanuel), né à Courlans (Jura), le 19 mai 1836. Il suivit d'abord la carrière commerciale. Après un assez long séjour en Algérie et en Belgique, il s'établit à Paris, où il put enfin suivre librement ses goûts philanthropiques, et donner des preuves de dévouement éclairé qui l'animait en faveur de ses compatriotes. Fondateur avec M. Jean Macé, de la Ligue de l'enseignement en 1865, et du Cercle parisien en 1866, M. Emmanuel Vauchez se donna de tout cœur à cette œuvre d'avenir, réunit un nombre respectable d'adhésions, et parvint à organiser le Comité de la Ligue de l'enseignement, dans lequel il accepta les pénibles et difficiles fonctions de secrétaire général. Grâce à ses efforts, à son intelligente activité, tous les départements sont aujourd'hui pourvus de Cercles et de Bibliothèques par association. Ces fondations, en rapports constants avec le Cercle parisien, progressent constamment, et constitueront bientôt une des plus magnifiques institutions du siècle. C'est encore M. Vauchez qui a fait adopter au gouvernement le principe des bibliothèques régimentaires, et presque tous les régiments sont déjà pourvus de bibliothèques assez considérables, formés au moyen des dons des particuliers, et des souscriptions volontaires versées par les officiers, sous-officiers, caporaux et soldats. Les hommes trouvent là un emploi utile de leurs loisirs de garnison. Il a créé, pour mettre l'instruction à la portée de toutes les bourses, la *Bibliothèque à trois sous*. Enfin, pour donner un point d'appui au mouvement rénovateur qui fait prédominer, en France, la question de l'instruction des masses sur toutes les autres, il a organisé le fameux pétitionnement de la Ligue de l'enseignement à l'Assemblée nationale, et recueillit 1,200,000 signatures. Il a ensuite ouvert une enquête, en consultant les Conseils municipaux et généraux, sur la triple question de l'obligation, de la gratuité et de la laïcité de l'enseignement primaire. Le 24 mai a suspendu cette enquête, cependant dans le dernier compte-rendu, les pièces publiées ne représentent pas moins de 17 à 18 millions d'habitants. Cette publication sera continuée l'année prochaine avec les pièces qu'il a actuellement en main et celles qui lui arriveront. M. Vauchez, engagé comme volontaire au 1er zouaves, pour la guerre franco-allemande, a eu l'idée, malheureusement adoptée que six semaines après par le gouvernement, de l'installation immédiate, en France, des dépôts des régiments d'Afrique ; en sorte que lui-même a pu être dirigé sur l'armée de la Loire, avec laquelle il a fait la campagne.

VAUDICHON (Jean-Baptiste-Gustave DE), né au château des Tourailles (Orne), le 23 novembre 1822. Il appartient à une très-ancienne famille de Normandie. Il fit son droit à la Faculté de Paris, écrivit dans quelques journaux de province et de Paris au retour d'un voyage en Italie et en Suisse. Nommé sous-préfet de Falaise le 9 août 1848, M. de Vaudichon fut appelé à d'autres fonctions le 17 mars 1849, mais replacé le 23 avril suivant, comme sous-préfet de Vitré. Transféré en la même qualité à Dinan (28 juillet 1855), à Carpentras (16 mars 1867), puis à Saint-Quentin (31 janvier 1870), sa conduite au commencement de la guerre lui mérita une adresse du Conseil municipal de son chef-lieu d'arrondissement. Envoyé comme sous-préfet au Havre le 1er avril 1871, il fut appelé à la préfecture de la Charente (mai 1873) et celle de la Mayenne (avril 1865), admis à faire valoir ses droits à la retraite le 19 mai 1877 et mis en non-activité, par décret du 15 juin 1877. Nous croyons pouvoir emprunter au journal l'*Echo de la Mayenne* les lignes suivantes : « Administrateur habile autant qu'éclairé, M. de Vaudichon s'est toujours plus préoccupé des affaires publiques que de la politique. Il a toujours su, par son attitude conciliante et affable, et surtout par sa ferme impartialité, faire apprécier le bon vouloir de l'administration. Nous pouvons assurer, sans crainte d'être démenti, que M. de Vaudichon emportera dans la retraite les sympathies, l'estime et les regrets des honnêtes gens de tous les partis. » M de Vaudichon est chevalier de la Légion d'honneur depuis le 12 août 1853 et officier de l'Université depuis 1874.

VAUDOYER (Léon), né à Paris, le 7 juin 1803. Il étudia l'architecture sous la direction de son père et de M. Lebas, son cousin, entra à l'Ecole des beaux-arts en 1819, et remporta le second grand prix en 1824 et le premier grand prix en 1826. A Rome, il fit des études sur les *Arcs de triomphe* de Trajan à Ancône et à Bénévent, la *Porte d'Auguste* à Fano, et produisit, en 1831, la restauration du *Temple de Vénus et Rome*. En 1826, il obtint, dans un concours public, le prix d'exécution du monument élevé au général Foy par souscription nationale, et dont David d'Angers fit la sculpture. Chargé, en 1845, des travaux d'agrandissement du Conservatoire des arts et métiers, et, en 1846, de la construction de la cathédrale de Marseille, il remplit, depuis 1853, les fonctions d'inspecteur général des édifices diocésains au ministère de la Justice et des Cultes (circonscription du midi), fit partie du comité des monuments historiques, et a temporairement appartenu au Conseil général des bâtiments civils. M. Léon Vaudoyer, membre du jury des Expositions annuelles, et de celui de l'Exposition universelle de 1855, a obtenu, par suite de cette dernière, une médaille de 1re classe pour un travail complet sur *Les édifices civils du XVIe siècle de la ville d'Orléans*, et la croix d'officier de la Légion d'honneur, tout à la fois comme membre et comme architecte de la Commission impériale. Membre de l'Académie des beaux-arts en 1868, il est décédé le 9 février 1872. Ses dessins ont été exposés à l'Ecole des beaux-arts en février 1873.

VAULTIER (Auguste), né à Saint-Lô (Manche), le 13 février 1811. Après avoir fait son droit à la Faculté de Caen, M. Vaultier a été nommé juge suppléant au Tribunal civil de Saint-Lô, et attaché à la Chambre temporaire alors établie près ce tribunal. Passé dans l'administration le 15 mars 1849, comme conseiller de préfecture de la Manche, il y est devenu conseiller faisant fonction de secrétaire général, en 1854. Simple conseiller par suite de la nomination d'un secrétaire général (emploi créé) le 25 octobre 1865, il a été élevé personnellement à la 1re classe et nommé vice-président du conseil le 16 janvier 1866. Lorsque parut le décret de la délégation du gouvernement à Bordeaux, frappant d'inéligibilité diverses catégories de citoyens, il présida une réunion publique organisée dans le but de protester contre cette mesure arbitraire. Après la conclusion de la paix, le 4 avril 1871, il a été nommé préfet de la Manche, sur la demande expresse des représentants de ce département à l'Assemblée nationale et a rempli ces fonctions jusqu'au 16 octobre 1873, époque à laquelle il a été admis à faire valoir ses droits à la retraite et nommé préfet honoraire. Administrateur habile, intègre et laborieux, M. Vaultier a laissé les meilleurs souvenirs de son passage aux affaires. Il est chevalier de la Légion d'honneur depuis le 13 août 1857, officier de l'Académie et commandeur de l'ordre du Lion et du Soleil.

VAUTHIER (Louis-Léger), né à Bergerac (Dordogne), le 6 avril 1815. Fils d'un ingénieur des ponts-et-chaussées, il fut admis à l'Ecole polytechnique en 1834, obtint en 1836, le n° 4 de sa promotion, et entra à l'Ecole des ponts-et-chaussées, dont il sortit en 1838. De 1839 à 1846, il dirigea, dans la province de Pernambuco (Brésil), des travaux de construction et de viabilité. Ensuite il rentra dans l'administration et fut employé successivement dans le Morbihan et dans le Cher. Elu représentant du Cher à l'Assemblée législative en 1849, il prit part à l'affaire du Conservatoire des arts-et-métiers (13 juin), et fut condamné à la déportation par la Haute-Cour de Versailles. La liberté lui ayant été rendue en 1855, il exerça la profession d'ingénieur en Espagne, puis en Suisse, et revint à Paris en 1861. Jusqu'à la chute du second Empire, il se cantonna dans sa profession d'ingénieur civil. Deux fois élu chef du 125e bataillon de la garde nationale, après le 4 Septembre, il démissionna deux fois pour ne pas pactiser avec l'émeute, bien qu'il fût connu pour la fermeté de ses opinions républicaines. M. Vauthier a été élu, le 30 juillet 1871 et le 29 novembre 1874, conseiller municipal de Paris pour le XVIIIe arrondissement (quartier de la Goutte-d'Or), et conseiller général de la Seine. Dans ces deux assemblées, il siège sur les bancs de la gauche. Collaborateur, pendant longtemps, de divers journaux et revues, notamment du *Magasin pittoresque*, il a publié à part : *De l'impôt progressif. Etude sur l'application de ce mode de prélèvement à un impôt quelconque* (1851) ; — *Manuel des aspirants aux fonctions de conducteur et d'agent-voyer. Cours complet de mathématiques élémentaires, suivi d'applications pratiques à l'art de l'ingénieur*, en collaboration avec M. Allyre Bureau (1854, 2e édit., revue et augm., 1858).

VAUTRAIN (Eugène-Joseph), né à Nancy, le 15 novembre 1818. Il fit ses études classiques dans sa ville natale et son droit à la Faculté de Paris où il prit le grade de docteur en 1842. Inscrit au barreau de la capitale, il ne tarda pas à conquérir une place honorable au Palais et à jouir d'une avantageuse notoriété. Adjoint au maire (12 avril 1848), puis maire du IXe arrondissement, le 22 novembre suivant, M. Vautrain donna sa démission pour protester contre le coup d'Etat de Décembre 1851. Lors de l'insurrection de Juin, il s'était distingué par ses généreux efforts pour arrêter cette lutte fratricide et, plus tard, il avait refusé la croix qui lui avait été offerte en récompense de son courage et de son humanité. Pendant toute la durée de l'Empire, il se tint à l'écart de la vie publique. Après la révolution du 4 septembre 1870, le gouvernement de la Défense nationale, connaissant les rares aptitudes dont il avait fait preuve à l'ancienne mairie du IXe, lui offrit la préfecture de la Meurthe, mais il crut devoir refuser et braver avec ses concitoyens les périls et les privations du siége. Le 5 novembre 1870, il fut élu maire du IVe arrondissement, par les trois quarts des votants. Quand éclata l'insurrection du 18 mars, il protesta contre le Comité central. Arrêté d'abord, il fut délivré par les gardes nationaux de son arrondissement et put se retirer à Versailles. Dès le 24 mai il rentrait en possession de sa mairie, sur la demande expresse du président de la République, et s'empressait activement de faire disparaître les traces de la guerre civile. Elu membre du Conseil municipal de Paris, pour le quartier de Notre-Dame, le 23 juillet suivant, il fut élu président du Conseil à l'unanimité. Le 23 octobre il fut également élu président du Conseil général de la Seine par 61 voix sur 81 votants. C'était une grande épreuve que l'élection par le suffrage universel d'un conseil municipal à Paris : se renfermerait-il dans ses attributions, ne s'occuperait-il pas de politique ? Tous les conseils municipaux des grandes villes de France allaient suivre l'exemple de Paris. Dès la première séance et avec une grande netteté, M. Vautrain indiqua la voie à suivre, déclarant qu'il s'opposerait à l'immixtion de la politique dans le conseil et maintiendrait le respect absolu de la loi. Pendant les quatre années de sa présidence il a maintenu cette ligne de conduite avec la plus grande fermeté et un esprit de suite qui ne s'est jamais démenti. Aux élections générales du 8 février 1871, il avait obtenu à Paris, une belle minorité, et à l'élection partielle du 7 janvier 1872, où il avait pour concurrent M. Victor Hugo, il fut élu par 121,158 voix, représentant de la Seine à l'Assemblée nationale. A la Chambre, dont la multiplicité de ses occupations le tient souvent écarté, M. Vautrain s'est distingué par un magnifique discours, objet des violentes protestations de la Droite, où il plaidait la cause de Paris injustement attaqué et demandait le retour de la représentation du pays dans sa résidence naturelle. Il a siégé au Centre-Gauche, appuyé la politique de M. Thiers et voté la Constitution du 25 février 1875. Aux élections municipales du 29 novembre 1874, M. Vautrain a décliné toute candidature et aux élections législatives du 20 février 1876 il a échoué contre M. Barodet.

VAUZELLES (Louis, dit Ludovic DE), né à Paris, le 4 avril 1828; fils aîné de J.-B. de Vauzelles, ancien premier président de la Cour impériale d'Orléans, dont on connaît les travaux sur le chancelier Bacon. Elevé au collége d'Orléans, il publia dès l'âge de quinze ans des poésies : *Quelques vers d'un écolier* (1843). Il s'occupa ensuite, sous l'habile direction de son père, de haute littérature et de philosophie, commença son droit à Paris, obtint en 1851, à Poitiers, le diplôme de licencié, et donna deux années après, sous ce titre : *Poésies*, une seconde édition de son premier recueil augmenté d'un autre plus important (1853). Un voyage qu'il avait fait en Italie avec son père, en 1851, avait développé son goût pour l'antiquité; en 1853, il compléta ses études à ce point de vue par un séjour qu'il fit seul dans le même pays et en Sicile. Entré dans la magistrature le 9 novembre 1853, comme substitut du procureur impérial à Montargis, il devint successivement substitut à Tours le 15 novembre 1854, substitut du procureur général à Orléans le 13 décembre 1856, conseiller à la Cour impériale d'Orléans le 29 octobre 1862. Désigné pour prononcer le discours de rentrée à l'audience solennelle du 3 novembre 1860, il traita *de l'influence de la littérature contemporaine sur la moralité publique au point de vue judiciaire*. Il publia cette même année une tragédie en vers sur un sujet emprunté à Euripide : *Alceste* (1860) et deux ans après, une autre tragédie antique : *Polyxène* (1862). Ces deux pièces, accompagnées de chœurs en musique, furent représentées plusieurs fois en 1861, 1862 et 1863, devant l'élite de la société orléanaise, chez la mère de l'auteur. Les rôles avaient été distribués entre les membres de la famille et quelques amis. Deux peintres illustres, M. Ingres et M. Gudin, avaient obligeamment concouru à ces fêtes, le premier en donnant des indications pour les costumes, le second en peignant les principaux décors. Depuis, M. de Vauzelles a publié: *Vie de Jacques, comte de Vintimille, conseiller au parlement de Bourgogne, littérateur et savant du XVI° siècle, d'après des documents inédits* (1865); — *Marc de Vintimille ou les Chevaliers de Rhodes*, drame historique en cinq actes, en prose (1866); — *Anciennes et nouvelles poésies* (1869); — *Histoire du prieuré de la Magdeleine-lez-Orléans, de l'ordre de Fontevraud* (1873); — *Menton, idylles* (1875). Membre de l'Académie littéraire de Sainte-Croix depuis l'origine de cette société fondée en 1863 à Orléans par Mgr Dupanloup, M. de Vauzelles a été élu associé-correspondant de l'Académie du Gard, membre de la Société des sciences, belles-lettres et arts d'Orléans et membre de la Société archéologique de l'Orléanais. Chevalier de la Légion d'honneur en 1874, il quitta, cette année, la magistrature pour cause de santé, et fut nommé conseiller honoraire.

VAVASSEUR (Auguste), né à Bu (Eure-et-Loir), le 9 juin 1823. Licencié en droit de la Faculté de Paris, il se fit inscrire en 1854 au tableau des avocats de la Cour impériale de cette ville. Lié dès sa jeunesse avec le parti démocratique, M. Vavasseur remplit, du 19 septembre 1870 au 19 novembre 1871, époque à laquelle il voulut donner sa démission pour rentrer au barreau, les fonctions de maître des requêtes à la Commission provisoire du Conseil d'Etat. Jurisconsulte distingué, il a publié les ouvrages suivants : *Réforme du régime hypothécaire* (1849); — *Des sociétés en commandite par actions* (1856); — *Des reprises de la femme commune* (1857); — *Une réforme urgente! liberté des sociétés par actions* (1861); — *Des sociétés à responsabilité limitée* (1863); — *Traité théorique et pratique des sociétés par actions* (1868); — *Traité pratique et formulaire des sociétés civiles et commerciales* (1869); — *Questions fiscales* (1870); — *Commentaire de la loi sur les loyers* (1871); — *La paix honteuse ou Le droit des gens selon les Prussiens* (1871); — *De la fusion entre les sociétés anonymes* (1874); — *Observations sur les articles 22 de la loi du 23 août 1871 et de la loi du 21 juin 1875* (1875); — *Une étude sur la Loi belge sur les sociétés* (1875); — *Un projet de loi sur les sociétés* (1876), présenté à l'Académie des sciences morales et politiques. Ce projet a été inspiré à M. Vavasseur par les travaux d'une Commission ministérielle, dont il faisait partie comme secrétaire et qui avait été instituée par M. Dufaure pour étudier les réformes dont était susceptible la législation sur les sociétés. Il vient de terminer un nouveau *Traité complet des sociétés civiles et commerciales*, qui est sous presse en ce moment. Il a donné en collaboration avec M. Dufrenois : *Traité pratique et formulaire général du notariat de France et d'Algérie* (1863-1867, 4 volumes) ; *Traité formulaire de l'inventaire* (1864); *Traité formulaire du contrat de mariage* (1865). Il a aussi publié un grand nombre d'articles de doctrine et de jurisprudence dans divers journaux et recueils juridiques, le *Journal du notariat*, la *Revue pratique de droit français*, la *Revue critique de législation et de jurisprudence*, le *Droit*, etc., et a collaboré au journal politique : *la Cloche* (1870 à 1873) et au journal l'*Union agricole*, d'Eure-et-Loir. Il a lu en séance publique de la Société des études historiques (ancien Institut historique), plusieurs discours sur des sujets d'histoire et d'économie politique, citons : *La mainmorte, au moyen âge ; Des origines de la communauté de biens entre époux; Etude sur les anciennes corporations d'arts et métiers ; Jean Caboche ; Les sires des fleurs de lys*, etc.

VEAUCE (Charles-Eugène DE CADIER, baron DE), né à Paris, le 1er janvier 1820, d'une des plus anciennes familles du Bourbonnais. Il fut nommé maire de Veauce, en 1845, et élu, en 1852, par le canton ouest de Moulins, membre du Conseil général dont il devint vice-président jusqu'en avril 1871, époque où le fonctionnement des conseils généraux fut interrompu par M. Gambetta. De 1852 à 1870, il demeura investi du mandat de député au Corps Législatif, par la 1re circonscription de l'Allier. A la Chambre, de 1864 à 1869, il fit plusieurs discours, lors de la discussion de l'adresse, sur la liberté de tester, qui eurent un grand retentissement. Il combattit, en 1866, M. Pouyer-Quertier à la tribune, en défendant énergiquement le principe de la liberté commerciale, en ce qui concerne les grains et les farines. Le 8 juillet 1870 il déposa un projet de loi tendant à transformer les quatre impôts directs, pour les faire supporter dans la proportion des revenus, quelle que soit la nature de la fortune, conformément aux principes de la Constitution de 1791. M. le baron de Veauce s'est particulièrement occupé, au Corps législatif, des questions agricoles et d'économie politique, et il a été souvent rapporteur de projets de loi sur les postes et la télégraphie. Aux élections du 30 janvier 1876, il a été élu sénateur pour le département de l'Allier. Il appartient au groupe de l'Appel au peuple. Agronome habile et progressif, il s'est particulièrement adonné à l'amélioration de la race chevaline. Il s'est aussi beaucoup occupé de l'organisation du crédit foncier, au sujet de laquelle il a publié une brochure en 1850. On lui doit en outre : *De l'élevage du cheval, des courses et de l'amélioration des races chevalines en France* (1849), et *La liberté de tester* (1864). M. le baron de Veauce est officier de la Légion d'honneur depuis 1868.

VÉLY (Anatole), né au Roussoy (Somme), le 20 février 1838. Conduit par son goût dominant pour la carrière artistique, M. Vély vint à Paris, et suivit l'atelier de M. Signol. Puis il s'adonna tout à la fois à la peinture d'histoire et à celle de genre, sans négliger le portrait. Sa première œuvre admise au Salon de Paris, la *Mort d'Abel*, date de 1866. Depuis, cet artiste a successivement exposé : *Mater dolorosa* (1868), à l'église d'Anzin (Nord) ; — *La tentation* (1869), au musée d'Amiens; — *Paysanne* (1872), acheté par M. Lucas pour un musée américain ; — *Sainte Madeleine* (1872), appartient à Mlle Magdelaine Davillier Regnault Saint-Jean d'Angély; *Le puits qui parle* (1873), acquis pour le musée de New-York; *Lucy de Lammermoor* (1874), acquise par l'Etat; — *La méditation* (1875), appartient à M. A. Boucicaut fils; — *Le premier pas* (1870), acquis par M. Wallis. En outre M. Vély a fait paraître au Salon les portraits de Mme Vély (1867), de M. Edmond Vély (1870), de Mlle Alice Robert (1876), de Mme Ybert et de Mme la baronne de Longuerue (1877).

VENOT D'AUTEROCHE (Mlle Eugénie), née à Paris, le 4 février 1845. Douée de précieuses dispositions pour les arts, elle reçut les leçons de M. Léon Cogniet et de Mlle A. Cogniet. Puis elle s'adonna surtout à la peinture de genre et au portrait. On lui doit aussi des fleurs très-bien traitées. En 1863, cette artiste débuta au Salon de Paris avec le *Lendemain du combat*. Voici la liste de ses autres compositions exposées : *Jeune fille d'Atina*, terre de Labour, en Italie (1868); — *Jacintha*, femme des environs de Naples; *Les premiers arrivés* (1869); — *Giroflées* (1874). En outre, Mlle Venot d'Auteroche a fait recevoir au Salon les portraits de M. le vicomte d'Artenn (1865), de Mme de La Guette (1868), de M. l'abbé Hugon (1872), de M. Gourdon de Genouillac (1876), et de M. le comte de la Teillais (1877), et a envoyé à l'Exposition Universelle de Vienne de 1873 : *Le repos*, femme des environs de Naples. Elle a exécuté pour le ministère des Beaux-Arts plusieurs commandes entre autres, en 1873 : *La Vengence et la Justice divine poursuivant le crime*, d'après Prudhon. Mlle Venot d'Auteroche est professeur diplomée par l'Institut depuis 1870 et professe le dessin depuis cette époque aux écoles de la ville de Paris ainsi qu'au couvent du Sacré-Cœur.

VENTAVON (Casimir, TOURNU DE), né au château de Jarjayes (Hautes-Alpes), le 25 août 1806. Il fit ses études classiques et son droit à Grenoble, et prit place au barreau de cette ville. Ses capacités professionnelles, son talent oratoire, incisif et original, lui assurèrent bientôt une belle position dans son département, tandis que la netteté de ses opinions religieuses et légitimistes en faisait un des chefs de son parti. Il s'était toujours refusé à remplir aucune fonction publique, lorsque, le 8 février 1871, il se décida à accepter une candidature à l'Assemblée nationale. Elu représentant des Hautes-Alpes, par 8,263 voix, M. de Ventavon a pris place sur les bancs de l'Extrême-Droite et a fait partie de la réunion des Réservoirs. Il a fait, à la tribune, de bons discours qui ont eu pour objet : l'impôt sur les créances hypothécaires ; l'indemnité réclamée par les départements envahis; le rachat des chemins de fer de l'Est; le remboursement de la contribution de guerre de Paris; la réforme de la magistrature; l'impôt du sel; la répartition des contributions directes ; diverses questions de droit civil., etc., et a été rapporteur de la proposition Ravinel (juin 1871). Membre de la seconde commission des Trente (6 juin 1844), qui le choisit comme rapporteur, M. de Ventavon présenta à la Chambre un projet sur l'organisation des pouvoirs publics, se prononça contre la proposition Casimir-Perier et donna sa démission comme rapporteur (22 février 1875), lorsque la Commission lui refusa de demander le renvoi à celle-ci d'un amendement de M. Bidard tendant au rétablissement de la monarchie en 1880. Elu conseiller général des Hautes-Alpes, pour le canton de Laragne, le 8 octobre 1871, M. de Ventavon est président de ce conseil depuis cette époque. Le 30 janvier 1876, il a été élu sénateur pour le même département.

VENTE (Ambroise), né à Paris, le 2 avril 1823. Il fit son droit à la Faculté de Paris et prit place au barreau de la capitale en 1845. Secrétaire du ministre de la Justice en 1850, substitut à Beauvais le 12 avril de la même année, procureur impérial à Compiègne en 1856, substitut à la Cour d'Amiens en 1857 et nommé sur place procureur impérial en 1861, il alla remplir les mêmes fonctions à Lille en 1865, et donna sa démission au mois de septembre 1870. Depuis cette époque, M. Vente est inscrit au barreau de Lille. Le 8 février 1871, il a été élu par 198,719 voix représentant du Nord à l'Assemblée nationale. Il a siégé au Centre-Droit et a fait partie du ministère du 27 novembre 1873 en qualité de sous-secrétaire d'Etat à la Justice. M. Vente a été nommé Conseiller à la Cour de cassation le 7 juillet 1877. Il a écrit dans diverses revues de droit et de jurisprudence. Chevalier de la Légion d'honneur depuis le 11 août 1866, il a été nommé officier d'Académie en 1868.

VERCONSIN (Eugène), né à Paris, en 1825. Après avoir fait ses études classiques au collège Saint-Louis et son droit à la Faculté de Paris, M. Verconsin se consacra à la littérature, et collabora à diverses revues périodiques, telles que le *Magasin pittoresque*, le *Musée des familles*, etc. Comme auteur dramatique il débuta en 1850 par une petite pièce faite en collaboration avec M. A. Lefranc : *Les roués innocents* (Palais-Royal). Depuis, M. Verconsin fit jouer, à la salle Erard: *A la porte* (1861), qui fut bien accueillie et donna successivement : *Une dette de jeunesse*, comédie en un acte, en prose (1861), en collaboration avec M. Lesbazeilles; — *Télémaque*, parodie en vers (Ecole lyrique, 1862); — *C'était Gertrude*, comédie (Vaudeville, 1864); — *En wagon*, épisode de voyage (1865); — *Vermouth et Adelaïde*, comédie (1865); — *Les erreurs de Jean*, comédie (Vaudeville, 1864); — *Les rêves de Marguerite*, comédie (Vaudeville, 1869); — *La matrone d'Ephèse*, comédie en vers (Gymnase, 1869); — *Les curiosités de Jeanne*, comédie (Vaudeville, 1870); — *Quête à domicile*, comédie (Gymnase, 1875); — *Ici, médor!* comédie (Palais-Royal, 1875); — *La crise de M. Thomassin*, comédie en trois actes (Gymnase, 1876).

VERGÉ (Charles-Henri), né à Paris le 22 juillet 1810. Il prit le grade de docteur en droit, à la Faculté de Paris, en 1840, et se consacra à l'étude de la jurisprudence. Il fonda en 1842, avec la collaboration de MM. Loiseau et Mignet, le *Compte-rendu des séances de l'Académie des sciences morales et politiques*. Chargé par le ministre de l'Instruction publique, en 1845, d'une mission relative à l'enseignement du droit et des sciences politiques et administratives en Allemagne, il rédigea, sur les résultats de son voyage, en 1846, un *Rapport* adressé au ministre, et qui lui valut sa nomination de secrétaire de la Haute-Commission des études de droit. En 1848, il prit la rédaction en chef de la *Jurisprudence générale*. M. Vergé a fait paraître outre les travaux insérés dans la publication qu'il dirige, des articles dans le *Dictionnaire des économistes*, le *Dictionnaire du commerce et des marchandises*, le *Journal des économistes*, le *Moniteur universel*, le *Droit*, etc. On lui doit: *De la tutelle des impubères et de la tutelle des femmes en droit romain* (1833); — *Dictionnaire des huissiers*, en collaboration avec M. Loiseau (1844); — des commentaires de la loi sur *la Chasse*, sur *les Brevets d'invention*, sur *les Patentes*;—*Diplomates et publicistes* (1856); — une traduction de l'allemand avec M. Massé, du *Droit civil français*, de Zachariae (1854-1859, 5 vol.); — une nouvelle édition annotée et commenté du *Précis du droit des gens*, de Martens (1855 et 1862, 2 vol.); — un *Traité abrégé de la responsabilité des notaires*, qui fait corps avec le *Manuel théorique et pratique du notariat*, de Clerc (5e édition, 1863). M. Vergé a reçu la croix de la Légion d'honneur en 1861. Il a été élu membre de l'Académie des sciences morales et politiques en 1870.

VERNEUIL (Aristide-Auguste), né à Paris, le 23 novembre 1823. Il a fait ses études médicales dans la même ville et y a gagné successivement ses premiers grades par une série de concours. Interne des hôpitaux en 1843, aide d'anatomie en 1848, il fut reçu docteur en médecine (1852), avec une thèse intitulée: *Recherches sur la locomotion du cœur*, agrégé en anatomie en 1853 avec une thèse sur : *Le système nerveux*, puis chirurgien des hôpitaux en 1855, M. Verneuil fut nommé professeur de pathologie externe en 1868, puis passa à la chaire de clinique à l'hôpital de la Pitié en 1872. Membre de l'Académie de médecine le 7 avril 1869, il a été nommé chevalier de la Légion d'honneur en 1871. Collaborateur des principaux journaux de médecine, membre assidu et actif de diverses sociétés savantes et en particulier de la Société de chirurgie dont il a été président, M. Verneuil a écrit un grand nombre de notes et mémoires sur les diverses branches de la pathologie chirurgicale, sans compter plusieurs opuscules sur l'anatomie, la physiologie, l'anatomie pathologique, macroscopique et microscopique, etc., quelques articles de critique et d'histoire, des recherches d'érudition et les éloges de Robert et de Follin. Ces travaux épars seront sans doute réunis en volumes. C'est du moins ce qui vient d'être fait pour la *Chirurgie réparatrice* qui vient de paraître récemment. Depuis quelques années, sans négliger la pathologie descriptive et les faits cliniques, M. Verneuil s'est beaucoup occupé de faire à la chirurgie l'application de la physiologie pathologique et de la pathologie générale. Entraînant et dirigeant dans cette voie plusieurs jeunes écrivains il compose avec eux une sorte de petite école à laquelle on doit déjà une série importante de travaux sur les rapports des affections chirurgicales entre elles et avec les maladies générales.

VERNEUIL (Philippe-Edouard, POULLETIER DE), né à Paris, le 13 février 1805. Licencié en droit, de la Faculté de Paris, en 1826, il fut attaché au ministère de la Justice jusqu'en 1833, et fit, à partir de cette époque, des voyages scientifiques en Turquie et en Crimée (1836), en Russie (1840 et 1847), dans l'Amérique du Nord (1846), en Espagne (1849-1867). Sa réputation comme géologue et paléontologiste et ses remarquables publications lui ouvrirent les portes de l'Académie des sciences, où il remplaça, comme membre libre, M. Héricart de Thury, en 1854. M. de Verneuil a été élu quatre fois président de la Société de géologie. Il est membre de la Société philomatique, correspondant de la Société géologique de Londres, et membre des académies des sciences de Berlin, de Saint-Pétersbourg et de Londres. Il a publié : *Mémoire sur les fossiles des bords du Rhin*, en collaboration avec M. d'Archiac (1842); — *Mémoire géologique sur la Crimée* (1837); — *Géologie de la Russie d'Europe* (1845, 2 vol. in-4, avec 2 *Cartes géologiques de la Russie et de l'Oural*), en collaboration avec MM. Murchison et de Keyserling; — *Parallélisme des terrains fossilifères de l'Amérique avec ceux de l'Europe* (1864); — *Description des fossiles du néocomien supérieur de Utrillas* (Espagne) *et de ses environs*, avec M. de Lorrière (1868, in-4 avec pl.); — *Carte géologique de l'Espagne* (1864, 2e éd., 1868). M. de Verneuil a fait insérer, en outre, des communications et des mémoires dans plusieurs publications scientifiques : le *Recueil*, le *Bulletin* de la Société de géologie, etc. Il est chevalier de la Légion d'Honneur depuis 1846, grand-cordon de l'ordre d'Isabelle-la-Catholique, d'Espagne, et commandeur de Saint-Wladimir et de Sainte-Anne, de Russie, de Charles III, d'Espagne, et de la Rose, du Brésil. M. de Verneuil est décédé en 1873.

VERNIER (Valery-Lucien-François)', né à Lille, le 28 juin 1830. Il débuta dans la carrière littéraire par quelques fragments d'un roman en vers, *Aline, journal d'un jeune homme*, que publia la *Revue des Deux-Mondes*, et qui parut l'année suivante avec un dessin de G. Doré. Fondateur en 1859, avec MM. Astruc et Arthur Louvet, d'une petite revue littéraire, le *Quart d'heure*, se fondit en 1860 dans l'*Artiste*, dont M. Vernier devint le critique théâtral, il collabora encore à la *Revue internationale*, à la *Revue nouvelle*, etc. M. Vernier a publié: *Greta* (1861); — *Les femmes excentriques* (1862); — *Comment aiment les femmes*, recueil de nouvelles, avec une préface, par Arsène Houssaye (1862); — *Le fou de province*, comédie en cinq actes (1863); — *Une Lucrèce de ce temps-ci* (1864); — *Les filles de minuit* (1865);—*L'amoureux de Marguerite*, roman, dans le *Temps* (1867); — *La gageure de Florestan*, roman, dans la *République française* (1873); — *Aline*, nouvelle édition suivie des *Filles de minuit* (1877). En 1873, M. Vernier a fait jouer avec succès à l'Odéon : *Les comédiens errants*, à-propos, en un acte, en vers, en collaboration avec M. Paul Arène. Il a publié dans la *Vie littéraire*, un roman très-remarquable : *Philo fils*. Sous le pseudonyme de Fabrice W., il écrit depuis 1875, les *Nouveautés littéraires* dans ce journal.

VERRIER (Eugène), né à Provins (Seine-et-Marne), le 31 mars 1824. Il a fait ses études classiques au collége de Provins et à Paris et ses études médicales à la Faculté de Paris. Externe des hôpitaux de Paris et dès 1860, docteur en médecine de l'Université de Liége, il se fit recevoir de nouveau docteur à Paris, en 1863, avec une thèse intitulée : *Du forceps-scie des Belges*. Livré depuis à l'enseignement libre des accouchements, M. Verrier a fondé une policlinique en 1864. Collaborateur à plusieurs journaux de médecine, il a publié entre autres travaux : *Du forceps-scie des Belges* (1863); — *De la môle hydatique de l'utérus* (1864); — *Parallèle entre le céphalotribe et le forceps-scie*, lu à l'Académie de médecine (1866);—*Quelle part doit-on attribuer au traumatisme dans les affections puerpérales*, thèse de concours d'agrégation (1866); — *Historique de l'art des accouchements*, leçons à l'Ecole pratique (1867); — *Lettres sur l'enseignement médical en Belgique* (1867); — *Manuel pratique de l'art des accouchements*, précédé d'une préface de M. le professeur Pajot (1867, 2e édition, 1874); — *Des dangers et de l'utilité du théâtre au point de vue de la santé* (1868); — *Un mois à Cusset*, étude d'hydrologie médicale (1872); — *Essai sur la colonisation française dans l'extrême sud du continent américain* (1873); — *Guide du médecin praticien et de la sage-femme dans les maladies utérines*, avec 135 figures (1875); — *Le premier âge, hygiène et médecine domestiques* (1876), etc. M. le docteur Verrier a été chirurgien en chef de l'ambulance des Dominicains d'Arcueil pendant le siége de Paris. Il a fondé, en 1872, et rédigé en chef pendant quatre années la *Gazette obstétricale de Paris* et la *Gazette de Joulin*, réunie à la première en 1874. Nommé préparateur du cours d'accouchements à la Faculté de médecine de Paris, le 16 mai 1877, il est membre de plusieurs osciétés savantes françaises et étrangères et particulièrement de la Société gynécologique de Madrid. M. Verrier a rempli les fonctions publiques de médecin des bureaux de bienfaisance et de l'état civil de la ville de Paris. Il a fait des cours publics à l'Ecole pratique pendant quatorze ans. M. le docteur Verrier a été médecin du prince Charles III, de Monaco. Il est chevalier de Saint-Grégoire-le-Grand depuis 1868.

VERWEE (Alfred-Jacques), né à Bruxelles. Il s'est consacré spécialement à la peinture du paysage et des animaux et a débuté au Salon de Paris, en 1861, avec un tableau intitulé : *Animaux dans les marais de la Campine*. Depuis, M. Verwee a exposé : *Animaux dans la prairie*, Pays-Bas (1863); — *Un attelage flamand* (1864); — *Le verger; La ferme rose* (1865); — *Etalon flamand dans la prairie* (1867), appartient à M. Alfred Stevens; — *Chevaux de trait au pâturage* (1870); — *Verger près de Bruges* (1874); — *Attelage zélandais*, appartient au gouvernement belge; *Les bords de l'Escaut* (1875); — *En Hollande* (1876); — *La côte de Zélanie*, Pays-Bas (1877). Parmi ses tableaux non exposés à Paris on cite : *La récolte en Zélande*, appartient à M. Boucorps à Bruxelles; *Animaux en prairie*, appartient à M. Mosselman à Bruxelles, etc. M. Verwee a obtenu une médaille au Salon de Paris en 1864, et une médaille à l'Exposition universelle de Vienne en 1873. Il est chevalier de l'ordre de Léopold de Belgique depuis 1872.

VÉSY (Jean-Baptiste Martin), né à Rodez (Aveyron), le 15 septembre 1817. Destiné à l'état ecclésiastique, il entra, après de brillantes études latines terminées en cinq ans au collége royal de Rodez (1832 à 1836), au grand séminaire de cette ville, mais il ne put y rester que deux ans et demi, plusieurs travaux spéciaux dont il fut chargé ayant ruiné sa faible santé. Dès le début (1837, philosophie), il fut un des quatre élus pour le grand concours de fin d'année, et dut à regret décliner cet honneur et se contenter du premier prix de dissertation. La deuxième année (physique), il fut chargé d'une thèse solennelle devant l'Evêque, sur les courants électriques qui, préparée en dehors de ses devoirs classiques, porta le dernier coup à sa constitution délabrée. Il ne s'est plus relevé entièrement de cette crise. Ne pouvant donc reprendre le cours de ses études ecclésiastiques, il dut se livrer, pour vivre, à l'enseignement classique, soit dans des maisons particulières, soit dans des établissements publics (petit séminaire de Bordeaux, collége royal de Rodez, de 1840 à 1849). Depuis sa nomination de conservateur de la bibliothèque communale de Rodez, à la majorité des voix, sur plus de 40 candidats, par le Conseil municipal (1849), M. Vésy s'est dévoué tout entier à la confection d'un inventaire général sur bulletins et à la rédaction d'un double catalogue. Ce travail et aussi sa mauvaise santé, ne lui ont pas permis d'exécuter divers projets de publications bibliographiques dont il avait conçu le plan et préparé les matériaux. Dans ses moments de loisir il s'est livré à la muse et a publié, dans l'*Almanach du Sonnet*, dans le *Sonnettiste* ou dans divers recueils et journaux, un grand nombre de poésies, le plus souvent sous le voile de l'anonyme. Dans sa *Monographie du Sonnet*, M, L. de Veyrières a dit de lui : « M. Vésy est « un poëte modeste qui craint le jour et le « contact du monde ; c'est une sensitive poé-« tique. » En 1861, il reçut du pape Pie IX un bref flatteur pour une grande pièce de vers qu'il lui avait dédiée. M. Vésy est membre de plusieurs sociétés savantes ; malheureusement le mauvais état persistant de sa santé lui a, jusqu'à ce jour, peu permis de prendre une part active à leurs travaux. Outre la *Monographie du Sonnet*, la *Littérature française* du colonel Staaf et la *Littérature contemporaine de M. Geslain*, lui ont consacré un petit article élogieux.

VÉTILLART (Michel-Marcelin), né à Pontlieue (Sarthe), le 28 octobre 1820. Il se consacra à l'industrie des tisaus et séjourna en Angleterre de 1838 à 1839, pour y étudier les procédés de nos voisins relatifs au blanchiment des fils et des toiles. Créateur à Pontlieue, d'une importante usine, où il a appliqué les procédés apportés par lui d'Ecosse et d'Irlande, il fut maire de cette localité de 1860 à 1865, époque où elle fut réunie à la ville du Mans. M. Vétillart, industriel émérite, a conquis une grande considération parmi ses concitoyens. En 1860, il a été chargé d'organiser, au Mans, le Conseil des prud'hommes dont il est devenu le président. Conseiller municipal depuis 1865, adjoint au maire en 1870, juge au tribunal de commerce du Mans, il a été élu, le 8 février 1871, par 57,754 voix représentant de la Sarthe à l'Assemblée nationale où il se distingua entre tous par la vigueur de ses opinions décentralisatrices en matière d'administration. M. Vétillart, partisan d'une monarchie constitutionnelle, siégeait à la Droite de la Chambre, et fit partie du Cercle des Réservoirs et des Réunions Saint-Marc Girardin et du Centre-Droit. Conseiller général de la Sarthe depuis 1863, il a été réélu pour le 1er canton du Mans, le 8 octobre 1871. Porté aux élections sénatoriales dans la Sarthe sur la liste de l'Union conservatrice, il a été élu le 30 janvier 1876. M. Vétillart a publié dans le *Recueil de la société des sciences et arts de la Sarthe* plusieurs articles de chimie industrielle. Il est l'auteur d'un procédé d'analyse qui permet de reconnaître et de distinguer tous les éléments qui composent un tissu. L'Académie des sciences, auquel il a été soumis, lui a donné son approbation, et l'administration de la marine l'a adopté pour essayer les fournitures faites à l'Etat. M. Vétillart a publié un ouvrage : *Etudes sur les fibres végétales textiles*, qui résume ses travaux.

VEUILLOT (Louis-François), né à Boynes (Loiret), le 11 octobre 1813. Fils aîné d'un ouvrier tonnelier qui vint se fixer à Bercy en 1818, il fit ses premières études à l'école mutuelle. En 1826 il fut placé comme petit clerc chez un avoué Fortuné Delavigne, frère du poëte, où il rencontra souvent des écrivains de l'époque, dont l'exemple lui donna l'idée de se vouer à la littérature. Après avoir complété son instruction, M. Veuillot se mit à écrire. Ayant communiqué ses essais à Olivier Fulgence, celui-ci y remarqua le tempérament d'un journaliste et le fit entrer au journal l'*Echo de la Seine-Inférieure*. Le jeune débutant, alors âgé de dix-sept ans, y fut chargé du compte-rendu des théâtres et déploya une vivacité de parole qui lui attira deux duels. A la fin de 1832, il fut appelé à Périgueux, comme rédacteur en chef du *Mémorial de la Dordogne*, où la fougue de son style lui attira un nouveau duel. De retour à Paris (1837), il collabora successivement à la *Charte de 1830* et à la *Paix* (1838), deux journaux ministériels qui n'eurent qu'une existence éphémère. M. Louis Veuillot n'était jusqu'ici comme il le dit lui-même, « qu'un des condottieri de la presse », lorsque M. Fulgence lui proposa de l'accompagner à Rome. Les cérémonies pompeuses de la semaine sainte, auquel il assista, firent sur lui une vive impression et depuis il se livra tout entier au catholicisme militant. En revenant en France, il traversa la Suisse et publia à son retour sur ce voyage un volume : *Les pèlerinages en Suisse* (1839, 6e édition, 1853), dans lequel il exposait ses nouvelles convictions. Sous-chef de bureau au ministère de l'Intérieur, il fut pendant six mois secrétaire du général Bugeaud en Algérie (1842), puis reprit sa place au ministère. En 1843, il donna sa démission pour entrer à l'*Univers religieux*, et se fit remarquer lors du procès de l'abbé Combalot, à la question de la liberté d'enseignement et de la campagne du Sonderbund, par sa verve sarcastique et mordante. Après la révolution de Février il appuya quelque temps la République, mais, bientôt après (3 mrrs 1848), étant devenu rédacteur en chef de son journal, il l'attaqua et se déclara légitimiste en 1850. Il s'appliqua ensuite à la défense de l'Empire et du parti catholique. Néanmoins, il se vit combattu par Mgr Dupanloup, évêque d'Orléans, à propos d'un livre de l'abbé Gaume, *Le ver rongeur*, que M. Veuillot appuyait, et blâmé par l'archevêque de Paris, Mgr Sibour, qui décréta la suppression de l'*Univers* dans son diocèse, le 17 février 1853. M. Veuillot alla alors à Rome demander justice au Saint-Père qui lui donna raison dans son encyclique du 21 mars 1853. Mgr Sibour dut se rétracter, tandis que Mgr Dupanloup défendait la lecture de l'*Univers* à son clergé. Pendant et après la guerre d'Italie (1859-1861), M. Veuillot défendit l'Encyclique du pape avec une telle violence que le gouvernement supprima son journal. L'*Univers* reparut peu après sous le titre du *Monde*, mais il fut interdit à M. Veuillot d'y collaborer. En avril 1867, ce journal ayant repris le titre de l'*Univers*, il y reprit sa collaboration. Lors du concile du Vatican, et, présent à Rome, il reprit sa polémique avec Mgr Dupanloup en soutenant le dogme de l'infaillibilité du pape. De retour à Paris, après la déclaration de guerre à la Prusse, il se prononça pour la guerre à outrance, appuya depuis la pétition des évêques demandant l'intervention du gouvernement en faveur de Pie IX et réclama la restauration du comte de Chambord. Ses attaques contre le gouvernement italien motivèrent la suspension de son journal pour deux mois (19 janvier 1874), mais lui valurent un bref de félicitation du pape, qu'il publia en tête du premier numéro de l'*Univers*, lors de sa réapparition. Trois mois après, son journal fut de nouveau supprimé pour quinze jours, lors de la reconnaissance du maréchal Serrano, par le gouvernement français, comme président de la République espagnole. On lui doit les publications suivantes : *Pierre Saintive*, roman religieux (1840, 4e édition, 1854); — *Le saint Rosaire médité* (1840); — *Rome et Lorette* (1841, 2 volumes, 11e édition, 1864); — *Agnès de Lauvens* (1842, 5e édition, 1857); — *Liberté d'enseignement* (1843); — *Les Français en Algérie* (1844, 3e édition, 1853); — *L'honnête femme* (1844); — *Les Nattes*, recueil de nouvelles (1844, 3e édition, 1854); — *Les libres penseurs* (1848, 3e édition, 1860); — *L'introduction du Mémoire aux évêques*, de l'abbé Combalot, qui lui valut un mois de prison (1848); — *L'esclave Vindex* (1849); — *Le lendemain de la victoire* (1850); — *Petite philosophie* (1850, 3e édition, 1858);

— *Corbin et d'Aubecourt*, roman (1850); — *La légalité* (1852); — *Histoire de la bienheureuse Germaine Cousin* (1854); —*Etude sur saint Vincent de Paul* (1854); — *Le droit du seigneur au moyen âge* (1854); — *La guerre et l'homme de guerre* (1855); — *Mélanges religieux, historiques, politiques et littéraires* (1856-1872, 18 volumes); — *Le parti catholique* (1856); — *De quelques erreurs sur la papauté* (1859); — *Çà et là* (1859, 4º édition, 1860); — *Waterloo* (1861); — *Le pape et la diplomatie* (1861); — *Le parfum de Rome* (1861, 4e édition, 1862); — *Deux commensaux du cardinal Dubois* (1861); — *Le fond de Giboyer* (1863), sept éditions dans la même année; — *Pie IX* (1863); — *Satires* (1863); — *La vie de N.-S. Jésus-Christ* (1864); — *Le guêpier italien* (1865), sept éditions dans la même année; — *Les odeurs de Paris* (1866); — *L'illusion libérale* (1866); — *Pensées de M. Louis Veuillot* (1868); —*Les couleuvres* (1869); — *La liberté du concile* (1870); — *Rome pendant le concile*; — *La république de tout le monde*; — *Les filles de Babylone, prophéties pour le temps présent* (1871); — *Paris pendant les deux sièges* (1871), etc.

VEYRAT (Augustin-Pierre-Adolphe), né à Paris, le 4 mars 1809. Fils de l'orfèvre Jean-François Veyrat qui a fondé sa maison, en 1815, après avoir servi, sous le premier empire, dans l'armée et les administrations, il en devint l'associé en 1830, et prit la direction de l'entreprise en 1845. Son père, après avoir débuté par une spécialité de *plaqués sur fer*, avait, en 1830, commencé la fabrication des objets en *argent massif*. M. Adolphe Veyrat, riche d'une forte éducation professionnelle, ajouta, à l'expérience industrielle qui avait fait la fortune de sa maison, le précieux concours de ses connaissances personnelles dans le dessin et la pratique de l'orfèvrerie. Si l'on veut entrer quelque peu dans les détails technique du métier, il faut dire que M. Adolphe Veyrat, entre autres progrès qu'il a réalisés dans son art, est certainement l'un des premiers auxquels on doit l'application de la *retreinte sur le tour* à la fabrication de l'orfèvrerie en argent, procédé qui diminue le poids des pièces et leur prix de façon. A force de recherches et d'études, il a réalisé, avec le concours, qu'il a su toujours s'assurer, des praticiens les plus habiles et des modeleurs, sculpteurs, etc., les plus renommés, des progrès qui lui ont permis de se placer au premier rang parmi les producteurs similaires nationaux, et de lutter avec avantage contre la concurrence étrangère. En 1855, lorsque les brevets de MM. de Ruolz et Elkington tombèrent dans le domaine public, il réussit, du premier coup, à rivaliser avantageusement, avec les anciennes fabrications, pour l'argenture électro-chimique. La maison Veyrat, entre autres récompenses, a remporté une médaille de bronze en 1827; des médailles d'argent en 1839, 1844 et 1849; une médaille de 1re classe à l'Exposition universelle de Paris, en 1855; une médaille de 1re classe à Dijon, en 1858; une médaille d'argent à l'Exposition des arts industriels de Paris, en 1861; un diplôme d'honneur à Nimes, en 1863; une médaille d'or à l'Exposition franco-espagnole de Bayonne,

en 1864, etc. Ajoutons deux médailles commémoratives, en 1855 et 1860, obtenues par M. Adolphe Veyrat comme l'un des organisateurs de l'Exposition de l'orfévrerie française, et comme membre de la Commission de l'enquête ouverte au sujet du traité de commerce entre la France et l'Angleterre. A l'Exposition des arts industriels de Paris, en 1865, son directeur était hors concours comme membre du Comité de l'Union centrale. Notable commerçant, administrateur de la Caisse d'épargne, depuis 1841, officier dans la garde nationale depuis 1830, M. Adolphe Veyrat s'est distingué, en 1848, parmi les défenseurs de l'ordre, et a été élu, en 1866, juge suppléant au tribunal de commerce.

VEZIAN (Jacques-Marie-Alexandre), né à Montpellier, le 29 avril 1821. Il a publié, en 1856, à la suite d'explorations faites en Catalogne, deux mémoires qui lui ont servi de thèses pour l'obtention du grade de docteur ès sciences et qui ont trait à la géologie et à la paléontologie des terrains tertiaires des environs de Barcelone. Après deux suppléances, l'une à la Faculté des sciences de Clermont et l'autre à celle de Rennes, il a été appelé, en 1859, à la chaire de géologie de la Faculté des sciences de Besançon, chaire qu'il occupe encore. Sa publication la plus importante est le *Prodrome de géologie*, ouvrage en trois volumes (1863-1866) où, tout en développant des idées qui lui sont personnelles, il essaie de tracer un tableau synthétique de l'état actuel de la science géologique. M. Vézian est un des adeptes des théories de M. Elie de Beaumont. Il a présenté à l'Académie des sciences (1856-1876) plusieurs mémoires de stratigraphie systématique, et a fait paraître, dans diverses publications périodiques : la *Houille*, la *Revue scientifique*, l'*Annuaire du club Alpin*, etc., des articles destinés surtout à vulgariser la science. Il vient de commencer, sous le titre de : le *Jura franc-comtois*, une série d'études sur la géologie du Jura considéré principalement dans sa partie nord-occidentale.

VIARDOT (Louis), né le 31 juillet 1800, à Dijon, où son père, décédé en 1807, fut procureur général. Après avoir terminé ses études au collège de sa ville natale, il suivit les cours de la Faculté de droit de Paris, et s'y fit inscrire au tableau des avocats. A la suite d'un voyage en Espagne (1823), il renonça au barreau pour se consacrer à la littérature et au journalisme. Rédacteur au *Globe* (1828), au *National* (1831), puis au *Siècle* (1836), il fonda en 1841, avec Pierre Leroux et Georges Sand la *Revue indépendante* et collabora en outre à la *Revue des Deux-Mondes*, la *Revue de Paris*, la *Liberté de penser*, la *Gazette des beaux-arts*, etc. M. Louis Viardot devint, en janvier 1838, après la mort de M. Robert, directeur du théâtre Italien au théâtre de l'Odéon ; mais se retira en 1840, lors de son mariage avec Mlle Pauline Garcia, qui avait été engagée à son théâtre. Depuis, il accompagna sa femme dans ses tournées artistiques. Nous citerons parmi ses ouvrages : *Lettres d'un Espagnol* (1831, 2 volumes) ; — *Essai sur l'histoire des Arabes et des Mores d'Espagne*

(1832, 2 volumes); — *Scènes de mœurs arabes* (1833); — *Etudes sur l'histoire des institutions et de la littérature en Espagne* (1855), traduit en espagnol et en allemand; — *Notices sur les principaux peintres d'Espagne* (1839), ouvrage servant de texte aux gravures de la galerie Aguado; — *Des origines traditionnelles de la peinture moderne en Italie* (1840); — *Les musées d'Europe, guide et memento de l'artiste et du voyageur* et qui comprend: *les Musées d'Italie* (1842, 3° édition, 1859); *les Musées d'Espagne* (1843, 3° édition, 1859); *les Musées d'Allemagne* (1844, 3° édition, 1860); *les Musées d'Angleterre, de Belgique, de Hollande et de Russie* (1844, 3° édition, 1860); *les Musées de France* (1854, 2° édition, 1860); — *Souvenirs de chasse* (1849, 7° édition, 1859); — *Histoire des Arabes et des Mores d'Espagne* (1851, 2 vol.); — *Les jésuites jugés par les rois, les évêques et le pape* (1857); — *Espagne et beaux-arts*, mélanges (1868); — *Apologie d'un incrédule* (1869); — *Les merveilles de la peinture* (1870, 2 vol., 3° édition, 1877); — *Les merveilles de la sculpture* (1871, 2° édition, 1876); — *Libre examen* (5° édition, 1877), etc. M. Viardot a traduit de l'espagnol: le *Don Quichotte* annoté (1837), diverses éditions, grand in-f°, grand in-4°, grand in-8° et in-18); les *Nouvelles* de Cervantès (1838, nouvelle édition en 1857 et 1864); et l'*Histoire du soulèvement d'Espagne*, de Toreno (1838, 5 vol.) et du russe: les *Nouvelles choisies*, de Nicolas Gogol; la *Fille du capitaine*, de Pouchkine (1853); les *Poëmes dramatiques*, du même (1862); en collaboration avec Ivan Tourguéneff; *Scènes de la vie russe*, d'Ivan Tourguéneff, 2° série (1858), avec la collaboration de l'auteur, etc. En 1843, M. Viardot a été élu, à l'unanimité, membre de l'Académie espagnole.

VIARDOT (Léon), né à Dijon, le 1er décembre 1805; frère du précédent. Il suivit les ateliers de Picot et d'Ary Scheffer, cultiva avec succès divers genres de peinture, mais se fit surtout comme portraitiste une grande réputation. Depuis 1834, ses débuts au Salon de Paris, M. Viardot a exposé nombre de portraits dont les plus importants sont ceux de Mme *de Souza*, de MM. *Charles Ledru*, *D. Nisard*, *Le Roy d'Etiolles*, *Donizetti*, *M. et Mme Louis Viardot*, *Mlle G. Viardot*, *Mme Garcia*, *Armand Currel*, *Mme Baring*, *M. Mazère* et du *lieutenant-colonel Vaissier*, tué devant Sébastopol et peint de souvenir après sa mort. Voici la liste de ses tableaux de divers genres exposés au Salon: *Une dame corse* (1836); — *Tête de chien* (1838); — *Le roi Olephis* (1840); — *L'épée de Damoclès* (1842); — *Sultan, chien de Terre-Neuve* (1846); — *Jésus guérissant une parente de Simon Pierre* (1849), commandé par le ministère de l'Intérieur; — *Le Christ et la Samaritaine* (1859); — *Chevreuil défendant ses faons contre l'attaque d'un renard*; *Tête de chienne de chasse* (1864); — *Chiens d'arrêt se désaltérant au retour de la chasse*; *Tête de petit chien épagneul* (1865); — *Le maraudeur surpris*; *Tête de chien d'arrêt tenant à la gueule une perdrix rouge* (1866); — *Petit garçon montrant un geai mort*; *Jeune chienne de chasse flairant une perdrix rouge* (1867); — *Chienne de chasse et ses petits* (1868); — *Tête de chienne d'arrêt*; (1872); — *Une rencontre* (1874); — *Chiens d'arrêt et gibier mort; Chienne braque* (1875); — *Chienne d'arrêt rapportant une perdrix* (1877). M. Léon Viardot a obtenu une médaille de 2° classe au Salon de 1835.

VIARDOT (Mlle Michelle-Pauline GARCIA, dame), née à Paris, le 18 juillet 1821. Fille du chanteur Manuel Garcia, filleule de Paër, sœur de Mme Malibran et d'un professeur en renom. Douée d'une heureuse physionomie et d'une voix admirable de mezzo-soprano, tout favorisa son entrée dans la carrière artistique où l'attendaient de si brillants succès. Enfant, elle parcourut l'Angleterre et l'Amérique du Nord avec sa famille, rentra en France en 1838, étudia le piano sous Meysenberg et Liszt, chanta dans les concerts donnés par sa sœur, et débuta, en 1839, au théâtre Italien de Londres dans Desdemona d'*Otello*. En octobre de cette même année, elle fut engagée au Théâtre-Italien de Paris et y débuta dans le même rôle. Puis elle parut avec éclat, à différentes époques, sur les grandes scènes lyriques de l'Europe, à Londres, Vienne, Berlin, Pesth, Saint-Pétersbourg, Madrid et au Grand-Opéra de Paris, où elle a créé le rôle de Fidès dans le *Prophète*, le 16 avril 1849, etc., chantant avec une même facilité et avec un égal bonheur en français, en allemand, en italien, en anglais, en espagnol. Comme richesse d'organe, comme méthode et distinction personnelle, Mme Viardot est une des gloires de l'art musical français. Parmi les opéras dans lesquels elle a remporté les succès les plus retentissants, nous citerons: *Otello*, *la Cenerentola*, *Tancrède*, *le Barbier de Séville*, *Don Giovanni*, *les Huguenots*, *le Prophète*, *Robert le diable*, *Il Trovatore*, *Lady Macbeth*, *la Somnambule*, *Norma*, *Orphée*, *Alceste*, etc. Elle a écrit quelques partitions d'opéras restées inédites: *l'Ogre* (1868); — *Le dernier sorcier* (1869), etc. Bienveillante et généreuse, elle s'associe de tout cœur aux œuvres de bienfaisance et chante fréquemment dans les concerts de charité. Elle a épousé en 1840, M. Louis Viardot (voir ci-dessus). Mme Viardot a été, de 1871 à 1875, professeur de chant au Conservatoire de musique de Paris.

VIBERT (Jehan-Georges), né à Paris, le 30 septembre 1840. Il suivit l'atelier de M. F. Barrias, et se consacra surtout à la peinture de genre. En 1863, il débuta au Salon de Paris par la *Sieste* et le *Repentir* (musée de Bordeaux). L'année suivante, il produisit *Narcisse changé en fleur*, qui a reparu à l'Exposition universelle de 1867, et *Insouciance*. Depuis, cet artiste a exposé: *Martyrs chrétiens dans la fosse aux lions*; *Mouton mort* (1865); — *Daphnis et Chloé*; *Entrée des toreros*, en collaboration avec M. Zamacois (1866); — *L'appel après le pillage*; *La tentation* (1867); — *Le couvent sous les armes*, l'Espagne en 1811; *Barbier ambulant*, Espagne (1868); — *Le retour de la dîme*; *Le matin de la noce*; *Arlequin chez l'avocat* (1869); — *Gulliver fortement attaché et cerné par l'ennemi*; *L'importun* (1870); — *Le départ des mariés* (Espagne); *Le premier-né* (1873); *La réprimande*; *Moine cueillant des radis*; le portrait de M. *Coquelin*, sociétaire de la Comédie-Française, dans le rôle de Mascarille des *Précieuses ridicules* (1874); — *La Cigale et la Fourmi; Le repos du peintre* (1875); — *L'antichambre de Monseigneur* (1876); — *Le nouveau commis; La sérénade* (1877). M. Vibert a obtenu des médailles en 1864, 1867, 1868 et la croix de la Légion d'Honneur en 1870.

VIBERT (Jules), né à Lyon, le 3 avril 1815. Elève distingué de Paul Delaroche, il s'est consacré spécialement à la peinture des sujets historiques et religieux. M. Vibert a successivement exposé aux Salons de Paris : *Le Christ descendu de la croix* (1845); — *Femmes jouant de la basse de viole*, costume vénitien (1846); — *L'Enfant Jésus cueillant des roses sauvages se blesse avec une épine* (1849); — *Le petit chien qui secoue de l'or et des pierreries* (1850); — *Plafond* pour la bibliothèque du château de Nozet (1855, E. U.); — *Une visite domiciliaire sous la Terreur; L'ancien et le nouveau Testament*, partie d'une fresque pour la décoration de la bibliothèque du château de Nozet (1859); — *Les saintes femmes au tombeau lorsque l'ange leur apparaît*, pour l'église d'Angoumé (Landes); *Le Christ en croix, entre la Vierge, sainte Madeleine et saint Jean*, pour l'église de Dugny (1864); — le portrait en pied du lieutenant-général comte Marchand, au musée de Grenoble; *La Présentation* et *l'Assomption*, pour la chapelle de la Vierge de l'Eglise de Jésus (1865); — *L'annonciation* et *Mater dolorosa*, pour la chapelle du Palais-de-Justice (1866); — *Le Christ montrant son cœur aux fidèles*, retable pour la chapelle du Sacré-Cœur dans l'église Saint-Nicolas-des-Champs (1867); — *La canonisation des martyrs du Japon*, pour la chapelle de la Miséricorde de Bayeux (1868); — *Le Christ donnant les clefs de l'Eglise à saint Pierre; Martyre du bienheureux Spinola et de ses compagnons* et *Martyre du bienheureux Azevedo et de ses compagnons*, pour la chapelle des martyrs de l'église de Gesù, à Paris (1869); — *Chauveau-Lagarde*, peinture pour le conseil de la Cour de cassation du Palais-de-Justice de Paris. M. Vibert a traité aussi avec succès le portrait.

VIBERT (Théodore), né à Paris, le 4 juin 1825. M. Vibert parcourut, jeune encore, une partie de l'Europe à pied. Il fit son droit à la Faculté de Paris, obtint le grade de licencié en 1849, fit son stage jusqu'en 1852, et prit place au barreau le 15 décembre de la même année. Mais il n'exerça que très-peu de temps la profession d'avocat; ses goûts le portaient vers la littérature, et, jusqu'en 1867, il s'y adonna d'une façon presque exclusive. Il était vice-président de la Société des travaux littéraires et artistiques. En 1867, il accepta les fonctions de juge de paix du canton de Montfort-sur-Risle (Eure); et, le 22 février 1874, il fut transféré à Sézanne (Marne). M. Théodore Vibert a publié les ouvrages suivants : *Edmond Reille* : t. I, *Venise*; t. II, *Fontainebleau* (1856, 2 vol.); — *Les Girondins*, poëme en 12 chants (1860, 3ᵉ édit., 1866); — *Les quatre morts*, poëme en 4 parties : *La mort du Christ; La mort de Louis XVI; La mort de Napoléon; La mort de Voltaire* (trois édit., en 1865 et 1866); — *Rimes d'un vrai libre-penseur* (1876). On lui doit, en outre, un certain nombre de *Satires gauloises*. Le même auteur prépare la publication d'un ouvrage qui sera intitulé: *Le droit divin de la démocratie*. Dans son ouvrage sur *le Passé, le présent et l'avenir de l'humanité*, le célèbre avocat Ledru porte le jugement suivant sur l'auteur des *Girondins* et sur son œuvre : « M. Vibert n'a pas voulu suivre le barreau, où il eût été un défenseur intrépide de la foi catholique, c'est-à-dire de la fraternité, de l'égalité, de la liberté en Dieu. Il reste modeste magistrat... Tous ceux qui aiment Dante, Shakspeare, Ossian, le Camoëns, ont aimé et aimeront à lire cette belle épopée qui fait frémir et pleurer. L'intérêt y est toujours palpitant et à la hauteur des idées philosophiques. C'est une œuvre capitale, actuelle, que n'étouffera pas toujours la conspiration du silence, qui essaie vainement de se faire autour de cette création éminemment catholique. » D'autre part, Emile Deschamps, quelque temps avant sa mort (8 février 1863), écrivit à M. Vibert la lettre suivante: « Je n'ai voulu vous dire : merci, qu'en pouvant vous crier : Bravo! voilà pourquoi vous n'entendez parler de moi qu'aujourd'hui. Et puis, c'est hélas! du fond de mon lit comme de mon cœur que je vous écris ces quelques lignes. Je suis souffrant depuis quelque temps, et un ami, très-poëte, vient de me faire la lecture de vos *Girondins*. « J'aimerais davantage M. Achille Millien, si je pouvais, puisque c'est à lui que je dois cette bonne fortune. Votre préface remue plus d'idées philosophiques, littéraires, morales, politiques et religieuses que des volumes entiers, avec un style d'une verve et d'un coloris bien rares. On peut ne point partager toutes vos opinions; il est impossible d'en avoir deux sur la hauteur de vos vues, la franche sincérité de vos doctrines, et la magie de votre plume. — Et quelle grande et belle note *sur le mal*, vers la fin du volume. C'est un traité complet et parfait. Quant au poëme, vous avez su donner l'intérêt du drame et du roman à cette grande et terrible histoire, en la portant tout à la fois à la puissance poétique. — On ne peut pas quitter vos *Girondins*, une fois qu'on a fait connaissance avec eux. Ceci est tout un panégyrique du livre! Un volume de vers qu'on dévore tout d'un trait d'abord, et qu'on savoure ensuite dans chacune de ses parties! Cela tient à l'habileté de la composition, à l'éclat du style et au charme pittoresque de la versification, qui dénote à la fois un grand art et un grand naturel! Ce double mérite qu'on trouve si peu réuni! Quelques défaillances, quelques irrégularités de prosodie et de vers se rencontrent çà et là; c'est inévitable dans un poëme de si longue haleine, et qui semble écrit tout d'inspiration. Vous devrez cependant revoir ces quelques passages avec sévérité dans l'intérêt de votre gloire et pour le parfait plaisir de vos lecteurs. Toujours est-il, Monsieur, qu'il y a long-temps qu'aucune poésie ne m'a aussi ému, aussi électrisé! Merci donc et bravo! mais pardonnez à l'écriture, au style de cette lettre; le lit est un mauvais pupitre. » Ces deux citations, auxquelles on pourrait joindre des extraits de lettres ou articles signés Jules Simon, Joseph Autran, Soulary, Ch. Ledru, Mistral, le comte N. Daru, Prosper Blanchemain, etc., nous dispensent de nous appesantir sur la valeur morale et littéraire des œuvres de M. Théodore Vibert, et l'on ne sera pas surpris d'apprendre que cet écrivain distingué, candidat aux élections de l'Académie française, en janvier 1874 et 1877, ne s'est pas laissé décourager par un premier échec, et compte se représenter de nouveau à la première vacance. M. Théodore Vibert a collaboré à un grand nombre de revues littéraires, telles que le *Journal des Arts*, la *Fraternité*, dont il fut un des fondateurs, la *Muse gauloise*, la *Tribune lyrique*, le *Glaneur littéraire*, le *Tournoi poétique* (en Champagne), le *Propagateur du Var*, le *Courrier du Canada* (Amérique), le *Courrier de Sézanne*, le *Sonnettiste*, la *Revista poliglotta* (de Naples), etc. L'institut Confucius de France lui a décerné, dans sa séance solennelle du 15 juillet 1877, une médaille d'argent, et le cercle Mezzofanti de Naples l'a nommé, dans sa séance du 25 juin de la même année, son représentant général.

VIBERT (Edmond-Célestin-Paul), né à Paris, le 18 février 1851; fils du précédent. Après avoir terminé ses études, il se consacra à la littérature, au journalisme surtout, et fit ses premières armes au *Pays*, en 1872. Puis il entra à l'*Espérance nationale*, et y resta jusqu'à la disparition de ce journal; il est attaché aujourd'hui à *Paris-Journal*. En outre, il a collaboré à des revues littéraires, telles que le *Biographe*, le *Concours poétique* de Bordeaux, l'*Almanach du Sonnet*, le *Sonnettiste*, dont il est le rédacteur en chef, etc. M. Paul Vibert, qui n'a pas cessé d'appartenir, comme écrivain militant à la presse impérialiste, a publié en 1874, une brochure à sensation, intitulée : *La démocratie impériale*. On a aussi de lui un dizain de *Sonnets*, qui ont eu un grand succès. Il a sous presse : *Arsène Thévenot, sa vie, ses œuvres*.

VIDAL (Marie-Louis-Pierre), né à Tours, le 4 juillet 1849. Il se fit recevoir licencié en droit à la Faculté de Paris, mais, ses goûts le portant vers les arts, il se consacra à la peinture sous les auspices de sa mère, artiste distinguée en miniature, et particulièrement à la gravure à l'eau-forte. Depuis 1874, il n'a cessé d'envoyer chaque année quelqu'ouvrage au Salon de Paris. Voici la liste de ses eaux-fortes : *Bords du Loir*; *Environs d'Angers* (1874); — *Lisière de bois* (Fontainebleau); *Le soir à la Possonnière* (Maine-et-Loire); *Route de Chalonne* (Maine-et-Loire); *Souvenir de Pornic* (Loire-Inférieure); *Dans un parc*, en Anjou; *Le Raincy* (Seine-et-Oise); *Au Raincy* (1875); — *La Loire, Les bords de la Loire, Parc de Sapinaud* et *l'Etang de Brumessard*, à la Possonnière (Maine-et-Loire); *Le soir*, d'après Th. Rousseau; *Nature morte*, d'après Chardin (1876); — *Cour de la ferme à la Possonnière* et *Dans les champs*, près d'Alleux (Maine-et-Loire), d'après une aquarelle du graveur (1876). M. Vidal a traité aussi l'aquarelle et exposé dans ce genre : *Un page* (1876); *Femme arabe*; *Ouverture des hostilités* (1877). En 1875, il publia un *Album* d'eaux-fortes qui fut très-apprécié. Il a collaboré comme illustrateur à l'*Artiste*, à l'*Album Boëtzel* et aux *Poésies* de M. Achille Millien. Il est chargé de l'illustration du *Dictionnaire historique et géographique de l'Anjou*, de M. Port, archiviste de Maine-et-Loire qui vient d'obtenir le prix Gobert à l'Académie. Depuis 1876, M. Vidal est attaché au Cabinet des estampes. Il a obtenu une médaille à l'Exposition des beaux-arts d'Angers en 1877.

VIEL-CASTEL (Charles-Louis-Gaspard-Gabriel DE SALVIAC, *baron* DE), né à Paris, le 14 octobre 1800; frère du littérateur comte Horace de Viel-Castel, décédé en 1864. Licencié en droit de la Faculté de Paris, il entra dans la carrière diplomatique, en 1818, comme surnuméraire au ministère des Affaires étrangères. D'abord attaché (1821), puis secrétaire à l'ambassade de France en Espagne (1825), il passa, en la même qualité, à celle d'Autriche (1828) et devint sous-directeur de la direction politique au ministère des Affaires étrangères en 1829. Mis à l'écart par la révolution de Juillet, il rentra en fonctions quelques mois après, fut nommé directeur en 1849, mais donna sa démission lors du coup d'Etat de décembre 1851 et prit sa retraite en 1853. M. le baron de Viel-Castel a donné sur le théâtre espagnol, sur les deux Pitt, sur le prince Eugène, Marmont, etc., un grand nombre d'articles dans la *Revue des Deux-Mondes* et a publié : *Essai historique sur les deux Pitt* (1866, 2 volumes); — *Histoire de la Restauration* (1860-1877, 20 volumes). Elu membre de l'Académie française le 2 mai 1873, en remplacement du comte de Ségur (voir ce nom), il a été reçu le 27 novembre de la même année. M. le baron Louis de Viel-Castel est commandeur de la Légion d'Honneur depuis le 14 novembre 1849.

VIELLARD-MIGEON (François-Christophe-Nicolas-Juvénal), né à Belfort, le 29 novembre 1803. Grand industriel du Haut-Rhin, il dirige à Morvillars, près de Belfort, une importante usine comprenant des forges, tirerie de fil de fer, manufacture de vis à bois, etc. Ses produits qui avaient remporté dans diverses expositions, des médailles d'argent (1838 et 1844) et d'or (1849 et 1855), lui ont valu la croix de la Légion d'Honneur à l'Exposition universelle de 1855, pour «ses exploitations industrielles et pour services rendus à la classe ouvrière.» Maire depuis 1839, il fut révoqué, en 1857, pour avoir résisté à la préfecture lors des élections générales de cette époque. En mai 1869, M. Viellard-Migeon fut envoyé par l'opposition au Corps législatif, où il siégea dans le tiers-parti. Aux élections du 30 janvier 1876 il posa sa candidature au Sénat; mais il la retira pour laisser la place à M. Thiers. Lorsque l'ex-président fut élu député dans le IXe arrondissement de Paris et renonça à son mandat de sénateur, M. Viellard-Migeon posa de nouveau sa candidature et fut élu le 11 juin 1876. Il siège parmi les membres de la Droite du Sénat. Membre du Conseil général du Haut-Rhin, pour le canton de Delle, depuis 1848 et réélu en 1871, il préside actuellement la Commission départementale ayant les pouvoirs du Conseil général.

VIETTE (François), né à Blamont (Doubs), le 6 mai 1843. Appartenant au parti républicain du Doubs, il combattit le régime impérial dans le *Doubs*, le *Républicain de l'Est*, puis dans la *Démocratie franc-comtoise*, dont il fut un des fondateurs et dont il est un des principaux rédacteurs. Pendant la guerre franco-allemande, M. Viette fut capitaine des mobilisés du Doubs et mérita d'être mis à l'ordre du jour de l'armée. Conseiller municipal de Blamont, puis Conseiller général du Doubs pour ce canton, le 8 octobre 1871, il fut choisi comme candidat par le comité républicain et élu député du Doubs par l'arrondissement de Montbéliard, le 20 février 1876, à la suite d'une profession de foi dont voici un extrait : « Je veux la République, ce terrain neutre sur lequel doit avoir lieu la réconciliation de tous les partis. La République, selon moi, doit s'affermir progressivement, sagement et sans violences. La liberté de réunion, d'association et de la presse. La paix à l'intérieur et à l'extérieur. Plus de guerre! Diminution dans la durée du service militaire, et, dès que ce sera possible, désarmement. C'est à la France qu'il appartient de donner cet exemple aux autres nations. La liberté de conscience qui est le plus incontestable de tous les droits, et par suite, le libre exercice des cultes, à condition que la politique soit bannie de la chaire. L'instruction gratuite, obligatoire et laïque, etc. »

VIGAROSY (Jean-Baptiste-Claude-Charles-Joseph), né à Mirepoix (Ariége), le 23 juin 1822. Docteur en droit. Son père, président du Conseil général de l'Ariége, quand éclata la révolution de 1848, et jouissant dans le pays d'une grande popularité justement acquise, ayant décliné une candidature à l'Assemblée constituante, les électeurs désignèrent comme leur candidat M. Charles Vigarosy qui se trouvait à Paris, se préparant à subir la dernière des épreuves du doctorat en droit, et qui avait eu déjà l'occasion de manifester ses opinions républicaines. Il ne fut pas élu, mais il obtint plus de 10.000 voix. Lors des élections à l'Assemblée législative, une candidature lui fut offerte par le comité démocratique de l'Ariége. Il refusa et exposa, dans une lettre adressée à ses concitoyens, les motifs de ce refus. Membre du Conseil général pour le canton de Mirepoix dès 1848, il protesta contre le coup d'Etat et donna sa démission motivée, qui fut rendue publique, n'ayant pas voulu prêter le serment qu'on exigeait de lui. Pendant toute la durée de l'Empire, il se tint en dehors des affaires publiques, mais seconda de tous ses efforts l'action des comités d'opposition. Elu conseiller général le 8 octobre 1871, et réélu lors du renouvellement triennal des assemblées départementales, il n'a cessé de faire partie, depuis 1871, de la Commission de permanence du Conseil général. Aux élections sénatoriales du 30 janvier 1876, il se présenta, en compagnie de M. Arnaud (de l'Ariége), et adressa aux électeurs, de concert avec celui-ci, une profession de foi républicaine. Il fut élu par 205 voix. M. Vigarosy fait partie du groupe de la Gauche républicaine.

VIGER (Jean-Louis-Hector), né à Argentan (Orne), le 25 octobre 1819. Orphelin à l'âge de deux ans, et élevé par son arrière-grand-oncle, il fut placé, en 1829, au collége de Sancerre, et entra, en 1833, au collége Bourbon, à Paris. La visite des églises, des monuments, des musées éveilla sa vocation pour la peinture. Successivement élève de l'École gratuite de dessin, de Montvoisin, de P. Delaroche, de Drölling et de M. Lehmann, il se consacra tout à la fois à la peinture d'histoire, au genre et au portrait. En 1845, il débuta au Salon de Paris avec trois *Portraits*. Depuis, cet artiste a exposé : *Démocrite et les Abdéritains*, tiré des Œuvres de Lafontaine ; *Sainte Anne et la Vierge*, placé à Saint-Lazare (1847) ; — *Esclave dans son harem* (1848) ; — *La sainte Vierge travaillant dans le Temple* (1850) ; — *Mort de Virgile* et quatre *Portraits* (1857) ; — *Mort de saint Joseph*, à l'église de Muret (Haute-Garonne) ; *Cléopâtre* ; *L'enfant malade* ; *La corbeille de noces* (1859) ; — *Flore et Zéphyre* ; *Saint Lazare abandonné sur la mer, avec Marthe et Marie, ses sœurs*, et quelques *chrétiens*, au musée de Semur ; *Je dors et mon cœur veille*, chez les Franciscains de la rue des Fourneaux (1861) ; — *La mise au tombeau de N.-S. Jésus-Christ*, à l'église de Pomard, Côte-d'Or (1863) ; — *Christ en croix*, pour le Palais-de-Justice ; *L'impératrice Joséphine reçoit l'empereur Alexandre à la Malmaison* (1864) ; — *L'impératrice Joséphine avant le sacre*, au musée de Marseille ; *Panneau décoratif*, pour le château du marquis de Lambertye (1865) ; — *Souvenir de la Malmaison* ; *Stella*, tête d'étude (1866) ; — *Martyre de saint Denis et de ses compagnons, saint Eleuthère et saint Rustique*, pour l'église Saint-Jacques-du-Haut-Pas ; *Visite de Joséphine de Beauharnais à son mari, détenu au Luxembourg*, acquis par le marquis d'Havrincourt (1867) ; — *Un pas de Gavotte*, au musée d'Argentan (1868) ; — *Les loisirs de la Malmaison* (1869) ; — *Les libellules*, au musée d'Alençon (1869) ; « *Je ne pars plus, car vous avez pleuré !* », au musée d'Orléans (1870) ; — *Le retour inespéré*, au musée d'Orléans (1872) ; — *Les corbeaux*, scène de maraude, dans la plaine de Rueil, en octobre 1870 ; *Corinne* (1873) ; — *Visite à Saint-Pierre de Rome*, au musée de Cherbourg ; *Effet de glace dans une avant-scène* ; « *Pour les pauvres s'il vous plaît !* » (1874) ; — *Pendant la neuvaine de Sainte-Geneviève* (janvier 1874) ; *La mauvaise nouvelle* (1875) ; — *Benedetta* (1876) ; — *Le toton, un instant de liberté* (1877). Au nombre des œuvres non exposées par M. Viger, nous mentionnerons : *Une Vierge au lys*, placée à Saint-Jean-d'Angle ; *Saint Jean endormi dans le sein du Christ* (Canada) ; *L'enfant Jésus au milieu des docteurs*, au collége de Napoléon-Vendée (1848) ; — *Une descente de croix*, à Saint-Martial de Limoges (1856) ; — *Le Christ, Moïse et Elie*, dessins pour les verrières du chœur de Saint-Leu (1859) ; — *Joséphine à la Malmaison* (1869), variante de la visite d'Alexandre à la Malmaison ; — *La chambre à coucher de l'impératrice Joséphine à la Malmaison* (1870) ; — *Les ruines du château de Saint-Cloud*, étude sur nature ; *L'incendie du château de Saint-Cloud en octobre 1870* (1871-1872) ; — *Saint Denis évêque*, pour l'église de Dugny (1873) ; — les portraits de l'impératrice *Joséphine*, de la reine *Hortense et de son troisième fils*, pour Mme Trelawney (1863) ; — le portrait de l'*Auteur*, pour le musée d'Argentan (1871) ; — *La 1re distribution des croix de la Légion d'Honneur* pour le palais de la Légion d'Honneur (1874 à 1876) ; — le portrait du président *de Sèze* pour l'un des salons de la Cour de cassation au Palais-de-Justice de Paris (1876-1877), etc. On doit encore à M. Viger de nombreux portraits, des petits tableaux de genre, des miniatures, des éventails, des pastels, des dessins, des études variées, etc. Il a, en outre, en 1855-56 collaboré activement à la belle *Imitation de Jésus-Christ*, publiée par la maison Curmer.

VILLARET (Pierre-François), né à Milhaud (Gard), le 29 avril 1830. Il fut élevé à Nîmes, où sa belle voix fut cultivée d'abord par un professeur de la ville, M. Rousselot. Brasseur de son état, il se rendit à Beaucaire comme contre-maître d'une brasserie, et s'exerça dans la société orphéonique, avec laquelle il se rendit à Marseille, en 1861, à l'occasion d'un concours. M. Brun directeur de l'orphéon d'Avignon, qui était devenu son ami, le décida, après bien des sollicitations, à quitter le commerce pour le théâtre. M. Villaret fut donc à Avignon où il travailla avec M. Brun pendant six mois. En 1862, à l'occasion d'une fête du pays, M. Brun organisa avec le concours de son orphéon deux représentations de *Guillaume Tell* qui furent données au théâtre de la ville et dans lesquelles M. Villaret chanta le rôle d'Arnold avec succès. M. Nogent Saint-Laurens, qui s'était intéressé à lui, le présenta au directeur de l'Opéra, de Paris ; et voilà comment l'Académie nationale de musique s'enrichit, en 1863, d'un brillant premier ténor. M. Villaret débuta le 20 mars 1863, dans le rôle d'Arnold. Parmi les opéras dans lesquels il a eu le plus de succès, nous devons citer ceux de *Guillaume Tell*, des *Huguenots*, du *Prophète*, de la *Muette de Portici*, de l'*Africaine*, de la *Juive*, du *Trouvère*, de *Don Juan*, de *Robert le diable*, de la *Favorite*, etc.

VILLARS (Achille), né à Avignon, le 4 décembre 1827. Il commença ses études médicales à la Faculté de Montpellier en 1850, et obtint, au concours de 1854, le prix de 4e année. Interne à l'hôpital de Nîmes, de 1854 à 1857, il prit le grade de docteur, le 25 mai 1857 avec la thèse suivante : *Considérations sur la simplification dans le pansement des amputations*, et s'établit dans sa ville natale. Son zèle et ses capacités lui assurèrent bientôt une position honorable. M. le docteur Villars est médecin de la compagnie du chemin de fer de Paris à Lyon et à la Méditerranée (1858), des prisons (1860), et médecin en chef de l'hôpital (1861). Aux élections de 1860 et de 1874 il a été appelé au Conseil municipal d'Avignon. Il est vice-président de l'Ecole communale professionnelle de cette ville depuis 1875. Membre de la société médicale d'émulation de Montpellier (1853), de la Société de médecine et de chirurgie pratiques de la même ville (1857), et de la Société de médecine du département de Vaucluse (1865),

M. le docteur Villars a publié dans les *Annales* de ces sociétés un certain nombre de mémoires de médecine et de chirurgie.

VILLÉ (Félix), né à Mézières, le 21 novembre 1829. Elève de M. Léon Cogniet et de l'Ecole des beaux-arts, il s'est consacré spécialement à la peinture des sujets historiques et religieux. M. Villé a débuté au Salon de 1848 avec un *Portrait d'homme* et deux tableaux : *La muse d'André Chénier* et *Jeune fille trouvant l'amour*, d'après les élégies d'André Chénier. Depuis, il a encore exposé : *Le sommeil et le réveil* (1849) ; — *Une charité* ; *Saint François d'Assise convertissant trois assassins qui entrèrent dans son ordre, où l'un d'eux devint un très-saint frère* ; *Une méditation chez les trappistes*, dessin (1861) ; — *Saint Jean-de-Dieu portant un pauvre malade*, acheté par l'Etat ; *Les anges annonçant aux bergers la naissance de Jésus* (1863) ; — *Jésus sur la croix* (1864), au couvent de Limerick, en Irlande ; — *Le corps et le sang de Notre-Seigneur Jésus-Christ* ; *Sainte Madeleine*, à l'église de Paray-le-Monial (1865) ; — *Sainte Famille* (1867) ; — *Pax* ; *L'ange inspirant à saint Joseph le projet de fuir en Egypte*, acquis par l'Etat (1868) ; — *La prière du matin, sainte famille* (1870) ; — *La Vierge des Alpes* (1877). M. Villé a décoré l'église de la Haute-Jarrie, près Grenoble, a fait pour la Visitation de Bourg-en-Bresse : l'*Apothéose de la bienheureuse Marguerite* et la *Multiplication des pains*. Il prépare pour le prochain Salon une *Sainte Cécile* ainsi que les portraits du cardinal-archevêque de Paris et de son coadjuteur, Mgr Richard.

VILLEMESSANT (Jean-Hippolite-Auguste Delaunay de), né à Rouen, le 22 avril 1810. Fils naturel du colonel Cartier et de Mlle Augustine de Villemessant, il porta jusqu'à l'âge de quatorze ans le nom de son père, puis adopta définitivement celui de sa mère. Il entreprit d'abord à Blois un commerce de mercerie, mais ses affaires n'ayant pas réussi, il vint se fixer à Paris où il se voua au journalisme sous le nom de Villemessant. En 1840, il fonda un journal de modes la *Silphide*, puis écrivit sous le nom de Louise de Saint-Loup, qui était celui de sa grand'mère maternelle, le feuilleton de modes de la *Presse*. Depuis 1848 il fonda ou rédigea successivement plusieurs journaux tels que le *Lampion* (mars 1848), supprimé deux mois après, la *Bouche de fer* (juin 1845), la *Chronique de Paris* (1er janvier 1850), supprimé en juin 1852, et ressuscita pour la troisième fois, en avril 1854, le *Figaro* dont le succès n'a fait que s'accroître jusqu'à aujourd'hui. En 1858, à la suite du duel de M. de Pène, un de ses collaborateurs, M. de Villemessant abandonna quelque temps la direction de ce journal à M. Villemot et à son gendre M. Jouvin, mais il ne tarda pas à la reprendre. A côté du *Figaro* bi-hebdomadaire, il fonda ou rédigea en chef le *Figaro-programme* ; la *Gazette de Paris* ; le *Grand Journal*, qui a été transformé plus tard en *Paris Magazine* ; l'*Autographe* ; la *Gazette des Abonnés*, supplément gratuit du *Figaro* et l'*Evènement* (1865). Ce dernier journal supprimé, le *Figaro* quotidien, devenu politique en 1867, fut, avec Henri Rochefort, Jules Vallès et autres, un des organes de l'opposition, mais devint de jour en jour moins agressif, jusqu'à la chute de l'Empire, et depuis il n'a pas cessé d'être l'organe du parti réactionnaire. M. de Villemessant s'attira pour plusieurs articles du *Figaro* des provocations et eut des duels avec MM. Vieyra, de Martonis, Gustave Naquet, etc., et en 1872, il fut condamné à un mois de prison et 3,000 fr. d'amende pour un article de M. Vitu contre le général Trochu. On a de lui sous son nom ou sous divers pseudonymes tels que Jean, Pierre et Jean, etc., *les Cancans*, album de la *Chronique de Paris* ; *M. le comte de Chambord et la France à Wiesbaden* (1850); *Mémoires d'un journaliste* (1867-1874, 4 vol.). Commencés dans l'*Évènement* puis réunis en volume, ces mémoires ont été repris dans le *Figaro*. M. de Villemessant est le créateur du journalisme à sensation proprement dit. C'est lui qui, le premier, a introduit dans la presse, les habitudes américaines, en dépensant des sommes souvent considérables pour obtenir des informations rapides.

VILLENEUVE (Jules), né à Saint-Omer (Pas-de-Calais), le 7 septembre 1813. Il suivit l'atelier de M. L. Cogniet et les cours de l'École des beaux-arts, et se fit une réputation comme peintre d'histoire et portraitiste. Ce fut avec deux *Portraits* qu'il débuta au Salon de 1839. Voici la liste des compositions exposées par cet artiste : *Nature morte* (1840); — *Le Christ au mont des Oliviers* (1844); — *Nature morte* (1846); — *Intérieur d'un palais de Thèbes*; *Adoration des bergers* (1850), tableau peint pour la cathédrale d'Aire (Pas-de-Calais) ; — *Nymphe des bois* (1857); — *Le repos de la Sainte-Famille* (1861); — *Saint Bernard en contemplation* (1863); — *Le passé, le présent et l'avenir*, panneau décoratif, pour l'Hôtel-de-Ville de Saint-Omer ; — *Fragment du Parthénon*, grisaille (1866); — *L'éducation de l'amour* (1867); — *Léda* (1868) ; — *Rhamsès II dans son palais de l'île d'Eléphantine* (1870). Parmi les nombreux portraits que M. Villeneuve a exposés, nous citerons ceux du docteur *Baudens* (1844), du duc *d'Orléans* (1845), du général *de Cissey* (1872), et du colonel *de Montluisant* (1876). M. Villeneuve est neveu du célèbre sculpteur Caffieri dont les admirables portraits décorent le foyer du Théâtre-Français.

VILLEPELET (Julien - Philibert - Ferdinand), né à Salbris (Loir-et-Cher), le 10 janvier 1839. Ayant à peine fini ses études classiques à Bourges, M. Villepelet fut appelé en 1857 en qualité de secrétaire particulier près de M. le comte Jaubert, de l'Académie des sciences, ancien ministre et pair de France, député du Cher à l'Assemblée nationale, avec lequel il demeura neuf ans et fit plusieurs voyages intéressants. Tout en prêtant son concours actif à la seconde édition du *Glossaire du centre de la France* que venait d'entreprendre le comte Jaubert, M. Villepelet prépara seul son baccalauréat qu'il vint subir avec succès à la Sorbonne et fit ses études de droit à Paris. Toutefois les travaux littéraires et philologiques auxquels il collabora longtemps devaient lui servir plus tard pour les fonctions qu'il occupe actuellement. Après avoir passé un brillant examen au ministère de l'Intérieur devant la Commission des Archives, il fut nommé archiviste du département de la Dordogne au mois d'avril 1867. Dans cet emploi il fit faire de grands progrès au classement du dépôt départemental qu'il enrichit d'ailleurs beaucoup en obtenant de nombreux dons de la part des familles. Il publia en 1868, un *Essai philologique*, brochure ; en 1869, une *Étude historique sur le luxe des vêtements au XVI siècle*, brochure et plusieurs articles dans le *Bulletin de la Société historique et archéologique du Périgord*. Membre pendant huit ans de la Commission d'examen des instituteurs et institutrices, il fut chargé par elle de rédiger sur des questions pédagogiques divers rapports qui furent remarqués et lui valurent en 1873 la décoration d'officier d'Académie. M. Villepelet est secrétaire général de la Société historique et archéologique du Périgord, depuis le 27 mai 1875, membre de la Société de l'histoire de Paris et de l'Ile-de-France, de la Société d'agriculture, sciences et arts de la Dordogne, etc.

VINAY (Pierre-Marie-Henri), né au Puy-en-Velay, le 9 mai 1821. Docteur en droit de la Faculté de Paris, il prit place au barreau du Puy, où ses connaissances des affaires et son talent oratoire lui firent promptement une belle position. Dans la vie publique il obtint également une heureuse et rapide notoriété. Conseiller municipal en 1858, et chargé, en cette qualité, de discuter les tracés des chemins de fer de la Haute-Loire, il défendit, avec avantage, devant le Conseil d'Etat, les intérêts respectifs du département et de la ville du Puy. Conseiller général de 1864 à 1870, réélu Conseiller municipal en 1865, M. Vinay a rempli depuis 1865 les fonctions de maire du Puy. Son administration, sans parler d'une complète réorganisation bureaucratique, fut signalée par des améliorations auxquelles la ville confiée à ses soins doit un aspect tout nouveau. On lui doit notamment l'achèvement du musée Crozatier et la création du jardin public. Après la révolution du 4 Septembre, il fut révoqué de ses fonctions de maire par le gouvernement de la Défense nationale qui avait prononcé la dissolution du Conseil municipal à la tête duquel il représentait l'opposition la plus énergique à l'envahissement de la démagogie. Mais, en revanche, le 8 février 1871, il fut élu, le premier, représentant de la Haute-Loire à l'Assemblée nationale. M. Vinay réoccupe actuellement toutes ses fonctions honorifiques ; il est maire de la ville du Puy, conseiller d'arrondissement et conseiller général. A la Chambre, il a donné la preuve d'un rare esprit des affaires et d'une véritable aptitude pour les questions administratives et financières. Conservateur-libéral, il a pris une part active à la discussion de la loi sur les Conseils généraux. Il est l'auteur de l'amendement sur l'imcompatibilité des fonctions des magistrats de première instance et des juges de paix avec le mandat de conseiller général. Aux élections du 14 octobre 1877, il a été élu député de la Haute-Loire pour la deuxième circonscription du Puy, par 10,061 voix. Pour terminer, nous dirons que M. Vinay, géologue et archéologue distingué, a écrit des notices sur les *Terrains marins de la Haute-Loire*, s'est livré à de patientes recherches sur les *Maladreries du Velay au moyen-âge*, et a formé de riches collections scientifiques bien connues des personnes compétentes, en France et à l'étranger. M. Vinay est chevalier de la Légion d'Honneur depuis 1868.

VINCENT (Hubert-Charles, dit CHARLES-VINCENT), né à Fontainebleau, le 15 avril 1828. Il fit ses premières études dans sa ville natale; devint clerc d'avoué et de notaire, puis se rendit à Paris, en 1840, pour y apprendre l'état de tapissier. Mais il fut bientôt chargé de représenter simultanément, en France et à l'étranger, plusieurs maisons de commerce, ce qui lui donna l'occasion d'effectuer de nombreux voyages, de 1844 à 1849. Consacrant ses loisirs à la poésie, il s'était déjà fait une réputation par des refrains devenus populaires et son premier volume de *Chansons*, parut en 1848. De retour d'Espagne, en 1850, il entra au *Siècle* comme rédacteur littéraire. Il fournit pendant plus de dix ans, à ce journal, divers travaux en prose et en vers. En 1852, il fonda le *Moniteur de la cordonnerie*, qui, payant en chaussures ses collaborateurs compta parmi eux des célébrités. Plusieurs des chansons de Charles Vincent, intercalées dans des œuvres dramatiques de ses amis, ayant eu du succès à la scène, il aborda directement le théâtre, avec *L'enfant du tour de France*, en collaboration avec M. Lermite (Théâtre-Beaumarchais, 1856). Ce drame contient six chansons qui mises en musique et chantées par Darcier obtinrent un véritable succès. En 1858, il fit jouer *La crème des domestiques*. Devenu depuis, rédacteur en chef de l'*Illustrateur des dames*, fondateur de *La joie du foyer* et de *La Boîte à ouvrage*, il écrivit dans ces journaux, de 1862 à 1870, sous le pseudonyme de baronne de Rotival, des chroniques remarquées. Après le siège et la Commune, il s'en tint à la direction de journaux professionnels et commerciaux dont *La Halle aux cuirs* est le plus important. Ses connaissances spéciales, autant que son caractère, lui ont marqué sa place dans les jurys de la plupart des grandes expositions industrielles. Il a publié, en 1872, un ouvrage sur *La fabrication et le commerce des cuirs et des peaux*. Collaborateur d'un grand nombre de revues et de journaux, il a donné au *Paris-Guide*, une curieuse étude intitulée : *Les Echoppes*. On lui doit encore l'*Histoire de la chaussure et des cordonniers célèbres dans l'antiquité*, et quelques romans, tels que *Les orphelines*, *Enclume et marteau* (en collaboration avec M. Didier, 1865). Mais c'est surtout dans la poésie lyrique, dans le genre « chansons » que paraît s'affirmer la personnalité de cet écrivain. En collaboration avec M. Edouard Plouvier, il a fait paraître, en 1856, les *Refrains du dimanche*. Depuis il n'a cessé de publier des chansons dans les recueils des diverses sociétés lyriques et notamment au Caveau, où il a été reçu, le 3 janvier 1873, membre titulaire et dont il est l'un des Présidents.

VINGTRINIER (Artus-Barthélemy), né à Rouen, le 13 juillet 1796. Après avoir fait de bonnes études littéraires et scientifiques et avoir pris, en 1818, le grade de docteur à la Faculté de Paris, il se fixa dans sa ville natale où il devint médecin-adjoint (1818), puis médecin en chef des prisons (1828), et médecin des épidémies. Il tourna spécialement ses observations vers le système pénitentiaire et la réforme des lois qui régissent la matière. Reçu membre de la Société d'émulation (1826), de l'Académie des sciences, lettres et arts de Rouen (1828), président fondateur de la Société de secours mutuels l'*Alliance*, il a été honoré de plusieurs médailles par l'Académie de médecine et le Conseil supérieur d'hygiène de Paris. Il a dû à l'estime de ses confrères d'être nommé vice-président du Conseil central d'hygiène et de salubrité de la Seine-Inférieure, et président de l'Association de prévoyance des médecins du département. La vie de M. Vingtrinier a été toute consacrée, non-seulement à des travaux professionnels, mais encore a des recherches économiques et philanthropiques du plus haut intérêt. Ses études sur les prisons et les prisonniers, la réforme des lois pénales, les aliénés, les enfants devant la justice et dans les prisons, etc., ont beaucoup contribué à l'amélioration du régime pénitentiaire dans son département. Parmi ses brochures ayant trait à la médecine, et les ouvrages qu'il a publiés sur les questions économiques et sociales, on cite : *De l'opération de la pupille artificielle* (1818); — *Sur l'action des saignées locales et générales* (1826); — *Notice sur les prisons de Rouen* (1826); — *Sur la théorie de la vision* (1828); — *Sur la réforme des lois pénales* (1828); — *De la vaccine considérée comme une véritable variole* (1838); — *Des pénitenciers des enfants* (1839); — *Des prisons et des prisonniers* (1840); — *Histoire des épidémies de l'arrondissement de Rouen* (1850); — *Rapports sur les épidémies de variole et de choléra qui ont régné dans le département*; — *Des aliénés dans les prisons et devant la justice* (1852); — *Réflexions sur les sociétés de secours mutuels* (1852); — *Traité du goître endémique dans la Seine-Inférieure* (1854); — *Nouvelles observations sur la criminalité en France*, tendant à prouver qu'elle n'augmente pas (1854); — *Des enfants dans les prisons et devant la justice* (1855). Son dernier travail a pour titre : *De la création d'ateliers libres pour recevoir les libérés sans travail* et *De la réorganisation des Sociétés de patronage pour les jeunes gens détenus* (1871). M. le docteur Vingtrinier est décédé le 11 juillet 1872. Il avait reçu la croix de la Légion d'Honneur le 15 août 1860.

VINGTRINIER (Marie-Emile-Aimé), né à Lyon, le 31 juillet 1812. Fils d'un négociant, juge au tribunal de commerce, il passa les premières années de sa jeunesse au château de la Barre, ancien fief, demeure de plaisance de sa famille, située près du bourg d'Ambérieu, au pied des pittoresques montagnes du Bugey. A dix-huit ans, ses études au collège de Poncin terminées, il revint à la Barre où la chasse, l'équitation, l'escrime occupaient le temps que ne lui prenaient pas ses études sur l'histoire du Bugey et de la Savoie. Ce fut aussi pendant ce temps que, livré à toutes les fantaisies de sa verve poétique, et à l'abri des inquiétudes de l'avenir, il composa une partie du joli recueil : *les Bugésiennes* (1848). Des revers de fortune de son père obligèrent M. Vingtrinier à demander à l'industrie les ressources que lui refusait la fortune. Les voyages qu'exigeait sa position lui fournirent de nouvelles inspirations et les poésies produites pendant ses tournées commerciales, furent réunies sous le titre : *les Voyageuses* (1848). Une circonstance toute particulière vint l'arracher à ses voyages. M. Coste, conseiller honoraire à la Cour de Lyon, savant bibliophile, desirant mettre en ordre sa vaste collection de livres rares et précieux, s'adressa à M. Vingtrinier pour l'aider dans sa tâche et le reçut dans sa maison à titre de bibliothécaire. Doué d'une prodigieuse activité et d'une facilité de travail peu ordinaire, il produisit, en même temps qu'il remplissait ses fonctions, de nouveaux ouvrages. Il fit alors imprimer les *Bugésiennes* (1848), et les *Voyageuses* (1848), qu'il avait en portefeuille ; les *Deux nouvelles foréziennes* (1851), qu'il avait fait paraître en feuilletons, quelques années auparavant, dans le journal le *Rhône* et, devenu collaborateur de la *Revue du Lyonnais*, fondée par Boitel, outre divers articles littéraires, donna, dans cet excellent recueil une *Histoire des journaux de Lyon*, qui parut ensuite en un petit volume assez rare aujourd'hui. M. Coste étant mort en 1851, sans léguer à la ville de Lyon sa bibliothèque *et son bibliothécaire*, comme il en avait l'intention, ce fut sur les conseils du célèbre imprimeur Louis Perrin, que M. Vingtrinier acheta, le 1er juillet 1852, l'imprimerie Boitel, ainsi que la propriété de la *Revue du Lyonnais*. A force de travail et d'ingénieux procédés il sut, non-seulement maintenir cet établissement à sa hauteur, mais lui imprimer une activité nouvelle et un développement considérable. Au milieu des préoccupations nombreuses que comporte une industrie comme celle de la presse, il a trouvé encore le temps d'écrire ses ouvrages les plus sérieux qui ont établi sa réputation. Voici la liste de ceux non encore cités : *Mazagran*, poëme (1841), sous le pseudonyme d'Antonin Vidal ; — *Histoire des journaux de Lyon* (1852); *Catalogue de la bibliothèque lyonnaise de M. Coste* (1852, 2 vol. avec un portrait); — *Fleury Epinat, peintre lyonnais* (1854); — *Recueil de pièces concernant la bibliothèque de J. L. A. Coste* (1855); — *Vieux papiers d'un imprimeur, contenant cinq opéras, Scènes et récits, Imitations, les Epines* (1859); — *La tour de Saint-Denis en Bugey* (1860); — *Note sur l'invasion des Sarrazins dans le Lyonnais* (1862); — *Anne de Geierstein* ou *la Prophétie*, grand opéra en cinq actes (1871) ; — *L'oratoire de Joachim de Mayol* (1871) ; — *Les richesses de M. Alexis* (1871); — *Un amour malheureux*, pièce en deux actes et en vers (1872); — *Histoire du château de Varey en Bugey* (1872, avec planches); — *Les vieux papiers d'un imprimeur*, poésies (1872) ; — *Notice sur Maurice Simonnet* (1874); — *Léon Cailhava, bibliophile lyonnais*, esquisse (1877); — *Paul Saint-Olive, archéologue lyonnais* (1877), etc. Il a donné avec M. Désiré Monnier : *Traductions populaires comparées* (1853, 2e édition, 1874), gros volume de plus de 800 pages. Directeur de la *Revue du Lyonnais*, membre et ancien président de la Société littéraire, historique et archéologique de Lyon, du Comité d'histoire et d'archéologie de l'Académie, de la Société d'éducation de Lyon, de l'Institut égyptien, des académies d'Anvers, Rouen, etc., M. Vingtrinier a été nommé bibliothécaire adjoint de la ville de Lyon, le 14 décembre 1874. Le 1er juin 1876, il a vendu au *Courrier de Lyon* sa belle imprimerie d'où étaient sorties des éditions dignes de Paris.

VINOLS DE MONTFLEURY (Jules-Gabriel, *baron* DE), né à Craponne (Haute-Loire), le 30 juin 1820. Il est issu d'une ancienne et noble famille du Foretz. L'un de ses ancêtres fut blessé en dirigeant la défense de la ville de Saint-Bonnet, assiégé par les réformés; son aïeul, Caprais de Vinols qui avait contribué en 1791, à la défense de Lyon contre les troupes de la Convention, fut, à titre de ci-devant noble, fusillé après la capitulation de la place, et ses biens furent vendus au profit de la République. Admis à l'École de Saint-Cyr en 1838, M. de Vinols fut contraint par des raisons de famille d'abandonner la carrière des armes, entra dans l'administration et devint le chef du bureau de l'enregistrement des domaines de la Haute-Loire, dont son père était directeur. Déjà membre du Conseil de fabrique de la cathédrale et président de la Commission de surveillance de l'Ecole normale départementale, il fut nommé, en 1869, conseiller municipal de la ville et administrateur des hôpitaux du Puy-Notre-Dame. Il représentait le canton de Craponne au Conseil général, depuis 1867, quand il fut, le 8 février 1871, élu député de la Haute-Loire à l'Assemblée nationale, où il prit place sur les bancs de la Droite, parmi les partisans du pouvoir temporel et des traditions légitimistes. Le 24 juin 1871, il défendit, à la tribune, la dignité de l'Assemblée et ses droits compromis dans la rédaction équivoque du procès-verbal des nominations de la Commission des grâces. M. le baron de Vinols, qui tient de sa famille un domaine considérable, gère lui-même ses propriétés ; mais il consacre ses loisirs aux arts et aux belles-lettres. Il a étudié deux ans la peinture dans l'atelier de Paul Delaroche et publié, en 1861, une *Histoire des guerres religieuses dans le Velay*, dont son frère aîné lui avait légué le manuscrit et qu'il édita lui-même avec le soin le plus scrupuleux.

VIOLLE (Jules), né à Langres (Haute-Marne), le 16 septembre 1841. Fils d'un régent de mathématiques au collége de Langres et petit-fils de Bernard Violle, géomètre, chevalier de Saint-Louis, auteur d'un *Traité des carrés magiques* (1837, 2 vol.), et de Jacques Dury, régent de mathématiques, puis principal au collége de Langres, chevalier de la Légion d'Honneur, il commença ses études au collége de sa ville natale et les termina au lycée Saint-Louis, à Paris. Reçu en 1861 à l'École polytechnique et à l'Ecole normale supérieure, il opta pour cette dernière. Après avoir enseigné pendant un an la physique au lycée de Besançon, il fut reçu agrégé en 1865, passa au lycée de Dijon et revint en 1867 à l'École normale comme agrégé préparateur. Docteur ès sciences en 1870, il fut envoyé en 1872, à la Faculté des sciences de Grenoble où il professe actuellement la physique. M. Violle a publié, outre sa thèse sur l'*Equivalent mécanique de la chaleur*, insérée aux *Annales de chimie et de physique* (1870), dans les *Comptes-rendus de l'Académie des sciences*: *Sur les courants induits* (1872), *Sur la température du soleil* (1874 et 1875), *Mesures actinométriques au sommet du Mont-Blanc* (1876), *Sur la chaleur spécifique et la chaleur de fusion du platine* (1877); dans les *Annales de chimie et de physique*: *Mémoire sur la température moyenne de la surface du soleil* (1877), récompensé par l'Académie des sciences; dans le *Journal de physique* de d'Almeïda: *Sur la capillarité* (1875), *Sur la température du soleil* (1876), *Théorie dynamique du gaz* (1877), et un grand nombre de comptes-rendus de travaux étrangers (1872-1877); dans la *Revue des Deux-Mondes*: *Une expédition scientifique au Mont-Blanc* (1875), etc. Membre actif du club alpin français et président de la Société météorologique de l'Isère, M. Jules Violle a été nommé officier d'Académie.

VIOLLET-LE-DUC (Eugène-Emmanuel), né à Paris, le 27 janvier 1814. Il se consacra de bonne heure à l'étude de l'architecture et entra dans l'atelier de M. Achille Leclère où il ne resta que fort peu de temps; ses goûts l'appelaient ailleurs. De 1831 à 1839 il ne cessa de parcourir la France, l'Italie, la Sicile, pour étudier les monuments de ces contrées. Nommé auditeur au conseil des bâtiments civils, en 1839, et bientôt après inspecteur des travaux de la Sainte-Chapelle avec M. Lassus, sous la direction de M. Duban, il fut chargé par la Commission des monuments historiques, en 1840, de la restauration de l'ancienne église abbatiale de Vezelay, des restaurations des églises de Montréall de Semur, de Saint-Pire, de Saint-Nazaire, de Carcassonne, des Hôtels-de-Ville de Saint-Antonin et de Narbonne. En 1843, la restauration de la cathédrale de Paris ayant été mise au concours, ses projets furent adoptés ainsi que ceux de M. Lassus, et deux architectes entreprirent ce travail quelques années plus tard. En 1846 il fut nommé architecte de l'église abbatiale de Saint-Denis. Inspecteur général des édifices diocésains en 1853, ces fonctions ne l'empêchèrent pas de diriger les travaux de restauration entrepris aux cathédrales d'Amiens et de Reims, à la cité de Carcassonne, à la salle synodale de Sens et dans beaucoup d'autres monuments. Demeuré seul architecte de Notre-Dame de Paris à la mort de Lassus, il éleva la flèche qui couronne le transsept de cette église et acheva les restaurations commencées en 1846. De 1851 à 1854 il fit des voyages d'études en Angleterre, en Allemagne, en Algérie, dans le nord de l'Espagne. En 1858 il commença la reconstruction du château de Pierrefonds, presque achevé aujourd'hui. Il a construit plusieurs châteaux et maisons particulières à Paris et en province. Une vie si occupée n'a pas empêché M. Viollet-le-Duc de poursuivre ses études spéciales sur l'architecture française, objet de ses prédilections, et de publier de nombreux ouvrages. On lui doit: *Dictionnaire raisonné de l'architecture française du XIe au XVIe siècle* (10 vol., 1853-1858); — *Essai sur l'architecture militaire du moyen âge* (1854); — *Dictionnaire du mobilier français de l'époque carlovingienne à la renaissance* (6 vol. 1855); — *Entretiens sur l'architecture* (2 vol. 1858-1868); — *Mémoire sur les cités et ruines américaines*, en collaboration avec M. F. Deny et Charnay (1862); — Le texte relatif aux *Peintures des chapelles* de Notre-Dame, publiées par M. Ouradan (1867-1868); — *Lettres sur la Sicile* parues dans le *Moniteur* en 1863; — *Lettres sur l'Allemagne*, et un grand nombre d'articles dans diverses revues. Parmi les œuvres exposées par M. Viollet-le-Duc, on distingue un travail sur les *Tuileries* de Philibert Delorme; — des *Vues de monuments d'Italie et de Sicile*; — une *Restauration du théâtre de Taormina*; — des copies des *Loges de Raphaël*; — une grande vue de *Saint-Marc de Venise*, et une partie des dessins appartenent aux Archives des monuments historiques. Ses expositions lui ont valu des médailles de troisième classe en 1834, de deuxième classe en 1838 et de première classe en 1855. Il a occupé pendant trois mois la chaire [d'histoire et d'esthétique à l'Ecole des beaux-arts. Nommé lieutenant-colonel de la légion auxiliaire du génie en 1870, au moment du siège de Paris, il contribua aux travaux de défense exécutés en dehors des fortifications, et assista, à la tête de son corps, aux affaires importantes des environs de Paris. Il a publié, sur ces opérations, un volume, avec atlas, ayant pour titre: *Mémoire sur la défense de Paris* (1870-1871). M. Viollet-le-Duc a été nommé, en 1874, membre du Conseil municipal de Paris pour le quartier de l'Opéra. Il est commandeur de la Légion d'Honneur depuis 1869 et membre correspondant de l'Institut royal des architectes britanniques, des académies de Vienne, de Belgique, etc.

VION (Jean-Baptiste-Alexandre), né à Paris, le 10 septembre 1826. Il suivit l'atelier de M. Léon Cogniet et cultiva avec succès divers genres de peinture. M. Alexandre Vion a débuté au Salon de Paris, en 1849, par le portrait de *M. Vion père*, et celui de *M. Langry*, et exposa, en 1850: *Les vendanges*, d'après Prud'hon, porcelaine qui reparut à l'Exposition universelle de 1855. Après avoir passé près de trois années à New-York, M. Vion exposa à son retour: *Le fort Lafayette à l'entrée de la baie de New-York, vue de Long-Island*; *Un traineau-omnibus dans Broadway devant le Métropolitain Hôtel* (1864); — *L'assomption* (1866); — *Jésus au jardin des Oliviers* (1868); — *Le Christ descendu de la croix* (1869); — *Jésus guérit tous les malades* (1870); — *L'amour enivré par des bacchantes* (1876); — « *Madame est sortie* »; le portrait de *M. de Bénaze*; *Christ en croix*, d'après Prud'hon, peinture sur lave (1877). M. Vion a exécuté des peintures décoratives dans les hôtels de MM. Menier, Boucicault, Godillot, de Camondo, de Besteguy, etc.

VIRLET D'AOUST (Pierre-Théodore), est né à Avesnes (Nord), le 18 mai 1800. Son père, Jean-Joseph Virlet, était un négociant très-estimé dans le pays, et sa mère, Mlle Marguerite-Antoinette-Émilie Barotteaux, de Guise, descendait d'un véritable héros, surnommé le *Sauveur de Guise*, auquel il n'a manqué qu'un historien de renom, pour acquérir une grande célébrité historique. En effet, en 1650, la ville de Guise, assiégée par toutes les forces de l'Espagne, allait être prise et ses habitants probablement passés par les armes, lorsqu'un jeune bourgeois, à peine âgé de vingt ans, Pierre Ouateau, sur le refus de tous les hommes d'armes, sollicités cependant par une très-forte récompense, offerte par le comte de Clermont, ne craignit pas d'exposer sa vie, pour aller couper, en face de l'ennemi, les cables qui reliaient un pont de bâteaux jeté sur l'Oise, et par lequel les assaillants allaient s'élancer sur la ville déjà décimée. Après avoir reçu l'absolution comme pour mourir, après le *Salve regina*, chanté par toute la ville, Ouateau se dépouilla de ses vêtements, arma sa bouche d'un large couteau, s'élança dans la rivière sous le feu de plus de deux mille mousquets et parvint à couper les câbles. Echappé, comme par miracle à une mort presque certaine, il put regagner, sain et sauf, le rivage, ramenant en triomphe l'un des bâteaux qui soutenaient le fatal pont. Cet acte d'héroïsme et de dévouement sublime a été consacré par une inscription en marbre adossée aux murs du vieux château de la ville, plus ou moins bien raconté dans plusieurs relations de l'époque et en dernier lieu dans l'ouvrage publié par un de nos bons peintres, Edouard Pingret, sous le titre de *Monuments, établissements et cités les plus remarquables du département de l'Aisne* et il valut à la famille Ouateau, dont le chef avait d'abord voulu se dévouer lui-même, des lettres de noblesse. Le jeune Pierre fut admis aux pages du roi, mais par suite de sa mauvaise tête de Picard, qui l'avait fait surnommer *Mal-content*, et de ses habitudes quelque peu provinciales, objet des quolibets de ses nouveaux camarades de cour, il eut plusieurs duels à soutenir, à la suite desquels, il demanda et obtint de revenir dans son pays. M. Théodore Virlet, ayant perdu ses parents très-jeune, fut élevé lui et deux sœurs, par une belle-mère, femme d'un très-grand mérite et d'une haute distinction, Mlle Marie-Thérèse-Augustine de Ruesnes, dernière héritière directe d'une des plus anciennes familles du pays, les seigneurs de Ruesnes et de Vendégies, déjà renommée au Xe siècle. Orpheline elle-même, dès son plus bas âge, elle avait été élevée par un oncle maternel, M. Capitaine, qui fut le dernier subdélégué de la ville de Landrecies. Ce haut fonctionnaire, pendant la Terreur de 1793, ayant été traîné dans les prisons de Laon, sa nièce l'y suivit, et parvint par son courage et son énergie à sauver, sinon sa fortune, du moins sa tête, menacée parmi tant d'autres, à cette époque néfaste, de tomber sous l'échafaud. A la mort de son mari, cette jeune dame, quoique belle encore, se dévoua de nouveau, en adoptant, dans toute l'acceptation du mot, ses trois enfants et leur consacra sa vie. En 1818, le jeune Virlet vint à Paris, pour y compléter des études interrompues par suite des événements de 1815 et l'occupation de nos départements du nord de la France, pendant trois années, par les armées étrangères, puis il se mit à parcourir diverses provinces de France et c'est surtout en visitant l'Auvergne et ses intéressants volcans, que ses goûts pour l'histoire naturelle se révélèrent; il passa de là à Saint-Étienne, où il retrouva de jeunes condisciples, ses compatriotes, alors élèves de l'Ecole des mines de cette ville; ce qui lui suggéra le désir de s'y faire admettre lui-même, et en effet, il y fut admis en 1824, comme pensionnaire du département du Nord, et sans examens, sur la seule présentation d'une brochure intitulée *Influences de la conversion des rentes en 3 %, sous le rapport du commerce, de l'agriculture et des arts*, qu'il avait publiée en 1823. Pendant son séjour à l'Ecole des mines, il fournit plusieurs articles au journal le *Mercure ségusien* et au *Bulletin d'industrie agricole et manufacturière* de cette ville. Après ses deux années d'études, il vint se présenter à l'Ecole des mines de Paris, où les professeurs Dufrénoy et Elie de Beaumont, dont il devint plus tard l'ami et le collègue, l'accueillirent avec d'autant plus d'empressement et sans examens, qu'ils le savaient déjà l'auteur du premier rapport qui ait été rédigé sur le nouveau traitement du fer par le *puddlage*, dit *méthode anglaise*, qui venait d'être introduit pour la première fois en France, par MM. Bessy et Ardaillon, dans leurs forges de Saint-Chamond. Ce rapport rédigé pour ses examens de sortie, quoique resté manuscrit, avait été adressé par les professeurs de l'Ecole de Saint-Étienne, à ceux de l'Ecole de Paris. En 1827, nommé directeur des mines de houille de Saint-Georges Châtelaison et de Montjean (Maine-et-Loire), M. Virlet y découvrit, contre l'opinion admise, un grand nombre de fossiles végétaux, dont plusieurs reçurent son nom; il adressa à l'Académie des sciences sur ce terrain qu'il avait reconnu être plus ancien que celui de Saint-Étienne, un long mémoire, dont il a été rendu compte dans le numéro du 7 janvier 1828 du *Messager des Chambres*, il y établissait trois classes de terrains houillers, distinguées par l'âge relatif de chacune d'elles. En 1828, l'expédition de Grèce, contrepartie de celle d'Espagne de 1823, fut décidée. « Poussée par ce désir ex-
« traordinaire de civilisation qui envahit l'Eu-
« rope, dit à ce sujet M. le docteur Ami
« Boué, dans son *Résumé des progrès des scien-
« ces géologiques*, tome V, du *Bulletin de la So-
« ciété géologique de France*, la Grèce secoue
« ses lourdes chaînes, et engage avec ses
« conquérants une guerre à mort. Aux accla-
« mations de tous les cœurs généreux, la
« France ne se contente pas d'envoyer de
« l'or, mais ses enfants rendent aux Hellènes
« une patrie, à l'Europe et à la civilisation,
« une intéressante contrée, pour ébranler plus
« tard l'Orient et lui rendre son ancienne
« splendeur. Comme jadis l'Égypte avait vu
« la science s'allier à la guerre, de même, une
« commission scientifique fut envoyée en
« Grèce, sous la direction du colonel Bory de
« Saint-Vincent. Cette mission, si honorable

« pour ceux qui la conçurent, nous a mis tout
« d'un coup au fait de la géologie d'une
« grande partie de la Grèce. Nos confrères, MM.
« Virlet et de Boblaye, ne sauraient être trop
« récompensés de ce précieux présent fait à
« la science, au détriment de leur santé. C'est
« sans contredit le plus important ouvrage de
« géologie descriptive que j'ai à analyser. »
M. Virlet, ayant été choisi parmi plusieurs
compétiteurs, avait, en effet, été nommé à
l'unanimité des membres de la commission de
l'Institut, pour faire partie de la section des
sciences physiques et naturelles de cette expédition. Bientôt atteint, en Morée, comme
la plupart de ses collègues qui rentrèrent
presque aussitôt en France, par les fièvres intermittentes si tenaces de ce pays, il voulut
au contraire, domptant le mal, remplir sa mission jusqu'au bout et prolongea son séjour en
Orient, en partie à ses frais, durant près de
trois années, pendant lesquelles il parcourut , outre la Grèce continentale, l'archipel
des Cyclades, une partie de l'Asie Mineure de
Smyrne à Constantinople et à la mer Noire,
la Troade, les îles de la Thrace et les Sporades
septentrionales. Dans ces différents voyages,
outre ses collections minéralogiques, géologiques et paléonthologiques, dont il était spécialement chargé, il recueillit, en parcourant
les lieux les plus élevés et toutes les enfractuosités du sol, un grand nombre de plantes
nouvelles, qui, au dire de son chef, chargé
de la botanique, devaient recevoir son nom,
mais rentré en France, comme cela arrive
trop souvent chez les hommes de science, il
n'a pas même été gratifié d'un simple remerciement dans la préface. M. Th. Virlet n'avait
pas négligé non plus la zoologie et il a
rapporté aussi des reptiles, de nombreux poissons de la Méditerranée, de la mer de Marmara et du Bosphore, enfin, il avait réuni un
grand nombre de documents archéologiques
et quelques relevés géométriques d'anciens
monuments; aussi, à l'occasion des nombreuses inscriptions antiques, recueillies par lui,
la commission de l'Institut demanda son adjonction à la section d'archéologie et d'architecture, afin de lui en faire toucher les émoluments, à titre de récompense, mais la jalousie s'en mêlant, non-seulement cette faveur,
qui touchait à une question d'argent, ne lui
fut pas accordée, mais encore, retenu à Paris
pendant cinq années par les publications, il
n'a reçu, pour la première année, qu'une indemnité dérisoire de trois mille francs et la
croix de la Légion d'Honneur, demandée également plusieurs fois pour lui, par la commission de l'Institut, ne lui a enfin été accordée
qu'en 1835, et après qu'il eut figuré cinq fois
sur les listes présentées à la signature du roi,
alors que le roi Othon de Grèce, lui avait fait
adresser spontanément et très-gracieusement
son ordre du Sauveur. Cependant M. Th. Virlet qui s'était cru moralement engagé envers
le gouvernement, avait dû refuser les diverses
offres de service, bien que des plus séduisantes pour un jeune homme, qui lui avaient été
faites à l'étranger. A Constantinople, le sultan
Mahmoud lui avait fait proposer, après une audience, la place de directeur général des
ponts-et-chaussées et des mines avec le titre
de Bey (colonel), et notre ambassadeur lui-même, le général comte Guilleminot, voulait
lui faire donner une nouvelle mission pour la
Perse. En Grèce, le président comte Capo-d'Istria, lui avait fait des offres analogues à
celles du Sultan, s'il voulait s'engager à rester
au moins dix années au service du gouvernement hellénique. Pendant la publication du
grand ouvrage de la Commission de Morée, M.
Virlet a publié dans la *Revue des Deux-Mondes*,
sa *Lettre à M. Letronne sur le déluge de la Samothrace*, île de la mer Egée qu'il a été le premier voyageur moderne à visiter; sa brochure
*Des cavernes, de leur origine et de leur mode de
formation* ; il a collaboré au *Dictionnaire pittoresque d'histoire naturelle* de Guérin-Méneville, à l'*Encyclopédie moderne* de M. Léon Régnier, au journal l'*Institut*, au *Bulletin de la
Société géologique de France* et à celui de la
Société des sciences naturelles de Paris, sociétés
dont il fut l'un des fondateurs puis l'un des
secrétaires. Lors de la terrible invasion du
choléra à Paris en 1832, il alla spontanément
offrir ses services aux ambulances, où bientôt, l'insuffisance des médecins se faisant sentir, il se vit lui-même improvisé médecin. Son
dévouement fut récompensé par la médaille
commémorative, et sa nomination aux fonctions gratuites de membre de la commission
sanitaire du quartier des Tuileries. La mission
scientifique de M. Virlet terminée et ses collections personnelles généreusement abandonnées au Muséum d'histoire naturelle, il
rentra dans l'industrie, s'associa au vicomte de
Lémont et à Philippe Taylor, ingénieur anglais, chargés d'exploiter en France, le brevet
pour l'application de l'air chaud aux usines à
fer; mais, pendant que ce nouveau système,
qui a fait faire tant de progrès à la métallurgie,
rapportait en Angleterre plus de dix-sept millions de francs, à son auteur, en France, il
n'a produit que des procès qui ont fini par
être gagnés, quand le brevet était tombé dans
le domaine public, et comme nos maîtres de
forges, en général si peu progressifs, ont
mieux aimé attendre les résultats du procès,
plutôt que de s'exposer, en admettant ce nouveau mode de traitement, à payer une légère
prime annuelle, laquelle devait cependant
augmenter considérablement leurs bénéfices,
c'est à peine si son produit a pu couvrir
les frais considérables de la procédure !
M. Virlet, associé ensuite à MM. Fauveau-Déliars, maître de forges, et Houzeau-Muiron,
chimiste et député de Reims, pour l'application de leur procédé de carbonisation, publia
en 1836, sous le titre de *Mémoire sur un nouveau procédé de carbonisation du bois dans les
usines, à l'aide de la chaleur perdue des hauts
fourneaux et foyers de forge*, un long travail
qui fut inséré dans les *Annales des mines* et
qui eut un grand succès parmi les maîtres de
forge, mais qui amena une rupture entre les
nouveaux associés, froissés de voir que les
journaux en rendant compte de ce travail ou
ne les citaient pas, ou ne les plaçaient qu'au
second rang, ce qui était cependant très-naturel puisqu'ils étaient étrangers à sa rédaction.
C'est pendant que M. Virlet faisait l'application en 1835, dans une usine métallurgique de la
Nièvre, de ce nouveau procédé, qu'une intéres-

sante observation qu'il y fit lui suggéra l'idée de sa brochure *Des comètes en général et de la formation de leurs queues*. Pendant que sa nouvelle théorie était publiquement approuvée par Arago, dans son cours d'astronomie de l'Observatoire, elle lui valait ainsi que le lui écrivait de Fontainebleau, son viel ami Béranger, le mauvais vouloir et l'animosité passagère de l'illustre astronome ! ....Cette question importante et encore si peu avancée des comètes, M. Virlet l'a reprise et modifiée, et dans une note adressée en 1874 à l'Académie des sciences, il émet l'opinion très-probable de l'existence d'anneaux cométaires, et les apparences de queues qui accompagnent ordinairement ces astres vagabonds dans les espaces célestes, ne seraient plus dues, alors, qu'à la réflexion de leur lumière sur les éléments cosmiques composant leurs anneaux, hypothèse que les observations les plus récentes semblent bien confirmer. En 1837, il fit paraître son *Coup d'œil général et statistique sur la métallurgie considérée dans ses rapports avec l'industrie, la civilisation et la richesse des peuples*, dont l'administration fit prendre cent exemplaires pour les distribuer aux ingénieurs des mines. Cette même année, qui pour lui a été si fatale, il fut appelé à accompagner le banquier Auguste Cleemann aux mines de Saint-Bérain et de Saint-Léger (Saône-et-Loire), et fut ensuite chargé de rédiger un rapport qui servit de base à une nouvelle société dont, malheureusement, pour l'affaire, M. Emile de Girardin, passait dans le public pour être l'un des fondateurs. Alors, les journaux de toutes nuances, dont les intérêts privés avaient été quelque peu lésés par la création de la *Presse* à bon marché, se liguèrent de nouveau contre l'audacieux novateur, afin d'arriver par un nouveau procès à le tuer moralement ; ils commencèrent à publier une série d'articles dans le but de faire croire au public, que des mines, qui jouissaient depuis quatre-vingts ans d'une excellente réputation n'avaient jamais eu et n'auraient jamais de charbon ; qu'elles n'avaient jamais existé et que la société n'était qu'une infâme flouerie ; et dès que l'opinion publique fut amenée au diapason convenable, éclata le procès dans lequel furent indistinctement impliqués vendeurs et acheteurs et jusqu'à l'ingénieur, cependant resté complètement étranger à l'organisation de la société, et cela dans l'espoir unique d'atteindre par les débats M. Emile de Girardin qui cependant ne figurait en rien dans les actes. Le journalisme n'a pu atteindre son but ; mais l'ingénieur Virlet, si injustement mis en cause, pour un rapport consciencieux, contre lequel, malgré tant de débats contradictoires on ne put articuler un seul mot d'erreur, n'en a pas moins été la malheureuse et grande victime de l'affaire, car, bien que deux fois acquitté des plus honorablement et quoique chacun rendit pleine et entière justice à son savoir et à sa parfaite honorabilité, il n'en fut pas moins, après des débats si scandaleux, repoussé de toutes les affaires industrielles pendant plus de trente ans et obligé de se séquestrer en quelque sorte de la société où ses travaux scientifiques lui avaient conquis jusque-là une position si honorable. Aujourd'hui que les faits sont venus lui donner raison contre tout le monde, qu'il est maintenant démontré que les mines de Saint-Bérain étaient non-seulement une affaire sérieuse, mais encore une des plus importantes exploitations houillères du canal du Centre, il peut, à juste titre, invoquer son rapport comme l'un de ses plus beaux titres de gloire. Après cette malheureuse et incroyable affaire qui a si fortement émotionné pendant plus de deux mois toute la France et même l'Europe entière et qui a brisé la carrière de l'ingénieur, ses amis lui conseillèrent de changer de nom, mais il leur répondit qu'il n'abandonnerait jamais un nom sur lequel il croyait avoir déjà appelé une certaine notoriété et que d'ailleurs changer de nom en de telles circonstances lui semblerait en quelque sorte s'avouer coupable; seulement ce fut alors qu'il se décida à relever, pour l'ajouter au sien, l'un des noms de famille, celui du baron d'Aoust, ancien colonel de cavalerie, son grand-oncle maternel qui l'avait constitué son seul et unique héritier et quoique la baronne d'Aoust, comtesse de Versac, sa tante, l'eût engagé à relever également ce dernier nom d'une très-ancienne famille du Périgord alliée aux grandes maisons d'Abzac de Moyac, de Boisseuil, de Saint-Aulaire, etc. M. Virlet d'Aoust se sentant moralement engagé dans l'affaire de Saint-Bérain et désirant sauver le gage des actionnaires lutta pendant trois ou quatre années contre les administrateurs imposés par justice ; puis les actionnaires, ceux-là mêmes qui l'avaient poursuivi, comprenant qu'il était le seul homme qui pouvait sauver l'affaire, vinrent lui proposer de le mettre entièrement à sa tête ; mais il était trop tard, elle était à l'agonie ; son million de fonds de roulement avait presque entièrement été absorbé en mesures absurdes et stupides ; il restait à peine cinquante mille francs en caisse, il accepta néanmoins, mais avec la condition qui lui fut accordée, de pouvoir emprunter 200.000 francs sur les mines. Vain espoir, ni actionnaires, ni financiers, ni capitalistes soit en France, soit à l'étranger ne voulut consentir à prêter de l'argent à une affaire aussi discréditée et qui pouvait être menacée de nouveaux procès ; il continua cependant à l'aide de quelques ventes qu'il parvint à faire et en abandonnant tous les travaux d'avenir, à marcher pendant trois années, parvint à rétablir l'ancienne réputation des charbons ; mais sans argent, il fallut bien arriver forcément à une liquidation. Ce sont les successeurs des anciens actionnaires qui recueillent maintenant tous les avantages. M. Virlet d'Aoust, très-estimé et très-considéré dans le département de Saône-et-Loire, avait été nommé en 1841 et presque malgré lui, membre du Conseil municipal et du bureau de bienfaisance de la commune de Saint-Bérain. En quittant définitivement, en 1844, les mines de Saint-Bérain et de Saint-Léger, sur lesquelles il avait dû successivement publier divers rapports et mémoires rectificatifs, il se rendit au Congrès géologique qui se tenait en Savoie, et y fit sa rentrée dans la science, par plusieurs communications importantes, notamment sur le *Métamorphisme normal des roches*. De retour à Paris, il y publia pour la *Biographie universelle* de Michaud, une longue notice nécrologique et biographique sur le commandant Emile Le Puillon de Boblaye, décédé en 1843, député du Morbihan, son ami, son collègue et son ancien collaborateur dans la rédaction du grand ouvrage de Morée. En 1845, il assiste également à la réunion extraordinaire de la Société géologique à Avallon et y fait de nouvelles communications, puis il publia dans son *Bulletin* divers mémoires : *Sur la coloration des roches en rouge; Sur quelques phénomènes de déplacements moléculaires qui se sont opérés dans les roches postérieurement à leur dépôt*, mémoire qui a été suivi plus tard par plusieurs notes complémentaires; *Sur la géographie ancienne*. C'est dans ce dernier mémoire qu'il a fait connaître que le lac ou Chott Mel-Rhir du Sahara algérien, devait former une dépression notable au-dessous du niveau de la Méditerranée et que la base méridionale de la chaîne de l'Atlas avait autrefois été occupée par une mer ancienne, faits que les observations postérieures sont venues confirmer et qui ont amené en définitive le projet de rétablissement de cette mer, dont il se trouve avoir été ainsi le premier instigateur. En 1846, le roi Louis-Philippe lui fait adresser par M. le comte de Montalivet, intendant général, un exemplaire du bel ouvrage (de Riocreux), qui venait d'être publié par les soins d'Alexandre Brogniart sur le musée céramique de Sèvres, en témoignage de sa haute satisfaction, pour la nombreuse et intéressante collection de poteries turques dont il avait enrichi le musée. Il publia, en 1847, une note avec devis sur un grand et magnifique projet de voirie, dont il s'occupait de concert avec MM. Totain et Not, architectes, lequel consistait à réunir le boulevard Saint-Denis à la place du Châtelet, par une série de seize grands passages, avec constructions latérales, de manière à pouvoir convertir, au besoin, ces passages en une rue de dix mètres de largeur. Accueilli avec enthousiasme par le roi et les préfets de la Seine et de police, ce projet qui entraînait une dépense de près de 45 millions de francs, était sur le point d'être accepté et entrepris par une société anglaise, lorsque la révolution de 1848 éclata. Naturellement il n'en fut plus question ; il a définitivement été remplacé par le boulevard Sébastopol, qui, par sa largeur, répond mieux aujourd'hui aux besoins d'une population incessamment croissante. Dans le cours de l'année 1849; il publia un *Mémoire sur les terrains d'atterrissements récents de l'embouchure de la Seine, sur la formation de la Tangue, et Sur un essai de théorie des oscillations séculaires de la surface du globe*, mémoire qui peut-être considéré comme le complément de la belle théorie des soulèvements d'Elie de Beaumont ; il collabora aussi au *Dictionnaire d'histoire naturelle* de Charles d'Orbigny, où son article *Houille* fut particulièrement remarqué. A l'occasion d'expériences sur la dévitrification du verre, faites en Bourgogne de concert avec un ami, le marquis Eugène de Bassano, l'idée leur vint de chercher à appliquer aux chemins de fer, leur système d'imbibition du combustible par des sels alcalins, qui leur avait si bien réussi. M. Virlet d'Aoust se chargea d'en faire l'essai sur plusieurs lignes de chemin de fer et il y obtint une économie qui allait de 20 à 25 $^{\circ}/_{0}$. Eh bien! ce qu'on aura de la peine à comprendre, ces messieurs ne purent parvenir à faire adopter un procédé qui se réduisait à plonger le coke dans un liquide, qui n'exigeait aucun changement, ni dans les appareils locomotifs, ni dans les habitudes des ouvriers, qui n'exigeait aucune avance de capital (la préparation de chaque tonne ne coûtant que 2 fr. et produisant une économie de 6 fr.), et cependant à cette époque la consommation générale du coke, seul combustible alors employé, était d'environ quatre millions de tonnes; or, en n'admettant qu'une économie de seulement 4 fr. au lieu de 6 par tonne, cela aurait produit une économie annuelle, s'élevant à la somme assez rondelette d'au moins seize millions. Au commencement de 1850 M. Virlet d'Aoust part pour l'Amérique, afin d'y aller prendre la direction d'une société dont il était devenu le fondateur, ayant pour but la reprise d'anciennes scories provenant du traitement de minerais de plomb argentifère on ne savait encore très-riches en plomb et en argent. Cette société qui s'était organisée à Mexico même par l'entremise d'un Américain, écrivain fort intelligent et fort instruit, M. Garcia del Rio, ancien ministre du libérateur Bolivar, qui lui avait été présenté par un ami commun le baron de Varaigne, au moment où il se rendait au Mexique. Malheureusement, lorsqu'un crédit de 40.000 francs lui fut adressé sur la Banque de France, pour qu'il pût se rendre au Mexique avec des contre-maîtres et le matériel nécessaire, M. Virlet d'Aoust était occupé de ses expériences sur les chemins de fer, sur lesquelles il fondait naturellement de grandes espérances, il fut donc obligé de se faire provisoirement remplacer par un ingénieur, qui outre qu'il était peu capable, était encore un malhonnête homme, lequel n'eut rien de plus pressé que de chercher à le supplanter. Lorsqu'il arriva au Mexique, une année s'était à peine écoulée et déjà la société se trouvait tout à fait démoralisée ; une grande partie de son capital était absorbé sans le moindre résultat obtenu ; l'ingénieur au lieu de se livrer aux expériences avait entrepris des constructions absurdes, gigantesques qui ne pouvaient servir au but proposé. Tout était donc à commencer, M. Virlet d'Aoust se mit de suite à l'œuvre et deux mois ne s'étaient pas écoulés que déjà des résultats satisfaisants avaient été obtenus, démontrant que l'affaire était bonne; ce que les Espagnols intéressés à l'affaire attendaient, pour en chasser, disaient-ils, l'étranger ; ils entravèrent dès lors, par tous les moyens, l'opération, puis provoquèrent la dissolution de la société, persuadés qu'ils étaient que M. Virlet n'aurait rien de plus pressé que de retourner en Europe. Loin de là, c'est lui qui allait les expulser, car profitant de la loi mexicaine sur les mines, il revendiqua comme fondateur et l'un des principaux intéressés, l'affaire pour son compte particulier. Cela ne faisait pas le compte de

ses adversaires, qui n'avaient plus qu'à prononcer leur désir de rester simples commanditaires, ou à renoncer purement et simplement; mais, dans ce pays, bien que la loi fût des plus formelles, on ne s'en préoccupa pas, surtout, contre un étranger. Un nouveau procès monstre s'engagea, et comme si M. Virlet dût être voué à des luttes perpétuelles, il eut à soutenir pendant plus de dix-huit mois des attaques judiciaires qui dégénérèrent bientôt en luttes armées, qu'il soutint avec la plus grande énergie, mais, comme en sa qualité d'étranger il ne se faisait pas d'illusion sur la perte de sa cause, cependant si claire et si bonne, il accepta avec empressement les propositions de transactions qui lui furent faites. De San Luis Potosi. où il résidait, M. Virlet d'Aoust se mit à parcourir et à étudier le Mexique, et pendant ses pérégrinations, il fut chargé de lever le plan d'une hacicuda, grande propriété d'environ 350 lieues carrées, équivalant presque à un de nos départements, ce qu'il exécuta à l'aide d'une triangulation. Pendant son séjour au Mexique, il publia dans le journal français de Mexico, le *Trait d'union* différents articles scientifiques qui le firent avantageusement connaître, le mit en relation avec les personnages éminents du pays, et lui valurent, sans qu'il l'eût demandé, sa nomination de membre de la Société de géographie et de statistique de Mexico. Pendant qu'il séjournait en Amérique, en présence de cette végétation si luxuriante des régions tropicales, de cette flore si belle, si variée et si nouvelle, ses goûts pour la botanique se réveillèrent naturellement et il se mit à recueillir toutes les plantes qu'il rencontrait, en forma un herbier nombreux qui a servi de base principale aux *Recherches de Botanique* de M. Eugène Fournier, publiées sous la direction de M. le professeur J. Decaisne, membre de l'Institut et qui font partie des publications de la Mission scientifique au Mexique et dans l'Amérique Centrale. Après son retour en France (1854), M. Virlet s'occupa de nouveau de projets de voirie qui étaient tout à fait à l'ordre du jour et en 1857 il publia un *Programme de projets de percements, de rectifications et d'embellissements dans le premier arrondissement de Paris et de sa banlieue*, accompagné d'un grand pl n d'ensemble, dressé à l'échelle de 1|5000 m°. projet accueilli avec grand empressement par Napoléon III lui-même qui l'envoya ensuite au Conseil d'Etat, chargé de la transmettre au préfet de la Seine. Celui qui, parmi ses projets, avait surtout séduit l'Empereur, concernait un percement prenant pour base la rue Neuve-des-Petits-Champs qui, élargie à 30 m., devait s'étendre en ligne droite de la place de la Madeleine au donjon de Vincennes, sur une longeur de plus de 8,400 mètres (2 lieues 1|4), d'une exécution facile, ne rencontrant aucun obstacle, et traversant, par le milieu, tout le vieux Paris qu'on veut transformer. A l'Hôtel-de-Ville ce projet a été longtemps désigné sous le nom de « Dada de l'Empereur », mais, comme il ne convenait pas à M. Haussmann, il n'a jamais été bien question de le réaliser, bien que des capitalistes anglais fussent disposés à l'entreprendre ; la guerre d'Italie, le fit ajourner et complètement abandonner. M. Virlet a encore présenté d'autres projets à l'Empereur, comme la prolongation de la rue Mogador jusqu'à la rue de Clichy ; l'isolement complet de l'église de Saint-Eustache et la reconstruction de sa façade pour la mettre en harmonie avec la belle architecture de ce monument et enfin le percement, dans l'axe de l'église, d'une rue de 30 mètres destinée à remplacer la rue Coquillière si dangereuse et tout à fait insuffisante au service des Halles centrales. Ces projets renvoyés au Préfet, ont été, cette fois, accueillis par lui, mais leur adoption définitive en a été ajournée par les évènements politiques de 1870. En 1862, il avait également adressé à l'Empereur un projet de Société générale de crédit immobilier parisien », pour arriver à la reconstruction rapide de toutes les rues soumises à l'alignement. Comme l'adoption de ce projet, destiné à compléter le système de transformation du vieux Paris, aurait pu y attirer un très-grand nombre d'ouvriers, déjà si nombreux, l'examen en fut ajourné. Lors de l'approche des armées prussiennes, à l'exemple de M. de Saint-Arnaud, ex-sénateur, son parent, M. Virlet n'hésita pas à s'engager volontairement et à ce sujet le *Gaulois* du 31 août 1870 s'exprime ainsi: « A l'annonce de la
« marche des Prussiens sur Paris, un de nos
« plus savants géologues, ancien capitaine de
« la garde nationale, M. Virlet d'Aoust, mal-
« gré ses 70 ans, qu'il porte d'ailleurs gaillar-
« dement, s'est empressé de se faire inscrire
« dans l'artillerie de la garde nationale comme
« simple servant de pièce. » Bientôt frappé du désordre qui régnait partout et surtout de l'ignorance des hommes chargés du service, il adressa au général Trochu, une lettre des plus énergiques pour lui signaler la nécessité d'une réorganisation du service de l'artillerie et de charger les sous-officiers ou artilleurs, de Vincennes, de l'instruction des gardes nationaux. Un décret parut, en effet, presque aussitôt divisant le service des remparts en cinq sections et chargeant le colonel Schœlcher, de l'organisation de l'artillerie. M. Virlet alla trouver aussitôt ce dernier pour lui exposer l'importance d'une direction unique, dont il offrait de se charger, mais il ne trouva sans doute trop chaleureux et sa proposition n'eut pas de suite. Tout en négligeant de relater ici un grand nombre de communications à l'Institut et d'articles scientifiques adressés aux journaux par M. Virlet, nous terminerons en rappelant ses principaux mémoires : *Nouvelles observations sur le métamorphisme normal des roches ; Observations sur un terrain d'origine météorique ou de transport aérien, au Mexique; Formation des oolithes et des masses nodulaires en général*, mémoire publié à l'occasion de la formation récente d'oolites dans les calcaires des lacs de Mexico, par le dépôt des œufs de moucherons, espèces de *notonectes* ou punaises d'eau (1857); — *Phénomènes géologiques observés dans la tranchée de la rue de Rome, à Paris* (1857); — *Sur une faune pyrénéenne, nouvelle des lignites miococènes d'Orignac et sur les ophites des Pyrénées*, considérées comme roches métamorphiques. *Coup d'œil général sur la topographie et la géologie du Mexique et de l'Amérique Centrale*, mémoire dans lequel il démontre

l'erreur commise par de Humbold, de n'admettre qu'une seule et même grande chaîne traversant les trois Amériques (1865); — A l'occasion de la nouvelle éruption volcanique de l'île de Santorin, il publie son *Histoire des Kaïménis ou îles volcaniques nouvelles du golfe de Santorin* (archipel grec), où il résume les diverses questions qu'il avait déjà traitées, soit dans son grand ouvrage sur la Grèce, soit dans les divers *Bulletin de la Société de géologie* (1866); — *Observations adressées à M. Anatole de la Forge, sur le procès des mines de Saint-Bérain*. Il y retrace les principales circonstances qui ont déterminé ce procès célèbre (1869); — *Les origines du Nil*, lettre adressée à M. James Gordon Bennett, du New-York Herald (1872); *Description topographique et archéologique de la Troade*; *Du niveau des mers*, note communiquée au Congrès international des sciences géographiques (1875); — *Observations sur le système des montagnes d'Anahuac ou de l'Amérique Centrale, sur la grande chaîne volcanique, guatemalienne, sur les volcans de l'Amérique du Nord, et sur l'origine des volcans* (1877).

VITU (Auguste-Charles-Joseph), né à Meudon (Seine-et-Oise), le 7 octobre 1823. Il entra en 1841, comme surnuméraire, dans l'administration de l'enregistrement et des domaines, qu'il quitta en 1842 pour devenir le secrétaire du baron de Delmar. Dès cette époque il se voua entièrement à la littérature et au journalisme, écrivit des articles pour la nouvelle édition de la *Biographie Michaud*, collabora au *Coureur des spectacles*, au *Mercure des théâtres*, au *Charivari*, au *Corsaire Satan*, à la *Silhouette*, à l'*Epoque* et fonda, le 28 février 1848, le *Girondin*, avec M. Balaltier. M. Vitu passa le 2 mars suivant au journal bonapartiste la *Liberté*, devint rédacteur en chef du *Pamphlet* le 1er mai, fit des articles de théâtre à l'*Avenir national* et créa à Clermond-Ferrand, en 1849, le *Bon sens d'Auvergne*, organe de la rue de Poitiers, puis à Grenoble, en février 1850, l'*Ami de l'Ordre*, sous les mêmes auspices. De retour à Paris, il entra au journal le *Dix Décembre* qui prit ensuite le titre de *Pouvoir*, dont il devint le directeur lorsque M. Granier de Cassagnac passa au *Constitutionnel*. Le *Pouvoir* ayant cessé de paraître en 1851, M. Vitu passa comme rédacteur en chef du *Mémorial d'Amiens*, devint au 2 Décembre chef de cabinet du commissaire extraordinaire du gouvernement dans le département de la Somme, puis fut chef du cabinet du préfet de l'Isère, jusqu'en décembre 1854. Rédacteur principal du *Pays*, journal de l'Empire (février 1855 à février 1860), et du *Constitutionnel* (février 1860 à juin 1866) et en même temps rédacteur en chef du *Journal des Chemins de fer*, M. Vitu fonda, en juin 1866, le journal l'*Etendard*, qu'il quitta en février 1869. En cette même année, il écrivit pour le *Figaro*, une série de chroniques signées l'Inconnu, et fonda le *Journal des finances*. En juin 1870, l'Empereur Napoléon l'appela à la direction politique du *Peuple français* en remplacement de M. Clément Duvernois ; la publication de ce journal, qui avait traversé les événements de 1870, ne fut interrompue qu'aux derniers jours de la Commune. M. Vitu fit en 1871 la chronique politique du *Paris-Journal* et en 1872, celle du *Gaulois*, qu'il a conservé jusqu'à présent. Il est chargé depuis le mois de septembre 1871, de la critique des théâtres au *Figaro*. En 1872, M. Vitu, traduit en cours d'assises à la requête du général Trochu, demanda, conformément à la loi de 1819, à faire la preuve des faits qu'il avait avancés contre le gouvernement de Paris ; le résultat de ce procès retentissant fut l'acquittement de M. Vitu sur le chef de la diffamation et sa condamnation pour outrages à un mois de prison et trois mille francs d'amende. M. Vitu a été, de 1848 à 1867, membre du Comité et vice-président de la Société des gens de lettres; membre du jury d'admission à l'Exposition universelle (1865); membre et vice-président du jury international pour la classe 94 (1867); commissaire du gouvernement impérial près le Conseil supérieur du commerce et de l'industrie (1870). On lui doit les publications suivantes : *Physiologie de la polka*, en société avec Paul Farnèse (1846); — *Paris l'été, le jardin Mabille* (1841); — *Les bals d'hiver*; *Paris masqué* (1848); — *Révision ou révolution* (1851); — *l'Empereur à Grenoble* (1852); — *Histoire de Napoléon III et du rétablissement de l'Empire* (1855); — *Etudes littéraires sur la révolution française* (1854); — *La résurrection de Lazare* (1860), roman, avec Henry Mürger; — *Ombre et vieux murs* (1860); — *Contes à dormir debout* (1860); — *Le guide financier* (1864); — *Opinion sur la question des banques* (1866); — *Histoire civile de l'armée* (1868); — *Le lendemain de l'Empire* (1874) ; — *Notice sur François Tillon* (8 mai 1873); — *La chronique de Louis XI dite Chronique scandaleuse* (juin 1873); — *Conférence et notice sur Cyrano de Bergerac* (1875); et un grand nombre de brochures politiques et financières parmi lesquelles : *Le budget de 1862* (1861); — *Les finances de l'Empire* (1868); — *Qui mange le budget* ! (1869); — *Les réunions publiques à Paris et les réunions électorales à Paris* (1869) ; etc. M. Vitu a été créé chevalier de la Légion d'Honneur le 14 mai 1862 et promu officier le 30 juin 1867 ; il est également officier de l'Instruction publique et décoré d'un grand nombre d'ordres étrangers.

VIVIER (Louis-Théodore), né à la Rochelle, le 13 septembre 1792, d'une ancienne famille protestante qui prit part à la défense de la Rochelle, lors du siège de cette ville par Richelieu, et fils de Louis Vivier, négociant et conseiller de préfecture. Elève d'artillerie en 1812, M. Vivier devint lieutenant en second en 1813, lieutenant en premier en 1820, capitaine en second en 1823, capitaine en premier en 1830, chef d'escadron en 1841, et fut nommé sous-directeur d'artillerie, dans sa ville natale, en 1846. Il fit les campagnes d'Aragon et de Catalogne en 1813 et 1814, toute la guerre d'Espagne en 1823, et fut mis nominativement à l'ordre du jour de l'armée du Nord, le 22 décembre 1832, comme s'étant particulièrement distingué, au siège d'Anvers, dans la construction et le service de la batterie de brèche, qu'il commandait devant la citadelle. Retraité pour raison d'âge, en 1851, il reporta dans la vie civile les habitudes d'activité contractées au service. Président de la Société des sciences naturelles de la Charente-Inférieure, il fut aussi président de la commission départementale de météorologie, qu'il organisa, et, en même temps, président de la commission d'archéologie, et mérita, par d'importants travaux relatifs surtout à la géologie, aux sciences physiques et à l'histoire, les suffrages de tous les juges compétents, notamment de MM. de Quatrefages, Blanchard, d'Orbigny et Daubrée, membres de l'Institut. Conseiller municipal de La Rochelle, il fut également membre du consistoire de l'Église réformée, du bureau de bienfaisance, de la commission administrative de l'asile départemental de Lafond et de la commission de surveillance de l'école normale de Lagord. M. Vivier est décédé le 12 mars 1873, laissant chez tous ses concitoyens de vifs et unanimes regrets, dont la presse s'est rendue l'interprète, après le maire de La Rochelle, M. Beltremieux, qui a prononcé sur sa tombe un remarquable discours. Chevalier dès 1825, M. Vivier avait été promu au grade d'officier de la Légion d'Honneur en 1833. Il avait reçu la croix de l'ordre militaire espagnol de Saint-Ferdinand (1re classe) en 1823 et les palmes d'officier de l'Instruction publique en 1870.

VOGEL (Charles), né à Lahr, aux environs de Strasbourg, le 17 octobre 1818. Il fit de bonnes études au lycée de cette dernière ville, puis son droit à Paris, mais n'exerça pas la profession d'avocat. Attaché, en 1843, à la division du commerce extérieur du ministère du Commerce, M. Charles Vogel devint, en 1868, secrétaire du prince Charles de Roumanie, puis l'année suivante conseiller intime et chef de son cabinet. Collaborateur à plusieurs revues ou journaux, il a publié : *Le Portugal et ses colonies* (1860); — *Du commerce et des progrès de la puissance commerciale de l'Angleterre et de la France* (1864-1867, 2 volumes) ; — *Le monde terrestre* (1876); — *Son Nouveau précis de géographie comparée, descriptive, politique et commerciale*, dont le second volume, terminant l'*Europe*, est en cours de publication, aura 6 volumes. M. Vogel a traduit de l'allemand : *La Constitution de l'Angleterre*, de Fischel (1864, 2 vol.); — *Mœurs romaines du règne d'Auguste à la fin des Antonins*, de Friedlaender (1865-1866), et avec M. H. Richelot : *Histoire du commerce de toutes les nations*, de M. H. Scherer (1857).

VOGÜÉ (Léonce, *marquis* DE), né à Paris, le 4 mai 1805. M. le marquis de Vogüé a servi militairement sous la Restauration de 1823 à 1830. Admis comme sous-lieutenant aux hussards de la garde, il fit l'expédition d'Espagne, prit part aux combats de Llers et de Llado après lesquels il reçut la décoration, et assista en 1830, à la prise d'Alger, comme officier d'ordonnance du général Damrémont. Après la révolution de Juillet, il donna sa démission et se consacra à l'industrie et à l'agriculture. Il créa dans le département du Cher les usines d'Yvoy et de Mazières, importantes fonderies qui donnèrent naissance à un village d'ouvriers. Ses grandes exploitations agricoles par métayage, lui valurent la grande médaille d'or au concours régional de Bourges en 1862, et la coupe d'honneur au concours de 1870. Il fut élu, en 1839, conseiller général et, plus tard, membre du Congrès central d'agriculture, dont il occupa, de 1845 à 1850, la vice-présidence, en même temps qu'il était président de la Société d'agriculture du Cher. Il fut aussi nommé membre de la Société impériale d'agriculture en 1863. Lors des inondations de la Loire, en 1846, il reçut une médaille d'or en récompense de son dévouement. Quand éclata la Révolution de 1848, M. le marquis de Vogüé se rallia à la République et se livra spécialement à l'étude des questions ouvrières. Dans ses circulaires électorales il prenait le titre de *forgeron*. Nommé représentant du peuple, il fit partie du comité du travail et vota contre la division des pouvoirs parlementaires et contre la peine de mort; sur les autres questions, il se prononça dans le même sens que la Droite. Ayant adopté les bases constitutionnelles avant l'élection présidentielle, il vota contre l'élection du prince Louis-Napoléon. Réélu à l'Assemblée législative, il vota avec la majorité; mais il rompit avec la politique de l'Élysée, fit partie de la réunion du X° arrondissement, et, après le Coup d'État qui le conduisit à Mazas, il se retira dans ses propriétés. M. le marquis de Vogüé n'a cependant pas cessé de s'intéresser aux affaires du pays. Il a été poursuivi, lors de la proclamation de l'Empire, pour distribution d'exemplaires de la protestation du comte de Chambord. Défendu par M° Berryer devant le tribunal de Cosne, il a été acquitté. Il siégea de nouveau au Conseil général du Cher depuis 1864 et a été nommé membre de l'Assemblée nationale en février 1871. Sous la Restauration, en 1828, M. le marquis de Vogüé avait participé à la fondation du *Correspondant*, dont il n'avait pas cessé d'être un des directeurs. Chevalier de la Légion d'Honneur depuis le 14 janvier 1824, M. le marquis de Vogüé est décédé le 25 juin 1877.

VOGÜÉ (Charles-Jean-Melchior, *comte* DE), né à Paris, le 18 octobre 1829; fils du précédent et de Henriette de Machault, arrière-petite-fille de Machault d'Arnouville, contrôleur général des finances, ministre de la Marine et Garde des sceaux sous Louis XV. Élève du lycée Henri IV, il s'adonna aux études archéologiques et compléta son instruction par trois voyages en Syrie et en Palestine. M. le comte Melchior de Vogüé a publié les ouvrages suivants : *Les églises de la Terre-Sainte* (1860 in-4°, avec planches); — *Les événements de Syrie* (1860); — *Le temple de Jérusalem*, monographie du Haram-ech-chérif, suivie d'un essai sur la topographie de la ville sainte (1865, in-fol., avec 5 planches); — *L'architecture civile et religieuse, du Ier au VIIe siècle, dans la Syrie centrale* (1865-1876, in-4°, avec 150 planches); — *Inscriptions sémitiques de la Syrie centrale* (1869-1877, in-4°, avec 37 planches); — *Mélanges d'archéologie orientale* (1869), avec 12 planches). Il collabora en outre à diverses revues spéciales d'archéologie et de numismatique et à la revue politique *le Correspondant*. Il fut, en 1868, élu membre de l'Académie des inscriptions et belles-lettres, en remplacement du duc de Luynes. Nommé par M. Thiers, le 3 mars 1871, ambassadeur à Constantinople, M. le comte de Vogüé est accrédité, en la même qualité, à Vienne depuis le 8 mai 1875. Il est officier de la Légion d'Honneur depuis 1875.

VOISIN (Félix), né au Mans, le 19 novembre 1794. Il fit ses études médicales à la Faculté de Paris, se voua de bonne heure à la spécialité des maladies mentales et fut un des élèves de prédilection d'Esquirol. Reçu docteur en 1819, avec une thèse intitulée : *De l'utilité du courage et de la réaction morale dans les maladies*, M. Voisin fonda en 1821, avec le docteur Falret, à Vanves, près de Paris, une maison de santé pour les aliénés. Médecin d'une division des aliénés de Bicêtre en 1831, il fut élu associé libre de l'Académie de médecine de Paris en 1866, et reçut la croix de la Légion d'Honneur en 1841. Voici la liste de ses publications : *Du bégayement* (1821); — *Des causes morales et physiques des maladies mentales et de quelques autres affections nerveuses, telles que l'hystérie, la nymphomanie, le satyriasis* (1826); — *De l'homme animal* (1839); — *De l'idiotie chez les enfants* (1843); — *Du traitement intelligent de la folie* (1847); — *Études sur la nature de l'homme*. Tome 1er : *Analyse de l'entendement humain* (1858). Tome II : *L'homme considéré dans ses facultés morales. Nouvelle loi morale et religieuse* (1862). Tome III : *De l'homme considéré dans ses facultés intellectuelles, industrielles, artistiques et perspectives* (1867); — *Mémoire en faveur de l'abolition de la peine de mort* (1870). M. Voisin est décédé le 23 novembre 1872.

VOISIN (Auguste-Félix), né à Vanves, le 25 mai 1829; petit-fils du précédent. Interne des hôpitaux de Paris en 1854 et reçu docteur en médecine de la Faculté de Paris, en janvier 1858, sur une thèse intitulée : *De l'hématocèle rétro-utérine*, il fut nommé chef de clinique de la Faculté de médecine de Paris en 1862, et devint médecin de l'hospice de Bicêtre (1866), puis de la Salpêtrière (1867). Membre de la Société anatomique, de la Société médicale d'observation, de la Société de médecine de la Seine, de la Société d'anthropologie et de la Société médico-psychologique, M. le docteur Voisin a collaboré à la *Gazette des hôpitaux*, au *Bulletin général de thérapeutique*, aux *Annales médico-psychologiques*, à la *Gazette hebdomadaire de médecine*, etc, et publié : *De l'anesthésie cutanée hystérique* (1859); — *Des signes propres à faire distinguer les hémorrhagies cérébelleuses des hémorrhagies cérébrales* (1859); — *De l'hématocèle rétro-utérine et des épanchements sanguins non enkystés de la cavité péritonéale du petit bassin* (1860); — *Note sur le diagnostic des néo-membranes de l'arachnoïde* (1862); — *De la mélancolie* (1863); — *Des phénomènes oculo-pupillaires dans l'atrophie musculaire progressive* (1863); — *De l'état mental dans l'alcoolisme aigu et chronique et dans l'absinthisme* (1864); — *Études sur les mariages consanguins dans la commune de Batz près le Croisic* (1865); — *Articles amnésie, aphasie, épilepsie, hérédité* (1865-1873); — *De la méningomyélite occasionnée par le froid* (1865); — *Recherches cliniques, sur le bromure de potassium* (1866); — *De l'influence du bromure de potassium sur la force excito-motrice de la moelle chez les épileptiques, et du moyen de reconnaître leur force* (1867); — *Cours sur les maladies mentales et les lésions observées dans la folie simple* (1867-1874); — *De l'épilepsie simulée et de son diagnostic* (1868); — *Contributions à la thérapeutique de l'épilepsie* (1870); — *Le service des secours publics à Paris et à l'étranger* (1873); — *Du traitement curatif de la folie par le chlorhydrate de morphine* (1874); — *De l'emploi du bromure de potassium dans les maladies nerveuses* (1875); — *Traitement de la folie par les injections sous-cutanées* (1875); — *Nouveaux pavillons de secours aux noyés* (1875); — *Leçons cliniques sur les maladies mentales professées à la Salpêtrière* (1876). Il est lauréat de l'Institut (prix Monthyon, 1867), de l'Académie de médecine (prix Civrieux, 1871), et a partagé, en 1875, le prix Lafèvre (Académie de médecine) avec le docteur Burlureaux. M. le docteur Voisin a fondé depuis 1867, à la Salpêtrière, un enseignement clinique libre sur les maladies mentales et nerveuses et a été chargé du cours clinique complémentaire sur les maladies mentales le 10 octobre 1877. Il a reçu la croix de la Légion d'Honneur à la suite de la guerre (1871).

VOISIN (Félix), né à Paris, le 3 décembre 1832; frère du précédent. Il prit le grade de docteur en droit à la Faculté de Paris, se fit inscrire au barreau de la même ville en 1855 et fut en 1859, nommé secrétaire de la conférence des avocats. Juge suppléant à Versailles en 1868, substitut à Etampes (1863), à Melun (1864), et à Versailles (1868), il fut nommé procureur impérial à Melun, en 1869. Maintenu dans ses fonctions après la révolution du 4 Septembre, il fit preuve, pendant l'invasion allemande, d'un grand patriotisme et d'une rare fermeté. L'autorité prussienne, ayant appris qu'il avait fait emprisonner des individus de la ville et de la banlieue, convaincus d'espionnage et de trahison au profit de l'ennemi, l'enleva de vive force, après avoir violé son domicile et fracturé ses meubles, et l'interna en Allemagne, dans la forteresse de Weichselmünde en l'accusant d'entretenir des correspondances avec le gouvernement de la Défense nationale. Il se trouvait donc à l'étranger quand les électeurs de Seine-et-Marne lui conférent le mandat de représentant à l'Assemblée nationale, tout à la fois pour le soustraire le plus tôt possible à sa captivité et pour lui décerner un marque éclatante de leur vive sympathie. M. Voisin a siégé sur les bancs du Centre-Gauche, assisté à la réunion Féray et de la Gauche conservatrice et voté la Constitution du 25 février 1875. Il a été secrétaire de l'Assemblée et chargé de divers rapports, notamment sur la loi relative à la surveillance de la haute police (1873), et sur l'éducation et le patronage des jeunes détenus (1874). Lorsque M. Léon Renault donna sa démission de préfet de police, M. Voisin le remplaça d'abord provisoirement (9 février 1876), puis définitivement le 10 mars suivant. Il est officier de la Légion d'Honneur (16 août 1876), grand-officier de l'ordre des Saints-Maurice et Lazare d'Italie et grand-commandeur du Sauveur de Grèce.

VOISINS LAVERNIÈRE (Etienne DE), né à Toulouse, le 17 mai 1813, appartient à une vieille famille légitimiste de Lavaur (Tarn). Son père fut nommé dans ce département député à la Chambre de 1830, où il siégeait à droite, et qui fut dissoute par Charles X. Entré dans la vie politique comme représentant du Tarn à la Constituante de 1848, M. Etienne de Voisins Lavernière vota toujours avec la gauche modérée et soutint la politique du général Cavaignac. Sincèrement rallié aux principes républicains, pendant toute la durée de l'Empire il voulut rester étranger à la politique et se consacrer tout entier aux intérêts agricoles. Nommé maire de Lavaur en 1871, puis membre du Conseil général pour le canton de Lavaur, il a été élu sénateur dans le Tarn par 204 voix, en opposition avec M. le baron Decazes. Il vote avec le centre gauche et ne s'en est séparé que sur la question de la collation des grades. Membre de l'Académie des Jeux floraux en 1859, M. Etienne de Voisins Lavernière préside le Conseil général du Tarn depuis 1877.

VORUZ (Jean-Simon), né à Nantes, (Loire-Inférieure), le 7 juin 1810. Il a donné à la fonderie que lui légua son père dans sa ville natale, les proportions de beaux et vastes établissements métallurgiques où se confectionne tout ce que le génie industriel a su faire au XIXe siècle. La loyauté de ses relations lui valut l'estime et la considération publiques ; aussi, à partir de 1841, on le vit successivement investi des fonctions suivantes : Président du conseil des prud'hommes, membre de la Chambre de commerce, secrétaire de la Société industrielle, membre du Conseil municipal, adjoint au maire de Nantes en 1848, membre de la Société académique, président du Conseil d'administration de la compagnie la Bretagne, président de la caisse de secours de la Société industrielle, juge au Tribunal de commerce, membre de la Société des ingénieurs civils de Paris, membre du Corps législatif en 1863, membre de la Société académique de la Loire-Inférieure, de l'Académie nationale de Paris, président de la Chambre de commerce de Nantes en 1864, vice-président honoraire de la Société universelle pour l'encouragement des arts et de l'industrie, à Londres. Ses longs et honorables services, tant civils qu'industriels lui valurent, en 1861, sa nomination de chevalier de la Légion d'Honneur. En 1830, blessé à Nantes pour la défense de la liberté, il avait reçu la décoration de Juillet. A toutes les productions de l'art mécanique il ajouta la construction des armes de guerre ; il livra aux puissances étrangères des canons d'une perfection telle, qu'il reçut du roi de Danemarck le brevet de la décoration de l'ordre de Dannebrog (1866) et du roi de Portugal le brevet de chevalier de l'ordre du Christ (1868). Son esprit de droiture et de conciliation l'a rendu sympathique à tous ceux qui le connaissent.

VUAGNAT (François), né à Genève (Suisse), de parents français, le 6 juin 1826. M. François Vuagnat montra de bonne heure beaucoup de goût pour le dessin, suivit avec succès les cours de l'Ecole des beaux-arts de sa ville natale et étudia la peinture dans l'atelier de M. Lugardon, peintre d'histoire. N'étant pas gratifié des dons de la fortune, M. Vuagnat dut faire de la gravure, puis il s'intéressa avec ardeur à la photographie et la pratiqua avec tant de réussite que, grâce à son ardeur infatigable au travail et à d'autres heureuses circonstances il arriva au but désiré : se livrer entièrement et avec indépendance à la peinture. M. Vuagnat avait étudié le portrait chez M. Lugardon, avec M. Diday il peignit le paysage et avec M. Humbert, les animaux. En 1865 il exposait à Turin le *Passage de la Gemmi*, acquis par la Société des beaux-arts. En 1867 il envoya à l'Exposition universelle de Paris : *Transport d'animaux sur le lac de Brienz*, qui fut acquis l'année suivante, à l'exposition de Turin, par le duc d'Aoste. Au Salon de Paris M. Vuagnat a successivement exposé : *Chemin d'autrefois*, dans la Haute-Savoie (1868) ; — *Chèvres dans les Alpes* (1869) ; — *Vaches à l'abreuvoir* (1870) ; — *Abreuvoir dans un ravin* (1873), acquis par le shah de Perse ; — *Cour de ferme à Geispolsheim*, en Alsace ; *Marais de la vallée du Rhône*, dans le Valais (1874) ; — *Le gué* (1875) ; — *Dans les potirons* ; *Une matinée d'automne* (1876) ; — *Départ de la montagne*, à Arache (Haute-Savoie) ; le portrait du lieutenant-colonel comte de *Choulot* (1877). Il a exposé à Lyon, en 1873 : *Chevrier de la vallée de Saas*, qui a été acquis par la Société des beaux-arts de Lyon et, en 1877, à Amiens : *Pacage en Normandie*, pour lequel il a obtenu une médaille.

VUILLAUME (Jean-Baptiste), né à Mirecourt (Vosges), le 7 octobre 1798. C'est dans sa ville natale, renommée par ses fabriques d'instruments de musique, qu'il fit son apprentissage. Venu à Paris en 1818, il s'associa en 1824 avec M. L'Été pour la fabrication des violons. Leur maison acquit bientôt une réputation brillante et méritée pour la bonté de leurs instruments. Resté seul à la tête de l'établissement (1827), M. Vuillaume ne cessa pas d'apporter les plus grands perfectionnements aux produits sortis de sa maison. Ses instruments, remarquables par la régularité des formes, la beauté du vernis, répondirent aux lois de l'acoustique et durent leur qualité de son à des procédés rigoureux de fabrication. M. J.-B. Vuillaume est inventeur d'une machine à façonner les tables et les fonds des instruments qui permet la reproduction exacte d'un bon modèle donné. M. Vuillaume a fait plusieurs voyages en Italie pour recueillir les matériaux nécessaires à la rédaction d'une *Notice* sur Antoine Stradivarius, le célèbre luthier, et dont il avait confié la rédaction à M. Fétis. Il a fait suivre ce travail des *Analyses théoriques sur l'archet, et sur François Tourte, auteur de ses derniers perfectionnements*. M. J.-B. Vuillaume a obtenu deux médailles d'argent aux expositions de 1827 et 1834, deux médailles d'or à celles de 1839 et 1844, une council medal à l'Exposition universelle de

Londres en 1851, une grande médaille d'honneur à celle de Paris en 1855, et la croix de la Légion d'Honneur le 22 novembre 1851. Il est décédé le 19 février 1875.

VUILLEFROY (Charles-Amédée DE), né à Soissons (Aisne), le 23 avril 1810. Il fit son cours de droit à la Faculté de Paris, fut inscrit au tableau des avocats de cette ville ; reçut sa nomination d'auditeur de seconde classe au Conseil d'État en 1832, d'auditeur de première classe en 1834, et fut nommé maître des requêtes en service extraordinaire en 1837, et en service ordinaire l'année suivante. Élu conseiller d'État par l'Assemblée constituante, réélu aux mêmes fonctions par l'Assemblée législative, il a été nommé membre de la Commission consultative le 2 septembre 1851. Rappelé dans le Conseil d'État, lors de la réorganisation de ce corps, le 25 janvier 1852, il fut, en juillet de la même année, investi de la présidence de la section des travaux publics, de l'agriculture et du commerce. Après en avoir exercé les fonctions pendant onze ans, il a été élevé le 1er juillet 1863 à la dignité de sénateur. M. de Vuillefroy a prouvé en maintes circonstances l'étendue de ses capacités et son dévouement à la chose publique. Il a fait partie du Conseil supérieur du commerce, de l'agriculture et de l'industrie, ainsi que du Comité consultatif des chemins de fer. Il a publié un volume intitulé : *Principes d'administration extraits des avis du Conseil d'État et du Comité du ministère de l'Intérieur* (1837), et, en collaboration avec M. Monnier, un *Traité de l'administration du culte catholique* (1842). M. de Vuillefroy a représenté jusqu'en 1870 le canton de Mouy au Conseil général de l'Oise. Chevalier de la Légion d'Honneur le 6 mai 1835, il a été promu officier de l'ordre le 30 décembre 1855, commandeur le 12 août 1859 et grand-officier le 30 août 1865.

VUILLEFROY-CASSINI (Dominique-Félix DE), né à Paris, le 2 mars 1841; fils du précédent. Il descend de la famille des astronomes Cassini, dont le chef J.-D. Cassini fut appelé d'Italie en France par Louis XIV pour fonder l'observatoire royal de Paris et en prendre la direction. Tout en faisant son droit, il cultivait la peinture, pour laquelle il avait un goût particulier. Entré dans l'administration, comme auditeur au Conseil d'État, il la quitta pour se consacrer à la peinture de genre et de paysage. Élève distingué de MM. E. Hébert et Bonnat, M. de Vuillefroy-Cassini a débuté au Salon de Paris. en 1867, avec la *Côte de Grâce*, à Honfleur, marine. Depuis, cet artiste a successivement exposé: *Chevreuils sur la neige* ; *Harde de cerfs en automne* (1868) ; — *Espagnols sur les bords du Tage*, près Tolède ; *Attelage de bœufs*, à Saint-Jean-de-Luz (1869) ; — le *Bornage de Chailly* et le *Matin dans le Bas-Bréau*, forêt de Fontainebleau, ce dernier acquis par l'administration (1870) ; — *Novembre*, forêt de Fontainebleau (1872) ; — le *Commencement du fagot* et les *Grands chênes de la reine Blanche*, forêt de Fontainebleau (1873) ; — *Meules dans la plaine de Chailly* (Seine-et-Marne); *Herbage* (1874) ; — *La rue d'Allemagne*, à la Villette ; *Un franc marché*, en Picardie (1875) ; — *La traite des vaches, dans les montagnes du Cantal* ; *La place du marché*, à Montferrand (1876) ; — *Souvenir du Morvon* (1877). M. de Vuillefroy-Cassini a été médaillé au Salon de 1870 et 1875, et à l'Exposition universelle de Vienne en 1873. Ses tableaux sont signés « Vuillefroy. »

VUITRY (Adolphe), né à Sens (Yonne), le 2 février 1813. Fils d'un ancien député de Sens, il fit son droit à la Faculté de Paris, entra au ministère de la Justice et des Cultes et fut nommé chef de la 1re section des Cultes. Démissionnaire en 1846, il fut admis au Conseil d'État en qualité de maître des requêtes, conserva ses fonctions en 1848, représenta le ministère public au contentieux, et passa aux Finances, comme sous-secrétaire d'État, auprès du ministre Fould. Rentré au Conseil d'État le 25 janvier 1852, et nommé président de section (finances), il fut placé en service ordinaire, hors sections, et appelé à remplacer le comte de Germiny, comme gouverneur de la Banque de France, le 25 janvier 1852. Vice-président honoraire du Conseil d'État le 18 octobre 1863, il devint, en 1864, ministre président ledit Conseil, en remplacement de M. Rouland, appelé au gouvernement de la Banque de France, et qu'il remplaça également dans le grand Conseil de l'Instruction publique. M. Vuitry a rempli les fonctions de commissaire du gouvernement au Sénat et au Corps législatif. Dans cette dernière assemblée notamment, il s'est fait une brillante réputation d'orateur, de juriste et de financier. Il a remplacé M. Gréterin à l'Académie des sciences morales et politiques (section d'administration et de finances), le 15 mars 1862. M. Vuitry, élevé à la dignité de sénateur en juillet 1869, est Grand-Croix de la Légion d'Honneur depuis 1864. Il a représenté jusqu'en 1870 le canton nord de Sens au Conseil général de l'Yonne.

VULPIAN (Alfred), né à Paris, le 5 janvier 1826. Fils d'un avocat distingué, il fit ses études au Prytanée de Ménars (Loir-et-Cher), suivit les cours de la Faculté de médecine de Paris, fut interne des hôpitaux et reçut le diplôme de docteur en 1853 avec une thèse intitulée : *Études sur l'origine des nerfs crâniens*. Médecin des hôpitaux en 1857; puis agrégé de la Faculté, au concours de 1860, il suppléa pendant trois ans. M. Flourens dans sa chaire de physiologie au Muséum d'histoire naturelle et fut appelé, en 1867, comme professeur d'anatomie pathologique, à la Faculté de médecine. Membre de l'Académie de médecine en 1869, M. Vulpian fut choisi par le ministre de l'Instruction publique pour succéder à M. Würiz lorsque celui-ci se démit des fonctions de doyen (octobre 1875), mais il déclina cette offre et ne consentit à accepter le décanat que s'il était désigné par ses collègues de la Faculté. Cette condition fut acceptée et remplie, et il entra en fonctions le 9 décembre suivant. M. Vulpian a été élu membre de l'Académie des sciences, en remplacement de M. Andral, le 23 mai 1876. En dehors de plusieurs *Mémoires* et de communications à l'Académie des sciences, on a de lui : *Des pneumonies secondaires* (1860), thèse d'agrégation ; — *Leçons sur la physiologie générale et comparée du système nerveux* (1866); — *Leçons sur l'appareil vaso-moteur* (1875); — *Leçons sur la pathologie expérimentale de l'appareil digestif;* — *Leçons sur l'action physiologique des poisons et médicaments*, etc. M. Vulpian est chevalier de la Légion d'Honneur depuis 1868 et officier de l'Instruction publique depuis 1876.

WADDINGTON (Charles), né à Milan, le 19 juin 1819, d'une famille protestante d'origine anglaise. Après avoir terminé ses études au lycée de Versailles, il fut admis à l'Ecole normale supérieure (1838). Reçu agrégé en 1843, il enseigna la philosophie à Moulins, à Bourges et à Paris aux lycées Monge (Saint-Louis en 1848), Napoléon et Louis-le-Grand. Maître surveillant à l'Ecole normale en 1848, il fut reçu docteur ès lettres avec deux thèses intitulées : *De la physiologie d'Aristote*, couronnée par l'Académie française en 1850, et *De Petri Rami vita, scriptis philosophia*, puis agrégé de la Faculté des lettres de Paris en 1848. M. Waddington professa en cette qualité à la Sorbonne, de 1850 à 1856, un cours complémentaire sur la logique, mais ayant pris un congé indéfini en 1856 à cause des mauvais vouloirs auxquels l'exposait sa qualité de dissident il accepta une chaire au séminaire protestant de Strasbourg (ancienne Académie protestante), dont il a été vice-directeur en 1863 et en 1864. De retour à Paris (1864), il est rentré dans l'enseignement universitaire comme professeur de philosophie au lycée Saint-Louis. Depuis 1871, il a repris ses leçons à la Faculté des lettres, avec le titre de chargé de cours. M. Waddington a encore publié : *De l'utilité des études logiques*, discours prononcé à la Sorbonne (1851); — *De la méthode déductive* (1852) ; — *Ramus, sa vie, ses écrits et ses opinions* (1855) ; — *Essais de logique* (1857), auxquels l'Académie française a accordé un prix Montyon ; — *De l'idée de Dieu et de l'athéisme contemporain* (1858); — *De l'âme humaine* (1862), ouvrage qui lui a valu, en juin 1863, sur le rapport de M. Cousin, le titre de Correspondant de l'Académie des sciences morales et politiques (section de philosophie); — *Dieu et la conscience* (1870); — *De la philosophie de la Renaissance* (1872); — *Les antécédants de la philosophie de la Renaissance* (1873); — *De la science du bien* (1875); — *Pyrrhon et le Pyrrhonisme* (1877) ; — *De l'autorité d'Aristote au moyen âge* (1877). Fondateur de la Société littéraire de Strasbourg, membre du comité fondateur de la Société pour l'histoire du protestantisme français, etc., M. Waddington est officier de l'Instruction publique (1er décembre 1853) et chevalier de la Légion d'Honneur (13 août 1866).

WADDINGTON (William-Henri). Cousin du précédent, il est né, le 11 décembre 1826, au château de Saint-Remy-sur-Avre, près de Dreux (Eure-et-Loir), où sa famille, d'origine anglaise, est établie depuis 1780. Son aïeul et son père reçurent, en 1816, la grande naturalisation pour services rendus à l'industrie française. M. Waddington fit ses études d'abord au lycée Saint-Louis, à Paris, puis à l'Université de Cambridge (Angleterre). Il épousa à Paris, en 1850, Mlle Lutteroth, fit avec sa femme un long voyage en Grèce et en Asie Mineure, en publia, à son retour, les résultats archéologiques et numismatiques et obtint plusieurs prix à l'Académie des inscriptions et belles-lettres. A la suite des massacres de Damas, il accompagna le corps expéditionnaire envoyé en Syrie et entreprit une longue tournée d'exploitation à travers tous les pays situés entre la Palestine et l'Euphrate. On doit à M. Waddington les publications suivantes: *Voyage en Asie Mineure au point de vue numismatique* (1853) ; — *Mélanges de numismatique et de philologie* (1re et 2o série, 1861 et 1867) ; — *Edit de Dioclétien*, établissant le maximum dans l'Empire romain; publié avec de nouveaux fragments et un commentaire (1864, in-4o) ; — *Voyage archéologique en Grèce et en Asie Mineure* de Philippe Lebas, continué pour les inscriptions grecques et latines (1868, in-4o, avec planches) ; — *Inscriptions grecques et latines de la Syrie* (1870, in-4o). Ses divers travaux lui ont ouvert les portes de l'Académie des inscriptions et belles-lettres en 1865. C'est à cette époque que M. Waddington se porta candidat de l'opposition au Corps législatif dans une élection partielle de l'Aisne ; mais il échoua contre le candidat officiel. En 1870 il fit partie de la Commission de décentralisation présidée par Odilon Barrot. Elu représentant de l'Aisne, le 8 février 1871, le troisième sur onze, par 69,709 voix, il prit place au Centre droit, fut membre d'un grand nombre de commissions et se fit remarquer dans plusieurs discussions importantes, notamment dans celle de la loi du 10 août 1871 sur les Conseils généraux, dont il a été le rapporteur. Passé au Centre gauche, et s'associant à la politique de M. Thiers, il fut ministre de l'Instruction publique du 18 au 24 mai 1873. Depuis, M. Waddington continua à défendre les idées libérales : au moment des tentatives de restaurations monarchiques, il se prononça en faveur de la République, vota en juillet 1874 les propositions Casimir-Périer et de Malleville et, le 25 février 1875, la Constitution républicaine. Aux élections sénatoriales du 30 janvier 1876, il se présenta dans l'Aisne, de concert avec MM. Henri Martin et le comte de Saint-Vallier et fut élu par 658 voix. Ministre de l'Instruction publique dans les cabinets Dufaure et Jules Simon du 9 mars 1876 au 18 mai 1877, il déposa à la Chambre des députés un projet de loi modifiant la loi sur l'enseignement supérieur et rendant à l'Etat la collation des grades (28 mars). Dans la discussion qui eut lieu à ce sujet (3 juin) il prononça un discours qui eut un très-grand succès et décida la Chambre à voter son projet de loi. Mais au Sénat la loi fut rejetée par une majorité de cinq voix. Membre du Conseil général de l'Aisne, pour le canton de Neuilly-Saint-Front, en 1864, et réélu lors du renouvellement des Conseils généraux en 1871 et 1877, il préside ce conseil depuis cette époque. M. Waddington est membre de la Société des antiquaires de France et de l'Académie des sciences de Berlin. En 1874, il épousa en secondes noces Mlle King, petite-fille d'un des fondateurs de la République des Etats-Unis.

WADDINGTON (Richard), né à Rouen, le 22 mai 1838; frère du précédent. Il se consacra à l'industrie et dirige actuellement les manufactures créées par son grand-père à Saint-Rémy-sur-Avre (Eure-et-Loire). Juge au Tribunal de commerce de Rouen de 1869 à 1873, et membre de la Chambre de commerce de cette ville depuis 1872, M. Richard Waddington organisa pendant la guerre l'artillerie de la garde nationale mobilisée de Rouen, fut capitaine de ce corps et reçut, pour les services exceptionnels qu'il rendit, la croix de la Légion d'Honneur. Nommé conseiller d'arrondissement pour le 1er canton de Rouen, comme candidat de l'opposition, en juin 1870, et élu membre du Conseil général de la Seine-Inférieure, pour le canton de Darnetal, le 8 octobre 1871, il se présenta aux élections du 20 février 1876, dans la troisième circonscription de Rouen, avec une profession de foi franchement républicaine et fut élu à une grande majorité. M. Richard Waddington a siégé au Centre-Gauche. Aux élections du 14 octobre 1877, il a été réélu par 11,854 voix.

WAILLY (Jules DE), né à Naples, le 22 février 1832. Son père Jules-Augustin de Wailly, né le 11 septembre 1806, mort le 12 juillet 1866, était chef du bureau des théâtres au ministère de l'Intérieur et chevalier de la Légion d'Honneur. Entraîné par un penchant irrésistible vers la littérature dramatique, où il excellait, il avait fait jouer, avec succès, sur les principaux théâtres de Paris plus de trente pièces, parmi lesquelles nous nous bornons à citer celles qui sont restées au répertoires : *Moisond et C*ⁱᵉ (1836); — *Le comité de bienfaisance* (1838); — *Le mari à la campagne* (1844), toutes au Théâtre-Français; et *Elzéar Chalamel* (1848) au Gymnase. Son fils a fait représenter en 1865, sur cette dernière scène, une fort jolie comédie en un acte et en vers : *La Voisine*, qui a laissé des souvenirs; et chacun s'est demandé pourquoi, après un pareil début, digne de son père, il paraissait avoir entièrement abandonné la littérature dramatique, qui lui promettait de nombreux succès, pour courir exclusivement la carrière des romans et des nouvelles, où cependant il a fait ses preuves, témoin les *Scènes de la vie de famille* (1860); — *Henriette*; et *Les mortes aimées* (1863); — *La vierge folle* (1865); — *Les mémoires d'un vieil homme à bonnes fortunes* (1867). Membre de la Société des gens de lettres, M. Jules de Wailly a fait paraître dans l'*Illustration* plusieurs nouvelles qui ont été remarquées, entre autres : *Les lilas blancs*; *Paillettes et voiles blancs*; *Les Bruyères*, etc. Il est décédé le 21 février 1875.

WAILLY (Joseph-Noël, dit Natalis, DE), né à Mézières (Ardennes), le 10 mai 1805; petit-fils du célèbre grammairien de ce nom. M. de Wailly fit de brillantes études classiques, suivit les cours de la Faculté de droit de Paris, où il prit sa licence, et entra aux Archives du royaume, comme chef de la section administrative, en 1830. Il a publié, en 1838, ses *Eléments de paléographie* (2 vol. gr. in-4ᵉ). Le 14 mai 1841, l'Académie des inscriptions et belles-lettres lui ouvrait ses portes, et il enrichissait bientôt les *Mémoires* de cette compagnie, le *Journal des savants*, et la *Bibliothèque de l'École des Chartes* de nombreux travaux relatifs à la paléographie et à notre histoire nationale. A la mort de M. Guérard, son ami, il prit sa place au département des manuscrits à la Bibliothèque impériale, dont il devint conservateur le 11 mars 1854. Parmi les ouvrages de M. de Wailly, on cite : *Fragments de papyrus écrits en latin, déposés à la Bibliothèque royale et au musée de Leyde* (1842); — *Examen critique de la vie de saint Louis par Geoffroy de Beaulieu* (1844); — *Notice sur Guillaume Guiart* (1846); — *Examen de quelques questions relatives à l'origine des chroniques de Saint-Denis* (1847); — *Sur les tablettes de cire conservées au Trésor des Chartes*; — *Sur Geoffroy de Paris*; — *Sur un opuscule anonyme intitulé* : Summaria brevis, etc. (1849); — *Sur le système monétaire de saint Louis et sur les variations de la livre tournois* (1857); — *Histoire de saint Louis*, par Joinville, *Texte rapproché du français moderne* (1865); — *Sur la date et le lieu de naissance de saint Louis* (1866); — *Mémoire sur la langue de Joinville* (1868); — Autres éditions de Joinville, *texte original* (1867 à 1874); — *Conquête de Constantinople*, par G. de Ville-Hardoin, *texte original et traduction* (1870 à 1874); — *Récits d'un ménestrel de Reims* (1876). M. Natalis de Wailly a fait, en outre, insérer des articles dans l'*Annuaire de la Société d'Histoire de France*, et dans la *Gazette littéraire*, et publié les tomes XXI et XXII de la grande collection des *Historiens de France*. Chevalier de la Légion d'Honneur le 10 mars 1839, il a été promu officier de l'ordre le 14 août 1868.

WALDECK-ROUSSEAU (René), né à Avranches, le 27 septembre 1809. Licencié en droit de la Faculté de Rennes et inscrit au tableau des avocats de Nantes il s'y fit une brillante position. Il appartenait à l'opposition libérale, lorsque après la révolution de Février 1848 les électeurs de la Loire-Inférieure l'envoyèrent comme leur représentant à l'Assemblée nationale. M. Waldeck-Rousseau prit place à la gauche modérée, fut membre et rapporteur de diverses commissions et un soutien de la politique du général Cavaignac. Après les élections présidentielles, dont il fut le rapporteur, il demeura l'adversaire du prince Louis Bonaparte. Il était l'un des défenseurs convaincus de la liberté de la presse et fournit largement son contingent dans la défense des procès que la presse périodique eut à soutenir. Sans passion, entendant être libre dans ses appréciations, il ne fut pas réélu à la Législative. M. Waldeck-Rousseau s'est occupé de la classe ouvrière et a contribué à l'établissement d'une école industrielle qui rend d'éminents services aux enfants pauvres. Nommé maire de Nantes au mois d'août 1870, il a reçu, en récompense de grands services rendus pendant la guerre, la croix de la Légion d'Honneur (29 décembre 1871).

WALFERDIN (François-Hippolyte), né à Langres (Haute-Marne), le 8 juin 1795; neveu de P. A. Laloy, député de la Haute-Marne à la Convention. Entré dans l'administration des douanes, il se fit remarquer par son aptitude et passa successivement par tous les grades jusqu'à celui de chef de bureau. Doué d'un esprit actif, il consacra ses loisirs aux travaux littéraires et scientifiques et publia outre une belle édition des Œuvres de Diderot, plusieurs brochures de circonstance qui furent très-remarquées. Ses travaux scientifiques sont nombreux et importants. Il a été associé à plusieurs travaux de François Arago et de Babinet, ses amis; a contribué au succès du forage des puits artésiens de Grenelle et de Passy, mais s'est fait connaître surtout par ses recherches sur la thermométrie et par les instruments qu'il a inventés. Ses travaux l'ont fait nommer membre de la Société phylomatique de Paris et lui ont mérité la médaille d'honneur à l'Exposition universelle de 1855. Il est un des fondateurs de la Société géologique de France. Après la révolution de Février 1848, M. Walferdin fut nommé commissaire du gouvernement provisoire pour le département de la Haute-Marne, mais ses fonctions administratives l'empêchèrent d'accomplir un mandat qui, d'ailleurs, ne lui paraissait pas conciliable avec celui de représentant auquel il aspirait. Elu par 31,715 voix, il résigna son emploi de chef aux douanes dès que son admission eut été prononcée par l'Assemblée nationale. A la Constituante, il a siégé d'abord sur les bancs du parti démocratique modéré, mais après l'élection présidentielle il se rapprocha de la Gauche et fit une vive opposition à la politique de l'Elysée. Il ne s'était point présenté pour la Législative et il reprit ses travaux scientifiques et artistiques. M. Walferdin a allié le goût des arts à celui des sciences et indépendemment de ses travaux scientifiques, il a formé la plus admirable collection des œuvres du peintre-poëte Honoré Fragonard et des principaux chefs-d'œuvre du sculpteur Houdon qui avait fait le voyage d'Amérique pour exécuter la statue en pied de Washington dont est encore aujourd'hui décorée la salle du Congrès. Il en est dans la galerie de M. Walferdin, indépendamment de la terre cuite d'un autre buste de Washington d'un caractère plus élevé, les terres cuites, grandeur nature, des bustes de Diderot, de Chénier, Marie-Joseph (l'auteur de la promenade à Saint-Cloud), de Franklin et de Mirabeau. Enfin M. Walferdin a réuni tout ce qui peut contribuer à nous éclairer sur la valeur artistique de notre XVIIIe siècle: Watteau, Greuze, Boucher, Géricault, David Prudhon, ainsi que d'autres artistes de renom, sont abondamment représentés dans sa galerie. Collaborateur pendant plusieurs années de François Arago, M. Walferdin, à l'aide de son thermomètre à déversement, a contribué avec Dulong, à la détermination de la loi d'accroissement de la température de la terre en raison de la profondeur et du décroissement de la température de la mer en garantissant les instruments des effets de la pression qui avait faussé la plupart des observations antérieures. On lui doit un thermomètre *différentiel* qui indique de la 100e à la 1000e partie du degré centésimal, sans que son réservoir, de forme sphérique, excède deux millimètres de diamètre. Il a également imaginé le thermomètre *de contact* à surface plane destiné à étudier la marche de la température dans les différents corps, en raison de leur capacité calorifique, et a proposé l'emploi déjà adopté dans quelques observatoires de la nouvelle échelle tétra-centigrade qui, en partant de la température du mercure fondant — 40 et finissant au mercure bouillant × 360, présente le double avantage de supprimer l'emploi devenu ridicule de la mention de *au-dessus* ou *au-dessous* de la glace fondante, en conservant la valeur du degré centésimal. Après un travail préliminaire de plusieurs années, il a publié chez le libraire Brière, la première édition complète des œuvres de son compatriote Diderot, qui avec les *Cinq Salons inédits*, qu'il a donnés en 1857, forment encore aujourd'hui (1877) la collection la plus précieuse et la plus recherchée des œuvres de Diderot. Il est chevalier de la Légion d'Honneur depuis 1844.

WALLON (Henri-Alexandre), né à Valenciennes (Nord), le 23 décembre 1812. Admis à l'Ecole normale supérieure en 1831 et reçu agrégé d'histoire en 1834, il professa pendant douze ans au lycée Louis-le-Grand et au collége Rollin (1834-1846). Maître des conférences à l'Ecole normale (1838), nommé au concours agrégé de la Faculté des lettres de Paris en 1840 et appelé en 1846 à y suppléer en cette qualité M. Guizot dans la chaire d'histoire moderne, il attira l'attention par la solidité et l'éclat de son enseignement. Une *Histoire de l'esclavage dans l'antiquité* (3 vol.), précédée d'une introduction sur l'*Esclavage dans les colonies* (1847), dans lequel il se prononçait avec éloquence pour l'affranchissement des nègres, lui valut d'être nommé secrétaire de la commission formée en 1848, sous la présidence de M. Schœlcher, pour l'abolition de l'esclavage et d'être élu par la Guadeloupe, second suppléant à la Constituante, où il n'eut pas à siéger. Elu représentant du peuple à la Législative par le département du Nord, aux élections générales de 1849, il fit partie de la majorité conservatrice jusqu'au vote de la loi du 31 mai 1850, époque à laquelle il donna sa démission, ne voulant pas s'associer à des mesures restrictives du suffrage universel. Rendu à ses études, M. Wallon devint, la même année, professeur en titre d'histoire moderne à la Sorbonne et membre de l'Académie des inscriptions et belles-lettres, dont il est depuis 1873 le secrétaire perpétuel. Elu représentant du Nord, le 8 février 1871, il prit place au Centre-Droit, appuya en général la politique de M. Thiers, mais vota le 24 mai l'ordre du jour Ernoult, tout en votant ensuite contre l'acceptation de la démission de M. Thiers. Peu à peu cependant il se rapprocha du Centre-Gauche, prit une part considérable à la discussion des lois constitutionnelles et proposa, dans la discussion de la proposition Casimir Perier (23 juillet 1874), un amendement qui fut repoussé alors, mais qui représenté par lui six mois plus tard et adopté à une voix de majorité forma la partie essentielle de la Constitution du 25 février 1875. M. Wallon peut donc être considéré comme le père de la Constitution républicaine. Il fonda un nouveau groupe parlementaire qui prit le nom de groupe Wallon-Lavergne ou Centre-Constitutionnel et qui servit de trait d'union entre les gauches et le centre droit. Nommé ministre de l'Instruction publique le 10 mars 1875, il affirma hautement la République dans un discours qu'il prononça devant l'Assemblée générale des Sociétés savantes de la Sorbonne, ce qui lui acquit une certaine popularité. Lorsque la loi sur la liberté de l'enseignement supérieur vint en discussion, il fit prévaloir dans la collation des grades une mesure qui conciliait les prétentions des partisans de la liberté avec les droits de l'Etat en accordant aux étudiants libres la faculté de se présenter, soit devant les Facultés de l'Etat soit devant un jury mixte nommé par le gouvernement (12 juillet 1875), et régla par divers arrêtés l'application de cette loi. Pour préparer le développement de l'enseignement supérieur public tout en assurant la position des professeurs, il convertit en traitement fixe leur traitement éventuel dans les Facultés de l'Etat ; puis il y créa plusieurs chaires nouvelles, établit la Faculté de droit de Lyon (octobre 1875), et la Faculté de médecine de Lille, fit voter la loi qui agrandit l'Ecole de médecine de Paris (février 1876), et établit une réglementation nouvelle de l'agrégation des Facultés, etc. M. Wallon nommé sénateur inamovible le 18 décembre 1875, quitta le ministère le 9 mars 1876, fut nommé doyen de la Faculté des lettres de Paris le 17 du même mois et fut élu par les Facultés des lettres, membre du Conseil supérieur de l'Instruction publique le 9 juillet suivant. Il a publié : *Géographie politique des temps modernes* (1839) ; — *Histoire de l'esclavage dans l'antiquité* (1847-1848), avec une introduction sur *l'Esclavage dans les colonies*, ouvrage couronné par l'Institut ; — *La sainte Bible résumée dans son histoire et dans ses enseignements* (1854, 2 vol., nouv. édition, 1866) ; — *Les saints Evangiles, traduction tirée de Bossuet,* etc. (1855, 2e édition, 1863, 2 vol.) ; — *De la croyance due à l'Evangile* (1858) ; — *Du monothéisme chez les races sémitiques* (1859) ; — *Jeanne d'Arc* (1860, 2 vol.), ouvrage qui a obtenu le grand prix Gobert ; — *Epîtres et Evangiles des dimanches,* etc., extraits des traductions de Bossuet, avec notes (1862) ; — *La vie de Jésus et son nouvel historien* (1864), examen du livre de M. Renan ; — *Richard II, épisode de la rivalité de la France et de l'Angleterre* (1864, 2 vol.) ; — *Vie de Notre-Seigneur Jésus-Christ selon la concordance des quatre évangélistes* (1865) ; — *La Terreur* (1873, 2 vol.) ; — *Notice sur la vie et les travaux de M. le comte Beugnot* (1873), de *M. Ch. Magnin* (1874), de *M. Stanislas Julien* (1875), de *M. Guignault* (1876) ; — *Saint Louis et son temps* (1875, 2 vol.), etc. Chevalier de la Légion d'Honneur en 1847, M. Wallon a été promu officier de l'ordre en 1868.

WALLON (Jean), né à Laon (Aisne), le 7 septembre 1821. Il commença ses études classiques au collège de sa ville natale, les termina à celui de Saint-Louis à Paris et s'adonna à la littérature et au journalisme. Les questions philosophiques et théologiques occupèrent surtout M. Wallon, et ses nombreux écrits ont trait à ces sciences. Voici ses principales publications : *De l'enseignement et de son organisation définitive en France* (1847) ; — *Revue de l'ordre social* (1848-1850) ; — *Bibliographie des journaux de 1848 à 1850* (1851) ; — *Du pouvoir en France* (1852) ; — *Premières études de philosophie* (1853) ; — *Du nouveau livre de M. Cousin sur le bien, le vrai, le beau* (1853) ; — *M. Cousin, sa vie et ses œuvres* (1855) ; — *Le positivisme ou la Foi d'un athée* (1858) ; — deux *Mémoires* sur l'Eglise de France (1860) ; — *Le testament de Richelieu* (1865) ; — *L'éternité des peines* (1866) ; — *La cour de Rome et la France* (1871) ; — *La Vérité sur le Concile* (1872). M. Wallon a traduit de l'allemand, en collaboration avec M. H. Slomann : *La logique subjective de Hegel* (1854). Il a fourni de nombreux articles dans différents journaux, sur l'ancienne Eglise de France et a collaboré, de 1863 à 1865, au *Mémorial diplomatique*. Nommé chevalier de la Légion d'Honneur le 15 mars 1868, pour sa lutte contre l'ultramontanisme, il a pris part, de 1873 à 1876, avec le P. Hyacinthe et l'abbé Michaud, au mouvement catholique libéral du Jura Bernois. Revenu en France, M. Jean Wallon a publié : *Le clergé de 89* (1876) ; — *Emmanuel ou la discipline de l'esprit* (1877). Il collabore actuellement à la *Réforme catholique*.

WARNIER (Auguste-Hubert), né à Rocroi, le 8 janvier 1810. Il fit ses études médicales à Paris et à l'hôpital militaire d'instruction de Lille, et fut nommé chirurgien sous-aide, à Douai en 1832. Envoyé à Oran, en 1834, pour y combattre le choléra, il fut, sur la demande des marabouts indigènes, chargé de donner des soins aux tribus les plus rapprochées des avant-postes français, ce qui lui permit d'étudier le pays et de se familiariser avec la langue arabe. De 1837 à 1839, il remplit les fonctions de commissaire-adjoint au consulat de France près Abd-el-Kader, et dans des circonstances difficiles, représenta plusieurs fois notre gouvernement. Les études qu'il poursuivit sur les lieux furent, en partie, publiées par le gouvernement, sous ce titre : *De la province d'Oran sous la domination de l'émir Abd-el-Kader* (1840). Membre de la Commission scientifique de l'Algérie, il reçut, en 1840, la mission d'aller continuer dans la province de Constantine ses investigations qui durèrent jusqu'en 1842, et ses travaux : *Notices et cartes des tribus,* furent insérés dans les *Tableaux de la situation des établissements français en Algérie* (publication officielle). Après la prise de la Smaïa d'Abd-el-Kader (1843), il organisa le dépôt des prisonniers arabes à l'île Sainte-Marguerite, recueillit d'importants secrets, notamment en ce qui concerne les mystérieuses associations des tribus et confréries de *Khouan*, et divulgua ses découvertes dans l'*Algérie*, dont il était un des principaux rédacteurs. Agent politique auprès du prince de Joinville pendant la campagne du Maroc, en 1844, il remplit de périlleuses missions et fut chargé de la négociation du traité de paix. En 1848 et 1849, il fut successivement directeur des affaires civiles à Oran et membre du conseil du gouvernement de l'Algérie. De 1850 à 1851, il fut le principal rédacteur de l'*Atlas* ; et, après le Coup d'Etat, il fonda un grand établissement agricole sur les bords de l'ancien lac Alloula, et étudia la question du réseau des chemins de fer algériens. Il dirigea, à distance, l'exploration faite dans le Sahara et le pays des Touaregs par M. Henri Duveyrier (1859-1861), et revint en France avec ce jeune voyageur qu'il assista dans la mise en ordre de ses notes et collections. M. Warnier a publié : *L'Algérie devant le Sénat* (1863) ; — *L'Algérie devant l'opinion publique* (1864) ; — *L'Algérie devant l'Empereur* (1865) ; — et plus tard, un *Programme de politique algérienne*, sous forme de *Lettres à M. Rouher* ; *Bureaux arabes et colons* ; *Cahiers algériens* ; *L'Algérie et les victimes de la guerre*. Nommé préfet d'Alger, le 5 septembre 1870, il a donné sa démission pour se porter candidat à l'Assemblée nationale, le 8 février 1871. Ayant échoué cette fois, il a été élu le 8 juillet suivant, et a pris place sur les bancs de la Gauche. M. Warnier, nommé conseiller général de la province d'Alger en août 1870, est décédé à Versailles le 15 mars 1875. Il avait été promu officier de la Légion d'Honneur en 1844.

WARNIER (Jules), né à Reims, le 26 août 1827; cousin du précédent. Un des plus importants négociants de Reims, M. Jules Warnier a aidé puissamment au développement de l'industrie Rémoise et à la transformation heureuse de son outillage. Juge au tribunal de commerce, membre de la Chambre de commerce et du Conseil municipal de Reims, il fut aussi l'un des fondateurs et président de la Société industrielle de cette ville. C'est sous sa présidence que fut élaboré par cette société le projet, réalisé depuis par l'administration municipale, d'une grande et belle Ecole professionnelle, adaptée aux besoins de l'industrie locale, avec adjonction de différents cours, publics et gratuits. Disciple de Bastiat, M. Warnier est un zélé partisan de la liberté commerciale, et la réforme économique de 1860 eut en lui, à Reims, un défenseur énergique. Connu pour ses opinions libérales, M. Warnier fut élu, le 8 février 1871, le troisième sur huit, par 39,863 voix, représentant de la Marne à J'Assemblée nationale où il prit place dans les rangs de la Gauche-Républicaine. Soutien de la politique de M. Thiers relativement à l'établissement de la République, il vota la proposition Casimir Périer et de Malleville, ainsi que la Constitution du 25 février 1875. Aux élections du 20 février 1876, M. Warnier n'a pas voulu se représenter.

WAROT (Victor-Alexandre-Joseph), né à Verviers (Belgique), le 18 septembre 1835, d'une famille française qui a donné au monde musical plusieurs artistes distingués. Ses oncles Charles et Adolphe Warot sont morts à Bruxelles en 1836 et 1875, l'un, compositeur et chef d'orchestre du théâtre de la Monnaie, l'autre, professeur de violoncelle au Conservatoire. Son père Victor-Louis Warot, mort en 1877, à Bois-de-Colombes près Paris, était également compositeur et professeur de chant. M. Victor Warot est son élève. Après avoir été reçu avocat, il quitta le barreau pour entrer au théâtre où sa vocation artistique le portait. Son début eut lieu le 1er octobre 1858 à l'Opéra-Comique dans le rôle de Sergis des *Monténégrins* du baron de Limnander. Il chanta ensuite la *Dame blanche*, la *Part du Diable*, le *Songe d'une nuit d'été*, le *Petit chaperon rouge*, *Fra Diavolo*, le *Pré-aux-Clercs*, la *Fille du Régiment*, le *Postillon de Lonjumeau*, *Haydée*, créa le *Pardon de Ploërmel* (1859), *don Gregorio*, le *Docteur Mirobolan*, *Rita* de Donizetti, *Salvator Rosa* de Duprato, la *Beauté du Diable* d'Alary (1861), reprit *Giralda* d'Adam (1862) et enfin *Zemire et Azor* de Gretry. Passé à l'Opéra le 6 mars 1863, il y créa la *Mule de Pedro* de Victor Massé, reprit le *Comte Ory*, qu'on n'a pas rechanté depuis lui, et chanta successivement Léopold de la *Juive*, Alphonse puis Mazaniello de la *Muette*, Aménophis de *Moïse*, les *Vêpres siciliennes*, le *Docteur Magnus* de Boulanger, le *Dieu et la Bayadère* et enfin Vasco de Gama de l'*Africaine* après y avoir créé D. Alvar. En 1868, M. Warot donna des représentations à Bruxelles et, en 1869 et 1870, à Marseille. Cette même année, il revint à Bruxelles, y resta six ans de suite et chanta successivement, la *Juive*, *Robert le Diable*, *Guillaume Tell*, la *Favorite*, *Lucie*, le *Trouvère*, l'*Africaine*, *Rigoletto*, *Faust*, le *Bal masqué*, les *Huguenots*, le *Prophète*, *Roméo et Juliette*, la *Reine de Chypre*, *Lohengrin* de Wagner. Du même auteur il a créé le *Vaisseau Fantôme* (1871), et le *Tannhauser* (1873).

WATEL (Louis-Joseph), né à Leers (Nord), le 24 mars 1822. Il reçut, dans son pays, une solide instruction pratique, et se rendit à Paris, en 1840, pour s'y consacrer aux entreprises. C'était le moment où l'on construisait les fortifications. Employé tout aussitôt à ces travaux, il acquit en peu de temps une expérience qui lui permit d'entreprendre, en 1842, une petite affaire pour son propre compte. Puis, à force d'activité et d'économie, il parvint à élargir le cercle de ses opérations. C'est ainsi que M. Watel est devenu l'un de nos grands entrepreneurs. Il a fait exécuter de grands travaux dans la plaine de Passy, en Sologne, sur les lignes ferrées de Lyon et de l'Ouest, aux digues de la Loire, à Marseille, Sedan, Montmédy, Longwy, etc. On lui doit entre autres ouvrages très-connus, le viaduc d'Auteuil, sur lequel passe le chemin de fer de ceinture. M. Watel emploie un grand nombre d'ouvriers. Il s'est acquis une véritable popularité par sa courtoisie, sa parfaite expérience des affaires, et le généreux emploi de la fortune qu'il a si laborieusement amassée. Aussi a-t-il été élu à une forte majorité, le 23 juillet 1871, et le 29 novembre 1874, conseiller municipal du VIIIe arrondissement (quartier de la Madeleine), et conseiller général de la Seine. Il siège sur les bancs du Centre-Gauche dans ces deux assemblées, où son opinion fait autorité notamment dans les questions de voirie, de construction et de finances.

WEBER (Adolphe), né à Boulay (Moselle), le 4 mars 1842. A l'âge de 13 ans, sans avoir jamais eu de leçon de dessin ni de peinture, il fit une copie peinte de la *Transfiguration* de Raphaël. Elève de l'Ecole municipale de dessin de Metz et plus tard de l'Ecole nationale des beaux-arts, il suivit les ateliers de MM. Léon Cogniet et Cabanel et cultiva surtout la peinture d'histoire et le portrait. En

1865 il débuta au Salon de Paris avec le portrait de M. *Thomas Langdale*. Depuis, cet artiste a successivement exposé : *Sommeil d'enfant* (1866); — *Réveil de Psyché* (1867), au musée d'Orléans ; — *Vénus portée par Zéphyr, arrive à l'île de Chypre* (1868), au musée de Caen ; — *Echo et Narcisse*, au musée de Metz; le portrait de *Me Thomas Langdale* (1869); — *Mariage mystique de sainte Catherine* (1870); — *Ischys et Coronis, victimes de la jalousie d'Apollon* ; *L'aïeule* (1872). M. Weber a été attaché de 1872 à 1877 à la maison de peinture sur verre, fondée par M. Maréchal de Metz, comme compositeur de cartons pour vitraux. Il a obtenu une médaille au Salon de 1867.

WEBER (Frédéric), né à Bâle (Suisse); le 10 septembre 1813. Après avoir reçu les premières leçons de gravure d'Oberthur à Strasbourg, il se rendit à Munic et vint à Paris (1840) compléter ses études dans l'atelier de Paul Delaroche et de Forster. En 1843, M. F. Weber débuta au Salon de Paris avec les portraits de l'*Impératrice Joséphine*, d'après David, et de *Marie-Adélaïde, duchesse de Bourgogne*, d'après Santerre, destinés aux *Galeries historiques de Versailles*, publiées par M. Gavard, et exposa en 1845 ceux de *Louise-Marie-Adélaïde de Bourbon* et de la *Princesse de Lamballe*, destinés à la même publication. Depuis, M. Weber a encore exposé : les portraits de *Jules Romain* (1845) et de *Jean Holbein* (1848), d'après les portraits peints par eux-mêmes ; — *Napoléon et son fils*, d'après Steuben (1847 et E. U. de 1855); — *Italienne à la fontaine*, d'après N. de Keyser (1852 et E. U. de 1855); — *Gitanos*, d'après Artaria (1855, E. U.); — *Une jeune Suissesse*, d'après le dessin de F. Winterhalter (1857) ; — *La Vierge au linge*, d'après Raphaël (1859 et E. U. de 1867); — le beau portrait en buste-profil de l'*Impératrice Eugénie*, d'après F. Winterhalter (1863 et E. U. de 1867); — les portraits du *duc d'Hamilton* et de la *princesse Korsakoff* (1865) ; — *Portrait de jeune homme*, d'après Raphaël (1866 et E. U. de 1867); — *La Laïs corinthienne*, d'après Hans Holbein (1867, E. U.); — *La bella Visconti*, d'après Raphaël (1869) ; — les portraits du *Prince* et de la *Princesse de Prusse*, d'après F. Winterhalter (1869) ; — *La Madona di Lugano*, d'après Luini ; *Amerbach*, d'après Holbein (1873) ; — *L'amour sacré et l'amour profane*, d'après Tiziano Vecellio (1876). M. Weber a obtenu une médaille de 2e classe en 1847 et son rappel en 1859 et 1863. Il a été élu correspondant de l'Académie des beaux-arts le 19 décembre 1874.

WEBER (Théodore), né à Leipzig (Saxe), le 11 mai 1838. Il montra de bonne heure de grandes dispositions pour le dessin. A l'âge de dix ans il commença à peindre et à quinze ans il se consacra tout à fait à la peinture dans l'atelier de M. Krause, peintre de marine à Berlin. Poussé par sa sympathie pour la France, il se rendit en 1856 à Paris, y étudia surtout d'après Isabey et débuta au Salon de 1861 par une *Vue de ville* et une marine : *Naufrage*, et obtint une mention honorable. Depuis, M. Weber exposa : *Naufrage en vue de Dieppe* ; *Le château de Sainte-Elisabeth*, à Jersey (1863), seconde mention honorable ; — *La dernière vague ; Les bords de la Seine à Bougival* (1864) ; — *Les rochers de Leidé, dans la baie de Douarnenez* (Finistère); — *Pêcheurs de Crabes, sur les côtes de Bretagne, près Roscoff* (1866); — *Après la tempête*, côtes de Bretagne ; *Dans la baie de Douarnenez* (1867); — *Plage du bourg d'Ault* (Somme); *Sauvetage à l'entrée du Tréport* (1868); — *Vue prise aux environs du Tréport; La pêche du hareng dans la Manche* (1869); — *Naufrage du brick anglais l'Euphémie*, échouant sur un des brise-lames du Tréport, au musée d'Avignon ; *Bateaux pêcheurs normands*, marée basse (1870); — *La marée montante*, à Ostende (1877). De 1870 à 1874 M. Weber habita l'Angleterre où l'attendaient de grands succès. A l'Exposition internationale de Londres (1871), il exposa dans la section française les tableaux suivants : *Vue prise au Tréport* et une *Marine* et obtint la médaille française. Séjournant depuis 1874 en Belgique, il a exposé au Salon de Bruxelles (1875), un beau tableau : *La marée basse à Ostende*, qui fut acheté par le roi des Belges, ainsi que *La malle belge entre Ostende et Douvres*, acheté par le comte de Flandres (prince héritier des Belges). Voici la liste de quelques-uns de ses tableaux non exposés : *Sortie de pêcheurs à Ostende*, acheté par l'empereur de Russie ; *Architecture à Rouen*, acheté par l'empereur d'Allemagne; *Arrivée de la malle française à Douvres*, galerie Wallis à Londres ; *Dans le port de Vlissingen*, galerie Lemmé d'Anvers ; *Port d'Ostende*, galerie du baron Hauff, à Paris ; *Naufrage dans la baie de Douarnenez*, galerie Evrard, à Londres ; *Crépuscule au bord de la mer*, galerie A. Thiem, à Berlin. M. Th. Weber a reçu encore des médailles à l'Exposition maritime du Havre (1868) et à l'Exposition universelle de Philadelphie (1876). Il est membre honoraire de la Société Arti et Amicitio d'Amsterdam, de la Société des Arts d'Arras, etc., etc.

WEERTS (Jean-Joseph), né à Roubaix (Nord), le 1er mai 1847. Sa famille est originaire de la Belgique, mais il se fit naturaliser français à l'époque de son tirage au sort, c'est-à-dire à l'âge de vingt ans. Fils d'un mécanicien-inventeur, il manifesta de bonne heure de grandes dispositions pour le dessin, et à l'âge de 12 à 13 ans, il se mit à suivre avec assiduité les cours de dessin, d'ornement, de figures, puis de bosse à l'Académie de Roubaix où il obtint divers premiers prix parmi lesquels une médaille d'argent. Elève de M. Mils, il exposa en 1865, un dessin d'après un modèle vivant, pour lequel il obtint une médaille comme premier prix, et une étude peinte d'après l'antique qui lui valut le premier prix. En 1866, M. Weerts exposa à Lille une toile: *Objets d'art antique*, nature morte, qui fut achetée par la Commission des beaux-arts de cette ville pour la loterie, et à Roubaix, un tableau : *Un pauvre du pays*, pour lequel il obtint le premier prix et une médaille d'or. On ne pouvait refuser de reconnaître à M. Weerts des dispositions tout à fait extraordinaires et la municipalité de Roubaix résolut de le mettre en situation de pouvoir continuer librement ses études artistiques en lui allouant une pension annuelle de 1,200 francs. Il vint donc à Paris en 1867, entra à l'Ecole des beaux-arts, fit partie de l'atelier de M. Cabanel et débuta au Salon, en 1869, avec un tableau intitulé : *Repos du soudard*, qui fut mis en loterie au Cercle du commerce de Roubaix. Depuis, M. Weerts a exposé : *Tête d'étude* (1870) ;— le portrait de *Mlle Galli Marié*, rôle de Kalid dans *Lara* (1872), qui fut très-remarqué ; *Fais ce que dois!* sujet militaire, acheté par M. Bossu-Delaoutre et donné au musée de Roubaix ; *Nazli*, acheté pour le musée de Lima (1873) ; — *La captive* (1874) ; — *Jésus-Christ descendu de la croix* (1875), tableau très-remarqué qui a valu à son auteur une médaille de 2ᵉ classe et qui, acheté par l'Etat, a été donné au musée de Roubaix ; les portraits de Mᵐᵉ *Weil* et de M. *Hugues*, sculpteur (1876) ; — *Légende de saint François d'Assise* (1877), acheté par l'Etat. M. Weertz a obtenu à Londres, où il exposa en 1875 le portrait de *Mlle Galli Marié*, une médaille et à Lille, en 1877, le grand prix de Wicar.

WEISS (Jean-Jacques-Auguste), né à Bayonne, le 19 novembre 1827. Fils d'un musicien gagiste et d'abord enfant de troupe, il vint tenir garnison à Paris, fit ses études au collége Louis-le-Grand et remporta le prix d'honneur de philosophie au concours général de 1847. Admis à l'Ecole normale supérieure, il fut envoyé, en 1851, comme professeur agrégé d'histoire au lycée de La Rochelle, mais mis en disponibilité (1855), pour une lettre qu'il avait écrite à l'inspecteur d'Académie en réponse à une circulaire adressée aux professeurs du lycée. De retour à Paris, M. Weiss collabora à la *Revue de l'instruction publique*, à la *Revue contemporaine* et à la *Revue des Deux-Mondes* par des articles littéraires qui attirèrent sur lui l'attention, se fit recevoir docteur ès lettres avec les thèses suivantes : *Essai sur Hermann et Dorothée de Goethe*, et *De inquisitione apud Romanos Ciceronis tempore* (1856), qui furent très-remarquées. Appelé, la même année, à remplacer Prévost-Paradol dans la chaire de littérature française à la Faculté d'Aix, il passa, en 1858, comme professeur d'histoire à la Faculté de Dijon. L'éclat de son enseignement à la fois solide et original lui valut un légitime succès ; néanmoins il donna sa démission en 1860, lorsque M. Bertin lui offrit la rédaction du bulletin politique du *Journal des Débats*, où il écrivit, en outre, des articles littéraires et politiques. Il prit en 1862 la direction du *Courrier du Dimanche*, où le premier il soumit à une rigoureuse critique le principe des nationalités et en prédit avec précision les suites inévitables. M. Weiss profita des conditions qui venaient d'être faites à la presse par les réformes libérales du 19 janvier 1867, pour fonder avec M. Edouard Hervé (voir ce nom) le *Journal de Paris*, feuille libérale et parlementaire qui fit une opposition très-vive à l'Empire. Après la formation du cabinet Ollivier, M. Weiss fut appelé aux fonctions de secrétaire-général du ministère des Beaux-Arts (7 janvier 1869), puis nommé Conseiller d'Etat en service ordinaire hors section le 15 du même mois ; mais la révolution du 4 Septembre l'a fait rentrer dans le journalisme. Collaborateur à la *Presse*, à la *Patrie*, au *Paris-Journal*, il y a soutenu, avec beaucoup d'esprit politique, la cause conservatrice. Le 26 mars 1873 il a été élu Conseiller d'Etat par l'Assemblée nationale. M. Weiss a réuni sous le titre *Essais sur l'histoire de la littérature française* (1865) plusieurs articles parus dans les *Débats*. Il a été nommé chevalier de la Légion d'Honneur en 1877.

WEKERLIN (Jean - Baptiste - Théodore), la véritable orthographe est Weckerlin, né à Guebwiller (Haut-Rhin), le 9 novembre 1821. Fils d'un teinturier-manufacturier et destiné à l'industrie, il partagea pendant quelque temps les travaux de son père, puis vint, malgré l'opposition de sa famille, à Paris pour se livrer exclusivement à l'étude de la musique dont son père, grand amateur, lui avait inspiré le goût. Admis au Conservatoire en 1844, il suivit simultanément la classe de Ponchard pour le chant, et celle d'Halévy pour la composition. Afin de subvenir à ses besoins, il chanta au cachet dans diverses églises, après s'être inutilement présenté à l'Opéra pour chanter dans les chœurs, fonctions pour lesquelles Habeneck avait trouvé sa voix trop faible, tout en rendant justice à l'excellent musicien, auquel il proposa une place de contrebassiste que le jeune homme déclina. En quittant le Conservatoire (1849), où il avait fait exécuter (novembre 1847), en présence du duc et de la duchesse de Montpensier, une grande symphonie héroïque : *Roland*, il se livra au professorat et à la composition. En 1853, on joua de lui, au Théâtre-Lyrique, *l'Organiste*, opéra-comique qui eut près de cent représentations et qui fut repris trois années de suite. Le directeur d'alors, M. Seveste, lui confia une grande féerie en 3 actes, poëme de Clairville ; les rôles étaient copiés et les répétitions allaient commencer quand M. Seveste mourut subitement du choléra ; cet ouvrage n'a pas encore vu la rampe. En 1850, M. Weckerlin avait fondé avec M. Seghers, la Société Sainte-Cécile, dont il fut le chef du chant jusqu'en 1855 et où il fit exécuter plusieurs de ses œuvres : le *Jugement dernier*, petit oratorio, poésie de Gilbert, qu'on a réentendu à la Société des concerts (1875) ; *Eloa*, scènes de bohémiens ; *l'Aurore*, et plusieurs ouvertures, etc. En 1860, il a fait exécuter sous sa direction au Théâtre-Italien, *les Poëmes de la mer*, ode-symphonie sur des vers de Jules Autran, depuis membre de l'Académie française ; la partition des *Poëmes de la mer* a été publiée la même année. En 1873, M. Danbé, dans des concerts au Grand-Hôtel, a fait exécuter de M. Weckerlin une *Symphonie de la Forêt*, la *Fête d'Alexandre*, drame antique, et une ode-symphonie l'*Inde*. Ce compositeur a encore écrit une trentaine d'opéras-comiques et opérettes dont quelques-uns ont été représentés dans les grands Salons parisiens : *Entre deux feux*, paroles de M. Ed. Cadol ; *Il matrimonio impetrato* ; *Jobin et Nanette* ; *L'amour à l'épée* ; *Tout est bien qui finit bien*, représenté aux Tuileries le 28 février 1856 ; *La sérénade interrompue*, paroles du compositeur ; *Manche à Manche* ; *La première barbe de Figaro* d'Ed. Fournier, etc. Il a fait représenter à Colmar : *Die dreifach Hochzitt in Bœselthal* (les trois noces dans la vallée des Balais), opéra-comique en trois actes et en dialecte alsacien (17 septembre 1873), et a fait exécuter à l'Opéra (15 août 1866) : *Paix, Charité, Grandeur*, cantate sur les paroles de M. Edouard Fournier. On lui doit encore : *Echos du temps passé*, série d'anciens airs du XII° au XVIII° siècle (1854-1856, 3 vol.); six *Quatuors de Salon*; les *Soirées parisiennes*; deux recueils de *Chœurs* pour voix de jeunes filles ; les *Poëtes français mis en musique* (1868); près de deux cents mélodies publiées séparément, parmi lesquelles une suite de *Tyroliennes* et de *Styriennes*, genre spécial dont le succès n'est pas épuisé ; une messe et autres morceaux religieux. Le 28 mai 1877 le Théâtre-Lyrique a donné la première représentation de son opéra comique en un acte : *Après Fontenoy*, paroles de Galoppe d'Onquaire. M. Weckerlin possède une bibliothèque de près de 4,000 volumes sur la musique et sur la chanson populaire de tous les pays. Les *Bulletins de la Société des compositeurs de musique* renferment un grand nombre d'articles de lui sur l'archéologie musicale et sur la chanson populaire. En 1874, et à la suite d'un concours sur l'*Histoire des instruments de musique et de l'orchestration*, l'Académie des beaux-arts lui a accordé une médaille d'or. Il vient de publier un livre intitulé *Musiciana*, extraits d'ouvrages rares ou bizarres (1877, avec figures et airs notés). Depuis la mort de Félicien David, M. Weckerlin est bibliothécaire en chef au Conservatoire de musique et en même temps archiviste à la Société des compositeurs de musique.

WELCHE (Charles), né à Nancy, le 23 avril 1828. Il fit ses études classiques dans sa ville natale et son droit à Paris, prit place en 1851 au barreau de Nancy et ne tarda pas à se faire une très-belle et très-influente position. Mais la carrière administrative devait le disputer au barreau. Son père avait été, de 1832 à 1842, maire de Nancy ; M. Welche fut, à son tour, appelé au Conseil municipal de cette ville en 1859 et chargé des fonctions de premier adjoint qu'il remplit jusqu'en 1869. Il prit à l'administration municipale une part d'autant plus active que le maire, M. le baron Buquet, député au Corps législatif, habitait Paris pendant la plus grande partie de l'année. Elu membre du Conseil général de la Meurthe pour le canton d'Haroué, en 1860, M. Welche fut nommé en 1869 maire de Nancy et eut à subir en cette qualité la douloureuse épreuve de la guerre et de l'invasion de 1870. On sait comment, au début de cette guerre malheureuse, la ville de Nancy fut envahie dès le 12 août, comment ses magistrats municipaux, accusés d'avoir laissé prendre par une poignée d'hommes une ville ouverte, répondirent par une protestation indignée qui fut lue au Corps législatif dans sa séance du 2 septembre. M. Welche donna pendant cette année terrible des preuves de tact, de fermeté, d'habileté administrative qui lui valurent à la fois la confiance reconnaissante de ses concitoyens et le respect de l'ennemi. Appelé par M. Thiers à la préfecture de Lot-et-Garonne, vers la fin de 1871, il a rempli depuis ce jour une carrière brillante et rapide. Préfet de Toulouse en juin 1873, il fut appelé en mai 1874 au poste important de secrétaire général au ministère de l'Intérieur et nommé conseiller d'Etat en service extraordinaire. Il occupa ces fonctions jusqu'en octobre 1874, fut appelé à cette époque à la préfecture de Nantes, puis en mai 1877, à celle de Lyon où, dans une position difficile, M. Charles Welche se fit remarquer par une administration modérée, conciliante, qui amena l'apaisement dans cette grande cité. Le 19 mai 1877 il fut nommé préfet du Nord. Chevalier de la Légion d'Honneur depuis 1866, il a été promu au grade d'officier en octobre 1873 et à celui de commandeur le 14 août 1876. Il est conseiller d'Etat honoraire. C'est un des fonctionnaires les plus écoutés du gouvernement actuel. Dans la crise qui a suivi les élections du 14 octobre 1877, M. Welche a été plusieurs fois appelé par le maréchal de Mac-Mahon. Sa réputation méritée d'administrateur habile, sa profonde connaissance du personnel et des affaires, son caractère libéral et conciliant ont engagé le Président de la République à lui confier le portefeuille de l'Intérieur dans le cabinet extra-parlementaire du 23 novembre 1877.

WENCKER (Joseph), né à Strasbourg, le 5 novembre 1848. Venu à Paris en 1868, il suivit l'atelier de M. Gérôme ainsi que les cours de l'Ecole des beaux-arts où il remporta, en 1876, le premier grand prix de Rome sur ce sujet : *Priani demandant à Achille le cadavre d'Hector*. Dès 1873, M. Wencker avait débuté au Salon de Paris avec un tableau intitulé *Intimité* et depuis il exposa : *Sous la feuillée* (1874) ; — *Jeunes filles se parant de fleurs* (1875) ; — *Lapidation de saint Etienne* (1876) ; — deux *Portraits* (1875 et 1877). Il a obtenu une mention honorable en 1876 et une 2° médaille (portrait) en 1877.

WEY (Francis-Alphonse), né à Besançon, le 12 août 1812. Elève du collége de Poligny, il entra en 1830 à l'Ecole centrale des manufactures et quitta les cours au bout de deux ans. Après s'être essayé à la peinture où il renonça promptement, il se dirigea vers les lettres et, tout en collaborant à l'*Artiste*, au *Globe*, à la *Dominicale*, à l'*Europe littéraire*, où il révéla dans une série d'articles la découverte des *Antiquités mexicaines* de Palenque et de Mitla ; au *Courrier français*, où il fit deux ans de suite le compte-rendu des expositions de peinture ; au *Journal du Commerce*, où il inséra les *Souvenirs du Jura*, il suivait un cours préparatoire à l'Ecole des chartes où il fut admis au concours et dont il sortit en 1835 avec le diplôme d'archiviste-paléographe. Il donna peu de temps après, dans la Bibliothèque de l'Ecole des chartes, une *Etude sur la langue française* d'après l'ouvrage posthume de Fallot, publié par Guérard et Ackerman. Charles Nodier, qui avait pris en affection son jeune compatriote, fut son premier maître ; Victor Hugo le fit débuter sous ses auspices à la *Presse*, où M. Wey publia, de 1836 à 1837, *Les enfants du marquis de Ganges*, sorte de trilogie qui inaugura les procédés littéraires du roman-feuilleton. Il y donna ensuite l'*Oncle Marcel*, les *Deux masques de fer*, le *Sphinx*, et fut chargé de la critique littéraire. Puis il publia dans le *Siècle*: *Le Capitaine bleu*, les *Corps-Francs, le Chevalier de Morsan*, et plusieurs nouvelles dans l'ancienne *Revue de Paris*, que dirigeait alors M. Buloz, parmi lesquelles : *Le diamant noir, Un amour d'enfance, Madame de Fresnes, La Balle de plomb, Ottavio Rinuccini*, etc. Elles ont été réunies depuis en volumes. Au retour d'une excursion en Belgique, en Allemagne, en Angleterre et en Suisse, il publia dans le *Musée des familles*: *Déceptions de voyage aux bords du Rhin*, les *Anglais chez eux; la Chaconne d'Amadis*, le *Chevalier au barillet*, etc. Vers le même temps parurent, dans la *Revue de France*: *Hesdin Norredin* et *Zégli*, deux nouvelles orientales, et, un peu plus tard, dans la *Nouvelle Revue de Paris*, quelques études critiques et *Fanchette Frandon*. Dès 1844, revenant aux études philologiques, il avait publié ses *Remarques sur la langue française au XIXe siècle, sur le style et la composition littéraire* (2 vol.); puis, en 1848, l'*Histoire des révolutions du langage en France*. Ces deux ouvrages, qui furent adoptés pour les études classiques, consolidèrent la réputation de l'auteur et ouvrirent une autre voie à ses talents, comme à sa carrière. Rappelé toutefois par son goût dominant à la littérature d'imagination, il donna successivement encore : *Le Bouquet de cerises, Christian, Gildas, Trop heureux*, romans; puis, dans un autre genre : *Hogarth et ses amis, ou Londres au siècle passé*, réimprimé en 1877, avec la septième édition des *Anglais chez eux*. Citons encore : le *Manuel des droits et des devoirs*; *Furetière et ses démêlés avec l'Académie française* (*Revue européenne*); Les comptes-rendus des *Salons de peinture* (1861, 1862), dans le journal *Le Pays*, où il fut chargé des beaux-arts; *Melchior Wyrsch et les peintres bisontins*; *Dick Moon en France, journal d'un Anglais* (2e édition, 1863); *La Haute-Savoie, récits d'histoire et de voyage* (2e édition, 1865). Ce dernier ouvrage, qui avait été demandé à l'auteur par ce département après l'annexion, a paru également à Genève, en 1 vol. in-folio illustré. Outre les ouvrages déjà cités, on a encore de M. Francis Wey: *Romans et nouvelles* (1843); *Vie de Charles Nodier* (1844); *Scilla e Cariddi*, avec l'*Oberland* (1843, 2 vol.); *Chronique du siège de Paris* (1871); une série curieuse de notices sur les premiers travaux de la photographie et sur les découvertes des anciens alchimistes, dans le journal *La lumière*, dont notre auteur a rédigé presque seul la première année. Un choix fort épuré des œuvres de M. Wey a paru en 1877, précédé de la septième édition du *Bouquet de cerises*, sous le titre de *Petits romans*. L'auteur n'a jamais poussé plus loin que dans ce volume les soins et la correction du style, qui sont un des caractères principaux de son talent. Il a publié, en 1854 une comédie (3 actes) : les *Chrysalides*, et fait représenter en 1852, au Théâtre-Français, *Stella*, comédie en 4 actes. Ses travaux sur la langue française le firent appeler dès l'origine, au ministre de l'Instruction publique, au Comité des travaux historiques (section de philologie et d'histoire). Il est devenu, en 1854, inspecteur-général des Archives départementales et communales et a pris une part considérable à la réorganisation de ces dépôts. Elu sept fois président du Comité de la Société des gens de lettres, dont il a réformé l'administration, il a été promu, en 1860, officier de la Légion d'Honneur. A la suite de cinq voyages, tant en Italie qu'en Sicile, et d'un séjour prolongé à Rome, il a publié en 1871, un de ses ouvrages les plus considérables : *Rome, description et souvenirs* (in-4°, illustré). La 3e édition de ce volume (1875), avec 358 gravures sur bois et un plan nouveau, a été augmentée d'un *Voyage à Rome en 1874* et suivie d'un index général analytique. Sous le titre de *Villes délaissées de Toscane et d'Ombrie*, il a donné en 1876, dans le *Tour du Monde*, où avaient primitivement paru de nombreux fragments de *Rome*, une étude historique et artistique sur les villes d'Empoli, de Volterra, et surtout de San-Gimignano : prélude d'un travail plus général. On dit que M. Francis Wey prépare en outre des *Mémoires* où il passera en revue les hommes et les choses de son temps.

WILLEMS (Florent), né à Liége, en 1824. Il se consacra à la peinture, étudia les vieux maîtres flamands et hollandais, suivit les cours de l'Académie de Malines, vint à Paris en 1844, et s'y fixa définitivement. A partir de cette époque, il exposa des œuvres nombreuses et se fit une réputation dans la peinture de genre. On lui doit, entre autres tableaux : *Les arbalétriers; Huguenots après la Saint-Barthélemy; L'Après-dînée sous Louis XV; Une conversation* (1840); — *Une partie de musique; La fête des arbalétriers; — La visite à la nourrice* (1844); — *Le rendez-vous; Une promenade sur l'eau* (1846); — *Vente publique de tableaux à Anvers en 1660; — La veuve; Le peintre dans son atelier* (1853); — *Intérieur d'une boutique de soieries en 1660; Coquetterie; L'Heure du duel* (1855, E. U.); — *La visite; J'y étais; Le choix de la nuance; Les adieux* (1857); — *Au Roi!* acheté par le duc de Morny (1861); — *La veuve; La présentation du futur*, appartient à M. Vanderdoncke de Bruxelles (1863); — *L'accouchée; La sortie* (1864) : — *La visite de Marie de Médicis à Rubens; L'anneau de fiançailles; L'armurier; La Veuve; L'accouchée; Le message; Les adieux; J'y étais; Les intimes; La confidence; Le messager; La sortie; La visite* (1867, E. U.); — *Aux armes de Flandre* (1877), etc. M. Florent Willems, qui avait obtenu des médailles de 3e classe en 1844, de 2e classe en 1846, et de 1re classe en 1855, a été élevé au grade d'officier dans la Légion d'Honneur le 9 août 1864.

WILLMANN (Edouard), né à Carlsruhe (grand-duché de Bade), le 22 novembre 1818. Elève de Frommel et de l'Ecole des beaux-arts de sa ville natale, il se consacra surtout à la gravure, à l'aquarelle et à la musique. Après avoir fait un séjour à Darmstadt, chez le célèbre graveur Felsing, à Munich et à Londres, il vint à Paris en 1845. Entré comme élève au Conservatoire de musique et de déclamation, il obtint au concours en 1846 un prix de chant. Il refusa différentes belles propositions d'utiliser sa remarquable voix au théâtre, mais dans les concerts, on l'a souvent applaudi à côté de Mmes E. Grisi, Cruveili, de MM. Tamburini, Roger, Gardoni, etc. En 1853, il fut nommé membre de la Chapelle impériale, mais aimant trop son art de la gravure, il quitta définitivement la musique, et exécuta un grand nombre de planches. M. Edouard Willmann a séjourné à Paris, de 1843 à 1870 et a débuté à l'Exposition universelle de 1855 par une gravure en taille-douce sur acier : *Port et ville de la Havane*. Depuis, il a exposé à nos Salons : *Vue de Heidelberg*, d'après le tableau de l'auteur, gravure sur acier (1857) ; — *Vue de Paris*, d'après le dessin de l'auteur, pour la chalcographie du Louvre (1861 et E. U. 1867) ; — *Vue de Baden-Baden* (1861); — *Sujet de chasse*, d'après E. Desportes (1863); — *Vue de Fribourg* (1865) ; — *L'été*, d'après la peinture de M. Cogniet, à l'Hôtel-de-Ville de Paris; *Vue de Stuttgart* (1869). Il a gravé l'*Automne*, d'après Léon Cogniet, pour l'Hôtel-de-Ville de Paris; le *Printemps*, d'après Knaus; l'*Automne* d'après Van Camp; 8 planches ; les *Saisons* et les *Heures du Jour*, d'après Marak. M. Willmann a obtenu aux Salons de Paris une médaille de 3e classe en 1857, une de 2e classe en 1861, son rappel et la croix de la Légion d'Honneur en 1863. Il est aussi chevalier de l'Aigle-Rouge de Prusse, du Zæbringen de Bade, et du Frédérik de Würtemberg. M. Willmann est professeur à l'École de beaux-arts de Carlsruhe.

WILSON (Daniel), né à Paris, le 6 mars 1840. M. Wilson jouit d'une fortune considérable et possède en Touraine le magnifique château de Chenonceau. Sa grande position l'appelait de bonne heure aux fonctions publiques ; et, en 1869, il fut élu député d'Indre-et-Loire au Corps législatif, à titre de candidat indépendant. Il fit partie, comme secrétaire, du bureau de la Chambre, siégea au Centre-Gauche, et signa l'interpellation des 116. La révolution du 4 Septembre ne le surprit pas, et ne modifia pas ses opinions politiques. Déjà partisan d'une république conservatrice, il se rapprocha de la Gauche-Modérée, à la tête de laquelle était M. Grévy. Pendant la période de la guerre, il se tint à l'écart des affaires publiques. Le 8 février 1871, il fut envoyé à l'Assemblée nationale par 31,302 électeurs du département d'Indre-et-Loire. M. Wilson a pris place sur les bancs du Centre-Gauche et assista à la fois aux réunions Saint-Marc Girardin, Feray, et de la Gauche-Républicaine. Très-indépendant de caractère, il soutint avec vivacité le gouvernement de M. Thiers, avec lequel il ne se trouva en désaccord que sur certaines questions financières. Elu député pour l'arrondissement de Loches aux élections du 20 février 1876, M. Wilson a été réélu le 14 octobre 1877. Conseiller municipal de Loches, puis conseiller général d'Indre-et-Loire, pour ce canton depuis 1871, son mandat lui a été renouvelé le 4 novembre 1877.

WIMPFFEN (Emmanuel-Félix DE), né à Laon, (Aisne), le 13 septembre 1811. Il appartient à une famille exclusivement militaire. Depuis le XIIIe siècle elle compte un grand nombre d'officiers généraux et actuellement encore elle a des représentants dans les principales armées de l'Europe. Son père mourut colonel à 35 ans du typhus contracté à la suite de la retraite de Russie ; son grand-père, général de division, commanda l'avant-garde de l'armée de la Mozelle en 1792 et son grand-oncle défendit, en 1792, Thionville contre les Impériaux et commanda en Normandie l'armée fédérale organisée par le parti des Girondins. Sous-lieutenant au 49e de ligne à sa sortie de Saint-Cyr en 1832, M. de Wimpffen passa par permuttation au 67 de même arme en 1834, fit la campagne d'Afrique, fut nommé lieutenant en 1835, capitaine en 1840 et passa en 1842 au bataillon de tirailleurs de la province d'Alger, avec lequel il assista aux expéditions qui eurent lieu jusqu'en 1847. Cité plusieurs fois à l'ordre du jour de l'armée, il reçut la croix de la Légion d'Honneur en 1845, fut nommé chef de bataillon au 44e de ligne en 1847 et placé à la tête du bataillon des tirailleurs de la province d'Alger en 1848. Cité encore plusieurs fois à l'ordre de l'armée et promu officier de la Légion d'Honneur en 1849, puis lieutenant-colonel du 68e de ligne, en 1851, il commanda le cercle de Guelma, de 1852 à 1853, date à laquelle sa bonne administration du territoire et son rôle actif dans une expédition sur les frontières de Tunis motivèrent sa promotion au grade de colonel. Placé à la tête du 13e de ligne, alors à Paris, et signalé à l'Empereur, par le maréchal de Saint-Arnaud, pour sa grande expérience des troupes indigènes et le parti remarquable qu'il avait su en tirer pendant de longues années, il reçut, en 1854, la mission d'aller former un régiment de tirailleurs algériens de 2,000 hommes et de le conduire en Orient. Les services éclatants rendus par le colonel de Wimpffen dans la bataille de l'Alma furent récompensés par sa promotion au grade de commandeur de la Légion d'Honneur, et sa conduite dans la bataille d'Inkermann où il eut un cheval blessé et un autre tué sous lui (mars 1855), lui valut les étoiles de général de brigade. Mis à la tête de la brigade dont les tirailleurs algériens faisaient partie, il prit part aux travaux du siège de Sébastopol. Le 7 juin il enleva le Mamelon vert, le 16 août il combattit aux Tchernaïa et le 8 septembre il lutta plusieurs heures dans l'ouvrage de Malakoff, pour en interdire l'accès aux Russes. Enfin il commanda la brigade française qui, après le siége, alla conjointement avec une brigade anglaise, s'emparer de Kinburn. A la rentrée de l'armée, le général de Wimpffen fut placé dans la garde impériale et c'est à la tête de la 1re brigade de grenadiers que, le 4 juin 1859, à la bataille de Magenta où, quoique blessé, il continua à commander ses troupes et en obtint une résistance glorieuse contre une partie notable de l'armée autrichienne dans laquelle figurent plusieurs de ses proches parents dont le père commandait un corps d'armée. Nommé général de division le lendemain de la bataille, l'Empereur lui confia l'important commandement des troupes de débarquement destinées à opérer contre Venise ; mais la conclusion de la paix en arrêta l'exécution. Après avoir commandé une division active à Lyon et à Paris, où il fut promu en 1861 grand-officier de la Légion d'Honneur, l'Empereur prenant en considération les qualités administratives du général de Wimpffen et sa longue expérience de l'Algérie, lui confia en 1865, le commandement de la province d'Alger pour y appliquer le décret du 7 juillet 1864 qui réunit entre les mains du chef militaire la direction des troupes à celle des différents services civils. Passé au commandement de la province d'Oran en 1869, il réprima une insurrection qui avait éclaté (mars 1870) sur la frontière du Maroc. Après la déclaration de la guerre à la Prusse, le général de Wimpffen demanda, sans pouvoir l'obtenir, un commandement à l'armée du Rhin; mais après nos premiers revers le général de Palikao (voir ce nom), devenu ministre de la Guerre, l'appela le 24 août à Paris où il arrivait le 28 août. Mis à la tête du 5e corps d'armée, il reçut un ordre de commandement en chef de l'armée pour le cas où le maréchal de Mac-Mahon serait mis hors de combat. Parti immédiatement, il adressa aux habitants du département de l'Aisne, où il est né, une énergique proclamation. Arrivé à Beaumont vers 4 heures de l'après-midi, il assistait le 30 août à la déroute d'une partie de notre armée et, quoique sans commandement, ralliait quelques fractions du corps et cherchait à mettre de l'ordre dans la retraite. Le 31 août il assistait du haut du plateau de Sedan aux marches des armées allemandes se portant sur nos lignes de retraite dans les directions de Mézières et de la Belgique. Apprenant le matin du 1er septembre la blessure du maréchal de Mac-Mahon ainsi que l'ordre donné, par le général ayant pris le commandement, qui prescrivait aux troupes de battre en retraite sur les points où les forces ennemies s'étaient concentrées, il produisit l'ordre qui le nommait commandant en chef et prit de nouvelles dispositions pour se faire jour sur Carignan. Ses projets de forcer les lignes ennemies ne furent pas acceptés par l'Empereur qui fit arborer le drapeau blanc et donna l'ordre à l'armée de se retirer sous Sedan. Le général de Wimpffen envoya alors sa démission, elle lui fut refusée et l'Empereur lui écrivait: qu'après s'être vaillamment comporté, il saurait encore se dévouer à l'armée au sujet de la capitulation, il se résigna à accomplir cette triste mission. Interné à Stuttgard, il adressa son rapport au ministre de la Guerre, rentra en France après les préliminaires de la paix, publia sous le titre : Sedan (1871), un mémoire justificatif, demanda d'être traduit devant un conseil de guerre et réclama sa mise à la retraite. En 1872, il protesta contre le rapport de la Commission d'enquête relatif à la capitulation de Sedan et publia une brochure traitant de l'Instruction en Allemagne. Il donna en 1873, une autre brochure sur La situation de la France et les réformes nécessaires et, en 1876, son livre La nation armée. Candidat dans la première circonscription de Saint-Denis, lors des élections complémentaires du mois d'avril 1876, il ne fut pas élu. M. le général de Wimpffen a publié dans les journaux le XIXe Siècle et le Bien public des articles militaires et sur notre situation politique.

WINTZ (Guillaume), né à Cologne (Prusse), le 5 octobre 1826. Élève de M. A. Rolland, il s'adonna surtout à la peinture d'animaux et de paysage. Venu en France en 1849, il se fit naturaliser en 1872. M. Wintz a débuté à l'Exposition universelle de 1855 avec deux pastels : Souvenir de Suisse et Un chêne au bord de l'eau, et a exposé depuis au Salon de Paris les tableaux suivants: Troupeau de moutons dans les Alpes ; Le loup mort ; Moutons et vaches, paysage ; Vaches, paysage (1857) ; — La sortie d'un bois (1859) ; — Troupeau dans une forêt, effet d'automne ; Sangliers dans la neige, au clair de lune (1861); — La vallée de Meiringen (Suisse); Le retour des champs (1864) ; — Vieux chênes au bord de l'eau ; Une basse cour à Barbison (1865) ; — Bœufs dans la plaine de Saint-Arnaud, clair de lune ; Bœufs dans la vallée de la Touque, effet du matin (1866); — Sur la Handeck (Suisse), paysage et animaux (1867) ; — Une forêt de pins à Fontainebleau ; Troupeau de vaches sous des hêtres (1868) ; — L'istribution de sel aux chèvres (Suisse) ; Le lac de Wallenstadt, en Suisse (1869) ; — Les trembleurs, bœufs dans la neige au clair de la lune ; Moutons dans les bruyères (1870) ; — Groupe d'animaux (Normandie), soleil couchant (1872); — Un pâturage, près de Saint-Arnold (Calvados), effet de matin (1876) ; — Un troupeau de moutons (1877).

WITT (Cornélis-Henry DE), né à Paris, le 20 novembre 1828. Il fit ses études à Paris et épousa, en 1850, l'une des filles de M. Guizot. La carrière de la politique active lui ayant été momentanément fermée comme à tout le parti libéral par le Coup d'Etat du 2 décembre, il s'occupa d'affaires industrielles et de travaux historiques. On lui doit : Histoire de Washington et de la fondation de la République des Etats-Unis (1855) ; — Thomas Jefferson, étude historique sur la démocratie américaine (1861); — La société anglaise et la société française au XVIIIe siècle (1864); — et une traduction de l'ouvrage de M. May : Histoire constitutionnelle de l'Angleterre. Il a fait aussi paraître, dans la Revue des Deux-Mondes, des articles importants sur des sujets divers. M. de Witt, qui, en 1863 et en 1869, avait posé, dans le Calvados, où il habite avec M. Guizot, sa candidature indépendante, pour le Corps législatif, a été élu représentant de ce département à l'Assemblée nationale, le 8 février 1871. A la Chambre, il a siégé au Centre-Droit. Il a fait partie de la commission de réorganisation de l'armée, et il a été rapporteur de la commission chargée par l'Assemblée de la révision des grades. M. de Witt a été sous-secrétaire d'Etat au ministère de l'Intérieur du 21 juillet 1874 au mois de février 1875.

WITTE (Jean-Joseph-Antoine-Marie, baron DE), né à Anvers (Belgique), le 24 février 1808. Venu à Paris à l'âge de treize ans, il fit de bonnes études et dès les premières années de sa jeunesse, ayant un goût décidé pour l'archéologie, il se livra avec ardeur à l'étude de l'antiquité figurée. Pour ses connaissances, il fit de 1838 à 1840 des voyages en Allemagne, en Italie, en Angleterre, dans les Pays-Bas, et en 1841, avec Charles Lenormant, Prosper Mérimée et Ampère, il se rendit en Orient. Traversant l'Italie, il visita d'abord Rome et Naples, puis il se rendit à Athènes et après avoir fait un séjour en Grèce, il s'embarqua pour aller à Smyrne et à Constantinople. Il passa l'hiver de 1841 à 1842 à Rome, et au printemps (1842) il retourna en France. Membre de l'Académie Royale de Belgique en 1851, correspondant (1842), puis membre associé étranger de l'Institut de France (Académie des inscriptions et belles-lettres) en 1864, M. le baron de Witte a fait de nombreux ouvrages d'archéologie et de numismatique ; il a collaboré à toutes les grandes publications de ce genre qui se sont faites en France et même à l'étranger depuis 1830 : Les *Annales* et *Bulletins de l'Institut de correspondance archéologique*, la *Revue numismatique*, la *Revue archéologique*, la *Revue de philologie*, le *Bulletin archéologique de l'Athenæum français*, la *Gazette des beaux-arts*, les *Mémoires*, *Bulletins* et *Annuaires de l'Académie Royale de Belgique*, la *Gazette archéologique de Berlin*, la *Gazette archéologique de Paris*, etc. Il a publié un grand nombre de catalogues de collections estimées ; nous citerons ceux de *M. E. Durand* (1836), du *Prince de Canino* (1837), de *M. de Magnoncour* (1839), du *Vicomte Beugnot* (1840), des médailles de *l'abbé H. Greppo* (1855), des terres-cuites du *Vicomte H. de Janzé* (1857). Il a publié avec M. Charles Lenormant *l'Élite des monuments céramographiques* (1837-1861, 4 vol. in-4° avec de nombreuses planches). Il a dirigé pendant plusieurs années des recueils consacrés à la science archéologique et à la numismatique, entre autres les *Annales de l'Institut de correspondance archéologique* (1833), le *Bulletin archéologique de l'Athenæum français*, avec M. Adrien de Longpérier (1855), la *Revue numismatique*, avec le même (1856), la *Gazette archéologique*, avec M. Fr. Lenormant (1875), etc. M. le baron de Witte est membre ou correspondant d'un grand nombre d'Académies et de Sociétés savantes. Il est chevalier de la Légion d'Honneur (1854) et décoré de plusieurs ordres étrangers.

WOILLEZ (Eugène-Joseph), né à Montreuil-sur-Mer (Pas-de-Calais), le 19 janvier 1811. Après avoir terminé ses études classiques à Toulouse, il vint à Paris pour étudier la médecine. Il obtint le grade de docteur le 8 mai 1835 avec une thèse intitulée : *Des Déformations de la poitrine dans les maladies*, et fut attaché en 1836 à l'asile des aliénés de Clermont (Oise). De retour à Paris (1851), et reçu au concours de 1855 médecin des hôpitaux, il fut attaché d'abord au bureau central, à l'hôpital de la Salpêtrière, puis successivement à l'hôpital Saint-Antoine (1861), Cochin (1863), Necker (1867), La Riboisière (1869), et à la Charité (1874). Il a été nommé membre de l'Académie de médecine en 1873. M. le docteur Woillez a publié : *Recherches sur l'inspection et la mensuration de la poitrine* (1838) ; — *Archéologie des monuments religieux de l'ancien Beauvoisis, pendant la métamorphose romane* (1839-1849, in-folio, avec une carte et 129 planches) ; — *De l'amélioration du sort de l'homme aliéné considéré comme individualité sociale* (1849) ; — *Études sur les bruits de percussion thoracique*) 1855) ; — *Recherches cliniques sur l'emploi d'un nouveau procédé de mensuration dans la pleurésie* (1857) ; — *Recherches sur les variations de la capacité thoracique dans les maladies aiguës* (1857) ; — *Dictionnaire de diagnostic médical, comprenant le diagnostic raisonné de chaque maladie, leurs signes, les méthodes d'explorations et l'étude du diagnostic par organe et par région* (1861, 2° édit. 1869) ; — *Études sur l'auscultation des organes respiratoires* (1866) ; — *Recherches cliniques sur la congestion pulmonaire* (1867) ; — *Traité clinique des maladies aiguës des organes respiratoires* (1872), couronné par l'Institut (Prix Montyon) ; — *L'homme et sa science au temps présent* (1877). Il est chevalier de la Légion d'Honneur depuis le 26 décembre 1849.

WOLFF (Albert), né à Cologne (Prusse), le 31 décembre 1835. Il fit d'excellentes études classiques et, destiné au commerce, il fut envoyé à Paris, chez un négociant allié de sa famille. Après un séjour de deux années, M. Albert Wolff retourna dans sa ville natale, mais, ne se sentant aucun goût pour la carrière commerciale, il alla compléter ses études à l'Université de Bonn et s'adonna en même temps au dessin et à la littérature humoristique. Il publia un *Voyage humoristique sur les bords du Rhin*, orné de dessins de sa composition, qui eut le plus grand succès, écrivit depuis des nouvelles et des contes pour les enfants, qui furent très-remarqués et pour lesquels il reçut deux prix dans des concours littéraires à Stuttgard, et à Hambourg. En 1857, il fut chargé par la maison Winckelmann de Berlin, d'écrire une série de contes pour la jeunesse et par le directeur de la *Gazette d'Augsbourg* de faire pour son journal le compte-rendu du Salon de Paris. Alexandre Dumas père, à qui le jeune homme eut le bonheur d'être présenté, fut séduit par l'aisance avec laquelle M. Albert Wolff parlait le français et par le ton singulièrement original de son esprit. Le grand romancier lui conseilla de rester à Paris et pour lui faciliter ses débuts dans la carrière française, il fit de M. Wolff, son secrétaire pendant une année. En 1859, il publia son premier article dans le *Gaulois*. Ce début lui valut au premier coup les entrées du *Figaro*. Depuis il a écrit dans les principaux journaux littéraires : Le *Nain jaune* (1863), l'*Avenir national* (1872), le *Journal illustré*, etc., un grand nombre d'articles et de causeries spirituelles a fait, de 1865 à 1867, la chronique de l'*Univers illustré*, sous le nom de « Gérôme. » Suppléant pendant six mois, M. de Villemessant dans la rédaction en chef du *Figaro*, il devint alors un des journalistes les plus en vue dans la petite presse. La vivacité de ses polémiques lui attira plusieurs duels. Après des débuts modestes au *Figaro* comme échotier il était devenu l'un des chroniqueurs les plus aimés du public en même temps qu'Auguste Villemot et Henry Rochefort. Pendant la guerre M. Wolff séjourna en Autriche et en Belgique, mais après la conclusion de la paix, il revint à Paris et se fit naturaliser français. Au théâtre il a donné quelques vaudevilles : *Le Dernier couplet* (théâtre de Bade, 1861, Vaudeville, 1862) ; — *Un homme du Sud* (Palais-Royal, 1862), avec M. Henri Rochefort; — *Les mystères de l'hôtel des ventes* (Palais-Royal, 1863), avec le même; — *Les mémoires de Réséda* (même théâtre, 1866), avec MM. Rochefort et Ernest Blum; — *Les Thugs à Paris*, revue (Variétés, 1866), avec M. Grangé; *Fin courant* (Palais-Royal, 1870), avec M. Gondinet; — *Les points noirs* (Palais-Royal, 1870). M. Albert Wolff a réuni en volume un grand nombre de ses articles sous le titre de *Mémoires du boulevard* (1860). Pendant la guerre il publia à Bruxelles un volume d'histoire sous le titre : *Deux Empereurs* (1870-71) dont Michel Lévy frères firent une nouvelle édition à Paris après la conclusion de la paix. M. Albert Wolff, en dehors de ses articles de critique dramatique et littéraire et de ses causeries parisiennes qui sont pour ainsi dire la critique sociale de notre temps, a publié dans le *Figaro* des relations de voyage très-remarquées comme son voyage en Orient (1869) et son exploration des bas fonds de Londres avec la police anglaise en 1868 ; son excursion de Bohême après la bataille de Sadowa dont il publia le récit d'après les documents qui lui avaient été fournis par le général Benedeck. M. Albert Wolff a encore consacré un volume inédit au Tyrol ; *Le Tyrol et la Karynthie* (1872). Cet écrivain si essentiellement parisien, malgré son origine étrangère, prépare deux volumes renfermant les chroniques les plus remarquées.

WOLOWSKI (Louis - François-Michel - Raymond), né à Varsovie (Pologne), le 31 août 1810. Son père, François Wolowski, après avoir suivi la carrière du barreau, fut un des membres les plus éminents de la Diète polonaise, où il présidait la commission législative, et conseiller d'Etat. M. Louis Wolowski termina, de 1823 à 1827, ses études en France, retourna à Varsovie et servit la cause nationale d'abord comme capitaine d'état-major, comme secrétaire référendaire au ministère des Affaires étrangères, puis en qualité de premier secrétaire de la légation du gouvernement national à Paris. Fixé dans cette ville après l'issue de la révolution polonaise, il se livra aux études de droit et d'économie politique, obtint en 1834 des lettres de naturalisation pour services rendus au pays et fut reçu avocat à la Cour d'appel. Fondateur à la même époque, de la *Revue de législation et de jurisprudence*, il fut nommé, en 1839, professeur de législation industrielle du Conservatoire des arts et métiers, puis choisi en 1848, par ses collègues comme président du Conseil de perfectionnement. La même année, il fut élu représentant du peuple à la Constituante, dans le département de la Seine, vota en général avec le parti démocratique, prit part à un grand nombre de discussions et fut réélu à la Législative où il soutint la politique de l'Elysée. Rentré dans la vie privée, après le coup d'Etat, M. Wolowski reprit son cours au Conservatoire, fut, en 1852, un des fondateurs du Crédit foncier, dont il devint un des administrateurs, remplaça M. Blanqui, en 1855, à l'Académie des sciences morales et politiques, et fut appelé, en 1864, à la chaire d'économie politique du Conservatoire. M. Wolowski a été membre du jury de l'Exposition française de 1849 et des Expositions universelles de Londres (1851 et 1862) et de Paris (1855 et 1867). Porté sur la liste de l'Union parisienne de la presse, lors des élections complémentaires du 2 juillet 1871, pour l'Assemblée nationale, il fut élu le premier par 147,042 voix et prit place au centre gauche. Un des soutiens de la politique générale de M. Thiers, dont il combattit cependant les projets d'abrogation des traités de commerce et d'impôt sur les matières premières, il prit part à la discussion de presque toutes les questions économiques, industrielles et financières où sa compétence le fit fort apprécier. Après avoir voté contre le Septennat, il se prononça en faveur de la proposition Casimir Perier et de la Constitution du 25 février 1875 et fut élu sénateur inamovible le 10 décembre suivant. Docteur en droit de l'Université de Heidelberg, docteur en économie politique de l'Université de Tubingue et membre d'un grand nombre d'Académies, M. Wolowski est regardé comme un de nos plus savants économistes. En dehors de beaucoup de brochures sur le crédit, les banques et le travail, et de nombreux articles dans la *Revue de législation et de la jurisprudence*, le *Journal des Economistes*, la *Revue des Deux-Mondes*, etc., nous citerons parmi ses publications les plus importantes : *Etudes d'économie politique et de statistique* (1848); — *La question des banques* (1864); — *Les finances de la Russie* (1864). M. Wolowski a traduit de l'allemand les *Principes d'économie politique* de G. Roscher (1856), et il a publié le texte latin, avec traduction française, du *Traité de la première invention des monnaies* d'Oresme et *Traité de la monnaie* de Copernic (1864). Promu officier de la Légion d'Honneur le 17 octobre 1851, il est aussi décoré d'un grand nombre d'ordres étrangers. M. Wolowski est décédé en 1877.

WORMS (Emile), né à Frisange (Luxembourg), de parents français, le 23 mars 1838. Il alla faire à l'Université d'Heidelberg, ses premières études de droit qu'il vint achever à Paris. Inscrit au barreau de la capitale, il se fit recevoir, en 1866, au concours des agrégés des Facultés de droit. A cette époque, il avait établi déjà sa réputation par la publication de travaux économiques, et par des études sur le droit commercial. Nommé professeur titulaire de droit commercial à Rennes, il a inauguré dans cette ville, sur la demande qui lui a été faite, et non sans succès, un cours d'économie politique. Ses publications ayant appelé sur lui l'attention du gouvernement, il a été chargé, sous les régimes les plus différents, de représenter la France aux congrès internationaux de statistique tenus à Florence (1866), à la Haye, (1869), à Saint-Pétersbourg (1872) et à Bude-Pesth (1876). Invariablement nommé secrétaire de ces grandes Assemblées, M. E. Worms a reçu, dans les divers pays, des marques d'estime et de distinction. On lui doit : *Histoire commerciale de la ligue Hanséatique* (1863); — *Sociétés par actions et opérations de bourse* (1867); — *Traité complet et élémentaire de circulation monétaire et fiduciaire* (1868).

Ces trois ouvrages ont été couronnés par l'Académie des sciences morales et politiques. M. Womrs a publié en outre une histoire très-développée du *Zollverein allemand* (1874), les *Rapports du droit pénal avec l'économie politique*, une conférence sur le *Mariage*, faite à l'asile de Vincennes, des Rapports de mission, un Discours d'ouverture d'un cours d'économie politique, professé à Douai et enfin un travail d'ordre politique, intitulé *Sociétés humaines et privées* (1875), sans compter un certain nombre d'écrits de circonstance. La création de chaires véritables d'économie politique ayant été décidée par les Chambres françaises, l'auteur de tant d'œuvres appréciées, rentrant dans cette discipline, se trouvait désigné tout naturellement au choix de l'administration, et il fut en effet le premier en province, a être nommé, sur la fin de l'année 1876, titulaire de la chaire d'économie politique créée à Rennes. M. Worms est commandeur de l'ordre de Stanislas de Russie et chevalier des ordres de Sainte-Anne de Russie et des Saints-Maurice et Lazare d'Italie.

WORMS (Gustave), né à Paris, en 1837. Fils d'un contrôleur à l'Opéra-Comique, il entra d'abord dans une imprimerie ; mais sa vocation le poussa au Conservatoire. Elève de Beauvalet, il obtint, en 1857, le premier accessit de tragédie et le second prix de comédie. Engagé au Théâtre-Français, l'année suivante, il allait être appelé sous les drapeaux lorsqu'on organisa une représentation à son bénéfice pour l'exempter du service militaire. Après avoir créé dès son début (1859) le rôle d'Achille du *Duc Job* et celui d'Horace de la *Loi du cœur* de Léon Laya (1862), M. Worms interpréta ceux de Ptolémée de la *Mort de Pompée*, d'Eraste du *Dépit amoureux*, d'Attala de *Nicomède* et joua dans l'*Africain* de Charles-Edmond, *Gabrielle* d'Emile Augier, la *Belle-Mère et le Gendre* de Samson, un *Jeune homme qui ne fait rien* de Legouvé, un *Mariage sous Louis XV* d'Alexandre Dumas. En 1865, il accepta un engagement pour Saint-Pétersbourg et obtint le plus grand succès au Théâtre-Michel où pendant dix ans l'emploi en chef des jeunes premiers dans tous les grands rôles du répertoire contemporain lui furent confiés. De retour à Paris (1875), M. G. Worms obtint au Gymnase un très-grand succès dans le rôle d'Armand Duval de la *Dame aux Camélias*, y créa ensuite Meiran de *Ferréol* de V. Sardou et Gérard du *Charmeur* de M. Leroy, puis rentra à la Comédie-Française (1876) où il a joué depuis dans le *Marquis de Villemer*, *Hernani*, etc.

WORMS (Jules), né à Paris, le 16 déc. 1832. Il suivit l'atelier de Lafosse, fit des voyages d'études en Espagne, et s'adonna spécialement à la peinture de genre. En 1859, il débuta au Salon de Paris avec deux tableaux : *Forges de campagne*, camp de Châlons ; *La place Royale*. Depuis, cet artiste a exposé : *Arrestation pour dettes* (1861) ; — *Le romancero Burgalès* ; *Fontaine à Burgos* ; *Un maragato* (1863) ; — *Cabaret dans les Asturies* ; *Cuisine à Valence* (1864) ; — *Départ des contrebandiers* (1865) ; — *Courses de Novillos*, dans la province de Valence (1866 et E. U. 1867) ; — *Scène de mœurs*, dans la Castille-Vieille ; *Garçon d'auberge et servante*, en Aragon (1868) ; — *La romance à la mode* ; *La ronda* (1868) ; — *Un talent précoce* ; *Bien venu qui apporte* (1869) ; — *Vente d'une mule* ; *La botte aux lettres* (1870) ; — *Les tondeurs à Grenade* (1872) ; — *Une tante à succession* ; le portrait de Mme *Priston* (1873) ; — *Maquignons*, province de Grenade ; *Le petit ébéniste* (1874) ; — *Une nouvelle à sensation* ; *Une vocation* (1875) ; — *La danse du Vito*, à Grenade ; *Le départ pour la revue* (1876) ; — *La fontaine du Taureau*, à Grenade ; *La fleur préférée* (1877). M. Worms a obtenu des médailles en 1867, 1868 et 1869 et la croix de la Légion d'Honneur en 1876.

WURTZ (Charles-Adolphe), né à Strasbourg, le 26 novembre 1817. Fils d'un pasteur protestant de sa ville natale, il fit ses études au gymnase protestant et suivit d'abord les cours de la Faculté de théologie ; puis, se sentant peu de vocation pour la carrière paternelle, il se consacra à la médecine et à la chimie et prit le grade de docteur en 1843. Il était chef des travaux chimiques à la Faculté de Strasbourg depuis 1839, quand il vint concourir avec succès, à Paris, pour la place de préparateur du cours de chimie organique, en 1845. Chef des travaux chimiques à l'Ecole des arts et manufactures de 1846 à 1851, il fut nommé professeur à l'Institut agronomique de Versailles en 1851. Deux ans plus tard, il succéda à M. Dumas dans sa chaire de chimie organique et de pharmacie ; et, à la mort d'Orfila (1853), il fut chargé de joindre le cours devenu vacant à celui qu'il faisait déjà et réunit les deux chaires sous le nom de cours de chimie médicale. En 1866, il a accepté les fonctions de doyen de la Faculté de médecine, fonctions rendues difficiles par des considérations politiques, et qu'il a su remplir à la complète satisfaction de ses collègues et de ses élèves. Les réformes et les améliorations introduites par lui dans l'Ecole sont des plus importantes. Dans le but de fortifier l'éducation scientifique des jeunes médecins, il s'est efforcé de développer l'enseignement pratique des sciences par l'amélioration du service des dissections ; par la création de laboratoires de chimie biologique, de botanique, d'histologie, de médecine expérimentale, d'anatomie pathologique, etc. ; par la construction d'un institut pathologique à l'hôpital de la Charité. Avant de quitter le décanat (mai 1876) il a obtenu des pouvoirs publics la reconstruction de l'Ecole pratique de la Faculté, reconstruction qu'il avait sollicitée pendant dix ans, et qui est actuellement en cours d'exécution. Dans des moments de troubles provoqués chez les étudiants par les excitations du dehors, il a fait preuve tout à la fois de beaucoup d'énergie et de modération. M. Würtz, membre de l'Académie de médecine en 1856, a obtenu en 1865, le prix biennal de 20,000 fr. décerné par l'Académie des sciences, et a été élu membre de cette compagnie en 1867. Il est associé étranger de la Société royale de Londres depuis 1864. Il fait partie du comité d'hygiène publique de France, des Sociétés chimique et philomatique et de beaucoup d'autres sociétés savantes. Depuis 1855 il a fait partie du Jury de toutes les Expositions universelles et était un des vice-présidents de groupe de celle de Vienne. M. Würtz a fait beaucoup de découvertes en chimie. Parmi ses mémoires nous citerons les suivants : *Mémoire sur les ammoniques composées; Mémoire sur l'alcool butylique; Mémoire sur les radicaux organiques; Mémoire sur les glycols; Mémoire sur l'acide lactique; Mémoire sur l'isomérie dans les alcools et dans les glycols; Recherches sur l'alcool.* Il a fait paraître les ouvrages suivants : *Leçons de philosophie chimique* (1864); — *Traité élémentaire de chimie médicale* (1864-1865, 3 vol., avec fig.); — *Leçons élémentaires de chimie moderne* (1866-1868); — *Dictionnaire de chimie pure et appliquée,* dont l'introduction a paru séparément en 1868, sous le titre d'*Histoire des doctrines chimiques* (1868 et suiv., avec fig.). En outre, il a fait insérer beaucoup de travaux dans les *Annales de chimie et de physique* dont il a pris la direction en 1858. M. Würtz est commandeur de la Légion-d'Honneur depuis 1869.

WYLD (William), né à Londres, le 17 janvier 1806. Il suivit d'abord la carrière diplomatique, et remplit pendant quelques années les fonctions de chancelier du consulat britannique à Calais. Dans cette ville, il eut occasion de connaître le célèbre aquarelliste Francia, dont les qualités d'esprit et le grand talent contribuèrent beaucoup au développement de son goût naturel pour les beaux-arts. S'étant décidé à se faire peintre, il fit de longs voyages en Algérie, en Italie et en Allemagne, et revint à Paris sans avoir pris d'autres leçons que celles de la nature. Après avoir débuté au Salon de 1833 avec la *Plage d'Honfleur,* il exposa : *Mosquée de la Pêcherie,* à Alger (1834); — *l'Entrée du grand canal* et la *Piazzetta,* à Venise (1836); — *Stamford; Alger; Grand canal de Venise* (1837); — *Entrée du port de Calais* (1838); — *Départ d'Israélites pour la Terre-Sainte; Porta della Carta,* à Venise; *Naples; Subiaco* (1841); — *Naples; Florence; Riva dei Schiavoni,* à Venise; *Terrasse du couvent des capucins,* à Sorrente; *La villa-reale,* à Naples; *Fontaine près d'Alger* (1846); — *Rue de Francfort-sur-le-Mein;* vues prises près du Strasbourg, *Tours, Alger,* sur les *Bords de l'Indre; Halte de contrebandiers* (1848); — *Lagune de Venise; Rue Bab-a-Zoun,* à Alger, en 1833; *Rue de Vérone; Place du Marché,* à Padoue; *Lande en Basse-Bretagne; Bords du Tibre; Sorrente; Venise* (1849); — *Environs d'Alep* et de *Beyrouth; Rade de Calais; Port de Gênes; Venise; Couvent arménien; Ile de Saint-Giorgio* (1850); — *Vue prises aux environs d'Amsterdam; Paysage breton; San-Pietro di Castello,* à Venise (1852); — *Oran; Pont du Gard; Plateau dans la Sierra-Morena* (1853); — *Régate à Venise au XVIe siècle; Le grand canal; Riva dei Schiavoni ;Environs de Rome; Château d'Heidelberg; Environs de Strasbourg* (E. U. 1855); — *Venise,* éventail, aquarelle (1861); — *Vue de mare piano,* golfe de Naples; *Naples; La sortie du bal* (1863); — *San Giorgio,* à Venise; *Piazza della Erbe,* à Vérone (1865); — *Bordigherra* (1866); — *Entrée de la ville de Fougères; Souvenir du golfe de Naples* (1867); — *Le mont Saint-Michel; Environs de Constantinople* (1869); — *Riva dei Schia-voni; Souvenir de Tivoli* (1870); — *A Venise* (1874); — *Souvenir d'Alger en* 1832; *La Piazzetta,* à Venise (1876). Cet artiste a aussi produit quelques eaux-fortes, et beaucoup de lithographies, notamment un ouvrage lithographié de 50 planches sur l'Algérie, en collaboration avec M. E. Lessore (1835), 20 vues de Paris, lithographiées en 2 teintes et publiées par MM. Goupil et Cie (1839), plusieurs planches dans l'ouvrage de M. Giraud de Prangey, etc. M. Wyld a obtenu des médailles de 3e classe en 1839, de 2e classe en 1841, la mention honorable et la croix de la Légion d'Honneur à l'Exposition de 1855. En outre, il a remporté des médailles d'or et d'argent à Rouen, d'argent à Boulogne-sur-Mer, Douai, Orléans, de vermeil à Bruxelles, de bronze à Arras. M. Wyld est membre de l'Académie royale des beaux-arts d'Amsterdam, et de l'Institut des peintres à l'aquarelle de Londres.

YON (Edmond-Charles), né à Paris-Montmartre, le 31 mars 1841. Il suivit l'atelier de M. Pouget pour la gravure et celui de M. Lequien pour le dessin et se consacra à la fois à la peinture à l'huile et à la gravure. On lui doit aussi de belles aquarelles et des eaux-fortes. M. Yon a exposé au Salon de Paris : peintures : *Un chemin à Velizy* (1867); *Les Buttes Montmartre* en 1870 ; *Le soir* (1870); *Bords de la Seine aux environs de Montereau* (Seine-et-Marne); *Alouettes* (1873) ; *Un matin* (1874) ; *Un bras de la Seine* et *Le Petit Flot,* aux environs de Montereau ; *La Seine, près de Gravon; Jour d'été* (1876); *Le Morin,* à Villiers (Seine-et-Marne) ; *Le Bas-de-Villiers,* le soir (1877) ; — gravures sur bois : *Le Passage du Rhin,* d'après Van der Meulen; *Mariage protestant,* d'après M. Brion; *L'atelier d'Anastasi,* pour l'*Illustration ; Une affaire d'honneur,* d'après M. Jazet; *Le passeur,* d'après Corot; *Roches à marée,* d'après Vernier ; *La bouquetière* ; *La Bièvre; L'affut perché* ; *Le château de Dinant; La carte à payer,* d'après M. Leroux ; *Un matin à Saint-Ouen,* d'après le tableau de l'auteur; *Le Creux-Terrible,* à Jersey ; *La gardeuse d'oies,* d'après Millet, pour *l'Art ;* huit gravures sur bois d'après les dessins de M. Brion, pour les *Misérables* de V. Hugo. Il a obtenu une médaille de 2e classe (1872) et de 3e classe (1874) pour la gravure sur bois et une de 3e classe pour la peinture (1875). A l'Exposition universelle de Philadelphie (1876) il a reçu une médaille.

YRIARTE (Charles), né à Paris, le 5 décembre 1832, d'une famille originaire d'Espagne. Élève du lycée Bonaparte, il entra, en 1852, à l'École des beaux-arts et fit ses études d'architecture à l'atelier de M. Constant-Dufeux. Nommé quatre ans après inspecteur des travaux du gouvernement et chargé, sous la direction de M. Eugène Laval, de suivre la construction de l'Asile impérial de Vincennes, il passa au même titre à la construction de l'Asile impérial du Vésinet. Pendant ce temps il avait déjà collaboré à quelques revues illustrées en leur fournissant à la fois les dessins et le texte. En 1860, se trouvant en disponibilité par suite de la suspension des travaux hospitaliers entrepris par le ministère d'État il reçut du *Monde illustré* la mission de suivre l'armée espagnole dans sa campagne contre le Maroc d'où il envoya des correspondances et des dessins. Rentré à Madrid en 1861, il séjourna quelque temps en Andalousie et revint à Paris se représenter au ministère dont il dépendait. Les travaux étant encore suspendus, il accepta la nouvelle mission de suivre la campagne entreprise par le gouvernement italien, dans les Marches et l'Ombrie sous le commandement des généraux Fanti et Cialdini. Suivant l'état-major de ce dernier, il assista à la prise d'Ancône et à celle de Gaëte ; et, rejoignant M. Alexandre Dumas alors à Naples, il séjourna quelque temps avec lui au palais Chintomone, rendant compte du mouvement italien, soit dans le journal italien l'*Indépendente*, soit dans le *Siècle* et le *Monde illustré*. Rentré en France en 1862, il reprit ses fonctions d'inspecteur des travaux du gouvernement et fut nommé inspecteur des travaux du Nouvel-Opéra, sous les ordres de M. Charles Garnier, menant de front pendant plusieurs années ses publications littéraires et ses travaux d'architecture. A la mort de M. Jules Lecomte, chroniqueur du *Monde illustré*, il prit sa succession en même temps qu'il assumait la direction artistique de ce journal dont il eu aussi, un peu plus tard, la rédaction en chef. Il donna alors sa démission au ministère d'État pour se vouer exclusivement à la carrière littéraire. Pendant la guerre de 1870, M. Yriarte fut attaché à la personne du général Vinoy, commandant en chef le 13e corps d'armée, et suivit les opérations du siège de Paris à la fois comme secrétaire de l'état-major général et comme officier d'ordonnance auxiliaire. C'est pendant ce temps qu'il publia la *Retraite de Mézières*, à l'aide des dépêches officielles, le récit minutieux du séjour de l'ennemi dans la capitale. Il fut secrétaire de la société des fonds anglais pour le ravitaillement de Paris. A la fin de 1871 il donna sa démission de chroniqueur et de rédacteur en chef du *Monde illustré* et entreprit une série de voyages dont le résultat fut la publication d'une suite d'études sur Venise et les provinces slaves du sud. Collaborateur à la *Revue des Deux-Mondes*, la *Gazette des beaux-arts* et à l'*Art*, M. Yriarte a publié : *La société espagnole* (1861) ; — *Souvenir du Maroc* (1862) ; — La traduction française de *La Dame de Nuit* de Fenandez y Gonzalez et celle du *Finale de Norma* de Alarçon ; — *Paris grotesque. Les célébrités de la rue de 1815 à 1863* (1864, avec gravures) ; — *Les cercles de Paris de 1828 à 1867* (1865, avec gravures) ; — *Les portraits parisiens* (1865) ; — *Nouveaux portraits parisiens* (1866) ; — *Portraits cosmopolites* (1866) ; — *Portraits contemporains* (1866) ; — *Goya, sa vie, son œuvre* (1867) ; — *Les Prussiens à Paris et le 18 mars* (1871) ; — *La bataille de Dorking* (1872) ; — *Le Puritain* (1873) ; — *La vie d'un Patricien de Venise au XVIe siècle* (1874) ; — *La Bosnie et l'Herzégovine pendant l'insurrection* (1875) ; — *Venise, l'histoire, l'art, l'industrie, la ville et la vie* (1877, in-4°) ; — *Les bords de l'Adriatique* (1878, in-4°). Chevalier de la Légion d'Honneur en 1877 et nommé commandeur d'Isabelle-la-Catholique en 1867, il a été promu en 1873 commandeur de l'ordre de Charles III d'Espagne, dont il avait été fait chevalier pendant la campagne du Maroc en 1861. M. Yriarte est membre de l'Académie de San Fernando de Madrid, de l'Académie Raphaël d'Urbin, d'Urbino, et de l'Institut de l'histoire nationale de Venise.

YUNG (Godefroy-Eugène), né à Paris, le 2 novembre 1827. Il commença ses études au collège Saint-Louis, les termina à Sainte-Barbe, et fut admis à l'Ecole normale en 1847. Nommé professeur de seconde au lycée de Clermont-Ferrand en 1850, il obtint, un an après, un congé pour préparer à Paris son doctorat ès lettres. Reçu en 1855, sa thèse française : *Henri IV écrivain*, parut à Sainte-Beuve assez importante pour qu'il y consacrât deux de ses *Causeries du lundi*. M. Armand de Pontmartin la discuta à son tour, et presque tous les journaux en rendirent compte, chose alors sans exemple pour une thèse de doctorat. L'intervention de M. Arthur de la Guéronnière souleva une vive polémique dans la *Revue de Paris*. Ce début avait attiré l'attention de M. Buloz, qui confia à M. Yung l'examen des manuscrits destinés à la *Revue des Deux-Mondes*. Il rentra dans l'Université en 1857 comme professeur de rhétorique au lycée de La Rochelle ; mais, deux ans après, contrarié dans ses vues, il quitta définitivement l'enseignement, revint à Paris, collabora au *Magasin de librairie* et à la *Revue nationale*, qu'il dirigea un moment, puis entra au *Journal des Débats* en 1861. Il y traita spécialement la question italienne, celle de l'abolition de l'esclavage aux Etats-Unis, et divers points relatifs à la liberté administrative et à la liberté de réunion. Il y a fait aussi des articles littéraires. Il fit des conférences rue de la Paix, salle Barthélémy, et à l'Athénée, devint directeur de la *Revue des cours littéraires*, organisa les grandes conférences du théâtre du Prince-Impérial en 1869 et du Cirque des Champs-Elysées en 1870. Pendant le siège de Paris il organisa et dirigea le plus grand des clubs parisiens, celui de la Porte-Saint-Martin, républicain modéré. En 1871, il fut pendant quelques mois directeur politique du *Journal de Lyon* ; en même temps, il accrut beaucoup l'importance de la Revue qu'il dirige, qui modifia son titre et devint la *Revue politique et littéraire*. En 1877, il a présidé la première des conférences qu'a faites le P. Hyacinthe Loyson au Cirque d'hiver.

YVERT (Eugène), né à Marly-le-Roi (Seine-et-Oise), le 25 février 1794. Il se consacra à la littérature et fut, de 1820 à 1830, secrétaire de la Société royale des bonnes lettres. Puis il alla fonder, à Amiens, en 1831, la Gazette de Picardie, devenue l'*Ami de l'ordre* en 1848. Membre, puis chancelier et directeur de l'Académie d'Amiens, il en est actuellement le secrétaire perpétuel. Il est aussi vice-président et secrétaire de la Société philarmonique d'Amiens. On a de M. Yvert un grand nombre de poésies recueillies en plusieurs volumes sous les titres d'*Esquisses parlementaires*, d'*Esquisses de mœurs*, de *Satires*, d'*Epîtres*, etc. Il a, en outre, publié de nombreux *Dialogues*, des *Traductions complètes, en vers, des* œuvres d'*Horace*, de *Catulle* et de *Tibulle*, et composé plusieurs comédies en vers dont quelques-unes ont été représentées à Amiens et ailleurs, entre autres : *Venez* ; *Un revenant* (2 actes); *L'égoïste* (2 actes); *Le génie de la France et Gresset aux Champs-Elysées* ; *Le directeur et l'abonné*, prologue ; *Hassan et Nonore*, parodie de la *Favorite* (5 actes); *Charles 3|6*, parodie de *Charles VI* (5 actes) ; *Les deux portraits* (2 actes); *Faut-il enlever la paille ?* Au nombre des pièces non représentées sont : *Les peureux politiques* (3 actes) ; *Pygmalion*, parodie de *Galathée*, opéra (2 actes) ; *Le parasite* ; *Ne pas condamner sans entendre*, proverbe ; *Les petites mariées* ; *Le grenadier de Frédéric II*. Ces trois derniers ouvrages sont en prose. Depuis 1870, il est attaché à la rédaction de l'*Echo de la Somme*, journal quotidien paraissant à Amiens. Il a reçu du roi d'Espagne la décoration d'Isabelle-la-Catholique.

YVON (Adolphe), né à Eschwiller (Moselle), le 1er février 1817. Élève de Paul Delaroche, il débuta au Salon de 1841 avec un *Portrait*, et ne tarda pas à se faire une belle réputation. Cet artiste a exposé : le portrait de Mme Ancelot (1842) ; — le portrait du général *Neumayer* (1844) ; — *Le Christ chassant les vendeurs du temple* (1845) ; — *Le remords du traître*, supplice de Judas-Iscariote aux enfers (1846) ; — le portrait du sculpteur *Mathieu Meusnier* (1847) ; — *Relais de poste*, en Russie (1848) ; — *Bataille de Koulikovo ; L'orgueil ; L'envie ; La paresse* (1850) ; — *Un ange déchu* (1852) ; — *Le premier consul descendant du grand Saint-Bernard en Italie*, au palais de Compiègne (1855) ; — *Le maréchal Ney soutient l'arrière-garde de la Grande-Armée*, en Russie; *Les sept péchés capitaux*, suite de dessins d'après le Dante (E. U. 1855) ; — *Prise de la tour Malakoff*, pour Versailles (1857, E. U. 1867); les portraits de *M. et Mme Mélingue* (1857) ; — *Gorge de Malakoff ; Courtine de Malakoff*, pour Versailles (1859) ; — *Bataille de Solférino* ; le portrait du *Prince impérial* (1861) ; — *Magenta* (1863) ; — *Evacuation des blessés*, campagne d'Italie (1863, et E. U. 1867); — *Le prince impérial offrant une collation aux enfants de troupe* (1867) ; — *Les Etats-Unis d'Amérique* (1870) ; — *Une rue à Constantinople* ; *Secrets d'Etat* (1873) ; — *César* ; *La Charge des cuirassiers à Reichshoffen* (1875) ; — les portraits du général *Vinoy* et de *M. Bonnehée*, du Grand-Opéra (1876) ; — les portraits des enfants de M. *Larochelle* (1877). M. A. Yvon a peint pour la salle du Conseil municipal de l'Hôtel-de-Ville quatre tableaux dont les héros étaient *Clovis*, *Philippe-Auguste*, *François Ier* et *Napoléon III*. Il a obtenu une médaille de première classe en 1848, une de 2e classe à l'Exposition universelle de 1855, la grande médaille d'honneur en 1857, et une médaille en 1867. Il est officier de la Légion d'Honneur depuis 1867.

YVON VILLARCEAU (Antoine-Joseph-François), né à Vendôme (Loir-et-Cher), le 15 janvier 1813. Il venait de terminer ses études au collège de cette ville, lorsque éclata la Révolution de 1830 et peu après le mouvement Saint-Simonien qui eut une si heureuse influence sur son avenir. Enfantin s'était rendu en Egypte (1833) avec les ingénieurs du collège Saint-Simonien de Ménilmontant, pour y étudier la question du percement de l'Isthme de Suez et en préparer la réalisation. Au moment où il croyait pouvoir mettre la main à l'œuvre, il fit appel à un grand nombre des adeptes de la foi nouvelle. M. Yvon Villarceau rejoignit, avec Rogé, Massol, etc., le groupe d'artistes à la tête desquels était Félicien David (M. Yvon Villarceau venait d'obtenir le prix de basson au Conservatoire de musique). Le contact très-fréquent qui s'établit entre lui et les ingénieurs de la mission Saint-Simonienne, notamment avec Lambert-Bey, son ami et son maître, contribua à développer chez M. Yvon Villarceau le goût des sciences mathématiques qu'une question de géographie avait fait naître en lui, et qui n'a fait que s'accroître depuis. L'organisation de l'Ecole polytechnique de Boulac, créée par Lambert-Bey, offrit à M. Yvon Villarceau une occasion d'utiliser des connaissances de mécanique pratique qu'il avait acquises et appliquées de 1828 à 1832 (travaux d'horlogerie et construction d'instruments de physique et de musique). De retour en France, il entra à l'Ecole Centrale (1837), d'où il sortit en 1840, le premier de sa section avec un diplôme d'ingénieur-mécanicien. Le premier mémoire sur les comètes (1845), que présenta M. Yvon Villarceau à l'Académie, attira sur lui l'attention des astronomes et sur un rapport de MM. Biot, Binet et Damoiseau, fut jugé digne de l'insertion dans le Recueil des savants étrangers. Peu de temps après (1846), M. Yvon Villarceau entrait à l'Observatoire sur la proposition d'Arago ; il fut nommé astronome titulaire de cet établissement en 1854, membre du Bureau des Longitudes en 1855 et membre de l'Académie des sciences (section de géographie et navigation) en 1866. Sous la direction de M. Leverrier, il prit, avec ce dernier, une part active à la réorganisation de l'Observatoire. Après la mort de M. Delaunay (1872), il a été chargé pendant près d'un an de l'intérim de la direction de l'Observatoire ; c'est encore lui qui remplit ces fonctions depuis la mort de M. Leverrier 25 sept. 1877). M. Yvon Villarceau a été chargé en 1858, par l'Observatoire de Paris, de visiter les principaux observatoires et ateliers de construction de l'Allemagne et, en 1859-60, d'installer en Espagne les télescopes de l'Observatoire de Paris, et un instrument méridien pour l'observation de l'éclipse de soleil du 18 juillet 1860 : alors il effectua la détermination des longitudes et latitudes de Montcayo et Tarragone. Ses observations des protubérances solaires en confirmèrent pleinement la réalité, que l'on contestait encore au moment des préparatifs de l'expédition. M. Yvon Villarceau a publié dans les *Comptes-rendus des séances de l'Académie des sciences*, les *Annales de l'Observatoire*, la *Connaissance des temps*, le *Journal de mathématiques* de M. Liouville, la *Revue d'architecture* de M. César Daly, le *Recueil des savants étrangers* (recueil de l'Académie des sciences), les *Mémoires et comptes-rendus des travaux de la Société des ingénieurs civils*, le *Bulletin de la*

Société d'Encouragement, etc., plus de cinquante mémoires d'astronomie, de géodésie, de mécanique et de géométrie. Citons les plus importants travaux de M. Yvon Villarceau. ASTRONOMIE : *Méthodes pour le calcul des orbites des étoiles doubles et applications aux principales d'entre elles*, preuves de l'universalité des lois de la gravitation que peut fournir le mouvement de ces étoiles ; — *Méthodes pour la détermination des orbites des planètes et des comètes*, application à vingt de ces astres ; — *Perturbations et orbite de la comète de d'Arrest*, la plus intéressante des comètes périodiques, et dont M. Yvon Villarceau a, le premier, fait connaître la périodicité ; — *Théorie et construction des instruments méridiens et équatoriaux les plus parfaits que l'on possède* (instruments de Rigaud et de Secrétan-Eischens) ; *Programme des observations à exécuter lors du dernier passage de Vénus*, adopté par la Commission de l'Académie des sciences ; — *Théorie de l'aberration*, en ayant égard au mouvement absolu de translation du système solaire et programme des observations à exécuter pour obtenir un résultat qui s'accorde avec la parallaxe du soleil et la vitesse de la lumière ; — *Méthode pour déterminer, en quelques années, les déclinaisons des étoiles fondamentales et suppléer à l'absence de contrôle et d'accord*, dont les méthodes en usage sont entièrement dépourvues et qui rendrait impuissants les efforts actuels des astronomes, prolongés durant plusieurs siècles ; — *Étude de la marche des pendules sans recourir aux observations astronomiques.* Par cette étude, les astronomes franchissent le cercle vicieux où ils se trouvent confinés, en ce qui concerne la détermination des ascensions droites des étoiles fondamentales. Ces méthodes sont fondées sur la nécessité d'échapper aux effets toujours irréguliers des réfractions, et sur le degré de perfection des instruments astronomiques ; — *Nouveau chercheur parallactique*, construit par M. Eichens. — GÉODÉSIE : *Détermination des longitudes, latitudes et azimuts, aux stations de* : Dunkerque, Paris, Strasbourg, Talmay, Brest, Rodez, Carcassonne, Saligny-le-Vif, Lyon et Saint-Martin-du-Tertre. La discussion de ces observations a conduit M. Yvon Villarceau à la découverte de trois téorèmes concernant la figure de la Terre : par ces théorèmes se trouvent résolues les difficultés, jusque-là insolubles, que l'on rencontre entre les résultats de l'Astronomie et ceux de la Géodésie. Le premier offre un moyen de contrôle des opérations, les deux autres déterminent la *vraie* figure de la Terre. Les travaux de M. Yvon Villarceau ont manifesté la supériorité des observations nocturnes des signaux géodésiques, que les récentes opérations des officiers du Dépôt de la guerre ont pleinement confirmée. — MÉCANIQUE : *Arches du pont*. Théorie des voûtes devenue classique et appliquée sur plusieurs lignes de chemin de fer, tant en France qu'à l'étranger ; — *Théorie de la stabilité des locomotives en mouvement*, vérifiée par des études spéciales, du chemin de fer du Nord ; — *Théorie du Gyroscope de L. Foucault ; — Régulateur isochrone à ailettes, régularisant le mouvement des équatoriaux*, etc., malgré des changements de force motrice variable de 1 à 6, et pouvant fonctionner, à diverses vitesses de régime, moyennant la simple inclinaison de l'axe (construit par M. Bréguet); *Nouveau théorème de mécanique générale* : aux trois théorèmes principaux et qui concernent le mouvement du centre de gravité, les aires et les forces vives, M. Yvon Villararceau en a ajouté un quatrième, dont les applications à la thermo-dynamique sont des plus importantes ; — *Mémoire sur le mouvement et la compensation des Chronomètres* (les entreprises en cours d'exécution au Dépôt de la marine reposent en grande partie sur la théorie exposée dans ce Mémoire). — GÉOGRAPHIE ET NAVIGATION : *Méthode pour rectifier les indications des Chronomètres à la mer*, vérifiée par douze années d'observations de M. le lieutenant de vaisseau Aved de Magnac ; — Travaux entrepris avec cet officier, sous les auspices du Ministre de la marine, et résumés dans le *Traité de nouvelle navigation astronomique*, publié par ces deux savants Ces divers travaux sont caractérisés par la constante préoccupation de leur auteur : celle de mettre d'accord la théorie et la pratique. Décoré de plusieurs ordres, officier de l'instruction publique et membre d'Académies et Sociétés savantes, M. Yvon Villarceau a été, en 1871, président de la Société des ingénieurs civils et représentant de la France aux Congrès géodésiques tenus à Vienne, Dresde, Paris et Bruxelles.

ZADOC KAHN (Zadoc KAHN, connu sous le nom de), né à Mommenheim (Bas-Rhin), le 18 février 1839. Après avoir fait de bonnes études classiques, M. Kahn fut admis à l'Ecole centrale rabbinique de Metz en 1856. Nommé rabbin adjoint au grand-rabbin de Paris au mois de janvier 1867, il y devint grand-rabbin au mois de novembre 1868. Auteur d'une thèse sur l'*Esclavage d'après la Bible et le Talmud*, M. Kahn a publié, en 1875, un volume intitulé : *Sermons et allocutions*, 1re série, et, en 1877 un volume : *Sermons et allocutions destinés à la jeunesse israélite*. Officier d'Académie depuis 1875, il a été nommé chevalier de la Légion d'Honneur le 9 août 1877.

ZELLER (Jean-Baptiste-Joseph), né à Giromagny (territoire de Belfort), le 31 janvier 1841. Après avoir obtenu le grade de licencié ès lettres à Montpellier (1862), M. Zeller professa successivement l'histoire dans les lycées de Pau (1864), de Cahors (1866), de Vesoul (1867), et de Besançon (1871). Il occupe depuis 1872 la même chaire au lycée de Nancy. Reçu le premier à l'agrégation d'histoire et de géographie dans le concours de 1871, il a publié en 1875 une *Petite géographie* pour le département de Meurthe-et-Moselle, dont une nouvelle édition a paru en 1876. M. Zeller est membre de la Société d'émulation du Doubs et de la Société d'archéologie lorraine.

ZELLER (Jules-Sylvain), né à Paris, le 23 avril 1819. Brillant élève du collége Charlemagne, il commença l'étude du droit qu'il abandonna pour celle de la littérature et de l'histoire. Pour se familiariser avec la langue et la littérature allemande, il passa quelque temps de l'autre côté du Rhin. Reçu agrégé d'histoire (1844), puis docteur es lettres (1849) avec une thèse française intitulée : *Ulrich de Hutten, sa vie, ses œuvres, son époque; histoire du temps de la Réforme*, il entra dans l'enseignement et occupa successivement la chaire d'histoire dans les lycées de Rennes, de Bordeaux et de Strasbourg. Chargé du cours d'histoire à la Faculté d'Aix, en 1854, M. Zeller fut appelé à Paris en 1858 comme maître de conférences d'histoire à l'Ecole normale supérieure. Il a suppléé, en outre, M. Rosseuw-Saint-Hilaire à la Sorbonne et y a professé (1858-1859) un cours complémentaire d'histoire moderne. Professeur d'histoire à l'Ecole polytechnique en 1863, en remplacement de M. Duruy, il fut nommé recteur de l'Académie de Strasbourg à la fin d'août 1870, mais ne put prendre possession de cette place à cause de l'investissement de la ville. Elu membre de l'Académie des sciences morales et politiques le 30 mai 1874, il a été appelé aux fonctions d'inspecteur général de l'enseignement public supérieur le 2 novembre 1876. M. Zeller a publié les ouvrages suivants : *L'Histoire abrégée de l'Italie depuis la chute de l'Empire romain jusqu'à nos jours* (1852, 3e édition, 1876) ; — *L'année historique ou Revue annuelle des questions et des événements politiques en France, en Europe et dans les principaux Etats du monde* (1859-1863, 4 vol.), n'a pas été continuée ; — *Les empereurs romains, caractères et portraits historiques* (1863); — *Entretiens sur l'histoire. Antiquité et moyen-âge* (1865, 2 vol. 2e édition); — *Entretiens sur le XVIe siècle, Italie et Renaissance* (1868) ; — *Histoire de l'Allemagne* (1872-1876, vol. 1 à 3), l'ouvrage sera publié en six ou huit volumes ; — *Les tribuns et les révolutions en Italie* (1873). Dans une publication officielle à propos de l'Exposition universelle de 1867, il collabora avec MM. Geffroy et Thiénot aux *Rapports sur les études historiques* (1868). Chevalier de la Légion d'Honneur depuis 1863, M. Zeller a été promu officier en 1873.

ZEVORT (Charles-Marie), né à Bourges, le 23 avril 1816. Elève du collège de sa ville natale et ensuite du collège Rollin, il y obtint, en 1835, le 1er prix de discours français au concours général. Admis en 1836 dans la section des lettres de l'Ecole normale supérieure, il fut nommé, en 1838, professeur de philosophie au collège d'Amiens et en 1839 à celui de Rennes, où il eut à lutter contre les adversaires de l'enseignement laïque. Professeur de philosophie au collège de Metz (1846), M. Zevort fut nommé, en 1848, inspecteur de l'Académie d'Orléans, puis de l'Académie de Montpellier; mais à la suite d'un conflit qui intéressait le corps universitaire, il fut transféré, en 1850, à Nancy, refusa ce poste et resta six ans en disponibilité. Pendant ce temps il fit l'éducation des fils du duc d'Uzès. Rappelé à l'activité en 1856 par M. Roulland, lors de son avénement au ministère et nommé inspecteur de l'Académie d'Aix, il fut chargé en avril 1860 de préparer l'organisation de l'enseignement en Savoie et à Nice. Nommé, après l'annexion, vice-recteur puis recteur (1862) de l'Académie de Chambéry, il passa, en la même qualité, à l'Académie de Bordeaux (1867) puis d'Aix (1874). M. Zevort a publié : *Anaxagore* (1844) ; — *Romans grecs, traduits en français et précédés d'une introduction sur le roman chez les Grecs* (1856, 2 vol.); — *Vies et doctrines des philosophes de l'antiquité*, de Diogène de Laerte (1847, 2 vol.); — *Histoire de la guerre du Péloponèse*, de Thucidide (1852, 2 vol.) et avec M. Alexis Pierron, la *Métaphysique* d'Aristote (1841, 2 vol.), ouvrage couronné par l'Académie. Il publie en ce moment, une traduction d'Aristophane. M. Zevort a été promu commandeur de la Légion d'Honneur en 1874.

ZIEM (Félix), né à Beaune (Côte-d'Or), en 1822. Il se consacra à la peinture du paysage, et fit des voyages d'études en Belgique, en Hollande, en Italie et en Turquie. En 1849, il débuta au Salon avec des vues prises dans le *Bosphore* et dans le *Grand canal de Venise*, et l'*Escalier de la villa Cassini*, à Rome. Depuis, cet artiste a exposé : *Venise ; Fruits; Vue prise au Bas-Meudon* (1850); — *Vue de Venise*, prise du jardin Français, au musée du Luxembourg ; *Le soir au bord de l'Amstel*, à Amsterdam ; *Chaumière hollandaise*, environs de la Haye (1852) ; — *Intérieur du port de Marseille ; Venise*, effet du soir (1853) ; — *Fête à Venise ; Venise, le soir, au duc de Morny ; Anvers, tête de Flandre*, appartient à l'Etat (E. U. 1855) ; — *Constantinople*, la Corne-d'Or ; *Place Saint-Marc, à Venise, pendant une inondation* (1857) ; — *Constantinople ; Constantinople, l'entrée des eaux douces d'Europe ; Damanhour*, effet de soleil couchant sur les bords du Nil ; *Gallipoli*, effet de soleil couchant dans les Dardanelles (1859) ; *Place Saint-Marc ; Le Pont des Soupirs ; Le palais des dogeset le lion de Saint-Marc*, vues de Venise, tryptique (1861) ; — *Constantinople ; Tripoli ; Tomaris*, solitude (1863) ; — *Stamboul ; Venise* (1864); — *Venise ; Mas Vincent dans l'île de la Camargue* (1865) ; — *Venise*, soirée de septembre après la pluie ; *Stamboul*, soleil couchant (1866); — *Venise, le soir*, appartient à l'Impératrice Eugénie ; *Venise*, le matin, appartient au comte d'Aquilla, *Venise*, crépuscule, appartient à M. L. Richard (1867, E. U.); — *Le Bucentaure paré pour la cérémonie au mariage du doge dans la mer Adriatique* (Venise, 1426); *Carmagnola, accusé de haute trahison par les Véniliens et décapité sous le lion de Saint-Marc en 1422* (1867) ; — *Venise*, une partie de plaisir ; *Marseille*, quai du Vieux-Port (1868). M. Ziem a obtenu une médaille de 3e classe en 1850, une autre de 1re classe en 1852, et une médaille de 3e classe à l'Exposition universelle de 1855. Il est officier de la Légion d'Honneur depuis 1878. Th. Gautier écrivait en 1860 : « Ce grand maître de la couleur a plus de mirage et de variétés orientales que Turner le génie radieux de la lumière et de la forme enveloppée, font des toiles de M. Ziem une des plus émouvantes forces d'art, etc. »

ZIER (Victor-Casimir), né à Varsovie (Pologne russe), le 26 septembre 1822. Il vint en France en 1825, suivit les ateliers de MM. Norblin et L. Cogniet, et se consacra presque exclusivement à la peinture des sujets religieux.

En 1844, il débuta au Salon de Paris avec *Sainte Madeleine dans le désert*. Depuis, cet artiste a exposé : *Daniel dans la fosse aux lions* ; *La foi* (1846); — *Des naufrages* ; *Tête de femme, étude* (1848); — *Tête de Christ* (1849); — *Sainte Geneviève* (1850); — *La Sainte Vierge et Sainte Marie-Madeleine portant la couronne d'épines* (1852); — *Sainte-Famille* (E. U. 1855); — *Apparition de Jésus à Marie-Madeleine* (1861); — *Saint François d'Assises recevant les stigmates* (1863); — *Ecce Homo* (1864); — *La Sainte Vierge au pied de la Croix* (1865); — *Sainte Anne instruisant la Vierge* (1866); — *Le départ de Bethléem* (1867); — *Saint Pierre guérissant un boiteux* (1868); — *Christ au tombeau* (1869); — *Epis rompus, culte du sabbat* (1870); — *L'aveu; Christ au tombeau*, dessin (1872); — *Le ravissement de saint Paul* (1874); — *La glorification de saint Léonard*, pour l'église de l'Hay (1875); — *Sainte Madeleine dans le désert* (1876) ; — *Sainte Elisabeth de Hongrie, chassée de son palais* (1877). En outre, M. Ziera exposé une dizaine de portraits, et exécuté en 1858, en collaboration avec M. Norblin, la chapelle de Sainte-Suzanne dans l'église Saint-Roch.

FIN DU VOLUME.

www.ingramcontent.com/pod-product-compliance
Lightning Source LLC
Chambersburg PA
CBHW071425300426
44114CB00013B/1324